MICHEL

Europa-Katalog 2007/2008
Band 3: Südeuropa

SCHWANEBERGER VERLAG GMBH

Bewertungshinweise

Für ungebrauchte Marken bis zum Ausgabejahr 1919 gelten die Bewertungen, sofern nichts anderes vermerkt, für Marken mit Falz ✶. Postfrische Qualität ✶✶ rechtfertigt zum Teil erhebliche Preisaufschläge (Vorsicht vor nachgummierten oder entfalzten Marken. Auch auf Reparaturen achten!).

Ab dem Ausgabejahr 1920 gelten für ungebrauchte Marken Postfrisch-Notierungen ✶✶, Marken mit Falz ✶ bedingen Preisermäßigungen.

Alle Preisnotierungen sind Richtwerte auf Euro-Basis (€) und gelten, sofern bei einzelnen Sammelgebieten oder Ausgaben nicht ausdrücklich anders angegeben, für Marken in einwandfreier Qualität. Einzelheiten und Ausnahmen sind am Beginn der jeweiligen Katalogkapitel bzw. bei einzelnen Ausgaben dargestellt. Einzelne Marken aus Sätzen können teurer sein als die Notierung im Katalog. Gravierende Preisänderungen nach Redaktionsschluß werden in der MICHEL-Rundschau angezeigt.

Als Grundlage für die Ermittlung der Preisnotierungen dienten Verkaufspreislisten des Briefmarkenhandels und Arbeitsvorlagen von Sammlern sowie (Bundes-)Arbeitsgemeinschaften im In- und -Ausland.

MICHEL – vom Bund Deutscher Philatelisten empfohlen

Das Papier dieses Kataloges ist mit elementar chlorfreiem Zellstoff gefertigt und voll recycelbar.

ISBN: 978-3-87858-854-2

Alle Rechte, auch die des auszugsweisen Nachdrucks, der Vervielfältigung und Verbreitung in besonderen Verfahren wie fotomechanischer Nachdruck, Fotokopie, Mikrokopie, elektronischer Datenaufzeichnung einschließlich Programmierung, Speicherung und Übertragung auf weitere Datenträger sowie der Übersetzung in andere Sprachen, behält sich der Verlag vor. Die Verwendung der MICHEL-Numerierung – auch einzelner MICHEL-Nummern – in Katalogen, Alben und sonstigen systematischen Briefmarkenverzeichnissen ist ohne Genehmigung des Verlages nicht gestattet (ausgenommen in kostenlos verteilten Händlerpreislisten). Für Irrtümer, Satz- und Druckfehler übernimmt der Verlag keine Haftung.

© 2007 Schwaneberger Verlag GmbH, Ohmstraße 1, 85716 Unterschleißheim, Telefon (0 89) 3 23 93-02, Telefax (0 89) 3 23 24 02
E-Mail: europa2@michel.de
Internet: http://www.michel.de oder
http://www.briefmarken.de
Satz: Gerber Satz GmbH, Ohmstraße 1, 85716 Unterschleißheim
Druck: Parzeller Druck- und Mediendienstleistungen, Frankfurter Str. 8, 36043 Fulda

Vorwort

Seit vielen Jahrzehnten sind die MICHEL-Europa-Kataloge das umfassende Werk, in dem alle Briefmarken der europäischen Länder von den Anfängen der Philatelie bis zur Gegenwart katalogisiert und bewertet sind. Dabei erweist sich das Katalogwerk aufgrund seiner übersichtlichen Darstellung und der Fülle der enthaltenen Informationen als das Standardwerk der Europaphilatelie, das für jeden ernsthaften und engagierten Sammler europäischer Briefmarken eine unverzichtbare Hilfe bei seiner Sammlertätigkeit sein sollte.

Auch in diesem Jahr wurden wieder zahlreiche redaktionelle Veränderungen und Verbesserungen vorgenommen.

Darüberhinaus wurde der Katalog auf den neuesten Stand der Forschung gebracht; neben der Korrektur von Fehlern wurden Ergänzungen in den Katalog eingefügt wie zum Beispiel neue Auflagezahlen, einige neue Übersichtstabellen, Detailverbesserungen bei den Bildlegenden und nicht zuletzt die Neuaufnahme einiger Unterarten.

Die auffälligste Änderung betrifft das Sammelgebiet Jugoslawien bzw. Serbien und Montenegro, das seit Mitte 2006 aufgrund der politischen Ereignisse des letzten Jahres nun abgeschlossen ist. Die bisherigen jugoslawischen Teilrepubliken Montenegro und Serbien sind nun unabhängig, die Neuheiten dieser Staaten folgen im Anschluß an die bereits katalogisierten Ausgaben vor Bildung des jugoslawischen Staates. Das Sammelgebiet Kosovo ist jetzt im Anhang zu Serbien zu finden.

Aufgrund der gegenwärtigen Situation im Bereich der Europa-Gemeinschaftsausgaben wurden die Preisnotierungen dieses Sammelgebiets bis zum Ausgabejahr 1992 der aktuellen Marktlage angepasst. Sehr viele und zum Teil auch drastische Preiserhöhungen sind bei Jugoslawien zu verzeichnen, so stieg zum Beispiel der Kleinbogensatz MiNr. 3325/3326 zur Fußballweltmeisterschaft 2006 in Deutschland vom Neuheitenpreis von 14,50 Euro auf 500 Euro. Ebenso ist es bei Montenegro und den UN-Ausgaben für den Kosovo zu deutlichen Preissteigerungen gekommen.

Die bis einschließlich MICHEL-Rundschau 6/2007 veröffentlichten Neuheitenkatalogisierungen wurden komplett in diesen Katalog aufgenommen, insgesamt wurde also ein recht hoher Stand der Aktualität erreicht. Zur Fortsetzung der Neuheitenkatalogisierung empfehlen wir den Abschluß eines Abonnements der MICHEL-Rundschau ab Heft 7/2007.

Bei der Katalogbearbeitung und der Neuheitenbeschaffung standen der Redaktion viele ehrenamtliche Helfer aus Sammler- und Händlerkreisen zur Seite, ebenso wurden viele Hinweise aus Leserzuschriften in den Katalog eingearbeitet. Für diese uneigennützige Hilfe danken wir an dieser Stelle vielmals.

Wir wünschen allen Sammlerinnen und Sammlern viel Freude beim Gebrauch des Kataloges und bei der Beschäftigung mit ihrer Sammlung.

Schwaneberger Verlag

Redaktion

Wenn Sie zu diesem Katalog noch eine philatelistische Frage haben, rufen Sie uns bitte an: (0 89) 3 23 93-224, Mo.–Fr. 9–15 Uhr.

Hinweise für den Katalog-Benutzer

Prüfungen und Begutachtungen von Briefmarken oder Feststellungen, ob es sich eventuell um Abarten handelt, sowie Ermittlungen von Katalognummern etc. sind der Redaktion aus Zuständigkeits- bzw. Zeitgründen nicht möglich. Für unverlangt eingesandte Briefsendungen und Markenvorlagen wird keinerlei Haftung übernommen. Vor Einsendung geprüfter Marken halten Sie bitte kurz telefonische Rücksprache mit der Redaktion.

Alle Zuschriften, auch E-Mails, Fax etc., werden aufmerksam gelesen, aber nicht immer beantwortet. Anfragen, die ausschließlich im eigenen Interesse gestellt werden, beantworten wir in aller Regel nur dann, wenn Rückporto (Ausland Antwortschein) beiliegt.

Vor Einsendung von geprüften Markenvorlagen bitten wir Sie, sich zu überlegen, ob Ihre beabsichtigte Meldung für den MICHEL-Europa-Katalog auch wirklich geeignet ist. Wir empfehlen Ihnen darüberhinaus, die unter dem Titel „MICHEL-Abartenführer" beim Fachhandel vorliegende „Anleitung zur Bestimmung von Abarten, Abweichungen und Fehlern auf Briefmarken" zu Rate zu ziehen. Aus dieser kleinen Broschüre können Sie alle wichtigen Informationen zum Thema Abarten entnehmen.

Sollten Sie Irrtümer, Satz- oder Druckfehler entdecken, bitten wir Sie, uns diese mitzuteilen. Sie tragen so dazu bei, daß wir diese Fehler für die nächste Auflage korrigieren können. Für Ihre Mithilfe bedanken wir uns bereits an dieser Stelle.

Sie erleichtern uns die Arbeit, wenn Sie Hinweise auf Fehler, Vorschläge und Anfragen getrennt von der übrigen Korrespondenz auf einseitig beschriebenen Blättern einsenden.

Vergessen Sie bitte in Ihrem eigenen Interesse nie, auf Ihrem Schreiben deutlich Ihren Namen und Ihre genaue Anschrift mit Postleitzahl, nach Möglichkeit auch Ihre telefonische Erreichbarkeit anzugeben.

Ein Anruf in der Redaktion ist meist der einfachste und schnellste Weg. Tel.-Nr. 0 89/3 23 93-3 39.

Einführung in den MICHEL-Europa-Katalog

Allgemeine Hinweise zur Benutzung

Aufbau und Inhalt

Die europäischen Länder (ohne Deutschland) sind nach geographischen Gesichtspunkten in den Europa-Bänden 1 bis 7 aufgeführt.

Erfaßt werden auch die nur zum Teil in Europa liegenden Staaten Rußland, Türkei und die im Ostteil des Ägäischen Meeres gelegenen, geographisch zu Asien, staatlich jedoch zu Griechenland oder zeitweise zu Italien gehörenden Inseln, dazu Zypern, ebenso die Kanarischen Inseln, welche zeitweise vom Mutterland unabhängig eigene Flugpostmarken verausgabten, sonst aber die allgemeinen spanischen Marken benützen.

Die Marken der von einem Staat im Gebiet eines andern errichteten Auslands- und Militär-(Feld-)Postämter sind hinter den Marken des ausgebenden Staates aufgeführt.

Begrifflich zusammenhängende Postgebiete sind in Gruppen zusammengefaßt. Marken, die nur für einzelne Landesteile oder Orte eines Postgebietes ausgegeben worden sind, stehen bei größerer Zahl, welche die Übersichtlichkeit stören würde, zusammengefaßt am Schluß aller Marken dieses Postgebietes als „Bezirks- und Lokalausgaben".

Am Anfang der einzelnen Sammelgebiete stehen allgemeingültige Bemerkungen zu nachfolgenden Katalogisierungen. Es empfiehlt sich daher grundsätzlich, auch den Einleitungstexten Aufmerksamkeit zu schenken.

Das am Schluß des Kataloges eingefügte Stichwortverzeichnis bietet eine große Hilfe bei der Auffindung von einzelnen Gebieten oder Marken.

Gliederung der Markengattungen

Innerhalb eines Landes sind ohne besondere Überschriften die Marken in chronologischer Reihenfolge numeriert, die der Vorauszahlung der Postgebühren durch den Absender dienen; dazu gehören auch Eilmarken, Flugpostmarken (gekennzeichnet durch ✈), Einschreibmarken, Zeitungsmarken usw. Anschließend folgen jeweils mit eigener Überschrift und Numerierung die Gattungen besonderer Postwertzeichen, z. B. Automatenmarken, Markenheftchen mit ihren Zusammendrucken, Dienstmarken, Paketmarken, Portomarken, Zwangszuschlagsmarken usw.

MICHEL-Numerierung

Die Marken sind innerhalb ihrer Gattungen chronologisch numeriert, einzelne Nachzügler mit Angabe ihres Ausgabejahres eingefügt. Wo nötig, sind Übersichtstabellen oder Hinweise in kursiv eingefügt. Nachträglich eingefügte Hauptarten erhalten in Ausnahmefällen die Nummern der vorangegangenen Marken mit den Buchstaben A, B, C usw. vor der Nummer.

Innerhalb eines Sammelgebietes erhalten bestimmte Markengattungen zur Unterscheidung zu den Normalausgaben eigene chronologische Numerierungen mit vorangestellten Buchstaben(-kombinationen).

Die wichtigsten sind:

H-Bl.	= Markenheftchenblatt
Hz	= Herzstück
K	= Kehrdruck (aus Markenheftchen[-bogen])
KZ	= Kehrdruck mit Zwischensteg (aus Markenheftchen[-bogen])
MH	= Markenheftchen
MHB	= Markenheftchenbogen
S	= senkrechter Zusammendruck (aus Markenheftchen[-bogen])
SZ	= senkrechter Zusammendruck mit Zwischensteg (aus Markenheftchen[-bogen])
SZd	= senkrechter Zusammendruck (aus Schalterbogen)
W	= waagerechter Zusammendruck (aus Markenheftchen[-bogen])
WZ	= waagerechter Zusammendruck mit Zwischensteg (aus Markenheftchen[-bogen])
WZd	= waagerechter Zusammendruck (aus Schalterbogen)

Nachgestellte Buchstaben(-kombinationen) bei Unterarten

A, B, C, D, E ... (die ersten Großbuchstaben des Alphabetes) hinter der Nummer bezeichnen Trennungsarten der Marken.

a, b, c, d, e ... (die ersten Kleinbuchstaben des Alphabetes) hinter der Nummer bezeichnen wichtige Farbtönungsunterschiede.

... V, W, X, Y, Z (die letzten Großbuchstaben des Alphabetes) hinter der Nummer bezeichnen Wasserzeichenarten.

... v, w, x, y, z (die letzten Kleinbuchstaben des Alphabetes) hinter der Nummer bezeichnen Papier- und Gummierungsunterschiede.

I, II, III, IV, V ... (römische hinter arabischen Ziffern) bezeichnen Druckarten und Typenunterschiede.

L	= Leerfeld in Markengröße
P	= Plattendruck oder Probedruck
R	= Rollenmarke
W	= Walzendruck
Zf	= Zierfeld in Markengröße
ZS	= senkrechtes Zwischenstegpaar
ZW	= waagrechtes Zwischenstegpaar

Nachgestellte Buchstaben(-kombinationen) bei Abarten

DD	= Doppel(-bild)-druck oder doppelter Aufdruck
DK	= doppelter Aufdruck, einer kopfstehend
F	= Fehldruck oder Fehlfarbe
G	= Druck auf der Gummiseite
K	= Kehrdruckpaar oder kopfstehender Aufdruck
Pa	= auf geklebter Papierbahn
U	= ungezähnt (Uo usw. siehe Abkürzungsverzeichnis)

I, II, III, IV, V ... (römische Ziffern am Ende der MICHEL-Nr.) numerieren die Plattenfehler.

Aus irgendwelchen Gründen nicht zur Ausgabe gelangte Marken erhalten römische Ziffern ohne weitere Zusätze.

Reihenfolge der Unternummern

Die Reihenfolge der Unternummern kann von Ausgabe zu Ausgabe verschieden sein, da die Aufteilungen bei den Katalogisierungen so gewählt werden, wie sie sich am übersichtlichsten darstellen lassen. Abartenbezeichnungen werden grundsätzlich zuletzt genannt.

Wertangaben

Die Wertbezeichnungen (Nominalen) der Marken werden in der Regel in Ziffern angegeben. Währungsbezeichnungen sind innerhalb der Sammelgebiete einheitlich abgekürzt, ohne Berücksichtigung der Schreibweise auf den betreffenden Postwertzeichen. Stehen Währungsbezeichnungen in Klammern, ist auf der Marke selbst keine Bezeichnung angegeben. Wertaufdrucke sind durch fette Schrift gekennzeichnet.

Abbildungen

Briefmarken sind, soweit nichts anderes vermerkt, in ½ Größe wiedergegeben, Blocks in unterschiedlichen Verkleinerungen abgebildet. Die Größenangaben der Blocks sind Durchschnittsmaße, da die Größen der Blocks nicht einheitlich sind. Bei Abarten und Besonderheiten ist der Vergrößerungsmaßstab so gewählt, daß eine möglichst große Aussagekraft erreicht werden kann.

Katalogabbildungen können nicht als Vergleichsmaterial zu Prüfungen herangezogen werden.

Klischeezeichen

Fortlaufende Buchstabenangaben (= Klischeezeichen) vor den Bildlegenden sowie vor den Preisspalten in den Katalogisierungszeilen ermöglichen eine problemlose Zuordnung der Markenabbildungen zu den MICHEL-Nummern.

Bildbeschreibungen

Die Bildbeschreibungen sind so informativ wie möglich gehalten, können und wollen jedoch kein Lexikon ersetzen.

In der Philatelie bezieht sich die Bildbeschreibung „rechts" oder „links" immer auf die Vorderseite der vor dem Betrachter liegenden Marke. Dies geschieht auch, wenn es dem eigentlichen Sachverhalt widerspricht; so ist z.B. das auf einer Marke abgebildete linke Auge eines Menschen körperlich dessen rechtes Auge.

Preisspalten

Die Notierungen in den MICHEL-Katalogen gelten in den linken Spalten für ungebrauchte (★, (★), ★★), in den rechten für gebrauchte (⊙, ᜣ, ✉) Stücke. In besonderen Fällen sind noch weitere Preisspalten, z.B. für Einheiten eingefügt. Sie sind durch die im Abkürzungsverzeichnis näher erläuterten Zeichen gekennzeichnet. Im übrigen sind im Vortext jedes Landes die Bewertungsgrundlagen für ungebrauchte Marken angegeben.

Preisnotierungen

Alle Preisnotierungen sind Richtwerte auf Euro-Basis (€) und gelten für Marken in einwandfreier Qualität. Mängel bewirken in der Regel Abschläge. Einzelheiten und Ausnahmen sind am Beginn der jeweiligen Katalogkapitel bzw. bei einzelnen Ausgaben dargestellt. Satzpreise sind, wenn nicht anders angegeben, nach den niedrigsten Preisen der Einzelmarken errechnet. Einzelne Marken aus Sätzen können teurer sein als die Notierung im Katalog, Satzpreise können niedriger sein als die Summe der Einzelpreise. Preisbewegungen nach oben und unten sind auf Grund von Angebot und Nachfrage die Regel. Da der MICHEL-Katalog immer nur die Marktlage zum Zeitpunkt der Bearbeitung berücksichtigen kann, werden gravierende Preisänderungen nach Redaktionsschluß in der monatlich erscheinenden MICHEL-Rundschau angezeigt.

Eine Notierung in Schrägschrift bedeutet, daß die Bewertungsunterlagen für eine eindeutige Preisfestsetzung nicht ausreichen.

Die Bezeichnung „—,—" innerhalb der Preisspalten besagt: Diese Marke gibt es, eine Notierung ist jedoch nicht möglich, weil Bewertungsunterlagen fehlen. Dies muß nicht zwangsläufig bedeuten, daß die Marke sehr teuer ist.

Ist weder —,— noch Preis eingesetzt, gibt es diese Marke nicht bzw. wurde sie noch nicht vorgelegt.

Grundlage für die Ermittlung der Preisnotierungen sind Unterlagen des Briefmarken-Groß- und Einzelhandels, Arbeitsvorlagen von Sammlern sowie Arbeitsgemeinschaften im In- und Ausland.

FDCs

Die FDC-Bewertungen gelten für Belege mit Abstempelung vom 1. Gültigkeitstag, ohne Rücksicht auf die Portogerechtheit der Frankatur.

Portogerechte, echt gelaufene Belege vom 1. Gültigkeitstag verdienen oft zum Teil erhebliche Aufschläge!

Erhaltung der Marken

Bei der Beurteilung der Qualität wird der einsichtsvolle Philatelist immer von dem Zustand der Marke bei der Ausgabe ausgehen und die Eigenarten ihrer Grundstoffe (Papier, Farben, Gummi), der Herstellung, ihre Widerstandsmöglichkeiten gegen äußere Einflüsse und die übliche Behandlung im Postverkehr (Zähnung, Abstempelung usw.) berücksichtigen; der Qualitätsanspruch ist diesen Voraussetzungen unterzuordnen. Man kann z. B. von geschnittenen Marken, die nahezu ohne Ränder oder mit sehr kleinen Zwischenräumen hergestellt wurden, keine vollrandigen Stücke, bei reißschlechten Papiersorten keine vollständigen Durchstiche oder Zähnungen verlangen.

Wenn bei einzelnen Ausgaben nicht anders vermerkt, muß bei gezähnten Marken die Zähnung allseits vollständig sein, bei geschnittenen Marken darf der Schnitt das Markenbild nicht berühren, postfrische Qualität setzt vollkommen unberührte Gummierung voraus, Marken mit Falz dürfen nur einen sauberen Erstfalz haben und gestempelte Marken sollten eine saubere und möglichst lesbare Abstempelung aufweisen; allerdings ist zu berücksichtigen, daß es zeit- und ortsbedingt Qualitätsunterschiede der Stempel sowie der Stempelfarbe gibt. So sind zu bestimmten Zeiten und/oder in einigen Gebieten verschwommene, leicht verschmierte Abstempelungen durchaus als vollwertig zu betrachten. Alle Marken, denen vorgenannte Qualitätsmerkmale fehlen, erfordern je nach Erhaltungsgrad mehr oder weniger Preisabschläge. Überdurchschnittliche, selten anzutreffende Erhaltung bedingt höhere Preise.

Ausbesserungen (Reparaturen) haben den Zweck, den weiteren Verfall einer beschädigten, noch sammelwürdigen Marke aufzuhalten. Reparierte Marken sind darum den philatelistischen Begriffsbestimmungen entsprechend eine bestimmte, durchaus sammelwürdige Art der Erhaltung, wenn der Zweck der Reparatur nicht eine betrügerische Veränderung der Katalognummer ist (z. B. falsch eingesetzte Mittelstücke). Da die Werteinbuße nach dem Grad der Verschönerung bzw. Ausbesserung schwankt, sollten in Zweifelsfällen anerkannte Prüfer zu Rate gezogen werden.

MICHEL-Einführung in die Druckverfahren

Die ausführliche Erklärung der wichtigsten Druckverfahren mit farbigen Abbildungen und erklärenden Beispielen, 16 Seiten.

Markentechnische und wichtige philatelistische Begriffe von A bis Z

Abarten

Druckfehler, Fehldrucke, Plattenfehler usw. sind natürlich auch beim Markendruck unvermeidbar. **Genaue Beschreibungen und Abbildungen siehe MICHEL-Abartenführer. Abarten werden entsprechend den dort niedergelegten Grundsätzen katalogisiert.**

Aufdruckfehler

Gerade bei Aufdrucken kann es herstellungsbedingt eine Unzahl von Abarten geben: Aufdruck auf einem anderen als dem bestimmten Wert oder in falscher Farbe. Ausgefallene Aufdrucke (Paar mit und ohne Aufdruck). Setz- oder Plattenfehler in Aufdrucken. Kopfstehende und seitliche, mehrfache und rückseitige Aufdrucke und vieles mehr.

Ausgefallener Druckgang

Marken, bei deren Fertigung ein Druckgang ausgefallen ist, zeigen eine Farbe zu wenig, es fehlt also ein Teil der Zeichnung. Dies kann auch bei einfarbigen Marken auftreten, wenn sie in mindestens zwei Druckgängen gedruckt wurden.

Doppeldrucke

Der echte Doppeldruck bedingt ein zweimaliges Durchlaufen des Druckbogens durch die Maschine, das Markenbild ist dadurch doppelt zu sehen.

Nur beim Offsetdruck kommt auch der sogenannte Doppelbilddruck vor, der durch seine Ähnlichkeit zum Doppeldruck und sein häufiges Vorkommen bei Sammlern auf Interesse stößt. Er entsteht, wenn Farbe von der Druckwalze auf die Gegenwalze gerät und vom nächsten Bogen aufgenommen wird. Er wurde nur anerkannt bei deutlich abgesetzter zweiter Kontur. Da es sich eigentlich um eine Druckzufälligkeit handelt, werden Doppelbilddrucke seit 1992 nicht mehr signiert und ab diesem Zeitpunkt auch nicht mehr neu in die MICHEL-Kataloge aufgenommen.

Farbfehldruck

Wird eine Marke oder Teile davon in der falschen Farbe oder auf falschfarbigem Papier gedruckt, spricht man von Farbfehldruck.

Geklebte Papierbahn

Diese Abart entsteht durch das Zusammenkleben des Endes einer Papierbahn mit dem Beginn der nächsten oder durch das Kleben einer gerissenen Papierbahn während des Druckvorganges.

Kopfstehende Bildteile

Dieser Fehler entsteht, wenn ein Markenbild aus mehreren Klischees zusammengesetzt ist und eines davon kopfstehend einmontiert wurde.

Druck auf der Gummiseite

Er entsteht, wenn der schon gummierte Bogen oder die Papierbahn falsch in die Druckmaschine eingelegt wird.

Plattenfehler

Dies sind Schäden, die entweder schon bei der Vervielfältigung des Urklischees oder durch Abnutzung während des Drucks in der Druckform auftreten. Sie ziehen sich über ganze Auflagen oder größere Teilauflagen unverändert hin. Katalogisiert werden Plattenfehler nur, wenn eine amtliche Bestätigung vorliegt, daß es sich wirklich um einen Plattenfehler und nicht nur um einen Druckzufall handelt. Außerdem muß die Abweichung für einen normalsichtigen Menschen ohne Lupe oder sonstige Hilfsmittel gut erkennbar sein.

Wasserzeichenabart

Wenn der Druck einer Marke auf einem Wasserzeichenpapier erfolgte, das für diese Marke nicht vorgesehen war, so handelt es sich um eine Wasserzeichenabart. Als Abarten werden auch versehentlich falsche Stellungen des Wasserzeichens anerkannt.

Zähnungsabarten

Versagen die Zähnungsmaschinen ganz oder teilweise, so entstehen ganz oder teilweise ungezähnte Bogenreihen. Wegen Fälschungsgefahr sollten solche Stücke nur als Randstücke oder in Paaren gesammelt werden.

Aufdruck

Marken werden aus den unterschiedlichsten Gründen mit Aufdrucken versehen:

Änderung der Markengattung (z.B. Freimarke wird Dienst- oder Portomarke), Änderung der Wertstufe oder der Währungsbezeichnung, Änderung des Ausgabeanlasses oder Zuweisung eines neuen Verwendungsbezirkes.

Klammerzahlen vor den Preisspalten weisen bei Aufdruckmarken auf die Katalognummern der betreffenden Urmarken hin, Kleinbuchstaben auf die entsprechenden Abbildungen. Die danach eingesetzten Großbuchstaben sind die Farbabkürzungen der Aufdruckfarben. Sind keine angegeben, so ist die Aufdruckfarbe immer schwarz.

Aufheller

Dem Papierbrei werden chemische Mittel beigefügt, die das Papier weißer erscheinen lassen und damit die Farben leuchtender machen. Unter der UV-Lampe leuchten diese Marken bläulich auf. Eine katalogmäßige Erfassung muß unterbleiben.

Bogenplatz einer Marke (Feld)

Im Normalfall besteht beim Bogendruck ein Druckbogen aus mehreren (meist vier) Schalterbogen.

Die Basis für die philatelistische Zählweise ist, unabhängig von Bogenrandbeschriftungen, das normalstehende Markenbild. Der Philatelist zählt in waagerechter Richtung von links nach rechts, abweichend von der postalischen Zählweise (von oben nach unten).

Drucker(ei)zeichen

Am Bogenrand befinden sich Buchstaben, Zahlen oder Zeichen, die Hinweise auf den verantwortlichen Drucker oder die Druckerei geben.

Druckprobe

Zur Überprüfung der Druckmaschine auf ordnungsgemäße Funktion werden während der Herstellung Druckproben vorgenommen.

Druckverfahren

Grundsätzlich unterscheidet man: Hochdruck (Buchdruck, Flexodruck, Prägedruck), indirekter Hochdruck (Letterset), Flachdruck (Steindruck, Offsetdruck, Lichtdruck), Tiefdruck (Stichtiefdruck, Rastertiefdruck) und Siebdruck.

Relativ häufig findet man Kombinationen aus zwei verschiedenen Druckverfahren.

Hochdruck

Buchdruck (im Katalog abgekürzt Bdr.)

Die Hochdruckform hat erhabene (das sind die druckenden) und tieferliegende (nichtdruckende) Teile. Die erhabenen Druckelemente werden gleichmäßig eingefärbt, anschließend mit verhältnismäßig großem Druck gegen das Papier gepreßt. Daraus ergeben sich folgende Erkennungsmerkmale:

Quetschränder an Schrift und Linien
Farbflächen erscheinen unter der Lupe unruhig
rückseitig meist leichte Prägung sichtbar

Prägedruck (im Katalog abgekürzt Prägedr. oder Pdr.)

Für das herzustellende Markenbild werden zwei übereinstimmende Druckformen angefertigt, bei der einen ist das Prägebild erhaben, bei der anderen vertieft. Beim Druckvorgang liegt das Papier zwischen den beiden Formen, die mit hohem Druck gegeneinander gepreßt werden und dadurch die Prägung auf das Papier übertragen.

Der Prägedruck tritt fast immer in Kombination mit anderen Druckverfahren auf. Erkennungsmerkmal: vorderseitig positives, rückseitig negatives Relief.

Indirekter Hochdruck

Letterset (im Katalog abgekürzt Ldr.)

Der indirekte Hochdruck wird auch Letterset oder Trockenoffset genannt. Der Unterschied zum konventionellen Hochdruck besteht darin, daß hier nicht direkt von der Druckform auf das Papier gedruckt wird. Die Hochdruck-Platte druckt auf einen mit einem Gummituch bespannten Zylinder. Von dort wird das Druckmotiv auf das Papier übertragen. Das Schriftbild der Druckplatte muß seitenrichtig sein. Dieser Übertragungsvorgang ist auch im Offsetverfahren üblich. Erkennungsmerkmale:
wie bei Offsetdruck.

Flachdruck

Beim Flachdruck befinden sich druckende und nichtdruckende Flächen nahezu auf einer Ebene. Die druckenden Stellen sind so präpariert, daß sie Wasser abstoßen und dadurch die fettige Druckfarbe annehmen, während die nichtdruckenden Stellen wasserfreundlich sind und Farbe abstoßen. Auf diesem Gegensatz zwischen Fett und Wasser beruht das Wesen des Flachdruckverfahrens. Je mehr es dabei möglich ist, diesen Gegensatz zu steigern, desto leichter und besser gestaltet sich der spätere Druckvorgang.

Buchdruck

Letterset

Lichtdruck (im Katalog abgekürzt Lichtdr.)

Die Druckform besteht beim Lichtdruck (auch Phototypie) aus einer mit einer Gelatine-Chromschicht beschichteten Glasplatte, die mit einem (seitenrichtigen) Halbtonnegativ belichtet wird. Die Gelatine wird entsprechend den Tonwerten unterschiedlich stark gehärtet und anschließend gefeuchtet, es bildet sich ein Relief auf der Platte. Die unbelichteten Stellen stoßen die Druckfarbe ab, belichtete nehmen sie an.

Charakteristisch für den Lichtdruck ist das unter der Lupe erkennbare sogen. Runzelkorn, das den Raster ersetzt, in der Vergrößerung ergibt sich ein unscharfes Bild.

  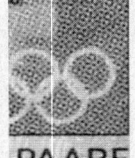

Lichtdruck   Steindruck   Offsetdruck

Steindruck (im Katalog abgekürzt Stdr.)

Der Steindruck oder die Lithografie ist das älteste Flachdruckverfahren, das heute für den Druck von Briefmarken nicht mehr gebräuchlich ist. Als Druckträger dienen Kalkstein- oder Schieferplatten, auf die die Zeichnungen manuell oder fotolithografisch, in beiden Fällen seitenverkehrt, übertragen werden. Der Druck erfolgt direkt vom Stein auf das Papier, es handelt sich also im Gegensatz zum Offsetdruck um ein direktes Druckverfahren.

Für den Steindruck ergeben sich folgende Erkennungsmerkmale:
unscharfe, in der Linienführung oft unterbrochene Bilder
matte, weiche Farben (dünner Farbauftrag)
Konturen undeutlich.

Offsetdruck (im Katalog abgekürzt Odr.)

Als Druckträger werden biegsame Metallplatten verwendet, welche um die Druckzylinder gespannt werden. Der Druck erfolgt über Gummituchzylinder auf das Papier. Der Offsetdruck ist also ein indirektes Druckverfahren, die Zeichnung auf der Platte muß seitenrichtig sein.

Halbtöne müssen gerastert werden. Der Raster täuscht durch verschieden große Punkte verschiedene Tonwerte vor. Helle Bildstellen (helle Tonwerte) werden von kleinen Punkten gebildet, dunkle von großen.

Da das Offsetverfahren keine großen Anforderungen an die Papierqualität stellt und eine sehr schnelle Arbeitsweise gestattet, verdrängte es bei Massenauflagen, besonders auch im Mehrfarbendruck, den Buchdruck. Erkennungsmerkmale:
Farbflächen gleichmäßig eingefärbt
saubere, nicht ausgefranste, nicht gequetschte Ränder
rückseitig keine Prägung sichtbar
Tonwertabstufung durch Aufrasterung
Rasterpunkte unterschiedlich groß aber mit gleicher Farbintensität

komb. StTdr. und RaTdr.   komb. StTdr. und Odr.

Tiefdruck

Beim Tiefdruck wird die Druckfarbe über Einfärbewalzen in die tiefliegenden Bildteile übertragen, wobei die auf der Oberfläche des Zylinders haftende Farbe durch eine Wischeinrichtung (Rakel) entfernt wird. Die Papierbahn übernimmt die Farbe aus den Vertiefungen des Druckzylinders.

Stichtiefdruck   Rastertiefdruck

Stichtiefdruck (im Katalog abgekürzt StTdr.)

Beim Kupferstich – der ältesten Technik des Tiefdrucks – wird die Zeichnung mit Stichel in eine Kupferplatte eingraviert, beim Stahlstich in eine Stahlplatte.

Nach dem Härten der Platte wird das vertieft liegende Markenbild auf ein Stück Rundstahl (Molette) übertragen. Dabei wird das Markenbild reliefartig geprägt. Von der gehärteten Molette erfolgt die Übertragung auf den mit einer Kupferschicht (weich) überzogenen Druckzylinder, der durch Verchromung gehärtet wird. Das Bild erscheint auf dem Druckzylinder vertieft und seitenverkehrt.

Beim Druckvorgang wird die zähflüssige Farbe von dem angepreßten feuchten saugfähigen Papier aufgenommen und trocknet leicht erhaben auf. Durch das Zusammenziehen des trocknenden Papieres ergeben sich häufig meßbare Größenunterschiede des Markenbildes.

Die Schabetechnik – Mezzotinto genannt – bedient sich des Gravierstahles und bringt zusätzlich kleine Vertiefungen in die Platte; dies war die erste Technik mit Halbton-Wiedergabe.

Das Stichtiefdruckverfahren wird bevorzugt für Markenbilder, die eine besonders sorgfältige Ausarbeitung jeder Bildeinzelheit erfordern; wegen seiner Kostspieligkeit kommt es meist für die höheren Nennwerte in Frage, bietet allerdings auch den größtmöglichen Schutz gegen Fälschungen zum Schaden der Post. Die Erkennungsmerkmale sind:
Farbauftrag als Relief spürbar
Zeichnung besteht aus feinen Linien und Punkten
Farbflächen werden durch eng nebeneinanderliegende und/oder kreuzende Linien erzielt
klares, detailreiches Markenbild

Rastertiefdruck (im Katalog abgekürzt RaTdr.)

Der Rastertiefdruck wird auch Ätztiefdruck oder Rakeltiefdruck genannt. Im Gegensatz zum StTdr. wird die Zeichnung auf fotografischem Wege auf eine Kupferplatte übertragen. Die älteste Form des Ätztiefdrucks ist die Heliogravüre oder Fotogravüre.

Vor dem Aufbringen der Negativ-Zeichnung mittels Pigmentpapier wird der Kupferplatte eine Asphalt- oder Harzstaubschicht als Kornraster aufgeschmolzen. Durch das Pigmentpapier hindurch wird die Platte in mehreren Schritten geätzt, dadurch bilden sich Vertiefungen.

Der heute gebräuchliche Rastertiefdruck ist eine Weiterentwicklung der Heliogravüre. Hier wird in zwei Arbeitsgängen der Raster und die Zeichnung durch Belichtung auf das Pigmentpapier übertragen. Dieses wird auf dem Druckzylinder entwickelt. Beim nachfolgenden Ätzen entstehen die Vertiefungen.

Der eigentliche Druckvorgang ist bei Heliogravüre und Rastertiefdruck identisch: die Vertiefungen werden mit dünnflüssiger Farbe aufgefüllt, überflüssige Farbe wird mittels Rakel abgestreift. Die Farbe wird von dem angepreßten Papier aufgenommen und trocknet im Gegensatz zum StTdr. eben auf.

Da das Papier nicht so feucht ist wie beim StTdr., sind Größenunterschiede des Markenbildes kaum feststellbar.

Erkennungsmerkmale des Rastertiefdrucks:
Sägezahneffekt bei Linien, Schriften und Bildrändern
Rasterpunkte in etwa gleich groß mit häufiger Farbabschwächung zur Rasterpunktmitte
Markenbild wirkt in der Vergrößerung unscharf
hohe Farbintensität möglich, großer Tonwertumfang
perliger Ausdruck an vielen Stellen (Farben-Fließstruktur)

Entwertung

Die Entwertung erfolgt durch Stempel, Feder- oder Farbstiftzug, seltener durch Aufdruck, Lochung, Scherenschnitt, Dienstsiegel oder ähnliche Maßnahmen. Postalisch gebraucht bedeutet mit Poststempel entwertet (im Gegensatz zur fiskalischen, steuerlichen Verwendung).

Seltene Entwertungen. Seltene, in Form und Farbe abweichende oder aus sonstigen Gründen wenig vorkommende Entwertungen bedingen je nach Seltenheit, besonders bei älteren Ausgaben, oft sehr hohe Preiszuschläge.

Entwertungen zu philatelistischen Zwecken erfolgen von Postbehörden mit unveränderten oder auch besonders, eigens dafür vorgesehenen Stempeln. Zum Teil wurden auch während oder nach der Kurszeit aufgedruckte, spezielle Stempel verwendet. Beide Arten sind im MICHEL-Katalog mit ⊘ bezeichnet.

Falschstempel sind solche Abstempelungen, welche mit betrügerischer Absicht mittels von unbefugter Seite hergestellter, also falscher Stempel vorgenommen wurden, um dadurch den Wert der ungebraucht billigeren Marken zu erhöhen. Auf das Vorkommen von Falschstempeln ist im Katalog mit dem Zeichen Ⓕ hingewiesen.

Unter **verfälschten Stempeln** versteht man Abstempelungen, die nach der Kurszeit von privater, bzw. unbefugter Seite mit echten, aber rückdatierten, veränderten Stempeln vorgenommen wurden.

Die Formulierung „ohne Obligo" bedeutet, daß der Stempel nicht prüfbar, verfälscht oder falsch ist.

Ersttagsblatt (ETB)

Von der Post ausgegebenes und vertriebenes Blatt mit neuausgegebener Marke mit Ersttagsstempel sowie Motivbeschreibungen und technischen Angaben. Private ETBs werden nicht katalogisiert.

Ersttagsbrief (FDC) (First Day Cover)

Umschläge oder Karten, die am ersten Gültigkeitstag der aufgeklebten Marke(n) abgestempelt werden. Einige Postverwaltungen geben besondere (Schmuck-) Umschläge, oft mit ausgabeanlaßbezogenen Sonderstempeln, heraus. In den MICHEL-Katalogen wird zwischen amtlichen oder privaten (Schmuck-)Belegen nur in Ausnahmefällen unterschieden.

Essay

Um für eine Markenausgabe die geeignetste Gestaltung hinsichtlich Entwurf, Druck, Farbe etc. zu finden, werden von der Post Vorlagen angefordert. Solche nicht angenommenen Proben gelangen in den Handel. Sie werden Essays genannt.

Fälschungen

Es gibt verschiedene Arten von Fälschungen:

1. Fälschungen zum Schaden der Sammler und Händler FALSCH

Es kann sich um Ganz- oder Teilfälschungen handeln, z.B. falscher Durchstich, falsche, verfälschte oder entfernte Zähnung, falsche Abstempelung, falscher Aufdruck, chemische Veränderung von Papier und Druckfarbe, im Wege der Reparatur verkehrt eingesetzte Mittelstücke etc. Ferner chemisch oder mechanisch entfernte Aufdrucke, Stempel und dgl.

2. Fälschungen zum Schaden der Post 77a

Hierunter fallen nur solche Fälschungen, die während der Kurszeit der Marken zum Schaden des Fiskus hergestellt wurden.

3. Fälschungen als Kriegsmaßnahmen 77a sind Fälschungen, die von kriegführenden Staaten zur Schädigung des Gegners hergestellt wurden. Man unterscheidet Kriegs-Postfälschungen, die den Originalen täuschend nachgebildet sind und Propagandafälschungen, deren ursprüngliches Bild originalähnlich umgezeichnet wurde.

Faksimile

Von privater Seite hergestellte Nachahmung seltener Marken, die in Farbe, Papier und/oder Druckverfahren vom Original abweicht.

Feldbestimmung

Die Feldbestimmung kann wichtig sein für das Auffinden von katalogisierten Typen oder Plattenfehlern im Bogen. Feld 27 bedeutet also im Beispiel einer Bogengröße von 10×5, daß die gesuchte Marke die 7. von links in der 3. Reihe von oben ist.

Fluoreszenz, Phosphoreszenz

Zur Erleichterung der Postautomation werden den Markenpapieren chemische Verbindungen beigemischt, seltener nachträglich aufgedruckt. Fluoreszierende Stoffe leuchten unter der Prüflampe gelblich bis grünlich auf, phosphoreszierende leuchten nach dem Ausschalten der Lampe kurz nach. Unterschiede der Fluoreszenz- oder Phosphoreszenzstoffe werden in den MICHEL-Katalogen nur in engumgrenzten Ausnahmefällen gemacht.

Ganzsache

Ganzsachen sind mit vorauszubezahlenden Wertzeichen oder Wertstempeln bedruckte, für einen postalischen Verwendungszweck bestimmte Umschläge, Kartenbriefe, Postkarten o.ä. Alle Ganzsachen sind Postwertzeichen wie Briefmarken. Sofern es offizielle Ganzsachen mit (eingedrucktem) bildgleichem Wertstempel gibt, ist nach der Farbangabe der entsprechenden Marke das Zeichen GA eingefügt.

Gummierung

In aller Regel wurden und werden die Papierbogen und -Bahnen für den Briefmarkendruck aus technischen Gründen vor dem Druck maschinell mit einer Gummierung versehen, früher manchmal auch per Hand mit Pinsel. Bei einigen klassischen geschnittenen Marken wurde die Gummierung erst nach dem Druck aufgetragen, vereinzelt wurden Marken auch ungummiert ausgegeben.

Hauptbestandteile waren früher tierische Leime, dann pflanzliche Stoffe (z.B. Dextrin und Gummi arabicum), seit geraumer Zeit werden hauptsächlich Kunststoffe (z.B. PVA) verwendet. Struktur und Erscheinungsbild können sehr unterschiedlich sein: glatt, brüchig, körnig, gestreift, borkig, matt oder glänzend, weiß, gelblich, bräunlich, rötlich, bläulich oder fast unsichtbar (sogen. Trockengummi). Beim auch vorkommenden sogenannten Spargummi wurden, um Rohstoff zu sparen, kreisförmige Stellen nicht gummiert.

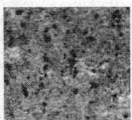  

körniger Gummi   senkr. geriffelt   waager. geriffelt

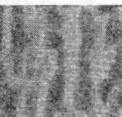 

Borkengummi   Spargummi

Es gibt auch Marken mit schwefelsäurehaltiger Gummierung, die die Marken rasch zu beschädigen droht. Es empfiehlt sich, bei solchen Marken den Gummi sofort zu entfernen. Auch bei älteren Marken kann die Beschaffenheit des Gummis (gefährliche chemische Zusammensetzung oder Bruchgefahr) zur Ablösung zwingen.

Unter **Gummiriffelung** wird das Brechen des Gummis nach dem Trocknen durch Walzen verstanden. Das Brechen erfolgt in verschiedene Richtungen (waagerechte oder senkrechte Riffelung) und soll dem Rollen des Papiers entgegenwirken.

Auf die Bedeutung, die der Originalgummi heute bei der Bewertung spielt, wird an anderer Stelle („Ungebraucht") noch eingegangen.

Hausauftragsnummer (HAN)

Bei im Plattendruck hergestellten Markenbogen befanden sich früher am unteren Rand Ziffern. Mittels dieser Nummern wurden alle an die Druckerei erteilten Aufträge durchnumeriert.

Kehrdruck (tête-bêche)

Unter Kehrdrucken versteht der Philatelist waagerechte oder senkrechte Paare, die vom Markenbild aus gesehen kopfstehend unmittelbar oder durch Zwischenstege getrennt zusammenhängen. Im MICHEL-Katalog ist dafür das Zeichen ⊔ angewandt. Die meisten Kehrdrucke stammen aus Markenheftchenbogen.

Literatur

Die Möglichkeit, die geradezu unerschöpflichen, sich ständig ergänzenden Informationsquellen des philatelistischen Schrifttums Sammlern und Händlern zugänglich zu machen, beschränkt sich heute nur noch auf wenige zentrale Fachbüchereien. Die Philatelistische Bibliothek, Rosenheimer Straße 5, 81667 München, und die Philatelistische Bibliothek Hamburg e. V., Schloßstraße 12, 22041 Hamburg stellen ihre umfangreichen Buch- und Zeitschriftenbestände in ihren Lesesälen, aber auch im Fernverleih, zur Verfügung. Aus der Philatelistischen Bibliothek München können BdPh-Vereinsmitglieder direkt ausleihen. Alle übrigen Personen erhalten im Rahmen des nationalen und internationalen Leihverkehrs durch Vermittlung einer öffentlichen Bibliothek Fachbücher oder Fotokopien.

Lochungen

Amtliche Lochungen verändern meist den Charakter der Marke oder beschränken ihren Verwendungsbereich. Durch E-Lochung wurden z.B. Marken von Bayern 1911 in Dienstmarken umgewandelt.

Nur diese amtl. Lochungen werden in den MICHEL-Katalogen katalogisiert.

Nichtamtliche Einlochungen von Buchstaben oder Firmenzeichen wurden zum Schutz vor Diebstählen und unberechtigter Verwendung durch Dritte meist von privaten Stellen, die einen größeren Markenbestand vorrätig halten, angewandt. Amtliche Stellen kennzeichnen vereinzelt die Marken auf aufbewahrten Postformularen ebenfalls durch eine Einlochung als Schutz gegen Diebstähle.

Makulatur

Unter Makulatur versteht man die durch unsauberen Druck, durch Material- oder Zähnungsfehler oder aus anderen Gründen unbrauchbar gewordenen, vor der Ausgabe an den Postschaltern ausgeschiedenen Druckbogen, die zur Vernichtung bestimmt sind. Solche Stücke kommen vereinzelt illegal in den Handel, sind aber philatelistisch wertlos.

Markenanordnung im Bogen

In der Regel werden die Klischees in gleicher Lage und in regelmäßigen Zwischenräumen zusammengestellt. Die Abstände lassen im allgemeinen auch genügend Raum für die Anbringung einer Trennungsart (Durchstich oder Zähnung), doch gibt es auch oft eine zu enge Bogenzusammenstellung; in solchen Fällen reicht der Durchstich oder die Zähnung in das Markenbild hinein, und man spricht von schlechter Zentrierung. Bei geschnittenen, im Bogen zu eng zusammenstehenden Marken stellen im Schnitt leicht berührte Ränder die einwandfreie Durchschnittsqualität dar.

Marken auf Brief

Alle mit Briefmarken frankierte Poststücke, welche auf dem üblichen Wege durch die Post befördert wurden, erhalten das Katalogzeichen ✉, wenn es sich um richtig, nach den jeweils gültigen Portosätzen frankierte Bedarfspost handelt, im Gegensatz zu Sammlerbriefen, die zu Sammelzwecken der Post zur Beförderung übergeben wurden. Besonders Briefe mit älteren Ausgaben und viele mit Flugpost richtig beförderte Briefe werten oft das Vielfache der gleichen losen Marken. Die Bewertung für Briefstücke bewegt sich zwischen dem Preis für die gestempelte Marke und dem Briefpreis, je nach Größe und Aussagekraft des Briefstücks. Briefstücke, die außer dem kompletten Stempel keine weiteren Informationen enthalten, werden kaum teurer als die gestempelte Marke gehandelt, wohingegen beispielsweise eine komplett erhaltene Briefvorderseite dem Briefpreis schon ziemlich nahekommen kann. Eine Bewertung von Briefstücken muß also stets individuell vorgenommen werden.

Ersttagsstempel (First day), oft auf zu diesem Zweck eigens von der Postverwaltung oder von privater Seite hergestellten Sonderumschlägen oder Karten, benutzen manche Postverwaltungen am ersten Verwendungstag neuer Postwertzeichen-Ausgaben.

Die Bewertung „Ersttag" bzw. „FDC" im MICHEL-Katalog bezieht sich auf alle Belege, die mit dem Datum des ersten Tages der Gültigkeit der aufgeklebten

Marke(n) abgestempelt wurden, nicht aber auf lose gestempelte Marken. Dabei ist es gleichgültig, ob die Belege einen Sonderstempel oder den Tagesstempel irgendeines Postamtes aufweisen, ob es sich um gefälligkeitsgestempelte Belege oder um echt gelaufene Sendungen handelt.

Ab etwa 1959 sind echt gelaufene, portogerecht frankierte FDC's (vor allem mit Tagesstempel) selten.

Achtung: Liegt der FDC-Preis niedriger als der ✉-Preis, so gilt er nur für nicht gelaufene oder Sammlerbriefe. Die Preise für portogerecht frankierte, echt gelaufene FDC's sind in diesem Fall mindestens gleich denen von Bedarfs-✉.

Sonderstempel, die in einer Beziehung zu dem Postwertzeichen stehen, auf dem sie angebracht sind, sind nur dann gesondert bewertet, wenn der Sonderstempel einen vom gewöhnlichen Poststempel erheblich abweichenden Mehrwert hat.

Markenfarben

Die verschiedenen Tönungen sind eine technisch bedingte Begleiterscheinung des Markendrucks. Besonders häufig sind sie zu beobachten, wenn der Druck in mehreren Auflagen erfolgt. Solche Farbunterschiede werden nur dann berücksichtigt, wenn sie verschiedenen Auflagen zugeordnet werden können bzw. mit ihnen Preisdifferenzen verbunden sind.

Farbbenennungen. Die Farbbenennungen richten sich im wesentlichen nach der Ostwaldschen Farbenlehre. Phantasienamen, wie sämisch, rahmfarben oder Zusammensetzungen mit anderen Wörtern wie ziegelrot, kornblumenblau, lichtblau, wasserblau, maigrün, seegrün usw., dienten in früherer Zeit der Erweiterung der Farbnamen-Palette. Um falsche Assoziationen zu vermeiden, wird seit geraumer Zeit auf derartige unpräzise Angaben verzichtet.

Unverzichtbar als Anhaltspunkt zum Bestimmen der Markenfarben ist der **MICHEL-Farbenführer,** nach dem seit Anfang der 80er-Jahre alle Farbbenennungen von Neuaufnahmen durchgeführt werden. Die Farben älterer Ausgaben werden in den nächsten Jahren Schritt für Schritt ausschließlich nach der ab 1991 erweiterten Ausgabe des MICHEL-Farbenführers benannt.

Ausdrücklich sei darauf hingewiesen, daß der MICHEL-Farbenführer gerade bei teuren Farbvarianten eine Prüfung durch anerkannte Verbandsprüfer nicht ersetzen kann!

Zu beachten ist, daß für den Druck von Briefmarken viel mehr Farben bzw. Farbtönungen verwendet werden als abgebildet und durch Namen oder Bezeichnungen sinnvoll ausgedrückt werden können. Zu wählen ist also die Farbbezeichnung im Farbenführer, die der Markenfarbe am nächsten kommt.

Bei mehrfarbigen Marken beginnt die Farbenbezeichnung in der Regel bei der Umrahmung und setzt sich danach bis zur Markenmitte fort; weist eine Marke mehr als zwei Farben auf, wird sie als „mehrfarbig" im MICHEL-Katalog geführt.

Maximumkarte

Voraussetzung für eine Maximumkarte ist, daß das Markenmotiv und das Bild der Karte weitgehend übereinstimmen. Die Marke wird auf die Bildseite der Karte geklebt und mit Sonderstempel oder Ortsdatumstempel entwertet. In den MICHEL-Katalogen werden nur amtliche Maximumkarten katalogisiert.

Nachdrucke

sind in staatlichem Auftrag hergestellte Drucke, zu deren Herstellung ein mehr oder weniger abgeänderter bzw. erneuerter Originaldruckstock verwendet wurde, und zwar nachdem die Frankaturgültigkeit gleichwertiger Postwertzeichen beendet war. Nachdrucke, die nicht in staatlichem Auftrag hergestellt wurden, werden Fälschungen gleichgestellt.

Neuauflage

Neue Ausgaben eines Postwertzeichens für den postalischen Bedarf, die sich von den ursprünglichen Erstauflagen durch irgendwelche Merkmale unterscheiden, nennt man Neuauflagen. Sie werden entsprechend dieser Unterschiede als Unterarten katalogisiert und numeriert.

Neudruck

Begriff für alle „neuen Drucke" eines Postwertzeichens, welche von einer staatlichen Postverwaltung mit unveränderten (Original-) Druckstöcken oder Druckplatten hergestellt wurden, nachdem die Frankaturgültigkeit solcher Marken beendet war. Neudrucke sind mit dem Zeichen **ND** gekennzeichnet. Da sie vielfach von den Originalen nur schwer zu unterscheiden sind, wird im MICHEL-Katalog absichtlich von der leicht irreführenden Angabe der Unterscheidungsmerkmale meist abgesehen. Neudrucke werden häufig zu Studienzwecken gesammelt, den Spezialisten sind sie unentbehrlich. Wenn es sich um Neudrucke handelt, die nicht von (beziehungsweise im Auftrag) der betreffenden staatlichen Postverwaltung hergestellt wurden, so muß die Bezeichnung „privater Neudruck" lauten.

Die Bezeichnung „Neudruck" ist für Fälschungen, Phantasiedrucke, Nachdrucke oder dergleichen nicht zu verwenden.

Postwertzeichenpapier

In der Regel werden für den Markendruck Papiersorten gewählt, die den besonderen drucktechnischen Anforderungen qualitativ entsprechen und oft noch mit besonderen Sicherungen gegen Fälschungen (Seidenfaden, Wasserzeichen) versehen werden. In Zeiten wirtschaftlicher Not kommen natürlich auch Papiere minderer Qualität zur Verwendung.

Häufig verwendete Papiersorten sind Glanz- und Kunstdruckpapiere, maschinenglatte, satinierte (geglättete), gestrichene (Kreide-)Papiere mit und ohne Fasern. Weitere Unterscheidungsmerkmale sind dünnes, dickes, kartonartiges, durchscheinendes, rauhes, gestreiftes oder gerippptes Papier.

Bei farbigem Papier enthält die Papiermasse selbst den Farbstoff, bei gefärbtem Papier ist er nur auf der Oberfläche aufgetragen.

Heute wird für Postwertzeichen auch ein Papier benutzt, welchem bei der Herstellung ein Fluoreszenz- oder Phosphoreszenzkörper beigemischt oder aufgetragen ist, der bei Bestrahlung mit ultraviolettem Licht hell aufleuchtet (Fluoreszenz) oder kurz nachleuchtet (Phosphoreszenz). Eine UV-Lampe ist hier eine unentbehrliche Hilfe. Mit ihr sind auch der Papiermasse beigegebene optische Aufheller zu erkennen, die unter der Lampe bläulich-weiß aufleuchten; diese können jedoch nicht gesondert katalogisiert werden.

Der Hinweis auf Papiersorten in der Katalogisierung erfolgt meist nur dann, wenn eine Ausgabe in verschiedenen Sorten existiert.

Probedruck

Der Probedruck ist der letzte Versuchsdruck vor Annahme der Zeichnung und Ausführung zur Überprüfung von Druckform, Druckfarbe und Druckverfahren.

Prüfungen und Prüfordnung

Der beste Schutz gegen den Erwerb falscher oder minderwertiger Marken ist der Einkauf im gutberufenen Fachgeschäft. In Zweifelsfällen ist die Hinzuziehung eines Experten angebracht.

Prüfordnung. Die von den Spitzenverbänden der Sammler und Händler anerkannten Experten für Marken, Abstempelungen und Erhaltung prüfen nach einheitlichen Richtlinien, die jeder Philatelist kennen sollte. Prüfordnung und Prüferliste finden Sie entweder im Kataloganhang oder im Internet unter http://www.bpp.de.

Ergänzend wird darauf hingewiesen, daß der Verlag der MICHEL-Kataloge keine Markenprüfungen vornimmt.

Retusche

Nachgravierungen oder Ausbesserungen einer ganzen Druckplatte oder einzelner Klischees werden oft vorgenommen, wenn der Stecher durch Überarbeitung eine bessere Bildwirkung erzielen oder ursprüngliche Gravurfehler sowie Abnutzungserscheinungen und Druckschäden beseitigen will.

Schriftarten

Der Umfang der Schriftarten und -formen auf Briefmarken ist derart groß, daß an dieser Stelle nur auf die wichtigsten Hauptgruppen eingegangen wird. Am meisten verwendet wird die aus der römischen Kapitalschrift hervorgegangene Antiqua mit ihren verschiedenen Unterarten, z.B. Mediaeval (Linearantiqua), Egyptienne (serifenbetonte Antiqua) und Grotesk oder Blockschrift (ohne Serifen, also ohne Abschlußstriche an Kopf und/oder Fuß der Buchstaben = Schrift dieser Einführung). Eine Nebenform ist die Kursivschrift (Schrägschrift), die als Druckschrift die altrömische, handgeschriebene Kursiv nachbildet. Weitere häufig vorkommende Schriftarten sind Schreibschriften (z.B. Englische Schreibschrift) und besonders bei älteren Marken Frakturschriften wie z.B. Gotisch und Schwabacher. Außerdem findet man vereinzelt auch nichtlateinische Schriften wie z.B. Kyrillisch. Alle diese Schriften kommen natürlich in den verschiedensten Größen (Graden) und Erscheinungsformen (mager bis fett, schmal bis breit usw.) vor.

Specimen

Der Aufdruck oder Stempel SPECIMEN, MUSTER auf Originalmarken besagt, daß diese Stücke als amtliche Orientierungsmuster, meist bei Neuausgabe der betreffenden Serie, gedient haben; der Aufdruck soll die Verwendung dieser Marken zu Frankaturzwecken verhindern. Nicht immer sind Specimen-Marken billiger als die gleichen Marken ohne Aufdruck, weil Spezialsammler ihnen besondere Beachtung schenken und die Auflagen meist gering sind.

Trennungsarten

Die drei bei Postwertzeichen vorkommenden Trennungsarten sind mit geschnitten, durchstochen und gezähnt bezeichnet. Im MICHEL-Katalog ist die Abkürzung für geschnitten ▢, für durchstochen ▢ und für gezähnt gez.

Geschnitten

Anfangs wurden die Markenbogen häufig ohne Trennungshilfen hergestellt, so daß die Marken mit der Schere herausgeschnitten werden mußten, später geschah dies meist nur noch in Notzeiten oder für Sammlerzwecke.

In der Philatelie werden als geschnitten nur solche Marken bezeichnet, die amtlich und regulär ohne Durchstich bzw. ohne Zähnung ausgegeben wurden.

Versehentlich nicht gezähnte Marken werden als ungezähnt (U) bezeichnet und als Abarten katalogisiert.

Durchstochen

Schon bald bemühte man sich, Hilfen für das Heraustrennen der Marken aus den Bogen zu finden: mittels feiner Messer wurde das Papier zwischen den Markenreihen teilweise eingeschnitten, so daß Papierbrücken zwischen den einzelnen Schnitten stehenblieben. Die häufigsten Durchsticharten sind Linien-, Punkt-, Zickzack-, Sägezahn- und Bogendurchstiche, vereinzelt farbig unterlegt.

Zickzack-Durchstich   Sägezahnartiger Durchstich   Linien-Durchstich

Versehentlich nicht durchstochene Marken werden als undurchstochen (U) bezeichnet und als Abarten katalogisiert.

Bedingt durch die Herstellungsart bringt der Reißvorgang mit sich, daß an die Randbeschaffenheit bei durchstochenen Marken nicht die gleichen Ansprüche wie an gezähnte gestellt werden können. Die Trennung wird immer unsauber und ungenau sein.

In Notzeiten, vor allem nach dem Zweiten Weltkrieg, wurden in größerer Zahl private Durchstiche hergestellt, die im Gegensatz zu den auf Veranlassung unterer Dienststellen entstandenen Postmeistertrennungen nicht katalogisiert werden.

Gezähnt

Die heute gebräuchlichste Trennungsart ist die Zähnung. Die Philatelie bezeichnet je nach Herstellungsmethode die Zähnung als Linien-, Kamm- oder Kastenzähnung.

Bei der Linienzähnung erfolgt erst die Zähnung der einen, dann die der anderen Richtung, wodurch die Eckzähne der einzelnen Marken meistens unregelmäßig ausfallen. Verschiedene Markengrößen bei Linienzähnungsmarken entstehen dadurch, daß die Lochleisten nicht immer im gleichen Abstand eingestellt sind.

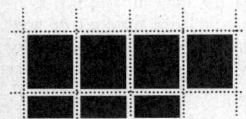

Linienzähnung

Bei Kammzähnung werden Breiten- und Höhenzähnung einer Bogenreihe, bei Kastenzähnung die des ganzen Bogens in einem Arbeitsgang der Zähnungsmaschine ausgeführt; bei diesen Zähnungsvarianten sind die Eckzähne der einzelnen Marken daher gleichmäßig.

Bei der einfachen Kammzähnung werden alle Marken einer waagerechten Reihe auf drei Seiten (oben oder unten und links und rechts) gezähnt. Bei der Kreuzkammzähnung ist der Kamm H-förmig, so daß in einem Arbeitsgang eine waagerechte Reihe und je zur Hälfte der Markenhöhe die linken und rechten senkrechten Reihen gezähnt werden.

Kammzähnung   Doppelkammzähnung

Bei Doppelkamm- und Doppelkreuzkammzähnung werden je 2 waagerechte Reihen gleichzeitig gezähnt.

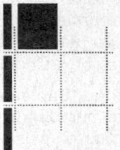

Kreuzkammzähnung   Doppelkreuzkammzähnung

Besondere Zähnungen. Erstmals 1992 in Großbritannien wurden Briefmarken mit einer **Sicherheitszähnung** versehen, bei der die durchgehende Zahnreihe an zwei gegenüberliegenden Seiten durch ovale Ausbuchtungen unterbrochen wurde.

Sicherheitszähnung

Gelegentlich werden besondere Zähnungsformen auch als gestalterisches Element eingesetzt, z. B. sternförmige Zähnungslöcher an den Markenecken bei USA MiNr. 2745.

Zähnungszahl. Die Zähnungslöcher werden international auf 2 cm berechnet, z. B. gez.12 heißt: auf 2 cm gehen 12 Zähnungslöcher. Bei Zähnungsverschiedenheiten einer Marke (gemischte Zähnung) ist die erste Zahl die (waagerechte) **Breiten-,** die zweite die (senkrechte) **Höhenzähnung.** So kommen z. B. bei gez.14½ :15 in der Breite auf 2 cm 14½ , in der Höhe 15 Zähnungslöcher.

Bei Mischzähnungen (unterschiedliche Zähnungen auf mindestens drei Seiten) wird die Zähnung – von der Markenvorderseite aus betrachtet – zuerst oben, dann rechts, dann unten und zuletzt links gemessen. Steht zwischen den Zähnungsangaben ein Bindestrich (z. B. 9–11), so zeigt das an, daß die Marken in verschiedenen Zähnungen von 9 bis 11 vorkommen.

Ein genaues Bestimmen der Zähnung ist nur mit Hilfe eines zuverlässigen Zähnungsschlüssels möglich, der zu den notwendigsten Bedarfsartikeln eines Sammlers gehört.

Die Zähnungsspitzen müssen mit den senkrechten Einteilungsstrichen von links bis rechts übereinstimmen. Die Zähnungsangaben in diesem Katalog sind nach dem MICHEL-Zähnungsschlüssel bestimmt worden. **Zu beachten ist, daß auch der beste Zähnungsschlüssel gerade bei teuren Zähnungsvarianten eine Prüfung durch kompetente Prüfer nicht ersetzen kann.**

Zähnungsgüte. Wenn die Zähnung gleichmäßige Abstände vom Markenbild hat, bezeichnet man die Marke als gut zentriert; schlechte Zentrierung entsteht bei ungenauem Einlegen des Bogens oder bei nicht ausreichendem Zähnungszwischenraum im Bogen.

Von unvollkommener Zähnung spricht man, wenn die Beschaffenheit des Papiers (zu weich, wollig, dick) eine reine Zähnung unmöglich machte.

Ist die Dezentrierung sehr stark oder verläuft die Zähnung an anderer Stelle oder in andere Richtung als vorgesehen, so spricht man von Verzähnung.

Ganz oder teilweise ungezähnte Marken siehe unter Abarten.

Ungebraucht

Bezeichnung für alle nicht entwerteten Marken. Man unterscheidet:

Postfrisch = ✶✶: Alle gummiert verausgabten Postwertzeichen, die in dem Zustand sind, in dem sie am Postschalter erhältlich waren.

Bei einigen – insbesondere älteren – Markenausgaben mußte die Gummierung entfernt werden, da sie auf Grund ihrer Zusammensetzung die Marken zerstörte. **Vorsicht vor Teil- bzw. Ganzfälschungen der Gummierung (Nachgummierungen)!**

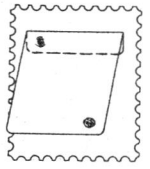

Marke mit Falz
● = Klebestellen

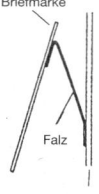

Briefmarke
Falz
Albumblatt

Ungebraucht mit Falz = ✶: Ungestempelte Postwertzeichen, die mit Falz(resten) behaftet sind. Diese sind in jedem Falle „postfrisch gemachten" Marken vorzuziehen. Vorsicht: Formulierungen wie „ungebraucht ohne Falz mit Gummierung" sind oft Umschreibungen für nachgummierte Marken!

Ungebraucht ohne Gummi = (✶): Damit sind alle Marken bezeichnet, die entweder so verausgabt wurden oder deren Originalgummi aus bestimmten Gründen entfernt wurde.

Wasserzeichen

Sie werden bei der Herstellung der Postwertzeichen in die noch nicht trockene Papiermasse mit Formen eingepreßt. Man unterscheidet einfaches und mehrfaches Wasserzeichen, stehendes, liegendes (gegebenenfalls linksliegendes und rechtsliegendes), steigendes und fallendes, kopfstehendes und seitenvertauschtes Wasserzeichen. Das Wasserzeichenbild befindet sich entweder auf jeder Marke, auf mehreren Marken, als Bogenwasserzeichen über den ganzen Markenbogen verteilt oder zusätzlich am Bogenrand.

Die Wasserzeichen sind in den MICHEL-Katalogen abgekürzt Wz aufgeführt und von der Rückseite der Marke aus gesehen wiedergegeben. Fehlen Wz.-Angaben, so sind die Marken auf Papier ohne Wasserzeichen gedruckt.

Das Wasserzeichen ist meist zu erkennen, wenn man die Marke rückseitig gegen das Licht hält. Versagt diese Methode, gibt es zwei Möglichkeiten: Einmal in der herkömmlichen Art mit Benzin und dem in jedem Fachgeschäft erhältlichen Wasserzeichensucher. Hier wird die zu untersuchende Marke mit der Bildseite auf die schwarze Platte gelegt und einige Tropfen chemisch reines (sehr wichtig!) Benzin auf die Marke geträufelt. Bei Marken auf gestrichenem Papier kann es u. U. erforderlich sein, die Marken mehrere Minuten im Benzinbad zu belassen, bis das Wasserzeichen erkennbar wird. Benzinempfindliche Marken dürfen jedoch so nicht untersucht werden. Dem Gummi schadet im allgemeinen ein Benzinbad nicht. Eine andere, sehr gute Möglichkeit bieten Geräte, die auf optisch-elektrischer Basis unter Druck und ohne jegliche chemische Hilfsmittel arbeiten. Bei Marken auf Briefen läßt sich das Wasserzeichen manchmal bei schräg auf die Marke auffallendem Licht und seitlicher Betrachtungsweise erkennen.

Zufälligkeiten

Mit katalogwürdigen Abarten sollten folgende Zufälligkeiten nicht verwechselt werden: Abklatsch, abspringende Farbe (bei StDr.), Aufdruckverstümmelungen, Bogenumschlag (teilweise fehlendes Markenbild), Doppelbilddruck, Farbbläschen, Farbstreifen, Papierfalten, Passerverschiebungen und andere Druckmängel, verschnittene und verzähnte Marken.

Abkürzungen und Zeichenerklärungen

Die verschiedenen Markenarten:

Ah.-Ausg.	= Aushilfs-Ausgabe
Einschr.-Marken	= Einschreibmarken (-zettel)
✈ Flp.-Ausg.	= Flugpost-Ausgabe
Freim.-Ausg.	= Freimarken-Ausgabe
So.-Ausg.	= Sonder-Ausgabe
Wohlt.-Ausg.	= Wohltätigkeits-Ausgabe

Abkürzungen der Druckverfahren:

Stdr.	= Steindruck
Odr.	= Offsetdruck
Bdr.	= Buchdruck
Ldr.	= indirekter Hochdruck (Letterset)
Sta-St. } StTdr.	= Stahlstich } Stichtiefdruck
Ku-St.	= Kupferstich
RaTdr.	= Rastertiefdruck
Rdr.	= Reliefdruck
Pdr.	= Prägedruck
Hfdr.	= Heißfoliendruck

Abkürzungen der Farbbezeichnungen:

bl.	= blau	Bl	= blauer Aufdruck
br., br'n	= braun	Br	= brauner Aufdruck
d', dkl'	= dunkel-	Bz	= bronzener Aufdruck
gr.	= grau	G	= goldener Aufdruck
h'	= hell-	Gb	= gelber Aufdruck
kar.	= karmin	Gra	= grauer Aufdruck
lebh'	= lebhaft-	Gr	= grüner Aufdruck
ol.	= oliv	K	= karminer Aufdruck
or.	= orange	Ku	= kupferner Aufdruck
säm.	= sämisch	L	= lila Aufdruck
schw.	= schwarz	Or	= orange Aufdruck
schwärzl'	= schwärzlich-	R	= roter Aufdruck
ultram.	= ultramarin	S	= schwarzer Aufdruck*)
vio.	= violett	Si	= silberner Aufdruck
		V	= violetter Aufdruck

*) Wenn nicht anders angegeben, ist die Aufdruckfarbe immer schwarz.

Andere Abkürzungen und Abkürzungszeichen:

Platten, Typen und Trennungsarten:

Pl	= Platte
T	= Type
⊔⊓ (K)	= Kehrdruckpaar vorkommend (Tête-bêche)
gez.	= gezähnt
K.	= Kammzähnung
Ks	= Kastenzähnung
L	= Linienzähnung
~	= Zähnung richtungsvertauscht
□	= geschnitten
U	= ungezähnt
▯ (Ul)	= links ungezähnt
▯ (U)	= rechts ungezähnt
▯ (Uo)	= oben ungezähnt
▯ (Uu)	= unten ungezähnt
▯▯ (Uzw)	= zweiseitig ungezähnt,
Uw	= waagerecht ungezähnt
Us	= senkrecht ungezähnt
▯▯ } (Udr)	= dreiseitig ungezähnt
UMs	= waagerechtes Paar, Mitte ungezähnt
UMw	= senkrechtes Paar, Mitte ungezähnt
□	= durchstochen

Wasserzeichen:

oWz.	= ohne Wasserzeichen (Bezeichnung nur in Sonderfällen)
Wz.	= Wasserzeichen
?W	= kopfstehendes Wasserzeichen vorkommend

Gummi:

✶	= ungebraucht mit Originalgummi (Falz)
✶✶	= ungebraucht mit Originalgummi (postfrisch)
(✶)	= ungebraucht ohne Gummi oder mit Teilgummi
o. G.	= ohne Gummi

Aufdrucke:

A	= Aufdruck normalstehend
AA (DD)	= doppelter Aufdruck bzw. auch Doppeldruck
AV (DK)	= doppelter Aufdruck, davon einer kopfstehend
V (K)	= kopfstehender Aufdruck
↖	= schräger Aufdruck nach links oben
↙	= schräger Aufdruck nach links unten
↗	= schräger Aufdruck nach rechts oben
↘	= schräger Aufdruck nach rechts unten

Entwertungen:

⊙	= mit Poststempel gebraucht
~	= Federzugentwertung
⊗	= fiskalische Entwertung
⊘	= Gefälligkeitsstempel
○	= Lochentwertung
≡	= andere besondere Entwertung (z. B. DDR)
Ⓢ	= Sonderstempel
Ⓣ	= Tagesstempel

Briefe und Briefstücke:

✉	= Marke auf Bedarfsbrief, -Postkarte, Paketkarte oder Drucksache, bei Flugpostmarken auf Flugpostbrief oder -karte
ETB	= Ersttagsblatt
FDC	= Ersttagsbrief
MK	= Maximumkarte
·▷	= Marke auf Briefstück
◣	= schräg halbiert vorkommend
▯	= senkrecht halbiert vorkommend
▭	= waagerecht halbiert vorkommend
▯	= senkrecht gedrittelt vorkommend
▭	= waagerecht gedrittelt vorkommend
▦	= geviertelt vorkommend

Fälschungen:

FALSCH	= Fälschungen (Teilfälschungen) vorkommend (zum Schaden der Sammler)
Ⓕ	= Falschstempel vorkommend, Stempelprüfung erforderlich
方	= Fälschungen zum Schaden der Post

Verschiedenes:

⊠	= Entwurf
⊠	= Stich
Bl.	= Block
Br l/u	= Bogenrand links/unten
DZ	= Drucker(ei)zeichen
Erg.	= Ergänzung
—.—	= kein Preisansatz möglich
HAN	= Haus-Auftrags-Nummer
S.	= Seite, Sonderdruck oder Schwarzdruck
s.	= siehe
F	= Fehldruck oder Fehlfarbe
L	= Leerfeld
M	= Vorzugsdruck (Ministerblock)
Zf	= Zierfeld
⊞	= Marke erscheint unter der UV-Lampe ...
NA	= Neuauflage
ND	= amtlicher Neudruck
Neudr. (N)	= privater Neudruck
Nachdr. (N)	= Nachdruck
Papier ph.	= phosphoreszierendes Papier
Papier fl.	= fluoreszierendes Papier
▭▭	= Doppelstück (2 Marken zusammenhängend)
▭▭▭	= Dreierstreifen (3 Marken zusammenhängend)
▦ ⊞	= Viererblock
P	= Plattendruck oder Probedruck
POL	= POL-Lochung
R	= Rollendruck
V	= Vorlagedruck oder Versuchsdruck
W	= Walzendruck
GA	= es gibt Ganzsachen mit bildgleichem Wertstempel
Zd	= Zusammendruck

Neueinteilung der Europa-Kataloge ab 2006/07

Band 1: Mitteleuropa:
Bisher in Band:
Liechtenstein	1
Österreich	1
Schweiz	1
Slowakei	4
Tschechische Republik	4
Tschechoslowakei	4
Ungarn	4
UNO Genf	1
UNO Wien	1
Westungarn	4

Band 2: Südwesteuropa:
Andorra (franz.)	1
Andorra (span.)	1
Frankreich	1
Gibraltar	1
Monaco	1
Portugal	1
Spanien	1

Band 3: Südeuropa:
Albanien	2
Bosnien-Herzegowina	2
Fiume	2
Italien	2
Jugoslawien	2
Kroatien	2
Makedonien	2
Malta	2
Montenegro	2
San Marino	2
Serbien	2
Slowenien	2
Triest	2
Vatikan	2

Band 4: Südosteuropa:
Bisher in Band:
Ägäische Inseln	2
Bulgarien	2
Epirus	2
Griechenland	2
Ikarien	2
Ionische Inseln	2
Kreta	2
Ostrumelien	2
Rumänien	4
Samos	2
Thrakien	2
Türkei	2
Türkisch-Zypern	2
Zypern	2

Band 5: Nordeuropa:
Dänemark	3
Estland	3
Finnland	3
Island	3
Karelien	3
Lettland	3
Litauen	3
Mittellitauen	3
Nordingermanland	3
Norwegen	3
Schweden	3

Band 6: Westeuropa:
Belgien	3
Großbritannien	3
Irland	3
Luxemburg	3
Niederlande	3

Band 7: Osteuropa:
Karpaten-Ukraine	4
Republik Moldau	4
Polen	4
Rußland	4
Sowjetunion	4
Ukraine	4
Weißrußland	4
Westukraine	4

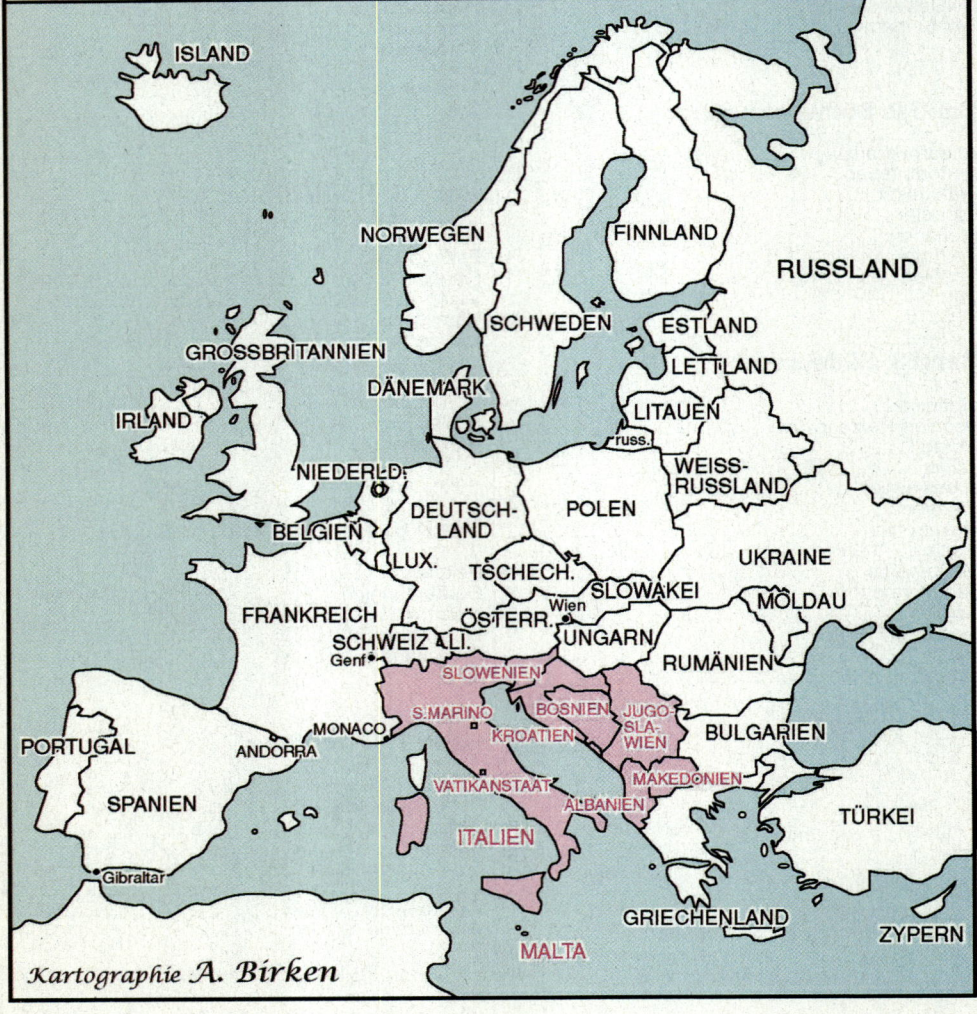

Albanien (Shqipëria)

Früher türkisch besetzt; Unabhängigkeitserklärung am 28.11.1912; ab 1916 der Norden von den Mittelmächten, der Süden von den Alliierten besetzt bis Anfang 1919; ab 20.1.1920 Regentschaftsrat, ab 7.3.1925 Republik, ab 1.9.1928 Königreich unter dem bisherigen Präsidenten Achmed Zogu, ab 12.4.1939 in Personalunion mit Italien, ab 10.9.1943 von Deutschland besetzt, ab 29.11.1944 wieder unabhängig, ab 11.1.1946 Volksrepublik, ab März 1991 Republik.
Währung: 1 Piaster = 1 Grosh = 40 Paras; ab 1913: 1 Franc = 100 Qint (Quind, Qintar); ab Sept. 1947: Lek; ab Aug. 1965: 1 neuer Lek = 100 Qindarka.

Eintritt in den Weltpostverein: 1.3.1922.

Die postamtlichen Ausgabedaten von Neuheiten Albaniens liegen oftmals weit vor ihrer Verfügbarkeit. Sie werden auch nicht selten im Nachhinein geändert, so daß sich nicht immer eine chronologische Reihenfolge der Katalogisierung ergibt.

Von Ausgaben, die als Kleinbogen, Viererblock oder in anderen Zusammendruckformen ausgegeben werden, sind oftmals Probedrucke in Form waagerechter und senkrechter Streifen bekannt. Sie werden in Albanien aus Markenmangel zur Frankatur zugelassen. Eine gesonderte Katalogisierung erfolgt nicht.

Alle Ausgaben ab MiNr. 967 sind frankaturgültig, sofern nichts anderes angegeben.

MiNr. I fällt aus. MiNr. II a–II h s. nach MiNr. 46, MiNr. III a–III b s. nach MiNr. 110, MiNr. IV a–IV b s. nach MiNr. 125.

Wz. 1
Rauten

Wz. 2
Doppeladler

Preise ungebraucht: MiNr. 1–2 (*), MiNr.3–66 *, ab MiNr. 67 * * (MiNr. 67–337 mit Falz * ca. 40–60% der * *-Preise, sofern nichts anderes angegeben).

Unabhängiger Staat

1913

1913, 5. Mai. Freimarke: Dienststempel des Postministeriums mit Wappen, ohne Wertangabe. Kuvertausschnitte (verschiedenfarbige Papiere) als Freimarke verwendet. □; o.G.

			(*)	⊙
1	1 Pia	schwarz . . . . a	500,—	600,—

Preise gelten für rund geschnittene Stücke. Viereckig geschnittene Stücke ca. 60% Aufschlag. FALSCH

Auflage: 2232 Stück

Gültig bis 30.6.1913

1913, 1. Juni/14. Okt. Freimarken: Dienststempel der Post ohne Wappen und ohne Wertangabe. Kuvertausschnitte (verschiedenfarbige Papiere) als Freimarke verwendet (1. Auflage) bzw. aus Bogen zu 45 Marken (2. Auflage).
A = □, B = Nähmaschinen-□, Trennungslinien mit Bleistift vorgezeichnet; o.G.

			(*)	⊙
2	1 Pia	schwarz (auch blau) . . . . b		
A		geschnitten (1. Auflage, 1.6.)	300,—	500,—
B		durchstochen (2. Auflage, 14.10.)	650,—	750,—

Preise der MiNr. 2 A gelten für rund geschnittene Stücke, viereckig geschnittene Stücke ca. 60% Aufschlag. FALSCH

Auflagen: MiNr. 2 A = 1643, MiNr. 2 B = ca. 800 Stück

Gültig bis 30.6.1913

1913, 16. Juni. Türkische Marken der Ausgaben 1908 und 1909/11 mit Handstempelaufdruck Doppeladler und SHQIPËNIA.

				*	⊙
3		2 Pa	oliv . . . . (180)	500,—	500,—
A 3		2 Pa	auf 5 Pa ockergelb . . (179)	2200,—	2000,—
4		5 Pa	ockergelb . . . . (159)	500,—	500,—
5		10 Pa	blaugrün . . . . (160)	360,—	250,—
6		20 Pa	rosa . . . . (161)		
	x		gewöhnliches Papier	350,—	250,—
	y		öliges Papier (ohne Gummi)	420,—	400,—
A 6		20 Pa	rosa . . . . (136)	900,—	1100,—
7		1 Pia	blau, ultramarin . . . .(162a)	300,—	250,—
8		2 Pia	schwarzblau . . . . (163)	500,—	450,—
9		2½ Pia	dunkelsepia . . . . (139)	900,—	800,—
10		5 Pia	dunkellila . . . . (165)	1300,—	1100,—
A 10		5 Pia	dunkellila . . . . (140)	2500,—	2800,—
11		10 Pia	ziegelrot . . . . (166)	4500,—	4500,—
A 11		25 Pia	russischgrün . . . . (142)	10000,—	10000,—
B 11		50 Pia	orangebraun . . . . (143)	20000,—	20000,—

Gute Zähnungen sowie klare (oder blaue, rote, violette) Aufdrucke 70% Aufschlag.

FALSCH ⊙

Albanien

1913. Freimarken: Gleicher Aufdruck auf Türkei-Marken mit Beyiye-Aufdruck.

12	10 Pa	blaugrün	(150) R	850,—	800,—
A 12	10 Pa	blaugrün	(175) R	750,—	800,—
13	20 Pa	rosa	(176) Bl	900,—	950,—
14	1 Pia	blau, ultramarin	(177) R	1800,—	1700,—
A 14	2 Pia	schwarzblau	(178)	3200,—	3000,—

FALSCH Ⓖ

Auflagen: MiNr. 3 und A 3 zusammen = 1909, MiNr. 4 = 1983, MiNr. 5, 12 und A 12 zusammen = 4252, MiNr. 6, A 6 und 13 zusammen = 10167, MiNr. 7 und 14 zusammen = 11375, MiNr. 8 und A 14 zusammen = 3758, MiNr. 9 = 1137, MiNr. 10 = 650, MiNr. 11 = 241, MiNr. A 11 = 35, MiNr. B 11 = 16 Stück

Amtliche Neudrucke (sog. Minister-Drucke, Okt./Nov. 1913).

Ölig ausfließender, rückseitig durchschlagender, meist verschmierter Aufdruck. Alle ND sind auch ⊘ bekannt.

3 ND		(180)	60,—	
A 3 ND		(179)	—,—	
4 ND		(159)	60,—	
5 ND		(160)	60,—	
6 ND		(161)	60,—	
7 ND		(162)	220,—	
8 ND		(163)	60,—	
9 ND		(139)	60,—	
10 ND		(165)	60,—	
11 ND		(166)	120,—	
A 11 ND		(142)	260,—	
B 11 ND		(143)	200,—	
12 ND		(150)	60,—	
A 12 ND		(175)	200,—	
13 ND		(176)	60,—	
14 ND		(177)	60,—	
A 14 ND		(178)	180,—	

1913. Freimarke: Aufdruck auf türkischen Portomarken von 1908 als Freimarken ausgegeben.

15	1 Pia	schwarz auf rosa	(P 29, 31)	3000,—	2600,—
A 15	2 Pia	schwarz auf rosa	(P 30)	900,—	900,—

FALSCH

MiNr. 15 = 345 Stück

Amtlicher Neudruck (Okt./Nov. 1913):

15 ND		(P 31)	180,—

1913, 13. Aug. Freimarken: MiNr. 6x und 13 mit Paginierstempel – Aufdruck.

16	10 Pa auf 20 Pa rosa		(6x)	1200,—	1200,—
17	10 Pa auf 20 Pa rosa		(13)	2600,—	2600,—

Aufdruckfehler (kopfstehende Aufdrucke, Doppelaufdrucke) bekannt.

Auflage: MiNr. 16 und 17 zusammen 1440 Stück

Amtlicher Neudruck (Okt./Nov. 1913):

16 ND			120,—

MiNr. 3 – 17 gültig bis 24.10.1913

1913, 25. Okt. Dienststempel der Postverwaltung wie MiNr. 2. Adler farbig eingestempelt. Wert in Schreibmaschinenschrift violett eingefügt; verschiedene Papiersorten; o. G.; □.

c

			(*)	⊙
18	10 Pa violett, Adler violett		15,—	15,—
19	20 Pa rot, Adler schwarz		20,—	17,—
20	1 Gr violett, Adler schwarz		20,—	20,—
21	2 Gr blau, Adler violett		25,—	20,—
22	5 Gr violett, Adler blau		30,—	26,—
23	10 Gr blau, Adler blau		30,—	26,—
	Satzpreis (6 W.)		140,—	120,—

Zahlreiche Schreibmaschinenfehler - MiNr. 22 auch mit schwarzem und MiNr. 23 mit violettem Adler, ⩔

FALSCH

Gültig bis 28.13.1913

1913, 28. Nov. 1. Jahrestag der Unabhängigkeitserklärung. Handstempel mit nachträglichem Adlereindruck; gestreiftes Papier; gez. L 11½; o.G.

				(*)	⊙
24	10 Pa		d		
a		hellgrün/grau		5,—	4,—
b		hellgrün		2200,—	2200,—
25	20 Pa	zinnober/grau	d	7,50	6,—
26	30 Pa	bläulichviolett/grau	d	7,50	6,—
27	1 Gr	blau/grau	d	10,—	9,—
28	2 Gr	schwarz/grau	d	15,—	10,—
		Satzpreis (5 W.)		45,—	38,—

MiNr. 24–28 existieren mit kopfstehendem Adler, kopfstehendem Adler und kopfstehender Wertzahl oder mit kopfstehendem Adler und kopfstehender Wertzahl.

FALSCH

Auflagen: MiNr. 24 a = 40 217, MiNr. 24 b = 100, MiNr. 25 = 39 339, MiNr. 26 = 38 064, MiNr. 27 = 45 461, MiNr. 28 = 36 129 Stück

Gültig bis 30.12.1913

1913, 1. Dez. Freimarken: Skanderbeg. Bdr. IPS, auf gestrichenem Papier mit farbigem Linien-Unterdruck; gez. L 14½:14.

e) Fürst Skanderbeg (G. Kastriota), Staatsmann

				★	⊙
29	2 Q	rotbraun/gelb	e	5,—	2,50
30	5 Q	blaugrün/grün	e	5,—	2,50
31	10 Q	rosa/rot	e	5,—	2,50
32	25 Q	blau/ultramarin	e	5,—	2,50
33	50 Q	violett/braunrot	e	12,—	5,—
34	1 Fr	dunkelbraun/braun	e	28,—	15,—
		Satzpreis (6 W.)		60,—	30,—

MiNr. 29–34 mit Abstempelung „Shkodër"
in Gold (7.3.1914) (Auflage 50 Sätze): Satzpreis (6 W.) . . . . . 1000,—

Die Marken tragen die fehlerhafte Inschrift „Skanderbergu" statt „Skanderbegu". Spezialisten unterscheiden bei MiNr. 29–34 zwei Auflagen (hellere oder dunklere Tönung der Markenfarben).

Auflagen: MiNr. 29–33 je 500 000, MiNr. 34 = 100 000 Stück

Fürstentum

1914

1914, 7. März. Ankunft des Königs (Mbret) Wilhelm von Wied, MiNr. 29–34 mit Handstempelaufdruck.

				★	⊙
35	2 Q	rotbraun/gelb	(29)	70,—	70,—
36	5 Q	blaugrün/grün	(30) V	70,—	70,—
37	10 Q	rosa/rot	(31)	70,—	70,—
38	25 Q	blau/ultramarin	(32) V	70,—	70,—
39	50 Q	violett/braunrot	(33)	70,—	70,—
40	1 Fr	dunkelbraun/braun	(34)	70,—	70,—
		Satzpreis (6 W.)		400,—	400,—

Aufdrucke ohne „7. Mars" bekannt; verschiedene Papiersorten

MiNr. 35–40 mit Abstempelung „Lezhe"
in Gold (7.3.1914) (Auflage 50 Sätze): Satzpreis (6 W.) . . . . . 1200,—

Auflage: 8500 Sätze

Gültig bis 15.3.1914

Albanien

1914, 2. April. Freimarken. MiNr. 29–34 mit Aufdruck der türkischen Währung.

41	5 PARA	auf 2 Q mehrfarbig	(29)	3,—	3,—
42	10 PARA	auf 5 Q mehrfarbig	(30)	3,—	3,—
43	20 PARA	auf 10 Q mehrfarbig	(31)	5,—	4,—
44	1 GROSH	auf 25 Q mehrfarbig	(32)	5,—	5,—
45	2 GROSH	auf 50 Q mehrfarbig	(33)	5,—	5,—
46	5 GROSH	auf 1 Fr mehrfarbig	(34)	20,—	15,—
		Satzpreis (6 W.)		40,—	35,—

MiNr. 41–46 mit kopfstehendem Aufdruck bekannt, ebenso Paare mit und ohne Aufdruck.

Nicht ausgegeben:

1914, Sept. Fürst Wilhelm von Wied. Bdr.; gez. L 13:12 ½.

f) Fürst Wilhelm von Wied

				*	⊙
II a	1 Q	grau	f	4,—	2,50
II b	5 Q	grün	f	2,—	2,50
II c	10 Q	rosa	f	0,50	2,50
II d	20 Q	braun	f	8,—	2,50
II e	25 Q	blau	f	6,—	2,50
II f	50 Q	lila	f	8,—	15,—
II g	1 Fr	graublau	f	45,—	40,—
		Satzpreis (7 W.)		70,—	65,—

Probedrucke ☐ in gleichen Farben sowie ein Wert zu 2 Fr. orange je 250,—.

◉ Am 4. Sept. 1914 verließ Fürst Wilhelm von Wied Albanien, so daß die Marken MiNr. II a–f nicht mehr in den Verkehr gekommen sind; ein Teil der Marken war jedoch bereits im voraus gestempelt, so mit dem Stempel DURAZZO/ 4 Septembre 1914.

Marken in nebenstehender Zeichnung ☐ oder gez. waren von der Druckerei S. Modiano in Triest in Auftrag des 3. Albaner-Kongresses hergestellt, aber wegen des fehlerhaften Wappens nicht zur Ausgabe gelangt.

Während des 1. Weltkrieges waren in Albanien fremde Besatzungen: Österreich K. K. Feldpost führte eine notdürftige Zivilverwaltung ein.

Postalische Ausgaben nach dieser Zeit siehe unter Italien, Epirus und Griechenland.

Die Erhaltung entscheidet bei allen Marken über den Preis.

Die Preisnotierungen gelten für Marken in einwandfreier Qualität. Marken ohne Gummi, mit starker Verstempelung und sonstigen Fehlern kosten weniger, Luxusstücke mit Überdurchschnittserhaltung, besonders bei den klassischen Ausgaben, oft wesentlich mehr.

Vorläufige Verwaltung

1919

1919, 15. Jan./ bis März. Freimarken: Stempelmarken der österreichischen Landesverwaltung in 2 versch. Adlerzeichnungen mit Aufdruck POSTA/e shkodres/ SHQYPNIS und neuer Wertangabe sowie einem farbigem Kontrollaufdruck I; gez. L 12½.

Adler Type I   Adler Type II

Kontrollaufdruck I in Rot, auf MiNr. 47 b und 49 in Blau.

				*	⊙
47 I	(2)	QINT	auf 2 Heller braun		
a			Audruck rot	10,—	10,—
b			Aufdruck blau	42,—	42,—
48 I	05	QINT	auf 16 H. grün	10,—	10,—
49 I	10	QINT	auf 8 H. rosa	10,—	10,—
50 I	25	QINT	auf 64 H.		
a			Adler Type I, blau	12,—	120,—
b			Adler Type II, dunkelblau	500,—	500,—
51 I	50	QINT	auf 32 H. violett	10,—	10,—
52 I	1	Frank	auf 1.28 Kr ocker auf blau	13,—	13,—
			Satzpreis (6 W.)	65,—	65,—

Bei allen Werten sind geringfügige Abweichungen des Aufdrucks bekannt, außerdem kopfstehende Aufdrucke bei MiNr. 47 I–49 I, 51 I und 52 I.

1919, 16. Jan. Freimarken: Stempelmarken der österreichischen Landesverwaltung mit Kontrollaufdruck II in Rot, Blau oder Grün; gez. L 12½.

Kontrollaufdruck II

47 II	(2)	QINT	auf 2 H braun		
a			Aufdruck rot	20,—	20,—
b			Aufdruck blau	85,—	25,—
48 II	05	QINT	auf 16 H grün	15,—	15,—
49 II	10	QINT	auf 8 H rosa	15,—	15,—
50 II	25	QINT	auf 64 H		
a			Adler Type I, blau	200,—	200,—
b			Adler Type II, dunkelblau	65,—	75,—
51 II	50	QINT	auf 32 H violett	20,—	20,—
52 II	1	Frank	auf 1.28 Kr ocker o. blau	20,—	20,—
			Satzpreis (6 W.)	150,—	160,—

Albanien

 **1919, 7. März. Freimarken: Stempelmarken der österreichischen Landesverwaltung mit Kontrollaufdruck III; gez. L 12 ½.**

Kontrollaufdruck III

47 III	(2)	QINT	auf 2 H braun	25,—	25,—
48 III	05	QINT	auf 16 H grün	25,—	25,—
49 III	10	QINT	auf 8 H rosa	25,—	25,—
50 III	25	QINT	auf 64 H		
a			Adler Type I, blau	25,—	25,—
b			Adler Type II, dunkelblau	200,—	200,—
51 III	50	QINT	auf 32 H violett	25,—	25,—
52 III	1	Frank	auf 1.28 Kr ocker o. blau	25,—	25,—
			Satzpreis (6 W.)	150,—	150,—

1919, 5. Juni. Freimarken: Stempelmarken der österreichischen Landesverwaltung mit Aufdruck POSTAT / SHQIPTARE, darunter senkrechte Striche (Durrës); gez. L 12½.

Kontrollaufdruck IV

53	10	QIND	auf 2 H braun	10,—	7,50
54	15	QIND	auf 8 H rosa		
I			Adler Type I	10,—	7,50
II			Adler Type II	300,—	300,—
55	20	QIND	auf 16 H grün	10,—	7,50
56	25	QIND	auf 64 H dunkelblau	10,—	7,50
57	50	QIND	auf 32 H violett	10,—	7,50
58	1	FRANK	auf 96 H orange		
I			Adler Type I	10,—	7,50
II			Adler Type II	260,—	250,—
59	2	FRANK	auf 160 H viol. auf sämisch	35,—	30,—
			Satzpreis (7 W.)	95,—	75,—

Bei allen Werten sind geringfügige Abweichungen des Aufdrucks und kopfstehende Kontrollaufdrucke bekannt.

1919. Freimarken. Stempelmarken der österreichischen Landesverwaltung mit schwarzem bzw. violettem Aufdruck, schräge Striche unter SHQIPTARE (Durrës); gez. L 12½.

Kontrollaufdruck V

60	10	QIND	auf 8 H rosa .... S		
I			Adler Type I	320,—	300,—
II			Adler Type II	10,—	7,50
61	15	QIND	auf 8 H rosa V		
I			Adler Type I	1000,—	500,—
II			Adler Type II	10,—	7,50
62	20	QIND	auf 16 H grün ..... S	10,—	7,50
63	25	QIND	auf 32 H violett ... S	10,—	7,50
64	50	QIND	auf 64 H blau ..... S	28,—	20,—
65	1	FRANK	auf 96 H orange .. S	12,—	10,—
66	2	FRANK	auf 160 H viol. auf säm. .. S	20,—	15,—
			Satzpreis (7 W.)	100,—	75,—

Bei allen Werten sind geringfügige Abweichungen des Aufdrucks und kopfstehende Kontrollaufdrucke bekannt.

Lesen Sie bitte auch das Vorwort!

Regentschaftsrat

1920

 **1920, 16. Febr. Freimarken: MiNr. II a–II f mit Aufdruck.**

				✶✶	⊙
67	1 Q grau .... Bl			150,—	120,—
68	2 auf 10 Q rosa .... R			20,—	30,—
69	5 auf 10 Q rosa .... Gr			20,—	25,—
70	10 Q rosa .... S			20,—	25,—
71	20 Q braun .... Bl			65,—	45,—
72	25 auf 10 Q rosa .... Bl			20,—	20,—
73	25 Q blau .... S			750,—	650,—
74	50 auf 10 Q rosa .... Br			20,—	40,—
75	50 Q lila .... S			85,—	90,—
	Satzpreis (9 W.)			1100,—	950,—

FALSCH

1922

 1920, 1. April/1922. Freimarken: Skanderbeg und Doppeladler. Bdr.; Kontroll-Aufdruck in 3 Typen; gez. K 14:13½.

h) Skanderbeg und Doppeladler

Kontrollaufdrucke:

	I	II	III
76	2 Q orange .... h		
I	Aufdruck I (1920)		15,—	12,—
II	Aufdruck II (1922)		10,—	10,—
77	5 Q dunkelgrün .... h		
I	Aufdruck I (1920)		25,—	22,—
II	Aufdruck II (1922)		10,—	10,—
III	Aufdruck III (Okt. 1922)		10,—	10,—
78	10 Q ziegelrot .... h		
I	Aufdruck I (1920)		45,—	45,—
II	Aufdruck II (1922)		20,—	17,—
III	Aufdruck III (Aug. 1922)		10,—	10,—
79	25 Q blau .... h		
I	Aufdruck I (1920)		80,—	42,—
II	Aufdruck II (1922)		35,—	30,—
80	50 Q grün .... h		
I	Aufdruck I (1920)		18,—	15,—
II	Aufdruck II (1922)		20,—	17,—
81	1 Fr rotlila .... h		
I	Aufdruck I (1920)		18,—	15,—
II	Aufdruck II (1922)		20,—	17,—
	Satzpreis I (6 W.)		200,—	150,—
	Satzpreis II (6 W.)		110,—	100,—

MiNr. 76–81 waren ohne Aufdruck ursprünglich nur für das Skutari-Gebiet bestimmt (Inschrift Shkoder), wurden aber ohne Aufdruck amtlich nicht verwendet.
☐ ohne Aufdruck: Probedrucke.

1922. Zeitungsmarke: MiNr. 76 II mit Aufdruck.

82	Q 1	auf 2 Q orange		10,—	5,—

Albanien

1922. Freimarken: Städte und Bauwerke. Bdr.; gez. L 12½, MiNr. 84, 86–89 auch gez. L 11½

i) Festung Gjirokastër

k) Festung Kanina l) Festung Berat m) Vezirsbrücke über den Drin

n) Shkodra o) Korça p) Festung Durrës

83	2 Q	orange i	1,—	2,—
84	5 Q	hellgrün .... k	1,—	1,50
85	10 Q	karminrosa l	1,—	1,50
86	25 Q	blau .... m	1,—	1,50
87	50 Q	blaugrün .... n	1,—	1,50
88	1 Fr	violett .... o	1,—	2,—
89	2 Fr	dunkeloliv .... p	6,—	8,—
		Satzpreis (7 W.)	12,—	18,—
83 U–89 U	ungezähnt .... Satzpreis (7 W.)		500,—	

1925. Ganzsachenausschnitte aus Briefumschlägen in Zeichnung l und m zu 10 Q karminrosa und 25 Q blau waren zur Frankatur zugelassen (siehe nach MiNr. 110).

1924

1924, 21. Jan. Eröffnung der Nationalversammlung. MiNr. 83 bis 87 mit Aufdruck Mbledhje Kushtetuese, darunter violetter Handstempelaufdruck.

90	2 Q	orange .... (83)	25,—	25,—
91	5 Q	hellgrün .... (84)	25,—	25,—
92	10 Q	karminrosa .... (85)	18,—	18,—
93	25 Q	blau .... (86)	18,—	18,—
94	50 Q	blaugrün .... (87)	25,—	25,—
		Satzpreis (5 W.)	110,—	110,—

[FALSCH]

Auflagen: MiNr. 90, 91 und 94 je 3 500, MiNr. 92 und 93 je 7 500 Stück

1924, April. Freimarke. MiNr. 83 mit neuem Wertaufdruck.

95	1 auf 2 Q orange .... (83)	7,50	10,—

1924, Nov. Rotes Kreuz (I). MiNr. 84–87 mit Aufdruck in Rot und Schwarz.

96	5 +5 q	hellgrün .... (84)	25,—	34,—
97	10 +5 q	karminrosa .... (85)	25,—	34,—
98	25 +5 q	blau .... (86)	25,—	34,—
99	50 +5 q	blaugrün .... (87)	25,—	34,—
		Satzpreis (4 W.)	100,—	130,—

Auflage: 22000 Sätze

1924. Rotes Kreuz (II). MiNr. 96–99 mit weiterem Aufdruck in Rot und Schwarz.

100	5+5 q +5 q hellgrün .... (96)	25,—	30,—
101	10+5 q +5 q karminrosa .... (97)	25,—	30,—
102	25+5 q +5 q blau .... (98)	25,—	30,—
103	50+5 q +5 q blaugrün .... (99)	25,—	30,—
	Satzpreis (4 W.)	100,—	100,—

Auflage: 28 000 Sätze

1925

1925, 5. März. Wiederherstellung verfassungsmäßiger Zustände. MiNr. 83 bis 88 und 95 mit Aufdruck.

104	1 auf 2 Q orange .... (95)	7,50	9,—
105	2 Q orange .... (83)	7,50	9,—
106	5 Q hellgrün .... (84)	7,50	9,—
107	10 Q karminrosa .... (85)	7,50	9,—
108	25 Q blau .... (86)	7,50	9,—
109	50 Q blaugrün .... (87)	15,—	17,—
110	1 Fr violett .... (88)	15,—	22,—
	Satzpreis (7 W.)	65,—	80,—

Bei allen Werten sind geringfügige Abweichungen des Aufdrucks bekannt.

1925. Ganzsachenausschnitte aus Briefumschlägen in Zeichnung der MiNr. 85 und 86 in Stdr. auf weißem Kartonpapier; ▢; o. G. als Frankatur verwendet:

III a	10 Q karminrosa l	✉ 400,—
III b	25 Q blau .... m	400,—

Republik

1925, 11. April. Proklamierung der Republik. MiNr. 83–88 und 95 mit Aufdruck.

			✶✶	☉
111	1 auf 2 Q orange .... (95)		6,50	8,—
112	2 Q orange .... (83)		6,50	8,—
113	5 Q hellgrün .... (84)		6,50	8,—
114	10 Q karminrosa .... (85)		6,50	8,—
115	25 Q blau .... (86)		6,50	8,—
116	50 Q blaugrün .... (87)		6,50	10,—
117	1 Fr violett .... (88)		12,—	17,—
	Satzpreis (7 W.)		50,—	65,—

Bei allen Werten sind Aufdruckfehler bekannt.

Mehr wissen mit MICHEL

Albanien

1925. Freimarken. MiNr. 83–89 und 95 mit diagonalem Aufdruck von links oben nach rechts unten.

118	1	auf 2 Q orange	(95)	2,—	2,—
119		2 Q orange	(83)	2,—	2,—
120		5 Q hellgrün	(84)	2,—	2,—
121		10 Q karminrosa	(85)	2,—	2,—
122		25 Q blau	(86)	2,—	2,—
123		50 Q blaugrün	(87)	2,—	2,—
124		1 Fr violett	(88)	9,—	5,—
125		2 Fr dunkeloliv	(89)	14,—	5,—
		Satzpreis (8 W.)		35,—	20,—

Der Aufdruck zeigt viele Unregelmäßigkeiten, die aber nicht gleichmäßig auf allen Werten vorkommen, z. B. Aufdruck kopfstehend „Republiua", „Republika".

1925, Kuvertausschnitte in Zeichnung der MiNr. 121 und 122 auf Kartonpapier; □; o. G., noch mit einzeiligem Aufdruck Republika Shqiptare; als Briefmarken verwendet:

				✉
IVa	10 Q karminrosa	l		450,—
IVb	25 Q blau	m		400,—

✈ **1925, 30. Mai. Adria Aero-Lloyd. Wertangabe in Goldfranken. Bdr. Staatsdruckerei Berlin; Wz. Rauten (Wz. 1); gez. L 14.**

Fa) Flugzeug und Adler über Tirana   Wz. 1

				**	⊙
126	5 Q	grün	Fa	4,—	4,—
127	10 Q	karmin	Fa	4,—	4,—
128	25 Q	blau	Fa	4,—	4,—
129	50 Q	dunkelgrün	Fa	7,—	7,—
130	1 Fr	violett/schwarz	Fa	12,—	12,—
131	2 Fr	dunkeloliv/lila	Fa	20,—	20,—
132	3 Fr	orange/dunkelgrün	Fa	25,—	20,—
		Satzpreis (7 W.)		75,—	75,—

126 U–132 U   ungezähnt   Satzpreis (7 U.)   3500,—

Auflagen: MiNr. 126 = 70 631, MiNr. 127 = 72 444, MiNr. 128 = 59 661, MiNr. 129 = 62 296, MiNr. 130 = 21 462, MiNr. 131 = 20 197, MiNr. 132 = 21 436 Stück

1925, 24. Dez. Freimarken: Achmed Zogu. Stdr.; A = gez. L 13½, B = gez. L 11½.

r–s) Achmed Zogu (1895–1961), Staatspräsident

133 A	1 Q	orange	r	0,40	0,30
134 A	2 Q	rotbraun	r	0,40	0,30
135 A	5 Q	grün	r	0,30	0,30
136	10 Q	karmin	r		
A		gez. 13½		0,30	0,30
B		gez. 11½		50,—	35,—

137 A	15 Q	dunkellilabraun	r	2,—	2,50
138 A	25 Q	blau	r	0,50	0,30
139 A	50 Q	graugrün	r	2,—	1,80
140 A	1 Fr	rot/blau	s	4,—	2,50
141 A	2 Fr	grün/gelb	s	5,—	2,50
142 A	3 Fr	braun/violett	s	10,—	6,—
143 A	5 Fr	violett/schwarz	s	12,—	8,50
		Satzpreis A (11 W.)		36,—	25,—

133 U–143 U   Satzpreis (11 W.)   200,—

Nicht ausgegeben:
1 Fr grauultramarin/dunkelbraun und 2 Fr graugrün/rotbraun in ähnlicher Zeichnung wie MiNr. 140–143

1927

✈ **1927, 18. Jan. MiNr. 126-132 mit schrägem Aufdruck „Rep. Shqiptare".**

144	5 Q	grün	(126)	12,—	12,—
145	10 Q	karmin	(127)	12,—	12,—
146	25 Q	blau	(128)	10,—	12,—
147	50 Q	dunkelgrün	(129)	7,50	7,50
148	1 Fr	violett/schwarz	(130)	7,50	7,50
149	2 Fr	dunkeloliv/lila	(131)	15,—	12,—
150	3 Fr	orange/dunkelgrün	(132)	20,—	17,—
		Satzpreis (7 W.)		85,—	80,—

Auflagen: MiNr. 144 und 145 je 55 000, MiNr. 146 = 58 000, MiNr. 147 = 78 000, MiNr. 148 = 72 000, MiNr. 149 = 48 450, MiNr. 150 = 22 200 Stück

1927, 1. Febr. Zweijähriges Regierungsjubiläum des Präsidenten. MiNr. 133-143 mit Aufdruck in verschiedenen Farben.

151 A	1 Q	orange	(133) V	1,50	1,20
152 A	2 Q	rotbraun	(134) Gr	0,70	0,50
153 A	5 Q	grün	(135) R	3,20	0,70
154	10 Q	karmin	(136) Bl		
A		gez. 13½		0,70	0,50
B		gez. 11½		50,—	30,—
155 A	15 Q	dunkellilabraun	(137) Gr	18,—	18,—
156 A	25 Q	blau	(138) R	1,50	0,50
157 A	50 Q	graugrün	(139) Bl	1,50	0,50
158 A	1 Fr	rot/blau	(140) S	3,50	0,70
159 A	2 Fr	grün/gelb	(141) S	3,60	1,—
160 A	3 Fr	braun/violett	(142) S	6,—	2,—
161 A	5 Fr	violett/schwarz	(143) S	10,—	3,50
		Satzpreis A (11 W.)		50,—	28,—

Verschiedene Werte in anderen Aufdruckfarben wurden auch zur Frankatur verwendet:

Mit blauem Aufdruck: 153 I	25,—	70,—
Mit gelbem Aufdruck: 151 II–155 II	je 20,—	40,—
Mit rotem Aufdruck: 151 I, 152 I, 154 I, 155 I	je 25,—	70,—

Farbschwankungen, die vor allem bei Freimarken-Ausgaben häufig vorkommen, sind Druckabweichungen, die nicht gesondert katalogisiert werden können.

Albanien

1928

✈ **1928, 24. April. Eröffnung der Fluglinie der italienischen staatlichen Gesellschaft. MiNr. 126–132 mit Aufdruck.**

162	5 Q	grün	12,—	12,—
163	10 Q	karmin	12,—	12,—
164	25 Q	blau	12,—	12,—
165	50 Q	dunkelgrün	25,—	25,—
166	1 Fr	violett/schwarz	130,—	130,—
167	2 Fr	dunkeloliv/lila	130,—	130,—
168	3 Fr	orange/dunkelgrün	130,—	130,—
		Satzpreis (7 W.)	450,—	450,—

Mit fehlerhaftem Aufdruck „Shqyrtare" bzw. Komma statt Punkt nach der „21" jeweils fünffacher Preis.

Auflagen: MiNr. 162 = 16 372, MiNr. 163 = 14 600, MiNr. 164 = 23 975, MiNr. 165 = 13 930, MiNr. 166 = 5 500, MiNr. 167 = 5 340, MiNr. 168 = 5350 Stück

1928, Freimarken: MiNr. 154 und 156 mit Aufdruck.

169	1 auf 10 Q karmin . . . . (154) S			
A	gez. L 13½		1,50	0,70
B	gez. L 11½		30,—	20,—
170	5 auf 25 Q blau . . . . (156) R		1,50	0,70
	Satzpreis (2 W.)		3,—	1,40

Mit ähnlichem Kranzaufdruck: MiNr. 199–201

1928, 25. Aug. Verfassunggebende Versammlung. Nicht ausgegebene, in der Staatsdr. Paris hergestellte Ausgabe mit Stdr.-Aufdruck in Schwarz, bei MiNr. 178 in Rot; gez. K 14:13½, MiNr. 178 gez. K 13½ :14.

171	1 Q	rotbraun . . . . t	10,—	12,—
172	2 Q	dunkelgrau . . . . t	10,—	12,—
173	5 Q	dunkelgrün . . . . t	10,—	15,—
174	10 Q	rot . . . . t	10,—	15,—
175	15 Q	graubraun . . . . t	30,—	60,—
176	25 Q	blau . . . . t	12,—	15,—
177	50 Q	lilarosa . . . . t	20,—	20,—
178	1 Fr	hellblau/dunkelgrau . . . . u	12,—	15,—
		Satzpreis (8 W.)	110,—	160,—

Auflage: je 20 000 Stück

Königreich

1928, 1. Sept. Krönung von Ahmet Zogu. MiNr. 171–178 mit schwarzem oder rotem Aufdruck; gez. K 14:13½, MiNr. 186 und 187 gez. K 13½:14.

179	1 (+ 1) Q	rotbraun . . . . t	25,—	30,—
180	2 (+ 2) Q	dunkelgrau . . . . t	25,—	30,—
181	5 (+ 5) Q	dunkelgrün . . . . t	20,—	25,—
182	10 (+10) Q	rot . . . . t	20,—	20,—
183	15 (+15) Q	graubraun . . . . t	30,—	35,—
184	25 (+25) Q	blau . . . . t	20,—	20,—
185	50 (+50) Q	lilarosa . . . . t	20,—	20,—
186	1 (+ 1) Fr	hellblau/dunkelgrau . . . . u	25,—	25,—
187	2 (+ 2) Fr	grün/dunkelgrau . . . . . . u	25,—	25,—
		Satzpreis (9 W.)	200,—	220,—

MiNr. 179–187 wurden zum doppelten Nennwert verkauft.

Auflage: je 5 000 Stück

1928. Freimarken: MiNr. 171 bis 178 mit Aufdruck.

188	1 Q	rotbraun . . . . t	1,—	1,50
189	2 Q	dunkelgrau . . . . t	1,—	1,50
190	5 Q	dunkelgrün . . . . t	7,—	4,50
191	10 Q	rot . . . . t	1,—	1,50
192	15 Q	graubraun . . . . t	30,—	30,—
193	25 Q	blau . . . . t	1,—	1,50
194	50 Q	lilarosa . . . . t	2,—	2,50
195	1 Fr	hellblau/dunkelgrau . . . . u	4,—	3,—
196	2 Fr	grün/dunkelgrau . . . . u	4,—	5,—
197	3 Fr	karmin/olivbraun . . . . u	15,—	15,—
198	5 Fr	hellviolett/blaugrau . . . . u	15,—	20,—
		Satzpreis (11 W.)	80,—	85,—

Auflagen: MiNr. 188 = 469 050, MiNr. 189 = 473 000, MiNr. 190 = 970 200, MiNr. 191 = 1 947 300, MiNr. 192 = 102 350, MiNr. 193 = 1 928 700, MiNr. 194 = 473 750, MiNr. 195 = 118 850, MiNr. 196 = 139 900, MiNr. 197 und 198 je 144 675 Stück

1929

1929. Freimarken: MiNr. 154, 156 und 157 mit Aufdruck.

199	1 auf 50 Q graugrün . . . . (157)		1,—	0,70
200	5 auf 25 Q blau . . . . (156)		1,—	0,70
201	15 auf 10 Q karmin			
	(gez. L 11½, L 13½) . . . . (154)		1,50	1,20
	Satzpreis (3 W.)		3,50	2,60

Auflagen: MiNr. 199 = 235 000, MiNr. 200 = 1 210 000, MiNr. 201 = 590 000 Stück

---

Die Bildbeschreibungen zu den Markenabbildungen sind so ausführlich wie möglich gehalten!

Albanien

1929, 8. Okt. 34. Geburtstag des Königs. MiNr. 133–136, 138–141 mit Stdr.-Aufdruck.

202	1 Q	orange	(133)	15,—	25,—
203	2 Q	rotbraun	(134)	15,—	25,—
204	5 Q	grün	(135)	15,—	25,—
205	10 Q	karmin	(136)	15,—	25,—
206	25 Q	blau	(138)	15,—	25,—
207	50 Q	graugrün	(139) R	20,—	30,—
208	1 Fr	rot/blau	(140)	28,—	45,—
209	2 Fr	grün/gelb	(141)	28,—	45,—
		Satzpreis (8 W.)		150,—	240,—

Auflage: 5 000 Sätze

✈ **1929, 1. Dez. MiNr. 126–132 mit rotbraunem Aufdruck.**

210	5 Q	grün	(126)	15,—	10,—
211	10 Q	karmin	(127)	15,—	10,—
212	25 Q	blau	(128)	15,—	10,—
213	50 Q	dunkelgrün	(129)	280,—	200,—
214	1 Fr	violett/schwarz	(130)	500,—	400,—
215	2 Fr	dunkeloliv/lila	(131)	500,—	400,—
216	3 Fr	orange/dunkelgrün	(132)	500,—	400,—
		Satzpreis (7 W.)		1800,—	1400,—

FALSCH

Auflagen: MiNr. 210 = 7794, MiNr. 211 = 7556, MiNr. 212 = 9264, MiNr. 213 = 2754, MiNr. 214 = 1038, MiNr. 215 = 1003, MiNr. 216 = 1014 Stück

1930

1930, 1. Sept. Freimarken. RaTdr.; Wz. Albanischer Doppeladler (Wz. 2); gez. K 14.

Wz. 2

v) Lagune von Butrint   w) König Zogu I.   x) Ahmet-Zogu-Brücke über den Mat   y) Ruinen der Festung Zogu

217	1 Q	schwarz	v	0,50	0,30
218	2 Q	rotorange		0,50	0,30
219	5 Q	grün	w	0,50	0,30
220	10 Q	karmin	w	0,50	0,50
221	15 Q	dunkelbraun	w	0,50	0,50
222	25 Q	blau		0,50	0,50
223	50 Q	dunkelgrün	v	1,—	0,70
224	1 Fr	violett	x	2,—	1,20
225	2 Fr	indigo	x	2,50	1,20
226	3 Fr	oliv	y	7,50	2,—
227	5 Fr	rotbraun		10,—	5,—
		Satzpreis (11 W.)		25,—	12,—

✈ **1930, 8. Okt. König Zogu I. RaTdr.; gez. K 14:14½.**

Fb   Fc

Fb–Fc) König Zogu I. und Flugzeug Savoya-Marchetti S 73 über Tirana

228	5 Q	grün	Fb	2,50	2,—
229	15 Q	karmin	Fb	2,50	2,—
230	20 Q	dunkelblau	Fb	2,50	2,—
231	50 Q	dunkeloliv	Fb	5,—	3,—
232	1 Fr	blau	Fc	7,50	6,—
233	2 Fr	braun	Fc	25,—	20,—
234	3 Fr	violett	Fc	30,—	20,—
		Satzpreis (7 W.)		75,—	55,—

Auflagen: MiNr. 228 = 147 800, MiNr. 229 = 147 000, MiNr. 230 = 187 000, MiNr. 231 = 47 000, MiNr. 232 = 20 000, MiNr. 233 = 15 000, 234 = 15 050 Stück

1931

✈ **1931, 10. Juli. Erstflug Tirana-Rom. MiNr. 228–234 mit Aufdruck.**

235	5 Q	grün	(228)	12,—	12,—
236	15 Q	karmin	(229)	12,—	12,—
237	20 Q	dunkelblau	(230)	12,—	12,—
238	50 Q	dunkeloliv	(231)	12,—	12,—
239	1 Fr	blau	(232)	70,—	70,—
240	2 Fr	braun	(233)	70,—	70,—
241	3 Fr	violett	(234)	70,—	70,—
		Satzpreis (7 W.)		250,—	250,—

MiNr. 235–241 wurden zum vierfachen Nennwert verkauft.

Auflagen: MiNr. 235 = 12 200, MiNr. 236–238 je 13 000, MiNr. 239 bis 240 je 5000, MiNr. 241 = 4950 Stück

1934

1934, 24. Dez. 10 Jahre Verfassung. MiNr. 217–226 mit Aufdruck.

242	1 Q	schwarz	(217)	12,—	15,—
243	2 Q	rotorange	(218)	12,—	15,—
244	5 Q	grün	(219)	12,—	12,—
245	10 Q	karmin	(220)	15,—	15,—
246	15 Q	dunkelbraun	(221)	15,—	15,—
247	25 Q	blau	(222)	15,—	15,—
248	50 Q	dunkelgrün	(223)	20,—	20,—
249	1 Fr	violett	(224)	25,—	25,—
250	2 Fr	indigo	(225)	38,—	30,—
251	3 Fr	oliv	(226)	50,—	45,—
		Satzpreis (10 W.)		200,—	200,—

Auflagen: MiNr. 242 = 3614, MiNr. 243 = 3624, MiNr. 244 = 3691, MiNr. 245 = 3700, MiNr. 246 = 3669, MiNr. 247 = 3634, MiNr. 248 = 3578, MiNr. 249 = 3394, MiNr. 250 = 3000, MiNr. 251 = 2952 Stück

Albanien

1937

1937, 20. Nov. 25 Jahre Unabhängigkeit. RaTdr.; gez. K 14.

z) Skanderbegs Pferd
aa) Das geknebelte Albanien
ab) Das freie Albanien

252	1 Q	violettschwarz . . . . z		0,50	0,50
253	2 Q	dunkelbraun . . . . aa		0,50	0,50
254	5 Q	grün . . . . ab		1,—	0,70
255	10 Q	sepia . . . . z		1,—	1,—
256	15 Q	karmin . . . . aa		1,50	1,20
257	25 Q	hellblau . . . . ab		3,—	2,50
258	50 Q	dunkelblaugrün . . . . z		7,50	4,20
259	1 Fr	violett . . . . aa		20,—	7,50
260	2 Fr	rotbraun . . . . ab		25,—	12,—
		Satzpreis (9 W.)		60,—	30,—

Blockausgabe

261	20 Q	bräunlichlila . . . . z		7,50	7,50
262	30 Q	olivbraun . . . . aa		7,50	7,50
263	40 Q	rot . . . . ab		7,50	7,50
Block 1	(140×140 mm) . . . . ab I			30,—	180,—

Auflagen: MiNr. 252 = 129 008, MiNr. 253 = 86 918, MiNr. 254 = 82 517, MiNr. 255 = 45 624, MiNr. 256 = 50 093, MiNr. 257 = 24 913, MiNr. 258 = 12 292, MiNr. 259 = 9957, MiNr. 260 = 9507 Stück, Block 1 = 31 364 Blocks

1938

1938, 25. April. Hochzeit von König Zogu I. mit der Gräfin Geraldine Apponyi. RaTdr.; gez. 14.

ac) Das Hochzeitspaar

264	1 Q	schwarzviolett . . . . ac		0,50	0,50
265	2 Q	rotbraun . . . . ac		0,50	0,50
266	5 Q	dunkelgrün . . . . ac		0,50	0,50
267	10 Q	dunkelolivbraun . . . . ac		2,—	1,—
268	15 Q	karminrot . . . . ac		2,—	1,—
269	25 Q	blau . . . . ac		5,—	2,50
270	50 Q	blaugrün . . . . ac		10,—	5,—
271	1 Fr	violett . . . . ac		20,—	10,—
		Satzpreis (8 W.)		40,—	20,—

Blockausgabe mit je 2× MiNr. 272–273

272	20 Q	dunkellila . . . . ac		12,—	12,—
273	30 Q	dunkeloliv . . . . ac		12,—	12,—
Block 2	(110×140 mm) . . . . ac I			60,—	220,—

Auflagen: MiNr. 264 = 118 775, MiNr. 265 = 93 775, MiNr. 266 = 68 775, MiNr. 267 = 41 590, MiNr. 268 = 38 775, MiNr. 269 = 27 706, MiNr. 270 = 20 775, MiNr. 271 = 19 775 Stück, Block 2 = 12 030 Blocks

Gültig bis 27.6.1938

Satzpreise sind, wenn nicht anders angegeben, nach den niedrigsten Preisen der Einzelmarken errechnet.

1938, 30. Aug. 10jähriges Regierungsjubiläum des Königs. RaTdr.; A = gez. L 14, B = gez. K 14.

ad) Königin Geraldine
ae) Albanischer Adler mit Fahnen
af) König Zogu I.

274 A	1 Q	dunkelviolett . . . . ad		0,50	0,70
275 A	2 Q	orangerot . . . . ae		0,50	0,50
276 A	5 Q	dunkelgrün . . . . ad		1,—	0,70
277 A	10 Q	braun . . . . af		1,—	1,20
278 A	15 Q	karminrot . . . . ad		2,—	1,50
279 A	25 Q	dunkelblau . . . . af		2,50	1,70
280 A	50 Q	schwarz . . . . ae		18,—	7,50
281 A	1 Fr	dunkeloliv . . . . af		25,—	11,—
		Satzpreis (8 W.)		50,—	25,—

Blockausgabe; gez. K 14.

278 B	15 Q	karminrot . . . . ad		12,—	15,—
282 B	20 Q	dunkelgrünblau . . . . ae		12,—	15,—
283 B	30 Q	blauviolett . . . . af		12,—	15,—
Block 3	(110×66 mm) . . . . af I			45,—	130,—

Auflagen: MiNr. 274 = 110 089, MiNr. 275 = 84 552, MiNr. 276 = 61 218, MiNr. 277 = 21 606, MiNr. 278 = 21 606, MiNr. 279 = 16 606, MiNr. 280 = 12 606, MiNr. 281 = 12 106 Stück, Block 3 = 17 429 Blocks

Gültig bis 1.12.1938

Königreich in Personalunion mit Italien

1939

1939, 12. April. Verfassunggebende Versammlung. Freimarken MiNr. 217–227 und 231 mit Aufdruck.

284	1 Q	schwarz . . . . (217)		1,50	1,50
285	2 Q	rotorange . . . . (218)		1,50	1,50
286	5 Q	grün . . . . (219)		1,—	1,—
287	10 Q	karmin . . . . (220)		1,—	1,—
288	15 Q	dunkelbraun . . . . (221)		2,50	2,50
289	25 Q	blau . . . . (222)		3,—	3,—
290	50 Q	dunkelgrün . . . . (223)		4,—	3,50
291	1 Fr	violett . . . . (224)		6,—	4,50
292	2 Fr	indigo . . . . (225)		7,—	6,—
293	3 Fr	oliv . . . . (226)		15,—	14,—
294	5 Fr	rotbraun . . . . (227)		24,—	20,—

✈ **Flugpostmarken (28. April)**

295	5 Q	grün . . . . (228)		7,—	6,50
296	15 Q	karmin . . . . (229)		7,—	6,50
297	**20 Qind**	auf 50 Q dunkeloliv . . . . . (231)		11,—	11,—
		Satzpreis (14 W.)		90,—	80,—

Auflage: 40 000 Sätze

Albanien

1939/40. Freimarken. RaTdr.; gez. 14:14¼.

ag) Gegische Männertracht

ah) Toskische Männertracht
ai) Gegische Frauentracht
ak) König Victor Emanuel III.
al) König Victor Emanuel III.

am) Toskische Frauentracht
an) Festung Kruja
ao) Vezirsbrücke über den Drin

ap) Frühchristliche Taufkirche in Butrint (6. Jh.)
ar) Amphitheater in Butrint, (3. Jh. v. Chr.)
Fd) König Victor Emanuel III., Flugzeug Savoya-Marchetti S 73 über den albanischen Bergen

298	1 Q	dunkelgraublau (19.12.1939) .. ag	1,—	0,50
299	2 Q	bräunlicholiv (19.12.1939) ..... ah	1,—	0,50
300	3 Q	braun (19.12.1939) .... ai	1,—	0,50
301	5 Q	grün (24.9.1939) .... ak	1,50	0,20
302	10 Q	dunkelbraun (2.8.1939) .... al	1,50	0,30
303	15 Q	rot (2.8.1939) .... al	1,50	0,30
304	25 Q	blau (2.8.1939) .... al	1,50	1,20
305	30 Q	violett (2.8.1939) .... al	2,50	2,—
306	50 Q	dkl'bläulichviol. (19.12.1939) .. am	4,—	1,70
307	65 Q	karminbraun (24.9.1939) ..... ak	11,—	8,—
308	1 Fr	schwarzgrün (22.11.1939) .... an	11,—	5,50
309	2 Fr	braunkarmin (22.11.1939) .... ao	25,—	17,—
310	3 Fr	dunkelbraun (22.11.1939) .... ap	42,—	32,—
311	5 Fr	braunviolett (22.11.1939) .... ar	50,—	44,—

✈ **Flugpostmarke**

312	20 Q	dunkelbraun (18.7.1939) ..... Fd	100,—	17,—
		Satzpreis (15 W.)	250,—	130,—

Auflage: MiNr. 298–311 = 40 000 Sätze

1940

✈ 1940, 20. März. Flugpostmarken. RaTdr.; gez. 14:14¼, Hochformate ~.

Fe) Hirten mit Schafherde
Ff) Karte von Albanien mit Flugnetz
Fg) König Victor Emanuel III., Hafen

Fh) Albanerin, Flußtal
Fi) Vezirsbrücke
Fk) Flugzeug, Ruinen

Fl) Bäuerinnen
Ea) König Victor Emanuel III. und Wappen

Fe–Fl) Flugzeug Savoya S–82

313	5 Q	grün .... Fe	2,50	1,50
314	15 Q	karminrot .... Ff	2,50	2,—
315	20 Q	blau .... Fg	5,—	3,—
316	50 Q	dunkelbraun .... Fh	7,50	6,—
317	1 Fr	dunkelgrüngrau .... Fi	7,50	9,—
318	2 Fr	schwarz .... Fk	17,—	17,—
319	3 Fr	dunkelviolettpurpur .... Fl	32,—	30,—

Eilmarken

320	25 Q	violett .... Ea	10,—	10,—
321	50 Q	orangerot .... Ea	17,—	17,—
		Satzpreis (9 W.)	100,—	95,—

Auflagen: MiNr. 313–319 = 20 000 Sätze, MiNr. 320 = ca. 40 000, MiNr. 321 = 50 000 Stück

---

1942

1942, April. Drei Jahre Königreich in Personalunion mit Italien. RaTdr.; gez. K 14:14¼.

as) König Victor Emanuel III.

322	5 Q	dunkelgrün .... as	2,50	2,50
323	10 Q	dunkelbraun .... as	2,50	2,50
324	15 Q	karminrot .... as	2,50	2,50
325	25 Q	dunkelultramarin .... as	2,50	2,50
326	65 Q	dunkelrotbraun .... as	7,50	5,—
327	1 Fr	schwarzgrün .... as	7,50	5,—
328	2 Fr	schwarzlila .... as	7,50	5,—
		Satzpreis (7 W.)	30,—	25,—

Auflage: 25 000 Sätze

1942, Aug. Freimarke: MiNr. 299 mit Aufdruck.

329	1 Qind	auf 2 Q bräunlicholiv .. (299)	4,—	5,—

Die Ausführlichkeit der **MICHEL**-Kataloge ist international anerkannt.

Albanien

1943

1943, 1. April. Tuberkulosebekämpfung.
RaTdr.; gez. K 14.

at) Mutter an der Wiege ihres Kindes

330	5+ 5 Q	dunkelgrün	at	2,—	1,70
331	10+10 Q	olivbraun	at	2,—	1,70
332	15+10 Q	karmin	at	2,—	1,70
333	25+15 Q	dunkelultramarin	at	2,—	3,20
334	30+20 Q	blauviolett	at	2,—	3,20
335	50+25 Q	orangerot	at	2,—	3,20
336	65+30 Q	schwarz	at	3,—	4,40
337	1 Fr+40 Q	braun	at	5,—	6,—
		Satzpreis (8 W.)		20,—	25,—

Auflagen: MiNr. 330 = 320 000, MiNr. 331 = 220 000, MiNr. 332 = 120 000, MiNr. 333 = 70 000, MiNr. 334 = 60 000, MiNr. 335 = 50 000, MiNr. 336 = 45 000, MiNr. 337 = 40 000 Stück

MiNr. 338–358 fallen aus.

Ausgaben während der Zeit unter deutscher Besetzung siehe MICHEL-Deutschland-Kataloge.

1945

Selbständige Republik

1945, 10. Jan. Freimarken: MiNr. 300–309 mit schwarzem oder rotem Aufdruck.

359	0.30	auf 3 Q braun	(300)	7,50	15,—
360	0.40	auf 5 Q grün	(301)	7,50	15,—
361	0.50	auf 10 Q dunkelbraun	(302)	7,50	15,—
362	0.60	auf 15 Q rot	(303)	7,50	15,—
363	0.80	auf 25 Q blau	(304) R	7,50	15,—
364	1 fr.sh.	auf 30 Q violett	(305) R	7,50	15,—
365	2 fr.sh.	auf 65 Q karminbraun	(307)	7,50	15,—
366	3 fr.sh.	auf 1 Fr schwarzrot	(308)	7,50	15,—
367	5 fr.sh.	auf 2 Fr braunkarm	(309)	7,50	15,—
		Satzpreis (9 W.)		65,—	130,—

Bei MiNr. 366 und 367 lautet die 2. Zeile des Aufdrucks: DEMOKRATIKE

1945, 10. Juli. 2 Jahre Volksarmee. MiNr. 217, 218, 223, 225 mit zweifarbigem Aufdruck (Stern rot, übriger Text schwarz).

368	0.30	FR. SHQ auf 1 Q schwarz	(217)	5,—	7,50
369	0.60	FR. SHQ auf 1 Q schwarz	(217)	5,—	7,50
370	0.80	FR. SHQ auf 1 Q schwarz	(217)	5,—	7,50
371	1	FR. SHQ auf 1 Q schwarz	(217)	10,—	15,—
372	2	FR. SHQ auf 2 Q rotorange	(218)	12,—	17,—
373	3	FR. SHQ auf 50 Q dunkelgrün	(223)	25,—	32,—
374	5	FR. SHQ auf 2 Fr indigo	(225)	30,—	50,—
		Satzpreis (7 W.)		90,—	130,—
		FDC			160,—

1945, 4. Mai. Rotes Kreuz. MiNr. 330–333 mit rotem Aufdruck des neuen Wertes und des Zuschlagwertes.

375	0.30+0.15	FR. SHQ auf 5+ 5 Q dunkelgrün	(330) R	10,—	15,—
376	0.50+0.25	FR. SHQ auf 10+10 Q olivbraun	(331) R	10,—	15,—
377	1+0.50	FR. SHQ auf 15+10 Q karmin	(332) R	25,—	32,—
378	2+1	FR. SHQ auf 25+15 Q dunkelultramarin	(333) R	35,—	45,—
		Satzpreis (4 W.)		75,—	100,—

1945, 28. Nov. Freimarken: Ereignisse. Bdr.; gez. K 11½.

av) Labinot 1.9.1943   aw) Berat, Brücke 22.10.1943   ax) Permet Mai 1944

379	0.20 Fr	blaugrün	av	0,70	1,70
380	0.30 Fr	orange	av	1,—	2,50
381	0.40 Fr	sepia	aw	1,—	2,50
382	0.60 Fr	rotviolett	aw	1,50	3,50
383	1 Fr	rot	ax	3,50	7,50
384	3 Fr	schwarzblau	ax	25,—	30,—
		Satzpreis (6 W.)		32,—	46,—

FALSCH

Volksrepublik

1946

1946, 16. Juli. Kongreß des Roten Kreuzes. MiNr. 379–384 mit Aufdruck.

385	0.20 + 0.10	Fr blaugrün	(379)	22,—	35,—
386	0.30 + 0.15	Fr orange	(380)	22,—	35,—
387	0.40 + 0.20	Fr sepia	(381)	22,—	35,—
388	0.60 + 0.30	Fr rotviolett	(382)	22,—	35,—
389	1 + 0.50	Fr rot	(383)	22,—	35,—
390	3 + 1.50	Fr schwarzblau	(384)	22,—	35,—
		Satzpreis (6 W.)		120,—	200,—

FALSCH

Preisspalten

Die Notierungen gelten in den linken Spalten für ungebrauchte (✱, (✱), ✱✱), in den rechten für gebrauchte (⊙, ⌒, ✉) Stücke. In besonderen Fällen sind noch weitere Preisspalten eingefügt.

Albanien

1946, 8. März. Internationaler Frauenkongreß. Bdr.; A = gez. L 11½, B = ☐, o.G.

ay) Weltkugel, Friedenstaube

391	0.20 Fr	rotlila/rot	ay	0,50	1,50
392	0.40 Fr	dunkelrotlila/rot	ay	1,—	2,—
393	0.50 Fr	violett/rot	ay	2,—	3,—
394	1 Fr	hellblau/rot	ay	4,—	6,—
395	2 Fr	dunkelblau/rot	ay	5,—	10,—
		Satzpreis A (5 W.)		12,—	22,—
		Satzpreis B (5 W.)		12,—	22,—

FALSCH

1946, 10. Jan. Verfassunggebende Nationalversammlung. MiNr. 379 bis 384 mit Aufdruck.

396	0.20 Fr	blaugrün	(379)	1,50	2,—
397	0.30 Fr	orange	(380)	2,—	2,50
398	0.40 Fr	sepia	(381)	2,50	3,—
399	0.60 Fr	rotviolett	(382)	4,—	5,—
400	1 Fr	rot	(383)	15,—	18,—
401	3 Fr	schwarzblau	(384)	25,—	30,—
		Satzpreis (6 W.)		50,—	60,—

FALSCH

1946, 1. Juli. Ausrufung der Volksrepublik. Neuauflage der MiNr. 379–384 mit Aufdruck.

402	0.20 Fr	blaugrün	(379)	1,—	1,50
403	0.30 Fr	orange	(380)	1,50	2,—
404	0.40 Fr	sepia	(381)	2,50	4,—
405	0.60 Fr	violett	(382)	5,—	7,50
406	1 Fr	rot	(383)	15,—	20,—
407	3 Fr	schwarzblau	(384)	25,—	30,—
		Satzpreis (6 W.)		50,—	65,—

1946, 6. Okt. Balkan-Spiele, Tirana. RaTdr.; gez. K 11½.

az) Leichtathleten

408	1 Q	schwarzblaugrün	az	15,—	12,—
409	2 Q	hellgrün	az	15,—	12,—
410	5 Q	braun	az	15,—	12,—
411	10 Q	lilakarmin	az	15,—	12,—
412	20 Q	blau	az	15,—	12,—
413	40 Q	lila	az	15,—	12,—
414	1 Fr	rotorange	az	35,—	35,—
		Satzpreis (7 W.)		120,—	110,—

Abkürzungen der Druckverfahren:

Stdr.	=	Steindruck
Odr.	=	Offsetdruck
Bdr.	=	Buchdruck
Ldr.	=	Indirekter Hochdruck (Letterset)
Sta.-St. } StTdr.	=	Stahlstich } Stichtiefdruck
Ku.-St.	=	Kupferstich

1947

1947, 5. Mai. 5. Todestag Qemal Stafas. Stdr.; gez. 12¾:11½.

ba) Qemal Stafa, Freiheitskämpfer

415	20 Q	dunkellilabraun/bräunlichgelb	ba	12,—	15,—
416	28 Q	dunkelblau/hellblau	ba	12,—	15,—
417	40 Q	schwarz/grau	ba	12,—	15,—
		Satzpreis (3 W.)		36,—	45,—
		FDC			70,—

Blockausgabe; ☐; o. G., Zähnung aufgedruckt

Block 4	(179 × 209 mm)	100,—	120,—
	FDC		140,—

1947, 16. Mai. Bau der Eisenbahnlinie Durrës-Elbasan. Stdr.; A = gez. K 11½, C = gez. K 12½, D = gez. K 13:12½.

bc) Albanische Jugend beim Bahnbau

				**	⊙
418 A	1 Q	schwarz/graubraun	bc	5,—	1,70
419	4 Q	dunkelgrün/grün	bc		
A		gez. K 11½		5,—	1,70
C		gez. K 12½		—,—	—,—
D		gez. K 13:12½		—,—	—,—
420 A	10 Q	braunschwarz/hellbraun	bc	5,—	2,—
421 A	15 Q	dunkelrot/rot	bc	5,—	2,—
422	20 Q	blaugrau/grau	bc		
A		gez. K 11½		10,—	2,50
C		gez. K 12½		—,—	—,—
D		gez. K 13:12½		—,—	—,—
423	28 Q	dunkelblau/blau	bc		
A		gez. K 11½		15,—	3,—
C		gez. K 12½		—,—	—,—
424	40 Q	braunviolett/lila	bc		
A		gez. K 11½		30,—	18,—
C		gez. K 12½		—,—	—,—
D		gez. K 13:12½		—,—	—,—
425	68 Q	dunkelrotbraun/orangebraun	bc		
A		gez. K 11½		36,—	30,—
C		gez. K 12½		—,—	—,—
		Satzpreis A (8 W.)		110,—	60,—

1947, 10. Juli. 4. Jahrestag der Gründung der albanischen Volksarmee. Stdr.; gez. L 11½.

bd) Partisanenkongreß Hashim Zenelís (1942)

be) Enver Hoxha und Vasil Shanto (1942)   bf) Brigade Vithkuq (1943)   bg) Vojo Kushi (1942)

426	16 Q	orangebraun/dunkelbraun	bd	10,—	10,—
427	20 Q	hellbraun/schwarzbraun	be	10,—	10,—
428	28 Q	hellblau/dunkelblau	bf	10,—	10,—
429	40 Q	hellviolett/dunkelviolett	bg	10,—	10,—
		Satzpreis (4 W.)		40,—	40,—

Albanien

Neue Währung: Lek.

1947, 16. Sept. Konferenz von Peza. RaTdr.; gez. L 11 ½.

bh) Die Ruinen des Konferenz-Gebäudes

430	2 L	lila	bh	6,50	7,50
431	2.50 L	blau	bh	6,50	7,50
		Satzpreis (2 W.)		13,—	15,—

1947, 7. Nov. Kongreß der Kriegsinvaliden. RaTdr.; gez. K 12¾:11½.

bi) Kämpfer und Invalide

432	1 L	rot	bi	17,—	15,—

1947, 17. Nov. Einführung der Bodenreform. RaTdr.; gez. K 11½:12¾.

bk

bl   bm   bn

bk–bn) Einführung der Bodenreform

433	1.50 L	braunviolett	bk	9,—	10,—
434	2 L	sepia	bl	9,—	10,—
435	2.50 L	graublau	bm	9,—	10,—
436	3 L	karminrot	bn	9,—	10,—
		Satzpreis (4 W.)		35,—	40,—
433 U–436 U		Satzpreis (4 W.)		300,—	

1947, 29. Nov. Dritter Jahrestag der Befreiung. RaTdr.; gez. K 11½:12¾.

bo   bp   bq

br   bs

bo–bs) Befreiungskämpfe

437	1.50 L	rot	bo	5,—	5,—
438	2.50 L	braunlila	bp	5,—	5,—
439	5 L	graublau	bq	10,—	8,—
440	8 L	violett	br	15,—	12,—
441	12 L	sepia	bs	25,—	20,—
		Satzpreis (5 W.)		60,—	50,—
437 U–441 U		Satzpreis (5 W.)		360,—	

1948

1948, 22. Febr. Freimarken: MiNr. 402–407 mit Aufdruck.

442	0.50 Lek	auf 0.30 Fr orange	(403)	0,50	0,70
443	1 Lek	auf 0.20 Fr blaugrün	(402)	1,—	1,20
444	2.50 Lek	auf 0.60 Fr rotviolett	(405)	2,50	3,50
445	3 Lek	auf 1 Fr rot	(406)	3,50	4,50
446	5 Lek	auf 3 Fr schwarzrot	(407)	7,50	7,50
447	12 Lek	auf 0.40 Fr sepia	(404)	20,—	20,—
		Satzpreis (6 W.)		35,—	36,—

1948, 1. Juni. Bau der Eisenbahnlinie Durrës-Tirana. Odr. gez. L 11½.

bt) Zug, Landkarte und Bahnarbeiter

448	0.50 L	weinrot/braunkarmin	bt	2,50	1,50
449	1 L	grün/grünlichschwarz	bt	2,50	1,70
450	1.50 L	rosa/dunkelrot	bt	4,—	2,50
451	2.50 L	hellbraun/schwarzbraun	bt	6,—	3,20
452	5 L	blau/schwarzblau	bt	10,—	6,—
453	8 L	bräunlichorange/ schwarzbraun		17,—	10,—
454	12 L	purpur/schwarzlila	bt	20,—	12,—
455	20 L	olivgrau/schwarz	bt	40,—	25,—
		Satzpreis (8 W.)		100,—	60,—

1948, 10. Juli. 5. Jahrestag der Gründung der albanischen Volksarmee. Odr.; gez. L 11½.

bu) Enver Hoxha und Kämpfer auf dem Marsch   bv) Kampfszene

456	2.50 L	rötlichbraun	bu	5,—	5,—
457	5 L	dunkelblau	bu	7,—	7,—
458	8 L	schwarzviolett	bv	13,—	10,—
		Satzpreis (3 W.)		25,—	22,—
456 U–458 U		Satzpreis (3 W.)		220,—	

1949

1949, 1. Mai. Tag der Arbeit. RaTdr.; gez. 12½:12.

bw) Maurer, Weltkugel und Fahne

459	2.50 L	dunkelbraun	bw	1,50	2,50
460	5 L	blau	bw	3,—	4,—
461	8 L	braunkarmin	bw	5,50	6,50
		Satzpreis (3 W.)		10,—	12,—
		FDC			17,—

Albanien

1949, 10. Juli. 6. Jahrestag der Gründung der albanischen Volksarmee. RaTdr.; gez. 12½:12.

bx) Soldat und Karte Abaniens

462	2.50	L	braun . . . . bx	1,50	2,50
463	5	L	blau . . . . bx	3,—	4,—
464	8	L	gelbbraun . . . . bx	5,50	7,50
			Satzpreis (3 W.)	10,—	14,—

1949, 10. Sept. Monat der albanisch-sowjetischen Freundschaft. RaTdr.; gez. 12½:12.

by) Albaner in Nationaltracht und Kreml in Moskau, Inschrifttafel

465	2.50	L	braunkarmin . . . . by	1,50	2,50
466	5	L	ultramarin . . . . by	3,50	5,—
			Satzpreis (2 W.)	5,—	7,50

1949, 16. Okt. Freimarken: Staatspräsident Enver Hoxha. StTdr.; gez. 12½.

bz) Enver Hoxha (1908-1985)

467	0.50	L	dunkellila . . . . bz	0,30	0,20
468	1	L	russischgün . . . . bz	0,30	0,20
469	1.50	L	karmin . . . . bz	0,50	0,20
470	2.50	L	braun . . . . bz	1,—	0,20
471	5	L	ultramarin . . . . bz	2,—	1,—
472	8	L	grauschwarz . . . . bz	4,—	3,—
473	12	L	rotlila . . . . bz	10,—	5,50
474	20	L	graublau . . . . bz	12,—	7,—
			Satzpreis (8 W.)	30,—	17,—
467 U – 474 U			ungezähnt . . . . Satzpreis (8 W.)	450,—	

1949, 29. Nov. 5. Jahrestag der Befreiung. RaTdr.; gez. 12½:12.

ca) Soldat mit Freiheitsfahne cb) Straßenkampf

475	2.50	L	braun . . . . ca	1,—	1,50
476	3	L	braunrot . . . . cb	1,—	3,—
477	5	L	violett . . . . ca	3,—	4,—
478	8	L	schwarz . . . . cb	6,—	7,50
			Satzpreis (4 W.)	10,—	16,—

1949, 21. Dez. 70. Geburtstag von Stalin. RaTdr.; gez. 12½:12.

cc) Stalin (1879-1953), sowjetischer Politiker

479	2.50	L	braun cc	1,—	2,—
480	5	L	ultramarin cc	2,50	3,50
481	8	L	lilarot cc	6,50	8,50
			Satzpreis (3 W.)	10,—	14,—

1950

1950, 1. Juli. 75 Jahre Weltpostverein (UPU). RaTdr.; gez. K 12½:12.

cd) Postbote, Flugzeug, Globus, Eisenbahn

482	5	L	blau . . . . cd	2,50	6,50
483	8	L	braunkarmin . . . . cd	5,—	9,—
484	12	L	braunschwarz . . . . cd	10,—	17,—
			Satzpreis (3 W.)	17,—	32,—

1950, 5. Nov. Albanische Schriftsteller und Dichter. RaTdr.; gez. 14.

ce) S. Frasheri (1850-1904) Pädagoge
cf) A. Zako (1866-1930)
cg) N.Frasheri (1846-1900) Pädagoge
ch) K. Kristoforidhi (1830-1895), Theologe

485	2	L	dunkelgrün . . . . ce	1,50	1,50
486	2.50	L	rotbraun . . . . cf	2,—	2,50
487	3	L	rot . . . . cg	4,—	5,—
488	5	L	blau . . . . ch	5,—	6,—
			Satzpreis (4 W.)	12,—	15,—

✈ **1950, 15. Dez. Landschaften.** StTdr.; gez. 12¼.

ci) Vuno (Südalbanien) ck) Festung Rozafa (in Shkodra) cl) Festung Butrint

ci–cl) Flugzeug Douglas DC-3 „Dakota"

489	0.50	L	schwarz ci	0,70	1,—
490	1	L	lilabraun . . . . ck	0,70	1,—
491	2	L	ultramarin cl	1,50	2,—
492	5	L	dunkelgrün ci	5,—	4,—
493	10	L	trübblau . . . . ck	13,—	7,—
494	20	L	tiefviolett cl	25,—	10,—
			Satzpreis (6 W.)	45,—	25,—

MiNr. 491–493 mit Aufdruck: MiNr. 521–524

MICHEL im Internet!
Schauen Sie doch einfach mal rein:
www.briefmarken.de

1950, 25. Dez. 6. Jahrestag der Befreiung: Im Kampf gefallene Volkshelden. StTdr.; gez. 13½.

cm) Haxhija, Lezhe, Gjybegej, Mezi, Dedej   cn) Zeneli, Demi, Karafili, Hakali, Vokshi   co) Shenu, Faja, Curre, Hatohiti, Doci

cp) Rexhepi, Bako, Kushi, Collaku, Mame   cr) Stafa, Shanto

495	2 L	dunkelgrün .... cm	1,—	1,—
496	2.50 L	violett .... cn	1,50	1,50
497	3 L	lebhaftrot .... co	3,—	3,—
498	5 L	blau .... cp	5,—	5,—
499	8 L	braun .... cr	10,—	10,—
		Satzpreis (5 W.)	20,—	20,—

1951

1951, 11. Jan. 5 Jahre Sozialistische Republik. StTdr.; gez. 14.

cs) Wappen und Fahnen

500	2.50 L	lilarot .... cs	2,—	3,—
501	5 L	blau .... cs	4,—	6,—
502	8 L	violettschwarz .... cs	6,50	9,—
		Satzpreis (3 W.)	12,—	17,—

1951, 1. März. 483. Todestag von Skanderbeg. StTdr.; gez. 14.

ct) Gjergj Kastrioti, genannt Skanderbeg (1405-1468), Feldherr und Nationalheld

503	2.50 L	braun .... ct	2,—	2,50
504	5 L	blauviolett .... ct	4,—	5,—
505	8 L	gelboliv .... ct	6,50	7,50
		Satzpreis (3 W.)	12,—	15,—

1951, 24. Mai. 7. Jahrestag des Unabhängigkeits-Kongresses von Permet. RaTdr.; gez. 12.

cu) Enver Hoxha bei einer Rede

506	2.50 L	sepia .... cu	1,—	1,50
507	3 L	braunkarmin .... cu	1,—	2,—
508	5 L	blau .... cu	2,50	3,50
509	8 L	lilaviolett .... cu	4,50	6,—
		Satzpreis (4 W.)	9,—	12,—
		FDC		17,—

1951, 16. Juli. Internationaler Tag des Kindes. RaTdr.; gez. 12.

cv) Kind und Weltkugel   cw) Kleinkind auf der Waage

510	2 L	grün cv	2,50	2,—
511	2.50 L	braun .... cw	3,50	2,50
512	3 L	rot .... cw	4,50	3,—
513	5 L	graublau cv	7,—	3,50
		Satzpreis (4 W.)	17,—	11,—

1951, 8. Nov. 10 Jahre Kommunistische Partei Albaniens. RaTdr.; gez. 14.

cx) Parteigründer Enver Hoxha und Gründungshaus

514	2.50 L	gelbbraun cx	0,70	1,—
515	3 L	karminbraun cx	0,70	1,30
516	5 L	dunkelblau cx	1,60	2,—
517	8 L	grauschwarz cx	3,—	3,20
		Satzpreis (4 W.)	6,—	7,50

1951, 28. Nov. 10 Jahre Albanische Kommunistische Jugendorganisation. RaTdr.; gez. 14.

cy) Partisanen-Jugend im Kampf   cz) Arbeitende Jugend   da) Stafa, Spiru, Mame, Kondi

518	2.50 L	sepia .... cy	1,—	1,50
519	5 L	blau .... cz	2,—	2,50
520	8 L	rosalila .... da	4,50	5,—
		Satzpreis (3 W.)	7,50	9,—

1952

✈ **1952, 26. Dez. MiNr. 491 und 492 mit rotem Aufdruck.**

521	0.50	auf 2 L ultramarin .... (491)	220,—	180,—
522	2.50	auf 5 L dunkelgrün .... (492)	340,—	190,—
		Satzpreis (2 W.)	550,—	360,—

FALSCH

Wasserzeichen

Wenn die Angabe eines Wasserzeichens (Wz.) fehlt, ist die Marke immer ohne Wz.

1953

✈ 1953, 14. März. MiNr. 492 und 493 mit schwarzem Aufdruck.

523	0.50	auf 5 L dunkelgrün .... (492)	45,—	34,—
524	2.50	auf 10 L trübblau .... (493)	55,—	42,—
		Satzpreis (2 W.)	100,—	75,—

FALSCH

1953, 1. Aug. Freimarken: Wiederaufbau. RaTdr.; gez. K 11¾:12¼, MiNr. 531 ~.

db) Tabakwerk in Shkodra, Tabakpflanze
dc) Kavaje-Kanal
dd) Mädchen mit Baumwolle; Textilfabrik, Fier

de) Mädchen mit Zuckerrüben, Zuckerraffinerie, Maliq
df) Filmstudio Tirana
dg) Mädchen vor Spinnmaschine im Textilwerk „Stalin", Tirana

dh) Wasserkraftwerk „Lenin" in Tirana
di) Staudamm eines Wasserkraftwerkes

525	0.50 L	rotbraun .... db	0,50	0,20
526	1 L	russischgrün .... dc	1,—	0,20
527	2.50 L	dunkelbraun .... dd	1,—	0,50
528	3 L	braunkarmin .... de	1,50	0,70
529	5 L	graunultramarin .... df	2,50	1,20
530	5 L	schwarzoliv .... dg	3,—	1,50
531	12 L	dunkelrötlichlila .... dh	5,—	2,—
532	20 L	schiefer .... di	7,—	4,50
		Satzpreis (8 W.)	20,—	10,—

1954

1954, 29. Nov. 10. Jahrestag der Befreiung. RaTdr.; gez. K 12:12½.

dk) Jubelnde Soldaten und Zivilisten zwischen Fahnen

533	0.50 L	purpurviolett .... dk	0,20	0,20
534	1 L	dunkelolivgrün .... dk	0,50	0,50
535	2.50 L	dunkelgelbbraun .... dk	1,—	1,—
536	3 L	karmin .... dk	2,—	2,—
537	5 L	schwarzblau .... dk	3,—	3,—
538	8 L	karminbraun .... dk	6,—	6,—
		Satzpreis (6 W.)	12,—	12,—

1956

1956, 23. Febr. 70. Jahrestag der Eröffnung der 1. albanischen Schule. RaTdr.; gez. K 12:12½.

dl) Schulgebäude
dm) Die Lehrer Pandeli Sotiri, Petro Nini Luarasi und Nuci Naci

539	2 L	purpur .... dl	0,50	0,50
540	2.50 L	dunkelolivgrün .... dm	0,70	1,—
541	5 L	hellkobalt .... dm	1,80	2,—
542	10 L	grünblau .... dl	6,—	3,50
		Satzpreis (4 W.)	9,—	7,—

1957

1957, 1. Juni. 15 Jahre Albanische Arbeiterpartei. StTdr.; gez. K 11½.

dn) Zahl 15 umgeben von Fahnen und Schriftband
do) Gebäude des Zentralkomitees der Alb. Arbeiterpartei
dp) Karl Marx (1818–1883) und Lenin (1870–1924)

543	2.50 L	dunkelbraun .... dn	0,50	0,50
544	5 L	violettultramarin .... do	1,50	0,70
545	8 L	purpur .... dp	2,—	2,80
		Satzpreis (3 W.)	4,—	4,—

1957, 4. Okt. 4. Weltgewerkschaftskongreß, Leipzig. StTdr.; gez. K 11¾:11½.

dr) Emblem des IV. Weltgewerkschaftskongresses

546	2.50 L	braunviolett .... dr	0,50	0,20
547	3 L	karminrot .... dr	0,50	0,50
548	5 L	indigo .... dr	0,50	0,50
549	8 L	dunkelgrün .... dr	2,50	2,50
		Satzpreis (4 W.)	4,—	3,50

1957, 7. Nov. 40. Jahrestag der Oktoberrevolution. RaTdr.; gez. L 10¾.

ds) Lenin, Fahnen und Kreuzer „Aurora"

550	2.50 (L)	karminbraun .... ds	0,50	0,50
551	5 (L)	blauviolett .... ds	1,50	1,50
552	8 (L)	schwarzgrau .... ds	1,50	1,50
		Satzpreis (3 W.)	3,50	3,50
551 Uo		oben ungezähnt	—,—	
551 Ur		rechts ungezähnt	—,—	
551 Uu		unten ungezähnt	—,—	
551 Ul		links ungezähnt	—,—	

Albanien

1957, 28. Nov. 45. Jahrestag der Unabhängigkeit. Odr.; gez. K 10¾.

dt) Soldat mit Fahne in Eichenkranz

553	1.50 (L)	lilapurpur .... dt	0,50	0,50
554	2.50 (L)	dunkelbraun .... dt	1,—	0,50
555	5 (L)	dunkelblau .... dt	1,50	1,50
556	8 (L)	grün .... dt	4,—	2,—
		Satzpreis (4 W.)	7,—	4,50

1958

1958, 1. Febr. Naum Veqilharxhi. Odr.; gez. L 10¾.

du) N.Veqilharxhi, Schriftsteller

557	2.50 L	lilabraun .... du	0,50	0,50
558	5 L	dunkelviolettblau .... du	1,—	0,50
559	8 L	purpur .... du	3,—	1,50
		Satzpreis (3 W.)	4,50	2,50

1958, 15. April. Luigi Gurakuqi. Odr.; gez. L 10¾.

dv) L. Gurakuqi (1879–1925), Patriot

560	1.50 L	schwarzblaugrün .... dv	0,50	0,20
561	2.50 L	dunkelbraun .... dv	0,50	0,50
562	5 L	blau .... dv	0,50	0,50
563	8 L	violettbraun .... dv	3,—	1,30
		Satzpreis (4 W.)	4,50	2,50

Gültig bis 15.6.1958

1958, 1. Juli. 50. Jahrestag des Kampfes der Mashkulloren. Odr.; gez. L 10¾.

dw) C. Topulli und M. Grameno, Freiheitskämpfer

dx) Landschaft

564	2.50 L	olivbraun .... dw	0,50	0,20
565	3 L	dunkelgrün .... dx	0,50	0,20
566	5 L	grünlichblau .... dw	1,50	0,60
567	8 L	rotbraun .... dx	2,50	1,50
		Satzpreis (4 W.)	5,—	2,50

Gültig bis 31.8.1958

Bitte teilen Sie uns von Ihnen festgestellte Fehler mit, damit wir sie berichtigen können.

1958, 10. Juli. 15 Jahre albanische Volksarmee. Odr.; gez. L 10¾.

dy) Kampfszene

dz) Soldaten von Luftwaffe, Marine und Heer vor Panzer und Flugzeugen

568	1.50 L	dunkelblaugrün .... dy	0,20	0,20
569	2.50 L	lilabraun .... dz	0,30	0,30
570	8 L	karminrot .... dy	1,—	1,—
571	11 L	lebhaftgrünlichblau .... dz	2,—	2,—
		Satzpreis (4 W.)	3,50	3,50

Gültig bis 10.9.1958

1959

1959, 25. Jan. Kulturwoche. Odr.; gez. L 10¾.

ea) Apollo-Kopf (4. Jh. v. Chr.); Amphitheater in Butrint (3. Jh. v. Chr.)

572	2.50 L	lilabraun .... ea	0,50	0,50
573	6.50 K	blaugrün .... ea	1,50	1,—
574	11 L	ultramarin .... ea	3,—	2,—
		Satzpreis (3 W.)	5,—	3,50

Gültig bis 25.3.1959

1959, 1. Juli. 10 Jahre Weltfriedensbewegung. Odr.; gez. L 10¾.

eb) Frédéric Joliot-Curie, franz. Atomphysiker, Atomdarstellung und Friedenstaube

575	1.50 L	lebhaftrot .... eb	2,—	0,50
576	2.50 L	bläulichviolett .... eb	4,—	1,50
577	11 L	kobalt .... eb	10,—	5,—
		Satzpreis (3 W.)	16,—	7,—

1959, 20. Nov. 1. nationale Spartakiade. Odr.; gez. L 10¾.

ec) Basketball-spieler

ed) Fußballspieler

ee) Läufer

ef) Läuferpaar mit Fackel

578	1.50 L	bläulichviolett .... ec	1,—	0,20
579	2.50 L	smaragdgrün .... ed	1,—	0,30
580	5 L	lilarot .... ee	2,—	1,—
581	11 L	lebhaftviolettultramarin ..... ef	6,—	3,50
		Satzpreis (4 W.)	10,—	5,—

Gültig bis 31.1.1960

Albanien

1959, 29. Nov. 15. Jahrestag der Befreiung. Odr.; A = gez. L 10¾, B = ▢.

eg) Soldat mit Gewehr und Fahne
eh) Bergmann mit Presslufthammer vor Industriewerk
ei) Bäuerin mit Getreidegarbe
ek) Wissenschaftler mit Messinstrument und Mikroskop

582 A	1.50 L	karmin .... eg	—,—	—,—
583 A	2.50 L	karminbraun .... eh	—,—	—,—
584 A	3 L	blaugrün .... ei	—,—	—,—
585 A	6.50 L	bräunlichrot .... ek	—,—	—,—
		Satzpreis (4 W.)	8,—	8,—

Blockausgabe, ▢

582 B	1.50 L	karmin .... eg	—,—	—,—
587 B	2.50 L	karmin .... eh	—,—	—,—
588 B	3 L	karmin .... ei	—,—	—,—
589 B	6.50 L	karmin .... ek	—,—	—,—
Block 5	(141×96 mm) .... el		10,—	15,—

Gültig bis 31.12.1959

MiNr. 586 fällt aus

1959, 5. Dez. 10. Jahrestag der Allgemeinen Erklärung der Menschenrechte. Odr.; A = gez. L 10¾, B = ▢.

em) Mutter mit Kind, aufgeschlagenes Buch und UNO-Emblem

590 A	5 L	hellgrünlichblau/ grünlichblau .... em	5,—	3,—
		FDC		9,—

Blockausgabe, ▢

590 B	5 L	hellgrünlichblau/ grünlichblau .... em	—,—	—,—
Block 6	(72×65 mm) .... en		7,—	11,—
		FDC		15,—

Gültig bis 15.1.1960

1960

1960, 8. März. Internationaler Frauentag. Odr.; gez. L 10¾.

eo) Grüßende Frau

591	2.50 L	lilabraun .... eo	1,—	0,50
592	11 L	lilapurpur .... eo	3,50	1,50
		Satzpreis (2 W.)	4,50	2,—
		FDC		6,50

Gültig bis 8.5.1960

Neuheitenmeldungen zu diesem Katalog finden Sie in der monatlich erscheinenden **MICHEL-Rundschau.**

1960, 25. März. 40. Jahrestag des Kongresses von Lushnjë. Odr.; gez. L 10¾.

ep) Kongreßgebäude

593	2.50 L	sepia .... ep	0,50	0,50
594	7.50 L	dunkelblau .... ep	1,50	1,50
		Satzpreis (2 W.)	2,—	2,—
		FDC		4,—

Gültig bis 31.5.1960

1960, 20. April. 80. Geburtstag von Alexander Moissi. Odr.; gez. L 10¾.

er) A. Moissi (1880-1935), Schauspieler

595	3 L	lilabraun .... er	0,50	0,50
596	11 L	schwarzblaugrün ..... er	2,—	1,—
		Satzpreis (2 W.)	2,50	1,50
		FDC		3,50

Gültig bis 20.6.1960

1960, 22. April. 90. Geburtstag von Lenin. Odr.; gez. L 10¾.

es) Lenin (1870-1924)

597	4 L	grünlichblau .... es	1,50	1,50
598	11 L	rotlila .... es	4,—	5,—
		Satzpreis (2 W.)	5,50	6,50
		FDC		17,—

Gültig bis 23.6.1960

1960, 5. Mai. 80 Jahre Gesellschaft zur Erforschung der albanischen Sprache. Odr.; gez. L 10¾.

et) Vaso Pasha eu) Jani Vreto ev) Sami Frashëri ew) Statut der Gesellschaft

599	1 L	dunkeloliv .... et	0,50	0,20
600	1.50 L	braun .... eu	0,50	0,30
601	6.50 K	hellblau .... ev	1,50	0,50
602	11 L	hellrot .... ew	4,50	2,—
		Satzpreis (4 W.)	7,—	3,—
		FDC		11,—

Gültig bis 30.6.1960

1960, 12. Mai. 15 Jahre Grenzwache. Odr.; gez. L 10¾.

ex) Soldat auf Posten

603	1.50 L	karmin .... ex	0,50	0,50
604	11 L	grünllchblau .... ex	2,50	1,50
		Satzpreis (2 W.)	3,—	2,—

Gültig bis 15.7.1960

Albanien

1960, 14. Mai. 15 Jahre Volkspolizei. Odr.; gez. L 10¾.

ey) Volkspolizist und Familie vor Freiheitsdenkmal, Tirana

605	1.50 L	dunkelgrün .... ey		0,50	0,50
606	8.50 L	dunkelbraun .... ey		3,—	1,50
			Satzpreis (2 W.)	3,50	2,—
			FDC		5,50

Gültig bis 15.7.1960

1960, 30. Mai. 50. Jahrestag der Gründung der ersten albanischen Normalschule in Elbasan. Odr.; gez. L 10¾.

ez) Schule in Elbasan

607	5 L	dunkelsmaragdgrün .... ez		2,—	1,50
608	6.50 L	violett .... ez		2,—	1,50
			Satzpreis (2 W.)	4,—	3,—

Gültig bis 31.7.1960

1960, 2. Aug. 40. Jahrestag der Schlacht von Vlora. Odr.; gez. L 10¾.

fa) Soldat, Geschütz

609	1.50 L	dunkelolivbraun .... fa		0,50	0,50
610	2.50 L	braunlila .... fa		1,—	1,—
611	5 L	preußischblau .... fa		2,—	1,—
			Satzpreis (3 W.)	3,50	2,50
			FDC		6,50
610 Uu		unten ungezähnt		—,—	

Gültig bis 30.9.1960

1960, 18. Aug. 2. Jahrestag des Düsenluftverkehrs Tirana-Moskau. Odr.; gez. L 10¾.

fb) Düsenflugzeug TU 104 über Uhrenturm von Tirana und Kreml-Turm, Moskau

612	1 L	lilabraun .... fb		1,—	1,—
613	7.50 L	grünblau .... fb		3,—	5,—
614	11.50 L	hellgrau .... fb		5,—	9,—
			Satzpreis (3 W.)	9,—	15,—
			FDC		16,—

Gültig bis 18.10.1960

1960, 11. Nov. 15 Jahre Weltvereinigung der Demokratischen Jugend. Odr.; gez. L 10¾.

fc) Emblem

615	1.50 L	ultramarin .... fc		0,50	0,50
616	8.50 L	bräunlichrot .... fc		2,—	1,—
			Satzpreis (2 W.)	2,50	1,50

Gültig bis 10.1.1961

1960, 5. Dez. 60. Geburtstag von Ali Kelmendi. Odr.; gez. L 10¾.

fd) A. Kelmendi (1900–1936), Politiker

617	1.50 L	braunoliv .... fd		0,50	0,50
618	11 L	graulila .... fd		2,—	1,—
			Satzpreis (2 W.)	2,50	1,50
			FDC		3,50

Gültig bis 5.2.1961

1961

1961, 10. Jan. 15 Jahre albanisch-sowjetische Freundschaft. Odr.; gez. L 10¾.

fe) Verschlungene Hände vor albanischer und sowjetischer Fahne

619	2 L	blauviolett .... fe		0,50	0,50
620	8 L	karminbraun .... fe		2,—	1,—
			Satzpreis (2 W.)	2,50	1,50

Gültig bis 10.3.1961

1961, 13. Febr. 4. Kongreß der albanischen Arbeiterpartei. Odr.; gez. L 10¾.

ff) Marx und Lenin

621	2 L	karminrot .... ff		0,50	0,50
622	8 L	lebhaftviolettultramarin .... ff		2,—	1,—
			Satzpreis (2 W.)	2,50	1,50

Gültig bis 13.4.1961

1961, 28. April. Volkstrachten. Odr.; gez. L 10¾.

fg I) Shkodër fh II) Shkodër fi III) Lume fk IIII) Mirdite

623	1 L	grünlichschwarz .... fg		1,—	0,50
624	1.50 L	karminbraun .... fh		1,—	0,70
625	6.50 L	lebhaftviolettultramarin ...... fi		4,—	1,80
626	11 L	hellrot .... fk		6,—	4,50
			Satzpreis (4 W.)	12,—	7,50

Wenn Sie eine eilige philatelistische Anfrage haben, rufen Sie bitte (0 89) 3 23 93-3 39. Die MICHEL-Redaktion gibt Ihnen gerne Auskunft.

Albanien

1961, 25. Juni. Einheimische Tiere. Odr.; gez. L 10¾.

fl) Fischotter (Lutra lutra)
fm) Dachs (Meles meles)
fn) Braunbär (Ursus arctos)

627	2.50	(L)	indigo .... fl	3,—	1,—
628	6.50	(L)	dunkelblaugrün .... fm	7,—	2,—
629	11	(L)	lilabraun .... fn	15,—	8,—
			Satzpreis (3 W.)	25,—	11,—
			FDC		45,—

1961, 30. Sept. Vögel. Odr. auf gefärbtem Papier; gez. K 14.

fo) Krauskopf-Pelikane (Pelecanus crispus)
fp) Europa-Fischreiher (Ardea cinerea cinerea)
fr) Seidenreiher (Egretta garzetta)

630	1.50	(L)	karmin auf hellrosa .... fo	4,—	1,—
631	7.50	(L)	blauviolett auf hellgrünlichblau .... fp	6,—	3,—
632	11	(L)	karminbraun auf hellrosa .... fr	8,—	3,50
			Satzpreis (3 W.)	18,—	7,50
			FDC		26,—

1961, 27. Okt. Blumen. Odr.; gez. K 14.

fs) Alpenveilchen (Cyclamen persicum)
ft) Forsythie (Forsythia europaea)
fu) Türkenbundlilie (Lilium martagon)

633	1.50	(L)	lebhaftgrünlichblau/lila ...... fs	1,50	0,50
634	8	(L)	lebhaftviolett/rotorange ...... ft	5,50	2,50
635	11	(L)	smaragdgrün/karmin .... fu	6,—	3,—
			Satzpreis (3 W.)	13,—	6,—

1961, 30. Okt. 50. Geburtstag von Milosh Gjergji Nikolla. Odr.; gez. K 14.

fv) M. Gj. Nikolla (Migjeni), Dichter

636	0.50	(L)	dunkelkarminbraun .... fv	0,50	0,50
637	8.50	(L)	schwarzgrün .... fv	1,50	1,50
			Satzpreis (2 W.)	2,—	2,—

Zum besseren Gebrauch des Kataloges empfehlen wir, die Einführung zu lesen.

1961, 8. Nov. 20 Jahre Albanische Kommunistische Jugendorganisation. Odr.; gez. K 14.

fw) Fahne mit Marx und Lenin vor XX; Menschenansammlung

638	2.50	(L)	hellrot .... fw	0,60	0,50
639	7.50	(L)	braunlila .... fw	1,40	1,20
			Satzpreis (2 W.)	2,—	1,70

1961, 23. Nov. 20 Jahre Partei der Arbeit Albaniens. Odr.; gez. K 14.

fx) Arbeiter und Bäuerin mit Fahne auf XX-Emblem; aufgehende Sonne

640	2.50	(L)	violettblau .... fx	0,50	0,50
641	7.50	(L)	mattpurpur .... fx	2,—	2,—
			Satzpreis (2 W.)	2,50	2,50

1962

1962, 15. Febr. 1. bemannter sowjetischer Raumflug mit „Wostok 1". Odr.; gez. K 14.

fy) Juri Alexejewitsch Gagarin (1934-1968)

642	0.50	(L)	kobalt .... fy	1,—	1,50
643	4	(L)	lila .... fy	4,—	4,50
644	11	(L)	schwarzoliv .... fy	10,—	11,—
			Satzpreis (3 W.)	15,—	17,—

1962, 28. Febr. 50. Todestag von Petro Nini Luarasi. Odr.; gez. K 14.

fz) P. N. Luarasi, Patriot

645	0.50	(L)	dunkelgrünblau .... fz	0,50	0,50
646	8.50	(L)	braunoliv .... fz	4,—	1,50
			Satzpreis (2 W.)	4,50	2,—

✈ 1962, 20. März. MiNr. 642–644 mit Rasterpunktaufdruck in Gelb über das ganze Markenbild und einzeiligem Aufdruck POSTA AJRORE in Violettpurpur oder Schwarz.

647	0.50	(L)	kobalt/gelb .... (642)		
a			Aufdruck violettpurpur	30,—	50,—
b			Aufdruck schwarz	100,—	170,—
648	4	(L)	lila/gelb .... (643)		
a			Aufdruck violettpurpur	30,—	50,—
b			Aufdruck schwarz	100,—	170,—

Albanien   41

649		11 (L)	schwarzoliv/gelb .... (644)		
	a		Aufdruck violettpurpur	30,—	50,—
	b		Aufdruck schwarz	100,—	170,—
			Satzpreis a (3 W.)	90,—	150,—
			Satzpreis b (3 W.)	300,—	500,—

Auflagen: a = 16 000, b = 1 000 Sätze

Blockausgabe

gl) Olympische Fackel, Fujiyama

1962, 30. April. Kampf gegen die Malaria. Odr.; A = gez. K 14, B = ☐.

ga) Emblem der WHO, Stechmücke

662	15 L	türkisblau/dunkelbraun	gh l	—,—	—,—
Block 8		(81 × 63 mm)	gl		
	A	gez. K 14		35,—	55,—
	B	geschnitten		35,—	55,—

650	1.50 L	dunkelblaugrün .... ga	0,50	0,30
651	2.50 L	bräunlichkarmin .... ga	0,50	0,30
652	10 L	lebhaftviolett .... ga	1,—	1,—
653	11 L	preußischblau .... ga	1,—	1,—
		Satzpreis A (4 W.)	3,—	2,50
		FDC		4,—
		Satzpreis B (4 W.)	25,—	25,—
		FDC		30,—

Auflagen: A = 80 000, B = 10 000 Sätze, Block 8 A, B = je 10 000 Blocks

1962, 28. Juni. Weltraumforschung. Odr.; gez. K 14.

Blockausgabe (mit MiNr. 650–653)

Block 7		(90 × 106 mm) .... gb		
	A	gez. K 14	30,—	30,—
	B	geschnitten	30,—	30,—
		2 FDC		80,—

Block 7 Ur   rechts ungezähnt (MiNr. 651 und 653) .... —,—

gm) Weltkugel, „Sputnik 1" auf Erdumlaufbahn

gn) Weltraumhund „Laika", „Sputnik 2"   go) Raketenflugzeug, Sonne   gp) Mond-Foto-Sonde „Lunik 3" über Mond

1962, 10. Mai. Heilpflanzen. Odr.; A = gez. K 14, B = ☐.

gc) Echte Kamille (Matricaria chamomilla)   gd) Silberlinde (Tilia tomentosa)   ge) Salbei (Salvia officinalis)

663	0.50 (L)	blauviolett/gelborange ..... gm	0,50	1,—
664	1 (L)	dunkelblaugrün/braun ..... gn	1,—	1,50
665	1.50 (L)	karminrosa/chromgelb .... go	1,50	4,—
666	20 (L)	purpur/kobalt .... gp	10,—	16,—
		Satzpreis (4 W.)	13,—	22,—
		FDC		26,—

654	0.50 L	mehrfarbig .... gc	0,50	0,50
655	8 L	mehrfarbig .... gd	2,—	1,—
656	11.50 L	mehrfarbig .... ge	3,50	1,50
		Satzpreis A (3 W.)	6,—	3,—
		Satzpreis B (3 W.)	30,—	50,—

Blockausgabe

1962, 31. Mai. Olympische Sommerspiele 1964, Tokio (I). Odr.; A = gez. K 14, B = ☐.

gf) Wasserspringen

gg) Stabhochsprung   gh) Olympische Fackel, Fujiyama   gi) Speerwerfen   gk) Kugelstoßen

gr) Phantasie-Rakete vor Teil der Weltkugel

657	0.50 L	grünblau/grauschwarz ...... gf	0,20	0,10
658	2.50 L	braunocker/dunkelbraun .... gg	0,30	0,20
659	3 L	türkisblau/grauschwarz ..... gh	0,50	0,20
660	9 L	lilapurpur/violettpurpur ..... gi	2,—	1,50
661	10 L	dunkeloliv/grauschwarz .... gk	2,—	1,50
		Satzpreis A (5 W.)	5,—	3,50
		Satzpreis B (5 W.)	50,—	85,—

667	14 (L)	chromgelb/ockerbraun .... gr	—,—	75,—
Block 9		(101 × 76 mm) .... gs	60,—	75,—
		FDC		90,—

Postpreis: 20 L.

Albanien

1962, 28. Juni. Weltraumforschung (II). MiNr. 663–666 und Block 9 in geänderten Farben. Odr.; ☐.

668	0.50	(L)	blauviolett/hellorangerot ... gm	—,—	—,—
669	1	(L)	dunkelolivgrün/braun ... gn	—,—	—,—
670	1.50	(L)	karmin/orangegelb ... go	—,—	—,—
671	20	(L)	orangerot/blau		
			Satzpreis (4 W.)	65,—	75,—
			FDC		90,—

Blockausgabe

672	14	(L)	rot/braun ... gr	—,—	—,—
Block 10 (101×76 mm) ... gs				60,—	75,—
			FDC		90,—

Postpreis 20 L.

1962, 31. Juli. Fußballweltmeisterschaft, Chile. Odr.; gez. K 14.

gt) Fußballspieler, Ball im Tornetz
gu) Fußballspieler, Fußball als Erdkugel

673	1	(L)	orange/bräunlichviolett ... gt	0,50	0,50
674	2.50	(L)	gelblichgrün/dunkelblaugrün ... gu	1,—	1,50
675	6.50	(L)	hellbraun/mattpurpur ... gt	1,—	2,—
676	15	(L)	dunkelblaugrün/karminbraun ... gu	2,50	3,—
			Satzpreis (4 W.)	5,—	7,—

Auflage: 50 000 Sätze

Blockausgabe

gu l) Fußballspieler, Fußball als Erdkugel
gt l

Block 11 20 L mehrfarbig (82×66 mm) ... gt l   40,—   75,—

MiNr. 677 fällt aus.

1962,31. Juli. Fußballweltmeisterschaft, Chile (II). MiNr. 673–676 und Block 11 in geänderten Farben. Odr.; ☐.

678	1	(L)	violettblau/violett ... gt	3,—	6,—
679	2.50	(L)	braun/dunkelblaugrün ... gt	7,—	13,—
680	6.50	(L)	violett/dunkelkarminbraun ... gt	10,—	19,—
681	15	(L)	ocker/braunkarmin ... gu	20,—	38,—
			Satzpreis (4 W.)	40,—	75,—

Blockausgabe

Block 12 20 L hellachsfarben/rotbraun (82×66 mm) ... gt l   40,—   75,—

MiNr. 682 entfällt.

1962, 29. Aug. Europa. Odr.; gez. K 14.

gv) Europa-Karte mit herausgestelltem Teil Albanien
gw) „Göttin von Butrinto" mit Kopf eines Apollo (Marmorstatue, 4. Jh. v. Chr.; Karte von Albanien

683	0.50	(L)	mehrfarbig ... gv	0,50	1,—
684	1	(L)	hellblau/dunkelviolett/karmin ... gw	1,—	2,50
685	2.50	(L)	hellkobalt/bräunlichviolett/karmin ... gw	8,—	14,—
686	11	(L)	mehrfarbig ... gv	11,—	28,—
			Satzpreis (4 W.)	20,—	45,—

Blockausgabe

687	7	(L)	mehrfarbig ... gv	—,—	—,—
688	8	(L)	hellblau/dunkelviolett/karmin ... gw	—,—	—,—
Block 13 (82×63 mm) ... gx				40,—	75,—

Auflage: 50 000 Sätze, Block 13 = 10 000 Blocks

1962, 29. Aug. Europa (II). MiNr. 683-686 und Block 13 in geänderten Farben. Odr.; ☐.

689	0.50	(L)	lilagrau/dunkelkarmin/gelb ... gv	1,—	1,50
690	1	(L)	grünblau/dunkelkarmin/karmin ... gw	3,—	5,—
691	2.50	(L)	hellblauviolett/bräunlichviolett/karmin ... gw	10,—	20,—
692	11	(L)	hellgrau/dunkelkarmin/gelb ... gv	16,—	50,—
			Satzpreis (4 W.)	30,—	75,—

Blockausgabe

693	7	(L)	violettgrau/karmin/gelb ... gv	—,—	—,—
694	8	(L)	violettgrau/karmin ... gw	—,—	—,—
Block 14 (81×62 mm) ... gx				40,—	75,—

Auflage: 10 000 Sätze, Block 14 = 10 000 Blocks

1962, Sept. Trachten. Odr.; A = gez. K 14, B = ☐.

gy) Dardhe   gz) Devoll   ha) Lunxheri   hb) Gjirokaster

695	0.50	L	türkisblau/karminrot ... gy	0,50	0,30
696	1	L	dunkelchrom/karminbraun ... gz	0,50	0,50
697	2.50	L	gelboliv/blauviolett ... ha	1,50	1,20
698	14	L	hellbläulichgrün/orangebraun ... hb	6,50	3,50
			Satzpreis A (4 W.)	9,—	5,50
			Satzpreis B (4 W.)	40,—	60,—

MICHEL-Kataloge werden ständig überarbeitet und durch Berücksichtigung der neuesten Forschungsergebnisse auf dem aktuellen Stand gehalten.

Albanien

1962, 24. Okt. Tiere (I). Odr.; gez. K 14.

hc) Gemse (Rupicapra rupicapra)

hd) Luchs (Lynx lynx)   he) Wildschwein (Sus scrofa)   hf) Reh (Capreolus capreolus)

699	0.50	(L)	dunkelgrüngrau/dunkel-violett .... hc	0,50	0,50
700	1	(L)	hellorange/schwarz .... hd	2,—	1,—
701	1.50	(L)	lilabraun/braunschwarz ..... he	2,50	1,50
702	15	(L)	helloliv/karminbraun ...... hf	20,—	5,—
			Satzpreis (4 W.)	25,—	7,50

Blockausgabe, Blockrand gez. K 14

Block 15	20	(L)	helloliv/rotbraun .... hf I	130,—	170,—

MiNr. 703 entfällt

1962, 24. Okt. Tiere (II). Odr.; □.

704	0.50	(L)	braunoliv/dunkelkarmin-braun .... hc	—,—	—,—
705	1	(L)	orange/schwarz .... hd	—,—	—,—
706	1.50	(L)	hellorangebraun/braunschwarz .... he	—,—	—,—
707	15	(L)	smaragdgrün/violettpurpur .. hf	—,—	—,—
			Satzpreis (4 W.)	90,—	100,—

Blockausgabe

Block 16	20	(L)	maigrün/rotbraun .... hf I	130,—	170,—

MiNr. 708 entfällt

1962, 28. Nov. 50. Jahrestag der Unabhängigkeit Albaniens. Odr.; gez. K 14.

hg) Adler   hh) Ismail Qemali   hi) Adler über Turm aus Buchstaben RPSH

709	1	L	bräunlichrot/rotbraun .... hg	0,50	0,50
710	3	L	orangebraun/schwarz .... hh	3,50	1,—
711	16	L	rotlila/schwarz/grau .... hi	6,—	3,50
			Satzpreis (3 W.)	10,—	5,—

1962, 28. Nov. 50 Jahrestag der Unabhängigkeit Albaniens (II). MiNr. 709–711 in geänderten Farben. Odr.; □.

712	1	L	lila/rotbraun .... hg	—,—	—,—
713	3	L	lebhaftviolett/schwarz .... hh	—,—	—,—
714	16	L	karmin/schwarz/grau .... hi	—,—	—,—
			Satzpreis (3 W.)	38,—	60,—

1963

1963, 5. Jan. 45. Jahrestag der Oktoberrevolution. Odr.; gez. K 14.

hk) Revolutions-Denkmal   hl) Lenindenkmal

715	5	L	gelborange/dunkelgrauviolett .. hk	1,20	0,70
716	10	L	ziegelrot/braunschwarz ...... hl	2,80	1,80
			Satzpreis (2 W.)	4,—	2,50

1963, 25. Jan. 100 Jahre Rotes Kreuz (I). Odr.; gez. K 14.

hm) Henri Dunant (1828–1910), Gründer des Roten Kreuzes, Weltkugel auf rotem Kreuz, Krankenschwester

717	1.50	L	purpur/schwarz/rot .... hm	0,50	0,50
718	2.50	L	lebhaftgrünlichblau/schwarz/rot .... hm	1,—	0,50
719	6	L	gelbgrün/schwarz/rot ...... hm	2,—	1,—
720	10	L	gelbocker/schwarz/rot ..... hm	3,50	2,50
			Satzpreis (4 W.)	7,—	4,50

1963, 25. Jan. 100 Jahre Rotes Kreuz (II). MiNr. 717–720 in geänderten Farben. Odr.; □.

721	1.50	L	hellblauviolett/schwarz/rot .... hm	—,—	—,—
722	2.50	L	blaugrün/schwarz/rot ...... hm	—,—	—,—
723	6	L	gelblichgrün/schwarz/rot ... hm	—,—	—,—
724	10	L	hellblau/schwarz/rot .... hm	—,—	—,—
			Satzpreis (4 W.)	60,—	60,—

1963, 2. Febr. 20. Jahrestag der Schlacht von Stalingrad. Odr.; gez. K 14.

hn) Kampfszene, Stalin im Medaillon   ho) Flugzeuge, Soldat, Panzer mit Leninfahne, milit. Karte

725	8	(L)	schwarzblaugrün/grünlichschwarz .... hn	10,—	4,—

✈ **Flugpostmarke**

726	7	(L)	dunkelbläulichgrün/lilapurpur .... ho	10,—	4,—
			Satzpreis (2 W.)	20,—	8,—

MICHEL-Rundschau

zwölfmal im Jahr aktuelle Informationen für den Philatelisten. Mit einem Abonnement können Sie auch diesen Katalog auf dem laufenden halten!

Albanien

1963, 28. Febr. Gruppenflug der Raumkapseln „Wostok 3" und „Wostok 4". Odr.; gez. K 14.

hp) Kosmonaut A. G. Nikolajew, Trägerrakete
hr) „Wostok 3" und „Wostok 4", Erdkugel mit Flugbahnen
hs) Kosmonaut P. A. Popowitsch, Raumkapseln

727	2,50	(L)	violettblau/dunkellilabraun .... hp	0,50	0,50
728	7,50	(L)	türkisblau/braunschwarz .... hr	1,50	1,—
729	20	(L)	blauviolett/dunkellilabraun .... hs	4,—	3,50
			Satzpreis (3 W.)	6,—	5,—

Blockausgabe

ht) Kosmonauten A. G. Nikolajew und P. A. Popowitsch Raumkapseln „Wostok 3" und „Wostok 4" über Teil der Weltkugel

Block 17	25	(L)	violettblau/dunkellilabraun (88×73 mm) ht	40,—	40,—

MiNr. 730 fällt aus.

1963, 28. Febr. Gruppenflug der Raumkapseln „Wostok 3" und „Wostok 4" (II). MiNr. 727–729 und Block 17 in geänderten Farben. Odr.; □.

731	2,50	(L)	violettultramarin/dunkellilabraun .... hp	—,—	—,—
732	7,50	(L)	schwarzblaugrün/braunschwarz .... hr	—,—	—,—
733	20	(L)	lebhaftviolettultramarin/dunkellilabraun .... hs	40,—	40,—
			Satzpreis (3 W.)	40,—	40,—

Blockausgabe

Block 18	25	(L)	lebhaftviolettultramarin/dunkellilabraun (88×73 mm) ht	40,—	45,—

MiNr. 734 fällt aus.

1963, 20. März. Insekten. Odr.; gez. K 14.

hu) Walker (Polyphylla fullo)
hv) Hirschkäfer (Lucanus cervus)
hw) Riesen-Laufkäfer (Carabus gigas)
hx) Albanischer Sandlaufkäfer (Cicindela hybr. ssp. riparia forma albanica)

735	0,50	(L)	grauoliv/dunkelbraun ...... hu	1,20	0,50
736	1,50	(L)	blau/lilabraun .... hv	2,—	1,—
737	8		braunrot/dunkelviolett ...... hw	8,50	2,50
738	10		grünlichgelb/schwarz ...... hx	11,—	3,60
			Satzpreis (4 W.)	22,—	7,50

1963, 20. März. 20 Jahre Staatssicherheitsdienst. Odr.; gez. K 14.

hy) Frauengestalt mit Staatswappen dekoriert Soldaten

739	2,50	(L)	mehrfarbig .... hy	1,—	1,—
740	7,50	(L)	mehrfarbig .... hy	3,50	2,50
			Satzpreis (2 W.)	4,50	3,50

1963, 20. April. Vögel. Odr.; gez. K 14.

hz) Haubentaucher (Podiceps cristatus)
ia) Steinadler (Aquila chrysaëtus)
ib) Rebhühner (Perdix perdix)
ic) Auerhahn (Tetrao urogallus)

741	0,50	(L)	mehrfarbig .... hz	1,50	0,30
742	3		mehrfarbig .... ia	3,—	0,60
743	6,50		mehrfarbig .... ib	7,50	1,60
744	11		mehrfarbig ic	10,—	2,50
			Satzpreis (4 W.)	22,—	5,—

1963, 5. Mai. 50 Jahre albanische Briefmarken. Odr.; gez. K 14.

id) Albanien MiNr. 1
ie) Albanien MiNr. 24, 254 und 711

745	5	(L)	mehrfarbig .... id	2,—	0,50
746	10	(L)	mehrfarbig .... ie	3,50	2,—
			Satzpreis (2 W.)	5,50	2,50

Auflage: 40 000 Sätze

Die Preisnotierungen in den MICHEL-Katalogen gelten für Marken in einwandfreier Qualität. Bei gezähnten Marken muß die Zähnung allseits vollständig sein, bei geschnittenen Marken darf der Schnitt das Markenbild nicht berühren. Postfrische Erhaltung setzt vollkommen unberührte Gummierung voraus, Marken mit Falz dürfen nur einen sauberen Erstfalz haben. Gestempelte Marken sollen eine saubere und möglichst lesbare Abstempelung haben.

Lesen Sie dazu auch die Einführung.

Albanien 45

1963, 25. Mai. Olympische Sommerspiele 1964, Tokio (III). Odr.; A = gez. K 12½:12, B = □.

if) Boxer, Boxhandschuhe ig) Basketballkörbe, Ball ih) Volleyball Spielszene

ii) Radrennfahrer, Teil eines Rades ik) Turner am Reck

747	2 L	hellorangegelb/dunkelblaugrau/orangebraun .... if	0,60	1,—
748	3 L	dunkelchrom/preußischblau/hellbraun .... ig	0,70	2,—
749	5 L	mattkobalt/schwarzlila/braun .. ih	1,20	3,—
750	6 L	dunkelviolettbraun/dunkelgrün/braunschwarz ii	1,50	5,—
751	9 L	gelboliv/blauviolett .... ik	2,50	8,—
		Satzpreis A (5 W.)	6,50	19,—
		Satzpreis B (5 W.)	15,—	45,—

Blockausgabe

il) Hände mit olympischer Fackel, Karte von Japan

752	15 L	mehrbarbig il	—,—	—,—
Block 19	(61 × 82 mm) .... im			
A	gez. K 12½:12	15,—	26,—
B	geschnitten	15,—	26,—

Auflagen: A = 80 000, B = 17 000 Sätze, Block 19 A, B = je 17 000 Blocks

1963, 10. Juli. 20 Jahre Volksarmee. Odr.; gez. K 12½:11¾.

in) Enver Hoxha (1908-1985), Gebäude

io) Soldat mit Gewehr vor Schatten eines Soldaten, Wachboot, Flugzeuge ip) Soldaten im Angriff ir) Soldat mit Gewehr, Industriebetrieb, Bulldog

753	1.50 (L)	braunrot/braunschwarz/hellorangegelb .... in	0,50	0,50
754	2.50 (L)	grauultramarin/ockerbraun/lilabraun .... io	1,—	1,—
755	5 (L)	blaugrün/schwarz/olivgrau . ip	1,50	1,50
756	6 (L)	orangebraun/dunkelblau/mattbraun .... ir	2,—	2,—
		Satzpreis (4 W.)	5,—	5,—

Auflage: 30 000 Sätze

1963, 30. Juli. Sowjetische Kosmonauten. Odr.; A = gez. K 12¼:11¾, B = □.

is) Juri A. Gagarin it) German St. Titiow iu) Andrijan G. Nikolajew

iv) Pawel R. Popowitsch iw) Valeri F. Bykowski ix) Valentina V. Tereschkowa

757	3 L	mehrbarbig .... is	1,—	0,40
758	5 L	mehrbarbig .... it	1,—	0,50
759	7 L	mehrbarbig .... iu	1,50	0,50
760	11 L	mehrbarbig iv	3,—	1,—
761	14 L	mehrbarbig .... iw	4,50	1,50
762	20 L	mehrbarbig ix	7,—	3,60
		Satzpreis A (6 W.)	18,—	7,50
		Satzpreis B (6 W.)	45,—	60,—

Auflagen: A = 90 000, B = 30 000 Sätze

1963, 31. Aug. Europameisterschaften (I). Odr.; gez. K 12¼:12½.

iy) Volleyball

iz) Gewichtheben ka) Fußball kb) Boxen kc) Rudern

763	2 (L)	gelboliv/schwarz/orangerot .. iy	0,50	0,30
764	3 (L)	karmin/schwarz/gelbbraun ... iz	0,50	0,50
765	5 (L)	gelblichgrün/schwarz/gelblichorange .... ka	1,—	1,—
766	7 (L)	mittelpurpur/schwarz/gelbgrün	1,50	1,20
767	8 (L)	blau/schwarz/lilarosa .... kc	3,50	1,50
		Satzpreis (5 W.)	7,—	4,50

Auflage: 100 000 Sätze

1963, 31. Aug. Europameisterschaften (II). MiNr. 763-767 in geänderten Farben. Odr.; □.

768	2 L	dunkelolivgrün/schwarz/orangerot .... iy	—,—	—,—
769	3 L	karminlila/schwarz/gelbbraun .... iz	—,—	—,—
770	5 L	gelbgrün/schwarz/gelborange .... ka	—,—	—,—
771	7 L	karminlila/schwarz/gelbgrün .... kb	—,—	—,—
772	8 L	hellblauviolett/schwarz/lilarosa .... kc	—,—	—,—
		Satzpreis (5 W.)	35,—	55,—

Auflage: 30 000 Sätze

Albanien

1963, 29. Sept. Schmetterlinge. Odr.; gez. K 12¼:12½.

kd) Segelfalter (Iphiclides podalirius)
ke) Russischer Bär (Callimorpha quadripunctaria)
kf) Zitronenfalter (Gonepteryx rhamni)

kg) Totenkopf (Acherontia atropos)
kh) Aurorafalter (Anthocaris cardamines)
ki) Tagpfauenauge (Inachis io)

773	1	(L)	rot/grauschwarz/gelb ...... kd	0,50	0,30
774	2	(L)	blau/grauschwarz/rot ...... ke	1,—	0,30
775	4	(L)	lebhaftviolett/gelb/braunschwarz ...... kf	2,—	1,—
776	5	(L)	smaragd/lilabraun/gelb ...... kg	3,—	1,—
777	8	(L)	braunocker/braunschwarz/rot ...... kh	5,—	2,—
778	10	(L)	ultramaringrau/rotbraun ...... ki	6,50	3,—
			Satzpreis (6 W.)	18,—	7,50

Auflage: 100 000 Sätze

✈ **1963, 31. Okt. Lunare und interplanetare Flüge. Odr.; gez. K 12¼:11¾.**

kk) Mondsonde „Lunik 1" vor Sonne

kl) Trägerrakete der Mondsonde „Lunik 2" fliegt Richtung Mond
km) Foto-Mondsonde „Lunik 3", Mond-Erde-Flugbahn

kn) Stufentrennung der „Venus-Sonde", Trägerrakete
ko) Stufentrennung der „Mars-Sonde", Trägerrakete

779	2	(L)	mehrfarbig ...... kk	0,50	0,50
780	3	(L)	mehrfarbig ...... kl	1,—	0,50
781	5	(L)	mehrfarbig ...... km	1,50	0,50
782	8	(L)	mehrfarbig ...... kn	2,50	1,—
783	12	(L)	mehrfarbig ...... ko	5,—	3,50
			Satzpreis (5 W.)	10,—	6,—

Auflage: 100 000 Sätze

MiNr. 779 und 782 Aufdruck: MiNr. 857–858

Kompetent und sammlernah: Bund Deutscher Philatelisten e.V.
Mildred Scheel Str. 2 · 53175 Bonn

1963, 15. Nov. Industriebauten. Odr. auf gefärbtem Papier; gez. K 14.

kp) Lebensfabrik, Tirana

kr) Erdölraffinerie, Cërrik
ks) Konservenfabrik, Korça
kt) Kupferwerk, Kurbnesh

784	2.50	(L)	rot auf rosa ...... kp	1,—	0,50
785	20	(L)	russischgrün auf grünlich ...... kr	4,—	2,—
786	30	(L)	bräunlichlila auf bräulich ...... ks	10,—	5,—
787	50	(L)	braunocker auf mattgelb ...... kt	10,—	5,—
			Satzpreis (4 W.)	25,—	12,—

1963, 24. Nov. 1. Kongreß der SH.N.U.M. Odr.; gez. K 12¼.

ku) Emblem

788	2	L	mehrfarbig ...... ku	0,50	0,50
789	8	L	mehrfarbig ...... ku	2,—	1,50
			Satzpreis (2 W.)	2,50	2,—

1963, 10. Dez. 15. Jahrestag der Verkündung der Menschenrechte. Odr.; gez. K 12¼:11¾.

kv) Asiate, Europäer, Afrikaner

790	3	L	mattbraun/schwarz ...... kv	0,50	0,50
791	5	L	mattbraun/violettblau ...... kv	1,—	1,—
792	7	L	mattbraun/bläulichviolett ...... kv	2,50	2,—
			Satzpreis (3 W.)	4,—	3,50

Auflage: 20 000 Sätze

1963, 23. Dez. Olympische Winterspiele 1964, Innsbruck (I). Odr.; gez. K 14.

kw) Bobfahrer

kx) Skiläufer beim Aufstieg
ky) Eishockeyspieler
kz) Eiskunstläuferin

793	0.50	(L)	grünblau/schwarz ...... kw	0,50	0,30
794	2.50	(L)	rot/grau/schwarz ...... kx	0,70	0,50
795	6.50	(L)	gelb/schwarz/dunkelblaugrau ...... ky	1,30	0,70
796	12.50	(L)	rot/gelbgrün/schwarz ...... kz	2,50	2,50
			Satzpreis (4 W.)	5,—	4,—
			FDC		6,50

Albanien 47

Blockausgabe

la) Skispringer beim Absprung
lb

797	12.50	(L)	hellblau/grüngrau/schwarz . la		—,—	—,—
Block 20	(56×75 mm)		.... lb	28,—	50,—
			FDC			55,—

1963, 23. Dez. Olympische Winterspiele, Innsbruck (II). MiNr. 793–796 und Bl. 20 in etwas geänderten Farben. Odr. ☐.

798	0.50	(L)	blaugrün/schwarz ..... kw	—,—	—,—
799	2.50	(L)	rot/hellgrau/schwarz ..... kx	—,—	—,—
800	6.50	(L)	gelborange/schwarz/violettgrau .... ky	—,—	—,—
801	12.50	(L)	rot/gelblichgrün/schwarz .. kz	—,—	—,—
			Satzpreis (4 W.)	85,—	120,—
			FDC		130,—

Blockausgabe

802	12.50	(L)	blaugrün/grüngrau/schwarz .... la	—,—	—,—
Block 21	(56×75 mm)		.... lb	60,—	100,—
			FDC		120,—

1964

1964, 21. Jan. 40. Todestag von Lenin. Odr.; gez. K 12¼.

lc) Lenin (1870–1924)

803	5	(L)	olivschwarz/mattbraun lc	1,—	0,70
804	10	(L)	olivschwarz/ocker lc	2,20	1,30
			Satzpreis (2 W.)	3,20	2,—

1964, 21. Jan. GANEFO-Sportspiele, Djakarta (Indonesien). Odr.; gez. K 12¼.

ld) Hürdenläufer

le) Läufer   lf) Schütze   lg) Basketballspieler

805	2.50	(L)	grauviolett/lebhaftviolettultramarin .... ld	0,50	0,30
806	3	(L)	dunkelgraugrün/orangebraun .... le	1,—	0,50
807	6.50	(L)	kobalt/purpur .... lf	1,50	1,20
808	8	(L)	hellblau/braunocker ...... lg	2,50	2,—
			Satzpreis (4 W.)	5,50	4,—

1964, 26. Febr. Fische. Odr.; gez. L 14.

lh) Atlantischer Stör (Acipenser sturio)   li) Goldbrasse (Sparus auratus)   lk) Gemeine Meeräsche (Mugil cephalus)

ll) Karpfen (Cyprinus carpio)   lm) Makrele (Scomber scomber)   ln) Roter Koran (Salmo trutta letnica)

809	0.50	(L)	mehrfarbig .... lh	0,50	0,40
810	1		mehrfarbig li	1,—	0,40
811	1.50	(L)	mehrfarbig .... lk	1,50	0,40
812	2.50	(L)	mehrfarbig ll	2,—	1,—
813	6.50	(L)	mehrfarbig .... lm	3,—	2,—
814	10	(L)	mehrfarbig .... kz	5,—	3,—
			Satzpreis (6 W.)	13,—	7,—

Auflage: 60 000 Sätze

1964, 28. März. Tiere. Odr.; gez. K 12½.

lo) Eichhörnchen (Sciurus vulgaris)   lp) Steinmarder (Martes foina)

lr) Rotfuchs (Vulpes vulpes)   ls) Igel (Erinaceus europaeus)

lt) Feldhase (Lepus europaeus)   lu) Goldschakal (Canis aureus)

lv) Wildkatze (Felis silvestris)   lw) Wolf (Canis lupus)

815	1	L	mehrfarbig .... lo	0,50	0,20
816	1.50	L	mehrfarbig .... lp	1,—	0,20
817	2	L	mehrfarbig .... lr	1,—	0,50
818	2.50	L	mehrfarbig .... ls	1,50	0,50
819	3	L	mehrfarbig .... lt	2,—	0,80
820	5	L	mehrfarbig .... lu	2,50	0,80
821	7	L	mehrfarbig lv	4,—	0,80
822	8	L	mehrfarbig .... lw	5,—	1,20
			Satzpreis (8 W.)	17,—	5,—

Auflage: 60 000 Sätze

Albanien

1964, 18. Mai. Olympische Sommerspiele, Tokio (IV). Odr.; gez. K 12½.

lx) Hände mit Fackeln vor griechischer Säule, olympische Ringe

ly) Fackel, Weltkugeln, olympische Ringe

lz) Olympische Fahne, Sonne über Fudschijama, jubelnde Menschen

ma) Olympiastadion, Tokio; olympische Ringe

823	3 (L)	grauoliv/strohgelb/zitrongelb lx	0,50	0,70
824	5 (L)	hellrot/lebhaftultramarin ..... ly	0,70	1,—
825	7 (L)	graublau/zitrongelb/ultramarin .... lz	1,—	1,50
826	10 (L)	hellachsfarben/bläulichviolett/kobalt .... ma	1,50	2,50
		Satzpreis (4 W.)	3,50	5,50
		FDC		16,—

Blockausgabe

827	15 (L)	hellblau/blauviolett/ocker ... lz l	—,—	—,—
Block 22	(81×91 mm) .... mb		25,—	40,—
		FDC		50,—

MiNr. 826 mit Aufdruck : MiNr. 838
Auflage: 100 000 Sätze, Block 22 = 17 000 Blocks

1964, 18. Mai. Olympische Sommerspiele, Tokio (V). MiNr. 823-826 und Bl. 22 in etwas geänderten Farben. Odr.; □.

828	3 (L)	dunkellilagrau/hellorangegelb/hellgrünlichgelb lx	—,—	—,—
829	5 (L)	karminlila/lebhaftultramarin .. ly	—,—	—,—
830	7 (L)	blau/zitrongelb/ultramarin ..... lz	—,—	—,—
831	10 (L)	hellorangebraun/bläulichviolett/kobalt .... ma	—,—	—,—
		Satzpreis (4 W.)	20,—	40,—
		FDC		55,—

Blockausgabe

832	15 (L)	blau/blauviolett/ocker ...... lz l	—,—	—,—
Block 23	(83×94 mm) .... mb		25,—	50,—
		FDC		55,—

Auflage: 17 000 Sätze, Block 23 = 17 000 Blocks

1964, 24. Mai. 20. Jahrestag des Unabhängigkeitskongresses von Permet. Odr.; gez. K 12½:12.

mc) Hand mit Gewehr, Partisanen, Kongressaufruf, Inschrift

md) Staatswappen Albaniens, Inschrift

me) Enver Hoxha (1908-1985), Militär und Politiker; Inschrift

833	2 (L)	lachs/braunschwarz/rot .... mc	1,50	1,—
834	5 (L)	mehrfarbig .... md	3,50	2,—
835	8 (L)	lilapurpur/violettschwarz/rot	7,50	6,—
		Satzpreis (3 W.)	12,—	9,—

Auflage: 10 000 Sätze

1964, 10. Juni. 40. Jahrestag der Revolution. Odr.; gez. K 12½:12.

mf) Revolutionäre mit Fahne, aufgehende Sonne

836	2.50 (L)	hellrot/dunkelviolettgrau ... mf	0,50	0,50
837	7.50 (L)	karminlila/dunkelviolettgrau .... mf	1,50	1,50
		Satzpreis (2 W.)	2,—	2,—

1964, 25. Juni. Internationale Sportbriefmarken-Ausstellung, Rimini. MiNr. 826 mit Odr.-Aufdruck.

838	10 (L)	hellachsfarben/bläulichviolett/kobalt ...... (826) Bl	8,—	8,—

Auflage: 80 000 Stück

1964, 27. Juni. Die vier Mondphasen (I). Odr.; gez. K 12½.

mg) Vollmond über Berglandschaft

mh) Zunehmender Mond über See | mi) Halbmond über Stadtsilhouette | mk) Abnehmender Mond, Wolken

839	1 (L)	violett/gelb .... mg	0,20	0,50
840	5 (L)	hellblauviolett/gelb .... mh	1,—	1,—
841	8 (L)	hellkobalt/gelb .... mi	1,—	2,50
842	11 (L)	dunkelgrünblau/gelb ...... mk	4,—	6,—
		Satzpreis (4 W.)	6,—	11,—
		FDC		13,—

Blockausgabe; nur waagerecht gez. 12½.

ml) Neumond

843	15 (L)	lebhaftultramarin/hellorangegelb .... ml	—,—	—,—
Block 24	(67×78 mm) .... mm		17,—	35,—
		FDC		45,—

Auflage: 80 000 Sätze, Block 24 = 17 000 Blocks

Albanien

1964, 27. Juni. Die vier Mondphasen (II). MiNr. 839–842 und Bl. 24 in etwas geänderten Farben. Odr.; □ .

844	1	(L)	grauviolett/gelb .... mg	—,—	—,—
845	5	(L)	blauviolett/gelb .... mh	—,—	—,—
846	8	(L)	lebhaftviolettultramarin/gelb . mi	—,—	—,—
847	11	(L)	dunkelgraugrün/gelb .... mk	—,—	—,—
			Satzpreis (4 W.)	18,—	35,—
			FDC		45,—

Blockausgabe

848	15	(L)	hellblauviolett/hellorangegelb .... ml	—,—	—,—
Block 25	(67×79 mm) .... mm	17,—	35,—
	FDC		45,—

Auflage: 17 000 Sätze, Block 25 = 17 000 Blocks

1964, 31. Juli. Vögel. Odr.; gez. K 12½ .

mn) Zaunkönig (Troglodytes troglodytes) mo) Beutelmeise (Remiz pendulinus) mp) Italien-Grünspecht (Picus viridis pronus)

mr) Waldbaumläufer (Certhia familiaris) ms) Kleiber oder Spechtmeise (Sitta europaea) mt) Mittelmeer-Kohlmeise (Parus major excelsus)

mu) Balkanstieglitz (Carduelis carduelis balcanica) mv) Pirol (Oriolus oriolus)

849	0.50	(L)	mehrfarbig .... mn	0,50	0,20
850	1	(L)	mehrfarbig .... mo	1,—	0,30
851	2.50	(L)	mehrfarbig .... mp	1,50	0,50
852	3	(L)	mehrfarbig .... mr	2,—	0,50
853	4	(L)	mehrfarbig .... ms	2,50	1,—
854	5	(L)	mehrfarbig .... mt	3,—	1,—
855	6	(L)	mehrfarbig .... mu	3,50	1,50
856	18	(L)	mehrfarbig .... mv	7,50	3,50
			Satzpreis (8 W.)	20,—	8,50

Auflage: 60 000 Sätze

1964, 23. Aug. Internationale Briefmarkenausstellung, Riccione. MiNr. 779 und 782 mit Aufdruck.

857	2	(L)	mehrfarbig .... (779) V	10,—	20,—
858	8	(L)	mehrfarbig .... (782) V	20,—	30,—
			Satzpreis (2 W.)	30,—	50,—
			FDC		60,—

Auflage: 25 000 Sätze

1964, 25. Sept. Olympische Sommerspiele, Tokio (VI). Odr.; gez. K 12½ .

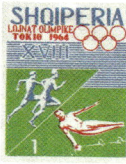

mw) Laufen, Kunstturnen

mx) Gewichtheben, Judo my) Springreiten, Radrennen mz) Fußball, Wasserball

na) Ringen, Boxen nb) Moderner Fünfkampf, Feldhockey nc) Schwimmen, Segeln

nd) Basketball, Volleyball ne) Rudern, Kanusport nf) Fechten, Schießen

859	1	(L)	gelbgrün/hellviolettblau/rosakarmin .... mw	0,20	0,20
860	2	(L)	bläulichviolett/orangebraun/lebhaftgrünlichblau .... mx	0,20	0,20
861	3	(L)	hellbraunoliv/bläulichviolett/rotorange .... my	0,20	0,20
862	4	(L)	violettblau/grünblau/braunoliv .... mz	0,50	0,50
863	5	(L)	karmin/grünblau/braunlila .... na	0,50	0570
864	6	(L)	orange/ultramarin/lebhaftgrünlichblau .... nb	1,—	1,—
865	7	(L)	dunkelblau/orange/braunoliv .... nc	1,—	1,—
866	8	(L)	hellgrünlichgelb/smaragd/dunkellilagrau .... nd	1,—	1,—
867	9	(L)	karminlila/kobalt/gelb ...... ne	1,—	1,—
868	10	(L)	blaugrün/smaragd/braunocker .... nf	1,50	1,50
			Satzpreis (10 W.)	7,—	7,—

MICHEL-Kataloge werden ständig überarbeitet und durch Berücksichtigung der neuesten Forschungsergebnisse auf dem aktuellen Stand gehalten.

Albanien

Blockausgabe, A = gez. Ks 12½, B = ☐.

ng) Siegerehrung
nh

869	20 L	dunkelgrünlichgelb/blauviolett .... ng	—,—	—,—
Block 26	(70×96 mm) .... gb			
	A	gez. Ks 12½	17,—	30,—
	B	geschnitten	25,—	30,—

Auflage: 50 000 Sätze, Block 26 A und B = je 17 000 Blocks

1964, 25. Sept. Olympische Sommerspiele, Tokio (VII). MiNr. 859–868 in etwas geänderten Farben. Odr.; ☐.

870	1 (L)	gelbgrün/hellviolettblau/lebhaftviolett .... mw		
871	2 (L)	bläulichviolett/mattbraun/bläulichgrün .... mx		
872	3 (L)	dunkelchrom/bläulichviolett/rotorange .... my		
873	4 (L)	violettblau/grünblau/hellbraunoliv .... mz		
874	5 (L)	rosakarmin/grünblau/lebhaftviolett .... na		
875	6 (L)	dunkelorange/hellblauviolett/lebhaftgrünlichblau ... nb		
876	7 (L)	blau/rotorange/braunoliv .... nc		
877	8 (L)	gelb/smaragd/dunkellilagrau nd		
878	9 (L)	rosalila/hellblauviolett/gelb .. ne	—,—	—,—
879	10 (L)	blaugrün/smaragd/mattbraun nf	—,—	—,—
		Satzpreis (10 W.)	20,—	30,—

Auflage: 17 000 Sätze

1964, 1. Okt. 15 Jahre Volksrepublik China. Odr.; gez. K 12.

ni) Staatswappen der Volksrepublik China.

nk) Mao Zedong (1893–1976), chines. Staatspräsident

880	7 (L)	mehrfarbig .... ni	5,—	3,—
881	8 (L)	mehrfarbig .... nk	5,—	4,50
		Satzpreis (2 W.)	10,—	7,50

Auflage: 12 000 Sätze

1964, 5. Nov. 100. Jahrestag der Ersten Internationale. Odr.; gez. K 12.

nl) Karl Marx (1818–1883); Inschrift

nm) Gebäude, Inschrift   nn) Friedrich Engels (1820–1895); Inschrift

882	2 (L)	mehrfarbig .... nl	1,—	0,50
883	5 (L)	hellgrünblau .... nm	2,50	1,50
884	8 (L)	mehrfarbig .... nn	5,—	2,—
		Satzpreis (3 W.)	8,50	4,—

Auflage: 20 000 Sätze

1964, 15. Nov. 150. Geburtstag von Jeronimo de Rada. Odr.; gez. K 12½:12.

no) J. de Rada (1814–1908), Schriftsteller

885	7 (L)	schwarzgrün .... no	1,50	1,50
886	8 (L)	dunkelviolett .... no	2,50	2,50
		Satzpreis (2 W.)	4,—	4,—

Auflage: 20 000 Sätze

1964, 29. Nov. 20. Jahrestag der Sozialistischen Machtergreifung in Albanien. Odr.; gez. K 12.

np) Staatswappen, Blumen   nr) Fabrik   ns) Mähdrescher

nt) Chemikerin   nu) Hände mit Manifest, Hammer und Sichel

887	1 (L)	mehrfarbig .... np	0,50	*0,50*
888	2 (L)	karmin/ultramarin/hellgrünlichgelb .... nr	1,—	*1,—*
889	3 (L)	karmin/karminbraun/hellgrünlichgelb .... ns	1,50	*1,50*
890	4 (L)	karmin/dunkelgraugrün/hellgrünlichgelb .... nt	2,—	*2,—*
891	10 (L)	hellblau/hellrot/schwarz .... nu	5,—	*5,—*
		Satzpreis (5 W.)	10,—	*10,—*

Auflage: 20 000 Sätze

Zum Bestimmen der Farben   **MICHEL-Farbenführer**

Albanien

1964, 25.Dez. Planeten im Sonnensystem. (I). Odr.; gez. K 12¼ .

nv) Merkur nw) Venus nx) Erde

ny) Mars   nz) Jupiter   oa) Saturn

ob) Uranus   oc) Neptun   od) Pluto

Auf jeder Marke noch das astrologische Zeichen des Planeten

892	1 L	gelb/bläulichviolett .... nv	0,20	0,20
893	2 L	karminrot/grünlichblau/gelb . nw	0,30	0,50
894	3 L	mehrfarbig .... nx	0,50	0,70
895	4 L	mehrfarbig .... ny	0,50	0,70
896	5 L	gelb/braunviolett/dunkelbraun . nz	0,50	1,—
897	6 L	grün/dunkelkarminbraun/gelb . oa	1,—	1,50
898	7 L	gelb/dunkelolivgrün .... ob	1,40	1,70
899	8 L	gelb/blauviolett .... oc	1,40	2,—
900	9 L	grün/lilaschwarz/gelb .... od	1,40	2,20
		Satzpreis (9 W.)	7,—	10,—

Blockausgabe, waagerecht gez. 12¼.

oe) Sonne mit Umlaufbahnen der Planeten, Rakete of

901	15 L	mehrfarbig .... oe	—,—	—,—
Block 27	(88×72 mm) .... of		30,—	45,—

Auflage: 80 000 Sätze, Block 27 = 17 000 Blocks

1964, 25. Dez. Planeten im Sonnensystem (II). MiNr. 892–900 in etwas geänderten Farben. Odr.; □.

902	1 L	gelb/violett .... nv	—,—	—,—
903	2 L	karminrot/dunkelgrünlichblau/gelb .... nw	—,—	—,—
904	3 L	mehrfarbig .... nx	—,—	—,—
905	4 L	mehrfarbig .... ny	—,—	—,—
906	5 L	gelb/dunkelrötlichlila/rotbraun .... nz	—,—	—,—
907	6 L	grün/karminbraun/gelb ...... oa	—,—	—,—
908	7 L	gelb/gelblichgrün .... ob	—,—	—,—
909	8 L	gelb/hellblauviolett .... oc	—,—	—,—
910	9 L	grün/dunkelbraunoliv/gelb ... od	—,—	—,—
		Satzpreis (9 W.)	35,—	50,—

Blockausgabe

911	15 (L)	mehrfarbig .... oe	—,—	—,—
Block 28	(88×72 mm) .... of		30,—	45,—

Auflage: 17 000 Sätze, Block 28 = 17 000 Blocks

1965

1965, 25. Jan. Früchte. Odr.; gez. K 12.

og) Eßkastanie (Castanea sativa)

oh) Mispeln (Mespilus germanica)   oi) Kakipflaumen (Diospyros kaki)   ok) Granatapfel (Punica granatum)   ol) Quitte (Cydonia oblonga)   om) Apfelsine (Citrus sinensis)

912	1 (L)	mehrfarbig .... og	0,30	0,20
913	2 (L)	mehrfarbig .... oh	0,50	0,30
914	3 (L)	mehrfarbig .... oi	0,70	0,30
915	4 (L)	mehrfarbig .... ok	1,—	0,50
916	5 (L)	mehrfarbig .... ol	2,—	0,70
917	10 (L)	mehrfarbig .... om	4,—	1,20
		Satzpreis (6 W.)	8,50	3,20

Auflage: 80 000 Sätze

1965, 20. Febr. 20 Jahre Einheitsgewerkschaft. RaTdr.; gez. K 12.

on) Gerüst, Industriewerk, Emblem   oo) Winkel, Zirkel, Bücher, Emblem   op) Sonnenschirm, Wasser, Erholungsheim, Emblem

918	2 (L)	schwarz/karmin/lilarosa .... on	5,—	5,—
919	5 (L)	braungelb/grauschwarz/violettgrau .... oo	9,—	9,—
920	8 (L)	schwarz/violettblau/lichtblau .... op	11,—	11,—
		Satzpreis (3 W.)	25,—	25,—

Auflage: 10 000 Sätze

1965, Febr. Wasserbüffel. Odr.; gez. K 12.

or

os   ot

Albanien

ou ov

or–ov) Wasserbüffel (Bubalus arnee bubalis)

921	1 (L)	mehrfarbig	or	1,—	0,50
922	2 (L)	mehrfarbig	os	2,—	1,—
923	3 (L)	mehrfarbig	ot	3,—	1,50
924	7 (L)	mehrfarbig	ou	7,—	2,—
925	12 (L)	mehrfarbig	ov	12,—	2,50
			Satzpreis (5 W.)	25,—	7,50

Auflage: 80 000 Sätze

1965, März. Schönes Albanien. Odr.; MiNr. 926, 927, 930 und 931 gez. K 12½:12, MiNr. 928 und 929 ~.

ow) Ali – Pascha – Festung bei Himara

ox) Schlangenhöhle bei Valbona

oy) Tal von Theth

oz) Weißwasser – Klamm bei Theth

pa) „Trockene Höhle" von Valbona

pb) Blumensee bei Lura

ow–pb) Albanische Landschaften

926	1.50 (L)	mehrfarbig	ow	1,50	0,50
927	2.50 (L)	mehrfarbig	ox	3,50	1,—
928	3 (L)	mehrfarbig	oy	3,50	1,—
929	4 (L)	mehrfarbig	oz	4,50	1,50
930	5 (L)	mehrfarbig	pa	5,50	2,—
931	9 (L)	mehrfarbig	pb	15,—	4,—
			Satzpreis (6 W.)	32,—	10,—

Auflage: 80 000 Sätze

1965, 25. April. 20 Jahre Grenztruppen. Odr.; gez. K 11¾:12¼.

pc) Grenzsoldat mit Schäferhund, Adler

932	2.50 (L)	mehrfarbig	pc	1,50	1,—
933	12.50 (L)	mehrfarbig		8,50	4,—
			Satzpreis (2 W.)	10,—	5,—

1965, 10. Mai. Europameisterschaften im Schießen, Bukarest. Odr.; gez. K 12¼.

pd) Gewehrschütze liegend

pe) Gewehrschütze stehend

pf) Schießscheibe über Europakarte

pg) Pistolenschütze

ph) Gewehrschütze kniend

934	1 (L)	mehrfarbig	pd	0,50	0,20
935	2 (L)	mehrfarbig	pe	0,50	0,50
936	3 (L)	rosalila/rosakarmin	pf	1,—	0,50
937	4 (L)	mehrfarbig	pg	2,—	0,50
938	15 (L)	mehrfarbig	ph	6,—	2,50
			Satzpreis (5 W.)	10,—	4,—

1965, 17. Mai. 100 Jahre Internationale Fernmeldeunion (ITU) Odr.; gez. K 12¼:11¾.

pi) Emblem der ITU, Telegrafenmast, Antennensystem

939	2.50 (L)	mehrfarbig	pi	1,—	0,50
940	12.50 (L)	mehrfarbig	pi	6,—	1,70
			Satzpreis (2 W.)	7,—	2,20

1965, 15. Juni. Sowjetische Kosmonauten. Odr.; gez. K 12¼.

pk) Pavel Beljajew

pl) Raumschiff

pm) Alexej Leonow

pn) A. Leonow im All

941	1.50 (L)	hellkobalt/dunkelbraun	pk	0,20	0,20
942	2 (L)	mehrfarbig	pl	0,30	0,20
943	3,20 (L)	hellviolett/dunkelbraun	pm	0,50	0,70
944	20 (L)	mehrfarbig	pn	4,—	2,50
			Satzpreis (4 W.)	5,—	3,50

Auflage: 80 000 Sätze

Blockausgabe, gez. Ks 12

po

Albanien

945	20 (L)	hellblau/orangegelb/schwarz ... pn	—,—	—,—
Block 29	(71×86 mm)	... po	17,—	30,—

Auflage: 80 000 Sätze, Block 29 = 17 000 Blocks

1965, 15. Juni. Blockausgabe: MiNr. 945 / Block 29 in etwas geänderter Farbe. Blockrandbedruckung in Gelborange. Odr.; □.

946	20 (L)	bläulichgrün/gelborange/schwarz ... pn	—,—	—,—
Block 30	(71×86 mm)	... po	17,—	30,—

Auflage: 17 000 Blocks

1965, 21. Juni. Postminister-Konferenz, Peking. Odr.; gez. K 12½:12.

pp) K. Marx und Lenin

947	2.50 (L)	mehrfarbig ... pp	0,80	0,50
948	7.50 (L)	mehrfarbig ... pp	3,20	2,—
		Satzpreis (2 W.)	4,—	2,50

Auflage: 25 000 Sätze

1965, 29. Juni. Internationaler Kindertag. Odr.; gez. K 12½:12.

pt) Knabe und Mädchen vor Bastelarbeit

pr) Mutter mit Kleinkind | ps) Knabe und Mädchen pflanzen Bäume | pu) Kind im Sand | pv) Mädchen mit Buch

949	1 (L)	mehrfarbig ... pr	0,20	0,20
950	2 (L)	orange/violett ... ps	0,30	0,30
951	3 (L)	mehrfarbig ... pt	0,50	0,50
952	4 (L)	mehrfarbig ... pu	1,—	1,—
953	15 (L)	mehrfarbig ... pv	4,—	4,—
		Satzpreis (5 W.)	6,—	6,—

Auflage: 35 000 Sätze

1965, 20. Juli. Archäologie. Odr.; gez. K 12.

py) Fußbodenmosaik aus Apollonia: Chimäre aus Pferd und Drachen, römisch, um 300 n. Chr.

Pw) Tongefäss, illyrisch, ca. 800 v. Chr. | px) Krieger in Eisenrüstung, illyrisch, ca. 800–500 v. Chr. | pz) Skulptur aus Apollonia, ca. 100 n. Chr. | ra) Apollonia 2.–3. Jhr. n. Chr.

954	1 (L)	mehrfarbig ... pw	0,20	0,20
955	2 (L)	mehrfarbig ... px	0,50	0,30
956	3 (L)	mehrfarbig ... py	0,50	0,50
957	4 (L)	dunkelgrün/grauoliv ... pz	1,50	1,—
958	15 (L)	dunkelviolettgrau/braunlila ... ra	3,50	2,—
		Satzpreis (5 W.)	6,—	4,—

1965, 11. Aug. Blumen. Odr.; gez. K 12¼.

rb) Scharlachfuchsie (Fuchsia magellanica) | rc) Alpenveilchen (Cyclamen persicum) | rd) Lilie (Lilium aurelianense) | re) Deutsche Schwertlilie (Iris germanica)

rf) Dahlie (Dahlia pinnata) | rg) Gartenhortensie (Hydrangea macrophylla) | rh) Edelrose (Rosa hybr.) | ri) Gartentulpe (Tulipa gesneriana)

959	1 (L)	mehrfarbig ... rb	0,20	0,20
960	2 (L)	mehrfarbig ... rc	0,70	0,50
961	3 (L)	mehrfarbig ... rd	1,20	0,50
962	3.50 (L)	mehrfarbig ... re	1,50	1,—
963	4 (L)	mehrfarbig ... rf	1,70	1,—
964	4.50 (L)	mehrfarbig ... rg	2,—	1,—
965	5 (L)	mehrfarbig ... rh	2,20	1,—
966	7 (L)	mehrfarbig ... ri	3,—	1,—
		Satzpreis (8 W.)	12,—	6,—

Neue Währung: 1 neuer Lek = 100 Qindarka

1965, 16. Aug. Freimarken: MiNr. 785–787 mit Aufdruck.

967	0.05	auf 30 (L) bräunlichlila auf bläulich ... (786)	1,—	1,—
968	0.15	auf 30 (L) bräunlichlila auf bläulich ... (786)	1,—	1,—
969	0.25	auf 50 (L) braunocker auf mattgelb ... (787)	1,50	1,50
970	0.80	auf 50 (L) braunocker auf mattgelb ... (787)	3,50	3,50
971	1.10	auf 20 (L) russischgrün auf grünlich ... (785)	5,—	5,—
972	2	auf 20 (L) russischgrün auf grünlich ... (785)	8,—	8,—
		Satzpreis (6 W.)	20,—	20,—

Wenn Sie eine eilige philatelistische Anfrage haben, rufen Sie bitte (0 89) 3 23 93-2 24. Die MICHEL-Redaktion gibt Ihnen gerne Auskunft.

Albanien

1965, 31. Aug. Zugvögel. Odr.; gez. K 12¼.

rk) Weißstorch (Ciconia ciconia)
rl) Kuckuck (Cuculus canorus)
rm) Wiedehopf (Upupa epops)

rn) Bienenfresser (Merops apiaster)
ro) Ziegenmelker (Caprimulgus europaeus)
rp) Wachtel (Coturnix coturnix)

973	10 Q	mehrfarbig	rk	0,50	0,50
974	20 Q	mehrfarbig	rl	1,—	0,50
975	30 Q	mehrfarbig	rm	1,50	0,80
976	40 Q	mehrfarbig	rn	2,—	1,—
977	50 Q	mehrfarbig	ro	2,50	1,20
978	1.50 L	mehrfarbig	rp	7,50	3,50
		Satzpreis (6 W.)		15,—	7,50

1965, 26. Sept. 2. Versammlung der Kriegsveteranen. Odr.; gez. K 12¼.

rr) „Heimkehr"; Gemälde von B. Sejdini

979	25 Q	dunkelolivgrün	rr	2,50	0,50
980	65 Q	dunkelviolettblau	rr	7,50	2,—
981	1.10 L	braunschwarz	rr	10,—	4,—
		Satzpreis (3 W.)		20,—	6,50

1965, 6. Okt. Jagdszenen. Odr.; gez. K 12:12½.

rs) Auerhahnjagd
rt) Rehjagd
ru) Fasanenjagd

rv) Wildentenjagd
rw) Wildschweinjagd
rx) Hasenjagd

982	10 Q	mehrfarbig	rs	0,50	0,10
983	20 Q	mehrfarbig	rt	1,—	0,10
984	30 Q	mehrfarbig	ru	1,50	0,30
985	40 Q	schwarzlila/grün	rv	2,—	0,50
986	50 Q	mehrfarbig	rw	2,50	1,—
987	1 L	mehrfarbig	rx	5,—	1,50
		Satzpreis (6 W.)		12,—	3,50

1965, 26. Okt. Blütenpflanzen. Odr.; gez. K 12¼.

ry) Oleander (Nerium oleander)
rz) Alpen-Vergißmeinnicht (Myosotis alpestris)
sa) Gletschernelke (Dianthus glacialis)

sb) Weiße Seerose (Nymphaea alba)
sc) Hornklee (Lotus corniculatus)
sd) Klatschmohn (Papaver rhoeas)

988	10 Q	mehrfarbig	ry	0,20	0,20
989	20 Q	mehrfarbig	rz	0,50	0,30
990	30 Q	mehrfarbig	sa	0,70	0,30
991	40 Q	mehrfarbig	sb	1,20	0,50
992	50 Q	mehrfarbig	sc	1,50	0,70
993	1 L	mehrfarbig	sd	4,—	2,—
		Satzpreis (6 W.)		8,—	4,—

1965, 27. Okt. Freimarken: Kultur- und Sozialbauten. Odr.; gez. K 12¼.

se) Hotel „Turizmi", Fier

sf) Hotel „Peshkopi"
sg) Sanatorium, Tirana
sh) Verwaltungsgebäude Pogradec

si) Sportstation „Partisan", Tirana
sk) Verwaltungsgebäude „Mal i Dajtit"
sl) Kulturpalast, Tirana

sm) Hotel „Adriatik", Durrës
sn) Theater „Migjeni", Shkodra
so) Kulturpalast „A. Moissi", Durrës

994	5 Q	hellgraukobalt/schwarz	se	0,10	0,10
995	10 Q	ocker/schwarzbraun	sf	0,10	0,10
996	15 Q	graugrün/violettschwarz	sg	0,20	0,10
997	25 Q	hellblauviolett/schwarz	sh	0,70	0,20
998	65 Q	lilabraun/violettschwarz	si	1,50	0,70
999	80 Q	gelbgrün/schwarz	sk	2,—	0,70
1000	1.10 L	hellviolett/schwarz	sl	2,50	0,70
1001	1.60 L	hellilablau/schwarz	sm	4,—	2,—
1002	2 L	hellrot/schwarz	sn	5,—	2,—
1003	3 L	bräunlichgrau/schwarz	so	10,—	3,50
		Satzpreis (10 W.)		25,—	10,—

Albanien

1965, 16. Nov. Schiffe. Odr.; gez. K 12¼.

sp) Frachtschiff „Teuta"   sr) Kahn   ss) Segelschiff

st) Segelschiff   su) Frachtschiff „Vlora"   sv) Ruderboote

1004	10 Q	gelbgrün/dunkelgrün .... sp	0,30	0,20
1005	20 Q	mehrfarbig .... sr	0,30	0,30
1006	30 Q	kobalt/lebhaftviolettultramarin . ss	0,50	0,30
1007	40 Q	blauviolett .... st	0,50	0,50
1008	50 Q	rosalila/purpur .... su	1,50	0,70
1009	1 L	ocker/karminbraun .... sv	3,50	1,20
		Satzpreis (6 W.)	6,50	3,20

1965, 15. Dez. Balkanmeisterschaften im Basketball, Tirana. Odr.; gez. K 12¼.

te) Emblem der Meisterschaften

tf   tg   th   ti) Medaille

tf–th) Spielszenen

1018	10 Q	mehrfarbig .... te	0,30	0,20
1019	20 Q	mehrfarbig .... tf	0,30	0,20
1020	30 Q	mehrfarbig .... tg	0,50	0,20
1021	50 Q	mehrfarbig .... th	1,50	0,50
1022	1.40 L	mehrfarbig .... ti	3,—	1,20
		Satzpreis (5 W.)	5,50	2,20

1965, 7. Dez. Bären. Odr.; MiNr. 1010–1014 gez. K 11¾:12, MiNr. 1015–1017 ~.

sw   sx   sy   sz   ta

tb   tc

td

sw–td) Braunbären (Ursus arctos)

1010	10 Q	gelbbraun/dunkellilabraun .... sw	0,50	0,30
1011	20 Q	fahlbraun/dunkellilabraun ..... sx	0,50	0,30
1012	30 Q	mehrfarbig .... sy	1,—	0,30
1013	35 Q	fahlbraun/dunkellilabraun .... sz	1,20	0,30
1014	40 Q	gelbbraun/dunkellilabraun .... ta	1,50	0,30
1015	50 Q	gelbbraun/dunkellilabraun .... tb	2,50	0,50
1016	55 Q	gelbbraun/dunkellilabraun .... tc	3,—	0,70
1017	60 Q	mehrfarbig .... td	5,50	2,50
		Satzpreis (8 W.)	15,—	5,—

Die Preisnotierungen sind Richtwerte für Marken in einwandfreier Qualität. Preisbewegungen nach oben und unten sind aufgrund von Angebot und Nachfrage die Regel.

1966

1966, 11. Jan. 20 Jahre Republik. Odr.; gez. K 12:12¼.

tk) Staatswappen auf Buch   tl) rauchende Schornsteine, Staatswappen   tm) Kornähre, Staatswappen   tn) Hammer u. Sichel auf Buch, Staatswappen   to) Fabrikgebäude, Staatswappen

1023	10 Q	mehrfarbig .... tk	0,30	0,30
1024	20 Q	mehrfarbig .... tl	0,30	0,30
1025	30 Q	mehrfarbig .... tm	0,70	0,50
1026	60 Q	mehrfarbig .... tn	1,70	1,—
1027	80 Q	mehrfarbig .... to	2,—	1,50
		Satzpreis (5 W.)	5,—	3,50

1966, 25. Febr. Haustiere. Odr.; gez. K 12½.

tp) Hausrind (Bos primigenius taurus)   tr) Hausschwein (Sus scrofa domestica)

ts) Hausschaf mit Lamm (Ovis ammonavies)   tt) Hausziege (Capra aegagrus hircus)

Albanien

tu) Istrianer Bracke   tv) Katze

tw) Pferd (Equus przewalski caballus)   tx) Esel (Equus asinus asinus)

1028	10 Q	mehrfarbig	tp	0,20	0,10
1029	20 Q	mehrfarbig	tr	0,50	0,30
1030	30 Q	mehrfarbig	ts	1,20	0,50
1031	35 Q	mehrfarbig	tt	1,50	0,50
1032	40 Q	mehrfarbig	tu	2,—	0,50
1033	50 Q	mehrfarbig	tv	2,20	0,50
1034	55 Q	mehrfarbig	tw	2,50	0,70
1035	60 Q	mehrfarbig	tx	5,—	1,—
		Satzpreis (8 W.)		15,—	4,—

1966, 20. März. Fußball-Weltmeisterschaft, England. Odr.; gez. K 12½:12¼.

ty) Weltkarte auf Fußball (London, 1966)

tz) Fußballspieler vor Landkarte von Uruguay (Montevideo, 1930)   ua) Fußballspieler vor Landkarte von Italien (Rom, 1934)   ub) Torwart vor Landkarte von Frankreich (Paris, 1938)

uc) Fußballspieler vor Landkarte von Brasilien (Rio de Janeiro, 1950)   ud) Fußballspieler vor Landkarte der Schweiz (Bern, 1954)   ue) Fußballspieler vor Landkarte von Schweden (Stockholm, 1958)

uf) Fußballspieler vor der Landkarte von Chile (Santiago, 1962)   ug) Fußballspieler vor Landkarte Großbritanniens (London, 1966)   uh) Jules-Rimet-Pokal und Fußball

In Klammern jeweils der Austragungsort und das Austragungsjahr der Endspiele der Fußball-Weltmeisterschaften

1036	5 Q	mehrfarbig	ty	0,20	0,10
1037	10 Q	mehrfarbig	tz	0,20	0,10
1038	15 Q	mehrfarbig	ua	0,30	0,10
1039	20 Q	mehrfarbig	ub	0,30	0,20
1040	25 Q	mehrfarbig	uc	0,40	0,20
1041	30 Q	mehrfarbig	ud	0,50	0,20
1042	35 Q	mehrfarbig	ue	0,80	0,50
1043	40 Q	mehrfarbig	uf	0,80	0,50
1044	50 Q	mehrfarbig	ug	1,—	0,70
1045	70 Q	mehrfarbig	uh	1,50	1,—
		Satzpreis (10 W.)		6,—	3,50

1966, 28. März. 100. Geburtstag von Andon Zako Çajupi. Odr.; gez. K 12½:12.

ui) A. Z. Çajupi, Dichter

1046	40 Q	blaugrau/schwarzblau	ui	1,—	0,50
1047	1.10 L	grüngrau/dunkelgrün	ui	3,—	2,—
		Satzpreis (2 W.)		4,—	2,50

1966, 21. April. Schmetterlinge und Libellen. Odr.; gez. K 12.

uk) Distelfalter (Vanessa cardui)   ul) Blaue Prachtlibelle (Calopteryx virgo)   um) Postillon (Colias hyale)   un) Glänzende Prachtlibelle, Männchen (Calopteryx splendens, masc.)

uo) Glänzende Prachtlibelle Weibchen (Calopteryx splendens, fem.)   up) Schwalbenschwanz (Papilio machaon)   ur) Orangeroter Heufalter (Colias myrmidone)   us) Neptis lucilla

1048	10 Q	mehrfarbig	uk	0,50	0,30
1049	20 Q	mehrfarbig	ul	0,50	0,30
1050	30 Q	mehrfarbig	um	0,70	0,30
1051	40 Q	mehrfarbig	un	1,—	0,30
1052	40 Q	mehrfarbig	uo	1,50	0,50
1053	50 Q	mehrfarbig	up	2,—	0,50
1054	55 Q	mehrfarbig	ur	2,50	0,70
1055	60 Q	mehrfarbig	us	6,50	1,20
		Satzpreis (8 W.)		15,—	4,—

1966, 3. Mai. Einweihung des neuen Amtssitzes der Weltgesundheitsorganisation (WHO) in Genf. Odr.; gez. K 12¼.

ut) WHO-Gebäude, Genf   uu) Krankentransport   uv) Schwestern wiegen Kleinkind   uw) Krankenhaus, Bestrahlungsgerät

Albanien

1056	25 Q	hellblau/schwarz .... ut		0,50	0,30
1057	35 Q	mehrfarbig .... uu		1,—	0,30
1058	60 Q	mehrfarbig .... uv		1,50	0,70
1059	80 Q	mehrfarbig .... uw		2,—	1,20
		Satzpreis (4 W.)		5,—	2,50

1966, 10. Mai. Stachelhäuter. Odr.; gez. K 12¼:12½.

ux) Gänsefuß-Seestern (Palmipes membranaceus)

uy) Warzenstern (Asterias glacialis)
uz) Zerbrechlicher Schlangenstern (Ophiothrix fragilis)
va) Mittelmeer-Kammstern (Astropecten aurantiacus)

vb) Purpurstern (Echinaster sepositus)
vc) Röhren-Holothurie (Holothuria tubulosa)
vd) Violetter Seeigel (Sphaerechinus granulatus)

1060	15 Q	mehrfarbig .... ux		0,40	0,30
1061	25 Q	mehrfarbig .... uy		0,70	0,40
1062	35 Q	mehrfarbig .... uz		1,20	0,50
1063	45 Q	mehrfarbig .... va		1,50	0,60
1064	50 Q	mehrfarbig .... vb		1,70	0,70
1065	60 Q	mehrfarbig vc		2,50	1,—
1066	70 Q	mehrfarbig .... vd		3,—	2,50
		Satzpreis (7 W.)		11,—	6,—

1966, 10. Juni. Mondsonde „Luna-10". Odr.; gez. K 12.

ve) „Luna-10" umfliegt den Mond, im Hintergrund die Erde
vf) Flugbahn der Mondsonde „Luna-10" von der Erde zum Mond und Mondumlaufbahn

1067	20 Q	mehrfarbig .... ve		0,50	0,30
1068	30 Q	mehrfarbig .... vf		1,—	0,50
1069	70 Q	mehrfarbig .... ve		2,—	1,—
1070	80 Q	mehrfarbig .... vf		3,50	2,20
		Satzpreis (4 W.)		7,—	4,—

1966, 12. Juli. Fußballweltmeisterschaft, England (II). Odr.; gez. K 12:11¾.

vg) Uruguay 1930
vh) Italien 1934
vi) Italien 1938

vk) Uruguay 1950   vl) Deutschland 1954   vm) Brasilien 1958

vn) Brasilien 1962
vo) Jules-Rimet-Pokal, Fußball mit Inschrift „London 1966" und Namen der 16 Teilnehmer

Auf allen Marken Jules-Rimet-Pokal mit Namen der Siegernation und Austragungsjahr; Spielszenen

1071	10 Q	mehrfarbig .... vg		0,40	0,20
1072	20 Q	mehrfarbig .... vh		0,50	0,20
1073	30 Q	mehrfarbig vi		0,70	0,20
1074	35 Q	mehrfarbig .... vk		1,—	0,20
1075	40 Q	mehrfarbig vl		1,—	0,30
1076	50 Q	mehrfarbig .... vm		1,20	0,50
1077	55 Q	mehrfarbig .... vn		1,20	1,—
1078	60 Q	mehrfarbig .... vo		2,50	1,50
		Satzpreis (8 W.)		8,50	4,—

1966, Juli. Internationales Jahrzehnt der Wasserwirtschaft. Odr.; gez. K 12:12¼.

vp) Wasserzyklus
vr) Pegelstandmesser und Dammbau
vs) Turbine und Elektromast
vt) Schaubild aus der Strömungstechnik

vp–vt) Symbolische Darstellungen aus der Hydrologie

1079	20 Q	mehrfarbig .... vp		0,50	0,30
1080	30 Q	mehrfarbig .... vr		0,50	0,50
1081	70 Q	hellviolett/schwarz ...... vs		1,50	1,20
1082	80 Q	mehrfarbig .... vt		2,50	2,—
		Satzpreis (4 W.)		5,—	4,—

1966, 10. Aug. Reptilien. Odr.; gez. K 12½:12.

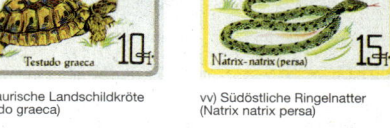

vu) Maurische Landschildkröte (Testudo graeca)
vv) Südöstliche Ringelnatter (Natrix natrix persa)

vw) Sumpfschildkröte (Emys orbicularis)
vx) Mauereidechse (Lacerta muralis)

Albanien

vy) Mauergecko (Tarentola mauritanica)

vz) Smaragdeidechse (Lacerta viridis)

wa) Blindschleiche (Anguis fragilis)

wb) Sandotter (Vipera ammodytes)

1083	10 Q	mehrfarbig	vu	0,30	0,20
1084	15 Q	mehrfarbig	vv	0,40	0,30
1085	25 Q	mehrfarbig	vw	0,50	0,30
1086	30 Q	mehrfarbig	vx	0,60	0,50
1087	35 Q	mehrfarbig	vy	1,—	0,50
1088	45 Q	mehrfarbig	vz	1,20	0,50
1089	50 Q	mehrfarbig	wa	1,20	0,70
1090	90 Q	mehrfarbig	wb	2,60	1,50
		Satzpreis (8 W.)		8,—	4,50

1966, 20. Sept. Katzen. Odr.; gez. K 12½.

wc) Siamese

wd) Europäische Hauskatze

we) Europäische Hauskatze

wf) Perser-Katze

wg) Perser-Katze

wh) Perser-Katze

wi) Perser-Katze

1091	10 Q	mehrfarbig	wc	0,50	0,10
1092	15 Q	mehrfarbig	wd	0,50	0,20
1093	25 Q	schwarz/graubraun	we	1,—	0,30
1094	45 Q	mehrfarbig	wf	1,50	0,70
1095	60 Q	mehrfarbig	wg	2,50	1,—
1096	65 Q	mehrfarbig	wh	2,50	1,—
1097	80 Q	mehrfarbig	wi	3,50	1,30
		Satzpreis (7 W.)		12,—	4,50

1966, 5. Okt. 400. Geburtstag von Pjetër Budi. Odr.; gez. K 12½:12¼.

wk) P. Budi, religiöser Schriftsteller und Bischof

1098	25 Q	beige/schwarzoliv	wk	1,—	0,50
1099	1.75 L	mehrfarbig	wk	3,—	3,—
		Satzpreis (2 W.)		4,—	3,50

1966, 20. Okt. 20 Jahre UNESCO. Odr.; gez. K 12.

wl) UNESCO-Emblem in Rahmenzeichnung

wm) Wissenschaft und Unterricht: aufgeschlagenes Buch und Rose

wn) Volks- und Brauchtum: Tänzer in Volkstracht

wo) Kultur: illyrischer Krug, griech.-röm. Säule, byzantinische Kirche

1100	5 Q	mehrfarbig	wl	0,30	0,20
1101	15 Q	mehrfarbig	wm	0,30	0,30
1102	25 Q	mehrfarbig	wn	0,50	0,50
1103	1.55 L	mehrfarbig	wo	3,—	2,—
		Satzpreis (4 W.)		4,—	3,—

1966, 30. Okt. Hunde. Odr.; gez. K 12¼:12.

wp) Barsoi

wr) Kuvasz

ws) Englischer Setter

wt) Cockerspaniel

wu) Englische Bulldogge

Albanien

wv) Bernhardiner   ww) Kurzhaar-Dachshund

1104	10 Q	mehrfarbig	wp	0,50	0,20
1105	15 Q	mehrfarbig	wr	0,70	0,20
1106	25 Q	mehrfarbig	ws	1,20	0,50
1107	45 Q	mehrfarbig	wt	1,70	1,—
1108	60 Q	mehrfarbig	wu	2,—	1,20
1109	65 Q	mehrfarbig	wv	2,50	1,50
1110	80 Q	mehrfarbig	ww	4,—	2,—
		Satzpreis (7 W.)		12,—	6,50

1966, 1. Nov. Kongreß der Albanischen Arbeiterpartei (PPSH), Tirana. Odr.; gez. K 12.

wx) Hand hält Buch mit den Porträts kommunistischer Führer im Strahlenkranz
wy) Karte Albaniens mit eingezeichneter Industrie; landwirtschaftliche Symbole
wz) Symbole der Industrie und der Landwirtschaft
xa) Symbole der Arbeit, der Landwirtschaft und des Soldatentums

1111	15 Q	mehrfarbig	wx	0,30	0,20
1112	25 Q	mehrfarbig	wy	0,50	0,30
1113	65 Q	mehrfarbig	wz	1,50	0,80
1114	95 Q	mehrfarbig	xa	2,—	1,20
		Satzpreis (4 W.)		4,—	2,50

1966, 8. Nov. 25 Jahre Arbeiterpartei. Odr.; gez. K 12.

xb) Hammer und Sichel
xc) Soldat
xd) Arbeiter, Industrieanlagen
xe) Symbole der Modernisierung

1115	15 Q	mehrfarbig	xb	0,50	0,20
1116	25 Q	mehrfarbig	xc	0,50	0,30
1117	65 Q	mehrfarbig	xd	1,50	0,80
1118	95 Q	mehrfarbig	xe	1,50	1,20
		Satzpreis (4 W.)		4,—	2,50

1966, Nov. Ndre Mjeda. Odr.; gez. K 12½.

xf) N. Mjeda (1866–1937), Geistlicher und Dichter

1119	25 Q	hellblau/violettbraun	xf	0,50	0,50
1120	1,75 L	dunkelblaugrün/violettbraun	xf	3,50	1,70
		Satzpreis (2 W.)		4,—	2,20

1966, Dez. 25 Jahre Verband der Albanischen Arbeiterjugend (BRPSH). Odr.; gez. K 12.

xg) Gründungsurkunde der Organisation BRPSH
xh) Junge Pioniere mit Hacke, Gewehr und Flagge
xi) Pionier mit Hacke und Flagge

1121	5 Q	mehrfarbig	xg	0,30	0,10
1122	10 Q	mehrfarbig	xh	0,50	0,20
1123	1,85 L	mehrfarbig	xi	3,20	2,20
		Satzpreis (3 W.)		4,—	2,50

1966, 20. Dez. Raubvögel. Odr.; gez. K 12.

xk) Steinadler (Aquila chrysaëtus)
xl) Seeadler (Haliaëtus albicilla)
xm) Gänsegeier (Gyps fulvus)
xn) Sperber (Accipiter nisus)

xo) Fischadler (Pandion haliaëtus)
xp) Schmutzgeier (Neophron percnopterus)
xr) Turmfalke (Falco tinnunculus)

1124	10 Q	mehrfarbig	xk	0,50	0,30
1125	15 Q	mehrfarbig	xl	0,50	0,30
1126	25 Q	mehrfarbig	xm	1,—	0,50
1127	40 Q	mehrfarbig	xn	1,20	0,50
1128	50 Q	orange/braunschwarz	xo	1,70	0,70
1129	70 Q	mehrfarbig	xp	2,60	1,20
1130	90 Q	mehrfarbig	xr	3,50	1,50
		Satzpreis (7 W.)		11,—	5,—

1967

1967, 20. Jan. Fische. Odr.; gez. K 12.

xs) Seehecht (Merluccius merluccius)

xt) Streifenbarbe (Mullus surmuletus)
xu) Gotteslachs (Lampris guttulatus)
xv) Seewolf (Anarrhichas lupus)

Albanien

xw) Seehase
(Cyclopterus lumpus)
xx) Schwertfisch
(Xiphias gladius)
xy) Seeskorpion
(Myoxocephalus scorpius)

1131	10 Q	mehrfarbig	xs	0,50	0,30
1132	15 Q	mehrfarbig	xt	0,50	0,30
1133	25 Q	mehrfarbig	xu	1,—	0,50
1134	40 Q	mehrfarbig	xv	1,—	0,50
1135	65 Q	mehrfarbig	xw	1,50	0,70
1136	80 Q	mehrfarbig	xx	2,50	1,20
1137	1.15 L	mehrfarbig	xy	3,—	1,50
		Satzpreis (7 W.)		10,—	5,—

yl) Freesie
(Freesia hybr.)
ym) Gartennelke
(Dianthus caryophyllus)

1143	5 Q	mehrfarbig	ye	0,10	0,10
1144	10 Q	mehrfarbig	yf	0,20	0,10
1145	15 Q	mehrfarbig	yg	0,30	0,30
1146	25 Q	mehrfarbig	yh	1,—	0,30
1147	35 Q	mehrfarbig	yi	1,20	0,50
1148	65 Q	hellbläulichgrün/zinnober	yk	2,—	1,—
1149	80 Q	mehrfarbig	yl	2,50	1,50
1150	1.15 L	mehrfarbig	ym	3,—	1,50
		Satzpreis (8 W.)		10,—	5,—

1967, 22. Febr. Pelikane. Odr.; gez. K 12½.

xz ya yb

yc yd

xz–yd) Rosa-Pelikane (Pelecanus onocrotalus)

1138	10 Q	mehrfarbig	xz	0,20	0,30
1139	15 Q	mehrfarbig	ya	0,50	0,50
1140	25 Q	mehrfarbig	yb	1,50	0,50
1141	50 Q	mehrfarbig	yc	3,—	0,70
1142	2 L	mehrfarbig	yd	7,50	3,50
		Satzpreis (5 W.)		12,—	5,50

1967, 24. April. Kongreß der Albanischen Arbeiter-Vereinigung. Odr.; gez. K 12.

yn) Kongreß-Abzeichen über Industrieanlagen

1151	25 Q	mehrfarbig	yn	1,—	0,50
1152	1.75 L	mehrfarbig	yn	3,—	2,—
		Satzpreis (2 W.)		4,—	2,50

1967, 15. Mai. Edelrosen. Odr.; gez. K 12:12½.

yo yp yr

ys yt yu

yv yw

yo–yw) Edelrosen (Rosa hybr.)

1967, 10. April. Blumen. Odr.; gez. K 12.

  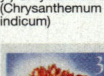

ye) Kamelie
(Camellia williamsi)
yf) Chrysantheme
(Chrysanthemum indicum)
yg) Stockmalve
(Althaea rosea)

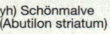 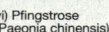

yh) Schönmalve
(Abutilon striatum)
yi) Pfingstrose
(Paeonia chinensis)
yk) Gladiole
(Gladiolus gandavensis)

Albanien

1153	5 Q	mehrfarbig	yo	0,50	0,30
1154	10 Q	mehrfarbig	yp	0,50	0,30
1155	15 Q	mehrfarbig	yr	0,50	0,50
1156	25 Q	mehrfarbig	ys	0,50	0,50
1157	35 Q	mehrfarbig	yt	1,—	0,50
1158	65 Q	mehrfarbig	yu	1,—	0,50
1159	80 Q	mehrfarbig	yv	1,—	1,—
1160	1.65 L	mehrfarbig	yw	3,—	1,50
		Satzpreis (8 W.)		8,—	5,—

1967, 10. Juni. Albanische Riviera. Odr.; gez. K 12½:12.

yx) Antike Stadt Butrint

yy) Küste bei Borsh

yz) Dorf Piqeras

za) Meeresküste

zb) Küste bei Himara

zc) Hafenstadt Saranda

zd) Dhërmi

ze) Saranda

1161	15 Q	mehrfarbig	yx	0,50	0,20
1162	20 Q	mehrfarbig	yy	0,50	0,20
1163	25 Q	mehrfarbig	yz	1,—	0,50
1164	45 Q	mehrfarbig	za	1,—	0,50
1165	50 Q	mehrfarbig	zb	1,—	0,50
1166	65 Q	mehrfarbig	zc	2,—	0,70
1167	80 Q	mehrfarbig	zd	2,—	1,—
1168	1 L	mehrfarbig	ze	3,—	1,50
		Satzpreis (8 W.)		11,—	5,—

Für unverlangt eingesandte Briefsendungen und Markenvorlagen wird keine Haftung übernommen

1967, 20. Juli. Rehwild. Odr.; gez. K 2 ½.

zf) Rehkitz (Capreolus capreolus jur.)

zg) Rehbock (Capreolus capreolus mas.)

zh) Ricke (Capreolus capreolus fem.)

zi) Rehe im Winterkleid

zk) Ricke mit Kitz

zl) Rehbock mit Bastgehörn

zm) Rehbock und Ricke

zn) Rehe im Sommerkleid

zf–zn) Reh (Capreolus capreolus)

1169	15 Q	mehrfarbig	zf	0,50	0,30
1170	20 Q	mehrfarbig	zg	0,50	0,30
1171	25 Q	mehrfarbig	zh	1,—	0,50
1172	30 Q	mehrfarbig	zi	1,—	0,50
1173	35 Q	mehrfarbig	zk	1,50	0,70
1174	40 Q	mehrfarbig	zl	1,50	0,70
1175	65 Q	mehrfarbig	zm	3,—	1,—
1176	70 Q	mehrfarbig	zn	4,—	1,50
		Satzpreis (8 W.)		13,—	5,50

Auflagen: MiNr. 1169 und 1171 je 500 000, MiNr. 1170 = 450 000, MiNr. 1172–1173 je 335 000, MiNr. 1174 = 270 000, MiNr. 1175 = 275 000, MiNr. 1176 = 140 000 Stück

1967, 20. Aug. Trachten. Odr.; gez. K 12¼.

zo) Malësia e Madhe

zp) Zadrima

zr) Kukës

Albanien

zs) Dardha zt) Myzeqeja zu) Tirana

zv) Dropulli-Region zw) Labëria

1177	15 Q	mehrfarbig	zo	0,50	0,30
1178	20 Q	mehrfarbig	zp	0,50	0,30
1179	25 Q	mehrfarbig	zr	0,50	0,30
1180	45 Q	mehrfarbig	zs	1,—	0,50
1181	50 Q	mehrfarbig	zt	1,—	0,70
1182	65 Q	mehrfarbig	zu	1,—	0,70
1183	80 Q	mehrfarbig	zv	2,—	1,—
1184	1 L	mehrfarbig	zw	2,—	1,20
		Satzpreis (8 W.)		9,—	5,—

Auflage: MiNr. 1177 = 350 000, MiNr. 1178 = 340 000, MiNr. 1179 = 500 000, MiNr. 1180–1181 je 246 000, MiNr. 1182–1183 je 205 000 MiNr. 1184 = 110 000 Stück

1967, 25. August. 25 Jahre albanische Presse. Odr.; gez. K 12½:12.

zx) Stürmende Freiheitskämpfer vor Zeitung
zy) Sendemast, Druckhaus und Druckerzeugnisse
zz) Zeitunglesende Bürger

1185	25 Q	mehrfarbig	zx	0,50	0,50
1186	75 Q	mehrfarbig	zy	1,50	1,—
1187	2 L	mehrfarbig	zz	4,—	2,50
		Satzpreis (3 W.)		6,—	4,—

1967, 15. Sept. 10 Jahre Universität Tirana. Odr.; gez. K 12½:12¼.

aaa) Buch, Universitätsgebäude, Fackel

1188	25 Q	mehrfarbig	aaa	0,50	0,50
1189	1,75 L	mehrfarbig	aaa	3,20	1,70
		Satzpreis (2 W.)		3,60	2,20

1967, 16. Sept. 25 Jahre Volksdemokratische Partei. Odr.; gez. K 12.

aab) Freiheitskämpfer vor roter Flagge

aac) Symbole der Arbeit, Landwirtschaft, Industrie und des Militärs mit roter Flagge
aad) Fackel, Buch mit den Buchstaben PPSH und rotem Stern

aab)–aad) Staatsemblem doppelköpfiger Adler mit Stern

1190	15 Q	mehrfarbig	aab	0,30	0,30
1191	65 Q	mehrfarbig	aac	1,—	0,50
1192	1.20 L	mehrfarbig	aad	2,20	1,20
		Satzpreis (3 W.)		3,50	2,—

1967, 30. Sept. Hasen und Kaninchen. Odr.; gez. K 12¼.

aae) Hauskaninchen (Oryctolagus cuniculus domesticus)
aaf) Hauskaninchen (Holländer Rasse)
aag) Feldhasen (Lepus europaeus)

aah) Hauskaninchen
aai) Wildkaninchen (Oryctolagus cuniculus)
aak) Hauskainchen

aal) Hauskaninchen (Hermelin-Rasse)
aam) Angorakaninchen

1193	15 Q	mehrfarbig	aae	0,30	0,30
1194	20 Q	mehrfarbig	aaf	0,50	0,30
1195	25 Q	mehrfarbig	aag	0,50	0,50
1196	35 Q	mehrfarbig	aah	1,—	0,50
1197	40 Q	mehrfarbig	aai	1,—	0,50
1198	50 Q	mehrfarbig	aak	2,—	0,70
1199	65 Q	mehrfarbig	aal	2,—	0,70
1200	1 L	mehrfarbig	aam	3,—	1,50
		Satzpreis (8 W.)		10,—	5,—

Auflagen: MiNr. 1193 und 1195 je 400 000, MiNr. 1194 = 390 000, MiNr. 1196–1197 je 280 000, MiNr. 1198–1199 je 215 000, MiNr. 1200 = 110 000 Stück

1967, 27. Okt. Kunst. Odr.; gez. K 12½.

aan) Shkodra-Hochzeit (Detail); Gemälde von K. Idromeno (1860–1939)
aao) Kopf des Propheten David; Fresko von Onufri in der Kirche von Shpat (16. Jh.)

Albanien

aap) Vendetta-Bataillon;
Gemälde von S. Shijaku (1966)

aar) Frauenkopf;
antikes Mosaik

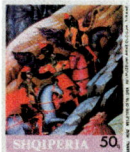

aas) Die Heiligen Drei Könige
(Detail); Ikone (16. Jh.)

aat) Landarbeiterkollektiv;
Gemälde von Z. Shoshi (1963)

aau) Straße in der Stadt Korça;
Gemälde von V. Mio (1891–1957)

aav) Unsere Schwester; Gemälde
von K. Idromeno (1860–1939)

1201	15 Q	mehrfarbig	aan	0,50	0,20
1202	20 Q	mehrfarbig	aao	0,50	0,50
1203	25 Q	mehrfarbig	aap	1,—	0,50
1204	45 Q	mehrfarbig	aar	1,—	0,50
1205	50 Q	mehrfarbig	aas	1,—	0,70
1206	65 Q	mehrfarbig	aat	2,—	1,—
1207	80 Q	mehrfarbig	aau	2,—	1,—
1208	1 L	mehrfarbig	aav	4,—	1,20
		Satzpreis (8 W.)		12,—	5,50

Auflage: MiNr. 1201 und 1203 je 400 000, MiNr. 1202 = 390 000, MiNr. 1204–1205 je 280 000, MiNr. 1206–1207 je 215 000, MiNr. 1208 = 110 000 Stück

1967, 7. Nov. 50. Jahrestag der Oktoberrevolution. Odr.; gez. K 12.

aax) Lenin erteilt den Soldaten Befehle

aaw) Lenin und Stalin

aay) Lenin als
Lehrmeister
unter dem Volke

aaz) Sturm auf das
Winterpalais in
St. Petersburg

1209	15 Q	mehrfarbig	aaw	0,30	0,30
1210	25 Q	mehrfarbig	aax	0,70	0,50
1211	50 Q	mehrfarbig	aay	1,—	0,70
1212	1.10 L	mehrfarbig	aaz	2,—	1,—
		Satzpreis (4 W.)		4,—	2,50

Auflagen: MiNr. 1209–1210 je 500 000, MiNr. 1211 = 100 000, MiNr. 1212 = 20 000 Stück

1967, 25. Nov. Hausgeflügel. Odr.; gez. K 12:12½, MiNr. 1218–1220 ~.

aba) Truthahn
(Meleagris gallopavo
domesticus)

abb) Hausente
(Anas sp.)

abc) Haushuhn (Henne)
(Gallus gallus domesticus)

abd) Haushuhn (Hahn)
(Gallus gallus
domesticus)

abe) Hausperlhuhn
(Numidia meleagris)

abf) Hausgans (Anser
anser domesticus)

abg) Hausente
(Stockenten Bastard)

abh) Hühnerküken
(Gallus gallus domesticus)

1213	15 Q	mehrfarbig	aba	0,30	0,30
1214	20 Q	mehrfarbig	abb	0,30	0,30
1215	25 Q	mehrfarbig	abc	0,50	0,30
1216	45 Q	mehrfarbig	abd	1,—	0,50
1217	50 Q	mehrfarbig	abe	1,—	0,70
1218	65 Q	mehrfarbig	abf	1,—	0,70
1219	80 Q	mehrfarbig	abg	2,—	1,—
1220	1 L	mehrfarbig	abh	3,—	1,20
		Satzpreis (8 W.)		9,—	5,—

Auflagen: MiNr. 1213–1215 je 200 000, MiNr. 1216–1219 je 150 000, MiNr. 1220 = 110 000 Stück

Sie wohnen nicht in Deutschland?

Wir suchen noch in einigen Ländern ständige Korrespondenten für den Neuheitendienst. Bitte schreiben Sie uns, wenn Sie glauben, bei der Ausgestaltung des Katalogs und der MICHEL-Rundschau helfen zu können.

1967, 1. Dez. Kongreß des albanischen Roten Kreuzes. Odr.; gez. K 12.

abi) Erste Hilfe abk) Kranken-pflege abl) Blutspende abm) Kinderpflege

1221	15+ 5 Q	mehrfarbig	abi	1,—	0,50
1222	25+ 5 Q	mehrfarbig	abk	2,—	1,—
1223	65+25 Q	mehrfarbig	abl	7,—	3,50
1224	80+40 Q	mehrfarbig	abm	10,—	5,—
		Satzpreis (4 W.)		20,—	10,—

Auflage: MiNr. 1221–1222 je 500 000, MiNr. 1223 = 50 000 MiNr. 1224 = 30 000 Stück

1967, 10. Dez. 500. Todestag von Gjergj Kastriota „Skanderbeg" (I). Odr.; gez. K 12:12½.

abn) Wappen der Familie Kastrioti (Stern über doppelköpfigem Adler) abo) Skanderbeg, eig. Gjergj Kastriota (um 1405–1468) Fürst und Nationalheld abp) Helm mit Ziegenbockspitze und Schwert des Fürsten

abr) Bergfeste Kruja abs) Bergfeste Petrela, Mittelalbanien abt) Bergfeste Berati, Südwestalbanien

abu) Beratung alb. Fürsten in Lezha und Wahl Skanderbegs zum Führer abv) Skanderbeg in der Schlacht von Albulena gegen die Türken

1225	10 (Q)	mehrfarbig	abn	0,30	0,20
1226	15 (Q)	mehrfarbig	abo	0,30	0,20
1227	25 (Q)	mehrfarbig	abp	0,50	0,20
1228	30 (Q)	mehrfarbig	abr	0,50	0,30
1229	35 (Q)	mehrfarbig	abs	0,50	0,50
1230	65 (Q)	mehrfarbig	abt	1,—	0,50
1231	80 (Q)	mehrfarbig	abu	2,—	0,70
1232	90 (Q)	mehrfarbig	abv	2,—	1,—
		Satzpreis (8 W.)		7,—	3,50

Auflagen: MiNr. 1225–1227 je 150 000, MiNr. 1228–1231 je 50 000, MiNr. 1232 = 25 000 Stück

1967, 29. Dez. Olympische Winterspiele 1968, Grenoble. Odr.; gez. K 12:12½.

abw) Emblem der 10. Olympischen Winterspiele abx) Eishockey aby) Eiskunstlauf

abz) Slalom aca) Skilanglauf acb) Skispringen

1233	15 Q	mehrfarbig	abw	0,30	0,20
1234	25 Q	mehrfarbig	abx	0,30	0,20
1235	30 Q	mehrfarbig	aby	0,30	0,20
1236	50 Q	mehrfarbig	abz	0,50	0,20
1237	80 Q	mehrfarbig	aca	1,—	0,50
1238	1 L	mehrfarbig	acb	2,20	1,20
		Satzpreis (6 W.)		4,50	2,50

Blockausgabe, □

acc) Emblem der Olympischen Winterspiele 1968, Grenoble

Block 31	2 L	mehrfarbig (58×74 mm)	acc	6,—	10,—

Größenunterschiede sind bekannt

Auflagen: MiNr. 1233–1235 je 200 000, MiNr. 1236–1237 je 150 000, MiNr. 1238 = 800 000 Stück, Block 31 = 20 000 Blocks

MICHELsoft – erstellt Ihre Bestandslisten, Fehllisten, Motivlisten, ABC-Listen, etc. in Sekundenschnelle!

Albanien

1968

1968, 17. Jan. 500. Todestag von Gjergj Kastriota „Skanderbeg" (II). Odr.; gez. K 12:12½, MiNr. 1243 und 1246 ~.

acd) Skanderbeg-Reiterstandbild in Tirana

ace) Porträt des Skanderbeg; Gemälde eines unbekannten Meisters

acf) Bildnis des Tanush Topia, General unter Skanderbeg, Verteidiger der Bergfeste Kruja

acg) Skanderbeg-Reiterstandbild in der Stadt Kruja; von J. Paco

aci) Skanderbeg; Bronzebüste von O. Paskali

ack) Erste Seite aus der Biographie über Skanderbeg von Marin Barletius 15.–16. Jh.

ach) Porträt des Gjergj Arianiti, General unter Skanderbeg; Gemälde von Pandi Mele

acl) Skanderbeg in einer Schlacht gegen die Türken; Gemälde von S. Rata

Auf allen Marken noch Ziegenbock-Krone des Fürsten

1239	10 Q	mehrfarbig	acd	0,50	0,20
1240	15 Q	mehrfarbig	ace	0,50	0,20
1241	25 Q	mehrfarbig	acf	1,—	0,50
1242	30 Q	mehrfarbig	acg	1,—	0,50
1243	35 Q	mehrfarbig	ach	1,—	0,50
1244	65 Q	mehrfarbig	aci	2,—	0,70
1245	80 Q	mehrfarbig	ack	3,—	1,50
1246	90 Q	mehrfarbig	acl	3,—	2,—
		Satzpreis (8 W.)		12,—	6,—
		FDC		20,—	

Auflagen: MiNr. 1239–1241 je 150 000, MiNr. 1242–1245 je 70 000, MiNr. 1246 = 25 000 Stück

1968, 15. Febr. Nelken. Odr.; gez. K 12

acm) Alpennelke (Dianthus alpinus)

acn) Chines. Nelke (Dianthus chinensis)

aco

acp   acr   acs

aco–acs) Gartennelken (Dianthus caryophyllus)

1247	15 Q	mehrfarbig	acm	0,20	0,20
1248	20 Q	mehrfarbig	acn	0,20	0,20
1249	25 Q	mehrfarbig	aco	0,20	0,20
1250	50 Q	mehrfarbig	acp	1,—	0,50
1251	80 Q	mehrfarbig	acr	1,50	0,50
1252	1.10 L	mehrfarbig	acs	2,—	1,—
		Satzpreis (6 W.)		5,—	2,50

Auflage: 125 000 Sätze

1968, 15. März. Kongreß der kooperativen Agrarwirtschaft. Odr.; gez. K 12.

act) Hand mit Ähre, Hochspannungsmasten

acu) Motorpflug

acv) Hochleistungs-Milchkuh

1253	25 Q	mehrfarbig	act	0,50	0,50
1254	65 Q	mehrfarbig	acu	1,50	1,—
1255	1.10 L	mehrfarbig	acv	2,—	1,50
		Satzpreis (3 W.)		4,—	3,—

1968. 25. März. Hausziegen. Odr.; MiNr. 1256–1258 gez. K 12:12½, MiNr. 1259–1263 gez. K 12½:12.

acw) Saanenziege

acx   acy

acz

ada   adb

Albanien

adc) Angora-Ziege   add
acw—add) Hausziegen (Capra aegagrus hircus)

1256	15 Q	mehrfarbig	acw	0,30	0,20
1257	20 Q	mehrfarbig	acx	0,30	0,30
1258	25 Q	mehrfarbig	acy	0,50	0,30
1259	30 Q	mehrfarbig	acz	0,50	0,30
1260	40 Q	mehrfarbig	ada	0,70	0,30
1261	50 Q	mehrfarbig	adb	0,70	0,50
1262	80 Q	mehrfarbig	adc	1,50	0,60
1263	1.40 L	mehrfarbig	add	3,—	1,50
		Satzpreis (8 W.)		7,—	4,—

Auflage: 125 000 Sätze

1968, 30. März. 150. Geburtstag von Zef N. Jubani. Odr.; gez. K 12.

ade) Z. N. Jubani (1818–1880), Patriot, Volkswissenschaftler, Dichter und Sprachforscher

1264	25 Q	mehrfarbig	ade	0,50	0,50
1265	1.75 L	mehrfarbig	ade	2,50	1,50
		Satzpreis (2 W.)		3,—	2,—

1968, 7. April. 20 Jahre Weltgesundheitsorganisation (WHO). Odr.; gez. K 12½:12, MiNr. 1267 ~.

adf) Arzt mit Stethoskop   adg) Klinik und Mikroskop   adh) Mutter und Kind

1266	25 Q	dunkelbläulichgrün/purpur	adf	0,30	0,20
1267	65 Q	mehrfarbig	adg	1,20	0,80
1268	1.10 L	schwarz/rotorange	adh	1,50	1,—
		Satzpreis (3 W.)		3,—	2,—

1968, 14. April. 25 Jahre Frauenorganisation. Odr.; gez. K 12.

adi) Angehörige der Frauenmiliz

adk) Laborantinnen   adl) Landwirtschaftsvorarbeiterin   adm) Industrievorarbeiterin

1269	15 Q	mehrfarbig	adi	0,50	0,30
1270	25 Q	mehrfarbig	adk	0,50	0,30
1271	60 Q	mehrfarbig	adl	1,50	0,70
1272	1 L	mehrfarbig	adm	2,50	1,20
		Satzpreis (4 W.)		5,—	2,50

Auflage: 15 000 Sätze

1968, 5. Mai. 150. Geburtstag von Karl Marx. Odr.; gez. K 12.

adn) K. Marx (1818–1883), deutscher Philosoph und Nationalökonom; Namenszug

ado) Karl Marx am Rednerpult   adp) „Das Kapital" und „Kommunist. Manifest" über Marschierenden   adr) Bildnis von Karl Marx

1273	15 (Q)	mehrfarbig	adn	0,50	1,—
1274	25 (Q)	mehrfarbig	ado	0,70	1,50
1275	65 (Q)	mehrfarbig	adp	1,50	2,50
1276	95 (Q)	mehrfarbig	adr	3,50	4,—
		Satzpreis (4 W.)		6,—	9,—
		FDC			50,—

Auflage: 15 000 Sätze

1968, 10. Mai. Blumen. Odr.; gez. K 12:12½.

ads) Sonnenauge (Heliopsis sp.)

adt) Roter Lein (Linum grandiflorum)   adu) Pracht-Orchidee (Cattleya dowiana var. aurea)   adv) Gloxinie (Sinningia hybr.)

adw) Feuerlilie (Lilium bulbiferum)   adx) Ritterstern (Hippeastrum sp.)   ady) Rote Magnolie (Magnolea soulangiana)

1277	15 Q	mehrfarbig	ads	0,20	0,10
1278	20 Q	mehrfarbig	adt	0,30	0,20
1279	25 Q	mehrfarbig	adu	0,50	0,20
1280	30 Q	mehrfarbig	adv	0,50	0,50
1281	40 Q	mehrfarbig	adw	0,50	0,50
1282	80 Q	mehrfarbig	adx	1,50	1,—
1283	1.40 L	mehrfarbig	ady	2,50	1,50
		Satzpreis (7 W.)		6,—	4,—

Auflage: 125 000 Sätze

Albanien

1968, 10. Juni. 90 Jahre Liga von Prizren. Odr.; gez. K 12.

adz) Abdyl Frashëri (1839–1892)
aea) Sitzungsgebäude der Liga in Prizren
aeb) Text der Beratungsniederschrift

1284	25 Q	dunkelbraungrau/gelbgrün	... adz	0,50	0,20
1285	40 Q	mehrfarbig	... aea	1,—	0,50
1286	85 Q	mehrfarbig	... aeb	1,50	1,30
			Satzpreis (3 W.)	3,—	2,—

1968, 20. Juni. Gemälde albanischer Maler. Odr.; gez. K 12:12½, MiNr. 1288 ~.

aec) Schäfer mit Stock; von A. Kushi (1884–1959)

aed) Stadtansicht von Tirana; von V. Mio (1891–1957)
aee) Bildnis eines Bergbauern; von G. Madhi (1917)
aef) Umsiedler; von A. Buza (1905)

aeg) Partisanen (Detail); von S. Xega (1863–1953)
aeh) Porträt eines alten Mannes; von S. Papadhimitri (* 1918)
aei) „Idyll aus Scutari", S. Rrota (1887–1961)

1287	15 Q	mehrfarbig	... aec	0,20	0,20
1288	20 Q	mehrfarbig	... aed	0,20	0,20
1289	25 Q	mehrfarbig	... aee	0,20	0,20
1290	40 Q	mehrfarbig	... aef	0,50	0,20
1291	80 Q	mehrfarbig	... aeg	1,—	0,20
1292	1.50 L	mehrfarbig	... aeh	2,50	1,—
1293	1.70 L	mehrfarbig	... aei	3,—	1,—
			Satzpreis (7 W.)	7,—	3,—

Die Erhaltung entscheidet bei allen Marken über den Preis.

Die Preisnotierungen gelten für Marken in einwandfreier Qualität. Marken ohne Gummi, mit starker Verstempelung und sonstigen Fehlern kosten weniger, Luxusstücke mit Überdurchschnittserhaltung, besonders bei den klassischen Ausgaben, oft wesentlich mehr.

Blockausgabe, waagerecht gez. 12½

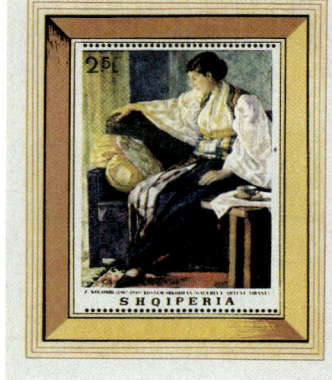

aek) Frauentracht von Scutari; Gemälde von Z. Colombi (1907–1949)

ael

1294	2.50 L	mehrfarbig	... aek	3,—	2,—
Block 32	(90×113 mm)		... ael	3,50	2,50

Auflage: 100 000 Sätze, Block 32 = 100 000 Blocks

1968, 10. Juli. 25 Jahre Volksarmee. Odr.; gez. K 12.

aem) Volksarmist, Geschütze und Panzer

aen) Matrose, Fregatte und Schnellboot Typ „P2"

aeo) Pilot, Jagdflugzeug

aep) Volksarmist, bewaffnete Zivilisten, Industrieanlagen

1295	15 Q	mehrfarbig	... aem	0,50	0,20
1296	25 Q	mehrfarbig	... aen	0,50	0,20
1297	65 Q	mehrfarbig	... aeo	2,—	1,20
1298	95 Q	mehrfarbig	... aep	3,—	2,—
			Satzpreis (4 W.)	6,—	3,60

Auflage: 15 000 Sätze

1968, 20. Aug. Meerestiere. Odr.; gez. K 12.

aer) Gemeiner Kalmar (Loligo vulgaris)

Albanien

aes) Europäischer Hummer (Astacus gammarus)
aet) Wellhornschnecke (Buccinum undatum)
aeu) Taschenkrebs (Cancer pagurus)

aev) Gemeine Languste (Palinurus vulgaris)
aew) Strandkrabbe (Carcinides maenas)
aex) Kaisergranat (Nephrops norvegicus)

1299	15 Q	mehrfarbig	aer	0,50	0,40
1300	20 Q	mehrfarbig	aes	0,50	0,40
1301	25 Q	mehrfarbig	aet	0,50	0,40
1302	50 Q	mehrfarbig	aeu	0,50	0,50
1303	70 Q	mehrfarbig	aev	1,—	1,—
1304	80 Q	mehrfarbig	aew	2,—	1,—
1305	90 Q	mehrfarbig	aex	2,—	1,50
		Satzpreis (7 W.)		7,—	5,—

Auflage: 100 000 Sätze

1968, 23. Sept. Olympische Sommerspiele, Mexiko-Stadt. Odr.; A = gez. K 12, B = ☐.

aey) Staffellauf
aez) Kurzstreckenlauf

afa) Diskuswerfen
afb) Springreiten

afc) Hochsprung
afd) Hürdenlauf

afe) Fußball
aff) Wasserspringen

1306	15 Q	mehrfarbig	aey	0,20	0,10
1307	20 Q	mehrfarbig	aez	0,20	0,10
1308	25 Q	mehrfarbig	afa	0,20	0,20
1309	30 Q	mehrfarbig	afb	0,50	0,20
1310	40 Q	mehrfarbig	afc	0,50	0,20
1311	50 Q	mehrfarbig	afd	0,50	0,50
1312	80 Q	mehrfarbig	afe	1,—	0,50
1313	1.40 L	mehrfarbig	aff	2,—	1,20
		Satzpreis A (8 W.)		5,—	3,—
		Satzpreis B (8 W.)		14,—	14,—

Blockausgabe, A = waagerecht gez. 12½, B = ☐ in geänderten Farben

afg) Olympia-Stadion, Mexiko-Stadt

afh)

1314	2 L	mehrfarbig	afg		
A		waagerecht gez. 12½		3,—	1,70
B		geschnitten		7,50	7,50
Block 33	(90×82 mm)		afh		
A		waagerecht gez. 12½		3,—	2,50
B		geschnitten		10,—	9,—

Auflagen: A = 85 000, B = 15 000 Sätze, Block 33 A = 85 000, Block 13 B = 15 000 Blocks

1968, 16. Okt. 60. Geburtstag von Enver Hoxha. Odr.; gez. K 12.

afi) Enver Hoxha (1908-1985), Militär und Politiker

1315	25 Q	dunkelblaugrau/hellgrau	afi	0,50	0,50
1316	35 Q	dunkelkarminbraun/hellkarminbraun	afi	0,50	0,50
1317	80 Q	dunkelblauviolett/hellviolettgrau	afi	1,—	1,—
1318	1.10 L	dunkelbraun/graubraun	afi	1,50	1,—
		Satzpreis (4 W.)		3,50	3,—

Albanien

Blockausgabe, ☐

Block 34   1.50 L   mehrfarbig (78 × 91 mm) afk 100,—   170,—

afk) Enver Hoxha (1908–1985)

Auflage: 30 000 Sätze, Block 34 = 10 000 Blocks

1968. 14. Nov. 60. Jahrestag des Kongresses von Monastir. RaTdr.; gez. K 12.

afl) Aufgeschlagenes Buch mit Alphabet; symb. für Einführung der lateinischen Schrift

1319	15 Q	braunkarmin/schwarzgrün	afl	0,50	0,50
1320	85 Q	graugrün/violettbraun	afl	3,—	2,—
		Satzpreis (2 W.)		3,50	2,50

Auflage: 15 000 Sätze

1968, 15. Nov. Vögel. Odr.; gez. K 12¼.

afm) Seidenschwanz (Bombycilla garrulus)   afn) Rosenstar (Pastor roseus)

afo) Eisvogel (Alcedo atthis)   afp) Schwanzmeise (Aegithalos caudatus)

afr) Mauerläufer (Tichodroma muraria)   afs) Bartmeise (Panurus biarmicus)

1321	15 Q	mehrfarbig	afm	0,20	0,10
1322	20 Q	mehrfarbig	afn	0,50	0,20
1323	25 Q	mehrfarbig	afo	0,50	0,20
1324	50 Q	mehrfarbig	afp	1,—	0,50
1325	80 Q	mehrfarbig	afr	2,—	1,—
1326	1.10 L	mehrfarbig	afs	3,—	1,50
		Satzpreis (6 W.)		7,—	3,50

Auflage: 80 000 Sätze

1968, 26. Dez. 75. Geburtstag von Mao Zedong. Odr.; gez. K 12:12½.

aft) Mao Zedong, chinesischer Staatsmann (1893–1976)

1327	25 Q	braunrot/schwarz/gold	aft	1,—	0,50
1328	1.75 L	braunrot/schwarzbraun/gold	aft	6,50	4,50
		Satzpreis (2 W.)		7,50	5,—

Auflage: 20 000 Sätze

1969

1969, 10. Febr. Helden unserer Tage. Odr.; gez. K 12¼:12½.

afu) Adam Reka (1928–1966)

afv) Pjetër Lleshi (1923–1966)   afw) Muhamet Shehu (1930–1967) und Myrteza Kepi (1947–1967)   afx) Shkurte Vata (1952–1967)

afy) Agron Elezi (1947–1967)   afz) Ismet Brucaj (1949–1968)   aga) Fuat Çela, Blindenführer

afu–afz) Albanische Staatsangehörige, die bei Einsätzen in Katastrophen tödlich verunglückten

Albanien

1329	5 Q	mehrfarbig	afu	0,50	0,50
1330	10 Q	mehrfarbig	afv	0,50	0,50
1331	15 Q	mehrfarbig	afw	1,—	1,—
1332	25 Q	mehrfarbig	afx	1,50	1,50
1333	65 Q	mehrfarbig	afy	2,—	2,—
1334	80 Q	mehrfarbig	afz	2,—	2,—
1335	1.30 L	mehrfarbig	aga	3,—	3,—
			Satzpreis (7 W.)	10,—	10,—

Auflage: 30 000 Sätze

1969, 25. Febr. 20 Jahre Hydrometeorologie in Albanien. Odr.; gez. K 12¼.

agb) Wetterstation, Regenwolke und Sonne
agc) Wetterfahne, Windböen
agd) Wetterkarte, Wetterballon und Antennen

1336	15 Q	mehrfarbig	agb	0,50	0,30
1337	25 Q	dunkelgrauultramarin/orange/schwarz	agc	0,50	0,50
1338	1.60 L	hellgrauviolett/rot-orange/schwarz	agd	3,—	2,20
			Satzpreis (3 W.)	4,—	3,—

Auflage: 30 000 Sätze

1969, 25. April. 25. Jahrestag der Befreiung. Odr.; gez. K 12½:12, MiNr. 1339 ~.

age agg

agf agh

agi agk

age–agk) Patriotische Gemälde albanischer Künstler

1339	5 Q	mehrfarbig	age	0,20	0,20
1340	25 Q	mehrfarbig	agf	0,30	0,20
1341	65 Q	mehrfarbig	agg	0,50	0,20
1342	80 Q	mehrfarbig	agh	0,50	0,50
1343	1.10 L	mehrfarbig	agi	1,—	0,70
1344	1.15 L	mehrfarbig	agk	1,—	1,20
			Satzpreis (6 W.)	3,50	3,—

Blockausgabe, □

agm

agl) Patriotisches Gemälde

1345	2 L	mehrfarbig	agl	2,—	1,50
Block 35	(110×90 mm)		agm	2,50	2,—

Auflage: 82 000 Sätze, Block 35 = 62 000 Blocks

1969, 2. Mai. 450. Todestag von Leonardo da Vinci. Odr.; gez. K 12½:12, MiNr. 1348 ~.

agn) Selbstporträt ago) Lilie agp) Helikopter

agr) Porträt von Beatrice ags) Porträt einer adligen Dame

agn–ags) Gemälde und Zeichnungen von Leonardo da Vinci (1452 bis 1519), ital. Maler, Bildhauer, Naturforscher

1346	25 Q	mehrfarbig	agn	0,30	0,20
1347	35 Q	mehrfarbig	ago	0,50	0,20
1348	40 Q	mehrfarbig	agp	0,70	0,50
1349	1 L	mehrfarbig	agr	2,—	1,—
1350	2 L	mehrfarbig	ags	4,—	1,70
			Satzpreis (5 W.)	7,50	3,60

Neuheitenmeldungen zu diesem Katalog finden Sie in der monatlich erscheinenden
MICHEL-Rundschau.

Albanien

Blockausgabe, ☐

agt) Mona Lisa
agu

Block 36 2 L mehrfarbig (64×96 mm) .. agu 5,— 3,50

Auflage: 92 000 Sätze, Block 36 = 62 000 Blocks

MiNr. 1351 fällt aus.

1969, 24. Mai. 25. Jahrestag der Partisanenversammlung, Permet. Odr.; gez. K 12¼.

agv) Versammlungsgebäude von 1944

agw) Partisanen mit Fahne

1352	25 Q	mehrfarbig	agv	0,50	0,30
1353	2.25 L	mehrfarbig	agw	4,—	3,20
		Satzpreis (2 W.)		4,50	3,50

Blockausgabe, ☐**, Zähnung aufgedruckt**

agx) Staatswappen

1354	1 L	mehrfarbig	agx	30,—	50,—
Block 37	(95×100 mm)		agy	35,—	60,—

Auflage: 17 000 Sätze, Block 37 = 7000 Blocks

1969, 30. Juni. Veilchen. Odr.; gez. K 12¼:12½.

agz) Albanisches Veilchen (Viola albanica)

aha) Gartenveilchen (Viola hortensis)
ahb) Ungleichblättriges Veilchen (Viola heterophylla)
ahc) Gartenveilchen (Viola hortensis)

ahd) Märzveilchen (Viola odorata)
ahe) Gartenveilchen (Viola hortensis)
ahf) Gartenveilchen (Viola hortensis)

1355	5 Q	mehrfarbig	agz	0,20	0,10
1356	10 Q	mehrfarbig	aha	0,30	0,10
1357	15 Q	mehrfarbig	ahb	0,50	0,20
1358	20 Q	mehrfarbig	ahc	0,50	0,20
1359	25 Q	mehrfarbig	ahd	0,50	0,20
1360	80 Q	mehrfarbig	ahe	1,50	0,70
1361	1.95 L	mehrfarbig	ahf	2,50	2,—
		Satzpreis (7 W.)		6,—	3,50

1969, 10. Aug. Baumblüten. RaTdr.; gez. K 12:12½.

ahg) Zwetschgen (Prunus domestica)
ahh) Zitronen (Citrus medica)
ahi) Granatapfel (Punica granatum)

ahk) Süßkirschen (Prunus cerasius)
ahl) Pfirsich (Prunus persica)
ahm) Apfel (Malus domestica)

Albanien

1362	10 Q	mehrfarbig	ahg	0,20	0,10
1363	15 Q	mehrfarbig	ahh	0,30	0,20
1364	25 Q	mehrfarbig	ahi	0,50	0,20
1365	50 Q	mehrfarbig	ahk	1,—	0,50
1366	80 Q	mehrfarbig	ahl	1,50	1,—
1367	1.20 L	mehrfarbig	ahm	2,50	1,50
		Satzpreis (6 W.)		6,—	3,50

1373	5 Q	mehrfarbig	aht	0,20	0,10
1374	10 Q	mehrfarbig	ahu	0,30	0,10
1375	15 Q	mehrfarbig	ahv	0,50	0,10
1376	20 Q	mehrfarbig	ahw	0,50	0,20
1377	25 Q	mehrfarbig	ahx	0,50	0,20
1378	80 Q	mehrfarbig	ahy	1,50	0,70
1379	95 Q	mehrfarbig	ahz	2,—	1,20
		Satzpreis (7 W.)		5,50	2,60

1969, 15. Sept. Europäische Meisterschaften im Basketball, Neapel. Odr.; gez. K 12.

ahn   aho   ahp

1969, 1. Okt. Volksrepublik China. MiNr. 1380 RaTdr.; MiNr. 1381–1382 Odr.; gez. K 12:12¼, MiNr. 1381 ~.

aia) Parteivorsitzender Mao Zedong

ahr   ahs

ahn–ahs) Spielszenen

1368	10 Q	mehrfarbig	ahn	0,50	0,10
1369	15 Q	mehrfarbig	aho	0,50	0,20
1370	25 Q	mehrfarbig	ahp	0,50	0,20
1371	80 Q	mehrfarbig	ahr	1,50	0,20
1372	2.20 L	mehrfarbig	ahs	3,—	1,50
		Satzpreis (5 W.)		6,—	2,20

aib) Arbeiter am Schaltpult einer Hochofen-Anlage   aic) Demonstrierende Chinesen

1380	25 Q	mehrfarbig	aia	1,50	0,50
1381	85 Q	mehrfarbig	aib	5,—	2,—
1382	1.40 L	mehrfarbig	aic	8,50	3,50
		Satzpreis (3 W.)		15,—	6,—

1969, 20. Okt. 25. Jahrestag der antifaschistischen Versammlung zur nationalen Befreiung in Berat. Odr.; gez. K 12¼:12½.

aid) Enver Hoxha am Rednerpult   aie) Deklarationen, Sowjetstern   aif) Partisanen, Rote Fahne

1969, 30. Sept. Nationale Spartakiade. Odr.; gez. K 12.

aht) Flagge, Pickel, Gewehr

ahu) Kunstturnen   ahv) Laufen   ahw) Schießen

ahx) Schwimmen   ahy) Radfahren   ahz) Fußball

aht–ahz) Grundriß eines Sportstadions

1383	25 Q	mehrfarbig	aid	0,30	0,30
1384	80 Q	mehrfarbig	aie	0,70	0,50
1385	1.45 (L)	mehrfarbig	aif	2,—	1,20
		Satzpreis (3 W.)		3,—	2,—

1969, 29. Nov. 25 Jahre Befreiung und Triumph der Volksrevolution. Odr.; gez. K 12¼:12.

aig) Angehörige der albanischen Armee   aih) Industrieanlage

Albanien

aii) Mähdrescher   aik) Stauwerk, Hochspannungsmast

ail) Junge Soldaten   aim) Volkstanzgruppe

1386	25 Q	mehrfarbig	aig	0,40	0,20
1387	30 Q	mehrfarbig	aih	0,50	0,30
1388	35 Q	mehrfarbig	aii	0,70	0,30
1389	45 Q	mehrfarbig	aik	1,20	0,50
1390	55 Q	mehrfarbig	ail	1,70	0,70
1391	1.10 L	mehrfarbig	aim	3,—	1,20
		Satzpreis (6 W.)		7,50	3,20

1969, 21. Dez. 90. Geburtstag von Stalin. Odr.; gez. K 12.

ain) (1879–1953), sowjetischer Politiker

1392	15 Q	grauviolett	ain	0,20	0,10
1393	25 Q	dunkelgraublau	ain	0,50	0,20
1394	1 L	dunkelbraun	ain	2,—	0,70
1395	1.10 L	violettultramarin	ain	2,—	1,—
		Satzpreis (4 W.)		4,50	2,—

1969, 25. Dez. Antike Mosaiken. Odr.; gez. K 12½:12, MiNr. 1396 ~.

aio) Mädchenbild

aip) Wandmuster   air) Vogel und Baum

ais) Fußbodenmuster   ait) Unbestimmbares Fragment

1396	15 Q	mehrfarbig	aio	0,20	0,10
1397	25 Q	mehrfarbig	aip	0,30	0,20
1398	80 Q	mehrfarbig	air	1,—	0,50
1399	1.10 L	mehrfarbig	ais	1,50	0,70
1400	1.20 L	mehrfarbig	ait	2,—	0,70
		Satzpreis (5 W.)		5,—	2,20

1970

1970, 21. Jan. 50. Jahrestag des Kongresses von Lushnja. Odr.; gez. K 12.

aiu) Kongreßgebäude, Urkunden   aiv) Urkunde, Stempelabdruck

1401	25 (Q)	mehrfarbig	aiu	0,50	0,50
1402	1.25 (L)	mehrfarbig	aiv	3,—	2,—
		Satzpreis (2 W.)		3,50	2,50

1970, 11. Febr. 25 Jahre albanische Gewerkschaften. Odr.; gez. K 12½:12½.

aiw) Werktätige vor roter Fahne

1403	25 Q	mehrfarbig	aiw	0,50	0,50
1404	1.75 L	mehrfarbig	aiw	3,—	2,—
		Satzpreis (2 W.)		3,50	2,50

1970, 10. März. Lilien. RaTdr.; gez. K 12.

aix) Nickende Lilie (Lilium cernumm)   aiy) Weiße Lilie (Lilium candidum)   aiz) Königslilie (Lilium regale)

aka) Türkenbund (Lilium martagon)   akb) Tigerlilie (Lilium tigrinum)   akc) Balkanlilie (Lilium albanicum)

1405	5 Q	mehrfarbig	aix	0,30	0,30
1406	15 Q	mehrfarbig	aiy	0,30	0,30
1407	25 Q	mehrfarbig	aiz	0,50	0,50
1408	80 Q	mehrfarbig	aka	1,50	1,—
1409	1.10 L	mehrfarbig	akb	2,—	1,70
1410	1.15 L	mehrfarbig	akc	2,50	1,70
		Satzpreis (6 W.)		7,—	5,50

1970, 22. April. 100. Geburtstag von Lenin. Odr.; gez. K 12.

akd ake akf

akg akh

akd–akh) Zeichnungen von Lenin aus verschiedenen Lebenszeiten

1411	5 Q	mehrfarbig	akd	0,20	0,20
1412	15 Q	mehrfarbig	ake	0,40	0,30
1413	25 Q	mehrfarbig	akf	0,50	0,30
1414	95 Q	mehrfarbig	akg	1,20	0,70
1415	1.10 L	mehrfarbig	akh	2,20	1,—
		Satzpreis (5 W.)		4,50	2,50

1970, 25. April. 25 Jahre albanischer Grenzschutz. RaTdr. gez. K 12.

aki) Grenzer mit Wachhund, Grenzstein

1416	25 Q	mehrfarbig	aki	0,50	0,50
1417	1.25 L	mehrfarbig	aki	2,50	1,70
		Satzpreis (2 W.)		3,—	2,20

1970, 15. Mai. Fußballweltmeisterschaft, Mexiko. Odr.; A = gez. K 12½:12, B = ▢.

akk) Jules-Rimet-Pokal, Weltkugelhälften

akl) Azteken-Stadion, Mexiko

akm

ako

akp akr

akm–akr) Spielszenen

1418	5 Q	mehrfarbig	akk	0,10	0,10
1419	10 Q	mehrfarbig	akl	0,10	0,10
1420	15 Q	mehrfarbig	akm	0,10	0,10
1421	25 Q	mehrfarbig	akn	0,20	0,20
1422	65 Q	mehrfarbig	ako	0,50	0,20
1423	80 Q	mehrfarbig	akp	1,—	0,50
1424	2 L	mehrfarbig	akr	2,50	1,30
		Satzpreis A (7 W.)		4,50	2,50
		Satzpreis B (7 W.)		12,—	12,—

Blockausgabe, A = waagerecht gez. 12½, B = ▢

aks) Mexikanischer Reiter am Vulkan Popocatepetl

akt

1425	2 L	mehrfarbig	aks	3,—	2,—
Block 38	(75×81 mm)		akt		
A	waagerecht gez. 12½			3,50	2,50
B	▢			10,—	4,50

1970, 30. Mai. Eröffnung des neuen UPU-Gebäudes, Bern. Odr.; gez. K 12½:12.

aku) Modell des neuen Verwaltungsbaues, Emblem des Weltpostvereins

1426	25 Q	mehrfarbig	aku	0,30	0,10
1427	1.10 L	mehrfarbig	aku	1,50	0,60
1428	1.15 L	mehrfarbig	aku	1,70	1,—
		Satzpreis (3 W.)		3,50	1,70

1970, 10. Juli. Frühchristliche Mosaikkunst. Odr.; gez. K 12½:12¼, MiNr. 1434 ~.

akv) Vogel und Weintraube akw) Vogel, Weintraube und Kelch

akx) Vogel und Gefäß

aky) Ente in Rankenmuster

akz) Fische

ala) Pfau

akv–ala) Bodenmosaiken aus der Basilika Lin am Ohrid-See (6. Jh.)

1429	5 Q	mehrfarbig . . . . akv	0,20	0,10
1430	10 Q	mehrfarbig . . . . akw	0,30	0,10
1431	20 Q	mehrfarbig . . . . akx	0,50	0,10
1432	25 Q	mehrfarbig . . . . aky	0,50	0,20
1433	65 Q	mehrfarbig . . . . akz	1,—	0,50
1434	2.25 L	mehrfarbig . . . . ala	3,50	2,—
		Satzpreis (6 W.)	6,—	3,—

1970, 28. Aug. 25 Jahre Agrar-Reform. Odr.; gez. K 12¼:12.

alb) Ackerbau in den Bergen

alc) Anbau auf Bergterrassen

ald) Kühe

ale) Mähdrescher

1435	15 Q	grauviolett/schwarz . . . . alb	0,50	0,20
1436	25 Q	blau/schwarz . . . . alc	0,50	0,30
1437	80 Q	mehrfarbig . . . . ald	1,50	0,50
1438	1.30 L	mehrfarbig . . . . ale	2,—	1,—
		Satzpreis (4 W.)	4,50	2,—

1970, 3. Sept. 50. Jahrestag der Vlora-Kriege. Odr.; gez. K 12.

alf

alg

alh

alf–alh) Kampf- und Demonstrationsszenen

1439	15 Q	mehrfarbig . . . . alf	0,30	0,20
1440	25 Q	mehrfarbig . . . . alg	0,70	0,30
1441	1.60 L	mehrfarbig . . . . alh	2,20	1,50
		Satzpreis (3 W.)	3,20	2,—

1970, 25. Sept. Moderne Gemälde aus der Nationalgalerie, Tirana. Odr.; gez. K 12:12½, Querformate ~.

ali) Ernte; von J. Sulovari

alk) Volksrevolution; von Dh. Trebicka

all) Tag der Befreiung; von N. Zajmi

alm) Partisanen; von H. Nallbani

aln) Arbeitsberatung; von V. Kilica

alo) Arbeiterin; von V. Kilica

1442	5 Q	mehrfarbig . . . . ali	0,20	0,10
1443	15 Q	mehrfarbig . . . . alk	0,20	0,10
1444	25 Q	mehrfarbig . . . . all	0,20	0,20
1445	65 Q	mehrfarbig . . . . alm	0,50	0,50
1446	95 Q	mehrfarbig . . . . aln	1,—	0,70
1447	2 L	mehrfarbig . . . . alo	3,—	2,—
		Satzpreis (6 W.)	5,—	3,50

Blockausgabe, □

alp) Partisan kämpft gegen Panzer; von Shijaku

Block 39	2 L	mehrfarbig (66×97 mm) . . . alp	3,50	2,—

Mit MICHEL immer gut informiert

Albanien

1970, 25. Okt. 25 Jahre Elektrifizierungsplan. RaTdr.; gez. K 12.

alr) Landkarte Albaniens mit Planeinzeichnungen
als) Landkarte Albaniens, Glühbirne, Statistik
alt) Verlegung elektrischer Leitungen
alu) Beleuchtetes Gut, versch. elektrische Geräte

1448	15 Q	mehrfarbig	alr	0,30	0,20
1449	25 Q	mehrfarbig	als	0,50	0,30
1450	80 Q	mehrfarbig	alt	1,50	0,50
1451	1.10 L	mehrfarbig	alu	1,70	1,—
		Satzpreis (4 W.)		4,—	2,—
		FDC			160,—

1970, 28. Nov. 150. Geburtstag von Friedrich Engels. Odr.; gez. K 12¼:12½.

alv   alw   alx

alv–alx) Friedrich Engels (1820–1895), Sozialist

1452	25 Q	gold/blau	alv	0,50	0,20
1453	1.10 L	gold/karminbraun	alw	1,50	0,70
1454	1.15 L	gold/braunoliv	alx	1,70	0,80
		Satzpreis (3 W.)		3,60	1,70

1970, 16. Dez. 200. Geburtstag von Ludwig van Beethoven. Odr.; gez. K 12.

aly) Geburtshaus Beethovens
alz) Beethoven im Medaillon
ama) Beethoven, Jugendbildnis

amb) L. v. Beethoven (1770–1827), Komponist
amc) L. v. Beethoven
amd) Szene aus Beethovens Oper „Fidelio"

1455	5 Q	gold/braunviolett	aly	0,30	0,20
1456	15 Q	silber/violett	alz	0,30	0,20
1457	25 Q	gold/grün	ama	0,50	0,30
1458	65 Q	silber/rötlichviolett	amb	1,20	1,—
1459	1.10 L	gold/violettblau	amc	2,20	1,—
1460	1.80 L	silber/schwarz	amd	4,—	1,80
		Satzpreis (6 W.)		8,50	4,50

1970, 4. Dez./ 1971, 20. Jan. Industrieanlagen. Odr.; gez. K 12¼:11¾, MiNr. C 1460 ~.

Aamd) Traktorenwerk, Tirana
Bamd) Düngemittelfabrik, Fier
Camd) Superphosphatwerk, Laç

Damd) Zementfabrik, Elbasan
Eamd) Kokerei, Qyteti Stalin

A 1460	10 Q	mehrfarbig	Aamd	250,—	150,—
B 1460	15 Q	mehrfarbig (4.12.1970)	Bamd	250,—	150,—
C 1460	20 Q	mehrfarbig	Camd	250,—	150,—
D 1460	25 Q	mehrfarbig	Damd	250,—	150,—
E 1460	80 Q	mehrfarbig	Eamd	250,—	150,—
		Satzpreis (5 W.)		1200,—	750,—

Auflagen: MiNr. A 1460 und C 1460 je 200 000, MiNr. B 1460 = 500 000, MiNr. D 1460 = 2 000 000, MiNr. E 1460 = 300 000 Stück

1971

1971, 11. Jan. 25 Jahre Volksrepublik Albanien. Odr.; gez. K 12½:12.

ame) Staatswappen
amf) Staatsgebäude

amg) Parteiredner
amh) Jugendliche

1461	15 Q	mehrfarbig	ame	0,30	*0,50*
1462	25 Q	mehrfarbig	amf	0,30	*0,50*
1463	80 Q	mehrfarbig	amg	1,20	*1,20*
1464	1.30 L	mehrfarbig	amh	1,70	*1,80*
		Satzpreis (4 W.)		3,50	*4,—*

1971, 18. März. 100 Jahre Pariser Kommune. Odr.; gez. K 11¾:12½, MiNr. 1467–1468 ~.

aml) Aufständischer mit Fahne
amk) Aufständische Bevölkerung

aml) Kampfszene
amm) Erschießungsszene

Albanien

1465	25 Q	indigo/blau .... ami		0,50	0,20
1466	50 Q	olivgrau/grün .... amk		0,70	0,50
1467	65 Q	orange-/violettbraun ...... aml		1,—	0,50
1468	1.10 L	grau-/purpurviolett ...... amm		2,—	1,—
		Satzpreis (4 W.)		4,20	2,20

1971, 21. März. Internationales Jahr gegen Rassendiskriminierung. Odr.; gez. K 12¼:12½.

amn) „Rassenkampf" amo) „Männerköpfe dreier Rassen" amp) „Freiheitskämpfer"

1469	25 Q	braunocker/schwarz ..... amn		0,30	0,10
1470	1.10 L	karmin/schwarz .... amo		1,—	0,50
1471	1.15 L	zinnober/schwarz .... amp		1,20	0,60
		Satzpreis (3 W.)		2,50	1,20

1971, 25. März. Tulpen. Odr.; gez. K 12:12½.

amr ams amt

amu amv amw

amx amy

amr–amy) Verschiedene Gartentulpen (Tulipa hybrida)

1472	5 Q	mehrfarbig .... amr		0,20	0,10
1473	10 Q	mehrfarbig .... ams		0,30	0,10
1474	15 Q	mehrfarbig .... amt		0,50	0,10
1475	20 Q	mehrfarbig .... amu		0,50	0,10
1476	25 Q	mehrfarbig .... amv		0,50	0,20
1477	80 Q	mehrfarbig .... amw		1,50	0,50
1478	1 L	mehrfarbig .... amx		2,50	1,—
1479	1.45 L	mehrfarbig .... amy		4,—	2,—
		Satzpreis (8 W.)		10,—	4,—

1971, 15. Mai. 500. Geburtstag von Albrecht Dürer. Odr.; gez. K 12:12¼, MiNr. 1484–1485 ~.

amz) „Postreiter" ana) „Drei Bauern im Gespräch" anb) „Tanzende Bauern" anc) „Der Dudelsackpfeifer"

and) „Ansicht von Kalkreuth" ane) „Ansicht von Trient"

amz–ane) Arbeiten von Albrecht Dürer (1471–1528), deutscher Maler und Grafiker

1480	10 Q	schwarz/oliv .... amz		0,20	0,20
1481	15 Q	schwarz/blauviolett ...... ana		0,50	0,20
1482	25 Q	schwarz/graublau .... anb		0,50	0,20
1483	45 Q	schwarz/orangebraun .... anc		1,—	0,50
1484	65 Q	mehrfarbig .... and		2,—	1,—
1485	2.40 L	mehrfarbig .... ane		6,—	2,—
		Satzpreis (6 W.)		10,—	4,—

Blockausgabe, ☐

anf) Selbstbildnis

Block 40	2.50 L	mehrfarbig (66×97 mm)	anf	5,—	3,50

1971, 10. Juni. Weltraumerfolge Chinas. Odr.; gez. K 12¼:12½.

ang) Erdkugel, Satellitenbahn anh) Regierungsgebäude Tirana ani) Erdkugel, Satellitenbahn

1486	60 Q	mehrfarbig .... ang		1,—	0,50
1487	1.20 L	mehrfarbig .... anh		2,—	1,50
1488	2.20 L	mehrfarbig .... ani		4,—	3,—
		Satzpreis (3 W.)		7,—	5,—

Albanien

Blockausgabe, ☐

ank) Erdkugel, chinesische Fahne als Satellitenbahn

| Block 41 | 2.50 L | mehrfarbig (64×112 mm) .... ank | 6,— | 3,50 |

1971, 1. Juli. 50 Jahre Kommunistische Partei Chinas. Odr.; MiNr. 1489 gez. K 12:12½, MiNr. 1490-1491 ~.

anl

anm

ann

anl–ann) Mao Zedong und Demonstration

1489	25 Q	mehrfarbig .... anl	0,50	0,50
1490	1.05 L	mehrfarbig .... anm	2,—	2,—
1491	1.20 L	mehrfarbig .... ann	3,—	2,50
		Satzpreis (3. W.)	5,50	5,—

Дорогие читатели!

Журнал «Михель Рундшау» ищет во всех странах корреспондентов, которые могли бы дать информацию о марках-новинках. Пишите нам, пожалуйста, если Вы можете оказать нам содействие в составлений каталога Михель или

1971, 15. Aug. Vögel. Odr.; gez. K 12½:12

ano
anp
anr
ans
ant
anu
anv

anp) Kanariengirlitz (Serinus canaria)
ans) Wintergoldhähnchen (Regulus regulus)
anu) Blaumeise (Parus caeruleus)
ano) Haubenmeise (Parus cristatus)
anr) Bluthänfling (Linaria cannabia)
ant) Steinrötel (Monticola saxatilis)
anv) Buchfink (Fringilla coelebs)

1492	5 Q	mehrfarbig .... ano	0,30	0,20
1493	10 Q	mehrfarbig .... anp	0,40	0,20
1494	15 Q	mehrfarbig .... anr	0,60	0,20
1495	25 Q	mehrfarbig .... ans	1,—	0,20
1496	45 Q	mehrfarbig .... ant	1,50	0,30
1497	60 Q	mehrfarbig .... anu	2,20	1,—
1498	2.40 L	mehrfarbig .... anv	9,—	8,—
		Satzpreis (7 W.)	15,—	10,—
		Kleinbogen I (MiNr. 1492–1498)	25,—	20,—
		Kleinbogen II (MiNr. 1492–1497)	15,—	12,—

MiNr. 1492–1498 wurden mit Zierfeld zusammenhängend im Kleinbogen I gedruckt. Beim Kleinbogen II, ohne MiNr. 1498, ist das Markenfeld zwar mit Untergrunddruck vorhanden, jedoch ohne Vogel und Beschriftung.

1971, 15. Sept. Olympische Sommerspiele, München. Odr.; gez. K 12¼:12.

anw) Kurzstreckenlauf

anx) Hürdenlauf

any) Zweierkanadier

anz) Kunstturnen

aoa) Fechten

Albanien

aob) Fußball   aoc) Wasserspringen

1499	5 Q	mehrfarbig	anw	0,20	0,10
1500	10 Q	mehrfarbig	anx	0,20	0,10
1501	15 Q	mehrfarbig	any	0,20	0,10
1502	25 Q	mehrfarbig	anz	0,50	0,20
1503	80 Q	mehrfarbig	aoa	1,—	0,50
1504	1.05 L	mehrfarbig	aob	1,20	0,50
1505	3.60 L	mehrfarbig	aoc	4,20	1,50
		Satzpreis (7 W.)		7,50	3,—

Blockausgabe, □

aod) Laufen
aoe

1506	2 L	mehrfarbig	aod	3,—	2,—
Block 42	(69×82 mm)		aoe	3,50	2,50
Block 42 F	fehlende Inschrift am unteren Blockrand			120,—	

1971, 1. Nov. Kongreß der Arbeiterpartei Albaniens. Odr.; gez. K 12.

aof) Demonstrationszug   aog) Kongreßgebäude   aoh) Symbolik

1507	0.25 L	mehrfarbig	aof	0,50	0,20
1508	1.05 L	mehrfarbig	aog	1,50	1,30
1509	1.20 L	mehrfarbig	aoh	2,—	1,50
		Satzpreis (3 W.)		4,—	3,—

1971, 8. Nov. 30 Jahre Arbeiterpartei Albaniens. Odr.; gez. K 12.

aoi) Symbole der   aok) Symbolik   aol) Enver Hoxha, Gene-
Wirtschaft   ralsekretär; Fahnen

1510	0.15 L	mehrfarbig	aoi	0,20	0,20
1511	0.80 L	mehrfarbig	aok	1,30	1,—
1512	1.55 L	mehrfarbig	aol	2,50	1,80
		Satzpreis (3 W.)		4,—	3,—

1971, 20. Nov. Nationale Gemälde. Odr.; gez. K 12½:12¼. Hochformate ~.

aom) Jüngling; von R. Kuci   aon) Bauarbeit; von M. Fushëkati

aoo) Partisan; von D. Jukniu   aop) Piloten; von S. Kristo

aor) Mädchen mit Brief;   aos) Bewaffnete Kämpfer;
von A. Saidikaj   von S. Kamberi

1513	5 Q	mehrfarbig	aom	0,20	0,10
1514	15 Q	mehrfarbig	aon	0,20	0,10
1515	25 Q	mehrfarbig	aoo	0,20	0,10
1516	80 Q	mehrfarbig	aop	1,—	0,20
1517	1.20 L	mehrfarbig	aor	1,50	1,—
1518	1.55 L	mehrfarbig	aos	1,50	1,50
		Satzpreis (6 W.)		4,50	3,—

Blockausgabe, □

aot) Freiheitskämpfer;
von I. Lulani

Block 43 2 L mehrfarbig (90×70 mm) . . . . . aot   3,50   2,50

1971, 23. Nov. 30 Jahre Verband der Arbeiterjugend. Odr.; gez. K 12:12½.

aou) Fahnen, Spitzhacke und Gewehr

1519	0.15 L	mehrfarbig	aou	0,20	0,20
1520	1.35 L	mehrfarbig	aou	1,80	1,—
		Satzpreis (2 W.)		2,—	1,20

Albanien

1971, 27. Dez. Albanisches Nationalballett. Odr.; gez. K 12½:12.

aov

aow

aox

aoy

aoz

apa

aov–apa) Albaniens Kampf gegen die Türken, verschiedene Ballettszenen

1521	5 Q	mehrfarbig	aov	0,20	0,20
1522	10 Q	mehrfarbig	aow	0,20	0,20
1523	15 Q	mehrfarbig	aox	0,20	0,20
1524	50 Q	mehrfarbig	aoy	0,70	0,50
1525	80 Q	mehrfarbig	aoz	1,20	0,70
1526	1.40 L	mehrfarbig	apa	2,—	1,20
			Satzpreis (6 W.)	4,50	3,—
				**	⊘

1522 F	ohne Silberdruck (Landesname und Wertziffer)	—,—
1524 F	ohne Silberdruck (Landesname und Wertziffer)	50,—
1526 F	ohne Silberdruck (Landesname und Wertziffer)	—,—

1972

1972, 10. Febr. Olympische Winterspiele, Sapporo. Odr.; gez. K 12½:12.

apb) Biathlon

apc) Rennrodeln

apd) Eishockey

ape) Zweierbob

apf) Eisschnellauf

apg) Abfahrtslauf   apk) Skispringen

1527	5 Q	mehrfarbig	apb	0,20	0,10
1528	10 Q	mehrfarbig	apc	0,20	0,10
1529	15 Q	mehrfarbig	apd	0,20	0,10
1530	20 Q	mehrfarbig	ape	0,20	0,20
1531	50 Q	mehrfarbig	apf	0,80	0,50
1532	1 L	mehrfarbig	apg	1,20	1,—
1533	2 L	mehrfarbig	aph	2,20	2,—
			Satzpreis (7 W.)	5,—	4,—

Blockausgabe, ☐

api) Eislaufpaar

apk

Block 44 2.50 L mehrfarbig (71×90 mm) apk 3,50 2,50

MiNr. 1534 fällt aus.

1972, 20. März. Waldfrüchte. Odr.; gez. K 12.

apl) Walderdbeeren (Fragaria Vesca)

apm) Brombeeren (Rubus sp.)

apn) Haselnüsse (Corylus avellana)

apo) Walnüsse (Juglans regia)

app) Erdbeerbaum-Früchte (Arbutus unedo)

apr) Kornelkirschen (Cornus mas)

aps) Vogelbeeren (Sorbus aucuparia)

Albanien

1535	5 Q	mehrfarbig	apl	0,10	0,10
1536	10 Q	mehrfarbig	apm	0,10	0,10
1537	15 Q	mehrfarbig	apn	0,20	0,10
1538	20 Q	mehrfarbig	apo	0,50	0,10
1539	25 Q	mehrfarbig	app	0,50	0,20
1540	30 Q	mehrfarbig	apr	0,70	0,50
1541	2.40 L	mehrfarbig	aps	4,—	1,50
		Satzpreis (7 W.)		6,—	2,60

1972, 7. April. Welt-Herzmonat. MiNr. 1542 Odr. MiNr. 1543 RaTdr.; gez. K 12¼:12½.

apt) Menschliches Herz

apu) Herzstation in einer Klinik

1542	1.10 L	mehrfarbig	apt	1,70	1,20
1543	1.20 L	mehrfarbig	apu	1,80	1,30
		Satzpreis (2 W.)		3,50	2,50

1972, 24. April. Gewerkschaftskongreß. Odr.; gez. K 12:12½.

apv) Werktätige mit Fahne

apw) Kulturpalast

1544	25 Q	mehrfarbig	apv	0,70	0,50
1545	2.05 L	mehrfarbig	apw	2,80	1,70
		Satzpreis (2 W.)		3,50	2,20

1972, 5. Mai. 30. Todestag von Qemal Stafa. Odr.; gez. K 12½.

apx) Opferschale

apy) Denkmal

apz) Q. Stafa (1921–1942), Freiheitskämpfer

1546	15 Q	mehrfarbig	apx	0,20	0,10
1547	25 Q	mehrfarbig	apy	0,50	0,20
1548	1.90 L	orangegelb/schwarz	apz	2,50	1,20
		Satzpreis (3 W.)		3,20	1,50

Sie wohnen nicht in Deutschland?

Wir suchen noch in einigen Ländern ständige Korrespondenten für den Neuheitendienst. Bitte schreiben Sie uns, wenn Sie glauben, bei der Ausgestaltung des Katalogs und der MICHEL-Rundschau helfen zu können.

1972, 10. Mai. Kamelien. Odr.; gez. K 12:12½.

ara

arb   arc   ard

are   arf   arg

ara—arg) Japanische Kamelien (Camellia japonica)

1549	5 Q	mehrfarbig	ara	0,20	0,10
1550	10 Q	mehrfarbig	arb	0,20	0,10
1551	15 Q	mehrfarbig	arc	0,20	0,20
1552	25 Q	mehrfarbig	ard	0,50	0,30
1553	45 Q	mehrfarbig	are	0,70	0,30
1554	50 Q	mehrfarbig	arf	1,20	0,50
1555	2.50 L	mehrfarbig	arg	4,50	2,50
		Satzpreis (7 W.)		7,50	4,—

1972, 30. Juni. Olympische Sommerspiele, München. Odr.; gez. K 12¼:12.

arh) Hochsprung

ari) Laufen

ark) Kugelstoßen

arl) Bahn-Radfahren

Albanien

arm) Stabhochsprung

arn) Hürdenlauf

aro) Hockey

arp) Schwimmen

1556	5 Q	mehrfarbig	arh	0,20	0,10
1557	10 Q	mehrfarbig	ari	0,20	0,10
1558	15 Q	mehrfarbig	ark	0,20	0,10
1559	20 Q	mehrfarbig	arl	0,50	0,10
1560	25 Q	mehrfarbig	arm	0,50	0,20
1561	50 Q	mehrfarbig	arn	0,50	0,50
1562	75 Q	mehrfarbig	aro	1,—	0,50
1563	2 L	mehrfarbig	arp	3,—	1,—
			Satzpreis (8 W.)	6,—	2,50
			Kleinbogensatz (8 Klb.)	50,—	22,—

Blockausgabe, □

ars

Block 45 2.50 L mehrfarbig (71 × 90 mm) . apk 3,50 2,50

MiNr. 1556–1563 gedruckt in Kleinbogen zu je 8 Marken, in Bogenmitte Zierfeld mit olympischen Ringen

MiNr. 1564 fällt aus.

1972, 25. Juli. Verkehrsmittel. Odr.; gez. K 12:11¾.

art) Stadt-Omnibus

aru) Eisenbahn

arv) Frachtschiff „Tirana"

arw) Personenwagen

arx) Lastwagen

1565	0.15 L	mehrfarbig	art	0,20	0,10
1566	0.25 L	mehrfarbig	aru	0,50	0,20
1567	0.80 L	mehrfarbig	arv	0,70	0,20
1568	1.05 L	mehrfarbig	arw	1,20	0,50
1569	1.20 L	mehrfarbig	arx	2,—	1,—
			Satzpreis (5 W.)	4,50	2,—

1972, 18. Aug. Volkssportfest. Odr.; gez. K 12.

ary

arz

asa

asb

asc

asd

ary–asd) Traditionelle Sportarten

1570	5 Q	mehrfarbig	ary	0,20	0,10
1571	10 Q	mehrfarbig	arz	0,20	0,10
1572	15 Q	mehrfarbig	asa	0,20	0,10
1573	25 Q	mehrfarbig	asb	0,50	0,10
1574	90 Q	mehrfarbig	asc	1,50	0,70
1575	2 L	mehrfarbig	asd	2,50	2,—
			Satzpreis (6 W.)	5,—	3,—

1972, 25. Aug. 30 Jahre „Tag der Presse". Odr.; gez. K 12½ (12¼):12.

ase) Titelseiten verschiedener Zeitungen

asf) Druckerpresse

asg) Arbeiter mit Zeitung

1576	15 Q	grünlichblau/schwarz	ase	0,20	0,10
1577	25 Q	mehrfarbig	asf	0,30	0,10
1578	1.90 L	blauviolett/schwarz	asg	2,—	1,50
			Satzpreis (3 W.)	2,50	1,70

Die Bildbeschreibungen sind so informativ wie möglich gehalten, können und wollen jedoch kein Lexikon ersetzen. Fortlaufende Buchstaben (= Klischeezeichen) vor den Bildlegenden sowie vor den Preisspalten in den Katalogisierungszeilen ermöglichen problemlos die Zuordnung von Abbildungen und MICHEL-Nummern.

Albanien

1972, 16. Sept. 30. Jahrestag der Konferenz von Peza. Odr.; gez. K 12:11¾

ash) Landkartenausschnitt, Gedenktafel
asi) Angreifende Partisanen
ask) Denkmal

1579	15 Q	mehrfarbig	ash	0,20	0,20
1580	25 Q	mehrfarbig	si	0,50	0,50
1581	1.90 L	mehrfarbig	ask	2,80	1,80
			Satzpreis (3 W.)	3,50	2,50

Blockausgabe, ☐

ast) Albanischer Volkstanz

Block 46	2.30 L	mehrfarbig			
	(55 × 82 mm)		ast	3,50	2,50

1972, 25. Sept. Gemälde. Odr.; gez. K 12¼:12, Hochformate ~.

asl) Partisanentreffen

asm) Mädchenbildnis
asn) Kommunisten

aso) Ortschaft Nëndori
asp) Frauen bei der Feldarbeit

asr) Blick auf die Burg von Krujë
ass) Radfahrende Mädchen

1582	5 Q	mehrfarbig	asl	0,20	0,10
1583	10 Q	mehrfarbig	asm	0,20	0,10
1584	15 Q	mehrfarbig	asn	0,20	0,10
1585	20 Q	mehrfarbig	aso	0,30	0,10
1586	50 Q	mehrfarbig	asp	0,50	0,20
1587	1 L	mehrfarbig	asr	1,20	0,70
1588	2 L	mehrfarbig	ass	2,50	2,—
			Satzpreis (7 W.)	5,—	3,20

1972, 23. Okt. Kongreß des Verbands der Albanischen Arbeiterjugend. Odr.; gez. K 12.

asu) Kongreß-Emblem, Fahnen
asv) Junger Arbeiter mit Fahne

1589	25 Q	mehrfarbig	asu	0,70	0,50
1590	2.05 L	mehrfarbig	asv	2,80	1,70
			Satzpreis (2 W.)	3,50	2,20

1972, 7. Nov. 55. Jahrestag der Oktoberrevolution. Odr.; gez. K 12.

asw) Hammer und Sichel
asx) Lenin bei einer Kundgebung

1591	1.10 L	mehrfarbig	asw	1,50	1,—
1592	1.20 L	mehrfarbig	asx	3,—	1,—
			Satzpreis (2 W.)	4,50	2,—

1972, 29. Nov. 60. Jahrestag der Unabhängigkeit. Odr.; gez. K 12.

asy) Befreiungskämpfer

asz) Ismail Qemali
ata) Volksrede
atb) Staatswappen

Mehr wissen mit MICHEL

Albanien

1593	15 Q	mehrfarbig	asy	0,20	0,20
1594	25 Q	mehrfarbig	asz	0,20	0,30
1595	65 Q	mehrfarbig	ata	0,70	0,80
1596	1.25 L	rot/schwarz	atb	2,50	1,20
		Satzpreis (4 W.)		3,50	2,50

1972, 10. Dez. Mosaikkunst. Odr.; gez. K 12½:12¼, Hochformate ~.

atc

atd   ate   atf

atg   ath   ati

atc–ati) Klassische Mosaiken aus Apollonia und Butrint, 2.–6. Jh.

1597	5 Q	mehrfarbig	atc	0,10	0,10
1598	10 Q	mehrfarbig	atd	0,10	0,10
1599	15 Q	mehrfarbig	ate	0,20	0,10
1600	25 Q	mehrfarbig	atf	0,50	0,30
1601	45 Q	mehrfarbig	atg	0,50	0,50
1602	50 Q	mehrfarbig	ath	0,70	0,50
1603	2.50 L	mehrfarbig	ati	3,50	2,50
		Satzpreis (7 W.)		5,50	4,—

1973

1973, 19. Febr. 500. Geburtstag von Nikolaus Kopernikus. Odr.; gez. K 12:12¼.

atk   atl   atm

atn   ato   atp) Astronomische Zeichen und Planeten

atk–ato) N. Kopernikus (1473–1543), Astronom

1604	5 Q	mehrfarbig	atk	0,20	0,20
1605	10 Q	mehrfarbig	atl	0,20	0,20
1606	25 Q	mehrfarbig	atm	0,20	0,20
1607	80 Q	mehrfarbig	atn	0,50	0,40
1608	1.20 L	mehrfarbig	ato	2,—	1,—
1609	1.60 L	mehrfarbig	atp	3,—	1,50
		Satzpreis (6 W.)		6,—	3,50

MiNr. 1604 hat irrtümlich die Wertangabe „0,5" statt 5.

1973, 20. März. 30 Jahre staatliche Sicherheitskräfte. RaTdr.; gez. K 12½:12¼.

atr) Industrieanlage, Gesicht eines Sicherheitsbeamten   ats) Gefangenen-Abführung durch 2 Sicherheitsbeamte

1610	25 Q	mehrfarbig	atr	0,50	0,50
1611	1.80 L	mehrfarbig	ats	2,80	1,70
		Satzpreis (2 W.)		3,20	2,20

1973, 25. März. Kakteen. Odr.; gez. L 12¼.

att) Königin der Nacht (Selenicereus macdonaldiae)   atu) Feigenkaktus (Opuntia vulgaris)

atv) Laubkaktus (Pereskia vargedsii)   atx) Igelkaktus (Malacocarpus erinaceus)

atw) Kugelkaktus (Neobesseya rosiflora)   aty) Säulenkaktus (Carnegiea gigantea)

Albanien

atz) Schlangenkaktus (Hylocereus spec.)
aua) Blattkaktus (Epiphyllum spec.)

1612	10 Q	mehrfarbig	att	0,20	0,10
1613	15 Q	mehrfarbig	atu	0,20	0,10
1614	20 Q	mehrfarbig	atv	0,20	0,10
1615	25 Q	mehrfarbig	atw	0,50	0,10
1616	30 Q	mehrfarbig	atx	4,—	2,50
1617	65 Q	mehrfarbig	aty	1,—	0,50
1618	80 Q	mehrfarbig	atz	1,—	0,50
1619	2 L	mehrfarbig	aua	2,—	1,20
		Satzpreis (8 W.)		9,—	5,—
		Zusammendruck I (1612–1619)		11,—	11,—
		Zusammendruck II (1612–1615, 1617–1619)		5,50	5,50

MiNr. 1612–1619 wurden zusammenhängend und auch einzeln im Bogen gedruckt. Beim Zusammendruck II ist statt MiNr. 1616 ein Zierfeld eingedruckt.

1973, 30. April. Seevögel. Odr.; gez. K 12½:12¼, Hochformate ~.

aub) Flußseeschwalbe (Sterna hirundo)
auc) Weißflügelseeschwalbe (Chlidonias leucopterus)
aud) Lachmöwe (Larus ridibundus)

aue) Silbermöwe (Larus argentatus)
auf) Dünnschnäblige Möwe (Larus genei)
aug) Brandseeschwalbe (Thalasseus sandwichensis)

1620	5 Q	mehrfarbig	aub	0,20	0,20
1621	15 Q	mehrfarbig	auc	0,50	0,30
1622	25 Q	mehrfarbig	aud	0,50	0,30
1623	45 Q	mehrfarbig	aue	1,—	0,70
1624	80 Q	mehrfarbig	auf	2,—	1,50
1625	2.40 L	mehrfarbig	aug	4,—	4,—
		Satzpreis (6 W.)		8,—	7,—

1973, 5. Mai. 60 Jahre albanische Briefmarken. Odr.; gez. K 12.

auh) Briefe, Posthorn
aui) Postbote

1626	0.25 (L)	mehrfarbig	auh	1,—	0,50
1627	1.80 (L)	mehrfarbig	aui	4,—	2,—
		Satzpreis (2 W.)		5,—	2,50

1973, 4. Juni. Kongreß der albanischen Frauenverbände. Odr.; gez. K 12.

auk) Frauenkopf, Fabrikanlagen
aul) Frauenköpfe, Fabrikanlagen

1628	25 Q	mehrfarbig	auk	0,50	0,30
1629	1.80 L	mehrfarbig	aul	3,—	2,20
		Satzpreis (2 W.)		3,50	2,50

1973, 10. Juli. 30 Jahre albanische Volksarmee (Gemälde). Odr.; gez. K 12¼ (12½):12, Hochformate ~.

aum) Generalstab; von G. Madhi
aun) August 1949; von Sh. Haderi

auo) Zwei Generationen; von H. Dule
aup) Revolutionäre Kämpfer siegen; von M. Fushekati

1630	25 Q	mehrfarbig	aum	10,—	15,—
1631	40 Q	mehrfarbig	aun	10,—	15,—
1632	60 Q	mehrfarbig	auo	10,—	15,—
1633	80 Q	mehrfarbig	aup	10,—	15,—
		Satzpreis (4 W.)		40,—	60,—
		FDC			75,—

Die Preisnotierungen in den MICHEL-Katalogen gelten für Marken in einwandfreier Qualität. Bei gezähnten Marken muß die Zähnung allseits vollständig sein, bei geschnittenen Marken darf der Schnitt das Markenbild nicht berühren. Postfrische Erhaltung setzt vollkommen unberührte Gummierung voraus, Marken mit Falz dürfen nur einen sauberen Erstfalz haben. Gestempelte Marken sollen eine saubere und möglichst lesbare Abstempelung haben.

Lesen Sie dazu auch die Einführung.

Albanien

1973, 10. Aug. Gemälde. Odr.; gez. K 12¼.

aur) Elektroarbeiter; von S. Hysa

aus) Textilarbeiterin; von N. Nallbanl

auf) Gymnastikschule; von M. Fushëkati

auu) Flugzeugführer; von F. Stamo

auv) Die Vernichtung der Faschisten; von A. Lakuriqi

auw) Koci Bako; von P. Mele

aux) Junges Bauernmädchen; von Z. Shoshi

1634	5 Q	mehrfarbig	.... aur	0,10	0,10
1635	10 Q	mehrfarbig	.... aus	0,10	0,10
1636	15 Q	mehrfarbig	.... aut	0,10	0,10
1637	50 Q	mehrfarbig	.... auu	0,60	0,60
1638	80 Q	mehrfarbig	.... auv	0,70	0,70
1639	1,20 L	mehrfarbig	.... auw	1,—	1,—
1640	1.30 L	mehrfarbig	.... aux	2,—	1,50
			Satzpreis (7 W.)	4,50	4,—

Blockausgabe, ☐

auy) Die Schlacht bei Tenda e Qypit; von F. Haxhiu

Block 47	2.05 L	mehrfarbig			
	(98 × 62 mm)	.... auy	3,50	2,50

1973, 28. Sept. 400. Geburtstag von Michelangelo Merisi Caravaggio. Odr.; gez. K 12:12½, Querformate ~.

auz) Maria Magdalena

ava) Der Gitarrespieler

avb) Porträt des Caravaggio; von Ottavio Leoni

avc) Junge mit Früchten

avd) Stilleben mit Früchten

ave) Spiegelbild im Wasser

avf) Junger Mann

auz–ava, avc–avg) Gemälde von Caravaggio (1571–1610)

1641	5 Q	mehrfarbig	.... auz	0,10	0,10
1642	10 Q	mehrfarbig	.... ava	0,20	0,20
1643	15 Q	mehrfarbig	.... avb	0,20	0,20
1644	50 Q	mehrfarbig	.... avc	0,50	0,50
1645	80 Q	mehrfarbig	.... avd	1,—	1,—
1646	1.20 L	mehrfarbig	.... ave	1,—	1,—
1647	1.30 L	mehrfarbig	.... avf	2,—	2,—
			Satzpreis (7 W.)	5,—	5,—

Preisspalten

Die Notierungen gelten in den linken Spalten für ungebrauchte (✶, (✶), ✶✶), in den rechten für gebrauchte (⊙, ⌇, ✉) Stücke. In besonderen Fällen sind noch weitere Preisspalten eingefügt.

Albanien

Blockausgabe, □.

avg) Jüngling mit Federhut

Block 48	2.05 L	mehrfarbig (82 × 112 mm)	avg	5,50	5,—
1643 F		fehlende schwarze Wertangabe „15 q"		75,—	
1647 F		fehlende schwarze Wertangabe „1.30 L"		110,—	

1973, 15. Okt. Fußball-Weltmeisterschaft, Deutschland (1974).
Odr.; gez. K 12½:12.

avh

avi

avk

avl

avm

avn

avo

avp

avh–avp) Torwart-Paraden

1648	5 Q	mehrfarbig	avh	0,10	0,10
1649	10 Q	mehrfarbig	avi	0,10	0,10
1650	15 Q	mehrfarbig	avk	0,20	0,20
1651	20 Q	mehrfarbig	avl	0,20	0,20
1652	25 Q	mehrfarbig	avm	0,20	0,20
1653	90 Q	mehrfarbig	avn	1,—	0,50
1654	1.20 L	mehrfarbig	avo	1,—	0,70
1655	1.25 L	mehrfarbig	avp	2,—	1,—
		Satzpreis (8 W.)		4,50	3,—

Blockausgabe; □.

avr) Fußball-WM von 1930–1974; Ball im Netz

Block 49	2.05 L	mehrfarbig (83 × 54 mm)	avr	3,50	2,50

1973, 30. Okt. Weltmeisterschaften im Gewichtheben, Kuba.
Odr.; gez. K 12.

avs

avt

avu

avv

avw avx

avs–avx) Gewichtheber mit Hantel vor stilisiertem Globus

1656	5 Q	mehrfarbig	avs	0,20	0,10
1657	10 Q	mehrfarbig	avt	0,20	0,10
1658	25 Q	mehrfarbig	avu	0,20	0,10
1659	90 Q	mehrfarbig	avv	0,50	0,50
1660	1.20 L	mehrfarbig	avw	1,—	0,70
1661	1.60 L	mehrfarbig	avx	2,—	1,10
		Satzpreis (6 W.)		4,—	2,60

1973, 5. Dez. Freimarken: Kultur, Technik, Landschaften. Odr.; gez. K 12½:12.

avy) Ballett-szene

avz) Kommuni-kationsmittel

awa) Bergsee

awb) Reiter-denkmal

1662	15 Q	mehrfarbig	avy	0,50	0,10
1663	25 Q	mehrfarbig	avz	0,80	0,10
1664	80 Q	mehrfarbig	awa	1,70	0,50
1665	3 L	mehrfarbig	awb	4,50	2,40
		Satzpreis (4 W.)		7,50	3,—

Weitere Werte: MiNr. 1677–1681, 1714–1717

Albanien

1973, 26. Dez. 80. Geburtstag von Mao Zedong. Odr.; gez. K 12.

 awc  awd

awc–awd) Mao Zedong (1893–1976), chinesischer Staatsmann

1666	85 Q	mehrfarbig	awc	2,50	1,50
1667	1.20 L	mehrfarbig	awd	3,50	2,50
		Satzpreis (2 W.)		6,—	4,—

1974

1974, 18. Jan. 150. Todestag von Théodore Géricault. Odr.; gez. K 12¼:12½, MiNr. 1673 ~.

awe) Pferdekopf

awf) Porträt eines Mannes   awg) Mann mit Hund   awh) Negerkopf

 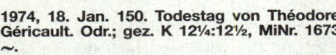

awi) Selbstporträt   awk) Kampf der Riesen

awe–awk) Gemälde des französischen Malers Th. Géricault (1791–1824)

1668	10 Q	mehrfarbig	awe	0,15	0,10
1669	15 Q	mehrfarbig	awf	0,20	0,10
1670	20 Q	mehrfarbig	awg	0,20	0,10
1671	25 Q	mehrfarbig	awh	0,50	0,30
1672	1.20 L	mehrfarbig	awi	2,—	0,70
1673	2.20 L	mehrfarbig	awk	3,50	2,—
		Satzpreis (6 W.)		6,50	3,20

FDC = Ersttagsbrief (First Day Cover)

Blockausgabe; □.

awl) Floß der Medusa

Block 50	2.05 L	mehrfarbig (99×78 mm)	awl	3,50	2,50

1974, 21. Jan. 50. Todestag von Lenin. Odr.; MiNr. 1674 gez. K 12½:12, MiNr. 1675–1676 ~.

awm) D. Trebicka: Lenin und Stalin mit Seeleuten auf dem Kreuzer Aurora

awn) P. Mele: Wladimir Iljitsch Uljanow, genannt Lenin   awo) V. Kilica: Lenin (1870–1924), Kommunistenführer

1674	25 Q	mehrfarbig	awm	0,50	0,50
1675	60 Q	mehrfarbig	awn	1,—	0,50
1676	1.20 (L)	mehrfarbig	awo	3,—	2,—
		Satzpreis (3 W.)		4,50	3,—

1974, Febr. Freimarken: Kultur, Technik, Landschaften. Odr.; MiNr. 1677 und 1681 gez. K 12½:12, MiNr. 1678-1680 ~.

awp) Zementwerk Kavajë

awr) Ali Kelmendi-Kombinat, LKW-Fabrik, Tirana   aws) Wintersport und Erholung, Dajt

awt) Feriendorf Llogara   awu) Ruinen von Durrës

Albanien

1677	5 Q	mehrfarbig	awp	0,20	0,10
1678	10 Q	mehrfarbig	awr	0,20	0,20
1679	35 Q	mehrfarbig	aws	0,60	0,20
1680	60 Q	mehrfarbig	awt	1,—	0,50
1681	5 L	mehrfarbig	awu	4,50	3,—
		Satzpreis (5 W.)		6,50	4,—

Weitere Werte: MiNr. 1662–1665, 1714–1717

1974, 20. Febr. Antike Mosaiken. Odr.; gez. K 12½:12.

awv

aww

awx

awy

awz

axa

awv–axa) Mosaiken aus Butrint, Pogradec und Apollonia (5.–6. Jh.)

1682	5 Q	mehrfarbig	awv	0,10	0,10
1683	10 Q	mehrfarbig	aww	0,10	0,10
1684	15 Q	mehrfarbig	awx	0,20	0,20
1685	25 Q	mehrfarbig	awy	0,30	0,30
1686	40 Q	mehrfarbig	awz	0,40	0,40
1687	2.50 L	mehrfarbig	axa	2,50	2,—
		Satzpreis (6 W.)		3,50	3,—

1974, 25. April, Fußball-Weltmeisterschaft, Deutschland. Odr.; A = gez. K 12½:12¼, B = ☐.

axb

axc

axd

axe

axf

axg

axh

axi

axb–axi) Fußballspielszenen

1688	10 Q	mehrfarbig	axb	0,10	0,10
1689	15 Q	mehrfarbig	axc	0,10	0,10
1690	20 Q	mehrfarbig	axd	0,10	0,10
1691	25 Q	mehrfarbig	axe	0,30	0,10
1692	40 Q	mehrfarbig	axf	0,50	0,10
1693	80 Q	mehrfarbig	axg	1,—	0,50
1694	1 L	mehrfarbig	axh	1,20	0,70
1695	1.20 L	mehrfarbig	axi	1,70	1,30
		Satzpreis A (8 W.)		5,—	3,—
		Satzpreis B (8 W.)		10,—	10,—
		FDC (A)			7,—
		FDC (B)			19,—

Blockausgabe A = ☐, Zähnung aufgedruckt; B = ☐

axk) FIFA-Pokal, teilnehmende Länder

Block 51	2.05 L mehrfarbig (71 × 75 mm)	axk		
A	☐ Zähnung aufgedruckt		3,50	2,50
B	☐		26,—	26,—
	FDC (A)			6,50
	FDC (B)			45,—
Block 51 F	fehlende Farbe grün		120,—	

1974, 24. Mai. 30. Jahrestag des Kongresses von Përmet. Odr.; gez. K 12.

axl) Partisanendenkmal, Kongreßhaus, Wappen

axm) Enver Hoxha; Kongreßbericht in „Liri Popullit"

1696	25 Q	mehrfarbig	axl	0,50	0,50
1697	1.80 L	mehrfarbig	axm	2,—	1,50
		Satzpreis (2 W.)		2,50	2,—

Albanien

1974, 25. Mai. Nutzpflanzen. Odr.; gez. K 12¼:12½, Querformate ~.

axn) Bittersüß (Solanum dulcamara) axo) Bärentraube (Arbutus uva-ursi) axp) Maiglöckchen (Convallaria majalis)

axr) Herbstzeitlose (Colchicum autumnale) axs) Gurkenkraut (Borago officinalis)

axt) Gemeines Seifenkraut (Saponaria officinalis) axu) Gelber Enzian (Gentiana lutea)

1698	10 Q	mehrfarbig	axn	0,20	0,10
1699	15 Q	mehrfarbig	axo	0,20	0,10
1700	20 Q	mehrfarbig	axp	0,20	0,10
1701	25 Q	mehrfarbig	axr	0,50	0,10
1702	40 Q	mehrfarbig	axs	0,70	0,20
1703	80 Q	mehrfarbig	axt	1,20	0,50
1704	2.20 L	mehrfarbig	axu	3,50	2,—
			Satzpreis (7 W.)	6,50	3,—

1974, 10. Juni. 50. Jahrestag der Revolution von 1924. Odr.; MiNr. 1705 gez. K 12½:12¼, MiNr. 1706 ~.

axv) Bewaffnete Revolutionäre axw) Revolutionsführer

1705	25 Q	mehrfarbig	axv	0,50	0,50
1706	1.80 L	mehrfarbig	axw	2,—	1,50
			Satzpreis (2 W.)	2,50	2,—

Neuheitenmeldungen zu diesem Katalog finden Sie in der monatlich erscheinenden **MICHEL**-Rundschau.

1974, 15. Juli. Singvögel. Odr.; gez. K 12½:12, Hochformate ~.

axx) Rotdrossel (Turdus iliacus)

axy) Rotkehlchen (Erithacus rubecula) axz) Grünfink (Chloris chloris)

aya) Gimpel (Pyrrhula pyrrhula) ayb) Kirschkernbeißer (Coccothraustes coccothraustes)

ayc) Mönchsgrasmücke (Sylvia atricapilla) ayd) Nachtigall (Luscinia megarhyncha)

1707	10 Q	mehrfarbig	axx	0,20	0,20
1708	15 Q	mehrfarbig	axy	0,20	0,20
1709	20 Q	mehrfarbig	axz	0,20	0,20
1710	25 Q	mehrfarbig	aya	0,50	0,20
1711	40 Q	mehrfarbig	ayb	0,70	0,20
1712	80 Q	mehrfarbig	ayc	1,70	0,70
1713	2.20 L	mehrfarbig	ayd	4,—	2,—
			Satzpreis (7 W.)	7,50	3,50

1974, 12. Aug. Freimarken: Kultur, Technik, Landschaften. Odr.; gez. K 12:12½.

aye) Getreideernte mit Mähdrescher

ayf) Mao Zedong-Kombinat ayg) Hochofenarbeiter ayh) Schweißer vor Industrieanlage

1714	20 Q	mehrfarbig	aye	0,20	0,10
1715	1 L	mehrfarbig	ayf	0,30	0,10
1716	1.20 L	mehrfarbig	ayg	1,20	0,50
1717	2.40 L	mehrfarbig	ayh	2,50	1,50
			Satzpreis (4 W.)	4,20	2,20

Weitere Werte: 1662–1665, 1677–1681

Albanien

1974, 25. Aug. 100 Jahre Weltpostverein (UPU). Odr.; gez. K 12¼.

ayi) Globus, Postemblem

ayk) UPU-Emblem

1718	85 Q	mehrfarbig	.... ayi	1,70	0,80
1719	1.20 L	mehrfarbig	.... ayk	2,50	1,20
			Satzpreis (2 W.)	4,20	2,—

Blockausgabe; ☐

ayl) Flugzeug, Globus

Block 52	2.05 L	mehrfarbig			
		(78 × 78 mm) .... ayl	15,—	32,—

1974, 25. Sept. Nationale Gemälde. Odr.; gez. K 12½:12, Hochformate ~.

aym) Witwen; von S. Shijaku

ayn) Arbeiter mit Bohrer; von D. Jukniu

ayo) Arbeiter; von C. Ceka

ayp) Aufruf zum Handeln; von Sp. Kristo

ayr) Winterschlacht; von S. Xhaferi

ays) Drei Kameraden; von C. Ceka

ayt) Schritt für Schritt-Hilfe für die Partisanen; von G. Madhi

ayu) Lehrerin mit Schülern am Kriegerdenkaml; von K. N. Brezat

1720	10 Q	mehrfarbig	.... aym	0,10	0,10
1721	15 Q	mehrfarbig	.... ayn	0,20	0,10
1722	20 Q	mehrfarbig	.... ayo	0,20	0,20
1723	25 Q	mehrfarbig	.... ayp	0,50	0,20
1724	40 Q	mehrfarbig	.... ayr	0,50	0,20
1725	80 Q	mehrfarbig	.... ays	1,—	0,50
1726	1 L	mehrfarbig	.... ayt	1,50	1,—
1727	1.20 L	mehrfarbig	.... ayu	2,—	1,20
			Satzpreis (8 W.)	6,—	3,50

Blockausgabe; ☐

ayv) Kameraden; von G. Madhi

Block 53	2.05 L	mehrfarbig			
		(86 × 77 mm) .... ayv	3,50	2,50

1974, 1. Okt. 25 Jahre Volksrepublik China. Odr.; gez. K 12.

ayw) Jubelnde Menschenmenge, Fahne der VR China

ayx) Mao Zedong (1893–1976), chinesischer Politiker

1728	85 Q	mehrfarbig	.... ayw	3,—	2,—
1729	1.20 Q	mehrfarbig	.... ayx	4,50	3,—
			Satzpreis (2 W.)	7,50	5,—

Albanien

1974, 9. Okt. Nationale Spartakiade. Odr.; gez. K 12¼:12½.

ayy) Volleyball   ayz) Hürdenlauf   aza) Gymnastik

azb) Schauturnen im Sportstadion   azc) Gewichtheben   azd) Ringen

aze) Parade der Schützen   azf) Fußball

ayy–azf) Medaille der Spartakiade

1730	10 Q	mehrfarbig	ayy	0,20	0,10
1731	15 Q	mehrfarbig	ayz	0,20	0,10
1732	20 Q	mehrfarbig	aza	0,20	0,10
1733	25 Q	mehrfarbig	azb	0,20	0,20
1734	40 Q	mehrfarbig	azc	0,50	0,20
1735	80 Q	mehrfarbig	azd	0,70	0,50
1736	1 L	mehrfarbig	aze	1,—	0,50
1737	1.20 L	mehrfarbig	azf	1,50	0,50
			Satzpreis (8 W.)	4,50	2,20

1974, 20. Okt. 30. Jahrestag des Berat-Kongresses. Odr.; MiNr. 1738 und 1740 gez. K 12¼:12½, MiNr. 1739 ~.

azg) Stadt Berat   azh) Relief   azi) Soldaten und Zivilisten

1738	25 Q	mehrfarbig	azg	0,50	0,30
1739	80 Q	mehrfarbig	azh	1,50	0,70
1740	1 L	mehrfarbig	azi	3,—	1,50
			Satzpreis (3 W.)	5,—	2,50

Bitte teilen Sie uns von Ihnen festgestellte Fehler mit, damit wir sie berichtigen können.

1974, 29. Nov. 30. Jahrestag der Befreiung. Odr.; gez. K 12½:12¼.

azk) Bewaffnete Personen, Industrieanlagen   azl) Theodolit, Reagenzglas, Industrieanlagen

azm) Erzeugnisse, Landwirtschaft   azn) Kulturelle Symbole, Gebäude

azo) Computer, Lochstreifen, Atomsymbol, Hochhaus, Wasserkraftwerk   azp) Arbeitsgeräte, Gewehr, Buch, Pioniere beim Bahnstreckenbau

azk–azp) Jubiläumsemblem

1741	25 Q	mehrfarbig	azk	0,20	0,20
1742	35 Q	mehrfarbig	azl	0,20	0,20
1743	50 Q	mehrfarbig	azm	0,20	0,20
1744	80 Q	mehrfarbig	azn	0,40	0,40
1745	1 L	mehrfarbig	azo	1,—	0,50
1746	1.20 L	mehrfarbig	azp	1,—	1,—
			Satzpreis (6 W.)	3,—	2,50

Blockausgabe □

azr) Jubiläumsemblem

Block 54	2.05 L	mehrfarbig (80×69 mm)	azr	3,50	3,—

Die Bildbeschreibungen sind so informativ wie möglich gehalten, können und wollen jedoch kein Lexikon ersetzen. Fortlaufende Buchstaben (= Klischeezeichen) vor den Bildlegenden sowie vor den Preisspalten in den Katalogisierungszeilen ermöglichen problemlos die Zuordnung von Abbildungen und MICHEL-Nummern.

Albanien

1974, 25. Dez. Archäologische Funde. Odr.; gez. K 12:12½.

azs) Artemis, Jagdgöttin; Apollonia

azt) Zeus, Göttervater; Korça

azu) Poseidon, Meeresgott; Antigonea

azv) Illyrischer Kriegshelm; Mat

azw) Amphore; Durrës

azx) Agrippa, römischer Feldherr; Butrint

azy) Demosthenes, griechischer Redner und Staatsmann; Apollonia

azz) Bilia, Apollonia

1747	10 Q	mehrfarbig	. . . . azs	0,10	0,10
1748	15 Q	mehrfarbig	. . . . azt	0,20	0,10
1749	20 Q	mehrfarbig	. . . . azu	0,30	0,20
1750	25 Q	mehrfarbig	. . . . azv	0,50	0,50
1751	40 Q	mehrfarbig	. . . . azw	1,—	0,90
1752	80 Q	mehrfarbig	. . . . azx	1,50	1,20
1753	1 L	mehrfarbig	. . . . azy	2,—	1,50
1754	1.20 L	mehrfarbig	. . . . azz	3,50	2,—
			Satzpreis (8 W.)	9,—	6,50

Blockausgabe ☐

baa) Artemis, Tongefäß

Block 55	2.05 L	mehrfarbig			
		(94 × 95 mm) . . . . baa		3,50	3,—

1975

1975, 11. Febr. 30 Jahre Einheitsgewerkschaft. Odr.; gez. K 12.

bab) Händedruck als Zeichen der Einigkeit, Amboß

bac) Werktätige vor Wirtschafts-Symbolen

1755	25 Q	mehrfarbig	. . . . bab	0,50	0,20
1756	1.80 L	mehrfarbig	. . . . bac	2,—	1,30
			Satzpreis (2 W.)	2,50	1,50

1975, 15. Febr. Blumen. Odr.; gez. K 12¼.

bad) Wegwarte (Cichorium intybus)

bae) Berghauswurz (Sempervivum montanum)

baf) Alpenakelei (Aquilegia alpina)

bag) Gartenanemone (Anemone hortensis)

bah) Stundeneibisch (Hibiscus trionum)

bai) Stengelloser Enzian (Gentiana kochiana)

MICHELsoft

die komfortable

Datenbank

für jeden Sammler

Albanien

bak) Strauchpappel (Lavatera arborea)
bal) Gras-Schwertlilie (Iris graminea)

1757	5 Q	mehrfarbig	bad	0,10	0,10
1758	10 Q	mehrfarbig	bae	0,10	0,10
1759	15 Q	mehrfarbig	baf	0,10	0,10
1760	20 Q	mehrfarbig	bag	0,10	0,10
1761	25 Q	mehrfarbig	bah	0,10	0,10
1762	30 Q	mehrfarbig	bai	0,20	0,10
1763	35 Q	mehrfarbig	bak	0,50	0,10
1764	2,70 L	mehrfarbig	bal	2,80	1,80
			Satzpreis (8 W.)	4,—	2,50

1975, 20. März. 500. Geburtstag von Michelangelo Buonaroti. Odr.; gez. K 12:12¼.

bam) Jesuskind, Detail aus der Heiligen Familie; Gemälde von T. Doni
ban) Rebellischer Sklave, Skulptur
bao) Detail aus Morgendämmerung, Skulptur Grab Florenz

bap) Sklave, Skulpturdetail
bar) Cumäische Sibylle, Fresko aus der Sixtinischen Kapelle (Detail)
bas) Lorenzo dei Medici, Skulptur

bat) David Skulpturdetail
bau) Delphische Sibylle, Fresko aus der Sixtinischen Kapelle (Detail)

1765	5 Q	mehrfarbig	bam	0,20	0,10
1766	10 Q	mehrfarbig	ban	0,20	0,10
1767	15 Q	mehrfarbig	bao	0,20	0,10
1768	20 Q	mehrfarbig	bap	0,20	0,10
1769	25 Q	mehrfarbig	bar	0,20	0,10
1770	30 Q	mehrfarbig	bas	0,20	0,10
1771	1,20 L	mehrfarbig	bat	1,—	0,60
1772	3,90 L	mehrfarbig	bau	2,50	1,80
			Satzpreis (8 W.)	4,50	3,—

Blockausgabe ☐, Zähnung aufgedruckt

bav) Michelangelo Buonarroti (1475–1564), italien. Bildhauer, Maler, Baumeister und Dichter

Block 56	2,05 L	mehrfarbig (76 × 85 mm)	bav	3,50	2,50

1975, 15. April. Transportmittel. Odr.; gez. K 12½:12.

baw) Pferd
bax) Pferdekarren

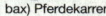 

bay) Fähre
baz) Segelschiff

bba) Droschke
bbb) Auto

1773	5 Q	mehrfarbig	baw	0,10	0,10
1774	10 Q	mehrfarbig	bax	0,10	0,10
1775	15 Q	mehrfarbig	bay	0,10	0,10
1776	20 Q	mehrfarbig	baz	0,10	0,10
1777	25 Q	mehrfarbig	bba	0,10	0,10
1778	3,35 L	mehrfarbig	bbb	3,50	1,50
			Satzpreis (6 W.)	4,—	2,—

Wenn Sie eine eilige philatelistische Anfrage haben, rufen Sie bitte (0 89) 3 23 93-2 24. Die **MICHEL**-Redaktion gibt Ihnen gerne Auskunft.

Albanien

1975, 25. April. 30 Jahre albanischer Grenzschutz. Odr.; gez. K 12.

bbc) Angehöriger des Grenzschutzes, Grenzstein, Landwirtschaftsbild

bbd) Grenzer, Soldat, Frau vor Industrieanlagen

1779	25 Q	mehrfarbig	. . . . bbc	0,50	0,50
1780	1,80 L	mehrfarbig	. . . . bbd	2,—	1,50
			Satzpreis (2 W.)	2,50	2,—

1975, 9. Mai. 30. Jahrestag des Sieges über den Faschismus. Odr.; gez. K 12½:12.

bbe) Ankleben eines illegalen Plakates

bbf) Partisanen im Kampf

bbg) Partisan und Soldat, Skulptur

1781	25 Q	mehrfarbig	. . . . bbe	0,30	0,20
1782	60 Q	mehrfarbig	. . . . bbf	0,70	0,50
1783	1,20 L	mehrfarbig	. . . . bbg	1,50	1,—
			Satzpreis (3 W.)	2,50	1,70

1975, 15. Juni. Wasservögel. Odr.; gez. K 12.

bbh) Pfeifente (Anas penelope)

bbi) Kolbenente (Netta rufina)

bbk) Bläßgans (Anser albifrons)

bbl) Spießente (Anas acuta)

bbm) Mittelsäger (Mergus serrator)

bbn) Eiderente (Somateria mollissima)

bbo) Singschwan (Cygnus cygnus cygnus)

bbp) Löffelente (Spatula clypeata)

1784	5 Q	mehrfarbig	. . . . bbh	0,10	0,10
1785	10 Q	mehrfarbig	. . . . bbi	0,10	0,10
1786	15 Q	mehrfarbig	. . . . bbk	0,20	0,10
1787	20 Q	mehrfarbig	. . . . bbl	0,20	0,10
1788	25 Q	mehrfarbig	. . . . bbm	0,20	0,10
1789	30 Q	mehrfarbig	. . . . bbn	0,50	0,10
1790	35 Q	mehrfarbig	. . . . bbo	0,70	0,10
1791	2,70 L	mehrfarbig	. . . . bbp	4,—	2,40
			Satzpreis (8 W.)	6,—	3,—

1975, 15. Juli. Nationale Gemälde. Odr.; gez. K 12:12½, Querformate ~.

bbr) Held der sozialistischen Arbeit „Shyqyri Konapari"; von M. Yarri

bbs) Rettet die Kinder

Zierfeld: Palette und Staffelei; von A. Faja

bbt) 28. November 1912; von P. Ceno

bbu) Einigkeit der Arbeiter; von S. Shijaku

ETB = Ersttagsblatt

Albanien

bbv) Partisan Shote Galica; von I. Lulani
bbw) Widerstandskämpfer von 1943; von N. Jonuzi
bbx) Partisanen; von V. Halimi

bby) Tag der Republik; von F. Haxhiu

1792	5 Q	mehrfarbig	bbr	0,10	0,10
1793	10 Q	mehrfarbig	bbs	0,10	0,10
1794	15 Q	mehrfarbig	bbt	0,10	0,10
1795	20 Q	mehrfarbig	bbu	0,10	0,10
1796	25 Q	mehrfarbig	bbv	0,20	0,10
1797	30 Q	mehrfarbig	bbw	0,20	0,10
1798	80 Q	mehrfarbig	bbx	0,50	0,40
1799	2.25 L	mehrfarbig	bby	2,80	2,—
		Satzpreis (8 W.)		4,—	3,—

Gedruckt in Bogen zu je 32 Marken und 4 Zierfeldern

Blockausgabe; ☐

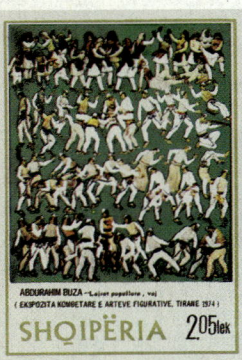

bbz) Volkstanz; von A. Buza

Block 57	2.05 L	mehrfarbig (66×97 mm)	bbz	3,—	3,—

1975, 28. Aug. 30 Jahre Agrarreform. Odr.; gez. K 12.

 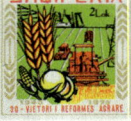

bca) Landwirt, tanzendes Volk
bcb) Landwirtschaftliche Fahrzeuge, Erzeugnisse

1800	0.15 L	mehrfarbig	bca	0,50	0,30
1801	2 L	mehrfarbig	bcb	2,50	1,70
		Satzpreis (2 W.)		3,—	2,—

1975, 25. Sept. Korallen. Odr.; gez. K 12:12¼.

bcc) Mittelmeer-Korkkoralle (Alcyonium palmatum)
bcd) Farbwechselnde Koralle (Paramuricea chamaeleon)
bce) Rote Edelkoralle (Corallium rubrum)

bcf) Gelbe Hornkoralle (Eunicella cavolin)
bcg) Meerpalme oder Rasenkoralle (Cladocora caespitosa)

1802	5 Q	mehrfarbig	bcc	0,10	0,10
1803	10 Q	mehrfarbig	bcd	0,10	0,10
1804	20 Q	mehrfarbig	bce	0,20	0,20
1805	25 Q	mehrfarbig	bcf	0,20	0,20
1806	3.70 L	mehrfarbig	bcg	5,—	2,50
		Satzpreis (5 W.)		5,50	3,—

1975, 20. Okt. Olympische Sommerspiele 1976, Montreal. Odr.; A = gez. K 12¼:12½, B = ☐.

bch) Radfahren
bci) Kajak-Zweier
bck) Handball

bcl) Basketball
bcm) Wasserball
bcn) Hockey

Satzpreise sind, wenn nicht anders angegeben, nach den niedrigsten Preisen der Einzelmarken errechnet.

Albanien

bco) Stabhochsprung   bcp) Fechten

1807	5 Q	mehrfarbig	bch	0,10	0,10
1808	10 Q	mehrfarbig	bci	0,20	0,10
1809	15 Q	mehrfarbig	bck	0,20	0,10
1810	20 Q	mehrfarbig	bcl	0,50	0,10
1811	25 Q	mehrfarbig	bcm	0,50	0,10
1812	30 Q	mehrfarbig	bcn	0,50	0,20
1813	1,20 L	mehrfarbig	bco	1,50	0,80
1814	2,05 L	mehrfarbig	bcp	2,50	1,50
		Satzpreis A (8 W.)		6,—	3,—
		Satzpreis B (8 W.)		12,—	12,—

Blockausgabe; ☐

bcr) Emblem, olympische Sportarten

| Block 58 | 2.15 L | mehrfarbig (73×75 mm) | bcr | 6,— | 6,— |

1975, 25. Okt. 5 Jahre Elektrifizierung des Landes. Odr.; gez. K 12:12½.

bcs) Stromversorgung von Wohnanlagen

bct) Transformatoren; Isolatoren   bcu) Damm, Kraftwerk   bcv) Hochspannungsmast, Fernsehapparat, Zahnrad, Ähre

1815	15 Q	mehrfarbig	bcs	0,20	0,10
1816	25 Q	mehrfarbig	bct	0,30	0,20
1817	80 Q	mehrfarbig	bcu	1,—	0,50
1818	85 Q	mehrfarbig	bcv	2,—	1,70
		Satzpreis (4 W.)		3,50	2,50

✈ **1975, 25. Nov. Städtebilder.** Odr.; gez. K 12.

bcw) Berat

bcx) Gjirokastër   bcy) Sarandë   bcz) Durrës

bda) Krujë   bdb) Boga   bdc) Tirana

1819	20 Q	mehrfarbig	bcw	0,20	0,20
1820	40 Q	mehrfarbig	bcx	0,50	0,20
1821	60 Q	mehrfarbig	bcy	0,80	0,20
1822	90 Q	mehrfarbig	bcz	1,50	0,50
1823	1,20 L	mehrfarbig	bda	2,—	1,—
1824	2,40 L	mehrfarbig	bdb	4,—	2,—
1825	4,05 L	mehrfarbig	bdc	6,—	3,50
		Satzpreis (7 W.)		15,—	7,50

1975, 25. Dez. 25 Jahre Puppentheater: Fabeln. Odr.; gez. K 12:12¼.

bdd) Die Auspflanzung der Bäume   bde) Felicia und Kunadines

bdf) Die Entenschule   bdg) Die Bären-Bauhandwerker

bdh) Das Fernsehtrio   bdi) Die Lichtmastsetzer

bdk) Die Grille und die Ameise   bdl) Der Wolf im Schafspelz

1826	5 Q	mehrfarbig	bdd	0,20	0,10
1827	10 Q	mehrfarbig	bde	0,20	0,10
1828	15 Q	mehrfarbig	bdf	0,30	0,10
1829	20 Q	mehrfarbig	bdg	0,30	0,10

Albanien

1830	25 Q	mehrfarbig	bdh	0,50	0,10
1831	30 Q	mehrfarbig	bdi	0,50	0,10
1832	35 Q	mehrfarbig	bdk	0,50	0,10
1833	2.70 L	mehrfarbig	bdl	2,50	1,80
		Satzpreis (8 W.)		5,—	2,50

1976

1976, 11. Jan. 30 Jahre Volksrepublik Albanien. Odr.; gez. K 12.

bdm) Menschenmenge vor Fabrik; Staatswappen
bdn) Volkstanz vor Parlamentsgebäude in Tirana; Staatswappen

1834	25 Q	mehrfarbig	bdm	0,50	0,50
1835	1.90 L	mehrfarbig	bdn	3,50	1,50
		Satzpreis (2 W.)		4,—	2,—

1976, 4. Febr. Olympische Winterspiele, Innsbruck. Odr.; gez. K 12:12¼.

bdo) Eishockey bdp) Eisschnellauf bdr) Biathlon

bds) Skispringen bdt) Alpiner Skilauf bdu) Zweierbob

1836	5 Q	mehrfarbig	bdo	0,10	0,10
1837	10 Q	mehrfarbig	bdp	0,10	0,10
1838	15 Q	mehrfarbig	bdr	0,10	0,10
1839	50 Q	mehrfarbig	bds	0,30	0,10
1840	1.20 L	mehrfarbig	bdt	1,—	0,40
1841	2.30 L	mehrfarbig	bdu	1,50	1,—
		Satzpreis (6 W.)		3,—	1,70

Einzelne Marken aus Sätzen können teurer sein als die Notierung im Katalog.

Blockausgabe

bdv) Eiskunstlauf, Paare

Block 59 2.15 L mehrfarbig
(66×79 mm) .... bdv 3,— 2,—

1976, 10. April. Heilpflanzen. Odr.; gez. K 12¼:12½.

bdw) Herbstzeitlose (Colchicum autumnale)

bdx) Tollkirsche (Atropa belladonna)
bdy) Gelber Enzian (Gentiana lutea)
bdz) Roßkastanie (Aesculus hippocastanum)

bea) Wurmfarn (Polistichum filix mas)
beb) Echter Eibisch (Althaea officinalis)
bec) Stechapfel (Datura stramonium)

1842	5 Q	mehrfarbig	bdw	0,20	0,10
1843	10 Q	mehrfarbig	bdx	0,20	0,10
1844	15 Q	mehrfarbig	bdy	0,20	0,10
1845	20 Q	mehrfarbig	bdz	0,20	0,10
1846	70 Q	mehrfarbig	bea	0,70	0,20
1847	80 Q	mehrfarbig	beb	1,—	0,40
1848	2.30 L	mehrfarbig	bec	2,50	2,—
		Satzpreis (7 W.)		5,—	3,—

1976, 20. Juli. Völkerkundliche Konferenz, Tirana. Odr.; gez. K 12½:12, Hochformate ~.

bed) Hozschale, Holzlöffel

Albanien

bee) Flasche

bef) Standarten

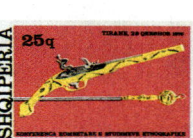
beg) Feuerwaffe, Stichwaffe

beh) Wandteppich

bei) Schmuck

bek) Krüge

1849	10 Q	mehrfarbig	bed	0,10	0,10
1850	15 Q	mehrfarbig	bee	0,10	0,10
1851	20 Q	mehrfarbig	bef	0,10	0,10
1852	25 Q	mehrfarbig	beg	0,10	0,10
1853	80 Q	mehrfarbig	beh	0,70	0,30
1854	1,20 L	mehrfarbig	bei	1,—	0,50
1855	1,40 L	mehrfarbig	bek	2,—	1,30
			Satzpreis (7 W.)	4,—	2,50

MiNr. 1852 mit Aufdruck: MiNr. 1983

1976, 8. Aug. Nationale Gemälde. Odr.; gez. K 12½:12¼, Hochformate ~.

ben) Zusammenarbeit; von Z. Shoshi

bem) An die Arbeit!; von A. Zajmi
ben) Verkündigung des Warschauer Vertrages; von V. Kilica
beo) Monteur; von S. Xhaferi

bep) Metallarbeiter; von I. Sulovari
ber) Demonstrierende Frauen; von L. Shkreli
bes) Straßenszene; von A. Dine

1856	5 Q	mehrfarbig	bel	0,20	0,20
1857	10 Q	mehrfarbig	bem	0,20	0,20
1858	25 Q	mehrfarbig	ben	0,20	0,20
1859	40 Q	mehrfarbig	beo	0,50	0,50
1860	50 Q	mehrfarbig	bep	0,50	0,50
1861	1,20 L	mehrfarbig	ber	1,—	1,—
1862	1,60 L	mehrfarbig	bes	1,50	1,—
			Satzpreis (7 W.)	4,—	3,50

Blockausgabe

bet) Kampfpause; von A. Lakuriqi

Block 60	2,05 L	mehrfarbig (92×78 mm)	bet	3,—	2,—

1976, 28. Okt. 35. Jahrestag der antifaschistischen Demonstrationen. Odr.; gez. K 12:12¼.

beu bev

beu–bev) Demonstranten, Enver Hodscha

1863	25 Q	mehrfarbig	beu	0,50	0,20
1864	5 L	mehrfarbig	bev	3,—	2,—
			Satzpreis (2 W.)	3,50	2,20

Wasserzeichen

Wenn die Angabe eines Wasserzeichens (Wz.) fehlt, ist die Marke immer ohne Wz.

Albanien

1976, 1. Nov. Kongreß der Albanischen Arbeiterpartei (PPSH). Odr.; gez. K 12.

bew) Symbole der Wirtschaft, Fahne
bex) Hand mit Pickel und Gewehr, Arbeiter und Soldaten, Fahne

1865	25 Q	mehrfarbig	bew	0,50	0,20
1866	1.20 L	mehrfarbig	bex	2,—	2,—
		Satzpreis (2 W.)		2,50	2,20

1976, Dez. Ballett. Odr.; gez. K 12.

bff

bfg bfh bfi

bfk bfl bfm

bff–bfm) Verschiedene Sszenen aus dem Ballett „Das Gebirgsmädel"

1874	0.10 L	mehrfarbig	bff	0,10	0,50
1875	0.15 L	mehrfarbig	bfg	0,20	0,50
1876	0.20 L	mehrfarbig	bfh	0,30	1,—
1877	0.25 L	mehrfarbig	bfi	0,50	2,—
1878	0.80 L	mehrfarbig	bfk	1,20	3,—
1879	1.20 L	mehrfarbig	bfl	1,70	4,—
1880	1.40 L	mehrfarbig	bfm	2,—	4,—
		Satzpreis (7 W.)		6,—	15,—

1976, 8. Nov. 35 Jahre Albanische Arbeiterpartei (PPSH). Odr.; gez. K 12¼:12½.

bey) Kriegsszene
bez) Hände mit Spitzhacke und Gewehr, Arbeiter und Soldaten
bfa) Industrieanlage, Schweißer, Spitzhacke Gewehr, Soldaten

bfb) Symbole der Wirtschaft
bfc) Ballettszene

1867	15 Q	mehrfarbig	bey	0,20	0,20
1868	25 Q	mehrfarbig	bez	0,50	0,30
1869	80 Q	mehrfarbig	bfa	1,—	0,50
1870	1.20 L	mehrfarbig	bfb	1,50	1,—
1871	1.70 L	mehrfarbig	bfc	2,—	1,50
		Satzpreis (5 W.)		5,—	3,50

Blockausgabe

bfn) Ballettszene

Block 61	2.05 L	mehrfarbig (77×67 mm)	bfn	4,50	5,—

1976, 23. Nov. 35 Jahre Verband der Arbeiterjugend Albaniens. Odr.; gez. K 12.

bfd) Arbeiter, Student, Soldat, Symbole der Wirtschaft
bfe) Soldaten, Fahne

1872	80 Q	mehrfarbig	bfd	1,50	1,—
1873	1.25 L	mehrfarbig	bfe	2,50	2,—
		Satzpreis (2 W.)		4,—	3,—

1976, Dez. Festungen. Odr.; gez. K 12.

bfo) Festung von Bashtovë

bfp) Burg von Gjirokastër
bfr) Ali-Pash-Festung, Tepelenë
bfs) Festung von Petrel

Albanien

bft) Burg von Berat bfu) Burg von Durrës bfv) Burg von Krujë

1881	10 Q	mehrfarbig	bfo	0,20	0,20
1882	15 Q	mehrfarbig	bfp	0,20	0,20
1883	20 Q	mehrfarbig	bfr	0,20	0,20
1884	25 Q	mehrfarbig	bfs	0,20	0,20
1885	80 Q	mehrfarbig	bft	1,—	0,50
1886	1.20 L	mehrfarbig	bfu	1,50	1,—
1887	1.40 L	mehrfarbig	bfv	1,50	1,—
		Satzpreis (7 W.)		4,50	3,—

1977

1977, 28. Jan. Waffen der Skanderbeg-Armee. Odr.; gez. K 12¼.

  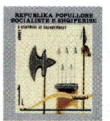

bfw) Wappenschild, Lanze bfx) Helm, Schwert, Schilde bfy) Hellebarde, Lanze, Bogen, Köcher mit Pfeilen

1888	15 Q	mehrfarbig	bfw	2,—	0,50
1889	80 Q	mehrfarbig	bfx	7,—	3,50
1890	1 L	mehrfarbig	bfy	11,—	9,—
		Satzpreis (3 W.)		20,—	12,—

Auflage: 13 000 Sätze

1977, 28. Febr. Helden unserer Tage. Odr.; gez. K 12¼:12½.

bfz) Ilia Oiqi; junger Meldeläufer im Schneesturm bga) Ilia Dashí; Seemann auf brennendem Schiff bgb) Fran Ndue Ivanaj; Schiff

bgc) Zeliha Allmetaj; Rettung eines ertrinkenden Kindes bgd) Ylli Zaimi; Rettung von Vieh aus Überschwemmungsgebiet bge) Isuf Pilloci; Waldbrandbekämpfung

bfz–bge) Albanische Staatsangehörige, die bei Einsätzen in Katastrophen Mut bewiesen haben

1891	5 Q	mehrfarbig	bfz	0,10	0,10
1892	10 Q	mehrfarbig	bga	0,20	0,20
1893	25 Q	mehrfarbig	bgb	0,50	0,30
1894	80 Q	mehrfarbig	bgc	1,50	0,50
1895	1 L	mehrfarbig	bgd	1,70	0,70
1896	1.90 L	mehrfarbig	bge	3,50	1,20
		Satzpreis (6 W.)		7,50	3,—

Auflage: 13 000 Sätze

1977, 29. März. Industrieanlagen. Odr.; gez. K 12½:12¼.

bgf) PVC-Kunststoffabrik, Vlorë bgg) Erdölraffinerie, Ballsh bgh) Wasserkraftwerk, Fier bgi) Hüttenkombinat, Elbasan

1897	15 Q	mehrfarbig	bgf	0,30	0,50
1898	25 Q	mehrfarbig	bgg	0,50	0,50
1899	65 Q	mehrfarbig	bgh	1,50	1,—
1900	1 L	mehrfarbig	bgi	2,20	1,—
		Satzpreis (4 W.)		4,50	3,—

Auflage: 13 000 Sätze

1977, 20. April. 50. Todestag von Querime Halil Galica, Odr.; gez. K 12½:12¼ .

bgk) Q. H. „Shote" Galica, Partisan bgl) Shote Galica mit Partisan

1901	80 Q	mehrfarbig	bgk	1,50	0,80
1902	1.25 L	mehrfarbig	bgl	2,20	1,40
		Satzpreis (2 W.)		3,50	2,20

Auflage: 13 000 Sätze

1977, 5. Mai. 35 Jahre Tag der Märtyrer. Odr.; gez. K 12.

bgm) Märtyrerdenkmal, Industrieanlagen, Mohnblumen bgn) Faust mit Gewehrlauf, albanische Flagge bgo) Büste von Qemal Stafa, Nationalheld; Mohnblumen

1903	25 Q	mehrfarbig	bgm	0,50	0,30
1904	80 Q	mehrfarbig	bgn	1,70	0,70
1905	1.20 L	mehrfarbig	bgo	3,—	1,50
		Satzpreis (3 W.)		5,—	2,50

Auflage: 13 000 Sätze

1977, 18. Juni. Sozialistische Entwicklung der Dörfer. Odr.; gez. K 12¼:12½.

bgp) Arztbesuch bgr) Moderne Farm bgs) Getreideernte

bgt) Modernes Dorf bgu) Gewächshäuser, Traktor

Albanien

1906	0,05 L	mehrfarbig	bgp	0,10	0,10
1907	0,10 L	mehrfarbig	bgr	0,20	0,10
1908	0,20 L	mehrfarbig	bgs	0,20	0,20
1909	0,80 L	mehrfarbig	bgt	1,50	0,70
1910	2,95 L	mehrfarbig	bgu	5,50	1,50
		Satzpreis (5 W.)		7,50	2,50

Auflagen: 13 000 Sätze

1977, 20. Juni. Gewerkschaftskongreß. Odr.; gez. K 12¼:12½.

bgv) Arbeiter vor Industrieanlage, Kongreß-Emblem

bgw) Arbeiter, Hochspannungsleitungen, Emblem

1911	25 Q	mehrfarbig	bgv	0,50	0,50
1912	1,80 L	mehrfarbig	bgw	3,50	3,50
		Satzpreis (2 W.)		4,—	4,—

Auflage: 13 000 Sätze

1977, 10. Juli. „Ein Volk - eine Armee". Odr.; gez. K 12¼.

bgx) Kampfszene aus dem 2. Weltkrieg

bgy) Enver Hoxha bei Truppenparade

bgz) Soldaten und Arbeiter

bha) Soldaten

bhb) Flagge, Soldaten

1913	0,15 L	mehrfarbig	bgx	0,50	0,50
1914	0,25 L	mehrfarbig	bgy	0,50	0,50
1915	0,80 L	mehrfarbig	bgz	1,50	1,50
1916	1 L	mehrfarbig	bha	2,50	2,50
1917	1,90 L	mehrfarbig	bhb	4,—	4,—
		Satzpreis (5 W.)		9,—	9,—

Auflage: 13 000 Sätze

1977, 20. Aug. Nationaltrachten und Volkstänze. Odr.; gez. K 12.

bhc bhd bhe bhf

bhg bhh bhi

bhc–bhi) Volkstänze

1918	5 Q	mehrfarbig	bhc	0,20	0,10
1919	10 Q	mehrfarbig	bhd	0,20	0,10
1920	15 Q	mehrfarbig	bhe	0,20	0,10
1921	25 Q	mehrfarbig	bhf	0,20	0,20
1922	80 Q	mehrfarbig	bhg	0,70	0,50
1923	1,20 L	mehrfarbig	bhh	1,—	0,50
1924	1,55 L	mehrfarbig	bhi	1,50	1,—
		Satzpreis (7 W.)		4,—	2,50

Blockausgabe

bhk) Schwertertanz

Block 62 2.05 L mehrfarbig
(56 × 74 mm) . . . . bhk 3,50 3,—

Auflage: 25 000 Sätze, Block 62 = 20 000 Blocks

In ähnlicher Aufmachung: MiNr. 1948–1952, 1993–1997, Bl. 81

1977, Okt. Neue Verfassung. Odr.; gez. K 12¼.

bhl) Werktätige vor Industrieanlage

bhm) Symbole der Wirtschaft, Hand mit Buch

1925	25 Q	mehrfarbig	bhl	0,50	0,30
1926	1,20 L	mehrfarbig	bhm	2,—	1,—
		Satzpreis (2 W.)		2,50	1,30

1977, 25. Okt. Albanischer Film. Odr.; gez. K 12¾:12.

bhn bho bhp

bhr bhs bht

bhn–bht) Filmszenen

1927	10 Q	mehrfarbig	bhn	0,50	0,50
1928	15 Q	mehrfarbig	bho	0,50	0,50
1929	25 Q	mehrfarbig	bhp	0,50	0,50
1930	80 Q	mehrfarbig	bhr	2,—	2,—
1931	1,20 L	mehrfarbig	bhs	3,—	3,—
1932	1,60 L	mehrfarbig	bht	3,50	3,50
		Satzpreis (6 W.)		10,—	10,—

Auflage: 13 000 Sätze

Albanien

1977, 28. Nov. 65. Jahrestag der Unabhängigkeit. Odr.; gez. K 12¼.

bhu) Unabhängig-
keitsdenkmal,
Nationalflagge

bhv) Marsch der
Unabhängigkeits-
bewegung

bhw) Tanz unter
der Nationalflagge

1933	15 Q	mehrfarbig	bhu	0,20	0,20
1934	25 Q	mehrfarbig	bhv	0,30	0,30
1935	1.65 L	mehrfarbig	bhw	3,50	3,50
			Satzpreis (3 W.)	4,—	4,—

Auflage: 13 000 Sätze

Blockausgabe

bie) Selbstporträt; von V. Mio (1891–1957)

Block 63 2.05 L mehrfarbig
(67 × 101 mm) .... bie 3,50 3,—

Auflage: 23 000 Sätze, Block 63 = 23 000 Blocks

1977, 25. Dez. Gemälde von Vangjush Mio. Odr.; gez. K 12¼.

bhx) Landarbeiter auf dem Feld

bhy) Schneelandschaft

bhz) Schafe unter Walnußbaum im Frühling

bia) Straße in Korçë

bib) Reiter in den Bergen

bic) Boote an der Küste

bid) Pflügende Traktoren

1936	5 Q	mehrfarbig	bhx	0,20	0,10
1937	10 Q	mehrfarbig	bhy	0,20	0,10
1938	15 Q	mehrfarbig	bhz	0,20	0,10
1939	25 Q	mehrfarbig	bia	0,20	0,20
1940	80 Q	mehrfarbig	bib	0,70	0,50
1941	1 L	mehrfarbig	bic	1,—	0,70
1942	1.75 L	mehrfarbig	bid	1,70	1,50
			Satzpreis (7 W.)	4,—	3,—

Eine Notierung in Schrägschrift bedeutet, daß die Bewertungsunterlagen für eine eindeutige Preisfestsetzung nicht ausreichten.

1978

1978. Freimarken - Industrie und Kultur. Odr.; gez. K 12½:12.

Abie) Schule, Lehrmittel

Bbie) Telekommunikationsmittel

Cbie) Eisenhüttenwerk

Dbie) Tänzerinnen, Kunstsymbole

Ebie) Zeitungen, Radio, Fernseher, Funkturm

Fbie) Schneiderwerkstatt

Gbie) Soldaten und Waffen der Streitkräfte

Hbie) Symbole der Industriezweige

Ibie) Personenzug, Lastkraftwagen

Kbie) Bereiche der Landwirtschaft

Lbie) Mikroskop

A	1942	5 Q	mehrfarbig	Abie	0,30	0,10
B	1942	10 Q	mehrfarbig	Bbie	0,30	0,10
C	1942	15 Q	mehrfarbig	Cbie	0,30	0,10
D	1942	20 Q	mehrfarbig	Dbie	0,30	0,10
E	1942	25 Q	mehrfarbig	Ebie	0,30	0,20
F	1942	60 Q	mehrfarbig	Fbie	1,50	0,50

Albanien

G	1942	80 Q	mehrfarbig .... Gbie	2,—	0,50
H	1942	1.20 L	mehrfarbig .... Hbie	3,—	1,—
I	1942	1.60 L	mehrfarbig .... Ibie	4,—	1,70
K	1942	2.40 L	mehrfarbig .... Kbie	6,—	3,—
L	1942	3 L	mehrfarbig .... Lbie	7,—	5,—
			Satzpreis (11 W.)	25,—	12,—

1978, 20. Jan. Musikinstrumente. Odr.; gez. K 11¾:12½.

bif) Doppelflöte

big) Einsaiten-Geißkopffiedel (Gusla)   bih) Schalmei   bii) Trommel   bik) Dudelsack

1943	15 Q	mehrfarbig .... bif	0,50	0,50
1944	25 Q	mehrfarbig .... big	1,—	0,50
1945	80 Q	mehrfarbig .... bih	2,50	1,50
1946	1.20 L	mehrfarbig .... bii	5,—	3,—
1947	1.70 L	mehrfarbig .... bik	11,—	7,—
		Satzpreis (5 W.)	20,—	12,—

Auflage: 11 000 Sätze

1978, 15. Febr. Nationaltrachten und Volkstänze. Odr.; gez. K 12.

bil

bim   bin   bio   bip

bil–bip) Volkstänze

1948	5 Q	mehrfarbig .... bil	0,20	0,20
1949	25 Q	mehrfarbig .... bim	0,30	0,30
1950	80 Q	mehrfarbig .... bin	1,—	0,50
1951	1 L	mehrfarbig .... bio	1,—	1,—
1952	2.30 L	mehrfarbig .... bip	2,50	2,—
		Satzpreis (5 W.)	5,—	4,—

Auflage: 19 000 Sätze

In ähnlicher Aufmachung: MiNr. 1918–1924, 1993–1997

Zum besseren Gebrauch des Kataloges empfehlen wir, die Einführung zu lesen.

1978, 25. März. Gemälde. Odr.; gez. K 12.

bir) Traktorfahrer bei der Mittagspause; von D. Trebicka   bis) Arbeiter am Turm; von S. Kristo   bit) Diskussion; von S. Milori

biu) Arbeiter am Erdöl-Bohrturm; von A. Cini   biv) Arbeiter am Hochofen; von R. Karanxha

1953	25 Q	mehrfarbig .... bir	0,10	0,10
1954	80 Q	mehrfarbig .... bis	0,60	0,50
1955	85 Q	mehrfarbig .... bit	0,70	0,50
1956	90 Q	mehrfarbig .... biu	0,70	0,50
1957	1.60 L	mehrfarbig .... biv	1,50	1,20
		Satzpreis (5 W.)	3,50	2,50

Blockausgabe

biw) Politische Diskussion; von S. Sholla

Block 64	2.20 L	mehrfarbig (72×97 mm) .... biw	7,—	4,50

Auflagen: 19 000 Sätze, Block 64 = 14 000 Blocks

1978, 1. Juni. Kongreß der albanischen Frauenvereinigung (B.G.SH.). Odr.; gez. K 12.

bix) Frauenkopf, Gewehr, Spitzhacke   biy) Familie vor Fabrikanlage

1958	25 Q	mehrfarbig .... bix	0,50	0,50
1959	1.95 L	mehrfarbig .... biy	7,50	7,50
		Satzpreis (2 W.)	8,—	8,—

Auflage: 10 000 Sätze

Albanien

1978, 1. Juni. Internationaler Tag des Kindes. Odr.; gez. K 12.

biz) Mädchen- und Jungengesicht

bka) Kinder mit Gewehr und Spitzhacke
bkb) Kinder beim Volkstanz
bkc) Kinder in der Schule

1960	5 Q	mehrfarbig	biz	0,20	0,20
1961	10 Q	mehrfarbig	bka	0,30	0,30
1962	25 Q	mehrfarbig	bkb	0,70	0,50
1963	1.80 L	mehrfarbig	bkc	3,80	3,—
			Satzpreis (4 W.)	5,—	4,—

Auflage: 13 000 Sätze

1978, 10. Juni. 100 Jahre Liga von Prizren. Odr.; gez. K 12.

bkd) Kampf um die Mosta-Brücke
bke) Geist von Skanderbeg
bkf) Kämpfer vor Landesflagge

bkg) Kampf im Winter
bkh) Abdyl Frasheri (1839–1892), Gründer der Liga
bki) Liga-Hauptquartier

1964	10 Q	mehrfarbig	bkd	0,20	0,20
1965	25 Q	mehrfarbig	bke	0,30	0,30
1966	80 Q	mehrfarbig	bkf	1,50	1,—
1967	1.20 L	mehrfarbig	bkg	2,—	1,50
1968	1.65 L	mehrfarbig	bkh	3,—	2,—
1969	2.60 L	mehrfarbig	bki	5,—	5,—
			Satzpreis (6 W.)	12,—	10,—

Blockausgabe

Block 65 2.20 L mehrfarbig
(75 × 69 mm) .... bkk 5,— 4,—

Auflagen: 11 000 Sätze, Block 65 = 15 000 Blocks

1978, 10. Juli. 35 Jahre albanische Volksarmee. Odr.; gez. K 12:12½, MiNr. 1065 ~.

bkl) Volksarmisten, Flagge
bkm) Soldaten
bkn) Junge Pioniere

1970	5 Q	mehrfarbig	bkl	0,50	0,20
1971	25 Q	mehrfarbig	bkm	1,—	0,50
1972	1.90 L	mehrfarbig	bkn	6,50	6,—
			Satzpreis (3 W.)	8,—	6,50

Auflage: 9 000 Sätze

1978, 20. Sept. Nationale Meisterschaften im Schießen. Odr.; gez. K 12½:12, Hochformate ~.

bko) Kleinkalibergewehrschießen, kniend

bkp) KK-Gewehrschießen, stehend
bkr) KK-Gewehrschießen, liegend
bks) Pistolenschießen

1973	25 Q	schwarz/gelb	bko	0,30	0,20
1974	80 Q	rotorange/schwarz	bkp	0,70	0,60
1975	95 Q	rot/schwarz	bkr	1,—	0,80
1976	2.40 L	karminrot/schwarz	bks	2,50	2,40
			Satzpreis (4 W.)	4,50	4,—

Auflage: 18 000 Sätze

In der MICHEL-Rundschau werden Marken nur katalogisiert, wenn sie der Redaktion im Original vorgelegen haben. Oftmals ist es schwierig, Neuausgaben fristgerecht zu erhalten. Aus diesem Grunde müssen Katalogisierungen manchmal zurückgestellt werden.

Albanien

1978, 6. Okt. Nationales Folklore-Festival, Gjirokaster. Odr.; gez. K 12.

bkt) Tänzer   bku) Volksmusikgruppe   bkv) Musikant

bkw) Sänger   bkx) Säbeltänzer   bky) Tänzerinnen

1977	10 Q	mehrfarbig	bkt	0,20	0,20
1978	15 Q	mehrfarbig	bku	0,20	0,20
1979	25 Q	mehrfarbig	bkv	0,20	0,20
1980	80 Q	mehrfarbig	bkw	0,50	0,50
1981	1.20 L	mehrfarbig	bkx	1,—	0,70
1982	1.90 L	mehrfarbig	bky	2,—	1,70
		Satzpreis (6 W.)		4,—	3,50

Auflage: 24 000 Sätze

1978, 26. Aug. Internationale Messe, Riccione. MiNr. 1852 mit blauem Odr.-Aufdruck.

1983	3.30 L	auf 25 Q mfg ... (1852) Bl	15,—	15,—
		FDC		20,—

Auflage: 8100 Stück

1978, 16. Okt. 70. Geburtstag von Enver Hoxha. Odr.; gez. K 12¼:12½.

bkz) Enver Hoxha (1908–1985), Generalsekretär der Albanischen Arbeiterpartei und Oberbefehlshaber der Volksarmee

1984	80 Q	mehrfarbig	bkz I	0,50	0,50
1985	1.20 L	mehrfarbig	bkz II	1,—	0,50
1986	2.40 L	mehrfarbig	bkz III	2,—	1,50
		Satzpreis (3 W.)		3,50	2,50

Unterschiedliche Randverzierung: bkz I = Sterne ausgefüllt; bkz II = Sterne nicht ausgefüllt; bkz III = Sterne abwechselnd ausgefüllt und nicht ausgefüllt.

MICHEL-Kataloge werden ständig überarbeitet und durch Berücksichtigung der neuesten Forschungsergebnisse auf dem aktuellen Stand gehalten.

Blockausgabe

bla) Enver Hoxha

Block 66	2.20 L (68×89 mm) ... bla	3,50	2,50
Bl. 66 F	Farbe Silber (Inschrift im Markenbild „ENVER HOXHA 1978" fehlend ...	150,—	

Auflagen: 30 000 Sätze, Block 66 = 30 000 Blocks

1978, 15. Dez. Ackerbau und Viehzucht. Odr.; gez. K 12¼:12½.

blb) Getreideernte

blc) Obsternte   bld) Hirte, Schafherde   ble) Melkerin, Kuhherde

1987	15 Q	mehrfarbig	blb	0,50	0,50
1988	25 Q	mehrfarbig	blc	0,70	0,50
1989	80 Q	mehrfarbig	bld	2,50	2,—
1990	2.60 L	mehrfarbig	ble	9,—	7,—
		Satzpreis (4 W.)		12,—	10,—

Auflage: 9 500 Sätze

1979

1979, 22. Jan. 150. Geburtstag von Dora D'Istria. Odr.; gez. K 12.

blf   blg

blf–blg) Dora D'Istria, eigentl. Elena Ghika (1829–1888), Schriftstellerin

1991	80 Q	grün/schwarz ... blf	1,50	1,—
1992	1.10 L	lila/schwarz ... blg	2,50	2,—
		Satzpreis (2 W.)	4,—	3,—

Auflage: 14 000 Sätze

Albanien

blh

1979, 25. Febr. Nationaltrachten und Volkstänze. Odr.; gez. K 12.

bli   blk   bll   blm

blh–blm) Verschiedene Volkstäze

1993	15 Q	mehrfarbig	blh	0,50	0,20
1994	25 Q	mehrfarbig	bli	0,50	0,30
1995	80 Q	mehrfarbig	blk	2,—	1,—
1996	1.20 L	mehrfarbig	bll	2,50	1,50
1997	1.40 L	mehrfarbig	blm	3,—	2,—
		Satzpreis (5 W.)		8,50	5,—

Auflage: 14 000 Sätze

In ähnlicher Aufmachung: MiNr. 1918–1924, 1948–1952

bln

1979, 20. März. Charakteristische albanische Häuser (I). Odr.; gez. K 12:12½, Hochformate ~.

blo   blp   blr   bls

bln–bls) Verschiedene Häuserformen

1998	15 Q	mehrfarbig	bln	0,20	0,10
1999	25 Q	mehrfarbig	blo	0,30	0,10
2000	80 Q	mehrfarbig	blp	1,—	0,50
2001	1.20 L	mehrfarbig	blr	1,50	0,70
2002	1.40 L	mehrfarbig	bls	2,—	1,20
		Satzpreis (5 W.)		5,—	2,60

In ähnlicher Aufmachung: MiNr. 2111–2114

Die Preisnotierungen in den MICHEL-Katalogen gelten für Marken in einwandfreier Qualität. Bei gezähnten Marken muß die Zähnung allseits vollständig und ohne gerissene Zahnspitzen sein, bei geschnittenen Marken darf der Schnitt das Markenbild nicht berühren. Postfrische Erhaltung setzt vollkommen unberührte Gummierung voraus, Marken mit Falz dürfen nur einen sauberen Erstfalz haben. Gestempelte Marken sollen eine saubere und möglichst lesbare Abstempelung haben.

Lesen Sie dazu auch die Einleitung.

Blockausgabe

blt) Befestigtes Turmhaus

Block 67	1.90 L	mehrfarbig			
		(62×75 mm)	blt	8,—	5,—

Auflagen: 19 000 Sätze, Block 67 = 14 000 Blocks

In ähnlichen Zeichnungen: MiNr. 2111–2114

1979, 2. April. 100. Geburtstag von Alexander Moissi. Odr.; gez. K 12.

blu   blv

blu–blv) A. Moissi (1879–1935), Schauspieler

2003	80 Q	mehrfarbig	blu	1,50	0,50
2004	1.10 L	mehrfarbig	blv	2,—	1,50
		Satzpreis (2 W.)		3,50	2,—

Auflage: 14 000 Sätze

1979, 5. Mai. Freiheitskämpfer (I). Odr.; gez. K 12.

blw) Vasil Shanto (1913 bis 1944)   blx) Quemal Stafa (1921 bis 1942)

2005	15 Q	mehrfarbig	blw	0,20	0,20
2006	25 Q	mehrfarbig	blx	0,50	0,30
2007	60 Q	mehrfarbig	blw	2,—	1,—
2008	90 Q	mehrfarbig	blx	3,—	2,—
		Satzpreis (4 W.)		5,50	3,50

Auflage: 11 000 Sätze

Weitere Werte „Freiheitskämpfer": MiNr. 2051–2054, 2087 bis 2090, 2121–2124, 2160–2163, 2211–2214, 2260–2263, 2296 bis 2298

1979, 24. Mai. 35. Jahrestag des Kongresses in Përmet. Odr.; gez. K 12.

bly) Soldat, Industrieanlagen   blz) Soldat, Volksaufmarsch

2009	25 Q	mehrfarbig	bly	1,—	0,50
2010	1.65 L	mehrfarbig	blz	4,50	2,50
		Satzpreis (2 W.)		5,50	3,—

Auflage: 11 000 Sätze

Albanien

1979, 4. Juni. Kongreß der Demokratischen Front Albaniens. Odr.; gez. K 12.

bma) Landesflagge

2011	25 Q	mehrfarbig	bma	1,—	0,50
2012	1.65 L	mehrfarbig	bma	4,50	3,—
			Satzpreis (2 W.)	5,50	3,50

Auflage: 10 000 Sätze

1979, 1. Okt. Spartakiade zum 35. Jahrestag der Befreiung Albaniens. Odr.; gez. K 12.

bmh) Eröffnungsfeier

bmi) Nahkampf-vorführung   bmk) Bodenturnen   bml) Fußball   bmm) Hochsprung

2018	15 Q	mehrfarbig	bmh	0,10	0,10
2019	25 Q	mehrfarbig	bmi	0,20	0,20
2020	80 Q	mehrfarbig	bmk	1,—	0,50
2021	1.20 L	mehrfarbig	bml	1,50	1,—
2022	1.40 L	mehrfarbig	bmm	1,70	1,20
			Satzpreis (5 W.)	4,50	3,—

Auflage: 19 000 Sätze

1979, 15. Juli. Gemälde. Odr.; gez. K 12¼:12.

bmb) In Ausbildung; von Arben Basha

bmc) Speer im Krieg; von Ismail Zulani

bmd) Morgendämmerung; von Myrteza Fushekati

bme) Alles Volk ist Militär; von Muhamet Deliu

bmf) Wir halten das Feuer immer gezündet; von Jorgji Gjikopulli

2013	15 Q	mehrfarbig	bmb	0,10	0,10
2014	25 Q	mehrfarbig	bmc	0,20	0,20
2015	80 Q	mehrfarbig	bmd	1,—	0,50
2016	1.20 L	mehrfarbig	bme	1,70	0,70
2017	1.40 L	mehrfarbig	bmf	2,—	1,—
			Satzpreis (5 W.)	5,—	2,50

1979, 12. Okt. 100 Jahre Gesellschaft für albanische Literatur. Odr.; gez. K 12.

bmn) Gründungsurkunge und Siegel   bmo) Präsident der Gründungs-Versammlung   bmp) Haus der Gesellschaft (1979)   bmr) Haus der Gesellschaft (1879)

2023	25 Q	mehrfarbig	bmn	0,30	0,20
2024	80 Q	mehrfarbig	bmo	1,—	0,60
2025	1.20 L	mehrfarbig	bmp	1,50	1,—
2026	1.55 L	mehrfarbig	bmr	1,80	1,20
			Satzpreis (4 W.)	4,50	3,—

Blockausgabe

bmg) Den Kreis sprengen; von Fatmir Haxhiu

Block 68	1.90 L	mehrfarbig (81×103 mm)	bmg	3,50	2,50

Auflagen: 24 000 Sätze, Block 68 = 24 000 Blocks

Blockausgabe

bms) Gründungsmitglieder

Block 69	1.90 L	mehrfarbig (77×64 mm)	bms	3,50	2,—

Auflagen: 14 000 Sätze, Block 69 = 14 000 Blocks

**Europa in Farbe:
Die MICHEL-Europa-Kataloge**

Albanien

1979, 20. Okt. 35. Jahrestag der 2. antifaschistischen Ratsversammlung in Berat. Odr.; gez. K 12:12½.

bmt) Versammlungsbeschluß (1944)
bmu) Versammlungsgebäude in Berat

2027	25 Q	mehrfarbig	bmt	1,—	1,—
2028	1.65 L	mehrfarbig	bmu	4,—	3,50
			Satzpreis (2 W.)	5,—	4,50

Auflage: 10 000 Sätze

1979, 29. Nov. 35. Jahrestag des Befreiung. Odr.; gez. K 12.

bmv) Arbeiter, Bauern und Soldaten, Industrieanlage

bmw) Symbole für Arbeit und Landesverteidigung
bmx) Symbole für Kunst und Kultur
bmy) Symbole für Wissenschaft und Technik

2029	25 Q	mehrfarbig	bmv	0,30	0,20
2030	80 Q	mehrfarbig	bmw	1,—	0,60
2031	1.20 L	mehrfarbig	bmx	1,50	1,—
2032	1.55 L	mehrfarbig	bmy	2,—	1,20
			Satzpreis (4 W.)	4,50	3,—

Auflage: 14 000 Sätze

1979, 21. Dez. 100. Geburtstag von Stalin. Odr.; gez. K 12.

bmz) Stalin (1879–1953)
bna) Stalin und Enver Hoxha (1908–1985)

2033	80 Q	lebhaftrot/schwarzblau	bmz	1,50	1,—
2034	1.10 L	hellrot/schwarzblau	bna	2,—	2,—
			Satzpreis (2 W.)	3,50	3,—

Auflage: 14 000 Sätze

1980

1980, 27. Febr. Innenansichten charakteristischer albanischer Häuser (I). Odr.; gez. K 12.

bnb) Haus in Korçë

bnc) Haus in Shkodër
bnd) Haus in Mirditë
bne) Haus in Gjirokastër

2035	25 Q	mehrfarbig	bnb	0,30	0,30
2036	80 Q	mehrfarbig	bnc	0,70	0,70
2037	1.20 L	mehrfarbig	bnd	1,50	1,—
2038	1.35 L	mehrfarbig	bne	2,—	2,—
			Satzpreis (4 W.)	4,50	4,—

| 2035 F | | fehlende Farbe Schwarz | | —,— | |

Auflage: 19 000 Sätze

In ähnlicher Aufmachung: MiNr. 2072–2075

1980, 4. März. Kunsthandwerk des Mittelalters. Odr.; gez. K 12.

bnf) Tabakspfeife, bemalte Flasche

bng) Bestickte Taschen
bnh) Teppich, Steinfigur
bni) Stickarbeiten

2039	25 Q	mehrfarbig	bnf	0,30	0,30
2040	80 Q	mehrfarbig	bng	0,70	0,70
2041	1.20 L	mehrfarbig	bnh	1,50	1,—
2042	1.35 L	mehrfarbig	bni	2,—	2,—
			Satzpreis (4 W.)	4,50	4,—

Auflage: 20 000 Sätze

1980, 14. März. 100. Geburtstag von Aleksander Xhuvani. Odr.; gez. K 12.

bnk) Prof. Dr. A. Xhuvani

2043	80 Q	mehrfarbig	bnk	2,—	1,50
2044	1 L	mehrfarbig	bnk	2,50	2,50
			Satzpreis (2 W.)	4,50	4,—

Auflage: 13 000 Sätze

Bei Anfragen bitte Rückporto nicht vergessen!

Albanien

1980, 4. April. 70. Jahrestag des Aufstandes im Kosovo. Odr.; gez. K 12.

bnl) Aufständische
bnm) Kampfszene

2045	80 Q	orangerot/schwarz	bnl	2,—	1,50
2046	1 L	orangerot/schwarz	bnm	3,—	2,50
		Satzpreis (2 W.)		5,—	4,—

Auflage: 13 000 Sätze

1980, 15. April. Versorgung der Erdbebengeschädigten vom 15.4.1979 durch Volkspartei und Regierung. Odr.; gez. K 12½:12¼.

bnn) Vor uns bricht jedes Erdbeben zusammen; Gemälde von D. Jukniu und I. Lulani

2047	80 Q	mehrfarbig	bnn	2,—	1,50
2048	1 L	mehrfarbig	bnn	3,—	2,50
		Satzpreis (2 W.)		5,—	4,—

Auflage: 12 000 Sätze

1980, 22. April. 110. Geburtstag von Lenin. Odr.; gez. K 12.

bno) Lenin (1870–1924)

2049	80 Q	mehrfarbig	bno	2,—	1,50
2050	1 L	mehrfarbig	bno	3,—	2,50
		Satzpreis (2 W.)		5,—	4,—

Auflage: 11 000 Sätze

1980, 5. Mai. Freiheitskämpfer (II). Odr.; gez. K 12.

bnp) Misto Mame (1921–1942), Ali Demi (1918–1943)

bnr) Sadik Stavaleci (1918–1942), Vojo Kushi (1918–1942), Xhoxhi Martini (1921–1942)
bns) Bule Naipi (1920–1944), Persefoni Kokedhima (1924–1944)
bnt) N. Deda (1918–44), H. Lezha (1920–44), N. Gyilbegu (1920–44), N. Mazi (1920–44), A. Haxhia (1926–44)

2051	25 Q	mehrfarbig	bnp	0,30	0,30
2052	80 Q	mehrfarbig	bnr	1,—	0,70
2053	1.20 L	mehrfarbig	bns	1,70	1,—
2054	1.35 L	mehrfarbig	bnt	2,—	2,—
		Satzpreis (4 W.)		5,—	4,—

Auflage: 12 000 Sätze

Weitere Werte „Freiheitskämpfer": MiNr. 2005–2008, 2087 bis 2090, 2121–2124, 2160–2163, 2211–2214, 2260–2263, 2296 bis 2298

1980, 7. Juni. Märchen. Odr.; gez. K 12.

bnu) „Mirela"

bnv) „Der Schmierfink" bnw) „Der Zirkusbär" bnx) „Der Wassertropfen"

2055	15 Q	mehrfarbig	bnu	0,20	0,20
2056	25 Q	mehrfarbig	bnv	0,20	0,20
2057	80 Q	mehrfarbig	bnw	1,—	1,—
2058	2.40 L	mehrfarbig	bnx	3,60	3,60
		Satzpreis (4 W.)		5,—	5,—

Auflage: 20 000 Sätze

1980, 22. Juli. Nationale Gemälde. Odr.; gez. K 12½:12¼.

bny) Im Traktorenkombinat „Enver Hodscha"; von S. Shijaku und M. Fushekati
bnz) Das Werk unserer Hände; von Harilla Dhima

boa) Der Monteur; von Petro Kokushta
bob) Erntedankfest; von Pandeli Lena

2059	25 Q	mehrfarbig	bny	0,30	0,30
2060	80 Q	mehrfarbig	bnz	1,—	1,—
2061	1.20 L	mehrfarbig	boa	1,70	1,70
2062	1.35 L	mehrfarbig	bob	5,—	5,—
		Satzpreis (4 W.)		5,—	5,—

Blockausgabe

boc) Kommunisten; von Vilson Kilica

Block 70	1.80 L	mehrfarbig (66×82 mm)	boc	3,50	3,50

Auflagen: 19 000 Sätze, Block 70 = 14 000 Blocks

Albanien

1980, 27. Sept. Kunstwerke des Mittelalters. Odr.; gez. K 12.

bod) Tor (Pergamentminiatur, 11.–12. Jh.)
boe) Adler (Relief, 13. Jh.)
bof) Wappenlöwe (Relief, 14. Jh.)
bog) Fasan (Relief, 14. Jh.)

2063	25 Q	mehrfarbig	bod	0,30	0,30
2064	80 Q	mehrfarbig	boe	0,70	0,70
2065	1.20 L	mehrfarbig	bof	1,50	1,50
2066	1.35 L	mehrfarbig	bog	1,50	1,50
			Satzpreis (4 W.)	4,—	4,—

Auflage: 21 000 Sätze

1981

1981, 11. Jan. 35 Jahre Volksrepublik Albanien. Odr.; gez. K 12.

bom) Vertreter verschiedener Berufsgruppen
bon) Kundgebung in Tirana

2070	80 Q	mehrfarbig	bom	1,50	1,—
2071	1 L	mehrfarbig	bon	2,—	1,—
			Satzpreis (2 W.)	3,50	2,—

Auflage: 18 000 Sätze

1980, 6. Nov. Nationalparks. Odr.; gez. K 12.

boh) Divjaka   boi) Lura   bok) Thethi

2067	80 Q	mehrfarbig	boh	1,—	0,80
2068	1.20 L	mehrfarbig	boi	1,50	1,50
2069	1.60 L	mehrfarbig	bok	2,50	2,20
			Satzpreis (3 W.)	5,—	4,50

Blockausgabe

bol) Llogara

Block 71   1.80 L   mehrfarbig (89×90 mm) bol   5,—   5,—

Auflagen: 18 000 Sätze, Block 71 = 14 000 Blocks

1981, 25. Febr. Innenansichten charakteristischer albanischer Häuser (II). Odr.; gez. K 12.

boo) Haus in Lábara

bop) Zelt in Lábara   bor) Haus in Mat   bos) Haus in Dibrës

2072	25 Q	mehrfarbig	boo	0,20	0,20
2073	80 Q	mehrfarbig	bop	0,60	0,50
2074	1.20 L	mehrfarbig	bor	1,20	0,50
2075	1.35 L	mehrfarbig	bos	1,70	1,30
			Satzpreis (4 W.)	3,50	2,50

Auflage: 20 000 Sätze

1981, 20. März. Kunsthandwerk. Odr.; gez. K 12.

bot) Kinderwiege

bou) Holzeimer, Flasche   bov) Bestickte Schuhe   bow) Krüge

2076	25 Q	mehrfarbig	bot	0,30	0,20
2077	80 Q	mehrfarbig	bou	0,80	0,70
2078	1.20 L	mehrfarbig	bov	1,10	1,—
2079	1.35 L	mehrfarbig	bow	1,40	1,30
			Satzpreis (4 W.)	3,50	3,20

Auflage: 24 000 Sätze

1981, 31. März. Fußballweltmeisterschaft, Spanien 1982. Odr.; gez. K 12.

box

MICHEL-Kataloge

können Sie auch außerhalb Deutschlands beziehen. Unsere Vertretungen in vielen Ländern haben die neuen Kataloge stets lieferbar.

Albanien

boy   boz   bpa

box–bpa) Spielszenen

2080	25 Q	mehrfarbig	box	1,—	0,50
2081	80 Q	mehrfarbig	boy	3,50	2,—
2082	1.20 L	mehrfarbig	boz	5,—	3,50
2083	1.35 L	mehrfarbig	bpa	6,—	4,—
		Satzpreis (4 W.)		15,—	10,—

Auflage: 30 000 Sätze

1981, 20. April. 100. Jahrestag der Schlacht gegen die Türken. Odr.; gez. K 12.

bpb) Gewehrschützen   bpc) Krieger mit Säbel

2084	80 Q	graulila/violettpurpur	bpb	1,—	1,—
2085	1 L	graulila/violettpurpur	bpc	1,20	1,—
		Satzpreis (2 W.)		2,20	2,—

Blockausgabe, nur senkrecht gez. 12¼.

bpd) Soldat mit Pistole

bpe

2086	1.80 L	graulila/violettpurpur	bpd	2,—	2,—
Block 72	(85×65 mm)		bpe	4,50	3,50

Auflage: 19 000 Sätze, Block 72 = 14 000 Blocks

1981, 5. Mai. Freiheitskämpfer (III). Odr.; gez. K 12.

bpf) Perlat Rexhepi (1919–1942), Bramko Kadia (1921–1942)

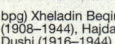

bpg) Xheladin Beqiri (1908–1944), Hajdar Dushi (1916–1944)
bph) Koci Bako (1905–1941), Vasil Laci (1923–1941), Mujo Ulqinaku (1898–1939)
bpi) Mine Peza (1875–1942), Zoja Cure (1920–1944)

2087	25 Q	mehrfarbig	bpf	0,30	0,20
2088	80 Q	mehrfarbig	bpg	1,—	0,60
2089	1.20 L	mehrfarbig	bph	1,20	1,—
2090	1.35 L	mehrfarbig	bpi	2,—	1,20
		Satzpreis (4 W.)		4,50	3,—

Auflage: 16 000 Sätze

Weitere Werte „Freiheitskämpfer": MiNr. 2005–2008, 2051 bis 2054, 2121–2124, 2160–2163, 2211–2214, 2260–2263, 2296 bis 2298

1981, Juni. Kinderzirkus. Odr.; gez. K 12.

bpk) Hochradartisten   bpl) Menschenpyramide   bpm) Bodenakrobaten   bpn) Artisten unter Zirkuskuppel

2091	15 Q	mehrfarbig	bpk	0,20	0,20
2092	25 Q	mehrfarbig	bpl	0,20	0,20
2093	80 Q	mehrfarbig	bpm	0,60	0,60
2094	2.40 L	mehrfarbig	bpn	2,—	2,—
		Satzpreis (4 W.)		3,—	3,—

1981, 10. Juli. Nationale Gemälde. Odr.; gez. K 12½:12¼, Hochformate ~.

bpo) Treuebündnis; von Sh. Hysa

bpp) Azem Galica hat den Ring d. Türken gesprengt; von A. Buza
bpr) Hissen der albanischen Flagge, 1911; von A. Zajmi
bps) Mit der Fahne im Herzen; von L. Çefa

2095	25 Q	mehrfarbig	bpo	0,50	0,20
2096	80 Q	mehrfarbig	bpp	0,80	0,50
2097	1.20 L	mehrfarbig	bpr	1,20	1,—
2098	1.35 L	mehrfarbig	bps	1,50	1,30
		Satzpreis (4 W.)		4,—	3,—

MICHELsoft

die Datenbank für jeden ernsthaften Philatelisten

Albanien

Blockausgabe

bpt) Vereinigt euch unter der Fahne; von N. Vasia

Block 73   1.80 L   mehrfarbig (83×110 mm) bpt   4,50   4,50

Auflagen: 22 000 Sätze, Block 73 = 16 000 Blocks

1981, 30. Aug. Sportliche Erfolge Albaniens im internationalen Leistungsvergleich. Odr.; gez. K 12.

bpu) Schießen

bpv) Gewichtheben   bpw) Volleyball   bpx) Fußball

2099	25 Q	mehrfarbig	bpu	0,30	0,20
2100	80 Q	mehrfarbig	bpv	0,70	0,50
2101	1.20 L	mehrfarbig	bpw	1,—	0,80
2102	1.35 L	mehrfarbig	bpx	1,20	1,—
		Satzpreis (4 W.)		3,—	2,50

Auflagen: 34 000 Sätze

1981, 1. Nov. Kongreß der Partei der Arbeit Albaniens. Odr.; gez. K 12.

bpy) Hände mit Spitzhacke und Gewehr   bpz) Parteifahne, Hammer und Sichel

2103	80 Q	mehrfarbig	bpy	0,80	0,60
2104	1 L	rot/schwarz	bpz	1,20	1,10
		Satzpreis (2 W.)		2,—	1,70

Auflagen: 19 000 Sätze

1981, 8. Nov. 40 Jahre Partei der Arbeit Albaniens. Odr.; gez. K 12.

bra) Symbole für Industrie, Technik und Landwirtschaft   brb) Hand mit Spitzhacke und Gewehr, Landesflagge

2105	80 Q	mehrfarbig	bra	0,50	0,50
2106	2.80 L	mehrfarbig	brb	2,50	2,—
		Satzpreis (2 W.)		3,—	2,50

Blockausgabe

brc) Enver Hoxha (1908–1985); Buch über die Gründungsgeschichte der Partei der Arbeit Albaniens

Block 74   1.80 L   mehrfarbig (80×100 mm) brc   5,—   5,—

Auflagen: 19 000 Sätze, Block 74 = 14 000 Blocks

1981, 23. Nov. 40 Jahre Verband der Albanischen Arbeiterjugend. Odr.; gez. K 12.

brd) Spitzhacke, Gewehr, Fahne der Arbeiterjugend   bre) Parteifahnen, Symbole der Arbeiterjugend

2107	80 Q	mehrfarbig	brd	1,—	1,—
2108	1 L	mehrfarbig	bre	2,—	1,80
		Satzpreis (2 W.)		3,—	2,80

Auflage: 16 000 Sätze

MICHEL-Rundschau

zwölfmal im Jahr aktuelle Informationen für den Philatelisten. Mit einem Abonnement können Sie auch diesen Katalog auf dem laufenden halten!

1982

1982, 6. Jan. 100 Geburtstag von Fan S. Noli. Odr.; gez. K 12.

brf) F. S. Noli (1882–1965), Politiker, Literat und Theologe (Skulptur)

Nr.	Wert	Farbe	Kennung	Preis 1	Preis 2
2109	80 Q	mehrfarbig	brf	1,30	0,70
2110	1.10 L	mehrfarbig	brf	1,70	1,—
		Satzpreis (2 W.)		3,—	1,70

Auflage: 19 000 Sätze

1982, 20. Febr. Charakteristische albanische Häuser (II). Odr.; gez. K 12½:12¼.

brg) Haus in Bulqizë brh) Haus in Kosovë bri) Haus in Bicaj brk) Haus in Mat

Nr.	Wert	Farbe	Kennung	Preis 1	Preis 2
2111	25 Q	mehrfarbig	brg	0,20	0,20
2112	80 Q	mehrfarbig	brh	1,50	1,—
2113	1.20 L	mehrfarbig	bri	2,—	1,50
2114	1.55 L	mehrfarbig	brk	2,80	1,80
		Satzpreis (4 W.)		6,50	4,50

Auflage: 13 000 Sätze

In ähnlicher Aufmachung: MiNr. 1998–2002

1982, 24. März. 100. Jahrestag der Entdeckung des Tuberkulose-Erregers durch Robert Koch. Odr.; gez. K 12.

brl) Landkarte, Erdkugel, TBC-Erreger unter Mikroskop

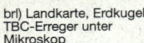

brm) Robert Koch (1843-1910), Bakteriologe; Tuberkulose-Erreger unter Mikroskop

Nr.	Wert	Farbe	Kennung	Preis 1	Preis 2
2115	80 Q	mehrfarbig	brl	5,—	2,—
2116	1.10 L	dunkelbraun/weißbraun	brm	7,—	3,50
		Satzpreis (2 W.)		12,—	5,50

Auflage: 11 000 Sätze

1982, 25. April. Gemälde - Landschaften im Kosovo. Odr.; gez. K 12¼:12½, MiNr. 2118 ~.

brn) Burg von Prizren; von G. Madhi bro) Stadtansicht von Prizren; von K. Buza brp) Brücke von Rugovë; von K. Buza brr) Dorfstraße in Zekë; von G. Madhi

Nr.	Wert	Farbe	Kennung	Preis 1	Preis 2
2117	25 Q	mehrfarbig	brn	0,50	0,30
2118	80 Q	mehrfarbig	bro	1,50	1,50
2119	1.20 L	mehrfarbig	brp	2,50	1,50
2120	1.55 L	mehrfarbig	brr	3,50	2,—
		Satzpreis (4 W.)		8,—	5,—

Auflage: 11 000 Sätze

1982, 5. Mai. Freiheitskämpfer (IV). Odr.; gez. K 12.

brs) Hibe Palikuqi (1927–1944), Liri Gero (1926–1944)

brt) Mihal Duri (1916–1942), Kajo Karafili (1921–1944) bru) Fato Dudumi (1927–1944), Margarita Tutulani (1924 bis 1943), Shejnaze Juka (1924–1944) brv) Memo Meto (1911–1944), Gjok Doçi (1922–1943)

Nr.	Wert	Farbe	Kennung	Preis 1	Preis 2
2121	25 Q	mehrfarbig	brs	0,50	0,30
2122	80 Q	mehrfarbig	brt	1,20	0,80
2123	1.20 L	mehrfarbig	bru	1,80	1,30
2124	1.55 L	mehrfarbig	brv	2,50	1,40
		Satzpreis (4 W.)		6,—	3,80

Auflage: 16 000 Sätze

Weitere Werte „Freiheitskämpfer": MiNr. 2005–2008, 2051–2054, 2087–2090, 2160–2163, 2211–2214, 2260–2263, 2296–2298

1982, Juni. Kinderzeichnungen. Odr.; gez. K 12½:12¼.

brw) Hafen brx) Wald

bry) Stadt brz) Denkmal

Nr.	Wert	Farbe	Kennung	Preis 1	Preis 2
2125	15 Q	mehrfarbig	brw	0,50	0,20
2126	80 Q	mehrfarbig	brx	1,—	0,70
2127	1.20 L	mehrfarbig	bry	1,50	1,20
2128	1.65 L	mehrfarbig	brz	3,—	1,90
		Satzpreis (4 W.)		6,—	4,—
2127 F		Wertziffer fehlend			50,—

Auflage: 13 000 Sätze

Albanien

1982, 6. Juni. Gewerkschaftskongreß. Odr.; gez. K 12.

bsa) Vertreter verschiedener Berufsgruppen, Industrieanlage
bsb) Landesflagge, Kongreßemblem

2129	80 Q	mehrfarbig	bsa	2,50	1,50
2130	1.10 L	mehrfarbig	bsb	3,50	2,—
		Satzpreis (2 W.)		6,—	3,50

Auflage: 10 000 Sätze

1982, 30. Juli. Gemälde: Industrie und Handwerk. Odr.; gez. K 12½:12¼.

bsc) Das Bergfest; von Danish Jukniu
bsd) Arbeiter des Kraftwerks „Komanit"; von Ali Miruku

bse) Stahlarbeiter; von Çlirim Ceka
bsf) Erdölförderung; von Pandeli Lena

2131	25 Q	mehrfarbig	bsc	0,30	0,30
2132	80 Q	mehrfarbig	bsd	1,—	1,—
2133	1.20 L	mehrfarbig	bse	1,50	1,20
2134	1.55 L	mehrfarbig	bsf	2,20	1,50
		Satzpreis (4 W.)		5,—	4,—

Blockausgabe

bsg) Der erste Abstich; von Jorgji Gjikopulli

Block 75	1.90 L	mehrfarbig (75×90 mm) bsg	5,—	3,50

Auflagen: 13 000 Sätze, Block 75 = 14 000 Blocks

Mit MICHEL immer gut informiert

1982, 25. Aug. 40 Jahre Parteiorgan „Zëri i popullit". Odr.; gez. K 12.

bsh) Zeitung
bsi) Handdruckpresse

2135	80 Q	mehrfarbig	bsh	110,—	100,—
2136	1.10 L	mehrfarbig	bsi	110,—	100,—
		Satzpreis (2 W.)		220,—	200,—
		FDC			250,—

Auflage: 6 000 Sätze

1982, 16. Sept. 40 Jahrestag der Gründung der Demokratischen Front Albaniens. Odr.; gez. K 12.

bsk) Denkmal
bsl) Demonstration

2137	80 Q	mehrfarbig	bsk	7,50	3,50
2138	1.10 L	mehrfarbig	bsl	11,—	5,—
		Satzpreis (2 W.)		18,—	8,50
		FDC			11,—

Auflage: 8 000 Sätze

1982, 4. Okt. Kongreß des Verbandes der Albanischen Arbeiterjugend (BRPSH). Odr.; gez. K 12.

bsm) Parteifahne, Gleis, Spitzhacke und Gewehr

2139	80 Q	mehrfarbig	bsm	6,—	4,—
2140	1.10 L	mehrfarbig	bsm	10,—	6,—
		Satzpreis (2 W.)		16,—	10,—
		FDC			14,—

Auflage: 8 000 Sätze

1982, 30. Okt. Kunsthandwerk. Odr.; gez. K 12.

bsn) Teppich

bso) Taschen
bsp) Butterfässer
bsr) Kanne

2141	25 Q	mehrfarbig	bsn	0,50	0,30
2142	80 Q	mehrfarbig	bso	1,20	0,70
2143	1.20 L	mehrfarbig	bsp	1,70	1,—
2144	1.55 L	mehrfarbig	bsr	2,60	1,50
		Satzpreis (4 W.)		6,—	3,50

Auflage: 12 000 Sätze

Albanien

1982, 28. Nov. 70 Jahre Unabhängigkeit. Odr.; gez. K 12.

bss) Ishamil Qemali; Haus der Unterzeichnung der Unabhängigkeitserklärung
bst) Albanische Freiheitskämpfer, Landesflagge
bsu) Albanische Freiheitskämpfer, Landesflagge

Nr.	Wert	Farbe	Kürzel	Preis 1	Preis 2
2145	20 Q	mehrfarbig	bss	0,40	0,30
2146	1.20 L	mehrfarbig	bst	2,—	1,20
2147	2.40 L	mehrfarbig	bsu	3,60	2,50
		Satzpreis (3 W.)		6,—	4,—

Blockausgabe

bsv) Unabhängigkeitsdenkmal, Tirana; Landesflagge

Block 76 1.90 L mehrfarbig (89 × 89 mm) bsv 6,— 4,—
Auflagen: 12 000 Sätze, Block 76 = 12 000 Blocks

1982, 20. Dez. Ansichten der albanischen Adriaküste. Odr.; gez. K 12.

bsw) Dhërmi

bsx) Sarandë
bsy) Ksamil
bsz) Lukovë

Nr.	Wert	Farbe	Kürzel	Preis 1	Preis 2
2148	25 Q	mehrfarbig	bsw	0,30	0,20
2149	80 Q	mehrfarbig	bsx	1,—	0,70
2150	1.20 L	mehrfarbig	bsy	1,50	1,20
2151	1.55 L	mehrfarbig	bsz	2,20	1,50
		Satzpreis (4 W.)		5,—	3,60

Auflage: 14 000 Sätze

**MICHEL-Kataloge
überragen durch ihre
Ausführlichkeit,
Genauigkeit und Übersicht!**

1983

1983, 20. Febr. Albanische Volkstanzgruppen im Ausland. Odr.; gez. K 12.

bta

btb btc btd

bta-btd) Folkloregruppen

Nr.	Wert	Farbe	Kürzel	Preis 1	Preis 2
2152	25 Q	mehrfarbig	bta	0,20	0,10
2153	80 Q	mehrfarbig	btb	0,70	0,50
2154	1.20 L	mehrfarbig	btc	1,20	1,—
2155	1.55 L	mehrfarbig	btd	1,50	1,40
		Satzpreis (4 W.)		3,50	3,—

Auflage: 22 000 Sätze

1983, 14. März. 100. Todestag von Karl Marx. Odr.; gez. K 12.

bte) K. Marx (1818–1883), Philosoph und Nationalökonom

Nr.	Wert	Farbe	Kürzel	Preis 1	Preis 2
2156	80 Q	mehrfarbig	bte	2,—	1,—
2157	1.10 L	mehrfarbig	bte	2,50	1,50
		Satzpreis (2 W.)		4,50	2,50

Auflage: 13 000 Sätze

1983, 20. April. Energiegewinnung. Odr.; gez. K 12.

btf) Kraftwerke, Generator, Strommast
btg) Raffinerie, Bohrturm, Pipeline

Nr.	Wert	Farbe	Kürzel	Preis 1	Preis 2
2158	80 Q	violettblau/rotorange	btf	1,30	0,80
2159	1.10 L	rötlichlila/blaugrün	btg	1,70	1,20
		Satzpreis (2 W.)		3,—	2,—

Auflage: 15 000 Sätze

1983, 5. Mai. Freiheitskämpfer (V). Odr.; gez. K 12.

bth) Asim Zeneli (1916–1943), Nazmi Rushiti (1919–1942)

bti) Shyqyri Ishmi (1922–1942), Shyqyri Alimerka (1923–1943), Myzafer Asqeriu (1918–1942)
btk) Qybra Sokoli (1924–1944), Qeriba Derri (1905–1944), Ylbere Bilibashi (1928–1944)
btl) Themo Vasi (1915 bis 1943), Abaz Shehu (1905–1942)

Albanien

2160	25 Q	mehrfarbig	.... bth	0,30	0,20
2161	80 Q	mehrfarbig	.... bti	1,—	0,50
2162	1.20 L	mehrfarbig	.... btk	1,70	1,—
2163	1.55 L	mehrfarbig	.... btl	2,50	1,50
			Satzpreis (4 W.)	5,50	3,20

Auflage: 12 000 Sätze

Weitere Werte „Freiheitskämpfer": MiNr. 2005–2008, 2051 bis 2054, 2087–2090, 2121–2124, 2211–2214, 2260–2263, 2296 bis 2298

1983, 1. Juni. Kongreß des Albanischen Frauenverbandes. Odr.; gez. K 12¼:12½.

btm) Kongreßemblem

2164	80 Q	mehrfarbig	.... btm	1,40	1,—
2165	1.10 L	mehrfarbig	.... btm	1,80	1,50
			Satzpreis (2 W.)	3,—	2,50

Auflage: 12 000 Sätze

1983, 20. Juni. Sport. Odr.; gez. K 12.

btn) Radrennfahren

bto) Schach   btp) Kunstturnen   btr) Ringen

2166	25 Q	mehrfarbig	.... btn	0,30	0,20
2167	80 Q	mehrfarbig	.... bto	1,—	0,50
2168	1.20 L	mehrfarbig	.... btp	1,70	1,—
2169	1.55 L	mehrfarbig	.... btr	2,—	1,30
			Satzpreis (4 W.)	5,—	3,—

Auflage: 22 000 Sätze

1983, 10. Juli. 40 Jahre Albanische Volksarmee. Odr.; gez. K 12.

bts   btt   btu

bts–btu) Volksarmisten

2170	20 Q	orangerot/gold	.... bts	0,30	0,20
2171	1.20 L	purpur/gold	.... btt	1,70	1,—
2172	2.40 L	bräunlichrot/gold	...... btu	3,—	1,80
			Satzpreis (3 W.)	4,—	3,—

Auflage: 12 000 Sätze

1983, 28. Aug. Nationale Gemälde. Odr.; gez. K 12½:12¼.

btv) Tag der Sonne; von Myrteza Fushekati

btw) Morgenklatsch; von Niko Progri

btx) 29. November 1944; von Harilla Dhimo

bty) Rettung; von Pandi Mele

2173	25 Q	mehrfarbig	.... btv	0,30	0,20
2174	80 Q	mehrfarbig	.... btw	1,20	0,70
2175	1.20 L	mehrfarbig	.... btx	1,50	1,—
2176	1.55 L	mehrfarbig	.... ty	2,—	1,30
			Satzpreis (4 W.)	5,—	3,20

Blockausgabe

btz) Partisanenangriff; von Sali Shijaku und Myrteza Fushekati

Block 77	1.90 L	mehrfarbig (112 × 76 mm) btz	10,—		7,—

Auflagen: 14 500 Sätze, Block 77 = 14 500 Blocks

1983, 6. Okt. Nationales Folklorefestival, Gjirokastër. Odr.; gez. K 12.

bua) Säbeltänzer bub) Tanzpaar buc) Volksmusikgruppe bud) Tänzerinnen

2177	25 Q	mehrfarbig	.... bua	0,20	0,20
2178	80 Q	mehrfarbig	.... bub	1,70	1,—
2179	1.20 L	mehrfarbig	.... buc	2,20	1,50
2180	1.55 L	mehrfarbig	.... bud	3,50	2,50
			Satzpreis (4 W.)	7,50	5,—

Auflage: 13 000 Sätze

Die MICHEL-Rundschau ist im Abonnement preiswerter!

Albanien

1983, 16. Okt. 75. Geburtstag von Enver Hoxha. Odr.; gez. K 12¼:12½.

bue) Enver Hoxha (1908–1985), Generalsekretär der Albanischen Arbeiterpartei und Oberbefehlshaber der Volksarmee

2181	80 Q	mehrfarbig	bue	0,70	0,70
2182	1.20 L	mehrfarbig	bue	1,20	1,—
2183	1.80 L	mehrfarbig	bue	1,70	1,30
			Satzpreis (3 W.)	3,50	3,—

buk) Vereinigt sind wir unbesiegbar für unsere Feinde; von N. Progri

bul) Die Versammlung in Lezhë; von B. Ahmeti

2186	25 Q	mehrfarbig	buh	0,50	0,20
2187	80 Q	mehrfarbig	bui	1,50	1,—
2188	1.20 L	mehrfarbig	buk	2,—	1,20
2189	1.55 L	mehrfarbig	bul	3,—	1,70
			Satzpreis (4 W.)	7,—	4,—

Blockausgabe

buf) Enver Hoxha

Block 78   1.90 L   mehrfarbig (76×100 mm) .... buf   4,—   4,—

Block 78 Uo   fehlende obere Zähnungsreihe ....   150,—

Auflagen: 30 000 Sätze, Block 78 = 30 000 Blocks

Blockausgabe

bum) Der Sieg über die Türken; von G. Madhi

Block 79   1.90 L   mehrfarbig (78×92 mm) .... bum   7,50   7,50

Auflagen: 12 000 Sätze, Block 79 = 12 000 Blocks

1983, 28. Dez. Illyrische Bauwerke. Odr.; gez. K 12.

bun) Amphitheater, Butrint (Buthrotum)

buo) Kolonnaden, Apollonia

bup) Galerie des Amphitheaters, Dyrrhachium

2190	80 Q	mehrfarbig	bun	2,—	1,50
2191	1.20 L	mehrfarbig	buo	3,—	2,—
2192	1.80 L	mehrfarbig	bup	3,—	2,50
			Satzpreis (3 W.)	8,—	6,—

Auflage: 12 000 Sätze

1983, 10. Nov. Weltkommunikationsjahr. Odr.; gez. K 12.

bug) Weltkugel, Emblem

2184	60 Q	mehrfarbig	bug	0,70	0,50
2185	1.20 L	mehrfarbig	bug	1,80	1,50
			Satzpreis (2 W.)	2,50	2,—

Auflage: 24 000 Sätze

1983, 10. Dez. Die Epoche Skanderbegs in der Kunst: Gemälde. Odr.; gez. K 12½:12¼.

buh) Gemeinsamkeit führt zum Sieg; von J. Keraj

bui) Der heldenhafte Widerstand in Krujë; von N. Bakalli

Sie wohnen nicht in Deutschland?

Wir suchen noch in einigen Ländern ständige Korrespondenten für den Neuheitendienst. Bitte schreiben Sie uns, wenn Sie glauben, bei der Ausgestaltung des Katalogs und der MICHEL-Rundschau helfen zu können.

1984

1984, 25. Febr. Archäologische Funde. Odr.; gez. K 12:12¼.

bur) Männerkopf (3. Jh. v. Chr.) aus Apollonia
bus) Frühchristliches Relief (2./3. Jh.) aus Korça
but) Frauenkopf (1. Jh.) aus Apollonia

buu) Tongefäß (1. Jh.) aus Tren
buv) Männerkopf aus Dyrrhachium
buw) Eros mit Delphin (3. Jh.) aus Dyrrhachium

2193	15 Q	mehrfarbig	bur	0,20	0,20
2194	25 Q	mehrfarbig	bus	0,30	0,30
2195	80 Q	mehrfarbig	but	1,20	0,80
2196	1.10 L	mehrfarbig	buu	1,50	1,—
2197	1.20 L	mehrfarbig	buv	1,80	1,20
2198	2.20 L	mehrfarbig	buw	3,—	1,50
		Satzpreis (6 W.)		8,—	5,—

Auflage: 16 000 Sätze

1984, 30. März. Uhrtürme. Odr.; gez. K 12.

bux) Uhrturm in Gjirokastër
buy) Uhrturm in Kavajë
buz) Uhrturm in Elbasan

bva) Uhrturm in Tirana
bvb) Uhrturm in Peqin
bvc) Uhrturm in Krujë

2199	15 Q	schwarzviolettgrau	bux	0,20	0,10
2200	25 Q	dunkelbraun	buy	0,30	0,20
2201	80 Q	dunkelblaugrau	buz	1,—	0,70
2202	1.10 L	braunrot	bva	1,20	1,—
2203	1.20 L	schwarzolivgrün	bvb	1,80	1,30
2204	2.20 L	gelbbraun	bvc	3,—	2,20
		Satzpreis (6 W.)		7,50	5,50

Auflage: 16 000 Sätze

1984, 20. April. 40. Jahrestag der Befreiung. Odr.; gez. K 12.

bvd) Student mit Mikroskop, Symbole für Sport und Ausbildung
bve) Freiheitskämpfer mit Landesflagge
bvf) Jugendliche Mitglieder der Enver-Partei

bvg) Soldat, Symbole für die drei Waffengattungen
bvh) Arbeiter mit Landesflagge, Industrieanlage
bvi) Milizpatrouille bewacht Bau eines Wasserkraftwerks

2205	15 Q	mehrfarbig	bvd	0,20	0,20
2206	25 Q	mehrfarbig	bve	0,30	0,30
2207	80 Q	mehrfarbig	bvf	1,20	0,80
2208	1.10 L	mehrfarbig	bvg	1,50	1,—
2209	1.20 L	mehrfarbig	bvh	1,80	1,20
2210	2.20 L	mehrfarbig	bvi	3,—	1,50
		Satzpreis (6 W.)		8,—	5,—

Auflage: 11 000 Sätze

1984, 5. Mai. Freiheitskämpfer (VI). Odr.; gez. K 12.

bvk) Manush Alimani (1924–1944), Mustafa Matohiti (1912–1944), Kastriot Muço (1923 bis 1943)

bvl) Zaho Koka (1920–1944), Reshit Çollaku (1914–1943), Maliq Muço (1922–1944)
bvm) Lefter Talo (1912–1943), Tom Kola (1921–1943), Fuat Babani (1918–1943)
bvn) Myslysm Shyri (1916–1944), Dervish Hekali (1915–1944), Skender Caçi (1916–1943)

2211	15 Q	mehrfarbig	bvk	0,60	0,20
2212	25 Q	mehrfarbig	bvl	1,20	0,30
2213	1.20 L	mehrfarbig	bvm	2,20	1,20
2214	2.20 L	mehrfarbig	bvn	4,—	2,50
		Satzpreis (4 W.)		8,—	4,20

Auflage: 11 000 Sätze

Weitere Werte „Freiheitskämpfer": MiNr. 2005–2008, 2051–2054, 2087–2090, 2121–2124, 2160–2163, 2260–2263, 2296–2298

1984, 24. Mai. 40. Jahrestag des Kongresses von Përmet. Odr.; gez. K 12.

bvo) Enver Hoxha; Landesflagge
bvp) Partisanendenkmal

2215	80 Q	mehrfarbig	bvo	3,—	2,—
2216	1.10 L	mehrfarbig	bvp	3,60	2,50
		Satzpreis (2 W.)		6,50	4,50

Auflage: 11 000 Sätze

Albanien

1984, 1. Juni. Unsere Kinder. Odr.; gez. K 12.

bvr) Kinder lesen in der Fibel
bvs) Junge Pioniere, Gebäude aus Bauklötzchen
bvt) Kinder spielen im Garten
bvu) Kinder lassen Drachen steigen

2217	15 Q	mehrfarbig	bvr	0,50	0,20
2218	25 Q	mehrfarbig	bvs	1,—	0,50
2219	60 Q	mehrfarbig	bvt	2,—	1,—
2220	2.80 L	mehrfarbig	bvu	4,50	2,50
			Satzpreis (4 W.)	8,—	4,20

Auflage: 10 000 Sätze

1984, 12. Juni. Fußball-Europameisterschaft, Frankreich. Odr.; gez. K 12.

bvv) Fußball im Tornetz
bvw) Schiedsrichter, Fußball
bvx) Europakarte, Fußball
bvy) Spielfeld, Fußball

2221	15 Q	mehrfarbig	bvv	1,—	0,20
2222	25 Q	mehrfarbig	bvw	1,—	0,50
2223	1.20 L	mehrfarbig	bvx	3,—	1,—
2224	2.20 L	mehrfarbig	bvy	3,50	2,—
			Satzpreis (4 W.)	8,50	3,60

Auflage: 12 000 Sätze

1984, 12. Juli. Gemälde aus der Kunstgalerie, Tirana. Odr.; gez. K 12½:12¼, Hochformate ~.

bvz) Die Freiheit ist da; von Myrteza Fushekati

bwa) Morgen; von Zamir Mati
bwb) Mein Liebling; von Agim Zajmi
bwc) Für die Partisanen; von Arben Basha

2225	15 Q	mehrfarbig	bvz	0,50	0,20
2226	25 Q	mehrfarbig	bwa	1,—	0,60
2227	80 Q	mehrfarbig	bwb	2,60	1,50
2228	2.60 L	mehrfarbig	bwc	4,—	2,20
			Satzpreis (4 W.)	8,—	4,50

Mit MICHEL besser sammeln

Blockausgabe

bwd) Albania; von Zamir Mati

Block 80   1.90 L   mehrfarbig (80 × 95 mm) .... bwd   10,—   5,50

Auflagen: 10 000 Sätze, Block 80 = 10 000 Blocks

1984, 20. Aug. Pflanzen. Odr.; gez. K 12.

bwe) Schwarzer Maulbeerbaum (Morus nigra)
bwf) Breit-Wegerich (Plantago major)
bwg) Kelchhartheu (Hypericum calycinum)
bwh) Edelweiß (Leontopodium alpinum)

2229	15 Q	mehrfarbig	bwe	3,—	0,80
2230	25 Q	mehrfarbig	bwf	4,—	1,20
2231	1.20 L	mehrfarbig	bwg	9,—	4,50
2232	2.20 L	mehrfarbig	bwh	22,—	8,50
			Satzpreis (4 W.)	40,—	15,—

Auflage: 11 000 Sätze

1984, 21. Sept. Blockausgabe: Internationale Briefmarkenausstellung AUSIPEX '84, Melbourne. Odr.; nur waagerecht gez. 12.

bwi) Schwertertanz, Ausstellungssonderstempel

Block 81   1.90 L   mehrfarbig (73 × 100 mm) .... bwi   4,—   4,—

Auflage: 20 000 Blocks

In ähnlicher Zeichnung: Bl. 62

Albanien

1984, 25. Sept. Unsere Wälder. Odr.; gez. K 12.

bwk) Buchen; bwl) Tannen; bwm) Fichten; bwn) Föhren;
Lastkraftwagen Lastenaufzug Sägewerk Holzarbeiter

2233	15 Q	mehrfarbig	bwk	1,—	0,60
2234	25 Q	mehrfarbig	bwl	1,50	1,—
2235	1.20 L	mehrfarbig	bwm	5,—	3,20
2236	2.20 L	mehrfarbig	bwn	7,50	4,20
		Satzpreis (4 W.)		15,—	9,—

Auflage: 11 000 Sätze

1984, 13. Okt. Internationale Briefmarken-ausstellung EURPHILA '84, Rom. Odr.; gez. K 12.

bwo) Stadtansicht von Gjirokastër

2237	1.20 L	mehrfarbig	bwo	2,50	2,50
			FDC		9,—

Auflage: 16 000 Stück

1984, 19. Okt. Finalkämpfe der Nationalen Spartakiade, Tirana. Odr.; gez. K 12.

bwp) Fußball bwr) Leichtathletik bws) Gewicht- bwt) Pistolen-
 heben schießen

2238	15 Q	mehrfarbig	bwp	0,20	0,20
2239	25 Q	mehrfarbig	bwr	0,50	0,20
2240	80 Q	mehrfarbig	bws	1,—	0,60
2241	2.20 L	mehrfarbig	bwt	2,80	2,—
		Satzpreis (4 W.)		4,50	3,—

Entwertungen

⊙	=	mit Poststempel gebraucht
~	=	Federzugentwertung
⊗	=	fiskalische Entwertung
⊘	=	Gefälligkeitsstempel
○	=	Lochentwertung
≡	=	andere besondere Entwertungen
Ⓢ	=	Sonderstempel
①	=	Tagesstempel

Blockausgabe

bwu) Eröffnungsfeier

Block 82	1.90 L	mehrfarbig			
	(70×90 mm)		bwu	4,—	3,—

Auflagen: 16 000 Sätze, Block 82 = 16 000 Blocks

1984, 29. Nov. 40. Jahrestag der Befreiung. Odr.; gez. K 12.

bwv) Industrieanlagen, bww) Volksarmisten,
Parteiemblem Landesflagge

2242	80 Q	mehrfarbig	bwv	2,—	1,—
2243	1.10 L	mehrfarbig	bww	2,50	1,50
		Satzpreis (2 W.)		4,50	2,50

Blockausgabe

bwx) Enver Hoxha (1908-1985), Generalsekretär der Albanischen Arbeiterpartei und Oberbefehls-haber der Volksarmee

Block 83	1.90 L	mehrfarbig			
	(67×89 mm)		bwx	4,50	3,50

Auflagen: 12 000 Sätze, Block 83 = 12 000 Blocks

Wenn's um Briefmarken geht, dann:
E-Mail: info@bdph.de www.bdph.de

Albanien

1985

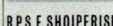

bwy) Eiserne Henkelvase

1985, 25. Febr. Archäologische Funde (Illyrische Kunst). Odr.; gez. K 12:12½.

bwz) Archaische Terrakotta-Skulptur (6. Jh. v. Chr.)

bxa) Aphrodite-Skulptur (3. Jh. v. Chr.)

bxb) Nike-Statuette (1.–2. Jh.)

2244	15 Q	mehrfarbig	bwy	0,50	0,20
2245	80 Q	mehrfarbig	bwz	2,—	1,—
2246	1.20 L	mehrfarbig	bxa	2,60	1,30
2247	1.70 L	mehrfarbig	bxb	4,—	2,—
		Satzpreis (4 W.)		9,—	4,50

Auflage: 19 000 Sätze

bxc) H. Kapo (* 1915), Politiker

1985, 4. März. 70. Geburtstag von Hysni Kapo. Odr.; gez. K 12.

2248	90 Q	mehrfarbig	bxc	2,—	1,50
2249	1.10 L	mehrfarbig	bxc	2,50	2,—
		Satzpreis (2 W.)		4,50	3,50

Auflage: 12 000 Sätze

bxd) Leichtathletik

1985, 18. März. Sportaktivitäten in Albanien; Internationale Briefmarkenausstellung OLYMPHILEX '85, Lausanne. Odr.; gez. K 12.

bxe) Gewichtheben bxf) Fußball bxg) Pistolenschießen

2250	25 Q	mehrfarbig	bxd	0,30	0,20
2251	60 Q	mehrfarbig	bxe	0,80	0,60
2252	1.20 L	mehrfarbig	bxf	1,50	1,20
2253	1.50 L	mehrfarbig	bxg	2,50	1,50
		Satzpreis (4 W.)		5,—	3,50

Auflage: 30 000 Sätze

1985, 31. März. 300. Geburtstag von Johann Sebastian Bach. Odr.; gez. K 12.

bxh) J. S. Bach (1685–1750), deutscher Komponist

bxi) Geburtshaus, Eisenach

2254	80 Q	mehrfarbig	bxh	20,—	10,—
2255	1.20 L	mehrfarbig	bxi	25,—	12,—
		Satzpreis (2 W.)		45,—	22,—

Auflage: 11 000 Sätze

1985, 11. April. Tod von Enver Hoxha. Odr.; gez. K 12¼:12½.

bxk) E. Hoxha (1908-1985), Generalsekretär der Albanischen Arbeiterpartei und Oberbefehlshaber der Volksarmee

2256	80 Q	mehrfarbig	bxk	2,50	2,50
		FDC		6,—	

Blockausgabe, □

2257	1.90 L	mehrfarbig	bxk	3,—	3,—
Block 84	(66×90 mm)		bxl	4,—	4,—
		FDC		10,—	

Auflagen: 34 000 Stück, Block 84 = 34 000 Blocks

1985, 25. April. 40 Jahre Grenzschutz. Odr.; gez. K 12.

bxm) Soldaten, Familie bxn) Soldat, Grenzstein

2258	25 Q	mehrfarbig	bxm	1,50	1,—
2259	80 Q	mehrfarbig	bxn	3,50	3,—
		Satzpreis (2 W.)		5,—	4,—

Auflage: 11 000 Sätze

1985, 5. Mai. Freiheitskämpfer (VII). Odr.; gez. K 12.

bxo) Mitro Xhani (1916–1944); Nimete Progonati (1929–1944); Kozma Nushi (1909–1944)

bxp) Ajet Xhindoli (1922–1943); Mustafa Kaçaçi (1903 bis 1944); Estref Çaka (Osoja) (1919–1944)

bxr) Çelo Sinani (1929–1944); Llambro Andoni (1920 bis 1944); Meleq Gosnishti (1913–1944)

bxs) Thodhori Mastora (1920–1944); Fejzi Micoli (1919–1945); Hysen Cino (1920–1944)

Albanien

2260	25 Q	mehrfarbig	bxo	0,80	0,50
2261	40 Q	mehrfarbig	bxp	1,20	1,—
2262	60 Q	mehrfarbig	bxr	2,—	1,20
2263	1.20 L	mehrfarbig	bxs	3,50	2,80
		Satzpreis (4 W.)		7,50	5,50

Auflage: 11 000 Sätze

Weitere Werte „Freiheitskämpfer": MiNr. 2005–2008, 2051 bis 2054, 2087–2090, 2121–2124, 2160–2163, 2211–2214, 2296 bis 2298

1985, 9. Mai. 40. Jahrestag des Sieges. Odr.; gez. K 12.

bxt) Gewehrlauf mit rotem Tuch   bxu) Hand mit Gewehrkolben, Erdkugel

2264	25 Q	mehrfarbig	bxt	30,—	50,—
2265	80 Q	mehrfarbig	bxu	80,—	120,—
		Satzpreis (2 W.)		110,—	170,—
		FDC			700,—

MiNr. 2265 zeigt immer den fehlerhaften Landesnamen „SHQIEPRISE".

Auflage: 1 370 Sätze

Gültig bis 28.12.1985

1985, 25. Juni. Gemälde aus der Kunstgalerie, Tirana. Odr.; gez. K 12½:12¼. Hochformate ~.

bxv) Unsere Schule; von Thoma Malo

bxw) Helden mit Mutter; von Hysen Devolli

bxx) Arbeitende Mutter; von Angjelin Dodmasej

bxy) Morgendliche Feldarbeit; von Ksenofon Dilo

2266	25 Q	mehrfarbig	bxv	0,30	0,30
2267	80 Q	mehrfarbig	bxw	1,20	1,—
2268	90 Q	mehrfarbig	bxx	1,50	1,50
2269	1.20 L	mehrfarbig	bxy	2,—	1,70
		Satzpreis (4 W.)		5,—	4,50

Blockabbildungen

sind aus technischen Gründen nicht immer maßstabsgetreu wiedergegeben. Da jedoch bei Blocks ausnahmslos Größenangaben gemacht werden, ist die Originalgröße erkennbar.

Blockausgabe

bxz) Gießereiarbeiter; von Mikel Gurashi

Block 85	1.90 L	mehrfarbig (74 × 89 mm)	bxz	4,50	3,50

Auflagen: 15 000 Sätze, Block 85 = 15 000 Blocks

1985, 20. Juli. Qualifikationsspiele zur Basketball-Weltmeisterschaft, Spanien 1986. Odr.; gez. K 12.

bya byb byc byd

bya–byd) Spielszenen, WM-Emblem

2270	25 Q	mehrfarbig	bya	0,20	0,20
2271	80 Q	mehrfarbig	byb	1,20	0,70
2272	1.20 L	mehrfarbig	byc	1,70	1,20
2273	1.60 L	mehrfarbig	byd	2,50	2,—
		Satzpreis (4 W.)		5,50	4,—

2271 F   Farbe Schwarz fehlend —,—

Auflage: 15 000 Sätze

1985, 20. Aug. Obstbäume. Odr.; gez. K 12.

bye) Orangen   byf) Zwetschgen   byg) Äpfel   byh) Kirschen

2274	25 Q	mehrfarbig	bye	0,50	0,30
2275	80 Q	mehrfarbig	byf	2,50	1,50
2276	1.20 L	mehrfarbig	byg	4,—	2,—
2277	1.60 L	mehrfarbig	byh	5,—	3,—
		Satzpreis (4 W.)		12,—	6,50

Auflage: 15 000 Sätze

Albanien

1985, 20. Sept. Kostbarkeiten albanischer Architektur. Odr.; gez. K 12.

byi) Häuser in Krujë

byk) Häuser in Gjirokastër

byl) Häuser in Berat

bym) Häuser in Shkodër (Skutari)

2278	25 Q	schwarz/bräunlichrot	byi	0,50	0,50
2279	80 Q	mehrfarbig	byk	2,50	1,50
2280	1.20 L	mehrfarbig	byl	3,—	2,—
2281	1.60 L	mehrfarbig	bym	4,—	2,50
			Satzpreis (4 W.)	10,—	6,50
			FDC		8,50
2278 F I		Farbe Bräunlichrot fehlend		60,—	
2278 F II		Farbe Schwarz fehlend		60,—	

Auflage: 13 000 Sätze

1985, 6. Okt. Nationales Festival für volkstümliche Spiele. Odr.; gez. K 12.

byn   byo   byp   byr

byn–bys) Verschiedene volkstümliche Wettbewerbe

2282	25 Q	mehrfarbig	byn	0,50	0,30
2283	80 Q	mehrfarbig	byo	1,50	1,—
2284	1.20 L	mehrfarbig	byp	2,—	1,20
2285	1.60 L	mehrfarbig	byr	2,50	1,70
			Satzpreis (4 W.)	6,50	4,20
			FDC		7,50

Blockausgabe, □.

bys

Block 86	1.90 L	mehrfarbig (56 × 82 mm)	bys	4,—	3,50
			FDC		4,—
Bl. 86 F		Farbe Bräunlichrot fehlend		90,—	

Auflagen: 15 000 Sätze, Block 86 = 15 000 Blocks

1986

1986, 11. Jan. 40 Jahre Sozialistische Volksrepublik Albanien. Odr.; MiNr. 2286 gez. K 12:12½, MiNr. 2287 ~.

byt) Staatswappen   byu) Ausrufung der Sozialistischen Republik (1946)

2286	25 Q	mehrfarbig	byt	1,50	1,—
2287	80 Q	mehrfarbig	byu	3,—	2,—
			Satzpreis (2 W.)	4,50	3,—
			FDC		5,—

Auflage: 12 000 Sätze

1986, 20. Febr. Inbetriebnahme des Wasserkraftwerkes „Enver Hoxha" bei Koman. Odr.; gez. K 12.

byv) Bau der Staumauer in der Melgun-Schlucht

byw) Kontrollgebäude, Enver-Hoxha-Büste

2288	25 Q	mehrfarbig	byv	5,—	2,—
2289	80 Q	mehrfarbig	byw	11,—	7,—
			Satzpreis (2 W.)	16,—	9,—
			FDC		17,—

Auflage: 9 000 Sätze

1986, 20. März. Pflanzen. Odr.; A = gez. K 12, B = □.

byx) Gymnosperium shqipetarum
byy) Valentins Frühlingsknotenblume (Leucojum valentinum)

2290	25 Q	mehrfarbig	byx	2,—	1,—
2291	1.20 L	mehrfarbig	byy	8,—	4,—
			Satzpreis A (2 W.)	10,—	5,—
			FDC A		8,50
			Satzpreis B (2 W.)	40,—	20,—
			FDC B		30,—

MiNr. 2290 A – 2291 A und MiNr. 2290 B – 2291 B wurden jeweils schachbrettartig zusammenhängend gedruckt.

MiNr. 2290 A – 2291 A und MiNr. 2290 B – 2291 B wurden auch in verschiedenfarbigen Markenheftchen ausgegeben (MH 1A bzw. MH 1B).

Auflagen: A = 21 000, B = 9000 Sätze

Die Preisnotierungen gelten für Marken in einwandfreier Qualität.

Albanien

1986, 20. April. Bedeutende Persönlichkeiten. Odr.; gez. K 12.

byz) Maxim Gorki (1868–1936), russischer Schriftsteller
bza) André Marie Ampère (1775–1836), französischer Mathematiker und Physiker
bzb) James Watt (1736–1819), englischer Erfinder der Dampfmaschine
bzc) Franz Liszt (1811–1886), österreichisch-ungarischer Komponist und Pianist

2292	25 Q	mittelrotbraun	byz	0,50	0,50
2293	80 Q	mittelblauviolett	bza	2,—	1,20
2294	1.20 L	dunkelgrünoliv	bzb	3,50	2,—
2295	2.40 L	hellbraunviolett	bzc	7,—	4,50
		Satzpreis (4 W.)		12,—	8,—
		FDC			12,—

Blockausgabe, gez. Ks 12½:12¼

bzd) M. Gorki, A. M. Ampère, J. Watt, F. Liszt

Block 87	1.90 L	mehrfarbig			
		(88 × 72 mm)	bzd	4,50	4,—
		FDC			7,—

MiNr. 2292–2295 wurden zusammenhängend gedruckt.

MiNr. 2292–2295 wurden auch im Markenheftchen (MH 2) ausgegeben.

Es wurde auch ein Zusammendruckbogen zu 30 Marken (3 × 10) ausgegeben, in dem MiNr. 2295 nicht enthalten ist.

Auflagen: 19 000 Sätze, Block 87 = 19 000 Blocks

1986, 5. Mai. Freiheitskämpfer (VIII). Odr.; gez. K 12.

bze) Ramiz Aranitasi (1923–1943); Inajete Dumi (1924–1944); Laze Nuro Ferraj (1897–1944)
bzf) Dine Kalenja (1919–1944); Kozma Naska (1921–1944); Met Hasa (1929–1944); Fahri Ramadani (1920–1944)
bzg) Hiqmet Buzi (1927–1944); Bajram Tusha (1922–1942); Mumin Selami (1923–1942); Hajrfdin Bylyshi (1923–1942)

2296	25 Q	mehrfarbig	bze	2,—	1,50
2297	80 Q	mehrfarbig	bzf	5,—	2,50
2298	1.20 L	mehrfarbig	bzg	8,—	5,—
		Satzpreis (3 W.)		15,—	9,—
		FDC			—,—

Auflage: 8 500 Sätze

Weitere Werte „Freiheitskämpfer": MiNr. 2005–2008, 2051 bis 2054, 2087–2090, 2121–2124, 2160–2163, 2211–2214, 2260 bis 2263

1986, 31. Mai. Fußball-Weltmeisterschaft, Mexiko. Odr.; gez. K 12.

bzh) Weltkugel, FIFA-Pokal, WM-Emblem
bzi) Fußball, Torwart, WM-Emblem

2299	25 Q	mehrfarbig	bzh	0,50	0,40
2300	1.20 L	mehrfarbig	bzi	2,50	2,—
		Satzpreis (2 W.)		3,—	2,40
		FDC			3,60

Blockausgabe, gez. Ks 12½:12¼

bzk) Weltkugel, Fußball

Block 88	1.90 L	mehrfarbig			
		(97 × 63 mm)	bzk	4,—	3,—
		FDC			4,50

Auflagen: 24 000 Sätze, Block 88 = 24 000 Blocks

1986, 10. Aug. 40 Jahre Tag der Transportarbeiter. Odr.; gez. K 12.

bzl) Bahngleis, Schiffssteuerrad, Autoreifen, Zug, Industriegebiet

2301	1.20 L	mehrfarbig	bzl	13,—	7,50
		FDC			—,—

Auflage: 10 000 Stück

1986, 20. Sept. Bedeutende Persönlichkeiten. Odr.; gez. K 12.

bzm) Naim Frashëri (1846–1900), Dichter
bzn) Ndre Mjeda (1866–1937), Dichter
bzo) Petro Nini Luarasi (1865–1911), Dichter und Journalist

bzp) Andon Zako Çajupi (1866–1930), Dichter
bzr) Millosh Gjergj Nikolla „Migjeni" (1911–1938), Schriftsteller
bzs) Krani Rumbo (1884–1936), Publizistin, Frauenrechtlerin

Albanien

2302	30 Q	mehrfarbig	bzm	0,70	0,50
2303	60 Q	mehrfarbig	bzn	1,20	1,—
2304	90 Q	mehrfarbig	bzo	2,—	1,50
2305	1 L	mehrfarbig	bzp	2,50	1,80
2306	1.20 L	mehrfarbig	bzr	3,—	2,20
2307	2.60 L	mehrfarbig	bzs	8,—	4,—
		Satzpreis (6 W.)		17,—	11,—
		FDC			17,—

Auflage: 9 000 Sätze

1986, 3. Nov. Kongreß der Albanischen Arbeiterpartei (PPSH), Tirana. Odr.; gez. K 12.

bzf) Kongreßemblem

2308	30 Q	mehrfarbig	bzt		
I		Landesname „SHQIPERISE"		10,—	7,50
II		Landesname „SHQIPERSIE"		120,—	
		FDC (I)			10,—

Auflage: 9 000 Stück

1986, 8. Nov. 45 Jahre Albanische Arbeiterpartei (PPSH). Odr.; gez. K 12.

bzu) Stempel, Unterschrift von Enver Hoxha

bzv) Marx, Engels, Lenin und Stalin; Gebäude

2309	30 Q	mehrfarbig	bzu	3,—	1,50
2310	1.20 L	mehrfarbig	bzv	8,—	3,50
		Satzpreis (2 W.)		11,—	5,—
		FDC			10,—

Auflage: 9 500 Sätze

1986, 29. Nov. Freimarken: Statue der Mutter Albania. Odr.; gez. K 12:12½.

bzw) Statue der Mutter Albania

2311	10 Q	dunkelgrünlichblau	bzw	0,10	0,10
2312	20 Q	orangebraun	bzw	0,10	0,10
2313	30 Q	lebhaftrot	bzw	0,10	0,10
2314	50 Q	dunkelockerbraun	bzw	0,20	0,20
2315	60 Q	dunkelgrauoliv	bzw	0,30	0,30
2316	80 Q	rotlila	bzw	0,50	0,50
2317	90 Q	lebhaftviolettultramarin	bzw	0,70	0,50
2318	1.20 L	dunkelblaugrün	bzw	1,—	0,70
2319	1.60 L	violett	bzw	1,50	0,70
2320	2.20 L	grünschwarz	bzw	2,—	1,50
2321	3 L	hellorangebraun	bzw	2,50	2,—
2322	6 L	dunkelchromgelb	bzw	5,—	3,50
		Satzpreis (12 W.)		14,—	10,—
		FDC			15,—

MiNr. 2311–2314, 2317 mit Aufdruck: MiNr. 2523–2527

Das Verlagsverzeichnis unterrichtet Sie über alle verfügbaren und geplanten Katalogausgaben.

1987

1987, 20. Febr. Archäologische Funde. Odr.; gez. K 12:12½.

bzx) Äskulap, griechischer Gott der Heilkunde; Marmorkopf (1. Jh.)

bzy) Aphrodite, griechische Göttin der Liebe; Terrakottastatue (3. Jh. v. Chr.)

bzz) Pan, griechischer Hirtengott; Bronzestatue (3.-2. Jh. v. Chr.)

caa) Jupiter, römischer Gott des Himmels; Kalksteinkopf (2. Jh.)

2323	30 Q	mehrfarbig	bzx	1,—	0,60
2324	80 Q	mehrfarbig	bzy	2,—	1,—
2325	1 L	mehrfarbig	bzz	3,—	1,40
2326	1.20 L	mehrfarbig	caa	4,—	2,60
		Satzpreis (4 W.)		10,—	5,50
		FDC			8,—

Auflage: 16 000 Sätze

1987, 7. März. 100 Jahre Schulwesen in Albanien. Odr.; gez. K 12.

cab) Denkmal   cac) Schulgebäude   cad) Schüler, Soldat

2327	30 Q	mehrfarbig	cab	0,50	0,30
2328	80 Q	mehrfarbig	cac	1,50	0,70
2329	1.20 L	mehrfarbig	cad	2,—	1,50
		Satzpreis (3 W.)		4,—	2,50
		FDC			3,60

Auflage: 14 000 Sätze

1987, 20. April. Berühmte Persönlichkeiten. Odr.; gez. K 12.

cae) Victor Hugo (1802–1885), französischer Dichter

caf) Galileo Galilei (1564–1642), italienischer Mathematiker und Philosoph

cag) Charles Darwin (1808–1882), britischer Biologe

cah) Miguel Cervantes (1547–1616), spanischer Dichter

Albanien

2330	30 Q	mehrfarbig	cae	0,50	0,30
2331	80 Q	mehrfarbig	caf	1,20	0,70
2332	90 Q	mehrfarbig	cag	1,80	1,20
2333	1.30 L	mehrfarbig	cah	2,50	2,—
		Satzpreis (4 W.)		6,—	4,20
		FDC			6,—

Auflage: 19 000 Sätze

1987, 20. Mai. Pflanzen. Odr.; gez. K 12.

cai) Europäischer Goldflieder (Forsythia europaea)   cak) Moltkia doerrlichi   cal) Wulfenia baldacii

2334	30 Q	mehrfarbig	cai	0,70	0,40
2335	90 Q	mehrfarbig	cak	1,30	1,—
2336	2.10 L	mehrfarbig	cal	3,—	2,60
		Satzpreis (3 W.)		5,—	4,—
		FDC			5,—

Auflage: 30 000 Sätze

1987, 25. Juni. Gewerkschaftskongreß. Odr.; gez. K 12.

cam) Emblem

| 2337 | 1.20 L | mehrfarbig | cam | 5,— | 4,— |
| | | FDC | | | 5,— |

Auflage: 12 000 Stück

1987, 20. Juli. Gemälde aus der Kunstgalerie, Tirana. Odr.; MiNr. 2338–2339 gez. K 12:12½, MiNr. 2340–2341 ~.

can) Brot und Industrie; von Myrteza Fushekati   cao) Geschenk des Partisanen; von Skender Kokobobo

cap) Aussaat; von Bujar Asllani   car) Am Schmiedeblock; von Çlirim Ceka

2338	30 Q	mehrfarbig	can	0,50	0,50
2339	80 Q	mehrfarbig	cao	1,—	1,—
2340	1 L	mehrfarbig	cap	1,50	1,20
2341	1.20 L	mehrfarbig	car	2,—	1,80
		Satzpreis (4 W.)		5,—	4,50
		FDC			5,50

Auflage: 18 000 Sätze

1987, 29. Aug. Leichtathletik-Weltmeisterschaften, Rom. Odr.; gez. K 12½:12¼.

cas) Hammerwerfen

cat) Laufen   cau) Kugelstoßen

2342	30 Q	mehrfarbig	cas	0,50	0,50
2343	90 Q	mehrfarbig	cat	1,50	1,—
2344	1.10 L	mehrfarbig	cau	1,50	1,20
		Satzpreis (3 W.)		3,50	2,60
		FDC			4,—

Blockausgabe, gez. Ks 12¼:12.

cav) Weltkugel, Siegerpodest, Läufer

caw

2345	1.90 L	mehrfarbig	cav	2,50	2,50
Block 89	(85×60 mm)		caw	4,—	4,—
		FDC			4,50

Auflagen: 17 000 Sätze, Block 89 = 17 000 Blocks

1987, 20. Sept. Bedeutende Persönlichkeiten. Odr.; gez. K 12.

cax) Themistokli Germenji (1871–1917), Schriftsteller und Politiker

cay) Bajram Curri (1862–1925), Politiker   caz) Aleks Stavre Drenova (1872–1947), Dichter   cba) Gjerasim D. Qiriazi (1861–1894), Lehrer und Publizist

2346	30 Q	mehrfarbig	cax	0,30	0,20
2347	80 Q	mehrfarbig	cay	1,20	0,50
2348	90 Q	mehrfarbig	caz	1,50	1,—
2349	1.30 L	mehrfarbig	cba	2,50	1,80
		Satzpreis (4 W.)		5,50	3,50
		FDC			6,—

Auflage: 14 000 Sätze

Mehr wissen mit MICHEL

Albanien

1987, 22. Okt. Kongreß des Verbandes der Albanischen Arbeiterjugend (BRPSH). Odr.; gez. K 12.

cbb) Verbandsemblem

2350	1.20 L	mehrfarbig .... cbb	6,—	5,—
		FDC		7,—

Auflage: 12 000 Stück

1987, 28. Nov. 75 Jahre Unabhängigkeit. Odr.; gez. K 12.

cbc) Staatsflagge

2351	1.20 L	mehrfarbig .... cbc	7,—	5,—
		FDC		7,—

Auflage: 12 000 Stück

1987, 5. Dez. 75 Jahre Postverwaltung. Odr.; gez. K 12.

cbd) Postdienst   cbe) Staatswappen

2352	90 Q	mehrfarbig .... cbd	7,—	5,—
2353	1.20 L	mehrfarbig .... cbe	10,—	10,—
		Satzpreis (2 W.)	17,—	15,—
		FDC		22,—

Auflage: 12 000 Sätze

1988

1988, 10. März. Bedeutende Persönlichkeiten. Odr.; gez. K 12.

 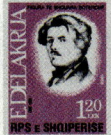

cbf) Lord George Byron (1788–1824), englischer Dichter

cbg) Eugène Delacroix (1798–1863), französischer Maler und Graphiker

2354	30 Q	gelblichorange/schwarz .... cbf	5,—	4,—
2355	1.20 L	rötlichlila/schwarz .... cbg	20,—	16,—
		Satzpreis (2 W.)	25,—	20,—
		FDC		25,—

Auflage: 10 000 Sätze

1988, 7. April. 40 Jahre Weltgesundheitsorganisation (WHO). Odr.; gez. K 12.

cbh) Strommast, Wasserhahn, Ortschaft, Ähren, Emblem

2356	90 Q	mehrfarbig .... cbh	28,—	24,—
2357	1.20 L	mehrfarbig .... cbh	38,—	32,—
		Satzpreis (2 W.)	65,—	55,—
		FDC		65,—

Auflage: 6 000 Sätze

1988, 20. Mai. Pflanzen. Odr.; gez. K 12.

cbi) Sideritis raeseri
cbk) Lunaria telekiana
cbl) Sanguisorba albanica

2358	30 Q	mehrfarbig .... cbi	10,—	6,—
2359	90 Q	mehrfarbig .... cbk	20,—	14,—
2360	2.10 L	mehrfarbig .... cbl	30,—	20,—
		Satzpreis (3 W.)	60,—	40,—
		FDC		50,—

MiNr. 2358–2360 wurden waagerecht zusammenhängend, MiNr. 2358 und 2359 auch einzeln in Bogen gedruckt. MiNr. 2358–2360 wurden auch im Markenheftchen (MH 3) ausgegeben.

Auflage: 12 000 Sätze, davon 7850 aus Markenheftchen

1988, 6. Juni. Kongreß des Albanischen Frauenverbandes (BGSH), Tirana. Odr.; gez. K 12.

cbm) Frau mit Buch, Staatsflagge, Gebäude

2361	90 Q	mehrfarbig .... cbm	12,—	10,—
		FDC		16,—

Auflage: 8 000 Stück

1988, 10. Juni. Fußball-Europameisterschaft, Bundesrepublik Deutschland. Odr.; gez. K 12.

cbn   cbo   cbp

cbn–cbp) Spielszenen, Weltkugel

2362	30 Q	mehrfarbig .... cbn	2,—	2,—
2363	80 Q	mehrfarbig .... cbo	3,—	3,—
2364	1.20 L	mehrfarbig .... cbp	5,—	5,—
		Satzpreis (3 W.)	10,—	10,—
		FDC		15,—

Die MICHEL-Redaktion nimmt keine Markenprüfungen vor!

Blockausgabe, ☐

cbr) Torwart, Marken Albanien MiNr. 2362–2364, Weltkugeln

Block 90	1.90 L	mehrfarbig (79 × 70 mm)	cbr	12,—	12,—
			FDC		15,—

Größentoleranzen sind bekannt.

Auflagen: 12 000 Sätze, Block 90 = 12 000 Blocks

1988, 10. Juni. 110 Jahre Liga von Prizren. Odr.; gez. K 12.

cbs) Hände   cbt) Haus

2365	30 Q	mehrfarbig	cbs	40,—	40,—
2366	1.20 L	mehrfarbig	cbt	70,—	70,—
		Satzpreis (2 W.)		110,—	110,—
			FDC		130,—

Auflage: 4 000 Sätze

1988, 10. Juli. 45 Jahre Albanische Volksarmee. Odr.; gez. K 12.

cbu) Volksarmist, bewaffnete Frau, Staatsflagge   cbv) Volksarmee-Denkmal, Partisanen, Labinot-Haus

2367	60 Q	mehrfarbig	cbu	40,—	40,—
2368	90 Q	mehrfarbig	cbv	70,—	70,—
		Satzpreis (2 W.)		110,—	110,—
			FDC		120,—

Auflage: 4 000 Sätze

1988, 15. Aug. Bedeutende Persönlichkeiten. Odr.; gez. K 12.

cbw) Mihal Grameno (1871–1931), Schriftsteller und Freiheitskämpfer   cbx) Bajo Topulli (1868–1930), Freiheitskämpfer   cby) Murat Toptani (1868–1917), Bildhauer und Dichter   cbz) Jul Variboba (18. Jh.), Dichter

2369	30 Q	mehrfarbig	cbw	15,—	15,—
2370	90 Q	mehrfarbig	cbx	25,—	25,—
2371	1 L	mehrfarbig	cby	30,—	30,—
2372	1.20 L	mehrfarbig	cbz	40,—	40,—
		Satzpreis (4 W.)		110,—	110,—
			FDC		140,—

Auflage: 4 000 Sätze

1988, 26. Aug. 50. Todestag von Migjeni. Odr.; gez. K 12.

cca) Migjeni, eigentl. Millosh Gjergj Nikolla (1911–1938), Dichter und Schriftsteller

2373	90 Q	silber/rotbraun	cca	12,—	12,—
			FDC		15,—

Auflage: 8 000 Stück

1988, 5. Sept. Balladen. Odr.; gez. K 12¼.

ccb) Dede Skurra   ccc) Der junge Omer   ccd) Gjergj Elez Alia

ccb–ccd) Szenen aus Kinderballaden

2374	30 Q	schwarz/grau	ccb	10,—	8,—
2375	90 Q	schwarz/grau	ccc	25,—	22,—
2376	1.20 L	schwarz/grau	ccd	30,—	25,—
		Satzpreis (3 W.)		65,—	55,—
			FDC		80,—

Auflage: 7 000 Sätze

1988, 6. Okt. Nationales Folklorefestival, Gjirokastër. Odr.; gez. K 12.

cce) Hochzeitszeremonie in der Mirditë   ccf) Hochzeitszeremonie in Gjirokastër

2377	30 Q	mehrfarbig	cce	30,—	30,—
2378	1.20 L	mehrfarbig	ccf	110,—	90,—
		Satzpreis (2 W.)		140,—	120,—
			FDC		160,—

Auflage: 7 000 Sätze

1988, 16. Okt. 80. Geburtstag von Enver Hoxha. Odr.; MiNr. 2379 gez. K 12¼:12½, MiNr. 2380 ~.

ccg) E. Hoxha (1908–1985), Generalsekretär der Albanischen Arbeiterpartei und Oberbefehlshaber der Volksarmee   cch) Enver-Hoxha-Museum

2379	90 Q	mehrfarbig	ccg	5,—	5,—
2380	1.20 L	mehrfarbig	cch	7,50	7,50
		Satzpreis (2 W.)		12,—	12,—
			FDC		17,—

Auflage: 10 000 Sätze

Albanien

1988, 14. Nov. 80. Jahrestag des Kongresses von Monastir. Odr.; gez. K 12.

cci) Papierbogen mit Inschrift, Staatswappen
cck) Kongreßgebäude, aufgeschlagenes Buch

2381	60 Q	mehrfarbig	cci	25,—	22,—
2382	90 Q	mehrfarbig	cck	40,—	35,—
			Satzpreis (2 W.)	65,—	55,—
			FDC		65,—

Auflage: 6 000 Sätze

1989, 10. März. Archäologische Funde. Odr.; gez. K 12¼.

ccr) Illyrische Grabstätte (3. Jh. v. Chr.)
ccs) Krieger; Teil einer Gürtelschnalle (3. Jh. v. Chr.)
cct) Ring mit Kopf eines Farbigen (3. Jh. v. Chr.)

2388	30 Q	mehrfarbig	ccr	0,30	0,20
2389	90 Q	schwarz/grüngrau	ccs	1,20	1,—
2390	2.10 L	mehrfarbig	cct	2,—	1,80
			Satzpreis (3 W.)	3,50	3,—
			FDC		4,—

Auflage: 18 000 Sätze

1989

1989, 28. Febr. Entwicklung des Eisenbahnwesens in Albanien. Odr.; gez. K 12½:12.

ccl

ccm ccn

cco ccp

ccl–ccp) Lokomotiven, Landkarte Albaniens mit Ausbau des Streckennetzes (seit 1947)

2383	30 Q	mehrfarbig	ccl	0,30	0,20
2384	90 Q	mehrfarbig	ccm	1,—	0,50
2385	1.20 L	mehrfarbig	ccn	1,20	0,80
2386	1.80 L	mehrfarbig	cco	2,—	1,—
2387	2.40 L	mehrfarbig	ccp	4,50	2,—
			Satzpreis (5 W.)	9,—	4,50
			FDC		5,50

Auflage: 40 000 Sätze

1989, 5. April. Folklore. Odr.; gez. K 12:12½.

ccu

ccv ccw ccx

ccu–ccx) Szenen aus der Ballade „Kostandini und Doruntina"

2391	30 Q	mehrfarbig	ccu	0,50	0,30
2392	80 Q	mehrfarbig	ccv	1,—	0,70
2393	1 L	mehrfarbig	ccw	1,—	1,—
2394	1.20 L	mehrfarbig	ccx	1,50	1,50
			Satzpreis (4 W.)	4,—	3,50
			FDC		5,—

Auflage: 20 000 Sätze

1989, 10. Mai. Pflanzen. Odr. gez. K 12.

ccy) Aster albanicus
ccz) Orchis x paparisti
cda) Orchis albanica

2395	30 Q	mehrfarbig	ccy	0,30	0,20
2396	90 Q	mehrfarbig	ccz	1,20	1,—
2397	2.10 L	mehrfarbig	cda	2,—	1,80
			Satzpreis (3 W.)	3,50	3,—
			FDC		4,—

Auflage: 30 000 Sätze

Für jeden Deutschland-Sammler:

Der neue

MICHEL-Deutschland-Katalog

Albanien

1989, 3. Juni. Berühmte Persönlichkeiten. Odr.; gez. K 12.

cdb) Johann Strauß (Sohn) (1825-1899), österreichischer Komponist
cdc) Marie Curie (1867–1934), polnisch/französische Chemikerin, Nobelpreisträgerin
cdd) Federico Garcia Lorca (1898-1936), spanischer Dichter
cde) Albert Einstein (1879-1955), deutsch/amerikanischer Physiker, Nobelpreisträger

2398	30 Q	gold/schwarzbraun	cdb	0,50	0,20
2399	80 Q	gold/schwarzbraun	cdc	1,—	0,70
2400	1 L	gold/schwarzbraun	cdd	1,50	1,20
2401	1.20 L	gold/schwarzbraun	cde	2,—	1,70
		Satzpreis (4 W.)		5,—	3,80
		Viererblock		7,50	6,50
		FDC			9,—

MiNr. 2398–2401 wurden in Viererblockanordnung zusammenhängend, MiNr. 2398–2400 auch einzeln gedruckt.

Auflage: 18 000 Sätze

1989, 26. Juni. Kongreß der Albanischen Demokratischen Front (FDSH). Odr.; gez. K 12.

cdf) Menschen, Staatsflagge

| 2402 | 1.20 L | mehrfarbig | cdf | 9,— | 5,— |
| | | FDC | | | 7,50 |

Auflage: 10 000 Stück

1989, 7. Juli. 200. Jahrestag der Französischen Revolution. Odr.; gez. K 12½:12¼.

cdg) Erstürmung der Bastille (1789)
cdh) Aufbruch der Freiwilligen im Krieg gegen Österreich (1792)

2403	90 Q	mehrfarbig	cdg	0,70	0,50
2404	1.20 L	mehrfarbig	cdh	1,30	0,80
		Satzpreis (2 W.)		2,—	1,30
		FDC			2,—

Auflage: 30 000 Sätze

1989, 25. Juli. Geschichte der Schifffahrt. Odr.; gez. K 12.

cdi) Illyrische Galeere

cdk) Zweimastschiff
cdl) Dreimastschoner
cdm) Frachtschiff

2405	30 Q	mehrfarbig	cdi	0,50	0,20
2406	80 Q	mehrfarbig	cdk	1,—	0,80
2407	90 Q	mehrfarbig	cdl	1,—	1,—
2408	1.30 L	mehrfarbig	cdm	1,50	1,50
		Satzpreis (4 W.)		4,—	3,50
		FDC			4,50

Auflage: 40 000 Sätze

1989, 30. Aug. Bedeutende Persönlichkeiten. Odr.; gez. K 12.

cdn) Pjetër Bogdani (1625–1689), Schriftsteller
cdo) Gavril Dara jr. (1826–1889), Dichter
cdp) Thimi Mitko (1820–1890), Schriftsteller
cdr) Kole Idromeno (1860–1939), Maler

2409	30 Q	mehrfarbig	cdn	0,20	0,20
2410	80 Q	mehrfarbig	cdo	0,70	0,50
2411	90 Q	mehrfarbig	cdp	1,30	0,80
2412	1.30 L	mehrfarbig	cdr	1,80	1,—
		Satzpreis (4 W.)		4,—	2,50
		FDC			4,—

Auflage: 20 000 Sätze

1989, 28. Sept. 125. Jahrestag der Gründung der Ersten Internationale. Odr.; gez. K 12.

cds) Karl Marx und Friedrich Engels, Demonstrierende
cdt) Arbeiterdenkmal, Menschen, Fabrik

2413	90 Q	mehrfarbig	cds	1,—	0,50
2414	1.20 L	mehrfarbig	cdt	1,50	0,70
		Satzpreis (2 W.)		2,50	1,20
		FDC			2,50

Auflage: 30 000 Sätze

1989, 27. Okt. Nationale Spartakiade. Odr.; gez. K 12¼:12½.

cdu) Kunstturnen

Albanien

cdv) Fußball   cdw) Radrennfahren   cdx) Laufen

2415	30 Q	mehrfarbig	cdu	0,30	0,20
2416	80 Q	mehrfarbig	cdv	0,70	0,50
2417	1 L	mehrfarbig	cdw	0,80	0,60
2418	1.20 L	mehrfarbig	cdx	1,20	1,—
		Satzpreis (4 W.)		3,—	2,20
		FDC			3,20

Auflage: 40 000 Sätze

1989, 27. Nov. 45. Jahrestag der Befreiung. Odr.; gez. K 12¼:12½.

cdy) Volksarmist

cdz) Inschrift   cea) Staatswappen   ceb) Mann und Frau

2419	30 Q	mehrfarbig	cdy	0,50	0,20
2420	80 Q	mehrfarbig	cdz	1,—	0,50
2421	1 L	mehrfarbig	cea	1,—	0,70
2422	1.20 L	mehrfarbig	ceb	1,50	1,20
		Satzpreis (4 W.)		4,—	2,60
		FDC			4,—

MiNr. 2419–2422 wurden einzeln und MiNr. 2419–2421 auch waagerecht zusammenhängenc gedruckt.
MiNr. 2419–2422 wurden auch im Markenheftchen (MH 4) ausgegeben.

2419 F I	Farbe schwarz fehlend	50,—
2419 F II	Farbe gold fehlend	50,—
2420 F I	Farbe schwarz fehlend	50,—
2420 F II	Farbe gold fehlend	50,—
2421 F I	Farbe schwarz fehlend	50,—
2421 F II	Farbe gold fehlend	50,—
2422 F I	Farbe schwarz fehlend	50,—
2422 F II	Farbe gold fehlend	50,—

Auflage: 30 000 Sätze

> Alle Zuschriften, auch E-Mails, Fax etc., werden aufmerksam gelesen, aber nicht immer beantwortet. Anfragen, die ausschließlich im eigenen Interesse gestellt werden, beantworten wir in aller Regel nur dann, wenn Rückporto (Ausland Antwortschein) beiliegt.

1990

1990, 15. März. Weltweiter Naturschutz: Gemse. Odr.; gez. K 12.

cec
ced

cee
cef

cec–cef) Gemse (Rupicapra rupicapra)

2423	10 Q	mehrfarbig	cec	0,30	0,20
2424	30 Q	mehrfarbig	ced	0,70	0,30
2425	80 Q	mehrfarbig	cee	2,—	1,—
2426	90 Q	mehrfarbig	cef	2,—	1,50
		Satzpreis (4 W.)		5,—	3,—
		Viererblock		6,—	6,—
		FDC			9,—

MiNr. 2423–2426 wurden in Viererblockanordnung zusammenhängend gedruckt.
MiNr. 2423–2425 wurden auch in Bogen zu je 40 Marken gedruckt.

2423 I	zusätzliche, verstümmelte Buchstaben „ge" oben rechts unter „L" (Feld 16, 17, 26, 27, 36, 37)	25,—

Auflage: 150 000 Sätze

1990, 4. April. Masken. Odr.; gez. K 12:12¼.

ceg) Adlerkopfmaske

ceh) Schafskopfmaske   cei) Ziegenkopfmaske   cek) Storchenkopfmaske

2427	30 Q	mehrfarbig	ceg	0,30	0,30
2428	90 Q	mehrfarbig	ceh	0,70	0,50
2429	1.20 L	mehrfarbig	cei	1,—	0,70
2430	1.80 L	mehrfarbig	cek	1,50	1,—
		Satzpreis (4 W.)		3,50	2,50
		FDC			3,60

Auflage: 50 000 Sätze

Albanien · 133

1990, 28. April. Pilze. Odr.; gez. K 12.

cel) Kaiserling (Amanita caesarea)

cem) Großer Schirmling (Macrolepiota procera)
cen) Steinpilz (Boletus edulis)
ceo) Gitterling (Clathrus cancellatus)

2431	30 Q	mehrfarbig	cel	0,20	0,20
2432	90 Q	mehrfarbig	cem	0,70	0,70
2433	1.20 L	mehrfarbig	cen	1,30	1,10
2434	1.80 L	mehrfarbig	ceo	1,80	1,50
		Satzpreis (4 W.)		4,—	3,50
		FDC			5,—

Auflage: 60 000 Sätze

1990, 6. Mai. 150 Jahre Briefmarken. Odr.; gez. K 12.

cep) Briefmarkensammler, Lupe
cer) Postreiter auf Brücke, Lupe
ces) Postkutsche in London, Lupe

2435	90 Q	mehrfarbig	cep	0,70	0,50
2436	1.20 L	mehrfarbig	cer	1,—	1,—
2437	1.80 L	mehrfarbig	ces	2,—	1,70
		Satzpreis (3 W.)		3,60	3,20
		FDC			5,—

MiNr. 2435–2436 wurden auch waagerecht zusammenhängend im Bogen gedruckt. MiNr. 2435–2437 wurden auch im Markenheftchen (MH 5) ausgegeben.

Auflage: 40 000 Sätze, davon 15 000 aus Markenheftchen

1990, Juni. Fußball-Weltmeisterschaft, Italien. Odr.; gez. K 12.

cet ceu cev

cet–cew) WM-Maskottchen „Ciao"

2438	30 Q	mehrfarbig	cet	0,30	0,30
2439	90 Q	mehrfarbig	ceu	0,70	0,70
2440	1.20 L	mehrfarbig	cev	1,20	1,—
		Satzpreis (3 W.)		2,20	2,—
		FDC			2,60

Eine Notierung in Schrägschrift bedeutet, daß die Bewertungsunterlagen für eine eindeutige Preisfestsetzung nicht ausreichen.

Blockausgabe, ☐

cew

Block 91	3.30 L	mehrfarbig (80×61 mm)	cew	3,50	3,50
		FDC			4,50

Auflagen: je 40 000 Stück, Block 91 = 40 000 Blocks

1990, 27. Juli. 100. Todestag von Vincent van Gogh. Odr.; gez. K 12.

cex cey cez

cex–cfa) Gemälde von Vincent van Gogh (1853–1890), niederländischer Maler

2441	30 Q	mehrfarbig	cex	0,40	0,40
2442	90 Q	mehrfarbig	cey	0,80	0,80
2443	2.10 L	mehrfarbig	cez	1,80	1,80
		Satzpreis (3 W.)		3,—	3,—
		FDC			3,50

Blockausgabe

cfa

Block 92	2.40 L	mehrfarbig (88×73 mm)	cfa	3,—	3,—
		FDC			4,20

Auflagen: je 45 000 Stück, Block 92 = 45 000 Blocks

1990, 30. Aug. Folklore: Heldenepos „Gjergj Elez Alia". Odr.; gez. K 12½:12.

cfb cfc

Albanien

cfd

cfe

cfb–cfe) Illustrationen zu dem Heldenepos „Gjergj Elez Alia".

2444	30 Q	mehrfarbig	cfb	0,30	0,20
2445	90 Q	mehrfarbig	cfc	0,70	0,50
2446	1.20 L	mehrfarbig	cfd	1,—	0,80
2447	1.80 L	mehrfarbig	cfe	1,50	1,—
			Satzpreis (4 W.)	3,50	2,50
			FDC		4,—

Auflage: 40 000 Sätze

1990, 20. Sept. 2400 Jahre Stadt Berat. Odr.; gez. K 12¼:12½.

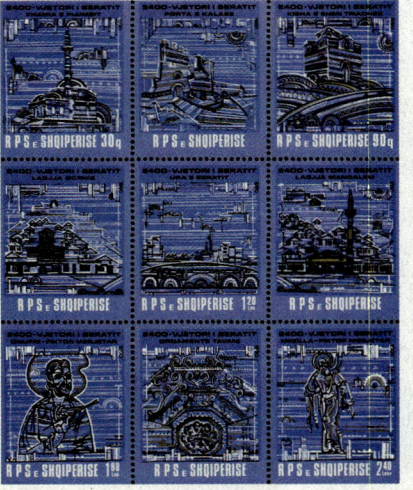

cff
Zierfeld
cfg

Zierfeld
cfh
Zierfeld

cfi
Zierfeld
cfk

cff–cfk) Sehenswürdigkeiten der Stadt

2448	30 Q	mehrfarbig	cff	0,10	0,10
2449	90 Q	mehrfarbig	cfg	0,50	0,50
2450	1.20 L	mehrfarbig	cfh	0,60	0,60
2451	1.80 L	mehrfarbig	cfi	1,—	1,—
2452	2.40 L	mehrfarbig	cfk	1,20	1,20
			Satzpreis (5 W.)	3,40	3,40
			Neunerblock	5,—	5,—
			FDC		4,50

MiNr. 2448–2452 wurden schachbrettartig mit 4 Zierfeldern in Neunerblockanordnung zusammenhängend gedruckt. Es wurden auch Verkaufspackungen mit diesem Neunerblock herausgegeben.
MiNr. 2449 wurde auch im Bogen zu 42 Marken gedruckt.

Auflagen: 25 000 Sätze

1990, 20. Okt. Berühmte Illyrer. Odr.; gez. K 12.

cfl) Pirroja   cfm) Teuta   cfn) Bato   cfo) Bardhyli

2453	30 Q	schwarz	cfl	0,20	0,20
2454	90 Q	schwarz	cfm	0,60	0,60
2455	1.20 L	schwarz	cfn	0,70	0,70
2456	1.80 L	schwarz	cfo	1,—	1,—
			Satzpreis (4 W.)	2,50	2,50
			FDC		3,—

Auflage: 40 000 Sätze

1990, 30. Okt. Internationales Jahr der Alphabetisierung. Odr.; gez. K 12.

cfp) Erdkugel aus Büchern, Schulgebäude

2457	90 Q	mehrfarbig	cfp	0,70	0,70
2458	1.20 L	mehrfarbig		1,—	1,—
			Satzpreis (2 W.)	1,70	1,70
			FDC		2,—

Auflage: 40 000 Sätze

1990, 30. Nov. Albanien und Albaner als Gegenstand der Kunst. Odr.; gez. K 12¼:12½.

cfr) Albanischer Reiter; Gemälde von E. Delacroix (1798–1863)
cfs) Albanerin; Gemälde von J.P.C. Corot (1796–1875)
cft) Skanderbeg; Gemälde eines unbekannten Künstlers

2459	30 Q	mehrfarbig	cfr	0,30	0,20
2460	1.20 L	mehrfarbig	cfs	0,90	0,70
2461	1.80 L	mehrfarbig	cft	1,30	1,10
			Satzpreis (3 W.)	2,50	2,—
			FDC		2,50

Auflage: 40 000 Sätze

1991

1991, 23. Jan. Bedeutende Persönlichkeiten. Odr.; gez. K 12:12½.

cfu   cfv

cfu–cfv) Isa Boletini (1864–1916), Freiheitskämpfer

2462	90 Q	mehrfarbig	cfu	0,60	0,50
2463	1.20 L	mehrfarbig	cfv	0,90	0,70
			Satzpreis (2 W.)	1,50	1,20
			FDC		2,—

Albanien 135

1991, 30. Jan. 800. Jahrestag der Gründung des ersten albanischen Staates (1990). Odr.; gez. K 12.

cfw) Wappentier

2464	90 Q	mehrfarbig	cfw	0,60	0,50
2465	1,20 L	mehrfarbig	cfw	0,90	0,70
		Satzpreis (2 W.)		1,50	1,20
		FDC			2,—

Auflage: 40 000 Sätze

1991, 25. Febr. 150. Geburtstag von Pierre Auguste Renoir. Odr.; gez. K 12¼:12½, Querformate ~.

cfx) Lesendes Mädchen

cfy) Auf der Schaukel   cfz) Die Rudergesellschaft   cga) Stilleben

cfx–cgb) Gemälde von P. A. Renoir (1841–1919), französischer Maler

2466	30 Q	mehrfarbig	cfx	0,50	0,20
2467	90 Q	mehrfarbig	cfy	0,80	0,70
2468	1,20 L	mehrfarbig	cfz	1,20	1,—
2469	1,80 L	mehrfarbig	cga	2,—	1,70
		Satzpreis (4 W.)		4,50	3,60
		FDC			5,—

Blockausgabe, ☐

cgb) Selbstporträt (1910)

| Block 93 | 3 L | mehrfarbig (95×75 mm) | cgb | 4,— | 4,— |
| | | FDC | | | 5,— |

| Block 93 F | Farbe Schwarz fehlend | | —,— |

Für jeden Sammler hat MICHEL den richtigen Katalog. Fordern Sie bitte unser Verlagsverzeichnis an!

1991, 15. März. Blühende Pflanzen. Odr.; gez. K 12:12¼.

cgc) Albanische Zistrose (Cistus albanicus)   cgd) Klee (Trifolium pilczii adam)   cge) Albanische Lilie (Lilium albanicum)

2470	30 Q	mehrfarbig	cgc	0,30	0,30
2471	90 Q	mehrfarbig	cgd	0,90	0,80
2472	1,80 L	mehrfarbig	cge	1,50	1,40
		Satzpreis (3 W.)		2,60	2,50
		FDC			3,—

Republik

1991, 30. Sept. Folklore. Odr.; gez. K 12:12¼.

cgf

cgg   cgh   cgi

cgf–cgi) Darstellungen zur Rozafa-Legende

2473	30 Q	mehrfarbig	cgf	0,20	0,20
2474	90 Q	mehrfarbig	cgg	0,60	0,50
2475	1,20 L	mehrfarbig	cgh	1,—	0,70
2476	1,80 L	mehrfarbig	cgi	1,40	1,10
		Satzpreis (4 W.)		3,20	2,50
		FDC			4,—

Auflage: 30 000 Sätze

1991, 5. Okt. 200. Todestag von Wolfgang Amadeus Mozart. Odr.; gez. K 12.

cgk   cgl   cgm

cgk–cgm) W. A. Mozart (1756–1791), österr. Komponist; Partituren

Albanien

2477	90 Q	mehrfarbig	cgk	0,70	0,50
2478	1.20 L	mehrfarbig	cgl	1,10	0,80
2479	1.80 L	mehrfarbig	cgm	1,90	1,40
		Satzpreis (3 W.)		3,60	2,60
		FDC			3,50

Blockausgabe, □

cgn) Mozartplakette, Partitur

Block 94	3 L	mehrfarbig (89×69 mm) . cgn		6,—	6,—
		FDC			7,—

✈ 1991, 29. Nov. Entwicklung der Luftfahrt. Odr.; gez. K 12¼.

cgo) Gleiter von Otto Lilienthal (1896)   cgp) Flugapparat „Avion III" von C. Ader (1897)

cgr) Motorflugzeug „Flyer I" der Gebr. Wright (1903)   cgs) Überschallflugzeug „Concorde" (1969)

cgt) Überschallflugzeug „TU 144" (1968) von Tupolew   cgu) Flugzeug „DO-31 E" von Dornier

2480	30 Q	mehrfarbig	cgo	0,30	0,30
2481	80 Q	mehrfarbig	cgp	0,50	0,40
2482	90 Q	mehrfarbig	cgr	0,70	0,60
2483	1.20 L	mehrfarbig	cgs	1,—	0,70
2484	1.80 L	mehrfarbig	cgt	1,—	0,70
2485	2.40 L	mehrfarbig	cgu	1,50	1,50
		Satzpreis (6 W.)		5,—	4,20
		2 FDC			6,—

Auflage: 40 000 Sätze

★★ = Ungebraucht mit Originalgummi (postfrisch)

⊙ = Mit Poststempel gebraucht

1991, 25. Nov. Berühmte Seefahrer. Odr.; gez. K 12½.

cgv) Vitus J. Bering (1680–1741), dänischer Seefahrer

cgw) Christoph Kolumbus (1451–1506), ital.-span. Seefahrer   cgx) Fernão de Magalhaes (1480–1521), port. Seefahrer

2486	30 Q	mehrfarbig	cgv	0,30	0,20
2487	90 Q	mehrfarbig	cgw	0,70	0,40
2488	1.80 L	mehrfarbig	cgx	1,50	0,90
		Satzpreis (3 W.)		2,50	1,50
		FDC			2,—

Auflage: 35 000 Sätze

1992

1992, 15. Febr. Olympische Winterspiele, Albertville. Odr.; gez. K 12¼:12½.

cgy) Skispringen

cgz) Skilaufen   cha) Eistanzen   chb) Rodeln

2489	30 Q	mehrfarbig	cgy	0,30	0,30
2490	90 Q	mehrfarbig	cgz	0,70	0,60
2491	1.20 L	mehrfarbig	cha	1,—	0,80
2492	1.80 L	mehrfarbig	chb	1,50	1,30
		Satzpreis (4 W.)		3,50	3,—
		FDC			3,50

Auflage: 30 000 Sätze3

1992, 31. März. Aufnahme in die Konferenz für Sicherheit und Zusammenarbeit in Europa (KSZE) (1991). Odr.; gez. K 12½:12¼.

chc) Europa als Friedensgöttin   chd) Europäischer Kontinent, albanische Flagge

Albanien

2493	90 Q	mehrbarbig .... chc	1,10	1,10
2494	1.20 L	mehrfarbig .... chd	1,40	1,40
		Satzpreis (2 W.)	2,50	2,50
		FDC		3,50
		Satzpreis (2493 Zf–2494 Zf)	4,50	4,50
		Kleinbogen I	9,—	9,—
		Kleinbogen II	15,—	15,—

MiNr. 2493 wurde auch im Kleinbogen I zu 8 Werten gedruckt.
MiNr. 2493–2494 wurden zu je 5 Werten mit 2 Zierfeldern im Kleinbogen II zusammenhängend gedruckt.

2493 F	Farbe blau fehlend	—,—

Auflage: 138 500 Sätze

1992, 15. April. Aufnahme in die Europäische Konferenz der Verwaltungen für Post- und Fernmeldewesen (CEPT) (1991) Odr.; gez. K 12½:12¼.

che) CEPT-Emblem   chf) CEPT-Emblem

2495	90 Q	mehrbarbig .... che	1,10	1,10
2496	1.20 L	mehrfarbig .... chf	1,40	1,40
		Satzpreis (2 W.)	2,50	2,50
		FDC		2,50
		Kleinbogen	13,—	13,—

MiNr. 2495–2496 wurden zu je 5 Werten mit 2 Zierfeldern im Kleinbogen zusammenhängend gedruckt, Zierfelder mit Fehlfarbe dunkelgelbocker sind bekannt.
MiNr. 2495 wurde auch im Bogen zu 2×8 Marken, senkrecht getrennt durch 2 Leerfelder, gedruckt.

Auflage: 179 500 Sätze

1992, 5. Mai. Märtyrer-Tag. Odr.; gez. K 12:12¼, Querformat ~.

chg) Freiheitsflamme   chh) Blumenstrauß

2497	90 Q	mehrbarbig .... chg	0,50	0,50
2498	4.10 L	mehrfarbig .... chh	2,50	2,—
		Satzpreis (2 W.)	3,—	2,50
		FDC		3,20

Auflage: 50 000 Sätze

1992, 10. Juni. Fußball-Europameisterschaft, Schweden. Odr.; gez. K 12.

chi   chk   chl

chi–chl) Spielszenen (Piktogramme)

2499	30 Q	mehrbarbig .... chi	0,50	0,30
2500	90 Q	mehrfarbig .... chk	1,—	0,70
2501	10.80 L	mehrfarbig .... chl	6,—	5,—
		Satzpreis (3 W.)	7,50	6,—
		FDC		9,—

Blockausgabe, □

chm) Fußballspieler (Piktogramm)

Block 95	5 L	mehrfarbig (91×69 mm) . chm	3,50	3,50
		FDC		6,—

Auflagen: 30 000 Sätze, Block 95 = 30 000 Blocks

1992, 14. Juni. Olympische Sommerspiele, Barcelona. Odr.; gez. K 12.

chn) Tennis   cho) Baseball   chp) Tischtennis

2502	30 Q	mehrbarbig .... chn	0,40	0,20
2503	90 Q	mehrfarbig .... cho	1,20	0,80
2504	1.80 L	mehrfarbig .... chp	2,40	1,80
		Satzpreis (3 W.)	4,—	2,80
		FDC		4,50

In der MICHEL-Rundschau werden Marken nur katalogisiert, wenn sie der Redaktion im Original vorgelegen haben. Oftmals ist es schwierig, Neuausgaben fristgerecht zu erhalten. Aus diesem Grunde müssen Katalogisierungen manchmal zurückgestellt werden.

Albanien

Blockausgabe

chr) Fackellauf

Block 96	5 L	mehrfarbig (90×70 mm)	chr	4,—	4,—
			FDC		6,—

Auflagen: 30 000 Sätze, Block 96 = 30 000 Blocks

1992, 10. Juli. „Europa entgegen". Odr.; gez. K 12:12¼.

chs) Landkarte Europas, Friedenstaube

2505	1.20 L	mehrfarbig	chs	1,20	1,—
			FDC		1,50

Auflage: 30 000 Stück

1992, 10. Aug. Pferderassen in Albanien. Odr.; gez. K 12.

cht) Vendit

chu) Nonius   chv) Araber   chw) Haflinger

2506	30 Q	mehrfarbig	cht	0,30	0,30
2507	90 Q	mehrfarbig	chu	0,50	0,50
2508	1.20 L	mehrfarbig	chv	0,70	0,70
2509	10.60 L	mehrfarbig	chw	6,50	5,50
		Satzpreis (4 W.)		8,—	7,—
		FDC			5,—

Auflage: 40 000 Sätze

1992, 18. Sept. Europa: 500. Jahrestag der Entdeckung Amerikas. Odr.; gez. K 12.

chx) Kolumbus am Kai vor seinen Karavellen
chy) Kolumbus trifft auf Guanahani die ersten Eingeborenen

2510	60 Q	mehrfarbig	chx	0,50	0,50
2511	3.20 L	mehrfarbig	chy	3,50	3,50
		Satzpreis (2 W.)		4,—	4,—
		FDC			8,—
		Kleinbogensatz (2 Klb.)		40,—	40,—

Blockausgabe, ☐

chz) Amerikanischer Kontinent, Christoph Kolumbus (1451-1506), ital.-span. Seefahrer

Block 97	5 L	mehrfarbig (90×69 mm)	chz	75,—	75,—
			FDC		80,—

MiNr. 2510 und 2511 wurden jeweils in Kleinbogen zu 8 Marken und 1 Zierfeld, MiNr. 2510 zusätzlich in Bogen zu 14 Marken und in ungummierten Bogen zu 100 Marken gedruckt.

Auflagen: MiNr. 2510–2511 je 30 000 Kleinbogen, Block 97 = 50 000 Blocks

1992, 4. Okt. Freimarken: Mutter Teresa. Odr.; gez. K 12:12½.

cia) Mutter Teresa (1910 - 1997), katholische Ordensgründerin, Friedensnobelpreis 1979; mit Kleinkind

2512	40 Q	hellrötlichbraun	cia	0,20	0,20
2513	60 Q	hellgelbbraun	cia	0,20	0,20
2514	1 L	lebhaftviolettblau	cia	0,20	0,20
2515	1.80 L	grau	cia	0,20	0,20
2516	2 L	lebhaftlilarot	cia	0,30	0,30
2517	2.40 L	lebhaftgrün	cia	0,40	0,40
2518	3.20 L	hellblau	cia	0,50	0,50
2519	5.60 L	dunkelgraupurpur	cia	0,80	0,80
2520	7.20 L	lebhaftgrünlicholiv	cia	1,—	1,—
2521	10 L	orange	cia	1,20	1,20
		Satzpreis (10 W.)		5,—	5,—
		FDC			6,—

Auflage: 20 000 Sätze

In gleicher Zeichnung: MiNr. 2535–2537, 2542, 2555

Für unverlangt eingesandte Briefsendungen und Markenvorlagen wird keine Haftung übernommen!

Albanien 139

1993

1993, 25. April. Papstbesuch. Odr.; gez. K 12.

cib) Papst Johannes Paul II. (1920–2005, reg. ab 1978)

2522	16 L	mehrfarbig .... cib	2,50	2,50
		FDC		3,—

Auflage: 30 000 Stück

1993, 2. Mai. Freimarken: MiNr. 2311–2314 und 2317 mit Odr.-Aufdruck.

2523	3 L	auf 10 Q dkl'grünlichblau .. (2311)	0,20	0,20
2524	6.50 L	auf 20 Q orangebraun .... (2312)	0,70	0,70
2525	13 L	auf 30 Q lebhaftrot .... (2313)	2,—	2,—
2526	20 L	auf 90 Q lebhaftviolettultramarin ...... (2317)	3,—	3,—
2527	30 L	auf 50 Q dunkelockerbraun (2314)	4,50	4,50
		Satzpreis (5 W.)	10,—	10,—
		FDC		12,—

Auflage: 20 000 Sätze

1993, 5. Mai. 80 Jahre albanische Briefmarken. Odr.; gez. K 12.

cic) Lef Nosi (1873–1945), erster Postminister Albaniens

| 2528 | 6.50 L | olivgelb/bräunlicholiv ...... cic | 1,— | 1,— |
| | | FDC | | 1,50 |

Auflage: 40 000 Stück

1993, 28. Mai. Europa: Zeitgenössische Kunst: Gemälde. Odr.; gez. K 12.

cid) Der Stein wiegt schwer in seiner Lage; von A. Zajmi

cie) Der grüne Stern; von E. Hila

2529	3 L	mehrfarbig .... cid	1,—	1,—
2530	7 L	mehrfarbig .... cie	4,—	4,—
		Satzpreis (2 W.)	5,—	5,—
		FDC		8,—
		Satzpreis (2529 Zf–2530 Zf)	10,—	10,—
		Kleinbogensatz (2 Klb.)	30,—	30,—

Blockausgabe, ☐

cif) Landschaft; von B. Ahmeti-Peizah

Block 98	20 L	mehrfarbig (116 × 121 mm) cif	7,—	7,—
		FDC		8,50

MiNr. 2529 und 2530 wurden jeweils im Kleinbogen zu 5 Marken und 1 Zierfeld gedruckt. Von MiNr. 2529 sind verschiedene waagerechte und senkrechte Streifen mit allseitigem Bogenrand bekannt.

Auflagen: MiNr. 2529–2530 je 50 000 Kleinbogen, Block 98 = 90 000 Blocks

1993, 20. Juni. Mittelmeerspiele, Agde. Odr.; gez. K 12.

cig) Leichtathletik   cih) Kanurennsport   cii) Radsport

2531	3 L	mehrfarbig .... cig	0,20	0,20
2532	16 L	mehrfarbig .... cih	2,—	2,—
2533	21 L	mehrfarbig cii	2,80	2,80
		Satzpreis (3 W.)	5,—	5,—
		FDC		6,—
2533 F		Farbe hellgraubraun fehlend		45,—

Die Preisnotierungen in den MICHEL-Katalogen gelten für Marken in einwandfreier Qualität. Bei gezähnten Marken muß die Zähnung allseits vollständig sein, bei geschnittenen Marken darf der Schnitt das Markenbild nicht berühren. Postfrische Erhaltung setzt vollkommen unberührte Gummierung voraus, Marken mit Falz dürfen nur einen sauberen Erstfalz haben. Gestempelte Marken sollen eine saubere und möglichst lesbare Abstempelung haben.

Lesen Sie dazu auch die Einführung.

Albanien

Blockausgabe, ☐

cik) Mittelmeerkarte

Block 99	20 L	mehrfarbig (117×86 mm) . cik	3,50	3,50
		FDC		3,50
Block 99 F		Fehlfarbe Rot	—,—	

Auflagen: 20 000 Sätze, Block 99 = 20 000 Blocks

1993, 20. Aug. 350. Todestag von Frank Bardhi. Odr.; gez. K 12¼:12½.

cil) F. Bardhi († 1593), Schriftsteller

2534	6,50 L	braun/chromgelb cil	1,20	1,20
		FDC		1,50

Blockausgabe, ☐

cim) F. Bardhi am Schreibpult

Block 100	20 L	mehrfarbig (95×107 mm) ....cim	4,—	4,—
		FDC		5,—

Auflagen: 20 000 Stück, Block 100 = 20 000 Blocks

Lesen Sie bitte auch das Vorwort!

1994

1994, Juli. Freimarken: Mutter Teresa. Odr.; gez. K 11¾:12½.

cia) Mutter Teresa (1910–1997), katholische Ordensgründerin, Friedensnobelpreis 1979; mit Kleinkind

2535	5 L	blauviolett .... cia	0,20	0,20
2536	18 L	lebhaftorange .... cia	1,30	1,30
2537	25 L	opalgrün .... cia	2,—	2,—
		Satzpreis (3 W.)	3,50	3,50
		FDC		4,50

In gleicher Zeichnung: MiNr. 2512–2521, 2542, 2555

1994, 17. Juli. Fußball-Weltmeisterschaft, USA. Odr.; gez. K 12.

cin) Maskottchen vor WM-Stadion

cio) Maskottchen „Striker" beim Kopfball

2538	42 L	mehrfarbig .... cin	1,20	1,20
2539	68 L	mehrfarbig .... cio	1,80	1,80
		Satzpreis (2 W.)	3,—	3,—
		FDC		4,—

1994, 12. Dez. Europa: Entdeckungen und Erfindungen. Odr.; gez. K 14.

cip) Gjovalin Gjadri, Ingenieur

cir) Karl von Ghega (1802–1860), österreichischer Ingenieur

2540	50 L	mehrfarbig .... cip	2,—	2,—
2541	100 L	mehrfarbig .... cir	3,—	3,—
		Satzpreis (2 W.)	5,—	5,—
		FDC		6,—

Blockausgabe, ☐

cis) Skizze von Verkehrsprojekten

Block 101	150 L	mehrfarbig (60×80 mm) .... cis	5,—	5,—
		FDC		6,—

Albanien

1994. Freimarke: Mutter Teresa. Odr.; gez. K 11¾:12½.

cia) Mutter Teresa (1910–1997), katholische Ordensgründerin, Friedensnobelpreis 1979; mit Kleinkind

| 2542 | 20 L | hellilapurpur | cia | 0,50 | 0,50 |

In gleicher Zeichnung: MiNr. 2512–2521, 2535–2537, 2555

1995

1995, 21. Jan. 150 Geburtstag von Carl Benz. Odr.; gez. K 14.

cit) C. Benz (1844–1929), deutscher Ingenieur und Automobilpionier

ciu) Moderne Mercedes-Limousine („C-Klasse")

civ) „Daimler-Motor-Kutsche" (1886)

ciw) Mercedes-Sport-Cabriolet Typ 540K

2543	5 L	mehrfarbig	cit	0,10	0,10
2544	10 L	mehrfarbig	ciu	0,20	0,20
2545	60 L	mehrfarbig	civ	1,20	1,20
2546	125 L	mehrfarbig	ciw	3,50	3,50
		Satzpreis (4 W.)		5,—	5,—
		FDC			7,—

1995, 26. Jan. Berühmte Komponisten. Odr.; gez. K 12.

cix) Richard Wagner (1813–1883), deutscher Komponist

ciy) Edvard Grieg (1843–1907), norwegischer Komponist

ciz) Charles Gounod (1818–1893), französischer Komponist

cka) Peter Tschaikowsky (1840–1893), russischer Komponist

2547	3 L	gold/braunorange	cix	0,10	0,10
2548	6.50 L	gold/braunorange	ciy	0,20	0,20
2549	11 L	gold/braunorange	ciz	0,30	0,30
2550	20 L	gold/braunorange	cka	0,70	0,70
		Satzpreis (4 W.)		1,30	1,30
		FDC			2,50
		Kleinbogen		2,—	2,—

MiNr. 2547–2550 wurden zusammenhängend im Kleinbogen gedruckt.

1995, 28. Jan. 50. Jahrestag der Befreiung (1994). Odr.; gez. K 14.

ckb) Ornament

| 2551 | 50 L | mehrfarbig | ckb | 1,50 | 1,50 |
| | | FDC | | | 2,— |

1995, 28. Jan. 250. Geburtstag von Ali Pascha Tepelena (1994). Odr.; gez. K 14.

ckc) Ali Tepelena, Pascha von Janina (1744-1822)

| 2552 | 60 L | mehrfarbig | ckc | 1,70 | 1,70 |
| | | FDC | | | 2,50 |

Blockausgabe, ☐

ckd) Verwaltungszentrum Tepelenë

| Block 102 | 100 L | dunkelbraunorange (80×60 mm) | ckd | 3,— | 3,— |
| | | FDC | | | 3,50 |

1995, 2. Febr. 250 Jahre Akademie von Voskopoje (1994). Odr.; gez. K 14.

cke–ckf) Voskopoje im Jahre 1744

2553	42 L	mehrfarbig	cke	1,—	1,—
2554	68 L	mehrfarbig	ckf	1,50	1,50
		Satzpreis (Paar)		3,—	3,—
		FDC			3,50

MiNr. 2553–2554 wurden waagerecht zusammenhängend gedruckt.

Farbschwankungen, die vor allem bei Freimarken-Ausgaben häufig vorkommen, sind Druckabweichungen, die nicht gesondert katalogisiert werden können.

Albanien

1995, 2. Febr. Blockausgabe: 100 Jahre Internationales Olympisches Komitee (IOC) (1994). Odr.; □.

ckg) Erdteile, olympische Ringe und Farben

Block 103	80 L	mehrfarbig (60×80 mm) .... ckg	2,20	2,20
		FDC		3,20

1995. Freimarke: Mutter Teresa. Odr.; gez. K 11¾:12½.

cia) Mutter Teresa (1910–1997), katholische Ordensgründerin, Friedensnobelpreis 1979; mit Kleinkind

| 2555 | 60 L | olivgrün .... cia | 2,— | 2,— |

In gleicher Zeichnung: MiNr. 2512–2521, 2535–2537, 2542

1995, 10. Aug. Europa: Frieden und Freiheit. Odr. (5×2); gez. K 13¼:14.

ckh) Sieg des Friedens   cki) Frieden

2556	50 L	mehrfarbig .... ckh	2,—	2,—
2557	100 L	mehrfarbig .... cki	4,—	4,—
		Satzpreis (2 W.)	6,—	6,—
		FDC		7,—
		Kleinbogensatz (2 Klb.)	60,—	60,—

Blockausgabe, □

ckk) Fortschritt bei der Zivilisation und Demokratisierung

| Block 104 | 150 L | mehrfarbig (80×60 mm) .... ckk | 6,— | 6,— |
| | | FDC | | 8,— |

1995, 20. Aug. Bienen. Odr.; gez. K 12.

ckl   ckm   ckn

ckl–ckn) Honigbiene (Apis mellifica)

2558	5 L	mehrfarbig .... ckl	0,30	0,30
2559	10 L	mehrfarbig .... ckm	0,30	0,30
I		Inschrift „Apicula"		
II		Inschrift „LAT. Apicula"	17,—	17,—
2560	25 L	mehrfarbig .... ckn	1,40	1,40
		Satzpreis (3 W.)	2,—	2,—
		FDC		3,50

1995, 19. Aug. Entdecker. Odr.; gez. K 13¼:14.

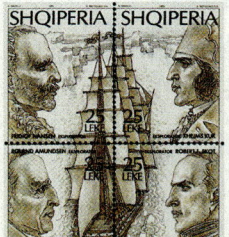

cko) Fridtjof Nansen (1861–1930), norwegischer Polarforscher

ckp) James Cook (1728–1779), englischer Seefahrer

ckr) Roald Amundsen (1872–1928), norwegischer Polarforscher

cks) Robert F. Scott (1868–1912), britischer Polarforscher

2561	25 L	mehrfarbig .... cko	0,70	0,70
2562	25 L	mehrfarbig .... ckp	0,70	0,70
2563	25 L	mehrfarbig .... ckr	0,70	0,70
2564	25 L	mehrfarbig .... cks	0,70	0,70
		Satzpreis (4 W.)	2,80	2,80
		Viererblock	3,—	3,—
		FDC		3,60

MiNr. 2561–2564 wurden in Viererblockanordnung zusammenhängend gedruckt.

1995, 4. Aug. 50 Jahre Vereinte Nationen (UNO). Odr.; gez. K 14:13¼.

ckt   cku

ckt–cku) Jubiläumsemblem, UNO-Hauptquartier New York

2565	2 L	mehrfarbig .... ckt	0,20	0,20
2566	100 L	mehrfarbig .... cku	2,80	2,80
		Satzpreis (2 W.)	3,—	3,—
		FDC		3,60
		Kleinbogensatz (2 Klb.)	30,—	30,—

MiNr. 2565–2566 wurden jeweils im Kleinbogen zu 10 Marken gedruckt.

Papier ph. = phosphoreszierendes Papier
Papier fl. = fluoreszierendes Papier

Albanien 143

1995, 29. Juni. Aufnahme Albaniens in den Europarat. Odr.; gez. K 14:13½.

ckv) Palais de l'Europe, Straßburg
ckw) Albanisches Staatswappen

2567	25 L	mehrfarbig . . . . ckv	0,80	0,80
2568	85 L	mehrfarbig . . . . ckw	3,20	3,20
		Satzpreis (2 W.)	4,—	4,—
		FDC		5,—

1995, 17. Okt. Bekannte Dichter. Odr.; gez. K 13¼:14.

ckx) Paul Eluard (1895–1952), französischer Schriftsteller
cky) Sergej Jessenin (1895–1925), russischer Lyriker

2569	25 L	mehrfarbig . . . . ckx	0,70	0,70
2570	50 L	mehrfarbig . . . . cky	1,40	1,40
		Satzpreis (Paar)	2,20	2,20
		FDC		3,20

MiNr. 2569–2570 wurden waagerecht zusammenhängend gedruckt.

1995, 17. Okt. Jan Kukuzeli. Odr.; gez. K 13¾.

ckz   cla

ckz–clb) Abstrakte Darstellung des byzantinischen Dichters, Pädagogen und Musikers des 11. Jh.

2571	18 L	mehrfarbig . . . . ckz	0,60	0,60
2572	20 L	mehrfarbig . . . . cla	0,60	0,60
		Satzpreis (2 W.)	1,20	1,20
		FDC		2,50

Blockausgabe, ☐

clb

Block 105	100 L	mehrfarbig		
		(80×80 mm) . . . . clb	3,—	3,—
		FDC		4,—

1995, 17. Okt. 20 Jahre Internationale Tourismusorganisation (WTO): Siedlungsarchitektur. Odr.; gez. K 13½:14.

clc) Berat Kruja   cld) Shkodra   cle) Gjirokastra

2573	18 L	mehrfarbig clc	0,60	0,60
2574	20 L	mehrfarbig . . . . cld	0,70	0,70
2575	42 L	mehrfarbig . . . . cle	1,70	1,70
		Satzpreis (3 W.)	3,—	3,—
		FDC		4,—

1995, 20. Aug. 300. Todestag von Jean de la Fontaine. Odr.; gez. K 14:13¼.

clf   clg   clh

clf–cli) Illustrationen von Fabelwesen der Buchausgaben von 1668, 1678 und 1693

2576	2 L	mehrfarbig . . . . clf	0,20	0,20
2577	3 L	mehrfarbig . . . . clg	0,20	0,20
2578	25 L	mehrfarbig . . . . clh	0,80	0,80
		Satzpreis (3 W.)	1,20	1,20
		FDC		1,50

Blockausgabe

cli) J. de la Fontaine (1621–1695), französischer Schriftsteller

Block 106	60 L	mehrfarbig		
		(80×60 mm) cli	2,—	2,—
		FDC		2,50

1995, 17. Okt. Folklore-Festival, Berat. Odr.; gez. K 13¼:14.

clk) Männer-chor   cll) Schauspielerin

2579	5 L	mehrfarbig . . . . clk	0,30	0,30
2580	50 L	mehrfarbig cll	1,50	1,50
		Satzpreis (2 W.)	1,80	1,80
		FDC		2,20

Albanien

1995, 17. Nov. 100 Jahre Kino. Odr.; gez. K 13¼:14.

clm) Louis Lumière (1864–1948)
cln) Auguste Lumière (1862–1954)

clm–cln) Filmvorführung

2581	10 L	mehrfarbig	clm	0,20	0,20
2582	85 L	mehrfarbig	cln	2,—	2,—
		Satzpreis (Paar)		2,50	2,50
		FDC			3,—

MiNr. 2581–2582 wurden waagerecht zusammenhängend gedruckt.

1995, 20. Nov. 60. Geburtstag von Elvis Presley. Odr.; gez. K 14:13¼.

clo–clp) E. Presley (1935–1977), amerikanischer Rocksänger

2583	3 L	mehrfarbig	clo	0,20	0,20
2584	60 L	mehrfarbig	clp	1,80	1,80
		Satzpreis (W.)		2,—	2,—
		FDC			2,50

1995, 25. Nov. 70 Jahre Nationalbank. Odr.; gez. K 13¼:14.

clr) Banknoten von 1925
cls) Banknoten von 1995

2585	10 L	mehrfarbig	clr	0,30	0,30
2586	25 L	mehrfarbig	cls	0,80	0,80
		Satzpreis (2 W.)		1,10	1,10
		FDC			1,60

1995, 27. Nov. 5 Jahre Demokratiebewegung. Odr.; gez. K 13¼:14.

clt) Zahl „5" zerberstender Sowjetstern, Friedenstaube
clu) Mädchen pflanzt einen Setzling

2587	5 L	mehrfarbig	clt	0,20	0,20
2588	50 L	mehrfarbig	clu	1,60	1,60
		Satzpreis (2 W.)		1,80	1,80
		FDC			2,20

1996

1996, 5. Mai. Europa: Berühmte Frauen. Odr. (5 × 2); gez. K 13¼:14.

clv) Mutter Teresa (1910–1997), indische katholische Ordensgründerin albanischer Herkunft, Friedensnobelpreis 1979

2589	25 L	mehrfarbig	clv	1,—	1,—
2590	100 L	mehrfarbig	clv	3,50	3,50
		Satzpreis (2 W.)		4,50	4,50
		FDC			5,50
		Kleinbogensatz (2 Klb.)		45,—	45,—

Blockausgabe, ▢

clw) Mutter Teresa

Block 107 150 L mehrfarbig
(60 × 80 mm) . . . . clw 7,— 7,—
FDC 8,—

MiNr. 2590 mit Aufdruck: MiNr. 2636

1998, 23. Okt. Internationale Briefmarkenausstellung ITALIA '98, Mailand. Block 107 mit blauem Odr.-Aufdruck.

Block 107 I 150 L mehrfarbig
(60 × 80 mm) . . . . . (Bl. 107) 7,50 7,50

Postpreis: 265 L

1996, 4. Juni. Fußball-Europameisterschaft, England. Odr.; gez. K 14:13¾.

clx) Europakarte, Fußball, Spielfeld
cly) Europakarte, Spieler, Fußball

2591	25 L	mehrfarbig	clx	0,80	0,80
2592	100 L	mehrfarbig	cly	3,20	3,20
		Satzpreis (2 W.)		4,—	4,—
		FDC			5,—

Albanien

1996, 1. Aug. Inbetriebnahme des Mobiltelefonnetzes GSM.
Odr.; gez. K 13¼.

clz) Nachrichtensatellit
cma) Anwendungsbereiche, Handy

2593	10 L	mehrfarbig	clz	0,30	0,30
2594	60 L	mehrfarbig	cma	1,70	1,70
		Satzpreis (2 W.)		2,—	2,—
		FDC			3,20

1996, 3. Aug. Olympische Sommerspiele, Atlanta. Odr.; gez. K 13¼:14.

cmb) Laufen   cmc) Werfen   cmd) Springen
cmb–cmd) Veranstaltungsemblem, amerikanische Flagge

2595	5 L	mehrfarbig	cmb	0,20	0,20
2596	25 L	mehrfarbig	cmc	0,80	0,80
2597	60 L	mehrfarbig	cmd	2,—	2,—
		Satzpreis (3 W.)		3,—	3,—
		FDC			4,—

Blockausgabe, ☐

cme) Olympiaemblem, amerikanische Flagge

Block 108	100 L	mehrfarbig (60 × 80 mm)	cme	2,50	2,50
		FDC			3,80

1996, 5. Aug. 75 Jahre Albanisches Rotes Kreuz.
Odr.; gez. K 13¼.

cmf) Ineinander greifende Hände, Rotes Kreuz

2598	50 + 10 L	mehrfarbig	cmf	1,80	1,80
		FDC			3,—

1996, 20. Sept. Jahrestage. Odr.; gez. K 14¼:13¾.

cmg) Gottfried Wihelm Leibniz (1646–1716), dt. Mathematiker
cmh) René Descartes (1596–1650), französischer Mathematiker

2599	10 L	mehrfarbig	cmg	0,50	0,50
2600	85 L	mehrfarbig	cmh	2,50	2,50
		Satzpreis (2 W.)		3,—	3,—
		FDC			4,—

1996, 25. Sept. 250. Geburtstag von Francisco de Goya. Odr.; gez. K 14:13½.

cmi) Die nackte Maja   cmk) Doña Isabel Cobos de Porcel
cmi–cmk) Gemälde von F. de Goya (1746–1828), spanischer Maler

2601	10 L	mehrfarbig	cmi	0,40	0,40
2602	60 L	mehrfarbig	cmk	1,80	1,80
		Satzpreis (2 W.)		2,20	2,20
		FDC			3,20

Blockausgabe

cml) Selbstporträt
cmm

2603	100 L	mehrfarbig	cml	2,50	2,50
Block 109	(80 × 60 mm)		cmm	2,50	2,50
		FDC			3,80

1996, 5. Nov. Christliche Darstellungen auf Evangelien-Codices.
Odr.; gez. K 12¾:13½.

cmp) Bucheinband
cmn) Bucheinband

cmo) Einbandbeschlag
Zierfeld: Einbandbeschlag

Albanien

2604	5 L	mehrfarbig	cmn	0,20	0,20
2605	25 L	mehrfarbig	cmo	0,80	0,80
2606	85 L	mehrfarbig	cmp	2,50	2,50
			Satzpreis (3 W.)	3,50	3,50
			Viererblock	3,80	3,80
			FDC		5,—
			Kleinbogen (I)	2,—	2,—
			Kleinbogen (II)	8,—	8,—

MiNr. 2604 wurde auch im Kleinbogen (I) zu 8 Marken gedruckt.

MiNr. 2604–2606 wurden im Kleinbogen (II) zu 2 Viererblocks, bestehend aus MiNr. 2604–2606 und einem Zierfeld, gedruckt.

1996, 11. Nov. 50 Jahre Kinderhilfswerk der Vereinten Nationen (UNICEF): Kindergemälde. Odr.; gez. K 13¼:13¾.

cmr) Prinzessin   cms) Puppe   cmt) See   cmu) Hafen

2607	5 L	mehrfarbig	cmr	0,30	0,30
2608	10 L	mehrfarbig	cms	0,30	0,30
2609	25 L	mehrfarbig	cmt	1,—	1,—
2610	50 L	mehrfarbig	cmu	1,50	1,50
			Satzpreis (4 W.)	3,—	3,—
			FDC		4,—

1996, 20. Dez. 125. Geburtstag von Gjergj Fishta. Odr.; gez. K 13½:14.

cmv) Staatswappen, Buch, Federkiel   cmw) Kampfszene

cmv–cmw) G. Fishta (1871–1940), Dichter und Franziskanerpater

2611	10 L	mehrfarbig	cmv	0,30	0,30
2612	60 L	mehrfarbig	cmw	1,70	1,70
			Satzpreis (2 W.)	2,—	2,—
			FDC		3,—

1997

1997, 6. März. 950. Geburtstag von Omar-e Chajjam. Odr.; gez. K 13¾:14¼.

cmx–cmy) O. Chajjam (1025/1050–1122), Universalgelehrter

2613	20 L	mehrfarbig	cmx	0,50	0,50
2614	50 L	mehrfarbig	cmy	1,20	1,20
			Satzpreis (2 W.)	1,70	1,70
			FDC		3,20

Auflage: 50 000 Sätze

1997, 20. März. 600. Geburtstag von Johannes Gutenberg. Odr.; gez. K 13¾:14¼.

cna) Druckerpresse
cmz) J. Gutenberg (um 1397–1468), deutscher Buchdrucker

2615	20 L	mehrfarbig	cmz	0,50	0,50
2616	60 L	mehrfarbig	cna	1,50	1,50
			Satzpreis (Paar)	2,—	2,—
			FDC		3,50

Auflage: 50 400 Sätze

1997, 10. April. Einheimische Vögel. Odr.; gez. K 13¾:14¼.

cnb–cnc) Krauskopfpelikan (Pelecanus crispus)

2617	10 L	mehrfarbig	cnb	0,20	0,20
2618	80 L	mehrfarbig	cnc	2,—	2,—
			Satzpreis (Paar)	2,20	2,20
			FDC		3,60

Auflage: 60 000 Sätze

1997, 5. Mai. Europa: Sagen und Legenden – „Das azurblaue Auge". Odr. (5×2); gez. K 13:13¾.

cnd) Drache, Bauer, Esel   cne) Trinkender Drache, Bauer

2619	30 L	mehrfarbig	cnd	1,—	1,—
2620	100 L	mehrfarbig	cne	3,50	3,50
			Satzpreis (2 W.)	4,50	4,50
			FDC		5,50
			Kleinbogensatz (2 Klb.)	45,—	45,—

Auflage: 120 000 Sätze

1997, 25. Juni. Bekannte Persönlichkeiten: Faik Konica. Odr.; gez. K 13¾:14¼.

cnf–cng) F. Konica (1875–1942), Schriftsteller und Politiker

2621	10 L	dunkelrotbraun	cnf	0,30	0,30
2622	25 L	dunkelviolettultramarin	cnf	0,90	0,90
			Satzpreis (2 W.)	1,20	1,20
			FDC		2,50

Blockausgabe

cng
cnh

2623	80 L	schwärzlichbraun	cng	2,—	2,—
Block 110	(60×80 mm)		cnh	2,50	2,50
			FDC		3,60

2626	5 L	orangebraun/rot	cnm	0,20	0,20
2627	10 L	grünoliv/gelblichgrün	cnm	0,30	0,30
2628	20 L	schwarzgrün/grün	cnm	0,50	0,50
2629	25 L	purpur-/rotviolett	cnm	0,60	0,60
2630	30 L	schwarzblau/violettblau	cnm	0,70	0,70
2631	50 L	schwarz/grauschwarz	cnm	1,10	1,10
2632	60 L	braun/braunocker	cnm	1,30	1,30
2633	80 L	grau-/ockerbraun	cnm	1,80	1,80
2634	100 L	rötlichbraun/rotkarmin	cnm	2,20	2,20
2635	110 L	schwarz-/dunkelblau	cnm	2,40	2,40
		Satzpreis (10 W.)		11,—	11,—
		5 FDC			15,—
		Kleinbogensatz (10 Klb.)		110,—	110,—

1997, 13. Sept. Tod von Mutter Teresa. MiNr. 2590 mit silbernem Odr.-Aufdruck.

2636	100 L	mehrfarbig	(2590)	3,50	3,50
		FDC			4,50
		Kleinbogen		35,—	35,—

1997, 17. Juli. Mittelmeerspiele, Bari. Odr.; gez. K 13¾:14¼.

cni) Laufen cnk) Sprint

2624	20 L	mehrfarbig	cni	0,50	0,50
2625	30 L	mehrfarbig	cnk	1,—	1,—
		Satzpreis (2 W.)		1,50	1,50
		FDC			2,50

1997, 15. Nov. Albanische Codices (I). Odr., Kleinbogen (2×1 Zd.); gez. K 13:13¾.

cnn
cno
cnp
Zierfeld

cnn–cno) Codex Purpureus Beratinus (6. Jh.)
cnp–Zf) Codex Aureus (11. Jh.)

2637	10 L	mehrfarbig	cnn	0,20	0,20
2638	25 L	mehrfarbig	cno	0,60	0,60
2639	60 L	mehrfarbig	cnp	1,40	1,40
		Satzpreis (3 W.)		2,20	2,20
		FDC			3,20
		Viererblock		2,50	2,50
		Kleinbogen		5,—	5,—

Blockausgabe, ☐

cnl) Sportler

Block 111	100 L	mehrfarbig			
	(60×80 mm)		cnl	2,50	2,50
			FDC		3,50

1997, 4. Dez. 85 Jahre Albanische Post. Odr.; gez. K 13¾:13¼.

cnr–cns) Allegorische Darstellungen von Doppeladler und Postsymbolen

2640	10 L	mehrfarbig	cnr	0,20	0,20
2641	30 L	mehrfarbig	cns	0,80	0,80
		Satzpreis (2 W.)		1,—	1,—
		FDC			2,50

1997, 25. Aug. Freimarken: Skanderbeg. Odr. (2×5); gez. K 12¾:13.

cnm) Gjergj Kastrioti, genannt Skanderbeg (1405-1468), Feldherr und Nationalheld

1998

1998, 25. März. Niceta von Remesiana. Odr. gez. (2×6 Zd.); gez. K 13¾.

cnt) Niceta von Remesiana, Bischof, Musiker und Philosoph des 5. Jh.

2642	30 L	mehrfarbig	cnt	0,60	0,60
2643	100 L	mehrfarbig	cnt	1,90	1,90
			Satzpreis (Paar)	2,50	2,50
			FDC		3,60

MiNr. 2642–2643 wurden waagerecht zusammenhängend gedruckt.

1998, 15. April. Die Legende vom Ochridsee. Odr. (1×2 Zd.); gez. K 13¾:14¼.

cnu) Mahlzeit
cnv) Drei Grazien

cnw) Frauen an der Quelle
cnx) Eismann

2644	30 L	mehrfarbig	cnu	0,60	0,60
2645	50 L	mehrfarbig	cnv	0,90	0,90
2646	60 L	mehrfarbig	cnw	1,10	1,10
2647	80 L	mehrfarbig	cnx	1,50	1,50
			Satzpreis (4 W.)	4,—	4,—
			FDC		5,50
			Viererblock	4,20	4,20
			Kleinbogen	8,50	8,50

1998, 5. Mai. Europa: Nationale Feste und Feiertage. Odr. (2×5); gez. K 13:13¾.

cny–coa) Stilisierte Darstellung albanischer Tänze

2648	60 L	mehrfarbig	cny	2,—	2,—
2649	100 L	mehrfarbig	cnz	2,50	2,50
			Satzpreis (2 W.)	4,50	4,50
			FDC		5,50
			Kleinbogensatz (2 Klb.)	45,—	45,—

Blockausgabe, □

coa

Block 112	150 L	mehrfarbig (60×80 mm)	coa	4,50	4,50
			FDC		5,50

1998, 10. Juni. 120 Jahre Liga von Prizren. Odr.; Kleinbogen (1×2 Zd); gez. K 13¼:13.

cob) Abdyl Frasheri
coc) Sulejman Vokshi

cod) Iljaz Pashe Dibra
coe) Ymer Prizreni

2650	30 L	mehrfarbig	cob	0,60	0,60
2651	50 L	mehrfarbig	coc	0,90	0,90
2652	60 L	mehrfarbig	cod	1,10	1,10
2653	80 L	mehrfarbig	coe	1,50	1,50
			Satzpreis (4 W.)	4,—	4,—
			FDC		5,50
			Viererblock	4,20	4,20
			Kleinbogen	8,50	8,50

1998, 10. Juni. Fußball-Weltmeisterschaft, Frankreich. Odr. (4×4); gez. K 13¼:13¾.

cof–cog) Stilisierte Spieler in französischen Landesfarben

2654	60 L	mehrfarbig	cof	1,10	1,10
2655	100 L	mehrfarbig	cog	1,90	1,90
			Satzpreis (2 W.)	3,—	3,—
			FDC		4,20

Albanien 149

Blockausgabe, ☐

coh) Maskottchen Footix

Block 113	120 L	mehrfarbig			
		(60×80 mm) ....coh		2,50	2,50
		FDC			4,—

1998, 5. Juli. Jugend-Europameisterschaften im Ringen, griechisch-römischer Stil. Odr. (4×2 Zd); gez. K 13¾:13¼.

coi) Ringer in Landestracht

cok) Altgriechische Ringer

2656	30 L	mehrfarbig .... coi	0,50	0,50
2657	60 L	mehrfarbig .... cok	1,10	1,10
		Satzpreis (Paar)	1,80	1,80
		FDC		2,60

1998, 7. Aug. 90. Geburtstag von Eqerem Çabej. Odr. (3×4 Zd.); gez. K 13¾:14¼.

col) E. Cabej (1908–1980), Sprachwissenschaftler

2658	60 L	mehrfarbig .... col	0,70	0,70
2659	80 L	mehrfarbig .... col	1,—	1,—
		Satzpreis (Paar)	2,—	2,—
		FDC		2,50

MiNr. 2658–2659 wurden waagerecht zusammenhängend gedruckt.

1998, 31. Aug. 1. Todestag von Prinzessin Diana. Odr.; gez. K 13¼:13¾.

com) Prinzessin Diana (1961–1997)

con) ... mit Mutter Teresa (1910–1997)

2660	60 L	mehrfarbig .... com	1,50	1,50
2661	100 L	mehrfarbig .... con	2,—	2,—
		Satzpreis (2 W.)	3,50	3,50
		FDC		5,—

1998, 5. Sept. 1. Todestag von Mutter Teresa. Odr.; gez. K 14:13¼, Hochformat ~.

coo   cop

coo–cop) Mutter Teresa (1910–1997), indische römisch-katholische Ordensgründerin albanischer Herkunft, Friedensnobelpreis 1979

2662	60 L	mehrfarbig .... coo	1,20	1,20
2663	100 L	mehrfarbig .... cop	2,—	2,—
		Satzpreis (2 W.)	3,20	3,20
		FDC		6,50

Parallelausgabe mit Italien MiNr. 2587–2588

1998, 10. Sept. 150. Geburtstag von Paul Gauguin. Odr. (6×2 Zd); gez. K 13¾:13¼.

cor

cos

cor–cot) Motive nach P. Gauguin (1848–1903), französischer Maler

2664	60 L	mehrfarbig .... cor	1,—	1,—
2665	80 L	mehrfarbig .... cos	1,40	1,40
		Satzpreis (Paar)	2,50	2,50
		FDC		3,60

Blockausgabe, ☐

cot

Block 114	120 L	mehrfarbig			
		(60×80 mm) ....cot		2,50	2,50
		FDC			4,—

Die Preisnotierungen sind Richtwerte für Marken in einwandfreier Qualität. Preisbewegungen nach oben und unten sind aufgrund von Angebot und Nachfrage die Regel.

1998, 5. Okt. Antimension von Gllavenica. Odr.; gez. K 14¼:14.

 cou

 cov

cou–cow) Antimension (Altartuch mit Darstellung der Grablegung Christi) von Gllavenica (1373)

2666	30 L	mehrfarbig	cou	0,50	0,50
2667	80 L	mehrfarbig	cov	1,40	1,40
		Satzpreis (2 W.)		1,90	1,90
		FDC			3,—

Blockausgabe, gez. K 12¾

 cow

2668	100 L	mehrfarbig	cow	1,70	1,70
Block 115	mehrfarbig (80×60 mm)		cox	1,70	1,70
		FDC			3,—

1998, 15. Okt. Albanische Codices (II). Odr. (1×2 Zd); gez. K 13:13¾.

coy
coz

cpa
Zierfeld

coy–Zf) Kodex aus dem 11. Jh.

2669	30 L	mehrfarbig	coy	0,50	0,50
2670	50 L	mehrfarbig	coz	0,80	0,80
2671	80 L	mehrfarbig	cpa	1,40	1,40
		Satzpreis (3 W.)		2,60	2,60
		Viererblock		2,80	2,80
		Kleinbogen		6,—	6,—
		FDC			4,—

1998, 28. Nov. 1. Todestag von Mikel Koliqi. Odr. (6×2 Zd); gez. K 13¾:14¼.

cpb
cpc

cpb–cpc) Mikel Koliqi (1902–1997), Kardinal

2672	30 L	mehrfarbig	cpb	0,50	0,50
2673	100 L	mehrfarbig	cpc	1,70	1,70
		Satzpreis (Paar)		2,50	2,50
		FDC			3,50

1999

1999. 15. März. Bekannte Amerikaner und Sehenswürdigkeiten. Odr. (2×2 Zd); gez. K 14¼:13¾.

cpd) George Washington
cpe) Abraham Lincoln
cpf) Martin Luther King
Zierfeld

2674	150 L	mehrfarbig	cpd	3,—	3,—
2675	150 L	mehrfarbig	cpe	3,—	3,—
2676	150 L	mehrfarbig	cpf	3,—	3,—
		Satzpreis (3 W.)		9,—	9,—
		Viererblock		9,50	9,50
		FDC			11,—

1999, 10. April. Blockausgabe: Mönchsrobbe. Odr.; gez. K 14¼:14.

cpg   cpi   cph   cpk   cpl

cpg–cpk) Mönchsrobbe (Monachus albiventris)

2677	110 L	mehrfarbig	cpg	2,20	2,20
2678	110 L	mehrfarbig	cph	2,20	2,20
2679	150 L	mehrfarbig	cpi	3,—	3,—
2680	150 L	mehrfarbig	cpk	3,—	3,—
Block 116	(169×51mm)		cpl	11,—	11,—
		FDC mit Blockmarken			12,—

Die Herkunft von senkrechten Streifen der MiNr. 2678 ist ungeklärt.

Einmal MICHEL immer MICHEL

Albanien 151

1999, 20. April. 50 Jahre Europarat. MiNr. 2567 mit Odr.-Aufdruck.

2681	150 L	auf 25 L mehrfarbig ..... (2567)	3,50	3,50
		FDC		4,20

1999, 27. April. Internationale Briefmarken-ausstellung IBRA '99, Nürnberg. MiNr. 2474 mit Odr.-Aufdruck.

2682	150 L	auf 90 L mehrfarbig ..... (2474)	3,20	3,20
		FDC		3,80

1999, 25. April. 50 Jahre NATO. Odr. (4×4); gez. K 13¼:13¾.

cpm) Friedenstaube, Jet, NATO-Emblem

2683	10 L	mehrfarbig .... cpm	0,30	0,30
2684	100 L	mehrfarbig .... cpm	2,20	2,20
		Satzpreis (2 W.)	2,50	2,50
		FDC		3,60

Blockausgabe, gez. K 13:12¾

cpn) Friedenstaube, Jet, NATO-Emblem
cpo

2685	250 L	mehrfarbig .... cpn	5,—	5,—
Block 117	(70×85 mm)	.... cpo	5,—	5,—
		FDC		6,50

Die Bildbeschreibungen zu den Markenabbildungen sind so ausführlich wie möglich gehalten!

1999, 30. April. Zeichentrickfiguren (I): 70 Jahre Walt-Disney-Figur Micky Maus (1998). Odr.; gez. K 13:13¾.

cps   cpt   cpu   cpr

cpr–cpu) Micky Maus

2686	60 L	mehrfarbig .... cpr	1,20	1,10
2687	80 L	mehrfarbig .... cps	1,80	1,50
2688	110 L	mehrfarbig .... cpt	2,—	1,80
2689	150 L	mehrfarbig .... cpu	3,—	3,—
		Satzpreis (4 W.)	8,—	8,—
		Viererstreifen	8,50	8,50
		FDC		10,—

1999, 1. Mai. Europa: Natur- und Nationalparks. Odr. (2×5); gez. K 13¾:13.

cpv) Naturpark Thethi   cpw) Naturpark Lura

2690	90 L	mehrfarbig .... cpv	2,50	2,50
2691	310 L	mehrfarbig .... cpw	6,50	6,50
		Satzpreis (2 W.)	9,—	9,—
		FDC		10,—
		Kleinbogensatz (2 Klb.)	90,—	90,—

Blockausgabe, ☐

cpx) Naturpark Divjaka

Block 118	350 L	mehrfarbig (80×60 mm) .... cpx	9,—	9,—
		FDC		10,—

1999, 1. Juni. Illyrische Münzen. Odr. (4×1 Zd); gez. K 13½:13¼.

cpx   cpy   cpz

cpx–cra) Münzen des 5.–1. Jh. v. Chr. aus verschiedenen Siedlungen

Albanien

2692	10 L	mehrfarbig	cpx	0,20	0,20
2693	20 L	mehrfarbig	cpy	0,40	0,40
2694	200 L	mehrfarbig	cpz	4,40	4,40
		Satzpreis (3 W.)		5,—	5,—
		FDC			6,—
		Dreierstreifen		5,—	5,—

MiNr. 2692–2694 wurden senkrecht zusammenhängend gedruckt.

Blockausgabe, gez. Ks 13:12¾

2695	310 L	mehrfarbig	cra	6,50	6,50
Block 119	(80 × 60 mm)		crb	6,50	6,50
		FDC			8,—

1999, 20. Juni. 110. Geburtstag von Charles Spencer Chaplin, genannt Charlie Chaplin. Odr., Kleinbogen (Klb.) (5 × 2) und Markenheftchen (MH); A = gez. K 14:14¼, C = senkrecht gez. 14¼.

crc crd cre

crc–cre) Ch. Chaplin (1889–1977), britischer Filmkomiker

2696	30 L	mehrfarbig	crc		
A		vierseitig gez. (Klb.)		0,60	0,60
C		senkrecht gez. (MH)		0,60	0,60
2697	50 L	mehrfarbig	crd		
A		vierseitig gez. (Klb.)		1,—	1,—
C		senkrecht gez. (MH)		1,—	1,—
2698	250 L	mehrfarbig	cre		
A		vierseitig gez. (Klb.)		5,50	5,50
C		senkrecht gez. (MH)		5,50	5,50
		Satzpreis A (3 W.)		7,—	7,—
		Kleinbogensatz (3 Klb.)		70,—	70,—
		FDC A			8,—

MiNr. 2696 C–2698 C stammen aus MH 6.

1999, 2. Juli. Internationale Briefmarkenausstellung PHILEXFRANCE '99, Paris. MiNr. 2489 mit Odr.-Aufdruck.

| 2699 | 150 L | auf 30 Q mehrfarbig | (2489) | 3,20 | 3,20 |
| | | FDC | | | 4,50 |

1999, 6. Juli. Holocaust. Odr. (4 × 4); gez. K 14:14¼.

crf) Durch eine Gittertür herausgereckter Arm und Fuß

2700	30 L	mehrfarbig	crf	0,60	0,60
2701	150 L	mehrfarbig	crf	3,20	3,20
		Satzpreis (2 W.)		3,80	3,80
		FDC			5,—

1999, 25. Juli. 30. Jahrestag der ersten bemannten Mondlandung. Odr. (1 × 4 Zd); gez. K 13¼:14.

crg crh cri

crg–cri) Armstrong und Aldrin auf dem Mond, Mondlandefähre

2702	30 L	mehrfarbig	crg	0,60	0,60
2703	150 L	mehrfarbig	crh	3,20	3,20
2704	300 L	mehrfarbig	cri	6,50	6,50
		Satzpreis (3 W.)		10,—	10,—
		Dreierstreifen		10,—	10,—
		FDC			11,—

MiNr. 2702–2704 wurden waagerecht zusammenhängend gedruckt.

Blockausgabe, gez. K 12¾

crk) Startende Rakete

2705	280 L	mehrfarbig	crk	6,—	6,—
Block 120	(60 × 80 mm)		crl	6,—	6,—
		FDC			7,50

1999, 1. Aug. 125 Jahre Weltpostverein (UPU). Odr. (2 × 4 Zd); gez. K 14.

crm) UPU-Emblem

2706	20 L	mehrfarbig	crm	0,40	0,40
2707	60 L	mehrfarbig	crm	1,30	1,30
		Satzpreis (Paar)		2,—	2,—
		FDC			2,50

MiNr. 2706–2707 wurden waagerecht zusammenhängend gedruckt.

Albanien 153

1999, 20. Aug. Internationale Briefmarkenausstellung CHINA '99, Peking. MiNr. 2475 mit Odr.-Aufdruck.

2708	150 L	auf 1.20 L mehrfarbig .. (2475)	3,20	3,20
		FDC		4,50

1999, 2. Sept. 70. Jahrestag der ersten nationalen Leichtathletikmeisterschaften, Tirana. Odr. (1×3 Zd); gez. K 13¾:14¼.

crn) Speerwerfen cro) Diskuswerfen crp) Laufen

crn–crp) Speerwerfen

2709	10 L	mehrfarbig	crn	0,20	0,20
2710	20 L	mehrfarbig	cro	0,40	0,40
2711	200 L	mehrfarbig	crp	4,20	4,20
		Satzpreis (3 W.)		4,80	4,80
		Dreierstreifen		5,—	5,—
		FDC			6,—
		Kleinbogen		15,—	15,—

1999, 30. Okt. Ikonen. Odr., Kleinbogen (2×5); gez. K 14:13¾.

crr) Maria mit Kind   crs) Die Auferstehung

crr–crs) Ikonen von Onufri (16. Jh.), albanisch-byzantinischer Maler

2712	30 L	mehrfarbig	crr	0,50	0,50
2713	300 L	mehrfarbig	crs	6,—	6,—
		Satzpreis (2 W.)		6,50	6,50
		FDC			7,50
		Kleinbogen		65,—	65,—

Blockausgabe mit je 2× MiNr. 2712–2713

Block 121	(156×179 mm)	crt	13,—	13,—
		FDC		15,—

MiNr. 2712–2713 wurden jeweils auch im Kleinbogen zu 10 Marken gedruckt.

1999, 28. Nov. Persönlichkeiten. Odr. (2×2 Zd); gez. K 14¼:13¾.

cru) Bilal Golemi (1899–1955), Tierarzt
crv) Azem Galica (1889–1924), Politiker
crw) Viktor Eftimiu (1889–1972), Schriftsteller
crx) Lasgush Poradeci (1900–1987), Dichter

2714	10 L	mehrfarbig	cru	0,20	0,20
2715	20 L	mehrfarbig	crv	0,40	0,40
2716	50 L	mehrfarbig	crw	1,10	1,10
2717	300 L	mehrfarbig	crx	6,50	6,50
		Satzpreis (4 W.)		8,—	8,—
		Viererblock		8,—	8,—
		FDC			9,50

1999, 1. Dez. Karnevalsmasken. Odr. (5×2); gez. K 13¾.

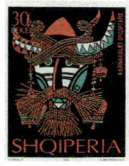

cry) Stiermaske   crz) Pfauenmaske

2718	30 L	mehrfarbig	cry	0,60	0,60
2719	300 L	mehrfarbig	crz	6,50	6,50
		Satzpreis (2 W.)		7,—	7,—
		FDC			8,50
		Kleinbogensatz (2 Klb.)		70,—	70,—

2000

2000, 27. März. Jahrtausendwende. Odr. (2×5); gez. K 13½:14.

csa) Friedensglocke der Kinder des Bistums Sapa

2720	40 L	mehrfarbig	csa	0,80	0,80
2721	90 L	mehrfarbig	csa	1,90	1,90
		Satzpreis (2 W.)		2,60	2,60
		FDC			4,—
		Kleinbogensatz		26,—	26,—

Auflage: 30 000 Sätze   Gültig bis 26.3.2002

Sie halten Ihren Katalog aktuell, wenn Sie die Preisänderungen aus der MICHEL-Rundschau nachtragen!

Albanien

2000, 28. März. Trachten der Regionen. Odr., Zd-Bogen (4×3); gez. K 13:13½.

csb) Librazhdi	csc) Malesia und Madhe	csd) Malesia und Madhe	cse) Tropoje
csf) Dumrea	csg) Tirana	csh) Tirana	csi) Arbereshe
csk) Gjirokastra	csl) Lunxheri	csm) Cameria	csn) Laberia

2722	5 L	mehrfarbig	csb	0,10	0,10
2723	10 L	mehrfarbig	csc	0,20	0,20
2724	15 L	mehrfarbig	csd	0,30	0,30
2725	20 L	mehrfarbig	cse	0,40	0,40
2726	30 L	mehrfarbig	csf	0,60	0,60
2727	35 L	mehrfarbig	csg	0,70	0,70
2728	40 L	mehrfarbig	csh	0,80	0,80
2729	45 L	mehrfarbig	csi	0,90	0,90
2730	50 L	mehrfarbig	csk	1,—	1,—
2731	55 L	mehrfarbig	csl	1,10	1,10
2732	70 L	mehrfarbig	csm	1,40	1,40
2733	90 L	mehrfarbig	csn	1,80	1,80
		Satzpreis (12 W.)		9,—	9,—
		8 FDC			19,—
		Zd-Bogen		11,—	11,—
		Markenheftchen		11,—	

Der Zd-Bogen wurde auch in einen Deckel eingeklebt als Markenheftchen verkauft.

Auflage: 10 000 Sätze   Gültig bis 27.3.2002

2000, 30. März. 100. Todestag von Gustav Mayer. Odr. (1×5 Zd); gez. K 13½:14.

cso) G. Mayer (1850–1900), Albanologe

2734	50 L	mehrfarbig	cso	1,—	1,—
2735	130 L	mehrfarbig	cso	2,60	2,60
		Satzpreis (Paar)		3,60	3,60
		FDC			5,—
		Kleinbogen		18,—	18,—

MiNr. 2734–2735 wurden waagerecht zusammenhängend gedruckt.

Auflage: 10 000 Sätze   Gültig bis 28.3.2002

FDC = Ersttagsbrief (First Day Cover)

2000, 6. April. Zeichentrickfiguren (II): Donald und Daisy Duck. Odr. (1×4 Zd); gez. K 13:13½.

| csp | csr | css) Daisy Duck | cst |

csp–csr, cst) Donald Duck

2736	10 L	mehrfarbig	csp	0,20	0,20
2737	30 L	mehrfarbig	csr	0,60	0,60
2738	90 L	mehrfarbig	css	1,80	1,80
2739	250 L	mehrfarbig	cst	5,—	5,—
		Satzpreis (4 W.)		7,50	7,50
		Viererstreifen		7,50	7,50
		FDC			9,—

Auflage: 15 000 Sätze   Gültig bis 5.4.2002

2000, 10. April. Rennwagen. Odr.; (4×3); gez. K 14¼:14.

csu	csv	csw	csx
csy	Zierfeld	Zierfeld	csz
cta	ctb	ctc	ctd

csu–ctd) Rennwagen

2740	30 L	grünoliv/schwarz	csu	0,80	0,80
2741	30 L	graupurpur/schwarz	csv	0,80	0,80
2742	30 L	violett/schwarz	csw	0,80	0,80
2743	30 L	graupurpur/schwarz	csx	0,80	0,80
2744	30 L	mehrfarbig	csy	0,80	0,80
2745	30 L	mehrfarbig	csz	0,80	0,80
2746	30 L	mehrfarbig	cta	0,80	0,80
2747	30 L	mehrfarbig	ctb	0,80	0,80
2748	30 L	mehrfarbig	ctc	0,80	0,80
2749	30 L	mehrfarbig	ctd	0,80	0,80
		Satzpreis (10 W.)		8,—	8,—
		FDC			10,—
		Kleinbogen		10,—	10,—
		Markenheftchen		10,—	

MiNr. 2740–2749 wurden zusammenhängend im Kleinbogen zu 10 Marken und 2 Zierfeldern gedruckt.
Der Kleinbogen wurde auch in einen Deckel eingeklebt als Markenheftchen verkauft.

Auflage: 15 000 Sätze   Gültig bis 9.4.2002

2000, 22. April. 2000 Jahre Christentum. Odr.; gez. K 13¾:14.3

cte) St.-Nikolaus-Kirche, Voskopojë   ctf) Christus-Kirche, Mborjë   ctg) Frühchristliche Kirchenruine, Kosovo (4. Jh.)

Albanien

2750	15 L	mehrfarbig	cte	0,40	0,40
2751	40 L	mehrfarbig	ctf	1,10	1,10
2752	90 L	mehrfarbig	ctg	2,50	2,50
		Satzpreis (3 W.)		4,—	4,—
		FDC			5,50

Blockausgabe

cth) Frühchristliches Brunnen-Mosaik, Shëngjin (5. Jh.)
cti

2753	250 L	mehrfarbig	cth	4,60	4,60
Block 122	(80 × 60 mm)		cti	4,60	4,60
		FDC			6,—

Auflagen: 20 000 Sätze und 15 000 Blocks

Gültig bis 21. 4. 2002

2000, 9. Mai. Europa. Odr. (2 × 5); gez. K 13:13¾.

ctk) Kinder bauen Sternenturm

2754	130 L	mehrfarbig	ctk	3,50	3,50
		FDC			4,50
		Kleinbogen		35,—	35,—

Blockausgabe, gez. K 13

ctl) Kind mit Stern
ctk l

2755	300 L	mehrfarbig	ctl	8,—	8,—
Block 123	(60 × 80 mm)		ctk l	9,—	9,—
		FDC			10,—

Auflagen: MiNr. 2754 = 70 000 Stück, Block 123 = 50 000 Blocks

Gültig bis 8.5.2002

2000, 17. Mai. Blockausgabe: Wildtiere. Odr.; gez. K 14¼:13¾.

ctr

ctm) Wolf (Canis lupus)   ctn) Braunbär (Ursus arctos)
cto) Wildschwein (Sus scrofa) ctp) Fuchs (Vulpes vulpes)

2756	10 L	mehrfarbig	ctm	0,20	0,20
2757	40 L	mehrfarbig	ctn	0,80	0,80
2758	90 L	mehrfarbig	cto	1,80	1,80
2759	220 L	mehrfarbig	ctp	4,40	4,40
Block 124	(95 × 63 mm)		ctr	7,50	7,50
		FDC			8,50

Auflage: 15 000 Blocks

Gültig bis 16.5.2002

2000, 30. Mai. Internationale Briefmarkenausstellung WIPA 2000, Wien. Odr. (2 × 5); gez. K 13¼:14.

cts) Gustav Mahler (1860–1911), österreichischer Komponist und Dirigent

2760	130 L	mehrfarbig	cts	2,60	2,60
		FDC			4,20
		Kleinbogen		26,—	26,—

Auflage: 8 000 Stück

Gültig bis 29.5.2002

2000, 1. Juni. Fußball-Europameisterschaft, Belgien und Niederlande. Odr. (2 × 6); gez. K 13¾:13¼.

 ctt  ctu

ctt–ctv) Stilisierte Spielszenen

2761	10 L	mehrfarbig	ctt	0,20	0,20
2762	120 L	mehrfarbig	ctu	2,50	2,50
		Satzpreis (2 W.)		2,60	2,60
		FDC			4,20

MICHELsoft
die spezielle
Sammler-Software

Albanien

Blockausgabe, □

Block 125	260 L	mfg. (80×60 mm)	ctv	5,—	5,—
			FDC		6,50

Auflagen: MiNr. 2761–2762 = 10000 Sätze, Bl. 125 = 8000 Blocks

Gültig bis 31.5.2002

2000, 7. Juni. Gemälde. Odr.; gez. K 13¾.

ctw) Drei Musikanten I

ctx) Frau mit Birnen   cty) Laufende Frauen am Strand

ctw–ctz) Gemälde von Pablo Picasso (1881–1973), spanischer Maler, Graphiker und Bildhauer

2763	30 L	mehrfarbig	ctw	0,60	0,60
2764	40 L	mehrfarbig	ctx	0,90	0,90
2765	250 L	mehrfarbig	cty	5,—	5,—
			Satzpreis (3 W.)	6,50	6,50
			FDC		8,—

Blockausgabe, gez. K 13

ctz) Selbstporträt

cua

2766	400 L	mehrfarbig	ctz	8,—	8,—
Block 126	(60×80 mm)		cua	8,—	8,—
			FDC		9,50

Auflagen: MiNr. 2763–2765 = 15000 Sätze, Bl. 126 = 10000 Blocks

Gültig bis 6.6.2002

2000, 1. Juli. Olympische Sommerspiele, Sydney. Odr. (2×2 Zd); gez. K 14:14¼.

cub) Basketball
cuc) Fußball
cud) Laufen
cue) Radfahren

2767	10 L	mehrfarbig	cub	0,20	0,20
2768	40 L	mehrfarbig	cuc	0,80	0,80
2769	90 L	mehrfarbig	cud	1,80	1,80
2770	250 L	mehrfarbig	cue	5,—	5,—
			Satzpreis (4 W.)	7,50	7,50
			Viererblock	8,—	8,—
			FDC		9,50

Auflage: 15000 Sätze

Gültig bis 30.6.2002

2000, 2. Juli. Blockausgabe: 100 Jahre Luftschiffe. Odr.; Bl. 127 gez. K 14:13, Bl. 128 gez. K 13.

cuf) LZ-1 über Friedrichshafen (2.7.1900)

cug) Luftschiff Santos-Dumont No. 6 über Paris (19.10.1901)

cuh) R. 34 über New York (6.7.1919)

cui

cuk) Ferdinand Graf von Zeppelin (1838–1917), deutscher Luftschiffkonstrukteur

cul

Albanien

2771	15 L	mehrfarbig	cuf	0,30	0,30
2772	30 L	mehrfarbig	cug	0,60	0,60
2773	300 L	mehrfarbig	cuh	5,50	5,50
Block 127	(80×120 mm)		cui	6,50	6,50
			FDC		8,—
2774	300 L	mehrfarbig	cuk	5,50	5,50
Block 128	(80×60 mm)		cul	5,50	5,50
			FDC		7,—

Auflagen: Bl. 127 = 10 000, Bl. 128 = 8 000 Blocks Gültig bis 1. 7. 2002

2000, 6. Okt. Internationale Briefmarkenausstellung ESPAÑA 2000, Madrid. Odr. (4×4); gez. K 13¾.

cum) Selbstporträt; von Pablo Picasso (1881–1973), spanischer Maler

2775	130 L	mehrfarbig	cum	2,80	2,80
			FDC		4,—

Auflage: 8 000 Stück Gültig bis 5.10.2002

2000, 10. Okt. Heilpflanzen. Odr. (1×5 Zd); gez. K 13¼:14.

cun) Gentiana lutea
cuo) Gentiana cruciata

2776	50 L	mehrfarbig	cun	1,10	1,10
2777	70 L	mehrfarbig	cuo	1,40	1,40
		Satzpreis (Paar)		2,50	2,50
			FDC		4,—
		Kleinbogen		12,—	12,—

MiNr. 2776–2777 wurden waagerecht zusammenhängend im Kleinbogen gedruckt.

Auflage: 10 000 Sätze Gültig bis 9.10.2002

2000, 28. Nov. Persönlichkeiten. Odr. (1×4 Zd); gez. K 14¼:13¾.

cup) Naim Frasheri (1846–1900), Dichter
cur) Bajram Curri (1862–1925), Politiker

2778	30 L	mehrfarbig	cup	0,60	0,60
2779	50 L	mehrfarbig	cur	1,10	1,10
		Satzpreis (Paar)		2,—	2,—
			FDC		3,20
		Kleinbogen		8,—	8,—

MiNr. 2778–2779 wurden waagerecht zusammenhängend im Kleinbogen gedruckt.

Auflage: 10 000 Sätze Gültig bis 27.11.2002

2000, 14. Dez. 50. Jahrestag der Verabschiedung der Satzung des Amtes des Hohen Flüchtlingskommissars der Vereinten Nationen (UNHCR). Odr. (4×4 und 5×4); gez. K 13¾:14¼.

cus–cut) Mutter mit Kind (Gemälde)

2780	50 L	mehrfarbig	cus	1,20	1,20
2781	90 L	mehrfarbig	cut	1,80	1,80
		Satzpreis (2 W.)		3,—	3,—
			FDC		4,50

Auflage: 10 000 Sätze Gültig bis 13.12.2002

2001

2001, 22. Febr. Persönlichkeiten. Odr. (1×2 Zd); gez. K 14¼:13¾.

cuu) Ahmed Myftar Dede
cuv) Sali Njazi Dede

2782	90 L	mehrfarbig	cuu	2,—	2,—
2783	90 L	mehrfarbig	cuv	2,—	2,—
		Satzpreis (Paar)		4,50	4,50
			FDC		5,50
		Kleinbogen		9,—	9,—

MiNr. 2782–2783 wurden waagerecht zusammenhängend im Kleinbogen gedruckt.

Auflage: 10 000 Sätze Gültig bis 21. 2. 2003

2001, 12. März. Kosovo-Hilfe. MiNr. 2556 und 2557 mit Odr.-Aufdruck.

2784	80 L + 10 L	mehrfarbig	(2556)	4,50	4,50
2785	130 L + 20 L	mehrfarbig	(2557)	7,50	7,50
		Satzpreis (2 W.)		12,—	12,—
			FDC*		—,—
		Kleinbogensatz (2 W.)		120,—	120,—

Auflage: 35 000 Sätze Gültig bis 11. 3. 2003

Wichtige philatelistische Informationen

finden Sie in der Einführung in den MICHEL-Katalog sowie in den Vortexten und Anmerkungen zu den einzelnen Ländern.

Albanien

2001, 15. März. Trachten der Regionen (II). Odr., Zd-Bogen (4×3); gez. K 13:13½.

cuw) Tropoje	cux) Lume	cuy) Mirdite	cuz) Lume
cva) Zadrime	cvb) Shpati	cvc) Kruje	cvd) Macukulli
cve) Dardhe	cvf) Lushnje	cvg) Dropulli	cvh) Shmli

2786	20 L	mehrfarbig	.... cuw	0,50	0,50
2787	20 L	mehrfarbig	.... cux	0,50	0,50
2788	20 L	mehrfarbig	.... cuy	0,50	0,50
2789	20 L	mehrfarbig	.... cuz	0,50	0,50
2790	20 L	mehrfarbig	.... cva	0,50	0,50
2791	20 L	mehrfarbig	.... cvb	0,50	0,50
2792	20 L	mehrfarbig	 cvc	0,50	0,50
2793	20 L	mehrfarbig	.... cvd	0,50	0,50
2794	20 L	mehrfarbig	.... cve	0,50	0,50
2795	20 L	mehrfarbig	.... cvf	0,50	0,50
2796	20 L	mehrfarbig	.... cvg	0,50	0,50
2797	20 L	mehrfarbig	.... cvh	0,50	0,50
			Satzpreis (12 W.)	5,50	5,50
			3 FDC		8,50
			Zd-Bogen	6,50	6,50
			Markenheftchen		6,50

Der Zd-Bogen wurde auch in einen Deckel eingeklebt als Markenheftchen verkauft.

Auflage: 8000 Sätze   *Gültig bis 14.3.2003*

2001, 30. März. Blumen. Odr. (2×1 Zd); gez. K 14¼:14.

cvi) Magnolia grandiflora
cvk) Rosa virginiana

cvl) Bartnelke (Diantus barbatus)
cvm) Syringa vulgaris

2798	10 L	mehrfarbig	 cvi	0,30	0,30
2799	20 L	mehrfarbig	.... cvk	0,50	0,50
2800	90 L	mehrfarbig	 cvl	2,—	2,—
2801	140 L	mehrfarbig	.... cvm	3,20	3,20
			Satzpreis (4 W.)	6,—	6,—
			Viererblock	6,—	6,—
			FDC		8,—
			Zd-Kleinbogen	12,—	12,—

MiNr. 2798–2801 wurden auch im Markenheftchen (MH 7) ausgegeben.

Auflage: 10 000 Sätze   *Gültig bis 29.3.2003*

2001, 6. April. Zeichentrickfiguren (III): Goofy. Odr. (1×4 Zd); gez. K 13:13½.

cvn cvo cvp cvr

cvn–cvr) Goofy

2802	20 L	mehrfarbig	.... cvn	0,40	0,40
2803	50 L	mehrfarbig	.... cvo	1,—	1,—
2804	90 L	mehrfarbig	.... cvp	1,80	1,80
2805	140 L	mehrfarbig	.... cvr	2,80	2,80
			Satzpreis (4 W.)	6,—	6,—
			Viererstreifen	6,50	6,50
			FDC		8,—

Auflage: 10 000 Sätze   *Gültig bis 5.4.2003*

2001, 20. April. Berühmte italienische Komponisten. Odr. (2×5); gez. K 13¾:13¼.

cvs) Giuseppe Verdi (1813–1901)   cvt) Vincenzo Bellini (1801–1835)

2806	90 L	mehrfarbig	.... cvs	1,90	1,90
2807	90 L	mehrfarbig	.... cvt	1,90	1,90
			Satzpreis (2 W.)	3,80	3,80
			FDC		6,—
			Kleinbogensatz (2 W.)	38,—	38,—

**MICHEL im Internet!
Schauen Sie doch einfach mal rein:
www.briefmarken.de**

Albanien

Blockausgabe, gez. K 13½

cvu) Bellini und Verdi

cvv

2808	300 L	mehrfarbig	cvu	6,—	6,—
Block 129	(90×90 mm)		cvv	6,—	6,—
			FDC		8,—

Auflagen: MiNr. 2806–2807 = 10 000 Sätze, Bl. 126 = 8 000 Blocks

Gültig bis 19.4.2003

2001, 29. April. Europa: Lebensspender Wasser. Odr. (5×2); gez. K 13¾:14.

cvw) Bergbach

cvx) Wasserfall cvy) Bergsee

2809	40 L	mehrfarbig	cvw	1,—	1,—
2810	110 L	mehrfarbig	cvx	2,—	2,—
2811	200 L	mehrfarbig	cvy	4,—	4,—
		Satzpreis (3 W.)		7,—	7,—
		FDC			10,—
		Kleinbogensatz (3 Klb.)		70,—	70,—

Blockausgabe, gez. K 12¾

cvz) Konzentrische Wellenbewegung

cwa

2812	350 L	mehrfarbig	cvz	8,—	8,—
Block 130	(60×80 mm)		cwa	9,—	9,—
			FDC		10,—

Auflagen: MiNr. 2809–2811 = 80 000 Sätze, Bl. 130 = 50 000 Blocks

Gültig bis 28.4.2003

2001, 17. Mai. Blockausgabe: Haustiere. Odr.; Bl. 131 = gez. K 14¼:13¾, Bl. 132 = gez. K 12¾.

cwb) Pferd   cwc) Esel
cwd) Katze   cwe) Hund

cwf

cwg) Katze

cwh

2813	10 L	mehrfarbig	cwb	0,20	0,20
2814	15 L	mehrfarbig	cwc	0,30	0,30
2815	80 L	mehrfarbig	cwd	1,60	1,60
2816	90 L	mehrfarbig	cwe	1,90	1,90
Block 131	(106×74mm)		cwf	4,—	4,—
		FDC			6,—
2817	300 L	mehrfarbig	cwg	6,—	6,—
Block 132	(80×61 mm)		cwh	6,—	6,—
		FDC			8,—

Auflagen: Bl. 131 = 10 000, Bl. 132 = 8 000 Blocks   *Gültig bis 16.5.2003*

2001, 1. Juni. Sportspiele der Mittelmeerländer, Tunis. Odr.: gez. K 14¼:14.

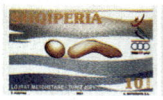  

cwi) Schwimmen   cwk) Laufen   cwl) Radfahren

2818	10 L	mehrfarbig	cwi	0,30	0,30
2819	90 L	mehrfarbig	cwk	2,—	2,—
2820	140 L	mehrfarbig	cwl	3,20	3,20
		Satzpreis (3 W.)		5,50	5,50
		FDC			7,50

In den MICHEL-Katalogen können nur Marken aufgenommen werden, wenn sie der Redaktion im Original vorlagen.

160   Albanien

cwn) Diskuswerfen

cwo

Blockausgabe mit je 2× MiNr. 2818–2820

Block 133	(192×105 mm)	cwm	11,—	11,—
		FDC		12,—

Blockausgabe, gez. K 13

2821	260 L mehrfarbig	cwn	5,50	5,50
Block 134	(60×80 mm)	cwo	5,50	5,50
		FDC		7,50

Block 133 enthält zwei senkrechte Dreierstreifen.
Auflagen: Bl.133 = 5 000, Bl.134 = 8 000 Blocks

Gültig bis 30.5.2003

2001, 20. Juni. Geschichte der Luftfahrt. Odr. (2×4); gez. K 13½:13.

cwp
cwr
cws
cwt
cwu
cwv
cww
cwx

cwp) Erstflug des Flugapparates Éole III von Clément Ader (1897)
cwr) Kanalüberquerung zwischen Calais und Dover durch Louis Blériot am 27.7.1909 mit einem Monoplan Blériot Type XI
cws) Atlantiküberquerung von New York nach Paris am 20./21. 5. 1927 durch Charles A. Lindbergh mit der „Spirit of St. Louis"
cwt) Aufnahme des Flugverkehrs nach Tirana am 30.5.1925
cwu) Erstflug der Antonow AN-10 (1956)
cwv) Erstflug der Concorde am 2.3.1969
cww) Erstflug der Boeing 747 am 22.1.1970
cwx) Erstflug der Raumfähre Columbia am 12.4.1981

2822	40 L	mehrfarbig	cwp	1,—	1,—
2823	40 L	mehrfarbig	cwr	1,—	1,—
2824	40 L	mehrfarbig	cws	1,—	1,—
2825	40 L	mehrfarbig	cwt	1,—	1,—
2826	40 L	mehrfarbig	cwu	1,—	1,—
2827	40 L	mehrfarbig	cwv	1,—	1,—
2828	40 L	mehrfarbig	cww	1,—	1,—
2829	40 L	mehrfarbig	cwx	1,—	1,—
		Satzpreis (8 W.)		7,50	7,50
		2 FDC			10,—
		Kleinbogen		8,—	8,—

Auflage: 10 000 Sätze   Gültig bis 19.6.2003

2001, 20. Juli. Blockausgabe: Brücken. Odr.; Bl. 135 = gez. K 13¾:13¼, Bl. 136 = gez. Ks 13.

cwy) Brücke von Mesi über den Kiri-See (1768)
cwz) Brücke von Kamare über den Fluß Shkumbin (1715)
cxa) Brücke von Golik über den Fluß Shkumbin (18. Jh.)
cxb) Brücke von Tabakes über den Fluß Lana (19. Jh.)
cxc

cwy l) Brücke von Mesi über den Kiri-See

cxd

2830	10 L	mehrfarbig	cwy	0,20	0,20
2831	15 L	mehrfarbig	cwz	0,30	0,30
2832	40 L	mehrfarbig	cxa	0,90	0,90
2833	90 L	mehrfarbig	cxb	1,80	1,80
Block 135	(118×98mm)		cxc	3,20	3,20
		FDC			5,50
2834	250 L	mehrfarbig	cwy l	5,50	5,50
Block 136	(81×61 mm)		cxd	4,50	4,50
		FDC			7,50

Auflagen: Bl. 135 = 8 000, Bl. 136 = 7 000 Blocks   Gültig bis 19.7.2003

Für jeden Sammler hat **MICHEL** den richtigen Katalog. Fordern Sie bitte unser Verlagsverzeichnis an!

Albanien

2001, 12. Sept. Wappen. Odr., Markenheftchen (2×2); gez. K 12¾:13.

cxe) Wappen des Dimitri von Arber
cxf) Wappen von Balsha
cxg) Wappen der Familie Muzaka
cxh) Wappen des George Castriot, genannt Skanderbeg

2835	20 L	mehrfarbig	cxe	0,50	0,50
2836	45 L	mehrfarbig	cxf	1,—	1,—
2837	50 L	mehrfarbig	cxg	1,—	1,—
2838	90 L	mehrfarbig	cxh	2,—	2,—
		Satzpreis (4 W.)		4,50	4,50
		FDC			6,50
		Markenheftchen		18,—	

Auflage: 10 000 Sätze   Gültig bis 1.9.2003

2001, 6. Okt. Internationales Jahr für den Dialog der Zivilisationen. Odr. (5×2); gez. K 13¼:14.

cxi) Emblem

2839	45 L	mehrfarbig	cxi	1,—	1,—
2840	50 L	mehrfarbig	cxi	1,—	1,—
2841	120 L	mehrfarbig	cxi	2,50	2,50
		Satzpreis (3 W.)		4,50	4,50
		FDC			6,50
		Kleinbogensatz (3 Klb.)		45,—	45,—

Auflage: 10 000 Sätze   Gültig bis 5.10.2003

2001, 1. Dez. 100 Jahre Nobelpreise. Odr. (2×5); gez. K 13¾:13¼.

cxk) Auszeichnungszeremonie
cxk–cxn) Nobel-Medaille

cxl) Wilhelm Conrad Röntgen (1845–1923), deutscher Physiker, Nobelpreis für Physik 1901
cxm) Ferid Murad (*1936), amerikanischer Physiologe albanischer Herkunft; Nobelpreis für Medizin 1998
cxn) Mutter Teresa (1910–1997), indische katholische Ordensgründerin albanischer Herkunft; Friedensnobelpreis 1979

2842	10 L	mehrfarbig	cxk	0,20	0,20
2843	20 L	mehrfarbig	cxl	0,40	0,40
2844	90 L	mehrfarbig	cxm	2,—	2,—
2845	200 L	mehrfarbig	cxn	4,—	4,—
		Satzpreis (4 W.)		6,50	6,50
		FDC			8,50
		Kleinbogensatz (4 Klb.)		65,—	65,—

Auflage: 10 000 Sätze   Gültig bis 30.11.2003

2002

2002, 20. März. Trachten der Regionen (III). Odr. Zd-Bogen (4×3); gez. K 13:13½.

cxo) Gjakova   cxp) Prizreni   cxr) Shkodra   cxs) Sjkodra
cxt) Berati   cxu) Berati   cxv) Elbasani cxw) Elbasani
cxx) Vlora   cxy) Vlora   cxz) Gjirokastra cya) Delvina

2846	30 L	mehrfarbig	cxo	0,60	0,60
2847	30 L	mehrfarbig	cxp	0,60	0,60
2848	30 L	mehrfarbig	cxr	0,60	0,60
2849	30 L	mehrfarbig	cxs	0,60	0,60
2850	30 L	mehrfarbig	cxt	0,60	0,60
2851	30 L	mehrfarbig	cxu	0,60	0,60
2852	30 L	mehrfarbig	cxv	0,60	0,60
2853	30 L	mehrfarbig	cxw	0,60	0,60
2854	30 L	mehrfarbig	cxx	0,60	0,60
2855	30 L	mehrfarbig	cxy	0,60	0,60
2856	30 L	mehrfarbig	cxz	0,60	0,60
2857	30 L	mehrfarbig	cya	0,60	0,60
		Satzpreis (12 W.)		7,—	7,—
		3 FDC			13,—
		Zd-Bogen		7,50	7,50
		Markenheftchen		8,—	

Der Zd-Bogen wurde auch in einen Deckel eingeklebt als Markenheftchen verkauft.

Auflage: 8 000 Sätze

MICHELsoft – erstellt Ihre Bestandslisten, Fehllisten, Motivlisten, ABC-Listen, etc. in Sekundenschnelle!

Albanien

2002, 6. April. Zeichentrickfiguren (IV): Bambi. Odr. (1×4 Zd); gez. K 13:13½.

cyd cye cyb cyc

cyb–cye) Bambi

2858	20 L	mehrfarbig	cyb	0,40	0,40
2859	50 L	mehrfarbig	cyc	1,—	1,—
2860	90 L	mehrfarbig	cyd	1,70	1,70
2861	140 L	mehrfarbig	cye	2,50	2,50
		Satzpreis (4 W.)		5,50	5,50
		Viererstreifen		6,—	6,—
		FDC			7,50

Auflage: 10 000 Sätze

2002, 15. April. Blockausgabe: Öfen. Odr.; gez. Ks 14.

cyf
cyg
cyh
cyi

2862	30 L	mehrfarbig	cyf	0,40	0,40
2863	40 L	mehrfarbig	cyg	0,70	0,70
2864	50 L	mehrfarbig	cyh	0,90	0,90
2865	90 L	mehrfarbig	cyi	1,60	1,60
Block 137	(95×130mm)		cyk	4,—	4,—
		FDC (mit den 4 Blockmarken)			5,—

Auflage: 8 000 Blocks

2002, 1. Mai. Europa: Zirkus. Odr. (5×2); gez. K 13:13¾.

cyl) Drahtseilakt   cym) Jongleure   cyn) Bodenakrobatik

2866	40 L	mehrfarbig	cyl	0,80	0,80
2867	90 L	mehrfarbig	cym	1,70	1,70
2868	220 L	mehrfarbig	cyn	5,—	5,—
		Satzpreis (3 W.)		7,50	7,50
		FDC			8,50
		Kleinbogensatz (3 Klb.)		75,—	75,—

Blockausgabe, gez. Ks 13¾

cyo) Der Zirkus; Gemälde von G. Seurat (1859–1891), französischer Maler

cyp

2869	350 L	mehrfarbig	cyo	9,—	9,—
Block 138	(60×80 mm)		cyp	10,—	10,—
		FDC			11,—

Auflagen: 80 000 Sätze und 50 000 Blocks

2002, 12. Mai. Wappen. Odr., Markenheftchen (2×2); gez. K 12¾:13.

cyr) Wappen der Familie Gropa   cys) Wappen der Familie Skurra   cyt) Wappen der Familie Bua   cyu) Wappen der FamilieTopia

2870	20 L	mehrfarbig	cyr	0,40	0,40
2871	45 L	mehrfarbig	cys	0,90	0,90
2872	50 L	mehrfarbig	cyt	1,—	1,—
2873	90 L	mehrfarbig	cyu	2,—	2,—
		Satzpreis (4 W.)		4,20	4,20
		FDC			6,—
		Markenheftchen		18,—	

Auflage: 36 000 Sätze (9 000 MH)

2002, 17. Mai. Blockausgabe: Kakteen des Mittelmeerraumes. Odr.; gez. Ks 14.

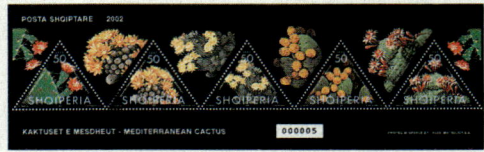

cyv) Opuntia catingiola   cyw) Neoporteria pseudoreicheana   cyx) Lobivia shaferi   cyy) Hylocereus undatus   cyz) Borzicactus madisoniorum   cza

2874	50 L	mehrfarbig	cyv	0,80	0,80
2875	50 L	mehrfarbig	cyw	0,80	0,80
2876	50 L	mehrfarbig	cyx	0,80	0,80
2877	50 L	mehrfarbig	cyy	0,80	0,80
2878	50 L	mehrfarbig	cyz	0,80	0,80
Block 139	(205×65mm)		cza	4,50	4,50
		FDC (mit den 5 Blockmarken)			6,—

Auflage: 8 000 Blocks

Albanien 163

2002, 1. Juni. Fußball-Weltmeisterschaft, Japan und Südkorea. Odr. (5×2); gez. K 13¾:13¼.

czb

czc   czd   cze

czb–cze) Stilisierte Spielszenen; Veranstaltungsemblem

2879	20 L	mehrfarbig	czb	0,40	0,40
2880	30 L	mehrfarbig	czc	0,60	0,60
2881	90 L	mehrfarbig	czd	1,80	1,80
2882	120 L	mehrfarbig	cze	2,20	2,20
		Satzpreis (4 W.)		5,—	5,—
		FDC			7,—
		Kleinbogensatz (4 Klb.)		50,—	50,—

Blockausgabe, gez. K 12¾

czf) Veranstaltungsemblem

czg

2883	360 L	mehrfarbig	czf	7,—	7,—
Block 140	(80×61 mm)		czg	7,—	7,—
		FDC			9,—

Auflagen: 10 000 Sätze und 8 000 Blocks

2002, 16. Juni. Blutspendedienst. Odr. (2×5); gez. K 13¾:14¼.

czh   czi

czh–czi) Symbolische Darstellung der Blutgruppen A, B und 0

2884	90 L	mehrfarbig	czh	2,—	2,—
2885	90 L	mehrfarbig	czi	2,—	2,—
		Satzpreis (2 W.)		4,—	4,—
		FDC			5,—
		Kleinbogensatz (2 W.)		40,—	40,—

Auflage: 10 000 Sätze

2002, 3. Juli. Bekannte Sportler. Odr. (1×3 Zd); gez. K 14¼:13¾.

czk) Naim Kryeziu (*1918), Fußballer
czl) Riza Lushta (1913–1963), Fußballer
czm) Ymer Pampuri, Gewichtheber

2886	50 L	mehrfarbig	czk	1,—	1,—
2887	50 L	mehrfarbig	czl	1,—	1,—
2888	50 L	mehrfarbig	czm	1,—	1,—
		Satzpreis (3 W.)		3,—	3,—
		Dreierstreifen		3,50	3,50
		FDC			4,50
		Kleinbogen		11,—	11,—

Blockausgabe, ☐

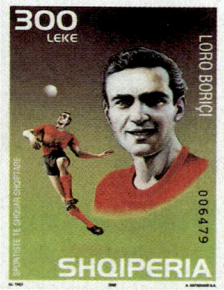

czn) Loro Boriçi (1912–1984), Fußballer

Block 141	300 L	mfg. (61×80 mm)	czn	6,—	6,—
		FDC			8,—

Auflagen: 8 000 Sätze und 8 000 Blocks

2002, 1. Sept. 50 Jahre Internationaler Dachverband der Briefmarkenhändlerorganisationen (IFSDA). Odr. (2×5); gez. K 13¾:13¼.

czo) Albanische Briefmarke im Blick eines Menschen
czp) Rasterpunkte einer Briefmarke in der Vergrößerung

2889	50 L	mehrfarbig	czo	1,—	1,—
2890	100 L	mehrfarbig	czp	2,—	2,—
		Satzpreis (2 W.)		3,—	3,—
		FDC			5,—
		Kleinbogensatz (2 W.)		30,—	30,—

Auflage: 15 000 Sätze

Wußten Sie schon, daß die MICHEL-Rundschau von rund 66 000 Sammlern gelesen wird?

Die MICHEL-Rundschau – das Magazin für Sammler

Albanien

2002, 11. Sept. Gedenken der Opfer der Terroranschläge vom 11. September 2001. Odr. (2×5); gez. K 14:13.

czr) Freiheitsstatue, New York

czs) Brennende Zwillingstürme des World Trade Centers, New York (11.9.2001)

2891	100 L	mehrfarbig	czr	2,—	2,—
2892	150 L	mehrfarbig	czs	3,—	3,—
		Satzpreis (2 W.)		5,—	5,—
		FDC			7,—
		Kleinbogensatz (2 W.)		50,—	50,—

Blockausgabe, gez. K 12¾

czt) Freiheitsstatue und World Trade Center, New York

2893	350 L	mehrfarbig	czt	7,—	7,—
Block 142	(60×81 mm)		czu	7,—	7,—
		FDC			9,—

Auflagen: 20 000 Sätze und 8 000 Blocks

2002, 12. Sept. Blockausgabe: Tiere des Mittelmeeres. Odr.; gez. K 14¼:14.

czv) Unechte Karettschildkröte (Caretta caretta)
czx) Blauhai (Prionace glauca)
czz) Katzenhai und Zitterrochen
czy) Gemeiner Delphin (Delphinus delphi)
czy) Finnwal (Balaenoptera physalus)
daa) Gemeiner Krake (Octopus vulgaris)

2894	50 L	mehrfarbig	czv	1,—	1,—
2895	50 L	mehrfarbig	czw	1,—	1,—
2896	50 L	mehrfarbig	czx	1,—	1,—
2897	50 L	mehrfarbig	czy	1,—	1,—
2898	50 L	mehrfarbig	czz	1,—	1,—
2899	50 L	mehrfarbig	daa	1,—	1,—
Block 143	(99×107 mm)		dab	6,—	6,—
		FDC			8,—

Auflage: 10 000 Blocks

2002, 6. Okt. Künstler. Odr. (2×2 Zd); gez. K 13¾.

dac) Tefta Tashko Koço (1919–1947), Sängerin
dad) Naim S. Frasheri (1923–1975), Schauspieler
dae) Kristaq Antoniu (1909–1979), Sänger
daf) Panajot Kanaçi (1923–1996), Choreograph

2900	50 L	mehrfarbig	dac	1,—	1,—
2901	50 L	mehrfarbig	dad	1,—	1,—
2902	50 L	mehrfarbig	dae	1,—	1,—
2903	50 L	mehrfarbig	daf	1,—	1,—
		Satzpreis (4 W.)		4,—	4,—
		Viererblock		4,—	4,—
		FDC			6,—

Auflage: 8 000 Sätze

2002, 28. Nov. 90 Jahre Unabhängigkeit. Odr. (8×2); gez. K 13¼:14.

dag) Albanische Flagge inmitten anderer Flaggen
dah) Proklamation des albanischen Staates am 28.11.1912 in Vlora

2904	20 L	mehrfarbig	dag	0,40	0,40
2905	90 L	mehrfarbig	dah	1,70	1,70
		Satzpreis (2 W.)		2,—	2,—
		FDC			4,—

Auflage: 8 000 Sätze

2002, 4. Dez. 90. Jahrestag der Gründung der albanischen Post. Odr. (8×2); gez. K 13¼:14.

dai) Parabolantenne
dak) Briefkuvert, Telegraph

2906	20 L	mehrfarbig	dai	0,40	0,40
2907	90 L	mehrfarbig	dak	1,70	1,70
		Satzpreis (2 W.)		2,—	2,—
		FDC			4,—

Auflage: 8 000 Sätze

Albanien

2003

2003, 1. April. Trachten der Regionen (IV). Odr. (4×3); gez. K 13¼.

dal) Kelmendi dam) Zadrime dan) Zerqani dao) Pershkopi
dap) Malesia und Tirana (männl.) dar) Malesia und Tirana (weibl.) das) Fushe Kruje dat) Shpati
dau) Myzqe dav) Labinoti daw) Korce dax) Laberi

2908	30 L	mehrfarbig	dal	0,70	0,70
2909	30 L	mehrfarbig	dam	0,70	0,70
2910	30 L	mehrfarbig	dan	0,70	0,70
2911	30 L	mehrfarbig	dao	0,70	0,70
2912	30 L	mehrfarbig	dap	0,70	0,70
2913	30 L	mehrfarbig	dar	0,70	0,70
2914	30 L	mehrfarbig	das	0,70	0,70
2915	30 L	mehrfarbig	dat	0,70	0,70
2916	30 L	mehrfarbig	dau	0,70	0,70
2917	30 L	mehrfarbig	dav	0,70	0,70
2918	30 L	mehrfarbig	daw	0,70	0,70
2919	30 L	mehrfarbig	dax	0,70	0,70
		Satzpreis (12 W.)		8,—	8,—
		3 FDC			14,—
		Zd-Bogen		8,—	8,—
		Markenheftchen		10,—	

Der Zd-Bogen wurde auch in einen Deckel eingeklebt als Markenheftchen verkauft.

Auflage: 8 000 Sätze

2003, 6. April. Zeichentrickfiguren (V): 70 Jahre Popeye. Odr. (1×4 Zd); gez. K 13¼.

day   daz   dba   dbb

day–dbb) Popeye; von Elzie Segar (1894–1938), amerikanischer Comicautor

2920	40 L	mehrfarbig	day	0,90	0,90
2921	50 L	mehrfarbig	daz	1,10	1,10
2922	80 L	mehrfarbig	dba	1,80	1,80
2923	150 L	mehrfarbig	dbb	3,20	3,20
		Satzpreis (4 W.)		7,—	7,—
		Viererstreifen		7,—	7,—
		FDC			9,—

Auflage: 10 000 Sätze

2003, 15. April. Blockausgabe: Burgen. Odr.; gez. K 13¼.

dbc) Porto Palermo   dbd) Petrela   dbg
dbe) Kruja   dbf) Preza

2924	10 L	mehrfarbig	dbc	0,20	0,20
2925	20 L	mehrfarbig	dbd	0,50	0,50
2926	50 L	mehrfarbig	dbe	1,10	1,10
2927	120 L	mehrfarbig	dbf	2,60	2,60
Block 144 (118×98mm)			dbg	4,50	4,50
	FDC (mit den 4 Blockmarken)				6,50

Auflage: 8 000 Blocks

2003, 30. April. Europa: Plakatkunst. Odr. (5×2); gez. K 14.

dbh   dbi

dbh–dbk) Plakate für künstlerische Ereignisse der letzten 10 Jahre

2928	150 L	mehrfarbig	dbh	3,50	3,50
2929	200 L	mehrfarbig	dbi	4,50	4,50
		Satzpreis (2 W.)		8,—	8,—
		FDC			9,—
		Kleinbogensatz (2 Klb.)		80,—	80,—

Mit der MICHEL-Nummer auf Nummer sicher!

Albanien

Blockausgabe, gez. Ks 14

dbk
dbl

2930	350 L	mehrfarbig	....	dbk	7,50	7,50
Block 145	(80×61 mm)	....		dbl	8,—	8,—
				FDC		10,—

Auflagen: MiNr. 2928–2929 = 80 000 Sätze, Bl. 145 = 50 000 Blocks

2003, 5. Mai. 90 Jahre albanische Briefmarken. Odr. (2×5); gez. K 13¼.

dbm) Schalterbogen, Briefe und Ministeriumsstempel

dbn) Teilumriß von Briefmarken, Signalwellen und Ministeriumsstempel

2931	50 L	mehrfarbig	.... dbm	1,—	1,—
2932	1000 L	mehrfarbig	.... dbn	22,—	22,—
		Satzpreis (2 W.)		22,—	22,—
		FDC			24,—
		Kleinbogensatz (2 Klb.)		220,—	220,—

Auflage: 10 000 Sätze

2003, 12. Mai. Wappen. Odr., Kleinbogen (5×2) und Markenheftchen (2×2); gez. K 13¼.

dbo) Wappen der Familie Arianitet
dbp) Wappen der Familie Jonimajt
dbr) Wappen der Familie Dukagjini
dbs) Wappen der Familie Kopili

2933	10 L	mehrfarbig	.... dbo	0,20	0,20
2934	20 L	mehrfarbig	.... dbp	0,50	0,50
2935	70 L	mehrfarbig	.... dbr	1,50	1,50
2936	120 L	mehrfarbig	.... dbs	2,60	2,60
		Satzpreis (4 W.)		4,80	4,80
		FDC			7,—
		Kleinbogensatz (4 Klb.)		50,—	50,—
		Markenheftchen		20,—	

Auflage: 16 000 Sätze, davon 8 000 im MH

MICHEL
Sammler wissen mehr

2003, 17. Mai. Blockausgabe: Früchte des Mittelmeerraumes. Odr.; selbstklebend; gestanzt 6¼.

dbt) Granatapfel (Punica granatum)
dbu) Zitronatzitrone (Citrum medica)
dbv) Honigmelone (Cucumis melo)
dbw) Echte Feige (Ficus carica)

2937	50 L	mehrfarbig	.... dbt	1,10	1,10
2938	60 L	mehrfarbig	.... dbu	1,30	1,30
2939	70 L	mehrfarbig	.... dbv	1,50	1,50
2940	80 L	mehrfarbig	.... dbw	1,70	1,70
Block 146	(163×71mm)	....	dbx	5,50	5,50
		FDC (mit den 4 Blockmarken)			7,50

Auflage: 8 000 Blocks

2003, 20. Juni. Römische Herrscher Illyriens und Münzen. Odr. (2×2 Zd); gez. K 13¼.

dby) Diokletian (247–313)
dbz) Justinian I. (482–565)
dca) Claudius II. (219–270)
dcb) Constantin der Große (280–337)

2941	70 L	mehrfarbig	.... dby	1,50	1,50
2942	70 L	mehrfarbig	.... dbz	1,50	1,50
2943	70 L	mehrfarbig	.... dca	1,50	1,50
2944	70 L	mehrfarbig	.... dcb	1,50	1,50
		Satzpreis (4 W.)		6,—	6,—
		Viererblock		6,—	6,—
		FDC			8,—

Auflage: 8 000 Sätze

MICHEL im Internet!
Schauen Sie doch einfach mal rein:
www.briefmarken.de

2003, 20. Aug. Blockausgabe: Einheimische Vögel. Odr.; gez. Ks 14¼.

dcc) Weißstorch (Ciconia ciconia)
dcd) Steinadler (Aquila chrysaëtos)
dce) Uhu (Bubo bubo)
dcf) Auerhahn (Tetrao urogallus)

2945	70 L	mehrfarbig	dcc	1,50	1,50
2946	70 L	mehrfarbig	dcd	1,50	1,50
2947	70 L	mehrfarbig	dce	1,50	1,50
2948	70 L	mehrfarbig	dcf	1,50	1,50
Block 147 (100×118mm)			dcg	6,—	6,—
		FDC (mit den 4 Blockmarken)			8,—

Auflage: 10 000 Blocks

2003, 2. Sept. 90. Jahrestag des ersten offiziellen Fußballspiels in Albanien. Odr. (1×5 Zd); gez. K 14¼.

dch–dci) Gruppenaufnahme der zwei gegnerischen Teams einer österreichisch-ungarischen Armeemannschaft und der Mannschaft Independenca Shkodra im August 1913

2949	80 L	mehrfarbig	dch	1,70	1,70
2950	80 L	mehrfarbig	dci	1,70	1,70
		Satzpreis (Paar)		3,50	3,50
		FDC			5,50
		Kleinbogen		18,—	18,—

Auflage: 8 000 Sätze

2003, 20. Sept. 120. Todestag von Edouard Manet. Odr. (2×5); gez. K 14¼.

dck) Das Frühstück im Atelier (Detail)
dcl) Der Pfeiffer

dck–dcm) Gemälde (Details) von E. Manet (1832–1883), französischer Maler

2951	40 L	mehrfarbig	dck	0,80	0,80
2952	100 L	mehrfarbig	dcl	2,20	2,20
		Satzpreis (2 W.)		3,—	3,—
		FDC			5,—
		Kleinbogensatz (2 Klb.)		30,—	30,—

Blockausgabe, gez. Ks 14¼

dcm) Manet, Blockrand Olympia (Detail)

dcn

2953	250 L	mehrfarbig	dcm	4,50	4,50
Block 148 (80×60 mm)			dcn	5,—	5,—
		FDC			6,50

Auflagen: MiNr. 2951–2952 = 10 000 Sätze, Bl. 148 = 8 000 Blocks

2003, 6. Okt. Künstler. Odr. (2×2 Zd); gez. K 13¼.

dco) Odhise Paskali (1903–1989), Bildhauer
dcp) Janaq Paco (1914–1991), Bildhauer
dcr) Llazar Nikolla (1906–1983), Bildhauer
dcs) Murat Toptani (1868–1919), Bildhauer und Schriftsteller

2954	50 L	mehrfarbig	dco	1,—	1,—
2955	50 L	mehrfarbig	dcp	1,—	1,—
2956	50 L	mehrfarbig	dcr	1,—	1,—
2957	50 L	mehrfarbig	dcs	1,—	1,—
		Satzpreis (4 W.)		4,—	4,—
		Viererblock		4,—	4,—
		FDC			6,—

Auflage: 8 000 Sätze

2003, 19. Okt. Seligsprechung von Mutter Teresa. Odr. (5×2); gez. K 13¼.

dct–dcv) Mutter Teresa (1910–1997), indische katholische Ordensgründerin albanischer Herkunft, Friedensnobelpreis 1979

2958	40 L	mehrfarbig	dct	1,—	1,—
2959	250 L	mehrfarbig	dcu	5,—	5,—
		Satzpreis (2 W.)		6,—	6,—
		FDC			8,—
		Kleinbogensatz (2 Klb.)		60,—	60,—

Blockausgabe, gez. Ks 14¼

2960	350 L mehrfarbig .... dcv	7,—	7,—
Block 149 (60×80 mm) .... dcw		7,—	7,—
	FDC		9,—

Auflagen: 50 000 Sätze und 20 000 Blocks

2003, 20. Okt. Sehenswürdigkeiten der Natur. Odr. (2×5); gez. K 13¼.

dcx) Nadelwald bei Divjaka dcy) Kiefernwald am Berg Kokojka dcz) Kiefernwald bei Drenova

2961	20 L mehrfarbig .... dcx	0,40	0,40
2962	30 L mehrfarbig .... dcy	0,60	0,60
2963	200 L mehrfarbig .... dcz	4,—	4,—
	Satzpreis (3 W.)	5,—	5,—
	FDC		7,—
	Kleinbogensatz (2 Klb.)	50,—	50,—

Auflage: 8 000 Sätze

2003, 1. Nov. 100 Jahre Tour de France. Odr. (2×5); gez. K 14¼.

dda–ddb) Radrennfahrer

2964	50 L mehrfarbig .... dda	1,—	1,—
2965	100 L mehrfarbig .... ddb	2,—	2,—
	Satzpreis (2 W.)	3,—	3,—
	FDC		5,—
	Kleinbogensatz (2 Klb.)	30,—	30,—

Auflage: 8 000 Sätze

2004

2004, 23. Juni. Europa: Ferien. Odr., Bogen (B) (5×2) und Markenheftchen (MH) (4×2); A = vierseitig, D = dreiseitig gez. K 13½.

ddc ddd

ddc–dde) Naturpark Pushimet

2966	200 L mehrfarbig .... ddc		
A	vierseitig gezähnt (B)	4,50	4,50
Do	oben geschnitten (⊓) (MH) ...	5,—	5,—
Du	unten geschnitten (⊔) (MH) ...	5,—	5,—
2967	200 L mehrfarbig .... ddd		
A	vierseitig gezähnt (B)	4,50	4,50
Do	oben geschnitten (⊓) (MH) ...	5,—	5,—
Du	unten geschnitten (⊔) (MH) ...	5,—	5,—
	Satzpreis A (2 W.)	9,—	9,—
	Satzpreis Do oder Du (je 2 W.)	10,—	10,—
	FDC A		11,—
	Kleinbogensatz A (2 Klb.)	90,—	90,—

Dreiseitig gezähnte Marken stammen aus MH 8.

Blockausgabe, gez. K 14¼:13½

2968	350 L mehrfarbig .... dde	8,—	8,—
Block 150 (61×81 mm) .... ddf		9,—	9,—
	FDC		10,—

Auflagen: 100 000 Sätze und 30 000 Blocks

In der **MICHEL**-Rundschau werden Marken nur katalogisiert, wenn sie der Redaktion im Original vorgelegen haben. Oftmals ist es schwierig, Neuausgaben fristgerecht zu erhalten. Aus diesem Grunde müssen Katalogisierungen manchmal zurückgestellt werden.

Albanien

2004, 24. Juni. Fußball-Europameisterschaft, Portugal. Odr. (4×4); gez. K 14.

ddg

ddg–ddk) Spielszenen; Veranstaltungsemblem

ddh   ddi   ddk

2969	20 L	mehrfarbig	ddg	0,50	0,50
2970	40 L	mehrfarbig	ddh	0,90	0,90
2971	50 L	mehrfarbig	ddi	1,10	1,10
2972	200 L	mehrfarbig	ddk	4,50	4,50
		Satzpreis (4 W.)		7,—	7,—
		FDC			8,50

Blockausgabe

ddl) Spielszene

2973	350 L	mehrfarbig	ddl	8,—	8,—
Block 151	(80×60 mm)		ddm	8,—	8,—
		FDC			9,50

Auflagen: 8 000 Sätze und 5 000 Blocks

2004, 12. Aug. Olympische Sommerspiele, Athen. Odr. (5×2); gez. K 13½.

ddn) Statue eines   ddo) Kopf einer
Diskuswerfers   Athene-Statue

2974	10 L	mehrfarbig	ddn	0,30	0,30
2975	200 L	mehrfarbig	ddo	4,50	4,50
		Satzpreis (2 W.)		4,80	4,80
		FDC			6,50
		Kleinbogensatz (2 Klb.)		48,—	48,—

MICHEL-Rundschau

zwölfmal im Jahr aktuelle Informationen für den Philatelisten. Mit einem Abonnement können Sie auch diesen Katalog auf dem laufenden halten!

Blockausgabe

ddp) Fackelläufer
ddr

2976	350 L	mehrfarbig	ddp	8,—	8,—
Block 152	(60×80 mm)		ddr	8,—	8,—
		FDC			10,—

Auflagen: 8 000 Sätze und 6 000 Blocks

2004, 30. Aug. Wilhelm von Wied. Odr. (5×2); gez. K 13½.

dds   ddt

dds–ddt) Wilhelm Fürst von Albanien, Prinz zu Wied
(reg. vom 7.3.–3.9.1914 in Albanien)

2977	40 L	mehrfarbig	dds	0,90	0,90
2978	150 L	mehrfarbig	ddt	3,20	3,20
		Satzpreis (2 W.)		4,—	4,—
		FDC			6,—
		Kleinbogensatz (2 Klb.)		40,—	40,—

Auflage: 10 000 Sätze

2004, 15. Sept. Zeichentrickfiguren (VI): Bugs Bunny. Odr. (1×4 Zd); gez. K 13½.

ddw   ddx   ddu   ddv

ddu–ddx) Bugs Bunny, kreiert 1940 von Tex Avery

2979	40 L	mehrfarbig	ddu	0,90	0,90
2980	50 L	mehrfarbig	ddv	1,10	1,10
2981	80 L	mehrfarbig	ddw	1,80	1,80
2982	150 L	mehrfarbig	ddx	3,20	3,20
		Satzpreis (4 W.)		7,—	7,—
		Viererstreifen		7,—	7,—
		FDC			9,—

Auflage: 8 000 Sätze

Albanien

2004, 3. Okt. Ikonen. Odr. (2×5); gez. K 14.

ddy ddz dea

ddy–deb) Ikonen von Nikolla, Sohn und Schüler von Onufri (16. Jh.)

2983	10 L	mehrfarbig	ddy	0,30	0,30
2984	20 L	mehrfarbig	ddz	0,50	0,50
2985	1000 L	mehrfarbig	dea	22,—	22,—
		Satzpreis (3 W.)		22,—	22,—
		FDC			24,—
		Kleinbogensatz (3 Klb.)		220,—	220,—

Blockausgabe, gez. K 13½:14¼

deb
dec

2986	400 L	mehrfarbig	deb	9,—	9,—
Block 153	(80×65 mm)		dec	9,—	9,—
		FDC			11,—

Auflagen: 6 000 Sätze und 4 000 Blocks

2004, 10. Okt. Blockausgabe: Marienkäfer. Odr.; gez. K 14.

ded dee deg deh
def

ded–deg) Marienkäfer (Coccinellidae)

2987	80 L	mehrfarbig	ded	1,80	1,80
2988	80 L	mehrfarbig	dee	1,80	1,80
2989	80 L	mehrfarbig	def	1,80	1,80
2990	80 L	mehrfarbig	deg	1,80	1,80
Block 154	(120×96 mm)		deh	7,—	7,—
		FDC			9,—

Auflage: 8 000 Blocks

2004, 12. Okt. Künstler. Odr. (2×2 Zd); gez. K 13½

dei) Ndrek Luca (1924–1993), Schauspieler
dek) Jorgjia Truja (1909–1994), Sängerin
del) Maria Kraja (1911–1999), Sängerin
dem) Zina Andri, Theaterregisseurin

2991	50 L	mehrfarbig	dei	1,10	1,10
2992	50 L	mehrfarbig	dek	1,10	1,10
2993	50 L	mehrfarbig	del	1,10	1,10
2994	50 L	mehrfarbig	dem	1,10	1,10
		Satzpreis (4 W.)		4,40	4,40
		Viererblock		4,40	4,40
		FDC			6,50

Auflage: 6 000 Sätze

2004, 25. Okt. Wappen. Odr., Bogen (5×4) und Markenheftchen (2×2); gez. K 14.

den) Wappen der Familie Spani
deo) Wappen der Familie Zahariaj
dep) Wappen der Familie Gjuraj
der) Wappen der Familie Dushmani

2995	20 L	mehrfarbig	den	0,50	0,50
2996	40 L	mehrfarbig	deo	0,90	0,90
2997	80 L	mehrfarbig	dep	1,80	1,80
2998	150 L	mehrfarbig	der	3,20	3,20
		Satzpreis (4 W.)		6,40	6,40
		FDC			8,50
		Markenheftchen		35,—	

Auflage: 10 000 Sätze, davon 4 000 im MH

2004, 1. Nov. Blockausgabe: Dahlien. Odr.; gez. K 14.

des det deu dev dew

des–dev) Dahlien

2999	80 L	mehrfarbig	des	1,80	1,80
3000	80 L	mehrfarbig	det	1,80	1,80
3001	80 L	mehrfarbig	deu	1,80	1,80
3002	80 L	mehrfarbig	dev	1,80	1,80
Block 155	(163×70mm)		dew	7,—	7,—
		FDC (mit den 4 Blockmarken)			9,—

Auflage: 8 000 Blocks

Albanien

2004, 20. Nov. 50 Jahre Nationalgalerie: Gemälde. Odr. (5×5); gez. K 14.

2004, 28. Nov. 5 Jahre NATO im Kosovo. Odr. (5×2); gez. K 14¼:13½.

dfy) Sterne, Girlanden zwischen Häusern

dfz) UNO-Flagge, Friedenstauben

Nr.	Wert	Farbe		Code	Preis 1	Preis 2
3028	100 L	mehrfarbig	....	dfy	2,30	2,30
3029	200 L	mehrfarbig	....	dfz	4,50	4,50
		Satzpreis (2 W.)			6,80	6,80
		FDC				9,—
		Kleinbogensatz (2 Klb.)			65,—	65,—

Blockausgabe

dga) Häuser, albanische Flagge

3030	350 L	mehrfarbig	....	dga	8,—	8,—
Block 156	(80×60 mm)		....	dgb	8,—	8,—
		FDC				10,—

Auflagen: 10 000 Sätze und 8 000 Blocks

2004, 29. Nov. 60. Jahrestag der Befreiung im Zweiten Weltkrieg. Odr. (2×5); gez. K 13¾.

dgc) Friedenstauben   dgd) Friedenstaube

3031	50 L	mehrfarbig	....	dgc	1,30	1,30
3032	200 L	mehrfarbig	....	dgd	4,70	4,70
		Satzpreis (2 W.)			6,—	6,—
		FDC				8,—
		Kleinbogensatz (2 Klb.)			60,—	60,—

Oftmals ist es schwierig, Neuausgaben rechtzeitig zu erhalten oder die Frankaturgültigkeit und Legalität einer Ausgabe zu klären. Wir bitten um Verständnis, wenn es aus diesen Gründen zu Verzögerungen bei der Katalogisierung kommt.

---

dex) Ikone; von unbek. Künstler
dey) Heiliger; von Mihal Anagnosti
dez) Christus; von Onufer Qiprioti
dfa) Heiliger; von Çetiret
dfb) Ikone; von Onufri

dfc) Frau mit Kopftuch; von Kel Kodheli
dfd) Junge Frau; von Vangjush Mio
dfe) Mädchen; von Abdurahim Buza
dff) Akt; von Mustafa Arapi
dfg) Mann; von Guri Madhi

dfh) Skulptur eines Soldaten; von Janaq Paço
dfi) Stillleben; von Zef Kolombi
dfk) Blumenvase; von Hasan Reçi
dfl) Stillleben; von Vladimir Jani
dfm) Frauenkopf; von Halim Bequiri

dfn) Partisanen; von Edison Gjergo
dfo) Kämpfer; von Naxhi Bakalli
dfp) Familie am Tisch; von Agron Bregu
dfr) Aufforstung; von Edi Hila
dfs) Künstler; von Artur Muharremi

dft) Greisenkopf; von Rembrandt
dfu) Drache; von Gazmend Leka
dfv) Farbiger Kreis; von Damien Hirst
dfw) Abstrakte Kunst; von Edvin Rama
dfx) Ritter; von Ibrahim Kodra

3003	20 L	mehrfarbig	....	dex	0,50	0,50
3004	20 L	mehrfarbig	....	dey	0,50	0,50
3005	20 L	mehrfarbig	....	dez	0,50	0,50
3006	20 L	mehrfarbig	....	dfa	0,50	0,50
3007	20 L	mehrfarbig	....	dfb	0,50	0,50
3008	20 L	mehrfarbig	....	dfc	0,50	0,50
3009	20 L	mehrfarbig	....	dfd	0,50	0,50
3010	20 L	mehrfarbig	....	dfe	0,50	0,50
3011	20 L	mehrfarbig	....	dff	0,50	0,50
3012	20 L	mehrfarbig	....	dfg	0,50	0,50
3013	20 L	mehrfarbig	....	dfh	0,50	0,50
3014	20 L	mehrfarbig	....	dfi	0,50	0,50
3015	20 L	mehrfarbig	....	dfk	0,50	0,50
3016	20 L	mehrfarbig	....	dfl	0,50	0,50
3017	20 L	mehrfarbig	....	dfm	0,50	0,50
3018	20 L	mehrfarbig	....	dfn	0,50	0,50
3019	20 L	mehrfarbig	....	dfo	0,50	0,50
3020	20 L	mehrfarbig	....	dfp	0,50	0,50
3021	20 L	mehrfarbig	....	dfr	0,50	0,50
3022	20 L	mehrfarbig	....	dfs	0,50	0,50
3023	20 L	mehrfarbig	....	dft	0,50	0,50
3024	20 L	mehrfarbig	....	dfu	0,50	0,50
3025	20 L	mehrfarbig	....	dfv	0,50	0,50
3026	20 L	mehrfarbig	....	dfw	0,50	0,50
3027	20 L	mehrfarbig	....	dfx	0,50	0,50
		Satzpreis (25 W.)			12,50	12,50
		5 FDC				15,—

Auflage: 8 000 Sätze

Albanien

2004, 4. Dez. Trachten der Regionen (V). Odr. (4×3); gez. K 13½.

dge) Gramshi, Umhang
dgf) Gramshi, Kostüm
dgg) Korça, Alltagsgewand
dgh) Kolonja
dgi) Korça, Festtagsgewand
dgk) Librazhdi
dgl) Permeti
dgm) Pogradeci
dgn) Skrapari, ♂
dgo) Skrapari, ♀
dgp) Tepelena
dgr) Vlora

3033	30 L	mehrfarbig	dge	0,70	0,70
3034	30 L	mehrfarbig	dgf	0,70	0,70
3035	30 L	mehrfarbig	dgg	0,70	0,70
3036	30 L	mehrfarbig	dgh	0,70	0,70
3037	30 L	mehrfarbig	dgi	0,70	0,70
3038	30 L	mehrfarbig	dgk	0,70	0,70
3039	30 L	mehrfarbig	dgl	0,70	0,70
3040	30 L	mehrfarbig	dgm	0,70	0,70
3041	30 L	mehrfarbig	dgn	0,70	0,70
3042	30 L	mehrfarbig	dgo	0,70	0,70
3043	30 L	mehrfarbig	dgp	0,70	0,70
3044	30 L	mehrfarbig	dgr	0,70	0,70
		Satzpreis (12 W.)		8,—	8,—
		3 FDC			14,—
		Zd-Bogen		8,—	8,—
		Markenheftchen		10,—	

Der Zd-Bogen wurde auch in einen Deckel eingeklebt als Markenheftchen verkauft.

Auflage: 8 000 Sätze

2005

2005, 1. Okt. 50 Jahre Europamarken (2006). Odr. (4×2, Querformat ~); gez. K 13¾.

coa l) Albanischer Tanz

ckk l) Fortschritt bei der Zivilisation und Demokratisierung

3045	200 L	mehrfarbig	coa l	4,50	4,50
3046	250 L	mehrfarbig	ckk l	5,50	5,50
		Satzpreis (2 W.)		10,—	10,—
		FDC			12,—
		Kleinbogensatz (2 Klb.)		100,—	100,—

Blockausgabe

cyo l) Der Zirkus; Gemälde von G. Seurat (1859–1891), französischer Maler

cyp l

3047	500 L	mehrfarbig	cyo l	11,—	11,—
Block 157 (61×81 mm)			cyp l	11,—	11,—
		FDC			13,—

Auflagen: MiNr. 3046–3047 = je 510 000 Stück, Bl. 157 = 510 000 Blocks

In ähnlichen Zeichnungen: Bl. 104, Bl. 112, Bl. 138

2005, 22. Sept. Europa: Gastronomie. Odr., Bogen (B) (5×2) und Markenheftchen (MH); A = gez. K 14, D = dreiseitig, E = zweiseitig gez. K 13½:14.

dgs) Fleischtopf

dgt) Gefüllte Teigtaschen

3048	200 L	mehrfarbig	dgs		
A		vierseitig gez. (B)		5,—	5,—
Do		dreiseitig gez. (☐) (MH)		5,—	5,—
Du		dreiseitig gez. (☐) (MH)		5,—	5,—
E		zweiseitig gez. (☐) (MH)		5,—	5,—
3049	200 L	mehrfarbig	dgt		
A		vierseitig gez. (B)		5,—	5,—
Do		dreiseitig gez. (☐) (MH)		5,—	5,—
Du		dreiseitig gez. (☐) (MH)		5,—	5,—
E		zweiseitig gez. (☐) (MH)		5,—	5,—
		Satzpreis A (2 W.)		10,—	10,—
		2 FDC (A)			11,—
		Kleinbogensatz (2 Klb.)		100,—	100,—

Abkürzungen der Druckverfahren:

Stdr. = Steindruck
Odr. = Offsetdruck
Bdr. = Buchdruck
Ldr. = Indirekter Hochdruck (Letterset)
Sta.-St. ⎫ StTdr. = Stahlstich ⎫ Stichtiefdruck
Ku.-St. ⎭ = Kupferstich ⎭
RaTdr. = Rastertiefdruck

Albanien

Blockausgabe, gez. K 13

dgu) Dollma (Kohlroulade mit Innereien vom Rind)
dgv

3050	350 L	mehrfarbig	dgu	7,—	7,—
Block 158	(60×84 mm)		gdv	8,—	8,—
			FDC		10,—

MiNr. 3050 ist auch in MH 9 enthalten.

Auflagen: MiNr. 3048 A–3049 A = je 60 000, MiNr. 3048 Do/Du/E–3049 Do/Du/E = je 15 000, MiNr. 3050 = 55 000 Stück, davon 40 000 aus Bl. 158

2005, 19. Okt. 50 Jahre Mitgliedschaft in den Vereinten Nationen (UNO). Odr.; gez. K 13.

dgw) Gefaltetes rotes Blatt vor UNO-Emblem

3051	40 L	mehrfarbig	dgw	0,80	0,80
			FDC		2,50

Auflage: je 10 000 Stück

2005, 20. Okt. Zeichentrickfiguren (VII): Tom und Jerry. Odr. (1×4 Zd); gez. K 14.

dgy   dgz   dha   dgx

dgx–dha) Kater Tom und Maus Jerry; von William Hanna und Joseph Barbera

3052	40 L	mehrfarbig	dgx	0,70	0,70
3053	50 L	mehrfarbig	dgy	0,90	0,90
3054	80 L	mehrfarbig	dgz	1,40	1,40
3055	150 L	mehrfarbig	dha	2,50	2,50
		Satzpreis (4 W.)		5,50	5,50
		Viererstreifen		5,50	5,50
		FDC			7,50

Auflage: je 8000 Stück

2005, 21. Okt. Gemälde mit einheimischen Motiven. Odr. (1×4 Zd); gez. K 14.

dhb) Stadt am Fluß

dhc) Landschaft mit Aquädukt und Burg
dhd) Menschenmenge vor Gebäude mit Minarett
dhe) Männer am Fluß, Festung

3056	10 L	mehrfarbig	dhb	0,20	0,20
3057	20 L	mehrfarbig	dhc	0,40	0,40
3058	30 L	mehrfarbig	dhd	0,60	0,60
3059	1000 L	mehrfarbig	dhe	17,—	17,—
		Satzpreis (4 W.)		18,—	18,—
		Viererstreifen		18,—	18,—
		FDC			20,—

Auflage: je 8000 Stück

2005, 24. Okt. Trachten der Regionen (VI). Odr. (4×3); gez. K 14.

dhf) Tirane   dhg) Bende Tirane   dhh) Zall Dajt   dhi) Kavaje-Durres
dhk) Has   dhl) Mat   dhm) Liqenas   dhn) Klenje
dho) Maleshove   dhp) German   dhr) Kruje   dhs) Reç

3060	30 L	mehrfarbig	dhf	0,60	0,60
3061	30 L	mehrfarbig	dhg	0,60	0,60
3062	30 L	mehrfarbig	dhh	0,60	0,60
3063	30 L	mehrfarbig	dhi	0,60	0,60
3064	30 L	mehrfarbig	dhk	0,60	0,60
3065	30 L	mehrfarbig	dhl	0,60	0,60
3066	30 L	mehrfarbig	dhm	0,60	0,60
3067	30 L	mehrfarbig	dhn	0,60	0,60
3068	30 L	mehrfarbig	dho	0,60	0,60
3069	30 L	mehrfarbig	dhp	0,60	0,60
3070	30 L	mehrfarbig	dhr	0,60	0,60
3071	30 L	mehrfarbig	dhs	0,60	0,60
		Satzpreis (12 W.)		7,—	7,—
		Zd-Bogen		7,—	7,—
		FDC			12,—
		Markenheftchen		13,—	

Der Zd-Bogen wurde auch in einen Deckel eingeklebt als Markenheftchen verkauft.

Auflage: je 9000 Stück, davon 1000 im Markenheftchen

Albanien

2005, 25. Okt. Mittelmeerspiele, Almería. Odr. (1 × 4 Zd); gez. K 14½:14.

dht) Startblöcke für Kurzstreckenlauf	dhu) Ringe	dhv) Stabübergabe beim Staffellauf

3072	20 L	mehrfarbig	dht	0,40	0,40
3073	60 L	mehrfarbig	dhu	1,—	1,—
3074	120 L	mehrfarbig	dhv	2,—	2,—
		Satzpreis (3 W.)		3,40	3,40
		Dreierstreifen		3,40	3,40
		FDC			5,50

Blockausgabe, gez. K 13

dhw) Schwimmerin
dhx

3075	300 L	mehrfarbig	dhw	5,—	5,—
Block 159	(60 × 80 mm)		dhx	5,—	5,—
		FDC			7,—

Auflagen: MiNr. 3072–3074 = je 8000 Stück, Bl. 159 = 6000 Blocks

2005, 11. Nov. 100 Jahre Rotary International. Odr.; gez. K 14.

dhy) Globus mit Nordamerika, Emblem	dhz) Emblem

3076	30 L	mehrfarbig	dhy	0,50	0,50
3077	150 L	mehrfarbig	dhz	2,50	2,50
		Satzpreis (2 W.)		3,—	3,—
		FDC			5,—

Auflage: je 15 000 Stück

> **MICHEL**-Kataloge werden ständig überarbeitet und durch Berücksichtigung der neuesten Forschungsergebnisse auf dem aktuellen Stand gehalten.

2005, 14. Nov. Wappen (V). Odr.; gez. K 13.

dia) Fürst Bua	dib) Fürst Karl Topia	dic) Fürst Dukagjini II.	did) Familie Engjell

3078	10 L	mehrfarbig	dia	0,20	0,20
3079	30 L	mehrfarbig	dib	0,50	0,50
3080	100 L	mehrfarbig	dic	1,70	1,70
3081	150 L	mehrfarbig	did	2,50	2,50
		Satzpreis (4 W.)		4,80	4,80
		Viererstreifen		4,80	4,80
		FDC			7,—
		Markenheftchen		40,—	

MiNr. 3078–3081 wurden waagerecht zusammenhängend gedruckt.

Außerdem erschienen sie in einem Markenheftchen ohne Zusammendrucke mit je 4 × MiNr. 3078–3081.

Auflage: je 7000 Stück, davon 1000 im Markenheftchen

2005, 17. Nov. Blockausgabe: Portulakröschen. Odr.; gez. K 14.

die	dif	dig	dih	dii	dik

die–dih) Portulakröschen (Portulaca grandiflora)

3082	70 L	mehrfarbig	die	1,80	1,80
3083	70 L	mehrfarbig	dif	1,80	1,80
3084	70 L	mehrfarbig	dig	1,80	1,80
3085	70 L	mehrfarbig	dih	1,80	1,80
3086	70 L	mehrfarbig	dii	1,80	1,80
Block 160	(220 × 60 mm)		dik	9,—	9,—
		FDC			11,—

Auflage: 8000 Blocks

2005, 20. Nov. 80 Jahre Radsport in Albanien. Odr. (4 × 3); gez. K 13½.

dil) Radrennfahrer

3087	50 L	mehrfarbig	dil	1,30	1,30
3088	60 L	mehrfarbig	dil	1,70	1,70
3089	120 L	mehrfarbig	dil	3,30	3,30
		Satzpreis (3 W.)		6,30	6,30
		Dreierstreifen		6,30	6,30
		FDC			8,50
		Kleinbogen		18,—	18,—

MiNr. 3087–3089 wurden zusammenhängend im Kleinbogen zu 9 Marken und 3 Zierfeldern gedruckt.

Auflage: je 6000 Stück

Albanien

2005, 28. Nov. Blockausgabe: 600. Geburtstag von Gjergj Kastriota, genannt Skanderbeg. Odr.; gez. K 13.

dir dim dis
din dio dip dit

dim–dis) Details eines Schlachtengemäldes von Naxhi Bakalli

3090	40 L	mehrfarbig	dim	1,—	1,—
3091	50 L	mehrfarbig	din	1,20	1,20
3092	60 L	mehrfarbig	dio	1,50	1,50
3093	70 L	mehrfarbig	dip	1,80	1,80
3094	80 L	mehrfarbig	dir	2,—	2,—
3095	90 L	mehrfarbig	dis	2,30	2,30
Block 161	(240 × 81 mm)		dit	10,—	10,—
			FDC		12,—

Auflage: 10 000 Blocks

2005, 29. Nov. 60. Jahrestag des Sieges über den Faschismus. Odr. (1 × 5 Zd); gez. K 14.

diu) Rosenstrauß in Wehrmachtshelm, Tauben
div) Soldat und Kriegerdenkmal, Atombombendom in Hiroshima, Flaggen der Alliierten auf dem Berliner Reichstagsgebäude

3096	50 L	mehrfarbig	diu	1,20	1,20
3097	200 L	mehrfarbig	div	5,—	5,—
			Satzpreis (Paar)	6,20	6,20
			FDC		8,—
			Kleinbogen	30,—	30,—

Auflage: je 8000 Stück

2005, 4. Dez. Photographenfamilie Marubi. Odr. (1 × 4 Zd); gez. K 14.

diw) Matia Kodheli-Marubi, Maler
dix) Gegë Marubi (1909–1984), Photograph

diy) Pjetër Marubi (1834–1905), Photograph
diz) Kel Marubi (1870–1940), Photograph

3098	10 L	mehrfarbig	diw	0,20	0,20
3099	20 L	mehrfarbig	dix	0,50	0,50
3100	70 L	mehrfarbig	diy	1,80	1,80
3101	200 L	mehrfarbig	diz	5,—	5,—
			Satzpreis (4 W.)	7,50	7,50
			Viererstreifen	7,50	7,50
			FDC		9,50

Auflage: je 6000 Stück

> **Seit Dezember 2005 sind keine weiteren albanischen Ausgaben erschienen oder angekündigt worden.**

Neuheiten

Ein Abonnement der MICHEL-Rundschau sichert Ihnen einen immer vollständigen Katalog, zeigt Ihnen Preisänderungen an und bereichert Ihre philatelistischen Kenntnisse.

Albanien

Jahrgangswerttabelle

Die Aufstellung folgt der numerischen Reihenfolge der Katalogisierung ohne Rücksicht auf die Chronologie eventueller Ergänzungswerte.

Grundsätzlich ist nur die jeweils billigste Sorte pro Marke bzw. Ausgabe angegeben, sofern nichts anderes vermerkt.

Zusammendrucke aus Bogen, Marken mit Zierfeldern usw. sind dann berücksichtigt, wenn sie als normale Ausgabeform anzusehen sind. Einzelmarken aus Blocks und Marken mit der Preisnotierung „—,—" sind nicht berücksichtigt.

Jahr	MiNr.	Euro **	Euro ⊙
1945	359–384	262,—	406,—
1946	385–414	352,—	457,—
1947	415–441	411,—	385,—
1948	442–458	160,—	118,—
1949	459–481	75,—	80,50
1950	482–499	94,—	92,—
1951	500–520	63,50	71,50
1952	521–522	550,—	360,—
1953	523–532	120,—	85,—
1954	533–538	12,—	12,—
1956	539–542	9,—	7,—
1957	543–556	18,50	15,50
1958	557–571	17,50	11,—
1959	572–Bl.36	61,—	52,50
1960	591–618	49,50	42,50
1961	619–641	79,50	41,20
1962	642–714	1073,50	1530,—
1963	715–Bl.21	595,—	645,50
1964	803–Bl.28	420,70	589,50
1965	912–1130	311,50	200,80
1966	1023–1130	148,50	74,70
1967	1131–Bl.31	162,60	90,70
1968	1239–1328	207,—	240,60
1969	1329–1400	130,50	115,80
1970	1401–E 1460	1271,20	792,60
1971	1461–1526	112,20	73,60
1972	1527–1603	82,70	49,90
1973	1604–1667	120,70	120,30
1974	1668–Bl. 55	120,90	98,60
1975	1755–1833	80,50	50,70
1976	1834–1887	56,—	50,60
1977	1888–Bl.63	92,50	65,—
1978	A 1942–1990	141,—	105,—
1979	1991–2034	79,50	51,10
1980	2035–Bl.71	61,—	55,—
1981	2070–2108	64,20	51,20
1982	2109–2151	334,50	269,10
1983	2152–2192	84,50	60,90
1984	2193–Bl. 83	151,50	84,50
1985	2244–Bl. 86	240,—	252,20
1986	2286–2322	134,—	84,40
1987	2323–2353	78,—	59,80
1988	2354–2382	808,—	731,—
1989	2383–2422	56,—	38,80
1990	2423–2461	44,—	40,40
1991	2462–2488	34,40	29,30
1992	2489–2521	123,70	118,80
1993	2522–Bl.100	39,20	39,20
1994	2535–2542	17,—	17,—
1995	2543–2588	66,20	66,20
1996	2589–2612	41,30	41,30
1997	2613–2641	36,10	36,10
1998	2642–2673	49,80	49,80
1999	2674–2719	147,40	147,40
2000	2720–2781	118,30	118,30
2001	2782–2845	125,50	125,50
2002	2846–2907	98,20	98,20
2003	2908–2965	116,30	116,30
2004	2966–3044	153,90	153,90
2005	3045–3101	125,50	125,50
Gesamtsumme		**10889,60**	**10191,80**

Blockaufstellung

Block 1 siehe nach MiNr. 263
Block 2 siehe nach MiNr. 273
Block 3 siehe nach MiNr. 283
Block 4 siehe nach MiNr. 417
Block 5 siehe nach MiNr. 589
Block 6 siehe nach MiNr. 590 B
Block 7 siehe nach MiNr. 653
Block 8 siehe nach MiNr. 662
Block 9 siehe nach MiNr. 667
Block 10 siehe nach MiNr. 672
Block 11 siehe nach MiNr. 676
Block 12 siehe nach MiNr. 681
Block 13 siehe nach MiNr. 688
Block 14 siehe nach MiNr. 694
Block 15 siehe nach MiNr. 702
Block 16 siehe nach MiNr. 707
Block 17 siehe nach MiNr. 729
Block 18 siehe nach MiNr. 733
Block 19 siehe nach MiNr. 752
Block 20 siehe nach MiNr. 797
Block 21 siehe nach MiNr. 802
Block 22 siehe nach MiNr. 827
Block 23 siehe nach MiNr. 832
Block 24 siehe nach MiNr. 843
Block 25 siehe nach MiNr. 848
Block 26 siehe nach MiNr. 869
Block 27 siehe nach MiNr. 901
Block 28 siehe nach MiNr. 911
Block 29 siehe nach MiNr. 945
Block 30 siehe nach MiNr. 946
Block 31 siehe nach MiNr. 1238
Block 32 siehe nach MiNr. 1294
Block 33 siehe nach MiNr. 1314
Block 34 siehe nach MiNr. 1318
Block 35 siehe nach MiNr. 1345
Block 36 siehe nach MiNr. 1350
Block 37 siehe nach MiNr. 1354
Block 38 siehe nach MiNr. 1425
Block 39 siehe nach MiNr. 1447
Block 40 siehe nach MiNr. 1485
Block 41 siehe nach MiNr. 1488
Block 42 siehe nach MiNr. 1506
Block 43 siehe nach MiNr. 1518
Block 44 siehe nach MiNr. 1533
Block 45 siehe nach MiNr. 1563
Block 46 siehe nach MiNr. 1588
Block 47 siehe nach MiNr. 1640
Block 48 siehe nach MiNr. 1647
Block 49 siehe nach MiNr. 1655
Block 50 siehe nach MiNr. 1673
Block 51 siehe nach MiNr. 1695
Block 52 siehe nach MiNr. 1719
Block 53 siehe nach MiNr. 1727
Block 54 siehe nach MiNr. 1746
Block 55 siehe nach MiNr. 1754.
Block 56 siehe nach MiNr. 1772
Block 57 siehe nach MiNr. 1799
Block 58 siehe nach MiNr. 1814
Block 59 siehe nach MiNr. 1841
Block 60 siehe nach MiNr. 1862
Block 61 siehe nach MiNr. 1880
Block 62 siehe nach MiNr. 1924
Block 63 siehe nach MiNr. 1942
Block 64 siehe nach MiNr. 1957
Block 65 siehe nach MiNr. 1969
Block 66 siehe nach MiNr. 1986
Block 67 siehe nach MiNr. 2002
Block 68 siehe nach MiNr. 2017
Block 69 siehe nach MiNr. 2026
Block 70 siehe nach MiNr. 2062
Block 71 siehe nach MiNr. 2069
Block 72 siehe nach MiNr. 2086
Block 73 siehe nach MiNr. 2106
Block 74 siehe nach MiNr. 2106
Block 75 siehe nach MiNr. 2134
Block 76 siehe nach MiNr. 2147
Block 77 siehe nach MiNr. 2176
Block 78 siehe nach MiNr. 2183
Block 79 siehe nach MiNr. 2189
Block 80 siehe nach MiNr. 2228
Block 81 siehe nach MiNr. 2232
Block 82 siehe nach MiNr. 2241
Block 83 siehe nach MiNr. 2243
Block 84 siehe nach MiNr. 2257
Block 85 siehe nach MiNr. 2269
Block 86 siehe nach MiNr. 2285
Block 87 siehe nach MiNr. 2295
Block 88 siehe nach MiNr. 2300
Block 89 siehe nach MiNr. 2345
Block 90 siehe nach MiNr. 2364
Block 91 siehe nach MiNr. 2440
Block 92 siehe nach MiNr. 2443
Block 93 siehe nach MiNr. 2469
Block 94 siehe nach MiNr. 2479
Block 95 siehe nach MiNr. 2501
Block 96 siehe nach MiNr. 2504
Block 97 siehe nach MiNr. 2511
Block 98 siehe nach MiNr. 2530
Block 99 siehe nach MiNr. 2533
Block 100 siehe nach MiNr. 2534
Block 101 siehe nach MiNr. 2541
Block 102 siehe nach MiNr. 2552
Block 103 siehe nach MiNr. 2554
Block 104 siehe nach MiNr. 2557
Block 105 siehe nach MiNr. 2572
Block 106 siehe nach MiNr. 2578
Block 107 siehe nach MiNr. 2590
Block 108 siehe nach MiNr. 2597
Block 109 siehe nach MiNr. 2603
Block 110 siehe nach MiNr. 2623
Block 111 siehe nach MiNr. 2625
Block 112 siehe nach MiNr. 2649
Block 113 siehe nach MiNr. 2655
Block 114 siehe nach MiNr. 2665
Block 115 siehe nach MiNr. 2668
Block 116 siehe nach MiNr. 2680
Block 117 siehe nach MiNr. 2685
Block 118 siehe nach MiNr. 2691
Block 119 siehe nach MiNr. 2695
Block 120 siehe nach MiNr. 2705
Block 121 siehe nach MiNr. 2713
Block 122 siehe nach MiNr. 2753
Block 123 siehe nach MiNr. 2755
Block 124 siehe nach MiNr. 2759
Block 125 siehe nach MiNr. 2762
Block 126 siehe nach MiNr. 2766
Block 127 siehe nach MiNr. 2773
Block 128 siehe nach MiNr. 2774
Block 129 siehe nach MiNr. 2808
Block 130 siehe nach MiNr. 2812
Block 131 siehe nach MiNr. 2816
Block 132 siehe nach MiNr. 2817
Block 133 siehe nach MiNr. 2820
Block 134 siehe nach MiNr. 2821
Block 135 siehe nach MiNr. 2833
Block 136 siehe nach MiNr. 2834
Block 137 siehe nach MiNr. 2865
Block 138 siehe nach MiNr. 2869
Block 139 siehe nach MiNr. 2878
Block 140 siehe nach MiNr. 2883
Block 141 siehe nach MiNr. 2888
Block 142 siehe nach MiNr. 2892
Block 143 siehe nach MiNr. 2899
Block 144 siehe nach MiNr. 2927
Block 145 siehe nach MiNr. 2930
Block 146 siehe nach MiNr. 2940
Block 147 siehe nach MiNr. 2948
Block 148 siehe nach MiNr. 2953
Block 149 siehe nach MiNr. 2960
Block 150 siehe nach MiNr. 2968
Block 151 siehe nach MiNr. 2973
Block 152 siehe nach MiNr. 2976
Block 153 siehe nach MiNr. 2986
Block 154 siehe nach MiNr. 2990
Block 155 siehe nach MiNr. 3002
Block 156 siehe nach MiNr. 3030
Block 157 siehe nach MiNr. 3047
Block 158 siehe nach MiNr. 3050
Block 159 siehe nach MiNr. 3075
Block 160 siehe nach MiNr. 3086
Block 161 siehe nach MiNr. 3095

Albanien

Verzeichnis der Markenheftchen mit Zusammendrucken

MH-MiNr.	Bezeichnung	Ausgabe-Datum	Nomi-nale	Enthält H-Blatt	Preise **
1 A	Pflanzen	20. 3.1986	1.45 L.	1 A	15,—
1 B	Pflanzen	20. 3.1986	1.45 L.	1 B	45,—
2	Persön-lichkeiten	20. 4.1986	4.65 L.	2	17,—
3	Pflanzen	20. 5.1988	3.30 L.	3	70,—
4	Tag der Befreiung	29.11.1989	3.30 L.	4	4,50
5	150 Jahre Briefmarken	6. 5.1990	3.90 L.	5	4,50
6	Charlie Chaplin	20. 6.1999	660 L.	6	16,—
7	Blumen	30. 3.2001	520 L.	7	13,—
8	Europa: Ferien	23. 6.2004	1600 L.	8	50,—
9	Europa: Gastronomie	5.10.2005	1550 L.	9	40,—

Neuheiten

Ein Abonnement der MICHEL-Rundschau sichert Ihnen einen immer vollständigen Katalog, zeigt Ihnen Preisänderungen an und bereichert Ihre philatelistischen Kenntnisse durch gut recherchierte Fachbeiträge.

Verzeichnis der Heftchenblätter

		**	⊙
H-Blatt 1 A mit MiNr. 2290 A–2291 A		12,—	10,—
H-Blatt 1 B mit MiNr. 2290 B–2291 B		40,—	30,—

25	80	120	240

H-Blatt 2 mit MiNr. 2292–2295   14,—   8,50

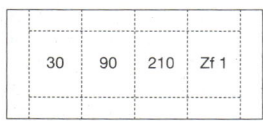

H-Blatt 3 mit MiNr. 2358–2360   65,—   45,—

30	80	100	120

H-Blatt 4 mit MiNr. 2419–2422   4,—   2,80

90	120	180	Zf 2

H-Blatt 5 mit MiNr. 2435–2437   4,—   3,50

30	50	250	250	50	30

H-Blatt 6 mit 2 × MiNr. 2696–2698   15,—   15,—

10	20	10	20
90	140	90	140

H-Blatt 7 mit 2 × MiNr. 2798–2801   13,—

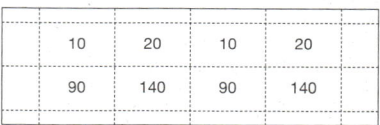

H-Blatt 8 mit 4 × MiNr. 2966–2967   45,—

H-Blatt 9 mit MiNr. 3048 Do/Du/E, 3049 Do/Du/E und 3050   38,—

Zusammendrucke aus Markenheftchen

Zf 1

Zf 2

Zd-MiNr.	Katalog-Nr.	Werte	Preise ** ⊙	

Pflanzen (20. 3. 1986)

W 1 A	2290 A/2291 A	25+120	10,—	6,—
W 1 B	2290 B/2291 B	25+120	40,—	22,—

Persönlichkeiten (20. 4. 1986)

W 2	2292/2293	25+80	2,50	1,70
W 3	2292/2293/2294	25+80+120	6,—	3,80
W 4	2293/2294	80+120	5,50	3,20
W 5	2293/2294/2295	80+120+240	13,—	8,—
W 6	2294/2295	120+240	11,—	6,50

Pflanzen (20. 5. 1988)

W 7	2358/2359	30+90	30,—	20,—
W 8	2358/2359/2360	30+90+210	60,—	40,—
W 9	2359/2360	90+210	50,—	34,—
W 10	2359/2360/Zf 1	90+210+Zf 1	55,—	35,—
W 11	2360/Zf 1	210+Zf 1	35,—	21,—

Tag der Befreiung (29. 11. 1989)

W 12	2419/2420	30+80	1,20	0,70
W 13	2419/2420/2421	30+80+100	2,50	1,50
W 14	2420/2421	80+100	2,20	1,20
W 15	2420/2421/2422	80+100+120	3,80	2,50
W 16	2421/2422	100+120	2,80	2,—

150 Jahre Briefmarken (6. 5. 1990)

W 17	2435/2436	90+120	1,70	1,50
W 18	2435/2436/2437	90+120+180	3,80	3,20
W 19	2436/2437	120+180	3,—	2,80
W 20	2436/2437/Zf 2	120+180+Zf 2	3,20	3,—
W 21	2437/Zf 2	180+Zf 2	2,20	2,—

Charlie Chaplin (20. 6. 1999)

W 22	2696/2697	30+50	1,70	1,70
W 23	2696/2697/2698	30+50+250	7,—	7,—
W 24	2697/2698	50+250	6,50	6,50
W 25	2697/2698/2698	50+250+250	12,—	12,—
W 26	2698/2698/2697	250+250+50	12,—	12,—
W 27	2698/2697	250+50	6,50	6,50
W 28	2698/2697/2696	250+50+30	7,—	7,—
W 29	2697/2696	50+30	1,70	1,70

Blumen (30. 3. 2001)

W 30	2798+2799	10+20	0,80	0,80
W 31	2798+2799+2799	10+20+10	1,20	1,20
W 32	2799+2798	20+10	1,—	1,—
W 33	2799+2798+2799	20+10+20	1,50	1,50
W 34	2800+2801	90+140	5,50	5,50
W 35	2800+2801+2800	90+140+90	7,50	7,50
W 36	2801+2800	140+90	5,50	5,50
W 37	2801+2800+2801	140+90+140	9,—	9,—
S 1	2798+2800	10+90	2,40	2,40
S 2	2799+2801	20+140	4,—	4,—

Europa: Ferien (23. 6. 2004)

W 38	2966 Do+2967 Do	200+200		10,—
K 1	2967 Do+2966 Du	200+200		10,—
W 39	2967 Du+2966 Du	200+200		10,—
K 2	2966 Du+2967 Do	200+200		10,—
S 3	2966 Do+2967 Do	200+200		10,—
S 4	2967 Do+2966 Du	200+200		10,—

Europa: Gastronomie (5. 10. 2005)

W 40	3048 Do+3049 Do	200+200		10,—
W 41	3048 Do+3049 Do+3048 E	200+200+200		15,—
W 42	3049 Do+3048 E	200+200		10,—
W 43	3049 Du+3048 Du	200+200		10,—
W 44	3049 Du+3049 Du+3049 E	200+200+200		15,—
W 45	3048 Du+3049 E	200+200		10,—
S 5	3048 Do+3049 Du	200+200		10,—
S 6	3048 Do+3048 Du	200+200		10,—
S 7	3048 E+3049 E	200+200		10,—

Neuheiten

Ein Abonnement der MICHEL-Rundschau sichert Ihnen einen immer vollständigen Katalog, zeigt Ihnen Preisänderungen an und bereichert Ihre philatelistischen Kenntnisse durch gut recherchierte Fachbeiträge.

Portomarken

1914, 23. Febr. Skanderbeg-Marken mit Handstempelaufdruck.

				✶	☉
1	2 Q	rotbraun/gelb	(29) Bl	12,—	5,—
2	5 Q	blaugrün/grün	(30) R	12,—	5,—
3	10 Q	rosa/rot	(31) Bl	17,—	5,—
4	25 Q	blau/ultramarin	(32) R	20,—	5,—
5	50 Q	violett/braunrot	(33) S	30,—	16,—
		Satzpreis (5 W.)		90,—	35,—

Abarten:

1 a	2 Q	Aufdruck violett	40,—	35,—
1 b	2 Q	Aufdruck schwarz	40,—	40,—
2 a	5 Q	Aufdruck blau	40,—	40,—
2 b	5 Q	Aufdruck braun	50,—	50,—
3 a	10 Q	Aufdruck violett	40,—	35,—

Auflagen: MiNr. 1 = 13 100, MiNr. 2 = 11 700, MiNr. 3 = 12 150, MiNr. 4 = 10 350, MiNr. 5 = 10 250 Stück

1914, 16. April. MiNr. 42–45 mit Handstempelaufdruck TAKSË.

6	10 PARA	auf 5 Q blaugrün/grün	(42)	6,—	5,—
7	20 PARA	auf 10 Q rosa/rot	(43)	6,—	5,—
8	1 GROSH	auf 25 Q blau/ultramarin	(44)	6,—	5,—
9	2 GROSH	auf 50 Q violett/braunrot	(45)	6,—	5,—
		Satzpreis (4 W.)		24,—	20,—

1919, 10. Febr. Stempelmarken der österreichischen Verwaltung für Albanien mit Aufdruck ähnlich Freimarken MiNr. 47–52, jedoch „qint" statt „Qint", ohne Kontrollaufdruck, aber mit weiterem violettem Aufdruck TAXE.

10	(4)	qint auf 4 H rosa	(g)	15,—	12,—
11	(10)	qint auf 10 Kr rotbraun auf grün	(g)	15,—	12,—
12	20	qint auf 2 Kr orange auf grünblau	(g)	15,—	12,—
13	50	qint auf 5 Kr braun auf gelb	(g)	15,—	12,—
		Satzpreis (4 W.)		60,—	48,—

10 I	Aufdruck rot	75,—
11 I	Aufdruck rot	75,—
12 I	Aufdruck rot	75,—

1920, 1. April. Endgültige Ausgabe. Bdr.; mit Kontrollaufdruck; gez. K 14:13½.

Pa) Ansicht von Skutari — Mit Posthorn-Aufdruck I

				✶✶	☉
14	4 Q	oliv	Pa	2,—	5,—
15	10 Q	rot	Pa	4,—	7,50
16	20 Q	olivbraun	Pa	4,—	7,50
17	50 Q	schwarz	Pa	10,—	20,—
		Satzpreis (4 W.)		20,—	40,—

Probedrucke (ohne Aufdruck)

| 14 P–17 P | A | gez. K 14 : 13½ | 50,— |
| | B | ☐ | 60,— |

1922, März. Neue Ausgabe, brauner Wellenlinien-Unterdruck. Bdr.; gez. K 12½.

Pb) Doppeladler

18	4 Q	schwarz auf rot	Pb	2,50	5,—
19	10 Q	schwarz auf rot	Pb	2,50	5,—
20	20 Q	schwarz auf rot	Pb	2,50	5,—
21	50 Q	schwarz auf rot	Pb	2,50	5,—
		Satzpreis (4 W.)		10,—	20,—

1925. Portomarken MiNr. 18 bis 21 mit zweizeiligem, senkrechtem weißem Aufdruck.

22	4 Q	schwarz auf rot	(18)	5,—	5,—
23	10 Q	schwarz auf rot	(19)	5,—	5,—
24	20 Q	schwarz auf rot	(20)	5,—	5,—
25	50 Q	schwarz auf rot	(21)	5,—	5,—
		Satzpreis (4 W.)		20,—	20,—

MiNr. 23 mit goldenem Aufdruck wurde amtlich nicht ausgegeben.

1925, 24. Dez. Neue Ausgabe. Kleiner roter Aufdruck QIND.AR. unten; gez. K 13½:13.

Pc) Wappenadler mit Wertziffer

26	10 (Q)	blau	Pc	2,—	4,—
27	20 (Q)	grün	Pc	2,—	4,—
28	30 (Q)	rotbraun	Pc	4,—	8,—
29	50 (Q)	braun	Pc	7,—	15,—
		Satzpreis (4 W.)		15,—	30,—

1930, 1. Sept. Neue Ausgabe. RaTdr.; Wz. 2; gez. K 14.

Pd) Neues Wappen mit Skanderbegs Helm

30	10 Q	dunkelblau	Pd	17,—	25,—
31	20 Q	karmin	Pd	6,—	15,—
32	30 Q	violett	Pd	6,—	15,—
33	50 Q	dunkelgrün	Pd	6,—	15,—
		Satzpreis (4 W.)		35,—	70,—

1936/39. Freimarke MiNr. 220 mit Aufdruck Taksë.

34	10 Q	karmin	(220)		
	I	halbfetter Aufdruck „Taksë" (1936)	25,—	50,—
	II	magerer Aufdruck „Taksë" (1936)	220,—	250,—
	III	magerer Aufdruck „-Taksë-" (1939)	—,—	—,—
	IV	halbfetter Aufdruck „-Taksë-" (1939)	250,—	—,—

MiNr. 34 I und 34 II sind zusammenhängend bekannt.

Mehr wissen mit MICHEL

Albanien

1940, Febr. Wappen. RaTdr.; gez. K 14.

Pe) Berichtigtes Wappen

35	4 Q	orangerot		40,—	60,—
36	10 Q	violett		40,—	60,—
37	20 Q	dunkelbraun		40,—	60,—
38	30 Q	dunkelblau		40,—	60,—
39	50 Q	karmin		40,—	60,—
			Satzpreis (5 W.)	200,—	300,—

Auflage: 20 000 Sätze

Zwangszuschlagsmarken

1947. Albanisches Rotes Kreuz. Stdr; gez. L 11½.

a

				**	⊙
1	1 L	mehrfarbig	a	300,—	450,—

Lokalausgaben

Sämtliche Lokalausgaben sind den verworrenen Zuständen in Albanien zu verdanken; ihr postalischer Charakter ist nur teilweise belegt.

Berat

1915. Türkischer Rundstempel, □.

a

				*	⊙
1		schwarz	a	1200,—	1300,—

Auflage: 150 Stück

Dibër

1913, Sept. MiNr. 5 und 6 mit Aufdruck am oberen Markenrand.

					*	⊙
1	10 Pa	blaugrün		(5)	750,—	750,—
2	20 Pa	rosa		(6)	750,—	750,—

Durrës

1919, Mai. Kreisförmiger blauer Doppelringstempel des Finanzamtes Durrës mit Inschrift: „ZYRA E FINANCAVETNë DURRËS" und albanischem Adler.

				*	⊙
1	(1 Grosh)	blau		2000,—	2500,—

Die Preise gelten für vollständige Umschläge.

Elbasan

1919, Jan. Kreisförmiger violetter Doppelringstempel des Finanzamts in Elbasan: ZYRA E FINANCAVET / ELBASAN, mit albanischem Adlerwappen in der Mitte als Kuvert-Wertstempel bzw. Ausschnitt als Briefmarke verwendet; □.

				*	⊙
1	(1 Grosh)	Kuvertausschnitt		2000,—	2500,—
		komplettes Kuvert		3800,—	3800,—

Auflage: ca. 600 Stück

Korça
Ausgabe der albanischen Militärpost

1914, 19. März. Metallhandstempel; violett oder schwarz, mit rotem Werteindruck; □.

a) Doppeladler

				*	⊙
1	10 Para		a		
	a. violett/rot			200,—	200,—
	b. schwarz/rot			300,—	300,—
2	25 Para		a		
	a. violett/rot			200,—	200,—
	b. schwarz/rot			400,—	400,—

Diese Marken wurden als Handstempel zuerst direkt auf den Brief aufgestempelt, so daß verschiedene Papierfarben vorkommen. Spätere Herstellung auch in Bogen (sehr selten!).

FALSCH

Auflage: 2 500 Sätze

1916. Marken von Nord-Epirus mit Aufdruck.

I	10 C auf 2 L rot		250,—	200,—
II	10 C auf 2 L rosa		1000,—	500,—
III	25 C auf 3 L rot		420,—	250,—
IV	25 C auf 25 L ultramarin		550,—	350,—
V	25 C auf 50 L graulila		6000,—	4500,—

FALSCH

Ausgabe der Republik Korça

1917. Doppeladler im Schriftrahmen, oben Inschrift KORÇE, an den Seiten SHQIPERIE / VETQEVERITARE; Bdr., Unterdruck in Stdr.; gez. 11½.

b) Doppeladler

3	1 CTM	braun/grün		b	22,—	15,—
4	2 CTS	rotbraun/grün		b	22,—	15,—
5	3 CTS	grau/grün		b	22,—	15,—
6	5 CTS	grün/schwarz		b	20,—	10,—
7	10 CTS	rotbraun/schwarz		b	20,—	10,—
8	25 CTS	blau/schwarz		b	20,—	10,—
9	50 CTS	lila/schwarz		b	20,—	13,—
10	1 FRC	braun/schwarz		b	20,—	13,—
		Satzpreis (8 W.)			160,—	100,—

FALSCH

Albanien

1917. Ähnliche Zeichnung mit veränderter Inschrift: links REPUBLIKA, rechts SHQIPETARE; Bdr.; gez. 11½.

c) Doppeladler

11	1 CTM	braun/grün c		3,50	3,—
12	2 CTS	rotbraun/grün c		3,50	3,—
13	3 CTS	grau/grün c		3,50	3,—
14	5 CTS	grün/schwarz c		5,—	5,—
15	10 CTS	rotbraun/schwarz c		5,—	5,—
16	50 CTS	lila/schwarz c		9,—	8,—
17	1 FRC	rotbraun/schwarz c		25,—	22,—
		Satzpreis (7 W.)		50,—	45,—
12 I	„CTM" statt „CTS"			90,—	150,—
13 I	„CTM" statt „CTS"			100,—	170,—

FALSCH

1918. MiNr. 14 mit rotem Aufdruck QARKU I KORÇËS und neuem Wert.

18	25	auf 5 C blau/schwarz	250,—	300,—

FALSCH

1918. MiNr. 8 mit geänderter Inschrift QARKU POSTES KORÇES; gez. 11½.

19	25 C blau/schwarz	90,—	120,—

Mirditische Republik

1921, Dez. Verschiedene Werte, Frei- und Portomarken.

Diese Ausgabe ist vermutlich Mache.

Mittelalbanien, Essad-Post

1915, 9. Jan. Skanderbeg-Marken, mit ovalem Aufdruck in Violett, Rot, Blau oder Schwarz.

Aufdruck

				*	⊙
1	2 Q	rotbraun/gelb .... (29)		25,—	25,—
2	5 Q	blaugrün/grün .... (30)		55,—	55,—
3	10 Q	rosa/rot .... (31)		35,—	35,—
A 3	25 Q	blau/ultramarin .... (32)		50,—	60,—
B 3	50 Q	violett/braunrot .... (33)		50,—	60,—
4	5 Pa	auf 2 Q rotbraun/gelb .... (41)		35,—	35,—
5	10 Pa	auf 5 Q blaugrün/grün ...... (42)		15,—	15,—
6	20 Pa	auf 10 Q rosa/rot .... (43)		15,—	15,—
7	1 Gr	auf 25 Q blau/ultramarin .... (44)		15,—	15,—
8	2 Gr	auf 50 Q violett/braunrot .... (45)		15,—	15,—
9	5 Gr	auf 1 Fr dunkelbraun/braun .... (46)		35,—	50,—
		Satzpreis (11 W.)		340,—	380,—

Mit Goldstempel bekannt, 100% Aufschlag auf ⊙ - Preise

1915, 10. Febr. Nicht verausgabte Tarabosch-Ausgabe 1913 mit violettem, schwarzem oder rotem Doppel-Kreis-Aufdruck mit türkischem Text; gez. 11½.

b   Aufdruck

10	2 Pa	orange .... b	7,50	5,—
11	5 Pa	violett .... b	7,50	7,50
12	10 Pa	blaugrün .... b	7,50	8,—
13	20 Pa	rot .... b	7,50	5,—
14	40 Pa	blau .... b	10,—	5,—
15	100 Pa	rosa .... b	25,—	10,—
16	5 Pia	schwarz .... b	75,—	30,—
		Satzpreis (7 W.)	140,—	70,—

1915, 10. Febr. Desgleichen auf anderer Zeichnung.

c

17	10 Pa	grün c	9,—	10,—
18	20 Pa	rosa c	9,—	7,50
19	50 Pa	blau c	6,—	5,—
20	3 Pia	rot c	6,—	5,—
21	6 Pia	braun c	15,—	12,—
		Satzpreis (5 W.)	45,—	38,—

Portomarken

1915, 9. Jan. Freimarken (Skanderbeg-Marken) mit weiterem Aufdruck T (= Taxe).

				*	⊙
1	10 Pa	auf 5 Q blaugrün/grün .... (5)		25,—	25,—
2	20 Pa	auf 10 Q rosa/rot .... (6)		25,—	25,—
3	1 Gr	auf 25 Q blau/ultramarin ...... (7)		25,—	25,—
4	2 Gr	auf 50 Q violett/braunrot ...... (8)		25,—	25,—
5	2 Q	rotbraun/gelb .... (1)		40,—	40,—
6	10 Q	rosa/rot .... (3)		40,—	40,—
7	50 Q	violett/braunrot ....(B 3)		50,—	50,—
		Satzpreis (7 W.)		220,—	220,—

Am 23.2.1916 wurden die Postämter in Mittelalbanien geschlossen.

Die Preisnotierungen in den MICHEL-Katalogen gelten für Marken in einwandfreier Qualität. Bei gezähnten Marken muß die Zähnung allseits vollständig und ohne gerissene Zahnspitzen sein, bei geschnittenen Marken darf der Schnitt das Markenbild nicht berühren. Postfrische Erhaltung setzt vollkommen unberührte Gummierung voraus, Marken mit Falz dürfen nur einen sauberen Erstfalz haben. Gestempelte Marken sollen eine saubere und möglichst lesbare Abstempelung haben.

Lesen Sie dazu auch die Einleitung.

Albanien

Shkodra

1915, 19. März. Skanderbeg-Marken MiNr. 41–46 mit weiterem vierzeiligem, schrägem, rotem Aufdruck.

			*	☉
1		5 **Para** auf 2 Q rotbraun/gelb		
a		Aufdruck rot	100,—	100,—
b		Aufdruck schwarz	120,—	130,—
2	10	**Para** auf 5 Q blaugrün/grün	100,—	100,—
3	20	**Para** auf 10 Q rosa/rot	100,—	100,—
4	1	**Gr** auf 25 Q blau/ultramarin	100,—	100,—
5	2	**Gr** auf 50 Q violett/braunrot	100,—	100,—
6	5	**Gr** auf 1 Fr dunkelbraun/braun	750,—	750,—
		Satzpreis (6 W.)	1200,—	1200,—

Das Postamt Shkodra wurde im Mai 1915 kurz nach der Besetzung durch die Montenegriner geschlossen und erst am 15. Jan. 1919 wieder eröffnet.

Auflagen: MiNr. 1 a + 1 b je 1000, MiNr. 2–4 je 2000, MiNr. 5 = 1750, MiNr. 6 = 250 Stück

Gültig nur am 19.3.1915

1919. Freimarke MiNr. 44 mit bogenförmigem violettem Aufdruck.

7	1 **Gr** auf 25 Q mehrfarbig	40,—	26,—

Portomarken

1915. Freimarken (Skanderbeg-Marken) mit Aufdruck wie Freimarken MiNr. 1–6 und großem T.

				*	☉
1	10 Q	mehrfarbig	(31)	400,—	400,—
2	25 Q	mehrfarbig	(32)	130,—	130,—
3	50 Q	mehrfarbig	(33)	120,—	120,—
		Satzpreis (3 W.)		650,—	650,—

Auflagen: MiNr. 1 = 200, MiNr. 2 = 500, MiNr. 3 = 900 Stück

Gültig bis Anfang Mai 1915

Tepelena
Militärpost

1914, 30. Mai. Dienststempel mit albanischem Wappen und Überdruck 1 GROSH als Wertstempel für Briefumschläge benutzt bzw. Kuvertausschnitt als Briefmarke; □.

		*	☉
I a	1 Gr blau .... a	500,—	800,—
I b	1 Gr blau, Wertaufdruck violett	600,—	900,—
	Satzpreis (2 W.)	1100,—	1700,—

Vlora

1914, 15. Okt. Skanderbeg-Marken mit Aufdruck Doppelkreis mit Inschrift „POSTE D'ALBANIE" in Französisch und oben in Türkisch, Mitte fünfstrahliger Stern.

			*	☉
1	5 **Pa** auf 2 Q rotbraun/gelb	(41)	70,—	70,—
2	10 **Pa** auf 5 Q blaugrün/grün	(42)	100,—	100,—
3	20 **Pa** auf 10 Q rosa/rot	(43)	50,—	50,—
4	1 **Gr** auf 25 Q blau/ultramarin	(44)	30,—	30,—
5	2 **Gr** auf 50 Q violett/braunrot	(45)	35,—	35,—
6	5 **Gr** auf 1 Fr dunkelbraun/braun	(46)	50,—	50,—
7	2 Q rotbraun/gelb	(29)	300,—	300,—
8	5 Q blaugrün/grün	(30)	*400,—*	*400,—*
9	10 Q rosa/rot	(31)	40,—	40,—
10	25 Q blau/ultramarin	(32)	40,—	40,—
11	50 Q violett/braunrot	(33)	40,—	40,—
12	1 Fr dunkelbraun/braun	(34)	750,—	750,—

FALSCH

Bosnien-Herzegowina

Republik in Südosteuropa, unabhängig seit dem 9.1.1992. Marken des k. u. k. Okkupationsgebietes Bosnien und Herzegowina siehe unter Österreich.
Währung: 1 Bosnisch-herzegowinischer Dinar (Din) = 100 Para; ab Oktober 1997: 1 konvertible Mark (M) = 100 Fening (F)
Alle Ausgaben ab MiNr. 1 sind frankaturgültig, sofern nichts anderes angegeben.

Preise ungebraucht ab MiNr. 1 ✶✶

1993

1993, 27. Okt. Freimarken: Staatswappen. Odr.; □.

a) Staatswappen

					✶✶	☉
1	100	(Din)	mehrfarbig	a	0,20	0,20
2	500	(Din)	mehrfarbig	a	0,20	0,20
3	1 000	(Din)	mehrfarbig	a	0,20	0,20
4	5 000	(Din)	mehrfarbig	a	0,80	0,80
5	10 000	(Din)	mehrfarbig	a	1,60	1,60
6	20 000	(Din)	mehrfarbig	a	3,—	3,—
7	50 000	(Din)	mehrfarbig	a	8,—	8,—
			Satzpreis (7 W.)		14,—	14,—
			FDC			18,—
	Markenheftchen mit 50× MiNr. 1				10,—	
	Markenheftchen mit 50× MiNr. 2				10,—	
	Markenheftchen mit 50× MiNr. 3				10,—	
	Markenheftchen mit 50× MiNr. 4				40,—	
	Markenheftchen mit 50× MiNr. 5				80,—	
	Markenheftchen mit 50× MiNr. 6				150,—	
	Markenheftchen mit 50× MiNr. 7				400,—	

MiNr. 1–7 wurden auch jeweils im Markenheftchen zu 50 Marken ausgegeben.
Auflage: 50 000 Sätze

1994

1994, 8. Febr. 10. Jahrestag der Eröffnung der Olympischen Winterspiele 1984 in Sarajevo. Odr.; □.

b) Emblem der Olympischen Spiele

8	50 000	(Din)	dunkelgelblichorange/schwarz b	1,—	1,—
			FDC		4,—
			Kleinbogen	25,—	25,—

Blockausgabe

d) Eishockey

c) Viererbob

e

9	100 000	(Din)	mehrfarbig c	3,—	3,—
10	200 000	(Din)	mehrfarbig .... d	6,—	6,—
Block 1	(78×65 mm) .... e			9,—	9,—
			FDC		10,—

MiNr. 8 wurde im Kleinbogen zu 8 Marken und 1 Zierfeld gedruckt.

Bl. 1 F	Farbe Schwarzbläulichviolett fehlend (Landesname, Nominale PTT)	—,—

Auflagen: MiNr. 8 = 50 000 Stück, Bl. 1 = 50 000 Blocks

1995

Neue Währung ab 15.7.1994:
10 000 alte Dinar = 1 neuer Dinar

1995, 12. Mai. Blockausgabe: Islamisches Bairam-Fest. Odr.; gez. K 14:13¾.

f
g
h

f–g) Illuminierte Kalligraphien von Koranworten

11	400	(Din)	mehrfarbig .... f	4,—	4,—
12	600	(Din)	mehrfarbig .... g	6,—	6,—
Block 2	(105×50 mm) .... h			10,—	10,—
			FDC		12,—

Auflage: 500 000 Blocks

1995, 12. Juni. Freimarken: Hauptpostamt Sarajevo. Odr.; gez. K 13¾:14.

i) Fassadendetail

k) Innenraum
l) Ansicht vor Kriegsbeginn
m) Ansicht mit Kriegsschäden

13	10	(Din)	mehrfarbig i	0,30	0,30
14	20	(Din)	mehrfarbig .... k	0,30	0,30
15	30	(Din)	mehrfarbig .... k	0,30	0,30
16	35	(Din)	mehrfarbig l	0,30	0,30
17	50	(Din)	mehrfarbig l	0,50	0,50
18	100	(Din)	mehrfarbig .... m	1,10	1,10
19	200	(Din)	mehrfarbig .... m	2,20	2,20
			Satzpreis (7 W.)	5,—	5,—
			FDC		6,50

MiNr. 13–19 wurden auch zusammenhängend im Markenheftchen (MH 1) ausgegeben.

Bosnien-Herzegowina

1995, 12. Aug. Geschichte Bosniens und der Herzegowina. Odr.; gez. K 11¾:11½, Hochformate ~.

n) Historische Karte Großbosniens (14. Jh.)

o) Bogumilischer Grabstein mit bosnischer Lilie, Opličići (15. Jh.)
p) Wappen des Herrschergeschlechts Kotromanić, Staatswappen
r) Urkunde des Ban Kulin in kroatisch-kyrillischer Schrift (1189)

20	35 (Din)	mehrfarbig	n	0,50	0,50
21	100 (Din)	mehrfarbig	o	1,20	1,20
22	200 (Din)	mehrfarbig	p	2,20	2,20
23	300 (Din)	mehrfarbig	r	3,20	3,20
			Satzpreis (4 W.)	7,—	7,—
			FDC		8,—

Auflage: 100 000 Sätze

1995, 25. Sept. Europa: Frieden und Freiheit. Odr.; gez. K 11¾:11½.

s) Friedenstaube

24	200 (Din)	mehrfarbig	s	3,—	3,—
			FDC		4,—

1995, 25. Sept. Weltposttag. Odr. (5×4); gez. K 11½:11¾.

t) Postbote (Karikatur), Weltkugel

25	100 (Din)	mehrfarbig	t	1,—	1,—
			FDC		2,—

1995, 12. Okt. Woche des Kindes. Odr. (4×5); gez. K 11¾:11½.

u) Zeichnung von A. Softić (6 J.)

26	100 (Din)	mehrfarbig	u	1,—	1,—
			FDC		2,—

1995, 12. Okt. 100 Jahre elektrische Straßenbahn, Sarajevo. Odr. (4×5); gez. K 11¾:11½.

v) Straßenbahnwagen (1895)

27	200 (Din)	mehrfarbig	v	2,—	2,—
			FDC		3,—

1995, 12. Okt. Einheimische Flora und Fauna. Odr.; gez. K 11½:11¾, Querformate ~.

w) Symphyandra hofmannii
y) Lilium bosniacum

z) Paraphoxinus alepidotus
x) Aulopyge hügeli

28	100 (Din)	mehrfarbig	w	1,50	1,50
29	100 (Din)	mehrfarbig	x	1,50	1,50
30	200 (Din)	mehrfarbig	y	2,50	2,50
31	200 (Din)	mehrfarbig	z	2,50	2,50
			Satzpreis (2 Paare)	8,—	8,—
			FDC		9,—

1995, 15. Dez. Gemälde mit Darstellungen einheimischer Brücken. Odr.; gez. K 11¾:11½.

aa) Kozija-Brücke, Sarajevo
ab) Arslanagića-Brücke, Trebinje
ac) Latinska-Brücke, Sarajevo

ad) Alte Brücke, Mostar
ae) Brücke über die Drina

32	20 (Din)	mehrfarbig	aa	0,50	0,50
33	30 (Din)	mehrfarbig	ab	0,50	0,50
34	35 (Din)	mehrfarbig	ac	0,50	0,50
35	50 (Din)	mehrfarbig	ad	0,50	0,50
36	100 (Din)	mehrfarbig	ae	1,—	1,—
			Satzpreis (5 W.)	3,—	3,—
			FDC		3,50

1995, 24. Dez. Weihnachten. Odr. (4×5, MiNr. 38 ~); gez. K 11¾:11½, Hochformat ~.

af) Weihnachtsglückwünsche an der Haustür
ag) Hl. Maria mit Kind

37	100 (Din)	mehrfarbig	af	1,—	1,—
38	200 (Din)	mehrfarbig	ag	2,—	2,—
			Satzpreis (2 W.)	3,—	3,—
			FDC		4,50

Wissen kommt nicht von selbst

MICHEL

Bosnien-Herzegowina

1995, 31. Dez. Zusammenleben von vier Religionen in Bosnien-Herzegowina. Odr.; gez. K 11¾:11½.

ah) Kirchen und Grabstätten der verschiedenen Religionen

| 39 | 35 (Din) | mehrfarbig | ah | 1,— | 1,— |
| | | | FDC | | 1,50 |

1995, 31. Dez. Bedeutende Persönlichkeiten. Odr.; gez. K 11½:11¾, Querformat ~.

ai) Königin Jelena († um 1396)   ak) Husein Gradaščević (1802–1833)   al) Mirza Bašagić (1870–1934)

40	30 (Din)	mehrfarbig	ai	0,50	0,50
41	35 (Din)	mehrfarbig	ak	0,50	0,50
42	100 (Din)	mehrfarbig	al	1,—	1,—
		Satzpreis (3 W.)		2,—	2,—
			FDC		2,50

1995, 31. Dez. Sport. Odr.; gez. K 11¾:11½, Hochformat ~.

am) Olympiastadion, Sarajevo (1984); Wintersportler   an) Brennendes Olympiastadion (1992)

43	35 (Din)	mehrfarbig	am	0,50	0,50
44	100 (Din)	mehrfarbig	an	1,50	1,50
		Satzpreis (2 W.)		2,—	2,—
			FDC		2,50

1996

1996, 15. April. Europa: Berühmte Frauen. Odr.; gez. K 14¾.

ao) Bahrija Nuri Hadžić (1904–1993), Opernsängerin   ap) Nasiha Kapidžić-Hadžić (1932–1995), Kinderbuchautorin und Rundfunksprecherin

45	80 (Din)	mehrfarbig	ao	1,20	1,20
46	120 (Din)	mehrfarbig	ap	1,80	1,80
		Satzpreis (2 W.)		3,—	3,—
			FDC		3,50

Auflage: 100 000 Sätze

1996, 15. April. 50 Jahre Kinderhilfswerk der Vereinten Nationen (UNICEF). Odr.; gez. K 11½:11¾.

as) Farbabdruck einer Kinderhand, UNICEF-Emblem

ar) Mädchen tritt auf Mine (Kinderzeichnung); Warnschild „Achtung Minen!"

47	50 (Din)	mehrfarbig	ar	0,50	0,50
48	150 (Din)	mehrfarbig	as	1,50	1,50
		Satzpreis (Paar)		2,—	2,—
		Viererblock (Paar mit 2 Zf)		2,50	2,50
			FDC		4,—

MiNr. 47–48 wurden sowohl einzeln als auch im Bogen zu 4×4 waagerechten Zusammendrucken gedruckt, wobei sich in der Bogenmitte eine waagerechte Zierfeldreihe befindet.

Auflage: 50 000 Sätze

1996, 5. Mai. Islamisches Bairam-Fest. Odr.; gez. K 14.

at) Überdachter Brunnen

49	80 (Din)	mehrfarbig	at	1,—	1,—
			FDC		2,—
		Kleinbogen		2,—	2,—

MiNr. 49 wurde auch im Kleinbogen zu 2 Marken gedruckt.

Auflage: 50 000 Stück

1996, 5. Mai. Jahrestage: Bobovac – Residenz Bosniens im Mittelalter; 100 Jahre Rathaus Sarajevo, 150 Jahre Journalismus in Bosnien-Herzegowina. Odr. (5×4, MiNr. 51–52 ~); gez. K 11½:11¾, Querformate ~.

au) Burg Bobovac   av) Rathaus, Sarajevo   aw) Hände auf Tastatur, Titel der Zeitung „Bosnischer Freund" (1846)

50	35 (Din)	mehrfarbig	au	0,50	0,50
51	80 (Din)	mehrfarbig	av	1,—	1,—
52	100 (Din)	mehrfarbig	aw	1,—	1,—
		Satzpreis (3 W.)		2,50	2,50
			FDC		5,50

Auflagen: MiNr. 50 und 52 je 50 000, MiNr. 51 = 100 000 Stück

1995, 25. Mai. Internationale Briefmarkenmesse ESSEN '96. Odr.; gez. K 11¾:11½.

ax) Alte Stadtansicht von Essen, Straßenlaterne

| 53 | 200 (Din) | mehrfarbig | ax | 2,— | 2,— |
| | | | FDC | | 3,— |

Auflage: 50 000 Stück

Bosnien-Herzegowina

1996, 25. Mai. 100 Jahre Olympische Spiele der Neuzeit; Olympische Sommerspiele, Atlanta. Odr.; gez. K 11½:11¾.

bb) Baron Pierre de Coubertin (1863 bis 1937), französischer Pädagoge und Historiker, Gründer der Olympischen Spiele der Neuzeit

ba) Hand mit olympischer Fackel, olympische Fahne

ay) Laufen

az) Olympische Flamme

54	30	(Din)	mehrfarbig	ay	0,30	0,30
55	35	(Din)	mehrfarbig	az	0,30	0,30
56	80	(Din)	mehrfarbig	ba	0,80	0,80
57	120	(Din)	mehrfarbig	bb	1,20	1,20
			Satzpreis (4 W.)		2,60	2,60
			Viererblock		2,60	2,60
			FDC			3,60

Auflage: 100 000 Sätze

1996, 10. Juli. Geschichte Bosniens und der Herzegowina: Verleihung des Privilegs für Dubrovnik durch Ban Stjepan II. Kotromanić (1333). Odr. (4×5); gez. K 11¾:11½.

bc) Urkunde mit goldenem Siegel

58	100	(Din)	mehrfarbig	bc	1,—	1,—
			FDC			2,50

Auflage: 50 000 Stück

1996, 10. Juli. Geschichte des Post- und Fernmeldewesens: 120 Jahre Telefon, 100 Jahre Postautomobil in Bosnien-Herzegowina. Odr.; gez. K 11¾:11½.

bd) Alexander G. Bell (1847–1922), britisch-amerikanischer Physiologe und Erfinder; Erde und Wählscheibe

be) Marke Österreich – Bosnien und Herzegowina MiNr. 41

59	80	(Din)	mehrfarbig	bd	0,80	0,80
60	120	(Din)	mehrfarbig	be	1,20	1,20
			Satzpreis (2 W.)		2,—	2,—
			FDC			4,—

Auflage: 50 000 Sätze

1996, 10. Juli. Einheimische Flora und Fauna. Odr.; gez. K 11½:11¾, Querformate ~.

bf) Glockenblume (Campanula hercegovina)

bg) Schwertlilie (Iris bosniaca)

bh) Barak (Jagdhund)

bi) Tornjak (Hütehund)

61	30	(Din)	mehrfarbig	bf	0,40	0,40
62	35	(Din)	mehrfarbig	bg	0,40	0,40
63	35	(Din)	mehrfarbig	bh	0,40	0,40
64	80	(Din)	mehrfarbig	bi	0,80	0,80
			Satzpreis (2 Paare)		2,20	2,20
			FDC			4,—

MiNr. 61–62 und 63–64 wurden jeweils waagerecht zusammenhängend gedruckt.

Auflage: 50 000 Sätze

1996, 1. Sept. Woche des Kindes: Errichtung des ersten SOS-Kinderdorfes in Bosnien-Herzegowina. Odr. (5×4); gez. K 11½:11¾.

bk) Häuser an Fallschirmen (Kinderzeichnung)

65	100	(Din)	mehrfarbig	bk	1,—	1,—
			FDC			2,—

Auflage: 50 000 Stück

1996, 20. Sept. Volkstrachten. Odr.; gez. K 11½:11¾.

Zierfeld   bl   bm   bn

bl–bn) Verschiedene Frauen- und Männertrachten

66	50	(Din)	mehrfarbig	bl	0,50	0,50
67	80	(Din)	mehrfarbig	bm	1,—	1,—
68	100	(Din)	mehrfarbig	bn	1,50	1,50
			Satzpreis (3 W.)		3,—	3,—
			Viererstreifen		3,50	3,50
			FDC			4,50

Auflage: 50 000 Sätze

Die Preisnotierungen sind Richtwerte für Marken in einwandfreier Qualität. Preisbewegungen nach oben und unten sind aufgrund von Angebot und Nachfrage die Regel.

1996, 20. Sept. Historische Militäruniformen. Odr.; gez. K 11½:11¾.

bo) Bogomilischer Soldat   bp) Österreichisch-ungarischer Soldat   br) Türkischer Reiter   bs) Königlicher Ritter

69	35 (Din)	mehrfarbig	bo	0,40	0,40
70	80 (Din)	mehrfarbig	bp	0,80	0,80
71	100 (Din)	mehrfarbig	br	1,—	1,—
72	120 (Din)	mehrfarbig	bs	1,30	1,30
		Satzpreis (4 W.)		3,50	3,50
		Viererstreifen		4,—	4,—
		FDC			4,50

Auflage: 50 000 Sätze

1996, 25. Nov. Bosnientag. Odr. (4×5); gez. K 11¾:11½.

bt) Landkarte und Staatswappen von Bosnien

73	120 (Din)	mehrfarbig	bt	1,20	1,20
		FDC			2,50

Auflage: 50 000 Stück

1996, 25. Nov. Winterfest, Sarajevo. Odr. (4×5); gez. K 11¾:11½.

bu) Moschee in Winterlandschaft

74	100 (Din)	mehrfarbig	bu	1,—	1,—
		FDC			2,—

Auflage: 50 000 Stück

1996, 21. Dez. Weihnachten. Odr. (4×5); gez. K 11¾:11½.

bv) Christi Geburt

75	100 (Din)	mehrfarbig	bv	1,—	1,—
		FDC			2,—

Auflage: 100 000 Stück

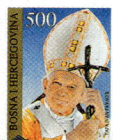

1996, 21. Dez. Besuch von Papst Johannes Paul II. in Bosnien-Herzegowina. Odr.; gez. K 13¾:14.

bw) Papst Johannes Paul II. (1920–2005, reg. ab 1978)

76	500 (Din)	mehrfarbig	bw	7,—	7,—
		FDC			7,50
		Kehrdruckpaar		14,—	14,—
		Kleinbogen		28,—	28,—

MiNr. 76 wurde im Kleinbogen zu 4 Marken (2 Kehrdruckpaare) gedruckt.
Auflage: 100 000 Stück

1997

1997, 31. März. Archäologie: Prähistorische Funde. Odr.; gez. K 14¾.

bx) Paläolithische Steingravuren, Badanj (um 14000 v. Chr.)   by) Neolithische Keramikfigur, Butmir (3500–2500 v. Chr.)   bz) Kultwagen aus der Bronzezeit (6. Jh. v. Chr.)

77	35 (Din)	mehrfarbig	bx	0,30	0,30
78	50 (Din)	mehrfarbig	by	0,50	0,50
79	80 (Din)	mehrfarbig	bz	0,90	0,90
		Satzpreis (3 W.)		1,70	1,70
		FDC			3,—

Auflage: 50 000 Sätze

Blockausgabe

ca–cb) Mauern der illyrischen Stadt Daorson, Stolac (3.–1. Jh. v. Chr.)

80	100 (Din)	mehrfarbig	ca	1,—	1,—
81	120 (Din)	mehrfarbig	cb	1,—	1,—
Block 3	(100×72 mm)		cc	2,20	2,20
		FDC			4,—

Auflagen: MiNr. 80–81 = 50 000 Sätze, Bl. 3 = 50 000 Blocks

1997, 15. April. Islamisches Bairam-Fest. Odr. (5×4); gez. K 11½:11¾.

cd) Ferhad-Pascha-Moschee (erb. 1579/80), Banja Luka

82	200 (Din)	mehrfarbig	cd	2,—	2,—
		FDC			4,—

Auflage: 50 000 Stück

Die Notierungen gelten in der ersten Spalte für ungebrauchte (postfrische), in der zweiten für gebrauchte (gestempelte) Postwertzeichen.

Bosnien-Herzegowina

1997, 15. April. Woche des Kindes. Odr. (5×4); gez. K 11½:11¾.

ce) Clown (Kinderzeichnung)

83	100 (Din)	mehrfarbig	ce	1,—	1,—
			FDC		2,50

Auflage: 50 000 Stück

1997, 25. April. Mustafa Mujaga Komadina. Odr.; gez. K 13¾.

cf) M. Mujaga Komadina (1839–1925), Stadtentwickler und Bürgermeister von Mostar

84	100 (Din)	mehrfarbig	cf	1,—	1,—
			FDC		2,50

Auflage: 200 000 Stück

1997, 3. Mai. Europa: Sagen und Legenden. Odr.; gez. K 11½:11¾.

cg) Legendäres Troja in Bosnien-Herzegowina nach der Theorie von Roberto S. Prays

ch) Sage von der wundersamen Quelle Ajvatovica

85	100 (Din)	mehrfarbig	cg	1,50	1,50
86	120 (Din)	mehrfarbig	ch	1,50	1,50
		Satzpreis (2 W.)		3,—	3,—
		2 FDC			5,50

Auflage: 100 000 Sätze

1997, 25. Mai. Internationale Umweltschutzorganisation „Greenpeace". Odr.; gez. K 11¾:11½.

ci
ck

ci–cm) Greenpeace-Schiff „Rainbow Warrior"

cl
cm

87	35 (Din)	mehrfarbig	ci	0,30	0,30
88	80 (Din)	mehrfarbig	ck	0,70	0,70
89	100 (Din)	mehrfarbig	cl	1,—	1,—
90	120 (Din)	mehrfarbig	cm	1,—	1,—
		Satzpreis (4 W.)		3,—	3,—
		Viererblock		3,50	3,50
		FDC			5,50

Auflage: 50 000 Sätze

1997, 15. Juni. Internationales Filmfestival, Sarajevo. Odr. (4×5); gez. K 11¾.

cn) Stadtansicht mit Freilichtkino

91	110 (Din)	mehrfarbig	cn	1,10	1,10
			FDC		2,50

Auflage: 100 000 Stück

1997, 15. Juni. Mittelmeerspiele, Bari. Odr. (5×4); gez. K 11¾.

co) Emblem der Sportspiele

cp) Boxen, Basketball, Kickboxen

92	40 (Din)	mehrfarbig	co	0,40	0,40
93	130 (Din)	mehrfarbig	cp	1,30	1,30
		Satzpreis (2 W.)		1,70	1,70
		FDC			3,50

Auflage: 100 000 Sätze

1997, 25. Juni. Jahrestage und Ereignisse: 100. Jahrestag der Entdeckung des Elektrons, 500 Jahre Navigationswissenschaft, Tag der Briefmarke, 125 Jahre Eisenbahn in Bosnien-Herzegowina. Odr. (4×5, MiNr. 95–97 ~); gez. K 11¾:11½, Hochformat ~.

cr) Atommodell

cs) Vasco da Gama (um 1469–1524), portugiesischer Seefahrer; Landkarte

ct) Boeing 737 der Fluggesellschaft Air Bosna, Teil eines Luftpostbriefes

cu) Erste Dampflokomotive in Bosnien-Herzegowina

94	40 (Din)	mehrfarbig	cr	0,70	0,70
95	110 (Din)	mehrfarbig	cs	1,50	1,50
96	130 (Din)	mehrfarbig	ct	1,50	1,50
97	150 (Din)	mehrfarbig	cu	1,50	1,50
		Satzpreis (4 W.)		5,—	5,—
		FDC			11,—

Auflage: 100 000 Sätze

1997, 25. Aug. Internationaler Tag des Friedens. Odr.; gez. K 11½:11¾.

cv   cx   cw   cy

cv–cy) Flaggen der zur Sicherung des Friedensprozesses Truppen abstellenden Staaten, Weltkugel, Lorbeerzweige, Umrißkarten von Bosnien-Herzegowina

98	50 (Din)	mehrfarbig	 cv	0,50	0,50
99	60 (Din)	mehrfarbig	.... cw	0,60	0,60
100	70 (Din)	mehrfarbig	 cx	0,70	0,70
101	110 (Din)	mehrfarbig	.... cy	1,10	1,10
			Satzpreis (4 W.)	2,80	2,80
			Viererstreifen	3,—	3,—
			FDC		5,—

Auflage: 100 000 Sätze

1997, 25. Aug. Fauna und Flora. Odr.; gez. K 11½:11¾.

cz) Dinarische Wühlmaus (Dinaromys bogdanovi)
db) Bergmolch (Triturus alpestris reiseri)
da) Spitzkiel (Oxytropis prenja)
dc) Vandas (Dianthus freynii)

102	40 (Din)	mehrfarbig	.... cz	0,50	0,50
103	40 (Din)	mehrfarbig	.... da	0,50	0,50
104	80 (Din)	mehrfarbig	.... db	1,—	1,—
105	110 (Din)	mehrfarbig	.... dc	1,50	1,50
			Satzpreis (2 Paare)	3,50	3,50
			FDC		6,—

Auflage: 100 000 Sätze

1997, 15. Sept. 300. Jahrestag des Großbrandes in Sarajevo. Odr. (5×4); gez. K 11½:11¾.

dd) Ansicht von Sarajevo nach dem Großbrand (1697) und von 1997

106	110 (Din)	mehrfarbig	.... dd	2,20	2,20
			FDC		3,50

Auflage: 50 000 Stück

1997, 15. Sept. Architektur. Odr. (4×5); gez. K 11¾:11½.

de) Haus mit Wohnteil im Obergeschoß
df) Zimmer mit Kachelofen
dg) Haus mit Söller

107	40 (Din)	mehrfarbig	.... de	0,40	0,40
108	50 (Din)	mehrfarbig	.... df	0,50	0,50
109	130 (Din)	mehrfarbig	.... dg	1,30	1,30
			Satzpreis (3 W.)	2,20	2,20
			FDC		4,—

Auflage: 50 000 Sätze

MICHEL-Kataloge

können Sie auch außerhalb Deutschlands beziehen. Unsere Vertretungen in vielen Ländern haben die neuen Kataloge stets lieferbar.

Neue Währung ab 1.10.1997:
100 neue Dinar = 1 konvertible Mark (M) = 100 Fening (F)

1997, 1. Nov. Hilfseinsatz des italienischen Pionierkorps beim Wiederaufbau Sarajevos. Odr.; gez. K 13¾.

dh) Ansicht von Sarajevo (Gemälde), Emblem des italienischen Pionierkorps

110	1.40 (M)	mehrfarbig	.... dh	1,50	1,50
			FDC		2,50

Auflage: 70 000 Stück

1997, 1. Nov. Bedeutende Persönlichkeiten. Odr.; gez. K 11¾:11½, Hochformat ~.

di) Tin Ujević (1891–1955), kroatischer Lyriker und Essayist
dk) Zaim Imamović (1920–1994), Sänger

111	1.30 (M)	mehrfarbig	.... di	1,30	1,30
112	2.00 (M)	mehrfarbig	.... dk	2,—	2,—
			Satzpreis (2 W.)	3,20	3,20
			2 FDC		5,50

Auflage: 50 000 Sätze

1997, 3. Nov. Tod von Prinzessin Diana. Odr. (2×5); gez. K 13¾:14.

dl) Prinzessin Diana (1961–1997); Rosen, Umrißkarte von Bosnien-Herzegowina

113	2.50 (M)	mehrfarbig	.... dl	5,—	5,—
			FDC		6,—
			Kleinbogen	50,—	50,—

Auflage: 100 000 Stück

1997, 6. Nov. Kunst. Odr.; gez. K 11¾:11½.

dm) Nest; Gemälde von Fikret Libovac
dn) Bibliothek Sarajevo; Plastik von Nusret Pašić

114	0.35 (M)	mehrfarbig	.... dm	0,30	0,30
115	0.80 (M)	mehrfarbig	.... dn	0,80	0,80
			Satzpreis (2 W.)	1,10	1,10
			2 FDC		3,50

Auflage: 50 000 Sätze

1997, 17. Nov. 50 Jahre Eisenbahnlinie Šamac-Sarajevo. Odr.; gez. K 14.

do) Landkarte von Bosnien-Herzegowina mit Streckenverlauf, Emblem des Jugend-Bauabschnittes

116	0.35 (M)	mehrfarbig	.... do	0,40	0,40
			FDC		1,50

1997, 22. Dez. Religion: Orthodoxes Weihnachtsfest; katholisches Weihnachtsfest; Haggada von Sarajevo. Odr. (5×4); gez. K 11¼:11¾.

dp) Christi Geburt (Ikone)   dr) Weihnachtlich geschmückte Türe   ds) Miniatur aus der Haggada von Sarajevo (14. Jh.)

117	0.50 (M)	mehrfarbig .... dp	0,60	0,60
118	1.10 (M)	mehrfarbig .... dr	1,20	1,20
119	1.10 (M)	mehrfarbig .... ds	1,20	1,20
		Satzpreis (3 W.)	3,—	3,—
		3 FDC		6,—

Auflagen: MiNr. 117 und 119 je 50 000, MiNr. 118 = 100 000 Stück

1998

1998, 15. Jan. Blockausgabe: Olympische Winterspiele, Nagano. Odr.; gez. Ks 14.

dt) Abfahrtslauf, Rodeln, Bob, Eisschnelllauf
du) Emblem der Spiele
dv

120	0.35 (M)	mehrfarbig .... dt	0,30	0,30
121	1.00 (M)	mehrfarbig .... du	1,—	1,—
Block 4	(78×60 mm) .... dv		1,50	1,50
		FDC		2,50

Auflage: MiNr. 120–121 = 75 000 Sätze, Bl. 4 = 75 000 Blocks

1998, 28. Jan. Islamisches Bairam-Fest. Odr.; gez. K 14.

dw) Brunnen einer Moschee

122	1 (M)	mehrfarbig .... dw	1,—	1,—
		FDC		2,—

Auflage: 100 000 Stück

1998, 20. März. 100. Geburtstag von Ahmed Muradbegović. Odr.; gez. K 13¾.

dx) A. Muradbegović (1898–1972), Dichter, Bühnenschriftsteller, Schauspieler und Theaterdirektor

123	1.50 (M)	mehrfarbig .... dx	1,50	1,50
		FDC		2,50

Auflage: 50 000 Stück

1998, 20. März. Alte Städte. Odr.; gez. K 13¾.

dy) Zvornik
dz) Bihać
ea) Počitelj
eb) Gradačac

124	0.35 (M)	mehrfarbig .... dy	0,50	0,50
125	0.70 (M)	mehrfarbig .... dz	1,—	1,—
126	1.00 (M)	mehrfarbig .... ea	1,50	1,50
127	1.20 (M)	mehrfarbig .... eb	1,50	1,50
		Satzpreis (4 W.)	4,50	4,50
		FDC (1 H-Bl.)		5,—

MiNr. 124–127 stammen aus MH 2.
Auflage: 50 000 Sätze

1998, 5. Mai. Europa: Nationale Feste und Feiertage. Odr.; gez. K 11½:11¾.

ec) Internationales Theaterfestival, Sarajevo

128	1.10 (M)	mehrfarbig .... ec	2,50	2,50
		FDC		3,—

Auflage: 150 000 Stück

1998, 5. Mai. Bedeutende Persönlichkeiten. Odr.; gez. K 11½:11¾.

ed) Branislav Đurđev (1908–1993)
ee) Alojz Benac (1914–1992)
ef) Edhem Čamo (1909–1996)
ed, ef) Präsidenten der Akademie für Kunst und Wissenschaft

129	0.40 (M)	mehrfarbig .... ed	0,40	0,40
130	0.70 (M)	mehrfarbig .... ee	0,70	0,70
131	1.30 (M)	mehrfarbig .... ef	1,30	1,30
		Satzpreis (3 W.)	2,40	2,40
		FDC		3,50

Auflage: 50 000 Sätze

1998, 5. Mai. Weltweiter Naturschutz: Weißstorch. RaTdr.; gez. K 11¾.

ek   eg   eh   ei
eg, eh, ei, ek) Weißstorch (Ciconia ciconia)

Bosnien-Herzegowina

132	0.70 (M)	mehrfarbig	.... eg	1,—	1,—
133	0.90 (M)	mehrfarbig	.... eh	1,50	1,50
134	1.10 (M)	mehrfarbig	.... ei	1,50	1,50
135	1.30 (M)	mehrfarbig	.... ek	1,50	1,50
			Satzpreis (4 W.)	5,50	5,50
			Viererstreifen	5,50	5,50
			FDC		8,—

Auflage: 100 000 Sätze

1998, 22. Mai. Blockausgabe: Weltkongreß der Internationalen Humanisten-Vereinigung, Sarajevo. RaTdr.; gez. K 11½:11¾.

Zierfeld   el) Verbandsem-   Zierfeld
          blem mit Stadtan-
          sicht von Dubrovnik

136	2 (M)	mehrfarbig	.... el	2,—	2,—
Block 5	(104×61 mm)		.... em	2,—	2,—
			FDC		3,—

Auflage: 70 000 Blocks

1998, 22. Mai. Sport: Fußball-Weltmeisterschaft, Frankreich; Nationaler Fußballverband; Asim Ferhatović-Hase. Odr.; gez. K 14½.

en) WM-Emblem,   eo) Fußball, Rasenstück   ep) A. Ferhatović-Hase
Fußbälle   mit Umriß Bosnien-Her-   (1934–1987), Fußball-
                    zegowinas   spieler

137	0.50 (M)	mehrfarbig	.... en	0,50	0,50
138	1.00 (M)	mehrfarbig	.... eo	1,—	1,—
139	1.50 (M)	mehrfarbig	.... ep	1,50	1,50
			Satzpreis (3 W.)	3,—	3,—
			FDC		4,—

Auflage: 50 000 Sätze

1998, 30. Juli. 5. Jahrestag der Versorgung Sarajevos durch einen Tunnel. Odr.; gez. K 11½:11¾.

er) Innenansicht des Versorgungstunnels

140	1.10 (M)	mehrfarbig	.... er	1,—	1,—
			FDC		2,—

Auflage: 50 000 Stück

1998, 30. Juli. Einheimische Speisepilze. Odr.; gez. K 11½:11¾.

es) Speisemor-   et) Pfifferling   eu) Steinpilz   ev) Kaiserling
chel (Morchella   (Cantharellus   (Boletus edulis)   (Amanita caesarea)
esculenta)   cibarius)

141	0.50 (M)	mehrfarbig	.... es	0,50	0,50
142	0.80 (M)	mehrfarbig	.... et	0,80	0,80
143	1.10 (M)	mehrfarbig	.... eu	1,10	1,10
144	1.35 (M)	mehrfarbig	.... ev	1,30	1,30
			Satzpreis (4 W.)	3,60	3,60
			FDC		4,50

Auflage: 50 000 Sätze

1998, 30. Aug. Schienenfahrzeuge. Odr.; gez. K 11¾:11½.

ew) Untergrundbahn, Paris

145	2 (M)	mehrfarbig	.... ew	2,—	2,—
			FDC		3,—

Auflage: 50 000 Stück

1998, 14. Sept. Rotes Kreuz: Woche der Tuberkulose-Bekämpfung. Odr. (5×5); gez. K 14.

ex) Henri Dunant (1828–1910), schweizerischer Philanthrop, Gründer des Roten Kreuzes

146	0.50 (M)	mehrfarbig	.... ex	0,50	0,50
			FDC		1,70

Auflage: 100 000 Stück

1998, 24. Sept. Blockausgabe: Schachspieler. Odr.; gez. K 14.

fc

ey) Vesna Mišanović (*1964),   ez) Herren-Nationalmannschaft,
Silbermedaillengewinnerin bei   Silbermedaillengewinner bei
der Europameisterschaft 1992,   der Schach-Olympiade 1994,
Debrecen   Moskau

fa) Damen-Nationalmannschaft,   fb) Damen- und Herren-Natio-
Teilnahme bei der Schach-   nalmannschaft, Teilnahme bei der
Olympiade 1996, Erewan   Europameisterschaft 1997, Pula

Auch Prüfzeichen können falsch sein. Jeder Prüfer im Bund Philatelistischer Prüfer kontrolliert kostenlos die Richtigkeit seines Signums.

Bosnien-Herzegowina

147	0.20	(M)	mehrfarbig .... ey	0,20	0,20
148	0.40	(M)	mehrfarbig .... ez	0,40	0,40
149	0.60	(M)	mehrfarbig .... fa	0,60	0,60
150	0.80	(M)	mehrfarbig .... fb	0,80	0,80
Block 6	(109×86 mm) .... fc			2,—	2,—
			FDC		3,—

Auflage: 50 000 Blocks

1998, 24. Sept. Freimarken: Stadtansichten. Odr. (5×10); gez. K 14.

fd) Travnik   fe) Sarajevo

151	0.05	(M)	olivgrün/schwarz .... fd	0,10	0,10
152	0.38	(M)	chromgelb/schwarz ..... fe	0,40	0,40
			Satzpreis (2 W.)	0,50	0,50
			FDC		1,20

1998, 9. Okt. Weltposttag. Odr. (5×4); gez. K 11¾:11¾.

ff) Briefträger und Schalterbeamtin in neuer Postuniform

| 153 | 1 | (M) | mehrfarbig .... ff | 1,— | 1,— |
| | | | FDC | | 2,— |

Auflage: 50 000 Stück

1998, 23. Okt. Musikinstrumente. Odr. (5×4); gez. K 11¾:11¾.

fg) Saz

| 154 | 0.80 | (M) | mehrfarbig .... fg | 0,80 | 0,80 |
| | | | FDC | | 2,— |

Auflage: 50 000 Stück

1998, 3. Dez. Internationaler Tag der Behinderten. Odr.; gez. K 11¾:11½.

fh) Die Erschaffung des Adam (Detail); Fresko von Michelangelo (1475–1564), italienischer Bildhauer, Maler und Architekt

| 155 | 1 | (M) | mehrfarbig .... fh | 1,50 | 1,50 |
| | | | FDC | | 2,— |

Auflage: 50 000 Stück

1998, 3. Dez. Berge. Odr.; gez. K 11¾:11½.

fi) Bjelašnica-Gebirge

| 156 | 1 | (M) | mehrfarbig .... fi | 1,— | 1,— |
| | | | FDC | | 2,— |

Auflage: 50 000 Stück

1998, 10. Dez. 50. Jahrestag der Allgemeinen Erklärung der Menschenrechte. Odr.; gez. K 14¾.

fk) Menschen verschiedener Völker

| 157 | 1.35 | (M) | mehrfarbig .... fk | 1,50 | 1,50 |
| | | | FDC | | 2,50 |

Auflage: 50 000 Stück

1998, 18. Dez. Weihnachten. Odr.; gez. K 11¾:11¾.

fl) Pater Andeo Zvizdović

| 158 | 1.50 | (M) | mehrfarbig .... fl | 1,50 | 1,50 |
| | | | FDC | | 2,50 |

Auflage: 50 000 Stück

1998, 18. Dez. Neujahr 1999. Odr.; gez. K 11¾:11½.

fm) Winterlandschaft (Kinderzeichnung)

| 159 | 1 | (M) | mehrfarbig .... fm | 1,— | 1,— |
| | | | FDC | | 2,— |

Auflage: 50 000 Stück

1999

1999, 22. April. 120. Jahrestag der Einrichtung des ersten Gymnasiums von Sarajevo; 50 Jahre Universität von Sarajevo. Odr.; gez. K 11¾:11½, Hochformat ∼.

fn) Gymnasiumsgebäude   fo) Universitätsgebäude

160	0.40	(M)	mehrfarbig .... fn	0,40	0,40
161	0.40	(M)	mehrfarbig .... fo	0,40	0,40
			Satzpreis (2 W.)	0,80	0,80
			FDC		3,—

Auflage: 30 000 Sätze

MICHEL, der Spezialist für Briefmarken, Münzen und Telefonkarten. Fordern Sie bitte unser Verlagsverzeichnis an!

Bosnien-Herzegowina

1999, 22. April. Einheimische Fauna und Flora. Odr. (4×5); gez. K 11¾:11½.

fp) Travnik-Kurzschnabeltaube (Columba nigrirostris)
fr) Sarajevo-Ackerskabiose (Knautia sarajevensis)

162	0.80 (M)	mehrfarbig .... fp		1,—	1,—
163	1.10 (M)	mehrfarbig .... fr		1,50	1,50
		Satzpreis (2 W.)		2,50	2,50
		FDC			3,50

Auflage: 30 000 Sätze

1999, 20. Mai. 30. Jahrestag der ersten bemannten Mondlandung. Odr. (5×4); gez. K 11½:11¾.

fs) Neil Armstrong (*1930), amerikanischer Astronaut; Mond und Erde

164	2 (M)	mehrfarbig .... fs		2,—	2,—
		FDC			3,—

Auflage: 30 000 Stück

1999, 20. Mai. Europa: Natur- und Nationalparks. Odr.; gez. K 11¾:11½.

ft) Naturschutzgebiet Fluß Una

165	2 (M)	mehrfarbig .... ft		3,—	3,—
		FDC			4,50

Auflage: 100 000 Stück

1999, 9. Juni. Freimarke: Goražde. Odr.; gez. K 14:14¼.

A ft) Stadtansicht von Goražde, Skizze mit Brücke über die Drina

A 165	0.40 (M)	mehrfarbig .... A ft		0,40	0,40
		FDC			—,—

1999, 15. Juni. Internationaler Tag der Umwelt. Odr. (5×4); gez. K 11½:11¾.

fu) Bunaquelle bei Blaga

166	0.80 (M)	mehrfarbig .... fu		0,80	0,80
		FDC			2,—

Auflage: 30 000 Stück

1999, 15. Juni. Internationale Briefmarkenausstellung PHILEXFRANCE '99, Paris. Odr. (4×5); gez. K 11¾:11½.

fv) Kirche und Moschee, Ausstellungsemblem

167	2 (M)	mehrfarbig .... fv		2,—	2,—
		FDC			3,—

Auflage: 30 000 Stück

1999, 15. Juni. Woche des Kindes: Teilnahme Bosniens an den Special Olympics, North Carolina. Odr. (4×5); gez. K 11¾:11½.

fw) Sonne, Sportler (Kinderzeichnung)

168	0.50 (M)	mehrfarbig .... fw		0,50	0,50
		FDC			1,60

Auflage: 50 000 Stück

1999, 1. Juli. 120 Jahre Briefmarken von Bosnien-Herzegowina. Odr. (4×5); gez. K 11¾:11½.

fx) Briefmarke mit Stadtansicht von Sarajevo

169	1 (M)	mehrfarbig .... fx		1,—	1,—
		FDC			2,—

Auflage: 30 000 Stück

1999, 1. Juli. 125 Jahre Weltpostverein (UPU). Odr. (5×4); gez. K 11½:11¾.

fy) Telefone und Briefe umkreisen Erde, UPU-Emblem

170	1.50 (M)	mehrfarbig .... fy		1,50	1,50
		FDC			2,50

Auflage: 30 000 Stück

1999, 27. Juli. Mineralien. Odr. (4×5, MiNr. 174 ~); gez. K 11¾:11½, Hochformat ~.

fz) Tuzlait aus Tuani

ga) Siderit aus Vitez
gb) Hielofan aus Busovaca
gc) Quarz aus Srebrenica

171	0.40 (M)	mehrfarbig .... fz		0,40	0,40
172	0.60 (M)	mehrfarbig .... ga		0,60	0,60
173	1.20 (M)	mehrfarbig .... gb		1,20	1,20
174	1.80 (M)	mehrfarbig .... gc		1,80	1,80
		Satzpreis (4 W.)		4,—	4,—
		FDC			5,—

Auflage: 30 000 Sätze

Bosnien-Herzegowina

1999, 29. Juli. Verabschiedung eines Stabilitätspaktes für Südosteuropa, Sarajevo. Odr.; gez. K 14.

gd) Sehenswürdigkeiten von Sarajevo

| 175 | 2 (M) mehrfarbig | gd FDC | 2,— | 2,— 3,— |

Auflage: 50 000 Stück

1999, 23. Sept. Geschichte der Religion in Bosnien-Herzegowina. Odr. (4×5); gez. K 11¾:11½.

ge) Koranmanuskript (um 1550)

| 176 | 1.50 (M) mehrfarbig | ge FDC | 1,50 | 1,50 2,50 |

Auflage: 30 000 Stück

1999, 23. Sept. Kulturelles Erbe: Gazi-Husref-Bibliothek, Kodex von Hval. Odr. (5×4); gez. K 11½:11¾.

gf) Kuršum-Medrese, Sarajevo (Sitz der Bibliothek)

gg) Miniatur aus dem Hval-Kodex (1404)

177	1.00 (M) mehrfarbig	gf	1,—	1,—
178	1.10 (M) mehrfarbig	gg	1,10	1,—
		Satzpreis (2 W.)	2,—	2,—
		2 FDC		3,60

Auflage: 30 000 Sätze

1999, 7. Okt. 100 Jahre Radiologie in Bosnien-Herzegowina. Odr. (4×5); gez. K 11¾:11½.

gh) Röntgenaufnahmen, Handskelett

| 179 | 0.90 (M) mehrfarbig | gh FDC | 0,90 | 0,90 2,— |

Auflage: 30 000 Stück

1999, 7. Okt. 40. Todestag von Hamdija Kreševljakovič. Odr.; gez. K 11¾:11½.

gi) H. Kreševljakovič (1888–1959), Historiker

| 180 | 1.30 (M) mehrfarbig | gi FDC | 1,30 | 1,30 2,50 |

Auflage: 30 000 Stück

1999, 29. Okt. Finale des 15. Europäischen Schach-Vereinspokals, Bugojno. Odr. (4×5); gez. K 13¾.

gk) Veranstaltungsemblem, Embleme des nationalen und internationalen Schachverbandes

| 181 | 1.10 (M) mehrfarbig | gk FDC | 1,10 | 1,10 2,20 |

Auflage: 50 000 Stück

1999, 9. Nov. Weltausstellung EXPO 2000, Hannover. Odr. (4×5); gez. K 11¾:11½.

gl) Maskottchen der EXPO 2000

| 182 | 1 (M) mehrfarbig | gl FDC | 1,— | 1,— 2,— |

Auflage: 50 000 Stück

1999, 25. Nov. Zeitgenössische Kunst. Odr. (4×5); gez. K 11¾:11½.

gm) Gemälde von Affan Ramič (*1932)

| 183 | 1.20 (M) mehrfarbig | gm FDC | 1,20 | 1,20 2,— |

Auflage: 30 000 Stück

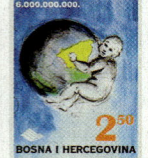

1999, 25. Nov. Geburt des sechsmilliardsten Menschen, Sarajevo. Odr. (5×4); gez. K 13¾.

gn) Säugling auf Weltkugel mit Umrißkarte von Bosnien-Herzegowina

| 184 | 2.50 (M) mehrfarbig | gn FDC | 2,50 | 2,50 3,50 |

Auflage: 30 000 Stück

1999, 15. Dez. Blockausgabe: 105 Jahre Meteorologisches Observatorium auf der Bjelašnica. Odr.; gez. K 11¾:11½.

go) Bjelašnica-Observatorium (2076 m)

gp

| 185 | 1.10 (M) mehrfarbig | go | 1,10 | 1,10 |
| Block 7 | (100×60 mm) | gp FDC | 1,10 | 1,10 2,20 |

Auflage: 50 000 Blocks

Bosnien-Herzegowina

1999, 20. Dez. Internationales Musikfestival, Sarajevo. Odr. (5×4); gez. K 14.

gr) Gebäude der Philharmonie, Sarajevo
gs) Veranstaltungsplakat

186	0.40 (M)	mehrfarbig	gr	0,40	0,40
187	1.10 (M)	mehrfarbig	gs	1,10	1,10
			Satzpreis (2 W.)	1,50	1,50
			FDC		2,50

Auflage: 30 000 Sätze

2000

2000, 15. März. Islamisches Bairam-Fest. Odr.; gez. K 11¾.

gt) Frau, Stadtansicht

188	1.10 (M)	mehrfarbig	gt	1,10	1,10
			FDC		2,20

Auflage: 30 000 Stück

2000, 15. März. Bedeutende Persönlichkeiten: Mehmed Spaho. Odr. (5×4); gez. K 11¾.

gu) M. Spaho (1883–1939), Politiker

189	1 (M)	mehrfarbig	gu	1,—	1,—
			FDC		2,—

Auflage: 30 000 Stück

2000, 15. März. 50 Jahre Vereinigung der Amateurfunker von Bosnien-Herzegowina. Odr. (5×4); gez. K 11¾.

gv) Morseapparat

190	1.50 (M)	mehrfarbig	gv	1,50	1,50
			FDC		2,50

Auflage: 30 000 Stück

2000, 15. März. 50 Jahre Institut für Orientalistik der Universität von Sarajevo. Odr. (5×4); gez. K 11¾.

gw) Illuminierte Handschrift

191	2 (M)	mehrfarbig	gw	2,—	2,—
			FDC		3,—

Auflage: 30 000 Stück

2000, 10. April. Blockausgabe: Olympische Sommerspiele, Sydney. Odr.; gez. K 15.

gx) Landkarte von Bosnien-Herzegowina und Emblem der Olympischen Spiele auf Weltkugelhälften
gy) Segelboote auf Landkarte von Australien

192	1.30 (M)	mehrfarbig	gx	1,30	1,30
193	1.70 (M)	mehrfarbig	gy	1,70	1,70
Block 8	(105×72 mm)		gz	3,—	3,—
			FDC		4,—

Auflage: 50 000 Blocks

2000, 9. Mai. Europa. Odr. (5×4); gez. K 11½:11¾.

ha) Kinder bauen Sternenturm

194	2 M / 1.02 €	mehrfarbig	ha	2,80	2,80
			FDC		3,20

Auflage: 100 000 Stück

2000, 9. Mai. Einheimische geschützte Vögel. Odr. (4×5); gez. K 11¾.

hb) Gänsegeier (Gyps fulvus)
hc) Löffler (Platalea leucorodia)

195	1.00 (M)	mehrfarbig	hb	1,—	1,—
196	1.50 (M)	mehrfarbig	hc	1,50	1,50
			Satzpreis (2 W.)	2,50	2,50
			FDC		3,50

Auflage: 50 000 Sätze

Bosnien-Herzegowina

2000, 9. Mai. Blockausgabe: Internationale Umweltorganisation „Greenpeace" – Meeresfauna. Odr.; gez. K 11¾:11½.

hd) Skorpionfisch (Scorpaeniopsis gibbosa)
he) Languste (Jasus edwardsii)
hf) Purpuranemone (Corynactis haddoni)
hg) Wrack des Greenpeace-Schiffes „Rainbow Warrior"

197	0.50	(M)	mehrfarbig .... hd	0,50	0,50
198	0.60	(M)	mehrfarbig .... he	0,60	0,60
199	0.90	(M)	mehrfarbig .... hf	0,90	0,90
200	1.50	(M)	mehrfarbig .... hg	1,50	1,50
Block 9	(100 × 72 mm)		.... hh	3,50	3,50
			FDC		4,50

Auflage: 40 000 Blocks

2000, 9. Mai. Naturschutz. Odr.; gez. K 11¾:11½, Hochformat ~.

hi) Naturschutzgebiet Boračko-See
hk) Naturschutzorganisation „Una-Smaragde" (seit 1985)

201	0.40	(M)	mehrfarbig .... hi	0,60	0,60
202	1.00	(M)	mehrfarbig .... hk	1,60	1,60
			Satzpreis (2 W.)	2,20	2,20
			2 FDC		3,50

Auflage: 50 000 Sätze

2000, 9. Juni. Freimarken: Städte. Odr.; gez. K 14.

hl) Zenica

hm) Mostar hn) Bihać ho) Tuzla

203	0.50	(M)	mehrfarbig .... hl	0,50	0,50
204	1.00	(M)	mehrfarbig .... hm	1,—	1,—
205	1.10	(M)	mehrfarbig .... hn	1,10	1,10
206	1.50	(M)	mehrfarbig .... ho	1,50	1,50
			Satzpreis (4 W.)	4,—	4,—
			FDC		4,80

Weitere Werte: MiNr. 217–221

2000, 10. Juni. 100 Jahre Zeppelin-Luftschiffe. Odr.; gez. K 11¾.

hp) Ferdinand Graf von Zeppelin (1838–1917), deutscher Begründer des Starrluftschiffbaus; Luftschiff LZ - 127 „Graf Zeppelin"

207	1.50	(M)	mehrfarbig .... hp	1,50	1,50
			FDC		2,50

Auflage: 50 000 Stück

2000, 20. Sept. Historische Bauwerke. Odr. (4 × 5); gez. K 11¾:11½.

hr) Altstadt von Vranduk
hs) Franziskanerkloster, Kraljeva Sutjeska

208	1.30	(M)	mehrfarbig .... hr	1,40	1,40
209	1.50	(M)	mehrfarbig .... hs	1,60	1,60
			Satzpreis (2 W.)	3,—	3,—
			2 FDC		4,50

Auflage: 30 000 Sätze

2000, 20. Sept. 90. Todestag von Mark Twain. Odr.; gez. K 11¾.

ht) Mark Twain (1835–1910), amerikanischer Schriftsteller; Illustration zu seinem Roman „Die Abenteuer Tom Sawyers"

210	1.50	(M)	mehrfarbig .... ht	1,50	1,50
			FDC		2,50

Auflage: 30 000 Stück

2000, 20. Sept. Blockausgabe: Jahrtausendwende. Odr.; gez. Ks 11¾.

hu–hv) Das neue Jahrtausend; Gemälde von M. Zaimović

211	0.80	(M)	mehrfarbig .... hu	0,80	0,80
212	1.20	(M)	mehrfarbig .... hv	1,20	1,20
Block 10	(100 × 72 mm)		.... hw	2,—	2,—
			FDC		3,—

Auflage: 30 000 Blocks

Bosnien-Herzegowina

2000, 5. Okt. Woche des Kindes. Odr. (5×4); gez. K 11½:11¾.

hx) Kinderwünsche; Zeichnung von I. Kojović

213	1.60	(M)	mehrfarbig .... hx	1,60	1,60
			FDC		2,48

Auflage: 30 000 Stück

2000, 5. Okt. Gemälde. Odr. (4×5); gez. K 11¾:11½.

hy) Durch den Schneesturm; von Ismet Mujezinović (1907–1983)

hz) Landschaft; von Ivo Šeremet (1900–1991)

214	0.60	(M)	mehrfarbig .... hy	0,60	0,60
215	0.80	(M)	mehrfarbig .... hz	0,80	0,80
			Satzpreis (2 W.)	1,40	1,40
			2 FDC		3,50

Auflage: 30 000 Sätze

2000, 14. Dez. 50 Jahre Hoher Flüchtlingskommissar der Vereinten Nationen (UNHCR) (2001). Odr. (4×5); gez. K 11¾.

ia) Menschen auf der Flucht, brennende Häuser

216	1.00	(M)	mehrfarbig .... ia	1,—	1,—
			FDC		2,—

Auflage: 30 000 Stück

2001

2001, 22. März. Freimarken: Städte. Odr.; gez. K 14.

ib) Tešanj   ic) Bugojno   id) Konjic

ie) Živinice   if) Cazin

217	0.10	(M)	mehrfarbig .... ib	0,10	0,10
218	0.20	(M)	mehrfarbig ic	0,20	0,20
219	0.30	(M)	mehrfarbig .... id	0,30	0,30
220	0.35	(M)	mehrfarbig .... ie	0,40	0,40
221	2.00	(M)	mehrfarbig .... if	2,—	2,—
			Satzpreis (5 W.)	3,—	3,—
			FDC		3,60

Weitere Werte: MiNr. 203–206

2001, 22. März. Einheimische Fauna: Vögel und Pferde. Odr. (2×5 Zd); gez. K 11½:11¾, Querformate ~.

ig) Eisvogel (Alcedo atthis)
ih) Seidenschwanz (Bombycilla garrulus)

ii–ik) Bosnisches Bergpferd

222	0.90	(M)	mehrfarbig .... ig	1,20	1,20
223	1.10	(M)	mehrfarbig .... ih	1,30	1,30
224	1.10	(M)	mehrfarbig ii	1,30	1,30
225	1.90	(M)	mehrfarbig .... ik	2,20	2,20
			Satzpreis (2 Paare)	6,—	6,—
			2 FDC		8,—

MiNr. 222–223 und 224–225 wurden jeweils waagerecht zusammenhängend gedruckt.

Auflage: 50 000 Sätze

2001, 22. März. 100. Geburtstag von Walt Disney. Odr.; gez. K 11½:11¾.

il) W. Disney (1901–1966), amerikanischer Trickfilmzeichner und Filmproduzent

226	1.10	(M)	mehrfarbig il	1,10	1,10
			FDC		2,50

Auflagen: 50 000 Stück

Die Preisnotierungen in den MICHEL-Katalogen gelten für Marken in einwandfreier Qualität. Bei gezähnten Marken muß die Zähnung allseits vollständig sein, bei geschnittenen Marken darf der Schnitt das Markenbild nicht berühren. Postfrische Erhaltung setzt vollkommen unberührte Gummierung voraus, Marken mit Falz dürfen nur einen sauberen Erstfalz haben. Gestempelte Marken sollen eine saubere und möglichst lesbare Abstempelung haben.

Lesen Sie dazu auch die Einführung.

2001, 22. März. Blockausgabe: Grußmarken – Karikaturen zum Thema „Ich schreibe Dir einen Brief". Odr.; gez. Ks 11¾.

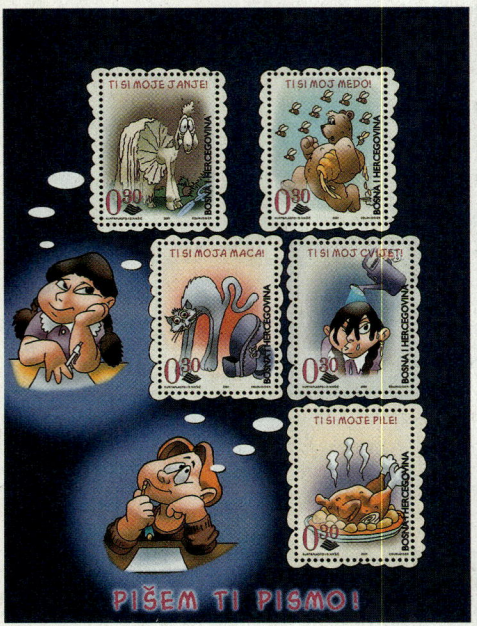

im) Du bist mein Schäfchen!		in) Du bist mein Honig!	is
io) Du bist mein Kater!		ip) Du bist meine Blume!	
		ir) Du bist mein Hühnchen!	

227	0,30	(M)	mehrfarbig .... im	0,30	0,30
228	0,30	(M)	mehrfarbig .... in	0,30	0,30
229	0,30	(M)	mehrfarbig .... io	0,30	0,30
230	0,30	(M)	mehrfarbig .... ip	0,30	0,30
231	0,30	(M)	mehrfarbig .... ir	0,30	0,30
Block 11	(125×170 mm) .... is			1,50	1,50
			FDC		2,80

Auflage: 100 000 Blocks

2001, 22. März. Einheimische Fossilienfunde. Odr. (2×5 Zd); gez. K 11¾:11½.

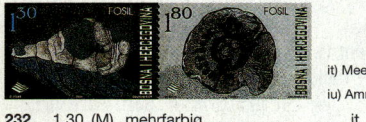

	it) Meeresschnecke	
	iu) Ammonit	

232	1,30	(M)	mehrfarbig .... it	1,30	1,30
233	1,80	(M)	mehrfarbig .... iu	1,70	1,70
			Satzpreis (Paar)	3,50	3,50
			FDC		4,50

MiNr. 232–233 wurden waagerecht zusammenhängend gedruckt.
Auflage: 50 000 Sätze

Mehr wissen mit MICHEL

2001, 10. April. Blockausgabe: Europa – Lebensspender Wasser. Odr.; gez. Ks 11½:11¾.

iv) Bosna-Quelle
iw

234	2,00	(M)	mehrfarbig iv	2,50	2,50
Block 12	(60×80 mm) .... iw			3,—	3,—
			FDC		4,—

Auflage: 125 000 Blocks

2001, 25. Mai. Blockausgabe: Fertigstellung des Bosnien-Instituts, Sarajevo. Odr.; gez. Ks 14.

ix) Institutsgebäude
iy

235	1,10	(M)	mehrfarbig ix	1,10	1,10
Block 13	(80×50 mm) .... iy			1,10	1,10
			FDC		2,50

Auflage: 50 000 Blocks

2001, 30. Mai. Blockausgabe: 50 Jahre Wettbewerb im Brückenspringen, Mostar. Odr.; gez. Ks 11½:11¾.

iz) Emir Balić (*1935), Rekordsieger im Brückenspringen; Brücke über die Neretva (27 m hoch)
ka

236	2,00	(M)	mehrfarbig .... iz	2,—	2,—
Block 14	(66×47 mm) .... ka			2,—	2,—
			FDC		3,50

Auflage: 30 000 Blocks

Die Preisnotierungen sind Richtwerte für Marken in einwandfreier Qualität. Preisbewegungen nach oben und unten sind aufgrund von Angebot und Nachfrage die Regel.

2001, 20. Juni. Ferrari-Automobile. Odr. (1×2 Zd); gez. K 14:14¼.

kb) Ferrari 625 F1 (1954)
kc) Ferrari 312 B (1970)
kd) Ferrari 312 T3 (1978)
ke) Ferrari 126 C3 (1983)

237	0.40 (M)	mehrfarbig	kb	0,40	0,40
238	0.60 (M)	mehrfarbig	kc	0,60	0,60
239	1.30 (M)	mehrfarbig	kd	1,30	1,30
240	1.70 (M)	mehrfarbig	ke	1,70	1,70
		Satzpreis (4 W.)		4,—	4,—
		Viererblock		4,—	4,—
		FDC			5,—
		Kleinbogen		8,—	8,—

MiNr. 237–240 wurden in Viererblockanordnung zusammenhängend gedruckt.
Auflage: 50 000 Sätze

2001, 30. Mai. Sportspiele der Mittelmeerländer, Tunis. Odr. (2×5); gez. K 14:14¼.

kf) Strand mit Stadtsilhouette und Kamelreiter, Sportpiktogramme, Emblem

241	1.30 (M)	mehrfarbig	kf	1,30	1,30
		FDC			2,50
		Kleinbogen		13,—	13,—

Auflage: 30 000 Stück

2001, 18. Juli. Gewinn der nationalen Fußballmeisterschaft 2000/2001 durch den FC Željezničar Sarajevo. Odr. (2×5); gez. K 14:14¼.

kg) Mannschaftsfoto mit Pokalen

242	1.00 (M)	mehrfarbig	kg	1,—	1,—
		FDC			2,50
		Kleinbogen		10,—	10,—

Auflage: 50 000 Stück

2001, 18. Juli. 100 Jahre Nobelpreise. Odr.; gez. K 14:14¼.

kh) Medaille mit Porträt Alfred Nobels (1833–1896), schwedischer Chemiker und Industrieller; Symbole für Literatur, Physik, Chemie, Medizin/Physiologie und Frieden

243	1.50 (M)	mehrfarbig	kh	1,50	1,50
		FDC			3,—

Auflage: 50 000 Stück

MICHEL-Rundschau

zwölfmal im Jahr aktuelle Informationen für den Philatelisten. Mit einem Abonnement können Sie auch diesen Katalog auf dem laufenden halten!

Bosnien-Herzegowina 199

2001, 18. Juli. Charlie Chaplin. Odr. (5×2); gez. K 14:13¾.

ki) Sir Charles Spencer Chaplin (1889–1977), britischer Filmkomiker, -autor, -regisseur und -produzent; Szene aus dem Film „The Kid"

244	1.60 (M)	mehrfarbig	ki	1,60	1,60
		FDC			3,—
		Kleinbogen		16,—	16,—

Auflage: 50 000 Stück

2001, 10. Sept. Edin Numankadić. Komb. Odr. und Reliefdr. (2×5); gez. K 12½:12¾.

kk) Spuren; Gemälde von E. Numankadić (*1948)

245	0.80 (M)	mehrfarbig	kk	1,—	1,—
		FDC			2,—
		Kleinbogen		10,—	10,—

Auflage: 30 000 Stück

2001, 10. Sept. Michelangelo. Komb. Odr. und Reliefdr. (2×5); gez. K 12½:12¾.

kl) David (Details); Marmorstatue von Michelangelo (1475–1564), italienischer Bildhauer, Maler und Architekt

246	2.00 (M)	mehrfarbig	kl	2,—	2,—
		FDC			3,—
		Kleinbogen		24,—	24,—

Auflage: 30 000 Stück

2001, 1. Okt. Internationale Woche des Stillens. Odr. (2×5); gez. K 14:14¼.

km) Trinkflasche auf Verbotsschild, stillende Mutter auf Gebotsschild

247	1.10 (M)	mehrfarbig	km	1,20	1,20
		FDC			2,50
		Kleinbogen		12,—	12,—

Auflage: 30 000 Stück

2001, 9. Okt. Weltposttag; internationales Jahr für den Dialog der Zivilisationen. Odr. (5×2); gez. K 14¼:14.

kn) Gebäude verschiedener Kulturen und Epochen

248	1.30 (M) / 0.65 €	mehrfarbig	kn	1,40	1,40
		FDC			2,80
		Kleinbogen		14,—	14,—

Auflage: 30 000 Stück

Bosnien-Herzegowina

2001, 30. Okt. Plenarversammlung des Verbandes der europäischen Postverwaltungen (POSTEUROP), Sarajevo. Odr. (5×2); gez. K 14¼:14.

ko) Pferdestraßenbahn

249	1.10 (M) / 0.55 € mehrfarbig .... ko	1,20	1,20
	FDC		2,50
	Kleinbogen	12,—	12,—

Auflage: 30 000 Stück

2001, 10. Nov. 20. Todestag von Alija Bejtić. Odr. (5×2); gez. K 14¼:14.

kp) A. Bejtić (1920–1981), Kunsthistoriker und Denkmalschützer

250	0.80 (M) / 0.40 € mehrfarbig .... kp	0,80	0,80
	FDC		2,—
	Kleinbogen	8,—	8,—

Auflage: 30 000 Stück

2001, 14. Dez. 80. Jahrestag der Deutung des photoelektrischen Effekts durch Albert Einstein (1999). Odr. (2×5); gez. K 14:14¼.

kr) Albert Einstein (1879–1955), deutscher Physiker, Nobelpreis 1921

251	1.50 (M) mehrfarbig .... kr	1,50	1,50
	FDC		2,80
	Kleinbogen	15,—	15,—

Auflage: 30 000 Stück

2002

2002, 5. April. 1. Todestag von Davorin Popović. Odr. (2×5); gez. K 14.

ks) D. Popović (1946–2001), Lead-Sänger der Gruppe „Indexi"

252	0.38 (M) mehrfarbig .... ks	0,50	0,50
	FDC		1,50
	Kleinbogen	5,—	5,—

Auflage: 100 000 Stück

2002, 15. April. 100. Geburtstag von Ševala Zildžić (2003). Odr. (5×2); gez. K 13¾:14.

kt) Š. Zildžić (1903–1978), erste Ärztin in Bosnien und Herzegowina

253	1.30 (M) / 0.65 € mehrfarbig .... kt	1,40	1,40
	FDC		2,50
	Kleinbogen	14,—	14,—

Auflage: 30 000 Stück

2002, 15. April. 350. Geburtstag von Mustafa Ejubović (Šejh Jujo) (2001). Odr. (5×2); gez. K 14.

ku) Symbolik der Arbeitsbereiche von M. Ejubović (Šejh Jujo) (1651–1707), Theologe, Schriftsteller, Jurist, Philologe und Historiker

254	1.00 (M) mehrfarbig .... ku	1,—	1,—
	FDC		2,20
	Kleinbogen	10,—	10,—

Auflage: 30 000 Stück

2002, 15. April. 100. Geburtstag von Juraj Najdhart (2001). Odr. (2×5); gez. K 14.

kv) J. Najdhart (1901–1979), Architekt

255	1.00 (M) / 0.50 € mehrfarbig .... kv	1,—	1,—
	FDC		2,20
	Kleinbogen	10,—	10,—

Auflage: 30 000 Stück

2002, 15. April. Kandidatur Sarajevos für die Olympischen Winterspiele 2010. Odr. (5×2); gez. K 14.

kw) Skispringer, Stadtwappen

256	1.50 (M) / 0.75 € mehrfarbig .... kw	1,50	1,50
	FDC		2,80
	Kleinbogen	15,—	15,—

Auflage: 30 000 Stück

2002, 15. April. Internationaler Tag der Erde. Odr. (5×2); gez. K 14.

kx) Baumkronen gegen den Himmel

257	2.00 (M) / 1.00 € mehrfarbig .... kx	2,—	2,—
	FDC		3,—
	Kleinbogen	20,—	20,—

Auflage: 30 000 Stück

2002, 20. April. Krieg und Frieden: 10 Jahre Unabhängigkeit. Odr. (2×5); gez. K 14.

ky) Krieg und Frieden; Gemälde von Asad Nuhanović

258	2.50 (M) / 1.25 € mehrfarbig .... ky	3,—	3,—
	FDC		4,—
	Kleinbogen	30,—	30,—

Auflage: 30 000 Stück

Bosnien-Herzegowina

2002, 20. April. Einheimische Fauna: Schmetterlinge. Odr. (5×2); gez. K 14.

kz) Apollofalter (Parnassius apollo)
la) Segelfalter (Iphiclides podalirius)

259	1.50 (M) / 0.75 €	mehrfarbig	kz	1,50	1,50
260	2.50 (M) / 1.25 €	mehrfarbig	la	3,—	3,—
		Satzpreis (2 W.)		4,50	4,50
		FDC			5,50
		Kleinbogensatz (2 Klb.)		45,—	45,—

Auflage: 50 000 Sätze

2002, 20. April. Einheimische Flora: Gebirgsblumen. Odr. (5×2); gez. K 14.

lb) Enzian (Gentiana dinarica)
lc) Akelei (Aquilegia dinarica)

261	1.00 (M) / 0.50 €	mehrfarbig	lb	1,20	1,20
262	1.50 (M) / 0.75 €	mehrfarbig	lc	1,80	1,80
		Satzpreis (2 W.)		3,—	3,—
		FDC			4,—
		Kleinbogensatz (2 Klb.)		30,—	30,—

Auflage: 50 000 Sätze

2002, 20. April. Blockausgabe: 120 Jahre Berufsfeuerwehr Sarajevo. Odr.; gez. Ks 14.

ld) Löscheinsatz bei Gebäudebrand
le

263	2.20 (M) 1.10 €	mehrfarbig	ld	2,60	2,60
Block 15	(68×48 mm)		le	2,60	2,60
		FDC			3,50

Auflage: 30 000 Blocks

2002, 20. April. 80 Jahre Bosnisch-Herzegowinische Pfadfinderorganisation. Odr. (2×5); gez. K 14.

lf) Zeltlager

264	1 (M) / 0.50 €	mehrfarbig	lf	1,—	1,—
		FDC			2,50
		FDC		10,—	10,—

Auflage: 30 000 Stück

2002, 20. April. Europa: Zirkus. Odr. (5×2); gez. K 14.

lg) Clown

265	2.50 (M) / 1.25 €	mehrfarbig	lg	3,—	3,—
		FDC			4,50
		Kleinbogen		30,—	30,—

Auflage: 100 000 Stück

2002, 28. Juni. Blockausgabe: Nationale Kampagne für das Briefschreiben. Odr.; gez. Ks 14.

lh li lk ln
ll   lm

lh–lm) Comicfiguren aus dem Film „Junge Philatelisten"

266	0.40 (M)	mehrfarbig	lh	0,50	0,50
267	0.40 (M)	mehrfarbig	li	0,50	0,50
268	0.40 (M)	mehrfarbig	lk	0,50	0,50
269	0.40 (M)	mehrfarbig	ll	0,50	0,50
270	0.40 (M)	mehrfarbig	lm	0,50	0,50
Block 16	(120×105 mm)		ln	2,50	2,50
		FDC			3,25

Auflage: 30 000 Blocks

2002, 28. Juni. Blockausgabe: Römische Schiffe. Odr.; gez. Ks 14.

lo) Galeere
lp) Galeone
lr

271	1.20 (M)	mehrfarbig	lo	1,20	1,20
272	1.80 (M)	mehrfarbig	lp	2,—	2,—
Block 17	(90×54 mm)		lr	3,20	3,20
		FDC			4,40

Auflage: 30 000 Blocks

Bosnien-Herzegowina

2002, 28. Juni. Tourismus: 30 Jahre Internationale Una-Regatta. Odr. (2×5); gez. K 14.

ls) Rafting auf der Una

273	1.30 (M)	mehrfarbig	.... ls	1,50	1,50
			FDC		2,50
			Kleinbogen	15,—	15,—

Auflage: 30 000 Stück

2002, 28. Juni. Traditionelle Speisen. Odr. (2×5); gez. K 14.

lt) Ćevapčići nach Sarajevo-Art „deset u pola"

274	1.10 (M)	mehrfarbig	.... lt	1,30	1,30
			FDC		2,50
			Kleinbogen	13,—	13,—

Auflage: 50 000 Stück

2002, 14. Sept. 100 Jahre Kroatischer Kulturverein „Napredak". Odr. (5×2); gez. K 13¾:13¼.

lu) Napredak-Emblem

275	1.00 (M)	mehrfarbig	.... lu	1,20	1,20
			FDC		2,50
			Kleinbogen	12,—	12,—

Auflage: 30 000 Stück

2002, 14. Sept. 100 Jahre aschkenasische Synagoge, Sarajevo. Odr. (2×5); gez. K 13¼:13¾.

lv) Synagoge

276	2.00 (M)	mehrfarbig	 lv	2,40	2,40
			FDC		3,25
			Kleinbogen	24,—	24,—

Auflage: 30 000 Stück

2002, 14. Sept. 110 Jahre organisiertes Bergsteigen in Bosnien-Herzegowina. Odr. (2×5); gez. K 13¼:13¾.

lw) Bergwanderer erreicht Berghütte

277	1.00 (M)	mehrfarbig	.... lw	1,20	1,20
			FDC		2,50
			Kleinbogen	12,—	12,—

Auflage: 50 000 Stück

2002, 10. Okt. Blockausgabe: Traditionelles Kunsthandwerk. Odr.; gez. Ks 13½:13¾.

lx) Schmiede
ly) Korbmacherei
lz) Goldschmiede
ma) Stickerei

278	0.80 (M)	mehrfarbig	 lx	1,—	1,—
279	1.10 (M)	mehrfarbig	.... ly	1,20	1,20
280	1.20 (M)	mehrfarbig	.... lz	1,30	1,30
281	1.30 (M)	mehrfarbig	.... ma	1,50	1,50
Block 18	(110×75 mm)		.... mb	5,—	5,—
			FDC		6,—

Auflage: 30 000 Blocks

2002, 20. Nov. Nationalflagge. Odr. (2×5); gez. K 13¼:13¾.

mc) Nationalflagge

282	1.00 (M)	mehrfarbig	.... mc	1,20	1,20
			FDC		2,50
			Kleinbogen	12,—	12,—

Auflage: 50 000 Stück

2002, 20. Nov. Einführung der Euro-Münzen und -Banknoten im Euro-Währungsgebiet. Odr. (2×5); gez. K 13¼:13¾.

md) 1-Euro-Münze, Landkarte Europas mit hervorgehobenem Euro-Währungsgebiet

283	2.00 (M)	mehrfarbig	.... md	2,40	2,40
			FDC		3,50
			Kleinbogen	24,—	24,—

Auflage: 50 000 Stück

2002, 10. Dez. 85. Geburtstag von Mak Dizdar. Odr. (5×2); gez. K 14¼:14.

me) Mak Dizdar (1917–1971), Dichter

284	1.00 (M)	mehrfarbig	.... me	1,20	1,20
			FDC		2,50
			Kleinbogen	12,—	12,—

Auflage: 60 000 Stück

Bosnien-Herzegowina 203

2002, 10. Dez. Kampf gegen Drogenmißbrauch. Odr. (5×2); gez. K 14¼:14.

mf) Drogensüchtiger

285	0.10 (M)	mehrfarbig	mf	0,20	0,20
			FDC		1,50
			Kleinbogen	1,20	1,20

2002, 10. Dez. Mütterhilfe. Odr. (2×5); gez. K 14:14¼.

mg) Mutter-Kind-Einrichtung

286	0.38 (M)	mehrfarbig	mg	0,50	0,50
			FDC		2,—
			Kleinbogen	5,—	5,—

2002, 10. Dez. Münzen. Odr. (5×2); gez. K 14¼:14.

mh) König Tvrtko I. (reg. 1376–1391)
mi) König Stjepan Tomaš (reg. 1443–1461)
mk) König Stjepan Tomaševic (reg. 1461–1463)

287	0.20 (M)	mehrfarbig	mh	0,20	0,20
288	0.30 (M)	mehrfarbig	mi	0,30	0,30
289	0.50 (M)	mehrfarbig	mk	0,50	0,50
			Satzpreis (3 W.)	1,—	1,—
			FDC		2,50
			Kleinbogensatz (3 Klb.)	10,—	10,—

2002, 10. Dez. Gemälde. Odr. (5×2, Querformat ~); MiNr. 290 gez. K 13¾, MiNr. 291 gez. K 14¼:14, MiNr. 292 ~.

ml) Pferdekopf
mm) Frauenporträt
mn) Zwei Frauen und Engelsskulptur

290	0.40 (M)	mehrfarbig	ml	0,50	0,50
291	1.10 (M)	mehrfarbig	mm	1,30	1,30
292	1.50 (M)	mehrfarbig	mn	1,80	1,80
			Satzpreis (3 W.)	3,50	3,50
			FDC		4,50
			Kleinbogensatz (3 Klb.)	35,—	35,—

2003

2003, 24. Jan. 160. Geburtstag von Josip Stadler. Odr. (5×4); gez. K 14.

mo) J. Stadler (1843–1918), Erzbischof von Sarajevo

293	0.50 (M)	mehrfarbig	mo	0,50	0,50
			FDC		2,20
	293 Zf			0,70	0,70

MiNr. 293 wurde im Bogen zu 14 Marken und 6 in der Mitte angeordneten Zierfeldern gedruckt.

MiNr. 293 ist identisch mit Bosnien-Herzegowina – Kroatische Republik MiNr. 104. Die oben angeführten Preise für ⊙ und FDC gelten für Marken mit Stempel aus dem moslemischen Teil Bosniens.

Auflage: 60 000 Stück

2003, 20. Febr. 100 Jahre bosnische Kulturvereinigung „Preporod". Komb. Odr. und Rdr. (5×2); gez. K 12¾:13¼.

mp) Musikant

294	1.00 (M)	mehrfarbig	mp	1,—	1,—
			FDC		2,50
			Kleinbogen	10,—	10,—

Auflage: 30 000 Stück

2003, 20. Febr. 35. Europäische Forstliche Nordische Skiwettkämpfe (EFNS), Goms (Schweiz). Odr. (2×5); gez. K 13¼:13½.

mr) Skilanglauf

295	1.00 (M)	mehrfarbig	mr	1,—	1,—
			FDC		2,50
			Kleinbogen	10,—	10,—

Auflage: 30 000 Stück

2003, 31. März. 75. Geburtstag von Svetozar Zimonjić. Odr. (5×2); gez. K 13½:13¼.

ms) S. Zimonjić (1928–1999), Präsident der nationalen Akademie der Wissenschaften und Künste

296	0.90 (M)	mehrfarbig	ms	1,—	1,—
			FDC		2,50
			Kleinbogen	10,—	10,—

2003, 31. März. 100. Geburtstag von Omer Mujadžić. Odr. (2×5); gez. K 13¼:13.

mt) Mutter mit Kind; Gemälde von Omer Mujadžić (1903–1991)

297	0.70 (M)	mehrfarbig	mt	0,80	0,80
			FDC		2,—
			Kleinbogen	8,—	8,—

2003, 31. März. Einheimische Pflanzen. Odr. (1×5 Zd); gez. K 12¾.

mu) Edelweiß (Leontopodium alpinum)
mv) Gelber Enzian (Gentiana symphyandra)

298	0.90	(M)	mehrfarbig .... mu	1,—	1,—
299	0.90	(M)	mehrfarbig .... mv	1,—	1,—
			Satzpreis (Paar)	2,—	2,—
			FDC		3,50
			Kleinbogen	10,—	10,—

2003, 31. März. Behindertensport: Sitz-Volleyball. Odr. (2×5); gez. K 13½:13¼.

mw) Empfang der Nationalmannschaft nach dem Gewinn der WM 2002 in Kairo

300	1.00	(M)	mehrfarbig .... mw	1,—	1,—
			FDC		2,50
			Kleinbogen	10,—	10,—

2003, 9. Mai. Europa: Plakatkunst. Odr., Kleinbogen (Klb.) (5×2) und Markenheftchen (MH) (2×2); A = vierseitig, D = dreiseitig, E = zweiseitig gez. K 13¾:13¼.

mx) Plakat zum Film „Snijeg"

301	2.50	(M)	mehrfarbig .... mx		
A			vierseitig gez. (Klb.)	3,—	3,—
Dl			dreiseitig gez. (▢) (MH)	3,50	3,50
Dr			dreiseitig gez. (▢) (MH)	3,50	3,50
El			zweiseitig gez. (▢) (MH)	3,50	3,50
Er			zweiseitig gez. (▢) (MH)	3,50	3,50
			FDC (A)		4,—
			Kleinbogen (A)	30,—	30,—
			Markenheftchen mit MiNr. 301 Dl/Dr/El/Er	14,—	

Paare aus Markenheftchen:

301 Dl/Dr	waagerechtes Paar	7,—	7,—
301 El/Er	waagerechtes Paar	7,—	7,—
301 Dl/El	senkrechtes Paar	7,—	7,—
301 Dr/Er	senkrechtes Paar	7,—	7,—

Auflage: 10 000 Markenheftchen

2003, 22. Juni. 2. Besuch von Papst Johannes Paul II. in Bosnien und Herzegowina; Seligsprechung von Ivan Merz. Odr. (3×3); gez. K 13¼:13¾.

my) Papst Johannes Paul II.; Ivan Merz (1896–1928), Philosoph

302	1.50	(M)	mehrfarbig .... my	1,80	1,80
			FDC		2,80
			Kleinbogen	15,—	15,—

MiNr. 302 wurde im Kleinbogen zu 8 Marken und 1 Zierfeld gedruckt.

Parallelausgabe mit Bosnien-Herzegowina – Kroatische Republik MiNr. 112 und Bosnien-Herzegowina – Serbische Republik MiNr. 278.

2003, 30. Juni. Blockausgabe: Jugendphilatelie: Comic-Helden. Odr.; MiNr. 303–304 gez. Ks 13½, MiNr. 305–306 gez. Ks 13¼.

mz–nc) Illustrationen aus „Der Schlaf des Monsters"; von Enki Bilal (*1951), französischer Comiczeichner und -texter

303	0.50	(M)	mehrfarbig .... mz	0,50	0,50
304	0.50	(M)	mehrfarbig .... na	0,50	0,50
305	0.50	(M)	mehrfarbig .... nb	0,50	0,50
306	0.50	(M)	mehrfarbig .... nc	0,50	0,50
Block 19			(106×73 mm) .... nd	2,—	2,—
			FDC		3,50

2003, 30. Juni. 50. Jahrestag der Entdeckung der DNA-Struktur. Odr. (4×2); gez. K 13.

ne) DNA-Doppelhelix

307	0.50	(M)	mehrfarbig .... ne	0,50	0,50
			FDC		1,50
			Kleinbogen	4,50	4,50

2003, 30. Sept. Naturdenkmäler. Odr. (5×2); gez. K 13½.

nf) Skakavac-Wasserfall; Gemälde von Helena Škec

308	1.50	(M)	mehrfarbig .... nf	1,80	1,80
			FDC		2,80
			Kleinbogen	15,—	15,—

MiNr. 308 wurde im Kleinbogen zu 8 Marken und 2 Zierfeldern gedruckt.

2003, 30. Sept. Sakralbauten. Odr. (2×4); MiNr. 309 gez. K 13¼:13½, MiNr. 310 gez. 13¼.

 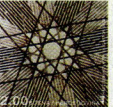

ng) Freskengewölbe der Cekrekči-Muslihudin-Moschee (erbaut 1526)
nh) Zierrosette aus dem Hadži-Sinan-Derwisch-Konvent bei Sarajevo (erbaut 1638–1640)

309	1.00	(M)	mehrfarbig .... ng	1,20	1,20
310	2.00	(M)	mehrfarbig .... nh	2,40	2,40
			Satzpreis	3,50	3,50
			FDC		4,50
			Kleinbogensatz (2 Klb.)	28,—	28,—

Bosnien-Herzegowina

2003, 3. Okt. Woche des Kindes. Odr. (2×5); gez. K 13¼:13¾.

ni) Kinder verschiedener Volksgruppen; Zeichnung von Benazir Mahmutović

311	0.50 (M)	mehrfarbig .... ni	0,60	0,60
		FDC		1,60
		Kleinbogen	6,—	6,—

2003, 3. Okt. Woche des Kindes. Odr. (2×5); selbstklebend; gestanzt 12½.

ni) Kinder verschiedener Volksgruppen; Zeichnung von Benazir Mahmutović

312	0.50 (M)	mehrfarbig .... ni	—,—	—,—
		FDC		—,—
		Folienblatt	—,—	

2003, 27. Nov. Blockausgabe: Tod von Alija Izetbegović. Odr.; gez. Ks 13½:13¼.

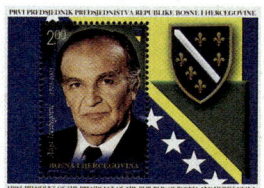

nk) Alija Izetbegović (1925–2003), Politiker und Staatspräsident

nl

313	2.00 (M)	mehrfarbig .... nk	2,40	2,40
Block 20	(68×53 mm) .... nl		2,40	2,40
		FDC		3,40

2003, 27. Nov. Blockausgabe: Architektonisches Erbe. Odr.; gez. Ks 13½:13¼.

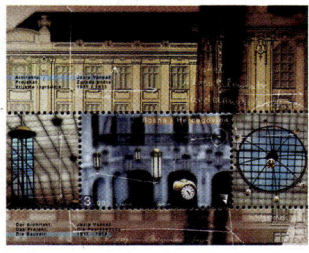

nm) Hauptpostamt Sarajevo (erb. 1913, Architekt Josip Vancaš)

nn

314	3.00 (M)	mehrfarbig .... nm	3,60	3,60
Block 21	(80×65 mm) .... nn		3,60	3,60
		FDC		4,60

2003, 9. Dez. Einheimische Fauna. Odr. (5×4); gez. K 13¼:13½.

no) Balkan-Gemse (Rupicapra rupicapra balcanica)

np) Bosnischer Braunbär (Ursus arctos bosniensis)

315	0.30 (M)	mehrfarbig .... no	0,40	0,40
316	0.50 (M)	mehrfarbig .... np	0,60	0,60
		Satzpreis (2 W.)	1,—	1,—
		FDC		2,—

2003, 18. Dez. Kunst. Odr. (5×5); gez. K 13¾:13¼.

nr) Plemenitaš II; Gemälde von Dževad Hozo (*1938), Graphiker

317	0.10 (M)	mehrfarbig .... nr	0,20	0,20
		FDC		1,20

2003, 18. Dez. Weihnachten. Odr. (5×4); gez. K 13¼.

ns) Hände und Schlitten des Weihnachtsmannes mit Geschenkpaketen

318	0.20 (M)	mehrfarbig .... ns	0,30	0,30
		FDC		1,30

2003, 20. Dez. 100. Jahrestag des ersten Motorfluges der Brüder Wright. Odr. (2×5); gez. K 13¼:13¾.

nt) Orville (1871–1948) und Wilbur Wright (1867–1912), amerikanische Flugpioniere; Wright Flyer III und Boeing 747

319	1.00 (M)	mehrfarbig .... nt	1,20	1,20
		FDC		2,20
		Kleinbogen	12,—	12,—

2003, 20. Dez. 65. Geburtstag von Ibrahim Ljubović. Odr. (2×5); gez. K 12½:12¾.

nu) Gemälde von I. Ljubović (1938–1995), Maler, Graphiker, Designer, Bühnenbildner und Filmemacher

320	1.50 (M)	mehrfarbig .... nu	1,80	1,80
		FDC		2,80
		Kleinbogen	18,—	18,—

2004

2004, 19. Jan. Islamisches Bayram-Fest. Odr. (5×2); gez. K 13¼.

nv) Vogel, Ornament

321	0.50 (M)	mehrfarbig .... nv	0,60	0,60
		FDC		1,60
		Kleinbogen	6,—	6,—

Bosnien-Herzegowina

2004, 26. Jan. 800. Jahrestag des Endes der Herrschaft von Kulin Ban (2003). Odr. (5×2); gez. K 12¾:12½.

nw) Kulin Ban (reg. 1167–1203), zu Pferde

322	0.50 (M)	mehrfarbig	nw	0,60	0,60
			FDC		1,60
			Kleinbogen	6,—	6,—

2004, 7. Febr. 20. Jahrestag der Olympischen Winterspiele, Sarajevo. Odr. (1×8 Zd); gez. K 13¼.

Zierfeld
ol) Hand mit olympischer Fackel
Zierfeld

336	1.50 (M)	mehrfarbig	ol	1,80	1,80
			Dreierstreifen	1,80	1,80
			FDC		2,80
			Kleinbogen	14,50	14,50

2004, 26. Jan. Tierkreiszeichen. Odr. (6×2); gez. K 13¼.

nx) Widder
ny) Stier
nz) Zwillinge
oa) Krebs
ob) Löwe
oc) Jungfrau
od) Waage
oe) Skorpion
of) Schütze
og) Steinbock
oh) Wassermann
oi) Fische

2004, 23. Febr. Freimarken: Städte in Bosnien-Herzegowina. Odr. (5×4, Querformat ~); gez. K 13½:13¼, Querformat ~.

om) Gradačac   on) Fojnica

337	4.00 (M)	mehrfarbig	om	4,80	4,80
338	5.00 (M)	mehrfarbig	on	6,—	6,—
			Satzpreis (2 W.)	10,50	10,50
			FDC		12,—

Weitere Werte: MiNr. 339, 345–346, 376–379

2004, 15. März. Freimarke: Städte in Bosnien-Herzegowina. Odr. (4×5); gez. K 13¼:13¼.

oo) Stolac

339	2.00 (M)	mehrfarbig	oo	2,40	2,40
			FDC		3,40

Weitere Werte: MiNr. 337–338, 345–346, 376–379

323	0.50 (M)	mehrfarbig	nx	0,60	0,60
324	0.50 (M)	mehrfarbig	ny	0,60	0,60
325	0.50 (M)	mehrfarbig	nz	0,60	0,60
326	0.50 (M)	mehrfarbig	oa	0,60	0,60
327	0.50 (M)	mehrfarbig	ob	0,60	0,60
328	0.50 (M)	mehrfarbig	oc	0,60	0,60
329	0.50 (M)	mehrfarbig	od	0,60	0,60
330	0.50 (M)	mehrfarbig	oe	0,60	0,60
331	0.50 (M)	mehrfarbig	of	0,60	0,60
332	0.50 (M)	mehrfarbig	og	0,60	0,60
333	0.50 (M)	mehrfarbig	oh	0,60	0,60
334	0.50 (M)	mehrfarbig	oi	0,60	0,60
			Satzpreis (12 W.)	7,20	7,20
			Zd-Bogen	7,20	7,20
			FDC		8,50

In gleichen Zeichnungen: MiNr. 347–358

2004, 31. März. Orchideen. Odr., Kleinbogen (5×2) und Markenheftchen; gez. K 13½:13¼.

op) Cattleya intermedia
or) Brassavola „David Sander"

340	1.50 (M)	mehrfarbig	op	1,80	1,80
341	2.00 (M)	mehrfarbig	or	2,40	2,40
			Satzpreis (2 W.)	4,20	4,20
			FDC		5,—
			Kleinbogen	21,—	21,—

MiNr. 340–341 wurden schachbrettartig zusammenhängend gedruckt. Sie stammen auch aus Markenheftchen (MH 3).

MiNr. 340–341 wurden zusätzlich mit Duftdruck versehen.

2004, 2. Febr. Valentinstag. Odr. (2×5); gez. K 13¼.

ok) Herzen

335	2.00 (M)	mehrfarbig	ok	2,40	2,40
			FDC		3,40
			Kleinbogen	24,—	24,—

Bosnien-Herzegowina

2004, 31. März. Sukkulenten. Odr. (5×2); gez. K 13½:13¼.

os) Aloe barbadensis
ot) Carnegiea gigantea

342	1.50 (M)	mehrfarbig .... os	1,80	1,80
343	2.00 (M)	mehrfarbig .... ot	2,40	2,40
		Satzpreis (Paar)	4,20	4,20
		FDC		5,—
		Kleinbogen	21,—	21,—

MiNr. 342–343 wurden schachbrettartig zusammenhängend gedruckt.

2004, 31. März. 100 Jahre Internationaler Fußballverband (FIFA). Odr. (3×3); gez. K 13¼.

ou) Jubiläumsemblem

344	2.00 (M)	mehrfarbig .... ou	2,40	2,40
		FDC		3,40
		Kleinbogen	22,—	22,—

2004, 5. April. Freimarken: Städte in Bosnien-Herzegowina. Odr. (5×4, Querformat ~); gez. K 13½:13¼, Querformat ~.

ov) Jajce ow) Jablanica

345	0.20 (M)	mehrfarbig .... ov	0,30	0,30
346	0.50 (M)	mehrfarbig .... ow	0,60	0,60
		Satzpreis (2 W.)	0,90	0,90
		FDC		2,—

Weitere Werte: MiNr. 337–338, 339, 376–379

2004, 15. April. Tierkreiszeichen. Odr., Markenheftchen (6×2); selbstklebend; gestanzt 12½.

nx) Widder

347	0.50 (M)	mehrfarbig .... nx	0,60	0,60
348	0.50 (M)	mehrfarbig .... ny	0,60	0,60
349	0.50 (M)	mehrfarbig .... nz	0,60	0,60
350	0.50 (M)	mehrfarbig .... oa	0,60	0,60
351	0.50 (M)	mehrfarbig .... ob	0,60	0,60
352	0.50 (M)	mehrfarbig .... oc	0,60	0,60
353	0.50 (M)	mehrfarbig .... od	0,60	0,60
354	0.50 (M)	mehrfarbig .... oe	0,60	0,60
355	0.50 (M)	mehrfarbig .... of	0,60	0,60
356	0.50 (M)	mehrfarbig .... og	0,60	0,60
357	0.50 (M)	mehrfarbig .... oh	0,60	0,60
358	0.50 (M)	mehrfarbig .... oi	0,60	0,60
		Satzpreis (12 W.)	7,20	7,20
		Markenheftchen	7,20	
		FDC		8,50

In gleichen Zeichnungen: MiNr. 323–334

2004, 26. April. Europa: Ferien. Odr., Bogen (B) (3×4 Zd) und Markenheftchen (MH); A = vierseitig, D = dreiseitig, E = zweiseitig gez. K 13½:13¼.

ox) Zeigerloser Wecker auf Skiern
oy) Zeigerloser Wecker am Strand

359	1.00 (M)	mehrfarbig .... ox		
A		vierseitig gez. (B)	1,20	1,20
Dl		dreiseitig gez. (☐) (MH)	1,20	1,20
Dr		dreiseitig gez. (☐) (MH)	1,20	1,20
El		zweiseitig gez. (☐) (MH)	1,20	1,20
360	1.50 (M)	mehrfarbig .... oy		
A		vierseitig gez. (B)	1,80	1,80
Dl		dreiseitig gez. (☐) (MH)	1,80	1,80
Dr		dreiseitig gez. (☐) (MH)	1,80	1,80
Er		zweiseitig gez. (☐) (MH)	1,80	1,80
		Satzpreis A (2 W.)	3,—	3,—
		Paar	3,—	3,—
		FDC		4,—

Teilgezähnte Werte stammen aus MH 4.

2004, 15. Mai. Blockausgabe: Honigbiene. Odr.; gez. Ks 12¾:13¼.

oz–pa) Honigbiene (Apis mellifica)

361	2.00 (M)	mehrfarbig .... oz	2,40	2,40
362	2.00 (M)	mehrfarbig .... pa	2,40	2,40
Block 22	(100×50 mm)	.... pb	4,80	4,80
		FDC		6,—

2004, 7. Mai. Europäische Friedenskonferenz der Jugend, Sarajevo. Odr. (3×3); gez. K 13¾:13½.

ou) Jubiläumsemblem

363	1.50 (M)	mehrfarbig .... pc	2,—	2,—
		FDC		3,—
		Kleinbogen	18,—	18,—

MICHEL-Online-Katalog

www.michel.de oder www.briefmarken.de

Bosnien-Herzegowina

2004, 15. Mai. Grußmarken. Odr. (1×5 Zd); gez. K 13.

	pd) Clown		Zierfeld	pe) Brautpaar		Zierfeld	
364	0.50 (M)	mehrfarbig	............pd			0,60	0,60
365	1.50 (M)	mehrfarbig	............pe			1,80	1,80
			Satzpreis (2 W.)			2,40	2,40
			Viererstreifen			2,40	2,40
			FDC				3,40
			Kleinbogen			12,—	12,—

2004, 23. Juni. Wiederaufbau der zerstörten Alten Brücke von Mostar. Odr. (5×2, Querformat ~); A = gez. K 13½:13¼, Querformat ~.

 pf    pg

pf–pg) Alte Brücke von Mostar (erb. 1566, zerstört 1993); Gemälde

366 I A	0.50 (M)	mehrfarbig ....pf	0,70	0,70
367 I A	1.00 (M)	mehrfarbig ....pg	1,30	1,30
		Satzpreis (2 W.)	2,—	2,—
		FDC		3,—
		Kleinbogensatz (2 Klb.)	20,—	20,—

Blockausgabe, C = gez. K 12¾.

366 II C	0.50 (M)	mehrfarbig ....pf	0,60	0,60
367 II C	1.00 (M)	mehrfarbig ....pg	1,20	1,20
Block 23	(285×110 mm*)	............ph	1,80	1,80
		FDC		6,—

Typenunterschied: I = ohne, II = mit „ITVF" am unteren Markenrand.

*) Block 38 ist oben unregelmäßig geformt. Das Format bezieht sich auf die maximale Ausdehnung.

2004, 5. Juli. Blockausgabe: Olympische Sommerspiele, Athen. Odr.; gez. K 13.

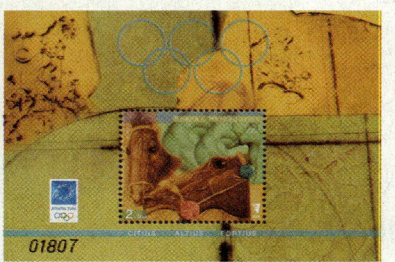

pi) Pferde
pk

368	2.00 (M)	mehrfarbig ....pi	2,40	2,40
Block 24	(100×70 mm)	............pk	2,40	2,40
		FDC		3,50

2004, 26. Juli. 10. Internationales Filmfestival, Sarajevo. Odr. (3×2); gez. K 13½:13¼.

pl) Zahl „10" aus Lichtpunkten

369	1.50 (M)	mehrfarbig ....pl	1,80	1,80
		FDC		2,80
		Kleinbogen	11,—	11,—

2004, 31. Dez. Historisches und kulturelles Erbe. Odr. (2×5); gez. K 13.

pm) Svrzo-Haus, Sarajevo (erb. 17.–18. Jh.)   pn) Despić-Haus, Sarajevo (erb. 17. Jh.)

370	1.00 (M)	mehrfarbig ....pm	1,20	1,20
371	1.00 (M)	mehrfarbig ....pn	1,20	1,20
		Satzpreis (2 W.)	2,40	2,40
		FDC		3,50
		Kleinbogensatz (2 Klb.)	24,—	24,—

Weitere Werte: MiNr. 337–338, 339, 345–346

2004, 31. Dez. Silvester. Odr. (5×2); gez. K 13.

po) Das neue Jahr; Gemälde von Adin Hebib (*1955)

372	1.00 (M)	mehrfarbig ....po	1,20	1,20
		FDC		2,20
		Kleinbogen	12,—	12,—

2004, 31. Dez. Kunst. Odr. (2×5); gez. K 13.

pp) Fenster; Gemälde von Safet Zec (*1943), Maler und Graphiker

373	2.00 (M)	mehrfarbig ....pp	2,40	2,40
		FDC		3,40
		Kleinbogen	24,—	24,—

2004, 31. Dez. 50 Jahre Europäische Kulturkonvention. Odr. (2×5); gez. K 13.

pr) Emblem, Zahl „50" aus Sternen, Buchstabe „e" aus Flaggen

374	1.50 (M)	mehrfarbig ....pr	1,80	1,80
		FDC		2,80
		Kleinbogen	18,—	18,—

Bosnien-Herzegowina

2004, 31. Dez. 100. Geburtstag von Nikola Šop. Odr. (5×2); gez. K 13.

ps) Nikola Šop (1904–1982), Dichter

375	3.00 (M)	mehrfarbig .... ps	3,60	3,60
		FDC		4,60
		Kleinbogen	36,—	36,—

2004, 31. Dez. Freimarken: Städte in Bosnien-Herzegowina. Odr. (2×5, Hochformate ~); gez. K 13.

pt) Brčko
pu) Livno   pv) Visoko   pw) Sanski Most

376	0.10 (M)	mehrfarbig .... pt	0,20	0,20
377	0.20 (M)	mehrfarbig .... pu	0,30	0,30
378	0.30 (M)	mehrfarbig .... pv	0,40	0,40
379	1.00 (M)	mehrfarbig .... pw	1,20	1,20
		Satzpreis (4 W.)	2,—	2,—
		FDC		3,—
		Kleinbogensatz (4 Klb.)	20,—	20,—

Weitere Werte: MiNr. 337–338, 339, 345–346

2005

2005, 7. März. 50 Jahre Wasserkraftwerk Jablanica. Odr. (2×5); gez. K 13.

px) Staumauer

380	0.60 (M)	mehrfarbig .... px	0,80	0,80
		FDC		1,80
		Kleinbogen	8,—	8,—

Auflage: 30 000 Stück

2005, 7. März. 110 Jahre elektrische Straßenbahn und elektrische Straßenbeleuchtung in Sarajevo. Odr. (5×2); gez. K 13.

py) Straßenbahn und Straßenlaterne (1895)

381	2.00 (M)	mehrfarbig .... py	2,40	2,40
		FDC		3,50
		Kleinbogen	24,—	24,—

Auflage: 40 000 Stück

2005, 7. März. 50 Jahre „Kammer-Theater 55", Sarajevo. Odr. (2×5); gez. K 13.

pz) Innenansicht

382	0.40 (M)	mehrfarbig .... pz	0,50	0,50
		FDC		1,50
		Kleinbogen	5,—	5,—

Auflage: 30 000 Stück

2005, 10. März. Schriftsteller. Odr. (2×5); gez. K 13.

ra) Izet Sarajlić (1930–2002), Autograph
rb) Hasan Kikić (1905–1942); Geburtshaus, Urkunde

383	1.00 (M)	mehrfarbig .... ra	1,20	1,20
384	1.50 (M)	mehrfarbig .... rb	1,80	1,80
		Satzpreis (2 W.)	3,—	3,—
		FDC		4,—
		Kleinbogensatz (2 Klb.)	30,—	30,—

Auflage: 30 000 Sätze

2005, 20. April. Rosen. Odr. (5×2); gez. K 13.

rc) Damaszener Rose (Rosa damascena)
rd) Weiße Rose (Rosa alba)

385	0.80 (M)	mehrfarbig .... rc	1,—	1,—
386	1.20 (M)	mehrfarbig .... rd	1,50	1,50
		Satzpreis (2 W.)	2,50	2,50
		FDC		3,50
		Kleinbogensatz (2 Klb.)	20,—	20,—

MiNr. 385–386 wurden jeweils im Kleinbogen zu 8 Marken und 2 Zierfeldern gedruckt.

Auflage: 50 000 Sätze

2005, 20. April. Fauna. Odr. (2×5); gez. K 13.

re) Steinhuhn (Alectoris graeca)
rf) Europäischer Biber (Castor fiber)

387	2.00 (M)	mehrfarbig .... re	2,40	2,40
388	3.00 (M)	mehrfarbig .... rf	3,60	3,60
		Satzpreis (2 W.)	6,—	6,—
		FDC		7,—
		Kleinbogensatz (2 Klb.)	48,—	48,—

Bei MiNr. 387 ist die Inschrift „Tetrao urogallus" falsch.

MiNr. 387–388 wurden jeweils im Kleinbogen zu 8 Marken und 2 Zierfeldern gedruckt.

Auflage: 50 000 Sätze

Bosnien-Herzegowina

2005, 20. April. Europa: Gastronomie. Odr. (2×5); gez. K 13.

rg) Gefüllte Zwiebeln

rh) Baklava

389	2.00 (M)	mehrfarbig .... rg	2,40	2,40
390	2.00 (M)	mehrfarbig .... rh	2,40	2,40
		Satzpreis (2 W.)	4,80	4,80
		FDC		5,80
		Kleinbogensatz (2 Klb.)	48,—	48,—

Blockausgabe mit MiNr. 389–390

Block 25	(115×88 mm) .... ri	4,80	4,80
	FDC		5,80

Auflagen: MiNr. 389–390 = 80 000 Sätze, Bl. 25 = 50 000 Blocks

2005, 20. Mai. Mittelmeerspiele, Almería (Spanien). Odr. (5×2); gez. K 13.

rk) Windsurfen, Radfahren, Basketball

391	1.00 (M)	mehrfarbig .... rk	1,20	1,20
		FDC		2,20
		Kleinbogen	12,—	12,—

Auflage: 50 000 Stück

2005, 31. Mai. 50 Jahre Musikakademie, Sarajevo. Odr. (2×5); gez. K 13.

rl) Vlado Milošević (1901–1990), Avdo Smailović (1917–1984), Cvjetko Rihtman (1902–1989) und Milan Prebanda (1907–1979), Komponisten; Gebäude der Musikakademie

392	1.00 (M)	mehrfarbig .... rl	1,20	1,20
		FDC		2,20
		Kleinbogen	12,—	12,—

Auflage: 50 000 Stück

2005, 30. Juni. Städtepartnerschaft zwischen Sarajevo und Doha (Qatar). Odr. (3×3); gez. K 13.

rm) Stadtansichten von Sarajevo und Doha

393	2.00 (M)	mehrfarbig .... rm	2,40	2,40
		FDC		3,50
		Kleinbogen	20,—	20,—

MiNr. 393 wurde im Kleinbogen zu 8 Marken und 2 Zierfeldern gedruckt.
Auflage: 30 000 Stück

Parallelausgabe mit Qatar MiNr. 1275

2005, 1. Juli. 10. Jahrestag der Massaker in Srebrenica. Odr. (5×2); gez. K 13.

rn) Friedhof Srebrenica; Gemälde von Mersad Berber (*1940)

394	1.00 (M)	mehrfarbig .... rn	2,—	2,—
		FDC		2,50
		Kleinbogen	20,—	20,—

Auflage: 50 000 Stück

2005, 1. Sept. Freimarken: Obst. Odr. (5×2); gez. K 13.

ro) Gartenbirne (Pyrus communis)

rp) Orange (Citrus sinensis)

rr) Echte Feige (Ficus carica)

rs) Hauspflaume (Prunus domestica)

rt) Süßkirsche (Prunus avium)

395	1.00 (M)	mehrfarbig .... ro	1,20	1,20
396	1.50 (M)	mehrfarbig .... rp	1,80	1,80
397	2.00 (M)	mehrfarbig .... rr	2,40	2,40
398	2.50 (M)	mehrfarbig .... rs	3,—	3,—
399	5.00 (M)	mehrfarbig .... rt	6,—	6,—
		Satzpreis (5 W.)	14,—	14,—
		FDC		
		Kleinbogensatz (5 Klb.)	115,—	115,—

MiNr. 395–399 wurden jeweils im Kleinbogen zu 8 Marken und 2 Zierfeldern gedruckt.

2005, 1. Sept. Freimarken: Postdienste. Odr. (2×5); gez. K 13.

ru) Postauto (Eilpost/EMS)

rv) Computerausdruck (Hybridpost)

rw) Inschrift (Tür-zu-Tür-Beförderung)

rx) Marke MiNr. 162 (Philatelistische Abteilung)

400	0.10 (M)	mehrfarbig .... ru	0,20	0,20
401	0.20 (M)	mehrfarbig .... rv	0,30	0,30
402	0.30 (M)	mehrfarbig .... rw	0,40	0,40
403	0.50 (M)	mehrfarbig .... rx	0,60	0,60
		Satzpreis (4 W.)	1,50	1,50
		FDC		2,50
		Kleinbogensatz (4 Klb.)	15,—	15,—

2005, 15. Sept. 100. Geburtstag von Hakija Kulenović. Odr. (5×2); gez. K 13.

ry) Die Bucht; Gemälde von H. Kulenović (1905–1987)

404	2.00 (M)	mehrfarbig .... ry	2,40	2,40
		FDC		3,40
		Kleinbogen	24,—	24,—

Auflage: 30 000 Stück

Bosnien-Herzegowina

2005, 15. Sept. Blockausgabe: Jugendphilatelie – Comicfiguren. Odr.; gez. K 13.

			rz) Mädchen mit Hunden		
			sa) Igel beim Windsurfen		
			sb		
405	0.50 (M)	mehrfarbig	rz	0,60	0,60
406	0.50 (M)	mehrfarbig	sa	0,60	0,60
Block 26 (96 × 72 mm)			sb	1,20	1,20
			FDC		2,20

Auflage: 50 000 Blocks

2005, 15. Sept. 100 Jahre Handelsunion in Bosnien-Herzegowina. Odr. (5 × 2); gez. K 13.

sc) Verwaltungsgebäude der Handelsunion, Sarajevo

407	1.00 (M)	mehrfarbig	sc	1,20	1,20
			FDC		2,20
		Kleinbogen		12,—	12,—

Auflage: 30 000 Stück

2005, 15. Sept. Historisches und kulturelles Erbe. Odr. (5 × 2, Querformat ~); gez. K 13.

sd) Aladža-Moschee, Foča
se) Kloster von Žitimislići, Mostar
sf) Franziskanerkloster St. Markus, Plehan

408	1.00 (M)	mehrfarbig	sd	1,20	1,20
409	1.00 (M)	mehrfarbig	se	1,20	1,20
410	1.00 (M)	mehrfarbig	sf	1,20	1,20
		Satzpreis (3 W.)		3,60	3,60
		FDC			4,60
		Kleinbogensatz (3 Klb.)		36,—	36,—

Auflage: 50 000 Sätze

2005, 10. Okt. Geschichte Bosniens und der Herzegowina: Die Bogomilen. Odr., Kleinbogen (5 × 2) und Markenheftchen; gez. K 13¾:13¼.

sg) Ban Kulin (reg. 1180–1203)

sh) Ban Stefan Tvrtko I. Kotromanić (1353–1391)
si) Verbrennung eines Bogomilen (Steinrelief)
sk) Bulle von Papst Eugen IV. (1383–1447)

411	0.50 (M)	mehrfarbig	sg	0,60	0,60
412	0.50 (M)	mehrfarbig	sh	0,60	0,60
413	1.00 (M)	mehrfarbig	si	1,20	1,20
414	2.00 (M)	mehrfarbig	sk	2,40	2,40
		Satzpreis (4 W.)		4,80	4,80
		FDC			5,80
		Kleinbogensatz (4 Klb.)		48,—	48,—

MiNr. 411–414 wurden auch zusammmenhängend im Markenheftchen (MH 5) ausgegeben.

2005, 15. Nov. Ausstellung des Bosnischen Instituts, Istanbul (2004). Odr. (5 × 2); gez. K 13.

sl–sm) Austellungsräume

415	0.70 (M)	mehrfarbig	sl	0,80	0,80
416	4.00 (M)	mehrfarbig	sm	4,80	4,80
		Satzpreis (2 W.)		5,50	5,50
		FDC			6,50
		Kleinbogensatz (2 Klb.)		45,—	45,—

MiNr. 415–416 wurden jeweils im Kleinbogen zu 8 Marken und 2 Zierfeldern gedruckt.

2005, 21. Nov. 10 Jahre Friedensabkommen von Dayton. Odr. (3 × 3); gez. K 13¾:13¼.

sn) Mit Büroklammern angeheftetes Blumenbild

417	1.50 (M)	mehrfarbig	sn	1,80	1,80
		FDC			2,80
		Kleinbogen		14,50	14,50

MiNr. 417 wurde im Kleinbogen zu 8 Marken und 1 Zierfeld gedruckt.

2005, 25. Nov. 60. Jahrestag der Beendigung des Zweiten Weltkrieges. Odr. (5 × 2); gez. K 13¾:13¼.

so) Verdienstorden

418	1.00 (M)	mehrfarbig	so	1,20	1,20
		FDC			2,20
		Kleinbogen		12,—	12,—

Bosnien-Herzegowina

2005, 30. Nov. 50 Jahre Europamarken (2006). Odr. (1×5 Zd); A = gez. K 13.

sp

sr ss) 1-Euro-Münze, Europakarte st) Europasterne, Embleme

sp–sr) Nationalflaggen der EU-Staaten, Weltkugel, Ölzweig

419 A	3.00 (M) / 1.50 € mehrfarbig	sp	3,50	3,50
420 A	3.00 (M) / 1.50 € mehrfarbig	sr	3,50	3,50
421 A	3.00 (M) / 1.50 € mehrfarbig	ss	3,50	3,50
422 A	3.00 (M) / 1.50 € mehrfarbig	st	3,50	3,50
	Satzpreis (4 W.)		14,—	14,—
	Viererstreifen		14,—	14,—
	FDC			15,—

Blockausgabe, A = gez. K 13, B = ☐

Block 27 A	(104×76 mm)	su	14,—	14,—
	FDC			15,—
419 B	3.00 (M) / 1.50 € mehrfarbig	sp	3,50	3,50
420 B	3.00 (M) / 1.50 € mehrfarbig	sr	3,50	3,50
421 B	3.00 (M) / 1.50 € mehrfarbig	ss	3,50	3,50
422 B	3.00 (M) / 1.50 € mehrfarbig	st	3,50	3,50
Block 27 B	(104×76 mm)	su	14,—	14,—
	FDC			15,—

Auflagen: MiNr. 419 A–422 A = 520 000 Sätze

2005, 3. Dez. World Vision: Woche der Behinderten – „Laßt uns Freunde sein". Odr. (5×2); gez. K 13¾:13¼.

sv) Integration eines Behinderten (Kinderzeichnung)

423	0.50 (M) mehrfarbig	sv	0,60	0,60
	FDC			1,60
	Kleinbogen		6,—	6,—

2006

2006, 1. Febr. Blockausgabe: Olympische Winterspiele, Turin. Odr.; gez. K 13.

sw) Ski alpin (Slalom)

sx) Short Track

sy I

424	1.00 (M) mehrfarbig	sw	1,20	1,20
425	2.00 (M) mehrfarbig	sx	2,40	2,40
Block 28 I	(88×115 mm)	sy	100,—	100,—
	FDC			—,—
Block 28 II	(88×77 mm)	sy I	3,60	3,60
	FDC			4,50

Bl. 28 I wurde wegen Verstoßes gegen den Markenschutz für die Inschrift „torino 2006" und für die olympischen Ringe kurz nach dem Erstausgabetag vom Verkauf zurückgezogen. Die Post ließ anschließend den Blockunterrand bei der eingezogenen Auflage beschneiden und gab sie so in den Schalterverkauf zurück (Bl. 28 II).

Auflage: zus. 50 000 Blocks

2006, 10. März. Tourismus: Gemälde. Odr. (2×5, Hochformat ~); gez. K 13¼:13¾, Hochformat ~.

sz) Naturschutzgebiet Trnovo-Treskavica ta) Floßfahrt auf der Drina, Goražde

426	1.00 (M) mehrfarbig	sz	1,20	1,20
427	1.00 (M) mehrfarbig	ta	1,20	1,20
	Satzpreis (2 W.)		2,40	2,40
	FDC			3,50
	Kleinbogensatz (2 Klb.)		19,—	19,—

MiNr. 426–427 wurden jeweils im Kleinbogen zu 8 Marken und 2 Zierfeldern gedruckt.

Auflage: 50 000 Sätze

2006, 20. März. Blockausgabe: Oldtimer-Automobile. Odr.; gez. K 13.

tf

tb) Mercedes-Benz 500K Cabriolet B (1933) tc) Dodge D11 Graber Cabriolet (1939)
td) Mercedes-Benz SS Schwarzer (1929) te) Bugatti T57 Ventoux (1939)

428	0.50 (M) mehrfarbig	tb	0,60	0,60
429	0.50 (M) mehrfarbig	tc	0,60	0,60
430	1.00 (M) mehrfarbig	td	1,20	1,20
431	2.00 (M) mehrfarbig	te	2,40	2,40
Block 29	(104×76 mm)	tf	4,80	4,80
	FDC			6,—

Auflage: 50 000 Blocks

Mit MICHEL immer gut informiert

Bosnien-Herzegowina

2006, März. Freimarken: Gemüsesorten. Odr. (2×5); gez. K 13¼:13¾.

tg) Kartoffel (Solanum tuberosum)
th) Blumenkohl (Brassica oleracea botrytis)
ti) Wirsing (Brassica oleracea capitata var. sabauda)

tk) Weißkraut (Brassica oleracea capitata var. capitata f. alba)
tl) Gelbe Rübe (Daucus carota sativus)

432	0.10	(M)	mehrfarbig .... tg	0,20	0,20
433	0.20	(M)	mehrfarbig .... th	0,30	0,30
434	0.30	(M)	mehrfarbig .... ti	0,40	0,40
435	0.40	(M)	mehrfarbig .... tk	0,50	0,50
436	1.00	(M)	mehrfarbig .... tl	1,20	1,20
			Satzpreis (5 W.)	2,50	2,50
			Kleinbogensatz (5 Klb.)	25,—	25,—

FDC siehe nach MiNr. 448.

Weiterer Wert: MiNr. 448

2006, 5. April. Europa: Integration. Odr. (2×5); gez. K 13.

tm – tn) Zusammenleben verschiedener Volksgruppen

437	2.00	(M)	mehrfarbig .... tm	2,40	2,40
438	2.00	(M)	mehrfarbig .... tn	2,40	2,40
			Satzpreis (2 W.)	4,80	4,80
			FDC		6,—
			Kleinbogensatz (2 Klb.)	48,—	48,—

Blockausgabe mit MiNr. 437–438

Block 30	(115×88 mm) .... to	4,80	4,80
	FDC		6,—

Auflagen: MiNr. 437–438 = 80 000 Sätze, Bl. 30 = 80 000 Blocks.

2006, 20. April. Flora und Fauna. Odr. (5×2); gez. K 13¾:13¼.

tp) Rote Waldameise (Formica rufa)
tr) Kronenbecherling (Sarcosphaera crassa)

439	1.50	(M)	mehrfarbig .... tp	1,80	1,80
440	3.00	(M)	mehrfarbig .... tr	3,60	3,60
			Satzpreis (2 W.)	5,40	5,40
			FDC		6,50
			Kleinbogensatz (2 Klb.)	54,—	54,—

Auflage: 50 000 Sätze

2006, 9. Mai. Tag der Kriegsgefangenen; 10 Jahre Verband der Kriegsgefangenen. Odr. (2×5); gez. K 13¼:13¾.

ts) Kriegsgefangene, Stacheldraht

441	1.00	(M)	mehrfarbig .... ts	1,20	1,20
			FDC		2,20
			Kleinbogen	12,—	12,—

Auflage: 20 000 Stück

2006, 20. Mai. Literatur: 60 Jahre Buch „Träger Samuel". Odr. (2×5); gez. K 13.

tt) Isak Samokovlija (1889–1955), Schriftsteller; Illustration zum Buch „Träger Samuel"

442	1.00	(M)	mehrfarbig .... tt	1,20	1,20
			FDC		2,20
			Kleinbogen	10,—	10,—

MiNr. 422 wurde im Kleinbogen zu 8 Marken und 2 Zierfeldern gedruckt.
Auflage: 50 000 Stück

2006, 20. Mai. 60 Jahre staatliche Kunstgalerie, Sarajevo. Odr. (2×5); gez. K 13.

tu) Galeriegebäude

443	1.00	(M)	mehrfarbig .... tu	1,20	1,20
			FDC		2,20
			Kleinbogen	12,—	12,—

Auflage: 50 000 Stück

2006, 20. Mai. 100. Geburtstag von Mustafa Kamarić und Muhamed Kadić. Odr. (5×2); gez. K 13½.

tv) Mustafa Kamarić (1906–1973)
tw) Muhamed Kadić (1906–1983)

444	1.00	(M)	mehrfarbig .... tv	1,20	1,20
445	1.00	(M)	mehrfarbig .... tw	1,20	1,20
			Satzpreis (2 W.)	2,40	2,40
			FDC		4,—
			Kleinbogensatz (2 Klb.)	24,—	24,—

Auflage: je 40 000 Stück

MICHEL im Internet!
Schauen Sie doch einfach mal rein:
www.briefmarken.de

Bosnien-Herzegowina

2006, 10. Juni. Sport: 60 Jahre Fußballverein FK Sarajevo; Fußball-Weltmeisterschaft, Deutschland (I). Odr. (5×2); gez. K 13½.

tx) Jubelnde Spieler des SK Sarajevo, Vereinsfahne

ty) Fußballspieler, Weltkugel

446	1.00	(M)	mehrfarbig .... tx	1,20	1,20
447	3.00	(M)	mehrfarbig .... ty	3,60	3,60
			Satzpreis (2 W.)	4,80	4,80
			FDC	6,—	
			Kleinbogensatz (2 Klb.)	48,—	48,—

MiNr. 446 wurde auch zusammen mit MiNr. 459 im Markenheftchen (MH 6) ausgegeben.

Auflagen: MiNr. 446 = 50 000, davon 20 000 aus Markenheftchen, MiNr. 447 = 30 000 Stück

In ähnlicher Zeichnung wie MiNr. 447: MiNr. 459

2006, 30. Juni. Freimarke: Gemüsesorten. Odr. (2×5); gez. K 13¼:13¾.

tz) Knoblauch (Allium sativum)

448	0.50	(M)	mehrfarbig .... tz	0,60	0,60
			3 FDC (mit MiNr. 432–436, 448*)		6,—
			Kleinbogen	6,—	6,—

*) Alle 3 FDC mit Datum 30.6.2006

Weitere Werte: MiNr. 432–436

2006, 30. Juni. Freimarken: Tiere. Odr. (5×2, Querformate ~); gez. K 13¾:13¼, Querformate ~.

ua) Feldhase (Lepus europaeus)

ub) Reh (Capreolus capreolus)

uc) Stockente (Anas platyrhynchos)

ud) Rotfuchs (Vulpes vulpes)

ue) Wolf (Canis lupus)

449	1.50	(M)	mehrfarbig .... ua	1,80	1,80
450	2.00	(M)	mehrfarbig .... ub	2,40	2,40
451	2.50	(M)	mehrfarbig .... uc	3,—	3,—
452	4.00	(M)	mehrfarbig .... ud	4,80	4,80
453	5.00	(M)	mehrfarbig .... ue	6,—	6,—
			Satzpreis (5 W.)	18,—	18,—
			FDC		20,—
			Kleinbogensatz (5 Klb.)	145,—	145,—

MiNr. 449–453 wurden jeweils im Kleinbogen zu 8 Marken und 2 Zierfeldern gedruckt.

2006, 5. Juli. Tischtennis-Europameisterschaften der Junioren STEPS '06, Sarajevo. Odr. (5×2); gez. K 13.

uf) Spielszene

454	1.00	(M)	mehrfarbig .... uf	1,20	1,20
			FDC		2,20
			Kleinbogen	12,—	12,—

Auflage: 50 000 Stück

2006, 10. Sept. Kulturhistorisches Erbe. Odr. (2×5, Hochformat ~); gez. K 13¼:13¾, Hochformat ~.

ug) Grundmauern der spätantiken Basilika, Breza

uh) Semiz-Ali-Pasha-Moschee, Praça

455	1.00	(M)	mehrfarbig .... ug	1,20	1,20
456	1.00	(M)	mehrfarbig .... uh	1,20	1,20
			Satzpreis (2 W.)	2,40	2,40
			2 FDC		4,40
			Kleinbogensatz (2 Klb.)	24,—	24,—

Auflage: je 40 000 Stück

2006, 10. Sept. Blockausgabe: Jugendphilatelie. Odr.; gez. K 13¾:13¼.

ui) uk)
ui–uk) Vögel aus Cartoons

457	0.50	(M)	mehrfarbig .... ui	0,60	0,60
458	0.50	(M)	mehrfarbig .... uk	0,60	0,60
Block 31	(115×88 mm) .... ul			1,20	1,20
			FDC		2,20

Auflage: 30 000 Blocks

In die **MICHEL**-Kataloge können nur Marken aufgenommen werden, wenn sie der Redaktion im Original vorlagen.

Bosnien-Herzegowina

2006, Sept. Sport: 60 Jahre Fußballverein FK Sarajevo; Fußball-Weltmeisterschaft, Deutschland (II). Odr., Markenheftchen; gez. K 13½.

ty l) Fußballspieler, Weltkugel

459	3.00 (M)	mehrfarbig . . . . ty l	3,60	3,60
		FDC		6,—

MiNr. 459 wurde zusammen mit MiNr. 446 im Markenheftchen (MH 6) ausgegeben.
Auflage: 20 000 Stück

In ähnlicher Zeichnung: MiNr. 447

2006, 6. Okt. Woche des Kindes: Kampf gegen Gewalt an Kindern. Odr. (5×2); selbstklebend; ▢.

um) Mädchen

460	0.50 (M)	mehrfarbig . . . . um	0,60	0,60
		FDC		1,60
		Kleinbogen	6,—	6,—

Auflage: 60 000 Stück

2006, 25. Okt. 300 Jahre Islamische Elči-Ibrahim-Paša-Sekundarschule, Travnik. Odr. (2×5); gez. K 13¼:14.

un) Schulgebäude

461	1.00 (M)	mehrfarbig . . . . un	1,20	1,20
		FDC		2,20
		Kleinbogen	10,—	10,—

MiNr. 461 wurde im Kleinbogen zu 8 Marken und 2 Zierfeldern gedruckt.
Auflage: 50 000 Stück

2006, 25. Okt. Nobelpreisträger. Odr. (5×2); gez. K 14:13¼.

uo) Vladimir Prelog (1908–1998), Chemiker, Nobelpreis 1975

up) Ivo Andrić (1892–1975), Schriftsteller, Diplomat und Politiker, Nobelpreis 1961

462	1.00 (M)	mehrfarbig . . . . uo	1,20	1,20
463	2.50 (M)	mehrfarbig . . . . up	3,—	3,—
		Satzpreis (2 W.)	4,20	4,20
		FDC		5,20
		Kleinbogensatz (2 Klb.)	34,—	34,—

MiNr. 462–463 wurden jeweils im Kleinbogen zu 8 Marken und 2 Zierfeldern gedruckt.
Auflage: je 60 000 Stück

2006, 25. Okt. 30 Jahre Universität Tuzla. Odr. (5×2); gez. K 13¾:13¼.

ur) Universitätssiegel

464	1.00 (M)	mehrfarbig . . . . ur	1,20	1,20
		FDC		2,20
		Kleinbogen	12,—	12,—

Auflage: 30 000 Stück

2006, 24. Nov. Museumsexponate. Odr. (5×2); gez. K 13.

us) Steintor aus Visoko

465	1.00 (M)	mehrfarbig . . . . us	1,20	1,20
		FDC		2,20
		Kleinbogen	12,—	12,—

2006, 24. Nov. Eisenbahnen. Odr. (2×5); gez. K 13:13¼.

ut) Dampflokomotive   uu) Elektrotriebwagen

466	0.50 (M)	mehrfarbig . . . . ut	0,60	0,60
467	1.00 (M)	mehrfarbig . . . . uu	1,20	1,20
		Satzpreis (2 W.)	1,80	1,80
		FDC		2,80
		Kleinbogensatz (2 Klb.)	12,—	12,—

2007

MiNr. 468–473 und die Klischeezeichen uv–va werden für die Freimarken-Ausgabe „Haustiere" vom 31.1.2007 freigehalten.

2007, 15. Febr. Tourismus. Odr. (2×5); gez. K 13¼:13¾.

vb) Prokoško-See

474	2.50 (M)	mehrfarbig . . . . vb	3,—	3,—
		FDC		4,—
		Kleinbogen	30,—	30,—

Auflage: 30 000 Stück

Bosnien-Herzegowina

2007, 15. Febr. 60 Jahre Nationaltheater Sarajevo. Odr. (5×2); gez. K 13¾:13¼

vc) Wappen des Opernhauses

475	0.50 (M)	mehrfarbig vc	0,60	0,60
		FDC		1,60
		Kleinbogen	6,—	6,—

Auflage: 50 000 Stück

2007, 15. Febr. Europa: Pfadfinder. Odr., Kleinbogen (2×5) und Markenheftchen; gez. K 13.

vd) Bergtour   ve) Zeltlager

476	2.00 (M)	mehrfarbig . . . . vd	2,40	2,40
477	2.00 (M)	mehrfarbig . . . . ve	2,40	2,40
		Satzpreis (2 W.)	4,80	4,80
		FDC		6,—
		Kleinbogensatz (2 Klb.)	48,—	48,—

Blockausgabe mit MiNr. 476–477

Block 32	(87×115 mm) . . . . vf	4,80	4,80
	FDC		6,—

MiNr. 476–477 wurden auch zusammenhängend im Markenheftchen (MH 7) ausgegeben.

Auflagen: MiNr. 476–477 je 60 000 Stück, davon je 20 000 aus Markenheftchen Bl. 32 = 50 000 Blocks

2007, 15. März. Fauna und Flora. Odr., Kleinbogen (5×2, Querformat ~); gez. K 13.

vg) Knautia travnicensis   vh) Eichhörnchen (Sciurus vulgaris)

478	0.80 (M)	mehrfarbig . . . . vg	1,—	1,—
479	1.20 (M)	mehrfarbig . . . . vh	1,50	1,50
		Satzpreis (2 W.)	2,50	2,50
		FDC		3,50
		Kleinbogensatz (2 Klb.)	20,—	20,—

MiNr. 478–479 wurden jeweils im Kleinbogen zu 8 Marken und 2 Zierfeldern gedruckt.

Neuheiten

Ein Abonnement der MICHEL-Rundschau sichert Ihnen einen immer vollständigen Katalog, zeigt Ihnen Preisänderungen an und bereichert Ihre philatelistischen Kenntnisse durch gut recherchierte Fachbeiträge.

Jahrgangswerttabelle

Die Aufstellung folgt der numerischen Reihenfolge der Katalogisierung ohne Rücksicht auf die Chronologie eventueller Ergänzungswerte.

Grundsätzlich ist nur die jeweils billigste Sorte pro Marke bzw. Ausgabe angegeben, sofern nichts anderes vermerkt.

Zusammendrucke aus Bogen, Marken mit Zierfeldern usw. sind dann berücksichtigt, wenn sie als normale Ausgabeform anzusehen sind. Einzelmarken aus Blocks und Marken mit der Preisnotierung „—,—" sind nicht berücksichtigt.

Jahr	MiNr.	Euro **	Euro ⊙
1993	1–7	14,—	14,—
1994	8–Block	10,—	10,—
1995	Block 2–44	50,—	50,—
1996	45–76	35,50	35,50
1997	77–119	47,30	47,30
1998	Block 4–159	41,80	41,80
1999	160–187	34,60	34,60
2000	188–216	35,60	35,60
2001	217–251	39,70	39,70
2002	252–292	52,80	52,80
2003	293–320	31,—	31,—
2004	321–379	78,—	78,—
2005	380–423	98,—	98,—
2006	424–467	76,30	76,30
Gesamtsumme		**644,60**	**644,60**

Blockaufstellung

Block 1 siehe nach MiNr. 10	Block 17 siehe nach MiNr. 272
Block 2 siehe nach MiNr. 12	Block 18 siehe nach MiNr. 281
Block 3 siehe nach MiNr. 81	Block 19 siehe nach MiNr. 306
Block 4 siehe nach MiNr. 121	Block 20 siehe nach MiNr. 313
Block 5 siehe nach MiNr. 136	Block 21 siehe nach MiNr. 314
Block 6 siehe nach MiNr. 150	Block 22 siehe nach MiNr. 362
Block 7 siehe nach MiNr. 185	Block 23 siehe nach MiNr. 367
Block 8 siehe nach MiNr. 193	Block 24 siehe nach MiNr. 368
Block 9 siehe nach MiNr. 200	Block 25 siehe nach MiNr. 390
Block 10 siehe nach MiNr. 212	Block 26 siehe nach MiNr. 406
Block 11 siehe nach MiNr. 231	Block 27 siehe nach MiNr. 422
Block 12 siehe nach MiNr. 234	Block 28 siehe nach MiNr. 425
Block 13 siehe nach MiNr. 235	Block 29 siehe nach MiNr. 431
Block 14 siehe nach MiNr. 236	Block 30 siehe nach MiNr. 438
Block 15 siehe nach MiNr. 263	Block 31 siehe nach MiNr. 458
Block 16 siehe nach MiNr. 270	Block 32 siehe nach MiNr. 477

Verzeichnis der Markenheftchen mit Zusammendrucken

MH-MiNr.	Bezeichnung	Ausgabe-Datum	Nominale	Enthält H-Blatt	Preis **
1	Hauptpostamt	12.6.1995	445 Din.	1	5,50
2	Alte Städte	20.3.1998	3.25 M.	2	5,—
3	Orchideen	31.3.2004	14 M	3	17,—
4	Europa	26.4.2004	7.50 M	4	9,—
5	Bogomilen	10.10.2005	4 M	5	4,80
6	Sport	Sept. 2006	4.00 M*	6, 7	10,—
7	Europa: Pfadfinder	15.2.2007	8.00 M	8	10,—

Postpreis: 8 €

H-Blatt 5 mit MiNr. 411–414　　　　4,80

H-Blatt 6 mit MiNr. 446　　　　2,50

Verzeichnis der Heftchenblätter

10	20	30	35	50	100	200

H-Blatt 1 mit MiNr. 13–19　　　　5,—

	0.35	0.70
	1.00	1.20

H-Blatt 2 mit MiNr. 124–127　　4,50

H-Blatt 7 mit MiNr. 459　　　　7,50

H-Blatt 3 mit 4×MiNr. 340–341　　　　17,—

H-Blatt 8 mit MiNr. 476–477　　　　10,—

H-Blatt 4 mit MiNr. 359 D, E–360 D, E　　　　9,—

Zusammendrucke aus Markenheftchen

Zd-MiNr.	Katalog-Nr.	Werte	Preise **=⊙

Freimarke: Hauptpostamt Sarajevo (12.6.1995)

S 1	13+14	10+20	0,60
S 2	13+14+15	10+20+30	0,90
S 3	14+15	20+30	0,60
S 4	14+15/+16	20+30+35	0,90
S 5	15+16	30+35	0,60
S 6	15+16+17	30+35+50	1,10
S 7	16+17	35+50	0,80
S 8	16+17+18	35+50+100	1,90
S 9	17+18	50+100	1,60
S 10	17+18+19	50+100+200	3,80
S 11	18+19	100+200	3,30

Alte Städte (20. 3. 1998)

W 1	124+125	0.35+0.70	1,50
W 2	126+127	1.00+1.20	3,—
S 12	124+126	0.35+1.00	2,—
S 13	125+127	0.70+1.20	2,50

Orchideen (31. 3. 2004)

W 3	340+341	1.50+2.00	4,20
W 4	341+340	2.00+1.50	4,20
S 14	340+341	1.50+2.00	4,20
S 15	340+341+340	1.50+2.00+1.50	6,—
S 16	341+340	2.00+1.50	4,20
S 17	341+340+341	2.00+1.50+2.00	6,60

Europa: Ferien (26. 4. 2004)

W 5 D	359 Dl+360 Dr	1.00+1.50	3,—
W 5 E	359 El+360 El	1.00+1.50	3,—
W 6	360 Dl+359 Dr	1.50+1.00	3,—
S 18 Dl	359 Dl+360 Dl	1.00+1.50	3,—
S 18 Dr	359 Dr+360 Dr	1.00+1.50	3,—
S 19	359 Dl+360 Dl+359 Dl	1.00+1.50+1.00	4,20
S 20 Dl	360 Dl+359 Dl	1.50+1.00	3,—
S 20 Dr	360 Dr+359 Dr	1.50+1.00	3,—
S 21	360 Dr+359 Dr+360 Dr	1.50+1.00+1.50	4,80

Geschichte: Die Bogomilen (10. 10. 2005)

W 7	411+412	0.50+0.50	1,20
W 8	411+412+413	0.50+0.50+1.00	2,40
W 9	412+413	0.50+1.00	1,80
W 10	412+413+414	0.50+1.00+2.00	4,20
W 11	413+414	1.00+2.00	3,60

Sport (Sept. 2006)

W 12	Zf 1+446	Zf 1+1.00	2,50
W 13	Zf 2+459	Zf 1+3.00	7,50

Europa: Pfadfinder (15.2.2007)

S 22	476+477	2.00+2.00	4,80
S 23	476+477+Zf 3	2.00+2.00+Zf 3	4,80
S 24	477+Zf 3	2.00+Zf 3	2,40
S 25	477+Zf 3+476	2.00+Zf 3+2.00	4,80
S 26	Zf 3+476	Zf 3+2.00	2,40
S 27	Zf 3+476+477	Zf 3+2.00+2.00	4,80

Neuheiten

Ein Abonnement der MICHEL-Rundschau sichert Ihnen einen immer vollständigen Katalog, zeigt Ihnen Preisänderungen an und bereichert Ihre philatelistischen Kenntnisse durch gut recherchierte Fachbeiträge.

Kroatische Post (Mostar)

Überwiegend von Kroaten bewohnter Teil von Bosnien-Herzegowina.

Währung: Kroatischer Dinar (Din); ab 30.5.1994: 1 Kuna (K) = 100 Lipa (L); ab 1.1.1999: 1 konvertible Mark (M) = 100 Fening (F)

Preise ungebraucht ab MiNr. 1 ✶✶

1993

1993, 12. Mai. Freimarke: Sakrale Baudenkmäler. Odr. (6×5); gez. K 14.

a) Marienstatue und Kirche im Wallfahrtsort Medjugorje

				✶✶	⊙
1	2000 (Din)	mehrfarbig	a	1,—	1,—
			FDC		3,—
1 U		ungezähnt		—,—	

Gültig bis 31.12.1998

1993, 15./18. Mai. Freimarken: Alte Städte. Odr. (6×5, Querformat ~); gez. K 14.

b) Stadtansicht von Jajce mit Portal
c) Alte Brücke (1566) über die Neretva, Mostar

				✶✶	⊙	FDC
2	500 (Din)	mehrfarbig (18.5.)	b	0,30	0,30	1,50
3	1000 (Din)	mehrfarbig (15.5.)	c	0,70	0,70	2,—
		Satzpreis (2 W.)		1,—	1,—	
2 U		ungezähnt		—,—		

Gültig bis 31.12.1998

1993, 20. Mai. Freimarke: Bedeutende Persönlichkeiten. Odr. (6×5); gez. K 14.

d) Silvije Strahimir Kranjčević (1865–1908), Dichter

				✶✶	⊙
4	200 (Din)	mehrfarbig	d	0,20	0,20
			FDC		1,50
4 U		ungezähnt		—,—	

Gültig bis 31.12.1998

1993, 24. Mai. 250. Jahrestag der ersten Volkszählung in Bosnien und Herzegowina. Odr. (5×6); gez. K 14.

e) Mittelalterliches Grabmal (Detail)

				✶✶	⊙
5	100 (Din)	mehrfarbig	e	0,30	0,30
			FDC		1,60
5 U		ungezähnt		—,—	

Gültig bis 31.12.1998

1993, 3. Dez. Weihnachten. Odr. (5×5); gez. K 14.

f) Madonna del Granduca; Gemälde von Lina Virant Crnčić nach Raffael

6	6000 (Din)	mehrfarbig	f	2,—	2,—
		FDC			3,—
		6 Zf		2,50	2,50

MiNr. 6 wurde im Bogen zu 20 Marken und 5 Zierfeldern, die in der Mitte des Bogens kreuzförmig angeordnet sind, gedruckt.

Gültig bis 31.12.1998

1993, 6. Dez. Europa: Zeitgenössische Kunst. Odr. (1×4 + 1×4 Zd.); gez. K 14.

g) Blühende Hochebene   h) Wilder Mohn

g–h) Gemälde von Gabrijel Jurkić (1886–1974)

7	3500 (Din)	mehrfarbig	g	4,50	4,50
8	5000 (Din)	mehrfarbig	h	4,50	4,50
		Satzpreis (Paar)		9,—	9,—
		FDC			10,—

MiNr. 7–8 wurden schachbrettartig zusammenhängend im Bogen mit senkrechtem Zwischensteg gedruckt.

Gültig bis 31.12.1998

1993, 7. Dez. Freimarke: Naturdenkmäler. Odr. (5×6); gez. K 14.

i) Kravica-Wasserfall bei Ljubuški

9	3000 (Din)	mehrfarbig	i	1,—	1,—
		FDC			2,—

Gültig bis 31.12.1998

1993, 8. Dez. Freimarke: Bedeutende Persönlichkeiten. Odr. (5×5); gez. K 14.

k) Jllustration aus dem Missale (1405) von Hrvoje Vukčić Hrvatinić (1350–1460), Herzog von Split, Vizekönig von Dalmatien und Bosnien

10	1500 (Din)	mehrfarbig	k	0,70	0,70
		FDC			2,—

Gültig bis 31.12.1998

1993, 15. Dez. Freimarke: Sakrale Baudenkmäler. Odr. (6×5); gez. K 14.

l) Kloster Plehan bei Derwenta

11	2200 (Din)	mehrfarbig	l	0,70	0,70
		FDC			2,—

Gültig bis 31.12.1998

Bosnien-Herzegowina (Kroatische Post Mostar)

1994

1994, 10. Febr. Ausrufung der Kroatischen Republik Herceg-Bosna am 28.8.1993. Odr. (5×5); gez. K 14.

m) Wappen der Kroatischen Republik Herceg-Bosna

12	10 000 (Din)	mehrfarbig	m	3,—	3,—
			FDC		4,—
			12 Zf	3,50	3,50

MiNr. 12 wurde im Bogen zu 20 Marken und 5 in der Mitte senkrecht angeordneten Zierfeldern gedruckt.

Neue Währung ab 30.5.1994:
1 Kuna (K) = 100 Lipa (L)
(1000 Kroatische Dinar = 1 Kuna)

1994, 28. Nov. Freimarke: Sakrale Baudenkmäler. Odr., Bogen (4×5) und Kleinbogen (2×2); gez. K 14.

n) Kreuz von Rama; Bronzeskulptur von Mile Blažević, Bildhauer

13	2.80 (K)	mehrfarbig	n	1,—	1,—
			FDC		2,—
			Kleinbogen	4,—	4,—

1994, 30. Nov. Freimarken: Einheimische Fauna und Flora. Odr. (2×4 Zd.); gez. K 14.

o) Glockenblume (Campanula hercegovina)
p) Gebirgshund

14	3.80 (K)	mehrfarbig	o	1,40	1,40
15	4.00 (K)	mehrfarbig	p	1,40	1,40
			Satzpreis (Paar)	3,—	3,—
			FDC		4,—

1994, 2. Dez. Freimarke: Naturdenkmäler. Odr. (5×6); gez. K 14.

r) Vogelschutzgebiet Hutovo-Moor

16	0.80 (K)	mehrfarbig	r	0,40	0,40
			FDC		1,50

Die Notierungen gelten in der ersten Spalte für ungebrauchte (postfrische), in der zweiten für gebrauchte (gestempelte) Postwertzeichen.

1994, 5. Dez. Europa: Entdeckungen und Erfindungen. Odr. (2×4 Zd); gez. K 14.

t) Mercedes (1901)
s) Hochrad (1885)

17	8 (K)	mehrfarbig	s	4,—	4,—
18	10 (K)	mehrfarbig	t	5,—	5,—
			Satzpreis (Paar)	9,—	9,—
			FDC		10,—

1994, 8. Dez. 550 Jahre Stadt Ljubuški. Odr. (4×5); gez. K 14.

u) Ansichten von Ljubuški

19	1 (K)	mehrfarbig	u	0,40	0,40
			FDC		1,20

Gültig bis 31.12.1998

1994, 12. Dez. Freimarke: 2 Jahre Franziskanerspital „Dr. Fra Mate Nikolić", Nova Bila. Odr., Bogen (4×5) und Kleinbogen (2×2); gez. K 14.

v) Krankenhausgebäude, auferstandener Christus

20	5 (K)	mehrfarbig	v	1,70	1,70
			FDC		2,60
			Kleinbogen	7,—	7,—

Gültig bis 31.12.1998

1995

1995, 24. Okt. Freimarke: 50 Jahre Vereinte Nationen (UNO). Odr., Markenkarte (2×5); selbstklebend; zwei- bzw. einseitig □ und zwei- bzw. dreiseitig □.

w) Jubiläumsemblem der UNO

21	1.50 (K)	mehrfarbig	w	0,50	0,50
			FDC		1,20
			Markenkarte	25,—	

Die auf einer Karte befindlichen Marken sind fortlaufend von 1 bis 10 numeriert. Der amtliche Charakter dieser Ausgabe ist umstritten.

1995, 4. Dez. Weihnachten. Odr. (6×4); gez. K 14.

x) Weihnachtskrippe

22	5.40 (K)	mehrfarbig	x	1,70	1,70
			FDC		2,50

Gültig bis 31.12.1998

1995, 7. Dez. Freimarke: Sakrale Baudenkmäler. Odr. (5×6); gez. K 14.

y) Franziskanerkloster, Kraljeva Sutjeska

23	3 (K)	mehrfarbig	y	1,—	1,—
			FDC		4,—

Gültig bis 31.12.1998

Weitere Werte: MiNr. 38, 64

Bosnien-Herzegowina (Kroatische Post Mostar)

1995, 12./20. Dez. Freimarken: Alte Städte. Odr. (6×5); gez. K 14.

z) Srebrenica   aa) Mostar

			**	☉	FDC
24	2 (K)	mehrfarbig (20.12.) ..... z	0,60	0,60	1,70
25	4 (K)	mehrfarbig (12.12.) ..... aa	1,20	1,20	2,20
		Satzpreis (2 W.)	1,80	1,80	

Gültig bis 31.12.1998

1995, 28. Dez. Europa: Frieden und Freiheit. Odr. (6×5); gez. K 14.

ab) Christus am Kreuz (Kupferstich)

			**	☉
26	6.50 (K)	mehrfarbig ....ab	20,—	20,—
		FDC		20,—

Gültig bis 31.12.1998

1996

1996, 24. Juni. 15 Jahre Wallfahrtsort Medjugorje. Odr., Bogen (6×5), Kleinbogen (2×2) und Markenheftchen (4×1); gez. K 14.

ac) Friedenskönigin von Medjugorje, Wallfahrtskirche

27	10 (K)	mehrfarbig .... ac	4,—	4,—
		FDC		5,—
		Kleinbogen	16,—	16,—
		Markenheftchen	16,—	

1996, 20. Juli. Europa: Berühmte Frauen. Odr. (6×5); gez. K 14.

ad) Königin Katharina Kosača Kotromanić

28	2.40 (K)	mehrfarbig .... ad	1,50	1,50
		FDC		2,50

Gültig bis 31.12.1998

1996, 23. Juli. 150 Jahre Franziskanerkloster von Široki Brijeg. Odr. (6×5); gez. K 14.

ae) Klosterkirche, auferstandener Christus

29	1.40 (K)	mehrfarbig .... ae	0,40	0,40
		FDC		1,60

Gültig bis 31.12.1998

1996, 14. Aug. Freimarken: Marienstatue. Odr., Markenkarte (MiNr. 30 5×2, MiNr. 31 5×1 Zd); selbstklebend; zwei- bzw. einseitig ☐ und zwei- bzw. dreiseitig ☐.

af) Hl. Maria

30	2 (K)	mehrfarbig .... af	0,50	0,50
31	9 (K)	mehrfarbig .... af	2,50	2,50
		Satzpreis (2 W.)	3,—	3,—
		FDC		3,60
		31 Zf	2,50	2,50
		2 Markenkarten	35,—	

MiNr. 31 wurde mit Flugpostaufkleber senkrecht zusammenhängend gedruckt. Der amtliche Charakter dieser Ausgabe ist umstritten.

1996, 21. Okt. internationale Briefmarkenausstellung TAIPEI'96. MiNr. 30–31 mit Bdr.-Aufdruck.

32	1.10 (K)	auf 2 (K) mehrfarbig ...... (30)	0,40	0,40
33	1.10 (K)	auf 9 (K) mehrfarbig ...... (31)	0,40	0,40
		Satzpreis (2 W.)	0,80	0,80
		FDC		1,30
		33 Zf	0,40	0,40
		2 Markenkarten	12,—	

MiNr. 33 wurde mit Flugpostaufkleber senkrecht zusammenhängend gedruckt. Der amtliche Charakter dieser Ausgabe ist umstritten.

1996, 8. Dez. Weihnachten. Odr. (5×6); gez. K 14.

ag) Madonna della Sedia; Gemälde von Raffael (1483–1520), italienischer Maler und Baumeister

34	2.20 (K)	mehrfarbig .... ag	0,70	0,70
		FDC		1,60

Gültig bis 31.12.1998

1997

1997, 4. April. Europa: Sagen und Legenden. Odr. (2×4 Zd.); gez. K 14.

ai) Zeus nähert sich Europa in Gestalt eines Stieres

ah) Hl. Georg tötet den Drachen

35	2 (K)	mehrfarbig .... ah	0,70	0,70
36	5 (K)	mehrfarbig .... ai	1,70	1,70
		Satzpreis (Paar)	3,—	3,—
		FDC		5,—

Mit MICHEL immer gut informiert

Bosnien-Herzegowina (Kroatische Post Mostar)

1997, 12. April. Besuch von Papst Johannes Paul II. in Bosnien-Herzegowina. Odr., Bogen (5×4) und Kleinbogen (2×2); gez. K 14.

ak) Papst Johannes Paul II. (1920–2005, reg. ab 1978)

37	3.60 (K)	mehrbarbig . . . . ak	1,20	1,20
		FDC		2,—
		Kleinbogen	5,—	5,—

1997, 20. April. Freimarke: Sakrale Baudenkmäler. Odr. (6×5); gez. K 14.

al) Grabkirche und Taufbecken, archäologische Ausgrabungsstätte Samatorje bei Gorica

38	1.40 (K)	mehrbarbig . . . . al	0,40	0,40
		FDC		1,20

Weitere Werte: MiNr. 23, 64

1997, 17. Nov. Einheimische Pflanzen. Odr. (6×5); gez. K 14.

am) Symphyandra hofmannii

39	2.40 (K)	mehrbarbig . . . . am	0,80	0,80
		FDC		1,70

1997, 19. Nov. Einheimische Vögel. Odr. (6×5); gez. K 14.

an) Purpurreiher (Ardea purpurea)

40	1 (K)	mehrbarbig . . . . an	0,40	0,40
		FDC		1,30

1997, 1. Dez. Weihnachten. Odr. (6×5); gez. K 14.

ao) Christi Geburt (Fresko)

41	1.40 (K)	mehrbarbig . . . . ao	0,40	0,40
		FDC		1,30

Gültig bis 31.12.1998

1998

1998, 1. April. Europa: Nationale Feste und Feiertage. Odr. (4×5); gez. K 14.

ap) Internationales Animationsfilm-Festival, Zagreb

42	6.50 (K)	mehrbarbig . . . . ap	3,50	3,50
		FDC		4,50

1998, 8. April. 550 Jahre Territorium Herzegowina. Odr. (6×5); gez. K 14.

ar) Historisches Siegel

43	2.30 (K)	mehrbarbig . . . . ar	0,70	0,70
		FDC		1,70

1998, 9. April. Freimarke: Alte Städte. Odr. (5×6); gez. K 14.

as) Stadtansichten von Livno

44	1.20 (K)	mehrbarbig . . . . as	0,40	0,40
		FDC		1,50

1998, 9. Nov. Einheimische Pflanzen. Odr. (6×5); gez. K 14.

at) Kroatische Blauspiere (Sibiraea croatica)

45	1.40 (K)	mehrbarbig . . . . at	0,60	0,60
		FDC		1,60

1998, 16. Nov. Einheimische Vögel. Odr. (6×5); gez. K 14.

au) Gänsegeier (Gyps fulvus)

46	2.40 (K)	mehrbarbig . . . . au	0,80	0,80
		FDC		1,70

1998, 2. Dez. Weihnachten. Odr. (6×5); gez. K 14.

av) Anbetung der Heiligen Drei Könige (Kirchenfenster)

47	5.40 (K)	mehrbarbig . . . . av	1,70	1,70
		FDC		2,60

1999

Neue Währung ab 1.1.1999:
1 konvertible Mark (M) = 100 Fening (F)

1999, 26. März. Freimarke: Ethnologisches Erbe. Odr.; gez. K 14.

aw) Frauentracht aus der Posavina-Region

48	0.40 (M)	mehrbarbig . . . . aw	0,40	0,40
		FDC		1,70

Auflage: 150 000 Stück

Weitere Werte: MiNr. 65, 74–75

Bosnien-Herzegowina (Kroatische Post Mostar)

1999, 29. März. Freimarke: Persönlichkeiten. Odr.; gez. K 14.

ax) Antun Branko Šimić (1898–1925), Dichter

49 0.30 (M) mehrfarbig .... ax 0,40 0,40
FDC   1,70
Auflage: 150 000 Stück

1999, 30. März. Freimarke: Alte Städte. Odr.; gez. K 14.

ay) Überreste der Burg Bobovac

50 0.10 (M) mehrfarbig .... ay 0,20 0,20
FDC   1,20
Auflage: 200 000 Stück

1999, 31. März. Europa: Natur- und Nationalparks. Odr.; gez. K 14.

az) Naturpark Blidinje

51 1.50 (M) mehrfarbig .... az 3,— 3,—
FDC   4,—
Auflage: 150 000 Stück

1999, 11. Okt. Freimarke: Einheimische Pflanzen. Odr.; gez. K 14.

ba) Freyn-Nelke (Dianthus freynii)

52 0.80 (M) mehrfarbig .... ba 1,— 1,—
FDC   2,20
Auflage: 100 000 Stück

1999, 15. Okt. Freimarke: Einheimische Tiere. Odr.; gez. K 14.

bb) Edelmarder (Martes martes)

53 0.40 (M) mehrfarbig .... bb 0,40 0,40
FDC   2,20
Auflage: 100 000 Stück

1999, 3. Nov. Freimarke: Archäologische Ausgrabungsstätten. Odr.; gez. K 14.

bc) Burgruine Ošanići bei Stolac

54 0.10 (M) mehrfarbig .... bc 0,20 0,20
FDC   2,—
Auflage: 200 000 Stück

1999, 22. Nov. Weihnachten. Odr.; gez. K 14.

bd) Christi Geburt (Mosaik)

55 0.30 (M) mehrfarbig .... bd 0,40 0,40
FDC   2,—
Auflage: 100 000 Stück

2000

2000, 5. April. Freimarke: Persönlichkeiten. Odr.; gez. K 14.

be) Nikola Šop (1904–1982), Dichter, Erzähler und Dramatiker

56 0.40 (M) mehrfarbig .... be 0,40 0,40
FDC   1,70
Auflage: 80 000 Stück

2000, 7. April. Weltgesundheitstag. Odr.; gez. K 14.

bf) Blut rettet Leben (symbolische Darstellung)

57 0.40 (M) mehrfarbig .... bf 0,40 0,40
FDC   1,70
Auflage: 80 000 Stück

2000, 9. Mai. Europa. Odr.; gez. K 14.

bg) Friedenstauben (griechische Kamee)

58 1.80 (M) mehrfarbig .... bg 3,— 3,—
FDC   4,—
Auflage: 80 000 Stück

2000, 19. Mai. Freimarke: Persönlichkeiten. Odr.; gez. K 14.

bh) Lovro Karaula (1800–1875), Franziskanerpater, Klostervorsteher und Ehrenprovinzial

59 0.80 (M) mehrfarbig .... bh 1,— 1,—
FDC   2,—
Auflage: 80 000 Stück

Mehr wissen mit MICHEL

Bosnien-Herzegowina (Kroatische Post Mostar)

2000, 16. Aug. Freimarke: Einheimische Pflanzen. Odr.; gez. K 14.

bi) Traubeneiche (Quercus sessilis)

60 1.50 (M) mehrfarbig .... bi 1,70 1,70
                                               FDC   3,—

Auflage: 80 000 Stück

2000, 1. Dez. Kampf gegen Aids. Odr.; gez. K 14.

bp) Symbolische Darstellung

66 0.80 (M) mehrfarbig .... bp 1,— 1,—
                                               FDC   2,50

2000, 18. Aug. Freimarke: Einheimische Tiere. Odr.; gez. K 14.

bk) Europäischer Aal (Anguilla anguilla)

61 0.80 (M) mehrfarbig .... bk 1,— 1,—
                                              FDC   2,20

Auflage: 80 000 Stück

2000, 4. Dez. Weihnachten. Odr.; gez. K 14.

br) Christi Geburt

67 0.40 (M) mehrfarbig .... br 0,50 0,50
                                              FDC   2,80

2000, 23. Sept. Schach: 16. Schach-Europapokal der Vereinsmannschaften, Neum; 30. Schach-Olympiade, Sarajevo; 40 Jahre Bosnischer Schachverband. Odr.; gez. K 14.

bl) Krake mit Springer, Europapokal-Emblem; Embleme des Bosnischen und des Europäischen Schachverbandes

bm) Schachbrett, Bauer mit Dame als Schatten; Embleme des Bosnischen und des Internationalen Schachverbandes (FIDE)

62 0.80 (M) mehrfarbig .... bl 1,— 1,—
63 0.80 (M) mehrfarbig .... bm 1,— 1,—
                       Satzpreis (2 W.) 2,— 2,—
                                        FDC   5,50

Auflage: 80 000 Sätze

2001

2001, 19./22. Febr. Einheimische Fische. Odr. (3×3); gez. K 14.

bs) Eritzennäsling (Chondrostoma phoxinus)

bt) Marmorierte Forelle (Salmo marmoratus)

68 0.30 (M) mehrfarbig (22. Febr.) .... bs 0,30 0,30
69 1.50 (M) mehrfarbig (19. Febr.) .... bt 1,70 1,70
                       Satzpreis (2 W.) 2,— 2,—
                               2 FDC   5,50
          Kleinbogensatz (2 Klb.) 16,— 16,—

MiNr. 68–69 wurden jeweils im Kleinbogen zu 8 Marken und 1 Zierfeld gedruckt.

2000, 26. Sept. Freimarke: Sakrale Baudenkmäler. Odr.; gez. K 14.

bn) Kloster Tomislavgrad

64 1.50 (M) mehrfarbig .... bn 1,70 1,70
                                              FDC   3,—

Auflage: 80 000 Stück

Weitere Werte: MiNr. 23, 38

2001, 31. März. Europa: Lebensspender Wasser. Odr. (3×3); gez. K 14.

bu) Tihaljine-Quelle

bv) Pliva-Wasserfälle

70 1.10 (M) mehrfarbig .... bu 1,50 1,50
71 1.80 (M) mehrfarbig .... bv 2,50 2,50
                       Satzpreis (2 W.) 4,— 4,—
                                        FDC   7,—
          Kleinbogensatz (2 Klb.) 40,— 40,—

2000, 27. Sept. Freimarke: Ethnologisches Erbe. Odr.; gez. K 14.

bo) Frauentracht aus Kraljeva Sutjeska

65 0.40 (M) mehrfarbig .... bo 0,60 0,60
                                              FDC   2,—

Auflage: 150 000 Stück

Weitere Werte: MiNr. 48, 74–75

Bosnien-Herzegowina (Kroatische Post Mostar) 225

2001, 30. April. 330. Todestag von Petar Zrinski und Fran Krsto Frankopan. Odr.; gez. K 14.

bw) Graf P. Zrinski (1621–1671), General und Politiker
bx) F. Kr. Frankopan, Graf von Tersat (1643–1671), Lyriker

Nr.	Wert		Farbe			
72	0.40	(M)	mehrfarbig	bw	0,40	0,40
73	0.40	(M)	mehrfarbig	bx	0,40	0,40
			Satzpreis (Paar)		1,—	1,—
			FDC			2,60

MiNr. 72–73 wurden senkrecht zusammenhängend gedruckt.
Auflage: 50 000 Sätze

2001, 15./20. Juni. Freimarken: Ethnologisches Erbe. Odr. (3×3); gez. K 14.

by) Lađa (Ruderboot) aus dem Neretva-Tal
bz) Galeere aus Dubrovnik (16. Jh.)

74	0.80	(M)	mehrfarbig (20. Juni)	by	1,—	1,—
75	1.80	(M)	mehrfarbig (15. Juni)	bz	2,—	2,—
			Satzpreis (2 W.)		3,—	3,—
			2 FDC			6,—
			Kleinbogensatz (2 Klb.)		24,—	24,—

MiNr. 74–75 wurden jeweils im Kleinbogen zu 8 Marken und 1 Zierfeld gedruckt.
Auflage: 40 000 Sätze

Weitere Werte: MiNr. 48, 65

2001, 24. Juni. Blockausgabe: 20. Jahrestag der Marienerscheinung bei Međurgorje. Odr.; gez. Ks 14.

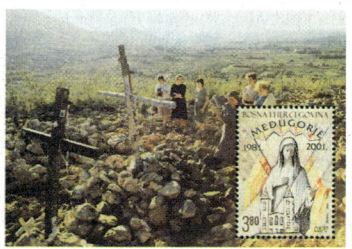

ca) Hl. Maria; Wallfahrtskirche, Međurgorje

76	3.80	(M)	mehrfarbig	ca	3,80	3,80
Block 1	(90×65 mm)			cb	4,—	4,—
			FDC			6,50

Auflage: 40 000 Blocks

2001, 15. Aug. Freimarke: Religiöse Kunst. Odr.; gez. K 14.

cc) Muttergottes von Kondžilo; Gemälde eines unbekannten Künstlers der venezianischen Schule (17. Jh.); Wallfahrtskirche, Komušina

77	0.80	(M)	mehrfarbig	cc	1,—	1,—
			FDC			2,60

Auflage: 40 000 Stück

2001, 9. Sept. 50 Jahre Computer. Odr. (6×5); gez. K 14.

cd–ce) Muster aus den binären Ziffern Eins und Null

78	0.40	(M)	mehrfarbig	cd	0,50	0,50
79	0.40	(M)	mehrfarbig	ce	0,50	0,50
			Satzpreis (Paar)		1,—	1,—
			FDC			3,—
			Viererblock (Paar mit 2 Zf)		1,10	1,10

MiNr. 78–79 wurden waagerecht zusammenhängend im Bogen zu 13 Paaren und 4 Zierfeldern, die in der rechten unteren Bogenecke angeordnet sind, gedruckt.
Auflage: 40 000 Sätze

2001, 9. Sept. Freimarke: NASA-Projekt „2001 Mars Odyssey Mission". Odr. (3×3 Zd); gez. K 14.

cf) Erde und Mars, Sisyphus mit Stein
Zierfeld

80	1.50	(M)	mehrfarbig	cf	1,50	1,50
				80 Zf	1,70	1,70
			FDC			3,50
			Kleinbogen		16,—	16,—

Auflage: 40 000 Stück

2001, 24. Nov. 1. Todestag von Slavko Barbarić. Odr. (3×3); gez. K 14.

cg) S. Barbarić (1946–2000), Franziskanermönch, Schriftsteller und Philanthrop

81	0.80	(M)	mehrfarbig	cg	1,—	1,—
			FDC			2,50
			Kleinbogen		8,—	8,—

MiNr. 81 wurde im Kleinbogen zu 8 Marken und 1 Zierfeld gedruckt.
Auflage: 40 000 Stück

Bei Anfragen bitte Rückporto nicht vergessen!

Bosnien-Herzegowina (Kroatische Post Mostar)

 **2001, 5. Dez. 100. Geburtstag von Walt Disney (1901–1966), amerikanischer Trickfilmzeichner und Filmproduzent. Odr.; gez. K 14.**

ch) Micky und Minnie Maus (Kinderzeichnung)

82	1.50 (M)	mehrfarbig	ch	1,80	1,80
			FDC		3,20

Auflage: 40 000 Stück

 **2001, 8. Dez. Weihnachten. Odr.; gez. K 14.**

ci) Christi Geburt

83	0.40 (M)	mehrfarbig	ci	0,50	0,50
			FDC		2,—

Auflage: 60 000 Stück

 **2001, 10. Dez. 100 Jahre Nobelpreise. Odr. (3×3); gez. K 14.**

ck) Alfred Nobel (1833–1896), schwedischer Chemiker und Industrieller

84	1.80 (M)	mehrfarbig	ck	2,20	2,20
			FDC		3,60
			Kleinbogen	19,—	19,—

Auflage: 40 000 Stück

2002

 **2002, 4. Febr. Olympische Winterspiele, Salt Lake City. Odr. (3×3); gez. K 14.**

cl) Abfahrtslauf

85	0.80 (M)	mehrfarbig	cl	1,—	1,—
			FDC		4,—
			Kleinbogen	8,—	8,—

MiNr. 85 wurde im Kleinbogen zu 8 Marken und 1 Zierfeld gedruckt.
Auflage: 40 000 Stück

2002, 11. März. Freimarke: Internationales Jahr der Berge. Odr.; gez. K 14.

cm) Vrangebirge
86 Zf Zierfeld

86	0.40 (M)	mehrfarbig	cm	0,40	0,40
			86 Zf	0,50	0,50
			FDC		3,—

MiNr. 86 wurde mit anhängendem Zierfeld gedruckt.
Auflage: 40 000 Stück

 **2002, 3. April. 550. Jahrestag der ersten urkundlichen Erwähnung Mostars. Odr.; gez. K 14.**

cn) Brücke über die Neretva bei Mostar

87	0.30 (M)	mehrfarbig	cn	0,40	0,40
			FDC		3,—

Auflage: 80 000 Stück

2002, 5. April. Europa: Zirkus. Odr. (3×3); gez. K 14.

co) Clown und Löwe cp) Clowns vor Zirkuszelt

88	0.80 (M)	mehrfarbig	co	1,50	1,50
89	1.50 (M)	mehrfarbig	cp	2,50	2,50
			Satzpreis (2 W.)	4,—	4,—
			FDC		6,—
			Kleinbogensatz (2 Klb.)	40,—	40,—

Auflage: 50 000 Sätze

 **2002, 15. April. 550. Geburtstag von Leonardo da Vinci. Odr. (3×3); gez. K 14.**

cr) Leonardo da Vinci (1452–1519), italienischer Maler, Bildhauer, Architekt, Kunsttheoretiker, Naturforscher und Ingenieur

90	0.40 (M)	mehrfarbig	cr	0,50	0,50
			FDC		3,—
			Kleinbogen	5,—	5,—

MiNr. 90 wurde im Kleinbogen zu 8 Marken und 1 Zierfeld gedruckt.
Auflage: 50 000 Stück

 **2002, 22. Mai. Fußball-Weltmeisterschaft, Japan und Südkorea. Odr. (3×3); gez. K 14.**

cs) Zweikampf

91	1.50 (M)	mehrfarbig	cs	1,80	1,80
			FDC		4,—
			Kleinbogen	16,—	16,—

MiNr. 91 wurde im Kleinbogen zu 9 Marken gedruckt.
Auflage: 50 000 Stück

Zum besseren Gebrauch des Kataloges empfehlen wir, die Einführung zu lesen.

Bosnien-Herzegowina (Kroatische Post Mostar)

2002, 5. Juni. 80. Todestag von Fra Didak Buntić. Odr. (5×4); gez. K 14.

ct) Fra D. Buntić (1871–1922), Ordensbruder, mit an Unterernährung leidenden Kindern

92	0.80 (M)	mehrfarbig	ct	1,—	1,—
			FDC		3,50

Auflage: 40 000 Stück

2002, 7. Sept. 75 Jahre Fernsehen. Odr. (5×4); gez. K 14.

cx) Fernseh-Sendeanlage

96	1.50 (M)	mehrfarbig	cx	1,80	1,80
			FDC		3,50
			96 Zf	2,—	2,—

MiNr. 95 wurde im Bogen zu 14 Marken und 6 in der Mitte angeordneten Zierfeldern gedruckt.
Auflage: 50 000 Stück

2002, 13. Juni. Gedenktafel von Humac. Odr. (4×5); gez. K 14.

cu) Eingravierte glagolitische Inschrift (12. Jh.)

93	0.40 (M)	mehrfarbig	cu	0,50	0,50
			FDC		3,—
			93 Zf	0,60	0,60

MiNr. 93 wurde im Bogen zu 14 Marken und 6 in der Mitte angeordneten Zierfeldern gedruckt.
Auflage: 50 000 Stück

2002, 9. Sept. Tag der Briefmarke. Odr. (4×5); gez. K 14.

cy) Ganzsachen-Postkarte (1905)

97	0.80 (M)	mehrfarbig	cy	1,—	1,—
			FDC		2,60

Auflage: 50 000 Stück

2002, 24. Sept. 100 Jahre Kroatischer Kulturverein „Napredak". Odr. (5×4); gez. K 14.

cz) Kalenderblatt (1929)

98	0.40 (M)	mehrfarbig	cz	0,50	0,50
			FDC		2,20

Auflage: 80 000 Stück

2002, 5. Aug. 40. Todestag von Marilyn Monroe. Odr. (3×3); gez. K 14.

cv) Marilyn Monroe (1926–1962), amerikanische Filmschauspielerin

94	0.40 (M)	mehrfarbig	cv	0,50	0,50
			FDC		2,20
			Kleinbogen	4,—	4,—

MiNr. 94 wurde im Kleinbogen zu 8 Marken und 1 Zierfeld gedruckt.
Auflage: 40 000 Stück

2002, 8. Okt. Europameisterschaften im Kegeln, Grude. Odr. (5×4); gez. K 14.

db) Kegler beim Anlauf

99	1.50 (M)	mehrfarbig	da	1,80	1,80
			FDC		3,50

Auflage: 80 000 Stück

2002, 16. Aug. 25. Todestag von Elvis Presley. Odr. (3×3); gez. K 14.

cw) Elvis Presley (1935–1977), amerikanischer Rocksänger und Gitarrist

95	1.50 (M)	mehrfarbig	cw	1,80	1,80
			FDC		3,50
			Kleinbogen	14,50	14,50

MiNr. 94 wurde im Kleinbogen zu 8 Marken und 1 Zierfeld gedruckt.
Auflage: 40 000 Stück

2002, 21. Okt. Freimarke: Einheimische Pflanzen. Odr. (3×3); gez. K 14.

db) Beck-Stiefmütterchen (Viola beckiana)

100	0.30 (M)	mehrfarbig	db	0,40	0,40
			FDC		2,50
			Kleinbogen	3,60	3,60

Auflage: 80 000 Stück

Die MICHEL-Rundschau ist im Abonnement preiswerter!

Bosnien-Herzegowina (Kroatische Post Mostar)

 **2002, 25. Okt. Freimarke: Einheimische Tiere.** Odr. (3×3); gez. K 14.

dc) Admiral (Vanessa atalanta)

101	0.80 (M) mehrbarbig .... dc	1,—	1,—
	FDC	3,—	
	Kleinbogen	9,—	9,—

Auflage: 80 000 Stück

 **2002, 4. Dez. Weihnachten.** Odr. (5×4); gez. K 14.

dd) Rosengartenmadonna; Gemälde von Bernardino Luini (1480/90–1532), italienischer Maler

| 102 | 0.40 (M) mehrbarbig .... dd | 0,50 | 0,50 |
| | FDC | | 2,50 |

Auflage: 80 000 Stück

 **2002, 14. Dez. 120 Jahre Erzbischöfliches Gymnasium, Travnik.** Odr. (4×5); gez. K 14.

de) Gebäudekomplex

103	0.80 (M) mehrbarbig .... de	1,—	1,—
	FDC		3,—
	103 Zf	1,20	1,20

MiNr. 103 wurde im Bogen zu 14 Marken und 6 in der Mitte angeordneten Zierfeldern gedruckt.

Auflage: 50 000 Stück

2003

 **2003, 24. Jan. 160. Geburtstag von Josip Stadler.** Odr. (5×4); gez. K 14.

df) J. Stadler (1843–1918), Erzbischof von Sarajevo

104	0.50 (M) mehrbarbig .... df	0,60	0,60
	FDC		2,50
	104 Zf	0,80	0,80

MiNr. 104 wurde im Bogen zu 14 Marken und 6 in der Mitte angeordneten Zierfeldern gedruckt.

MiNr. 104 ist identisch mit Bosnien-Herzegowina (moslemischer Teil) MiNr. 293. Die oben angeführten Preise für ⊙ und FDC gelten für Marken mit Stempel aus Kroatisch-Bosnien.

Auflage: 60 000 Stück

 **2003, 26. Febr. Franziskaner-Gymnasium, Široki Brijeg.** Odr. (4×5); gez. K 14.

dg) Schulgebäude

105	0.40 (M) mehrbarbig .... dg	0,50	0,50
	FDC		2,20
	105 Zf	0,70	0,70

MiNr. 105 wurde im Bogen zu 18 Marken und 2 in der Mitte angeordneten Zierfeldern gedruckt.

Auflage: 50 000 Stück

 **2003, 5. April. Europa: Plakatkunst.** Odr. (3×3); gez. K 14.

dh) Schlüsselkasten mit Brieffach

106	1.80 (M) mehrbarbig .... dh	3,—	3,—
	FDC		6,—
	106 Zf	3,—	3,—
	Kleinbogen	24,—	24,—

Blockausgabe mit 4 × MiNr. 106

| Block 2 | (90×101 mm) .... di | 70,— | 70,— |
| | FDC | | 75,— |

MiNr. 106 wurde im Kleinbogen zu 8 Marken und 1 Zierfeld gedruckt.
Auflagen: MiNr. 106 = 50 000 Stück, Bl. 2 = 12 500 Blocks

 **2003, 8. April. 800. Jahrestag der Abschwörung auf dem Bilino Polje.** Odr. (4×5); gez. K 14.

dk) Abschwörung der bosnischen Patarener unter Ban Kulin auf dem Bilino Polje (1203)

| 107 | 0.50 (M) mehrbarbig .... dk | 0,60 | 0,60 |
| | FDC | | 3,— |

Auflage: 80 000

 **2003, 12. Mai. 10 Jahre Briefmarken der Kroatischen Republik Herceg-Bosna.** Odr. (3×3); gez. K 14.

dl) Marienstatue, Engel, Kirche von Medjugorje

108	0.80 (M) mehrbarbig .... dl	1,—	1,—
	FDC		3,—
	Kleinbogen	8,—	8,—

Blockausgabe mit 4 × MiNr. 108

| Block 3 | (77×97 mm) .... dm | 4,— | 4,— |
| | FDC | | 6,— |

MiNr. 108 wurde im Kleinbogen zu 8 Marken und 1 Zierfeld gedruckt.
Auflagen: MiNr. 108 = 50 000 Stück, Bl. 3 = 12 500 Blocks

 **2003, 25. Mai. Welttag des Weines.** Odr. (3×3); gez. K 14.

dn) Korkenzieher

109	1.50 (M) mehrbarbig .... dn	1,80	1,80
	FDC		3,50
	Kleinbogen	16,50	16,50

Auflage: 45 000 Stück

2003, 10./16. Juni. Freimarken: Einheimische Fauna und Flora. Odr. (4×2); gez. K 14.

do) Prenjer Fahnenwicke (Oxytropis prenja)

dp) Steinhuhn (Alectoris graeca)

Bosnien-Herzegowina (Kroatische Post Mostar)

					**	⊙	FDC
110	0.50 (M)	mehrfarbig (10.6.)	. . do		0,60	0,60	2,50
111	2.00 (M)	mehrfarbig (16.6.)	. . dp		2,40	2,40	4,—
			Satzpreis (2 W.)		3,—	3,—	
			Kleinbogensatz (2 Klb.)		24,—	24,—	

MiNr. 110–111 wurden jeweils im Kleinbogen zu 8 Marken und 1 Zierfeld gedruckt.

Auflage: 40 000 Sätze

2003, 22. Juni. 2. Besuch von Papst Johannes Paul II. in Bosnien und Herzegowina; Seligsprechung von Ivan Merz. Odr. (3×3); gez. K 13¾.

dr) Papst Johannes Paul II.; Ivan Merz (1896–1928), Philosoph

				**	⊙
112	1.50 (M)	mehrfarbig . . . . dr		1,80	1,80
		FDC			3,50
		Kleinbogen		15,—	15,—

MiNr. 112 wurde im Kleinbogen zu 8 Marken und 1 Zierfeld gedruckt.

Auflage: 40 000 Stück

Parallelausgabe mit Bosnien-Herzegowina (moslemischer Teil) MiNr. 302 und Bosnien-Herzegowina – Serbische Republik MiNr. 278.

2003, 24. Juni. 440. Geburtstag von Fra Matija Divković. Odr. (5×4); gez. K 14.

ds) Grabstätte von Fra Matija Divković (1563–1631), Franziskaner und Schriftsteller

113	3.80 (M)	mehrfarbig . . . . ds	4,50	4,50
		FDC		6,—
		113 Zf	4,50	4,50

MiNr. 113 wurde im Bogen zu 14 Marken und 6 in der Mitte des Bogens angeordneten Zierfeldern gedruckt.

Auflage: 40 000 Stück

2003, 20. Aug. Freimarken: Volkstrachten. Odr. (4×5, Querformat ~); gez. K 14.

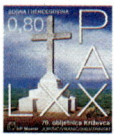

dt) Volkstracht von Rama mit Weste und Kopftuch in Kreuzstichstickerei
du) Kettenanhänger und Zierschnalle der Volkstracht von Neum

114	0.50 (M)	mehrfarbig . . . . dt	0,60	0,60
115	0.70 (M)	mehrfarbig . . . . du	0,80	0,80
		Satzpreis (2 W.)	1,40	1,40
		2 FDC		5,50

Auflagen: MiNr. 114 = 80 000, MiNr. 115 = 50 000 Stück

2003, 14. Sept. 70 Jahre Gipfelkreuz auf dem Berg Križevac. Odr. (3×3); gez. K 14.

dv) Gipfelkreuz auf dem Berg Križevac bei Međugorje, errichtet 1934 anlässlich des 1900. Jahrestages der Passion Jesu Christi

116	0.80 (M)	mehrfarbig . . . . dv	1,—	1,—
		FDC		3,—
		Kleinbogen	9,—	9,—

MiNr. 116 wurde im Kleinbogen zu 8 Marken und 1 Zierfeld gedruckt.

Auflage: 80 000 Stück

2003, 28. Sept. 650. Todestag von Stjepan II. Kotromanić. Odr. (5×4); gez. K 14.

dw) Stjepan II. Kotromanić (um 1292–1353, reg. ab 1314), König von Bosnien, mit Schwert vor gotischem Fenster

117	0.20 (M)	mehrfarbig . . . . dw	0,30	0,30
		FDC		3,—

Auflage: 100 000 Stück

2003, 9. Okt. Tag der Post: 75 Jahre Fernschreiber. Odr. (4×2+4×2); gez. K 14.

dx) Fernschreibgerät

118	1.50 (M)	mehrfarbig . . . . dx	1,80	1,80
		FDC		3,50

Auflage: 100 000 Stück

2003, 21. Okt. 200. Todestag von Alberto Fortis (1741–1804), italienischer Mönch und Schriftsteller (2004). Odr. (5×4); gez. K 14.

dy) Tintenfaß, Feder, Landkarte der dalmatinischen Küste

119	0.50 (M)	mehrfarbig . . . . dy	0,60	0,60
		FDC		2,50

Auflage: 100 000 Stück

2003, 20. Nov. Weltkindertag. Odr. (3×3); gez. K 14.

dz) Retten wir unseren Planeten; Zeichnung von Antonio Lovrić (8 J.)

120	1.00 (M)	mehrfarbig . . . . dz	1,20	1,20
		FDC		3,—
		Kleinbogen	10,—	10,—

MiNr. 120 wurde im Kleinbogen zu 8 Marken und 1 Zierfeld gedruckt.

Auflage: 100 000 Stück

2003, 4. Dez. Weihnachten. Odr. (3×3); gez. K 14.

ea) Weihnachtskrippe

121	0.50 (M)	mehrfarbig . . . . ea	0,60	0,60
		FDC		2,50
		Kleinbogen	5,—	5,—

MiNr. 121 wurde im Kleinbogen zu 8 Marken und 1 Zierfeld gedruckt.

Auflage: 100 000 Stück

2003, 17. Dez. 100. Jahrestag des ersten Motorfluges der Brüder Wright. Odr. (3×3); gez. K 14.

eb) Zahl „100"

122	2.00 (M)	mehrfarbig . . . . eb	2,40	2,40
		FDC		4,—
		Kleinbogen	22,—	22,—

Auflage: 80 000 Stück

2004

2004, 23. Jan. Internationale Konferenz für Investitionen. Odr. (3×3); gez. K 14.

ec) Konferenzemblem

123	5.00 (M) silberfarben	ec	6,—	6,—
		FDC		7,50
		Kleinbogen	55,—	55,—

Auflage: 25 000 Stück

2004, 14. Febr. Valentinstag. Odr. (3×3); gez. K 14.

ed) Bunte Herzen

124	0.10 (M) mehrfarbig	ed	0,30	0,30
		FDC		2,50
		Kleinbogen	2,70	2,70

Auflage: 100 000 Stück

2004, 14. März. 125. Geburtstag von Albert Einstein. Odr. (3×3); gez. K 14.

ee) A. Einstein (1879–1955), deutscher Physiker, Nobelpreis 1921

125	0.50 (M) mehrfarbig	ee	0,60	0,60
		FDC		2,20
		Kleinbogen	5,—	5,—

MiNr. 125 wurde im Kleinbogen zu 8 Marken und 1 Zierfeld gedruckt.
Auflage: 50 000 Stück

2004, 20. März. Ethnologisches Kulturgut: Tätowierungen. Odr. (3×3); gez. K 14.

ef) Tätowierte Frauenhand

126	0.50 (M) mehrfarbig	ef	0,60	0,60
		FDC		2,20
		Kleinbogen	5,—	5,—

MiNr. 126 wurde im Kleinbogen zu 8 Marken und 1 Zierfeld gedruckt.
Auflage: 40 000 Stück

2004, 30. März. Einheimische Fauna und Flora. Odr. (3×3); gez. K 14.

eg) Dinarische Akelei (Aquilegia dinarica)
eh) Prenjgebirgs-Alpensalamander (Salamandra atra prenjensis)

127	1.00 (M) mehrfarbig	eg	1,20	1,20
128	1.50 (M) mehrfarbig	eh	1,80	1,80
		Satzpreis (2 W.)	3,—	3,—
		2 FDC		7,—
		Kleinbogensatz (2 Klb.)	24,—	24,—

MiNr. 127–128 wurden jeweils im Kleinbogen zu 8 Marken und 1 Zierfeld gedruckt.
Auflage: 50 000 Sätze

2004, 5. April. Europa: Ferien. Odr. (2×5); gez. K 14.

ei) Winterurlaub
ek) Sommerurlaub

129	1.50 (M) mehrfarbig	ei	4,—	4,—
130	2.00 (M) mehrfarbig	ek	5,—	5,—
		Satzpreis (Paar)	9,—	9,—
		FDC		11,—
		Kleinbogen	40,—	40,—

Blockausgabe mit 2× MiNr. 129–130

Block 4	(90×101 mm)	el	18,—	18,—
		FDC		20,—

MiNr. 129–130 wurden schachbrettartig zusammenhängend im Kleinbogen zu 8 Marken und 2 Zierfeldern gedruckt.
Block 4 ist mit durchgezähntem oder nicht durchgezähntem linkem Blockrand sowie unterschiedlichen Höhenabmessungen bekannt.
Auflagen: MiNr. 129–130 = 20 000 Sätze, Bl. 4 = 30 000 Blocks

2004, 17. April. 300. Geburtstag von Andrija Kačić-Miošić. Odr. (3×3); gez. K 14.

em) A. Kačić-Miošić (1704–1760), Franziskanerpater, Theologe und Schriftsteller

131	0.70 (M) rötlichgelb/braun	em	0,90	0,90
		FDC		3,50
		Kleinbogen	8,—	8,—

Auflage: 30 000 Stück

2004, 12. Juni. Fußball-Europameisterschaft, Portugal. Odr. (3×3); gez. K 14.

en) Fußball, Schienbeinschützer, Schuhsohle mit Stollen

132	2.00 (M) mehrfarbig	en	2,40	2,40
		FDC		5,—
		Kleinbogen	22,—	22,—

Blockausgabe mit 4× MiNr. 132

Block 5	(77×107 mm)	eo	10,—	10,—
		FDC		12,—

Auflage: MiNr. 132 = 80 000 Stück

Bosnien-Herzegowina (Kroatische Post Mostar)

2004, 27. Juni. Archäologische Schätze. Odr. (3 × 3); gez. K 14.

ep) Tafel von Kočerin (1404)

133	0,70 (M) mehrfarbig . . . . ep		0,90	0,90
		FDC		3,50
		Kleinbogen	8,—	8,—

Auflage: 45 000 Stück

2004, 20. Juli. 35. Jahrestag der ersten bemannten Mondlandung. Odr. (3 × 3); gez. K 14.

er) Erster Fußabdruck auf dem Mond

134	1,00 (M) mehrfarbig . . . . er		1,20	1,20
		FDC		2,80
		Kleinbogen	11,—	11,—

Auflage: 30 000 Stück

2004, 23. Juli. Wiederaufbau der zerstörten Alten Brücke von Mostar. Odr. (3 × 3); gez. K 14.

es) Rekonstruierte Alte Brücke von Mostar (erb. 1566, zerstört 1993)

135	0,50 (M) mehrfarbig . . . . es		0,60	0,60
		FDC		2,20
		Kleinbogen	5,—	5,—

MiNr. 135 wurde im Kleinbogen zu 8 Marken und 1 Zierfeld gedruckt.

Auflage: 30 000 Stück

2004, 9. Sept. Freimarke: Buna-Wasserrad. Odr. (3 × 3); gez. K 14.

et) Altes Holzschöpfrad an der Buna

136	1,00 (M) mehrfarbig . . . . et		1,20	1,20
		FDC		2,80
		Kleinbogen	11,—	11,—

Auflage: 72 000 Stück

2004, 9. Okt. Weltposttag: 130 Jahre Weltpostverein (UPU). Odr. (3 × 3); gez. K 14.

eu) Briefumschlag mit Satellitenaufnahme Afrikas

137	1,50 (M) mehrfarbig . . . . eu		1,80	1,80
		FDC		3,50
		Kleinbogen	14,50	14,50

MiNr. 137 wurde im Kleinbogen zu 8 Marken und 1 Zierfeld gedruckt.

Auflage: 100 000 Stück

2004, 31. Okt. Weltspartag. Odr. (3 × 3); gez. K 14.

ev) Flußpferd als Spardose, Flußpferd (Hippopotamus amphibius)

138	0,50 (M) mehrfarbig . . . . ev		0,60	0,60
		FDC		2,50
		Kleinbogen	4,80	4,80

MiNr. 138 wurde im Kleinbogen zu 8 Marken und 1 Zierfeld gedruckt.

2004, 25. Nov. 160. Geburtstag von Karl Friedrich Benz. Odr. (3 × 3); gez. K 14.

ew) K. Fr. Benz (1844–1929), deutscher Ingenieur und Automobilpionier; Benz Motorwagen

139	1,50 (M) mehrfarbig . . . . ew		1,80	1,80
		FDC		3,40
		Kleinbogen	14,50	14,50

MiNr. 139 wurde im Kleinbogen zu 8 Marken und 1 Zierfeld gedruckt.

2004, 4. Dez. Weihnachten. Odr. (2 × 5); gez. K 14.

ex) Heilige Familie mit Esel in Winterlandschaft
ey) Postbote mit Geschenkpaket, Weihnachtsbäume

140	0,50 (M) mehrfarbig . . . . ex		0,60	0,60
141	1,00 (M) mehrfarbig . . . . ey		1,20	1,20
		Satzpreis (Paar)	1,80	1,80
		FDC		3,—
		Kleinbogen	9,—	9,—

MiNr. 140–141 wurden schachbrettartig zusammenhängend im Kleinbogen zu 10 Marken gedruckt.

2005

2005, 20. Febr. Freimarke: Volkstrachten. Odr. (3 × 3); gez. K 14.

ez) Frauentracht aus Kupres

142	1,50 (M) mehrfarbig . . . . ez		1,80	1,80
		FDC		3,50
		Kleinbogen	16,—	16,—

Bosnien-Herzegowina (Kroatische Post Mostar)

2005, 2. März. Einheimische Flora. Odr. (3×3); gez. K 14.

		fa) Dinarischer Enzian (Gentiana dinarica)	fb) Petterie (Petteria ramentacea)		
143	0.50 (M) mehrfarbig	. . . .	fa	0,60	0,60
144	0.50 (M) mehrfarbig	. . . .	fb	0,60	0,60
		Satzpreis (2 W.)		1,20	1,20
		FDC			3,—
		Kleinbogensatz (2 Klb.)		9,50	9,50

MiNr. 143–144 wurden jeweils im Kleinbogen zu 8 Marken und 1 Zierfeld gedruckt.

2005, 2. März. Vögel im Flußdelta der Neretva. Odr. (1×2 Zd); gez. K 14.

fc) Seidenreiher (Egretta garzetta)
fd) Stelzenläufer (Himantopus himantopus)
fe) Eisvogel (Alcedo atthis)
ff) Bienenfresser (Merops apiaster)

145	1.00 (M) mehrfarbig	. . . .	fc	1,20	1,20
146	1.00 (M) mehrfarbig	. . . .	fd	1,20	1,20
147	1.00 (M) mehrfarbig	. . . .	fe	1,20	1,20
148	1.00 (M) mehrfarbig	. . . .	ff	1,20	1,20
		Satzpreis (4 W.)		4,80	4,80
		Viererstreifen oder -block		4,80	4,80
		FDC			6,50
		Kleinbogen		9,50	9,50

MiNr. 145–148 wurden zusammenhängend gedruckt.

2005, 15. März. 100 Jahre Sportverein HSK Zrinjski. Odr. (1×5 Zd); gez. K 14.

fg) Fußballspiel (um 1930)
fh) Fußballspiel (um 2000)

149	3.00 (M) mehrfarbig	. . . .	fg	3,50	3,50
150	3.00 (M) mehrfarbig	. . . .	fh	3,50	3,50
		Satzpreis (Paar)		7,—	7,—
		FDC			9,—
		Kleinbogen		35,—	35,—

MiNr. 149–150 wurden schachbrettartig zusammenhängend gedruckt.

2005, 27. März. Ostern. Odr. (3×3); gez. K 14.

fi) Auferstehung Christi

151	0.50 (M) mehrfarbig	. . . .	fi	0,60	0,60
		FDC			2,40
		Kleinbogen		4,80	4,80

MiNr. 151 wurde im Kleinbogen zu 8 Marken und 1 Zierfeld gedruckt.

2005, 2. April. Märchen. Odr. (1×5 Zd); gez. K 14.

fk) Däumelinchen; von Hans Christian Andersen (1805–1875), dänischer Dichter

fl) Trintilinic; von Ivana Brlić Mažuranić (1874–1938), kroatische Kinderbuchautorin

152	0.20 (M) mehrfarbig	. . . .	fk	0,30	0,30
153	0.20 (M) mehrfarbig	. . . .	fl	0,30	0,30
		Satzpreis (Paar)		0,60	0,60
		FDC			2,20
		Kleinbogen		3,—	3,—

MiNr. 152–153 wurden schachbrettartig zusammenhängend gedruckt.

2005, 5. April. Europa: Gastronomie. Odr. (2×5); gez. K 14.

fm) Brot, Schinken, Knoblauch, Zwiebeln und Rotwein
fn) Weintrauben, Brot, Käse, Nüsse und Weißwein

154	2.00 (M) mehrfarbig	. . . .	fm	2,50	2,50
155	2.00 (M) mehrfarbig	. . . .	fn	2,50	2,50
		Satzpreis (Paar)		5,—	5,—
		FDC			6,50
		Kleinbogen		20,—	20,—

Blockausgabe mit 2× MiNr. 154–155

Block 6	(127×89 mm)	. . . .	fo	10,—	10,—
		FDC			12,—

MiNr. 154–155 wurden schachbrettartig zusammenhängend im Kleinbogen zu 8 Marken und 2 Zierfeldern gedruckt.

2005, 10. Mai. Musikinstrumente. Odr. (3×3); gez. K 14¼:14.

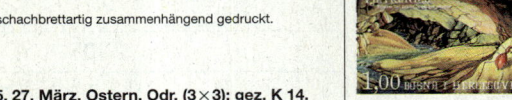

fp) Gusle

156	5.00 (M) mehrfarbig	. . . .	fp	6,—	6,—
		FDC			8,—
		Kleinbogen		48,—	48,—

MiNr. 156 wurde im Kleinbogen zu 8 Marken und 1 Zierfeld gedruckt.

2005, 5. Juni. Internationaler Tag der Umwelt. Odr. (3×3); gez. K 14.

fr) Höhle Vjetrenica; Apfelbecks Höhlenkäfer (Antroherpon apfelbecki)

157	1.00 (M) mehrfarbig	. . . .	fr	1,20	1,20
		FDC			2,80
		Kleinbogen		10,—	10,—

MiNr. 157 wurde im Kleinbogen zu 8 Marken und 1 Zierfeld gedruckt.

Die Ausführlichkeit der **MICHEL**-Kataloge ist international anerkannt.

Bosnien-Herzegowina (Kroatische Post Mostar) 233

2005, 14. Juni. 120 Jahre Eisenbahnstrecke Metcović–Mostar. Odr. (3×3); gez. K 14.

fs) Dampflokomotive

158	0.50 (M) mehrfarbig . . . . fs	0,60	0,60
	FDC		2,20
	Kleinbogen	5,—	5,—

MiNr. 158 wurde im Kleinbogen zu 8 Marken und 1 Zierfeld gedruckt.

2005, 29. Juli. Internationales Jugendfestival „Mladifest", Medjugorje. Odr. (3×3); gez. K 14.

ft) Marienstatue, Kirche von Medjugorje

159	1.00 (M) mehrfarbig . . . . ft	1,20	1,20
	FDC		2,80
	Kleinbogen	10,—	10,—

MiNr. 159 wurde im Kleinbogen zu 8 Marken und 1 Zierfeld gedruckt.

2005, 30. Aug. 100. Todestag von Grgo Martić. Odr. (3×3); gez. K 14.

fu) Grgo Martić (1822–1905), Schriftsteller

160	1.00 (M) mehrfarbig . . . . fu	1,20	1,20
	FDC		2,80
	Kleinbogen	11,—	11,—

2005, 1. Okt. Internationaler Musiktag. Odr. (3×3); gez. K 14.

fv) Trompete

161	0.50 (M) mehrfarbig . . . . fv	0,60	0,60
	FDC		2,20
	Kleinbogen	5,—	5,—

MiNr. 161 wurde im Kleinbogen zu 8 Marken und 1 Zierfeld gedruckt.

2005, 21. Nov. 10 Jahre Friedensabkommen von Dayton. Odr. (3×3); gez. K 14.

fw) Mit Büroklammern angeheftetes Blumenbild

162	1.50 (M) mehrfarbig . . . . fw	1,80	1,80
	FDC		4,—
	Kleinbogen	14,50	14,50

MiNr. 162 wurde im Kleinbogen zu 8 Marken und 1 Zierfeld gedruckt.

Mehr wissen mit MICHEL

2005, 24. Nov. 60. Geburtstag von Slavko Barbarić. Odr. (3×3); gez. K 14.

fx) Slavko Barbarić (*1946), katholischer Priester und Religionspädagoge

163	1.00 (M) mehrfarbig . . . . fx	1,20	1,20
	FDC		3,50
	Kleinbogen	10,—	10,—

MiNr. 163 wurde im Kleinbogen zu 8 Marken und 1 Zierfeld gedruckt.

2005, 4. Dez. Weihnachten. Odr. (3×3); gez. K 14.

fy) Hl. Maria mit Kind   fz) Weihnachtsbaum

164	0.50 (M) mehrfarbig . . . . fy	0,60	0,60
165	0.50 (M) mehrfarbig . . . . fz	0,60	0,60
	Satzpreis (2 W.)	1,20	1,20
	FDC		3,50
	Kleinbogensatz (2 Klb.)	10,—	10,—

MiNr. 164–165 wurden jeweils im Kleinbogen zu 8 Marken und 1 Zierfeld gedruckt.

2006

2006, 15. Jan. 50 Jahre Europamarken. Odr. (1×5 Zd); gez. K 14.

ga) Zahl „50"   gb) Europakarte, Briefumschlag   gc) Weltkugel, Marke MiNr. 106   gd) Briefumschlag mit Blume, europäische Nationalflaggen

166	2.00 (M) mehrfarbig . . . . ga	2,50	2,50
167	2.00 (M) mehrfarbig . . . . gb	2,50	2,50
168	2.00 (M) mehrfarbig . . . . gc	2,50	2,50
169	2.00 (M) mehrfarbig . . . . gd	2,50	2,50
	Satzpreis (4 W.)	10,—	10,—
	Viererstreifen	10,—	10,—
	FDC		11,—

Blockausgabe mit MiNr. 166–169

| Block 7 | (89×100 mm) . . . . ge | 20,— | 20,— |
| | FDC | | 21,— |

2006, 2. Febr. Internationaler Tag des Schutzes von Feuchtgebieten. Odr. (3×3); gez. K 14.

gf) Bartmeise (Panurus biarmicus) in Hutovo blato

170	1.00 (M) mehrfarbig . . . . gf	1,20	1,20
	FDC		3,50
	Kleinbogen	10,—	10,—

MiNr. 170 wurde im Kleinbogen zu 8 Marken und 1 Zierfeld gedruckt.

Bosnien-Herzegowina (Kroatische Post Mostar)

2006, 5. April. Europa: Integration. Odr. (2×5); gez. K 14.

gg) Gesichter von Menschen verschiedener Völker gh) Fußspuren, Inschrift

171	2.00	(M)	mehrfarbig . . . . gg	2,50	2,50
172	2.00	(M)	mehrfarbig . . . . gh	2,50	2,50
			Satzpreis (Paar)	5,—	5,—
			FDC		6,—
			Kleinbogen	20,—	20,—

Blockausgabe mit 2× MiNr. 171–172

Block 8	(127×89 mm) . . . . gi	10,—	10,—
	FDC		11,—

MiNr. 171–172 wurden schachbrettartig zusammenhängend im Kleinbogen zu 8 Marken und 2 Zierfeldern gedruckt.

2006, 22. April. Tag der Erde. Odr. (3×3); gez. K 14.

gk) Sonnenblume wächst aus Erdkugel

173	1.00	(M)	mehrfarbig . . . . gk	1,20	1,20
			FDC		3,50
			Kleinbogen	10,—	10,—

MiNr. 173 wurde im Kleinbogen zu 8 Marken und 1 Zierfeld gedruckt.

2006, 3. Mai. Internationaler Tag der Medienfreiheit. Odr. (3×3); gez. K 14.

gl) Aus Zeitungspapier gefaltete Vögel

174	0.50	(M)	mehrfarbig . . . . gl	0,60	0,60
			FDC		3,—
			Kleinbogen	5,—	5,—

MiNr. 174 wurde im Kleinbogen zu 8 Marken und 1 Zierfeld gedruckt.

2006, 17. Mai. Internationaler Tag der Telekommunikation. Odr. (3×3); gez. K 14.

gm) Telefonschnur

175	1.00	(M)	mehrfarbig . . . . gm	1,20	1,20
			FDC		3,50
			Kleinbogen	10,—	10,—

MiNr. 175 wurde im Kleinbogen zu 8 Marken und 1 Zierfeld gedruckt.

Für unverlangt eingesandte Briefsendungen und Markenvorlagen wird keine Haftung übernommen

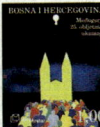

2006, 16. Juni. 25. Jahrestag der Marienerscheinung in Medugorje. Odr., Markenheftchen (5×2); gez. K 14.

gn) Pilger auf dem Weg zur Kirche von Medugorje

go) Marienstatue, Kirche, Pavillon gp) Kreuz auf dem Križevac, Marienstatue gr) Marienstatue, Berg Crnica gs) Marienstatue, Kirche

176	1.00	(M)	mehrfarbig . . . . gn	1,20	1,20
177	1.00	(M)	mehrfarbig . . . . go	1,20	1,20
178	1.00	(M)	mehrfarbig . . . . gp	1,20	1,20
179	1.00	(M)	mehrfarbig . . . . gr	1,20	1,20
180	1.00	(M)	mehrfarbig . . . . gs	1,20	1,20
			Satzpreis (5 W.)	6,—	6,—
			FDC		8,—

MiNr. 176–180 stammen aus MH 1.

2006, 24. Juni. 150 Jahre Pfarrei von Uzdol. Odr. (3×3); gez. K 14.

gt) Kirche von Uzdol

181	0.50	(M)	mehrfarbig . . . . gt	0,60	0,60
			FDC		3,—
			Kleinbogen	5,—	5,—

MiNr. 181 wurde im Kleinbogen zu 8 Marken und 1 Zierfeld gedruckt.

2006, 9. Juli. 150. Geburtstag von Nikola Tesla. Odr. (3×3); gez. K 14.

gu) Nikola Tesla (1856–1943), amerikanischer Physiker

182	2.00	(M)	mehrfarbig . . . . gu	2,40	2,40
			FDC		4,80
			Kleinbogen	22,—	22,—

2006, 9. Sept. Archäologie. Odr. (3×3); gez. K 14.

gv) Jäger, Baum und Reh (prähistorische Felsritzung)

183	0.20	(M)	mehrfarbig . . . . gv	0,30	0,30
			FDC		3,—
			Kleinbogen	2,80	2,80

2006, 22. Sept. Autofreier Tag in Europa. Odr. (3×3); gez. K 14.

gw) Durchgestrichenes Auto

184	1.00	(M)	mehrfarbig . . . . gw	1,20	1,20
			FDC		3,50
			Kleinbogen	11,—	11,—

2006, 9. Okt. Volkskunst. Odr. (3×3); gez. K 14.

gx) Kruzifixanhänger

185	5.00 (M)	mehrfarbig	gx	6,—	6,—
			FDC		8,—
			Kleinbogen	55,—	55,—

2006, 1. Nov. Einheimische Flora. Odr. (4×2); gez. K 14.

gy) Dinarisches Hornkraut (Cerastium dinaricum)
gz) Karawanken-Alpenmohn (Papaver kerneri)

186	0.20 (M)	mehrfarbig	gy	0,30	0,30
187	0.20 (M)	mehrfarbig	gz	0,30	0,30
			Satzpreis (Paar)	0,50	0,50
			FDC		1,50
			Kleinbogen	2,—	2,—

MiNr. 186–187 wurden schachbrettartig zusammenhängend im Kleinbogen zu 8 Marken gedruckt.

2006, 1. Nov. Einheimische Vögel. Odr. (1×2 Zd); gez. K 14.

ha) Haubentaucher (Podiceps cristatus)
hb) Teichrohrsänger (Acrocephalus scirpaceus)
hc) Wiedehopf (Upupa epops)
hd) Feldlerche (Alauda arvensis)

188	0.70 (M)	mehrfarbig	ha	0,90	0,90
189	0.70 (M)	mehrfarbig	hb	0,90	0,90
190	0.70 (M)	mehrfarbig	hc	0,90	0,90
191	0.70 (M)	mehrfarbig	hd	0,90	0,90
			Satzpreis (4 W.)	3,50	3,50
			Viererstreifen	3,50	3,50
			FDC		4,50
			Kleinbogen	7,—	7,—

2006, 1. Dez. Weihnachten. Odr. (3×3); gez. K 14.

he) Geschmückte Haustüre
hf) Schale mit Weizengras

192	0.50 (M)	mehrfarbig	he	0,60	0,60
193	1.00 (M)	mehrfarbig	hf	1,20	1,20
			Satzpreis (2 W.)	1,80	1,80
			FDC		2,80
			Kleinbogensatz (2 Klb.)	14,50	14,50

MiNr. 192–193 wurden jeweils im Kleinbogen zu 8 Marken und 1 Zierfeld gedruckt.

Jahrgangswerttabelle

Die Aufstellung folgt der numerischen Reihenfolge der Katalogisierung ohne Rücksicht auf die Chronologie eventueller Ergänzungswerte.

Grundsätzlich ist nur die jeweils billigste Sorte pro Marke bzw. Ausgabe angegeben, sofern nichts anderes vermerkt.

Zusammendrucke aus Bogen, Marken mit Zierfeldern usw. sind dann berücksichtigt, wenn sie als normale Ausgabeform anzusehen sind. Einzelmarken aus Blocks und Marken mit der Preisnotierung „—,—" sind nicht berücksichtigt.

Jahr	MiNr.	Euro **	Euro ☉
1993	1–11	16,—	16,—
1994	12–20	19,—	19,—
1995	21–26	24,90	24,90
1996	27–34	9,90	9,90
1997	35–41	6,20	6,20
1998	42–47	7,70	7,70
1999	48–55	6,—	6,—
2000	56–67	13,10	13,10
2001	68–84	23,—	23,—
2002	85–103	19,90	19,90
2003	104–122	100,10	100,10
2004	123–141	60,70	60,70
2005	142–165	47,20	47,20
2006	167–193	70,30	70,30
Gesamtsumme		**424,—**	**424,—**

Blockaufstellung

Block 1 siehe nach MiNr. 76
Block 2 siehe nach MiNr. 106
Block 3 siehe nach MiNr. 108
Block 4 siehe nach MiNr. 130
Block 5 siehe nach MiNr. 132
Block 6 siehe nach MiNr. 155
Block 7 siehe nach MiNr. 169
Block 8 siehe nach MiNr. 172

Neuheiten

Ein Abonnement der MICHEL-Rundschau sichert Ihnen einen immer vollständigen Katalog, zeigt Ihnen Preisänderungen an und bereichert Ihre philatelistischen Kenntnisse durch gut recherchierte Fachbeiträge.

Bosnien-Herzegowina (Kroatische Post Mostar)

Verzeichnis der Markenheftchen mit Zusammendrucken

MH-MiNr.	Bezeichnung	Ausgabe-Datum	Nomi-nale	Enthält H-Blatt	Preis **
1	Marienerscheinung in Medugorje	16.6.2006	10.00 M	1	12,—

Verzeichnis der Heftchenblätter

H-Blatt 10 mit MiNr. 2280 D–2284 D   10,50

Zusammendrucke aus Markenheftchen

Zd.-MiNr.	MiNr.	Werte	Preise **=⊙
Marienerscheinung (16.6.2006)			
W 1	176+177	1.00+1.00	2,40
W 2	176+177+178	1.00+1.00+1.00	3,60
W 3	177+178	1.00+1.00	2,40
W 4	177+178+179	1.00+1.00+1.00	3,60
W 5	178+179	1.00+1.00	2,40
W 6	178+179+180	1.00+1.00+1.00	3,60
W 7	179+180	1.00+1.00	2,40
W 8	180+179	1.00+1.00	2,40
W 9	180+179+178	1.00+1.00+1.00	3,60
W 10	179+178	1.00+1.00	2,40
W 11	179+178+177	1.00+1.00+1.00	3,60
W 12	178+177	1.00+1.00	2,40
W 13	178+177+176	1.00+1.00+1.00	3,60
W 14	177+176	1.00+1.00	2,40
S 1	176+180	1.00+1.00	2,40
S 2	177+179	1.00+1.00	2,40
S 3	179+177	1.00+1.00	2,40
S 4	180+176	1.00+1.00	2,40

Lokalausgabe Ost-Mostar

Ausgaben während des Bürgerkriegs im ehemaligen Jugoslawien im überwiegend von Muslimen bewohnten östlichen Teil von Mostar.

Währung: 1 konvertible Mark (M) = 100 Fening (F)

Preise ungebraucht ab MiNr. 1 **

1994

1994, 29. April. Freimarken. MiNr. 2181, 2399, 2404 und 2518–2519 von Jugoslawien mit schwarzem Handstempelaufdruck.

				**	⊙
1	1	(M)	auf 5 (Din) violettblau/ hellgrünlichblau .... (2399 C)	—,—	—,—
2	1	(M)	auf 100 (Din) hellbraunviolett (2181)	—,—	—,—
3	2	(M)	lilapurpur/cyanblau .... (2404 A)	—,—	—,—
4	5	(M)	auf 0.60 (Din) lebhaftrot/ dunkelrötlichlila .... (2518 C)	—,—	—,—
5	10	(M)	auf 0.10 (Din) lebhaftgelbgrün/ hellblauviolett .... (2519 A)	—,—	—,—
			Satzpreis (5 W.)	—,—	—,—
			FDC		—,—

1994, 10. Juli. Freimarken. MiNr. 2399, 2404 und 2422 von Jugoslawien mit schwarzem oder violettem Handstempelaufdruck.

				**	⊙
6	1	(M)	dunkellila/grünblau ...... (2422 C) S	—,—	—,—
7	1	(M)	auf 5 (Din) violettblau/ hellgrünlichblau .... (2399 C) V	—,—	—,—
8	2	(M)	lilapurpur/cyanblau ...... (2404 A) V	—,—	—,—
9	5	(M)	auf 2 (Din) lilapurpur/ cyanblau .... (2404 A) S	—,—	—,—
			Satzpreis (4 W.)	—,—	—,—
			FDC		—,—

1994, 20. Juli. Freimarken. MiNr. 2255, 2398, 2409 und 2518–2519 von Jugoslawien mit schwarzem oder rotem Handstempelaufdruck.

				**	⊙
10	0.50	(M)	lebhaftpurpurviolett/ blaugrün .... (2398 C) S	—,—	—,—
11	1	(M)	auf 10 (Din) auf 0.10 (Din) lebhaftgelbgrün/ hellblauviolett .... (2519 A) S	—,—	—,—
12	2	(M)	auf 3 (Din) orangerot/ lebhaftviolettultramarin (2409 C) R	—,—	—,—
13	2	(M)	auf 5 (Din) auf 0.60 (Din) lebhaftrot/ dunkelrötlichlila ...... (2518 C) S	—,—	—,—
14	2	(M)	auf 93 (Din) violettblau .... (2255 A) R	—,—	—,—
			Satzpreis (5 W.)	—,—	—,—
			FDC		—,—

Serbische Republik
Bosnien-Herzegowina

Überwiegend von Serben bewohnter Teil von Bosnien-Herzegowina.

Währung: Jugoslawischer Dinar (Din); ab 24.1.1994: Neuer Dinar (ND); ab 1999: 1 konvertible Mark (M) = 100 Fening (F)

Preise ungebraucht ab MiNr. 1 ✶✶

1992

1992, 26. Okt./Okt. Freimarken. Jugoslawien MiNr. 2396–2399, 2401–2404, 2409 und 2422 mit Bdr.-Aufdruck in zwei Typen: I = dünne, II = dicke Balken über alter Wertangabe.

				✶✶	☉
1 I	5 (Din)	auf 0.10 (Din) zweif. (2401 C)		1,—	1,—
2 II	30 (Din)	auf 3 (Din) zweifarbig (Okt.) . . . . (2409 C)		140,—	140,—
3	50 (Din)	auf 0.40 (Din) zweifarbig			
I		dünne Balken . . . . . (2397 A)		1,—	1,—
II		dicke Balken			
A		gez. K 13¼ . . . . (2397 A)		1,—	1,—
C		gez. K 12½ . . . . (2397 C)		65,—	65,—
4 II	60 (Din)	auf 0.20 (Din) zweif. (2402 C)		1,—	1,—
5 II	60 (Din)	auf 0.30 (Din) zweif. (2396 C)		1,—	1,—
6 II	100 (Din)	auf 1 (Din) zweif. . . . (2422 C)		1,—	1,—
7 II	100 (Din)	auf 2 (Din) zweifarbig			
A		gez. K 13¼ . . . . (2404 A)		1,—	1,—
C		gez. K 12½ . . . . (2404 C)		65,—	65,—
8 II	100 (Din)	auf 2 (Din) zweif. (2409 C)		1,—	1,—
9 I	300 (Din)	auf 5 (Din) zweifarbig			
A		gez. K 13¼ . . . . (2399 A)		1,—	1,—
C		gez. K 12½ . . . . (2399 C)		20,—	20,—
10 II	500 (Din)	auf 0.50 (Din) zweif. (2398 C)		1,—	1,—
11 II	500 (Din)	auf 0.60 (Din) zweif.			
A		gez. K 13¼ . . . . (2403 A)		2,—	2,—
C		gez. K 12½ . . . . (2403 C)		1,—	1,—
		Satzpreis (11 W.)		150,—	150,—

FALSCH MiNr. 2 II

Spezialisten unterscheiden drei Aufdrucktypen, die sich anhand der Stellung des „S" von „Srpska" zu den Buchstaben „ep" von „Republika" unterscheiden lassen.

MiNr. 7 ist auch mit kopfstehendem „Republika" im Aufdruck bekannt.

Gültig bis 24.1.1994

1993

1993, 11. Jan. Freimarken: Musikinstrument, Wappen, Kloster. Odr. (10×10); gez. K 13¼.

a) Gusla    b) Wappen Serbiens    c) Kloster Žitomislić, Mostar

12	10 (Din)	schwarz/rötlichgelb . . . . a	4,—	4,—
13	20 (Din)	schwarz/blau . . . . a	0,20	0,20
14	30 (Din)	schwarz/graurot . . . . a	0,50	0,50
15	50 (Din)	schwarz/rot . . . . b	0,50	0,50
16	100 (Din)	schwarz/rot . . . . b	1,30	1,30
17	500 (Din)	schwarz/blau c	2,50	2,50
		Satzpreis (6 W.)	9,—	9,—
		FDC		—,—

Gültig bis 24.1.1994, MiNr. 13 wieder gültig ab 1996 in ND-Wahrung.

In gleichen Zeichnungen: MiNr. 18–23; mit Aufdruck: MiNr. 24 bis 26, 43–44, 46

1993, 8. Juni. Freimarken: Musikinstrument, Wappen, Kloster. Odr. (10×10); A = gez. K 13¼, C = gez. K 12½.

a) Gusla

18 A	5 000 (Din)	schwarz/violett . . . . a	0,20	0,20
19 C	6 000 (Din)	schwarz/rötlichgelb . . . . . a	0,20	0,20
20	10 000 (Din)	schwarz/blau . . . . a		
A		gez. K 13¼	3,50	0,50
		gez. K 12½ . . . . b	1,—	1,—
21 A	20 000 (Din)	schwarz/rot . . . . b	1,—	1,—
22 A	30 000 (Din)	schwarz/rot . . . . b	1,50	1,50
23 A	50 000 (Din)	schwarz/violett c	1,50	1,50
		Satzpreis (6 W.)	5,—	5,—
		FDC		—,—

MiNr. 23 gez. K 12½ ist nur mit Aufdruck (als MiNr. 35 C) bekannt.

In gleichen Zeichnungen: MiNr. 12–17; mit Aufdruck: MiNr. 32 bis 35, 44, 47

1993, 15. Juni. Referendum vom 15.–16.5.1993. MiNr. 15–16 mit Bdr.-Aufdruck.

24	7500 (Din)	auf 50 (Din) zweifarbig . . . . . (15)	1,—	5,—
25	7500 (Din)	auf 100 (Din) zweifarbig . . . . (16)	1,—	5,—
26	9000 (Din)	auf 50 (Din) zweifarbig . . . . . (15)	1,50	5,—
		Satzpreis (3 W.)	3,50	15,—
		FDC		—,—

Spezialisten unterscheiden drei Aufdrucktypen, die sich anhand der Abstände des Wortes „Referendum" zur Nominale bzw. zum Datum unterscheiden lassen.

1993, 16. Aug. Freimarke: Heiligensymbol. Odr. (10×10); gez. K 13¼.

d) Symbol Johannes des Evangelisten (14. Jh.)

27	A	orange-/dunkelrot . . . . d	0,70	0,70
		FDC		—,—

MiNr. 27 galt für Inlands-Standardbriefe.

Neue Währung ab 1.10.1993:
1 000 000 alte Dinar = 1 neuer Dinar

238 Bosnien-Herzegowina (Serbische Republik)

1994

Neue Währung ab 1.1.1994:
1 000 000 000 alte Dinar = 1 neuer Dinar

1994, 9. Jan. Tag der Republik. Odr. (5×5); gez. K 13¾.

e) Hl. Stephan (Ikone)

28	1 (Din)	mehrfarbig	e	5,50	5,50
		FDC			—,—

Am 24.1.1994 wurde parallel zur Dinar-Währung der sogen. Neue Dinar (ND), der im Verhältnis 1:1 an die D-Mark gebunden ist, eingeführt. Die Relation zwischen Dinar und Neuem Dinar wurde täglich neu festgesetzt; am Tag der Einführung lautete sie 13 000 000 Din = 1 ND

1994, 27. Juni. 150. Geburtstag von König Peter I. Karadjordjević. Odr., Kleinbogen (3×3); gez. K 13¾.

f) Peter I. Karadjordjević (1844–1921, reg. ab 1903), König von Serbien

29	0.80 (ND)	schwarz/braunoliv	f	3,50	3,50
		FDC			—,—
		Kleinbogen		30,—	30,—

MiNr. 29 wurde im Kleinbogen zu 8 Marken und 1 Zierfeld gedruckt.

1994, 18. Juli. 500 Jahre Banja Luka. Odr. (5×5); gez. K 13¾.

g) Stadtansicht

30	1.20 (ND)	mehrfarbig	g	3,50	3,50
		FDC			—,—

1994, 1. Sept. Religiöse Kunst. Odr., Kleinbogen (3×3); gez. K 13¾.

h) Hl. Maria mit Kind; Ikone (14. Jh.) aus der Kirche von Čajnička

31	1 (ND)	mehrfarbig	h	3,50	3,50
		FDC			—,—
		Kleinbogen		32,—	32,—

MiNr. 31 wurde im Kleinbogen zu 8 Marken und 1 Zierfeld gedruckt.

1994, 1. Nov. Freimarken und Einschreibemarke. MiNr. 18–20, 23 A sowie nicht ausgegebene Marke in Zeichnung c mit Bdr.-Aufdruck.

32	A	auf 5 000 (Din) zweifarbig (18 A)	0,20	0,20
33	P	auf 6 000 (Din) zweifarbig (19 C)	1,—	1,—
34	0.40 (ND)	auf 10 000 (Din) zweifarbig		
A		gez. K 13¼ (20 A)	1,—	1,—
C		gez. K 12½ (20 C)	2,50	2,50
35	2.00 (ND)	auf 50 000 (Din) zweifarbig		
A		gez. K 13¼ (23 A)	3,—	3,—
C		gez. K 12½ (c)	14,—	14,—
		Satzpreis (4 W.)	5,—	5,—
		FDC		—,—

MiNr. 32 galt für Inlands-Standardbriefe (Nominale zur Zeit der Ausgabe 0.20 ND), MiNr. 33 (mit Aufdruck eines kyrillischen „R") für Inlands-Einschreibbriefe (Nominale zur Zeit der Ausgabe 0.40 ND).

1994, 28. Nov./31. Dez. Klöster. Odr. (5×5); gez. K 13¾.

i) Kloster Tavna (13. Jh.)
k) Kloster Moštanica (12. Jh.)
l) Kloster Žitomislić, Mostar

36	0.60 (ND)	mehrfarbig (28. Nov.)	i	2,—	2,—
37	1.00 (ND)	mehrfarbig (31. Dez.)	k	3,—	3,—
38	1.20 (ND)	mehrfarbig (28. Dez.)	l	3,50	3,50
		Satzpreis (3 W.)		8,50	8,50
		38 Zf		12,—	12,—
		3 FDC			—,—

MiNr. 38 wurde im Bogen zu 24 Marken und 1 Zierfeld gedruckt.

Auflage: je 20 000 Stück

1996

1996, 1. März. Fauna und Flora. Odr. (5×5); gez. K 13¾

m) Ohrenlerche (Eremophila alpestris)
n) Dinarische Maus (Dinaromys bogdanovi)
o) Büschelglocke (Edraianthus niveus)
p) Dinarische Akelei (Aquilegia dinarica)

39	1.20 (ND)	mehrfarbig	m	1,—	1,—
40	1.20 (ND)	mehrfarbig	n	1,—	1,—
41	1.20 (ND)	mehrfarbig	o	1,—	1,—
42	1.20 (ND)	mehrfarbig	p	1,—	1,—
		Satzpreis (4 W.)		4,—	4,—
		Viererblock oder Fünferstreifen		5,—	5,—
		FDC			—,—

MiNr. 39–42 wurden zusammenhängend im Bogen zu 24 Marken und 1 Zierfeld gedruckt. Es lassen sich 4 Viererblocks und 1 waagerechter oder senkrechter Fünferstreifen (mit Zierfeld) heraustrennen.

Bosnien-Herzegowina (Serbische Republik)

1996, 1. Juli. Freimarken. MiNr. 14–16, 19 und 22 mit Bdr.-Aufdruck.

43	0.70 (ND)	auf 30 (Din) zweifarbig	.... (14)	0,50	0,50
44	1.00 (ND)	auf 100 (Din) zweifarbig	... (16)	0,50	0,50
45	2.00 (ND)	auf 30 000 (Din) zweif.	.. (22 A)	1,—	1,—
46	3.00 (ND)	auf 50 (Din) zweifarbig	... (15)	1,50	1,50
47	5.00 (ND)	auf 6000 (Din) zweif.	... (19 C)	2,50	2,50
		Satzpreis (5 W.)		6,—	6,—
		FDC			—,—

1996, 20. Sept. Freimarken: Relaisstationen und Brücken. Odr. (10×10); gez. K 13¾.

r) Relaisstation am Berg Kozara s) Relaisstation Kraljica am Berg Ozren t) Drina-Brücke bei Srbinje

u) Relaisstation am Berg Romanija v) Relaisstation Stolice am Berg Maljevica w) Brücke bei Višegrad

48	A	schwarz/graugelb	.... r	0,20	0,20
49	R	schwarzbraunviolett/braunorange	.... s	0,50	0,50
50	1.20 (ND)	schwarzgrauviolett/türkisblau	.. t	0,50	0,50
51	2 (ND)	graupurpur/purpur	.... u	1,—	1,—
52	5 (ND)	schwarz/grünblau	 v	2,—	2,—
53	10 (ND)	lebhaft-/schwarzolivbraun	... w	4,50	4,50
		Satzpreis (6 W.)		8,50	8,50
		FDC			—,—

MiNr. 48 gilt für Inlands-Standardbriefe (Nominale zur Zeit der Ausgabe 0.30 ND).
MiNr. 49 für Inlands-Einschreibbriefe (Nominale zur Zeit der Ausgabe 0.90 ND).

1997

1997, 7. Juli. Alte Kirchen. Odr. (5×5); gez. K 13¾.

x) Orthodoxe Kirche, Bašćaršiji (13. Jh.)

54	2.50 (ND)	mehrfarbig	 x	1,20	1,20
		FDC			—,—
54 I		Stecherzeichen „RB" rechts unter dem Dach des hinteren Hauses	....	22,—	22,—

1997, 14. Juli. Michajlo Pupin. Odr. (5×5); gez. K 13¾.

y) M. Pupin (1858–1935), amerikanischer Elektroingenieur serbischer Herkunft

55	2.50 (ND)	mehrfarbig	.... y	1,20	1,20
		FDC			—,—
55 I		Stecherzeichen „RB" unten an der Vorderfront des rechten Hauses, zwischen linkem Eck und Eingangstüre	....	22,—	22,—

1997, 12. Sept. Einheimische Flora. Odr. (5×5); gez. K 13¾.

z) Spitzkiel (Oxytropis campestris) aa) Pedicularis hoermanniana ab) Primel (Primula kitaibeliania) ac) Knautia sarajevensis

56	3.20 (ND)	mehrfarbig	.... z	1,30	1,30
57	3.20 (ND)	mehrfarbig	.... aa	1,30	1,30
58	3.20 (ND)	mehrfarbig	.... ab	1,30	1,30
59	3.20 (ND)	mehrfarbig	.... ac	1,30	1,30
		Satzpreis (4 W.)		5,—	5,—
		FDC			—,—

1997, 1. Nov. Freimarken: Schriftsteller. Odr. (10×10); gez. K 13¾.

ad) Branko Ćopić (1915–1985) ae) Jovan Dučić (1871–1943) af) Meša Selimović (1910–1982)

ag) Aleksa Šantić (1868–1924) ah) Petar Kočić (1873–1916) ai) Ivo Andrić (1892–1975)

60	A	rotorange/chromgelb	...... ad	0,30	0,30
61	R	rotorange/chromgelb	...... ae	0,50	0,50
62	1.50 (ND)	rotorange/chromgelb	...... af	0,50	0,50
63	3 (ND)	rotorange/chromgelb	...... ag	1,20	1,20
64	5 (ND)	rotorange/chromgelb	...... ah	2,—	2,—
65	10 (ND)	rotorange/chromgelb	...... ai	4,—	4,—
		Satzpreis (6 W.)		9,50	9,50
		FDC			—,—

MiNr. 60 gilt für Inlands-Standardbriefe (Nominale zur Zeit der Ausgabe 0.60 ND).
MiNr. 61 für Inlands-Einschreibbriefe (Nominale zur Zeit der Ausgabe 0.90 ND).

Weiterer Wert: MiNr. 166

1997, 12. Nov. Naturschutz: Einheimische Säugetiere. Odr., Kleinbogen (3×3); gez. K 13¾.

ak) Fischotter (Lutra lutra) al) Reh (Capreolus capreolus) am) Braunbär (Ursus arctos)

66	2.50 (ND)	mehrfarbig	.... ak	0,50	0,50
67	4.50 (ND)	mehrfarbig	.... al	1,50	1,50
68	6.50 (ND)	mehrfarbig	.... am	3,—	3,—
		Satzpreis (3 W.)		5,—	5,—
		FDC			—,—
		Kleinbogensatz (3 Klb.)		45,—	45,—

MiNr. 66–68 wurden jeweils im Kleinbogen zu 8 Marken und 1 Zierfeld gedruckt.

Bosnien-Herzegowina (Serbische Republik)

1997, 12. Nov. Europa: Sagen und Legenden. Odr., Kleinbogen (3×3); gez. K 13¾.

an) Zwei Königinnen
ao) Reitender Prinz

69	2.50	(ND)	mehrfarbig .... an	8,—	8,—
70	6.50	(ND)	mehrfarbig .... ao	17,—	17,—
			Satzpreis (2 W.)	25,—	25,—
			FDC	25,—	
			Kleinbogensatz (2 Klb.)	220,—	220,—

MiNr. 69–70 wurden jeweils im Kleinbogen zu 8 Marken und 1 Zierfeld gedruckt.

FALSCH: FDC mit Sonderstempel „EUROPA/Banja Luka".

1997, 22. Dez. Tod von Prinzessin Diana. Odr., Kleinbogen (1×5 Zd.); gez. K 13¾.

ap) Prinzessin Diana (1961–1997)

71	3.50	(ND)	mehrfarbig (lateinische Inschrift „DIANA") .... ap	5,—	5,—
72	3.50	(ND)	mehrfarbig (kyrillische Inschrift „ДИАНА") .... ap l	5,—	5,—
			Satzpreis (Paar)	11,—	11,—
			FDC	15,—	
			Kleinbogen	50,—	50,—

MiNr. 71–72 wurden waagerecht zusammenhängend gedruckt.

1998

1998, 5. Mai. Fußball-Weltmeisterschaft, Frankreich. Odr., Kleinbogen (3×3); gez. K 13¾.

ar) Brasilien
as) Marokko
at) Norwegen
au) Schottland
Zierfeld
av) Italien
aw) Chile
ax) Österreich
ay) Kamerun

az) Frankreich
ba) Saudi-Arabien
bb) Dänemark

bc) Südafrika
Zierfeld
bd) Spanien

  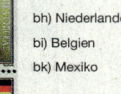

be) Nigeria
bf) Paraguay
bg) Bulgarien

   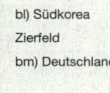

bh) Niederlande
bi) Belgien
bk) Mexiko

bl) Südkorea
Zierfeld
bm) Deutschland

   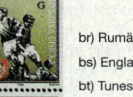

bn) USA
bo) Jugoslawien
bp) Iran

br) Rumänien
bs) England
bt) Tunesien

bu) Kolumbien
Zierfeld
bv) Argentinien

  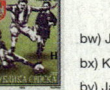

bw) Jamaica
bx) Kroatien
by) Japan

ar–by) Spielszenen, Flaggen der teilnehmenden Länder

73	0.90	(ND)	mehrfarbig .... ar	1,60	1,60
74	0.90	(ND)	mehrfarbig .... as	1,60	1,60
75	0.90	(ND)	mehrfarbig .... at	1,60	1,60
76	0.90	(ND)	mehrfarbig .... au	1,60	1,60
77	0.90	(ND)	mehrfarbig .... av	1,60	1,60
78	0.90	(ND)	mehrfarbig .... aw	1,60	1,60

Bosnien-Herzegowina (Serbische Republik)

79	0.90	(ND)	mehrfarbig .... ax	1,60	1,60
80	0.90	(ND)	mehrfarbig .... ay	1,60	1,60
81	0.90	(ND)	mehrfarbig .... az	1,60	1,60
82	0.90	(ND)	mehrfarbig .... ba	1,60	1,60
83	0.90	(ND)	mehrfarbig .... bb	1,60	1,60
84	0.90	(ND)	mehrfarbig .... bc	1,60	1,60
85	0.90	(ND)	mehrfarbig .... bd	1,60	1,60
86	0.90	(ND)	mehrfarbig .... be	1,60	1,60
87	0.90	(ND)	mehrfarbig .... bf	1,60	1,60
88	0.90	(ND)	mehrfarbig .... bg	1,60	1,60
89	0.90	(ND)	mehrfarbig .... bh	1,60	1,60
90	0.90	(ND)	mehrfarbig .... bi	1,60	1,60
91	0.90	(ND)	mehrfarbig .... bk	1,60	1,60
92	0.90	(ND)	mehrfarbig .... bl	1,60	1,60
93	0.90	(ND)	mehrfarbig .... bm	1,60	1,60
94	0.90	(ND)	mehrfarbig .... bn	1,60	1,60
95	0.90	(ND)	mehrfarbig .... bo	1,60	1,60
96	0.90	(ND)	mehrfarbig .... bp	1,60	1,60
97	0.90	(ND)	mehrfarbig .... br	1,60	1,60
98	0.90	(ND)	mehrfarbig .... bs	1,60	1,60
99	0.90	(ND)	mehrfarbig .... bt	1,60	1,60
100	0.90	(ND)	mehrfarbig .... bu	1,60	1,60
101	0.90	(ND)	mehrfarbig .... bv	1,60	1,60
102	0.90	(ND)	mehrfarbig .... bw	1,60	1,60
103	0.90	(ND)	mehrfarbig .... bx	1,60	1,60
104	0.90	(ND)	mehrfarbig .... by	1,60	1,60
			Satzpreis (32 W.)	48,—	48,—
			Kleinbogensatz (4 Klb.)	50,—	50,—
			4 FDC		55,—

1998, 24. Dez. 800 Jahre Kloster Hilandar: Ikonen. Odr. (5×5); gez. K 13¾.

cb) Hl. Pantelejmon (13. Jh.)

cc) Christus Panto-krator (16. Jh.)   cd) Hl. Nikolaus (1604/05)   ce) Hl. Johannes von Rila (17. Jh.)

107	0.50	(ND)	mehrfarbig .... cb	0,70	0,70
108	0.70	(ND)	mehrfarbig cc	1,—	1,—
109	1.70	(ND)	mehrfarbig .... cd	2,20	2,20
110	2.00	(ND)	mehrfarbig .... ce	2,60	2,60
			Satzpreis (4 W.)	6,50	6,50
			FDC		9,—

1998, 9. Juni. Europa: Nationale Feste und Feiertage. Odr., Kleinbogen (3×3); gez. K 13¾.

bz   ca

bz–ca) Volkstrachten und Volksmusikinstrumente

105	7.50	(ND)	mehrfarbig .... bz	8,—	8,—
106	7.50	(ND)	mehrfarbig .... ca	8,—	8,—
			Satzpreis (2 W.)	16,—	16,—
			FDC		17,—
			Kleinbogensatz (2 Klb.)	130,—	130,—

MiNr. 105–106 wurden jeweils im Kleinbogen zu 8 Marken und 1 Zierfeld gedruckt.

FALSCH: FDC mit Sonderstempel „EUROPA/Banja Luka".

1999

Neue Währung
1 konvertible Mark (M) = 100 Fening (F)

1999, 15. März. Freimarken: Stadtansichten. Odr. (10×10); gez. K 13¾.

cf) Bijeljina   cg) Sokolac   ch) Banja Luka   ci) Prijedor

ck) Trebinje   cl) Brčko   cm) Zvornik   cn) Doboj

111	0.15	(M)	mehrfarbig .... cf	0,20	0,20
112	0.20	(M)	mehrfarbig .... cg	0,30	0,30
113	A		mehrfarbig .... ch	0,60	0,60
114	0.75	(M)	mehrfarbig ci	1,—	1,—
115	R		mehrfarbig .... ck	1,30	1,30
116	2.00	(M)	mehrfarbig cl	2,60	2,60
117	4.50	(M)	mehrfarbig .... cm	5,50	5,50
118	10.00	(M)	mehrfarbig .... cn	13,—	13,—
			Satzpreis (8 W.)	24,—	24,—
			FDC		—,—

MiNr. 113 gilt für Inlands-Standardbriefe (Nominale zur Zeit der Ausgabe 0.50 M).
MiNr. 115 für Inlands-Einschreibebriefe (Nominale zur Zeit der Ausgabe 1.00 M).

In gleicher Zeichnung wie MiNr. 113, jedoch Buchstabe „A" rot, Gebäude gelblich und Himmel grünlich: MiNr. 219

Die Preisnotierungen in den MICHEL-Katalogen gelten für Marken in einwandfreier Qualität. Bei gezähnten Marken muß die Zähnung allseits vollständig sein, bei geschnittenen Marken darf der Schnitt das Markenbild nicht berühren. Postfrische Erhaltung setzt vollkommen unberührte Gummierung voraus, Marken mit Falz dürfen nur einen sauberen Erstfalz haben. Gestempelte Marken sollen eine saubere und möglichst lesbare Abstempelung haben.

Lesen Sie dazu auch die Einführung.

Bosnien-Herzegowina (Serbische Republik)

1999, 26. März. Gründung der staatlichen Fluggesellschaft „AIR SRPSKA". Odr. (5×5); gez. K 13¾.

co cr cs

co–cs) Passagierflugzeug ATR

119	0.50 (M)	mehrfarbig	co	0,60	0,60
120	0.50 (M)	mehrfarbig	cp	0,60	0,60
121	0.75 (M)	mehrfarbig	cr	1,—	1,—
122	1.50 (M)	mehrfarbig	cs	1,90	1,90
		Satzpreis (4 W.)		4,—	4,—
		2 FDC			9,—

1999, 19. April. Geplante Tischtennis-Weltmeisterschaften, Belgrad. Odr. Kleinbogen (3×3); gez. K 13¾.

ct) Tischtennisball als Weltkugel cu) Tischtennisplatte, Schläger, Ball

123	1.00 (M)	mehrfarbig	ct	1,50	1,50
124	2.00 (M)	mehrfarbig	cu	3,—	3,—
		Satzpreis (2 W.)		4,50	4,50
		FDC			7,—
		Kleinbogensatz (2 Klb.)		60,—	60,—

MiNr. 123–124 wurden jeweils im Kleinbogen zu 8 Marken und 1 Zierfeld gedruckt.

1999, 4. Mai. Europa: Natur- und Nationalparks. Odr. Kleinbogen (3×3); gez. K 13¾.

 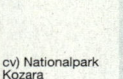 

cv) Nationalpark Kozara cw) Nationalpark Peručica

125	1.50 (M)	mehrfarbig	cv	65,—	65,—
126	2.00 (M)	mehrfarbig	cw	65,—	65,—
		Satzpreis (2 W.)		130,—	130,—
		FDC			130,—
		Kleinbogensatz (2 Klb.)		1100,—	1100,—

MiNr. 125–126 wurden jeweils im Kleinbogen zu 8 Marken und 1 Zierfeld gedruckt.

1999, 26. Mai. 780 Jahre Dabro-Bosnisches und Zahumsko-Herzegowinisches Erzbistum, 480 Jahre Druckerei von Goražde. Odr. (3×3); gez. K 13¾.

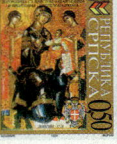  

cx) Gründungsurkunde der Druckerei von Goražde (1519) cy) Kloster Dobrun (15. Jh.) cz) Initiale „G" aus der Druckerei von Goražde (1521)

da) Kloster Žitomislić Zierfeld db) Kloster Gomionica

dc) Maria mit Kind, Erzengeln und Propheten (Ikone) dd) Hl. Nikolaus (Ikone) de) Die Heilige Dreifaltigkeit (Ikone)

127	0.50 (M)	mehrfarbig	cx	0,60	0,60
128	0.50 (M)	mehrfarbig	cy	0,60	0,60
129	0.50 (M)	mehrfarbig	cz	0,60	0,60
130	0.50 (M)	mehrfarbig	da	0,60	0,60
131	0.50 (M)	mehrfarbig	db	0,60	0,60
132	0.50 (M)	mehrfarbig	dc	0,60	0,60
133	0.50 (M)	mehrfarbig	dd	0,60	0,60
134	0.50 (M)	mehrfarbig	de	0,60	0,60
		Satzpreis (8 W.)		4,80	4,80
		Kleinbogen		5,—	5,—
		FDC			13,—

1999, 17. Juni. Fauna: Süßwasserfische. Odr. (1×5 Zd); gez. K 13¾.

df) Bachforelle (Salmo trutta morpha fario) dg) Lachsforelle (Salmo trutta morpha lacustris) Zierfeld

dh) Huchen (Hucho hucho) di) Europäische Äsche (Thymallus thymallus)

135	0.50 (M)	mehrfarbig	df	1,—	1,—
136	0.50 (M)	mehrfarbig	dg	1,—	1,—
137	0.75 (M)	mehrfarbig	dh	1,50	1,50
138	1.00 (M)	mehrfarbig	di	2,—	2,—
		Satzpreis (4 W.)		5,50	5,50
		Fünferstreifen		7,—	7,—
		FDC			10,—

MiNr. 135–138 wurden mit verschiedenen Zierfeldern waagerecht zusammenhängend gedruckt.

Bosnien-Herzegowina (Serbische Republik)

1999, 21. Juli. 30. Jahrestag der ersten bemannten Mondlandung. Odr., Kleinbogen (3×3); gez. K 13¾.

		dk) Landefähre auf Mondoberfläche, Erde	dl) Astronaut auf dem Mond, Solarzellen, Landefähre	
139	1 (M)	mehrfarbig .... dk	1,50	1,50
140	2 (M)	mehrfarbig .... dl	2,50	2,50
		Satzpreis (2 W.)	4,—	4,—
		FDC		6,—
		Kleinbogensatz (2 Klb.)	34,—	34,—

MiNr. 139–140 wurden jeweils im Kleinbogen zu 8 Marken und 1 Zierfeld gedruckt.
Auflagen: MiNr. 139 = 14 000, MiNr. 140 = 10 000 Stück

1999, 9. Sept. 125 Jahre Weltpostverein (UPU). Odr., Kleinbogen (3×3); gez. K 13¾.

dm) Bleistift, UPU-Emblem   dn) Erdkugel, UPU-Emblem

141	0,75 M	mehrfarbig .... dm	1,—	1,—
142	1,25 M	mehrfarbig .... dn	1,60	1,60
		Satzpreis (2 W.)	2,60	2,60
		FDC		4,—
		Kleinbogensatz (2 Klb.)	22,—	22,—

MiNr. 141–142 wurden jeweils im Kleinbogen zu 8 Marken und 1 Zierfeld gedruckt.
Auflagen: MiNr. 141 = 15 000, MiNr. 142 = 10 000 Stück

1999, 29. Okt. Kunst: Ikonen. Odr. (3×3); gez. K 13¾.

do) Gefühlsreiche Muttergottes
ds) Hl. Kirijak Otšelnik
du) Einzug in Jerusalem
dp) Muttergottes von Čajniče
Zierfeld
dv) Hl. Jovan Preteča Krilati
dr) Muttergottes von Pelagonitis
dt) Pietà
dw) Hl. Sava und hl. Simeon

143	0.50 (M)	mehrfarbig .... do	0,60	0,60
144	0.50 (M)	mehrfarbig .... dp	0,60	0,60
145	0.50 (M)	mehrfarbig .... dr	0,60	0,60
146	0.50 (M)	mehrfarbig .... ds	0,60	0,60
147	0.50 (M)	mehrfarbig .... dt	0,60	0,60
148	0.50 (M)	mehrfarbig .... du	0,60	0,60
149	0.50 (M)	mehrfarbig .... dv	0,60	0,60
150	0.50 (M)	mehrfarbig .... dw	0,60	0,60
		Satzpreis (8 W.)	4,80	4,80
		Kleinbogen	5,—	5,—
		FDC		13,—

Auflage: 10 000 Sätze

1999, 22. Nov. Jahrtausendwende (I). Odr., Markenheftchen; gez. K 13¾.

dx) Beherrschung des Feuers, Erfindung des Rades, erste Inschriften in Stein
dy) Erfindung der Uhr
dz) Entdeckung des Eisens, Eisenverarbeitung
ea) Erfindung der Dampfmaschine
eb) Erfindung von Luftfahrzeugen und Automobilen
ec) Bemannte Mondlandung, Raumstation

151	0.50 (M)	mehrfarbig .... dx	1,20	1,20
152	0.50 (M)	mehrfarbig .... dy	1,20	1,20
153	0.50 (M)	mehrfarbig .... dz	1,20	1,20
154	0.50 (M)	mehrfarbig .... ea	1,20	1,20
155	0.50 (M)	mehrfarbig .... eb	1,20	1,20
156	1.00 (M)	mehrfarbig .... ec	2,—	2,—
		Satzpreis (6 W.)	8,—	8,—
		FDC		10,—

MiNr. 151–156 stammen aus MH 1.

1999, 23. Dez. 135 Jahre Postdienst im Gebiet der Serbischen Republik. Odr.; gez. K 13¾.

ed) Postkutsche vor Postamt

157	0.50 (M)	mehrfarbig .... ed	0,60	0,60
		FDC		1,70

Blockausgabe

ee) Posttataren auf dem Karawanenweg

Zierfeld

ef

158	3.00 (M)	mehrfarbig .... ee	60,—	60,—
Block 1	(55×70 mm) .... ef		65,—	65,—
		FDC		75,—

Auflage: MiNr. 157 = 12 000 Stück, Bl. 1 = 4444 Blocks

Bosnien-Herzegowina (Serbische Republik)

2000

2000, 29. Febr. 800. Todestag von Stephan Nemanja. Odr. (3×3); gez. K 13¾.

eg) Stephan Nemanja (um 1114–1200, reg. um 1168–1196), Großžupan, Begründer der serbischen Dynastie der Nemanjiden

159	1.50	(M)	mehrfarbig .... eg	1,80	1,80
			FDC		4,50
			Kleinbogen	15,—	15,—

MiNr. 159 wurde im Kleinbogen zu 8 Marken und 1 Zierfeld gedruckt.
Auflage: 10 000 Stück

2000, 22. März. Einheimische Flora. Odr. (3×3); gez. K 13¾.

 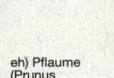 

eh) Pflaume (Prunus domesticus) ei) Haselnuß (Corylus avellana)

160	1	(M)	mehrfarbig .... eh	1,20	1,20
161	2	(M)	mehrfarbig .... ei	2,50	2,50
			Satzpreis (2 W.)	3,50	3,50
			FDC		6,50
			Kleinbogensatz (2 Klb.)	30,—	30,—

MiNr. 160–161 wurden jeweils im Kleinbogen zu 8 Marken und 1 Zierfeld gedruckt.
Auflagen: MiNr. 160 = 15 000, MiNr. 161 = 12 000 Stück

2000, 12. April. Brücken. Odr. (3×3); gez. K 13¾.

ek) Brücke in Bratunac

el) Brücke „Pavlovića most"   em) Brücke in Šepk   en) Brücke in Zvornik

162	1	(M)	mehrfarbig .... ek	1,30	1,30
163	1	(M)	mehrfarbig .... el	1,30	1,30
164	1	(M)	mehrfarbig .... em	1,30	1,30
165	1	(M)	mehrfarbig .... en	1,30	1,30
			Satzpreis (4 W.)	5,—	5,—
			FDC		9,—
			Kleinbogensatz (4 Klb.)	40,—	40,—

MiNr. 162–165 wurden jeweils im Kleinbogen zu 8 Marken und 1 Zierfeld gedruckt.
Auflage: 14 000 Sätze

2000, 26. April. Freimarke: Schriftsteller. Odr. (10×10); gez. K 13¾.

eo) Jovan Dučić (1871–1943)

166	0.20	(M)	mehrfarbig .... eo	0,30	0,30
			FDC		1,—

Weitere Werte: MiNr. 60–65

2000, 5. Mai. Europa. Odr. (3×3); gez. K 13¾.

ep) Kinder bauen Sternenturm   er) Kinder mit Sternen

167	1.50	(M)	mehrfarbig .... ep	55,—	55,—
168	2.50	(M)	mehrfarbig .... er	65,—	65,—
			Satzpreis (2 W.)	120,—	120,—
			FDC		120,—
			Kleinbogensatz (2 Klb.)	1000,—	1000,—

MiNr. 167–168 wurden jeweils im Kleinbogen zu 8 Marken und 1 Zierfeld gedruckt.

167 UI	links ungezähnt	—,—

Auflagen: MiNr. 167 = 28 000, MiNr. 168 = 23 000 Stück

2000, 26. Mai. 100 Jahre Eparchie Banja Luka. Odr. (3×3); gez. K 13¾.

es) Kathedrale von Banja Luka

169	1.50	(M)	mehrfarbig .... es	1,80	1,80
			FDC		4,50
			Kleinbogen	15,—	15,—

MiNr. 169 wurde im Kleinbogen zu 8 Marken und 1 Zierfeld gedruckt.
Auflage: 10 000 Stück

2000, 14. Juni. Fußball-Europameisterschaft, Belgien und Niederlande. Odr. (3×3); gez. K 13¾.

et–ev) Spielszenen

170	1	(M)	mehrfarbig .... et	1,20	1,20
171	2	(M)	mehrfarbig .... eu	2,50	2,50
			Satzpreis (2 W.)	3,50	3,50
			FDC		6,—
			Kleinbogensatz (2 Klb.)	30,—	30,—

Blockausgabe

ev) Landkarte von Europa mit Hervorhebung der Länder Belgien und Niederlande

ew

Bosnien-Herzegowina (Serbische Republik)

172	6 (M)	mehrfarbig	ev	9,—	9,—
Block 2	(66 × 83 mm)		ew	10,—	10,—
			FDC		11,—

MiNr. 170–171 wurden jeweils im Kleinbogen zu 8 Marken und 1 Zierfeld gedruckt.

Auflagen: MiNr. 170 = 20 000, MiNr. 171 = 16 000 Stück, Bl. 2 = 7777 Blocks

2000, 12. Juli. 125. Jahrestag des Aufstandes von Nevesinje. Odr. (3 × 3); gez. K 13¾.

ex) Anführer der Aufständischen während einer Kampfpause

173	1.50 (M)	mehrfarbig	ex	1,90	1,90
			FDC		4,50
		Kleinbogen		16,—	16,—

MiNr. 173 wurde im Kleinbogen zu 8 Marken und 1 Zierfeld gedruckt.

Auflage: 10 000 Stück

2000, 6. Sept. Olympische Sommerspiele, Sydney. Odr. (3 × 3); gez. K 13¾.

ey) Handball
ey–fb) Umrißkarte von Australien, olympische Ringe

ez) Hürdenlauf   fa) Volleyball   fb) Basketball

174	0.50 (M)	mehrfarbig	ey	0,60	0,60
175	0.50 (M)	mehrfarbig	ez	0,60	0,60
176	0.50 (M)	mehrfarbig	fa	0,60	0,60
177	0.50 (M)	mehrfarbig	fb	0,60	0,60
		Satzpreis (4 W.)		2,40	2,40
		FDC			7,—
		Kleinbogensatz (4 Klb.)		20,—	20,—

Blockausgabe

fc) Umrißkarte von Australien, Kängurufs
fd

178	2.00 (M)	mehrfarbig	fc	2,50	2,50
Block 3	(71 × 98 mm)		fd	2,50	2,50
			FDC		5,50

MiNr. 174–177 wurden jeweils im Kleinbogen zu 8 Marken und 1 Zierfeld gedruckt.

Auflagen: MiNr. 174–177 = 12 000 Sätze, Bl. 3 = 7777 Blocks

2000, 4. Okt. 175 Jahre Eisenbahnen. Odr. (1 × 5 Zd); gez. K 13¾.

fe) Dampflokomotive (1848)   ff) Dampflokomotive (1865)   Zierfeld

fg) Schnellzug-Dampflokomotive (1930)
fh) Hochgeschwindigkeits-Elektrolokomotive (1990)

179	0.50 (M)	mehrfarbig	fe	2,—	2,—
180	0.50 (M)	mehrfarbig	ff	2,—	2,—
181	0.50 (M)	mehrfarbig	fg	2,—	2,—
182	1.00 (M)	mehrfarbig	fh	3,—	3,—
		Satzpreis (4 W.)		9,—	9,—
		Fünferstreifen		10,—	10,—
		FDC			12,—

MiNr. 179–182 wurden mit verschiedenen Zierfeldern waagerecht zusammenhängend gedruckt.

Auflage: 12 000 Sätze

2000, 31. Okt. Naturschutz. Odr. (3 × 3); gez. K 13¾.

fi) Edelweiß (Leontopodium alpinum)   fk) Grottenolm (Proteus anguineus)

183	1.00 (M)	mehrfarbig	fi	1,20	1,20
184	2.00 (M)	mehrfarbig	fk	2,50	2,50
		Satzpreis (2 W.)		3,50	3,50
		FDC			6,50
		Kleinbogensatz (2 Klb.)		30,—	30,—

MiNr. 183–184 wurden jeweils im Kleinbogen zu 8 Marken und 1 Zierfeld gedruckt.

Auflage: 14 000 Sätze

2000, 22. Nov. Jahrtausendwende (II). Odr., Markenheftchen; gez. K 13¾.

fl) Segelschiff   fm) Glasbläserei   fn) Schmiede
fo) Buchdruckerei   fp) James Watt mit Dampfmaschine   fr) Hubble-Teleskop, Satelliten

Bosnien-Herzegowina (Serbische Republik)

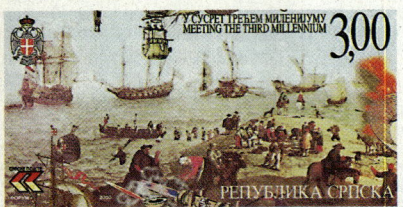

fs) Zeitalter der Seefahrer und Entdecker

185	0.50 (M)	mehrfarbig	fl	0,60	0,60
186	0.50 (M)	mehrfarbig	fm	0,60	0,60
187	0.50 (M)	mehrfarbig	fn	0,60	0,60
188	0.50 (M)	mehrfarbig	fo	0,60	0,60
189	0.50 (M)	mehrfarbig	fp	0,60	0,60
190	0.50 (M)	mehrfarbig	fr	0,60	0,60
191	3.00 (M)	mehrfarbig	fs	4,—	4,—
		Satzpreis (7 W.)		7,50	7,50
		FDC			16,—

MiNr. 185–191 stammen aus MH 2.
Auflage: 14 000 Sätze

2000, 20. Dez. Kunst: Ikonen und Fresken. Odr. (3×3); gez. K 13¾.

ft) Mariä Himmelfahrt (Fresko)

 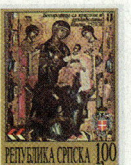 

fu) Einzug in Jerusalem (Ikone)
fv) Maria mit Kind und Erzengeln (Ikone)
fw) Christus Pantokrator (Kuppelfresko)

192	0.50 (M)	mehrfarbig	ft	0,60	0,60
193	0.50 (M)	mehrfarbig	fu	0,60	0,60
194	1.00 (M)	mehrfarbig	fv	1,20	1,20
195	1.00 (M)	mehrfarbig	fw	1,20	1,20
		Satzpreis (4 W.)		3,50	3,50
		FDC			8,—
		Kleinbogensatz (4 Klb.)		30,—	30,—

MiNr. 192–195 wurden jeweils im Kleinbogen zu 8 Marken und 1 Zierfeld gedruckt.
Auflage: 14 000 Sätze

2001

2001, 27. Febr. 125 Jahre Telefon. Odr. (3×3); gez. K 13¾.

fx) Alexander G. Bell (1847–1922), britisch-amerikanischer Physiologe und Erfinder; Telefonapparate einst und jetzt

196	1.00 (M)	mehrfarbig	fx	1,20	1,20
		FDC			3,50
		Kleinbogen		10,—	10,—

MiNr. 196 wurde im Kleinbogen zu 8 Marken und 1 Zierfeld gedruckt.
Auflage: 20 000 Stück

2001, 29. März. 40. Jahrestag des ersten bemannten Weltraumfluges. Odr. (3×3); gez. K 13¾.

fy) Jurij Gagarin (1934–1968), sowjetischer Fliegeroffizier und Kosmonaut; Raumschiff Wostok

197	1.00 (M)	mehrfarbig	fy	1,20	1,20
		FDC			3,50
		Kleinbogen		10,—	10,—

Blockausgabe

fz) J. Gagarin, Erde mit Flugbahn der Wostok-Raumkapsel, Start der Trägerrakete

198	3.00 (M)	mehrfarbig	fz	5,—	5,—
Block 4	(86×66 mm)		ga	6,—	6,—
		FDC			7,50

MiNr. 197 wurde im Kleinbogen zu 8 Marken und 1 Zierfeld gedruckt.
Auflagen: MiNr. 197 = 20 000 Stück, Bl. 4 = 10 000 Blocks

2001, 11. April. 100. Geburtstag von Vlado Milošević. Odr. (3×3); gez. K 13¾.

gb) V. Milošević, Pianist

199	0.50 (M)	mehrfarbig	gb	0,60	0,60
		FDC			3,—
		Kleinbogen		5,—	5,—

MiNr. 199 wurde im Kleinbogen zu 8 Marken und 1 Zierfeld gedruckt.
Auflage: 50 000 Stück

2001, 4. Mai. Europa: Lebensspender Wasser. Odr., Kleinbogen (Klb.) (3×3) und Markenheftchen (MH); A = vierseitig, C = senkrecht gez. K 13¾.

gc) Skakavac-Wasserfall im Sutjeska-Nationalpark
gd) Fluß Turjanica bei Donji Vijacani

200	1.00 (M)	mehrfarbig	gc		
A		vierseitig gez. (Klb.)		2,20	2,20
C		senkrecht gez. (MH)		4,—	4,—
201	2.00 (M)	mehrfarbig	gd		
A		vierseitig gez. (Klb.)		4,40	4,40
C		senkrecht gez. (MH)		8,—	8,—
		Satzpreis A (2 W.)		6,50	6,50
		FDC			8,—
		Kleinbogensatz (2 Klb.)		55,—	55,—
		Satzpreis C (2 W.)		12,—	12,—
		FDC			13,—

Bosnien-Herzegowina (Serbische Republik)

Marken aus Kleinbogen (A) haben einen weißen, Marken aus Heftchen (C) einen farbigen Markenrand.

MiNr. 200 A–201 A wurden jeweils im Kleinbogen zu 8 Marken und 1 Zierfeld gedruckt.

MiNr. 200 C–201 C stammen aus MH 3.

Auflagen: A = 50 000, C = 16 000 Sätze

2001, 19. Juni. Schmetterlinge. Odr. (3×3); gez. K 13¾.

ge) Großes Ochsenauge (Maniola jurtina)
gf) Kleiner Würfel-Dickkopffalter (Pyrgus malvae)
gg) Echter Schwalbenschwanz (Papilio machaon)
gh) Feuerfalter (Lycaena phlaeas)

202	0.50	(M)	mehrfarbig . . . . ge	0,60	0,60
203	0.50	(M)	mehrfarbig . . . . gf	0,60	0,60
204	1.00	(M)	mehrfarbig . . . . gg	1,20	1,20
205	1.00	(M)	mehrfarbig . . . . gh	1,20	1,20
			Satzpreis (4 W.)	3,50	3,50
			FDC		8,—
			Kleinbogensatz (4 Klb.)	30,—	30,—

MiNr. 205 weist immer die fehlerhafte Inschrift „pylaeas" auf.

MiNr. 202–205 wurden jeweils im Kleinbogen zu 8 Marken und 1 Zierfeld gedruckt.

Auflage: 25 000 Sätze

2001, 17. Juli. Trachten. Odr. (3×3); gez. K 13¾.

gi) Ländliche Frauentrachten (19. Jh.)
gk) Frauentrachten (19. und 20. Jh.)
gl) Frauentrachten (20. Jh.)
gm) Frauentracht aus dem Bergland (19.–20. Jh.)

206	0.50	(M)	mehrfarbig . . . . gi	0,60	0,60
207	0.50	(M)	mehrfarbig . . . . gk	0,60	0,60
208	1.00	(M)	mehrfarbig . . . . gl	1,20	1,20
209	1.00	(M)	mehrfarbig . . . . gm	1,20	1,20
			Satzpreis (4 W.)	3,50	3,50
			FDC		8,—
			Kleinbogensatz (4 Klb.)	30,—	30,—

MiNr. 206–209 wurden jeweils im Kleinbogen zu 8 Marken und 1 Zierfeld gedruckt.

Auflage: 20 000 Sätze

2001, 5. Sept. Freimarke: Tourismus. Odr. (10×10); gez. K 13¾.

gn) Stadtansicht von Srpska Kostajnica

210	0.25	(M)	mehrfarbig . . . . gn	0,30	0,30
			FDC		1,80

Auflage: 300 000 Stück

Weitere Werte: MiNr. 212, 238, 240

2001, 5. Sept. Gewinn einer Goldmedaille bei den Karate-Weltmeisterschaften, Aberdeen. Odr. (3×3); gez. K 13¾.

go) Kampfszene, Emblem des Internationalen Karate-Verbandes

211	1.50	(M)	/ 0.767 € mehrfarbig . . . . . go	1,80	1,80
			FDC		4,—
			Kleinbogen	15,—	15,—

MiNr. 211 wurde im Kleinbogen zu 8 Marken und 1 Zierfeld gedruckt.

Auflage: 20 000 Stück

2001, 20. Sept. Freimarke: Tourismus. Odr. (10×10); gez. K 13¾.

gp) Stadtansicht von Srbinje

212	1.00	(M)	mehrfarbig . . . . gp	1,20	1,20
			FDC		1,60

Auflage: 500 000 Stück

Weitere Werte: MiNr. 210, 238, 240

2001, 20. Sept. Grotten und Gruben. Odr., Markenheftchen; senkrecht gez. K 13¾.

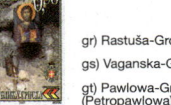

gr) Rastuša-Grotte
gs) Vaganska-Grotte
gt) Pawlowa-Grotte (Petropawlowa)
gu) Orlovača-Grotte
gv) Ledana-Grube
gw) Pod-Jelikom-Grube

213	0.50	(M)	mehrfarbig . . . . gr	0,60	0,60
214	0.50	(M)	mehrfarbig . . . . gs	0,60	0,60
215	0.50	(M)	mehrfarbig . . . . gt	0,60	0,60
216	0.50	(M)	mehrfarbig . . . . gu	0,60	0,60
217	0.50	(M)	mehrfarbig . . . . gv	0,60	0,60
218	0.50	(M)	mehrfarbig . . . . gw	0,60	0,60
			Satzpreis (6 W.)	3,50	3,50
			FDC		10,—

MiNr. 213–218 stammen aus MH 4.

Auflage: 15 000 Sätze

2001, 23. Okt. Freimarke: Stadtansichten. Odr. (10×10); gez. K 13¾.

ch) Banja Luka

219	—		mehrfarbig . . . . ch	0,60	0,60
			FDC		2,—

Nominale zur Zeit der Ausgabe: 0.50 M

Auflage: 500 000 Stück

In gleicher Zeichnung, jedoch Buchstabe „A" schwarz, Gebäude weiß und Himmel blau: MiNr. 113; weitere Werte: MiNr. 111–118

Bosnien-Herzegowina (Serbische Republik)

2001, 23. Okt. 100 Jahre Nobelpreise. Odr. (3×3); gez. K 13¾.

gx) Alfred Nobel (1833–1896), schwedischer Chemiker und Industrieller

gy) Ivo Andrić (1892–1975), Schriftsteller, Nobelpreis 1961

220	1.00 (M)	mehrfarbig	gx	1,20	1,20
221	2.00 (M)	mehrfarbig	gy	2,40	2,40
		Satzpreis (2 W.)		3,50	3,50
		FDC			5,50
		Kleinbogensatz (2 Klb.)		30,—	30,—

MiNr. 220–221 wurden jeweils im Kleinbogen zu 8 Marken und 1 Zierfeld gedruckt.
Auflage: 20 000 Sätze

2001, 15. Nov. Naturschutz. Odr. (3×3); gez. K 13¾.

gz) Bardača-Srbac

ha) Klinje-See

222	1.00 (M)	mehrfarbig	gz	1,20	1,20
223	1.00 (M)	mehrfarbig	ha	1,20	1,20
		Satzpreis (2 W.)		2,40	2,40
		FDC			4,50
		Kleinbogensatz (2 Klb.)		19,—	19,—

MiNr. 222–223 wurden jeweils im Kleinbogen zu 8 Marken und 1 Zierfeld gedruckt.
Auflage: 14 000 Sätze

2001, 5. Dez. Kunst: Gemälde. Odr. (3×3); gez. K 13¾.

hb) Stilleben mit Papagei; von Jovan Bijelić (1884–1964)

hc) Adel; von Miodrag Vujačić (1932–1997)

hd) Djerdap; von Todor Švrakić (1882–1931)

he) Belgrader Vorstadt; von Kosta Hakman (1899–1961)

224	0.50 (M)	mehrfarbig	hb	0,60	0,60
225	0.50 (M)	mehrfarbig	hc	0,60	0,60
226	0.50 (M)	mehrfarbig	hd	0,60	0,60
227	0.50 (M)	mehrfarbig	he	0,60	0,60
		Satzpreis (4 W.)		2,40	2,40
		FDC			5,50
		Kleinbogensatz (4 Klb.)		20,—	20,—

MiNr. 224–227 wurden jeweils im Kleinbogen zu 8 Marken und 1 Zierfeld gedruckt.
Auflage: 25 000 Sätze

2001, 5. Dez. Weihnachten. Odr. (3×3); gez. K 13¾.

hf) Verkündigung der Hirten, Christi Geburt, Taufszene; Fresken aus dem Kloster Studenica

228	1.00 (M)	mehrfarbig	hf	1,20	1,20
		FDC			4,—
		Kleinbogen		10,—	10,—

MiNr. 228 wurde im Kleinbogen zu 8 Marken und 1 Zierfeld gedruckt.
Auflage: 50 000 Stück

2001, 24. Dez. 75 Jahre Fußballverein Borac Banja Luka. Odr. (3×3); gez. K 13¾.

hg) Fußballspieler, Vereinsemblem

229	1.50 (M)	mehrfarbig	hg	1,80	1,80
		FDC			4,50
		Kleinbogen		14,50	14,50

MiNr. 229 wurde im Kleinbogen zu 8 Marken und 1 Zierfeld gedruckt.
Auflage: 20 000 Stück

2002

2002, 10. Jan. 10 Jahre Serbische Republik. Odr. (3×3); gez. K 13¾.

hh) Wappen

hi) Flagge

230	0.50 (M)	mehrfarbig	hh	0,60	0,60
231	1.00 (M)	mehrfarbig	hi	1,20	1,20
		Satzpreis (2 W.)		1,80	1,80
		FDC			4,50
		Kleinbogensatz (2 Klb.)		14,50	14,50

Blockausgabe

hk) Landkarte
hl)

232	2.00 (M)	mehrfarbig	hk	2,40	2,40
Block 5	(72×65 mm)		hl	2,50	2,50
		FDC			5,—

MiNr. 230–231 wurden jeweils im Kleinbogen zu 8 Marken und 1 Zierfeld gedruckt.
Auflagen: MiNr. 230–231 = 30 000 Sätze, Bl. 5 = 10 000 Blocks

Bosnien-Herzegowina (Serbische Republik) 249

2002, 29. Jan. Kampf gegen den Terrorismus. Odr. (3×3); gez. K 13¾.

hm) Hand hält Kobra fest

233	1.00 (M)	mehrfarbig .... hm	1,20	1,20
		FDC	4,50	4,50
		Kleinbogen	11,—	11,—

Blockausgabe

hn) Menschliche Augenpartie in Weltkugel
ho)

234	2.00 (M)	mehrfarbig .... hn	2,40	2,40
Block 6	(67×76 mm) .... ho		2,50	2,50
		FDC		5,—

Auflagen: MiNr. 233 = 20 000 Stück, Bl. 6 = 10 000 Blocks

2002, 13. Febr. Olympische Winterspiele, Salt Lake City. Odr. (3×3); gez. K 13¾.

hp) Skispringen   hr) Bobfahren

235	0.50 (M)	mehrfarbig .... hp	0,60	0,60
236	1.00 (M)	mehrfarbig .... hr	1,20	1,20
		Satzpreis (2 W.)	1,80	1,80
		FDC		4,50
		Kleinbogensatz (2 Klb.)	14,50	14,50

MiNr. 235–236 wurden jeweils im Kleinbogen zu 8 Marken und 1 Zierfeld gedruckt.
Auflage: 20 000 Sätze

2002, 5. März. Jahrhundert der Aufklärung. Odr. (3×3); gez. K 13¾.

hs) Allegorische Figur

237	1.00 (M)	mehrfarbig .... hs	1,20	1,20
		FDC		4,50
		Kleinbogen	10,—	10,—

MiNr. 237 wurde im Kleinbogen zu 8 Marken und 1 Zierfeld gedruckt.
Auflage: 15 000 Stück

2002, 22. März. Freimarke: Tourismus. Odr. (10×10); gez. K 13¾.

ht) Kirche in Srbsko Sarajevo

238	0.50 (M)	mehrfarbig .... ht	0,60	0,60
		FDC		1,50

Auflage: 1 000 000 Stück

Weitere Werte: MiNr. 210, 212, 240

2002, 11. April. 75. Jahrestag der ersten Atlantiküberquerung im Alleinflug. Odr. (3×3); gez. K 13¾.

hu) Charles Lindbergh (1902–1974), amerikanischer Flieger; Flugzeug „Spirit of St. Louis"

239	1.00 (M)	mehrfarbig .... hu	1,20	1,20
		FDC		4,50
		Kleinbogen	10,—	10,—

MiNr. 239 wurde im Kleinbogen zu 8 Marken und 1 Zierfeld gedruckt.
Auflage: 20 000 Stück

2002, 17. April. Freimarke: Tourismus. Odr. (10×10); gez. K 13¾.

hv) Tanklager, Srpski Brod

240	2.00 (M)	mehrfarbig .... hv	2,40	2,40
		FDC		4,50

Auflage: 200 000 Stück

Weitere Werte: MiNr. 210, 212, 238

2002, 30. April. Europa: Zirkus. Odr., Kleinbogen (Klb.) (3×3) und Markenheftchen (MH); A = vierseitig, D = dreiseitig gez. K 13¾.

hw) Pferdedressur, Clown   hx) Elefantendressur

241	1.00 (M)	mehrfarbig .... hw		
A		vierseitig gez. (Klb.)	1,20	1,20
D		dreiseitig gez. (MH)	2,50	2,50
242	1.50 (M)	mehrfarbig .... hx		
A		vierseitig gez. (Klb.)	1,80	1,80
D		dreiseitig gez. (MH)	3,50	3,50
		Satzpreis A (2 W.)	3,—	3,—
		FDC		5,50
		Kleinbogensatz (2 Klb.)	30,—	30,—
		Satzpreis D (2 W.)	6,—	6,—
		FDC		8,—

Marken aus Kleinbogen (A) haben einen weißen, Marken aus Heftchen (D) einen farbigen Markenrand.

MiNr. 241 A–242 A wurden jeweils im Kleinbogen zu 8 Marken und 1 Zierfeld gedruckt.
MiNr. 241 D–242 D stammen aus MH 5.
Auflagen: A = 55 000, D = 18 000 Sätze

Bosnien-Herzegowina (Serbische Republik)

2002, 31. Mai. Fußball-Weltmeisterschaft, Japan und Südkorea. Odr. (3×3); gez. K 13¾.

 hy  hz

hy–hz) Spielszenen aus früheren Weltmeisterschaften

243	0,50	(M)	mehrfarbig .... hy	0,60	0,60
244	1,00	(M)	mehrfarbig .... hz	1,20	1,20
			Satzpreis (2 W.)	1,80	1,80
			FDC		4,—
			Kleinbogensatz (2 Klb.)	14,50	14,50

MiNr. 243–244 wurden jeweils im Kleinbogen zu 8 Marken und 1 Zierfeld gedruckt.

Auflage: 25 000 Sätze

2002, 5. Juli. Freimarken: Kurorte. Odr. (10×10); gez. K 13¾.

ia) Banja Slatina ib) Banja Mlječanica ic) Banja Vilina Vlas

id) Banja Laktaši ie) Banja Vrućica if) Banja Dvorovi

245	0,25	(M)	mehrfarbig .... ia	0,30	0,30
246	0,50	(M)	mehrfarbig .... ib	0,60	0,60
247	0,75	(M)	mehrfarbig ic	0,90	0,90
248	1,00	(M)	mehrfarbig .... id	1,20	1,20
249	1,50	(M)	mehrfarbig .... ie	1,80	1,80
250	5,00	(M)	mehrfarbig .... if	6,20	6,20
			Satzpreis (6 W.)	11,—	11,—
			FDC		15,—

248 I mit Stecherzeichen in Feld 89 .... —,—

Auflagen: MiNr. 245–246 je 800 000, MiNr. 247 = 400 000, MiNr. 248 = 600 000, MiNr. 249 = 200 000, MiNr. 250 = 80 000 Stück

In gleichen Zeichnungen wie MiNr. 246 und 248, jedoch geänderte Farben: MiNr. 321–322; weitere Werte: MiNr. 302, 354

2002, 5. Sept. Museumsgegenstände. Odr. (3×3); gez. K 13¾.

ig) Trinkbecher aus Muranoglas (14. Jh.)

ih) Griechisch-illyrischer Helm (5.–4. Jh. v. Chr.)
ii) Grabplatte von Pfarrer Grda (12. Jh.)
ik) Silberarmband (5.–4. Jh. v. Chr.)

251	0,50	(M)	mehrfarbig .... ig	0,60	0,60
252	0,50	(M)	mehrfarbig .... ih	0,60	0,60
253	1,00	(M)	mehrfarbig ii	1,20	1,20
254	1,00	(M)	mehrfarbig .... ik	1,20	1,20
			Satzpreis (4 W.)	3,50	3,50
			FDC		7,—
			Kleinbogensatz (4 Klb.)	30,—	30,—

MiNr. 251–254 wurden jeweils im Kleinbogen zu 8 Marken und 1 Zierfeld gedruckt.

Auflage: 20 000 Sätze

2002, 17. Okt. Einheimische Pilze. Odr. (1×5 Zd); gez. K 13¾.

il) Königsröhrling (Boletus regius)
in) Kaiserling (Amanita caesarea)
Zierfeld

im) Großer Schirmling (Macrolepiota procera)
io) Füllhorn (Craterellus cornucopioides)

255	0,50	(M)	mehrfarbig il	0,60	0,60
256	0,50	(M)	mehrfarbig .... im	0,60	0,60
257	1,00	(M)	mehrfarbig .... in	1,20	1,20
258	1,00	(M)	mehrfarbig .... io	1,20	1,20
			Satzpreis (4 W.)	3,50	3,50
			Fünferstreifen	3,80	3,80
			FDC		7,—

MiNr. 255–258 wurden mit Zierfeld (5 verschiedene im Bogen) waagerecht zusammenhängend gedruckt.

Auflage: 20 000 Sätze

2002, 26. Nov. Naturschutz. Odr. (3×3); gez. K 13¾.

ip) Maglić-Gebirge
ir) Klekovača-Gebirge

259	0,50	(M)	mehrfarbig .... ip	0,60	0,60
260	1,00	(M)	mehrfarbig .... ir	1,20	1,20
			Satzpreis (2 W.)	1,80	1,80
			FDC		4,—
			Kleinbogensatz (2 Klb.)	14,50	14,50

MiNr. 259–260 wurden jeweils im Kleinbogen zu 8 Marken und 1 Zierfeld gedruckt.

Auflage: 25 000 Sätze

MICHEL-Rundschau

zwölfmal im Jahr aktuelle Informationen für den Philatelisten. Mit einem Abonnement können Sie auch diesen Katalog auf dem laufenden halten!

Bosnien-Herzegowina (Serbische Republik)

2002, 18. Dez. Kunst: Gemälde. Odr. (3×3); gez. K 13¾.

is) Der schwarze See unterhalb vom Durmitor; von Lazar Drljača

it) Petar Popović Pecija; von Špiro Bocarić
iu) Vögel in der Landschaft; von Milan Sovilj
iv) Zembiljeva-Straße; von Branko Šotra

261	0,50 (M)	mehrfarbig	is	0,60	0,60
262	0,50 (M)	mehrfarbig	it	0,60	0,60
263	1,00 (M)	mehrfarbig	iu	1,20	1,20
264	1,00 (M)	mehrfarbig	iv	1,20	1,20
		Satzpreis (4 W.)		3,50	3,50
		FDC			7,—
		Kleinbogensatz (4 Klb.)		30,—	30,—

MiNr. 261–264 wurden jeweils im Kleinbogen zu 8 Marken und 1 Zierfeld gedruckt.

Auflage: 20 000 Sätze

2003

2003, 13. Febr. Blockausgabe: 100. Jahrestag der ersten Filmdreharbeiten in Serbisch-Bosnien. Odr.; gez. Ks 13¾.

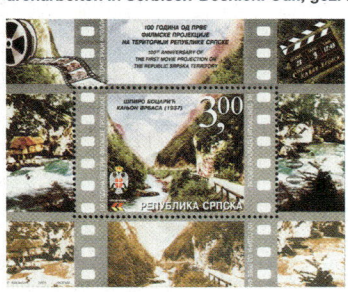

iw) Die Schlucht von Vrbas; Film von Špiro Bocarić (1878–1941), Regisseur

ix)

265	3,00 (M)	mehrfarbig	iw	3,50	3,50
Block 7	(90×73 mm)		ix	3,50	3,50
		FDC			5,50

Auflage: 10 000 Blocks

2003, 5. März. 135. Geburtstag von Aleksa Šantić. Odr. (3×3); gez. K 13¾.

iy) A. Šantić (1868–1924), Schriftsteller

266	1,00 (M)	mehrfarbig	iy	1,20	1,20
		FDC			4,50
		Kleinbogen		10,—	10,—

MiNr. 266 wurde im Kleinbogen zu 8 Marken und 1 Zierfeld gedruckt.

Auflage: 12 000 Stück

2003, 28. März. Ostern. Odr. (3×3); gez. K 13¾.

iz) Kreuzigung Christi; Kupferrelief im Kloster Maria Lichtmeß
ka) Auferstehung Christi; Gemälde von Matthias Grünewald, eigentl. Mathis Nithart (um 1470–1528), deutscher Maler und Baumeister

267	0,50 (M)	mehrfarbig	iz	0,60	0,60
268	1,00 (M)	mehrfarbig	ka	1,20	1,20
		Satzpreis (2 W.)		1,80	1,80
		FDC			4,50
		Kleinbogensatz (2 Klb.)		16,—	16,—

MiNr. 267–268 wurden jeweils im Kleinbogen zu 8 Marken und 1 Zierfeld gedruckt.

Auflage: 20 000 Sätze

2003, 16. April. Blockausgabe: 50. Jahrestag der Erstbesteigung des Mt. Everest. Odr.; gez. Ks 13¾.

kb–kc) Mt.-Everest-Massiv

kd

269	1,50 (M)	mehrfarbig	kb	1,70	1,70
270	1,50 (M)	mehrfarbig	kc	1,70	1,70
Block 8	(82×58 mm)		kd	3,50	3,50
		FDC			5,50

Auflage: 14 000 Blocks

2003, 5. Mai. Europa: Plakatkunst. Odr., Kleinbogen (Klb.) (3×3) und Markenheftchen (MH); A = vierseitig, D = dreiseitig gez. K 13¾.

ke) Plakatieren einer Fremdenverkehrswerbung
kf) Hand mit Fremdenverkehrsplakat

271	1,00 (M)	mehrfarbig	ke		
A		vierseitig (Klb.)		1,20	1,20
Do		dreiseitig gez. (:|:) (MH)		7,—	7,—
Du		dreiseitig gez. (⊞) (MH)		7,—	7,—
272	1,50 (M)	mehrfarbig	kf		
A		vierseitig (Klb.)		1,80	1,80
Do		dreiseitig gez. (:|:) (MH)		7,—	7,—
Du		dreiseitig gez. (⊞) (MH)		7,—	7,—
		Satzpreis A (2 W.)		3,—	3,—
		FDC			5,50
		Kleinbogensatz (2 Klb.)		24,—	24,—

MiNr. 271 A–272 A wurden jeweils im Kleinbogen zu 8 Marken und 1 Zierfeld gedruckt.

MiNr. 271 D–272 D stammen aus MH 6.

Auflagen: A = 55 000, D = 48 000 Sätze

Bosnien-Herzegowina (Serbische Republik)

2003, 9. Juni. Pferderassen. Odr. (3×3); gez. K 13¾.

kg) Lipizzaner

kh) Araber ki) Posavac kk) Bosnisches Bergpferd

273	0.50 (M)	mehrfarbig	kg	0,60	0,60
274	0.50 (M)	mehrfarbig	kh	0,60	0,60
275	1.00 (M)	mehrfarbig	ki	1,20	1,20
276	1.00 (M)	mehrfarbig	kk	1,20	1,20
		Satzpreis (4 W.)		3,50	3,50
		FDC			7,50
		Kleinbogensatz (4 Klb.)		30,—	30,—

MiNr. 273–276 wurden jeweils im Kleinbogen zu 8 Marken und 1 Zierfeld gedruckt.
Auflage: 15 000 Sätze

2003, 22. Juni. 2. Besuch von Papst Johannes Paul II. in Bosnien und Herzegowina (I). Odr. (3×3); gez. K 13¾.

kl) Papst Johannes Paul II. (1920–2005, reg. seit 1978)

277	1.50 (M)	mehrfarbig	kl	5,—	5,—
		FDC			7,50
		Kleinbogen		45,—	45,—

MiNr. 277 wurde im Kleinbogen zu 8 Marken und 1 Zierfeld gedruckt.
Auflage: 20 000 Stück

2003, 22. Juni. 2. Besuch von Papst Johannes Paul II. in Bosnien und Herzegowina (II); Seligsprechung von Ivan Merz. Odr. (3×3); gez. K 13¾.

km) Papst Johannes Paul II.; Ivan Merz (1896–1928), Philosoph

278	1.50 (M)	mehrfarbig	km	1,80	1,80
		FDC			3,50
		Kleinbogen		15,—	15,—

MiNr. 278 wurde im Kleinbogen zu 8 Marken und 1 Zierfeld gedruckt.
Auflage: 40 000 Stück

Parallelausgabe mit Bosnien-Herzegowina (moslemischer Teil) MiNr. 301 und Bosnien-Herzegowina – Kroatische Republik MiNr. 112.

2003, 11. Juli. Orden. Odr. (3×3); gez. K 13¾:13¼.

kn) Ehrenorden mit goldenem Strahlenkranz

ko) Orden erster Klasse des Königshauses Njegosch

279	0.50 (M)	mehrfarbig	kn	0,60	0,60
280	1.00 (M)	mehrfarbig	ko	1,20	1,20
		Satzpreis (2 W.)		1,80	1,80
		FDC			4,—
		Kleinbogensatz (2 Klb.)		14,50	14,50

MiNr. 279–280 wurden jeweils im Kleinbogen zu 8 Marken und 1 Zierfeld gedruckt.
Auflage: 12 000 Sätze

2003, 14. Aug. Kampf gegen Terrorismus. Odr. (3×3); gez. K 13¾:13¼.

kp) Hand mit Dolch sticht auf Erdkugel ein

281	1.00 (M)	mehrfarbig	kp	1,20	1,20
		FDC			4,—
		Kleinbogen		10,—	10,—

MiNr. 281 wurde im Kleinbogen zu 8 Marken und 1 Zierfeld gedruckt.
Auflage: 12 000 Stück

2003, 25. Sept. 175. Geburtstag von Lew Tolstoj. Odr. (3×3); gez. K 13¾:13¼.

kr) Lew Nikolajewitsch Tolstoj (1828–1910), russischer Schriftsteller

282	1.00 (M)	mehrfarbig	kr	1,20	1,20
		FDC			4,—
		Kleinbogen		10,—	10,—

MiNr. 282 wurde im Kleinbogen zu 8 Marken und 1 Zierfeld gedruckt.
Auflage: 15 000 Stück

2003, 21. Okt. Europäischer Naturschutz. Odr. (3×3); gez. K 13¾:13¼.

ks) Felsschlucht des Flusses Ugar

kt) Flußtal der Drina

283	0.50 (M)	mehrfarbig	ks	0,60	0,60
284	1.00 (M)	mehrfarbig	kt	1,20	1,20
		Satzpreis (2 W.)		1,80	1,80
		FDC			4,—
		Kleinbogensatz (2 Klb.)		14,50	14,50

MiNr. 283–284 wurden jeweils im Kleinbogen zu 8 Marken und 1 Zierfeld gedruckt.
Auflage: 20 000 Sätze

Für unverlangt eingesandte Briefsendungen und Markenvorlagen wird keine Haftung übernommen

Bosnien-Herzegowina (Serbische Republik)

2003, 19. Nov. Kunst: Ikonen. Odr. (1 × 5 Zd); gez. K 13:13¾.

ku) Hl. Sava und Märtyrerin Barbara; von Radul
kw) Krönung der Gottesmutter Maria und Heilige; von Dimitrije Bačević
Zierfeld

kv) Hl. Lasar; von Andreje Raičević
kx) Hl. Maria, Jesus Christus und Johannes der Täufer

285	0.50	(M)	mehrfarbig .... ku	0,60	0,60
286	0.50	(M)	mehrfarbig .... kv	0,60	0,60
287	1.00	(M)	mehrfarbig .... kw	1,20	1,20
288	1.00	(M)	mehrfarbig .... kx	1,20	1,20
			Satzpreis (4 W.)	3,50	3,50
			Fünferstreifen	3,80	3,80
			FDC		7,—

MiNr. 285–288 wurden mit Zierfeld (5 verschiedene im Bogen) waagerecht zusammenhängend gedruckt.

Auflage: 14 000 Sätze

2003, 5. Dez. Neujahr 2004. Odr. (3 × 3); gez. K 13¾:13¼.

ky) Kind baut Schneemann
kz) Weihnachtsmann und Rentierschlitten

289	0.50	(M)	mehrfarbig .... ky	0,60	0,60
290	1.00	(M)	mehrfarbig .... kz	1,20	1,20
			Satzpreis (2 W.)	1,80	1,80
			FDC		4,—
			Kleinbogensatz (2 Klb.)	14,50	14,50

MiNr. 289–290 wurden jeweils im Kleinbogen zu 8 Marken und 1 Zierfeld gedruckt.

Auflage: 15 000 Sätze

2003, 17. Dez. 100. Jahrestag des ersten Motorfluges der Brüder Wright. Odr. (3 × 3); gez. K 13¾:13¼.

la) Orville (1871–1948) und Wilbur Wright (1867–1912), amerikanische Flugpioniere; Doppeldecker „Flyer 1"
lb) Ferdinand Graf von Zeppelin (1838–1917), deutscher Begründer des Starrluftschiffbaus; Luftschiff LZ 127

291	0.50	(M)	mehrfarbig .... la	0,60	0,60
292	1.00	(M)	mehrfarbig .... lb	1,20	1,20
			Satzpreis (2 W.)	1,80	1,80
			FDC		4,—
			Kleinbogensatz (2 Klb.)	14,50	14,50

MiNr. 291–292 wurden jeweils im Kleinbogen zu 8 Marken und 1 Zierfeld gedruckt.

Auflage: 20 000 Sätze

2004

2004, 5. Febr. Blockausgabe: 200. Jahrestag des ersten serbischen Aufstandes. Odr.; gez. Ks 13¾:13¼.

lc
ld
lc–ld) Aufständische
le

293	1.50	(M)	mehrfarbig lc	1,80	1,80
294	1.50	(M)	mehrfarbig .... ld	1,80	1,80
Block 9	(75 × 61 mm) .... le			3,60	3,60
			FDC		5,50

Auflage: 14 444 Blocks

2004, 2. März. Blockausgabe: Olympische Sommerspiele, Athen. Odr.; gez. Ks 13¼:13¾.

lf
lg
lf–lg) Wagenrennen
lh

295	1.50	(M)	mehrfarbig .... lf	1,80	1,80
296	1.50	(M)	mehrfarbig .... lg	1,80	1,80
Block 10	(100 × 60 mm) .... lh			3,60	3,60
			FDC		5,50

Auflage: 12 000 Blocks

2004, 12. März. 125. Geburtstag von Albert Einstein. Odr. (3 × 3); gez. K 13¼:13¾.

li) Albert Einstein (1879–1955), deutscher Physiker, Nobelpreis 1921

297	1.50	(M)	mehrfarbig li	1,80	1,80
			FDC		3,50
			Kleinbogen	14,50	14,50

MiNr. 297 wurde im Kleinbogen zu 8 Marken und 1 Zierfeld gedruckt.

Auflage: 15 000 Stück

Satzpreise sind, wenn nicht anders angegeben, nach den niedrigsten Preisen eines Satzes ohne Unterarten errechnet.

Bosnien-Herzegowina (Serbische Republik)

2004, 2. April. Ostern: Gemälde. Odr. (3×3); gez. K 13¼:13¾.

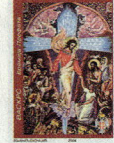

Ik) Auferstehung Christi;
von Konstantinos Xeno-
poulos, griechischer Maler

Il) Auferstehung Christi

298	0,50	(M)	mehrfarbig .... Ik	0,60	0,60
299	1,00	(M)	mehrfarbig Il	1,20	1,20
			Satzpreis (2 W.)	1,80	1,80
			FDC		3,50
			Kleinbogensatz (2 Klb.)	14,50	14,50

MiNr. 298–299 wurden jeweils im Kleinbogen zu 8 Marken und 1 Zierfeld gedruckt.

Auflage: 20 000 Sätze

2004, 5. Mai. Europa: Ferien. Odr., Kleinbogen (Klb.) (3×3) und Markenheftchen (MH); A = vierseitig, D = dreiseitig gez. K 13¾:13.

Im) Wildwasser-
Rafting

In) Paragliding

300	1,00	(M)	mehrfarbig .... Im		
	A		vierseitig gez. (Klb.)	1,20	1,20
	Do		dreiseitig gez. (☐) (MH)	1,50	1,50
	Du		dreiseitig gez. (☐) (MH)	1,50	1,50
301	1,50	(M)	mehrfarbig .... In		
	A		vierseitig gez. (Klb.)	1,80	1,80
	Do		dreiseitig gez. (☐) (MH)	2,—	2,—
	Du		dreiseitig gez. (☐) (MH)	2,—	2,—
			Satzpreis A (2 W.)	3,—	3,—
			FDC		5,50
			Kleinbogensatz (2 Klb.)	24,—	24,—

Marken aus Kleinbogen (A) haben einen weißen, Marken aus Heftchen (D) einen farbigen Markenrand.

MiNr. 300 A–301 A wurden jeweils im Kleinbogen zu 8 Marken und 1 Zierfeld gedruckt.

MiNr. 300 D–301 D stammen aus MH 7.

Auflagen: A = 60 000 Sätze, D = 30 000 Markenheftchen

2004, 10. Mai/2006, 7. März. Freimarke: Kurorte. Odr. (10×10); I = mit Jahreszahl 2004, II = mit Jahreszahl 2006; gez. K 13¾.

Io) Banja Kulaşi

302	0,20	(M)	mehrfarbig .... Io		
	I		Jahreszahl 2004 (10.5.2004) ...	0,30	0,30
	II		Jahreszahl 2006 (7.3.2006) ...	0,30	0,30
			FDC		2,—

Von MiNr. 302 II gibt es eine 2. Auflage mit abgenutzten (retuschierten?) Druckplatten, erkennbar an der schwachen Federzeichnung im Wappenvogel und an der verschwommenen Inschrift über dem Postemblem.

Auflagen: MiNr. 302 I = 300 000, MiNr. 302 II = 800 000 Stück

Weitere Werte: MiNr. 245–250, 321–322, 354

Mit MICHEL besser sammeln

2004, 28. Mai. 125. Geburtstag von Milutin Milanković. Odr. (3×3); gez. K 13¾:13.

Ip) Milutin Milanković (1879–1958), Astronom

303	1,00	(M)	mehrfarbig .... Ip	1,20	1,20
			FDC		4,—
			Kleinbogen	10,—	10,—

MiNr. 303 wurde im Kleinbogen zu 8 Marken und 1 Zierfeld gedruckt.

Auflage: 15 000 Stück

2004, 8. Juni. Fußball-Europameisterschaft, Portugal. Odr. (3×3); gez. K 13:13¾.

Ir) Landkarte Europas, Fußball

304	1,50	(M)	mehrfarbig .... Ir	1,80	1,80
			FDC		4,—
			Kleinbogen	14,50	14,50

MiNr. 304 wurde im Kleinbogen zu 8 Marken und 1 Zierfeld gedruckt.

Auflage: 18 000 Stück

2004, 12. Juli. Olympische Sommerspiele, Athen. Odr. (3×3); gez. K 13:13¾.

Is) Diskuswerfen;
Olympieion

It) Hürdenlauf;
Erechtheion

Iu) Laufen; Parthenon

305	0,50	(M)	mehrfarbig .... Is	0,60	0,60
306	0,50	(M)	mehrfarbig .... It	0,60	0,60
307	1,00	(M)	mehrfarbig .... Iu	1,20	1,20
			Satzpreis (3 W.)	2,40	2,40
			FDC		4,—
			Kleinbogensatz (3 Klb.)	19,—	19,—

Blockausgabe

Iv) Laufen; Wagenrennen (Fresko)
Zierfeld

Iv
Zierfeld

Iv
Zierfeld

Iw

Bosnien-Herzegowina (Serbische Republik)

308	1.00 (M) mehrfarbig lv	1,20	1,20
Block 11	mit 3 × MiNr. 308 (132 × 85 mm) ... lw	3,60	3,60
	FDC		6,50

MiNr. 305–307 wurden jeweils im Kleinbogen zu 8 Marken und 1 Zierfeld gedruckt.

Auflagen: MiNr. 305–307 = 25 000 Sätze, Bl. 11 = 12 000 Blocks

2004, 27. Aug. Europäischer Naturschutz. Odr. (3×3); gez. K 13¾:13.

lx) Immergrüne Bärentraube (Arctostaphylos uva-ursi)

ly) Steinrötel (Monticola saxatilis)

309	0.50 (M) mehrfarbig lx	0,60	0,60
310	1.00 (M) mehrfarbig .... ly	1,20	1,20
	Satzpreis (2 W.)	1,80	1,80
	FDC		4,—
	Kleinbogensatz (2 Klb.)	14,50	14,50

MiNr. 309–310 wurden jeweils im Kleinbogen zu 8 Marken und 1 Zierfeld gedruckt.

Auflage: 20 000 Sätze

2004, 14. Sept. Museumsexponate: Mineralien. Odr. (3×3); gez. K 13¾:13.

lz) Pyrit

ma) Antimonit   mb) Sphalerit   mc) Quarz

311	0.50 (M) mehrfarbig .... lz	0,60	0,60
312	0.50 (M) mehrfarbig .... ma	0,60	0,60
313	1.00 (M) mehrfarbig .... mb	1,20	1,20
314	1.00 (M) mehrfarbig .... mc	1,20	1,20
	Satzpreis (4 W.)	3,60	3,60
	2 FDC		7,—
	Kleinbogensatz (4 Klb.)	29,—	29,—

MiNr. 311–314 wurden jeweils im Kleinbogen zu 8 Marken und 1 Zierfeld gedruckt.

Auflage: 15 000 Sätze

2004, 9. Okt. 150. Geburtstag von Michael Idvorsky Pupin. Odr. (3×3); gez. K 13¾.

md) M. I. Pupin (1854-1935), amerikanischer Elektroingenieur serbischer Abstammung

315	1.00 (M) mehrfarbig .... md	1,20	1,20
	FDC		4,—
	Kleinbogen	10,—	10,—

MiNr. 315 wurde im Kleinbogen zu 8 Marken und 1 Zierfeld gedruckt.

Auflage: 12 000 Stück

2004, 21. Okt. Kampf gegen Terrorismus. Odr. (3×3); gez. K 13¾.

me) Kind mit Handgranate

316	1.00 (M) mehrfarbig .... me	1,20	1,20
	FDC		4,—
	Kleinbogen	10,—	10,—

MiNr. 316 wurde im Kleinbogen zu 8 Marken und 1 Zierfeld gedruckt.

Auflage: 12 000 Stück

2004, 18. Nov. Einheimische Flora. Odr. (1×5 Zd); gez. K 13¾:13¼.

mf) Großblütiger Fingerhut (Digitalis grandiflora)

mh) Alpenheckenrose (Rosa pendulina)   Zierfeld   mg) Arnika (Arnica montana)   mi) Gelber Enzian (Gentiana lutea)

317	0.50 (M) mehrfarbig .... mf	0,60	0,60
318	0.50 (M) mehrfarbig .... mg	0,60	0,60
319	1.00 (M) mehrfarbig .... mh	1,20	1,20
320	1.00 (M) mehrfarbig .... mi	1,20	1,20
	Satzpreis (4 W.)	3,60	3,60
	Fünferstreifen	3,60	3,60
	FDC		7,—

MiNr. 317–318 wurden mit Zierfeld (5 verschiedene im Bogen) waagerecht zusammenhängend gedruckt.

Auflage: 20 000 Sätze

2004, 6. Dez. Freimarken: Kurorte. Odr. (10×10); gez. K 13¾.

ib) Banja Mlječanica

321	0.50 (M) mehrfarbig .... ib	0,60	0,60
322	1.00 (M) mehrfarbig .... id	1,20	1,20
	Satzpreis (2 W.)	1,80	1,80
	FDC		3,20

Auflagen: MiNr. 321 = 500 000, MiNr. 322 = 300 000 Stück

In gleichen Zeichnungen, jedoch geänderte Farben: MiNr. 246, 248; weitere Werte: MiNr. 245, 247, 249–250, 302, 354

MICHEL-Kataloge werden ständig überarbeitet und durch Berücksichtigung der neuesten Forschungsergebnisse auf dem aktuellen Stand gehalten.

Bosnien-Herzegowina (Serbische Republik)

2004, 7. Dez. Weihnachten. Odr. (3×3); gez. K 13:13¾.

mk) Weihnachtskrippe

323	1.00 (M)	mehrfarbig .... mk	1,20	1,20
		Kleinbogen	10,—	10,—

MiNr. 323 wurde im Kleinbogen zu 8 Marken und 1 Zierfeld gedruckt.
Auflage: 20 000 Stück

2005

2005, 7. Febr. Kunst: Gemälde von Milenko Atanacković. Odr. (3×3); gez. K 13¾:13¼, Querformat ~.

ml) Serbischer Bauer aus Semberija   mm) Altes Gemeindehaus, Beledija

324	0.50 (M)	mehrfarbig .... ml	0,60	0,60
325	1.00 (M)	mehrfarbig .... mm	1,20	1,20
		Satzpreis (2 W.)	1,80	1,80
		FDC		4,—
		Kleinbogensatz (2 Klb.)	14,50	14,50

MiNr. 324–325 wurden jeweils im Kleinbogen zu 8 Marken und 1 Zierfeld gedruckt.
Auflage: 15 000 Sätze

2005, 22. März. Internationaler Tag für Gewässerschutz. Odr. (3×3); gez. K 13:13¾.

mn) Wasserfall, Fluß Jani

326	1.00 (M)	mehrfarbig .... mn	1,20	1,20
		FDC		4,—
		Kleinbogen	10,—	10,—

MiNr. 326 wurde im Kleinbogen zu 8 Marken und 1 Zierfeld gedruckt.
Auflage: 15 000 Stück

2005, 4. April. Europa: Gastronomie. Odr., Kleinbogen (Klb.) (3×3) und Markenheftchen (MH); A = vierseitig, D = dreiseitig gez. K 13¼:13¾.

mo) Traditionelle Feuerstelle mit Kochgeschirr und Gedeck, Hausbrot mit Nationalgericht „Sarmice"   mp) Gedeckter Tisch mit geräuchertem Schinken, Rahm und Maisbrot

327	1.00 (M)	mehrfarbig .... mo		
	A	vierseitig gez. (Klb.)	1,20	1,20
	Do	dreiseitig gez. (⊔) (MH)	1,20	1,20
	Du	dreiseitig gez. (⊓) (MH)	1,20	1,20

328	1.50 (M)	mehrfarbig .... mp		
	A	vierseitig gez. (Klb.)	1,80	1,80
	Do	dreiseitig gez. (⊔) (MH)	1,80	1,80
	Du	dreiseitig gez. (⊓) (MH)	1,80	1,80
		Satzpreis A (2 W.)	3,—	3,—
		FDC		5,50
		Kleinbogensatz (2 Klb.)	24,—	24,—

Marken aus Kleinbogen (A) haben einen braunen, Marken aus Heftchen (D) einen grünen Rahmen.
MiNr. 327 A–328 A wurden jeweils im Kleinbogen zu 8 Marken und 1 Zierfeld gedruckt.
MiNr. 328 D–328 D stammen aus MH 8.
Auflagen: A = 55 000 Sätze, D = 20 000 Markenheftchen

2005, 18. April. Ostern. Odr. (3×3); gez. K 13¾:13¼.

mr) Christus Pantokrator; Fresko in der Kirche Bogorodica Ljeviška, Prizren (1310)

329	0.50 (M)	mehrfarbig .... mr	0,60	0,60
		FDC		4,—
		Kleinbogen	5,—	5,—

MiNr. 329 wurde im Kleinbogen zu 8 Marken und 1 Zierfeld gedruckt.
Auflage: 20 000 Stück

2005, 21. April. Tod von Papst Johannes Paul II. Odr. (3×3); gez. K 13¼:13¾.

ms) Papst Johannes Paul II. (1920–2005, reg. ab 1978); Kathedrale, Krakau

330	1.50 (M)	mehrfarbig .... ms	1,80	1,80
		FDC		4,—
		Kleinbogen	14,50	14,50

Blockausgabe

mt) Papst Johannes Paul II.; Petersdom, Rom
mu

331	5.00 (M)	mehrfarbig .... mt	6,—	6,—
Block 12	(56×50 mm)	.... mu	6,—	6,—
		FDC		7,50

MiNr. 330 wurde im Kleinbogen zu 8 Marken und 1 Zierfeld gedruckt.
Auflagen: MiNr. 330 = 26 421 Stück, Bl. 12 = 11 264 Blocks

2005, 23. Juni. Fauna: Ottern. Odr. (1×5 Zd); gez. K 13:14.

mv) Gemeine Kreuzotter (Vipera berus berus)   mx) Balkan-Kreuzotter (Vipera berus bosniensis)   Zierfeld

Bosnien-Herzegowina (Serbische Republik) 257

mw) Wiesenotter (Vipera ursinii)
my) Europäische Hornotter (Vipera ammodytes)

332	0.50	(M)	mehrfarbig .... mv	0,60	0,60
333	0.50	(M)	mehrfarbig .... mw	0,60	0,60
334	1.00	(M)	mehrfarbig .... mx	1,20	1,20
335	1.00	(M)	mehrfarbig .... my	1,20	1,20
			Satzpreis (4 W.)	3,60	3,60
			Fünferstreifen	3,60	3,60
			FDC		7,—

MiNr. 332–335 wurden mit Zierfeld (5 verschiedene im Bogen) waagerecht zusammenhängend gedruckt.
Auflage: 20 000 Sätze

2005, 15. Juli. 50 Jahre Disneyland, Orlando, Florida. Odr. (3×3); gez. K 13¾:13¼.

mz) Märchenschloß
na) Holzhäuser

336	0.50	(M)	mehrfarbig .... mz	0,60	0,60
337	1.00	(M)	mehrfarbig .... na	1,20	1,20
			Satzpreis (2 W.)	1,80	1,80
			FDC		4,—
			Kleinbogensatz (2 Klb.)	14,50	14,50

MiNr. 336–337 wurden jeweils im Kleinbogen zu 8 Marken und 1 Zierfeld gedruckt.
Auflage: 15 000 Sätze

2005, 5. Aug. Tradition. Odr. (3×3); gez. K 13¼:13¾.

nb) Stierkampf auf der Corrida von Grmeč

338	1.50	(M)	mehrfarbig .... nb	1,80	1,80
			FDC		4,—
			Kleinbogen	14,50	14,50

MiNr. 338 wurde im Kleinbogen zu 8 Marken und 1 Zierfeld gedruckt.
Auflage: 12 000 Stück

2005, 30. Aug. 50 Jahre Europamarken (2006). Odr. (3×3); A = gez. K 13¾:13¼.

nc) Nationalpark Peručica
nd) Wildwasser-Rafting
ne) Alte Brücke, Mostar
nf) Drina-Brücke

339 A	1.95	(M) / 1.00 €	mehrfarbig .... nc	2,40	2,40
340 A	1.95	(M) / 1.00 €	mehrfarbig .... nd	2,40	2,40
341 A	1.95	(M) / 1.00 €	mehrfarbig .... ne	2,40	2,40
342 A	1.95	(M) / 1.00 €	mehrfarbig .... nf	2,40	2,40
			Satzpreis (4 W.)	9,50	9,50
			FDC		11,—
			Kleinbogensatz (4 Klb.)	76,—	76,—

Blockausgabe, A = gez. K 13¾:13, B = ☐

Block 13 A	(79×94 mm)		.... ng	20,—	20,—
			FDC		22,—
339 B	1.95	(M) / 1.00 €	mehrfarbig .... nc	—,—	—,—
340 B	1.95	(M) / 1.00 €	mehrfarbig .... nd	—,—	—,—
341 B	1.95	(M) / 1.00 €	mehrfarbig .... ne	—,—	—,—
342 B	1.95	(M) / 1.00 €	mehrfarbig .... nf	—,—	—,—
Block 13 B	(79×94 mm)		.... ng	30,—	30,—
			FDC		32,—

MiNr. 339–342 wurden jeweils im Kleinbogen zu 8 Marken und 1 Zierfeld gedruckt.
Auflagen: MiNr. 339 A–342 A = 30 000 Sätze, Bl. 13 A = 30 000 Blocks

In ähnlichen Zeichnungen wie MiNr. 339–340: MiNr. 126, 300

2005, 16. Sept. Basketball-Europameisterschaft, Belgrad. Odr. (1×5 Zd); gez. K 13¼:13¾.

nh) Sportarena, Belgrad; Korb; Bälle

343	0.50	(M)	mehrfarbig/blau .... nh	0,60	0,60
344	0.50	(M)	mehrfarbig/rot .... nh	0,60	0,60
345	0.50	(M)	mehrfarbig/gelb .... nh	0,60	0,60
346	0.50	(M)	mehrfarbig/grün .... nh	0,60	0,60
347	0.50	(M)	mehrfarbig/grau .... nh	0,60	0,60
			Satzpreis (5 W.)	3,—	3,—
			Fünferstreifen	3,—	3,—
			FDC		6,50

347 I	mit Stecherzeichen „NS" im Gebäude unter dem Basketballkorb (Feld 18)	10,—

Die zusätzliche Farbangabe bezieht sich auf den Markenhintergrund.

MiNr. 343–347 wurden zusammenhängend im Bogen gedruckt. Es lassen sich sowohl waagerechte als auch senkrechte Fünferstreifen heraustrennen.
Auflage: 35 000 Sätze

2005, 26. Sept. 75 Jahre Museum der Serbischen Republik; 75 Jahre Theater „Narodno Pozorište" der Serbischen Republik. Odr. (3×3); gez. K 13¾:13¼; Querformat ~.

ni) Museum
nk) Theater

348	1.00	(M)	mehrfarbig .... ni	1,20	1,20
349	1.00	(M)	mehrfarbig .... nk	1,20	1,20
			Satzpreis (2 W.)	2,40	2,40
			FDC		4,—
			Kleinbogensatz (2 Klb.)	19,—	19,—

MiNr. 348–349 wurden jeweils im Kleinbogen zu 8 Marken und 1 Zierfeld gedruckt.
Auflage: 12 000 Sätze

Wissen kommt nicht von selbst
MICHEL

Bosnien-Herzegowina (Serbische Republik)

2005, 3. Okt. Blockausgabe: Eisenbahnstrecke Višegrad–Mokra Gora. Odr.; gez. K 13¼:13¾.

nl) Tunnel Šarganska osmica
nm) Bahnhof Mokra Gora
nn

350	0.50	(M)	mehrfarbig .... nl	0,60	0,60
351	1.00	(M)	mehrfarbig .... nm	1,20	1,20
Block 14 (101 × 54 mm) .... nn				1,80	1,80
			FDC		4,—

Auflage: 15 000 Blocks

2005, 14. Okt. 100 Jahre Internationale Luftfahrtorganisation (IAO). Odr. (3×3); gez. K 13¼:13¾.

no) Bleriot XI, Gasballon

352	1.50	(M)	mehrfarbig .... no	1,80	1,80
			FDC		4,—
			Kleinbogen	14,50	14,50

MiNr. 352 wurde im Kleinbogen zu 8 Marken und 1 Zierfeld gedruckt.
Auflage: 15 000 Stück

2005, 21. Nov. 10 Jahre Friedensabkommen von Dayton. Odr. (3×3); gez. K 13¾:13¼.

np) Mit Büroklammern angeheftetes Blumenbild

353	1.50	(M)	mehrfarbig .... np	1,80	1,80
			FDC		4,—
			Kleinbogen	14,50	14,50

MiNr. 353 wurde im Kleinbogen zu 8 Marken und 1 Zierfeld gedruckt.
Auflage: 30 000 Stück

2005, 23. Nov. Freimarke: Kurorte. Odr. (5×10); gez. K 13¾.

nr) Banja Guber

354	0.50	(M)	mehrfarbig .... nr	0,60	0,60
			FDC		2,20

Auflage: 800 000 Stück

Weitere Werte: MiNr. 245–250, 302, 321–322

2005, 25. Nov. Europäischer Naturschutz. Odr. (3×3); gez. K 13¾:13.

ns) Wachtelkönig (Crex crex)
nt) Löffler (Platalea leucorodia)

355	0.50	(M)	mehrfarbig .... ns	0,60	0,60
356	1.00	(M)	mehrfarbig .... nt	1,20	1,20
			Satzpreis (2 W.)	1,80	1,80
			Kleinbogensatz (2 Klb.)	14,50	14,50

MiNr. 355–356 wurden jeweils im Kleinbogen zu 8 Marken und 1 Zierfeld gedruckt.
Auflage: 20 000 Sätze

2005, 15. Dez. 60. Jahrestag der Befreiung des Konzentrationslagers Jasenovac. Odr. (3×3); gez. K 13¼:14.

nu) Denkmal, Stacheldraht

357	0.50	(M)	mehrfarbig .... nu	0,60	0,60
			FDC		2,20
			Kleinbogen	4,80	4,80

MiNr. 357 wurde im Kleinbogen zu 8 Marken und 1 Zierfeld gedruckt.
Auflage: 15 000 Stück

2006

2006, 27. Jan. 250. Geburtstag von Wolfgang Amadeus Mozart. Odr. (3×3); gez. K 14:13¼.

nv) W. A. Mozart (1756–1791), österreichischer Komponist

358	1.50	(M)	mehrfarbig .... nv	1,80	1,80
			FDC		4,—
			Kleinbogen	16,—	16,—

MiNr. 358 wurde im Kleinbogen zu 8 Marken und 1 Zierfeld gedruckt.
Auflage: 20 000 Stück

2006, 31. Jan. 100. Geburtstag von Branko Šotra. Odr. (3×3); gez. K 14:13¼.

nw) Branko Šotra (1906–1960), Maler

359	1.00	(M)	mehrfarbig .... nw	1,20	1,20
			FDC		3,50
			Kleinbogen	11,—	11,—

MiNr. 359 wurde im Kleinbogen zu 8 Marken und 1 Zierfeld gedruckt.
Auflage: 15 000 Stück

**Europa in Farbe:
Die MICHEL-Europa-Kataloge**

Bosnien-Herzegowina (Serbische Republik)

2006, 10. Febr. Olympische Winterspiele, Turin. Odr. (3×3); gez. K 13¼:14.

nx) Biathlon   ny) Ski alpin

360	0.50 (M)	mehrfarbig .... nx	0,60	0,60
361	1.00 (M)	mehrfarbig .... ny	1,20	1,20
		Satzpreis (2 W.)	1,80	1,80
		FDC		4,—
		Kleinbogensatz (2 Klb.)	18,—	18,—

MiNr. 360–361 wurden jeweils im Kleinbogen zu 8 Marken und 1 Zierfeld gedruckt.

Auflage: je 25 000 Stück

2006, 14. März. Flora. Odr. (5×5); gez. K 13¼:14.

nz) Prenjer Steinbrech (Saxifraga prenja)

oa) Herzegowinischer Waldmeister (Asperula hercegovina)
ob) Prenjer Klinge (Oxytropis prenja)
oc) Herzegowinische Glocke (Campanula hercegovina)

362	0.50 (M)	mehrfarbig .... nz	0,60	0,60
363	0.50 (M)	mehrfarbig .... oa	0,60	0,60
364	1.00 (M)	mehrfarbig .... ob	1,20	1,20
365	1.00 (M)	mehrfarbig .... oc	1,20	1,20
		Satzpreis (4 W.)	3,60	3,60
		FDC		6,—

MiNr. 362–365 wurden zusammen im Bogen zu 24 Marken und einem Zierfeld gedruckt.

Auflage: je 24 000 Stück

2006, 5. April. Europa: Integration. Odr., Kleinbogen (Klb.) (3×3) und Markenheftchen (MH); A = vierseitig, D = dreiseitig gez. K 13¼:13¾.

od) Die Träne; Zeichnung von Luka Kajkut (7 J.)
oe) Liebesreigen; Zeichnung von Minea Madžar (8 J.)

366	1.00 (M)	mehrfarbig .... od		
A		vierseitig gez. (Klb.)	1,20	1,20
Do		dreiseitig gez. (☐) (MH)	1,20	1,20
Du		dreiseitig gez. (☐) (MH)	1,20	1,20

367	1.50 (M)	mehrfarbig .... oe		
A		vierseitig gez. (Klb.)	1,80	1,80
Do		dreiseitig gez. (☐) (MH)	1,80	1,80
Du		dreiseitig gez. (☐) (MH)	1,80	1,80
		Satzpreis A (2 W.)	3,—	3,—
		FDC		5,50
		Kleinbogensatz (2 Klb.)	24,—	24,—

Marken aus Kleinbogen (A) haben einen weißen, Marken aus Heftchen (D) einen gelben Rahmen.

MiNr. 366 A–367 A wurden jeweils im Kleinbogen zu 8 Marken und 1 Zierfeld gedruckt.

MiNr. 366 D–367 D stammen aus MH 9.

Auflagen: A = 50 000 Sätze, D = 25 000 Markenheftchen

2006, 14. April. Ostern. Odr. (3×3); gez. K 13¼:14.

of) Osternest

368	0.70 (M)	mehrfarbig .... of	0,90	0,90
		FDC		3,—
		Kleinbogen	7,—	7,—

MiNr. 368 wurde im Kleinbogen zu 8 Marken und 1 Zierfeld gedruckt.

Auflage: 20 000 Stück

2006, 9. Juni. Fußball-Weltmeisterschaft, Deutschland. Odr. (3×3); gez. K 13¼:13¾.

oh) Stadion, Fußball
og) Zweikampf

369	0.50 (M)	mehrfarbig .... og	0,60	0,60
370	1.00 (M)	mehrfarbig .... oh	1,20	1,20
		Satzpreis (Paar)	1,80	1,80
		FDC		4,—
		Kleinbogen	7,20	7,20

Blockausgabe

oi) Ballannahme; Olympiastadion, Berlin
mu

371	3.00 (M)	mehrfarbig .... oi	3,60	3,60
Block 15	(65×48 mm)	.... ok	3,60	3,60
		FDC		5,—

MiNr. 369–370 wurden zusammenhängend im Kleinbogen zu 8 Marken und 1 Zierfeld gedruckt.

Auflagen: MiNr. 369–370 je 20 000 Stück, Bl. 15 = 12 000 Blocks

---

Die Ausführlichkeit der **MICHEL**-Kataloge ist international anerkannt.

Bosnien-Herzegowina (Serbische Republik)

2006, 28. Juni. 10. Vidovdan-Straßenlauf, Brčko. Odr. (3×3); gez. K 13¼:14.

ol) Straßenlauf am St.-Veits-Tag, Gebäude in Brčko

372	1.00	(M)	mehrfarbig .... ol	1,20	1,20
			FDC		3,50
			Kleinbogen	10,—	10,—

MiNr. 372 wurde im Kleinbogen zu 8 Marken und 1 Zierfeld gedruckt.
Auflage: 15 000 Stück

2006, 10. Juli. Blockausgabe: 150. Geburtstag von Nikola Tesla (I). Odr. (5×5); gez. K 13¾:13¼.

om) N. Tesla (1856–1943), amerikanischer Physiker
on

373	1.50	(M)	mehrfarbig .... om	1,80	1,80
Block 16	(66×60 mm)		.... on	1,80	1,80
			FDC		4,—

Auflage: 20 000 Blocks

In ähnlicher Zeichnung wie MiNr. 373: MiNr. 379

2006, 19. Sept. Europäischer Naturschutz. Odr. (3×3); gez. K 13¼:13¾.

oo) Auerhahn (Tetrao urogallus) op) Gemse (Rupicapra rupicapra)

374	0.50	(M)	mehrfarbig .... oo	0,60	0,60
375	1.00	(M)	mehrfarbig .... op	1,20	1,20
			Satzpreis (2 W.)	1,80	1,80
			FDC		4,—
			Kleinbogensatz (2 Klb.)	14,50	14,50

MiNr. 374–375 wurden jeweils im Kleinbogen zu 8 Marken und 1 Zierfeld gedruckt.
Auflage: je 20 000 Stück

2006, 14. Okt. 50 Jahre Staatliches Theater für Kinder. Odr. (3×3); gez. K 13¼:14.

or) Szene aus einem Puppenspiel

376	1.00	(M)	mehrfarbig .... or	1,20	1,20
			FDC		3,50
			Kleinbogen	10,—	10,—

MiNr. 376 wurde im Kleinbogen zu 8 Marken und 1 Zierfeld gedruckt.
Auflage: 15 000 Stück

2006, 28. Nov. Museumsgegenstände: Schmuck. Odr. (3×3); gez. K 13¼:13¾.

os ot

os–ot) Gürtelschnallen (19.–20. Jh.)

377	1.00	(M)	mehrfarbig .... os	1,20	1,20
378	1.00	(M)	mehrfarbig .... ot	1,20	1,20
			Satzpreis (2 W.)	2,40	2,40
			FDC		4,50
			Kleinbogensatz (2 Klb.)	20,—	20,—

MiNr. 377–378 wurden jeweils im Kleinbogen zu 8 Marken und 1 Zierfeld gedruckt.
Auflage: je 15 000 Stück

2006, 29. Dez. 150. Geburtstag von Nikola Tesla (II). Odr. (10×10); gez. K 13¾.

om I) N. Tesla (1856–1943), amerikanischer Physiker

379	0.70	(M)	mehrfarbig .... om I	0,90	0,90
			FDC		3,—

Auflage: 450 000 Stück

In ähnlicher Zeichnung: MiNr. 373

2007

2007, 22. März. 175. Todestag von Johann Wolfgang von Goethe. Odr. (3×3); gez. K 13:13¾.

ou) J. W. von Goethe (1749–1832), deutscher Dichter

380	1.50	(M)	mehrfarbig .... ou	1,80	1,80
			FDC		4,—
			Kleinbogen	14,50	14,50

MiNr. 380 wurde im Kleinbogen zu 8 Marken und 1 Zierfeld gedruckt.
Auflage: 20 000 Stück

Neuheiten

Ein Abonnement der MICHEL-Rundschau sichert Ihnen einen immer vollständigen Katalog, zeigt Ihnen Preisänderungen an und bereichert Ihre philatelistischen Kenntnisse durch gut recherchierte Fachbeiträge.

Jahrgangswerttabelle

Die Aufstellung folgt der numerischen Reihenfolge der Katalogisierung ohne Rücksicht auf die Chronologie eventueller Ergänzungswerte.

Grundsätzlich ist nur die jeweils billigste Sorte pro Marke bzw. Ausgabe angegeben, sofern nichts anderes vermerkt.

Zusammendrucke aus Bogen, Marken mit Zierfeldern usw. sind dann berücksichtigt, wenn sie als normale Ausgabeform anzusehen sind. Einzelmarken aus Blocks und Marken mit der Preisnotierung „—,—" sind nicht berücksichtigt.

Jahr	MiNr.	Euro **	Euro ☉
1992	1–11	150,—	150,—
1993	12–27	18,20	29,70
1994	28–38	29,50	29,50
1996	39–53	19,50	19,50
1997	54–72	57,90	57,90
1998	73–110	72,50	72,50
1999	111–Bock 1	259,70	259,70
2000	159–195	177,20	177,20
2001	196–229	41,20	41,20
2002	230–264	43,60	43,60
2003	Block 7–292	36,70	36,70
2004	Block 9–323	28,50	28,50
2005	324–357	64,90	64,90
2006	358–379	27,—	27,—
Gesamtsumme		**1026,40**	**1037,50**

Verzeichnis der Markenheftchen mit Zusammendrucken

MH-MiNr.	Bezeichnung	Ausgabe-Datum	Nominale	Enthält H-Blatt	Preis **
1	Jahrtausendwende (I)	22. 11. 1999	3.50 M	1	10,—
2	Jahrtausendwende (II)	20. 12. 2000	6 M	2	7,50
3	Europa	4. 5. 2001	9 (M)	3	40,—
4	Höhlen	20. 9. 2001	3 M	4	4,—
5	Europa	30. 4. 2002	7.50 (M)	5	20,—
6	Europa	5. 5. 2003	7.50 M	6	70,—
7	Europa	5. 5. 2004	7.50 M	7	12,—
8	Europa	4. 4. 2005	7.50 M	8	9,—
9	Europa	5. 4. 2006	7.50 M	9	9,—

Blockaufstellung

Block 1 siehe nach MiNr. 158	Block 9 siehe nach MiNr. 294
Block 2 siehe nach MiNr. 172	Block 10 siehe nach MiNr. 296
Block 3 siehe nach MiNr. 178	Block 11 siehe nach MiNr. 308
Block 4 siehe nach MiNr. 198	Block 12 siehe nach MiNr. 331
Block 5 siehe nach MiNr. 232	Block 13 siehe nach MiNr. 342
Block 6 siehe nach MiNr. 234	Block 14 siehe nach MiNr. 351
Block 7 siehe nach MiNr. 265	Block 15 siehe nach MiNr. 371
Block 8 siehe nach MiNr. 270	Block 16 siehe nach MiNr. 373

Verzeichnis der Heftchenblätter

0.50 (dx)	0.50 (dy)	0.50 (dz)
0.50 (ea)	0.50 (eb)	1.00

H-Blatt 1 mit MiNr. 151–156   10,—

0.50 (fl)	0.50 (fm)	0.50 (fn)	
0.50 (fo)	0.50 (fp)	0.50 (fr)	3

H-Blatt 2 mit MiNr. 185–191   7,50

1.00	1.00	1.00
2.00	2.00	2.00

H-Blatt 3 mit MiNr. 200 C–201 C   36,—

0,50 (gr)	0,50 (gs)	0,50 (gt)	0,50 (gu)	0,50 (gv)	0,50 (gw)

H-Blatt 4 mit MiNr. 213–218   3,60

H-Blatt 9 mit MiNr. 366 D–367 D   9,—

H-Blatt 5 mit MiNr. 241 D–242 D   18,—

H-Blatt 6 mit MiNr. 271 D–272 D   60,—

H-Blatt 7 mit MiNr. 300 D–301 D   11,—

H-Blatt 8 mit MiNr. 327 D–328 D   9,—

Zusammendrucke aus Markenheftchen

Zd-MiNr.	Katalog-Nr.	Werte	Preise ** = ⊙

Jahrtausendwende (I) (22. 11. 1999)

Zd-MiNr.	Katalog-Nr.	Werte	Preise
W 1	151+152	0.50+0.50	2,60
W 2	151+152+153	0.50+0.50+0.50	4,—
W 3	152+153	0.50+0.50	2,60
W 4	154+155	0.50+0.50	2,60
W 5	154+155+156	0.50+0.50+1.00	5,20
W 6	155+156	0.50+1.00	4,—
S 1	151+154	0.50+0.50	2,60
S 2	152+155	0.50+0.50	2,60
S 3	153+156	0.50+1.00	4,—

Jahrtausendwende (II) (20. 12. 2000)

Zd-MiNr.	Katalog-Nr.	Werte	Preise
W 7	185+186	0.50+0.50	1,20
W 8	185+186+187	0.50+0.50+0.50	1,80
W 9	186+187	0.50+0.50	1,20
W 10	188+189	0.50+0.50	1,20
W 11	188+189+190	0.50+0.50+0.50	1,80
W 12	189+190	0.50+0.50	1,20
S 4	185+188	0.50+0.50	1,20
S 5	186+189	0.50+0.50	1,20
S 6	187+190	0.50+0.50	1,20

Europa (4. 5. 2001)

Zd-MiNr.	Katalog-Nr.	Werte	Preise
S 7	200 C+201 C	1+2	10,50

Höhlen (20. 9. 2001)

Zd-MiNr.	Katalog-Nr.	Werte	Preise
W 13	213+214	0.50+0.50	1,20
W 14	213+214+215	0.50+0.50+0.50	1,80
W 15	214+215	0.50+0.50	1,20
W 16	214+215+216	0.50+0.50+0.50	1,80
W 17	215+216	0.50+0.50	1,20
W 18	215+216+217	0.50+0.50+0.50	1,80
W 19	216+217	0.50+0.50	1,20
W 20	216+217+218	0.50+0.50+0.50	1,80
W 21	217+218	0.50+0.50	1,20

Europa (30. 4. 2002)

Zd-MiNr.	Katalog-Nr.	Werte	Preise
S 8	241 D+242 D	1.00+1.50	3,60

Europa (5. 5. 2003)

Zd-MiNr.	Katalog-Nr.	Werte	Preise
W 22 Do	271 Do+272 Do	1.00+1.50	*14,—*
W 22 Du	271 Du+272 Du	1.00+1.50	*14,—*
W 23	271 Do+272 Do+271 Do	1.00+1.50+1.00	*22,—*
W 24 Do	272 Do+271 Do	1.50+1.00	*14,—*
W 24 Du	272 Du+271 Du	1.50+1.00	*14,—*
W 25	272 Du+271 Du+272 Du	1.50+1.00+1.50	*22,—*
S 9	271 Do+272 Du	1.00+1.50	*14,—*
S 10	272 Do+271 Du	1.50+1.00	*14,—*

Europa (5. 5. 2004)

Zd-MiNr.	Katalog-Nr.	Werte	Preise
W 26 Do	300 Do+301 Do	1.00+1.50	3,—
W 26 Du	300 Du+301 Du	1.00+1.50	3,—
W 27	300 Do+301 Do+300 Do	1.00+1.50+1.00	4,20
W 28 Do	301 Do+300 Do	1.50+1.00	3,—
W 28 Du	301 Du+300 Du	1.50+1.00	3,—
W 29	301 Du+300 Du+301 Du	1.50+1.00+1.50	4,80
S 11	300 Do+301 Du	1.00+1.50	3,—
S 12	301 Do+300 Du	1.50+1.00	3,—

Europa (4. 4. 2005)

Zd-MiNr.	Katalog-Nr.	Werte	Preise
W 30 Do	327 Do+328 Do	1.00+1.50	3,—
W 30 Du	327 Du+328 Du	1.00+1.50	3,—
W 31	327 Do+328 Do+327 Do	1.00+1.50+1.00	4,20
W 32 Do	328 Do+327 Do	1.50+1.00	3,—
W 32 Du	328 Du+327 Du	1.50+1.00	3,—
W 33	328 Du+327 Du+328 Du	1.50+1.00+1.50	4,80
S 13	327 Do+328 Du	1.00+1.50	3,—
S 14	328 Do+327 Du	1.50+1.00	3,—

Europa (5. 4. 2006)

Zd-MiNr.	MiNr.	Werte	Preise ** = ⊙
W 34 Do	367 Do+366 Do	1.50+1.00	3,—
W 34 Du	367 Du+366 Du	1.50+1.00	3,—
W 35	367 Do+366 Do+367 Do	1.50+1.00+1.50	4,80
W 36 Do	366 Do+367 Do	1.00+1.50	3,—
W 36 Du	366 Du+367 Du	1.50+1.50	3,—
W 37	366 Du+367 Du+366 Du	1.00+1.50+1.00	4,20
S 15	367 Do+366 Du	1.50+1.00	3,—
S 16	366 Do+367 Du	1.00+1.50	3,—

Zwangszuschlagsmarken

1997

1997, 14. Sept. Rotes Kreuz: Woche der Tuberkulosebekämpfung. Odr.; selbstklebend; □.

Za) Robert Koch (1843–1910), deutscher Bakteriologe

					✹✹	⊙
1	0.15 ND	rot/blau	....	Za	0,20	0,20

Verwendung: 14.–21.9.1997

1998

1998, 5. Mai. Rotes Kreuz. Odr.; selbstklebend; □.

Zb) Rotes Kreuz, Weltkugel

| 2 | 0.90 (ND) | mehrfarbig | .... | Zb | 1,— | 1,— |

Verwendung: 5.–15.5.1998

1998, 14. Sept. Rotes Kreuz: Woche der Tuberkulosebekämpfung. Odr.; gez. L 10¾.

Zc) Landschaft, stilisierte Familie

| 3 | 0.75 (ND) | mehrfarbig | .... | Zc | 1,— | 1,— |

Verwendung: 14.–21.9.1998

1999

1999, 8. Mai. Rotes Kreuz. Odr.; gez. L 10¾.

Zd) Hände, Rotes Kreuz

| 4 | 0.10 M | mehrfarbig | .... | Zd | 0,20 | 0,20 |

Verwendung: 8.–15.5.1999

1999, 14. Sept. Rotes Kreuz: Woche der Tuberkulosebekämpfung. Odr.; gez. L 10¾.

Ze) Landstraße, TBC-Zeichen mit Stoppschild, Zahl 2000

| 5 | 0.10 M | mehrfarbig | .... | Ze | 0,20 | 0,20 |

Verwendung: 14.–21.9.1999

2000

2000, 8. Mai. Rotes Kreuz. Odr.; gez. L 10¾.

Zf) Mädchen

| 6 | 0.10 M | mehrfarbig | .... | Zf | 0,20 | 0,20 |

Verwendung: 8.–15.5.2000

2000, 14. Sept. Rotes Kreuz: Woche der Tuberkulosebekämpfung. Odr.; gez. L 10¾.

Zg) Kleinkind

| 7 | 0.10 M | mehrfarbig | .... | Zg | 0,20 | 0,20 |

Verwendung: 14.–21.9.2000

2001

2001, 8. Mai. Rotes Kreuz. Odr.; gez. L 10¾.

Zh) Hilfs- und Rettungseinsätze des Roten Kreuzes

| 8 | 0.10 (M) | rot/schwarz | .... | Zh | 0,20 | 0,20 |

Verwendung: 8.–15.5.2001

2001, 14. Sept. Rotes Kreuz: Woche der Tuberkulosebekämpfung. Odr.; gez. L 10¾.

Zi) Grüne Blätter und abgefallenes verwelktes Blatt

| 9 | 0.10 (M) | mehrfarbig | .... | Zi | 0,20 | 0,20 |

Verwendung: 14.–21.9.2001

2002

2002, 8. Mai. Rotes Kreuz. Odr.; gez. L 10¾.

Zk) Rotkreuzhelfer bei Rettungseinsatz

| 10 | 0.10 | M | mehrfarbig . . . . Zk | 0,20 | 0,20 |

Verwendung: 8.–15.5.2002

2002, 14. Sept. Rotes Kreuz: Woche der Tuberkulosebekämpfung. Odr.; gez. L 10¾.

Zl) Berghang mit Wasserfall, stilisierte Lunge

| 11 | 0.10 | (M) | mehrfarbig . . . . Zl | 0,20 | 0,20 |

Verwendung: 14.–21.9.2002

2003

2003, 8. Mai. Rotes Kreuz. Odr.; gez. L 10¾.

Zm) Spritze, Gesicht; Familie (Kinderzeichnung)

| 12 | 0.10 | (M) | mehrfarbig . . . . Zm | 0,20 | 0,20 |

Verwendung: 8.–15.5.2003

2003, 14. Sept. Rotes Kreuz: Woche der Tuberkulosebekämpfung. Odr.; A = gez. L 10¾, B = ☐.

Zn) Aus Zigaretten und Tabak gebildetes Wort „STOP!"

13	0.10	(M)	mehrfarbig . . . . Zn		
			gez. L 10¾	0,20	0,20
A					
B			geschnitten	1,—	1,—

Verwendung: 14.–21.9.2003

2004

2004, 8. Mai. Rotes Kreuz. Odr.; A = gez. L 10¾, B = ☐.

Zo) Hände halten einen als Geschenk verpackten Blutstropfen

14	0.10	(M)	mehrfarbig . . . . Zo		
A			gez. L 10¾	0,20	0,20
B			geschnitten	1,—	1,—

Verwendung: 8.–15.5.2004

2004, 14. Sept. Rotes Kreuz: Woche der Tuberkulosebekämpfung. Odr.; A = gez. L 10¾, B = ☐.

Zp) Lungenflügel als Drachen

15	0.10	(M)	mehrfarbig . . . . Zp		
A			gez. L 10¾	0,20	0,20
B			geschnitten	1,—	1,—

Verwendung: 14.–21.9.2004

2005

2005, 8. Mai. Rotes Kreuz. Odr.; selbstklebend; ☐.

Zr) Inschrift, Fragezeichen

| 16 | 0.10 | M | mehrfarbig . . . . Zr | 0,20 | 0,20 |

Verwendung: 8.–15.5.2005

2005, 14. Sept. Rotes Kreuz: Woche der Tuberkulosebekämpfung. Odr.; A = ☐ 16½, B = ☐.

Zs) Lunge, Landschaft

17	0.10	(M)	mehrfarbig . . . . Zs		
A			☐ 16½	0,20	0,20
B			geschnitten	0,40	0,40

Verwendung: 14.–21.9.2005

2006

2006, 8. Mai. Rotes Kreuz. Odr.; A = gez. L 10, B = ☐.

Zt) Brücke

18	0.10	(M)	mehrfarbig . . . . Zt		
A			gez. L 10	0,20	0,20
B			geschnitten	0,80	0,80

Verwendung: 8.–15.5.2006

2006, 14. Sept. Rotes Kreuz: Woche der Tuberkulosebekämpfung. Odr.; A = gez. L 10¾, B = ☐.

Zu) Personen im Gespräch

19	0.20	(M)	mehrfarbig . . . . Zu		
A			gez. L 10¾	0,20	0,20
B			geschnitten	0,80	0,80

Verwendung: 14.–21.9.2006

Fiume

Die Stadt Fiume gehörte bis Februar 1867 zu Österreich, dann zu Ungarn und vom 28. Oktober bis 17. November 1918 zu dem jugoslawischen Landesteil Kroatien. Im Vertrag von Rapallo vom November 1920 wurde der Freistaat Fiume international anerkannt; am 12. Januar 1924 wurde Fiume im Vertrag von Rom Italien einverleibt, im Frieden von Paris (1947) Jugoslawien zugesprochen und in Rijeka umbenannt.
Währung: Bis 18. April 1919: 1 Krone (Corona) = 100 Filler; von da ab bis September 1920: 1 Fiumer Krone (Cor) = 100 Centesimi (C) (= 40 italienische Centesimi); sodann 1 Lira = 100 Centesimi (ital.).

FALSCH Sehr viele Aufdruckfälschungen bei fast allen FIUME-Aufdrucken.

MiNr. I siehe vor MiNr. 1, MiNr. II siehe nach MiNr. 69

Preise ungebraucht bis MiNr. 90 ✶, ab MiNr. 91 ✶✶(MiNr. 91–195 mit Falz ca. 40–60% der ✶✶–Preise, sofern nichts anderes angegeben). Die Preise bei Aufdruckmarken gelten nur für geprüfte Stücke.

Interalliiertes Besetzungsgebiet

(17. November 1918 bis 12. September 1919)

1 Krone (Kr) = 100 Filler (F)

1918

FIUME 1918, 1. Dez. Freimarke. MiNr. 196 von Ungarn mit Gummi-Handstempelaufdruck FIUME.

				✶	⊙
I	20 F	braun .... (196)		2000,—	1000,—

Diese Marke ist bedarfsmäßig kaum verwendet worden.

1918, 3. Dez./1919, 7. Jan. Freimarken. Marken von Ungarn mit Aufdruck FIUME. Type I = in dünnerer Bdr.-Aufdruck (2 Auflagen) Type II = etwas stärkerer Handstempelaufdruck.

FIUME Type I   **FIUME** Type II

Aufdruck auf Kriegshilfemarken:

				✶	⊙
1	(2 F)	megigerot .... (127)			
I		Bdr.-Aufdruck		1,50	0,70
II		Handstempelaufdruck		40,—	12,—
2	2 F	oliv/rot .... (180)			
I		Bdr.-Aufdruck		1,50	1,70
II		Handstempelaufdruck		60,—	15,—

Aufdruck auf Kriegshilfemarken:

				✶	⊙
3	10 F	+ 2 F rosa .... (183)			
I		Bdr.-Aufdruck		2,50	1,50
II		Handstempelaufdruck		100,—	35,—
4	15 F	+ 2 F violett .... (184)			
I		Bdr.-Aufdruck		2,50	1,50
II		Handstempelaufdruck		65,—	35,—
5	40 F	+ 2 F dunkelrot .... (185)			
I		Bdr.-Aufdruck		2,50	1,50
II		Handstempelaufdruck		20,—	15,—

Aufdruck auf Schnittertype mit weißen Ziffern:

			✶	⊙
6	10 F	rosa .... (186)		
II		Handstempelaufdruck	70,—	25,—
7	15 F	violett .... (187)		
I		Bdr.-Aufdruck	20,—	10,—
II		Handstempelaufdruck	35,—	15,—

Aufdruck auf Schnittertype mit farbigen Ziffern:

			✶	⊙
8	2 F	ocker .... (190)		
I		Bdr.-Aufdruck	1,50	0,70
II		Handstempelaufdruck	8,50	7,50
9	3 F	rotlila .... (191)		
I		Bdr.-Aufdruck	1,50	0,70
II		Handstempelaufdruck	8,50	6,—
10	5 F	grün .... (192)		
I		Bdr.-Aufdruck	1,50	0,70
II		Handstempelaufdruck	5,—	6,—
11	6 F	grünblau .... (193)		
I		Bdr.-Aufdruck	1,50	0,70
II		Handstempelaufdruck	25,—	10,—
12	10 F	rosa .... (194)		
I		Bdr.-Aufdruck	11000,—	4500,—
II		Handstempelaufdruck	50,—	20,—
13	15 F	violett .... (195)		
I		Bdr.-Aufdruck	1,50	0,70
II		Handstempelaufdruck	30,—	10,—
14	20 F	braun .... (196)		
I		Bdr.-Aufdruck	1,50	0,70
II		Handstempelaufdruck	200,—	75,—
15	25 F	ultramarin .... (197)		
I		Bdr.-Aufdruck	2,—	1,—
II		Handstempelaufdruck	60,—	12,—
16	35 F	rotbraun .... (198)		
I		Bdr.-Aufdruck	2,—	1,50
II		Handstempelaufdruck	45,—	12,—
17	40 F	olivgrün .... (199)		
I		Bdr.-Aufdruck	30,—	7,50
II		Handstempelaufdruck	20,—	9,—

MiNr. 12 I hat immer kopfstehenden Aufdruck.

Aufdruck auf Parlamentsausgabe:

			✶	⊙
18	50 F	lila/hellila .... (200)		
I		Bdr.-Aufdruck	1,70	1,20
II		Handstempelaufdruck	15,—	10,—
19	75 F	blau/hellblau .... (201)		
I		Bdr.-Aufdruck	6,—	1,50
II		Handstempelaufdruck	75,—	15,—

Fiume

20	80 F	grün/hellgrün .... (202)		
I		Bdr.-Aufdruck	6,—	1,20
II		Handstempelaufdruck	75,—	15,—
21	1 Kr	dunkelrot/rot .... (203)		
I		Bdr.-Aufdruck	15,—	3,—
II		Handstempelaufdruck	40,—	15,—
22	2 Kr	braun/hellbraun .... (204)		
I		Bdr.-Aufdruck	3,—	1,50
II		Handstempelaufdruck	65,—	15,—
23	3 Kr	violett/grau .... (205)		
I		Bdr.-Aufdruck	17,—	7,50
II		Handstempelaufdruck	600,—	70,—
24	5 Kr	dunkelbraun/braun .... (206)		
I		Bdr.-Aufdruck	40,—	10,—
II		Handstempelaufdruck	600,—	140,—
25	10 Kr	lilabraun/hellila .... (207)		
I		Bdr.-Aufdruck	3200,—	1500,—
II		Handstempelaufdruck	300,—	200,—

Aufdruck auf Marken König Karl und Königin Zita:

26	10 F	zinnober .... (213)		
I		Bdr.-Aufdruck	2,—	1,—
II		Handstempelaufdruck	10,—	7,50
27	20 F	dunkelbraun .... (215)		
I		Bdr.-Aufdruck	1,50	1,—
II		Handstempelaufdruck	17,—	7,50
28	40 F	oliv .... (217)		
I		Bdr.-Aufdruck	11,—	4,—
II		Handstempelaufdruck	10,—	5,—

Beim Bdr.-Aufdruck gibt es zwei Auflagen:
1. Auflage (3.12.1918): dünner, gut geränderter, grauschwarzer Aufdruck.
2. Auflage (6.12.1918): dickerer, verschwommener, fast immer unzentrierter schwarzer Aufdruck. Die Preisnotierungen bei I gelten für die billigere 2. Auflage.

Bei den Handstempelaufdrucken unterscheiden Spezialisten sechs verschiedene Typen. Die Preisnotierungen gelten jeweils für die billigste Type.

FALSCH

Alle FIUME-Aufdrucke gültig bis 19.4.1919

1919

1919, 19. Jan. Freimarken. Portomarken MiNr. 7 und 11 mit weiterem Messing-Handstempel-Aufdruck FRANCO 45.

29	45 F	auf 6 F dunkelgrün/rot ...... (P 7)	2,—	3,—
30	45 F	auf 20 F dunkelgrün/rot ..... (P 11)	5,—	3,—
		Satzpreis (2 W.)	7,—	6,—

Auflagen: MiNr. 29 = 19 300, MiNr. 30 = 10 400 Stück

1919, 29. Jan. Postsparmarke von Ungarn mit Aufdruck FRANCO / FIUME 15.

31	15 F	auf 10 F dunkellila	5,—	3,50

1919, 30. Jan./3. April. Freimarken. Inschrift FIUME. Stdr. auf verschieden starkem, weißem, grau oder gelblich getöntem Papier; gez. 11½.

a) Freiheitssymbol

b) Glockenturm am Rathaus von Fiume
c) Freiheitsstatue am Garibaldidenkmal in Mailand
d) Ankunft eines italienischen Kreuzers im Hafen von Fiume (1918)

32	2 C	hellblau .... a	0,70	0,50
33	3 C	graubraun .... a	0,70	0,50
34	5 C	grün .... a	1,—	0,50
35	10 C	rot .... b	2,—	2,—
36	15 C	violett .... b	0,70	0,50
37	20 C	grün .... b	1,50	1,—
38	25 C	blau c	1,20	0,60
39	30 C	blauviolett .... d	1,20	0,60
40	40 C	braun .... d	1,50	1,20
41	45 C	orange c	1,50	1,—
42	50 C	grün .... d	1,50	0,70
43	60 C	lilarot .... d	2,—	0,70
44	1 Cor	orange .... d	3,—	1,—
45	2 Cor	hellblau .... d	4,—	1,20
46	3 Cor	orangerot .... d	4,—	1,50
47	5 Cor	dunkelbraun .... d	12,—	7,50
48	10 Cor	olivgrün .... d	12,—	20,—
		Satzpreis (17 W.)	50,—	40,—

Gut zentrierte und gezähnte Stücke rechtfertigen bis 50% Aufschlag.

In ähnlicher Zeichnung: MiNr. 62–69

Gültig bis 30.4.1920 FALSCH

1919. Zeitungsmarke. Stdr. I. von Zanardini & Co.; II. von Bertieri & Vanzetti; gez. 11½.

e) Adler und Wertziffer

I. Triester Druck   II. Mailänder Druck

Gültig bis 30.4.1920

MiNr. 49 I hat feinere Schrift und schmalen Zifferkopf, MiNr. 49 II fettere Schrift und breiteren Zifferkopf.

49	2 C	gelbbraun .... e		
I		Triester Druck (28.7)	3,50	5,50
II		Mailänder Druck (1.9.)	4,50	4,50

Gültig bis 30.4.1920

Neuheitenmeldungen zu diesem Katalog finden Sie in der monatlich erscheinenden
MICHEL-Rundschau.

Fiume

Neue Währung: 1 Fiumer Krone (Cor) = 100 Centesimi (C)

1919, 18. Mai. Proklamation des Anschlusses an Italien und zur Gründung eines Studienfonds. Stdr.; rückseitiger Schutzaufdruck POSTA di FIUME dreimal im Zierrahmen; gez. 11½.

f) Römische Wölfin, Romulus, Remus g) Venezianische Galeere h) Platz St. Marco in Venedig

50	5 C	(+5 L bzw. Cor)	grün .... f	8,50	4,20
51	10 C	(+5 L bzw. Cor)	rot .... f	8,50	4,20
52	15 C	(+5 L bzw. Cor)	grau .... f	8,50	4,20
53	20 C	(+5 L bzw. Cor)	orange ..... f	8,50	4,20
54	45 C	(+5 L bzw. Cor)	oliv .... g	8,50	4,20
55	60 C	(+5 L bzw. Cor)	karmin ..... g	8,50	4,20
56	80 C	(+5 L bzw. Cor)	hellviolett .. g	8,50	4,20
57	1 Cor	(+5 L bzw. Cor)	schiefer .... g	8,50	4,20
58	2 Cor	(+5 L bzw. Cor)	rotbraun .... h	8,50	4,20
59	3 Cor	(+5 L bzw. Cor)	schw'br .... h	8,50	4,20
60	5 Cor	(+5 L bzw. Cor)	gelbbr ...... h	8,50	4,20
61	10 Cor	(+5 L bzw. Cor)	dkl'violett .. h	8,50	4,20
			Satzpreis (12 W.)	100,—	50,—
58 U		ungezähnt		120,—	

Gültig bis 23.4.1921

1919, 28. Juli. Freimarken. Zeichnung ähnlich MiNr. 32–48, aber Inschrift Posta Fiume. Stdr.; gez. 11½.

i k l m

62	5 C		olivgrün i	0,70	0,50
63	10 C		scharlach .... k	1,—	0,50
64	30 C		violett l	3,50	1,20
65	40 C		gelbbraun .... m	1,50	1,20
66	45 C		orange .... m	3,50	1,20
67	50 C		gelbgrün l	3,50	1,20
68	60 C		lilarot l	3,50	1,20
69	10 Cor		olivgrün	3,—	3,60
			Satzpreis (8 W.)	20,—	10,—
62 U		ungezähnt		—,—	

Gültig bis 31.3.1920

Nicht ausgegeben:

II a	25 C	dunkelblau .... m		300,—	
II b	1 Cor	orange l		40,—	
II c	1 Cor	hellblau l		40,—	
II d	3 Cor	rot l		40,—	
II e	5 Cor	dunkelbraun l		40,—	
		Satzpreis (5 W.)		450,—	

1919, 20. Sept. Dr. Antonio Grossich. Stdr. und rückseitiger Schutzaufdruck wie bei MiNr. 50–61; gez. 11½.

n) Dr. A. Grossich, Präsident des Fiumer Nationalrats (1849–1926)

70	25 C	(+ 2 L bzw. Cor) hellblau ...... n		1,70	1,70
70 U		ungezähnt		70,—	

Mit Aufdruck: MiNr. 97

Gültig bis 31.10.1921

Freistaat

1919, 10. Okt. Freimarken. MiNr. II a, 41 und 66 mit Aufdruck Franco und neuem Wert durch Handstempel.

71	5 C	auf 25 C	dunkelblau .... (II a)	0,50	0,50
72	10 C	auf 45 C	orange .... (41)	0,70	0,50
73	15 C	auf 45 C	orange .... (66)	0,50	0,50
			Satzpreis (3 W.)	1,70	1,50

Gültig bis 30.4.1920

1919, 3. Dez./1920, 5. Febr. Freimarken. MiNr. 50–61 mit drei-, bei den querformatigen Werten zweizeiligem Aufdruck I = dünnere, II = stärkere, III = fette Buchstaben des Aufdrucks.

  **Valore globale Cent. 45**

MiNr. 74 I   MiNr. 74 II   Aufdruck III

74	5 C	auf 5 C grün .... (50)			
I		Aufdruck Type I		0,50	0,50
II		Aufdruck Type II		0,70	0,50
75	10 C	auf 10 C rot .... (51)			
I		Aufdruck Type I		0,50	0,50
II		Aufdruck Type II		0,70	0,50
76	15 C	auf 15 C grau .... (52)			
I		Aufdruck Type I		0,50	0,50
II		Aufdruck Type II		0,70	0,50
77	20 C	auf 20 C orange ..... (53)			
I		Aufdruck Type I		0,50	0,50
II		Aufdruck Type II		0,70	0,50
78	45 C	auf 45 C oliv .... (54)			
I		Aufdruck Type I		0,70	0,70
II		Aufdruck Type II		1,20	0,70
III		Aufdruck Type III		60,—	40,—
79	60 C	auf 20 C karmin ..... (55)			
I		Aufdruck Type I		0,70	0,70
II		Aufdruck Type II		1,20	0,70
80	80 C	auf 80 C hellviolett ..... (56)			
I		Aufdruck Type I		0,70	0,70
II		Aufdruck Type II		1,50	1,—
81	1 Cor	auf 1 Cor schiefer .... (57)			
I		Aufdruck Type I		0,70	0,70
II		Aufdruck Type II		1,20	0,70
82	2 Cor	auf 2 Cor rotbraun ... (58)			
I		Aufdruck Type I		1,—	1,—
II		Aufdruck Type II		7,50	9,—
83	3 Cor	auf 3 Cor schwarzbraun (59)			
I		Aufdruck Type I		2,50	2,50
II		Aufdruck Type II		17,—	9,—
84	5 Cor	auf 5 Cor gelbbraun ... (60)			
I		Aufdruck Type I		4,—	4,—
II		Aufdruck Type II		15,—	25,—
85	10 Cor	auf 10 Cor dunkelviolett . (61)			
II		Aufdruck Type II		2,—	2,—
		Satzpreis I (11 W.)		12,—	12,—
		Satzpreis II (12 W.)		48,—	50,—

Zahlreiche Aufdruckfehler bekannt.

74 U	ungezähnt	10,—	
75 U	ungezähnt	120,—	
77 U	ungezähnt	25,—	
78 U	ungezähnt	60,—	
85 U	ungezähnt	45,—	

Gültig bis 10.9.1920

Lesen Sie bitte auch das Vorwort!

Fiume

1919, 24. Dez. Freimarken. (Einschreibgebühr). MiNr. 44–47 und 69 mit Aufdruck „FRANCO" und neuem Wert.

86	55 Cor	auf	1 Cor orange	(44)	17,—	12,—
87	55 Cor	auf	2 Cor hellblau	(45)	3,—	5,—
88	55 Cor	auf	3 Cor orangerot	(46)	3,—	3,50
89	55 Cor	auf	5 Cor dunkelbraun	(47)	3,—	3,50
90	55 Cor	auf	10 Cor olivgrün	(69)	10,—	10,—
			Satzpreis (5 W.)		36,—	34,—

1920

1920, 6. März. Freimarken. MiNr. 37, 42, 64, 67, 68 mit Aufdruck „FRANCO" und neuer Wertausgabe.

					**	⊙
91	5 Cmi	auf 20 Cmi grün	(37)		1,—	0,50
92	15 Cmi	auf 30 Cmi violett	(64)		1,—	0,50
93	15 Cmi	auf 60 Cmi lilarot	(68)		1,50	0,70
94	25 Cmi	auf 50 Cmi gelbgrün	(67)		1,50	0,70
95	25 Cmi	auf 50 Cmi grün	(42)		10,—	15,—
		Satzpreis (5 W.)			15,—	17,—

Verschiedene Aufdrucktypen und Fehler bekannt.

MiNr. 86–95 gültig bis 30.4.1920

1920, 11. Sept. Zeitungsmarke. Bdr.; gez. L 11½.

o) Dampfer

96	1 C	olivgrün		2,—	0,70
96 U		ungezähnt		11,—	

Gültig bis 31.1.1921

1920, 12. Sept. MiNr. 70 mit stärkerem Aufdruck wie MiNr. 74 II–85 II.

97	25 C	auf 25 C hellblau	(70)	1,50	0,50

MICHEL-Kataloge

können Sie auch außerhalb Deutschlands beziehen. Unsere Vertretungen in vielen Ländern haben die neuen Kataloge stets lieferbar.

Neue Währung: 1 Lira (ital.) (L) = 100 Centesimi (C)

1920, 12. Sept. Freimarken: Gabriele d'Aununzio. Bdr. mit rahmfarbigem Unterdruck; gez. L 11½.

p) Gabriele d'Annunzio (1863–1938), italienischer Schriftsteller und Politiker, Eroberer Fiumes

r

98	5 Cmi	grün	p	1,—	0,50
99	10 Cmi	rot	p	1,—	0,50
100	15 Cmi	schiefer	p	1,—	0,50
101	20 Cmi	orange	p	1,—	0,50
102	25 Cmi	dunkelblau	p	2,50	0,70
103	30 Cmi	rotbraun	p	2,50	1,50
104	45 Cmi	oliv	p	3,50	1,50
105	50 Cmi	lila	p	3,50	1,50
106	55 Cmi	ocker	p	3,50	1,50
107	1 Lira	schwarz	p	25,—	15,—
108	2 L	purpurlila	p	25,—	15,—
109	3 L	dunkelgrün	p	25,—	15,—
110	5 L	braun	p	130,—	30,—
111	10 L	violettschiefer	p	30,—	17,—

Eilmarken

112	30 C	grünblau	r	50,—	17,—
113	50 C	rosa	r	50,—	17,—
		Satzpreis (16 W.)		350,—	130,—

98 F	ohne Unterdruck	—,—
100 F	ohne Unterdruck	—,—
102 F I	ohne Unterdruck	—,—
102 F II	Karmin statt dunkelblau	—,—
102 F II U	Karmin, ungezähnt	—,—

FALSCH

Gültig bis 31.1.1921

1921

1921, 2. Febr. MiNr. 98–111 mit Aufdruck Governo/Provvisorio; MiNr. 123 noch mit neuem Wert.

Governo Provvisorio

Governo Provvisorio

I = Fiumer Aufdruck grauschwarz mit Strich. II = ohne Strich; III = Mailänder Aufdruck tiefschwarz ohne Strich.

114	5 C	grün	(98)		
I		Fiumer Aufdruck mit Strich		3,—	0,50
III		Mailänder Aufdruck ohne Strich		60,—	25,—
115	10 C	rot	(99)		
I		Fiumer Aufdruck mit Strich		2,50	0,50
II		Fiumer Aufdruck ohne Strich		260,—	12,—
III		Mailänder Aufdruck ohne Strich		150,—	12,—

Fiume

116 I	15 C	schiefer	(100)	3,—	0,50
117 I	20 C	orange	(101)	3,—	1,—
118 I	25 C	dunkelblau	(102)	4,—	1,—
119 I	30 C	rotbraun	(103)	4,—	1,—
120 I	45 C	oliv	(104)	5,—	1,—
121 I	50 C	lila	(105)	5,—	1,50
122 I	55 C	ocker	(106)	5,—	1,—
123 I	1 L	auf 30 C rotbraun	(103)	5,—	1,50
124 I	1 L	schwarz	(107)	200,—	90,—
125 I	2 L	purpurlila	(108)	25,—	15,—
126 I	3 L	dunkelgrün	(109)	30,—	15,—
127 I	5 L	braun	(110)	35,—	15,—
128 I	10 L	violettschiefer	(111)	50,—	15,—

Eilmarken

129	30 C	grünblau	(112)	45,—	12,—
130	50 C	rosa	(113)	45,—	12,—
		Satzpreis (17 W.)		450,—	180,—

Fast alle Werte ⚹ ⚹, ⚹, MiNr. 115–118 auch verschobener Aufdruck. FALSCH

Gültig bis 31.5.1922

1921, 24. April. Eröffnung der gesetzgebenden Versammlung (I). MiNr. 50–61 mit Aufdruck: 24-IV-1921 / Costituente Fiumana; bei den Lirewerten noch L über Cor.

MiNr. 131–134 MiNr. 135–138 MiNr. 139–142

131	5 C	grün	(50)	5,—	1,50
132	10 C	rot	(51)	5,—	1,50
133	15 C	grau	(52)	5,—	1,50
134	20 C	orange	(53)	5,—	1,50
135	45 C	oliv	(54)	12,—	5,—
136	60 C	karmin	(55)	12,—	5,—
137	80 C	hellviolett	(56)	15,—	7,50
138	1 L	auf 1 Cor schiefer	(57)	22,—	10,—
139	2 L	auf 2 Cor rotbraun	(58)	75,—	1,50
140	3 L	auf 3 Cor schwarzbraun	(59)	75,—	40,—
141	5 L	auf 5 Cor gelbbraun	(60)	75,—	1,50
142	10 L	auf 10 Cor dunkelviolett	(61)	100,—	45,—
		Satzpreis (12 W.)		400,—	120,—

139 I–142 I		fehlerhafter Aufdruck „Costiteente"	je	150,—	150,—

Auflage: 30 000 Sätze   Gültig bis 31.5.1922

1922

1922, 23. März. Eröffnung der gesetzgebenden Versammlung (II). MiNr. 50–60 in Neuauflage, mit fetterem Aufdruck und weiterer Jahreszahl 1922.

 24 - IV - 1921
  Costituente Fiumana
  1922

MiNr. 143–146   MiNr. 147–150   MiNr. 151–153

143	5 C	grün	(50)	7,50	1,—
144	10 C	rot	(51)	0,70	0,50
145	15 C	grau	(52)	26,—	2,50
146	20 C	orange	(53)	0,70	0,50
147	45 C	oliv	(54)	12,—	4,—
148	60 C	karmin	(55)	0,70	0,70
149	80 C	hellviolett	(56)	0,70	0,70
150	1 L	auf 1 Cor schiefer	(57)	1,20	1,—
151	2 L	auf 2 Cor rotbraun	(58)	20,—	6,—
152	3 L	auf 3 Cor schw'braun	(59)	2,—	1,50
153	5 L	auf 5 Cor gelbbraun	(60)	2,—	1,—
		Satzpreis (11 W.)		70,—	20,—

Fast alle Werte ⚹ ⚹ ⚹.

1923

1923, 23. März. Freimarken. Bdr. mit sämischem Unterdruck; gez. 11¼.

s) Venezianische Karavelle   t) Römischer Torbogen   u) Hl. Veit, Schutzheiliger Fiumes   v) Römische Säule

154	5 C	grün, sämisch	s	1,—	0,50
155	10 C	violett, sämisch	s	1,—	0,50
156	15 C	braun, sämisch	s	1,—	0,50
157	20 C	rotorange, sämisch	t	1,—	0,50
158	25 C	graubraun, sämisch	t	1,—	0,50
159	30 C	dunkelgrün, sämisch	t	1,—	0,50
160	50 C	graublau, sämisch	u	1,—	0,50
161	60 C	rot, sämisch	u	2,50	1,—
162	1 L	blau, sämisch	u	2,50	1,—
163	2 L	lilabraun, sämisch	v	90,—	10,—
164	3 L	oliv, sämisch	v	65,—	17,—
165	5 L	gelbbraun, sämisch	v	65,—	22,—

Eilmarken, gez. 11, 11½, 11:11½

w) Fiume im 16. Jahrhundert

166	60 C	rosa, sämisch	w	25,—	7,50
167	2 L	blau, sämisch	w	25,—	12,—
		Satzpreis (14 W.)		280,—	70,—
155 U		ungezähnt		—,—	

FALSCH

MiNr. 154–167 gültig bis 31.3.1924

MICHELsoft – erstellt Ihre Bestandslisten, Fehllisten, Motivlisten, ABC-Listen, etc. in Sekundenschnelle!

Teil des Königreichs Italien

1924

1924, 1. März. Eingliederung von Fiume. MiNr. 154–165 mit Bdr.-Aufdruck ANNESSIONE/ALL'ITALIA/22 Febb. 1924.

168	5 C	grün	(154)	1,10	1,20
169	10 C	violett	(155)	1,10	1,20
170	15 C	braun	(156)	1,10	1,20
171	20 C	rotorange	(157)	1,10	1,20
172	25 C	graubraun	(158)	1,10	1,20
173	30 C	dunkelgrün	(159)	1,10	1,20
174	50 C	graublau	(160)	1,10	1,20
175	60 C	rot	(161)	1,10	1,20
176	1 L	blau	(162)	1,10	1,20
177	2 L	lilabraun	(163)	4,—	5,—
178	3 L	oliv	(164)	4,—	5,—
179	5 L	gelbbraun	(165)	4,—	5,—

Eilmarken

180	60 C	rosa	(166)	3,—	6,—
181	2 L	blau	(167)	3,—	6,—
			Satzpreis (14 W.)	26,—	36,—

177 U	ungezähnt		—,—	
181 U	ungezähnt		—,—	

[FALSCH]

Auflage: 60 500 vollständige Sätze   Gültig bis 31.3.1924

1924, 22. Febr. Eingliederung von Fiume (II). MiNr. 154–167 mit Bdr.-Aufdruck REGNO/D'ITALIA.

182	5 C	grün	(154)	1,—	3,—
183	10 C	violett	(155)	1,—	3,—
184	15 C	braun	(156)	2,—	3,—
185	20 C	rotorange	(157)	2,—	3,—
186	25 C	graubraun	(158)	2,—	3,—
187	30 C	dunkelgrün	(159)	2,—	3,—
188	50 C	graublau	(160)	2,—	3,—
189	60 C	rot	(161)	2,—	3,—
190	1 L	blau	(162)	2,—	3,—
191	2 L	lilabraun	(163)	5,—	10,—
192	3 L	oliv	(164)	12,—	15,—
193	5 L	gelbbraun	(165)	12,—	15,—

Eilmarken

194	60 C	rosa	(166)	3,—	7,—
195	2 L	blau	(167)	3,—	7,—
			Satzpreis (14 W.)	50,—	80,—

Fast alle Werte ¥.

184 I	Paar mit und ohne Aufdruck	—,—	
187 I	Paar mit und ohne Aufdruck	—,—	

[FALSCH]

Auflage: MiNr. 182–195 = 25 500 vollständige Sätze   Gültig bis 31.3.1924

Portomarken

1918, 8. Dez. Portomarken von Ungarn, mit Aufdruck FIUME, I = Bdr.-Aufdruck, II = Handstempelaufdddruck.

                                                                          ✶   ⊙

Auf Portomarken 1909/14, Ziffer schwarz:

1		6 f	dunkelgrün/schwarz		
	I		Bdr.-Aufdruck		
		Z	Wz. 7 (Patriarchenkreuz)	220,—	90,—
	II		Handstempelaufdruck		
		Y	Wz. 6 (Ringelkrone)	3000,—	2500,—
		Z	Wz. 7 (Patriarchenkreuz)	120,—	60,—
2		12 f	dunkelgrün/schwarz		
	I		Bdr.-Aufdruck		
		Y	Wz. 6 (Ringelkrone)	360,—	150,—
	II		Handstempelaufdruck		
		Y	Wz. 4 (Stefanskrone)	2200,—	900,—
		Z	Wz. 7 (Patriarchenkreuz)	100,—	36,—
3		50 f	dunkelgrün/schwarz		
	I		Bdr.-Aufdruck		
		Y	Wz. 6 (Ringelkrone)	—,—	
		Z	Wz. 7 (Patriarchenkreuz)	75,—	75,—
	II		Handstempelaufdruck		
		X	Wz. 4 (Stefanskrone)	300,—	3000,—
		Y	Wz. 6 (Ringelkrone)	—,—	1500,—
		Z	Wz. 7 (Patriarchenkreuz)	40,—	20,—

Auf Portomarken 1915/16, Ziffer rot:

4		1 f	dunkelgrün/rot		
	I		Bdr.-Aufdruck	80,—	65,—
	II		Handstempelaufdruck	17,—	10,—
5		2 f	dunkelgrün/rot		
	I		Bdr.-Aufdruck	0,70	0,50
	II		Handstempelaufdruck	60,—	25,—
6		5 f	dunkelgrün/rot		
	I		Bdr.-Aufdruck	5,—	2,—
	II		Handstempelaufdruck	17,—	25,—
7		6 f	dunkelgrün/rot		
	I		Bdr.-Aufdruck	0,70	0,50
	II		Handstempelaufdruck	50,—	25,—
8		10 f	dunkelgrün/rot		
	I		Bdr.-Aufdruck	7,50	2,50
	II		Handstempelaufdruck	10,—	6,—
9		12 f	dunkelgrün/rot		
	I		Bdr.-Aufdruck	0,70	0,70
	II		Handstempelaufdruck	45,—	25,—
10		15 f	dunkelgrün/rot		
	I		Bdr.-Aufdruck	350,—	220,—
	II		Handstempelaufdruck	15,—	12,—
11		20 f	dunkelgrün/rot		
	I		Bdr.-Aufdruck	0,70	0,70
	II		Handstempelaufdruck	300,—	65,—
12		30 f	dunkelgrün/rot		
	I		Bdr.-Aufdruck	800,—	500,—
	II		Handstempelaufdruck	15,—	10,—

Zahlreiche Aufdruckfehler bekannt.

[FALSCH]   MiNr. 1–12 gültig bis 10.9.1920

1919, 28. Juli. Endgültige Ausgabe. Stdr.; gez. 11½.

Pa

13	2 C	tiefrotbraun		1,20	1,—
14	5 Ci	tiefrotbraun		1,20	1,—
			Satzpreis (2 W.)	2,50	2,—

Wissen kommt nicht von selbst
MICHEL

Fiume

1921, 21. März. Freimarken MiNr. 75–82 und 97 durch einen weiteren Bdr.-Aufdruck Segnatasse mit Zierstücken und neuem Wert in Portomarken umgewandelt.

Aufdruck auf Hochformaten

Aufdruck auf Querformaten

				★★	⊙
15	0.02 C	auf	15 C grau .... (76)		
I			MiNr. 76 I	30,—	30,—
II			MiNr. 76 II	2,—	1,—
16	0.04 C	auf	10 C rot .... (75)		
I			MiNr. 75 I	650,—	200,—
II			MiNr. 75 II	1,50	0,70
17	0.05 C	auf	25 C hellblau ... (97)	1,50	0,70
18	0.06 C	auf	20 C orange ...... (77)		
I			MiNr. 77 I	500,—	75,—
II			MiNr. 77 II	1,50	0,70
19	0.10 C	auf	20 C orange ...... (77)		
I			MiNr. 77 I	15,—	7,50
II			MiNr. 77 II	2,50	1,50
20	0.20 C	auf	10 C rot .... (75)		
I			MiNr. 78 I	6,—	3,—
II			MiNr. 78 II	450,—	200,—
III			MiNr. 78 III	2,—	1,50
21	0.30 Cor	auf	1 Cor schiefer ..... (81)		
I			MiNr. 81 I	2,50	1,50
II			MiNr. 81 II	20,—	5,—
22	0.40 C	auf	80 C hellviolett ... (80)		
I			MiNr. 80 I	1,50	1,—
II			MiNr. 80 II	700,—	200,—
23	0.50 C	auf	60 C karmin ...... (79)		
I			MiNr. 79 I	1,50	1,—
II			MiNr. 79 II	35,—	12,—
24	0.60 C	auf	45 C oliv .... (78)		
I			MiNr. 78 I	10,—	5,—
II			MiNr. 78 II	1500,—	200,—
III			MiNr. 78 III	2,—	1,50
25	0.80 C	auf	45 C oliv .... (78)		
III			MiNr. 78 III	2,—	1,50
26	1.00 Cor	auf	2 Cor rotbraun .... (82)		
I			MiNr. 82 I	3,50	2,—
II			MiNr. 82 II	10,—	3,—

Fast alle Werte ⚠ ⚠ ⚠.

Im Laufe des März 1924 übernahm die italienische Postverwaltung die Fiumer Post. Am 31. März 1924 wurden alle Marken von Fiume ungültig.

Militärpostmarken

der Legionäre d'Annunzios

1920, 12. Sept. 1. Jahrestag der Besetzung von Fiume. Bdr.; gez. 11½.

Ma) Freiwilligendolch durchschlägt den Gordischen Knoten (symbol.)
Mb) Unterer Teil des Fiumer Wappens
Mc) Die Leidenszeit Fiumes (symbol.)
Md) Freiwilligendolche schützen Fiume (symbol.)

				★★	⊙
1	5 C	grün .... Ma	80,—	20,—
2	10 C	karmin .... Mb	60,—	15,—
3	20 C	gelbbraun .... Mc	80,—	15,—
4	25 C	blau .... Md	60,—	40,—
		Satzpreis (4 W.)	280,—	90,—
1 U		ungezähnt	100,—	
2 U		ungezähnt	65,—	
4 U		ungezähnt	150,—	

FALSCH

Gültig nur am 12.9.1920

Fiumanische Besetzung der Carnaro-Inseln

Am 13. Nov. 1920 besetzten Freiwillige d'Annunzios vorübergehend bis 5.1.1921 die im Meerbusen Carnaro liegenden, zu Jugoslawien gehörigen Inseln Arbe und Veglia.

FALSCH alle Marken der folgenden Ausgaben.

1920, 20. Nov. Freimarken. Militärpostmarken MiNr. 1–4 mit Bdr.-Aufdruck.

				**	⊙
1	1 C	auf 5 C grün ....(1)		4,—	1,—
2	2 C	auf 25 C blau ....(4) R		2,—	1,—
3	5 C	grün ....(1)		35,—	2,—
4	10 C	karmin ....(2)		35,—	2,—
5	15 C	auf 10 C karmin ....(2)		4,—	2,—
6	15 C	auf 20 C gelbbraun ....(3)		3,—	2,—
7	15 C	auf 25 C blau ....(4)		3,—	2,—
8	20 C	gelbbraun ....(3)		3,—	2,—
9	25 C	blau ....(4)			
a		Aufdruck rot		5,—	2,—
b		Aufdruck schwarz		350,—	150,—
10	25 C	auf 10 C karmin ....(2)		6,—	4,—
11	50 C	auf 20 C gelbbraun ....(3)		12,—	3,—
12	55 C	auf 5 C grün ....(1)		45,—	4,—
13	1 (L)	auf 10 C karmin ....(2)		70,—	15,—
14	1 (L)	auf 25 C blau ....(4)		1000,—	500,—
15	2 (L)	auf 5 C grün ....(1)		50,—	25,—
16	5 (L)	auf 10 C karmin ....(2)		250,—	100,—
17	10 (L)	auf 20 C gelbbraun ....(3)		1000,—	300,—

Eilmarken mit Aufdruck „Espresso"

18	30 C	auf 20 C gelbbraun ....(3)	150,—	60,—
19	50 C	auf 5 C grün ....(1)	200,—	50,—
		Satzpreis (19 W.)	2800,—	1000,—

Aufdrucke mit gleichem Text in anderen Schrifttypen oder mit dem Text „R.I.D.C/Posta/Militare", jeweils in Schwarz oder Rot, sind Probedrucke z.T. auch auf Briefen verwendet.

Bei fast allen Werten sind Aufdruckfehler (kopfstehende oder doppelte Aufdrucke) bekannt.

Die Marken MiNr. 9 b und 13–19 tragen rückseitig den nebenstehenden Schutzstempel.

Auflagen: MiNr. 13 = 8750, MiNr. 14 = 500, MiNr. 15 = 8400, MiNr. 16 = 3700, MiNr. 17 = 1000 Stück

1920, 13./28. Nov. Freimarken für die Insel Arbe. MiNr. 3, 4, 8, 9, 11 und 12 mit Aufdruck ARBE in zwei Typen.

I: Grosser Aufdruck   II: Kleiner Aufdruck

20		5 C	grün ....(3)		
	I		großer Aufdruck (13.11.1920)	500,—	150,—
	II		kleiner Aufdruck (28.11.1920) ...	50,—	30,—
21		10 C	karmin ....(4)		
	I		großer Aufdruck (13.11.1920)	400,—	150,—
	II		kleiner Aufdruck (28.11.1920) ...	50,—	30,—
22		20 C	gelbbraun ....(8)		
	I		großer Aufdruck (13.11.1920)	400,—	100,—
	II		kleiner Aufdruck (28.11.1920) ...	50,—	30,—
23		25 C	blau ....(9)		
	I		großer Aufdruck (13.11.1920)	900,—	150,—
	II		kleiner Aufdruck (28.11.1920) ...	70,—	30,—
24	II	50 C	auf 20 C gelbbraun ....(11)	60,—	20,—
25	II	55 C	auf 5 C grün ....(12)	60,—	20,—

Eilmarken (Nov.)

26	30 C	auf 20 C gelbbraun ....(18)	250,—	65,—
27	50 C	auf 5 C grün ....(19)	170,—	65,—
		Satzpreis (8 W.)	700,—	280,—

Auflagen: MiNr. 20 I und 21 I je 500, MiNr. 22 I = 450, MiNr. 23 I = 700, MiNr. 20 II = 7550, MiNr. 21 II = 2550, MiNr. 22 II = 1000, MiNr. 23 II = 4000, MiNr. 24 II = 1300, MiNr. 25 II = 1550 Stück, MiNr. 26 = 1050, MiNr. 27 = 1200 Stück FALSCH

1920, 13./28. Nov. Freimarken für die Insel Veglia. MiNr. 3, 4, 8, 9, 11 und 12 mit Aufdruck VEGLIA in zwei Typen.

I: Grosser Aufdruck   II: Kleiner Aufdruck

28		5 C	grün ....(3)		
	I		großer Aufdruck (13.11.1920)	500,—	150,—
	II		kleiner Aufdruck (28.11.1920) ...	12,—	6,—
29		10 C	karmin ....(4)		
	I		großer Aufdruck (13.11.1920)	400,—	150,—
	II		kleiner Aufdruck (28.11.1920) ...	25,—	12,—
30		20 C	gelbbraun ....(8)		
	I		großer Aufdruck (13.11.1920)	400,—	100,—
	II		kleiner Aufdruck (28.11.1920) ...	50,—	17,—
31		25 C	blau ....(9)		
	I		großer Aufdruck (13.11.1920)	900,—	120,—
	II		kleiner Aufdruck (28.11.1920) ...	5,—	17,—
32	II	50 C	auf 20 C gelbbraun ....(11)	60,—	17,—
33	II	50 C	auf 5 C grün ....(12)	60,—	17,—

Eilmarken (Nov.)

34	30 C	auf 20 C gelbbraun ....(18)	250,—	65,—
35	50 C	auf 5 C grün ....(19)	170,—	65,—
		Satzpreis (8 W.)	650,—	200,—

Auflagen: MiNr. 28 I und MiNr. 29 I je 500, MiNr. 30 I = 450, MiNr. 31 I = 700, MiNr. 28 II = 7550, MiNr. 29 II = 2550, MiNr. 30 II = 1000, MiNr. 31 II = 4000, MiNr. 32 II = 1300, MiNr. 33 II = 1550 Stück, MiNr. 34 = 1050, MiNr. 35 = 1200 Stück FALSCH

Bei dem Aufdruck für Arbe und Veglia blieb die 1. Reihe der 50er Bogen ohne Aufdruck, Reihe 2 und 3 erhielt den Aufdruck ARBE, Reihe 4 und 5 den Aufdruck VEGLIA; senkrechte Paare ohne und mit Aufdruck ARBE oder mit Aufdruck ARBE und VEGLIA kommen daher vor.
Fast alle Werte ☥ ☥ ☥.

MiNr. 1–35 gültig bis 5.1.1921

MICHEL im Internet!
Schauen Sie doch einfach mal rein:
www.briefmarken.de

Italien

Altitalienische Staaten

Die altitalienischen Staaten Kirchenstaat, Modena, Neapel, Parma, Romagna, Sardinien, Sizilien und Toskana sind hier aus praktischen Gründen zusammengefaßt; Vatikanstaat siehe unter V.

> Erhaltung (für alle Altitalien-Staaten geltend): Die Preise ungebraucht ✱ gelten für normale durchschnittliche Handelsware, d. h. für Stücke, bei denen die Gummierung nicht gelitten hat; ohne Gummi (✱) meist wesentlich billiger. ⊙ in Luxusqualität erfordert Preisaufschläge. Im übrigen siehe Angaben bei jedem Land.

Kirchenstaat

Bis 1870 Patrimonium Petri

Währung: 1 Scudo (Sc) = 100 Bajocchi (Baj), ab 18. Juni 1866 1 Lira (L)= 100 Centesimi (C)

Preise ungebraucht ✱; (✱) ca. 80% Nachlaß

1852, 1. Jan./1.Okt. Freimarken: Päpstliches Wappen in verschiedenen Rahmen, Wertangabe in Bajocchi; Bdr. (5×5+5×5+5×5+5×5) auf farbigem Papier; □.

a

b c d e

f g h i

				✱	⊙
1	½ Baj	schwarz (■)	. . . . . a		
a		auf blaugrau		420,—	60,—
b		auf grünlichgrau		1000,—	200,—
c		auf grau, rötlichgrau		420,—	60,—
d		auf lilarosa, dunkelrötlichviolett		2200,—	1400,—
e		auf dunkelviolett, grauviolett		30,—	120,—
2	1 Baj	schwarz (■)	. . . . . b		
		Platte I (Trennungslinien senkrecht durchlaufend)			
a		auf bläulichgrün, graugrün		160,—	9,—
b		auf lebhaftblaugrün		200,—	9,—
c		auf dunkelgrün Platte II (Trennungslinien waagerecht durchlaufend)		40,—	40,—
d		auf dunkelblaugrün		450,—	40,—
3	2 Baj	schwarz (■ ■)	 c		
a		auf olivgrün		100,—	7,—
b		auf gelblichgrün		100,—	7,—
c		auf grau		25,—	7,—
d		auf grünlichgrau		20,—	7,—
e		auf weißlichgrün		90,—	17,—
f		auf weiß		6,—	40,—
4	3 Baj	schwarz (■ ◪ ▥)	. . . . . d		
a		auf hellgraubraun		120,—	60,—
b		auf hellbraun		100,—	50,—
c		auf orangebraun		2500,—	30,—
d		auf dunkelbraun		2500,—	30,—
e		auf rötlichgraubraun		1500,—	120,—
f		auf sämisch		20,—	150,—
g		auf gelbbraun		20,—	130,—
5	4 Baj	schwarz (■ ◪ ▥)	. . . . . e		
a		auf graubraun		3600,—	50,—
b		auf rötlichbraun		4000,—	75,—
c		auf blaßgelb		140,—	50,—
d		auf hellorangegelb		140,—	50,—
e		auf dunkelgelb		140,—	50,—
6	5 Baj	schwarz (◪ ▥)	. . . . . f		
a		auf rosa		170,—	10,—
b		auf karminrosa		150,—	10,—
7	6 Baj	schwarz (■ ◪ ▥ ▥)	. . . . . g		
a		auf grünlichgrau		450,—	35,—
b		auf grau		1200,—	36,—
c		auf lilagrau		650,—	150,—
d		auf blaulila		650,—	170,—
8	7 Baj	schwarz (◪ ▥)	h		
a		auf blau		750,—	45,—
b		auf hellblau		750,—	45,—
9	8 Baj	schwarz auf weiß (1.10.) (■ ■ ■) . i		350,—	25,—
1 a K		Kehrdruckpaar		28000,—	

MiNr. 2–9 zum Schutz vor Fälschungen öliger Druck: Auflage von 1854.

Während der Zeit der Besetzung durch österreichische Truppen 1849–1853 wurden Marken dieser Ausgabe auch von Ämtern der Österr. Feldpost entwertet und kommen mit den Stempeln „Feldpost MiNr. 1 (und MiNr. 3) vor.

[FALSCH] MiNr. 1 in Olivbraun.

[7%] Die Marken zu 1, 5 und 8 Bajocchi kommen in sogenannten Bologneser Steindruckfälschungen echt gelaufen vor. Von MiNr. 6 und 9 gibt es zwei Typen.

Auflagen: MiNr. 1 = 3 130 000, MiNr. 2 = 6 870 000, MiNr. 3 = 8 910 000, MiNr. 4 = 3 180 000, MiNr. 5 = 2 025 000, MiNr. 6 = 4 795 000, MiNr. 7 = 1 775 000, MiNr. 8 = 950 100, MiNr. 9 = 2 850 000 Stück

1852, 12. Juli/1864. Freimarken: Päpstliches Wappen. Farbiger Bdr. (5×5+5×5+5×5+5×5) auf weißem Papier; □.

k l

10	50 Baj		. . . . . k		
I		hellblau, feiner Druck		12000,—	1700,—
II		dunkelblau, mangelhafter Druck (20.5.1864)		17000,—	3000,—
11	1 Sc	rosarot, karminrosa l		3000,—	3200,—

[FALSCH] ⊙

Auflagen: MiNr. 10 I und 11 je 50 000, MiNr. 10 II = 10 000 Stück

Italien

Währungsänderung

1867, 21. Sept. Freimarken: Päpstliches Wappen. Wertangabe in Centesimiwährung. Bdr. (4×4+4×4+4×4+4×4) auf farbigem Glanzpapier, bei MiNr. 15–16 auch glanzloses Papier; □.

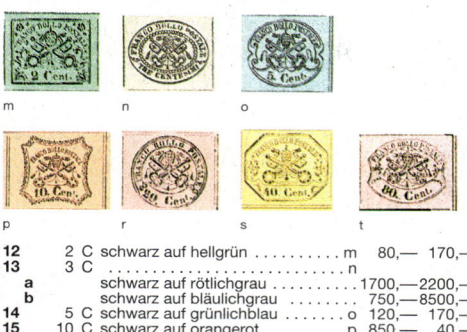

12	2 C	schwarz auf hellgrün .... m	80,—	170,—
13	3 C	.... n		
a		schwarz auf rötlichgrau	1700,—	2200,—
b		schwarz auf bläulichgrau	750,—	8500,—
14	5 C	schwarz auf grünlichblau ..... o	120,—	170,—
15	10 C	schwarz auf orangerot .... p	850,—	40,—
16	20 C	schwarz auf braunrosa .... r	110,—	50,—
17	40 C	schwarz auf gelb .... s	150,—	200,—
18	80 C	schwarz auf rosa .... t	150,—	500,—
⊙				

Angebliche MiNr. 14–16 □ ohne Gummi siehe Fußnote nach MiNr. 25.

1868, 15. März. Freimarken: Päpstliches Wappen. Gleiche Zeichnungen wie MiNr. 12–18. Bdr. (15×8, MiNr. 20 4×4+4×4+4×4+4×4) auf Glanzpapier, MiNr. 22, 23 und 25 auch auf glanzlosem Papier; gez. L 13¼.

19	2 C	schwarz auf hellgrün .... m	7,50	35,—
20	3 C	.... n		
a		schwarz auf bläulichgrau	.26,—	3500,—
b		schwarz auf rötlichgrau	.4500,—	17000,—
21	5 C	schwarz .... o		
a		auf hellblau	9,—	25,—
b		auf grünlichblau	150,—	25,—
22	10 C	schwarz auf rot .... p		
x		Glanzpapier	2,50	9,—
y		hochrotes, glanzloses Papier ...	6,—	15,—
23	20 C	schwarz .... r		
a		auf rotlila		
x		Glanzpapier	5,—	25,—
y		glanzloses Papier	3,50	17,—
b		auf braunrosa, glanzloses Papier	.850,—	
24	40 C	.... s		
a		schwarz auf hellgelb bis gelb ...	4,—	85,—
b		schwarz auf orangegelb	.60,—	600,—
25	80 C	.... t		
x		schwarz auf rosa, Glanzpapier	.20,—	360,—
y		schwarz auf lilarosa, glanzloses Papier		40,—

MiNr. 25 y kam nicht mehr zur Verwendung. ⊙

MiNr. 21, 22 y, 23 und 23 b gibt es □ und ungummiert aus nicht fertig gewordenen Restbeständen, die 1870 bei Besetzung von Rom durch italienische Truppen beschlagnahmt wurden.

Da nach der Besetzung Roms (20.9.1870) die Weiterverwendung der Marken des Kirchenstaates bis Ende Dezember erlaubt wurde, kommen Mischfrankaturen mit Marken des Königreichs Italien in dieser Zeit vor.

Neudrucke: Es gibt vier private Neudrucke der Ausgaben 1867/68 (I. Usigli, II. Moens, III. Gelli und Tani, IV David Cohn), kenntlich an abweichenden Farben, verschwommenem Druck und Zähnung 11½–13 statt 13¼.

Der Kirchenstaat wurde im Oktober 1870 dem Königreich Italien einverleibt. Am 11.2.1929 wurde die Vatikanstadt auf Grund der Lateran-Verträge mit Italien als selbständiger Vatikanstaat neu gegründet (siehe Vatikanstaat).

Modena

Währung: 1 Lira (L) = 100 Centesimi (C)

Preise ungebraucht *; (*) ca. 80% billiger

Wz. 1

Herzogtum

1852, 1. Juni. Freimarken: Adler mit Krone. Bdr. (10×6+10×6+10×6+10×6) auf farbigem Papier; oWz.; MiNr. 6 auf weißem Papier mit Wz. A (Wz. 1); I mit Punkt, II ohne Punkt hinter Ziffer; □.

a) Adler mit Krone im Kranz

                                                       *   ⊙

I = mit Punkt hinter der Ziffer:

1 I	5 C	.... a		
a		schwarz auf grün	17,—	30,—
b		schwarz auf olivgrün	200,—	75,—
2 I	10 C	schwarz auf rosa .... a	220,—	220,—
5 I	40 C	schwarz auf blau .... a	30,—	110,—
6 I	1 L	schwarz .... a	55,—	2200,—

II = ohne Punkt hinter der Ziffer:

1 II	5 C	schwarz auf grün .... a	1200,—	100,—
2 II	10 C	schwarz auf rosa .... a	350,—	75,—
3 II	15 C	schwarz auf gelb .... a	45,—	17,—
4 II	25 C	schwarz auf bräunlich ... a	32,—	20,—
5 II	40 C	.... a		
a		schwarz auf blau	220,—	120,—
b		schwarz auf hellblau .... a	12000,—	1000,—
4 F	25 C	schwarz auf grün (Farbfehldruck) .... a	2200,—	

MiNr. 4 F wurde amtlich nicht ausgegeben.

⊙

In gleicher Zeichnung: Zeitungsstempelmarken MiNr. I und 3

Provisorische Regierung

1859, 15. Okt. Freimarken: Staatswappen. Bdr. (5×6+5×6+5×6+5×6); □.

b) Staatswappen mit Savoyer Kreuz

7	5 C	.... b		
a		grün	1200,—	750,—
b		smaragdgrün	1200,—	800,—
c		dunkelgrün	1200,—	800,—
8	15 C	.... b		
a		braungrau	220,—	
b		schwarzbraun	2000,—	3000,—
c		braun	2000,—	3000,—

Italien

9	20 C	.................b		
a		lila	50,—	750,—
b		blauviolett	1700,—	120,—
c		dunkelviolett	2500,—	120,—
10	40 C	.................b		
a		karmin	170,—	1300,—
b		karminrosa	150,—	1100,—
11	80 C	bräunlichgelb, rotbraun .....b	150,—	20000,—

Die Druckfehler in der Wertangabe unten, z. B. ENT, CNET, CETN, CCNT, fehlende Punkte usw. sind zahlreich, da diese in Typen besonders eingesetzt war. Mischfrankaturen mit Sardinien, Ausgabe 1855/61, kommen vor. Freimarken von Sardinien, die 1859 und 1860 in einigen Gebieten aushilfsweise verwendet wurden, auf ✉ sehr gesucht.

Private Neudrucke von MiNr. 7–11.

N 1–N 7   private Neudrucke .... je   2,—

Zeitungsstempelmarken

MiNr. I siehe nach MiNr. 2.

1853, 1. April/21. Mai. Zeichnung wie Freimarken-Ausgabe 1852, zusätzliche Inschrift „B. G." (für Bollo Gazzette); Bdr. (MiNr. 1 10×6+10×6, MiNr. 2 10×6+10×6+10×6+10×6) auf farbigem Papier; ☐.

MiNr. 1

MiNr. 2

			✱	☉
1	9 C	violett, „B. G." in größeren Buchstaben (1.4.)	12000,—	3000,—
2	9 C	violett, „B. G." in kleineren Buchstaben (21.5.)	320,—	60,—

1857, 1. Nov. Gleiche Zeichnung wie Freimarken MiNr. 1–6, jedoch untere Leiste ohne B. G.; Bdr. (10×6+10×6+10×6+10×6) auf farbigem Papier; ☐.

| I | 9 C | schwarz auf lila .... | 2,50 | |
| 3 | 10 C | schwarz auf dunkellila .... | 40,— | 250,— |

MiNr. I wurde wegen Portoerhöhung nicht ausgegeben.

1859, 18. Febr. Adler im Kreis, waagerechte Trennungslinien zwischen den Marken; Bdr. Montruccoli; ☐.

| 4 | 10 C | schwarz auf weiß .... | 750,— | 2500,— |

 FALSCH

Am 18.3.1860 erfolgte der Anschluß an Sardinien, die Marken wurden durch solche von Sardinien, später von Italien ersetzt.

MICHEL-Kataloge

können Sie auch außerhalb Deutschlands beziehen. Unsere Vertretungen in vielen Ländern haben die neuen Kataloge stets lieferbar.

Neapel

Währung: 1 Ducato = 4.24 Lire ital. = 100 Grana (Gr) = 200 Tornesi (Tor)

Preise ungebraucht ✱; (✱) ca. 80% billiger

Wz. 1 Lilien

Königreich

1858, 1. Jan. Freimarken. Dreiteiliges Wappen in verschiedenen Einfassungen. StTdr. (10×10+10×10); Bogen-Wz.: 40 Lilien mit Umrandung über den ganzen Bogen gehend; ☐.

a   b   c   d

e   f   g

				✱	☉
1	½ Gr	mattlilarosa (☐) .... a	1200,—	250,—
2	1 Gr	lilarosa .... b	650,—	35,—
3	2 Gr	lilarosa c	200,—	7,50
4	5 Gr	bräunlichlilarosa .... d	1700,—	30,—
5	10 Gr	braunrosa .... e	3500,—	110,—
6	20 Gr	lilarosa .... f	3200,—	450,—
7	50 Gr	braunrosa .... g	7000,—	3200,—

MiNr. 1–7 gibt es in zwei (MiNr. 3 in drei) Typen, außerdem ist eine große Zahl von Farbtönungen bekannt.

🄵 Fälschungen, zum Schaden der Post, Papier glatter; oWz. Farben sehr stark abweichend; mehrere Typen.

3 🄵	2 Gr	karmin, lilakarmin, violett, violettkarmin (viele Töne) .... 15000,—	170,—
5 🄵	10 Gr	bräunlichrosa, karmin, lilakarmin, rosakarmin, violett (viele Töne) .... 11000,—	170,—
6 🄵	20 Gr	bräunlichrosa, karmin, lilakarmin, rosakarmin, violett (viele Töne) .... 11000,—	170,—

Preise gelten für die billigsten Typen.

Privater Neudruck von 1896 auf dickem Papier oWz., abweichende Farbe Anilin-karminrosa.

1 N	½ Gr	karminrosa	75,—
2 N	1 Gr	karminrosa	75,—
4 N	5 Gr	karminrosa	75,—
5 N	10 Gr	karminrosa	75,—
6 N	20 Gr	karminrosa	75,—
7 N	50 Gr		
a		karminrosa	75,—
b		braunkarmin	75,—

Italien

Provisorische Regierung

1860, 6. Nov. Freimarke: Zeichnung des ½ Grano (MiNr. 1), mit nachgestochener geänderter Wertbezeichnung „T" (Tornese) statt „G" (Grano); StTdr. (10×10); Wz. Lilien; □.

			*	
8	½ Tor blau .... a	200000,—	12000,—	

FALSCH

1860, 6. Dez. Weißes Savoyer-Kreuz als Mittelstück an Stelle des alten, ausgestochenen Mittelstückes der MiNr. 1; StTdr. (10×10); Wz. Lilien; □.

			*	(*)	⊙
9	½ Tor	.... h			
a		blau	35000,—	11000,—	4500,—
b		dunkelblau	35000,—	11000,—	4500,—

MiNr. 1–9 gültig bis 31.12.1861

FALSCH

Die Ausgabe der Königlich Italienischen Post für Neapel (Grana-Währung) siehe Italien MiNr. 1–8.

Parma

Währung: 1 Lira (L) = 100 Centesimi (C)

Preise ungebraucht ✱; (✱) ca. 80% billiger

Herzogtum

1852, 1. Juni. Freimarken: Wappen. Bdr. (5×4+5×4+5×4+5×4) auf farbigem Papier; □.

a) Bourbonisches Wappen (Lilie)

			*	⊙
1	5 C schwarz .... a			
a		auf gelb	70,—	100,—
b		auf orangegelb	70,—	100,—
2	10 C schwarz auf weiß .... a		70,—	100,—
3	15 C schwarz auf rosa .... a	2000,—	40,—	
4	25 C schwarz auf violett .... a	10000,—	150,—	
5	40 C schwarz .... a			
a		auf blau	1700,—	250,—
			(*)	
b		auf hellblau	2500,—	300,—
3 K		Kehrdruckpaar	—,—	

MiNr. 1 bis 3 auf weißem Papier sind Probedrucke, die auch (sehr selten) gebraucht vorkommen:

1 P	auf weißem Papier	20000,—
2 P	auf weißem Papier	15000,—
3 P	auf weißem Papier	15000,—

Für unverlangt eingesandte Briefsendungen und Markenvorlagen wird keine Haftung übernommen

---

1853/55. Freimarken: Wappen. Farbiger Bdr. (5×4+5×4+5×4+5×4); weißes Papier; □.

			*	(*)
6	5 C (31.12.1853) .... a			
a		orange	5000,—	750,—
b		hellgelb	7000,—	850,—
7	15 C rot bis dkl'rot (30.12.1853) ... a		6500,—	120,—
8	25 C rotbraun, schokoladebraun ... a			
		(28.5.1855)	10000,—	300,—

1857/59. Freimarken: Neue Wappenzeichnung. Bdr. (9×8); □.

b) Lilie im gekrönten Schild

			*	(*)
9	15 C ziegelrot (4.3.1859) .... b	200,—	400,—
10	25 C braun (3.7.1857) .... b	350,—	120,—
11	40 C blau (30.6.1857) .... b		
I		Type I breite O (40)	45,—	400,—
II		Type II schmale 0 (40)	45,—	420,—

Provisorische Regierung

Ab 1.8.1859 wurden die Marken von Sardinien 5-80 Centesimi provisorisch verwendet; derartige Stücke sind mit klarem Stempel besonders auf Brief von Spezialsammlern gesucht.

1859, 27. Aug./Nov. Freimarken: Schild in Achteckform. Bdr. (6×10); □.

			*	(*)
12	5 C (9.9.1859)		
a		gelbgrün	600,—	18000,—
b		blaugrün	2000,—	4000,—
13	10 C dunkelbraun (31.8.1859)	750,—	500,—
14	20 C blau (31.8.1859)	1000,—	220,—
15	40 C (5.9.1859)		
a		ziegelrot	500,—	7500,—
b		braunrot	15000,—	10000,—
16	80 C (27.9.1859)		
a		dunkelgelb	9000,—	—,—
b		olivgelb	7000,—	220000,—

| 13 I | mit kopfstehender „1" .... | 1200,— | 4000,— |

MiNr. 13–16 in zwei Typen: schmale und dicke 0; für letztere doppelte Preise.

✉

Zeitungsstempelmarken

1853/57. Zeichnung wie Freimarken MiNr. 12–16. Bdr. (MiNr. 1 10×10, MiNr. 2 6×10); □.

			*	⊙
1	9 C schwarz auf blau (1853) c	300,—	20000,—
2	6 C schwarz auf rosa (1.11.1857) c	600,—	300,—

✉

Am 18.3.1860 erfolgte der Anschluß Parmas an Sardinien.

Romagna

Bis zum Jahre 1859 zum Kirchenstaat gehörend. Die Romagna trennte sich 1859 vom Kirchenstaat und bildete unter dem Namen Romagne (Römische Gebiete) eine eigene vorläufige Regierung.

Währung: 1 Scudo (5.375 Lire ital.) = 100 Bajocchi (Baj), ab 1. November 1859: 1 Lira = 100 Centesimi

Preise ungebraucht ✱; (✱) ca. 60–75% billiger

1859, 1. Sept. Freimarken: Zifferzeichnung. Bdr. (10×6+10×6) auf farbigem Papier; □.

a

					✱	⊙
1	½ Baj	schwarz auf strohgelb		a	20,—	320,—
2	1 Baj	schwarz auf braungrau		a	20,—	160,—
3	2 Baj	schwarz auf bräunlichgelb		a	40,—	160,—
4	3 Baj	schwarz auf dunkelgrün		a	40,—	350,—
5	4 Baj	schwarz auf rotbraun		a	600,—	160,—
6	5 Baj	schwarz auf violett		a	42,—	420,—
7	6 Baj	schwarz auf gelbgrün		a	300,—	9000,—
8	8 Baj	schwarz auf rosa		a	220,—	2000,—
9	20 Baj	schwarz auf graugrün		a	220,—	3000,—

Neudrucke: Die früher als Brüsseler (1892) bzw. Hamburger (1897) Nachdrucke von teils erneuerten Platten aufgeführten Marken sind Fälschungen. Es existiert jedoch ein privater Neudruck von Elektrotypen der Originalklischees.

Die Marken der Romagna waren nur bis 29.2.1860 in Verwendung (Umtauschfrist bis 31.3.1860), nachdem die postalische Ausgabe schon am 1.2.1860 aufgehört hatte.
Ab 1860 gehörte die Romagna zum Königreich Sardinien (Italien).

Sardinien

Sardegna

Währung: 1 Lira (L) = 100 Centesimi (C)

Preise ungebraucht ✱; (✱) ca. 50–75% billiger

1851, 1. Jan. Freimarken: König Viktor Emanuel II. Stdr. (5×5+5×5); □.

a) König Viktor Emanuel II.

					✱	⊙
1	5 C	schwarz		a	6500,—	2000,—
2	20 C	blau		a	7000,—	150,—
3	40 C			a		
a		rosa			8500,—	4000,—
b		lilarosa			8500,—	7000,—

Gültig bis 30.9.1853

1853, 1. Okt. Freimarken: König Viktor Emanuel II. Farbloser Prägedruck (5×5+5×5) auf farbigem Papier; □.

b

4	5 C	blaugrün	b	10000,—	1100,—
5	20 C	blau	b	11000,—	120,—
6	40 C	rosa	b	7000,—	1000,—

1854, 18. April. Freimarken: König Viktor Emanuel II. Farbloser Prägedruck (10×5), Mittelstück weiß, Rahmen komb. Stdr. und Prägedruck, □.

c

7	5 C				
a		blaugrün		—,—	750,—
b		gelbgrün		38000,—	600,—
c		dunkelolivgrün		1700,—	
8	20 C				
a		blau		12000,—	120,—
b		indigo		—,—	120,—
c		grünlichblau		750,—	
9	40 C				
a		ziegelrosa		10000,—	2600,—
b		braunrosa		—,—	2600,—
c		tiefrosa		170,—	

MiNr. 7c, 8c und 9c waren zur Ausgabe vorbereitet, kamen aber nicht mehr zur Verwendung. Nicht verwechseln mit **ND** von 1863.

1855/63. Freimarken: König Viktor Emanuel II. Gleiche Zeichnung, Prägedruck (10×5), Rahmen Stdr. ohne Prägung, Inschriften weiß auf farbigem Grund; □.

d

10	5 C		d		
a		grün (1862) (■)		7,50	12,—
b		blaugrün, smaragdgrün (1.7.1862)		2200,—	250,—
c		olivgrün (1859)		300,—	120,—
11	10 C		d		
a		gelbbraun (1863) (■)		7,50	12,—
b		olivbraun (1862)		30,—	25,—
c		braungrau (1.1.1858) (■)		550,—	250,—
d		schwarzbraun (1860) (■)		3000,—	1000,—
12	20 C				
a		blau (1862) (■)		100,—	20,—
b		milchblau (1855)		2200,—	220,—
13	40 C				
a		karmin (1860) (■)		220,—	200,—
b		scharlachrot (1863)		25,—	30,—
c		lilarosa (1860) (■)		8000,—	4000,—
d		ziegelrot (1855) (■)		2600,—	250,—
14	80 C	(■, ⊠)			
a		gelb (1862) (■)		30,—	300,—
b		braunorange (1.1.1858)		150,—	350,—
15	3 L	kupferbronze (2.1.1861)	d	350,—	3200,—

FALSCH ⊙

Mit kopfstehendem Mittelstück (Kopfeinpressung):

			⊠
10 I	5 C		25000,—
11 I	10 C		25000,—
12 I	20 C		9000,—
13 I	40 C		38000,—
14 I	80 C		80000,—

▷ von MiNr. 10 I–15 I ca. 10–20% der obigen ⊠-Preise. Nahezu alle ✱ Stücke von 10 I–15 I FALSCH.

In gleicher Zeichnung, jedoch gezähnt: Italien MiNr. 9–12, 14.

1861, 1. Jan. Freimarken: Ziffernzeichnungen. Komb. Bdr. und Pdr. (10×10); □.

e   f

				*	⊙
16	1 C	schwarz, grau	e	5,—	9,—
17	2 C	schwarz, grau (■)	f	120,—	75,—
16 I		Ziffer kopfstehend		1500,—	30000,—
16 II		mit „2" statt „1"		650,—	2000,—
17 I		Ziffer kopfstehend		1500,—	30000,—
17 II		mit „1" statt „2"		6000,—	28000,—

ND: Neudrucke
Von der Ausgabe 1855/61 gibt es keinen amtlichen Neudruck. Von der Ausgaben 1853 (MiNr. 4–6) und 1854 (MiNr. 7–9) wurden 1863 durch F. Matraire, Turin, amtliche Neudrucke angefertigt, die aber nicht mit MiNr. 7c, 8c und 9c (Originale, die nicht mehr zur Ausgabe gelangten) verwechselt werden dürfen. Die Unterscheidung ist in der Farbe, im Papier und der schwächeren Prägung zu suchen.

Ausgabe 1853		je	1,50
Ausgabe 1854		je	1,—

Alle Neudrucke gibt es vielfach falsch gestempelt

In gleicher Zeichnung Italien MiNr. 13.

Stempelpapiere für Briefsendungen:

I II III

Diese Stempelpapiere gibt es mit den Wertstufen 15, 25 und 50 Centesimi. Bei der ersten Auflage (1819) wurden die Wertstempel in blauer Farbe gedruckt, bei der zweiten (1820) farblos eingeprägt.

Diese Beträge waren eine Art entfernungsabhängige Erlaubnisgebühr für Briefsendungen, die Beförderung der Poststücke mußte sowohl bei der Beförderung durch die Post als auch bei der Zustellung durch einen Privatboten zusätzlich bezahlt werden.

Sardinische Postämter im Ausland

bestanden in TUNIS: TUNISI POSTE SARDE;
Sardinische Marken wurden auch mit Stempel des italienischen Postamtes in Alexandria (Ägypten), ab 1863, bekannt.
MENTONE, MONACO (sardinische Postämter im Fürstentum Monaco) bis 15.6.1860.
Savoyen und die Grafschaft Nizza gehörten bis 1860 zum Königreich Sardinien.
Schiffspost: VIA DI MARE und andere;
Feldpost: R. POSTA MILE. SARDA mit MiNr. 3 in KONSTANTINOPEL verwendet) während der Feldzüge: Krim und 1859–60.

Am 17.3.1861 nahm das Königreich Sardinien den Namen Königreich Italien an.

Sizilien

Währung: 1 Ducato = 4,24 Lire ital. = 100 Grana (Gr) = 200 Tornesi (Tor)

Preise ungebraucht *; (*) ca. 70% billiger

1859, 1. Jan. Freimarken: König Ferdinand II. StDr. (10×10); □.

a) König Ferdinand II. (1810–1859)

				*	⊙
1	½ Gr		a		
a		hellgelb		360,—	800,—
b		goldgelb		360,—	3000,—
c		olivgelb		—,—	32000,—
2	1 Gr				
a		rostbraun		18000,—	800,—
b		braunoliv		450,—	120,—
c		olivgrün		120,—	200,—
3	2 Gr		a		
a		hellblau		100,—	75,—
b		ultramarin		9000,—	750,—
c		dunkelblau		4000,—	200,—
4	5 Gr		a		
a		karmin, dunkelkarmin		500,—	420,—
b		scharlachrot, lebhaftrot		2500,—	1000,—
c		ziegelrot, lebhaft ziegelrot		200,—	1500,—
d		rotbraun		5500,—	2600,—
5	10 Gr		a		
a		dunkelblau		600,—	300,—
b		indigo		650,—	320,—
6	20 Gr		a		
a		grauschiefer		550,—	500,—
b		grauviolett		1100,—	1100,—
c		schwarzschiefer		2200,—	1700,—
7	50 Gr		a		
a		rotbraun		550,—	5000,—
b		lilabraun		500,—	4500,—
b I		öliger Druck		750,—	5500,—
Ⓖ					

Die Sizilien-Marken sind am 17.7.1860 außer Gebrauch gesetzt worden.
Das Gebiet des Königreichs Sizilien gehörte ab 1861 zum Königreich Italien.

Die Preisnotierungen in den MICHEL-Katalogen gelten für Marken in einwandfreier Qualität. Bei gezähnten Marken muß die Zähnung allseits vollständig sein, bei geschnittenen Marken darf der Schnitt das Markenbild nicht berühren. Postfrische Erhaltung setzt vollkommen unberührte Gummierung voraus, Marken mit Falz dürfen nur einen sauberen Erstfalz haben. Gestempelte Marken sollen eine saubere und möglichst lesbare Abstempelung haben.

Lesen Sie dazu auch die Einführung.

Toskana

Währung: 1 Fiorino = 20 Crazie = 100 Quattrini; 1 Lira toscana (0.84 Lira ital.) = 12 Crazie (Cr) = 20 Soldi (So) = 60 Quattrini (Qu); ab 1. November 1859: 1 Lira ital. (L) = 100 Centesimi (C)

Preise ungebraucht ✱; (✱) 80% billiger

Wz. 1 Krone und Linien

Wz. 2 Gekreuzte Wellenlinien

Großherzogtum

1851, 1. April/1855. Freimarken: Löwe. Bdr. (16×5+16×5+16×5) auf getöntem Papier; Wz. Krone und Linie über mehrere Marken (Wz. 1); □.

a) Löwe mit Wappenschild (nach Denkmal von Donatello in Florenz)

x = blaues Papier

				✱	⊙
1 x	1 Qu	schwarz (1.9.1852) . . . . . . a		8000,—	1700,—
2 x	1 So	gelb, goldgelb (1851) . . . . a		12500,—	2000,—
3 x	2 So	braunrot (1851) . . . . a		35000,—	5000,—
4 x	1 Cr	(1.7.1852) . . . . a			
a		karminrot		5500,—	170,—
b		braunkarmin		5500,—	170,—
5 x	2 Cr	(1851) . . . . a			
a		blau, dunkelblau		5500,—	150,—
b		dunkelgrünlichblau		6000,—	170,—
6 x	4 Cr	(1851) . . . . a			
a		grün		6000,—	200,—
b		blaugrün		6000,—	200,—
7 x	6 Cr	dunkelblau (1851) . . . . . . a		6000,—	200,—
8 x	9 Cr	dunkelviolett (1.7.1852) . a		12500,—	500,—

y = graublaues bis graues Papier (1853–1855)

1 y	1 Qu	schwarz . . . . a		7000,—	1500,—
2 y	1 So	gelb, goldgelb . . . . a		10000,—	2000,—
4 y	1 Cr	. . . . a			
a		karminrot		5000,—	75,—
b		braunkarmin		6000,—	75,—
5 y	2 Cr	. . . . a			
a		blau, dunkelblau		2600,—	75,—
b		dunkelgrünlichblau		3000,—	85,—
6 y	4 Cr	. . . . a			
a		grün		5000,—	100,—
b		blaugrün		5000,—	100,—
7 y	6 Cr	dunkelblau . . . . a		5000,—	120,—
8 y	9 Cr	braunlila . . . . a		12500,—	140,—
9 y	60 Cr	braunrot (9.11.1852) . . . a		70000,—	20000,—

Die Marken der Toskana sind sehr eng aneinander gedruckt (Markenabstand ½–¾ mm). Die Preise verstehen sich für Marken mit sichtbaren weißen Rändern. Marken mit breiten weißen Rändern bedingen viel höhere Preise, besonders MiNr. 3 und 9. ND Im Jahre 1866 wurde auf Wz.-Papier ein Neudruck der MiNr. 3 und 9 hergestellt, kenntlich an den abweichenden Wertangaben, da diese neu hergestellt werden mußten.

FALSCH

Gültig bis 31.12.1859

1857/59. Freimarken: Löwe. Bdr. (16×5+16×5+16×5); Wz. gekreuzte Wellenlinien (Wz. 2); □.

10	1 Qu	schwarz (10.6.1857) . . . . a	850,—	850,—
11	1 So	gelb (6.7.1857) . . . . a	25000,—	4000,—
12	1 Cr	lebhaftrot, rot (16.10.1857) . . . a	5500,—	350,—
13	2 Cr	blau, grünblau (5.9.1857) . . . . . a	1400,—	75,—
14	4 Cr	grün (4.6.1857) . . . . a	5500,—	120,—
15	6 Cr	dunkelblau (14.3.1857) . . . . . . a	7000,—	120,—
16	9 Cr	lila (8.7.1859) . . . . a	22000,—	4000,—

FALSCH

Gültig bis 31.12.1859

Provisorische Regierung

1860, 1. Jan. Freimarken: Wappen. Bdr. (16×5+16×5+16×5); Wz. 2; □.

b) Wappen von Savoyen

17	1 C	bräunlichlila, bräunlichviolett	1600,—	600,—
18	5 C			
a		grün	7000,—	200,—
b		olivgrün	8000,—	200,—
19	10 C			
a		braun	1200,—	25,—
b		schwarzbraun	2600,—	90,—
20	20 C			
a		blau	6000,—	120,—
b		graublau	5500,—	150,—
21	40 C	karmin	9000,—	200,—
22	80 C	hellbräunlichrot	20000,—	750,—
23	3 L	ocker FALSCH	*160000,—*	*70000,—*

				✉
21 H		Halbierung ✉		150000,—

ND Von MiNr. 23: 3 Lire existiert ein Neudruck (Nachdruck) auf Wz.-Papier Krone der Ausgabe 1851/52 in Farbe lebhaftgelb statt ocker; auch hier mußte, wie bei den Neudrucken der MiNr. 3 und 9, die Wertangabe neu hergestellt werden.

Gültig bis 31.12.1861

Zeitungsstempel

1854, 1. Okt. Handstempelabdruck, Wertangabe im Doppelkreis: BOLLO STRAORDINARIO PER LE POSTE: dünnes, farbiges Papier; □.

			✱	✉
I	2 So	schwarz auf strohgelb	45,—	150,—
I K		Kehrdruckpaar	600,—	

1860 wurde die Toskana mit Sardinien vereinigt.

MICHEL*perfoscope*

Die philatelistische Präzisions-Software

Universell einsetzbar für Zähnungs-, Längen- und Winkelmessungen aller Art.

Italien

Halbinsel in Süd-Europa mit mehreren kleineren Inselgruppen. Zunächst Königreich, ab 18.6.1946 Republik.
Währung: 1 Lira (L) = 100 Centesimi (C); ab 1.1.1999: 1 Euro (€) = 100 Cent (C); bis 31.12.2001: 1 € = 1936.27 L

Eintritt in den Weltpostverein: 1. Juli 1875.
Auf Italien-Marken bis 1877 findet man bisweilen einen San-Marino-Stempel (Landesname oder nur SM[NO]) in punktiertem Rechteck. Derartige Abstempelungen sind selten, ebenso wie Dampferstempel (Vapore) und Kirchenstaat- (Rost-) Stempel. Italien-Marken bis 1928 in tadelloser Zähnung und Zentrierung verdienen bis zu 25% Aufschlag.
Da ZM bei vielen Ausgaben oft anzutreffen ist, muß sich der Katalog auf diesen allgemeinen Hinweis beschränken. Marken mit Handstempel- oder Bdr.-Aufdruck „Saggio" sind Probedrucke oder Vorlagemuster (= Specimen).
Ab MiNr. 1427 sind alle Ausgaben auf fluoreszierendem Papier gedruckt, sofern nicht ausdrücklich anders angegeben.
Alle Marken ab MiNr. 1220 sind frankaturgültig, sofern nichts anderes angegeben.

MiNr. I siehe nach MiNr. 1102.

Preise ungebraucht bis MiNr. 131 ✶, ab MiNr. 132 ✶✶ (MiNr. 132–666 mit Falz ✶ ca. 40–60% der ✶✶-Preise, sofern nichts anderes angegeben).

Wz. 1 Krone
(in verschiedenen Lagen vorkommend)

Wz. 2
Liegende Waben

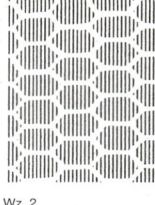

Wz. 3
Flügelrad

Wz. 4
Pentagramm mehrfach

Teile verschiedener Bogenrandwasserzeichen (Buchstaben oder Reste davon) kommen auch auf Marken vor.

Königreich

Für das ehemalige Königreich Neapel

1 Dukaten = 4.20 Lire (L) = 100 Grana (Gr) = 200 Tornese (Tor)

1861

1861, 14. Febr./Mai. Freimarken: König Viktor Emanuel II. in Granawährung. Stdr. und Prägedruck; ▢.

a) König Viktor Emanuel II. (reg. 1861-1878)

			✶	⊙
1	½ Tor	. . . . a		
a		grün, gelbgrün	11,—	140,—
b		olivgrün	2800,—	400,—
c		dunkelgrün	250,—	170,—
d		smaragd	3000,—	400,—
2	½ Gr	braun . . . . a	140,—	140,—
3	1 Gr	schwarz	360,—	20,—
4	2 Gr	blau (▮)	90,—	12,—
5	5 Gr	. . . . a		
a		karminrot	140,—	85,—
b		rosalila	160,—	140,—
c		lila (▮)	200,—	200,—
d		ziegelrot	150,—	100,—
6	10 Gr	. . . . a		
a		orange	125,—	175,—
b		gelbbraun	150,—	200,—
c		olivgelb	600,—	700,—
7	20 Gr	hellgrünlichgelb, bräunlichgelb . . a	450,—	1600,—
8	50 Gr	. . . . a		
a		perlgrau	30,—	7500,—
b		dunkelviolett (Töne)	35,—	7500,—

Mit den Restbeständen aus der Druckerei Matraire gelangte eine Anzahl Probedrucke und unfertige Drucke ohne mit kopfstehendem Mittelstück in den Handel. ⊙ Vorsicht vor Stempelfälschungen. FALSCH 1861. Fälschungen zum Schaden der Post postalisch gebraucht. Tief- und Prägedruck.

Ausgaben für das gesamte Königreich Italien

(ab 17.3.1861)

1 Lira (L) = 100 Centesimi (C)

Als erste Gesamtausgabe in Centesimiwährung für das geeinte Italien ist die damals kursierende Ausgabe von Sardinien anzusehen, die in den meisten Staaten ausgegeben wurde.

1862

1862, Febr./Okt. Freimarken: König Viktor Emanuel II. in Centesimiwährung. Bdr. und Prägedruck; gez. K 11½:12.

b) König Viktor Emanuel II. (1820–1878)

			✶	⊙
9	10 C	(24.2.) (▮) . . . . b		
a		braun	28000,—	650,—
b		gelbbraun	8700,—	260,—
10	20 C	blau (1.3.) (▮) (DD) . . . . b	13,—	35,—
11	40 C	karmin (10.4.) (▮) . . . . b	300,—	140,—
12	80 C	gelb (3.10.) . . . . b	40,—	1700,—
10 ND		gez. L 11	✶ 2,50	
11 ND		gez. L 11	2,50	

Andere Zähnungen sind Teilfälschungen.

⊙ Stempelfälschungen auf Nr. 12. FALSCH MiNr. 9 aus Sardinien MiNr. 11.

Gültig MiNr. 10 bis 28.2.1863, MiNr. 9, 11 und 12 bis 31.12.1863

In gleicher Zeichnung, geschnitten: MiNr. 14; Sardinien MiNr. 10–15

Italien

1862, 1. Mai. Freimarke: Ziffernzeichnung. Bdr. und Prägedruck; ☐.

c

13	2 C (☐) c			
a	olivgelb	45,—	90,—
b	braungelb	45,—	90,—

Gültig bis 31.12.1863

In gleicher Zeichnung, schwarz: Sardinien MiNr. 16–17

1863

1863, 1. Jan. Freimarke: König Viktor Emanuel II. Stdr. und Prägedruck; ☐.

b

14	15 C blau .... b	65,—	45,—
14 I	Kopfstehendes Mittelstück	—,—	60000,—

Gültig bis 31.12.1863

In gleicher Zeichnung: MiNr. 9–12, Sardinien MiNr. 10–15

1863, 11. Febr./Mai. Freimarke: König Viktor Emanuel II. Stdr.; ☐.

d) König Viktor Emanuel II.

Type I: „C" vor „QUINDICI" wenig geöffnet, die Linie unter „Q" von „QUINDICI" ist ungebrochen

Type II: „C" vor „QUINDICI" weiter geöffnet, die Linie unter „Q" von „QUINDICI" ist unterbrochen

15	15 C ultramarinblau .... d		
I	Type I	550,—	24,—
II	Type II (Mai)	3,50	6,50

Fälschungen zum Schaden der Post 7⁄10:

15 7⁄10			
I	Neapel (roher Tiefdruck)	22000,—	3600,—
II	Rieti, Aquila (dunkelgraublau)	4500,—	3200,—

Gültig bis 31.12.1863

1863, 1. Dez. Freimarken: Kopf König Viktor Emanuels II. in verschiedenen Einfassungen. Bdr.; Wz. Krone (Wz. 1); gez. K 14.

Wz. 1
(in verschiedenen Lagen vorkommend)

e   f   g   h

i   k   l

e–l) König Viktor Emanuel II.

16	5 C grauoliv .... e	1700,—	2,50
17	10 C braunorange bis orangebraun ... f	2500,—	2,80
18	15 C mattblau .... g	2400,—	3,—
19	30 C dunkelbraun (☐) .... h	10,—	4,50
20	40 C karmin i	4500,—	3,50
21	60 C violett .... k	12,—	50,—
22	2 L rotorange l	20,—	80,—
	Satzpreis (7 W.)	11000,—	110,—

Diese Marken wurden mit einem Schutzunterdruck (Geheimzeichen, ähnlich Deutsches Reich, Ausgabe 1889) bildseitig versehen.

MiNr. 16, 18–22 gültig bis 31.12.1889, MiNr. 17 gültig bis 31.8.1877

In gleicher Zeichnung wie MiNr. 17: MiNr. 27

1863/65. Freimarken: Ziffernzeichnung. Bdr.; Wz. 1; gez. K 14.

m   n

23	1 C grauoliv .... m	3,—	2,20
24	2 C rotbraun (1.3.1865) ☐ .... n	10,—	2,—
	Satzpreis (2 W.)	13,—	4,—

Gültig bis 30.6.1898

1865

1865, 1. Jan./März. Freimarke. MiNr. 18 (II und III neue Platten) mit schwarzbraunem Bdr.-Aufdruck des neuen Wertes.

25	20 C auf 15 Cmi mattblau		
I	(ohne Punkte) (März)	2000,—	6,—
II	(4 Punkte)	6000,—	15,—
III	(12 Punkte)	700,—	2,50
25 I U	ungezähnt .., ...	—,—	

Gültig bis 31.7.1867

I. Auflage ohne Punkte (MiNr. 18)   II. Auflage je 2 Punkte über und unter den Sternen (4 Punkte)   III. Auflage wie II und außerdem je 1 Punkt in den 7-förmigen Ausläufen der Eckornamente; (4 + 4 . 2 =) 12 Punkte

Italien   283

1867

1867, April. Freimarke: König Viktor Emanuel II. a = Turiner, b = Londoner Bdr.; Wz. 1; gez. K 14.

o) König Viktor Emanuel II.

26	20 C	.... o		
a		blau	850,—	1,20
b		hellblau	1400,—	3,—

Gültig bis 31.8.1877

In gleicher Zeichnung wie MiNr. 26: MiNr. 28

37 A	5 C	graugrün .... p	9,—	1,—
38 A	10 C	rosakarmin .... r	400,—	1,—
39	20 C	braunorange .... s		
A		gez. 14	350,—	1,—
B		gez. 11½		—,—
40 A	25 C	blau .... t	600,—	2,50
41 A	30 C	dunkelbraun .... u	150,—	1750,—
42 A	50 C	violett v	12,—	10,—

MiNr. 41 A mit ⊙ (ca. 3 % des ⊙-Preises).

MiNr. 37, 41 und 42 gültig bis 31.12.1889, MiNr. 38–40 gültig bis 30.6.1902

MiNr. 37, 41 und 42 mit Aufdruck: MiNr. 56–58

MiNr. 43–48 fallen aus.

1877

1877, 1. Aug. Freimarken. MiNr. 17 und 26 in Farbänderung, MiNr. 28 Bdr. Staatsdruckerei Turin; Wz. 1; gez. 14.

		f		
27	10 C	blau .... f	7000,—	4,—
28	20 C	orange .... o	5000,—	3,—

Gültig bis 31.12.1889

In gleicher Zeichnung wie MiNr. 27: MiNr. 17; wie MiNr. 28: MiNr. 26

1882

1882. Freimarke: König Umberto I. Bdr.; Wz. 1; gez. K 14.

w) König Umberto I.

49	2 L	rotorange .... w	50,—	250,—

⊙ MiNr. 49 kommt mit echten Poststempeln ohne oder mit Nummer 437 (Padua) nachträglich entwertet vor (25 % der ⊙-Preise).

Gültig bis 31.12.1889

1878

1878, 1. Jan. Zeitungsmarken: Dienstmarken MiNr. 1-8 mit blauem Aufdruck 2 C.

29	2 C auf	0.02 L dunkellilarot	130,—	11,—
30	2 C auf	0.05 L dunkellilarot	130,—	14,—
31	2 C auf	0.20 L dunkellilarot	750,—	4,—
32	2 C auf	0.30 L dunkellilarot	500,—	5,50
33	2 C auf	1.00 L dunkellilarot	550,—	4,—
34	2 C auf	2.00 L dunkellilarot	550,—	7,—
35	2 C auf	5.00 L dunkellilarot	750,—	9,—
36	2 C auf	10.00 L dunkellilarot	500,—	11,—
		Satzpreis (8 W.)	3800,—	65,—

Alle Werte mit kopfstehendem Aufdruck bekannt.

FALSCH Alle Werte: auch schwarzer Aufdruck.

Gültig bis 30.6.1898

1889

1889, 1. Aug. Freimarken: König Umberto I. Wertziffer in den Ecken; Bdr.; Wz. 1; gez. K 14.

x   y   z   aa   ab

x–aa) König Umberto I.

50	40 C	braun x	10,—	8,—
51	45 C	grauoliv .... y	2000,—	5,—
52	60 C	violett .... z	10,—	15,—
53	1 L	braun/gelb .... aa	150,—	7,—
54	5 L	grün/rot .... ab	15,—	600,—
		Satzpreis (5 W.)	2000,—	600,—

⊙ MiNr. 54: 2 % des ⊙-Preises.

🔍 MiNr. 54

MiNr. 50–53 gültig bis 30.9.1902, MiNr. 54 gültig bis 30.6.1891

1879

1879, 15. Aug. Freimarken: König Umberto I. Verschiedene Eckzeichnungen; Bdr.; Wz. 1; A = gez. K 14, MiNr. 39 B gez. K 11½.

p   r   s   t   u   v

p–v) König Umberto I. (reg. 1878–1900)

1889, Okt.

1889, Okt. Freimarke: Wappen. Umschrift weiß auf farbigem Grund; Bdr.; Wz. 1; gez. K 14.

ac) Wappen

55	5 C	dunkelgrün .... ac	800,—	2,50

Gültig bis 30.9.1902

MiNr. 1–55 Preise für (∗) siehe Notiz vor MiNr. 1.

1890

1890, 1. Juni. Freimarken: MiNr. 41 und 42 mit einzeiligem Aufdruck des neuen Wertes.

56	20 C	auf 30 C dunkelbraun	350,—	7,50
57	20 C	auf 50 C violett	400,—	35,—
		Satzpreis (2 W.)	750,—	40,—

FALSCH ⚠

Gültig bis 31.12.1891

1891

1891, 1. Mai. Freimarke. MiNr. 37 mit einzeiligem Aufdruck des neuen Wertes.

58	2 C	auf 5 Cmi grün	(37)		
I		2 mit dickem Fuß		15,—	45,—
II		2 mit dünnem Fuß		130,—	270,—

Gültig bis 31.12.1891

1891, 1. Mai. Freimarke: König Umberto I. im Kreis. Bdr.; Wz. 1; gez. K 14.

ad) König Umberto I.

59	5 L	blau/rosa	ad	55,—	120,—

Gültig bis 30.9.1902

1891, 20. Nov. Freimarken: Neue Wappenzeichnung, Inschrift farbig auf weißem Grund. Bdr.; Wz. 1; gez. K 14.

ae) Wappen

60	5 C	grün	ae	500,—	1,50

Gültig bis 30.6.1902

1890, 1. Dez. Zeitungsmarken: Paketmarken MiNr. 1-6 mit Aufdruck Valevole/per le stampe/C^mi 2.

61	2 C	auf 10 C graugrün	5,—	6,—
62	2 C	auf 20 C blau	5,—	6,—
63	2 C	auf 50 C braunrosa	60,—	35,—
64	2 C	auf 75 C dunkelgrün	5,—	6,—
65	2 C	auf 1,25 L braunorange	45,—	35,—
66	2 C	auf 1,75 L dunkelbraun	20,—	55,—
		Satzpreis (6 W.)	140,—	140,—

MiNr. 61, 63 und 65 mit kopfstehendem Aufdruck bekannt.

Gültig bis 31.12.1891

1893

1893/96. Freimarken: König Umberto I. Größere Wertziffern unten; Bdr.; Wz. 1; gez. K 14.

af   ag   ah   ai

af–ai) König Umberto I.

67	10 C	braunrosa (1.7.1896)	af	6,50	1,50
68	20 C	braunorange (16.6.1895)	ag	6,50	1,50
69	25 C	hellblau (21.3.1893)	ah	6,50	1,50
70	45 C	graugrün (31.3.1895)	ai	6,50	3,—
		Satzpreis (4 W.)		26,—	7,50

MiNr. 67–69 gültig bis 30.6.1902, MiNr. 70 gültig bis 30.9.1902

1896

1896/97. Freimarken: Wappen. Bdr.; Wz. 1; gez. K 14.

ak   al   am

ak–am) Wappen

71	1 C	dunkelbraun (1.7.1896)	ak	5,—	4,—
72	2 C	orangebraun (1.7.1896) □	al	5,—	1,50
73	5 C	grün (2.1897)	am	25,—	1,50
		Satzpreis (3 W.)		35,—	7,—

Gültig bis 30.6.1902

1901

1901/22. Freimarken: Adler mit Wappenschild, König Viktor Emanuel III. (Serie Floreale). Bdr.; Wz. 1; gez. K 14.

an ao ap ar as

an–ap) Wappen
ar–as) König Viktor Emanuel III.

Die Rahmenzeichnungen ar und as sind je nach Wertstufe leicht unterschiedlich.

74	1 C	dunkelbraun bis mattbraun	an	0,20	0,20
75	2 C	orangebraun	ao	0,20	0,20
76	5 C	grün	ap	65,—	0,50
77	10 C	braunrosa	ar	80,—	0,70
78	20 C	braunorange	ar	10,—	0,70
79	25 C	hellblau, ultramarin	ar	100,—	1,—
80	40 C	braun (1.10.1901)	ar	550,—	6,—

Italien

81	45 C	olivgrün bis bronzegrün (1.10.1901) .... ar		6,50	0,20
82	50 C	hellviolett bis lila (1.10.1901) ..... ar		600,—	11,—
83	1 L	braun/hellgrün (1.10.1901) oder dunkelgrün (1922) .... as		3,—	0,20
84	5 L	blau/rosa (1.10.1901) .... as		20,—	3,50
		Satzpreis (11 W.)	1400,—	24,—	

Fälschungen zum Schaden der Post 🇫🇦:

76	🇫🇦	Neapel (schlechter Stdr; oWz; gez. 11)	7000,—
77	🇫🇦	Mailand, Catania (oWz; gez. 11½ oder 13½)	5000,—
80	🇫🇦	Mailand, Catania (oWz; gez. 11½ oder 13½)	8500,—

Gültigkeit: MiNr. 74 bis 31.12.1925, MiNr. 75 und 84 bis 31.12.1930, MiNr. 76–80 und 82 bis 8.4.1924 MiNr. 81 bis 31.3.1924 MiNr. 83 bis 31.12.1924.

MiNr. 83 mit anhängendem Reklamefeld siehe Aufstellung nach den Übersichtstabellen.

Weitere Werte siehe Übersicht nach Jahrgangswerttabelle.

1903

1903, 1. Juni. Eilmarke für den Inlandsverkehr. Bdr.; Wz. 1; gez. K 14.

Ea

85	25 C	rosa, bräunlichrosa .... Ea	35,—	1,—
85 U		ungezähnt	200,—	
85	🇫🇦	gez. 11½ oWz	120,—	—,—

Gültig bis 31.3.1924

Weitere Werte in Zeichnung Ea: MiNr. 132, 160, 228, 247; mit Aufdruck: MiNr. 126

1905

1905, 1. Sept. Freimarke: König Viktor Emanuel III. (Serie Floreale). MiNr. 78 mit Aufdruck des neuen Wertes.

86	15 C	auf 20 C braunorange ....(78)	85,—	1,20

Gültig bis 8.4.1924

Weitere Werte siehe Übersicht nach Jahrgangswerttabelle.

1906

1906, 20. März. Freimarke: König Viktor Emanuel III. (Bildgröße 18¾×25 mm). StTdr.; gez. K 12.

at) König Viktor Emanuel III. (reg. 1900–1946)

gez. 12 Krone stark schattiert MiNr. 87

gez. 13¼:13¾ Kreis oben anstoßend MiNr. 94

gez. 13½:14 Krone „weiß" MiNr. 104

87	15 C	schiefer .... at	70,—	1,—
		Markenheftchen mit 24× MiNr. 87	10000,—	

Gültig bis 26.2.1924

Weitere Werte siehe Übersicht nach Jahrgangswerttabelle.

1906, Okt. Freimarken: König Viktor Emanuel III. Bdr.; Wz. 1; gez. K 14.

au

88	5 C	grün .... au	0,50	0,30
89	10 C	braunrosa .... au l	0,50	0,30
		Satzpreis (2 W.)	1,—	0,50
88 U		ungezähnt	50,—	
89 U		ungezähnt	50,—	

Fälschungen zum Schaden der Post 🇫🇦:

89	🇫🇦	Mailand (gez. 11½; oWz) ....10,—	150,—
89	🇫🇦	Palermo (gez.11½; oWz) ....10,—	200,—
89	🇫🇦	Intra (gez.14; oWz) ....50,—	—,—

Gültig bis 31.12.1930

Weitere Werte siehe Übersicht nach Jahrgangswerttabelle.

1908

1908, 1. Jan. Freimarken: König Viktor Emanuel III. Bdr.; Wz. 1; gez. K 14.

av   aw

90	25 C	blau .... av	1,50	0,20
91	40 C	braun .... aw	2,50	0,20
92	50 C	hellviolett .... aw	1,50	0,30
		Satzpreis (3 W.)	5,50	0,70
90 U		ungezähnt	85,—	
91 U		ungezähnt	120,—	
92 U		ungezähnt	100,—	

MiNr. 90 und 92 gültig bis 30.6.1926, MiNr. 91 gültig bis 31.12.1929

MiNr. 90 und 92 mit anhängenden Reklamefeldern siehe Aufstellung nach den Übersichtstabellen.

Weitere Werte siehe Übersicht nach Jahrgangswerttabelle.

1908, 1. Sept. Eilmarke für den Auslandsverkehr. französische Inschrift EXPRES; Bdr.; Wz. 1; gez. K 14.

Eb

93	30 C	hellblau/rot .... Eb	0,70	2,—

Gültig bis 31.3.1924

Weitere Werte in Zeichnung Eb: MiNr. 213, 248; mit Aufdruck MiNr. 136, In ähnlicher Zeichnung mit Aufdruck: MiNr. 128, 205

1909

1909, 1. Juni. Freimarke. MiNr. 87 in kleinerem Format (Bildgröße 18,2×23,2 mm). Bdr.; gez. K 13¼:13¾.

| 94 | 15 C | schwarzschiefer | at | 400,— | 2,— |

Gültig bis 26.2.1924

Weitere Werte siehe Übersicht nach Jahrgangswerttabelle.

1910

1910, 15. April. 50. Jahrestag der Befreiung Siziliens. Bdr.; gez. K 14:13½.

ax) Giuseppe Garibaldi (1807–1882), italienischer Freiheitskämpfer

95	5 C (+ 5 C)	grün	ax	20,—	25,—
96	15 C (+ 5 C)	braunrosa	ax	40,—	50,—
		Satzpreis (2 W.)		60,—	75,—

Auflagen: MiNr. 95 = 1 177 900, MiNr. 96 = 1 170 000 Stück

Gültig nur im Inland, bis 15.7.1910

1910, 1. Dez. 50. Jahrestag der Volksabstimmung in Neapel. Bdr.; gez. K 14:13½.

ay) Giuseppe Garibaldi

97	5 C (+ 5 C)	rosa	ay	150,—	110,—
98	15 C (+ 5 C)	grün	ay	300,—	170,—
		Satzpreis (2 W.)		450,—	280,—
97 C		gez. 12		—,—	

Auflagen: MiNr. 97 = 1 177 900, MiNr. 98 = 1 170 000 Stück

Gültig bis 31.1.1911

1910, 1. Nov. Freimarke: König Viktor Emanuel III. (Serie Floreale). Bdr.; Wz. 1; gez. K 14.

az

| 99 | 10 L | oliv/rosa | az | 80,— | 18,— |

Gültig nur im Inland, bis 31.12.1930

Weitere Werte siehe Übersicht nach Jahrgangswerttabelle.

1911

1911, 1. Mai. 50 Jahre geeintes Königreich Italien. StTdr.; gez. K 14:13.

| ba) Schwert | bb) Reiter mit Pferd | bc) Genius mit Flügelroß | bd) Dea Roma im Schlangenring |

100	2 C	(+ 3)	dunkelolivbraun	ba	3,—	3,50
101	5 C	(+ 5)	dunkelgrün	bb	17,—	17,—
102	10 C	(+ 5)	rot	bc	20,—	35,—
103	15 C	(+ 5)	schiefer	bd	25,—	40,—
			Satzpreis (4 W.)		65,—	95,—
100 UW			waagerecht ungezähnt		100,—	
100 US			senkrecht ungezähnt		100,—	

MiNr. 101–103 gültig nur im Inland bis 31.12.1911

MiNr. 101–103 mit Aufdruck: MiNr. 107–109.

1911, Okt. Freimarke. MiNr. 87 in etwas geänderter Zeichnung (Bildgröße 19×24 mm). StTdr.; gez. K 13½:14.

104	15 C	schiefer	at	35,—	1,—
		Markenheftchen mit 24 × MiNr. 104	3800,—		
104 U		ungezähnt		75,—	

Gültig bis 26.2.1924

Weitere Werte siehe Übersicht nach Jahrgangswerttabelle.

1912

1912, 25. April. Einweihung des neu aufgebauten Campanile der Markuskirche, Venedig. StTdr.; gez. K 14:13½.

be) Campanile der Markuskirche, Venedig

105	5 C	schwarzschiefer	be	6,—	7,—
106	15 C	dunkelbraun	be	20,—	28,—
		Satzpreis (2 W.)		26,—	35,—

Gültig nur im Inland bis 31.12.1912

Als Grundlage für die Ermittlung von Preisnotierungen dienten Unterlagen des Briefmarkenhandels, von Arbeitsgemeinschaften sowie Sammlern im In- und Ausland.

1913

1913, 1. März. MiNr. 101-103 mit Aufdruck „2 2". I = enger Abstand (bei MiNr. 107 und 108 13½ mm, bei MiNr. 109 12½ mm); II = weiter Abstand (bei MiNr. 107 und 108 15½ mm, bei MiNr. 109 13½ bis 14 mm).

107	**2 (C)**	auf 5 C (+ 5 C) dunkelgrün . . . . (101) S			
I		enger Abstand		1,50	3,—
II		weiter Abstand		15,—	25,—
108	**2 (C)**	auf 10 C (+ 5 C) rot . . . (102) S			
I		enger Abstand		1,50	3,—
II		weiter Abstand		7,50	15,—
109	**2 (C)**	auf 15 C (+ 5 C) schiefer (103) S			
I		enger Abstand		1,50	3,—
II		weiter Abstand		26,—	50,—
			Satzpreis I (3 W.)	4,50	9,—
			Satzpreis II (3 W.)	50,—	90,—
107 I F		nur eine „2" im Aufdruck		600,—	

1913, April. Rohrpostmarke. Inschrift POSTA PNEUMATICA. Bdr.; Wz. 1; gez. K 14.

Ra

110	10 C graubraun . . . . Ra		3,—	12,—

Gültig bis 16.6.1921

MiNr. 110 mit Aufdruck: MiNr. 173, 214. In gleicher Zeichnung: MiNr. 137, 174, 229, 253, 272–274; in ähnlicher Zeichnung: MiNr. 230 bis 233, 254, 279, 280

MiNr. 111–119 fallen aus.

1915

1915/16. Rotes Kreuz; MiNr. 123 noch mit Aufdruck des geänderten Wertes. Bdr.; Wz. 1; gez. K 14.

bf) Italienische Fahne mit savoyischem Wappen

bg) Savoyisches Wappen adler

120	10 C + 5 C rosa (20.11.1915) . . . . . . bf		3,50	7,—
121	15 C + 5 C schiefer (20.11.1915) . . . bg		5,50	6,—
122	20 C + 5 C orange (2.1916) . . . . bg		10,—	35,—
123	**20 (C)** auf 15 C + 5 C schiefer (3.1916) . . . . (121)		8,50	20,—
	Satzpreis (4 W.)		27,—	65,—

Gültig bis 30.9.1921

Eine Notierung in Schrägschrift bedeutet, daß die Bewertungsunterlagen für eine eindeutige Preisfestsetzung nicht ausreichen.

1916

1916, 15. Jan. Freimarke. MiNr. 104 mit Aufdruck des neuen Wertes.

124	**20 C**	auf 15 C schiefer . . . . (104)		17,—	1,—
		Markenheftchen mit 24× MiNr. 124		1800,—	
124 I		ohne „CENT 20"		200,—	220,—
124 II		ohne „T" in „CENT"		120,—	150,—
124 U		ungezähnt		120,—	

Gültig bis 6.4.1924

Weitere Werte siehe Übersicht nach Jahrgangswerttabelle.

1916, 8. Dez. Freimarke: König Viktor Emanuel III. Bdr.; gez. K 13:13½.

at

125	20 C braunorange . . . . at		50,—	5,—

Gültig bis 31.12.1925

Weitere Werte siehe Übersicht nach Jahrgangswerttabelle.

1917

✈ 1917, 20. Mai. Flugpostmarke für den Versuchspostflug Turin–Rom und zurück. Eilmarke MiNr. 85 mit dreizeiligem Aufdruck.

ESPERIMENTO POSTA AEREA
MAGGIO 1917
TORINO-ROMA ROMA-TORINO

126	25 C rosa . . . . (85)		13,—	15,—

Auflage: 200 000 Stück

✈ 1917, 27. Juni. Flugpostmarke für den Wasserflugpostdienst Neapel–Palermo. Nicht ausgegebene Eilmarke mit dreizeiligem Aufdruck; Bdr.; Wz. 1; gez. K 14.

IDROVOLANTE
NAPOLI-PALERMO-NAPOLI
25 CENT. 25

127	25 **C** auf 40 C hellviolett . . . . (Ec)		15,—	22,—

Auflage: 100 000 Stück

1917, Nov. Eilmarke: Nicht ausgegebene Marke, Inschrift ESPRESSO URGENTE, mit Aufdruck des neuen Wertes. Bdr.; Wz. 1; gez. K 14.

128	25 **C** auf 40 C hellviolett . . . . (Ec)		25,—	45,—

Gültig bis 31.12.1926

Italien

1917, Okt. Freimarke: König Viktor Emanuel III. Wie MiNr. 125, jedoch mit Wz. 1; Bdr.; gez. K 14.

| 129 | 20 C | braunorange . . . . at | 3,— | 0,50 |
| 129 U | | ungezähnt . . . . | 12,— | |

Gültig bis 31.12.1925

Weitere Werte siehe Übersicht nach Jahrgangswerttabelle.

1918

au II

1918/19. Freimarken: König Viktor Emanuel III. Bdr.; Wz. 1; gez. K 14.

130	15 C	schiefer (9.1919) . . . . au II	1,80	0,50
131	60 C	braunkarmin (1.1918)	3,20	0,50
		Satzpreis (2 W.)	5,—	1,—
130 U		ungezähnt	80,—	
130 F		Fälschung zum Schaden der Post; oWz.; gez. 11½	7,50	—,—

MiNr. 130 gültig bis 31.12.1930, MiNr. 131 gültig bis 31.12.1926

MiNr. 130 mit anhängenden Reklamefeldern siehe Aufstellung nach den Übersichtstabellen.

Weitere Werte siehe Übersicht nach Jahrgangswerttabelle.

1920

1920, Mai. Eilmarke für den Inlandsverkehr. Bdr.; Wz. 1; gez. K 14.

Ea

			**	⊙
132	50 C	bräunlichrosa . . . . Ea	3,50	1,20
132 U		ungezähnt	120,—	
132 F		Fälschung zum Schaden der Post, Rom (oWz.)	—,—	2500,—

Gültig bis 31.3.1924

In gleicher Zeichnung: MiNr. 85, 160, 228, 247; mit Aufdruck: MiNr. 148

1920/22. Freimarken: König Viktor Emanuel III. Bdr.; Wz. 1; gez. K 14.

133	30 C	orangebraun (9.1922) . . . . av	6,—	0,50
134	55 C	dunkellila (12.1920) . . . . av	30,—	7,—
135	85 C	rotbraun (12.1920) . . . . av	17,—	3,—
		Satzpreis (3 W.)✱ 17,—	50,—	10,—

MiNr. 133 gültig bis 31.12.1930, MiNr. 134 gültig bis 31.3.1924, MiNr. 135 gültig bis 30.6.1924

MiNr. 133 mit anhängendem Reklamefeld siehe Aufstellung nach den Übersichtstabellen.

Weitere Werte siehe Übersicht nach Jahrgangswerttabelle.

1921

1921, 3. Okt. Eilmarke. MiNr. 93 mit neuem Wertaufdruck.

136	1.20 L	auf 30 Cmi blau/rot (93)		
I		mit Komma	2,—	10,—
II		ohne Komma	20,—	40,—

Gültig bis 31.7.1924

1921, Sept. Rohrpostmarke. Bdr.; Wz. 1; gez. K 14.

| 137 | 15 C | violettbraun (Töne) . . . . Ra | 6,— | 15,— |

Gültig bis 15.3.1925

MiNr. 137 mit Aufdruck: MiNr. 215.
In gleicher Zeichnung: MiNr. 110, 174, 229, 253, 272–274

B.L.P. **1921/23. Kartenbrief-Marken. Freimarken der Ausgabe 1906/19 mit schwarzem, blauem, orangefarbenem oder rotem Aufdruck, teils in Stdr., teils in Bdr.**

I = Aufdruck 11½ mm lang (Stdr.):

B 89 I	10 C	braunrosa . . . . (89) Bl	1200,—	360,—
B 129 I	20 C	braunorange . . . . (129) Bl	1700,—	150,—
B 90 I	25 C	blau . . . . (90) R	250,—	35,—
B 91 I	40 C	braun . . . . (91) R		
a		Aufdruck blau	90,—	7,50
b		Aufdruck violett	150,—	12,—

II = Aufdruck 13½ mm lang (Stdr.):

B 89 II	10 C	braunrosa . . . . (89) S	120,—	25,—
B 130 II	15 C	schiefer . . . . (130) Bl	1000,—	250,—
B 129 II	20 C	braunorange . . . . (129)		
a		Aufdruck blau	900,—	150,—
b		Aufdruck schwarz	900,—	200,—
B 90 II	25 C	blau . . . . (90) S	150,—	35,—
B 91 II	40 C	braun . . . . (91)		
a		Aufdruck blau	200,—	42,—
b		Aufdruck schwarz	200,—	42,—
B 92 II	50 C	violett . . . . (92) S	1000,—	300,—
B 131 II	60 C	braunkarmin . . . . (131) S	3000,—	900,—
B 83 II	1 L	braun/grün . . . . (83) S	5000,—	1200,—

III = Aufdruck 13½ mm lang (Bdr.):

B 89 III	10 C	braunrosa . . . . (89)		
a		Aufdruck blau	120,—	25,—
b		Aufdruck schwarz	120,—	26,—
B 130 III	15 C	schiefer . . . . (130)		
b		Aufdruck rot	500,—	170,—
c		Aufdruck orange	360,—	170,—
B 129 III	20 C	braunorange . . . . (129) S	360,—	150,—
B 90 III	25 C	blau . . . . (90)		
a		Aufdruck rot	360,—	150,—
b		Aufdruck orange	360,—	150,—
B 133 III	30 C	orange . . . . (133) S	300,—	60,—
B 135 III	85 C	rotbraun . . . . (135) S	450,—	150,—

Diese Marken waren zur Frankierung von Inseraten-Kartenbriefen des Hilfskomitees für Kriegsbeschädigte gestimmt. Diese mit zahlreichen Inseraten bedruckten Kartenbriefe wurden an das Publikum mit 5 C Nachlaß auf den Nennwert der Marken abgegeben. Die mit B. L. P. (= Buste Lettere Postali) überdruckten Marken durften nur auf diesen Inseraten-Kartenbriefen verwendet werden.
I. Aufdruck 11½ mm Stdr.
II. Aufdruck 13½ mm Stdr.
III. Aufdruck 13½ mm Bdr.
Stdr.: flacher Druck, Bdr.: schärfer und rückseitiges Relief.

Italien   289

1921, 5. Juni. Angliederung Julisch-Venetiens. Stdr. (10×10); Wz. 1; gez. K 14.

bh) Wappen der Stadt Triest und Datum 5.1.1921

138	15 C	grau/rosa	bh	8,50	25,—
139	25 C	blau/rosa	bh	8,50	25,—
140	40 C	braun/rosa	bh	8,50	25,—
		Satzpreis (3 W.)		25,—	75,—

Auflage: 300 000 Sätze

Gültig bis 31.12.1921

1921, 28. Sept. 600. Todestag von Dante Alighieri. Bdr.; Wz. 1; gez. K 14.

bi) Sinnbildliche Darstellung: Adler hält aufgeschlagene „Göttliche Komödie"

bk) Sitzende Italia hält „Göttliche Komödie" in der erhobenen Hand

bl) Dante Alighieri (1265–1321), Dichter

141	15 C	braunlila	bi	8,—	17,—
142	25 C	grünlichschiefer	bk	8,—	17,—
143	40 C	braun	bl	8,—	17,—
		Satzpreis (3 W.)		24,—	50,—

141 U		ungezähnt		50,—	
142 U		ungezähnt		50,—	
143 U		ungezähnt		50,—	

MiNr. 141 in Grau wurde nicht ausgegeben.

Auflage: 400 000 Sätze

Gültig bis 31.12.1921

1921, 1. Nov. 3. Jahrestag des Sieges in Venetien. StTdr.; Wz. 1 liegend; A = gez. K 14, C = gez. K 14:13½, D = gez. L 13½.

bm) Siegesgöttin mit Schild

144	5 C	olivgrün	bm		
A		gez. K 14		2,—	1,50
C		gez. K 14:13½		3,—	2,50
145	10 C	karmin	bm		
A		gez. K 14		3,—	1,50
C		gez. K 14:13½		5,—	3,—
D		gez. L 13½		360,—	200,—
146	15 C	schieferblau	bm		
A		gez. K 14		7,—	6,50
C		gez. K 14:13½		12,—	11,—
147	25 C	ultramarin	bm		
A		gez. K 14		3,—	3,50
C		gez. K 14:13½		5,—	7,—
D		gez. L 13½		500,—	250,—
		Satzpreis A (4 W.)		15,—	13,—
		Satzpreis C (4 W.)		25,—	17,—

Auflage: 500 000 Sätze

Gültig bis 31.12.1922

MiNr. 144–147 mit Aufdruck: MiNr. 201–204

1922

1922, 9. Jan. Eilmarke. MiNr. 132 mit neuem Wertaufdruck.

| 148 | 60 C | auf 50 C bräunlichrosa | (132) | 60,— | 1,20 |
| 148 U | | ungezähnt | | 220,— | 250,— |

Gültig bis 31.5.1925

MiNr. 149–152 fallen aus.

1922, 4. Juni. 9. Kongreß des italienischen Philatelistenverbandes, Triest. Freimarken mit fünfzeiligem Aufdruck.

153	10 C	braunrosa	(89)	650,—	240,—
154	15 C	grauschiefer	(130)	450,—	210,—
155	25 C	blau	(90)	400,—	210,—
156	40 C	braun	(91)	800,—	240,—
		Satzpreis (4 W.)		2300,—	900,—

FALSCH

Auflage: 15 000 Sätze

Gültig bis 30.9.1922

1922, 20. Sept. 50. Todestag von Giuseppe Mazzini. Bdr.; Wz. 1; gez. K 14.

bn) Sinnbild

bo) Giuseppe Mazzini (1805–1872), Staatsmann

bp) Grabmal Mazzinis auf dem Campo Santo in Genua

157	25 C	braunrot	bn	15,—	22,—
158	40 C	braunlila	bo	30,—	25,—
159	80 C	dunkelblau	bp	15,—	33,—
		Satzpreis (3 W.)		60,—	80,—

Auflage: 300 000 Sätze

Gültig bis 31.10.1922

1922, Okt. Eilmarke. Bdr.; Wz. 1; gez. K 14.

Ea

| 160 | 60 C | dunkelrosa | Ea | 6,— | 0,70 |
| 160 U | | ungezähnt | | 90,— | |

Gültig bis 31.12.1925

MiNr. 160 mit anhängendem Reklamefeld siehe Aufstellung nach den Übersichtstabellen.

In gleicher Zeichnung: MiNr. 85, 132, 228, 247; mit Aufdruck: MiNr. 212

1923

1923, 11. Juni. 300 Jahre Kongregation „De propaganda fide". Bdr.; Wz. 1; gez. 14.

br) Lehrender Christus, links oben Brustbild Gregors XV., rechts oben Brustbilder verschiedener Heiliger, links unten Wappen Italiens, rechts unten die entsprechenden Ordenswappen.

161	20 C	oliv/orangebraun (Hl. Theresa)	br	5,—	50,—
162	30 C	rotbraun/orangebraun (Hl. Dominikus)	br	5,—	50,—
163	50 C	violett/orangebraun (Hl. Franziskus von Assisi)	br	5,—	50,—
164	1 L	blau/orangebraun (Hl. Franz Xaver)	br	7,50	50,—
		Satzpreis (4 W.)		22,—	200,—

©
Auflage: 200 000 Sätze

MiNr. 165 fällt aus.

Gültig bis 30.6.1923

1923/27. Freimarken mit Aufdruck des neuen Wertes.

166	7½ C	auf 85 C rotbraun (135)		
I		Type I (1.1.1924)	1,—	1,20
II		Type II (17.10.1927)	35,—	30,—
167	10 C	auf 1 C dunkelbraun (18.9.1923) (74)	1,—	0,20
168	10 C	auf 2 C orangebraun (23.7.1923) (75)	1,—	0,20
169	25 C	auf 45 C olivgrau (8.1924) (81)	1,80	10,—
170	25 C	auf 60 C blau (1.1924) (186)		
I		Type I Aufdr.-Balken 3,8 mm lang	4,—	0,70
II		Type II Aufdr.-Balken 3,2 mm lang	50,—	40,—
171	50 C	auf 40 C braun (4.8.1923) (91)	12,—	0,50
172	50 C	auf 55 C dunkellila (10.10.1923) (134)	75,—	8,—
		Satzpreis (7 W.)	95,—	20,—

MiNr. 166 I Aufdruckhöhe des C 3,8 mm, MiNr. 166 II 3,2 mm, ferner endet bei MiNr. 166 I die 1 der Bruchzahl „7½" unten in Höhe des oberen Bogens der 2, während bei MiNr. 166 II die 1 kürzer ist und nicht bis zur Höhe der 2 reicht.

MiNr. 166 gültig bis 30.6.1928, MiNr. 167–172 gültig bis 31.12.1925

Weitere Werte siehe Übersicht nach Jahrgangswerttabelle.

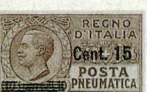

1924, Jan. Rohrpostmarke MiNr. 110 mit neuem Wertaufdruck.

173	15 C	auf 10 C graubraun (110)	10,—	15,—

©

Gültig bis 15.3.1925

Einzelne Marken aus Sätzen können teurer sein als die Notierung im Katalog.

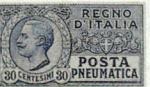

1923, Juni. Rohrpostmarke. Bdr.; Wz. 1; gez. K 14.

Ra

174	30 C	hellblau	Ra	20,—	70,—

©

Gültig bis 15.3.1925

MiNr. 174 mit Aufdruck: MiNr. 216. In gleicher Zeichnung: MiNr. 110, 137, 229, 253, 272–274

MiNr. 175–176 fallen aus.

1923, 24. Okt. 1. Jahrestag des Marsches auf Rom. MiNr. 177 bis 179 StTdr., oWz.; MiNr. 180 bis 182 Bdr., Wz. 1; gez. K 14.

bs) Drei Liktorenbündel bt) Adler auf Liktorenbündel und Kranz bu) Flieger über Industriestadt, beiderseits Liktorenbündel

177	10 C	dunkelolivgrün	bs	7,50	3,50
178	30 C	violett	bs	7,50	3,50
179	50 C	karmin	bs	10,—	6,—
180	1 L	blau	bt	17,—	4,—
181	2 L	braun	bt	17,—	10,—
182	5 L	schwarz/blau	bu	30,—	35,—
		Satzpreis (6 W.)		90,—	60,—
177 U		ungezähnt		300,—	
182 U		ungezähnt		170,—	

Auflage: 1 000 000 Sätze

Gültig bis 30.6.1924

1923, 29. Okt. Fürsorgekasse der Nationalmiliz. Bdr.; Wz. 1; gez. K 14.

bv) Schwörende Römer (nach antiker Münze)

183	30 C + 30 C	braun	bv	85,—	75,—
184	50 C + 50 C	violett	bv	85,—	75,—
185	1 L + 1 L	grau	bv	85,—	75,—
		Satzpreis (3 W.) *	80,—	250,—	220,—

Auflage: 200 000 Sätze

Gültig bis 29.2.1924

1923. Freimarken: König Viktor Emanuel III. Bdr.; Wz. 1; gez. K 14.

av

186	60 C	blau (17. Dez.)	av	17,—	25,—
187	2 L	dunkelgrün/orange (29. Nov.)	as	60,—	2,50
		Satzpreis (2 W.)		75,—	26,—

MiNr. 186 gültig bis 30.6.1924, MiNr. 187 gültig bis 31.12.1926

Weitere Werte siehe Übersicht nach Jahrgangswerttabelle.

Italien   291

1923, 29. Dez. 50. Todestag von Alessandro Manzoni. Bdr.; Wz. 1; gez. K 14.

bw) Fischerdorf bx) Monte Resegone (1877 m) am Lago di Lecco by) „Lebt wohl. ihr Berge"

bz) „Der Spiegel des Sees"   ca) Geburtstadt Manzonis   cb) A. Manzoni (1785–1873), Dichter

188	10 C	braunrot/schwarz .... bw	12,—	75,—
189	15 C	blaugrün/schwarz .... bx	12,—	75,—
190	30 C	schwarz/schiefer .... by	12,—	75,—
191	50 C	orangebraun/schwarz .... bz	12,—	75,—
192	1 L	blau/schwarz .... ca	150,—	250,—
193	5 L	lila/schwarz .... cb	1800,—	2000,—
		Satzpreis (6 W.) ✱550,—	2000,—	2500,—

⊙

190 U	ungezähnt	....	—,—
192 U	ungezähnt	....	—,—
193 U	ungezähnt	....	—,—

Auflagen: MiNr. 188–191 je 210 000, MiNr. 192 = 70 000, MiNr. 193 = 35 000 Stück

Gültig bis 28.1.1924

1924

1924, 16. Febr. Schiffspostmarken für die Fahrt des Kriegsschiffes „Italia" nach Südamerika. Freimarken mit dreizeiligem schwarzem oder rotem Aufdruck.

194	10 C	braunrosa .... (89)	3,50	10,—
195	30 C	orangebraun .... (133)	3,50	10,—
196	50 C	hellviolett .... (92)	3,50	10,—
197	60 C	blau .... (186) R	30,—	42,—
198	85 C	rotbraun .... (135) R	15,—	42,—
199	1 L	blau/grün .... (83)	110,—	250,—
200	2 L	dunkelgrün/orange .... (187)	100,—	250,—
		Satzpreis (7 W.) ✱ 100,—	260,—	600,—

FALSCH

Auflagen: MiNr. 194–196 je 100 000, MiNr. 197–198 je 40 000, MiNr. 199–200 = 25 000 Stück

Gültig bis 16.9.1924

1924, Jan/Febr. Sieg in Venetien (1918). MiNr. 144–147 mit neuem Wertaufdruck LIRA UNA, alte Wertangabe mit zwei Rosetten überdruckt.

201	1 L	auf 5 C olivgrün .... (144 A)		
A		gez. K 14 ....(147 A)	50,—	80,—
C		gez. K 14:½13 ....(147 C)	100,—	160,—
202	1 L	auf 10 C karmin .... (145 A)		
A		gez. K 14 ....(147 A)	30,—	80,—
C		gez. K 14:½13 ....(147 C)	60,—	160,—
203	1 L	auf 15 C schieferblau ... (146 A)		
A		gez. K 14 ....(147 A)	50,—	80,—
C		gez. K 14:½13 ....(147 C)	100,—	160,—

204	1 L	auf 25 C ultramarin		
A		gez. K 14 ....(147 A)	30,—	80,—
C		gez. K 14:½13 ....(147 C)	60,—	160,—
		Satzpreis A (4 W.)	150,—	300,—
		Satzpreis C (4 W.)	300,—	600,—

FALSCH

Auflage: 90 000 vollständige Sätze

Gültig bis 31.12.1924

1924, Mai. Eilmarke. Wertaufdruck auf nicht ausgegebener Eilmarke. Bdr.; Wz. 1; gez. K 14.

| 205 | 1.60 L | auf 1.20 L blau/rot .... (Eb) | 2,50 | 40,— |
| 205 F | | ohne Aufdruck .... | 300,— | —,— |

⊙

Gültig bis 31.3.1925

1924, 24. Dez. Heiliges Jahr 1925. Bdr.; Wz. 1; gez. K 12.

cc) Sta. Maria Maggiore   cd) San Giovanni in Laterano   ce) Paulskirche

cf) Peterskirche   cg) Öffnung des Heiligen Tores   ch) Der Papst schließt das Hl. Tor

206	20 C + 10 C	dunkelgrün/graubraun ... cc	7,—	8,—
207	30 C + 15 C	braun/graubraun .... cd	7,—	8,—
208	50 C + 25 C	violett/graubraun .... ce	7,—	8,—
209	60 C + 30 C	karmin/graubraun .... cf	7,—	25,—
210	1 L + 50 C	blau/violett .... cg	7,—	25,—
211	5 L + 2.50 L	orange/violett .... ch	10,—	60,—
		Satzpreis (6 W.)	45,—	130,—

⊙

Auflage: 325 000 Sätze

Gültig bis 31.12.1926

1925

1925, 11. April. Eilmarke. MiNr. 160 mit neuem zweizeiligem Wertaufdruck.

Ea

| 212 | 70 C | auf 60 C dunkelrosa ....(160) | 1,— | 0,70 |

Gültig bis 31.5.1926

1925, Febr. Eilmarke für Auslandsverkehr. Bdr.; Wz. 1; gez. K 14.

Eb

| 213 | 2 L | blau/rot .... Eb | 4,— | 40,— |

⊙

Gültig bis 31.12.1926

Weiterer Wert in Zeichnung Eb: MiNr. 248

Italien

 **1925, 18. März. Rohrpostmarken MiNr. 110, 137 und 174 mit neuem einzeiligem Wertaufdruck.**

214	20 C	auf 10 C	graubraun .... (110)	12,—	30,—
215	20 C	auf 15 C	braunviolett .... (137)	12,—	15,—
216	40 C	auf 30 C	hellblau .... (174)	12,—	110,—
			Satzpreis (3 W.)	36,—	150,—

Gültig bis 31.12.1925

1925, Febr./Aug. Freimarken: König Viktor Emanuel III. mit Aufdruck des neuen Wertes, alter Wert mehrmals durchbalkt.

217	10	auf 15 C	schiefer .... (130)	0,70	0,20
218	20 C	auf 25 C	blau .... (90)	0,70	0,20
219	30 C	auf 50 C	hellviolett .... (92)	0,70	0,20
220	30 C	auf 55 C	dunkellila .... (134)	1,20	0,20
221	1.75 L	auf 10 L	oliv/rosa .... (99)	40,—	25,—
			Satzpreis (5 W.)	40,—	25,—

MiNr. 217–219 gültig bis 1.6.1926, MiNr. 220 gültig bis 31.5.1926, MiNr. 221 gültig bis 31.12.1926

Weitere Werte siehe Übersicht nach Jahrgangswerttabelle.

 **1925, 6. Juni/1926. 25 Jahre Regentschaft von König Viktor Emanuel III. StTdr.; A = gez. L 13½, B = gez. L 11.**

ci) Viktor Emanuel III. in Generalsuniform

222	60 C	braunkarmin ci		
A		gez. L 13½	12,—	1,—
B		gez. L 11	1,—	0,50
223	1 L	dunkelblau ci		
A		gez. L 13½	10,—	1,—
B		gez. L 11	5,—	0,50
224	1.25 L	dunkelblau ci		
A		gez. L 13½ (12.1.1926)	10,—	1,50
B		gez. L 11	250,—	25,—
		Satzpreis A (3 W.)	32,—	3,50
		Satzpreis B (3 W.)	250,—	26,—
222 U		ungezähnt	100,—	
223 U		ungezähnt	100,—	
224 U		ungezähnt	220,—	

MiNr. 222 und 224 auch gez. 11:13½ und 13½:11.

Gültig bis 31.12.1927

 1925. Freimarken: König Viktor Emanuel III. Bdr.; Wz. 1; gez. K 14.

225	20 C	braunorange (20. März) .... av	5,—	1,—
226	20 C	hellgrün (Juni) .... av	2,—	0,30
227	30 C	grünschiefer (Aug.) .... av	9,—	0,30
		Satzpreis (3 W.)	16,—	1,50

MiNr. 225 gültig bis 31.12.1925, MiNr. 226 gültig bis 31.12.1926, MiNr. 227 gültig bis 31.12.1930

MiNr. 225 mit anhängendem Reklamefeld siehe Aufstellung nach den Übersichtstabellen.

Weitere Werte siehe Übersicht nach Jahrgangswerttabelle.

 **1925, Juni. Eilmarke. Bdr.; Wz. 1; gez. K 14.**

228	70 C	rosa, karmin	Ea	1,50	0,50

Gültig bis 31.12.1926

Weiterer Wert in Zeichnung Ea: MiNr. 247

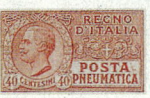 **1925, Okt. Rohrpostmarke. Bdr.; Wz. 1; gez. Ks 14.**

				Ra	
229	40 C	rot	Ra	45,—	130,—

Gültig bis 22.4.1927

MiNr. 229 mit Aufdruck: MiNr. 269. In gleicher Zeichnung: MiNr. 110, 137, 174, 253, 272–274

1926

 ✈ **1926, 15. März. Flugpostmarken. Bdr.; Wz. 1; gez. K 14.**

Fa

230	60 C	grau	Fa	7,50	4,—
231	1 L	blau	Fa	20,—	4,—
232	1.50 L	orangegelb	Fa	45,—	15,—
233	5 L	grün	Fa	80,—	65,—
		Satzpreis (4 W.)		150,—	85,—

MiNr. 230 gültig bis 28.2.1937, MiNr. 231–233 gültig bis 31.12.1935

Weitere Werte in Zeichnung Fa: MiNr. 254, 279, 280, mit Aufdruck: MiNr. 270–271

1926, 30. Jan. 700. Todestag des hl. Franziskus. MiNr. 234, 236 und 237 Bdr., Wz. 1; MiNr. 235, 238 und 239 StTdr., oWz.; gez. K 13½, MiNr. 235 und 238 auch gez. K 11, MiNr. 235 auch gez. K 11:13½.

ck) Hl. Franziskus vor Jerusalem, Vision

cl) Franziskanerkloster San Damiano Assisi

cm) Franziskanerkloster in Assisi

cn) Tod des hl. Franziskus, nach Giotto di Bondone (1266–1337)

co) Hl. Franziskus von Assisi (1182–1226)

Italien

234	20 C	olivgrün, grün .... ck		0,70	0,70
235	30 C	schwarzgrau .... co		0,70	0,70
A		gez. 11		35,—	3,60
B		gez. 13½		400,—	250,—
C		gez. 11:13½			
236	40 C	(dunkel-)violett cl		0,70	0,70
237	60 C	lilarot .... cm		0,70	0,70
238	1.25 L	dunkelblau .... cn			
A		gez. 11		2,—	0,70
B		gez. 13½		1200,—	15,—
239	5 L + 2.50 (L)	sepia .... co		22,—	75,—
		Satzpreis (6 W.)		25,—	75,—
234 U		ungezähnt		750,—	
237 U		ungezähnt		350,—	

Kehrdruckpaare mit Zwischensteg (KZ):

235 A KZ	ungezähnt	30,—	
235 B KZ	ungezähnt	200,—	
238 A KZ	ungezähnt	32,—	
238 B KZ	ungezähnt	3000,—	

⊙

Auflage: 500 000 Sätze

Gültig bis 31.12.1927

1926. Freimarken: König Viktor Emanuel III. (Serie Floreale). Bdr.; Wz. 1; gez. K 14.

as

240	25 C	(Juni) .... as			
a		grün/olivgrün		5,—	0,20
b		blaugrün/hellgrün		5,—	0,20
241	75 C	(März) .... as			
a		karmin/rot		10,—	0,20
b		karmin/mattrosa		10,—	0,20
242	1.25 L	(März) .... as			
a		blau/ultramarin		15,—	0,20
b		blau/mattblau		15,—	0,20
243	2.50 L	dunkelgrün/orange (Nov.) ... as		140,—	4,—
		Satzpreis (4 W.)		170,—	4,50
240 U		ungezähnt		75,—	
241 U		ungezähnt		150,—	
242 U		ungezähnt		150,—	

MiNr. 240–242 gültig bis 31.12.1930, MiNr. 243 gültig bis 31.12.1929

Weitere Werte siehe Übersicht nach Jahrgangswerttabelle.

1926/1927. Freimarken: König Viktor Emanuel III. MiNr. 226, 90 und 186 in Farbänderung. Bdr.; Wz. 1; gez. K 14.

244	20 C	dunkellila (Juli 1926) .... av		6,—	0,30
245	25 C	hellgrün (21.8.1927) .... av		20,—	7,50
246	60 C	braunorange (Juli 1926) ...... av		15,—	0,30
		Satzpreis (3 W.)		40,—	8,—

MiNr. 244 gültig bis 31.12.1930, MiNr. 245 gültig bis 30.6.1928, MiNr. 246 gültig bis 31.12.1929

Weitere Werte siehe Übersicht nach Jahrgangswerttabelle.

1926. Eilmarken im Muster von MiNr. 85 und 93. Bdr.; Wz. 1; gez. 14.

247	1.25 L	blau (20. Sept.) .... Ea		1,—	0,30
248	2.50 L	blau/rot (Juli) .... Eb		4,—	3,20
		Satzpreis (2 W.)		5,—	3,50
247 U		ungezähnt		170,—	

Gültig bis 31.12.1935

Weitere Werte in Zeichnung Ea: MiNr. 132, 160, 228; mit Aufdruck MiNr. 126; in Zeichnung Eb: MiNr. 213; mit Aufdruck MiNr. 136

1926, 26. Okt. Für die Nationalmiliz (I). StTdr.; gez. L 11.

cp) Engelsburg   cr) Aquädukt des Claudius

cs) Kapitol und Forum Romanum   ct) Piazza del Popolo

249	40 C + 20 C	braun/grau .... cp		5,—	7,50
250	60 C + 30 C	karmin/braun .... cr		5,—	7,50
251	1.25 L + 60 C	blaugrün/grau .... cs		5,—	20,—
252	5 L + 2.50	dunkelblau/grau ..... ct		7,50	75,—
		Satzpreis (4 W.)		22,—	110,—

MiNr. 249 und 250 ▢: Probedrucke ⊙

Auflage: 100 000 Sätze

Gültig bis 29.2.1928

In gleicher Zeichnung: MiNr. 275–278, 333–336

1926. Rohrpostmarke; Bdr.; Wz. 1; gez. Ks 14.

Ra

253	20 C	graulila .... Ra		30,—	25,—

Gültig bis 22.4.1927

MiNr. 253 mit Aufdruck: MiNr. 268. In gleicher Zeichnung: MiNr. 110, 137, 174, 229, 272–274

1927

✈ **1927, 21. Febr. Flugpostmarke. Bdr.; Wz. 1; gez. K 14.**

254	1.20 L	braun .... Fa		45,—	70,—

Gültig bis 31.12.1935

MiNr. 255–258 fallen aus.

> Viele Ausgaben Italiens der Jahre 1920–1938 waren nur kurze Zeit frankaturgültig und sind gestempelt entsprechend teuer. Die hier angegebenen Preise gelten nur für Stücke, die das volle Datum erkennen lassen. Prüfung erforderlich!

1927, 17. März/8. Sept. 100. Todestag von Alessandro Volta. Stdr.; Wz. 1; gez. L 14.

cu) A. Volta (1745 bis 1827), Physiker

259	20 C	karmin (April)	cu	2,50	0,70
260	50 C	schieferblau (8. Sept.)	cu	5,—	0,50
261	60 C	dunkelbraun (17. März)	cu	10,—	2,—
262	1.25 L	hellultramarin (April)	cu	13,—	3,—
		Satzpreis (4 W.)		30,—	6,—

MiNr. 259 in Violett ist unüberdruckt gebliebene Marke von Cyrenaika.

Gültig bis 31.3.1928

1927/1929. Freimarken: König Viktor Emanuel III. MiNr. 263 Stdr., Wz. 1; übrige Werte StTdr., oWz.; MiNr. 263 gez. K 14, MiNr. 264 – 267 gez. L 11, MiNr. 264 auch gez. L 14 oder L 13½:11.

cv   cw

263	50 C	dunkelbraun/grau oder blaugrau	cv	6,—	0,40
264	1.75 L	braun (□)	cw		
A		gez. 11 (13.9.1927)		9,—	0,30
B		gez. 14 (Jan. 1929)		32000,—	1400,—
C		gez. 13½:11		—,—	1500,—
265	1.85 L	schwarz, grünlichschwarz (9.4.1927)		2,50	0,70
266	2.55 L	karmin (16.9.1927)	cw	12,—	6,—
267	2.65 L	violett (9.4.1927)	cw	12,—	36,—
		Satzpreis (5 W.)		40,—	42,—

✉ bei MiNr. 267 vorkommend.

263 U	ungezähnt			200,—

Gültig: MiNr. 263 bis 31.12.1928, MiNr. 264 und 266 bis 31.12.1930, MiNr. 265 und 267 bis 31.12.1929

1927, 22. Juli. Rohrpostmarken mit Aufdruck des neuen Wertes, alter Wert durchbalkt.

268	15 C	auf 20 C graulila	(253)	15,—	20,—
269	35 C	auf 40 C rot	(229)	35,—	110,—
		Satzpreis (2 W.)		50,—	130,—

✉

Gültig bis 1.7.1928

✈ **1927, 16. Sept. Flugpostmarken MiNr. 230 und 231 mit Wertaufdruck.**

270	50 C	auf 60 C grau	(230)	25,—	30,—
271	80 C	auf 1 L blau	(231)	65,—	120,—
		Satzpreis (2 W.)		90,—	150,—

✉

MiNr. 270 gültig bis 10.3.1930, MiNr. 271 bis 30.6.1938

1927/28, Okt. Rohrpostmarken. Bdr.; Wz. 1; gez. K 14.

272	15 C	lilarosa (1.12.1928)	Ra	5,—	8,—
273	15 C	karmin (8.2.1928)	Ra	10,—	12,—
274	35 C	rot (14.10.1927)	Ra	25,—	130,—
		Satzpreis (3 W.)		40,—	150,—

✉

MiNr. 272 gültig bis 31.12.1935, MiNr. 273 gültig bis 31.12.1929, MiNr. 274 gültig bis 31.12 1935

In gleicher Zeichnung: MiNr. 110, 137, 174, 229, 253

1928

1928, 1. März. Nationalmiliz (II). StTdr.; gez. 11.

cp   cr

275	30 C + 10 C	lila/schwarz	cp	15,—	12,—
276	50 C + 20 C	olivgrün/schwarz	cr	20,—	12,—
277	1.25 L + 50 C	blau/schwarz	cs	35,—	35,—
278	5 L + 2 L	karmin/schwarz	ct	80,—	100,—
		Satzpreis (4 W.)		150,—	160,—

✉

Auflage: 200 000 Sätze

Gültig bis 31.8.1930

In gleicher Zeichnung: MiNr. 249–252, 333–336

✈ **1928, März/Juni. Flugpostmarken. Bdr.; Wz. 1; gez. K 14.**

279	50 C	rot (24. März)	Fa	7,50	4,—
280	80 C	violett/rotbraun (11. Juni)	Fa	55,—	40,—
		Satzpreis (2 W.)		60,—	44,—

Gültig bis 31.12.1935

In gleicher Zeichnung: MiNr. 230–233, 254, mit Aufdruck MiNr. 270 bis 271

1928/29. Freimarken: König Viktor Emanuel III. Bdr.; Wz. 1; gez. K 14.

cx

281	7½ C	hellbraun (21.6.1928)	cx	7,—	6,—
282	15 C	orangebr (4.2.1929)	cx	7,—	0,30
283	35 C	grau (4.2.1929)	cx	15,—	7,—
284	50 C	violett bis lila (Juli 1928)	cx	26,—	0,30
		Satzpreis (4 W.)		55,—	13,—

Gültig bis 31.12.1930

Italien   295

1928, 4. Aug. 400. Geburtstag des Herzogs Emanuel Philibert von Savoyen; 10. Jahrestag des Sieges. Bdr.; Wz. 1; A = gez. L 11, B = gez. L oder K 14, C = gez. L 11:13½.

cy) Herzog Emanuel Philibert von Savoyen (1528–1580) zu Fuß

cz) Herzog Emanuel Philibert und Infanterist von 1918

da) Reiterstandbild Herzog Emanuel Philiberts in Turin (von C. Marochetti)

285	20 C	rotbraun/blau .... cy			
A		gez. 11		1,70	1,—
B		gez. 14		220,—	35,—
286	25 C	braunrot/dunkelgrün .... cy			
A		gez. 11		1,70	1,—
B		gez. 14		65,—	15,—
C		gez. 11:13½		400,—	200,—
287	30 C	dunkelgrün/rotbraun .... cy			
A		gez. 11		2,50	1,50
B		gez. 14		20,—	6,—
C		gez. 11:13½		350,—	350,—
288 B	50 L	hellrotbraun/hellblau ...... cz		1,50	0,50
289 B	75 L	rot/rosa .... cz		2,50	0,70
290 B	1.25 L	hellblau/grauschwarz ...... da		3,—	1,—
291 B	1.75 L	grün/gelbgrün .... cz		6,—	4,—
292 A	5 L	violett/dunkelgrün .... cy		20,—	60,—
293 B	10 L	schwarz/rosa .... cz		60,—	140,—
294 B	20 L	violett/schwarzgrün .... da		110,—	550,—
		Satzpreis (10 W.)		200,—	750,—

287 I   mit kopfstehendem Mittelstück .... 20000,— 5000,—

MiNr. 295–297 fallen aus.

---

302 15 C dunkelgrün .... df
X   Wz. 1 (21.4.1929) 0,20 0,10
Y   oWz. (Mai 1945) 0,20 0,10
303 X 20 C karmin .... dd 0,20 0,10
304 X 25 C grün 🄵 .... dg 0,20 0,10
305 X 30 C dunkelbraun .... dh 0,20 0,10
306 35 C blau .... df
X   Wz. 1 (21.4.1929) 0,20 0,10
Y   oWz. (Mai 1945) 0,20 0,10
307 X 50 C hellviolett .... dh 0,20 0,10
308 X 75 C karmin .... dg 0,20 0,10
309 X 1.25 L blau .... dg 0,20 0,10
310 X 1.75 L rotorange .... de 0,20 0,10
311 X 2 L dunkelkarmin .... df 0,20 0,10
312 X 2.55 L dunkelgrün .... dc 0,30 0,10
313 X 5 L karmin .... dc 0,30 0,10
314 X 10 L violett .... df 2,50 1,—
315 X 20 L hellgelbgrün .... dd 7,50 6,—
316 X 25 L schwarzblau .... de 20,— 25,—
317 X 50 L dunkelviolett .... de 25,— 30,—
Satzpreis (19 W.) 55,— 60,—

307 X U   ungezähnt .... 250,—

🄵 oder linksliegend (MiNr. 299, 312, 313) kommt bei dieser Serie häufig vor.

📩 MiNr. 307, 1931 in Neapel hergestellt. Stdr. in zwei Druckgängen (Nachahmung des angefärbten Tiefdruckpapieres durch einen Druckgang), gez. L 12½; auch 1936 in Mailand.

Gültig bis 18.7.1946

Weitere Werte: MiNr. 358–359 und 633
Ähnliche Zeichnung, jedoch ohne Liktorenbündel: MiNr. 670–681
MiNr. 304–305, 307–309, 317 mit Aufdruck: MiNr. 642–647; MiNr. 310 mit Aufdruck: MiNr. 669
MiNr. 304, 305 und 307 mit anhängenden Kriegspropagandafeldern siehe Aufstellung nach den Übersichtstabellen.

1929

1929, 4. Jan. 50. Todestag des Königs Viktor Emanuel II. RaTdr.; Wz. 1; gez. Ks 14:14½.

db) König Viktor Emanuel II. (1820–1878)

298 50 C + 10 C dunkeloliv .... db 6,— 5,—

Gültig bis 31.12.1929

1929, 21. April/1945 Mai. Freimarken: „Serie Imperiale". RaTdr.; X = Wz. 1 (bei MiNr. 299, 312, 313 rechtsliegend), Y = oWz.; gez. K 14

dc) Romulus und Remus mit der Wölfin.

dd) Gajus Julius Cäsar

de) Kaiser Augustus

df) Sinnbild der Italia

dg) König Viktor Emanuel III.

dh) König Viktor Emanuel III.

299 X 5 C sepia bis braun .... dc 0,20 0,10
300 X 7½ C dunkelviolett .... dd 0,20 0,10
301 X 10 C dunkelbraun .... de 0,20 0,10

1929, 1. Aug. 1400 Jahre Klosterabtei Monte Cassino. RaTdr., Wz. 1, gez. K 14; MiNr. 324 StTdr., oWz., gez. L 14.

di) Hof des Klosters Monte Cassino

dk) Tod des hl. Benedikt

dl) Hl. Benedikt und Mönche bauen Kloster Monte Cassino

dm) Kloster Monte Cassino

dn) Hl. Benedikt

di-dn) Fresken von Peter Lenz (Pater Desiderius) (1832–1918)

318	20 C	rotorange .... di		2,50	0,70
319	25 C	dunkelgrün .... dk		2,50	0,70
320	50 C + 10 C	sepia .... dl		7,50	10,—
321	75 C + 15 C	karmin .... dm		10,—	15,—
322	1.25 L + 25 C	ultramarin .... di		15,—	17,—
323	5 L + 1 L	dunkellila .... dm		25,—	60,—
324	10 L + 2 L	dunkelgrün (Sept.) ... dn		30,—	100,—
		Satzpreis (7 W.) ✱ 30,—		90,—	200,—

Auflage: 175 000 Sätze

Gültig bis 31.12.1929

1930

1930, 7. Jan. Hochzeit des Kronprinzen Umberto und der Prinzessin Maria José von Belgien. RaTdr.; Wz. 1; gez. Ks 14.

do   dp

do–dp) Kronprinz Umberto und Prinzessin Maria José von Belgien

325	20 C orangerot	do	1,20	0,30
326	50 C + 10 (C) sepia	dp	3,50	2,50
327	1.25 L + 0.25 (L) blau	dp	6,—	7,50
	Satzpreis (3 W.)		10,—	10,—

Gültig bis 31.3.1931

✈ **1930, 12. März. Flugpostmarken. RaTdr.; Wz. 1; gez. K 14.**

Fb) Pegasus   Fc) Flügel   Fd) Engel   Fe) Fliegende Pfeile

328	50 C dunkelbraun	Fb	0,50	0,20
329	80 C rot	Fc	0,50	0,20
330	1 L violett	Fd	0,50	0,20
331	2 L blau	Fe	0,50	0,20
332	5 L grün	Fb	0,50	0,50
	Satzpreis (5 W.)		2,50	1,50

Gültig bis 31.12.1948

Weitere Werte in Zeichnung Fb: MiNr. 360, Fc: MiNr. 408, Fd: MiNr. 409; mit Aufdruck in geänderten Farben: MiNr. 459–462.

MiNr. 328, 330 und 331 mit anhängenden Kriegspropagandafeldern siehe Aufstellung nach den Übersichtstabellen.

1930, 1. Juli. Für die Nationalmiliz (III). StTdr.; gez. L 14.

cp

333	30 C + 10 C schwarzgrün/violett	cp	2,—	10,—
334	50 C + 10 C schwarzgrün/grünblau	cr	3,—	7,50
335	1.25 C + 30 C dunkelblau/dunkelgrün	cs	10,—	20,—
336	5 L + 1.50 L dunkelbraun/braun	ct	20,—	85,—
	Satzpreis (4 W.)		35,—	120,—

✉ Auflage: 100 000 Sätze

Gültig bis 1.2.1932

In gleicher Zeichnung: MiNr. 249–252, 275–278

1930, 10. Juli. 400. Todestag von Francesco Ferrucci. RaTdr.; Wz. 1; gez. K 14.

dr) Ferrucci zu Pferde

ds) Ermordung Ferruccis durch Maramaldo
dt) F. Ferrucci, florentinischer Heerführer
Ff) F. Ferrucci; nach Statue von P. Romanelli

337	20 C karmin	dr	2,—	0,70
338	25 C grün	ds	2,—	0,70
339	50 C violett	ds	2,—	0,50
340	1.25 L blau	ds	17,—	2,50
341	5 L + 2 L orangerot	dt	35,—	100,—

✈ **Flugpostmarken**

342	50 C violett	Ff	3,—	7,50
343	1 L braun	Ff	3,—	10,—
344	5 L + 2 L dunkellila	Ff	17,—	80,—
	Satzpreis (8 W.)		80,—	200,—

Gültig bis 31.10.1931

1930, 21. Okt. 2000. Geburtstag von Vergil. RaTdr.; Wz. 1; MiNr. 352–353 und 356 bis 357 StTdr., oWz.; gez. L 14.

du) Helenus und Anchises

dv) Passierende Legionen   dw) Landung des Äneas   dx) Ceres

dy) Ernte   dz) Mutterglück   ea) Äneas sichtet Italien

eb) Hütte des Schäfers   ec) Turnus, König der Rutulen   Fg) Äneas mit dem Vogel

345	15 C dunkelbraun	du	1,70	0,50
346	20 C orangerot	dv	1,70	0,50
347	25 C grün	dw	2,50	0,50
348	30 C bräunlichlila	dx	4,—	1,50
349	50 C violett	dy	1,70	0,50
350	75 C karmin	dz	2,—	2,50
351	1.25 L blau	ea	5,—	2,50
352	5 L + 1.50 (L) rotbraun	eb	120,—	120,—
353	10 L + 2.50 (L) dunkelgrün	ec	120,—	150,—

✈ **Flugpostmarken**

354	50 C braun	Fg	15,—	7,50
355	1 L orangerot	Fg	15,—	7,50
356	7.70 L violettbraun	Fg	85,—	120,—
357	9 L + 2 (L) dunkelblau	Fg	120,—	150,—
	Satzpreis (13 W.) ✱	150,—	500,—	550,—

Gültig bis 15.10.1931

Italien

1930. Freimarken: „Serie Imperiale". RaTdr.; Wz. 1; gez. K 14.

ed) Staatswappen

358	2 C	orangerot (16.12.)	.... ed	0,60	0,20
359	3.70 L	violett (30.9.)	.... dc	0,70	0,50
			Satzpreis (2 W.)	1,30	0,70

MiNr. 358 gültig bis 30.9.1940, MiNr. 359 gültig bis 18.7.1946

 ✈ 1930, 9. Dez. Flugpostmarke: Pegasus. RaTdr.; Wz. 1; gez. 14.

360	10 L	karmin .... Fb	0,70	1,70

Gültig bis 31.12.1948

 ✈ 1930, 9. Dez. Geschwaderflug General Balbos von Rom nach Rio de Janeiro. RaTdr.; Wz. 1; gez. 14:14¼.

Fh) Flugzeuggeschwader mit Savoia-Marchetti S-55 über dem Meere, darüber „Kreuz des Südens"

361	7.70 L	mattblau .... Fh	700,—	850,—
361 I		Plattenfehler: 7 statt 6 Sterne		1800,—	10000,—

MiNr. 361 ☐ auf Kartonpapier = Probedruck.

⊖

Auflage: 20'000 Stück

Gültig bis 16.1.1931

1931

1931, 9. März. 700. Todestag des hl. Antonius von Padua. MiNr. 362–365 und 367 RaTdr., Wz. 1, gez. K 14; MiNr. 366 und 368 StTdr., oWz., gez. L 14; MiNr. 366 auch gez. L 12.

ee) Der hl. Antonius wird Franziskaner

ef) Der hl. Antonius predigt den Fischen

eg) Einsiedelei in Olivares

eh) Antonius-Basilika in Padua

ei) Tod des hl. Antonius (1195–1231)

ek) Der hl. Antonius befreit Gefangene

el) Der hl. Antonius unter den Armen

362	20 C	dunkellila .... ee	3,—	0,50
363	25 C	grün .... ef	3,—	0,50
364	30 C	dunkelbraun .... eg	10,—	0,70
365	50 C	violett .... eh	5,—	0,50

366	75 C	karmin .... ei		20,—	4,—
A		gez. L 14		20,—	4,—
B		gez. L 12		220,—	120,—
367	1.25 L	blau .... ek		25,—	2,50
368	5 L + 2.50 (L)	dunkeloliv .... el		85,—	120,—
		Satzpreis (7 W.) ✱	50,—	150,—	125,—

Auflage: 127 000 Sätze

Gültig bis 30.6.1932

1931, 29. Nov. 50 Jahre Marineakademie Livorno. RaTdr.; Wz. 1; gez. K 14½:14, MiNr. 370 und 371 ~.

em) Leuchtturm von Marzocco

en) Segelschulschiff „Amerigo Vespucci"

eo) Schwerer Kreuzer „Trento"

369	20 C	karmin .... em	10,—	0,70
370	50 C	violett .... en	10,—	0,50
371	1.25 L	blau .... eo	20,—	1,70
		Satzpreis (3 W.)	40,—	3,—

Gültig bis 31.5.1932

MiNr. 372 fällt aus.

1932

1932, 14. März. Nationale Dante-Gesellschaft (I): Dichter und Schriftsteller. RaTdr.; Wz. 1; gez. Ks 14.

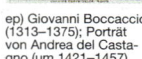
ep) Giovanni Boccaccio (1313–1375); Porträt von Andrea del Castagno (um 1421–1457)

er) Nicolo Machiavelli (1469 bis 1527); Porträt von Santi di Tito (1536–1603)

es) Fra Paolo Sarpi (1562–1623)

et) Vittorio Alfieri (1749–1803); Porträt von François-Xavier Pascal Fabre (1766–1837)

eu) Ugo Foscolo (1778–1827); Porträt von F.-X. Fabre (1766–1837)

ev) Giacomo Leopardi (1798–1837); Porträt von Domenico Morelli (1826–1901)

ew) Giosue Carducci (1835–1907)

ex) Carlo Botta (1766–1827); Porträt von A. Frinzato (19. Jh.)

ey) Torquato Tasso (1544–1595); Porträt von Alessandro Allori (1535–1607)

Italien

ez) Francesco Petrarca (1304 bis 1374), nach Porträt von Andrea del Castagno (um 1421–1457)
fa) Ludovico Ariosto (1474–1533); Porträt von Tiziano Vecellio, genannt Tizian (1477–1576)
fb) Dante (1265 bis 1321); Porträt von Raffaello Santi, genannt Raffael (1483–1520)

Nr.	Wert	Farbe	Bild	Preis 1	Preis 2
373	10 C	sepia	ep	2,—	0,50
374	15 C	dunkelgrün	er	2,50	0,50
375	20 C	karminrosa	es	2,—	0,50
376	25 C	grün	et	2,50	0,50
377	30 C	sepia	eu	4,—	0,50
378	50 C	violett	ev	1,50	0,50
379	75 C	karminrosa	ew	7,50	2,50
380	1.25 L	blau	ex	5,—	2,—
381	1.75 L	orange	ey	7,50	2,50
382	2.75 L	graugrün	ez	35,—	15,—
383	5 L + 2 (L)	karminrosa	fa	60,—	120,—
384	10 L + 2.50 (L)	sepia	fb	80,—	150,—
		Satzpreis (12 W.) ✶ 60,—		200,—	280,—

Gültig bis 31.1.1933

✈ 1932, 14. März. Nationale Dante-Gesellschaft (II): Leonardo da Vinci. RaTdr.; Wz. 1; gez. 14.

Fi) Flugapparat da Vincis; Zeichnung von Leonardo da Vinci
Fk) Leonardo da Vinci (1452–1519)

385	50 C	sepia	Fi	5,—	2,50
386	1 L	violett	Fk	5,—	2,50
387	3 L	ziegelrot	Fk	7,50	12,—
388	5 L	grün	Fk	7,50	15,—
389	7.70 L + 2 (L)	blau	Fi	12,—	75,—
390	10 L + 2.50 (L)	schwarzbraun	Fk	15,—	100,—
		Satzpreis (6 W.) ✶ 20,—		50,—	200,—

Gültig bis 31.1.1933

1932, 6. April. 50. Todestag von Giuseppe Garibaldi. RaTdr.; Wz. 1; gez. Ks 14.

fc) Geburtshaus in Nizza
fd) Garibaldi und Viktor Emanuel II. in Teano; von Pietro Aldi (1852–1888)
fe) Garibaldi in der Schlacht von Calatafimi

ff) Der Tod von Anita Garibaldi
fg) Garibaldis Grab auf Caprera
fh) Der Felsen von Qarto

fi) Garibaldi-Denkmal von E. Galloni
fk) Giuseppe Garibaldi (1807–1882)
Fl) Bauernhaus von Ravenna in dem Anita G. starb
Fm) Garibaldis Haus auf Caprera

Fn) Anita Garibaldi; Porträt von Gaetano Gallino (1804–1884)
Fo) Giuseppe Garibaldi; Porträt von Collamarina (19. Jh.)
F-Ea) Garibaldi, Flugzeug Savola Marchetti S-55 und Reiterstandbild

391	10 C	grau	fc	1,70	0,50
392	20 C	braun	fd	2,20	0,50
393	25 C	grün	fe	3,50	0,70
394	30 C	orange	fd	4,—	0,80
395	50 C	violett	fe	1,70	0,30
396	75 C	karminrosa	ff	10,—	3,—
397	1.25 L	hellblau	fg	8,—	2,—
398	1.75 L + 0.25 (L)	violettblau	fh	65,—	75,—
399	2.55 L + 0.50 (L)	rotbraun	fi	65,—	85,—
400	5 L + 1 (L)	karmin	fk	65,—	100,—

✈ Flugpostmarken

401	50 C	lilarot	Fm	5,—	3,50
402	80 C	olivgrün	Fl	5,—	7,—
403	1 L + 0.25 (L)	rotbraun	Fm	7,50	17,—
404	2 L + 0.50 (L)	hellblau	Fn	12,—	30,—
405	5 L + 1 (L)	dunkelgrün	Fo	15,—	35,—

✈ Flugpost-Eilmarken

406	2.25 L + 1 (L)	rosa/lilagrau	F-Ea	20,—	30,—
407	4.50 L + 1.50 (L)	grün/braun	F-Ea	20,—	35,—
		Satzpreis (17 W.) ✶ 90,—		300,—	420,—

Auflage: 161 000 Sätze

Gültig bis 31.1.1933

✈ 1932, 19. April. Flugpostmarken. RaTdr.; Wz. 1; gez. K 14.

408	25 C	dunkelgrün	Fc	0,20	0,20
409	75 C	gelbbraun	Fd	0,30	0,30
		Satzpreis (2 W.)		0,50	0,50

MiNr. 410–412 fallen aus.

Gültig bis 31.12.1948

✈ 1932, 6. Aug. Nationale Dante-Gesellschaft (III): Leonardo da Vinci. StTdr.; Wz. 1; gez. L 14.

Fp) Leonardo da Vinci (1452–1519), Maler, Ingenieur und Erfinder

413	100 L	ultramarin/oliv	Fp	70,—	300,—

Auflage: 70 000 Stück

Gültig bis 31.1.1933

Italien

1932, 2. Sept. Eilmarke: König Viktor Emanuel III. RaTdr.; Wz. 1; gez. Ks 14.

Ed

| 414 | 1.25 L hellgrün | Ed | 0,50 | 0,20 |

Gültig bis 30.6.1946

Weiterer Wert in Zeichnung Ed: MiNr. 436; mit Aufdruck: MiNr. 648

1932, 27. Okt. 10. Jahrestag des Marsches auf Rom. RaTdr.; Wz. 1; gez. K 14.

f) Ochsenpflug und Traktor
fm) Soldat der Nationalmiliz
fn) Soldat, Kreuzer und Flugzeug

fo) Jugendlicher der „Balilla"
fp) Sinnbild der Einigkeit
fr) Glauben (Evangelium)

fs) Straßenbau unter dem Faschismus
ft) Mussolini-Denkmal in Bologna, von G. Graziosi
fu) Urbarmachung der Sümpfe

fv) Wiedererlangung von Kolonien
fw) 3 Karavellen des Columbus; Passagierdampfer „Rex" und „Conte di Savoia"
fx) Hände und Fahnen vor Landkarte Italiens

fy) Athlet zieht Fahne auf
fz) Mutter und Kind
ga) Sinnbildliche Darstellung der Fürsorge

gb) Alter römischer Markt mit Cäsarstatue
Fq) Flugzeuge Savoia-Marchetti S-55
Fr) Wahrzeichen italienischer Städte aus der Vogelschau

Ee) Symb. Darstellung, Römerstraße mit 4 Meilensteinen
Ef) Mussolini und die faschistische Idee

415	5 C dunkelbraun	fl	1,50	0,50
416	10 C sepia	fm	2,—	0,50
417	15 C dunkelgrün	fn	2,50	0,70
418	20 C karmin	fo	2,—	0,50
419	25 C grün	fp	2,50	0,50
420	30 C sepia	fr	3,—	1,50
421	35 C blau	fs	10,—	5,—
422	0.50 L violett	ft	2,50	0,50
423	60 C rotbraun	fu	10,—	3,—
424	75 C karmin	fv	5,—	1,50
425	1 L schwarzviolett	fw	7,50	2,—
426	1.25 L blau	fx	5,—	1,50
427	1.75 L rotorange	fy	7,50	1,50
428	2.55 L blauschwarz	fz	50,—	30,—
429	2.75 L dunkelgrün	ga	50,—	32,—
430	5 L + 2.50 L karmin	gb	110,—	170,—

✈ **Flugpostmarken**

| 431 | 50 C dunkelbraun | Fq | 5,— | 6,— |
| 432 | 75 C rotbraun | Fr | 15,— | 17,— |

✈ **Flugpost-Eilmarken**

433	1.25 L grün	Ee	2,50	1,50
434	2.50 L rotorange	Ef	7,—	125,—
	Satzpreis (20 W.) ★		110,— 300,—	400,—

MiNr. 430 und 434: ⊙

Gültig bis 31.8.1934

1933

✈ **1933, 21. Jan. Flugpost-Eilmarke. RaTdr.; Wz. 1; gez. K 14.**

F-Eb

| 435 | 2.25 L schiefer | F-Eb | 10,— | 110,— |

⊙

Gültig bis 31.12.1934

In gleicher Zeichnung: MiNr. 490

1933, 14. März. Eilmarke. RaTdr.; Wz. 1; gez. 14.

| 436 | 2.50 L orange | Ed | 0,50 | 3,50 |

Gültig bis 30.6.1946

In gleicher Zeichnung: MiNr. 414, mit Aufdruck: MiNr. 649

1933, 29. März. Rohrpostmarken. RaTdr.; Wz. 1; gez. K 14.

Rb) Dante Alighieri (1265–1321)
Rc) Galileo Galilei (1564–1642); Gemälde von Justus Sustermans (1597–1681)

437	15 C violett	Rb	0,50	1,—
438	35 C karmin	Rc	0,50	1,70
	Satzpreis (2 W.)		1,—	2,60

Gültig bis 13.7.1946

In ähnlicher Zeichnung mit Inschrift „Italia": MiNr. 721–722

✈ **1933, 24. April. Fahrt des Luftschiffes Graf Zeppelin von Rom nach Friedrichshafen und Südamerika.** RaTdr.; Wz. 1; gez. L 14.

Ft) Pyramide des Caius Cestius
Fu) Grab der Cäcilia Metella und Via Appia
Fv) Zeppelin über dem Foro Italico

Fw) Engelsburg
Fx) Forum Romanum
Fy) Kolosseum und Via Imperiale

Ft–Fy) LZ-127 „Graf Zeppelin" über Rom

439	3 L	grauschwarz/dunkelgrün	Ft	10,—	35,—
440	5 L	dunkelgrün/braun	Fu	20,—	45,—
441	10 L	rot/graublau	Fv	20,—	100,—
442	12 L	blau/dunkelorange	Fw	30,—	170,—
443	15 L	braun/grauschwarz	Fx	30,—	200,—
444	20 L	rotbraun/ultramarin	Fy	40,—	250,—
		Satzpreis (6 W.)		150,—	800,—

Auflage: 175 000 Sätze

Gültig nur für Zeppelinfahrten

✈ **1933, 20. Mai. Geschwaderflug Rom-Chicago. Dreiteilige Marken.** RaTdr.; Wz. 1; gez. L 14.

Fz) Römischer Wagen

Faa) Flugzeuge Savoia-Marchetti S-55 im Geschwaderflug

Fz–Faa) Italienische Flagge; König Viktor Emanuel III.; sinnbildliche Darstellungen

445	5.25 L + 19.75 L	mehrfarbig	Fz	300,—	1800,—
446	5.25 L + 44.75 L	mehrfarbig	Faa	300,—	1800,—
		Satzpreis (2 W.) ✱	200,—	600,—	3500,—

FALSCH

Der auf dem rechten Markenteil angegebene Betrag von 19.75 Lire war das Flugpostporto nach Island, der von 44.75 Lire nach Nordamerika; der auf dem Mittelteil verzeichnete Betrag von 5.25 Lire war die zusammengefaßte Brief-, Einschreibe- und Eilgebühr. Die linke Markenteil war nur Flugpost-Einschreibe- und -Eilzettel. Dieser trägt in schwarzem Aufdruck, jeweils auf vier Buchstaben verkürzt, den Namen des Fliegers, der die Post beförderte. Der Aufdruck lautet: Apparecchio (= Apparat) I (= Italia) und der abgekürzte Name eines Piloten. Diese Pilotennamen sind auf den Bogen zu 20 Marken in nachstehender Anordnung verteilt: Linke senkrechte Markenreihe = BALB — PELL — LONG — NANN — DINI — GIOR — RECA — BIAN — ARAM — BISE, rechte senkrechte Markenreihe = BORG — MIGL — ROVI — TEUC — QUES — LEON — VERC — NAPO — RANI — CALO. Die Marken mit den Namen BALB und BORG werden ca. 20% höher bewertet.

Auflage: 200 000 Sätze

Gültig nur für den Geschwaderflug nach Nordamerika.

✈ **MiNr. 446 mit Aufdruck VOLO DI RITORNO NEW YORK-ROMA.**

446 I	5.25 L + 44.75 L	mehrfarbig	Faa	30000,—	—,—

FALSCH

Auflage: 500 Stück

MiNr. 447 fällt aus.

✈ **1933, 16. Aug. Internationale Hochschulspiele in Turin (1.–10.9.)** RaTdr.; Wz. 1; gez. K 14.

gc) Athlet im Turiner Stadion

448	10 C	braun	gc	1,—	0,50
449	20 C	karmin	gc	1,—	0,50
450	50 C	violett	gc	1,50	0,50
451	1.25 L	blau	gc	4,50	4,—
		Satzpreis (4 W.)		8,—	5,50

Auflage: 2 000 000 Sätze

Gültig bis 31.12.1933

✈ **1933, 23. Okt. Heiliges Jahr 1933.** RaTdr.; Wz. 1; gez. K 14.

gd) Kuppel der Peterskirche, Rom

ge) Engel mit Kreuz in der Heiligen Pforte
gf) Kreuz mit Tauben
Fab) Peterskirche in Rom, Taube, Grabeskirche in Jerusalem

452	*20 C	karminrot	gd	3,—	0,50
453	25 C	grün	ge	4,—	0,70
454	50 C	violett	ge	5,—	0,50
455	1.25 L	blau	gd	6,—	2,—
456	2.55 L + 2.50 (L)	schwarz	gf	20,—	75,—

✈ **Flugpostmarken**

457	50 C + 25 (C)	braun	Fab	3,—	10,—
458	75 C + 50 (C)	dunkellila	Fab	4,—	15,—
		Satzpreis (7 W.)		45,—	100,—

Auflagen: MiNr. 452–456 je 130 000, MiNr. 457–458 je 175 000 Stück

Gültig bis 3.6.1934

1934

✈ **1934, 18. Jan. Erstflug Rom–Buenos Aires. Flugpostmarken MiNr. 331 in geänderten Farben, mit Aufdruck.** RaTdr.; Wz. 1; gez. K 14.

459	2 (L) auf 2 L	gelb		10,—	40,—
460	3 (L) auf 2 L	grün		10,—	60,—
461	5 (L) auf 2 L	karmin		10,—	100,—
462	10 (L) auf 2 L	violett		15,—	150,—
		Satzpreis (4 W.)		45,—	350,—

Auflage: 300 000 Sätze

Gültig nur am Tag des Erstfluges

Italien

1934, 12. März/Juli. 10. Jahrestag der Annexion Fiumes durch Italien. RaTdr.; Wz. 1; gez. K 14.

gh) Anker des Kriegsschiffes „Emanuele Filiberto" über Stadtansicht
gi) Freischärlerführer Gabriele d'Annunzio (1863–1938)
gk) Barrikaden vor der Kirche San Vito
gl) Glockentürme von Fiume und Italien

gm) Ankunft des Königs an Bord der „Brindisi"
gn) Römisches Kriegsschiff, venezianischer Galeere, italienischer Kreuzer
Fac) Flugzeug über Hafen von Fiume
Fad) Denkmal für die gefallenen Kämpfer

Fae) Landkarte, drei venetische Löwen als Sinnbild für Fiume, Cherso und Lusin
Faf) Julischer Wall, antiker Schutzwall gegen Barbareneinfälle
F-Ec) Hissung der italienischen Flagge

463	10 C schwarzbraun	gh	7,50	1,—
464	20 C karmin	gh	1,—	0,50
465	50 C violett	gi	1,—	0,50
466	1.25 L blau	gk	1,—	2,50
467	1.75 L + 1 (L) blauschwarz	gl	1,50	30,—
468	2.55 L + 2 (L) dunkellila	gm	1,—	45,—
469	2.75 L + 2.50 (L) dunkelolivgrün	gn	1,50	45,—

✈ Flugpostmarken

470	25 C grün	Fac	0,70	2,—
471	50 C braun	Fad	0,70	1,—
472	75 C rotbraun	Fac	0,70	5,—
473	1 L + 50 (C) dunkellila	Fad	0,70	12,—
474	2 L + 1.50 (L) dunkelblau	Fae	0,70	17,—
475	3 L + 2 (L) schwarzbraun	Faf	1,50	17,—

✈ Flugpost-Eilmarken

476	2 L + 1.25 (L) blau (Juli)	F-Ec	1,50	20,—
477	2.25 L + 1.25 (L) dunkelolivgrün	F-Ec	2,—	17,—
478	4.50 L + 2 (L) karmin	F-Ec	2,—	20,—
		Satzpreis (16 W.)	25,—	230,—

Auflagen: MiNr. 463–469 je 164 000, MiNr. 470–478 je 500 000 Stück

Gültig bis 30.9.1934

1934, 24. Mai. Fußball-Weltmeisterschaft, Italien. RaTdr.; Wz. 1; gez. K 14.

go) Torwart

gp) Fußballspieler
gr) Fußballspieler
Fag) Flugzeug Dornier-Wal 8t über dem Stadion in Turin

Fah) Flugzeug Savoia-Marchetti S-55 über Fußballspieler
Fai) Flugzeug Dornier-Wal 8t über dem Stadion in Rom
Fak) Flugzeug Dornier-Wal 8t über dem Littorial-Stadion in Bologna

479	20 C orangerot	go	25,—	4,50
480	25 C grün	gp	20,—	1,70
481	50 C violett	gp	25,—	0,70
482	1.25 L blau	gp	50,—	10,—
483	5 L + 2.50 (L) dunkelbraun	gr	170,—	260,—

✈ Flugpostmarken

484	50 C karminrosa	Fag	20,—	7,50
485	75 C schwarzblau	Fah	20,—	10,—
486	5 L + 2.50 (L) schwarzgrün	Fai	75,—	170,—
487	10 L + 5 (L) schwarzbraun	Fak	100,—	220,—
	Satzpreis (9 W.)		500,—	700,—

Auflage: 145 000 Sätze

Gültig bis 30.11.1934

1934, 23. Mai. 75. Jahrestag der Erfindung des elektrischen Ringankers. RaTdr.; Wz. 1; gez. K 14.

gs) Antonio Pacinotti (1841–1912), Physiker

488	50 C violett	gs	1,50	0,50
489	1.25 L blau	gs	3,—	2,50
	Satzpreis (2 W.)		4,50	3,—

Auflage: 2 000 000 Sätze

Gültig bis 30.6.1935

Mit MICHEL-Katalogen sind Sie immer gut informiert!

Italien

 ✈ **1934, 4. Juli. Flugpost-Eilmarke.**
RaTdr.; Wz. 1; gez. K 14.

| 490 | 2 L schwarzschiefer | F-Eb | 0,50 | 2,— |

Gültig bis 30.6.1946

In gleicher Zeichnung: MiNr. 435

MiNr. 491 fällt aus.

 **1934, 16. Aug. 1. Internationaler Kongreß für Elektro- und biologische Strahlenkunde, Bologna.**
RaTdr.; Wz. 1; gez. 14.

gt) Luigi Galvani (1737–1798), Physiker; Bild von Alessandro Guadagnini (18. Jh.).

492	30 C dunkelsiena	st	2,—	1,—
493	75 C karminrot	st	3,—	3,—
	Satzpreis (2 W.)		5,—	4,—

Auflage: 1 500 000 Sätze

Gültig bis 30.6.1935

 **1934, 6. Sept. 100 Jahre Tapferkeitsmedaille.**
RaTdr.; Wz. 1; gez. 14.

gu) Königl. Carabinieri und Abzeichen der Truppe

gv) Infanterist vor Drahtverhau
gw) Handgranatenwerfer und alter sardischer Grenadier
gx) Alpenjäger erklettert Felswand

gy) Enrico Toti wirft seine Krücke gegen den Feind
gz) Feldgeschütz
ha) Schwarzhemden

  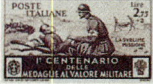

hb) Kavallerie
hc) Feldtelefonist
hd) Arzt mit Verwundetem, Sanitäter mit Trage

Fal) Luftschiff unter Beschuß
Fam) Schnellboot und Flugzeug
Fan) Kolonialtruppen

Fao) Doppeldecker
Fap) Grabmal des Unbekannten Soldaten
F-Ed) Triumphbogen in Rom

494	10 C dunkelbraun	gu	2,20	0,80
495	15 C dunkelgrün	gv	2,50	1,50
496	20 C karminrot	gw	2,20	0,70
497	25 C grün	gx	3,—	0,70
498	30 C dunkelbraun	gy	5,—	2,50
499	50 C violett	gv	3,—	0,50
500	75 C karmin	gz	12,—	4,50
501	1,25 L dunkelblau	ha	10,—	3,20
502	1,75 L + 1 (L) orangerot	hb	30,—	40,—
503	2,55 L + 2 (L) braunlila	hc	35,—	42,—
504	2,75 L + 2 (L) bräunlichviolett	hd	60,—	50,—

✈ **Flugpostmarken**

505	25 C dunkelgrün	Fal	2,50	3,50
506	50 C bläulichgrau	Fam	2,50	3,60
507	75 C dunkelbraun	Fam	3,50	4,20
508	80 C dunkelblaugrau	Fal	4,20	5,—
509	1 L + 0.50 (L) braun	Fan	7,50	25,—
510	2 L + 1 (L) hellblau	Fao	10,—	30,—
511	3 L + 2 (L) schwarzbraun	Fap	15,—	30,—

✈ **Flugpost-Eilmarken**

512	2 L + 1.25 (L) dunkelbraun	F-Ed	12,—	30,—
513	4.50 L + 2 (L) braunkarmin	F-Ed	18,—	30,—
	Satzpreis (20 W.) ✶ 75,—		240,—	300,—

⊙ Auflagen: MiNr. 494–504 je 162 000, MiNr. 505–513 je 164 000 Stück

Gültig bis 31.12.1934

 ✈ **1934, 5. Nov. Besuch von König Viktor Emanuel III. in Italienisch-Somaliland.**
RaTdr.; Wz. 1; gez. L 14.

Far) König Viktor Emanuel III.

514	1 L violett	Far	2,50	20,—
515	2 L blau	Far	2,50	25,—
516	4 L rotbraun	Far	5,—	110,—
517	5 L grün	Far	5,—	130,—
518	8 L karmin	Far	35,—	180,—
519	10 L sepia	Far	35,—	200,—
	Satzpreis (6 W.)		85,—	650,—

FALSCH ⊙

Auflage: 75 000 Sätze

Gültig nur für den Postflug Rom-Mogadischu

In gleicher Zeichnung mit Aufdruck SERVIZIO DI STATO: Dienst MiNr. 10

Bei Anfragen bitte Rückporto nicht vergessen!

Italien   303

1935

1935, 23. April. Wettkämpfe der Studenten in Kultur und Kunst (Littoriali). RaTdr.; Wz. 1; gez. K 14.

he) Liktoren hf) Adler mit Buch und Gewehr, Liktoren und Studenten hg) Studenten im Kampf gegen die Österreicher 1848

520	20 C	karmin	.... he	1,—	0,50
521	30 C	dunkelbraun	.... hf	5,—	3,—
522	50 C	violett	.... hg	1,—	0,50
			Satzpreis (3 W.)	7,—	4,—

Gültig bis 31.12.1935

1935, 1. Juli. Für die Nationalmiliz. RaTdr.; Wz. 1; gez. K 14.

hh) Kriegsinvaliden

hi) Banner der verschiedenen Milizgattungen hk) Symbolische Ehrung der Gefallenen hl) Miliz marschiert durch den Konstantinsbogen Fas) Flügel vor Portal der Ausstellung „Faschistische Revolution"

523	20 C + 10 (C)	karmin	.... hh	15,—	8,—
524	25 C + 15 (C)	grün	.... hi	15,—	10,—
525	50 C + 30 (C)	violett	.... hk	15,—	12,—
526	1.25 L + 0.75 (L)	blau	.... hl	15,—	20,—

✈ **Flugpostmarke**

527	50 C + 50 (C)	braun	.... Fas	15,—	15,—
			Satzpreis (5 W.)	75,—	65,—

Auflagen: MiNr. 523–526 je 140 000, MiNr. 527 = 100 000 Stück

Gültig bis 31.12.1936

1935, 1. Okt. 1. internationale Luftverkehrsausstellung, Mailand. RaTdr.; Wz. 1; gez. K 14.

hm) Fliegendes Liktorenbündel mit Flugzeugen hn) Leonardo da Vinci (1452–1519), Maler, Ingenieur und Erfinder

528	20 C	karminrosa	.... hm	25,—	1,—
529	30 C	sepia	.... hm	55,—	3,50
530	50 C	violett	.... hn	120,—	0,50
531	1.25 L	blau	.... hn	150,—	3,50
			Satzpreis (4 W.) ✱ 75,—	350,—	8,50

Gültig bis 30.9.1936

1935, 15. Okt. 100. Todestag von Vincenzo Bellini. RaTdr.; Wz. 1; gez. K 14.

ho) V. Bellini (1801–1835), Komponist hp) Bellinis Spinett hr) Geburtshaus Bellinis in Catania

Fat) Harfespielender Engel am Meer Fau) Musizierende Engel; Detail aus „Die Krönung von Maria" von Raffaelo Santi (Raffael) Fav) Szenenbild aus „Die Nachtwandlerin"; Gemälde von Raffael Santi (Raffael)

532	20 C	karmin	.... ho	3,50	0,80
533	30 C	dunkelbraun	.... ho	4,20	1,50
534	50 C	violett	.... ho	3,50	0,50
535	1.25 L	blau	.... ho	20,—	4,—
536	1.75 L + 1 (L)	orange	.... hp	75,—	100,—
537	2.75 L + 2(L)	olivgrün	.... hr	100,—	120,—

✈ **Flugpostmarken**

538	25 C	ocker	.... Fat	4,20	3,—
539	50 C	dunkelbraun	.... Fat	4,20	3,—
540	60 C	karminrot	.... Fat	10,—	4,20
541	1 L + 1 (L)	dunkelviolett	.... Fau	30,—	75,—
542	5 L + 2 (L)	grün	.... Fav	50,—	100,—
			Satzpreis (11 W.) ✱ 100,—	300,—	400,—

Ⓖ

Auflagen: MiNr. 532–537 = 200 000 Sätze, MiNr. 538–542 je 500 000 Sätze

Gültig bis 30.9.1936

1936

1936, 23. März. 17. Mailänder Messe. RaTdr.; Wz. 1; gez. K 14.

hs) Sinnbild des Handels ht) Sinnbild der Industrie

543	20 C	rot	.... hs	1,—	0,50
544	30 C	dunkelbraun	.... ht	1,—	0,70
545	50 C	violett	.... ht	1,—	0,50
546	1.25 L	blau	.... hs	4,—	1,70
			Satzpreis (4 W.) ✱ 2,20	7,—	3,50

Gültig bis 31.12.1936

1936, 1. Juli. 2000. Geburtstag von Horaz. RaTdr.; Wz. 1; gez. 14.

hu) „Unser Land von Früchten erfüllt und Herden"
hv) „Fort ist der Schnee, schon kehrt das Gras in den Gefilden, den Bäumen wieder das wallende Haar"
hw) Der furchtlose Mensch (Ajax)

hx) Gedenkmedaille: „Nicht ganz werde ich vergehen"
hy) Kapitol in Rom
hz) Musizierender Faun

ia) Sterbender Krieger
Faw) Wasserflugzeug Savoia-Marchetti S-55
Fax) Flugzeug Caproni 101 über Gebirgssee

Fay) Steineiche und Adler
Faz) Rom

hu–ia) Illustrationen zu Versen des Horaz, römischer Dichter

547	10	C	grün	hu	7,50	0,70
548	20	C	karmin	hv	5,—	0,70
549	30	C	dunkelbraun	hw	7,50	1,20
550	50	C	violett	hx	5,—	0,50
551	75	C	karmin	hy	20,—	2,50
552	1,25	L + 1 (L)	blau	hv	50,—	70,—
553	1,75	L + 1 (L)	karmin	hz	60,—	100,—
554	2,55	L + 1 (L)	blaugrau	ia	70,—	120,—

✈ **Flugpostmarken**

555	25	C	grün	Faw	5,—	3,—
556	50	C	dunkelbraun	Fax	7,50	3,—
557	60	C	karmin	Fay	7,50	5,—
558	1	L + 1 (L)	violett	Fax	25,—	75,—
559	5	L + 2 (L)	blaugrau	Faz	36,—	120,—
			Satzpreis (13 W.) ✶	100,—	300,—	500,—

Auflage: 120 000 Sätze

Gültig bis 30.9.1937

**MICHEL-Kataloge
überragen durch ihre
Ausführlichkeit,
Genauigkeit und Übersicht!**

1937

1937, 28. Juli. Musterausstellung der Sommerferien-Kolonien. RaTdr.; Wz. 1; gez. K 14.

ib) Junge mit Getreideähren
ic) Grüßender Junge
id) Junge vor Liktorenbündeln

ie) Skulptur am Findelhaus, Florenz
Fba) Balilla-Junge
Fbb) Kinderköpfe

560	10	C	braun	ib	4,—	0,70
561	20	C	rosakarmin	ic	4,—	0,70
562	25	C	grün	ib	5,—	1,—
563	30	C	dunkelbraun	id	5,—	1,50
564	50	C	violett	ic	5,—	0,50
565	75	C	karminrot	ie	15,—	3,—
566	1,25	L	dunkelblau		15,—	3,50
567	1,75	L + 75 C	orangerot	id	75,—	80,—
568	2,75	L + 1,25 (L)	dunkelgrün	ie	65,—	90,—
569	5	L + 3 (L)	grau	ic	65,—	120,—

✈ **Flugpostmarken**

570	25	C	grün	Fba	12,—	7,50
571	50	C	dunkelbraun	Fbb	12,—	5,—
572	1	L	violett	Fba	12,—	7,50
573	2	L + 1 (L)	blau	Fbb	30,—	80,—
574	3	L + 2 (L)	orangerot	Fba	35,—	90,—
575	5	L + 3 (L)	karmin	Fbb	42,—	110,—
			Satzpreis (16 W.)	400,—	600,—

Auflagen: MiNr. 560–569 = 75 000 Sätze, MiNr. 570–575 = 200 000 Sätze

Gültig bis 31.12.1938

1937, 23. Sept. 2000. Geburtstag von Kaiser Augustus. RaTdr.; Wz. 1; gez. K 14.

if) Schiffsschnäbel
ig) Kriegsbeute
ih) Kaiser Augustus als Pontifex Maximus
ii) Kreuz
ik) Gaius Julius Caesar (100–44 v. Chr)

il) Marmor-statue Kaiser Augustus
im) Büste Kaiser Augustus
in) Ruderga-leeren
io) Ara Pacis (Friedensaltar)
ip) Kapitol

Fbc) „Reichtum des Landes"
Fbd) Antikes Relief
Fbe) Pferde

Fbf) Karte des römischen Reiches, kaiserlicher Adler
Fbg) Gaius Octavianus Augustus (63 v. Chr.–14 n. Chr.), röm. Kaiser

576	10 C dunkelgrün .... if	2,50	1,—
577	15 C braun .... ig	2,50	1,—
578	20 C karmin .... ih	2,50	1,—
579	25 C grün ii	2,50	1,—
580	30 C olivbraun .... ik	4,—	1,—
581	50 C violett il	2,50	0,50
582	75 C rot .... im	5,—	2,50
583	1.25 L blau .... in	10,—	2,50
584	1.75 L + 1 (L) lila .... io	85,—	75,—
585	2.55 L + 2 (L) schwarzblau ...... ip	100,—	85,—

✈ **Flugpostmarken**

586	25 C lila .... Fbc	10,—	5,—
587	50 C braun .... Fbd	10,—	4,—
588	80 C rotbraun .... Fbe	20,—	7,50
589	1 L + 1 (L) blau .... Fbf	45,—	60,—
590	5 L + 1 (L) grauviolett ..... Fbq	75,—	85,—
	Satzpreis (15 W.) ✶ 120,—	360,—	320,—

✉ Auflage: 120 000 Sätze

Gültig bis 30.4.1939

1937, 25. Okt. Italienische Künstler. RaTdr.; Wz.1; gez. K 14.

ir) Gasparo Spontini (1774–1851), Komponist
is) Antonio Stradivari (1644–1737), Geigenbauer
it) Graf Giacomo Leopardi (1798–1837), Schriftsteller
iu) Giovanni Battista Pergolesi (1710–1736), Komponist
iv) Giotto di Bondone (1266–1337), Freskenmaler und Architekt

591	10 C dunkelbraun .... ir	1,—	1,—
592	20 C hellkarmin .... is	1,—	1,—
593	25 C grün .... it	1,—	1,—
594	30 C dunkelbraun .... iu	1,—	1,—
595	50 C violett .... it	1,—	0,50
596	75 C rot .... iu	2,50	2,50
597	1.25 L blau iv	2,50	2,50

598	1.75 L dunkelorange .... ir	2,50	2,50
599	2.55 L + 2 (L) bläulichgrün .... is	25,—	70,—
600	2.75 L + 2 (L) rotbraun iv	25,—	70,—
	Satzpreis (10 W.)	60,—	150,—

✉ Auflage: 75 000 Sätze

Gültig bis 30.9.1938

1938

1938, 24. Jan. Guglielmo Marconi. RaTdr.; Wz. 1; gez. K 14.

iw) Guglielmo Marconi (1874–1937), Physiker

601	20 C rot .... iw	4,—	0,50
602	50 C violett .... iw	2,—	0,50
603	1.25 L blau .... iw	2,—	2,50
	Satzpreis (3 W.) ✶ 3,—	8,—	3,50

Gültig bis 31.10.1938

1938, 28. Okt. Proklamation des italienischen Imperiums. RaTdr. (8×8); Wz. 1; gez. K 14.

ix) Romulus beim Pflügen

iy) Kaiser Augustus (63 v. Chr.–14 n. Chr.)
iz) Dante Alighieri (1265–1321)
ka) Christoph Kolumbus (1451–1506)
kb) Leonardo da Vinci (1452–1519); Selbstporträt

kc) Viktor Emanuel II. und Garibaldi
kd) Grabmal des Unbekannten Soldaten
ke) Marsch auf Rom 1922
kf) Langobarden-krone und Äthiopien 1936

kg) König und Kaiser Viktor Emanuel III.
Fbh) Viktor Emanuel III.
Fbi) Dante Alighieri
Fbk) Leonardo da Vinci; Selbstporträt

604	10 C dunkelbraun ix	2,—	0,50
605	20 C karmin .... iy	2,50	0,50
606	25 C grün .... iz	2,50	0,50
607	30 C dunkelolivbraun .... ka	3,—	0,50
608	50 C violett .... kb	3,—	0,50

Italien

609	75 C	rot	kc	5,—	0,70
610	1,25 L	blau	kd	7,50	0,70
611	1,75 L	violettschwarz	ke	10,—	1,—
612	2,75 L	dunkelblaugrün	kf	36,—	22,—
613	5 L	rotbraun	kg	60,—	26,—

✈ Flugpostmarken

614	25 C	dunkelblaugrün	Fbh	6,—	2,50
615	50 C	dunkelbraun	Fbi	6,—	2,50
616	1 L	violett	Fbj	7,50	3,—
617	2 L	dunkelblau	Fbk	12,—	12,—
618	3 L	braunkarmin	Fbh	15,—	20,—
619	5 L	grün	Fbk	17,—	30,—
		Satzpreis (16 W.) ✱	60,—	200,—	120,—

Auflagen: MiNr. 604–613 je 200 000, MiNr. 614–619 je 500 000 Stück

Gültig bis 31.12.1939

1939

1939, 15. Dez. 100 Jahre italienische Eisenbahn. RaTdr. (8×8); Wz. 1; gez. K 14.

kh) 1 A 1 n2–Schlepptenderlokomotive „Bayardo" (1839) und elektr. Schnelltriebwagen ETR 200 (1939)

620	20 C	karmin	kh	1,—	0,50
621	50 C	violett	kh	1,50	0,50
622	1,25 L	blau	kh	3,50	2,—
		Satzpreis (3 W.)		6,—	3,—

Auflage: 3 000 000 Sätze

Gültig bis 31.10.1940

1941

 ki  kk

ki–kk) Adolf Hitler (1889–1945) und Benito Mussolini (1883–1945)

1941, 30. Jan./2. April. Italienisch-deutsche Waffenbrüderschaft. RaTdr.; Wz. 1; gez. K 14.

623	10 C	dunkelbraun (2. April)	ki	2,—	1,—
624	20 C	orangerot (2. April)	ki	2,—	1,—
625	25 C	dunkelbläulichgrün (2. April) 7¾	ki	2,—	1,—
626	50 C	violett (30. Jan.) 7¾	kk	4,—	1,—
627	75 C	karmin (30. Jan.)	kk	10,—	2,—
628	1,25 L	blau (30. Jan.)	kk	10,—	3,50
		Satzpreis (6 W.)		30,—	9,—

Werte zu 10, 20 und 25 C in Zeichnung kk (Mussolini mit Stahlhelm) waren vorbereitet, wurden aber nicht ausgegeben.

Auflage: 10 000 000 Sätze

Gültig bis 28.2.1942

Parallelausgabe mit Deutsches Reich MiNr. 763

1941, 13. Dez. 2000. Geburtstag des römischen Geschichtsschreibers Titus Livius. RaTdr.; Wz. 1; gez. K 14.

kl) Kampfszene zu Pferd km) Römische Legionäre

kl–km) Antike Reliefs am Konstantinsbogen in Rom

629	20 C + 10 (C)	karminrot	kl	0,80	1,—
630	30 C + 15 (C)	dunkelbraun	kl	0,80	1,50
631	50 C + 25 (C)	blauviolett	km	1,—	1,50
632	1,25 L + 1 (L)	ultramarin	km	1,50	2,—
		Satzpreis (4 W.)		4,—	6,—

Auflage: 600 000 Sätze

Gültig bis 31.3.1943

1942

1942, 14. Juli/1945, Mai. Freimarke: „Serie Imperiale". RaTdr.; X = Wz. 1, Y = oWz. gez. K 14.

dd) Gaius Julius Caesar

633	1 L	dunkelviolett	dd		
X		Wz. 1		0,50	0,20
Y		oWz. (Mai 1945)		0,50	0,20

Gültig bis 18.7.1946

1942, 28. Sept. 300. Todestag von Galileo Galilei. RaTdr.; Wz. 1; gez. K 14.

kn) G. Galilei bei Lehrtätigkeit ko) G. Galilei führt sein Teleskop vor kp) G. Galilei (1564–1642), Naturforscher kr) G. Galilei mit Schülern

634	10 C	orangerot/dunkelkarmin	kn	1,—	0,30
635	25 C	dunkelolivgrün/dunkelblaugrün	ko	1,—	0,30
636	50 C	purpur/violett	kp	1,—	0,20
637	1,25 L	graublau/ultramarin	kr	1,—	2,—
		Satzpreis (4 W.)		4,—	3,—

Auflage: 6 250 000 Sätze

Gültig bis 30.6.1943

MICHEL-Online-Katalog

www.michel.de oder www.briefmarken.de

1942, 23. Nov. 150. Geburtstag von Gioacchino Antonio Rossini.
RaTdr.; Wz. 1; gez. K 14.

ks) Denkmal Rossinis in Pesaro, von Marochetti
kt) G. A. Rossini (1792–1868), Komponist

638	25 C dunkelgrün .... ks	0,50	0,50
639	30 C dunkelviolettbraun .... ks	0,50	0,50
640	50 C violett .... kt	0,50	0,50
641	1 L blau .... kt	0,50	1,—
	Satzpreis (4 W.)	2,—	2,50

Auflage: 5 550 000 Sätze

Gültig bis 31.12.1943

Soziale Republik

1944

1944, 22. Jan./April. Freimarken „Serie Imperiale" mit Aufdruck REPUBBLICA SOCIALE ITALIANA (I) oder mit gleichem Text und Liktorenbündel (II) oder nur mit Liktorenbündel (III).

I   II   III

642	25 C grün .... (304) S (II)	1,—	2,—
643	30 C dunkelbraun .... (305) R (III)	1,—	2,—
644	50 C hellviolett .... (307) R (I)	1,—	2,—
645	75 C karmin .... (308) S (II)	1,—	2,—
646	1.25 L blau .... (309) R (III)	1,—	2,—
647	50 L violett (Febr./April) .... (317) (III)		
a	Aufdruck karmin	2200,—	2600,—
b	Aufdruck lilarosa	2000,—	2500,—
c	Aufdruck rot	360,—	1500,—

MiNr. 642–644 mit anhängenden Kriegspropagandafeldern siehe Aufstellung nach den Übersichtstabellen.

1944, 24. Jan. Eilmarken MiNr. 414 und 436 mit textgleichem Aufdruck und Liktorenbündel (IV).

IV

648	1.25 L hellgrün .... (414) R	0,60	0,70
649	2.50 L orange .... (436) S	0,60	4,60
	Satzpreis (2 W.)	1,20	6,—

MiNr. 642–649: Der Aufdruck wurde von den Postdirektionen Florenz, Genua, Mailand, Rom, Turin und Verona selbständig ausgeführt. Abarten wie ♀, ♀♀, ♀♀♀ verstümmelte und fehlerhafte Aufdrucke kommen vielfach vor.

[BPP]

Gültig bis 25.4.1945

Aufdruck G. N. R. siehe unter Militärpost-Marken
Marken mit Propaganda-Anhängsel von 1942 und Aufdruck siehe bei Marken mit Reklamefeld.

Italien 307

1944, 5. Juni/1945, 27. Febr. Freimarken: „Zerstörte Denkmäler". RaTdr.; X = Wz. 1; Y = oWz.; gez. K 14.

ku) Kirche S. Ciriaco, Ancona
kv) Kloster Monte Cassino
kw) Loggia dei Mercanti, Bologna
kx) Loggia dei Mercanti, Bologna

ky) Basilika S. Lorenzo, Rom
kz) Basilika S. Lorenzo, Rom
la) Trommler
lb) Sinnbild „Roma"

lc) Basilika Santa Maria delle Grazie, Mailand
Eg) Dom, Palermo

650 Y	5 C braun .... ku	0,20	0,20
651 Y	10 C sepia .... kv	0,20	0,20
652 X	20 C karminrosa (5. Juni) ...... kw	0,50	0,70
653 Y	20 C karminrosa .... kx	0,20	0,20
654 X	25 C dunkelgrün (5. Juni) ...... ky	0,50	0,70
655 Y	25 C dunkelgrün .... kz	0,20	0,20
656	30 C braun .... la		
X	mit Wz. 1 (5. Juni)	0,50	0,70
Y	oWz.	0,20	0,20
657 Y	50 C violett .... lb	0,20	0,20
658	75 C karmin .... la		
X	mit Wz. 1 (5. Juni)	0,50	1,20
Y	oWz.	0,20	0,20
659 Y	1 L violett .... kv	0,20	0,20
660 Y	1.25 L blau lc	1,20	7,50
661 Y	3 L olivgrün lc	1,20	32,—

Eilmarke

662 X	1.25 L dunkelgrün .... Eg	0,50	1,20
	Satzpreis (13 W.)	5,—	42,—

© MiNr. 661

1944, 6. Dez. 100. Todestag der Gebrüder Bandiera. RaTdr.; gez. K 14.

lb l) Kopfbilder Attilio (1811–1844) und Emilio Bandieras (1819–1844), erschossen nach einem Aufstand in Kalabrien

663	25 C grün .... lb l	0,50	0,50
664	1 L violett .... lb l	0,50	0,50
665	2.50 L rot .... lb l	0,50	6,—
	Satzpreis (3 W.)	1,50	7,—

Die Marken Italiens ab 1929 (außer MiNr. 666) sind alle im Istituto Poligrafico Stato-Officina Carte Valori (Staatsdruckerei), Rom, hergestellt.

Für unverlangt eingesandte Briefsendungen und Markenvorlagen wird keine Haftung übernommen!

Königliche Post

1944, Jan./Juni. Freimarke: Kapitolinische Wölfin. X = oWz., Schutzunterdruck sämisch; Y = Wz. 2, Schutzunterdruck grau; gez. L 11, 11½ oder 11:11½; o. G.

Ic I) Wölfin mit Romulus und Remus, etruskische Plastik (5. Jh. v. Chr.)   Wz. 2

MiNr.					
666	50 C	violett	Ic I	(*)	☉
X		oWz. (Mai)		0,50	1,—
Y		mit Wz. 2 (Jan.)		1,50	2,—

Gültig bis 31.12.1948

1945

1945. Freimarken mit Aufdruck des neuen Wertes und bei MiNr. 667/668 noch POSTE ITALIANE.

667	1.20 L	auf 20 C karminrosa (2. Mai) .... (652)	0,50	0,20
668	2 L	auf 25 C dunkelgrün (2. Mai) .... (654)	0,50	0,20
669	2.50 L	auf 1.75 L rotorange (März) .... (310)	0,50	0,60
		Satzpreis (3 W.)	1,50	1,10
668 I		weiter Abstand (5 mm) zwischen 2 und Lire	5,—	5,—
669 I		sechs statt sieben Striche	5,—	5,—

Gültig bis 18.7.1946

1944, 1. Nov./1945, Nov. Freimarken: „Serie Imperiale" ohne Liktorenbündel. X = Wz. 1; Y = oWz.; Z = Wz. 3; RaTdr. gez. K 14.

Wz. 3

Id   le   lf

Ig   lh

X = Wz. 1

672 X	30 C	braun	lf	0,70	0,20
673 X	50 C	violett		1,50	2,—
676 X	60 C	dunkelgrün	lf	0,70	0,70
677 X	1 L	violett	lg	0,70	0,20

Bei Anfragen bitte Rückporto nicht vergessen!

Y = oWz.

670 Y	10 C	dunkelbraun	Id	0,70	1,—
671 Y	20 C	karmin	lg	0,70	0,20
674 Y	50 C	violett	le	0,70	0,20
675 Y	60 C	orange	le	0,70	0,20
676 Y	60 C	grün	lf	0,70	0,20
677 Y	1 L	violett	lg	0,70	0,20
679 Y	2 L	karmin	le	1,20	1,—
681 Y	10 L	violett (1946)	le	7,—	6,—

Z = Wz. 3

671 Z	20 C	karmin	lg	0,50	0,20
676 Z	60 C	dunkelgrün	lf	0,50	0,20
677 Z	1 L	violett	lg	0,50	0,20
678 Z	1.20 L	braun	le	0,50	0,20
679 Z	2 L	karmin	le	0,50	0,20
680 Z	5 L	karmin	lh	1,50	0,20
681 Z	10 L	violett	le	7,50	7,—
		Satzpreis (12 bill. W.)		15,—	10,—

MiNr. 677 Y in 2 Typen: Der Querbalken des L in LIRE unter dem ganzen Wort oder nur bis I (Preise gleich).

Gültig bis 18.7.1946

Weiterer Wert: MiNr. 705

1945, 1. Okt./1948. Freimarken: „Demokratie". RaTdr., MiNr. 704 StTdr.; Wz. 3; A = gez. K 14, C = gez. K 13½:14.

Il) Zerbrochene Ketten   Ik) Die vereinigte Familie, Waagschalen   Il) Fackel   Im) Ölbaumpflanzen   In) Aufpropfen eines jungen Reises

Io) Italia, Baumstumpf   Ip) Familie, Waagschalen

682 A	10 C	karminbraun	li	0,20	0,20
683 A	20 C	dunkelbraun	li	0,20	0,20
684 A	25 C	blaugrün (1.10.1946)	ll	0,20	0,20
685 A	40 C	blaugrau	lm	0,20	0,20
686 A	50 C	violett (3.7.1946)	li	0,20	0,20
687 A	60 C	dunkelgrün	ln	0,20	0,50
688 A	80 C	karmin	li	0,20	0,20
689 A	1 L	graugrün	lm	0,20	0,20
690 A	1.20 L	rotbraun		0,20	0,30
691 A	2 L	dunkelbraun	ln	0,20	0,50
692 A	3 L	rot		0,20	0,20
693 A	4 L	rotorange (10.5.1946)	ll	0,70	0,20
694 A	5 L	dunkelblau	lk	1,20	0,20
695 A	6 L	grauviolett (5.5.1947)	lm	3,60	0,20
696 A	8 L	dunkelgrün (19.1.1948)	li	2,—	0,20
697 A	10 L	schwarzgrau		1,20	0,20
698 A	10 L	rotorange (20.10.1947)	lk	17,—	0,20
699 A	15 L	blau (3.7.1946)	ln	8,—	0,20
700 A	20 L	purpur	ll	1,70	0,20
701 A	25 L	schwarzgrün		16,—	0,20
702 A	30 L	dunkelultramarin (16.12.1947)	ll	400,—	0,30
703 A	50 L	dunkelbraunviolett		6,50	0,20
704	100 L	dunkelkarmin (29.7.1946)	lp		
A		gez. K 14		450,—	2,20
C		gez. K 13½:14		5000,—	40,—
D		gez. K 14:13½		500,—	3,—
		Satzpreis (23 W.)		900,—	7,—
691 U		ungezähnt		1000,—	

Gültigkeit: MiNr. 682—688 und 690 bis 31.12.1948, MiNr. 689 und 691 bis 704 bis 31.12.1952

In ähnlicher Zeichnung wie MiNr. 704: MiNr. 2888

1945, 16. Aug. Eilmarke: „Serie Imperiale". RaTdr.; Wz. 3; gez. K 14.

Eh) Sinnbild der Italia

| 705 | 5 L | karmin . . . . Eh | 0,30 | 1,20 |

Gültig bis 30.6.1946

Weitere Werte: MiNr. 670–681

✈ **1945/47. Flugpostmarken. RaTdr.; Wz. 3; gez. K 14.**

Fbl) Flugzeug Caproni-Campini: N-1

Fbm) Rauchschwalben (Hirundo rustica)

706	1 L	blaugrau (1.10.1945) . . . . Fbl	0,20	0,20
707	2 L	dunkelblau (1.10.1945) . . . . . Fbm	0,20	0,20
708	3.20 L	rotorange (1.10.1945) . . . . . . Fbl	0,30	0,30
709	5 L	dunkelgrün (1.10.1945) . . . . . Fbm	0,20	0,20
710	10 L	dunkelkarminrot (1.10.1945) . . . . Fbl	0,20	0,20
711	25 L	dunkelblau (13.7.1946) . . . . . Fbm	16,—	11,—
712	25 L	braun (21.4.1947) . . . . Fbm	0,20	0,20
713	50 L	dunkelgrün (13.7.1946) . . . . . . Fbl	30,—	20,—
714	50 L	violett (21.4.1947) . . . . Fbl	0,20	0,20
		Satzpreis (9 W.)	45,—	30,—

Gültigkeit: MiNr. 706–707, 711 und 713 bis 31.3.1958, MiNr. 708 bis 30.6.1946, MiNr. 709, 710, 712 und 714 bis 11.5.1992.

Mit Wz. 4 in Zeichnung Fbl: MiNr. 997; in Zeichnung Fbm: MiNr. 1119

> Marken Italiens mit Aufdruck AMG-FTT oder AMG-VG siehe Triest, Zone A

1945/47. Eilmarken. RaTdr.; Wz. 3; gez. K 14.

Ei) Geflügelter Fuß

Ek) Fackelträger, Pferd

715	5 L	karminrosa (1.10.1945) . . . . . . Ei	0,20	0,20
716	10 L	dunkelblau (1.10.1945) . . . . . . Ei	0,20	0,20
717	15 L	dunkelrotlila (28.7.1947) . . . . . Ek	5,—	0,20
718	25 L	rotorange (15.11.1947) . . . . . . Ei	50,—	0,20
719	30 L	violett (3.7.1946) . . . . Ei	7,50	2,20
720	60 L	lilakarmin (10.12.1947) . . . . . . Ek	65,—	0,20
		Satzpreis (6 W.)	120,—	3,50

Gültig bis 31.3.1958

Weitere Werte in Zeichnung Ei; MiNr. 855 und 944

1945, 22. Okt. Rohrpostmarken. RaTdr.; Wz. 3; gez. K 14.

Rd) Dante Alighieri

Re) Galileo Galilei

721	60 C	braun . . . . Rd	0,50	1,50
722	1.40 L	blau . . . . Re	0,50	1,50
		Satzpreis (2 W.)	1,—	3,—

Gültig bis 31.12.1948

In ähnlicher Zeichnung mit Inschrift „Regno d'Italia": MiNr. 437–438

Republik

1946

1946, 31. Okt. Republikanische Geschichte Italiens. RaTdr. (10×5, Querformate ~; Wz. 3; gez. K 14.

Ir) Kathedrale von St. Andrea, Amalfi

Is) St. Michaels-Kirche Lucca

It) Frieden; Fresko aus Siena, Detail aus „Das gute Regiment" von Ambrogio Lorenzetti (um 1280–1348)

Iu) Signoria-Palast, Florenz

Iv) Blick auf den Dom von Pisa

 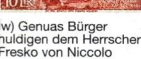 

Iw) Genuas Bürger huldigen dem Herrscher; Fresko von Niccolo Barabino (1832–1892)

Ix) Das ruhmgekrönte Venedig; Fresko von Paolo Veronese (1528–1588)

Iy) Der Eid von Pontida (Bergamo/Lombardei, 11.4.1167); Gemälde von Amos Cassioli (1832–1891)

723	1 L	olivbraun . . . . Ir	0,10	0,10
724	2 L	dunkelblau . . . . Is	0,10	0,10
725	3 L	dunkelgrün . . . . It	0,10	0,10
726	4 L	dunkelorange . . . . Iu	0,10	0,10
727	5 L	violett Iv	0,10	0,10
728	10 L	karmin . . . . Iw	0,20	0,20
729	15 L	dunkelultramarin Ix	1,50	1,50
730	20 L	dunkelrotbraun . . . . Iy	0,30	0,30
		Satzpreis (8 W.)	2,50	2,50

Gültig bis 31.12.1947

1947

✈ **1947, 1. Juli. Flugpostmarke. MiNr. 708 mit neuem Wertaufdruck.**

| 731 | 6 L | auf 3.20 L rotorange . . . . (708) | 0,50 | 0,50 |

Gültig bis 31.3.1958

✈ **1947, 1. Sept. 50. Jahrestag der Erfindung der drahtlosen Telegraphie. RaTdr.; Wz. 3; gez. K 14.**

Fbn) Erdkugel und Sendeturm

Fbo) Schiffsantenne

Fbp) Flugzeug Heinkel He-70 „Blitz" mit Antenne

Italien

732	6 L	dunkelviolett	Fbn	0,20	0,20
733	10 L	dunkellilarot	Fbo	0,20	0,20
734	20 L	dunkelorange	Fbp	1,—	1,—
735	25 L	grünblau	Fbo	1,60	1,20
736	35 L	dunkelblau	Fbo	2,50	2,—
737	50 L	lila	Fbp	4,50	4,—
		Satzpreis (6 W.)		10,—	8,50

Gültig bis 30.6.1949

1948, 12. April. Proklamation der neuen Verfassung. RaTdr.; Wz. 3; gez. K 14.

me) Einmeißelung des Textes

746	10 L	lila	me	1,50	1,—
747	30 L	ultramarin	me	6,—	3,—
		Satzpreis (2 W.)		7,50	4,—

Auflagen: MiNr. 746 = 6 000 000, MiNr. 747 = 4 500 000 Stück

Gültig bis 30.6.1949

1947, 15. Nov. Rohrpostmarken. RaTdr. (10 × 5); Wz. 3; gez. K 14.

Iz) Minerva

738	3 L	purpur	Iz	12,—	12,—
739	5 L	grünlichblau	Iz	0,20	0,20
		Satzpreis (2 W.)		12,—	12,—

MiNr. 738 gültig bis 31.3.1958, MiNr. 739 bis 12.2.1992

In gleicher Zeichnung mit Wz. 4: MiNr. 1003 und 1204

1948, 3. Mai. 100. Jahrestag der Erhebung von 1848. RaTdr. (5 × 10); Wz. 3; gez. 14.

mf) Aufstand in Palermo 12.1.1848

mg) Aufstand in Padua 8.2.1848
mh) Verfassungsfeier in Turin 8.2.1848
mi) Aufstand in Mailand 18.–22.3.1848

mk) Proklamation der venezianischen Republik 22.3.1848
ml) Verteidigung von Vicenza 24.5.1848
mm) Die Kämpfer von Curtatone 29.5.1848

mn) Die Verteidiger von Goito
mo) Rückzug der Österreicher aus Bologna 8.8.1848
mp) Kampf in Brescia

1948

1948, 1. März. 600. Geburtstag der hl. Katharina von Siena. RaTdr.; Wz. 3; gez. K 14.

mq) Garibaldi vor Rom 30.4.1849
mr) Tod Mamelis 1849
El) Kampf in Neapel, 15.5.1848

748	3 L	sepia	mf	0,70	0,50
749	4 L	lila	mg	0,70	0,50
750	5 L	dunkelblau	mh	2,—	0,50
751	6 L	gelbgrün	mi	1,—	1,—
752	8 L	dunkelbraun	mk	1,50	0,70
753	10 L	orangerot	ml	3,—	0,50
754	12 L	graungrün	mm	7,50	2,50
755	15 L	grauschwarz	mn	20,—	2,—
756	20 L	karminrot	mo	60,—	12,—
757	30 L	hellblau	mp	10,—	1,50
758	50 L	violett	mq	120,—	5,—
759	100 L	blaugrau	mr	220,—	30,—

ma) Die hl. Katharina schenkt ihren Mantel einem Bettler
mb) Die hl. Katharina trägt das Kreuz
mc) Hl. Katharina (1347–1380), Patronin Italiens
md) Die hl. Katharina diktiert ihre Dialoge

Fbq Fbr

ma-Fbr) Darstellungen aus dem Leben der hl. Katharina von Siena

740	3 L	gelbgrün/dunkelblau	ma	0,50	0,20
741	5 L	violett/blau	mb	0,50	0,50
742	10 L	bräunlichlila/violett	mc	5,—	2,—
743	30 L	bräunlichgelb/grau	md	25,—	20,—

✈ **Flugpostmarken**

744	100 L	rotbraun/violett	Fbq	100,—	60,—
745	200 L	gelbbraun/blau	Fbr	40,—	25,—
		Satzpreis (6 W.)		170,—	100,—

Auflagen: MiNr. 740–743 je 1 500 000, MiNr. 744–745 je 1 000 000 Stück

Gültig bis 30.6.1949

Eilmarke (18.9.1948)

760	35 L	violett	El	150,—	25,—
		Satzpreis (13 W.)		600,—	80,—

Auflagen: MiNr. 748–749 je 5 025 000, MiNr. 750 = 5 000 000, MiNr. 751 = 4 575 000, MiNr. 752 = 4 520 000, MiNr. 753 = 6 050 000, MiNr. 754 = 3 550 000, MiNr. 755 = 4 025 000, MiNr. 756 = 3 525 000, MiNr. 757 = 4 500 000, MiNr. 758 = 2 500 000, MiNr. 759–760 je 2 025 000 Stück

Gültig bis 31.12.1949

Italien 311

1948, 1. Okt. Wiederherstellung der Brücke von Bassano. RaTdr. (5×10); Wz. 3; gez. K 14.

ms) Arbeiter vor der Brücke

761	15 L	blaugrün . . . . ms	3,50	2,50
		FDC		200,—

Auflage: 3 025 000 Stück

Gültig bis 30.6.1949

Bei den Ausgaben Italiens ab MiNr. 762 bis MiNr. 1388 mit Bogenformat 8×8 finden sich einmal im Bogen oben links oder rechts vier Textfelder, die mit den fünf anhängenden Marken von Spezialisten als Eckrand-Neunerblocks (5 Marken, 4 Textfelder) beachtet werden.

1948, 23. Okt. 100. Todestag von Gaetano Donizetti. RaTdr. (8×8); Wz. 3; gez. K 14.

mt) G. Donizetti (1797–1848), Komponist, nach Bild von Joseph Kriehuber (1800–1876)

762	15 L	sepia . . . . mt	2,50	2,50
		FDC		100,—

Auflage: 3 000 000 Stück

Gültig bis 30.6.1949

✈ 1948, 16. Febr./10. Sept. Flugpostmarken. Bildformat 21×36,5 mm. MiNr. 763–765 RaTdr., gez. K 14, MiNr. 766 StTdr., gez. L 14; Wz. 3.

Fbs) Flugzeug Douglas DC-3 „Dakota" über dem Glockenturm des Kapitols, Ölbaum (Olea europaea-Oleaceae)

763	100 L	schwarzgrün . . . . Fbs	5,—	0,20
764	300 L	dunkellilarot . . . . Fbs	0,70	0,70
765	500 L	blau . . . . Fbs	1,50	1,50
766	1000 L	braunkarmin (10.9.1948) . . . . . Fbs	2,60	2,50
		Satzpreis (4 W.)	10,—	5,—

Gleiche Werte mit Wz. 4: MiNr. 943, 963–964 und 1063; in kleinerem Bildformat: MiNr. 1349

Gültig bis 11.5.1992

1949

1949, 12. April. 50 Jahre Biennale von Venedig. RaTdr. (10×5) auf gefärbtem Papier; Wz. 3; gez. K 14.

mu   mv   mw   mx

mu–mx) Ansichten und Symbole aus Venedig

767	5 L	rotbraun/sämisch . . . . mu	0,70	0,30
768	15 L	dunkelgrün/hellgelb . . . . mv	5,—	2,—
769	20 L	dunkelbraun/sämisch . . . . mw	12,—	0,30
770	50 L	dunkelblau/hellgelb . . . . mx	95,—	2,50
		Satzpreis (4 W.)	110,—	5,—
		FDC		100,—

Auflagen: MiNr. 767 = 5 000 000, MiNr. 768 = 4 000 000, MiNr. 769 = 6 000 000, MiNr. 770 = 3 000 000 Stück

Gültig bis 31.12.1950

1949, 12. April. 27. Mailänder Messe. RaTdr. (5×10); Wz. 3; gez. K 14.

my) Ausstellungshallen und Funkturm

771	20 L	schwarzbraun . . . . my	15,—	5,—
		FDC		100,—

Auflage: 3 000 000 Stück

Gültig bis 31.12.1949

1949, 2. Mai. 75 Jahre Weltpostverein (UPU). RaTdr. (5×10); Wz. 3; gez. K 14.

mz) Weltkugeln, Schnelltriebwagen, Flugzeug und Dampfer

772	50 L	ultramarin . . . . mz	100,—	10,—
		FDC		80,—

Auflage: 2 000 000 Stück

Gültig bis 31.12.1949

1949, 18. Mai. 100. Jahrestag der Gründung der Repubblica Romana. RaTdr. (5×10); Wz. 3; gez. K 14.

na) Das Gebäude „Il Vascello", Sitz der Repubblica Romana und Garibaldis

773	100 L	dunkelbraun . . . . na	350,—	130,—
		FDC		350,—

Auflage: 1 000 000 Stück

Gültig bis 31.12.1949

1949, 30. Mai. Marshallplan (ERP). RaTdr. (10×5); Wz. 3; gez. K 14.

nb) Arbeiter vor Schiffsbug

774	5 L	graugrün . . . . nb	7,50	6,—
775	15 L	violett . . . . nb	35,—	22,—
776	20 L	sepia . . . . nb	110,—	25,—
		Satzpreis (3 W.)	150,—	50,—
		FDC		170,—

Auflage: 2 000 000 Sätze

Gültig bis 31.12.1949

Neuheitenmeldungen zu diesem Katalog finden Sie in der monatlich erscheinenden MICHEL-Rundschau.

Italien

1949, 1. Juni. Enthüllung des Giuseppe-Mazzini-Denkmals von E. Ferrari in Rom. RaTdr. (8×8); Wz. 3; gez. K 14.

nc) G. Mazzini (1805–1872)

| 777 | 20 L | grauschwarz | nc | 17,— | 5,— |
| | | | FDC | | 90,— |

Auflage: 3 000 000 Stück

Gültig bis 31.12.1949

1949, 4. Aug. 500. Geburtstag von Lorenzo de' Medici il Magnifico. RaTdr. (8×8); Wz. 3; gez. K 14.

nh) Lorenzo de' Medici il Magnifico (1449–1492)

| 782 | 20 L | violettultramarin | nh | 17,— | 3,50 |
| | | | FDC | | 80,— |

Auflage: 3 000 000 Stück

Gültig bis 30.6.1950

1949, 4. Juni. 200. Geburtstag von Vittorio Alfieri. RaTdr. (8×8); Wz. 3; gez. K 14.

nd) V. Alfieri (1749–1803), Dichter

| 778 | 20 L | sepia | nd | 12,— | 4,— |
| | | | FDC | | 100,— |

Auflage: 3 000 000 Stück

Gültig bis 31.12.1949

1949, 16. Aug. 13. Levantemesse, Bari. RaTdr. (5×10); Wz. 3; gez. K 14.

ni) Messeemblem, Messegelände

| 783 | 20 L | rosarot | ni | 12,— | 3,50 |
| | | | FDC | | 70,— |

Auflage: 3 000 000 Stück

Gültig bis 30.12.1950

1949, 8. Juni. Wahlen in Triest. RaTdr. (5×10); Wz. 3; gez. K 14.

ne) Kirche San Giusto

| 779 | 20 L | bräunlichrot | ne | 20,— | 20,— |
| | | | FDC | | 90,— |

Auflage: 2 000 000 Stück

Gültig bis 31.12.1950

1949, 14. Sept. 150. Jahrestag der Erfindung der Voltaschen Säule. StTdr. (8×8); Wz. 3; gez. L 14½.

nk) Voltasche Säule

nl) Alexander Volta (1745–1827), Physiker, nach Bild von G. B. Comolli

784	20 L	karmin	nk	10,—	2,50
785	50 L	dunkelblau	nl	150,—	40,—
		Satzpreis (2 W.)		160,—	42,—
			FDC		150,—

Auflagen: MiNr. 784 = 3 136 200, MiNr. 785 = 1 619 880 Stück

Gültig bis 31.12.1950

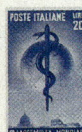

1949, 13. Juni. 2. Weltgesundheits-Kongreß, Rom. RaTdr. (10×5); Wz. 3; gez. K 14.

nf) Äskulapstab und Weltkugel über Petersdon und Kolosseum, Rom

| 780 | 20 L | violett | nf | 60,— | 15,— |
| | | | FDC | | 90,— |

Auflage: 2 000 000 Stück

Gültig bis 31.12.1950

1949, 19. Sept. 2000. Todestag von Gaius Valerius Catullus. RaTdr. (8×8); Wz. 3; gez. K 14.

nm) Catull (86–54 v. Chr.), römischer Dichter

| 786 | 20 L | blau | nm | 20,— | 3,50 |
| | | | FDC | | 80,— |

Auflage: 3 141 000 Stück

Gültig bis 31.8.1950

1949, 4. Aug. Andrea Palladio. RaTdr. (10×5); Wz. 3; gez. K 14.

ng) A. Palladio (1508–1580), Architekt, Erneuerer des Palastes in Vicenza; nach Bild von S. L. Polacco (16. Jh.)

| 781 | 20 L | violett | ng | 20,— | 10,— |
| | | | FDC | | 90,— |

Auflage: 2 000 000 Stück

Gültig bis 30.6.1950

1949, 19. Sept. Wiederherstellung des Ponte di Santa Trinità in Florenz. RaTdr.; Wz. 3; gez. K 14.

nn) Ponte di Santa Trinità

| 787 | 20 L | dunkelgrün | nn | 20,— | 3,50 |
| | | | FDC | | 80,— |

Auflage: 3 131 400 Stück

Gültig bis 31.8.1950

1949, 28. Dez. 200. Geburtstag von Domenico Cimarosa. RaTdr. (8×8); Wz. 3; gez. K 14.

no) D. Cimarosa (1749–1801), Komponist

788	20 L	violettschwarz	no	17,—	2,50
			FDC		90,—

Auflage: 3 228 000 Stück

Gültig bis 31.12.1950

1950

1950, 12. April. 28. Mailänder Messe. RaTdr. (5×10); Wz. 3; gez. K 14.

np) Brunnen der vier Jahreszeiten und Messeeingang

789	20 L	schwarzbraun	np	6,—	2,50
			FDC		50,—

Auflage: 3 500 000 Stück

Gültig bis 31.12.1950

1950, 29. April. 32. Internationaler Automobilsalon, Turin. RaTdr. (5×10); Wz. 3; gez. K 14.

nq) PKW und Flaggen

790	20 L	violettschiefer	nq	17,—	2,50
			FDC		60,—

Auflage: 4 000 000 Stück

Gültig bis 31.12.1950

1950, 22. Mai. 5. Konferenz der UNESCO, Florenz. RaTdr. (5×10, MiNr. 792 ~); Wz. 3; gez. K 14.

nr) Palazzo Pitti, Florenz

ns) Perseus mit Medusenhaupt (nach der Statue von Cellini)

791	20 L	graugrün	nr	10,—	2,50
792	55 L	graublau	ns	90,—	15,—
		Satzpreis (2 W.)		100,—	17,—
			FDC		80,—

Auflagen: MiNr. 791 = 3 650 000, MiNr. 792 = 2 100 000 Stück

Gültig bis 31.12.1950

1950, 29. Mai. Heiliges Jahr 1950. RaTdr. (8×5); Wz. 3; gez. K 14.

nt) Kuppel des St.-Peter-Domes, umgeben von 13 berühmten Kirchen Italiens

793	20 L	violett	nt	7,50	1,—
794	55 L	ultramarinblau	nt	125,—	2,50
		Satzpreis (2 W.)		130,—	3,50
			FDC		100,—

Auflagen: MiNr. 793 = 6 238 160, MiNr. 794 = 4 118 000 Stück

Gültig bis 31.12.1950

1950, 1. Juli. Gaudenzio Ferrari. RaTdr. (10×5); Wz. 3; gez. K 14.

nu) G. Ferrari (1481–1546), Maler; Detail aus „Martyrium der heiligen Katharina", Fresko von Bernhardino Lanino (1512–1583)

795	20 L	schwarzgrün	nu	22,—	3,—
			FDC		110,—

Auflage: 3 500 000 Stück

Gültig bis 30.6.1951

1950, 15. Juli. Internationale Radiokonferenz in Florenz und Rapallo. RaTdr. (10×5); Wz. 3; gez. K 14.

nv) Kolumbusdenkmal und Radiomast, im Hintergrund Signoria von Florenz und Hafen von Rapallo mit Kolumbusdenkmal

796	20 L	dunkelviolett	nv	25,—	12,—
797	55 L	blau	nv	300,—	170,—
		Satzpreis (2 W.)		320,—	180,—
			FDC		220,—

Auflagen: MiNr. 796 = 2 100 000, MiNr. 797 = 1 070 000 Stück

Gültig bis 31.12.1950

1950, 22. Juli. 200. Todestag von Ludovico Antonio Muratori. RaTdr. (8×8); Wz. 3; gez. K 14.

nw) L. A. Muratori (1672–1750), Historiker

798	20 L	dunkelbraun	nw	10,—	2,50
			FDC		80,—

Auflage: 6 500 000 Stück

Gültig bis 30.6.1951

1950, 29. Juli. 900. Todestag von Guido d'Arezzo. RaTdr. (10×5); Wz. 3; gez. K 14.

nx) G. d'Arezzo (995–1050), Erfinder der Notenschrift

799	20 L	dunkelgrün	nx	26,—	2,50
			FDC		80,—

Auflage: 3 500 000 Stück

Gültig bis 30.6.1951

Italien

1950, 21. Aug. 14. Levante-Messe, Bari. RaTdr. (5×10); Wz. 3; gez. K 14.

ny) Wahrzeichen von Bari, Messeemblem, orientalische Landschaft

800	20 L	rotbraun	ny	17,—	2,50
		FDC			60,—

Auflage: 3 500 000 Stück

Gültig bis 30.6.1951

1950, 16. Sept. 100. Geburtstag von Augusto Righi. RaTdr. (10×5); Wz. 3; gez. K 14.

oe) A. Righi (1850–1920), Physiker

806	20 L	schwarz/sämisch	oe	8,—	2,50
		FDC			60,—

Auflage: 3 500 000 Stück

Gültig bis 30.6.1951

1950, 11. Sept. Pioniere der Wollindustrie. RaTdr. (10×5); Wz. 3; gez. K 14.

nz) Alessandro Rossi (1819–1898) und Gaetano Marzotto (1820–1910)

801	20 L	schwarzblau	nz	4,50	1,50
		FDC			60,—

Auf der Marke falsches Todesjahr von A. Rossi.
Auflage: 3 500 000 Stück

Gültig bis 30.6.1951

1950, 20. Okt. Freimarken: Das neue Italien an der Arbeit. MiNr. 807–823 RaTdr. (10×5); gez. K 14; MiNr. 824–825 StTdr. (10×10); gez. L 14; Wz. 3.

of) Schmied, Schloß Bard (Aosta-Tal) og) Automechaniker, San Michele (Piemont) oh) Maurer und Dom von Mailand (Lombardei) oi) Töpfer, Palazzo della Signoria, Florenz (Toskana) ok) Klöpplerin u. Wasserträgerin, Scanno (Abruzzen)

1950, 11. Sept. Europäische Tabakkonferenz, Rom. RaTdr. (8×8); Wz. 3; gez. K 14.

oa) Tabak (Nicotiana tabacum) „Bright Italia"   ob) Tabak „Kentucky Italia"   oc) Mädchen mit Tabak „Lecce Yaka"

802	5 L	weinrot/grün	oa	1,50	2,50
803	20 L	braun/grün	ob	3,50	1,—
804	55 L	ultramarin/braun	oc	85,—	28,—
		Satzpreis (3 W.)		90,—	30,—
		FDC			150,—

Auflagen: MiNr. 802 und 804 je 1 500 000, MiNr. 803 = 3 500 000 Stück

Gültig bis 30.6.1951

ol) Weberin, Küste bei Bagnara (Kalabrien)   om) Seemann, Venedig (Venetien)   on) Schiffsbauer und Schloß von Rapallo (Ligurien)   oo) Fischer, Vesuv (Campanien)   op) Orangenernte, Monte Pellegrino (Sizilien)

oq) Winzerin und Castel del Monte (Apulien)   or) Olivenernte, Tempel von Metaponto (Basilicata)   os) Fuhrmann, römisches Aquädukt und Kuppel von St. Peter, Rom (Latium)   ot) Schafhirte, Wachturm (Sardinien)   ou) Pflügender Bauer, Assisi (Umbrien)

1950, 16. Sept. 200 Jahre Akademie der Schönen Künste, Venedig. RaTdr. (10×5); Wz. 3; gez. K 14.

od) Wappen der Akademie

805	20 L	olivbraun/rotbraun	od	8,—	2,50
		FDC			60,—

Auflage: 3 500 000 Stück

Gültig bis 30.6.1951

ov) Einfahren der Ernte, Herzogspalast in Urbino (Marche)   ow) Hanfarbeiterin, Abtei von Pomposa (Emilia Romagna)   ox) Maisernte (Friaul Julisch Venetien)   oy) Holzarbeiter, Vajolet-Türme (Südtirol)

Italien 315

807	50 C	blauviolett .... of	0,20	0,20
808	1 L	violettschiefer .... og	0,20	0,20
809	2 L	schwarzbraun .... oh	0,20	0,20
810	5 L	grauschwarz .... oi	0,60	0,20
811	6 L	braun .... ok	0,30	0,20
812	10 L	dunkelgrün .... ol	5,50	0,20
813	12 L	blaugrün .... om	2,—	0,20
814	15 L	schwarzblau .... on	2,—	0,20
815	20 L	violett .... oo	12,—	0,20
816	25 L	orangebraun .... op	5,—	0,20
817	30 L	rotlila .... oq	2,60	0,20
818	35 L	karminrosa .... or	10,—	0,50
819	40 L	braun .... os	1,—	0,20
820	50 L	dunkelviolett .... ot	15,—	0,20
821	55 L	dunkelblau .... ou	1,70	0,20
822	60 L	rot .... ov	9,—	0,20
823	65 L	schwarzgrün .... ow	1,50	0,20
824	100 L	braun .... ox	60,—	0,50
825	200 L	sepia .... oy	25,—	2,80
		Satzpreis (19 W.)	150,—	7,—
		FDC		4000,—

MiNr. 824 und 825 auch gez. 13:14, 14:13, 13½ : 14 und 13 : 13½.

Gültig bis 31.3.1958

Marken in gleichen Zeichnungen mit Wz. 4: MiNr. A 927–931 und 983.

1951

1951, 27. März. 100 Jahre Briefmarken der Toskana. RaTdr. (8 × 5); Wz. 3; gez. K 14.

oz) Marke Toscana MiNr. 4 vor Stadtbild von Florenz
oz l) Marke Toscana MiNr. 7 vor Stadtbild von Florenz

826	20 L	lila/zinnober .... oz	2,50	1,50
827	55 L	ultramarin/dunkelblau ... oz l	60,—	45,—
		Satzpreis (2 W.)	60,—	46,—
		FDC		120,—

Auflagen: MiNr. 826 = 2 100 000, MiNr. 827 = 1 050 000 Stück

Gültig bis 31.12.1951

1951, 2. April. 33. Internationaler Automobilsalon, Turin. RaTdr. (5 × 10); Wz. 3; gez. K 14.

pa) Auto vor Mole Antonelliana, Zahnrad und Flaggen

828	20 L	schwarzolivgrün .... pa	22,—	3,50
		FDC		70,—

Auflage: 2 100 000 Stück

Gültig bis 31.12.1951

1951, 11. April. Einweihung der Ara Pacis auf dem Hügel von Redipuglia Medea. RaTdr. (5 × 10); Wz. 3; gez. K 14.

pb) Ara Pacis (Altar des Friedens)

829	20 L	violett .... pb	15,—	3,50
		FDC		70,—

Auflage: 2 100 000 Stück

Gültig bis 31.12.1951

1951, 12. April. 29. Mailänder Messe. RaTdr. (8 × 5, MiNr. 831 10 × 5); Wz. 3; gez. K 14.

pc) Flugplatz für Helikopter
pd) La Madonnina, Postamt auf der Messe

830	20 L	braun .... pc	20,—	2,50
831	55 L	blau .... pd	110,—	70,—
		Satzpreis (2 W.)	130,—	70,—
		FDC		90,—

Auflagen: MiNr. 830 = 2 100 000, MiNr. 831 = 1 100 000 Stück

Gültig bis 31.12.1951

1951, 26. April. 10. Internationale Textilausstellung, Turin. RaTdr. (10 × 5); Wz. 3; gez. K 14.

pe) Statue der Artemis, Mole Antonelliana und Spindel

832	20 L	tiefviolett .... pe	36,—	4,—
		FDC		75,—

Auflage: 2 100 000 Stück

Gültig bis 31.12.1951

1951, 5. Mai. 500. Geburtstag von Christoph Kolumbus (1451–1506). RaTdr. (5 × 8); Wz. 3; gez. K 14.

pf) Kolumbus errichtet das Kreuz nach der Landung; Fresko von Giovanni Battista Carlone (1592–1677)

833	20 L	blaugrün .... pf	30,—	4,—
		FDC		150,—

Auflage: 2 100 000 Stück

Gültig bis 31.12.1951

1951, 18. Mai. Internationale gymnastische Wettspiele, Florenz. RaTdr. (10 × 5); Wz. 3; gez. K 14.

pg) Schriftband und Turngeräte

834	5 L	sepia/rot .... pg	45,—	250,—
835	10 L	blaugrün/rot .... pg	45,—	250,—
836	15 L	blau/rot .... pg	45,—	250,—
		Satzpreis (3 W.)	130,—	750,—
		FDC		1000,—

Ⓢ

Auflage: 225 000 Sätze

Gültig bis 16.6.1951

Italien

1951, 18. Juni. Wiederaufbau des Klosters Monte Cassino.
RaTdr. (5×10); Wz. 3; gez. K 14.

ph) Kloster Monte Cassino vor der Zerstörung am 15.2.1944

pi) Das zerstörte Kloster

837	20 L	tiefviolett .... ph	5,50	2,50	
838	55 L	dunkelblau .... pi	100,—	60,—	
		Satzpreis (2 W.)	100,—	60,—	
		FDC		110,—	

Auflagen: MiNr. 837 = 2 150 000, MiNr. 838 = 1 150 000 Stück

Gültig bis 30.6.1952

1951, 23. Juli. 9. Triennale von Mailand. RaTdr. (10×5, MiNr. 840 ~); Wz. 3; gez. K 14.

pk) Vase

pl) Antiker Krug

839	20 L	mehrfarbig .... pk	10,—	2,50
840	55 L	dunkelblau/rosa .... pl	60,—	50,—
		Satzpreis (2 W.)	70,—	50,—
		FDC		90,—

FALSCH MiNr. 840 in Odr.; gez. oder ☐; Wz. durch Aufdruck vorgetäuscht.

Auflagen: MiNr. 839 = 2 150 000, MiNr. 840 = 1 150 000 Stück

Gültig bis 31.12.1952

1951, 23. Juli. 500. Geburtstag von Pietro di Cristoforo Vannucci. RaTdr. (8×8); Wz. 3; gez. K 14.

pm) P. Vannucci, genannt il Perugino (1450–1523), Maler; Selbstporträt; Ansicht von Città de la Pieve

| 841 | 20 L | rotbraun/dunkelbraun .... pm | 6,— | 4,— |
| | | FDC | | 70,— |

Auflage: 2 150 000 Stück

Gültig bis 31.12.1952

1951, 23. Aug. Radweltmeisterschaften, Mailand und Varese. RaTdr. (10×5); Wz. 3; gez. K 14.

pn) Rennfahrer und Weltkugel, im Hintergrund Kirchtürme von Varese und Mailand

| 842 | 25 L | grünschwarz .... pn | 18,— | 3,50 |
| | | FDC | | 180,— |

Auflage: 2 550 000 Stück

Gültig bis 31.12.1952

1951, 8. Sept. 15. Levante-Messe, Bari. RaTdr. (5×10); Wz. 3; gez. K 14.

po) Segelschiff (Messeemblem) zwischen westlicher und östlicher Weltkugelhälfte

| 843 | 25 L | ultramarin .... po | 10,— | 3,— |
| | | FDC | | 75,— |

Auflage: 2 150 000 Stück

Gültig bis 31.12.1952

1951, 15. Sept. 100. Geburtstag von Francesco Paolo Michetti. RaTdr. (5×10); Wz. 3; gez. 14.

pr) Die Tochter des Jorio; Gemälde in der Taufkapelle der Kathedrale von F. P. Michetti (1851–1929)

| 844 | 25 L | schwarzbraun .... pr | 10,— | 3,— |
| | | FDC | | 75,— |

Auflage: 2 150 000 Stück

Gültig bis 30.6.1952

1951, 5. Okt. 100 Jahre Briefmarken von Sardinien. RaTdr. (5×10); Wz. 3; gez. K 14.

ps) Marke Sardinien MiNr. 1; Wappen von Cagliari
ps l) Marke Sardinien MiNr. 2; Wappen von Genua
ps ll) Marke Sardinien MiNr. 3; Wappen von Turin

845	10 L	schwarzbraun/schwarz .... ps	2,—	3,—
846	25 L	lilarosa/blaugrün .... ps l	3,—	2,—
847	60 L	blau/orangerot .... ps ll	22,—	20,—
		Satzpreis (3 W.)	26,—	25,—
		FDC		80,—

Auflage: 1 650 000 Sätze

Gültig bis 31.12.1951

1951, 31. Okt. 3. Generalzählung von Handel und Industrie; 9. allgemeine Volkszählung. RaTdr. (8×5, MiNr. 849 ~); Wz. 3; gez. K 14.

pt) Merkur und Zahnrad

pu) Römische Volkszählung im 2. Jahrhundert; antikes Basrelief im Louvre

848	10 L	schwarzolivgrün .... pt	2,—	1,80
849	25 L	violettgrau .... pu	8,—	1,80
		Satzpreis (2 W.)	10,—	3,50
		FDC		70,—

Auflage: 3 150 320 Sätze

Gültig bis 31.12.1952

1951, 19. Nov. 50. Todestag von Giuseppe Verdi. StTdr. (5×10); Wz. 3; gez. K 14.

pv) G. Verdi; Kgl. Theater z. Parma; Kathedrale v. Parma mit Baptisterium

pw) G. Verdi (1813–1901), Komponist; Kirche von Roncole; Orgelpfeifen

px) G. Verdi, nach Büste von, V. Gemito; Mailänder Scala und Dom

850	10 L	braunlila/schwarzolivgrün	pv	2,50	2,50
851	25 L	braun/sepia	pw	10,—	2,50
852	60 L	blaugrün/stahlblau	px	44,—	20,—
		Satzpreis (3 W.)		55,—	25,—
		FDC			150,—

Auflagen: MiNr. 850 = 2 175 000, MiNr. 851–852 je 2 200 000 Stück

Gültig bis 30.6.1952

1951, 21. Nov. Tag der Bäume. RaTdr. (10×5, MiNr. 854 ~); Wz. 3; gez. K 14.

py) Baumstämme, Berglandschaft

pz) Baum und Baumanpflanzung

853	10 L	olivgrün/blaugrün	py	3,—	3,—
854	25 L	schwarzolivgrün	pz	10,—	1,50
		Satzpreis (2 W.)		13,—	4,50
		FDC			70,—

Auflage: 3 150 000 Sätze

Gültig bis 30.6.1952

1951, 19. Dez. Eilmarke. RaTdr. (5×10); Wz. 3; gez. K 14.

Ei

855	50 L	rotviolett	Ei	45,—	0,50

Gültig bis 31.3.1958

MiNr. 855 mit Wz. 4: MiNr. 944

In gleicher Zeichnung: MiNr. 715, 718–719

1952

1952, 28. Jan. 150. Geburtstag von Vincenzo Bellini. RaTdr. (10×5); Wz. 3; gez. K 14.

ra) V. Bellini (1801–1835), Komponist; Gemälde von Giuseppe Tivoli (1845–nach 1911)

856	25 L	violettschwarz	ra	6,—	1,50
		FDC			80,—

Auflage: 3 350 000 Stück

Gültig bis 31.12.1952

1952, 1. Febr. 200. Jahrestag der Grundsteinlegung zum Schloß Caserta. RaTdr. (5×10); Wz. 3; gez. K 14.

rb) Kgl. Schloß Caserta bei Neapel, rechts „Apollo mit den Nymphen" im Schloßpark

857	25 L	olivbraun/schwarzolivgrün	rb	6,—	1,50
		FDC			50,—

Auflage: 3 350 000 Stück

Gültig bis 31.12.1952

I. schmale ältere Form   II. breitere Form   III. runde Form

Ab März 1952 waren drei in der Zeichnung wenig unterschiedliche Wz. 3 in Gebrauch, die eine etwas breitere bzw. eine runde Form (siehe Abbildung) zeigen. Zeitweise wurden Form I, II und III. nebeneinander für die gleichen Marken verwendet. Ab 1954 waren nur noch Form II und III in Gebrauch. Da die geringen, nur schwer zu unterscheidenden Merkmale nur den Spezialsammler interessieren, wird von der getrennten Aufführung abgesehen.

1952, 22. März. Internationale Ausstellung für Sportbriefmarken, Rom 1952. RaTdr. (8×8); Wz. 3; gez. K 14.

rc) Statuen eines Athleten und des Flußgottes Tiberis; olympische Ringe

858	25 L	braun/grauviolett	rc	2,50	1,20
		FDC			35,—

Auflage: 3 410 000 Stück

Gültig bis 31.12.1952

1952, 12. April. 30. Mailänder Messe. StTdr. (5×10); Wz. 3; gez. K 14.

rd) Pavillon der Motorboote

859	60 L	hellblau	rd	55,—	17,—
		FDC			65,—

Auflage: 2 000 000 Stück

Gültig bis 31.12.1952

1952, 15. April. 500. Geburtstag von Leonardo da Vinci (I). RaTdr. (10×5); Wz. 3; gez. K 14.

re) Leonardo da Vinci (1452–1519), Maler, Ingenieur und Erfinder (Selbstbildnis, Rötelzeichnung)

860	25 L	orange	re	0,50	0,50
		FDC			25,—

Auflage: 11 800 000 Stück

Gültig bis 31.12.1953

Weitere Werte: MiNr. 877–878

Italien

1952, 29. Mai. 100 Jahre Briefmarken von Modena und Parma. RaTdr. (5×10); Wz. 3; gez. K 14.
rf) Marken MiNr. 2 von Modena und MiNr. 3 von Parma
rf l) Marken MiNr. 5 von Modena und Parma

rf–rf l) links der Glockenturm von Modena „La Ghirlandina", rechts Glockenturm von Parma

861	25 L	mehrfarbig	rf	1,50	1,50
862	60 L	mehrfarbig	rf l	14,—	13,—
		Satzpreis (2 W.)		15,—	14,—
		FDC			35,—

Auflagen: MiNr. 861 = 3 600 000, MiNr. 862 = 1 800 000 Stück

Gültig bis 30.6.1953

1952, 7. Juni. Ausstellung der italienischen Arbeit in Übersee, Neapel. (10×5); Wz. 3; gez. K 14.

rg) Hand, Fackel haltend, und Weltkugel

| 863 | 25 L | blau | rg | 3,— | 1,20 |
| | | FDC | | | 30,— |

Auflage: 3 800 000 Stück

Gültig bis 30.6.1953

1952, 14. Juni. 26. Biennale in Venedig. RaTdr. (8×8); Wz. 3; gez. K 14.

rh) Oberteil der Säule vom Markusplatz in Venedig

| 864 | 25 L | grauschwarz/hellgelb | rh | 4,— | 1,20 |
| | | FDC | | | 35,— |

Auflage: 3 600 000 Stück

Gültig bis 30.6.1953

1952, 19. Juni. 30. Internationalen Mustermesse, Padua. RaTdr. (10×5); Wz. 3; gez. K 14.

ri) „P" und Kuppeln der Basilika St. Antonius in Padua

| 865 | 25 L | graublau/rot | ri | 5,— | 1,50 |
| | | FDC | | | 30,— |

Auflage: 3 500 000 Stück

Gültig bis 30.6.1953

1952, 28. Juni. Messe in Triest. RaTdr. (8×8); Wz. 3; gez. K 14.

rk) Kathedrale San Giusto und Flagge Italiens

| 866 | 25 L | grün/rot | rk | 4,— | 1,50 |
| | | FDC | | | 30,— |

Auflage: 3 500 000 Stück

Gültig bis 30.6.1953

1952, 6. Sept. 16. Levante-Messe, Bari. RaTdr. (5×10); Wz. 3; gez. K 14.

rl) Segelschiff (Messeemblem) und Eingang zur Messe

| 867 | 25 L | dunkelgrün | rl | 1,80 | 1,20 |
| | | FDC | | | 30,— |

Auflage: 3 600 000 Stück

Gültig bis 30.6.1953

1952, 20. Sept. 500. Geburtstag von Girolamo Savonarola. RaTdr. (8×8); Wz. 3; gez. K 14.

rm) Dominikanermönch Girolamo Savonarola (1452–1498); Gemälde von Fra Bartolomeo della Porta (1472–1517)

| 868 | 25 L | tiefviolett | rm | 7,50 | 1,50 |
| | | FDC | | | 30,— |

Auflage: 3 600 000 Stück

Gültig bis 30.6.1953

1952, 29. Sept. 1. Konferenz für privates Luftfahrtrecht (ICAO), Rom. RaTdr. (5×10); Wz. 3; gez. K 14.

rn) Flugzeug Douglas DC-4 „Skymaster" über dem Kolosseum in Rom

| 869 | 60 L | dunkelblau/grünblau | rn | 25,— | 25,— |
| | | FDC | | | 75,— |

Auflage: 1 800 000 Stück

Gültig bis 30.6.1953

1952, 4. Okt. Ausstellung der Gebirgsjäger in Biella. RaTdr. (10×5); Wz. 3; gez. K 14.

ro) Ausrüstung der Gebirgsjäger

| 870 | 25 L | grauschwarz | ro | 1,— | 0,70 |
| | | FDC | | | 50,— |

Auflage: 3 500 000 Stück

Gültig bis 30.6.1953

1952, 3. Nov. Tag der italienischen Armee. RaTdr. (MiNr. 871 10×10, MiNr. 872–873 8×8); Wz. 3; gez. K 14.

rp) Symbolik der drei Waffengattungen
rr) Matrose, Infanterist, Flieger
rs) Panzer, Torpedoschnellboot, Flugzeug

871	10 L	schwarzolivgrün	rp	0,20	0,20
872	25 L	schwarz/hellbraun	rr	0,80	0,30
873	60 L	schwarz/hellblau	rs	14,—	5,50
		Satzpreis (3 W.)		15,—	6,—
		FDC			40,—

Auflagen: MiNr. 871 = 141 099 200, MiNr. 872 = 67 520 000, MiNr. 873 = 5 030 000 Stück

Gültig bis 31.12.1953

Italien

1952, 20. Nov. 100 Jahre Kapuzinermission in Südabessinien. RaTdr. (5×10); Wz. 3; gez. K 14.

rt) Kardinal Guglielmo Massata (1809–1889) als Kapuzinermönch; Gemälde von Corrado Mezzana (1890–1952); Hintergrund Karte von Nordostafrika

874	25 L dunkelbraun/braun .... rt	2,50	2,20
	FDC		30,—

Auflage: 3 600 000 Stück

Gültig bis 31.12.1953

1952, 6. Dez. 100. Geburtstag von Vincenzo Gemito. RaTdr. (8×8); Wz. 3; gez. K 14.

ru) V. Gemito (1852–1929); nach einer eigenen Büste des Bildhauers

875	25 L braun .... ru	1,50	1,—
	FDC		40,—

Auflage: 3 600 000 Stück

Gültig bis 31.12.1953

1952, 6. Dez. 100. Geburtstag von Antonio Mancini. RaTdr. (8×8); Wz. 3; gez. K 14.

rv) A. Mancini (1852–1930), Maler; nach einem Selbstbildnis

876	25 L schwarzgrün .... rv	1,50	1,—
	FDC		50,—

Auflage: 3 600 000 Stück

Gültig bis 31.12.1953

1952, 31. Dez. 500. Geburtstag von Leonardo da Vinci (II). StTdr. (10×5); MiNr. 877 gestrichenes Papier, oWz. gez. K 13½; MiNr. 878 gewöhnliches Papier, Wz. 3; gez. L 13½.

rw) Madonna in der Felsengrotte; von L. da Vinci (Louvre, Paris)

877	60 L ultramarin .... rw	8,50	8,50
878	80 L braunrot .... re	40,—	0,50
	Satzpreis (2 W.)	48,—	9,—
	FDC		30,—

Auflagen: MiNr. 877 = 4 200 000, MiNr. 878 = 7 650 000 Stück

Gültig bis 31.12.1953

Weiterer Wert: MiNr. 860

1952, 31. Dez. 100. Jahrestag des Martyriums der Patrioten von Belfiore. RaTdr.; Wz. 3; gez. K 14.

rx) Patrioten von Belfiore (hingerichtet 7. XII. 1852), Detail von „Die Zelle Nr. 13 im Gefängnis von Mantua"; Gemälde von Giuseppe Boldini (1822–1898)

879	25 L schwarz/violettblau .... rx	3,50	1,—
	FDC		30,—

Auflage: 3 600 000 Stück

Gültig bis 31.12.1953

1953

1953, 21. Febr. Gemäldeausstellung sizilianischer Meister, Messina. RaTdr.; Wz. 3; gez. K 14.

ry) Junger Mann; wahrscheinlich Selbstporträt von Antonello da Messina (um 1430–1479)

880	25 L braunrot .... ry	3,—	1,—
	FDC		30,—

Auflage: 4 500 000 Stück

Gültig bis 31.12.1953

1953, 24. April. 20. Mille Miglia. RaTdr. (5×10); Wz. 3; gez. K 14.

rz) Sportautos auf der Fahrt

881	25 L blauviolett .... rz	1,50	1,—
	FDC		40,—

Auflage: 4 000 000 Stück

Gültig bis 31.3.1954

1953, 1. Mai. Verdienstorden der Arbeit. RaTdr. (10×5); Wz. 3; gez. K 14.

sa) Honigbiene (Apis mellifica) auf Wabe als Sinnbild der Arbeit und Verdienstorden Kreuz und Stern

882	25 L blauviolett .... sa	1,50	1,—
	FDC		30,—

Auflage: 4 000 000 Stück

Gültig bis 31.3.1954

1953, 30. Mai. 300. Geburtstag von Arcangelo Corelli. RaTdr. (10×5); Wz. 3; gez. K 14.

sb) A. Corelli (1653–1713), Violinvirtuose und Komponist; nach Fresko von Giovanni Battista Carlone († um 1717)

883	25 L dunkelbraun .... sb	1,50	1,—
	FDC		30,—

Auflage: 4 000 000 Stück

Gültig bis 30.6.1954

1953, 6. Juni/1954. Freimarken: Italia turrita. Bildformat 17×20,5 mm. RaTdr. (10×10); Wz. 3; gez. K 14.

sc) Italia mit Mauerkrone, nach Medaillon aus Syrakus

884	5 L dunkelgrüngrau .... sc	0,20	0,20
885	10 L orangerot .... sc	0,50	0,20
886	12 L dunkelgrün .... sc	0,20	0,20
A 886	13 L lilarot (1.2.1954) .... sc	0,20	0,20

887	20 L	braun .... sc		2,60	0,20
888	25 L	violett .... sc		2,—	0,20
889	35 L	karmin .... sc		1,—	0,20
890	60 L	blau .... sc		15,—	2,50
891	80 L	orangebraun .... sc		120,—	0,20
		Satzpreis (9 W.)		140,—	4,—
		FDC 884–891			90,—
		FDC A 886			22,—

MiNr. 886 und A 886 gültig bis 30.6.1966, MiNr. 889 gültig bis 31.12.1968, alle übrigen Werte bis 3.1.1988

Gleiche Werte mit Wz. 4: MiNr. 932–939, 971

1953, 27. Juni. 700. Todestag der hl. Klara von Assisi. RaTdr. (10×5); Wz. 3; gez. K 14.

se) Hl. Klara von Assisi (1194–1253); Gemälde von Simone Martini (1284–1344); Kloster San Damiano

892	25 L	dunkelbraun/orangebraun ...... sd	1,—	0,70
		FDC		30,—

Auflage: 8 000 000 Stück

Gültig bis 30.6.1954

1953, 11. Juli. Fest der Berge. RaTdr. (10×5); Wz. 3; gez. K 14.

se) Alpine Berglandschaft und Wasserlaufregulierung

893	25 L	dunkelblaugrün .... se	2,—	0,50
		FDC		30,—

Auflage: 8 019 000 Stück

Gültig bis 30.6.1954

1953, 16. Juli. Landwirtschaftsausstellung, Rom. RaTdr. (8×8); Wz. 3; gez. K 14.

sf) Tyche, Glücksgöttin von Antiochia (3. Jh. v. Chr.)

894	25 L	dunkelbraun .... sf	1,50	0,20
895	60 L	dunkelblau .... sf	7,—	3,—
		Satzpreis (2 W.)	8,50	3,20
		FDC		35,—

Auflagen: MiNr. 894 = 8 000 000, MiNr. 895 = 4 200 000 Stück

Gültig bis 30.6.1954

1953, 6. Aug. 4 Jahre NATO. RaTdr. (5×10); Wz. 3; gez. K 14.

sg) Regenbogen verbindet Amerika und Europa

896	25 L	gelborange/dunkelgrünblau ..... sg	7,50	0,20
897	60 L	lilapurpur/violettultramarin .... sg	18,—	4,50
		Satzpreis (2 W.)	25,—	4,50
		FDC		50,—

Auflagen: MiNr. 896 = 8 000 000, MiNr. 897 = 4 200 000 Stück

Gültig bis 30.6.1954

1953, 13. Aug. Ausstellung der Werke des Malers Luca Signorelli, Cortona. RaTdr. (10×5); Wz. 3; gez. K 14.

sh) Luca Signorelli (1441–1523); Selbstbildnis neben Fra Angelico vor dem Fresko im Dom von Orvieto „Predigt und Tod des Antichrist"

898	25 L	mehrfarbig .... sh	1,20	0,50
		FDC		30,—

Auflage: 8 000 000 Stück

Gültig bis 30.6.1954

1953, 5. Sept. 6. Internationaler Kongreß für Mikrobiologie, Rom. RaTdr. (8×8); Wz. 3; gez. K 14.

si) Agostino Bassi (1773–1856), ital. Biologe

899	25 L	mehrfarbig .... si	1,—	0,50
		FDC		30,—

Auflage: 8 000 000 Stück

Gültig bis 30.6.1954

1953, 31. Dez. Fremdenverkehr: Landschaften. RaTdr. (10×5, Querformate ~); Wz. 3; gez. K 14.

sk) Siena sl) Rapallo sm) Gardone

sn) Cortina d'Ampezzo so) Taormina mit antiken griechischen Tempelruinen sp) Capri und die Faraglioni

900	10 L	dunkelbraun/rotbraun .... sk	0,30	0,30
901	12 L	blaugrau/grünlichblau .... sl	0,50	0,30
902	20 L	braun/braunorange .... sm	0,70	0,20
903	25 L	schwarzgrün/hellblau .... sn	2,50	0,20
904	35 L	dunkelbraun/sämisch .... so	3,—	0,50
905	60 L	dunkelblau/blaugrün .... sp	5,50	1,50
		Satzpreis (6 W.)	12,—	3,—
		FDC		45,—

Auflagen: MiNr. 900 = 45 800 000, MiNr. 901 = 17 350 000, MiNr. 902 = 23 425 000, MiNr. 903 = 75 925 000, MiNr. 904 = 9 350 000, MiNr. 905 = 15 675 000 Stück

Gültig bis 31.12.1956

MICHELsoft
Sammlung im Griff

Italien

1954

1954, 11. Febr. 25 Jahre Lateranverträge. RaTdr. (8×8); Wz. 3; gez. K 14.

sr) Lateran-Palast, Rom

906	25 L	sepia/schwarzbraun .... sr	0,70	0,20
907	60 L	ultramarin/dunkelblau .... sr	4,50	3,50
		Satzpreis (2 W.)	5,—	3,50
		FDC		30,—

Auflagen: MiNr. 906 = 8 200 000, MiNr. 907 = 4 200 000 Stück

Gültig bis 31.12.1954

1954, 25. Febr. Einführung des Fernsehens. RaTdr. (10×5); Wz. 3; gez. K 14.

ss) Antenne, Fernsehempfänger mit Karte von Italien auf dem Bildschirm

908	25 L	blauviolett .... ss	1,70	0,20
909	60 L	dunkelblaugrün .... ss	8,50	5,—
		Satzpreis (2 W.)	10,—	5,—
		FDC		30,—

Auflagen: MiNr. 908 = 8 200 000, MiNr. 909 = 4 200 000 Stück

Gültig bis 31.12.1954

1954, 20. März. Kampagne für Steuerehrlichkeit. RaTdr. (5×10); Wz. 3; gez. K 14.

st) Italia turrita, Artikel 53 der Verfassung

910	25 L	purpurviolett .... st	2,50	0,50
		FDC		30,—

Auflage: 30 875 000 Stück

Gültig bis 31.12.1955

1954, 24. April. 1. Postbeförderung Mailand–Turin per Hubschrauber. RaTdr. (10×5); Wz. 3; gez. K 14.

su) Trophäe der Mailänder Messe von Aurelio Mistruzzi

911	25 L	schwarzgrün .... su	1,20	0,70
		FDC		45,—

Auflage: 4 280 000 Stück

Gültig bis 31.12.1954

Auch Prüfzeichen können falsch sein. Jeder Prüfer im Bund Philatelistischer Prüfer kontrolliert kostenlos die Richtigkeit seines Signums.

1954, 1. Juni. 10. Jahrestag des Widerstands. RaTdr. (10×5); Wz. 3; gez. K 14.

sv) Adler auf Ruinen, Glockenturm

912	25 L	mehrfarbig .... sv	0,50	0,50
		FDC		30,—

Auflage: 9 220 000 Stück

Gültig bis 31.12.1955

1954, 19. Juni. 100. Geburtstag von Alfredo Catalani. RaTdr. (8×8); Wz. 3; gez. K 14.

sw) A. Catalani (1854–1893), Komponist

913	25 L	schwarzgrün .... sw	0,50	0,50
		FDC		30,—

Auflage: 8 220 000 Stück

Gültig bis 30.6.1955

1954, 8. Juli. 700. Geburtstag von Marco Polo. StTdr. (5×10); Wz. 3; MiNr. 914 gez. K 14, MiNr. 915 A = gez. L 13¼, C = gez. L 13¼:12¼.

sx) Marco Polo (1254–1324), Ostasienfahrer; im Hintergrund Löwe von San Marco, chinesischer Drache, Karte mit Reiseroute

914	25 L	dunkelbraun .... sx	0,50	0,20
915	60 L	schwarzolivgrün .... sx		
A		gez. L 13¼	6,—	6,—
C		gez. L 13¼:12¼	16,—	7,50
		Satzpreis (2 W.)	6,50	6,—
		FDC		20,—

Auflagen: MiNr. 914 = 8 220 000, MiNr. 915 = 4 220 000 Stück

Gültig bis 31.12.1955

1954, 6. Sept. 60 Jahre Italienischer Touring-Club. RaTdr. (5×10); Wz. 3; gez. K 14.

sy) Radfahrer und Auto, links Klubabzeichen

916	25 L	dunkelgrün/rot .... sy	0,70	0,50
		FDC		25,—

Auflage: 8 200 000 Stück

Gültig bis 31.12.1955

1954, 9. Okt. Interpol-Konferenz. RaTdr. (10×5); Wz. 3; gez. K 14.

sz) Erzengel Michael im Kampf mit dem Drachen; Gemälde von Guido Reni (1575–1642)

917	25 L	karminrot .... sz	0,50	0,20
918	60 L	ultramarin .... sz	2,—	2,40
		Satzpreis (2 W.)	2,50	2,50
		FDC		30,—

Auflagen: MiNr. 917 = 8 220 000, MiNr. 918 = 4 220 000 Stück

Gültig bis 31.12.1955

Italien

1954, 26. Okt. Carlo Lorenzini. RaTdr.; Wz. 3; gez. K 14.

ta) „Pinocchio"; von Carlo Collodi, eigentlich Carlo Lorenzini (1826–1890), Journalist und Schriftsteller; Kinder verschiedener Völker

919	25 L	rot	ta	1,—	0,50
			FDC		25,—

Auflage: 12 220 000 Stück

Gültig bis 31.12.1955

1954, 28. Dez. Freimarken: Italia turrita in größerem Format. StTdr. (8×8); Wz. 3; A = gez. L 13¼, C = gez. L 13¼:12¼.

tb) Italia mit Mauerkrone

920	100 L	braun	tb	200,—	0,30
A		gez. L 13¼			
C		gez. L 13¼:12¼		17000,—	3500,—
921	200 L	dunkelblau	tb	5,—	0,50
A				200,—	0,80
		Satzpreis (2 W.)			
			FDC		100,—

Gültig bis 3.1.1988

Gleiche Werte mit Wz. 4: MiNr. 955, bzw. MiNr. 980

Weitere Werte siehe Übersicht nach Jahrgangswerttabelle.

1954, 31. Dez. 500. Geburtstag von Amerigo Vespucci. StTdr. (10×5); Wz. 3; A = gez. L 13¼, C = gez. L 13¼:14.

tc) A. Vespucci (1454–1512), ital. Seefahrer, vor der Karte Amerikas; nach Bild von Cristofano di Papi dell'Altissimo (1525–1605)

922	25 L	bräunlichlila	tc	0,50	0,20
A		gez. L 13¼			
C		gez. L 13¼:14		17,—	1,20
923	60 L	schwarzlila	tc	3,50	3,50
A		gez. L 13¼		4,—	2,50
C		gez. L 13¼:14		4,—	3,60
		Satzpreis A (2 W.)			30,—
			FDC		
		Satzpreis C (2 W.)		20,—	3,60

Auflagen: MiNr. 922 = 8 100 000, MiNr. 923 = 4 100 000 Stück

Gültig bis 31.12.1956

1954, 31. Dez. Marianisches Jahr. RaTdr. (10×5); Wz. 3; gez. K 14.

td) Maria; Detail aus „Madonna mit Johannes dem Täufer und St. Sebastian", Gemälde von Pietro Perugino (um 1448–1523)

te) Madonna; Plastik „Pietà" von Michelangelo Buonarroti (1475–1564)

924	25 L	dunkellilabraun/mattbraun	td	0,50	0,50
925	60 L	schwarz/olivgrau	te	2,50	2,50
		Satzpreis (2 W.)		3,—	3,—
			FDC		25,—

Auflagen: MiNr. 924 = 8 100 000, MiNr. 925 = 4 100 000 Stück

Gültig bis 31.12.1955

1955

1955, 24. Jan. 100. Todestag von Silvio Pellico. RaTdr. (10×5); Wz. 3; gez. K 14.

tf) S. Pellico (1789–1854), Schriftsteller, vor Ansicht Saluzzos

926	25 L	dunkelkobalt/blauviolett	tf	0,50	0,30
			FDC		25,—

Auflage: 8 200 000 Stück

Gültig bis 31.12.1955

X    Y

Das Wz. 4 kommt in zwei Arten vor, die nicht gesondert katalogisiert werden können. X: die Spitzen der Pentagramme innerhalb der Reihen sind gleichgerichtet, Y: die Spitzen der Pentagramme in abwechselnder Richtung; siehe nachstehende Abbildungen.

Wz. 4 (Pentagramm mehrfach)
Bei den kleinformatigen Freimarken („Italia turrita" und MiNr. 1081 bis 1099: „Sixtinische Kapelle") laufen die Pentagramm-Reihen bei Bogenmarken waagerecht, bei Rollenmarken senkrecht.

1955, ab 1. März./1957. Freimarken: Das neue Italien an der Arbeit. Wz. 4; RaTdr. (10×5); gez. K 14.

of) Schmied, Schloß Bard (Aosta-Tal)

A 927	50 C	blauviolett (12.1955)	of	0,20	0,30
927	1 L	violettschiefer (1.3.1955)	og	0,20	0,30
928	2 L	schwarzbraun (1.3.1955)	oh	0,20	0,30
929	15 L	schwarzblau (1.3.1955)	on	0,70	0,30
930	30 L	rotlila (7.7.1955)	oq	130,—	0,40
931	50 L	dunkelviolett (4.4.1957)	ot	30,—	0,40
		Satzpreis (6 W.)		160,—	2,—
		FDC mit MiNr. 927–929			50,—
		FDC mit MiNr. 930			50,—
		FDC mit MiNr. 931			40,—

Gültig bis 31.3.1958

Gleiche Werte mit Wz. 3: MiNr. 807–809, 814, 817, 820
Weiterer Wert: MiNr. 983

Italien

1955, 1. März/7. Juli. Freimarken: Italia turrita. Bildformat 17×20,5 mm. Wz. 4; RaTdr. (Bogen (B) (10×10) und Rollen (R); gez. K 14.

sc

932	5 L	dunkelgrüngrau (B, R) (1. März) .. sc	0,20	0,10
933	10 L	orangerot (B) (1. März),		
		(R) (April 1956) .... sc	0,20	0,10
934	12 L	dunkelgrün (B) (20. Juni) .... sc	0,20	0,10
935	13 L	karminlila (B) (7. Juli) .... sc	0,20	0,10
936	20 L	braun (B) (1. März) .... sc	0,20	0,10
937	25 L	violett (B) (1. März),		
		(R) (April 1956) .... sc	0,20	0,10
938	60 L	blau (B) (7. Juli) .... sc	0,20	0,10
939	80 L	orangebraun (B) (14. April) ...... sc	0,20	0,10
		Satzpreis (8 W.)	2,—	1,—
		FDC mit MiNr. 932–933, 936–937		90,—
		FDC mit MiNr. 934		50,—
		FDC mit MiNr. 935, 938		60,—
		FDC mit MiNr. 939		50,—
		Markenheftchen mit 20× MiNr. 932	—,—	
		Markenheftchen mit 10× MiNr. 933	1500,—	
		Markenheftchen mit 4× MiNr. 937	1500,—	

Die Markenheftchen der MiNr. 933 und 937 gibt es mit verschiedenen Deckeln, die Katalogpreise gelten für die jeweils billigste Sorte.

MiNr. 934 und 935 gültig bis 30.4.1966, alle übrigen Werte bis 3.1.1988

Gleiche Werte mit Wz. 3: MiNr. 884–888, 890–891
Weitere Werte siehe Übersicht nach Jahrgangswerttabelle.

1955, 15. März. Kampagne für Steuerehrlichkeit. RaTdr. (10×5); Wz. 4; gez. K 13.

tg) Italia, Inschrift

| 940 | 25 L | violett .... tg | 2,— | 0,30 |
| | | FDC | | 25,— |

Auflage: 25 575 000 Stück

Gültig bis 31.12.1955

1955, 6. Juni. 4. Welt-Erdöl-Kongreß, Rom. RaTdr. (10×5); Wz. 4; gez. K 14.

ti) Bohrturm vor Aquädukt
ti) Römische Säulen und Bohrtürme auf Weltkugel

941	25 L	schwarzoliv .... th	0,50	0,30
942	60 L	braunrot .... ti	1,20	1,70
		Satzpreis (2 W.)	1,70	2,—
		FDC		25,—

Auflagen: MiNr. 941 = 10 000 000, MiNr. 942 = 5 000 000 Stück

Gültig bis 31.12.1956

Wasserzeichen

Wenn die Angabe eines Wasserzeichens (Wz.) fehlt, ist die Marke immer ohne Wz.

1955, 7. Juli. Flugpostmarke: Bildformat 21×36,5 mm. Wz. 4; RaTdr. (10×5); gez. K 14.

Fbs) Flugzeug Douglas DC-3 „Dakota" über dem Glockenturm des Kapitols, Ölbaum

| 943 | 100 L | schwarzgrün .... Fbs | 0,60 | 0,30 |
| | | FDC | | 15,— |

Gültig bis 11.5.1992

Mit Wz. 3: MiNr. 763; in gleicher Zeichnung: MiNr. 764–766, 963–964, 1063; in kleinerem Bildformat: MiNr. 1349

1955, 7. Juli. Eilmarke. Wz. 4; RaTdr. (5×10); gez. K 14.

Ei) Geflügelter Fuß

| 944 | 50 L | rotviolett .... Ei | 9,— | 0,30 |
| | | FDC | | 35,— |

Gültig bis 31.3.1958

Gleiche Marke mit Wz. 3: MiNr. 855

1955, 1. Juli. 100. Todestag von Antonio Graf von Rosmini-Serbati. RaTdr. (5×10); Wz. 4; gez. K 14.

tk) A. Graf von Rosmini-Serbati (1797–1855), katholischer Philosoph, Buch; Zeichen der Rosminianer-Kongregation

| 945 | 25 L | sepia .... tk | 1,20 | 0,30 |
| | | FDC | | 25,— |

Auflage: 10 000 000 Stück

Gültig bis 31.12.1956

1955, 1. Sept. Internationaler Medizin-Kongreß, Verona. RaTdr. (5×10); Wz. 4; gez. K 14.

tl) Amphitheater in Verona, links Medaillon mit Girolamo Fracastoro (1478–1553)

| 946 | 25 L | grauschwarz/braun .... tl | 0,70 | 0,30 |
| | | FDC | | 30,— |

Auflage: 10 000 000 Stück

Gültig bis 31.12.1956

1955, 4. Okt. 700 Jahre St.-Franziskus-Basilika, Assisi. RaTdr. (5×10); Wz. 4; gez. K 14.

tm) Basilika des hl. Franziskus von Assisi

| 947 | 25 L | schwarz/sämisch .... tm | 0,50 | 0,30 |
| | | FDC | | 30,— |

Auflage: 10 025 000 Stück

Gültig bis 31.12.1956

Italien

1955, 15. Okt. 100 Jahre Berufsausbildung in Fermo. RaTdr. (8×5); Wz. 4; gez. K 14.

tn) Schüler an der Tafel

948	25 L schwarzgrün .... tn	0,50	0,30
	FDC		40,—

Auflage: 10 054 000 Stück

Gültig bis 31.12.1956

1955, 3. Nov. 50 Jahre Internationales Institut für Landwirtschaft. RaTdr. (8×8); Wz. 4; gez. K 14.

to) Frau mit Getreidegarbe

949	25 L dunkelbraun/karminrot .... to	0,30	0,30

FDC siehe nach MiNr. 950.

Auflage: 10 018 000 Stück

Gültig bis 31.12.1956

1955, 3. Nov. 10 Jahre FAO (= Food Agriculture Organisation). RaTdr. (5×10); Wz. 4; gez. K 14.

tp) Skulptur „Saturnia tellus", Gebäude der FAO-Zentrale in Rom, dahinter Thermen des Caracalla

950	60 L schwarz/violett .... tp	1,40	1,20
	FDC MiNr. 949, 950		30,—

Auflage: 5 032 000 Stück

Gültig bis 31.12.1956

1955, 10. Nov. 70. Geburtstag von Giacomo Matteotti. RaTdr. (10×5); Wz. 4; gez. K 14.

tr) G. Matteotti (1885–1924), Politiker

951	25 L dunkelbraunrot .... tr	1,20	0,30
	FDC		25,—

Auflage: 10 000 000 Stück

Gültig bis 31.12.1956

1955, 19. Nov. 30. Todestag von Battista Grassi. RaTdr. (10×5); Wz. 4; gez. K 14.

ts) B. Grassi (1854–1925), Zoologe, links Malariamücke und Mikroskop

952	25 L dunkelgelbgrün .... ts	0,50	0,30
	FDC		25,—

Auflage: 10 012 500 Stück

Gültig bis 31.12.1956

1955, 26. Nov. 500. Todestag von Fra Giovanni da Fiesole, genannt Fra Angelico. RaTdr. (8×5, MiNr. 954 ~); Wz. 4; gez. K 14.

tt) Der hl. Stephanus verteilt Almosen unter Witwen und Waisen

tu) Der hl. Laurentius verteilt die Schätze der Kirche als Almosen an die Armen

tt–tu) Details aus Fresken von Fra Angelico (um 1395–1455) in der Nikolaus-Kapelle im Vatikan

953	10 L schwarz/rahmfarben .... tt	0,20	0,20
954	25 L violettultramarin/rahmfarben .... tu	0,30	0,30
	Satzpreis (2 W.)	0,50	0,50
	FDC		25,—

Auflage: 10 036 000 Sätze

Gültig bis 31.12.1956

1955/56. Freimarke: Italia turrita in größerem Format. StTdr. (8×8); Wz. 4; A = gez. L 13¼, C = gez. L 13¼:12¼, D = gez. L 13¼:14.

955	100 L braun .... lb		
	A gez. L 13¼ (Jan. 1956)	25,—	0,20
	C gez. L 13¼:12¼ (Okt. 1955)	25,—	0,20
	D gez. L 13¼:14	2200,—	20,—
955 A Uo	oben ungezähnt	320,—	220,—

Gleiche Marke mit Wz. 3: MiNr. 920

Weitere Werte siehe Übersicht nach Jahrgangswerttabelle.

1955, 31. Dez. 100. Geburtstag von Giovanni Pascoli. RaTdr. (5×10); Wz. 4; gez. K 14.

tv) G. Pascoli (1855–1912), Dichter; fliegende Vögel

956	25 L schwarz .... tv	0,50	0,30
	FDC		25,—

Auflage: 10 000 000 Stück

Gültig bis 31.12.1956

✈ **1955, 31. Dez. 150. Geburtstag von Giuseppe Mazzini.** RaTdr. (10×5); Wz. 4; gez. K 14.

tw) G. Mazzini (1805–1872), Freiheitskämpfer; Gemälde von Luigi Zuccoli (1815–1876); Leuchtturm bei Genua

957	100 L dunkelgrün .... tw	2,60	1,50
	FDC		25,—

Auflage: 3 500 000 Stück

Gültig bis 31.12.1956

1956

1956, 26. Jan. Olympische Winterspiele, Cortina d'Ampezzo. RaTdr. (5×10); Wz. 4; gez. K 14.

tx) Sprungschanze „Italia", Croda da Lago

ty) Langlaufstadion; Monte Cristallo, Sorapis und Antelao

tz) Eisstadion; Pomogagnen

ua) Eisschnellaufstadion von Misurina; Tre Cime

958	10 L	dunkelblaugrün/braunorange	tx	0,20	0,20
959	12 L	schwarz/chromgelb	ty	0,20	0,30
960	25 L	lilagrau/ziegelrot	tz	0,40	0,20
961	60 L	kobalt/gelborange	ua	3,20	2,80
		Satzpreis (4 W.)		4,—	3,50
			FDC		30,—

Auflagen: MiNr. 958 und 960 je 15 000 000, MiNr. 959 und 961 je 7 500 000 Stück

Gültig bis 31.12.1957

✈ **1956, 24. Febr. Besuch des Staatspräsidenten Giovanni Gronchi in den Vereinigten Staaten von Amerika und Kanada.** Marke im Muster der MiNr. 714 in geänderter Farbe und mit Wz. 4 mit Aufdruck.

962	120 L	auf 50 L dunkelrosalila	(Fbl)	2,—	2,20
			FDC		10,—

Auflage: 1 550 000 Stück

Gültig bis 31.12.1957

✈ **1956. Flugpostmarken:** Bildformat 21×36,5 mm. Wz. 4; RaTdr. (10×5); gez. K 14.

Fbs) Flugzeug Douglas DC-3 „Dakota" über dem Glockenturm des Kapitols, Ölbaum

963	300 L	dunkellilarot	Fbs	0,70	0,60
964	500 L	blau	Fbs	1,—	1,—
		Satzpreis (2 W.)		1,70	1,60

Gültig bis 11.5.1992

Gleiche Werte mit Wz. 3: MiNr. 764–765

In gleicher Zeichnung: MiNr. 763, 766, 943, 1063, in kleinerem Bildformat: MiNr. 1349

1956, 23. Mai. Freimarke: Italia turrita. Bildformat 17×20,5 mm. RaTdr. Bogen (B) (10×10) und Rollen (R); Wz. 4; gez. K 14.

sc

965	15 L	hellviolettblau	sc	0,30	0,30
			FDC		25,—

Gültig bis 3.1.1988

Weitere Werte siehe Übersicht nach Jahrgangswerttabelle.

1956, 19. Mai. 50. Jahrestag der Eröffnung des Simplon-Tunnels. RaTdr. (5×10); Wz. 4; gez. K 14.

ub) Postkutsche, Tunnelausfahrt und Zug

966	25 L	schwarzgrün	ub	10,—	1,—
			FDC		30,—

Auflage: 10 000 000 Stück

Gültig bis 31.12.1957

Parallelausgabe mit Schweiz MiNr. 624

1956, 2. Juni. 10 Jahre Republik Italien. RaTdr. (5×10); Wz. 4; gez. K 14.

uc) Staatswappen, Funkturm, Traktor und Fabrikanlagen

967	10 L	dunkelblaugrau/grau	uc	0,20	0,20
968	25 L	karminrot/rosakarmin	uc	0,50	0,20
969	60 L	kobalt/hellblau	uc	6,—	6,—
970	80 L	hellbraun/rotorange	uc	11,—	6,—
		Satzpreis (4 W.)		17,—	6,50
			FDC		20,—

Auflagen: MiNr. 967–968 je 10 000 000, MiNr. 969–970 je 5 000 000 Stück

Gültig bis 31.12.1957

1956, 16. Nov. Freimarke: Italia turrita. Wz. 4; RaTdr.; gez. K 14.

sc

971	35 L	karmin	sc	0,30	0,30
			FDC		40,—

Gültig bis 31.12.1968

Gleiche Marke mit Wz. 3: MiNr. 889

Weitere Werte siehe Übersicht nach Jahrgangswerttabelle.

Sie halten Ihren Katalog aktuell, wenn Sie die Preisänderungen aus der MICHEL-Rundschau nachtragen!

Italien

1956, 8. Sept. 100. Todestag von Amadeo Avogadro. RaTdr. (5×10); Wz. 4; gez. K 14.

ud) A. Avogadro (1776–1856), Chemiker und Physiker; Avogadro-Lehrsatz zur Bestimmung des Molekulargewichts gasförmiger Stoffe

972	25 L	schwarzgrau	ud	0,30	0,30
			FDC		10,—

Auflage: 10 000 000 Stück

Gültig bis 31.12.1957

1956, 15. Sept. Europa. RaTdr. (10×5); Wz. 4; gez. K 14.

ue) Das Wort EUROPA hinter Stahlrohrgerüst vor Europafahne

973	25 L	dunkelgrün	ue	2,—	0,20
974	60 L	dunkelgraublau	ue	13,—	1,30
		Satzpreis (2 W.)		15,—	1,50
			FDC		17,—

Auflagen: MiNr. 973 = 50 000 000, MiNr. 974 = 15 000 000 Stück

Gültig bis 31.12.1957

1956, 22. Sept. Internationaler Kongreß für Astronautik. RaTdr. (5×10); Wz. 4; gez. K 14.

uf) Satellit und Erdkugel

975	25 L	indigo	uf	0,50	0,30
			FDC		11,—

Auflage: 10 000 000 Stück

Gültig bis 31.12.1957

1956, 29. Dez. Eintritt Italiens in die Vereinten Nationen (UNO). Odr. (8×5) auf gefärbtem, gestrichenem Papier; gez. K 14.

ug) Dreidimensionale Wiedergabe der Erdkugel

976	25 L	rot/grünblau auf hellrosa	ug	0,30	0,20
977	60 L	grünblau/ rot auf hellbläulichgrün	ug	0,50	0,30
		Satzpreis (2 W.)		0,70	0,50
			FDC		15,—

MiNr. 976 und 977 auch mit stark gerieffeltem Gummi bekannt.

Auflagen: MiNr. 976 = 20 020 000, MiNr. 977 = 20 220 000 Stück

Gültig bis 31.12.1957

1956, 31. Dez. 80 Jahre Postsparkassen. RaTdr. (5×10); Wz. 4; gez. K 14.

uh) Postsparkassengebäude, davor Sparbücher und Geldscheine

978	25 L	grünschwarz/dunkelblau	uh	0,30	0,30
			FDC		10,—

Auflage: 10 000 000 Stück

Gültig bis 31.12.1957

1957

1957, 10. Juni. 2000. Geburtstag von Publius Ovidius Naso. Odr. (10×5); Wz. 4; gez. K 14.

ui) Ovid (43 v. Chr.–17 n. Chr.), römischer Dichter

979	25 L	dunkeloliv/schwarz	ui	0,40	0,30
			FDC		10,—

Auflage: 12 000 000 Stück

Gültig bis 31.12.1958

1957, 15. Juni. Freimarke: Italia turrita in größerem Format. Wz. 4; StTdr. (8×8); gez. L 13½.

980	200 L	dunkelblau	tb	17,—	0,30

Gleiche Marke mit Wz. 3: MiNr. 921
Weitere Werte siehe Übersicht nach Jahrgangswerttabelle.

1957, 24. Juni/ 1974. Freimarken: San Giorgio. StTdr. (8×8); x = normales, y = fluoreszierendes Papier; Wz. 4; A = gez. K 13½, C = gez. K 14:13¼.

uk) Hl. Georg; Nischenstatue von Donato di Niccolo di Betto Bardi, genannt Donatello (um 1386–1466)

981	500 L	dunkelgrün	uk		
x		Papier normal (24.6.1957)			
A		gez. K 13½		3,50	0,20
C		gez. K 14:13¼		50,—	2,50
y		Papier fl. (14.3.1969)			
A		gez. K 13½		2,—	0,20
C		gez. K 14:13¼		2,50	0,20
982	1000 L	lilarot	uk		
x		Papier normal (24.6.1957)			
A		gez. K 13½		7,—	0,70
C		gez. K 14:13¼		7,—	0,70
y		Papier fl. (8.11.1974)			
C		gez. K 14:13¼		2,50	0,30
		Satzpreis x A (2 W.)		10,—	1,—
		FDC (x A)			100,—
		FDC mit MiNr. 981 y A			7,50
		Satzpreis y C (2 W.)		4,50	0,50
		FDC (y C)			6,—

1957, 4. April. Freimarke: Das neue Italien an der Arbeit. Wz. 4; RaTdr. (10×5); gez. K 14.

ow) Hanfarbeiterin

983	65 L	schwarzgrün	ow	40,—	42,—
			FDC		70,—

Gültig bis 31.3.1958

Gleiche Marke mit Wz. 3: MiNr. 823
Weitere Werte: MiNr. 807–825, A 927–931

Italien 327

1957/58. Freimarken: Italia turrita. Bildformat 17 × 20,5 mm. RaTdr. (10 × 10); Wz. 4; gez. K 14.

sc

984	1 L	schwarz (27.1.1958)	sc	0,30	0,20
985	6 L	braunorange (27.5.1957)	sc	0,30	0,20
986	50 L	braunoliv (27.1.1958)	sc	1,—	0,20
987	90 L	rotbraun (27.1.1958)	sc	1,—	0,80
		Satzpreis (4 W.)		2,50	
		FDC mit MiNr. 984, 986, 987			17,—
		FDC mit MiNr. 985			30,—

Gültig bis 3.1.1988

Weitere Werte siehe Übersicht nach Jahrgangswerttabelle.

1957, 15. Juli. 200. Geburtstag von Antonio Canova. StTdr. (5 × 10); Wz. 4; gez. K 14.

ul) A. Canova (1757–1822), Bildhauer
um) Herkules und Lichas, Skulptur von A. Canova
un) Paolina Bonaparte als ruhende Venus, von A. Canova

988	25 L	dunkellilabraun	ul	0,20	0,20
989	60 L	grauschwarz	um	0,20	0,60
990	80 L	dunkelblau	un	0,30	0,20
		Satzpreis (3 W.)		0,70	1,—
		FDC			9,—

Auflagen: MiNr. 988 = 11 000 000, MiNr. 989 und 990 je 5 000 000 Stück

Gültig bis 31.12.1958

1957, 7. Aug. Sicherheit im Straßenverkehr. RaTdr. (10 × 5); Wz. 4; gez. K 14.

uo) Verkehrsampel über Straßenkreuzung

991	25 L	mehrfarbig	uo	0,40	0,30
		FDC			9,—

Auflage: 100 000 000 Stück

Gültig bis 31.12.1958

1957, 16. Sept. Europa. Odr. (10 × 5); Wz. 4; gez. K 14, MiNr. 993 gez. K 13½:13.

up) Buchstabe E aus den Flaggen der Mitgliedsstaaten der EWG

992	25 L	mehrfarbig	up	1,—	0,20
993	60 L	mehrfarbig	up	8,—	0,90
		Satzpreis (2 W.)		9,—	1,—
		FDC			8,—

Auflagen: MiNr. 992 = 18 625 000, MiNr. 993 = 10 800 000 Stück

Gültig bis 31.12.1958

1957, 14. Okt. 50. Todestag von Giosuè Carducci. StTdr. (10 × 5); Wz. 4; gez. K 14.

ur) G. Carducci (1835–1907), Schriftsteller

994	25 L	dunkelbraun	ur	0,50	0,30
		FDC			7,50

Auflage: 10 000 000 Stück

Gültig bis 31.12.1958

1957, 25. Nov. 500. Geburtstag von Filippino Lippi. StTdr. (10 × 5); Wz. 4; gez. K 14.

us) F. Lippi (1457–1504), Maler; Selbstporträt

995	25 L	braun	us	0,30	0,30
		FDC			7,50

Auflage: 10 000 000 Stück

Gültig bis 31.12.1958

1957, 30. Nov. 2000. Todestag von Marcus Tullius Cicero. RaTdr. (8 × 8); Wz. 4; gez. K 14.

ut) Cicero (106–43 v. Chr.), Redner und Schriftsteller

996	25 L	braunrot	ut	0,30	0,30
		FDC			7,—

Auflage: 10 000 000 Stück

Gültig bis 31.12.1958

✈ 1957. Flugpostmarke. RaTdr. (5 × 10); Wz. 4; gez. K 14.

Fbl) Flugzeug

997	50 L	violett	Fbl	0,30	0,30

Gültig bis 11.5.1992

Gleiche Marke mit Wz. 3: MiNr. 714; weitere Werte: MiNr. 706–713, 1119

1957, 14. Dez. 150. Geburtstag von Giuseppe Garibaldi. StTdr. (10 × 10); Wz. 4; gez. K 14:13½, MiNr. 999 ~.

uu) G. Garibaldi (1807–1882), Freiheitsheld; Zeichnung von Francesco Lorusso (1825–1890)
uv) Garibaldi zu Pferd, Statue von Romanelli, vor Karte der atlantischen Erdhälfte

998	15 L	grünlichschwarz	uu	0,20	0,20
999	110 L	grauviolett	uv	0,50	0,30
		Satzpreis (2 W.)		0,70	0,50
		FDC			7,—

Auflagen: MiNr. 998 = 18 150 000, MiNr. 999 = 5 000 000 Stück

Gültig bis 31.12.1958

328 Italien

1957, 14. Dez. 100. Todestag des hl. Domenico Savio. RaTdr. (5×8); Wz. 4; gez. K 14.

uw) Hl. Domenico Savio (1842–1857) und Jugendliche verschiedener Rassen

1000	15 L bläulichviolett/schwarzviolett	uw	0,30	0,30
		FDC		7,—

Auflage: 15 000 000 Stück

Gültig bis 31.12.1958

1957, 21. Dez. 450. Todestag von Francesco di Paola. StTdr. (10×5); Wz. 4; gez. K 14.

ux) Hl. Francesco di Paola (1416–1507), Schutzpatron der Seeleute, dahinter sinkendes Segelschiff

1001	25 L schwarz	ux	0,30	0,30
		FDC		7,—

Auflage: 5 025 000 Stück

Gültig bis 31.12.1958

1958

1958, 13. Jan. Eilmarke. Bildformat 36,5×20,5 mm. RaTdr. (5×10); Wz. 4; gez. K 14.

uy) Flügelpferde aus Tarquinia

1002	75 L lilapurpur	uy	0,30	0,30
		FDC		15,—

Gültig bis 11.5.1992

Weiterer Wert in gleicher Zeichnung: MiNr. 1203; in etwas kleinerem Bildformat auf fluoreszierendem Papier: MiNr. 1270, 1460, 1526

1958, 13. Jan. Rohrpostmarke. RaTdr. (10×5); Wz. 4; gez. K 14.

lz) Minerva

1003	10 L bräunlichrot	lz	0,30	0,30

Gültig bis 12.2.1992

Weitere Werte in gleicher Zeichnung: MiNr. 738–739, 1204

1958, 1. Febr. Fertigstellung des Stauwerkes Flumendosa-Mulargia auf Sardinien. StTdr. (5×10); Wz. 4; gez. K 14.

uz) Mädchen mit Wasserkrug und Garbe, Stauwerk, Landkarte

1004	25 L dunkelblaugrün	uz	0,30	0,30
		FDC		6,—

Auflage: 10 000 000 Stück

Gültig bis 31.12.1959

1958, 16. April. 100. Jahrestag der Marienerscheinung in Lourdes. StTdr. (10×5); Wz. 4; gez. K 14.

va) Madonnenstatue, Rom, und Basilika, Lourdes

1005	15 L lilapurpur	va	0,20	0,20
1006	60 L dunkelblau	va	0,30	0,30
	Satzpreis (2 W.)		0,50	0,50
		FDC		6,—

Auflagen: MiNr. 1005 = 40 000 000, MiNr. 1006 = 10 000 000 Stück

Gültig bis 31.12.1958

1958, 9. Mai. 10 Jahre Verfassung. RaTdr. (8×8); Wz. 4; gez. K 14.

vb) Aufgeschlagenes Buch mit Inschrift   vc) Stilis. Eichenbaum   vd) Palais Montecitorio, Rom

1007	25 L mehrfarbig	vb	0,20	0,20
1008	60 L schwarzbraun/blau	vc	0,20	0,20
1009	110 L graubraun/lilaschwarz	vd	0,20	0,20
	Satzpreis (3 W.)		0,50	0,50
		FDC		8,—

Auflagen: MiNr. 1007 = 100 000 000, MiNr. 1008 = 60 000 000, MiNr. 1009 = 10 000 000 Stück

Gültig bis 31.12.1959

1958, 12. Juni. Weltausstellung, Brüssel. RaTdr. (10×5); Wz. 4; gez. K 14.

ve) Emblem der Ausstellung über gepflasterter Straße (alte Römerstraße)

1010	60 L hellblau/gelb	ve	0,30	0,30
		FDC		6,—

Auflage: 10 000 000 Stück

Gültig bis 31.12.1959

1958, 10. Juli. 100. Geburtstag von Ruggiero Leoncavallo. RaTdr. (10×5); Wz. 4; gez. K 14.

vf) Szene aus „Der Bajazzo", von Ruggiero Leoncavallo (1857–1919), Komponist

1011	25 L schwarzblau/braunrot	vf	0,30	0,30
		FDC		7,—

Auflage: 10 000 000 Stück

Gültig bis 31.12.1959

Italien

1958, 10. Juli. 100. Geburtstag von Giacomo Puccini. StTdr. (5×10); gez. K 14.

vg) Szene aus „La Bohème", von G. Puccini (1858–1924), Komponist

1012	25 L	preußischblau	vg	0,30	0,30
			FDC		7,—

Auflage: 10 000 000 Stück

Gültig bis 31.12.1959

1958, 7. Aug. 50. Todestag von Giovanni Fattori. StTdr. (8×5); Wz. 4; gez. K 13½:14.

vh) G. Fattori (1825–1908), Maler; Selbstporträt

1013	110 L	siena	vh	0,60	0,30
			FDC		7,—

Auflage: 5 000 000 Stück

Gültig bis 31.12.1959

1958, 7. Aug. 100. Geburtstag von Giovanni Segantini. StTdr. auf gefärbtem Papier; Wz. 4; gez. K 14.

vi) Ave Maria, von G. Segantini (1858–1899), Maler

1014	110 L	schwarzgrün auf blaßgelb	vi	0,60	0,30
			FDC		7,—

Auflage: 5 000 000 Stück

Gültig bis 31.12.1959

1958, 23. Aug. Italienisch-brasilianische Freundschaft anläßlich der Brasilienreise des italienischen Staatspräsidenten Giovanni Gronchi. RaTdr. (5×10); Wz. 4; gez. K 14.

vk) Karte Brasiliens mit Hochhaus in Brasilia, Flugzeug und Titusbogen, Rom

1015	175 L	dunkelblaugrün	vk	1,—	1,50
			FDC		10,—

Auflage: 3 000 000 Stück

Gültig bis 31.12.1959

1958, 13. Sept. Europa. RaTdr. (10×5); Wz. 4; gez. K 14.

vl) Stilis. Taube über lateinischem großem E und dem Wort EUROPA

1016	25 L	orangerot/blau	vl	0,50	0,50
1017	60 L	blau/orangerot	vl	1,50	1,50
		Satzpreis (2 W.)		2,—	2,—
			FDC		4,—

Auflagen: MiNr. 1016 = 50 000 000, MiNr. 1017 = 15 000 000 Stück

Gültig bis 31.12.1959

1958, 4. Okt. 100 Jahre Briefmarken von Neapel. StTdr. (10×10); gez. K 14:13½, MiNr. 1019 gez. L 13½.

vm) Marke Neapel MiNr. 1
vn) Marke Neapel MiNr. 2

1018	25 L	rotbraun	vm	0,30	0,30
1019	60 L	braunschwarz/lilabraun	vn	0,30	0,30
		Satzpreis (2 W.)		0,50	0,50
			FDC		6,—

Auflagen: MiNr. 1018 = 10 000 000, MiNr. 1019 = 5 000 000 Stück

Gültig bis 31.12.1959

1958, 20. Okt. 350. Geburtstag von Evangelista Torricelli. StTdr. (10×5); Wz. 4; gez. K 14.

vo) E. Torricelli (1608–1647), Physiker und Mathematiker; Gemälde von Giovanni Piacastelli (17. Jh.)

1020	25 L	lilapurpur	vo	0,70	0,70
			FDC		7,—

Auflage: 3 000 000 Stück

Gültig bis 31.12.1959

1958, 3. Nov. 40. Jahrestag des Sieges von 1918. StTdr. (10×5, MiNr. 1022 ~); Wz. 4; gez. K 14.

vp) Triumph des Julius Cäsar; Detail aus Fresko von Andrea Mantegna (1431–1506)
vr) Wappen von Triest, Rom und Trient
vs) Gefallenenglocke von Rovereto

1021	15 L	dunkelgrün	vp	0,20	0,20
1022	25 L	dunkelgrüngrau	vr	0,20	0,20
1023	60 L	dunkelkarmin	vs	0,20	0,20
		Satzpreis (3 W.)		0,60	0,60
			FDC		7,—

Auflagen: MiNr. 1021 und 1022 je 10 000 000, MiNr. 1023 = 5 000 000 Stück

Gültig bis 31.12.1959

1958, Nov. Besuch des Schahs von Persien in Rom. RaTdr. (8×5) auf gefärbtem Papier; Wz. 4; gez. K 14.

vt) Relief aus dem Dom von Sorrent

1024	25 L	schwarzbraun auf bläulich	vt	0,20	0,20
1025	60 L	violettultramarin auf bläulich	vt	0,80	1,—
		Satzpreis (2 W.)		1,—	1,20
		FDC (27.11.1958)			6,—

Die Ausgabe war ursprünglich für den 9. Okt. vorgesehen, wurde aber kurzfristig verlegt. An verschiedenen Postämtern wurden die Marken verfrüht verkauft.

Auflagen: MiNr. 1024 = 4 000 000, MiNr. 1025 = 3 000 000 Stück

Gültig bis 31.12.1959

Italien

1958, 11. Dez. 100. Geburtstag von Eleonora Duse. StTdr. (10 × 5); gez. K 14.

vu) E. Duse (1858–1924), Schauspielerin

| 1026 | 25 L | violettblau | vu | 0,30 | 0,30 |
| | | | FDC | | 6,— |

Auflage: 10 000 000 Stück

Gültig bis 31.12.1959

1958, 29. Dez. 10 Jahre internationaler Preis „Italia" für Rundfunk und Fernsehen. RaTdr. (8 × 5); Wz. 4; gez. K 14.

vw) Sendeturm und stilisierter Schauspieler

vx) Sendeturm, Konzertflügel und stilisierte Taube

1027	25 L	mehrfarbig	vw	0,20	0,20
1028	60 L	ultramarin/schwarz	vx	0,30	0,30
		Satzpreis (2 W.)		0,50	0,50
			FDC		6,—

Auflagen: MiNr. 1027 = 10 000 000, MiNr. 1028 = 5 000 000 Stück

Gültig bis 31.12.1959

1959

1959, 2. Jan. 100 Jahre Briefmarken von Sizilien. StTdr. (10 × 10); gez. K 14:13½.

vy) MiNr. 3 von Sizilien

vz) MiNr. 4 von Sizilien

1029	25 L	schwarzgrün	vy	0,20	0,20
1030	60 L	orangerot	vz	0,30	0,30
		Satzpreis (2 W.)		0,50	0,50
			FDC		3,—

Auflagen: MiNr. 1029 = 10 000 000 MiNr. 1030 = 5 000 000 Stück

Gültig bis 31.12.1960

1959, 11. Febr. 30. Jahrestag der Lateranverträge. RaTdr. (5 × 10); Wz. 4; gez. K 14.

wa) Turm des Kapitols, Fontana dei Dioscuri, Obelisk, Kuppel der Peterskirche

| 1031 | 25 L | kornblumenblau | wa | 0,30 | 0,30 |
| | | | FDC | | 2,60 |

Auflage: 10 000 000 Stück

Gültig bis 31.12.1960

1959, 4. April. 10 Jahre NATO. RaTdr. (5 × 10); Wz. 4; gez. K 14.

wb) NATO-Emblem zwischen Landkarten von Amerika und Europa

1032	25 L	violettultramarin/chromgelb	wb	0,20	0,20
1033	60 L	violettultramarin/dunkelblaugrün	wb	0,30	0,30
		Satzpreis (2 W.)		0,50	0,50
			FDC		3,50

Auflagen: MiNr. 1032 = 10 000 000. MiNr. 1033 = 5 000 000 Stück

Gültig bis 31.12.1960

1959, 9. April. 3 Jahre Städtepartnerschaft zwischen Paris und Rom. RaTdr. (5 × 10); Wz. 4; gez. K 14.

wc) Romulus und Remus zwischen Wappen von Paris und Rom

1034	15 L	blau/rot	wc	0,30	0,30
1035	25 L	blau/rot	wc	0,30	0,30
		Satzpreis (2 W.)		0,50	0,50
			FDC		4,—

Auflage: 10 000 000 Sätze

Gültig bis 31.12.1960

1959, 13. April. Generalversammlung der Weltorganisation alter Frontkämpfer. StTdr. (10 × 5); gez. K 14.

wd) Ölbaumstumpf mit jungem Reis, umgeben von Stacheldraht

| 1036 | 25 L | russischgrün | wd | 0,30 | 0,30 |
| | | | FDC | | 2,60 |

Auflage: 10 000 000 Stück

Gültig bis 31.12.1960

1959, 21. April. Einweihung eines Denkmals für George Byron. StTdr. (10 × 5); gez. K 14.

we) Lord Byron (1788–1824), englischer Dichter; Denkmal von Thorvaldsen in Rom

| 1037 | 15 L | grauschwarz | we | 0,30 | 0,30 |
| | | | FDC | | 2,50 |

Auflage: 10 000 000 Stück

Gültig bis 31.12.1960

1959, 27. April. 100. Geburtstag von Camillo Prampolini. StTdr. (10 × 5); gez. K 14.

wf) C. Prampolini (1859–1930), Politiker

| 1038 | 15 L | karmin | wf | 4,50 | 0,50 |
| | | | FDC | | 3,— |

Auflage: 10 000 000 Stück

Gültig bis 31.12.1960

Italien

1959, 23. Juni. Olympische Sommerspiele 1960, Rom (I). RaTdr. (10×5, Querformate ~); Wz. 4; gez. K 14.

 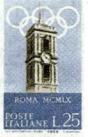 

wg) Dioscurenbrunnen, Obelisk   wh) Glockenturm des Capitols   wi) Thermen des Caracalla

wk) Konstantinsbogen   wl) Maxentiusbasilika

1039	15 L	rotorange/sepia	wg	0,10	0,10
1040	25 L	ultramarin/sepia	wh	0,20	0,20
1041	35 L	sepia/fahlbraun	wi	0,20	0,20
1042	60 L	mehrfarbig	wk	0,30	0,30
1043	110 L	sepia/gelb	wl	0,50	0,20
		Satzpreis (5 W.)		1,30	1,—
		FDC			6,—

Auflagen: MiNr. 1039 und 1040 je 20 000 000, MiNr. 1041–1043 je 10 000 000 Stück

Gültig bis 31.12.1960

1959, 27. Juni. 100. Jahrestag des Einigungskrieges. StTdr. (5×10, Hochformate ~); Kreuz bei MiNr. 1045 RaTdr.; gez. K 14.

wm) Viktor Emanuel II., G. Garibaldi, C. Cavour und G. Mazzini   wp) König Viktor Emanuel II. in der Gemälde von Palestro; Gemälde von Girolamo Induno (1827–1908)   wn) Das italienische Lager bei Magenta; Gemälde von Giovanni Fattori (1825–1908); Rotes Kreuz

wo) Schlacht von St. Fermo; Gemälde von Angiolo Trezzino (1827–1904)   wr) Französische Zuaven und italienische Bersaglieri in der Schlacht von Magenta; Gemälde von Induno

1044	15 L	dunkelgrüngrau	wm	0,10	0,10
1045	25 L	dunkelbraun/rot	wn	0,10	0,10
1046	35 L	blauviolett	wo	0,20	0,20
1047	60 L	kornblumenblau	wp	0,20	0,30
1048	110 L	purpur	wr	0,40	0,30
		Satzpreis (5 W.)		1,—	1,—
		FDC			5,—

Auflagen: MiNr. 1044–1045 je 20 000 000, MiNr. 1046–1048 je 10 000 000 Stück

Gültig bis 31.12.1960

1959, 20. Juli. 40 Jahre Internationale Arbeitsorganisation (ILO). StTdr. (10×10); gez. K 14:13½.

ws) Arbeiterdenkmal und Gebäude des Intern. Arbeitsamtes, Genf

1049	25 L	blauviolett	ws	0,20	0,20
1050	60 L	dunkelbraun	ws	0,50	0,30
		Satzpreis (2 W.)		0,70	0,50
		FDC			3,50

Auflagen: MiNr. 1049 = 20 000 000, MiNr. 1050 = 10 000 000 Stück

Gültig bis 31.12.1960

1959, 8. Aug. Freimarken: Italia turrita, etwas geänderte Zeichnung. StTdr. (10×10); Wz. 4; gez. K 14.

wt) Italia turrita

1051	100 L	braun	wt	0,70	0,30
1052	200 L	dunkelblau	wt	0,80	0,30
		Satzpreis (2 W.)		1,50	0,50
		FDC			10,—

MiNr. 1052.

MiNr. 1051 gültig bis 3.1.1988, MiNr. 1052 gültig bis 20.11.1977

Weitere Werte siehe Übersicht nach Jahrgangswerttabelle.

1959, 1. Sept. 100 Jahre Briefmarken der Romagna. RaTdr. (8×8); Wz. 4; gez. K 14.

wu) MiNr. 8 der Romagna   wv) MiNr. 9 der Romagna

1053	25 L	braun/schwarz	wu	0,30	0,30
1054	60 L	dunkelgrün/schwarz	wv	0,30	0,30
		Satzpreis (2 W.)		0,50	0,50
		FDC			3,—

Auflagen: MiNr. 1053 = 20 000 000, MiNr. 1054 = 10 000 000 Stück

Gültig bis 31.12.1960

1959, 19. Sept. Europa. RaTdr. (8×8); Wz. 4; gez. K 14.

ww) Sechsgliedrige geschlossene Kette mit Wort EUROPA

1055	25 L	dunkeloliv	ww	0,20	0,20
1056	60 L	indigo	ww	0,30	0,30
		Satzpreis (2 W.)		0,50	0,50
		FDC			4,—

Auflagen: MiNr. 1055 = 50 000 000, MiNr. 1056 = 15 000 000 Stück

Gültig bis 31.12.1960

1959, 20. Dez. Tag der Briefmarke. RaTdr. (8×5); Wz. 4; gez. K 14.

wx) MiNr. 889 oder 971 von Italien mit Stempel

1057	15 L	mehrfarbig	wx	0,30	0,30
		FDC			2,50

Auflage: 30 000 000 Stück

Gültig bis 31.12.1960

Italien

1960

1960, 7. April. Weltflüchtlingsjahr 1959/60. StTdr. (10×5); gez. K 14.

wy) Äneas rettet seinen Vater Anchises, seine Frau und Sohn aus dem brennenden Troja; Teil aus d. Fresko „Brand des Borgo" von Raffael (1483–1520)

1058	25 L	purpur	wy	0,20	0,20
1059	60 L	schwarzviolett	wy	0,30	0,30
		Satzpreis (2 W.)		0,50	0,50
		FDC			2,60

Auflagen: MiNr. 1058 = 10 000 000, MiNr. 1059 = 5 000 000 Stück

Gültig bis 31.12.1961

1960, 5. Mai. 100. Jahrestag der Landung Garibaldis auf Sizilien. MiNr. 1060 RaTdr. (5×8), Wz. 4; gez. K 14; MiNr. 1061–1062 StTdr. (8×5, MiNr. 1062 ~); gez. K 13½:14, MiNr. 1062 ~.

wz) Aufruf Garibaldis an die Sizilianer

xa) Zusammentreffen von Teano; Gemälde von Fortunato Matania (*1881)

xb) Einschiffung der Tausend; Gemälde von Tetar van Elven (1831–1905)

1060	15 L	schwarzbraun	wz	0,10	0,10
1061	25 L	lilapurpur	xa	0,10	0,10
1062	60 L	violettblau	xb	0,30	0,30
		Satzpreis (3 W.)		0,50	0,50
		FDC			3,50

Auflagen: MiNr. 1060 und 1061 je 20 000 000, MiNr. 1062 = 5 000 000 Stück

Gültig bis 31.12.1961

✈ **1960. Flugpostmarke. Bildformat 21×36,5 mm. Wz. 4; StTdr. (10×5); gez. L 13½.**

| 1063 | 1000 L | braunkarmin | Fbs | 3,— | 2,— |

Gültig bis 11.5.1992

Gleiche Marke mit Wz. 3: MiNr. 766

1960. 25. Juni. Olympische Sommerspielen, Rom (II). MiNr. 1064, 1065, 1067, 1069 und 1071 RaTdr., Wz. 4; MiNr. 1066, 1068, 1070 und 1072 StTdr. (10×5); oWz.; gez. K 14.

xc) Emblem der 17. Olympischen Spiele: Kapitolinische Wölfin

xd) Olympiastadion

xe) Römischer Konsul (Statue)

xf) Radrennbahn

xg) Diskuswerfer (Statue von Myron)

xh) Sportpalast

xi) Ruhender Boxer, (Statue von Appolonios)

xk) Kleiner Sportpalast

xl) Ringer (Statue)

1064	5 L	hellbraun	xc	0,20	0,10
1065	10 L	mehrfarbig	xd	0,20	0,10
1066	15 L	kornblumenblau	xe	0,20	0,20
1067	25 L	blauviolett/sepia	xf	0,20	0,20
1068	35 L	purpur	xg	0,20	0,20
1069	60 L	dunkelblaugrün/sepia	xh	0,20	0,20
1070	110 L	violettpurpur	xi	0,20	0,20
1071	150 L	blau/dunkelbraun	xk	1,70	2,60
1072	200 L	dunkelgelbgrün	xl	1,40	0,30
		Satzpreis (9 W.)		4,50	4,—
		FDC			10,—

Auflagen: MiNr. 1064 = 10 000 000, MiNr. 1065 und 1067 je 50 000 000, MiNr. 1066 = 75 000 000, MiNr. 1068–1070 je 30 000 000, MiNr. 1071–1072 je 10 000 000 Stück

Gültig bis 31.12.1961

1960, 1. Juli. Freimarken: Italia turrita. Bildformat 17×20,5 mm. RaTdr. Bogen (B) (10×10) und Rollen (R); Wz. 4; gez. K 14.

sc

1073	30 L	braunocker (B, R)	sc	0,50	0,20
1074	40 L	lila (B)	sc	1,50	0,20
1075	70 L	dunkelblaugrün (B)	sc	0,50	0,20
		Satzpreis (3 W.)		2,50	0,50
		FDC			9,—

🗘 MiNr. 1074.

MiNr. 1074 gültig bis 20.11.1977, die übrigen Werte 3.1.1988

Weitere Werte siehe Übersicht nach Jahrgangswerttabelle.

1960, 23. Juli. 100. Geburtstag von Vittorio Bottego. StTdr. (10×5); gez. K 14.

xm) V. Bottego (1860–1897), Denkmal in Parma von E. Ximenes

1076	30 L	siena	xm	0,30	0,30
		FDC			2,50

Auflage: 10 000 000 Stück

Gültig bis 31.12.1961

1960, 19. Sept. Europa. RaTdr. (5×8); Wz. 4; gez. K 14.

xn) Wort EUROPA, O als Wagenrad mit 19 Speichen

1077	30 L	schwarzblaugrün/ockerbraun ... xn	0,20	0,20
1078	70 L	ultramarin/rotorange .... xn	0,30	0,30
		Satzpreis (2 W.)	0,50	0,50
		FDC		2,50

Auflagen: MiNr. 1077 = 50 000 000. MiNr. 1078 = 15 000 000 Stück

Gültig bis 31.12.1961

xb) Prophet Sacharja · yc) Prophet Jona · yd) Prophet Jeremia · ye) Prophet Hesekiel · yf) Jüngling

yg) Jüngling · yh) Michelangelo Buonarroti · yi) Adam · yk) Eva

1960, 25. Nov. 350. Todestag von Michelangelo Merisi Amerighi da Caravaggio. StTdr. (8×5); gez. K 13½:14.

xo) Caravaggio (1573–1610), Maler; Zeichnung von Mario Ottavio Leoni (um 1578–1630)

1079	25 L	braunorange .... xo	0,30	0,30
		FDC		2,—

Auflage: 20 000 000 Stück

Gültig bis 31.12.1961

1081	1 L	schwarzolivgrau (B) .... xr	0,20	0,20
1082	5 L	braunorange (B) .... xs	0,20	0,20
1083	10 L	orangerot (B, R) .... xt	0,20	0,20
1084	15 L	hellviolett (B, R) .... xu	0,20	0,20
1085	20 L	schwarzgrün (B) xv	0,20	0,20
1086	25 L	dunkelbraun (B) .... xw	0,20	0,20
1087	30 L	purpurviolett (B, R) xx	0,20	0,20
1088	40 L	rot (B) .... xy	0,20	0,20
1089	50 L	dunkeloliv (B) .... xz	0,20	0,20
1090	55 L	rotbraun (B) .... ya	0,20	0,20
1091	70 L	kobalt (B) .... yb	0,20	0,20
1092	85 L	schwarzblaugrün (B) .... yc	0,20	0,20
1093	90 L	dunkelrosalila (B) .... yd	0,30	0,20
1094	100 L	schwarzviolett (B) .... ye	0,30	0,20
1095	115 L	violettblau (B) .... yf	0,20	0,20
1096	150 L	lilabraun (B) .... yg	0,50	0,20
1097	200 L	preußischblau (B) .... yh		
A		gez. L 13½	1,50	0,50
C		gez. K 14:14½	1,50	0,50
1098	500 L	dunkelgrünblau (B) .... yi		
A		gez. L 13½	5,—	0,50
D		gez. K 14¼:13½	6,—	0,50
1099	1000 L	bräunlichkarmin (B) .... yk		
A		gez. L 13½	6,50	6,—
D		gez. K 14¼:13½	6,—	6,—
		Satzpreis (19 W.)	15,—	10,—
		FDC		35,—

1960, 18. Dez. Tag der Briefmarke. RaTdr. (5×10); Wz. 4; gez. K 14.

xp) Postkutsche in Posthorn

1080	15 L	mehrfarbig .... xp	0,30	0,30
		FDC		1,50

Auflage: 30 000 000 Stück

Gültig bis 31.12.1961

1961, 6. April. Flug des Staatspräsidenten Giovanni Gronchi nach Südamerika. RaTdr. (5×8); Wz. 4; gez. K 14.

yl–yn) Flugzeug Douglas DC-8 zwischen Amerika und Europa/Afrika. yl, ym und yn unterscheiden sich durch Hervorhebung Argentiniens, Uruguays oder Perus auf der Landkarte.

1100	170 L	kobalt .... yl	5,—*	5,—
1101	185 L	schwarzgrün .... ym	5,—	5,—
1102	205 L	schwarzviolett .... yn	15,—	15,—
		Satzpreis (3 W.)	25,—	25,—
		FDC		50,—

Ein 205-Lire-Wert in Lebhaftviolett und unrichtigem Länderumriß von Peru wurde in geringer Auflage verkauft. Dieser Wert erhielt aber keine Frankaturkraft:

I	205 L	lebhaftviolett FALSCH .... yn I	1400,—	

Auflagen: MiNr. 1100 = 1 278 000, MiNr. 1101 = 1 169 000, MiNr. 1102 = 1 113 000, MiNr. I = 67 515 Stück

Gültig bis 31.12.1962

1961

1961, 6. März. Freimarken: Köpfe aus dem Fresko von Michelangelo Buonarroti (1475–1564) an der Decke der Sixtinischen Kapelle im Vatikan. MiNr. 1081–1095 RaTdr. Bogen (B) (10×10) und Rollen (R), MiNr. 1096–1099 StDr. (10×10); Wz. 4; MiNr. 1081–1096 gez. K14, MiNr. 1097 A = gez. L 13½, C = gez. K 14:14½, MiNr. 1098–1099 A = gez. L 13½, D = gez. K 14¼:13½.

xr) Jüngling · xs) Jüngling · xt) Jüngling · xu) Prophet Joël · xv) Libysche Sibylle

xw) Prophet Iesaja · xx) Erythräische Sibylle · xy) Prophet Daniel · xz) Delphische Sibylle · ya) Cumäische Sibylle

Kompetent und sammlernah:
Bund Deutscher Philatelisten e.V.
Mildred Scheel Str. 2 · 53175 Bonn

Italien

1961, 27. Mai. 1900. Geburtstag Plinius des Jüngeren. RaTdr. (10×5); Wz. 4; gez. K 14.

yo) Plinius der Jüngere (61–113), Statthalter und Schriftsteller, nach Statue in Kirche in Como

1103	30 L	olivbraun/fahlbraun	yo	0,30	0,30
		FDC			1,50

Auflage: 4 889 999 Stück

Gültig bis 31.12.1962

1961, 8. Juni. 100. Todestag von Ippolito Nievo. RaTdr. (8×5); Wz. 4; gez. K 14.

yp) I. Nievo (1832–1861), Dichter; Studentenmütze, Buch

1104	30 L	hellblau/rot	yp	0,30	0,30
		FDC			1,50

Auflage: 4 996 000 Stück

Gültig bis 31.12.1962

1961, 28. Juni. 1900. Jahrestag der Ankunft des hl. Paulus in Rom. RaTdr. (5×8); Wz. 4; gez. K 14.

yr) Ankunft des Apostels Paulus in Rom; Miniatur aus Bibel von Borso d'Este von Taddeo Crivelli (um 1425–um 1470)

1105	30 L	mehrfarbig	yr	0,20	0,20
1106	70 L	mehrfarbig	yr	0,40	0,40
		Satzpreis (2 W.)		0,60	0,60
		FDC			2,50

Auflagen: MiNr. 1105 = 4 851 000, MiNr. 1106 = 2 876 000 Stück

Gültig bis 31.12.1962

1961, 12. Aug. 100. Jahrestag der Einigung Italiens. RaTdr. (5×8); Wz. 4; gez. K 14.

ys) Golf und Festung von Gaeta z. Z. der Belagerung

yt) Palazzo Carignano in Turin, Sitz des 1. italien. Parlamentes

yu) Palazzo di Montecitorio in Rom, Sitz der Deputiertenkammer

yv) Palazzo Vecchio in Florenz, 2. Sitz des italien. Parlamentes

yw) Palazzo Madama in Rom, Sitz des Senates

yx) Pavillon der Zivilisation der Arbeit auf der Ausstellung „Italia" in Turin

1107	15 L	kobalt/rotbraun	ys	0,20	0,20
1108	30 L	kobalt/rotbraun	yt	0,20	0,20
1109	40 L	hellblau/dunkelbraun	yu	0,50	0,50
1110	70 L	braun/mattpurpur	yv	0,70	0,50
1111	115 L	orangebraun/schwarzblau	yw	2,20	0,20
1112	300 L	grün/rot	yx	8,—	8,50
		Satzpreis (6 W.)		11,—	10,—
		FDC			20,—

Auflagen: MiNr. 1107 = 19 916 000, MiNr. 1108 = 19 914 000, MiNr. 1109 = 4 839 000, MiNr. 1110 = 9 762 000, MiNr. 1111 = 9 870 000, MiNr. 1112 = 1 414 000 Stück

Gültig bis 31.12.1962

1961, 18. Sept. Europa. RaTdr. (5×10); Wz. 4; gez. K 14.

yy) 19 fliegende Tauben, geordnet als fliegende Taube, Inschrift

1113	30 L	rotlila	yy	0,20	0,20
1114	70 L	dunkelgraugrün	yy	0,30	0,30
		Satzpreis (2 W.)		0,50	0,50
		FDC			3,—

Auflagen: MiNr. 1113 = 49 882 000, MiNr. 1114 = 14 538 000 Stück

Gültig bis 31.12.1962

1961, 28. Nov. 200. Geburtstag von Gian Domenico Romagnosi. StTdr. (10×10); gez. K 13½.

yz) Gian Domenico Romagnosi (1761–1835), Philosoph und Jurist

1115	30 L	dunkelgrün	yz	0,30	0,30
		FDC			2,—

Auflage: 7 876 000 Stück

Gültig bis 31.12.1962

1961, 3. Dez. Tag der Briefmarke. RaTdr. (5×10); Wz. 4; gez. K 14.

za) Wertstempel von Sardinien von 1820

1116	15 L	mattpurpur/schwarz	za	0,30	0,30
		FDC			1,70

Auflage: 19 997 000 Stück

Gültig bis 31.12.1962

1962

1962, 6. April. 50. Todestag von Giovanni Pascoli. RaTdr. (5×8); Wz. 4; gez. K 14.

zb) Holzschnitt nach einem Gedicht von G. Pascoli (1855–1912)

1117	30 L	orangerot	zb	0,20	0,20
1118	70 L	kobalt	zb	0,30	0,50
		Satzpreis (2 W.)		0,50	0,70
		FDC			2,50

Auflagen: MiNr. 1117 = 7 983 082, MiNr. 1118 = 4 942 949 Stück

Gültig bis 31.12.1963

Italien 335

✈ **1962, 26. Mai. Flugpostmarke. Wz. 4; RaTdr. (5×10); gez. K 14.**

1119	5 L dunkelgrün .... Fbm	0,30	0,30
	FDC		1,—

Gültig bis 11.5.1992

Gleicher Wert mit Wz. 3: MiNr. 709

1962, 12. Juni. 50. Todestag von Antonio Pacinotti. RaTdr. (5×10); Wz. 4; gez. K 14.

zc) Schema eines Dynamos (1864), konstruiert von A. Pacinotti (1841–1912)

1120	30 L karmin/schwarz .... zc	0,20	0,20
1121	70 L ultramarin/schwarz .... zc	0,30	0,50
	Satzpreis (2 W.)	0,50	0,70
	FDC		2,50

Auflagen: MiNr. 1120 = 7 959 953, MiNr. 1121 = 4 865 739 Stück

Gültig bis 31.12.1963

1962, 26. Juni. 500. Jahrestag der Heiligsprechung der hl. Katharina von Siena. MiNr. 1122 RaTdr. (10×5), Wz. 4; MiNr. 1123 komb. StTdr. und RaTdr. (10×5), oWz.; gez. K 14.

zd) Hl. Katharina von Siena (1347–1380), Dominikanerin, Kirchenlehrerin; Fresko von Andrea Vanni (1332–1414)

ze) Hl. Katharina von Siena; Holzschnitt in Kirche S. Domenico, Siena

1122	30 L schwarzviolett .... zd	0,20	0,20
1123	70 L karmin/schwarz .... ze	0,50	0,50
	Satzpreis (2 W.)	0,70	0,70
	FDC		2,50

Auflagen: MiNr. 1122 = 7 971 835, MiNr. 1123 = 4 628 282 Stück

Gültig bis 31.12.1963

1962, 25. Aug. 30 Jahre Internationale Filmfestspiele in Venedig. RaTdr. (8×5); Wz. 4; gez. K 14.

zf–zg) Festspielembleme

1124	30 L hellblau/schwarz .... zf	0,20	0,20
1125	70 L zinnober/schwarz .... zg	0,30	0,50
	Satzpreis (2 W.)	0,50	0,70
	FDC		2,50

Auflagen: MiNr. 1124 = 9 961 548, MiNr. 1125 = 5 685 849 Stück

Gültig bis 31.12.1963

1962, 30. Aug. Radweltmeisterschaften. RaTdr. (5×10); Wz. 4; gez. K 14.

zh) Steherrennen zi) Straßenrennen zk) Radrennfahrer

1126	30 L schwarz/grün .... zh	0,20	0,20
1127	70 L schwarz/hellgrünblau .... zi	0,30	0,30
1128	300 L schwarz/zinnober .... zk	5,—	5,—
	Satzpreis (3 W.)	5,50	5,50
	FDC		9,—

FALSCH MiNr. 1128 in Odr., oWz., gez. od. ☐.

Auflagen: MiNr. 1126 = 14 951 645, MiNr. 1127 = 9 576 229, MiNr. 1128 = 1 437 088 Stück

Gültig bis 31.12.1963

1962, 17. Sept. Europa. RaTdr. (5×10); Wz. 4; gez. K 14.

zl) Stilisierter Baum mit 19 Blättern

1129	30 L rotlila .... zl	0,40	0,20
1130	70 L blau .... zl	0,60	0,50
	Satzpreis (2 W.)	1,—	0,70
	FDC		2,50

Auflagen: MiNr. 1129 = 39 954 957, MiNr. 1130 = 9 393 338 Stück

Gültig bis 31.12.1963

1962, 25. Okt. Erste Preisverleihung durch die internationale Balzan-Stiftung. RaTdr. (5×10); Wz. 4; gez. K 14.

zm) Medaille mit Köpfen von Senator Eugenio und Angela Lina Balzan, Landesflaggen Italiens und der Schweiz

1131	70 L mehrfarbig .... zm	0,80	0,40
	FDC		2,50

Auflage: 5 993 539 Stück

Gültig bis 31.12.1964

1962, 31. Okt. Kampf gegen die Malaria. RaTdr. (8×8); Wz. 4; gez. K 14.

zn) Emblem der Weltgesundheitsorganisation, Stechmücke

1132	30 L grauviolett .... zn	0,20	0,20
1133	70 L blau .... zn	0,50	0,50
	Satzpreis (2 W.)	0,70	0,70
	FDC		2,50

Auflagen: MiNr. 1132 = 7 888 149, MiNr. 1133 = 4 333 840 Stück

Gültig bis 31.12.1963

Bitte teilen Sie uns von Ihnen festgestellte Fehler mit, damit wir sie berichtigen können.

Italien

1962, 2. Dez. Tag der Briefmarke. RaTdr. (8×5); Wz. 4; gez. K 14.

zo) Marken MiNr. 9 und MiNr. 1087 von Italien

1134	15 L	mehrfarbig	zo	0,30	0,30
			FDC		1,70

Auflage: 19 914 258 Stück

Gültig bis 31.12.1963

1963, 12. März. 100. Geburtstag von Gabriele d'Annunzio. StTdr. (10×5); gez. K 14.

zt) G. d'Annunzio (1863–1938), Dichter und Politiker

1139	30 L	schwarzblaugrün	zt	0,30	0,30
			FDC		1,70

Auflage: 7 962 442 Stück

Gültig bis 31.12.1964

1962, 8. Dez. 2. Ökumenisches Vatikanisches Konzil. RaTdr. (8×8); Wz. 4; gez. K 14.

zp) Ausgießung des Hl. Geistes; Miniatur aus dem syrischen Rabula-Codex, Florenz (586)

1135	30 L	rotorange/grünblau	zp	0,20	0,20
1136	70 L	grünblau/rotorange	zp	0,30	0,30
		Satzpreis (2 W.)		0,50	0,50
			FDC		2,50

Auflagen: MiNr. 1135 = 7 857 959, MiNr. 1136 = 4 514 744 Stück

Gültig bis 31.12.1963

1963, 21. März. Kampf gegen den Hunger. RaTdr. (8×5); Wz. 4; gez. K 14.

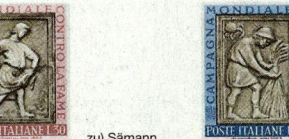

zu) Sämann   zv) Schnitter

1140	30 L	rotlila/dunkelbraun	zu	0,20	0,20
1141	70 L	ultramarin/dunkelbraun	zv	0,40	0,50
		Satzpreis (2 W.)		0,60	0,70
			FDC		2,—

Auflagen: MiNr. 1140 = 7 968 281, MiNr. 1141 = 4 737 083 Stück

Gültig bis 31.12.1964

1962, 10. Dez. 100 Jahre Rechnungshof. StTdr. (10×5); gez. K 14.

zr) Denkmal von Camillo Benso, Graf von Cavour (1810–1861), Staatsmann

1137	30 L	schwarzblaugrün	zr	0,30	0,30
			FDC		2,—

Auflage: 7 946 354 Stück

Gültig bis 31.12.1963

1963, 30. März. 100 Jahre Alpenverein „Club Alpino Italiano". RaTdr. (8×8); Wz. 4; gez. K 14.

zw) Bergausrüstung vor Monviso-Massiv, Emblem

1142	115 L	sepia/türkisblau	zw	0,30	0,30
			FDC		2,—

Auflage: 7 944 272 Stück

Gültig bis 31.12.1964

1963

1963, 25. Febr. 500. Geburtstag von Giovanni Pico della Mirandola. RaTdr. (10×5); Wz. 4; gez. K 14.

zs) G. Pico della Mirandola (1463–1494), Philosoph, Humanist und Schriftsteller

1138	30 L	schwarzviolettgrau	zs	0,30	0,30
			FDC		1,70

Auflage: 7 972 111 Stück

Gültig bis 31.12.1964

1963, 4. April. 50 Jahre Nationales Institut für Versicherungswesen. RaTdr. (8×5); Wz. 4; gez. K 14.

zx) Buchstaben INA als Denkmal vor Karte Italiens

1143	30 L	dunkelgrün/schwarz	zx	0,30	0,30
			FDC		1,70

Auflage: 8 954 916 Stück

Gültig bis 31.12.1964

Wenn Sie eine eilige philatelistische Anfrage haben, rufen Sie bitte (0 89) 3 23 93-3 44.
Die **MICHEL**-Redaktion gibt Ihnen gerne Auskunft.

Italien

1963, 7. Mai. 100. Jahrestag der 1. internationalen Postkonferenz, Paris. RaTdr. (5×10); Wz. 4; gez. K 14.

zy) Stilisierte Briefmarke mit Posthorn und Buchstaben UPU neben Weltkugel

| 1144 | 70 L | blau/dunkelblaugrün .... zy | 0,30 | 0,30 |
| | | FDC | | 2,— |

Auflage: 7 780 946 Stück

Gültig bis 31.12.1964

1963, 8. Juni. 100 Jahre Internationales Rotes Kreuz. RaTdr. (8×5); Wz. 4; gez. K 14.

zz) Drei Rote Kreuze als Block über Weltkugel mit Umrissen von Italien, Jubiläumssignet

1145	30 L	schwarzviolett/rot .... zz	0,20	0,20
1146	70 L	blau/rot .... zz	0,50	0,50
		Satzpreis (2 W.)	0,70	0,70
		FDC		2,50

Auflagen: MiNr. 1145 = 7 967 893, MiNr. 1146 = 4 826 403 Stück

Gültig bis 31.12.1964

1963, 21. Aug. Internationale Konferenz der Vereinten Nationen über Tourismus, Rom. RaTdr. (5×8); Wz. 4; gez. K 14.

aaa) Säule und Weltkugel von Autobahn umschlungen

1147	15 L	dunkelbraunoliv/dunkelblau ... aaa	0,30	0,20
1148	70 L	dunkelblau/braun .... aaa	0,40	0,40
		Satzpreis (2 W.)	0,70	0,60
		FDC		2,—

Auflagen: MiNr. 1147 = 7 977 541, MiNr. 1148 = 4 698 964 Stück

Gültig bis 31.12.1964

1963, 16. Sept. Europa. RaTdr. (8×8); Wz. 4; gez. K 14.

aab) Buchstaben CEPT in Ornament

1149	30 L	bräunlichkarmin/braun .... aab	0,20	0,20
1150	70 L	braun/dunkelblaugrün .... aab	0,60	0,30
		Satzpreis (2 W.)	0,80	0,50
		FDC		2,—

Auflagen: MiNr. 1149 = 29 925 055, MiNr. 1150 = 9 342 462 Stück

Gültig bis 31.12.1964

1963, 21. Sept. Mittelmeerspiele in Neapel. RaTdr. (8×8); Wz. 4; gez. K 14.

aac) Vesuv, Segelboote, Inschrift

aad) Antike Vase mit Speerwerfer

1151	15 L	kobalt/braunorange .... aac	0,20	0,20
1152	70 L	schwarzblaugrün/braunocker . aad	0,30	0,30
		Satzpreis (2 W.)	0,50	0,50
		FDC		2,50

Auflagen: MiNr. 1151 = 7 961 059, MiNr. 1152 = 4 760 324 Stück

Gültig bis 31.12.1964

1963, 10. Okt. 150. Geburtstag von Giuseppe Verdi. RaTdr. (8×8); Wz. 4; gez. K 14.

aae) G. Verdi (1813–1901), Komponist, Theaterraum der Mailänder Scala

| 1153 | 30 L | schwarzoliv/braun .... aae | 0,30 | 0,30 |
| | | FDC | | 2,— |

Auflage: 7 932 342 Stück

Gültig bis 31.12.1964

1963, 14. Nov. 100. Todestag von Giuseppe Gioacchino Belli. RaTdr. (8×8); Wz. 4; gez. K 14.

aaf) G. G. Belli (1791–1863), Dichter; Gemälde von Carlo de Paris (1800–1881)

| 1154 | 30 L | rotbraun .... aaf | 0,30 | 0,30 |
| | | FDC | | 1,70 |

Auflage: 7 914 968 Stück

Gültig bis 31.12.1964

1963, 1. Dez. Tag der Briefmarke. RaTdr. (10×5); Wz. 4; gez. K 14.

aag) Stilisierte Blume aus Briefmarken

| 1155 | 15 L | kobalt/rosakarmin .... aag | 0,30 | 0,30 |
| | | FDC | | 1,50 |

Auflage: 14 950 780 Stück

Gültig bis 31.12.1964

1963, 7. Dez. 100. Geburtstag von Pietro Mascagni. RaTdr. (8×8); Wz. 4; gez. K 14.

aah) P. Mascagni (1863–1945), Komponist; Innenraum des Constanzi-Theaters, Rom

| 1156 | 30 L | braun/schwarzoliv .... aah | 0,30 | 0,30 |
| | | FDC | | 2,— |

Auflage: 7 916 347 Stück

Gültig bis 31.12.1964

1964

1964, 15. Febr. 400. Geburtstag von Galileo Galilei. RaTdr. (8×8); Wz. 4; gez. K 14.

aai) G. Galilei (1564–1642), Naturforscher und Mathematiker; Gemälde von Guido Reni (1575–1642)

1157	30 L	dunkelbraunrot .... aai	0,20	0,20
1158	70 L	schwarz .... aai	0,30	0,30
		Satzpreis (2 W.)	0,50	0,50
		FDC		2,—

Auflagen: MiNr. 1157 = 7 885 753, MiNr. 1158 = 4 921 686 Stück

Gültig bis 31.12.1965

Italien

1964, 18. Febr. 400. Todestag von Michelangelo Buonarroti (1475–1564). RaTdr. (8×8); Wz. 4; gez. K 14.

aak) Kopf des Nicodemus aus der Pietà im Dom zu Florenz
aal) Kopf der Madonna von Brügge

1159	30 L	schwarzbraun .... aak	0,10	0,10

✈ Flugpostmarke

1160	185 L	schwarz .... aal	0,50	0,50
		Satzpreis (2 W.)	0,60	0,60
		FDC		2,60

Auflagen: MiNr. 1159 = 7 938 850, MiNr. 1160 = 1 998 919 Stück

Gültig bis 31.12.1965

1964, 5. Juni. 150 Jahre Carabinieri. RaTdr. (5×8); Wz. 4; gez. K 14.

aam) Carabinieri
aan) Schlacht von Pastrengo; Gemälde von Sebastiano de Albertis (1828–1897)

1161	30 L	dunkelviolettblau/rot .... aam	0,20	0,20
1162	70 L	dunkelbraun .... aan	0,30	0,30
		Satzpreis (2 W.)	0,50	0,50
		FDC		2,—

Auflagen: MiNr. 1161 = 7 897 627, MiNr. 1162 = 4 890 936 Stück

Gültig bis 31.12.1965

1964, 30. Juli. 150. Todestag von Giambattista Bodoni. StTdr. (10×10); gez. K 13½, K 14¼:13¼.

aao) G. Bodoni (1740–1813), Stempelschneider und Buchdrucker; Gemälde von Andrea Appiani (1754–1817)

1163	30 L	karminrot .... aao	0,30	0,30
		FDC		1,50

Auflage: 7 960 766 Stück

Gültig bis 31.12.1965

1964, 14. Sept. Europa. RaTdr. (10×5); Wz. 4; gez. K 14.

aap) Stilisierte Blume mit 22 Blütenblättern um Emblem der CEPT

1164	30 L	lila .... aap	0,20	0,20
1165	70 L	dunkelgrünblau .... aap	0,30	0,30
		Satzpreis (2 W.)	0,50	0,50
		FDC		1,50

Auflagen: MiNr. 1164 = 29 857 638, MiNr. 1165 = 9 573 573 Stück

Gültig bis 31.12.1965

1964, 15. Okt. 7. Generalversammlung des Europäischen Städtetages. RaTdr. (10×5), MiNr. 1168 StTdr. (10×5); Wz. 4; gez. K 14.

aar) Rathäuser von London, Rom, Brügge, Frankfurt, Paris und Zürich in Stadtmauer von Kampen in Holland

1166	30 L	gelblichgrün/dunkellilabraun .. aar	0,20	0,20
1167	70 L	blau/dunkellilabraun .... aar	0,30	0,30
1168	500 L	rot .... aar	2,—	2,—
		Satzpreis (3 W.)	2,50	2,50
		FDC		5,—

▽ MiNr. 1168.

Auflagen: MiNr. 1166 = 7 871 359, MiNr. 1167 = 4 893 538, MiNr. 1168 = 1 881 251 Stück

Gültig bis 31.12.1865

1964, 4. Nov. Rom-Pilgerfahrt der im Ausland lebenden Kriegsveteranen. RaTdr. (10×5); Wz. 4; gez. K 14.

aas) Teil des Denkmals für König Viktor Emanuel II. auf der Piazza Venezia in Rom

1169	30 L	dunkelsiena .... aas	0,20	0,20
1170	70 L	blau .... aas	0,30	0,30
		Satzpreis (2 W.)	0,50	0,50
		FDC		2,—

Auflagen: MiNr. 1169 = 7 881 493, MiNr. 1170 = 4 883 718 Stück

Gültig bis 31.12.1965

1964, 21. Nov. Einweihung der Verrazzano-Narrows-Brücke in New York. RaTdr. (5×8); Wz. 4; gez. K 14.

aat) Brücke zwischen Brooklyn und Staten Island; im Medaillon Giovanni da Verrazzano (1485 bis 1528), Seefahrer; Holzschnitt von Orazio Medoni (16. Jh.)

1171	30 L	schwarz/braun .... aat	0,20	0,20

✈ Flugpostmarke

1172	130 L	schwarz/russischgrün ...... aat l	0,30	0,30
		Satzpreis (2 W.)	0,50	0,50
		FDC		2,50

Auflagen: MiNr. 1171 = 7 885 747, MiNr. 1172 = 4 911 117 Stück

Gültig bis 31.12.1965

1964, 6. Dez. Tag der Briefmarke. RaTdr. (8×5); Wz. 4; gez. K 14.

aav) MiNr. 1070, 1064, 1068, 1152, 479 und 1128 von Italien

1173	15 L	orangebraun/lilabraun .... aav	0,30	0,30
		FDC		1,50

Auflage: 14 955 214 Stück

Gültig bis 31.12.1965

1965

1965, 24. April. 20. Jahrestag des Widerstandes. RaTdr. (10×5, Querformate ~); Wz. 4; gez. K 14.

aaw) Gefangene   aax) Soldaten   aay) Arme vor Hakenkreuz

aaz) Widerstandskämpfer   aba) Befreite mit Fahne   abb) Ruinen in zerrissener Fahne

1174	10 L	braunschwarz	aaw	0,20	0,20
1175	15 L	lilapurpur/dunkelgrünblau	aax	0,20	0,20
1176	30 L	dunkelrötlichlila	aay	0,20	0,20
1177	70 L	kobalt	aaz	0,20	0,20
1178	115 L	dunkelkarmin	aba	0,20	0,20
1179	130 L	mehrfarbig	abb	0,20	0,20
			Satzpreis	1,—	1,—
			FDC		2,50

Auflagen: MiNr. 1174 = 14 871 202, MiNr. 1175 = 14 853 742, MiNr. 1176 = 9 946 406, MiNr. 1177 = 4 493 771, MiNr. 1178 = 4 945 080, MiNr. 1179 = 4 993 514 Stück

Gültig bis 31.12.1966

1965, 17. Mai. 100 Jahre Internationale Fernmeldeunion (ITU). RaTdr. (5×10); Wz. 4; gez. K 14.

abc) A. Meucci (1808–1889) und G. Marconi (1874–1937), Funktechniker, Emblem der ITU

1180	70 L	schwarzblaugrün/braunrot	abc	0,30	0,30
			FDC		1,20

Auflage: 5 931 128 Stück

Gültig bis 31.12.1966

1965, 31. Mai. Weltmeisterschaften im Segeln. RaTdr. (5×8); Wz. 4; gez. K 14.

abd) Jachten, Klasse „Flying Dutchman"   abe) Jachten, Klasse m.5.5 S.I.   abf) Jachten, Klasse „Lightning"

1181	30 L	schwarz/lilapurpur	abd	0,20	0,20
1182	70 L	schwarz/ultramarin	abe	0,20	0,20
1183	500 L	schwarz/dunkelblau	abf	0,70	0,60
			Satzpreis (3 W.)	1,—	1,—
			FDC		3,—

Auflagen: MiNr. 1181 = 9 922 666, MiNr. 1182 = 5 862 974, MiNr. 1183 = 2 391 501 Stück

Gültig bis 31.12.1966

1965, 16. Juli. Eröffnung des Montblanc-Tunnels. RaTdr. (5×8); Wz. 4; gez. K 14.

abg) Montblanc-Massiv und Tunnelführung

1184	30 L	blauschwarz	abg	0,30	0,30
			FDC		1,20

Auflage: 9 881 049 Stück

Gültig bis 31.12.1966

Parallelausgabe mit Frankreich MiNr. 1520

1965, 20. Sept. 400. Geburtstag von Alessandro Tassoni. RaTdr. (10×5); gez. K 14.

abh) A. Tassoni (1565–1635), Dichter; Szenenbild aus „Der geraubte Eimer"; Holzschnitt von B. Soliani (18. Jh.)

1185	40 L	mehrfarbig	abh	0,30	0,30
			FDC		1,20

Auflage: 9 681 982 Stück

Gültig bis 31.12.1966

1965, 27. Sept. Europa. RaTdr. (5×8); Wz. 4; gez. K 14.

abi) Zweig mit aus den Buchstaben CEPT gebildeter Frucht

1186	40 L	mehrfarbig	abi	0,20	0,20
1187	90 L	mehrfarbig	abi	0,30	0,30
			Satzpreis (2 W.)	0,50	0,50
			FDC		1,50

Auflagen: MiNr. 1186 = 34 721 085 MiNr. 1187 = 14 105 063 Stück

Gültig bis 31.12.1966

1965, 21. Okt. 700. Geburtstag von Dante Alighieri. RaTdr.; MiNr. 1188–1190 oWz., MiNr. 1191 Wz. 4; MiNr. 1188–1189 gez. K 13½:14, MiNr. 1190 ~, MiNr. 1191 gez. K 14.

abk) „Farinata degli Uberti und Cavalcanti in der Hölle"

abl) „Aufstieg zur 7. Stufe des Fegefeuers"   abm) „St. Petrus verhört Dante im Paradies"   abn) Dante (1265–1321), nach einer Büste im Nationalmuseum, Neapel

abk–abm) Illustrationen (15. Jh.) zu Dantes „Göttlicher Komödie"

1188	40 L	mehrfarbig	abk	0,10	0,10
1189	90 L	mehrfarbig	abl	0,20	0,20
1190	130 L	mehrfarbig	abm	0,50	0,70
1191	500 L	schwarzoliv	abn	0,50	0,70
			Satzpreis (4 W.)	1,—	1,20
			FDC		5,—

Auflagen: MiNr. 1188 = 29 799 691, MiNr. 1189 = 13 509 253, MiNr. 1190 = 9 217 442, MiNr. 1191 = 2 746 692 Stück

Gültig bis 31.12.1966

Italien

1965, 30. Okt. Tag des Sparens. RaTdr. (8×8); Wz. 4; gez. K 14.

abo) Symbolische Darstellung des Sparens

1192	40 L	mehrfarbig	abo	0,30	0,30
			FDC		1,20

Auflage: 11 896 241 Stück

Gültig bis 31.12.1966

1965, 3. Nov. Einrichtung eines Nachtflugpostnetzes. RaTdr. (5×8); MiNr. 1193 Wz. 4, MiNr. 1194 oWz.; gez. K 14.

abp) Flugzeug und Flughafenturm

abr) Luftpost-Briefumschlag, im Kreis stil. Flugzeug

1193	40 L	dunkelgraublau/rot	abp	0,20	0,20
1194	90 L	mehrfarbig	abr	0,30	0,30
		Satzpreis (2 W.)		0,50	0,50
			FDC		1,50

Auflagen: MiNr. 1193 = 14 772 347, MiNr. 1194 = 7 284 492 Stück

Gültig bis 31.12.1966

1965, 5. Dez. Tag der Briefmarke. RaTdr. (8×5); gez. K 13:14.

abs) Landkarte von Italien mit eingezeichneter „Strada del Sole" und Verbindungswegen in Norditalien

1195	20 L	mehrfarbig	abs	0,30	0,30
			FDC		1,50

Auflage: 19 849 687 Stück

Gültig bis 31.12.1966

1966

1966, 24. Jan. Weltmeisterschaften im Bobfahren, Cortina d'Ampezzo. RaTdr. (8×5); Wz. 4; gez. K 14.

abt) Zweierbob

abu) Viererbob

1196	40 L	mehrfarbig	abt	0,20	0,20
1197	90 L	hellblau/blauviolett	abu	0,30	0,30
		Satzpreis (2 W.)		0,50	0,50
			FDC		2,—

Auflagen: MiNr. 1196 = 17 743 108, MiNr. 1197 = 9 627 316 Stück

Gültig bis 31.12.1967

1966, 5. Febr. Universiade im Wintersport, Sestriere und Turin. RaTdr. (5×8, Hochformate ~); Wz. 4; gez. K 14.

abv) Skiläufer mit Fackel   abw) Eiskunstläuferin   abx) Eishockeyspieler

1198	40 L	schwarz/rot	abv	0,20	0,20
1199	90 L	blauviolett/rot	abw	0,20	0,20
1200	500 L	braun/rot	abx	0,60	0,60
		Satzpreis (3 W.)		1,—	1,—
			FDC		2,50

Auflagen: MiNr. 1198 = 17 656 904, MiNr. 1199 = 9 748 382, MiNr. 1200 = 2 810 577 Stück

Gültig bis 31.12.1967

1966, 25. Febr. 100. Geburtstag von Benedetto Croce. RaTdr. (8×8); Wz. 4; gez. K 14.

aby) B. Croce (1866–1952), Philosoph

1201	40 L	sepia	aby	0,30	0,30
			FDC		1,20

Auflage: 14 606 169 Stück

Gültig bis 31.12.1967

1966, 15. März. Freimarke: Italia turrita. Bildformat 17×20,5 mm. RaTdr. (10×10); Wz. 4; gez. K 14.

sc

1202	130 L	grüngrau/karminbraun	sc	0,30	0,30
			FDC		2,—

Gültig bis 3.1.1988

Weitere Werte siehe Übersicht nach Jahrgangswerttabelle.

1966, 15. März. Eilmarke. RaTdr. (5×10); Wz. 4; gez. K 14.

uy) Geflügelte Pferde aus Tarquinia, etruskisch

1203	150 L	dunkelblaugrün	uy	0,50	0,30
			FDC		2,50

Gültig bis 11.5.1992

In gleicher Zeichnung: MiNr. 1002; in etwas kleinerem Bildformat auf fluoreszierendem Papier: MiNr. 1270, 1460, 1526

Eine Notierung in Schrägschrift bedeutet, daß die Bewertungsunterlagen für eine eindeutige Preisfestsetzung nicht ausreichen.

Italien

1966, 15. März. Rohrpostmarke. RaTdr. (10×5); Wz. 4; gez. K 14.

lz) Minerva

1204	20 L	blau	.... lz	0,30	0,30
			FDC		1,—

Gültig bis 12.2.1992

In gleicher Zeichnung: MiNr. 738–739, 1003

1966, 22. März. 100. Jahrestag der Eingliederung der Provinzen Venetien und Mantua. RaTdr. (5×5); gez. K 14.

abz) Wappen von Venedig, Rovigo, Verona, Treviso, Mantua, Vicenza, Belluno, Udine und Padua, verbunden durch Band mit Landesfarben

1205	40 L	mehrfarbig	.... abz	0,30	0,30
			FDC		1,20

Auflage: 17 288 410 Stück

Gültig bis 31.12.1967

1966, 30. April. Freimarken: Flora. RaTdr. (10×5); gez. K 13:14.

aca) Pinie (Pinus pinea)

acb) Gartennelken (Dianthus caryophyllus)

acc) Kronenmargeriten (Chrysanthemum coronarium)

acd) Ölbaum (Olea europaea)

1206	20 L	mehrfarbig	.... aca	0,20	0,10
1207	40 L	mehrfarbig	.... acb	0,20	0,10
1208	90 L	mehrfarbig	.... acc	0,20	0,20
1209	170 L	mehrfarbig	.... acd	0,20	0,20
		Satzpreis (4 W.)		0,80	0,60
			FDC		1,50

Weitere Werte: MiNr. 1247–1248, 1292–1293

Wissen kommt nicht von selbst
MICHEL

1966, 28. Mai. Fremdenverkehr. RaTdr. (5×8); Wz. 4; gez. K 14.

ace) Im Profil eines Säulenkapitells: Palazzo Vecchio, Florenz; Kolosseum und Kuppel von St. Peter, Rom; Dom von Mailand; Turm von Pisa; Maschio Angioino, Neapel; Antike Tempel von Agrigent; Basilika und Markus-Säule, Venedig

1210	20 L	mehrfarbig	.... ace	0,30	0,30
			FDC		1,—

Auflage: 29 635 975 Stück

Gültig bis 31.12.1967

1966, 1. Juni. 20 Jahre Republik Italien. RaTdr. (10×5); gez. K 13:14.

acf) Buchstabe I in den italienischen Landesfarben, Ölbaumzweig

1211	40 L	mehrfarbig	.... acf	0,20	0,10
1212	90 L	mehrfarbig	.... acf	0,30	0,30
		Satzpreis (2 W.)		0,50	0,50
			FDC		1,70

Auflagen: MiNr. 1211 = 19 667 051 und MiNr. 1212 = 11 085 827 Stück

Gültig bis 31.12.1967

1966, 21. Juli. 100. Jahrestag der Schlacht von Bèzzecca. RaTdr. (8×5); Wz. 4; gez. K 14.

acg) „Die Schlacht von Bezzecca 1866", Detail; Gemälde von Fausto Zonaro (1854–1929)

1213	90 L	braunoliv	.... acg	0,30	0,30
			FDC		1,50

Auflage: 9 488 487 Stück

Gültig bis 31.12.1967

1966, 24. Sept. 500. Todestag von Donato di Niccolo di Betto Bardi, genannt Donatello. RaTdr. (8×5); gez. K 13:14.

ach) Singende Engel; Altarrelief von Donatello (1386–1466), Bildhauer, in der Basilika San Antonio in Padua

1214	40 L	mehrfarbig	.... ach	0,30	0,30
			FDC		1,20

Auflage: 19 487 763 Stück

Gültig bis 31.12.1967

1966, 26. Sept. Europa. RaTdr. (8×8); Wz. 4; gez. K 14.

aci) Stilisierte Darstellung eines Bootes mit geblähtem Segel und CEPT-Inschrift

Italien

1215	40 L	hellviolett/dunkelviolett .... aci	0,20	0,20
1216	90 L	hellblau/dunkelblau .... aci	0,30	0,30
		Satzpreis (2 W.)	0,50	0,50
		FDC		1,50

Auflagen: MiNr. 1215 = 24 304 635, MiNr. 1216 = 11 016 392 Stück

Gültig bis 31.12.1967

1966, 20. Okt. 700. Geburtstag von Giotto di Bondone. RaTdr. (10×5); gez. K 13½:14.

ack) Thronende Madonna, sog. Oguissanti-Madonna; Detail eines Tafelbildes von Giotto (1266–1337), Maler und Baumeister

| 1217 | 40 L | mehrfarbig .... ack | 0,30 | 0,30 |
| | | FDC | | 1,20 |

Auflage: 19 355 126 Stück

Gültig bis 31.12.1967

1966, 3. Nov. 50. Todestag von Cesare Battisti, Damiano Chiesa, Fabio Filzi und Nazario Sauro. RaTdr. (5×10); Wz. 4; gez. K 14.

acl) Die vier Nationalhelden C. Battisti, D. Chiesa, F. Filzi und N. Sauro vor der Burg Buon Consiglio (Trient) und dem Arsenal von Pola

| 1218 | 40 L | mehrfarbig .... acl | 0,30 | 0,30 |
| | | FDC | | 1,20 |

Auflage: 19 607 958 Stück

Gültig bis 31.12.1967

1966, 4. Dez. Tag der Briefmarke. RaTdr. (10×10); gez. K 14:13½.

acm) Reiter mit Posthorn von Meridianen der Weltkugel umgeben

| 1219 | 20 L | mehrfarbig .... acm | 0,30 | 0,30 |
| | | FDC | | 1,20 |

Auflage: 24 721 166 Stück

Gültig bis 31.12.1967

1967

Ab MiNr. 1220 sind alle Ausgaben unbeschränkt frankaturgültig, sofern nichts anderes angegeben.

1967, 20. März. 100 Jahre Geographische Gesellschaft. RaTdr. (5×10); Wz. 4; gez. K 14:13½.

acn) Weltkarte und Kompaß

| 1220 | 40 L | dunkelblau/schwarz .... acn | 0,30 | 0,30 |
| | | FDC | | 1,20 |

Auflage: 20 000 000 Stück

1967, 25. März. 10. Jahrestag der Unterzeichnung der Römischen Verträge. RaTdr. (5×8); Wz. 4; gez. K 14:14¼.

aco) Unterzeichnungsort Kapitol und Kapitolsplatz, Rom

1221	40 L	sepia/schwarz .... aco	0,20	0,20
1222	90 L	lebhaftviolett/schwarz .... aco	0,30	0,30
		Satzpreis (2 W.)	0,50	0,50
		FDC		1,50

Auflagen: MiNr. 1221 = 20 000 000, MiNr. 1222 = 15 000 000 Stück

1967, 25. März. 100. Geburtstag von Arturo Toscanini. RaTdr. (5×10); Wz. 4; gez. K 14:13½.

acp) A. Toscanini (1867–1957), Dirigent; nach Foto von R. Hupka

| 1223 | 40 L | hellblauviolett/gelborange .... acp | 0,30 | 0,30 |
| | | FDC | | 2,— |

Auflage: 20 000 000 Stück

1967, 10. April. Europa. RaTdr. (8×8); Wz. 4; gez. K 14.

acr) Ineinandergreifende Zahnräder. Antriebsrad mit CEPT-Emblem

1224	40 L	violettpurpur/hellrosa .... acr	0,20	0,20
1225	90 L	violettultramarin/ hellrahmfarben .... acr	0,30	0,30
		Satzpreis (2 W.)	0,50	0,50
		FDC		1,50

Auflagen: MiNr. 1224 = 25 000 000, MiNr. 1225 = 15 000 000 Stück

1967, 22. April. Nationalparks. RaTdr. (10×5, Querformate ~); gez. K 13¾:14, MiNr. 1227 und 1228 ~.

acs) Gran Paradiso (Graijsche Alpen) seit 1922; Aosta-Tal; Alpen-Steinbock (Capra ibex)

act) Abruzzen-Nationalpark (Prov. Aquila) seit 1923; Braunbär (Ursus arctos)

acu) Stilfserjoch/Stelvio (Prov. Sondrio) seit 1935; Rothirsch (Cervus elaphus)

acv) Monte Circeo (Mittelmeerküste südöstlich von Rom); Damwild (Dama dama)

1226	20 L	mehrfarbig .... acs	0,20	0,20
1227	40 L	mehrfarbig .... act	0,20	0,20
1228	90 L	mehrfarbig .... acu	0,20	0,20
1229	170 L	mehrfarbig .... acv	0,30	0,30
		Satzpreis (4 W.)	0,80	0,80
		FDC		2,—

Auflagen: MiNr. 1226–1227 je 25 000 000, MiNr. 1228 = 12 000 000, MiNr. 1229 = 10 000 000 Stück

Italien

1967, 15. Mai. 400. Geburtstag von Claudio Monteverdi. RaTdr. (5×10); Wz. 4. gez. K 14.

acw) C. Monteverdi (1567–1643), Komponist; links und rechts Gestalten aus seiner Oper „Orfeo"

1230	40 L	braunocker/braun	acw	0,30	0,30
			FDC		1,50

Auflage: 20 000 000 Stück

1967, 20. Mai. 50. Radrundfahrt „Giro d'Italia". RaTdr. (5×10); gez. K 14:13.

acx) Berg-Etappe   acy) Flachland-Etappe   acz) Endspurt

1231	40 L	mehrfarbig	acx	0,20	0,30
1232	90 L	mehrfarbig	acy	0,20	0,30
1233	500 L	mehrfarbig	acz	1,10	1,50
		Satzpreis (3 W.)		1,50	2,—
			FDC		4,—

Auflagen: MiNr. 1231 = 25 000 000, MiNr. 1232 = 15 000 000, MiNr. 1233 = 3 000 000 Stück

1967, 28. Juni. 100. Geburtstag von Luigi Pirandello. RaTdr. (5×10); gez. K 14:13¾.

ada) L. Pirandello (1867–1936), Dramaturg; stilisiertes Kulissenspiel

1234	40 L	mehrfarbig	ada	0,30	0,30
			FDC		1,20

Auflage: 20 000 000 Stück

1967, 30. Juni. 10. Festspiele der Zwei Welten in Spoleto. RaTdr. (5×8); Wz. 4; gez. K 14.

adb) Darstellung von Komik und Tragik (weiße und schwarze Maske), als Augen Weltkugeln

1235	20 L	dunkelbläulichgrün/schwarz	adb	0,20	0,20
1236	40 L	karmin/schwarz	adb	0,30	0,30
		Satzpreis (2 W.)		0,50	0,50
			FDC		1,50

Auflage: 20 000 000 Sätze

1967, 1. Juli. Einführung der Postleitzahlen (I). RaTdr. (5×10); gez. K 14.

adc) Brief mit Pfeil auf die Postleitzahl der Stadt Pisa (56100); im Hintergrund Kodier-System mit Hinweis auf das Postleitzahlenbuch

1237	20 L	mehrfarbig	adc	0,20	0,20
1238	40 L	mehrfarbig	adc	0,30	0,30
		Satzpreis (2 W.)		0,50	0,50
			FDC		1,50

Auflage: 18 000 000 Sätze

In gleicher Zeichnung: MiNr. 1251–1252

1967, 18. Juli. 50. Jahrestag der ersten Flugpostmarke für den Flug Turin-Rom. RaTdr. (5×10); Wz. 4; gez. K 14.

add) Doppeldecker „Pomilio PC 1", welcher am 22.5.1917 die Luftpost von Turin nach Rom beförderte und der verwendete Flugpoststempel

1239	40 L	hellkobalt/schwarz	add	0,30	0,30
			FDC		1,20

Auflage: 18 000 000 Stück

1967, 2. Aug. 300. Todestag von Francesco Borromini. RaTdr. (10×5); gez. K 14.

ade) Blick durch den Hof der Sapienza (alte Universität) auf S. Ivo in Rom, erbaut von F. Borromini (1599–1667), Baumeister und Bildhauer

1240	90 L	mehrfarbig	ade	0,30	0,30
			FDC		1,20

Auflage: 12 000 000 Stück

1967, 28. Aug. 100. Geburtstag von Umberto Giordano. RaTdr. (8×8); Wz. 4; gez. K 14.

adf) U. Giordano (1867–1948), Opernkomponist vor der Notenschrift „Improvisation" aus seiner Oper „Andrea Chenier"

1241	20 L	dunkelgrüngrau/orangebraun	adt	0,30	0,30
			FDC		1,20

Auflage: 18 000 000 Stück

1967, 2. Sept. 800 Jahre Schwur zu Pontida. RaTdr. (8×5); Wz. 4; gez. K 13.

adg) „Schwur zu Pontida", Ausschnitt aus einem Ölgemälde von Adolfo Cao (1870–1917)

1242	20 L	dunkelsiena	adg	0,30	0,30
			FDC		1,20

Auflage: 18 000 000 Stück

1967, 23. Okt. Internationales Jahr des Tourismus. RaTdr. (10×10); gez. K 13½:14.

adh) UNO-Emblem des Internationalen Tourismus-Jahres

1243	20 L	mehrfarbig	adh	0,20	0,20
1244	50 L	mehrfarbig	adh	0,30	0,30
		Satzpreis (2 W.)		0,50	0,50
			FDC		1,20

Auflage: 18 000 000 Sätze

Italien

1967, 30. Okt. 50 Jahre Lions International. RaTdr. (10×10); gez. K 14:13½.

adi) Lions-Emblem, Nationalflaggen

1245	50 L	mehrfarbig	adi	0,30	0,30
		FDC			1,20

Auflage: 18 000 000 Stück

1967, 9. Nov. 50. Jahrestag des Haltens der Piavelinie gegen die vorrückenden österreichisch-ungarischen Truppen. RaTdr. (10×5); gez. K 13½:14.

adk) Infanterist am Piave-Fluß

1246	50 L	mehrfarbig	adk	0,30	0,30
		FDC			1,20

Auflage: 18 000 000 Stück

1967, 20. Nov. Freimarken: Flora. RaTdr. (10×5); gez. K 13¼:14.

adl) Äpfel (Malus sylvestris var. domestica)

adm) Schwertlilien (Iris florentina)

1247	25 L	mehrfarbig	adl	0,20	0,20
1248	50 L	mehrfarbig	adm	0,30	0,30
		Satzpreis (2 W.)		0,50	0,50
		FDC			1,50

Weitere Werte: MiNr. 1206–1209, 1292–1293

1967, 2. Dez. 25. Jahrestag der ersten nuklearen Kettenreaktion. RaTdr. (8×5); Wz. 4; gez. K 14.

adn) Enrico Fermi (1901–1954), Nobelpreisträger, ital. Atomphysiker; erster Kernreaktor im Labor des CNEN

1249	50 L	rotbraun/braunschwarz	adn	0,30	0,30
		FDC			1,20

Auflage: 18 000 000 Stück

1967, 3. Dez. Tag der Briefmarke. RaTdr. (10×5); gez. K 13:14.

ado) Brieftaube mit Briefmarke Italien MiNr. 1195 vor Sonne und Mond

1250	25 L	mehrfarbig	ado	0,30	0,30
		FDC			1,20

Auflage: 25 000 000 Stück

1968

1968, 25. Jan. Einführung der Postleitzahlen (II). RaTdr. (5×10) auf fluoreszierendem Papier; Wz. 4; gez. K 14.

adc

1251	25 L	mehrfarbig	adc	0,30	0,30
1252	50 L	mehrfarbig	adc	0,30	0,30
		Satzpreis (2 W.)		0,50	0,50
		FDC			1,20

Auflage: 40 000 000 Sätze

In gleicher Zeichnung: MiNr. 1237–1238

1968. Freimarken: Italia turrita in kleinerem Bildformat 16×19,5 mm auf fluoreszierendem Papier. RaTdr. (10×10), MiNr. 1267 und 1269 StTdr. (10×10); Wz. 4; gez. K 14.

sc l   wt l

sc l und wt l) Italia mit Mauerkrone, nach Medaillon aus Syrakus

1253	1 L	schwarzgrau (6.5.)	sc l	0,10	0,10
1254	5 L	dunkelgrüngrau (20.2.)	sc l	0,10	0,10
1255	6 L	braunocker (6.5.)	sc l	0,10	0,10
1256	10 L	orangerot (20.2.)	sc l	0,10	0,10
1257	15 L	hellblauviolett (20.2.)	sc l	0,10	0,10
1258	20 L	dunkelbraun (20.2.)	sc l	0,10	0,10
1259	25 L	violett (20.2.)	sc l	0,10	0,10
1260	30 L	braunocker (20.2.)	sc l	0,10	0,10
1261	40 L	lila (6.5.)	sc l	0,20	0,10
1262	50 L	braunoliv (20.2.)	sc l	0,20	0,10
1263	60 L	violettultramarin (6.5.)	sc l	0,20	0,10
1264	70 L	dunkelblaugrün (6.5.)	sc l	0,20	0,10
1265	80 L	orangebraun (6.5.)	sc l	0,20	0,10
1266	90 L	rotbraun (20.2.)	sc l	0,20	0,10
1267	100 L	braun (11.3.)	wt l	0,20	0,20
1268	130 L	graugrün/karminbraun (11.3.)	sc l	0,30	0,20
1269	200 L	dunkelgraublau (6.5.)	wt l	0,50	0,20
		Satzpreis (17 W.)		3,—	2,—
		FDC MiNr. 1253, 1255, 1261, 1263–1265, 1269			4,—
		FDC MiNr. 1254, 1256–1260, 1262, 1266			5,—
		FDC MiNr. 1267, 1268, 1270			4,—
		Markenheftchen mit 4× MiNr. 1259		300,—	
		Markenheftchen mit 2× MiNr. 1262		—,—	

Der Katalogpreis für das Markenheftchen der MiNr. 1259 gilt für die billigste Sorte.

🕮 MiNr. 1261 und 1269.

MiNr. 1261 und 1269 gültig bis 20.11.1977, alle übrigen Werte bis 3.1.1988

Weitere Werte siehe Übersicht nach Jahrgangswerttabelle.

1968, 11. März. Eilmarke. Bildformat 36×20 mm auf fluoreszierendem Papier; RaTdr. (5×10); Wz. 4; gez. K 14.

ads) Geflügelte Pferde aus Tarauinia, etruskisch

1270	150 L	dunkelblaugrün	ads	0,30	0,30

FDC siehe nach MiNr. 1269.

Gültig bis 11.5.1992

Gleiche Marke mit größerem Bildformat: MiNr. 1203

In gleicher Zeichnung: MiNr. 1460, 1526; in etwas größerem Bildformat: MiNr. 1002

Italien

1968, 23. April. Pfadfinderbewegung. RaTdr. (10×5); gez. K 14.

adt) Pfadfinder am Lagerfeuer; darüber eine aus der Pfadfinderlilie gebildete Flamme

1271	50 L	mehrfarbig .... adt	0,30	0,30
		FDC		1,50

Auflage: 18 000 000 Stück

1968, 29. April. Europa. RaTdr. (5×10); Wz. 4; gez. K 14.

adu) Kreuzbartschlüssel mit CEPT-Emblem im Schlüsselgriff

1272	50 L	dunkelrosa/russischgrün ..... adu	0,20	0,20
1273	90 L	hellblau/olivbraun .... adu	0,30	0,30
		Satzpreis (2 W.)	0,50	0,50
		FDC		1,50

Auflagen: MiNr. 1272 = 20 000 000, MiNr. 1273 = 12 000 000 Stück

Ab MiNr. 1274 sind alle Ausgaben - sofern nicht ausdrücklich anders angegeben - auf fluoreszierendem Papier gedruckt.

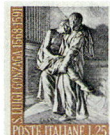

1968, 28. Mai. 400. Geburtstag des hl. Luigi Gonzaga. RaTdr. (10×5); Wz. 4; gez. K 14.

adv) Der hl. Luigi Gonzaga (1568–1591) trägt einen Kranken zum Hospital; nach einem Basrelief des Bildhauers Pierre Legros (1666–1719) in der Chirurgischen Krankenhaus Santo Spirito in Rom

1274	25 L	orangebraun/dunkelviolett .... adv	0,30	0,30
		FDC		1,20

Auflage: 18 000 000 Stück

1968, 10. Juni. 50. Todestag von Arrigo Boito. RaTdr. (5×10); gez. K 14.

adw) A. Boito (1842–1918), Komponist und Dichter; Rolle des Mephisto aus seiner Oper „Mefistofele"

1275	50 L	mehrfarbig .... adw	0,30	0,30
		FDC		1,20

Auflage: 18 000 000 Stück

1968, 19. Juni. 50. Todestag von Francesco Baracca. RaTdr.(5×10); gez. K 14.

adx) F. Baracca (1888–1918), Flieger; abstrakte Darstellung eines Luftkampfes; Gemälde von Giacomo Balla (1871–1958)

1276	25 L	mehrfarbig .... adx	0,30	0,30
		FDC		1,20

Auflage: 18 000 000 Stück

1968, 24. Juni. 300. Geburtstag von Giovanni Battista Vico. StTdr. (10×10); Wz. 4; gez. K 14:13½.

ady) G. B. Vico (1668–1744), Philosoph

1277	50 L	violettblau .... ady	0,30	0,30
		FDC		1,20

Auflage: 18 000 000 Stück

1968, 26. Aug. Radweltmeisterschaften, Rom. RaTdr. (10×5); gez. K 13½:14.

adz) Radrennen im Stadion: Vorderrad eines Rennrades

aea) Radrennen auf der Straße: Rennrad vor der Sforzaburg, Imola

1278	25 L	mehrfarbig .... adz	0,20	0,10
1279	90 L	mehrfarbig .... aea	0,30	0,30
		Satzpreis (2 W.)	0,50	0,50
		FDC		2,50

Auflagen: MiNr. 1278 = 18 000 000, MiNr. 1279 = 12 000 000 Stück

1968, 5. Sept. 400. Geburtstag von Tomaso Campanella. StTdr. (10×10); Wz. 4; gez. K 14:13½.

aeb) T. Campanella (1568–1639), Dominikaner, Philosoph und Schriftsteller

1280	50 L	grauschwarz .... aeb	0,30	0,30
		FDC		1,20

Auflage: 18 000 000 Stück

1968, 30. Sept. 200. Todestag von Antonio Canal, genannt Canaletto. RaTdr. (5×5); gez. K 14.

aec) Markusplatz in Venedig; Gemälde von Canaletto (1697–1768), Maler und Radierer

1281	50 L	mehrfarbig .... aec	0,30	0,30
		FDC		1,20

Auflage: 18 000 000 Stück

1968, 25. Okt. 100. Todestag von Gioacchino Antonio Rossini. StTdr. (10×10); Wz. 4; gez. K 14:13½.

aed) G. A. Rossini (1792–1868), Komponist; Gemälde von Giuseppe de Sanctis (1858–1924)

1282	50 L	krapprot .... aed	0,30	0,30
		FDC		1,20

Auflage: 18 000 000 Stück

Italien

1968, 2. Nov. 50. Jahrestag des Sieges von 1918. RaTdr. (5×10); gez. K 14.

aee) Mobilmachung 1915
aef) Landstreitkräfte: Infanterie, Artillerie und Sanitätswesen
aeg) Seestreitkräfte: Linienschiff „Andrea Doria", Zerstörer „Zeffiro", U-Boot „Pullino", Boot „Grillo"

aeh) Luftstreitkräfte: Kampfflugzeuge, Flak, Fesselballons
aei) Rückeroberung von Vittorio Veneto 1918
aek) Heldenfriedhof, Gedenkstätten, Grabmal des unbekannten Soldaten

1283	20 L	mehrfarbig	aee	0,10	0,10
1284	25 L	mehrfarbig	aef	0,10	0,10
1285	40 L	mehrfarbig	aeg	0,10	0,10
1286	50 L	mehrfarbig	aeh	0,20	0,20
1287	90 L	mehrfarbig	aei	0,20	0,20
1288	180 L	mehrfarbig	aek	0,30	0,30
			Satzpreis (6 W.)	1,—	1,—
			FDC		5,—

Auflagen: MiNr. 1283, 1285, 1287 und 1288 je 10 000 000, MiNr. 1284 und 1286 je 20 000 000 Stück

1968, 20. Nov. 50 Jahre Postscheckdienst. RaTdr. (10×10); gez. K 14:13½.

aek I) Textliche Darstellung

1289	50 L	mehrfarbig	aek I	0,30	0,30
			FDC		1,20

Auflage: 18 000 000 Stück

1968, 25. Nov. Ausbau der Satellitenstation auf der Piana del Fucino. RaTdr. (5×10); gez. K 14.

ael) Satellitenstation auf der Piana del Fucino bei Avezzano

1290	50 L	mehrfarbig	ael	0,30	0,30
			FDC		1,—

Auflage: 18 000 000 Stück

1968, 1. Dez. Tag der Briefmarke. RaTdr. (8×5); Wz. 4; gez. K 14½ :14.

aem) Stilisierte Darstellung der Postbeförderung in alter und neuer Zeit

1291	25 L	rotlila/gelborange	aem	0,30	0,30
			FDC		1,20

Auflage: 25 000 000 Stück

1968, 20. Dez. Freimarken: Flora. RaTdr. (10×5); gez. K 13½:14.

aen) Echte Zypressen (Cupressus sempervirens – Cupressaceae)
aeo) Binsenginster (Spartium junceum – Leguminosae)

1292	55 L	mehrfarbig	aen	0,30	0,30
1293	180 L	mehrfarbig	aeo	0,50	0,30
			Satzpreis (2 W.)	0,80	0,50
			FDC		1,50

Weitere Werte: MiNr. 1206–1209, 1247–1248

1969

1969, 22. April. 100 Jahre Staatliches Rechnungswesen. RaTdr.(8×5); gez. K 14½:14.

aep) Gedenkmedaille

1294	50 L	mehrfarbig	aep	0,30	0,30
			FDC		1,20

Auflage:16 000 000 Stück

1969, 28. April. Europa. RaTdr. (5×10); gez. K 14.

aer) „EUROPA" und „CEPT" in Tempelform

1295	50 L	mehrfarbig	aer	0,20	0,20
1296	90 L	mehrfarbig	aer	0,30	0,30
			Satzpreis (2 W.)	0,50	0,50
			FDC		2,—

Auflagen: MiNr. 1295 = 20 000 000, MiNr. 1296 = 12 000 000 Stück

1969, 3. Mai. 500. Geburtstag von Niccolò Machiavelli. RaTdr. (10×10); gez. K 14.

aes) N. Machiavelli (1469–1527), politischer Schriftsteller; Porträt von Santi di Tito (1536–1603)

1297	50 L	mehrfarbig	aes	0,30	0,30
			FDC		1,20

Auflage: 18 000 000 Stück

1969, 24. Mai. Freimarke: Italia turrita. Bildformat 16×19,5 mm; RaTdr. (10×10); Wz. 4; gez. K 14.

sc l)

1298	55 L	hellblauviolett	sc l	0,30	0,30
			FDC		1,50

Gültig bis 3.1.1988

Weitere Werte siehe Übersicht nach Jahrgangswerttabelle.

Italien 347

1969, 7. Juni. 50 Jahre Internationale Arbeitsorganisation (ILO). RaTdr. (8×8); gez. K 14.

aet) ILO-Emblem

1299	50 L	grün/schwarz	aet	0,20	0,20
1300	90 L	karminrot/schwarz	aet	0,30	0,30
		Satzpreis (2 W.)		0,50	0,50
		FDC			1,20

Auflagen: MiNr. 1299 = 16 000 000, MiNr. 1300 = 10 000 000 Stück

1969, 26. Juni. 50 Jahre Verband italienischer Philatelistenvereine. RaTdr. (5×10); gez. K 14.

aeu) Verbandsabzeichen, Mole Antonelliana, Basilika di Superga, Matterhorn

| 1301 | 50 L | mehrfarbig | aeu | 0,30 | 0,30 |
| | | FDC | | | 1,20 |

Auflage: 16 000 000 Stück

1969, 7. Dez. Tag der Briefmarke. StTdr. (5×10); Wz. 4; gez. K 14.

aev) Vierspännige Postkutsche der Linie Sondrio-Tirano (1903)

| 1302 | 25 L | violettblau | aev | 0,30 | 0,30 |
| | | FDC | | | 1,20 |

Auflage: 18 000 000 Stück

1970

1970, 6. Febr. Alpine Skiweltmeisterschaften in Gröden (Val Gardena). RaTdr. (10×5); gez. K 13½:14.

aew) Abfahrtslauf aex) Bergkette (Dolomiten)

1303	50 L	mehrfarbig	aew	0,20	0,20
1304	90 L	mehrfarbig	aex	0,30	0,30
		Satzpreis (2 W.)		0,50	0,50
		FDC			2,—

Auflagen: MiNr. 1303 = 16 000 000, MiNr. 1304 = 10 000 000 Stück

1970, 6. April. 450. Todestag von Raffaello Santi. RaTdr. (5×10); gez. K 14:13¼.

aey) Triumph der Galatea; Ausschnitt aus Fresko von Raffael (1483–1520)

aez) Madonna mit dem Stieglitz; Gemälde von Raffael

1305	20 L	mehrfarbig	aey	0,20	0,20
1306	50 L	mehrfarbig	aez	0,30	0,30
		Satzpreis (2 W.)		0,50	0,50
		FDC			1,50

Auflage: 16 000 000 Sätze

1970, 2. Mai. 50. Jahrestag des Erstfluges Rom-Tokio. RaTdr. (5×10); gez. K 14:13¼.

afa) Halbierte italienische und japanische Kokarde, zwei die Flugrichtung symbolisierende Pfeile

1307	50 L	mehrfarbig	afa	0,20	0,20
1308	90 L	mehrfarbig	afa	0,30	0,30
		Satzpreis (2 W.)		0,50	0,50
		FDC			1,50

Auflagen: MiNr. 1307 = 15 000 000, MiNr. 1308 = 8 000 000 Stück

1970, 4. Mai. Europa. RaTdr. (5×10); gez. K 14:14¼.

afb) Flechtwerk als Sonnensymbol

1309	50 L	bräunlichrot/gelb	afb	0,20	0,20
1310	90 L	dunkelblaugrün/orange	afb	0,30	0,30
		Satzpreis (2 W.)		0,50	0,50
		FDC			2,—

Auflagen: MiNr. 1309 = 16 000 000, MiNr. 1310 = 10 000 000 Stück

1970, 30. Mai. 600. Geburtstag von Erasmo da Narni, genannt Gattamelata. StTdr. (10×10); Wz. 4; gez. K 14.

afc) Erasmo da Narni (1370–1443), Condottiere; Denkmal in Padua

| 1311 | 50 (L) | dunkelblaugrün | afc | 0,30 | 0,30 |
| | | FDC | | | 1,20 |

Auflage: 15 000 000 Stück

1970, 26. Aug. Universiade Turin. RaTdr. (5×10); gez. K 14.

afd) Laufen afe) Schwimmen

1312	20 (L)	mehrfarbig	afd	0,20	0,20
1313	180 (L)	mehrfarbig	afe	0,40	0,40
		Satzpreis (2 W.)		0,60	0,60
		FDC			2,50

Auflagen: 1312 = 14 000 000, MiNr. 1313 = 8 000 000 Stück

1970, 31. Aug. 100. Geburtstag von Maria Montessori. RaTdr. (5×10); gez. K 14:13¼.

aff) M. Montessori (1870–1952), Erzieherin und Pädagogin

| 1314 | 50 (L) | mehrfarbig | aff | 0,30 | 0,30 |
| | | FDC | | | 1,20 |

Auflage: 15 000 000 Stück

Neue Abkürzungen bitte beachten:
fluoreszierendes Papier = Papier fl.
phosphoreszierendes Papier = Papier ph.

Italien

1970, 19. Sept. 100 Jahre Zugehörigkeit Roms zu Italien. RaTdr. (5×5); gez. K 14.

afg) Landkarte Italiens mit den drei Parlamentssitzen in Turin, Florenz und Rom, Bänder in Nationalfarben

1315	50	(L)	mehrfarbig .... afg	0,30	0,30
			FDC		1,20

Auflage: 15 000 000 Stück

1970, 26. Sept. 400. Todestag von Jacopo Tatti, genannt Sansovino. StTdr. (5×8); Wz. 4; gez. K 14:13¼.

afh) Loggetta am Markusplatz, Venedig, von J. Tatti (1486–1570), Baumeister und Bildhauer

1316	50	(L)	orangebraun .... afh	0,30	0,30
			FDC		1,20

Auflage: 15 000 000 Stück

1970, 15. Okt. 100. Jahrestag des Einzugs Garibaldis in Dijon. RaTdr. (5×8); Wz. 4; gez. K 14:14½ (14¼).

afi) Garibaldi in der Schlacht (zeitgenössischer Stich)

1317	20	(L)	mittelgrau/preußischblau ..... afi	0,20	0,20
1318	50	(L)	bläulichlila/preußischblau ..... afi	0,30	0,30
			Satzpreis (2 W.)	0,50	0,50
			FDC		2,—

Auflagen: MiNr. 1317 = 14 000 000, MiNr. 1318 = 15 000 000 Stück

1970, 24. Okt. 25 Jahre Vereinte Nationen (UNO). RaTdr. (10×5); gez. K 13¼:14.

afk) Baum mit UN-Emblem

1319	25	(L)	mehrfarbig .... afk	0,20	0,20
1320	90	(L)	mehrfarbig .... afk	0,40	0,40
			Satzpreis (2 W.)	0,60	0,60
			FDC		2,—

Auflagen: MiNr. 1319 = 15 000 000, MiNr. 1320 = 8 000 000 Stück

1970, 12. Nov. 65 Jahre Rotary International. RaTdr. (5×8); Wz. 4; gez. K 14:14¼.

afl) Zahnrad, Emblem von Rotary International

1321	25	(L)	mehrfarbig .... afl	0,20	0,20
1322	90	(L)	mehrfarbig .... afl	0,30	0,30
			Satzpreis (2 W.)	0,50	0,50
			FDC		2,—

Auflagen: MiNr. 1321 = 15 000 000, MiNr. 1322 = 8 000 000 Stück

1970, 24. Nov. Fertigstellung des Fernwählsystems für ganz Italien. RaTdr. (5×8); Wz. 4; gez. K 14¼:14.

afm) Liniengrafik, Telefonwählscheibe

1323	25	(L)	gelblichgrün/lilarot .... afm	0,20	0,20
1324	90	(L)	violettblau/lilarot .... afm	0,30	0,30
			Satzpreis (2 W.)	0,50	0,50
			FDC		2,—

Auflagen: MiNr. 1323 = 15 000 000, MiNr. 1324 = 8 000 000 Stück

1970, 28. Nov. Europäisches Naturschutzjahr. RaTdr. (8×5); Wz. 4; gez. K 14:14¼ (14½).

afn) Fabrikanlage, abgestorbener Baum

1325	20	(L)	braunkarmin/dunkelgelbgrün . afn	0,20	0,20
1326	25	(L)	dunkelviolettblau/gelblichgrün afn	0,30	0,30
			Satzpreis (2 W.)	0,50	0,50
			FDC		1,50

Auflagen: MiNr. 1325 = 14 000 000, MiNr. 1326 = 15 000 000 Stück

1970, 6. Dez. Tag der Briefmarke. StTdr. (5×10); Wz. 4; gez. K 14:14¼.

afo) Elektrische Schnellfahrlokomotive BR 444 mit Bahnpostwagen

1327	25	(L)	schwarz .... afo	0,30	0,30
			FDC		1,20

Auflage: 15 000 000 Stück

1970, 12. Dez. Weihnachten. RaTdr. (10×5, MiNr. 1329 5×5); gez. K 14¼:14.

afp) Anbetung des Kindes; Gemälde von Fra Filippo Lippi (1406–1469)

afr) Anbetung der Hl. Drei Könige; Gemälde von Gentile da Fabriano (um 1370–1427)

1328	25	(L)	mehrfarbig .... afp	0,20	0,20

✈ Flugpostmarke

1329	150	(L)	mehrfarbig .... afr	0,30	0,30
			Satzpreis (2 W.)	0,50	0,50
			FDC		1,70

Auflage: MiNr. 1328 = 15 000 000 Stück

MiNr. 1329 gültig bis 11.5.1992

1970, 17. Dez. 100. Todestag von Saverio Mercadante. RaTdr. (5×8); Wz. 4; gez. K 14:14¼.

afs) S. Mercadante (1795–1870), Komponist

1330	25	(L)	purpurviolett/silbergrau ..... afs	0,30	0,30
			FDC		1,20

Auflage: 15 000 000 Stück

Italien 349

1971

1971, 20. März. 400. Todestag von Benvenuto Cellini. RaTdr. (10×5); Wz. 4; gez. K 14.

aft) Merkur vom Sockel der Perseusstatue (Florenz, Loggia dei Lanzi), von B. Cellini (1500–1571), Goldschmied und Bildhauer

1331	50 L	grünlichblau .... aft	0,30	0,30
		FDC		1,—

Auflage: 15 000 000 Stück

1971, 8. April. Architektur (I). Komb. RaTdr. und StTdr. (8×5); Wz. 4; gez. K 13½:14.

afu) Tempel St. Pietro in Montorio, Rom; von Donato d'Angelo, genannt Bramante (1444–1514), Baumeister und Maler

1332	50 L	orangebraun/schwarz .... afu	0,30	0,30
		FDC		1,—

1971, 28. April. 20 Jahre Europäische Gemeinschaft für Kohle und Stahl (Montanunion). RaTdr. (5×10); Wz. 4; gez. K 14:13¾.

afv) Kopfbilder von Adenauer, Schuman und De Gasperi, Begründer der Montanunion

1333	50 L	dunkelgrünblau/schwarzbraun . afv	0,20	0,20
1334	90 L	dunkelrosalila/schwarzbraun ... afv	0,30	0,30
		Satzpreis (2 W.)	0,50	0,50
		FDC		1,60

Auflagen: MiNr. 1333 = 15 000 000, MiNr. 1334 = 8 000 000 Stück

1971, 3. Mai. Europa. RaTdr. (5×8); Wz. 4; gez. K 14.

afw) Brüderlichkeit und Zusammenarbeit durch Kette symbolisiert

1335	50 L	rot .... afw	0,20	0,20
1336	90 L	rötlichviolett .... afw	0,30	0,30
		Satzpreis (2 W.)	0,50	0,50
		FDC		2,—

Auflagen: MiNr. 1335 = 15 000 000, MiNr. 1336 = 8 000 000 Stück

1971, 12. Juni. 25. Jahre Republik Italien. RaTdr. (10×10); gez. K 14:13½.

afx) Giuseppe Mazzini (1805–1872), Rechtsanwalt und Politiker

1337	50 L	mehrfarbig .... afx	0,20	0,20
1338	90 L	mehrfarbig .... afx	0,30	0,30
		Satzpreis (2 W.)	0,50	0,50
		FDC		1,60

Auflagen: MiNr. 1337 = 15 000 000, MiNr. 1338 = 8 000 000 Stück

1971, 16. Juni. Weltmeisterschaften im Wildwasserkanu, Meran. RaTdr. (5×10); gez. K 14.

afy) Kanuslalom   afz) Wildwasserrennen

1339	25 L	mehrfarbig .... afy	0,20	0,20
1340	90 L	mehrfarbig .... afz	0,30	0,30
		Satzpreis (2 W.)	0,50	0,50
		FDC		2,50

Auflagen: MiNr. 1339 = 15 000 000, MiNr. 1340 = 8 000 000 Stück

1971, 26. Juni. Jugendsportspiele. RaTdr. (10×5); gez. K 13¼:14.

aga–agb) Sportarten

1341	20 L	mehrfarbig .... aga	0,20	0,20
1342	50 L	mehrfarbig .... agb	0,30	0,30
		Satzpreis (2 W.)	0,50	0,50
		FDC		1,50

Auflagen: MiNr. 1341 = 14 000 000, MiNr. 1342 = 15 000 000 Stück

1971, 16. Sept. 25 Jahre Fluggesellschaft Alitalia. RaTdr. (5×10); gez. K 14:13½.

agc) Stil. A, Emblem der Fluggesellschaft   agd) Globus, Flugzeug, Emblem und Nationalfarben   age) Heck mit Seiten- und Höhenleitwerk

1343	50 L	mehrfarbig .... agc	0,20	0,20
1344	90 L	mehrfarbig .... agd	0,30	0,30
1345	150 L	mehrfarbig .... age	0,30	0,20
		Satzpreis (3 W.)	0,80	0,60
		FDC		3,—

Auflagen: MiNr. 1343 = 15 000 000, MiNr. 1344–1345 je 8 000 000 Stück

1971, 28. Sept. 100. Geburtstag von Grazia Deledda. Komb. RaTdr. und StTdr. (8×5); Wz. 4; gez. K 13½:14.

agf) G. Deledda (1871–1936), sardische Dichterin, Nobelpreis 1926; sardischer Teppich

1346	50 L	mennige/schwarz .... agf	0,30	0,30
		FDC		1,—

Auflage: 15 000 000 Stück

Italien

1971, 27. Okt. Weltspartag. RaTdr. (10×5); gez. K 13¼:14.

agg) Symbol der finanziellen Sicherheit

1347	25 L	mehrfarbig	agg	0,20	0,20
1348	50 L	mehrfarbig	agg	0,30	0,30
		Satzpreis (2 W.)		0,50	0,50
		FDC			1,50

Auflage: 15 000 000 Sätze

✈ **1971, 15. Nov. Flugpostmarke.** Bildformat 20×35 mm; RaTdr. (10×5); Wz. 4; gez. K 14.

agh) Douglas DC-3 „Dakota", Glockenturm des Kapitols, Ölbaum

1349	100 L	schwarzgrün	agh	0,30	0,30
		FDC			2,20

Gültig bis 11.5.1992

In Bildformat 21×36,5 mm:
mit Wz. 3 (Flügelrad), normales Papier: MiNr. 763,
mit Wz. 4 (Pentagramm), normales Papier: MiNr. 943

1971, 15. Nov. Freimarke: Italia turrita. Bildformat 16×19,5 mm. RaTdr. (10×10); Wz. 4; gez. K 14.

sc l

1350	180 L	dunkelgrünlichgrau/ dunkelviolett	sc l	0,50	0,30
		FDC			2,—

Weitere Werte siehe Übersicht nach Jahrgangswerttabelle.

1971, 26. Nov. 25 Jahre UNICEF. RaTdr. (5×10); gez. K 14:13½.

agi   agk

agi–agk) Kinderfiguren aller Rassen, UNICEF-Emblem

1351	25 L	mehrfarbig	agi	0,20	0,20
1352	90 L	mehrfarbig	agk	0,30	0,30
		Satzpreis (2 W.)		0,50	0,50
		FDC			1,50

Auflagen: MiNr. 1351 = 15 000 000, MiNr. 1352 = 8 000 000 Stück

1971, 5. Dez. Tag der Briefmarke. StDr. (5×10); Wz. 4; gez. K 14:14¼.

agl) Dampfer „Tirrenia", Verwendung als Postschiff „Citta di Napoli"

1353	25 L	dunkelgrün	agl	0,30	0,30
		FDC			1,50

Auflage: 15 000 000 Stück

1971, 10. Dez. Weihnachten. RaTdr. (5×10); gez. K 14:13½.

agm) Die Geburt Christi   agn) Die Anbetung der Hl. Drei Könige

agm–agn) Miniaturen aus dem Evangeliar der Königin Mathilde (12.–13. Jh.)

1354	25 L	mehrfarbig	agm	0,20	0,20
1355	90 (L)	mehrfarbig	agn	0,30	0,30
		Satzpreis (2 W.)		0,50	0,50
		FDC			1,50

1972

1972, 27. Jan. 50. Todestag von Giovanni Verga. RaTdr. (5×10); gez. K 14:13½.

ago) G. Verga (1840–1922), Schriftsteller

1356	25 L	mehrfarbig	ago	0,20	0,20
1357	50 L	mehrfarbig	ago	0,30	0,30
		Satzpreis (2 W.)		0,50	0,50
		FDC			1,50

Auflage: 15 000 000 Sätze

1972, 10. März. 100. Todestag von Giuseppe Mazzini. StDr. (10×10); Wz. 4; gez. K 14:13½.

agp) G. Mazzini (1805–1872), Rechtsanwalt und Politiker

1358	25 L	mehrfarbig	agp	0,10	0,10
1359	90 L	mehrfarbig	agp	0,20	0,20
1360	150 L	mehrfarbig	agp	0,30	0,20
		Satzpreis (3 W.)		0,60	0,50
		FDC			2,—

Auflagen: MiNr. 1358 = 15 000 000, MiNr. 1359–1360 je 8 000 000 Stück

1972, 14. April. 50. Mailänder Messe. RaTdr. (5×10); gez. K 14:13½.

agr) Fahnenschmuck (stilisiert)   ags) Messehallen (stilisiert)   agt) Gesamtansicht des Messegeländes (stilisiert)

agr–agt) Mailänder Dom

1361	25 L	mehrfarbig	agr	0,10	0,10
1362	50 L	mehrfarbig	ags	0,20	0,20
1363	90 L	mehrfarbig	agt	0,20	0,20
		Satzpreis (3 W.)		0,50	0,50
		FDC			2,—

Auflagen: MiNr. 1361–1362 je 15 000 000, MiNr. 1363 = 8 000 000 Stück

Italien

1972, 2. Mai. Europa. RaTdr. (10×5); gez. K 13½:14.

agu) Sterne

1364	50 L	mehrfarbig	agu	0,20	0,20
1365	90 L	mehrfarbig	agu	0,30	0,30
			Satzpreis (2 W.)	0,50	0,50
			FDC		2,—

Auflagen: MiNr. 1364 = 15 000 000, MiNr. 1365 = 8 000 000 Stück

1972, 10. Mai. 100 Jahre Alpini-Korps. RaTdr. (5×10); gez. K 14:13½.

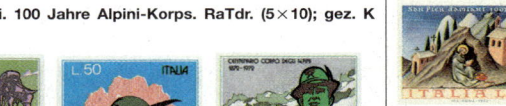

agv) Alpino, Bergkette mit Maulesel

agw) Alpini-Hut, Eispickel, stilis. Drei Zinnen (Dolomiten)

agx) Alpino, Alpenkette

1366	25 L	mehrfarbig	agv	0,20	0,10
1367	50 L	mehrfarbig	agw	0,20	0,20
1368	90 L	mehrfarbig	agx	0,20	0,20
			Satzpreis (3 W.)	0,60	0,50
			FDC		1,70

Auflagen: MiNr. 1366–1367 je 15 000 000, MiNr. 1368 = 8 000 000 Stück

1972, 18. Juli. Freimarke: Italia turrita. StTdr. (10×10); Wz. 4; gez. K 14:14¼.

wt l) Italia mit Mauerkrone

1369	300 L	dunkelblaugrün	wt l	0,70	0,30
			FDC		2,20

Gültig bis 20.11.1977

Weitere Werte siehe Übersicht nach Jahrgangswerttabelle.

1972, 2. Sept. 100 Jahre Trientiner Bergsteiger-Club. RaTdr. (5×10); gez. K 14:13½.

agy) Berge der Brentagruppe

agz) Bergsteiger, Berggipfel

aha) Monte Crozon, Brentagruppe

1370	25 L	mehrfarbig	agy	0,10	0,10
1371	50 L	mehrfarbig	agz	0,20	0,20
1372	180 L	mehrfarbig	aha	0,30	0,30
			Satzpreis (3 W.)	0,60	0,60
			FDC		2,—

Auflagen: MiNr. 1370–1371 je 15 000 000, MiNr. 1372 = 8 000 000 Stück

1972, 21. Sept. 60. Konferenz der Interparlamentarischen Union. RaTdr. (5×10); gez. K 14:13¼.

ahb) Grafik des Sitzungssaales, Emblem

1373	50 L	mehrfarbig	ahb	0,20	0,20
1374	90 L	mehrfarbig	ahb	0,30	0,30
			Satzpreis (2 W.)	0,50	0,50
			FDC		1,50

Auflagen: MiNr. 1373 = 15 000 000, MiNr. 1374 = 8 000 000 Stück

1972, 30. Sept. 900. Todestag des hl. Petrus Damiani. RaTdr. (5×10); gez. K 14:13½.

ahc) Hl. Petrus Damiani (1007–1072), Kardinalbischof von Ostia; Miniatur (Detail) von Giovanni di Paolo (1403–1482)

1375	50 L	mehrfarbig	ahc	0,30	0,30
			FDC		1,—

Auflage: 15 000 000 Stück

1972, 13. Okt. 150. Todestag von Antonio Canova. StTdr. (8×5); Wz. 4; gez. K 13¼:14.

ahd) Die Drei Grazien; Skulptur von A. Canova (1757–1822), Bildhauer

1376	50 L	schwarz	ahd	0,30	0,30
			FDC		1,—

Auflage: 15 000 000 Stück

1972, 23. Nov. 500 Jahre Druckausgaben der „Göttlichen Komödie". RaTdr. (5×10, Hochformat ∾); gez. K 14:13½.

ahe) Inkunabel, Druck in Foligno

ahf) Inkunabel, Druck in Mantua

ahg) Inkunabel, Druck in Iesi

ahe–ahg) Initialen und Anfangsverse des 1. Gesanges der „Göttlichen Komödie" in 3 Auflagen

1377	50 L	mehrfarbig	ahe	0,20	0,10
1378	90 L	mehrfarbig	ahf	0,40	0,20
1379	180 L	mehrfarbig	ahg	0,40	0,20
			Satzpreis (3 W.)	1,—	0,50
			FDC		1,50

Auflagen: MiNr. 1377 = 15 000 000, MiNr. 1378–1379 je 8 000 000 Stück

1972, 6. Dez. Weihnachten. RaTdr. (10×5, Querformate ~); gez. K 13½:14, MiNr. 1381 ~.

ahh) Engel   ahi) Christkind   ahk) Engel

ahh–ahk) Figuren aus einer neapolitanischen Krippe, 18. Jh.

1380	20 L	mehrfarbig .... ahh	0,10	0,10
1381	25 L	mehrfarbig .... ahi	0,20	0,20
1382	150 L	mehrfarbig .... ahk	0,30	0,30
		Satzpreis (3 W.)	0,60	0,60
		FDC		1,70

Auflage: 10 000 000 Sätze

1972, 10. Dez. Tag der Briefmarke. StTdr. (5×10); Wz. 4; gez. K 14.

ahl) Überland-Omnibus mit Postbeförderung

1383	25 L	purpur auf blaßsämisch .... ahl	0,30	0,30
		FDC		1,—

Auflage: 15 000 000 Stück

1972, 16. Dez. 500. Todestag von Leon Battista Alberti. RaTdr. (8×8); gez. K 14.

ahm) L. B. Alberti (1404–1472), Humanist, Künstler und Gelehrter; Bronzeplastik von Matteo de' Pasti

1384	50 L	blau/braunocker .... ahm	0,30	0,30
		FDC		1,—

Auflage: 15 000 000 Stück

1972, 20. Dez. 100. Geburtstag von Lorenzo Perosi. RaTdr. (8×8); gez. K 14:14¼.

ahn) Lorenzo Perosi (1872–1956), Komponist

1385	50 L	schwarzlila/ocker .... ahn	0,20	0,20
1386	90 L	schwarz/olivgrün .... ahn	0,30	0,30
		Satzpreis (2 W.)	0,50	0,50
		FDC		1,50

Auflagen: MiNr. 1385 = 15 000 000, MiNr. 1386 = 8 000 000 Stück

1972, 30. Dez. 100. Geburtstag von Luigi Orione. RaTdr. (8×8); gez. K 14:14¼.

aho) Don Orione (1872–1940), Salesianer-Priester, Kindergruppe

1387	50 L	hellgrünlichblau/schwarzblau .. aho	0,20	0,20
1388	90 L	ocker/schwarzoliv .... aho	0,30	0,30
		Satzpreis (2 W.)	0,50	0,50
		FDC		1,50

Auflagen: MiNr. 1387 = 15 000 000, MiNr. 1388 = 8 000 000 Stück

Bei den Ausgaben Italiens ab MiNr. 762 bis 1388 im Bogenformat 8×8 finden sich einmal im Bogen oben links oder rechts vier Textfelder, die mit den fünf anhängenden Marken von Spezialisten als Eckrand-Neunerblocks (5 Marken, 4 Textfelder) beachtet werden.

1973

1973, 15. Febr. 100 Jahre hydrographisches Institut der Kriegsmarine. Odr. (10×5); gez. K 13½:14.

ahp) Sonar-Lotung

1389	50 L	mehrfarbig .... ahp	0,30	0,30
		FDC		1,—

Auflage: 15 000 000 Stück

1973, 1. März. 200. Todestag von Luigi Vanvitelli. StTdr. (5×8); gez. K 14:13½.

ahr) Treppe des Königspalastes in Caserta, (Campanien), von Baumeister L. Vanvitelli (1700–1773) erbaut

1390	25 L	schwarzoliv .... ahr	0,30	0,30
		FDC		1,—

Auflage: 15 000 000 Stück

1973, 5. März. UNESCO-Aktion „Rettet Venedig" (I). RaTdr. (5×5); gez. K 14¼:14.

ahs) Venedig

1391	20 L	mehrfarbig .... ahs	0,30	0,30
		FDC		1,—

Auflage: 14 000 000 Stück

Weitere Werte: MiNr. 1400–1403

Zum Bestimmen der Farben **MICHEL-Farbenführer**

Italien   353

1973, 10. März. 75. Internationale Landwirtschaftsmesse, Verona. RaTdr. (10×5); gez. K 13½:14.

aht) Symbolik: Landwirtschaft und Pferdezucht

1392	50 L	mehrfarbig	aht	0,30	0,30
			FDC		1,10

Auflage: 15 000 000 Stück

1973, 15. März. 300. Todestag von Salvator Rosa. RaTdr. (8×5); gez. K 14.

ahu) Frontispiz einer Sammlung von Radierungen von Salvator Rosa (1615–1673), Maler und Dichter

1393	25 L	rotorange/schwarz	ahu	0,30	0,30
			FDC		1,10

Auflage: 15 000 000 Stück

1973, 28. März. 50 Jahre italienische Luftwaffe. RaTdr. (5×10); gez. K 14:13½.

ahv) Formation FIAT G 91   ahw) Wasserflugzeug SIAI S/55   ahx) Jagdflugzeuge FIAT G 91 Y

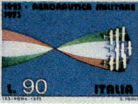  

ahy) Flugzeugkette FIAT C.R. 32   ahz) Düsenflugzeug „Caproni Campini"   aia) Luftwaffenakademie Pozzuoli, Jagdflugzeug F 104

1394	20 L	mehrfarbig	ahv	0,20	0,20
1395	25 L	mehrfarbig	ahw	0,20	0,20
1396	50 L	mehrfarbig	ahx	0,20	0,20
1397	90 L	mehrfarbig	ahy	0,20	0,20
1398	180 L	mehrfarbig	ahz	0,20	0,20

✈ **Flugpostmarke**

1399	150 L	mehrfarbig	aia	0,20	0,20
		Satzpreis (6 W.)		1,20	1,20
		FDC			3,—

Auflagen: MiNr. 1394 = 14 000 000, MiNr. 1395–1396 je 15 000 000, MiNr. 1397–1399 je 8 000 000 Stück

MiNr. 1399 gültig bis 11.5.1992

1973, 10. April. UNESCO-Aktion „Rettet Venedig" (II). RaTdr. (10×5, Großformate 5×5); gez. K 14¼:14.

aib) Die vier Tetrarchen (4. Jh.)

aic) Der Löwe von San Marco, Mittelteil von Der Triumph Venedigs; Gemälde von Vittore Carpaccio (um 1455/56–um 1525/26)   aid) 4 Bronzepferde, St. Markus-Basilika   aie) Piazzetta S. Marco bei Hochwasser

1400	25 L	mehrfarbig	aib	0,10	0,10
1401	50 L	mehrfarbig	aic	0,10	0,10
1402	90 L	mehrfarbig	aid	0,20	0,20
1403	300 L	mehrfarbig	aie	0,80	0,80
		Satzpreis (4 W.)		1,20	1,20
		FDC			4,—

Auflagen: MiNr. 1400–1401 je 15 000 000, MiNr. 1402 = 8 000 000, MiNr. 1403 = 4 000 000 Stück

Weiterer Wert: MiNr. 1391

1973, 19. Mai. 75 Jahre italienischer Fußballverband. RaTdr. (5×10); gez. K 14:13½.

aif) Fußballfeld, Fußball   aig) Torschußszene

1404	25 L	mehrfarbig	aif	0,30	0,30
1405	90 L	mehrfarbig	aig	0,70	0,70
		Satzpreis (2 W.)		1,—	1,—
		FDC			6,—

Auflagen: MiNr. 1404 = 15 000 000, MiNr. 1405 = 8 000 000 Stück

1973, 22. Mai. 100. Todestag von Alessandro Manzoni. Komb. Odr. und StTdr. (10×10); gez. K 14½:13½.

aih) A. Manzoni (1785-1873), Dichter; Gemälde von Francesco Hayez (1791–1882)

1406	25 L	schwarz/dunkelrotbraun	aih	0,30	0,30
		FDC			1,—

Auflage: 15 000 000 Stück

1973, 30. Mai. Architektur (II). RaTdr. (10×5); gez. K 13½:14.

aii) Villa Capra („La Rotonda"), Venetien; von Andrea Palladio (1508-1580), Baumeister

1407	90 L	mehrfarbig	aii	0,30	0,30
		FDC			1,20

Auflage: 8 000 000 Stück

Italien

1973, 20. Juni. 50 Jahre staatliche Güterversorgung. RaTdr. (5×10); gez. K 14:13½.

aik) Spirale und Zahnräder

				aik		
1408	50 L	mehrfarbig	. . . .	aik	0,30	0,30
				FDC		1,—

Auflage: 15 000 000 Stück

1973, 30. Juni. Europa. Odr. (5×10); gez. K 14¼.

ail) Stilisiertes Posthorn

1409	50 L	mehrfarbig . . . . ail	0,20	0,20
1410	90 L	mehrfarbig . . . . ail	0,30	0,30
		Satzpreis (2 W.)	0,50	0,50
		FDC		1,50

Auflagen: MiNr. 1409 = 15 000 000, MiNr. 1410 = 8 000 000 Stück

1973, 31. Juli. 1. Interkontinentale Baseball-Meisterschaft. RaTdr. (5×10); gez. K 14:13½.

aim–ain) Baseballfeld und Spielszenen

1411	25 L	mehrfarbig . . . . aim	0,20	0,20
1412	90 L	mehrfarbig . . . . ain	0,30	0,30
		Satzpreis (2 W.)	0,50	0,50
		FDC		2,50

Auflagen: MiNr. 1411 = 15 000 000, MiNr. 1412 = 8 000 000 Stück

1973, 10. Aug. Karneval in Viareggio. RaTdr. (10×5); gez. K 13½:14.

aio) Viareggio im Karneval

1413	25 L	mehrfarbig . . . . aio	0,30	0,30
		FDC		1,—

Auflage: 15 000 000 Stück

1973, 23. Aug. 50. Todestag Minzonis. RaTdr. (5×10); gez. K 14:13½.

aip) Die Ermordung des Sozialfürsorgers G. Minzoni (1885–1923); Votivbild

1414	50 L	mehrfarbig . . . . aip	0,30	0,30
		FDC		1,—

Auflage: 15 000 000 Stück

1973, 8. Sept. 100. Geburtstag von Gaetano Salvemini. RaTdr. (10×10); gez. K 14:13½.

air) G. Salvemini (1873–1957), Historiker

1415	50 L	mehrfarbig . . . . air	0,30	0,30
		FDC		1,—

Auflage: 15 000 000 Stück

1973, 21. Sept. Architektur (III): 400. Todestag von Jacopo Barozzi, genannt Vignola. Komb. StTdr. und Odr. (5×10); gez. K 14:13½.

ais) Palazzo Farnese in Caprarola, Piacenza (Emilia Romagna), von Vignola erbaut

1416	90 L	schwarzlila/strohgelb . . . . ais	0,30	0,30
		FDC		1,20

Auflage: 8 000 000 Stück

1973, 28. Sept. Italienische Kunst: 400. Geburtstag von Michelangelo Merisi Amerighi da Caravaggio. Komb. StTdr. und Odr. (5×5); gez. K 14¼.

ait) Johannes der Täufer; Gemälde von Caravaggio (1573-1610)

1417	25 L	schwarz/gelborange . . . . ait	0,30	0,30
		FDC		1,—

Auflage: 15 000 000 Stück

1973, 8. Okt. 800. Jahrestag des Baubeginns des Schiefen Turmes von Pisa. RaTdr. (10×5); gez. K 14¼.

aiu) Schiefer Turm von Pisa (Toscana)

1418	50 L	mehrfarbig . . . . aiu	0,30	0,30
		FDC		1,—

Auflage: 15 000 000 Stück

1973, 5. Nov. Künstlerporträts (I). RaTdr. (10×10); gez. K 14:13½.

aiv) Giovanni Battista Piranesi (1720–1778), Kupferstecher, Archäologe, Baumeister; Kupferstich von Francesco Felice Polanzoni (18. Jh.)

aiw) Andrea del Cione, genannt Verrocchio (1436–1488), Bildhauer und Maler; Gemälde von Lorenzo di Credi (1459–1537)

aix) Sandro di Mariano Filipepi, genannt Botticelli (1445–1510), Maler; Selbstbildnis

aiy) Giovanni Battista Tiepolo (1696–1770), Maler; Selbstbildnis

aiz) Paolo Caliari, genannt Veronese (1528–1588), Maler; Selbstbildnis

Italien

1419	50 L	mehrfarbig	aiv	0,20	0,20
1420	50 L	mehrfarbig	aiw	0,20	0,20
1421	50 L	mehrfarbig	aix	0,20	0,20
1422	50 L	mehrfarbig	aiy	0,20	0,20
1423	50 L	mehrfarbig	aiz	0,20	0,20
		Satzpreis (5 W.)		1,—	1,—
		FDC			4,50

Auflage: 15 000 000 Sätze

Weitere Werte: MiNr. 1442–1446, 1507–1512, 1549–1553, 1572 bis 1576

1973, 10. Nov. Berühmte Brunnen (I). Komb. StTdr. und Odr. (10×5).; gez. K 13½:14.2.

aka) Fontana di Trevi, Rom (Latium)
akb) Brunnen der Immacolatella, Neapel (Campanien)
akc) Brunnen auf der Piazza Pretoria, Palermo (Sizilien)

1424	25 L	mehrfarbig	aka	0,20	0,20
1425	25 L	mehrfarbig	akb	0,20	0,20
1426	25 L	mehrfarbig	akc	0,20	0,20
		Satzpreis (3 W.)		0,60	0,60
		FDC			3,—

Auflage: 15 000 000 Sätze

Weitere Werte: MiNr. 1469–1471, 1504–1506, 1557–1559, 1583 bis 1585, 1627–1629, 1670–1672

1973, 27. Nov. Weihnachten. Komb. StTdr. und Odr. (10×5); gez. K 13¼:14.

akd) Musizierende Engel
ake) Hl. Jungfrau mit Kind
akf) Musizierende Engel

akd-akf) Basreliefs von Agostino di Duccio

1427	20 L	mehrfarbig	akd	0,10	0,10
1428	25 L	mehrfarbig	ake	0,20	0,20
1429	150 L	mehrfarbig	akf	0,20	0,20
		Satzpreis (3 W.)		0,50	0,50
		FDC			1,70

Auflagen: MiNr. 1427 = 14 000 000, MiNr. 1428 = 15 000 000, MiNr. 1429 = 8 000 000 Stück

---

Die Preise von Einheiten (z. B. Markenheftchen, H-Blätter, Zusammendrucke, Rollenmarkenstreifen) müssen nicht der Summe der Einzelpreise entsprechen.

1973, 29. Nov. 50 Jahre Rotary-Club Italien. RaTdr. (10×5); gez. K 13¼:14.

akg) Zahnräder über Landkarte Italiens, die 6 italienischen Rotary-Distrikte symbolisierend

1430	50 L	mehrfarbig	akg	0,30	0,30
		FDC			1,—

Auflage: 15 000 000 Stück

1973, 2. Dez. Tag der Briefmarke. StTdr. (5×10); Wz. 4; gez. K 14:14¼.

akh) Düsenflugzeug(stil.)

1431	25 L	grünlichblau	akh	0,30	0,30
		FDC			1,—

Auflage: 15 000 000 Stück

1973, 10. Dez. 50 Jahre Vereinigung „Goldene Tapferkeitsmedaille". RaTdr. (10×5); gez. K 13¼:14.

aki) Medaille

1432	50 L	mehrfarbig	aki	0,30	0,30
		FDC			1,—

Auflage: 15 000 000 Stück

1973, 15. Dez. 100. Geburtstag von Enrico Caruso. StTdr. (8×5); gez. K 13¼:14.

akk) E. Caruso (1873–1921), Tenor

1433	50 L	dunkelpurpur	akk	0,30	0,30
		FDC			1,—

Auflage: 15 000 000 Stück

1974

1974, 27. Febr. Freimarke: Italia turrita. RaTdr. (10×10); Wz. 4; gez. K 14¼.

sc l) Italia mit Mauerkrone

1434	125 L	orangebraun/violettpurpur	sc l	0,50	0,30
		FDC			2,—

Gültig bis 3.1.1988

Weitere Werte siehe Übersicht nach Jahrgangswerttabelle.

Italien

1974, 16. März. Normannische Kunst in Sizilien: Mosaiken. Komb. StTdr. und Odr. (10×5); gez. K 13¼:14.

akl) Christus krönt König Roger I.
akm) König Wilhelm II. von Sizilien stiftet eine Kirche der Hl. Jungfrau

1435	20 L	schwarzblau/ocker	akl	0,20	0,20
1436	50 L	rot/bläulichgrün	akm	0,30	0,30
		Satzpreis (2 W.)		0,50	0,50
			FDC		1,50

Auflagen: MiNr. 1435 = 14 000 000, MiNr. 1436 = 15 000 000 Stück

1974, 23. März. 100. Geburtstag von Luigi Einaudi. StTdr. (10×10); gez. K 14¼:13¼.

akn) L. Einaudi (1874–1961), Politiker

1437	50 L	schwarzblaugrün	akn	0,30	0,30
			FDC		1,—

Auflage: 15 000 000 Stück

1974, 24. April. 100. Geburtstag von Guglielmo Marconi. RaTdr. (5×10); gez. K 14:13¼.

ako) G. Marconi (1874–1937), Erfinder der drahtlosen Telegraphie
akp) Funktechniker Marconi vor Weltkarte

1438	50 L	schwarzblaugrün/grau	ako	0,20	0,20
1439	90 L	mehrfarbig	akp	0,30	0,30
		Satzpreis (2 W.)		0,50	0,50
			FDC		2,50

Auflagen: MiNr. 1440 = 15 000 000, MiNr. 1441 = 8 000 000 Stück

1974, 29. April. Europa: Skulpturen. RaTdr. (10×5); gez. K 13¼:14.

akr) David, von Giovanni Lorenzo Bernini (1598–1680)
aks) Der Sieger, von Michelangelo Buonarroti (1475–1564)

1440	50 L	mehrfarbig	akr	0,40	0,30
1441	90 L	mehrfarbig	aks	0,40	0,40
		Satzpreis (2 W.)		0,80	0,50
			FDC		1,50

Auflagen: MiNr. 1440 = 15 000 000, MiNr. 1441 = 8 000 000 Stück

1974, 25. Mai. Künstlerporträts (II). RaTdr. (10×5); gez. K 14:13½.

akt) Francesco Borromini (1599–1667), Baumeister; Kupferstich (17. Jh.)

aku) Rosalba Giovanna Carriera (1675–1757), Malerin; Selbstbildnis
akv) Giovanni Bellini (1432–1516), Maler; Zeichnung von Vittore di Matteo, genannt Belliniano (16. Jh.)
akw) Andrea Mantegna (1431–1506), Maler und Kupferstecher
akx) Raffaelo Santi, genannt Raffael (1483–1520), Maler und Architekt; Selbstporträt im Alter von 23 Jahren

1442	50 L	mehrfarbig	akt	0,20	0,20
1443	50 L	mehrfarbig	aku	0,20	0,20
1444	50 L	mehrfarbig	akv	0,20	0,20
1445	50 L	mehrfarbig	akw	0,20	0,20
1446	50 L	mehrfarbig	akx	0,20	0,20
		Satzpreis (5 W.)		1,—	1,—
			FDC		5,—

Weitere Werte: MiNr. 1419–1423, 1507–1512, 1549–1553, 1572 bis 1576

1974, 21. Juni. 200 Jahre Finanzpolizei. RaTdr. (10×5); gez. K 14.

aky) Sardinische Leichte Infanterie 1774 und 1795; Füsilier, königl. Leichte Infanterie

akz) Lombardisch-venezianischer Zollschutz, 1848; sardischer Seeschutz 1815; Wache des Tebro-Bataillons, 1849
ala) Zollschutz, 1866 und 1880, Marschall des Seezollschutzes, 1892
alb) Zoll-Helikopterpilot; Seezollwache, Gebirgszollwache

1447	40 L	mehrfarbig	aky	0,20	0,20
1448	50 L	mehrfarbig	akz	0,20	0,20
1449	90 L	mehrfarbig	ala	0,20	0,20
1450	180 L	mehrfarbig	alb	0,40	0,40
		Satzpreis (4 W.)		1,—	1,—
			FDC		2,50

Auflage: 8 000 000 Sätze

Die Notierungen gelten in der ersten Spalte für ungebrauchte (postfrische), in der zweiten für gebrauchte (gestempelte) Postwertzeichen.

1974, 27. Juni. 50 Jahre Vereinigung der Bersaglieri-Veteranen.
RaTdr. (5×10); gez. K 14:13¾.

alc) Angehöriger des Bersaglieri-Regiments mit Hut
ald) Hutabzeichen der Bersaglieri

1451	40 L	mehrfarbig	alc	0,20	0,20
1452	50 L	mehrfarbig	ald	0,30	0,30
		Satzpreis (2 W.)		0,50	0,50
		FDC			1,50

Auflage: 15 000 000 Sätze

1974, 28. Juni. Leichtathletik-Europameisterschaften, Rom.
RaTdr. (5×10); gez. K 14:13¾.

ale) Sprintphasen
alf) Stabhochsprungphasen

1453	40 L	mehrfarbig	ale	0,20	0,20
1454	50 L	mehrfarbig	alf	0,30	0,30
		Satzpreis (2 W.)		0,50	0,50
		FDC			2,—

Auflage: 15 000 000 Sätze

1974, 19. Juli. 600. Todestag von Francesco Petrarca. Komb. StTdr. und Odr. (10×5); gez. K 13¼:14.

alg) F. Petrarca (1304–1374), Dichter; Fresko von Altichiero da Zevio (1369–1384)

alh) Petrarca am Schreibpult; Miniatur von Francesco d'Antonio del Chierico (15. Jh.)

1455	40 L	mehrfarbig	alg	0,20	0,20
1456	50 L	mehrfarbig	alh	0,30	0,30
		Satzpreis (2 W.)		0,50	0,50
		FDC			1,50

Auflage: 15 000 000 Sätze

1974, 30. Juli. 100 Todestag von Niccolò Tommaseo. Komb. StTdr. und Odr. (10×5); gez. 13½:14.

ali) Denkmal von N.Tommaseo (1802–1874), Schriftsteller in Sebenico

1457	50 L	schwarzgrün/mattrosa	ali	0,30	0,30
		FDC			1,—

Auflage: 15 000 000 Stück

1974, 23. Juli. Tourismus. RaTdr. (5×5); gez. K 14.

alk) Portofino
all) Gradara

1458	40 L	mehrfarbig	alk	0,20	0,20
1459	40 L	mehrfarbig	all	0,30	0,30
		Satzpreis (2 W.)		0,50	0,50
		FDC			2,50

Auflage: 15 000 000 Sätze

Weitere Werte siehe Übersicht nach Jahrgangswerttabelle.

1974, Juli. Eilmarke. Bildformat 36×20 mm. RaTdr. (5×10); Wz. 4; gez. K 14.

ads

1460	250 L	blau	ads	0,30	0,30
		FDC			1,20

Gültig bis 11.5.1992

In gleicher Zeichnung: MiNr. 1270, 1526; in etwas größerem Bildformat: MiNr. 1002, 1203

1974, 8. Aug. 50. Todestag von Giacomo Puccini. RaTdr. (10×5); gez. K 13½:14.

alm) G. Puccini (1858–1924), Opernkomponist

1461	40 L	mehrfarbig	alm	0,30	0,30
		FDC			1,—

Auflage: 15 000 000 Stück

1974, 7. Sept. 500. Geburtstag von Ludovico Ariosto. Komb. StTdr. und Odr. (10×10); gez. K 14:13¼.

aln) Holzschnitt (16. Jh.), Frontispiz einer Ausgabe des Buches „Orlando Furioso" von L. Ariosto (1474-1533)

1462	50 L	rot/dunkelviolettblau	aln	0,30	0,30
		FDC			1,—

Auflage: 15 000 000 Stück

1974, 21. Sept. 2000. Todestag von Marcus Terentius Varro. Komb. StTdr. und RaTdr. (5×10); gez. K 14:13¼.

alo) Schrifttafel mit Zitat des römischen Schriftstellers und Senators (116–27 v. Chr.)

1463	50 L	mehrfarbig	alo	0,30	0,30
		FDC			1,—

Auflage: 15 000 000 Stück

358 Italien

1974, 28. Sept. 14. internationaler Weinkongreß. RaTdr. (5×5); gez. K 14.

alp) Weinlese im Oktober; Gemälde von Marcello Fogolino (tätig 1519–1548), aus dem Jahreszyklus im Schloß Buon Consiglio, Trient

1464	50 L mehrfarbig	alp	0,30	0,30
		FDC		1,—

Auflage: 15 000 000 Stück

1974, 19. Okt. 100 Jahre Weltpostverein (UPU). RaTdr. (5×10); gez. K 14.

alr) UPU-Emblem   als) Farbige Briefe, UPU-Emblem

1465	50 L mehrfarbig	alr	0,20	0,20
1466	90 L mehrfarbig	als	0,30	0,30
	Satzpreis (2 W.)		0,50	0,50
		FDC		1,50

Auflagen: MiNr. 1465 = 15 000 000, MiNr. 1466 = 8 000 000 Stück

1974, 25. Okt. 700. Todestag von Thomas von Aquin. RaTdr. (10×5); gez. K 13¼:14.

alt) Thomas von Aquin (um 1226–1274), Dominikaner, Kirchenlehrer und Philosoph; Gemälde von Francesco Traini (tätig um 1321–1365)

1467	50 L mehrfarbig	alt	0,30	0,30
		FDC		1,—

Auflage: 15 000 000 Stück

1974, 26. Okt. 100 Jahre Anwaltskammer. RaTdr. (10×5); gez. K 13¾:14.

alu) Basrelief von der „Ara Pacis", Rom

1468	50 L mehrfarbig	alu	0,30	0,30
		FDC		1,—

Auflage: 15 000 000 Stück

MICHEL, der Spezialist für Briefmarken, Münzen und Telefonkarten. Fordern Sie bitte unser Verlagsverzeichnis an!

1974, 9. Nov. Berühmte Brunnen (II). Komb. StTdr. und Odr. (10×5); gez. K 13¼:14.

alv) Neptunbrunnen, Bologna (Emilia Romagna)   alw) Ozeanbrunnen, Florenz (Toscana)   alx) Fontana Maggiore, Perugia (Umbrien)

1469	40 L mehrfarbig	alv	0,20	0,20
1470	40 L mehrfarbig	alw	0,20	0,20
1471	40 L mehrfarbig	alx	0,20	0,20
	Satzpreis (3 W.)		0,50	0,50
		FDC		3,—

Auflage: 15 000 000 Sätze

Weitere Werte: MiNr. 1424–1426, 1504–1506, 1557–1559, 1583 bis 1585, 1627–1629, 1670–1672

1974, 26. Nov. Weihnachten. Komb. StTdr. und RaTdr. (5×10); gez. K 14:13¾.

aly) Der hl. Franz von Assisi im Gebet vor der Krippe; Detail eines Freskos von unbek. Meister

1472	40 L mehrfarbig	aly	0,30	0,30
		FDC		1,—

Auflage: 15 000 000 Stück

1974, 1. Dez. Tag der Briefmarke: Kinderzeichnungen. RaTdr. (10×5); gez. K 13¾:14.

alz) Pulcinella; von Letizia Bocchini (13 J.)   ama) Maskierte Tänzer; von Giovanna Faccincani (12 J.)   amb) Hanswurst von Bisognosi; von Angela Burdino (12 J.)

alz—amb) Schülerzeichnungen zum Thema: Charakterfiguren der ital. Komödie

1473	40 L mehrfarbig	alz	0,20	0,20
1474	50 L mehrfarbig	ama	0,20	0,20
1475	90 L mehrfarbig	amb	0,30	0,30
	Satzpreis (3 W.)		0,70	0,70
		FDC		2,50

Auflagen: MiNr. 1473–1474 je 15 000 000, MiNr. 1475 = 8 000 000 Stück

1974, 21. Dez. Italienische Kunst: 400. Todestag von Vasari. Komb. StTdr. und Odr. (5×5); gez. K 14.

amc) Uffizien von Florenz; erbaut von G. Vasari (1511–1574), Maler, Baumeister und Kunstschriftsteller

1476	90 L mehrfarbig	amc	0,30	0,30
		FDC		1,—

Auflage: 8 000 000 Stück

1974, 21. Dez. Italienische Kunst: 600. Geburtstag von Jacopo Quercia. StTdr. (5×5); gez. K 14.

amd) "Gott erschafft Adam", Detail einer Tür der St.-Petronio-Kirche in Bologna; von J. della Quercia (ca. 1374–1438), Bildhauer

1477	90 L	blauviolett	amd	0,30	0,30
			FDC		1,—

Auflage: 8 000 000 Stück

1975

1975, 24. März. Heiliges Jahr. RaTdr. (10×5, MiNr. 1480 5×5); gez. K 14¼:14.

ame) Engel mit INRI-Tafel

amf) Engel mit Geißelsäule
amg) Engelsbrücke über den Tiber, Kuppel der Peterskirche, Rom
amh) Engel mit Dornenkrone
ami) Engel mit Kreuz

ame–amf, amh–ami) Skulpturen von Giovanni Lorenzo Bernini (1598–1680) auf der Engelsbrücke, Rom

1478	40 L	mehrfarbig	ame	0,20	0,20
1479	50 L	mehrfarbig	amf	0,20	0,20
1480	90 L	mehrfarbig	amg	0,20	0,20
1481	150 L	mehrfarbig	amh	0,20	0,20
1482	180 L	mehrfarbig	ami	0,30	0,30
		Satzpreis (5 W.)		1,—	1,—
		FDC			5,—

Auflagen: MiNr. 1478–1479 je 15 000 000, MiNr. 1480–1482 je 8 000 000 Stück

1975, 18. April. 500. Geburtstag von Michelangelo Buonarroti. StTdr. (10×5); gez. K 13¼:14.

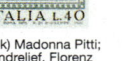

amk) Madonna Pitti; Rundrelief, Florenz
aml) Nische im Vatikanpalast
amm) Die Sintflut; Freskendetail der Sixtinischen Kapelle

amk–amm) Werke von Michelangelo Buonaroti (1475–1564), Bildhauer, Maler, Baumeister und Dichter

1483	40 L	schwarzblaugrün	amk	0,20	0,20
1484	50 L	dunkelviolettbraun	aml	0,20	0,20
1485	90 L	dunkelrotbraun	amm	0,20	0,20
		Satzpreis (3 W.)		0,60	0,60
		FDC			1,70

Auflage: 8 000 000 Sätze

1975, 23. April. 30. Jahrestag des Widerstandes. RaTdr.; gez. K 13¼:14.

amn) Denkmal "Die vier Tage von Neapel"; von M. Mazzacurati
amo) Denkmal "Märtyrer der Ardeatinischen Höhlen"; von F. Coccia
amp) Denkmal "Widerstandskämpfer von Cuneo"; von M. Mastroianni

1486	70 L	mehrfarbig	amn	0,20	0,20
1487	100 L	mehrfarbig	amo	0,20	0,20
1488	150 L	mehrfarbig	amp	0,40	0,40
		Satzpreis (3 W.)		0,80	0,80
		FDC			1,70

Auflage: 8 000 000 Sätze

1975, 29. April. Europa: Gemälde. RaTdr. (10×5); gez. K 13¼:14.

amr) Die Geißelung Christi; Gemälde (Detail) von Michelangelo Merisi Amerighi, genannt Caravaggio (1573–1610).
ams) Der Engel erscheint Hagar und Ismael; Gemälde (Detail) von Giovanni Battista Tiepolo (1696–1770)

1489	100 L	mehrfarbig	amr	0,50	0,30
1490	150 L	mehrfarbig	ams	0,50	0,30
		Satzpreis (2 W.)		1,—	0,50
		FDC			1,50

Auflagen: MiNr. 1489 = 15 000 000, MiNr. 1490 = 8 000 000 Stück

1975, 15. Mai. Internationales Jahr der Frau. RaTdr. (5×10); gez. K 14:13¼.

amt) Globus, Embleme

1491	70 L	mehrfarbig	amt	0,30	0,30
		FDC			1,—

Auflage: 15 000 000 Stück

1975, 28. Mai. Weltraumforschung. RaTdr. (10×5); gez. K 13¼:14.

amu) Abschußrampe "Santa Rita", Satellit "San Marco III"

1492	70 L	mehrfarbig	amu	0,30	0,30
		FDC			1,—

Auflage: 15 000 000 Stück

Italien

1975, 9. Juni. Tourismus. RaTdr. (5×5); gez. K 14.

amv) Cefalù

amw) Isola Bella   amx) Montecatini Terme

1493	150 L mehrfarbig .... amv	0,40	0,40
1494	150 L mehrfarbig .... amw	0,40	0,40
1495	150 L mehrfarbig .... amx	0,40	0,40
	Satzpreis (3 W.)	1,—	1,—
	FDC		3,—

Auflage: 8 000 000 Sätze

Weitere Werte siehe Übersicht nach Jahrgangswerttabelle.

1975, 18. Juni. Italienische Kunst: 400. Geburtstag von Guido Reni. Komb. StTdr. und RaTdr. (5×5); gez. K 14.

amy) Aurora; Freskendetail von G. Reni (1575–1642)

1496	90 L mehrfarbig .... amy	0,30	0,30
	FDC		1,—

Auflage: 8 000 000 Stück

1975, 18. Juni. Italienische Kunst: 50. Todestag von Armando Spadini. Komb. StTdr. und RaTdr. (5×5); gez. K 14.

amz) Armando Spadini (1883–1925), Maler; Selbstbildnis mit seiner Frau

1497	90 L mehrfarbig .... amz	0,30	0,30
	FDC		1,—

Auflage: 8 000 000 Stück

1975, 27. Juni. 450. Geburtstag von Giovanni Pierluigi da Palestrina. Komb. StTdr. und Odr. (10×5); gez. K 13¼:14.

ana) G. P. da Palestrina (1525–1594), Komponist

1498	100 L purpur/mattgraubraun ...... ana	0,30	0,30
	FDC		1,—

Auflage: 15 000 000 Stück

1975, 30. Juni. 100 Jahre italienische Auswanderung. RaTdr. (5×10); gez. K 14:13¼.

anb) Auswandererschiff (Kindergemälde)

1499	70 L mehrfarbig .... anb	0,30	0,30
	FDC		1,—

Auflage: 15 000 000 Stück

1975, 25. Juli. 100 Jahre Notariatsgesetzgebung. Komb. StTdr. und Odr. (5×10); gez. K 14:13¼.

anc) Notariatssiegel aus dem 17. Jh.

1500	100 L mehrfarbig .... anc	0,30	0,30
	FDC		1,—

Auflage: 15 000 000 Stück

1975, 15. Sept. Kongreß des Internationalen Eisenbahnverbandes. RaTdr. (5×10); gez. K 14:13¼.

and) Antriebsräder einer Dampflokomotive

1501	70 L mehrfarbig .... and	0,30	0,30
	FDC		1,—

Auflage: 15 000 000 Stück

1975, 23. Sept. 32. Todestag von Salvo d'Acquisto. RaTdr. (5×10); gez. K 14:13¼.

ane) Salvo d'Acquisto (1920–1943) opfert sein Leben für 22 Geiseln; Gemälde von Vittorio Pisani

1502	100 L mehrfarbig .... ane	0,40	0,30
	FDC		1,—

Auflage: 15 000 000 Stück

1975, 26. Sept. 100 Jahre Zusammenschluß der Staatsarchive. RaTdr. (10×5); gez. K 13¼:14.

anf) Italia mit Mauerkrone aus Regalfächern und Tonbandgerät

1503	100 L mehrfarbig .... anf	0,30	0,30
	FDC		1,—

Auflage: 15 000 000 Stück

1975, 30. Okt. Berühmte Brunnen (III). Komb. StTdr. und Odr. (10×5); gez. K 13¼:14.

ang) Rosellobrunnen, Sassari (Sardinien)
anh) Brunnen der 99 Röhre, L'Aquila (Abruzzen)
ani) Brunnen auf der Piazza Fontana, Mailand (Lombardei)

1504	70 L	mehrfarbig	ang	0,40	0,30
1505	70 L	mehrfarbig	anh	0,40	0,30
1506	70 L	mehrfarbig	ani	0,40	0,30
		Satzpreis (3 W.)		1,—	0,80
		FDC			3,—

1504 F I	schwarzer StTdr. fehlend	50,—
1504 F II	bunter Odr. fehlend	50,—

Auflage: 15 000 000 Sätze

Weitere Werte: MiNr. 1424–1426, 1469–1471, 1557–1559, 1583 bis 1585, 1627–1629, 1670–1672

1975, 14. Nov. Künstlerporträts (III). RaTdr. (10×10); gez. K 14:13½.

ank) Alessandro Scarlatti (1660–1725), Komponist
anl) Antonio Vivaldi (um 1678 bis 1741), Geiger und Komponist
anm) Gaspare Spontini (1774–1851), Komponist

ann) Ferruccio Busoni (1866–1924), Pianist, Komponist
ano) Francesco Cilèa (1866–1950), Komponist
anp) Franco Alfano (1876–1954), Komponist

1507	100 L	mehrfarbig	ank	0,20	0,20
1508	100 L	mehrfarbig	anl	0,20	0,20
1509	100 L	mehrfarbig	anm	0,20	0,20
1510	100 L	mehrfarbig	ann	0,20	0,20
1511	100 L	mehrfarbig	ano	0,20	0,20
1512	100 L	mehrfarbig	anp	0,20	0,20
		Satzpreis (6 W.)		1,20	1,20
		FDC			6,—

Auflage: 15 000 000 Sätze

Weitere Werte: MiNr. 1419–1423, 1442–1446, 1549–1553, 1572 bis 1576

1975, 25. Nov. Weihnachten. Komb. Odr. und StTdr. (10×5); gez. K 13¼:14.

anr) Engel verkündet den Hirten die Geburt Christi
ans) Christi Geburt
ant) Engel verkündet den Weisen die Geburt Christi

anr–ant) Holzpaneele der Kathedrale von Alatri, 15. Jh.

1513	70 L	mehrfarbig	anr	0,20	0,20
1514	100 L	mehrfarbig	ans	0,20	0,20
1515	150 L	mehrfarbig	ant	0,30	0,30
		Satzpreis (3 W.)		0,70	0,70
		FDC			1,50

Auflagen: MiNr. 1513–1514 je 15 000 000, MiNr. 1515 = 8 000 000 Stück

1975, 7. Dez. Tag der Briefmarke: Kinderzeichnungen. RaTdr. (5×10, MiNr. 1517 ~); gez. K 14:13¼, MiNr. 1517 ~.

anu) Drei auf einem Pferd; von Celestino Chiocchetti
anv) Spaziergang auf der Wiese; von Elena Tommaselli
anw) Die Sternsinger; von Marzia Fabro

1516	70 L	mehrfarbig	anu	0,20	0,20
1517	100 L	mehrfarbig	anv	0,20	0,20
1518	150 L	mehrfarbig	anw	0,30	0,30
		Satzpreis (3 W.)		0,70	0,70
		FDC			1,50

Auflagen: MiNr. 1516–1517 je 15 000 000, MiNr. 1518 = 8 000 000 Stück

1975, 22. Dez. 600. Todestag von Giovanni Boccaccio. Komb. StTdr. und Odr. (10×5); gez. K 13¼:14.

anx) Giovanni Boccaccio (1313 bis 1375), Dichter; Fresko von Andrea del Castagno (um 1421–1457)
any) Buchtitel zur Boccaccio-Ausgabe; Holzschnitt, 15. Jh.

1519	100 L	mehrfarbig	anx	0,20	0,20
1520	150 L	mehrfarbig	any	0,30	0,30
		Satzpreis (2 W.)		0,50	0,50
		FDC			1,50

Auflage: 15 000 000 Sätze

Als Grundlage für die Ermittlung von Preisnotierungen dienten Unterlagen des Briefmarkenhandels, von Arbeitsgemeinschaften sowie Sammlern im In- und Ausland.

1976

1976, 30. Jan. 100 Jahre Staatsanwaltschaft. RaTdr. (10×5); gez. K 13½:14.

anz) Gebäudeeingang der Staatsanwaltschaft, Rom

1521	150 L	mehrfarbig	anz	0,30	0,30
			FDC		1,—

Auflage: 15 000 000 Stück

1976, 15. März. Freimarken: Italia turrita. StTdr. (10×10); Wz. 4; gez. K 14¼.

wt l) Italia mit Mauerkrone, nach Medaillon aus Syrakus

1522	150 L	purpurviolett	wt l	0,20	0,20
1523	400 L	dunkelrot	wt l	0,60	0,20
		Satzpreis (2 W.)		0,80	0,40
			FDC		2,—

| 1522 U | ungezähnt | | | 50,— | |

[Zst]

Gültig bis 20.11.1977

Weitere Werte siehe Übersicht nach Jahrgangswerttabelle.

1976, 27. März. Internationale Briefmarkenausstellung ITALIA '76, Mailand (I). RaTdr. (10×5); gez. K 13¼:14.

aoa) Ausstellungsemblem
aob) Emblem, Messepalast in Mailand

1524	150 L	mehrfarbig	aoa	0,20	0,20
1525	180 L	mehrfarbig	aob	0,30	0,30
		Satzpreis (2 W.)		0,50	0,50
			FDC		1,50

[Zst] MiNr. 1524.

Auflagen: MiNr. 1524 = 15 000 000, MiNr. 1525 = 8 000 000 Stück

MiNr. 1524 gültig bis 22.2.1978, MiNr. 1525 bis 24.8.1978

1976, 15. April. Eilmarke. Bildformat 36×20 mm. RaTdr. (5×10); Wz. 4; gez. K 14:14¼.

ads) Geflügelte Pferde aus Tarquinia, etruskisch

1526	300 L	braun	ads	0,40	0,30
			FDC		1,50

Gültig bis 11.5.1992

In gleicher Zeichnung: MiNr. 1270, 1460; in etwas größerem Bildformat: MiNr. 1002, 1203

1976, 21. Mai. Tourismus. RaTdr. (5×5); gez. K 14.

aoc) Schloß Fenis im Aostatal

aod) Forio auf der Insel Ischia
aoe) Trulli im Itriatal (Apulien)

1527	150 L	mehrfarbig	aoc	0,40	0,40
1528	150 L	mehrfarbig	aod	0,40	0,40
1529	150 L	mehrfarbig	aoe	0,40	0,40
		Satzpreis (3 W.)		1,—	1,—
			FDC		3,—

Auflage: 15 000 000 Sätze

Weitere Werte siehe Übersicht nach Jahrgangswerttabelle.

1976, 22. Mai. Europa: Kunsthandwerk. RaTdr. (10×5); gez. K 13½:14.

aof) Keramik-Zierteller (16. Jh.)
aog) Keramikvase mit Frauengesicht (18. Jh.)

1530	150 L	mehrfarbig	aof	0,30	0,20
1531	180 L	mehrfarbig	aog	0,50	0,30
		Satzpreis (2 W.)		0,80	0,50
			FDC		2,—

Auflagen: MiNr. 1530 = 15 000 000, MiNr. 1531 = 8 000 000 Stück

1976, 1. Juni. 30 Jahre Republik Italien. RaTdr. (10×5); gez. K 13½:14.

aoh) Fahnen
aoi) Italienische Staatspräsidenten von 1946 bis 1976 Enrico de Nicola (1877–1959), Luigi Einaudi (1874–1961), Giovanni Gronchi (1887–1978), Antonio Segni (1891–1972), Giuseppe Saragat (1898–1988), Giovanni Leone (1908–2001); Palazzo del Quirinale

1532	100 L	mehrfarbig	aoh	0,30	0,30
1533	150 L	mehrfarbig	aoi	0,30	0,30
		Satzpreis (2 W.)		0,60	0,60
			FDC		1,80

Auflage: 15 000 000 Sätze

Italien 363

1976, 26. Juli. Italienische Kunst: 320. Geburtstag von Giacomo Serpotta. StTdr. (5×5); gez. K 14.

aok) Die Standhaftigkeit; Skulptur des Stukkateurs G. Serpotta (1656–1732), San-Domenico-Kirche, Palermo

1534	150 L	dunkelviolettblau	aok	0,30	0,30
			FDC		1,—

Auflage: 15 000 000 Stück

1976, 26. Juli. Italienische Kunst: 60. Todestag von Umberto Boccioni. Komb. StTdr. und Odr. (5×5); gez. K 14.

aol) Frau am Tisch; von Umberto Boccioni (1882–1916), Maler und Bildhauer, Mitgründer des Futurismus in Italien

1535	150 L	mehrfarbig	aol	0,30	0,30
			FDC		1,—
1535 F		schwarzer StTdr. fehlend (auch ☐)			100,—

Auflage: 15 000 000 Stück

1976, 26. Juli. Italienische Kunst: 100. Geburtstag von Emilio Filippo Tommaso Marinetti. Komb. StTdr. und Odr. (5×5); gez. K 14.

aom) Brief des Kanoniers von der Front; Titelbild eines Buches des Schriftstellers E. F. T. Marinetti (1876–1944)

1536	150 L	schwarz/rot	aom	0,30	0,30
			FDC		1,—
1536 U		ungezähnt			120,—

Auflage: 15 000 000 Stück

1976, 30. Juli. 450. Todestag von Vittore Carpaccio. StTdr. (2 Zd×10); gez. K 14:13¼.

aon–aoo) Kampf des hl. Georg mit dem Drachen, Fresko von V. Carpaccio (um 1455–1526)

1537	150 L	violettpurpur	aon	0,40	0,30
1538	150 L	violettpurpur	aoo	0,40	0,30
		Satzpreis (2 W.)		0,70	0,60
		Dreierstreifen		1,—	1,—
		FDC			2,—
1538 Zf K		Kehrdruck		2,50	2,50
		FDC			5,—
1537 U		ungezähnt		85,—	
1538 U		ungezähnt		85,—	
1537 Zf U–1538 Zf U		ungezähnt		170,—	
1538 K Zf		Kehrdruck ungezähnt		190,—	

Auflage: 15 000 000 Sätze

1976, 15. Sept. 400. Todestag von Tiziano Vecellio. StTdr. (5×5); gez. K 14.

aop) Flora; Gemälde von Tizian, eigentlich Tiziano Vecellio (ca. 1477–1576)

1539	150 L	dunkelkarmin	aop	0,40	0,30
			FDC		1,10

Auflage: 15 000 000 Stück

1976, 2. Okt. 750. Todestag des hl. Franz von Assisi. StTdr. (10×5); gez. K 14.

aor) Hl. Franz von Assisi (ca. 1181–1226); Fresko, Subiaco, 13. Jh.

1540	150 L	dunkelsiena	aor	0,30	0,30
			FDC		1,—

Auflage: 15 000 000 Stück

1976, 14. Okt. Internationale Briefmarkenausstellung ITALIA '76, Mailand (II). RaTdr. (5×10); gez. K 14:13¼.

aos) Cursus publicus; Detail der Trajanssäule
aot) Posthausschild, Königlich-Sardinische Post
aou) Briefkasten aus Marmor mit Löwenkopf, 19. Jh.

aov) Handstempelmaschine, Ende 19. Jh.
aow) Automatische Briefsortiermaschine, 1976

1541	70 L	mehrfarbig	aos	0,10	0,10
1542	100 L	mehrfarbig	aot	0,20	0,10
1543	150 L	mehrfarbig	aou	0,30	0,20
1544	200 L	mehrfarbig	aov	0,40	0,30
1545	400 L	mehrfarbig	aow	0,50	0,50
		Satzpreis (5 W.)		1,50	1,20
		FDC			4,20

Auflagen: MiNr. 1541–1543 je 15 000 000, MiNr. 1544–1545 je 8 000 000 Stück

MICHEL*perfoscope*

Die philatelistische Präzisions-Software

Universell einsetzbar für Zähnungs-, Längen- und Winkelmessungen aller Art.

Italien

1976, 17. Okt. Tag der Briefmarke: Kinderzeichnungen. RaTdr. (10×5); gez. K 13¼:14.

aox) Mädchen beschirmt Tiere und Blumen; von Michela Palazzo
aoy) Bäume, Hase und Blumen mit Schal umwickelt; von Antonella Grasselli
aoz) „Ärztliche Untersuchung" eines bandagierten Baumes; von Giovanni Sanguieti

aox–aoz) Schülerzeichnungen zum Thema „Laßt uns die Natur schützen!"

1546	40 L	mehrfarbig	.... aox	0,10	0,10
1547	100 L	mehrfarbig	.... aoy	0,20	0,20
1548	150 L	mehrfarbig	.... aoz	0,20	0,20
			Satzpreis (3 W.)	0,50	0,50
			FDC		1,70

Auflage: 15 000 000 Sätze

1976, 22. Nov. Künstlerporträts (IV). RaTdr. (10×10); gez. K 14:13½.

apa) Lorenzo Ghiberti (1378–1455), Bildhauer, Goldschmied und Kunstschriftsteller

apb) Domenico di Tommaso Bigordi, genannt Ghirlandaio (1449–1494), Maler; Selbstporträt
apc) Giovanni Battista Salvi, genannt Sassoferrato (1609–1685), Maler; Selbstporträt
apd) Carlo Dolci (1616–1686), Maler; Selbstporträt
ape) Giovanni Battista Piazzetta (1682–1754), Maler und Radierer; Selbstporträt

1549	170 L	mehrfarbig	.... apa	0,30	0,30
1550	170 L	mehrfarbig	.... apb	0,30	0,30
1551	170 L	mehrfarbig	.... apc	0,30	0,30
1552	170 L	mehrfarbig	.... apd	0,30	0,30
1553	170 L	mehrfarbig	.... ape	0,30	0,30
			Satzpreis (5 W.)	1,50	1,50
			FDC		5,—

Auflage: 15 000 000 Sätze

Weitere Werte: MiNr. 1419–1423, 1442–1446, 1507–1512, 1572 bis 1576

1976, 7. Dez. 150. Geburtstag von Silvestro Lega. RaTdr. (5×10); gez. K 14:13¼.

apf) Der Besuch; Gemälde von S. Lega (1826–1895)

1554	170 L	mehrfarbig	.... apf	0,30	0,30
			FDC		1,—

Auflage: 15 000 000 Stück

1976, 11. Dez. Weihnachten. RaTdr. (10×5); gez. K 13¼:14.

apg) Die Anbetung der Könige; von Bartolo di Fredi (um 1330–1409)
aph) Die Geburt Christi; Freskendetail von Taddeo Gaddi (um 1300–1366)

1555	70 L	mehrfarbig	.... apg	0,20	0,20
1556	120 L	mehrfarbig	.... aph	0,30	0,30
			Satzpreis (2 W.)	0,50	0,50
			FDC		1,50

Auflage: 15 000 000 Sätze

1976, 21. Dez. Berühmte Brunnen (VI). Komb. StTdr. und Odr. (10×5); gez. K 13¼:14.

api) Antiker Brunnen, Gallipoli (Apulien)
apk) Madonnabrunnen, Verona (Venetien)
apl) Brunnen am Palazzo Doria, Genua (Ligurien)

1557	170 L	mehrfarbig	.... api	0,50	0,20
1558	170 L	mehrfarbig	.... apk	0,50	0,20
1559	170 L	mehrfarbig	.... apl	0,50	0,20
			Satzpreis (3 W.)	1,50	0,60
			FDC		3,—

Auflage: 15 000 000 Sätze

Weitere Werte: MiNr. 1424–1426, 1469–1471, 1504–1506, 1583 bis 1585, 1627–1629, 1670–1672

1977

1977, 28. Febr. Kampf dem Drogenmißbrauch. RaTdr. (5×10); gez. K 14:13¼.

apm) Netz aus Schlangen vor Sonne
apn) Gliederpuppe, Mohnblume

1560	120 L	mehrfarbig	.... apm	0,20	0,20
1561	170 L	mehrfarbig	.... apn	0,30	0,30
			Satzpreis (2 W.)	0,50	0,50
			FDC		1,50

Auflage: 15 000 000 Sätze

1977, 5. März. 300. Geburtstag von Pietro Micca. RaTdr. (5×10); gez. K 14:13¼.

apo) P. Micca (1677–1706) mit Fackel, Pulvermagazin; Opfergang im Kampf gegen die Franzosen um Turin

1562	170 L	mehrfarbig	.... apo	0,40	0,30
			FDC		1,—

Auflage: 15 000 000 Stück

Italien 365

1977, 29. März. Äußere Mission der Salesianer. RaTdr. (10×5); gez. K 13¼:14.

app) Globus mit Kreuz
apr) Giovanni Bosco vor Globus

1563	70 L	mehrfarbig	app	0,20	0,20
1564	120 L	mehrfarbig	apr	0,30	0,30
			Satzpreis (2 W.)	0,50	0,50
			FDC		1,50

Auflage: 15 000 000 Sätze

1977, 14. April. Kampagne für Steuerehrlichkeit. RaTdr. (5×10); gez. K 14¼.

aps) Staatswappen, Artikel 53 der Verfassung

1565	120 L	mehrfarbig	aps	0,20	0,20
1566	170 L	mehrfarbig	aps	0,40	0,30
			Satzpreis (2 W.)	0,60	0,50
			FDC		1,50

Auflage: 100 000 000 Sätze

1977, 2. Mai. Europa: Landschaften. RaTdr. (5×5); gez. K 14.

apt) Ätna (Sizilien)
apu) Castel del Monte (Apulien)

1567	170 L	mehrfarbig	apt	0,50	0,20
1568	200 L	mehrfarbig	apu	1,—	0,30
			Satzpreis (2 W.)	1,50	0,50
			FDC		2,—

Auflagen: MiNr. 1567 = 15 000 000, MiNr. 1568 = 8 000 000 Stück

Weitere Werte siehe Übersicht nach Jahrgangswerttabelle.

1977, 30. Mai. Tourismus. RaTdr. (5×5); gez. K 14.

apv) Felsenburg Canossa, Nationaldenkmal bei Reggio dell'Emilia

apw) Fermo, Provinz Ascoli Piceno
apx) Tropfsteinhöhle Castellana Grotte, Apulien

1569	170 L	mehrfarbig	apv	0,40	0,40
1570	170 L	mehrfarbig	apw	0,40	0,40
1571	170 L	mehrfarbig	apx	0,40	0,40
			Satzpreis (3 W.)	1,—	1,—
			FDC		3,—

Auflage: 15 000 000 Sätze

Weitere Werte siehe Übersicht nach Jahrgangswerttabelle.

1977, 27. Juni. Künstlerporträts (V). RaTdr. (10×10); gez. K 14:13½.

apy) Filippo Brunelleschi (1377–1446), Baumeister und Bildhauer

apz) Pietro Aretino (1492 bis 1556), Schriftsteller; Gemälde von Tizian (ca. 1477–1576)
ara) Carlo Goldoni (1707–1793), Lustspieldichter
arb) Luigi Cherubini (1760–1842), Komponist
arc) Edoardo Bassini (1846–1924), Chirurg

1572	70 L	mehrfarbig	apy	0,20	0,20
1573	70 L	mehrfarbig	apz	0,20	0,20
1574	70 L	mehrfarbig	ara	0,20	0,20
1575	70 L	mehrfarbig	arb	0,20	0,20
1576	70 L	mehrfarbig	arc	0,20	0,20
			Satzpreis (5 W.)	0,70	0,70
			FDC		5,—

Auflage: 10 000 000 Sätze

Weitere Werte: MiNr. 1419–1423, 1442–1446, 1507–1512, 1549 bis 1553

1977, 5. Sept. Italienische Kunst. Komb. StTdr. und Odr. (5×5); gez. K 14.

ard) Die Gerechtigkeit; Fresko von Andrea Delitio (15. Jh) in der Kathedrale von Atri
are) Der Winter; Gemälde von Giuseppe Arcimboldo (um 1527–1593)

1577	170 L	mehrfarbig	ard	0,50	0,40
1578	170 L	mehrfarbig	are	0,50	0,40
			Satzpreis (2 W.)	1,—	0,80
			FDC		2,—

Auflage: 15 000 000 Sätze

Preisspalten

Die Notierungen gelten in den linken Spalten für ungebrauchte ✶✶, in den rechten für gebrauchte ⊙ Stücke. In besonderen Fällen sind noch weitere Preisspalten eingefügt.

Italien

1977, 23. Sept. Schiffsbau (I). Komb. Odr. und StTdr. (2×5 Zd); gez. K 14:13¼.

ari) Raddampfer mit Segel „Ferdinando Primo" (1818–1820)

arf) Korvette „Caracciolo" (1869–1907)

arh) Motorschiff „Saturnia" (1927–1967)

arg) Tragflügel-Kanonenboot „Sparviero" (1973)

Zierfelder: Embleme der Handels- und Kriegsmarine

1579	170 L	mehrfarbig	arf	0,30	0,20
1580	170 L	mehrfarbig	arg	0,30	0,20
1581	170 L	mehrfarbig	arh	0,30	0,20
1582	170 L	mehrfarbig	ari	0,30	0,20
		Satzpreis (4 W.)		1,—	0,50
		Sechserblock		2,—	2,—
		FDC			8,—

MiNr. 1579–1582 wurden mit 2 Zierfeldern zusammenhängend gedruckt.

Auflage: 15 000 000 Sätze

Weitere Werte: MiNr. 1609–1612, 1673–1676, 1728 bis 1731

1977, 18. Okt. Berühmte Brunnen (V). Komb. StTdr. und Odr. (10×5); gez. K 13¼:14.

ark) Pacassibrunnen, Gorizia (Friaul)

arl) Fraternabrunnen, Isernia (Molise)

arm) Palmenbrunnen, Palmi (Kalabrien)

1583	120 L	mehrfarbig	ark	0,40	0,40
1584	120 L	mehrfarbig	arl	0,40	0,40
1585	120 L	mehrfarbig	arm	0,40	0,40
		Satzpreis (3 W.)		1,20	1,20
		FDC			3,—

Auflage: 15 000 000 Sätze

Weitere Werte: MiNr. 1424–1426, 1469–1471, 1504–1506, 1557 bis 1559, 1627–1629, 1670–1672

MICHELsoft
die spezielle
Sammler-Software

1977, 23. Okt. Tag der Briefmarke: Kinderzeichnungen. RaTdr. (4×2 Zd); gez. K 13¼:14.

arn) Ball über das Netz; von Maria Letizia Bologni

aro) Schmetterlingsfang; von Maria-Luisa Uderzo

arp) Drachensteigen; von Alessandro Pomponi

Zierfeld: Emblem

1586	120 L	mehrfarbig	arn	0,30	0,20
1587	120 L	mehrfarbig	aro	0,30	0,20
1588	120 L	mehrfarbig	arp	0,30	0,20
		Satzpreis (3 W.)		0,90	0,60
		Viererblock		1,—	1,—
		FDC			2,20

MiNr. 1586–1588 wurde mit Zierfeld in ⊞-Anordung gedruckt. Ein Schwarzdruck im Dreierstreifen, je 1 Zierfeld links und rechts sowie mit farbiger Umschrift hatte keine Frankaturkraft (Auflage: 32 000 Stück).

Auflage: 15 000 000 Sätze

1977, 26. Okt. Blutspenden. RaTdr. (5×10); gez. K 14:13¼.

 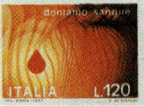

arr–ars) Blutspende-Symbolik

1589	70 L	mehrfarbig	arr	0,20	0,20
1590	120 L	mehrfarbig	ars	0,30	0,30
		Satzpreis (2 W.)		0,50	0,50
		FDC			1,50

Auflage: 15 000 000 Sätze

1977, 28. Okt. 150. Geburtstag von Quintino Sella. RaTdr. (10×10); gez. K 13¾:14.

art) Q. Sella (1827–1884), Begründer der Staatsdruckerei in Turin; Bogenteil der 1-C.-Marke (MiNr. 23)

1591	170 L	braunoliv/dunkelviolettpurpur	art	0,40	0,30
		FDC			1,—

Auflage: 15 000 000 Stück

1977, 22. Nov. Freimarken: Italia turrita. MiNr. 1592 RaTdr. (10×10), MiNr. 1593 komb. StTdr. und RaTdr. (10×10), MiNr. 1594 komb. StTdr. und Odr. (10×10); Wz. 4; gez. K 14½.

wt II) Italia mit Mauerkrone; Schlingenmuster nur unter Landesnamen

wt III) Italia mit Mauerkrone; Schlingenmuster über ganzes Markenbild

Italien

1592	120 L	schwarzblau/grün .... wt II	0,30	0,30
1593	170 L	schwarzblaugrün/ ockerbraun .... wt II	0,40	0,30
1594	350 L	mehrfarbig .... wt III	0,80	0,30
		Satzpreis (3 W.)	1,50	0,80
		FDC		3,—

Gültig bis 3.1.1988

Weitere Werte siehe Übersicht nach Jahrgangswerttabelle.

1977, 2. Dez. 100. Geburtstag von Dina Galli. RaTdr. (10×5); gez. K 13¼:14.

aru) D. Galli (1877–1951), Schauspielerin

| 1595 | 170 L | mehrfarbig .... aru | 0,40 | 0,30 |
| | | FDC | | 1,— |

Auflage: 15 000 000 Stück

1977, 13. Dez. Weihnachten. Komb. StTdr. und Odr. (5×5); gez. K 14.

arv) Die Anbetung der Hirten; Kupferstich von Pietro Testa (1611–1650)

arw) Die Anbetung der Hirten; Kupferstich von Gian Jacopo Caraglio (um 1500–1570)

1596	70 L	schwarz/mattoliv .... arv	0,20	0,20
1597	120 L	schwarz/bläulichgrün ...... arw	0,30	0,30
		Satzpreis (2 W.)	0,50	0,50
		FDC		1,50

Auflage: 15 000 000 Sätze

1978

1978, 15. März. 200 Jahre Mailänder Scala. Komb. StTdr. und Odr. (10×5); gez. K 13¼:14.

arx) Außenansicht der Mailänder Scala

ary) Innenansicht des Operntheaters

1598	170 L	mehrfarbig .... arx	0,30	0,30
1599	200 L	mehrfarbig .... ary	0,50	0,50
		Satzpreis (2 W.)	0,80	0,80
		FDC		2,—

Auflage: 10 000 000 Sätze

1978, 30. März. Tourismus. RaTdr. (5×5); gez. K 14¼:14.

arz) Palazzo dei Consoli in Gubbio

asa) Piazza della Libertà in Udine

asb) Tempel in Paestum

1600	70 L	mehrfarbig .... arz	0,20	0,20
1601	200 L	mehrfarbig .... asa	0,30	0,30
1602	600 L	mehrfarbig .... asb	1,—	1,—
		Satzpreis (3 W.)	1,50	1,50
		FDC		3,50

Auflagen: MiNr. 1600–1601 je 10 000 000, MiNr. 1602 = 5 000 000 Stück

Weitere Werte siehe Übersicht nach Jahrgangswerttabelle.

1978, 3. April. Seltene Tiere des Mittelmeeres. RaTdr. (1×10 Zd); gez. K 14:13¼.

asc) Zackenbarsch (Epinephelus guaza)

asd) Lederschildkröte (Dermochelys coriacea)

Zierfeld: Seepferdchen

ase) Mönchsrobbe (Monachus monachus)

asf) Korallenmöwe (Larus audouinii)

1603	170 L	mehrfarbig .... asc	0,20	0,20
1604	170 L	mehrfarbig .... asd	0,20	0,20
1605	170 L	mehrfarbig .... ase	0,20	0,20
1606	170 L	mehrfarbig .... asf	0,20	0,20
		Satzpreis (4 W.)	0,80	0,80
		Fünferstreifen	2,20	2,20
		FDC		10,—

MiNr. 1603–1606 wurden mit Zierfeld waagerecht zusammenhängend gedruckt.

Auflage: 10 000 000 Sätze

1978, 29. April. Europa: Baudenkmäler. Komb. Odr. und StTdr. (5×10); gez. K 14:13½.

asg) Castel Nuovo (Maschio Angioino), Neapel (13 Jh.)

ash) Pantheon in Rom (25. v. Chr.)

1607	170 L	mehrfarbig	asg	0,50	0,30
1608	200 L	mehrfarbig	ash	0,50	0,40
		Satzpreis (2 W.)		1,—	0,70
		FDC			2,—

Auflage: 10 000 000 Sätze

1978, 8. Mai. Schiffsbau (II). Komb. Odr. und StTdr. (2×5 Zd); gez. K 14¼:13½.

asi) Panzerschiff „Benedetto Brin" (1901–1915)
asl) Ligurische Brigg „Fortuna" (19. Jh.)
ask) Raketenfregatte „Lupo" (1976)
asm) Containerschiff „Africa" (1976)

Zierfelder: Kompaß und Sextant

1609	170 L	mehrfarbig	asi	0,40	0,20
1610	170 L	mehrfarbig	ask	0,40	0,20
1611	170 L	mehrfarbig	asl	0,40	0,20
1612	170 L	mehrfarbig	asm	0,40	0,20
		Satzpreis (4 W.)		1,50	0,50
		Sechserblock		3,—	3,—
		FDC			8,—

MiNr. 1609–1612 wurden mit 2 Zierfeldern zusammenhängend gedruckt.

Auflage: 10 000 000 Sätze

Weitere Werte: MiNr. 1579–1582, 1673–1676, 1728–1731

1978, 10. Mai. Berühmte Personen (I). StTdr. (3×2 Zd); gez. K 14¼:13¼.

asn) Matilde Serao (1856–1927), Journalistin und Schriftstellerin
aso) Vittorino da Feltre (1378–1446), Pädagoge
asp) König Viktor Emanuel II. (1820–1878)

asr) Papst Pius IX., eigentl. Giovanni Maria Mastai-Ferretti (1792–1878)
ass) Marcello Malpighi (1628 bis 1694) Naturforscher und Anatom
ast) Antonio Meucci, Erfinder (1808–1889)

1613	170 L	rotkarmin/schwarz	asn	0,30	0,20
1614	170 L	violettblau/schwarzbraun	aso	0,30	0,20
1615	170 L	violettblau/schwarzblau	asp	0,30	0,20
1616	170 L	dunkelgelbgrün/schwarz	asr	0,30	0,20
1617	170 L	dunkelgelbgrün/schwarzbraun	ass	0,30	0,20
1618	170 L	rotkarmin/schwarzblau	ast	0,30	0,20
		Satzpreis (6 W.)		1,50	1,20
		Sechserblock		2,50	2,50
		FDC			25,—

MiNr. 1613–1618 wurden in Sechserblockanordnung (2×3) zusammenhängend gedruckt.

Auflage: 10 000 000 Sätze

Weitere Werte: MiNr. 1652–1656

1978, 2. Juni. 30 Jahre Verfassung der Republik Italien. Odr. (10×5); gez. K 13½:14¼.

asu) Verfassungsauszug

| 1619 | 170 L | mehrfarbig | asu | 0,30 | 0,30 |
| | | FDC | | | 1,— |

Auflage: 10 000 000 Stück

1978, 30. Juni. Fotografische Information. RaTdr. (10×5); gez. K 13¼:14.

asv) Leitungsmast mit -drähten; Fotografie von Tina Modotti; Fotoobjektiv

| 1620 | 120 L | mehrfarbig | asv | 0,30 | 0,30 |
| | | FDC | | | 1,— |

Auflage: 10 000 000 Stück

1978, 12. Juli. Italienische Kunst. Komb. StTdr. und Odr. (5×5); gez. K 14.

asw) Der Efeu; Gemälde von Tranquillo Cremona (1837–1878)
asx) Die Köchin; Gemälde von Bernardo Strozzi (1581–1644)

1621	170 L	mehrfarbig	asw	1,50	0,50
1622	520 L	mehrfarbig	asx	2,50	0,50
		Satzpreis (2 W.)		4,—	3,—
		FDC			4,—

Auflagen: MiNr. 1621 = 10 000 000 Stück, MiNr. 1622 = 6 000 000 Stück

1978, 8. Sept. 400. Jahrestag der Überführung des hl. Grabtuches in den Turiner Dom. RaTdr. (5×10); gez. K 14:13¾.

asy) Bischöfliche Pilger verehren das Turiner Grabtuch

| 1623 | 220 L | mehrfarbig | asy | 0,50 | 0,30 |
| | | FDC | | | 2,50 |

Auflage: 10 000 000 Stück

Italien 369

1978, 20. Sept. Volleyball-Weltmeisterschaften. RaTdr. (10×5); gez. K 14¼:14.

asz) Volleyball-spieler bilden Abwehrblock

ata) Angriff durch Schmetterball

1624	80 L	mehrfarbig .... asz	0,30	0,30
1625	120 L	mehrfarbig .... ata	0,50	0,30
		Satzpreis (2 W.)	0,80	0,60
		FDC		2,50

Auflage: 10 000 000 Sätze

1978, 18. Okt. 550. Todestag von Tommaso di Giovanni di Simone Guidi, genannt Masaccio. StTdr. (10×5); gez. K 13½:14.

atb) Almosenempfangende Frau mit Kind; Detail des Freskos „Hl. Petrus verteilt Almosen von Ananias" von Masaccio (1401–1428)

| 1626 | 170 L | blauschwarz .... atb | 0,30 | 0,30 |
| | | FDC | | 1,— |

Auflage: 10 000 000 Stück

1978, 25. Okt. Berühmte Brunnen (VI). Komb. StTdr. und Odr. (10×5); gez. K 13¼:14.

atc) Neptun-Brunnen, Trient (Trentino)   atd) Fortuna-Brunnen, Fano (Marche)   ate) Cavallina-Brunnen, Genzano di Lucania (Basilicata)

1627	120 L	mehrfarbig .... atc	0,40	0,40
1628	120 L	mehrfarbig .... atd	0,40	0,40
1629	120 L	mehrfarbig .... ate	0,40	0,40
		Satzpreis (3 W.)	1,—	1,—
		FDC		3,—

Auflage: 10 000 000 Sätze

Weitere Werte: MiNr. 1424–1426, 1469–1471, 1504–1506, 1557 bis 1559, 1583–1585, 1670–1672

1978, 8. Nov. Weihnachten. MiNr. 1630 komb. StTdr. und Odr. (10×5); gez. K 13¼:14, MiNr. 1631 RaTdr. (5×10); gez. K 14:13¾.

atf) Madonna mit Kind; Detail aus „Thronende Maria mit den Heiligen Franziskus und Georg" von Giorgio da Castelfranco, genannt Giorgione (1477–1510)   atg) Die Anbetung der Könige; Gemälde von Giorgione (1477–1510)

1630	80 L	lilakarmin/braun .... atf	0,20	0,20
1631	120 L	mehrfarbig .... atg	0,30	0,30
		Satzpreis (2 W.)	0,50	0,50
		FDC		1,50

Auflage: 10 000 000 Sätze

1978, 26. Nov. 20. Tag der Briefmarke: Kinderzeichnungen. RaTdr. (10×5); gez. K 14¼:14.

ath) Flaggen der Mitgliedsstaaten der EG als Blumenstrauß; von Silvia Colazilli   ati) Flaggen der Mitgliedsstaaten der EG von Band umgeben; von Grazia Gazzarri   atk) Ballspielende Menschen; von P. Riccardo Porceddu

ath–atk) Sinnbilder für ein vereintes Europa

1632	120 L	mehrfarbig .... ath	0,40	0,20
1633	120 L	mehrfarbig .... ati	0,40	0,20
1634	120 L	mehrfarbig .... atk	0,40	0,30
		Satzpreis (3 W.)	1,—	0,70
		FDC		2,—

Auflage: 10 000 000 Sätze

1978, 4. Dez. Freimarke: Italia. StTdr. (5×4); gez. K 14¼:13¼.

atl) Italia

| 1635 | 5000 L | mehrfarbig .... atl | 4,50 | 0,50 |
| | | FDC | | 7,— |

Weitere Werte: MiNr. 1641–1644, 1849, 2001, 2810–2815, 2828, 2948, 2975, 3012

1979

1979, 6. Jan. 50 Jahre Briefmarkenherstellung in der Staatsdruckerei. RaTdr. (5×10); gez. K 14:13½.

atm) Staatsdruckerei   atn) Tiefdruckrotationsmaschine (1929)

1636	170 (L)	mehrfarbig .... atm	0,30	0,30
1637	220 (L)	mehrfarbig .... atn	0,40	0,40
		Satzpreis (2 W.)	0,70	0,70
		FDC		1,50

Auflage: 10 000 000 Sätze

Italien

1979, 22. Jan. Betreuung von Leprakranken. RaTdr. (5×10); gez. K 14:13½.

ato) Der hl. Franziskus wäscht die Beine von Leprakranken; Freskendetail aus der „Vita des hl. Franziskus" von Francesco da Rimini Bardi, 13. Jh.

1638	80 (L)	mehrfarbig	ato	0,30	0,30
			FDC		1,—

Auflage: 8 000 000 Stück

1979, 27. Jan. Radweltmeisterschaften im Querfeldeinfahren. RaTdr. (10×5); gez. K 13½:14.

atp) Stilis. Querfeldeinradfahrer

1639	170 (L)	mehrfarbig	atp	0,30	0,30
1640	220 (L)	mehrfarbig	atp	0,40	0,40
		Satzpreis (2 W.)		0,70	0,70
			FDC		2,50

Auflage: 10 000 000 Sätze

1979, 12. Febr./14. Mai. Freimarken: Italia. StTdr. (5×4, ab Nov. 1990 5×10); gez. K 14¼:13½.

atl) Italia

				**	⊙	FDC
1641	1500 L	mehrfarbig (14.5.)	.. atl	1,60	0,20	2,—
1642	2000 L	mehrfarbig (12.4.)	.. atl	2,10	0,20	3,—
1643	3000 L	mehrfarbig (12.3.)	.. atl	3,20	0,30	4,—
1644	4000 L	mehrfarbig (12.2.)	.. atl	4,50	0,30	8,—
		Satzpreis (4 W.)		11,—	1,—	

Weitere Werte siehe Fußnote nach MiNr. 1635

1979, 15. Febr. Italienische Kunst. Komb. Odr. und StTdr. (5×5); gez. K 14¼.

atr) Die Verkündigung; Gemälde von Antonello da Messina (1430–1479)

ats) Acker mit Heuschober; Gemälde von Ardengo Soffici (1879–1964)

1645	170 (L)	mehrfarbig	atr	0,50	0,50
1646	520 (L)	mehrfarbig	ats	1,—	1,—
		Satzpreis (2 W.)		1,50	1,50
			FDC		2,50

Auflagen: MiNr. 1641 = 10 000 000, MiNr. 1642 = 6 000 000 Stück

1979, 14. März. 100. Geburtstag von Albert Einstein. Komb. StTdr. und Odr. (10×5); gez. K 13¼:14.

att) A. Einstein (1879–1955), Physiker, Nobelpreis 1921

1647	120 (L)	mehrfarbig	att	0,40	0,30
			FDC		1,—

Auflage: 10 000 000 Stück

1979, 30. März. Tourismus. RaTdr. (5×5); gez. K 14.

atu) Piazza il Risorgimento in Asiago atv) Stadtansicht von Castelsardo

atw) Stadtansicht von Orvieto atx) Stadtansicht von Scilla

1648	70 (L)	mehrfarbig	atu	0,20	0,20
1649	90 (L)	mehrfarbig	atv	0,30	0,30
1650	170 (L)	mehrfarbig	atw	0,40	0,40
1651	220 (L)	mehrfarbig	atx	0,60	0,60
		Satzpreis (4 W.)		1,50	1,50
			FDC		4,—

Auflage: 10 000 000 Sätze

Weitere Werte siehe Übersicht nach Jahrgangswerttabelle.

1979, 23. April. Berühmte Personen (II). StTdr. (10×5); gez. K 14¼:13¼.

aty) Carlo Maderno (1556–1629), Baumeister

atz) Lazzaro Spallanzani (1729–1799), Naturforscher

aua) Ugo Foscolo (1778–1827), Dichter

aub) Massimo Bontempelli (1878–1960), Schriftsteller

auc) Francesco Severi (1879 bis 1961), Mathematiker

1652	170 (L)	mehrfarbig	aty	0,30	0,30
1653	170 (L)	mehrfarbig	atz	0,30	0,30
1654	170 (L)	mehrfarbig	aua	0,30	0,30
1655	170 (L)	mehrfarbig	aub	0,30	0,30
1656	170 (L)	mehrfarbig	auc	0,30	0,30
		Satzpreis (5 W.)		1,50	1,50
			FDC		5,—

Auflage: 10 000 000 Sätze

Weitere Werte: MiNr. 1613–1618

1979, 30. April. Europa: Geschichte des Post- und Fernmeldewesens. RaTdr. (5×10); gez. K 14:14¼.

aud) Morseapparat   aue) Brieftauben

1657	170	(L)	mehrbarbig	aud	0,50	0,30
1658	220	(L)	mehrbarbig	aue	1,50	0,40
			Satzpreis (2 W.)		2,—	0,70
			FDC			1,50

Auflage: 10 000 000 Sätze

1979, 5. Mai. Erste Direktwahl zum Europäischen Parlament. RaTdr. (5×10); gez. K 14:13¼.

auf) Flaggen der beteiligten Staaten bilden „E"

1659	170	(L)	mehrbarbig	auf	0,30	0,30
1660	220	(L)	mehrbarbig	auf	0,40	0,40
			Satzpreis (2 W.)		0,70	0,70
			FDC			2,—

Auflage: 10 000 000 Sätze

1979, 9. Juni. Kongreß von Rotary International, Rom. RaTdr. (10×5); gez. K 13½:14.

aug) Äeneas, Basrelief an der Ara Pacis

1661	220	(L)	mehrbarbig	aug	0,50	0,30
			FDC			1,—

Auflage: 10 000 000 Stück

1979, 13. Juni. Basketball-Europameisterschaft, Turin. RaTdr. (10×5); gez. K 14¼:14.

auh) Ball im Korb   aui) Spielszene

1662	80	(L)	mehrbarbig	auh	0,20	0,20
1663	120	(L)	mehrbarbig	aui	0,50	0,50
			Satzpreis (2 W.)		0,70	0,70
			FDC			2,—

Auflage: 10 000 000 Sätze

1979, 16. Juni. Nationale Woche gegen Verdauungskrankheiten. Komb. StTdr. und Odr. (10×5); gez. K 14¼:14.

auk) Mann mit Bauchwassersucht beim Arzt; Zeichnung aus dem Buch „Hortus sanitatis" von Giovanni da Cuba

1664	120	(L)	mehrbarbig	auk	0,40	0,30
			FDC			1,—

Auflage: 10 000 000 Stück

1979, 22. Juni. Internationale Maschinenbaumesse, Mailand. RaTdr. (5×10); gez. K 14:13½.

aul) Band, Messeemblem, Mailänder Dom

1665	170	(L)	mehrbarbig	aul	0,30	0,30
1666	220	(L)	mehrbarbig	aul	0,40	0,40
			Satzpreis (2 W.)		0,70	0,70
			FDC			1,50

Auflage: 10 000 000 Sätze

1979, 9. Juli. 100. Geburtstag von Ottorino Respighi. Komb. StTdr. und Odr. (10×5); gez. K 13½:14.

aum) O. Respighi (1879–1936), Komponist; Via Appia Antica

1667	120	(L)	mehrbarbig	aum	0,40	0,30
			FDC			1,—

Auflage: 10 000 000 Sätze

1979, 20. Sept. Internationale Messe für Telekommunikation. RaTdr. (5×5); gez. K 14¼.

aun) Frau mit Morseapparat und Telefonhörer   auo) Frau mit altem Tischtelefon, Fernmeldesatellit

1668	170	(L)	lebhaftrot/schwarz	aun	0,40	0,20
1669	220	(L)	dunkelbläulichgrün/schwarzblaugrau	auo	0,60	0,40
			Satzpreis (2 W.)		1,—	0,60
			FDC			1,50

Auflage: 10 000 000 Sätze

1979, 22. Sept. Berühmte Brunnen (VII). Komb. StTdr. und Odr. (10×5); gez. K 13¼:14.

aup) Fontana del Melograno, Issogne (Aostatal)   aur) Fontana „La Bollente", Acqui Terme (Piemont)   aus) Fontana Grande, Viterbo (Latium)

1670	120	L	mehrbarbig	aup	0,50	0,50
1671	120	L	mehrbarbig	aur	0,50	0,50
1672	120	L	mehrbarbig	aus	0,50	0,50
			Satzpreis (3 W.)		1,50	1,50
			FDC			3,—

Auflage: 10 000 000 Sätze

Weitere Werte: MiNr. 1424–1426, 1469–1471, 1504–1506, 1557 bis 1559, 1583–1585, 1627–1629

Italien

1979, 12. Okt. Schiffsbau (III). Komb. Odr. und StTdr. (2×5 Zd); gez. K 14¼:13½.

aut) Segelschiff „Cosmos"
(1865–1879)

auu) Fährschiff „Deledda"
(1978)

auv) Panzerschiff „Dandolo"
(1878–1928)

auw) Unterseeboot „Carlo Fecia di Cossato" (1977)

Zierfelder: Windrose und Kompaßhäuschen

1673	170	(L)	mehrfarbig .... aut	0,40	0,20
1674	170	(L)	mehrfarbig .... auu	0,40	0,20
1675	170	(L)	mehrfarbig .... auv	0,40	0,20
1676	170	(L)	mehrfarbig .... auw	0,40	0,20
			Satzpreis (4 W.)	1,50	0,80
			Sechserblock	2,50	2,50
			FDC		9,—

MiNr. 1673–1676 wurden mit 2 Zierfeldern zusammenhängend gedruckt.

Auflage: 10 000 000 Sätze

In ähnlichen Zeichnungen: MiNr. 1579–1582, 1609–1612, 1728 bis 1731

1979, 25. Okt. 100. Todestag von Sir Rowland Hill. RaTdr. (5×10); gez. K 14:13½.

aux) Sir R. Hill (1795–1879), britischer Generalpostmeister; Großbritannien MiNr. 1

1677	220	(L)	mehrfarbig .... aux	0,40	0,30
			FDC		1,—

Auflage: 10 000 000 Stück

1979, 7. Nov. Weihnachten. RaTdr. (5×10); gez. K 14:13½.

auy) Gang zur Mitternachtsmesse; Zeichnung von Aldo Raimondi (1902–1998)

1678	120	(L)	mehrfarbig .... auy	0,30	0,30
			FDC		1,—

Auflage: 10 000 000 Stück

1979, 25. Nov. Tag der Briefmarke: Kinderzeichnungen. RaTdr. (5×10, MiNr. 1680 ~); gez. K 14:13½, MiNr. 1680 ~.

auz) Afrikanisches und europäisches Kind; von Luciano Carra

ava) Kinder mit Welthalbkugel als Schirm

avb) Spielende Kinder; von Valentina Fedon

1679	70	(L)	mehrfarbig .... auz	0,20	0,20
1680	120	(L)	mehrfarbig .... ava	0,30	0,30
1681	150	(L)	mehrfarbig .... avb	0,30	0,30
			Satzpreis (3 W.)	0,80	0,80
			FDC		1,50

Auflage: 10 000 000 Sätze

1980

1980, 25. Febr. Probleme unserer Zeit: Alternative Energiequellen und Energiesparen. RaTdr. (5×10); gez. K 14:13½.

avc) Energiegewinnung: Solarenergie

avd) Energieeinsparung: Sonne in Öltank

1682	120	(L)	mehrfarbig .... avc	0,30	0,30
1683	170	(L)	mehrfarbig .... avd	0,30	0,30
			Satzpreis (2 W.)	0,60	0,60
			FDC		1,50

Auflage: 8 000 000 Sätze

1980, 21. März. 1500. Geburtstag des hl. Benedikt von Nursia. StTdr. (10×5); gez. K 13½:14.

ave) Hl. Benedikt von Nursia (480–547), Ordensgründer; Freskendetail aus „Der hl. Benedikt überreicht den Mönchen die Ordensregeln" von Giovanni Antonio Bazzi, genannt Sodoma (1477–1549)

1684	220		schwarzblau .... ave	0,50	0,50
			FDC		1,—

Auflage: 8 000 000 Stück

1980, 26. April. Internationale Briefmarkenausstellung EUROPA '80, Neapel. Komb. StTdr. und Odr. (10×5); gez. K 13½:14.

avf) Palazzo Reale, Neapel

1685	220	(L)	mehrfarbig .... avf	0,40	0,30
			FDC		1,—

Auflage: 8 000 000 Stück

1980, 28. April. Europa: Bedeutende Persönlichkeiten. Odr. (5×10); gez. K 14:13½.

avg) Antonio Pigafetta (1480–1530), Weltumsegler; Segelschiff

avh) Antonino Lo Surdo (1880–1949), Geophysiker; Erdkugel

1686	170	(L)	mehrfarbig .... avg	0,50	0,20
1687	220	(L)	mehrfarbig .... avh	1,—	0,40
			Satzpreis (2 W.)	1,50	0,60
			FDC		1,50

Auflage: 8 000 000 Sätze

1980, 29. April. 600. Todestag der hl. Katharina von Siena. RaTdr. (10×5); gez. K 13½:14.

avi) Hl. Katharina von Siena (1347–1380), Schutzheilige des Dominikanerordens; Kupferbüste, 14. Jh.

1688	170 (L) mehrfarbig . . . . avi	0,40	0,30
	FDC		1,50

Auflage: 8 000 000 Stück

1980, 15. Mai. 1. Internationale Briefmarkenausstellung des Italienischen Roten Kreuzes. RaTdr. (5×10); gez. K 14:13¼.

avk) Flaggen des Roten Kreuzes

1689	70 (L) mehrfarbig . . . . avk	0,20	0,20
1690	80 (L) mehrfarbig . . . . avk	0,30	0,30
	Satzpreis (2 W.)	0,50	0,50
	FDC		1,50

Auflage: 8 000 000 Sätze

1980, 20. Mai. Italienische Technologie im Ausland: Projekt zur Erhaltung der Tempel von Philae. RaTdr. (2×10 Zd); gez. K 14¼:13½.

avl — avm — Zierfeld: Inschrift

avl–avm) Tempel von Philae, bei Assuan (Ägypten)

1691	220 (L) mehrfarbig . . . . avl	0,30	0,20
1692	220 (L) mehrfarbig . . . . avm	0,30	0,20
	Satzpreis (2 W.)	0,50	0,40
	Dreierstreifen	1,—	1,—
	FDC		1,70

MiNr. 1691–1692 wurden mit Zierfeld waagerecht zusammenhängend gedruckt.
Auflage: 5 000 000 Sätze

1980, 11. Juni. Fußball-Europameisterschaft, Italien. RaTdr. (5×10); gez. K 14:13½.

avn) Fußballspieler

1693	80 (L) mehrfarbig . . . . avn	2,—	2,—
	FDC		6,—

Auflage: 8 000 000 Stück

Das Verlagsverzeichnis unterrichtet Sie über alle verfügbaren und geplanten Katalogausgaben.

1980, 28. Juni. Tourismus. RaTdr. (5×5); gez. K 14¼.

avo) Kirche von Erice — avp) Villa Rufolo in Ravello

avr) Stadtansicht von Roseto degli Abruzzi — avs) Kurhaus in Salsomaggiore Terme

1694	80 (L) mehrfarbig . . . . avo	0,20	0,20
1695	150 (L) mehrfarbig . . . . avp	0,30	0,30
1696	200 (L) mehrfarbig . . . . avr	0,50	0,50
1697	670 (L) mehrfarbig . . . . avs	1,—	1,—
	Satzpreis (4 W.)	2,—	2,—
	FDC		5,—

Auflagen: MiNr. 1694–1696 je 8 000 000, MiNr. 1697 = 4 000 000 Stück

Weitere Werte siehe Übersicht nach Jahrgangswerttabelle.

1980, 2. Juli. Medici-Ausstellung, Florenz. RaTdr. (3×5 Zd); gez. K 13½:14.

avt) Cosimo I. de Medici unter seinen Künstlern; Deckenfresko von Giorgio Vasari (1511–1574) — Zierfeld: Wappen der Medici — avu) Globus

1698	170 (L) mehrfarbig . . . . avt	0,20	0,20
1699	170 (L) mehrfarbig . . . . avu	0,20	0,20
	Satzpreis (2 W.)	0,40	0,40
	Dreierstreifen	0,80	0,80
	FDC		2,—

MiNr. 1698–1699 wurden mit Zierfeld waagerecht zusammenhängend gedruckt.
Auflage: 8 000 000 Sätze

1980, 3. Sept. 1000 Jahre Kloster Fonte Avellana. StTdr. (5×10); gez. K 14:13¼.

avv) Kloster Fonte Avellana in Serra Sant' Abbondio (zwischen Urbino und Gubbio)

1700	200 (L) mehrfarbig . . . . avv	0,40	0,30
	FDC		1,10

Auflage: 7 000 000 Stück

Italien

1980, 22. Sept./1994, 21. Febr. Freimarken: Burgen und Schlösser. I = RaTdr., II = komb. StTdr. und Odr., III = StTdr.; Wz. 4; A = gez. K 14¼:13¼, C = gez. K 13¼.

avv) Engelsburg, Rom  | avx) Sforza-Kastell, Mailand  | avy) Castel del Monte, Andria  | avz) Kastell Ursino, Catania

awa) Burg von Calascio, L'Aquila  | awb) Normannischer Turm, San Mauro Forte, Matera | awc) Kastell auf Capo Rizzuto, Reggio di Calabria | awd) Aragonisches Kastell, Ischia

awe) Kastell Estense, Ferrara | awf) Kastell von Miramare, Triest | awg) Kastell von Ostia | awh) Kastell Gavone, Finale Ligure, Savona

awi) Kastell von Cerro al Volturno, Caserta | awk) Burg von Mondavio, Urbino | awl) Normannisches Kastell, Bari | awm) Kastell vom Mussomeli, Caltanissetta

awn) Castello dell' Imperatore, Prato | awo) Kastell von Bosa, Cagliari  | awp) Kastell von Rovereto  | awr) Scaliger-Kastell, Sirmione

aws) Kastell von Ivrea | awt) Rocca Maggiore, Assisi | awu) Kastell von Saint Pierre, Aosta | awv) Kastell von Montagnana, Padua

Druckvermerk I (DV I): I.P.Z.S.- ROMA
Druckvermerk II (DV II): I.P.Z.S.- ROMA 1980

MiNr				**	⊙	FDC
1701 I	5	(L)	cyanblau/rotlila ...... avw	0,10	0,10	0,50
1702 I	10	(L)	braunocker/schwarzbraun avx	0,10	0,10	0,50
1703 I	20	(L)	dunkelblau/orangebraun avy	0,10	0,10	0,50
1704 I	40	(L)	dunkelblaugrün/rotbraun .... avz	0,10	0,10	0,50
1705 I	50	(L)	mehrfarbig . awa			
I			DV I			
A			gez. K 14¼:13¼	0,10	0,10	0,50
C			gez. K 13¼	7,50	1,20	
II			DV II (1991)	1,50	1,50	
1706 I	60	(L)	lila/gelboliv . awb	0,10	0,10	0,50
1707 I	90	(L)	mehrfarbig . awc	0,10	0,10	0,50
1708 I	100	(L)	mehrfarbig . awd			
A			gez. K 14¼:13¼	0,10	0,10	0,70
C			gez. K 13¼	7,50	1,20	
1709 I	120	(L)	schwarzblau/rotorange .. awe	0,20	0,10	0,70
1710 I	150	(L)	blauviolett/ocker ..... awf	0,20	0,10	0,70
1711 II	170	(L)	schwarz/grünlichgelb awg	0,20	0,10	0,70
1712 II	180	(L)	violettblau/rosalila ... awh	1,—	1,—	1,50
1713	200	(L)	mehrfarbig .. awi			
I			RaTdr. (21.2.1994)	0,10	0,10	1,—
II			komb. StTdr. und Odr.	0,20	0,20	1,—
1714	250	(L)	mehrfarbig . awk			
I			RaTdr. (21.2.1994)	0,20	0,20	1,—
II			komb. StTdr. und Odr.	0,50	0,20	1,—
1715	300	(L)	mehrfarbig .. awl			
I			RaTdr. (21.2.1994)	0,20	0,20	1,10
II			komb. StTdr. und Odr.	0,50	0,20	1,50
1716 III	350	(L)	mehrfarbig . awm	0,50	0,20	1,70
1717 III	400	(L)	mehrfarbig . awn	0,60	0,20	2,—
1718	450	(L)	mehrfarbig .. awo			
I			RaTdr. (21.2.1994)	0,30	0,30	1,20
II			komb. StTdr. und Odr.	0,70	0,20	2,20
1719 III	500	(L)	mehrfarbig . awp	0,60	0,20	2,50
1720 II	600	(L)	schwarz/blaugrün ....awr	0,70	0,20	2,60
1721 III	700	(L)	mehrfarbig .. aws	0,70	0,20	3,20
1722 III	800	(L)	mehrfarbig . awt	1,—	0,20	3,60
1723 III	900	(L)	mehrfarbig . awu	1,20	0,20	4,50
1724 III	1000	(L)	mehrfarbig .. awv	1,20	0,30	5,50
			Satzpreis (24 W.)	10,—	4,50	
1720 II Uu			unten ungezähnt ...	900,—		

Weitere Werte siehe Übersicht nach Jahrgangswerttabelle.

1980, 22. Sept. Freimarken: Burgen und Schlösser in kleinem Format. StTdr. in Rollen; Wz. 4; senkrecht gez. 14¼.

aww) Kastell San Severa, Rom  | awx) Castello di Lombardia, Enna  | awy) Kastell von Serralunga d'Alba

1725	30	(L)	karminlila .... aww	0,30	0,20	0,50
1726	120	(L)	dunkelsiena ...... awx	0,40	0,20	0,50
1727	170	(L)	blauviolett .... awy	0,80	0,60	1,—
			Satzpreis (3 W.)	1,50	1,—	

MiNr. 1725/1726 und 1725/1727 wurden jeweils zusammenhängend gedruckt.

Weitere Werte siehe Übersicht nach Jahrgangswerttabelle.

MICHEL-Online-Katalog

www.michel.de oder www.briefmarken.de

Italien

1980, 11. Okt. Schiffsbau (IV). Komb. StTdr.; und Odr. (2×5 Zd); gez. K 14¼:13½.

awz) Viermastbark „Italia" (1903–1908)

axb) Ujagd-Korvette „Gabbiano" (1942–1971)

axa) Rohrleger „Castoro Sei" (1978)

axc) Flugkörper-Zerstörer „Audace" (1972)

1728	200 L	mehrfarbig	awz	1,—	0,50
1729	200 L	mehrfarbig	axa	1,—	0,50
1730	200 L	mehrfarbig	axb	1,—	0,50
1731	200 L	mehrfarbig	axc	1,—	0,50
		Satzpreis (4 W.)		4,—	2,—
		Sechserblock		5,50	5,50
		FDC			15,—

MiNr. 1728–1731 wurden mit 2 Zierfeldern zusammenhängend gedruckt.

Zierfelder: Galionsfigur und Positionslaternen einer venezianischen Galeere.

Auflage: 8 000 000 Sätze

Weitere Werte: MiNr. 1579–1582, 1609–1612, 1673–1676

1980, 18. Okt. 250. Geburtstag von Filippo Mazzei. RaTdr. (10×5); gez. K 13½:14.

axd) F. Mazzei (1730–1816), Chirurg und Diplomat, 1773 nach Virginia ausgewandert

1732	320 (L)	mehrfarbig	axd	0,70	0,30
		FDC			1,50

Auflage: 6 000 000 Stück

Parallelausgabe mit USA MiNr. 1449

1980, 31. Okt. Villen (I). Komb. StTdr. und Odr. (5×10); gez. K 14:13¼.

axe) Villa Foscari Malcontenta, Venedig

axf) Villa Barbaro Maser, Treviso

axg) Villa Godi Valmarana, Vicenza

1733	80 (L)	mehrfarbig	axe	0,30	0,20
1734	150 (L)	mehrfarbig	axf	0,70	0,30
1735	170 (L)	mehrfarbig	axg	1,—	1,—
		Satzpreis (3 W.)		2,—	1,50
		FDC			3,50

Auflagen: MiNr. 1733–1734 je 8 000 000, MiNr. 1735 = 12 000 000 Stück

Weitere Werte: MiNr. 1779–1781, 1812–1814, 1856–1859, 1898 bis 1901, 1940–1943, 1990–1994

1980, 20. Nov. Italienische Kunst. Komb. StTdr. und Odr. (5×5); gez. K 14¼.

axh) Hl. Barbara; Altarbild von Jacopo Negretti, genannt Palma il Vecchio (1480–1528)

axi) Apollo und Daphne; Skulptur von Giovanni Lorenzo Bernini (1598–1680)

1736	520 (L)	mehrfarbig	axh	1,—	1,—
1737	520 (L)	mehrfarbig	axi	1,—	1,—
		Satzpreis (2 W.)		2,—	2,—
		FDC			2,50

Auflage: 6 000 000 Sätze

1980, 22. Nov. Weihnachten. StTdr. (5×5); gez. K 14¼:14.

axk) Weihnachtskrippe von Urbino; von Federico Brandani, 16. Jh.

1738	120 (L)	lilarot/schwarz	axk	0,30	0,30
		FDC			1,—

Auflage: 8 000 000 Stück

1980, 30. Nov. Tag der Briefmarke: Kinderzeichnungen. RaTdr. (5×10); gez. K 14:13¼.

axl) Treviso; von Guglielmo Botter

axm) Sansepolcro; von Elena Casolari

axn) Sansepolcro; von Gioia Cesile

axl–axn) Gemälde von Schülern mit dem Thema: Meine Stadt

1739	70 (L)	mehrfarbig	axl	0,20	0,20
1740	120 (L)	mehrfarbig	axm	0,30	0,30
1741	170 (L)	mehrfarbig	axn	0,50	0,50
		Satzpreis (3 W.)		1,—	1,—
		FDC			1,50

Auflage: 8 000 000 Sätze

1981

1981, 14. März. 150. Geburtstag von Daniele Comboni. StTdr. (5×10); gez. K 14:13¼.

axo) D. Comboni (1831–1881), Missionar in Afrika

1742	80 (L)	mehrfarbig	axo	0,30	0,30
		FDC			1,—

Auflage: 7 000 000 Stück

Italien

1981, 3. April. 100. Geburtstag von Alcide De Gasperi. StTdr. (10×5); gez. K 13¼:14.

axp) A. De Gasperi (1881–1954), Politiker

1743	200	(L)	schwarzoliv	axp	0,30	0,30
				FDC		1,20

Auflage: 7 000 000 Stück

1981, 11. April. Internationales Jahr der Behinderten. RaTdr. (10×5); gez. K 13½:14.

axr) Behinderter im Rollstuhl (stilis.)

1744	300	(L)	mehrfarbig	axr	0,50	0,50
				FDC		1,20

Auflage: 7 000 000 Stück

1981, 27. April. Freimarken: Blumen aus Italien. RaTdr. (10×5); gez. K 13½:14.

axs) Anemone (Anemone sp.)
axt) Oleander (Nerium oleander)
axu) Edelrose (Rosa hypr.)

1745	200	(L)	mehrfarbig	axs	0,50	0,40
1746	200	(L)	mehrfarbig	axt	0,50	0,40
1747	200	(L)	mehrfarbig	axu	0,50	0,40
			Satzpreis (3 W.)		1,50	1,—
				FDC		3,—

Auflage: 7 000 000 Sätze

Weitere Werte: MiNr. 1795–1797, 1839–1841

1981, 4. Mai. Europa: Folklore (I). RaTdr. (10×5); gez. K 13½:14.

axv) Schachpartie mit lebenden Figuren in Marostica
axw) Pferderennen in Siena

1748	300	(L)	mehrfarbig	axv	1,30	0,60
1749	300	(L)	mehrfarbig	axw	1,30	0,60
			Satzpreis (2 W.)		2,50	1,20
				FDC		3,50

Auflage: 6 000 000 Sätze

Weitere Werte: MiNr. 1803, 1846, 1895, 1920–1921, 1960, 2021, 2057, 2081, 2145

1981, 22. Mai. 600. Geburtstag der hl. Rita von Cascia. RaTdr. (10×5); gez. K 13¼:14.

axx) Hl. Rita von Cascia (1381–1447)

1750	600	(L)	mehrfarbig	axx	1,50	1,—
				FDC		1,50

Auflage: 6 000 000 Stück

1981, 26. Mai. 150. Todestag von Ciro Menotti. StTdr. (10×10); gez. K 14¼:13¼.

axy) C. Menotti (1798–1831), Freiheitskämpfer

1751	80	(L)	rotbraun/schwarz	axy	0,30	0,30
				FDC		1,—

Auflage: 7 000 000 Stück

1981, 1. Juni. Flugzeugbau (I). Odr. (2×5 Zd); gez. K 14¼:13½.

axz) Polizeihubschrauber Augusta A. 109
aya) Motorflugzeug Partenavia P. 68B Victor
ayb) Transportflugzeug Aeritalia G. 222
ayc) Düsentrainer Aermacchi MB-339

Zierfelder: Sternmotor Piaggio PXI und Blockmotor Fiat AS 6

1752	200	(L)	mehrfarbig	axz	0,40	0,30
1753	200	(L)	mehrfarbig	aya	0,40	0,30
1754	200	(L)	mehrfarbig	ayb	0,40	0,30
1755	200	(L)	mehrfarbig	ayc	0,40	0,30
			Satzpreis (4 W.)		1,50	1,—
			Sechserblock		2,—	2,—
				FDC		9,—

MiNr. 1752–1755 wurden mit 2 Zierfeldern zusammenhängend gedruckt.

Auflage: 7 000 000 Sätze

Weitere Werte: MiNr. 1790–1793, 1834–1837

1981, 8. Juni. Probleme unserer Zeit: Wasserverschmutzung. RaTdr. (10×5); gez. K 13¼:14.

ayd) Stilis. Weltkugel, zur Hälfte ausgetrocknet

1756	80	(L)	mehrfarbig	ayd	0,30	0,30
				FDC		1,—

Auflage: 7 000 000 Stück

Italien

1981, 26. Juni. Italienische Technologie im Ausland: Staudämme. StTdr. (2×10 Zd); gez. K 14:13½.

aye) Wasserkraftwerk, São Simão (Brasilien)
ayf) Staudamm, High Island (Hongkong)

1757	300	(L)	schwarzblau	aye	1,—	0,50
1758	300	(L)	rotlila	ayf	1,—	0,50
			Satzpreis (2 W.)		2,—	1,—
			Dreierstreifen		3,50	3,50
			FDC			4,50

MiNr. 1757–1758 wurden mit Zierfeld zusammenhängend gedruckt.

Auflage: 7 000 000 Sätze

1981, 4. Juli. Tourismus. RaTdr. (5×5); gez. K 14.

ayg) Stadtansicht von Matera
ayh) Stadtansicht von Riva del Garda und See

ayi) Strand von Santa Teresa di Gallura
ayk) Stadtansicht von Tarquinia

1759	80	(L)	mehrfarbig	ayg	0,50	0,50
1760	150	(L)	mehrfarbig	ayh	0,50	0,50
1761	300	(L)	mehrfarbig	ayi	0,50	0,50
1762	900	(L)	mehrfarbig	ayk	2,50	1,50
			Satzpreis (4 W.)		4,—	3,—
			FDC			5,—

Auflage: 7 000 000 Sätze

Weitere Werte siehe Übersicht nach Jahrgangswerttabelle.

1981, 24. Juli. 100 Jahre Marineakademie, Livorno. RaTdr. (5×10); gez. K 14:13¼.

ayl) Hauptgebäude, Marineabzeichen
aym) Marineakademie, Livorno
ayn) Segelschulschiff „Amerigo Vespucci", Kadett mit Sextant

1763	80	(L)	mehrfarbig	ayl	0,20	0,20
1764	150	(L)	mehrfarbig	aym	0,20	0,20
1765	200	(L)	mehrfarbig	ayn	0,30	0,30
			Satzpreis (3 W.)		0,70	0,70
			FDC			2,50

Auflage: 7 000 000 Sätze

1981, 20. Aug. Freimarken: Burgen und Schlösser. RaTdr. (10×10); Wz. 4; gez. K 14¼:13¼.

ayo) Kastell von Aquila
ayp) Kastell Aragon, Reggio Calabria
ayr) Kastell Sabbionara, Trento

1766	30	(L)	ultramarin/gelborange	ayo	0,20	0,20
1767	70	(L)	mehrfarbig	ayp	0,20	0,20
1768	80	(L)	mehrfarbig	ayr	0,30	0,20
			Satzpreis (3 W.)		0,70	0,50
			FDC			3,50

Weitere Werte siehe Übersicht nach Jahrgangswerttabelle.

1981, 31. Aug. 150 Jahre Staatsrat. StTdr. (5×10); gez. K 14:13½.

ays) Staatsratsgebäude in Rom, Stuckverzierung im Großen Saal

1769	200	(L)	mehrfarbig	ays	0,40	0,30
			FDC			1,—

Auflage: 6 000 000 Stück

1981, 4. Sept. Leichtathletik-Weltmeisterschaften, Rom. RaTdr. (10×5); gez. K 13½:14.

ayt) Läufer, Emblem

1770	300	(L)	mehrfarbig	ayt	0,70	0,50
			FDC			1,50

Auflage: 6 000 000 Stück

1981, 7. Sept. Italienische Kunst. Komb. StTdr. und Odr. (5×5); gez. K 14¼.

ayu) Hafenansicht; Gemälde von Carlo Carrà (1881–1966)
ayv) Abendstimmung; Gemälde von Giuseppe Ugonia (1881–1944)

1771	200	(L)	mehrfarbig	ayu	0,50	0,40
1772	200	(L)	mehrfarbig	ayv	0,50	0,40
			Satzpreis (2 W.)		1,—	0,80
			FDC			2,—

Italien

1981, 9. Sept. Bronzen von Riace. RaTdr. (5×5 Zd); gez. K 14¼:13¼.

ayw ayk

ayw–ayx) Krieger (griechische Bronzestatuen)

1773	200	(L)	mehrfarbig .... ayw	0,40	0,20
1774	200	(L)	mehrfarbig .... ayx	0,40	0,20
			Satzpreis (Paar)	1,—	0,90
			FDC		2,—

MiNr. 1773–1774 wurden zusammenhängend gedruckt.

Auflage: 6 000 000 Sätze

1981, 19. Sept. 2000. Todestag von Publius Vergilius Maro (1982). RaTdr. (5×5); gez. K 14:14¼.

ayy) Vergil (70–19 v. Chr.), römischer Dichter; Mosaik, 1. Jh.

1775	600	(L)	mehrfarbig .... ayy	2,50	0,70
			FDC		1,50

Auflage: 6 000 000 Stück

1981, 30. Sept. Freimarken: Burgen und Schlösser in kleinem Format. StTdr. in Rollen; Wz. 4; senkrecht gez. 14¼.

ayz) Anjousche Festung, Lucera

aza) Normannisches Kastell, Melfi

				**	⊙	FDC
1776	200	(L)	violettblau/blauviolett ayz	4,—	2,50	6,—
1777	300	(L)	dunkelbläulichgrün/ dunkelolivgrün .... aza	0,50	0,50	1,20
			Satzpreis (2 W.)	4,50	3,—	

Weitere Werte siehe Übersicht nach Jahrgangswerttabelle.

1981, 16. Okt. Welternährungstag. Odr. (5×5); gez. K 14:14¼.

azb) Stilleben; Gemälde von Gregorio Sciltian (*1910)

1778	150	(L)	mehrfarbig .... azb	0,40	0,30
			FDC		1,—

Auflage: 6 000 000 Stück

1981, 17. Okt. Villen (II). Komb. StTdr. und Odr. (5×10); gez. K 14:13¼.

azc) Villa Campolieto, Ercolano

azd) Villa Cimbrone, Ravello, Salerno

aze) Villa Pignatelli, Neapel

1779	100	(L)	mehrfarbig .... azc	0,40	0,40
1780	200	(L)	mehrfarbig .... azd	0,40	0,40
1781	300	(L)	mehrfarbig .... aze	0,80	0,40
			Satzpreis (3 W.)	1,50	1,—
			FDC		3,—

Auflage: 6 000 000 Sätze

Weitere Werte: MiNr. 1733–1735, 1812–1814, 1856–1859, 1898 bis 1901, 1940–1943, 1990–1994

1981, 21. Nov. Weihnachten. StTdr. (5×5); gez. K 14¼:14.

azf) Anbetung der Könige; Gemälde von Giovanni da Campione d'Italia (14. Jh.)

1782	200	(L)	mehrfarbig .... azf	0,40	0,30
			FDC		1,20

Auflage: 6 000 000 Stück

1981, 25. Nov. 100. Geburtstag von Papst Johannes XXIII. RaTdr. (10×5); gez. K 13½:14.

azg) Papst Johannes XXIII. (1881–1963, reg. ab 1958)

1783	200	(L)	mehrfarbig .... azg	0,50	0,30
			FDC		1,20

Auflage: 6 000 000 Stück

1981, 29. Nov. Tag der Briefmarke. MiNr. 1784 und 1786 RaTdr. (5×10); gez. K 14:13½; MiNr. 1785 StTdr. (10×5); gez. K 13½:14.

azh) Gleis mit Briefen

azi) Putte mit Posthorn

azk) Postsiegel

1784	120	(L)	mehrfarbig .... azh	0,50	0,30
1785	200	(L)	mehrfarbig .... azi	0,70	0,50
1786	300	(L)	mehrfarbig .... azk	0,80	0,70
			Satzpreis (3 W.)	2,—	1,50
			FDC		2,20

Auflage: 6 000 000 Sätze

1982

1982, 6. Jan. 800. Geburtstag des hl. Franz von Assisi. StTdr. (10×5); gez. K 13½:14.

azl) Hl. Franz von Assisi (1182–1226), Ordensgründer; Gemälde von Pietro Cavaro (tätig um 1508–1537)

1787	300 (L)	schwarzblau/lilabraun ...... azl	0,50	0,30
		FDC		1,20

Auflage: 5 000 000 Stück

1982, 19. Febr. 200. Geburtstag von Niccolò Paganini. RaTdr. (10×5); gez. K 13½:14.

azm) N. Paganini (1782–1840), Violinvirtuose und Komponist; Zeichnung von Jean Auguste Dominique Ingres (1780–1867), französischer Maler

1788	900 (L)	mehrfarbig .... azm	1,70	1,70
		FDC		2,20

Auflage: 3 000 000 Stück

1982, 2. März. Probleme unserer Zeit: Kampagne gegen das Rauchen. RaTdr. (5×10); gez. K 14:13½.

azn) Gefahr des Rauchens (symbolische Darstellung)

1789	300 (L)	mehrfarbig .... azn	0,50	0,30
		FDC		1,20

Auflage: 15 000 000 Stück

1982, 27. März. Flugzeugbau (II). Odr. (2×5 Zd); gez. K 14¼:13½.

azo) Kampfflugzeug Panavia Tornado
azp) Sportflugzeug SIAI-Marchetti SF. 260 TP
azr) Motorflugzeug Piaggio P.160-DL 3
azs) Hubschrauber Nardi NH 500
Zierfelder: Radarantenne ATCR 33 und Motor Alfa Romeo AR 318

1790	300 (L)	mehrfarbig .... azo	0,70	0,50
1791	300 (L)	mehrfarbig .... azp	0,70	0,50
1792	300 (L)	mehrfarbig .... azr	0,70	0,50
1793	300 (L)	mehrfarbig .... azs	0,70	0,50
		Satzpreis (4 W.)	2,80	2,—
		Sechserblock	5,—	5,—
		FDC		15,—

MiNr. 1790–1793 wurden mit 2 Zierfeldern zusammenhängend gedruckt.
Auflage: 5 000 000 Sätze

Weitere Werte: MiNr. 1752–1755, 1834–1837

1982, 31. März. 700. Jahrestag des Aufstandes gegen die angiovinische Herrschaft in Sizilien (Sizilianische Vesper). StTdr. (10×10); gez. K 13½:14½.

azt) Kirche Santo Spirito, Palermo

1794	120 (L)	mehrfarbig .... azt	0,30	0,30
		FDC		1,—

Auflage: 5 000 000 Stück

1982, 10. April. Freimarken: Blumen aus Italien. RaTdr. (10×5); gez. K 13½:14.

azu) Alpenveilchen (Cyclamen purpurascens)
azv) Kamelie (Camellia sinensis)
azw) Gartennelken (Dianthus caryophyllus)

1795	300 (L)	mehrfarbig .... azu	0,90	0,70
1796	300 (L)	mehrfarbig .... azv	0,90	0,70
1797	300 (L)	mehrfarbig .... azw	0,90	0,70
		Satzpreis (3 W.)	2,50	2,—
		FDC		4,—

Auflage: 5 000 000 Sätze

Weitere Werte: MiNr. 1745–1747, 1839–1841

1982, 3. Mai. Europa: Historische Ereignisse. Komb. StTdr. und Odr. (10×5); gez. K 13¼:14.

azx) Kaiserkrönung Karls des Großen, Rom (800); Freskendetail von Raffael (1483–1520)
azy) Unterzeichnung der Römischen Verträge (1957): Europaflagge mit Unterschriften

1798	200 (L)	mehrfarbig .... azx	0,80	0,70
1799	450 (L)	mehrfarbig .... azy	1,20	0,80
		Satzpreis (2 W.)	2,—	1,50
		FDC		2,50

Auflage: 5 000 000 Sätze

1982, 29. Mai. Italienische Technologie im Ausland. RaTdr. (2×10 Zd); gez. K 14¼:13¼.

azz) Kurzwellenverbindung über das Rote Meer
Zierfeld: Inschrift
baa) Optisches Lesegerät für den Postdienst

1800	450 (L)	mehrfarbig .... azz	0,70	0,20
1801	450 (L)	mehrfarbig .... baa	0,70	0,20
		Satzpreis (2 W.)	1,40	0,40
		Dreierstreifen	2,—	2,—
		FDC		2,50

MiNr. 1800–1801 wurden mit Zierfeld zusammenhängend gedruckt.
Auflage: 5 000 000 Sätze

Italien

1982, 2. Juni. 100. Todestag von Giuseppe Garibaldi. RaTdr. (10×5); gez. K 13¼:14.

bab) G. Garibaldi (1807–1882), Freiheitskämpfer

1802	200 L mehrfarbig .... bab	0,80	0,80
	FDC		1,20

Auflage: 5 000 000 Stück

1982, 5. Juni. Folklore (II). RaTdr. (10×5); gez. K 13½:14¼.

bac) Traditionelles Brückenspiel in Pisa

1803	200 (L) mehrfarbig .... bac	0,50	0,50
	FDC		1,20

Auflage: 5 000 000 Stück

Weitere Werte: MiNr. 1748–1749, 1846, 1895, 1920–1921, 1960, 2021, 2057, 2081, 2145

1982, 28. Juni. Tourismus. RaTdr. (5×5); gez. K 14¼.

bad) Ortsansicht von Fai della Paganella

bae) Frasassi-Grotten

baf) Ortsansicht von Rodi Garganico

bag) Tempel von Agrigent

1804	200 (L) mehrfarbig .... bad	0,50	0,50
1805	200 (L) mehrfarbig .... bae	0,50	0,50
1806	450 (L) mehrfarbig .... baf	0,80	0,60
1807	450 (L) mehrfarbig .... bag	0,80	0,60
	Satzpreis (4 W.)	2,50	2,20
	FDC		5,—

Auflage: 5 000 000 Sätze

Weitere Werte siehe Übersicht nach Jahrgangswerttabelle.

1982, 4. Aug. Ruderweltmeisterschaften der Junioren. RaTdr. (5×10); gez. K 14:14¼.

bah) Vierer ohne Steuermann

1808	200 (L) mehrfarbig .... bah	0,50	0,50
	FDC		2,50

Auflage: 5 000 000 Stück

1982, 10. Sept. 500. Todestag von Federico da Montefeltro. Komb. StTdr. und Odr. (5×10); gez. K 14:13¼.

bai) F. da Montefeltro (1442–1482), Herzog von Urbino

1809	200 (L) mehrfarbig .... bai	0,40	0,40
	FDC		1,20

Auflage: 5 000 000 Stück

1982, 12. Sept. Sieg der italienischen Nationalmannschaft bei der Fußballweltmeisterschaft, Spanien. RaTdr. (5×5); gez. K 14:14¼.

bak) Hände halten FIFA-Pokal

1810	1000 (L) mehrfarbig .... bak	2,80	2,80
	FDC		12,—

Auflage: 4 000 000 Stück

1982, 14. Sept. Konferenz der Interparlamentarischen Union. RaTdr. (5×10); gez. K 14:13¼.

bal) Stilis. Parlamentsränge

1811	450 (L) mehrfarbig .... bal	0,70	0,70
	FDC		1,50

Auflage: 5 000 000 Stück

1982, 1. Okt. Berühmte Villen (III). Komb. StTdr. und Odr. (5×10); gez. K 14:13¼.

bam) Villa Borghese, Rom

ban) Villa d'Este, Tivoli (Rom)

bao) Villa Lante di Bagnaia, Viterbo

1812	150 (L) mehrfarbig .... bam	0,50	0,50
1813	250 (L) mehrfarbig .... ban	1,—	0,50
1814	350 (L) mehrfarbig .... bao	1,50	1,50
	Satzpreis (3 W.)	3,—	2,50
	FDC		7,50

Auflage: 5 000 000 Sätze

Weitere Werte: MiNr. 1733–1735, 1779–1781, 1856–1859, 1898 bis 1901, 1940–1943, 1990–1994

1982, 23. Okt. Einrichtung des organisierten Postwesens durch Franz von Taxis vor 500 Jahren. StTdr. (10×5); gez. K 13¼:14.

bap) F. von Taxis (1459–1517)

1815	300 (L) mehrfarbig .... bap	0,50	0,50
	FDC		1,50

Auflage: 5 000 000 Stück

Italien

1982, 3. Nov. Italienische Kunst. Komb. StTdr. und Odr. (5×5); gez. K 14¼.

bar) Antonietta Negroni Prati Morosini; Gemälde von Francesco Hayez (1791–1882)
bas) Die Wahrsagerin; Gemälde von Giovanni Battista Piazzetta (1682–1754)

1816	300	(L)	mehrfarbig . . . . bar	0,60	0,50
1817	300	(L)	mehrfarbig . . . . bas	0,60	0,50
			Satzpreis (2 W.)	1,20	1,—
			FDC		2,50

Auflage: 5 000 000 Sätze

1982, 28. Nov. Tag der Briefmarke: Kinderzeichnungen. RaTdr. (5×10); gez. K 14:13¼.

bat) Wohnen; von Maria di Pastena
bau) Baummensch mit Holzerzeugnissen; von Lucia Andreoli
bav) Wald; von Marco Gallea

bat–bav) Gemälde von Schülern mit dem Thema: Das Holz im Leben des Menschen

1818	150	(L)	mehrfarbig . . . . bat	0,50	0,50
1819	250	(L)	mehrfarbig . . . . bau	1,—	0,50
1820	350	(L)	mehrfarbig . . . . bav	1,—	1,—
			Satzpreis (3 W.)	2,50	2,—
			FDC		2,50

Auflage: 5 000 000 Sätze

1983

1983, 14. Jan. Probleme unserer Zeit: Kampf gegen den Krebs. RaTdr. (10×5); gez. K 13¼:14.

baw) Mikroskop, Landschaft

| 1821 | 400 | (L) | mehrfarbig . . . . baw | 0,80 | 0,50 |
| | | | FDC | | 2,— |

Auflage: 5 000 000 Stück

1983, 20. Jan. Italienische Technologie im Ausland. RaTdr. (2×10 Zd); gez. K 13¼.

bax) Fabrikgebäude, Weltkugel (stilis.)
bay) Fertigungsroboter in der Automobilindustrie

1822	400	(L)	mehrfarbig . . . . bax	0,70	0,40
1823	400	(L)	mehrfarbig . . . . bay	0,70	0,40
			Satzpreis (Paar)	2,20	2,—
			FDC		3,20

MiNr. 1822–1823 wurden zusammenhängend gedruckt.

Auflage: 5 000 000 Sätze

1983, 25. Jan. 400 Jahre Accademia della Crusca. StTdr. (10×10); gez. K 14:13¼.

baz) Emblem der Akademie

| 1824 | 400 | (L) | mehrfarbig . . . . baz | 0,70 | 0,50 |
| | | | FDC | | 2,— |

Auflage: 5 000 000 Stück

1983, 5. Febr. Biathlon-Weltmeisterschaften, Antholz. RaTdr. (5×10); gez. K 14:14¼.

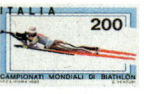

bba) Biathlet beim Schießen

| 1825 | 200 | (L) | mehrfarbig . . . . bba | 0,70 | 0,50 |
| | | | FDC | | 2,— |

Auflage: 5 000 000 Stück

1983, 28. Febr. 200. Geburtstag von Gabriele Rossetti. StTdr. (10×5); gez. K 14¼:13¼.

bbb) G. Rossetti (1783–1854), Dichter

| 1826 | 300 | (L) | mehrfarbig . . . . bbb | 0,70 | 0,70 |
| | | | FDC | | 2,— |

Auflage: 5 000 000 Stück

1983, 5. März. 500. Geburtstag von Francesco Guicciardini. StTdr. (10×5); gez. K 13¼:14.

bbc) F. Guicciardini (1483–1540), Politiker und Geschichtsschreiber

| 1827 | 450 | (L) | dunkellilabraun . . . . bbc | 1,— | 0,70 |
| | | | FDC | | 2,— |

Auflage: 5 000 000 Stück

1983, 9. März. 100. Geburtstag von Umberto Saba. RaTdr. (5×10); gez. K 14:13¼.

bbd) U. Saba (1883–1957), Dichter

| 1828 | 600 | (L) | mehrfarbig . . . . bbd | 1,— | 1,— |
| | | | FDC | | 2,— |

Auflage: 5 000 000 Stück

Italien

1983, 21. März. 25. Todestag von Papst Pius XII. StTdr. (10×5); gez. K 13¼:14.

bbe) Papst Pius XII. (1876–1958), reg. ab 1939

1829	1400 (L)	schwarzblau	bbe	3,—	2,—
		FDC			3,50

Auflage: 5 000 000 Stück

1983, 25. März. Heiliges Jahr der Erlösung 1983/84. RaTdr. (10×5); gez. K 14¼:14.

bbf) Basilika San Paolo
bbg) Basilika Santa Maria Maggiore
bbh) Basilika San Giovanni
bbi) Petersdom

bbf–bbi) Papst Johannes Paul II. (1920–2005)

1830	250 (L)	mehrfarbig	bbf	0,50	0,50
1831	300 (L)	mehrfarbig	bbg	0,50	0,50
1832	400 (L)	mehrfarbig	bbh	0,80	0,50
1833	500 (L)	mehrfarbig	bbi	1,—	0,50
		Satzpreis (4 W.)		2,80	2,—
		FDC			4,50

Auflage: 10 000 000 Sätze

1983, 28. März. Flugzeugbau (III). Odr. (2×5 Zd); gez. K 14¼:13¼.

bbk) Schulflugzeug SIAI-Marchetti S. 211
bbl) Hubschrauber Agusta A 129 Mongusta
bbm) Segelflugzeug Caproni C 22 J
bbn) Kampfflugzeug A.M.X. Aeritalia/Aermacchi

Zierfelder: Satelliten San Marco II und L-SAT

1834	400 (L)	mehrfarbig	bbk	0,70	0,50
1835	400 (L)	mehrfarbig	bbl	0,70	0,50
1836	400 (L)	mehrfarbig	bbm	0,70	0,50
1837	400 (L)	mehrfarbig	bbn	0,70	0,50
		Satzpreis (4 W.)		2,80	2,—
		Sechserblock		4,—	4,—
		FDC			10,—

MiNr. 1834–1837 wurden mit 2 Zierfeldern zusammenhängend gedruckt.
Auflage: 5 000 000 Sätze

Weitere Werte: MiNr. 1752–1755, 1790–1793

1983, 29. April. Tag der Arbeit. StTdr. (10×10); gez. K 14¼:13½.

bbo) Schiff, Kräne

1838	1200 (L)	dunkelviolettultramarin	bbo	2,20	1,50
		FDC			2,50

Auflage: 5 000 000 Stück

1983, 30. April. Freimarken: Blumen aus Italien. RaTdr. (10×5); gez. K 13½:14¼.

bbp) Rhododendron bbr) Mimose bbs) Gladiole

1839	200 (L)	mehrfarbig	bbp	1,40	1,—
1840	200 (L)	mehrfarbig	bbr	1,40	1,—
1841	200 (L)	mehrfarbig	bbs	1,40	1,—
		Satzpreis (3 W.)		4,—	3,—
		FDC			4,—

Auflage: 5 000 000 Sätze

Weitere Werte: MiNr. 1745–1747, 1795–1797

1983, 2. Mai. Europa: Große Werke des menschlichen Geistes. Komb. StTdr. und Odr. (5×10); gez. K 14:13¼.

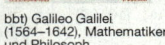

bbt) Galileo Galilei (1564–1642), Mathematiker und Philosoph
bbu) Archimedes (285–212 v. Chr.), griechischer Mathematiker und Philosoph

1842	400 (L)	mehrfarbig	bbt	3,50	1,50
1843	500 (L)	mehrfarbig	bbu	3,50	0,50
		Satzpreis (2 W.)		7,—	2,—
		FDC			10,—

Auflage: 5 000 000 Sätze

1983, 5. Mai. 150. Geburtstag von Ernesto Teodoro Moneta. StTdr. (5×6); gez. K 14:13¼.

bbv) E. T. Moneta (1833–1918), Friedensnobelpreis 1907

1844	500 (L)	mehrfarbig	bbv	1,—	0,80
		FDC			2,—

Auflage: 5 000 000 Stück

Italien

1983, 9. Mai. Internationaler Kongreß für juristische Informatik, Rom. RaTdr. (10×5); gez. K 13¼:14.

bbw) Römische Quadriga, Weltkugel, Bildschirmtextgerät

| 1845 | 500 | (L) | mehrbarbig | bbw | 1,— | 0,80 |
| | | | | FDC | | 2,— |

Auflage: 5 000 000 Stück

1983, 13. Mai. Folklore (III). RaTdr. (10×5); gez. K 13¼.

bbx) Prozession „Corsa dei Ceri" in Gubbio

| 1846 | 300 | (L) | mehrbarbig | bbx | 1,— | 0,50 |
| | | | | FDC | | 2,— |

Auflage: 5 000 000 Stück

Weitere Werte: MiNr. 1748–1749, 1803, 1895, 1920–1921, 1960, 2021, 2057, 2081, 2145

1983, 14. Mai. Nationaler Eucharistischer Kongreß, Mailand. RaTdr. (10×5); gez. K 14.

bby) Priester mit Abendmahlskelch

| 1847 | 300 | (L) | mehrbarbig | bby | 0,70 | 0,50 |
| | | | | FDC | | 2,— |

Auflage: 5 000 000 Stück

1983, 25. Juni. Freimarke: Burgen und Schlösser in kleinem Format. StTdr. in Rollen; Wz. 4; senkrecht gez. 14¼.

bbz) Kastell von Venafro, Campobasso

| 1848 | 400 | (L) | olivgrün/rotbraun | bbz | 1,— | 0,80 |
| | | | | FDC | | 4,— |

Weitere Werte siehe Übersicht nach Jahrgangswerttabelle.

1983, 27. Juni. Freimarke: Italia. StTdr. (5×4); gez. K 14¼:13¼.

atl) Italia

| 1849 | 10 000 | L | mehrbarbig | atl | 10,— | 1,50 |
| | | | | FDC | | 20,— |

Weitere Werte siehe Fußnote nach MiNr. 1635

1983, 9. Juli. Freimarke: Burgen und Schlösser. StTdr. (10×10); Wz. 4; gez. K 14¼:13¼.

bca) Kastell Caldoresco, Vasto

| 1850 | 1400 | (L) | mehrbarbig | bca | 2,— | 0,50 |
| | | | | FDC | | 3,— |

Weitere Werte siehe Übersicht nach Jahrgangswerttabelle.

1983, 30. Juli. Tourismus. RaTdr. (5×5); gez. K 14.

bcb) Stadtmauer von Alghero   bcc) Stadtansicht von Bardonecchia

bcd) Strandpromenade von Riccione   bce) Befestigungsmauern von Taranto

1851	250	(L)	mehrbarbig	bcb	1,—	1,—
1852	300	(L)	mehrbarbig	bcc	1,—	1,—
1853	400	(L)	mehrbarbig	bcd	1,50	1,50
1854	500	(L)	mehrbarbig	bce	2,—	1,—
			Satzpreis (4 W.)		5,50	4,50
			FDC			8,50

Auflage: 5 000 000 Sätze

Weitere Werte siehe Übersicht nach Jahrgangswerttabelle.

1983, 15. Sept. 400. Geburtstag von Girolamo Frescobaldi. StTdr. (10×5); gez. K 13¼:14.

bcf) G. Frescobaldi (1583–1643), Komponist

| 1855 | 400 | (L) | mehrbarbig | bdf | 0,70 | 0,50 |
| | | | | FDC | | 1,50 |

Auflage: 5 000 000 Stück

1983, 10. Okt. Berühmte Villen (IV). Komb. StTdr. und Odr. (5×10); gez. K 14:13¼.

bcg) Villa Fidelia, Spello, Perugia

bch) Villa Imperiale, Pesaro   bci) Kloster Michetti, Francavilla al Mare, Chieti   bck) Villa di Riccia, Pescara

1856	250	(L)	mehrfarbig .... bcg	1,20	1,—
1857	300	(L)	mehrfarbig .... bch	1,—	1,—
1858	400	(L)	mehrfarbig .... bci	1,20	1,—
1859	500	(L)	mehrfarbig .... bck	1,70	0,50
			Satzpreis (4 W.)	5,—	3,50
			FDC		6,—

Auflage: 5 000 000 Sätze

Weitere Werte: MiNr. 1733–1735, 1779–1781, 1812–1814, 1898 bis 1901, 1940–1943, 1990–1994

1983, 28. Okt. 100. Todestag von Francesco De Sanctis. RaTdr. (5×10); gez. K 14:13¼.

bcl) F. De Sanctis (1817–1883), Literaturhistoriker und Politiker

1860	300	(L)	mehrfarbig .... bcl	0,60	0,50
			FDC		1,50

Auflage: 5 000 000 Stück

1983, 10. Nov. Weihnachten; 500. Geburtstag von Raffaello Santi. RaTdr. (5×10); gez. K 13¼:14.

bcm) Madonna della Seggiola
bcn) Sixtinische Madonna
bco) Madonna dei Candelabri

bcm–bco) Gemälde von Raffael (1483–1520), Maler und Architekt

1861	250	(L)	mehrfarbig .... bcm	0,50	0,40
1862	400	(L)	mehrfarbig .... bcn	1,—	0,40
1863	500	(L)	mehrfarbig .... bco	1,50	0,40
			Satzpreis (3 W.)	3,—	1,—
			FDC		3,20

MiNr. 1861–1863 äußerst wasser- und benzinempfindlich.

Auflage: 50 000 000 Sätze

1983, 27. Nov. Tag der Briefmarke: Kinderzeichnungen. RaTdr. (5×10; MiNr. 1865 ~); gez. K 14:13¼, MiNr. 1865 ~.

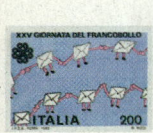  

bcp) Briefmännchen bilden Kette; von Roberta Rizzi
bcr) Weltraumpostbote übergibt Brief an Außerirdischen; von Maria Grazia Federico
bcs) Briefumschlag, Zug mit Flaggenwaggons, Erdkugel; von Paolo Bucciarelli

1864	200	(L)	mehrfarbig .... bcp	0,70	0,70
1865	300	(L)	mehrfarbig .... bcr	1,10	0,70
1866	400	(L)	mehrfarbig .... bcs	1,20	0,70
			Satzpreis (3 W.)	3,—	2,—
			FDC		3,50

MiNr. 1864–1866 äußerst wasser- und benzinempfindlich.

Auflage: 7 000 000 Sätze

1984

1984, 20. Jan. Probleme unserer Zeit: Verkehrsunfallverhütung. RaTdr. (10×5, MiNr. 1868 ~); MiNr. 1867 gez. K 13¼:14, MiNr. 1868 ~.

bct) Beschädigtes Verkehrszeichen „Achtung"
bcu) Polizist nimmt Verkehrsunfall auf

1867	300	(L)	mehrfarbig .... bct	1,—	0,70
1868	400	(L)	mehrfarbig .... bcu	1,—	0,80
			Satzpreis (2 W.)	2,—	1,50
			FDC		2,20

MiNr. 1867 und 1968 äußerst wasser- und benzinempfindlich.

Auflage: 5 000 000 Sätze

1984, 25. Jan. Italienische Kunst. Komb. StTdr. und Odr. (5×5); gez. K 14.

bcv) Korso im Bois de Boulogne; Gemälde von Giuseppe de Nittis (1846–1884)
bcw) Paul Guillaume; Gemälde von Amedeo Modigliani (1884–1920)

1869	300	(L)	mehrfarbig .... bcv	0,80	0,50
1870	400	(L)	mehrfarbig .... bcw	1,20	0,50
			Satzpreis (2 W.)	2,—	1,—
			FDC		4,—

Auflage: 5 000 000 Sätze

1984, 14. Febr. Freimarke: Burgen und Schlösser. RaTdr. (10×10); Wz. 4; A = gez. K 13¼, C = gez. K 14¼:13¼.

bcx) Kastell von Rocca Sinibalda, Rieti

1871	550	(L)	mehrfarbig .... bcx		
	A		gez. K 13¼	7,50	1,20
	C		gez. K 14¼:13¼	1,—	0,30
			FDC (C)		6,—

Weitere Werte siehe Übersicht nach Jahrgangswerttabelle.

Mit der MICHEL-Nummer auf Nummer sicher!

Italien

1984, 10. März. Automobilbau (I). RaTdr. (2×5 Zd); gez. K 14:13¼.

bcy) Landwirtschafts-Traktor „Galaxy" (Same Trattori)
bcz) Personenwagen „Alfa 33" (Alfa Romeo)
bda) Personenwagen „Maserati Biturbo" (Maserati)
bdb) Lastkraftwagen „190.38 Special" (Iveco)

Zierfelder: Embleme der Automobilfirmen „Isotta Fraschini" und „Itala"

1872	450	(L)	mehrfarbig . . . . bcy	0,80	0,50
1873	450	(L)	mehrfarbig . . . . bcz	0,80	0,50
1874	450	(L)	mehrfarbig . . . . bda	0,80	0,50
1875	450	(L)	mehrfarbig . . . . bdb	0,80	0,50
			Satzpreis (4 W.)	3,—	2,—
			Sechserblock	8,—	8,—
			FDC		12,—

MiNr. 1872–1875 wurden mit 2 Zierfeldern zusammenhängend gedruckt.
Auflage: 5 000 000 Sätze

Weitere Werte: 1912–1915, 1980–1983

1984, 10. April. Italienische Technologie im Ausland. RaTdr. (2×10 Zd); gez. K 14¼:13¼.

bdc) Brennofen, Mosaik
Zierfeld: Inschrift
bdd) Glasbläser; Gläser, Krug

1876	300	(L)	mehrfarbig . . . . bdc	0,50	0,30
1877	300	(L)	mehrfarbig . . . . bdd	0,50	0,30
			Satzpreis (2 W.)	1,—	0,50
			Dreierstreifen	2,—	2,—
			FDC		2,50

MiNr. 1876–1877 wurden, durch Zierfeld verbunden, zusammenhängend gedruckt.
Auflage: 5 000 000 Sätze

1984, 16. April. Zweite Direktwahlen zum Europäischen Parlament. RaTdr. (5×10); gez. K 14:13¼.

bde) Parlamentsgebäude, Straßburg

1878	400	L	mehrfarbig . . . . bde	1,—	0,70
			FDC		2,—

Auflage: 4 000 000 Stück

1984, 24. April. Naturschutz: Schutz der Wälder. RaTdr. (2×5 Zd); gez. K 14:13½.

bdf) Überwachung durch die Staatliche Forstbehörde
bdg) Waldbrandverhütung
bdh) Unratbeseitigung
bdi) Bebauungsverbot in Waldgebieten

1879	450	(L)	mehrfarbig . . . . bdf	0,80	0,50
1880	450	(L)	mehrfarbig . . . . bdg	0,80	0,50
1881	450	(L)	mehrfarbig . . . . bdh	0,80	0,50
1882	450	(L)	mehrfarbig . . . . bdi	0,80	0,50
			Satzpreis (4 W.)	3,—	2,—
			Viererblock	11,—	11,—
			FDC		12,—

MiNr. 1879–1882 wurden zusammenhängend gedruckt.
Auflage: 4 000 000 Sätze

1984, 26. April. Internationale Briefmarkenausstellung ITALIA '85, Rom, (I). RaTdr. (5×10); gez. K 14.

bdk) Postministerium, Rom
bdl) Via Appia bei Rom

1883	450	(L)	mehrfarbig . . . . bdk	1,—	0,40
1884	550	(L)	mehrfarbig . . . . bdl	1,50	0,40
			Satzpreis (2 W.)	2,50	0,80
			FDC		2,60

Auflage: 10 000 000 Sätze

1984, 30. April. 40 Jahre Pakt von Rom. RaTdr. (5×10); gez. K 14:13¼.

bdm) Giuseppe di Vittorio, Bruno Buozzi und Achille Grandi, Wegbereiter der demokratischen Gewerkschaftsbewegung; Fabrik, Acker

1885	450	(L)	mehrfarbig . . . . bdm	1,20	0,50
			FDC		1,50

Auflage: 4 000 000 Stück

1984, 4. Mai. Europa: 25 Jahre Europäische Konferenz der Verwaltungen für das Post- und Fernmeldewesen (CEPT). RaTdr. (5×10); gez. K 14:13¼.

bdn) Brücke

1886	450	(L)	mehrfarbig . . . . bdn	2,—	1,—
1887	550	(L)	mehrfarbig . . . . bdn	4,—	3,—
			Satzpreis (2 W.)	6,—	4,—
			FDC		9,—

Auflage: 4 000 000 Sätze

Italien

1984, 7. Mai. Internationales Fernmeldesymposium, Florenz. RaTdr. (10×5); gez. K 14.

bdo) Emblem

1888	550	(L)	mehrfarbig	bdo	1,50	1,—
				FDC		1,50

Auflage: 4 000 000 Stück

1984, 12. Mai. 100 Jahre Internationales Galopperderby von Italien, Rom. Komb. StTdr. und Odr. (5×10); gez. K 14:13¼.

bdp–bdr) Szenen aus Galopprennen

1889	250	(L)	mehrfarbig	bdp	1,50	1,50
1890	400	(L)	mehrfarbig	bdr	2,—	1,—
				Satzpreis (2 W.)	3,50	2,50
				FDC		4,—

Auflage: 4 000 000 Sätze

1984, 19. Mai. Tourismus. RaTdr. (5×5); gez. K 14.

bds) Ortsansicht von Campione d'Italia
bdt) Eingang zu den Thermen, Chianciano Terme

bdu) Kartäuserkloster, Padula
bdv) Griechisches Theater, Syrakus

1891	350	(L)	mehrfarbig	bds	2,—	2,—
1892	400	(L)	mehrfarbig	bdt	1,20	1,20
1893	450	(L)	mehrfarbig	bdu	1,20	1,20
1894	550	(L)	mehrfarbig	bdv	1,20	1,20
				Satzpreis (4 W.)	5,50	5,50
				FDC		7,—

Auflage: 4 000 000 Sätze

Weitere Werte siehe Übersicht nach Jahrgangswerttabelle.

1984, 3. Sept. Folklore (IV). RaTdr. (10×5); gez. K 13¼:13.

bdw) Prozession „La Macchina di Santa Rosa" in Viterbo

1895	400	(L)	mehrfarbig	bdw	1,20	0,80
				FDC		1,50

Auflage: 5 000 000 Stück

Weitere Werte: MiNr. 1748–1749, 1803, 1846, 1920–1921, 1960, 2021, 2057, 2081, 2145

1984, 1. Okt. Bäuerliche Kultur. RaTdr. (5×10); gez. K 14:13¼.

bdx) Backofen, Mähdrescher, landwirtschaftliches Gut
bdy) Webstuhl, Karren, Bauernhof

1896	250	L	mehrfarbig	bdx	0,90	0,80
1897	350	L	mehrfarbig	bdy	0,80	0,50
				Satzpreis (2 W.)	1,70	1,30
				FDC		3,—

Auflage: 5 000 000 Sätze

1984, 6. Okt. Berühmte Villen (V). Komb. StTdr. und Odr. (5×10); gez. K 14:13¼.

bdz) Villa Caristo, Stignano, Reggio di Calabria

bea) Villa Doria Pamphili, Genua
beb) Villa Reale, Stupinigi, Alessandria
bec) Villa Mellone, Lecce

1898	250	(L)	mehrfarbig	bdz	1,50	1,50
1899	350	(L)	mehrfarbig	bea	1,50	1,50
1900	400	(L)	mehrfarbig	beb	1,50	1,—
1901	450	(L)	mehrfarbig	bec	1,50	1,—
				Satzpreis (4 W.)	6,—	5,—
				FDC		6,—

Auflage: 5 000 000 Sätze

Weitere Werte: MiNr. 1733–1735, 1779–1781, 1812–1814, 1856 bis 1859, 1940–1943, 1990–1994

Alle reden vom Sammeln: Wir auch!
Bund Deutscher Philatelisten e.V.

Mildred-Scheel-Str. 2 · 53175 Bonn · Tel. (02 28) 3 08 58-0 · Fax (02 28) 3 08 58-12 · E-Mail: info@bdph.de

1984, 9. Nov. Internationale Briefmarkenausstellung ITALIA '85, Rom (II): Etruskische Kunst. Komb. StTdr. und Odr., MiNr. 1903 Odr. (3×5 Zd); gez. K 13¼:14.

bed) Krieger (Bronzestatue)
bee) Ausstellungsemblem
bef) Silberner Spiegel

1902	550	(L)	mehrfarbig .... bed	0,80	0,40
1903	550	(L)	mehrfarbig .... bee	0,80	0,40
1904	550	(L)	mehrfarbig .... bef	0,80	0,40
			Satzpreis (3 W.)	2,20	1,10
			Dreierstreifen	9,—	
			FDC		6,—

MiNr. 1902–1904 wurden zusammenhängend gedruckt.
Auflage: 5 000 000 Sätze

In ähnlicher Zeichnung wie MiNr. 1903: MiNr. 1908, 1917

1985, 13. Febr. Internationale Briefmarkenausstellung ITALIA '85, Rom (III): Renaissancekunst. Komb. StTdr. und Odr., MiNr. 1908 Odr. (3×5 Zd); gez. K 13¼:14.

bei
bee l
bek

bei) Venus auf dem Wagen (Detail); Fresko von Raffael (1483–1520), Maler und Architekt
bee l) Ausstellungsemblem
bek) Ansicht des antiken Ostia (Detail); Fresko von Baldassare Peruzzi (1481–1536), Baumeister und Maler

1907	600	(L)	mehrfarbig .... bei	0,90	0,40
1908	600	(L)	mehrfarbig .... bee l	0,90	0,40
1909	600	(L)	mehrfarbig .... bek	0,90	0,40
			Satzpreis (3 W.)	2,60	1,10
			Dreierstreifen	4,50	4,50
			FDC		5,—

MiNr. 1907–1909 wurden zusammenhängend gedruckt.
Auflage: 5 000 000 Sätze

In ähnlicher Zeichnung wie MiNr. 1908: MiNr. 1903, 1917

1985

1985, 15. Jan. Information durch Presse, Funk und Fernsehen. RaTdr. (10×5); gez. K 13¼:14.

beg) Weltkugel, Lochstreifen, Antenne

1905	350	(L)	mehrfarbig .... beg	1,—	0,50
			FDC		1,—

Auflage: 5 000 000 Stück

1985, 2. März. Italienische Technologie im Ausland. RaTdr. (2×10 Zd); gez. K 14:13¼.

bel) Keramikgeschirr
Zierfeld: Inschrift
bem) Bemalte und glasierte keramische Fliesen

1910	600	(L)	mehrfarbig .... bel	0,80	0,40
1911	600	(L)	mehrfarbig .... bem	0,80	0,40
			Satzpreis (2 W.)	1,50	0,70
			Dreierstreifen	4,50	4,50
			FDC		5,50

MiNr. 1910–1911 wurden, durch Zierfelder verbunden, zusammenhängend gedruckt.
Auflage: 5 000 000 Sätze

1985, 23. Jan. Probleme unserer Zeit: Ältere Mitbürger und ihre Sorgen. RaTdr. (10×5); gez. K 13¼:14.

beh) Junger Mann stützt Greis

1906	250	(L)	mehrfarbig .... beh	0,70	0,60
			FDC		1,—

Auflage: 5 000 000 Stück

1985, 21. März. Automobilbau (II). RaTdr. (2×5 Zd); gez. K 14:13¼.

ben) Personenwagen „Lancia Thema"
bep) Personenwagen „Fiat Uno"
beo) Personenwagen „Fiat Abarth 1000 Bialbero"
ber) Personenwagen „Lamborghini Countach LP 500"

Zierfelder: Embleme der Automobilfirmen „De Vecchi" und „Cisitalia"

Aufdruck

Wenn die Farbe des Aufdrucks nicht angegeben ist, ist der Aufdruck immer schwarz.

Italien

1912	450	(L)	mehrfarbig .... ben	0,90	0,40
1913	450	(L)	mehrfarbig .... beo	0,90	0,40
1914	450	(L)	mehrfarbig .... bep	0,90	0,40
1915	450	(L)	mehrfarbig .... ber	0,90	0,40
			Satzpreis (4 W.)	3,50	1,50
			Sechserblock	12,—	12,—
			FDC		20,—

MiNr. 1912–1915 wurden mit 2 Zierfeldern zusammenhängend gedruckt.

Auflage: 5 000 000 Sätze

Weitere Werte: MiNr. 1872–1875, 1980–1983

1985, 30. März. Internationale Briefmarkenausstellung ITALIA '85, Rom (IV): Barockkunst. Komb. StTdr. und Odr., MiNr. 1917 Odr. (3×5 Zd); gez. K 13¼:14.

bes) Kirche S. Maria della Pace, Rom
bee II) Ausstellungsemblem
bet) Kirche S. Agnese in Agona, Rom

1916	250	(L)	mehrfarbig .... bes	0,40	0,40
1917	250	(L)	mehrfarbig .... bee II	0,40	0,40
1918	250	(L)	mehrfarbig .... bet	0,40	0,40
			Satzpreis (3 W.)	1,10	1,10
			Dreierstreifen	2,50	2,50
			FDC		4,—

MiNr. 1916–1918 wurden zusammenhängend gedruckt.

Auflage: 5 000 000 Sätze

In ähnlicher Zeichnung wie MiNr. 1917: MiNr. 1903, 1908

1985, 24. April. 400. Jahrestag der Wahl von Papst Sixtus V. Komb. StTdr. und Odr. (10×5); gez. K 13¼:14.

beu) Papst Sixtus V. (1521–1590, Pontifikat ab 1585); Peterskirche, Rom

1919	1500	(L)	mehrfarbig .... beu	3,—	2,—
			FDC		3,50

Auflage: 4 000 000 Stück

1985, 29. Mai. Folklore (V). RaTdr. (10×5); gez. K 13¼:14.

bev) Festzug der Türken in Potenza; Dom
bew) Ruderregatta der Seerepubliken in Amalfi; Dom

1920	250	(L)	mehrfarbig .... bev	1,—	0,60
1921	350	(L)	mehrfarbig .... bew	1,30	0,60
			Satzpreis (2 W.)	2,20	1,20
			FDC		3,—

Auflage: 5 000 000 Sätze

Weitere Werte: MiNr. 1748–1749, 1803, 1846, 1895, 1960, 2021, 2057, 2081, 2145

1985, 1. Juni. Tourismus. RaTdr. (5×5); gez. K 14.

bex) Stadtansicht von Bormio
bey) Ansicht von Castellammare di Stabia mit Vesuv

bez) Ansicht der Vulkaninsel Stromboli
bfa) Stadtansicht von Termoli

1922	350	(L)	mehrfarbig .... bex	1,—	0,50
1923	400	(L)	mehrfarbig .... bey	1,—	0,50
1924	450	(L)	mehrfarbig .... bez	1,10	1,—
1925	600	(L)	mehrfarbig .... bfa	2,—	1,—
			Satzpreis (4 W.)	5,—	3,—
			FDC		8,—

Auflage: 5 000 000 Sätze

Weitere Werte siehe Übersicht nach Jahrgangswerttabelle.

1985, 5. Juni. Naturschutz: Geschützte Tiere und Pflanzen. RaTdr. (5×2 Zd); gez. K 13¼:14.

bfb) Fischotter (Lutra lutra)

bfc) Alpenaurikel (Primula auricula)

bfd) Tanne (Abies pectinata)

bfe) Stelzenläufer (Himantopus himantopus)

1926	500	L	mehrfarbig .... bfb	0,80	0,40
1927	500	L	mehrfarbig .... bfc	0,80	0,40
1928	500	L	mehrfarbig .... bfd	0,80	0,40
1929	500	L	mehrfarbig .... bfe	0,80	0,40
			Satzpreis (4 W.)	3,—	1,40
			FDC		4,—
			Viererblock	15,—	15,—
			FDC		20,—

MiNr. 1926–1929 wurden in Viererblockanordnung zusammenhängend gedruckt.

Auflage: 5 000 000 Sätze

In der **MICHEL**-Rundschau können nur Marken katalogisiert werden, die der Redaktion im Original vorlagen.

Italien

389

1985, 15. Juni. Italienische Kunst. Komb. StTdr. und Odr. (5×5); gez. K 14.

bff) Betende Madonna; Gemälde von Giambattista Sassoferrato (eigentl. Salvi) (1609–1685)

bfg) Die Kultur der Arbeit; Gemälde von Mario Sironi (1885–1961)

1930	350	(L)	mehrfarbig . . . . bff	1,20	1,—
1931	400	(L)	mehrfarbig . . . . bfg	1,30	1,—
			Satzpreis (2 W.)	2,50	2,—
			FDC		3,—

Auflage: 5 000 000 Sätze

1985, 20. Juni. Europa: Europäisches Jahr der Musik. RaTdr. (10×5); gez. K 13¼:14.

bfh) Aureliano Pertile (1885–1969) und Giovanni Martinelli (1885–1952), Tenöre

bfi) Vincenzo Bellini (1801–1835) und Johann Sebastian Bach (1685–1750), Komponisten

1932	500	(L)	mehrfarbig . . . . bfh	2,—	1,—
1933	600	(L)	mehrfarbig . . . . bfi	4,—	2,—
			Satzpreis (2 W.)	6,—	3,—
			FDC		9,—

Auflage: 5 000 000 Sätze

1985, 25. Juli. Freimarken: Burgen und Schlösser in kleinem Format. StTdr. in Rollen; Wz. 4; senkrecht gez. K 14¼.

bfk bfl

bfk) Kastell von Scilla
bfl) Kastell von Piobbico

1934	50	(L)	preußischblau . . . . bfk	0,30	0,20
1935	450	(L)	dunkelgelbgrün . . . . bfl	0,70	0,30
			Satzpreis (2 W.)	1,—	0,50
			FDC		5,—

MiNr. 1934–1935 wurden zusammenhängend und ab 1.3.1988 auch einzeln in Rollen ausgegeben.

Weitere Werte siehe Übersicht nach Jahrgangswerttabelle.

1985, 1. Aug. 950 Jahre Abtei San Salvatore auf dem Monte Amiata. Komb. StTdr. und Odr. (5×10); gez. K 14:13¼.

bfm) Ansicht der Abtei nach einem alten Stich

1936	450	(L)	mehrfarbig . . . . bfm	1,50	0,70
			FDC		2,—

Auflage: 5 000 000 Stück

1985, 21. Aug. Radweltmeisterschaften, Bassano del Grappa und Giavera del Montello. RaTdr. (5×10); gez. K 14:13¼.

bfn) Mannschafts-Verfolgung

1937	400	(L)	mehrfarbig . . . . bfn	1,50	0,30
			FDC		2,50

Auflage: 5 000 000 Stück

1985, 26. Aug. UNO-Kongreß zur Verhütung von Kriminalität, Mailand. RaTdr. (5×10); gez. K 14:13¼.

bfo) Weltkugel, Kongreßemblem, UNO-Emblem

1938	600	(L)	mehrfarbig . . . . bfo	2,—	0,30
			FDC		2,20

Auflage: 5 000 000 Stück

1985, 3. Sept. Internationales Jahr der Jugend. RaTdr. (5×10); gez. K 14:13¼.

bfp) Profil eines Jugendlichen, Emblem

1939	600	(L)	mehrfarbig . . . . bfp	2,—	0,30
			FDC		2,20

Auflage: 5 000 000 Stück

1985, 1. Okt. Villen (VI). Komb. StTdr. und Odr. (5×10); gez. K 14:13¼.

bfr) Villa Nitti, Maratea

bfs) Villa Aldrovandi Mazzacorati, Bologna

bft) Villa Santa Maria, Pula (bei Cagliari)

bfu) Villa De Mersi, Villazzano, Provinz Trento

1940	300	(L)	mehrfarbig . . . . bfr	1,50	0,50
1941	400	(L)	mehrfarbig . . . . bfs	2,—	0,50
1942	500	(L)	mehrfarbig . . . . bft	2,20	0,50
1943	600	(L)	mehrfarbig . . . . bfu	3,—	0,50
			Satzpreis (4 W.)	8,50	2,—
			FDC		9,—

Auflage: 5 000 000 Sätze

Weitere Werte: MiNr. 1733–1735, 1779–1781, 1812–1814, 1856 bis 1859, 1898–1901, 1990–1994

1985, 15. Okt. Neues Konkordat mit dem Heiligen Stuhl. RaTdr. (5×10); gez. K 14:13¼.

bfv) Staatswappen Italiens, Päpstliches Wappen, Urkunde

1944	400	(L)	mehrfarbig . . . . bfv	1,50	0,30
			FDC		1,70

Auflage: 5 000 000 Stück

Parallelausgabe mit Vatikanstaat MiNr. 882

1985, 25. Okt. Internationale Briefmarkenausstellung ITALIA '85, Rom (V). Odr.; gez. K 14.

bfw) Marke Parma MiNr. 10; Rathaus von Parma

bfx) Marke Neapel MiNr. 3; Castel Nuovo, Neapel

bfy) Marke Sizilien MiNr. 1; Dom von Palermo

bfz) Marke Modena MiNr. 3; Dom von Modena

bga) Marke Kirchenstaat MiNr. 8; Piazza Navona, Rom

bgb) Marke Toscana MiNr. 5; Palazzo Vecchio, Florenz

bgc) Marke Sardinien MiNr. 15; Stadtansicht von Turin

bgd) Marke Romagna MiNr. 7; Stadtansicht von Bologna

bge) Marke Lombardei und Venetien MiNr. 3; Palazzo Litta, Mailand

1945	300	(L)	mehrfarbig . . . . bfw	0,50	0,50
1946	300	(L)	mehrfarbig . . . . bfx	0,50	0,50
1947	300	(L)	mehrfarbig . . . . bfy	0,50	0,50
1948	300	(L)	mehrfarbig . . . . bfz	0,50	0,50
1949	300	(L)	mehrfarbig . . . . bga	0,50	0,50
1950	300	(L)	mehrfarbig . . . . bgb	0,50	0,50
1951	300	(L)	mehrfarbig . . . . bgc	0,50	0,50
1952	300	(L)	mehrfarbig . . . . bgd	0,50	0,50
1953	300	(L)	mehrfarbig . . . . bge	0,50	0,50
			Satzpreis (9 W.)	4,50	4,50
			FDC		8,—
			Kleinbogen	6,—	5,50
			FDC		10,—

MiNr. 1945–1953 wurden zusammenhängend im Kleinbogen gedruckt.

Blockausgabe; Komb. StTdr. und Odr., MiNr. 1954, 1956, 1958 Odr.; Bl. 1 □, Bl. 2 gez. Ks 14:13¼

bgf) Marken Sardinien MiNr. 1 und Großbritannien MiNr. 1

Block 1	4000	L	mfg. (86×57 mm) . . . . bgf	5,50	5,50
			FDC		12,—

bgg) Marke Basel MiNr. 1

Zierfeld: Erdkugel

bgh) Marke Japan MiNr. 1

bgi) Marke USA MiNr. 2

bgk) Marke Westaustralien MiNr. 1

bgl) Marke Mauritius MiNr. 4

1954	500	(L)	mehrfarbig . . . . bgg	1,—	1,—
1955	500	(L)	mehrfarbig . . . . bgh	1,—	1,—
1956	500	(L)	mehrfarbig . . . . bgi	1,—	1,—
1957	500	(L)	mehrfarbig . . . . bgk	1,—	1,—
1958	500	(L)	mehrfarbig . . . . bgl	1,—	1,—
Block 2	(140×100 mm) . . . . bgm			6,—	6,—
			FDC		8,—

Auflagen: MiNr. 1945–1953 = 2 762 465 Sätze, Block 1 = 683 164, Block 2 = 2 984 150 Blocks

1986

1986, 25. Jan. Volks-Skilanglauf, Fleimstal/Fassatal. RaTdr. (5×10); gez. K 14:13¼.

bgn) Langlaufgruppe

1959	450	(L)	mehrfarbig . . . . bgn	1,20	0,50
			FDC		1,50

Auflage: 5 000 000 Stück

MICHELsoft – das Programm für jeden Sammler!

Italien

1986, 3. Febr. Folklore (VI). RaTdr. (10×5); gez. K 13¼:14.

bgo) Prozession „Le Candelore" zu Ehren der hl. Agathe in Catania

1960	450 (L)	mehrfarbig	bgo	1,20	0,50
			FDC		1,50

Auflage: 5 000 000 Stück

Weitere Werte: MiNr. 1748–1749, 1803, 1846, 1895, 1920–1921, 2021, 2057, 2081, 2145

1986, 8. März. 100. Todestag von Amilcare Ponchielli. Komb. StTdr. und Odr. (5×10); gez. K 14:13¼.

bgp) A. Ponchielli (1834–1886), Komponist

1961	2000 (L)	mehrfarbig	bgp	4,20	0,70
			FDC		5,—

Auflage: 5 000 000 Stück

1986, 15. März. 250. Todestag von Giovanni Battista Pergolesi. RaTdr. (10×5); gez. K 13¼:14.

bgr) G. B. Pergolesi (1710–1736), Komponist

1962	2000 (L)	mehrfarbig	bgr	4,20	0,70
			FDC		4,20

Auflage: 5 000 000 Stück

1986, 15. März. Freimarke: Burgen und Schlösser. RaTdr. (10×10); Wz. 4; gez. K 14:13¼.

bgs) Kastell von Montecchio

1963	650 (L)	mehrfarbig	bgs	1,20	0,80
			FDC		2,50

Weitere Werte siehe Übersicht nach Jahrgangswerttabelle.

1986, 24. März. Tourismus. RaTdr. (5×5); gez. K 14.

bgt) Bucht von Acitrezza

bgu) Piazzetta, Capri

bgv) Kurhaus, Meran

bgw) Leuchtturm von San Benedetto del Tronto

1964	350 (L)	mehrfarbig	bgt	0,70	0,50
1965	450 (L)	mehrfarbig	bgu	0,80	0,50
1966	550 (L)	mehrfarbig	bgv	1,50	0,50
1967	650 (L)	mehrfarbig	bgw	1,50	0,50
		Satzpreis (4 W.)		4,50	2,—
			FDC		6,—

Auflage: 5 000 000 Sätze

Weitere Werte siehe Übersicht nach Jahrgangswerttabelle.

1986, 28. April. Europa: Natur- und Umweltschutz. RaTdr. (5×2 Zd); gez. K 13¼:14.

bgx) Baum mit herzförmiger Krone
bgy) Baum mit sternförmiger Krone

bgz) Baum mit schmetterlingsförmiger Krone
bha) Baum mit sonnenförmiger Krone

1968	650 (L)	mehrfarbig	bgx	3,—	0,50
1969	650 (L)	mehrfarbig	bgy	3,—	0,50
1970	650 (L)	mehrfarbig	bgz	3,—	0,50
1971	650 (L)	mehrfarbig	bha	3,—	0,50
		Satzpreis (4 W.)		12,—	2,—
			FDC		6,50
		Viererblock		15,—	10,—
			FDC		12,—

MiNr. 1968–1971 wurden in Viererblockanordnung zusammenhängend gedruckt.

Auflage: 5 000 000 Sätze

1986, 3. Mai. Internationaler Kongreß für Augenheilkunde, Rom. RaTdr. (5×10); gez. K 14.

bhb) Brille mit Inschrift und Relief von Emilio Greco

1972	550 (L)	mehrfarbig	bhb	1,20	0,50
			FDC		1,50

Auflage: 5 000 000 Stück

1986, 10. Mai. Italienische Polizei; Europäisches Polizistentreffen, Chianciano Terme. RaTdr. (3×5 Zd); gez. K 14.

Zierfeld: Polizist

bhc) Uniformen der italienischen Polizei

Italien

1973	550	(L)	mehrfarbig	bhc	1,—	0,70
1974	650	(L)	mehrfarbig	bhc	1,20	1,20
			Satzpreis (2 W.)		2,20	2,—
				FDC		3,50
			Satzpreis (1973 Zf–1974 Zf)		4,20	4,20

MiNr. 1973–1974 wurden jeweils mit anhängendem Zierfeld gedruckt.

Auflage: 5 000 000 Sätze

1986, 31. Mai. Tag der für die nationale Unabhängigkeit Gefallenen. RaTdr. (5 × 10); gez. K 14.

bhd) Symbolische Darstellung

1975	2000	(L)	mehrfarbig	bhd	4,50	2,—
				FDC		5,—

Auflage: 5 000 000 Stück

1986, 31. Mai. 120. Jahrestag der Schlacht von Bezzecca. RaTdr. (5 × 10); gez. K 14:13¼.

bhe) Schlacht von Bezzecca

1976	550	(L)	mehrfarbig	bhe	1,50	0,70
				FDC		2,—

Auflage: 5 000 000 Stück

1986, 1. Juni. 150. Jahrestag der Gründung der Bersaglieri-Truppe, Turin. RaTdr. (10 × 5); gez. K 13¼:14.

bhf) Soldat, Helme

1977	450	(L)	mehrfarbig	bhf	1,50	0,70
				FDC		2,—

Auflage: 5 000 000 Stück

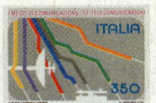

1986, 16. Juni. Kommunikationsmittel: Das Fernmeldewesen. RaTdr. (5 × 10); gez. K 14:13¼.

bhg) Glasfaserkabel, Morseapparat, Antenne

1978	350	(L)	mehrfarbig	bhg	0,70	0,50
				FDC		1,—

Auflage: 5 000 000 Stück

1986, 28. Juni. Künstlerisches und kulturelles Erbe in Italien: 500. Jahrestag der Klostergründung „Heiliger Berg von Varallo". StTdr. (5 × 5); gez. K 14.

bhh) Kloster von Varallo

1979	2000	(L)	mehrfarbig	bhh	4,20	2,—
				FDC		5,—

Auflage: 5 000 000 Stück

1986, 4. Juli. Automobilbau (III). RaTdr. (2 × 5 Zd); gez. K 14:13¼.

bhi) Personenwagen „Ferrari Testarossa"
bhk) Schaufellader „Fiatallis FR 10 B"
bhl) Lastkraftwagen „Alfa Romeo AR 8 Turbo"
bhm) Personenwagen „Innocenti 650 SE"

Zierfelder: Embleme der Automobilfirmen „SIMIT" und „SCAT".

1980	450	(L)	mehrfarbig	bhi	3,—	1,—
1981	450	(L)	mehrfarbig	bhk	1,20	0,50
1982	450	(L)	mehrfarbig	bhl	1,20	0,50
1983	450	(L)	mehrfarbig	bhm	1,20	0,50
			Satzpreis (4 W.)		6,50	2,50
				FDC		10,—
			Sechserblock		11,—	11,—
				FDC		17,—

MiNr. 1980–1983 wurden mit 2 Zierfeldern zusammenhängend gedruckt.

Auflage: 5 000 000 Sätze

In ähnlichen Zeichnungen: MiNr. 1872–1875, 1912–1915

1986, 14. Juli. Italienische Technologie im Ausland. RaTdr. (2 × 10 Zd, MiNr. 1986–1987 5 × 10); gez. K 14:13¼.

bhn) Damenmode
Zierfeld: Accessoires
bho) Herrenmode

bhp) Computer von „Olivetti"
bhr) Dampfturbine von „Breda"

1984	450	(L)	mehrfarbig	bhn	1,50	0,50
1985	450	(L)	mehrfarbig	bho	1,50	0,50
1986	650	(L)	mehrfarbig	bhp	2,50	0,50
1987	650	(L)	mehrfarbig	bhr	2,50	0,50
			Satzpreis (4 W.)		8,—	2,—
				FDC		9,—
			Dreierstreifen (MiNr. 1984–1985)		6,—	6,—
				FDC		8,—

MiNr. 1984–1985 wurden, durch Zierfeld verbunden, zusammenhängend gedruckt.

Auflage: 5 000 000 Sätze

Der heiße Draht zu MICHEL

(0 89) 3 23 93-2 24

Italien

1986, 16. Sept. 40 Jahre Fluggesellschaft „Alitalia". RaTdr. (5×10); gez. K 14:13¼.

bhs) Zahl „40", Flugzeugheck   bht) Flugzeug, Landebahnbefeuerung

1988	550 (L)	mehrfarbig	bhs	1,50	0,80
1989	650 (L)	mehrfarbig	bht	1,50	0,80
			Satzpreis (2 W.)	3,—	1,50
			FDC		3,50

Auflage: 5 000 000 Sätze

1986, 1. Okt. Berühmte Villen (VII). Komb. StTdr. und Odr. (5×10); gez. K 14:13¼.

bhu) Villa Necker, Triest   bhv) Villa Borromeo, Cassano d'Adda   bhw) Villa Palagonia, Bagheria

bhx) Villa Medicea, Poggio a Caiano   bhy) Schloß von Issogne

1990	350 (L)	mehrfarbig	bhu	0,70	0,50
1991	350 (L)	mehrfarbig	bhv	0,70	0,50
1992	450 (L)	mehrfarbig	bhw	1,20	0,50
1993	550 (L)	mehrfarbig	bhx	1,20	0,50
1994	650 (L)	mehrfarbig	bhy	1,20	0,50
			Satzpreis (5 W.)	5,—	2,50
			FDC		6,—

Auflage: 5 000 000 Sätze

Weitere Werte: MiNr. 1733–1735, 1779–1781, 1812–1814, 1856 bis 1859, 1898–1901, 1940–1943

1986, 10. Okt. Weihnachten. StTdr. (10×5); gez. K 14.

bhz) Madonna mit Kind; Bronzeskulptur aus der Basilika San Antonio, Padua

1995	450 (L)	olivbraun	bhz	1,20	0,60
			FDC		1,50

Auflage: 5 000 000 Stück

Die Notierungen gelten in der ersten Spalte für ungebrauchte (postfrische), in der zweiten für gebrauchte (gestempelte) Postwertzeichen.

1986, 11. Okt. Italienische Kunst. Komb. StTdr. und Odr. (5×5); gez. K 14.

bia) Frauenbildnis; Zeichnung von Andrea del Sarto (1486–1531)   bib) Daphne in Pavarolo; Gemälde von Felice Casorati (1883–1963)

1996	450 (L)	schwarz/gelborange	bia	1,70	0,50
1997	550 (L)	mehrfarbig	bib	2,—	0,50
			Satzpreis (2 W.)	3,50	1,—
			FDC		4,—

Auflage: 5 000 000 Sätze

1986, 11. Nov. Internationales Jahr des Friedens. RaTdr. (10×5); gez. K 13¼:14.

bic) Flugzeug; Weltkugel; UNO-Gebäude, New York   bid) Flugzeug, Kreuz, Menschen

1998	550 (L)	mehrfarbig	bic	1,50	1,—
1999	650 (L)	mehrfarbig	bid	1,50	2,—
			Satzpreis (2 W.)	3,—	3,50
			FDC		3,50

Auflage: 5 000 000 Sätze

1986, 29. Nov. Tag der Briefmarke. RaTdr. (5×10); gez. K 14:13¼.

bie) Hände mit Lupe und Stichel, Druckstöckel der Marke Italien MiNr. 10

2000	550 (L)	mehrfarbig	bie	1,50	0,70
			FDC		1,50

Auflage: 5 000 000 Stück

1987

1987, 5. Jan. Freimarke: Italia. StTdr. (5×4); Wz. 4; gez. K 14:13¼.

atl) Italia

2001	20 000 L	mehrfarbig	atl	25,—	8,—
			FDC		30,—

Weitere Werte siehe Fußnote nach MiNr. 1635

Italien

1987, 5. Febr. Freimarke: Burgen und Schlösser. RaTdr. (10×10); Wz. 4; gez. K 14:13¼.

bif) Rocca di Vignola, Modena

2002	380	(L)	mehrfarbig	bif	1,—	0,30
				FDC		3,—

Weitere Werte siehe Übersicht nach Jahrgangswerttabelle.

1987, 27. Febr. Italienische Technologie im Ausland: 150 Jahre Textilindustrie, 150 Jahre ITALGAS. RaTdr. (5×10); gez. K 14:13¼.

big) Gewebestruktur   bih) Gasflamme, Wolken

2003	700	(L)	mehrfarbig	big	1,50	1,—
2004	700	(L)	cyanblau/dunkelcyanblau	bih	1,50	1,—
			Satzpreis (2 W.)		3,—	2,—
				FDC		3,50

Auflage: 5 000 000 Sätze

1987, 6. März. Naturschutz: Flüsse und Seen. RaTdr. (2×5 Zd); gez. K 14:13¼.

bii) Volturno
bik) Gardasee
bil) Trasimenischer See
bim) Tirso

2005	500	(L)	mehrfarbig	bii	1,—	0,40
2006	500	(L)	mehrfarbig	bik	1,—	0,40
2007	500	(L)	mehrfarbig	bil	1,—	0,40
2008	500	(L)	mehrfarbig	bim	1,—	0,40
			Satzpreis (4 W.)		4,—	1,50
			FDC			4,—
			Viererblock		9,—	9,—
			FDC			12,—

MiNr. 2005–2008 wurden in Viererblockanordnung zusammenhängend gedruckt.

1987, 27. April. 50. Todestag von Antonio Gramsci. RaTdr. (10×10); gez. K 14:13¼.

bin) A. Gramsci (1891–1937), Politiker

2009	600	(L)	karminrot/schwarz	bin	1,30	0,70
				FDC		1,20

Auflage: 5 000 000 Stück

1987, 4. Mai. Europa: Moderne Architektur. RaTdr. (5×10); gez. K 14:13¼.

bio) Autobahnkirche, Florenz   bip) Hauptbahnhof, Rom

2010	600	(L)	mehrfarbig	bio	2,—	1,30
2011	700	(L)	mehrfarbig	bip	4,—	1,30
			Satzpreis (2 W.)		6,—	2,50
			FDC			4,50

5Auflage: 5 000 000 Sätze

1987, 9. Mai. Tourismus. RaTdr. (5×5); gez. K 14.

bir) Ansicht von Verbania   bis) Roccia dell'Olivo, Palmi
Pallanza mit See

bit) Altstadt von Vasto   biu) Ansicht von Villacidro
                          bei Cagliari; Pinienhain

2012	380	(L)	mehrfarbig	bir	1,—	0,80
2013	400	(L)	mehrfarbig	bis	1,—	0,80
2014	500	(L)	mehrfarbig	bit	1,50	0,80
2015	600	(L)	mehrfarbig	biu	1,50	0,80
			Satzpreis (4 W.)		5,—	3,—
			FDC			6,—

Auflage: 5 000 000 Sätze

Weitere Werte siehe Übersicht nach Jahrgangswerttabelle.

1987, 18. Mai. Gewinn der italienischen Fußballmeisterschaft 1986/87 durch den SSC Neapel. Odr. (10×5); gez. K 13¼:14.

biv) Fußball mit Ansicht des Golfs von Neapel, Vereinsabzeichen

2016	500	(L)	mehrfarbig	biv	3,50	2,50
				FDC		10,—

Auflage: 5 000 000 Stück

Mit MICHEL machen Sie mehr aus Ihren Briefmarken!

Italien

1987, 29. Mai. Probleme unserer Zeit: Kampf gegen Alkoholismus. RaTdr. (10×5); gez. K 13¼:14.

biw) Der Absinth; Gemälde von Edgar Hilaire Germain Degas (1834–1917)

2017	380 (L)	mehrfarbig	biw	1,50	0,50
			FDC		1,50

Auflage: 5 000 000 Stück

1987, 1. Aug. 200. Todestag von Alfonso Maria de Liguori. Komb. StTdr. und Odr. (5×10); gez. K 14:13¼.

bix) A. M. de Liguori (1696–1787), katholischer Moraltheologe

2018	400 (L)	mehrfarbig	bix	1,30	0,70
			FDC		1,—

Auflage: 5 000 000 Stück

1987, 29. Aug. Leichtathletik-Weltmeisterschaften, Rom; Internationale Briefmarkenausstellung OLYMPHILEX '87, Rom. RaTdr. (5×10); gez. K 14.

biy) Olympiastadion, WM-Emblem

biz) Ausstellungsgebäude, Emblem

2019	700 (L)	mehrfarbig	biy	1,20	1,—
2020	700 (L)	mehrfarbig	biz	1,30	1,—
			Satzpreis (2 W.)	2,50	2,—
			FDC		3,20

Auflage: 5 000 000 Sätze

1987, 12. Sept. Folklore (VII). RaTdr. (10×5); gez. K 13¼:14.

bka) Ringestechen (Giostra della Quintana) in Foligno

2021	380 (L)	mehrfarbig	bka	1,30	0,80
			FDC		1,—

Auflage: 5 000 000 Stück

Weitere Werte: MiNr. 1748–1749, 1803, 1846, 1895, 1920–1921, 1960, 2057, 2081, 2145

1987, 10. Okt. Künstlerisches und kulturelles Erbe in Italien: Berühmte Plätze (I). Komb. StTdr. und Odr. (5×10); gez. K 14:13¼.

bkb) Piazza del Popolo, Ascoli Piceno

bkc) Piazza Giuseppe Verdi, Palermo

bkd) Piazza San Carlo, Turin

bke) Piazza dei Signori, Verona

2022	380 (L)	mehrfarbig	bkb	0,80	0,80
2023	500 (L)	mehrfarbig	bkc	1,30	0,80
2024	600 (L)	mehrfarbig	bkd	1,30	0,80
2025	700 (L)	mehrfarbig	bke	1,60	0,80
			Satzpreis (4 W.)	5,—	3,—
			FDC		6,—

Auflage: 5 000 000 Sätze

Weitere Werte: MiNr. 2055–2056, 2076–2077

1987, 15. Okt. Weihnachten. RaTdr. (10×5); gez. K 13¼:14.

bkf) Greccio-Krippe; Fresko in der Basilika San Francesco, Assisi

bkg) Anbetung der Könige; Fresko in der Scrovegni-Kapelle, Padua

bkf–bkg) Fresken von Giotto di Bondone (1266–1337), Maler und Baumeister

2026	500 (L)	mehrfarbig	bkf	1,30	0,80
2027	600 (L)	mehrfarbig	bkg	1,60	0,80
			Satzpreis (2 W.)	3,—	1,50
			FDC		3,—

Auflage: 5 000 000 Sätze

1987, 3. Nov. 120. Jahrestag der Schlacht von Mentana. Komb. StTdr. und Odr. (5×10); gez. K 14:13¼.

bkh) Schlachtenszene

2028	380 (L)	mehrfarbig	bkh	1,10	0,80
			FDC		1,—

Auflage: 5 000 000 Stück

1987, 4. Nov. Künstlerisches und kulturelles Erbe in Italien. Komb. StTdr. und Odr. (5×5); gez. K 14.

bki) Christus Pantokrator; Apsismosaik im Dom von Monreale

bkk) Theater San Carlo (erbaut 1737), Neapel; Wappen

2029	500 (L)	mehrfarbig	bki	1,60	0,50
2030	500 (L)	mehrfarbig	bkk	1,60	0,50
			Satzpreis (2 W.)	3,20	1,—
			FDC		3,50

Auflage: 5 000 000 Sätze

Italien

1987, 14. Nov. 200 Jahre Militärschule „Nunziatella", Neapel. Komb. StTdr. und Odr. (5×10); gez. K 14:13¼.

bkl) Gebäude der Militärschule, Soldaten in alter und neuer Uniform

2031	600 (L)	mehrfarbig	bkl	1,50	1,—
			FDC		1,50

Auflage: 5 000 000 Stück

1987, 20. Nov. Tag der Briefmarke. RaTdr. (10×5); gez. K 13¼:14.

bkm) Marco De Marchi (1872–1936), Philatelist; Mailänder Dom

2032	500 (L)	mehrfarbig	bkm	1,70	1,—
			FDC		2,—

1988

1988, 6. Febr. Künstlerisches und kulturelles Erbe in Italien: Homo aeserniensis. Komb. StTdr. und Odr. (10×5); gez. K 13¼:14.

bkn) Homo aeserniensis (vor ca. 736 000 Jahren) beim Behauen eines Steines

2033	500 (L)	mehrfarbig	bkn	1,—	0,70
			FDC		2,—

Auflage: 4 000 000 Stück

1988, 1. März. Schulen und Universitäten. Komb. StTdr. und Odr. (5×10); gez. K 14:13¼.

bko) E.-Quirino-Visconti-Gymnasium, Rom

2034	500 (L)	mehrfarbig	bko	1,—	0,70
			FDC		1,20

Auflage: 4 000 000 Stück

1988, 1. März. Freimarken: Burgen und Schlösser in kleinem Format. StTdr. in Rollen; Wz. 4; senkrecht gez. 14¼.

aww) Kastell San Severa, Rom

				**	⊙	FDC
2035	100 (L)	siena	aww	0,20	0,50	1,—
2036	500 (L)	grünlichblau	aza	1,30	0,50	3,—
2037	650 (L)	dunkellila	awy	0,70	0,50	2,—
2038	750 (L)	blauviolett	bbz	0,80	0,50	2,—
		Satzpreis (4 W.)		3,—	2,—	

Weitere Werte siehe Übersicht nach Jahrgangswerttabelle.

1988, 2. April. 100. Todestag des hl. Giovanni Bosco. RaTdr. (10×5); gez. K 13¼:14.

bkr) Don Bosco (1815–1888), Priester und Pädagoge, Gründer der Kongregation der Salesianer Don Boscos

2039	500 (L)	mehrfarbig	bkr	1,—	0,70
			FDC		1,70

Auflage: 4 000 000 Stück

1988, 7. April. Künstlerisches und kulturelles Erbe in Italien: 100. Geburtstag von Giorgio de Chirico. Komb. StTdr. und Odr. (5×5); gez. K 14.

bks) Die Archäologen; Detail eines Gemäldes von Giorgio de Chirico (1888–1978)

2040	650 (L)	mehrfarbig	bks	2,—	1,50
			FDC		2,—

Auflage: 4 000 000 Stück

1988, 22. April. 500. Jahrestag der Ausgabe der ersten gedruckten hebräischen Bibel. RaTdr. (10×5); gez. K 14:13¼.

bkt) Initialen, Ornamente

2041	550 (L)	mehrfarbig	bkt	1,20	1,—
			FDC		1,20

Auflage: 4 000 000 Stück

1988, 23. April. Probleme unserer Zeit: Kampf gegen die Epilepsie. RaTdr. (5×10); gez. K 14:13¼.

bku) Hl. Valentin, Schutzpatron gegen die Epilepsie; Epileptiker, Gehirnströme, Emblem

2042	500 (L)	mehrfarbig	bku	1,10	0,80
			FDC		1,20

Auflage: 4 000 000 Stück

1988, 2. Mai. Europa: Transport- und Kommunikationsmittel. RaTdr. (5×10); gez. K 14:13¼.

bkv) Elektrotriebwagen „ETR 450", Bahnhof

bkw) Landkarte Italiens, Postbeamtin am Computer

2043	650 (L)	mehrfarbig	bkv	2,—	1,—
2044	750 (L)	mehrfarbig	bkw	4,—	1,50
		Satzpreis (2 W.)		6,—	2,50
			FDC		4,—

Auflage: 4 000 000 Sätze

Italien

1988, 7. Mai. Tourismus. RaTdr. (5×5); gez. K 14.

bkx) Kastell von Castiglione della Pescaia

bky) Gebäudekomplex „Terrazza a Mare", Lignano Sabbiadoro

bkz) San-Domenico-Kirche, Noto

bla) Strand von Vieste

2045	400	(L)	mehrfarbig . . . . bkx	0,80	0,70
2046	500	(L)	mehrfarbig . . . . bky	1,—	0,80
2047	650	(L)	mehrfarbig . . . . bkz	1,—	1,—
2048	750	(L)	mehrfarbig . . . . bla	1,20	1,—
			Satzpreis (4 W.)	4,—	3,50
			FDC		5,—

Auflage: 4 000 000 Sätze

Weitere Werte siehe Übersicht nach Jahrgangswerttabelle.

1988, 16. Mai. Fußball-Weltmeisterschaft 1990 (I). Odr. (5×10); gez. K 14:13¼.

blb) Stilis. Fußballspieler, Stadion

2049	3150	(L)	mehrfarbig . . . . blb	4,50	4,—
			FDC		8,—

Auflage: 3 000 000 Stück

1988, 16. Mai. Golfsport. RaTdr. (10×5); gez. K 14.

blc) Golfspieler, Golfball

2050	500	(L)	mehrfarbig . . . . blc	1,—	0,70
			FDC		2,—

Auflage: 4 000 000 Stück

1988, 23. Mai. Gewinn der italienischen Fußballmeisterschaft 1987/88 durch den AC Mailand. RaTdr. (8×4); gez. K 13¼:14.

bld) Fußball, Vereinswappen

2051	650	(L)	mehrfarbig . . . . bld	1,—	0,80
			FDC		7,50

Auf den oberen und unteren Bogenrändern befinden sich die Vereinsabzeichen der 16 Erstligavereine. Randstücke mit dem Wappen des AC Mailand sind von Spezialisten gesucht.

Auflage: 6 000 000 Stück

1988, 4. Juni. Künstlerisches und kulturelles Erbe in Italien: Bronzestatuen von Pergola. Komb. StTdr. und Odr. (5×5); gez. K 14.

ble) Pferdekopf

blf) Frauenbüste

2052	500	(L)	mehrfarbig . . . . ble	1,10	0,70
2053	650	(L)	mehrfarbig . . . . blf	1,40	1,30
			Satzpreis (2 W.)	2,50	2,—
			FDC		3,20

Auflage: 4 000 000 Sätze

1988, 10. Juni. 900 Jahre Universität Bologna. StTdr. (10×5); gez. K 13½:14.

blg) Studentin

2054	500	(L)	purpurviolett . . . . blg	1,—	0,70
			FDC		1,20

Auflage: 4 000 000 Stück

1988, 2. Juli. Künstlerisches und kulturelles Erbe in Italien: Berühmte Plätze (II). Komb. StTdr. und Odr. (5×10); gez. K 14:13½.

blh) Piazza del Duomo, Pistoia

bli) Piazza dell'Unità d'Italia, Triest

2055	400	(L)	mehrfarbig . . . . blh	1,10	0,80
2056	550	(L)	mehrfarbig . . . . bli	1,40	0,80
			Satzpreis (2 W.)	2,50	1,50
			FDC		2,—

Auflage: 4 000 000 Sätze

Weitere Werte: MiNr. 2022–2025, 2076–2077

1988, 13. Aug. Folklore (VIII). RaTdr. (10×5); gez. K 13¼:14¼.

blk) Kerzenprozession in Sassari, Mann mit historischem Kostüm

2057	550	(L)	mehrfarbig . . . . blk	1,20	0,80
			FDC		1,20

Auflage: 4 000 000 Stück

Weitere Werte: MiNr. 1748–1749, 1803, 1846, 1895, 1920–1921, 1960, 2021, 2081, 2145

Italien

1988, 5. Sept. Internationaler Fachkongreß für Gastroenterologie und Endoskopie, Rom. RaTdr. (10×5); gez. K 13¼:14.

bll) Via Appia, Inschrift

2058	750 (L) mehrfarbig	bll	1,50	1,—
	FDC			1,50

Auflage: 4 000 000 Stück

1988, 13. Okt. Filme des Neorealismus. RaTdr. (5×10); gez. K 14:13¼.

blm) Szene aus „Besessenheit" von Luchino Visconti

bln) Szene aus „Fahrraddiebe"; von Vittorio De Sica
blo) Szene aus „Rom – offene Stadt"; von Roberto Rossellini
blp) Szene aus „Bitterer Reis"; von Giuseppe De Santis

2059	500 (L) mehrfarbig	blm	1,—	1,—
2060	650 (L) mehrfarbig	bln	1,50	1,50
2061	2400 (L) mehrfarbig	blo	5,—	2,—
2062	3050 (L) mehrfarbig	blp	7,50	3,50
	Satzpreis (4 W.)		15,—	8,—
	FDC			15,—

Auflage: 4 000 000 Sätze

1988, 19. Okt. Italienische Technologie im Ausland. MiNr. 2063–2064 RaTdr. (5×10), MiNr. 2065 komb. StTdr. und Odr. (5×10); gez. K 14¼:13¼.

blr) Aluminiumindustrie: Friedenstaube, Kristall

bls) Stahlindustrie: Stahlkonfiguration, elektronische Kurve
blt) Polygraphisches Institut: Jubiläumsstempel, Stadtansicht von Capri

2063	750 (L) mehrfarbig	blr	1,40	0,90
2064	750 (L) mehrfarbig	bls	1,40	0,90
2065	750 (L) mehrfarbig	blt	1,40	0,90
	Satzpreis (3 W.)		4,—	2,50
	FDC			5,—

Auflage: 4 000 000 Sätze

1988, 29. Okt. Weihnachten (I). RaTdr. (10×5); gez. K 13¼:14.

blu) Die Heilige Familie; Detail eines Gemäldes von Pasquale Celommi (1860–1928) in der Kirche S. Maria Assunta, Roseto degli Abruzzi

2066	650 (L) mehrfarbig	blu	1,70	1,—
	FDC			1,50

Auflage: 4 000 000 Stück

1988, 4. Nov. 450. Geburtstag des hl. Karl Borromäus. Komb. StTdr. und Odr. (5×10); gez. K 14:13¼.

blv) Hl. Karl Borromäus (1538–1584), Kardinal; Szene aus dem Leben des Heiligen (Gemäldedetail)

2067	2400 (L) mehrfarbig	blv	4,—	2,50
	FDC			4,20

Auflage: 4 000 000 Stück

1988, 12. Nov. Weihnachten (II). Komb. StTdr. und Odr. (5×10); gez. K 14:13¼.

blw) Die Geburt; Basrelief (Detail) aus der Stadtgalerie Campione d'Italia

2068	500 (L) schwarzblaugrün/siena	blw	1,50	0,80
	FDC			2,—

Auflage: 4 000 000 Stück

1988, 9. Dez. Tag der Briefmarke. RaTdr. (10×5); gez. K 13¼:14.

blx) Edoardo Chiossone (1833–1898), Maler und Banknotenstecher, Leiter einer neuen grafischen Werkstatt in Tokio; Marke Japan MiNr. 54

2069	500 (L) mehrfarbig	blx	1,—	0,70
	FDC			1,—

Auflage: 4 000 000 Stück

1989

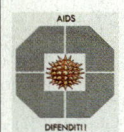

1989, 13. Jan. Probleme unserer Zeit: Kampf gegen AIDS. RaTdr. (10×5); gez. K 13¼:14.

bly) Geometrische Form mit stilisiertem HI-Virus; Appell „Schütze Dich!"

2070	650 (L) mehrfarbig	bly	1,20	0,50
	FDC			2,50

Auflage: 12 000 000 Stück

1989, 21. Jan. Autorennen Peking-Paris. RaTdr. (5×8); gez. K 14¼:13¼.

blz) Rennautomobil „Itala" (1907); Fahrtrouten 1907 und 1989

2071	3150 (L) mehrfarbig	blz	5,—	5,—
	FDC			10,—

Auflage: 2 000 000 Stück

Italien

1989, 31. März. Schulen und Universitäten. Komb. StTdr. und Odr. (5×10); gez. K 14:13¼.

bma) Giuseppe-Parini-Gymnasium, Mailand

2072	650 (L) mehrfarbig .... bma	1,50	0,80
	FDC		1,50

Auflage: 4 000 000 Stück

1989, 8. April. Künstlerisches und kulturelles Erbe in Italien. MiNr. 2073 komb. StTdr. und Odr. (5×5), MiNr. 2074 StTdr. (5×5); gez. K 14.

bmb) König mit Zepter und Weltkugel (1430); Fresko aus dem Palazzo della Regione, Padua

bmc) Krypta der St.-Nikolaus-Basilika, Bari

2073	500 (L) mehrfarbig .... bmb	1,—	0,80
2074	650 (L) schwarzblau .... bmc	1,50	0,80
	Satzpreis (2 W.)	2,50	1,50
	FDC		3,—

Auflagen: MiNr. 2073–2074 je 4 000 000 Stück

1989, 8. April. Segelweltmeisterschaften, Alassio, Neapel und Porto Cervo. RaTdr. (10×5); gez. K 14.

bmd) Segelboote verschiedener Klassen

2075	3050 (L) mehrfarbig .... bmd	5,50	4,—
	FDC		6,—

Auflage: 4 000 000 Stück

1989, 10. April. Künstlerisches und kulturelles Erbe in Italien: Berühmte Plätze (III). Komb. StTdr. und Odr. (5×10); gez. K 14:13¼.

bme) Piazza di Spagna, Rom

bmf) Piazza del Duomo, Catanzaro

2076	400 (L) mehrfarbig .... bme	0,80	0,50
2077	400 (L) mehrfarbig .... bmf	0,70	0,50
	Satzpreis (2 W.)	1,50	1,—
	FDC		2,50

Auflagen: MiNr. 2076–2077 je 4 000 000 Stück

Weitere Werte: MiNr. 2022–2025, 2055–2056

1989, 8. Mai. Europa: Kinderspiele. RaTdr. (5×10, MiNr. 2079 ~); gez. K 14:13¼, MiNr. 2079 ~.

bmg) Bockspringen; von L. Rizello

bmh) Mädchen vor Spiegel; von S. Forcuto

bmi) Sackhüpfen; von A. Lahner

bmg–bmi) Zeichnungen von Kindern jünger als 15 Jahre

2078	500 (L) mehrfarbig .... bmg	1,—	0,90
2079	650 (L) mehrfarbig .... bmh	2,—	0,90
2080	750 (L) mehrfarbig .... bmi	3,—	0,90
	Satzpreis (3 W.)	6,—	2,50
	FDC		4,—

Auflage: 4 000 000 Sätze

1989, 27. Mai. Folklore (IX). RaTdr. (10×5); gez. K 13¼:14.

bmk) Blumenbilder auf der Hauptstraße von Spello

2081	400 (L) mehrfarbig .... bmk	1,—	0,50
	FDC		1,20

Auflage: 4 000 000 Stück

Weitere Werte: MiNr. 1748–1749, 1803, 1846, 1895, 1920–1921, 1960, 2021, 2057, 2145

1989, 29. Mai. Schulen und Universitäten. StTdr. (5×10); gez. K 14:13¼.

bml) Universität Pisa

2082	500 (L) blauviolett .... bml	1,10	0,70
	FDC		1,—

Auflage: 4 000 000 Stück

1989, 3. Juni. Dritte Direktwahlen zum Europäischen Parlament. RaTdr. (10×5); gez. K 13¼:14.

bmm) Baum mit Europafahne, Landkarte Europas

2083	500 (L) / 0.31 ECU mehrfarbig ... bmm	1,50	1,—
	FDC		2,—

Auflage: 4 000 000 Stück

1989, 10. Juni. Tourismus. RaTdr. (5×5); gez. K 14.

bmn) Strand von Spotorno

bmo) Sixtus-V.-Denkmal, Grottammare

bmp) Ruinen von Pompeji

bmq) Giardini Naxos

2084	500	(L)	mehrfarbig .... bmn	1,20	0,90
2085	500	(L)	mehrfarbig .... bmo	1,20	0,90
2086	500	(L)	mehrfarbig .... bmp	1,20	0,90
2087	500	(L)	mehrfarbig .... bmr	1,20	0,90
			Satzpreis (4 W.)	4,50	3,50
			FDC		5,—

Auflage: 4 000 000 Sätze

Weitere Werte siehe Übersicht nach Jahrgangswerttabelle.

1989, 24. Juni. 100 Jahre Ministerium für das Post- und Fernmeldewesen. RaTdr. Bogen (5×10) und Markenheftchen (3×2); gez. K 14:13¼.

bms) Posthorn, Marke
Italien MiNr. 55

bmt) Posthorn, Weltkugel

2088	500	(L)	mehrfarbig .... bms	1,20	2,—
2089	2400	(L)	mehrfarbig .... bmt	4,—	2,—
			Satzpreis (2 W.)	5,—	4,—
			FDC		5,50
			Markenheftchen mit 6× MiNr. 2088	20,—	

Auflage: 4 000 000 Sätze

1989, 26. Juni. Gewinn der italienischen Fußballmeisterschaft 1988/89 durch Inter Mailand. RaTdr. (4×8); gez. K 14:13¼.

bmu) Fußball, Vereinsabzeichen

2090	650	(L)	mehrfarbig .... bmu	1,30	0,60
			FDC		3,50

Die Bogenränder sind mit den Abzeichen der 18 Erstligavereine bedruckt. Randstücke mit dem Wappen von Inter Mailand sind von Spezialisten gesucht.

Auflage: 6 000 000 Stück

Eine Liste der im Bund Philatelistischer Prüfer zusammengeschlossenen Prüfer und vereidigten Sachverständigen finden Sie am Ende des Kataloges.

1989, 28. Juni. 100 Jahre Interparlamentarische Union (IPU). RaTdr. (5×10); gez. K 14:13¼.

bmv) Symbolische Darstellung eines Parlaments

2091	750	(L)	mehrfarbig .... bmv	1,50	1,—
			FDC		2,—

1989, 7. Juli. 200. Jahrestag der Französischen Revolution. RaTdr. (5×5); gez. K 14.

bmw) Zweispitz

2092	3150	(L)	mehrfarbig .... bmw	5,—	4,50
			FDC		5,—

1989, 2. Sept. Künstlerisches und kulturelles Erbe in Italien: 450. Geburtstag von Francesco di Giorgio Martino Pollaiuolo. Komb. StTdr. und Ödr. (5×5); gez. K 14.

bmx) Stadtmauer von Corinaldo; von F. di Giorgio Martini (1439–1501)

2093	500	(L)	mehrfarbig .... bmx	1,20	1,—
			FDC		1,50

Auflage: 4 000 000 Stück

1989, 23. Sept. 100. Geburtstag von Charles Chaplin. StTdr. (5×10); gez. K 14:13¼.

bmy) Ch. Chaplin (1889–1977), englischer Filmschauspieler, Autor und Regisseur

2094	750	(L)	schwarzbraun/schwarz .... bmy	1,60	1,—
			FDC		15,—

Auflage: 4 000 000 Stück

1989, 3. Okt. 150. Jahrestag der Eröffnung der ersten Eisenbahnlinie Neapel-Portici. Komb. StTdr. und Ödr. (2×8 Zd); gez. K 14:13¼.

bmr   bna

bmz–bna) Eröffnungsfahrt 1839; Gemälde von Salvatore Fergola (1794–1874)

2095	550	(L)	mehrfarbig .... bmz	0,60	0,30
2096	550	(L)	mehrfarbig .... bna	0,60	0,30
			Satzpreis (Paar)	2,50	2,50
			FDC		5,—

MiNr. 2095–2096 wurden waagerecht zusammenhängend gedruckt.

Auflage: 4 000 000 Sätze

1989, 14. Okt. Italienische Technologie im Ausland. RaTdr. (5×10); gez. K 14:13¼.

bnb) Musikinstrumentenbau: Ziehharmonika, Ortsansichten von Castelfidardo und Stradella

bnc) Arnoldo-Mondadori-Verlag: Bücher

2097	450 L mehrfarbig	bnb	0,90	0,60
2098	450 L mehrfarbig	bnc	0,90	0,60
		Satzpreis (2 W.)	1,80	1,20
		FDC		2,50

Auflage: 4 000 000 Sätze

1989, 21. Okt. Weihnachten. RaTdr. (5×5 Zd); gez. K 13¼:14.

bnd bne

bnd–bne) Anbetung der Heiligen Drei Könige; Gemälde von Antonio Allegri, genannt il Correggio (1489–1534)

2099	500 (L) mehrfarbig	bnd	0,80	0,30
2100	500 (L) mehrfarbig	bne	0,80	0,30
		Satzpreis (Paar)	2,—	2,—
		FDC		3,—

MiNr. 2099–2100 wurden waagerecht zusammenhängend gedruckt.
Auflage: 4 000 000 Sätze

1989, 24. Nov. Tag der Briefmarke. RaTdr. (10×5); gez. K 13¼:14.

bnf) Emilio Diena (1860–1941), Philatelist

2101	500 (L) mehrfarbig	bnf	1,—	0,70
		FDC		1,—

Auflage: 4 000 000 Stück

1989, 9. Dez. Fußball-Weltmeisterschaft 1990 (II). StTdr.; gez. K 13¼:14.

bng) Denkmal von Mario Ceroli, Spielfeld

2102	450 (L) mehrfarbig	bng	1,50	0,70
		FDC		2,—

Auflage: 4 000 000 Stück

1990

1990, 24. Febr. 500. Jahrestag der Entdeckung von Amerika (1992) (I). RaTdr. (5×5 Zd); gez. K 13¼:14.

bnh bni

bnh–bni) Landkarte mit Route der ersten Seereisen (1474–1484) von Christoph Kolumbus

2103	700 (L) mehrfarbig	bnh	1,10	0,30
2104	700 (L) mehrfarbig	bni	1,10	0,30
		Satzpreis (Paar)	2,50	2,50
		FDC		15,—

MiNr. 2103–2104 wurden waagerecht zusammenhängend gedruckt.
Auflage: 4 000 000 Sätze

1990, 24. März. Blockausgabe: Fußball-Weltmeisterschaft (III): Verbandsembleme der teilnehmenden Mannschaften und WM-Stadien. RaTdr.; gez. K 14:13¼.

bnk) Italien
bnl) Vereinigte Staaten von Amerika
bnm) Olympiastadion, Rom
bnn) Städtisches Stadion, Florenz
bno) Österreich
bnp) Tschechoslowakei

MICHEL – seit über 90 Jahren Partner aller Philatelisten

Italien

bns) Argentinien
bnu) San-Paolo-Stadion, Neapel
bnw) Kamerun
bnt) Sowjet-Union
bnv) Neues Stadion, Bari
bnx) Rumänien

bog) Vereinigte Arabische Emirate
boi) Dall'-Ara-Stadion, Bologna
bol) Kolumbien
boh) Bundesrepublik Deutschland
bok) Meazza-Stadion, Mailand
bom) Jugoslawien

bnz) Brasilien
bob) Alpenstadion, Turin
bod) Schweden
boa) Costa Rica
boc) Ferraris-Stadion, Genua
boe) Schottland

boo) Belgien
bor) Bentegodi-Stadion, Verona
bot) Südkorea
bop) Uruguay
bos) Friaul-Stadion, Udine
bou) Spanien

MICHEL im Internet! Schauen Sie doch einfach mal rein:
www.briefmarken.de

Italien

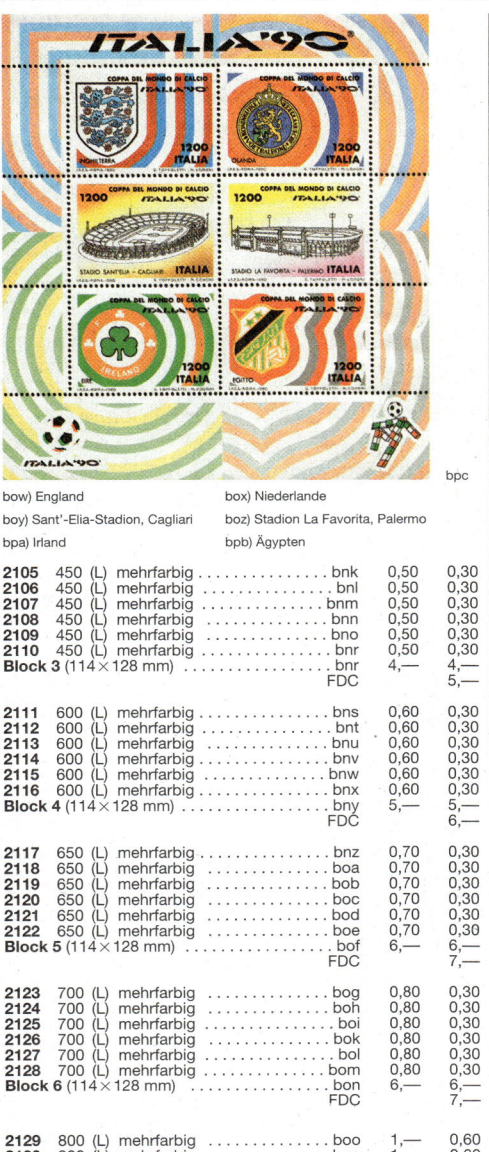

bow) England
boy) Sant'-Elia-Stadion, Cagliari
bpa) Irland
box) Niederlande
boz) Stadion La Favorita, Palermo
bpb) Ägypten

2105	450	(L)	mehrfarbig . . . . bnk	0,50	0,30
2106	450	(L)	mehrfarbig . . . . bnl	0,50	0,30
2107	450	(L)	mehrfarbig . . . . bnm	0,50	0,30
2108	450	(L)	mehrfarbig . . . . bnn	0,50	0,30
2109	450	(L)	mehrfarbig . . . . bno	0,50	0,30
2110	450	(L)	mehrfarbig . . . . bnr	0,50	0,30
Block 3 (114×128 mm) . . . . bnr				4,—	4,—
			FDC		5,—
2111	600	(L)	mehrfarbig . . . . bns	0,60	0,30
2112	600	(L)	mehrfarbig . . . . bnt	0,60	0,30
2113	600	(L)	mehrfarbig . . . . bnu	0,60	0,30
2114	600	(L)	mehrfarbig . . . . bnv	0,60	0,30
2115	600	(L)	mehrfarbig . . . . bnw	0,60	0,30
2116	600	(L)	mehrfarbig . . . . bnx	0,60	0,30
Block 4 (114×128 mm) . . . . bny				5,—	5,—
			FDC		6,—
2117	650	(L)	mehrfarbig . . . . bnz	0,70	0,30
2118	650	(L)	mehrfarbig . . . . boa	0,70	0,30
2119	650	(L)	mehrfarbig . . . . bob	0,70	0,30
2120	650	(L)	mehrfarbig . . . . boc	0,70	0,30
2121	650	(L)	mehrfarbig . . . . bod	0,70	0,30
2122	650	(L)	mehrfarbig . . . . boe	0,70	0,30
Block 5 (114×128 mm) . . . . bof				6,—	6,—
			FDC		7,—
2123	700	(L)	mehrfarbig . . . . bog	0,80	0,30
2124	700	(L)	mehrfarbig . . . . boh	0,80	0,30
2125	700	(L)	mehrfarbig . . . . boi	0,80	0,30
2126	700	(L)	mehrfarbig . . . . bok	0,80	0,30
2127	700	(L)	mehrfarbig . . . . bol	0,80	0,30
2128	700	(L)	mehrfarbig . . . . bom	0,80	0,30
Block 6 (114×128 mm) . . . . bon				6,—	6,—
			FDC		7,—
2129	800	(L)	mehrfarbig . . . . boo	1,—	0,60
2130	800	(L)	mehrfarbig . . . . bop	1,—	0,60
2131	800	(L)	mehrfarbig . . . . bor	1,—	0,60
2132	800	(L)	mehrfarbig . . . . bos	1,—	0,60
2133	800	(L)	mehrfarbig . . . . bot	1,—	0,60
2134	800	(L)	mehrfarbig . . . . bou	1,—	0,60
Block 7 (114×128 mm) . . . . bov				7,—	7,—
			FDC		8,—
2135	1200	(L)	mehrfarbig . . . . bow	1,50	1,—
2136	1200	(L)	mehrfarbig . . . . box	1,50	1,—
2137	1200	(L)	mehrfarbig . . . . boy	1,50	1,—
2138	1200	(L)	mehrfarbig . . . . boz	1,50	1,—
2139	1200	(L)	mehrfarbig . . . . bpa	1,50	1,—
2140	1200	(L)	mehrfarbig . . . . bpb	1,50	1,—
Block 8 (114×128 mm) . . . . bpc				10,—	10,—
			FDC		12,—
		Gesamtpreis (6 Blocks)		38,—	38,—
			FDC		45,—

Auflage: je 3 000 000 Blocks

Block 6 mit Aufdruck auf dem Blockrand sowie auf den Blockmarken MiNr. 2124 und 2126 wurde privat hergestellt. Die überdruckten Blockmarken sind nicht frankaturgültig.

In ähnlicher Zeichnung wie MiNr. 2124: MiNr. 2157

1990, 30. März. Tourismus. RaTdr. (5×5); gez. K 14.

bpd) San Felice Circeo
bpe) Castellammare del Golfo

bpf) Sabbioneta
bpg) Montepulciano

2141	600	(L)	mehrfarbig . . . . bpd	0,80	0,40
2142	600	(L)	mehrfarbig . . . . bpe	0,80	0,40
2143	600	(L)	mehrfarbig . . . . bpf	0,80	0,40
2144	600	(L)	mehrfarbig . . . . bpg	0,80	0,40
		Satzpreis (4 W.)		3,—	1,50
			FDC		5,50

Auflage: 4 000 000 Sätze

Weitere Werte siehe Übersicht nach Jahrgangswerttabelle.

1990, 9. April. Folklore (X). RaTdr. (10×5); gez. K 13¼:14.

bph) Haflinger-Galopprennen in Meran

2145	600	(L)	mehrfarbig . . . . bph	1,30	0,80
			FDC		1,50

Auflage: 4 000 000 Stück

Weitere Werte: MiNr. 1748–1749, 1803, 1846, 1895, 1920–1921, 1960, 2021, 2057, 2081

1990, 10. April. 100. Todestag von Aurelio Saffi. RaTdr. (10×5); gez. K 14.

bpi) Symbolische Darstellung

2146	700	(L)	mehrfarbig . . . . bpi	1,—	0,70
			FDC		1,50

Auflage: 4 000 000 Stück

Italien

1990, 23. April. 55 Jahre MKS-System in Italien. RaTdr. (5 × 10); gez. K 14:13¼.

bpk) Giovanni Giorgi (1871–1950), Initiator der Einführung; Einheiten des metrischen Systems

2147	600 (L)	mehrfarbig	bpk	1,—	0,80
			FDC		1,50

Auflage: 4 000 000 Stück

1990, 28. April. 100 Jahre Tag der Arbeit (1. Mai). RaTdr. (10 × 5); gez. K 13¼:14.

bpl) Der vierte Staat; Gemälde von Giuseppe Pellizza da Valpedo (1868–1907)

2148	600 (L)	mehrfarbig	bpl	1,—	0,80
			FDC		1,50

Auflage: 4 000 000 Stück

1990, 30. April. Gewinn der italienischen Fußballmeisterschaft 1989/90 durch den SSC Neapel. RaTdr. (10 × 5); gez. K 13¼:14.

bpm) Landkarte Italiens, Clubwappen des Meisters

2149	700 (L)	mehrfarbig	bpm	1,20	1,—
			FDC		3,—

Auflage: 3 000 000 Stück

1990, 7. Mai. Europa: Postalische Einrichtungen. RaTdr. (5 × 10); gez. K 14:13¼.

bpn) Postamt an der Piazza S. Silvestro, Rom

bpo) Postamt im Fóndaco Tedeschi Venedig

2150	700 (L)	mehrfarbig	bpn	2,50	0,80
2151	800 (L)	mehrfarbig	bpo	3,50	1,20
			Satzpreis (2 W.)	6,—	2,—
			FDC		3,50

Auflage: 4 000 000 Sätze

1990, 9. Mai. Künstlerisches und kulturelles Erbe in Italien: 250. Geburtstag von Giovanni Paisiello. RaTdr. (10 × 5); gez. K 13¼:14.

bpp) G. Paisiello (1740–1816), Komponist; Porträt von Joseph-Etienne Beisson (1759–1820), französischer Maler; Notenschrift

2152	450 (L)	mehrfarbig	bpp	0,80	0,60
			FDC		1,50

Auflage: 4 000 000 Stück

1990, 12. Mai. 100 Jahre Dante-Gesellschaft. RaTdr. (5 × 10); gez. K 14:13¼.

bpr) Dante Alighieri (1265–1321), Dichter; Globus, Buch

2153	700 (L)	mehrfarbig	bpr	1,—	0,80
			FDC		1,50

Auflage: 4 000 000 Stück

1990, 19. Mai. Künstlerisches und kulturelles Erbe in Italien: Mosaikkunst im Parco della Pace, Ravenna; Die Langobarden in Italien. MiNr. 2154 Odr. (10 × 5), MiNr. 2155 komb. StTdr. und Odr. (10 × 5); gez. K 13¼:14.

bps) Teil eines byzantinischen Mosaiks, Ravenna

bpt) Verzierung am Rachis-Altar, Cividale del Friuli

2154	450 (L)	mehrfarbig	bps	0,60	0,60
2155	700 (L)	mehrfarbig	bpt	1,20	1,20
			Satzpreis (2 W.)	1,80	1,80
			FDC		2,50

Auflage: 4 000 000 Sätze

1990, 15. Juni. 40 Jahre Malatestiana-Musikfestival. RaTdr. (10 × 5); gez. K 14.

bpu) Malatestiana-Tempel, Rimini

2156	600 (L)	mehrfarbig	bpu	1,—	0,70
			FDC		1,50

Auflage: 4 000 000 Stück

1990, 9. Juli. Gewinn der Fußball-Weltmeisterschaft durch die deutsche Nationalmannschaft. RaTdr. (5 × 10); gez. K 14:13¼.

boh l) Emblem des Deutschen Fußballbundes

2157	600 (L)	mehrfarbig	boh l	4,50	2,50
			FDC		6,—

Auflage: 2 000 000 Stück

In ähnlicher Zeichnung: MiNr. 2124

1990, 20. Juli. Künstlerisches und kulturelles Erbe in Italien: 100. Geburtstag von Giorgio Morandi. StTdr. (5 × 5); gez. K 14.

bpv) Großes Rund-Stilleben mit Karaffe; Aquarell von G. Morandi (1890–1964)

2158	750 (L)	schwarz	bpv	1,10	0,80
			FDC		1,70

Auflage: 4 000 000 Stück

Italien 405

1990, 20. Sept. Freimarke: Burgen und Schlösser. StTdr. (10×10); Wz. 4; gez. K 14:13¼.

bpw) Burg von Urbsaglia

2159	750 (L) mehrfarbig . . . . bpw	1,50	0,50
	FDC		2,—

Weitere Werte siehe Übersicht nach Jahrgangswerttabelle.

1990, 11. Okt. Weltmeisterschaften der Ringer im griechisch-römischen Stil, Rom. RaTdr. (5×10); gez. K 14:13¼.

bpx) Ausheber; antikes Relief

2160	3200 (L) mehrfarbig . . . . bpx	4,50	3,—
	FDC		5,—

Auflage: 4 000 000 Stück

1990, 26. Okt. Weihnachten. RaTdr. (5×5); gez. K 14.

bpy) Das neue Leben; Gemälde von Emidio Vangelli (1871–1949)

bpz) Anbetung der Hirten; Fresko von Martino da Udine, genannt Pellegrino da San Daniele (1467–1547) in der Kirche von S. Daniele del Friuli von Pellegrino (16. Jh.)

2161	600 (L) mehrfarbig . . . . bpy	0,80	0,50
2162	750 (L) mehrfarbig . . . . bpz	1,20	0,50
	Satzpreis (2 W.)	2,—	1,—
	FDC		3,—

Auflage: 4 000 000 Sätze

1990, 5. Nov. Schulen und Universitäten. MiNr. 2163 komb. StTdr. und Odr. (5×10), MiNr. 2164 StTdr. (5×10); gez. K 14:13¼.

bra) Bernardino-Telesio-Gymnasium, Cosenza

brb) Universität Catania, Universitätssiegel

2163	600 (L) mehrfarbig . . . . bra	0,70	0,80
2164	750 (L) schwarzblau/violettblau . . . . . brb	1,30	0,80
	Satzpreis (2 W.)	2,—	1,50
	FDC		3,—

Auflage: 4 000 000 Sätze

Für jeden Sammler hat MICHEL den richtigen Katalog. Fordern Sie bitte unser Verlagsverzeichnis an!

1990, 16. Nov. Tag der Briefmarke. RaTdr. (10×5); gez. K 13¼:14.

brc) Corrado Mezzana (1890–1952), Maler und Briefmarkenentwerfer; Selbstbildnis

2165	600 (L) mehrfarbig . . . . brc	1,—	0,70
	FDC		1,50

Auflage: 4 000 000 Stück

1991

1991, 5. Jan. Krippenspiel von Rivisondoli. RaTdr. (10×5); gez. K 13¼:14.

brd) Die Heilige Familie

2166	600 (L) mehrfarbig . . . . brd	1,—	0,80
	FDC		1,50

Auflage: 4 000 000 Stück

1991, 10. Jan. Internationale Gartenbauausstellung EUROFLORA '91, Genua. RaTdr. (10×5); gez. K 14.

bre) Ausstellungsemblem

2167	750 (L) mehrfarbig . . . . bre	1,—	0,80
	FDC		1,50

Auflage: 4 000 000 Stück

1991, 15. Jan. Schulen und Universitäten. RaTdr. (10×5); gez. K 13¼:14¼.

brf) Siegel der Universität Siena

2168	750 (L) mehrfarbig . . . . brf	1,—	0,80
	FDC		1,50

Auflage: 4 000 000 Stück

1991, 20. Febr. Freimarken: Burgen und Schlösser in kleinerem Format. StTdr. in Rollen; Wz. 4; senkrecht gez. 14¼.

brg) Scaliger-Burg, Sirmione

brh) Rocca Maggiore, Assisi

Italien

2169	600	(L)	grün	brg	1,30	1,—
2170	800	(L)	dunkelrosa	brh	1,30	1,—
			Satzpreis (2 W.)		2,50	2,—
			FDC			3,50

Weitere Werte siehe Übersicht nach Jahrganswerttabelle.

1991, 23. Febr. Tourismus. RaTdr. (5×5); gez. K 14.

bri) San Remo

brk) Cagli

brl) Roccaraso   brm) Hafen von La Maddalena

2171	600	(L)	mehrfarbig	bri	0,90	0,80
2172	600	(L)	mehrfarbig	brk	0,90	0,80
2173	600	(L)	mehrfarbig	brl	0,90	0,80
2174	600	(L)	mehrfarbig	brm	0,90	0,80
			Satzpreis (4 W.)		3,50	3,—
			FDC			5,—

Auflage: 4 000 000 Sätze

Weitere Werte siehe Übersicht nach Jahrgangswerttabelle.

1991, 12. März. Europäisches Jugendtreffen, Venedig. RaTdr. (10×10); gez. K 14:13¼.

brn) Europafahne

| 2175 | 750 | (L) | mehrfarbig | brn | 1,— | 1,— |
| | | | FDC | | | 2,— |

Auflage: 5 000 000 Stück

1991, 22. März. 500. Jahrestag der Entdeckung von Amerika (1992) (II). RaTdr.(2×10 Zd); gez. K 14:13¼.

bro
brp

bro–brp) Christoph Kolumbus (1451–1506), spanisch-italienischer Seefahrer; Gebäude, Schiffe, Landkarte, spanisches Königspaar

2176	750	(L)	mehrfarbig	bro	1,—	0,50
2177	750	(L)	mehrfarbig	brp	1,—	0,50
			Satzpreis (Paar)		2,50	2,—
			FDC			5,—

MiNr. 2176–2177 wurden waagerecht zusammenhängend gedruckt.
Auflage: 4 000 000 Sätze

1991, 15. April. 200. Geburtstag von Giuseppe Gioacchino Belli. RaTdr. (5×10); gez. K 14:13¼.

brr) G. G. Belli (1791–1863), Mundartdichter

| 2178 | 600 | (L) | dunkelultramarin/ dunkelgraubraun | brr | 1,— | 0,80 |
| | | | FDC | | | 1,— |

Auflage: 4 000 000 Stück

1991, 20. April. Künstlerisches und kulturelles Erbe in Italien: Die Altstadt von Rom. RaTdr. (5×10); gez. K 14¼:13¼.

brs) San-Gregorio-Kirche

| 2179 | 3200 | (L) | mehrfarbig | brs | 4,— | 3,— |
| | | | FDC | | | 5,— |

Auflage: 4 000 000 Stück

1991, 29. April. Europa: Europäische Weltraumfahrt. RaTdr. (5×10); gez. K 14:13¼.

brt) Fernmeldesatellit „DRS"   bru) Raumfähre „Hermes", Raumstation „Columbus"

2180	750	(L)	mehrfarbig	brt	3,—	1,10
2181	800	(L)	mehrfarbig	bru	3,—	1,10
			Satzpreis (2 W.)		6,—	2,20
			FDC			3,—

Auflage: 4 000 000 Sätze

1991, 2. Mai. Künstlerisches und kulturelles Erbe in Italien: Kirchen (I). StTdr. (10×5); gez. K 13¼:14.

brv) Westfassade von S. Maria Maggiore, Lanciano

| 2182 | 600 | (L) | dunkelbraun/siena | brv | 1,— | 0,80 |
| | | | FDC | | | 1,— |

Auflage: 4 000 000 Stück

Weitere Werte: MiNr. 2348, 2382, 2456, 2506, 2563, 2623

1991, 3. Mai. Schulen und Universitäten. Komb. StTdr. und Odr. (5×10); gez. K 14:13¼.

brw) D.-A.-Azuni-Gymnasium, Sassari

| 2183 | 600 | (L) | mehrfarbig | brw | 1,— | 0,80 |
| | | | FDC | | | 1,— |

Auflage: 4 000 000 Stück

Italien

1991, 27. Mai. Gewinn der italienischen Fußballmeisterschaft 1990/91 durch Sampdoria Genua. RaTdr. (8×4); gez. K 13¼:14.

brx) Fußball, Leuchtturm von Genua

2184	3000 (L)	mehrfarbig	brx	4,—	3,50
			FDC		5,—

Die Bogenränder sind mit den Namen der 18 Erstligavereine bedruckt. Randstücke mit dem Wappen von Sampdoria Genua sind von Spezialisten gesucht.
Auflage: 2 000 000 Stück

1991, 5. Juni. 100 Jahre Basketball. RaTdr. (10×5); gez. K 13¼:14.

bry) Wurfszene

2185	500 (L)	mehrfarbig	bry	1,—	0,60
			FDC		1,50

Auflage: 4 000 000 Stück

1991, 14. Juni. Rechte des Kindes: Kinderzeichnungen. RaTdr. (10×5); gez. K 13¼:14.

brz) von Grazia Musmeci   bsa) von Giorgio Polino

2186	600 (L)	mehrfarbig	brz	0,70	0,70
2187	750 (L)	mehrfarbig	bsa	1,30	0,80
		Satzpreis (2 W.)		2,—	1,50
			FDC		2,50

Auflage: 4 000 000 Sätze

1991, 21. Juni. Künstlerisches und kulturelles Erbe in Italien. Komb. StTdr. und Odr. (5×5); gez. K 14.

bsb) Junge mit Möwen; Skulptur von Pericle Fazzini (* 1913)

bsc) Ausstellungspalast, Turin; Konstruktion von Pier Luigi Nervi (1891–1979)

2188	600 (L)	mehrfarbig	bsb	1,—	1,—
2189	3200 (L)	mehrfarbig	bsc	4,—	3,—
		Satzpreis (2 W.)		5,—	4,—
			FDC		5,—

Auflage: 4 000 000 Sätze

1991, 31. Aug. Künstlerisches und kulturelles Erbe in Italien. RaTdr. (10×5); gez. K 13¼:14.

bsd) Geflügelte weibliche Sphinx; Wandgemälde aus dem Ägyptischen Museum, Turin

2190	750 L	mehrfarbig	bsd	1,30	1,—
			FDC		1,50

Auflage: 4 000 000 Stück

1991, 24. Sept. 100 Jahre Radio (1995) (I). RaTdr. (5×10); gez. K 14:13¼.

bse) Luigi Galvani (1737–1798), Arzt und Naturforscher; Versuchsanordnung

2191	750 L	mehrfarbig	bse	1,30	1,—
			FDC		1,70

Auflage: 6 000 000 Stück

Parallelausgabe mit San Marino MiNr. 1487

Weitere Werte: MiNr. 2205, 2275, 2313

1991, 7. Okt. 200. Todestag von Wolfgang Amadeus Mozart. RaTdr. (10×5); gez. K 13¼:14.

bsf) W. A. Mozart (1756–1791), österreichischer Komponist

2192	800 (L)	mehrfarbig	bsf	1,30	1,—
			FDC		1,50

Auflage: 4 000 000 Stück

1991, 10. Okt. Weltweiter Naturschutz. RaTdr. (5×10); gez. K 14:13¼.

bsg) Laichkrautgewächs (Posidonia)

bsh) Sardischer Hirsch   bsi) Braunbär   bsk) Wanderfalke (Falco peregrinus)

2193	500 (L)	mehrfarbig	bsg	0,80	0,70
2194	500 (L)	mehrfarbig	bsh	0,80	0,70
2195	500 (L)	mehrfarbig	bsi	1,20	0,70
2196	500 (L)	mehrfarbig	bsk	0,80	0,70
		Satzpreis (4 W.)		3,50	2,50
			FDC		5,50

Auflage: 4 000 000 Sätze

1991, 18. Okt. Weihnachten. RaTdr. (10×5); gez. K 13¼:14.

bsl) L'Angelo della Vita; Gemälde von Giovanni Segantini (1858–1899)

2197	600 (L)	mehrfarbig	bsl	1,—	0,70
			FDC		1,—

Auflage: 4 000 000 Stück

1991, 25. Okt. Tag der Briefmarke. RaTdr. (5×5); gez. K 14¼:14.

bsm) Giulio Bolaffi (*1902) und Alberto Bolaffi (1874–1944), Briefmarkenhändler und Katalogherausgeber

2198	750 (L)	mehrfarbig	bsm	1,—	0,80
			FDC		1,50

Auflage: 3 000 000 Stück

1991, 30. Okt. 100. Geburtstag von Pietro Nenni. RaTdr. (5×5); gez. K 14¼:14.

bsn) Unterschrift von P. Nenni (1891–1980), Politiker; Staatsflagge

2199	750 (L)	mehrfarbig	bsn	1,—	0,80
			FDC		1,50

Auflage: 3 000 000 Stück

1992

1992, 30. Jan. Leichtathletik-Europameisterschaften, Genua. RaTdr. (5×10); gez. K 14:13¼.

bso) Langstreckenlauf, Emblem

2200	600 L	mehrfarbig	bso	1,20	0,80
			FDC		1,70

Auflage: 3 000 000 Stück

1992, 6. Febr. Künstlerisches und kulturelles Erbe in Italien. RaTdr. (10×5); gez. K 13¼:14.

bsp) Neptunbrunnen, Florenz; von Bartolomeo Ammannati (1511–1592), Baumeister und Bildhauer

2201	750 L	mehrfarbig	bsp	1,—	0,80
			FDC		1,50

Auflage: 3 000 000 Stück

1992, 4. März. Schulen und Universitäten: 600 Jahre Universität Ferrara. RaTdr. (5×10); gez. K 13¼:14.

bsr) Statue des Markgrafen Alberto V. d'Este, Gründer; Universitätsgebäude

2202	750 (L)	mehrfarbig	bsr	1,—	0,80
			FDC		1,50

Auflage: 3 000 000 Stück

1992, 7. März. Freimarke: Burgen und Schlösser. RaTdr. (10×10); Wz. 4; gez. K 14:13¼.

bss) Kastell von Arechi, Salerno

2203	850 (L)	mehrfarbig	bss	1,50	1,—
			FDC		2,—

Weitere Werte siehe Übersicht nach Jahrgangswerttabelle.

1992, 9. März. Schulen und Universitäten. RaTdr. (5×10); gez. K 14:13¼.

bst) Giebelfeld des Universitätsgebäudes, Neapel

2204	750 (L)	mehrfarbig	bst	1,—	0,80
			FDC		1,50

Auflage: 3 000 000 Stück

1992, 26. März. 100 Jahre Radio (1995) (II). RaTdr. (5×10); gez. K 14:13¼.

bsu) Alessandro Graf Volta (1745–1827), Physiker; Säulenapparat

2205	750 (L)	mehrfarbig	bsu	1,—	0,80
			FDC		2,—

Auflage: 3 000 000 Stück

Parallelausgabe mit San Marino MiNr. 1495

Weitere Werte: MiNr. 2191, 2275, 2313

1992, 27. März. Internationale Briefmarkenausstellung GENOVA '92, Genua (I). RaTdr. (10×10); gez. K 13¼:14¼.

bsv) Ausstellungsgelände, Emblem

2206	750 (L)	mehrfarbig	bsv	1,—	0,80
			FDC		1,50

Auflage: 100 000 000 Stück

Italien

1992, 8. April. 500. Todestag von Lorenzo de' Medici. RaTdr. (5×5); gez. K 14.

bsw) Medaille mit Porträt von Lorenzo de' Medici, genannt il Magnifico (1449–1492), florentinischer Herrscher

2207	750	(L)	mehrfarbig	bsw	1,—	0,80
				FDC		1,50

Auflage: 3 000 000 Stück

1992, 24. April. 500. Jahrestag der Entdeckung von Amerika (III). RaTdr. (2×5 Zd); gez. K 14:13¼.

bsx) Kolumbus bittet Königin Isabella um Unterstützung

bsy) Überfahrt über den Atlantik

bsz) Matrosen sichten Land

bta) Ankunft in der „Neuen Welt"

2208	500	(L)	mehrfarbig	bsx	0,70	0,60
2209	500	(L)	mehrfarbig	bsy	0,70	0,60
2210	500	(L)	mehrfarbig	bsz	0,70	0,60
2211	500	(L)	mehrfarbig	bta	0,70	0,60
			Satzpreis (4 W.)		2,80	2,40
			Viererblock		3,—	3,—
			FDC			5,—

MiNr. 2208–2211 wurden in Viererblockanordnung zusammenhängend gedruckt.

Auflage: 3 000 000 Sätze

Parallelausgabe mit USA MiNr. 2214–2217

1992, 2. Mai. 300 Jahre Institut Maestre Pie Filippini. RaTdr. (10×5); gez. K 13¼:14.

btb) Szenen aus dem Leben der hl. Lucia Filippini (1672–1732), Gründerin; Altarverzierungen in der Basilika von Montefiascone

2212	750	(L)	mehrfarbig	btb	1,—	0,80
				FDC		1,50

Auflage: 3 000 000 Stück

MICHEL*perfoscope*
Die philatelistische Präzisions-Software

Universell einsetzbar für Zähnungs-, Längen- und Winkelmessungen aller Art.

1992, 2. Mai. Europa: 500. Jahrestag der Entdeckung von Amerika. RaTdr. (10×5); gez. K 13¼:14.

btc) Kolumbus-Denkmal, Genua

btd) Weltkugel mit Emblem der Ausstellung COLOMBO '92

2213	750	(L)	mehrfarbig	btc	2,50	1,—
2214	850	(L)	mehrfarbig	btd	2,50	1,—
			Satzpreis (2 W.)		5,—	2,—
			FDC			4,50

Auflage: 3 000 000 Sätze

1992, 22. Mai. Blockausgabe: 500. Jahrestag der Entdeckung von Amerika (IV). StTdr.; gez. Ks 10½.

bth

bte) Kolumbus sucht Hilfe bei Königin Isabella I.; Gemälde von Vaclav Brozik (1851–1901), tschechischer Maler

btf) Kolumbus in La Rábida; Gemälde von Felipe Maso (1850–1917), spanischer Maler

btg) Kolumbus' Rückberufung; Gemälde von Augustus Goodyear Heaton (1844–1930), nordamerikanischer Maler

btm

bti) Kolumbus sichtet Land; Gemälde von William Henry George Powell (1823–1878), nordamerikanischer Maler; Indianerfamilie

btk) Schiffe der Kolumbusflotte; Stich von Monjo José Maria Riudavetes (1840–1902), spanischer Maler

btl) Königin Isabella I. verpfändet ihre Edelsteine; Gemälde von Antonio Munoz-Degrain (1843–1927), spanischer Maler

Italien

btr

btz

btn) Kolumbus betritt die Guanahani-Insel; Gemälde von John Vanderlyn (1775–1852), nordamerikanischer Maler
bto) Flaggschiff „Santa Maria"
btp) Königin Isabella I. die Katholische (1451–1504, reg. ab 1474); Gemälde von Bartolomé de Cardenas, genannt Bartolomé Bermejo (1440–1498), spanischer Maler; Chr. Kolumbus; Gemälde von Lorenzo Lotto (1480–1556), italienischer Maler

btw) Kolumbus stellt dem Königspaar Eingeborene vor; Fresko von Luigi Gregori (1819–1863), italienischer Maler
btx) Kolumbus berichtet über seine Entdeckungen; Gemälde von Ricardo Balaca y Canesco (1844–1880), spanischer Maler
bty) Kolumbus in Ketten; Gemälde von Emanuel Leutze (1816–1886), deutschamerikanischer Historienmaler

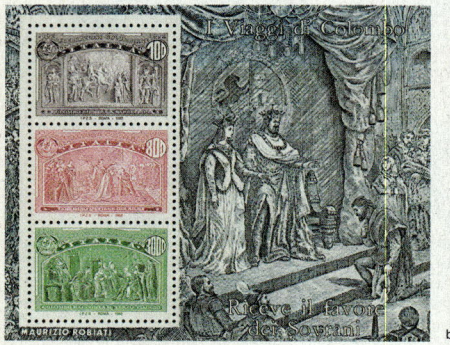

btv

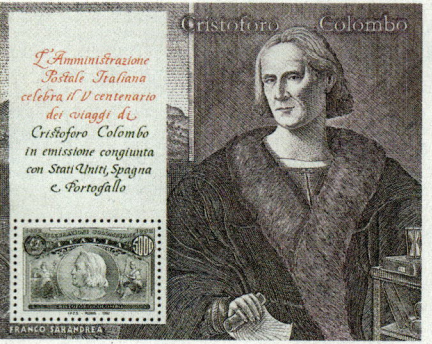

bub

bts) Empfang von Kolumbus in Barcelona
btt) Kolumbus wieder in der Gunst des spanischen Königshauses; Gemälde von Francisco Jover y Casanova (1830–1890), spanischer Maler
btu) Kolumbus beschreibt seine 3. Reise; Gemälde von F. Jover y Casanova

bua) Christoph Kolumbus (1451–1506), spanisch-italienischer Seefahrer; von Sebastiano Luciani, genannt Sebastiano del Piombo (1485–1547), italienischer Maler

2215	400	(L)	dunkelrotbraun .... bte	0,30	0,30
2216	700	(L)	rot .... btf	0,70	0,70
2217	1000	(L)	schwarzblau .... btg	1,10	1,10
Block 9	(112×93 mm)		.... btm	3,—	3,—
			FDC		4,—
2218	200	(L)	schwarzgraublau .... bti	0,20	0,20
2219	900	(L)	dunkelviolettblau ...... btk	1,—	1,—
2220	1500	(L)	dunkelorangerot .... btl	1,60	1,60
Block 10	(112×93 mm)		.... btm	4,—	4,—
			FDC		4,50
2221	500	(L)	dunkelviolettbraun ..... btn	0,50	0,50
2222	600	(L)	schwarzgrün .... bto	0,60	0,60
2223	2000	(L)	magenta .... btp	2,—	2,—
Block 11	(112×93 mm)		.... btm	4,50	4,50
			FDC		5,50
2224	100	(L)	dunkelgrauviolett ...... bts	0,20	0,20
2225	800	(L)	dunkelrötlichlila ...... btt	0,80	0,80
2226	3000	(L)	dunkelsmaragdgrün ...... btu	3,50	3,50
Block 12	(112×93 mm)		.... btm	6,—	6,—
			FDC		6,50
2227	50	(L)	olivschwarz .... btw	0,10	0,10
2228	300	(L)	dunkelgrünblau .... btx	0,30	0,30
2229	4000	(L)	dunkelpurpur .... bty	4,—	4,—
Block 13	(112×93 mm)		.... btm	6,—	6,—
			FDC		7,—

MICHELsoft
die komfortable
Datenbank
für jeden Sammler

Italien

```
2230    5000 (L) schwarzgrünlichblau . . . . . . bua    5,—    5,—
Block 14 (112×93 mm) . . . . . . . . . . . . . . . btm   6,50   6,50
                                           FDC           7,50
                   Gesamtpreis (6 Blocks)       30,—    30,—
                                           FDC          35,—
```

Die Blockmarken ähneln den Marken USA MiNr. 73–88.

Auflage: je 1 000 000 Blocks

Parallelausgabe mit Portugal Bl. 85–90, Spanien Bl. 45–50 und USA Bl. 25–30

1992, 23. Mai. 75. Radrennen „Giro d'Italia". RaTdr. (2×10 Zd); gez. K 14:13¼.

buc) Meer   bud) Alpen
buc–bud) Emblem, Radfahrer

```
2231   750 (L) mehrfarbig . . . . . . . . . . . . . buc   1,—   0,30
2232   750 (L) mehrfarbig . . . . . . . . . . . . . bud   1,—   0,30
                         Satzpreis (Paar)          2,—   2,—
                                           FDC          3,—
```

MiNr. 2231–2232 wurden waagerecht zusammenhängend gedruckt.

Auflage: 3 000 000 Sätze

1992, 25. Mai. Gewinn der italienischen Fußballmeisterschaft 1991/92 durch den AC Mailand. RaTdr. (8×4); gez. K 13¼:14.

bue) Fußball, Dom von Mailand in den Vereinsfarben (stilis.), Meisterschaftsemblem, Vereinswappen

```
2233   750 (L) mehrfarbig . . . . . . . . . . . . . bue   1,—   0,80
                                           FDC          2,—
```

Der Bogenrand ist abwechselnd mit dem Abzeichen des AC Mailand und einem Wappenschild in den italienischen Farben bedruckt.

Auflage: 4 000 000 Stück

1992, 30. Mai. Historische Badestege (I). RaTdr. (5×10); gez. K 14:13¼.

buf) Viareggio

```
2234   750 (L) mehrfarbig . . . . . . . . . . . . . buf   1,—   0,80
                                           FDC          1,70
```

Auflage: 3 000 000 Stück

1992, 5. Juni. 100. Geburtstag von Tazio Nuvolari. RaTdr. (5×10); gez. K 14:13¼.

bug) T. Nuvolari (1892–1953), Rennfahrer

```
2235   3200 (L) mehrfarbig . . . . . . . . . . . . bug   4,50   4,—
                                           FDC          5,—
```

Auflage: 3 000 000 Stück

1992, 13. Juni. Historische Badestege (II). RaTdr. (5×10); gez. K 14:13¼.

buh) Rimini

```
2236   750 (L) mehrfarbig . . . . . . . . . . . . . buh   1,—   0,80
                                           FDC          1,70
```

Auflage: 3 000 000 Stück

1992, 30. Juni. Tourismus. RaTdr. (5×5); gez. K 14.

bui) Pragser Wildsee   buk) Arcevia, Provinz Ancona

bul) Küstenlandschaft bei Maratea   bum) Küstenlandschaft auf Pantelleria

```
2237   600 (L) mehrfarbig . . . . . . . . . . . . . bui   0,80   0,80
2238   600 (L) mehrfarbig . . . . . . . . . . . . . buk   0,80   0,80
2239   600 (L) mehrfarbig . . . . . . . . . . . . . bul   0,80   0,80
2240   600 (L) mehrfarbig . . . . . . . . . . . . . bum   0,80   0,80
                         Satzpreis (4 W.)          3,—   3,—
                                           FDC          4,—
```

Auflage: 3 000 000 Sätze

Weitere Werte siehe Übersicht nach Jahrgangswerttabelle.

1992, 5. Sept. Künstlerisches und kulturelles Erbe in Italien: 400. Todestag von Jacopo da Ponte. Komb. StTdr. und Odr. (5×5); gez. K 14.

bun) Anbetung der Hirten; Detail eines Gemäldes von Jacopo da Ponte, genannt Bassano (um 1517/18–1592)

```
2241   750 (L) mehrfarbig . . . . . . . . . . . . . bun   1,50   1,—
                                           FDC          1,70
```

Auflage: 3 000 000 Stück

1992, 18. Sept. Internationale Briefmarkenausstellung GENOVA '92. Genua (II); 500. Jahrestag der Entdeckung von Amerika (V). RaTdr. (10×5); gez. K 13¼:14.

buo) Haus von Christoph Kolumbus in Genua   bup) Abfahrt der Kolumbus-Flotte von Palos   bur) Landkarte mit Reiseroute

Italien

bus) Kolumbus sichtet Land   but) Landung auf Guanahani   buu) Chr. Kolumbus (1451–1506), span.-ital. Seefahrer; Kunstwerke des 15. Jahrhunderts

2242	500 (L)	mehrfarbig	buo	1,—	0,50
2243	600 (L)	mehrfarbig	bup	1,—	0,50
2244	750 (L)	mehrfarbig	bur	1,—	0,50
2245	850 (L)	mehrfarbig	bus	1,—	0,50
2246	1200 (L)	mehrfarbig	but	2,—	1,—
2247	3200 (L)	mehrfarbig	buu	4,—	3,—
		Satzpreis (6 W.)		10,—	6,—
		FDC			12,—

Auflage: 6 000 000 Sätze

1992, 5. Okt. Europäischer Binnenmarkt. RaTdr. (5×10) ; gez. K 14:13¼.

bux) Flaggen der EG-Staaten bilden den Buchstaben „E", Europa-Emblem

2251	600 (L)	mehrfarbig	bux	1,—	1,—
		FDC			2,—

Auflage: 3 000 000 Stück

1992, 16. Okt. Internationale Ernährungskonferenz, Rom. RaTdr. (5×10); gez. K 14:13¼.

buy) Symbolische Darstellung der Nahrungsaufnahme, Konferenzemblem, chemische Formeln

2252	500 (L)	mehrfarbig	buy	0,70	0,50
		FDC			1,30

Auflage: 3 000 000 Stück

1992, 22. Sept. Tag der Briefmarke (I). RaTdr. (10×5); gez. K 14.

buv) Frauengesicht, Inschrift

2248	750 (L)	mehrfarbig	buv	1,—	0,50
		FDC			1,50

Auflage: 3 000 000

1992, 31. Okt. Weihnachten. RaTdr. (5×10); gez. K 14:13¼.

buz) Weihnachtskrippe aus Caltagirone

2253	600 (L)	mehrfarbig	buz	1,—	1,—
		FDC			1,50

Auflage: 6 000 000 Stück

1992, 22. Sept. Tag der Briefmarke (II). RaTdr. Markenheftchen (5×1); selbstklebend; A = gez. K 14, C = gez. K 13¼.

buv) Frauengesicht, Inschrift

			∗∗	⊙	FDC
2249	750 (L)	mehrfarbig .... buv			
A		gez. K 14	60,—	60,—	120,—
C		gez. K 13¼	4,—	4,—	5,50
		Markenheftchen mit 5× MiNr. 2249 A	450,—		
		Markenheftchen mit 5× MiNr. 2249 C	20,—		

MiNr. 2248 und 2249 unterscheiden sich, außer durch die Gummierung, auch in der Farbe. MiNr. 2248: Augenfarbe blau, Schrift ultramaringrau, Papier weiß. MiNr. 2249: Augenfarbe bläulichgrün, Schrift rötlichgrau, Papier gelblich.

Auflage (A und C zusammen): 250 000 Heftchen

1993

1993, 20. Jan. Vereintes Europa. RaTdr.; gez. K 13¼:14.

1992, 24. Sept. Europa-Forum des Lions-Clubs, Genua; 75 Jahre Lions International. RaTdr. (5×10); gez. K 14:13¼.

buw) Europakarte, Emblem

2250	3000 (L)	mehrfarbig	buw	3,50	3,—
		FDC			5,—

Auflage: 2 000 000 Stück

bva) Italien bvb) Belgien bvc) Dänemark bvd) Frankreich
bve) Deutschland bvf) Griechenland bvg) Irland bvh) Luxemburg
bvi) Niederlande bvk) Portugal bvl) Großbritannien bvm) Spanien

bva–bvm) Stilisierte Gebäude, Sterne des Europa-Emblems, Flaggen der Mitgliedstaaten der Europäischen Gemeinschaft

Italien

2254	750	(L)	mehrfarbig	bva	0,90	0,40
2255	750	(L)	mehrfarbig	bvb	0,90	0,40
2256	750	(L)	mehrfarbig	bvc	0,90	0,40
2257	750	(L)	mehrfarbig	bvd	0,90	0,40
2258	750	(L)	mehrfarbig	bve	0,90	0,40
2259	750	(L)	mehrfarbig	bvf	0,90	0,40
2260	750	(L)	mehrfarbig	bvg	0,90	0,40
2261	750	(L)	mehrfarbig	bvh	0,90	0,40
2262	750	(L)	mehrfarbig	bvi	0,90	0,40
2263	750	(L)	mehrfarbig	bvk	0,90	0,40
2264	750	(L)	mehrfarbig	bvl	0,90	0,40
2265	750	(L)	mehrfarbig	bvm	0,90	0,40
			Satzpreis (12 W.)		10,—	4,50
			ZD-Bogen		15,—	15,—
			FDC			25,—

MiNr. 2254–2265 wurden zusammenhängend gedruckt.

Auflage: 4 000 000 Sätze

1993, 23. Jan. 50. Jahrestag der Schlacht von Nikolajewka: Friedenstreffen der Kriegsveteranen, Brescia. RaTdr. (5×10); gez. K 14:13¼.

bvn) Verbrüderungsszene, Ansicht von Nikolajewka

2266	600	(L)	mehrfarbig	bvn	1,—	0,80
			FDC			1,70

Auflage: 3 000 000 Stück

1993, 6. Febr. 200. Todestag von Carlo Goldoni. RaTdr. (10×5); gez. K 13¼:14.

bvo) Typische Komödienfiguren Colombina, Mezzettino und Harlekin; Wanderbühne

bvp) Weinender Harlekin; C. Goldoni (1707–1793), Dramatiker

2267	500	(L)	mehrfarbig	bvo	0,80	0,50
2268	500	(L)	mehrfarbig	bvp	0,80	0,50
			Satzpreis (2 W.)		1,60	1,—
			FDC			2,—

Auflage: 3 000 000 Stück

1993, 20. Febr. Künstlerisches und kulturelles Erbe in Italien. Komb. StTdr. und Odr. (5×5); gez. K 14.

bvr) Personifizierung Afrikas, Elefant und Tiger; römisches Fußbodenmosaik (Detail), Piazza Armerina in Enna

2269	750	(L)	mehrfarbig	bvr	1,30	1,—
			FDC			1,60

Auflage: 3 000 000 Stück

1993, 5. März. Nationaler Gesundheitstag: Kampf gegen den Herzinfarkt. RaTdr. (5×10); gez. K 14:13¼.

bvs) Herzförmiges Zahnrad, Zahnräder

2270	750	(L)	mehrfarbig	bvs	1,—	0,70
			FDC			1,60

Auflage: 3 000 000 Stück

1993, 6. März. Katzen. RaTdr. (5×10, Hochformate ~); gez. K 14:13¼, Hochformate ~.

bvt) Europäische Hauskatze

bvu) Weiße Perserkatze bvv) Devon Rex bvw) Maine Coon

2271	600	(L)	mehrfarbig	bvt	0,80	0,80
2272	600	(L)	mehrfarbig	bvu	0,80	0,80
2273	600	(L)	mehrfarbig	bvv	0,80	0,80
2274	600	(L)	mehrfarbig	bvw	0,80	0,80
			Satzpreis (4 W.)		3,—	3,—
			FDC			5,—

MiNr. 2272 und 2274 sind äußerst wasserempfindlich!

Auflage: 3 000 000 Sätze

1993, 26. März. 100 Jahre Radio (1995) (III). RaTdr. (5×10); gez. K 14:13¼.

bvx) Temistocle Calzecchi Onesti, Physiker

2275	750	(L)	mehrfarbig	bvx	1,—	0,70
			FDC			1,60

Auflage: 3 000 000 Stück

Parallelausgabe mit San Marino MiNr. 1531

Weitere Werte: MiNr. 2191, 2205, 2313

1993, 6. April. Künstlerisches und kulturelles Erbe in Italien: 200. Todestag von Francesco Guardi. Komb. StTdr. und Odr. (5×10); gez. K 14.

bvy) La Piazzetta; Gemälde von Francesco Guardi (1712–1793)

2276	3200	(L)	mehrfarbig	bvy	4,—	3,—
			FDC			4,50

Auflage: 2 000 000 Stück

Italien

1993, 19. April. 2000. Todestag von Quintus Horatius Flaccus. RaTdr. (10×5); gez. K 13¼:14.

bvz) Horaz (65–8 v. Chr.), römischer Dichter; Säule

| 2277 | 600 | (L) | mehrfarbig | bvz | 1,— | 0,60 |
| | | | | FDC | | 1,50 |

Auflage: 3 000 000 Stück

1993, 30. April. Hl. Giuseppe Benedetto Cottolengo. Komb. StTdr. und Odr. (10×5); gez. K 13¼:14.

bwa) Hl. Giuseppe Benedetto Cottolengo

| 2278 | 750 | (L) | mehrfarbig | bwa | 1,30 | 1,— |
| | | | | FDC | | 1,50 |

Auflage: 3 000 000 Stück

1993, 3. Mai. Europa: Zeitgenössische Kunst. RaTdr. (10×5); gez. K 13¼:14.

bwb) Karussellpferde; Gemälde von Lino Bianchi Barriviera (1906–1985)

bwc) Dynamismus der bunten Formen; Gemälde von Gino Severini (1883–1966)

2279	750	(L)	mehrfarbig	bwb	1,—	1,—
2280	850	(L)	mehrfarbig	bwc	1,50	1,—
			Satzpreis (2 W.)		2,50	2,—
				FDC		3,—

Auflage: 3 000 000 Sätze

1993, 31. Mai. 400 Jahre Nationale Akademie von San Luca. RaTdr. (10×5); gez. K 13¼:14.

bwd) Medaille der Akademie

| 2281 | 750 | (L) | mehrfarbig | bwd | 1,20 | 1,— |
| | | | | FDC | | 1,50 |

Auflage: 3 000 000 Stück

1993, 6. Juni. Internationaler Kongreß FAMILY FEST '93, Rom. RaTdr. (5×10); gez. K 14:13¼.

bwe) Kongreßemblem, Inschrift: Für eine geeinte Welt

| 2282 | 750 | (L) | mehrfarbig | bwe | 1,20 | 1,— |
| | | | | FDC | | 1,50 |

Auflage: 3 000 000 Stück

1993, 7. Juni. Gewinn der italienischen Fußballmeisterschaft 1992/93 durch den AC Mailand. RaTdr. (10×5); gez. K 13¼:14.

bwf) Spieler des AC Mailand, Vereinswappen

| 2283 | 750 | (L) | mehrfarbig | bwf | 1,20 | 1,— |
| | | | | FDC | | 1,60 |

Auflage: 4 000 000 Stück

1993, 26. Juni. Tourismus. RaTdr. (5×10); gez. K 14:13¼.

bwg) Carloforte

bwh) Stadttor von Palmanova   bwi) Senigallia mit Fluß Misa   bwk) Küstenlandschaft bei Sorrent

2284	600	(L)	mehrfarbig	bwg	0,80	0,50
2285	600	(L)	mehrfarbig	bwh	0,80	0,50
2286	600	(L)	mehrfarbig	bwi	0,80	0,50
2287	600	(L)	mehrfarbig	bwk	0,80	0,50
			Satzpreis (4 W.)		3,—	2,—
				FDC		5,—

Auflage: 3 000 000 Sätze

Weitere Werte siehe Übersicht nach Jahrgangswerttabelle.

1993, 1. Juli. Weltmeisterschaften im Kanuslalom, Val di Sole. RaTdr. (10×5); gez. K 13¼:14.

bwl) Einer-Kajak

| 2288 | 750 | (L) | mehrfarbig | bwl | 1,20 | 1,— |
| | | | | FDC | | 1,60 |

Auflage: 3 000 000 Stück

1993, 4. Sept. 100 Jahre Observatorium „Regina Margherita", Monte Rosa. RaTdr. (5×10); gez. K 14:13¼.

bwm) Schutzhütte mit Observatorium auf der Punta Gnifetti (4559 m)

| 2289 | 500 | (L) | mehrfarbig | bwm | 1,— | 0,60 |
| | | | | FDC | | 1,30 |

Auflage: 3 000 000 Stück

Italien

1993, 25. Sept. Künstlerisches und kulturelles Erbe in Italien. RaTdr. (10×5); gez. K 13¼:14.

bwn) Heilige Treppe in der St.-Salome-Basilika, Veroli

2290	750 (L)	mehrfarbig	bwn	1,—	0,80
			FDC		1,60

Auflage: 3 000 000 Stück

1993, 25. Sept. Geschichtliche Ereignisse im Zweiten Weltkrieg (I). RaTdr. (10×5); gez. K 13¼:14.

bwo) Die vier Tage von Neapel (1943)
bwp) Die Deportation der römischen Juden (1943)
bwr) Die Exekution der Brüder Cervi (1943)

				**	⊙	FDC
2291	750 (L)	mehrfarbig	bwo	1,—	0,70	1,50
2292	750 (L)	mehrfarbig	bwp	1,—	0,70	1,50
2293	750 (L)	mehrfarbig	bwr	1,—	0,70	1,50
			Satzpreis (3 W.)	3,—	2,—	

Auflage: 3 000 000 Sätze

1993, 2. Okt. Das Geschlecht der Taxis in der Postgeschichte. RaTdr. (5×10); A = vierseitig gez. K 14:13½, C = waagerecht gez. K 14.

bws) Reisepostkutsche
bwt) Taxissches Postwappen
bwu) Kalesche für Postboten

bwv) Postreiter (17. Jh.)
bww) Postreiter (18. Jh.)

2294	750 (L)	mehrfarbig	bws		
A		vierseitig gez.		0,80	0,40
C		waagerecht gez.		0,80	0,50
2295	750 (L)	mehrfarbig	bwt		
A		vierseitig gez.		0,80	0,40
C		waagerecht gez.		0,80	0,50
2296	750 (L)	mehrfarbig	bwu		
A		vierseitig gez.		0,80	0,40
C		waagerecht gez.		0,80	0,50
2297	750 (L)	mehrfarbig	bwv		
A		vierseitig gez.		0,80	0,40
C		waagerecht gez.		0,80	0,50
2298	750 (L)	mehrfarbig	bww		
A		vierseitig gez.		0,80	0,40
C		waagerecht gez.		0,80	0,50
		Satzpreis A (5 W.)		4,—	2,—
		Satzpreis C (5 W.)		4,—	—
		FDC (A)			3,50

MiNr. 2294 C–2298 C stammen aus MH 1.

1993, 14. Okt. 100 Jahre Staatsbank. RaTdr. (4×10); gez. K 14:13¼.

bwx) Gebäude der Staatsbank, Rom
Zierfeld
bwy) Erste 1000-Lire-Banknote
Zierfeld

2299	750 (L)	mehrfarbig	bwx	1,—	0,80
2300	1000 (L)	mehrfarbig	bwy	1,50	0,80
		Satzpreis (2 W.)		2,50	1,50
		Satzpreis (2299 Zf – 2300 Zf)		5,—	4,—
		FDC		*	5,—

MiNr. 2299–2300 wurden jeweils in Bogen zu 40 Marken und 20 Zierfeldern gedruckt.

Auflage: 3 000 000 Sätze

1993, 12. Nov. Tag der Briefmarke: 100 Jahre italienische Kolonialmarken. RaTdr. (5×10); gez. K 14.

bwz) Zeichnung der Marken Italienisch-Eritrea; MiNr. 90–91

2301	600 (L)	schwarzgraublau/dunkelrot	bwz	1,—	0,60
		FDC			1,30

Auflage: 3 000 000 Stück

1993, 13. Nov. Weihnachten. RaTdr. (10×5); gez. K 13¼:14.

bxa) Heilige Familie; lebende Weihnachtskrippe in Corchiano, Provinz Viterbo
bxb) Mariä Verkündigung; Gemälde von Piero della Francesca (um 1415–1492)

2302	600 L	mehrfarbig	bxa	1,—	0,60
2303	750 L	mehrfarbig	bxb	1,—	0,60
		Satzpreis (2 W.)		2,—	1,20
		FDC			2,20

Auflage: 3 000 000 Sätze

1993, 27. Nov. Kunstschätze aus Museen und Staatlichen Archiven (I). RaTdr. (5×10, Hochformat ~); gez. K 14:13¼, Hochformat ~.

bxc) Das Konzert; Gemälde von Bartolomeo Manfredi (1587–1620/21)

bxd) Topografische Karte von Foggia (17. Jh.)
bxe) Pergamenthandschrift aus Siena; Miniatur von Niccolo di ser Zozzo Tegliaci (tätig 1334–1363)
bxf) Tod des Adonis; Gemälde von Sebastiano del Piombo (1485–1547)

bxc–bxf) Durch Bombenanschlag im Mai 1993 beschädigte Gemälde aus den Florentiner Uffizien

2304	600	(L)	mehrfarbig .... bxc	0,70	0,70
2305	600	(L)	mehrfarbig .... bxd	0,70	0,70
2306	750	(L)	mehrfarbig .... bxe	1,—	0,80
2307	850	(L)	mehrfarbig .... bxf	1,20	0,80
			Satzpreis (4 W.)	3,50	3,—
			FDC		4,—

Auflage: 3 000 000 Sätze

MiNr. 2338–2341, 2377–2380, 2417–2420, 2532–2535, 2574–2576, 2624–2626, 2700–2701

1994

1994, 8. Jan. Zirkus. RaTdr. (10×5); gez. K 13¼:14.

bxg) Voltigeure   bxh) Clown als Äquilibrist

2308	600	(L)	mehrfarbig .... bxg	0,70	0,60
2309	750	(L)	mehrfarbig .... bxh	0,80	0,60
			Satzpreis (2 W.)	1,50	1,20
			FDC		2,20

1994, 14. Febr. Würdigung der Hausfrauenarbeit. RaTdr. (5×10); gez. K 14:14¼.

bxi) Mutter mit Kind in stilisiertem Haus

2310	750	(L)	mehrfarbig .... bxi	1,—	0,50
			FDC		1,50

Auflage: 3 000 000 Stück

1994, 5. März. Italienische Speisen (I). RaTdr. (10×5); gez. K 13¼:14.

bxk) Das Brot; Gemälde von Dario Piazza (*1891)   bxl) Italienische Nudeln in der Welt; Gemälde von Erminia Scaglione

2311	500	(L)	mehrfarbig .... bxk	0,50	0,50
2312	600	(L)	mehrfarbig .... bxl	0,70	0,50
			Satzpreis (2 W.)	1,20	1,—
			FDC		2,—

Auflage: 3 000 000 Sätze

1994, 11. März. 100 Jahre Radio (1995) (IV). RaTdr. (5×10); gez. K 14:13¼.

bvm) Augusto Righi (1850–1920), Physiker

2313	750	(L)	mehrfarbig .... bxm	1,—	0,70
			FDC		1,50

Auflage: 3 000 000 Stück

Parallelausgabe mit San Marino MiNr. 1569

Weitere Werte: MiNr. 2191, 2205, 2275

1994, 12. März. Hunde. RaTdr. (5×10); gez. K 14:13¼.

bxn) Deutscher Schäferhund

bxo) Maremmaner   bxp) Boxer   bxr) Dalmatiner

2314	600	(L)	mehrfarbig .... bxn	0,70	0,50
2315	600	(L)	mehrfarbig .... bxo	0,70	0,50
2316	600	(L)	mehrfarbig .... bxp	0,70	0,50
2317	600	(L)	mehrfarbig .... bxr	0,70	0,50
			Satzpreis (4 W.)	2,80	2,—
			FDC		3,50

Auflage: 3 000 000 Sätze

1994, 2. April. Auferstehungsprozession, Tarquinia. RaTdr. (10×5); gez. K 13¼:14.

bxs) Prozession mit Christusstatue, Tarquinia

2318	750	(L)	mehrfarbig .... bxs	1,—	0,70
			FDC		1,50

Auflage: 3 000 000 Stück

1994, 13. April. 500. Jahrestag der Publikation des mathematischen Werkes „Summa de arithmetica, geometria, proportioni et proportionalità" von Luca Pacioli. RaTdr. (5×10); gez. K 14:13¼.

bxt) Luca Pacioli (1445–1514), Mathematiker; Gemälde von Jacopo de Barbari (1440/50–1516)

2319	750	(L)	mehrfarbig .... bxt	1,—	0,70
			FDC		1,50

Auflage: 3 000 000 Stück

1994, 23. April. Tourismus. RaTdr. (5×10); gez. K 14:13¼.

bxu) Kastell Odescalchi, Santa Marinella

bxv) Kloster St. Michael und See, Monticchio
bxw) Insel San Giulio, Orta San Giulio
bxx) Dom, Messina

2320	600	(L)	mehrfarbig	....	bxu	0,70	0,50
2321	600	(L)	mehrfarbig	....	bxv	0,70	0,50
2322	600	(L)	mehrfarbig	....	bxw	0,70	0,50
2323	600	(L)	mehrfarbig	....	bxx	0,70	0,50
				Satzpreis (4 W.)		2,80	2,—
				FDC			4,—

Auflage: 3 000 000 Sätze

Weitere Werte siehe Übersicht nach Jahrgangswerttabelle.

1994, 30. April. 100. Todestag von Lajos Kossuth. RaTdr. (10×5); gez. K 13¼:14.

bxy) L. Kossuth (1802–1894), ungarischer Politiker

2324	3750	(L)	mehrfarbig	....	bxy	4,—	3,—
				FDC			4,—

Auflage: 3 000 000 Stück

1994, 2. Mai. Europa: Entdeckungen und Erfindungen. RaTdr. (10×5); gez. K 13¼:14.

bxz) Camillo Golgi (1844–1926), Histologe, Nobelpreis 1906
bya) Giulio Natta (1903–1979), Chemiker, Nobelpreis 1963

2325	750	(L)	mehrfarbig	....	bxz	1,20	1,20
2326	850	(L)	mehrfarbig	....	bya	1,30	1,30
				Satzpreis (2 W.)		2,50	2,50
				FDC			3,—

Auflage: 3 000 000 Sätze

1994, 2. Mai. Gewinn der italienischen Fußballmeisterschaft 1993/94 durch den AC Mailand. RaTdr. (5×10); gez. K 14:13¼.

byb) Vereinswappen, Fußball

2327	750	(L)	mehrfarbig	....	byb	1,—	0,70
				FDC			1,50

Auflage: 4 000 000 Stück

1994, 2. Mai. Weltmeisterschaften im Schwimmen, Rom. RaTdr. (10×5); gez. K 13¼:14.

byc) Kunstspringen, Schwimmen
byd) Wasserball

2328	600	(L)	mehrfarbig	....	byc	0,60	0,60
2329	750	(L)	mehrfarbig	....	byd	1,40	0,60
				Satzpreis (2 W.)		2,—	1,20
				FDC			2,—

Auflage: 3 000 000 Sätze

1994, 6. Mai. Archäologische Ausstellung „Antike Völker Italiens", Rimini. RaTdr. (10×5); gez. K 13¼:14.

bye) Betende Frau, genannt „Göttin von Caldevigo"; Bronzestatuette (5. Jh. v. Chr.)

2330	750	(L)	mehrfarbig	....	bye	1,—	0,70
				FDC			1,50

Auflage: 3 000 000 Stück

1994, 18. Mai. Geschichtliche Ereignisse im Zweiten Weltkrieg (II). RaTdr. (10×5); gez. K 13¼:14.

byf) Zerstörung des Klosters von Monte Cassino (1944)
byg) Geiselmorde in den Ardeatinischen Höhlen (1944)
byh) Geiselmorde von Mazabotto (1944)

2331	750	(L)	mehrfarbig	....	byf	1,—	0,70	1,50
2332	750	(L)	mehrfarbig	....	byg	1,—	0,70	1,50
2333	750	(L)	mehrfarbig	....	byh	1,—	0,70	1,50
				Satzpreis (3 W.)		3,—	2,—	

Auflage: 3 000 000 Sätze

1994, 28. Mai. Nationaler Eucharistischer Kongreß, Siena. RaTdr. (10×5); gez. K 13¼:14.

byi) Fußwaschung

2334	600	(L)	mehrfarbig	....	byi	0,80	0,70
				FDC			1,50

Auflage: 3 000 000 Stück

Italien

1994, 31. Mai. Künstlerisches und kulturelles Erbe in Italien: 400. Todestag von Jacopo Robusti, genannt Tintoretto. RaTdr. (5×5); gez. K 14¼:14.

byk) Ariadne, Venus und Bacchus; Gemälde von Tintoretto (1518–1594)

2335	750 (L) mehrfarbig	byk	1,—	0,70
		FDC		1,50

Auflage: 3 000 000 Stück

1994, 4. Juni. 750 Jahre Ehrwürdige Erzbruderschaft der Barmherzigkeit. RaTdr. (5×10); gez. K 14:13¼.

byl) Mönche auf dem Domplatz von Florenz; Gemälde von Cardi Ludovico Cigoli (1559–1613)

2336	750 (L) mehrfarbig	byl	1,—	0,70
		FDC		1,50

Auflage: 3 000 000 Stück

1994, 11. Juni. Vierte Direktwahlen zum Europäischen Parlament. RaTdr. (10×5); gez. K 13¼:14. gez. K 14:13¼.

bym) Buchstabe „E", stilisierter Sitzungssaal

2337	600 (L) mehrfarbig	bym	1,—	1,—
		FDC		1,50

Auflage: 3 000 000 Stück

1994, 16. Juni. Kunstschätze aus Museen und staatlichen Archiven (II). RaTdr. (10×5); gez. K 13¼:14.

byn) Rotfiguriger attischer Krater; Vasenmalerei vom Kleophrades-Maler (tätig 510–470 v. Chr.), Agrigent

byo) Incipit eines notariellen Registers (1623/24), Catania

byp) Der Gallier und sein Weib; Marmorskulptur, Rom

byr) Stadtsiegel (1745), Campobasso

2338	600 (L) mehrfarbig	byn	0,70	0,70
2339	600 (L) mehrfarbig	byo	0,70	0,70
2340	750 (L) mehrfarbig	byp	0,70	0,70
2341	850 (L) mehrfarbig	byr	1,—	0,70
		Satzpreis (4 W.)	3,—	2,50
		FDC		4,—

Auflage: 3 000 000 Sätze

MiNr. 2304–2307, 2377–2380, 2417–2420, 2532–2535, 2574–2576, 2624–2626, 2700–2701

1994, 23. Juni. 100 Jahre Internationales Olympisches Komitee (IOC). RaTdr. (10×5); gez. K 13¼:14.

bys) Pierre de Coubertin (1863–1937), französischer Pädagoge und Historiker, Begründer der Olympischen Spiele der Neuzeit; olympische Ringe

2342	850 (L) mehrfarbig	bys	1,—	0,80
		FDC		1,60

Auflage: 3 000 000 Stück

1994, 8. Juli. Gipfelkonferenz der führenden Industrienationen, Neapel. RaTdr. (10×5); gez. K 13¼:14.

byt) Emblem

2343	600 (L) mehrfarbig	byt	0,80	0,50
		FDC		1,30

Auflage: 3 000 000 Stück

1994, 8. Sept. 700 Jahrestag der Überführung der „Casa Sancta" nach Loreto. RaTdr. (10×5); gez. K 14¼:14.

byu) Basilika von Loreto, Maria mit Kind

2344	500 (L) mehrfarbig	byu	0,70	0,70
		FDC		1,20

Auflage: 3 000 000 Stück

1994, 16. Sept. Tag der Briefmarke. RaTdr. (10×5); gez. K 13¼:14.

byv) Pietro Miliani (1744–1817), Papierfabrikant

byw) Papier- und Wasserzeichenmuseum im ehemaligen Dominikanerkloster, Fabriano

2345	600 (L) mehrfarbig	byv	0,70	0,60
2346	750 (L) mehrfarbig	byw	0,80	0,60
		Satzpreis (2 W.)	1,50	1,20
		FDC		2,—

Auflage: 3 000 000 Sätze

1994, 19. Sept. 800. Geburtstag von Kaiser Friedrich II. RaTdr. (10×5); gez. K 14¼:14

byx) Friedrich II. von Hohenstaufen, römischer Kaiser (1194–1250); Flachrelief (Detail) aus der Kathedrale von Bitonto (11.–12. Jh.)

2347	750 (L) mehrfarbig	byx	1,—	0,70
		FDC		1,50

Auflage: 3 000 000 Stück

Italien

1994, 8. Okt. Künstlerisches und kulturelles Erbe in Italien: Kirchen (II): 900 Jahre Markuskirche, Venedig. RaTdr. (5×4 Zd); I = ohne, II = mit rückseitiger Inschrift; gez. K 14:13¼.

byy) Markuskirche

2348 I	750	(L)	mehrfarbig . . . . byy	0,70	0,70
			2348 I Zf	1,20	1,20
			FDC		2,—

Blockausgabe mit MiNr. 2348 II und San Marino MiNr. 1586 II

2348 II	750	(L)	mehrfarbig . . . . byy	1,—	1,—
Block 15	(80×115 mm)		. . . . byz	2,50	2,50
			FDC		4,—

Postpreis: 1500 L

Senkrechtes Kehrdruckpaar:

2348 I K	. . . .	2,50	2,50

MiNr. 2348 wurde mit oben anhängendem Zierfeld gedruckt. Die zweite und vierte Zeile im Bogen wurde kopfstehend gedruckt (mit Zierfeld).

Block 15 (identisch mit San Marino Block 19) ist sowohl in Italien als auch in San Marino mit einem Nominalwert von jeweils 750 L. frankaturgültig. Es wird jeweils nur die Marke des betreffenden Landes abgestempelt. Die Blockmarken wurden rückseitig mit erklärendem Text bedruckt. ⊙- und FDC-Preise gelten für in Italien gestempelte Stücke.

Parallelausgabe mit San Marino MiNr. 1586, Block 19

Weitere Werte: MiNr. 2182, 2382, 2456, 2506, 2563, 2623

1994, 5. Nov. Weihnachten: Gemälde. RaTdr. (10×5); gez. K 13¼:14.

bza) Mariä Verkündigung; Tempera auf Holz von Melozzo da Forlì (1438–1494)

bzb) Maria mit Kind; Gemälde von Lattanzio da Rimini (um 1470–1527)

2349	600	(L)	mehrfarbig . . . . bza	0,80	0,60
2350	750	(L)	mehrfarbig . . . . bzb	1,20	0,60
			Satzpreis (2 W.)	2,—	1,20
			FDC		2,20

Auflage: 3 000 000 Sätze

1994, 8. Nov. 100 Jahre Italienischer Touring Club (TCI). RaTdr. (10×5); gez. K 13¼:14.

bzc) Weltkugel, TCI-Fahne

2351	600	(L)	mehrfarbig . . . . bzc	0,80	0,50
			FDC		1,30

Auflage: 3 000 000 Stück

1994, 11. Nov. 75 Jahre Kreditanstalt für staatliche Unternehmen (CREDIOP). RaTdr. (10×4); gez. K 13¼:14.

bzd) CREDIOP-Gebäude, Rom; Kopf eines Wertpapieres (1921)

2352	750	(L)	mehrfarbig . . . . bzd	1,—	0,70
			FDC		1,50

MiNr. 2352 gedruckt im Bogen zu 20 senkrechten Zwischenstegpaaren.

Auflage: 3 000 000 Stück

1994, 18. Nov. Die italienische Post: Finanzierungen der Restaurierungsarbeiten am Palazzo Querini Dubois, Venedig; Einführung des neuen Emblems der Post (I). RaTdr. (10×5, Querformat ∼); gez. K 13¼:14, Querformate ∼.

bze) Palazzo Querini Dubois

bzf) Postemblem

2353	600	(L)	rosarot/silber . . . . bze	0,70	0,60
2354	750	(L)	mehrfarbig . . . . bzf	1,—	0,60
2355	750	(L)	karmin/rot . . . . bzf	1,—	0,60
			Satzpreis (1 W., Paar)	2,60	1,80
			FDC		3,—

MiNr. 2354–2355 wurden schachbrettartig zusammenhängend gedruckt.

Auflage: 3 000 000 Sätze

In gleicher Zeichnung wie MiNr. 2354–2355, jedoch kleineres Format: MiNr. 2413–2414

1994, 21. Nov. 50 Todestag von Giovanni Gentile. RaTdr. (10×5); gez. K 13¼:14.

bzg) G. Gentile (1875–1944), Philosoph und Politiker; Gemälde von David Vangelli

2356	750	(L)	mehrfarbig . . . . bzg	1,—	0,70
			FDC		1,50

Auflage: 3 000 000 Stück

1995

1995, 2. Jan. Solidarität mit den Hochwassergeschädigten. RaTdr. (10×5); gez. K 13¼:14.

bzh) Weiße Taube mit Ölzweig, im Wasser stehender Ölbaum, Regenbogen

2357	750 (L) + 2250 (L)	mehrfarbig . . . . bzh	6,—	5,—
		FDC		7,50

Auflage: 5 000 000 Stück

Italien

 1995, 6. Febr. Eisschnellauf-Weltmeisterschaften, Baselga di Pinè. RaTdr. (5×10); gez. K 14:13¼.

bzi) Eisschnellauf

2358	750	(L)	mehrbarbig	bzi	1,—	0,70
				FDC		1,50

Auflage: 3 000 000 Stück

 1995, 24. März. 50 Jahre Vereinte Nationen (UNO). RaTdr. (5×10); gez. K 14:13¼.

bzs) UNO-Emblem, Zahl „50"

2366	850	(L)	mehrbarbig	bzs	1,—	0,70
				FDC		1,50

Auflage: 3 000 000 Stück

 1995, 18. Febr. 50. Todestag von Achille Beltrame. RaTdr. (10×5); gez. K 13¼:14.

bzk) Soldaten im Schneesturm in Montenegro; Zeichnung von A. Beltrame (1871–1945) auf Titelseite einer Zeitung von 1899

2359	500	(L)	mehrbarbig	bzk	0,80	0,60
				FDC		1,20

Auflage: 3 000 000 Stück

 1995, 25. März. 100. Jahrestag der Einweihung des Denkmals für die Gefallenen des „Aufstandes der fünf Tage" (1848). RaTdr. (5×10); gez. K 14:13¼.

bzt) Die fünf Tage von Mailand; Denkmal (1895)

2367	750	(L)	mehrbarbig	bzt	0,80	0,60
				FDC		1,50

Auflage: 3 000 000 Stück

1995, 4. März. Italienische Speisen (II). RaTdr. (10×5); gez. K 13¼:14.

bzl) Reis   bzm) Olivenöl

2360	500	(L)	mehrbarbig	bzl	0,60	0,50
2361	750	(L)	mehrbarbig	bzm	0,90	0,50
			Satzpreis (2 W.)		1,50	1,—
				FDC		2,—

Auflage: 3 000 000 Sätze

1995, 31. März. Geschichtliche Ereignisse im Zweiten Weltkrieg (III). RaTdr.; gez. K 14:13¼.

bzu) Prinzessin Mafalda von Savoyen (1902–1944); Konzentrationslager

bzv) Ruinen von Anzio und Nettuno; Amphibienfahrzeug

bzw) Teresa Gullace; Darstellung ihrer Ermordung

bzx) Rathaus, Florenz; Verdienstmedaille

bzy) Rathaus, Vittorio Veneto; Medaille

bzz) Rathaus, Cagliari; Verdienstmedaille

caa) Schlacht am Monte Lungo

cab) Truppenversorgung im Balkan

cac) Die 8. Division im Atlantik

2368	750	(L)	mehrbarbig	bzu	0,80	0,30
2369	750	(L)	mehrbarbig	bzv	0,80	0,30
2370	750	(L)	mehrbarbig	bzw	0,80	0,30
2371	750	(L)	mehrbarbig	bzx	0,80	0,30
2372	750	(L)	mehrbarbig	bzy	0,80	0,30
2373	750	(L)	mehrbarbig	bzz	0,80	0,30
2374	750	(L)	mehrbarbig	caa	0,80	0,30
2375	750	(L)	mehrbarbig	cab	0,80	0,30
2376	750	(L)	mehrbarbig	cac	0,80	0,30
			Satzpreis (9 W.)		7,—	2,50
			Kleinbogen		9,—	—
			FDC			10,—

MiNr. 2368–2376 wurden zusammenhängend im Kleinbogen gedruckt.

Auflage: 3 000 000 Sätze

1995, 11. März. Vögel. RaTdr. (5×10); gez. K 14:13¼.

bzn) Graureiher (Ardea cinerea)

bzo) Gänsegeier (Gyps fulvus)

bzp) Steinadler (Aquila chrysaëtos)

bzr) Europa-Schneefink (Montifringilla nivalis nivalis)

2362	600	(L)	mehrbarbig	bzn	0,70	0,70
2363	600	(L)	mehrbarbig	bzo	0,70	0,70
2364	600	(L)	mehrbarbig	bzp	0,70	0,70
2365	600	(L)	mehrbarbig	bzr	0,70	0,70
			Satzpreis (4 W.)		2,80	2,80
			FDC			3,50

Auflage: 3 000 000 Sätze

Italien

1995, 28. April. Kunstschätze aus Museen und Staatlichen Archiven (III). RaTdr. (10×5, Querformate ~); gez. K 13¼:14, Querformate ~.

cad) Initiale „P" aus dem 9. Kapitel einer Schrift von Papst Innozenz III. (14. Jh.)

cae) Hafen von Neapel (Detail); Gemälde von Bernardo Strozzi (1581–1944)

caf) Initiale „I"; Miniatur aus einem Dokument von Federico Gonzaga an Papst Sixtus IV. (1481)

cag) Himmlische und irdische Liebe; Gemälde von Tiziano Vecellio, genannt Tizian (um 1477–1576)

2377	500	(L)	mehrfarbig .... cad	0,60	0,60
2378	500	(L)	mehrfarbig .... cae	0,60	0,60
2379	750	(L)	mehrfarbig .... caf	0,80	0,60
2380	850	(L)	mehrfarbig .... cag	1,—	0,80
			Satzpreis (4 W.)	3,—	2,50
			FDC		5,—

Auflage: 3 000 000 Sätze

MiNr. 2304–2307, 2338–2341, 2417–2420, 2532–2535, 2574–2576, 2624–2626, 2700–2701

1995, 29. April. 100 Jahre Kunstbiennale, Venedig. RaTdr. (10×5); gez. K 13¼:14.

cah) Emblem

2381	750	(L)	mehrfarbig .... cah	0,80	0,60
			FDC		1,30

Auflage: 3 000 000 Stück

1995, 3. Mai. Künstlerisches und kulturelles Erbe in Italien: Kirchen (III). StTdr. (10×5); gez. K 13¼:14.

cai) Basilika Santa Croce, Florenz

2382	750	(L)	violettschwarz .... cai	0,80	0,60
			FDC		1,50

Auflage: 3 000 000 Stück

Weitere Werte: MiNr. 2182, 2348, 2456, 2506, 2563, 2623

1995, 5. Mai. Europa: Frieden und Freiheit. RaTdr. (10×5); gez. K 13¼:14.

cak) Familie jubelt Befreiern zu

cal) Symbolische Brücke von Mostar zwischen Islam und Christentum

2383	750	(L)	mehrfarbig .... cak	1,20	1,20
2384	850	(L)	mehrfarbig .... cal	1,30	1,30
			Satzpreis (2 W.)	2,50	2,50
			FDC		3,50

Auflage: 3 000 000 Sätze

1995, 8. Mai. 100 Jahre Volleyball. Odr. (10×5); gez. K 13¼:14.

cam) Spielszene

2385	750	(L)	mehrfarbig .... cam	0,80	0,60
			FDC		1,50

Auflage: 3 000 000 Stück

1995, 12. Mai. Tourismus. RaTdr. (5×10); gez. K 14:13¼.

can) Susa

cao) Stadtmauer von Alatri

cap) Abtei von Venosa

car) Kathedrale Madonna della Neve, Nuoro

2386	750	(L)	mehrfarbig .... can	0,90	0,80
2387	750	(L)	mehrfarbig .... cao	0,90	0,80
2388	750	(L)	mehrfarbig .... cap	0,90	0,80
2389	750	(L)	mehrfarbig .... car	0,90	0,80
			Satzpreis (4 W.)	3,50	3,—
			FDC		5,—

Auflage: 3 000 000 Sätze

Weitere Werte siehe Übersicht nach Jahrgangswerttabelle.

1995, 2. Juni. 100. Jahrestag der Entdeckung der Röntgenstrahlen durch Wilhelm Conrad Röntgen. RaTdr. (5×10); gez. K 14:13¼.

cas) Aufnahme einer Hand mit historischem Röntgengerät

2390	750	(L)	mehrfarbig .... cas	0,80	0,60
			FDC		1,50

Auflage: 3 000 000 Stück

1995, 5. Juni. Gewinn der italienischen Fußballmeisterschaft 1994/95 durch Juventus Turin. RaTdr. (10×5); gez. K 13¼:14.

cat) Spielszene, Vereinswappen

2391	750	(L)	mehrfarbig .... cat	1,—	1,—
			FDC		1,50

Auflage: 4 000 000 Stück

Italien

1995, 8. Juni. 100. Jahre Radio (V). RaTdr. (5 × 10); MiNr. 2392 gez. K 14:13¼, MiNr. 2393 gez. K 14.

cau) Villa Griffone in Pontécchio bei Bologna, Stätte der ersten Experimente Marconis

cav) Guglielmo Marconi (1874–1937), Ingenieur und Physiker, Nobelpreis 1909

2392	750 (L)	mehrfarbig	cau	1,30	1,30
2393	850 (L)	mehrfarbig	cav	1,30	1,30
		Satzpreis (2 W.)		2,50	2,50
			FDC		3,50

Auflage: 3 000 000 Sätze

MiNr. 2393 Parallelausgabe mit Bundesrepublik Deutschland MiNr. 1803, Irland MiNr. 904, San Marino MiNr. 1615 und Vatikan MiNr. 1143

1995, 13. Juni. 800. Geburtstag des hl. Antonius von Padua. RaTdr. (10 × 5, MiNr. 2395 ~); gez. K 13¼:14, Querformate ~.

caw) Hl. Antonius von Padua (1195–1231), Franziskaner; Miniatur eines gotischen Evangeliars

cax) Hl. Antonius mit Jesuskind; Gemälde von Vieira Francisco Lusitan (1699–1783), portugiesischer Maler

2394	750 (L)	mehrfarbig	caw	0,80	0,70
2395	850 (L)	mehrfarbig	cax	1,—	0,70
		Satzpreis (2 W.)		1,80	1,40
			FDC		2,20

Auflage: 3 500 000 Sätze

Parallelausgabe mit Brasilien MiNr. 2648, Kroatien MiNr. 327 und Portugal MiNr. 2078–2079, Bl. 108

1995, 24. Juni. Künstlerisches und kulturelles Erbe in Italien: Alte öffentliche Gärten (I). Komb. StTdr. und Odr. (5 × 10); gez. K 14:13¼.

cay) Villa Durazzo Pallavicini, Pegli bei Genua

caz) Boboli-Gärten, Florenz
cba) Ninfa-Gärten, Cisterna di Latina
cbb) Schloßpark, Caserta

2396	750 (L)	mehrfarbig	cay	0,80	0,40
2397	750 (L)	mehrfarbig	caz	0,80	0,40
2398	750 (L)	mehrfarbig	cba	0,80	0,40
2399	750 (L)	mehrfarbig	cbb	0,80	0,40
		Satzpreis (4 W.)		3,20	1,50
			FDC		3,50

Auflage: 12 000 000 Sätze

1995, 24. Juni. Kongreß der Europäischen Gesellschaft für Augenheilkunde, Mailand. Odr. (10 × 5); gez. K 13¼:14.

cbc) Dom von Mailand (stilis.), Auge

2400	750 (L)	mehrfarbig	cbc	0,80	0,60
			FDC		1,50

Auflage: 3 000 000 Stück

1995, 4. Juli. Künstlerisches und kulturelles Erbe in Italien: 100. Geburtstag von Massimo Campigli. RaTdr. (5 × 5); gez. K 14.

cbd) Seemannsbräute; Gemälde von M. Campigli, eigentlich Max Ihlenfeld (1895–1971)

2401	750 (L)	mehrfarbig	cbd	1,30	1,—
			FDC		1,50

Auflage: 3 000 000 Stück

1995, 7. Aug. Weltkongreß für Allgemeine Relativitätstheorie und Gravitationsphysik, Florenz. Odr. (5 × 10); gez. K 14:13¼.

cbe) Galileo Galilei (1564–1642), italienischer Mathematiker, Physiker und Philosoph; Albert Einstein (1879–1955), deutscher Physiker; Kuppel der Kirche Santa Maria del Fiore, Florenz

2402	750 (L)	mehrfarbig	cbe	0,80	0,60
			FDC		1,50

Auflage: 3 000 000 Stück

1995, 29. Aug. Filmgeschichte (I): 100 Jahre Kino. Komb. StTdr. und Odr. (10 × 5); gez. K 13¼:14.

cbf) Rudolph Valentino und Vilma Banky in „Der Sohn des Scheichs" (1926) von George Fitzmaurice
cbg) Totò in „Das Gold von Neapel" (1954) von Vittorio De Sica
cbh) Giulietta Masina in „Die Nächte der Cabiria" (1956) von Federico Fellini
cbi) Plakat zur Jubiläumsveranstaltung „Cinecittà '95"

2403	750 (L)	mehrfarbig	cbf	0,80	0,70
2404	750 (L)	mehrfarbig	cbg	0,80	0,70
2405	750 (L)	mehrfarbig	cbh	0,80	0,70
2406	750 (L)	mehrfarbig	cbi	0,80	0,70
		Satzpreis (4 W.)		3,20	2,50
			FDC		4,—

Auflage: 3 000 000 Sätze

Weitere Werte: MiNr. 2453–2455, 2527–2529, 2605–2607, 2843 bis 2844

Italien

1995, 1. Sept. 50 Jahre Welternährungsorganisation (FAO). Odr. (5×10); gez. K 14:13¼.

cbk) FAO-Emblem, Kornfeld

2407	850	(L)	mehrfarbig	cbk	1,—	0,70
				FDC		1,50

Auflage: 3 000 000 Stück

1995, 2. Sept. 900. Jahrestag der Weihe der Basilika von Pontida und 900. Todestag des hl. Albert von Prezzate. StTdr. (5×10); gez. K 14:13¼.

cbl) Basilika von Pontida, Bergamo; Teil des Sarkophags des hl. Albert von Prezzate

2408	1000	(L)	mehrfarbig	cbl	1,20	0,80
				FDC		2,—

Auflage: 3 000 000 Stück

1995, 6. Sept. Welt-Militärsportspiele, Rom. RaTdr. (10×5); gez. K 13¼:14.

cbm) Staffellauf, Siegerpose

2409	850	(L)	mehrfarbig	cbm	1,—	0,70
				FDC		1,50

Auflage: 3 000 000 Stück

1995, 27. Okt. 50 Jahre italienische Nachrichtenagentur (ANSA). RaTdr. (5×10); gez. K 14:13¼.

cbn) Weltkugel, Morsegerät, Computer, Parabolantenne

2410	750	(L)	mehrfarbig	cbn	0,80	0,60
				FDC		1,50

Auflage: 3 000 000 Stück

1995, 18. Nov. Weihnachten. RaTdr. (5×10); gez. K 14:13¼.

cbo) Monumentale Weihnachtskrippe von Stefano da Putignano in der Kathedrale von Polignano a Mare

cbp) Anbetung der Heiligen Drei Könige (Detail); Gemälde von Fra Giovanni da Fiesole, genannt Beato Angelico (um 1401–1455)

2411	750	(L)	mehrfarbig	cbo	1,—	0,50
2412	850	(L)	mehrfarbig	cbp	1,50	0,60
			Satzpreis (2 W.)		2,50	1,20
				FDC		3,—

Auflage: 3 000 000 Sätze

1995, 9. Dez. Einführung des neuen Emblems der Post (II). Odr. Bogen (5×10) und Markenheftchen (4×2); A = vierseitig, D = dreiseitig gez. 13¼:14.

bzf l) Postemblem

2413		750	(L) karminrot	bzf l		
	A		vierseitig gez. (B)		0,90	0,30
	D		dreiseitig gez. (⊓, ⊓) (MH)		0,90	0,40
2414		850	(L) mehrfarbig	bzf l		
	A		vierseitig gez. (B)		1,—	0,40
	D		dreiseitig gez. (⊓, ⊓) (MH)		1,—	0,60
			Satzpreis A (2 W.)		1,90	0,70
			FDC			2,20
			Markenheftchen mit 8× MiNr. 2413 D		9,—	
			Markenheftchen mit 8× MiNr. 2414 D		10,—	

Senkrechte Paare (aus Markenheftchen):

2413 D/D		2,—	2,—
2414 D/D		2,20	2,20

Auflagen: MiNr. 2413 A = 46 000 000, MiNr. 2413 D = 24 000 000, MiNr. 2414 A = 14 000 000, MiNr. 2414 D = 16 000 000 Stück

In gleicher Zeichnung, jedoch größeres Format: MiNr. 2354 bis 2355

1995, 9. Dez. Tag der Briefmarke. RaTdr. (5×10); gez. K 14:13¼.

cbr) Renato Mondolfo (1918–1992), Philatelist; Teil der Marke Triest Zone A MiNr. 66

2415	750	(L)	mehrfarbig	cbr	0,80	0,60
				FDC		1,50

Auflage: 3 000 000 Stück

1996

1996, 19. Jan. Künstlerisches und kulturelles Erbe in Italien: 120. Geburtstag von Filippo Tommaso Marinetti. RaTdr. (5×5); gez. K 14:14¼.

cbs) F. T. Marinetti (1876–1944), Schriftsteller; futuristische Bildkomposition

2416	750	(L)	mehrfarbig	cbs	0,80	0,60
				FDC		1,50

Auflage: 3 000 000 Stück

1996, 26. Febr. Kunstschätze aus Museen und Staatlichen Archiven (IV). RaTdr. (5×10, Hochformat ~); gez. K 13¼:14, Hochformate ~.

cbt) Wappen der Accademia dei Georgofili, Florenz

cbu) Illuminierte Initiale einer Handschrift des Statuts von Lucca (1372)

cbv) Manuskript von Gabriele D'Annunzio (1863–1938), Dichter; Tintenfäßchen und Federhalter

cbw) Miniatur aus einem französischen Pergamentcodex (1486)

Italien

2417	750	(L)	mehrfarbig	cbt	0,90	0,70
2418	750	(L)	mehrfarbig	cbu	0,90	0,70
2419	850	(L)	mehrfarbig	cbv	0,90	0,70
2420	850	(L)	mehrfarbig	cbw	0,90	0,70
			Satzpreis (4 W.)		3,50	2,50
			FDC			5,—

Auflage: 3 000 000 Sätze

MiNr. 2304–2307, 2338–2341, 2377–2380, 2532–2535, 2574–2576, 2624–2626, 2700–2701

1996, 5. März. Künstlerisches und kulturelles Erbe in Italien: 300. Geburtstag von Giambattista Tiepolo. RaTdr. (5×5); gez. K 14:14¼.

cbx) Sarah und der Engel; Gemälde von G. Tiepolo (1696–1770)

| 2421 | 1000 | (L) | mehrfarbig | cbx | 1,30 | 1,— |
| | | | FDC | | | 1,50 |

Auflage: 3 000 000 Stück

1996, 20. März. Italienische Speisen (III). RaTdr. (10×5); gez. K 13¼:14.

cby) Weißwein   cbz) Rotwein

2422	500	(L)	mehrfarbig	cby	1,—	0,60
2423	750	(L)	mehrfarbig	cbz	1,—	0,60
			Satzpreis (2 W.)		2,—	1,20
			FDC			2,—

Auflage: 3 000 000 Sätze

1996, 22. März. 700. Jahrestag der Rückkehr Marco Polos aus China (1995); Internationale Briefmarkenausstellung CHINA '96, Peking. RaTdr. (5×10); gez. K 14:13¼.

cca) Marco Polo (1254–1324), venezianischer Asienreisender; Drache, Tempel

| 2424 | 1250 | (L) | mehrfarbig | cca | 1,50 | 1,50 |
| | | | FDC | | | 2,— |

Auflage: 3 000 000 Stück

Parallelausgabe mit San Marino MiNr. 1651

1996, 23. März. Internationale Briefmarkenausstellung ITALIA '98, Mailand (I). Odr. in Bogen (5×4 Zd) und Markenheftchen; gez. K 13¼:14.

ccb–ccc) Mailänder Dom, Ausstellungsembleme

2425	750	(L)	mehrfarbig	ccb	0,80	0,50
2426	750	(L)	mehrfarbig	ccc	0,80	0,50
			Satzpreis (Paar)		1,50	1,—
			FDC			2,50

MiNr. 2425–2426 wurden waagerecht zusammenhängend gedruckt. MiNr. 2425 bis 2426 wurden auch im Markenheftchen (MH 2) ausgegeben, Zusammendrucke siehe dort.

Auflage: 4 000 000 Sätze

1996, 3. April. Druck- und Verlagswesen: 50 Jahre Nationaler Druckereiverband, 100 Jahre Zeitung „La Gazzetta dello Sport". MiNr. 2427 RaTdr. (10×5), MiNr. 2428 Odr. (5×10); gez. K 13¼:14, Querformate ~.

ccd) Feder, Spirale, Satellit   cce) Weltkugel

2427	750	(L)	mehrfarbig	ccd	1,—	0,80
2428	750	(L)	mehrfarbig	cce	1,—	0,80
			Satzpreis (2 W.)		2,—	1,50
			FDC			2,50

Auflage: 3 000 000 Sätze

1996, 13. April. 100 Jahre Finanzakademie. RaTdr. (10×5); gez. K 13¼:14.

ccf) Mitglieder der Finanzpolizei in Uniformen aus verschiedenen Epochen, Wappen der Finanzakademie

| 2429 | 750 | (L) | mehrfarbig | ccf | 0,80 | 0,60 |
| | | | FDC | | | 1,50 |

Auflage: 3 000 000 Stück

1996, 13. April. Transkontinentale Autofahrt Rom–New York. RaTdr. (10×5); gez. K 14:14¼.

ccg) Fahrzeug, Weltkarte mit Reiseroute

| 2430 | 4650 | (L) | mehrfarbig | ccg | 5,— | 4,— |
| | | | FDC | | | 6,— |

Auflage: 2 000 000 Stück

1996, 13. April. Internationales Museum für Bilder aus dem Bereich des Postwesens, Belvedere Ostrense. RaTdr. (10×5); gez. K 13¼:14.

cch) Postbote, Wappen mit Postkutsche, Ornamente

| 2431 | 500 | (L) | mehrfarbig | cch | 0,70 | 0,50 |
| | | | FDC | | | 1,20 |

Auflage: 3 000 000 Stück

Italien

1996, 29. April. Europa: Berühmte Frauen. RaTdr. (10×5); gez. K 13¼:14.

cci) Contessa Carina Negrone, Pilotin; Flugzeug Caproni Ca. 113
cck) Adelaide Ristori, Schauspielerin

2432	750	(L)	mehrfarbig	cci	1,30	1,30
2433	850	(L)	mehrfarbig	cck	1,30	1,30
			Satzpreis (2 W.)		2,50	2,50
			FDC			3,50

Auflage: 3 000 000 Sätze

1996, 14. Mai. 20 Jahre Küstengewässerschutzabkommen RAMOGE. Komb. StTdr. und Odr. (5×8); gez. K 14:13¼.

ccl) Küstenlandschaft mit Bauwerken aus St.-Raphaël, Monaco und Genua; Fische

2434	750	(L)	mehrfarbig	ccl	1,—	1,—
			FDC			2,50

Auflage: 3 000 000 Stück

Parallelausgabe mit Frankreich MiNr. 3151 und Monaco MiNr. 2299

1996, 18. Mai. 700. Todestag von Papst Cölestin V. Komb. StTdr. und Odr. (5×10); gez. K 14:13¼.

ccm) Papst Cölestin V. (1215–1296); Fresko im St.-Antonius-Kloster, Ferentino; Lichtkreuz; Ortsansicht von Fumone

2435	750	(L)	mehrfarbig	ccm	1,—	1,—
			FDC			1,50

Auflage: 3 000 000 Stück

1996, 18. Mai. Tourismus. RaTdr. (5×10); gez. K 14:13¼.

ccn) St.-Antonius-Kirche, Diano Marina

cco) Dom von Pienza
ccp) Erzengel-Michael-Kirche, Monte Sant'Angelo
ccr) Prähistorisches Steingebäude, Insel Lampedusa

2436	750	(L)	mehrfarbig	ccn	0,90	0,80
2437	750	(L)	mehrfarbig	cco	0,90	0,80
2438	750	(L)	mehrfarbig	ccp	0,90	0,80
2439	750	(L)	mehrfarbig	ccr	0,90	0,80
			Satzpreis (4 W.)		3,50	3,—
			FDC			5,—

Auflage: 3 000 000 Sätze

Weitere Werte siehe Übersicht nach Jahrgangswerttabelle.

1996, 18. Mai. 500. Jahrestag der Weihe der Abteikirche von Farfa. RaTdr. (10×5); gez. K 13¼:14.

ccs) Abteikirche, Farfa (10.–12. Jh.): Elfenbeinrelief (12. Jh.)

2440	1000	(L)	mehrfarbig	ccs	1,30	1,—
			FDC			2,—

Auflage: 3 000 000 Stück

1996, 25. Mai. Wirtschaftsmessen (I): Mittelmeermesse, Palermo. RaTdr. (5×10); gez. K 14:13¼.

cct) Messegelände am Monte Pellegrino, Messeemblem

2441	750	(L)	mehrfarbig	cct	1,—	0,70
			FDC			1,50

Auflage: 3 000 000 Stück

1996, 1. Juni. 50 Jahre Republik Italien. RaTdr. (10×5); gez. K 13¼:14.

ccu) Staatswappen

2442	750	(L)	mehrfarbig	ccu	1,—	1,—
			FDC			1,50

Auflage: 3 000 000 Stück

1996, 1. Juni. 50 Jahre Vespa-Motorroller. RaTdr. (10×5); gez. K 13¼:14.

ccv) Vespa-Emblem, stilis. Vespa-Fahrer, Sonne

2443	750	(L)	mehrfarbig	ccv	1,—	0,70
			FDC			1,50

Auflage: 3 000 000 Stück

1996, 21. Juni. 40. Jahrestag der Gründung der Europäischen Wirtschaftsgemeinschaft (EWG). RaTdr. (5×5); gez. K 14¼:14.

ccw) Stadtansichten von Messina und Venedig, Sterne der Europafahne

2444	750	(L)	mehrfarbig	ccw	1,—	1,—
			FDC			1,50

Auflage: 3 000 000 Stück

Italien

1996, 1. Juli. 100 Jahre Olympische Spiele der Neuzeit; Olympische Sommerspiele, Atlanta. RaTdr. (5×10, Hochformate ∼); gez. K 14:13¼, Hochformate ∼.

ccx) 100-m-Lauf

ccy) Diskuswerfen, Ansicht von Atlanta
ccz) Ringeturnen, Basketball; Olympiahalle, Atlanta
cda) Olympiastadien, Athen und Atlanta

2445	500	(L)	mehrfarbig	ccx	0,70	0,70
2446	750	(L)	mehrfarbig	ccy	0,90	0,80
2447	850	(L)	mehrfarbig	ccz	1,—	0,80
2448	1250	(L)	mehrfarbig	cda	1,40	0,90
			Satzpreis (4 W.)		4,—	3,—
			FDC			4,50

Auflage: 3 000 000 Sätze

1996, 26. Aug. Schmetterlinge. RaTdr. (5×10); gez. K 14:13¼.

cdb) Melanargia arge

cdc) Papilio hospiton
cdd) Zygaena rubicundus
cde) Acanthobrahmaea europaea

2449	750	(L)	mehrfarbig	cdb	0,90	0,80
2450	750	(L)	mehrfarbig	cdc	0,90	0,80
2451	750	(L)	mehrfarbig	cdd	0,90	0,80
2452	750	(L)	mehrfarbig	cde	0,90	0,80
			Satzpreis (4 W.)		3,50	3,—
			FDC			5,—

Auflage: 3 000 000 Sätze

1996, 30. Aug. Filmgeschichte (II): Italienischer Film. Komb. StTdr. und Odr. (10×5); gez. K 13¼:14.

cdf) Massimo Troisi in „Scusate il Ritardo"
cdg) Aldo Fabrizi (1905–1990) in „Der Göttergatte" (1950) von Alessandro Blasetti
cdn) Bartolomeo Pagano als „Maciste": Dekors aus „Cabiria" (1914) von Giovanni Pastrone

2453	750	(L)	mehrfarbig	cdf	1,—	0,90
2454	750	(L)	mehrfarbig	cdg	1,—	0,90
2455	750	(L)	mehrfarbig	cdh	1,—	0,90
			Satzpreis (3 W.)		3,—	2,50
			FDC			5,—

Auflage: 3 000 000 Sätze

Weitere Werte: MiNr. 2403–2406, 2527–2529, 2605–2607

1996, 7. Sept. Künstlerisches und kulturelles Erbe in Italien: Kirchen (IV): 700 Jahre Kathedrale Santa Maria del Fiore, Florenz. StTdr. (5×10); gez. K 14:13¼.

cdi) Kathedrale

2456	750	(L)	schwarzblau	cdi	1,—	0,70
			FDC			1,50

Auflage: 3 000 000 Stück

Weitere Werte: MiNr. 2182, 2348, 2382, 2506, 2563, 2623

1996, 7. Sept. Gewinn der italienischen Fußballmeisterschaft 1995/96 durch den AC Mailand. RaTdr. (10×5); gez. K 13¼:14.

cdk) Spieler des AC Mailand, Vereinswappen

2457	750	(L)	mehrfarbig	cdk	1,—	0,70
			FDC			2,50

Auflage: 4 000 000 Stück

1996, 9. Sept. Internationaler Kongreß für Früh- und Vorgeschichte, Forlì. RaTdr. (10×5); gez. K 13¼:14.

cdl) Steinzeitmensch Choppy mit Keule (Maskottchen des Kongresses)

2458	850	(L)	mehrfarbig	cdl	1,30	1,—
			FDC			1,70

Auflage: 3 000 000 Stück

1996, 13. Sept. Mittelmeerspiele, Bari. RaTdr. (10×5); gez. K 13¼:14.

cdm) Maskottchen, Piktogramme, Landkarte der Küste um Bari

2459	750	(L)	mehrfarbig	cdm	1,—	0,70
			FDC			1,50

Auflage: 3 000 000 Stück

1996, 13. Sept. Wirtschaftsmessen (II): Levantemesse, Bari. RaTdr. (5×10); gez. K 14:13¼.

cdn) Eingangsgebäude des Messegeländes, Messeemblem

2460	750	(L)	mehrfarbig	cdn	1,—	0,70
			FDC			1,50

Auflage: 3 000 000 Stück

Italien 427

1996, 14. Sept. Gewinn des Fußball-Europapokals der Landesmeister durch Juventus Turin. RaTdr. (10×5); gez. K 13¼:14.

cdo) Zuschauer im Stadion, Vereinswappen

2461	750 (L)	mehrfarbig	cdo	1,—	0,70
			FDC		1,50

Auflage: 4 000 000 Stück

1996, 25. Sept. 100. Geburtstag von Alessandro Pertini. RaTdr. (10×5); gez. K 13¼:14.

cdp) A. Pertini (1896–1990), Politiker

2462	750 (L)	mehrfarbig	cdp	1,—	0,70
			FDC		1,50

Auflage: 3 000 000 Stück

1996, 12. Okt. 100. Geburtstag von Eugenio Montale. Komb. StTdr. und Odr. (10×5); gez. K 13¼:14.

cdr) E. Montale (1896–1981), Lyriker, Nobelpreis 1975

2463	750 (L)	mehrfarbig	cdr	1,—	0,70
			FDC		1,50

Auflage: 3 000 000 Stück

1996, 31. Okt. 400. Geburtstag von Pietro Berrettini da Cortona. RaTdr. (10×5); gez. K 13½:14.

cds) Mariä Verkündigung; Gemälde von P. da Cortona (1596–1669), Maler und Baumeister

2464	500 (L)	mehrfarbig	cds	0,80	0,70
			FDC		1,20

Auflage: 3 000 000 Stück

1996, 31. Okt. Werbung für die Philatelie: Comicfiguren. Komb. StTdr. und RaTdr. (5×10); gez. K 14:13¼.

cdt) Tex Willer: von Galep   cdu) Corto Maltese: von Hugo Pratt

2465	750 (L)	mehrfarbig	cdt	1,—	0,80
2466	850 (L)	mehrfarbig	cdu	1,—	0,80
		Satzpreis (2 W.)		2,—	1,50
			FDC		2,50

Auflage: 3 000 000 Sätze

1996, 8. Nov. Tag der Briefmarke. RaTdr. (10×5); gez. K 13¼:14.

cdv) Lichtwirbel, stilisierte Briefmarken

2467	750 (L)	mehrfarbig	cdv	1,—	0,70
			FDC		1,50

Auflage: 3 000 000 Stück

1996, 9. Nov. Schulen und Universitäten. StTdr. (10×5, Querformat ~); gez. K 13¼:14, Querformat ~.

cdw) Universität Perugia   cdx) Universität Sassari   cdy) Dom, Salerno

2468	750 (L)	dunkelsiena	cdw	0,90	0,70
2469	750 (L)	dunkelgraugrün	cdx	0,90	0,70
2470	750 (L)	dunkelblau	cdy	0,90	0,70
		Satzpreis (3 W.)		2,50	2,—
			FDC		4,—

Auflage: 3 000 000 Sätze

1996, 13. Nov. Welternährungsgipfel, Rom. RaTdr. (8×5); gez. K 14:13¼.

cdz) Konferenzemblem

2471	850 (L)	dunkelopalgrün/schwarz	cdz	1,—	0,80
			FDC		1,50

Auflage: 3 000 000 Stück

1996, 15. Nov. Weihnachten. RaTdr. (10×5, Querformat ~); gez. K 13¼:14, Querformat ~.

cea) Madonna mit Kind in einem Blumengarten sitzend, von zwei Engeln gekrönt, genannt „Madonna mit Wachtel"; Gemälde von Antonio di Puccio Pisano, genannt Pisanello (1395–1455)

ceb) Weihnachtsmann, Kind, Spielzeug, Weltkugel

2472	750 (L)	mehrfarbig	cea	1,—	1,—
2473	850 (L)	mehrfarbig	ceb	1,50	1,—
		Satzpreis (2 W.)		2,50	2,—
			FDC		3,—

Auflage: 3 000 000 Sätze

1996, 20. Nov. 50 Jahre UNESCO, 50 Jahre UNICEF. RaTdr. (10×5); gez. K 13¼:14.

cec) UNESCO-Emblem als Bauwerk, Weltkugel

ced) Säugling, Drachen mit UNICEF-Emblem, Weltkugel

2474	750 (L)	mehrfarbig	cec	1,—	0,80
2475	850 (L)	mehrfarbig	ced	1,—	0,80
		Satzpreis (2 W.)		2,—	1,50
		FDC			2,50

Auflage: 3 000 000 Sätze

1996, 26. Nov. 70 Jahre Nationales Statistisches Institut (ISTAT). RaTdr. (10×5); gez. K 13¼:14.

cee) ISTAT-Gebäude, Rom

2476	750 (L)	mehrfarbig	cee	1,—	0,70
		FDC			1,50

Auflage: 3 000 000 Stück

1996, 29. Nov. 50. Verleihung des Literaturpreises „Premio Strega". RaTdr. (10×5); gez. K 13¼:14.

cef) Bücherschrank

2477	3400 (L)	mehrfarbig	cef	4,—	3,—
		FDC			5,—

Auflage: 3 000 000 Stück

1997

1997, 7. Jan. 200 Jahre Tricolore. RaTdr. (10×5); gez. K 13¼:14.

ceg) Versammlungssaal des Gemeinderates von Reggio Emilia, Staatsflaggen

2478	750 (L)	mehrfarbig	ceg	1,—	0,70
		FDC			1,50

Auflage: 3 000 000 Stück

1997, 1. Febr. Alpine Ski-Weltmeisterschaften, Sestriere. RaTdr. (10×5); gez. K 13¼:14.

ceh) Hotels in Sestriere, Skirennläufer

cei) Buchstabe „S" und stilis. Ski in den Olympischen Farben

2479	750 (L)	mehrfarbig	ceh	1,—	0,80
2480	850 (L)	mehrfarbig	cei	1,—	0,80
		Satzpreis (2 W.)		2,—	1,50
		FDC			2,50

Auflage: 3 000 000 Sätze

1997, 7. Febr. 100. Todestag von Galileo Ferraris. RaTdr. (5×10); gez. K 14:13¼.

cek) G. Ferraris (1847–1897), Ingenieur und Physiker; Induktionsspule

2481	750 (L)	mehrfarbig	cek	1,—	0,80
		FDC			1,50

Auflage: 3 000 000 Stück

1997, 8. März. 5. Todestag von Emanuela Loi. RaTdr. (5×10); gez. K 14:13¼.

cel) E. Loi (1967–1992), Polizistin, Während des Geleits von Richter Paolo Borsellino in Palermo von Mafiosi ermordet

2482	750 (L)	mehrfarbig	cel	1,—	0,70
		FDC			1,50

Auflage: 3 000 000 Stück

1997, 21. März. Blockausgabe: Internationale Briefmarkenausstellung ITALIA '98, Mailand (II). Odr.; gez. Ks 13¼:14.

cem) Flugpostphilatelie
cen) Thematische Philatelie
ceo) Postgeschichte
cep) Philatelistische Literatur
cer

2483	750 (L)	mehrfarbig	cem	0,80	0,50
2484	750 (L)	mehrfarbig	cen	0,80	0,50
2485	750 (L)	mehrfarbig	ceo	0,80	0,50
2486	750 (L)	mehrfarbig	cep	0,80	0,50
Block 16 (150×80 mm)			cer	4,—	4,—
		FDC			6,—

Auflage: 1 500 000 Blocks

Italien

1997, 25. März. 40. Jahrestag der Unterzeichnung der Römischen Verträge. RaTdr. (10×5); gez. K 13¼:14.

ces) Kaiser Mark Aurel (121–180, reg. ab 161) zu Pferde; vergoldete Bronzestatue in Rom

2487	750	(L)	mehrfarbig	ces	1,—	0,70
				FDC		1,50

Auflage: 3 000 000 Stück

1997, 4. April. 1600. Todestag des hl. Ambrosius (um 340–397), Bischof von Mailand. Komb. StTdr. und Odr. (10×5); gez. K 14.

cet) Taufe des hl. Ambrosius, die Hand Gottes geleitet den hl. Ambrosius in die Stadt; Bilder am Wolvinius-Goldaltar (9. Jh.) in der St. Ambrosius-Basilika, Mailand

2488	1000	(L)	mehrfarbig	cet	1,30	1,—
				FDC		1,70

Auflage: 3 000 000 Stück

1997, 4. April. Künstlerisches und kulturelles Erbe in Italien: 1600. Todestag des hl. Geminianus. RaTdr. (10×5); gez. K 13¼:14.

ceu) Hl. Geminianus († 397); Bischof und Schutzpatron von Modena; Dom von Modena

2489	750	(L)	mehrfarbig	ceu	1,—	0,80
				FDC		1,50

Auflage: 3 000 000 Stück

1997, 14. April. Schulen und Universitäten. StTdr. (5×10); gez. K 14:13¼.

cev) Universität Rom   cew) Universität Padua

2490	750	(L)	rötlichlila	cev	0,80	0,50
2491	750	(L)	schwarzgraublau	cew	0,80	0,50
			Satzpreis (2 W.)		1,60	1,—
				FDC		2,50

Auflage: 3 000 000 Sätze

1997, 21. April. 2750. Jahrestag der Gründung Roms. RaTdr. (5×10); gez. K 14:13¼.

cex) Romulus und Remus werden von Wölfin gesäugt; Peterskirche und Kolosseum, Rom

2492	850	(L)	mehrfarbig	cex	1,—	0,80
				FDC		1,60

Auflage: 3 000 000 Stück

1997, 24. April. Künstlerisches und kulturelles Erbe in Italien: Stadtmauer von Gela. RaTdr. (5×10); gez. K 14:13¼.

cey) Mauer aus vorrömischer Zeit, Gela

2493	750	(L)	mehrfarbig	cey	1,—	0,80
				FDC		1,50

Auflage: 3 000 000 Stück

1997, 26. April. 60. Todestag von Antonio Gramsci. RaTdr. (10×5); gez. K 14.

cez) Titelblatt der „Gefängnistagebücher" von A. Gramsci (1891–1937), Politiker

2494	850	(L)	mehrfarbig	cez	1,—	0,80
				FDC		1,60

Auflage: 6 000 000 Stück

1997, 3. Mai. 500. Jahrestag der Weihe der Klosterkirche von Pavia. RaTdr. (10×5); gez. K 13¼:14.

cfa) Kirche der Kartause, Terrakottarelief

2495	1000	(L)	mehrfarbig	cfa	1,30	1,—
				FDC		1,70

Auflage: 3 000 000 Stück

1997, 5. Mai. Europa: Sagen und Legenden. RaTdr. (5×10, Hochformat ~); gez. K 14:13¼, Hochformat ~.

cfb) Schuhflickerwerkstatt; handkolorierter Kupferstich von Giuseppe Piattoli (nachweisbar 1785–1807)

cfc) Straßensänger; handkolorierter Kupferstich von Francesco Pisante (bis 1889)

2496	800	(L)	mehrfarbig	cfb	1,30	1,—
2497	900	(L)	mehrfarbig	cfc	1,30	1,—
			Satzpreis (2 W.)		2,50	2,—
				FDC		3,50

Auflage: 5 000 000 Sätze

1997, 16. Mai. 100. Jahrestag der Einweihung des Teatro Massimo, Palermo. RaTdr. (10×5); gez. K 13¼:14.

cfd) Theatergebäude, Jugendstil-Zierelemente (1901)

2498	800	(L)	mehrfarbig	cfd	1,—	0,80
				FDC		1,60

Auflage: 3 000 000 Stück

430 Italien

1997, 17. Mai. Tourismus. Odr. (5×10); gez. K 14:13¼.

cfe) San-Vitale-Basilika, Ravenna

cff) Marcus Tullius Cicero (106–43 v. Chr.), röm. Politiker (Brustbild); Ciceros Grab, Formia

cfg) Santa-Maria-Assunta-Kollegiatskirche, Positano

cfh) St.-Sebastian-Kirche, Acireale

2499	800	(L)	mehrfarbig	cfe	0,90	0,80
2500	800	(L)	mehrfarbig	cff	0,90	0,80
2501	800	(L)	mehrfarbig	cfg	0,90	0,80
2502	800	(L)	mehrfarbig	cfh	0,90	0,80
			Satzpreis (4 W.)		3,50	3,—
				FDC		5,—

Auflage: 5 000 000 Sätze

Weitere Werte siehe Übersicht nach Jahrgangswerttabelle.

1997, 22. Mai. 10. Buchmesse, Turin. RaTdr. (10×5); gez. K 13¼:14.

cfi) Symbolische Darstellung

2503	800	(L)	mehrfarbig	cfi	1,—	0,80
				FDC		1,60

Auflage: 3 000 000 Stück

1997, 23. Mai. 60. Geburtstag von Königin Paola von Belgien. RaTdr. (5×10); gez. K 14:13¼.

cfk) Königin Paola (*1937); Engelsburg, Rom

2504	750	(L)	mehrfarbig	cfk	1,—	0,70
				FDC		1,50

Auflage: 3 000 000 Stück

Parallelausgabe mit Belgien MiNr. 2758

1997, 24. Mai. Wirtschaftsmessen (III): Messe von Rom. RaTdr. (5×10); gez. K 14:13¼.

cfl) Kulturpalast und Ausstellungspavillons, Rom

2505	800	(L)	mehrfarbig	cfl	1,—	0,80
				FDC		1,60

Auflage: 3 000 000 Stück

1997, 31. Mai. Künstlerisches und kulturelles Erbe in Italien: Kirchen (V). StTdr. (10×5); gez. K 13¼:14.

cfm) Dom von Orvieto

2506	450	(L)	dunkelblauviolett	cfm	0,70	0,50
				FDC		1,20

Auflage: 3 000 000 Stück

Weitere Werte: MiNr. 2182, 2348, 2382, 2456, 2563, 2623

1997, 4. Juni. 53. Todestag von Don Giuseppe Morosini. RaTdr. (10×5); gez. K 13¼:14.

cfn) G. Morosini (1913–1944), katholischer Priester; Gefängniszelle

2507	800	(L)	mehrfarbig	cfn	1,—	0,80
				FDC		1,60

Auflage: 3 000 000 Stück

1997, 7. Juni. Gewinn der italienischen Fußballmeisterschaft 1996/97 durch Juventus Turin. RaTdr. (5×4); gez. K 13¼:14.

cfo) Spieler von Juventus Turin, Vereinswappen, Fußball

2508	800	(L)	mehrfarbig	cfo	1,—	0,80
				FDC		2,—

Auflage: 6 000 000 Stück

1997, 7. Juni. 75 Jahre Nationalpark Abruzzen. RaTdr. (10×5); gez. K 13¼:14.

cfp) Abruzzen-Gemse (Rupicapra ornata), Marsica-Schwertlilie (Iris marsica)

2509	800	(L)	mehrfarbig	cfp	1,—	0,80
				FDC		1,60

Auflage: 3 000 000 Stück

1997, 7. Juni. Wirtschaftsmessen (IV): Messe von Bologna. RaTdr. (5×10); gez. K 14:13¼.

cfr) Torre degli Asinelli und Torre Garisenda, stilisierte Ansicht des Messegeländes

2510	800	(L)	mehrfarbig	cfr	1,—	0,80
				FDC		1,60

Auflage: 3 000 000 Stück

Italien

1997, 10. Juni. 100 Jahre Marinebund. RaTdr. (10×5); gez. K 13¼:14.

cfs) Wimpel, Bootsbug, Wellen, Emblem

2511	800 (L)	mehrfarbig	cfs	1,—	0,80
			FDC		1,60

Auflage: 3 000 000 Stück

1997, 13. Juni. Mittelmeerspiele, Bari. RaTdr. (5×10); gez. K 14:13¼.

cft) Laufen, Hochsprung, Turnen

2512	900 (L)	mehrfarbig	cft	1,—	1,—
			FDC		1,70

Auflage: 3 000 000 Stück

1997, 14. Juni. Künstlerisches und kulturelles Erbe in Italien: Alte öffentliche Gärten (II). Komb. StTdr. und Odr. (5×10); gez. K 14:13¼.

cfu) Miramare-Garten, Triest

cfv) Cavour-Garten, Sântena
cfw) Villa Sciarra, Rom
cfx) Botanischer Garten, Palermo

2513	800 (L)	mehrfarbig	cfu	1,—	0,80
2514	800 (L)	mehrfarbig	cfv	1,—	0,80
2515	800 (L)	mehrfarbig	cfw	1,—	0,80
2516	800 (L)	mehrfarbig	cfx	1,—	0,80
		Satzpreis (4 W.)		4,—	3,—
		FDC			5,—

Auflage: 3 000 000 Sätze

1997, 20. Juni. Italienische Arbeitswelt: Industrie und Landwirtschaft. RaTdr. (10×5, Querformat ~); gez. K 13¼:14, Querformat ~.

cfy) Zahnrad, Schweißroboter
cfz) Bäume, Ähren, Maiskolben, Obst

2517	800 (L)	mehrfarbig	cfy	1,—	0,80
2518	900 (L)	mehrfarbig	cfz	1,—	0,80
		Satzpreis (2 W.)		2,—	1,50
		FDC			3,—

Auflage: 3 000 000 Sätze

1997, 24. Juni. 500. Jahrestag der Seereise von Giovanni Caboto zur Ostküste Nordamerikas. Odr. (5×10); gez. K 14.

cga) Segelschiff von G. Caboto (um 1450 bis um 1499); Seefahrer; Weltkugel

2519	1300 (L)	mehrfarbig	cga	1,50	1,20
			FDC		2,—

Auflage: 3 000 000 Stück

Parallelausgabe mit Kanada MiNr. 1627

1997, 28. Juni. 200. Todestag von Pietro Verri. RaTdr. (10×5); gez. K 13¼:14.

cgb) P. Verri (1728–1797), Schriftsteller

2520	3600 (L)	mehrfarbig	cgb	4,50	4,—
			FDC		5,—

Auflage: 3 000 000 Stück

1997, 19. Juli. Künstlerisches und kulturelles Erbe in Italien: 400. Todestag von Nicolò Cercignani, 600. Geburtstag von Paolo di Dono. RaTdr. (10×5); MiNr. 2521 gez. K 14¼:14, MiNr. 2522 gez. K 13¼:14.

cgc) Madonna vom Rosenkranz; Gemälde von Pomarancio il Vecchio, eigentl. Nicolò Cercignani (1517/30–1596)

cgd) Wunder der entweihten Hostie; Gemälde von Paolo Uccello, eigentl. Paolo di Dono (1397–1475)

2521	450 (L)	mehrfarbig	cgc	0,80	0,80
2522	650 (L)	mehrfarbig	cgd	1,20	1,20
		Satzpreis (2 W.)		2,—	2,—
		FDC			3,—

Auflage: 3 000 000 Sätze

1997, 2. Aug. „Varia" von Palmi. RaTdr. (10×5); gez. K 13¼:14.

cge) Varia-Prozession, Traggestell mit Heiligenfiguren

2523	800 (L)	mehrfarbig	cge	1,—	0,80
			FDC		1,60

Auflage: 3 000 000 Stück

1997, 19. Aug. Universiade, Sizilien. RaTdr. (5×10); gez. K 14:13¼.

cgf) Basketball
cgg) Hochsprung

Italien

2524	450	(L)	mehrfarbig .... cgf	0,50	0,60
2525	800	(L)	mehrfarbig .... cgg	1,—	0,60
			Satzpreis (2 W.)	1,50	1,20
			FDC		2,—

Auflage: 3 000 000 Sätze

1997, 26. Aug. 200. Geburtstag von Antonio Rosmini. RaTdr. (5×10); gez. K 14:13¼.

cgh) Antonio Graf von Rosmini-Serbati (1797–1855), Philosoph und kath. Theologe

2526	800	(L)	mehrfarbig .... cgh	1,—	0,80
			FDC		1,60

Auflage: 3 000 000 Stück

1997, 27. Aug. Filmgeschichte (III): Italienischer Film. Komb. StTdr. und Odr. (10×5); gez. K 13¼:14.

cgi) Pietro Germi in „Das rote Signal" (1956) von Pietro Germi

cgk) Anna Magnani in „Mamma Roma" (1962) von Pier Paolo Pasolini

cgl) Ugo Tognazzi in „Ein irres Klassentreffen" (1975) von Mario Monicelli

2527	800	(L)	mehrfarbig .... cgi	1,—	0,90
2528	800	(L)	mehrfarbig .... cgk	1,—	0,90
2529	800	(L)	mehrfarbig .... cgl	1,—	0,90
			Satzpreis (3 W.)	3,—	2,50
			FDC		4,—

Auflage: 3 000 000 Sätze

Weitere Werte: MiNr. 2403–2406, 2453–2455, 2605–2607

1997, 30. Aug. Literaturpreis von Viareggio-Repaci. RaTdr. (5×10); gez. K 14:13¼.

cgm) Strandgebäude, geöffnetes Buch

2530	4000	(L)	mehrfarbig .... cgm	4,50	4,—
			FDC		5,—

Auflage: 3 000 000 Stück

1997, 1. Sept. Wirtschaftsmessen (V): Internationale Messe Bozen. RaTdr. (5×10); gez. K 14:13¼.

cgn) Messegebäude, Turm der Stadtpfarrkirche Mariä Himmelfahrt, Messeemblem

2531	800	(L)	mehrfarbig .... cgn	1,—	0,80
			FDC		1,60

Auflage: 3 000 000 Sätze

1997, 13. Sept. Künstlerisches und kulturelles Erbe in Italien: Kunstschätze aus Museen und Staatlichen Archiven (V). RaTdr. (10×5); gez. K 13¼:14.

cgo) Philosoph von Porticello; griechische Bronzeskulptur (5. Jh. v. Chr.)

cgp) Maria mit Kind zwischen zwei Rosenvasen: Gemälde von Ercole de' Roberti (1450–1496)

cgr) Sordello da Goito, mantuanischer Dichter beim Lautespiel; Miniatur aus einer spätmittelalterlichen Handschrift

cgs) Der Drachenkampf des hl. Georg; Gemälde von Vitale da Bologna (um 1308–1361)

2532	450	(L)	mehrfarbig .... cgo	0,60	0,50
2533	650	(L)	mehrfarbig .... cgp	0,80	0,50
2534	800	(L)	mehrfarbig .... cgr	1,—	1,—
2535	900	(L)	mehrfarbig .... cgs	1,20	1,—
			Satzpreis (4 W.)	3,50	3,—
			FDC		4,—

Auflage: 3 000 000 Sätze

MiNr. 2304–2307, 2338–2341, 2377–2380, 2417–2420, 2574–2576, 2624–2626, 2700–2701

1997, 26. Sept. 100. Geburtstag von Papst Paul VI. StTdr. (10×5); gez. K 13¼:14.

cgt) Papst Paul VI. (1897–1978, reg. ab 1963)

2536	4000	(L)	dunkelblau .... cgt	4,50	4,—
			FDC		5,—

Auflage: 3 000 000 Stück

1997, 30. Sept. Wirtschaftsmessen (VI): Mailänder Messe. RaTdr. (5×10); gez. K 14:13¼.

cgu) Messegebäude, Mailänder Dom

2537	800	(L)	mehrfarbig .... cgu	1,—	0,80
			FDC		1,60

1997, 17. Okt. 50 Jahre Marshallplan. RaTdr. (10×10); gez. K 14¼:13¼.

cgv) Zerstörte und wiederaufgebaute Stadt

2538	800	(L)	mehrfarbig .... cgv	1,—	1,—
			FDC		2,—

Auflage: 50 000 000 Stück

1997, 18. Okt. Weihnachten. RaTdr. (5×10); gez. K 14:13¼.

cgw) Terrakotta-Krippenfiguren aus der St.-Franziskus-Kirche, Leonessa

cgx) Christi Geburt; Gemälde von Bernardino di Betto di Biagio, genannt Pinturicchio (um 1454–1513) aus der Baglioni-Kapelle der Marienkirche, Spello

2539	800	(L)	mehrfarbig . . . . cgw	1,—	0,90
2540	900	(L)	mehrfarbig . . . . cgx	1,—	0,90
			Satzpreis (2 W.)	2,—	1,80
			FDC		3,—

Auflage: 3 000 000 Sätze

1997, 24. Okt. 100. Geburtstag von Aristide Merloni. RaTdr. (10×5); gez. K 13¼:14.

cgy) A. Merloni (1897–1970), Großunternehmer

2541	800	(L)	mehrfarbig . . . . cgy	1,—	0,80
			FDC		1,60

Auflage: 3 000 000 Stück

1997, 31. Okt. 100. Todestag von Giovan Battista Cavalcaselle. Komb. StTdr. und Odr. (10×5); gez. K 13¼:14.

cgz) G. B. Cavalcaselle (1819–1897), Maler und Kunsthistoriker; Selbstbildnis

2542	800	(L)	mehrfarbig . . . . cgz	1,—	0,80
			FDC		1,60

Auflage: 3 000 000 Stück

1997, 5. Dez. Tag der Briefmarke. RaTdr. (10×5); gez. K 13¼:14.

cha) Briefmarke, Lupe, Wappen der Stadt Florenz

2543	800	(L)	mehrfarbig . . . . cha	1,—	0,80
			FDC		1,60

Auflage: 3 000 000 Stück

1997, 6. Dez. 50. Jahrestag der Vertreibung der italienischsprachigen Bevölkerung aus Istrien, Fiume und Dalmatien. RaTdr. (5×10); gez. K 14:13¼.

chb) Dampfschiff „Toscana" mit Vertriebenen (1947)

2544	800	(L)	mehrfarbig . . . . chb	1,—	0,80
			FDC		1,60

Auflage: 3 000 000 Stück

1997, 12. Dez. Staatliche Institutionen (I): 50 Jahre Verkehrspolizei. RaTdr. (5×10); gez. K 14:13¼.

chc) Wappen von Verkehrs- und Staatspolizei. Motorradpolizisten

2545	800	(L)	mehrfarbig . . . . chc	1,—	0,80
			FDC		1,60

Auflage: 3 000 000 Stück

1998

1998, 2. Jan. Staatliche Institutionen (II): 50 Jahre Verfassung. RaTdr. (10×5); gez. K 13¼:14.

chd) Karte von Italien als Profil auf Säule

2546	800	(L)	mehrfarbig . . . . chd	1,—	0,80
			FDC		1,60

Auflage: 3 000 000 Stück

1998, 3. Jan. Künstlerisches und kulturelles Erbe in Italien: 500. Todestag von Antonio di Jacopo d'Antonio Benci, genannt Antonio del Pollaiolo. RaTdr. (5×5); gez. K 14.

che) Herkules und die Hydra; Gemälde von A. del Pollaiolo (1432–1498), Bronzebildner, Goldschmied, Gießer, Maler und Stecher

2547	800	(L)	mehrfarbig . . . . che	1,—	0,80
			FDC		1,60

Auflage: 3 000 000 Stück

1998, 2. Febr. 100. Geburtstag von Bertolt Brecht, Federico García Lorca, Curzio Malaparte und Leonida Repaci. RaTdr. (5×10, Querformate 10×5); gez. K 14:13¼, Hochformat ~.

chf) B. Brecht (1898–1956), deutscher Schriftsteller und Regisseur

chg) F. García Lorca (1898–1936), spanischer Dichter

chh) C. Malaparte (1898 bis 1957), ital. Schriftsteller und Journalist

chi) L. Repaci (1898 bis 1985), ital. Journalist und Schriftsteller

2548	450	(L)	mehrfarbig . . . . chf	0,50	0,50
2549	650	(L)	mehrfarbig . . . . chg	0,70	0,70
2550	800	(L)	mehrfarbig . . . . chh	0,90	0,90
2551	900	(L)	mehrfarbig . . . . chi	1,—	1,—
			Satzpreis (4 W.)	3,—	3,—
			FDC		4,—

Auflage: 3 000 000 Sätze

Italien

1998, 11. Febr. Wirtschaftsmessen (VII): 100. Verona-Messe. RaTdr. (5×10); gez. K 14:13¼.

chk) Messegelände (stilisiert), Messeemblem

2552	800 (L)	mehrfarbig	chk	1,—	0,80
			FDC		1,60

Auflage: 3 000 000 Stück

1998, 28. März. 150. Jahrestag der Verleihung der vollen Bürgerrechte an die Juden durch Erlaß des Königs Carlo Alberto von Piemont-Sardinien. RaTdr. (5×5); gez. K 14.

chl) Gedenktafel mit Gesetzestext an der Alten Synagoge von Casale Monferrato: Menora

2553	800 (L)	mehrfarbig	chl	1,—	0,80
			FDC		1,60

Auflage: 3 000 000 Stück

1998, 3. April. Europa: Nationale Feste und Feiertage. Odr. (10×5); gez. K 13¼:14.

chm) Umbria-Jazz, Perugia   chn) Giffoni-Filmfestival

2554	800 (L)	mehrfarbig	chm	1,20	1,—
2555	900 (L)	mehrfarbig	chn	1,30	1,—
		Satzpreis (2 W.)		2,50	2,—
			FDC		3,50

Auflage: 3 000 000 Sätze

1998, 4. April. Künstlerisches und kulturelles Erbe in Italien: 500. Jahrestag der Vollendung des Freskos „Das Abendmahl". StTdr. (5×10); gez. K 14:13¼.

cho) Das Abendmahl; Fresko von Leonardo da Vinci (1452–1519)

2556	800 (L)	mehrfarbig	cho	1,—	1,—
			FDC		1,60

Auflage: 3 000 000 Stück

1998, 8. April. 400 Jahre Oper. RaTdr. (10×5); gez. K 13¼:14.

chp) Kostüme der ersten Opernaufführungen in Florenz von Bernardo Buontalenti

2557	800 (L)	mehrfarbig	chp	0,80	0,80
			FDC		1,60

Auflage: 3 000 000 Stück

1998, 8. April. 150. Todestag von Gaetano Donizetti. RaTdr. (5×10); gez. K 14:13¼.

chr) G. Donizetti (1797–1848), Komponist

2558	800 (L)	mehrfarbig	chr	1,—	0,80
			FDC		1,60

Auflage: 3 000 000 Stück

1998, 18. April. Tourismus. Odr. (5×10); gez. K 14:13¼.

chs) Festung von Otranto

cht) Mori-Brunnen und Orsini-Turm, Marino   chu) Valfederia-Kapelle, Livigno   chv) Altstadt von Marciana Marina, Insel Elba

2559	800 (L)	mehrfarbig	chs	0,90	0,80
2560	800 (L)	mehrfarbig	cht	0,90	0,80
2561	800 (L)	mehrfarbig	chu	0,90	0,80
2562	800 (L)	mehrfarbig	chv	0,90	0,80
		Satzpreis (4 W.)		3,50	3,—
			FDC		4,—

Auflage: 3 000 000 Sätze

Weitere Werte siehe Übersicht nach Jahrgangswerttabelle.

1998, 18. April. Künstlerisches und kulturelles Erbe in Italien: Kirchen (VI): 500 Jahre Dom von Turin; Ausstellung des Turiner Grabtuches. RaTdr. (10×5); gez. K 13¼:14.

chw) Dom von Turin, Turiner Grabtuch

2563	800 (L)	mehrfarbig	chw	1,—	0,80
			FDC		1,60

Auflage: 3 000 000 Stück

Weitere Werte: MiNr. 2182, 2348, 2382, 2456, 2506, 2623

1998, 23. April. Wirtschaftsmessen (VIII): Internationale Messe von Sardinien, Cagliari. RaTdr. (5×10); gez. K 14:13¼.

chx) Trommler (Messeemblem), Kathedrale von Cagliari, Messegebäude, Flaggen

2564	800 (L)	mehrfarbig	chx	1,—	0,80
			FDC		1,60

Auflage: 3 000 000 Stück

Italien

1998, 30. April. 150. Jahrestag des Angriffs der Carabinieri in der Schlacht von Pastrengo. RaTdr. (10×5); gez. K 13¼:14.

chy) Angriff der Carabinieri bei Pastrengo; Gemälde von Sebastiano De Albertis (1828–1897)

| 2565 | 800 (L) mehrfarbig .... chy | 1,— | 0,80 |
| | FDC | | 1,60 |

Auflage: 3 000 000 Stück

1998, 11. Mai. Wirtschaftsmessen (IX): Messe von Padua. RaTdr. (10×5); gez. K 13¼:14.

chz) Stilisierte Fahnen, Messeemblem

| 2566 | 800 (L) mehrfarbig .... chz | 1,— | 0,80 |
| | FDC | | 1,60 |

Auflage: 3 000 000 Stück

1998, 18. Mai. Gewinn der italienischen Fußballmeisterschaft 1997/98 durch Juventus Turin. RaTdr. (10×5); gez. K 13¼:14.

cia) Spielszene, Vereinswappen

| 2567 | 800 (L) mehrfarbig .... cia | 1,— | 0,80 |
| | FDC | | 1,60 |

Auflage: 4 000 000 Stück

1998, 18. Mai. Schulen und Universitäten. StTdr. (5×10); gez. K 14:13¼.

cib) Polytechnische Hochschule, Turin

| 2568 | 800 (L) dunkelblau .... cib | 1,— | 0,80 |

Auflage: 3 000 000 Stück

1998, 22. Mai. Welternährungsprogramm (WFP). RaTdr. (10×10); gez. K 14¼:13¼.

cic) WFP-Emblem

| 2569 | 900 (L) mehrfarbig .... cic | 1,— | 0,80 |
| | FDC | | 1,70 |

Auflage: 3 000 000 Stück

1998, 30. Mai. Internationaler Kongreß über Fossilien, Evolution und Umweltfragen, Pergola. RaTdr. (5×10); gez. K 14:13¼.

cid) Ammoniten aus dem Mittleren Apennin, Ortsansicht von Pergola

| 2570 | 800 (L) mehrfarbig .... cid | 1,— | 1,— |
| | FDC | | 1,60 |

Auflage: 3 000 000 Stück

1998, 30. Mai. Künstlerisches und kulturelles Erbe in Italien: Kartause Santa Maria di Pesio, Provinz Cuneo. RaTdr. (5×10); gez. K 14:13¼.

cie) Ansicht der Kartause, Kreuzgang

| 2571 | 800 (L) mehrfarbig .... cie | 1,— | 0,80 |
| | FDC | | 1,60 |

Auflage: 3 000 000 Stück

1998, 2. Juni. Staatliche Institutionen (III): Ordnungskräfte und Kriegsgefallene. RaTdr. (10×5); gez. K 13¼:14.

cif) Staatsflagge, Berglandschaft

| 2572 | 800 (L) mehrfarbig .... cif | 1,— | 0,80 |
| | FDC | | 1,60 |

Auflage: 3 000 000 Stück

1998, 3. Juni. Weltkongreß für allgemeine endoskopische Chirurgie, Rom. RaTdr. (10×5); gez. K 13¼:14.

cig) Weltkugel, Landkarte Italiens. endoskopisches Instrument. Kongreßemblem

| 2573 | 900 (L) mehrfarbig .... cig | 1,— | 1,— |
| | FDC | | 1,70 |

Auflage: 3 000 000 Stück

1998, 6. Juni. Künstlerisches und kulturelles Erbe in Italien: Kunstschätze aus Museen und Staatlichen Archiven (VI). RaTdr. (5×10, Hochformat ~); gez. K 14:13¼, Hochformat ~.

cih) Sitzungssaal des 1. Italienischen Parlaments: Museum der nationalen Wiedergeburt, Turin

cii) Griechische Skulptur eines Jünglings; Regionales Archäologisches Museum, Agrigent

cik) Skulptur von Umberto Boccioni (1882–1916) aus der Sammlung Peggy Guggenheim, Palazzo Venier dei Leoni, Venedig

Italien

2574	800	(L)	mehrfarbig .... cih	1,—	0,90
2575	800	(L)	mehrfarbig cii	1,—	0,90
2576	800	(L)	mehrfarbig .... cik	1,—	0,90
			Satzpreis (3 W.)	3,—	2,50
			FDC		4,—

Auflage: 3 000 000 Sätze

MiNr. 2304–2307, 2338–2341, 2377–2380, 2417–2420, 2532–2535, 2624–2626, 2700–2701

1998, 13. Juni. Wirtschaftsmessen (X): Messe von Vicenza. RaTdr. (10×5); gez. K 13¼:14.

cil) Messeemblem, Plan des Messekomplexes; Basilica Palladiana, Vicenza

2577	800	(L)	mehrfarbig cil	1,—	0,80
			FDC		1,60

Auflage: 3 000 000 Stück

1998, 29. Juni. 200. Geburtstag von Giacomo Leopardi. RaTdr. (5×10); gez. K 14:13¼.

cim) G. Leopardi (1798–1837), Dichter; Leopardi-Palast, Recanati

2578	800	(L)	braun .... cim	1,—	0,80
			FDC		1,60

Auflage: 3 000 000 Stück

1998, 8. Juli. Freimarken: Die Frau in der Kunst. MiNr. 2579–2581 RaTdr. (10×10), oWz., MiNr. 2582–2583 StTdr. (10×10), Wz. 4; gez. K 14¼:13¼.

cin) Junge Frau von Velca: etruskisches Wandgemälde (5.–3. Jh. v. Chr.)

cio) Gastmahl des Herodes (Detail); Gemälde von Fra Filippo Lippi (um 1406–1469)

cip) Frauenprofil; Gemälde von Antonio del Pollaiuolo (1432–1498)

cir) Dame mit dem Einhorn (Detail); Gemälde von Raffael (1483–1520)

cis) Constanza Buonarelli; Büste von Gian Lorenzo Bernini (1598-1680)

2579	100	(L)	mehrfarbig .... cin	0,20	0,20
2580	450	(L)	mehrfarbig .... cio	0,50	0,30
2581	650	(L)	mehrfarbig .... cip	0,70	0,40
2582	800	(L)	mehrfarbig .... cir	0,90	0,50
2583	1000	(L)	mehrfarbig .... cis	1,20	0,60
			Satzpreis (5 W.)	3,50	2,—
			FDC		4,—

Weitere Werte siehe Übersicht nach Jahrgangswerttabelle.

1998, 21. Juli. Baseball-Weltmeisterschaft, Florenz. RaTdr. (5×10); gez. K 14:13¼.

cit) Spielszene, Spielfeld

2584	900	(L)	mehrfarbig .... cit	1,—	0,80
			FDC		1,70

Auflage: 3 000 000 Stück

1998, 12. Aug. 500. Jahrestag der Landung von Christoph Kolumbus auf dem amerikanischen Festland und 500. Jahrestag der Entdeckungsreise von Amerigo Vespucci (1999). RaTdr. (10×5); gez. K 13¼:14.

ciu) A. Vespucci (1451–1512), italienischer Seefahrer; C. Kolumbus (1451 bis 1506), genuesischer Seefahrer in spanischen Diensten; Segelschiff

2585	1300	(L)	mehrfarbig .... ciu	1,50	1,20
			FDC		2,—

Auflage: 3 000 000 Stück

Parallelausgabe mit Venezuela MiNr. 3269

1998, 28. Aug. 50. Internationale Briefmarkenmesse, Riccione. RaTdr. (10×5); gez. K 13¼:14.

civ) Stilisierte Hügellandschaft, Briefmarke, Zahl „50"

2586	800	(L)	mehrfarbig civ	1,—	0,80
			FDC		1,60

Auflage: 3 000 000 Stück

1998, 5. Sept. 1. Todestag von Mutter Teresa. RaTdr. (5×10, Hochformat ~); gez. K 14:13¼, Hochformat ~.

ciw–cix) Mutter Teresa (1910–1997), indische katholische Ordensgründerin albanischer Herkunft, Friedensnobelpreis 1979

2587	800	(L)	mehrfarbig .... ciw	1,—	0,80
2588	900	(L)	mehrfarbig cix	1,—	0,80
			Satzpreis (2 W.)	2,—	1,50
			FDC		2,50

Auflage: 3 000 000 Sätze

Parallelausgabe mit Albanien MiNr. 2662–2663

1998, 23. Sept. 30. Todestag von Pater Pio von Pietrelcina. StTdr. (5×10); gez. K 14:13¼.

ciy) Pater Pio (1887–1968), Kirche des Kapuzinerklosters in San Giovanni Rotondo

2589	800	(L)	schwarzgraublau .... ciy	1,—	0,80
			FDC		1,60

Auflage: 10 000 000 Stück

1998, 2. Okt. Weltmeisterschaften im Springreiten, Rom. RaTdr. (5×10); gez. K 14:13¼.

ciz) Titusbogen in Rom (1. Jh.); Reiter, sizilianisches Mosaik (3.-4. Jh.)

2590	4000	(L)	mehrfarbig .... ciz	5,—	3,50
			FDC		5,—

Auflage: 3 000 000 Stück

Italien

1998, 9. Okt. Schulen und Universitäten. StTdr. (5×10); gez. K 14:13¼.

cka) Hochschule für Telekommunikation, Rom

| 2591 | 800 (L) schwarzgraublau .... cka | 1,— | 0,80 |
| | FDC | | 1,60 |

Auflage: 3 000 000 Stück

1998, 23. Okt. Internationale Briefmarkenausstellung ITALIA '98, Mailand (III): Tag der Briefmarke. RaTdr. (4×5); gez. K 14¼:14.

ckb) Papst Johannes Paul II. (1920–2005, reg. ab 1978)

| 2592 | 800 (L) mehrfarbig .... ckb | 1,— | 0,80 |
| | FDC | | 1,60 |

Auflage: 3 000 000 Stück

Parallelausgabe mit San Marino MiNr. 1802 und Vatikanstaat MiNr. 1256

1998, 24. Okt. Internationale Briefmarkenausstellung ITALIA '98, Mailand (IV): Tag der Streitkräfte. RaTdr. (5×5 Zd.); gez. K 14:13¼, Hochformate ~.

 Zierfeld  Zierfeld

ckc) Flugzeugträger „Giuseppe Garibaldi". Wappen der Marine

ckd) Kampfflugzeug „Eurofighter 2000". Wappen der Luftwaffe

cke) Carabinierisoldat, Wappen des Heeres Zierfeld

ckf) Gefallenen-Gedenkstätte, El-Alamein Zierfeld

2593	800 (L) mehrfarbig .... ckc	0,80	0,50
2594	800 (L) mehrfarbig .... ckd	0,80	0,50
2595	800 (L) mehrfarbig .... cke	0,80	0,50
2596	800 (L) mehrfarbig .... ckf	0,80	0,50
	Satzpreis (4 W.)	3,20	2,—
	2593 Zf–2596 Zf	4,—	4,—
	FDC		5,—

Auflage: 3 000 000 Sätze

1998, 25. Okt. Internationale Briefmarkenausstellung ITALIA'98, Mailand (V): Tag der Kunst. RaTdr. (10×5); gez. K 13¼:14.

ckg) Dionysos; Bronzeskulptur (2. Jh. v. Chr.)

| 2597 | 800 (L) mehrfarbig .... ckg | 1,— | 0,80 |
| | FDC | | 1,60 |

Auflage: 3 000 000 Stück

Parallelausgabe mit San Marino MiNr. 1805 und Vatikanstaat MiNr. 1257, Block 18

1998, 26. Okt. Blockausgabe: Internationale Briefmarkenausstellung ITALIA'98, Mailand (VI): Ferrari-Tag. Odr.; gez. K 13¼.

ckh) Enzo Ferrari (1898–1988), Automobilfabrikant, beim Autorennen Bobbio-Penice (1931)

cki) Ferrari GTO (1963)

ckj) Ferrari F1 (1952)

ckl) Ferrari F300 (1998)

ckm

2598	800 (L) mehrfarbig .... ckh	1,—	1,—
2599	800 (L) mehrfarbig .... cki	1,—	1,—
2600	800 (L) mehrfarbig .... ckk	1,—	1,—
2601	800 (L) mehrfarbig .... ckl	1,—	1,—
Block 17	(160×110 mm) .... ckm	6,—	6,—
	FDC		7,—

Auflage: 1 000 000 Blocks

1998, 27. Okt. Internationale Briefmarkenausstellung ITALIA '98, Mailand (VII): Tag der Menschenrechte. RaTdr. (3×10 Zd.); gez. K 14:13¼.

ckn) Hand läßt Vögel fliegen Zierfeld

2602	1400 (L) mehrfarbig .... ckn	1,40	0,90
	2602 Zf	1,50	1,50
	FDC		2,—

Auflage: 3 000 000 Stück

Parallelausgabe mit Vereinte Nationen (UNO) – Genf MiNr. 350–351

Italien

1998, 28. Okt. Internationale Briefmarkenausstellung ITALIA '98, Mailand (VIII): Europatag. RaTdr. (10×5); gez. K 13¼:14.

cko) Zahnräder, Euro-Zeichen

2603	800 (L)	mehrfarbig	cko	1,—	1,—
			FDC		2,—

Auflage: 50 000 000 Stück

1998, 28. Okt. Internationale Briefmarkenausstellung ITALIA '98, Mailand (IX): Europatag. RaTdr., Markenheftchen (6×1); selbstklebend; gestanzt.

cko) Zahnräder, Euro-Zeichen

2604	800 (L)	mehrfarbig	cko	1,80	1,80
			FDC		2,50
			Markenheftchen	11,—	

Auflage: 3 600 000 Stück

1998, 29. Okt. Internationale Briefmarkenausstellung ITALIA '98, Mailand (X): Tag des Films: Filmgeschichte (IV). Komb. StTdr. und Odr. (5×5 Zd.); gez. K 13¼:14.

ckp) Szene aus „Ti Conosco Mascherina" von Eduardo de Filippo (1900–1984)

Zierfeld

ckr) Szene aus „Fantasmi a Roma" von Antonio Pietrangeli (1919–1968)

Zierfeld

cks) Szene aus „Il Signor Max" von Mario Camerini (1895–1944)

Zierfeld

2605	450 (L)	mehrfarbig	ckp	0,40	0,30
2606	800 (L)	mehrfarbig	ckr	0,80	0,40
2607	900 (L)	mehrfarbig	cks	1,—	0,50
		Satzpreis (3 W.)		2,20	1,20
		2605 Zf–2607 Zf		2,50	2,—
		FDC			4,—

Auflage: 3 000 000 Sätze

Weitere Werte „Filmgeschichte": MiNr. 2403–2406, 2453–2455, 2527–2529

1998, 31. Okt. Internationale Briefmarkenausstellung ITALIA '98, Mailand (XI): Tag der Kommunikation. RaTdr. (10×5); gez. K 13¼:14.

ckt) Satellitenantenne, Buch, Buchdrucklettern, Weltkugel mit Glasfaserkabel, Computer-Monitor

2608	800 (L)	mehrfarbig	ckt	1,—	0,80
			FDC		1,60

Auflage: 3 000 000 Stück

1998, 1. Nov. Blockausgabe: Internationale Briefmarkenausstellung ITALIA '98, Mailand (XII): Tag der Post. Odr.; gez. K 13¼:14.

cku) Briefumschlag, Pfeile — ckv

2609	4000 (L)	mehrfarbig	cku	4,—	4,—
Block 18	(130×90 mm)		ckv	5,—	5,—
			FDC		6,—

Auflage: 1 000 000 Blocks

1998, 28. Nov. Weihnachten. StTdr. (10×5, Querformat ~); gez. K 13¼:14, Querformat ~.

ckw) Anbetung der Heiligen Drei Könige; Marmorskulptur der Sizilianischen Schule (16. Jh.) in der St.-Markus-Kirche, Seminara

ckx) Anbetung der Hirten; Zeichnung von Giulio Pippi, genannt Romano (1499–1546), Maler und Baumeister

2610	800 (L)	schwarzgraublau	ckw	1,—	0,80
2611	900 (L)	dunkellilabraun	ckx	1,—	0,80
		Satzpreis (2 W.)		2,—	1,50
		FDC			2,50

Auflage: 3 000 000 Sätze

Sie halten Ihren Katalog aktuell, wenn Sie die Preisänderungen aus der MICHEL-Rundschau nachtragen!

Italien 439

1998, 1. Dez. Künstlerisches und kulturelles Erbe in Italien: 400. Geburtstag von Gian Lorenzo Bernini. RaTdr. (10×5); gez. K 13¼:14.

cky) Verzückung der hl. Theresia von Avila: Skulptur von G. L. Bernini (1598–1680), Baumeister, Bildhauer, Zeichner, Maler und Szenograph

2612	900 (L)	mehrfarbig	cky	1,—	0,80
			FDC		1,70

Auflage: 3 000 000 Stück

1998, 4. Dez. 150. Jahrestag der Anerkennung der Waldenserkirche. RaTdr. (5×5); gez. K 14:14¼.

ckz) Königlicher Erlaß vom 17.2.1848, Emblem der Waldenser

2613	800 (L)	mehrfarbig	ckz	1,—	0,80
			FDC		1,60

Auflage: 3 000 000 Stück

1999

Neue Währung ab 1.1.1999: 1 Euro (€) = 100 Cent (C); bis 31.12.2001: 1 € = 1936.27 L

1999, 28. Jan. Freimarken: Die Frau in der Kunst. Wie MiNr. 2579–2583, jedoch mit zusätzlicher Wertangabe in Euro. MiNr. 2614–2616 RaTdr. (10×10), oWz., MiNr. 2617–2618 StTdr. (10×10), Wz. 4; gez. K 14¼:13¼.

cin l) Junge Frau von Velca; etruskisches Wandgemälde (5.–3. Jh. v. Chr.)

2614	100 (L) / 0.05 €	mehrfarbig	cin l	0,40	0,40
2615	450 (L) / 0.23 €	mehrfarbig	cio l	0,60	0,50
2616	650 (L) / 0.34 €	mehrfarbig	cip l	0,80	0,60
2617	800 (L) / 0.41 €	mehrfarbig	cir l	1,—	0,70
2618	1000 (L) / 0.52 €	mehrfarbig	cis l	1,20	0,80
		Satzpreis (5 W.)		4,—	3,—
			FDC		5,—

Weitere Werte siehe Übersicht nach Jahrgangswerttabelle.

1999, 19. Febr. Künstlerisches und kulturelles Erbe in Italien: 100. Geburtstag von Lucio Fontana. RaTdr. (5×5); gez. K 14.

cla) Raumkonzept-Erwartung; Gemälde von L. Fontana (1899–1968), Maler und Bildhauer

2619	450 (L) / 0.23 €	schwarz/grünblau	cla	0,70	0,50
			FDC		1,20

Auflage: 3 000 000 Stück

1999, 12. März. Europa: Natur- und Nationalparks. RaTdr. (10×5, Querformat ~); gez. K 13¼:14, Querformat ~.

clb) Nationalpark Silagebirge, Kalabrien
clc) Nationalpark Toskanischer Archipel

2620	800 (L) / 0.41 €	mehrfarbig	clb	1,20	1,20
2621	900 (L) / 0.46 €	mehrfarbig	clc	1,30	1,30
		Satzpreis (2 W.)		2,50	2,50
			FDC		3,50

Auflage: 3 000 000 Sätze

1999, 13. März. Heiliges Jahr 2000 (I). RaTdr. (10×5); gez. K 13¼:14.

cld) Heilige Pforte, Vatikan

2622	1400 (L) / 0.72 €	mehrfarbig	cld	1,50	1,—
			FDC		2,20

Auflage: 6 000 000 Stück

1999, 10. April. Künstlerisches und kulturelles Erbe in Italien: Kirchen (VII). StTdr. (5×10); gez. K 14:13¼.

cle) St.-Ägidius-Kirche (erb. 1512 von Antonio da Sangallo d. J.), Cellere, Provinz Viterbo

2623	800 (L) / 0.41 €	dunkelbraunpurpur	cle	0,80	0,70
			FDC		1,60

3 000 000 Stück

Weitere Werte: MiNr. 2182, 2348, 2382, 2456, 2506, 2563

1999, 17. April. Künstlerisches und kulturelles Erbe in Italien: Kunstschätze aus Museen und Staatlichen Archiven (VII). RaTdr. (5×10, Hochformat ~); gez. K 14:13¼, Hochformat ~.

clf) Glocken der Heiligen Jahre 2000 und 1000; Historisches Glockenmuseum, Agnone, Provinz Molise
clg) Keramikteller mit Frauenbildnis; Internationales Keramikmuseum, Faenza
blh) See mit Schwan, Buntglasfenster, Museum „Casina delle Civette – Villa Torlonia", Rom

2624	800 (L) / 0.41 €	mehrfarbig	clf	1,—	0,90
2625	800 (L) / 0.41 €	mehrfarbig	clg	1,—	0,90
2626	800 (L) / 0.41 €	mehrfarbig	clh	1,—	0,90
		Satzpreis (3 W.)		3,—	2,50
			FDC		4,—

Auflage: 3 000 000 Sätze

MiNr. 2304–2307, 2338–2341, 2377–2380, 2417–2420, 2532–2535, 2574–2576, 2700–2701

440　Italien

1999, 17. April. Tourismus. Odr. (5×10); gez. K 14:13¼.

clk) Erdpyramiden, Segonzano

clk) Wasserfälle, Terni　　cll) Dom von Lecce　　clm) Altstadt von Lipari

2627	800 (L) / 0.41 €	mehrfarbig	cli	1,—	0,50
2628	800 (L) / 0.41 €	mehrfarbig	clk	1,—	0,50
2629	800 (L) / 0.41 €	mehrfarbig	cll	1,—	0,50
2630	800 (L) / 0.41 €	mehrfarbig	clm	1,—	0,50
			Satzpreis (4 W.)	4,—	2,—
			FDC		4,—

Auflage: 3 000 000 Sätze

Weitere Werte siehe Übersicht nach Jahrgangswerttabelle.

1999, 23. April. Staatliche Institutionen (IV): Verfassungsgericht. RaTdr. (5×10); gez. K 14:13¼.

cln) Gerichtssaal, Richterhut, Verfassung, Staatsflagge

2631	800 (L) / 0.41 €	mehrfarbig	cln	1,—	0,80
			FDC		1,60

1999, 29. April. Staatliche Institutionen (V): Feuerwehr. RaTdr. (5×10); gez. K 14:13¼.

clo) Löschfahrzeug, brennendes Gebäude

2632	800 (L) / 0.41 €	mehrfarbig	clo	1,—	1,—
			FDC		1,60

Auflage: 3 000 000 Stück

1999, 3. Mai. Staatliche Institutionen (VI): Militärakademie, Modena. RaTdr. (10×5); gez. K 13¼:14.

clp) Fürstenpalast (Sitz der Militärakademie), Wappen, Paradesoldat mit Fahne

2633	800 (L) / 0.41 €	mehrfarbig	clp	1,—	0,80
			FDC		1,60

Auflage: 3 000 000 Stück

1999, 4. Mai. 50. Jahrestag des Flugzeugabsturzes bei Superga mit der Fußballmannschaft von „Grande Torino". RaTdr. (5×10); gez. K 14:13¼.

clr) Trainer und Silhouetten der Fußballmannschaft, Flugzeugpropeller, Basilika von Superga　　cls) Basilika von Superga, Wappen des AC Turin, Namensliste der Verunglückten

2634	800 (L) / 0.41 €	mehrfarbig	clr	1,30	0,80
2635	900 (L) / 0.46 €	mehrfarbig	cls	1,30	0,80
			Satzpreis (2 W.)	2,50	1,50
			FDC		2,50

Auflage: 3 000 000 Sätze

1999, 5. Mai. 50 Jahre Europarat. RaTdr. (5×10); gez. K 14:13¼.

clt) Palast der Menschenrechte, Straßburg

2636	800 (L) / 0.41 €	mehrfarbig	clt	1,—	1,—
			FDC		2,—

Auflage: 3 000 000 Stück

1999, 7. Juni. Gewinn der italienischen Fußballmeisterschaft 1998/99 durch den AC Mailand. RaTdr. (4×3); gez. K 13¼:14.

clu) Spielszene, Vereinswappen

2637	800 (L) / 0.41 €	mehrfarbig	clu	1,—	0,80
			FDC		2,—

Auflage: 3 000 000 Stück

1999, 10. Juni. 20. Jahrestag der ersten Direktwahlen zum Europäischen Parlament. RaTdr. (5×10); gez. K 14:13¼.

clv) Stilisierter Sitzungssaal, Wahlurne

2638	800 (L) / 0.41 €	mehrfarbig	clv	1,—	0,80
			FDC		1,60

Auflage: 3 000 000 Stück

1999, 12. Juni. 80. Geburtstag von Fausto Coppi. RaTdr. (5×10); gez. K 14:13¼.

clw) F. Coppi (1919–1960), Radrennfahrer

2639	800 (L) / 0.41 €	mehrfarbig	clw	1,50	1,—
			FDC		1,60

Auflage: 3 000 000 Stück

1999, 14. Juni. Freimarke: Prioritätspost. Komb. Bdr. und Siebdruck; Folienblatt (4×7 mit zusätzlichen Aufklebern) **und Markenheftchen** (4×1 bzw. 4×2 mit zusätzlichen Aufklebern); selbstklebend; gestanzt.

clx) Buchstabe „P"

Aufkleber für Post mit vorrangiger Bedeutung

Italien 441

2640 1200 (L) / 0.62 € mehrfarbig ..... clx 1,50 1,50
FDC 2,—
Markenheftchen mit 4× MiNr. 2640 7,—
Markenheftchen mit 8× MiNr. 2640 14,—

MiNr. 2640 hat die Jahreszahl „1999" im Druckvermerk.

Weitere Werte: MiNr. 2669, 2751, 2804–2809, 2942, 2946, 2956 bis 2957, 2981, 2983

1999, 10. Juli. 100 Jahre Fiat-Automobile. RaTdr. (10×5); gez. K 13¼:14.

cly) Werbeplakat für das erste Fiat-Modell 3½ HP (1899)

2641 4800 (L) / 2.48 € mehrfarbig ..... cly 5,— 4,—
FDC 5,50

Auflage 3 000 000 Stück

1999, 19. Juli. 100. Jahrestag der Errichtung einer Marienstatue auf dem Monte Rocciamelone, Mompantero. RaTdr. (10×5); gez. K 13¼:14.

clz) Marienstatue, Kinder

2642 800 (L) / 0.41 € mehrfarbig ..... clz 1,— 0,80
FDC 1,60

Auflage: 3 000 000 Stück

1999, 20. Aug. 200. Todestag von Eleonora de Fonseca Pimentel. RaTdr. (5×10); gez. K 14:13¼.

cma) E. de Fonseca Pimentel (1752–1799), Schriftstellerin und Patriotin; Fort Sant'Elmo, Neapel

2643 800 (L) / 0.41 € mehrfarbig ..... cma 1,— 0,80
FDC 1,60

Auflage: 3 000 000 Stück

1999, 26. Aug. Kanu-Weltmeisterschaften. RaTdr. (5×10); gez. K 14:13¼.

cmb) Einer-Kanadier und Einer-Kajak

2644 900 (L) / 0.46 € mehrfarbig ..... cmb 1,— 0,80
FDC 1,70

Auflage: 3 000 000 Stück

1999, 28. Aug. 250. Geburtstag von Johann Wolfgang von Goethe (1749–1832), deutscher Dichter. RaTdr. (5×10); gez. K 14:13¼.

cmc) Goethe in der Campagna; Gemälde von Johann Heinrich Wilhelm Tischbein (1751–1829)

2645 4000 (L) / 2.07 € mehrfarbig ..... cmc 4,50 4,—
FDC 5,—

Auflage: 3 000 000 Stück

1999, 15. Sept. Straßen-Rad-Weltmeisterschaften. RaTdr. (10×5); gez. K 13¼:14.

cmd) Rennrad-Vorderteil, Stoppuhr

2646 1400 (L) / 0.72 € mehrfarbig ..... cmd 1,50 1,20
FDC 2,20

Auflage: 3 000 000 Stück

1999, 25. Sept. Tag der Briefmarke. RaTdr. (10×5); gez. K 13¼:14.

cme) Schulkind mit Rucksack, stilis. Briefmarken und Lupe

2647 800 (L) / 0.41 € mehrfarbig ..... cme 1,— 0,80
FDC 1,60

Auflage: 10 000 000 Stück

1999, 25. Sept. Wiedereröffnung der Oberkirche der St.-Franziskus-Basilika, Assisi. Komb. StTdr. und Odr. (5×10); gez. K 14:13¼.

cmf) St.-Franziskus-Basilika, Assisi

2648 800 (L) / 0.41 € mehrfarbig ..... cmf 1,— 0,80
FDC 1,60

Auflage: 6 000 000 Stück

1999, 2. Okt. 200. Todestag von Giuseppe Parini. StTdr. (10×5); gez. K 13¼:14.

cmg) G. Parini (1729–1799), Dichter

2649 800 (L) / 0.41 € schwarzblau ..... cmg 1,— 0,80
FDC 1,60

Auflage: 3 000 000 Stück

1999, 11. Okt. 200. Jahrestag der Erfindung der Voltaschen Säule. RaTdr. (10×5); gez. K 13¼:14.

cmh) Alessandro Graf Volta (1745–1827), Physiker; Skulptur von G. B. Comolli; Voltasche Säule

2650 3000 (L) / 1.55 € mehrfarbig ..... cmh 3,— 2,50
FDC 4,—

Auflage: 3 000 000 Stück

Italien

1999, 18. Okt. 125 Jahre Weltpostverein (UPU). RaTdr. (5×10); gez. K 14:13¼.

cmi) Formulare der Italienischen Post, UPU-Emblem

| 2651 | 900 (L) / 0.46 € | mehrfarbig | cmi | 1,— | 0,80 |
| | | | FDC | | 1,70 |

Auflage: 3 000 000 Stück

1999, 22. Okt. 150. Todestag von Goffredo Mameli; 150 Jahre Repubblica Romana. RaTdr. (5×5); gez. K 14¼:14.

cmk) G. Mameli (1827–1849), Dichter und Patriot (Marmorbüste); Marken MiNr. 773 und 759

| 2652 | 1500 (L) / 0.77 € | mehrfarbig | cmk | 1,50 | 1,50 |
| | | | FDC | | 2,50 |

Auflage: 1 290 000 Stück

1999, 23. Okt. Blockausgabe: Kampagne „Die Briefmarke – meine Freundin" zur Förderung der Philatelie. RaTdr.; gez. K 13¼:14.

	cml) Strichmännchen, Stadtbild	cmm) Emblem der Kampagne	cmn) Schulderkinder	cmo) Windrad	cmp
2653	450 (L) / 0.23 €	mehrfarbig	cml	0,40	0,40
2654	650 (L) / 0.34 €	mehrfarbig	cmm	0,60	0,60
2655	800 (L) / 0.41 €	mehrfarbig	cmn	0,80	0,80
2656	1000 (L) / 0.52 €	mehrfarbig	cmo	1,—	1,—
Block 19	(149×80 mm)		cmp	4,—	4,—
			FDC		5,—

Auflage: 1 500 000 Blocks

1999, 4. Nov. 100. Geburtstag der „Generation von 1899". RaTdr. (10×5); gez. K 13¼:14.

cmr) Soldat der 99er-Generation im Ersten Weltkrieg

| 2657 | 900 (L) / 0.46 € | mehrfarbig | cmr | 1,— | 0,80 |
| | | | FDC | | 1,70 |

Auflage: 3 000 000 Stück

1999, 5. Nov. Weihnachten. RaTdr. (10×5); gez. K 13¼:14.

cms) Weihnachtsmann mit Rentierschlitten vor verschneitem Haus

qmt) Christi Geburt; Gemälde von Giovanni de' Luteri, genannt Dosso Dossi (1480–1542)

2658	800 (L) / 0.41 €	mehrfarbig	cms	1,30	0,80
2659	1000 (L) / 0.52 €	mehrfarbig	cmt	1,70	0,80
		Satzpreis (2 W.)		3,—	1,50
			FDC		2,60

Auflage: 3 000 000 Sätze

Parallelausgabe mit Finnland MiNr. 1499–1500

1999, 24. Nov. Heiliges Jahr 2000 (II): Pilgerwesen. RaTdr. (5×10); gez. K 14:13¼.

cmu) Kopie einer römischen Straßenkarte „Tabula Peutingeriana" (1507); aus dem Besitz von Conrad Peutinger, deutscher Humanist

cmv) Pilger besuchen die vier Basliken und die Heilige Treppe in Rom (alter Druck)

cmw) Pilger; Basrelief an der Fassade des Doms von Fidenza (13.–14. Jh.)

2660	1000 (L) / 0.52 €	mehrfarbig	cmu	1,—	0,90
2661	1000 (L) / 0.52 €	mehrfarbig	cmv	1,—	0,90
2662	1000 (L) / 0.52 €	mehrfarbig	cmw	1,—	0,90
		Satzpreis (3 W.)		3,—	2,50
			FDC		5,—

Auflage: 3 000 000 Sätze

1999, 27. Nov. Schulen und Universitäten. StTdr. (5×10); gez. K 14:13¼.

cmx) Staatliches Kunstinstitut, Urbino

cmy) Scuola Normale Superiore, Pisa

2663	450 (L) / 0.23 €	schwarz	cmx	0,50	0,50
2664	650 (L) / 0.34 €	dunkelbraunrot	cmy	0,70	0,50
		Satzpreis (2 W.)		1,20	1,—
			FDC		2,—

Auflage: 3 000 000 Sätze

1999, 27. Nov. Künstlerisches und kulturelles Erbe in Italien: 100. Geburtstag von Antonio Ligabue. RaTdr. (5×5); gez. K 14.

cmz) Leopard wird von einer Tarantel gebissen; Gemälde von Antonio Ligabue, eigentl. A. Laccabue (1899–1965)

| 2665 | 1000 (L) / 0.52 € | mehrfarbig | cmz | 1,20 | 1,— |
| | | | FDC | | 1,70 |

Auflage: 3 000 000 Stück

Italien   443

1999, 27. Nov. Eintritt in das Jahr 2000 (I). RaTdr. (5×10); gez. K 14:13¾.

cna) Roboterhand berührt Menschenhand

2666	4800 (L) / 2.48 € mehrfarbig ..... cna	5,—	4,—
	FDC		5,50

Auflage: 3 000 000 Stück

2000

2000, 1. Jan. Blockausgabe: Eintritt in das Jahr 2000 (II): Vergangenheit und Zukunft. Odr.; gez. K 14:13¼.

cnb) Junge blickt zum Mond, Weltkugel   cnc) Astronaut, Mond   cnd

2667	2000 (L) / 1.03 € mehrfarbig ..... cnb	2,—	2,—
2668	2000 (L) / 1.03 € mehrfarbig ..... cnc	2,—	2,—
Block 20 (110×80 mm) .... cnd		5,—	5,—
	FDC		6,—

Auflage: 2 500 000 Blocks

2000, 10. Jan. Freimarke: Prioritätspost. Komb. Bdr. und Siebdruck, Folienblatt (4×7 mit zusätzlichen Aufklebern); selbstklebend; gestanzt.

clx I) Buchstabe „P"

2669	1200 (L) / 0.62 € mehrfarbig ..... clx I	1,20	1,20
	FDC		2,—

MiNr. 2669 hat die Jahreszahl „2000" im Druckvermerk.

Weitere Werte siehe Fußnote nach MiNr. 2640.

2000, 14. Jan. 100. Jahrestag der Uraufführung der Oper Tosca von Giacomo Puccini (1858–1924), Komponist. RaTdr. (5×10); gez. K 14:13¼.

cne) Bühnenfigur „Flora Tosca", Bühnenbild des 3. Aktes bei der Uraufführung

2670	800 (L) / 0.41 € mehrfarbig ..... cne	1,20	1,20
	FDC		2,—

Auflage: 3 500 000 Stück

2000, 18. Jan. Heiliges Jahr 2000 (III). RaTdr. (10×5); gez. K 13¼:14.

cnf) Apostel-Paulus-Statue; Hl. Pforte der Basilika San Paolo fuori le Mura, Rom

2671	1000 (L) / 0.52 € mehrfarbig ..... cnf	1,50	1,50
	FDC		2,—

Auflage: 4 000 000 Stück

2000, 5. Febr. Rugby-Sechs-Nationen-Turnier, Rom. RaTdr. (5×10); gez. K 14:13¼.

cng) Spielszene

2672	800 (L) / 0.41 € mehrfarbig ..... cng	1,—	1,—
	FDC		1,50

Auflage: 3 500 000 Stück

2000, 12. Febr. 5. interdisziplinäres Symposium über Brusterkrankungen, Rom. RaTdr. (10×5); gez. K 13¼:14.

cnh) Nackte Frau, Mond scheint auf Hügel mit Baum   cni) Nackte junge Frau mit Rose

2673	800 (L) / 0.41 € mehrfarbig ..... cnh	0,80	0,80
2674	1000 (L) / 0.52 € mehrfarbig ..... cni	1,20	1,20
	Satzpreis (2 W.)	2,—	2,—
	FDC		2,50

Auflage: 3 500 000 Sätze

2000, 4. März. Blockausgabe: Eintritt in das Jahr 2000 (III): Kunst und Wissenschaft. Odr.; gez. K 14:13¼.

cnl

cnj) Rätsel eines Herbstnachmittages   cnk) Der Tempel des Schicksals

cni–cnk) Gemälde von Giorgio De Chirico (1888–1978), Maler und Graphiker

2675	800 (L) / 0.41 € mehrfarbig ..... cnj	1,—	1,—
2676	800 (L) / 0.41 € mehrfarbig ..... cnk	1,—	1,—
Block 21 (110×80 mm) .... cnl		2,—	2,—
	FDC		4,—

Auflage: 2 500 000 Blocks

Italien

2000, 7. März. Abschluß des alpinen Ski-Weltcups, Bormio. Odr. (10×5); gez. K 13¼:14.

cnm) FIS-Pokal, Skirennläufer

2677	4800	(L)	/ 2.48 €	mehrfarbig	cnm	5,—	5,—
					FDC		6,—

Auflage: 3 500 000 Stück

2000, 9. März. Blockausgabe: Italienisches Design (I): Einrichtungsgegenstände. Odr.; gez. K 13¼.

	cnn	cno	cnu
	cnp	cnr	
	cns	cnt	

cnn) Stehlampe „Arco" (1962) von Achille und Pier Giacomo Castiglioni, Stuhl „Breeze" (1995) von Carlo Bartoli, Espressomaschine „Cupola" (1988) von Aldo Rossi, Regalwand „Carlton" (1981) von Ettore Sottsass Jr.

cno) Sessel „Le Tentazioni" (1973) von Mario Bellini, Korkenzieher „Anna G." (1994) von Alessandro Mendini, Tischlampe „Atollo" (1977) von Vico Magistretti, Hängelampe „Titania" (1989) von Alberto Meda und Paolo Rizzatto

cnp) Stuhl „Superleggera" (1957) von Gio Ponti, Sessel „Sacco" (1969) von Gatti Paolini Teodoro, Kochtopf „Pasta set" (1982) von Massimo Morozzi, Stehlampe „Papillona" (1977) von Tobia Scarpa

cnr) Stehlampe „Luminator" (1937) von Pietro Chiesa, Rollcontainer „Boby" (1970) von Joe Colombo, Sessel „Ghost" (1987) von Cini Boeri und Tomu Katayanagi, Anrichte „Quartetto" (1991) von Lodovico Acerbis und Giotto Stoppino

cns) Sessel „I Feltri" (1987) von Gaetano Pesce, Stuhl „Tonietta" (1985) von Enzo Mari, Garderobe „Sciangai" (1974) von De Pas D'Urbino Lomazzi, fahrbare Stapelboxen „Mobil" (1994) von Antonio Citterio und Oliver Loew

cnt) Sessel „Fourline" (1964) von Marco Zanuso, Tischlampe „Tolomeo" (1986) von Michele de Lucchi und Giancarlo Fassina, Eiswürfelbehälter „TMT" (1995) von Bruno Munari, Hocker „4825" (1979) von Anna Castelli Ferrieri

2678	800	(L)	/ 0.41 €	mehrfarbig	cnn	0,80	0,80
2679	800	(L)	/ 0.41 €	mehrfarbig	cno	0,80	0,80
2680	800	(L)	/ 0.41 €	mehrfarbig	cnp	0,80	0,80
2681	800	(L)	/ 0.41 €	mehrfarbig	cnr	0,80	0,80
2682	800	(L)	/ 0.41 €	mehrfarbig	cns	0,80	0,80
2683	800	(L)	/ 0.41 €	mehrfarbig	cnt	0,80	0,80
Block 22	(154×137 mm)				cnu	6,—	6,—
					FDC		7,—

Auflage: 2 500 000 Blocks

2000, 10. März. Heiliges Jahr 2000: Gemälde (IV). Odr. (5×10); Hochformate ~); gez. K 14:13¼, Hochformate ~.

cnv) Christi Geburt; von Domenico di Tommaso Bigordi, genannt Domenico Ghirlandaio (1449–1494)

cnw) Taufe Christi im Jordan; von Paolo Caliari, genannt Paolo Veronese (1528–1588)

cnx) Das Letzte Abendmahl; von D. Ghirlandaio

cny) Beweinung Christi; von Giotto di Bondone (um 1266–1337)

cnz) Auferstehung Christi; von Pietro di Benedetto dei Franceschi, genannt Piero della Francesca (1415/20–1492)

2684	450	(L)	/ 0.23 €	mehrfarbig	cnv	0,60	0,40
2685	650	(L)	/ 0.34 €	mehrfarbig	cnw	0,80	0,60
2686	800	(L)	/ 0.41 €	mehrfarbig	cnx	1,—	0,80
2687	1000	(L)	/ 0.52 €	mehrfarbig	cny	1,20	1,—
2688	1200	(L)	/ 0.62 €	mehrfarbig	cnz	1,40	1,20
				Satzpreis (5 W.)		5,—	4,—
					FDC		5,—

Auflage: 6 000 000 Sätze

2000, 6. April. 150. Jahrestag der Erstausgabe der Zeitschrift „La Civiltà Cattolica" durch Pater Carlo Maria Curci. RaTdr. (5×10); gez. K 14:13¼.

cob) Bücherregal mit gebundenen Zeitschriften, Wappen der Zeitschrift

2689	800	(L)	/ 0.41 €	mehrfarbig	cob	1,—	1,—
					FDC		1,50

Auflage: 3 500 000 Stück

2000, 8. April. 150 Jahre San-Giuseppe-Schule, Rom. RaTdr. (5×10); gez. K 14:13¼.

coc) Schulgebäude an der Piazza di Spagna, Rom

2690	800	(L)	/ 0.41 €	mehrfarbig	coc	1,—	1,—
					FDC		1,50

Auflage: 3 500 000 Stück

Wissen kommt nicht von selbst
MICHEL

2000, 14. April. 100 Jahre Internationaler Radsportverband (UCI). RaTdr. (10×5); gez. K 13¼:14.

cod) Radsportler (um 1900)

2691	1500 (L) / 0.77 € mehrbarbig ..... cod	1,50	1,50
	FDC		2,20

Auflage: 3 500 000 Stück

2000, 14. April. Tourismus. RaTdr. (5×10); gez. K 14¼:13¼.

coe) Terre di Franciacorta, Erbusco (zwischen Bergamo und Brescia)

cof) Fossiler Wald von Dunarobba, Avigliano Umbro (Umbrien)

cog) Ruinen von Herculaneum

coh) Isola Bella vor Taormina

2692	800 (L) / 0.41 € mehrbarbig ..... coe	0,80	0,80
2693	800 (L) / 0.41 € mehrbarbig ..... cof	0,80	0,80
2694	800 (L) / 0.41 € mehrbarbig ..... cog	0,80	0,80
2695	800 (L) / 0.41 € mehrbarbig ..... coh	0,80	0,80
	Satzpreis (4 W.)	3,20	3,20
	FDC		5,—

Auflage: 3 500 000 Sätze

Weitere Werte siehe Übersicht nach Jahrgangswerttabelle

2000, 19. April. Künstlerisches und kulturelles Erbe in Italien: Die „Piccoli Gruppi Sacri" von Caltanissetta. RaTdr. (5×10); gez. K 14¼:13¼.

coi) Jesus trägt das Kreuz („Il Cireneo"); Teil der Figurengruppe

2696	800 (L) / 0.41 € mehrbarbig ..... coi	1,—	1,—
	FDC		1,50

Auflage: 3 500 000 Stück

2000, 4. Mai. Blockausgabe: Eintritt in das Jahr 2000 (IV): Natur und Stadt. Odr.; gez. K 14:13¼.

cok) Motive aus dem Gemälde „Moses und der brennende Dornbusch"; von Giorgio da Castelfranco, genannt Giorgione (um 1477–1510)

col) Motive aus dem Gemälde „Utopie einer idealen Stadt" von Piero della Francesca (um 1415–1492); Wolkenkratzer

2697	800 (L) / 0.41 € mehrbarbig ..... cok	1,—	1,—
2698	800 (L) / 0.41 € mehrbarbig ..... col	1,—	1,—
Block 23	(110×80 mm) ..... com	2,—	2,—
	FDC		4,—

Auflage: 2 500 000 Blocks

2000, 6. Mai. 200. Todestag von Niccolò Piccinni. RaTdr. (10×5); gez. K 13¼:14.

con) N. Piccinni (1728–1800), Komponist

2699	4000 (L) / 2.07 € mehrbarbig ..... con	4,—	4,—
	FDC		4,60

Auflage: 3 500 000 Stück

2000, 9. Mai. Kunstschätze aus Museen und Staatlichen Archiven (VIII): Historisches Museum für Post und Telekommunikation. Odr. (5×10); gez. K 14:13¼.

coo) Marken Sardinien MiNr. 1–3

cop) Radiotelegrafische Geräte Guglielmo Marconis, Jacht „Elettra"

2700	800 (L) / 0.41 € mehrbarbig ..... coo	1,—	1,—
2701	800 (L) / 0.41 € mehrbarbig ..... cop	1,—	1,—
	Satzpreis (2 W.)	2,—	2,—
	FDC		3,—

Auflage: 3 500 000 Sätze

MiNr. 2304–2307, 2338–2341, 2377–2380, 2417–2420, 2532–2535, 2574–2576, 2624–2626

Zum Bestimmen der Farben **MICHEL-Farbenführer**

2000, 9. Mai. Europa. RaTdr. (10×5); gez. K 13¼:14.

(cor) Kinder bauen Sternenturm

2702	800 (L) / 0.41 € mehrfarbig	cor	1,50	1,50
		FDC		2,50

Auflage: 3 500 000 Stück

2000, 20. Mai. Gewinn der italienischen Fußballmeisterschaft 1999/2000 durch den SS Lazio Rom. RaTdr. (4×3); gez. K 13¼:14.

(cos) Fußballspieler, Fußballplatz, Vereinsabzeichen

2703	800 (L) / 0.41 € mehrfarbig	cos	1,20	1,20
		FDC		2,—

Auflage: 6 000 000 Stück

2000, 31. Mai. 700. Jahrestag der Fertigstellung des Doms von Monza. RaTdr. (10×5); gez. K 13¼:14.

(cot) Dom von Monza

2704	800 (L) / 0.41 € mehrfarbig	cot	1,—	1,—
		FDC		1,50

Auflage: 3 500 000 Stück

2000, 17. Juni. Rom – Sitz der Ernährungs- und Landwirtschaftsorganisation der Vereinten Nationen (FAO), des Internationalen Fonds für Agrarentwicklung (IFAD) und des Welternährungsprogramms (WFP). RaTdr. (10×5); gez. K 13¼:14.

(cou) Weltkugel mit Kornähren, Sehenswürdigkeiten Roms

2705	1000 (L) / 0.52 € mehrfarbig	cou	1,—	1,—
		FDC		1,70

Auflage: 3 500 000 Stück

2000, 24. Juni. 100 Jahre Christusstatue auf dem Monte Ortobene bei Nuoro. RaTdr. (10×5); gez. K 13¼:14.

(cov) Heiland; Bronzestatue von Vincenzo Jerace, Bildhauer

2706	800 (L) / 0.41 € mehrfarbig	cov	1,20	1,20
		FDC		2,—

Auflage: 3 500 000 Stück

2000, 28. Juni. 120 Jahre Italienische Gesellschaft für Brücken- und Wasserbau. RaTdr. (5×10); gez. K 14:13¼.

(cow) Brücke über den Fluß Paraná, Argentinien (erb. 1968)

2707	800 (L) / 0.41 € mehrfarbig	cow	1,20	1,20
		FDC		2,—

Auflage: 3 500 000 Stück

2000, 4. Juli. Blockausgabe: Eintritt in das Jahr 2000 (V): Mensch und Weltraum. Odr.; gez. K 14:13¼.

(cox) Entwicklung des Menschen (Gesichtsprofile), Menschenmenge
(coy) Computergrafik eines Menschen, Längen- und Breitengrade der Erde

2708	800 (L) / 0.41 € mehrfarbig	cox	1,—	1,—
2709	800 (L) / 0.41 € mehrfarbig	coy	1,—	1,—
Block 24	(110×80 mm)	coz	2,—	2,—
		FDC		3,—

Auflage: 2 500 000 Blocks

2000, 7. Juli. Internationaler Malwettbewerb für Kinder „Zukunft auf Briefmarken". RaTdr. (10×5); gez. K 13¼:14.

(cpa) Kind lehnt Leiter an einen fremden Planeten

2710	1000 (L) / 0.52 € mehrfarbig	cpa	1,50	1,50
		FDC		2,50

Auflage: 3 500 000 Stück

2000, 8. Juli. Weltmeisterschaften im Bogenschießen, Cortina d'Ampezzo. RaTdr. (10×5); gez. K 13¼:14.

(cpb) Bogenschütze, Zeichnung eines antiken Bogenschieß-Wettkampfes

2711	1500 (L) / 0.77 € mehrfarbig	cpb	2,—	2,—
		FDC		3,—

Auflage: 3 500 000 Stück

Italien

2000, 31. Juli. Straßen-Radweltmeisterschaften der Junioren. RaTdr. (10×5); gez. K 13¼:14.

cpc) Radrennfahrer, Weltkugel

| 2712 | 800 (L) / 0.41 € mehrfarbig ...... cpc | 1,20 | 1,20 |
| | FDC | | 2,— |

Auflage: 3 500 000 Stück

2000, 8. Aug. Künstlerisches und kulturelles Erbe in Italien. Komb. StTdr. und Odr. (5×5); gez. K 14.

cpd) Maria mit Kind; Gemälde von C. Crivelli (um 1435–um 1495)

| 2713 | 800 (L) / 0.41 € mehrfarbig ...... cpd | 1,20 | 1,20 |
| | FDC | | 2,— |

Auflage: 3 500 000 Stück

2000, 8. Aug. 1000 Jahre Fest von Sant'Orso. RaTdr. (5×10); gez. K 14:13¼.

cpe) Mann in Tracht des Aostatals, Schuhe, Haushaltswaren und Kinderspielzeug aus Holz

| 2714 | 1000 (L) / 0.52 € mehrfarbig ...... cpe | 1,30 | 1,30 |
| | FDC | | 2,— |

Auflage: 3 500 000 Stück

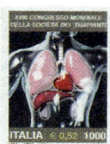

2000, 26. Aug. 18. Internationaler Kongreß der Gesellschaft für Transplantationsmedizin. RaTdr. (10×5); gez. K 13¼:14.

cpf) Gläserner menschlicher Körper mit inneren Organen

| 2715 | 1000 (L) / 0.52 € mehrfarbig ...... cpf | 1,30 | 1,30 |
| | FDC | | 2,— |

Auflage: 3 500 000 Stück

2000, 1. Sept. Olympische Sommerspiele, Sydney. RaTdr. (10×5); gez. K 13¼:14.

cpg) Medaillengewinner, Olympiastadion

cph) Altgriechischer Diskuswerfer, Opernhaus, Stadtsilhouette

2716	800 (L) / 0.41 € mehrfarbig ..... cpg	1,—	1,—
2717	1000 (L) / 0.52 € mehrfarbig ..... cph	1,50	1,50
	Satzpreis (2 W.)	2,50	2,50
	FDC		3,50

Auflage: 3 500 000 Sätze

2000, 4. Sept. Blockausgabe: Eintritt in das Jahr 2000 (VI): Krieg und Frieden. Odr.; gez. Ks 13¼:14.

cpi) Schlachtenszene   cpk) Die Friedfertigkeit

cpi–cpk) Fresken von Taddeo Zuccari (1529–1566) im Palazzo Farnese, Caprarola

2718	800 (L) / 0.41 € mehrfarbig ...... cpi	1,—	1,—
2719	800 (L) / 0.41 € mehrfarbig ..... cpk	1,—	1,—
Block 25	(110×80 mm) .... cpl	2,—	2,—
	FDC		3,—

Auflage: 2 500 000 Blocks

2000, 8. Sept. 200. Jahrestag der Schlacht von Marengo. RaTdr. (10×5); gez. K 13¼:14.

cpm) Angriff der reitenden Grenadiere der Konsularischen Garde; Aquarell-Lithographie von Jacques Marie Gaston Oufray Debreville

| 2720 | 800 (L) / 0.41 € mehrfarbig ..... cpm | 1,— | 1,— |
| | FDC | | 1,50 |

Auflage: 3 500 000 Stück

2000, 20. Sept. 80. Geburtstag von Federico Fellini. RaTdr. (10×5); gez. K 13¼:14.

cpn) Zwei Hähne im Frack; Gemälde von Antonio Cremonese in Anlehnung an den Film „Ginger und Fred" von F. Fellini (1920–1993), Filmregisseur

| 2721 | 800 (L) / 0.41 € mehrfarbig ...... cpn | 1,20 | 1,20 |
| | FDC | | 2,— |

Auflage: 3 500 000 Stück

2000, 23. Sept. Tag der Briefmarke. RaTdr. (5×10); gez. K 14:13¼.

cpo) Philatelie in der Schule

| 2722 | 800 (L) / 0.41 € mehrfarbig ..... cpo | 1,20 | 1,20 |
| | FDC | | 2,— |

Auflage: 3 500 000 Stück

Italien

2000, 30. Sept. 250. Geburtstag von Antonio Salieri. RaTdr. (10×5); gez. K 13¼:14.

cpp) A. Salieri (1750–1825), Komponist

2723	4800 (L) / 2.48 €	mehrfarbig	cpp	5,—	5,—
			FDC		5,50

Auflage: 3 500 000 Stück

2000, 30. Sept. 100. Todestag von Pater Luigi Maria Monti. RaTdr. (5×10); gez. K 14:13¼.

cpr) L. M. Monti (1825–1900), Gründer der Kongregation der Brüder von der Unbefleckten Empfängnis; Besuch im Kinderhospital

2724	800 (L) / 0.41 €	mehrfarbig	cpr	1,—	1,—
			FDC		1,50

Auflage: 3 500 000 Stück

2000, 2. Okt. Paralympische Sommerspiele, Sydney. RaTdr. (10×5); gez. K 14¼:14.

cps) Rollstuhl-Fechten, Rollstuhl-Basketball, Rollstuhlrennen

2725	1500 (L) / 0.77 €	mehrfarbig	cps	2,—	2,—
			FDC		3,—

Auflage: 3 500 000 Stück

2000, 14. Okt. Internationales Jahr der Mathematik. RaTdr. (5×10); gez. K 14:13¼.

cpt) Kugel in Zylinder, Fraktaldarstellung, Emblem

2726	800 (L) / 0.41 €	mehrfarbig	cpt	1,20	1,20
			FDC		2,—

Auflage: 3 500 000 Stück

2000, 18. Okt. Freiwilligenarbeit und Ehrenamtlichkeit. RaTdr. (10×5); gez. K 13¼:14.

cpu) Symbolische Darstellung

2727	800 (L) / 0.41 €	mehrfarbig	cpu	1,—	1,—
			FDC		1,50

Auflage: 3 500 000 Stück

2000, 20. Okt. 400. Todestag von Giordano Bruno. RaTdr. (5×10); gez. K 14:13¼.

cpv) G. Bruno (1548–1600), Philosoph; Manuskript und Federkiel

2728	800 (L) / 0.41 €	mehrfarbig	cpv	1,20	1,20
			FDC		2,—

Auflage: 3 500 000 Stück

2000, 25. Okt. Künstlerisches und kulturelles Erbe in Italien: 600. Geburtstag von Luca Della Robbia. Komb. StTdr. und Odr. (5×5); gez. K 14.

cpw) Rosengartenmadonna; Skulptur von L. Della Robbia (1400–1482), Bildhauer

2729	800 (L) / 0.41 €	mehrfarbig	cpw	1,20	1,20
			FDC		2,—

Auflage: 3 500 000 Stück

2000, 26. Okt. 250 Jahre „Accademia Roveretana degli Agiati". RaTdr. (10×5); gez. K 13¼:14.

cpx) Wappen der Akademie

2730	800 (L) / 0.41 €	mehrfarbig	cpx	1,20	1,20
			FDC		2,—

Auflage: 3 500 000 Stück

2000, 3. Nov. Künstlerisches und kulturelles Erbe in Italien. Komb. StTdr. und Odr. (5×5); gez. K 14.

cpy) Perseus; Bronzestatue in der Loggia dei Lanzi, Florenz, von Benvenuto Cellini (1500–1571), Goldschmied, Medailleur und Bildhauer

2731	1200 (L) / 0.62 €	mehrfarbig	cpy	1,80	1,80
			FDC		2,50

Auflage: 3 500 000 Stück

2000, 3. Nov. 100. Geburtstag von Gaetano Martino; 45. Jahrestag der Konferenz von Messina. RaTdr. (5×5); gez. K 14.

cpz) G. Martino (1900–1967), Politiker; Karte der konferenzteilnehmenden Länder

2732	800 (L) / 0.41 €	mehrfarbig	cpz	1,20	1,20
			FDC		2,—

Auflage: 3 500 000 Stück

MICHEL-Online-Katalog

www.michel.de oder www.briefmarken.de

2000, 4. Nov. Blockausgabe: Eintritt in das Jahr 2000 (VII): Überlegung und Ausdruck. Odr.; gez. Ks 13¼:14.

cra
crb

crc

cra–crb) Frau mit langen wehenden Haaren, tanzende Figuren

2733	800 (L)	/	0.41 €	mehrfarbig ...... cra	1,—	1,—
2734	800 (L)	/	0.41 €	mehrfarbig ...... crb	1,—	1,—
Block 26	(110 × 80 mm)			.... crc	2,—	2,50
				FDC		3,—

Auflage: 2 500 000 Blocks

2000, 6. Nov. Schulen und Universitäten. Odr. (5×10); gez. K 13¼:14.

crd) Universität Camerino   cre) Universität von Kalabrien, Cosenza

2735	800 (L)	/	0.41 €	schwarzblau .... crd	0,80	0,80
2736	1000 (L)	/	0.52 €	schwarzblau .... cre	1,20	1,20
				Satzpreis (2 W.)	2,—	2,—
				FDC		3,—

Auflage: 3 500 000 Sätze

2000, 6. Nov. Weihnachten. RaTdr. (10×5, Querformat ~); gez. K 14:13¼, Querformat ~.

crf) Schneekristalle, stilisierte Siedlung auf Weltkugel   crg) Weihnachtskrippe aus der Kathedrale von Matera

2737	800 (L)	/	0.41 €	mehrfarbig ...... crf	1,—	1,—
2738	1000 (L)	/	0.52 €	mehrfarbig ...... crg	1,50	1,50
				Satzpreis (2 W.)	2,50	2,50
				FDC		3,50

Auflage: 3 500 000 Sätze

2001

2001, 15. Jan. Snowboard-Weltmeisterschaften, Madonna di Campiglio. RaTdr. (10×5); gez. K 13¼:14.

crh) Snowboardfahrer, Berglandschaft

2739	1000 (L)	/	0.52 €	mehrfarbig ...... crh	1,20	1,20
				FDC		2,—

Auflage: 3 500 000 Stück

2001, 18. Jan. Kulturausstellung „Italien in Japan 2001", Tokio. RaTdr. (5×5); gez. K 14.

cri) Mariä Verkündigung; Gemälde von Sandro Botticelli (1445–1510); Gebäude des Nationalmuseums für westliche Kunst, Tokio

2740	1000 (L)	/	0.52 €	mehrfarbig ...... cri	1,20	1,20
				FDC		2,—

Auflage: 3 500 000 Stück

2001, 27. Jan. Blockausgabe: Die italienische Oper – Komponisten. Odr.; gez. Ks 13¼:14.

crk) Vincenzo Bellini (1801–1835)

crl) Domenico Cimarosa (1749–1801)

crm) Gaspare Spontini (1774–1851)

crn) Giuseppe Verdi (1813–1901)

cro

2741	800 (L)	/	0.41 €	mehrfarbig ...... crk	0,80	0,80
2742	800 (L)	/	0.41 €	mehrfarbig ...... crl	0,80	0,80

450　　　　　　　　　　　　　　　　　Italien

2743	800 (L) / 0,41 €	mehrfarbig	crm	0,80	0,80
2744	800 (L) / 0,41 €	mehrfarbig	crn	0,80	0,80
Block 27	(87 × 180 mm)		cro	4,—	4,—
		FDC			5,—

Auflage: 2 500 000 Blocks

2001, 6. März. 750. Todestag der hl. Rosa von Viterbo. RaTdr.; gez. K 13¼:14.

crp) Hl. Rosa von Engeln umgeben über der Stadt Viterbo; Altargemälde von Francesco Podesti (1800-1895)

2745	800 (L) / 0,41 €	mehrfarbig	crp	1,20	1,20
		FDC			2,—

Auflage: 3 500 000 Stück

2001, 9. März. Blockausgabe: Gewinn der Formel-1-Konstrukteurs-Weltmeisterschaft 2000 durch Ferrari. Odr.; gez. Ks 14:13¼.

crs) Ferrari F1-2000, Zielflagge

2746	5000 (L) / 2,58 €	mehrfarbig	crr	6,—	6,—
Block 28	(110 × 81 mm)		crs	7,—	7,—
		FDC			8,—

Auflage: 6 000 000 Blocks

2001, 10. März. Künstlerisches und kulturelles Erbe in Italien. StTdr. (5 × 5); gez. K 14.

crt) Benediktinerabtei Santa Maria in Sylvis, Sesto al Reghena, Provinz Pordenone

2747	800 (L) / 0,41 €	dunkelblau	crt	1,—	1,—
		FDC			1,50

Auflage: 3 500 000 Stück

2001, 31. März. 150. Jahrestag der ersten Briefmarkenausgaben von Lombardei und Venetien, Sardinien und Toskana. StTdr. (5 × 5); gez. K 14.

cru) Lombardei und Venetien MiNr. 1　　crv) Sardinien MiNr. 1　　crw) Toskana MiNr. 1

2748	800 (L) / 0,41 €	dunkelblau	cru	1,20	1,20
2749	800 (L) / 0,41 €	dunkelblau	crv	1,20	1,20
2750	800 (L) / 0,41 €	dunkelblau	crw	1,20	1,20
		Satzpreis (3 W.)		3,50	3,50
		3 FDC			4,50

Auflage: 3 600 000 Sätze

2001, 10. April. Freimarke: Prioritätspost. Komb. Bdr. und Siebdruck, Folienblatt (4 × 7 mit zusätzlichen Aufklebern) und Markenheftchen (4 × 1 mit zusätzlichen Aufklebern); selbstklebend; gestanzt.

clx II) Buchstabe „P"

Aufkleber für Post mit vorrangiger Beförderung

2751	1200 (L) / 0,62 €	mehrfarbig	clx II	1,70	1,70
		FDC			2,50
		Markenheftchen (23. Juli)		7,—	

MiNr. 2751 hat die Jahreszahl „2001" im Druckvermerk.

Weitere Werte siehe Fußnote nach MiNr. 2640.

2001, 14. April. Tourismus. RaTdr. (5 × 10); gez. K 14:13¼.

crx) Trepponti-Brücke, Comacchio

cry) Ortsansicht von Pio-　crz) Hafen von Diamante,　csa) Strand von Stintino
raco, Provinz Macerata　　Provinz Cosenza

2752	800 (L) / 0,41 €	mehrfarbig	crx	0,80	0,80
2753	800 (L) / 0,41 €	mehrfarbig	cry	0,80	0,80
2754	800 (L) / 0,41 €	mehrfarbig	crz	0,80	0,80
2755	800 (L) / 0,41 €	mehrfarbig	csa	0,80	0,80
		Satzpreis (4 W.)		3,20	3,20
		FDC			4,—

Auflage: 3 500 000 Sätze

Weitere Werte siehe Übersicht nach Jahrgangswerttabelle.

2001, 21. April. Umwelt und Natur; Welttag gegen die Ausbreitung der Wüsten. RaTdr. (10 × 5); gez. K 13:14.

csb) Flora:　　　csc) Murmeltiere　csd) Storchen-　cse) Geier über
Glockenblumen　　　　　　　　　paar bei Nestbau　Wüstengebiet

2756	450 (L) / 0,23 €	mehrfarbig	csb	0,50	0,50
2757	650 (L) / 0,34 €	mehrfarbig	csc	0,70	0,70
2758	800 (L) / 0,41 €	mehrfarbig	csd	0,90	0,90
2759	1000 (L) / 0,52 €	mehrfarbig	cse	1,10	1,10
		Satzpreis (4 W.)		3,20	3,20
		FDC			4,—

Auflage: 3 500 000 Sätze

Italien

2001, 24. April. 100 Jahre Nationaler Landwirtschaftsverband. RaTdr. (10×5); gez. K 13¼:14.

csf) Umrißkarte Italiens, Traktoren bei Feldarbeit, Erntegebinde

2760	800 (L) / 0,41 € mehrfarbig ...... csf	0,90	0,90
	FDC		1,70

Auflage: 3 500 000 Stück

2001, 28. April. 1000 Jahre Stadt Görz (Gorizia). RaTdr. (5×10); gez. K 14:13¼.

csg) Festung von Görz, Löwenskulptur am Burgtor, Jubiläumsemblem

2761	800 (L) / 0,41 € mehrfarbig ...... csg	1,20	1,20
	FDC		2,—

Auflage: 3 500 000 Stück

2001, 4. Mai. Europa: Lebensspender Wasser. RaTdr. (5×10); gez. K 14:13¼.

csh) Pflanzen werden aus Amphore mit Weltkugelzeichnung begossen

2762	800 (L) / 0,41 € mehrfarbig ...... csh	1,50	1,50
	FDC		2,50

Auflage: 3 500 000 Stück

2001, 9. Mai. 100 Jahre Orden „Verdienst der Arbeit". RaTdr. (10×5); gez. K 13¼:14.

csi) Orden von 1901 und 2001; Wappen der Stiftung

2763	800 (L) / 0,41 € mehrfarbig ...... csi	0,90	0,90
	FDC		1,70

Auflage: 3 500 000 Stück

2001, 9. Mai. Charta der Grundrechte der Europäischen Union. RaTdr. (5×10); gez. K 14:13¼.

csk) Menschliche Gesichtsprofile in Kreissegmenten, Emblem

2764	800 (L) / 0,41 € mehrfarbig ...... csk	1,—	1,—
	FDC		2,—

Auflage: 3 500 000 Stück

Satzpreise sind, wenn nicht anders angegeben, nach den niedrigsten Preisen eines Satzes errechnet.

2001, 19. Mai. Tag der Opfer von Arbeitsunfällen. RaTdr. (10×5); gez. K 13¼:14.

csl) Rose mit abgefallenem Blütenblatt, Arbeiter an Maschinen

2765	800 (L) / 0,41 € mehrfarbig ...... csl	1,—	1,—
	FDC		1,60

Auflage: 3 500 000 Stück

2001, 26. Mai. Tag der Kunst an Schulen. RaTdr. (5×10, Hochformat ~); gez. K 14:13¼, Hochformat ~.

csm) Kinder mit Briefen auf Regenbogen (Grundschule)

csn) Junger Briefmarkensammler (Mittelstufe)
cso) Linien, Farben und Symbole (Oberstufe)
csp) Strahlen und Gesichtsprofil (Oberstufe)

2766	800 (L) / 0,41 € mehrfarbig ..... csm	0,80	0,80
2767	800 (L) / 0,41 € mehrfarbig ..... csn	0,80	0,80
2768	800 (L) / 0,41 € mehrfarbig ..... cso	0,80	0,80
2769	800 (L) / 0,41 € mehrfarbig ..... csp	0,80	0,80
	Satzpreis (4 W.)	3,20	3,20
	FDC		4,—

Auflage: 3 500 000 Sätze

2001, 1. Juni. 600. Geburtstag von Masaccio. RaTdr. (10×5); gez. K 13¼:14.

csr) Schattenheilung des hl. Petrus (Detail); Teil eines Freskenzyklus von Masaccio, eigentl. Tommaso di Ser Giovanni di Monte Cassai (1401–1428)

2770	800 (L) / 0,41 € mehrfarbig ...... csr	1,—	1,—
	FDC		1,60

Auflage: 3 500 000 Stück

2001, 9. Juni. Künstlerisches und kulturelles Erbe in Italien. Komb. StTdr. und Odr. (5×5); gez. K 14.

css) Madonna von Senigallia; Gemälde von Piero della Francesca (um 1415–1492)

2771	800 (L) / 0,41 € mehrfarbig ...... css	1,—	1,—
	FDC		1,60

Auflage: 3 500 000 Stück

Italien

2001, 12. Juni. 50. Jahrestag der Gründung des Internationalen Panathlon-Klubs, Venedig. RaTdr. (10×5); gez. K 13¼:14.

cst) Emblem

2772 800 (L) / 0.41 € mehrfarbig ...... cst 1,— 1,—
FDC 1,60
Auflage: 3 500 000 Stück

2001, 31. Aug. Künstlerisches und kulturelles Erbe in Italien. StTdr. (5×5); gez. K 14.

csy) Achteckiger Saal in der Residenz Kaiser Neros „Domus Aurea" bei den Trajans-Thermen, Rom

2777 1000 (L) / 0.52 € rotbraun ...... csy 1,— 1,—
FDC 1,80
Auflage: 3 500 000 Stück

2001, 23. Juni. 1700 Jahre San Marino. RaTdr. (10×5); gez. K 13¼:14.

csu) Guaita-Turm auf dem Monte Titano

2773 800 (L) / 0.41 € mehrfarbig ...... csu 1,— 1,—
FDC 1,60
Auflage: 3 500 000 Stück

2001, 1. Sept. Blockausgabe: Italienisches Design (II): Einrichtungsgegenstände. Odr.; gez. K 13¼.

2001, 23. Juni. Gewinn der italienischen Fußballmeisterschaft 2000/2001 durch den AS Rom. RaTdr. (4×3); gez. K 13¼:14.

csv) Fußballspieler, Fußballplatz, Vereinsabzeichen

2774 800 (L) / 0.41 € mehrfarbig ...... csv 1,— 1,—
FDC 1,60
Auflage: 4 800 000 Stück

2001, 20. Juli. Körperschaften: Das Hafenamt. RaTdr. (5×10); gez. K 14:13¼.

csw) Küstenwachboot, Rettungskräfte, Hubschrauber

2775 800 (L) / 0.41 € mehrfarbig ...... csw 1,— 1,—
FDC 1,60
Auflage: 3 500 000 Stück

csz	cta	ctf
ctb	ctc	
ctd	cte	

csz) Vitrine „One" (2000) von Piero Lissoni und Patricia Urquiola, Sessel „Tube" (1995) von Anna Bartoli
cta) Stuhl „Free" (2001) von Monica Graffeo, Tischlampe „Bloc" (1996) von Rodolfo Dordoni
ctb) Stehlampe „Orbital" (1992) von Ferruccio Laviani, Diwan „New Tone" (1989) von Massimo Iosa Ghini
ctc) Sessel „Tonda" (1991) von Anna Gili, Tisch „Mirto" (1995) von Miki Astori
ctd) Blumengestell „Vernazza" (1997) von Marco Ferreri, Sofa mit Spirallehne „Tatlin" (1989) von M. Cananzi und R. Semprini
cte) Drehhocker „Bombo" (1997) von Stefano Giovannoni, Tischlampe „Mimì" (2001) von Massimiliano Datti

2778 800 (L) / 0.41 € mehrfarbig ...... csz 0,80 0,80
2779 800 (L) / 0.41 € mehrfarbig ...... cta 0,80 0,80
2780 800 (L) / 0.41 € mehrfarbig ...... ctb 0,80 0,80
2781 800 (L) / 0.41 € mehrfarbig ...... ctc 0,80 0,80
2782 800 (L) / 0.41 € mehrfarbig ...... ctd 0,80 0,80
2783 800 (L) / 0.41 € mehrfarbig ...... cte 0,80 0,80
Block 29 (155×137 mm) .... ctf 6,— 6,—
FDC 7,—
Auflage: 2 000 000 Blocks

2001, 20. Aug. 100. Geburtstag von Salvatore Quasimodo. RaTdr. (10×5); gez. K 13¼:14.

csx) S. Quasimodo (1901–1968), Lyriker, Essayist und Übersetzer, Nobelpreis 1959; Geburtshaus in Modica

2776 1500 (L) / 0.77 € mehrfarbig ...... csx 1,60 1,60
FDC 2,40
Auflage: 3 500 000 Stück

2001, 15. Sept. 100 Jahre Gemälde „Der Vierte Stand". StTdr. (5×10); gez. K 14:13¼.

ctg) Der Vierte Stand; Gemälde von Giuseppe Pellizza da Volpedo (1868-1907)

2784 1000 (L) / 0.52 € braunrot ...... ctg 1,— 1,—
FDC 1,80
Auflage: 3 500 000 Stück

Mit MICHEL besser sammeln

Italien

2001, 19. Sept. Schätze aus Museen und Nationalarchiven. RaTdr. (10×5); gez. K 13¼:14.

cth) Rekonstruktion des Similaunmannes „Ötzi" (um 3300 v. Chr.), Axt und Bild des Similaungletschers im Archäologischen Museum von Bozen

| 2785 | 800 (L) / 0.41 € mehrfarbig ...... cth | 1,20 | 1,20 |
| | FDC | | 2,— |

Auflage: 3 500 000 Stück

2001, 22. Sept. Tag der Briefmarke. RaTdr. (5×10); gez. K 14:13¼.

cti) Klassenzimmer mit Inschrift „Philatelie in der Schule"

| 2786 | 800 (L) / 0.41 € mehrfarbig ...... cti | 1,— | 1,— |
| | FDC | | 1,60 |

Auflage: 3 500 000 Stück

2001, 29. Sept. 100. Geburtstag von Enrico Fermi. RaTdr. (10×5); gez. K 13¼:14.

ctk) E. Fermi (1901–1954), Physiker, Nobelpreis 1938; Kernreaktor (1942)

| 2787 | 800 (L) / 0.41 € mehrfarbig ...... ctk | 1,— | 1,— |
| | FDC | | 1,60 |

Auflage: 3 500 000 Stück

2001, 29. Sept. Schulen und Universitäten. StTdr. (5×10, Hochformat ~); gez. K 14:13¼, Hochformat ~.

ctl) Università Pavia   ctm) Università Bari   ctn) Staatliches naturwissenschaftliches Gymnasium „C. Cavour", Rom

2788	800 (L) / 0.41 € schwarzblau ..... ctl	0,80	0,80
2789	800 (L) / 0.41 € dunkeltürkisblau . ctm	0,80	0,80
2790	800 (L) / 0.41 € dunkellilakarmin . ctn	0,80	0,80
	Satzpreis (3 W.)	2,40	2,40
	FDC		3,—

Auflage: 3 500 000 Sätze

2001, 12. Okt. Schätze aus Museen und Nationalarchiven. RaTdr. (5×10); gez. K 14:13¼.

cto) Muschelförmiges Etui und goldener Ohrhänger aus dem Nationalen Archäologischen Museum, Tarent

| 2791 | 1000 (L) / 0.52 € mehrfarbig ...... cto | 1,— | 1,— |
| | FDC | | 1,80 |

Auflage: 3 500 000 Stück

2001, 12. Okt. Internationale Organisation romanischsprachiger Länder „Unione Latina". RaTdr. (5×10); gez. K 14:13¼.

ctp) Allegorie

| 2792 | 800 (L) / 0.41 € mehrfarbig ...... ctp | 1,— | 1,— |
| | FDC | | 1,60 |

Auflage: 3 500 000 Stück

2001, 16. Okt. Welternährungstag. RaTdr. (2×10 Zd); gez. K 14:13¼.

ctr) Emblem des Intern. Fonds für Agrarentwicklung (IFAD)   cts) Emblem der Ernährungs- und Landwirtschaftsorganisation der Vereinten Nationen (FAO); Felcarbeit in Afrika   ctt) Emblem des Welternährungsprogramms (WFP)

ctr–ctt) Aufbrechende Knospe

2793	800 (L) / 0.41 € mehrfarbig .... ctr	0,80	0,80
2794	800 (L) / 0.41 € mehrfarbig .... cts	0,80	0,80
2795	800 (L) / 0.41 € mehrfarbig .... ctt	0,80	0,80
	Satzpreis (3 W.)	2,40	2,40
	Dreierstreifen	2,50	2,50
	FDC		3,—

Auflage: 2 500 000 Sätze

2001, 19. Okt. Künstlerisches und kulturelles Erbe in Italien. Komb. StTdr. und Odr. (5×5); gez. K 14.

ctu) Christus auf dem Thron mit Engeln; Fresko in der Kapelle Sancta Sanctorum, Rom

| 2796 | 800 (L) / 0.41 € mehrfarbig ...... ctu | 1,— | 1,— |
| | FDC | | 1,60 |

Auflage: 3 500 000 Stück

2001, 20. Okt. Künstlerisches und kulturelles Erbe in Italien. Komb. StTdr. und Odr. (5×5); gez. K 14.

ctv) Madonna mit Kind, Engeln, den Heiligen Franziskus und Thomas von Aquin sowie zwei Stiftern; Gemälde von Macrino d'Alba (15.–16. Jh.)

| 2797 | 800 (L) / 0.41 € mehrfarbig .... ctv | 1,— | 1,— |
| | FDC | | 1,60 |

Auflage: 3 500 000 Stück

Wissen kommt nicht von selbst
MICHEL

2001, 30. Okt. Weihnachten. RaTdr. (5 × 10); gez. K 14:13¼.

ctw) Liebe und Solidarität; Collage aus Grundschulklasse aus San Vito dei Normanni

ctx) Christi Geburt; Gemälde aus der Basilika Santa Maria Maggiore, Rom

2798	800 (L) / 0,41 €	mehrfarbig	ctw	0,80	0,80
2799	1000 (L) / 0,52 €	mehrfarbig	ctx	1,20	1,20
		Satzpreis (2 W.)		2,—	2,—
			FDC		2,50

Auflage: 3 000 000 Sätze

Die später erschienenen Druckvarianten der Dauerserie „Frauen" und „Prioritätspost" tragen oft den (Versandstellen-)ersttagsstempel der Erstauflage.

2002

2002, 2. Jan. Einführung der Euro-Münzen und -Banknoten. RaTdr. (2 × 10 Zd); gez. K 14:13¼.

cty) Venezianischer Dukat (1285)

ctz) Genuesischer Genovino und florentinischer Fiorino (1252)

cua) Euro-Zeichen mit Flaggen der Euro-Länder, Landkarte Europas

cub) Lire-Münzen, 1-Euro-Münze

2800	0,41 €	mehrfarbig	cty	0,80	0,80
2801	0,41 €	mehrfarbig	ctz	0,80	0,80
2802	0,41 €	mehrfarbig	cua	0,80	0,80
2803	0,41 €	mehrfarbig	cub	0,80	0,80
		Satzpreis (2 Paare)		3,50	3,50
		FDC			5,—

MiNr. 2800–2801 und 2802–2803 wurden jeweils waagerecht zusammenhängend gedruckt.

Auflage: 3 000 000 Sätze

2002, 2. Jan./2005, 21. Sept. Freimarken: Prioritätspost. Komb. Bdr. und Siebdruck, Folienblatt (Fbl.) (4 × 7 mit zusätzlichen Aufklebern) und Markenheftchen (MH) (4 × 1 mit zusätzlichen Aufklebern); MiNr. 2804 III RaTdr., Folienblatt (5 × 8 mit zusätzlichen Aufklebern); selbstklebend; gestanzt.

clx II) Buchstabe „P"

Aufkleber für Post mit vorrangiger Beförderung

2804	0,62 €	mehrfarbig . . . . clx II		
I		Druckvermerk „I.P.Z.S. - ROMA - 2002" (Fbl.) (MH) . .	1,30	1,30
II		Druckvermerk „I.P.Z.S. S.p.A. - ROMA - 2003" (Fbl.) (März 2003)	1,30	1,30
III		RaTdr., Druckvermerk „I.P.Z.S. S.p.A. - ROMA - 2005" (Fbl.) (21.9.2005)	1,30	1,30
2805	0,77 €	mehrfarbig . . . . clx II		
I		Druckvermerk „I.P.Z.S. - ROMA - 2002" (Fbl.)	1,60	1,60
II		Druckvermerk „I.P.Z.S. - ROMA - 2003" (Fbl.) (Mai 2003)	1,60	1,60
2806	1,00 €	mehrfarbig . . . . clx II		
I		Druckvermerk „I.P.Z.S. - ROMA - 2002" (Fbl.)	2,—	2,—
II		Druckvermerk „I.P.Z.S. S.p.A. - ROMA - 2003" (Fbl.) (15.1.2003)	2,—	2,—
III		Druckvermerk „I.P.Z.S. - ROMA - 2004" (Fbl.) (2004)	2,—	2,—
2807	1,24 €	mehrfarbig . . . . clx II		
I		Druckvermerk „I.P.Z.S. - ROMA - 2002" (Fbl.)	2,50	2,50
II		Druckvermerk „I.P.Z.S. - ROMA - 2003" (Fbl.) (April 2003)	2,50	2,50
2808	1,86 €	mehrfarbig . . . . clx II		
I		Druckvermerk „I.P.Z.S. - ROMA - 2002" (Fbl.)	3,80	3,80
II		Druckvermerk „I.P.Z.S. S.p.A. - ROMA - 2003" (Fbl.) (Aug. 2003)	3,80	3,80
2809	4,13 €	mehrfarbig . . . . clx II		
I		Druckvermerk „I.P.Z.S. - ROMA - 2002" (Fbl.)	8,30	8,30
II		Druckvermerk „I.P.Z.S. S.p.A. - ROMA - 2003" (Fbl.) (Jan. 2004)	8,30	8,30
		Satzpreis (6 W.)	19,—	19,—
		FDC		20,—
		Markenheftchen (MiNr. 2804 I)	5,—	

Weitere Werte siehe Fußnote nach MiNr. 2640.

2002, 2. Jan. Freimarken: Italia. StTdr. (10 × 5); gez. K 14:13¼.

atl I) Italia

2810	1,00 €	mehrfarbig	atl I	2,—	2,—
2811	1,24 €	mehrfarbig	atl I	2,50	2,50
2812	1,55 €	mehrfarbig	atl I	3,50	3,50
2813	2,17 €	mehrfarbig	atl I	4,50	4,50
2814	2,58 €	mehrfarbig	atl I	5,50	5,50
2815	3,62 €	mehrfarbig	atl I	7,50	7,50
		Satzpreis (6 W.)		25,—	25,—
		FDC			28,—

Weitere Werte siehe Fußnote nach MiNr. 1635

2002, 2. Jan./2005. Freimarken: Die Frau in der Kunst. MiNr. 2816–2819 RaTdr. (10 × 10), oWz., MiNr. 2820–2822 StTdr. (10 × 10), Wz. 4; I = Druckvermerk „I.P.Z.S. - ROMA", II = Druckvermerk „I.P.Z.S. S.p.A. - ROMA"; A = gez. K 14:13¼, C = gez. K 13¼.

cuc) Frauenprofil; syrakusische Silbermünze (5. Jh. v. Chr.)

cud) Frauenkopf; Terrakottastatue (3. Jh. v. Chr.)

cue) Antea; Gemälde von Parmigianino (1503–1540)

cuf) Der Frühling; Gemälde von Sandro Botticelli (um 1445–1510)

Italien

2816	0.02 €	mehrfarbig .... cuc			
I A		„I.P.Z.S. - ROMA"		0,10	0,10
II C		„I.P.Z.S. S.p.A. - ROMA" (2004)		0,10	0,10
2817	0.05 €	mehrfarbig .... cin			
I A		„I.P.Z.S. - ROMA"		0,10	0,10
II C		„I.P.Z.S. S.p.A. - ROMA" (2004)		0,10	0,10
2818	0.10 €	mehrfarbig .... cud			
I A		„I.P.Z.S. - ROMA"		0,20	0,20
II C		„I.P.Z.S. S.p.A. - ROMA" (2004)		0,20	0,20
2819 I A	0.23 €	mehrfarbig .... cio		0,50	0,50
2820	0.41 €	mehrfarbig .... cir			
I A		„I.P.Z.S. - ROMA"		0,80	0,80
II		„I.P.Z.S. S.p.A. - ROMA" kurzer Druckvermerk			
A		gez. K 14:13¼ (16.1.2003) .		0,80	0,80
C		gez. K 13¼ (Ende 2003) ...		0,80	0,80
II C		langer Druckvermerk (2005)		0,80	0,80
2821	0.50 €	mehrfarbig .... cue			
I A		„I.P.Z.S. - ROMA"		1,—	1,—
II C		„I.P.Z.S. S.p.A. - ROMA" (2004)		1,—	1,—
2822 I	0.77 €	mfg., „I.P.Z.S. - ROMA" . cuf			
A		gez. K 14:13¼		1,60	1,60
C		gez. K 13¼ (2004)		1,60	1,60
		Satzpreis (7 W.)		4,20	4,20
		FDC			5,20

Unterscheidung der Untertypen von MiNr. 2820 II:
MiNr. 2820 II.II C – kurzer Druckvermerk: Landesname ITALIA endet über dem Ende des M von ROMA.
MiNr. 2820 II.II C – langer Druckvermerk: Landesname ITALIA endet über dem Anfang des M von ROMA.

Weitere Werte siehe Übersicht nach Jahrgangswerttabelle.

2002, 9. Jan. 100. Geburtstag des hl. Josemaría Escrivá de Balaguer y Albás. RaTdr. (5×10), gez. K 14:13¼.

cug) Hl. Josemaría Escrivá de Balaguer y Albás (1902–1975), Jurist und katholischer Theologe, Gründer der Priester- und Laiengemeinschaft „Opus Dei"

2823	0.41 €	mehrfarbig .... cug	1,—	1,—
		FDC		1,80

Auflage: 5 000 000 Stück

2002, 24. Jan. Schulen und Universitäten. RaTdr. (5×10), gez. K 14:13¼.

cuh) Universität für Wirtschaftswissenschaften „Luigi Bocconi", Mailand; L. Bocconi, Gründer

2824	0.41 €	mehrfarbig .... cuh	1,—	1,—
		FDC		1,80

Auflage: 3 000 000 Stück

2002, 26. Jan. 150. Jahrestag der ersten Markenausgabe des Herzogtums Parma. RaTdr. (10×5), gez. K 13¼:14.

cui) Marke Parma MiNr. 1

2825	0.41 €	mehrfarbig .... cui	1,—	1,—
		FDC		1,80

Auflage: 3 000 000 Stück

2002, 1. Febr. Internationales Jahr der Berge. RaTdr. (10×5), gez. K 13¼:14.

cuk) Monviso (3841 m)

2826	0.41 €	mehrfarbig .... cuk	1,—	1,—
		FDC		1,80

Auflage: 3 000 000 Stück

2002, 23. Febr. Olympische Winterspiele 2006, Turin. RaTdr. (10×5), gez. K 13¼:14.

cul) Emblem

2827	0.41 €	mehrfarbig .... cul	1,—	1,—
		FDC		1,80

Auflage: 3 000 000 Stück

2002, 1. März. Freimarke: Italia. StTdr. (10×5); gez. K 14:13¼.

atl l) Italia

2828	6.20 €	mehrfarbig .... atl l	13,—	12,—
		FDC		14,—

Weitere Werte siehe Fußnote nach MiNr. 1635

**Wenn Sie eine eilige philatelistische Anfrage haben, rufen Sie bitte (0 89) 3 23 93-2 24.
Die MICHEL-Redaktion gibt Ihnen gerne Auskunft.**

2002, 1. März/2004, Sept. Freimarken: Die Frau in der Kunst.
RaTdr. (10×10); A = gez. K 14:13¼, C = gez. K 13¼.

cum) Ebe; Skulptur von Antonio Canova (1757–1822)

cun) Legende des Heiligen Kreuzes (Detail); Fresko von Piero della Francesca (um 1418–1492)

cuo) Danae (Detail); Gemälde von Correggio (um 1489–1534)

2829	0.01 €	mehrfarbig .... cum		
I A		Druckvermerk „I.P.Z.S. - ROMA"	0,10	0,10
II C		Druckvermerk „I.P.Z.S. S.p.A. - ROMA" (Febr. 2004) .	0,10	0,10
2830	0.03 €	mehrfarbig .... cun		
I A		Druckvermerk „I.P.Z.S. - ROMA"	0,10	0,10
II C		Druckvermerk „I.P.Z.S. S.p.A. - ROMA" (2.1.2004)	0,10	0,10
2831	0.20 €	mehrfarbig .... cuo		
I A		Druckvermerk „I.P.Z.S. - ROMA"	0,40	0,40
II C		Druckvermerk „I.P.Z.S. S.p.A. - ROMA" (Sept. 2004)	0,40	0,40
		Satzpreis (3 W.)	0,60	0,60
		FDC		1,50

Weitere Werte siehe Übersicht nach Jahrgangswerttabelle.

2002, 2. März. 50. Todestag von Königin Elena von Italien; Kampagne gegen Brustkrebserkrankung. RaTdr. (10×5); gez. K 13¼:14.

cup) Elena (1873–1952), Königin von Italien

2832	0.41 € + 0.21 €	mehrfarbig ..... cup	1,30	1,30
		FDC		2,20

Auflage: 12 500 000 Stück

2002, 8. März. Künstlerisches und kulturelles Erbe in Italien. StTdr. (5×5); gez. K 14.

cur) Kranker an der Quelle; Skulptur von Arnolfo di Cambio (um 1245–1302), Baumeister und Bildhauer

2833	0.41 €	dunkellilapurpur .... cur	1,—	1,—
		FDC		1,80

Auflage: 3 500 000 Stück

MICHEL-Kataloge

können Sie auch außerhalb Deutschlands beziehen. Unsere Vertretungen in vielen Ländern haben die neuen Kataloge stets lieferbar.

2002, 23. März. Tourismus. RaTdr. (5×10); gez. K 14:13¼.

cus) Jagdschloß, Venaria Reale

cut) Piazza della Cisterna, San Gimignano

cuu) Normannische Burg, Sannicandro di Bari

cuv) Villa Piccolo, Capo d'Orlando

2834	0.41 €	mehrfarbig .... cus	0,80	0,80
2835	0.41 €	mehrfarbig .... cut	0,80	0,80
2836	0.41 €	mehrfarbig .... cuu	0,80	0,80
2837	0.41 €	mehrfarbig .... cuv	0,80	0,80
		Satzpreis (4 W.)	3,20	3,20
		FDC		4,20

Auflage: 3 500 000 Sätze

Weitere Werte siehe Übersicht nach Jahrgangswerttabelle.

2002, 3. April. Künstlerisches und kulturelles Erbe in Italien. StTdr. (5×5); gez. K 14.

cuw) Kirche Santa Maria delle Grazie, Spezzano Albanese, Provinz Cosenza

2838	0.41 €	braunkarmin .... cuw	1,—	1,—
		FDC		1,80

Auflage: 3 500 000 Stück

2002, 12. April. 150 Jahre Staatspolizei. RaTdr. (5×10); gez. K 14:13¼.

cux) Polizist und Polizistin in Uniform, Polizeiwappen auf Bildschirm, Dienstwagen

2839	0.41 €	mehrfarbig .... cux	1,—	1,—
		FDC		1,80

Auflage: 3 500 000 Stück

2002, 20. April. 450. Geburtstag von Matteo Ricci. RaTdr. (5×10), gez. K 14:13¼.

cuy) M. Ricci (1552–1610), Jesuitenpater, Missionar in China, Mathematiker und Astronom; Weltkarte

2840	0.41 €	mehrfarbig .... cuy	1,—	1,—
		FDC		1,80

Auflage: 3 500 000 Stück

2002, 4. Mai. Schulen und Universitäten: Marineschule „Francesco Morosini", Venedig. RaTdr. (5×10), gez. K 14:13¼.

cuz) Kadett mit Schulfahne, Segelschulschiff „Amerigo Vespucci", Ansicht von Venedig

2841	0.41 €	mehrfarbig .... cuz	1,—	1,—
		FDC		1,80

Auflage: 3 500 000 Stück

Italien 457

2002, 4. Mai. Europa: Zirkus. RaTdr. (5×10), gez. K 14:13¼.

cva) Jonglierender Clown, Seiltänzerin, Artistin am Trapez, Elefant

| 2842 | 0,41 € | mehrfarbig | cva | 1,50 | 1,50 |
| | | | FDC | | 2,50 |

Auflage: 3 500 000 Stück

2002, 10. Mai. Filmgeschichte (V): Italienischer Film. Komb. StTdr. und Odr. (10×5); gez. K 13¼:14.

cvb) Carlo Battisti in „Umberto D" (1951) von Vittorio de Sica

cvc) Vorspann zu „Das Wunder von Mailand" (1951) von Cesare Zavattini (Buch) und Vittorio de Sica (Regie)

2843	0,41 €	mehrfarbig	cvb	0,90	0,90
2844	0,41 €	mehrfarbig	cvc	0,90	0,90
		Satzpreis (2 W.)		1,80	1,80
			FDC		2,80

Auflage: 3 500 000 Sätze

Weitere Werte siehe Fußnote nach MiNr. 2406.

2002, 18. Mai. Gewinn der italienischen Fußballmeisterschaft 2001/02 durch Juventus Turin. RaTdr. (4×3); gez. K 13¼:14.

cvd) Fallrückzieher, Vereinsabzeichen

| 2845 | 0,41 € | mehrfarbig | cvd | 1,20 | 1,20 |
| | | | FDC | | 2,50 |

Auflage: 6 000 000 Stück

2002, 23. Mai. 10. Jahrestag der Ermordung von Giovanni Falcone und Paolo Borsellino. RaTdr. (5×10); normales Papier; gez. K 14:13¼.

cve) G. Falcone (1939–1992) und P. Borsellino (1940–1992), Untersuchungsrichter im Mafia-Prozeß, Rom 1992

| 2846 | 0,62 € | mehrfarbig | cve | 1,30 | 1,30 |
| | | | FDC | | 2,30 |

Auflage: 3 500 000 Stück

2002, 28. Mai. Gipfelkonferenz NATO–Rußland, Pratica di Mare bei Rom. RaTdr. (5×10); gez. K 14:13¼.

cvf) Konstantinsbogen in Rom, NATO-Flagge und Nationalflagge Rußlands, Flaggen der Mitgliedsstaaten

| 2847 | 0,41 € | mehrfarbig | cvf | 1,— | 1,— |
| | | | FDC | | 1,80 |

Auflage: 3 500 000 Stück

2002, 30. Mai. Wildwasserkanu-Weltmeisterschaften auf der Sesia. RaTdr. (10×5); gez. K 13¼:14.

cvg) Einer-Kajak

| 2848 | 0,52 € | mehrfarbig | cvg | 1,30 | 1,30 |
| | | | FDC | | 2,— |

Auflage: 3 500 000 Stück

2002, 1. Juni. Die italienische Armee im Dienst der Friedenserhaltung. RaTdr. (10×5); gez. K 13¼:14.

cvh) Wappen der Waffengattungen Heer, Marine, Luftwaffe und Carabinieri

| 2849 | 0,41 € | mehrfarbig | cvh | 1,— | 1,— |
| | | | FDC | | 1,80 |

Auflage: 3 500 000 Stück

2002, 1. Juni. 150. Jahrestag der ersten Briefmarkenausgabe von Modena. RaTdr. (10×5); gez. K 13¼:14.

cvi) Marke Modena MiNr. 6

| 2850 | 0,41 € | mehrfarbig | cvi | 1,— | 1,— |
| | | | FDC | | 1,80 |

Auflage: 3 500 000 Stück

2002, 14. Juni. 100. Geburtstag von Alfredo Binda. RaTdr. (10×5); gez. K 13¼:14.

cvk) A. Binda (1902–1986), Radrennfahrer

| 2851 | 0,41 € | mehrfarbig | cvk | 1,— | 1,— |
| | | | FDC | | 1,80 |

Auflage: 3 500 000 Stück

2002, 16. Juni. Heiligsprechung von Pater Pio. RaTdr. (5×5); gez. K 14.

cvl) Hl. Pio von Pietrelcina (1887–1968), Kapuzinermönch

| 2852 | 0,41 € | mehrfarbig | cvl | 1,— | 1,— |
| | | | FDC | | 1,60 |

Mit MICHEL immer gut informiert

Italien

2002, 21. Juni. Gedenken an die Hinrichtung der Soldaten der 33. Infanterie-Division Acqui auf Kefalonia (Sept. 1943). RaTdr. (10×5); gez. K 13¼:14.

cvm) Denkmal in Verona (err. 1966) von Mario Salazzari

| 2853 | 0,41 € | mehrfarbig | cvm | 1,— | 1,— |
| | | | FDC | | 1,60 |

2002, 22. Juni. Künstlerisches und kulturelles Erbe in Italien. Komb. StTdr. und Odr. (5×5); gez. K 14.

cvn) Kruzifix; Gemälde von Cimabue (1240–1302)

| 2854 | 2,58 € | mehrfarbig | cvn | 5,50 | 5,— |
| | | | FDC | | 6,— |

Auflage: 3 500 000 Stück

2002, 24. Juni. 200 Jahre Innenministerium und seine Präfekturen. RaTdr. (5×10); gez. K 14:13¼.

cvo) Gebäude des Innenministeriums, Rom; stilisiertes Präfekturgebäude

| 2855 | 0,41 € | mehrfarbig | cvo | 1,— | 1,— |
| | | | FDC | | 1,80 |

Auflage: 3 500 000 Stück

2002, 6. Juli. 100. Todestag der hl. Maria Goretti. RaTdr. (10×5); gez. K 13¼:14.

cvp) Hl. Maria Goretti (1890–1902)

| 2856 | 0,41 € | mehrfarbig | cvp | 1,— | 1,— |
| | | | FDC | | 1,50 |

Auflage: 3 500 000 Stück

2002, 13. Juli. 400. Geburtstag von Jules Mazarin. RaTdr. (5×10); gez. K 14:13¼.

cvr) J. Mazarin (1602–1661), Herzog von Nevers, französischer Politiker und Kardinal; Geburtshaus in Pescina

| 2857 | 0,41 € | mehrfarbig | cvr | 1,— | 1,— |
| | | | FDC | | 1,50 |

Auflage: 3 500 000 Stück

2002, 8. Aug. Italienische Staatsbürger in aller Welt. RaTdr. (10×5); gez. K 13¼:14.

cvs) Flaggenband um Weltkugel

| 2858 | 0,52 € | mehrfarbig | cvs | 1,10 | 1,10 |
| | | | FDC | | 2,— |

Auflage: 3 500 000 Stück

2002, 17. Aug. Gedenken der Opfer des Kriegsverbrechens von Sant'Anna di Stazzemese (1944). RaTdr. (10×5); gez. K 13¼:14.

cvt) Gedenkstätte (1948) von Vincenzo Gasparetti

| 2859 | 0,41 € | mehrfarbig | cvt | 1,— | 1,— |
| | | | FDC | | 1,60 |

Auflage: 3 500 000 Stück

2002, 30. Aug. Kultur- und Naturerbe der Menschheit: Italien; Internationale Briefmarkenmesse RICCIONE '02. RaTdr. (3×5 Zd); gez. K 13¾:13¼.

cvu) Domplatz von Pisa
Zierfeld

cvv) Äolische Inseln
Zierfeld

2860	0,41 €	mehrfarbig (B)	cvu	0,90	0,90
2861	0,52 €	mehrfarbig (B)	cvv	1,10	1,10
		Satzpreis (2 W.)		2,—	2,—
		2863 Zf–2864 Zf		2,—	2,—
			FDC		3,—

Auflage: 3 000 000 Sätze

Parallelausgabe mit Vereinte Nationen – Genf MiNr. 448–455, Wien MiNr. 371–378, New York MiNr. 904–911

MICHEL, der Spezialist für Briefmarken, Münzen und Telefonkarten. Fordern Sie bitte unser Verlagsverzeichnis an!

Italien 459

2002, 30. Aug. Blockausgabe: Italienisches Design (III): Damenmode. Odr.; gez. K 14:14¼.

	cvw) Kleid von Krizia	cvx) Büstenhalter von Dolce & Gabbana	cvy) Kleid von Gianfranco Ferré		cwc
	cvz) Hosenanzug von Giorgio Armani	cwa) Kleid von LB	cwb) Schuhe von Prada		

2862	0,41 €	mehrfarbig	. . . . cvw	0,80	0,80
2863	0,41 €	mehrfarbig	 cvx	0,80	0,80
2864	0,41 €	mehrfarbig	. . . . cvy	0,80	0,80
2865	0,41 €	mehrfarbig	. . . . cvz	0,80	0,80
2866	0,41 €	mehrfarbig	. . . . cwa	0,80	0,80
2867	0,41 €	mehrfarbig	. . . . cwb	0,80	0,80
Block 30	(157 × 137 mm)	. . . . cwc		5,—	5,—
		FDC			6,—

Auflage: 2 500 000 Blocks

2002, 3. Sept. 20. Jahrestag der Ermordung von Carlo Alberto Dalla Chiesa. RaTdr. (10 × 5); gez. K 13¼:14.

cwd) C. A. Dalla Chiesa (1920–1982), Präfekt von Palermo, General der Carabinieri

2868	0,41 €	mehrfarbig	. . . . cwd	1,—	1,—
		FDC			1,60

Auflage: 3 500 000 Stück

2002, 7. Sept. Künstlerisches und kulturelles Erbe in Italien. Komb. StTdr. und Odr. (5 × 5); gez. K 14.

cwe) Concordia-Theater, Monte Castello di Vibio (Innenansicht), Provinz Perugia

2869	0,41 €	mehrfarbig	. . . . cwe	1,—	1,—
		FDC			1,60

Auflage: 3 500 000 Stück

2002, 11. Sept. Großseglertreffen, Imperia Porto Maurizio. RaTdr. (5 × 10); gez. K 14:13¼.

cwf) Segelschiff im Hafen von Imperia

2870	0,41 €	mehrfarbig	. . . . cwf	1,—	1,—
		FDC			1,60

Auflage: 3 500 000 Stück

2002, 4. Okt. Schätze aus Museen und Nationalarchiven. RaTdr. (10 × 5, Querformat ~); gez. K 13¼:14, Querformat ~.

cwg) Kreuz des Königs Desiderius (8. Jh.); Stadtmuseum Santa Giulia, Brescia

cwh) Juno Ludovisi; römische Plastik (1. Jh.) nach griechischem Original (4. Jh. v. Chr.) aus dem Nationalmuseum Palazzo Altemps, Rom

2871	0,41 €	mehrfarbig	. . . . cwg	0,90	0,90
2872	0,41 €	mehrfarbig	. . . . cwh	0,90	0,90
		Satzpreis (2 W.)		1,80	1,80
		FDC			2,60

Auflage: 3 500 000 Sätze

2002, 4. Okt. 150. Jahrestag der ersten Markenausgabe des Kirchenstaates. RaTdr. (10 × 5); gez. K 13¼:14.

cwi) Marke Kirchenstaat MiNr. 6

2873	0,41 €	mehrfarbig	. . . . cwi	1,—	1,—
		FDC			1,60

Auflage: 3 500 000 Stück

2002, 11. Okt. Umwelt und Natur: Einheimische Fauna und Flora. RaTdr. (10 × 5); gez. K 13¼:14.

cwk) Frauenschuh (Cypripedium calceolus)

cwl) Luchs (Lynx lynx)

cwm) Hirschkäfer (Lucanus cervus)

2874	0,23 €	mehrfarbig	. . . . cwk	0,50	0,50
2875	0,52 €	mehrfarbig	. . . . cwl	1,10	1,10
2876	0,77 €	mehrfarbig	. . . . cwm	1,60	1,60
		Satzpreis (3 W.)		3,20	3,20
		FDC			4,—

Auflage: 3 500 000 Sätze

2002, 16. Okt. Welternährungstag. RaTdr. (10 × 5); gez. K 13¼:14.

cwn) Hände greifen nach einem Tropfen Wasser

2877	0,41 €	mehrfarbig	. . . . cwn	1,—	1,—
		FDC			1,60

Auflage: 3 500 000 Stück

Mehr wissen mit MICHEL

460 Italien

2002, 22. Okt. Staatliche Institutionen (VII): Forstpolizei. RaTdr. (10×5); gez. K 13¼:14.

cwo) Forstpolizist mit Fernglas

| 2878 | 0,41 € | mehrfarbig | cwo | 1,— | 1,— |
| | | | FDC | | 1,60 |

Auflage: 3 500 000 Stück

2002, 25. Okt. 100. Geburtstag von Don Carlo Gnocchi. RaTdr. (10×5); gez. K 13¼:14.

cwp) Don Carlo Gnocchi (1902–1956), katholischer Priester, Philanthrop und Stiftungsgründer

| 2879 | 0,41 € | mehrfarbig | cwp | 1,— | 1,— |
| | | | FDC | | 1,60 |

Auflage: 3 500 000 Stück

2002, 31. Okt. TeleThon – Benefiz-Marathonlauf zugunsten der Bekämpfung muskulärer Dystrophie und anderer Erbkrankheiten. RaTdr. (5×10); gez. K 14:13¼.

cwr) Mikroskop, DNA-Doppelhelix

| 2880 | 0,41 € | mehrfarbig | cwr | 1,— | 1,— |
| | | | FDC | | 1,60 |

Auflage: 3 500 000 Stück

2002, 31. Okt. Weihnachten. RaTdr. (5×10, Hochformat ~); MiNr. 1882 normales Papier; gez. K 14:13¼, Hochformat ~.

cws) Lebende Krippe, Oria   cwt) Kind mit Kerze am Christbaum

2881	0,41 €	mehrfarbig	cws	0,80	0,80
2882	0,62 €	mehrfarbig	cwt	1,30	1,30
		Satzpreis (2 W.)			2,—
		FDC			3,—

Auflage: 3 500 000 Sätze

2002, 20. Nov. Die Frau im Sport. RaTdr. (10×5); gez. K 13¼:14.

cwu) Läuferin durchtrennt Zielband, Nike von Samothrake (Marmorstatue, 190 v. Chr.)

| 2883 | 0,41 € | mehrfarbig | cwu | 1,— | 1,— |
| | | | FDC | | 1,60 |

Auflage: 3 500 000 Stück

2002, 29. Nov. Fußballweltmeister im 20. Jahrhundert. Odr. (3×3 Zd); gez. K 14.

cwv) Flaggen der Weltmeisterländer, Spielfeld, Fußball
cww) Spielszene mit italienischem Nationalspieler

2884	0,52 €	mehrfarbig	cwv	1,10	1,10
2885	0,52 €	mehrfarbig	cww	1,10	1,10
		Satzpreis (Paar)		2,50	2,50
		FDC			3,50

In einer Nachauflage weisen die beiden diagonalen Zähnungsreihen von MiNr. 2884 zu den Ecken nur jeweils 6 statt 7 Zähnungslöcher auf.

Parallelausgabe mit Argentinien MiNr. 2715–2716, Brasilien MiNr. 3226–3227, Bundesrepublik Deutschland MiNr. 2258–2259, Frankreich MiNr. 3620–3621 und Uruguay MiNr. 2659–2660

2002, 29. Nov. Tag der Briefmarke. RaTdr. (5×10); normales Papier; gez. K 14:13¼.

cwx) Philatelie in der Schule

| 2886 | 0,62 € | mehrfarbig | cwx | 1,50 | 1,50 |
| | | | FDC | | 2,— |

Auflage: 5 000 000 Stück

2002, 4. Dez. 50. Todestag von Vittorio Emanuele Orlando. RaTdr. (10×5); gez. K 13¼:14.

cwy) V. E. Orlando (1860–1952), Politiker; Gemälde von Giovanni Boldini

| 2887 | 0,41 € | mehrfarbig | cwy | 1,— | 1,— |
| | | | FDC | | 1,60 |

Auflage: 3 500 000 Stück

2003

2003, 16. Jan. Nationale Briefmarkenausstellung „Die Republik Italien", Rom. RaTdr., Bogen (5×10) und Markenheftchen (5×1); normales Papier; gez. K 14.

cwz) Familie, Waagschalen

2888	0,62 €	mehrfarbig	cwz	1,30	1,30
			FDC		2,50
		Markenheftchen		20,—	

Auflage: 3 500 000 Stück, davon 500 000 aus Markenheftchen

In ähnlicher Zeichnung: MiNr. 704

Italien

2003, 16. Jan. Winter-Universiade, Tarvis. RaTdr. (10×5); gez. K 13½:14.

cxa) Emblem

2889	0.52 €	mehrfarbig	cxa	1,10	1,10
			FDC		2,—

Auflage: 3 500 000 Stück

2003, 1. Febr. 150. Jahrestag der Gründung des ersten Fotoateliers der Welt durch die Brüder Alinari, Florenz (2002). RaTdr. (3×10 Zd); gez. K 14¼:13½.

Zierfeld

cxb) Palazzo Vecchio, Florenz; Tandemfahrer (historische Aufnahme)

2890	0.77 €	mehrfarbig	cxb	1,60	1,60
			2890 Zf	1,60	1,60
			FDC		2,50

Auflage: 3 500 000 Stück

2003, 1. Febr. Weltmeisterschaften im Querfeldeinradfahren, Monopoli. RaTdr. (10×5); gez. K 13½:14.

cxc) Sportler mit geschultertem Rad

2891	0.41 €	mehrfarbig	cxc	1,—	1,—
			FDC		2,—

Auflage: 3 500 000 Stück

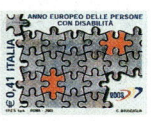

2003, 14. Febr. Europäisches Jahr der Behinderten. RaTdr. (5×10); gez. K 14:13¼.

cxd) Puzzle

2892	0.41 €	mehrfarbig	cxd	1,—	1,—
			FDC		2,—

Auflage: 3 500 000 Stück

2003, 18. Febr. Nordische Skiweltmeisterschaften, Fleimstal. RaTdr. (5×10); gez. K 14:13¼.

cxe) Skilanglauf, Skispringen

2893	0.41 €	mehrfarbig	cxe	1,—	1,—
			FDC		2,—

Auflage: 3 500 000 Stück

2003, 25. Febr. Staatliche Institutionen (VIII): Zivildienst. RaTdr. (3×10 Zd); normales Papier; gez. K 14:13¼.

Zierfeld

cxf) Junge Frau überreicht älterem Mann eine Blume

2894	0.62 €	mehrfarbig	cxf	1,40	1,40
			2894 Zf	1,50	1,50
			FDC		2,—

Auflage: 3 450 000 Stück

2003, 6. März. 500. Jahrestag der Duellforderung von Barletta. RaTdr. (5×10); gez. K 14:13¼.

cxg) Kampf zwischen 13 auserwählten Italienern und 13 französischen Rittern (1503)

2895	0.41 €	mehrfarbig	cxg	1,—	1,—
			FDC		2,—

Auflage: 3 500 000 Stück

2003, 11. März. Schulen und Universitäten. RaTdr. (5×5); gez. K 14¼:14.

cxh) Staatliches Gymnasium „Torquato Tasso", Rom

2896	0.41 €	mehrfarbig	cxh	1,—	1,—
			FDC		2,—

Auflage: 3 500 000 Stück

2003, 20. März. Künstlerisches und kulturelles Erbe in Italien. Komb. StTdr. und Odr. (5×5); gez. K 14.

cxi) Die Begegnung an der Porta Aurea; Fresco in der Scrovegni-Kapelle, Padua, von Giotto di Bondone (1266–1337), Maler und Baumeister

2897	0.41 €	mehrfarbig	cxi	1,—	1,—
			FDC		2,—

Auflage: 3 500 000 Stück

2003, 24. März. Schulen und Universitäten. RaTdr. (5×5); gez. K 14¼:14.

cxk) Gymnasium Gian Rinaldo Carli, Pisino d'Istria; G. R. Carli (1720–1795), Gründer

2898	0.41 €	mehrfarbig	cxk	1,—	1,—
			FDC		2,—

Auflage: 3 500 000 Stück

2003, 26. März. 100 Jahre Accademia dei Lincei, Rom. Komb. StTdr. und Odr. (10×5); gez. K 13½:14.

cxl) Emblem der Akademie

2899	0.41 €	mehrfarbig	cxl	1,—	1,—
			FDC		2,—

Auflage: 3 500 000 Stück

Italien

2003, 4. April. Fechtweltmeisterschaften der Junioren, Trapani. RaTdr. (5×10); gez. K 14:13¼.

(cxm) Fechtkampf; Säbel, Degen, Florett

2900	0,41 €	mehrfarbig	cxm	1,—	1,—
			FDC		2,—

Auflage: 3 500 000 Stück

2003, 5. April. 100 Jahre Golfklub Roma Acquasanta. RaTdr. (5×10); gez. K 14:13¼.

(cxn) Golfspieler, Klubhaus

2901	0,77 €	mehrfarbig	cxn	1,60	1,60
			FDC		2,50

Auflage: 3 500 000 Stück

2003, 5. April. Tourismus. RaTdr. (5×10); gez. K 14:13¼.

cxo) Altstadt von Sestri Levante
cxp) Historisches Zentrum von Lanciano
cxr) Marina Coricella auf Procida

2902	0,41 €	mehrfarbig	cxo	1,—	1,—
2903	0,41 €	mehrfarbig	cxp	1,—	1,—
2904	0,41 €	mehrfarbig	cxr	1,—	1,—
		Satzpreis (3 W.)		3,—	3,—
			FDC		3,50

Auflage: 3 500 000 Sätze

Weitere Werte siehe Übersicht nach Jahrgangswerttabelle.

2003, 10. April. Schulen und Universitäten: 700 Jahre Universität La Sapienza, Rom. RaTdr. (5×5); gez. K 14.

cxs) Rektoratspalast, Minerva-Statue, Universitätssiegel

2905	0,41 €	mehrfarbig	cxs	1,—	1,—
			FDC		2,—

Auflage: 3 500 000 Stück

2003, 17. April. Nationales Museum für Teigwaren, Rom. RaTdr. (10×5); gez. K 13¼:14.

cxt) Emblem des Museums

2906	0,41 €	mehrfarbig	cxt	1,—	1,—
			FDC		1,—

Auflage: 3 500 000 Stück

2003, 23. April. Schulen und Universitäten: Freie internationale Universität für soziale Studien (LUISS) „Guido Carli", Rom. RaTdr. (5×5); gez. K 14.

cxu) G. Carli, Politiker; Universitätsgebäude

2907	2.58 €	mehrfarbig	cxu	5,—	5,—
			FDC		6,—

Auflage: 3 500 000 Stück

2003, 5. Mai. Europa: Plakatkunst. RaTdr. (10×5); gez. K 13¼:14.

cxv–cxw) Plakate von Marcello Dudovich (1878–1962), Maler, Illustrator und Dekorateur

2908	0,41 €	mehrfarbig	cxv	1,20	1,20
2909	0,52 €	mehrfarbig	cxw	1,30	1,30
		Satzpreis (2 W.)		2,50	2,50
			FDC		3,50

Auflage: 3 500 000 Sätze

2003, 8. Mai. 50 Jahre Staatliches Zentralarchiv, Rom. RaTdr. (5×10); gez. K 14:13¼.

cxx) Gebäude des Zentralarchivs, Zeitungsseiten

2910	0,41 €	mehrfarbig	cxx	0,80	0,80
			FDC		1,60

Auflage: 3 500 000 Stück

2003, 9. Mai. 25. Todestag von Aldo Moro. RaTdr. (10×5); normales Papier; gez. K 13¼:14.

cxy) A. Moro (1916–1978), Politiker

2911	0,62 €	mehrfarbig	cxy	1,30	1,30
			FDC		2,20

Auflage: 3 500 000 Stück

2003, 9. Mai. 100. nationale Briefmarkenausstellung VERONAFIL. RaTdr. (5×10); gez. K 14:13¼.

cxz) Petrus Martyr (um 1205–1252), Dominikaner; Ausstellungsemblem

2912	0,41 €	mehrfarbig	cxz	0,80	0,80
			FDC		1,60

Auflage: 3 500 000 Stück

Italien

2003, 28. Mai. Blockausgabe: Antonio Meucci. Odr.; gez. Ks 13¼:14.

cya) A. Meucci (1808–1889), italienisch-amerikanischer Erfinder des Telefons (1860)

cyb

2913	0,52 €	mehrfarbig	cya	1,—	1,—
Block 31	(90 × 71 mm)		cyb	1,—	1,—
			FDC		2,—

Auflage: 2 000 000 Blocks

2003, 31. Mai. 150. Jahrestag der Erfindung des Vergasermotors durch Eugenio Barsanti und Felice Matteucci. RaTdr. (5 × 10); gez. K 14:13¼.

cyc) E. Barsanti (1821-1864) und F. Matteucci (1808-1887), Physiker; Motor (1853)

| 2914 | 0,52 € | mehrfarbig | cyc | 1,— | 1,— |
| | | | FDC | | 1,80 |

Auflage: 3 500 000 Stück

2003, 30. Juni. Künstlerisches und kulturelles Erbe in Italien: 70 Jahre Stadt Latina. StTdr. (5 × 5); gez. K 14.

cyd) Post- und Telegraphenamt, Latina; von Angiolo Mazzoni (1894-1979), Architekt

| 2915 | 0,41 € | schwarzgraublau | cyd | 0,80 | 0,80 |
| | | | FDC | | 1,60 |

Auflage: 3 500 000 Stück

2003, 1. Juli. Vorsitz Italiens in der Europäischen Union. RaTdr. (5 × 10); gez. K 14:13¼.

cye) Flaggen Italiens und der EU, Buchstabe „E"

| 2916 | 0,41 € | mehrfarbig | cye | 0,80 | 0,80 |
| | | | FDC | | 1,60 |

Auflage: 3 500 000 Stück

2003, 1. Juli. 100. Geburtstag von Ezio Vanoni. RaTdr. (10 × 5); gez. K 13¼:14.

cyf) E. Vanoni (1903–1956), Politiker

| 2917 | 2.58 € | mehrfarbig | cyf | 5,— | 5,— |
| | | | FDC | | 6,— |

Auflage: 3 500 000 Stück

2003, 2. Juli. 300. Geburtstag von Corrado Giaquinto. RaTdr. (5 × 5); gez. K 14.

cyg) Mariä Himmelfahrt; Gemälde von Corrado Giaquinto (1703–1765)

| 2918 | 0,77 € | mehrfarbig | cyg | 1,60 | 1,60 |
| | | | FDC | | 2,40 |

Auflage: 3 500 000 Stück

2003, 15. Juli. 50. Todestag von Eugenio Balzan. RaTdr. (5 × 10); gez. K 14:13¼.

cyh) E. Balzan (1874–1953), Journalist und Zeitungsverleger

| 2919 | 0,41 € | mehrfarbig | cyh | 0,80 | 0,80 |
| | | | FDC | | 1,60 |

Auflage: 3 500 000 Stück

2003, 23. Juli. 500. Geburtstag von Francesco Mazzola. RaTdr. (5 × 5); gez. K 14.

cyi) Diana und Aktäon; Fresko (Detail) von Fr. Mazzola, genannt Parmigianino (1503–1540), in Rocca San Vitale

| 2920 | 0,41 € | mehrfarbig | cyi | 0,80 | 0,80 |
| | | | FDC | | 1,60 |

Auflage: 3 500 000 Stück

2003, 30. Aug. Gewinn der italienischen Fußballmeisterschaft 2002/03 durch Juventus Turin. RaTdr. (4 × 3); gez. K 13¼:14.

cyk) Spieler, Ball, Vereinsabzeichen

| 2921 | 0,41 € | mehrfarbig | cyk | 0,80 | 0,80 |
| | | | FDC | | 1,80 |

Auflage: 3 600 000 Stück

2003, 6. Sept. Künstlerisches und kulturelles Erbe in Italien. Komb. StTdr. und Odr. (5 × 5); gez. K 14.

cyl) Abtei San Silvestro, Nonantola; historische Karte

| 2922 | 0,41 € | mehrfarbig | cyl | 0,80 | 0,80 |
| | | | FDC | | 1,60 |

Auflage: 3 500 000 Stück

Italien

2003, 12. Sept. 100. Jahrestag des ersten Motorfluges der Brüder Wright: Italienische Flugpioniere. RaTdr. (5×10); gez. K 13:13¼.

cym) Mario Calderara (1879-1944), Goupy Type 2

cyn) Mario Cobianchi, Cobianchi Zweidecker 1911
cyo) Gianni Caproni (1886–1957)
cyp) Alessandro Marchetti (1884–1966)

2923	0,52 €	mehrfarbig	cym	1,10	1,10
2924	0,52 €	mehrfarbig	cyn	1,10	1,10
2925	0,52 €	mehrfarbig	cyo	1,10	1,10
2926	0,52 €	mehrfarbig	cyp	1,10	1,10
			Satzpreis (4 W.)	4,40	4,40
			FDC		5,50

Blockausgabe mit MiNr. 2923–2926

Block 32	(107×146 mm)		cyr	4,40	4,40
			FDC		5,50

Auflagen: MiNr. 2923–2926 = 2 500 000 Sätze, Bl. 32 = 500 000 Blocks

2003, 13. Sept. Europäisches Kulturfestival „Europalia 2003 Italien", Brüssel. RaTdr. (5×10); gez. K 14:13¼.

cys) Stilleben; Gemälde von Giorgio Morandi (1890-1964)
cyt) Berlinetta Cisitalia 202 (1947); von Battista Pinin Farina (*1930), Automobil-Designer

2927	0,41 €	mehrfarbig	cys	0,80	0,80
2928	0,52 €	mehrfarbig	cyt	1,10	1,10
			Satzpreis (2 W.)	1,90	1,90
			FDC		3,—

Auflage: 3 500 000 Sätze

2003, 13. Sept. 75. Todestag von Giovanni Giolitti. RaTdr. (5×10); gez. K 14:13¼.

cyu) G. Giolitti (1842-1928), Politiker

2929	0,41 €	mehrfarbig	cyu	0,80	0,80
			FDC		1,60

Auflage: 3 500 000 Stück

2003, 27. Sept. 100. Jahrestag der Erstausgabe der Zeitschrift „Leonardo" durch den Vallecchi-Verlag. RaTdr. (5×10); gez. K 13:13¼.

cyv) Attilio Vallecchi (1880-1946), Verlagsgründer; Titel der Zeitschrift „Leonardo"

2930	0,41 €	mehrfarbig	cyv	0,80	0,80
			FDC		1,60

Auflage: 3 500 000 Stück

2003, 3. Okt. Staatliche Institutionen (IX): Die Familie. RaTdr. (10×5); gez. K 13¼:13.

cyw) Familie, Atommodell

2931	0,77 €	mehrfarbig	cyw	1,60	1,60
			FDC		2,40

Auflage: 3 500 000 Stück

2003, 4. Okt. Duccio di Buoninsegna. RaTdr. (10×5); gez. K 13¼:13.

cyx) Engel, Detail des Gemäldes Maestà, von Duccio di Buoninsegna (um 1255–1319)

2932	0,41 €	mehrfarbig	cyx	0,80	0,80
			FDC		1,60

Auflage: 3 500 000 Stück

2003, 8. Okt. 200. Todestag von Graf Vittorio Alfieri. RaTdr. (5×10); gez. K 13:13¼.

cyy) Graf V. Alfieri (1749-1803), Dichter

2933	0,41 €	mehrfarbig	cyy	0,80	0,80
			FDC		1,60

Auflage: 3 500 000 Stück

2003, 13. Okt. 100. Geburtstag von Ugo La Malfa. RaTdr. (10×5); normales Papier; gez. K 13¼:13.

cyz) Ugo La Malfa (1903–1979), Politiker; Plenarsaal der Abgeordnetenkammer

2934	0,62 €	mehrfarbig	cyz	1,30	1,30
			FDC		2,—

Auflage: 3 500 000 Stück

2003, 15. Okt. 120 Jahre Hausbesitzervereinigung „Confedilizia", Rom. RaTdr. (10×5); gez. K 13¼:13.

cza) Bauwerk

2935	2,58 €	mehrfarbig	cza	5,20	5,20
			FDC		6,—

Auflage: 3 500 000 Stück

2003, 15. Okt. 370. Geburtstag von Bernardino Ramazzini. RaTdr. (5×10); gez. K 13:13¼.

czb) B. Ramazzini (1633–1714), Mediziner, Begründer der Arbeitsmedizin; Buch „De morbis artificum diatriba"

2936	0,41 €	mehrfarbig	czb	0,80	0,80
			FDC		1,60

Auflage: 3 500 000 Stück

2003, 24. Okt. Weihnachten. RaTdr. (10×5); MiNr. 2938 normales Papier; gez. K 13¼:13.

czc) Christi Geburt; Gemälde von Gian Paolo Cavagna (1556–1627)

czd) Weihnachtsstern (Poinsettia pulcherrima)

2937	0,41 €		mehrfarbig	czc	0,80	0,80
2938	0,62 €		mehrfarbig	czd	1,30	1,30
			Satzpreis (2 W.)		2,—	2,—
			FDC			3,—

Auflage: 3 500 000 Sätze

2003, 26. Nov. Gemälde des Futurismus. RaTdr. (5×10); gez. K 13:13¼.

cze) Forme Grido Viva l'Italia

czf) Linee-Forza del Pugno di Boccioni

cze–czf) Gemälde von Giacomo Balla (1871–1958), Maler, Innenarchitekt und Bühnenbildner

2939	0,41 €	mehrfarbig	cze	0,80	0,80
2940	0,52 €	mehrfarbig	czf	1,10	1,10
		Satzpreis (2 W.)		1,90	1,90
		FDC			3,—

Auflage: 3 600 000 Sätze

2003, 28. Nov. Tag der Briefmarke. RaTdr. (5×10); gez. K 13:13¼.

czg) Buntstift, aus Spitzer kommende Briefmarken mit Inschrift „Philatelie in der Schule"

2941	0,41 €	mehrfarbig	czg	0,80	0,80
		FDC			1,80

Auflage: 3 500 000 Stück

2004

2004, 2. Jan./2006. Freimarke: Prioritätspost. I = komb. Bdr. und Siebdruck, Folienblatt (4×7 mit zusätzlichen Aufklebern), II, III und V = RaTdr., Folienblatt (5×8 mit zusätzlichen Aufklebern), IV = RaTdr., Folienblatt (5×8, ohne zusätzlichen Aufkleber); selbstklebend; gestanzt.

clx II) Buchstabe „P"

Aufkleber für Post mit vorrangiger Beförderung

2942	0,60 €	mehrfarbig	clx II		
I		komb. Bdr. und Siebdruck, Jahreszahl 2004 (2.1.2004)		1,20	1,20
II		RaTdr., Jahreszahl 2004 (19.3.2004)		1,20	1,20
III		RaTdr., Jahreszahl 2005 (2005)		1,20	1,20
IV		RaTdr., ohne Jahreszahl (2006)		1,20	1,20
V		RaTdr., Jahreszahl 2006 (2006)		1,20	1,20
		FDC (I)			2,—

Weitere Werte siehe Fußnote nach MiNr. 2640.

2004, 3. Jan. 50 Jahre Fernsehen in Italien. RaTdr. (5×10); gez. K 13:13¼.

czh) Zahl „50" mit Testbild, Gesichtsprofile

czi) Zahl „50", Felder mit Gesichtsprofilen

2943	0,41 €	mehrfarbig	czh	0,80	0,80
2944	0,62 €	mehrfarbig	czi	1,30	1,30
		Satzpreis (2 W.)		2,—	2,—
		FDC			2,80

Auflage: 3 500 000 Sätze

2004, 9. Jan. 100. Geburtstag von Giorgio La Pira. RaTdr. (5×10); gez. K 13:13¼.

czk) Giorgio La Pira (1904–1977), Politiker

2945	0,41 €	mehrfarbig	czk	0,80	0,80
		FDC			1,60

Auflage: 3 500 000 Stück

2004, 10. Jan./2007. Freimarke: Prioritätspost. I = komb. Bdr. und Siebdruck, Folienblatt (4×7 mit zusätzlichen Aufklebern), II–III = RaTdr., Folienblatt (5×8 mit zusätzlichen Aufklebern), IV = RaTdr., Folienblatt (5×8, ohne Aufkleber); selbstklebend; gestanzt.

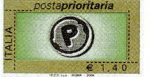

clx II) Buchstabe „P"

Aufkleber für Post mit vorrangiger Beförderung

2946	1.40 €	mehrfarbig	clx II		
I		komb. Bdr. und Siebdruck		2,80	2,80
II		RaTdr., Jahreszahl 2004 (Juli 2004)		2,80	2,80
III		RaTdr., Jahreszahl 2006 (2006)		2,80	2,80
IV		RaTdr., ohne Jahreszahl (2007)		2,80	2,80
		FDC (I)			3,50

Weitere Werte siehe Fußnote nach MiNr. 2640.

2004, 27. Jan. Freimarke: Die Frau in der Kunst. StTdr. (10×10); gez. K 13½:13¼.

czl) Venus von Urbino (Detail); Gemälde von Tizian (um 1488–1576)

2947	0,45 €	mehrfarbig	czl	0,90	0,90
		FDC			1,70

Weitere Werte siehe Übersicht nach Jahrgangswerttabelle.

Italien

2004, 3. Febr. Freimarke: Italia. StTdr. (10×5); gez. K 13¼.

atl I) Italia

2948	2.80 €	mehrfarbig	atl I	5,50	5,50
			FDC		6,50

Weitere Werte siehe Fußnote nach MiNr. 1635.

2004, 12. Febr. Genua – Kulturhauptstadt Europas 2004. RaTdr. (10×5); gez. K 13¼:13.

czm) Leuchtturm von Genua, Landkarte Europas, Stechzirkel

2949	0.45 €	mehrfarbig	czm	0,90	0,90
			FDC		3,—

Auflage: 3 500 000 Stück

2004, 17. Febr. Freimarke: Die Frau in der Kunst. StTdr. (10×10); gez. K 13½:13¼.

czn) Hofdame; Gemälde von Vittore Carpaccio (um 1460–um 1526)

2950	0.85 €	mehrfarbig	czn	1,70	1,70
			FDC		2,50

Weitere Werte siehe Übersicht nach Jahrgangswerttabelle.

2004, 9. März. Olympische Winterspiele 2006, Turin (I): Wahrzeichen der Austragungsorte. RaTdr. (10×5); gez. K 13½:13.

czo) Kirche Santa Maria Assunta, Pragelato
czp) Kirche San Pietro Apostolo, Bardonecchia
czr) Mole Antonelliana, Turin
czs) Steinerner Brunnen, Sauze d'Oulx

2951	0.23 €	mehrfarbig	czo	0,45	0,45
2952	0.45 €	mehrfarbig	czp	0,90	0,90
2953	0.62 €	mehrfarbig	czr	1,20	1,20
2954	0.65 €	mehrfarbig	czs	1,30	1,30
			Satzpreis (4 W.)	3,80	3,80
			FDC		4,60

2004, 18. März. 700. Geburtstag von Petrarca. RaTdr. (10×5); gez. K 13½:13.

czt) Francesco Petrarca (1304–1374), Humanist und Dichter

2955	0.45 €	mehrfarbig	czt	0,90	0,90
			FDC		1,70

2004, 19. März/2005, Dez. Freimarken: Prioritätspost. I = komb. Bdr. und Siebdruck, Folienblatt (4×7 mit zusätzlichen Aufklebern), II–III = RaTdr., Folienblatt (5×8 mit zusätzlichen Aufklebern); selbstklebend; gestanzt.

clx II) Buchstabe „P"

Aufkleber für Post mit vorrangiger Beförderung

2956	0.80 €	mehrfarbig	clx II		
I		komb. Bdr. und Siebdruck, Jahreszahl 2004 (19.3.2004)		1,60	1,60
II		RaTdr., Jahreszahl 2004 (Sept. 2004)		1,60	1,60
III		RaTdr., Jahreszahl 2005 (2005)		1,60	1,60
2957	1.50 €	mehrfarbig	clx II		
I		komb. Bdr. und Siebdruck, Jahreszahl 2004 (19.3.2004)		3,—	3,—
II		RaTdr., Jahreszahl 2005 (Dez. 2005)		3,—	3,—
			Satzpreis (2 W.)	4,60	4,60
			FDC (I)		5,40

Weitere Werte siehe Fußnote nach MiNr. 2640.

2004, 20. März. Freimarke: Die Frau in der Kunst. StTdr. (10×10); Wz. 4; gez. K 13½:13¼.

czu) San Giorgio e la principessa di Trebisonda (Detail); Gemälde von Antonio Pisano

2958	0.65 €	mehrfarbig	czu	1,30	1,30
			FDC		2,10

Weitere Werte siehe Übersicht nach Jahrgangswerttabelle.

2004, 3. April. Künstlerisches und kulturelles Erbe in Italien. Odr. (5×5); gez. K 14.

czv) Lakritzmuseum „Giorgio Amarelli", Rossano

2959	0.45 €	mehrfarbig	czv	0,90	0,90
			FDC		1,70

Auflage: 3 500 000 Stück

2004, 7. April. Freimarke: Italia. StTdr. (10×10); Papier fl.; gez. K 13¼:13½.

atl I) Italia

2960	2.35 €	mehrfarbig	atl I	4,70	4,70
			FDC		5,50

Weitere Werte siehe Fußnote nach MiNr. 1635.

Italien 467

2004, 7. April. Weltgesundheitstag: Sicherheit im Straßenverkehr. RaTdr. (5×10, Hochformat ~); gez. K 13:13¼, Hochformat ~.

czw) Verkehrszeichen beachten!   czx) Sicherheitsgurt anlegen!

2961	0,60 €	mehrfarbig	czw	1,20	1,20
2962	0,62 €	mehrfarbig	czx	1,30	1,30
		Satzpreis (2 W.)		2,50	2,50
		FDC			3,40

Auflage: 3 500 000 Sätze

2004, 10. April. Tourismus. RaTdr. (5×10); Papier fl.; gez. K 13:13¼.

czy) Burg von Vignola   czz) Papstpalast, Viterbo   daa) Ägadische Inseln

2963	0,45 €	mehrfarbig	czy	0,90	0,90
2964	0,45 €	mehrfarbig	czz	0,90	0,90
2965	0,45 €	mehrfarbig	daa	0,90	0,90
		Satzpreis (3 W.)		2,70	2,70
		FDC			3,50

Auflage: 3 500 000 Sätze

Weitere Werte siehe Übersicht nach Jahrgangswerttabelle.

2004, 17. April. 100. Geburtstag von Giuseppe Terragni. RaTdr. (5×10); Papier fl.; gez. K 13:13¼.

dab) Casa del Facio, Como; 1933 erbaut von G. Terragni (1904–1943), Architekt

2966	0,85 €	mehrfarbig	dab	1,70	1,70
		FDC			2,50

Auflage: 3 500 000 Stück

2004, 21. April. Blockausgabe: Rom und Bangkok. Odr.; Papier fl.; gez. Ks 14:13¼.

dac) Goldener Berg der Saket-Tempelanlage, Bangkok   dad) Kolosseum, Rom   dae

2967	0,65 €	mehrfarbig	dac	1,30	1,30
2968	0,65 €	mehrfarbig	dad	1,30	1,30
Block 33	(140×70 mm)		dae	2,60	2,60
		FDC			3,50

Auflage: 2 500 000 Blocks

Parallelausgabe mit Thailand MiNr. 2240–2241, Bl. 179

2004, 23. April. 1700. Jahrestag des Martyriums des hl. Georg. RaTdr. (5×5); gez. K 14.

daf) Enthauptung des hl. Georg; Gemälde von Altichiero da Zevio (um 1330–1390)

2969	2,80 €	mehrfarbig	daf	5,50	5,50
		FDC			6,50

Auflage: 3 500 000 Stück

2004, 7. Mai. Europa: Ferien. RaTdr. (5×10); gez. K 13:13¼.

dag) Geschlossener Koffer   dah) Geöffneter gepackter Koffer

2970	0,45 €	mehrfarbig	dag	0,90	0,90
2971	0,62 €	mehrfarbig	dah	1,30	1,30
		Satzpreis (2 W.)		2,20	2,20
		FDC			4,—

Auflage: 3 600 000 Sätze

2004, 8. Mai. Blockausgabe: Traditioneller Viehpfad „Tratturo Magno" zwischen Sommer- und Winterweide in den Abruzzen. Odr.; Papier fl.; gez. Ks 14:13¼.

dai) Ortsansicht von Castel del Monte, Berglandschaft, Schafherde

dak

2972	0,45 €	mehrfarbig	dai	0,90	0,90
Block 34	(90×70 mm)		dak	0,90	0,90
		FDC			1,80

Auflage: 3 500 000 Blocks

2004, 20. Mai. 100 Jahre Große Synagoge von Rom. RaTdr. (4×4); gez. K 13¼:14.

dal) Außenansicht der Großen Synagoge   dam) Fassade, Bildtafel, siebenarmiger Leuchter

2973	0,60 €	mehrfarbig	dal	1,20	1,20
2974	0,62 €	mehrfarbig	dam	1,30	1,30
		Satzpreis (2 W.)		2,50	2,50
		FDC			3,40
		2973 Zf–2974 Zf		2,50	2,50

MiNr. 2973–2974 wurden jeweils im Bogen zu 12 Marken und 4 Zierfeldern gedruckt.

Auflage: 6 000 000 Sätze

Parallelausgabe mit Israel MiNr. 1784–1785

Italien

2004, 22. Mai. Freimarke: Italia. StTdr. (10×5); gez. K 13¼.

atl I) Italia

| 2975 | 3.00 € | mehrfarbig | atl I | 6,— | 6,— |
| | | | FDC | | 7,— |

Weitere Werte siehe Fußnote nach MiNr. 1635.

2004, 22. Mai. Gewinn der italienischen Fußballmeisterschaft 2003/2004 durch den AC Mailand. RaTdr. (3×4); gez. K 13:13¼.

dan) Spieler, Ball, Vereinsabzeichen

| 2976 | 0.45 € | mehrfarbig | dan | 0,90 | 0,90 |
| | | | FDC | | 1,80 |

Auflage: 6 000 000 Stück

2004, 28. Mai. 50. Puccini-Festival, Torre del Lago Puccini. RaTdr. (10×5); gez. K 13¼:13.

dao) Giacomo Puccini (1858–1924), Komponist; Szene aus der Oper „Madame Butterfly"

| 2977 | 0.60 € | mehrfarbig | dao | 1,20 | 1,20 |
| | | | FDC | | 2,— |

Auflage: 3 500 000 Stück

2004, 3. Juni. 600 Jahre Universität Turin. StTdr. (5×5); gez. K 14.

dap) Innenhof der Universität

| 2978 | 0.45 € | rotbraun | dap | 0,90 | 0,90 |
| | | | FDC | | 1,80 |

Auflage: 3 500 000 Stück

2004, 5. Juni. 100. Geburtstag von Achille Varzi. RaTdr. (5×10); gez. K 13:13¼.

dar) A. Varzi (1904–1948), Rennfahrer; Auto- und Motorradrennen

| 2979 | 0.45 € | mehrfarbig | dar | 0,90 | 0,90 |
| | | | FDC | | 1,80 |

Auflage: 3 500 000 Stück

2004, 16. Juni. Staatliche Institutionen (X): Gefängnispolizei. RaTdr. (5×10); gez. K 13:13¼.

das) Polizisten, Emblem

| 2980 | 0.45 € | mehrfarbig | das | 0,90 | 0,90 |
| | | | FDC | | 1,80 |

Auflage: 3 500 000 Stück

2004, 16. Juni. Freimarke: Prioritätspost. RaTdr., Folienblatt (5×8 mit zusätzlichen Aufklebern); selbstklebend; gestanzt 11.

clx II) Buchstabe „P"

Aufkleber für Post mit vorrangiger Beförderung

| 2981 | 2.00 € | mehrfarbig | clx II | 4,— | 4,— |
| | | | FDC | | 5,— |

Weitere Werte siehe Fußnote nach MiNr. 2640.

2004, 26. Juni. Freimarke: Die Frau in der Kunst. StTdr. (10×10); gez. K 13¼:13½.

dat) Mars und Venus (Detail); Gemälde von Paolo Veronese (1528–1588)

| 2982 | 0.90 € | mehrfarbig | dat | 1,80 | 1,80 |
| | | | FDC | | 2,60 |

Weitere Werte siehe Übersicht nach Jahrgangswerttabelle.

2004, 26. Juni. Freimarke: Prioritätspost. RaTdr., Folienblatt (5×8 mit zusätzlichen Aufklebern); selbstklebend; gestanzt 11.

clx II) Buchstabe „P"

Aufkleber für Post mit vorrangiger Beförderung

| 2983 | 2.20 € | mehrfarbig | clx II | 4,40 | 4,40 |
| | | | FDC | | 5,50 |

Weitere Werte siehe Fußnote nach MiNr. 2640.

2004, 31. Juli. 50. Jahrestag der Erstbesteigung des K 2 durch eine italienische Expedition. RaTdr. (10×5); gez. K 13¼:13.

dau) Eispickel, Bergspitze

| 2984 | 0.60 € | mehrfarbig | dau | 1,20 | 1,20 |
| | | | FDC | | 2,— |

Auflage: 3 500 000 Stück

2004, 31. Juli. Freimarke: Die Frau in der Kunst. StTdr. (10×10); gez. K 13¼:13½.

dav) Neptun beschenkt Venedig (Detail); Gemälde von Giovanni Battista Tiepolo (1696–1770)

| 2985 | 0.70 € | mehrfarbig | dav | 1,40 | 1,40 |
| | | | FDC | | 2,20 |

Weitere Werte siehe Übersicht nach Jahrgangswerttabelle.

Italien 469

2004, 27. Aug. Regionen Italiens (I). RaTdr. (5×10); gez. K 13:13¼.

daw) Ligurien: Historische Landkarte

dax) Emilia Romagna: Byzantinisches Mosaik in der Kirche San Vitale, Ravenna; Umrißkarte
day) Abruzzen: Krieger von Capestrano (Kalksteinstatue), Umrißkarte
daz) Basilicata: Höhlenwohnungen von Matera, Umrißkarte

2986	0,45 €	mehrfarbig	daw	0,90	0,90
2987	0,45 €	mehrfarbig	dax	0,90	0,90
2988	0,45 €	mehrfarbig	day	0,90	0,90
2989	0,45 €	mehrfarbig	daz	0,90	0,90
			Satzpreis (4 W.)	3,60	3,60
			FDC		4,50

Auflage: 23 500 000 Sätze

2004, 4. Sept. 500. Jahrestag der Marienerscheinung von Tirano. RaTdr. (10×5); gez. K 13¼:13.

dba) Die hl. Maria erscheint dem Mario Homodei

2990	0,45 €	mehrfarbig	dba	0,90	0,90
			FDC		1,80

Auflage: 3 500 000 Stück

2004, 25. Sept. 1000. Todestag des hl. Nilus von Rossano. RaTdr. (5×5); gez. K 14¼:14.

dbb) Hl. Nilus der Jüngere (910–1004), griechisch-italienischer Basilianermönch (Ikone); Klosterkirche San Nilo di Rossano, Grottaferrata

2991	0,45 €	mehrfarbig	dbb	0,90	0,90
			FDC		1,80

Auflage: 3 500 000 Stück

2004, 30. Sept. Künstlerisches und kulturelles Erbe in Italien. RaTdr. (5×5); gez. K 14¼:14.

dbc) Staatsarchiv, Florenz; historische Seekarte aus dem Lopo-Homen-Atlas (1554)

2992	0,45 €	mehrfarbig	dbc	0,90	0,90
			FDC		1,80

Auflage: 3 500 000 Stück

Nichts geht über MICHELsoft

2004, 8. Okt. Stickerei. Stickgarn auf Baumwollgewebe (3×5); selbstklebend; ☐.

dbd) Blüte

2993	2.80 €	blau	dbd	5,50	5,50
			FDC		6,50

Der ✶✶–Preis gilt für Exemplare mit Trägerfolie, der ⊙–Preis für Stücke ohne Folie.

Auflage: 1 500 000 Stück

2004, 9. Okt. Lega del Filo d'Oro. RaTdr. (10×5); gez. K 13½:13.

dbe) Hände beim Lormen (Zeichensprache für Taubblinde), Emblem der Liga

2994	0,45 €	mehrfarbig	dbe	0,90	0,90
			FDC		1,80

Auflage: 3 500 000 Stück

2004, 16. Okt. Schulen und Universitäten. RaTdr. (5×5); gez. K 14.

dbf) Staatliche Technische Hochschule „Vittorio Emanuele III", Lucera

2995	0,45 €	mehrfarbig	dbf	0,90	0,90
			FDC		1,80

Auflage: 3 500 000 Stück

2004, 19. Okt. Luigi Guanella. RaTdr. (10×5); gez. K 13¼:13.

dbg) L. Guanella (1842–1915), katholischer Priester und Ordensgründer; Kirche San Giuseppe, Rom

2996	0,45 €	mehrfarbig	dbg	0,90	0,90
			FDC		1,80

Auflage: 3 500 000 Stück

2004, 27. Okt. 50. Jahrestag der Rückgabe von Triest an Italien. RaTdr., Bogen (5×10) und Markenheftchen (2×2); gez. K 13:13¼.

dbh) Piazza dell'Unità d'Italia, Triest; Nationalfahne

2997	0,45 €	mehrfarbig	dbh	0,90	0,90
			FDC		1,80
			Markenheftchen	3,60	

Auflage: 5 500 000 Stück, davon 2 000 000 aus Markenheftchen

470 Italien

2004, 27. Okt. Militärischer Sicherheitsdienst (SISMi). RaTdr. (3×4); gez. K 13:13¼.

dbi) SISMi-Emblem

2998	0.60 €	mehrfarbig	dbi	1,20	1,20
			FDC		2,—

Auflage: 3 500 000 Stück

2004, 29. Okt. Europäische Verfassung. RaTdr. (5×10); gez. K 13:13¼.

dbk) Karte Europas mit Hervorhebung der EU-Staaten, Europaflagge

2999	0.62 €	mehrfarbig	dbk	1,30	1,30
			FDC		2,20

Auflage: 3 500 000 Stück

2004, 30. Okt. 900. Jahrestag der Gründung des Arsenals von Venedig. RaTdr. (5×10); gez. K 13:13¼.

dbl) Straßenplan des Arsenals von Venedig

3000	2.80 €	mehrfarbig	dbl	5,50	5,50
			FDC		6,50

Auflage: 3 500 000 Stück

2004, 30. Okt. Weihnachten. MiNr. 3001 RaTdr., MiNr. 3002 komb. RaTdr. und Pdr. (5×10, Hochformat ~); gez. K 13:13¼, Hochformat ~.

dbm) Heilige Familie; lebendige Weihnachtskrippe in Tricase
dbn) Schneebedeckter Weihnachtsbaum

3001	0.45 €	mehrfarbig	dbm	0,90	0,90
3002	0.62 €	mehrfarbig	dbn	1,30	1,30
		Satzpreis (2 W.)		2,20	2,20
			FDC		3,—

Auflagen: MiNr. 3001 = 4 500 000, MiNr. 3002 = 3 500 000 Stück

2004, 6. Nov. Braille-Blindenschrift; 1700. Jahrestag des Martyriums der hl. Lucia. MiNr. 3003 komb. RaTdr. und Pdr. (5×5) gez. K 13¼:13; MiNr. 3004 RaTdr. (10×5); gez. K 14¼:14.

dbo) Hände tasten Brailleschrift ab; Entwicklung von Louis Braille (1809–1852), französischer Blindenlehrer
dbp) Hl. Lucia; Altarbild (Detail) aus der Kirche Santa Lucia de' Magnoli von Domenico Veneziano (nach 1400–1461)

3003	0.45 €	mehrfarbig	dbo	0,90	0,90
3004	0.45 €	mehrfarbig	dbp	0,90	0,90
		Satzpreis (2 W.)		1,80	1,80
			FDC		2,60

Auflage: 3 500 000 Sätze

2004, 12. Nov. Tag der Briefmarke. RaTdr. (10×5); gez. K 13¼:13.

dbr) Kind hält Briefmarke mit lachendem Mund vors Gesicht

3005	0.45 €	mehrfarbig	dbr	0,90	0,90
			FDC		1,80

Auflage: 3 500 000 Stück

2004, 12. Nov. 10. Weltkongreß für Allgemeinsport, Rom. RaTdr. (10×5); gez. K 13¼:13.

dbs) Konzentrische Wellen von 5 Wassertropfen bilden olympische Ringe

3006	0.65 €	mehrfarbig	dbs	1,30	1,30
			FDC		2,20

Auflage: 3 500 000 Stück

2004, 15. Nov. Schulen und Universitäten: Freie Universität Maria Ss. Assunta (LUMSA), Rom. RaTdr. (5×5); gez. K 14.

dbt) Universitätsgebäude

3007	0.45 €	mehrfarbig	dbt	0,90	0,90
			FDC		1,80

Auflage: 3 500 000 Stück

2004, 27. Nov. Blockausgabe: Italienisches Design (IV): Schuhe. RaTdr.; Papier fl.; gez. Ks 13¼:13.

dbu) Damenschuh von Casadei
dbv) Herrenschnürschuh von Moreschi
dbw) Herrenslipper von Fratelli Rossetti
dbx) Turnschuh von Superga
dby)

3008	0.45 €	mehrfarbig	dbu	0,90	0,90
3009	0.45 €	mehrfarbig	dbv	0,90	0,90
3010	0.45 €	mehrfarbig	dbw	0,90	0,90
3011	0.45 €	mehrfarbig	dbx	0,90	0,90
Block 35	(90×115 mm)		dby	3,60	3,60
			FDC		4,50

Auflage: 3 500 000 Blocks

2005

2005, 21. Jan. Freimarke: Italia. StTdr. (10×10); Papier fl.; gez. K 13¼:13½.

atl l) Italia

3012	1,00 €	mehrfarbig	atl l	2,—	2,—
		FDC			2,80

Weitere Werte siehe Fußnote nach MiNr. 1635.

2005, 21. Jan. 100 Jahre Automobilklub von Italien (ACI). RaTdr. (10×5); Papier fl.; gez. K 13¼:13½.

dbz) Satellitenaufnahme von Italien, ACI-Emblem

3013	0,45 €	mehrfarbig	dbz	0,90	0,90
		FDC			1,70

Auflage: 3 500 000 Stück

2005, 21. Jan. 33. Jahrestag der Ermordung von Luigi Calabresi. RaTdr. (10×5); Papier fl.; gez. K 13¼:13.

dca) L. Calabresi (1937–1972), Kommissar der politischen Polizei

3014	0,45 €	mehrfarbig	dca	0,90	0,90
		FDC			1,70

Auflage: 3 500 000 Stück

2005, 10. Febr. 60. Jahrestag der Vertreibung der Italiener aus Istrien, Fiume und Dalmatien. RaTdr. (5×10); Papier fl.; gez. K 13:13¼.

dcb) Vertriebene mit Gepäckkarre

3015	0,45 €	mehrfarbig	dcb	0,90	0,90
		FDC			1,70

Auflage: 3 500 000 Stück

2005, 23. Febr. 100 Jahre Rotary International. RaTdr. (10×5); Papier fl.; gez. K 13¼:14.

dcc) Jubiläumsemblem

3016	0,65 €	mehrfarbig	dcc	1,30	1,30
		FDC			2,—

Auflage: 3 500 000 Stück

2005, 1. März. Staatliche Institutionen: Brigade „Sassari". RaTdr. (5×10); Papier fl.; gez. K 14:13¼.

dcd) Soldaten, Wappen, Orden

3017	0,45 €	mehrfarbig	dcd	0,90	0,90
		FDC			1,70

Auflage: 3 500 000 Stück

2005, 4. März. Kunst-Quadriennale, Rom. RaTdr. (5×10); Papier fl.; gez. K 14:13¼.

dce) Inschrift

3018	0,45 €	mehrfarbig	dce	0,90	0,90
		FDC			1,70

Auflage: 3 500 000 Stück

2005, 18. März. Regionen Italiens (II). RaTdr. (5×10); gez. K 13:13¼.

dcf) Lombardei: Renaissanceskulptur von Gian Cristoforo Romano, Kirche der Kartause von Pavia

dcg) Friaul-Julisch Venezien: Schiff von Aquileia (Relief, 2. Jh.); Schloß Miramar, Triest

dch) Kampanien: Fresko aus der Villa dei Misteri, Pompeji

dci) Kalabrien: Bronzestatuen von Riace (5. Jh. v. Chr.)

dcf–dci) Umrißkarte und Flagge der jeweiligen Region

3019	0,45 €	mehrfarbig	dcf	0,90	0,90
3020	0,45 €	mehrfarbig	dcg	0,90	0,90
3021	0,45 €	mehrfarbig	dch	0,90	0,90
3022	0,45 €	mehrfarbig	dci	0,90	0,90
		Satzpreis (4 W.)		3,60	3,60
		FDC			4,50

Auflage: 4 500 000 Sätze

2005, 21. März. Olympische Winterspiele 2006, Turin (II). RaTdr. (5×10); gez. K 13:13¼.

dck) Kirche San Maurizio, Pinerolo

dcl) Kirche San Giovanni Battista, Cesana Torinese-San Sicario

dcm) Maskottchen Neve und Gliz

dcn) Hotelgebäude, Sestriere

3023	0,23 €	mehrfarbig	dck	0,50	0,90
3024	0,45 €	mehrfarbig	dcl	0,90	0,90
3025	0,60 €	mehrfarbig	dcm	1,20	0,90
3026	0,62 €	mehrfarbig	dcn	1,30	0,90
		Satzpreis (4 W.)		3,80	3,80
		FDC			4,80

Auflage: 3 500 000 Sätze

2005, 29. März. Internationales Jahr der Physik. RaTdr. (5×10); Papier fl.; gez. K 14:13¼.

dco) Universität von Pavia, Holzschnitt von Gerolamo de Sanctis (15. Jh.); Entstehung eines Schwarzen Loches; Feynman-Diagramm der Photonenselbstenergie

3027	0.85 €	mehrfarbig	dco	1,70	1,70
			FDC		2,50

Auflage: 3 500 000 Stück

2005, 31. März. Eröffnung der neuen Hallen der Mailänder Messe. RaTdr. (5×10); Papier fl.; gez. K 14:13¼.

dcp) Messezentrum mit neuen Ausstellungsgebäuden

3028	0.45 €	mehrfarbig	dcp	0,90	0,90
			FDC		1,70

Auflage: 3 500 000 Stück

2005, 22. April. 100 Jahre Staatsbahnen. RaTdr. (5×10); Papier fl.; gez. K 14:13¼.

dcr) Zahl „100" als Lokomotive

3029	0.45 €	mehrfarbig	dcr	0,90	0,90
			FDC		1,70

Auflage: 3 500 000 Stück

2005, 29. April. Staatliche Institutionen: Das Heer. RaTdr. (10×5); Papier fl.; gez. K 14¼:13.

dcs) Historischer Soldat und Soldat von 2005, Wappen des Heeres

3030	0.45 €	mehrfarbig	dcs	0,90	0,90
			FDC		1,70

Auflage: 3 500 000 Stück

2005, 9. Mai. Europa: Gastronomie. RaTdr. (10×5); Papier fl.; gez. K 13¼:13.

dct) Teller mit Getreideähren, Europasterne

dcu) Teller mit Trauben, Weinglas, Europasterne

3031	0.45 €	mehrfarbig	dct	0,90	0,90
3032	0.62 €	mehrfarbig	dcu	1,30	1,30
		Satzpreis (2 W.)		2,20	2,20
			FDC		3,—

Auflage: 5 000 000 Sätze

2005, 11. Mai. Hl. Ignatius von Láconi. RaTdr. (10×5); Papier fl.; gez. K 13¼:14.

dcv) Hl. Ignatius von Láconi (1701–1781), Kapuzinermönch, Patron der Schwangeren

3033	0.45 €	mehrfarbig	dcv	0,90	0,90
			FDC		1,70

Auflage: 3 500 000 Stück

2005, 18. Mai. 60 Jahre nationaler Verband kleiner und mittlerer Unternehmen aus Handel, Gewerbe und Tourismus (CONFCOMMERCIO). RaTdr. (10×5); Papier fl.; gez. K 13¼:14.

dcw) Emblem

3034	0.60 €	mehrfarbig	dcw	1,20	1,20
			FDC		2,—

Auflage: 3 500 000 Stück

2005, 20. Mai. Schulen und Universitäten. RaTdr. (5×5); gez. K 13:13¼.

dcx) Humanistisches Gymnasium „Tommaso Campanella", Reggio Calabria

3035	0.45 €	mehrfarbig	dcx	0,90	0,90
			FDC		1,70

Auflage: 3 500 000 Stück

2005, 21. Mai. Basilika San Giuseppe da Copertino, Osimo. StTdr. (5×5); gez. K 14:14¼.

dcy) Chor der Basilika (8.–18. Jh.)

3036	0.45 €	dunkelgrau	dcy	0,90	0,90
			FDC		1,70

Auflage: 3 500 000 Stück

Sie halten Ihren Katalog aktuell, wenn Sie die Preisänderungen aus der MICHEL-Rundschau nachtragen!

Italien

2005, 26. Mai. Tourismus. RaTdr. (5×5); Papier fl.; gez. K 14¼:14.

dcz) Stadtansicht mit Renaissancevilla und Burgfelsen, Asolo

dda) Antiker Torbogen vor Klosterkirche San Vincenzo, Rocchetta a Volturno

ddb) Stadtansicht mit Schiff der historischen Regatta, Amalfi

3037	0,45 €	mehrfarbig	dcz	0,90	0,90
3038	0,45 €	mehrfarbig	dda	0,90	0,90
3039	0,45 €	mehrfarbig	ddb	0,90	0,90
		Satzpreis (3 W.)		2,70	2,70
		FDC			3,50

Auflage: 3 500 000 Sätze

Weitere Werte siehe Übersicht nach Jahrgangswerttabelle.

2005, 28. Mai. 250. Todestag des hl. Gerardo Maiella. RaTdr. (10×5); gez. K 13¼:13.

ddc) Hl. Gerardo Maiella (1726–1755), katholischer Priester; St.-Gerardo-Maiella-Kirche, Materdomini

3040	0,45 €	mehrfarbig	ddc	0,90	0,90
		FDC			1,50

Auflage: 3 500 000 Stück

2005, 6. Juni. Gewinn der italienischen Fußballmeisterschaft durch die Mannschaft von Juventus Turin. RaTdr. (10×5); gez. K 13¼:13.

ddd) Spieler in Vereinsfarben, Staatswappen, Vereinswappen

3041	0,45 €	mehrfarbig	ddd	0,90	0,90
		FDC			1,50

Auflage: 6 000 000 Stück

2005, 9. Juni. 20. Jahrestag der Ratifizierung des Änderungsabkommens zum Konkordat zwischen Italien und dem Vatikan. RaTdr. (5×5); Papier fl.; gez. K 13¼.

dde) Landkarte Italiens (1580/83) von Ignazio Danti

ddf) Schreibfeder, Urkunde

dde–ddf) Staatswappen Italiens und des Vatikan

3042	0,45 €	mehrfarbig	dde	0,90	0,90
3043	2,80 €	mehrfarbig	ddf	5,60	5,60
		Satzpreis (2 W.)		6,50	6,50
		FDC			7,50

Auflage: 3 500 000 Sätze

Parallelausgabe mit Vatikanstaat MiNr. 1523–1524

2005, 17. Juni. 100. Jahrestag der Konstruktion des ersten lenkbaren Luftschiffs Italiens. RaTdr. (5×10); Papier fl.; gez. K 13:13⅓.

ddg) Graf Almerico da Schio (1836–1930), Jurist, Meteorologe und Luftfahrtpionier; Konstruktionszeichnungen des Luftschiffs „Italia 1" (1905)

3044	3,00 €	mehrfarbig	ddg	6,—	6,—
		FDC			7,—

Auflage: 3 500 000 Stück

2005, 20. Juni. Olympisches Festival der Europäischen Jugend (EYOF), Lignano. RaTdr. (5×5); gez. K 13¼:13.

ddh) Maskottchen „Coki"

3045	0,62 €	mehrfarbig	ddh	1,30	1,30
		FDC			2,20

Auflage: 3 500 000 Stück

2005, 25. Juni. Internationaler Tag gegen Drogenmißbrauch und illegalen Drogenhandel. RaTdr. (5×10); Papier fl.; gez. K 13:13¼.

ddi) Blume im Licht am Ende des Tunnels

3046	0,45 €	mehrfarbig	ddi	0,90	0,90
		FDC			1,70

Auflage: 3 000 000 Stück

2005, 28. Juni. Staatliche Institutionen: Vorsorgewerk für Seeleute (IPSEMA). RaTdr. (5×10); Papier fl.; gez. K 13:13¼.

ddk) Segelschiffe, Windrose

3047	0,45 €	mehrfarbig	ddk	0,90	0,90
		FDC			1,70

Auflage: 3 000 000 Stück

2005, 26. Aug. 100. Geburtstag von Leo Longanesi. StTdr. (10×5); Papier fl.; gez. K 13¼:14.

ddl) Leo Longanesi (1905–1957), Journalist und Schriftsteller

3048	0,45 €	dunkelblau	ddl	0,90	0,90
		FDC			1,70

Auflage: 3 500 000 Stück

2005, 2. Sept. 50. Todestag von Alberto Ascari. RaTdr. (5×10); Papier fl.; gez. K 13:13½.

ddm) A. Ascari (1918–1955), Automobilrennfahrer

3049	2,80 €	mehrfarbig	ddm	5,50	5,50
		FDC			6,50

Auflage: 3 500 000 Stück

2005, 3. Sept. Nationale Kunstflugstaffel „Frecce Tricolori". RaTdr. (5×5); Papier fl.; gez. K 13:13¼.

ddn ddo

ddn–ddo) Flugzeuge mit Rauch in den Nationalfarben

3050	0.45 €	mehrfarbig	ddn	0,90	0,90
3051	0.60 €	mehrfarbig	ddo	1,20	1,20
			Satzpreis (2 W.)	2,—	2,—
			FDC		2,80

Auflage: 3 500 000 Sätze

2005, 14. Sept. 100. Todestag von Pierre Savorgnan de Brazza. RaTdr. (10×5); Papier fl.; gez. K 13½:13.

ddp) P. Savorgnan de Brazza (1852–1905), französischer Afrikaforscher und Kolonialpionier italienischer Herkunft

| 3052 | 0.45 € | mehrfarbig | ddp | 0,90 | 0,90 |
| | | | FDC | | 2,— |

Auflage: 3 500 000 Stück

2005, 17. Sept. 100. Geburtstag von Guido Gonella. RaTdr. (10×5); Papier fl.; gez. K 13½:13.

ddr) G. Gonella (1905–1982), Politiker und Journalist

| 3053 | 0.45 € | mehrfarbig | ddr | 0,90 | 0,90 |
| | | | FDC | | 2,— |

Auflage: 3 500 000 Stück

2005, 21. Sept. Teilnahme Italiens am europäischen Marsforschungsprogramm. RaTdr. mit Hologrammfolie, Folienblatt (2×2); selbstklebend; □.

dds) Raumsonde umkreist Mars, Emblem der italienischen Raumfahrtbehörde

3054	0.80 €	mehrfarbig	dds	1,60	1,60
			FDC		2,60
			Folienblatt		6,50

Auflage: 3 000 000 Stück

2005, 23. Sept. 50 Jahre internationale kulturelle Vereinigung „Intercultura". RaTdr. (5×10); Papier fl.; gez. K 13:13½.

ddt) Jugendliche verschiedener Völker, Weltkugel

| 3055 | 0.60 € | mehrfarbig | ddt | 1,20 | 1,20 |
| | | | FDC | | 2,20 |

Auflage: 3 500 000 Stück

2005, 28. Sept. Blockausgabe: 8. und 9. Qualifikationsrennen zum America's Cup 2005, Trapani. Odr.; Papier fl.; gez. Ks 13¼:13.

ddv

ddu) Historische Ansicht von Trapani (Sizilien), Segeljacht

3056	2.80 €	mehrfarbig	ddu	5,60	5,60
Block 36 (97×80 mm)			ddv	5,60	5,60
			FDC		6,50

Auflage: 2 500 000 Blocks

2005, 7. Okt. Nationale Vereinigung für Organ-, Gewebe- und Zellspenden (AIDO). RaTdr. (10×5); Papier fl.; gez. K 13½:13.

ddw) Hand pflückt Pflanzen mit Herz als Blüte

| 3057 | 0.60 € | mehrfarbig | ddw | 1,20 | 1,20 |
| | | | FDC | | 2,20 |

Auflage: 3 500 000 Stück

2005, 7. Okt. Tag der Briefmarke. RaTdr. (10×5); Papier fl.; gez. K 13½:13.

ddx) Buchstabe „F", Kinderzeichnung

| 3058 | 0.45 € | mehrfarbig | ddx | 0,90 | 0,90 |
| | | | FDC | | 2,— |

Auflage: 3 500 000 Stück

2005, 19. Okt. Staatliche Institutionen: Nationaler Verband Italienischer Gemeinden (ANCI). RaTdr. (10×5); Papier fl.; gez. K 13½:13.

ddy) Ort im Bauklötzchen-Stil

| 3059 | 0.45 € | mehrfarbig | ddy | 0,90 | 0,90 |
| | | | FDC | | 2,— |

Auflage: 3 500 000 Stück

Die Ausführlichkeit der **MICHEL**-Kataloge ist international anerkannt.

2005, 25. Okt. Künstlerisches und kulturelles Erbe in Italien. RaTdr. (5 × 5) gez. K 13:13¼.

 ddz  dea

ddz–dea) Geschichten des hl. Stephanus und Johannes des Täufers; Gemälde von Fra Filippo Lippi (1406–1469), italienischer Maler

3060	0.45 €	mehrfarbig .... ddz	0,90	0,90
3061	1.50 €	mehrfarbig .... dea	3,—	3,—
		Satzpreis (2 W.)	3,80	3,80
		FDC		4,60

Auflage: 3 500 000 Sätze

2005, 31. Okt. Weihnachten. RaTdr. (5 × 10, Hochformat ~); gez. K 13:13¼, Hochformat ~.

deb) Mariä Verkündigung; Gemälde von Fra Angelico (um 1401/02–1455)

dec) Familie blickt durch Fenster auf Weihnachtsbaum

3062	0.45 €	mehrfarbig .... deb	0,90	0,90
3063	0.62 €	mehrfarbig .... dec	1,30	1,30
		Satzpreis (2 W.)	2,20	2,20
		FDC		3,—

Auflagen: MiNr. 3062 = 5 000 000, MiNr. 3063 = 3 500 000 Stück

2005, 9. Nov. 50. Todestag von Alcide De Gasperi. RaTdr. (10 × 5); Papier fl.; gez. K 13½:13.

ded) A. De Gasperi (1881–1955), Politiker

| 3064 | 0.62 € | mehrfarbig .... ded | 1,30 | 1,30 |
| | | FDC | | 2,40 |

Auflage: 3 500 000 Stück

2005, 10. Nov. 200. Geburtstag von Giuseppe Mazzini. RaTdr. (5 × 10); Papier fl.; gez. K 13:13½.

dee) G. Mazzini (1805–1872), Freiheitskämpfer, auf Verdienstmedaille für Humanität

| 3065 | 0.45 € | mehrfarbig .... dee | 0,90 | 0,90 |
| | | FDC | | 2,— |

Auflage: 3 500 000 Stück

2005, 16. Nov. Staatliche Institutionen: Zivilschutz, Italienisches Rotes Kreuz. RaTdr. (10 × 5); gez. K 13½:13.

def) Emblem der Zivilschutzbehörde

deg) Emblem, Weltkugel mit Umrißkarte Italiens und Flaggenband

3066	0.45 €	mehrfarbig .... def	0,90	0,90
3067	0.45 €	mehrfarbig .... deg	0,90	0,90
		Satzpreis (2 W.)	1,80	1,80
		FDC		2,60

Auflagen: MiNr. 3066 = 5 000 000, MiNr. 3067 = 3 500 000 Stück

2005, 23. Nov. 50. Jahrestag der Aufnahme Italiens in die Vereinten Nationen (UNO). RaTdr. (5 × 10); Papier fl.; gez. K 13:13½.

deh) Jubiläumsemblem

| 3068 | 0.70 € | mehrfarbig .... deh | 1,40 | 1,40 |
| | | FDC | | 2,50 |

Auflage: 3 500 000 Stück

2005, 26. Nov. Tod von Papst Johannes Paul II. und Wahl seines Nachfolgers Papst Benedikt XVI. RaTdr. (5 × 5) gez. K 13:13¼.

dei) Papst Johannes Paul II. (1920–2005, reg. ab 1978)

dek) Papst Benedikt XVI. (*1927)

3069	0.45 €	mehrfarbig .... dei	0,90	0,90
3070	0.65 €	mehrfarbig .... dek	1,30	1,30
		Satzpreis (2 W.)	2,20	2,20
		FDC		3,—

Auflage: 3 500 000 Sätze

2005, 5. Dez. 60. Jahrestag der Wiederherstellung der Provinz Caserta. RaTdr. (5 × 10); Papier fl.; gez. K 13:13½.

del) Hauptfassade des Schlosses von Caserta

| 3071 | 0.45 € | mehrfarbig .... del | 0,90 | 0,90 |
| | | FDC | | 2,— |

Auflage: 3 500 000 Stück

2005, 7. Dez. Aufnahme des Unterseebootes „Enrico Toti" in die Sammlung des Nationalmuseums für Wissenschaft und Technik „Leonardo da Vinci", Mailand. RaTdr. (5 × 10); Papier fl.; gez. K 13:13½.

dem) U-Boot S-506 „Enrico Toti" (1968), Blick durch ein Periskop

| 3072 | 0.62 € | mehrfarbig .... dem | 1,30 | 1,30 |
| | | FDC | | 2,50 |

Auflage: 3 500 000 Stück

Italien

2006

2006, 1. Jan. Großmarken zum Erreichen der Volljährigkeit. RaTdr. mit Eindruck der Vorausentwertung (10×5); Papier fl.; gez. K 13½:13.

den–den l) Sanduhr mit Ziffern

				**	(*)
3073	0,45 €	mehrfarbig/hellrosa	den	0,90	0,60
3074	0,45 €	mehrfarbig/hellcyanblau	den l	0,90	0,60
		Satzpreis (2 W.)		1,80	1,20

Die zusätzlichen Farbangaben beziehen sich auf den Markenhintergrund.

Bei zwei Marken in ähnlicher Zeichnung in Blockform (Format 60 × 80 mm) handelt es sich um eine Ausgabe, die alle italienischen Bürger, die im Jahre 2006 achtzehn Jahre alt wurden, auf Anforderung gratis erhalten konnten. Die Blocks waren frankaturgültig und werden, wenn sie der Redaktion vorgelegen haben, in einer eigenen Rubrik katalogisiert.

Auflage: 1 500 000 Sätze

2006, 30. Jan. Panini-Fußballsammelbilder. RaTdr. (5×10); Papier fl.; gez. K 13:13½.

deo) Fußballspieler

				**	⊙
3075	2,80 €	mehrfarbig	deo	5,50	5,50
		FDC			6,50

Auflage: 3 500 000 Stück

2006, 1. Febr. 50 Jahre Automobil-Fachzeitschrift „Quattroruote". RaTdr. (10×5); Papier fl.; gez. K 13½:13.

dep) Titelseite der ersten Ausgabe (1956)

3076	0,62 €	mehrfarbig	dep	1,30	1,30
		FDC			2,40

Auflage: 3 500 000 Stück

2006, 6. Febr. Schulen und Universitäten. RaTdr. (5×5); gez. K 13¼:13.

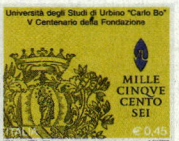 

der) Universität für Studien über Urbino „Carlo Bo", Urbino
des) Staatliches Gymnasium „Ernesto Cairoli", Varese
det) Wissenschaftliches Gymnasium „Alessandro Tassoni", Modena
deu) Gymnasium „Agostino Nifo", Sessa Aurunca

3077	0,45 €	mehrfarbig	der	0,90	0,90
3078	0,45 €	mehrfarbig	des	0,90	0,90
3079	0,45 €	mehrfarbig	det	0,90	0,90
3080	0,45 €	mehrfarbig	deu	0,90	0,90
		Satzpreis (4 W.)		3,60	3,60
		FDC			4,50

Auflage: 3 500 000 Stück

2006, 8. Febr. Olympische Winterspiele, Turin. RaTdr., Bogen (5×10) und Kleinbogen (3×3); gez. K 13:13¼.

dev) Biathlon   dew) Eiskunstlauf   dex) Eishockey

dey) Curling   dez) Bobfahren   dfa) Ski alpin

dfb) Olympische Fackel   dfc) Rennrodeln   dfd) Medaillen

3081	0,23 €	dunkelkobalt	dev	0,50	0,50
3082	0,45 €	dunkelkobalt	dew	0,90	0,90
3083	0,65 €	dunkelkobalt	dex	1,30	1,30
3084	0,70 €	dunkelkobalt	dey	1,40	1,40
3085	0,85 €	dunkelkobalt	dez	1,70	1,70
3086	0,90 €	dunkelkobalt	dfa	1,80	1,80
3087	1,00 €	dunkelkobalt	dfb	2,—	2,—
3088	1,30 €	dunkelkobalt	dfc	2,60	2,60
3089	1,70 €	dunkelkobalt	dfd	3,40	3,40
		Satzpreis (9 W.)		15,50	15,50
		FDC			16,50
		Kleinbogen		15,50	15,50

Auflagen: MiNr. 3081 und 3083–3089 je 2 550 000, MiNr. 3082 = 4 050 000 Stück, davon je 550 000 Stück aus Kleinbogen

2006, 9. Febr. Briefmarkenausstellung „Das Königreich Italien", Rom. RaTdr., Bogen (5×5) und Markenheftchen (2×2); gez. K 13¼:13.

dfe) Marken MiNr. 37, 15, 77 und 325; Wappen

3090	0,60 €	mehrfarbig	dfe	1,20	1,20
		FDC			2,20
		Markenheftchen		5,—	

Auflage: 3 500 000 Stück

2006, 10. Febr. Dalmatische Gesellschaft für Heimatgeschichte. StTdr. (5×5); gez. K 13:13¼.

dff) Emblem

3091	0,45 €	rötlichkarmin/graublau	dff	0,90	0,90
		FDC			1,90

Auflage: 3 500 000 Stück

Italien

2006, 25. Febr. 500. Todestag von Andrea Mantegna. RaTdr. (5×5); gez. K 13:13¼.

dfg) Detail eines Freskos im Castello di San Giorgio, Mantua, von Andrea Mantegna (um 1431–1506), italienischer Maler

| 3092 | 0.45 € | mehrfarbig | dfg | 0,90 | 0,90 |
| | | | FDC | | 1,90 |

Auflage: 3 500 000 Stück

2006, 8. März. 28. internationaler Kongreß für Arbeitsmedizin, Mailand; Bekämpfung von Brustkrebs-Erkrankungen. RaTdr. (5×10); gez. K 13:13¼.

dfh) Klinik für Arbeitsmedizin „Luigi Devoto", Mailand; Kongreßemblem und Emblem des Mailänder Kongreßzentrums

| 3093 | 0.60 € + 0,30 | mehrfarbig | dfh | 1,80 | 1,80 |
| | | | FDC | | 2,80 |

Auflage: 5 000 000 Stück

2006, 9. März. Paralympische Winterspiele, Turin. RaTdr. (10×5); gez. K 13¼:13.

dfi) Emblem

| 3094 | 0.60 € | mehrfarbig | dfi | 1,20 | 1,20 |
| | | | FDC | | 2,50 |

Auflage: 3 500 000 Stück

2006, 11. März. Italienische Exporterfolge. RaTdr. (5×5); gez. K 13¼:13½.

dfk) Speiseeis – historisches Bild eines Eisverkäufers mit Handwagen

dfl) Carrara-Marmor – Statue, Steinbruch

3095	0.60 €	mehrfarbig	dfk	1,20	1,20
3096	2.80 €	mehrfarbig	dfl	5,50	5,50
		Satzpreis (2 W.)		6,70	6,70
		2 FDC			9,—

Auflage: je 3 500 000 Stück

2006, 17. März. 25 Jahre Fußball-Nationalmannschaft der Sänger. RaTdr. (5×10); gez. K 13¼:13½.

dfm) Mannschaft, Notenzeile, Emblem

| 3097 | 0.45 € | mehrfarbig | dfm | 0,90 | 0,90 |
| | | | FDC | | 1,90 |

Auflage: 3 500 000 Stück

2006, 17. März. Italienische Marine. RaTdr. (5×10); gez. K 13¼:13¼.

dfn) Flugzeugträger „Cavour", Wappen

| 3098 | 0.60 € | mehrfarbig | dfn | 1,20 | 1,20 |
| | | | FDC | | 2,20 |

Auflage: 3 500 000 Stück

2006, 18. März. 100 Jahre Simplon-Tunnel. RaTdr. (10×5); gez. K 13½:13¼.

dfo) Tunnelausgang, Gleise, Flaggen Italiens und der Schweiz

| 3099 | 0.62 € | mehrfarbig | dfo | 1,30 | 1,30 |
| | | | FDC | | 2,30 |

Auflage: 3 500 000 Stück

2006, 24. März. Tourismus. RaTdr. (5×5); gez. K 13½:13¼.

dfp) Comer See

dfr) Marina di Pietrasanta, Provinz Lucca

dfs) Serapis-Tempel, Pozzuoli, Provinz Neapel

3100	0.45 €	mehrfarbig	dfp	0,90	0,90
3101	0.45 €	mehrfarbig	dfr	0,90	0,90
3102	0.45 €	mehrfarbig	dfs	0,90	0,90
		Satzpreis (3 W.)		2,70	2,70
		3 FDC			5,50

Auflage: je 3 500 000 Stück

Weitere Werte siehe Übersicht nach Jahrgangswerttabelle.

2006, 30. März. Internationaler Tag der Berge. RaTdr. (5×10); gez. K 13:13½.

dft) Gebirge, Globus, Emblem

| 3103 | 0.60 € | mehrfarbig | dft | 1,20 | 1,20 |
| | | | FDC | | 2,20 |

Auflage: 3 500 000 Stück

Die Preisnotierungen gelten für Marken in handelsüblicher Qualität.

Italien

2006, 1. April. Künstlerisches und kulturelles Erbe in Italien: Marienbildnis von Mondragone. RaTdr. (5×5); gez. K 13½.

dfu) Maria Santissima Incaldana (byzantinisch), Mondragone, Provinz Caserta

3104	0.45 €	mehrfarbig	dfu	0,90	0,90
			FDC		1,90

Auflage: 3 500 000 Stück

2006, 20. April. Künstlerisches und kulturelles Erbe in Italien. RaTdr. (5×5); gez. K 13:13¼.

dfz) Madonna dell'Umiltà; Gemälde von Gentile da Fabriano (um 1370–1427)

3108	2.80 €	mehrfarbig	dfz	5,50	5,50
			FDC		6,—

Auflage: 3 500 000 Stück

2006, 3. April. Erstmalige Teilnahme der Auslandsitaliener an den Parlamentswahlen. RaTdr. (10×5); gez. K 13¼:13.

dfv) Wahlurne, Globus

3105	0,62 €	mehrfarbig	dfv	1,30	1,30
			FDC		2,30

Auflage: 3 500 000 Stück

2006, 21. April. 50 Jahre Tageszeitung „Il Giorno". RaTdr. (10×5); gez. K 13¼:13.

dga) Mann blickt beim Öffnen eines Fensters auf Titelseite der Zeitung

3109	0,45 €	mehrfarbig	dga	0,90	0,90
			FDC		1,90

Auflage: 3 500 000 Stück

2006, 5. April. Briefmarkenausstellung „Die zwei Republiken". RaTdr. (5×10); gez. K 13:13¼.

dfw) Palazzo Montecitorio, Rom; Palazzo Pubblico, San Marino

3106	0,62 €	mehrfarbig	dfw	1,30	1,30
			FDC		2,30

Blockausgabe mit MiNr. 3106 und San Marino MiNr. 2260

Block 37	(120×90 mm)	dfx	2,60	2,60

Die Blockmarken tragen rückseitig auf dem Gummi die Inschrift VALIDO / POSTALMENTE / SOLO / IN ITALIA bzw. (...) A SAN MARINO.
Block 37 enthält zusätzlich Marke San Marino MiNr. 2260. Der ⊙-Preis des Blocks gilt für italienische Entwertung.

Parallelausgabe mit San Marino MiNr. 2260, Bl. 37

2006, 22. April. Staatliche Institutionen: 50 Jahre Verfassungsgerichtshof. StTdr. (5×5); gez. K 13¼:13.

dgb) Anhörungssaal des Verfassungsgerichtshofes, Rom

3110	0,45 €	schwarzblau	dgb	0,90	0,90
			FDC		1,80

Auflage: 3 500 000 Stück

2006, 29. April. Regionen Italiens (III). RaTdr. (5×10); gez. K 13:13¼.

dgc) Piemont: Emanuele Filiberto zu Pferde; Denkmal von Carlo Marocchetti, Turin

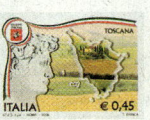  

dgd) Toskana: David; Statue von Michelangelo, Florenz
dge) Latium: Sarkophag der Sposi, Rom
dgf) Apulien: San-Nicola-Basilika, Bari

dgc–dgf) Umrißkarte und Flagge der jeweiligen Region

3111	0,45 €	mehrfarbig	dgc	0,90	0,90
3112	0,45 €	mehrfarbig	dgd	0,90	0,90
3113	0,45 €	mehrfarbig	dge	0,90	0,90
3114	0,45 €	mehrfarbig	dgf	0,90	0,90
		Satzpreis (4 W.)		3,60	3,60
			FDC		4,50

Auflage: 4 500 000 Sätze

2006, 13. April. 70 Jahre Skischule am Matterhorn. RaTdr. (10×5); gez. K 13¼:13.

dfy) Skifahrer, Kabinenseilbahn, Matterhorn, Emblem

3107	0,45 €	mehrfarbig	dfy	0,90	0,90
			FDC		1,90

Auflage: 3 500 000 Stück

Ab MiNr. 1427 sind alle Ausgaben – wenn nicht ausdrücklich anders angegeben – auf fluoreszierendem Papier gedruckt.

Die Ausführlichkeit der MICHEL-Kataloge ist international anerkannt.

Italien

2006, 29. April. 100. Geburtstag von Enrico Mattei. RaTdr. (10×5); gez. K 13¼:13.

(dgg) E. Mattei (1906–1962), Politiker

3115	0,45 €	mehrfarbig	dgg	0,90	0,90
			FDC		1,80

Auflage: 3 500 000 Stück

2006, 6. Mai. 500. Todestag von Christoph Kolumbus. RaTdr. (5×10); gez. K 13:13¼.

(dgh) Christoph Kolumbus (1451–1506), genuesischer Seefahrer in spanischen Diensten

3116	0,62 €	mehrfarbig	dgh	1,30	1,30
			FDC		2,20

Auflage: 3 500 000 Stück

2006, 6. Mai. 100 Jahre Automobilrennen „Targa Florio". RaTdr. (5×5); gez. K 13:13¼.

(dgi) La Targa Florio; Gemälde von Margaret Bradley (1870–1948), englische Malerin

3117	0,60 €	mehrfarbig	dgi	1,20	1,20
			FDC		2,20

Auflage: 3 500 000 Stück

2006, 8. Mai. Europa: Integration. RaTdr. (5×10); gez. K 13:13¼.

dgk   dgl

dgk–dgl) Jugendliche verschiedener Völker in Umarmung

3118	0,45 €	mehrfarbig	dgk	0,90	0,90
3119	0,62 €	mehrfarbig	dgl	1,30	1,30
		Satzpreis (2 W.)		2,20	2,20
			FDC		3,20

Auflagen: MiNr. 3118 = 4 000 000, MiNr. 3119 = 3 500 000 Stück

2006, 9. Mai. Generalversammlung des Internationalen Militärsportverbandes, Rom. RaTdr. (5×10); gez. K 13:13¼.

(dgm) Kolosseum, Rom; Emblem

3120	0,45 €	mehrfarbig	dgm	0,90	0,90
			FDC		1,80

Auflage: 3 500 000 Stück

2006, 20. Mai. Schach-Weltmeisterschaft, Turin. RaTdr. (10×5); gez. K 13¼:13.

(dgn) Schachbrett als Globus

3121	0,62 €	mehrfarbig	dgn	1,30	1,30
			FDC		2,20

Auflage: 3 500 000 Stück

2006, 1. Juni. 60. Jahrestag der Wahl der verfassunggebenden Nationalversammlung. RaTdr. (5×10); gez. K 13:13¼.

(dgo) Präsidium der verfassunggebenden Nationalversammlung 1946, Nationalfarben

3122	0,60 €	mehrfarbig	dgo	1,20	1,20
			FDC		2,20

Auflage: 3 500 000 Stück

2006, 1. Juni. 60 Jahre Frauenwahlrecht. RaTdr. (10×5); gez. K 13¼:13.

(dgp) Nilde Iotti (1920–1999), kommunistische Politikerin und Parlamentspräsidentin

3123	0,60 €	mehrfarbig	dgp	1,20	1,20
			FDC		2,20

Auflage: 3 500 000 Stück

2006, 9. Juni. Bridge-Weltmeisterschaften, Verona. RaTdr. (5×10); gez. K 13:13¼.

(dgr) Arena von Verona, Veranstaltungsemblem

3124	0,65 €	mehrfarbig	dgr	1,30	1,30
			FDC		2,20

Auflage: 3 500 000 Stück

2006, 13. Juni. 50 Jahre militärisches Sperrgebiet „Salto di Quirra", Sardinien. RaTdr. (5×10); gez. K 13:13¼.

(dgs) Umrißkarte Sardiniens, Emblem

3125	0,60 €	mehrfarbig	dgs	1,20	1,20
			FDC		2,20

Auflage: 3 500 000 Stück

Die Preisnotierungen sind Richtwerte für Marken in handelsüblicher Qualität. Preisbewegungen nach oben und unten sind aufgrund von Angebot und Nachfrage die Regel.

Italien

2006, 21. Juni. 100 Jahre Finanzwache. RaTdr. (10×5, Querformat ~); gez. K 13¼:13, Querformat ~.

dgt) Sitz des Oberkommandos der Finanzwache, Rom

dgu) Finanzpolizist; früherer Sitz der Finanzwache, Maddaloni

3126	0.60 €	mehrfarbig .... dgt	1,20	1,20
3127	0.60 €	mehrfarbig .... dgu	1,20	1,20
		Satzpreis (2 W.)	2,40	2,40
		FDC		3,40

Auflage: 3 500 000 Sätze

2006, 6. Juli. Künstlerisches und kulturelles Erbe in Italien: 50. Jahrestag der Freilegung des antiken griechischen Theaters von Tyndaris, Patti. RaTdr. (10×5); gez. K 13¼:13.

dgv) Ruinen des griechischen Theaters, Tyrrhenisches Meer mit Äolischen Inseln, Theaterszene

3128	1.50 €	mehrfarbig .... dgv	3,—	3,—
		FDC		4,—

Auflage: 3 500 000 Stück

2006, 10. Juli. 50 Jahre „Autostrada del Sole". RaTdr. (5×10); gez. K 13:13¼.

dgw) Karte Italiens mit Kennzeichnung der Autobahn zwischen Mailand und Neapel

3129	0.60 €	mehrfarbig .... dgw	1,20	1,20
		FDC		2,20

Auflage: 3 500 000 Stück

2006, 2. Aug. 26. Jahrestag des Bombenanschlages im Bahnhof von Bologna. RaTdr. (10×5); gez. K 13¼:13.

dgx) Bombenexplosion

3130	0.60 €	mehrfarbig .... dgx	1,20	1,20
		FDC		2,20

Auflage: 3 500 000 Stück

2006, 1. Sept. 40 Jahre Nationaler Verband der Philatelistischen Presse (USFI). RaTdr. (2×4 Zd); gez. K 13:13¼.

dgy) USFI-Emblem Zierfeld

3131	0.60 €	mehrfarbig .... dgy	1,20	1,20
		3131 Zf	1,20	1,20
		FDC		2,20
		Kleinbogen	10,—	10,—

Auflage: 3 500 000 Stück

2006, 2. Sept. Papst Gregor I. RaTdr. (10×5); gez. K 13¼:13.

dgz) Papst Gregor I., der Große (um 540–604)

3132	0.60 €	mehrfarbig .... dgz	1,20	1,20
		FDC		2,20

Auflage: 3 500 000 Stück

2006, 9. Sept. Gewinn der Fußball-Weltmeisterschaft in Deutschland durch die italienische Nationalmannschaft. RaTdr. (3×4); gez. K 13:13¼.

dha) Spieler mit FIFA-Pokal, Nationalflagge, 4 Weltmeistersterne

3133	1.00 €	mehrfarbig .... dha	2,—	2,—
		FDC		3,—

Auflage: 7 200 000 Stück

2006, 16. Sept. Gedenken der Terrorismusopfer. RaTdr. (5×10); gez. K 13:13¼.

dhb) Personen, Gesicht

3134	0.60 €	mehrfarbig .... dhb	1,20	1,20
		FDC		2,20

Auflage: 3 500 000 Stück

2006, 18. Sept. 100. Geburtstag von Ettore Majorana. RaTdr. (10×5); gez. K 13¼:13.

dhc) Ettore Majorana (1906–1938), Physiker; Atommodell

3135	0.60 €	mehrfarbig .... dhc	1,20	1,20
		FDC		2,20

Auflage: 3 500 000 Stück

2006, 27. Sept. 450. Todestag des hl. Ignatius von Loyola, 500. Geburtstag des hl. Franz Xaver. RaTdr. (5×5); gez. K 13:13¼.

dhd) Hl. Ignatius von Loyola (1491–1556), spanischer katholischer Ordensgründer

dhe) Hl. Franz Xaver (1506-1552), spanischer Jesuit und Missionar in Asien

3136	0.60 €	mehrfarbig .... dhd	1,20	1,20
3137	0.60 €	mehrfarbig .... dhe	1,20	1,20
		Satzpreis (2 W.)	2,40	2,40
		FDC		3,40

Auflage: je 3 500 000 Stück

Italien

2006, 29. Sept. Fechtweltmeisterschaften, Turin. RaTdr. (5×10); gez. K 13:13¼.

dhf) Fechtszene; WM-Emblem; Kuppel der Mole Antonelliana, Turin

| 3138 | 0,65 € | mehrfarbig .... dhf | 1,30 | 1,30 |
| | | FDC | | 2,30 |

Auflage: 3 500 000 Stück

2006, 6. Okt. Tag der Briefmarke. RaTdr. (5×10); gez. K 13:13¼.

dhg) Junge mit Lupe und Briefmarken, Globus

| 3139 | 0,60 € | mehrfarbig .... dhg | 1,20 | 1,20 |
| | | FDC | | 2,20 |

Auflage: 3 500 000 Stück

2006, 6. Okt. 500 Jahre Lotto. RaTdr. (5×10); gez. K 13:13¼.

dhh) Frau mit verbundenen Augen, Zahlen

| 3140 | 0,60 € | mehrfarbig .... dhh | 1,20 | 1,20 |
| | | FDC | | 2,20 |

Auflage: 3 500 000 Stück

2006, 6. Okt. Nationale Organisation für Naturschutzgebiete. RaTdr. (5×10); gez. K 13:13¼.

dhi) Emblem

| 3141 | 0,65 € | mehrfarbig .... dhi | 1,30 | 1,30 |
| | | FDC | | 2,30 |

Auflage: 3 500 000 Stück

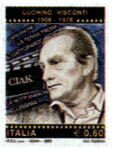

2006, 13. Okt. 100. Geburtstag von Luchino Visconti. RaTdr. (10×5); gez. K 13¼:13.

dhk) L. Visconti, Herzog von Modrone (1906–1976), Schriftsteller, Theater- und Filmregisseur

| 3142 | 0,60 € | mehrfarbig .... dhk | 1,20 | 1,20 |
| | | FDC | | 2,20 |

Auflage: 3 500 000 Stück

2006, 16. Okt. 100. Geburtstag von Dino Buzzati. RaTdr. (5×10); gez. K 13:13¼.

dhl) D. Buzzati (1906–1972), Schriftsteller und Journalist

| 3143 | 0,60 € | mehrfarbig .... dhl | 1,20 | 1,20 |
| | | FDC | | 2,20 |

Auflage: 3 500 000 Stück

2006, 28. Okt. Weihnachten. MiNr. 3144 = StTdr., MiNr. 3145 = RaTdr. (5×10, Hochformat ~); gez. K 13:13¼, Hochformat ~.

dhm) Anbetung der Könige; Gemälde von Jacopo Bassano, eigentlich J. da Ponte (1510–1592)

dhn) Weihnachtsbaum

3144	0,60 €	mehrfarbig .... dhm	1,20	1,20
3145	0,65 €	mehrfarbig .... dhn	1,30	1,30
		Satzpreis (2 W.)	2,50	2,50
		FDC		3,50

Auflagen: MiNr. 3144 = 5 000 000, MiNr. 3145 = 3 500 000 Stück

2006, 11. Nov. Gedenken an die Gefallenen von Nasiriyah (Irak, 2003). RaTdr. (5×10); gez. K 13:13¼.

dho) Viktorianum mit Grab des unbekannten Soldaten, Rom

| 3146 | 0,60 € | mehrfarbig .... dho | 1,20 | 1,20 |
| | | FDC | | 2,20 |

Auflage: 3 500 000 Stück

2007

2007, 4. Jan. Künstlerisches und kulturelles Erbe in Italien: Kathedrale von Casale Monferrato. StTdr. (5×5); gez. K 13:13¼.

dhp) St.-Evasius-Kathedrale, Casale Monferrato

| 3147 | 0,60 € | rotlila .... dhp | 1,20 | 1,20 |
| | | FDC | | 2,20 |

Auflage: 3 500 000 Stück

2007, 5. Jan. 100 Jahre Montessori-Kinderheim „Casa dei Bambini", Rom. RaTdr. (5×5); gez. K 13¼:13.

dhr) Maria Montessori (1870–1952), Ärztin und Pädagogin; Kinder (1907 und 2007)

| 3148 | 0,60 € | mehrfarbig .... dhr | 1,20 | 1,20 |
| | | FDC | | 2,20 |

Auflage: 3 500 000 Stück

Mehr wissen mit MICHEL

Italien

2007, 10. Jan. 50 Jahre Hochschule für öffentliche Verwaltung, Rom. RaTdr. (5×10); gez. K 13¼:13.

dhs) Ponte Milvio, Schulgebäude

3149　0,65 €　mehrfarbig .... dhs　1,30　1,30
　　　　　　　　　　　　　　　　FDC　　　 2,30
Auflage: 3 500 000 Stück

2007, 13. Jan. Künstlerisches und kulturelles Erbe in Italien: Kathedrale von Parma. StTdr. (5×5); gez. K 13:13¼.

dht) Dom und Baptisterium, Parma

3150　0,60 €　olivgrün .... dht　1,20　1,20
　　　　　　　　　　　　　　　　FDC　　　 2,20
Auflage: 3 500 000 Stück

2007, 16. Jan. 50. Todestag von Arturo Toscanini. RaTdr. (10×5); gez. K 13¼:13.

dhu) A. Toscanini (1867–1957), Dirigent

3151　0,60 €　mehrfarbig .... dhu　1,20　1,20
　　　　　　　　　　　　　　　　FDC　　　 2,20
Auflage: 3 500 000 Stück

2007, 27. Jan. 500. Todestag des hl. Franz von Paula. RaTdr. (5×10); gez. K 13:13¼.

dhv) Hl. Franz von Paula (1416–1507), Ordensgründer

3152　0,60 €　mehrfarbig .... dhv　1,20　1,20
　　　　　　　　　　　　　　　　FDC　　　 2,20
Auflage: 3 500 000 Stück

2007, 27. Jan. 500. Geburtstag von Ferrante Gonzaga. RaTdr. (5×10); gez. K 13:13¼.

dhw) Ferrante Gonzaga (1507–1557), Graf von Guastalla

3153　1,00 €　mehrfarbig .... dhw　2,—　2,—
　　　　　　　　　　　　　　　　FDC　　　 3,—
Auflage: 3 500 000 Stück

2007, 29. Jan. 20 Jahre Stiftung Antonio Genovesi Salerno (SDOA). RaTdr. (5×10); gez. K 13:13¼.

dhx) Sitz der Stiftung, Vietri sul Mare

3154　0,60 €　mehrfarbig .... dhx　1,20　1,20
　　　　　　　　　　　　　　　　FDC　　　 2,20
Auflage: 3 500 000 Stück

2007, 10. Febr. 60 Jahre Siedlung Giuliana di Fertilia bei Alghero. RaTdr. (5×10); gez. K 13:13¼.

dhy) Istrische Flüchtlingsfamilie, Ansicht von Giuliana di Fertilia, Karten von Sardinien und Istrien

3155　0,60 €　mehrfarbig .... dhy　1,20　1,20
　　　　　　　　　　　　　　　　FDC　　　 2,20
Auflage: 3 500 000 Stück

2007, 16. Febr. 100. Todestag von Giosuè Carducci. RaTdr. (5×10); gez. K 13:13¼.

dhz) Giosuè Carducci (1835–1907), Lyriker und Literaturhistoriker

3156　0,60 €　mehrfarbig .... dhz　1,20　1,20
　　　　　　　　　　　　　　　　FDC　　　 2,20
Auflage: 3 500 000 Stück

2007, 16. Febr. Lodovico Acernese. RaTdr. (10×5); gez. K 13¼:13.

dia) Pater Lodovico Acernese (1835–1916), Gründer der Kongregation der Franziskanerinnen von der Unbefleckten Empfängnis; Mutterhaus, Pietradefusi

3157　0,23 €　mehrfarbig .... dia　0,50　0,50
　　　　　　　　　　　　　　　　FDC　　　 1,50
Auflage: 3 500 000 Stück

2007, 26. Febr. Schulen und Universitäten: Universität von Brescia. RaTdr. (5×5); gez. K 14.

dib) Universitätsgebäude

3158　0,60 €　mehrfarbig .... dib　1,20　1,20
　　　　　　　　　　　　　　　　FDC　　　 2,20
Auflage: 3 500 000 Stück

2007, 1. März. Europäisches Jahr der Chancengleichheit für alle. RaTdr. (5×5); gez. K 14.

dic) Frau mit Kind innerhalb architektonisch facettierter Struktur

3159　0,60 €　mehrfarbig .... dic　1,20　1,20
　　　　　　　　　　　　　　　　FDC　　　 2,20
Auflage: 3 500 000 Stück

MICHEL-Rundschau

zwölfmal im Jahr aktuelle Informationen für den Philatelisten. Mit einem Abonnement können Sie auch diesen Katalog auf dem laufenden halten!

Italien 483

2007, 14. März. Schulen und Universitäten: Staatliches Gymnasium „Scipione Maffei", Verona. RaTdr. (5×5); gez. K 13¼:13.

did) Schulgebäude

3160	0.60 €	mehrfarbig	did	1,20	1,20
			FDC		2,20

Auflage: 3 500 000 Stück

2007, 16. März. Künstlerisches und kulturelles Erbe in Italien: Venedig. StTdr. (5×5); gez. K 13¼:13.

dil) Canal Grande mit Rialto-Brücke, Venedig

3167	0.60 €	schwarz	dil	1,20	1,20
			FDC		2,20

Auflage: 3 500 000 Stück

2007, 15. März. Sport: 100. Geburtstag von Nicolò Carosio. RaTdr. (5×10); gez. K 13:13¼.

die) N. Carosio (1907–1984), Fußballkommentator; Spielfeld

3161	0.65 €	mehrfarbig	die	1,30	1,30
			FDC		2,20

Auflage: 3 500 000 Stück

2007, 16. März. Internationale Kommission für Elektrotechnik. RaTdr. (5×10); gez. K 13:13¼.

dif) Leiterplatte, stehender Lichtbogen

3162	1.50 €	mehrfarbig	dif	3,—	3,—
			FDC		4,—

Auflage: 3 500 000 Stück

2007, 25. März. Blockausgabe: 50 Jahre Römische Verträge. RaTdr.; Papier fl.; gez. Ks 13:13¼.

dim – din) Piazza del Campidoglio, Rom; Europasterne

3168	0.60 €	mehrfarbig	dim	1,20	1,20
3169	0.65 €	mehrfarbig	din	1,30	1,30
Block 38	(120×96 mm)		dio	2,50	2,50
			FDC		3,50

Auflage: 2 500 000 Blocks

2007, 16. März. Regionen Italiens (IV). RaTdr. (5×10); gez. K 13:13¼.

dig) Trentino-Südtirol: Schloß Maretsch, Bozen; Schloß Buonconsiglio, Trient

dih) Marken: Stadtansicht von Ascoli Piceno; römischer Aristokrat (Bronzestatue), gefunden in Cartoceto

dii) Umbrien: Dom von Orvieto, Mariä Verkündigung (Mosaik)

dik) Sardinien: Flamingo am Strand, Krieger (Bronzestatue aus der Nuraghenzeit)

dig–dik) Umrißkarte und Flagge der jeweiligen Region

3163	0.60 €	mehrfarbig	dig	1,20	1,20
3164	0.60 €	mehrfarbig	dih	1,20	1,20
3165	0.60 €	mehrfarbig	dii	1,20	1,20
3166	0.60 €	mehrfarbig	dik	1,20	1,20
			Satzpreis (4 W.)	4,80	4,80
			FDC		5,50

Auflage: 4 500 000 Sätze

2007, 13. April. Tourismus. RaTdr. (5×5); gez. K 13¼:13.

dip) Schloß und Pfarrkirche von Bruneck

dir) Burg von Gaeta

dis) Burg von Massafra

dit) Amphitheater von Heracleia Menoa, Cattolica Eraclea

Zum Bestimmen der Farben:
MICHEL-Farbenführer

3170	0,60 €	mehrfarbig	dip	1,20	1,20
3171	0,60 €	mehrfarbig	dir	1,20	1,20
3172	0,60 €	mehrfarbig	dis	1,20	1,20
3173	0,60 €	mehrfarbig	dit	1,20	1,20
			Satzpreis (4 W.)	4,80	4,80
			FDC		5,80

Auflage: 3 500 000 Sätze

Weitere Werte siehe Übersicht nach Jahrgangswerttabelle.

2007, 14. April. 50. Todestag von Giuseppe Tomasi di Lampedusa. RaTdr. (10×5); gez. K 13¼:13.

diu) Giuseppe Tomasi di Lampedusa (1896–1957), Offizier, Schriftsteller und Literaturwissenschaftler; Wandbild aus sizilianischer Majolika

3174	0,60 €	mehrfarbig	diu	1,20	1,20
			FDC		2,20

Auflage: 3 500 000 Stück

2007, 21. April. Hauptstadt Rom. RaTdr. (5×10); gez. K 13:13¼.

div) Ruinen des Forum Romanum

3175	0,60 €	mehrfarbig	div	1,20	1,20
			FDC		2,20

Auflage: 5 000 000 Stück

Neuheiten

Ein Abonnement der MICHEL-Rundschau sichert Ihnen einen immer vollständigen Katalog, zeigt Ihnen Preisänderungen an und bereichert Ihre philatelistischen Kenntnisse durch gut recherchierte Fachbeiträge.

Italien

Jahrgangswerttabelle

Die Aufstellung folgt der numerischen Reihenfolge der Katalogisierung ohne Rücksicht auf die Chronologie eventueller Ergänzungswerte.

Grundsätzlich ist nur die jeweils billigste Sorte pro Marke bzw. Ausgabe angegeben, sofern nichts anderes vermerkt.

Zusammendrucke aus Bogen, Marken mit Zierfeldern usw. sind dann berücksichtigt, wenn sie als normale Ausgabeform anzusehen sind. Einzelmarken aus Blocks und Marken mit der Preisnotierung „—,—" sind nicht berücksichtigt.

Jahr	MiNr.	Euro **	Euro ⊙
1945	667–722	1082,80	55,80
1946	723–730	2,50	2,50
1947	731–739	22,50	21,—
1948	740–766	793,50	194,—
1949	767–788	1100,—	312,50
1950	789–825	908,50	259,50
1951	826–855	786,—	1063,—
1952	856–879	208,30	89,70
1953	880–905	198,20	20,90
1954	906–925	237,40	27,60
1955	926–957	210,70	12,—
1956	958–978	52,10	18,30
1957	979–1001	77,20	48,50
1958	1002–1028	10,60	10,70
1959	1029–1057	12,70	7,20
1960	1058–1080	12,40	8,90
1961	1081–1116	53,30	47,30
1962	1117–1137	11,60	11,50
1963	1138–1156	6,—	5,70
1964	1157–1173	6,20	6,20
1965	1174–1195	5,50	5,70
1966	1196–1219	6,80	6,40
1967	1220–1250	8,90	9,40
1968	1251–1293	9,90	8,60
1969	1294–1302	2,50	2,50
1970	1303–1330	7,50	7,50
1971	1331–1355	6,80	6,40
1972	1356–1388	8,30	7,20
1973	1389–1433	11,90	11,90
1974	1434–1477	11,60	11,10
1975	1478–1520	11,60	10,80
1976	1521–1559	12,80	10,70
1977	1560–1597	13,70	11,40
1978	1598–1635	22,80	16,80
1979	1636–1681	29,50	17,20
1980	1682–1741	33,10	25,—
1981	1742–1786	33,—	24,20
1982	1787–1820	29,90	27,—
1983	1821–1866	64,60	38,—
1984	1867–1904	65,10	54,90
1985	1905–Bl. 2	94,40	72,20
1986	1959–2000	88,50	52,10
1987	2001–2032	75,90	40,30
1988	2033–2069	62,70	40,40
1989	2070–2102	55,70	40,20
1990	2103–2165	76,20	62,—
1991	2166–2199	47,90	35,40
1992	2200–2253	82,90	70,80
1993	2254–2307	58,50	46,50
1994	2308–2356	48,70	37,—
1995	2357–2415	58,90	47,20
1996	2416–2477	68,—	53,60
1997	2478–2545	77,90	64,60
1998	2546–2613	76,80	65,80
1999	2614–2666	68,90	55,—
2000	Block 20–2738	94,40	93,40
2001	2739–2799	66,60	66,60
2002	2800–2887	131,50	130,—
2003	2888–2941	72,40	72,40
2004	2942–Block 35	107,50	107,50
2005	3012–3072	83,20	83,20
2006	3073–3146	106,40	105,80
Gesamtsumme		**7892,20**	**3977,50**

Blockaufstellung

Block 1 siehe nach MiNr. 1953	Block 20 siehe nach MiNr. 2668
Block 2 siehe nach MiNr. 1958	Block 21 siehe nach MiNr. 2676
Block 3 siehe nach MiNr. 2110	Block 22 siehe nach MiNr. 2683
Block 4 siehe nach MiNr. 2116	Block 23 siehe nach MiNr. 2698
Block 5 siehe nach MiNr. 2122	Block 24 siehe nach MiNr. 2709
Block 6 siehe nach MiNr. 2128	Block 25 siehe nach MiNr. 2719
Block 7 siehe nach MiNr. 2134	Block 26 siehe nach MiNr. 2734
Block 8 siehe nach MiNr. 2140	Block 27 siehe nach MiNr. 2744
Block 9 siehe nach MiNr. 2217	Block 28 siehe nach MiNr. 2746
Block 10 siehe nach MiNr. 2220	Block 29 siehe nach MiNr. 2783
Block 11 siehe nach MiNr. 2223	Block 30 siehe nach MiNr. 2867
Block 12 siehe nach MiNr. 2226	Block 31 siehe nach MiNr. 2913
Block 13 siehe nach MiNr. 2229	Block 32 siehe nach MiNr. 2926
Block 14 siehe nach MiNr. 2230	Block 33 siehe nach MiNr. 2968
Block 15 siehe nach MiNr. 2348	Block 34 siehe nach MiNr. 2972
Block 16 siehe nach MiNr. 2486	Block 35 siehe nach MiNr. 3011
Block 17 siehe nach MiNr. 2601	Block 36 siehe nach MiNr. 3056
Block 18 siehe nach MiNr. 2609	Block 37 siehe nach MiNr. 3106
Block 19 siehe nach MiNr. 2656	Block 38 siehe nach MiNr. 3169

Ab MiNr. 1220 sind alle Ausgaben unbeschränkt frankaturgültig, sofern nichts anderes angegeben.

Übersichtstabellen

Freimarken König Vittorio Emanuele III.

Werte		MiNr.
„Serie Floreale" (ar)		
10 c		77
15 c auf 20 c		86
20 c		78
25 c		79
25 c auf 45 c		169
40 c		80
45 c		81
50 c		82
„Serie Floreale" (as, az)		
25 c		240
75 c		241
1 L		83
1.25 L		242
1.75 L auf 10 L		221
2 L		187
2.50 L		243
5 L		84
10 L		99
Brustbild nach rechts (at)		
15 c	Bildgröße 18¾:25 mm	87
15 c	Bildgröße 18,2:23,2 mm	94
15 c	Bildgröße 19:24 mm	104
20 c auf 15 c		124
20 c	oWz	125
20 c	Wz I	129
Kopf im Oval (au, au I, au II)		
5 c		88
10 c		89
10 c auf 15 c		217
15 c		130
Brustbild nach links (av, aw)		
7½ c auf 85 c		166
20 c auf 25 c		218
20 c	braunorange	225
20 c	hellgrün	226
20 c	dunkellila	244
25 c	blau	90
25 c auf 60 c		170
25 c	hellgrün	245
30 c	orangebraun	133
30 c auf 50 c		219
30 c auf 55 c		220
30 c	grünschiefer	227
40 c		91
50 c		92
50 c auf 40 c		171
50 c auf 55 c		172
55 c		134
60 c	braunkarmin	131
60 c	blau	186
60 c	braunorange	246
85 c		135
Zeichnung von 1927 (cv, cw)		
50 c		263
1.75 L		264
1.85 L		265
2.55 L		266
2.65 L		267
Zeichnung von 1928 (cx)		
7½ c		281
15 c		282
35 c		283
50 c		284

Übersicht Eilmarken

Werte		MiNr.
Inland (Ea, Ec)		
25 c		85
25 c auf 40 c		128
50 c		132
60 c auf 50 c		148
60 c		160
70 c auf 60 c		212
70 c		228
1.25 L		247
Ausland (Eb)		
30 c		93
1.20 L auf 30 c		136
1.20 L		205 F
1.60 L auf 1.20 L		205
2 L		213
2.50 L		248
Rohrpostmarken (Ra)		
10 c		110
15 c	violettbraun	137
15 c auf 10 c		173
15 c auf 20 c		268
15 c	lilarosa	272
15 c	karmin	273
20 c auf 10 c		214
20 c auf 15 c		215
20 c		253
30 c		174
35 c auf 40 c		269
35 c		274
40 c auf 30 c		216
40 c		229
Posta Aerea (Fa)		
50 c auf 60 c		270
50 c		279
60 c		230
80 c auf 1 L		271
80 c		280
1 L		231
1.20 L		254
1.50 L		232
5 L		233

Übersicht der Marken in Italia-Zeichnung.

sc) Bildformat 17×20,5 mm sc I) Bildformat 16×19,5 mm wt) Bildformat 17×20,5 mm sc I) Bildformat 16×19,5 mm

wt II) Schlingenmuster nur unter Landesnamen   wt III) Schlingenmuster über ganzes Markenbild

tb

Italien

Werte	Farbe	Zeichnung	Wz. 3 MiNr.	Wz. 4 MiNr.
1 L.	schwarz	sc		984
1 L.	schwarzgrau	sc l		1253
5 L.	dunkelgrüngrau	sc	884	932
5 L.	dunkelgrüngrau	sc l		1254
6 L.	braunorange	sc		985
6 L.	braunocker	sc l		1255
10 L.	orangerot	sc	885	933
10 L.	orangerot	sc l		1256
12 L.	dunkelgrün	sc	886	934
13 L.	lilarot	sc	A 886	935
15 L.	hellviolettblau	sc		965
15 L.	hellblauviolett	sc l		1257
20 L.	braun	sc	887	936
20 L.	dunkelbraun	sc l		1258
25 L.	violett	sc	888	937
25 L.	violett	sc l		1259
30 L.	braunocker	sc		1073
30 L.	braunocker	sc		1260
35 L.	karmin	sc	889	971
40 L.	lila	sc		1074
40 L.	lila	sc l		1261
50 L.	braunoliv	sc		986
50 L.	braunoliv	sc l		1262
55 L.	hellblauviolett	sc l		1298
60 L.	blau	sc	890	938
60 L.	violettultramarin	sc l		1263
70 L.	dunkelblaugrün	sc		1075
70 L.	dunkelblaugrün	sc l		1264
80 L.	orangebraun	sc	891	939
80 L.	orangebraun	sc l		1265
90 L.	rotbraun	sc		987
90 L.	rotbraun	sc l		1266
100 L.	braun	wt		1051
100 L.	braun	wt l		1267
120 L.	schwarzblau/grün	wt II		1592
125 L.	orangebraun/viol'purpur	sc l		1434
130 L.	grüngrau/karminbraun	sc		1202
130 L.	graugrün/karminbraun	sc l		1268
150 L.	purpurviolett	wt l		1522
170 L.	schwarzblaugrün/ockerbraun	wt II		1593
180 L.	dunkelgrünlichgrau/dunkelviolett	sc l		1350
200 L.	dunkelblau	wt		1052
200 L.	dunkelgraublau	wt l		1269
300 L.	dunkelblaugrün	wt l		1369
350 L.	mehrfarbig	wt III		1594
400 L.	dunkelrot	wt l		1523
100 L.	braun	tb	920	
100 L.	braun (gez. L. 13¼)	tb		955A
100 L.	braun (gez. L. 13¼:12¼)	tb		955B
200 L.	dunkelblau	tb	921	980

Ausgabe Tourismus

Werte	Motiv	MiNr.
40 L.	Portofino	1458
40 L.	Gradara	1459
70 L.	Gubbio	1600
70 L.	Asiago	1648
80 L.	Erice	1694
80 L.	Matera	1759
90 L.	Castelsardo	1649
150 L.	Cefalù	1493
150 L.	Isola Bella	1494
150 L.	Montecatini Terme	1495
150 L.	Schloß Fenis (Aostatal)	1527
150 L.	Forio (Ischia)	1528
150 L.	Trulli (Itriatal)	1529
150 L.	Ravello	1695
150 L.	Riva del Garda	1760
170 L.	Ätna (Sizilien)	1567
170 L.	Felsenburg Canossa	1569
170 L.	Fermo	1570
170 L.	Tropfsteinhöhle Castellana	1571
170 L.	Orvieto	1650

Werte	Motiv	MiNr.
200 L.	Castel del Monte (Apulien)	1568
200 L.	Udine	1601
200 L.	Roseto degli Abruzzi	1696
200 L.	Fai della Paganella	1804
200 L.	Frasassi-Grotten	1805
220 L.	Scilla	1651
250 L.	Alghero	1851
300 L.	Santa Teresa di Gallura	1761
300 L.	Bardonecchia	1852
350 L.	Campione d'Italia	1891
350 L.	Bormio	1922
350 L.	Acitrezza	1964
380 L.	Verbania Pallanza	2012
400 L.	Riccione	1853
400 L.	Chianciano Terme	1892
400 L.	Castellammare di Stabia	1923
400 L.	Palmi	2013
400 L.	Castiglione della Pescaia	2045
450 L.	Rodi Garganico	1806
450 L.	Tempel von Agrigent	1807
450 L.	Padula	1893
450 L.	Stromboli	1924
450 L.	Capri	1965
500 L.	Taranto	1854
500 L.	Vasto	2014
500 L.	Lignano Sabbiadoro	2046
500 L.	Spotorno	2084
500 L.	Grottammare	2085
500 L.	Pompeji	2086
500 L.	Giardini Naxos	2087
550 L.	Syrakus	1894
550 L.	Meran	1966
550 L.	Paestum	1602
600 L.	Termoli	1925
600 L.	Villacidro	2015
600 L.	San Felice Circeo	2141
600 L.	Castellammare del Golfo	2142
600 L.	Sabbioneta	2143
600 L.	Montepulciano	2144
600 L.	San Remo	2171
600 L.	Cagli	2172
600 L.	Roccaraso	2173
600 L.	La Maddalena	2174
600 L.	Braies	2237
600 L.	Arcevia	2238
600 L.	Maratea	2239
600 L.	Pantelleria	2240
600 L.	Carloforte	2284
600 L.	Palmnova	2285
600 L.	Senigallia	2286
600 L.	Küste bei Sorrent	2287
600 L.	Santa Marinella	2320
600 L.	Monticchio	2321
600 L.	San Giulio	2322
600 L.	Messina	2323
650 L.	San Benedetto del Tronto	1967
650 L.	Noto	2047
670 L.	Salsomaggiore Terme	1697
750 L.	Vieste	2048
750 L.	Susa	2386
750 L.	Alatri	2387
750 L.	Venosa	2388
750 L.	Nuoro	2389
750 L.	Diano Marina	2436
750 L.	Pienza	2437
750 L.	Monte Sant'Angelo	2438
750 L.	Lampedusa	2439
800 L.	Ravenna	2499
800 L.	Formia	2500
800 L.	Positano	2501
800 L.	Acireale	2502
800 L.	Otranto	2559
800 L.	Marino	2560
800 L.	Livigno	2561
800 L.	Elba	2562
800 L.	Segonzano	2627
800 L.	Terni	2628
800 L.	Lecce	2629
800 L.	Lipari	2630
800 L.	Erbusco	2692
800 L.	Avigliano Umbro	2693
800 L.	Herculaneum	2694

Werte	Motiv	MiNr.
800 L.	Isola Bella	2695
800 L.	Comachio	2752
800 L.	Pioraco	2753
800 L.	Diamante	2754
800 L.	Stintino	2755
900 L.	Tarquinia	1762
0.41 €	Venaria Reale	2834
0.41 €	San Gimignano	2835
0.41 €	Sannicandro di Bari	2836
0.41 €	Capo d'Orlando	2837
0.41 €	Sestri Levante	2902
0.41 €	Lanciano	2903
0.41 €	Procida	2904
0.45 €	Vignola	2963
0.45 €	Viterbo	2964
0.45 €	Ägadische Inseln	2965
0.45 €	Asolo	3037
0.45 €	Rocchetta a Volturno	3038
0.45 €	Amalfi	3039
0.45 €	Comer See	3100
0.45 €	Marina di Pietrasanta	3101
0.45 €	Pozzuoli	3102
0.60 €	Bruneck	3170
0.60 €	Gaeta	3171
0.60 €	Massafra	3172
0.60 €	Cattolica Eraclea	3173

Freimarken Burgen und Schlösser

Werte	Motiv	MiNr.
5 L.	Castel Sant'Angelo	1701
10 L.	Castello Sforzesco	1702
20 L.	Castel del Monte	1703
30 L.	Castello di S. Severa	1725
30 L.	Il Castello L'Aquila	1766
40 L.	Castello Ursino	1704
50 L.	Rocca di Calascio	1705
50 L.	Castello di Scilla	1934
60 L.	Torre Normanna S. Mauro Forte	1706
70 L.	Castello Aragonese	1767
80 L.	Castello di Sabbionara	1768
90 L.	Castello di Isola Capo Rizzuto	1707
100 L.	Castello Aragonese	1708
100 L.	Castello di S. Severa	2035
120 L.	Castello Estense	1709
120 L.	Castello di Lombardia	1726
150 L.	Castello di Miramare	1710
170 L.	Castello di Ostia	1711
170 L.	Castello di Serralunga d'Alba	1727
180 L.	Castel Gavone	1712
200 L.	Castello di Cerro al Volturno	1713
200 L.	Fortezza Svevo Angioina	1776
250 L.	Rocca di Mondavio	1714
300 L.	Castello Normanno Svevo, Bari	1715
300 L.	Castello Normanno, Melfi	1777
350 L.	Castello di Mussomeli	1716
380 L.	Rocca di Vignola	2002
400 L.	Castello dell'Imperatore	1717
400 L.	Castello di Venafro	1848
450 L.	Castello di Bosa	1718
450 L.	Castello di Piobbico	1935
500 L.	Castello di Rovereto	1719
500 L.	Castello Normanno, Melfi	2036
550 L.	Castello di Rocca Sinibalda	1871
600 L.	Castello Scaligero (schwarz/blaugrün)	1720
600 L.	Castello Scaligero (grün, nur senkr. gez.)	2169
650 L.	Castello di Montecchio	1963
650 L.	Castello di Serralunga d'Alba	2037
700 L.	Castello di Ivrea	1721
750 L.	Castello di Venafro	2038
750 L.	Rocca di Urbisaglia	2159
800 L.	Rocca Maggiore (mehrfarbig)	1722
800 L.	Rocca Maggiore (dunkelrosa, nur senkr. gez.)	2170
850 L.	Castello di Arechi	2203
900 L.	Castello di Saint-Pierre	1723
1000 L.	Castello di Montagnana	1724
1400 L.	Castello Caldoresco	1850

Freimarken „Die Frau in der Kunst"

Werte	Motiv	MiNr.
100 L.	Junge Frau von Velca	2579
450 L.	Gastmahl des Herodes	2580
650 L.	Frauenprofil (Gemälde)	2581
800 L.	Dame mit dem Einhorn	2582
1000 L.	Constanza Buonarelli	2583
100 L./0.05 €	Junge Frau von Velca	2614
450 L./0.23 €	Gastmahl des Herodes	2615
650 L./0.34 €	Frauenprofil (Gemälde)	2616
800 L./0.41 €	Dame mit dem Einhorn	2617
1000 L./0.52 €	Constanza Buonarelli	2618
0.01 €	Ebe	2829
0.02 €	Frauenprofil (Münze)	2816
0.03 €	Legende des Heiligen Kreuzes	2830
0.05 €	Junge Frau von Velca	2817
0.10 €	Frauenkopf	2818
0.20 €	Danae	2831
0.23 €	Gastmahl des Herodes	2819
0.41 €	Dame mit dem Einhorn	2820
0.45 €	Venus von Urbino	2947
0.50 €	Antea	2821
0.65 €	San Giogio e la principessa di Trebisonda	2958
0.70 €	Neptun beschenkt Venedig	2985
0.77 €	Der Frühling	2822
0.85 €	Hofdame	2950
0.90 €	Mars und Venus	2982

Marken mit Reklamefeldern (aus Bogen)

1924/25. Marken mit Reklamefeldern unter dem Markenbild. (Zwischen Marke und Reklame ungezähnt.)

(R 1) (R 2) (R 3) (R 4) (R 5)

(R 6) (R 7) (R 8) (R 9) (R 10)

(R 11) (R 12) (R 13)

MiNr.	Wert und Reklamefeld	Preise **	⊙
130/R 1	15+R 1	50,—	25,—
130/R 2	15+R 2	4,—	7,50
130/R 3	15+R 3	4,—	7,50
225/R 1	20+R 1	100,—	
90/R 4	25+R 4	120,—	40,—
90/R 5	25+R 5	120,—	60,—
90/R 6	25+R 6	1500,—	280,—
90/R 7	25+R 7	900,—	280,—
90/R 8	25+R 8	250,—	25,—
133/R 1	30+R 1	45,—	25,—
92/R 1	50+R 1	25,—	6,—
92/R 4	50+R 4	250,—	30,—
92/R 6	50+R 6	1700,—	120,—
92/R 7	50+R 7	2500,—	250,—
92/R 8	50+R 8	1500,—	50,—
92/R 9	50+R 9	25,—	20,—
92/R 10	50+R 10	4,—	2,50
92/R 11	50+R 11	350,—	60,—
92/R 12	50+R 12	3,50	7,50
83/R 1	1 L.+R 1	900,—	380,—
160/R 13	60+R 13	15,—	

Die Marken mit Reklamefeldern waren nur für Inlandssendungen erlaubt. Infolge eines Einspruchs der UPU wurden diese Ausgaben am 27. 8. 1925 frankaturungültig. MiNr 225/R 1 und 160/R 13 wurde nicht ausgegeben.

Marken mit Kriegspropagandafeldern (aus Bogen)

1942, 14. Aug. Marken mit Kriegspropagandafeldern (zwischen Marke und Propagandafeld ungezähnt.)

(P 1) (P 2) (P 3) (P 4)

(P 5) (P 6) (P 7)

MiNr.	Wert und Propagandafeld	Preise **	⊙
304/P 1	25+P 1	1,—	1,—
304/P 2	25+P 2	1,—	1,—
304/P 3	25+P 3	1,—	1,—
304/P 4	25+P 4	1,—	1,—
305/P 1	30+P 1	1,—	3,—
305/P 2	30+P 2	1,—	3,—
305/P 3	30+P 3	1,—	3,—
305/P 4	30+P 4	1,—	3,—
307/P 1	50+P 1	1,—	1,—
307/P 2	50+P 2	1,—	1,—
307/P 3	50+P 3	1,—	1,—
307/P 4	50+P 4	1,—	1,—

Nicht ausgegeben:

328/P 5	50+P 5	170,—	
330/P 6	1 L.+P 6	280,—	
331/P 7	2 L.+P 7	170,—	

1944. MiNr. 304/P 1–307/P 4 mit Aufdruck wie bei MiNr. 642–644.

MiNr.	Wert und Propagandafeld	Preise **	⊙ (billigste Sorte)
642/P 1	25+P 1	0,80	2,50
642/P 2	25+P 2	0,80	2,50
642/P 3	25+P 3	0,80	2,50
642/P 4	25+P 4	0,80	2,50
643/P 1	30+P 1	0,80	5,—
643/P 2	30+P 2	0,80	5,—
643/P 3	30+P 3	0,80	5,—
643/P 4	30+P 4	0,80	5,—
644/P 1	50+P 1	0,80	1,50
644/P 2	50+P 2	0,80	1,50
644/P 3	50+P 3	0,80	1,50
644/P 4	50+P 4	0,80	1,50

Bitte bedenken Sie, daß sich dieser Katalog als Standard-Katalog auf die wesentlichen Unterschiede der Briefmarken beschränkt. Ausführliche Katalogisierungen müssen Spezialkatalogen und Handbüchern der einzelnen Sammelgebiete vorbehalten bleiben.

Verzeichnis der Markenheftchen mit Zusammendrucken

MH-MiNr.	Bezeichnung	Ausgabe-Datum	Nominale	Enthält H-Blatt	Preis
1	Taxis-Post	20.10.1993	3750 L.	1	5,—
2	ITALIA '98	23. 3.1996	6000 L.	2	8,—

Verzeichnis der Heftchenblätter

750 (bws)	750 (bwt)	750 (bwu)	750 (bwv)	750 (bww)

H-Blatt 1 mit MiNr. 2294 C–2298 C   4,50

750 (ccb)	750 (ccc)	750 (ccb)	750 (ccc)
750 (ccb)	750 (ccc)	750 (ccb)	750 (ccc)

H-Blatt 2 mit MiNr. 2425–2426   7,50

Zusammendrucke aus Markenheftchen und -rollen

Zd-MiNr.	Katalog-Nr.	Werte	Preise **	Preise ⊙
Freimarken: Burgen und Schlösser (22.9.1980)				
W 1	1725/1726	30+120	0,80	0,80
W 2	1725/1726/1725	30+120+30	1,10	1,10
W 3	1726/1725	120+30	0,80	0,80
W 4	1726/1725/1726	120+30+120	1,50	1,50
W 5	1725/1727	30+170	1,40	1,40
W 6	1725/1727/1725	30+170+30	1,80	1,80
W 7	1727/1725	170+30	1,40	1,40
W 8	1727/1725/1727	170+30+170	2,20	2,20
Freimarken: Burgen und Schlösser (25.7.1985)				
W 9	1934/1935	50+450	1,10	1,10
W 10	1934/1935/1934	50+450+50	1,40	1,40
W 11	1935/1934	450+50	1,10	1,10
W 12	1935/1934/1935	450+50+450	2,—	2,—
Taxis-Post (2.10.1993)				
S 1	2294 C/2295 C	750+750	1,60	1,60
S 2	2294 C/2295 C/2296 C	750+750+750	2,40	2,40
S 3	2295 C/2296 C	750+750	1,60	1,60
S 4	2295 C/2296 C/2297 C	750+750+750	2,40	2,40
S 5	2296 C/2297 C	750+750	1,60	1,60
S 6	2296 C/2297 C/2298 C	750+750+750	2,40	2,40
S 7	2297 C/2298 C	750+750	1,60	1,60
Int. Briefmarkenausstellung ITALIA '98 (23.3.1996)				
W 13	2425/2426	750+750	1,80	1,80
W 14	2425/2426/2425	750+750+750	2,70	2,70
W 15	2426/2425	750+750	1,80	1,80
W 16	2426/2425/2426	750+750+750	2,70	2,70

Neuheiten

Ein Abonnement der MICHEL-Rundschau sichert Ihnen einen immer vollständigen Katalog, zeigt Ihnen Preisänderungen an und bereichert Ihre philatelistischen Kenntnisse durch gut recherchierte Fachbeiträge.

Neuheiten

Ein Abonnement der MICHEL-Rundschau sichert Ihnen einen immer vollständigen Katalog, zeigt Ihnen Preisänderungen an und bereichert Ihre philatelistischen Kenntnisse durch gut recherchierte Fachbeiträge.

Dienstmarken

1875, 1. Jan. Ziffernzeichnung. Bdr.; Wz. 1; gez. 14.

Da

					*	☉
1	2	(Cmi)	dunkellilarot	Da	1,20	2,—
2	5	(Cmi)	dunkellilarot	Da	1,20	2,—
3	20	(Cmi)	dunkellilarot	Da	0,50	0,50
4	30	(Cmi)	dunkellilarot	Da	0,50	0,50
5	1	(L)	dunkellilarot	Da	2,50	6,—
6	2	(L)	dunkellilarot	Da	15,—	25,—
7	5	(L)	dunkellilarot	Da	80,—	100,—
8	10	(L)	dunkellilarot	Da	150,—	200,—
			Satzpreis (8 W.)		250,—	320,—

Gültig bis 31.12.1876

Mit Aufdruck siehe Freimarken MiNr. 29–36.
Marken mit Inschrift POSTE ITALIANE / ANNO 1924 und Name einer Behörde siehe Portofreiheitsmarken. ☉

✈ **1933, 20. Mai. Dienstmarke für den Geschwaderflug Rom-Chicago. Flugpostmarke MiNr. 446 in geänderten Farben mit Aufdruck „Servizio di Stato"; RaTdr.; Wz. 1; gez. 14.**

				**	☉
9	44.75 L + 5.25 L	mehrfarbig	(Faa)	3000,—	9000,—

Auflage: 5000 Stück

✈ **1934, 5. Nov. Dienstmarke für den Postflug Rom–Mogadiscio. Flugpostmarke MiNr. 519 in geänderter Farbe mit goldenem Aufdruck „Servizio di Stato"; RaTdr.; Wz. 1; gez. 14.**

| 10 | 10 L | blaugrau | (Far) | 1100,— | 8500,— |

☉

Auflage: 5000 Stück

Militärpostmarken

A. Ausgabe für die italienische Feldpost

1943, April. Freimarken mit Aufdruck P. M.

				**	☉
1	5 Cmi	sepia (Juli)	(299)	1,—	1,—
2	10 Cmi	dunkelbraun	(301)	1,—	1,—
3	15 Cmi	dunkelgrün (Juli)	(302)	1,—	1,—
4	20 Cmi	karmin	(303)	1,—	1,—
5	25 Cmi	grün	(304)	1,—	1,—
6	30 Cmi	dunkelbraun	(305)	1,—	1,—
7	50 Cmi	hellviolett	(307)	1,—	1,—
8	1 L	dunkelviolett (Juli)	(633)	5,—	15,—
9	1.25 L	blau	(309)	1,—	1,20
10	1.75 L	rotorange	(310)	1,—	1,—
11	2 L	dunkelkarmin	(311)	1,—	1,20
12	5 L	karmin	(313)	1,—	3,50
13	10 L	violett (Juli)	(314)	5,—	20,—

Eilmarke (Juli):

| 14 | 1.25 L | hellgrün | (414) | 1,50 | 2,— |
| | | Satzpreis (14 W.) | | 22,— | 50,— |

Gültig bis 7.8.1945

✈ **1943, April/Juli. Flugpostmarken mit Aufdruck P. M.**

15	50 Cmi	dunkelbraun	(328)	1,—	1,—
16	1 L	violett	(330)	1,—	1,50
17	2 L	blau (Juli)	(331)	1,—	10,—
18	5 L	grün (Juli)	(332)	4,50	18,—
19	10 L	karmin (Juli)	(360)	5,—	25,—

✈ **Flugpost-Eilmarke**

| 20 | 2 L | schwarzblau (Juli) | (490) | 5,— | 20,— |
| | | Satzpreis (6 W.) | | 17,— | 75,— |

Gültig bis 7.8.1945

B. Ausgabe der Guardia Nazionale Repubblicana

(Republikanische Nationalgarde)

1943, 20. Dez./1944, Febr. Freimarken mit Aufdruck G.N.R. in schwarz bzw. Rot in 3 Schriftarten.

G. N. R.   G. N. R   G. N. R.
   I   II   III

Type I: Breite feine Schrift 15,5 bis 17,5 mm breit (billigste Sorte, Verona).
Type II: Breite fette Schrift 15,5 mm breit (Dez.).
Type III: Schmale fette Schrift 15 mm breit (besonders erkennbar an den schmalen N und R).

** ☉

Auf Freimarken der Ausgabe 1929/42:

1	I	5 C	sepia	(299) S	4,—	5,—
2	I	10 C	dunkelbraun	(301) S	4,—	5,—
3		15 C	dunkelgrün	(302) R		
	I		Aufdruck-Type I		4,—	5,—
	II		Aufdruck-Type II (Dez.)		2200,—	3000,—
	III		Aufdruck-Type III		2200,—	3000,—
4	I	20 C	karmin	(303) S	4,—	5,—
5		25 C	grün	(304) R		
	I		Aufdruck-Type I		4,—	5,—
	II		Aufdruck-Type II (Dez.)		2200,—	3000,—
	III		Aufdruck-Type III		2200,—	3000,—
6	I	30 C	dunkelbraun	(305) S	4,—	5,—

7	35 C	blau	(306) R		
I		Aufdruck-Type I		150,—	130,—
II		Aufdruck-Type II (Dez.)		1000,—	1500,—
III		Aufdruck-Type III		1000,—	1500,—
8 I	50 C	hellviolett	(307) S	4,—	5,—
9 I	75 C	karmin	(308) S	7,—	5,—
10 I	1 L	violett	(633) R	4,—	5,—
11	1.25 L	blau	(309) R		
I		Aufdruck-Type I		4,—	5,—
II		Aufdruck-Type II (Dez.)		1000,—	1500,—
III		Aufdruck-Type III		1000,—	1500,—
12 I	1.75 L	rotorange	(310) R	13,—	30,—
13 I	2 L	dunkelkarmin	(311) S	18,—	30,—
14 I	2.55 L	dunkelgrün	(312) R	120,—	200,—
15 I	3.70 L	violett	(359) R	70,—	150,—
16 I	5 L	karmin	(313) S	20,—	30,—
17 I	10 L	violett	(314) S	150,—	180,—
18	20 L	gelbgrün	(315) R		
I		Aufdruck-Type I		500,—	500,—
II		Aufdruck-Type II (Dez.)		3000,—	
III		Aufdruck-Type III		3000,—	
19	25 L	schwarzblau	(316) R		
I		Aufdruck-Type I		1500,—	1500,—
II		Aufdruck-Type II (Dez.)		3000,—	
III		Aufdruck-Type III		3000,—	
20 I	50 L	dunkelviolett	(317) S	1100,—	1500,—

Aufdruck in Type II und III (Preise gleich) auf Propaganda-Ausgabe 1942:

21	25 Cmi grün	(304/P 1) R	7,—	9,—
22	25 Cmi grün	(304/P 2) R	7,—	9,—
23	25 Cmi grün	(304/P 3) R	7,—	9,—
24	25 Cmi grün	(304/P 4) R	7,—	9,—
25	30 Cmi sepia	(305/P 1) S	8,—	14,—
26	30 Cmi sepia	(305/P 2) S	8,—	14,—
27	30 Cmi sepia	(305/P 3) S	8,—	14,—
28	30 Cmi sepia	(305/P 4) S	8,—	14,—
29	50 Cmi violett	(307/P 1) R	7,—	9,—
30	50 Cmi violett	(307/P 2) R	7,—	9,—
31	50 Cmi violett	(307/P 3) R	7,—	9,—
32	50 Cmi violett	(307/P 4) R	7,—	9,—

Auf Eilmarken-Ausgabe 1932/33:

33 II	1.25 L	hellgrün	(414) R	15,—	50,—
34	2.50 L	orange	(436) S		
I		Aufdruck-Type I		4000,—	
II		Aufdruck-Type II (Dez.)		400,—	400,—

✈ Auf Flugpost-Ausgabe 1930/32:

35	25 C	dunkelgrün	(408) R		
I		Aufdruck-Type I		15,—	15,—
II		Aufdruck-Type II (Dez.)		5000,—	4000,—
III		Aufdruck-Type III		5000,—	250,—
36 I	50 C	dunkelbraun	(328) S	5,—	3,—
37 I	75 C	gelbbraun	(409) S	25,—	18,—
38 I	80 C	rot	(329) S	75,—	60,—
39 I	1 L	violett	(330) S	5,—	3,—
40	2 L	blau	(331) R		
I		Aufdruck-Type I		120,—	150,—
II		Aufdruck-Type II (Dez.)		250,—	250,—
III		Aufdruck-Type III		250,—	250,—
41	5 L	grün	(332) R		
I		Aufdruck-Type I		150,—	180,—
II		Aufdruck-Type II (Dez.)		1100,—	
III		Aufdruck-Type III		1100,—	
42 I	10 L	karmin	(360) S	1700,—	2000,—
43	2 L	schwarzschiefer	(490) R		
I		Aufdruck-Type I		1100,—	
II		Aufdruck-Type II (Dez.)		1200,—	1000,—
III		Aufdruck-Type III		1200,—	

Auf Portomarken 1934:

44	5 Cmi	braun	(24) S	25,—	35,—
45	10 Cmi	blau	(25) R	25,—	35,—
46	20 Cmi	karmin	(26) S	25,—	35,—
47	25 Cmi	grün	(27) R	20,—	30,—
48	30 Cmi	orangerot	(28) S	25,—	35,—
49	40 Cmi	schwarzbraun	(29) R	30,—	40,—
50	50 Cmi	violett	(30) S	140,—	150,—
51	60 Cmi	schwarzblau	(31) R	250,—	—,—
52	1 L	orange	(32) S	35,—	50,—
53	2 L	grün	(33) R	180,—	100,—
54	5 L	violett	(34) S	250,—	300,—
55	10 L	blau	(35) S	200,—	250,—
56	20 L	lilarot	(36) S	200,—	250,—

Es gibt von fast allen Werten ⚜ Aufdrucke, außerdem kleinere Längenunterschiede usw., die von Spezialisten beachtet werden.

FALSCH

C. Ausgabe der Kommandos an der Atlantischen Küste (Bordeaux)

1943, Nov. Freimarken mit vierzeiligem Aufdruck Italia / Repubblicana / Fascista / Base Atlantica.

                                                                  ✶✶   ⊙

1	10 Cmi sepia	(301)	1300,—	1300,—
2	20 Cmi karmin	(303)	1300,—	1300,—
3	25 Cmi grün	(304)	1300,—	1300,—
4	30 Cmi dunkelbraun	(305)	1300,—	1300,—
5	50 Cmi hellviolett	(307)	1300,—	1300,—

Satzpreis (5 W.) 6500,— 6500,—

1943, Nov. Desgl., fünfzeiliger Aufdruck Italia / Repubblicana / Fascista / Base / Atlantica

6	10 C sepia	(301)	6,—	12,—
7	15 C dunkelgrün	(302)	25000,—	12500,—
8	20 C karmin	(303)	50,—	100,—
9	25 C grün	(304)	120,—	170,—
10	30 C dunkelbraun	(305)	18,—	17,—
11	50 C hellviolett	(307)	30,—	20,—

Satzpreis (6 W.) 25000,— 12500,—

Gleicher Aufdruck auf Propagandamarken (MiNr. 304 P–307 P a–d) siehe nach Marken mit Reklamefeldern.

1944. Desgl., fünfzeiliger Aufdruck Repubblica / sociale / Italiana / Base / Atlantica.

15	5 C sepia	(299)	9500,—	10000,—
16	10 C dunkelbraun	(301)	120,—	250,—
17	15 C dunkelgrün	(302)	1000,—	1500,—
18	25 C grün	(304)	17,—	30,—
19	30 C dunkelbraun	(305)	20,—	40,—
20	50 C hellviolett	(307)	12,—	17,—

Gebührenmarken

Staatliche Zustellmarken für lokale private Postunternehmen; obligatorische Zusatzfrankatur.

A. Für Briefzustellung

1928, 1. Juli. Wappenzeichnung. Bdr.; Wz. 1; verschieden gez. oder ☐

Ga

			✶✶	☉
1	10 C blau bis dunkelblau .... Ga			
A	gez. 11		36,—	3,50
B	gez. 14		4,—	0,50
C	gez. 11:14		800,—	600,—
D	gez. 11:14:11:11		1500,—	—,—
E	☐		120,—	120,—

Gültig bis 13.6.1944

1930, 7. Jan. Neue Wappenzeichnung. RaTdr.; Wz. 1; gez. 14.

Gb

2	10 Cmi braun bis dunkelbraun .... Gb	0,50	0,20

Gültig bis 31.12.1948

1944, März. MiNr. 2 mit Aufdruck Liktorenbündel, wie auf MiNr. 643.

3	10 C dunkelbraun .... (2)	0,50	0,70

1945, Mai. MiNr. 2 mit Aufdruck des neuen Landeswappens (ohne Liktorenbündel) und der neuen Wertangabe.

4	40 (C) auf 10 C dunkelbraun .... (2)	1,—	1,20

1945, Aug./1946, Mai. Geänderte Wappenzeichnung; RaTdr.; Wz. 3; gez. K 14.

Gc

5	40 C dunkelbraun .... Gc	0,50	0,50
6	1 L schwarzbraun (1946) .... Gc	7,—	3,—
	Satzpreis (2 W.)	7,50	3,50

Gültig bis 31.12.1948

1947, 1. Juni/15. Nov. Italia turrita, großes Format. RaTdr. (8×8); Wz. 3; gez. K 14.

Gd) Italia mit Mauerkrone

7	1 L bläulichgrün (1. Juni) .... Gd	0,50	0,50
8	8 L rot (15. Nov.) .... Gd	28,—	0,50
	Satzpreis (2 W.)	28,—	1,—

Gültig bis 31.3.1948

1949, 2. Juli/1952, 1. Febr. Italia turrita kleines Format (21×17 mm). RaTdr. (10×10); Wz. 3; gez. K 14.

Ge) Italia mit Mauerkrone

9	15 L violett .... Ge	125,—	0,20
10	20 L lila (1952) .... Ge	5,—	0,20
	Satzpreis (2 W.)	130,—	0,50

MiNr. 9 gültig bis 31.3.1958

1955, Sept. Italia turrita, kleines Format. RaTdr.; Wz. 4; gez. K 14.

11	20 L lila .... Ge	0,80	0,50

1965, Sept. Italia turrita, kleines Format. RaTdr.; Wz. 4; gez. K 14.

Ge

12	30 L dunkelblaugrün .... Ge	0,50	0,30

1974, 15. Mai. Italia turrita, kleines Format. RaTdr.; Wz. 4; gez. K 14¼:14.

Ge) Italia mit Mauerkrone

13	35 L dunkelorangebraun .... Ge	0,50	0,30

1977, 20. Juni. Italia turrita, kleines Format. RaTdr.; Wz. 4; gez. K 14¼:14.

Ge) Italia mit Mauerkrone

14	110 L blau .... Ge	0,50	0,30

1984, 21. Juli. Italia turrita, kleines Format. RaTdr.; Wz. 4; gez. K 14.

Ge) Italia mit Mauerkrone

15	270 L dunkellila .... Ge	0,80	0,80

1987, 13. April. Italia turrita, kleines Format. RaTdr.; Wz. 4; gez. K 14.

Ge) Italia mit Mauerkrone

16	300 L karmin/dunkelgrün .... Ge	0,50	0,50

1990, 24. Sept. Italia turrita, kleines Format. RaTdr.; Wz. 4; gez. K 14.

Ge) Italia mit Mauerkrone

17	370 L hellgelblichorange/schwarzlilabraun .... Ge	0,60	0,50

Neuheiten

Ein Abonnement der MICHEL-Rundschau sichert Ihnen einen immer vollständigen Katalog, zeigt Ihnen Preisänderungen an und bereichert Ihre philatelistischen Kenntnisse durch gut recherchierte Fachbeiträge.

B. Für Paketzustellung

Preise: 1. Spalte für Paare ∗∗ = ⊘, 2. Spalte linke Hälfte ⊙, 3. Spalte rechte Hälfte ⊙.

1953, 1. Juli. Wertziffern und Staatswappen. Inschrift oben: TRASPORTO PACCHI / IN CONCESSIONE, unten: SULLA MATRICE (linke Hälfte) und SULLA FIGLIA (rechte Hälfte). RaTdr.; Wz. 3; gez. 13, MiNr. 2, 3 und 4 auch gez. K 12½:13.

Ga 1

			∗∗ = ⊘ □□	⊙ linke Hälfte	⊙ rechte Hälfte
1	40 L	orangebraun .... Ga 1	10,—	0,50	3,50
2	50 L	blau .... Ga 1	320,—	1,20	17,—
3	75 L	sepia .... Ga 1	160,—	3,—	17,—
4	110 L	rotlila .... Ga 1	160,—	3,60	25,—
		Satzpreis (4 W.)	650,—	8,—	60,—

MiNr. 2–4 gültig bis 31.3.1958

1955/56. Wertziffern und Staatswappen. RaTdr. (5×12); Wz. 4; gez. K 12½:13, MiNr. 8 gez. K 13.

5	40 L	orangebraun (5.1956) . Ga 1	1,—	0,20	0,50
6	50 L	blau, preußischblau (11.1955) .... Ga 1	1,—	0,20	0,50
7	75 L	sepia (10.1955) ..... Ga 1	500,—	6,—	45,—
8	110 L	rotlila (10.1955) .... Ga 1	450,—	6,—	60,—
		Satzpreis (4 W.)	950,—	12,—	100,—

MiNr. 5 gültig bis 31.12.1968, MiNr. 6–8 gültig bis 31.3.1959

1958, 13. Jan./1960, 28. März. Wertziffern und Staatswappen. RaTdr. (5×12); Wz. 4; gez. K 12½:13.

9	60 L	blauviolett (1958) ... Ga 1	6,—	1,—	3,20
10	80 L	dunkellilabraun (1960) Ga 1	0,20	0,20	0,20
11	90 L	violett (1958) ...... Ga 1	0,20	0,20	0,20
12	110 L	orange (1960) ..... Ga 1	0,20	0,20	0,20
13	120 L	dunkelblaugrün (1958) Ga 1	0,20	0,20	0,20
14	140 L	schwarz (1960) .... Ga 1	0,20	0,20	0,20
		Satzpreis (6 W.)	7,—	2,—	4,20

MiNr. 9 gültig bis 31.12.1968

1966, 15. März. Wertziffern und Staatswappen. RaTdr. (5×12); Wz. 4; gez. K 12½:13

15	70 L	dunkelgrün .... Ga 1	50,—	4,30	11,50
16	180 L	braunrot .... Ga 1	0,20	0,20	0,30
17	240 L	schwarzblau ...... Ga 1	0,20	0,20	0,30
		Satzpreis (3 W.)	50,—	4,50	12,—

MiNr. 15 gültig bis 31.12.1968

1968, 16. Dez. Wertziffern und Staatswappen. RaTdr. (5×12); x = Papier normal, y = Papier fl.; Wz. 4; gez. K 12½:13.

18	150 L	rotlila .... Ga 1			
	x		Papier normal	0,50	0,30	0,30
	y		Papier fl.	12,—	0,70	4,20

1976, 26. Juli. Wertziffern und Staatswappen. StTdr. (5×10); Wz. 4; gez. K 13¼.

Ga 1

19	500 L	hellbraun Ga1	1,50	0,50	1,—

1979, 12. Nov. Wertziffern und Staatswappen. StTdr. (5×8); Wz. 4; gez. K 13¼.

Ga 1

20	600 L	dunkelblaugrün .... Ga 1	1,70	0,50	1,—

1981, 16. Nov. Wertziffern und Staatswappen. StTdr. (5×8); Wz. 4; gez. K 13¼.

Ga 1

21	900 L	violettblau .... Ga 1	2,—	0,50	1,—

1984, 27. Juli. Posthorn mit Staatswappen. RaTdr. (10×10); Wz. 4; gez. K 14¼:13¼.

Gb 1) Postemblem

			∗∗	⊙
22	3000 (L)	mehrfarbig .... Gb 1	5,—	4,—

Die Abgabe für konzessionierten Pakettransport wird seit 1986 als Jahrespauschale erhoben. Soweit nicht bereits vorher außer Kurs gesetzt, wurden alle Gebührenmarken für Paketzustellung am 6. Mai 1987 ungültig.

MICHEL-Exklusiv – das moderne Album

Lassen Sie es sich von Ihrem Händler vorführen oder verlangen Sie eine Musterseite vom Verlag.

Paketmarken

1884, 1. Juli 1886, 1. Mai. König Umberto I. Inschrift: PACCHI POSTALI. Bdr.; Wz. 1; gez. 14.

Pk.-a   Pk.-b   Pk.-c

Pk.-d   Pk.-e   Pk.-f

Pk.-a–Pk.-f): König Umberto I.

				*	⊙
1	10 C	graugrün bis dkl.oliv (1886) . Pk.-a	150,—	35,—
2	20 C	blau (1886) .... Pk.-b	275,—	70,—
3	50 C	karmin .... Pk.-c	10,—	10,—
4	75 C	dunkel- bis gelbgrün ...... Pk.-d	10,—	10,—
5	1.25 L	braunorange .... Pk.-e	25,—	25,—
6	1.75 L	dunkelbraun .... Pk.-f	30,—	100,—
		Satzpreis (6 W.)	500,—	250,—

Gültig bis 31.12.1890

MiNr. 1–6 mit Aufdruck siehe Freimarken MiNr. 61–66.

Ab MiNr. 7 wurde die linke Hälfte der Paketmarken auf den bei der Post verbleibenden, die rechte Hälfte der Marke auf den dem Absender verbleibenden Abschnitt der Paketkarte geklebt, ausgenommen MiNr. 36-47, die nur ungeteilt als Freimarken verwendet wurden.

1914, 16. Juli / 1917. Wappen und Wertziffer; zweiteilige Marke, in der Mitte zwei Knoten und Sterne. Bdr.; Wz. 1; gez. 13½.

   Pk.-g

			*	⊘	⊙
7	5 C	braun .... Pk.-g	0,50	1,50	0,30
8	10 C	blau .... Pk.-g	0,50	1,50	0,30
9	20 C	schwarz (9.7.1917) ... Pk.-g	1,50	1,50	0,30
10	25 C	rot .... Pk.-g	1,70	1,80	0,30
11	50 C	orange .... Pk.-g	2,—	1,80	0,30
12	1 L	violett .... Pk.-g	3,—	1,—	0,30
13	2 L	grün .... Pk.-g	3,50	1,80	0,30
14	3 L	gelb .... Pk.-g	4,—	1,80	0,30
15	4 L	grau .... Pk.-g	5,—	1,80	0,30
		Satzpreis (9 W.)	20,—	14,—	2,40
9 U		ungezähnt	90,—		
10 U		ungezähnt	90,—		
11 U		ungezähnt	90,—		
13 U		ungezähnt	90,—		
14 U		ungezähnt	110,—		
15 U		ungezähnt	90,—		

MiNr. 12 wasserempfindlich.

▨ MiNr. 14 und 15 (Mailänder Fälschung)

MiNr. 14–15 gültig bis 7.8.1925, MiNr. 10, 12–13 gültig bis 31.12.1935

1921/22. Wappen und Wertziffer. Bdr.; Wz. 1; gez. 13½.

				** ▯▯	⊘ ▯▯	⊙
16	10 L	(Dez.1921) .... Pk.-g		100,—	5,—	1,50
a		lila bis braunlila				
b		braunrot		100,—	5,—	1,70
17	12 L	rotbraun (Okt.1922) Pk.-g		300,—	200,—	15,—
18	15 L	olivgrau (Dez.1922) Pk.-g		300,—	200,—	15,—
19	20 L	dunkelbraunlichlila (Okt.1922) .... Pk.-g		300,—	200,—	17,—
		Satzpreis (4 W.)		1000,—	600,—	45,—
16 U		ungezähnt		100,—		

MiNr. 19 gültig bis 31.12.1929

1923, Okt. / 1925. Wappen und Wertziffer. MiNr. 7 und 16 mit neuem Wertaufdruck.

20	30 C	auf 5 C braun ... (7)		1,20	7,50	0,20
21	60 C	auf 5 C braun ... (7)		2,20	7,50	0,20
22	1.50 L	auf 5 C braun ... (7)		7,50	50,—	0,70
23	3 L	auf 10 L (1925)				
a		lila .... (16 a)		7,50	35,—	0,70
b		braunrot .... (16 b)		7,50	40,—	·1,—

Gültig bis 31.12.1927

1927/39. Wappen und Wertziffer; zwischen beiden Markenteilen Liktorenzeichen. Bdr.; Wz. 1; gez. 13½.

   Pk.-h

24	5 C	braun (19.12.1938) ... Pk.-h		1,20	1,—	0,20
25	10 C	hellblau (5.9.1939) ... Pk.-h		1,20	1,—	0,20
26	25 C	karminrosa (16.6.1932) .... Pk.-h		1,20	1,—	0,20
27	30 C	hellblau (14.10.1927) . Pk.-h		1,20	1,20	0,20
28	50 C	orange (30.5.1932) ... Pk.-h		1,20	1,—	0,20
29	60 C	rot (14.10.1927) ...... Pk.-h		1,20	1,60	0,20
30	1 L	(hell)violett (9.1931) .. Pk.-h		1,20	1,20	0,20
31	2 L	grün (16.5.1932) ..... Pk.-h		1,20	1,50	0,20
32	3 L	gelbbraun (4.1927) ... Pk.-h		1,20	3,—	0,20
33	4 L	grau (9.5.1927) ...... Pk.-h		1,20	3,—	0,20
34	10 L	lila (4.7.1934) .... Pk.-h		2,50	7,50	0,20
35	20 L	lila (2.1.1933) .... Pk.-h		7,50	12,—	0,20
		Satzpreis (12 W.)		22,—	35,—	1,50
27 U		ungezähnt		75,—		
28 U		ungezähnt		75,—		
29 U		ungezähnt		75,—		
30 U		ungezähnt		60,—		
32 U		ungezähnt		75,—		

Gültig bis 31.12.1948

1944, April. MiNr. 24–35 mit Aufdruck REP. SOC. ITALIANA und Liktorenbündel.

				** ▯▯	✉ *) ▯▯
36	5 C	braun .... (24)		5,—	1500,—
37	10 C	hellblau .... (25)		5,—	750,—
38	25 C	karminrosa .... (26)		5,—	750,—
39	30 C	hellblau .... (27)		5,—	750,—
40	50 C	orange .... (28)		5,—	750,—
41	60 C	rot .... (29)		5,—	2600,—
42	1 L	hellviolett .... (30)		5,—	550,—
43	2 L	grün .... (31)		500,—	8000,—
44	3 L	gelbbraun .... (32)		7,50	—,—
45	4 L	grau .... (33)		17,—	—,—
46	10 L	lila .... (34)		220,—	—,—
47	20 L	lila .... (35)		650,—	—,—
		Satzpreis (12 W.)		1400,—	—,—

*)Da 1944 kein Postpaketdienst erfolgte, fanden MiNr. 36–47 nur ungeteilt als Brieffrankaturen Verwendung. Die ✉ Preise gelten nur für portogerecht frankierte, echt gelaufene Stücke.

Italien

1945, Aug. Paketmarken MiNr. 24–35 mit Aufdruck einer Arabeske zur Verdeckung des Liktorenbündels.

			**	⊘	⊙
48	5 C	braun .... (24)	2,50	2,50	0,20
49	10 C	hellblau .... (25)	2,50	2,50	0,20
50	25 C	karminrosa ...... (26)	2,50	2,50	0,20
51	30 C	hellblau .... (27)	25,—	7,50	0,80
52	50 C	orange .... (28)	2,50	2,50	0,20
53	60 C	rot .... (29)	2,50	2,50	0,20
54	1 L	hellviolett .... (30)	2,50	2,50	0,20
55	2 L	grün .... (31)	2,50	2,50	0,20
56	3 L	gelbbraun .... (32)	2,50	2,50	0,20
57	4 L	grau .... (33)	2,50	2,50	0,20
58	10 L	lila .... (34)	25,—	25,—	0,80
59	20 L	lila .... (35)	50,—	50,—	0,80
		Satzpreis (12 W.)	120,—	100,—	4,—
52 U		ungezähnt	100,—		
55 U		ungezähnt	100,—		

1946. Wappen und Wertziffer, ohne Liktorenbündel zwischen den Marken; Bdr.; Wz. 1; gez. 13½.

60	1 L	hellviolett (3.7.) ...... Pk.-i	2,—	0,50	0,20
61	2 L	grün (10.5.) .... Pk.-i	2,—	0,50	0,20
62	3 L	gelbbraun (3.7.) ...... Pk.-i	3,—	1,50	0,20
63	4 L	grau (10.5.) .... Pk.-i	4,—	1,50	0,20
64	10 L	lila (10.5.) .... Pk.-i	100,—	25,—	1,—
65	20 L	lila (10.5.) .... Pk.-i	150,—	65,—	1,50
		Satzpreis (6 W.)	260,—	90,—	3,—
61 U		ungezähnt	55,—		
64 U		ungezähnt	200,—		

Gültig bis 31.12.1948

1946/52. Posthorn und Wertziffer. RaTdr.; Wz. 3; gez. 11½, K 12½:13½.
Pk.-k

66	25 C	ultramarin (20.10.1947) ...... Pk.-k	0,20	0,20	0,10
67	50 C	braun (12.5.1947) .. Pk.-k	0,50	0,20	0,10
68	1 L	gelbbraun (12.5.1947) ...... Pk.-k	0,30	0,20	0,10
69	2 L	hellblaugrün (5.5.1947) .. Pk.-k	1,—	0,30	0,10
70	3 L	rotorange (24.3.1947) ...... Pk.-k	0,30	0,20	0,10
71	4 L	grauschwarz (21.4.1947) ...... Pk.-k	6,—	4,—	0,10
72	5 L	lila (20.10.1947) ... Pk.-k	0,30	0,20	0,10
73	10 L	dkl'violett (6.2.1947) Pk.-k	7,50	0,20	0,10
74	20 L	dunkelpurpur (7.12.1946) ...... Pk.-k	4,—	0,70	0,10
75	30 L	rotviolett (19.1.1952) Pk.-k	3,50	3,50	0,10
76	50 L	karminrot (7.12.1946) Pk.-k	15,—	1,20	0,10
77	100 L	blau (7.12.1946) ... Pk.-k	50,—	26,—	0,20
78	200 L	dkl'grün (2.1.1948) Pk.-k	75,—	60,—	1,—
79	300 L	bräunlichlila (2.1.1948) ...... Pk.-k	2500,—	1200,—	3,—
80	500 L	sepia (2.1.1948) ... Pk.-k	150,—	110,—	1,60
		Satzpreis (15 W.)	2800,—	1400,—	7,—
67 Ul		links ungezähnt	—,—		
67 Uu		unten ungezähnt	—,—		
71 Uo		oben ungezähnt	—,—		
74 Uo		oben ungezähnt	—,—		
74 Ur		rechts ungezähnt	—,—		
74 Uu		unten ungezähnt	—,—		
74 Ul		links ungezähnt	—,—		

MiNr. 66–67, 69, 71 gültig bis 31.3.1958

Marken in gleicher Zeichnung mit Wz. 4: MiNr. 82–99 und 102–103

1954, 14. Juni. Reiter und Wertziffer. StTdr.; Wz. 3; gez. K oder L 13½.
Pk.-l

| 81 | 1000 L | kornblumenblau ... Pk.-l | 4000,— | 3000,— | 7,50 |

In gleicher Zeichnung mit Wz. 4: MiNr. 100–101

1955/73. Posthorn und Wertziffer. RaTdr.; Wz. 4; gez. K 12½:13½.

I. ohne Druckvermerk II. mit Druckvermerk

82	25 C	ultramarin (10.1955) Pk.-k	0,20	0,20	0,10
83	50 C	braun (1.1956) .... Pk.-k	3,50	3,50	0,10
84	5 L	lila (8.1959) .... Pk.-k	0,20	0,20	0,10
85	10 L	dunkelviolett (14.4.1955)	0,20	0,20	0,10
86 I	20 L	dunkelpurpur ..... Pk.-k ohne Druckvermerk (16.7.1955)	0,50	0,20	0,10
II		mit Druckvermerk (März 1973)	0,20	0,20	0,10
87 I	30 L	rotviolett .... Pk.-k ohne Druckvermerk (16.7.1956)	0,50	0,20	0,10
II		mit Druckvermerk (März 1973)	0,20	0,20	0,10
88	40 L	dunkelblauviolett (1.8.1957) ...... Pk.-k	0,20	0,20	0,10
89	50 L	karminrot (11.1956) Pk.-k	0,20	0,20	0,10
90	60 L	bläulichviolett (28.3.1960)	0,20	0,20	0,10
91	100 L	blau (10.1955) .... Pk.-k	0,20	0,20	0,10
92	140 L	braunrot (26.3.1960) Pk.-k	0,20	0,20	0,10
93	150 L	orangebraun (1.8.1957) ...... Pk.-k	0,20	0,20	0,10
94	200 L	dkl'grün (11.1955) Pk.-k	0,20	0,20	0,10
95	280 L	orangegelb (28.3.1960)	0,30	0,20	0,10
96	300 L	bräunlichlila (10.1957) ...... Pk.-k	0,30	0,20	0,10
97	400 L	olivschwarz (2.8.1957) ...... Pk.-k	0,50	0,30	0,10
98	500 L	sepia (11.1956) ... Pk.-k	1,40	0,50	0,10
99	600 L	dunkelbraunoliv (28.3.1960)	1,20	0,50	0,50
		Satzpreis (18 W.)	10,—	8,—	2,20

MiNr. 82–83 gültig bis 31.3.1968

1957. Reiter und Wertziffer. StTdr.; Wz. 4; gez. K oder L 13½.

100	1000 L	kornblumenblau .. Pk.-l	1,20	0,70	0,20
101	2000 L	rotbraun/dunkelrot (14.12.) ...... Pk.-l	4,50	4,50	0,50
		Satzpreis (2 W.)	5,50	5,—	0,70

Von MiNr. 100 gibt es eine Neuauflage von 1979 in K-Zähnung (geringfügige Abweichungen).

MiNr. 100 mit Wz. 3: MiNr. 81

1966, 15. März. Posthorn mit Wertziffer. RaTdr.; Wz. 4; gez. K 12½:13.

102	700 L	blau .... Pk.-k	2,—	0,70	0,30
103	800 L	rotorange .... Pk.-k	2,50	1,—	0,30
		Satzpreis (2 W.)	4,50	1,70	0,50

> Alle Postpaketmarken, soweit nicht vorher schon außer Kurs gesetzt, wurden am 13. Februar 1992 ungültig. Zu diesem Stichtag wurde das Abrechnungsverfahren für Paketporti geändert; es werden seither keine Postpaketmarken mehr verwendet.

Portofreiheitsmarken

1924, März. Portofreiheitsmarken; unten jeweils schwarzer Aufdruck des Namens der staatlichen Einrichtung. Bdr.; Wz. 1; gez. K 14.

Pf.-a) Staatswappen (Savoyerkreuz) Pf.-b) Kapitolinische Wölfin Pf.-c) Italia mit Mauerkrone

✶✶ ⊙

Associazione Biblioteche Bologna

Nr.	Wert	Typ	Pf.	✶✶	⊙
1	5 C	grün	Pf.-a	12,—	25,—
2	10 C	rosa	Pf.-a	12,—	25,—
3	30 C	rotbraun	Pf.-b	75,—	120,—
4	50 C	violett	Pf.-c	75,—	75,—

Associazione Nazionale Mutilati Invalidi di Guerra Roma

Nr.	Wert	Typ	Pf.	✶✶	⊙
5	5 C	grün	Pf.-a	0,70	7,50
6	10 C	rosa	Pf.-a	0,70	7,50
7	25 C	lilabraun	Pf.-b	0,70	10,—
8	30 C	rotbraun	Pf.-b	1,70	15,—
9	50 C	violett	Pf.-c	1,—	10,—
10	1 L	hellblau	Pf.-c	1,70	15,—
11	3 L	dunkellilarot	Pf.-c	750,—	750,—
12	5 L	dunkelbraun	Pf.-c	4500,—	3500,—

Biblioteche Circolanti Milano

Nr.	Wert	Typ	Pf.	✶✶	⊙
13	5 C	grün	Pf.-a	40,—	30,—
14	10 C	rosa	Pf.-a	50,—	40,—
15	30 C	rotbraun	Pf.-b	75,—	90,—
16	50 C	violett	Pf.-c	1200,—	1100,—

Cassa Nazionale Assicurazioni Infortuni Lavoro

Nr.	Wert	Typ	Pf.	✶✶	⊙
17	5 C	grün	Pf.-a	5,—	7,50
18	10 C	rosa	Pf.-a	5,—	7,50
19	25 C	lilabraun	Pf.-b	6,—	15,—
20	30 C	rotbraun	Pf.-b	6,50	20,—
21	50 C	violett	Pf.-c	7,50	15,—
22	1 L	hellblau	Pf.-c	15,—	20,—
23	5 L	dunkelbraun	Pf.-c	140,—	420,—

Cassa Nazionale Assicurazioni Sociali

Nr.	Wert	Typ	Pf.	✶✶	⊙
24	5 C	grün	Pf.-a	12,—	12,—
25	10 C	rosa	Pf.-a	12,—	12,—
26	25 C	lilabraun	Pf.-b	25,—	36,—
27	30 C	rotbraun	Pf.-b	25,—	50,—
28	50 C	violett	Pf.-c	100,—	50,—
29	1 L	hellblau	Pf.-c	100,—	100,—

Consorzio Biblioteche Torino

Nr.	Wert	Typ	Pf.	✶✶	⊙
30	5 C	grün	Pf.-a	12,—	25,—
31	10 C	rosa	Pf.-a	12,—	25,—
32	30 C	rotbraun	Pf.-b	40,—	60,—
33	50 C	violett	Pf.-c	200,—	150,—

Federazione Italiana Biblioteche Popolari

Nr.	Wert	Typ	Pf.	✶✶	⊙
34	10 C	rosa	Pf.-a	15,—	20,—
35	30 C	rotbraun	Pf.-b	100,—	85,—
36	50 C	violett	Pf.-c	150,—	75,—

Nr.	Wert	Typ	Pf.	✶✶	⊙
37	1 L	hellblau	Pf.-c	20,—	110,—

Gruppo d'Azione Scuole Milano

Nr.	Wert	Typ	Pf.	✶✶	⊙
38	5 C	grün	Pf.-a	12,—	20,—
39	10 C	rosa	Pf.-a	17,—	25,—
40	30 C	rotbraun	Pf.-b	50,—	80,—
41	50 C	violett	Pf.-c	100,—	100,—

Lega Nazionale Trieste

Nr.	Wert	Typ	Pf.	✶✶	⊙
42	5 C	grün	Pf.-a	85,—	35,—
43	10 C	rosa	Pf.-a	85,—	35,—
44	30 C	rotbraun	Pf.-b	350,—	150,—
45	50 C	violett	Pf.-c	500,—	200,—

Opera Italia Redenta Roma

Nr.	Wert	Typ	Pf.	✶✶	⊙
46	5 C	grün	Pf.-a	25,—	25,—
47	10 C	rosa	Pf.-a	25,—	25,—
48	30 C	rotbraun	Pf.-b	120,—	140,—
49	50 C	violett	Pf.-c	350,—	45,—

Opera Nazionale Protezione Assistenza Invalidi Guerra

Nr.	Wert	Typ	Pf.	✶✶	⊙
50	5 C	grün	Pf.-a	3,—	10,—
51	10 C	rosa	Pf.-a	3,—	10,—
52	25 C	lilabraun	Pf.-b	3,50	12,—
53	30 C	rotbraun	Pf.-b	3,50	20,—
54	50 C	violett	Pf.-c	4,—	12,—
55	1 L	hellblau	Pf.-c	4,—	20,—
56	3 L	dunkellilarot	Pf.-c	3500,—	2500,—
57	5 L	dunkelbraun	Pf.-c	20000,—	15000,—

MiNr. 50–57 mit Aufdruck: ASSOC. NAZ. MUTILATI INV. GUERRA-ROMA

Nr.	Wert	Typ	Pf.	✶✶	⊙
58	5 C	grün	(50)	2,50	7,50
59	10 C	rosa	(51)	2,50	7,50
60	25 C	braunlila	(52)	2,50	12,—
61	30 C	rotbraun	(53)	2,50	20,—
62	50 C	violett	(54)	3,—	12,—
63	1 L	hellblau	(55)	4,—	20,—
64	3 L	dunkellilarot	(56)	1000,—	750,—
65	5 L	dunkelbraun	(57)	4200,—	3500,—

Patronati Scolastici

Nr.	Wert	Typ	Pf.	✶✶	⊙
66	5 C	grün	Pf.-a	20,—	25,—
67	10 C	rosa	Pf.-a	25,—	30,—
68	25 C	lila	Pf.-b	55,—	90,—
69	50 C	rotbraun	Pf.-c	220,—	200,—

Ufficio Nazionale Collocamento Disoccupati

Nr.	Wert	Typ	Pf.	✶✶	⊙
70	5 C	grün	Pf.-a	5,—	7,50
71	10 C	rosa	Pf.-a	5,—	7,50
72	25 C	braunlila	Pf.-b	5,50	15,—
73	30 C	rotbraun	Pf.-b	6,—	30,—
74	50 C	violett	Pf.-c	7,—	15,—
75	1 L	hellblau	Pf.-c	9,—	35,—
76	5 L	dunkelbraun	Pf.-c	260,—	700,—

Vigilanza Obbligo Scolastico

Nr.	Wert	Typ	Pf.	✶✶	⊙
77	25 C	braunlila	Pf.-b	120,—	150,—

Alle Portofreiheitsmarken wurden von März bis Dezember 1924 verwendet.

Portomarken

Pa

1863, 1. Jan. Zifferzeichnung. Stdr. F. Matraire; □.

			(*)	*	☉
1	10 C	.... Pa			
a		gelb	100,—	2000,—	150,—
b		braunorange	170,—	—	260,—
c		orange	100,—	2200,—	170,—
d		ockerbraun	100,—	2200,—	170,—

Gut geschnittene Stücke sind ☉ höher zu bewerten, da fast alle Stücke verschnitten sind.

Pb

1869, 1. März. Zifferzeichnung, Inschrift im Oval. Bdr.; Wz. 1 liegend; gez. 14.

			*	☉
2	10 (C) braunorange .... Pb	4000,—	26,—

1870/94. Neue Zeichnung. Bdr.; Wz. 1 liegend; gez. K 14.

 Pc    Pc I

3	1 C orange/karmin .... Pc	3,—	6,—
4	2 C orange/karmin .... Pc	15,—	17,—
5	5 C orange/karmin .... Pc	0,20	0,50
6	10 C orange/karmin (1890) ...... Pc	0,50	0,50
7	30 C orange/karmin .... Pc	1,—	0,70
8	40 C orange/karmin .... Pc	2,—	0,70
9	50 C orange/karmin .... Pc	1,50	0,50
10	60 C orange/karmin .... Pc	110,—	2,—
11	1 L blau/braun .... Pc I	5500,—	10,—
12	2 L blau/braun .... Pc I	5500,—	20,—
13	5 L blau/braun (1.1.1874) ...... Pc I	320,—	25,—
14	10 L blau/braun (1874) .... Pc I	8000,—	25,—
	Satzpreis (12 W.)	19000,—	100,—
3 I	Wertziffer kopfstehend	3600,—	2200,—
4 I	Wertziffer kopfstehend	8500,—	3200,—
5 I	Wertziffer kopfstehend	2,50	2,50
6 I	Wertziffer kopfstehend	5,—	5,—
7 I	Wertziffer kopfstehend	7,—	9,—
7 U	ungezähnt	2500,—	
8 I	Wertziffer kopfstehend	400,—	420,—
9 I	Wertziffer kopfstehend	40,—	40,—
9 U	ungezähnt		1200,—
10 I	Wertziffer kopfstehend	260,—	250,—
11 I	Wertziffer kopfstehend	—,—	—,—
12 I	Wertziffer kopfstehend	—,—	2200,—
13 I	Wertziffer kopfstehend	—,—	1200,—
14 I	Wertziffer kopfstehend	—,—	350,—

Doppelte und verschobene Wertziffern kommen vor.

FALSCH 3 I–14 I.

MiNr. 3 und 4 gültig bis 8.7.1890, MiNr. 14 gültig bis 30.6.1911

Marken in derselben Zeichnung zu 2 C oliv/rot, 3 C rotbraun/rot, 6 C grün/rot und 30 C hellviolett/rot sind Stempelmarken, die man auch mit Poststempeln antrifft.

1890/91. Portomarken MiNr. 3 und 4 mit Aufdruck des neuen Wertes.

15	10 (C) auf 2 C orange/karmin (1.3.1891) .... (4)	90,—	20,—
16	20 (C) auf 1 C orange/karmin (1.10.1890) .... (3)	370,—	12,—
17	30 (C) auf 2 C orange/karmin (1.3.1891)	1300,—	7,—
	Satzpreis (3 W.)	1700,—	38,—

Auflagen: MiNr. 15 = 1 205 000, MiNr. 16 = 1 349 000, MiNr. 17 = 1 682 000 Stück

1892/1903. Zifferzeichnung, Inschrift waagerecht. Wertziffer jetzt karmin; Bdr.; Wz. 1 liegend; gez. 14.

18	1 L blau/karmin .... Pc-I	4,—	0,70
19	2 L blau/karmin (1903) .... Pc-I	36,—	1,70
20	5 L blau/karmin (1903) .... Pc-I	120,—	7,50
21	10 L blau/karmin (1893) .... Pc-I	110,—	2,50
	Satzpreis (4 W.)	260,—	12,—
18 I	Wertziffer kopfstehend	2500,—	1500,—
18 U	ungezähnt	90,—	

1894, 10. Nov. Zifferzeichnung, Inschrift waagerecht. Bdr.; Wz. 1 liegend; gez. K 14.

22	20 C orange/karmin .... Pc	2,—	0,50
22 I	Wertziffer kopfstehend	20,—	20,—
22 U	ungezähnt	85,—	

1925, Juli. Zifferzeichnung, Inschrift waagerecht, Wertziffer jetzt braun. Bdr.; Wz. 1 liegend; gez. 14.

		**	☉
23	60 C orange/braun .... Pc	60,—	6,—

1934, 3. Febr. Staatswappen mit Liktorenbündeln. RaTdr.; Wz. 1; gez. K 14.

 Pd   Pe

24	5 C braun .... Pd	1,—	0,50
25	10 C blau .... Pd	1,—	0,50
26	20 C karmin .... Pd	1,—	0,50
27	25 C grün .... Pd	1,—	0,50
28	30 C orangerot .... Pd	1,—	0,50
29	40 C schwarzbraun .... Pd	1,—	0,50
30	50 C violett .... Pd	1,—	0,50
31	60 C schwarzblau .... Pd	1,—	2,50
32	1 L orange .... Pe	1,—	0,50
33	2 L grün .... Pe	1,—	0,50
34	5 L violett .... Pe	2,—	0,50
35	10 L blau .... Pe	5,—	1,—
36	20 L lilarot .... Pe	8,—	4,—
	Satzpreis (13 W.)	25,—	12,—

Gültig bis 31.12.1948

1944, April. Portomarken MiNr. 24–36 mit Aufdruck eines Liktorenbündels.

37	5 C braun .... (24)	2,50	3,—
38	10 C blau .... (25)	2,50	2,—
39	20 C karmin .... (26)	2,50	2,—

Italien

40	25 C	grün	(27)	2,50	2,—
41	30 C	orangerot	(28)	2,50	3,50
42	40 C	schwarzbraun	(29)	2,50	4,50
43	50 C	violett	(30)	2,50	1,50
44	60 C	schwarzblau	(31)	5,—	10,—
45	1 L	orange	(32)	2,50	1,50
46	2 L	grün	(33)	10,—	7,50
47	5 L	violett	(34)	50,—	85,—
48	10 L	blau	(35)	150,—	170,—
49	20 L	lilarot	(36)	150,—	170,—
		Satzpreis (13 W.)		380,—	460,—

FALSCH

1945, April / Okt. Staatswappen ohne Liktorenbündel. RaTdr. (10×10); oWz.; gez. K 14.

 Pf    Pg

50	5 C	braun (1.10.)	Pf	2,50	1,—
51	10 C	blau	Pf	0,50	1,—
52	20 C	karmin (1.10.)	Pf	2,50	1,—
53	25 C	grün	Pf	0,50	1,—
54	30 C	orangerot	Pf	0,50	1,—
55	40 C	schwarzbraun	Pf	0,50	1,—
56	50 C	violett	Pf	0,50	1,—
57	60 C	schwarzblau	Pf	0,50	1,—
58	1 L	orange	Pg	3,—	1,—
59	2 L	grün	Pg	0,50	1,—
60	5 L	violett	Pg	0,50	1,—
61	10 L	blau	Pg	0,50	1,—
62	20 L	karmin	Pg	2,50	1,—
		Satzpreis (13 W.)		15,—	13,—

Gültig bis 31.12.1948

1945, 8. Okt./1946. Staatswappen ohne Liktorenbündel. RaTdr. (10×10); Wz. 3; gez. K 14.

63	10 C	blau	Pf	0,70	1,50
64	25 C	grün	Pf	2,—	2,—
65	30 C	orangerot	Pf	2,—	2,—
66	40 C	schwarzbraun	Pf	0,70	0,20
67	50 C	violett (1946)	Pf	12,—	1,—
68	60 C	schwarzblau (1946)	Pf	12,—	7,50
69	1 L	orange	Pg	0,70	0,20
70	2 L	grün	Pg	0,70	0,20
71	5 L	violett	Pg	25,—	1,50
72	10 L	blau	Pg	35,—	2,50
73	20 L	karmin	Pg	60,—	6,—
		Satzpreis (11 W.)		150,—	24,—

Gültig bis 31.12.1948

1947/54. Ziffernzeichnung. RaTdr. (10×10), MiNr. 87 StTdr. (10×10); Wz. 3; gez. K 14, MiNr. 87 auch L 11½:13¾.

Ph

74	1 L	rotorange (11.6.1947)	Ph	0,20	0,20
75	2 L	dunkelgrün (11.6.1947)	Ph	0,50	0,30
76	3 L	karmin (1.7.1947)	Ph	1,20	1,20
77	4 L	braun (1.7.1952)	Ph	1,20	1,—
78	5 L	violett (11.6.1947)	Ph	2,—	0,30
79	6 L	dunkelultramarin (1.7.1947)	Ph	5,50	1,70
80	8 L	dunkelrotlila (1.7.1947)	Ph	22,—	2,—
81	10 L	dunkelblau (1.7.1947)	Ph	1,50	0,30
82	12 L	gelbbraun (1.7.1947)	Ph	8,—	1,70
83	20 L	rosalila (1.7.1947)	Ph	110,—	0,30
84	25 L	braunrot (1.2.1954)	Ph	150,—	1,—
85	50 L	blaugrün (1.7.1947)	Ph	80,—	0,30
86	100 L	braungelb (1.2.1952)	Ph	25,—	0,30
87	500 L	stahlblau/rotlila (31.5.1952)	Ph	17,—	0,50
		Satzpreis (14 W.)		420,—	11,—

MiNr. 75–77, 79–80, 82 gültig bis 31.3.1958

Gleiche Werte mit Wz. 4 siehe folgende Ausgabe.

1955, Dez./2001. Dez. Ziffernzeichnung. RaTdr (10×10); Wz. 4; gez. K 14.

Ph

I = DV I: Druckvermerk „IST. POL. STATO-OFF. CARTE VALORI"
II = DV II: Druckvermerk „I.P.Z.S.-OFF. CARTE VALORI"
III = DV III: Druckvermerk „I.P.Z.S. ROMA"

88	5 L	violett (Dez. 1955)	Ph	0,20	0,20
89	8 L	dunkelrotlila (Mai 1956)	Ph	250,—	220,—
90	10 L	dunkelblau (Febr.1957)	Ph	0,20	0,20
91	20 L	rosalila (Jan.1956)	Ph	0,20	0,20
92	25 L	braunrot (März 1956)	Ph	0,20	0,20
93	50 L	blaugrün	Ph		
I		DV I (Febr. 1957)		0,20	0,20
II		DV II (1991)		0,20	0,20
94	100 L	gelborange bis ocker	Ph		
I		DV I (April 1957)		0,20	0,20
II		DV II (1991)		0,20	0,20
III		DV III (Dez. 2001)		0,20	0,20

1961, 19. Mai. Ziffernzeichnung. RaTdr. (10×10); Wz. 4; gez. K 14.

95	30 L	lilaschwarz	Ph	0,20	0,20

1961, Dez./1992. MiNr. 87 mit Wz. 4; StTdr.; gez. K 14.

96	500 L	stahlblau/rotlila	Ph		
I		ohne Druckvermerk		1,50	0,30
II		mit Druckvermerk „I.P.Z.S. ROMA" (1992)		0,80	0,30

Gleicher Wert mit Wz. 3: MiNr. 87

1966, 15. März. Ziffernzeichnung. RaTdr.; Wz. 4; gez. K 14.

97	40 L	sepia	Ph	0,50	0,30

1984, 6. Juli. Ziffernzeichnung. RaTdr.; Wz. 4; gez. K 14.

Ph

98	900 L	magentarot/blaugrün	Ph	1,50	0,50

1991, 20. Febr. Ziffernzeichnung. StTdr.; Wz. 4; gez. K 14.

Ph

99	1500 L	dunkelbraun/rotorange	Ph	2,—	0,70

Neuheiten

Ein Abonnement der MICHEL-Rundschau sichert Ihnen einen immer vollständigen Katalog, zeigt Ihnen Preisänderungen an und bereichert Ihre philatelistischen Kenntnisse durch gut recherchierte Fachbeiträge.

Postanweisungsmarken

1924, 1. Juli. Postanweisungsmarken. Bdr.; Wz. 1; gez. K 14.

 P.-Aa) Ziffern und Ornamente   P.-Ab) Engel

				✶✶	⊙
1	20 C	blau/schwarz	P.-Aa	50,—	5,—
2	40 C	blaugrün/schwarz	P.-Aa	50,—	5,—
3	50 C	violett/schwarz	P.-Aa	50,—	5,—
4	1 L	braunrot/schwarz	P.-Ab	50,—	7,50
5	2 L	braun/schwarz	P.-Ab	50,—	7,50
6	3 L	rot/schwarz	P.-Ab	50,—	10,—
		Satzpreis (6 W.)		300,—	40,—

Marken mit kopfstehender und fehlender Wertziffer bekannt. MiNr. 1-6 ☐ sind Probedrucke.

Gültig bis 30.6.1926

Verrechnungsmarken

1874, 1. Jan. Verrechnungsmarke für Postpässe. Bdr.; Wz. Savoyer Wappen; gez. 15.

Va) König Viktor Emanuel II.

					✶	⊙
1	10 C	braungelb		Va	120,—	200,—

Gültig bis 31.7.1889

1884, 1. Jan. Verrechnungsmarken für den inneren Dienst. Bdr.; Wz. 1; gez. 14.

Vb

2	50 L	grün	Vb	40,—	30,—
3	100 L	braunrosa	Vb	45,—	12,—
		Satzpreis (2 W.)		85,—	42,—

Gültig bis 31.7.1896

1903, 1. Juli. MiNr. 2 und 3 in geänderten Farben; Bdr.; Wz. 1; gez. 14.

4	50 L	gelb	Vb	55,—	30,—
5	100 L	blau	Vb	45,—	12,—
		Satzpreis (2 W.)		100,—	42,—

Gültig bis 30.6.1911

1913, 1. Juli. Verrechnungsmarken für die Beschaffung oder Beglaubigung von Urkunden. Bdr. (10×10); Wz. 1; gez. 14.

Vc

6	30 C	ziegelrot	Vc	5,—	15,—
7	60 C	braunorange	Vc	45,—	60,—
8	90 C	violett	Vc	50,—	180,—
		Satzpreis (3 W.)		100,—	250,—

Ⓔ

Gültig bis 15.3.1925

UNA LIRA

1925, 30. April. MiNr. 6–8 mit neuem Wertaufdruck; alte Wertangabe viermal durchstrichen.

					✶✶	⊙
9	1 L	auf 30 C ziegelrot	(6)	10,—	45,—
10	1 L	auf 60 C braunorange	(7)	90,—	130,—
11	1 L	auf 90 C violett	(8)	120,—	1900,—
		Satzpreis (3 W.)		220,—	2000,—

Ⓔ

Gültig bis 30.6.1928

Italienische Besetzungsgebiete 1918–1923

nach dem Ersten Weltkrieg
1 Krone (Kr) (corona) = 100 Heller (H)
1 Lire (L) = 100 Centesimi (C)

Preise ungebraucht bis Ausgabejahr 1919 ✶, *ab 1920* ✶✶

Julisch-Venetien

Venezia Giulia
Gebiet der Julischen Alpen, Triest und Istrien.

1918, 14. Nov. Freimarken von Österreich mit dreizeiligem Aufdruck.

				✶	☉
1	3 H	violettultramarin	(185)	1,50	1,50
2	5 H	gelblichgrün (Töne)	(186)	1,50	1,50
3	6 H	rotorange	(187)	1,70	1,70
4	10 H	rotkarmin (Töne)	(188)	5,—	3,—
5	12 H	türkisblau	(189)	2,50	2,50
6	15 H	bräunlichrot	(221)	1,50	1,50
7	20 H	blau-, opalgrün	(222)	1,50	1,50
8	25 H	violettultramarin	(223)	8,—	8,—
9	30 H	blau(grau)violett	(224)	3,—	3,—
10	40 H	braunoliv	(194)	90,—	90,—
11	50 H	opalgrün	(195)	7,50	7,50
12	60 H	lilaultramarin	(196)	25,—	25,—
13	80 H	bräunlichrot	(197)	15,—	15,—
14	1 Kr	rotkarmin	(199)	15,—	15,—
15	2 Kr	violettultramarin	(200)	250,—	250,—
16	3 Kr	lilarot	(205)	320,—	320,—
17	4 Kr	gelblichgrün	(206)	500,—	500,—
18	10 Kr	grau-, braunviolett	(203)	27000,—	30000,—
		Satzpreis (18 W.)		28000,—	31000,—

Zahlreiche Aufdruckfehler bekannt. Der Aufdruck auf MiNr. 18 weicht von den übrigen deutlich ab (Handstempelaufdruck) und ist meist schlecht lesbar. FALSCH

Auflagen: MiNr. 8 = 9000, MiNr. 10 und 15 je 2000, MiNr. 16 = 1800, MiNr. 17 = 1600, MiNr. 18 = 37 Stück

Gültig bis 19.6.1924

1918, 6. Dez./1919. Freimarken von Italien mit zweizeiligem Aufdruck.

19	1 C	hell- bis dunkelbraun (1.1919)	(74)	1,70	2,50
20	2 C	orangebraun (1.1919)	(75)	1,70	2,50
21	5 C	grün (6.12.1918)	(88)	0,70	1,20
22	10 C	braunrosa	(89)	0,70	1,20
23	20 C	braunorange	(129)	1,—	1,50
24	25 C	blau	(90)	1,20	2,—
25	40 C	braun (16.12.1918)	(91)	10,—	15,—
26	45 C	olivgrün (12.12.1918)	(81)	2,50	4,—
27	50 C	hellviolett (11.12.1918)	(92)	3,50	5,—
28	60 C	braunkar (21.12.1918)	(131)	55,—	65,—
29	1 L	braun/grün (21.12.1918)	(83)	25,—	25,—
		Satzpreis (11 W.)		100,—	120,—

23 U   ungezähnt   250,—

Zahlreiche Aufdruckfehler bekannt.

Gültig bis 19.6.1924

1919, 20. Febr. Freimarken. Aufdruck ähnlich MiNr. 19–29, jedoch noch mit weiterem Aufdruck des Wertes in Hellerwährung.

30	5 H	auf 5 C grün	(21)	1,30	1,50
31	20 H	auf 20 C braunorange		1,30	1,50
	(■)		(23)	2,50	3,—
		Satzpreis (2 W.)			
30 F	5 H	statt 5 Heller		120,—	120,—

Gültig bis 19.6.1924

1919, 3. Jan. Eilmarke Italien MiNr. 85 mit einzeiligem Aufdruck.

32	25 C	rosa	(85)	40,—	50,—

Gültig bis 19.6.1924

Portomarken

1918, 21. Dez. Portomarken von Italien mit zweizeiligem Aufdruck Venezia/Giulia.

				✶	☉
1	5 C	orange/karmin	(5)	0,50	0,50
2	10 C	orange/karmin	(6)	0,50	0,70
3	20 C	orange/karmin	(22)	1,50	1,70
4	30 C	orange/karmin	(7)	4,—	7,—
5	40 C	orange/karmin	(8)	35,—	40,—
6	50 Ci	orange/karmin	(9)	60,—	75,—
7	1 L	blau/karmin	(18)	200,—	250,—
		Satzpreis (7 W.)		300,—	360,—

Gültig bis 19.6.1924

Italienische Marken mit Aufdruck A. M. G. / V. G. siehe unter „Ausgaben der Alliierten Militär-Regierung im und nach dem 2. Weltkrieg"

Trentino

Südlich vom Brenner liegender, nach der Hauptstadt Trento (Trient) benannter Teil des ehemaligen österreichischen Kronlandes Tirol. Einige Postämter im südlichsten Tirol, die während des Krieges von italienischen Truppen besetzt waren, benutzten italienische Marken die, mit Stempeln Südtiroler Postämter versehen, gesucht sind

Regno d'Italia 1918, 11. Nov./Dez. Freimarken. Marken von Österreich mit dreizeiligem Aufdruck.

Trentino

3 nov. 1918.

				*	⊙
1	3 H	violettultramarin	(185)	5,—	3,50
2	5 H	gelblichgrün (Töne)	(186)	3,60	2,20
3	6 H	rotorange	(187)	60,—	50,—
4	10 H	rotkarmin (Töne)	(188)	3,60	2,20
5	12 H	türkisblau	(189)	200,—	150,—
6	15 H	bräunlichrot	(221)	5,—	3,50
7	20 H	blau-, opalgrün	(222)	2,50	2,20
8	25 H	violettultramarin	(223)	50,—	35,—
9	30 H	blau(grau)violett	(224)	15,—	11,—
10	40 H	braunoliv	(194)	55,—	45,—
11	50 H	opalgrün	(195)	30,—	25,—
12	60 H	lilaultramarin	(196)	45,—	40,—
13	80 H	bräunlichrot	(197)	75,—	50,—
14	90 H	rotkarmin	(198)	1500,—	1500,—
15	1 Kr	lilarot	(199)	75,—	55,—
16	2 Kr	violettultramarin	(200)	450,—	350,—
17	4 Kr	gelblichgrün	(206)	2000,—	2000,—
A 17	10 Kr	grau-, braunviolett	(203)	90000,—	—

Abart 18 nov. statt 3 nov.:
Alle Werte auch ohne Punkt nach nov. bekannt.

Auflagen: MiNr. 3 = 1900, MiNr. 5 = 900, MiNr. 8 = 2 000, MiNr. 9 = 2 600, MiNr. 10 = 1 400, MiNr. 11 = 2 300, MiNr. 12 = 1 800, MiNr. 13 = 800, MiNr. 14 = 100, MiNr. 15 = 900, MiNr. 16 = 250, MiNr. 17 = 110, MiNr. A 17 = 11 Stück

Gültig bis 19.6.1924

1918, 20. Dez. Freimarken von Italien mit zweizeiligem Aufdruck Venezia/Tridentina.

Venezia Tridentina

18	1 C	dunkelbraun	(74)	2,50	2,50
19	2 C	orangebraun	(75)	2,50	2,50
20	5 C	grün	(88)	2,50	2,50
21	10 C	braunrosa	(89)	2,50	2,50
22	20 C	braunorange	(129)	2,50	2,50
23	40 C	braun	(91)	60,—	45,—
24	45 C	olivgrün	(81)	36,—	45,—
25	50 C	hellviolett	(92)	36,—	45,—
26	1 L	braun/grün	(83)	36,—	45,—
		Satzpreis (9 W.)		180,—	190,—

Gültig bis 19.6.1924

1919, 1. Febr. Freimarken MiNr. 20 bis 22 mit weiterem Aufdruck der Hellerwährung.

27	5 H	auf 5 C grün	(20)	1,—	2,—
28	10 H	auf 10 C braunrosa	(21)	1,—	2,—
29	20 H	auf 20 C braunorange	(22)	1,—	2,—
		Satzpreis (3 W.)		3,—	6,—

Zahlreiche Aufdruckfehler bekannt.

Auflagen: MiNr. 27 = 600 000, MiNr. 28 = 1 400 000, MiNr. 29 = 1 000 000 Stück

Gültig bis 19.4.1919

Gemeinschaftsausgaben für Julisch-Venetien, Trentino und Dalmatien

MiNr. I siehe nach MiNr. 22.

1919, Jan./April. Freimarken von Italien mit Aufdruck des Wertes in österreichischer Währung in Antiquaschrift.

5 centesimi di corona   1 corona

				*	⊙
1	1 C	auf 1 C dunkelbraun (Febr.)	(74)	1,—	1,50
2	2 C	auf 2 C orangebraun (Jan.)	(75)	1,—	1,50
3	5 C	auf 5 C grün (Jan.)	(88)	1,—	0,50
4	10 C	auf 10 C braunrosa (Jan.)	(89)	1,—	0,50
5	20 C	auf 20 C braunorange (Febr.)			
			(129)	1,—	0,50
6	25 C	auf 25 C blau (Febr.)	(90)	1,—	1,—
7	40 C	auf 40 C braun (März)	(91)	1,—	2,50
8	45 C	auf 45 C olivgrün (März)	(81)	1,—	2,50
9	50 C	auf 50 C hellviolett (April)	(92)	1,—	2,50
10	60 C	auf 60 C braunkarmin (Febr.)	(131)	1,—	3,50
11	1 Kr	auf 1 L braun/grün (März)	(83)	1,—	3,50

Eilmarken (Febr./März)

12	25 C	auf 25 C rosa (Febr.)	(85)	1,20	2,—
13	30 C	auf 30 C hellblau/rot (März)	(93)	1,50	3,—
		Satzpreis (13 W.)		12,—	25,—

Zahlreiche Aufdruckfehler bekannt.

Gültig bis 19.6.1924

una corona

1919, 1. Mai. Freimarke MiNr. 11 mit geändertem Wertaufdruck una statt 1.

14	1 Kr	auf 1 L braun/grün	(83)	2,50	7,50

Gültig bis 19.6.1924

1921, Febr./1922. Freimarken: Marken von Italien mit Aufdruck des Wertes in Blockschrift.

				**	⊙
15	5 C	auf 5 C grün (Febr.1921)	(88)	2,—	1,20
16	10 C	auf 10 C braunrosa (Febr.1921)	(89)	2,—	1,20
17	25 C	auf 25 C blau (1922)	(90)	5,—	3,60
18	50 C	auf 50 C hellviolett (1922)	(92)	6,—	5,—
19	1 Kr	auf 1 L braun/grün (1922)	(83)	10,—	9,—
20	5 Kr	auf 5 L blau/rosa (1922)	(84)	75,—	65,—
21	10 Kr	auf 10 L olivgrün/rosa (1922)	(99)	75,—	65,—
		Satzpreis (7 W.)		170,—	150,—

Nicht ausgegeben:

LIRE 1,20 DI CORONA 1922, April. Nicht verausgabte italienische Eilmarke (Zeichng. Eb) mit Aufdruck 1,20 Lire di corona in Blockschrift.

I	1.20 L	auf 1.20 L blau/rot	....	100,—	200,—

1921, Febr. Eilmarke MiNr. 85 von Italien mit Aufdruck des Wertes in Blockschrift.

22	25 C	auf 25 C karmin	.... (85)	4,—	5,—

Gültig bis 19.6.1924

Portomarken

1919, 2. Jan. Italienische Portomarken. MiNr. 1-6 mit dreizeiligem, MiNr. 7–9 mit zweizeiligem Antiqua-Aufdruck des Wertes in österreichischer Währung.

				✱	☉
1	5 C	auf 5 C orange/karmin .... (5)		0,70	1,—
2	10 C	auf 10 C orange/karmin .... (6)		0,70	1,—
3	20 C	auf 20 C orange/karmin ......(22)		1,20	1,20
4	30 C	auf 30 C orange/karmin .... (7)		1,20	2,—
5	40 C	auf 40 C orange/karmin .... (8)		1,20	2,—
6	50 C	auf 50 C orange/karmin .... (9)		1,20	2,—
7	1 Kr	auf 1 L blau/karmin .... (18)		1,20	2,—
8	2 Kr	auf 2 L blau/karmin .... (19)		60,—	110,—
9	5 Kr	auf 5 L blau/karmin .... (20)		60,—	110,—
		Satzpreis (9 W.)		120,—	220,—

1 corona 1922,Okt. Italienische Portomarken mit Aufdruck des Wertes in österreichischer Währung in Blockschrift.

				✱✱	☉
10	50 C	auf 50 C orange/karmin .... (9)		2,50	2,50
11	1 Kr	auf 1 L blau/karmin .... (18)		7,50	7,50
12	2 Kr	auf 2 L blau/karmin .... (19)		50,—	50,—
13	5 Kr	auf 5 L blau/karmin .... (20)		50,—	50,—
		Satzpreis (4 W.)		110,—	110,—

Lokalausgaben

Während und nach dem Ersten Weltkrieg

Hilfspost Meran

1918, 20. Nov. Für Geschäftspost der Handelskammer. Bdr. auf farbigem Glanzpapier; □.

a

			✱	☉
1	2 (H) schwarz auf rosa .... a		10,—	28,—
2	5 (H) schwarz auf grün .... a		360,—	500,—
3	10 (H) schwarz auf blau .... a		450,—	400,—
	Satzpreis (3 W.)		800,—	900,—

Gültig bis 20.12.1918

1918, 1. Dez. Stadtwappen von Meran. Bdr. auf farbigem Papier; □, o. G.

b

			(✱)	☉
4	2 H schwarz auf hellgrün, grün .... b		14,—	28,—
5	5 H schwarz auf dunkelblau, hellblau ... b		40,—	70,—
6	10 H schwarz auf ziegelrot, orange ...... b		90,—	140,—
	Satzpreis (3 W.)		140,—	220,—

Udine

1918 Juli. Ausgabe der Stadt Udine. Bdr. auf farbigem Papier, gez. 14¼.

			✱	☉
I	5 C schwarz auf grün (⊔⊓) .... a		110,—	45,—

MICHEL-Abartenführer

Anleitung zur Bestimmung von Abarten, Abweichungen und Fehlern auf Briefmarken.

Auf 88 Seiten sind 39 Stichworte über Abarten, Abweichungen und Fehler auf Briefmarken eingehend beschrieben. Mit Erwerb dieser Broschüre erspart sich der Philatelist manche Enttäuschung, aber auch viel Geld, wenn er den Kauf einer vermeintlichen Abart unterläßt. Erhältlich im Briefmarken- und Buchhandel.

Italienische Besetzungsgebiete 1941–1943
Zweiter Weltkrieg

Preise ungebraucht bis Ausgabejahr 1919 ✱, ab 1920 ✱✱

Italienische Besetzung in Albanien

siehe Albanien

Italienische Besetzung in Griechenland

Italienische Marken mit Aufdruck ISOLE IONIE
mit Aufdruck CORFU
Griechische Marken mit Aufdruck ITALIA/Occupazione
Militare/Italiana isola/
Cefalonia e Itaca
desgl. mit Aufdruck CORFU
desgl. mit Aufdruck OCCUPAZIONE/
MILITARE DI/ZANTE/
1–5–XIX

siehe Ionische Inseln

Italienische Besetzung in Jugoslawien Fiumerland-Kupa

Jugoslawische Marken mit Aufdruck ZONA/OCCUPATA/
FIUMANO/KUPA

siehe anschließend

Italienische Besetzung in Jugoslawien (Laibach)

Jugoslawische Marken mit Aufdruck Co. Ci.

Jugoslawische Marken mit Aufdruck R. Commissariato/
Civile/Territori Sloveni/
occupati/
LUBIANA
desgl. mit Aufdruck Commissario/per la/
Provincia/di/Lubiana

Italienische Besetzung von Montenegro

Jugoslawische Marken mit Aufdruck Montenegro
desgl. mit Aufdruck Governatorato/del/
Montenegro
Italienische Marken mit Aufdruck

siehe anschließend

Die Ausgaben der deutschen Verwaltung
für Albanien siehe DK
für Laibach siehe DK
für Montenegro siehe DK

Ausgaben der alliierten Militärregierung auf italienischen Marken

AMG-VG, GOVERNO/MILITARE/ALLEATO

siehe Ausgaben der alliierten Militärregierung im und nach dem Zweiten Weltkrieg bzw. Triest, Zone A.

Fiumerland-Kupa (Zona Fiumano-Kupa)

Am 6.4.1941 rückten italienische Truppen in die zum Königreich Jugoslawien gehörenden Gebiete Fiumerland und Kupa, mit der Stadt Sušak, ein und besetzten diese. Am 14.5.1941 ordnete die italienische Verwaltung das Überdrucken der vorhandenen Bestände der jugoslawischen Briefmarken an, doch blieben daneben die unüberdruckten Marken weiterhin gültig.
1 Dinar = 100 Para

1941, 16. Mai. Freimarken von Jugoslawien mit vierzeiligem Aufdruck ZONA / OCCUPATA / FIUMANO / KUPA.

				✱✱	⊙
1	0.25 Din	braunschwarz	(393)	5,—	3,—
2	0.50 Din	orange	(394)	2,50	1,50
3	1 Din	grün	(395)	2,50	1,50
4	1.50 Din	rot	(396)	2,50	1,50
5	3 Din	lilabraun	(398)	3,—	2,—
6	4 Din	ultramarin	(399)	6,—	4,—
7	5 Din	dunkelblau	(400)	12,—	7,50
8	5.50 Din	dunkelbraunviolett	(401)	12,—	7,50
9	6 Din	dunkelblau	(402)	45,—	25,—
10	8 Din	dunkelbraun	(403)	32,—	17,—
11	12 Din	violett	(404)	750,—	420,—
12	16 Din	dunkelviolettbraun	(405)	220,—	110,—
13	20 Din	hellblau	(406)	2000,—	1200,—
14	30 Din	lilakarmin	(407)	10000,—	8500,—
		Satzpreis (14 W.)		13000,—	10000,—

FÄLSCH Um Fälschungen zu erschweren, wurden verschiedene Sicherheitsmaßnahmen getroffen: Beschädigtes „I" in „FIUMANO", Abstand zwischen den einzelnen Buchstaben und Zeilen unregelmäßig. Punkt in der unteren Markenhälfte usw. Außerdem wurde zwischen den waagerechten Markenreihen fortlaufend wiederholt „ZOFK", die Abkürzung des Aufdrucks (Zona Fiumano Kupa) angebracht.

Italien, Ausgabe 1929, 5c–2.55 L. (10 W. ✱✱ 4000,—) und 1941 (MiNr. 623–627, 5 Werte ✱✱ 6000,—) sowie MiNr. 414 und 436 (✱✱ je 1100,—, nur ⚱) mit dem gleichen Aufdruck wurden amtlich nicht ausgegeben.

Auflagen: MiNr. 1 = 4 500, MiNr. 2 = 21 000, MiNr. 3 = 11 000, MiNr. 4 = 22 000, MiNr. 5 = 9 900, MiNr. 6 = 6 000, MiNr. 7 u. 8 je 4 000, MiNr. 9 = 3 000, MiNr. 10 = 5 100, MiNr. 11 = 300, MiNr. 12 = 500 MiNr. 13 = 200, MiNr. 14 = 60 Stück

1941, Juni. Nationales Hilfswerk für Mütter und Kinder (I). MiNr. 2–4 mit zusätzlichem Aufdruck O.N.M.I. in Schrägschrift über dem alten Landesnamen.

15	0.50 Din	orange	(2)	5,—	6,—
16	1 Din	grün	(3)	5,—	6,—
17	1.50 Din	rot	(4)	5,—	6,—
		Satzpreis (3 W.)		15,—	18,—

Auflage: 29 000 Sätze

Italien

1941. D'Annunzios „Streich von Buccari". Freimarke MiNr. 394 von Jugoslawien mit Aufdruck MEMENTO AVDERE SEMPER und neuem Wert.

18	1 L	auf 0.50 Din orange .... (394)		
a		Aufdruck schwarz	35,—	35,—
b		Aufdruck violett	150,—	150,—

1942. Nationales Hilfswerk für Mütter und Kinder (II). Freimarken MiNr. 15–17 mit zusätzlichem, bogenförmigem Aufdruck: „Pro Maternità e Infanzia".

19	0.50 Din	orange .... (15) R	12,—	15,—
20	1 Din	grün .... (16) V	12,—	15,—
21	1.50 Din	rot .... (17) Bl	12,—	15,—
		Satzpreis (3 W.)	36,—	45,—

Auflage: 12 000 Sätze

Andersfarbige Aufdrucke und MiNr. 1–8 mit gleichem Aufdruck kamen amtlich nicht nur Ausgabe.

MiNr. 1–21 gültig bis 26.5.1942. Nach dieser Zeit galten nur noch italienische Marken.
Im September 1943 endete die italienische Besetzung des Gebietes Fiumerland-Kupa.

Prüfungen und Prüfordnung

Der beste Schutz gegen den Erwerb falscher oder minderwertiger Marken ist der Einkauf im gutberufenen Fachgeschäft. In Zweifelsfällen ist die Hinzuziehung eines Experten angebracht.

Prüfordnung. Die von den Spitzenverbänden der Sammler und Händler anerkannten Experten für Marken, Abstempelungen und Erhaltung prüfen nach einheitlichen Richtlinien, die jeder Philatelist kennen sollte.

Ergänzend sei hier nochmals darauf hingewiesen, daß der Verlag der MICHEL-Kataloge keine Markenprüfungen vornimmt.

Laibach (Slowenien)

Lubiana
1 Dinar = 100 Para = 1 Lire = 100 Centesimi
Dieses Gebiet gehörte bis 1918 zu Österreich und bildete dann einen Teil Jugoslawiens. Als die italienischen Truppen im April 1941 dieses Gebiet besetzten, hieß es zuerst: R. Commissariato Civile Territori Sloveni occupati Lubiana (Kommissariat der slowenischen Gebiete); 1941/44: Provincia di Lubiana (Provinz Laibach); 1944/45: Nach dem Abzug der italienischen Truppen und Besetzung durch deutsche Einheiten Landesregierung der Ljubljanska Pokrajina (Provinz Laibach). Von 1945 bis 1991 war Slowenien Teilrepublik Jugoslawiens, bevor es Mitte 1991 unabhängig wurde.

FALSCH Zahlreiche Aufdruckfälschungen aller Laibach-Ausgaben.
MiNr. 1a–IIId siehe nach MiNr. 49.

I. Post des italienischen Kommissariats für die slowenischen Gebiete

1941, 26. April. Freimarken: Marken von Jugoslawien mit Bdr.-Aufdruck Co. Ci. in Schrägschrift; MiNr. A 1 nur, MiNr. 2 auch mit Handstempelaufdruck.

				**	⊙
1	10 Din	violett .... (311)		2,50	2,—
2	15 Din	lilabraun .... (312)		420,—	250,—
A 1	0.25 Din	braunschwarz .... (300)		—,—	1200,—
2 H	15 Din	mit Handst.-Aufdr.		2500,—	1000,—

1941, 26. April. Freimarken von Jugoslawien mit gleichem Bdr.-Aufdruck Co. Ci.

3	0.25 Din	braunschwarz .... (393)	1,50	1,20
4	0.50 Din	orange .... (394)	1,50	1,20
5	1 Din	grün .... (395)	1,50	1,20
6	1.50 Din	rot .... (396)	1,50	1,20
7	2 Din	lilakarmin .... (397)	1,50	1,20
8	3 Din	lilabraun .... (398)	1,50	1,20
9	4 Din	ultramarin .... (399)	1,50	1,20
10	5 Din	dunkelblau .... (400)	1,50	1,20
11	5.50 Din	dunkelbraunviolett ..... (401)	2,—	1,20
12	6 Din	dunkelblau .... (402)	2,—	1,20
13	8 Din	dunkelbraun .... (403)	2,50	1,70
14	12 Din	violett .... (404)	5,—	3,—
15	16 Din	dunkelviolettbraun ..... (405)	5,—	3,—
16	20 Din	hellblau .... (406)	12,—	9,—
17	30 Din	lilakarmin .... (407)	85,—	50,—
		Satzpreis (15 W.)	120,—	75,—

Mit Handstempelaufdruck:

3 H		25,—	20,—
4 H		25,—	20,—
5 H		25,—	20,—
6 H		25,—	20,—
7 H		25,—	20,—
8 H		25,—	20,—
9 H		25,—	20,—
10 H		30,—	25,—
11 H		50,—	36,—

II. Provinzialverwaltung

1941, 3. Mai. Freimarken von Jugoslawien mit geändertem fünfzeiligem Aufdruck R. Commissariato / Civile / Territori Sloveni / occupati / LUBIANA, alter Landesname schachbrettartig überdruckt.

Auf Ausgabe 1935:

18		10 Din	violett	(311)		
I		Punkte dreizeilig			3,50	1,80
II		Punkte vierzeilig			3000,—	1700,—

Auf Ausgabe 1939/40:

19	0.25 Din	braunschwarz	(393)	1,—	0,80
20	0.50 Din	orange	(394)	1,—	0,80
21	1 Din	grün	(395)	1,—	0,80
22	1.50 Din	rot	(396)	1,—	0,80
23	2 Din	lilakarmin	(397)	1,—	0,80
24	3 Din	lilabraun	(398)	1,—	0,80
25	4 Din	ultramarin	(399)	1,—	0,80
26	5 Din	dunkelblau	(400)	1,70	1,—
27	5.50 Din	dunkelbraunviolett	(401)	1,20	1,—
28	6 Din	dunkelblau	(402)	1,20	1,—
29	8 Din	dunkelbraun	(403)	1,50	1,—
30	12 Din	violett	(404)	1,50	1,—
31	16 Din	dunkelviolettbraun	(405)	3,60	2,—
32	20 Din	hellblau	(406)	12,—	4,50
33	30 Din	lilakarmin	(407)	120,—	50,—
	MiNr. 18–33	Satzpreis (16 W.)		150,—	65,—

1941, Juni. Freimarken. Ähnlicher Aufdruck, jedoch zwei Striche statt Punkte über den alten Landesnamen.

22 I	1.50 Din	rot	(396)	55,—	60,—

✈ **1941, 10. Mai.** Flugpostmarken von Jugoslawien mit fünfzeiligem Aufdruck wie Freimarken MiNr. 18–33, alter Landesname schachbrettartig überdruckt.

34	0.50 Din	dunkelbraun	(340)	3,50	3,—
35	1 Din	dunkelgrün	(341)	3,50	3,—
36	2 Din	blauschwarz	(342)	4,—	3,—
37	2.50 Din	karmin	(343)	4,—	3,—
38	5 Din	dunkelviolett	(344)	10,—	7,50
39	10 Din	lilakarmin	(345)	10,—	7,50
40	20 Din	dunkelgrün	(346)	40,—	25,—
41	30 Din	blau	(347)	100,—	50,—
42	40 Din	schwarzgrün	(426)	250,—	150,—
43	50 Din	schwarzblau	(427)	230,—	120,—
		Satzpreis (10 W.)		650,—	360,—

FALSCH

1941, 10. Mai. Rotes Kreuz. MiNr. 429–432 von Jugoslawien mit gleichem fünfzeiligem Aufdruck, alter Landesname schachbrettartig überdruckt.

44	0.50 (Din) + 0.50 (Din) auf 5 Din dunkelviolett	(429)	18,—	10,—
45	1 (Din) + 1 (Din) auf 10 Din lilakarmin	(430)	18,—	10,—
46	1.50 (Din) + 1.50 (Din) auf 20 Din dunkelgrün	(431)	18,—	10,—
47	2 (Din) + 2 (Din) auf 30 Din blau	(432)	18,—	10,—
	Satzpreis (4 W.)		70,—	40,—

1941, 15. Juni. Freimarken MiNr. 22 und 25 mit neuem Wertaufdruck; Landesname durchpunktet, bei MiNr. 48 II Landesname durchbalkt.

48	0.50 D auf 1.50 Din rot			
I	Landesname durchpunktet	(22)	1,—	0,50
II	Landesname durchbalkt	(22 I)	1500,—	1400,—
49	1 D auf 4 Din ultramarin	(25)	1,—	0,50

Die folgenden Ausgaben I–III sollen amtlich nicht mehr zur Ausgabe gelangt sein, da durch Kgl. Dekret vom 3.5.1941 das Gebiet von Laibach Italien angegliedert wurde und italienische Marken ohne Aufdruck zur Ausgabe kamen. ⊙-Stücke kommen vor.

Alto Commissario per la Provincia di LUBIANA

1941, Juni. Freimarken: Geänderter Aufdruck auf Freimarken von Jugoslawien.

Auf Ausgabe 1935/36:

I a	0.25 Din	braunschwarz	(300)	260,—	—,—
I b	0.75 Din	blaugrün	(302)	7500,—	—,—
I c	1.75 Din	karmin	(305)	900,—	—,—
I d	2 Din	karminlila	(306)	260,—	—,—
I e	3.50 Din	ultramarin	(308)	35000,—	—,—
I f	4 Din	gelbgrün	(309)	260,—	—,—
I g	10 Din	violett	(311)	110,—	85,—
I h	15 Din	lilabraun	(312)	22000,—	—,—
I i	30 Din	lila	(314)	11000,—	—,—

Auf Freimarken Ausgabe 1939/40:

II a	0.25 Din	braunschwarz	(393)	100,—	100,—
II b	0.50 Din	orange	(394)	100,—	100,—
II c	1 Din	grün	(395)	100,—	100,—
II d	1.50 Din	rot	(396)	100,—	100,—
II e	2 Din	lilakarmin	(397)	100,—	100,—
II f	3 Din	lilabraun	(398)	100,—	100,—
II g	4 Din	ultramarin	(399)	100,—	100,—
II h	5 Din	dunkelblau	(400)	120,—	100,—
II i	5.50 Din	dunkelbraunviolett	(401)	120,—	100,—
II k	6 Din	dunkelblau	(402)	120,—	100,—
II l	8 Din	dunkelbraun	(403)	120,—	100,—
II m	12 Din	violett	(404)	120,—	100,—
II n	16 Din	dunkelviolettbraun	(405)	120,—	100,—
II o	20 Din	hellblau	(406)	150,—	100,—
II p	30 Din	lilakarmin	(407)	12000,—	—,—

1941, 26. Juni. Rotes Kreuz. MiNr. 429–432 von Jugoslawien mit gleichem, fünfzeiligem Aufdruck, alter Landesname durchstrichen.

			**	⊙
III a	0.50 (Din) + 0.50 (Din) auf 5 Din dunkelviolett . . . . (429)		70,—	75,—
III b	1 (Din) + 1 (Din) auf 10 Din lilakarmin . . . . (430)		70,—	75,—
III c	1.50 (Din) + 1.50 (Din) auf 20 Din dunkelgrün . . . . (431)		80,—	75,—
III d	2 (Din) + 2 (Din) auf 30 Din blau . . . . (432)		80,—	75,—
		Satzpreis (4 W.)	300,—	300,—

Portomarken

1941, 26. April. Portomarken MiNr. 64 II bis 68 II von Jugoslawien mit Aufdruck Co. Ci. wie Freimarken MiNr. 1–17.

			**	⊙
1	50 Pa	purpur . . . . (P 64 II)	1,—	1,—
2	1 Din	dunkelrot . . . . (P 65 II)	1,—	1,—
3	2 Din	blau . . . . (P 66 II)	1,—	1,—
4	5 Din	dunkelgelb . . . . (P 67 II)	18,—	10,—
5	10 Din	lilabraun . . . . (P 68 IIb)	18,—	10,—
		Satzpreis (5 W.)	38,—	22,—

1941, 5. Mai. Portomarken MiNr. 64 II bis 68 II von Jugoslawien mit geändertem fünfzeiligem Aufdruck wie Freimarken MiNr. 18–33.

6	50 Pa	mattlila . . . . (P 64 II)	1,—	0,70
7	1 Din	dunkelrot . . . . (P 65 II)	1,—	0,50
8	2 Din	blau . . . . (P 66 II)	2,—	1,—
9	5 Din	dunkelgelb . . . . (P 67 II)	75,—	50,—
10	10 Din	braun . . . . (P 68 II)	25,—	23,—
		Satzpreis (5 W.)	100,—	75,—

1941, 7. Juni. Portomarken MiNr. 64–66 II von Jugoslawien mit gleichlautendem, jedoch kleinerem Aufdruck R. Commissariato / Civile / Territori Sloveni / occupati / LUBIANA, oben vier Punktlinien.

11	50 Pa	mattlila . . . . (P 64 II)	2,—	1,—
12	1 Din	dunkelrot . . . . (P 65 II)	3,—	1,50
13	2 Din	blau . . . . (P 66 II)	60,—	43,—
		Satzpreis (3 W.)	65,—	45,—

Werte zu 5 und 10 Din sowie Portomarken von Jugoslawien mit Aufdruck „Alto Commissario" (5 Werte) wurden amtlich nicht ausgegeben.

Die während der deutschen Besetzung von Laibach von der Landesverwaltung ausgegebenen Marken siehe DK unter Deutsche Besetzungsausgaben im 2. Weltkrieg.

Montenegro

Italienische Regentschaft

Nach Aufteilung des Staates Jugoslawien wurde Montenegro im Juli 1941 von italienischen Truppen besetzt und erhielt erneut die Selbständigkeit unter italienischer Schutzherrschaft.

MiNr. A 1 siehe nach MiNr. 14, MiNr. I–II siehe nach MiNr. 22, MiNr. III–IV siehe nach MiNr. 43.

1941, 16. Juni. Freimarken von Jugoslawien mit dreizeiligem Aufdruck.

Montenegro

Црна Гора

17-IV-41-XIX

			**	⊙
1	0.25 Din	braunschwarz . . . . (393)	1,—	1,70
2	1 Din	grün . . . . (395)	1,—	1,70
3	1.50 Din	rot . . . . (396)	1,—	1,70
4	2 Din	lilakarmin . . . . (397)	1,—	1,70
5	3 Din	lilabraun . . . . (398)	1,—	1,70
6	4 Din	ultramarin . . . . (399)	1,—	1,70
7	5 Din	dunkelblau . . . . (400)	4,—	4,—
8	5.50 Din	dunkelbraunviolett . . . . . . (401)	4,—	4,—
9	6 Din	dunkelblau . . . . (402)	4,—	4,—
10	8 Din	dunkelbraun . . . . (403)	4,—	4,—
11	12 Din	violett . . . . (404)	4,—	4,20
12	16 Din	dunkelviolettbraun . . . . . . (405)	4,—	4,20
13	20 Din	hellblau . . . . (406)	320,—	250,—
14	30 Din	lilakarmin . . . . (407)	100,—	120,—
		Satzpreis (14 W.)	450,—	400,—
1 KG		kopfstehender Aufdruck auf Gummiseite	350,—	

Auflage: 1000 komplette Sätze

Nicht ausgegeben:

Gleicher Aufdruck auf 0.50-Din.-Wert

| A I | 0.50 Din | orange . . . . (394) | 350,— | 600,— |

✈ 1941, 16. Juni. Flugpostmarken von Jugoslawien mit dreizeiligem, zweisprachigem Aufdruck: Montenegro / ЦРНА ГОРА / 17–IV–41–XIX.

			**	⊙
15	0.50 Din	dunkelbraun . . . . (340)	10,—	10,—
16	1 Din	dunkelrot . . . . (341)	7,50	10,—
17	2 Din	blauschwarz . . . . (342)	7,50	10,—
18	2.50 Din	karmin . . . . (343)	10,—	10,—
19	5 Din	dunkelviolett . . . . (344)	60,—	75,—
20	10 Din	lilakarmin . . . . (345)	60,—	75,—
21	20 Din	dunkelgrün . . . . (346)	125,—	125,—
22	30 Din	blau . . . . (347)	70,—	75,—
		Satzpreis (8 W.)	350,—	380,—

Auflagen: MiNr. 15 = 2000, MiNr. 16–17 je 3000, MiNr. 18 = 2000, MiNr. 19, 20 und 22 je 1500, MiNr. 21 = 1000 Stück

Nicht ausgegeben:

Gleicher Aufdruck auf Flugpost-Ergänzungswerten 1940.

| I | 40 Din | schwarzgrün . . . . (426) | 8000,— | 3600,— |
| II | 50 Din | schwarzblau . . . . (427) | 8000,— | 3600,— |

Italien

1941, Juni. Freimarken von Italien mit Aufdruck in serbischer Sprache.

23	5 C	sepia	(299) R	0,80	1,20
24	10 C	dunkelbraun	(301) S	0,80	1,20
25	15 C	dunkelgrün	(302) R	0,80	1,20
26	20 C	karmin	(303) S	0,80	1,20
27	25 C	grün	(304) S	0,80	1,20
28	30 C	dunkelbraun	(305) R	0,80	1,20
29	50 C	hellviolett	(307) R	0,80	1,20
30	75 C	karmin	(308) S	0,80	1,20
31	1.25 L	blau	(309) R	0,80	1,20

Flugpostmarke (24. Juni)

32	50 C	dunkelbraun	(328) R	0,80	1,20
			Satzpreis (10 W.)	7,50	12,—

Governatorato del Montenegro

1942, 9. Jan. Kampf gegen die Tuberkolose. Marken von Jugoslawien mit Aufdruck, a in Schwarz, b in Rot.

33	0.50 (Din)	+ 0.50 (Din) auf 5 Din dunkelviolett (429)		
a		Aufdruck schwarz	250,—	190,—
b		Aufdruck rot	950,—	700,—
A 33	1 (Din)	+ 1 (Din) auf 10 Din lilakarmin (430)		
a		Aufdruck schwarz	250,—	190,—
b		Aufdruck rot	950,—	700,—
B 33	1.50 (Din)	+ 1.50 (Din) auf 20 Din dunkelgrün (431)		
a		Aufdruck schwarz	250,—	190,—
b		Aufdruck rot	950,—	700,—
C 33	2 (Din)	+ 2 (Din) auf 20 Din blau (432)		
a		Aufdruck schwarz	250,—	190,—
b		Aufdruck rot	950,—	700,—
		Satzpreis a (4 W.)	1000,—	750,—
		Satzpreis b (4 W.)	3800,—	2800,—

Auflagen: a = 400 Sätze, b = 200 Sätze

1942, 9. Jan. Slowenischer Kriegerverband. Marken von Jugoslawien mit ähnlichem Aufdruck unter Zufügung einer vierten Zeile „Valore in Lire"; a. Aufdruck schwarz, b. Aufdruck rot.

34	0.50 L	+ 0.50 (L) grün/gelblichgrün (433)		
a		Aufdruck schwarz	1500,—	1200,—
b		Aufdruck rot	900,—	650,—
A 34	1 L	+ 1 (L) karminbraun/braunkarmin (434)		
a		Aufdruck schwarz	1500,—	1200,—
b		Aufdruck rot	900,—	650,—
B 34	1.50 L	+ 1.50 (L) dunkelblaugrün/mattgrün (435)		
a		Aufdruck schwarz	1500,—	1200,—
b		Aufdruck rot	900,—	650,—
C 34	2 L	+ 2 (L) graublau/mattlila (436)		
a		Aufdruck schwarz	1500,—	1200,—
b		Aufdruck rot	900,—	650,—
		Satzpreis a (4 W.)	6000,—	4800,—
		Satzpreis b (4 W.)	3500,—	2500,—

Auflagen: a = 100 Sätze, b = 200 Sätze

Governatorato del Montenegro

1942. Freimarken. Marken von Jugoslawien mit fünfzeiligem schwarzem oder rotem Aufdruck.

Valore
LIRE

35	1 L	grün (395)		
a		Aufdruck rot	2,50	3,50
b		Aufdruck schwarz	2,50	2,50
36	1.50 L	rot (396)		
a		Aufdruck rot	180,—	250,—
b		Aufdruck schwarz	120,—	80,—
37	3 L	lilabraun (398)		
a		Aufdruck rot	2,50	3,50
b		Aufdruck schwarz	2,50	2,50
38	4 L	ultramarin (399)		
a		Aufdruck rot	2,50	3,50
b		Aufdruck schwarz	2,50	2,50
39	5.50 L	violettbraun (401)		
a		Aufdruck rot	2,50	3,50
b		Aufdruck schwarz	2,50	2,50
40	6 L	dunkelblau (402)		
a		Aufdruck rot	2,50	3,50
b		Aufdruck schwarz	2,50	2,50
41	8 L	dunkelbraun (403)		
a		Aufdruck rot	2,50	3,50
b		Aufdruck schwarz	2,50	2,50
42	12 L	violett (404)		
a		Aufdruck rot	2,50	3,50
b		Aufdruck schwarz	2,50	2,50
43	16 L	dunkelviolettbraun (405)		
a		Aufdruck rot	2,50	3,50
b		Aufdruck schwarz	2,50	2,50
		Satzpreis a (9 W.)	200,—	260,—
		Satzpreis b (9 W.)	140,—	100,—

Auflagen: MiNr. 35 a, 37 a–43 a je 5000, MiNr. 36 a = 800, MiNr. 35 b, 37 b–43 b je 5000, MiNr. 36 b = 3500 Stück

Amtlich nicht zur Verwendung gelangt (Aufdruck rot):

III	0.25 L	braunschwarz (393)	170,—	250,—
IV	2 L	lilakarmin (397)	2500,—	1700,—

 **1942, 9. Jan. Flugpostmarken von Jugoslawien mit vierzeiligem schwarzem oder rotem Aufdruck Governatorato / del / Montenegro / Valore in Lire.**

44	0.50 L	dunkelbraun (340)		
a		Aufdruck rot	220,—	200,—
b		Aufdruck schwarz	7,50	7,50
45	1 L	dunkelgrün (341)		
a		Aufdruck rot	220,—	200,—
b		Aufdruck schwarz	7,50	7,50
46	2 L	blauschwarz (342)		
a		Aufdruck rot	220,—	200,—
b		Aufdruck schwarz	7,50	7,50
47	2.50 L	karmin (343)		
a		Aufdruck rot	220,—	200,—
b		Aufdruck schwarz	7,50	7,50
48	5 L	dunkelviolett (344)		
a		Aufdruck rot	220,—	200,—
b		Aufdruck schwarz	7,50	7,50
49	10 L	lilakarmin (345)		
a		Aufdruck rot	220,—	200,—
b		Aufdruck schwarz	7,50	7,50

```
50   20 L  dunkelgrün . . . . . . . . . . . . . (346)
 a          Aufdruck rot . . . . . . . . . . . . .  220,—  200,—
 b          Aufdruck schwarz . . . . . . . . . .  350,—  260,—
51   30 L  blau . . . . . . . . . . . . . . . . . . . (347)
 a          Aufdruck rot . . . . . . . . . . . . .  220,—  200,—
 b          Aufdruck schwarz . . . . . . . . . .   55,—   55,—
                      Satzpreis a (8 W.) 1700,— 1500,—
                      Satzpreis b (8 W.)  450,—  360,—
```

Auflagen: a = 500, b = 1100 Sätze

1943, 9. Mai. Freimarken: Montenegro. Rückseitig mit schwarzem Textaufdruck in Bdr. RaTdr.; gez. 14.

a) Fürstbischof und Dichter Pairović Njegoš und Ansicht des Lovcen

b) Landschaft am Lovcen   c) Bergkirche am Abend des Trinitatisfestes   d) Montenegriner, Stammesfürsten am Kloster Cetinje

e) Volkstänze vor dem Kloster in Cetinje   f) Montenegrinischer Adler-Tanz   g) Treueeidleistung vor der Kathedrale Cetinje

h) Mohammedanische Hochzeit in Cetinje   i) Verwundeter Fahnenträger   k) Fürstbischof Petar Petrović Njegoš

```
52    5 C   blauviolett . . . . . . . . . . . . . . a   3,—   5,—
53   10 C   grünoliv . . . . . . . . . . . . . . . b   3,—   5,—
54   15 C   dunkelbraun . . . . . . . . . . . . c   3,—   5,—
55   20 C   orangebraun . . . . . . . . . . . . d   3,—   5,—
56   25 C   dunkelgrün . . . . . . . . . . . . . e   3,—   5,—
57   50 C   rosakarmin . . . . . . . . . . . . . f   3,—   5,—
58  1,25 L  blau . . . . . . . . . . . . . . . . . . g   3,—   5,—
59    2 L   dunkelbläulichgrün . . . . . . . . h  4,50   7,50
60    5 L   karminrot auf hellorangerot . . . i  10,—  13,—
61   20 L   violettpurpur auf grau . . . . . . . k  25,—  25,—
                       Satzpreis (10 W.)    60,—  80,—
```

MICHEL-Deutschland-Katalog

Für jeden ernsthaften Sammler ist dieser handliche Farbkatalog nahezu unentbehrlich. Auf über 1000 Seiten sind alle deutschen Ausgaben hinreichend beschrieben und katalogisiert.

✈ 1943. Freimarken: Landschaften. RaTdr.; gez. 14.

Fa) Flugzeug über Cetinje   Fb) Flugzeug Savoia S-79 „Sparviere" über montenegrinischer Adriaküste   Fc) Budva

Fd) Berg Lovcen   Fe) Montenegrinischer Teil des Skutari-Sees   Ff) Durmitor

```
62   50 C   dunkelbraun . . . . . . . . . . . . . . . . Fa   1,50   3,20
63    1 L   ultramarin . . . . . . . . . . . . . . . . . Fb   1,50   3,20
64    2 L   rosakarmin . . . . . . . . . . . . . . . . Fc   2,—    3,20
65    5 L   dunkelgelbgrün . . . . . . . . . . . . . Fd   2,50   3,50
66   10 L   dunkelkarmin auf hellorangerot . . . Fe  13,—   17,—
67   20 L   schwarzblau auf rosa . . . . . . . . . . Ff  30,—   36,—
                             Satzpreis (6 W.)   50,—   65,—
```

Portomarken

1941, 16. Juni. Portomarken MiNr. 64 II bis 68 II von Jugoslawien, mit dreizeiligem Aufdruck: Montenegro / ЦРНА ГОРА /17–IV–41–XIX.

```
                                                    **      ☉
1   50 Pa  dunkelviolett . . . . . . . . . . . . . . 64 II  1,70  2,50
2    1 Din dunkelrot . . . . . . . . . . . . . . . . 65 II  1,70  2,50
3    2 Din blau . . . . . . . . . . . . . . . . . . . 66 II  1,70  2,50
4    5 Din dunkelgelb . . . . . . . . . . . . . . . 67 II  130,— 120,—
5   10 Din braun . . . . . . . . . . . . . . . . . . 68 II  10,—  13,—
                       Satzpreis (5 W.)           140,— 140,—
```

Auflage: 2 500 Sätze

1941, Juni. Portomarken von Italien 1934, mit einzeiligem Aufdruck in kyrillischer Schrift wie Freimarken MiNr. 23–31.

```
 6   10 C   blau . . . . . . . . . . . . . . . . . . . . (25)   2,—  3,—
 7   20 C   karmin . . . . . . . . . . . . . . . . . . (26)   2,—  3,—
 8   30 C   orangerot . . . . . . . . . . . . . . . . (28)   2,—  3,—
 9   50 C   violett . . . . . . . . . . . . . . . . . . (30)   2,—  3,—
10    1 L   orange . . . . . . . . . . . . . . . . . . (32)   2,—  3,—
                        Satzpreis (5 W.)            10,— 15,—
```

Nach der Besetzung von Montenegro durch deutsche Truppen übernahm ein „Nationaler Verwaltungsausschuß" die Verwaltungsaufgaben des Landes einschließlich der Post. Die während der deutschen Besetzung ausgegebenen Marken siehe DK unter Deutsche Besetzungsausgaben im 2. Weltkrieg.

Ausgaben der alliierten Militär-Regierung 1943–1945

Die nachstehenden Marken sind von der alliierten (britisch-amerikanischen) Militär-Regierung in Italien für die Zivilbevölkerung ausgegeben worden.

1 Lira (L) = 100 Centesimi (C)

A. Ausgabe für Sizilien

1943, Sept./Nov. Freimarken: Ziffernzeichnung. Odr. (10 × 10); gez. 11.

a

				**	⊙
1	15 C	gelborange/schwarz .... a		1,70	0,70
2	25 C	hellolivgelb/schwarz .... a		1,70	0,70
3	30 C	hellgrau/schwarz .... a		1,70	0,70
4	50 C	lila/schwarz .... a		1,70	0,70
5	60 C	orangegelb/schwarz .... a		1,70	1,20
6	1 L	hellgelbgrün/schwarz .... a		1,70	0,70
7	2 L	karminrosa/schwarz .... a		1,70	1,50
8	5 L	hellblau/schwarz .... a		1,70	2,50
9	10 L	gelbbraun/schwarz .... a		1,70	3,50
		Satzpreis (9 W.)		15,—	12,—

B. Ausgabe für Neapel

GOVERNO MILITARE ALLEATO

1943, 10. Dez. Freimarken von Italien mit dreizeiligem, farbigem Aufdruck.

			**	⊙
1	20 C	karmin .... (303) Bl	2,—	2,50
2	35 C	dunkelblau .... (306)		
a		Aufdruck violettrot	20,—	15,—
b		Aufdruck rotorange	25,—	32,—
3	50 C	violett .... (307)		
a		Aufdruck ziegelrot	0,70	1,—
b		Aufdruck mattkarmin	1,50	2,—
		Satzpreis (3 W.)	22,—	17,—

FALSCH MiNr. 2. Bei den Originalen hat die Urmarke immer 7M

Auflagen: MiNr. 1 = 360 000, MiNr. 2 = 70 000, MiNr. 3 = 800 000 Stück

1945. Marken von Italien mit Aufdruck A. M. S. (Amgot Mail Service, oder: Amministrazione Milanese Socialista?).

Freimarken zu 5, 10, 15, 20, 30, 50 Cmi und 1.25 L. Eilmarke zu 1.25 L. Flugpostmarke zu 50 Cmi. Die amtliche Verausgabung dieser Marken ist noch nicht geklärt.

Alle Zuschriften, auch E-Mails, Fax etc., werden aufmerksam gelesen, aber nicht immer beantwortet. Anfragen, die ausschließlich im eigenen Interesse gestellt werden, beantworten wir in aller Regel nur dann, wenn Rückporto (Ausland Antwortschein) beiliegt.

Ausgaben für die Gemeinde Campione

Italienische Gemeinde am Luganer See, von schweizerischem Gebiet umschlossen. Als Campione im Jahre 1944 völlig von Italien abgetrennt war, erhielt es eigene Marken.

Währung: 1 Franco (Schweizer Währung) = 100 Centesimi

MiNr. 1–12 waren nur gültig im Ortsverkehr und im Postverkehr nach der Schweiz.

Preise ungebraucht **

1944

1944, 20. Mai/28. Juni. Freimarken: Wappen. Bdr. (5 × 5); A = gez. L 11½ (große Zähnungslöcher), B = gez. L 11 (kleine Zähnungslöcher).

a) Ortswappen von Campione

			**	⊙
1	0.05 Fr	dunkelgrün (Töne) .... a		
A		gez. 11½ (20. Mai)	55,—	75,—
B		gez. 11 (28. Juni)	3,50	4,50
2	0.10 Fr	schwärzlichbräunlichrot (Töne) . a		
A		gez. 11½ (20. Mai)	7,—	8,—
B		gez. 11 (28. Juni)	3,50	4,50
3	0.20 Fr	dunkelrosarot (Töne) .... a		
A		gez. 11½ (20. Mai)	7,—	8,—
B		gez. 11 (28. Juni)	3,50	4,50
4	0.30 Fr	dunkelblauviolett (Töne) .... a		
A		gez. 11½ (20. Mai)	200,—	220,—
B		gez. 11 (28. Juni)	3,50	4,50
5	1.00 Fr	dunkelviolettpurpur .... a		
A		gez. 11½ (20. Mai)	200,—	220,—
B		gez. 11 (28. Juni)	45,—	30,—
		Satzpreis A (5 W.)	460,—	500,—
		FDC A		550,—
		Satzpreis B (5 W.)	55,—	45,—

Auflagen: MiNr. 1 A = 10 000, MiNr. 1 B = 75 000, MiNr. 2 A = 40 000, MiNr. 2 B = 75 000, MiNr. 3 A = 40 000, MiNr. 3 B = 75 000, MiNr. 4 A = 5000, MiNr. 4 B = 75 000, MiNr. 5 A = 5000, MiNr. 5 B = 40 000 Stück.

1944, 7. Sept. Freimarken. RaTdr.; gez. K 11¾.

b) Uferstraße in Campione
c) Kirche der Madonna bei Ghirli
d) Kirche des hl. Zeno
e) Campione, Ortsansicht
f) Dom in Modena
g) Grabmal des Grandseigneurs von Scala in Verona

h) Portal der Basilika von Santa Maria Maggiore von Bergamo

Italien 511

6	0.05 Fr	dunkelgrün (Töne) .... b	1,—	0,70
7	0.10 Fr	schwärzlichbraun (Töne) c	1,20	0,80
8	0.20 Fr	dunkelrot (Töne) .... d	1,20	1,30
9	0.30 Fr	dunkelviolettblau (Töne) .... e	1,80	1,80
10	0.40 Fr	schwarzbläulichviolett .... f	3,50	3,20
11	0.60 Fr	schwärzlichrötlichkarmin ...... g	5,50	5,—
12	1 Fr	schwarzgrauultramarin .... h	10,—	10,—
		Satzpreis (7 W.)	24,—	22,—
		FDC		130,—

Auflagen: MiNr. 6 = 198 300, MiNr. 7 = 199 300, MiNr. 8 = 200 300, MiNr. 9 = 171 300, MiNr. 10 = 138 300, MiNr. 11 = 137 300, MiNr. 12 = 117 300 Stück

MiNr. 1–12 gültig bis 31.3.1952

Seit dem 1. Juni 1952 sind die Marken von Campione außer Kurs; für eine Übergangszeit wurden die Marken der Schweiz für den Postverkehr mit diesem Lande, die Marken Italiens für den Verkehr nach Italien und wahlweise schweizerische oder italienische Marken für den internationalen Postverkehr verwendet. Die Marken der Schweiz durften nicht in Campione, sondern erst vom Postamt Lugano 1 entwertet werden. Seit dem Ende der Übergangszeit werden in Campione ausschließlich italienische Postwertzeichen verwendet. Im Postverkehr mit der Schweiz und mit Liechtenstein gelten die jeweiligen Inlandsporti.

Lokalausgaben 1944/45

In zahlreichen Orten sind Lokal-Ausgaben der Partisanen POSTA PARTIGIANA als auch des Comitato Liberazione Nazionale: C.L.N. erschienen, daneben auch Lokalausgaben der Rep. Soc. Italiana und von Orten unter deutscher Besetzung.

Eine Klärung, welche dieser Serien offiziell als Lokalausgaben anerkannt werden und welche Serien als Mache oder gar Schwindelprodukte einzureihen sind, konnte bisher nicht erreicht werden. Wir führen unter Vorbehalt nachstehend die verschiedenen bis jetzt bekannt gewordenen Ausgaben zusammengefaßt auf. Soweit Preise eingesetzt sind, gelten sie nur als ungefähre Schätzungsnotierungen, da es außerordentlich schwierig ist, feste Preise zu ermitteln.

Alessandria

1944. Marken der Ausgaben 1929/32 mit Aufdruck PFR und Fasces.

	**	⊙
Auf 25, 30, 50, 75 C, 1.25 L und Eilmarke	4500,—	3500,—

Aosta

Autonomes Gebiet

1944. Marken von Italien mit farbigem Aufdruck C.L.N / Zona Aosta.

				**	⊙
1	25 C	dunkelgrün	(655) R	32,—	25,—
2	50 C	violett	(657) Bl	32,—	25,—
3	75 C	karmin	(658) R	32,—	25,—
4	1 L	violett	(659) R	32,—	25,—

Desgl. mit Aufdruck eines Zuschlages

5	10 C +	5 L	sepia	(651) Bl	35,—	35,—
6	20 C +	10 L	auf 5 C braun ...	(650) Bl	35,—	35,—
7	30 C +	20 L	braun	(656) Bl	35,—	35,—
8	1.25 L +	50 L	grün	(662) R	120,—	120,—
	MiNr. 1–8		Satzpreis (8 W.)		350,—	320,—

1944, Nov. Marken in verschiedenen Zeichnungen mit Inschrift Poste Italiane/Zona Aosta/C.L.N.; gez. 12.

9	25 C	gelbgrün	3,—	5,—
10	50 C	violett	3,—	5,—
11	1 L	karmin	3,—	5,—
12	2 L	schiefer	3,—	5,—
13	5 L	grünoliv	3,—	5,—
14	10 L	lila	7,—	5,—
15	25 L	dunkelbraun	7,—	5,—
16	2.50 L	bräulichrot	7,—	5,—
		Satzpreis (8 W.)	36,—	40,—

1945, Okt. Marken von Italien mit Aufdruck einer Landkarte des autonomen Gebietes, über 4 Marken gehend. I = Inschrift „AUTONOMIA/AOSTA/9-8-1945", II = Franz. Inschrift „AUTONOMIE/AOSTA/9-8-1945".

Werte von 10, 20, 35, 50, 60 C, 1 und 2 L

Desgl. Buchdruck-Aufdruck eines Wappens und Textaufdruck. I = „Valle d'Aosta/Autonoma/9-8-1945", II = „Vallée d'Aoste/Autonome/9-8-1945".

Auf 10, 20, 35, 50, 60 C, 1 und 2 L

1945. Fratelli Bandiera mit Aufdruck. I = „Aosta per i/suoi Partigiani/28-IV-1945", II = „Aoste pour/ses Partisans/tombés/28-IV-1945".

Auf 25 C, 1 und 2.50 L

Arona

1945. Marken von Italien mit Aufdruck C. di L.N./ARONA/24-4-45.

	**	⊙
1–17	6000,—	4200,—

Barge

1945. Marken von Italien mit Aufdruck C.L.N./BARGE bzw. 27-4-45/C.L.N./BARGE.

	**	⊙
1–17	4000,—	3500,—

Castiglione d'Intelvi

1945. Marken von Italien mit Aufdruck Comune di Castiglione Intelvi/Servizio speciale.

	**	⊙
1–13	4000,—	2200,—

1945. Freimarken: Stadtwappen.

14	50 C	blaugrün	1,20	1,50
15	1 L	karmin	3,—	1,50

Auflage: 75 000 Stück

1945. Freimarken. MiNr. 14 und 15 mit Aufdruck.

16	50 C auf	1 L karmin	1,20	1,50
17	1 L auf	50 C blaugrün	1,80	1,50

Corpo Polacco in Italia

Nicht amtlich, siehe Polen.

Guidizzolo

1945. Rec. Autor. mit Aufdruck des neuen Wertes, bei MiNr. 2 zusätzlich mit Aufdruck Servicio/Ausiliaro.

			**	⊙
1	1 L	auf 10 C braun	100,—	170,—
2	1 L	auf 10 C braun	17,—	100,—

Imperia

1945. Marken von Italien mit Aufdruck Poste/Italiane/Imperia liberata/24.5.45.

	**	⊙
1–21	6000,—	6000,—

Maccagno

1945. Marken von Italien mit Aufdruck Comitato/Liberazione/Nazionale/MACCAGNO.

	**	⊙
1–8	2000,—	1700,—

Ponte Chiasso

1945. Marken von Italien mit Aufdruck C.L.N./Ponte Chiasso.

	**	⊙
1–14	7000,—	5500,—

Savona

1945. Marken von Italien mit Aufdruck C.L.N./Savona.

	**	⊙
1–12	2500,—	2000,—

Sesto Calende

1945. Marken von Italien mit Aufdruck C.L.N./SESTO CALENDE/25.4.1945.

	**	⊙
1–9	900,—	850,—

Teramo

Marken von Italien mit Aufdruck Repubblica/Sociale/Italiana.

	**	⊙
1–16	900,—	800,—

Privatpostunternehmen CORALIT mit amtlicher Genehmigung

1945. Marken mit verschiedenen Darstellungen und Inschrift CORRIERI ALTA ITALIA/S. P. AUTORIZZATO DALLO STATO; A = ▢, B = gez. 11.

			**	⊙
1	14 L	dunkelrot		
A		▢	22,—	75,—
B		gez. 11	25,—	85,—
2	28 L	grünoliv		
A		▢	22,—	75,—
B		gez. 11	25,—	85,—
3	56 L	violett		
A		▢	22,—	85,—
B		gez. 11	25,—	120,—
4	70 L	braun		
A		▢	22,—	—,—
B		gez. 11	25,—	—,—
5	140 L	blau		
A		▢	22,—	—,—
B		gez. 11	25,—	—,—
		Satzpreis A (5 W.)	110,—	
		Satzpreis B (5 W.)	120,—	—,—

Auch von den Privatpostunternehmen S.A.B.E. mit amtlicher Genehmigung ist eine Markenausgabe mit 3 Werten von 1945 bekannt.

5 L, 10 L, 50 L .... 75,— 250,—

Italienische Post im Ausland

Vorläufer: Marken von Italien mit Stempeln: 234 = Alexandria (1863–1884), 235 = Tunis (1852–1897), 3336 = La Goletta (1880–1897), 3364 = Susa (1880–1897), 3051 = Tripolis (1869–1911), 3840 = Assab (1883–1893), 3862 = Massaua (1885–1893); Buenos Aires und Montevideo (1874–1878) führten nur stumme Punktstempel.

1 Lira = 100 Centesimi Preise ungebraucht bis Ausgabejahr 1919 ★, ab 1920 ★★

Die Preise für ⊙ gelten für postalisch gebrauchte Stücke, ⊚ siehe Fußnote nach MiNr. 17.

Allgemeine Ausgaben

Die Marken MiNr. 1–17 haben im Gegensatz zu denen Italiens ausgesparte oder veränderte Eckstücke.

 1874, 1. Jan. Freimarken. Marken ähnlich MiNr. 16, 17, 19–24 und 26 von Italien mit bogenförmigem Aufdruck ESTERO.

			★	⊙
1	1 C	grauoliv	3,—	10,—
2	2 C	rotbraun	4,—	15,—
3	5 C	grauoliv	450,—	12,—
4	10 C	braunorange	1000,—	22,—
5	20 C	mattblau	1000,—	15,—
6	30 C	dunkelbraun	2,—	7,50
7	40 C	karmin	2,—	7,50
8	60 C	violett	2,50	45,—
9	2 L	rotorange	75,—	350,—
		Satzpreis (9 W.)	2500,—	460,—

Abarten:

| 1 F | | ohne Aufdruck | 37000,— | —,— |
| 2 F | | ohne Aufdruck | 37000,— | —,— |

1878/79. Freimarken. Gleicher Aufdruck auf Marken ähnlich MiNr. 27 und 28 von Italien.

10	10 C	blau (1879)	200,—	7,50
11	20 C	orange	3600,—	7,50
		Satzpreis (2 W.)	3800,—	15,—

 1881/88. Freimarken. Gleicher Aufdruck auf Marken ähnlich MiNr. 37-40, 42 und 49 von Italien.

12	5 C	graugrün (1882)	2,50	5,—
13	10 C	karmin (1883)	2,50	3,50
14	20 C	braunorange	2,50	3,50
15	25 C	blau	2,50	4,50
16	50 C	violett	5,—	30,—
17	2 L	rotorange	12,—	
		Satzpreis (6 W., ⊙ 5 W.)	26,—	46,—

Ⓕ FALSCH

Italien 513

(Susa)

(Massaua)

◎ Nach Außerkurssetzung wurden in Rom amtlich zu Sammelzwecken zwei echte Stempel schwarz mit rot durchschlagendem Druck verwendet.

Italienische Post in Agäischen Meer

einschließlich Kastellorizo und Rhodos

siehe unter Ägaische Inseln

Italienische Post in Albanien

1 Piaster (Pia) = 40 Para (Pa), ab 1916: 1 Lira (L)= 100 Centesimi (C).

Albanien gehörte bis 28.11.1912 zur Türkei; die italienischen Postanstalten gaben besondere Marken aus.

1902/08. Freimarken. Gemeinschaftsausgabe für die italienischen Postämter in Durazzo, Scutari, Valona und Janina. Freimarken von Italien mit zweizeiligem Aufdruck ALBANIA und des Wertes in türkischer Währung.

ALBANIA
35 Parà 35

							*	⊙
1	10 Pa	auf	5	C	grün (1.9.1902) ...... (76)		2,50	1,—
2	10 Pa	auf	5	C	grün (30.5.1907) ..... (88)		30,—	36,—
3	20 Pa	auf	10	C	braunrosa (1.11.1907) (89)		20,—	17,—
4	35 Pa	auf	20	C	braunorange (1.9.1902) (78)		3,50	3,—
5	40 Pa	auf	25	C	hellblau (1.9.1902) ... (79)		8,—	3,—
6	80 Pa	auf	50	C	hellviolett (1.11.1907) . (82)		20,—	17,—
					Satzpreis (6 W.)		80,—	75,—

1909, 1. März/1911. Freimarken für das Postamt in Durazzo. Freimarken von Italien mit Aufdruck Durazzo (bei MiNr. 7–11) oder DURAZZO (bei MiNr. 12–14) und des Wertes in türkischer Währung.

Durazzo
10 Parà 10

DURAZZO
4 PIASTRE 4

7	10 Pa	auf	5	C	grün .... (88)	0,50	1,—
8	20 Pa	auf	10	C	braunrosa .... (89)	0,50	1,—
9	30 Pa	auf	15	C	schwarzschiefer .. (87) V	20,—	2,50
10	1 Pia	auf	25	C	blau .... (90)	0,70	1,—
11	2 Pia	auf	50	C	hellviolett .... (92)	0,70	1,—
12	4 Pia	auf	1	L	braun/grün .... (83)	1,20	2,—
13	20 Pia	auf	5	L	blau/rosa .... (84)	150,—	135,—
14	40 Pia	auf	10	L	olivgrün/rosa (1911) . (99)	15,—	60,—
					Satzpreis (8 W.)	180,—	200,—

1909, 1. März/1911. Freimarken für das Postamt in Scutari. Marken von Italien mit dreizeiligem Aufdruck Scutari di Albania, bei MiNr. 15–19 in Groß- und Kleinbuchstaben, bei MiNr. 20–22 nur in Großbuchstaben.

Scutari
di Albania
10 Parà 10

SCUTARI
DI ALBANIA
4 PIASTRE 4

15	10 Pa	auf	5	C	grün .... (88)	0,50	0,70
16	20 Pa	auf	10	C	braunrosa .... (89)	0,50	0,70
17	30 Pa	auf	15	C	schwarzschiefer ... (87)	20,—	2,50
18	1 Pia	auf	25	C	blau .... (90)	0,50	1,—
19	2 Pia	auf	50	C	hellviolett .... (92)	0,50	1,20
20	4 Pia	auf	1	L	braun/grün ...... (83)	1,—	1,70
21	20 Pia	auf	5	L	blau/rosa .... (84)	22,—	30,—
22	40 Pia	auf	10	L	olivgrün/rosa (1911) . (99)	55,—	120,—
					Satzpreis (8 W.)	100,—	150,—

1909, 1. März/1911. Freimarken für das Postamt in Valonia. Marken von Italien mit Aufdruck, bei MiNr. 23–27 Valona, bei MiNr. 28–30 VALONA.

Valona
10 Parà 10

VALONA
4 PIASTRE 4

23	10 Pa	auf	5	C	grün .... (88)	0,50	1,50
24	20 Pa	auf	10	C	braunrosa .... (89)	0,50	1,50
25	30 Pa	auf	15	C	schwarzschiefer ... (87)	10,—	5,—
26	1 Pia	auf	25	C	blau .... (90)	1,—	2,—
27	2 Pia	auf	50	C	hellviolett .... (92)	1,—	2,—
28	4 Pia	auf	1	L	braun/grün ...... (83)	2,—	3,—
29	20 Pia	auf	5	L	blau/rosa .... (84)	40,—	50,—
30	40 Pia	auf	10	L	olivgrün/rosa (1911) . (99)	45,—	100,—
					Satzpreis (8 W.)	100,—	160,—

Der Aufdruck SANTI 40 auf verschiedenen Marken von Italien mit den Aufdrucken Janina oder Valona ist privaten Ursprungs.

1915. Freimarke für Scutari. Marke MiNr. 75 von Italien mit dreizeiligem Aufdruck Scutari di Albania und neuem Wert.

| 31 | 4 Pa | auf 2 C orangebraun .... (75) | 1,50 | 3,— |

VALONA 1916, Sept. Freimarke für Valona. MiNr. 25 in
30 PARÀ 30 neuer Ausführung: MiNr. 94 von Italien mit
zweizeiligem Aufdruck VALONA und 30 PARA in Großbuchstaben.

32	30 Pa	auf 15 C schiefer .... (94)		
	a	Aufdruck violett	3,60	9,—
	b	Aufdruck rot	5,—	15,—

CENT 20 1916, Freimarken. MiNr. 9, 17 und 32 b mit Aufdruck CENT 20 und je 3 Strichen über der alten Wertangabe Cent. 15 in den oberen Ecken.

33	20 C	auf 30 Pa über 15 C schwarzschiefer (Aufdruck Durazzo) ...... (9)	4,—	15,—
34	20 C	auf 30 Pa über 15 C schwarzschiefer (Aufdruck Scutari di Albania) .... (17)	4,—	15,—
35	20 C	auf 30 Pa über 15 C schwarzschiefer (Aufdruck VALONA) .. (32 b)	2,—	10,—

Die Italienischen Postämter in Albanien wurden im Oktober 1911 geschlossen, aber im Oktober 1912 wieder eröffnet.

Insel Saseno

1923, April. Freimarken. Italienische Marken mit Aufdruck SASENO.

				**	⊙
36	10 C	braunrosa	(89)	30,—	22,—
37	15 C	schiefer	(87)	30,—	22,—
38	20 C	braunorange	(129)	30,—	22,—
39	25 C	blau	(90)	30,—	22,—
40	30 C	orangebraun	(133)	30,—	22,—
41	50 C	hellviolett	(92)	30,—	22,—
42	60 C	braunkarmin	(131)	30,—	22,—
43	1 L	braun/grün	(83)	30,—	22,—
		Satzpreis (8 W.)		220,—	170,—

Saseno gehörte von 1920 bis zum Ende des 2. Weltkriegs zu Italien und fiel danach an Albanien zurück.

Italienische Post in China

Zur Zeit der Bekämpfung des Boxer-Aufstandes in Nordchina, 1901 bis 1910, bestand bei den dort stationierten italienischen Truppen eine Feldpost, die italienische Marken ohne Aufdruck verwendete. Die Errichtung der italienischen Postanstalten im Jahre 1917 in Peking und Tientsin erfolgte, um den aus den russischen Gefangenenlagern nach Europa zu überführenden Überläufern und durch die Gebietsabtretungen (Südtirol und Triest) italienische Staatsangehörige gewordenen Gefangenen die Verbindung mit Europa zu erleichtern.

PECHINO 2 CENTS
1917, Sept. Freimarken von Italien mit zweizeiligem Aufdruck Pechino und darunter Wertangabe in chinesischer Währung.

					*	⊙
1	2 C	auf 5 C	grün	(88)	150,—	80,—
2	4 C	auf 10 C	braunrosa	(77)	—,—	—,—
3	6 C	auf 10 C	braunrosa	(89)	300,—	150,—
4	6 C	auf 15 C	schiefer	(87)	600,—	300,—
5	8 C	auf 20 C	braunorange	(125)	5000,—	1600,—
6	8 C	auf 20 auf 15 C	schiefer	(124)	3200,—	1300,—
7	20 C	auf 50 C	hellviolett	(92)	25000,—	15000,—
8	40 C	auf 1 L	braun/grün	(83)	180000,—	25000,—
4 F	8 C	auf 15 C	schiefer	(87)	2500,—	2000,—
8 F	40 C	auf 50 C	hellviolett	(92)	10000,—	9000,—

Zahlreiche Aufdruckfehler bekannt

TIENTSIN 2 CENTS
1917, Sept. Freimarken von Italien mit zweizeiligem Aufdruck Tientsin und darunter Wertangabe in chinesischer Währung.

9	2 C	auf 5 C	grün	(88)	300,—	200,—
10	4 C	auf 10 C	braunrosa	(89)	500,—	300,—
11	6 C	auf 15 C	schiefer	(87)	1100,—	700,—
		Satzpreis (3 W.)			1900,—	1200,—

Zahlreiche Aufdruckfehler bekannt

MiNr. 1–11 mit Handstempel hergestellt sind nicht amtlicher Herkunft, doch vor Ankunft der amtlichen Ausgabe verwendet worden.

MiNr. 12–15 fallen aus.

Pechino
1917, 1. Dez./1918. Freimarken von Italien mit verändertem Zierschrift-Aufdruck (Turiner Aufdruck).

16	1 C	dunkelbraun	(74)	10,—	12,—
17	2 C	orangebraun	(75)	10,—	12,—
18	5 C	grün	(88)	4,—	5,—
19	10 C	braunrosa	(89)	4,—	5,—
20	20 C	braunorange			
X		oWz.	(125)	100,—	100,—
Y		mit Wz.	(129)	15,—	—,—
21	25 C	blau	(90)	4,—	8,—
22	50 C	hellviolett	(92)	4,—	10,—
23	1 L	braun/grün	(83)	8,—	18,—
24	5 L	blau/rosa	(84)	10,—	25,—
25	10 L	olivgrün/rosa (1918)	(99)	120,—	250,—

Eilmarke

26	30 C	hellblau/rot	(93)	10,—	20,—
		Satzpreis (11 W. ohne MiNr. 20 Y)		280,—	450,—

2 CENTS
1918/20. Freimarken von Italien mit Aufdruck der Wertangabe in chinesischer Währung (Turiner Aufdruck).

Pechino

27	½ C	auf 1 C	dunkelbraun	(74)	100,—	100,—
28	1 C	auf 2 C	orangebraun	(75)	5,—	4,—
29	2 C	auf 5 C	grün	(88)	5,—	4,—
30	4 C	auf 10 C	braunrosa	(89)	5,—	4,—
31	8 C	auf 20 C	braunorange	(125)	25,—	12,—
32	10 C	auf 25 C	blau	(90)		
I		Type I (Turiner Aufdruck)			10,—	13,—
II		Type II (Lokalaufdruck)			5,—	10,—
33	20 C	auf 50 C	hellviolett	(92)	10,—	12,—
34	40 C	auf 1 L	braun/grün	(83)	120,—	150,—
35	2 $	auf 5 L	blau/rosa	(84)		
I		Type I (Turiner Aufdruck)			300,—	450,—
II		Type II (Lokalaufdruck) (1919)			6000,—	6000,—
III		Type III (Lokalaufdruck) (1920)			50000,—	45000,—

MiNr. 32 I Abstand zwischen Wert und Ort 9 mm, MiNr. 32 II ohne Abstand.

2 dollari	2 dollari	2 DOLLARI
Pechino	Pechino	Pechino
Type I:	Type II: Handstempel	Type III:

1918, Juni. Eilmarke von Italien, MiNr. 93 mit Aufdruck Pechino und Wertangabe in chinesischer Währung.

36	12 C	auf 30 C hellblau/rot		60,—	150,—

1917, 1. Dez./1918. Freimarken von Italien mit verändertem (Turiner) Aufdruck.

37	1 C	dunkelbraun	(74)	10,—	12,—
38	2 C	orangebraun	(75)	10,—	12,—
39	5 C	grün	(88)	5,—	4,—
40	10 C	braunrosa	(89)	5,—	4,—
41	20 C	braunorange			
X		oWz.	(125)	110,—	100,—
Y		mit Wz.	(129)	12,—	
42	25 C	blau	(90)	4,—	10,—
43	50 C	hellviolett	(92)	4,—	10,—
44	1 L	braun/grün	(83)	7,—	18,—
45	5 L	blau/rosa	(84)	12,—	25,—
46	10 L	olivgrün/rosa (1918)	(99)	120,—	250,—

Eilmarke

47	30 C	hellblau/rot	(93)	10,—	20,—
		Satzpreis (11 W. ohne MiNr. 41 Y)		280,—	450,—

Italien 515

1918/21. Freimarken wie MiNr. 27–35 mit Aufdruck in chinesischer Währung und Tientsin.

2 Dollari	2 dollari	2 Dollari
Tientsin	Tientsin	Tientsin
Type I:	Type II:	Type III:

48	½ C	auf	1 C	dunkelbraun	(74)	100,— 100,—
49	1 C	auf	2 C	orangebraun	(75)	5,— 4,—
50	2 C	auf	5 C	grün	(88)	5,— 4,—
51	4 C	auf	10 C	braunrosa	(89)	5,— 4,—
52	8 C	auf	20 C	braunorange	(125)	15,— 12,—
53	10 C	auf	25 C	blau	(90)	10,— 12,—
54	20 C	auf	50 C	hellviolett	(92)	10,— 12,—
55	40 C	auf	1 L	braun/grün	(83)	120,— 150,—
56	2 $	auf	5 L	blau/rosa	(84)	
I			Type I (Turiner Aufdruck) (1921) ...			300,— 450,—
II			Type II (Lokalaufdruck)			8000,— 6000,—
III			Type III (Lokalaufdruck) (1919)			7000,— 6000,—
			Satzpreis (9 W.)			550,— 700,—

1918. Eilmarke von Italien MiNr. 93 noch mit Aufdruck Tientsin und Wertangabe in chinesischer Währung.

| 57 | 12 C | auf 30 C hellblau/rot .... | 65,— 160,— |

Portomarken

MiNr. I siehe nach MiNr. 11.

1917, 1. Dez. Portomarken von Italien mit feinem Aufdruck Pechino.

			✶	☉
1	10 C orange/karmin	(6)	4,—	8,—
2	20 C orange/karmin	(22)	4,—	8,—
3	30 C orange/karmin	(7)	4,—	8,—
4	40 C orange/karmin	(8)	8,—	11,—
	Satzpreis (4 W.)		20,—	35,—

1917, 1. Dez. Portomarken von Italien mit feinem Aufdruck Tientsin.

5	10 C orange/karmin	(6)	4,—	8,—
6	20 C orange/karmin	(22)	4,—	8,—
7	30 C orange/karmin	(7)	4,—	8,—
8	40 C orange/karmin	(8)	8,—	11,—
	Satzpreis (4 W.)		20,—	35,—

1918, Juli. Portomarken: Pechino mit zusätzlichem Aufdruck der Wertangabe in chinesischer Währung.

9	8 C auf 20 C orange/karmin	(22)	15,—	20,—
10	12 C auf 30 C orange/karmin	(7)	60,—	70,—
11	16 C auf 40 C orange/karmin	(8)	250,—	360,—
	Satzpreis (3 W.)		320,—	450,—

Eine Marke 4 C auf 10 C ist postalisch nicht mehr gebraucht worden.

| I | 4 C auf 10 C orange/karmin .... | (6) | 45000,— |

1918, Juli. Portomarken: Tientsin mit zusätzlichem Aufdruck der Wertangabe in chinesischer Währung.

12	4 C auf 10 C orange/karmin	(6)	1700,— 2800,—
13	8 C auf 20 C orange/karmin	(22)	15,— 25,—
14	12 C auf 30 C orange/karmin	(7)	60,— 80,—
15	16 C auf 40 C orange/karmin	(8)	250,— 400,—
	Satzpreis (4 W.)		2000,— 3200,—

1919. Portomarken: Pechino, zweizeiliger Aufdruck, Wert in chinesischer Währung, alte Wertziffer mit 4 Strichen überdruckt.

16	4 C auf 10 C orange/karmin	(6)	8,—
17	8 C auf 20 C orange/karmin	(22)	8,—
18	12 C auf 30 C orange/karmin	(7)	8,—
19	16 C auf 40 C orange/karmin	(8)	8,—
	Satzpreis (4 W.)		30,—

1919. Portomarken: Tientsin, Aufdruck wie MiNr. 16–19, alte Wertziffer mit 4 Strichen überdruckt.

20	4 C auf 10 C orange/karmin	(6)	8,—
21	8 C auf 20 C orange/karmin	(22)	8,—
22	12 C auf 30 C orange/karmin	(7)	8,—
23	16 C auf 40 C orange/karmin	(8)	8,—
	Satzpreis (4 W.)		30,—

MiNr. 16–23 wurden nur am Sammlerschalter in Rom verkauft.

Italienische Post auf Kreta

*1 Piaster (Pia) = 40 Para (Pa),
ab 1906: 1 Lira (L) = 100 Centesimi (C)*

1900, 10. Juli. Freimarke Italien MiNr. 69 mit einzeiligem rotem Aufdruck 1 PIASTRA 1.

			✶	☉
1	1 Pia auf 25 C hellblau	(69)	5,—	30,—

Auflage: 20 000 Stück

1901, 1. Juli. Freimarke Italien MiNr. 79 mit zweizeiligem Aufdruck LA CANEA und Wert in türkischer Währung.

| 2 | 1 Pia auf 25 C hellblau .... | (79) | 3,50 | 7,— |

Auflage: 55 000 Stück

1906, 15. Nov. Freimarken von Italien 1901 mit Aufdruck LA CANEA.

3	1 C dunkelbraun	(74)	1,—	1,50
4	2 C orangebraun	(75)	1,—	1,50
5	5 C grün	(76)	1,50	2,—
6	10 C braunrosa	(77)	100,—	80,—
7	15 C auf 20 C braunorange	(86)	2,—	2,50
8	25 C hellblau	(79)	7,50	6,—
9	40 C braun	(80)	7,50	6,—
10	45 C olivgrün	(81)	7,50	6,—

11	50 C	hellviolett	(82)	7,50	6,—
12	1 L	braun/grün	(83)	35,—	40,—
13	5 L	blau/rosa	(84)	180,—	180,—

Eilmarke

14	25 C	rosa, bräunlichrosa	(85)	4,50	7,50
		Satzpreis (10 W.)		350,—	320,—
3 I		Paar mit und ohne Aufdruck		450,—	

1907/12. Freimarken von Italien mit gleichem Aufdruck wie vorher, bei MiNr. 17 in Violett.

15	5 C	grün (Juli 1907)	(88)	1,30	1,50
16	10 C	braunrosa (März 1907)	(89)	1,30	2,—
17	15 C	schwarzschiefer (Jan.1902) ...	(87) V	2,50	4,—
18	25 C	blau (April 1909)	(90)	2,50	5,—
19	40 C	braun (1910)	(91)	25,—	28,—
20	50 C	hellviolett (Juni 1909)	(92)	2,50	5,—
		Satzpreis (6 W.)		35,—	45,—

Die italienischen Postämter auf Kreta bestanden vom 16.1.1900 bis 31.12.1914.

Italienische Post auf Rhodos

siehe Ägäische Inseln.

Italienische Post in der Levante

1 Piaster (Pia) = 40 Paras (Pa)

MiNr. I siehe nach MiNr. 17 IV.
MiNr. IIa–IIe siehe nach MiNr. 53.

BENGASI

1 PIASTRA 1

1901, 15. Juli. Freimarke für das italienische Postamt in Bengasi. Italien MiNr. 79 mit zweizeiligem Aufdruck BENGASI und neuem Wert.

1	1 Pia	auf 25 C hellblau		30,—	85,—	

Weiterer Wert zu 1 Piastra: MiNr. 28

1902/07. Freimarken für das Postamt in Janina (Epirus). Marken von Italien mit einzeiligem Wertaufdruck in türkischer Währung.

35 Parà 35

2	10 Pa	auf 5 C grün (Dez. 1902)	(76)	6,—	2,—
3	35 Pa	auf 20 C braunorange (Dez. 1902)	(78)	3,—	2,50
4	40 Pa	auf 25 C hellblau (12.1903) ...	(79)	20,—	4,50
5	80 Pa	auf 50 C hellviolett (1.11.1907) .	(82)	40,—	22,—
		Satzpreis (4 W.)		65,—	30,—

1907/08. Freimarken für die Postämter in Konstantinopel und Smyrna. Marken von Italien mit Turiner Aufdruck des Wertes in türkischer Währung; (P)ara in Kleinbuchstaben.

10 Parà 10   **20 Parà 20**

6	10 Pa	auf 5 C grün (30.6.1907)	(88)	1,50	1,50
7	20 Pa	auf 10 C braunrosa (1.11.1907)	(89)	1,50	1,50
8	30 Pa	auf 15 C schwarzschiefer (Dez. 1908)	(87)V	2,50	2,50
9	40 Pa	auf 25 C blau (1.6.1908)	(90)	2,50	2,—
10	80 Pa	auf 50 C hellviolett (1.6.1908)	(92)	4,50	2,50
		Satzpreis (5 W.)		12,—	10,—

1908, 1. Juni. Freimarken für Konstantinopel. Marken von Italien mit einzeiligem, großem Aufdruck des neuen Wertes, bei MiNr. 13, 14 und 15 obenstehend, bei den übrigen Werten untenstehend; Wertziffern in Grotesk.

10 PARA   **30 PARA**

1 PIASTRA   **2 PIASTRE**

11 I	10 Pa	auf 5 C grün	(88)	120,—	120,—
12 I	20 Pa	auf 10 C braunrosa	(89)	120,—	120,—
13 I	30 Pa	auf 15 C schiefer	(87)	400,—	400,—
14 I	1 Pia	auf 25 C blau	(90)	400,—	400,—
15 I	2 Pia	auf 50 C hellviolett	(92)	1400,—	1400,—
16 I	4 Pia	auf 1 L braun/grün ...	(83)	6500,—	4200,—
17 I	20 Pia	auf 5 L blau/rosa	(84)	17000,—	12000,—
		Satzpreis (7 W.)		25000,—	18000,—

14 I F		Aufdruck PIASTRE statt PIASTRA	600,—	600,—

FÄLSCH

Auflagen: MiNr. 11 I und 12 I je 1000, MiNr. 13 I und 14 I je 500, MiNr. 15 I = 200, MiNr. 16 I = 100, MiNr. 17 I = 50 Stück.

1908, 1. Juni. Freimarken für Konstantinopel. Wertaufdruck in kleinerer Schrift nur bei der 30 Para obenstehend, bei allen anderen untenstehend; Wertziffern in Antiqua.

10 PARA   **1 PIASTRA**   **2 PIASTRE**

11 II	10 Pa	auf 5 C grün	(88)	4,—	4,—
12 II	20 Pa	auf 10 C braunrosa	(89)	4,—	4,—
13 II	30 Pa	auf 15 C schiefer	(87)	15,—	10,—
14 II	1 Pia	auf 25 C blau	(90)	4,—	4,—
15 II	2 Pia	auf 50 C hellviolett	(92)	36,—	35,—
16 II	4 Pia	auf 1 L braun/grün	(83)	800,—	600,—
17 II	20 Pia	auf 5 L blau/rosa	(84)	3000,—	2000,—
		Satzpreis (7 W.)		3800,—	2600,—

14 II F I		Aufdruck ohne Ziffer		90,—	90,—
14 II F II		Aufdruck PIPSTRA		90,—	90,—
14 II F III		Aufdruck PIASTRE statt PIASTRA		90,—	90,—

1908, 6. Aug. Freimarken für Konstantinopel Aufdruck in Blockschrift bei MiNr. 13 III in Rot.

30 PARA   **4 PIASTRE**   **20 PIASTRE**

13 III	30 Pa	auf 15 C schiefer	(87) R	1,20	1,50
16 III	4 Pia	auf 1 L braun/grün	(83)	42,—	45,—
17 III	20 Pia	auf 5 L blau/rosa	(84)	120,—	140,—
		Satzpreis (3 W.)		160,—	180,—

Italien

1908, 2. Sept. Freimarken für Konstantinopel. Ziffer 4 oben geschlossen und Ziffer 2 mit glattem Fußstrich.

4	**4**		**20**	**20**	
PIASTRE			**PIASTRE**		
16 IV	4 Pia	auf 1 L braun/grün ...... (83)	40,—	45,—	
17 IV	20 Pia	auf 5 L blau/rosa .... (84)	40,—	45,—	
		Satzpreis (2 W.)	80,—	90,—	

Nicht ausgegeben:

	20 Pia	auf 1 L braun/grün .... (83)	1200,—	—,—

LEVANTE
60 Parà 60

1908/10. Eilmarken von Italien MiNr. 85 und 93 mit zweizeiligem Aufdruck LEVANTE und neuem Wert in türkischer Währung.

18	1 Pia	auf 25 C rosa	2,—	2,50
19	60 Pa	auf 30 C hellblau/rot (1910)	3,—	3,50
		Satzpreis (2 W.)	5,—	6,—

1909, Febr./1911. Freimarken für das Postamt in Janina. Marken von Italien mit schwarzem, bei 30 Pa violettem, zweizeiligem Aufdruck Janina oder JANINA und Wert in türkischer Währung.

Janina **JANINA**
10 Parà 10 **4 PIASTRE 4**

20 I	10 Pa	auf 5 C grün .... (88)	0,50	1,—
21 I	20 Pa	auf 10 C braunrosa .... (89)	0,50	1,—
22 I	30 Pa	auf 15 C schiefer .... (87) V	0,70	1,—
23 I	1 Pia	auf 25 C blau .... (90)	0,70	1,—
24 I	2 Pia	auf 50 C hellviolett .... (92)	0,70	1,50
25 I	4 Pia	auf 1 L braun/grün ..... (83)	1,50	2,—
26 I	20 Pa	auf 5 L blau/rosa .... (84)	190,—	190,—
27 I	40 Pa	auf 10 L olivgrün/rosa (Jan. 1911) .... (99)	12,—	60,—
		Satzpreis (8 W.)	200,—	250,—

1909, Febr./1911. Freimarken für das Postamt in Jerusalem. Marken von Italien mit Aufdruck Gerusalemme oder GERUSALEMME.

20 II	10 Pa	auf 5 C grün .... (88)	2,—	4,—
21 II	20 Pa	auf 10 C braunrosa .... (89)	2,—	4,—
22 II	30 Pa	auf 15 C schiefer .... (87)V	2,—	4,—
23 II	1 Pia	auf 25 C blau .... (90)	2,—	4,—
24 II	2 Pia	auf 50 C hellviolett .... (92)	10,—	10,—
25 II	4 Pia	auf 1 L braun/grün ..... (83)	10,—	20,—
26 II	20 Pa	auf 5 L blau/rosa .... (84)	450,—	300,—
27 II	40 Pa	auf 10 L olivgrün/rosa (Jan. 1911) .... (99)	25,—	170,—
		Satzpreis (8 W.)	500,—	500,—

1909, Febr./1911. Freimarken für das Postamt in Konstantinopel. Marken von Italien mit Aufdruck Costantinopoli oder COSTANTINOPOLI.

20 III	10 Pa	auf 5 C grün .... (88)	1,—	1,—
21 III	20 Pa	auf 10 C braunrosa .... (89)	1,—	1,—
22 III	30 Pa	auf 15 C schiefer .... (87)V	1,—	1,—
23 III	1 Pia	auf 25 C blau .... (90)	1,—	1,—
24 III	2 Pia	auf 50 C hellviolett .... (92)	1,—	1,—
25 III	4 Pia	auf 1 L braun/grün ..... (83)	1,50	1,50
26 III	20 Pa	auf 5 L blau/rosa .... (84)	45,—	35,—
27 III	40 Pa	auf 10 L olivgrün/rosa (Jan. 1911) .... (99)	3,50	20,—
		Satzpreis (8 W.)	55,—	60,—

1909, Febr./1911. Freimarken für das Postamt in Saloniki. Marken von Italien mit Aufdruck Salonicco oder SALONICCO.

20 IV	10 Pa	auf 5 C grün .... (88)	0,70	1,—
21 IV	20 Pa	auf 10 C braunrosa .... (89)	0,70	1,—
22 IV	30 Pa	auf 15 C schiefer .... (87)V	0,70	1,—
23 IV	1 Pia	auf 25 C blau .... (90)	0,70	1,—
24 IV	2 Pia	auf 50 C hellviolett .... (92)	0,70	1,50
25 IV	4 Pia	auf 1 L braun/grün ..... (83)	1,50	2,—
26 IV	20 Pa	auf 5 L blau/rosa .... (84)	300,—	270,—
27 IV	40 Pa	auf 10 L olivgrün/rosa (Jan. 1911) .... (99)	10,—	45,—
		Satzpreis (8 W.)	300,—	320,—

1909, Febr./1911. Freimarken für das Postamt in Smyrna. Marken von Italien mit Aufdruck Smirne oder SMIRNE.

20 V	10 Pa	auf 5 C grün .... (88)	0,50	0,70
21 V	20 Pa	auf 10 C braunrosa .... (89)	0,50	0,70
22 V	30 Pa	auf 15 C schwarzschiefer (87) V	0,70	0,70
23 V	1 Pia	auf 25 C blau .... (90)	0,70	1,20
24 V	2 Pia	auf 50 C hellviolett .... (92)	1,20	1,50
25 V	4 Pia	auf 1 L braun/grün ..... (83)	1,50	1,50
26 V	20 Pa	auf 5 L blau/rosa .... (84)	130,—	130,—
27 V	40 Pa	auf 10 L olivgrün/rosa (Jan. 1911) .... (99)	15,—	65,—
		Satzpreis (8 W.)	150,—	200,—

1911, Dez. Freimarke für Bengasi. MiNr. 90, mit zweizeiligem Aufdruck Bengasi und neuem Wert.

28	1 Pia	auf 25 C blau .... (90)	36,—	90,—

Siehe im Übersee-Katalog unter Cyrenaica.

MiNr. 29–40 fallen aus.

1921, Nov. Freimarken von Italien mit Lokalaufdruck von Konstantinopel, türkische Währung unten auf der Marke, Wertziffer bei MiNr. 41 bis 44 vor, bei MiNr. 45 über PIASTRE.

4 PIASTRE **10 PIASTRE**

				**	ʘ
41	1 Pia	auf 5 C grün .... (88)		250,—	250,—
42	2 Pia	auf 15 C schiefer .... (130)		7,50	4,—
43	4 Pia	auf 20 C braunorange ..... (129)		85,—	35,—
44	5 Pia	auf 25 C blau .... (90)		85,—	35,—
45	10 Pia	auf 60 C braunkarmin ..... (131)		2,50	2,50
		Satzpreis (5 W.)		420,—	320,—

FALSCH

Auflagen: MiNr. 41 = 3400, MiNr. 42 = 25 200, MiNr. 43 = 8000, MiNr. 44 = 14 200, MiNr. 45 = 50 000 Stück

1922, 23. Jan. Freimarken von Italien mit Wertaufdruck in türkischer Währung, Wertziffern hinter der Währungsangabe, Aufdruck bei MiNr. 46-48, 50 und 53 einzeilig, bei MiNr. 49, 51 und 52 zweizeilig.

PARÀ 30 **PIASTRE 3** **PIASTRE 3 PARÀ 30**

46	10 Pa	auf 1 C dunkelbraun .. (74)	3,—	2,50
47	20 Pa	auf 2 C orangebraun .. (75)	3,—	2,50
48	30 Pa	auf 5 C grün .... (88)	5,50	2,—
49	1'20 Pia'Pa	auf 15 C schiefer ..... (130)	6,50	3,50
50	3 Pia	auf 20 C braunorange . (129)	12,—	7,50
51	3'30 Pia'Pa	auf 25 C blau .... (90)	5,—	2,50
52	7'20 Pia'Pa	auf 60 C braunkarmin . (131)	7,50	2,50
53	15 Pia	auf 1 L braun/grün ... (83)	40,—	28,—
		Satzpreis (8 W.)	80,—	50,—

Italien

SMIRNE 1922, Nicht in Verkehr gekommene Freimarken für
PIASTRE 3 Smyrna. Italienische Marken mit Aufdruck
SMIRNE und Wert in türkischer Währung.

II a	20 Pa	auf 5 C grün .... (88)	45,—	
II b	1'20 Pia'Pa	auf 15 C schiefer .... (87) V	0,70	
II c	3 Pia	auf 30 C orangebraun (133)	0,70	
II d	3'30 Pia'Pa	auf 40 C braun ...... (91)	1,80	
II e	7'20 Pia'Pa	auf 1 L braun/grün .. (83)	1,80	
		Satzpreis (5 W.)	50,—	

Diese Marken wurden nur in Turin verkauft.

COSTANTINOPOLI 1922, März/Sept. Freimarken für Konstanti-
PIASTRE 3 nopel. Marken von Italien mit in Turin herge-
PARÀ 30 stelltem Aufdruck COSTANTINOPOLI und
Wert in türkischer Währung, bei MiNr. 54 und
56 einzeilig, MiNr. 55, 57 und 58 zweizeilig;
Zeilen eng zusammenstehend.

54	20 Pa	auf 5 C grün- .... (88)	30,—	20,—
55	1'20 Pia'Pa	auf 15 C schiefer ..... (130)	2,50	1,50
56	3 Pia	auf 30 C orangebraun (133)	2,50	1,50
57	3'30 Pia'Pa	auf 40 C braun ...... (91)	2,50	1,50
58	7'20 Pia'Pa	auf 1 L braun/grün .. (83)	2,50	1,50
		Satzpreis (5 W.)	40,—	25,—

Piastre 1922, 5. Aug. Freimarken für Konstantinopel. Ita-
3,75 lien MiNr. 90 mit Aufdruck des Wertes in dezimal-
unterteilter Piasterwährung von Druckerei Zell-
nich; Piastre in Kleinbuchstaben.

59	3.75 Pia	auf 25 C blau .... (90)	5,—	2,50

1922, Aug. Freimarken für Konstantinopel mit Aufdruck in Stdr.
Buchdruckerei D'Andria. Wertangabe in großen Buchstaben,
PARA mit Akzent.

30 PARÀ   PIASTRE 4,50   90 PIASTRE

60	30 Pa	auf 2 C orangebraun .. (75)	4,—	2,50
61	30 Pa	auf 5 C grün .... (88)	10,—	5,—
62	1.50 Pia	auf 20 C braunorange . (125)	4,—	2,50
63	1.50 Pia	auf 25 C blau .... (90)	4,—	3,50
64	3.75 Pia	auf 40 C braun ...... (91)	6,—	4,—
65	4.50 Pia	auf 50 C hellviolett .... (92)	17,—	10,—
66	7.50 Pia	auf 60 C braunkarmin (131)	17,—	10,—
67	15 Pia	auf 85 C rotbraun .... (135)	26,—	15,—
68	18.75 Pia	auf 1 L braun/grün .. (83)	12,—	15,—
69	45 Pia	auf 5 L blau/rosa .... (84)	500,—	330,—
70	90 Pia	auf 10 L olivgrün/rosa . (99)	500,—	380,—

Eilmarke

71	15 Pia	auf 1.20 L auf 30 C hellblau/rot .... (136)	32,—	33,—
		Satzpreis (12 W.)	1100,—	800,—

Auflagen: MiNr. 63 = 7090, MiNr. 64 = 33 800, MiNr. 65 = 24 075, MiNr. 66 = 54 740,
MiNr. 67 = 12 000, MiNr. 68 = 19 900, MiNr. 69 = 1630, MiNr. 70 = 1460, MiNr. 71
= 6300 Stück

1922, 15. Okt. Freimarken von Italien mit Lokalaufdruck von
Konstantinopel (PARA ohne Akzent).

30 PARA   1½ PIASTRE   4½ PIASTRE

72	30 Pa	auf 5 C grün .... (88)	3,—	2,50
73	1½ Pia	auf 10 C braunrosa ... (89)	4,—	2,50
74	3 Pia	auf 25 C blau .... (90)	30,—	5,—

75	3¾ Pia	auf 40 C braun .... (91)	5,—	2,50
76	4½ Pia	auf 50 C hellviolett ..... (92)	90,—	25,—
77	7½ Pia	auf 85 C rotbraun ..... (135)	12,—	5,—
78	7½ Pia	auf 1 L braun/grün .. (83) R	17,—	10,—
79	15 Pia	auf 1 L braun/grün .. (83)	100,—	90,—
80	45 Pia	auf 5 L blau/rosa ..... (84)	150,—	65,—
81	90 Pia	auf 10 L olivgrün/rosa . (99)	140,—	120,—

Eilmarke (Nov.)

82	15 Pia	auf 30 C hellblau/rot ..... (93)	420,—	350,—
		Satzpreis (11 W.)	950,—	650,—

FALSCH

COSTANTINOPOLI 1923, März. Freimarken für Konstantinopel.
15 Marken von Italien bzw. nicht verausgabte
PIASTRE Eilmarke mit Turiner Aufdruck COSTANTI-
NOPOLI oben, Wert in türkischer Währung
unten; großer Zwischenraum zwischen oberer und mittlerer Zeile.

83	30 Pa	auf 5 C grün .... (88)	4,—	2,50
84	1'20 Pia'Pa	auf 25 C blau .... (90)	4,—	2,50
85	3'30 Pia'Pa	auf 40 C braun ...... (91)	4,—	2,50
86	4'20 Pia'Pa	auf 50 C hellviolett .... (92)	4,—	2,50
87	7'20 Pia'Pa	auf 60 C braunkarmin (131)	4,—	2,50
88	15 Pia	auf 85 C rotbraun .... (135)	4,—	2,50
89	18'30 Pia'Pa	auf 1 L braun/grün .. (83)	4,—	2,50
90	45 Pia	auf 5 L blau/rosa .... (84)	6,—	4,—
91	90 Pia	auf 10 L olivgrün/rosa . (99)	6,—	5,—

Eilmarke

92	15 Pia	auf 1.20 L blau/rot .... (V)	10,—	15,—
		Satzpreis (10 W.)	50,—	40,—

1923, März. Nicht in Verkehr gekommene Freimarken. Gleiche
Marken mit gleichem Wertaufdruck, jedoch ohne COSTANTI-
NOPOLI.

93	1'20 Pia'Pa	auf 25 C blau .... (90)	20,—	—,—
94	3'30 Pia'Pa	auf 40 C braun ...... (91)	20,—	—,—
95	4'20 Pia'Pa	auf 50 C hellviolett ... (92)	20,—	—,—
96	7'20 Pia'Pa	auf 60 C braunkarmin (131)	45,—	—,—
97	15 Pia	auf 85 C rotbraun .... (135)	20,—	—,—
98	18'30 Pia'Pa	auf 1 L braun/grün .. (83)	20,—	—,—
99	45 Pia	auf 5 C blau/rosa ... (84)	45,—	—,—
100	90 Pia	auf 10 L olivgrün/rosa ...... (99)	45,—	—,—

Eilmarke

101	15 Pia	auf 1.20 L blau/rot .... (V)	17,—	—,—
		Satzpreis (9 W.)	250,—	—,—

Bei MiNr. 96 beträgt der Abstand der beiden Aufdruckzeilen voneinander 1,5 mm,
bei MiNr. 52 2 mm.

MiNr. 93–101 wurden nicht ausgegeben. Statt ihrer kamen MiNr. 83 bis 92 an die
Schalter.

Die italienischen Postämter in Konstantinopel wurden am 25. September 1923
geschlossen.

Der heiße Draht zu MICHEL
(0 89) 3 23 93-2 24

Portomarken

1922, Dez. Portomarken für das Postamt in Konstantinopel. Italienische Portomarken mit Aufdruck Costantinopoli und schwarzem Schutzstempel (ital. Wappen und Inschrift) über je 4 Marken.

				**	⊙
1	10 C	orange/karmin .... (6)	20,—	35,—
2	30 C	orange/karmin .... (7)	20,—	35,—
3	60 C	orange/karmin .... (10)	20,—	35,—
4	1 L	dunkelblau/karmin .... (18)	20,—	35,—
5	2 L	blau/karmin .... (19)	1200,—	1100,—
6	5 L	blau/karmin .... (20)	400,—	400,—

1 I–4 I   ohne Schutzstempel .... je   750,—

Auflagen: MiNr. 1 = 9800, MiNr. 2 = 5000, MiNr. 3 = 4600, MiNr. 4 = 9800, MiNr. 5 = 300, MiNr. 6 = 540 Stück

Ägäische Inseln

mit den Insel-Aufdrucken

Calimno, Caso, Castelrosso, Cos, Karki, Leros, Lipso, Nisiros, Patmos, Piscopi, Rodi (Rhodos), Scarpanto, Simi und Stampalia

siehe Ägäische Inseln

Italienische Kolonien

siehe MICHEL-Übersee-Kataloge

Äthiopien, Ital.-Cyrenaica, Ital.-Djubaland, Ital. Kolonien (allg. Ausgabe), Ital.-Eritrea, Ital.-Libyen, Ital.-Ostafrika, Ital.-Somaliland, Ital.-Tripolitanien.

Jugoslawien

Staat in Südosteuropa, unabhängig seit 1918.
1941–1945 unter deutscher bzw. italienischer Besetzung, Markenausgaben siehe dort.
Ab 29.11.1945 Föderative Volksrepublik, 1991/1992 Abspaltung aller Teilrepubliken außer Serbien und Montenegro. Seit 29.4.1992 Bundesrepublik Jugoslawien, ab 2003 neuer Landesname Serbien und Montenegro.
Im Juni 2006 wurden Montenegro und Serbien unabhängige Republiken, der Staat Jugoslawien existierte seitdem nicht mehr.

Währung: 1 Krone (kroatisch Kruna, slovenisch Krona) = 100 Heller (kroatisch Filir, slovenisch Vinar); ab Juni 1920; 1 Dinar = 100 Paras; ab 1945: 1 Dinar (= 20 Besetzungs-Dinar) = 100 Paras; ab 1.1.1966: 1 neuer Dinar (= 100 alte Dinar) = 100 Paras; ab 1.1.1990: 1 neuer Dinar = 10 000 alte Dinare; ab 4.7.1992: 1 neuer Dinar = 10 alte Dinare; ab 1.10.1993: 1 neuer Dinar = 1 000 000 alte Dinare; ab 1.1.1994: 1 neuer Dinar (parallel dazu der sog. Neue Dinar) = 1 000 000 000 alte Dinare (seit August 2003 Wertangabe in Neuen Dinar (ND) und/oder Euro (€).

Eintritt in den Weltpostverein: 24.12.1921; Ausschluß 23.9.1992, Wiedereintritt 18.6.2001

MiNr. I–III siehe nach MiNr. 1468.

Preise ungebraucht bis MiNr. 117 ✶, ab MiNr. 118 ✶✶ (MiNr. 118–453 mit Falz ✶ ca. 40–60% der ✶✶-Preise, sofern nichts anderes angegeben).

Ausgaben für Bosnien-Herzegowina

1918

1918, 11. Nov./Dez. Freimarken. Marke von Bosnien-Herzegowina 1910 mit Aufdruck in drei Typen, MiNr. 10 bis 12 und 14–16 außerdem mit neuem Wert und zwei Vierecken über dem alten Wert.

 Type I   Type II

 Type III

					✶	⊙
1	3	(H)	gelboliv	I (47)	0,50	1,—
2	5	(H)	dunkelgrün	II (48) R	0,50	0,50
3	10	(H)	karmin	I (50)	0,50	0,50
4	20	(H)	schwarzbraun	I (51) R	0,50	0,50
5	25	(H)	blau	I (52) R	0,50	0,50
6	30	(H)	grün	II (54)	0,50	0,50
7	40	(H)	orange	II (55)	0,50	0,50
8	45	(H)	bräunlichrot	II (56)	0,50	0,50
9	50	(H)	dunkellila	II (57)	0,70	1,—
10	60	(H)	auf 50 (H) dunkellila	I (57)	0,50	0,50
11	80	(H)	auf 6 (H) braun	II (49)	0,50	0,50
12	90	(H)	auf 35 (H) schwarzgrün	II (54)	0,50	0,50
13	2	Kr	graugrün	III (59)	0,50	0,50
14	3	Kr	auf 3 (H) gelboliv	II (47)	2,50	3,50
15	4	Kr	auf 1 Kr rotbraun	III (58)	5,—	6,—
16	10	Kr	auf 2 (H) violett	II (46)	7,50	8,50
			Satzpreis (16 W.)		20,—	25,—

Sehr viele Aufdruck-Unregelmäßigkeiten.
FALSCH

Auflagen: MiNr. 1 = 207 400, MiNr. 2 = 581 500, MiNr. 3 = 853 500, MiNr. 4 = 503 300, MiNr. 5 = 569 400, MiNr. 6 = 433 700, MiNr. 7 = 455 300, MiNr. 8 = 613 200, MiNr. 9 = 300 000, MiNr. 10 = 316 900, MiNr. 11 = 355 300, MiNr. 12 = 602 800, MiNr. 13 = 326 500, MiNr. 14 = 150 000, MiNr. 15 = 144 500, MiNr. 16 = 114 600 Stück.

Die Preise für alle Aufdruckmarken (MiNr. 1–87) gelten nur für geprüfte Stücke.

1918, 13. Dez. Freimarken. Eilmarken von Bosnien MiNr. 117 und 118 mit Aufdruck I in lateinischen, II in kyrillischen Buchstaben.

 Aufdruck I    Aufdruck II

17		2	(H)	rotorange	(117)	
I				Aufdruck I		
	A			gez. 12½	60,—	60,—
	B			gez. 11½:12½	250,—	
II				Aufdruck II		
	A			gez. 12½	7,50	7,50
	B			gez. 11½:12½	100,—	
18		5	(H)	olivgrün	(118)	
I				Aufdruck I	4,—	4,—
II				Aufdruck II	60,—	60,—
				Satzpreis (2 W.)	11,—	11,—

FALSCH

MiNr 17 I und 18 II wurden am Postschalter nicht verkauft.

17 II b	mit rotem Aufdruck	150,—
18 I b	mit rotem Aufdruck	90,—
18 II b	mit rotem Aufdruck	150,—

Auflagen: MiNr. 17 II = 27 800, MiNr. 18 = 57 000 Stück

1918, 28. Dez. Freimarken. Aufdruck auf den Invalidenfürsorgemarken von Bosnien und Herzegowina, I in lateinischen, II in kyrillischen Buchstaben.

 Aufdruck I    Aufdruck II

A 19		5+2	(H)	grün	(97)	
I				Aufdruck I	220,—	220,—
II				Aufdruck II	320,—	320,—
A.20		10+2	(H)	lilarot	(98)	
I				Aufdruck I	130,—	130,—
19		10+2	(H)	dunkelblaugrün	(142)	
I				Aufdruck I	65,—	65,—
II				Aufdruck II	1,—	1,—

Jugoslawien 521

	15+2	(H) braunrot Aufdruck I	(143)	2,50	2,50	
20		Aufdruck II		60,—	60,—	
		Satzpreis (4 W.)		350,—	350,—	

Auflagen: MiNr. A 19 I und II = 600, MiNr. 19 I = 500, MiNr. 19 II = 111 700, MiNr. 20 I = 20 000, MiNr. 20 II = 100 Stück

Rote Aufdrucke sind Probedrucke FALSCH

1919, 13. Nov. Zeitungsmarken von Bosnien und Herzegowina mit Aufdruck des neuen Wertes; altes Viereck überdruckt.

	½ blau	(85)	0,50	0,50	
	ultramarin	(86)	0,50	0,50	
	Satzpreis (2 W.)		1,—	1,—	

1919

1919, Febr. Freimarken. Zeitungsmarken von Bosnien und Herzegowina MiNr. 85–88; Bdr.; gez. L 11½.

23	2 (H)				
a		hellblau		0,50	0,50
b		ultramarin		2,50	3,—
24	6 (H)	rotlila		1,—	1,50
25	10 (H)	rosa		0,50	0,50
26	20 (H)	grün		0,50	0,50
		Satzpreis (4 W.)		2,50	3,—

Auflagen: MiNr. 23 a und b = 800 000, MiNr. 24 = 200 000, MiNr. 25 und 26 je 700 000 Stück

MiNr. 23–26 ☐ siehe Bosnien und Herzegowina MiNr. 85–88

1919, 13. Nov. Zeitungsmarken von Bosnien und Herzegowina mit Aufdruck des neuen Wertes.

27	2 auf	6 (H) rotlila	(86)	150,—	150,—
28	2 auf	10 (H) rosa	(87)	50,—	50,—
29	2 auf	20 (H) grün	(88)	10,—	10,—
		Satzpreis (3 W.)		200,—	200,—

FALSCH

Auflagen: MiNr. 27 = 2 500, MiNr. 28 = 11 900, MiNr. 29 = 115 600 Stück

1919, 11. März. Für die Kriegsbeschädigten. Marken von Bosnien und Herzegowina 1906 mit Aufdruck in drei Arten (I–III).

КРАЉЕВСТВО
Срба, Хрвата и Словенаца

10 x + 10 x Aufdruck I

K R A L J E V S T V O
Srba. Hrvata i Slovenaca

20 h + 10 h Aufdruck II

КРАЉЕВСТВО
Срба, Хрвата и
Словенаца

45 x + 15 x

Aufdruck III

30	10 x +10 x	auf 40 H	I (39)		
a		orange		1,50	2,50
b		gelborange		7,50	10,—
31	20 h +10 h	auf 20 H schw'br	II (35)	0,70	2,20
32	45 x +15 x	auf 1 Kr rotbraun	III (42)	6,—	8,—
		Satzpreis (3 W.)		8,—	12,—

Zahlreiche Aufdruckfehler

30 U–32 U ungezähnt .... Satzpreis (3 W.) 100,—

Auflagen: MiNr. 30 = 75 400, MiNr. 31 = 262 000, MiNr. 32 = 51 000 Stück

1919, 6. Febr. Freimarken von Bosnien und Herzegowina mit Aufdruck I in lateinischen, II in kyrillischen Buchstaben.

Aufdruck I   Aufdruck II

KRALJEVSTVO   КРАЉЕВСТВО

S. H. S.   C. X. C.
_____   _____
     I   II

33	3 (H) braunkarmin	II (66)	0,50	1,—
34	5 (H) grün	I (67)	0,50	0,50
35	10 auf 6 (H) schwarz	I (68)	0,50	0,50
36	20 auf 35 (H) grünschiefer ...	II (74)	0,50	0,50
37	25 (H) ultramarin	I (72)	0,50	0,50
38	30 (H) orangerot	II (73)	0,50	0,50
39	45 (H) dunkelbraun	II (76)	0,50	0,50
40	45 auf 80 (H) rotbraun	II (111)		
A	gez. 12½			0,50	0,50
B	gez. 11½			1,70	2,—
41	50 (H) schwarzblau	I (77)	100,—	120,—
42	50 auf 72 (H) dunkelblau	I (79) R	0,50	0,50
43	60 (H) rotlila	II (78)	0,50	0,50

Jugoslawien

44	80	(H) rotbraun .... I (411)			
	A	gez. 12½		0,50	0,50
	B	gez. 11½		6,—	2,50
45	90	(H) lila .... II (112)			
	A	gez. 12½		0,50	0,50
	B	gez. 11½		4,50	3,—
46	2 Kr	graugrün .... I (43)			
	A	gez. 12½		0,50	0,50
	B	gez. 9½		4,—	2,50
	C	gez. 10½ (9½):9½:9½ (10½):12½		10,—	10,—
47	3 Kr	karmin auf grünlich .... II (82)		0,50	0,70
48	4 Kr	karmin auf grünlich .... I (115)		2,—	2,50
49	5 Kr	dunkelviolett auf hellgrau ... II (83)		2,—	3,—
50	10 Kr	violett auf lilagrau .... I (116)		4,—	5,—
		Satzpreis (18 W.)		110,—	130,—

Zahlreiche Aufdruckfehler

Auflagen: MiNr. 33 = 246 450, MiNr. 34 = 383 900, MiNr. 35 = 662 250, MiNr. 36 = 239 900, MiNr. 37 = 244 900, MiNr. 38 = 129 900, MiNr. 39 = 160 000, MiNr. 40 = 350 000, MiNr. 41 = 15 000, MiNr. 42 = 289 000, MiNr. 43 = 267 000, MiNr. 44 = 207 600, MiNr. 45 = 257 400, MiNr. 46 = 200 300, MiNr. 47 = 120 000, MiNr. 48 und 49 je 60 000, MiNr. 50 = 59 800 Stück

FALSCH MiNr. 41 Aufdruckfälschungen.

Ausgaben für Kroatien

1918

1918, 29. Nov. Selbständigkeitserklärung. Stdr. auf Papier verschiedener Stärke; gez. L 11½.

a) Befreites Kroatien

51	10 (Fil)	rot .... a		3,—	3,—
52	20 (Fil)	lila .... a		3,—	3,—
53	25 (Fil)	blau .... a		6,50	8,—
54	45 (Fil)	graugrün .... a		60,—	65,—
		Satzpreis (4 W.)		70,—	75,—

54 UMs waagerechtes Paar, Mitte ungezähnt .... —,—

Auf grauem, gelbem oder blauem Papier, sowie andere Markenfarben und ☐ nicht amtlich.

Auflagen: MiNr. 51–52 je 30 000, MiNr. 53 = 25 000, MiNr. 54 = 15 000 Stück
FALSCH

1918, 18. Nov. Marken von Ungarn mit Bdr.-Aufdruck in verschiedenen Arten.

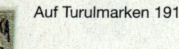 Auf Turulmarken 1913/16:

55	6 f	olivgrau .... (113) Bl	1,—	2,—
56	50 f	lilarot auf blau .... (121) Bl	1,50	2,50

 Auf Zeitungsmarke 1913:

57	2 f	mennigrot, orange .... (127)	0,50	0,50

 Auf Eilmarke 1916:

58	2 f	oliv/rot .... (80) Bl	0,50	0,50

Auf Kriegshilfsmarken 1916/17:

MiNr. 59/60   MiNr.

59	10+2 f	rosa .... (183) Bl		
60	15+2 f	violett .... (184) Bl		
61	40+2 f	dunkelrot .... (185) Bl		

 Auf Schnittertype 1916, weiße Wertziffer:

62	10 f	rosa .... (186) Bl	1500,—	1700,—
63	15 f	violett .... (187) Bl	75,—	120,—

HRVATSKA Auf Krönungsmarken 1916:

64	10 f	violett .... (188) Bl	90,—	120,—
65	15 f	rosa .... (189) Bl	90,—	120,—

Auf Schnitterzeichnung 1916/18, farbige Wertziffer:

66	2 f	ocker .... (190) Bl	0,50	0,50
67	3 f	rotlila .... (191) Bl	0,50	0,50
68	5 f	grün .... (192) Bl	0,50	0,50
69	6 f	grünblau .... (193) Bl	0,50	0,50
70	10 f	rosa .... (194) Bl	10,—	10,—
71	15 f	violett .... (195) Bl	0,50	0,50
72	20 f	braun .... (196) Bl	0,50	0,50
73	25 f	ultramarin .... (197) Bl	0,50	0,50
74	35 f	rotbraun .... (198) Bl	0,50	0,50
75	40 f	olivgrün .... (199) Bl	0,50	1,—

Auf Marken in Parlamentszeichnung 1917/20

76	50 f	lila/hellila .... (200) Bl	0,50	0,50
77	75 f	blau/hellblau .... (201) Bl	0,50	0,50
78	80 f	grün/hellgrün .... (202) Bl	0,50	0,50
79	1 Kr	dunkelrot/rot .... (203) Bl	0,50	0,50

Jugoslawien

80	2 Kr	braun/hellbraun .... (204) Bl	0,50	0,50	
81	3 Kr	violett/grau .... (205) Bl	0,50	0,50	
82	5 Kr	dunkelbraun/braun ..... (206) Bl	3,—	3,60	
83	10 Kr	lilabraun/lila .... (207) Bl	15,—	17,—	

Auf Ausgabe „Karl und Zita" 1918

MiNr. 84–86    MiNr. 87

84	10 f	zinnober .... (213) Bl	0,50	0,50
85	20 f	dunkelbraun .... (215)	0,50	0,50
86	25 f	hellblau .... (216) R	0,50	1,—
87	40 f	oliv .... (217) Bl	0,50	0,50

Satzpreis MiNr. 55–87 (33 W.) 1700,— 2000,—

Vertauschte Aufdrucke:

58 F	mit Aufdruck von MiNr. 62	—,—	—,—
59 F	mit Aufdruck von MiNr. 66	—,—	—,—
60 F	mit Aufdruck von MiNr. 66	—,—	—,—
69 F	mit Aufdruck von MiNr. 55	—,—	—,—
75 F	mit Aufdruck von MiNr. 84	—,—	—,—
84 F	mit Aufdruck von MiNr. 66	—,—	—,—
85 F	mit Aufdruck von MiNr. 66	—,—	—,—
87 F	mit Aufdruck von MiNr. 66	—,—	—,—

Weitere zahlreiche Aufdruckfehler bekannt.

[FALSCH] Aufdruckfälschungen von allen selteneren Marken und von MiNr. 84 mit andersfarbigen Aufdrucken statt blau.

Auflagen: MiNr. 55 = 36 200, MiNr. 56 = 42 000, MiNr. 57 = 1 382 900, MiNr. 58 = 170 000, MiNr. 59 = 78 700, MiNr. 60 = 261 700, MiNr. 61 = 142 600, MiNr. 62 = ca. 2000, MiNr. 63 = 13 000, MiNr. 64 und 65 je ca. 2500 Stück: MiNr. 66 = 1 888 600, MiNr. 67 = 859 000, MiNr. 68 = 1 242 700, MiNr. 69 = 306 000, MiNr. 70 = 31 000, MiNr. 71 = 1 113 000, MiNr. 72 = 250 600, MiNr. 73 = 497 800, MiNr. 74 = 248 300, MiNr. 75 = 111 700, MiNr. 76 = 434 300, MiNr. 77 = 225 700, MiNr. 78 = 215 900, MiNr. 79 = 463 000, MiNr. 80 = 221 000, MiNr. 81 = 77 000, MiNr. 82 = 24 300, MiNr. 83 = 14 500, MiNr. 84 = 2 293 000, MiNr. 85 = 2 275 000, MiNr. 86 = 100 000, MiNr. 87 = 412 500 Stück

Gültig bis 14.4.1921

1919

1919, 15. Jan. Freimarken. Stdr.; A = gez. L 11½; B = gez. K 12½.

b) Friedensengel	c) Matrose mit Fahne	d) Falke als Sinnbild der Freiheit	dl	

88	2 Fil	gelbbraun .... b			
A		gez. L 11½		0,10	0,50
B		gez. K 12½		3,60	3,60
89	3 Fil	violett .... b			
A		gez. L 11½		0,10	0,60
B		gez. K 12½		3,60	3,60
90	5 Fil	grün .... b			
A		gez. L 11½		0,10	0,10
B		gez. K 12½		17,—	17,—
91	10 Fil	zinnober c			
A		gez. L 11½		0,10	0,10
B		gez. K 12½		3,60	3,60
92	20 Fil	gelbbraun, dunkelbraun c			
A		gez. L 11½		0,10	0,10
B		gez. K 12½		3,60	3,60
93 A	25 Fil	dunkelblau c		0,10	0,10
94 A	45 Fil	grauoliv c		0,20	0,20
95 A	1 Kr	karmin .... d		0,30	0,30
96 A	3 Kr	braunoliv .... d		1,—	1,20
97 A	5 Kr	braun .... d		1,50	1,—

Zeitungsmarke, □

98	2 (Fil)	gelb .... dl	0,20	1,50

Satzpreis (11 W.) 3,80 5,50

88 U	ungezähnt	40,—	
89 U	ungezähnt	40,—	
89 Us	senkrecht ungezähnt ...	20,—	
90 U	ungezähnt	40,—	
90 Us	senkrecht ungezähnt ...	20,—	
90 UM	waagerechtes Paar, Mitte ungezähnt	75,—	
91 U	ungezähnt	40,—	—,—
92 U	ungezähnt	40,—	
92 Uw	waagerecht ungezähnt ..	20,—	
93 U	ungezähnt	40,—	
93 Us	senkrecht ungezähnt ...	20,—	
93 Ur	rechts ungezähnt	20,—	
94 U	ungezähnt	40,—	
95 U	ungezähnt	50,—	
96 U	ungezähnt	50,—	
96 Uu	unten ungezähnt	40,—	
97 U	ungezähnt	75,—	

Ausgaben für Slowenien

1919

1919, 3. Jan/8. April. Freimarken. I = Stdr., feinere Ausführung; II = Bdr., gröbere Ausführung; stark schwankende Farbtönungen auf glattem oder rauhem Papier; A = gez. L 11½, B = gez. 11, C = zickzackartig □.

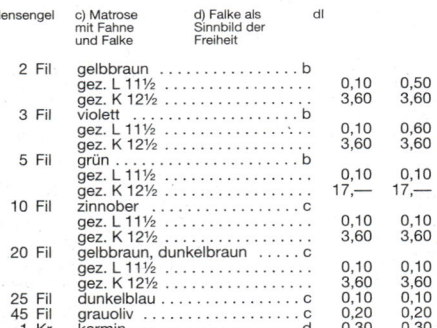

e) Kettensprenger    f) Kettensprenger

g) Frauengestalt (Jugoslavia) mit 3 Falken   h) Friedensengel   i) König Peter I.

I = Stdr. (3.1.1919)

Erkennungsmerkmale I: Bei MiNr. 99 I–102 I reicht die linke Kette nicht bis zum unteren Schriftband, bei MiNr. 101 I ist die Ziffer größer als bei MiNr. 101 II, bei MiNr. 103 I ist das linke Handgelenk richtig gezeichnet, bei MiNr. 104 I reicht die weiße Wellenlinie oberhalb des unteren Schriftbandes links bis zum Markenrand, bei MiNr. 105 I ist die Ziffer 30 sehr nahe dem oberen Schriftband, und bei MiNr. 106 I sind die beiden Balken der Ziffer „4" gleich hoch. Sämtliche Marken machen einen feinen, zarten Gesamteindruck, dünne Sonnenstrahlen.

MiNr. 99 I    MiNr. 100 I    MiNr. 102 I

99 I	3 Vin	lila, violett .... e	0,30	0,20
100 I	5 Vin	grün .... e	0,30	0,20
101 I	10 Vin	rot, karmin .... e	0,50	0,20
102 I	15 Vin	blau .... e	0,30	0,20
103 I	20 Vin	braun .... f	0,80	0,20
104 I	25 Vin	blau .... f	0,40	0,20
105 I	30 Vin	rosa bis lila .... f	0,40	0,20
106 I	40 Vin	gelb bis orange .... f	0,20	0,20

Satzpreis (8 W.) 3,40 1,20

II = Bdr. (8.4.1919)

Erkennungsmerkmale II: Bei allen Werten gröbere Ausführung; starke, unterbrochene Sonnenstrahlen. Bei MiNr. 99 II, 100 II und 102 II reicht die linke Kette bis zum unteren Schriftrand, bei MiNr. 101 II ist die Ziffer „10" kleiner als beim Steindruck, bei MiNr. 103 I ist das linke Handgelenk gebrochen, bei MiNr. 104 II reicht die weiße Wellenlinie oberhalb des unteren Schriftbandes nicht bis zum linken Markenrand, bei MiNr. 105 II steht die Ziffer „30" tiefer vom oberen Schriftband als beim Steindruck, bei MiNr. 106 II sind die beiden Balken der Ziffer „4" nicht gleich lang.

MiNr. 99 II    MiNr. 100 II   MiNr. 102 II

99 II	3 Vin	lila, violett .... e			
A		gez. L 11½		0,20	0,10
B		gez. L 11		5,—	2,50
100 II	5 Vin	grün, gelbgrün .... e			
A		gez. L 11½		0,40	0,10
C		☐		0,10	0,10
101 II	10 Vin	rot, scharlach .... e			
A		gez. L 11½		0,60	0,10
C		☐		0,20	0,10
102 II	15 Vin	blau, schieferblau .... e			
A		gez. L 11½		2,—	0,10
B		gez. L 11		7,50	5,—
C		☐		0,40	0,20
103 II	20 Vin	braun, schwarzbraun ..... f			
A		gez. L 11½		0,70	0,20
C		☐		0,80	0,20
104 II A	25 Vin	blau .... f		0,60	0,10
105 II	30 Vin	rosa, weinrot, lila ..... f			
A		gez. L 11½		0,70	0,10
C		☐		0,40	0,10
106 II A	40 Vin	gelb bis orange ...... f		0,70	0,10
107 II	50 Vin	schwarz, preußischblau bis schwarzgrün .... g			
A		gez. L 11½		0,70	0,30
B		gez. L 11		12,—	6,—
C		☐		0,40	0,10
108 II	60 Vin	blau bis violett .... g			
A		gez. L 11½		1,—	0,20
C		☐		1,20	0,50
109 II	1 Kr	orange, rot, karmin ... h			
A		gez. L 11½		0,70	0,20
C		☐		1,70	0,50
110 II	2 Kr	blau, ultramarin ..... h			
A		gez. L 11½		0,70	0,20
B		gez. L 11		9,—	4,—
C		☐		11,—	3,60
111 II	5 Kr	rot, karmin i			
A		gez. L 11½		1,—	0,20
B		gez. L 11		50,—	7,50
112 II A	10 Kr	lebhaftultramarin i		4,—	1,—
		Satzpreis A (14 W.)		14,—	3,—
		Satzpreis C (9 W.)		16,—	5,—
99 I U		ungezähnt .... Satzpreis (8 W.)		25,—	
99 II A Uo		oben ungezähnt		—,—	
100 II DD U		Doppeldruck ungezähnt		—,—	
102 II A G		Druck auf der Gummiseite		—,—	

Es gibt weitere Trennungsarten: teils ☐ und teils gez., MiNr. 100 II C ☐, MiNr. 107 II C ☐

Auflagen: MiNr. 99 I = 4 976 000, MiNr. 99 II A und 99 II B = 100 I = 10 964 300, MiNr. 100 II A = 6 920 000, MiNr. 100 II C = 3 632 300, MiNr. 101 I = 13 296 200, MiNr. 101 II A = 8 063 000, MiNr. 101 II C = 11 431 400, MiNr. 102 I = 23 740 100, MiNr. 102 II A und 102 II B = 4 345 860, MiNr. 102 II C = 5 401 000, MiNr. 103 I = 5 925 100, MiNr. 103 II A = 14 369 200, MiNr. 103 II C = ¹1 710 000, MiNr. 104 I = 3 617 300, MiNr. 104 II A = 5 720 000, MiNr. 105 I = 9 920 100, MiNr. 105 II A = 3 260 000, MiNr. 105 II C = 1 971 255, MiNr. 106 I = 7 680 000, MiNr. 106 II A = 3 960 000, MiNr. 107 I und 107 II B = 10 618 300, MiNr. 107 II C = 1 261 800, MiNr. 108 II A = 4 163 600, MiNr. 108 II C = 1 102 400, MiNr. 109 II A = 4 339 800, MiNr. 109 II C = 2 004 700, MiNr. 110 II A und 110 II B = 3 962 700, MiNr. 110 II C = 2 000 000, MiNr. 111 II A = 2 832 900, MiNr. 112 II = 400 000 Stück

Weitere Werte in Zeichnung i: MiNr. 118–119

Mit MICHEL immer gut informiert

1919, 15. Mai. Zeitungsmarken. I = Laibacher Stdr. (feine Ausführung); schwankende Farbtönungen auf glattem oder rauhem Papier; ☐ (seltener auch oberer oder unterer Rand gez. 11½).

Jb) Putte mit Zeitungen

I = Laibacher Stdr.

113 I	2 Vin	grüngrau .... Jb		0,10	0,20
114 I	4 Vin	grüngrau .... Jb		0,10	0,50
115 I	6 Vin	grüngrau .... Jb		4,50	5,—
116 I	10 Vin	grüngrau .... Jb		0,10	0,20
117 I	30 Vin	grüngrau .... Jb		0,10	0,50
		Satzpreis (5 W.)		4,80	6,—

Auflagen: MiNr. 113 I = 6 654 400, MiNr. 114 I = 2 610 700, MiNr. 115 I = 55 030, MiNr. 116 I = 771 700, MiNr. 117 I = 314 680 Stück

1919, 15. Nov. Zeitungsmarken. II = Wiener Stdr. (grobe Ausführung); schwankende Farbtönungen auf verschiedenen Papiersorten, ☐ (seltener auch oberer oder unterer Rand gez. 11½).

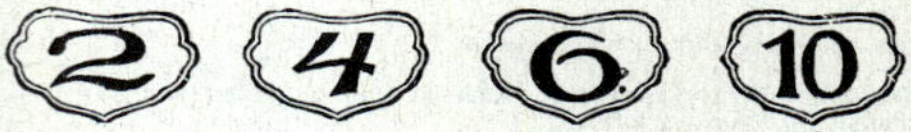

II = Wiener Stdr.

113 II	2 Vin	dunkelpreußischblau ...... Jb		0,10	0,20
114 II	4 Vin	dunkelpreußischblau ...... Jb		0,10	0,70
115 II	6 Vin	dunkelpreußischblau ...... Jb		6,—	6,—
116 II	10 Vin	dunkelpreußischblau ...... Jb		0,10	0,30
		Satzpreis (4 W.)		6,—	7,—

Auflagen: MiNr. 113 II = 247 600, MiNr. 114 II = 278 300, MiNr. 115 II = 103 000, MiNr. 116 II = 253 000 Stück

1920

1920, 15. Mai. Freimarken. Stdr. mit hellbraunem Wellenlinienunterdruck auf gestrichenem Papier; gez. 11½.

				**	⊙
118	15 Kr	dunkelgrün i		18,—	18,—
119	20 Kr	grauviolett i		3,60	3,—
		Satzpreis (2 W.)		20,—	18,—

FALSCH Privater Nachdruck, sog. „Sonntags-Ausgabe".

Auflagen: MiNr. 118 = 37 000, MiNr. 119 = 68 600 Stück

1920, 24. Juni. Freimarken. in Dinarwährung. Laibacher Bdr., zigzackartig ☐; MiNr. 130, 132 und 133 Laibacher Stdr. mit Wellenlinienunterdruck und breiterem Rand; gez. L 11½ oder ☐.

j) Kettensprenger   l) Peter I. (1844–1921)   m) Peter I.   k) Jugoslavia mit drei Falken

120	5 Para	oliv .... j		0,50	0,10
121	10 Pa	grün .... j		0,20	0,10

Jugoslawien 525

122	15 Pa	braun ....j		0,20	0,10
123	20 Pa	karmin ....j		1,—	0,50
124	25 Pa	dunkellilabraun ....j		1,—	0,10
125	40 Pa	violett ....k		0,20	0,20
126	45 Pa	gelb ....k		0,20	0,20
127	50 Pa	blau ....k		0,20	0,10
128	60 Pa	braunkarmin ....k		0,20	0,10
129	1 Dinar	dunkelbraun l		0,20	0,10
130	2 Din	violett, Unterdruck rosa ...... m		0,20	0,10
131	4 Din	schwarzgrün l		0,80	0,40
132	6 Din	olivbraun, Unterdruck orange .. m		0,50	1,20
133	10 Din	rotbraun, Unterdruckgrau .... m		0,80	1,—
		Satzpreis (14 W.)		6,—	4,20

| 129 I | „A" rechts neben der Wertziffer (Feld 43) .... | —,— |

Halbierungen der MiNr. 121 wurden bei ca. 40 Postämtern verwendet. Am 18.2.1921 Verwendung verboten.

MiNr. 132 gibt es mit oder ohne Stechernamen (Preise gleich).

Auflagen: MiNr. 120 = 13 098 150, MiNr. 121 = 8 036 550, MiNr. 122 = 13 006 800, MiNr. 123 = 205 950, MiNr. 124 = 16 075 755, MiNr. 125 = 3 005 200, MiNr. 126 = 4 993 800, MiNr. 127 = 7 888 400, MiNr. 128 = 3 105 600, MiNr. 129 = 3 010 300, MiNr. 130 = 9 182 025, MiNr. 131 = 963 500, MiNr. 132 = 2 090 930, MiNr. 133 = 1 210 875 Stück

1920, 2. Sept. Freimarken MiNr. 113 I und 113 II, mit Aufdruck in neuer Währung.

134		**2 Para** auf 2 Vin; ☐ oder unterer Rand gez. 11½		
	I	Laibacher Stdr., grüngrau	0,70	1,20
	II	Wiener Bdr., dunkelpreußischblau ...	0,10	0,50
135		**4 Para** auf 2 Vin; ☐ oder nur unterer oder nur oberer Rand gez. 11½		
	I	Laibacher Stdr., grüngrau	0,70	1,20
	II	Wiener Bdr., dunkelpreußischblau ...	0,10	0,50
136		**6 Para** auf 2 Vin; senkrecht ☐, unterer oder oberer Rand gez. 11½		
	I	Laibacher Stdr., grüngrau	1,—	1,20
	II	Wiener Bdr., dunkelpreußischblau ...	0,20	0,50
137		**10 Para** auf 2 Vin; senkrecht ☐, waagerecht gez. 11½		
	I	Laibacher Stdr., grünschiefer	1,20	1,50
	II	Wiener Bdr., dunkelpreußischblau ...	0,30	0,70
138		**30 Para** auf 2 Vin; oberer Rand gez. 11½ sonst ☐		
	I	Laibacher Stdr., olivgrün	1,20	1,50
	II	Wiener Bdr., dunkelpreußischblau ...	0,50	1,—
		Satzpreis I (5 W.)	4,50	6,50
		Satzpreis II (5 W.)	1,20	3,20

Auflagen: MiNr. 134 I und 135 I je 745 470, MiNr. 136 I = 496 980, MiNr. 137 I = 138 I je 248 490, MiNr. 134 II und 135 II je 595 470, MiNr. 136 II = 396 980, MiNr. 137 II und 138 II je 198 760 Stück

1920, Sept./Okt. Volksabstimmung im südlichen Kärnten. Zeitungsmarken MiNr. 113 I und 114 I mit braunrotem Aufdruck in 6 verschiedenen Formen.

139	5 Para	auf 4 Vin schiefer .... (114 I) R	0,20	0,30
140	15 Para	auf 4 Vin schiefer .... (114 I) R	0,20	0,30
141	25 Para	auf 4 Vin schiefer .... (114 I) R	0,30	0,70
142	45 Para	auf 2 Vin schiefer .... (113 I) R	0,30	1,50
143	50 Para	auf 2 Vin schiefer .... (113 I) R	0,30	1,70
144	2 Dinar	auf 2 Vin schiefer .... (113 I) R	2,50	7,50
		Satzpreis (6 W.)	3,80	12,—

Postverkauf zum dreifachen Nennwert.

Auflagen: MiNr. 139 = 478 400, MiNr. 140, 141 je 358 000, MiNr. 142 = 185 720, MiNr. 143 = 356 640, MiNr. 144 = 89 040 Stück

Ausgaben für das gesamte Königreich der Serben, Kroaten und Slowenen

1921

1921, 16. Jan. Freimarken; Inschrift „Kraljevstvo". StTdr.; gez. L 12.

n) Kronprinz Alexander, Regent

o) König Peter I. Karađorđević (1844–1921)

145	2 Pa	braun .... n	0,20	0,10
146	5 Pa	grün .... n	0,20	0,10
147	10 Pa	karmin .... n	0,20	0,10
148	15 Pa	dunkelviolett .... n	0,20	0,10
149	20 Pa	schieferschwarz .... n	0,20	0,10
150	25 Pa	blau .... n	0,20	0,10
151	50 Pa	grünoliv .... n	0,20	0,10
152	60 Pa	dunkelorangerot .... n	0,20	0,10
153	75 Pa	violett .... n	0,20	0,10
154	1 Din	orange .... o	0,50	0,10
155	2 Din	oliv .... o	0,70	0,10
156	4 Din	dunkelgrün .... o	1,50	0,10
157	5 Din	dunkelkarmin .... o	5,—	0,10
158	10 Din	braun .... o	15,—	0,10
		Satzpreis (14 W.)	24,—	1,40

| 145 U–158 U | ungezähnt ....Satzpreis (14 W.) | 90,— |

Ohne Gummi = Makulatur.

Auflagen: MiNr. 145 und 153–155 je 20 000 000, MiNr. 146 = 50 000 000, MiNr. 147–148 je 30 000 000, MiNr. 149 und 152 je 25 000 000, MiNr. 150 = 200 000 000, MiNr. 151 = 100 000 000, MiNr. 156 = 10 000 000, MiNr. 157 = 5 000 000, MiNr. 158 = 2 000 000 Stück

Gültig bis 31.10.1928

1921, 30. Jan. Für die Kriegsbeschädigten. StTdr.; gez. L 12.

p) Schlacht auf dem Amselfeld (Kosovo Polje)

r) Verwundeter serbischer Soldat

s) Serbien, Kroatien und Slowenien, Träger der Krone

159	10 + 10 Pa	karmin .... p	0,20	0,20
160	15 + 15 Pa	violettbraun .... r	0,20	0,20
161	25 + 25 Pa	hellblau .... s	0,20	0,20
		Satzpreis (3 W.)	0,50	0,50

159 U–161 U ungezählt . . . . .Satzpreis (3 W.) —,—

Ohne Gummi = Makulatur.
MiNr. 159 mit Aufdruck Y. P. и. und U. R. I. ist eine private Wohltätigkeitsmarke ohne Frankaturkraft.

Auflagen: MiNr. 159 = 2 438 166, MiNr. 160 = 2 437 607, MiNr. 161 = 2 342 236 Stück

Gültig bis 31.10.1928

1922

1922/24. Freimarken: Wohltätigkeitsmarken von 1921 mit Aufdruck.

162	1	Din	auf 10 Pa karmin . . . . (159)	0,10	0,10
163	1	Din	auf 15 Pa violettbraun . . (160)	0,20	0,20
164	1	Din	auf 25 Pa hellblau . . . . (161)		
a			Aufdruck schwarz	0,20	0,10
b			Aufdruck dunkelbraunlila	—,—	—,—
165	3	Din	auf 15 Pa violettbraun . . (160)		
a			Aufdruck grün	0,60	0,10
b			Aufdruck schwarzblau	3,—	1,50
166	8	Din	auf 15 Pa violettbraun . . (160)	3,60	0,20
167	20	Din	auf 15 Pa violettbraun . . (160)		
I			geschwungener Fuß der „2" in „20" .	20,—	1,—
II			gerader Fuß der „2" in „20"	50,—	5,—
168	30	Din	auf 15 Pa violettbraun (160) Bl	32,—	2,—
			Satzpreis (7 W.)	55,—	3,60

166 F   9 Din auf 15 . . . . Pa   400,—

Es kommen verschiedene Unregelmäßigkeiten des Aufdrucks vor (z. B. „i" in „din" ohne Punkt), die nicht katalogisiert werden können.

Auflagen: MiNr. 162 = 13 500 000, MiNr. 163 = 2 700 000, MiNr. 164 = 15 200 000, MiNr. 165 a = 7 850 000, MiNr. 165 b = 1 850 000, MiNr. 166 = 1 480 000, MiNr. 165 F = 2 900, MiNr. 167 = 1 197 200, MiNr. 168 = 702 000 Stück

Gültig bis 31.12.1928

1923

1923, 23. Jan. Freimarken; Inschrift „Kraljevina". StTdr.; gez. L 12.

t) König Alexander (reg. 1921–1934)

169	1	Din	rötlichbraun	2,50	0,20
170	5	Din	karmin	10,—	0,20
171	8	Din	violett	15,—	0,30
172	20	Din	grün	40,—	1,—
173	30	Din	orange	120,—	3,40
			Satzpreis (5 W.) ✱ 130,—	180,—	5,—

Auflagen: MiNr. 169 = 49 199 800, MiNr. 170 und 172 je 2 500 000, MiNr. 171 = 4 800 000, MiNr. 173 = 1 000 000 Stück

Gültig bis 31.12.1928

Die Notierungen gelten in der ersten Spalte für ungebrauchte (postfrische), in der zweiten für gebrauchte (gestempelte) Postwertzeichen.

1924

1924, 18. Febr. Freimarken. MiNr. 152 und 171 mit Aufdruck.

napa 20 para

174	20 para	auf 60 Pa dkl'or'rot . . . . . (152) S	0,70	0,10
175	5 din	auf 8 Din violett . . . . (171) Bl	22,—	0,60
		Satzpreis (2 W.)	22,—	0,70

Auflagen: MiNr. 174 = 13 459 200, MiNr. 175 = 1 572 000 Stück

FALSCH

Gültig bis 31.12.1928

1924, 1. Juli. Freimarken: König Alexander nach links. StTdr.; gez. L 14.

u   v

176	20	(Pa)	schwarz . . . . u	0,20	0,20
177	50	(Pa)	hellbraun . . . . u	0,20	0,20
178	1	Din	karminrot . . . . u	0,20	0,20
179	2	Din	(dunkel)grün . . . . u	0,50	0,20
180	3	Din	ultramarin . . . . u	0,50	0,20
181	5	Din	hellbraun . . . . u	3,50	0,20
182	10	Din	violett v	25,—	0,20
183	15	Din	olivgrün v	20,—	0,20
184	20	Din	orangerot v	20,—	0,20
185	30	Din	dunkelgrün v	10,—	1,30
			Satzpreis (10 W.)	80,—	3,—

Auflagen: MiNr. 176 = 15 000 000, MiNr. 177 = 30 000 000, MiNr. 178 = 100 000 000, MiNr. 179 und 181 je 10 000 000, MiNr. 180 = 60 000 000, MiNr. 182, 183 und 185 je 2 000 000, MiNr. 284 = 4 000 000 Stück

Gültig bis 31.12.1928

1925

1925, 5. Juni. Freimarke. MiNr. 180 mit Aufdruck.

п 25 р

186	П 25 p	auf 3 Din ultramarin . . . . (180)	0,50	0,10
187	П 50 p	auf 3 Din ultramarin . . . . (180)	0,50	0,10
		Satzpreis (2 W.)	1,—	0,20

Auflagen: MiNr. 186 = 5 828 250, MiNr. 187 = 19 046 300 Stück

Gültig bis 22.9.1929

1926

1926/1927. Freimarken: König Alexander nach rechts. Bdr.; gez. K 12½.

w

188	25 Pa	dunkelgrün (25.1.1926) . . . . . . w	0,20	0,10
189	50 Pa	olivbraun (25.1.1926) . . . . w	0,20	0,10

Jugoslawien

190	1 Din	karminrot (25.1.1926) (✕) . . . . . w		0,50	0,10
191	2 Din	schwarzgrau (25.3.1926) . . . . . . w		0,50	0,10
192	3 Din	graublau (10.3.1926) . . . . w		0,70	0,10
193	4 Din	rotorange (10.3.1926) . . . . w		1,20	0,10
194	5 Din	violett (10.3.1926) . . . . w		2,—	0,10
195	8 Din	graubraun (10.3.1926) . . . . w		7,50	0,10
196	10 Din	braunoliv (10.3.1926) . . . . w		4,—	0,10
197	15 Din	rotbraun (2.3.1927) . . . . w		20,—	0,10
198	20 Din	violett (2.3.1927) . . . . w		30,—	0,30
199	30 Din	orange (2.3.1927) . . . . w		140,—	0,50
		Satzpreis (12 W.)		200,—	1,50

1926, 1. Nov. Hochwasserhilfe. MiNr. 188–199 mit rotlila Aufdruck des Zuschlages.

200	25 Pa	+ 0.25	dunkelgrün	(188)	0,20	0,10
201	50 Pa	+ 0.50	olivbraun	(189)	0,20	0,10
202	1 Din	+ 0.50	karminrot	(190)	0,20	0,10
203	2 Din	+ 0.50	schwarzgrau	(191)	0,50	0,10
204	3 Din	+ 0.50	graublau	(192)	0,50	0,20
205	4 Din	+ 0.50	rotorange	(193)	0,70	0,20
206	5 Din	+ 0.50	violett	(194)	1,20	0,20
207	8 Din	+ 0.50	graubraun	(195)	2,50	0,50
208	10 Din	+ 1.—	braunoliv	(196)	5,—	0,20
209	15 Din	+ 1.—	rotbraun	(197)	15,—	1,—
210	20 Din	+ 1.—	violett	(198)	20,—	0,70
211	30 Din	+ 1.—	orange	(199)	55,—	4,—
			Satzpreis (12 W.)		100,—	7,—

FÄLSCH

Auflagen: MiNr. 200 = 5 769 500, MiNr. 201 = 8 085 000, MiNr. 202 = 13 368 100, MiNr. 203 = 1 961 900, MiNr. 204 = 1 996 800, MiNr. 205 = 1 038 700, MiNr. 206 = 964 400, MiNr. 207 = 289 100, MiNr. 208 = 486 900, MiNr. 209 = 187 300, MiNr. 210 = 193 400, MiNr. 211 = 146 300 Stück

MiNr. 200–211 waren vom 1.–30.11.1926 in Kurs und mußten auf allen Postsendungen während dieser Zeit verwendet werden. MiNr. 201–203 wurden vom 18. Juni bis 30. September 1928 als gewöhnliche Freimarken aufgebraucht.

1928

1928, 7. Dez. Freimarken: Hochwasserhilfe MiNr. 202–211, mit weiterem Aufdruck, Zuschlag durch XXXX ungültig gemacht.

212	1 Din	karminrot	(202)	0,50	0,20
213	2 Din	schwarzgrau	(203)	1,50	0,20
214	3 Din	graublau	(204)	2,50	0,40
215	4 Din	rotorange	(205)	6,—	0,60
216	5 Din	violett	(206)	5,—	1,—
217	8 Din	graubraun	(207)	17,—	1,—
218	10 Din	braunoliv	(208)	35,—	2,—
219	15 Din	rotbraun	(209)	180,—	3,—
220	20 Din	violett	(210)	120,—	3,—
221	30 Din	orange	(211)	300,—	12,—
		Satzpreis (10 W.) ✶ 250,—		650,—	20,—

MiNr. 212–221 wurden bereits vor dem offiziellen Ausgabetag an einigen Postkarten verwendet. (Auf Postkarten bekannt)

Auflagen: MiNr. 212 = 7 818 231, MiNr. 213 = 1 726 716, MiNr. 214 = 1 118 779, MiNr. 215 = 474 527, MiNr. 216 = 764 599, MiNr. 217 = 209 032 MiNr. 218 = 369 400, MiNr. 219 = 117 919, MiNr. 220 = 83 459, MiNr. 221 = 85 091 Stück

Achten Sie bei signierten Marken auf die Stellung des Prüferzeichens.
Lesen Sie die Prüfordnung des Bundes Philatelistischer Prüfer am Ende des Kataloges.

Königreich Jugoslawien

Die folgenden Markenausgaben bis 1941 (MiNr. 222 bis 440) wurden alle in der Staatsdruckerei, Belgrad, hergestellt.

1929

1929, 1. Nov. Tausendjahrfeier der Gründung des Königreiches Kroatien (I). Bdr.; MiNr. 222 und 224 gez. K 12½, MiNr. 223 gez. K 11½.

x) Tomislav-Gedächtnis-Basilika, Duvno | y) Könige Tomislav und Alexander | z) Tomislav, erster König von Kroatien (reg. ca. 914–928)

222	50 (+50) Pa	braunoliv x	0,20	0,20
223	1 Din (+50) Pa	rot . . . . y	1,50	0,50
224	3 (+1) Din	blau . . . . z	4,—	1,30
		Satzpreis (3 W.)	6,—	2,—

223 U ungezähnt . . . . 200,—

Auflagen: MiNr. 222–223 je 2 500 000, MiNr. 224 = 1 000 000 Stück

Gültig bis 31.10.1931

Mit Aufdruck: MiNr. 238–240.

1931

1931, 1. April. Errichtung eines Kriegerdenkmals in Paris. Bdr.; gez. K 12½, MiNr. 226 gez. K 11½:12.

aa) Schützengraben bei Dobro Polje | ab) Denkmalsentwurf | ac) Zeltlager am Kajmakčalan

225	50 (+50) Pa	blaugrün . . . . aa	0,20	0,20
226	1 (+1) Din	rot . . . . ab	0,20	0,20
227	3 (+1) Din	blau . . . . ac	0,20	0,20
		Satzpreis (3 W.)	0,50	0,50

Auflagen: MiNr. 225 = 2 026 950, MiNr. 226 = 1 113 300, MiNr. 227 = 1 014 450 Stück

Gültig bis 31.12.1931

1931, 1. Sept./1933. Freimarken: König Alexander. I = unten Stechername D. Wagner in kyrillischer Schrift, II = ohne Stechernamen; auf Papier in verschiedenen Stärken; gez. K 12½.

ad) König Alexander (1888–1934)

228	25 Pa	grauschwarz . . . . ad			
I		m. Stecherzeichen (1.9.1931) .		0,30	0,20
II		o. Stecherzeichen (1.12.1932)		0,30	0,20
229	50 Pa	grün . . . . ad			
I		m. Stecherzeichen (1.9.1931) .		0,30	0,20
II		o. Stecherzeichen (1.12.1932)		0,30	0,20

Jugoslawien

230	1 Din	dunkelrot .... ad			
I		m. Stecherzeichen (1.9.1931) .		0,50	0,20
II		o. Stecherzeichen (1.12.1932)		0,60	0,20
231	3 Din	blau .... ad			
I		m. Stecherzeichen (1.9.1931) .		15,—	0,20
II		o. Stecherzeichen (1933)		2,50	0,20
232	4 Din	orange .... ad			
I		m. Stecherzeichen (1.9.1931) .		7,50	0,20
II		o. Stecherzeichen (1933)		8,50	0,20
233	5 Din	violett .... ad			
I		m. Stecherzeichen (1.9.1931) .		7,50	0,20
II		o. Stecherzeichen (1933)		10,—	0,20
234	10 Din	olivbraun .... ad			
I		m. Stecherzeichen (1.9.1931) .		25,—	0,20
II		o. Stecherzeichen (1933)		40,—	0,20
235	15 Din	rotbraun .... ad			
I		m. Stecherzeichen (1.9.1931) .		25,—	0,20
II		o. Stecherzeichen (1933)		50,—	0,30
236	20 Din	.... ad			
I		m. Stecherzeichen (1.9.1931) .			
a		dunkelviolett		50,—	0,20
b		lila		200,—	7,50
II		o. Stecherzeichen (1933)		75,—	0,30
a		dunkelviolett		65,—	0,30
237	30 Din	lilarot .... ad			
I		m. Stecherzeichen (1.9.1931) .		25,—	0,60
II		o. Stecherzeichen (1933)		75,—	0,30
		Satzpreis I (10 W.)		150,—	1,50
		Satzpreis II (10 W.)		250,—	2,—

Weitere Marken in Zeichnung ad mit geändertem Stecherzeichen:
MiNr. 241–242 und 283–284 und mit Trauerrand: MiNr. 285 bis 298

1931, 1. Nov. Tausendjahrfeier der Gründung des Königreiches Kroatien (II). Aufdruck der neuen Landesbezeichnung „Kraljevina Jugoslavija", bei MiNr. 238 in kyrillischer, MiNr. 239 in lateinischer und kyrillischer, MiNr. 240 nur in lateinischer Schrift.

238	50 (+50) Pa	braunoliv .... (222)		0,10	0,10
239	1 Din (+50) Pa	rot .... (223)		0,10	0,10
240	3 (+1) Din	blau .... (224)		0,80	0,80
		Satzpreis (3 W.)		1,—	1,—

Auflagen: MiNr. 238 = 1 842 700, MiNr. 239 = 1 820 000, MiNr. 240 = 721 650 Stück

Gültig bis 30.4.1932

1932

1932, 1. April. Freimarken: König Alexander. Namen des Zeichners und des Stechers (Stojičevič Wagner) in kyrillischer Schrift unter dem Markenbild, Bdr.; gez. 12½:12¾.

ad

241	75 Pa	dunkelolivgrün .... ad		0,70	0,10
242	1.50 Din	rosa .... ad		1,80	0,10
		Satzpreis (2 W.)		2,50	0,20

In gleicher Zeichnung: MiNr. 228–237, 283–284

1932, 2. Sept. Europameisterschaften im Rudern. Belgrad. Bdr.;
MiNr. 243–246 gez. 11½:12; MiNr. 247 und 248 gez. K 12:11½.

ae) Einer vor Smedereva   af) Vierer vor Veldes (Bled)   ag) Achter vor Belgrad

ah) Zweier im Hafen von Split   ai) Zweier auf der Save bei Zagreb   ak) Kronprinz Peter (1923–1970)

243	75 Pa	+ 50 Pa	dunkelgrün/hellblau ... ae	1,20	1,20
244	1 Din	+ ½ Din	karminrot/hellblau .... af	1,20	1,20
245	1½ Din	+ ½ Din	lilarosa/hellgrün ...... ag	2,—	1,70
246	3 Din	+ 1 Din	blau/hellblau .... ah	4,—	3,—
247	4 Din	+ 1 Din	rotorange/hellblau .... ai	17,—	20,—
248	5 Din	+ 1 Din	violett/hellblau .... ak	17,—	15,—
			Satzpreis (6 W.)	42,—	42,—
			FDC	200,—	

Auflagen: MiNr. 243–245 je 100 000, MiNr. 246 = 80 000 MiNr. 247–248 je 60 000 Stück

Gültig bis 31.10.1932

1933

1933, 25./27. Mai. 11. Tagung der internationalen Schriftstellervereinigung PEN, Dubrovnik. Bdr.; gez. L 12½.

al I) lateinische Inschrift
al II) kyrillische Inschrift

249	0.50 Din	+0.25 schwarz .... al I		10,—	12,—
250	0.75 Din	+0.25 gelbgrün .... al II		10,—	12,—
251	1.50 Din	+0.50 rosa .... al I		10,—	12,—
252	3 Din	+1 violettblau .... al II		10,—	12,—
253	4 Din	+1 dunkelgrün .... al I		10,—	12,—
254	5 Din	+1 orange .... al II		10,—	12,—
		Satzpreis (6 W.)		60,—	70,—
		FDC		120,—	

250 I   Inschrift Пеп statt Пен (Feld 26) .... 1000,—

Auflage: 30 000 Sätze

Gültig bis 31.7.1933

1933, 28. Juni. Sokolspiele, Laibach. Bdr.; gez. L 12½.

am) Thronfolger Peter in Sokoltracht

255	75 P + 25 P	graugrün .... am		0,50	0,30
256	1½ Din + ½ Din	dunkelrot .... am		0,50	0,30
		Satzpreis (2 W.)		1,—	0,60
		FDC		12,—	

Auflage: 500 000 Sätze

Gültig bis 31.8.1933

1933, 5. Sept. Freimarken: König Alexander nach rechts mit zweizeiligem Aufdruck des neuen Landesnamens in lateinischer und kyrillischer Schrift.

ЈУГОСЛАВИЈА

JUGOSLAVIJA

257	25 Pa	dunkelgrün	(188)	0,20	0,20
258	50 Pa	olivbraun	(189)	0,20	0,20
259	1 Din	karminrot	(190)	1,—	0,20
260	2 Din	schwarzgrau	(191)	1,50	0,20
261	3 Din	graublau	(192)	5,—	0,20
262	4 Din	rotorange	(193)	2,50	0,20
263	5 Din	violett	(194)	5,—	0,20
264	8 Din	graubraun	(195)	10,—	1,70
265	10 Din	braunoliv	(196)	25,—	0,20
266	15 Din	rotbraun	(197)	30,—	2,20
267	20 Din	violett	(198)	55,—	1,—
268	30 Din	orange	(199)	50,—	1,—
			Satzpreis (12 W.)	180,—	7,—

Zahlreiche Aufdruckfehler bekannt.

Auflagen: MiNr. 257 = 5 414 300, MiNr. 258 = 7 440 000, MiNr. 259 = 2 245 000, MiNr. 260 = 232 750, MiNr. 261 = 1 123 850, MiNr. 262 = 1 032 850, MiNr. 263 = 864 150, MiNr. 264 = 137 450, MiNr. 265 = 574 350, MiNr. 266 = 87 300, MiNr. 267 = 269 400, MiNr. 268 = 254 000 Stück

1933, 5, Sept. Freimarken: Hochwasserhilfe mit weiterem Aufdruck des neuen Landesnamens, Zuschlagswert viermal durchbalkt.

269	25 Pa	dunkelgrün	(200)	1,20	0,20
270	50 Pa	olivbraun	(201)	1,20	0,20
271	1 Din	karminrot	(202)	3,60	0,60
			Satzpreis (3 W.)	6,—	1,—

Doppelaufdruck bei allen Werten bekannt.

Auflagen: MiNr. 269 = 1 310 500, MiNr. 270 = 1 041 200, MiNr. 271 = 450 700 Stück
FALSCH

1934

1934, 1. Juni. 20 Jahre Sokols von Sarajevo. Bdr.; gez. L 12½:12¾.

an) Falke (Sokol) über Sarajevo

272	0.75 + 0.25 Din	hellgrün	an	10,—	11,—
273	1.50 + 0.50 Din	karminrot	an	15,—	12,—
274	1.75 + 0.25 Din	dunkelbraun	an	25,—	12,—
			Satzpreis (3 W.)	50,—	35,—
			FDC		120,—

Auflagen: MiNr. 272 = 73 419, MiNr. 273 = 61 546, MiNr. 274 = 56 754 Stück

Gültig bis 31.10.1934

Europa in Farbe:
Die MICHEL-Europa-Kataloge

1934, 1. Juni. 60 Jahre Sokols von Zagreb. Bdr.; gez. K 12½:12¾

ao) Kronprinz Peter als Turner, Falke

275	0.75 + 0.25 Din	dunkelblaugrün	ao	5,—	4,—
276	1.50 + 0.50 Din	karminrot	ao	5,—	6,—
277	1.75 + 0.25 Din	dunkelbraun	ao	15,—	15,—
			Satzpreis (3 W.)	25,—	25,—
			FDC		120,—

Auflagen: MiNr. 275 = 103 499, MiNr. 276 = 68 990, MiNr. 277 = 63 190 Stück

Gültig bis 30.9.1934

✈ 1934, 15. Juni. Flugzeug Rohrbach Ro VIII „Roland" über Landschaften. Bdr.; gez. K 12½.

Fa) Dubrovnik (Ragusa)

Fb) Veldes (Bled) Fc) Pliva-Fälle bei Jajce Fd) Kirche von Oplenac Fe) Stari Most (Alte Brücke über die Neretva in Mostar)

278	50 Pa	lilabraun	Fa	0,20	0,20
279	1 Din	hellgrün	Fb	0,20	0,20
280	2 Din	karminrot	Fc	0,70	0,50
281	3 Din	blau	Fd	2,20	0,50
282	10 Din	rotorange	Fe	5,—	4,60
			Satzpreis (5 W.)	8,—	6,—

Auflagen: MiNr. 278–279 je 300 000, MiNr. 280–281 je 200 000, MiNr. 282 = 150 000 Stück

In Zeichnung Fd mit schwarzem Trauerrand: MiNr. 299

1934, 18. Aug. Freimarken: König Alexander. Namen des Zeichners und des Stechers unter dem Markenbild „СТОЈИЋЕВИЋ-ВАГНЕР"; Bdr.; gez. K 12½.

ad)

283	1.75 Din	rotlila	ad	3,—	0,40
284	3.50 Din	ultramarin	ad	4,—	0,40
			Satzpreis (3 W.)	7,—	0,70

Auflagen: MiNr. 283 = 480 000, MiNr. 284 = 1 900 000 Stück

In Zeichnung: MiNr. 228–237, 241–242

1934, 17. Okt. Tod von König Alexander (I). Freimarken mit Trauerrand-Aufdruck.

ad) König Alexander, am 9.10.1934 in Marseille ermordet

285	25 Pa	schwarz/grauschwarz	(228)	0,10	0,10
286	50 Pa	schwarz/grün	(229)	0,10	0,10
287	75 Pa	schwarz/dunkelolivgrün	(241)	0,10	0,10
288	1 Din	schwarz/dunkelrot	(230)	0,10	0,10
289	1.50 Din	schwarz/rosa	(242)		
A		gez. 12½:12¾		0,20	0,10
B		gez. 9		220,—	—,—

Jugoslawien

290	1.75 Din	schwarz/rotlila .... (283)		0,20	0,10
291	3 Din	schwarz/blau .... (231)		0,20	0,10
292	3.50 Din	schwarz/ultramarin ..... (284)		0,50	0,10
293	4 Din	schwarz/orange .... (232)		0,50	0,10
294	5 Din	schwarz/violett .... (233)		1,20	0,10
295	10 Din	schwarz/olivbraun ...... (234)		3,60	0,10
296	15 Din	schwarz/rotbraun ...... (235)		7,50	0,30
297	20 Din	schwarz/dunkelviolett ... (236)		15,—	0,30
298	30 Din	schwarz/lilarot .... (237)		10,—	0,50
		Satzpreis (14 W.)		38,—	2,—

MiNr. 285–298 in verschiedenen Druckauflagen hergestellt.
Der Trauerrand-Aufdruck ist oft unregelmäßig und kann auf einer oder mehreren Seiten fehlen.

Auflagen: MiNr. 285 = 19 430 220, MiNr. 286 = 14 499 000, MiNr. 287 = 22 285 700, MiNr. 288 = 10 505 100, MiNr. 289 = 44 802 500, MiNr. 290 = 2 311 100, MiNr. 291 = 4 771 200, MiNr. 292 = 3 062 600, MiNr. 293 = 2 540 800, MiNr. 294 = 1 330 700, MiNr. 295 = 1 766 300, MiNr. 296 = 694 600, MiNr. 297 = 747 000, MiNr. 298 = 446 600 Stück

1935

✈ **1935, 1. Jan. Tod von König Alexander (II).**
MiNr. 281 mit Trauerrand-Aufdruck.

299	3 Din blau .... (281)	6,—	5,—

Auflage: 100 000 Stück

1935, 6. Sept./1936. Freimarken: König Peter II.; x = gestrichenes Papier, y = dickes, gewöhnliches Papier; gez. K 13: 12½

ap) König Peter II. (1923–1970)

300	0.25 Din	braunschwarz .... ap	0,20	0,10
x		gestrichenes Papier (18.11.1935) ..		
y		dickes Papier (1938)	5,—	2,50
301	0.50 Din	orange .... ap		
x		gestrichenes Papier	0,20	0,10
y		dickes Papier (1938)	5,—	2,50
302 x	0.75 Din	blaugrün .... ap	0,20	0,10
303 x	1 Din	karminbraun (18.11.1935) ... ap	0,20	0,10
304 x	1.50 Din	zinnoberrot .... ap	0,30	0,10
305 x	1.75 Din	karmin .... ap	0,50	0,10
306 x	2 Din	(hell)karminlila (8.1936) .... ap	0,30	0,10
307 x	3 Din	braunorange (18.11.1935) .. ap	0,30	0,10
308 x	3.50 Din	ultramarin .... ap	0,70	0,10
309 x	4 Din	gelbgrün (18.11.1935) ..... ap	2,50	0,10
310 x	4 Din	dunkelblau (8.1936) ...... ap	0,50	0,10
311 x	10 Din	violett (18.11.1935) .... ap	2,50	0,10
312 x	15 Din	lilabraun (18.11.1935) ..... ap	2,50	0,10
313 x	20 Din	grünlichblau (18.11.1935) .. ap	10,—	0,20
314 x	30 Din	lila (18.11.1935) .... ap	5,—	0,20
		Satzpreis (15 W.)	25,—	1,50
303 Uu		unten ungezähnt	50,—	

Auflagen: MiNr. 300 = 31 300 000, MiNr. 301 = 12 300 000, MiNr. 302 = 33 000 000, MiNr. 303 = 18 900 000 MiNr. 304 = 63 600 000, MiNr. 305 = 2 400 000, MiNr. 306 = 5 000 000, MiNr. 307 = 5 500 000, MiNr. 308 = 7 400 000, MiNr. 309 = 4 400 000, MiNr. 310 = 2 700 000, MiNr. 311 = 2 200 000, MiNr. 312 = 949 000, MiNr. 313 und 314 je 1 100 000 Stück

1935, 9. Okt. 1. Jahrestag der Ermordung König Alexanders. MiNr. 315–316 gez. L 12½:11½, MiNr. 317–319 gez. 11½.

ar) König Alexander in Admiralsuniform

315	0.75 Din	blaugrün .... ar	0,50	0,50
316	1.50 Din	rot .... ar	0,50	0,50
317	1.75 Din	braun .... ar	0,70	1,—
318	3.50 Din	ultramarin .... ar	4,—	3,—
319	7.50 Din	rotlila .... ar	2,50	2,50
		Satzpreis (5 W.)	8,—	7,50

Auflagen: MiNr. 315–316 je 300 000, MiNr. 317–319 je 100 000 Stück

1935, 25. Dez. Winterhilfe. Odr.; A = gez. 12½:11½, C = gez. L 11½.

a) Frau mit Kindern

320	1.50 + 1.00 Din	h'braun/dkl'braun ..as		
A		gez. L 12½:11½	3,—	1,50
C		gez. L 11½	18,—	18,—
321 A	3.50 + 1.50 Din	h'blau/ultramarin .. as	5,—	3,60
		Satzpreis (2 W.)	8,—	5,—

Auflagen: MiNr. 320 = 90 297, MiNr. 321 = 77 998 Stück

Gültig bis 30.4.1936

1936

1936, 3. Mai. Kinderhilfe. Stdr.; gez. L 12½:11½.

at) Königin-Witwe Marija (1900–1961)

322	0.75+0.25 Din	hellgrünlichblau	0,50	0,50
323	1.50+0.50 Din	rosa	0,50	0,20
324	1.75+0.75 Din	hellbraun	3,—	1,50
325	3.50+1.00 Din	hellblau	4,—	3,20
		Satzpreis (4 W.)	8,—	5,—
		FDC	25,—	

Auflagen: MiNr. 322 = 86 128, MiNr. 323 = 82 941, MiNr. 324 = 78 447, MiNr. 325 = 79 566 Stück

Gültig bis 30.9.1936

1936, 28. Mai. 80. Geburtstag von Nikola Tesla. Odr.; gez. L 12½:11½.

au) N. Tesla (1856–1943), Physiker und Elektrotechniker

326	75 Pa	dunkelbraun/gelbgrün ...... au	0,40	0,30
327	1.75 Din	schiefer/blau .... au	0,60	0,30
		Satzpreis (2 W.)	1,—	0,60
		FDC		7,50

Auflage: 500 000 Sätze

1936, 20. Sept. Rotes Kreuz. Bdr.; gez. L 12½

av) Prinzregent Paul (reg. 1934–1941)

328	0.75 + 0.50 Din	blaugrün/rot .... av	0,40	0,40
329	1.50 + 0.50 Din	lilarosa/rot .... av	0,40	0,40
		Satzpreis (2 W.)	0,70	0,70
		FDC		7,50

Auflagen: MiNr. 328 = 136 190, MiNr. 329 = 173 995 Stück

Gültig bis 26.9.1936

1937

1937, 1. Mai. Kinderhilfe. Odr.; gez. L 11½:12½; MiNr. 332–333 ~.

 aw  ax

aw–ax) Prinz Andreas (*1929) und Prinz Tomislav (*1928)

330	0.25 + 0.25 Din	dunkelbraun	aw	0,30	0,30
331	0.75 + 0.75 Din	dunkelgrün	aw	0,50	0,50
332	1.50 + 1.00 Din	orangerot	ax	0,80	0,80
333	2.00 + 1.00 Din	karminlila	ax	1,50	1,50
		Satzpreis (4 W.)		3,—	3,—
		FDC			10,—

Auflagen: MiNr. 330 = 1 45 782, MiNr. 331 = 1 34 483, MiNr. 332 = 1 32 569, MiNr. 333 = 132 398 Stück

Gültig bis 30.9.1937

1937, 1. Juli. Kleine Entente. Odr.; A = gez. L 12½:11½; B = gez. 2½.

ay) Gedächtniskirche auf dem Oplenac bei Belgrad

334	3 Din	bläulichgrün	ay		
A		gez. L 12½:11½		2,50	0,70
B		gez. 12½		30,—	30,—
335 A	4 Din	graublau	ay	2,50	1,50
		Satzpreis (2 W.)		5,—	2,20
		FDC			20,—

Auflagen: MiNr. 334 = 485 593, MiNr. 335 = 997 214 Stück

Gültig bis 31.1.1938

Parallelausgabe mit Rumänien MiNr. 536–537 und Tschechoslowakei MiNr. 375–376

1937, 12. Sept. Blockausgabe: 1. philatelistische Landesausstellung, Belgrad. Odr.; gez. Ks 14.

az) Mazedonische Tracht
bb) Slowenische Tracht
ba) Bosnische Tracht
bc) Kroatische Tracht

336	1 Din	blaugrün	az	2,50	2,50
337	1.50 Din	hellviolett	ba	2,50	2,50
338	2 Din	karminrot	bb	2,50	2,50
339	4 Din	blau	bc	2,50	2,50
Block 1	(109 × 149 mm)			12,—	12,—
		FDC			25,—

Verkaufspreis 15 Din.

Auflage: 150 000 Blocks

✈ 1937, 12. Sept. Flugzeuge Junkers G–31 oder Fokker F VII über Landschaften. Odr.; gez. L 12½, C = gez. L 12½:11½, Querformate ~.

Ff) Kirche Sveti Jovan am Ohridsee

Fg) Insel Rab   Fh) Sarajevo   Fi) Ljubljana (Laibach)

340	0,50 Din	dunkelbraun	Ff		
A		gez. 12½		0,10	0,10
C		gez. 12½:11½		0,20	0,20
341	1 Din	dunkelgrün	Fg		
A		gez. 12½		0,10	0,10
C		gez. 12½:11½		0,20	0,20
342	2 Din	blauschwarz	Fh		
A		gez. 12½		0,20	0,20
C		gez. 11½:12½		0,30	0,20
343	2,50 Din	karmin	Fi		
A		gez. 12½		0,20	0,30
C		gez. 11½:12½		0,30	0,20
344	5 Din	dunkelviolett	Ff		
A		gez. 12½		0,50	0,30
C		gez. 12½:11½		0,50	0,20
345	10 Din	lilakarmin	Fg		
A		gez. 12½		1,70	0,30
C		gez. 12½:11½		1,20	0,30
346	20 Din	dunkelgrün	Fh		
A		gez. 12½		1,70	1,20
C		gez. 11½:12½		13,—	10,—
347	30 Din	blau	Fi		
A		gez. 12½		2,50	2,20
C		gez. 11½:12½		45,—	35,—
		Satzpreis A (8 W.)		7,—	4,50
		Satzpreis C (8 W.)		60,—	45,—

MiNr. 340 – 347 wurden 1941 von der serbischen Landespost unter deutscher Besetzung auf dünnerem Papier in etwas abweichenden Farben neu gedruckt. Siehe MICHEL-Deutschland-Spezialkatalog, Band 1.

MiNr. 344–347 mit Aufdruck: 429–432

1937, 29. Okt. Balkanentente (I). Odr.; verschieden gez.

bd) Wappen von Jugoslawien, Griechenland, Rumänien und der Türkei

348	3 Din	grün/hellgrün	bd		
A		gez. L 10¾		2,50	0,50
C		gez. L 10¾:11½		3,—	0,50
D		gez. L 11½		5,—	0,70
E		gez. L 12½:11½		35,—	20,—
F		gez. L 12½		65,—	55,—

JUGOSLAWIEN

349	4 Din	blau/ultramarin .... bd		
A		gez. L 10¾	2,50	1,20
C		gez. L 10¾:11½	5,—	1,20
D		gez. L 11½	7,50	1,50
F		gez. L 12½	35,—	20,—
		Satzpreis A (2 W.)	5,—	1,70
		FDC (A)		30,—

Auflagen: MiNr. 348 = 969 151, MiNr. 349 = 499 737 Stück

Gültig bis 31.5.1938

Parallelausgabe mit Griechenland MiNr. 411, Rumänien MiNr. 547 bis 548 und Türkei MiNr. 1014–1015

1938

1938, 1. Mai. Kinderhilfe. Odr.; gez. L 12½:11½, Hochformate ~.

be) Kinderköpfe

bf) Kleinkind

350	0.50 + 0.50 Din	schwarzbraun ...... be	0,30	0,30
351	1.00 + 1.00 Din	dunkelgrün .... bf	0,50	0,30
352	1.50 + 1.50 Din	rot .... be	1,20	0,50
353	2.00 + 2.00 Din	purpur .... bf	3,—	1,—
		Satzpreis (4 W.)	5,—	2,—
		FDC		15,—

Auflagen: MiNr. 350 = 90 870, MiNr. 351 = 85 929, MiNr. 352 = 82 714 MiNr. 353 = 82 822 Stück

Gültig bis 30.9.1938

MiNr. 350–353 mit Aufdruck: MiNr. 366–369

bg) Savebrücke bei Belgrad

1938, 28. Mai. Internationale Flugausstellung Belgrad. Odr.; A = gez. L 11½:12½, B = gez. 11½.

354 A	1.00 + 0.50 Din	dunkelgrün .... bg	1,—	1,—
355	1.50 + 1.00 Din	rot .... bg		
A		gez. L 11½:12½	1,50	1,50
B		gez. 11½	22,—	22,—
356	2.00 + 1.00 Din	dunkellila .... bg		
A		gez. L 11½:12½	3,—	3,—
B		gez. 11½	40,—	40,—
357 A	3.00 + 1.50 Din	dunkelblau	5,—	5,—
		Satzpreis (4 W.)	10,—	10,—
		FDC		30,—

Auflagen: MiNr. 354 = 82 059, MiNr. 355 = 78 891, MiNr. 356 = 78 542, MiNr. 357 = 77 680 Stück

Gültig bis 31.3.1938

1938, 1. Aug. Errichtung eines Sanatoriums für Eisenbahner in Demir Kapija. Odr.; gez. L 12½:11½, Hochformate ~.

bh) Vardardurchbruch bei Demir Kapija (Mazedonien)

bi) Geplantes Sanatorium in Demir Kapija

bk) Fackelläufer

bl) König Alexander

358	1.00 + 1.00 Din	dunkelgrün .... bh	1,—	0,50
359	1.50 + 1.50 Din	rot/sämisch .... bi	1,70	0,70
360	2.00 + 2.00 Din	lilakarmin .... bk	4,20	4,—
361	3.00 + 3.00 Din	dunkelblau .... bl	4,20	4,—
		Satzpreis (4 W.)	11,—	9,—
		FDC		30,—

Auflagen: MiNr. 358 = 64 848, MiNr. 359 = 63 473, MiNr. 360 = 68 383, MiNr. 361 = 63 165 Stück

Gültig bis 30.11.1938

1938, 11. Sept. 9. Balkanspiele, Belgrad. Odr.; gez. L 11½:12½, Querformate ~.

bm) Zieleinlauf

bn) Hürdenlauf

bo) Stabhochsprung

bp) Kugelstoßen

362	0.50 + 0.50 Din	rotbraun .... bm	3,—	3,—
363	1.00 + 1.00 Din	dunkelgrün .... bn	3,—	3,—
364	1.50 + 1.50 Din	lilakarmin .... bo	3,—	3,—
365	2.00 + 2.00 Din	schwarzblau .... bp	6,—	6,—
		Satzpreis (4 W.)	15,—	15,—
		FDC		50,—
365 UMS		waagerechtes Paar, senkrecht ungezähnt		—,—

Auflagen: MiNr. 362 = 82 042, MiNr. 363 = 80 944, MiNr. 364 = 81 352, MiNr. 365 = 80 188 Stück

Gültig bis 30.11.1938

1938, 1. Okt. Kinderhilfe. Neuauflage von MiNr. 350–353 mit Aufdruck in lateinischer Schrift SALVATE/PARVULOS; gez. L 12½.

366	0.50 + 0.50 Din	schwarzbraun .... (350)	1,—	0,70
367	1.00 + 1.00 Din	dunkelgrün ...... (351)	1,—	1,—
368	1.50 + 1.50 Din	rot .... (352)	1,50	1,50
369	2.00 + 2.00 Din	purpur .... (353)	3,—	3,—
		Satzpreis (4 W.)	6,50	6,—
		FDC		15,—
366 I		Paar mit und ohne Aufdruck zusammenhängend		150,—

Auflagen: MiNr. 366 = 76 837, MiNr. 367 = 76 885, MiNr. 368 = 76 115, MiNr. 369 = 76 890 Stück

Gültig bis 31.7.1939

Jugoslawien

1939

1939, 15. März. Errichtung eines Heimes für Post- und Telegraphenbeamte (I): 100 Jahre Postverbindungen in Serbien Odr.; gez. K 11½:11¾

br) Postreiter   bs) Postkutsche   bt) Eisenbahn

bu) Autobus   bv) Flugzeug Lockheed 10 Electra und Postauto

370	50+50 Pa	mehrfarbig .... br	0,70	0,70
371	1.00+1.00 Din	grünschw./schw'grün bs	0,70	0,70
372	1.50+1.50 Din	braunkarmin/karminrot bt	4,—	2,50
373	2.00+2.00 Din	schwarzviolett/dunkelpurpur .... bu	4,—	3,50
374	4.00+4.00 Din	blaugrau/dkl'blaugrau bv	5,—	5,—
		Satzpreis (5 W.)	14,—	12,—
		FDC		40,—

Auflagen: MiNr. 370 = 116 470, MiNr. 371 = 91 298, MiNr. 372 = 87 494, MiNr. 373 = 86 977, MiNr. 374 = 81 121 Stück

Gültig bis 31.7.1939

1939, 1. Mai. Kinderhilfe. Odr.; A = gez. L 12½, B = gez. L 11½.

bw) Essendes Kind

bx) Kinder am Badestrand   by) Knabe an der Hobelbank   bz) Kindliches Vertrauen

375 A	1.00+1.00 Din	blaugrün/schwarzgrün bw	1,20	1,20
376	1.50+1.50 Din	hellorange/braun .... bx		
A		gez. L 12½	5,—	4,—
B		gez. L 11½	130,—	130,—
377 A	2.00+2.00 Din	lilarot/braun .... by	3,60	3,60
378 B	4.00+4.00 Din	hellblau/dunkelblau .. bz	3,60	3,60
		Satzpreis (4 W.)	13,—	12,—
		FDC		40,—

Auflagen: MiNr. 375 = 71 023, MiNr. 376 = 69 547, MiNr. 377 = 49 163, MiNr. 378 = 67 934 Stück

Gültig bis 30.9.1939

Bitte teilen Sie uns von Ihnen festgestellte Fehler mit, damit wir sie berichtigen können.

1939, 28. Juni. 550. Jahrestag der Schlacht auf dem Amselfeld (Kosovo Polje). Odr.; gez. K 11¾:11½

ca) Fürst Lazar I. Hrebeljanović (um 1329–1389)   cb) Miloš Obilić, legendärer Held

379	1.00+1.00 Din	mehrfarbig .... ca	4,—	2,—
380	1.50+1.50 Din	bräunlichlila/karmin . cb	4,—	2,—
		Satzpreis (2 W.)	8,—	4,—
		FDC		25,—

Auflagen: MiNr. 379 = 99 220, MiNr. 380 = 95 935 Stück

Gültig bis 30.9.1939

1939, 3. Sept. 1. internationales Kraftfahrzeugrennen, Belgrad. Odr.; gez. K 11¾:11½, Querformate ~.

cc) Motorrad mit Beiwagen

cd) Rennwagen der Auto-Union   ce) Motorrad in voller Fahrt   cf) Mercedes-Rennwagen

381	0.50+0.50 Din	ockerbraun/orangebraun cc	1,20	1,—
382	1.00+1.00 Din	schwarz/blaugrün ... cd	2,50	2,—
383	1.50+1.50 Din	dunkelkarminbraun/braunkarmin .... ce	3,60	3,—
384	2.00+2.00 Din	blauschwarz/ultramarin cf	6,—	5,—
		Satzpreis (4 W.)	13,—	11,—
		FDC		40,—

Auflagen: MiNr. 381 = 79 909, MiNr. 382 = 80 684, MiNr. 383 = 79 909, MiNr. 384 = 77 744 Stück

Gültig bis 31.1.1940

1939, 6. Sept. Postkongreß des Balkanbundes; 20. Jahrestag der 1. Flaggenhissung auf Kriegsschiffen Jugoslawiens. StTdr.; gez. K 11½:11¾.

cg) Schulsegelschiff „Jadran"

ch) Passagierschiff „Kralj Aleksandar I"   ci) Frachter „Triglav"   ck) Zerstorer „Dubrovnik"

385	0.50+0.50 Din	bräunl'orangerot .... cg	1,—	1,—
386	1.00+0.50 Din	dunkelblaugrün ..... ch	2,—	2,—

JUGOSLAWIEN

387	1.50 + 1.00 Din	karmin ci	3,—	3,—
388	2.00 + 1.50 Din	dunkelblau .... ck	5,—	5,—
		Satzpreis (4 W.)	11,—	11,—
		FDC		36,—

Stecherzeichen „S" des Stechers Seizinger bei MiNr. 385 und 387 auf der 16. Marke des 4. Schalterbogens, bei MiNr. 386 und 388 auf der 25. Marke des 4. Schalterbogens: MiNr. 385 über dem Bugspriet unterhalb des Segels, MiNr. 386 rechts unter „B" des Landesnamens, MiNr. 387 links oben bei der 1. MiNr. 388 im inneren Bogen der 2.

385 I–388 I mit Stecherzeichen ✶✶ je 100,—, ⊙ je 100,–.

Auflagen: MiNr. 385 = 87 826, MiNr. 386 = 85 300, MiNr. 387 = 85 568, MiNr. 388 = 83 317 Stück

Gültig bis 31.1.1940

cr) Paketeverlader   cs) Telegrafenarbeiter

408	0.50 + 0.50 (Din)	orange/d'braun ... cn	1,50	1,30
409	1.00 + 1.00 Din	blaugrün/graugrün . co	1,50	1,30
410	1.50 + 1.50 (Din)	karmin/br'kar ..... cp	2,50	2,50
411	2.00 + 2.00 Din	purpur/graupurpur . cr	3,—	3,—
412	4.00 + 4.00 Din	dunkelblau/graublau cs	10,—	8,—
		Satzpreis (5 W.)	18,—	16,—
		FDC		40,—

Auflagen: MiNr. 408 = 70 515, MiNr. 409 = 68 788, MiNr. 410 = 67 945, MiNr. 411 = 67 881, MiNr. 412 = 66 582 Stück

Gültig bis 31.5.1940

1939, 9. Okt. 5. Todestag König Alexanders. Odr.; gez. L 12½.

cl) Denkmal des Unbekannten Helden auf dem Avalaberg (von Ivan Meštrović)

389	1.00 + 0.50 Din	dunkelgrün cl	2,50	2,—
390	1.50 + 1.00 Din	karminrot cl	2,50	2,—
391	2.00 + 1.50 Din	dunkellila cl	3,—	3,—
392	3.00 + 2.00 Din	dunkelblau cl	6,—	5,—
		Satzpreis (4 W.)	14,—	12,—
		FDC		36,—

Auflagen: MiNr. 389 = 62 080, MiNr. 390 = 61 654, MiNr. 391 = 60 826, MiNr. 392 = 60 833 Stück

Gültig bis 31.3.1940

1940, 1. März. Errichtung eines Heimes für Post- und Telegraphenarbeiter in Zagreb; Bdr. auf gestrichenem Papier; gez. K 12½:11½; Querformate ∿.

ct) Ankunft der Kroaten   cu) Kroatischer König Tomislav, reg. ca. 914–928   cv) Hinrichtung des kroatischen Bauernführers Matija Gubec 1573

1939, 9. Okt./1940, Nov. Freimarken: König Peter II. Bdr.; gez. K 12½.

cm) König Peter II. (1923–1970)

393	0.25 Din	braunschwarz (1940) ...... cm	0,30	0,10
394	0.50 Din	orange (1940) .... cm	0,30	0,10
395	1.00 Din	grün (11.12.1939) .... cm	0,30	0,10
396	1.50 Din	rot (9.10.1939) .... cm	0,30	0,10
397	2.00 Din	lilakarmin (1940) .... cm	0,30	0,10
398	3.00 Din	lilabraun (11.12.1939) .... cm	0,50	0,10
399	4.00 Din	ultramarin (9.10.1939) .... cm	0,50	0,10
400	5.00 Din	dukelblau (1.11.1940) .... cm	0,50	0,20
401	5.50 Din	dkl'braunviolett (1.11.1940) cm	1,20	0,10
402	6.00 Din	dunkelblau .... cm	2,50	0,10
403	8.00 Din	dunkelbraun .... cm	2,50	0,10
404	12.00 Din	violett .... cm	4,50	0,10
405	16.00 Din	dunkelviolettbraun .... cm	5,50	0,30
406	20.00 Din	hellblau (2.1940) .... cm	5,50	0,30
407	30.00 Din	lilakarmin (2.1940) .... cm	12,—	0,70
		Satzpreis (15 W.)	36,—	2,40

cw) Gebrüder Antun (1863–1919) und Stjepan (1871–1928) Radić, kroatische Politiker   cx) Landkarte von Jugoslawien mit den einzelnen Banschaften

413	0.50 + 0.50 Din	hellrotbraun .... ct	0,70	0,70
414	1.00 + 1.00 Din	grün .... cu	0,70	0,70
415	1.50 + 1.50 Din	rot cv	1,20	0,70
416	2.00 + 2.00 Din	lilakarmin .... cw	3,—	3,—
417	4.00 + 2.00 Din	dunkelblau cx	3,50	3,50
		Satzpreis (5 W.)	9,—	8,50
		FDC		25,—

Auflagen: MiNr. 413 = 86 731, MiNr. 414 = 84 697, MiNr. 415 = 81 838, MiNr. 416 = 80 756, MiNr. 417 = 80 522 Stück

Gültig bis 31.7.1940

1940

1940, 1. Jan. Errichtung eines Heimes für Post- und Telegraphenbeamte (III); Postalltag. Odr.; gez. L 12½.

cn) Briefzusteller   co) Kastenleerer   cp) Paketpostzusteller

1940, 1. Mai. Kinderhilfe. Odr.; Hochformate gez. 12½, Querformate gez. 11½:11¾.

cy) Spielende Kinder   cz) Mädchen

| 418 | 0.50 + 0.50 Din | rotocker/gelbocker .. cy | 0,50 | 0,50 |
| 419 | 1.00 + 1.00 Din | dunkelgraugrün/ dunkelgrün .... cz | 0,50 | 0,50 |

Jugoslawien 535

420	1.50+1.50 Din	braunkarmin/			
		karminrot . . . . cy	1,50	1,—	
421	2.00+2.00 Din	braunlila/lilapurpur . . . cz	2,60	2,—	
		Satzpreis (4 W.)	5,—	4,—	
		FDC		15,—	

Auflagen: MiNr. 418 = 98 531, MiNr. 419 = 97 751, MiNr. 420 = 99 459, MiNr. 421 = 96 541 Stück

Gültig bis 30.9.1940

1940, 1. Juni. Balkanentente (II). Bdr. (10 × 10); gez. L 12½.

 da)    db)

Wappen von Griechenland, Rumänien, Jugoslawien und der Türkei
da = lateinische, db = kyrillische Inschrift oben

422	3 Din	blau . . . . da	2,—	0,60
423	3 Din	blau . . . . db	2,—	0,60
424	4 Din	dunkelblaugrau . . . . da	2,—	0,60
425	4 Din	dunkelblaugrau . . . . db	2,—	0,60
		Satzpreis (4 W.)	8,—	2,40
		FDC		30,—
		Satzpreis (2 Paare)	26,—	26,—
		FDC (2 Paare)		120,—

Marken gleicher Wertstufen wurden schachbrettartig zusammenhängend gedruckt.

Auflage: 500 000 Sätze   Gültig bis März 1941

Parallelausgabe mit Griechenland MiNr. 425–426, Rumänien MiNr. 615–616 und Türkei MiNr. 1076–1077.

✈ **1940, 15. Aug. Flugpostmarken. Odr.; gez. 12½.**

Fk) Flugzeug Junkers Ju 86 über Dom in Zagreb   Fl) Flugzeug Fokker F VII über Savebrücke von Belgrad

426	40 Din	graugrün/hellgrün . . . . Fk	6,50	2,50
427	50 Din	graublau/hellblau . . . . Fl	8,50	4,50
		Satzpreis (2 W.)	15,—	7,—
		FDC		150,—

MiNr. 426 und 427 wurden 1941 von der serbischen Landespost unter deutscher Besetzung auf dünnerem Papier in etwas abweichenden Farben neu gedruckt. Siehe MICHEL – Deutschland – Spezialkatalog, Band 1.

Auflage: 100 000 Sätze

1940, 29. Sept. Philatelistische Ausstellung, Zagreb; 500. Jahrestag der Erfindung der Buchdruckerkunst durch Gutenberg. Odr.; gez. L 12½

dc) Obod, Ort der 1. Buchdruckerei (1493)

428	5.50 Din	dunkelgrüngrau/		
		grünlichblau . . . . dc	4,50	4,—
		FDC		17,—
		Ⓢ		15,—

MiNr. 428 wurde auf der philatelistischen Ausstellung mit einem in goldener Farbe abgeschlagenen Sonderstempel entwertet.

Auflage: 100 000 Stück

1940, 23. Dez. Tuberkulosebekämpfung. Marken MiNr. 344–347 mit rotem Aufdruck eines Doppelkreuzes und der neuen Werte.

429	0.50+0.50	(Din)	auf 5 Din		
			dunkelviolett . . . (344 C)	0,30	0,30
430	1.00+1.00	(Din)	auf 10 Din lilakarmin		
A			gez. L 12½ . . . . (345 A)	30,—	30,—
C			gez. L 12½:11½ (345 C)	0,50	0,50
431	1.50+1.50	(Din)	auf 20 Din dunkelgrün . . . . (346 C)	2,—	1,70
432	2.00+2.00	(Din)	auf 30 Din blau . (347 C)	2,20	2,20
			Satzpreis (4 W.)	5,—	4,60
			FDC		20,—

Zahlreiche Aufdruckfehler bekannt

Auflage: 150 000 Sätze

FALSCH

1941

1941, 1. Jan. Slowenischer Kriegerverband; Errichtung eines Denkmals für die Weltkriegsopfer. Bdr.; gez. L 12½.

dd) Kriegerdenkmal „St. Peter" in Ljubljana (Laibach)

de) Serbin, Kroatin und Slowenin	df) Kapelle auf Kajmakčalan	dg) Triumphbogen in Brezje

433	0.50+0.50 Din	grün/gelblichgrün . . . dd	0,50	0,50
434	1.00+1.00 Din	karminbraun/ braunkarmin . . . . de	0,50	0,50
435	1.50+1.50 Din	dunkelblaugrün/ mattblaugrün . . . . . . df	1,50	1,50
436	2.00+2.00 Din	graublau/mattlila . . . . dg	2,50	2,50
		Satzpreis (4 W.)	5,—	5,—
		FDC		20,—

Auflage: 100 000 Sätze

1941, 16. März. 2. nationale Briefmarkenausstellung, Zagreb. StTdr.; verschieden gez.

dh) Steintor in Zagreb (Agram)		di) Alte zerstörte Kathedrale in Zagreb (Agram)

536 Jugoslawien

437	1.50 + 1.50 Din	dunkelbraun .... dh			
A		gez. K 11½		1,50	1,50
B		gez. K 11½:L 11½:K 11½: K11½		25,—	25,—
C		gez. K 11½:L 11½:K 9: K 11½		30,—	30,—
D		gez. K 11½:L 11½:K 9¼: K 11½		30,—	30,—
438	4.00 + 3.00 Din	blauschwarz .... di			
A		gez. K 11½		1,50	1,50
B		gez. K 11½:L 11½:K 11½: K11½		25,—	25,—
C		gez. K 11½:L 11½:K 9: K 11½		30,—	30,—
D		gez. K 11½:L 11½:K 9¼: K 11½		30,—	30,—
		Satzpreis A (2 W.)		3,—	3,—
		Satzpreis A mit Zf		3,50	3,50
		FDC (A)			20,—
437 I	mit Stecherzeichen „S" neben dem 2. unteren Fenster des linken Gebäudes (Feld 3)		42,—		

MiNr. 437–438 gedruckt in Bogen zu 16 Marken und 5 Zierfeldern.

Auflage: 104 000 Sätze

1941, 13. April. 1. Briefmarkenausstellung, Slavonski Brod.
MiNr. 437 und 438 in vertauschten Farben; StTdr.; verschieden gez.

439	1.50 + 1.50 Din	blauschwarz .... dh			
A		gez. K 11½		25,—	22,—
B		gez. K 11½:L 11½:K 11½: K11½		25,—	22,—
C		gez. K 11½:L 11½:K 9: K 11½		60,—	75,—
D		gez. K 11½:L 11½:K 9¼: K 11½		60,—	75,—
440	4.00 + 3.00 Din	dunkelbraun .... di			
A		gez. K 11½		25,—	22,—
B		gez. K 11½:L 11½:K 11½: K11½		25,—	22,—
C		gez. K 11½:L 11½:K 9: K 11½		60,—	75,—
D		gez. K 11½:L 11½:K 9¼: K 11½		60,—	75,—
E		gez. L 11½		60,—	75,—
		Satzpreis A (2 W.)		50,—	40,—
		Satzpreis A mit Zf		55,—	50,—
		FDC			350,—
439 I	mit Stecherzeichen „S" neben dem 2. unteren Fenster des linken Gebäudes (Feld 3)		200,—		

MiNr. 439–440 gedruckt in Bogen zu 16 Marken u. 5 Zierfeldern.

Auflage: 24 000 Sätze

Mit goldenem Aufdruck NEZAVISNA/DRZAVA/HRVATSKA: Kroatien MiNr. 39–140

Vereinsmüde? ... Dann BDPh-Direktmitglied!

Bund Deutscher Philatelisten e.V.

Mildred Scheel Str. 2 · 53175 Bonn

Tel. (02 28) 3 08 58-0 · Fax (02 28) 3 08 58-12
E-Mail: info@bdph.de · Internet: www.bdph.de

Ausgaben der jugoslawischen Exil-Regierung in London

Alle Poststücke, die in den Ämtern der Regierung in London oder auf den Handelsschiffen der jugoslawischen Exilregierung aufgegeben wurden, mußten mit diesen Marken freigemacht werden.

1943

1943, 27. März. Freimarken: König Peter II. RaTdr.; gez. 12½.

dk) König Peter II. (1923–1970)

441	2 Din	blau	0,30	—,—
442	3 Din	blaugrau	0,30	—,—
443	5 Din	karminrot	0,30	—,—
444	10 Din	schwarz	0,60	—,—
		Satzpreis (4 W.)	1,50	

CRVENI KRST + 12.50 **1943. Rotes Kreuz. MiNr. 441–444 mit Aufdruck.**

A 441	2+12.50 Din	blau .... (441) Or	1,50	—,—
A 442	3+12.50 Din	blaugrau ..... (442) Or	1,50	—,—
A 443	5+12.50 Din	karm'rot ..... (443) S	1,50	—,—
A 444	10+12.50 Din	schwarz ...... (444) Or	1,50	—,—
		Satzpreis (4 W.)	6,—	—,—

1943, 1. Dez. 25 Jahre jugoslawischer Staat: Persönlichkeiten. StTdr.; gez. K 12½:13

dl) V. Vodnik (1758–1819), slowenischer Dichter

dm) Fürst Petar Petrović Njegoš (1813–1851), montenegrinischer Dichter

dn) Ljudevit Gaj (1809–1872), kroatischer Schriftsteller

do) Vuk Stefanović Karadžić (1787–1864), serbischer Schriftsteller und Sprachforscher

dp) Bischof Josip Juraj Strosmajer (Stroßmayer) (1815–1905), Politiker

dr) Fürst Karađorđe, eigentl. Djordje Petrović (1752–1817), Freiheitskämpfer

445	1 Din	zinnober/schwarz .... dl	0,50	—,—
446	2 Din	grün/schwarz .... dm	0,50	—,—
447	3 Din	ultramarin/schwarz ...... dn	0,50	—,—
448	4 Din	dunkelviolett/grauschwarz .. do	1,—	—,—
449	5 Din	braunviolett/sepia .... dp	1,—	—,—
450	10 Din	dunkelbraun/sepia .... dr	4,—	—,—
		Satzpreis (6 W.)	7,50	—,—

Mit Aufdruck „1945" oder mit Aufdruck eines Flugzeuges nicht mehr zur Ausgabe gekommen
MiNr. 445–450 mit Aufdruck „1945" und Aufdruck eines Flugzeuges sind Mache.

Blockausgabe, Blockrand Odr.

Block 2 (127 × 165 mm)   ds   65,—   —,—

Mit der Bildung der Demokratischen Föderation Jugoslawien hörte das Königreich Jugoslawien und damit die Exilregierung in London auf zu existieren

Demokratische Föderation

1 serb. (Besetzungs-) Dinar (Din) = 100 Para (Pa)

1944

1944, 14./16. Dez./1945. Freimarken: Neuauflage der MiNr. 77–79 von Serbien/ Landespost unter deutscher Besetzung mit Aufdruck.

I = Mit hellblauem Netzunterdruck (1944):

451 I	3 + 2	= 5 Din	rötlichlila, hellblau (16. Dez.) . (m) Gr	0,20	0,20
453 I	7 + 3	= 10 Din	dunkel-graugrün, hellblau .. (n) R	0,20	0,20
			Satzpreis I (2 W.)	0,40	0,40

II = Ohne Netzunterdruck: 24. Jan./7.Febr.1945.

451 II	3 + 2	= 5 Din	rötlichlila .... (m) Gr	0,20	0,50
452 II	4 + 21	= 25 Din	mittellila-ultramarin (7.2.) ...... (n)	0,20	0,50
453 II	7 + 3	= 10 Din	dunkelgraugrün ..... (o) R	0,20	0,50
			Satzpreis II (3 W.)	0,60	1,50

453 II F	3. Buchstabe des 2. Wortes des Aufdrucks „П" statt „Д"	70,—

Auflagen: MiNr. 451 I und 453 I = 1 000 000 Sätze, MiNr. 451 II und 453 II je 1 000 000, MiNr. 452 = 500 000 Stück

Gültig bis 31.7.1945

1945

1945. Freimarken: Tito. Odr.; gez. 12½.

ea) Marschall Josip Broz Tito (1892–1980) und Orden „Nationale Helden"

454	5 Din	blaugrün (4.3.) .... ea	0,10	0,10
455	10 Din	karminrosa (21.2.) .... ea	0,10	0,10
456	25 Din	violett (30.3.) .... ea	0,20	0,10
457	30 Din	(4.4.) .... ea		
a		dunkelblau	0,20	0,20
b		blau	5,—	5,—
		Satzpreis (4W.)	0,60	0,50

Auflagen: MiNr. 454–455 je 6 000 000, MiNr. 456–457 je 1 000 000 Stück.

In gleicher Zeichnung: MiNr. 461–468

Gültig bis 31.7.1945

Die Ausführlichkeit der **MICHEL**-Kataloge ist international anerkannt.

Neue Währung:
1 (neuer) Dinar (Din) (= 20 Bes.-Dinar) = 100 Para (Pa)

1945, 2. Aug. Befreiung Makedoniens. Bdr.; gez. K 11½.

eb) Kloster Prohor Pćinjski (11. Jahrh.)

458	2 Din	rot .... eb	2,50	2,50
		FDC		17,—

Auflage: 1998 484 Stück

Gültig bis 15.4.1946

1945, 15. Sept. Rotes Kreuz. Bdr.; gez. L 11½

ec) Partisanen beim Transport eines Verwundeten   ed) Kinderkopf

459	1+4 Din	dunkelultramarin .... ec	1,20	1,—
460	2+6 Din	rot .... ed	1,20	1,—
		Satzpreis (2 W.)	2,40	2,—
		FDC		20,—

Auflage: 300 000 Sätze

Gültig bis 15.2.1946

1945, 15. Mai./19. Sept. Freimarken: Tito. Odr.; gez. K 12½.

461	0.25 Din	blaugrün (19.9.)	0,30	0,10
462	0.50 Din	dunkelgrün (14.6.)	0,30	0,10
463	1 Din	lilarot (4.9.)	3,—	0,30
464	2 Din	rotlila (15.5.)	0,30	0,10
465	4 Din	blau (19.6.)	0,30	0,10
466	6 Din	dunkelviolett (1.6.)	0,30	0,10
467	9 Din	braun (4.9.)	1,—	0,20
468	20 Din	dunkelgelb (19.9.)	4,50	2,—
		Satzpreis (8 W.)	10,—	3,—

Auflagen: MiNr. 461 = 4 000 000, MiNr. 462 = 10 000 000, MiNr. 463 = 3 413 700, MiNr. 464 = 13 977 000, MiNr. 465 = 8 100 000, MiNr. 466 = 12 050 000, MiNr. 467 = 7 847 000, MiNr. 468 = 2 907 700 stück

Gültig bis 31.12.1951

In gleicher Zeichnung: MiNr. 454–457

1945, 20. Okt. 1. Jahrestag der Befreiung Belgrads. Odr.; gez. L 11½.

ee) Flaggen Jugoslawiens und der Sowjetunion, Lorbeerkranz

469	2+5 Din	mehrfarbig .... ee	2,—	2,—
		FDC		13,—
469 U	ungezähnt	....	120,—	

Auflage: 200 000 Stück

Gültig bis 31.1.1946

538 Jugoslawien

1945, 10. Okt./1947. Freimarken. Bdr., x = gestrichenes, y = gewöhnliches, z = dünnes Papier; gez. 12½.

ef) Partisanen auf dem Marsch   eg) Partisanen im Kampf I.   ei) Ansicht von Jajce

eh) Marschall Tito   ek) Partisanin

470		0.50 Din	graubraun .... ef		
	x		gestrichenes Papier	0,30	0,10
	y		gewöhnliches Papier	0,30	0,10
	z		dünnes Papier	—,—	
471		1.00 Din	.... ef		
	x	a	gestrichenes Papier, blaugrün	0,30	0,10
	y		gewöhnliches Papier		
		a	blaugrün	0,30	0,10
		b	smaragdgrün	0,80	0,20
	z	a	dünnes Papier, smaragdgrün	5,—	5,—
472		1.50 Din	rötlichbraun .... eg		
	x		gestrichenes Papier	0,30	0,10
	y		gewöhnliches Papier	0,30	0,10
473		2.00 Din	rot .... eh		
	x		gestrichenes Papier	0,30	0,10
	y		gewöhnliches Papier	0,30	0,10
474		2.50 Din	ziegelrot (20.1.1947) ... ek		
	y		gewöhnliches Papier	0,80	0,10
475		3.00 Din	.... ei		
	x	a	gestrichenes Papier, dunkelorangebraun	7,—	0,20
	y		gewöhnliches Papier		
		a	dunkelorangebraun	4,50	0,20
		b	rotbraun	7,50	0,50
		c	hellbraun	25,—	25,—
476		3.00 Din	(15.1.1947)		
	y	a	gewöhnl. Papier, dunkelrot	1,20	0,10
	z	b	dünnes Papier, hellrot	5,—	5,—
477		4.00 Din	dunkelblau .... eh		
	x		gestrichenes Papier	0,80	0,10
	y		gewöhnliches Papier	0,80	0,10
	z		dünnes Papier	6,—	6,—
478		5.00 Din	(15.1.1947) .... ei		
	x	a	gestrichenes Papier, dunkelgrün	5,—	0,10
	y	b	gew. Papier, dunkelolivgrün	2,60	0,10
479		5.00 Din	(15.1.1947) .... ei		
	y		gewöhnliches Papier		
		a	dunkelblau	3,50	0,20
		b	lilaultramarin	4,50	0,20
	z		dünnes Papier		
		a	dunkelblau	6,—	6,—
		b	lilaultramarin	6,—	6,—
480		6.00 Din	grauschwarz .... ek		
	x		gestrichenes Papier	1,70	0,10
	y		gewöhnliches Papier	1,20	0,10
481		8.00 Din	(20.1.1947) .... ek		
	y		gewöhnliches Papier		
		a	gelblichorange	2,—	0,20
		b	orange	3,—	0,20
482		9.00 Din	dunkelfliederfarben .... ek		
	x		gestrichenes Papier	1,—	0,10
483		12.00 Din	ultramarin .... eg		
	x		gestrichenes Papier	2,50	0,10
	y		gewöhnliches Papier	2,20	0,10
484		16.00 Din	.... ef		
	x	a	gestrichenes Papier, kobaltblau	2,50	0,20
	y		gewöhnliches Papier		
		a	kobaltblau	1,80	0,40
		b	lebhaftgrünlichblau	6,—	1,—
485		20.00 Din	orangerot .... eg		
	x		gestrichenes Papier	5,50	0,50
	y		gewöhnliches Papier	4,—	0,50
			Satzpreis, billigste Sorte (16 W.)	26,—	2,20
470 Ur			rechts ungezähnt	85,—	
472 U			ungezähnt	170,—	
472 Ul			links ungezähnt	160,—	
473 y U			ungezähnt	170,—	
473 y Uo			oben ungezähnt	160,—	
475 U			ungezähnt	170,—	
477 U			ungezähnt	170,—	
477 Uu			unten ungezähnt	100,—	
479 U			ungezähnt	170,—	
479 Ur			rechts ungezähnt	100,—	
480 U			ungezähnt	170,—	
480 Uu			unten ungezähnt	160,—	
481 U			ungezähnt	170,—	
481 Uo			oben ungezähnt	100,—	
483 U			ungezähnt	170,—	
484 y Ul			links ungezähnt	85,—	
485 U			ungezähnt	170,—	

Gültig bis 31.12.1951; MiNr. 481 bis 31.12.1952

Mit Aufdruck: MiNr. 588–597, 601–604; in ähnlichen Zeichnungen mit Aufdruck: MiNr. 492–493

Föderative Volksrepublik

1945, 29. Nov. Erklärung Jugoslawiens zur Volksrepublik. I = kyrillische Schrift oben, II = lateinische Schrift oben; RaTdr.; gez. L 12.

I   II

486		2 Din	braunkarmin .... el		
	I		kyrillische Inschrift oben ...	4,—	4,—
	II		lateinische Inschrift oben ...	4,—	4,—
487		4 Din	dunkelblau .... el		
	I		kyrillische Inschrift oben ...	4,—	4,—
	II		lateinische Inschrift oben ...	4,—	4,—
488		6 Din	schwarzgrün .... el		
	I		kyrillische Inschrift oben ...	4,—	4,—
	II		lateinische Inschrift oben ...	4,—	4,—
489		9 Din	rotorange .... el		
	I		kyrillische Inschrift oben ...	4,—	4,—
	II		lateinische Inschrift oben ...	4,—	4,—
490		16 Din	blau .... el		
	I		kyrillische Inschrift oben ...	4,—	4,—
	II		lateinische Inschrift oben ...	4,—	4,—
491		20 Din	dunkelbraun .... el		
	I		kyrillische Inschrift oben ...	4,—	4,—
	II		lateinische Inschrift oben ...	4,—	4,—
			Satzpreis I (6 W.)	22,—	22,—
			FDC (I)		70,—
			Satzpreis II (6 W.)	22,—	22,—
			FDC (II)		70,—
			Satzpreis (6 Paare I und II)	50,—	50,—
			FDC (Paare)		250,—

Blockausgabe, gez. L 11

489 B		9 Din	rotorange .... el		
	I		kyrillische Inschrift oben ...	—,—	—,—
	II		lateinische Inschrift oben ...	—,—	—,—
491 B		20 Din	dunkelbraun .... el		
	I		kyrillische Inschrift oben ...	—,—	—,—
	II		lateinische Inschrift oben ...	—,—	—,—

```
Block 3           (150 × 110 mm) ........ el I
     I            kyrillische Inschrift oben ....    30,—    30,—
     II           lateinische Inschrift oben ....    30,—    30,—

486 U–491 U   ungez. ........ Satzpreis (6 Paare I und II)   700,—

Auflagen: MiNr. 486-491 = 100 000 Sätze, Bl. 3 I und 3 II je 50 000 Blocks
```

Gültig bis 15.9.1946

1946

1946, 1. April. Freimarken: MiNr. 480 und 482 in geänderten Farben mit Bdr.-Aufdruck des neuen Wertes; y = dickes Papier, z = dünnes Papier; gez. K 12½.

```
492   2.50   auf 6 Din bräunlichrot ........ (ek)
      y      dickes Papier ................    1,—    0,30
      z      dünnes Papier ................   20,—   17,—
493   8      auf 9 Din dunkelorangegelb ... (ek)
      y      dickes Papier ................    1,20   0,30
      z      dünnes Papier ................   17,—   12,—
                    Satzpreis (2 W.)           2,—    0,50

492 I       ohne Aufdruck ................. 1200,—
492 y U     ungezähnt ....................   220,—
493 I       ohne Aufdruck .................   500,—
```

Auflage: MiNr. 492 = 55 200 000, MiNr. 493 = 10 000 000 Stück.

Gültig bis 31.12.1951

1946, 9. Mai. Jahrestag des Sieges. Bdr.; gez. K 12½.

em) Fries aus Soldaten um roten Stern

```
494   1.50 Din  gelb/rot ............. em   0,50   0,70
495   2.50 Din  karmin/rot ........... em   0,70   1,—
496   5.00 Din  blau/rot ............. em   1,80   2,—
                      Satzpreis (3 W.)      3,—    3,60
                      FDC                          22,—
```

Auflagen: MiNr. 494 = 500 000, MiNr. 495 = 400 000, MiNr. 496 = 200 000 Stück

Gültig bis 9.8.1946

1946, 10. Mai. Postkongreß in Belgrad. Odr. in Belgrad; gez. K 12½.

en) Telephonleitungen, Rundfunksender, Flagge

```
497   1.50 + 1.00 Din  blaugrün ...... en    4,—    4,—
498   2.50 + 1.50 Din  karminrosa .... en    4,—    4,—
499   5.00 + 2.00 Din  graublau ...... en    4,—    4,—
500   8.00 + 3.50 Din  braun ......... en    4,—    4,—
                       Satzpreis (4 W.)     15,—   15,—
                       FDC                         30,—
```

Auflage: 100 000 Sätze

Gültig bis 10.9.1946

1946, 1. Aug. Freiwilliger Eisenbahnbau. Odr.; gez. K 12½.

eo) Jugend beim Bau der Eisenbahnstrecke Brčko-Banovići

```
501   0.50 + 0.50 Din  mehrfarbig ........ eo   2,50   2,—
502   1.50 + 1.00 Din  mehrfarbig ........ eo   2,50   2,—
503   2.50 + 2.00 Din  mehrfarbig ........ eo   2,50   2,—
504   5.00 + 3.00 Din  mehrfarbig ........ eo   2,50   2,—
                       Satzpreis (4 W.)        10,—   7,50
                       FDC                            25,—
```

Unregelmäßige Gummierung ist üblich.

Auflage: 100 000 Sätze

Gültig bis 31.10.1946

1946, 22. Sept. 100. Geburtstag von Svetozar Marković. Odr.; gez. K 12½.

ep) S. Marković (1846–1875), sozialistischer Schriftsteller

```
505   1.50 Din  grün ................... ep   0,80   0,30
506   2.50 Din  lila ................... ep   0,80   0,70
                      Satzpreis (2 W.)        1,60   1,10
                      FDC                            20,—
```

Auflage: 500 000 Sätze

Gültig bis 22.12.1946

1946, 8. Dez. Panslawischer Kongreß, Belgrad. Odr.; gez. K 11½.

eq) Volkstheater in Sofia
er) Hradschin in Prag
es) Sigismund-Säule in Warschau
et) Siegessäule in Belgrad
eu) Kreml in Moskau

```
507   ½ Din   dunkelbraun/gelbbraun ...... eq   4,—    5,—
508   1 Din   dunkelgrün/hellgrün ........ er   4,—    5,—
509   1½ Din  rotlila .................... es   4,—    5,—
510   2½ Din  braunrot ................... et   4,—    5,—
511   5 Din   blau ....................... eu   4,—    5,—
                      Satzpreis (5 W.)         20,—   25,—
                      FDC                             30,—
```

Auflage: 500 000 Sätze

Gültig bis 8.4.1947

1947

1947, 8. Juni. Hundertjahrfeier der montenegrinischen Nationaldichtung „Gorski Vijenac" von Petar Petrović Njegoš. Bdr.; gez. K 12½.

ev) Abbildung des Buches Gorski Vijenac (Bergeskranz)
ew) P. P. Njegoš (1813–1851) montenegrinischer Fürst und Dichter

540 JUGOSLAWIEN

512	1.50 Din	dunkelgrün/schwarz .... ev	1,—	1,—
513	2.50 Din	dunkelkarmin/hellbraun ... ew	1,—	1,—
514	5.00 Din	blau/schwarz .... ev	1,—	1,—
		Satzpreis (3 W.)	3,—	3,—
		FDC		20,—

Auflagen: MiNr. 512 = 268 000, MiNr. 513 = 275 700, MiNr. 514 = 289 000 Stück

Gültig bis 7.10.1947

✈ **1947, 21. April. Flugpostmarken. I = lateinische Schrift oben, II = kyrillische Schrift oben; Bdr.; gez. K 12:11½.**

Fm) Flugzeug Bristol 152 Beaufort über der Kalemegdanfestung in Belgrad

Fn) Flugzeug Bristol 152 Beaufort über Dubrovnik

515	0.50 Din	lilabraun/oliv .... Fm		
I		lateinische Inschrift oben ..	0,10	0,10
II		kyrillische Inschrift oben ...	0,10	0,10
516	1.00 Din	lilakarmin/oliv .... Fn		
I		lateinische Inschrift oben ..	0,10	0,10
II		kyrillische Inschrift oben ...	0,10	0,10
517	2.00 Din	blau/schwarz .... Fm		
I		lateinische Inschrift oben ..	0,20	0,20
II		kyrillische Inschrift oben ...	0,20	0,20
518	5.00 Din	grün/grau .... Fn		
I		lateinische Inschrift oben ..	0,30	0,30
II		kyrillische Inschrift oben ...	0,30	0,30
519	10.00 Din	gelboliv/sepia .... Fm		
I		lateinische Inschrift oben ..	0,60	0,60
II		kyrillische Inschrift oben ...	0,60	0,60
520	20.00 Din	ultramarin/oliv .... Fn		
I		lateinische Inschrift oben ..	1,20	1,20
II		kyrillische Inschrift oben ...	1,20	1,20
		Satzpreis I (6 W.)	2,50	2,50
		Satzpreis II (6 W.)	2,50	2,50
		Satzpreis (6 Paare I und II)	30,—	30,—
517 II/I		Paar mit vertauschter Inschrift	70,—	70,—

Auflage: 200 000 Sätze

Gültig bis 31.12.1954

1947, 15. Juni. Sporttage in Belgrad. Odr.; gez. L 11½.

ex) Gymnastikgruppe

ez) Einmarsch der Sportler

ey) Läuferin vor Stern

521	1.50 Din	rotbraun .... ex	1,20	1,20
522	2.50 Din	rot .... ey	1,20	1,20
523	4.00 Din	violettblau .... ez	1,20	1,20
		Satzpreis (3 W.)	3,50	3,50
		FDC		15,—

Auflage: 500 000 Sätze

Gültig bis 14.10.1947

1947, 5. Sept. Balkanspiele Ljubljana (Laibach). RaTdr.; gez. L 11½.

fa) Barrenturnen

524	1.50 + 0.50 Din	dunkelgrün	5,—	5,—
525	2.50 + 0.50 Din	karmin	5,—	5,—
526	4.00 + 0.50 Din	hellblau	5,—	5,—
		Satzpreis (3 W.)	15,—	15,—
		FDC		20,—

Auflage: 200 000 Sätze

Gültig bis 4.12.1947

1947, 16. Sept. Eingliederung des slowenischen Küstenlandes und Istriens. Bdr.; gez. K 12½.

fb) Landkarte von Istrien und slowenischem Küstenland mit Stern

527	2.50 Din	dunkelkarmin/dunkelblau .... fb	1,—	1,—
528	5.00 Din	orangebraun/dunkelgrün .... fb	1,—	1,—
		Satzpreis (2 W.)	2,—	2,—
		FDC		6,50

Auflage: 500 000 Sätze

Gültig bis 15.12.1947

1947, 25. Sept. Eisenbahnbau Šamac-Sarajevo. Odr.; gez. K 11½:12.

fc) Bauarbeiten

529	1.00 + 0.50 Din	gelb/rotorange .... fc	1,30	1,30
530	1.50 + 1.00 Din	gelbgrün/grün .... fc	1,30	1,30
531	2.50 + 1.50 Din	karmin/dunkelkarmin . fc	1,30	1,30
532	5.00 + 2.00 Din	blau/dunkelblau ..... fc	1,30	1,30
		Satzpreis (4 W.)	5,—	5,—
		FDC		10,—

Auflage: 200 000 Sätze

Gültig bis 24.12.1947

1947, 27. Sept. 100. Jahrestag der Reform der serbischen Rechtschreibung. Odr.; gez. K 11½, MiNr. 534 gez. K 12½.

fd) Buch und Laute

fe) Vuk Stefanović Karadžić (1787–1864), Schriftsteller, Sprachforscher und Übersetzer

533	1.50 Din	grün .... fd	1,—	1,—
534	2.50 Din	orangerot .... fe	1,—	1,—
535	5.00 Din	violettblau .... fe	1,—	1,—
		Satzpreis (3 W.)	3,—	3,—
		FDC		10,—

Auflagen: 500 000 Sätze

Gültig bis 26.12.1947

1948

1948, 1. April. Kampf gegen die Tuberkulose. Odr.; gez. K 12½.

ff) Hände halten Säugling

fg) Intakter und gebrochener Zweig

fh) Doppelkreuz-Dreizack tötet Schlange

| 536 | 1.50 + 1.00 Din | schwarzschiefer bis dunkelgrünlichblau/rot ff | 1,— | 1,— |

Jugoslawien

537	2.50 + 2.00 Din	dunkeloliv/rot	fg	1,—	1,—
538	5.00 + 3.00 Din	blaugrau/rot	fh	1,—	1,—
			Satzpreis (3 W.)	3,—	3,—
			FDC		12,—

Auflage: 200 000 Sätze

Gültig bis 31.7.1948

1948, 8. April. Zagreb. Odr.; gez. K 12½.

fi) Landkarte des Landes und Symbol der Industrie und Landwirtschaft

539	1.50 Din	mehrfarbig	fi	2,50	2,50
540	2.50 Din	mehrfarbig	fi	2,50	2,50
541	5.00 Din	mehrfarbig	fi	2,50	2,50
			Satzpreis (3 W.)	7,50	7,50
			FDC		12,—

Auflage: 500 000 Sätze

Gültig bis 7.7.1948

1948, 21. 5. Kommunistischer Kongreß Belgrad.
Odr.; A = gez. L 11½, B = gez. L 12½:11½, C = gez. K 12½.

fk) Kongreßteilnehmer mit Fahne

542	2 Din	grün (3.8.)	fk		
	C	gez. K 12½		0,50	0,50
543	3 Din	lilarosa	fk		
	A	gez. L 11½		1,50	1,50
	B	gez. L 12½:11½		1,—	1,—
	C	gez. K 12½		22,—	20,—
544	10 Din	blau	fk		
	A	gez. L 11½		1,—	1,—
	C	gez. K 12½		20,—	20,—
			Satzpreis (3 W.)	2,50	2,50

542 U–545 U ungezähnt .... je 400,—

Auflage: 500 000 Sätze

Gültig bis 31.12.1948

1948, 28. Juli. 80 Jahre Akademie von Zagreb: Gelehrte. RaTdr.; gez. L 11½.

fl) Đjuro Daničić (1825–1882), Sprachforscher, 1. Sekretär der Akademie

fm) Franjo Rački (1828–1894), 1. Präsident der Akademie

fn) Josip Juraj Stroßmayer (1815–1905), Bischof und Politiker, Gründer der Akademie

545	1.50 + 0.50 Din	schwarzgrün	fl	1,—	1,—
546	2.50 + 1.00 Din	braunkarmin	fm	1,—	1,—
547	4.00 + 2.00 Din	dunkelblau	fn	1,—	1,—
			Satzpreis (3 W.)	3,—	3,—
			FDC		30,—

Auflage: 200 000 Sätze

Gültig bis 31.12.1948

MICHEL – seit über 90 Jahren Partner aller Philatelisten

1948, 30. Juli. Donau-Konferenz, Belgrad. Odr.; gez. K 12½.

fo) Savebrücke bei Belgrad

548	2 Din	gelbgrün	fo	5,—	5,—
549	3 Din	rosa	fo	5,—	5,—
550	5 Din	ultramarin	fo	5,—	5,—
551	10 Din	gelbbraun	fo	5,—	5,—
			Satzpreis (4 W.)	20,—	20,—
			FDC		150,—

551 U I links ungezähnt .... 200,—

Auflage: 200 000 Sätze

Gültig bis 31.12.1948

1948, 21. Aug. Lovrenz Košir (I). Bdr.; gez. K 12½.

fp) L. Košir (1804–1879), regte 1835 die Verwendung von Briefmarken an

552	3 Din	purpur	fp	0,50	0,50
553	5 Din	ultramarin	fp	0,50	0,50
554	10 Din	orange	fp	0,50	0,50
555	12 Din	graugrün	fp	0,50	0,50
			Satzpreis (4 W.)	2,—	2,—
			FDC		15,—

Auflagen: MiNr. 552 und 554 je 500 000, MiNr. 553 und 555 je 200 000 Stück

Gültig bis 31.12.1948

✈ 1948, 27. Aug. Lovrenz Košir (II). StTdr.; gez. K 11½:12.

Fo) Flugzeug über Koširs Heimat

Zierfeld

556	15 Din	dunkellila	Fo	1,50	1,50
			556 Zf	3,—	3,—
			FDC		10,—

556 Zf I mit „DJ" statt „DU" im letzten Wort der 4. Zeile von unten (Feld 18) .... 75,— 75,—

Auflage: 200 000 Stück

Gültig bis 31.12.1948

1948, 10. Sept. Balkanspiele, mitteleuropäische Athletikspiele. RaTdr.; gez. K 12½.

fr) Kugelstoßen   fs) Hürdenlauf   ft) Stabhochsprung

557	2+1 Din	dunkelgrün/grün	fr	1,—	1,—
558	3+1 Din	dunkelrosa/rosa	fs	1,—	1,—
559	5+2 Din	graublau/blau	ft	1,50	1,50
			Satzpreis (3 W.)	3,50	3,50
			FDC		15,—

Auflage: 200 000 Sätze

Gültig bis 13.9.1948

Jugoslawien

1948, 29. Nov. 5 Jahre Volksrepublik: Wappen. RaTdr.; gez. K 12½, MiNr. 566 gez. 11½.

fu) Bosnien   fv) Kroatien   fw) Makedonien   fx) Montenegro

fy) Serbien   fz) Slowenien   ga) Volksrepublik Jugoslawien

560	3 Din	grün	fu	1,—	1,—
561	3 Din	rosa	fv	1,—	1,—
562	3 Din	lila	fw	1,—	1,—
563	3 Din	grauschwarz	fx	1,—	1,—
564	3 Din	graublau	fy	1,—	1,—
565	3 Din	dunkelorange	fz	1,—	1,—
566	10 Din	rotbraun/braun	ga	1,50	1,50
		Satzpreis (7 W.)		7,50	7,50
		FDC			30,—

Auflage: 100 000 Sätze

Gültig bis 28.3.1949

1949

1949, 8. Febr. 100. Todestag von Franc Prešerens. RaTdr.; gez. K 11½.

gb) F. Prešeren (1800–1849), slowenischer Dichter

567	3 Din	schwarzblau	gb	0,30	0,20
568	5 Din	schwarzorangerot	gb	0,30	0,30
569	10 Din		gb		
a		schwarzgraubraun		1,50	0,80
b		schwarzoliv		—,—	42,—
		Satzpreis (3 W.)		2,—	1,30
		FDC			10,—

Auflage: 300 000 Sätze

Gültig bis 7.6.1949

1949, 20. März. Skispringen in Planica. RaTdr.; gez. L 12½:11½.

gc) Sprungschanze in Planica   gd) Skispringer

570	10 Din	rosalila	gc	0,80	1,20
571	12 Din	blaugrau	gd	1,40	1,40
		Satzpreis (2 W.)		2,20	2,60
		FDC			12,—

Auflage: 150 000 Sätze

Gültig bis 19.5.1949

1949, 2. Aug. 5. Jahrestag der Gründung der Volksrepublik Makedonien. RaTdr.; gez. 12¾.

ge) Angehörige der Volksarmee   gf) Industriearbeiter und Bäuerin   gg) Wappen und Flaggen von Makedonien und Jugoslawien

572	3 Din	lilarosa	ge	0,80	0,80
573	5 Din	graublau	gf	1,—	1,—
574	12 Din	braunlila	gg	3,20	3,20
		Satzpreis (3 W.)		5,—	5,—
		FDC			20,—

Auflagen: MiNr. 572–573 je 240 000, MiNr. 574 = 60 000 Stück.

Gültig bis 1.11.1949

MiNr. 572–574 mit Aufdruck: MiNr. 575–577

✈ **1949, 25. Aug. Flugpostmarken. MiNr. 572–574 mit dem Bdr.-Aufdruck eines Flugzeugs (oben) und AVIONSKA POŠTA (unten).**

575	3 Din	lilarosa	(572) Bl	10,—	10,—
576	5 Din	graublau	(573) R	10,—	10,—
577	12 Din	braunlila	(574) Bl	10,—	10,—
		Satzpreis (3 W.)		30,—	30,—
		FDC			100,—

Auflage: 40 000 Sätze

Gültig bis 31.7.1951

1949, 8. Sept. 75 Jahre Weltpostverein (UPU). RaTdr.; gez. K 12¾.

gh) Weltkugel, Schiff, Lokomotive, Flugzeug, Briefe   gi) Postkutsche, Lokomotive, Flugzeug, Brief

578	3 Din	rot	gh	3,60	3,60
579	5 Din	hellblau	gi	0,70	0,70
580	12 Din	dunkelbraun	gh	0,70	0,70
		Satzpreis (3 W.)		5,—	5,—
		FDC			50,—

Auflagen: MiNr. 578 = 100 000, MiNr. 579–580 je 150 000 Stück

Gültig bis 31.7.1951

1949, 4./12. Okt. Freimarken. Dienstmarken MiNr. 7 und 8 mit Bdr.-Aufdruck des neuen Wertes, alte Wertangabe durchstrichen, als Freimarken verausgabt.

581	3 auf	8 Din dunkelbraun (12.10. . (D 7)		1,20	0,50
582	3 auf	12 Din violett (4.10.) (D 8)		1,20	0,50
		Satzpreis		2,40	1,—

Auflagen: MiNr. 581 = 8 466 800, MiNr. 582 = 3 216 200 Stück.

Gültig bis 31.12.1951

Jugoslawien

1949, 15. Dez. Hundert Jahre Eisenbahn auf dem Gebiet Jugoslawiens. RaTdr.; gez. K 12¾.

gk) Dampflokomotive 1849

gl) Lokomotive 1949

gm) Diesellokomotive

gn) Elektrolokomotive

Nr.	Wert	Farbe	Typ	Preis	Preis
583	2 Din	grün	gk	2,50	2,50
584	3 Din	mattrosa	gl	2,50	2,50
585	5 Din	hellblau	gm	2,50	2,50
586	10 Din	orange	gn	45,—	30,—
		Satzpreis (4 W.)		50,—	36,—
		FDC			100,—

✈ **Blockausgabe mit MiNr. 586 mit Inschrift AVIONSKA POŠTA**; RaTdr.; A = gez. K 11½:12, B = □.

go l

587	10 Din	lila	go		
A		gez. K 11½:12½		50,—	30,—
B		□		50,—	30,—
Block 4		(ca. 46×68 mm)	go l		
A		gez. K 11½:12½		200,—	130,—
B		□		200,—	130,—
		FDC (A)			500,—
		FDC (B)			500,—

Die Blockformate sind sehr unterschiedlich, sollten aber das angegebene Mindestformat nicht unterschreiten (sonst Preisabschläge).

Auflagen: MiNr. 583–585 je 300 000, MiNr. 586 = 55 000 Stück, Bl. 4 A und B je 27 275 Blocks.

Gültig bis 31.7.1951

1949, 16. Okt. Freimarke MiNr. 481 mit Bdr.-Aufdruck der neuen Landesbezeichnung und neuer Wertangabe.

588	3 D	auf 8 Din orangegelb	(481)	1,—	0,20

Auflage: 5 294 100 Stück

Gültig bis 31.12.1951

1949, 6. Okt. Freimarke MiNr. 485 mit Bdr.-Aufdruck der neuen Landesbezeichnung und neuer Wertangabe.

589	10 D	auf 20 Din orangerot	(485 y)	1,10	0,20

Auflage: 4 715 100 Stück

Gültig bis 31.12.1951

1949, 8. Dez. Freimarken mit Aufdruck des Landesnamens und FNR in drei verschiedenen Formen. x = gestrichenes, y = gewöhnliches, z = dünnes Papier.

Nr.		Wert	Farbe/Papier		Preis	Preis
590 y		0.50 Din	graubraun	(470)		
			gewöhnliches Papier		0,50	0,20
591		1.00 Din		(471)		
y a			gew. Papier, blaugrün		0,50	0,20
z b			dünnes Papier, smaragdgrün		3,—	1,—
592 y		2.00 Din	rot	(473)		
			gewöhnliches Papier		0,50	0,20
593		3.00 Din		(476)		
y a			gew. Papier, dunkelrot		0,50	0,20
z b			hellrot		3,—	1,—
594 y		5.00 Din		(479)		
a			gewöhnliches Papier dunkelblau		0,50	0,20
b			lilaultramarin		0,50	0,20
z a			dünnes Papier dunkelblau		2,—	0,70
b			lilaultramarin		2,—	0,70
595		12.00 Din	ultramarin	(483)		
x			gestrichenes Papier		2,50	0,50
y			gewöhnliches Papier		0,50	0,20
596 y		16.00 Din	lebhaftgrünlichblau	(484)	1,20	0,70
597 y		20.00 Din	orangerot	(485)	1,20	0,30
			gewöhnliches Papier			
			Satzpreis (8 W.)		5,—	2,20
593 y UI			links ungezähnt		100,—	

Gültig bis 31.12.1951

Gleicher Aufdruck auf Marken in neuen Farben: MiNr. 601–604

1950

1950, 16. Jan. Bau der Autobahn Belgrad–Zagreb. RaTdr.; gez. K 12¾.

gp) Bauarbeiten

gr) Autobahn

gs) Jungpionier

598	2 Din	grünblau	gp	1,30	1,—
599	3 Din	rotlila	gr	1,30	1,—
600	5 Din	blau	gs	2,—	1,50
		Satzpreis (3 W.)		4,50	3,50
		FDC			10,—

Auflagen: MiNr. 598 = 300 000, MiNr. 599 = 500 000, MiNr. 600 = 200 000 Stück

Gültig bis 31.7.1951

1950, Jan./Febr. Freimarken der Ausgabe 1945/47 in neuen Farben mit Aufdruck der neuen Landesbezeichnung.

601	1 Din	braunorange	(ef)	1,—	0,30
602	2 Din	blaugrün	(eh)	1,—	0,30
603	3 Din	lilarosa	(ei)	1,50	0,30
604	5 Din	hellblau	(ei)	1,50	0,30
		Satzpreis (4 W.)		5,—	1,—

Jugoslawien

601 I	ohne Aufdruck des Landesnamens	320,—		
602 I	ohne Aufdruck des Landesnamens	220,—		
603 I	ohne Aufdruck des Landesnamens	150,—		
604 Uzw	links und oben ungezähnt	85,—		
604 Uo	oben ungezähnt	85,—		

Auflagen: MiNr. 601 = 16 200 000, MiNr. 602 = 14 320 000, MiNr. 603 = 46 650 000, MiNr. 604 = 13 266 900 Stück

Gültig bis 31.12.1951

1950, 30. April. Tag der Arbeit. StTdr.; gez. 12½.

gt) Marschall Josip Broz Tito (1892–1980)

605	3 Din	braunrot .... gt	2,50	1,—
606	5 Din	violettblau .... gt	2,50	1,—
607	10 Din	braun .... gt	24,—	25,—
608	12 Din	schwarzoliv .... gt	2,50	3,—
		Satzpreis (4 W.)	30,—	30,—
		FDC		65,—

Auflagen: MiNr. 605 = 500 000, MiNr. 606 = 340 000, MiNr. 607 = 60 000, MiNr. 608 = 200 000 Stück

Gültig bis 31.7.1951

1950, 1. Juni. Woche des Kindes. Odr.; gez. 12½.

gu) Kind beim Essen

609	3 Din	braunrosa bis blutrot .... gu	0,60	0,60
		FDC		6,—

Auflage: 1 000 000 Stück

MiNr. 610 fällt aus.

Gültig bis 31.7.1951

✈ **1950, 2. Juli. Flugpost-Woche, Ruma. StTdr.; gez. K 12½.**

gv) Modellflug

gw) Segelflugzeug Orao 2   gx) Fallschirmspringer landet   gy) Frau im Sportflugzeug Zlin Z 22 „Junak"   gz) Segelflugzeug Letov Aero 2 H beim Wassern

611	2 Din	grün .... gv	4,—	4,—
612	3 Din	braunkarmin .... gw	4,—	4,—
613	5 Din	rotviolett .... gx	4,—	4,—
614	10 Din	lilabraun .... gy	4,—	4,—
615	20 Din	ultramarin .... gz	30,—	30,—
		Satzpreis (5 W.)	45,—	45,—
		FDC		70,—

Auflagen: MiNr. 611–614 je 200 000 MiNr. 615 = 60 000 Stück

Gültig bis 31.7.1951

Lesen Sie bitte auch das Vorwort!

1950, 20. Aug. Schach-Olympiade, Dubrovnik. RaTdr.; gez. K 12½.

ha) Läufer und Schachbrett

hb) Turm, J gebildet aus Flaggen   hc) Schachbrett vor Erdkugel   hd) Karte Jugoslawiens, Schachspieler   he) Springer vor Dubrovnik

616	2 Din	karminbraun .... ha	1,20	1,—
617	3 Din	sepia/braungelb .... hb	1,20	1,—
618	5 Din	mehrfarbig .... hc	2,50	1,—
619	10 Din	violettbraun/orange ...... hd	2,50	2,50
620	20 Din	mehrfarbig .... he	55,—	28,—
		Satzpreis (5 W.)	60,—	32,—
		FDC		85,—

Auflagen: MiNr. 616, 618 und 619 je 200 000, MiNr. 617 = 300 000, MiNr. 620 = 80 000 Stück

Gültig bis 31.7.1951

1950, 23. Sept. Messe Zagreb. RaTdr.; gez. K 12½.

hf) Zellulosefabrik vor Landkarte Jugoslawiens

621	3 Din	dunkelbraunrot .... hf	0,20	0,20
		FDC		2,50

Auflage: 1 000 000 Stück

Gültig bis 31.7.1951

1950, 29. Nov. Tag der Marine. RaTdr.; gez. K 12½.

hg) Karavelle   hh) Bewaffneter Kutter   hi) Handelsschiff „Zagreb"

hk) Frachter „Hrvatska"   hl) Segelboote   hm) Torpedoboot Typ „Durmitor"

622	2 Din	violett .... hg	0,50	0,20
623	3 Din	braun .... hh	0,50	0,20
624	5 Din	grünschiefer .... hi	0,50	0,20
625	10 Din	hellblau .... hk	0,50	0,20
626	12 Din	dunkelgraublau .... hl	2,—	0,60
627	20 Din	violettbraun .... hm	11,—	3,60
		Satzpreis (6 W.)	15,—	5,—
		FDC		20,—

Auflagen: MiNr. 622–625 je 200 000, MiNr. 626 = 120 000, MiNr. 627 = 80 000 Stück

Gültig bis 31.7.1951

1950, 1. Sept./1951. Freimarken: Bilder aus der einheimischen Wirtschaft. StTdr.; gez. K 12½.

hn) Stahlarbeiter | ho) Starkstrommonteur | hp) Bäuerin mit Getreide | hr) Bauarbeiter

hs) Fischer | ht) Bergarbeiter | hu) Obsternte | hv) Holzarbeiter

hw) Bäuerin mit Sonnenblumen | hx) Bäuerin mit Vieh | hy) Frau mit Büchern an Druckmaschine | hz) Transportarbeiter

628	0.50 Din	schwarzbraun (1951) .... hn	0,20	0,10
629	1 Din	grün .... ho	0,20	0,10
630	2 Din	gelborange .... hp	0,20	0,10
631	3 Din	rot .... hr	0,20	0,10
632	5 Din	ultramarin .... hs	1,50	0,10
633	7 Din	dunkelgrau .... ht	1,50	0,10
634	10 Din	dunkelbraun .... hu	1,50	0,10
635	12 Din	lilabraun (1951) .... hv	5,—	0,10
636	16 Din	dunkelblau (1951) .... hw	4,—	0,20
637	20 Din	olivgrün (1951) .... hx	4,—	0,30
638	30 Din	rotbraun (1951) .... hy	10,—	0,70
639	50 Din	blauviolett (1951) .... hz	42,—	30,—
		Satzpreis (12 W.)	70,—	32,—
629 UI		links ungezähnt	75,—	

Auflage: MiNr. 639 = 50 000 Stück

Gültig bis 15.2.1968

Weitere Werte siehe Übersicht nach Jahrgangswerttabelle.

1951

1951, 27. März. 10. Jahrestag des Putsches gegen die Regierung Cvetković. StTdr. (4×4); gez. K 12½.

ia) Männer mit Fahnen auf Motorrad mit Beiwagen

640	3 Din	braunrot/rot .... ia	4,50	4,50
		FDC		15,—

Das Markenbildformat schwankt in der Höhe zwischen 29 und 32 mm. Häufig schlechte Zentrierung.

Auflage: 100 000 Stück

Gültig bis 31.7.1952

1951, 27. April. 10. Jahrestag des Beginns des Widerstandes gegen die Besatzungsmächte in Slowenien. RaTdr.; gez. K 12½.

ib) Franc Rozman Stane | ic) Partisanenkurier

641	3 Din	lilabraun/tiefrot .... ib	0,60	0,50
642	5 Din	dunkelblau ic	1,20	0,80
		Satzpreis (2 W.)	1,80	1,30
		FDC		4,50

Auflagen: MiNr. 641 = 500 000, MiNr. 642 = 300 000 Stück

Gültig bis 31.7.1952

1951, 3. Juni. Woche des Kindes 1951. RaTdr.; gez. K 12½.

id) Malende Kinder

643	3 Din	rot .... id	0,70	0,30
		FDC		10,—

Auflage: 500 000 Stück

Gültig bis 31.7.1952

✈ 1951, 16. Juni. Freimarken: Flugzeuge über Landschaften. StTdr. A = gez. K 12½, C = gez. L 12½, D = gez. K 11½.

ie) Donaudurchbruch am Eisernen Tor | if) Wasserfälle von Plitvice | ig) Gozd-Martuljak, Julische Alpenlandschaft

ih) Mostar, Alte Brücke | ii) Ohridsee mit Kloster Sveti Jovan | ik) Bucht von Kotor

il) Dubrovnik (Ragusa) | im) See von Bled (Veldes) mit Insel | in) Belgrad mit Savebrücke

644 A	1 Din	braungelb .... ie	0,20	0,10
645	2 Din	dunkelgrün .... if		
A		gez. K 12½	0,20	0,10
C		gez. L 12½	5,—	5,—
646 A	3 Din	rot .... ig	0,50	0,10
647 A	6 Din	ultramarin .... ih	5,—	5,—
648 A	10 Din	braun ii	0,50	0,20
649	20 Din	schwarzgrün .... ik		
A		gez. K 12½	1,—	0,20
C		gez. L 12½	300,—	90,—
650 A	30 Din	lilakarmin il	2,50	0,20
651 A	50 Din	schwarzviolett .... im	3,50	0,20

Mit MICHEL machen Sie mehr aus Ihren Briefmarken!

546 Jugoslawien

652 D	100 Din .... in		
a	graublau	70,—	11,—
b	grünlichblau	200,—	
	Satzpreis (9 W.)	80,—	17,—
	FDC		130,—

Auflage: MiNr. 652 = 136 800 Stück

Gültig bis 15.2.1968

in gleichen Zeichnungen: MiNr. 654, 689–692. MiNr. 647 und 651 in anderen Farben mit Aufdruck: MiNr. 653, 667

✈ **1951, 16. Juni. 1. Landes-Briefmarkenausstellung, Zagreb (Zefiz). MiNr. 647 in geänderter Farbe mit zweizeiligem dunkelrotem Aufdruck ZEFIZ/1951; MiNr. 654 ohne Aufdruck.**

653	6 (+10) Din dunkelgrün .... (ih)	4,50	4,50
	FDC		5,50

✈ **Blockausgabe, □**

654	100 Din karminbraun .... in I	—,—	—,—
Block 5	(70×70 mm) .... io	220,—	220,—
	FDC		320,—

Auflagen: MiNr. 653 = 150 000 Stück, Bl. 5 = 19 504 Blocks

Gültig bis 31.7.1952

✈ **1951, 7./13. Juli. Tagung der Internationalen Union der Alpinen Vereinigungen (UIAA) in Bled. RaTdr.; gez. K 12½.**

ip) Kopaonik (Serbien)   ir) Berg Triglav (Slowenien)   is) Berg Kalnik (Kroatien)

655	3 Din rotviolett (7.7.) .... ip	2,50	2,50
656	5 din blau .... ir	2,50	2,50
657	20 Din russischgrün .... is	70,—	60,—
	Satzpreis (3 W.)	75,—	65,—
	FDC		150,—

Auflagen: MiNr. 655–656 je 300 000, MiNr. 657 = 30 000 Stück

Gültig bis 31.7.1952

1951, 7. Juli. 10. Jahrestag des Aufstandes gegen die Besatzungsmächte in Serbien. RaTdr.; gez. K 12½.

it) Nationalheld Žika Jovanović (1911–1941)   iu) Aufständische im Kampf

658	3 Din braunrot .... it	0,70	0,60
659	5 Din dunkelblau .... iu	1,30	1,10
	Satzpreis (2 W.)	2,—	1,70
	FDC		7,50

Auflagen: MiNr. 658 = 500 000, MiNr. 659 = 300 000 Stück

Gültig bis 31.7.1952

1951, 13. Juli. 10. Jahrestag des Aufstandes gegen die Besatzungsmächte in Montenegro. RaTdr.; gez. K 12½.

iv) Nationalheld Sava Kovačević (1906–1943)   iw) Aufständischer ruft zum Kampf

660	3 Din lilarosa iv	1,—	0,60
661	5 Din hellblau .... iw	2,20	1,40
	Satzpreis (2 W.)	3,20	2,—
	FDC		12,—

Auflagen: MiNr. 660 = 500 000, MiNr. 661 = 300 000 Stück

Gültig bis 31.7.1952

1951, 27. Juli. 10. Jahrestag des antifaschistischen Aufstandes in Kroatien. RaTdr.; gez. K 12½.

ix) Denkmal des Nationalhelden Marko Orešković (1895–1941) in Zabrebg   iy) Verwundetentransport, Skulptur von A. Augustinčić

662	3 Din dunkellilarot ix	1,—	0,60
663	5 Din dunkelschieferblau .... iy	1,50	1,10
	Satzpreis (2 W.)	2,50	1,70
	FDC		7,—

Auflagen: MiNr. 662 = 500 000, MiNr. 663 = 300 000 Stück

Gültig bis 31.7.1952

1951, 27. Juli. 10. Jahrestag des antifaschistischen Aufstandes in Bosnien. RaTdr.; gez. K 12½.

iz) Nationalheld Simo Šolaja   ka) Symbol der Erhebung

664	3 Din rotbraun .... iz	1,—	0,60
665	5 Din dunkelblau .... ka	1,50	1,10
	Satzpreis (2 W.)	2,50	1,70
	FDC		7,50

Auflagen: MiNr. 664 = 500 000, MiNr. 665 = 300 000 Stück

Gültig bis 31.7.1952

✈ **1951, 16. Aug. 1. internationaler Fallschirmspringer-Wettbewerb, Bled. MiNr. 666 in neuer Zeichnung, MiNr. 667 mit rotem zweizeiligem Aufdruck 1 SVETSKO TAKMIČENJE / PADOBRANACA 1951 auf nicht ausgegebener Marke in Zeichnung im. StTdr.; gez. K 12½.**

kb) Landung einer Springergruppe

666	6 Din hell- bis dunkelkarmin .... kb	5,—	2,50
667	50 Din kobaltblau .... (im)	75,—	48,—
	Satzpreis (2 W.)	80,—	50,—
	FDC		120,—

Auflagen: MiNr. 666 = 100 000, MiNr. 667 = 30 000 Stück

Gültig bis 31.7.1952

1951, 9. Sept. Mittelalterliche Schriftsteller. StTdr.; gez. K 12½.

kc) Primož Trubar (1518–1586), Autor des 1. Buches in slowenischer Sprache
kd) Marko Marulić (1450–1524), Vater der kroatischen Literatur
ke) Stevan Dušan Silni (1308–1355), erster Verfasser der serbischen Gesetze

MiNr.	Wert	Farbe	Zeichen	Preis	Preis
668	10 Din	schwarzgrün	kc	8,—	8,—
669	12 Din	gelbbraun	kd	8,—	8,—
670	20 Din	blauviolett	ke	25,—	25,—
		Satzpreis (3 W.)		40,—	40,—
		FDC			45,—

Auflagen: MiNr. 668–669 je 200 000, MiNr. 670 = 60 000 Stück

Gültig bis 31.7.1952

1951, 15. Sept. Messe Zagreb. Bdr.; gez. K 12:11½.

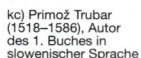

kf) Kunsthandwerkliche Erzeugnisse

671	3 Din	mehrfarbig	kf	2,20	1,50
		FDC			5,—

Auflage: 500 000 Stück

Gültig bis 31.7.1952

1951, 11. Okt. 10. Jahrestag des Aufstandes gegen die Besatzungsmächte in Mazedonien. RaTdr.; gez. K 12½.

kg) Nationalheld Mirče Acev (1919–1942)
kh) Denkmal für die im Kampf um Skopje Gefallenen

672	3 Din	braunkarmin	kg	1,—	0,50
673	5 Din	schwarzviolett	kh	2,—	1,50
		Satzpreis (2 W.)		3,—	2,—
		FDC			5,—

Auflagen: MiNr. 672 = 500 000, MiNr. 673 = 300 000 Stück

1951, 29. Nov. 100. Todestag von Petar Petrović Njegoš. StTdr.; gez. K 12½.

ki) P. P. Njegoš (1813–1851), montenegrinischer Fürst und Dichter

674	15 Din	braunkarmin	ki	2,—	1,—
		FDC			13,—

Auflage: 300 000 Stück

Gültig bis 31.7.1952

1951, 22. Dez. Tag der Armee: 10. Jahrestag des Beginns des Partisanenkrieges. MiNr. 675 Odr., MiNr. 676 StTdr.; gez. K 12½.

kk) Soldat und Ordensstern der Kämpfer von 1941
kl) Marschall Tito und staatliche Waffenfabrik

675	15 Din	rot	kk	0,60	0,20
		FDC			4,50

✈ **Flugpostmarke**

676	150 Din	blau	kl	12,—	12,—
		FDC			35,—

Auflagen: MiNr. 675 = 10 000 000, MiNr. 676 = 100 000 Stück

Gültig bis 31.8.1953

1951/52. Freimarken: Bilder aus der einheimischen Wirtschaft. StTdr.; A = gez. K 12½, C = gez. L 12½:11½, D = gez. L 12½.

ho) Starkstrommonteur
hp) Bäuerin mit Getreide
hs) Fischer

677 A	1 Din	grau (29.1.1952)	ho	0,20	0,10
678 A	2 Din	karminrosa (25.4.1952)	hp	0,50	0,10
679 A	5 Din	gelborange (1.4.1952)	hp	2,—	0,10
680 A	10 Din	hellgrün (25.4.1952)	hu	10,—	0,20
681 A	15 Din	rot (3.3.1952)	hw	50,—	0,30
682 A	20 Din	(26.12.1951)	hx		
a		dunkelviolett		5,—	0,10
b		bläulichviolett		12,—	1,70
683 A	25 Din	olivbraun (21.6.1952)	hp		
I		ohne Entwerfer- und Stechernamen		30,—	1,70
II		mit Entwerfer- und Stechernamen		20,—	0,10
684	30 Din	blau (20.12.1951)	hy		
A		gez. K 12½		2,50	0,10
C		gez. L 12½:11½		40,—	1,50
D		gez. L 12½		20,—	1,50
685 A	35 Din	rotbraun (3.1952)	hr	3,60	0,20
686 A	50 Din	dunkelblaugrün (12.11.1951)	hz	2,50	0,10
687	75 Din	blauviolett (1952)	hv		
A		gez. K 12½		5,—	0,20
C		gez. L 11½		30,—	2,50
D		gez. L 12½		25,—	2,50
688 A	100 Din	sepia (8.1952)	hn	10,—	0,20
		Satzpreis (12 W.)		110,—	1,70

Gültig bis 15.2.1968

In gleichen Zeichnungen siehe Übersicht nach Jahrgangswerttabelle.

✈ **1951/52. Flugpostmarken. StTdr.; gez. K 12½, MiNr. 692 gez. K 11½.**

ig l

ig l, ih l und in l: jetzt ohne Währungsangabe DIN hinter der Wertziffer.

689	5 Din	graubraun (21.2.1952)	if	0,50	0,20
690	100 (Din)	grün (7.12.1951)	ig l	2,—	0,20

Jugoslawien

691	200	(Din)	dunkellilarosa (20.3.1952)	ih l	3,—	0,30
692	500	(Din)	blauviolett (21.2.1952)	ih l	10,—	0,50
			Satzpreis (4 W.)		15,—	1,20

Gültig bis 15.2.1968

In gleicher Zeichnung: MiNr. 644–652, 654

1952

1952, 25. Mai. 60. Geburtstag von Josip Broz Tito. RaTdr. (4×3, MiNr. 694 ~); gez. K 11¾.

km   kn   ko

km–ko) Marschall Josip Broz Tito (1892–1980), Staatspräsident

693	15	(Din)	sepia	km	1,20	1,20
694	28	(Din)	braunkarmin	kn	1,20	1,20
695	50	(Din)	schwarzoliv	ko	44,—	36,—
			Satzpreis (3 W.)		45,—	38,—
			FDC			85,—

Auflagen: MiNr. 693 = 270 000, MiNr. 694 = 170 000, MiNr. 695 = 70 000 Stück

Gültig bis 31.8.1953

1952, 1. Juni. Woche des Kindes. Odr.; gez. 12½.

kp) Kind mit Ball

696	15	(Din)	karminrosa	kp	7,50	3,50
			FDC			30,—

Auflage: 1 000 000 Stück

MiNr. 697 fällt aus.

Gültig bis 31.8.1953

1952, 10. Juli. Olympische Sommerspiele, Helsinki. Komb. StTdr. und Odr.; gez. K 12¾:12½.

kr) Gymnastik   ks) Sprint   kt) Schwimmen

ku) Boxen   kv) Handball   kw) Fußball

698	5	(Din)	braun, gelbbraun	kr	1,—	0,20
699	10	(Din)	rotbraun, gelb	ks	1,50	0,20
700	15	(Din)	schwarzblau, lilarosa	kt	1,50	0,50
701	28	(Din)	schwarzbraun, rötlich	ku	3,50	1,—
702	50	(Din)	dkl'grün, hellgrün	kv	5,—	5,50
703	100	(Din)	d'rotbraun, hellviolett	kw	50,—	34,—
			Satzpreis (6 W.)		60,—	40,—
			FDC			150,—

698 U–703 U   ungezähnt   Satzpreis (6 W.)   900,—

Auflagen: MiNr. 698–699 und 701 je 295 895, MiNr. 700 = 345 895, MiNr. 702 = 145 895, MiNr. 703 = 55 895 Stück

Gültig bis 31.8.1953

1952, 10. Sept. Tag der Kriegsmarine. RaTdr.; gez. K 12¾:12½.

kx) Split   ky) Fischerbarke mit Ruderern (nach einem Relief von Bildhauer Kršinić)   kz) Sveti Stefan

704	15	(Din)	lilabraun	kx	1,—	1,—
705	28	(Din)	schwarzbraun	ky	2,—	2,—
706	50	(Din)	schwarzgrau	kz	22,—	17,—
			Satzpreis (3 W.)		25,—	20,—
			FDC			50,—

Auflagen: MiNr. 704 = 280 000, MiNr. 705 = 180 000, MiNr. 706 = 80 000 Stück

Gültig bis 31.8.1953

1952, 14. Sept. Briefmarkenausstellung JUFIZ I, Belgrad. StTdr.; gez. K 11¾.

la) Belgrad im 16. Jahrhundert (nach einem Kupferstich)

707	15 (+20)	Din	braunviolett	la	12,—	12,—
			FDC			26,—

Auflage: 80 000 Stück

Gültig bis 31.8.1953

1952, 2. Juni. Kongreß der Kommunistischen Partei, Zagreb. StTdr.; gez. K 12¾:12½.

lb) Symbolik: kommunistische Erhebung, nach einem Fresko von Slavko Pengov

708	15	Din	braunkarmin	lb	1,50	1,50
709	15	Din	schwarzbraun	lb	1,50	1,50
710	15	Din	blaugrün	lb	1,50	1,50
711	15	Din	violettblau	lb	1,50	1,50
			Satzpreis (4 W.)		6,—	6,—
			FDC			22,—

Auflage: 300 000 Sätze

Gültig bis 31.8.1953

Eine Notierung in Schrägschrift bedeutet, daß die Bewertungsunterlagen für eine eindeutige Preisfestsetzung nicht ausreichen.

1953

1953, 7. Jan. 10. Todestag von Nikola Tesla. StTdr.; gez. K 12½.

Ic) N. Tesla (1856–1943), Physiker und Elektrotechniker

712	15	(Din)	dunkelrot Ic	1,—	0,20
713	30	(Din)	violettblau Ic	4,—	0,80
			Satzpreis (2 W.)	5,—	1,—
			FDC		15,—

Auflagen: MiNr. 712 = 2 000 000, MiNr. 713 = 500 000 Stück

1953, 24. März. Vereinte Nationen: Fresken des 12.–14. Jahrhunderts. RaTdr.; gez. 12:11½.

Id) Mädchen mit Wasserkrug (Teil eines Freskos aus dem Kloster Sopoćani, Jahr 1250)

Ie) Zwei Tauben (Teil eines Freskos in der Pantaleonskirche bei Nerezi bei Skopje Jahr 1164)

If) Mädchen hält eine Amphore (Teil eines Freskos in der Kirche des hl. Dimitrius in Peć; 14. Jh.)

714	15	(Din)	dunkelolivgrün .... Id	1,—	0,80
715	30	(Din)	taubenblau .... Ie	2,—	0,80
716	50	(Din)	dunkelrotbraun .... If	22,—	5,50
			Satzpreis (3 W.)	25,—	7,—
			FDC		45,—

Auflagen: MiNr. 714–715 je 450 000. MiNr. 716 = 150 000 Stück

Gültig bis 31.12.1954

Ähnlich der Zeichnung Id: Zwangszuschlagsmarke MiNr. 20 und Zwangszuschlagsportomarke MiNr. 16

1952/1953. Bilder aus der einheimischen Wirtschaft. Odr. (10 × 10); gez. 12½.

ho) Starkstrommonteur

hp) Bäuerin mit Getreide

hs) Fischer

717	1		Din grau .... ho	1,—	0,10
718	2		Din karmin .... hp	2,50	0,20
719	5		Din .... hs		
I			Type I, ockergelb (1952)	65,—	3,—
II			Type II, gelborange (Töne) (1953)	7,50	0,10
720	8		Din blaugrau (Töne), (4.6.1952) .. ht	5,—	0,20
721	10		Din hellgrün (Töne) .... hu	10,—	0,10
722	12		Din violettbraun .... hv	45,—	0,30
723	15		Din rot .... hw		
I			Type I	60,—	4,50
II			Type II	20,—	0,10
			Satzpreis (7 W.)	90,—	1,—

MiNr. 720 hat keinen Stecher- und Entwerfernamen. MiNr. 719: Type I = Abstrich des letzten A in JUGOSLAVIA verkürzt. Type II = normales A. MiNr. 723: Type I = Bildgröße 19,5 × 25 mm; im weißen Feld unter der Hand senkrechter roter Strich. Type II = Bildgröße 20 × 26 mm; weißes Feld unter der Hand ohne Strich.

723 I Ur		rechts ungezähnt		320,—

Gültig bis 15.2.1968

In gleichen Zeichnungen siehe Übersicht nach Jahrgangswerttabelle

1953, 10. Mai. Auto- und Motorradrennen RaTdr.; gez. K 12¾.

Ig) 2. Adria-Rally: Pkw, im Hintergrund Berg Lovćen

Ih) Auto- und Motorradrennen in Opatija: Motorradfahrer, im Hintergrund Sportwagen und Opatija (Abbazia)

Ii) Auto- und Motorradrennen Belgrad: Sportwagen, Motorradfahrer, im Hintergrund Flaggenband und Kalemegdanfestung

Ik) 2. Alpen-Rally: Pkw auf Bergstraße, im Hintergrund Triglav

724	15	(Din)	hellorangerot/lilapurpur ...... Ig	0,50	0,30
725	30	(Din)	grünl'blau/schwarzblau ...... Ih	0,50	0,30
726	50	(Din)	sämisch/braun Ii	1,50	0,50
727	70	(Din)	hellbläulichgrün/schwarzoliv .. Ik	18,—	6,—
			Satzpreis (4 W.)	20,—	7,—
			FDC		17,—

Auflagen: MiNr. 724–726 je 396 526, MiNr. 727 = 146 526 Stück

Gültig bis 31.12.1954

1953, 28. Juni. Josip Broz Tito. StTdr.; gez. K 12½.

Il) Marschall Josip Broz Tito (1892–1980), Staatspräsident

728	50	(Din)	dunkelviolett Il	15,—	10,—
			FDC		30,—

Auflage: 299 676 Stück

Gültig bis 31.12.1954

1953, 25. Juli. 38. Esperanto-Weltkongreß, Zagreb (I). Komb. StTdr. und Bdr.; gez. K 12½.

Im) Allegorische Darstellung: Weltkugel, Flaggenband, Esperantostern

729	15	(Din)	taubengrau/grün .... Im	3,50	3,—
			FDC		12,—

Auflage: 300 000 Stück

Gültig bis 31.12.1954

✈ **1953, 31. Juli. 38. Esperanto-Weltkongreß, Zagreb (II). StTdr. (4 × 2); gez. K 12½.**

In

JUGOSLAWIEN

730	300	(Din)	blau/grün .... ln	200,—	200,—
			FDC	250,—	
			Kleinbogen	1700,—	1700,—

Auflage: 20 000 Stück

Gültig bis 31.12.1954

In ähnlicher Zeichnung: MiNr. 2286

1953, 2. Aug. 50. Jahrestag des Aufstandes in Makedonien. Komb. RaTdr. und StTdr.; gez. K 12½.

lo) Aufständischer, Teil eines Gemäldes von Borko Lazevski

lp) Nikolai Karev, Führer der Aufständischen

731	15	(Din)	schwarzlila .... lo	0,70	0,80
732	30	(Din)	schwarzblaugrün .... lp	4,—	4,20
			Satzpreis (2 W.)	4,60	5,—
			FDC		20,—

Auflagen: MiNr. 731 = 297 957, MiNr. 732 = 177 957 Stück

Gültig bis 31.12.1954

Specimen Neben den Specimen-Aufdrucken von MiNr. 1418–1443, 1445, 1779 und Zwangszuschlagsmarken 42–43 (s. Notiz nach MiNr. 1470) gibt es von MiNr. 644–652, 677–681, 684, 686–688, 704 bis 707, 712–713, 717–720, 722, 723 I, 728, 734, 750–759, 776–787, 1282 □, 1283, 714–716 □, 724–727 □, schwarze, rote bzw. grüne Specimen- (bzw. SPECIMEN-) Handstempel- Aufdrucke in einer Auflage von je 30–50 Stück.

1953, 6. Sept. 10. Jahrestag der Befreiung Istriens und der slowenischen Küste. Odr.; gez. K 12½.

lr) Symbolische Darstellung: Befreiung, Wiedergeburt und wirtschaftlicher Reichtum

733	15	(Din)	dunkelblaugrün .... lr	200,—	70,—
			FDC		150,—

Auflage: 299 470 Stück

Gültig bis 31.12.1954

1953, 1. Okt. 100. Todestag von Branko Radićević. StTdr.; gez. K 12½.

ls) B. Radićević (1824–1853), serbischer Dichter

734	15	(Din)	dunkelviolett .... ls	6,—	2,50
			FDC		17,—

Auflage: 299 464 Stück

Gültig bis 31.12.1954

1953, 29. Nov. 10. Jahrestag der 2. Sitzung der „AVNOJ" (Antifaschistische Ratsversammlung der Volksbefreiung Jugoslawiens) in Jajce. StTdr.; gez. K 12½.

lt) Stadt Jajce   lu) Sitzungsgebäude   lv) Marschall Tito

735	15	(Din)	schwarzgrün .... lt	1,—	1,—
736	30	(Din)	rotkarmin .... lu	1,50	1,50
737	50	(Din)	dunkelbraun lv	10,—	10,—
			Satzpreis (3 W.)	12,—	12,—
			FDC		60,—

Auflagen: MiNr. 735 = 299 488, MiNr. 736 = 149 488, MiNr. 737 = 49 488 Stück

Gültig bis 31.12.1954

1954

1954, 30. Juni. Jugoslawische Fauna (I). RaTdr. (10×10); gez. K 11¾.

lw) Ziesel (Citellus citellus)   lx) Luchs (Lynx lynx)   ly) Rothirsch (Cervus elaphus)

lz) Braunbär (Ursus arctos)   ma) Balkangemse (Rupicapra rupicapra)   mb) Rosapelikan (Pelecanus onocrotalus)

mc) Bart- oder Lämmergeier (Gypaëtus barbatus aureus)   md) Riesenlaufkäfer (Carabus gigas)   me) Bosnische Langfühlerschrecke (Callimenus pancici)

mf) Karst-Eidechse (Lacerta melisellensis)   mg) Grottenolm (Proteus anguinus)   mh) Lachsforelle (Salmo trutta)

738	2	(Din)	mehrfarbig .... lw	0,50	0,20
739	5	(Din)	schwarzblaugrün/ dunkelgelbbraun lx	0,50	0,20
740	10	(Din)	grauschwarz/rötlichbraun ..... ly	1,—	0,20
741	15	(Din)	preußischblau/ dunkelrötlichbraun .... lz	1,20	0,20
742	17	(Din)	schwarzlila/ dunkelbraun .... ma	2,—	0,20
743	25	(Din)	mehrfarbig .... mb	3,—	0,50
744	30	(Din)	violettultramarin/ dunkellilabraun .... mc	3,—	0,50
745	35	(Din)	braun/bläulichschwarz .... md	4,—	0,70
746	50	(Din)	dunkelolivgrün/ dunkelkarminbraun .... me	13,—	2,50
747	65	(Din)	bräunlichlilarot/ schwarzgrüngrau .... mf	22,—	13,—
748	70	(Din)	dunkelblaugrün/ hellorangebraun .... mg	20,—	13,—
749	100	(Din)	lebhaftultramarinschwarz ..... mh	80,—	40,—
			Satzpreis (12 W.)	150,—	70,—
			FDC		250,—

Auflagen: MiNr. 738–740 je 2 400 000, MiNr. 741–742 je 900 000, MiNr. 743–745 je 350 000, MiNr. 746 = 150 000, MiNr. 747–748 je 100 000, MiNr. 749 = 80 000 Stück

Gültig bis 31.12.1955

Jugoslawien

1954, 29. Juli. Briefmarkenausstellung, Ljubljana. JUFIZ II StTdr.; gez. K 11½.

mi) Laibach im 17. Jahrhundert

750	15 (+35)	(Din)	mehrfarbig	mi	12,—	12,—
				FDC		35,—

Auflage: 50 000 Stück

Gültig bis 31.12.1955

1954, 3. Okt. 150. Jahrestag des ersten serbischen Aufstandes. Komb. StTdr. und Odr.; gez. K 12½.

mk) Fahne der Aufständischen ml) Kanone aus dem Aufstand

mm) Stempel der „Oberstaatsherrschaft" in Serbien mn) Karađorđe, (1752–1817), Führer der Aufständischen

751	15	(Din)	mehrfarbig	mk	1,—	0,30
752	30	(Din)	mehrfarbig	ml	1,50	0,70
753	50	(Din)	mehrfarbig	mm	5,—	3,—
754	70	(Din)	mehrfarbig	mn	38,—	26,—
			Satzpreis (4 W.)		45,—	30,—
				FDC		100,—

Auflagen: MiNr. 751 = 997 758, MiNr. 752–753 je 497 758, MiNr. 754 = 97 758 Stück

---

1954, 25. Dez. Jahrestage berühmter Männer (I). StTdr.; gez. K 12½.

mo) Vatroslav Lisinski (1819–1854) kroat. Komponist mp) Andrija Kačić-Miošić (1704–1760) kroat. Schriftsteller mr) Jurij Vega (1754–1802) slow. Mathematiker

ms) Jovan Jovanović-Zmai (1833–1904), serbischer Dichter mt) Filip Višnjić (1765–1834) serbischer Volksdichter und Musiker

755	15	(Din)	schwarzgrün	mo	2,50	2,50
756	30	(Din)	dunkellilabraun	mp	2,50	2,50
757	50	(Din)	dunkelbraunkarmin	mr	2,50	2,50
758	70	(Din)	schwarzblau	ms	7,50	7,50
759	100	(Din)	dunkelviolett	mt	20,—	20,—
			Satzpreis (5 W.)		35,—	35,—
				FDC		100,—

755 U–759 U   ungezähnt .... je   400,—

Auflagen: MiNr. 755 = 197 758, MiNr. 756 = 147 758, MiNr. 757 = 97 758, MiNr. 758 = 47 758, MiNr. 759 = 27 758 Stück

Gültig bis 31.12.1955

In ähnlichen Zeichnungen: MiNr. 935–940

1955

1955, 28. Febr. Freimarke: Bilder aus der einheimischen Wirtschaft. Odr.; gez. K 12½.

hx) Bäuerin mit Vieh

760	17	Din	braunviolett	hx	3,60	0,20
				FDC		17,—

Gültig bis 15.2.1968

Weitere Werte siehe Übersicht nach Jahrgangswerttabelle.

1955, 6. Juni. Sommerfestspiele in Dubrovnik. Odr. mit Lacküberzug; MiNr. 761 gez. K 12:11½, MiNr. 762 gez. K 12½.

mu) Szene aus „Die Sklavin", von Hanibal Lučić mv) Szene aus „Sommernachtstraum" v. Shakespeare

761	15	(Din)	dunkelkarmin	mu	1,—	0,50
762	30	(Din)	dunkelblau	mv	4,—	2,50
			Satzpreis (2 W.)		5,—	3,—
				FDC		15,—

Auflagen: MiNr. 761 = 700 000, MiNr. 762 = 300 000 Stück

Gültig bis 31.12.1956

1955, 3. Juli. 1. Internationale Ausstellung für Grafik, Ljubljana. Komb. StTdr. und Odr.; gez. K 12½.

mw) Wappentier von Ljubljana und Inschrift

763	15	(Din)	schwarzgrün/dunkelbraun auf hellgrauviolett	mw	7,50	5,—
				FDC		10,—

Auflage: 450 000 Stück

Gültig bis 31.12.1956

1955, 23. Aug. 2. Kongreß der Taubstummen. StTdr.; gez. K 12½.

mx) Fingerzeichen „Begriffsvermögen"

764	15	(Din)	karminbraun	mx	1,50	0,60
				FDC		7,50

764 U   ungezähnt ....   —,—

Auflage: 496 570 Stück

Gültig bis 31.12.1956

Jugoslawien

1955, 24. Sept. Jugoslawische Flora (I). RaTdr.; gez. K 11¾.

my) Hopfen (Humulus lupulus)

mz) Tabak (Nicotiana tapacum) — na) Schlafmohn (Papaver somniferum) — nb) Winterlinde (Tilia cordata) — nc) Echte Kamille (Matricariacha-momilla)

nd) Echter Salbei (Salvia officinalis) — ne) Hundsrose (Rosa canina) — nf) Gelber Enzian (Gentiana lutea) — ng) Adonisröschen (Adonis vernalis)

765	5 (Din)	mehrfarbig	my	0,20	0,10
766	10 (Din)	mehrfarbig	mz	0,20	0,10
767	15 (Din)	mehrfarbig	na	0,20	0,10
768	17 (Din)	mehrfarbig	nb	0,20	0,10
769	25 (Din)	mehrfarbig	nc	0,30	0,10
770	30 (Din)	mehrfarbig	nd	0,60	0,30
771	50 (Din)	mehrfarbig	ne	3,—	2,—
772	70 (Din)	mehrfarbig	nf	5,—	3,50
773	100 (Din)	mehrfarbig	ng	26,—	18,—
		Satzpreis (9 W.)		35,—	24,—
			FDC		75,—

Auflagen: MiNr. 765–767 je 2 696 700, MiNr. 768–770 je 646 700, MiNr. 771–773 je 96 700 Stück

Gültig bis 31.12.1956

1955, 24. Okt. 10 Jahre Vereinte Nationen (UNO). Odr.; gez. K 12½.

nh) Friedensdenkmal (vor dem UN-Gebäude New York) und Emblem der UNO

774	30 (Din)	hellkobalt/schwarz	nh	1,—	1,—
			FDC		7,50

Auflage: 296 134 Stück

Gültig bis 31.12.1956

1955, 29. Nov. 10 Jahre Volksrepublik. StTdr.; gez. K 12½.

ni) Stilisierte Frauengestalt mit Friedenstaube

775	15 (Din)	blauviolett	ni	0,70	0,70
			FDC		3,—

Auflage: 692 790 Stück

Gültig bis 31.12.1956

1956

1956, 24. März. Jugoslawische Kunst. RaTdr.; gez. K 11¾.

nk) Kirche des hl. Donat in Zadar (Dalmatien); 9. Jh. — nl) Relief eines kroatischen Königs aus einem Tempel in Split; 10. Jh. — nm) Portal der Kirche der Mutter Gottes im Kloster von Studenica; 12. Jh.

nn) Portal der Kathedrale in Trogir mit Figuren von Radovan; 13. Jh. — no) „Trauer um den Tod Mariens", Freskendetail aus dem Kloster in Sopoćani; 13. Jh. — np) Mittelalterlicher Grabstein in der Nekropolis in Radimlje; 15. Jh. (Herzegowina)

nr) Skulptur aus dem 15. Jahrhundert an der Kathedrale von Šibenik — ns) Ciborium aus der Kathedrale von Kotor; 15. Jh. — nt) Triptychon (Ausschnitt) des hl. Martin zu Pferde von Nikolaus Ragusinus aus der Marienkirche zu Dančama; 16. Jh. (Dubrovnik)

nu) Heiligenfigur aus der Kirche Maria-Schnee in Belec (Kroatien); 18. Jh. — nv) Selbstporträt des slowenischen Malers Rikard Jakopič (1869–1943) — nw) Skulptur „Frieden" von A. Augustinčić vor dem UN-Gebäude in New York

776	5 (Din)	schwarzblau	nk	0,50	0,20
777	10 (Din)	schwarzgrün	nl	0,50	0,20
778	15 (Din)	dunkelbraun	nm	0,50	0,20
779	20 (Din)	dunkelbraunrot	nn	0,50	0,20
780	25 (Din)	braunschwarz	no	0,50	0,20
781	30 (Din)	dunkelkarmin	np	0,50	0,20
782	35 (Din)	dunkeloliv	nr	1,50	0,50
783	40 (Din)	dunkelbraunrot	ns	2,50	0,70
784	50 (Din)	olivbraun	nt	3,—	1,—
785	70 (Din)	dunkelgelbgrün	nu	10,—	10,—
786	100 (Din)	schwarzlila	nv	35,—	25,—
787	200 (Din)	blau	nw	85,—	40,—
		Satzpreis (12 W.)		140,—	75,—
			FDC		600,—

Auflagen: MiNr. 776–778 je 398 307, MiNr. 779–781 je 298 307, MiNr. 782 bis 784 je 198 307, MiNr. 785 = 98 307, MiNr. 786 = 48 307, MiNr. 787 = 30 307 Stück

Gültig bis 31.12.1957

Jugoslawien

1956, 20. April. Internationale Briefmarkenausstellung JUFIZ III, Zagreb (I). StTdr.; gez. K 11½.

nx) Turm „Lotršćak" sowie andere Gebäude in Zagreb aus dem 13. bis 19. Jahrhundert und Stadtwappen

788	15 (Din)	mehrfarbig .... nx	0,20	0,20
		Markenheftchen mit 4 × MiNr. 788	11,—	
		FDC		0,70

Auflage: 995 268 Stück, davon 201 472 aus Markenheftchen.

Gültig bis 31.12.1957

1956, 10. Sept. Jugoslawische Fauna (II): Tiere der Adria. RaTdr.; gez. K 11¾.

oe) Kurzschnauziges Seepferdchen (Hippocampus antiquorum)
of) Papierboot (Argonauta argo)
og) Gemeine Languste (Palinurus vulgaris)

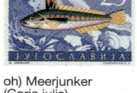  

oh) Meerjunker (Coris julis)
oi) Schriftbarsch (Serranus scriba)
ok) Streifenbarbe (Mullus surmuletus)

ol) Großer Drachenkopf (Scorpaena scrofa)
om) Streifenlippfisch (Labrus bimaculatus)
on) Grüngelbgebänderter Heringskönig (Zeus pungio)

795	10 (Din)	mehrfarbig .... oe	0,50	0,30
796	15 (Din)	mehrfarbig .... of	0,50	0,30
797	20 (Din)	mehrfarbig .... og	0,50	0,30
798	25 (Din)	mehrfarbig .... oh	1,—	0,30
799	30 (Din)	mehrfarbig .... oi	1,—	0,30
800	35 (Din)	mehrfarbig .... ok	2,—	0,70
801	50 (Din)	mehrfarbig .... ol	5,—	3,—
802	70 (Din)	mehrfarbig .... om	10,—	5,—
803	100 (Din)	mehrfarbig .... on	40,—	25,—
		Satzpreis (9 W.)	60,—	35,—
		FDC		70,—

Auflagen: MiNr. 795, 796 je 2 592 354, MiNr. 797 = 2 492 354, MiNr. 798, 799 je 492 354, MiNr. 800 = 342 354, MiNr. 801, 802 je 142 354, MiNr. 803 = 112 354 Stück

Gültig bis 31.12.1957

✈ 1956, 20. Mai. Internationale Briefmarkenausstellung JUFIZ III, Zagreb (II). StTdr.; gez. K 11½.

ny

789	30 (Din)	mehrfarbig .... ny	2,—	1,70
		FDC		7,50

Auflage: 294 505 Stück

Gültig bis 31.12.1957

✈ 1956, 15. Juni. 10 Jahre nationale Technik. Odr. mit Lacküberzug; gez. K 12:11½.

nz) Frau mit Buch und Mann mit Bohrmaschine in einem Zahnrad

790	30 (Din)	karmin/schwarz .... nz	1,70	1,70
		FDC		6,—

Auflage: 297 543 Stück

Gültig bis 31.12.1957

1956, 10. Juli. 100. Geburtstag von Nikola Tesla. RaTdr.; A = gez. L 11½:12½, C = gez. L 12½.

oa) Induktionsmotor
ob) Tesla-Transformator
oc) Fernsteuerung
od) Nikola Tesla (1856–1943), Physiker und Elektrotechniker

791	10 (Din)	dunkeloliv .... oa		
A		gez. L 11½:12½	0,30	0,30
792	15 (Din)	dunkelrotbraun .... ob		
A		gez. L 11½:12½	0,30	0,30
C		gez. L 12½	15,—	13,—
793	30 (Din)	grünlichblau .... oc		
A		gez. L 11½:12½	1,50	1,50
C		gez. L 12½	15,—	13,—
794	50 (Din)	braunviolett .... od		
A		gez. L 11½:12½	3,50	3,50
		Satzpreis A (4 W.)	5,50	5,50
		FDC (A)		10,—

Auflage: MiNr. 791 und 792 je 485 271, MiNr. 793 = 235 271, MiNr. 794 = 135 271 Stück

Gültig bis 31.12.1957

1956, 24. Okt. Olympische Sommerspiele, Melbourne. Odr.; gez. K 12½.

oo) Läufer und Hirsch
op) Kanute und Schwan
or) Skifahrer und Vogel

os) Schwimmer und fliegender Fisch
ot) Torhüter und Panther
ou) Wasserballspieler und Fisch

ov) Tischtennisspielerin und Schmetterling
ow) Schütze und Falke

JUGOSLAWIEN

804	10 (Din)	bräunlichkarmin/ocker	oo	1,—	0,50
805	15 (Din)	preußischblau/ocker	op	1,—	0,50
806	20 (Din)	violettblau/ocker	or	2,—	1,—
807	30 (Din)	schwarzoliv/ocker	os	2,—	1,—
808	35 (Din)	violettbraun/ocker	ot	2,—	1,—
809	50 (Din)	dunkelgrün/ocker	ou	2,—	1,—
810	70 (Din)	violettpurpur/ocker	ov	100,—	28,—
811	100 (Din)	dunkelbräunlichrot/ocker	ow	100,—	28,—
		Satzpreis (8 W.)		200,—	60,—
		FDC			200,—

Auflagen: MiNr. 804 = 2 186 069, MiNr. 805 = 2 286 069, MiNr. 806–809 je 386 069, MiNr. 810–811 je 86 069 Stück

Gültig bis 31.12.1957

1957

1957, 25. Mai. Jugoslawische Flora (II). RaTdr.; gez. K 11¾.

oy) Tollkirsche (Atropa belladonna)

oz) Herbstzeitlose (Colchicum autumnale)

pa) Echter Eibisch (Althaea officinalis)

pb) Gemeiner Baldrian (Valeriana officinale)

pc) Wolliger Fingerhut (Digitalis lanata)

pd) Wurmfarn (Dryopteris filix-mas)

pe) Kleines Knabenkraut (Orchis morio)

pf) Dalmatinische Insektenblume (Chrysanthemum cinerariifolium)

812	10 (Din)	mehrfarbig	ox	0,10	0,10
813	15 (Din)	mehrfarbig	oy	0,10	0,10
814	20 (Din)	mehrfarbig	oz	0,10	0,10
815	25 (Din)	mehrfarbig	pa	0,10	0,10
816	30 (Din)	mehrfarbig	pb	0,30	0,20
817	35 (Din)	mehrfarbig	pc	0,70	0,20
818	50 (Din)	mehrfarbig	pd	1,50	0,60
819	70 (Din)	mehrfarbig	pe	2,50	1,50
820	100 (Din)	mehrfarbig	pf	17,—	8,50
		Satzpreis (9 W.)		22,—	11,—
		FDC			50,—

Auflagen: MiNr. 812 und 813 je 2 590 821, MiNr. 814 = 2 490 821, MiNr. 815 und 816 je 490 821, MiNr. 817 = 440 821, MiNr. 818 und 819 je 140 821, MiNr. 820 = 110 821 Stück

Gültig bis 30.6.1962

MICHEL, der Spezialist für Briefmarken, Münzen und Telefonkarten. Fordern Sie bitte unser Verlagsverzeichnis an!

1957, 25. Juni. 1. Kongreß der Arbeiterräte. StTdr.; gez. K 12½.

pg) Hand mit Modell einer Fabrikanlage

821	15 (Din)	rotlila	pg	0,50	0,30
822	30 (Din)	dunkelviolettblau	pg	1,50	1,—
		Satzpreis (2 W.)		2,—	1,30
		FDC			3,—
821 U	ungezähnt			—,—	
822 U	ungezähnt			—,—	

Auflagen: MiNr. 821 = 993 191, MiNr. 822 = 293 191 Stück

Gültig bis 30.6.1962

1957, 1. Juli. 2. Weltgymnastikspiele. RaTdr.; gez. K 12½.

ph pi pk pl

ph–pl) Gymnastische Disziplinen

823	10 (Din)	oliv/schwarz	ph	0,30	0,20
824	15 (Din)	karminbraun/schwarz	pi	0,30	0,20
825	30 (Din)	grünlichblau/schwarz	pk	1,—	0,20
826	50 (Din)	dunkelbraun/schwarz	pl	4,50	1,50
		Satzpreis (4 W.)		6,—	2,—
		FDC			7,50

Auflagen: MiNr. 823 = 793 334, MiNr. 824 = 993 334, MiNr. 825 = 493 334, MiNr. 826 = 93 334 Stück

Gültig bis 30.6.1962

1957, 24. Sept. Volkstrachten (I). Bdr.; gez. K 12½.

pm) Montenegro   pn) Makedonien   po) Kroatien

pp) Serbien   pr) Bosnien und Herzegowina   ps) Slowenien

827	10 (Din)	mehrfarbig	pm	0,20	0,10
828	15 (Din)	mehrfarbig	pn	0,20	0,10
829	30 (Din)	mehrfarbig	po	0,30	0,20
830	50 (Din)	mehrfarbig	pp	0,50	0,30
831	70 (Din)	mehrfarbig	pr	0,50	0,70
832	100 (Din)	mehrfarbig	ps	7,—	4,20
		Satzpreis (6 W.)		8,50	5,50
		FDC			17,—

Auflagen: MiNr. 827, 828 und 829 je 1 989 457, MiNr. 830 = 289 457, MiNr. 831 = 239 457, MiNr. 832 = 89 457 Stück

Gültig bis 30.6.1962

Weitere Werte: MiNr. 964–969

Jugoslawien

1957, 7. Nov. 40. Jahrestag der Oktoberrevolution. Komb. Odr. und StTdr.; gez. L 11½:12½ und K 12½.

pt) Köpfe

833	15 (Din)	braunrot/ocker	pt	0,80	0,60

Auflagen: 997 497 Stück

Gültig bis 30.6.1962

1958, 22. April. 7. Kongreß des Bundes der Kommunisten Jugoslawiens. RaTdr.; gez. K 12½.

rb) Von Flammen umgebene Männergestalt mit Stern

841	15 (Din)	karminbraun	rb	0,20	0,20
			FDC		2,—

Auflage: 1 014 889 Stück

Gültig bis 30.6.1962

1957, 3. Dez. Jahrestage berühmter Männer (II). StTdr.; gez. K 12½.

pu) Simon Gregorčič (1844–1906), slowenischer Dichter

pv) Anton Tom. Linhart (1756–1795), slowenischer Schriftsteller

pw) Oton Kučera (1857–1931), kroatischer Mathematiker, Physiker und Astronom

px) Stevan Mokranjac (1855–1914), serbischer Musiker und Komponist

py) Jovan Sterija Popović (1806–1856), serbischer Dramatiker

834	15 (Din)	schwarzbraun	pu	0,50	0,50
835	30 (Din)	schwarzblau	pv	0,50	0,50
836	50 (Din)	lilabraun	pw	1,—	0,50
837	70 (Din)	blauviolett	px	8,—	6,—
838	100 (Din)	schwarzoliv	py	12,—	10,—
		Satzpreis (5 W.)		22,—	17,—
		FDC			50,—

Auflagen: MiNr. 834 = 787 157, MiNr. 835 und 836 je 637 157, MiNr. 837 = 87 157, MiNr. 838 = 37 157 Stück

Gültig bis 30.6.1962

1958, 25. Mai. Jugoslawische Fauna (III): wildlebende Vögel. RaTdr.; gez. K 11¾.

rc) Stockente (Anas platyrhynchos)

rd) Auerhahn (Tetrao urogallus)

re) Jagdfasan (Phasianus colchicus)

rf) Bläßhuhn (Fulica atra)

rg) Wasserralle (Rallus aquaticus)

rh) Großtrappe (Otis tarda)

ri) Steinhuhn (Alectoris graeca)

rk) Waldschnepfe (Scolopax rusticola)

rl) Kranich (Grus grus)

842	10 (Din)	mehrfarbig	rc	0,20	0,20
843	15 (Din)	mehrfarbig	rd	0,20	0,20
844	20 (Din)	mehrfarbig	re	0,20	0,20
845	25 (Din)	mehrfarbig	rf	0,50	0,30
846	30 (Din)	mehrfarbig	rg	0,70	0,30
847	35 (Din)	mehrfarbig	rh	1,50	0,30
848	50 (Din)	mehrfarbig	ri	3,50	2,—
849	70 (Din)	mehrfarbig	rk	4,—	3,—
850	100 (Din)	mehrfarbig	rl	26,—	20,—
		Satzpreis (9 W.)		36,—	25,—
		FDC			50,—

Auflagen: MiNr. 842 und 843 je 2 595 799, MiNr. 844 = 2 495 799, MiNr. 845 und 846 je 495 799, MiNr. 847 = 445 799, MiNr. 848 und 849 je 145 799, MiNr. 850 = 115 799 Stück

Gültig bis 30.6.1962

1958

1958, 24. März. Freimarken: Technik und Architektur. Bdr. in Rollen; waagerecht gez. 12½.

pz) Eisenhüttenwerk in Sisak

ra) Wasserkraftwerk Jablanica

839	10 (Din)	dunkelgrünlichblau	pz	12,—	7,50
840	15 (Din)	ziegelrot	ra	12,—	7,50
		Satzpreis (2 W.)		15,—	

Gültig bis 30.6.1968

Weitere Werte siehe Übersicht nach Jahrgangswerttabelle.

1958, 14. Juni. Eröffnung des Postmuseums in Belgrad. StTdr.; gez. K 12½.

rm) Stilisierte Taube

851	15 (Din)	schwarzblau	rm	0,20	0,20
			FDC		1,50

851 U ungezähnt . . . . —,—

Auflage: 590 775 Stück

Gültig bis 30.6.1962

Jugoslawien

1958, 1. Juli. 15. Jahrestag der Schlacht im Tal des Sutjeska-Flusses. StTdr.; gez. L 12¾.

rn) Fahne, Faust und Lorbeerzweig

852	15 (Din)	karminbraun	rn	0,60	0,40
			FDC		2,—

Auflage: 990 270 Stück

Gültig bis 30.6.1962

1958, 10. Aug. 450. Geburtstag des Dramatikers Marin Držić (1508–1567). Odr.; gez. K 12½.

ro) Brunnen in Dubrovnik und „Pomet", Hauptgestalt aus „Dundo Maroje" von Držić

853	15 (Din)	schwarz/olivbraun	ro	0,20	0,20
			FDC		2,—
853 U	ungezähnt			—,—	

Auflage: 594 435 Stück

Gültig bis 30.6.1962

1958, 25. Sept. Freimarken: Technik und Architektur. StTdr. (10×10); gez. K 12½.

rp) Bohrtürme rr) Schiff auf der Werft rs) Holztransport rt) Straßenunterführung der Autobahn Zagreb–Ljubljana

ru) Turbinenfabrik in Ljubljana rv) Kokswerk in Lukavec rw) Hotel in Titograd (Podgorica) und Freilichtbühne in Cetinje rx) Skopje mit Vardarbrücke

   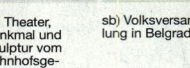

ry) Bahnhof und Grabmal in Sarajevo rz) Dreibrücke und Altberg Ljubljana sa) Theater, Denkmal und Skulptur vom Bahnhofsgebäude in Zagreb sb) Volksversammlung in Belgrad

854	2 (Din)	braunoliv	rp	0,20	0,10
855	5 (Din)	orangebraun	rr	0,20	0,10
856	10 (Din)	dunkelblaugrün	pz	0,20	0,10
857	15 (Din)	orangerot	ra	0,50	0,10
858	17 (Din)	schwarzlila	rs	0,50	0,10
859	25 (Din)	dunkelgrüngrau	rt	0,50	0,10
860	30 (Din)	dunkelblaugrau	ru	0,50	0,10
861	35 (Din)	karminrot	rv	0,50	0,10
862	40 (Din)	karmin	rw	0,50	0,10
863	50 (Din)	blau	rx	0,50	0,10

864	70 (Din)	lachs	ry	1,—	0,10
865	100 (Din)	dunkelgrün	rz	5,—	0,10
866	200 (Din)	rotbraun	sa	2,50	0,10
867	500 (Din)	grünlichblau	sb	5,—	0,10
		Satzpreis (14 W.)		17,—	1,40

Gültig bis 30.6.1968

Weitere Werte siehe Übersicht nach Jahrgangswerttabelle.

1958, 24. Okt. Internationales Geophysikalisches Jahr 1957/58. StTdr.; gez. K 12½.

sc) Schiff bei Tiefseeforschung sd) Mondhalbkugel und Darstellung des Erdballs mit Satellitenbahnen

868	15 (Din)	schwarzlila	sc	0,50	0,30

✈ **Flugpostmarke**

869	300 (Din)	dunkelviolettblau	sd	9,—	3,80
		Satzpreis (2 W.)		9,50	4,—
			FDC		20,—
868 U	ungezähnt			300,—	
869 U	ungezähnt			—,—	

Auflagen: MiNr. 868 = 585 921, MiNr. 869 = 77 054 Stück

Gültig bis 30.6.1962

1958, 10. Dez. 10. Jahrestag der Allgemeinen Erklärung der Menschenrechte. StTdr.; gez. K 12½.

se) Zwei Hände mit Waage

870	30 (Din)	schwarzgrün	se	1,10	1,—
			FDC		3,50

Auflage: 294 510 Stück

Gültig bis 30.6.1962

1959

1959, 16. Febr. Jugoslawische Touristenorte (I). Odr.; gez. K 12½.

sf) Dubrovnik

sg) Bled sh) Postojna, Tropfsteinhöhle si) Ohrid sk) Plitvicer See, Nationalpark

Jugoslawien

so) Opatija　　sm) Split　　sn) Sveti Stefan　　so) Belgrad, Messehallen　　sx) Wacholder (Juniperus-communis)　　sy) Schlüsselblume (Primula veris)　　sz) Granatapfel (Punica granatum)　　ta) Gemeiner Stechapfel (Datura stramonium)

871	10	(Din)	mehrfarbig .... sf	0,20	0,20
872	10	(Din)	ultramarin/smaragdgrün ..... sg	0,20	0,20
873	15	(Din)	mehrfarbig .... sh	0,20	0,20
874	15	(Din)	blaugrün/blau .... si	0,20	0,20
875	20	(Din)	braun/grün .... sk	0,20	0,20
876	20	(Din)	smaragdgrün/grünlichblau .... sl	0,20	0,20
877	30	(Din)	ocker/bläulichviolett .... sm	0,50	0,20
878	30	(Din)	violettblau/grauoliv .... sn	0,50	0,20
879	70	(Din)	grünblau/oliv .... so	5,50	4,—
			Satzpreis (9 W.)	7,50	5,50
			FDC		17,—

Auflagen: MiNr. 871–874 je 1 993 614, MiNr. 875–878 je 993 614, MiNr. 879 = 193 614 Stück

Gültig bis 30.6.1962

882	10	(Din)	mehrfarbig .... ss	0,20	0,20
883	15	(Din)	mehrfarbig .... st	0,20	0,20
884	20	(Din)	mehrfarbig .... su	0,20	0,20
885	25	(Din)	mehrfarbig .... sv	0,20	0,20
886	30	(Din)	mehrfarbig .... sw	0,20	0,20
887	35	(Din)	mehrfarbig .... sx	0,50	0,30
888	50	(Din)	mehrfarbig .... sy	1,70	0,50
889	70	(Din)	mehrfarbig .... sz	2,50	1,20
890	100	(Din)	mehrfarbig .... ta	10,—	7,50
			Satzpreis (9 W.)	15,—	10,—
			FDC		30,—

Auflagen: MiNr. 882 und 883 je 2 589 996, MiNr. 884 = 2 489 996, MiNr. 885 und 886 je 489 996, MiNr. 887 = 439 996, MiNr. 888 und 889 je 139 996, MiNr. 890 = 109 996 Stück

Gültig bis 30.6.1962

1959, 20. April. 40 Jahre Bund der Kommunisten Jugoslawiens. Bdr.; gez. K 12½.

sp) Emblem der SKJ und Lorbeerzweig mit Daten vor Fahnen

880	20	(Din)	mehrfarbig .... sp	0,20	0,20
			FDC		1,—

Auflage: 2 993 716 Stück

Gültig bis 30.6.1962

1959, April/Juli. Freimarken: Technik und Architektur. StTdr. (10 × 10); gez. K 12½.

rs) Holztransport　　rt) Straßenunterführung　　ra) Wasserkraftwerk Jablanica

891	8	(Din)	schwarzlila (30. Mai) .... rs	0,50	0,10
892	10	(Din)	schwarzblaugrün (1. Juli) .... pz	0,50	0,10
893	15	(Din)	dunkelgrün (30. Mai) .... rt	0,50	0,10
894	20	(Din)	orangerot (1. April) .... ra	0,50	0,10
895	40	(Din)	kobalt (11. Juni) .... rw	5,—	0,10
896	55	(Din)	rosakarmin (30. Mai) .... rx	6,—	0,10
897	80	(Din)	orangerot (8. Juni) .... ry	12,—	0,10
			Satzpreis (7 W.)	25,—	0,70

Gültig bis 30.6.1968

Weitere Werte siehe Übersicht nach Jahrgangswerttabelle.

1959, 24. Mai. Briefmarkenausstellung JUFIZ IV. Dubrovnik. StTdr.; gez. K 11¾.

sr) Dubrovnik (Ragusa) im 16. Jahrhundert

881	20	(Din)	mehrfarbig .... sr	4,50	4,50
			FDC		7,50

Auflage: 188 803 Stück

Gültig bis 30.6.1962

1959/61. Freimarken: Technik und Architektur. Bdr. in Rollen; waagerecht gez. 12½.

898	15	(Din)	.... rt		
a			dunkelgrün (12.6.1959)	8,—	1,50
b			smaragdgrün (18.5.1961)	15,—	5,—
899	20	(Din)	orangerot (1.4.1959) .... ra	8,—	1,50
			Satzpreis (2 W.)	15,—	3,—

Gültig bis 30.6.1968

Weitere Werte siehe Übersicht nach Jahrgangswerttabelle.

1959, 25. Mai. Jugoslawische Flora (III). RaTdr.; gez. K 11¾.

ss) Lavendel (Lavandula angustifolia)

st) Faulbaum (Rhamnus frangula)　　su) Tollkraut (Scobolia-carniolica)　　sv) Eisenhut (Aconitum-napellus)　　sw) Heidelbeeren (Vaccinium myrtillus)

1959, 26. Juni. Sportvereinigung „Partizan". Odr.; gez. K 12½.

tb) Tauziehen　　tc) Hochspringer und Läufer　　td) Ringe- und Barrenturner

Jugoslawien

te) Reifengymnastik   tf) Matrosentanz   tg) Handball- und Basketballspieler

th) Schwimmer   ti) Gymnastik

900	10	(Din)	grauschwarz/ockerbraun .... tb	0,20	0,10
901	15	(Din)	blauviolett/violettbraun ..... tc	0,20	0,10
902	20	(Din)	violett/graubraun .... td	0,20	0,10
903	35	(Din)	violettpurpur/schwarzgrau ... te	0,20	0,10
904	40	(Din)	blauviolett/schwarzgrau ..... tf	0,30	0,10
905	55	(Din)	grün/graubraun .... tg	0,60	0,20
906	80	(Din)	grauschwarz/grauoliv .... th	1,—	0,60
907	100	(Din)	purpurviolett/gelbbraun ..... ti	7,50	4,40
			Satzpreis (8 W.)	10,—	5,50
			FDC		12,—

900 U–907 U   ungezähnt .... je   —,—

Auflagen: MiNr. 900–902 je 1 785 883, MiNr. 903–905 je 385 883, MiNr. 906 = 135 883, MiNr. 907 = 95 883 Stück

Gültig bis 30.6.1962

1959, 5. Sept. 50. Zagreber Messe und Kongreß der Union Internationaler Messen. Odr.; gez. K 12½.

tk) Emblem der Messe und stilis. Hände

908	20	(Din)	violett/schwarz .... tk	2,50	1,50
			FDC		2,50

Auflage: 296 245 Stück

Gültig bis 30.6.1962

1960

1960, 25. April. Olympische Sommerspiele, Rom. Odr.; gez. K 12½.

tl) Leichtathleten   tm) Schwimmer   tn) Skifahrer   to) Ringer

tp) Radfahrer   tr) Segler   ts) Reiter   tt) Fechter

909	15	(Din)	mehrfarbig .... tl	0,50	0,50
910	20	(Din)	mehrfarbig .... tm	0,50	0,50
911	30	(Din)	mehrfarbig .... tn	0,50	0,50
912	35	(Din)	mehrfarbig .... to	0,50	0,50
913	40	(Din)	mehrfarbig .... tp	0,50	0,50
914	55	(Din)	mehrfarbig .... tr	0,50	0,50
915	80	(Din)	mehrfarbig .... ts	5,—	5,—
916	100	(Din)	mehrfarbig .... tt	5,—	5,—
			Satzpreis (8 W.)	13,—	13,—
			FDC		15,—

909 U–916 U   ungezähnt .... je   —,—

Auflagen: MiNr. 909–911 je 1 791 623, MiNr. 912–914 je 391 623, MiNr. 915 und 916 je 191 623 Stück

Gültig bis 30.6.1962

1960, 25. Mai. Jugoslawische Fauna (IV): Säugetiere. RaTdr.; gez. K 11¾.

tu) Igel (Erinaceus europaeus)   tv) Eichhörnchen (Sciurus vulgaris)   tw) Baummarder (Martes martes)

tx) Feldhase (Lepus europaeus)   ty) Rotfuchs (Vulpes vulpes)   tz) Dachs (Meles meles)

ua) Wolf (Canis lupus)   ub) Rehbock (Capreolus capreolus)   uc) Wildschwein (Sus scrofa)

917	15	(Din)	mehrfarbig .... tu	0,30	0,30
918	20	(Din)	mehrfarbig .... tv	0,30	0,30
919	25	(Din)	mehrfarbig .... tw	0,30	0,30
920	30	(Din)	mehrfarbig .... tx	0,70	0,70
921	35	(Din)	violett/orangebraun .... ty	0,70	0,70
922	40	(Din)	mehrfarbig .... tz	0,70	0,70
923	55	(Din)	mehrfarbig .... ua	1,50	1,50
924	80	(Din)	mehrfarbig .... ub	1,50	1,50
925	100	(Din)	mehrfarbig .... uc	4,—	4,—
			Satzpreis (9 W.)	10,—	10,—
			FDC		13,—

925 I   Inschrift „SUS SGROFA" .... 55,—

Auflagen: MiNr. 917–919 je 3 000 000, MiNr. 920–922 je 600 000, MiNr.923–924 je 300 000, MiNr. 925 = 150 000 Stück

Gültig bis 30.6.1962

1960, 22. Juni. 90. Geburtstag von Wladimir Iljitsch Lenin. StTdr.; A = gez. L 12¾, C = gez. K 12¾:12½.

ud) W. I. Lenin (1870–1924), russischer Revolutionär

926	20	(Din)	oliv/grün .... ud		
A			gez. L 12¾	0,20	0,10
C			gez. K 12¾:12½	0,70	0,60
			FDC		1,—

1960, 23. Aug. 1. jugoslawische Ausstellung für Kernenergie. StTdr.; gez. K 12½.

ue) Beschleuniger   uf) Neutronen-Generator   ug) Kernreaktor

927	15 (Din)	dunkelgrün	ue	10,—	10,—
928	20 (Din)	braunlila	uf	10,—	10,—
929	40 (Din)	dunkelviolettblau	ug	10,—	10,—
		Satzpreis (3 W.)		30,—	30,—
		FDC			35,—

927 U–929 U   ungezähnt .... je   —,—

Auflagen: MiNr. 927 und 928 je 989 933, MiNr. 929 = 589 933 Stück

Gültig bis 30.6.1962

1960, 24. Okt. 100 Jahre serbisches Volkstheater in Novi Sad, 100 Jahre kroatisches Volkstheater in Zagreb, 50 Jahre Luftfahrt in Jugoslawien, 15 Jahre Volksrepublik Jugoslawien, 15 Jahre Vereinte Nationen. StTdr.; gez. K 12½.

uh) Altes Volkstheater in Novi Sad   ui) Teil des Gemäldes „Illyrische Renaissance" von V Bukovac   uk) W. Rusijan, Flugpionier; Flugzeug Blériot IX

ul) Hand mit Früchten   um) Atommodell in Schraubenschlüssel, UNO-Emblem

930	15 (Din)	grauschwarz	uh	0,90	0,90
931	20 (Din)	violettbraun	ui	0,90	0,90
932	40 (Din)	schwarzblau	uk	0,90	0,90
933	55 (Din)	bräunlichlila	ul	1,20	1,20
934	80 (Din)	dunkelblaugrün	um	1,20	1,20
		Satzpreis (5 W.)		5,—	5,—
		FDC			7,—

930 U–934 U   ungezähnt .... je   —,—

Auflagen: MiNr. 930–931 je 1 985 922, MiNr. 932 = 1 485 922, MiNr. 933–934 je 735 922 Stück

Gültig bis 30. 6. 1962

MICHEL-Abartenführer

Anleitung zur Bestimmung von Abarten, Abweichungen und Fehlern auf Briefmarken.

1960, 24. Dez. Jahrestage berühmter Männer (III). StTdr.; gez. K 12½.

un) Ivan Cankar (1876–1918), Schriftsteller   uo) Silvije Strahimir Kranjčević (1865–1908), Dichter   up) Paja Jovanović (1859–1957), Maler   ur) Djura Jakšić (1832–1878), Schriftsteller und Maler

us) Mihajlo Pupin (1858–1935), Physiker und Elektrotechniker   ut) Ruder Bošković (1711–1787), Mathematiker, Astronom, Physiker und Dichter

935	15 (Din)	dunkelgrün	un	0,40	0,40
936	20 (Din)	braunrot	uo	0,40	0,40
937	40 (Din)	graubraun	up	0,40	0,40
938	55 (Din)	dunkelrosalila	ur	0,40	0,40
939	80 (Din)	violettultramarin	us	0,40	0,40
940	100 (Din)	preußischblau	ut	0,40	0,40
		Satzpreis (6 W.)		2,—	2,—
		FDC			2,50

935 U–940 U   ungezähnt .... je   —,—

Auflagen: MiNr. 935–936 je 1 979 774, MiNr. 937–938 je 979 774, MiNr. 939 = 729 774, MiNr. 940 = 479 774 Stück

Gültig bis 30.6.1962

In ähnlichen Zeichnungen: MiNr. 755–759

1961

1961, 17. April. Freimarke: Technik und Architektur. Bdr. in Rollen; waagerecht gez. 12½.

pz) Eisenhüttenwerk in Sisak

941	10 (Din)	karminbraun	pz	7,50	1,20
941 U	ungezähnt			—,—	—,—

Gültig bis 30. 6.1968

Weitere Werte siehe Übersicht nach Jahrgangswerttabelle.

1961, 15. Mai. Internationale Konferenz für nukleare Elektronik, Belgrad. Komb. Odr. und StTdr.; gez. K 12½.

uu) Emblem der Internationalen Atomenergie-Behörde (IAEA)

942	25 (Din)	mehrfarbig	uu	0,20	0,20
		FDC			0,70

Auflage: 998 592 Stück

Gültig bis 31.12.1962

Jugoslawien

1961, 25. Mai. Jugoslawische Flora (IV). RaTdr.; gez. K 11¾.

uv) Großblütiger Fingerhut (Digitalis grandiflora)

uw) Gartenmajoran (Majorana hortensis)
ux) Ysop (Hyssopus officinalis)
uy) Weißdorn (Crataegus monogyna)
uz) Stockmalve (Althaea rosea)

va) Seifenkraut (Saponaria officinalis)
vb) Muskateller-Salbei (Salvia sclarea)
vc) Schlehdorn (Prunus spinosa)
vd) Gartenringelblume (Calendula officinalis)

943	10 (Din)	mehrfarbig	uv	0,40	0,40
944	15 (Din)	mehrfarbig	uw	0,40	0,40
945	20 (Din)	mehrfarbig	ux	0,40	0,40
946	25 (Din)	mehrfarbig	uy	0,40	0,40
947	40 (Din)	mehrfarbig	uz	0,40	0,40
948	50 (Din)	mehrfarbig	va	0,40	0,40
949	60 (Din)	mehrfarbig	vb	0,40	0,40
950	80 (Din)	mehrfarbig	vc	0,40	0,40
951	100 (Din)	mehrfarbig	vd	11,—	11,—
		Satzpreis (9 W.)		14,—	14,—
		FDC			15,—

Auflagen: MiNr. 943–945 je 1 998 563, MiNr. 946–948 je 998 563, MiNr. 949–950 je 748 563, MiNr. 951 = 498 563 Stück

Gültig bis 31.12.1962

1961, 3. Juli. 20. Jahrestag des Aufstandes gegen die Besatzungsmächte. RaTdr.; gez. K 12½.

ve) Denkmal „Volksaufstand" in Valjevo (von V. Bakič)

vf) Relief des Denkmals in Bosanski-Grahovo
vg) Denkmal der Erschossenen in Kragujevac
vh) Denkmal „Siegreicher Kämpfer in Nova Gradiška
vi) Denkmal „Tito" in Titovo Užice

952	15 (Din)	mehrfarbig	ve	0,20	0,20
953	20 (Din)	mehrfarbig	vf	0,20	0,20
954	25 (Din)	mehrfarbig	vg	0,20	0,20
955	60 (Din)	mehrfarbig	vh	0,20	0,20
956	100 (Din)	mehrfarbig	vi	1,—	1,—
		Satzpreis (5 W.)			2,50
		FDC			

Blockausgabe, □

957	500 (Din)	mehrfarbig	vi	75,—	60,—
Block 6	(64×82 mm)		vk	150,—	150,—
		FDC			400,—

Blockränder oft mangelhaft.

Auflagen: MiNr. 952–954 je 2 982 387, MiNr. 955 = 1 482 387, MiNr. 956 = 482 387 Stück, Bl. 6 = 29 731 Blocks

Gültig bis 31.12.1962

1961, 1. Sept. Konferenz der bündnisfreien Länder Belgrad. MiNr. 958 Odr., MiNr. 959–961 StTdr.; gez. K 11½.

vl) Köpfe fünf verschiedener Menschenrassen
vm) Bundesparlament in Belgrad

vn   vo

958	25 (Din)	dunkelviolettbraun	vl	0,10	0,10
959	50 (Din)	schwarzgrün	vm	0,20	0,20

✈ **Flugpostmarken gez. K 12½.**

960	250 (Din)	purpurviolett	vn	1,10	0,70
961	500 (Din)	dunkelblau	vo	2,20	1,50
		Satzpreis (4 W.)		3,60	2,50
		FDC			9,—

Blockausgabe, □

962	1000 (Din)	dunkelbraunkarmin	vl	—,—	—,—
Block 7	(72×65 mm)		vp	20,—	15,—
		FDC			40,—

Auflagen: MiNr. 958 = 1 890 148, MiNr. 959 = 890 148, MiNr. 960 = 92 489, MiNr. 961 = 52 489 Stück, Bl. 7 = 38 962 Blocks

Gültig bis 31.12.1962

1961, 10. Sept. 12. Kongreß für Byzantinistik, Ohrid. StTdr.; gez. K 12½.

vr) Hl. Kliment von Ohrid (um 840–916),altbulgarischer Schriftsteller; Holzskulptur (14. Jh.)

963	25 (Din)	oliv/dunkelbraun	vr	2,—	0,80
		FDC			4,—

Auflage: 995 728 Stück

Gültig bis 31.12.1962

1961, 28. Nov. Volkstrachten (II). Odr.; gez. K 12½.

vs) Serbien   vt) Montenegro   vu) Bosnien und Herzegowina

Jugoslawien

vv) Makedonien vw) Kroatien vx) Slowenien

Nr.	Wert		Farbe	MiNr	**	*
964	15	(Din)	mehrfarbig	vs	0,20	0,20
965	25	(Din)	mehrfarbig	vt	0,20	0,20
966	30	(Din)	mehrfarbig	vu	0,20	0,20
967	50	(Din)	mehrfarbig	vv	0,20	0,20
968	65	(Din)	mehrfarbig	vw	0,20	0,20
969	100	(Din)	mehrfarbig	vx	2,—	1,—
			Satzpreis (6 W.)		3,—	2,—
			FDC			5,—

Auflagen: MiNr. 964–966 je 1 991 206, MiNr. 967 und 968 je 991 206, MiNr. 969 = 491 206 Stück

Gültig bis 31.12.1962

Weitere Werte: MiNr. 827–832

1961, 15. Dez. 100. Jahrestag des Aufstandes in der Herzegowina. StTdr.; gez. K 12½.

vy) Luka Vukalović, Aufstandsführer

970	25	(Din)	grünschwarz	vy	0,20	0,20
			FDC			0,70

Auflage: 995 884 Stück

Gültig bis 31.12.1962

1961, 22. Dez. 20 Jahre Jugoslawische Armee; Tag der Armee. StTdr.; gez. K 12½.

vz) Hand mit Blume, Hand mit Gewehr

971	25	(Din)	dunkelviolettblau/rot	vz	0,20	0,20
			FDC			0,70

Auflage: 1 996 303 Stück

Gültig bis 31.12.1962

1961, 25. Dez. 100. Todestag der Brüder Miladinović (1962). Odr.; gez. K 12½.

wa) Dimitri (1810–1862) und Constantin Miladinović (1830–1862), Dichter des makedonischen Liedes „Koder"; Denkmal in Struga

972	25	(Din)	gelb/karminbraun	wa	0,20	0,20
			FDC			0,70

Auflage: 997 630 Stück

Gültig bis 31.12.1962

1961/62. Freimarken: Technik und Architektur. StTdr.; gez. K 12½.

wb) Kabelfabrik in Svetozarevo wc) Eisenwerke Zenica wd) Kupferwalzwerke in Sevojno

973	5	(Din)	rotorange (23.5.1961)	rr	0,20	0,10
974	8	(Din)	dunkellilagrau (29.6.1961)	rs	0,20	0,10
975	10	(Din)	karminbraun (13.7.1961)	pz	0,20	0,10
976	15	(Din)	smaragdgrün (29.6.1961)	rt	0,20	0,10
977	20	(Din)	violettblau (12.12.1961)		0,70	0,10
978	25	(Din)	zinnober (17.5.1961)	wb	0,20	0,10
979	30	(Din)	rotbraun (29.6.1961)	ru	7,50	0,10
980	40	(Din)	violettpurpur (22.1.1962)	rv	0,20	0,10
981	50	(Din)	kobalt (17.8.1961)	wc	2,—	0,10
982	65	(Din)	dunkelblaugrün (22.8.1961)	wd	0,20	0,10
983	100	(Din)	gelboliv (12.12.1961)	rp	3,—	0,10
984	150	(Din)	rot (22.1.1962)	rw	1,—	0,20
985	200	(Din)	dunkelgraublau (22.1.1962)	rx	0,70	0,10
986	300	(Din)	russischgrün (22.1.1962)	ry	1,70	0,10
987	500	(Din)	blauviolett (23.10.1961)	rz	1,—	0,10
988	1000	(Din)	dunkelbraun (16.10.1961)	sa	2,50	0,10
989	2000	(Din)	braunkarmin (16.10.1961)	sb	7,50	0,50
			Satzpreis (17 W.)		28,—	2,20

Gültig bis 30.6.1968

Weitere Werte siehe Übersicht nach Jahrgangswerttabelle.

1962

1962, 7. April. 15 Jahre UNICEF. Komb. StTdr. und Odr.; gez. K 12½.

we) „Das Spiel der Mutter", Skulptur von Fr. Kršinić, UNICEF-Emblem

990	50	(Din)	hellchromgelb/schwarz	we	0,20	0,20
			FDC			1,—

Auflage: 969 753 Stück

Gültig bis 31.12.1963

1962, 7. April. Kampf gegen die Malaria. Komb. StTdr. und Odr.; gez. K 12½.

wf) Malariamücke (Anopheles plumbeus), Emblem der Weltgesundheitsorganisation (WHO)

991	50	(Din)	hell-/schwarzblau	wf	0,20	0,20
			FDC			1,—

Auflage: 976 544 Stück

Gültig bis 31.12.1963

1962, 10. April. 15 Jahre UNESCO; Rettung der nubischen Baudenkmäler. Komb. StTdr. und Odr; gez. K 12½.

wg) Göttin Isis aus Tempel in Kalabscha, UNESCO-Emblem wh) Kopf Ramses II. aus Tempel in Abu Simbel, UNESCO-Emblem

992	25	(Din)	grünweiß/-schwarz	wg	0,10	0,10
993	50	(Din)	grauweiß/siena	wh	0,20	0,10
			Satzpreis (2 W.)		0,30	0,20
			FDC			1,—

Auflage: 996 587 Sätze

Gültig bis 31.12.1963

Jugoslawien

1962, 24. April. Jugoslawische Touristenorte (II). Odr.; gez. K 12½.

wi) Portorož (Portorose)

wk) Jajce wl) Zadar (Zara) wm) Popova Šapka wn) Hvar

wo) Bucht von Kotor wp) Djerdap wr) Rab ws) Zagreb

994	15 (Din)	ultramarin/braunoliv .... wi	0,30	0,20
995	15 (Din)	bläulichgrün/gelboliv ...... wk	0,30	0,20
996	25 (Din)	graublau/braun .... wl	0,30	0,20
997	25 (Din)	grünblau/blau .... wm	0,30	0,20
998	30 (Din)	graublau/braunocker .... wn	0,30	0,20
999	30 (Din)	ultramarin/grauviolett ..... wo	0,30	0,20
1000	50 (Din)	gelboliv/türkisblau .... wp	1,—	0,20
1001	50 (Din)	blau/gelboliv .... wr	1,—	0,20
1002	100 (Din)	grün/graublau .... ws	9,—	4,—
		Satzpreis (9 W.)	12,—	5,50
		FDC		15,—

94 U–1002 U ungezähnt .... je —,—

Auflagen: MiNr. 994–997 je 1 998 219, MiNr. 998–1001 je 998 219, MiNr. 1002 = 498 219 Stück

Gültig bis 31.12. 1963

1962, 25. Mai. 70. Geburtstag von Josip Broz Tito. StTdr.; A = gez. K 12½.

wt) Marschall Tito (1892 bis 1980), Staatspräsident   wu) Marschall Tito

1003 A	25 (Din)	dunkelblaugrün .... wt	1,—	1,—
1004 A	50 (Din)	violettbraun .... wu	1,—	1,—
1005 A	100 (Din)	indigo .... wt	1,—	1,—
1006 A	200 (Din)	schwarzgrün .... wu	4,—	1,—
		Satzpreis (4 W.)		6,—
		FDC		

Blockausgabe, B = ☐

1003 B	25 (Din)	dunkelblaugrün .... wt	7,50	7,50
1004 B	50 (Din)	violettbraun .... wu	7,50	7,50
1005 B	100 (Din)	indigo .... wt	7,50	7,50
1006 B	200 (Din)	schwarzgrün .... wu	7,50	7,50
Block 8	(76 × 104 mm) .... wv		40,—	40,—
		FDC		75,—

Postpreis: 400 Din

MiNr. 1003 BU–1006 BU jeweils 1 Wertstufe im Viererblock stammen aus numeriert verteilten sogenannten Ministeralben.

Auflagen: MiNr. 1003 = 2 000 000, MiNr. 1004 = 1 000 000 , MiNr. 1005 = 500 000, MiNr. 1006 = 200 000 Stück, Bl. 8 = 64 063 Blocks

1962, 8. Juni. Jugoslawische Fauna (V): Amphibien und Reptilien. RaTdr.; gez. K 11¾.

ww) Kammolch (Triturus cristatus)   wx) Feuersalamander (Salamandra salamandra)   wy) Gelbbauch oder Bergunke (Bombina variegata)

wz) Seefrosch (Rana ridibunda)   xa) Europäische Sumpfschildkröte (Emys orbicularis)   xb) Ruineneidechse (Lacerta sicula)

xc) Smaragdeidechse (Lacerta viridis)   xd) Leopardennatter (Elaphe situla)   xe) Kreuzotter (Vipera berus)

1007	15 (Din)	mehrfarbig .... ww	0,50	0,50
1008	20 (Din)	mehrfarbig .... wx	0,50	0,50
1009	25 (Din)	mehrfarbig .... wy	0,50	0,50
1010	30 (Din)	mehrfarbig .... wz	0,50	0,50
1011	50 (Din)	mehrfarbig .... xa	0,50	0,50
1012	65 (Din)	mehrfarbig .... xb	0,50	0,50
1013	100 (Din)	mehrfarbig xc	2,—	2,—
1014	150 (Din)	mehrfarbig .... xd	2,—	2,—
1015	200 (Din)	mehrfarbig .... xe	10,—	10,—
		Satzpreis (9 W.)	17,—	17,—
		FDC		18,—

Auflagen: MiNr. 1007, 1009 und 1010 je 2 000 000, MiNr. 1008, 1011 und 1012 je 1 000 000, MiNr. 1013 = 500 000, MiNr. 1014 = 300 000, MiNr. 1015 = 200 000 Stück

Gültig bis 31.12. 1963

1962, 10. Juli. 7. Europäische Leichtathletik-Meisterschaften. Belgrad (I). Odr.; gez. K 12½.

xf) Stabhochspringer   xg) Diskuswerferin   xh) Läufer

xi) Speerwerfer   xk) Kugelstoßerin   xl) Läuferinnen

xm) Weitspringer   xn) Hochspringerin

Jugoslawien

1016	15	(Din)	blau/schwarz .... xf	0,50	0,20
1017	25	(Din)	purpur/schwarz .... xg	0,50	0,20
1018	30	(Din)	smaragdgrün/schwarz ..... xh	0,50	0,20
1019	50	(Din)	karmin/schwarz xi	0,50	0,20
1020	65	(Din)	ultramarin/schwarz ...... xk	0,50	0,20
1021	100	(Din)	blaugrün/schwarz xl	1,—	0,20
1022	150	(Din)	bräunlichrot/schwarz ..... xm	4,—	0,50
1023	200	(Din)	orangebraun/schwarz ..... xn	7,—	1,—
			Satzpreis (8 W.)	14,—	2,50
			FDC		15,—

Auflagen: MiNr. 1016–1018 je 1987 291, MiNr. 1019 und 1020 je 987 291, MiNr. 1021 = 487 291, MiNr. 1022 = 287 291, MiNr. 1023 = 187 291 Stück

Gültig bis 31.12.1963

1962, 12. Sept. Blockausgabe: 7. Europäische Leichtathletik-Meisterschaften, Belgrad (II). Odr.; □.

xp

xo) Volksarmee-Stadion in Belgrad

1024	600	(Din)	violettblau/schwarz .... xo	—,—	—,—
Block 9	(57 × 71 mm)	.... xp	10,—	10,—
			FDC		12,—

Auflage: 92 873 Blocks

Gültig bis 31.12.1963

1962, 1. Okt. Woche des Kindes. Komb. Odr. und StTdr.; gez. K 12½.

xr) Kind mit Reifen

1025	25	(Din)	rot/schwarz .... xr	0,20	0,20
			FDC		0,70

Auflage: 2 000 000 Stück

Gültig bis 31.12.1963

1962, 29. Nov. „Die Kunst in Jugoslawien durch die Jahrhunderte" (I). RaTdr.; gez. K 12½.

xs) Detail von einem Bronzegefäss (sog. „Situla von Watsch") (500 v. Chr.)

xt) Goldene Maske aus Trebenište bei Ohrid (500 v. Chr.)

xu) Gott Kairos (Relief im Kloster Benedikt in Trogir) (300 v. Chr.)

xv) Detail des Fresko „Mariä Heimsuchung" (Kirche St. Pantelejmon in Nerezi bei Skopje) (12. Jahrh.)

xw) Detail des Fresko „Die Geburt Christi" (Kloster Dečani) (14. Jahrh.)

xx) Erzengel Gabriel (Detail des Bildes „Mariä Verkündigung" aus Ohrid) (14. Jahrh.)

1026	25	(Din)	mehrfarbig .... xs	0,30	0,30
1027	30	(Din)	mehrfarbig .... xt	0,30	0,30
1028	50	(Din)	mehrfarbig .... xu	0,30	0,30
1029	65	(Din)	mehrfarbig xv	0,30	0,30
1030	100	(Din)	mehrfarbig .... xw	0,50	0,50
1031	150	(Din)	mehrfarbig xx	0,50	0,50
			Satzpreis (6 W.)	2,—	2,—
			FDC		8,50

Auflagen: MiNr. 1026–1028 je 1743 779, MiNr. 1029–1030 je 493 779. MiNr. 1031 = 243 779 Stück

Gültig bis 28.11.1963

1963

1963, 21. April. Kampf gegen den Hunger. Komb. StTdr. und Odr.; gez. K 12½.

xy) Kornähre über rissiger Erde: UNO-Emblem

1032	50	(Din)	violettschwarz auf hellgraubraun .... xy	0,20	0,20
			FDC		1,—

Auflage: 996 017 Stück

Gültig bis 20.3.1964

1963, 23. April. Tag der Meteorologischen Weltorganisation (WMO). Komb., StTdr. und Odr.; gez. K 12½.

xz) Andrija Mohorovičić (1857–1936), Meteorologe; UNO-Emblem

1033	50	(Din)	dunkelviolettblau auf lichtgrau .... xz	0,20	0,20
			FDC		1,—

Auflage: 996 526 Stück

Gültig bis 22.3.1964

1963, 25. Mai. 5. Jugoslawische Flora (V). RaTdr.; gez. K 11¾.

ya) Maiglöckchen (Convallaria majalis)

yb) Deutsche Schwertlilie (Iris germanica)

yc) Wiesenknöterich (Polygonum bistorta)

yd) Bilsenkraut (Hyoscynanus niger)

ye) Johanniskraut (Hypericum perforatum)

yf) Kümmel (Carum carvi)

1034	15	(Din)	mehrfarbig .... ya	0,30	0,30
1035	25	(Din)	mehrfarbig .... yb	0,30	0,30
1036	30	(Din)	mehrfarbig .... yc	0,30	0,30
1037	50	(Din)	mehrfarbig .... yd	0,30	0,30
1038	65	(Din)	mehrfarbig .... ye	0,80	0,80
1039	100	(Din)	mehrfarbig .... yf	3,50	3,50
			Satzpreis (6 W.)	5,50	5,50
			FDC		6,50

Auflagen: MiNr. 1034–1036 je 2 000 000, MiNr. 1037 und 1038 je 1 000 000, MiNr. 1039 = 500 000 Stück

Gültig bis 30. 6. 1964

1963, 6. Juni. Jugoslawische Touristenorte (III). Odr.; gez. K 12½.

yg) Pula   yh) Vrnjačka Banja   yi) Crikvenica   yk) Korčula

yl) Durmitor   ym) Ljubljana (Laibach)

1040	15	(Din)	mehrfarbig .... yg	0,10	0,10
1041	25	(Din)	mehrfarbig .... yh	0,10	0,10
1042	30	(Din)	mehrfarbig .... yi	0,10	0,10
1043	50	(Din)	mehrfarbig .... yk	0,20	0,20
1044	65	(Din)	mehrfarbig .... yl	0,20	0,20
1045	100	(Din)	mehrfarbig .... ym	1,80	0,60
			Satzpreis (6 W.)	2,50	1,30
			FDC		5,50

Auflagen: MiNr. 1040–1042 je 2 000 000, MiNr. 1043 und 1044 je 1 000 000, MiNr. 1045 = 500 000 Stück

Gültig bis 30. 6. 1964

1963, 3. Juli. 20. Jahrestag der Schlacht an der Sutjeska. MiNr. 1046 und 1048 komb. StTdr. und Odr., gez. K 12½; MiNr. 1047 Odr., gez. K 11¾:11½.

yn) Partisanen, nach Gemälde von Đ. Andrejević-Kun   yo) Tal des Sutjeska-flusses, nach Gemälde von B. Šotra   yp) Kämpfende Partisanen, nach Gemälde von Đ. Andrejević-Kun

1046	15	(Din)	grau/blaugrün .... yn	0,10	0,10
1047	25	(Din)	schwarzgrün .... yo	0,10	0,10
1048	50	(Din)	graubraun/violett .... yp	0,10	0,10
			Satzpreis (3 W.)	0,30	0,30
			FDC		0,80

Auflagen: MiNr. 1046 = 1 500 000, MiNr. 1047 = 2 000 000, MiNr. 1048 = 1 000 000 Stück

Gültig bis 30. 6. 1964

Weiterer Wert in Zeichnung yn mit geänderter Inschrift: MiNr. 1084

1963, 6. Juli. 5. Europameisterschaften im Turnen. Odr.; gez. K 12½.

yr) Turner am Seitpferd   ys) Turner am Barren   yt) Turner an den Ringen

1049	25	(Din)	grauoliv/schwarz .... yr	0,50	0,50
1050	50	(Din)	blau/schwarz .... ys	1,—	0,50
1051	100	(Din)	olivbraun/schwarz .... yt	1,50	0,50
			Satzpreis (3 W.)	3,—	1,50
			FDC		2,—

Auflagen: MiNr. 1049 = 998 694, MiNr. 1050 = 498 694, MiNr. 1051 = 248 694 Stück

Gültig bis 30. 6. 1964

1963, 28. Sept. Skulpturen von Ivan Meštrović (1883–1962). Komb. StTdr. und Odr; gez. K 12½.

yu) Die Mutter   yv) Erinnerung   yw) Kraljević Marko   yx) Indianer zu Pferd

1052	25	(Din)	violettbraun/weißbraun .... yu	0,10	0,10
1053	50	(Din)	oliv/weißgrün .... yv	0,20	0,10
1054	65	(Din)	grün/weißgrün .... yw	0,30	0,20
1055	100	(Din)	grünschwarz/weißgrün .... yx	1,—	1,—
			Satzpreis (4 W.)	1,50	1,40
			FDC		7,50

Auflagen: MiNr. 1052 = 1 000 000, MiNr. 1053 = 500 000, MiNr. 1054 und 1055 je 250 000 Stück

Gültig bis 30. 6. 1964

1963, 5. Okt. Woche des Kindes. Odr.; gez. K 12½.

yy) Mädchen mit Teddybär und Bub mit Flugzeug

1056	25	(Din)	mehrfarbig .... yy	0,40	0,20
			FDC		1,—

Auflage: 1 997 804 Stück

Gültig bis 30. 6. 1964

1963, 29. Nov. „Die Kunst in Jugoslawien durch die Jahrhunderte" (II). RaTdr.; gez. K 12½.

yyz) Grabstein aus Radimlje, Herzegowina (13.–15. Jahrh.)   yz) Detail aus der Tür der Kathedrale in Split (13. Jahrh.)   za) Detail des Freskos „Zug der hl. Drei Könige" in der Kirche in Beram (15. Jahrh.)

Jugoslawien

zb) „Erzengel Michael" von Ragusimus aus dem Dominikanerkloster in Dubrovnik (15. Jahrh.)

zc) Figur am Barockbrunnen in Ljubljana (von Fr. Rob) (18. Jahrh.)

zd) „Bischof Euphrasius", Mosaikdetail in der Basilika in Poreč (6. Jahrh.)

1057	25 (Din)	mehrfarbig	yyz	0,20	0,20
1058	30 (Din)	mehrfarbig	yz	0,20	0,20
1059	50 (Din)	mehrfarbig	za	0,20	0,20
1060	65 (Din)	mehrfarbig	zb	0,20	0,20
1061	100 (Din)	mehrfarbig	zc	0,20	0,20
1062	150 (Din)	mehrfarbig	zd	0,50	0,50
		Satzpreis (6 W.)		1,50	1,50
		FDC			5,—

Auflagen: MiNr. 1057–1059 je 1 746 830, MiNr. 1060–1061 je 496 830, MiNr. 1062 = 246 830 Stück

Gültig bis 28.11.1964; MiNr. 1057–1059 außerdem noch vom 25.6.1965 bis 31.5.1970 gültig

1963, 28. Nov. 20. Jahrestag der 2. Sitzung der Avnoj (Antifaschistische Ratsversammlung der Volksbefreiung Jugoslawiens) in Jajce. Komb. StTdr. und Odr.; gez. K 12½.

ze) Partisan mit Gewehr und Fahne, Inschrift

1063	25 (Din)	mehrfarbig	ze	0,20	0,20
		FDC			0,50

Auflage: 2 994 807 Stück

Gültig bis 30.6.1964

1963, 10. Dez. Jahrestage berühmter Männer (IV). Komb. StTdr. und Odr.; gez. K 12½.

zf) Dositei Obradović (1742–1811), Schriftsteller

zg) Vuk Stefanović-Karadžić (1787–1864), serbischer Schriftsteller und Sprachforscher

zh) Franc Miklošič (1813–1891), Philologe und Slavist

zi) Ljudevit Gaj (1809–1872), Schriftsteller

zk) Fürst Petar Petrović Njegoš (1813–1851), montenegrinischer Dichter

1064	25 (Din)	schwarz/rosaweiß	zf	0,10	0,10
1065	30 (Din)	schwarz/blauweiß	zg	0,10	0,10
1066	50 (Din)	schwarz/gelblichweiß	zh	0,20	0,20
1067	65 (Din)	schwarz/grauweiß	zi	0,20	0,20
1068	100 (Din)	schwarz/hellrosa	zk	0,60	0,60
		Satzpreis (5 W.)		1,20	1,20
		FDC			2,50

Auflagen: MiNr. 1064–1066 je 996 344, MiNr. 1067–1068 je 246 344 Stück

Gültig bis 30.6.1964

1964

1964, 25. Mai. Schmetterlinge. RaTdr.; gez. K 11¾.

zl) Tagpfauenauge (Inachis io)

zm) Trauermantel (Nymphalis antiopae)

zn) Oleanderschwärmer (Deilephila nerii)

zo) Apollofalter (Parnassius apollo)

zp) Wiener Nachtpfauenauge (Saturnia pyri)

zr) Schwalbenschwanz (Papilio machaon)

1069	25 (Din)	mehrfarbig	zl	0,50	0,50
1070	30 (Din)	mehrfarbig	zm	0,50	0,50
1071	40 (Din)	mehrfarbig	zn	0,50	0,50
1072	50 (Din)	mehrfarbig	zo	0,50	0,50
1073	150 (Din)	mehrfarbig	zp	5,—	5,—
1074	200 (Din)	mehrfarbig	zr	5,—	5,—
		Satzpreis (6 W.)		12,—	12,—
		FDC			15,—

Auflagen: MiNr. 1069–1070 je 2 117 986, MiNr. 1071 = 1 617 986, MiNr. 1072 = 1 117 986, MiNr. 1073–1074 je 237 986 Stück

Gültig bis 31.5.1970

1964, 14. Juni. 100 Jahre jugoslawische Feuerwehren. Odr.; gez. K 12½.

zs) Feuerwehrmann rettet Kind

1075	25 (Din)	rot/grauschwarz	zs	0,20	0,20
		FDC			1,—
1075 U	ungezähnt			—,—	

Auflage: 1 997 926 Stück

Gültig bis 31.5.1970

1964, 1. Juli. Olympische Sommerspiele, Tokio. Odr.; gez. K 12½.

zt) Läufer

zu) Ringer

zv) Ruderer

zw) Basketballspieler   zx) Fussballspieler   zy) Wasserballspieler

Jugoslawien

1076	25 (Din)	mehrfarbig	zt	0,20	0,30
1077	30 (Din)	mehrfarbig	zu	0,20	0,30
1078	40 (Din)	mehrfarbig	zv	0,20	0,30
1079	50 (Din)	mehrfarbig	zw	0,20	0,30
1080	150 (Din)	mehrfarbig	zx	5,—	1,50
1081	200 (Din)	mehrfarbig	zy	5,—	1,50
		Satzpreis (6 W.)		10,—	4,—
		FDC			8,—

Auflagen: MiNr. 1076 und 1077 je 1 996 115, MiNr. 1078 = 1 496 115, MiNr. 1079 = 996 115, MiNr. 1080 und 1081 je 196 115 Stück

Gültig bis 31.5.1970

1964, 26. Juli. 1. Jahrestag der Erdbebenkatastrophe in Skopje. StTdr.; gez. K 12½.

zz) Erdbeben
aaa) Internationale Solidarität, UNO-Fahne

1082	25 (Din)	rotbraun	zz	0,20	0,20
1083	50 (Din)	indigo	aaa	0,20	0,20
		Satzpreis (2 W.)		0,40	0,40
		FDC			0,70

Auflagen: MiNr. 1082 = 1 996 861, MiNr. 1083 = 996 861 Stück

Gültig bis 31.5.1970

1964, 27. Juli. 20. Jahrestag der Ankunft des Armeeoberkommandos auf der Insel Vis und der Befreiung Jugoslawiens. Komb. StTdr. und Odr.; gez. K 12½.

yn l) Partisanen, nach Gemälde von Đ. Andrejević-Kun

1084	25 (Din)	mattgrau/dunkelrosalila	yn l	0,20	0,20
		FDC			0,70

Auflage: 1 496 286 Stück

Gültig bis 31.5.1970

In gleicher Zeichnung mit anderer Inschrift: MiNr. 1046

1964, 5. Aug. Volkstrachten (III). Odr.; gez. K 12½.

aab) Provinz Kosovo-Metohija (Serbien)
aac) Slowenien
aad) Mostar (Bosnien und Herzegowina)

aae) Turopolje (Kroatien)
aaf) Debar (Mazedonien)
aag) Titograd (Montenegro)

1085	25 (Din)	mehrfarbig	aab	0,80	0,80
1086	30 (Din)	mehrfarbig	aac	0,80	0,80
1087	40 (Din)	mehrfarbig	aad	0,80	0,80
1088	50 (Din)	mehrfarbig	aae	0,80	0,80
1089	150 (Din)	mehrfarbig	aaf	3,50	3,50
1090	200 (Din)	mehrfarbig (Töne)	aag	3,50	3,50
		Satzpreis (6 W.)		10,—	10,—
		FDC			12,—

1085 U–1090 U	je	—,—

Auflagen: MiNr. 1085 und 1086 je 2 000 000, MiNr. 1087 = 1 500 000, MiNr. 1088 = 1 000 000, MiNr. 1089 und 1090 je 250 000 Stück

Gültig bis 31.5.1970

1964, 28. Sept. 100. Jahrestag der Ersten Internationale. Komb. StTdr. und Odr.; gez. K 11¾.

aah) Friedrich Engels (1820–1895)
aai) Karl Marx (1818–1883)

1091	25 (Din)	schwarz, gelblich	aah	0,20	0,20
1092	50 (Din)	schwarz, hellrosa	aai	0,20	0,20
		Satzpreis (2 W.)		0,40	0,40
		FDC			0,70

1091 U	ungezähnt	—,—

Auflagen: MiNr. 1091 = 1 997 939, MiNr. 1092 = 997 939 Stück

Gültig bis 31.5.1970

1964, 4. Okt. Woche des Kindes. Odr.; gez. K 12½.

aak) Kinder auf Roller

1093	25 (Din)	mehrfarbig	aak	0,20	0,20
		FDC			0,70

1093 U	ungezähnt	—,—

Auflage: 1 994 636 Stück

Gültig bis 31.5.1970

1964, 20. Okt. 20. Jahrestag der Befreiung Belgrads. StTdr. und Odr.; gez. K 11¾.

aal) „Der Sieger" (Skulptur von I. Meštrović, Stadtwappen von Belgrad)

1094	25 (Din)	mehrfarbig	aal	0,20	0,20
		FDC			0,70

Auflage: 2 000 000 Stück

Gültig bis 31.5.1970

1964, 29. Nov. Die Kunst in Jugoslawien durch die Jahrhunderte (III). RaTdr.; gez. K 11½:12, MiNr. 1100 ~.

aam) Evangeliar von Hilandar (13. Jahrh.)
aan) Evangeliar des Fürsten Miroslav (12. Jahrh.)
aao) Oktateuch von Cetinje (15. Jahrh.)
aap) Evangeliar von Trogir (13. Jahrh.)

Jugoslawien

aar) Missal des Herzogs Hrvoje (15. Jahrh.)

aas) Teufel als Löwe, Miniatur aus einem Manuskript des 14. Jh.

1095	25	(Din)	mehrfarbig	aam	0,20	0,20
1096	30	(Din)	mehrfarbig	aan	0,20	0,20
1097	40	(Din)	mehrfarbig	aao	0,20	0,20
1098	50	(Din)	mehrfarbig	aap	0,20	0,20
1099	150	(Din)	mehrfarbig	aar	0,20	0,20
1100	200	(Din)	mehrfarbig	aas	0,20	0,20
			Satzpreis (6 W.)		1,20	
			FDC			3,—

Auflagen: MiNr. 1095–1097 je 1 992 297, MiNr. 1098 und 1099 je 742 397, MiNr. 1100 = 242 397 Stück

Gültig bis 31.5.1970

1964, 7. Dez. 8. Kongreß des Bundes der Kommunisten Jugoslawiens. RaTdr.; gez. K 11½.

aat) Flamme mit Stern über Hand

aau) Flamme mit Taube über Industriewerk

aav) Flamme mit Stern über Industriewerk

1101	25	(Din)	mehrfarbig	aat	0,10	0,20
1102	50	(Din)	mehrfarbig	aau	0,20	0,20
1103	100	(Din)	mehrfarbig	aav	0,40	0,20
			Satzpreis (3 W.)		0,70	0,50
			FDC			1,—

Auflagen: MiNr. 1101 = 998 531, MiNr. 1102 = 748 531, MiNr. 1103 = 248 531 Stück

Gültig bis 31.5.1970

1965

1965, 15. April. 28. Tischtennis-Weltmeisterschaften. Odr.; gez. K 12½.

aaw)

aax)

aaw–aax) Tischtennisspieler

1104	50	(Din)	mehrfarbig	aaw	4,—	4,—
1105	150	(Din)	mehrfarbig	aax	4,—	4,—
			Satzpreis (2 W.)		8,—	8,—
			FDC			10,—

Auflagen: MiNr. 1104 = 993 968, MiNr. 1105 = 243 968 Stück

Gültig bis 14.4.1968

1965, 8. Mai. 20. Jahrestag der Befreiung. StTdr.; gez. K 12½.

aay) Titograd (Podgorica)

aaz) Skopje

aba) Sarajevo

abb) Ljubljana (Laibach)

abc) Zagreb (Agram)

abd) Beograd (Belgrad)

1106	25	(Din)	dunkelrötlichlila	aay	0,20	0,20
1107	30	(Din)	dunkelrotbraun	aaz	0,20	0,20
1108	40	(Din)	dunkelviolett	aba	0,20	0,20
1109	50	(Din)	schwarzgrün	abb	0,60	0,60
1110	150	(Din)	bräunlichviolett	abc	0,60	0,60
1111	200	(Din)	schwarzblau	abd	0,80	0,80
			Satzpreis (6 W.)		2,50	2,50
			FDC			4,—

1106 U–1111 U ungezähnt je —,—

Auflagen: MiNr. 1106–1108 je 2 000 000, MiNr. 1109 und 1110 je 750 000, MiNr. 1111 = 250 000 Stück

Gültig bis 31.5.1970

1965, 10. Mai. Pionier-Spiele „20 Jahre in der Freiheit". Komb. StTdr. und Odr.; gez. K 12½.

abe) Partisanenkurier Jovica (nach Gemälde von Đ. Andrejević-Kun)

| 1112 | 25 | (Din) | mehrfarbig | abe | 0,20 | 0,20 |
| | | | FDC | | | 0,70 |

1112 U ungezähnt —,—

Auflage: 1 917 564 Stück

Gültig bis 31.5.1970

1965, 17. Mai. 100 Jahre Internationale Fernmeldeunion (ITU). StTdr.; gez. K 11½.

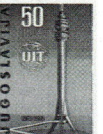
abf) Fernsehturm am Avala bei Belgrad, Emblem der ITU

| 1113 | 50 | (Din) | schwarzblau | abf | 0,20 | 0,20 |
| | | | FDC | | | 0,70 |

Auflage: 1 957 631 Stück

Gültig bis 16.5.1966

Bitte teilen Sie uns von Ihnen festgestellte Fehler mit, damit wir sie berichtigen können.

Jugoslawien

1965, 20. Mai. Bau des Hydroenergie- und Navigationssystems „Portile de Fier Đerdap" an der Donau. Odr.; gez. K 12½:12¼.

abg) „Eisernes Tor", Donau   abh) Staudamm Hydrozentrale Đerdap

1114	25 Din	/30 B lichtbl./d'blaugrün	abg	0,20	0,20
1115	50 Din	/55 B lichtbl./lilakarmin	abh	0,50	0,20
		Satzpreis (2 W.)		0,70	0,30
		FDC			1,—

Blockausgabe, gez. K 13

abn) Staudamm

abi, abl) Staatswappen von Rumänien, Ornamente   abk, abm) Staatswappen von Jugoslawien, Ornamente

1116	80 B.	mehrfarbig	abi		0,50
	100 Din	mehrfarbig	abk		0,50
	1.20 L	mehrfarbig	abl	0,50	0,50
1117	150 Din	mehrfarbig	abm	0,50	0,50
Block 10	(103×80 mm)		abn	5,—	5,—
		FDC			10,—

Postpreis: 500 Din.

Die Preise bei MiNr. 1114 und 1115 und Block 10 für ⊙ und FDC gelten nur für Stücke mit jugoslawischen Abstempelungen.

MiNr. 1114–1115 hatten in Jugoslawien und Rumänien Frankaturgültigkeit. Vergl. auch Katalogisierung Rumänien MiNr. 2403–2404.

Block 10 hatte in Jugoslawien und Rumänien Frankaturgültigkeit, jedoch wurden in Jugoslawien meistens nur die Dinar-Werte (MiNr. 1116 und 1117) entwertet. Vergl. auch Katalogisierung Rumänien MiNr. 2405 2406. Bl. 60.

Auflagen: MiNr. 1114 = 1 993 247, MiNr. 1115 = 993 247 Stück, Block 10 = 189 661 Blocks

Gültig bis 31.5.1970

Parallelausgabe mit Rumänien MiNr. 2403–2404, Bl. 60

1965, 25. Mai. Jugoslawische Flora (VI). RaTdr.; gez. K 11¾.

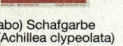

abo) Schafgarbe (Achillea clypeolata)   abp) Rosmarin (Rosmarinus officinalis)   abr) Alant (Inula helenium)

1965, 26. Juni. Jahr der internationalen Zusammenarbeit. Komb. Odr. und StTdr.; gez. K 12½.

abs) Tollkirsche (Atropa bella-donna var. lutea)   abt) Echte Pfefferminze (Mentha x piperita)   abu) Rostfarbiger Fingerhut (Digitalis ferruginea)

1118	25 (Din)	mehrfarbig	abo	0,40	0,40
1119	30 (Din)	mehrfarbig	abp	0,40	0,40
1120	40 (Din)	mehrfarbig	abr	0,40	0,40
1121	50 (Din)	mehrfarbig	abs	0,40	0,40
1122	150 (Din)	mehrfarbig	abt	0,40	0,40
1123	200 (Din)	mehrfarbig	abu	2,50	2,50
		Satzpreis (6 W.)		4,50	4,50
		FDC			5,50

Auflagen: MiNr. 1118–1121 je 2 000 000, MiNr. 1122 = 750 000, MiNr. 1123 = 250 000 Stück

Gültig bis 31.5.1970

abv) Symb. Darstellung der Zusammenarbeit der UNO

1124	50 (Din)	graublau/dunkelblau	abv	0,20	0,20
		FDC			0,50

Auflage: 1 995 431 Stück

Gültig bis 31.5.1970

1965, 6. Juli. Jugoslawische Touristenorte (IV). Odr.; gez. K 12½.

abw) Rogačka Slatina   abx) Šibenik   aby) Prespansee

abz) Prizren   aca) Skadarsee   acb) Sarajevo

1125	25 (Din)	mehrfarbig	abw	0,50	0,50
1126	30 (Din)	mehrfarbig	abx	0,50	0,50
1127	40 (Din)	mehrfarbig	aby	0,50	0,50
1128	50 (Din)	mehrfarbig	abz	0,50	0,50
1129	150 (Din)	mehrfarbig	aca	1,50	1,50
1130	200 (Din)	mehrfarbig	acb	2,50	2,50
		Satzpreis (6 W.)		6,—	6,—
		FDC			7,50

1126 UF	ungez., Farbe Blau fehlend	150,—
1127 UF	ungez., Farbe Blau fehlend	150,—

Auflagen: MiNr. 1125–1128 je 1 990 453, MiNr. 1129 = 490 453, MiNr. 1130 = 290 453 Stück

Gültig bis 31.5.1970

Jugoslawien 569

1965, 10. Sept. Freimarken: Technik und Architektur. StTdr.; gez. K 12½.

ra) Wasserkraftwerk Jablanica
ru) Turbinenfabrik in Ljubljana

1131	20 (Din)	smaragdgrün	ra	0,30	0,10
1132	30 (Din)	zinnober	ru	0,70	0,10
		Satzpreis (2 W.)		1,—	0,20

Gültig bis 31.5.1970

Weitere Werte siehe Übersicht nach Jahrgangswerttabelle.

acg) Fran Levstik (1831–1887), Schriftsteller
ach) Josif Pančić (1814–1888), Schriftsteller
aci) Dimitrije Tucović (1881–1914), Schriftsteller

1136	30 (Din)	braunrot	acd	0,30	0,30
1137	50 (Din)	schwarzblau	ace	0,30	0,30
1138	60 (Din)	dunkelbraun	acf	0,30	0,30
1139	85 (Din)	dunkelblau	acg	0,30	0,30
1140	200 (Din)	dunkelgrünoliv	ach	0,30	0,30
1141	500 (Din)	dunkelkarminbraun	aci	0,50	0,50
		Satzpreis (6 W.)		2,—	1,20
		FDC		4,—	

Auflagen: MiNr. 1136 und 1137 je 998 265, MiNr. 1138 und 1139 je 498 265, MiNr. 1140 und 1141 je 248 265 Stück

Gültig bis 31.5.1970

1965, 3. Okt. Woche des Kindes. Odr.; gez. K 12½.

ack) Hauskatze

1133	30 (Din)	dunkelkarmin/gelb	acc	0,30	0,20
		FDC		1,20	
1133 U		ungezähnt		—,—	

Auflage: 2 000 000 Stück

Gültig bis 31.5.1070

Vom 1. Januar 1966 bis 23. Januar 1990 hatten alle Marken mit vollem Dinar-Wert unbeschränkte Frankaturgültigkeit; Ausgaben mit Para-Unterteilung (bis 1984) wurden ab 30.4.1986 für ungültig erklärt.

1966

Neue Währung:
100 alte Dinar = 1 neuer Dinar (Din) = 100 Paras

1965. 1./15. Nov. Freimarken: Technik und Architektur; mit Aufdruck des neuen Wertes.

1134	5 auf	8 (Din) schwarzlila (1. Nov.)	(891) Br	0,40	0,20
1135	50 auf	25 (Din) zinnober (15. Nov.)	(978) Br	0,60	0,20
		Satzpreis (2 W.)		1,—	0,40

Auflagen: MiNr. 1134 und 1135 je 10 000 000 Stück

Gültig bis 31.5.1970

Weitere Werte siehe Übersicht nach Jahrgangswerttabelle.

1966, 5. Jan. Freimarken: Josip Broz Tito. Odr. auf gestrichenem Papier in Beograd; gez. K 12½.

ack) J. Broz Tito (1892–1980), Staatspräsident, nach Kupferstich von T. Krnjajić

1142	0.20 (Din)	dunkelblaugrün	ack	0,20	0,10
1143	0.30 (Din)	rotlila	ack	0,20	0,10
		Satzpreis (2 W.)		0,40	0,20
1142 U		ungezähnt		—,—	
1143 U		ungezähnt		—,—	

1966, 1. März. Weltmeisterschaft im Eishockey, Weltmeisterschaften der Ruderer, 25. Balkan-Athletikspiele. StTdr.; gez. K 12½.

acl) Weitspringer acm) Eishockeytorwart acn) Ruderer

aco) Eishockeyspielgerät acp) Ruderblätter und -boot

1965, 28. Nov. Jahrestage berühmter Männer (V). StTdr.; gez. K 12½.

acd) Branislav Nušić (1864–1938), Komediograf
ace) Antun Gustav Matoš (1873–1914), Schriftsteller
acf) Ivan Mažuranić (1814–1890), Dichter und Politiker

Jugoslawien

1144	0.30 (Din)	lilarot .... acl	0,20	0,20
1145	0.50 (Din)	blauviolett .... acm	0,20	0,20
1146	1.00 Din	schwarzblaugrün .... acn	0,20	0,20
1147	3.00 (Din)	karminbraun .... aco	2,—	2,—
1148	5.00 (Din)	preußischblau .... acp	2,—	2,—
		Satzpreis (5 W.)	4,50	4,50
		FDC		5,50

Auflagen: MiNr. 1144 und 1145 je 1 995 186, MiNr. 1146 = 1 495 186, MiNr. 1147 und 1148 je 245 186 Stück

1966, 25. April. „Die Kunst in Jugoslawien durch die Jahrhunderte" (IV). RaTdr.; gez. K 12½.

acr) Buchstabe „T" aus einem lateinischen Psalterium (15. Jh.)

acs) Buchstabe „V" aus dem kyrillischen Manuskript des Dyonisius-Evangeliums (14. Jh.)

act) Buchstabe „R" aus dem lateinischen Manuskript „Gregorius I., Libri Moralium" (12. Jh.)

acu) Buchstabe „P" aus dem kyrillischen Manuskript des Miroslav-Evangeliums (12. Jh.)

acv) Buchstabe „B" aus dem kyrillischen Manuskript des Radomir-Evangeliums (13. Jh.)

acw) Buchstabe „F" aus dem lateinischen Manuskript des Passionals (11. Jh.)

1149	0.30 (Din)	mehrfarbig .... acr	0,10	0,10
1150	0.50 (Din)	mehrfarbig .... acs	0,10	0,10
1151	0.60 (Din)	mehrfarbig .... act	0,10	0,10
1152	0.85 (Din)	mehrfarbig .... acu	0,10	0,10
1153	2.00 (Din)	mehrfarbig .... acv	0,20	0,10
1154	5.00 (Din)	mehrfarbig .... acw	0,50	0,50
		Satzpreis (6 W.)	1,10	1,—
		FDC		2,60

Auflagen: MiNr. 1149 und 1150 je 1 995 236, MiNr. 1151 = 1 495 236, MiNr. 1152 = 495 236, MiNr. 1153 und 1154 je 245 236 Stück

1966, 28. April. Freimarken: Technik und Architektur. StTdr.; gez. K 12½.

ra) Wasserkraftwerk Jablanica

ru) Turbinenfabrik in Ljubljana

1155	0.20 (Din)	smaragdgrün .... ra	0,20	0,20
1156	0.30 (Din)	zinnober .... ru	0,80	0,20
		Satzpreis (2 W.)	1,—	0,30

Weitere Werte siehe Übersicht nach Jahrgangswerttabelle.

1966, 23. Mai. 40 Jahre Tätigkeit jugoslawischer Rundfunkamateure und 20. Jahrestag der Gründung des Verbandes der Rundfunkamateure Jugoslawiens. StTdr.; gez. K 12½.

acx) Weltkugel mit Umschrift, Antenne, Satellit

1157	0.85 (Din)	dunkelblau .... acx	1,50	1,50
		FDC		2,—

Auflage: 470 246 Stück

1966, 25. Mai. Insekten. RaTdr.; gez. K 12½.

acy) Hirschkäfer (Lucanus cervus)

acz) Palotia-Rosenkäfer (Potosia aeruginosa)

ada) Ölkäfer (Meloe violaceus)

adb) Siebenpunkt (Coccinella septempunctata)

adc) Alpenbock (Rosalia alpina)

add) Gemeiner Gelbrand-Käfer (Dytiscus marginalis)

1158	0.30 (Din)	mehrfarbig .... acy	0,30	0,30
1159	0.50 (Din)	mehrfarbig .... acz	0,30	0,30
1160	0.60 (Din)	mehrfarbig .... ada	0,30	0,30
1161	0.85 (Din)	mehrfarbig .... adb	0,30	0,30
1162	2.00 (Din)	mehrfarbig .... adc	0,30	0,30
1163	5.00 (Din)	mehrfarbig .... add	0,30	0,30
		Satzpreis (6 W.)	1,50	1,50
		FDC		3,—

Auflagen: MiNr. 1158 und 1159 je 1 992 240, MiNr. 1160 = 1 492 240, MiNr. 1161 = 492 240, MiNr. 1162 und 1163 je 242 240 Stück

1966, 12. Mai/18. Juni. Freimarken: Technik und Architektur. StTdr.; gez. K 12½.

rr) Schiff auf der Werft

1164	0.05 (Din)	rotorange (10.6.1966) .... rr	1,—	1,—
1165	0.10 (Din)	dunkellilabraun (8.6.1966) .... pz	1,—	1,—
1166	0.15 (Din)	blauviolett (10.6.1966) .... rt	1,—	1,—
1167	0.40 (Din)	violettpurpur (8.6.1966) .... rv	1,—	1,—
1168	0.50 (Din)	ultramarin (8.6.1966) ...... wc	1,—	1,—
1169	0.60 (Din)	karminbraun (12.5.1966) .... wb	1,—	1,—
1170	0.65 (Din)	dunkelblaugrün (12.5.1966) .... wd	1,—	1,—
1171	0.85 (Din)	grauviolett (12.5.1966) .... rs	1,—	1,—
1172	1.00 Din	gelboliv (18.6.1966) ...... rp	2,—	2,—
		Satzpreis (9 W.)	10,—	10,—
1164 U		ungezähnt	—,—	
1166 U		ungezähnt	—,—	
1170 F		linke Markeneinfassungslinie in Karminbraun	90,—	90,—
1171 y		auf grünlichem Papier	40,—	
1172 U		ungezähnt	—,—	

Von MiNr. 1164 U, 1166 U und 1172 U sind auch Paare mit Zwischensteg bekannt.

In gleichen bzw. ähnlichen Zeichnungen siehe Übersichtstabelle nach MiNr. 840

1966, 25. Juni. 100 Jahre Serbische Briefmarken. Komb. Odr. und StTdr.; gez. K 12½.

ade) Zeitungsmarke Serbien MiNr. 7

Jugoslawien

	adf) Zeitungs-marke Serbien MiNr. 8	adg) Freimarke Serbien MiNr. 1 oder MiNr. 4	adh) Freimarke Serbien MiNr. 2 oder MiNr. 5	adi) Freimarke Serbien MiNr. 3 oder MiNr. 6	
1173	0.30 (Din)	mehrfarbig .... ade			0,20 0,20
1174	0.50 (Din)	mehrfarbig .... adf			0,20 0,20
1175	0.60 (Din)	mehrfarbig .... adg			0,20 0,20
1176	0.85 (Din)	mehrfarbig .... adh			0,20 0,20
1177	2.00 Din	mehrfarbig .... adi			0,50 0,20
		Satzpreis (5 W.)			1,30 1,—
		FDC			2,50

Blockausgabe, ☐

1178	10.00 Din mehrfarbig .... ade	—,— —,—
Block 11 (62×73 mm) .... adk		2,— 2,—
	FDC	5,—
Block 11 F Blockrandbedruckung fehlend		—,—

Auflagen: MiNr. 1173 und 1174 je 1 995 079, MiNr. 1175 = 1 495 079 MiNr. 1176 = 495 079, MiNr. 1177 = 245 079 Stück, Bl. 11 = 100 000 Blocks

1966, 2. Juli. 25. Jahrestag des Aufstandes gegen die Besatzungsmächte. Komb. Odr. und StTdr.; gez. K 12½.

adm) Metallschild mit drei Widerstandskämpfern; Zierblattleisten

1179	0.20 (Din)	mehrfarbig .... adm	0,10	0,10
1180	0.30 (Din)	mehrfarbig .... adm	0,10	0,10
1181	0.85 (Din)	mehrfarbig .... adm	0,10	0,10
1182	2.00 (Din)	mehrfarbig .... adm	0,10	0,10
		Satzpreis (4 W.)	0,40	0,40
		FDC		1,50

Auflagen: MiNr. 1179–1180 = je 1 993 975, MiNr. 1181 = 493 975, MiNr. 1182 = 243 975 Stück

1966, 15. Juli. 100 Jahre Akademie der Wissenschaften und Kunst in Zagreb. Komb. Odr. und StTdr.; gez. K 12½.

adn) J. J. Stroßmayer (1815–1905), Bischof und Gründer der Akademie; Franjo Rački (1828–1894), 1. Präsident der Akademie

1183	0.30 (Din)	mehrfarbig .... adn	0,20	0,20
		FDC		0,70

Auflage: 2 000 000 Stück

1966, 24. Sept. 900 Jahre Stadt Šibenik. StTdr.; gez. K 12½.

ado) Stadt Šibenik im Mittelalter mit den Festungen Sveti Nicola und Šubićevac

1184	0.30 (Din)	violettpurpur .... ado	0,20	0,20
		FDC		1,—

Auflage: 2 000 000 Stück

1966, 24. Sept. 400 Jahre Alte Brücke in Mostar. StTdr.; gez. K 12½.

adp) Mostar: Steinbrücke über die Neretva, erbaut 1566 von Hairudin

1185	0.30 (Din)	purpur .... adp	2,50	2,—
		FDC		2,50

Auflage: 2 000 000 Stück

1966, 2. Okt. Woche des Kindes. Odr.; gez. K 12½.

adr) „Das Mädchen mit den Zöpfen" (Kinderzeichnung)

1186	0.30 (Din)	mehrfarbig .... adr	2,—	2,—
		FDC		2,50
1186 F Farbe Rot fehlend			60,—	

Auflage: 2 000 000 Stück

1966, 4. Nov. UNESCO. Odr.; gez. K 12½.

ads) UNESCO-Emblem

1187	0.85 (Din)	ultramarin/violettblau .... ads	0,20	0,20
		FDC		0,70
1187 Udr	dreiseitig ungezähnt			—,—

Auflage: 484 830 Stück

1966, 25. Nov. Weihnachten und Neujahr (I). Odr.; gez. K 12¾.

	adt) Winterlandschaft	adu) Weihnachtsmann	adv) Neujahrstannenbaum	
1188	0.15 (Din)	ocker/blauviolett .... adt	0,20	0,20
1189	0.20 (Din)	ocker/lebhaftviolett ..... adu	0,20	0,20
1190	0.30 (Din)	ocker/schwarzblaugrün .. adv	0,20	0,20
		Satzpreis (3 W.)	0,60	0,60
		FDC		1,—
1188 U	ungezähnt			—,—
1189 U	ungezähnt			—,—
1990 U	ungezähnt			—,—

Auflagen: MiNr. 1188 = 30 000 000, MiNr. 1189 = 15 000 000, MiNr. 1190 = 10 000 000 Stück

In gleichen Zeichnungen, aber geänderten Farben: MiNr. 1197 bis 1199

1966, 29. Nov. Silbermünzen aus dem Mittelalter. RaTdr.; gez. K 12½:12¼.

adw) Münze des Herrn Gjuradj I. Balšić (Helm mit Wolfskopf) aus dem Jahre 1373
adx) Münze des bosnischen Königs Stefan Tomašević (= Stefan Cragl), geprägt um 1461
ady) Münze des Herrn Gjuradj Branković (sein Bildnis), 15. Jh.

adz) Münze mit Adler, Stadt Laibach (Ljubljana), geprägt um 1250
aea) Münze (Wappen des Herzogs Hrvoje Vukčić), der Stadt Split, um 1410
aeb) Münze des Kaisers Stefan Dušan (der Kaiser zu Pferd), um 1350

1191	0.30	(Din)	mehrfarbig .... adw	0,10	0,10
1192	0.50	(Din)	mehrfarbig .... adx	0,10	0,10
1193	0.60	(Din)	mehrfarbig .... ady	0,10	0,10
1194	0.85	(Din)	mehrfarbig .... adz	0,10	0,10
1195	2.00	(Din)	mehrfarbig .... aea	0,10	0,10
1196	5.00	(Din)	mehrfarbig .... aeb	0,50	0,20
			Satzpreis (6 W.)	1,—	0,70
			FDC		2,20

Auflagen: MiNr. 1191 und 1192 je 1 993 989, MiNr. 1193 = 1 493 989, MiNr. 1194 = 493 989, MiNr. 1195 = 293 989, MiNr. 1196 = 243 989 Stück

1966, 23. Dez. Weihnachten und Neujahr (II). RaTdr.; gez. K 12¾.

1197	0.15	(Din)	gold/preußischblau/ultramaringrau .... adt	0,20	0,20
1198	0.20	(Din)	gold/dunkelrosa/rot ..... adu	0,20	0,20
1199	0.30	(Din)	gold/hellblau/schwarzblaugrün .... adv	0,20	0,20
			Satzpreis (3 W.)	0,60	0,60
			FDC		1,70

Auflage: 297 600 Sätze

In gleichen Zeichnungen: MiNr. 1188–1190

1967

1967, 25. Mai. Jugoslawische Flora (VII). RaTdr.; gez. K 11¾.

aec) Arnika (Arnica montana)
aed) Flachs (Linum usitatissimum)
aee) Gemeiner Oleander (Nerium oleander)

aef) Kreuz-Enzian (Gentiana cruciata)
aeg) Lorbeerbaum (Laurus nobilis)
aeh) Steppenraute (Peganum harmala)

1200	0.30	(Din)	mehrfarbig .... aec	0,20	0,20
1201	0.50	(Din)	mehrfarbig .... aed	0,20	0,20
1202	0.85	(Din)	mehrfarbig .... aee	0,20	0,20
1203	1.20	(Din)	mehrfarbig .... aef	0,20	0,20
1204	3.00	(Din)	mehrfarbig .... aeg	0,20	0,20
1205	5.00	(Din)	mehrfarbig .... aeh	1,—	1,—
			Satzpreis (6 W.)	2,—	2,—
			FDC		3,20

1200 U–1205 U ungezähnt .... je —,—

Auflagen: MiNr. 1200–1201 je 1 993 909, MiNr. 1202 = 1 093 909, MiNr. 1203–1204 je 593 909, MiNr. 1205 = 293 909 Stück

1967, 25. Mai. 75. Geburtstag von Präsident Tito. StTdr. auf gestrichenem Papier mit optischem Aufheller; gez. K 12½.

aei) Josip Broz Tito (1892–1980), Staatspräsident

1206	0.05	(Din)	orange .... aei	0,10	0,10
1207	0.10	(Din)	karminbraun .... aei	0,10	0,10
1208	0.15	(Din)	blauviolett .... aei	0,10	0,10
1209	0.20	(Din)	dunkelgrün .... aei	0,10	0,10
1210	0.30	(Din)	braunrot .... aei	0,10	0,10
1211	0.40	(Din)	braunschwarz .... aei	0,10	0,10
1212	0.50	(Din)	dunkelgraublau .... aei	0,10	0,10
1213	0.60	(Din)	braunviolett .... aei	0,10	0,10
1214	0.85	(Din)	indigo .... aei	0,10	0,10
1215	1.00	(Din)	purpur .... aei	0,10	0,10
			Satzpreis (10 W.)	1,—	1,—
			FDC		2,50

MiNr. 1206–1215 sind auch auf gelblichgrauem, gestrichenen Papier bekannt.

1208 F	Obere Bogenrandbeschriftung in Preußischblau statt Blauviolett	400,—

Auflage: 300 000 Sätze

Weitere Werte siehe Übersicht nach Jahrgangwerttabelle.

1967, 26. Juni. Weltausstellung EXPO '67, Montreal; 18. IFA-Kongreß, Belgrad. RaTdr.; gez. K 12.

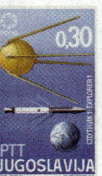  

aek) Erdsatelliten „Sputnik 1" und „Explorer 1", die ersten Satelliten
ael) Wettersatellit „Tiros", Nachrichtensatelliten „Telstar" und „Molnija"
aem) Mondsonde „Luna 9" und Mondsatellit „Lunar Orbiter"

aen) Planetenerforschungen durch Marsfotosonde „Mariner 4" und Venus-Meßsonde „Venus 3"
aeo) Raumkabinen „Wostok" und „Gemini" mit Zielsatellit „Agena" in der Andock-Phase
aep) Raumpilot White freischwebend im Weltraum

1216	0.30	(Din)	mehrfarbig .... aek	0,10	0,10
1217	0.50	(Din)	mehrfarbig .... ael	0,10	0,10
1218	0.85	(Din)	mehrfarbig .... aem	0,10	0,10

Jugoslawien

1219	1.20	(Din)	mehrfarbig	aen	0,10	0,10
1220	3.00	(Din)	mehrfarbig	aeo	0,20	0,20
1221	5.00	(Din)	mehrfarbig	aep	3,50	3,50
			Satzpreis (6 W.)		4,—	4,—
			FDC			5,—
1216 U–1221 U		ungezähnt				—,—

Auflagen: MiNr. 1216–1217 je 2 000 000, MiNr. 1218 = 1 000 000, MiNr. 1219–1220 je 600 000, MiNr. 1221 = 200 000 Stück

1967, 17. Juli. Internationales Jahr des Tourismus. StTdr. in Belgrad; gez. K 12½.

aer) Kotor: Tryphons-Kathedrale, erbaut im 12. Jh., romanisch, Türme 17. Jh.

aes) Maribor (Marburg an der Drau); Rathaus mit Renaissance-Balkon

aet) Trogir: Kathedrale des hl. Lorenz, erbaut zwischen 13. und 16. Jh., romanisch

aeu) Niš (Nisch): Südtor der von den Türken erbauten Festung

aev) Višegrad, Brücke über die Drina

aew) Skopje: ehemaliges türkisches Bad Dau Pascha; 15. Jh.; heute Museum mazedonischer Künstler

1222	0.30	(Din)	graublau/braunoliv	aer	0,10	0,10
1223	0.50	(Din)	braun/braunviolett	aes	0,10	0,10
1224	0.85	(Din)	violettblau/-purpur	aet	0,10	0,10
1225	1.20	(Din)	lila/siena	aeu	0,10	0,10
1226	3.00	(Din)	rotbraun/oliv	aev	0,20	0,10
1227	5.00	(Din)	braunoliv/siena	aew	0,50	0,50
			Satzpreis (6 W.)		1,—	1,—
			FDC			3,—

Auflagen: MiNr. 1222–1223 je 1 994 418, MiNr. 1224 = 1 494 418, MiNr. 1225–1226 je 694 418, MiNr. 1227 = 194 418 Stück

1967, 22. Sept. Jagd- und Fischereimesse, Novi Sad. RaTdr.; gez. K 13¾:14.

aex) Rebhuhn (Perdix perdix)

aey) Hecht (Esox lucius)

aez) Berghirsch (Cervus elaphus montanus)

afa) Wanderfalke (Falco peregrinus)

1228	0.30	(Din)	mehrfarbig	aex	0,40	0,40
1229	0.50	(Din)	mehrfarbig	aey	0,40	0,40
1230	1.20	(Din)	mehrfarbig	aez	0,60	0,60
1231	5.00	(Din)	mehrfarbig	afa	1,60	1,60
			Satzpreis (4 W.)		3,—	3,—
			FDC			4,—

1230 U		ungezähnt		—,—
1230 FU		fehlender Druck der schwarzen Farbe, ungezähnt		—,—

Auflagen: MiNr. 1228–1229 je 1 992 735, MiNr. 1230 = 692 735, MiNr. 1231 = 192 735 Stück

1967/72. Freimarken: Präsident Tito, in Zeichnung von MiNr. 1206–1215 auf gewöhnlichem, graustichigem bis weißem Papier; x = ohne Phosphorstreifen, y = mit Phosphorstreifen; StTdr.; gez. K 12½.

aei   aei l

aei–aei l) Josip Broz Tito (1892–1980), Staatspräsident

1232 x	0.05	(Din)	rotorange (1.9.1967) ... aei	0,10	0,10
1233 x	0.10	(Din)	rotbraun (16.11.1967) .. aei	0,10	0,10
1234	0.15	(Din)	blauviolett .... aei		
x			gew. Papier (23.11.1967) ..	0,10	0,10
y			m. Phosphorstreifen (1972)	0,50	0,50
1235 x	0.20	(Din)	dunkelgelbgrün (18.7.1967) .... aei	0,10	0,10
1236 x	0.30	(Din)	orangerot (25.5.1967) .. aei	0,50	0,10
1237 x	0.40	(Din)	braunschwarz (22.8.1967) .... aei	0,10	0,10
1238 x	0.50	(Din)	schwarzblaugrün (7.6.1967) .... aei	2,—	0,10
1239 x	0.60	(Din)	bräunlichviolett (1.9.1967) .... aei	0,10	0,10
1240 x	0.85	(Din)	violettultramarin (15.7.1967) .... aei	0,20	0,10
1241 x	0.90	(Din)	dunkelbraunoliv (16.10.1967) .... aei	0,20	0,10
1242 x	1.00	(Din)	purpur (5.10.1967) .. aei	0,20	0,10
1243 x	1.20	(Din)	dunkelviolettblau (17.1.1968) .... aei	0,50	0,10
1244 x	1.50	(Din)	schwarzgrün (17.1.1968) .... aei	0,50	0,10
1245 x	2.00	(Din)	violettbraun (4.3.1968) aei l	2,50	0,10
1246 x	5.00	(Din)	violettpurpur (4.3.1968) aei l	1,—	0,20
1247 x	10.00	(Din)	dunkelviolett (4.3.1968) aei l	2,50	0,50
			Satzpreis (16 W.)	10,—	2,—

1232 F	0.05 (Din) orangerot (wie MiNr. 1283) statt rotorange	—,—
1232 FU	orangerot, ungezähnt	—,—
1237 Udr	nur oben gezähnt	170,—

Weitere Werte siehe Übersicht nach Jahrgangswerttabelle.

1967, 25. Sept. 18. Kongreß der Internationalen Astronautik-Föderation (IAF), Belgrad. Komb. Odr. und StTdr.; gez. K 12½.

afb) Emblem des Kongresses; erster Nachrichtensatellit „Sputnik 1"

1248	0.85	(Din)	mehrfarbig .... afb	0,20	0,20
			FDC		0,70

Auflage: 1 944 966 Stück

1967, 29. Sept. 100 Jahre Slowenisches Nationaltheater, Ljubljana. StTdr.; gez. K 12½.

afc) Altes Theatergebäude in Ljubljana (Laibach) vor der Burg

1249	0.30	(Din)	lilabraun/olivgrün .... afc	0,20	0,20
			FDC		0,70

Auflage: 2 000 000 Stück

Jugoslawien

1967, 2. Okt. Woche des Kindes. Odr.; gez. K 12½.

afd) „Winterlandschaft", (Kinderzeichnung)

1250	0.30	(Din)	mehrfarbig .... afd	0,60	0,20
			FDC		1,20
1250 F I			Farbe Rot fehlend	75,—	
1250 F II			Farben Rot und Grün fehlend	—,—	

Auflage: 2 000 000 Stück

1967, 7. Nov. 50. Jahrestag der Oktoberrevolution. StTdr.; gez. K 12½.

afe) „W. I. Lenin" 1924, nach einer Gipsbüste des Bildhauers Ivan Meštrović

1251	0.30	(Din)	purpurviolett .... afe	0,10	0,10
1252	0.85	(Din)	dunkelbraunoliv .... afe	0,20	0,10
			Satzpreis (2 W.)	0,30	0,20
			FDC		1,—

Blockausgabe, ☐

1253	10.00	(Din)	dunkelpurpur .... afe l	—,—	—,—
Block 12			(58 × 77 mm) .... aff	10,—	10,—
			FDC		17,—

1251 U		ungezähnt	—,—
1252 U		ungezähnt	—,—
1253 F I		krapprot	—,—
1253 F II		lilaschwarz	—,—
Block 12 F I		Mit MiNr. 1253 F I	—,—
Block 12 F II		Mit MiNr. 1253 F II	—,—

MiNr. 1251 U–1252 U sowie Block 12 (auch ☐ in Paaren) in vertauschten Farben bzw. in Schwarz stammen aus numeriert verteilten sogen. Ministeralben.

Auflagen: MiNr. 1251 = 2 000 000, MiNr. 1252 = 500 000 Stück. Bl. 12 = 80 000 Blocks

1967, 15. Nov. Neujahr 1968. RaTdr.; gez. K 14.

afg) Glückskleeblatt   afh) Schornsteinfeger   afi) Hufeisen mit Blume

1254	0.20	(Din)	gold/ grün/ blau .... afg	0,10	0,10
1255	0.30	(Din)	gold/ gelborange/ purpurviolett .... afh	0,10	0,10
1256	0.50	(Din)	gold/ dunkelkarmin/ hellblauviolett .... afi	0,10	0,10
			Satzpreis (3 W.)	0,30	0,30
			FDC		0,70

Auflagen: MiNr. 1254 = 10 000 000, MiNr. 1255 = 20 000 000, MiNr. 1256 = 5 000 000 Stück

In ähnlichen Zeichnungen: MiNr. 1313–1315

Die Ausführlichkeit der **MICHEL**-Kataloge ist international anerkannt.

1967, 29. Nov. Jugoslawische Kunst. Gemälde des 19. Jahrhunderts. Komb. Odr. und StTdr. auf gestrichenem Papier; gez. K 11¾.

afk) „Der Wachtturm" von Djura Jakšić (1832–1878)

afl) „Die junge Sultanin" von Vlaho Bukovac (1855–1922)

afm) „Besuch bei der Familie" von Josip Petkovšek (1861–1898)

afn) „Der Hahnenkampf" von Paja Iovanović (1859–1957)

afo) „Frühling" von Ivana Kobilca (1861–1926)

1257	0.85	(Din)	mehrfarbig .... afk	1,50	0,50
a			Hintergrund gelblichgrün ...	1,50	0,50
b			Hintergrund bläulichgrün ...	30,—	—,—
1258	1.00	(Din)	mehrfarbig .... afl	1,50	0,50
a			Hintergrund bläulich gefärbt	1,50	0,50
b			Hintergrund gelblich getönt	130,—	—,—
1259	2.00	(Din)	mehrfarbig .... afm		
a			Hintergrund gelblich getönt .	1,50	0,50
b			Hintergrund bläulichgetönt	30,—	—,—
1260	3.00	(Din)	mehrfarbig .... afn	1,50	0,50
1261	5.00	(Din)	mehrfarbig .... afo	4,—	4,—
b			Hintergrund schw'blaugrün .	30,—	—,—
			Satzpreis (5 W.)	10,—	6,—
			FDC		8,—
1260 U			ungezähnt	—,—	
1261 U			ungezähnt	—,—	

Auflagen: MiNr. 1257 = 600 000, MiNr. 1258–1259 je 500 000, MiNr. 1260 = 300 000, MiNr. 1261 = 200 000 Stück

1968

1968, 5. Febr. Olympische Winterspiele, Grenoble. StTdr.; gez. K 12½.

afp) Skispringen

Jugoslawien

afr) Eiskunstlauf afs) Slalom aft) Eishockey

1262	0.50 (Din)	grünblau/violett	afp	0,20	0,20
1263	1.00 (Din)	braun/oliv	afr	0,20	0,20
1264	2.00 (Din)	oliv/karmin	afs	0,60	0,60
1265	5.00 (Din)	oliv/blau	aft	3,50	3,50
		Satzpreis (4 W.)		4,50	4,50
		FDC			5,50

Auflagen: MiNr. 1262 = 1 993 605, MiNr. 1263 = 1 493 605, MiNr. 1264 = 493 605, MiNr. 1265 = 193 605 Stück

1968, 15. Febr. Freimarken: Präsident Tito. RaTdr. in Rollen, auf gestrichenem Papier mit optischem Aufheller; nur waagerecht gez. 12¾.

aei) Präsident J. Broz Tito (1892–1980)

1266	0.20 (Din)	dunkelgelbgrün	aei	0,30	0,20
1267	0.30 (Din)	orangerot	aei	0,30	0,20
		Satzpreis (2 W.)		0,60	0,40

Auflagen: MiNr. 1266 = 953 100, MiNr. 1267 = 547 500 Stück

Weitere Werte siehe Übersicht nach Jahrgangswerttabelle.

1968, 20. April. Mittelalterliche Ikonenmalerei. RaTdr.; gez. K 13¼.

afu) „Gottesmutter der Barmherzigkeit" (14. Jh.); Kirche des hl. Georg in Prizren
afv) „Mariä Verkündigung" (13. bis 14 Jh.); Nationalmuseum in Ohrid
afw) „Die Heiligen Sava und Simeun" (15. Jh.); Nationalmuseum in Belgrad

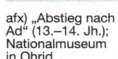

afx) „Abstieg nach Ad" (13.–14. Jh.); Nationalmuseum in Ohrid
afy) „Kreuzigung Christi" (Ende 13. Jh.); Kirche des hl. Klemens in Ohrid
afz) „Gottesmutter mit Kind" (13. Jh.); Kirche „Gospa od zvonika" in Split

1268	0.50 (Din)	mehrfarbig	afu	0,10	0,10
1269	1.00 (Din)	mehrfarbig	afv	0,10	0,10
1270	1.50 (Din)	mehrfarbig	afw	0,20	0,10
1271	2.00 (Din)	mehrfarbig	afx	0,30	0,20
1272	3.00 (Din)	mehrfarbig	afy	0,50	0,50
1273	5.00 (Din)	mehrfarbig	afz	0,80	0,50
		Satzpreis (6 W.)		2,—	1,80
		FDC			4,50

Auflagen: MiNr. 1268 = 2 000 000, MiNr. 1269 = 1 500 000, MiNr. 1270 = 1 000 000, MiNr. 1271–1272 je 500 000, MiNr. 1273 = 200 000 Stück

1968, 25. Mai. Finkenvögel. RaTdr.; gez. K 11¾.

 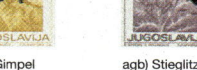 

aga) Gimpel (Pyrrhula pyrrhula)
agb) Stieglitz (Carduelis carduelis)
agc) Buchfink (Fringilla coelebs)

agd) Grünfink (Carduelis chloris chloris)
age) Fichtenkreuzschnabel (Loxia curvirostra)
agf) Kirschkernbeißer (Coccothraustes coccothraustes)

1274	0.50 (Din)	mehrfarbig	aga	0,50	0,50
1275	1.00 (Din)	mehrfarbig	agb	0,50	0,50
1276	1.50 (Din)	mehrfarbig	agc	0,50	0,50
1277	2.00 (Din)	mehrfarbig	agd	0,50	0,50
1278	3.00 (Din)	mehrfarbig	age	0,50	0,50
1279	5.00 (Din)	mehrfarbig	agf	8,—	4,—
		Satzpreis (6 W.)		10,—	6,50
		FDC			8,—

1274 U–1279 U ungezähnt —,—

Auflagen: MiNr. 1274 = 2 000 000, MiNr. 1275 = 1 500 000, MiNr. 1276 = 1 000 000, MiNr. 1277–1278 je 500 000, MiNr. 1279 = 200 000 Stück

1968, 10. Juni/10. Sept. Freimarken: Präsident Tito, StTdr. auf graustichigem bis weißem Papier; gez. K 12½.

1280	0.20 (Din)	blauviolett (10.7.)	aei	1,50	0,10
1281	0.25 (Din)	dunkelbraunkarmin (10.9.)	aei	0,20	0,10
1282	0.30 (Din)	dunkelgelbgrün (10.7.)	aei	0,20	0,10
1283	0.50 (Din)	orangerot (Töne) (10.7.)	aei	1,—	0,10
1284	0.70 (Din)	lilaschwarz (10.9.)	aei	0,20	0,10
1285	0.75 (Din)	schwarzgrüngrau (10.7.)	aei	0,50	0,10
1286	0.80 (Din)	braunoliv (10.9.)	aei	2,50	0,10
1287	1.25 (Din)	indigo (10.7.)	aei	0,20	0,10
1288	2.50 (Din)	schwarzblaugrün (10.9.)	aei l	1,—	0,10
1289	20.00 (Din)	schwarz (10.6.)	aei l	1,—	0,10
		Satzpreis (10 W.)		8,—	1,—

1282 U	ungezähnt	—,—
1282 Udr	dreiseitig ungezähnt	—,—
1283 F	rotorange	45,—

Weitere Werte siehe Übersicht nach Jahrgangswerttabelle.

1968, 28. Juni. Olympische Sommerspiele, Mexiko-Stadt. Komb. StTdr. und Odr.; gez. K 12½.

agg) Läuferin agh) Basketballspieler agi) Turner am Seitpferd

Jugoslawien

agk) Ruderer agl) Wasserballtorwart agm) Ringer

1290	0.50	(Din)	dunkellilabraun, *hellolivgrau* .... agg	0,50	0,50
1291	1.00	(Din)	schwarzbraun/ schwarzblau, *hellgraugrün* agh	0,50	0,50
1292	1.50	(Din)	schwarzbraun/ schwarzblau, *hellrotbraun* ..... agi	0,50	0,50
1293	2.00	(Din)	grünschwarz/braun, *hellbraun* .... agk	1,—	0,50
1294	3.00	(Din)	schwarzblau/schwarzviolett, *hellgraublau* .... agl	1,—	0,50
1295	5.00	(Din)	schwarz/grünschwarz, *hellbraunlila* .... agm	18,—	6,50
			Satzpreis (6 W.)	20,—	9,—
			FDC		15,—

Farbangaben in *Kursiv* sind die des Unterdruckes in Odr.

Auflagen: MiNr. 1290 = 1 992 910, MiNr. 1291 = 1 492 910, MiNr. 1292 = 992 910, MiNr. 1293 und 1294 je 492 910, MiNr. 1295 = 192 910 Stück

1968, 2. Aug. 65. Jahrestag des Ilinden-Aufstandes. RaTdr.; gez. K 12½.

agn) alte Kanone, Lorbeerkranz, Jahreszahlen

1296	0.50	(Din)	orangebraun/gold .... agn	0,20	0,20
			FDC		0,50

Auflage: 1 993 671 Stück

1968, 9. Sept. 25. Jahrestag des Anschlusses Istriens und des slowenischen Küstenlandes an Jugoslawien. Odr. ; gez. K 12½.

ago) Freskendetail aus der Kirche von Hrastovlje: „Cloveško delo" (Des Menschen Werk) von Janez v. Kastvo

1297	0.50	(Din)	mehrfarbig ....ago	0,20	0,20
			FDC		0,70
1297 U			ungezähnt	—,—	

Auflage: 1 994 811 Stück

1968, 3. Okt. Jugoslawische Kunst: Gemälde des 19. Jahrhunderts. Komb. RaTdr. und StTdr.; gez. K 14:13¼.

agp) „Klanško See", von Marko Pernhart (1824–1871)

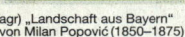

agr) „Landschaft aus Bayern" von Milan Popović (1850–1875)

ags) „Porta Terraferma in Zara" von Ferdo Quiquerez (1845–1893)

agt) „Triglav bei Wochein" von Anton Karinger (1829–1870) agu) „Studenica Kloster" von Đjordje Krstić (1851–1907)

1298	1.00	(Din)	mehrfarbig .... agp	0,20	0,20
1299	1.50	(Din)	mehrfarbig .... agr	0,20	0,20
1300	2.00	(Din)	mehrfarbig .... ags	0,20	0,20
1301	3.00	(Din)	mehrfarbig .... agt	0,30	0,30
1302	5.00	(Din)	mehrfarbig .... agu	0,80	0,60
			Satzpreis (5 W.)	1,70	1,60
			FDC		3,50
1298 U –1302 U			ungezähnt .... je	—,—	
1298 U F I –1302 U F I			ungezähnt, RaTdr. fehlend . je	—,—	
1298 U F II –1302 U F II			ungezähnt, StTdr. fehlend ...... je	—,—	

Auflagen: MiNr. 1298 = 1 500 000, MiNr. 1299–1300 je 1 000 000, MiNr. 1301 = 500 000, MiNr. 1302 = 200 000 Stück

1968, 5. Okt. 100. Geburtstag Šantićs. StTdr.; gez. K 12½.

agv) Aleksa Šantić (1868–1924), serbischer Dichter

1303	0.50	(Din)	schwarzblau .... agv	0,20	0,20
			FDC		0,70

Auflage: 1 991 871 Stück

1968, 6. Okt. Woche des Kindes. Odr.; gez. K 12½.

agw) „Spaziergang", Kinderzeichnung von Marina Čudov, 2. Schuljahr

1304	0.50	(Din)	mehrfarbig .... agw	0,20	0,20
			FDC		0,70

Auflage: 2 000 000 Stück

1968, 11. Okt. 150. Geburtstag von Karl Marx. StTdr.; gez. K 12½.

agx) K. Marx (1818–1883), Philosoph und Nationalökonom, nach einer Büste von Nebojša Mitrić

1305	0.50	(Din)	lilarot .... agx	0,20	0,20
			FDC		0,70

Auflage: 1 992 238 Stück

1968, 22. Nov. 100 Jahre Serbisches Nationaltheater. StTdr.; gez. K 12½.

agy) Altes Theatergebäude in Belgrad vor der Burg

1306	0.50	(Din)	lilaschwarz/grün .... agy	0,20	0,20
			FDC		0,70

Jugoslawien

1968, 29. Nov. Nationalhelden. StTdr.; gez. K 12½.

agz) Hasan Brkić
(1913–1965)

aha) Ivan Milutinović
(1901–1944)

ahb) Rade Končar
(1911–1942)

ahc) Kuzman Josifovski
(1915–1944)

ahd) Tone Tomšič
(1910–1942)

ahe) Moša Pijade
(1890–1957)

1307	0.50 (Din)	purpurviolett	agz	0,10	0,10
1308	0.75 (Din)	schwarzblau	aha	0,10	0,10
1309	1.25 (Din)	karminbraun	ahb	0,10	0,10
1310	2.00 (Din)	dunkelviolettblau	ahc	0,10	0,10
1311	2.50 (Din)	schwarzgrün	ahd	0,20	0,20
1312	5.00 (Din)	dunkelbraunkarmin	ahe	0,50	0,50
		Satzpreis (6 W.)		1,10	1,10
		FDC			5,—

Blockausgabe

Block 13	mit je 2× MiNr. 1307–1309			
	(152×106 mm)	ahf	10,—	10,—
Block 14	mit 2× MiNr. 1310–1312			
	(152×106 mm)	ahg	15,—	15,—

Rückseitig schwarze Kontrollnummern.

1310 U	ungezähnt	120,—
Bl. 13 U	ungezähnt	—,—
Bl. 14 F	MiNr. 1312 in Violettpurpur statt Dunkelkarminbraun	60,—

Auflagen: MiNr. 1307 = 1 000 000, MiNr. 1308–1311 = je 500 000, MiNr. 1312 = 100 000 Stück, Bl. 13 und 14 = je 55 000 Blocks

1968, 25. Nov. Neujahr 1969. RaTdr.; gez. K 14.

ahh) Glückskleeblatt

ahi) Schornsteinfeger

ahk) Hufeisen mit Blume

1313	0.20 (Din)	hellviolett/blau/goldf.	ahh	0,10	0,10
1314	0.30 (Din)	dunkelgraugrün/ blauviolett/goldfarben	ahi	0,10	0,10
1315	0.50 (Din)	olivgelb/lilarot/goldf.	ahk	0,10	0,10
		Satzpreis (3 W.)		0,30	0,30
		FDC			0,70

Auflagen: MiNr. 1313 = 45 000 000, MiNr. 1314 = 52 000 000, MiNr. 1315 = 6 000 000 Stück

In ähnlichen Zeichnungen: MiNr. 1254–1256

1968, 10. Dez. Internationales Jahr der Menschenrechte. StTdr.; gez. K 12½.

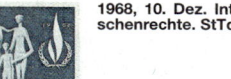

ahl) „Die Familie", Skulptur von J. Soldatović; Lorbeerkranz und Flamme – Symbol des Jahres der Menschenrechte

| 1316 | 1.25 (Din) | indigo | ahl | 0,30 | 0,30 |
| | | FDC | | | 0,70 |

Auflage: 475 870 Stück

1969

1969, 27. Jan. 50 Jahre Internationale Arbeitsorganisation (ILO). Komb. Odr. und StTdr.; gez. K 12½.

ahm) ILO-Emblem

| 1317 | 1.25 (Din) | rot/schwarz | ahm | 0,20 | 0,20 |
| | | FDC | | | 0,60 |

Auflage: 475 969 Stück

1969, 11. März. 50 Jahre Bund der Kommunisten Jugoslawiens. Komb. Odr. und StTdr.; gez. K 12¾.

ahn) Hammer-und-Sichel-Emblem mit Friedenstaube

aho) Parteiemblem und der Namenszug TITO

ahp) Gebilde aus Kristallen, symb. für die Einheit

1318	0.50 (Din)	schwarz/rot	ahn	0,10	0,10
1319	0.75 (Din)	hellolivbraun/schwarz	aho	0,10	0,10
1320	1.25 (Din)	rot/schwarz	ahp	0,10	0,10
		Satzpreis (3 W.)		0,30	0,30
		FDC			1,—

Blockausgabe mit MiNr. 1321, 4 × MiNr. 1318 und je 2 × MiNr. 1319–1320

1321	10 (Din)	rotbraun	ahr	5,—	5,—
Block 15	(115×135)		ahs	6,—	6,—
		FDC			26,—

1318 U–1320 U	ungezähnt	je	—,—
Block 15 F	fehlende Blockrandbedruckung	—,—
Block 15 U	ungezähnt	—,—
Block 15 UK	Kehrdruckpaar, ungezähnt	—,—

Auflagen: MiNr. 1318 = 2 000 000, MiNr. 1319 = 1 000 000, MiNr. 1320 = 500 000 Stück, Bl. 15 = 100 000 Blocks

---

Als Grundlage für die Ermittlung von Preisnotierungen dienten Unterlagen des Briefmarkenhandels, von Arbeitsgemeinschaften sowie Sammlern im In- und Ausland.

Jugoslawien

1969, 7. April. Fresken. RaTdr.; gez. K 13½.

aht) „Der heilige Nikita" (15. Jh.)
ahu) „Christus erscheint den Aposteln" (13. Jh.)
ahv) „Die Kreuzigung Christi" (13. Jh.)

ahw) „Hochzeit in Kana" (14. Jh.)
ahx) „Der Engel auf dem Grab" (13. Jh.)
ahy) „Beweinung Christi" (12. Jh.)

1322	0.50 (Din)	mehrfarbig . . . . aht	0,10	0,10
1323	0.75 (Din)	mehrfarbig . . . . ahu	0,10	0,10
1324	1.25 (Din)	mehrfarbig . . . . ahv	0,10	0,10
1325	2.00 (Din)	mehrfarbig . . . . ahw	0,10	0,10
1326	3.00 (Din)	mehrfarbig . . . . ahx	0,20	0,20
1327	5.00 (Din)	mehrfarbig . . . . ahy	0,50	0,50
		Satzpreis (6 W.)	1,10	1,10
		FDC		4,20

Auflagen: MiNr. 1322 = 2 000 000, MiNr. 1323 = 1 500 000, MiNr. 1324 = 1 000 000, MiNr. 1325 = 750 000, MiNr. 1326 = 550 000, MiNr. 1327 = 200 000 Stück

1969, 23. April. 1900 Jahre Ptuj. StTdr. (3x3); gez. K 11¾.

ahz) Stadtansicht von Ptuj (Pettau) mit Orpheus-Denkmal, Draubrücke

1328	0.50 (Din)	dunkelkarminbraun . . . . . ahz	0,20	0,20
		FDC		0,50
		Kleinbogen	2,50	2,50
1328 x		auf marmoriertem, gestrichenem Papier	—,—	

Auflage: 1 997 482 Stück

1969, 8. Mai. 100. Geburtstag und 40. Todestag von Vasil Glavinovs. StTdr. (3x3); gez. K 12½.

aia) V. Glavinov (1869–1929), mazedonischer Sozialist

1329	0.50 (Din)	orangebraun/lilapurpur . . . aia	0,20	0,20
		FDC		0,50
		Kleinbogen	2,50	2,50

Auflage: 1 998 321 Stück

Zum besseren Gebrauch des Kataloges empfehlen wir, die Einführung zu lesen.

1969, 25. Mai. Heilpflanzen. RaTdr.; gez. K 11¾.

aib) Feinblättrige Pfingstrose (Paeonia tenuifolia)
aic) Huflattich (Tussilago farfara)
aid) Kissenprimel (Primula vulgaris)

aie) Duftende Nieswurz (Helleborus odorus)
aif) Duftveilchen (Viola odorata)
aig) Küchenschelle (Pulsatilla vulgaris)

1330	0.50 (Din)	mehrfarbig . . . . aib	0,20	0,20
1331	0.75 (Din)	mehrfarbig . . . . aic	0,20	0,20
1332	1.25 (Din)	mehrfarbig . . . . aid	0,20	0,20
1333	2.00 (Din)	mehrfarbig . . . . aie	0,20	0,20
1334	2.50 (Din)	mehrfarbig . . . . aif	0,20	0,20
1335	5.00 (Din)	mehrfarbig . . . . aig	3,50	3,50
		Satzpreis (6 W.)	4,50	4,50
		FDC		5,50
1330 U–1335 U		ungezähnt . . . . je	—,—	

Auflagen: MiNr. 1330–1331 je 1 998 443, MiNr. 1332 = 998 443, MiNr. 1333–1334 je 498 443, MiNr. 1335 = 198 443 Stück

1969, 10. Juli. 20 Jahre Sommerspiele in Dubrovnik: Schiffsgemälde. RaTdr.; gez. K 11¾.

aih) Segelschiff „Eber" (19. Jh.) von V. Ivanković
aii) Segelschiff „Tare" (19. Jh.) von Frasanović

aik) Segelschiff „Sela" (19. Jh.) von V. Ivanković
ail) Segler aus Ragusa (16. Jh.) von unbekanntem Meister

aim) Segelschiff „Madre Mimbelli" (19. Jh.) von Antoine Roix
ain) Karavelle in Seenot, Votivtafel aus dem 16. Jh.

1336	0.50 (Din)	mehrfarbig . . . . aih	0,10	0,10
1337	1.25 (Din)	mehrfarbig . . . . aii	0,10	0,10
1338	1.50 (Din)	mehrfarbig . . . . aik	0,10	0,10
1339	2.50 (Din)	mehrfarbig . . . . ail	0,10	0,10
1340	3.25 (Din)	mehrfarbig . . . . aim	0,20	0,20
1341	5.00 (Din)	mehrfarbig . . . . ain	1,40	1,40
		Satzpreis (6 W.)	2,—	2,—
		FDC		6,—

Jugoslawien

1336 U–1341 U	ungezähnt .... je	—,—
1336 U F–1341 U F	ungezähnt, Beschriftung in Silber statt Gold .... je	—,—

Auflagen: MiNr. 1336, 1337 je 2 000 000, MiNr. 1338 = 1 000 000, MiNr. 1339, 1340 je 500 000, MiNr. 1341 = 200 000 Stück

1969, 9. Aug. 11. Gehörlosen-Olympiade, Belgrad (3×3). StTdr.; gez. K 12½.

aio) Flagge, Ring – Symbol der „CISS YU 1969"

| 1342 | 1.25 (Din) | lilakarmin/ braunviolett .... aio FDC Kleinbogen | 0,20 2,— | 0,20 0,70 2,— |

Auflage: 497 297 Stück

1969, 15. Aug. Freimarke: Präsident Tito. RaTdr. in Rollen auf gestrichenem Papier mit optischem Aufheller; nur waagerecht gez. 12¾.

aei) Präsident J. Broz Tito (1892–1980)

| 1343 | 0.50 (Din) | orangerot .... aei | 0,20 | 0,20 |
| 1343 U | | ungezähnt .... | —,— | |

Weitere Werte siehe nach Jahrgangswerttabelle.

1969, 26. Sept. 50 Jahre Fakultät für Veterinärmedizin in Zagreb: Pferde. RaTdr.; gez. K 11¾.

aip) Bosnisches Gebirgspferd   air) Lipizzaner

ais) Traber aus Ljutomer   ait) Jugoslawisches Halbblut

1344	0.75 (Din)	mehrfarbig .... aip	0,30	0,20
1345	1.25 (Din)	mehrfarbig .... air	0,30	0,20
1346	3.25 (Din)	mehrfarbig .... ais	0,40	0,20
1347	5.00 (Din)	mehrfarbig .... ait	4,—	2,—
		Satzpreis (4 W.)	5,—	2,50
		FDC		3,50
1344 U–1347		ungezähnt .... je	—,—	

Auflagen: MiNr. 1344–1345 je 1 500 000, MiNr. 1346 = 1 000 000, MiNr. 1347 = 200 000 Stück

1969, 5. Okt. Woche des Kindes. Odr. (3x3); gez. K 12½.

aiu) Kinder und Vögel; nach Kinderzeichnung

| 1348 | 0.50 (Din) | mehrfarbig .... aiu FDC Kleinbogen | 0,20 2,50 | 0,20 0,60 2,50 |

Auflage: 2 000 000 Stück

1969, 20. Okt. 25. Jahrestag der Befreiung Belgrads. Odr. (3x3); gez. K 12½.

aiv) Wappen von Belgrad

| 1349 | 0.50 (Din) | mehrfarbig .... aiv FDC Kleinbogen | 0,20 2,50 | 0,20 0,60 2,50 |

Auflage: 2 000 000 Stück

Weitere Werte Wappen: MiNr. 1351, 1360, 1375, 1381–1382; in kleinerem Format: MiNr. 1383–1388

1969, 9. Nov. 100. Geburtstag von Josip Smodlaka. StTdr. (3×3); gez. K 12½.

aiw) Dr. Josip Smodlaka (1869–1956), Politiker und Publizist

| 1350 | 0.50 (Din) | schwarzblau .... aiw FDC Kleinbogen | 0,20 2,50 | 0,20 0,60 2,50 |

Auflage: 1 989 855 Stück

1969, 13. Nov. 25. Jahrestag der Befreiung von Skopje. Odr. (3×3); gez. K 12½.

aix) Wappen von Skopje

| 1351 | 0.50 (Din) | mehrfarbig .... aix FDC Kleinbogen | 0,20 2,50 | 0,20 0,60 2,50 |

Auflage: 1 995 885 Stück

Weitere Werte Wappen: MiNr. 1349, 1360, 1375, 1381–1382; in kleinerem Format: MiNr. 1383–1388

1969, 28. Nov. Jugoslawische Kunst: Aktgemälde. Komb. RaTdr. und StTdr. (3×3); gez. K 13½:14.

aiy) „Das Zigeunermädchen mit der Rose", von N. Martinoski (1903–1973)

aiz) „Das Mädchen im roten Fauteuil", von S. Šumanović (1896–1942)   aka) „Das Kämmen", von M. Tartaglija (1894–1918)

Jugoslawien

akb) „Der große weibliche Akt", von M. Kraljević (1885–1913)

akc) „Die Badende", von J. Bijelić (1884–1964)

akd) „Der liegende weibliche Akt", von M. Sternen (1870–1949)

1352	0.50 (Din)	mehrfarbig	aiy		
a		rotbrauner Markenton		0,10	0,10
b		olivbrauner Markenton		170,—	
1353	1.25 (Din)	mehrfarbig	aiz	0,10	0,10
1354	1.50 (Din)	mehrfarbig	aka	0,10	0,10
1355	2.50 (Din)	mehrfarbig	akb	0,40	0,40
1356	3.25 (Din)	mehrfarbig	akc	0,50	0,50
1357	5.00 (Din)	mehrfarbig	akd	1,80	1,80
			Satzpreis (6 W.)	3,—	3,—
			FDC		7,50
			Kleinbogensatz (6 Klb.)	50,—	50,—
1352 U–1357 U		ungezähnt	je	—,—	
1352 U F I–1357 U F I		ungezähnt, RaTdr. fehlend	je	—,—	
1352 U F II–1357 U F II		ungezähnt, StTdr. fehlend	je	—,—	

Auflagen: MiNr. 1352–1354 je 1 250 000, MiNr. 1355 = 750 000, MiNr. 1356 = 500 000, MiNr. 1357 = 200 000 Stück

1969, 9. Dez. 50 Jahre Universität Ljubljana. StTdr. (3×3); gez. K 11½:11¾.

ake) Gebäude der Universität Ljubljana

1358	0.50 (Din)	grünlichschwarz	ake	0,20	0,20
			FDC		0,60
			Kleinbogen	2,50	2,50

Auflage: 1 993 938

1969, 17. Dez. 300 Jahre Universität Zagreb. Komb. Odr. und StTdr. (3×3); gez. K 12½.

akf) Gebäude der Universität Zagreb im Kreis

1359	0.50 (Din)	mehrfarbig	akf	0,20	0,20
			FDC		0,60
			Kleinbogen	2,50	2,50

Auflage: 1 994 209 Stück

1359 Kb F	Kleinbogen ohne Randinschrift	—,—

Nichts geht über MICHELsoft

1969, 19. Dez. 25. Jahrestag der Befreiung von Titograd (Podgorica). Odr. (3×3); gez. K 12½.

akg) Wappen von Titograd

1360	0.50 (Din)	mehrfarbig	akg	0,20	0,20
			FDC		0,70
			Kleinbogen	2,50	2,50

Auflage: 1 995 847 Stück

Weitere Werte Wappen: MiNr. 1349, 1351, 1375 1381–1382; in kleinerem Format: MiNr. 1383–1388

1969, 20. Dez. Europa. RaTdr. (3×3); gez. K 11¾.

akh) „EUROPA" und „CEPT" in Tempelform

1361	1.25 (Din)	mehrfarbig	akh		
I		1. Auflage		1,50	1,50
II		2. Auflage		6,—	6,—
1362	3.25 (Din)	mehrfarbig	akh		
I		1. Auflage		3,—	3,—
II		2. Auflage		6,—	6,—
			Satzpreis I (2 W.)	4,50	4,50
			Satzpreis II (2 W.)	12,—	12,—
			FDC (I)		15,—
			Kleinbogensatz I (2 Klb.)	45,—	45,—
			Kleinbogensatz II (2 Klb.)	150,—	150,—

MiNr. 1361–1362 wurden in zwei verschiedenen Auflagen gedruckt.

1. Auflage: Gummi leicht gelblich; bei MiNr. 1361 wirkt das gesamte Markenbild lebhaft; bei MiNr. 1362 sind die Kleinbogen-Kontrollnummern (von 00001 bis 44444) dunkelgrau in der Mitte im unteren Bogenrand der letzten rechten Marke, das „o" in „No" mit senkrechtem Strich.
2. Auflage: Gummi weiß; bei MiNr. 1361 das gesamte Markenbild matter; bei MiNr. 1362 sind die Kleinbogen-Kontrollnummern (von 44445 bis 72222) hellgrau, im unteren Bogenrand der letzten rechten Marke nach oben verschoben, das „o" in „№" ohne den senkrechten Strich.

MiNr. 1361 ohne, MiNr. 1362 mit Kontrollnummern auf dem Kleinbogenrand

1361 U	ungezähnt	—,—
1362 U	ungezähnt	—,—
1362 I Klb F	Kleinbogen ohne Kontrollnummer	—,—

Auflagen: MiNr. 1361 I = 848 907, MiNr. 1362 I = 398 898 Stück, MiNr. 1361 II–1362 II je 249 993 Stück

1970

1970, 16. Febr. Berühmte Männer Jugoslawiens (VI). StTdr.; gez. K 12½.

aki) J. Cvijić (1865–1927), Geograph und Wissenschaftler

akj) Dr. A. Štampar (1888–1958), Hygiene- und Sozialmediziner

akk) J. Krčovski (*unbek.–1820), Schriftsteller

Jugoslawien

akm) M. Miljanov (1838–1901), Heerführer und Schriftsteller

akn) V. Pelagič (1838–1899), Sozialist

ako) O. Župančič (1878–1949), Dichter

MiNr	Wert		Farbe	Kürzel		
1363	0.50	(Din)	karminbraun	aki	0,10	0,10
1364	1.25	(Din)	schwarz	akk	0,10	0,10
1365	1.50	(Din)	lebhaftviolett	akl	0,10	0,10
1366	2.50	(Din)	schwarzoliv	akm	0,10	0,10
1367	3.25	(Din)	dkl'karminbraun	akn	0,10	0,10
1368	5.00	(Din)	blauviolett	ako	0,20	0,20
			Satzpreis (6 W.)		0,70	0,70
			FDC			3,—

Auflagen: MiNr. 1363–1364 je 1 995 936, MiNr. 1365 = 995 936, MiNr. 1366–1367 je 495 936, MiNr. 1368 = 145 936 Stück

1970, 16. März. Mosaikkunst. RaTdr. (3×3); gez. K 13¾.

akp) „Bestrafung der Dirke" – 4. Jh.

akr) „Cerberus" – 5. Jh.

aks) „Engel der Verkündigung" – 6. Jh.

akt) „Venator". – 4. Jh.

aku) „Der Stier neben dem Kirschbaum" – 5. Jh.

akv) „Mutter Gottes auf dem Thron" – 6. Jh.

MiNr	Wert		Farbe	Kürzel		
1369	0.50	(Din)	mehrfarbig	akp	0,30	0,30
1370	1.25	(Din)	mehrfarbig	akr	0,30	0,30
1371	1.50	(Din)	mehrfarbig	aks	0,30	0,30
1372	2.50	(Din)	mehrfarbig	akt	0,30	0,30
1373	3.25	(Din)	mehrfarbig	aku	0,30	0,30
1374	5.00	(Din)	mehrfarbig	akv	1,50	1,50
			Satzpreis (6 W.)		3,—	3,—
			FDC			4,50
			Kleinbogensatz (6 Klb.)		30,—	30,—
1369 U–1374 U			ungezähnt		je	

MiNr. 1374 mit Kontrollnummer auf dem Kleinbogenrand, die übrigen Werte ohne Kontrollnummer.

Auflagen: MiNr. 1369–1370 je 2 000 000, MiNr. 1371 = 1 000 000, MiNr. 1372–1373 je 500 000, MiNr. 1374 = 200 000 Stück.

1970, 6. April. 25. Jahrestag der Befreiung von Sarajevo. Odr. (3×3); gez. K 12½.

akw) Wappen von Sarajevo

1375	0.50	(Din)	mehrfarbig	akw	0,20	0,20
			FDC			0,70
			Kleinbogen		2,50	2,50

Auflage: 1 996 161 Stück

Weitere Werte Wappen: MiNr. 1349, 1351, 1360, 1381–1382; in kleinerem Format: MiNr. 1383–1388

1970, 22. April. 100. Geburtstag von Wladimir Iljitsch Lenin. StTdr. (3×3); gez. K 12½.

akx   aky

akx–aky) Büste Lenins von Sreten Stojanović

1376	0.50	(Din)	violettpurpur	akx	0,20	0,20
1377	1.25	(Din)	schwarzblau	aky	0,20	0,20
			Satzpreis (2 W.)		0,40	0,40
			FDC			0,70
			Kleinbogensatz (2 Klb.)		4,—	4,—

MiNr. 1377 mit Kontrollnummer auf dem Kleinbogenrand, MiNr. 1376 ohne Kontrollnummer.

1376 F	Farbe Hellbraun statt Violettpurpur	85,—
1376 Kbl F	Kleinbogenrandbeschriftung in Violettpurpur statt Gold	—,—
1377 Kbl F	Kleinbogenrandbeschriftung in Schwarzblau statt Gold	—,—

Auflagen: MiNr. 1376 = 889 312, MiNr. 1377 = 289 312 Stück

1970, 25. April. 6. Basketball-Weltmeisterschaft, Jugoslawien. StTdr. (3×3); gez. K 12½.

akz) Spielszene am Korb

1378	1.25	(Din)	lilapurpur	akz	0,20	0,20
			FDC			0,70
			Kleinbogen		2,50	2,50
1378 U			ungezähnt			—,—

Auflage: 388 045 Stück

1970, 4. Mai. Europa. RaTdr. (3×3); gez. K 11¾.

ala) Flechtwerk als Sonnensymbol

1379	1.25	(Din)	mehrfarbig	ala	0,20	0,20
1380	3.25	(Din)	mehrfarbig	ala	0,50	0,50
			Satzpreis (2 W.)		0,70	0,70
			FDC			1,30
			Kleinbogensatz (2 Klb.)		6,50	6,50

MiNr. 1380 mit Kontrollnummer auf dem Kleinbogenrand, MiNr. 1379 ohne Kontrollnummer.

1379 U	ungezähnt	—,—
1379 U F	ungezähnt, Farbe Hellgrünlichblau fehlend (Flechtwerk weiß)	—,—
1380 U	ungezähnt	—,—
1380 U F	ungezähnt, Farbe Blaugrau fehlend (Flechtwerk weiß)	—,—
1380 F	Dunkellila statt Purpurlila (✉ hellorangerot)	—,—

Auflage: 876 324 Sätze

Jugoslawien

1970, 8./9. Mai. 25. Jahrestag der Befreiung von Zagreb und Ljubljana. Odr. (3×3); gez. K 12½.

alb) Wappen von Zagreb   alc) Wappen von Ljubljana

1381	0.50 (Din)	mehrfarbig (8.5.) .... alb	0,10	0,10
1382	0.50 (Din)	mehrfarbig (9.5.) .... alc	0,10	0,10
		Satzpreis (2 W.)	0,20	0,20
		FDC mit MiNr. 1381		0,70
		FDC mit MiNr. 1382		0,70
		Kleinbogensatz (2 Klb.)	2,50	2,50
1381 F		Farbe Rot fehlend		90,—

Auflagen: je 1 992 907 Stück

Weitere Werte Wappen: MiNr. 1349, 1351, 1360, 1375; in kleinerem Format: MiNr. 1383–1388

1970, 15. Mai. Blockausgabe: 25. Jahrestag der Befreiung Jugoslawiens. MiNr. 1349, 1351, 1360, 1375, 1381 und 1382 in kleinerem Format mit weiterer Marke und zwei Zierfeldern im Block zusammengefaßt. Komb. Odr. und Prägedruck; gez. Ks 12½.

ald) Staatswappen Jugoslawiens

1383	0.50 (Din)	mehrfarbig .... aiv l	0,70	0,70
1384	0.50 (Din)	mehrfarbig .... aix l		
a		Brückenzeichnung schwarz	0,70	0,70
b		Brückenzeichnung grau ...	2,50	2,50
1385	0.50 (Din)	mehrfarbig .... akg l	0,70	0,70
1386	0.50 (Din)	mehrfarbig .... akw l	0,70	0,70
1387	0.50 (Din)	mehrfarbig .... alb l	0,70	0,70
1388	0.50 (Din)	mehrfarbig .... alc l	0,70	0,70
1389	12.00 (Din)	mehrfarbig .... ald l	5,—	5,—
Block 16	(88×106 mm)	.............ale		
a	mit MiNr. 1384 a		12,—	12,—
b	mit MiNr. 1384 b		17,—	17,—
	FDC mit MiNr. 1384 a			30,—
	FDC mit MiNr. 1384 b			35,—
1388 F	Wappen (Bild alc l) mit schwarzem Wappenschild			60,—
Block 16 a F I	Mit MiNr. 1388 F			75,—
Block 16 a F II	Farbe Rot fehlend			—,—
Block 16 b F	Mit MiNr. 1388 F			—,—

Auflage: 95 900 Blocks (vorderseitig numeriert, Bdr.)

1970, 25. Mai. Hunderassen. RaTdr.; gez. K 11¾.

alf) Istrischer Kurzhaar-Jagdhund   alg) Jugoslawische Dreifarbbracke   alh) Istrischer Rauhhaar-Jagdhund

ali) Balkan-Jagdhund   alk) Dalmatiner Hütehund   all) Scharplaniner Hund

1390	0.50 (Din)	mehrfarbig .... alf	0,10	0,10
1391	1.25 (Din)	mehrfarbig .... alg	0,10	0,10
1392	1.50 (Din)	mehrfarbig .... alh	0,10	0,10
1393	2.50 (Din)	mehrfarbig .... ali	0,10	0,10
1394	3.25 (Din)	mehrfarbig .... alk	0,20	0,20
1395	5.00 (Din)	mehrfarbig .... all	3,—	3,—
		Satzpreis (6 W.)	3,50	3,50
		FDC		5,—
1390 U–1395 U	ungezähnt .... je			—,—

Auflagen: MiNr. 1390–1391 je 1 988 278, MiNr. 1392 = 988 278, MiNr.1393 bis 1394 je 588 278, MiNr. 1395 = 188 278 Stück

1970, 20. Juni. 100 Jahre Telegraphie in Montenegro. Odr. (3×3); gez. K 12½.

alm) Morseapparat, schematisches Leitungssystem

1396	0.50 (Din)	mehrfarbig .... alm	0,20	0,20
		FDC		0,70
		Kleinbogen	2,50	2,50

Auflage: 1 993 509 Stück

1970, 5. Okt. Woche des Kindes. Odr. (3×3); gez. K 12½.

aln) „Hahn", Kinderzeichnung

1397	0.50 (Din)	mehrfarbig .... aln	0,20	0,20
		FDC		0,70
		Kleinbogen	2,50	2,50

Auflage: 1 994 034 Stück

1970, 22. Okt. 17. Weltmeisterschaften der Turner, Ljubljana. StTdr. (3×3); gez. K 12½.

alo) Turners (Emblem der Weltmeisterschaften)

1398	1.25 (Din)	dunkelrosalila/ blaugrauviolett .... alo	0,20	0,20
		FDC		0,70
		Kleinbogen	2,50	2,50

Auflage: 487 925 Stück

Jugoslawien

1970, 24. Okt. 25 Jahre Vereinte Nationen (UNO). Komb. StTdr. und Odr. (3×3); gez. K 11½:12.

alp) Hand mit Taube, Emblem der UN

1399	1.25 (Din) mehrfarbig	alp	0,20	0,20
		FDC		0,90
		Kleinbogen	3,—	3,—

Auflage: 441 200 Stück

1970, 29. Nov. Religiöse Kunst. Komb. RaTdr. und StTdr. (3×3); gez. K 13½:14.

alr) „Christi Himmelfahrt", von T. D. Kračun (?–1781)

als) „Abrahams Opfer", von F. Benković (1677–1753)

alt) „Heilige Familie", von F. Jelovšek (1700–1764)

alu) „Die Jakobsleiter", von H. Žefarović (?–1753)

alv) „Christi Taufe", Künstler unbekannt

alw) „Krönung der Muttergottes", von T. Kokolja (1661–1713)

1400	0.50 (Din)	mehrfarbig	alr	0,10	0,10
1401	0.75 (Din)	mehrfarbig	als	0,10	0,10
1402	1.25 (Din)	mehrfarbig	alt	0,10	0,10
1403	2.50 (Din)	mehrfarbig	alu	0,10	0,10
1404	3.25 (Din)	mehrfarbig	alv	0,20	0,20
1405	5.75 (Din)	mehrfarbig	alw	0,60	0,60
		Satzpreis (6 W.)		1,20	1,20
		FDC			2,50
		Kleinbogensatz (6 Klb.)		20,—	20,—

MiNr. 1405 mit Kontrollnummer auf dem Kleinbogenrand, die übrigen Werte ohne Kontrollnummer.

1400 U–1405 U	ungezähnt	je	—,—
1405 U F	ungezähnt, Fehlende Inschrift (StTdr.)		—,—

Auflagen: MiNr. 1400 = 2 000 000, MiNr. 1401 = 1 800 000, MiNr. 1402 = 1 000 000, MiNr. 1403–1404 je 600 000 MiNr. 1405 = 225 000 Stück

---

Neuheitenmeldungen zu diesem Katalog finden Sie in der monatlich erscheinenden MICHEL-Rundschau.

1970, 14. Dez. Europäisches Naturschutzjahr. RaTdr. (3×3); gez. K 11¾.

alx) Alpenrose (Rhodothamnus chamaecistus)

aly) Bartgeier (Gypaetus barbatus)

1406	1.25 (Din) mehrfarbig	alx	1,—	1,—
1407	3.25 (Din) mehrfarbig	aly	10,—	10,—
	Satzpreis (2 W.)		11,—	11,—
	FDC			22,—
	Kleinbogensatz (2 Klb.)		110,—	110,—

MiNr. 1406 ohne, MiNr. 1407 mit Kontrollnummer auf dem Kleinbogenrand.

1407 Klb F	ohne Kontrollnummer am Kleinbogenrand	—,—

Auflagen: MiNr. 1406 = 450 000, MiNr. 1407 = 270 000 Stück

1971

1971, 25. Jan. 100. Geburtstag von Frano Supilos. Komb. Odr. und StTdr. (3×3); gez. K 12½.

alz) Frano Supilo (1870–1917), Politiker

1408	0.50 (Din)	chromgelb/violettschwarz	alz	0,20	0,20
		FDC			0,70
		Kleinbogen		2,—	2,—

Auflage: 1 500 000 Stück

1971, 8. Febr. Der Weltraum im Dienst der Wissenschaft. RaTdr. (3×3); gez. K 13¾.

ama) Satelliten Frankreichs, Großbritanniens, Italiens und Kanadas

amb) Künstlicher Satellit

amc) Unbemannte Raketen für Mondeinsatz

amd) Verschiedene Raumsonden

ame) Erste Raumstation „Sojus"

amf) „Apollo 11"- Mondlandung

Jugoslawien

MiNr	Preis		Farbe		Code	Wert1	Wert2
1409	0.50	(Din)	mehrfarbig	....	ama	0,10	0,10
1410	0.75	(Din)	mehrfarbig	....	amb	0,10	0,10
1411	1.25	(Din)	mehrfarbig	....	amc	0,10	0,10
1412	2.50	(Din)	mehrfarbig	....	amd	0,10	0,10
1413	3.25	(Din)	mehrfarbig	....	ame	0,20	0,20
1414	5.75	(Din)	mehrfarbig	....	amf	1,40	1,40
			Satzpreis (6 W.)			2,—	2,—
			FDC				20,—
			Kleinbogensatz (6 Klb.)			20,—	20,—

MiNr. 1414 mit, die übrigen Werte ohne Kontrollnummer auf dem Kleinbogenrand.

Auflagen: MiNr. 1409 = 2 000 000, MiNr. 1410 = 1 700 000, MiNr. 1411 = 1 000 000, MiNr. 1412 und 1413 je 650 000, MiNr. 1414 = 200 000 Stück

1971, 18. März. 100. Jahrestag der Pariser Kommune. Komb. Odr. und StTdr. (3×3); gez. K 11½.

amg) „Verkündung der Kommune", nach Holzschnitt von A. Daudenarde

1415	1.25	(Din)	mehrfarbig	....	amg	0,20	0,20
			FDC				0,80
			Kleinbogen			2,50	2,50
1415 U		ungezähnt	....			—,—	

Auflage: 439 853 Stück

1971, 4. Mai. Europa. RaTdr. (3×3); gez. K 11¾.

amh) Brüderlichkeit und Zusammenarbeit durch Kette symbolisiert

1416	1.50	(Din)	mehrfarbig	....	amh	0,20	0,20
1417	4	(Din)	mehrfarbig	....		0,30	0,30
			Satzpreis (2 W.)			0,50	0,50
			FDC				3,—
			Kleinbogensatz (2 Klb.)			5,—	5,—

MiNr. 1416 ohne, MiNr. 1417 mit Kontrollnummer auf dem Kleinbogenrand.

| 1416 U | | ungezähnt | .... | | —,— | |
| 1417 U | | ungezähnt | .... | | —,— | |

Auflagen: MiNr. 1416 = 946 242, MiNr. 1417 = 746 242 Stück

1971, 5. Mai. 2. Kongreß der Selbstverwalter Jugoslawiens. RaTdr. (3×3); gez. K 13½.

ami–amk) Symbole des Kongresses

1418	0.50	(Din)	gold/schwarz/rot	....	ami	0,70	0,70
1419	1.25	(Din)	gold/schwarz/rot	....	amk	1,80	1,80
			Satzpreis (2 W.)			2,50	2,50
			FDC				3,50
			Kleinbogensatz (2 Klb.)			25,—	25,—
1418 F		gold/schwarz/hellkarmin				—,—	
1419 F		gold/schwarz/hellkarmin				—,—	

MiNr. 1418 ohne, MiNr. 1419 mit Kontrollnummer auf dem Kleinbogenrand.

Auflagen: MiNr. 1418 = 900 000, MiNr. 1419 = 250 000 Stück

1971, 25. Mai. Blumen. RaTdr. (10×10); gez. K 11¾.

aml) Algiermalve (Malva sylvestris)
amm) Kreuzdorn (Rhamnus cathartica)
amn) Seerose (Nymphaea alba)

amo) Klatschmohn (Papaver rhoeas)
amp) Wegwarte (Cichorium intybus)
amr) Lampionblume (Physalis alkekengi)

1420	0.50	(Din)	mehrfarbig	....	aml	0,30	0,30
1421	1.50	(Din)	mehrfarbig	....	amm	0,30	0,30
1422	2.00	(Din)	mehrfarbig	....	amn	0,30	0,30
1423	2.50	(Din)	mehrfarbig	....	amo	0,30	0,30
1424	4.00	(Din)	mehrfarbig	....	amp	0,80	0,80
1425	6.00	(Din)	mehrfarbig	....	amr	5,—	5,—
			Satzpreis (6 W.)			7,—	7,—
			FDC				8,—
1420 U–1425 U		ungezähnt	...... je			—,—	

Auflagen: MiNr. 1420–1421 je 1 992 716, MiNr. 1422 = 892 716, MiNr. 1423 = 592 716, MiNr. 1424 = 542 716, MiNr. 1425 = 142 716 Stück

1971, 28. Juni. 600 Jahre Stadt Kruševac. RaTdr. (3×3); gez. K 13½.

ams) Kaiser Lazar, Fresko aus der Kirche Lazarica, Krusevac

1426	0.50	(Din)	mehrfarbig	....	ams	0,20	0,20
			FDC				0,90
			Kleinbogen			2,50	2,50

Auflage: 1 994 149 Stück

1971, 21. Juni/ Nov. Freimarken: Sehenswürdigkeiten. StTdr. (10×10) Papier, x = gestrichenes Papier ohne, y = gestrichenes Papier mit vorderseitigem Phosphorstreifen, zx = gewöhnliches Papier, zy = gewöhnliches Papier mit vorderseitigem Phosphorstreifen; gez. K 13¼.

amt) Burg auf Insel Krk
amu) Denkmal in Krusevac
amv) Kirche und Brücke in Bohinj
amw) Straßenzug in Bitola

1427	0.30	(Din)	dunkelgrün	....	amt		
	x		gestr. Papier (21.6.1971)			0,20	0,10
	y		Papier ph. (Nov.)			0,50	0,50
	zx		gewöhnl. Papier			0,20	0,20
1428	0.50	(Din)	orangerot	....	amu		
	x		gestr. Papier (21.6.1971)			0,20	0,10
	y		Papier ph. (Nov.)			0,50	0,50
1429	0.75	(Din)	schwarzgrün	....	amv		
	x		gestr. Papier (21.6.1971)			0,20	0,10
	y		Papier ph. (Nov.)			0,50	0,50

Jugoslawien

1430	1.00 (Din)	purpur .... amw		
x		gestr. Papier (6.7.1971) ...	1,—	0,30
y		Papier ph. (Nov.)	1,—	1,—
zx		gewöhnl. Papier	0,80	0,30
zy		gewöhnl. Papier ph.	1,20	1,20
		Satzpreis x (4 W.)	1,60	0,60
		Satzpreis y (4 W.)	2,20	2,20
1427 x U	ungezähnt	....	—,—	
1427 z U	ungezähnt	....	—,—	
1428 x U	ungezähnt	....	—,—	
1429 x U	ungezähnt	....	—,—	
1430 x U	ungezähnt	....	—,—	
1430 z U	ungezähnt	....	—,—	

Weitere Werte siehe Übersicht nach Jahrgangswerttabelle.

1971, 20. Sept. Antike Bronzestatuen. RaTdr. (3×3); gez. K 13½.

amx) Kopf des Kaisers Konstantin; 4. Jh.
amy) Knabe mit Fisch; 2. Jh.
amz) Herakles; 3. Jh.

ana) Satyr; 2. Jh. v. Chr.
anb) Kopf der Aphrodite; 4. Jh. v. Chr.
anc) Bürger von Emona; 1. Jh.

amx–anc) Archäologische Funde aus Jugoslawien

1431	0.50 (Din)	mehrfarbig .... amx	0,10	0,10
1432	1.50 (Din)	mehrfarbig .... amy	0,10	0,10
1433	2.00 (Din)	mehrfarbig .... amz	0,10	0,10
1434	2.50 (Din)	mehrfarbig .... ana	0,10	0,10
1435	4.00 (Din)	mehrfarbig .... anb	0,30	0,30
1436	6.00 (Din)	mehrfarbig .... anc	0,30	0,30
		Satzpreis (6 W.)	1,—	1,—
		FDC		3,50
		Kleinbogensatz (6 Klb.)	10,—	10,—

MiNr. 1436 mit, die übrigen Werte ohne Kontrollnummer auf dem Kleinbogenrand.

Auflagen: MiNr. 1431 = 2 000 000, MiNr. 1432 = 1 800 000, MiNr. 1433 = 1 000 000, MiNr. 1434 = 620 000, MiNr. 1435 = 600 000, MiNr. 1436 = 180 000 Stück.

1971, 4. Okt. Woche des Kindes; 25 Jahre UNICEF. Odr.; (3×3); gez. K 13:13¼.

and) Kinder verschiedener Rassen im Freiballon–Emblem der UNICEF

1437	0.50 (Din)	mehrfarbig .... and	0,20	0,20
		FDC		0,70
		Kleinbogen	2,—	2,—

Auflage: 2 000 000 Stück

ETB = Ersttagsblatt

1971, 29. Nov. Gemälde des 19. Jahrhunderts: Porträts. Komb. RaTdr. und StTdr. (3×3); gez. K 13¼:14.

ane) Mädchen in serbischer Tracht; von Katarina Ivanović (1811–1882)
anf) Kaufmann Ivanišević aus Mostar; von Anastasije Bocarić (ca. 1875–1944)
ang) Bildnis der Ana Krešić; von Vjekoslav Karas (1821–1858)

anh) Bildnis des Pavle Jagodić; von Konstantin Danil (1798–1873)
ani) Bildnis der Luiza Pesjakova; von Mihael Stroj (1803–1871)
ank) Alter Mann vor Laibach; von Matevž Langus (1792–1855)

1438	0.50 (Din)	mehrfarbig .... ane	0,10	0,10
1439	1.50 (Din)	mehrfarbig .... anf	0,10	0,10
1440	2.00 (Din)	mehrfarbig .... ang	0,10	0,10
1441	2.50 (Din)	mehrfarbig .... anh	0,20	0,20
1442	4.00 (Din)	mehrfarbig .... ani	0,30	0,30
1443	6.00 (Din)	mehrfarbig .... ank	1,—	1,—
		Satzpreis (6 W.)	1,70	1,70
		FDC		5,—
		Kleinbogensatz (6 Klb.)	25,—	25,—

MiNr. 1443 mit, die übrigen Werte ohne Kontrollnummer auf dem Kleinbogenrand.

Auflagen: MiNr. 1438–1439 je 1 997 331, MiNr. 1440 = 697 331, MiNr. 1441 bis 1442 je 647 331, MiNr. 1443 = 197 331 Stück

1971, 31. Okt. Freimarke: Sehenswürdigkeiten. StTdr. (10×10) auf gestrichenem Papier, x = ohne, y = mit vorderseitigem Phosphorstreifen; gez. K 13¼.

anl

1444	1.25 (Din)	dunkelblau .... anl		
x		gestr. Papier	0,20	0,20
y		Papier ph.	0,50	0,20
1444 x U	ungezähnt	....	—,—	

Weitere Werte siehe Übersicht nach Jahrgangswerttabelle.

1971, 15. Dez. Einführung der Postleitzahlen in Jugoslawien. RaTdr. ; gez. K 12½.

anm) Karte Jugoslawiens, Brief, Pfeile

1445	0.50 (Din)	mehrfarbig .... anm	0,20	0,20
		FDC		0,70

Auflage: 40 000 000 Stück

586　Jugoslawien

1971, 22. Dez. 100. Geburtstag von Dame Gruev. StTdr. (3×3); gez. K 12½.

ann) D. Gruev (1871–1906), mazedonischer Revolutionär

1446	0.50 (Din)	dunkelblau	ann	0,20	0,20
			FDC		0,70
			Kleinbogen	2,50	2,50

Auflage: 1 998 380 Stück

1972

1972, 3. Febr. Olympische Winterspiele, Sapporo. Komb. Odr. und StTdr. (3×3); gez. K 11½: 11¾.

ano) Eisschnelläufer　　　anp) Ski-Abfahrtsläufer

1447	1.25 (Din)	mehrfarbig	ano	0,20	0,20
1448	6.00 (Din)	mehrfarbig	anp	1,50	1,50
			Satzpreis (2 W.)	1,70	1,70
			FDC		7,50
			Kleinbogensatz (2 Klb.)	17,—	17,—

1448 U	ungezähnt	—,—
1448 U F I	ungezähnt, Inschrift „PTT/JUGOSLAVIJA" in Gold	—,—
1448 U F II	ungezähnt, Hintergrund dunkelblau, Anorak dunkelkarmin, Inschrift „PTT/JUGOSLAVIJA" in Gold	—,—

MiNr. 1447 ohne, MiNr. 1448 mit Kontrollnummer auf dem Bogenrand.

Auflagen: MiNr. 1447 = 600 000, MiNr. 1448 = 200 000 Stück

1972, 15. März. 700 Jahre Statut der Republik Ragusa. Komb. Odr. und StTdr. (3×3); gez. K 13½.

anr) Erste Seite des Statuts

1449	1.25 (Din)	mehrfarbig	anr	0,20	0,20
			FDC		0,80
			Kleinbogen	2,50	2,50

Auflage: 491 028 Stück

1972, 21. März. Skiflug-Weltmeisterschaft, Planica. Komb. Odr. und StTdr. (3×3); gez. K 12:11½.

ans) 160-m-Schanze in Planica

1450	1.25 (Din)	mehrfarbig	ans	0,20	0,20
			FDC		0,80
			Kleinbogen	2,50	2,50

Auflage: 487 836 Stück

1972, 17. April. Olympische Sommerspiele, München. Odr. (3×3); gez. K 12½.

ant) Wasserballspieler　anu) Basketballspieler　anv) Schwimmerin

anw) Boxer　　anx) Sprinterin　　any) Segelboote

1451	0.50 (Din)	mehrfarbig	ant	0,10	0,10
1452	1.25 (Din)	mehrfarbig	anu	0,10	0,10
1453	2.50 (Din)	mehrfarbig	anv	0,10	0,10
1454	3.25 (Din)	mehrfarbig	anw	0,10	0,10
1455	5.00 (Din)	mehrfarbig	anx	0,20	0,20
1456	6.50 (Din)	mehrfarbig	any	0,40	0,40
			Satzpreis (6 W.)	1,—	1,—
			FDC		4,50
			Kleinbogensatz (6 Klb.)	9,—	9,—

Auflagen: MiNr. 1451 = 2 000 000, MiNr. 1452 = 1 410 000, MiNr. 1453 = 1 000 000, MiNr. 1454 = 900 000, MiNr. 1455 = 450 000, MiNr. 1456 = 240 000 Stück

1972, 3. Mai. Europa. RaTdr. (3×3); gez. K 11¾.

anz) Sterne

1457	1.50 (Din)	mehrfarbig	anz	0,50	0,50
1458	5.00 (Din)	mehrfarbig	anz	0,50	0,50
			Satzpreis (2 W.)	1,—	1,—
			FDC		3,50
			Kleinbogensatz (2 Klb.)	10,—	10,—

MiNr. 1457 ohne, MiNr. 1458 mit Kontrollnummer auf dem Kleinbogenrand.

1457 U	ungezähnt	—,—
1458 U	ungezähnt	—,—

Auflagen: MiNr. 1457 = 985 869, MiNr. 1458 = 735 869 Stück

1972, 8. Mai. Einheimische Vögel. RaTdr. (10×10); gez. K 11¾.

aoa) Mauerläufer　aob) Zwergtrappe　aoc) Alpenkrähe
(Tichodroma muraria)　(Tetrax tetrax)　(Pyrrhocorax pyrrhocorax)

aod) Löffler　aoe) Uhu　aof) Alpen-Schneehuhn
(Platalea leucorodia)　(Bubo bubo)　(Lagopus mutus)

Jugoslawien

MiNr	Wert	Farbe		Nr	Preis1	Preis2
1459	0.50 (Din)	mehrfarbig	....	aoa	0,30	0,30
1460	1.25 (Din)	mehrfarbig	....	aob	0,30	0,30
1461	2.50 (Din)	mehrfarbig	....	aoc	0,30	0,30
1462	3.25 (Din)	mehrfarbig	....	aod	0,30	0,30
1463	5.00 (Din)	mehrfarbig	....	aoe	0,80	0,80
1464	6.50 (Din)	mehrfarbig	....	aof	3,—	3,—
		Satzpreis (6 W.)			5,—	5,—
		FDC				6,—

Auflagen: MiNr. 1459–1460 je 1 994 392, MiNr. 1461 = 894 392, MiNr. 1462 = 594 392, MiNr. 1463 = 534 392, MiNr. 1464 = 154 392 Stück

1972, 25. Jan./1981. Freimarke: Sehenswürdigkeiten. I = StTdr. (10×10), II = Odr. (10×10) (ohne Beschriftung unterhalb des Begrenzungsrahmens); MiNr. 1465 a auf gestrichenem, MiNr. 1465 b auf gewöhnlichem Papier, x = Papier normal, y = Papier ph.; A = gez. K 13¼, C = gez. K 13¼:12½.

aog) Bauten in Gradačac

I = StTdr.

1465 I A		0.10 (Din)	gez. K 13¼ (25.1.1972) aog		
x			Papier normal		
	a		dunkelsiena, gestrichenes Papier ...	3,—	0,30
	b		rotbraun, gew. Papier ..	0,20	0,20
y			Papier ph.		
	a		dunkelsiena, gestrichenes Papier ...	4,50	3,50
	b		rotbraun, gew. Papier ...	0,20	0,20

II = Odr.

1465 II		0.10 (Din)	rotbraun .... aog		
x			Papier normal		
	A		gez. K 13¼ (17.6.1980) .	0,50	0,50
	C		gez. K 13¼:12½ (1981) .	0,70	0,70
			Satzpreis (2 W.)	0,70	0,70

1465 I A a x U	ungezähnt	—,—
1465 I A b x U	ungezähnt	—,—

Weitere Werte siehe Übersicht nach Jahrgangswerttabelle

1972, 25. Mai. 80. Geburtstag von Josip Broz Tito. Odr. (3×3); gez. K 12¾:12½.

aoh) Marschall J. B. Tito (1892–1980), Staatspräsident

1466	0.50 (Din)	hellsämisch/schwarzlila .... aoh	0,10	0,10
1467	1.25 (Din)	hellviolettgrau/schwarzviolettblau ...... aoh	0,40	0,20
		Satzpreis (2 W.)	0,50	0,30
		FDC		1,50
		Kleinbogensatz (2 Klb.)	5,—	5,—

Blockausgabe, ☐

1468	10 (Din)	sämischgrau/violettbraun .... aoh I	—,—	—,—
Block 17	(60×75 mm) .... aok		2,20	2,20
		FDC		5,—

1466 U	ungezähnt	—,—
1467 U	ungezähnt	—,—
Block 17 F	fehlende Blockrandbedruckung	—,—

Auflagen: MiNr. 1466 = 750 000, MiNr. 1467 = 250 000 Stück, Bl. 17 = 140 000 Blocks

Mit MICHEL immer voraus

Nicht ausgegeben:

1972, 80. Geburtstag von Josip Broz Tito. Odr.; gez. K 12½.

I	0.50 (Din)	braunlila .... aoh II	—,—
II	1.25 (Din)	indigo .... aoh II	—,—

Blockausgabe

III	10 (Din)	graulila .... aoh III	—,—
Block I	(60×75 mm) .... aoh IV	—,—

MiNr. I–II und Bl. I kamen nicht zum Verkauf, da die Tito-Abbildung nicht zusagte.

1972, 12. Juni. 50 Jahre Internationaler Eisenbahnverband. RaTdr. (3×3); gez. K 11¾.

aol) Erste serbische Lokomotive, 1882
aom) Jugoslawische Elektrolokomotive, 1972

1469	1.50 (Din)	mehrfarbig .... aol	0,10	0,10
1470	5.00 (Din)	mehrfarbig .... aom	0,70	0,60
		Satzpreis (2 W.)	0,80	0,70
		FDC		1,70
		Kleinbogensatz (2 Klb.)	8,50	8,50

1469 U	ungezähnt	—,—
1470 F	Hintergrund gelboliv statt graugrün	150,—
1470 U	ungezähnt	—,—

Auflagen: MiNr. 1469 = 982 933, MiNr. 1470 = 282 933 Stück

1972, 8. Juli. 13. Segelflug-Weltmeisterschaften, Vršac. Odr. (3×3); gez. K 12½.

aon) Zweisitzer-Segelflugzeug „Košava"

1471	2 (Din)	mehrfarbig .... aon		
a		Hintergrund dunkelgraublau ...	0,20	0,20
b		Hintergrund türkis	—,—	—,—
		FDC (a)		1,10
		Kleinbogen (a)	2,50	2,50

Auflage: 442 245 Stück

1972, 18. Sept. Schacholympiade, Skopje. RaTdr. (3×3); gez. K 11¾.

aoo) Schachfigur
aop) Schachbrett

1472	1.50 (Din)	mehrfarbig .... aoo	0,20	0,20
1473	6.00 (Din)	mehrfarbig .... aop	1,50	0,80
		Satzpreis (2 W.)	1,70	1,—
		FDC		2,—
		Kleinbogensatz (2 Klb.)	16,—	16,—

MiNr. 1472 ohne, MiNr. 1473 mit Kontrollnummer auf dem Kleinbogenrand:

Auflagen: MiNr. 1472 = 700 000, MiNr. 1473 = 250 000 Stück

Jugoslawien

1972, 8. Juli. Freimarken: Präsident Tito. StTdr. (10×5); gez. K 12½.

aei) Josip Broz Tito (1892–1980), Staatspräsident

1474	0.80	(Din)	zinnober .... aei	0,50	0,20
1475	1.20	(Din)	schwarzgrün .... aei	0,50	0,20
			Satzpreis (2 W.)	1,—	0,40

Weitere Werte siehe Übersicht nach Jahrgangswerttabelle.

1972, 8. Juli/1973, 15. Aug. Freimarken: Sehenswürdigkeiten. StTdr. (10×10), x = ohne, y = mit vorderseitigen Phosphorstreifen; gez. K 13¼.

amu) Denkmal in Kruševac
aor) Rathausplatz mit Kathedrale in Novi Sad 

1476		0.50	(Din) dunkelgrün .... amu		
x			Papier ohne Ph.-Streifen (8.7.1972)	0,20	0,10
y			Papier ph. (15.8.1973) ..	1,—	1,—
1477		2.00	(Din) dunkelblau .... aor		
x			Papier ohne Ph.-Streifen (12.7.1972)	0,20	0,10
y			Papier ph. (15.8.1973) ..	0,70	0,50
			Satzpreis x (2 W.)	0,40	0,20
1476 x U			ungezähnt	—,—	
1477 x U			ungezähnt	—,—	

Weitere Werte siehe Übersicht nach Jahrgangswerttabelle.

1972, 2. Okt. Woche des Kindes. Odr. (3×3); gez. K 12½.

aos) Kind auf Schaukelpferd (Kinderzeichnung)

1478	0.80	(Din)	mehrfarbig .... aos	0,20	0,20
			FDC		0,90
			Kleinbogen	2,50	2,50
1478 F			Hintergrund rosa statt orange	—,—	

Auflage: 1 994 827 Stück

1972, 16. Okt. 100. Geburtstag von Goce Delčevs. Odr. (3×3); gez. K 12½.

aot) G. Delčev (1872–1903), makedonischer Freiheitskämpfer

1479	0.80	(Din)	gelboliv/schwarz .... aot	0,20	0,20
			FDC		0,90
			Kleinbogen	2,50	2,50

Auflage: 996 400 Stück

1972, 18. Okt./1984, 9. April. Freimarken: Sehenswürdigkeiten. I = StTdr. (10×10); II = Odr. (10×10) (ohne Beschriftung unterhalb des Begrenzungsrahmens); x = Papier normal, y = Papier ph.; A = gez. K 13¼, C = gez. K 13¼:12½.

amt) Burg auf der Insel Krk 
aou) Moderne Bauten in Pec

aov) Berge, Loparska Dolina
aow) Kirche in Piran 
aox) Moschee in Pocitelj 

I = StTdr.:

1480 I A	0.30	(Din)	dunkelbrauoliv ... amt		
x			Papier normal (1.11.1972)	0,10	0,10
y			Papier ph.	0,10	0,10
1481 I A	0.40	(Din)	braunschwarz ..... aou		
x			Papier normal (1.11.1972)	0,10	0,10
y			Papier ph.	0,20	0,20
1482 I A	0.60	(Din)	grauviolett .... aov		
x			Papier normal (13.11.1972)	0,20	0,10
y			Papier ph.	0,20	0,20
1483 I A	0.80	(Din)	.... aow		
x			Papier normal (18.10.1972)		
a			orangerot	1,—	0,20
b			ziegelrot	13,—	—,—
y a			orangerot, Papier ph. ...	1,—	0,50
1484 I A	1.20	(Din)	schwarzgrün ..... aox		
x			Papier normal (18.10.1972)	1,—	0,20
y			Papier ph.	1,—	0,50
			Satzpreis x (5 W.)	2,40	0,70
			Satzpreis y (5 W.)	2,50	1,50

II = Odr.:

1480 II	0.30	(Din)	dunkelbrauoliv ... amt		
x			Papier normal		
A			gez. K 13¼ (17.6.1980)	0,50	0,20
C			gez. K 13¼:12½ (1981) .	1,—	0,50
1481 II	0.40	(Din)	braunschwarz ..... aou		
x			Papier normal		
A			gez. K 13¼ (1980)	0,50	0,20
C			gez. K 13¼:12½ (17.6.1980)	0,70	0,20
1482 II	0.60	(Din)	grauviolett .... aov		
x			Papier normal (1980) ..		
A			gez. K 13¼ (1980)	0,50	0,20
C			gez. K 13¼:12½ (9.4.1984)	0,70	0,50
			Satzpreis A (3 W.)	1,50	0,60
			Satzpreis C (3 W.)	2,40	1,20
1480 I x U			ungezähnt	—,—	
1481 I x U			ungezähnt	—,—	
1481 II x U			ungezähnt	—,—	
1482 I x U			ungezähnt	—,—	
1482 II x U			ungezähnt	—,—	
1483 I x a U			ungezähnt	—,—	
1484 I x U			ungezähnt	—,—	

Weitere Werte siehe Übersicht nach Jahrgangswerttabelle.

Für unverlangt eingesandte Briefsendungen und Markenvorlagen wird keine Haftung übernommen

Jugoslawien

1972, 3. Nov. 150. Geburtstag von Fra Grga Martić. Odr. (3×3); gez. K 12½.

aoy) Fra Martić (1822–1905), Dichter und Theologe, Skulptur von Ivan Meštrović

1485	0.80 (Din)	mehrfarbig .... aoy	0,20	0,20
		FDC		0,90
		Kleinbogen	2,50	2,50

Auflage: 996 303 Stück

1972, 25. Nov. 140 Jahre serbische Nationalbibliothek. StTdr. (3×3); gez. K 12½.

aoz) Neubau der Bibliothek in Belgrad

1486	0.50 (Din)	schwarzlilabraun .... aoz	0,20	0,20
		FDC		0,90
		Kleinbogen	2,50	2,50

Auflage: 1 996 108 Stück

1972, 28. Nov. Gemälde: Stilleben. Komb. RaTdr. und StTdr. (3×3); gez. K 14:13½, Hochformate ~.

apa) „Stilleben mit zerbrochener Keramikvase", von M. Tenković (1949–1890)

apb) „Stilleben", von J. Petkovšek (1861–1898)

apc) „Korb mit Trauben", von K. Ivanović (1817–1882)

apd) „Stilleben mit Melone", von K. Danil (1798–1873)

ape) „Im Stall", von N. Mašić (1852–1902)

apf) „Stilleben", von C. Medović (1857–1920)

1487	0.50 (Din)	mehrfarbig .... apa	0,10	0,10
1488	1.25 (Din)	mehrfarbig .... apb	0,10	0,10
1489	2.50 (Din)	mehrfarbig .... apc	0,10	0,10
1490	3.25 (Din)	mehrfarbig .... apd	0,10	0,10
1491	5.00 (Din)	mehrfarbig .... ape	0,20	0,20
1492	6.50 (Din)	mehrfarbig .... apf	0,40	0,40
		Satzpreis (6 W.)	1,—	1,—
		FDC		5,—
		Kleinbogensatz (6 Klb.)	10,—	10,—

MiNr. 1487–1491 ohne, MiNr. 1492 mit Kontrollnummer auf dem Kleinbogenrand.

1487 U–1492 U	ungezähnt	je	—,—

Auflagen: MiNr. 1487 = 2 000 000, MiNr. 1488 = 1 500 000, MiNr. 1489 = 1 300 000, MiNr. 1490–1491 je 600 000, MiNr. 1492 = 200 000 Stück

1972, 25. Dez./1981. Freimarken: Sehenswürdigkeiten. I = StTdr. (10×10), II = Odr. (10×10), x = Papier normal, y = Papier ph.; gez. K 13¼, C = gez. K 13¼:12½.

amv) Kirche und Brücke in Bohinj

anl) Bauten in Hercegnovi

I = StTdr.:

1493 I A		0.20 (Din)	blauviolett .... amv		
	x		Papier normal (1972) ..	0,20	0,10
	y		Papier ph. (1973)	0,20	0,20
1494 I A		1.50 (Din)	dunkelviolettblau ... anl		
	x		Papier norm. (1.11.1972)		0,20
0,10					
	y		Papier ph.	0,20	0,20
			Satzpreis x (2 W.)	0,40	0,20
			Satzpreis y (2 W.)	0,40	0,40

II = Odr.:

1493 II		0.20 (Din)	blauviolett .... amv		
	x		Papier normal		
	A		gez. K 13¼ (1978)	1,—	0,70
	C		gez. K 13¼:12½ (1981) .	1,—	0,70

MiNr. 1493 I: erste „0" der Wertangabe kleiner als 2, MiNr. 1493 II: alle Ziffern der Wertangabe gleich hoch.

1493 I x U	ungezähnt	—,—
1493 II x U	ungezähnt	—,—
1494 I x U	ungezähnt	—,—

Weitere Werte siehe Übersicht nach Jahrgangswerttabelle.

1973

1973, 29. Jan. 500. Jahrestag des Beginns der Bauernaufstände in Slowenien, 400. Jahrestag des Beginns des kroatisch-slowenischen Aufstandes. RaTdr. (3×3); gez. K 11¾.

api) Krsto Hegedušić: Schlacht bei Donja Stubica

apk) Gojmir Anton Kos: Schlacht bei Krško

1495	2 (Din)	mehrfarbig .... api	0,20	0,10
1496	6 (Din)	mehrfarbig .... apk	0,50	0,50
		Satzpreis (2 W.)	0,70	0,60
		FDC		4,—
		Kleinbogensatz (2 Klb.)	7,50	7,50

MiNr. 1495 ohne, MiNr. 1496 mit Kontrollnummer auf dem Kleinbogenrand.
Auflagen: MiNr. 1495 = 1 800 000, MiNr. 1496 = 210 000 Stück

Jugoslawien

1973, 3. Febr. 100. Geburtstag von Radoje Domanović. Odr. (3×3); gez. K 12½.

apl) R. Domanović (1873–1908), serbischer Satiriker

1497	0.80 (Din)	grau-/schwarzbraun	apl	0,20	0,20
		FDC			1,20
		Kleinbogen		2,50	2,50

Auflage: 1 000 000 Stück

1973, 5. April. 32. Tischtennis-Weltmeisterschaft „Stens" Sarajevo. Odr. (3×3); gez. K 13¼.

apu) Plakat der Veranstaltung

1505	2 (Din)	mehrfarbig	apu	0,20	0,20
		FDC			1,—
		Kleinbogen		2,—	2,—

Auflage: 450 000 Stück

1973, 15. Febr. 1000 Jahre Stadt Škofja Loka. Odr. (3×3); gez. K 11¾.

apm) Škofja Loka, nach einem Stich aus dem 17. Jh.

1498	0.80 (Din)	dunkelgelbbraun/mittelsämisch	apm	0,20	0,20
		FDC			1,10
		Kleinbogen		2,50	2,50

Auflage: 1 000 000 Stück

1973, 26. März. Freimarke: Sehenswürdigkeiten. StTdr. (10×10), x = ohne, y = mit vorderseitigen Phosphorstreifen; gez. K 13¼.

apv) Berg- und Seenlandschaft, Rijeka Crnojevića

1506	2.50 (Din)	blauviolett	apv	0,20	0,20
x		ohne Ph.-Streifen		0,20	0,20
y		Papier ph.		1,—	0,70
1506 x U		ungezähnt		—,—	

Weitere Werte siehe Übersicht nach Jahrgangswerttabelle

1973, 15. März. Alte Stiche jugoslawischer Städte. Komb. StTdr. und RaTdr. (5×10); gez. K 13¾.

apn) Petar Demetrović: Novi Sad, ca. 1820

apo) Josef Szeman: Zagreb, 1822

app) Pierre Mortier: Kotor, ca. 1650

apr) Mancini: Belgrad, 1789

1973, 30. April. Europa. RaTdr. (3×3); gez. K 11¾.

apw) Stilisiertes Posthorn

1507	2.00 (Din)	mehrfarbig	apw	0,20	0,20
1508	5.50 (Din)	mehrfarbig	apw	0,80	0,80
		Satzpreis (2 W.)		1,—	1,—
		FDC			3,—
		Kleinbogensatz (2 Klb.)		9,—	9,—

MiNr. 1507 ohne, MiNr. 1508 mit Kontrollnummer auf dem Kleinbogenrand.

| 1508 KlbF | | ohne Kontrollnummer am Kleinbogenrand | | —,— | |

Auflagen: MiNr. 1507 = 873 000, MiNr. 1508 = 673 000 Stück

1973, 25. April/1981. Freimarke: Sehenswürdigkeiten. I = StTdr. (10×10), II = Odr. (10×10) (ohne Beschriftung unterhalb des Begrenzungsrahmens); x = Papier normal, y = Papier ph.; A = gez. K 13¼, C = gez. K 13¼:12½.

apx) Stadt Kruševo

I = StTdr.:

1509 I A	0.05 (Din)	ziegelrot	apx		
x		Papier norm. (25.4.1973)		0,20	0,10
y		Papier ph. (15.5.1973)		0,20	0,10

II = Odr.:

1509 II	0.05 (Din)	ziegelrot	apx		
x		Papier normal			
A		gez. K 13¼ (17.6.1980)		0,50	0,20
C		gez. K 13¼:12½ (1981)		1,50	0,70
1509 I A x U		ungezähnt		—,—	

1499	0.50 (Din)	gold/schwarz	apn	0,10	0,10
1500	1.25 (Din)	gold/schwarz	apo	0,10	0,10
1501	2.50 (Din)	gold/schwarz	app	0,10	0,10
1502	3.25 (Din)	gold/schwarz	apr	0,10	0,10
1503	5.00 (Din)	gold/schwarz	aps	0,10	0,10
1504	6.50 (Din)	gold/schwarz	apt	0,20	0,20
		Satzpreis (6 W.)		0,70	0,70
		FDC			3,60

1499 U, 1500 U, 1502 U–1504 U   ungezähnt   je   —,—
1501 U F   ungezähnt, RaTdr. fehlend   —,—

Auflagen: MiNr. 1499 = 1 400 000, MiNr. 1500–1501 je 1 000 000, MiNr. 1502 = 800 000, MiNr. 1503 = 620 000, MiNr. 1504 = 180 000 Stück

Weitere Werte siehe Übersicht nach Jahrgangswerttabelle

Die MICHEL-Redaktion nimmt keine Markenprüfungen vor!

Jugoslawien

1973, 25. Mai. Heilpflanzen. RaTdr. (5×5); gez. K 11¾.

apy) Osterluzei (Aristo- apz) Kugeldistel ara) Olivenbaum
lochia clematis) (Echinops ritro) (Olea europaea)

arb) Hohler Lerchen- arc) Weiße Mistel ard) Große Wallwurz
sporn (Corydalis cava) (Viscum album) (Symphytum officinale)

1510	0.80 (Din)	mehrfarbig	....	apy	0,20	0,20
1511	2.00 (Din)	mehrfarbig	....	apz	0,20	0,20
1512	3.00 (Din)	mehrfarbig	....	ara	0,20	0,20
1513	4.00 (Din)	mehrfarbig	....	arb	0,20	0,20
1514	5.00 (Din)	mehrfarbig	....	arc	0,50	0,50
1515	6.00 (Din)	mehrfarbig	....	ard	2,20	2,20
			Satzpreis (6 W.)		3,50	3,50
			FDC			6,—

Auflagen: MiNr. 1510 = 2 000 000, MiNr. 1511 = 1 500 000, MiNr. 1512 = 1 300 000, MiNr. 1513 = 650 000, MiNr. 1514 = 600 000, MiNr. 1515 = 150 000 Stück

1973, 15. Mai/1981. Freimarke: Sehenswürdigkeiten. I = StTdr. (10×10), II = Odr. (10×10) (ohne Beschriftung unterhalb des Begrenzungsrahmens); x = Papier normal, y = Papier ph.; A = gez. K 13¼, C = gez. K 13¼:12½.

are) Gegend bei Omiš

I = StTdr.:

1516 I A		0.35 (Din)	krappot (15.5.1973) are		
	x		Papier normal	0,20	0,20
	y		Papier ph.	0,20	0,20

II = Odr.:

1516 II		0.35 (Din)	krappot (15.5.1973) are		
	x		Papier normal		
	A		gez. K 13¼ (17.6.1980) .	1,—	0,70
	C		gez. K 13¼:12½ (1981) .	1,50	1,—

| 1516 I A X U | | ungezähnt .... | —,— |

Weitere Werte siehe Übersicht nach Jahrgangswerttabelle.

1973, 25. Aug. 200. Todestag von Anton Janša. StTdr. (3×3); gez. K 12¾:12½.

arf) A. Janša (1734–1773), 1. Lehrer für Bienenzucht

1517	0.80 (Din)	schwarz	arf	0,20	0,20
		FDC			0,70
		Kleinbogen		2,50	2,50

Auflage: 1 000 000 Stück

1973, 1. Sept. Wassersport-Weltmeisterschaften. Odr. (3×3); gez. K 13¼:13.

arg) Emblem der Veranstaltung

1518	2 (Din)	mehrfarbig	arg	0,20	0,20
		FDC			0,70
		Kleinbogen		2,50	2,50

Auflage: 445 135 Stück

1973, 1. Okt. Europäisches Kindertreffen „Freude Europas". Odr. (3×3); gez. K 12½.

arh) Gruß an die Sonne; Kinderzeichnung von Ivan Vuković

1519	0.80 (Din)	mehrfarbig	arh	1,50	1,—
		FDC			2,—
		Kleinbogen		14,—	14,—

Auflage: 1 000 000 Stück

1973, 5. Okt. Freimarken: Posthorn. RaTdr. in Rollen, Papier ph.; gez. K 15:14.

ari) Posthorn

1520	0.30 (Din)	rotbraun	ari	0,20	0,20
1521	0.50 (Din)	indigo	ari	0,20	0,20
		Satzpreis (2 W.)		0,40	0,40

Auflagen: MiNr. 1520 = 3 000 000, MiNr. 1521 = 5 000 000 Stück

In gleicher Zeichnung: MiNr. 1555, 1583, 1695–1696

1973, 8. Okt. 500. Todestag von Juraj Dalmatinac. Odr. (3×3); gez. K 12½.

ark) J. Dalmatinac, Bildhauer und Architekt, Skulptur von Meštrović

1522	0.80 (Din)	grüngrau/braunoliv	ark	0,20	0,20
		FDC			0,70
		Kleinbogen		2,50	2,50

Auflage: 995 656 Stück

1973, 12. Okt. 100. Geburtstag von Nadežda Petrović. Komb. Odr. und StTdr. (3×3); gez. K 11¾.

arl) N. Petrović (1873–1915), serbische Malerin: Selbstbildnis

1523	2 (Din)	mehrfarbig	arl	0,20	0,20
		FDC			1,—
		Kleinbogen		2,—	2,—
1523 F		Farbe Gelb fehlend		—,—

Auflage: 440 814 Stück

1973, 20. Okt. Gemälde des 20. Jahrhunderts. RaTdr. (3×3); gez. K 14:13½.

arm) Marko Čelebonović: Zimmer mit Figur und Gipskopf

arn) Emanuel Vidović (1870–1953): Hl.-Dujo-Kirche

aro) Marino Tartaglia (1894–1918): Zimmer mit slowenischem Mädchen

arp) Miljenko Stančić (1926–1977): Karas zu Ehren

arr) Milan Konjović: Mein Atelier

ars) France Slana: Gasthaus in Stara Loka

1524	0.80 (Din)	mehrfarbig	arm	0,10	0,10
1525	2.00 (Din)	mehrfarbig	arn	0,10	0,10
1526	3.00 (Din)	mehrfarbig	aro	0,10	0,10
1527	4.00 (Din)	mehrfarbig	arp	0,20	0,20
1528	5.00 (Din)	mehrfarbig	arr	0,20	0,20
1529	6.00 (Din)	mehrfarbig	ars	0,50	0,50
		Satzpreis (6 W.)		1,20	1,20
		FDC			3,50
		Kleinbogensatz (6 Klb.)		12,—	12,—

MiNr. 1529 mit, die übrigen Werte ohne Kontrollnummer auf dem Kleinbogenrand.

Auflagen: MiNr. 1524 = 1 992 634, MiNr. 1525 = 1 492 634, MiNr. 1526 = 1 292 634, MiNr. 1527–1528 je 592 634, MiNr. 1529 = 192 634 Stück.

Prüfungen und Prüfordnung

Der beste Schutz gegen den Erwerb falscher oder minderwertiger Marken ist der Einkauf im gutberufenen Fachgeschäft. In Zweifelsfällen ist die Hinzuziehung eines Experten angebracht.

Prüfordnung. Die von den Spitzenverbänden der Sammler und Händler anerkannten Experten für Marken, Abstempelungen und Erhaltung prüfen nach einheitlichen Richtlinien, die jeder Philatelist kennen sollte.

Ergänzend sei hier nochmals darauf hingewiesen, daß der Verlag der MICHEL-Kataloge keine Markenprüfungen vornimmt.

1973, 28. Nov. Nationalhelden. StTdr. auf vorderseitig mattgrau getöntem Papier (4×2); gez. K 12½

art) Dragojlo Dudić, Kommunist und Freiheitskämpfer (1887–1941)

aru) Strahil Pindžur, Kommunist und Freiheitskämpfer (1915–1943)

arv) Boris Kidrič, kommunistischer Ökonom (1912–1953)

arw) Radoje Dakić, Kommunist und Freiheitskämpfer (1911–1946)

arx) Josip Mažar-Soša, Kommunist und Freiheitskämpfer (1912–1944)

ary) Žarko Zrenjanin, Kommunist und Freiheitskämpfer (1902–1942)

arz) Emin Duraku, Kommunist und Freiheitskämpfer (1917–1942)

asa) Ivan-Lola Ribar, Kommunist und Freiheitskämpfer (1916–1943)

1530	0.80 (Din)	schwarzviolettblau	art	0,10	0,10
1531	0.80 (Din)	schwarzviolettblau	aru	0,10	0,10
1532	0.80 (Din)	schwarzviolettblau	arv	0,10	0,10
1533	0.80 (Din)	schwarzviolettblau	arw	0,10	0,10
1534	2.00 (Din)	dunkelviolett	arx	0,10	0,10
1535	2.00 (Din)	dunkelviolett	ary	0,10	0,10
1536	2.00 (Din)	dunkelviolett	arz	0,10	0,10
1537	2.00 (Din)	dunkelviolett	asa	0,10	0,10
		Satzpreis (8 W.)		0,50	0,50
		FDC			5,—
		Kleinbogen		0,80	0,80

MiNr. 1530–1537 wurden zusammenhängend gedruckt.

Auflage: 282 715 Sätze

1974

1974, 10. Jan. 100 Jahre metrisches System in Jugoslawien. Odr. (3×3); gez. K 13¼

asb) Metermaß-Symbolik

1538	0.80 (Din)	mehrfarbig	asb	0,20	0,20
		FDC			0,70
		Kleinbogen		2,50	2,50

Auflage: 995 345 Stück

1974, 29. Jan. Europameisterschaften im Eiskunstlaufen. Odr. (3×3); gez. K 13¼.

asc) Bojan Stranić Stilisierte Figur eines Eiskunstläufers

1539	2 (Din)	mehrfarbig	asc	0,50	0,30
		FDC			1,50
		Kleinbogen		4,50	4,50
1539 U		ungezähnt		75,—	

Auflage: 450 000 Stück

Jugoslawien

1974, 30. Jan./1982, 15. Febr. Freimarken: Revolutionsdenkmäler. I = StTdr.(5×5), II = Odr. (5×5); A = gez. K 12½:12¾, Querformate ~, C = gez. K 13½:13¼

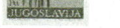
asd) Ljubljana

ase) Kozara

asf) Belči šta

asg) Sutjeska

ash) Podgarić

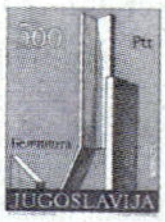

asi) Kragujevac

I = StTdr.:

1540 I A	3.00 (Din)	schwarzoliv .... asd		0,80	0,20
1541 I A	4.50 (Din)	lilakarmin (29.5.1974) ase		1,20	0,20
1542 I	5.00 (Din)	blauviolett (29.5.1974) .... asf			
A		gez. K 12½:12¾		1,10	0,20
C		gez. K 13½:13¼		7,50	0,50
1543 I A	10.00 (Din)	schwarzgrün (5.2.1974) .... asg		2,—	0,30
1544 I A	20.00 (Din)	dunkelviolett .... ash			
a		dunkelviolett (30.1.1974) (🅼 weiß)		2,20	0,30
b		violettpurpur (🅼 rötlich) .		3,50	0,50
1545 I A	50.00 (Din)	dunkelviolettblau (30.1.1974) .... asi		5,—	1,20
		Satzpreis I (6 W.)		12,—	2,40

II = Odr.:

1542 II A	5.00 (Din)	blauviolett (29.5.1974) .... asf		2,—	0,50
1543 II A	10.00 (Din)	schwarzgrün (5.1981) .... asg		2,—	0,50
1544 II A	20.00 (Din)	dunkelviolett .... ash			
a		dunkelviolett (🅼 weiß) .		4,—	0,70
b		dunkelgraulila (🅼 rötlich)		12,—	5,—
1545 II A	50.00 (Din)	dunkelviolettblau (15.2.1982) .... asi		3,—	1,50
		Satzpreis II (4 W.)		11,—	3,20
1540 U–1545 U		ungezähnt .... je		—,—	
1545 Udr		nur oben gez.		—,—	

Weitere Werte: MiNr. 1991–1992

1974, 25. Febr. 100 Jahre Weltpostverein (UPU). Komb. StTdr. und Odr. (3×3); gez. K 11½.

ask) Postkutsche, UPU-Emblem

asl) UPU-Gebäude, Bern, UPU-Emblem

asm) Flugzeug Boeing 707, UPU-Emblem

1546	0.80 (Din)	mehrfarbig .... ask		0,10	0,10
1547	2.00 (Din)	mehrfarbig .... asl		0,10	0,10
1548	8.00 (Din)	mehrfarbig .... asm		0,30	0,30
		Satzpreis (3 W.)		0,50	0,50
		FDC			3,50
		Kleinbogensatz (3 Klb.)		5,—	5,—
1546 Kb F		fehlende Kleinbogenrandbeschriftung ...		—,—	
1547 Kb F		fehlende Kleinbogenrandbeschriftung ...		—,—	
1548 Kb F		fehlende Kleinbogenrandbeschriftung ...		—,—	

Auflagen: MiNr. 1546 = 987 375, MiNr. 1547 = 737 375, MiNr. 1548 = 237 495 Stück

---

1974, 11. März. 100 Jahre montenegrinische Briefmarken. Komb. Odr. und StTdr. (3×3); gez. K 13¼

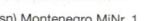
asn) Montenegro MiNr. 1

aso) Montenegro MiNr. 7

1549	0.80 (Din)	mehrfarbig .... asn		0,10	0,10
1550	6.00 (Din)	mehrfarbig .... aso		0,20	0,10
		Satzpreis (2 W.)		0,30	0,20
		FDC			0,90
		Kleinbogensatz (2 Klb.)		5,—	5,—

Auflagen: MiNr. 1549 = 989 501, MiNr. 1550 = 189 501 Stück

1974, 26. März/1981. Freimarken: Präsident Tito. Odr. (10×10), x = Papier normal, y = Papier ph.; A = gez. K 13¼, C = gez. K 13¼:12½

asp) Josip Broz Tio (1892–1980)

1551	0.50 (Din)	dunkelolivgrün .... asp			
x		Papier normal			
A		gez. K 13¼ (9.4.1974) ...		0,10	0,10
C		gez. K 13¼:12½ (1981) ...		0,50	0,10
y A		Papier ph.		0,10	0,10
1552	0.80 (Din)	bräunlichrot .... asp			
x A		Papier normal (1.4.1974) .		0,10	0,10
y A		Papier ph.		0,10	0,10
1553	1.20 (Din)	schwarzoliv (Töne)			
		(16.4.1974) .... asp			
x A		Papier normal (1.4.1974) .		0,10	0,10
y A		Papier ph.		0,10	0,10
1554	2.00 (Din)	dunkelblau .... asp			
x		Papier normal			
A		gez. K 13¼ (26.3.1974) ..		0,10	0,10
C		gez. K 13¼:12½ (1981) ...		0,50	0,10
y A		Papier ph.		0,10	0,10
		Satzpreis x A (4 W.)		0,40	0,40
		Satzpreis y A (4 W.)		0,40	0,40

MiNr. 1551–1554 x und y sind auch auf dickerem Papier mit sog. Trockengummierung bekannt. Preise ca. 100% Aufschlag.

| 1551 C Udr | nur rechts gezähnt | —,— |

MiNr. 1553 mit neuem Wertaufdruck: MiNr. 1757

1974, 26. März. Freimarke: Posthorn. RaTdr. in Rollen auf Papier ph.; gez. K 15:14

ari) Posthorn

| 1555 | 0.80 (Din) | rot .... ari | | 0,20 | 0,20 |

Weitere Werte: MiNr. 1520–1521, 1583, 1695–1696

Abkürzungen der Druckverfahren:

Stdr.	=	Steindruck
Odr.	=	Offsetdruck
Bdr.	=	Buchdruck
Ldr.	=	Indirekter Hochdruck (Letterset)
Sta.-St.⎫ StTdr.	=	Stahlstich ⎫ Stichtiefdruck
Ku.-St.⎭	=	Kupferstich ⎭
RaTdr.	=	Rastertiefdruck

Jugoslawien

1974, 20. April. 50. Todestag von Wladimir Iljitsch Lenin. Odr. (3×3); gez. K 13½

asr) W. I. Lenin (1870–1924), Kommunistenführer, Büste von Nandor Glid

1556	2 (Din)	schwarz/silber	asr	0,20	0,20
			FDC		0,70
			Kleinbogen	2,50	2,50

Auflage: 446 582 Stück

1974, 29. April. Europa: Skulpturen. RaTdr. (3×3); gez. K 11¾

ass) Steinerne Figur aus Lepenski Vir

ast) „Witwe mit Kind" von Ivan Meštrović (1883–1962)

1557	2 (Din)	mehrfarbig	ass	0,30	0,30
1558	6 (Din)	mehrfarbig	ast	1,—	1,—
		Satzpreis (2 W.)		1,30	1,30
		FDC			3,—
		Kleinbogensatz (2 Klb.)		13,—	13,—
1557 U	ungezähnt			—,—	
1558 U	ungezähnt			—,—	

MiNr. 1557 ohne, MiNr. 1558 mit Kontrollnummer auf dem Kleinbogenrand.

Auflagen: MiNr. 1557 = 925 000, MiNr. 1558 = 684 000 Stück

1974, 25. Mai. Tag der Jugend. RaTdr. (3×3); gez. K 11¾

asu) Kohlmeise (Parus maior)

asv) Rose

asw) Großer Kohlweißling (Pieris brassicae)

1559	0.80 (Din)	mehrfarbig	asu	0,10	0,10
1560	2.00 (Din)	mehrfarbig	asv	0,10	0,10
1561	6.00 (Din)	mehrfarbig	asw	1,—	1,—
		Satzpreis (3 W.)		1,20	1,20
		FDC			3,—
		Kleinbogensatz (3 Klb.)		11,—	11,—

Auflagen: MiNr. 1559 = 1 000 000, MiNr. 1560 = 800 000, MiNr. 1561 = 200 000 Stück

1974, 27. Mai. 10. Kongreß des Bundes der Kommunisten Jugoslawiens. Odr. (3×3); gez. K 11¾:11½

asx) Kongreßplakat

1562	0.80 (Din)	mehrfarbig	asx	0,10	0,10
1563	2.00 (Din)	mehrfarbig	asx	0,10	0,10
1564	6.00 (Din)	mehrfarbig	asx	0,50	0,30
		Satzpreis (3 W.)		0,70	0,50
		FDC			1,50
		Kleinbogensatz (3 Klb.)		7,50	7,50

Auflagen: MiNr. 1562 = 995 226, MiNr. 1563 = 795 226, MiNr. 1564 = 195 226 Stück

1974, 7. Juni. Inbetriebnahme der ersten Erdfunkstelle Jugoslawiens. Odr. (3×3); gez. K 13¼

asy) Antenne der Bodenstation, Ivanjica

asz) Geostationärer Satellit „Intelsat IV-F 3"

1565	0.80 (Din)	violettgrau	asy	0,10	0,10
1566	6.00 (Din)	grauviolett	asz	0,20	0,20
		Satzpreis (2 W.)		0,30	0,30
		FDC			2,20
		Kleinbogensatz (2 Klb.)		3,60	3,60

Auflagen: MiNr. 1565 = 998 083, MiNr. 1566 = 198 083 Stück

1974, 13. Juni. Fußball-Weltmeisterschaft, Deutschland. Odr. (3×3); gez. K 13¼

ata) Emblem der Fußball-WM, FIFA-Pokal

1567	4.50 (Din)	mehrfarbig	ata		
I		1. Auflage		0,20	0,20
II		2. Auflage		2,50	2,50
		FDC (I)			2,20
		Kleinbogen (I)		2,50	2,50
		Kleinbogen (II)		25,—	25,—

MiNr. 1567 wurde in zwei verschiedenen Auflagen gedruckt. 1. Auflage (vorstehende Preise): Gummi weiß, Hintergrundfarbe kräftiger, dadurch „PTT" schlechter lesbar und Überlappung der grünblauen Farbe des Emblems sowie der „4,50" auf Hintergrundfarbe fast nicht erkennbar; Pokal in hellerem Braun, die Schatten in den Fußballwürfeln meist rechts mehr sichtbar.
2. Auflage: Gummi leicht gelblich, Hintergrundfarbe matter, dadurch „PTT" besser lesbar und Überlappung der grünblauen Farbe des Emblems sowie der „4,50" auf Hintergrundfarbe durch Lupe gut erkennbar; Pokal in dunklerem Braun, die Schatten in den Fußballwürfeln jeweils links mehr sichtbar. Von MiNr. 1567 I ist ein Kleinbogen mit nur einer Marke im mittleren Feld (Feld 5) bekannt, der an bevorzugte Personen abgegeben wurde.

Auflagen: I = 350 000, II = 40 100 Stück

1974, 15. Juni. 100. Jahrestag der Gründung des 1. Bergsteigervereins in Jugoslawien. Odr. (3×3); gez. K 13¼

atb) Berg Klek, Bergsteigerhaus, Edelweiß, Emblem

1568	2 (Din)	mehrfarbig	atb	0,20	0,20
		FDC			0,70
		Kleinbogen		2,50	2,50
1568 U	ungezähnt			50,—	

Auflage: 444 090 Stück

1974, 9. Sept. Naive Malerei. RaTdr. (3×3); gez. K 11¾

atc) Jano Knjazović: Kindertanz

atd) Ivan Generalić: Der gekreuzigte Hahn

Jugoslawien

ate) Ivan Lacković: Wäscherinnen
atf) Janko Brešić: Rundtanz

1569	0.80	(Din)	mehrfarbig .... atc	0,40	0,40
1570	2.00	(Din)	mehrfarbig .... atd	0,40	0,40
1571	5.00	(Din)	mehrfarbig .... ate	0,40	0,40
1572	8.00	(Din)	mehrfarbig .... atf	0,80	0,80
			Satzpreis (4 W.)	2,—	2,—
			FDC		4,50
			Kleinbogensatz (4 Klb.)	20,—	20,—

Auflagen: MiNr. 1569 = 1 000 000, MiNr. 1570 = 800 000, MiNr. 1571 = 450 000, MiNr. 1572 = 200 000 Stück

1974, 7. Okt. Europäisches Kindertreffen „Freude Europas": Kinderzeichnungen. Odr. (3×3); gez. K 13¼.

atg) „Hahn und Blume" von Kaća Milinojšin: jšin
ath) „Mädchen und Junge" von Eva Medrzecka
ati) „Katze mit Kätzchen" von Jelena Anastasijević

1573	1.20	(Din)	mehrfarbig .... atg	0,10	0,10
1574	3.20	(Din)	mehrfarbig .... ath	0,10	0,10
1575	5.00	(Din)	mehrfarbig .... ati	0,30	0,30
			Satzpreis (3 W.)	0,50	0,50
			FDC		1,70
			Kleinbogensatz (3 Klb.)	5,—	5,—
1573 F			Farbe Gold (Rahmen und Beschriftung) fehlend		—,—
1573 Ur			rechts ungezähnt		—,—

Auflagen: MiNr. 1573 = 992 602, MiNr. 1574 = 792 602, MiNr. 1575 = 222 602 Stück

1974, 21. Okt. 200 Jahre Universitätsbibliothek, Ljubljana. StTdr. 3×3); gez. K 13¼.

atk) Innenansicht der Bibliothek mit Standbild von Primož Trubar

1576	1.20	(Din)	schwarzviolett .... atk	0,20	0,20
			FDC		0,70
			Kleinbogen	2,50	2,50
1576 U			ungezähnt		—,—

Auflage: 983 327 Stück

Das Verlagsverzeichnis unterrichtet Sie über alle verfügbaren und geplanten Katalogausgaben.

1974, 28. Nov. Blumengemälde. RaTdr. (3×3); gez. K 11¾.

atl) Petar Dobrović (1890–1942): Weiße Pfingstrosen
atm) Vilko Gecan (1894–1973): Nelken
atn) Milan Konjović (* 1898): Blumen

ato) Sava Šumanović (1896–1942): Weiße Vase
atp) Stane Kregar (1905–1973): Feldrittersporn
atr) Petar Lubarda (1907–1974): Rosen

1577	0.80	(Din)	mehrfarbig .... atl	0,10	0,10
1578	2.00	(Din)	mehrfarbig .... atm	0,10	0,10
1579	3.00	(Din)	mehrfarbig .... atn	0,10	0,10
1580	4.00	(Din)	mehrfarbig .... ato	0,10	0,10
1581	5.00	(Din)	mehrfarbig .... atp	0,10	0,10
1582	8.00	(Din)	mehrfarbig .... atr	0,50	0,50
			Satzpreis (6 W.)	1,—	1,—
			FDC		3,—
			Kleinbogen (6 Klb.)	10,—	10,—

Auflagen: MiNr. 1577 = 994 848, MiNr. 1578 = 794 848, MiNr. 1579-1581 je 494 848, MiNr. 1582 = 194 848 Stück

1974, 27. Dez. Freimarke: Posthorn. RaTdr. in Rollen, Papier ph.; gez. K 15:14.

ari) Posthorn

1583	1.20	(Din)	rot .... ari	0,20	0,20

Weitere Werte: MiNr. 1520–1521, 1555, 1695–1696

1975

1975, 8. Jan. 150 Jahre Annalen der Matica Srpska. Odr. (3×3); A = gez. K 13¼, C = gez. K 12½.

ats) Titelblatt der Annalen von 1824

1584	1.20	(Din)	mehrfarbig .... ata		
A			gez. K 13¼	0,20	0,20
C			gez. K 12½	25,—	25,—
			FDC (A)		0,70
			Kleinbogen (A)	2,50	2,50
			Kleinbogen (C)	250,—	250,—

Auflage: 991 449 Stück

Jugoslawien

1975, 30. Jan. 2. Interparlamentarische Konferenz über Sicherheit und Zusammenarbeit in Europa, Belgrad. Odr. (3×3); gez. K 11¾.

att) Taube, Landkarte von Europa

1585	3.20 (Din)	mehrfarbig	att	0,20	0,20
1586	8.00 (Din)	mehrfarbig	att	0,30	0,30
		Satzpreis (2 W.)		0,50	0,50
		FDC			3,50
		Kleinbogensatz (2 Klb.)		4,50	4,50
1585 U		ungezähnt		—,—	
1586 U		ungezähnt		—,—	

Bei dieser Ausgabe gibt es viele Zufälligkeiten, wie fehlendes „ptt", nur „pt" usw. Eine gesonderte Katalogisierung ist nicht möglich.

Auflagen: MiNr. 1585 = 975 000, MiNr. 1586 = 375 000 Stück

1975, 25. Febr. Museumsexponate – Alter Schmuck. RaTdr.; gez. K 14:12¾.

atu) Ohrgehänge aus vergoldeter Bronze; Ališići

atv) Silber-Armreif; Kosovo

atw) Gürtelschließe aus vergoldetem Silber; Bitola

atx) Silber-Ring (Radules-Ring); Novo Brdo

aty (Silber-Halsband mit Glasflußverzierung; Kosovo

atz) Armband aus vergoldeter Bronze, mit blauen Halbedelsteinen besetzt; Bitola

1587	1.20 (Din)	mehrfarbig	atu	0,10	0,10
1588	2.10 (Din)	mehrfarbig	atv	0,10	0,10
1589	3.20 (Din)	mehrfarbig	atw	0,10	0,10
1590	5.00 (Din)	mehrfarbig	atx	0,10	0,10
1591	6.00 (Din)	mehrfarbig	aty	0,10	0,10
1592	8.00 (Din)	mehrfarbig	atz	0,50	0,50
		Satzpreis (6 W.)		1,—	1,—
		FDC			3,—
		Kleinbogensatz (6 Klb.)		16,—	16,—

Auflagen: MiNr. 1586 = 2 000 000, MiNr. 1587 = 1 500 000, MiNr. 1588 und 1589 je 1 000 000, MiNr. 1590 = 775 000, MiNr. 1591 = 225 000 Stück

1975, 26. Febr. 100. Todestag von Svetozar Marković. StTdr. (3×3); gez. K 13¼.

aua) S. Marković (1846–1875), Politiker und Schriftsteller; Skulptur von Stevan Bodnarov

1593	1.20 (Din)	schwarzblau	aua	0,20	0,20
		FDC			0,70
		Kleinbogen		2,50	2,50

Auflage: 991 645 Stück

1975, 8. März. Internationales Jahr der Frau. RaTdr. (3×3); gez. K 14¾:14¼.

aub) „Die Gefesselte", Plastik von Frane Kršinić

1594	3.20 (Din)	gold/graubraun	aub	0,20	0,20
		FDC			1,—
		Kleinbogen		2,50	2,50

Auflage: 438 997 Stück

1975, 20 März/20. Juni. Freimarken: Sehenswürdigkeiten. Odr. (10×10); x = Papier normal, y = Papier ph.; gez. K 13¼.

auc) Nationalmuseum, Ohrid

aud) Brunnen und Dom, Hvar

aue) Škofja Loka

1595	1.00 (Din)	purpurviolett	auc		
x		Papier normal (20.3.)		0,10	0,10
y		mit Ph.-Streifen (20.6.)		0,20	0,20
1596	2.10 (Din)	schwarzoliv	aud		
x		Papier normal (20.3.)		0,20	0,10
y		mit Ph.-Streifen (20.6.)		0,20	0,20
1597	3.20 (Din)	dunkelgrünlichblau	aue		
x		Papier normal (20.3.)		0,20	0,10
y		mit Ph.-Streifen (20.6.)		0,20	0,20
		Satzpreis x (3 W.)		0,50	0,30
		Satzpreis y (3 W.)		0,60	0,60
1595 x U		ungezähnt		—,—	
1596 x U		ungezähnt		—,—	
1597 x U		ungezähnt		—,—	

Weitere Werte siehe Übersicht nach Jahrgangswerttabelle.

1975, 28. April. Europa: Gemälde. RaTdr. (3×3); gez. K 11¾.

auf) Moša Pijade (1889 bis 1957): Stilleben mit Eiern

aug) Ivan Radović (1894 bis 1973): Die drei Grazien

1598	3.20 (Din)	mehrfarbig	auf		
I		1. Auflage		0,20	0,20
II		2. Auflage		0,60	0,60
1599	8.00 (Din)	mehrfarbig	aufg		
I		1. Auflage		0,50	0,50
II		2. Auflage		1,20	1,20
		Satzpreis I (2 W.)		0,70	0,70
		FDC (I)			2,50
		Satzpreis II (2 W.)		1,80	1,80
		Kleinbogensatz (I)		6,50	6,50
		Kleinbogensatz (II)		50,—	50,—

MiNr. 1598 ohne, MiNr. 1599 mit Kontrollnummer auf dem Kleinbogenrand. MiNr. 1598–1599 wurden in zwei verschiedenen Auflagen gedruckt. 1. Auflage (I): Gummi weiß, MiNr. 1599 schwache Schattierungen; bei MiNr. 1599 wirkt das ganze Markenbild dunkler, Kleinbogen-Kontrollnummern von 00 001 bis 80 555. 2. Auflage (II): Gummi leicht gelblich. Bei MiNr. 1598 betontere Schattierungen; bei MiNr. 1599 wirkt das ganze Markenbild heller, Kleinbogen-Kontrollnummern von 80 556 bis 100 000.

1598 U		ungezähnt		—,—	
1599 U		ungezähnt		—,—	

Auflagen: MiNr. 1598 I = 873 335, MiNr. 1599 I = 723 326, MiNr. 1598 II–1599 II = 174 996 Sätze

Jugoslawien

1975, 9. Mai. 30. Jahrestag der Befreiung. Odr. (3×3); gez. K 13¼.

auh) Denkmal für die Kämpfer der Srem-Front

1600	3.20 (Din)	mehrfarbig	auh	0,20	0,20
		FDC			0,70
		Kleinbogen		2,20	2,20

Auflage: 420 144 Stück

1975, 24. Mai. Waldpflanzen. RaTdr. (3×3); gez. K 14¼:14¾.

aui) Steinröschen (Daphne cneorum)
auk) Rührmichnichtan (Impatiens nolitangere)
aul) Sigmarskraut (Malva alcea)

aum) Purpur-Storchschnabel (Geranium phaeum)
aun) Safran (Crocus banaticus)
auo) Weidenröschen (Epilobium angustifolium)

1601	1.20 (Din)	mehrfarbig	aui	0,10	0,10
1602	2.10 (Din)	mehrfarbig	auk	0,10	0,10
1603	3.20 (Din)	mehrfarbig	aul	0,10	0,10
1604	5.00 (Din)	mehrfarbig	aum	0,20	0,20
1605	6.00 (Din)	mehrfarbig	aun	0,30	0,30
1606	8.00 (Din)	mehrfarbig	auo	1,20	1,20
		Satzpreis (6 W.)		2,—	2,—
		FDC			3,50
		Kleinbogensatz (6 Klb.)		18,—	18,—

Auflagen: MiNr. 1601 = 1 996 647, MiNr. 1602 = 1 496 647, MiNr. 1603 bis 1604 je 996 647, MiNr. 1605 = 776 647, MiNr. 1606 = 216 647 Stück

1975, 20. Juni. Kajak-Wildwasser-Weltmeisterschaft, Skopje. Odr. (3×3); gez. K 13¼.

aup) Kajak-Fahrer

1607	3.20 (Din)	mehrfarbig	aup	0,20	0,20
		FDC			0,70
		Kleinbogen		2,20	2,20
1607 F	Farbe Gelborange fehlend			40,—	

Auflage: 370 883 Stück

1975, 9. Juli. 100. Jahrestag des Aufstandes in Bosnien und Herzegowina. RaTdr. (3×3); gez. K 13½:14½.

aur) Ferdo Quiquerez (1845–1893): Herzegowinische Aufständische im Hinterhalt

1608	1.20 (Din)	mehrfarbig	aur	0,20	0,20
		FDC			0,70
		Kleinbogen		2,20	2,20

Auflage: 906 090 Stück

1975, 16. Sept. Schriftsteller. Odr. (10×5); gez. K 13:13¼.

aus) Stjepan Mitrov Ljubiša (1824–1878)
aut) Ivan Prijatelj (1875–1973)
auu) Jakov Ignjatović (1822–1889)

auv) Dragojla Jarnević (1812–1875)
auw) Svetozar Ćorović (1875–1919)
aux) Ivana Brlić-Mažuranić (1874–1938)

1609	1.20 (Din)	schw./h'lilarot	aus	0,10	0,10
1610	2.10 (Din)	schw./h'wasserblau	aut	0,10	0,10
1611	3.20 (Din)	schw./h'braunoliv	auu	0,10	0,10
1612	5.00 (Din)	schw./h'orangebraun	auv	0,10	0,10
1613	6.00 (Din)	schw./grünoliv	auw	0,20	0,20
1614	8.00 (Din)	schw./hellgraublau	aux	0,40	0,40
		Satzpreis (6 W.)		1,—	1,—
		FDC			2,50

Auflagen: MiNr. 1609 = 1 958 754, MiNr. 1610 = 1 458 754, MiNr.1611–1612 je 958 754, MiNr. 1613 = 758 754, MiNr. 1614 = 158 754 Stück

1975, 1. Okt. Europäisches Kindertreffen „Freude Europas" – Kinderzeichnungen. Odr.; gez. K 13¼:13.

auy) „Löwenjunges" von Antonijeta Savić (7 J.)
auz) „Kinderwagen" von 6jährigem Kind aus München

1615	3.20 (Din)	mehrfarbig	auy	0,10	0,10
1616	6.00 (Din)	mehrfarbig	auz	0,50	0,50
		Satzpreis (2 W.)		0,60	0,60
		FDC			3,—
		Kleinbogensatz (2 Klb.)		6,—	6,—
1616 F	Farbe Gelb fehlend			—,—	

Auflagen: MiNr. 1615 = 1 000 000, MiNr. 1616 = 250 000 Stück

1975, 10. Okt. Konferenz über Sicherheit und Zusammenarbeit in Europa (KSZE). Odr. (3×3); gez. K 13¼.

ava) Symbolik

1617	3.20 (Din)	mehrfarbig	ava	0,10	0,10
1618	8.00 (Din)	mehrfarbig	ava	0,50	0,50
		Satzpreis (2 W.)		0,60	0,60
		FDC			2,—
		Kleinbogensatz (2 Klb.)		6,—	6,—
1617 U	ungezähnt			—,—	
1618 U	ungezähnt			—,—	

Auflagen: MiNr. 1617 = 1 250 000, MiNr. 1618 = 750 000 Stück

Jugoslawien

1975, 1. Nov. 100 Jahre Jugoslawisches Rotes Kreuz. Odr. (3×3); gez. K 13¼:13.

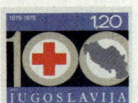 

avb) Rotes Kreuz, Landkarte von Jugoslawien

avc) Rotes Kreuz, Personen

Nr.	Wert		Farbe	Zeichen	Preis 1	Preis 2
1619	1.20	(Din)	mehrfarbig	avb	0,10	0,10
1620	8.00	(Din)	mehrfarbig	avc	0,20	0,20
			Satzpreis (2 W.)		0,30	0,30
			FDC			1,50
			Kleinbogensatz (2 Klb.)		3,60	3,60
1619 F			Farbe Rot fehlend		—,—	

Auflagen: MiNr. 1619 = 1 024 070, MiNr. 1620 = 224 070 Stück

1975, 28. Nov. Sozialmalerei. RaTdr. (3×3); gez. K 14½:13½, Querformate ~.

avd) Dorde Andrejević-Kun (1904–1964): Volksküche Nr. 4

ave) Vinko Ordan (*1900): Vor der Tür

avf) Marijan Detoni (*1905): Betrunkene in der Kutsche

avg) Tone Kralj (1900–1975): Vesper

avh) Lazar Licenoski (1901–1964): Göpel

avi) Krsto Hegedusić (1901–1975): Justicia

1621	1.20	(Din)	mehrfarbig	avd	0,10	0,10
1622	2.10	(Din)	mehrfarbig	ave	0,10	0,10
1623	3.20	(Din)	mehrfarbig	avf	0,10	0,10
1624	5.00	(Din)	mehrfarbig	avg	0,10	0,10
1625	6.00	(Din)	mehrfarbig	avh	0,20	0,20
1626	8.00	(Din)	mehrfarbig	avi	0,40	0,40
			Satzpreis (6 W.)		1,—	1,—
			FDC			2,50
			Kleinbogensatz (6 Klb.)		13,—	13,—
1623 U			ungezähnt		320,—	
1625 F			Farbe Gold fehlend		—,—	

Auflagen: MiNr. 1621 = 1 983 296, MiNr. 1622 = 1 483 296, MiNr. 1623 bis 1624 je 983 296, MiNr. 1625 = 758 296, MiNr.1626 = 208 296 Stück

1975, 10. Dez. Europäisches Denkmalschutzjahr. StTdr. (3×3); gez. K 13¼.

avk) Diokletianspalast in Split

avl) Haus in Ohrid

avm) Kloster Gračanica im Kosovo

1627	1.20	(Din)	dunkellilabraun	avk	0,10	0,10
1628	3.20	(Din)	blauschwarz	avl	0,10	0,10
1629	8.00	(Din)	dunkelbraunviolett	avm	0,30	0,30
			Satzpreis (3 W.)		0,50	0,50
			FDC			2,—
			Kleinbogensatz (3 Klb.)		4,50	4,50
1627 U			ungezähnt			70,—
1628 U			ungezähnt			70,—
1629 U			ungezähnt			70,—

Auflagen: MiNr. 1627–1628 je 959 539, MiNr. 1629 = 459 539 Stück

1976

1976, 4. Febr. Olympische Winterspiele, Innsbruck. StTdr. (3×3); gez. K 13¼.

avn) Emblem, Skispringen

avo) Emblem, Eiskunstlauf

1630	3.20	(Din)	schwarz	avn	0,10	0,10
1631	8.00	(Din)	purpur	avo	0,70	0,50
			Satzpreis (2 W.)		0,80	0,60
			FDC			1,70
			Kleinbogensatz (2 Klb.)		8,50	8,50
1630 U			ungezähnt			40,—
1631 U			ungezähnt			40,—

Auflagen: MiNr. 1630 = 1 000 000, MiNr. 1631 = 300 000 Stück

1976, 14. Febr. 100. Jahrestag der Arbeiterdemonstration „Rote Fahne". Odr. (3×3); gez. K 13¼.

avp) Rote Fahne

1632	1.20	(Din)	mehrfarbig	avp	0,20	0,20
			FDC			0,70
			Kleinbogen		2,20	2,20
1632 U			ungezähnt			40,—

Auflage: 937 271 Stück

1976, 23. Febr. 150. Geburtstag von Svetozar Miletić. Odr. (3×3); gez. K 13¼:13.

avr) S. Miletić (1826–1901) serbischer Politiker

1633	1.20	(Din)	olivgrau/grün	avr	0,20	0,20
			FDC			0,70
			Kleinbogen		2,20	2,20

Auflage: 992 770 Stück

Jugoslawien

1976, 31. März. 100. Geburtstag von Borisav Stanković. Odr. (3×3); gez. K 13¼:13.

avs) B. Stanković (1876–1927), serbischer Erzähler

1634	1.20 (Din)	mehrfarbig	avs	0,20	0,20
			FDC		0,70
			Kleinbogen	2,20	2,20
1634 F	Hintergrund violett statt ocker			—,—	

Auflage: 986 686 Stück

1976, 26. April. Europa: Kunsthandwerk. RaTdr. (3×3); gez. K 11¾.

avt) „König Matjaž", Keramikskulptur von Jakob Podgorelec (1931)

avu) Keramikschale aus Peć (14. Jh.)

1635	3.20 (Din)	mehrfarbig	avt	0,20	0,20
1636	8.00 (Din)	mehrfarbig	avu	0,30	0,30
		Satzpreis (2 W.)		0,50	0,50
		FDC			2,—
		Kleinbogensatz (2 Klb.)		5,—	5,—

MiNr. 1635 ohne, MiNr. 1636 mit Kontrollnummer auf dem Kleinbogenrand.

Auflagen: MiNr. 1635 = 1 072 356, MiNr. 1636 = 872 356 Stück

1976, 8. Mai. 100. Geburtstag von Ivan Cankar. Odr. (3×3); gez. K 13½:13.

avv) I. Cankar (1876–1918), slowenischer Schriftsteller; Geburtshaus in Vrhnika

1637	1.20 (Din)	orange/violettpurpur	avv	0,20	0,20
		FDC			0,70
		Kleinbogen		2,20	2,20

Auflage: 981 892 Stück

1976, 15. Mai. Inbetriebnahme der Eisenbahnlinie Belgrad–Bar. StTdr. (3×3); gez. K 13½.

avw–avx) Eisenbahn auf Brücke

1638	3.20 (Din)	lilakarmin	avw	0,10	0,10
1639	8.00 (Din)	dunkelviolettblau	avx	0,50	0,50
		Satzpreis (2 W.)		0,60	0,60
		FDC			1,50
		Kleinbogensatz (2 Klb.)		6,—	6,—

Auflagen: 1638 = 947 851, MiNr. 1639 = 247 851 Stück

MICHEL-Online-Katalog

www.michel.de oder www.briefmarken.de

1976, 25. Mai. Einheimische Tiere in Feuchtgebieten. Odr.; gez. K 13½.

avy) Königslibelle (Anax imperator)

avz) Wasserschnecke (Viviparus viviparus)

awa) Rotfeder (Scardinius erythrophtalmus)

awb) Wasserfrosch (Rana esculenta)

awc) Moorente (Aythya nyroca)

awd) Bisamratte (Ondatra zibethica)

1640	1.20 (Din)	mehrfarbig	avy	0,40	0,40
1641	2.10 (Din)	mehrfarbig	avz	0,40	0,40
1642	3.20 (Din)	mehrfarbig	awa	0,40	0,40
1643	5.00 (Din)	mehrfarbig	awb	1,—	1,—
1644	6.00 (Din)	mehrfarbig	awc	1,—	1,—
1645	8.00 (Din)	mehrfarbig	awd	3,—	3,—
		Satzpreis (6 W.)		6,—	6,—
		FDC			7,—
1640 U–1645 U				je	—,—

Auflagen: MiNr. 1640–1642 je 988 798, MiNr. 1643–1644 je 488 798, MiNr. 1645 = 238 798 Stück

1976, 26. Mai. Freimarke: Sehenswürdigkeiten. Odr. (10×10); gez. K 13¼.

awe) Perast

1646	4.90 (Din)	dunkelgraublau	awe	2,—	0,20
1646 U	ungezähnt				—,—

Weitere Werte siehe Übersicht nach Jahrgangswerttabelle.

1976, 29. Mai. 100. Geburtstag von Vladimir Nazor. Odr. (3×3); gez. K 13:13½.

awf) Vl. Nazor (1876–1949), kroatischer Schriftsteller

1647	1.20 (Din)	blauviolett/graublau	awf	0,20	0,20
		FDC			1,—
		Kleinbogen		2,20	2,20

Auflage: 976 385 Stück

1976, 16. Juni. 100. Jahrestag der montenegrinischen Freiheitskriege. Odr. (3×3); gez. K 13½.

awg) Kampf bei Vučji Dol; nach einem zeitgenössischen Holzschnitt

1648	1.20 (Din)	mehrfarbig	awg	0,20	0,20
		FDC			0,80
		Kleinbogen		2,20	2,20
1648 U	ungezähnt			50,—	

Auflage: 971 422 Stück

Jugoslawien

1976, 22. Juni. Museumsexponate: Töpfereierzeugnisse. RaTdr. (5×10); gez. K 14:12¾.

awh) Wasserkrug aus Aleksandrovac (Serbien)
awi) Krug aus Ptuj (Pettau) (Slowenien)
awk) Schnabelkanne aus Višnjica (Bosnien-Herzegowina)

awl) Krug aus Bački Breg (Wojwodina)
awm) Schnabelkrug aus Vraneštica (Mazedonien)
awn) Wasserkrug aus Prizren (Kosovo)

Nr.	Wert		Farbe			
1649	1.20	(Din)	mehrfarbig	awh	0,10	0,10
1650	2.10	(Din)	mehrfarbig	awi	0,10	0,10
1651	3.20	(Din)	mehrfarbig	awk	0,10	0,10
1652	5.00	(Din)	mehrfarbig	awl	0,10	0,10
1653	6.00	(Din)	mehrfarbig	awm	0,20	0,20
1654	8.00	(Din)	mehrfarbig	awn	0,40	0,40
			Satzpreis (6 W.)		1,—	1,—
			FDC			2,50
1649 U–1654 U				je	—,—	

Auflagen: MiNr. 1649–1651 je 933 264, MiNr. 1652–1653 je 433 264, MiNr. 1654 = 183 264 Stück

1976, 10. Juli. 120. Geburtstag von Nikola Tesla. StTdr. (3×3); gez. K 13½.

awo) Denkmal von N. Tesla (1856–1943), Physiker und Elektrotechniker; Niagarafälle, USA

1655	5 (Din)	grau-/violettblau	awo	0,40	0,40
			FDC		1,50
			Kleinbogen	4,—	4,—
1655 U	ungezähnt			40,—	

Auflage: 886 467 Stück

1976, 17. Juli. Olympische Sommerspiele. Montreal. StTdr. (3×3); gez. K 13½.

awp) Weitsprung

awr) Handball
aws) Schießen
awt) Rudern

1656	1.20	(Din)	purpur	awp	0,20	0,20
1657	3.20	(Din)	schwarzblaugrün	awr	0,20	0,20
1658	5.00	(Din)	dunkelkarminbraun	aws	0,20	0,20
1659	8.00	(Din)	schwarzviolett	awt	2,50	2,—
			Satzpreis (4 W.)		3,—	2,50
			FDC			4,—
			Kleinbogensatz (4 Klb.)	30,—	30,—

Auflagen: MiNr. 1656 = 977 005, MiNr. 1657 = 727 005, MiNr. 1658 = 477 005, MiNr. 1659 = 257 005 Stück

1976, 15. Aug./1981. Freimarken: Sehenswürdigkeiten. Odr. (10×10); gez. K 13¼, C = gez. 13¼:12½.

awu) Budva
auc) Nationalmuseum Ohrid
awv) Bihać

1660 A	0.25 (Din)	braunkarmin			
		(15.8.1976)	awu	1,—	0,10
1661	1 (Din)	dunkelolivgrün	auc		
A		gez. K 13¼ (15.9.1976)		0,20	0,10
C		gez. K 13¼:12½ (1981)		0,20	0,10
1662	1.50 (Din)	hellrot	awv		
A		gez. K 13¼ (20.8.1976)		1,—	0,10
C		gez. K 13¼:12½		20,—	20,—
		Satzpreis A (3 W.)		2,—	0,30
1660 U	ungezähnt			25,—	
1661 U	ungezähnt			25,—	
1662 U	ungezähnt			25,—	

Weitere Werte siehe Übersicht nach Jahrgangswerttabelle.

1976, 16. Aug. 5. Konferenz der blockfreien Länder. Odr. (3×3); gez. K 13½.

aww) Weltkarte, Taube

1663	4.90 (Din)	mehrfarbig	aww	0,20	0,20
			FDC		0,70
			Kleinbogen	2,50	2,50
1663 U	ungezähnt			30,—	

Auflage: 439 662 Stück

1976, 2. Okt. Europäisches Kindertreffen „Freude Europas": Kinderzeichnungen. Odr. (3×3); gez. K 13½:13.

awx) „Tag der Marine" von Nikola Mitar (6. Klasse)
awy) „Kindereisenbahn" von Wiggo Guldbrandsen (12 J.)

1664	4.90 (Din)	mehrfarbig	awx	0,10	0,10
1665	8.00 (Din)	mehrfarbig	awy	0,20	0,20
		Satzpreis (2 W.)		0,30	0,30
		FDC			2,—
		Kleinbogensatz (2 Klb.)	3,60	3,60
1665 U	ungezähnt			—,—	

Auflagen: MiNr. 1664 = 985 223, MiNr. 1665 = 285 223 Stück

1976, 27. Nov. Historienmalerei. RaTdr. (3×3); gez. K 13¾:12½, Querformate ~.

awz) Dura Jakšić (1832 bis 1878): Der Kampf der Montegriner
axa) Oton Iveković (1869 bis 1939): Nikola Šubić Zrinski bei Signet

Jugoslawien

axb) Uroš Predić (1857 bis 1953): Flüchtlinge aus der Herzegowina

axc) Borko Lazeski (*1917): Aufstand von Razlovci

axd) Anton Gojmir Kos (1896–1970): Die Einsetzung des slowenischen Herzogs am Zollfeld (Kärnten)

axe) Veljko Stanojević (1892–1967): Durchbruch der Saloniki-Front

1666	1.20	(Din)	mehrfarbig	awz	0,10	0,10
1667	2.10	(Din)	mehrfarbig	axa	0,10	0,10
1668	3.20	(Din)	mehrfarbig	axb	0,10	0,10
1669	5.00	(Din)	mehrfarbig	axc	0,20	0,20
1670	6.00	(Din)	mehrfarbig	axd	0,20	0,20
1671	8.00	(Din)	mehrfarbig	axe	1,—	1,—
			Satzpreis (6 W.)		1,70	1,60
			FDC			3,—
			Kleinbogensatz (6 Klb.)		17,—	17,—

Auflagen: MiNr. 1666–1668 je 958 316, MiNr. 1669–1670 je 458 316, MiNr. 1671 = 208 256 Stück.

1976, 24. Nov. Freimarke: Sehenswürdigkeiten, Tourismus. Odr. (10 × 10); gez. K 13¼.

axf) Rijeka

| 1672 | 0.75 | (Din) | braunviolett | axf | 1,— | 0,20 |
| 1672 U | | ungezähnt | | | —,— | |

Weitere Werte siehe Übersicht nach Jahrgangswerttabelle.

1976, 8. Dez. Freimarke MiNr. 1171 mit neuem Bdr.-Wertaufdruck in Karmin, alter Wert dreifach durchbalkt.

| 1673 | **1 (Din)** auf 0.85 (Din) grauviolett | (1171) K | 0,50 | 0,20 |
| 1673 F | Paar mit und ohne Aufdruck | | 150,— | |

1977

1977, 4. Febr. 200. Geburtstag von Prota Mateja Nenadović. RaTdr. (3 × 3); gez. K 14.

axg) Uroš Knežević: P. M. Nenadović (1777 bis 1854), serbischer Schriftsteller und Freiheitskämpfer

1674	4.90	(Din)	mehrfarbig	axg	0,20	0,20
			FDC			0,70
			Kleinbogen		2,20	2,50

Auflage: 441 205 Stück

1977, 10. Febr. 100. Todestag von Rajko Žinzifov. Odr. (3 × 3); gez. K 13:13½.

axh) R. Žinzifov (1839–1877), makedonischer Schriftsteller

1675	1.50	(Din)	mehrfarbig	axh	0,20	0,20
			FDC			0,70
			Kleinbogen		2,20	2,20

Auflage: 978 160 Stück

1977, 8. März. Gartenblumen. Odr. (3 × 3); gez. K 14:13½.

axi) Phlox (Phlox paniculata) axk) Tigerlilie (Lilium tigrinum) axl) Flammendes Herz (Dicentra spectabilis)

axm) Zinnie (Zinnia elegans) axn) Ausgebreitete Sammetblume (Tagetes patula nana) axo) Gürtelpelargonie (Pelargonium zonale)

1676	1.50	(Din)	mehrfarbig	axi	0,20	0,20
1677	3.40	(Din)	mehrfarbig	axk	0,20	0,20
1678	4.90	(Din)	mehrfarbig	axl	0,20	0,20
1679	6.00	(Din)	mehrfarbig	axm	0,30	0,20
1680	8.00	(Din)	mehrfarbig	axn	0,30	0,20
1681	10.00	(Din)	mehrfarbig	axo	1,30	1,—
			Satzpreis (6 W.)		2,50	2,—
			FDC			3,—
			Kleinbogensatz (6 Klb.)		25,—	25,—

1676 U–1681 U	ungezähnt	je	—,—
1678 UI	links ungezähnt		—,—
1680 F	Hintergrundfarbe violettgrau statt hellviolett		—,—

Auflagen: MiNr. 1676–1678 je 993 408, MiNr. 1679 = 743 408, MiNr. 1680 = 518 408, MiNr. 1681 = 218 408 Stück

1977, 4. April. 150 Jahre Kroatisches Musikinstitut. StTdr. (3 × 3); gez. K 13½.

axp) Kroatisches Musikinstitut

1682	4.90	(Din)	blau/violettbraun	axp	0,20	0,20
			FDC			0,70
			Kleinbogen		2,50	2,50

Auflage: 444 037 Stück

1977, 11. April. 100. Geburtstag von Alojz Kraigher. Odr. (3 × 3); gez. K 13½.

axr) A. Kraigher (1877–1959), slowenischer Schriftsteller

JUGOSLAWIEN

1683	1.50 (Din)	grau-/karminbraun .... axr	0,20	0,20
		FDC		0,70
		Kleinbogen	2,20	2,20

Auflage: 978 988 Stück

1977, 4. Mai. Europa: Landschaften. RaTdr. (3×3); gez. K 11¾.

axs) Milo Milunović (1897–1967): Bucht von Kotor

axt) Ljubo Babić (1890–1974): Landschaft im November

1684	4.90 (Din)	mehrfarbig .... axs	0,20	0,20
1685	10.00 (Din)	mehrfarbig .... axt	0,50	0,50
		Satzpreis (2 W.)	0,70	0,70
		FDC		1,80
		Kleinbogensatz (2 Klb.)	7,—	7,—

MiNr. 1684 ohne, MiNr. 1685 mit Kontrollnummer auf dem Kleinbogenrand.

1685 KlbF ohne Kontrollnummer am Kleinbogenrand —,—

Auflagen: MiNr. 1684 = 941 536, MiNr. 1685 = 841 536 Stück

1977, 25. Mai. 85. Geburtstag von Josip Broz Tito. RaTdr. (3×3); gez. K 11½:11¾.

axu) Omer Mujadžić: J. Broz Tito (1892–1980), Staatspräsident

1686	1.50 (Din)	mehrfarbig .... axu	0,20	0,20
1687	4.90 (Din)	mehrfarbig .... axu	0,20	0,20
1688	8.00 (Din)	mehrfarbig .... axu	0,30	0,30
		Satzpreis (3 W.)	0,70	0,70
		FDC		2,—
		Kleinbogensatz (3 Klb.)	7,50	7,50

1686 U–1688 U ungezähnt .... je —,—

Auflagen: MiNr. 1686 = 963 700, MiNr. 1687 = 483 700, MiNr. 1688 = 213 700 Stück

1977, 6. Juni. Internationaler Tag der Umwelt. Odr.; gez. K 13:13¼.

axv) Gebirgslandschaft

axw) Wasserfall

axv–axw) Emblem des Internationalen Umweltschutzes

1689	4.90 (Din)	mehrfarbig .... axv	0,10	0,10
1690	10.00 (Din)	mehrfarbig .... axw	0,60	0,60
		Satzpreis (2 W.)	0,70	0,70
		FDC		1,50
		Kleinbogensatz (2 Klb.)	7,50	7,50

Auflagen: MiNr. 1689 = 917 065, MiNr. 690 = 342 065 Stück

MICHEL
Sammler wissen mehr

1977, 15. Juni. 100. Geburtstag von Petar Kočić. Odr. (3×3); gez. K 13¼.

axx) P. Kočić (1877–1916), serbischer Schriftsteller

1691	1.50 (Din)	olivgrau/lila .... axx	0,20	0,20
		FDC		0,70
		Kleinbogen	2,—	2,—

Auflage: 983 886 Stück

1977, 15. Juni. Konferenz über Sicherheit und Zusammenarbeit in Europa (KSZE), Belgrad. Odr. (3×3); gez. K 13¼.

axy) Taube, Landkarte von Europa

1692	4.90 (Din)	mehrfarbig .... axy	0,20	0,20
1693	10.00 (Din)	mehrfarbig .... axy	1,—	1,—
		Satzpreis (2 W.)	1,20	1,20
		FDC		5,—
		Kleinbogensatz (2 Klb.)	11,—	11,—

Auflagen: MiNr. 1692 = 989 970, MiNr. 1693 = 289 970 Stück

1977, 24. Juni/1981. Freimarke: Sehenswürdigkeiten. Odr. (10×10); A = gez. K 13¼, C = gez. K 13¼:12½.

axz) Vranje

1694	3.40 (Din)	russischgrün .... axz		
A		gez. K 13¼ (24.6.1977)	1,—	0,20
C		gez. K 13¼:12½ (1981)	1,50	0,30

1694 U ungezähnt .... —,—

Weitere Werte siehe Übersicht nach Jahrgangswerttabelle.

1977, 28. Juli. Freimarken: Posthorn. RaTdr. in Rollen auf Papier ph.; gez. K 15:14.

ari) Posthorn

1695	1.00 (Din)	dunkelgrün .... ari	0,50	0,10
1696	1.50 (Din)	rot .... ari	0,50	0,10
		Satzpreis (2 W.)	1,—	0,20

Weitere Werte: MiNr. 1520–1521, 1555, 1583

1977, 3. Okt. Europäisches Kindertreffen „Freude Europas" – Kinderzeichnungen. Odr. (3×3); gez. K 13½:13.

aya) „Der Badende" von Mrak Franci (12 J.)

ayb) „Einen in den Korb - einen in den Mund" von Tanja Ilinskaja (12 J.)

1697	4.90 (Din)	mehrfarbig .... aya	0,20	0,20
1698	10.00 (Din)	mehrfarbig .... ayb	0,50	0,50
		Satzpreis (2 W.)	0,70	0,70
		FDC		2,—
		Kleinbogensatz (2 Klb.)	7,50	7,50

Auflagen: MiNr. 1697 = 994 447, MiNr. 1698 = 294 447 Stück

Jugoslawien

1977, 4. Okt. Konferenz über Sicherheit und Zusammenarbeit in Europa (KSZE), Belgrad. Odr. (3×3); gez. K 13½:13¼.

ayc) Kongreßgebäude

1699	4.90	(Din)	mehrfarbig .... ayc	0,20	0,20
1700	10.00	(Din)	mehrfarbig .... ayc	0,80	0,80
			Satzpreis (2 W.)	1,—	1,—
			FDC		5,—
			Kleinbogensatz (2 Klb.)	10,—	10,—

MiNr. 1699 ohne, MiNr. 1700 mit Kontrollnummer auf dem Kleinbogenrand.

1699 U	ungezähnt	150,—
1700 U	ungezähnt	150,—

Auflagen: MiNr. 1699 = 1 000 000, MiNr. 1700 = 300 000 Stück

1977, 20. Okt. Internationale Briefmarkenausstellung Balkanfila VI in Belgrad. Odr. (3×3); gez. K 13¼:13½.

ayd) Emblem

1701	4.90	(Din)	mehrfarbig .... ayd	0,20	0,20
			FDC		0,70
			Kleinbogen	2,20	2,20

Auflage: 391 446 Stück

1977, 25. Okt. Museumsexponate: Volksmusikinstrumente. StTdr. (3×3); gez. K 13½.

aye) Doppelflöte, Schafherde

ayf) Tambura oder Saz, Dorf

ayg) Gusle, Gebirgslandschaft

ayh) Lijerica, Halbinsel Peljesac

ayi) Dudelsack, Gebirgsstädtchen

ayk) Panflöte, Hügellandschaft

1702	1.50	(Din)	braunorange/rot .... aye	0,10	0,10
1703	3.40	(Din)	blaugrün/orangerot ..... ayf	0,10	0,10
1704	4.90	(Din)	lilabraun/ocker .... ayg	0,10	0,10
1705	6.00	(Din)	violettblau/braunrot .... ayh	0,20	0,20
1706	8.00	(Din)	orangerot/lilabraun .... ayi	0,20	0,20
1707	10.00	(Din)	blaugrün/olivbraun .... ayk	0,60	0,60
			Satzpreis (6 W.)	1,30	1,30
			FDC		3,—
			Kleinbogensatz (6 Klb.)	13,—	13,—

Auflagen: MiNr. 1702–1704 je 990 020, MiNr. 1705 = 740 020, MiNr. 1706 = 490 020, MiNr. 1707 = 240 020 Stück

1977, 26. Nov. Selbstporträts. RaTdr. (3×3); gez. K 13½:12¾.

ayl) Ivan Vavpotič (1877–1943)

aym) Mihailo Vukotić (1904–1944)

ayn) Kosta Hakman (1899–1961)

ayo) Miroslav Kraljević (1885–1913)

ayp) Nikola Martinovski (1903–1973)

ayr) Milena Pavlović-Barili (1909–1945)

1708	1.50	(Din)	mehrfarbig .... ayl	0,10	0,10
1709	3.40	(Din)	mehrfarbig .... aym	0,10	0,10
1710	4.90	(Din)	mehrfarbig .... ayn	0,10	0,10
1711	6.00	(Din)	mehrfarbig .... ayo	0,10	0,10
1712	8.00	(Din)	mehrfarbig .... ayp	0,20	0,20
1713	10.00	(Din)	mehrfarbig .... ayr	0,40	0,40
			Satzpreis (6 W.)	1,—	1,—
			FDC		3,—
			Kleinbogensatz (6 Klb.)	10,—	10,—

1708 F	ohne Golddruck (Rahmen mit negativem Landesnamen; Wertziffer, Druckvermerk und Stecherzeichen fehlen) .... —,—

Auflagen: MiNr. 1708–1710 je 995 072, MiNr. 1711 = 745 072, MiNr. 1712 = 495 072, MiNr. 1713 = 245 072 Stück

1978

1978, 14. Jan. 400. Todestag von Julije Klović. RaTdr. (3×3); gez. K 14.

ays) J. Klović (Giorgio Giulio Clovio) (1498–1578): Testaccio-Fest (Miniatur)

ayt) El Greco (1541–1614): Julije Klović

1714	4.90	(Din)	mehrfarbig .... ays	0,10	0,10
1715	10.00	(Din)	mehrfarbig .... ayt	0,20	0,20
			Satzpreis (2 W.)	0,30	0,30
			FDC		1,20
			Kleinbogensatz (2 Klb.)	3,60	3,60

Auflagen: MiNr. 1714 = 994 297, MiNr. 1715 = 244 291 Stück

MICHEL im Internet! Schauen Sie doch einfach mal rein:

www.briefmarken.de

Jugoslawien

1978, 28. Januar. Museumsexponate aus dem Postmuseum in Belgrad. RaTdr. (10×5); gez. K 12¾:14.

ayu) Brief von 1869, Feder
ayv) Briefkasten (1840)
ayw) Induktor-Tischtelefon (1900)
ayx) Morse-Telegraf (1837)

1716	1.50	(Din)	mehrfarbig	ayu	0,10	0,10
1717	3.40	(Din)	mehrfarbig	ayv	0,10	0,10
1718	4.90	(Din)	mehrfarbig	ayw	0,10	0,10
1719	10.00	(Din)	mehrfarbig	ayx	0,20	0,20
			Satzpreis (4 W.)		0,50	0,50
			FDC			1,50

Auflagen: MiNr. 1716 = 988 304, MiNr. 1717 = 738 340, MiNr. 1718 = 488 304, MiNr. 1719 = 218 304 Stück

1978, 20. Febr. 100. Jahrestag des serbisch-türkischen Krieges. Komb. Odr. und Bdr. (3×3); gez. K 13½.

ayy) Kampf um die Befreiung Pirots

1720	1.50	(Din)	mehrfarbig	ayy	2,—	2,—
			FDC			3,—
			Kleinbogen		18,—	18,—

1720 U	ungezähnt		50,—	
1720 F I	Farbe Gold fehlend		—,—	
1720 F II	Bildmitte dkl'blau statt schwarzgrün		50,—	

Auflage: 890 056 Stück

1978, 24. April. Tag der jugoslawischen Luftwaffe. Odr. (5×10); gez. K 13¼.

ayz) Jagdmaschine S-49 A (1949)

aza) Düsenschulflugzeug SOKO Galeb 3 (1961)
azb) Flugzeug für die Piloten-Grundausbildung UTVA-75 (1975)
azc) Kampfflugzeug Jurom Orao (1974)

1721	1.50	(Din)	bräunlichrot/braun	ayz	0,20	0,20
1722	3.40	(Din)	graublau/schwarz	aza	0,20	0,20
1723	4.90	(Din)	orangebraun/schwarz	azb	0,20	0,20
1724	10.00	(Din)	bräunlicholiv/braun	azc	0,40	0,40
			Satzpreis (4 W.)		1,—	1,—
			FDC			2,—

| 1721 U–1724 U | ungezähnt | je | 40,— | |

Auflagen: MiNr. 1721 = 991 633, MiNr. 1722 = 741 633, MiNr. 1723 = 491 633, MiNr. 1724 = 241 633 Stück

---

Die Ausführlichkeit der **MICHEL**-Kataloge ist international anerkannt.

1978, 3. Mai. Europa: Baudenkmäler. RaTdr. (3×3); gez. K 11¾.

azd) Festung Golubac (Serbien)
aze) Kloster St. Naum (Makedonien)

1725	4.90	(Din)	mehrfarbig	azd	0,10	0,10
1726	10.00	(Din)	mehrfarbig	aze	0,50	0,50
			Satzpreis (2 W.)		0,60	0,60
			FDC			2,60
			Kleinbogensatz (2 Klb.)		6,—	6,—

MiNr. 1725 ohne, MiNr. 1726 mit Kontrollnummer auf dem Bogenrand.

| 1725 U–1726 U | ungezähnt | je | —,— | |

Auflagen: MiNr. 1725 = 1 000 008, MiNr. 1726 = 750 006 Stück

1978, 5. Mai. 2. Weltmeisterschaften im Amateurboxen. Odr. (3×3); gez. K 13¼:13½.

azf) Boxhandschuh, Erdkugel

1727	4.90	(Din)	mehrfarbig	azf	0,20	0,20
			FDC			0,70
			Kleinbogen		2,50	2,50

| 1727 U | ungezähnt | | 40,— | |

Auflage: 343 762 Stück

1978, 25. Mai. Bienen. RaTdr. (5×5); gez. K 11½:11¾.

azg) Honigbiene (Apis mellifica)
azh) Furchenbiene (Halictus scabiosa)
azi) Blaue Holzbiene (Xylocopa violacea)
azk) Erdhummel (Bombus terrestris)

1728	1.50	(Din)	mehrfarbig	azg	0,10	0,10
1729	3.40	(Din)	mehrfarbig	azh	0,10	0,10
1730	4.90	(Din)	mehrfarbig	azi	0,20	0,20
1731	10.00	(Din)	mehrfarbig	azk	1,10	1,10
			Satzpreis (4 W.)		1,50	1,50
			FDC			2,50

| 1728 U–1731 U | ungezähnt | je | —,— | |

Auflagen: MiNr. 1728 = 991 664, MiNr. 1729 = 741 664, MiNr. 1730 = 491 664, MiNr. 1731 = 216 664 Stück

1978, 19. Juni. 100. Geburtstag von Filip Filipović und Radovan Dragović. Odr.; gez. K 13¼.

azl) F. Filipović (1878–1938), Mitbegründer der soz. Arbeiterpartei; R. Dragović (1878–1906). Mitbegründer der serb. Sozialdemokratie

1732	1.50	(Din)	violettpurpur/braunoliv	azl	0,20	0,20
			FDC			0,50
			Kleinbogen		2,—	2,—

Auflage: 998 946 Stück

1978, 20. Juni. 11. Kongreß des Bundes der Kommunisten Jugoslawiens, Belgrad. Komb. Odr. und Bdr.; gez. K 13¼.

azm) Marschall Josip Broz Tito (1892–1980), Staatspräsident

azn) Hammer und Sichel (Emblem des Kongresses)

1733	2.00 (Din)	mehrfarbig	azm	0,20	0,10
1734	4.90 (Din)	mehrfarbig	azn	0,30	0,30
		Satzpreis (2 W.)		0,50	0,40
		FDC			0,90
		Kleinbogensatz (2 Klb.)		5,—	5,—

Blockausgabe, ☐

1735	15 (Din)	mehrfarbig	azm	—,—	—,—
Block 18	(70×93 mm)		azo	2,50	2,50
		FDC			9,—

1733 F	Untergrund bei „2.00/JUGOSLAVIJA" in Silber statt in Gold	—,—
1734 F	Untergrund bei „4.90/JUGOSLAVIJA" in Silber statt in Gold	—,—
1733 U	ungezähnt	40,—
1734 U	ungezähnt	40,—
1733 FU	Untergrund bei „2.00/JUGOSLAVIJA" in Silber statt in Gold, ☐	—,—
1734 FU	Untergrund bei „4.90/JUGOSLAVIJA" in Silber statt in Gold, ☐	—,—
1735 F	Untergrund bei „15.00/JUGOSLAVIJA" in Silber statt in Gold	—,—

Block 18 F	Blockrandbeschriftung in Silber statt in Gold	—,—
Block 18 FI	Mit MiNr. 1735 F	—,—

Bei einer 2. Auflage von Block 18 ist die Blockrandbeschriftung fast nicht leserlich und die Markenfarben differieren (40% Abschlag).

Auflagen: MiNr. 1733 = 1 000 008, MiNr. 1734 = 450 000 Stück, Bl. 18 = 149 140, davon 95 000 Blocks der 2. Auflage

1978, 17. Juli. Freimarke MiNr. 1661 A mit neuem Bdr.-Wertaufdruck in Braun, alter Wert zweifach durchbalkt.

1736	2 (Din)	auf 1 (Din) dunkelolivgrün	(1661 A)	1,—	0,20

Weitere Werte siehe Übersicht nach Jahrgangswerttabelle.

1978, 25. Juli. Außenministerkonferenz der bündnisfreien Länder, Belgrad. RaTdr. (3×3); gez. K 14.

azp) Konferenz-Emblem, Silhouette von Belgrad

1737	4.90 (Din)	blau/mattgrünlichblau	azp	0,20	0,20
		FDC			0,70
		Kleinbogen		2,20	2,50
1737 U	ungezähnt			40,—	

Auflage: 391 984 Stück

1978, 1. Aug. Freimarke MiNr. 1596x mit neuem Bdr.-Wertaufdruck in Braun, alter Wert zweifach durchbalkt.

1738	3.40 (Din)	auf 2.10 (Din) schwarzoliv	(1596x)	0,20	0,20

Unterschiedliche Stärke des Bdr.-Aufdruckes bekannt.

Weitere Werte siehe Übersicht nach Jahrgangswerttabelle.

1978, 10. Aug. Kajak- und Kanu-Weltmeisterschaften, Belgrad. Odr. (3×3); gez. K 13¼:13.

azr) Stilis. Gewässer, Inschrift

1739	4.90 (Din)	mehrfarbig	azr	0,20	0,20
		FDC			0,70
		Kleinbogen		2,20	2,20

Auflage: 340 816 Stück

1978, 26. Aug. 200. Jahrestag der Erstbesteigung des Triglav. RaTdr. (3×3); gez. K 14.

azs) Triglav-Nordwand (2863 m)

1740	2 (Din)	mehrfarbig	azs	0,20	0,20
		FDC			0,50
		Kleinbogen		2,20	2,20

Auflage: 894 273 Stück

1978, 20. Sept. Naturschutz (I). RaTdr. (3×3); gez. K 14.

azt) Schwarzer See im Durmitor-Gebirge

azu) Tara-Fluß

1741	4.90 (Din)	mehrfarbig	azt	0,20	0,20
1742	10.00 (Din)	mehrfarbig	azu	0,60	0,50
		Satzpreis (2 W.)		0,80	0,80
		FDC			1,50
		Kleinbogensatz (2 Klb.)		8,50	8,50

Auflagen: MiNr. 1741 = 993 381, MiNr. 1742 = 243 375 Stück

1978, 30. Sept. Kongreß der Internationalen Astronautik-Föderation (IAF), Dubrovnik. Odr. (3×3); gez. K 13:12½.

azv) Sternkarte

1743	4.90 (Din)	mehrfarbig	azv	0,20	0,20
		FDC			0,70
		Kleinbogen		2,50	2,50

Auflage: 394 017 Stück

Bei Anfragen bitte Rückporto nicht vergessen!

Jugoslawien

1978, 2. Okt. Europäisches Kindertreffen „Freude Europas": Kinderzeichnungen. Odr. (3×3); gez. K 13.

azw) „Menschen im Wald" von Ivana Balen (9 J.)

azx) „Familie am Weiher" von Vincent Christel (9 J.)

1744	4.90	(Din)	mehrfarbig	azw	0,20	0,20
1745	10.00	(Din)	mehrfarbig	azx	0,50	0,50
			Satzpreis (2 W.)		0,70	0,70
			FDC			2,—
			Kleinbogensatz (2 Klb.)		6,50	6,50

Auflagen: MiNr. 1744 = 1 000 008, MiNr. 1745 = 250 002 Stück

1978, 5. Okt. 100. Jahrestag des Kresna-Aufstandes in Pirin, Mazedonien. Odr. (5×5); gez. K 13¼.

azy) Siegel des Aufstandes

1746	2	(Din)	mehrfarbig	azy	0,20	0,20
			FDC			0,50
1746 F			Farbe Gold fehlend		—,—	
1746 U			ungezähnt		—,—	

Auflage: 743 613 Stück

1978, 16. Okt. 200 Jahre Lehrerausbildung in Sombor. Odr. (5×5); gez. K 13¼.

azz) Altes Lehrerschulgebäude

1747	2	(Din)	mehrfarbig	azz	0,20	0,20
			FDC			0,50
1747 F I			fehlende Farbe Gold		—,—	
1747 F II			Gebäude grau statt braun		—,—	
1747 U			ungezähnt		—,—	

Auflage: 743 298 Stück

1978, 21. Okt. 100 Jahre Kroatisches Rotes Kreuz. Odr. (5×5); gez. K 13¼.

baa) Rotes Kreuz

1748	2	(Din)	mehrfarbig	baa	0,20	0,20
			FDC			0,50
1748 F			Farbe Rot fehlend		—,—	

Auflage: 742 883 Stück

MiNr. 1749 fällt aus.

1978, 4. Nov. Skulpturen. Odr. (5×10, Hochformate ~); gez. K 13¼:13, Hochformate ~.

bab) Dušan Džamonja: Metallskulptur XXII

bac) Vojin Bakić: Zirkulation im Raum I

bad) Olga Jevrić: Tektoider Oktopod

bae) Drago Tršar: Lebensbaum

1750	2.00	(Din)	mehrfarbig	bab	0,10	0,10
1751	3.40	(Din)	mehrfarbig	bac	0,10	0,10
1752	4.90	(Din)	mehrfarbig	bad	0,10	0,10
1753	10.00	(Din)	mehrfarbig	bae	0,40	0,40
			Satzpreis (4 W.)		0,70	0,70
			FDC			1,70
1751 F			Farbe Silber fehlend		—,—	

Auflagen: MiNr. 1750 = 993 750, MiNr. 1751 = 743 750, MiNr. 1752 = 443 750, MiNr. 1753 = 218 750 Stück

1978, 10. Nov. 35. Jahrestag der Schlacht an der Neretva. Odr. (5×5); gez. K 13¼.

baf) Ismet Mujezinović: Überquerung der Neretva

1754	2	(Din)	mehrfarbig	baf	0,20	0,20
			FDC			0,50
1754 F			Farbe Gold fehlend		—,—	
1754 U			ungezähnt		—,—	

Auflage: 744 946 Stück

1978, 13. Nov. Freimarken: Sehenswürdigkeiten. MiNr. 1240, 1465 I A x und 1553 A x mit Bdr. Aufdruck.

1755	0.35	(Din)	auf 0.10 (Din) dunkelsiena	(1465 I A x)	1,—	0,40
1756	0.60	(Din)	auf 0.85 (Din) violettultramarin	(1240)	1,—	0,40
1757	0.80	(Din)	auf 1.20 (Din) schwarzoliv	(1553 A x)	1,—	0,40
			Satzpreis (3 W.)		3,—	1,20

Weitere Werte siehe Übersicht nach Jahrgangswerttabelle.

1978, 28. Nov. Soziale Graphiken. RaTdr. (3×3); gez. K 14.

bag) Marijan Detoni (* 1905): Blatt 3 aus der Mappe „Menschen von der Seine"

Jugoslawien 607

bah) Maksim Sedej (1909 bis 1974): Blatt 7 aus der Mappe „Gott in Trbovlje"

bai) Daniel Ozmo (1912 bis 1942): Holzfällen

bak) Prvoslav-Pivo Karamatijević (1912 bis 1963): Die Mahlzeit

bal) Đorđe Andrejević Kun (1904–1946): Sie scheuen nicht die scheußlichste Greueltat

1758	2.00	(Din)	mehrfarbig	bag	0,10	0,10
1759	3.40	(Din)	mehrfarbig	bah	0,10	0,10
1760	4.90	(Din)	mehrfarbig	bai	0,10	0,10
1761	6.00	(Din)	mehrfarbig	bak	0,20	0,20
1762	10.00	(Din)	mehrfarbig	bal	0,80	0,80
			Satzpreis (5 W.)		1,30	1,30
			FDC			2,20
			Kleinbogensatz (5 Klb.)		13,—	13,—

Auflagen: MiNr. 1758–1759 je 991 289, MiNr. 1760 = 741 287, MiNr. 1761 = 491 285, MiNr. 1762 = 216 281 Stück

1978, 11./27. Dez. Neujahr 1979. Odr. in Bogen (5×5) bzw. Markenheftchen; gez. K 13:12¾.

bam) Eichhörnchen (sciurus vulgaris)
ban) Lärche (Larix sp.)
bao) Rothirsch (Cervus elaphus)
bap) Ahorn (Acer sp.)

bar) Steinhuhn (Alectoris graeca)
bas) Erle (Alnus sp.)
bat) Auerhahn (Tetrao urogallus)
bau) Eiche (Quercus sp.)

Aus Schalterbogen (11.12.):

1763	1.50	(Din)	mehrfarbig	bam	0,20	0,10
1764	1.50	(Din)	mehrfarbig	ban	0,20	0,10
1765	2.00	(Din)	hellviolettblau/mfg.	bao	0,20	0,10
1766	2.00	(Din)	hellviolettblau/mfg.	bap	0,20	0,10
1767	3.40	(Din)	mattrot/mfg.	bar	0,20	0,10
1768	3.40	(Din)	mattrot/mfg.	bas	0,20	0,10
1769	4.90	(Din)	olivgrün/mfg.	bat	0,20	0,10
1770	4.90	(Din)	olivgrün/mfg.	bau	0,20	0,10
			Satzpreis (4 Paare)		3,—	3,—
			FDC			3,—

Nominalgleiche Marken wurden schachbrettartig zusammenhängend gedruckt.

Aus Markenheftchen (MH 1) (27.12.):

1771	2.00	(Din)	hellkobalt/mfg.	bao	0,20	0,20
1772	2.00	(Din)	hellkobalt/mfg.	bap	0,20	0,20
1773	3.40	(Din)	gelboliv/mfg.	bar	0,20	0,20
1774	3.40	(Din)	gelboliv/mfg.	bas	0,20	0,20
1775	4.90	(Din)	braunocker/mfg.	bat	0,20	0,20
1776	4.90	(Din)	braunocker/mfg.	bau	0,20	0,20
			Satzpreis (6 W.)		1,20	1,20
			FDC			7,50

Die erstgenannte Farbe bezieht sich auf den Hintergrund des Markenbildes.

1763 U–1770 U .... —,—

1979

1979, 25. Jan. 75 Jahre Zeitung „POLITIKA". Odr. (5×5); gez. K 13¼.

bav) Titelseite der ersten Ausgabe der „POLITIKA" (1904)

1777	2	(Din)	gold/schwarz	bav	0,20	0,20
			FDC			0,50
1777 F			fehlende Farbe Gold		....	—,—
1777 U			ungezähnt			40,—

Auflage: 742 245 Stück

1979, 15. Febr. 10 Jahre Selbstverwalter-Treffen in Kragujevac. Odr. (5×5); gez. K 13¼.

baw) Rote Fahne, Emblem

1778	2	(Din)	mehrfarbig	baw	0,20	0,20
			FDC			0,50
1778 F			Landesname, Emblem und Jahreszahl grün statt goldfarben		....	—,—
1778 U			ungezähnt			—,—

Auflage: 708 541 Stück

1979, 1. März. Internationales Jahr des Kindes. RaTdr. (3×3); gez. K 11½:12.

bax) Kind, Emblem

1779	4.90	(Din)	gold/blauviolett	bax	0,30	0,30
			FDC			2,—
			Kleinbogen		3,60	3,60
1779 U			ungezähnt			—,—
1779 F I U			ungezähnt, ohne Golddruck			—,—
1779 F II U			ungezähnt, ohne Farbe Blauviolett			—,—

Auflage: 350 001 Stück

1979, 26. März. Museumsexponate: Alte Waffen. RaTdr. (5×10); gez. K 14.

bay) Türkischer Säbel, kroatische Reiterkeule, „Enamluk"

baz) Pistole und Ladestock aus Skadar

Jugoslawien

bba) Kurzer Karabiner, Pulverhorn

bbb) Orientalisches Gewehr, Kugeltasche

1780	2.00 (Din)	mehrfarbig	bay	0,20	0,20
1781	3.40 (Din)	mehrfarbig	baz	0,20	0,20
1782	4.90 (Din)	mehrfarbig	bba	0,20	0,20
1783	10.00 (Din)	mehrfarbig	bbb	0,60	0,60
		Satzpreis (4 W.)		1,20	1,20
		FDC			1,70

Auflagen: MiNr. 1780 = 741 725, MiNr. 1781–1782 je 491 725, MiNr. 1783 = 221 725 Stück

1979, 20. April. 60 Jahre Bund der Kommunisten Jugoslawiens (SKJ), 60 Jahre Bund der Kommunistischen Jugend Jugoslawiens (KPJ). Odr. (5×5); gez. K 13¼.

bbc) Fünfzackiger Stern mit Hammer und Sichel

1784	2.00 Din	mehrfarbig	bbc	0,10	0,10
1785	4.90 (Din)	mehrfarbig	bbc	0,20	0,20
		Satzpreis (2 W.)		0,30	0,30
		FDC			1,—
1784 F	Fehlende Farben Lilarosa und Dunkelrosa			40,—	
1784 U	ungezähnt			—,—	
1785 F	Fehlende Farbe Rot			40,—	
1785 U	ungezähnt			—,—	

Auflagen: MiNr. 1784 = 487 708, MiNr. 1785 = 237 708 Stück

1979, 24. April. 30 Jahre Universität „Kyrillos und Methodios" in Skopje. Odr. (5×5); gez. K 13¼.

bbd) Universitätsgebäude, Emblem

1786	2 Din	mehrfarbig	bbd	0,20	0,20
		FDC			0,50

Auflage: 741 813 Stück

1979, 30. April. Europa: Geschichte des Post- und Fernmeldewesens. RaTdr. (3×3); gez. K 11¾.

bbe) Carl Goebel (1824–1899): Postreiter vor Belgrad

bbf) Jan van der Heyden (1637–1712): Postreiter vor Laibach

1787	4.90 (Din)	mehrfarbig	bbe	0,50	0,50
1788	10.00 (Din)	mehrfarbig	bbf	0,50	0,50
		Satzpreis (2 W.)		1,—	1,—
		FDC			3,—
		Kleinbogensatz (2 Klb.)		10,—	10,—

MiNr. 1787 ohne, MiNr. 1788 mit Kontrollnummer auf dem Kleinbogenrand.

Auflagen: MiNr. 1787 = 990 490, MiNr. 1788 = 840 487 Stück

1979, 25. Mai. Alpenblumen. RaTdr. (5×5); gez. K 14.

bbg) Alpen-Milchlattich (Cicerbita alpina)

bbh) Berghähnlein (Anemone narcissiflora)

bbi) Begraunter Tragant (Astragalus sempervirens)

bbk) Alpenklee (Trifolium alpinum)

1789	2.00 (Din)	mehrfarbig	bbg	0,20	0,20
1790	3.40 (Din)	mehrfarbig	bbh	0,20	0,20
1791	4.90 (Din)	mehrfarbig	bbi	0,20	0,20
1792	10.00 (Din)	mehrfarbig	bbk	0,90	0,90
		Satzpreis (4 W.)		1,50	1,50
		FDC			2,20

Auflagen: MiNr. 1789 = 994 613, MiNr. 1790 = 744 613, MiNr. 1791 = 494 613, MiNr. 1792 = 219 613 Stück

1979, 28. Mai. 100. Geburtstag von Milutin Milanković. Odr. (3×3); gez. K 13¼:13¾.

bbl) M. Milanković (1879–1958), Mathematiker, Astronom und Geophysiker

1793	4.90 (Din)	mehrfarbig	bbl	0,20	0,20
		FDC			0,70
		Kleinbogen		1,80	1,80

Auflage: 343 107 Stück

1979, 29. Mai. 100. Geburtstag von Kosta Abrašević. Odr. (5×5); gez. K 13¼.

bbm) K. Abrašević (1879–1898), Dichter

1794	2 Din	mehrfarbig	bbm	0,20	0,20
		FDC			0,50
1794 U	ungezähnt			—,—	

Auflage: 739 391 Stück

1979, 28. Aug. Weltmeisterschaften im Rudern, Bled. Odr. (3×3); gez. K 13¼.

bbn) Achter, WM-Emblem

1795	4.90 (Din)	mehrfarbig	bbn	0,20	0,20
		FDC			0,70
		Kleinbogen		2,20	2,20
1795 U	ungezähnt			50,—	

Auflage: 341 468 Stück

Die Preisnotierungen gelten für Marken in einwandfreier Qualität.

Jugoslawien

1979, 10. Sept. Sportspiele der Mittelmeerländer, Split. Odr. (3×3); gez. K 13¼.

bbo) Emblem der Sportspiele
bbp) Maskottchen der Sportspiele
bbr) Flaggen der teilnehmenden Länder

1796	2.00 Din	mehrfarbig	.... bbo	0,20	0,20
1797	4.90 (Din)	mehrfarbig	.... bbp	0,20	0,20
1798	10.00 Din	mehrfarbig	.... bbr	0,30	0,30
			Satzpreis (3 W.)	0,70	0,70
			FDC		2,20
			Kleinbogensatz (3 Klb.)	7,50	7,50
1796 F	Farbe Gelb (Marke oben hellblau statt grün) fehlend			—,—	
1796 U–1798 U	ungezähnt .... je			35,—	

Auflagen: MiNr. 1796 = 691 823, MiNr. 1797 = 391 826, MiNr. 1798 = 241 823 Stück

In Zeichnung ähnlich bbp: Zwangszuschlagsmarken MiNr. 63, 66

1979, 14. Sept. 450 Jahre Post in Zagreb. Odr. (5×5); gez. K 12½:12¾.

bbs) Altes Stadtwappen von Zagreb (1499)

1799	2 Din rotkarmin/schwarz	.... bbs	0,20	0,20
		FDC		0,50
1799 U	ungezähnt		40,—	

Auflage: 550 046 Stück

1979, 20. Sept. Naturschutz (II). RaTdr. (3×3); gez. K 14.

bbt) Palić-See bei Subotica
bbu) Landschaft im Prokletije-Massiv

1800	4.90 (Din)	mehrfarbig	.... bbt	0,20	0,20
1801	10.00 (Din)	mehrfarbig	.... bbu	0,50	0,50
			Satzpreis (2 W.)	0,70	0,70
			FDC		1,20
			Kleinbogensatz (2 Klb.)	7,50	7,50

Auflagen: MiNr. 1800 = 794 459, MiNr. 1801 = 244 460 Stück

1979, 1. Okt. Versammlung der Internationalen Bank für Wiederaufbau und Entwicklung (Weltbank) und des Internationalen Währungsfonds, Belgrad. Komb. StTdr. und RaTdr. (3×3); gez. K 13¾.

bbv) Embleme der Weltbank und des Intern. Währungsfonds

1802	4.90 (Din)	mehrfarbig	.... bbv	0,20	0,20
1803	10.00 Din	mehrfarbig	.... bbv	0,40	0,40
			Satzpreis (2 W.)	0,60	0,60
			FDC		1,20
			Kleinbogensatz (2 Klb.)	6,—	6,—
1802 U–1803 U	ungezähnt .... je			30,—	

Auflagen: MiNr. 1802 = 485 996, MiNr. 1803 = 285 998 Stück

1979, 2. Okt. Europäisches Kindertreffen „Freude Europas": Kinderzeichnungen. Odr. (3×3); gez. K 13½:13¼.

bbw) Mirjana Marković: Kinder beim Schneeräumen
bbx) Jacques An: Haus mit Garten, Rakete

1804	4.90 (Din)	mehrfarbig	.... bbw	0,20	0,20
1805	10.00 (Din)	mehrfarbig	.... bbx	0,60	0,60
			Satzpreis (2 W.)	0,80	0,80
			FDC		1,50
			Kleinbogensatz (2 Klb.)	8,50	8,50
1804 F	ohne Gold-Inschrift „RADOST EVROPE Wertziffer/PTTJUGOSLAVIJA"			—,—	
1804 U–1805 U	ungezähnt .... je			50,—	

Auflagen: MiNr. 1804 = 750 006, MiNr. 1805 = 250 002 Stück

1979, 9. Okt. 125. Geburtstag von Mihailo Idvorsky Pupin. Odr. (3×3); gez. K 13:13½.

bby) M. Pupin (1858–1935), Elektrophysiker

1806	4.90 (Din)	mehrfarbig	.... bby	0,20	0,20
			FDC		0,50
			Kleinbogen	2,20	2,20

Das Geburtsdatum ist fälschlicherweise mit 1854 angegeben.

Auflage: 343 468 Stück

1979, 15. Nov. 150. Geburtstag von Marko Cepenkov. Odr. (5×5); gez. K 13¼:13½.

bbz) M. Cepenkov (1829–1920), Schriftsteller und Kulturhistoriker

1807	2 Din	mehrfarbig	.... bbz	0,20	0,20
			FDC		0,50
1807 U	ungezähnt			—,—	

Auflage: 733 887 Stück

1979, 17. Nov. 10 Jahre Universität Priština. Odr. (5×5); gez. K 13½:13¼.

bca) Universitätsgebäude

1808	2 Din	mehrfarbig	.... bca	0,20	0,20
			FDC		0,50
1808 F	Gebäude grünlichblau statt violettblau, Rottöne fehlend			—,—	
1808 U	ungezähnt			—,—	

Auflage: 710 003 Stück

Auch Prüfzeichen können falsch sein. Jeder Prüfer im Bund Philatelistischer Prüfer kontrolliert kostenlos die Richtigkeit seines Signums.

Jugoslawien

1979, 28. Nov. Kunst: Romanische Skulpturen. RaTdr. 3×3); gez. K 13¾.

bcb) Radovan-Portal, Kathedrale in Trogir (1240)

bcc) Apostel vom Chorgestühl, Kathedrale in Split (13. Jh.)
bcd) Triforium, Auferstehungskirche im Kloster Dečani (14. Jh.)
bce) Buvina-Tür, Kathedrale in Split (1214)
bcf) Westportal, Muttergotteskirche im Kloster Studenica (12. Jh.)

1809	2.00 Din	mehrfarbig	bcb	0,20	0,20
1810	3.40 (Din)	mehrfarbig	bcc	0,20	0,20
1811	4.90 (Din)	mehrfarbig	bcd	0,20	0,20
1812	6.00 (Din)	mehrfarbig	bce	0,20	0,20
1813	10.00 Din	mehrfarbig	bcf	0,40	0,40
		Satzpreis (5 W.)		1,20	1,20
		FDC			1,70
		Kleinbogensatz (5 Klb.)		12,—	12,—
1809 U	ungezähnt			—,—	
1810 F U	fehlender Golddruck, □			—,—	
1811 U	ungezähnt			—,—	
1812 U	ungezähnt			—,—	
1813 U	ungezähnt			—,—	

Auflagen: MiNr. 1809–1810 je 994 283, MiNr. 1811 = 744 481, MiNr. 1812 = 494 479, MiNr. 1813 = 219 475 Stück

1979, 1. Dez. 30 Jahre Universität Sarajevo. Odr. (5×5); gez. K 13½:13¼.

bcg) Universitätsgebäude, Emblem

1814	2 Din	mehrfarbig	bcg	0,20	0,20
		FDC			0,50
1814 F	Farbe Lilabraun fehlend			60,—	
1814 U	ungezähnt			—,—	

Auflage: 734 594 Stück

1979, 10. Dez. 50. Todestag von Đure Đaković und Nikola Hećimović. Odr. 5×5); gez. K 13¼.

bch) Đ. Đaković (1886–1929) und N. Hećimović (1900–1929), Politiker

1815	2 Din	mehrfarbig	bch	0,20	0,20
		FDC			0,50
1815 U	ungezähnt			—,—	

Auflage: 733 694 Stück

In der **MICHEL**-Rundschau können nur Marken katalogisiert werden, die der Redaktion im Original vorlagen.

1979, 14. Dez. 31. Jahrestag der Donaukonferenz in Belgrad (1948). Odr. (3×3); gez. K 13¼.

bci) Dampfschiff „Deligrad" (1862–1914)
bvk) Schleppdampfer „Srbija" (1917–1972) vor der Festung Peterwardein

1816	4.90 (Din)	mehrfarbig	bci	0,50	0,50
1817	10.00 Din	mehrfarbig	bck	1,—	1,—
		Satzpreis (2 W.)		1,50	1,50
		FDC			4,—
		Kleinbogensatz (2 Klb.)		15,—	15,—
1816 U–1817 U	ungezähnt		je	75,—	

Auflage: 450 000 Sätze

1980

1980, 21. Jan. 100. Geburtstag von Milton Manaki. Odr. (5×5); gez. K 13¼.

bcl) M. Manaki (1880–1964), Fotograf und Filmemacher

1818	2 Din	gelb/purpur	bcl	0,20	0,20
		FDC			0,50

Auflage: 898 004 Stück

1980, 26. Jan. 70. Geburtstag von Edvard Kardelj. Odr. (5×5); gez. K 13¼:13¾.

bcm) E. Kardelj (1910–1979), Politiker

1819	2 Din	mehrfarbig	bcm	0,20	0,20
		FDC			0,50
1819 F	Farbe Gold fehlend			—,—	
1819 U	ungezähnt			—,—	

Auflage: 646 790 Stück

1980, 2. Febr. Umbenennung der Stadt Ploče in Kardeljevo. MiNr. 1819 mit rotem Odr.-Aufdruck.

1820	2 Din	mehrfarbig	(1819) R	0,20	0,20
		FDC			0,50
1820 F	auf Urmarke 1819 F			—,—	
1820 U	ungezähnt			—,—	

Auflage: 245 904 Stück

Jugoslawien 611

1980, 13. Febr. Olympische Winterspiele, Lake Placid. Odr. (3×3); gez. K 13½:13¼.

bcn) Eisschnellauf

bco) Skilanglauf

1821	4.90 (Din)	mehrfarbig .... bcn	0,20	0,20
1822	10.00 Din	mehrfarbig .... bco	1,80	1,80
		Satzpreis (2 W.)	2,—	2,—
		FDC		3,50
		Kleinbogensatz (2 Klb.)	20,—	20,—
1821 U		ungezähnt	—,—	
1822 U		ungezähnt	—,—	

Auflagen: MiNr. 1821 = 900 000, MiNr. 1822 = 250 002 Stück

1980, 27. Febr. 75 Jahre Universität Belgrad. Odr. 5×5); gez. K 13¼.

bcp) Universitätsgebäude, Siegel

1823	2 Din mehrfarbig .... bcp	0,20	0,20
	FDC		0,50
1823 F	Farbe Mattorangerot fehlend	40,—	

Auflage: 900 000 Stück

1980, 21. April. Olympische Sommerspiele, Moskau. Odr. (3×3); gez. K 13¼.

bcr) Degenfechten

bcs) Radrennfahren

bct) Hockey

bcu) Bogenschießen

1824	2.00 Din	mehrfarbig .... bcr	0,20	0,20
1825	3.40 (Din)	mehrfarbig .... bcs	0,20	0,20
1826	4.90 (Din)	mehrfarbig .... bct	0,20	0,20
1827	10.00 Din	mehrfarbig .... bcu	0,60	0,60
		Satzpreis (4 W.)	1,20	1,20
		FDC		1,70
		Kleinbogensatz (4 Klb.)	12,—	12,—

Auflagen: MiNr. 1824 = 997 807, MiNr. 1825 = 747 805, MiNr. 1826 = 497 803, MiNr. 1827 = 247 801 Stück

1980, 28. April. Europa: Bedeutende Persönlichkeiten. RaTdr. (3×3); gez. K 11¾.

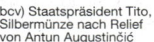
bcv) Staatspräsident Tito, Silbermünze nach Relief von Antun Augustinčić

bcw) Đorađe Prudnikov: Josip Broz Tito (1892–1980)

1828	4.90 (Din)	mehrfarbig .... bcv	0,20	0,20
1829	13.00 (Din)	mehrfarbig .... bcw	1,30	1,30
		Satzpreis (2 W.)	1,50	1,50
		FDC		2,50
		Kleinbogensatz (2 Klb.)	15,—	15,—

MiNr. 1828 ohne, MiNr. 1829 mit Kontrollnummer auf dem Kleinbogenrand.

1828 U	ungezähnt	—,—	
1828 U F	Hintergrund cyanblau statt blau, ☐	—,—	
1829 U	ungezähnt	—,—	

Auflagen: MiNr. 1828 = 1 000 008, MiNr. 1829 = 850 005 Stück

1980, 4. Mai. Tod des Staatspräsidenten Tito. Odr. (3×3); A = gez. K 13½, C = gez. L 13½, D = gez. L 10¾.

bcx   bcy

bcx–bcy) Božidar Jakac: Josip Broz Tito (1892–1980)

1830	2.50 (Din)	schwarzgrau .... bcx		
A		gez. K 13½	0,30	0,10
C		gez. L 13½	0,30	0,20
D		gez. L 10¾	0,30	0,20
1831 A	4.90 (Din)	schwarzgrau .... bcy	0,70	0,70
		Satzpreis A (2 W.)	1,—	0,80
		FDC		5,—
		Kleinbogensatz A (2 Klb.)	10,—	10,—
1830 U		ungezähnt	30,—	
1830 FU		ungezähnt und mit Wertziffer „2.00"	—,—	
1831 U		ungezähnt	30,—	
1831 FU		ungezähnt und geänderte Farbe Schwarz	—,—	

Verschiedene Gummisorten bekannt.
MiNr. 1830–1831 wurden jeweils in Kleinbogen zu je 8 Marken und 1 Zierfeld gedruckt.

Auflagen: MiNr. 1830 = 7 580 920, MiNr. 1831 = 240 000 Stück

1980, 12. Mai. 75. Geburtstag von Sava Kovačević. Odr.; (5×5); gez. K 13½.

bcz) S. Kovačević (1905–1943), Volksheld

1832	2.50 (Din) mehrfarbig .... bcz	0,20	0,20
	FDC		0,50
1832 F	Farbe orange fehlend	—,—	—,—

Auflage: 893 465 Stück

1980, 14. Mai. 35 Jahre Tito-Stafette. Odr. (5×5); gez. K 13½.

bda) Stafette, Grußbrief der Belgrader Jugend an Josip Broz Tito (1945)

1833	2 Din mehrfarbig .... bda	0,20	0,20
	FDC		0,50
1833 U	ungezähnt	40,—	

Auflage: 495 906 Stück

Jugoslawien

1980, 24. Mai. Fauna: Wirbeltiere der Mittelmeerküste. RaTdr. (5×5); gez. K 11¾:11½.

bdb) Flughahn (Dactylopterus volitans)
bdc) Unechte Karettschildkröte (Caretta caretta)
bdd) Zwergseeschwalbe (Sterna albifrons)
bde) Gemeiner Delphin (Delphinus delphis)

1834	2.00 (Din)	mehrfarbig	bdb	0,20	0,20
1835	3.40 (Din)	mehrfarbig	bdc	0,20	0,20
1836	4.90 (Din)	mehrfarbig	bdd	0,30	0,30
1837	10.00 (Din)	mehrfarbig	bde	2,40	2,40
			Satzpreis (4 W.)	3,—	3,—
			FDC		4,—

Auflagen: MiNr. 1834 = 1 000 000, MiNr. 1835 = 750 000, MiNr. 1836 = 500 000, MiNr. 1837 = 250 000 Stück

1980, 10. Juni. Museumsexponate: Römische Kaiser illyrischer Herkunft auf Münzen. RaTdr. (5×5); gez. K 14.

bdf) Decius Trajanus (reg. 249–251)
bdg) Aurelian (reg. 270–275)
bdh) Probus (reg. 276–282)
bdi) Diokletian (reg. 284–305)

1838	2.00 Din	mehrfarbig	bdf	0,20	0,20
1839	3.40 (Din)	mehrfarbig	bdg	0,20	0,20
1840	4.90 (Din)	mehrfarbig	bdh	0,20	0,20
1841	10.00 (Din)	mehrfarbig	bdi	0,40	0,40
			Satzpreis (4 W.)	1,—	1,—
			FDC		1,70

Auflagen: MiNr. 1838 = 990 566, MiNr. 1839 = 740 566, MiNr. 1840 = 490 566, MiNr. 1841 = 240 566 Stück

1980, 17. Juni. Freimarke: Sehenswürdigkeiten. MiNr. 1662 A mit neuem Bdr.-Wertaufdruck, alter Wert zweifach durchbalkt.

1842	2.50 (Din)	auf 1.50 (Din) hellrot (1662 A)	0,50	0,20

Weitere Werte siehe Übersicht nach Jahrgangswerttabelle.

1980, 23. Juni/1981. Freimarke: Sehenswürdigkeiten. Odr. (10×10); A = gez. K 13¼, C = gez. K 13¼:12½.

bdk) Kragujevac

1843	2.50 (Din) hellrot	bdk		
A		gez. K 13¼ (1981)	1,—	0,30
C		gez. K 13¼:12½ (23.6.1980)	1,—	0,20
1843 A UI		links ungezähnt	65,—	

Weitere Werte siehe Übersicht nach Jahrgangswerttabelle.

Bitte teilen Sie uns von Ihnen festgestellte Fehler mit, damit wir sie berichtigen können.

1980, 25. Juni. 400 Jahre Gestüt Lipica. Odr. (5×5); gez. K 13¼.

bdk) Lipizzaner

1844	2.50 (Din)	schwarz	bdl	0,20	0,20
			FDC		0,70

Auflage: 500 000 Stück

1980, 27. Juni. 30 Jahre Grundgesetz über die Selbstverwaltung. Odr. (5×5); gez. K 13¼:13¾.

bdl) Josip Broz Tito (1892–1980)

1845	2.50 (Din)	karmin/orangerot	bdm	0,20	0,20
			FDC		0,50

Auflage: 894 579 Stück

1980, 28. Juni. 20 Jahre Universität Novi Sad. Odr. (5×5); gez. K 13¼.

bdm) Universitätsgebäude

1846	2.50 (Din)	dunkelbläulichgrün	bdn	0,20	0,20
			FDC		0,50

Auflage: 900 000 Stück

1980, 5. Sept. Naturschutz (III). RaTdr. (3×3); gez. K 14.

bdo) Insel Mljet
bdp) Nationalpark Galičica, Ohrid
bdo–bdp) Emblem des Europäischen Informationszentrums für Naturschutz

1847	4.90 (Din)	mehrfarbig	bdo	0,30	0,30
1848	13.00 Din	mehrfarbig	bdp	0,30	0,30
			Satzpreis (2 W.)	0,60	0,60
			FDC		1,50
			Kleinbogensatz (2 Klb.)	6,—	6,—

1980, 10. Sept. Kristalle. Odr. (5×5); gez. K 13½.

bdr) Pyrrhotin bds) Dolomit bdt) Sphalerit bdu) Wulfenit

1849	2.50 (Din)	mehrfarbig	bdr	0,20	0,20
1850	3.40 (Din)	mehrfarbig	bds	0,20	0,20
1851	4.90 (Din)	mehrfarbig	bdt	0,20	0,20
1852	13.00 Din	mehrfarbig	bdu	0,60	0,60
			Satzpreis (4 W.)	1,20	1,20
			FDC		1,50

Jugoslawien

1980, 23. Sept. Generalkonferenz der UNESCO, Belgrad. Odr. (3×3); gez. K 13¼.

bdv) Stadt Kotor, UNESCO-Emblem

1853	4,90 (Din)	mehrfarbig	bdv	0,20	0,20
			FDC		0,50
		Kleinbogen		2,20	2,20

1980, 2. Okt. Europäisches Kindertreffen „Freude Europas". Kinderzeichnungen. Odr. (3×3); gez. K 13¼:13.

bdw) „Kinder mit Luftballons" von Gabrijela Radojević (8 J.)
bdx) „Porträt eines Kindes" von Renata Pisarcikova (6 J.)

1854	4,90 (Din)	mehrfarbig	bdw	0,20	0,20
1855	13,00 Din	mehrfarbig	bdx	0,30	0,30
		Satzpreis (2 W.)		0,50	0,50
		FDC			1,20
		Kleinbogensatz (2 Klb.)		5,—	5,—

1980, 15. Okt. Freimarke: Sehenswürdigkeiten. MiNr. 1672 mit neuem Bdr.-Wertaufdruck, alter Wert zweifach durchbalkt.

1856	5 (Din)	auf 0.75 (Din) braunviolett .... (1672)		2,50	0,50

Weitere Werte siehe Übersicht nach Jahrgangswerttabelle.

1980, 11. Nov. Konferenz über Sicherheit und Zusammenarbeit in Europa (KSZE), Madrid. Komb. StDr. und Odr. (3×3); gez. K 13¾:13¼.

bdy) Friedenstaube, Stadtansicht von Madrid

1857	4,90 (Din)	oliv-/blaugrün	bdy	0,20	0,20
1858	13,00 Din	lila-/ockerbraun	bdy	0,50	0,50
		Satzpreis (2 W.)		0,70	0,70
		FDC			1,10
		Kleinbogensatz (2 Klb.)		7,50	7,50
1858 F		Farbe Ockerbraun fehlend		—,—	

Auflage: 450 000 Sätze

1980, 28. Nov. Tag der Republik: Flaggen. Odr. (2×2 Zd); gez. K 12½.

bdz) Jugoslawien (Inschrift kyrillisch)
bea) Makedonien

beb) Slowenien
bec) Serbien

bed) Flagge von Bosnien-Herzegowina
bee) Montenegro

bef) Kroatien
beg) Jugoslawien (Inschrift lateinisch)

1859	2,50 (Din)	mehrfarbig	bdz	0,10	0,10
1860	2,50 (Din)	mehrfarbig	bea	0,10	0,10
1861	2,50 (Din)	mehrfarbig	beb	0,10	0,10
1862	2,50 (Din)	mehrfarbig	bec	0,10	0,10
1863	2,50 (Din)	mehrfarbig	bed	0,10	0,10
1864	2,50 (Din)	mehrfarbig	bee	0,10	0,10
1865	2,50 (Din)	mehrfarbig	bef	0,10	0,10
1866	2,50 (Din)	mehrfarbig	beg	0,10	0,10
		Satzpreis (8 W.)		0,80	0,80
		FDC			1,70
		Satzpreis (2 Viererblocks)		1,—	1,—

MiNr. 1859–1862 und 1863–1866 wurden jeweils in Bogen zu 4 Viererblocks gedruckt.

Auflage: 600 000 Sätze

1980, 16. Dez. Kunst: Gemälde. Odr. (3×3); gez. K 13¼.

beh) Stojan Aralica (1885–1980): Frau mit Strohhut

bei) Gabrijel Stupica (1913–1990): Atelier Nr. 1
bek) Ismet Mujezinović (*1907): Zum Ruhm der Sutjeska-Kämpfer

bel) Marino Tartaglia (1894–1918): Heiterkeit
bem) Miloš Vušković (1900–1975): Klagelied

JUGOSLAWIEN

MiNr	Preis		Farbe		Code		
1867	2.50	(Din)	mehrfarbig	beh	0,20	0,20
1868	3.40	(Din)	mehrfarbig	bei	0,20	0,20
1869	4.90	(Din)	mehrfarbig	bek	0,20	0,20
1870	8.00	Din	mehrfarbig	bel	0,20	0,20
1871	13.00	Din	mehrfarbig	bem	1,—	1,—
			Satzpreis (5 W.)		1,70	1,70
			FDC			2,—
			Kleinbogensatz (5 Klb.)		17,—	17,—
1867 F			Golddruck fehlend		—,—	
1868 F			Golddruck fehlend		—,—	

Auflagen: MiNr. 1867 = 1 000 000, MiNr. 1868 = 850 000, MiNr. 1869 = 750 000, MiNr. 1870 = 500 000, MiNr. 1871 = 250 000 Stück

1981

1981, 21. Jan. 100. Geburtstag von Ivan Ribar. Odr. (5×5); gez. K 13¼:13¾.

ben) I. Ribar (1881–1968), Politiker

1872	2.50	(Din)	rosalila/schwarz	ben	0,20	0,20
			FDC			0,50

Auflage: 750 000 Stück

1981, 16. Febr. Museumsexponate: Partisanenwaffen. Odr. (5×5); gez. K 13½.

beo) Handgranate „Cementuša", Drvar (1941)

bep) Gewehr „Partizanka", Užice (1941)
ber) Granatwerfer, Podgorje (1942)
bes) Panzerwagen, Nebljusi (1942) 

1873	3.50	(Din)	bräunlichrot/schwarz	beo	0,20	0,20
1874	5.60	(Din)	dunkelgrün/schwarz	bep	0,20	0,20
1875	8.00	(Din)	braunocker/schwarz	ber	0,20	0,20
1876	13.00	(Din)	violett/schwarz	bes	0,60	0,60
			Satzpreis (4 W.)		1,20	1,20
			FDC			1,50

Auflagen: MiNr. 1873 = 1 000 000, MiNr. 1874 = 750 000, MiNr. 1875 = 500 000, MiNr. 1876 = 250 000 Stück

1981, 3. März. 900 Jahre Kloster Bogorodica Milostiva. Odr. (5×5); gez. K 13¼.

bet) Kloster Bogorodica Milostiva, Veles (Makedonien)

1877	3.50	(Din)	mehrfarbig	bet	1,40	1,40
			FDC			2,—
1877 F			Gebäude grün statt braun		100,—	
1877 U			ungezähnt		50,—	

Auflage: 750 000 Stück

1981, 9. März. Freimarken: Sehenswürdigkeiten. Odr. (10×10); A = gez, K 13¼, C = gez. K 13¼:12½.

bdk) Kragujevac    beu) Vršac    bev) Travnik    bew) Dubrovnik

1878	2.50	(Din)	graublau	bdk		
A			gez. K 13¼		0,10	0,10
C			gez. K 13¼:12½		0,20	0,10
1879	3.50	(Din)	orangerot	beu		
A			gez. K 13¼		0,20	0,10
C			gez. K 13¼:12½		0,20	0,10
1880	5.60	(Din)	dunkelolivgrau	bev		
A			gez. K 13¼		0,20	0,10
C			gez. K 13¼:12½		0,20	0,10
1881	8.00	(Din)	dunkelgraublau	bew		
A			gez. K 13¼		0,20	0,10
C			gez. K 13¼:12½		0,70	0,10
			Satzpreis A (4 W.)		0,70	0,40
			Satzpreis C (4 W.)		1,30	0,40

Weitere Werte siehe Übersichts nach Jahrgangswerttabelle.

1981, 14. April. Tischtennis-Weltmeisterschaften SPENS'81, Novi Sad. Odr. (5×5); gez. K 13¾:13¼.

bex) Tischtennis, Emblem

1882	8 Din	mehrfarbig	bex	0,20	0,20
		FDC			0,60
1882 F		Fehlender Landesname		40,—	
1882 F I		Hintergrundfarbe Mattgrau statt Dunkelolivgrau		—,—	

Auflage: 300 000 Stück

1981, 5. Mai. Europa: Folklore. RaTdr. (3×3); gez. K 11¾.

bey) Nikola Arsenović: Hochzeit in der Hercegovina (Detail)
bez) Nikola Arsenović (1823–1885): Hochzeiter

1883	8 Din	mehrfarbig	bey	0,40	0,20
1884	13 Din	mehrfarbig	bez	0,40	0,30
		Satzpreis (2 W.)		0,80	0,50
		FDC			1,50
		Kleinbogensatz (2 Klb.)		7,50	7,50

MiNr. 1883 ohne, MiNr. 1884 mit Kontrollnummer auf dem Kleinbogenrand.

Auflagen: MiNr.1883 = 1 200 000, MiNr. 1884 = 990 000 Stück

1981, 13. Mai. 100. Geburtstag von Dimitrije Tucović. Odr. (5×5); gez. K 13¾:13¼.

bfa) D. Tucović (1881–1914), Jurist und Publizist

1885	3.50	(Din)	violettblau/karmin	bfa	0,20	0,20
			FDC			0,60
1885 F			Hintergrund hellblau statt violettblau		—,—	
1885 U			ungezähnt		40,—	

Auflage: 750 000 Stück

Jugoslawien

1981, 25. Mai. 89. Geburtstag von Josip Broz Tito. RaTdr. (3×3); gez. K 11½:11¾.

bfb) J. Broz Tito (1892–1980)

1886	3.50 (Din)	mehrfarbig	bfb	0,20	0,20
			FDC		1,20
			Kleinbogen	1,80	1,80
1886 U		ungezähnt		—,—	
1886 U F		Hintergrundfarbe Violettgrau statt Hellgrau, ☐		—,—	

1981, 28. Mai. Flora: Feldpflanzen. RaTdr. (5×5); gez. K 11½:11¾.

bfc) Sonnenblume (Helianthus annuus)  bfd) Hopfen (Humulus lupulus) bfe) Mais (Zea mays) bff) Weizen (Triticum vulgare)

1887	3.50 (Din)	mehrfarbig	bfc	0,20	0,20
1888	5.60 (Din)	mehrfarbig	bfd	0,20	0,20
1889	8.00 (Din)	mehrfarbig	bfe	0,30	0,30
1890	13.00 Din	mehrfarbig	bff	0,50	0,50
		Satzpreis (4 W.)		1,20	1,20
		FDC			2,—
1887 U–1890 U		ungezähnt	je	—,—	

Auflagen: MiNr. 1887 = 1 000 000, MiNr. 1888 = 750 000, MiNr. 1889 = 500 000, MiNr. 1890 = 250 000 Stück

1981, 16. Juni. Kongreß der Selbstverwalter Jugoslawiens. Odr. (5×5); gez. K 13¼:13¾.

bfg) Kongreßemblem

1891	3.50 (Din)	mehrfarbig	bfg	0,20	0,20
		FDC			0,50

Auflage: 750 000 Stück

1981, 22. Juni. 60. Todestag von Đorđe Petrov. Odr. (5×5); gez. K 13¼:13½.

bfh) Đ. Petrov (1864–1921), Politiker

1892	3.50 (Din)	mattbraun/schwarz	bfh	0,20	0,20
		FDC			0,50

Auflage: 750 000 Stück

1981, 4. Juli. 40. Jahrestag des Aufstandes gegen die Besatzungsmächte. Odr. (5×5); gez. K 12½:12¾.

bfi) Wappenstern, Verdienstmedaille

1893	3.50 (Din)	orangerot/mattgelb	bfi	0,10	0,10
1894	8.00 Din	lebhaftrot/mattorangerot	bfi	0,20	0,20
		Satzpreis (2 W.)		0,30	0,30
		FDC			0,70

Blockausgabe, ☐

bfk) Tito-Denkmal von A. Augustinčić, Verdienstmedaille

bfl

1895	30 Din	mehrfarbig	bfk	1,—	1,—
Block 19	(60×85 mm)		bfl	1,50	1,50
		FDC			2,60
Bl. 19 F		Blockrand olivgelb statt hellorangerot		—,—	

Auflage: MiNr. 1893 = 750 000, MiNr. 1894 = 300 000 Stück. Bl. 19 = 250 898 Blocks

1981, Aug. Freimarke: Sehenswürdigkeiten. MiNr. 1646 mit neuem Bdr.-Wertaufdruck, alter Wert zweifach durchbalkt; A = gez. K 13¼, C = gez. K 13¼:12½.

1896	5 **(Din)** auf 4.90 (Din) dunkelgraublau	(1646)		
A	gez. K 13¼		1,—	0,20
C	gez. K 13¼:12½		1,50	0,50

Weitere Werte siehe Übersicht nach Jahrgangswerttabelle.

1981, 20. Aug. 800 Jahre Stadt Varaždin. Odr. (5×5); gez. K 13½:13¼.

bfm) Stadtansicht (18. Jh.)

1897	3.50 (Din)	dunkelviolettultramarin/orangegelb	bfm	0,20	0,20
		FDC			0,60
1897 F		ultramarin/hellgrünoliv		—,—	

Auflage: 750 000 Stück

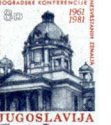

1981, 1. Sept. 20. Jahrestag der Belgrader Konferenz der blockfreien Staaten. Odr. (5×5); gez. K 13¼:13¾.

bfn) Parlamentsgebäude, Belgrad

1898	8 Din	lebhaftrot/violettblau	bfn	0,20	0,20
		FDC			0,60

Auflage: 300 000 Stück

Jugoslawien

1981, 15. Sept. 150 Jahre Druckerei in Serbien. Odr. (5×5); gez. K 13¾:13¼.

bfo) Alte Druckpresse, Titelseite der Zeitung „Novine Srpske"

| 1899 | 3.50 (Din) | mattrosa/schwarzblau | bfo | 0,20 | 0,20 |
| | | FDC | | | 0,60 |

Auflage: 750 000 Stück

1981, 28. Sept. 150. Geburtstag von Fran Levstik. Odr. (5×5); gez. K 12:11¾.

bfp) F. Levstik (1831–1887), Schriftsteller

| 1900 | 3.50 (Din) | dunkelbraunrot/grau | bfp | 0,20 | 0,20 |
| | | FDC | | | 0,70 |

Auflage: 750 000 Stück

1981, 2. Okt. Europäisches Kindertreffen „Freude Europas": Kinderzeichnungen. Odr. (3×3); gez. K 13½.

bfr) „Bauernhof" von Sašo Arsovski (12 J.)

bfs) „Skischule" von Aino Jokine (9 J.)

1901	8 Din	mehrfarbig	bfr	0,20	0,20
1902	13 Din	mehrfarbig	bfs	0,30	0,30
		Satzpreis (2 W.)		0,50	0,50
		FDC			1,50
		Kleinbogensatz (2 Klb.)		5,—	5,—

Auflagen: MiNr. 1901 = 750 000, MiNr. 1902 = 300 000 Stück

1981, 28. Okt. 125 Jahre Europäische Donaukommission. Odr. (3×3); gez. K 13½.

bft) Schubschiff „Karlovac" (1980)

bfu) Schiff-Schleppdienst am Siper-Kanal (1916–1972)

1903	8 Din	mehrfarbig	bft	0,20	0,20
1904	13 Din	mehrfarbig	bfu	0,50	0,50
		Satzpreis (2 W.)		0,70	0,70
		FDC			1,70
		Kleinbogensatz (2 Klb.)		6,50	6,50
1903 Ü	ungezähnt			35,—	
1904 Ü	ungezähnt			35,—	

Auflage: 450 000 Sätze

1981, Okt. Freimarke: Sehenswürdigkeiten. MiNr. 1694 mit Bdr.-Wertaufdruck, alter Wert zweifach durchbalkt.

1905	3.50 (Din)	auf 3.40 (Din) russischgrün			
A		gez. K 13¼ (1694 A)		0,50	0,20
C		gez. K 13¼:12½ (1694 C)		1,50	0,30

Weitere Werte siehe Übersicht nach Jahrgangswerttabelle.

1981, 31. Okt. 60 Jahre Postsparkasse. Odr. (5×5); gez. K 11¾:12.

bfv) Buchstaben „PS"

1906	3.50 (Din)	dunkelkarmin/gelborange	bfv	0,20	0,20
		FDC			0,60
1906 F		Farbe Gelborange fehlend		—,—	

Auflage: 750 000 Stück

1981, 4. Nov. Internationale Konferenz über Technologie und Entwicklungshilfe. Odr. (5×5); gez. K 13½.

bfw) Emblem

| 1907 | 8 Din | rotlila/goldfarben | bfw | 0,20 | 0,20 |
| | | FDC | | | 0,60 |

Auflage: 300 000 Stück

1981, 14. Nov. Europäischer Naturschutz (I). Odr. (3×3); gez. K 13½.

bfx) Forsythie, Rugovo-Schlucht

bfy) Luchs, Prokletije-Massiv

1908	8 Din	mehrfarbig	bfx	0,30	0,30
1909	13 Din	mehrfarbig	bfy	0,90	0,90
		Satzpreis (2 W.)		1,20	1,20
		FDC			1,70
		Kleinbogensatz (2 Klb.)		11,—	11,—

Auflagen: MiNr. 1908 = 750 000, MiNr. 1909 = 300 000 Stück

Damit Sie mehr aus Ihrer Sammlung machen:
Bund Deutscher Philatelisten e.V.

Mildred-Scheel-Str. 2 · 53175 Bonn · Tel. (02 28) 3 08 58-0 · Fax (02 28) 3 08 58-12 · E-Mail: info@bdph.de

Jugoslawien 617

**1981, 12. Dez. 100. Todestag von August Šenoa.
Odr. (5×5); gez. K 11¾:12.**

bfz) A. Senoa (1838–1881), Schriftsteller

| 1910 | 3.50 (Din) | dunkelviolett/
hellorangebraun .... bfz
FDC | 0,20 | 0,20
0,60 |

1910 F dkl'violett/mattbläulichgrün .... 40,—

Auflage: 750 000 Stück

**1981, 29. Dez. Kunst: Tiergemälde.
RaTdr. (3×3); gez. K 13¾.**

bga) Jovan Bijelić (1886–1964): Stilleben mit Fisch

bgb) Milo Mulunović
(1897–1967): Rabe

bgc) Marko Celebonović
(* 1902): Vogel vor
blauem Hintergrund

bgd) Petar Lubarda
(1907–1974): Pferde

bge) Nikola Mašić
(1852–1902): Schafe

1911	3.50 (Din)	mehrfarbig .... bga	0,20	0,10
1912	5.60 (Din)	mehrfarbig .... bgb	0,20	0,10
1913	8.00 Din	mehrfarbig .... bgc	0,20	0,10
1914	10.00 Din	mehrfarbig .... bgd	0,20	0,10
1915	13.00 Din	mehrfarbig .... bge	0,70	0,70
		Satzpreis (5 W.)	1,50	1,—
		FDC		1,70
		Kleinbogensatz (5 Klb.)	15,—	15,—

Auflagen: MiNr. 1911 = 1 000 000, MiNr. 1912 = 850 000, MiNr. 1913 = 750 000,
MiNr. 1914 = 500 000, MiNr. 1915 = 250 000 Stück

1982

**1982, 14. Jan. 40 Jahre Vorschriften von
Foča. Odr. (5×5); gez. K 13¼:13½.**

bgf) Moša Pijade (1890–1957), Journalist,
Partisanenführer, Politiker; Schriftrolle, Tintenfaß

| 1916 | 3.50 (Din) | mattviolett/schwarzblau .. bgf
FDC | 0,20 | 0,20
0,50 |

Auflage: 750 000 Stück

**1982, 19. Febr. 60 Jahre Zeitung „Borba".
Odr. (5×5); gez. K 13½.**

bgg) Verschiedene Ausgaben der Zeitung

| 1917 | 3.50 (Din) | orangerot/schwarz ...... bgg
FDC | 0,20 | 0,20
0,50 |

1917 F mattgrüngelb/schwarz .... —,—

Auflage: 750 000 Stück

**1982, 10. März. 500 Jahre Stadt Cetinje. Odr.
(5×5); gez. K 13¼:13¾.**

bgh) Stadtansicht

| 1918 | 3.50 (Din) | grau-/lilabraun .... bgh
FDC | 0,20 | 0,20
0,50 |

Auflage: 750 000 Stück

**1982, 5. Mai. Europa: Historische Ereignisse. RaTdr. (3×3); gez.
K 11¾.**

bgi) Kapitän Ivo Visin
(1806–1868), Seekarte

bgk) Segelschiff „Splendido"

1919	8 Din	mehrfarbig .... bgi	0,50	0,50
1920	15 Din	mehrfarbig .... bgk	0,50	0,50
		Satzpreis (2 W.)	1,—	1,—
		FDC		2,50
		Kleinbogensatz (2 Klb.)	10,—	10,—

MiNr. 1919 ohne, MiNr. 1920 mit Kontrollnummer auf dem Kleinbogenrand.

Auflage: 860 000 Sätze

1982, 14. Mai. Blockausgabe: Fußballweltmeisterschaft, Spanien. RaTdr.; gez. K 11¾:11½.

bgl) Fußball am
Anstoßpunkt

bgm) Fußball an
der Eckfahne

bgn) Fußball im Tornetz

bgo) Fußball im
Arm des Torwarts

bgp

| 1921 | 3.50 (Din) | mehrfarbig .... bgl | 0,20 | 0,20 |
| 1922 | 5.60 (Din) | mehrfarbig .... bgm | 0,20 | 0,20 |

Jugoslawien

1923	8.00 Din	mehrfarbig	bgn	0,20	0,20
1924	15.00 Din	mehrfarbig	bgo	0,20	0,20
Block 20	(98×84 mm)		bgp	2,—	2,—
			FDC		3,50

Auflage: 500 000 Blocks

1982, 24. Mai. Fauna: Sperlinge. Odr. (5×5); gez. K 13½:13¼.

bgr) Haussperling (Passer domesticus)

bgs) Haussperling (Passer domesticus)   bgt) Feldsperling (Passer montanus)   bgu) Feldsperling (Passer montanus)

1925	3.50 (Din)	mehrfarbig	bgr	0,20	0,20
1926	5.60 (Din)	mehrfarbig	bgs	0,20	0,20
1927	8.00 Din	mehrfarbig	bgt	0,20	0,20
1928	15.00 Din	mehrfarbig	bgu	1,40	1,40
		Satzpreis (4 W.)		2,—	2,—
			FDC		3,—

Auflagen: MiNr. 1925 = 1 000 000, MiNr. 1926 = 750 000, MiNr. 1927 = 500 000, MiNr. 1928 = 250 000 Stück

1982, 25. Mai. 90. Geburtstag von Josip Broz Tito. RaTdr. (3×3); gez. K 11½:11¾.

bgv) J. Broz Tito (1892–1980), Staatspräsident

1929	3.50 (Din)	mehrfarbig	bgv	0,20	0,20
			FDC		0,60
		Kleinbogen		1,80	1,80

Auflage: 300 000 Stück

1982, 26. Juni. Kongreß des Bundes der Kommunisten Jugoslawiens, Belgrad. Odr. (5×5); gez. K 13½:13¼.

bgw   bgx

bgw–bgx) Hammer- und Sichel-Zeichen bilden Kette

1930	3.50 (Din)	mehrfarbig	bgw	0,20	0,20
1931	8.00 Din	mehrfarbig	bgx	0,30	0,30
		Satzpreis (2 W.)		0,50	0,50
			FDC		0,70

Blockausgabe, gez. K 12½

1932	10 (Din)	mehrfarbig	bgw	0,20	0,20
1933	20 Din	mehrfarbig	bgx	0,70	0,70
Block 21	(70×95 mm)		bgy	1,—	1,—
			FDC		2,—

Bl. 21 U   ungezähnt, Format 74×148 mm . . . . 300,—

Auflagen: MiNr. 1930 = 1 000 000, MiNr. 1931 = 300 000 Stück, Bl. 21 = 250 000 Blocks

1982, 27. Juli. 150. Geburtstag von Đjura Jakšić. Odr.; (5×5); gez. K 13¾:14.

bgz) Đ. Jakšić (1832–1878), Schriftsteller und Maler

1934	3.50 (Din)	mehrfarbig	bgz	0,20	0,20
			FDC		0,60
1934 U	ungezähnt, ohne Gummi . . . . (*)			—,—	

Auflage: 750 000 Stück

1982, 30. Juli. Kajak- und Kanuweltmeisterschaften, Belgrad; Weltmeisterschaften im Gewichtheben, Ljubljana; Kunstturn-Weltcup, Zagreb. Odr. (5×5); gez. K 13¾:13½.

bha) Kajak-Einer   bhb) Gewichtheben   bhc) Turnen am Stufenbarren

1935	8 Din	mattblau/blau	bha	1,—	0,20
1936	8 Din	mattgelbgrün/dunkelolivgrün	bhb	1,—	0,20
1937	8 Din	mattkarmin/dunkelkarmin	bhc	1,—	0,30
		Satzpreis (3 W.)		3,—	0,70
			FDC		1,50

Auflage: 300 000 Sätze

1982, 3. Aug. 150. Geburtstag von Ivan Zajc. Odr. (5×5); gez. K 13¼:13½.

bhd) I. Zajc (1832–1914), Komponist und Dirigent

1938	4 Din	braunocker/dunkelockerbraun	bhd	0,20	0,20
			FDC		0,70
1938 F	hellgelboliv/grünoliv			—,—	—,—

Auflage: 750 000 Stück

1982, 1. Sept. 40 Jahre Jugoslawische Luftwaffe und Luftabwehr; 40 Jahre Jugoslawische Kriegsmarine. Odr. (3×3); gez. K 13¼:13½.

bhe) Jagdflugzeuge Breguet 19 und Potez 25 (1942)

bhf) Düsentrainer SOKO G-4 Super Galeb (1982)   bhg) Flakschiff (1942)   bhh) Schnellboot „Rade Končar" (1982)

1939	4.00 Din	mehrfarbig	bhe	0,20	0,20
1940	6.10 (Din)	mehrfarbig	bhf	0,20	0,20

Jugoslawien 619

1941	8.80 (Din)	mehrfarbig .... bhg	0,20	0,20
1942	15.00 Din	mehrfarbig .... bhh	0,60	0,60
		Satzpreis (4 W.)	1,20	1,20
		FDC		2,—
		Kleinbogensatz (4 Klb.)	12,—	12,—

Auflagen: MiNr. 1939 = 1 000 000, MiNr. 1940 = 750 000, MiNr. 1941 = 500 000, MiNr. 1942 = 250 000 Stück

1982, 3. Sept. Europäischer Naturschutz (II). Odr. (3×3); gez. K 13¼.

bhi) Kiefernzweig, Tara-Gebirge

bhk) Seehund, Kornat-Inseln

1943	8.80 (Din)	mehrfarbig .... bhi	0,30	0,30
1944	15.00 Din	mehrfarbig .... bhk	0,70	0,70
		Satzpreis (2 W.)	1,—	1,—
		FDC		1,50
		Kleinbogensatz (2 Klb.)	10,—	10,—

Auflagen: MiNr. 1943 = 500 000, MiNr. 1944 = 350 000 Stück

1982, 2. Okt. Europäisches Kindertreffen „Freude Europas": Kinderzeichnungen. Odr. (3×3); gez. K 13¼.

bhl) „Schulbus" von Božo Tibor

bhm) „Kind beim Baden" von Heiko Jäkel

1945	8.80 (Din)	mehrfarbig .... bhl	0,20	0,20
1946	15.00 Din	mehrfarbig .... bhm	0,60	0,60
		Satzpreis (2 W.)	0,80	0,80
		FDC		1,50
		Kleinbogensatz (2 Klb.)	8,50	8,50

Auflagen: MiNr. 1945 = 500 000, MiNr. 1946 = 350 000 Stück

1982, 11. Okt. Freimarke: Sehenswürdigkeiten, Tourismus. Odr. (10×10); A = gez. K 13¼, C = gez. K 13¼:12½.

anl) Bauten in Hercegnovi

1947	8.80 (Din)	dunkelgrünlichgrau ... anl		
A		gez. K 13¼	1,50	0,70
C		gez. K 13¼:12½	0,50	0,20

Weitere Werte siehe Übersicht nach Jahrgangswerttabelle

1982, 23. Okt. Kongreß des Weltbundes der Reiseagenturen (UFTAA), Dubrovnik. Odr. (5×5); gez. K 13¾:13½.

bhn) Kleiner Onofrius-Brunnen, Dubrovnik; UFTAA-Emblem

| 1948 | 8.80 (Din) | mehrfarbig .... bhn | 0,20 | 0,20 |
| | | FDC | | 0,80 |

Auflage: 300 000 Stück

1982, 28. Okt. 600 Jahre Stadt Hercegnovi. Odr. (5×5); gez. K 13¼.

bho) Stadtansicht von Hercegnovi

| 1949 | 4 Din | mehrfarbig .... bho | 0,50 | 0,50 |
| | | FDC | | 1,50 |

| 1949 F | Farbe Ocker fehlend .... | —,— |

Auflage: 750 000 Stück

1982, 10. Nov. Olympische Winterspiele, Sarajevo 1984 (I): Ansichten von Sarajevo. Odr. (3×3); gez. K 12½.

bhp) Brücke über die Miljacka

bhr) Minarett, Seilbahn   bhs) Kunstakademie   bht) Gasse in der Altstadt

1950	4.00 (Din)	mehrfarbig .... bhp	0,20	0,20
1951	6.10 (Din)	mehrfarbig .... bhr	0,20	0,20
1952	8.80 (Din)	mehrfarbig .... bhs	0,50	0,50
1953	15.00 (Din)	mehrfarbig .... bht	1,30	1,30
		Satzpreis (4 W.)	2,20	2,20
		FDC		6,—
		Kleinbogensatz (4 Klb.)	22,—	22,—

Auflagen: MiNr. 1950 = 1 000 000, MiNr. 1951 = 750 000, MiNr. 1952 = 500 000, MiNr. 1953 = 300 000 Stück

1982, 15. Nov. Freimarken: Sehenswürdigkeiten, Tourismus. Odr.; A = gez. K 13¼, C = gez. K 13¼:12½.

aue) Skofja Loka    aox) Moschee in Počitelj

1954	3 Din	graublau (Töne) .... aue		
A		gez. K 13¼	0,30	0,20
C		gez. K 13¼:12½	0,30	0,10
1955	4 Din	orangerot .... aox		
A		gez. K 13¼	0,30	0,20
C		gez. K 13¼:12½	0,30	0,10
		Satzpreis A (2 W.)	0,60	0,40
		Satzpreis C (2 W.)	0,60	0,20

Weitere Werte siehe Übersicht nach Jahrgangswerttabelle

1982, 26. Nov. 40. Jahrestag der Sitzung des Antifaschistischen Rates (AVNOJ), Bihać. Odr. (5×5); gez. K 13¼.

bhu) Stadtansicht von Bihać, AVNOJ-Emblem

| 1956 | 4 Din | rotbraun/orange .... bhu | 0,20 | 0,20 |
| | | FDC | | 0,50 |

| 1956 F | oliv/mattgelb .... | —,— |

Auflage: 750 000 Stück

1982, 27. Nov. Kunst: zeitgenössische Gemälde. Odr. (5×5); gez. K 13¼.

bhv) Prophet auf goldenem Grund; von Jože Ciuha
bhw) Reise nach dem Westen; von Andrej Jemec
bhx) Schwarzer Kamm mit rotem Band; von Riko Debenjak

bhy) Das Manuskript; von Janez Bernik
bhz) Die Vitrine; von Adriana Maraž

1957	4.00 Din	mehrfarbig	bhv	0,20	0,20
1958	6.10 (Din)	mehrfarbig	bhw	0,20	0,20
1959	8.80 (Din)	mehrfarbig	bhx	0,20	0,20
1960	10.00 (Din)	mehrfarbig	bhy	0,20	0,20
1961	15.00 (Din)	mehrfarbig	bhz	0,70	0,70
			Satzpreis (5 W.)	1,50	1,50
			FDC		2,—

1958 Udr   nur links gezähnt .... —,—

Auflagen: MiNr. 1957 = 1 000 000, MiNr. 1958 = 850 000, MiNr. 1959 = 750 000, MiNr. 1960 = 500 000, MiNr. 1961 = 250 000 Stück

1982, 7. Dez. 125. Geburtstag von Uroš Predić. Odr. (5×5); gez. K 13¼.

bia) Selbstporträt; von U. Predić (1857–1953), Maler

1962	4 Din braunocker/hellorangerot ... bia	0,20	0,20
	FDC		0,50

Auflage: 750 000 Stück

1982, 23. Dez. Freimarke: Sehenswürdigkeiten. MiNr. 1878 mit neuem Bdr.-Wertaufdruck, alter Wert zweifach durchbalkt.

1963	0.50 (Din)	auf 2.50 (Din) graublau		
A		gez. K 13¼ .... (1878 A) Bl	0,50	0,20
C		gez. K 13¼:12½ (1878 C) Bl	1,50	0,30

Weitere Werte siehe Übersicht nach Jahrgangswerttabelle.

1982, 23. Dez. Freimarke: Sehenswürdigkeiten. Odr. (10×10); A = gez. K 13¼, C = gez. K 13¼:12½.

1964	6.10 (Din)	schwarzolivgrün ...... aud		
A		gez. K 13¼	1,—	0,50
C		gez. K 13¼:12½	0,50	0,50

Weitere Werte siehe Übersicht nach Jahrgangswerttabelle.

1982, 27. Dez. 40 Jahre Bund der Pioniere Jugoslawiens. Odr. (5×5); gez. K 11¾:12.

bib) Emblem

1965	4 Din	mehrfarbig .... bib	0,20	0,20
		FDC		0,50

Auflage: 750 000 Stück

1983

1983, 11. Jan. Freimarke: Sehenswürdigkeiten. MiNr. 1878 C mit neuem Bdr.-Wertaufdruck, alter Wert mit Stadtwappen von Kragujevac überdruckt.

1966	2 Din	auf 2.50 (Din) graublau (1878 C) L	1,—	0,20

Weitere Werte siehe Übersicht nach Jahrgangswerttabelle.

1983, 11. Jan. Freimarke: Sehenswürdigkeiten. MiNr. 1878 mit neuem Bdr.-Wertaufdruck, alter Wert zweifach durchbalkt.

1967	0.30 (Din)	auf 2.50 (Din) graublau		
A		gez. K 13¼ ..... (1878 A) R	1,—	0,20
C		gez. K 13¼:12½ (1878 C) R	0,50	0,20

Weitere Werte siehe Übersicht nach Jahrgangswerttabelle.

1983, 12. Jan. Freimarke: Sehenswürdigkeiten. MiNr. 1879 mit neuem Bdr.-Wertaufdruck, alter Wert zweifach durchbalkt.

1968	1 (Din)	auf 3.50 (Din) orangerot		
A		gez. K 13¼ .... (1879 A)	0,80	0,50
C		gez. K 13¾:12½ ..... (1879 C)	0,20	0,20

Weitere Werte siehe Übersicht nach Jahrgangswerttabelle.

1983, 19. Febr. Museumsexponate: Gebrauchsgegenstände. Odr. (5×5); gez. K 13½:13¼.

bic) Bleikanne (16. Jh.)

bid) Versilberte Zinn-Etagentöpfe (18. Jh.)
bie) Vergoldeter Silberbecher (16. Jh.)
bif) Bronze-Mörser (15. Jh.)

1969	4.00 Din	mehrfarbig .... bic	0,20	0,20
1970	6.10 (Din)	mehrfarbig .... bid	0,20	0,20
1971	8.80 (Din)	mehrfarbig .... bie	0,20	0,20
1972	15.00 Din	mehrfarbig .... bif	0,40	0,40
		Satzpreis (4 W.)	1,—	1,—
		FDC		1,50

Auflagen: MiNr. 1969–1971 je 500 000, MiNr. 1972 = 250 000 Stück

Jugoslawien

1983, 26. Febr. 90 Jahre Slowenischer Alpinistenverein. Odr. (10×5); gez. K 13¼.

big) Jalovec-Gipfel, Edelweiß, Emblem

1973	4 Din	mehrfarbig	big	0,20	0,20
			FDC		0,50

Auflage: 5 000 000 Stück

1983, 28. Febr. Freimarke MiNr. 1878 mit neuem Bdr.-Wertaufdruck, alter Wert mit Stadtwappen von Kragujevac überdruckt.

1974	0.60 (Din) auf 2.50 (Din) graublau			
A	gez. K 13¼	(1878 A)	0,20	0,20
C	gez. K 13¼:12½	(1878 C)	0,60	0,20

Weitere Werte siehe Übersicht nach Jahrgangswerttabelle.

1983, 15. März. 100 Jahre Telefon in Serbien. Odr. (5×5); gez. K 13¼.

bih) Induktortelefonapparat „Ericsson" (um 1900); Gebäude des Kriegsministeriums, Belgrad

1975	3 Din	cyanblau/braunocker	bih	0,20	0,20
			FDC		0,50
1975 F		cyanblau/gelboliv		—,—	

Auflage: 5 000 000 Stück

1983, 17. März. 25 Jahre Internationale Organisation für Seeschiffahrt (OMI). Odr. (5×5); gez. K 13¾.

bii) Schiffe, Emblem

1976	8.80 (Din)	mehrfarbig	bii	0,20	0,20
			FDC		0,70

Auflage: 300 000 Stück

1983, 21. März. Flora: Speisepilze. Odr. (5×5); gez. K 13¾.

bik) Wiesenchampignon (Agaricus campestris)

bil) Morchel (Morchella vulgaris)
bim) Steinpilz (Boletus edulis)
bin) Pfifferling (Cantharellus cibarius)

1977	4.00 Din	mehrfarbig	bik	0,30	0,30
1978	6.10 (Din)	mehrfarbig	bil	0,30	0,30
1979	8.80 (Din)	mehrfarbig	bim	0,30	0,30
1980	15.00 (Din)	mehrfarbig	bin	0,80	0,80
		Satzpreis (4 W.)		1,70	1,70
			FDC		2,—

Auflagen: MiNr. 1977–1979 je 500 000, MiNr. 1980 = 250 000 Stück

1983, 5. April. 110 Jahre Eisenbahnlinie nach Rijeka (Fiume). Odr. (5×5); MiNr. 1982 mit Bdr.-Aufdruck einer neuen Wertangabe; gez. K 13¼.

bio) Dampflokomotive Serie 401; hystorische Ansicht von Fiume

bip) Elektrolokomotive Serie 442; Rijeka

1981	4.00 Din	rotkarmin/grüngrau	bio	0,20	0,20
1982	23.70 (Din)	auf 8.80 (D.) grüngrau/rotkarmin	bip	0,50	0,50
		Satzpreis (2 W.)		0,70	0,70
			FDC		1,20
1982 F		fehlender Aufdruck		—,—	

Auflage: 5 000 000 Sätze

1983, 10. April. 40. Jahrestag der Erschießung von Boro Vukmirović und Ramiz Sadiku. Odr. (5×5); gez. K 13¼.

bir) Boro- und Ramiz-Denkmal, Landovica

1983	4 Din	blauviolett/violettgrau	bir	0,20	0,20
			FDC		0,50

Auflage: 5 000 000 Stück

1983, 5. Mai. Europa: Große Werke des menschlichen Geistes. RaTdr. (3×3); gez. K 11¾.

bis) Nobelpreis-Medaille, Manuskript von Ivo Andrić

bit) Ivo Andrić (1892–1975); Schriftsteller (Nobelpreis 1961); Brücke über die Drina

1984	8.80 (Din)	mehrfarbig	bis	0,20	0,20
1985	20.00 (Din)	mehrfarbig	bit	0,30	0,30
		Satzpreis (2 W.)		0,50	0,50
			FDC		1,—
		Kleinbogensatz (2 Klb.)		5,—	5,—

MiNr. 1984 ohne, MiNr. 1985 mit Kontrollnummer auf dem Kleinbogenrand.

Auflagen: MiNr. 1984 = 1 050 000, MiNr. 1985 = 710 000 Stück

1983, 13. Mai. Internationale Landwirtschaftsmesse, Novi Sad. Odr. (5×5); gez. K 14.

biu) Mähdrescher auf Maisfeld, Embleme

1986	4 Din	hellgelbgrün/violett	biu	0,20	0,20
			FDC		0,50

Auflage: 5 000 000 Stück

1983, 14. Mai. 40. Jahrestag der Schlacht an der Sutjeska. Odr. (5×5); gez. K 12¾:12½.

biv) Sturmangriff; Zeichnung von Pivo Karamatijević

1987	3 Din	braun/rosa	biv	0,20	0,20
			FDC		0,50
1987 F		graugrün/mattgrün		40,—	

Auflage: 5 000 000 Stück

Jugoslawien

1983, 25. Mai. 30. Jahrestag der Wahl von Josip Broz Tito zum Präsidenten. Odr. (5×5); A = gez. K 13¼, C = gez. K 12¾:12½.

biw) J. Broz Tito (1892–1980), Parteigebäude

1988	4 Din	siena/schwarzoliv .... biw		
A		gez. K 13¼	0,20	0,20
C		gez. K 12¾:12½	1,—	1,—
		FDC (A)		,50

Auflage: 5 000 000 Stück

1983, 27. Mai. 80 Jahre Post- und Personenbeförderung durch Kraftfahrzeuge in Montenegro. Odr. (5×5); gez. K 13¼.

bix) Erstes Postfahrzeug (1903), Posthorn
biy) Teil der ersten Route, Posthorn

1989	4.00 (Din)	graublau/orangebraun ... bix	0,20	0,20
1990	16.50 (Din)	orangebraun/graublau ... biy	0,20	0,20
		Satzpreis (2 W.)	0,40	0,40
		FDC		1,—

Auflage: 5 000 000 Sätze

1983, 1. Juni. Freimarken: Revolutionsdenkmäler. Odr. (5×5); A = gez. K 12½, C = gez. K 13¼:13½ bzw. ~.

biz) Denkmal „Volksaufstand", Valjevo
bka) Triumphbogen, Titograd

1991	100 (Din)	mattorange/blau .... biz		
A		gez. K 12½	3,—	0,30
C		gez. K 13¼:13½	1,60	0,30
1992	200 (Din)	mattorangerot/grün .... bka		
A		gez. K 12½	2,60	1,20
C		gez. K 13½:13¼	4,50	1,20
		Satzpreis A (2 W.)	5,50	1,50
		Satzpreis C (2 W.)	6,—	1,50
		FDC (A)		11,—

Weitere Werte: MiNr. 1540–1545

1983, 6. Juni. Tagung der Konferenz der Vereinten Nationen für Handel und Entwicklung (UNCTAD), Belgrad. Odr. (3×3); gez. K 14.

bkb) Statistische Kurve, UNO-Emblem

1993	23.70 (Din)	mehrfarbig .... bkb	0,20	0,20
		FDC		1,50
		Kleinbogen	2,50	2,50

Auflage: 250 000 Stück

1983, 7. Juni. 1000 Jahre Stadt Pazin. Odr. (5×5); gez. K 12½.

bkc) Stadtansicht, Stadtwappen

1994	4 Din	grün/orangebraun .... bkc	0,20	0,20
		FDC		0,50

Auflage: 5 000 000 Stück

1983, 8. Juni. Freimarke: Sehenswürdigkeiten. Odr. (10×10); A = gez. K 13¼, C = gez. K 13¼:12½.

bkd) Kloster Sveti Jovan, Ohrid

1995	16.50 (Din)	preußischblau .... bkd		
A		gez. K 13¼	0,20	0,20
C		gez. K 13¼:12½	4,—	4,—

Weitere Werte siehe Übersicht nach Jahrgangswerttabelle.

1983, 26. Juli./1984, 24. April. Freimarke: 20. Jahrestag der Erdbebenkatastrophe in Skopje. Odr. (5×5); A = gez. K 13¼, C = gez. K 12¾:12½.

bke) Stadtansicht von Skopje

1996	23.70 (Din)	dunkellila .... bke		
A		gez. K 13¼ (24.4.1984) ...	0,70	0,60
C		gez. K 12¾:12½ (26.7.1983)	0,20	0,20

Mit Aufdruck: MiNr. 2091

1983, 15. Aug. 100. Geburtstag von Ivan Meštrović. Odr.;(5×5); gez. K 12½.

bkf) Siegerdenkmal auf dem Kalemegdan, Belgrad; von I. Meštrović (1883–1962), Bildhauer

1997	6 Din	mehrfarbig .... bkf	0,20	0,20
		FDC		0,60
1997 F	Figur und Wertziffer grün statt braun		—,—	

Auflage: 5 000 000 Stück

1983, 24. Aug. Freimarke: Sehenswürdigkeiten. Odr. (10×10); A = gez. K 13¼, C = gez. K 13¼:12½.

bkg) Festung und Gelöbnissäule, Osijek

1998	5 Din	blaugrün .... bkg		
A		gez. K 13¼	0,50	0,20
C		gez. K 13¼:12½	0,50	0,20
1998 U	ungezähnt		40,—	
1998 Us	senkrecht ungezähnt		—,—	

Weitere Werte siehe Übersicht nach Jahrgangswerttabelle.

1983, 2. Sept. Freimarke: Sehenswürdigkeiten. Odr. (10×10); A = gez. K 13¼, C = gez. K 13¼:12½.

bkh) Alter Markt, Sarajevo; Emblem der Olympischen Winterspiele 1984

1999	10 Din	violett (Töne) .... bkh		
A		gez. K 13¼	0,50	0,20
C		gez. K 13¼:12½	1,—	0,20

Weitere Werte siehe Übersicht nach Jahrgangswerttabelle.

Europa in Farbe:
Die MICHEL-Europa-Kataloge

1983, 10. Sept. Europäischer Naturschutz (III). Odr. (3×3); gez. K 13¼.

bki) Enzian (Gentiana kochiana). Nationalpark Kopaonik
bkk) Gemse (Rupicapra rupicapra), Nationalpark Sutjeska

2000	16.50 (Din)	mehrfarbig	bki	0,40	0,40
2001	23.70 (Din)	mehrfarbig	bkk	0,80	0,80
		Satzpreis (2 W.)		1,20	1,20
		FDC			1,20
		Kleinbogensatz (2 Klb.)		12,—	12,—

Auflage: 300 000 Sätze

1983, 3. Okt. Europäisches Kindertreffen „Freude Europas": Kinderzeichnungen. Odr. (3×3); gez. K 14.

bkl) Brautpaar; von Vesna Paunković (14 J.)
bkm) Andres und seine Mütter; von Marta Lopez-Ibor (10 J.)

2002	16.50 (Din)	mehrfarbig	bkl	0,20	0,20
2003	23.70 (Din)	mehrfarbig	bkm	0,50	0,50
		Satzpreis (2 W.)		0,70	0,70
		FDC			1,20
		Kleinbogensatz (2 Klb.)		7,50	7,50

Auflagen: 300 000 Sätze

1983, 7. Okt. 150 Jahre Gymnasium Kragujevac. Odr. (5×5); gez. K 12½.

bkn) Gebäude und Siegel des Gymnasiums

2004	5 Din	dunkelblau/hellorange	bkn	0,20	0,20
		FDC			0,50

Auflage: 500 000 Stück

1983, 17. Okt. 100. Jahrestag des Aufstandes von Timok. Odr. (5×5); gez. K 13¼.

bko) Denkmal für die Aufständischen in Timok, Zaječar

2005	5 Din	hellkobalt/hellviolett	bko	0,20	0,20
		FDC			0,50

Auflage: 500 000 Stück

1983, 24. Nov. 150. Geburtstag von Jovan Jovanović Zmaj. Odr. (5×5); gez. K 12½.

bkp) J.J. Zmaj (1833–1904), Dichter; Titelblatt der Zeitung „Neven"

2006	5 Din	hellilabraun/bläulichgrün	bkp	0,20	0,20
		FDC			0,50

Auflage: 500 000 Stück

1983, 25. Nov. Olympische Winterspiele 1984, Sarajevo (II). StTdr. (3×3); gez. K 13¼.

bkr) Skisprungschanze auf dem Berg Igman
bks) Pisten der alpinen Skidisziplinen für Damen auf der Jahorina
bkt) Kombinierte Bob- und Rodelbahn auf dem Berg Trebević

bku) Pisten der alpinen Skidisziplinen für Herren auf der Bjelašnica
bkv) Eisschnellaufbahn im Sport- und Erholungskomplex ZETRA
bkw) Eishockey- und Eiskunstlaufhalle im Sport- und Erholungskomplex ZETRA

bkr–bkw) Emblem der Olympischen Spiele, entsprechende Sportler

2007	4.00 Din	mehrfarbig	bkr	0,10	0,10
2008	4.00 Din	mehrfarbig	bks	0,10	0,10
2009	16.50 (Din)	mehrfarbig	bkt	0,20	0,10
2010	16.50 (Din)	mehrfarbig	bku	0,20	0,10
2011	23.70 (Din)	mehrfarbig	bkv	0,50	0,50
2012	23.70 (Din)	mehrfarbig	bkw	0,50	0,50
		Satzpreis (6 W.)		1,60	1,60
		FDC			3,—
		Kleinbogensatz (6 Klb.)		16,—	16,—

Blockausgabe; Odr.; □, Zähnung aufgedruckt

bkx) Emblem der Olympischen Winterspiele, Sarajevo
bky)

2013	50 Din	karminlila/violettblau	bkx	1,20	1,20
Block 22	(60×74 mm)		bky	1,70	1,70
		FDC			3,60

2007 U–2012 U ungezähnt Satzpreis (6 W.) —,—
2011 Klb F Kleinbogenrandbeschriftung fehlend —,—

Auflagen: MiNr. 2007–2010, 2012 je 500 000, MiNr. 2011 = 335 000 Stück. Bl. 22 = 250 000 Blocks

1983, 26. Nov. Kunst: Gemälde in jugoslawischen Museen (I). Odr. (5×5); gez. K 14.

bkz) Dorfhochzeit; von Pieter Bruegel d. Ä. (1568–1638), flämischer Maler
bla) Susanna mit den Alten; vom Meister des „Verlorenen Sohns"
blb) Allegorie der Weisheit und Kraft; von Paolo Veronese (1528–1588), italienischer Maler

Jugoslawien

blc) Maria aus Salamanca; von Robert Campin (1375–1444), flämischer Maler

bld) Hl. Anna selbdritt; von Albrecht Dürer (1471–1528), deutscher Maler

2014	4.00 Din	mehrfarbig	bkz	0,20	0,20
2015	16.50 (Din)	mehrfarbig	bla	0,30	0,30
2016	16.50 (Din)	mehrfarbig	blb	0,30	0,30
2017	23.70 (Din)	mehrfarbig	blc	0,70	0,70
2018	23.70 (Din)	mehrfarbig	bld	1,—	1,—
		Satzpreis (5 W.)		2,50	2,50
		FDC			3,50

Auflagen: MiNr. 2014–2017 je 500 000. MiNr. 2018 = 250 000 Stück

1983, 28. Nov. 40. Jahrestag der 2. Tagung des Antifaschistischen Rates der Nationalen Befreiung Jugoslawiens (AVNOJ). Odr. (5×5); gez. K 12¾:12½.

ble) Stadtansicht von Jajce, Landeswappen

2019	5 Din	bräunlichrot/schwarzlila	ble	0,20	0,20
		FDC			0,50

Blockausgabe, ☐

blf) Marschall Josip Broz Tito (1892–1980), Staatspräsident

blg

2020	30 Din	mehrfarbig	blf	0,50	0,20
Block 23	(60×74 mm)		blg	1,—	1,—
		FDC			2,—

Auflagen: MiNr. 2019 = 500 000 Stück, Bl. 23 = 250 000 Blocks

1983, 10. Dez. Weltkommunikationsjahr. Odr. (5×5); gez. K 13¼.

blh) Zeichnung von Sabina Hasukić (12 J.)

2021	23.70 (Din)	mehrfarbig	blh	0,20	0,20
		FDC			0,70

2021 UI links ungezähnt (Bogenrandstück) .... —,—

Auflage: 300 000 Stück

1983, 22. Dez. 75. Geburtstag von Kočo Racin. Odr. (5×5); gez. K 13¼.

bli) K. Racin (1908–1943), Schriftsteller

2022	5 Din	preußischblau/rosa	bli	0,20	0,20
		FDC			0,50

Auflage: 500 000 Stück

1984

1984, 25. Jan. 80 Jahre Zeitung „Politika". Odr. (5×5); gez. K 12½:12¾.

blk) Titelseite (1944)

2023	5 Din	hellrot/schwarz	blk	0,20	0,20
		FDC			0,70

2023 F Farbe Hellrot fehlend .... —,—

Auflage: 500 000 Stück

1984, 4. Febr. 100. Geburtstag von Veljko Petrović. Odr. (5×5); gez. K 13¼.

bll) V. Petrović (1884–1967), Dichter

2024	5 Din	mehrfarbig	bll	0,20	0,20
		FDC			0,70

Auflage: 500 000 Stück

1984, 8. Febr. Olympische Winterspiele, Sarajevo (III). Odr. (2×3); gez. K 13¼.

blm) Riesenslalom   bln) Biathlon   blo) Slalom

blp) Viererbob   blr) Eisschnelllauf   bls) Eishockey

blt) Abfahrtslauf   blu) Skispringen

2025	4.00 Din	mehrfarbig	blm	0,20	0,20
2026	4.00 Din	mehrfarbig	bln	0,20	0,20
2027	5.00 Din	mehrfarbig	blo	0,20	0,20
2028	5.00 Din	mehrfarbig	blp	0,20	0,20
2029	16.50 (Din)	mehrfarbig	blr	0,20	0,20
2030	16.50 (Din)	mehrfarbig	bls	0,20	0,20

Jugoslawien

2031	23.70 (Din)	mehrfarbig	.... blt	0,20	0,20
2032	23.70 (Din)	mehrfarbig	.... blu	0,20	0,20
		Satzpreis (8 W.)		1,60	1,60
		FDC			3,60
		Kleinbogensatz (8 Klb.)		20,—	20,—

Blockausgabe; □, Zähnung aufgedruckt

blv) Olympische Flamme   blw

blx) Olympische Flamme, Landkarte mit Weg des Olympischen Feuers   bly

2033	50 Din	mehrfarbig	.... blv	1,20	1,20
Block 24	(60×74 mm)		.... blw	1,70	1,70
		FDC			3,—
2034	100 Din	mehrfarbig	.... blx	3,—	3,—
Block 25	(60×74 mm)		.... bly	3,50	3,50
		FDC			5,—

2025 U–2032 U   ungezähnt .... Satzpreis (8 W.)   —,—
Block 24 F   Blockrandbeschriftung fehlend .   —,—

Auflagen: MiNr. 2025–2031 je 500 000, MiNr. 2032 = 395 000 Stück, Bl. 24–25 je 350 000 Blocks

1984, 8. März. Tag der Frau: Jugoslawische Volksheldinnen. Odr.; gez. K 13¾.

blz) Marija Bursać (1920–1943)
bma) Jelena Četković (1916–1983)
bmb) Nada Dimić (1923–1942)
bmc) Elpida Karamandi (1920–1942)
Zierfeld: Orden der Volkshelden
bmd) Tončka Čeč (1896–1943)
bme) Spasenija Babović (1907–1977)
bmf) Javanka Radivojević (1922–1943)
bmg) Sonja Marinkov (1916–1941)

2035	5 Din	mehrfarbig	.... blz	0,10	0,10
2036	5 Din	mehrfarbig	.... bma	0,10	0,10
2037	5 Din	mehrfarbig	.... bmb	0,10	0,10
2038	5 Din	mehrfarbig	.... bmc	0,10	0,10
2039	5 Din	mehrfarbig	.... bmd	0,10	0,10
2040	5 Din	mehrfarbig	.... bme	0,10	0,10
2041	5 Din	mehrfarbig	.... bmf	0,10	0,10
2042	5 Din	mehrfarbig	.... bmg	0,10	0,10
		Satzpreis (8 W.)		0,80	0,80
		FDC			2,20
		Kleinbogen		4,50	4,50

MiNr. 2035–2042 wurden zusammenhängend im Kleinbogen zu 8 Marken und 1 Zierfeld gedruckt.

2035/2042 Klb F   Kleinbogen ohne Randbeschriftungen   —,—

Auflage: 230 000 Sätze

1984, 12. März. 40 Jahre Slowenisches Geldinstitut. Odr. (5×5); gez. K 12½.

bmh) Obligation, Zahlungsbon, Siegel

2043	5 Din	mehrfarbig	.... bmh	0,20	0,20
		FDC			0,70

Auflage: 500 000 Stück

1984, 9. April. 100. Jahrestag der ersten serbischen Eisenbahnlinie Belgrad-Niš. Odr. (5×5); gez. K 13¼.

bmi) Eisenbahn im Hauptbahnhof Belgrad (1884)

2044	5 Din	violettbraun/bräunlichrot	.... bmi	0,50	0,20
		FDC			1,—

Auflage: 500 000 Stück

1984, 28. April. Erster jugoslawischer Medaillengewinn bei Olympischen Winterspielen. Odr. (3×3); gez. K 13¼:13½.

bmk) Jure Franko (1962–1986), Silbermedaillengewinner im Riesenslalom

2045	23.70 (Din)	mehrfarbig	.... bmk	1,—	1,—
		FDC			1,50
		Kleinbogen		9,—	9,—

Gedruckt in Kleinbogen zu 8 Marken und 1 Zierfeld.

Auflage: 350 000 Stück

1984, 30. April. Europa: 25 Jahre Europäische Konferenz der Verwaltungen für das Post- und Fernmeldewesen (CEPT). Odr. (3×3); gez. K 13¾.

bml) Brücke

2046	23.70 (Din)	mehrfarbig	.... bml	0,30	0,30
2047	50.00 Din	mehrfarbig	.... bml I	0,70	0,70
		Satzpreis (2 W.)		1,—	1,—
		FDC			2,—
		Kleinbogensatz (2 Klb.)		10,—	10,—

MiNr. 2046 ohne, MiNr. 2047 mit Kontrollnummer auf dem Kleinbogenrand.

2046 F   Hintergrund h'gelboliv statt mit'bräunl'rot .....   —,—

Auflage: 700 000 Sätze

Die Ausführlichkeit der **MICHEL**-*Kataloge ist international anerkannt.*

Jugoslawien

1984, 14. Mai. Olympische Sommerspiele, Los Angeles. Odr. (3×3); gez. K 13¾:14.

bmm) Basketball

bmn) Kunstspringen bmo) Springreiten bmp) Laufen

2048	5.00 Din	mehrfarbig	bmm	0,70	0,70
2049	16.50 (Din)	mehrfarbig	bmn	0,70	0,70
2050	23.70 (Din)	mehrfarbig	bmo	0,70	0,70
2051	50.00 Din	mehrfarbig	bmp	2,50	2,50
		Satzpreis (4 W.)		4,50	4,50
		FDC			5,50
		Kleinbogensatz (4 Klb.)		45,—	45,—

MiNr. 2048–2051 gedruckt in Kleinbogen zu je 8 Marken und 1 Zierfeld.
Auflagen: MiNr. 2048–2050 je 400 000, MiNr. 2051 = 350 000 Stück

1984, 25. Mai. 40. Jahrestag des fehlgeschlagenen Angriffs der deutschen Truppen auf das Hauptquartier der jugoslawischen Befreiungsarmee in Drvar. Odr. (5×5); gez. K 13¼.

mbr) Marschall Josip Broz Tito (1892–1980), Staatspräsident, Oberbefehlshaber der Befreiungsarmee

2052	5 Din	orangebraun	bmr	0,20	0,20
		FDC			0,70

Auflage: 500 000 Stück

1984, 11. Juni. Europäischer Naturschutz (IV). Odr. (3×3); gez. K 13¼.

bms) Flockenblume (Centaurea gloriosa), Naturpark Biokovo-Gebirge bmt) Anophthalmus, Tropfsteinhöhle Pekel bei Šempeter

2053	26 Din	mehrfarbig	bms	0,50	0,50
2054	40 Din	mehrfarbig	bmt	0,80	0,80
		Satzpreis (2 W.)		1,30	1,30
		FDC			2,20
		Kleinbogensatz (2 Klb.)		13,—	13,—

Auflage: 300 000 Sätze

1984, 28. Juni. Fauna: Möwen. Odr. (5×5); gez. K 13¾:14.

bmu) Mantelmöwe (Larus marinus)

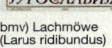

bmv) Lachmöwe (Larus ridibundus) bmw) Silbermöwe (Larus argentatus) bmx) Flußseeschwalbe (Sterna hirundo)

2055	4.00 Din	mehrfarbig	bmu	0,40	0,40
2056	5.00 Din	mehrfarbig	bmv	0,40	0,40
2057	16.50 (Din)	mehrfarbig	bmw	0,40	0,40
2058	40.00 Din	mehrfarbig	bmx	1,80	1,80
		Satzpreis (4 W.)		3,—	3,—
		FDC			4,—

Auflagen: MiNr. 2055–2057 je 400 000, MiNr. 2058 = 240 000 Stück

1984, 9. Juli. Freimarken: Sehenswürdigkeiten. Odr. (10×10); A = gez. K 13¼, C = gez. K 13¼:12½.

bmy) Stadtansicht von Korčula bmz) Schloß von Maribor

2059	26 Din	preußischblau	bmy		
A		gez. K 13¼		0,20	0,20
C		gez. K 13¼:12½		0,60	0,60
2060	38 Din	lila	bmz		
A		gez. K 13¼		0,20	0,20
C		gez. K 13¼:12½		2,—	0,30
		Satzpreis A (2 W.)		0,40	0,40
		Satzpreis C (2 W.)		2,50	0,50

Weitere Werte siehe Übersicht nach Jahrgangswerttabelle

1984, 1. Sept. Museumsexponate: Kinderwiegen. Odr. (5×5); gez. K 12½.

bna) Kinderwiege aus Bihać (19.–20. Jh.)

bnb) Kinderwiege aus Montenegro (19.–20. Jh.) bnc) Kinderwiege aus Makedonien (19.–20. Jh.) bnd) Kinderwiege aus Rasina (19.–20. Jh.)

2061	4 Din	mehrfarbig	bna	0,20	0,20
2062	5 Din	mehrfarbig	bnb	0,20	0,20
2063	26 Din	mehrfarbig	bnc	0,50	0,50
2064	40 Din	mehrfarbig	bnd	0,80	0,80
		Satzpreis (4 W.)		1,70	1,70
		FDC			2,50

Auflagen: MiNr. 2061–2063 je 400 000, MiNr. 2064 = 240 000 Stück

1984, 15. Sept. Der alte Ölbaum in Mirovica bei Bar. Odr. (5×5); gez. K 12½.

bne) Ölbaum bei Bar (Naturdenkmal)

2065	5 Din	mehrfarbig	bne	0,20	0,20
		FDC			0,60

Auflage: 500 000 Stück

✱✱ = Ungebraucht mit Originalgummi (postfrisch)

⊙ = Mit Poststempel gebraucht

Jugoslawien

1984, 2. Okt. Europäisches Kindertreffen „Freude Europas": Kinderzeichnungen. Odr. (3×3); gez. K 14.

bnf) Volkstrachten; von Erika Saračević (11 J.)
bng) Mädchen mit Puppenwagen; von Eva Guth (9 J.)

2066	26 Din	mehrfarbig	bnf	0,40	0,40
2067	40 Din	mehrfarbig	bng	1,10	1,10
		Satzpreis (2 W.)		1,50	1,50
		FDC			2,—
		Kleinbogensatz (2 Klb.)		15,—	15,—

Auflage: 295 000 Sätze

1984, 4. Okt. 700 Jahre Stadt Virovitica. Odr. (5×5); gez. K 13¼.

bnh) Stadtansicht (17. Jh.), Stadtwappen

2068	5 Din	mattorange/schwarz	bnh	0,20	0,20
		FDC			0,50

Auflage: 500 000 Stück

1984, 6. Okt. Freimarke: Sehenswürdigkeiten. Odr. (10×10); A = gez. K 13¼, C = gez. K 13¼:12½.

bni) Stadtansicht von Kikinda

2069	6 Din	orangebraun	bni		
A		gez. K 13¼		0,50	0,20
C		gez. K 13¼:12½		1,—	0,30

Weitere Werte siehe Übersicht nach Jahrgangswerttabelle

1984, 10. Okt. 80 Jahre Funktelegrafie in Montenegro. Odr. (5×5); gez. K 13¼.

bnk) Landkarte von Montenegro, Funkwellen

2070	6 Din	mittelgelbgrün/cyanblau	bnk	0,20	0,20
		FDC			0,50

Auflage: 500 000 Stück

1984, 18. Okt. Internationale Kriegsveteranen-Konferenz über Sicherheit, Abrüstung und Zusammenarbeit in Europa. Odr. (3×3); gez. K 13¼.

bnl) Stilisierte Blume

2071	26 Din	mehrfarbig	bnl	1,10	1,10
2072	40 Din	mehrfarbig	bnl	1,50	1,50
		Satzpreis (2 W.)		2,50	2,50
		FDC			3,50
		Kleinbogensatz (2 Klb.)		22,—	22,—

MiNr. 2071–2072 gedruckt in Kleinbogen zu je 8 Marken und 1 Zierfeld.
Auflage: 300 000 Sätze

1984, 20. Okt. 40.Jahrestag der Befreiung Belgrads. Odr. (5×5); gez. K 13¼.

bnm) Zahl 40, Stadtwappen von Belgrad

2073	6 Din	mehrfarbig	bnm	0,20	0,20
		FDC			0,50

Auflage: 500 000 Stück

1984, 27. Okt. 100. Geburtstag von Miloje Milojević. Odr. (5×5); gez. K 13¼.

bnn) M. Milojević (1884–1946), Komponist und Musikwissenschaftler; Notenblatt

2074	6 Din	grün/purpurviolett	bnn	0,20	0,20
		FDC			0,50

Auflage: 500 000 Stück

1984, 14. Nov. Jugoslawische Medaillengewinne bei den Olympischen Sommerspielen in Los Angeles. Odr.; gez. K 13¼.

bno) Boxen
bnp) Ringen
bnr) Kanu – Canadier
bns) Handball
Zierfeld: Medaille
bnt) Fußball
bnu) Basketball
bnv) Wasserball
bnw) Rudern

2075	26 Din	lebhaftrot/violettblau	bno	0,30	0,30
2076	26 Din	violettblau/lebhaftrot	bnp	0,30	0,30
2077	26 Din	violettblau/lebhaftrot	bnr	0,30	0,30
2078	26 Din	violettblau/lebhaftrot	bns	0,30	0,30
2079	26 Din	lebhaftrot/violettblau	bnt	0,30	0,30
2080	26 Din	lebhaftrot/violettblau	bnu	0,30	0,30
2081	26 Din	violettblau/lebhaftrot	bnv	0,30	0,30
2082	26 Din	lebhaftrot/violettblau	bnw	0,30	0,30
		Satzpreis (8 W.)		2,40	2,40
		FDC			5,—
		Kleinbogen		5,—	5,—

MiNr. 2075–2082 wurden zusammenhängend im Kleinbogen zu 8 Marken und 1 Zierfeld gedruckt.

2075–2082 Klb F	Fehlende Farbe Rot	je	—,—

Auflage: 250 000 Sätze

Lesen Sie bitte auch das Vorwort!

Jugoslawien

**1984, 15. Nov. Kunst: Gemälde in jugoslawischen Museen (II).
Odr. (5×5); gez. K 13¾:14, Querformate ~.**

bnx) Frau Tatiček; von Ferdinand Georg Waldmüller (1793–1865), österreichischer Maler

bny) Badende; von Pierre-Auguste Renoir (1841–1919), französischer Maler

bnz) Am Fenster; von Henri Matisse (1869–1954), französischer Maler

boa) Tahitische Frau; von Paul Gauguin (1848–1903), französischer Maler

bob) Ballerinen; von Edgar Degas (1843–1917), französischer Maler

2083	6 Din	mehrfarbig	bnx	0,20	0,20
2084	26 Din	mehrfarbig	bny	0,30	0,30
2085	26 Din	mehrfarbig	bnz	0,30	0,30
2086	38 Din	mehrfarbig	boa	0,60	0,60
2087	40 Din	mehrfarbig	bob	0,60	0,60
		Satzpreis (5 W.)		2,—	2,—
		FDC			3,50

Auflagen: MiNr. 2083–2086 je 400 000, MiNr. 2087 = 240 000 Stück

 1984, 26. Nov. Freimark: Sehenswürdigkeiten. MiNr. 1955 mit neuem Bdr.-Wertaufdruck, alter Wert dreifach durchbalkt.

2088	6 Din	auf 4 Din orangerot		
A		gez. K 13¼ .... (1955 A) K	0,70	0,50
C		gez. K 13¼:12½ .... (1955 C) K	0,50	0,20
2088 A F I		„6D" im Aufdruck fehlend	100,—	
2088 A F II		Paar mit und ohne Aufdruck	100,—	

Weitere Werte siehe Übersicht nach Jahrgangswerttabelle.

 **1984, 29. Okt. 40 Jahre Tageszeitung „Nova Makedonija". Odr. (5×5); gez. K 13½:13¼.**

boc) Titelseiten (1944/1984)

2089	6 Din	zinnober/violettblau	boc	0,20	0,20
		FDC			0,50

Auflage: 500 000 Stück

 1984, 17. Dez. Freimarke: Sehenswürdigkeiten. MiNr. 1947 mit neuem Bdr.- Wertaufdruck, alter Wert dreifach durchbalkt.

2090	2 Din	auf 8.80 (Din) dkl'grünlichgrau		
A		gez. K 13¼ .... (1947 A)	0,50	0,20
C		gez. K 13¼:12½ ...... (1947 C)	2,—	2,—

Weitere Werte siehe Übersicht nach Jahrgangswerttabelle.

 **1984, 17. Dez. Freimarke MiNr. 1996 A mit neuem Bdr.- Wertaufdruck, alter Wert dreifach durchbalkt.**

2091	20 Din	auf 23.70 (Din)			
		dunkellila	(1996 A)	0,50	0,30

1985

 **1985, 4. Febr. Museumsexponate: Fossilien. Odr. (5×5); gez. K 12½.**

bod) Aturia aturi

boe) Pachyophis woodwardi

bof) Chaetodon hoeferi

bog) Homo sapiens neanderthalensis

2092	5 Din	mattblau/schwarzviolett	bod	0,20	0,20
2093	6 Din	mattbräunlichrot/ dunkellilabraun	boe	0,20	0,20
2094	33 Din	mattgelboliv/dkl'lilabraun ...	bof	0,50	0,50
2095	60 Din	mattocker/dunkelsiena	bog	1,10	1,10
		Satzpreis (4 W.)		2,—	2,—
		FDC			2,20

Auflagen: MiNr. 2092–2094 je 400 000, MiNr. 2095 = 230 000 Stück

 **1985, 20. Febr. 40 Jahre organisierter Kulturdenkmalschutz in Jugoslawien. Odr. (5×5); gez. K 12½.**

boh) Kloster Hopovo, Fruška gora

2096	6 (Din)	mehrfarbig	boh	0,30	0,20
		FDC			0,70

Auflage: 500 000 Stück

 **1985, 15. März. 50 Jahre Skispringen in Planica; Skiflug-Weltmeisterschaft. Odr. (5×5); gez K 13¼.**

boi) Kraniche (Grus grus)

2097	6 (Din)	mehrfarbig	boi	4,—	4,—
		FDC			6,—
2097 F		Farbe Rot fehlend		120,—	

Auflage: 270 000 Stück

✈ **1985, 16. März/1988, 20. Jan. Flugpostmarken. Odr. (5×5); A = gez. K 12½, C = gez. K 13½:13¼.**

bok) Flugzeug, Adler

bol) Flugzeug, Schwalbe

Jugoslawien 629

2098	500 (Din)	mehrfarbig .... bok		
	A	gez. K 12½	4,50	1,70
	C	gez. K 13½:13¼ (1987)	2,20	0,80
2099	1000 (Din)	mehrfarbig .... bol		
	A	gez. K 12½	7,—	3,60
	C	gez. K 13½:13¼ (20.1.1988)	2,60	1,50
		Satzpreis A (2 W.)	11,—	5,—
		Satzpreis C (2 W.)	4,80	2,20
		FDC (A)		20,—
		FDC (2099 C)		5,—

MiNr. 2098–2099 tragen einen Sicherheitsunterdruck ⌂ „SFRJ * CФPJ".

1985, 30. März. Europäischer Naturschutz (V). Odr. (3×3); gez. K 14:13¾.

 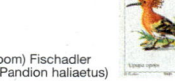

bom) Fischadler (Pandion haliaetus)   bon) Wiedehopf (Upupa epops)

2100	42 (Din)	mehrfarbig .... bom	1,50	1,—
2101	60 (Din)	mehrfarbig .... bon	3,—	1,50
		Satzpreis (2 W.)	4,50	2,50
		FDC		4,20
		Kleinbogensatz (2 Klb.)	42,—	42,—

Auflage: 270 000 Sätze

1985, 6. April. 1100. Todestag des hl. Methodios. Odr. (5×5); gez.K 11¾:12.

boo) Hl. Methodios (ca. 820–885), „Slawenapostel", Schutzpatron Europas

| 2102 | 10 (Din) | mehrfarbig .... boo | 1,50 | 1,— |
| | | FDC | | 2,— |

Auflage: 500 000 Stück

1985, 16. April. 10. Jahrestag der Unterzeichnung der Verträge von Osimo. Odr. (5×5); gez. K 12½.

bop) Symbolische Darstellung

| 2103 | 6 Din | hellcyanblau/violettblau .... bop | 0,20 | 0,20 |
| | | FDC | | 0,50 |

Auflage: 500 000 Stück

1985, 29. April. Europa: Europäisches Jahr der Musik. Odr. (3×3); gez. K 13¾:14.

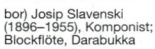

bor) Josip Slavenski (1896–1955), Komponist; Blockflöte, Darabukka   bos) Originalpartitur des „Balkanophoniums" von J. Sklavenski

2104	60 (Din)	mehrfarbig .... bor	0,50	0,50
2105	80 (Din)	mehrfarbig .... bos	0,50	0,50
		Satzpreis (2 W.)	1,—	1,—
		FDC		2,50
		Kleinbogensatz (2 Klb.)	10,—	10,—

Auflage: 550 000 Sätze

1985, 8. Mai. 150 Jahre Joakim-Vujić-Theater, Kragujevac. Odr. (5×5); gez. K 12:11¾.

bot) Joakim Vujić, Theaterdirektor

| 2106 | 10 (Din) | mehrfarbig .... bot | 0,20 | 0,20 |
| | | FDC | | 0,50 |

Auflage: 500 000 Stück

1985, 9. Mai. 40. Jahrestag des Sieges. Odr. (5×5); gez. K 13¼.

bou) Orden der Nationalen Befreiung   bov) Orden der Freiheit

2107	10 (Din)	mehrfarbig .... bou	0,20	0,20
2108	10 (Din)	mehrfarbig .... bov	0,20	0,40
		Satzpreis (2 W.)	0,40	0,40
		FDC		0,70

Auflage: 500 000 Sätze

1985, 21. Mai. Volkshelden der Jugoslawischen Luftwaffe. Odr. (5×5); gez. K 12½.

bow) Franjo Kluz (1912–1944) und Rudi Čajavec (1911–1942), Piloten des 1. Jägergeschwaders; Flugzeug Potez 25

| 2109 | 10 (Din) | mehrfarbig .... bow | 0,30 | 0,20 |
| | | FDC | | 0,70 |

Auflage: 500 000 Stück

1985, 25. Mai. 93. Geburtstag von Josip Broz Tito. Odr. (5×5); gez. K 13¼.

box) Marschall J. Broz Tito (1892–1980), Staatspräsident

| 2110 | 10 (Din) | mehrfarbig .... box | 0,50 | 0,30 |
| | | FDC | | 1,— |

Auflage: 500 000 Stück

1985, 12. Juni. 100 Jahre Tourismus auf Cres (Cherso) und Lošinj (Lussin). Odr. (5×5); gez. K 13¼.

boy) Inselgruppe Cres-Lošinj, Strandvilla, Stadtwappen von Cres und Mali Lošinj

2111	10 (Din)	mehrfarbig .... boy	0,80	0,80
		FDC		1,20
2111 F		Farbe Braun fehlend	50,—	

Auflage: 500 000 Stück

Jugoslawien

1985, 26. Juni. 40 Jahre Vereinte Nationen (UNO). Odr. (5×5); gez. K 12½.

bo*z*) Regenbogen, UNO-Emblem

2112	70 (Din)	mehrfarbig	boz	0,20	0,20
			FDC		0,50

Auflage: 500 000 Stück

1985, 29. Juni. 30 Jahre Internationale Europäische Donau-Ruderregatta (TID). Odr. (3×3); gez. K 13¾.

bp*a*) Kanufahrer

2113	70 (Din)	mehrfarbig	bpa	0,50	0,50
			FDC		1,50
			Kleinbogen	4,50	4,50

Blockausgabe

bp*b*) Stadtwappen von Belgrad, Emblem

bp*c*)

2114	100 (Din)	mehrfarbig	bpb	1,20	1,20
Block 26 (95×79 mm)			bpc	1,60	1,60
			FDC		2,50

MiNr. 2113 gedruckt in Kleinbogen zu 8 Marken und 1 Zierfeld.

Auflagen: MiNr. 2113 = 300 000, Stück, Bl. 26 = 250 000 Blocks

1985, 1. Juni. Nautischer Tourismus. Odr. (3×3); gez. K 13¾.

bp*d*) Segeljacht bp*e*) Windsurfer bp*f*) Segeljacht bp*g*) Segeljacht

2115	8 (Din)	mehrfarbig	bpd	1,—	1,—
2116	10 (Din)	mehrfarbig	bpe	1,—	1,—
2117	50 (Din)	mehrfarbig	bpf	1,—	1,—
2118	70 (Din)	mehrfarbig	bpg	3,—	3,—
		Satzpreis (4 W.)		6,—	6,—
			FDC		7,—
		Kleinbogensatz (4 Klb.)		60,—	60,—

Auflagen: MiNr. 2115–2117 je 400 000, MiNr. 2118 = 240 000 Stück

1985, 1. Juli. Freimarke: Sehenswürdigkeiten. Odr. (10×10); A = gez. K 13¼, C = gez. K 13¼:12½.

bp*h*) Ansicht von Zagreb; Emblem der Universiade '87, Zagreb

2119	70 (Din)	violettblau	bph		
A		gez. K 13¼		0,70	0,60
C		gez. K 13¼:12½		1,50	0,70

MiNr. 2119 A mit Aufdruck: MiNr. 2392.

Weitere Werte siehe Übersicht nach Jahrgangswerttabelle.

1985, 10. Aug. Weltmeisterschaften im Modellfreiflug, Livno. Odr. (5×5); gez. K 12½.

bp*i*) Flugmodell Kategorie F 1 B

2120	70 (Din)	mehrfarbig	bpi	0,60	0,50
			FDC		1,20

Auflage: 500 000 Stück

1985, 20. Sept. Flora: Algen. Odr. (5×5); gez. K 13¾.

bp*k*) Korallen-Rotalgen (Corallina officinalis)

bp*l*) Desmarestia viridis   bp*m*) Blasentang (Fucus vesiculosus)   bp*n*) Pfauentang (Padina pavonia)

2121	8 (Din)	mehrfarbig	bpk	0,20	0,20
2122	10 (Din)	mehrfarbig	bpl	0,20	0,20
2123	50 (Din)	mehrfarbig	bpm	0,30	0,30
2124	70 (Din)	mehrfarbig	bpn	1,80	1,80
		Satzpreis (4 W.)		2,50	2,50
			FDC		3,50

Auflagen: MiNr. 2121–2123 je 400 000, MiNr. 2124 = 230 000 Stück

1985, 21. Sept. Kongreß der Internationalen Vereinigung der Zahnärzte (FDI), Belgrad. Odr. (5×5); gez. K 12:11¾.

bp*o*) FDI-Emblem, Zahnbehandlung

2125	70 (Din)	mehrfarbig	bpo	0,50	0,50
			FDC		1,10

Auflage: 500 000 Stück

1985, 2. Okt. Europäisches Kindertreffen „Freude Europas": Kinderzeichnungen. Odr. (3×3); gez. K 14.

bp*p*) Pferdewagen; von Branka Lukić (14 J.)   bp*r*) Landschaft; von Suzanne Straathof (9 J.)

Jugoslawien   631

2126	50 (Din)	mehrfarbig	bpp	0,50	0,50
2127	70 (Din)	mehrfarbig	bpr	1,50	1,50
		Satzpreis (2 W.)		2,—	2,—
		FDC			2,60
		Kleinbogensatz (2 Klb.)		20,—	20,—

Auflage: 250 000 Sätze

1985, 23. Nov. 125 Jahre Kroatisches Nationaltheater, Zagreb. Odr. (5×5); gez. K 12½.

bps) Musen des Theaters und der Musik, Wappen

| 2128 | 10 (Din) | mehrfarbig | bps | 0,30 | 0,30 |
| | | FDC | | | 0,50 |

Auflage: 200 000 Stück

1985, 26. Nov. 75. Geburtstag von Miladin Popović. Odr. (5×5); gez. K 11¾:12.

bpt) M. Popović (1910–1945), Politiker

| 2129 | 10 (Din) | lebhaftsiena/dunkelorange | bpt | 0,20 | 0,20 |
| | | FDC | | | 0,50 |

Auflage: 200 000 Stück

1985, 28. Nov. 40 Jahre Föderative Republik Jugoslawien. Odr. (5×5); gez. K 13¼.

bpu) Staatswappen

| 2130 | 10 (Din) | mehrfarbig | bpu | 0,20 | 0,20 |
| | | FDC | | | 0,50 |

Blockausgabe, ☐

bpv) Staatswappen

bpw)

2131	100 (Din)	mehrfarbig	bpv	1,—	1,—
Block 27	(62×75mm)		bpw	1,20	1,20
		FDC			2,20

Auflagen: MiNr. 2130 = 500 000 Stück, Bl. 27 = 240 000 Blocks

Mehr wissen mit MICHEL

1985, 2. Dez. Kunst: Gemälde aus der Galerie „Josip Broz Tito" in Titograd. Odr. (5×5); gez. K 14:13¾, Hochformate ∼.

bpx) Königszug; von Iromie Wijewardena, srilankischer Maler

bpy) Heimkehr von der Jagd; von Mama Gangare, malische Malerin

bpz) Koka-Trommel; von Agnes Ovando Sanz de Franck, bolivianische Malerin

bra) Der Hahn; von Mariano Rodriguez, kubanischer Maler

brb) Drei Frauen; von Quamrul Hassan, bengalischer Maler

2132	8 (Din)	mehrfarbig	bpx	0,20	0,20
2133	10 (Din)	mehrfarbig	bpy	0,20	0,20
2134	50 (Din)	mehrfarbig	bpz	0,20	0,20
2135	50 (Din)	mehrfarbig	bra	0,20	0,20
2136	70 (Din)	mehrfarbig	brb	1,70	1,70
		Satzpreis (5 W.)		2,50	2,50
		FDC			3,50

Auflagen: MiNr. 2132–2135 je 500 000, MiNr. 2136 = 240 000 Stück

1985, 4./25. Dez. Freimarken: Sehenswürdigkeiten. Marken früherer Ausgaben mit neunem Odr.-Wertaufdruck, alter Wert zweifach durchbalkt.

2137	1 Din	auf 0.25 (Din) braunkarmin (25.12.) (1660 A) Br	1,—	0,10
2138	2 Din	auf 0.05 (Din) ziegelrot (18.12.)		
A		gez. K 13¼ (1509 II A) Br	0,50	0,10
C		gez. K 13¼:12½ (1509 II C) Br	0,50	0,10
2139	3 Din	auf 0.35 (Din) krapprot (25.12.)		
A		gez. K 13¼ (1516 II A) Br	0,30	0,10
C		gez. K 13¼:12½ (1516 II C) Br	0,30	0,10
2140	4 Din	auf 5.60 (Din) dunkelolivgrau (25.12.)		
A		gez. K 13¼ (1880 A) Br	1,—	0,60
C		gez. K 13¼:12½ (1880 C) Br	0,30	0,20
2141	8 Din	auf 6 Din orangebraun (4.12)		
A		gez. K 13¼ (2069 A) Br	0,30	0,10
C		gez K 13¼:12½ (2069 C) Br	0,30	0,10
2142	20 Din	auf 26 Din preußischblau (4.12)		
A		gez. K 13¼ (2059 A) Br	8,50	5,—
C		gez K 13¼:12½ (2059 C) Br	0,30	0,20
2143	50 Din	auf 16.50 (Din) preußischblau (25.12.) (1995 A) Br	1,—	0,30
2144	70 Din	auf 38 (Din) lila (4.12.) (2060 C) Br	1,—	0,50
		Satzpreis (8 W.)	4,50	1,60

Weitere Werte siehe Übersicht nach Jahrgangswerttabelle.

Jugoslawien

1985, 6. Dez. Freimarke: Universiade 1987, Zagreb. Odr. (5×10); gez. K 13¾.

brc) Sporthalle, Zagreb; Universiade-Emblem

2145	100 (Din)	lebhaftblauviolett/gelborange .... brc	0,60	0,30
		FDC		1,—

1986

1986, 25. Febr. 40 Jahre Jugoslawischer Automobilverband (AMSJ). Odr. (5×5); gez. K 12½.

brd) Pannenhilfsfahrzeug   bre) Rettungshubschrauber

2146	10 (Din)	mehrfarbig .... brd	0,20	0,20
2147	70 (Din)	mehrfarbig .... bre	1,—	1,—
		Satzpreis (2 W.)	1,20	1,20
		FDC		2,—

Auflage: 180 000 Sätze

1986, 3. März. Naturschutz. Odr. (3×3); gez. K 13¾.

brf–brg) Tara-Schlucht im Nationalpark Durmitor

2148	100 (Din)	mehrfarbig .... brf	0,50	0,50
2149	150 (Din)	mehrfarbig .... brg	1,—	1,—
		Satzpreis (2 W.)	1,50	1,50
		FDC		3,—
		Kleinbogensatz (2 Klb.)	15,—	15,—

Auflage: 220 000 Sätze

1986, 15. März. 800 Jahre Kloster Studenica. Odr. (5×5); gez. K 13¼:13½.

brh) Muttergotteskirche

2150	10 (Din)	mehrfarbig .... brh	0,70	0,50
		FDC		1,50

Auflage: 180 000 Stück

1986, 17. März. Freimarke: Postdienst. Odr. (10×10); A = gez. K 13¼, C = gez. K 12½:13¼.

bri) Postbote auf Motorrad, Briefumschlag

2151	20 (Din)	dunkellila .... bri		
A		gez. K 13¼	0,50	0,20
C		gez. K 12½:13¼	0,50	0,20

Weitere Werte siehe Übersicht nach Jahrgangswerttabelle.

1986, 5. April. Fußball-Weltmeisterschaft, Mexiko. Odr. (3×3); gez. K 13¾.

brk) Torwart    brl) Spielszene

2152	70 (Din)	mehrfarbig .... brk	0,80	0,80
2153	150 (Din)	mehrfarbig .... brl	1,—	1,—
		Satzpreis (2 W.)	1,80	1,80
		FDC		2,60
		Kleinbogensatz (2 Klb.)	17,—	17,—

MiNr. 2152–2153 gedruckt in Kleinbogen zu je 8 Marken und 1 Zierfeld.
Auflage: 220 000 Sätze

1986, 12. April. 1100. Jahrestag der Ankunft des hl. Kliment von Ohrid in Makedonien. Odr. (5×5); gez. K 12½.

brm) Hl. Kliment von Ohrid (um 840-916), altbulgarischer Schriftsteller und Übersetzer

2154	10 (Din)	mehrfarbig (Töne) .... brm	6,—	6,—
		FDC		8,—

Auflage: 180 000 Stück

1986, 16. April. Freimarke: Sehenswürdigkeiten. MiNr. 1881 mit neuem Bdr.-Wertaufdruck, alter Wert zweifach durchbalkt.

2155	5 (Din)	auf 8 (Din) dkl'graublau		
A		gez. K 13¼ ....(1881 A)	0,50	0,20
C		gez. K 13¼:12½ .....(1881 C)	1,—	1,—

Weitere Werte siehe Übersicht nach Jahrgangswerttabelle.

1986, 28. April. Europa: Natur- und Umweltschutz. Odr. (3×3); gez. K 13¾.

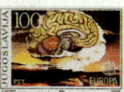 

brn) Menschliches Gehirn. Atompilz   bro) Angefahrener Hirsch auf Autostraße

2156	100 (Din)	mehrfarbig .... brn	0,50	0,50
2157	200 (Din)	mehrfarbig .... bro	1,50	1,—
		Satzpreis (2 W.)	2,—	1,50
		FDC		3,20
		Kleinbogensatz (2 Klb.)	20,—	20,—

Auflage: 400 000 Sätze

1986, 7. Mai. Judo-Europameisterschaften, Belgrad. Odr. (5×5); gez. K 12¾:12½.

brp) Judokas beim Kampf, Emblem des Europäischen Judo-Verbandes

2158	70 (Din)	mehrfarbig .... brp	0,60	0,50
		FDC		1,—

Auflage: 180 000 Stück

Jugoslawien 633

1986, 22. Mai. Freimarken: Volkstrachten. Odr. in Markenheftchen; gez. K 12¼:12¾.

brr) Männertracht aus Slowenien
brs) Frauentracht aus der Vojvodina
brt) Männertracht aus Kroatien
bru) Frauentracht aus Makedonien
brv) Frauentracht aus Serbien
brw) Männertracht aus Montenegro
brx) Frauentracht aus dem Kosovo
bry) Männertracht aus Bosnien und Herzegowina

2159	50	(Din)	mehrfarbig .... brr	0,50	0,50
2160	50	(Din)	mehrfarbig .... brs	0,50	0,50
2161	50	(Din)	mehrfarbig .... brt	0,50	0,50
2162	50	(Din)	mehrfarbig .... bru	0,50	0,50
2163	50	(Din)	mehrfarbig .... brv	0,50	0,50
2164	50	(Din)	mehrfarbig .... brw	0,50	0,50
2165	50	(Din)	mehrfarbig .... brx	0,50	0,50
2166	50	(Din)	mehrfarbig .... bry	0,50	0,50
			Satzpreis (8 W.)	4,—	4,—
			FDC (1H-Bl.)		6,—

MiNr. 2159–2166 stammen aus MH 2.

Auflage: 130 000 Sätze

1986, 23. Mai. Segel-Europameisterschaft in der Flying-Dutchman-Klasse, Mošćenička Draga. Odr. (3 × 3); gez. K 14:13¾.

 brz) Segelboote  bsa) Segelboote

2167	50	(Din)	mehrfarbig .... brz	0,20	0,20
2168	80	(Din)	mehrfarbig .... bsa	0,50	0,50
			Satzpreis (2 W.)	0,70	0,70
			FDC		1,70
			Kleinbogensatz (2 Klb.)	8,50	8,50

MICHEL-Exklusiv

das moderne Briefmarkenalbum

Lassen Sie es sich von Ihrem Händler vorführen oder verlangen Sie eine Musterseite vom Verlag.

Blockausgabe; □, Zähnung aufgedruckt

 bsb) Segelboote

bsc

2169	100	(Din)	mehrfarbig .... bsb	3,—	3,—
Block 28	(66 × 85 mm)		.... bsc	4,—	4,—
			FDC		5,—

MiNr. 2167–2168 gedruckt in Kleinbogen zu je 8 Marken und 1 Zierfeld.

Auflagen: MiNr. 2167–2168 = 230 000 Sätze, Bl. 28 = 200 000 Blocks

1986, 24. Mai. 94. Geburtstag von Josip Broz Tito. Odr. (5 × 5); gez. K 12½.

 bsd) J. Broz Tito (1892–1980), Staatspräsident

2170	10	(Din)	mehrfarbig .... bsd	0,20	0,20
			FDC		0,50

Auflage: 200 000 Stück

1986, 26. Mai. Fauna: Schmetterlinge. Odr. (3 × 3); gez. K 13¾:14.

bse) Kleines Nachtpfauenauge (Eudia pavonia)

bsf) Tagpfauenauge (Inachis io)
bsg) Apollofalter (Parnassius apollo)
bsh) Großer Schillerfalter (Apatura iris)

2171	10	(Din)	mehrfarbig .... bse	1,—	1,—
2172	20	(Din)	mehrfarbig .... bsf	1,—	1,—
2173	50	(Din)	mehrfarbig .... bsg	1,—	1,—
2174	100	(Din)	mehrfarbig .... bsh	2,—	2,—
			Satzpreis (4 W.)	5,—	5,—
			FDC		6,—
			Kleinbogensatz (4 Klb.)	80,—	80,—

Auflagen: MiNr. 2171–2173 je 210 000, MiNr. 2174 = 190 000 Stück

1986, 4. Juni/1989, 8. Sept. Freimarken: Postdienst. Odr. (10 × 10); A = gez. K 13¼, C = gez, K 12½:13¼, D = gez. K 12½.

 bsi) Zug, Briefumschlag   bsk) Schiff, Briefumschlag

Jugoslawien

2175	50 (Din)	blauviolett .... bsi	0,30	0,20
A		gez. K 13¼		
C		gez. K 12½:13¼	0,50	0,20
2176	200 (Din)	hellgrünblau .... bsk		
A		gez. K 13¼	1,10	0,50
C		gez. K 12½:13¼	7,50	2,50
D		gez. K 12½ (8.9.1989)	2,50	2,—
		Satzpreis A (2 W.)	1,40	0,70
		Satzpreis C (2 W.)	8,—	2,60
		FDC (C)		4,—
2176 A Uu		unten ungezähnt	—,—	
2176 U		ungezähnt	—,—	

Weitere Werte siehe Übersicht nach Jahrgangswerttabelle.

1986, 12. Juni. Museumsexponate: Alte Handschriften. Odr. (5×5); gez. K 13¾.

bsl) Vertrag in kyrillischer Schreibschrift (18. Jh.)

bsm) Leontisches Evangelium (16. Jh.)  bsn) Astrologisches Werk (15. Jh.) bso) Haggada (14. Jh.)

2177	10 (Din)	mehrfarbig .... bsl	0,20	0,20
2178	20 (Din)	mehrfarbig .... bsm	0,20	0,20
2179	50 (Din)	mehrfarbig .... bsn	0,50	0,50
2180	100 (Din)	mehrfarbig .... bso	0,80	0,80
		Satzpreis (4 W.)	1,70	1,70
		FDC		2,60

Auflage: 200 000 Sätze

1986, 12. Juni. Freimarke: Postdienst. Odr. (10×10); gez. K 13¾.

bsp) Postbote mit Postauto, Briefumschlag

2181	100 (Din)	hellbraunviolett .... bsp	1,—	0,20

Weitere Werte siehe Übersicht nach Jahrgangswerttabelle.

1986, 25. Juni. 13. Kongreß des Bundes der Kommunisten Jugoslawiens (SKJ), Belgrad. Odr. (5×5); gez. K 12½.

bsr) Kongreßemblem, Hammer und Sichel bss) Kongreßemblem, Roter Stern

2182	10 (Din)	schwarz/zinnober .... bsr	0,20	0,20
2183	20 (Din)	schwarz/zinnober .... bss	0,20	0,20
		Satzpreis (2 W.)	0,40	0,40
		FDC		1,—

Blockausgabe, □

bst) Kongreßemblem, Josip Broz Tito (1892–1980)

2184	100 (Din)	schwarz/zinnober .... bst	0,70	0,70
Block 29	(60×75 mm)	.... bsu	1,—	1,—
		FDC		1,50

Auflagen: MiNr. 2182–2183 = 200 000 Sätze, Bl. 29 = 200 000 Blocks

1986, 28. Juni. 400. Todestag von Primož Trubar. Odr. (5×5); gez. K 12½.

bsv) P. Trubar (1508–1586), geistlicher Schriftsteller, Begründer der slowenischen Schriftsprache

2185	20 (Din)	mehrfarbig .... bsv	0,70	0,50
		FDC		1,—

Auflage: 180 000 Stück

1986, 17. Juli. Freimarke: Postdienst. Odr. (10×10); A = gez. K 13¼, C = gez. K 12½:13¼.

bsw) Gabelstapler, Briefumschlag

2186	40 (Din)	lebhaftrot .... bsw		
A		gez. K 13¼	0,50	0,20
C		gez. K 12½:13¼	0,50	0,20

Weitere Werte siehe Übersicht nach Jahrgangswerttabelle.

1986, 17. Juli. Freimarke: Postdienst. Odr. (10×10); A = gez. K 13¼, C = gez. K 13¼: 12½.

bsx) Briefträger, Briefumschlag

2187	30 (Din)	dunkelbräunlichrot .... bsx		
A		gez. K 13¼	0,50	0,20
C		gez. K 13¼:12½	1,—	0,20

Weitere Werte siehe Übersicht nach Jahrgangswerttabelle.

1986, 28. Juli. 125 Jahre Serbisches Nationaltheater, Novi Sad; 30 Jahre Sterija-Theater. Odr. (5×5); gez. K 13¾.

bsy) Thalia, Muse des Schauspiels (Theateremblem)

2188	40 (Din)	mehrfarbig .... bsy	0,20	0,20
		FDC		0,70

Auflage: 180 000 Stück

Jugoslawien

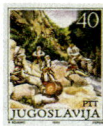

**1986, 10. Sept. Folklore: Volkstanz von Rugovo.
Odr. (5×5); gez. K 13¾.**

bsz) Volkstanzgruppe in der Rugova-Schlucht

2189	40 (Din)	mehrfarbig	bsz	0,20	0,20
			FDC		0,70

Auflage: 190 000 Stück

1986, 22. Sept. Universiade '87, Zagreb (I). Odr. (5×5); gez. K 13¼.

bta) Volleyball   btb) Kanusport   btc) Kunstturnen   btd) Fechten

2190	30 (Din)	mehrfarbig	bta	0,40	0,40
2191	40 (Din)	mehrfarbig	btb	0,40	0,40
2192	100 (Din)	mehrfarbig	btc	0,70	0,70
2193	150 (Din)	mehrfarbig	btd	1,—	1,—
		Satzpreis (4 W.)		2,50	2,50
		FDC			3,20

Auflagen: MiNr. 2190–2192 je 200 000, MiNr. 2193 = 180 000 Stück

1986, 2. Okt. Europäisches Kindertreffen „Freude Europas": Kinderzeichnungen. Odr. (3×3); gez. K 13¾.

bte) Friedenstaube, Kind von Weltkugel; von Tanja Faletič (14 J.)

btf) Stadt der Zukunft; von Johanna Kraus (12 J.)

2194	100 (Din)	mehrfarbig	bte	0,70	0,70
2195	150 (Din)	mehrfarbig	btf	1,—	1,—
		Satzpreis (2 W.)		1,70	1,70
		FDC			2,50
		Kleinbogensatz (2 Klb.)		17,—	17,—

Auflage: 200 000 Sätze

1986, 4. Okt. 50 Jahre Telefon-Selbstwähldienst. Odr. (5×5); gez. K 13¼.

btg) Automatischer Drehwähler (1936); Stadtansicht von Bled

2196	40 (Din)	mehrfarbig	btg	0,20	0,20
			FDC		0,70

Auflage: 180 000 Stück

1986, 6. Okt. Generalversammlung der Internationalen Organisation der Kriminalpolizei (Interpol), Belgrad. Odr. (5×5); gez. K13¾.

bth) Mann mit Strumpfmaske, Erdkugel, Interpol-Emblem

2197	150 (Din)	mehrfarbig	bth	0,50	0,50
			FDC		1,20

Auflage: 180 000 Stück

1986, 21. Okt. 50. Jahrestag der Formierung der Internationalen Brigaden im Spanischen Bürgerkrieg. Odr. (5×5); gez. K 13¼:13½.

bti) Für die Freiheit; Grafik von Đorđe Andrejević-Kun (1904–1974)

2198	40 (Din)	mehrfarbig	bti	0,20	0,20
			FDC		0,70

Auflage: 180 000 Stück

1986, 1. Nov. 100 Jahre Serbische Akademie für Kunst und Wissenschaften. Odr. (5×5); gez. K 13½:13¼.

btk) Gebäude und Emblem der Akademie

2199	40 (Din)	mehrfarbig	btk	0,20	0,20
			FDC		0,70

Auflage: 180 000 Stück

1986, 20. Nov. Internationales Jahr des Friedens. Odr. (5×5); gez. K 13½:13¼.

btl) Friedenstauben mit Kindern, Erdkugel; Kinderzeichnung von Branislav Barnak

2200	150 (Din)	mehrfarbig	btl	0,60	0,60
			FDC		1,20

Auflage: 180 000 Stück

1986, 10. Dez. Kunst: Gemälde aus dem Kunstmuseum in Skopje. Odr.; gez. K 13¾.

btm) Stilleben; von František Muzika (1900–1974), tschechoslowakischer Maler

btn) Gedränge; von Rafael Canogar (*1934), englischer Maler

bto) „IOL"; von Victor de Vasarély (1908–1997), ungarischer Maler

btp) Porträt; von Bernard Buffet (*1928), französischer Maler

btr) Kopf einer Frau; von Pablo Picasso (1881–1973), spanischer Maler

2201	30 (Din)	mehrfarbig	btm	0,10	0,10
2202	40 (Din)	mehrfarbig	btn	0,10	0,10
2203	100 (Din)	mehrfarbig	bto	0,50	0,50
2204	100 (Din)	mehrfarbig	btp	0,50	0,50
2205	150 (Din)	mehrfarbig	btr	0,80	0,80
		Satzpreis (5 W.)		2,—	2,—
		FDC			3,—

Auflage: 180 000 Sätze

Jugoslawien

1987

1987, 22. Jan. Geschützte Tiere. Odr. (1×5 Zd); gez. K 13¾.

bts) Fischotter (Lutra lutra)
btt) Mufflon (Ovis musimon)
Zierfeld: Landschaft

btu) Rothirsch (Cervus elaphus)
btv) Braunbär (Ursus arctos)

2206	30	(Din)	mehrfarbig . . . . bts	0,80	0,80
2207	40	(Din)	mehrfarbig . . . . btt	0,80	0,80
2208	100	(Din)	mehrfarbig . . . . btu	0,80	0,80
2209	150	(Din)	mehrfarbig . . . . btv	0,80	0,80
			Satzpreis (4 W.)	3,—	3,—
			Fünferstreifen	10,—	10,—
			FDC		12,—

MiNr. 2206–2209 wurden mit Zierfeld waagerecht zusammenhängend gedruckt.
Auflage: 250 000 Sätze

1987, 13. Febr. 200. Todestag von Ruggiero Giuseppe Boscovich. Odr. (5×5); gez. K 13¾.

btw) R. J. Bošković (1711–1787), Mathematiker und Naturwissenschaftler; Sternwarte in Brera (Italien)

2210	150	(Din)	mehrfarbig . . . . btw	0,60	0,50
			FDC		1,20

Auflage: 190 000 Stück

1987, 9. März. Europäischer Naturschutz (VI). Odr. (3×3); gez. K 13¼.

btx) Wildfütterung im Triglav-Gebirge
bty) Gletschersee im Triglav-Gebirge

2211	150	(Din)	mehrfarbig . . . . btx	1,20	1,20
2212	400	(Din)	mehrfarbig . . . . bty	1,80	1,80
			Satzpreis (2 W.)	3,—	3,—
			FDC		4,—
			Kleinbogensatz (2 Klb.)	30,—	30,—

Auflage: 210 000 Sätze

> Einzelmarken mit Zierfeld aus jugoslawischen Kleinbogen mit Zierfeld werden üblicherweise mit dem fünffachen Einzelmarkenpreis gehandelt.

1987, 20. März. 60 Jahre Zivilluftfahrt in Jugoslawien. Odr. (3×3); gez. K 13¾.

btz) Flugzeug Potez 29–4
bua) Flugzeug McDonell Douglas DC 10

2213	150	(Din)	mehrfarbig . . . . btz	0,70	0,70
2214	400	(Din)	mehrfarbig . . . . bua	1,50	1,50
			Satzpreis (2 W.)	2,20	2,20
			FDC		3,—
			Kleinbogensatz (2 Klb.)	20,—	20,—

MiNr. 2213–2214 gedruckt in Kleinbogen zu je 8 Marken und 1 Zierfeld.
Auflage: 210 000 Sätze

1987, 20. März. Medaillengewinne durch Mateja Svet bei den alpinen Ski-Weltmeisterschaften, Crans-Montana. Odr. (3×3); gez. K 13¾.

bub) M. Svet (* 1968), Skirennläuferin

2215	200	(Din)	mehrfarbig . . . . bub	3,—	3,—
			FDC		4,—
			Kleinbogen	40,—	40,—

MiNr. 2215 gedruckt in Kleinbogen zu 8 Marken und 1 Zierfeld.
Auflage: 220 000 Stück

1987, 2. April. 75. Geburtstag von Kole Nedelkovski. Odr. (5×5); gez. K 13½:13¼.

buc) K. Nedelkovski (1912–1941), Dichter

2216	40	(Din)	mehrfarbig . . . . buc	0,20	0,20
			FDC		0,60

Auflage: 180 000 Stück

1987, 16. April. 125. Jahrestag der Beendigung der Befreiungskriege von Montenegro. Odr. (5×5); gez. K 13½:13¼.

bud) Gusla (Musikinstrument), Kriegsflaggen

2217	40	(Din)	mehrfarbig . . . . bud	0,20	0,20
			FDC		0,60

Auflage: 180 000 Stück

1987, 18. April. 50 Jahre Kommunistische Partei Sloweniens. Odr. (5×5); gez. K 13¾.

bue) Gründung der KPS in Čebine; Gemälde von Anton Gojmir Kos (1890–1970)

2218	40	(Din)	mehrfarbig . . . . bue	0,20	0,20
			FDC		0,60

Auflage: 180 000 Stück

Jugoslawien

1987, 30. April. Europa: Moderne Architektur. Odr. (3×3); gez. K 13¾.

buf) Tito-Brücke zur Insel Krk
(Architekt: Ilija Stojadinović)

bug) Dreibrücke über die Ljublijanica, Ljubljana (Architekt: Jože Plečnik)

2219	200 (Din)	mehrfarbig	buf	0,50	0,50
2220	400 (Din)	mehrfarbig	bug	1,—	1,—
		Satzpreis (2 W.)		1,50	1,50
		FDC			3,—
		Kleinbogensatz (2 Klb.)		15,—	15,—

Auflage: 400 000 Sätze

1987, 15. Mai. Obstbäume. Odr. (5×5); gez. K 13¾.

buh) Mandelbaum (Amygdalus communis)

buj) Birnbaum
(Pirus communis)

buk) Apfelbaum
(Malus domestica)

bul) Pflaume
(Prunus domestica)

2221	60 (Din)	mehrfarbig	buh	0,20	0,20
2222	150 (Din)	mehrfarbig	bui	0,70	0,70
2223	200 (Din)	mehrfarbig	buk	1,—	1,—
2224	400 (Din)	mehrfarbig	bul	1,60	1,60
		Satzpreis (4 W.)		3,50	3,50
		FDC			4,—

Auflage: 190 000 Sätze

1987, 25. Mai. 95. Geburtstag von Josip Broz Tito. Odr.; gez. K 13¾.

bum) J. Broz Tito (1892–1980), Staatspräsident; Gemälde von Moša Pijade (1889–1957)

2225	60 (Din)	mehrfarbig	bum	0,30	0,30
		FDC			1,—

Auflage: 190 000 Stück

1987, 25. Mai. Freimarke: Postdienst. Odr. (10×10); gez. K 13¼.

bun) Mann am Briefkasten

2226	60 (Din)	graugrün	bun	0,50	0,50

Weitere Werte siehe Übersicht nach Jahrgangswerttabelle.

Eine Notierung in Schrägschrift bedeutet, daß die Bewertungsunterlagen für eine eindeutige Preisfestsetzung nicht ausreichen.

1987, 10. Juni. 200. Geburtstag von Vuk Stefanović Karadžić. Odr. (5×5); gez. K 13¾.

buo) V. S. Karadžić
(1787–1864), Sprachforscher;
Büste von Peter Ubavkić

bup) V. S. Karadžić, Gemälde von Uroš Knežević (1811–1876)

2227	60 (Din)	mehrfarbig	buo	0,20	0,20
2228	200 (Din)	mehrfarbig	bup	0,50	0,50
		Satzpreis (2 W.)		0,70	0,70
		FDC			1,50

Auflage: 190 000 Sätze

1987, 22. Juni. 250 Jahre Postwesen in Zrenjanin. Odr. (5×5); gez. K 13½:13¼.

bur) Ansicht von Zrenjanin, Postkutsche

2229	60 (Din)	mehrfarbig	bur	0,20	0,20
		FDC			0,70

Auflage: 183 000 Stück

1987, 8. Juli. Universiade '87. Zagreb (II). Odr. (3×3); K 13¼:13½.

bus) Leichtathletik: Hürdenlauf

but) Basketball

buu) Kunstturnen:
Schwebebalken

buv) Schwimmen:
Rückenschwimmen

2230	60 (Din)	mehrfarbig	bus	0,30	0,30
2231	150 (Din)	mehrfarbig	but	0,50	0,50
2232	200 (Din)	mehrfarbig	buu	0,70	0,70
2233	400 (Din)	mehrfarbig	buv	1,50	1,50
		Satzpreis (4 W.)		3,—	3,—
		FDC			3,50
		Kleinbogensatz (4 Klb.)		30,—	30,—

MiNr. 2230–2233 gedruckt in Kleinbogen zu je 8 Marken und 1 Zierfeld.

Auflagen: MiNr. 2230 = 265 000, MiNr. 2231–2233 je 250 000 Stück

1987, 20. Juli. Brandschutz. Odr. (3×3); gez. K 13¾.

buw) Löschflugzeug

buy) Löschschiff

Jugoslawien

2234	60 (Din)	mehrfarbig	buw	0,20	0,20
2235	200 (Din)	mehrfarbig	bux	0,20	0,20
		Satzpreis (2 W.)		0,40	0,40
		FDC			3,—
		Kleinbogensatz (2 Klb.)		4,—	4,—

MiNr. 2234–2235 gedruckt in Kleinbogen zu je 8 Marken und 1 Zierfeld.

Auflagen: MiNr. 2234–2235 je 230 000 Stück

1987, 1. Aug. 50 Jahre Kommunistische Partei Kroatiens. Odr. (5×5); gez. K 13¼.

buy) Denkmal im Park Anindol bei Samobor

2236	60 (Din)	mehrfarbig	buy	0,20	0,20
		FDC			0,60

Auflage: 190 000 Stück

1987, 10. Sept. 150 Jahre Gymnasium in Šabac. Odr. (5×5); gez. K 13½:13¼.

buz) Schulgebäude, Handschrift

2237	80 (Din)	mehrfarbig	buz	0,20	0,20
		FDC			0,70

Auflage: 192 000 Stück

1987, 19. Sept. Internationale Briefmarkenausstellung BALKANPHILA XI, Novi Sad. Odr. (5×5); gez. K 13¾.

bva) Emblem, Karte des Balkan und Kleinasiens, Blumenstrauß

2238	250 (Din)	mehrfarbig	bva	0,50	0,50
		FDC			1,10

Blockausgabe, □

bvb) Festung Petrovaradin (Peterwardein) mit Ansicht von Novi Sad

bvc)

2239	400 (Din)	mehrfarbig	bvb	—,—	—,—
Block 30	(60×75 mm)		bvc	1,20	1,20
		FDC			2,—

Auflagen: MiNr. 2238 = 220 000 Stück, Bl. 30 = 220 000 Blocks

---

FDC = Ersttagsbrief (First Day Cover)

1987, 22. Sept. Freimarke: Postdienst. MiNr. 2226 mit neuem Odr.-Wertaufdruck, alter Wert dreifach durchbalkt.

2240	80 **(Din)** auf 60 (Din) graugrün .. (2226)			0,50	0,20
		FDC			0,60

Weitere Werte siehe Übersicht nach Jahrgangswerttabelle.

1987, 2. Okt. Europäisches Kindertreffen „Freude Europas": Kinderzeichnungen. Odr. (3×3); gez. K 13¾.

bvd) Kinder im Wald; von Aranka Bedić

bve) Kind und Flaschengeist; von Ingeborg Schefer

2241	250 (Din)	mehrfarbig	bvd	0,80	0,80
2242	400 (Din)	mehrfarbig	bve	1,—	1,—
		Satzpreis (2 W.)		1,80	1,80
		FDC			2,60
		Kleinbogensatz (2 Klb.)		18,—	18,—

Auflage: 210 000 Sätze

1987, 15. Okt. Alte Brücken. Odr. (5×5); gez. K 13¾.

bvf) Arslanagić-Brücke über die Trebišnica in Trebinje (16. Jh.)

bvg) Terzijski-Brücke über die Erenik in Đakovice (15. Jh.)

2243	80 (Din)	mehrfarbig	bvf	0,50	0,50
2244	250 (Din)	mehrfarbig	bvg	0,50	0,50
		Satzpreis (2 W.)		1,—	1,—
		FDC			1,50

Auflage: 200 000 Sätze

1987, 20. Okt. 600 Jahre Stadt Vrbas. Odr. (5×5); gez. K 13½:13¼.

bvh) Schiff auf dem Donau-Theiß-Kanal bei Vrbas

2245	80 (Din)	mehrfarbig	bvh	0,20	0,20
		FDC			0,70

Auflage: 190 000 Stück

1987, 21. Nov. 100 Jahre astronomisches und meteorologisches Observatorium, Belgrad. Odr. (5×5); gez. K 13¾.

bvi) Schematische Darstellung der Sonnen- und Mondfinsternis, Teleskop (1887), Observatorium

2246	80 (Din)	mehrfarbig	bvi	0,20	0,30
		FDC			0,70

Auflage: 190 000 Stück

Jugoslawien 639

1987, 28. Nov. Kunst: Gemälde in jugoslawischen Museen (III). Odr. (5×5); gez. K 13¾.

bvk) Evangelist Lukas; von Raffael (1483–1520), italienischer Maler

bvl) Die Infantin Maria Theresia; von Diego Velázquez (1599–1660), spanischer Maler

bvm) Nikolaus Rubens; von Peter Paul Rubens (1577–1640), flämischer Maler

bvn) Louise Laure Sennegon; von Jean-Baptiste-Camille Corot (1796–1875), französischer Maler

2247	80	(Din)	mehrfarbig .... bvk	0,20	0,20
2248	200	(Din)	mehrfarbig .... bvl	0,50	0,50
2249	250	(Din)	mehrfarbig .... bvm	0,50	0,50
2250	400	(Din)	mehrfarbig .... bvn	1,30	1,30
			Satzpreis (4 W.)	2,50	2,50
			FDC		3,—

Auflage: 200 000 Sätze

1987, 10. Dez. Museumsexponate: Traditionelle Volksfeste (Gemälde). Odr. (5×5); gez. K 13¾.

bvo) Kampf der Stiere, Grmeč

bvp) Ljubičevo-Reiterspiele, Požarevac

bvr) Rittertänze „Moreška", Korčula

bvs) Ringelstechen, Sinj

2251	80	(Din)	mehrfarbig .... bvo	0,20	0,20
2252	200	(Din)	mehrfarbig .... bvp	0,50	0,50
2253	250	(Din)	mehrfarbig .... bvr	0,50	0,50
2254	400	(Din)	mehrfarbig .... bvs	1,80	1,80
			Satzpreis (4 W.)	3,—	3,—
			FDC		4,—

Auflage: 200 000 Sätze

1987, 10./16. Dez. Freimarken: Postdienst. Odr. (10×10); gez. K 13¼.

bvt) Glückwunschtelegramm

bvu) Schalterbeamtin mit Computer

2255	93	(Din)	violettblau (16.12.) ...... bvt	0,50	0,20
2256	106	(Din)	karminlila (10.12.) .... bvu	0,50	0,20
			Satzpreis (2 W.)	1,—	0,40

Weitere Werte siehe Übersicht nach Jahrgangswerttabelle.

1988

1988, 6. Jan. 700 Jahre Gesetzbuch des Bezirks Vinodol. Odr. (5×5); gez. K 13¾.

bvv) Titelseite des Gesetzbuches, alte Stadtansicht von Novi Vinodolski; Stadtwappen

2257	100	(Din)	mehrfarbig .... bvv	0,20	0,20
			FDC		0,70

Auflage: 200 000 Stück

1988, 22. Jan. Freimarke: Postdienst. Odr. (10×10); gez. K 13¼.

bvw) Postbeamtin am Computer

2258	106	(Din)	schwarzorangerot ..... bvw	0,50	0,20

Weitere Werte siehe Übersicht nach Jahrgangswerttabelle.

1988, 30. Jan. 25 Jahre Internationales Damen-Skirennen um den Goldenen Fuchs, Maribor. Odr. (3×3); gez. K 13¾.

bvx) Slalomläuferin, Maskottchen

2259	350	(Din)	mehrfarbig .... bvx	0,20	0,20
			FDC		1,—
			Kleinbogen	2,50	2,50

MiNr. 2259 gedruckt im Kleinbogen zu 8 Marken und 1 Zierfeld.

Auflage: 260 500 Stück

1988, 1. Febr. Weltweiter Naturschutz: Braunbär. Odr. (5×5); gez. K 13¾.

bvy

bvz   bwa   bwb

bvy–bwb) Braunbär (Ursus arctos)

2260	70	(Din)	mehrfarbig .... bvy	3,—	2,—
2261	80	(Din)	mehrfarbig .... bvz	3,—	2,—
2262	200	(Din)	mehrfarbig .... bwa	3,—	2,—
2263	350	(Din)	mehrfarbig .... bwb	11,—	6,—
			Satzpreis (4 W.)	20,—	12,—
			FDC		20,—

Auflagen: MiNr. 2260, 2262–2263 je 330 000, MiNr. 2261 = 380 000 Stück

Mehr wissen mit MICHEL

Jugoslawien

1988, 13. Febr. Olympische Winterspiele, Calgary. Odr. (3×3); gez. K 13¾.

bwc) Slalom   bwd) Eishockey

2264	350 (Din)	mehrbarbig	bwc	1,—	1,—
2265	1200 (Din)	mehrbarbig	bwd	1,50	1,50
		Satzpreis (2 W.)		2,50	2,50
		FDC			3,—
		Kleinbogensatz (2 Klb.)		25,—	25,—

MiNr. 2264–2265 gedruckt in Kleinbogen zu je 8 Marken und 1 Zierfeld.
Auflage: 230 000 Sätze

1988, 24. Febr. Blockausgabe: Außenminister-Konferenz der Balkanländer, Belgrad. Odr.; ▢.

bwe) Landkarte Europas

bwf

2266	1500 (Din)	mehrbarbig	bwe	—,—	—,—
Block 31	(60×75 mm)		bwf	2,20	2,20
		FDC			3,20

Auflage: 250 000 Blocks

1988, 21. März. Olympische Sommerspiele, Seoul. Odr. (3×3); gez. K 13¾.

bwg) Basketball bwh) Hochsprung bwi) Kunstturnen-Seitpferd bwk) Boxen

2267	106 (Din)	mehrbarbig	bwg	0,70	0,70
2268	450 (Din)	mehrbarbig	bwh	0,70	0,70
2269	500 (Din)	mehrbarbig	bwi	0,70	0,70
2270	1200 (Din)	mehrbarbig	bwk	0,70	0,70
		Satzpreis (4 W.)		2,80	2,80
		FDC			4,—
		Kleinbogensatz (4 Klb.)		26,—	26,—

Die Bildbeschreibungen zu den Markenabbildungen sind so ausführlich wie möglich gehalten!

Blockausgabe, ▢

bwl) Pavillon an einem See in Südkorea

bwm

2271	1500 (Din)	mehrbarbig	bwl	—,—	—,—
Block 32	(62×77 mm)		bwm	2,50	2,50
		FDC			3,50

MiNr. 2267–2270 gedruckt in Kleinbogen zu je 8 Marken und 1 Zierfeld.
Auflagen: MiNr. 2267–2270 = 250 000 Sätze, Bl. 32 = 210 000 Blocks

1988, 11. April. Freimarke: Postdienst Odr. (10×10); gez. K 13¼.

bwn) Postbeamtin sortiert Briefe

| 2272 | 500 (Din) | dunkelblau/hellorange | bwn | 0,60 | 0,50 |

Weitere Werte siehe Übersicht nach Jahrgangswerttabelle.

1988, 30. April. Europa: Transport- und Kommunikationsmittel. Odr. (3×3); gez. K 13¾.

bwo) Satellit INTELSAT V-A, Weltkarte, Erdfunkstelle in Ivanjica   bwp) Frau mit Funktelefon, Eisenbahn, Schiff, Transportfahrzeug

2273	450 (Din)	mehrbarbig	bwo	0,50	0,50
2274	1200 (Din)	mehrbarbig	bwp	1,—	1,—
		Satzpreis (2 W.)		1,50	1,50
		FDC			3,—
		Kleinbogensatz (2 Klb.)		15,—	15,—

Auflage: 390 000 Sätze

1988, 14. Mai. Fauna: Weichtiere. Odr. (5×5); gez. K 13¾.

bwr) Knorrige Kreiselschnecke (Gibbula magus)

bws) Pilgermuschel (Pecten jacobaeus)   bwt) Faßschnecke (Tonna galea)   bwu) Papierboot (Argonauta argo)

| 2275 | 106 (Din) | mehrbarbig | bwr | 0,60 | 0,60 |
| 2276 | 550 (Din) | mehrbarbig | bws | 0,60 | 0,60 |

Jugoslawien   641

2277	600 (Din)	mehrfarbig .... bwt	1,—	1,—
2278	1000 (Din)	mehrfarbig .... bwu	1,—	1,—
		Satzpreis (4 W.)	3,20	3,20
		FDC		5,—

Auflage: 210 000 Sätze

1988, 25. Mai. 60. Jahrestag des Gerichtsverfahrens gegen Josip Broz Tito wegen illegaler kommunistischer Tätigkeit. Odr. (5×5 Zd); gez. K 13¾.

bwv) J. B. Tito (1892–1980), Staatsmann

2279	106 (Din)	mehrfarbig .... bwv	0,20	0,20
		2279 Zf	0,30	0,30
		FDC		0,60

Auflage: 210 000 Stück

1988, 14. Juni. 150 Jahre Universität, Belgrad. Odr. (5×5); gez. K 13½:13¼.

bww) Schloß der serbischen Fürstin Ljubica (erster Sitz der Universität, Universitätssiegel

| 2280 | 106 (Din) | mehrfarbig .... bww | 0,20 | 0,20 |
| | | FDC | | 0,60 |

Auflage: 200 000 Stück

1988, 23. Juni/1989, 1. Nov. Freimarke: Postdienst. Wie MiNr. 2272, jedoch Farbänderung. Odr. (10×10); A = gez. K 13¼, C = gez. K 12½.

bwn) Postbeamtin sortiert Briefe

2281	500 (Din)	preußischblau/grünlichgelb bwn		
A		gez. K 13¼ (23.6.1988)	0,50	0,50
C		gez. K 12½ (1.11.1989)	0,20	0,20
		FDC (A)		1,20

Weitere Werte siehe Übersicht nach Jahrgangswerttabelle.

1988, 24. Juni. Freimarken: Postdienst. MiNr. 2255 und 2258 mit neuem Odr.-Wertaufdruck, alter Wert dreifach durchbalkt.

2282	120 (Din)	auf 93 (Din) violettblau . (2255)	0,20	0,20
2283	140 (Din)	auf 106 (Din)		
		schwarzorangerot ..... (2258)	0,20	0,20
		Satzpreis (2 W.)	0,40	0,40

Weitere Werte siehe Übersicht nach Jahrgangswerttabelle.

1988, 2. Juli. Europäischer Naturschutz (VII). Odr. (3×3); gez. K 13¾.

bwx) Phelypaea boissieri

bwy) Campanula formanekiana

2284	600 (Din)	mehrfarbig .... bwx	0,80	0,80
2285	1000 (Din)	mehrfarbig .... bwy	1,—	1,—
		Satzpreis (2 W.)	1,80	1,80
		FDC		2,50
		Kleinbogensatz (2 Klb.)	17,—	17,—

Auflage: 220 000 Sätze

1988, 14. Juli. 100 Jahre Esperanto. Odr. (3×3); gez. K 13¼:13½.

bwz) Esperanto-Stern, Weltkugel, Flaggenband

2286	600 (Din)	hellviolettblau/grünoliv ... bwz	1,—	0,70
		FDC		1,50
		Kleinbogen	9,—	8,—

MiNr. 2286 gedruckt im Kleinbogen zu 8 Marken und 1 Zierfeld.

Auflage: 190 000 Stück

In ähnlicher Zeichnung: MiNr. 730

Einzelmarken mit Zierfeld aus jugoslawischen Kleinbogen mit Zierfeld werden üblicherweise mit dem fünffachen Einzelmarkenpreis gehandelt.

1988, 21. Juli/1989, 6. Okt. Freimarke: Postdienst. Odr. (10×10); A = gez. K 13¼, C = gez. K 12½.

bxa) Frau in Telefonzelle

2287	1000 (Din)	blauviolett/blaugrün ... bxa		
A		gez. K 13¼ (12.7.1988) ...	0,20	0,20
C		gez. K 12½ (6.10.1989)	0,70	0,60
		FDC (A)		1,70

Weitere Werte siehe Übersicht nach Jahrgangswerttabelle.

1988, 11. Aug. Freimarken: Postdienst. Odr. (10×10); gez. K 13¼.

bxb) Frau mit Brief

2288	120 (Din)	bläulichgrün .... bxb	0,20	0,10
2289	140 (Din)	lebhaftkarminrot .... bvw	0,20	0,10
		Satzpreis (2 W.)	0,40	0,20

Weitere Werte siehe Übersicht nach Jahrgangswerttabelle.

1988, 18. Aug. 40 Jahre Donaukonferenz. Odr. (3×3); gez. K 13¾.

bxc) Schiffe auf der Donau, Emblem

2290	1000 (Din)	mehrfarbig .... bxc	0,60	0,60
		FDC		1,30
		Kleinbogen	5,50	5,50

Mit MICHEL besser sammeln

Jugoslawien

Blockausgabe, ☐

bxd) Landkarte mit Lauf der Donau, Emblem

bxe

2291	2000 (Din)	mehrfarbig	bxd	—,—	—,—
Block 33 (84×68 mm)			bxe	4,—	4,—
			FDC		5,—

Auflagen: MiNr. 2290 = 220 000 Stück, Bl. 33 = 220 000 Blocks

1988, 20. Aug. Basketball-Europameisterschaft der Junioren, Tito Vrbas und Srbobran. Odr. (5×5); gez. K 13¾.

bxf) Weltkugel als Basketball, Korb, EM-Emblem

2292	600 (Din)	mehrfarbig	bxf	0,50	0,50
			FDC		1,—

Auflage: 200 000 Stück

1988, 27. Aug. 125 Jahre Pferdesport in Belgrad. Odr. (5×5); gez. K 13¾.

bxg) Galopprennen   bxh) Springreiten   bxi) Trabrennen

2293	140 (Din)	mehrfarbig	bxg	0,30	0,30
2294	600 (Din)	mehrfarbig	bxh	0,70	0,70
2295	1000 (Din)	mehrfarbig	bxi	1,—	1,—
		Satzpreis (3 W.)		2,—	2,—
			FDC		2,50

Auflage: 210 000 Sätze

1988, 5. Sept. Freimarke: Postdienst. Odr. (5×5); gez. K 13½:13¼.

bxk) Flugzeug McDonell Douglas DC-10, Erdkarte

2296	2000 (Din)	mehrfarbig	bxk	1,20	0,60
			FDC		1,70

Weitere Werte siehe Übersicht nach Jahrgangswerttabelle.

1988, 10. Sept. 100 Jahre Landesmuseum von Bosnien und Herzegowina, Sarajevo. Odr. (5×5); gez. K 13½:13¼.

bxl) Museumsgebäude; Bosnisches Glöckchen (Symphyandra hofmanni pantocsek)

2297	140 (Din)	mehrfarbig	bxl	0,20	0,20
			FDC		0,60

Auflage: 200 000 Stück

1988, 24. Sept. Kampf gegen Krebs und AIDS. Odr. (5×5); gez. K 13¾.

bxm) Arm, Schere eines Krebses   bxn) Mund, Blutfleck

2298	140 (Din)	mehrfarbig	bxm	0,20	0,20
2299	1000 (Din)	mehrfarbig	bxn	0,80	0,80
		Satzpreis (2 W.)		1,—	1,—
			FDC		1,50

Auflage: 200 000 Sätze

1988, 1. Okt. Europäisches Kindertreffen „Freude Europas": Gemälde. Odr. (3×3); gez. K 13¾.

bxo) Die Tochter des Künstlers; von Petar Ranosović (1856–1918), jugoslawischer Maler

bxp) Mädchen mit Strohhut; von Pierre-Auguste Renoir (1841–1919), franz. Maler

2300	1000 (Din)	mehrfarbig	bxo	0,80	0,80
2301	1100 (Din)	mehrfarbig	bxp	1,—	1,—
		Satzpreis (2 W.)		1,80	1,80
			FDC		2,50
		Kleinbogensatz (2 Klb.)		18,—	18,—

Auflage: 220 000 Sätze

1988, 13. Okt. 50 Jahre Slowenische Akademie für Wissenschaft und Kunst. Odr. (5×5); gez. K 13¾.

bxr) Wappen und Siegel

2302	200 (Din)	mehrfarbig	bxr	0,20	0,20
			FDC		0,60

Auflage: 180 000 Stück

1988, 18. Okt. Museumsexponate: Volksbräuche. Odr. (5×5); gez. K 13¾.

bxs) Hochzeitsfeierlichkeiten nach altem Brauch in Galičnik

bxt) Paar in Tracht aus Kotor   bxu) Stickereimotiv aus der Vojvodina   bxv) Traditionelle Masken

Jugoslawien   643

2303	200	(Din)	mehrfarbig .... bxs	0,80	0,80
2304	1000	(Din)	mehrfarbig .... bxt	0,80	0,80
2305	1000	(Din)	mehrfarbig .... bxu	0,80	0,80
2306	1100	(Din)	mehrfarbig .... bxv	0,80	0,80
			Satzpreis (4 W.)	3,—	3,—
			FDC		4,—

Bei Marken vom Bogenunterrand fehlen am unteren Markenrand bei MiNr. 2303 die übergreifenden Bogen der Wiege, bei MiNr. 2306 die Spitzen der Maske.

Auflagen: MiNr. 2303–2306 je 200 000 Stück

1988, 28. Nov. Griechische Terrakottakunst-figuren aus der Sammlung des Memorialzentrums „Josip Broz Tito", Belgrad. Odr. (5×5); gez. K 13¾.

bxw) Mädchen mit Lyra (4. Jh. v. Chr.)

bxx) Mädchen auf dem Felsen (3. Jh. v. Chr.) bxy) Eros und Psyche (2. Jh. v. Chr.) bxz) Mädchen neben dem Grabstein (3. Jh. v. Chr.)

2307	200	(Din)	mehrfarbig .... bxw	0,60	0,60
2308	1000	(Din)	mehrfarbig .... bxx	0,60	0,60
2309	1000	(Din)	mehrfarbig .... bxy	0,60	0,60
2310	1100	(Din)	mehrfarbig .... bxz	0,60	0,60
			Satzpreis (4 W.)	2,40	2,40
			FDC		3,50

Auflage: 200 000 Sätze

1988, 1. Nov. 175. Geburtstag von Petar II. Petrović Njegoš. Odr. (5×5); gez. K 13¾.

bya) Petar II. Petrović Njegoš (1813–1851), Fürstbischof und Dichter; Kloster Cetinje, Titel seines Hauptwerkes

byb) Petar II. Petrović Njegoš- Mausoleum auf dem Berg Lovćen bei Njeguši (Geburtsort)

2311	200	(Din)	mehrfarbig .... bya	0,30	0,30
2312	1000	(Din)	mehrfarbig .... byb	0,70	0,70
			Satzpreis (2 W.)	1,—	1,—
			FDC		1,50

Auflage: 210 000 Sätze

1988, 17. Nov. Freimarke: Postdienst. Odr. (10×10); gez. K 13¼.

byc) Briefkasten, Brief, Briefmarke, Blume

2313	170	(Din)	blaugrün .... byc	0,50	0,20
			FDC		0,60

Weitere Werte siehe Übersicht nach Jahrgangswerttabelle.

1988, 1. Dez. 70 Jahre Jugoslawien. Odr. (5×5); gez. K 13¾.

byd) Krsmanović-Haus, Belgrad

2314	200	(Din)	mehrfarbig .... byd	0,20	0,20
			FDC		0,60

Auflage: 200 000 Stück

1988, 6. Dez. Freimarke: Postdienst. Odr. (10×10); gez. K 13¼.

bye) Postkutsche, Briefmarke

2315	220	(Din)	schwarzorangerot .... bye	0,50	0,20
			FDC		0,60

Weitere Werte siehe Übersicht nach Jahrgangswerttabelle.

1988, 15./21. Dez. Freimarken: Postdienst. MiNr. 2288–2289 mit neuem Odr.-Wertaufdruck, alter Wert dreifach durchbalkt.

2316	170	(Din)	auf 120 (Din) bläulichgrün (21.12.) ... (2288)	1,—	0,30
2317	220	(Din)	auf 140 (Din) lebhaftkarminrot (15.12.) ...... (2289)	1,—	0,30
			Satzpreis (2 W.)	2,—	0,60

Weitere Werte siehe Übersicht nach Jahrgangswerttabelle.

1988, 31. Dez. Medaillengewinne jugoslawischer Sportler bei den Olympischen Sommerspielen, Seoul. Odr. (3×3); gez. K 13¾.

byf) Schießen   byg) Handball   byh) Tischtennis
byi) Ringen   Zierfeld: Medaillen   byk) Rudern
byl) Basketball   bym) Wasserball   byn) Boxen

2318	500	(Din)	mehrfarbig .... byf	0,40	0,40
2319	500	(Din)	mehrfarbig .... byg	0,40	0,40
2320	500	(Din)	mehrfarbig .... byh	0,40	0,40

644 Jugoslawien

2321	500	(Din)	mehrfarbig	byi	0,40	0,40
2322	500	(Din)	mehrfarbig	byk	0,40	0,40
2323	500	(Din)	mehrfarbig	byl	0,40	0,40
2324	500	(Din)	mehrfarbig	bym	0,40	0,40
2325	500	(Din)	mehrfarbig	byn	0,40	0,40
			Satzpreis (8 W.)		3,—	3,—
			FDC			4,—
			Kleinbogen		4,50	4,50

MiNr. 2318–2325 wurden zusammenhängend im Kleinbogen zu 8 Marken und 1 Zierfeld gedruckt.

Auflage: je 250 000 Stück

1989

1989, 7. Jan. 400. Geburtstag von Ivan Gundulić. Odr. (5×5); gez. K 13½:13¼.

byo) I. Gundulić (1589–1638), Dichter, Richter und Senator; Ansicht von Dubrovnik

| 2326 | 220 | (Din) | mehrfarbig | byo | 0,50 | 0,40 |
| | | | FDC | | | 0,70 |

Auflage: 180 000 Stück

1989, 20. Jan. Freimarke: Postdienst. Odr. (10×10); A = gez. K 13¼, C = gez. K 12½.

byp) Brieftaube, Posthorn, Weltkugel

2327						
A	5000	(Din)	bräunlichrot/violettblau	byp		
			gez. K 13¼		1,—	0,50
C			gez. K 12½		1,—	0,50
			FDC			2,20

Weitere Werte siehe Übersicht nach Jahrgangswerttabelle

1989, 23. Febr. Weltweiter Naturschutz: Enten. Odr. (1×5 Zd); gez. K 13¾.

byr) Stockente (Anas platyrhynchos)
bys) Krickente (Anas crecca)
Zierfeld: WWF-Emblem

byt) Spießente (Anas acuta)
byu) Löffelente (Spatula clypeata)

2328	300	(Din)	mehrfarbig	byr	1,20	1,20
2329	2100	(Din)	mehrfarbig	bys	1,20	1,20
2330	2200	(Din)	mehrfarbig	byt	1,20	1,20
2331	2200	(Din)	mehrfarbig	byu	1,20	1,20
			Satzpreis (4 W.)		4,80	4,80
			Fünferstreifen		7,50	7,50
			FDC			8,50

MiNr. 2328–2331 wurden mit verschiedenen Zierfeldern waagerecht zusammenhängend gedruckt.

Auflage: 220 000 Sätze

Mit MICHEL immer gut informiert

1989, 10. März. 300. Jahrestag der Ausgabe des Buches „Zur Ehre des Herzogtums Krain" von Johann Weickhard Freiherr von Valvasor. Odr. (5×5); gez. K 13½:13¼.

byv) J. W. Valvasor (1641–1693), Polyhistor; Schloß Wagensperg bei Litija

| 2332 | 300 | (Din) | mehrfarbig | byv | 0,20 | 0,20 |
| | | | FDC | | | 0,60 |

Auflage: 180 000 Stück

1989, 20. März. Flora: Blumen aus der Vojvodina. Odr. (5×5); gez. K 13¾.

byx) Frühlingslichtblume (Bulbocodium vernum)

byx) Weiße Seerose (Nymphaea alba)
byy) Schachbrettblume (Fritillaria degeniana)
byz) Knabenkraut (Orchis simia)

2333	300	(Din)	mehrfarbig	byw	1,20	1,20
2334	2100	(Din)	mehrfarbig	byx	1,20	1,20
2335	2200	(Din)	mehrfarbig	byy	1,20	1,20
2336	3000	(Din)	mehrfarbig	byz	1,20	1,20
			Satzpreis (4W.)		4,80	4,80
			FDC			6,—

Auflage: 190 000 Sätze

1989, 22. März. Freimarke: Postdienst. Odr. (5×10); gez. K 13½:13¼.

bza) Briefe, Parabolantenne

| 2337 | 10 000 | (Din) | mehrfarbig | bza | 1,50 | 0,70 |
| | | | FDC | | | 3,— |

Weitere Werte siehe Übersicht nach Jahrgangswerttabelle.

1989, 6. April. Freimarke: Sehenswürdigkeiten. MiNr. 1661 mit Bdr.-Wertaufdruck, alter Wert dreifach durchbalkt.

2338	100	(Din)	auf 1 (Din) dunkelolivgrün			
A			gez. K 13¼ .... (1661 A)		1,—	0,20
C			gez. K 13¼:12½ ... (1661 C)		1,—	0,20

Weitere Werte siehe Übersicht nach Jahrgangswerttabelle

1989, 26. April. Weltmeisterschaften im Sportschießen mit Luftdruckwaffen, Sarajevo. Odr. (5×5); gez. K 13¾.

bzb) Sportschütze, WM-Emblem

| 2339 | 3000 | (Din) | mehrfarbig | bzb | 0,60 | 0,60 |
| | | | FDC | | | 1,10 |

Auflage: 200 000 Stück

Jugoslawien

1989, 29. April. Europa: Kinderspiele. Odr. (3×3); gez. K 13¾.

bzc) Mädchen mit Kaleidoskop, Phantasiefiguren
bzd) Junge mit Papierschiffchen und Murmeln

2340	3000 (Din)	mehrfarbig	bzc	1,—	1,—
2341	6000 (Din)	mehrfarbig	bzd	1,—	1,—
		Satzpreis (2 W.)		2,—	2,—
		FDC			3,50
		Kleinbogensatz (2 Klb.)		20,—	20,—

MiNr. 2340 ohne, MiNr. 2341 mit Kontrollnummer auf dem Kleinbogenrand.

Auflage: 320 000 Sätze

1989, 11. Mai/1. Nov. Freimarke: Postdienst. Odr. (10×10); A = gez. K 13¼, C = gez. K 12½.

byc) Briefkasten mit Umschlag und Briefmarke, Blume

2342	300 (Din)	mehrfarbig	byc		
	A	gez. K 13¼ (11.5.)		0,50	0,20
	C	gez. K 12½ (1.11.)		0,50	0,20
		FDC			0,70
2342 CI		Drucker- und Entwerferzeichen am Unterrand fehlend		25,—	25,—

Weitere Werte siehe Übersicht nach Jahrgangswerttabelle.

1989, 25. Mai. 70 Jahre Kommunistische Partei Jugoslawiens (KPJ). StTdr. (5×5); gez. K 13¾.

bzf) Josip Broz Tito; Gemälde von Marina Kalezić-Krajinović

2343	300 (Din)	mehrfarbig	bzf	0,20	0,20
		FDC			0,70

Auflage: 200 000 Stück

1989, 1. Juni. Leichtathletik-Europapokal der Mannschaftsmeister, Belgrad. Odr. (3×3); gez. K 13¼:13½.

bzg) Stabhochsprung, Emblem

2344	4000 (Din)	mehrfarbig (Töne)	bzg	1,—	1,—
		FDC			2,—
		Kleinbogen		9,—	9,—

MiNr. 2344 gedruckt im Kleinbogen zu 8 Marken und 1 Zierfeld.

Auflage: 200 000 Stück

1989, 9. Juni. Motorrad-Weltmeisterschaftsläufe, Rijeka. Odr. (3×3); gez. K 13¼:14.

bzh bzi

bzh–bzk) Szenen aus Motorradrennen

2345	500 (Din)	mehrfarbig	bzh	0,10	0,10
2346	4000 (Din)	mehrfarbig	bzi	0,50	0,50
		Satzpreis (2 W.)		0,60	0,60
		FDC			1,20
		Kleinbogensatz (2 Klb.)		16,—	16,—

Blockausgabe, gez. K 14:13¾.

bzk
bzl

2347	6000 (Din)	mehrfarbig	bzk	0,70	0,70
Block 34	(86×65 mm)		bzl	1,70	1,70
		FDC			2,50

2346 I „ΠΤΤ" (PTT) links unten fehlend (Feld 8) 10,— 10,—

MiNr. 2345–2346 gedruckt in Kleinbogen zu je 8 Marken und 1 Zierfeld.

Auflagen: MiNr. 2345–2346 = 210 000 Sätze, Bl. 34 = 200 000 Blocks

1989, 10. Juni. Goldenes Zeitalter der Segelschiffahrt: Segelschiffe der Adria. Odr. in Markenheftchen; gez. K 13¼:13½.

bzm) Klassisches griechisches Segelschiff
bzn) Römisches Segelschiff
bzo) Segelschiff der Kreuzfahrer (13. Jh.)
bzp) Nava aus Dubrovnik (16. Jh.)
bzr) Französisches Segelschiff (17. Jh.)
bzs) Segelschiff (18. Jh.)

bzt) Historische Ansicht von Dubrovnik (Ragusa)

2348	1000 (Din)	mehrfarbig	bzm	0,30	0,30
2349	1000 (Din)	mehrfarbig	bzn	0,30	0,30
2350	1000 (Din)	mehrfarbig	bzo	0,30	0,30
2351	1000 (Din)	mehrfarbig	bzp	0,30	0,30
2352	1000 (Din)	mehrfarbig	bzr	0,30	0,30
2353	1000 (Din)	mehrfarbig	bzs	0,30	0,30
2354	3000 (Din)	mehrfarbig	bzt	0,30	0,30
		Satzpreis (7 W.)		2,—	2,—
		FDC			4,50

MiNr. 2348–2354 stammen aus MH 3.

Auflage: 300 000 Sätze

Jugoslawien

1989, 20. Juni. Basketball-Europameisterschaft der Männer, Zagreb. Odr. (3×3); gez. K 13¾:14.

bzu) Hände mit Basketball, Europakarte: Flaggen der Niederlande, Italiens, der Sowjetunion und Spaniens

bzv) Hände mit Basketball, Europakarte; Flaggen von Frankreich, Jugoslawien, Griechenland und Bulgarien

2355	2000 (Din) mehrfarbig . . . . bzu	0,20	0,20
2356	2000 (Din) mehrfarbig . . . . bzv	0,20	0,20
	Satzpreis (2 W.)	0,40	0,40
	FDC	1,—	
	Kleinbogensatz (2 Klb.)	4,—	4,—

MiNr. 2355–2356 gedruckt in Kleinbogen zu je 8 Marken und 1 Zierfeld.

1989, 28. Juni. 600. Jahrestag der Schlacht auf dem Amselfeld (Kosovo Polje). Odr. (5×5); gez. K 14:13¾.

bzw) Schlacht auf dem Amselfeld; Lithographie von Adam Stefanović (1832–1887)

| 2357 | 500 (Din) mehrfarbig . . . . bzw | 0,20 | 0,20 |
| | FDC | | 0,70 |

Auflage: 250 000 Stück

1989, 15. Juli. 100 Jahre Bibliothek von Danilovgrad. Odr. (5×5); gez. K 13½:13¼.

bzx) Bibliotheksgebäude, Parkanlage

| 2358 | 500 (Din) mehrfarbig . . . . bzx | 0,20 | 0,20 |
| | FDC | | 0,70 |

Auflage: 150 000 Stück

1989, 19. Juli. Freimarke: Postdienst. MiNr. 2315 mit neuem Wertaufdruck, alter Wert dreifach durchbalkt.

| 2359 | 700 (Din) auf 220 (Din) schwarz-orangerot (19.7.) . . . . . . (2315) | 1,— | 0,20 |

Weitere Werte siehe Übersicht nach Jahrgangswerttabelle.

1989, 19. Juli/8. Dez. Freimarken: Postdienst. Odr. (10×10, MiNr. 2362 5×5 oder 5×10); A = gez. K 13¼, C = gez. K 12½, MiNr. 2362 gez. K 13½:13¼.

bzy) Telefonkarte, Münzen, Telefonhörer

bzz) Fernmeldesatellit, Erde

2360	800 (Din) ultramarin . . . . bri		
A	gez. K 13¼ (20.7.)	0,20	0,10
C	gez. K 12½ (8.12.)	0,20	0,10
2361	2000 (Din) orange/blaugrün (20.7.) bzy		
A	gez. K 13¼	0,30	0,20
C	gez. K 12½	0,20	0,20

2362	20000 (Din) mehrfarbig (19.7.) . . . . bzz	1,—	0,70
	Satzpreis (3 W.)	1,40	1,—
	FDC		3,—

Weitere Werte siehe Übersicht nach Jahrgangswerttabelle.

1989, 10. Aug./20. Okt. Freimarken: Postdienst. MiNr. 2187 und 2313 mit Odr.-Aufdruck.

2363	400 (Din) auf 30 (Din) dunkelbräunlichrot . . . (2187 A)	1,—	0,20
2364	700 (Din) auf 170 (Din) blaugrün (10.8.) . . . . (2313)	1,—	0,20
	Satzpreis (2 W.)	2,—	0,40
	FDC		0,70

FALSCH Gleicher Aufdruck auf Urmarke 2187 C hat sich nachträglich als Fälschung herausgestellt.

Weitere Werte siehe Übersicht nach Jahrgangswerttabelle.

Einzelmarken mit Zierfeld aus jugoslawischen Kleinbogen mit Zierfeld werden üblicherweise mit dem fünffachen Einzelmarkenpreis gehandelt.

1989, 29. Aug. 800 Jahre Urkunde von Kulin Ban. Odr. (5×5); gez. K 14:13¾.

caa) Urkunde (1189)

| 2365 | 500 (Din) mehrfarbig . . . . caa | 0,20 | 0,20 |
| | FDC | | 0,70 |

Auflage: 150 000 Stück

1989, 2. Sept. Weltmeisterschaften im Rudern, Bled. Odr. (5×5); gez. K 13¼:13½.

cab) Ruderer auf dem See von Bled, Berg Grad

| 2366 | 10000 (Din) mehrfarbig . . . . cab | 0,60 | 0,60 |
| | FDC | | 1,20 |

Auflage: 180 000 Stück

1989, 4. Sept. 100 Jahre Interparlamentarische Union (IPU). Odr. (3×3); gez. K 13¾:14.

cac) Kirche Notre Dame, Paris

cad) Houses of Parliament, London

2367	10000 (Din) mehrfarbig . . . . cac	0,50	0,50
2368	10000 (Din) mehrfarbig . . . . cad	0,50	0,50
	Satzpreis (2 W.)	1,—	1,—
	FDC		2,—
	Kleinbogensatz (2 Klb.)	8,50	8,50

MiNr. 2367–2368 gedruckt in Kleinbogen zu je 8 Marken und 1 Zierfeld.

Auflage: 190 000 Sätze

1989, 4. Sept. Gipfelkonferenz der Organisation der blockfreien Staaten, Belgrad. Odr. (5×5); gez. K 14:13¾.

cae) Wahrzeichen von Belgrad und Kairo

caf) Stadtansichten von Lusaka und Algier

cag) Wahrzeichen von Colombo und Havanna

cah) Wahrzeichen von Neu Delhi und Harare

2369	10000	(Din)	mehrfarbig .... cae	0,20	0,20
2370	10000	(Din)	mehrfarbig .... caf	0,20	0,20
2371	10000	(Din)	mehrfarbig .... cag	0,20	0,20
2372	10000	(Din)	mehrfarbig .... cah	0,20	0,20
			Satzpreis (4 W.)	0,80	0,80
			FDC		1,70

Blockausgabe, gez. K 13¾:14.

cai) Weltkarten mit den Teilnehmerländern 1961 und 1989, Stadtansicht von Belgrad

cak

2373	20000	(Din)	mehrfarbig .... cai	1,20	1,20
Block 35	(63×85 mm)		.... cak	1,50	1,50
			FDC		2,20

Auflagen: MiNr. 2369–2372 = 200 000 Sätze, Bl. 35 = 200 000 Blocks

1989, 11. Sept. Europäischer Naturschutz (VIII). Odr. (3×3); gez. K 13¾:14.

cal) Jažinac-See bei Brezovica; Echte Pfingstrosen (Paeonia officinalis)

cam) Miruša-Schlucht; Pfingstrose (Paeonia corallina)

2374	8000	(Din)	mehrfarbig .... cal	0,50	0,50
2375	10000	(Din)	mehrfarbig .... cam	0,50	0,50
			Satzpreis (2 W.)	1,—	1,—
			FDC		1,70
			Kleinbogensatz (2 Klb.)	10,—	10,—

Auflage: 180 000 Sätze

Jugoslawien 647

1989, 2. Okt. Europäisches Kindertreffen „Freude Europas": Gemälde. Odr. (3×3); gez. K 13¾.

can) Kind; von Aelbert Cuyp (1620–1691), niederländischer Maler

cao) Kind; von Jovan Popović (1810–1864)

2376	10000	(Din)	mehrfarbig .... can	0,60	0,60
2377	10000	(Din)	mehrfarbig .... cao	0,60	0,60
			Satzpreis (2 W.)	1,20	1,20
			FDC		2,20
			Kleinbogensatz (2 Klb.)	12,—	12,—

Auflage: 210 000 Sätze

1989, 20. Okt. 300. Jahrestag des Karpoš-Aufstandes. Odr. (5×5); gez. K 13¼:13½.

cap) Aufständische

2378	1200	(Din)	mehrfarbig .... cap	0,20	0,20
			FDC		0,50

Auflage: 140 000 Stück

1989, 31. Okt. Tag der Briefmarke. Odr. (5×5); gez. K 13¾.

car) Federkiel, Brief, Stempel

2379	1200	(Din)	mehrfarbig .... car	0,20	0,20
			FDC		0,50

Auflage: 160 000 Stück

1989, 2. Nov. Museumsexponate: alte Handwerksgeräte. Odr. (5×5); gez. K 13¾.

cas) Sattlerei

cat) Faßmacherei   cau) Kelterei   cav) Weberei

2380	1200	(Din)	mehrfarbig .... cas	0,20	0,20
2381	14000	(Din)	mehrfarbig .... cat	0,70	0,70
2382	15000	(Din)	mehrfarbig .... cau	1,—	1,—
2383	30000	(Din)	mehrfarbig .... cav	1,60	1,60
			Satzpreis (4 W.)	3,50	3,50
			FDC		4,—

Auflage: 160 000 Sätze

Jugoslawien

1989, 8. Nov. Freimarke: Postdienst. Odr. (5×10); gez. K 13½:13¼.

caw) Flugzeug Aerospatiale/Aeritalia ATR-42, Pfeile, Europakarte

2384	50000 (Din)	rotorange/preußischblau ....caw	1,20	0,50
		FDC		2,50

Weitere Werte siehe Übersicht nach Jahrgangswerttabelle.

1989, 28. Nov. Kunst: Fresken in Hrastovlje. Odr. (5×5); gez. K 13¾.

cax) Apostel Matthias   cay) Heilige Barbara

caz) Der vierte Tag der Schöpfung   cba) Der fünfte Tag der Schöpfung

cax–cba) Fresken (1490) von Iohannes de Kastua in der Dreifaltigkeitskirche, Hrastovlje

2385	2100 (Din)	mehrfarbig .... cax	0,20	0,20
2386	21000 (Din)	mehrfarbig .... cay	0,50	0,50
2387	30000 (Din)	mehrfarbig .... caz	1,—	1,—
2388	50000 (Din)	mehrfarbig .... cba	1,50	1,50
		Satzpreis (4 W.)	3,20	3,20
		FDC		4,50

2387 UI   links ungezähnt (Bogenrandzähnung) .... —,—

Auflage: 160 000 Sätze

1989, 28. Nov./8. Dez. Freimarken: Postdienst. Odr. (10×10, MiNr. 2391 5×10); A = gez. K 13¼, C = gez. K 12½, MiNr. 2391 gez. K 13½:13¼.

cbb) Schwalbe, Briefumschlag, Blume

2389	10000 (Din)	rotorange/mittelpurpurviolett (28.11.) .... bsx		
	A	gez. K 13¼	0,70	0,20
	C	gez. K 12½	0,20	0,20
2390	20000 (Din)	gelbgrün/orangebraun (8.12.) .... bsi		
	A	gez. K 13¼	0,70	0,70
	C	gez. K 12½	0,20	0,20
2391	100000 (Din)	orange/bläulichgrün (4.12.) .... cbb	0,20	0,20
		Satzpreis (3 W.)	0,60	0,60

Weitere Werte siehe Übersicht nach Jahrgangswerttabelle.

Die Preisnotierungen gelten für Marken in handelsüblicher Qualität.

1989, 13. Dez. Freimarke: Sehenswürdigkeiten. MiNr. 2119 A mit Bdr.-Wertaufdruck, alter Wert zweifach durchbalkt.

2392	700 (Din)	auf 70 (Din) violettblau .... (2119 A)	0,50	0,20

Weitere Werte siehe Übersicht nach Jahrgangswerttabelle.

1990

1990, 20. Jan. 14. Kongreß des Bundes der Kommunisten Jugoslawien (SKJ), Belgrad. Odr. (5×5); gez. K 13¾.

cbc) Fünfzackiger Stern als Prisma   cbd) Hammer und Sichel auf Computer-Monitor

2393	10000 (Din)	mehrfarbig .... cbc	0,30	0,30
2394	50000 (Din)	mehrfarbig .... cbd	0,70	0,70
		Satzpreis (2 W.)	1,—	1,—
		FDC		1,70

Blockausgabe, ☐

cbe) Kongreßemblem

cbf)

2395	100000 (Din)	mehrfarbig .... cbe	—,—	—,—
Block 36	(65×85 mm) .... cbf		1,50	1,50
		FDC		2,50

Auflage: MiNr. 2393–2394 = 140 000 Sätze, Bl. 36 = 150 000 Blocks

Neue Währung: 10000 alte Dinar = 1 neuer Dinar = 100 Paras

1990, 24./31. Jan. Freimarken: Postdienst. Odr. (10×10); A = gez. K 13¼, C = gez. K 12½.

cbg) Flugzeug Aerospatiale/Aeritalia ATR-42, Landkarte, Briefe

2396	0.30 (Din)	rotorange/gelblichgrün (24.1.) .... bsx		
	A	gez. K 13¼	0,20	0,20
	C	gez. K 12½	0,20	0,10
2397	0.40 (Din)	blaugrün/dunkellila (24.1.) .... bxa		
	A	gez. K 13¼	0,20	0,20
	C	gez. K 12½	0,20	0,10

Jugoslawien

2398	0.50 (Din)	lebhaftpurpurviolett/ blaugrün (29.1.) ...... byp		
A		gez. K 13¼	0,30	0,20
C		gez. K 12½	0,30	0,10
2399	5.00 (Din)	violettblau/ hellgrünlichblau (31.1.) .. cbg		
A		gez. K 13¼	1,30	1,20
C		gez. K 12½	1,—	0,50
		Satzpreis A (4 W.)	2,—	1,80
		Satzpreis C (4 W.)	1,70	0,80

Weitere Werte siehe Übersicht nach Jahrgangswerttabelle.

1990, 31. Jan. Kampagne gegen das Rauchen. Odr. (5×5); gez. K 13½:13¼.

cbh) Handschuh mit brennender Zigarette, Ärmel mit Manschette

2400	10 (Din)	mehrfarbig .... cbh	1,—	1,—
		FDC		2,—

Auflage: 140 000 Stück

1990, 6. Febr./2. Juli. Freimarken: Postdienst. Odr. (10×10); A = gez. K 13¼, C = gez. K 12½.

cbi) Mann am Briefkasten  cbk) Schiff, Briefumschlag

2401	0.10 (Din)	lebhaftgelbgrün/ hellblauviolett (9.2.) .... cbi		
A		gez. K 13¼	0,50	0,20
C		gez. K 12½	0,50	0,10
2402	0.20 (Din)	dunkelrosalila/ dunkelorangegelb .... bwn		
A		gez. K 13¼ (2.7.)	1,50	0,80
C		gez. K 12½ (9.2.)	0,50	0,10
2403	0.60 (Din)	lebhaftrot/ dunkelrötlichlila (6.2.) .. bzy		
A		gez. K 13¼	0,30	0,30
C		gez. K 12½	0,30	0,10
2404	2.00 (Din)	lilapurpur/cyanblau (14.2.) .... cbk		
A		gez. K 13¼	0,70	0,50
C		gez. K 12½	1,—	0,20
		Satzpreis A (4 W.)	3,—	1,80
		Satzpreis C (4 W.)	2,20	0,50

Weitere Werte siehe Übersicht nach Jahrgangswerttabelle.

1990, 15. Febr. Geschützte Tiere: Süßwasserfische. Odr. (1×5 Zd); gez. K 13½:13¾.

cbl) Hecht (Esox lucius)  cbm) Flußwels (Silurus glanis) Zierfeld

cbn) Aalquappe (Lota lota)
cbo) Flußbarsch (Perca fluviatilis)

2405	1 (Din)	mehrfarbig .... cbl	1,50	1,50
2406	5 (Din)	mehrfarbig .... cbm	1,50	1,50
2407	10 (Din)	mehrfarbig .... cbn	1,50	1,50
2408	15 (Din)	mehrfarbig .... cbo	1,50	1,50
		Satzpreis (4 W.)	6,—	6,—
		Fünferstreifen	9,—	9,—
		FDC		10,—

MiNr. 2405–2408 wurden mit verschiedenen Zierfeldern waagerecht zusammenhängend gedruckt.

Auflage: 160 000 Sätze

1990, 22. Febr. Freimarke: Postdienst. Odr. (10×10); A = gez. K 13¼, C = gez. K 12½.

bze) Briefkasten mit Umschlag und Briefmarke, Blume

2409	3 (Din)	orangerot/lebhaftviolettultramarin .... bze		
A		gez. K 13¼	2,60	2,20
C		gez. K 12½	1,—	0,30

Weitere Werte siehe Übersicht nach Jahrgangswerttabelle.

1990, 9. März. 500. Jahrestag der Thronbesteigung von Djuradj Crnojević. Odr. (5×5); gez. K 13¾.

cbp) Wappen von Crnojević, Urkunde, Festung Žabljak

2410	0.50 (Din)	mehrfarbig .... cbp	1,30	1,30
		FDC		2,—

Auflage: 140 000 Stück

1990, 23. März. 125 Jahre Internationale Fernmeldeunion (ITU). Odr. (5×5); gez. K 13¾.

cbr) Telegraphenbeamter (19. Jh.), Computerbildschirm, ITU-Emblem

2411	6.50 (Din)	mehrfarbig .... cbr	1,—	1,—
		FDC		1,60

Auflage: 150 000 Stück

1990, 16. April. Fußball-Weltmeisterschaft, Italien. Odr. (3×3); gez. K 13¾.

cbs) Spielszene cbt) Spielszene

2412	6.50 (Din)	mehrfarbig .... cbs	1,50	1,50
2413	10.00 (Din)	mehrfarbig .... cbt	1,50	1,50
		Satzpreis (2 W.)	3,—	3,—
		FDC		5,—
		Kleinbogensatz (2 Klb.)	30,—	30,—

MiNr. 2412–2413 gedruckt in Kleinbogen zu je 8 Marken und 1 Zierfeld.

Auflage: 180 000 Sätze

650   Jugoslawien

1990, 23. April. Europa: Postalische Einrichtungen. Odr. (3×3); gez. K 13¾.

cbu) PTT-Zentrum, Skopje   cbv) Fernmeldezentrale, Belgrad

2414	6.50 (Din)	mehrfarbig	cbu	1,80	1,80
2415	10.00 (Din)	mehrfarbig	cbv	1,80	1,80
		Satzpreis (2 W.)		3,50	3,50
		FDC			5,—
		Kleinbogensatz (2 Klb.)		35,—	35,—

Auflage: 295 000 Sätze

1990, 30. April. 100 Jahre Tag der Arbeit (1. Mai). Odr. (5×5); gez. K 13¼:13½.

cbw) Wasserturm, Chicago; Nelke

2416	6.50 (Din)	mehrfarbig	cbw	1,10	1,10
		FDC			1,70

Auflage: 140 000 Stück

1990, 5. Mai. Grand Prix d'Eurovision de la Chanson, Zagreb. Odr. (3×3); gez. K 13¾.

cbx) Schallplatte, Noten, Füllfederhalter   cby) Dirigent, Noten

2417	6.50 (Din)	mehrfarbig	cbx	1,20	1,20
2418	10.00 (Din)	mehrfarbig	cby	1,30	1,30
		Satzpreis (2 W.)		2,50	2,50
		FDC			7,50
		Kleinbogensatz (2 Klb.)		25,—	25,—

MiNr. 2417–2418 gedruckt in Kleinbogen zu je 8 Marken und 1 Zierfeld.

Auflage: 170 000 Sätze

1990, 15. Mai. Tennis-Grand-Prix-Turnier UMAG '90. Odr. (3×3); gez. K 13¾.

cbz) Tennisspieler beim Aufschlag   cca) Tennisspieler bei der Annahme

2419	6.50 (Din)	mehrfarbig	cbz	1,50	1,50
2420	10.00 (Din)	mehrfarbig	cca	1,50	1,50
		Satzpreis (2 W.)		3,—	3,—
		FDC			5,—
		Kleinbogensatz (2 Klb.)		30,—	30,—

MiNr. 2419–2420 gedruckt in Kleinbogen zu je 8 Marken und 1 Zierfeld.

Auflage: 180 000 Sätze

Bitte teilen Sie uns von Ihnen festgestellte Fehler mit, damit wir sie berichtigen können.

1990, 24. Mai. Freimarke: Postdienst. MiNr. 2360 mit Odr.-Wertaufdruck, alter Wert dreifach durchbalkt.

2421	0.50 (Din)	auf 800 (Din) ultramarin			
A		gez. K 13¼	(2360 A)	0,50	0,20
C		gez. K 12½	(2360 C)	0,50	0,20

Weitere Werte siehe Übersicht nach Jahrgangswerttabelle.

1990, 24. Mai/2. Juli. Freimarke: Postdienst. Odr. (10×10); A = gez. K 13¼, C = gez. K 12½.

bsi) Zug, Briefumschlag

2422	1 (Din)	dunkellila/grünblau	bsi		
A		gez. K 13¼ (2.7.)		2,—	1,50
C		gez. K 12½ (24.5.)		0,50	0,20

Weitere Werte siehe Übersicht nach Jahrgangswerttabelle.

1990, 25. Mai. 98. Geburtstag von Josip Broz Tito. Odr. (5×5); gez. K 13¾.

ccb) J. Broz Tito (1892–1980), Staatspräsident; Büste von Antun Augustinčić

2423	0.50 (Din)	mehrfarbig	ccb	0,30	0,30
		FDC			1,—

Auflage: 160 000 Stück

1990, 25. Mai. 150 Jahre Post in Serbien. Odr. (5×5); gez. K 13¾.

ccc) Postbeförderung durch Tataren; Gemälde des österreichischen Malers Carl Goebel (1824–1899)

2424	0.50 (Din)	mehrfarbig	ccc	2,50	1,70
		FDC			3,50

Auflage: 140 000 Stück

1990, 8. Juni. Tauben. Odr. (5×5); gez. K 13¾.

ccd) Burzeltaube (Columba percussor)

cce) Felsentaube (Columba livia)   ccf) Hohltaube (Columba oenas)   ccg) Kropftaube (Columba gutturosa)

2425	0.50 (Din)	mehrfarbig	ccd	0,60	0,60
2426	5.00 (Din)	mehrfarbig	cce	1,20	1,20
2427	6.50 (Din)	mehrfarbig	ccf	1,20	1,20
2428	10.00 (Din)	mehrfarbig	ccg	3,—	3,—
		Satzpreis (4 W.)		6,—	6,—
		FDC			8,—

Auflage: 150 000 Sätze

Jugoslawien

1990, 12. Juni. Freimarke: Postdienst. Odr. (10 × 10); A = gez. K 13¼, C = gez. K 12½.

cch) Schwalbe, Briefumschlag, Blume

2429	10 (Din) lebhaftrot/violettblau .... cch		
A	gez. K 13¼	8,—	6,—
C	gez. K 12½	2,—	1,50

Weitere Werte siehe Übersicht nach Jahrgangswerttabelle.

1990, 22. Juni. 500 Jahre Quecksilberbergwerk und Ort Idrija. Odr. (5 × 5); gez. K 13¾.

cci) Historische Ansicht von Idrija, Stadtwappen
ccj) Bergwerkstollen, Wappen

2430	0.50 (Din) mehrfarbig cci	0,20	0,20
2431	6.50 (Din) mehrfarbig .... cck	1,10	1,10
	Satzpreis (2 W.)	1,30	1,30
	FDC		2,20

Auflage: 140 000 Sätze

1990, 23. Juni. 50 Jahre Zeitschrift „Vjesnik". Odr. (5 × 5); gez. K 13¼:13½.

ccl) Museum auf Petrova Gora, neues Verlagsgebäude, Titelseiten der Zeitschrift von 1945 und 1990

2432	0.60 (Din) mehrfarbig ccl	0,80	0,80
	FDC		1,30

Auflage: 140 000 Stück

1990, 7. Aug./1991, 4. Jan. Freimarke: Postdienst. MiNr. 2396 mit neuem Odr.-Wertaufdruck, alter Wert zweifach durchbalkt.

2433	1 (Din) auf 0.30 (Din) rotorange/gelblichgrün		
A	gez. K 13¼ (4.1.1991) ..... (2396 A)	4,—	3,50
C	gez. K 12½ (7.8.1990) ..... (2396 C)	0,50	0,20

Weitere Werte siehe Übersicht nach Jahrgangswerttabelle.

1990, 27. Aug. Leichtathletik-Europameisterschaften, Split. Odr. (3 × 3); gez. K 13¾.

ccm) Sprinter beim Start
ccn) Füße zweier Läufer

2434	1.00 (Din) mehrfarbig .... ccm	0,70	0,70
2435	6.50 (Din) mehrfarbig .... ccn	1,—	1,—
	Satzpreis (2 W.)	1,70	1,70
	FDC		3,—
	Kleinbogensatz (2 Klb.)	18,—	18,—

Blockausgabe

cco) Stilisierte Läufer
ccp

2436	10 (Din) mehrfarbig .... cco	2,—	2,—
Block 37 (85 × 65 mm) .... ccp		2,50	2,50
	FDC		3,60

Auflagen: MiNr. 2434–2435 = 160 000 Sätze. Bl. 37 = 150 000 Blocks

1990, 18. Sept. Freimarke: Postdienst. MiNr. 2402 mit Odr.-Wertaufdruck, alter Wert zweifach durchbalkt.

2437	0.50 **(Din)** auf 0.20 (Din) dkl'rosalila/dkl'orangegelb		
A	gez. K 13¼ ...... (2402 A)	4,—	3,—
C	gez. K 12½ ...... (2402 C)	0,50	0,20

Weitere Werte siehe Übersicht nach Jahrgangswerttabelle.

1990, 20. Sept. Emigration der Serben nach Ungarn vor 300 Jahren. Odr. (5 × 5); gez. K 13¾.

ccr) Das Patriarchenkloster in Peć; Gemälde von Dimitrije Čudov (* 1931)
ccs) Die Wanderung der Serben; Gemälde von Paja Jovanović (1859–1957)

2438	1.00 (Din) mehrfarbig .... ccr	0,20	0,20
2439	6.50 (Din) mehrfarbig .... ccs	1,—	1,—
	Satzpreis (2 W.)	1,20	1,20
	FDC		2,20

Auflage: 160 000 Sätze

1990, 2. Okt. Europäisches Kindertreffen „Freude Europas": Gemälde. Odr. (3 × 3); gez. K 13¾.

cct) Schwesterchen; von Ivana Kobilca (1861–1926)
ccu) Wilhelm III. von Oranien als Kind; von Adriaen Hannemann (1601–1671)

2440	6.50 (Din) mehrfarbig .... cct	1,30	1,30
2441	10.00 (Din) mehrfarbig .... ccu	1,70	1,70
	Satzpreis (2 W.)	3,—	3,—
	FDC			4,50
	Kleinbogensatz (2 Klb.)	30,—	30,—

Auflage: 160 000 Sätze

Jugoslawien

1990, 2. Okt. Freimarke: Postdienst. MiNr. 2397 mit neuem Odr.-Wertaufdruck, alter Wert zwei- bzw. dreifach durchbalkt.

 I   II

2442	**2 (Din)**	auf 0.40 (Din) blaugrün/dunkellila			
	I	Aufdruck I			
	A	gez. K 13¼	(2397 A)	2,50	2,50
	C	gez. K 12½	(2397 C)	1,—	0,50
	II A	Aufdruck II	(2397 A)	1,50	1,—

Weitere Werte siehe Übersicht nach Jahrgangswerttabelle

1990, 18. Okt. Blockausgabe: Schach-Olympiade, Novi Sad. RaTdr.; Bl. 38 gez. K 11½:11¾, Bl. 39 ☐.

ccv
ccw

ccx
ccy
ccz

ccv–ccy) Schachmotive

2443	1.00 (Din)	mfg./silber	ccv	1,20	1,20
2444	5.00 (Din)	mfg./silber	ccw	1,20	1,20
2445	6.50 (Din)	mfg./silber	ccx	1,20	1,20
2446	10.00 (Din)	mfg./silber	ccy	1,20	1,20
Block 38	(84×96 mm)		ccz	9,—	9,—
			FDC		11,—
2447	1.00 (Din)	mfg./gold	ccv	—,—	—,—
2448	5.00 (Din)	mfg./gold	ccw	—,—	—,—
2449	6.50 (Din)	mfg./gold	ccx	—,—	—,—
2450	10.00 (Din)	mfg./gold	ccy	—,—	—,—
Block 39	(84×96 mm)		cda	9,—	9,—
			FDC		11,—

Die zusätzlichen Farbangaben nach „mfg." beziehen sich auf das Veranstaltungsemblem. Bl. 39 hat einen auf die Veranstaltung hinweisenden, bedruckten Blockrand.

Auflage: je 170 000 Blocks

1990, 31. Okt. Tag der Briefmarke. Odr. (5×5); gez. K 14.

cdb) Hl. Blasius mit Modell von Dubrovnik (Detail), Gemälde von Nikola Božidarević (1460–1517); Marke Großbritannien MiNr. 1

2451	2 (Din)	mehrfarbig	cdb	0,70	0,60
			FDC		1,30

Auflage: 150 000 Stück

1990, 16. Nov. Europäischer Naturschutz (IX). Odr. (3×3); gez. K 13¾.

cdc) Vranskosee auf der Insel Cres
cdd) Gänsegeier (Gyps fulvus)

2452	6.50 (Din)	mehrfarbig	cdc	1,30	1,30
2453	10.00 (Din)	mehrfarbig	cdd	1,70	1,70
	Satzpreis (2 W.)			3,—	3,—
			FDC		4,50
	Kleinbogensatz (2 Klb.)			30,—	30,—

Auflage: 160 000 Sätze

1990, 28. Nov. Kunst: Fresken. Odr. (5×5); gez. K 13¾.

cde) König Milutin (14. Jh.), Kloster der Gottesmutter Ljeviška
cdf) Hl. Sava (13. Jh.), Kloster Mileševo

cdg) Hl. Ilija (13. Jh.), Kloster Morača
cdh) Christus (13. Jh.), Kloster Sopoćani

2454	2.00 (Din)	mehrfarbig	cde	0,50	0,50
2455	5.00 (Din)	mehrfarbig	cdf	1,—	1,—
2456	6.50 (Din)	mehrfarbig	cdg	1,—	1,—
2457	10.00 (Din)	mehrfarbig	cdh	1,50	1,50
	Satzpreis (4 W.)			4,—	4,—
			FDC		6,—

Auflage: 150 000 Sätze

1990, 20. Dez. 100. Geburtstag von Božo Milanović. Odr. (5×5); gez. K 13½:13¼.

cdi) B. Milanović (1890–1970), Geistlicher und Politiker; Ansicht von Kringa (Geburtsort)

2458	2 (Din)	mehrfarbig	cdi	0,30	0,30
			FDC		0,80

Auflage: 150 000 Stück

1990, 24. Dez. Museumsexponate: Ikonostasen aus dem Kloster St. Johann Bigorski, Bistra. Odr. (5×5); gez. K 13¾.

cdk) Der jugendliche Christus im Tempel

Jugoslawien

cdl) Christi Geburt   cdm) Die Flucht nach   cdn) Einzug in Jerusalem
                          Ägypten

2459	2,00	(Din)	mehrfarbig . . . . cdk	0,50	0,50
2460	5,00	(Din)	mehrfarbig . . . . cdl	0,80	0,80
2461	6,50	(Din)	mehrfarbig . . . . cdm	1,—	1,—
2462	10,00	(Din)	mehrfarbig . . . . cdn	1,20	1,20
			Satzpreis (4 W.)	3,50	3,50
			FDC		5,50

Auflage: 150 000 Sätze

1991

1991, 31. Jan. Geschützte Tiere: Zugvögel. Odr. (5×5); gez. K 13¾.

cdo) Kiebitz (Vanellus vanellus)

cdp) Rotkopf-   Zierfeld: Seen-   cdq) Kranich   cds) Gänsesäger
würger (Lanius   landschaft   (Grus grus)   (Mergus merganser)
senator)

2463	2,00	(Din)	mehrfarbig . . . . cdo	1,30	1,30
2464	5,00	(Din)	mehrfarbig . . . . cdp	1,30	1,30
2465	6,50	(Din)	mehrfarbig . . . . cdr	1,30	1,30
2466	10,00	(Din)	mehrfarbig . . . . cds	1,30	1,30
			Satzpreis (4 W.)	5,—	5,—
			Fünferstreifen	10,—	10,—
			FDC		11,—

MiNr. 2463–2466 wurden mit verschiedenen Zierfeldern waagerecht zusammenhängend gedruckt.

Auflage: 160 000 Sätze

1991, 20. Febr. Flora: Krokusse. Odr. (5×5); gez. K 13¾.

cdt) Crocus   cdu) Crocus   cdv) Crocus   cdw) Crocus
kosaninii   scardicus   rujanensis   adamii

2467	2,00	(Din)	mehrfarbig . . . . cdt	0,50	0,50
2468	6,00	(Din)	mehrfarbig . . . . cdu	0,60	0,60
2469	7,50	(Din)	mehrfarbig . . . . cdv	0,70	0,70
2470	15,00	(Din)	mehrfarbig . . . . cdw	2,20	2,20
			Satzpreis (4 W.)	4,—	4,—
			FDC		5,—

Auflage: 143 000 Sätze

1991, 4. März. 125 Jahre Jugoslawische Kunst- und Wissenschaftsakademie, Zagreb. Odr. (5×5); gez. K 13¾.

cdx) Josip Juraj Strossmayer (1815–1905), Bischof, Gründer der Akademie; Gemälde von Vlaho Bukovac (1855–1922)

2471	2	(Din)	mehrfarbig . . . . cdx	1,20	0,70
			FDC		1,50

Auflage: 133 000 Stück

1991, 20. März. 200. Todestag von Wolfgang Amadeus Mozart. Odr. (5×5); gez. K 13¾.

cdy) W. A. Mozart (1756–1791), österreichischer Komponist; Gemälde von P. A. Lorenzoni (1721–1783), österreichischer Maler

2472	7,50	(Din)	mehrfarbig . . . . cdy	1,—	0,70
			FDC		1,60

Auflage: 163 000 Stück

1991, 1. April. 100. Jahrestag des ersten Flugversuches von Otto Lilienthal. Odr. (3×3); gez. K 13¾.

cdz) Edvard Rusjan (1886–1911),   cea) O. Lilienthal (1848–1896),
slowenischer Pilot und Flugzeug-   deutscher Ingenieur und
konstrukteur; Flugapparat (1910)   Flugpionier; Flugapparat

2473	7,50	(Din)	mehrfarbig . . . . cdz	1,20	1,20
2474	15,00	(Din)	mehrfarbig . . . . cea	1,50	1,50
			Satzpreis (2 W.)	2,60	2,60
			FDC		3,50
			Kleinbogensatz (2 Klb.)	30,—	30,—

MiNr. 2473–2474 gedruckt in Kleinbogen zu je 8 Marken und 1 Zierfeld.

Auflage: 178 000 Sätze

1991, 24. April. Erstdurchsteigung der Lhotse-Südwand durch Tomo Cesen. Odr. (5×5); gez. K 13¾.

ceb) Lhotse (Nepal), Bergsteiger

2475	7,50	(Din)	mehrfarbig . . . . ceb	1,—	0,60
			FDC		1,50

Auflage: 143 000 Stück

Jugoslawien MiNr. 2389–2687:
A = gez. K 13¼
C = gez. K 12½

1991, 6. Mai. Europa: Europäische Weltraumfahrt. Odr. (3×3); gez. K 13¾.

cec) Fernmeldesatellit, Erde
ced) Fernmeldesatellit, Parabolantenne, Telefon

2476	7.50 (Din)	mehrfarbig	cec	1,—	1,—
2477	15.00 (Din)	mehrfarbig	ced	2,—	2,—
		Satzpreis (2 W.)		3,—	3,—
		FDC			4,50
		Kleinbogensatz (2 Klb.)		30,—	30,—

Auflage: 283 000 Sätze

1991, 10. Mai. 700 Jahre Franziskanerkloster in der Festung Trsat (Tarsatica), Rijeka; Odr. (5×5); gez. K 13¾.

cee) Gottesmutter von Trsat (Ikone)

2478	3.50 (Din)	mehrfarbig	cee	0,90	0,30
		FDC			1,—

Auflage 133 000 Stück

1991, 15. Mai. Konferenz der Donau-Anrainerstaaten, Belgrad. Odr. (3×3); gez. K 13¾.

ceg) Schiff auf der Donau
cef) Schiffe auf der Donau

2479	7.50 (Din)	mehrfarbig	cef	1,—	1,—
2480	15.00 (Din)	mehrfarbig	ceg	1,50	1,50
		Satzpreis (2 W.)		2,50	2,50
		FDC			3,50
		Kleinbogensatz (2 Klb.)		25,—	25,—

Blockausgabe

ceh) Landkarte mit Lauf der Donau und Wahrzeichen wichtiger Donaustädte
cei

2481	20 (Din)	mehrfarbig	ceh	6,—	6,—
Block 40	(85×65 mm)		cei	8,—	8,—
		FDC			10,—

MiNr. 2479–2480 gedruckt in Kleinbogen zu je 8 Marken und 1 Zierfeld.
Auflagen: MiNr. 2479–2480 = 183 000 Sätze, Bl. 40 = 183 000 Blocks

1991, 1. Juni. Eröffnung des Karawanken-Straßentunnels. Odr. (5×5); gez. K 13¾.

cek) Loiblpaß; Stich von Johann Weikhard Freiherr von Valvasor (1641–1693)
cel) Einfahrt zum Karawanken-Straßentunnel

2482	4.50 (Din)	mehrfarbig	cek	0,70	0,70
2483	11.00 (Din)	mehrfarbig	cel	1,—	1,—
		Satzpreis (2 W.)		1,70	1,70
		FDC			2,—

Auflage: 143 000 Sätze

Parallelausgabe mit Österreich MiNr. 2033

1991, 15. Juni. 100 Jahre Basketball. Odr. (3×3); gez. K 13¾.

cem–cen) Symbolik

2484	11 (Din)	mehrfarbig	cem	1,20	1,20
2485	15 (Din)	mehrfarbig	cen	1,20	1,20
		Satzpreis (2 W.)		2,40	2,40
		FDC			3,50
		Kleinbogensatz (2 Klb.)		30,—	30,—

MiNr. 2484–2485 gedruckt in Kleinbogen zu je 8 Marken und 1 Zierfeld.
Auflage: 163 000 Sätze

1991, 4. Juli. 50. Jahrestag des Aufstandes der Völker Jugoslawiens, 50 Jahre jugoslawische Volksarmee. Odr. (5×5); gez. K 13¾.

ceo) Gedenkmedaille „Partisanen 1941"
cep) Orden „Für den Mut"

2486	4.50 (Din)	mehrfarbig	ceo	0,40	0,40
2487	11.00 (Din)	mehrfarbig	cep	0,80	0,80
		Satzpreis (2 W.)		1,20	1,10
		FDC			1,60

Auflage: 133 000 Sätze

1991, 5. Juli. 100. Geburtstag von Tin Ujević. Odr. (5×5); gez. K 13½.

cer) T. Ujević (1891–1955), Schriftsteller; Gemälde von Marina Kalezić-Krajinović

2488	4.50 (Din)	mehrfarbig	cer	0,70	0,50
		FDC			1,—

Auflage: 133 000 Stück

Jugoslawien

1991, 18. Juli. 400. Todestag von Jakobus Gallus. Odr. (5×5); gez. K 13½.

ces) J. Gallus (1550–1591), österreichischer Komponist slowenischer Herkunft; Auszug aus einer Partitur

2489	11 (Din) mehrfarbig	ces	0,70	0,70
		FDC		1,50

Auflage: 143 000 Stück

1991, 25. Juli. Leuchttürme an Adria und Donau. Odr. in Markenheftchen; gez. K 13½.

cet) Savudrija (1818)   ceu) Sveti Ivan na pučini (1853)   cev) Porer (1833)

cew) Stončica (1865)   cex) Olipa (um 1842)   cey) Glavat (1884)

cez) Veli rat (1849)   cfa) Vir (1881)   cfb) Tajerske sestrice (1876)

cfc) Ražanj (1875)   cfd) Đerdap, Donau   cfe) Tamiš, Donau

2490	10 (Din) mehrfarbig	cet	1,—	1,—
2491	10 (Din) mehrfarbig	ceu	1,—	1,—
2492	10 (Din) mehrfarbig	cev	1,—	1,—
2493	10 (Din) mehrfarbig	cew	1,—	1,—
2494	10 (Din) mehrfarbig	cex	1,—	1,—
2495	10 (Din) mehrfarbig	cey	1,—	1,—
2496	10 (Din) mehrfarbig	cez	1,—	1,—
2497	10 (Din) mehrfarbig	cfa	1,—	1,—
2498	10 (Din) mehrfarbig	cfb	1,—	1,—
2499	10 (Din) mehrfarbig	cfc	1,—	1,—
2500	10 (Din) mehrfarbig	cfd	1,—	1,—
2501	10 (Din) mehrfarbig	cfe	1,—	1,—
		Satzpreis (12 W.)	12,—	12,—
		FDC		20,—

MiNr. 2490–2501 stammen aus MH 4.

Auflage: 200 000 Sätze

1991, 12. Sept. 200 Jahre Gymnasium in Sremski Karlovci. Odr. (5×5); gez. K 13¾.

cff) Gymnasium in Sremski Karlovci; Gemälde von Ljubica Sokić (* 1913)

2502	4,50 (Din) mehrfarbig	cff	0,50	0,30
		FDC		0,80

Auflage: 133 000 Stück

1991, 24. Sept. Europäischer Naturschutz (X). Odr. (3×3); gez. K 13¾.

cfg) Eintagsfliege (Palingenia longicauda)   cfh) Zwergscharbe (Halietor pygmaeus)

2503	11 (Din) mehrfarbig	cfg	1,—	1,—
2504	15 (Din) mehrfarbig	cfh	1,—	1,—
		Satzpreis (2 W.)	2,—	2,—
		FDC		3,—
		Kleinbogensatz (2 Klb.)	20,—	20,—

Auflage: 153 000 Sätze

1991, 28. Sept. 600 Jahre Stadt Subotica (Maria-Theresiopel). Odr. (5×5); gez. K 13¾.

cfi) Rathaus in Subotica

2505	4,50 (Din) mehrfarbig	cfi	0,50	0,30
		FDC		0,80

Auflage: 145 000 Stück

1991, 28. Sept. Internationaler Bienenzuchtkongreß APIMONDIA '91, Split. Odr.; gez. K 13¾.

cfk) Honigbienen (Apis mellifica), Imker

2506	11 (Din) mehrfarbig	cfk	1,20	1,—
		FDC		2,—

Auflage: 143 000 Stück

1991, 2. Okt. Europäisches Kindertreffen „Freude Europas": Gemälde. Odr. (3×3); gez. K 13¾.

cfl) Kleine Dubravka; von Jovan Bijelić (1886–1964)   cfm) Mädchen mit Katze; von Mary Cassatt (1845–1926)

2507	15 (Din) mehrfarbig	cfl	0,80	0,80
2508	30 (Din) mehrfarbig	cfm	1,20	1,20
		Satzpreis (2 W.)	2,—	2,—
		FDC		3,—
		Kleinbogensatz (2 Klb.)	20,—	20,—

Auflage: 153 000 Sätze

1991, 31. Okt. Tag der Briefmarke. Odr.; gez. K 13¾.

cfn) Denkmal des Fürsten Mihailo Obrenović, Marke Serbien MiNr. 7

2509	4,50 (Din) mehrfarbig	cfn	0,70	0,20
		FDC		0,70

Auflage: 143 000 Stück

Jugoslawien

1991, 28. Nov. Museumsexponate: Alte montenegrinische Fahnen und Orden. Odr.; gez. K 13¾.

(cfo) Kriegsfahne aus der Schlacht von Vucji, Tapferkeitsmedaille

(cfp) Kriegsfahne aus der Schlacht von Grahovac, Grahovac-Medaille

(cfr) Staatsflagge von Montenegro, Tapferkeitsmedaille

(cfs) Montenegrinische Schloßfahne, Denkschrift der Dynastie Petrović Njegoš

2510	20 (Din)	mehrfarbig	cfo	0,30	0,30
2511	30 (Din)	mehrfarbig	cfp	0,50	0,50
2512	40 (Din)	mehrfarbig	cfr	0,70	0,70
2513	50 (Din)	mehrfarbig	cfs	1,—	1,—
		Satzpreis (4 W.)		2,50	2,50
		FDC			4,—

Auflage: 143 000 Sätze

1991, 12. Dez. Kunst: Miniaturen. Odr.; gez. K 13¾.

(cft) Engel trägt die Sonne; aus einer Handschrift des Klosters von Pljevlja (17. Jh.)

(cfu) Figur aus dem Evangelium von Čelnica (14. Jh.)

(cfv) Verkündigungsengel; aus dem Evangeliar von Trogir (13. Jh.)

(cfw) Maria Magdalena und Initiale V; aus dem Miroslav-Evangelium (12. Jh.)

2514	20 (Din)	mehrfarbig	cft	0,30	0,30
2515	30 (Din)	mehrfarbig	cfu	0,50	0,50
2516	40 (Din)	mehrfarbig	cfv	0,70	0,70
2517	50 (Din)	mehrfarbig	cfw	1,—	1,—
		Satzpreis (4 W.)		2,50	2,50
		FDC			4,—

Auflage: 143 000 Sätze

1991, 12./17. Dez. Freimarken: Postdienst. MiNr. 2401 und 2403 mit Odr.-Aufdruck.

2518	5 (Din) auf 0.60 (Din) lebhaftrot/dunkelrötlichlila (17.12.)			
A	gez. K 13¼	(2403 A)	5,—	2,—
C	gez. K 12½	(2403 C)	0,50	0,20

2519	10 (Din) auf 0.10 (Din) lebhaftgelbgrün/hellblauviolett (12.12.)			
A	gez. K 13¼	(2401 A)	1,20	0,60
C	gez. K 12½	(2401 C)	0,50	0,30
	Satzpreis A (2 W.)		6,—	2,60
	Satzpreis C (2 W.)		1,—	0,50

Weitere Werte siehe Übersicht nach Jahrgangswerttabelle.

1992

1992, 27. Jan. Freimarke: Postdienst. Odr. (10×10); gez. K 13¼.

(bxa) Frau in Telefonzelle

2520	20 (Din)	mittellilakarmin/gelblichorange	bxa	0,50	0,30

Weitere Werte siehe Übersicht nach Jahrgangswerttabelle.

1992, 29. Jan. 120. Geburtstag von Goce Delčev. Odr. (5×5); gez. K 13¼:13½.

(cfx) G. Delčev (1872–1903), makedonischer Politiker

2521	5 (Din)	mehrfarbig	cfx	2,50	2,50
		FDC			4,—

Auflage: 70 000 Stück

1992, 31. Jan. Roter Stern Belgrad – Fußball-Europapokal- und -Weltpokalsieger 1991. Odr. (3×3); gez. K 13¾.

(cfy) Vereinswappen, Pokale

2522	17 (Din)	mehrfarbig	cfy	2,20	2,20
		FDC			3,50
		Kleinbogen		20,—	20,—

MiNr. 2522 gedruckt im Kleinbogen zu 8 Marken und 1 Zierfeld.

Auflage: 90 000 Stück

1992, 8. Febr. Olympische Winterspiele, Albertville. Odr. (3×3); gez. K 13¾.

(cfz) Rennrodeln   (cga) Trickskifahren

2523	80 (Din)	mehrfarbig	cfz	2,—	2,—
2524	100 (Din)	mehrfarbig	cga	4,—	4,—
		Satzpreis (2 W.)		4,—	4,—
		FDC			5,50
		Kleinbogensatz (2 Klb.)		35,—	35,—

MiNr. 2523–2524 gedruckt in Kleinbogen zu je 8 Marken und 1 Zierfeld.

Auflage: 110 000 Sätze

1992, 10. März. Geschützte Tiere: Hasen und Nagetiere. Odr. (1×5 Zd); gez. K 13¾.

cgb) Europäischer Feldhase (Lepus europaeus)

cgc) Gewöhnliches Flughörnchen (Pteromys volans)
cgd) Zierfeld: Berglandschaft
cgd) Baumschläfer (Dryomys nitedula)
cge) Feldhamster (Cricetus cricetus)

2525	50 (Din)	mehrfarbig	cgb	1,50	1,50
2526	60 (Din)	mehrfarbig	cgc	1,50	1,50
2527	80 (Din)	mehrfarbig	cgd	1,50	1,50
2528	100 (Din)	mehrfarbig	cge	1,50	1,50
		Satzpreis (4 W.)		6,—	6,—
		Fünferstreifen		9,—	9,—
		FDC			11,—

MiNr. 2525–2528 wurden mit verschiedenen Zierfeldern waagerecht zusammenhängend gedruckt.

Auflage: 80 000 Sätze

1992, 14. März. UNICEF-Kampagne für das Stillen. Odr. (5×5); gez. K 13¾.

cgf) Stillende Muttergottes; Fresko im Patriarchenkloster, Peć (14. Jh.)

| 2529 | 80 (Din) | mehrfarbig | cgf | 1,20 | 1,20 |
| | | FDC | | | 2,20 |

Auflage: 80 000 Stück

1992, 25. März. 100 Jahre Skisport in Montenegro. Odr. (5×5); gez. K 13¾:13½.

cgg) Skirennläufer, Emblem des Montenegrischen Skiverbandes

| 2530 | 8 (Din) | mehrfarbig | cgg | 5,50 | 5,50 |
| | | FDC | | | 8,— |

Auflage: 70 000 Stück

1992, 25. März. Freimarke: Brunnen. Odr. (10×10); gez. K 13¼.

cgh) Brunnen, Belgrad (1860)

| 2531 | 50 (Din) | bläulichviolett/weißviolett | cgh | 0,50 | 0,40 |

In gleicher Zeichnung: MiNr. 2583; weitere Werte: MiNr. 2537, 2573, 2582, 2585, 2588, 2602, 2619, 2632, 2636

1992, 14. April. 80. Jahrestag des Unterganges der „Titanic". Odr. (5×5); gez. K 13¾.

cgi) Britischer Schnelldampfer „Titanic"

| 2532 | 150 (Din) | mehrfarbig | cgi | 1,— | 1,— |
| | | FDC | | | 1,70 |

Auflage: 100 000 Stück

1992, 20. April. Weltausstellung EXPO '92, Sevilla. Odr. (5×5); gez. K 13¾.

cgk) Historische Ansicht von Sevilla (Stich); Brücke über den Guadalquivir

| 2533 | 150 (Din) | mehrfarbig | cgk | 1,— | 1,— |
| | | FDC | | | 2,— |

Auflage: 90 000 Stück

1992, 5. Mai. Europa: 500. Jahrestag der Entdeckung von Amerika. Odr. (3×3); gez. K 13¾.

cgl) Christoph Kolumbus (1451–1506), spanisch-italienischer Seefahrer

cgm) Schiffe der Kolumbusflotte „Santa Maria", „Niña" und „Pinta"

2534	300 (Din)	mehrfarbig	cgl	5,—	5,—
2535	500 (Din)	mehrfarbig	cgm	5,—	5,—
		Satzpreis (2 W.)		10,—	10,—
		FDC			12,—
		Kleinbogensatz (2 Klb.)		100,—	100,—

Blockausgabe

cgn) Hafen von Lissabon (alter Stich)

cgo

2536	1200 (Din)	mehrfarbig	cgn	12,—	12,—
Block 41	(85×66 mm)		cgo	15,—	15,—
		FDC			25,—

MiNr. 2534–2535 = 200 000 Sätze, Bl. 41 = 200 000 Blocks.

1992, 6. Mai. Freimarke: Brunnen. Odr. (10×10); gez. K 13¼.

cgp) Brunnenfigur in der Festung Kalemegdan, Belgrad

| 2537 | 100 (Din) | graugrün/hellolivgrün | | 0,20 | 0,20 |
| | | FDC | | | 0,70 |

In gleicher Zeichnung: MiNr. 2582; weitere Werte: MiNr. 2531, 2573, 2583, 2585, 2588, 2602, 2619, 2632, 2636

Jugoslawien

1992, 20. Mai. Olympische Sommerspiele, Barcelona. Odr. (3×3); gez. K 13¾.

cgr) Wasserball cgs) Pistolen-schießen cgt) Tennis cgu) Handball

2538	500	(Din)	mehrfarbig .... cgr	1,—	1,—
2539	500	(Din)	mehrfarbig .... cgs	1,—	1,—
2540	500	(Din)	mehrfarbig .... cgt	1,—	1,—
2541	500	(Din)	mehrfarbig .... cgu	1,—	1,—
			Satzpreis (4 W.)	4,—	4,—
			FDC		6,50
			Kleinbogensatz (4 Klb.)	35,—	35,—

MiNr. 2538–2541 gedruckt in Kleinbogen zu je 8 Marken und 1 Zierfeld.
Auflage: 110 000 Sätze

1992, 1. Juni. Fußball-Europameisterschaft, Schweden. Odr. (3×3); gez. K 13¼.

cgv) Dribbling cgw) Zweikampf

2542	1000	(Din)	mehrfarbig .... cgv	1,80	1,80
2543	1000	(Din)	mehrfarbig .... cgw	1,80	1,80
			Satzpreis (2 W.)	3,50	3,50
			FDC		4,50
			Kleinbogensatz (2 Klb.)	30,—	30,—

MiNr. 2542–2543 gedruckt in Kleinbogen zu je 8 Marken und 1 Zierfeld.
Auflage: 110 000 Sätze

1992, 25. Juni. Fauna: Katzen. Odr. (5×5); gez. K 13¾.

cgx) Europäische Kurzhaarkatze

cgy) Chinchillafarbene Perserkatze cgz) Britische blauweiße Kurzhaarkatze cha) Rote Perserkatze

2544	1000	(Din)	mehrfarbig .... cgx	1,80	1,80
2545	1000	(Din)	mehrfarbig .... cgy	1,80	1,80
2546	1000	(Din)	mehrfarbig .... cgz	1,80	1,80
2547	1000	(Din)	mehrfarbig .... cha	1,80	1,80
			Satzpreis (4 W.)	7,—	7,—
			FDC		10,—

Auflage: 80 000 Sätze

Jugoslawien MiNr. 2389–2687:
A = gez. K 13¼
C = gez. K 12½

1992, 3. Juli. Dampflokomotiven. Odr. in Markenheftchen; gez. K 13¾.

chb) JDŽ 162 B–1 (1880/81) chc) JDŽ 151 C (1885) chd) JDŽ 73 1–C–1 (1913)
che) JDŽ 83 D–1 (1929) chf) JDŽ 16 „Sava" 1–B–1 (1936) chg) Salonwagen des Fürsten Nikola (1909)

2548	1000	(Din)	mehrfarbig .... chb	2,50	2,50
2549	1000	(Din)	mehrfarbig .... chc	2,50	2,50
2550	1000	(Din)	mehrfarbig .... chd	2,50	2,50
2551	1000	(Din)	mehrfarbig .... che	2,50	2,50
2552	1000	(Din)	mehrfarbig .... chf	2,50	2,50
2553	1000	(Din)	mehrfarbig .... chg	2,50	2,50
			Satzpreis (6 W.)	15,—	15,—
			FDC (1 H–Bl.)		17,—

MiNr. 2548–2553 stammen aus MH 5.
Auflage: 80 000 Sätze

Neue Währung ab 4.7.1992:
10 alte Dinar = 1 neuer Dinar (Din)

1992, 6. Aug./17. Sept. Freimarken: Postdienst. MiNr. 2398 C, 2402 C, 2404, 2409 und 2422 mit Odr.-Aufdruck.

2554	**5 (Din)** auf 0.20 (Din) dkl'rosa-lila/dkl'orangegelb (12.9.) . (2402 C)	1,— 0,20
2555	**10 (Din)** auf 0.50 (Din) lebh'pur-purviolett/blaugrün (17.9.) (2398 C)	1,— 0,20
2556	**20 (Din)** auf 1 (Din) dunkellila/grünblau (6.8.)	
A	gez. K 13¼ .... (2422 A)	1,— 0,20
C	gez. K 12½ .... (2422 C)	2,— 1,—
2557	**50 (Din)** auf 2 (Din) lilapurpur/cyanblau (6.8.)	
A	gez. K 13¼ .... (2404 A)	1,— 0,20
C	gez. K 12½ .... (2404 C)	9,— 5,—
2558	**100 (Din)** auf 3 (Din) orangerot/lebh'violettultramarin (6.8.) ...	
A	gez. K 13¼ .... (2409 A)	2,— 0,20
C	gez. K 12½ .... (2409 C)	3,50 2,—
	Satzpreis (5 W.)	6,— 1,—

FALSCH MiNr. 2557 C

Weitere Werte siehe Übersicht nach Jahrgangswerttabelle.

1992, 14. Sept. Inoffizielle Schach-Weltmeisterschafts-Revanche zwischen Robert Fischer und Boris Spasskij. Odr. (3×3); gez. K 13¾:14.

chh) R. Fischer (*1943), amerikanischer Schachspieler chi) B. Spasskij (*1937), russischer Schachspieler

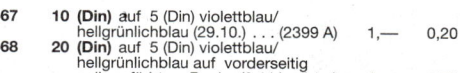

2559	500 (Din) mehrfarbig	chh	1,90	1,90
2560	500 (Din) mehrfarbig	chi	1,90	1,90
	Satzpreis (2 W.)		3,80	3,80
	FDC			6,—
	Kleinbogensatz (2 Klb.)		35,—	35,—

MiNr. 2559–2560 gedruckt in Kleinbogen zu je 8 Marken und 1 Zierfeld.

Auflage: 90 000 Sätze

1992, 1. Okt. 100 Jahre Telefon in der Wojwodina. Odr. (5×5); gez. K 13¾.

chk) Telefonapparat (1892); Gebäude aus Novi Sad, Subotica und Zrenjanin

| 2561 | 10 (Din) mehrfarbig .... chk | 1,50 | 1,50 |
| | FDC | | 3,— |

Auflage: 55 000 Stück

1992, 2. Okt. Europäisches Kindertreffen „Freude Europas": Gemälde. Odr. (3×3); gez. K 13¾.

chl) Ballettänzerin; von Edgar Degas (1834–1917), französischer Maler

chm) Gemälde von V. Knezevic (1811–1876)

2562	500 (Din) mehrfarbig .... chl	1,50	1,50
2563	500 (Din) mehrfarbig .... chm	1,50	1,50
	Satzpreis (2 W.)	3,—	3,—
	FDC		4,50
	Kleinbogensatz (2 Klb.)	30,—	30,—

Auflage: 60 000 Sätze

1992, 2. Okt. Tag der Briefmarke. Odr. (5×5); gez. K 13¾.

chn) Marke Montenegro MiNr. 7; Musiker

| 2564 | 50 (Din) mehrfarbig .... chn | 1,20 | 1,— |
| | FDC | | 1,50 |

Auflage: 55 000 Stück

1992, 26. Okt./9. Nov. Freimarken: Postdienst. MiNr. 2396, 2397 und 2399 A mit Odr.-Aufdruck, Außerdem nicht ausgegebene Marke in Zeichnung cbg mit Odr.-Aufdruck. Odr. (10×10); gez. K 13¼.

2565	2 (Din) auf 0.30 (Din) rotorange/gelblichgrün (26.10.)		
	A	gez. K 13¼ .... (2396 A)	2,—	1,—
	C	gez. K 12½ .... (2396 C)		0,50
2566	5 (Din) auf 0.40 (Din) blaugrün/dunkellila (26.10.)		
	A	gez. K 13¼ .... (2397 A)	2,—	1,—
	C	gez. K 12½ .... (2397 C)	1,—	0,50

2567	10 (Din) auf 5 (Din) violettblau/hellgrünlichblau (29.10.) ... (2399 A)	1,—	0,20
2568	20 (Din) auf 5 (Din) violettblau/hellgrünlichblau auf vorderseitig gelb gefärbtem Papier (9.11.) . (cbg)	1,—	0,50
	Satzpreis (4 W.)	4,—	1,70

Weitere Werte siehe Übersicht nach Jahrgangswerttabelle.

1992, 14. Nov. Europäischer Naturschutz (XI). Odr. (3×3); gez. K 13¼:13½.

cho) Auerhahn (Tetrao urogallus); Durmitor-Gebirge

chp) Rosapelikan (Pelecanus onocrotalus); Skadar-See

2569	500 (Din) mehrfarbig .... cho	4,—	4,—
2570	500 (Din) mehrfarbig .... chp	4,—	4,—
	Satzpreis (2 W.)	8,—	8,—
	FDC		15,—
	Kleinbogensatz (2 Klb.)	80,—	80,—

Auflage: 55 000 Sätze

1992, 20. Nov. 100 Jahre Bund serbischer Schriftsteller. Odr.; gez. K 13¾.

chr) Buch, Emblem

| 2571 | 100 (Din) mehrfarbig .... chr | 1,— | 1,— |
| | FDC | | 2,— |

Auflage: 55 000 Stück

1992, 24. Nov. Freimarke: Relief. Odr. (10×10); gez. K 13¼.

chs) Relief (14. Jh.)

| 2572 | 5 (Din) siena/dunkelgrüngelb ...... chs | 1,— | 0,20 |

Mit Aufdruck: MiNr. 2623, 2633

1992, 3. Dez. Freimarke: Brunnen. Odr. (10×10); gez. K 13¼.

cht) Brunnen in der Festung Kalemgdan, Belgrad

| 2573 | 300 (Din) braun/hellbräunlichrot .... cht | 0,50 | 0,20 |

Mit Aufdruck: MiNr. 2627
Weitere Werte: MiNr. 2531, 2537, 2582–2583, 2585, 2588, 2602, 2619, 2632, 2636

1992, 12. Dez. Museumsexponate: Bauernhäuser. Odr. (5×5); gez. K 13¾:14.

chu) Almhütte „Brvnara" im Zlatibor-Gebirge

660　　　　　　　　　　Jugoslawien

chv) Haus im Morava-Gebiet
chw) Haus im Metohija-Gebiet
chx) Gutshof in der Vojvodina

2574	500 (Din)	mehrfarbig	chu	0,90	0,90
2575	500 (Din)	mehrfarbig	chv	0,90	0,90
2576	500 (Din)	mehrfarbig	chw	0,90	0,90
2577	500 (Din)	mehrfarbig	chx	0,90	0,90
		Satzpreis (4 W.)		3,50	3,50
		FDC			7,—

Auflage: 55 000 Sätze

1992, 15. Dez. Kunst: Mosaike und Ikonen. Odr. (5×5); gez. K 13¾.

chy) Hl. Simeon Nemanja mit Modell der Muttergotteskirche von Studenica (Mosaik)
chz) Fürst Lazarevic mit Modell des Klosters von Ravanica (Mosaik)

cia) Hl. Petka (Ikone), St.-Petka-Kirche, Belgrad
cib) Hl. Vasilij Ostrogoški (Ikone), Sv.-Vasilij-Ostrogoški-Kloster, Montenegro

2578	500 (Din)	mehrfarbig	chy	1,20	1,20
2579	500 (Din)	mehrfarbig	chz	1,20	1,20
2580	500 (Din)	mehrfarbig	cia	1,20	1,20
2581	500 (Din)	mehrfarbig	cib	1,20	1,20
		Satzpreis (4 W.)		4,50	4,50
		FDC			7,50

Auflage: 55 000 Sätze

1992, 15./22. Dez. Freimarken: Brunnen. Odr. (10×10); gez. K 13¼.

cgp) Brunnenfigur in der Festung Kalemegdan, Belgrad

2582	50 (Din)	dunkelkobalt/blauweiß (15.12.)	cgp	0,50	0,20
2583	100 (Din)	dunkelrotlila/rosaweiß (22.12.)	cgh	0,50	0,20
		Satzpreis (2 W.)		1,—	0,40

MiNr. 2582 mit Aufdruck: MiNr. 2625
In gleichen Zeichnungen: MiNr. 2531, 2537; weitere Werte: MiNr. 2573, 2585, 2588, 2602, 2619, 2632, 2636

**Bei Anfragen
bitte Rückporto nicht vergessen!**

1992, 24. Dez. 80 Jahre Luftfahrt in Jugoslawien. Odr. (5×5); gez. K 13¾.

cic) Eindecker Blériot XI

2584	500 (Din)	mehrfarbig	cic	1,30	1,30
		FDC			2,50

Auflage: 55 000 Stück

1993

1993, 14. Jan. Freimarke: Brunnen. Odr. (10×10); A = gez. K 13¼, C = gez. K 12½.

cid) Brunnen, Sremski Karlovci

2585	500 (Din)	schwarzbräunlicholiv/hellorangerot	cid		
A		gez. K 13¼		1,—	0,20
C		gez. K 12½		2,—	2,—

Weitere Werte: MiNr. 2531, 2537, 2573, 2582–2583, 2588, 2602, 2619, 2632, 2636

1993, 28. Jan. 1700. Jahrestag der Diokletianischen Reichsreform. Odr. (5×5); gez. K 13¼:13½.

cie) Teil eines römischen Freskos aus Sirmium (Sremska Mitrovica)

2586	1500 (Din)	mehrfarbig	cie	1,20	1,20
		FDC			2,50

Auflage: 45 000 Stück

1993, 12. Febr. 100 Jahre Staatliches Museum, Cetinje. Odr. (5×5); gez. K 13¾.

cif) Museumsgebäude, Münze

2587	2500 (Din)	mehrfarbig	cif	1,20	1,20
		FDC			2,50

Auflage: 45 000 Stück

1993, 18. März. Freimarke: Brunnen. Odr. (10×10); A = gez. K 13¼, C = gez. K 12½.

cig) Brunnen, Oplenac

2588	5000 (Din)	violett/chromgelb	cig		
A		gez. K 13¼		0,50	0,20
C		gez. K 12½		4,—	3,—

MiNr. 2588 A mit Aufdruck: MiNr. 2624
Weitere Werte: MiNr. 2531, 2537, 2573, 2582–2583, 2585, 2602, 2619, 2632, 2636

Jugoslawien

1993, 20. März. Geschützte Tiere: Meerestiere. Odr. (1 × 5 Zd); gez. K 13½:13¼.

cih) Baltischer Stör (Acipenser sturio)   cii) Europäische Meersau (Scorpaena scrofa)   Zierfeld

cik) Schwertfisch (Xiphias gladius)
cil) Großer Tümmler (Tursiops truncatus)

2589	10 000	(Din)	mehrfarbig .... cih	1,50	1,50
2590	10 000	(Din)	mehrfarbig cii	1,50	1,50
2591	10 000	(Din)	mehrfarbig .... cik	1,50	1,50
2592	10 000	(Din)	mehrfarbig cil	1,50	1,50
			Satzpreis (4 W.)	6,—	6,—
			Fünferstreifen	9,—	9,—
			FDC		10,—

MiNr. 2589–2592 wurden mit verschiedenen Zierfeldern waagerecht zusammenhängend gedruckt.

Auflage: 45 000 Sätze

1993, 30. März. 125. Jahrestag der Wiederherstellung der serbischen Münzhoheit; 120. Jahrestag der Wiedereinführung des Dinars als serbische Währung. Odr. (3 × 3); gez. K 13¼:13½.

cim) 10-Para-Münzen, Urkunde   cin) 5-Dinar-Münzen, 5-Dinar-Banknoten

2593	10 000	(Din)	mehrfarbig .... cim	1,50	1,50
2594	10 000	(Din)	mehrfarbig .... cin	1,50	1,50
			Satzpreis (2 W.)	3,—	3,—
			FDC		5,—
			Kleinbogensatz (2 Klb.)	28,—	28,—

MiNr. 2593–2594 gedruckt in Kleinbogen zu je 8 Marken und 1 Zierfeld.

Auflage: 52 000 Sätze

1993, 1. April. Bedeutende Persönlichkeiten. Odr. (5 × 5); gez. K 13¾.

cio) Miloš Crnjanski (1893–1977), Schriftsteller und Journalist

cip) Nikola Tesla (1856–1943), Physiker und Elektrotechniker   cir) Mihailo Petrović (1868–1943), Mathematiker   cis) Aleksa Šantić (1868–1924), Lyriker

2595	40 000	(Din)	mehrfarbig .... cio	1,50	1,50
2596	40 000	(Din)	mehrfarbig .... cip	1,50	1,50
2597	40 000	(Din)	mehrfarbig .... cir	1,50	1,50
2598	40 000	(Din)	mehrfarbig .... cis	1,50	1,50
			Satzpreis (4 W.)	6,—	6,—
			FDC		9,—

Auflage: 52 000 Sätze

1993, 5. April. Kinder für den Frieden: Kinderzeichnungen. Odr. (3 × 3); gez. K 13¼:13½.

cit) Zeichnung von M. Markovski   ciu) Zeichnung von J. Rugovac

2599	50 000	(Din)	mehrfarbig .... cit	1,30	1,30
2600	50 000	(Din)	mehrfarbig .... ciu	1,30	1,30
			Satzpreis (2 W.)	2,50	2,50
			FDC		4,—
			Kleinbogensatz (2 Klb.)	25,—	25,—

MiNr. 2599–2600 gedruckt in Kleinbogen zu je 8 Marken und 1 Zierfeld

Auflage: 62 000 Sätze

1993, 5. April/2002, 17. Dez. Freimarke ohne Wertangabe: Buchmalerei. Odr. (10 × 10); I = mit Jahreszahl 1993, II = mit Jahreszahl 1996, III = mit Jahreszahl 1997, IV = mit Jahreszahl 2002 am Unterrand; A = gez. K 13¼, C = gez. K 12½.

civ) Initiale aus dem Miroslav-Evangelium (12. Jh.)

2601		A	lebhaftrot civ		
I			mit Jahreszahl 1993 (5.4.1993)		
		A	gez. K 13¼	2,—	0,50
		C	gez. K 12½	4,—	0,50
II			mit Jahreszahl 1996 (Sept. 1996)		
		A	gez. K 13¼	2,50	2,50
		C	gez. K 12½	1,—	0,20
III	C		mit Jahreszahl 1997		
			gez. K 12½ (Febr. 1997)	1,50	0,20
IV	C		mit Jahreszahl 2002		
			gez. K 12½ (17.12.2002)	5,—	1,50

Nominale zur Zeit der Ausgabe: I = 3000 Din, IV = 16 ND

MiNr. 2601 II C wurde auch im Markenheftchen zu 20 Marken ausgegeben.

In gleicher Zeichnung, jedoch kleineres Format und mit kyrillischem Druckvermerk „FORUM" am Unterrand: MiNr. 2833; in gleicher Zeichnung, jedoch geänderter Farbe: MiNr. A 3082

1993, 23. April. Freimarke: Brunnen. Odr. (10 × 10); A = gez. K 13¼, C = gez. K 12½.

ciw) Sava-Brunnen, Studenica

2602	3000	(Din)	dunkelrotorange .... ciw		
		A	gez. K 13¼	0,50	0,20
		C	gez. K 12½	3,—	2,50

Mit Aufdruck: MiNr. 2626
Weitere Werte: MiNr. 2531, 2537, 2573, 2582–2583, 2585, 2588, 2619, 2632, 2636

Papier ph.	=	phosphoreszierendes Papier
Papier fl.	=	fluoreszierendes Papier

1993, 5. Mai. Europa: Zeitgenössische Kunst. Odr. (3×3); gez. K 13¼.

cix) Akt mit Spiegel; Gemälde von M. Milunović (1897–1967)

ciy) Komposition; Gemälde von Milena Pavlović-Barili (1909–1945)

2603	95 000	(Din)	mehrfarbig cix	3,—	3,—
2604	95 000	(Din)	mehrfarbig .... ciy	3,—	3,—
			Satzpreis (2 W.)	6,—	6,—
			FDC		9,—
			Kleinbogensatz (2 Klb.)	60,—	60,—

Auflage: 175 000 Sätze

1993, 10./28. Juni. Freimarken: Postdienst. Odr. (10×10); A = gez. K 13¼, C = gez. K 12½.

ciz) Europakarte, Briefe

cka) Flugzeug

2605	50 000	(Din)	dunkelpreußischblau/silber (10.6.) .... ciz		
A			gez. K 13¼	0,50	0,20
C			gez. K 12½	1,30	1,—
2606	100 000	(Din)	lebhaftlilarot/lebhaftlilaultramarin (28.6.) . cka		
A			gez. K 13¼	1,—	0,50
C			gez. K 12½	1,30	1,—
			Satzpreis A (2 W.)	1,50	0,70
			Satzpreis C (2 W.)	2,50	2,—

MiNr. 2606 mit Aufdruck: MiNr. 2622
Weitere Werte siehe Übersicht nach Jahrgangswerttabelle.

1993, 28. Juni/1997, Febr. Einschreibemarke ohne Wertangabe. Odr. (10×10); I = mit Jahreszahl 1993, II = mit Jahreszahl 1997 am Unterrand; A = gez. K 13¼, C = gez. K 12½.

ckb) Hände mit Brief, Buchstabe „R"

2607	R		mittellilaultramarin .... ckb		
I			mit Jahreszahl 1993 (28.6.1993)		
A			gez. K 13¼	*1,20*	*0,50*
C			gez. K 12½	5,—	0,70
II C			mit Jahreszahl 1997, gez. K 12½ (Febr. 1997)	3,—	0,50

Nominale zur Zeit der Ausgabe: I = 11 000 Din, II = 0.93 Din

Mit Aufdruck: MiNr. 3131; in gleicher Zeichnung, jedoch geänderte Farbe: MiNr. B 3082

MICHELsoft – erstellt Ihre Bestandslisten, Fehllisten, Motivlisten, ABC-Listen, etc. in Sekundenschnelle!

1993, 9. Juli. Alte Festungen. Odr. in Markenheftchen; gez. K 13½:13½.

ckc) Festung Sutorina

ckd) Festung Kalemegdan, Belgrad

cke) Festung Medun

ckf) Festung Petrovaradin (Peterwardein)

ckg) Festung Bar

ckh) Festung Golubac

2608	900 000	(Din)	mehrfarbig .... ckc	1,20	1,20
2609	900 000	(Din)	mehrfarbig .... ckd	1,20	1,20
2610	900 000	(Din)	mehrfarbig .... cke	1,20	1,20
2611	900 000	(Din)	mehrfarbig .... ckf	1,20	1,20
2612	900 000	(Din)	mehrfarbig .... ckg	1,20	1,20
2613	900 000	(Din)	mehrfarbig .... ckh	1,20	1,20
			Satzpreis (6 W.)	7,—	7,—
			FDC (1 H-Bl.)		9,—

MiNr. 2608–2613 stammen aus MH 6.

Auflage: 45 000 Sätze

1993, 10. Juli. Blumen. Odr.; gez. K 13¾.

cki

ckk ckl ckm

cki–ckm) Blumensträuße

2614	1 000 000	(Din)	mehrfarbig .... cki	1,50	1,50
2615	1 000 000	(Din)	mehrfarbig .... ckk	1,50	1,50
2616	1 000 000	(Din)	mehrfarbig .... ckl	1,50	1,50
2617	1 000 000	(Din)	mehrfarbig .... ckm	1,50	1,50
			Satzpreis (4 W.)	6,—	6,—
			FDC		6,50

Auflage: 45 000 Sätze

1993, 28. Juli. 100 Jahre Stromerzeugung in Serbien. Odr.; gez. K 13½:13¼.

ckn) Elektrizitätswerk, Straßenlaterne, Ansicht von Belgrad

2618	2 500 000	(Din)	mehrfarbig .... ckn	0,80	0,70
			FDC		1,50

Auflage: 45 000 Stück

Jugoslawien

1993, 10. Aug. Freimarke: Brunnen. Odr. (10×10); gez. K 13½:13¼.

cko) Thermalbad, Vrnjacka Banja

2619 500 000 (Din) lebhaftcyanblau/
violett . . . . cko   0,50   0,30

In gleicher Zeichnung: MiNr. 2632; weitere Werte: MiNr. 2531, 2537, 2573, 2582–2583, 2585, 2588, 2602, 2636

1993, 20. Sept. Europäischer Naturschutz (XII). Odr. (3×3); gez. K 13½:13¼.

ckp) Jugoslawien-Eichelhäher (Garrulus glandarius albipectus)

ckr) Europa-Pirol (Oriolus oriolus oriolus)

2620 300 000 000 (Din) mehrfarbig . . . . ckp   7,—   7,—
2621 300 000 000 (Din) mehrfarbig . . . . ckr   7,—   7,—
            Satzpreis (2 W.)   14,—   14,—
            FDC   15,—
            Kleinbogensatz (2 Klb.)   140,—   140,—

Auflage: 45 000 Sätze

Neue Währung ab 1.10.1993:
1 000 000 alte Dinar = 1 neuer Dinar (Din)

1993, 18. Okt. Freimarken. MiNr. 2572, 2573, 2582, 2588, 2602 und 2606 mit Odr.-Aufdruck.

2622   10 (Din)   auf 100 000 (Din) lebhaft-lilarot/lebhaftlilaultramarin
   A   gez. K 13¼ . . . . . (2606 A)   1,—   1,—
   C   gez. K 12½ . . . . . (2606 C)   2,—   0,20
2623   50 (Din)   auf 5 (Din) siena/dunkelgrüngelb . . . (2572)   1,—   0,20
2624 100 (Din)   auf 5000 (Din) violett/chromgelb . . . . (2588 A)   1,—   0,20
2625 500 (Din)   auf 50 (Din) dunkel-kobalt/blauweiß . . . (2582)   1,—   0,20
2626 1000 (Din)   auf 3000 (Din) dunkel-rotorange
   A   gez. K 13¼ . . . . . (2602 A)   1,—   0,70
   C   gez. K 12½ . . . . . (2602 C)   1,—   0,20
2627 10 000 (Din)   auf 300 (Din) braun/hellbräunlichrot . . . (2573)   1,—   0,20
            Satzpreis (6 W.)   6,—   1,20

MiNr. 2623 mit Aufdruck: MiNr. 2633

1993, 20. Okt. Die Donau – der Fluß der Zusammenarbeit. Odr. (3×3); gez. K 13¾.

cks) Frachtschiffe   ckt) Fährschiff

2628 15 000 (Din) mehrfarbig . . . . cks   1,50   1,50
2629 15 000 (Din) mehrfarbig . . . . ckt   1,50   1,50
            Satzpreis (2 W.)   3,—   3,—
            FDC   4,50
            Kleinbogensatz (2 Klb.)   25,—   25,—

Blockausgabe

cku) Landkarte von Europa mit Rhein-Main-Donau-Verbindung

ckv

2630 20 000 (Din) mehrfarbig . . . . cku   2,50   2,50
Block 42 (87×57 mm) . . . . ckv   3,—   3,—
            FDC   4,50

MiNr. 2628–2629 gedruckt in Kleinbogen zu je 8 Marken und 1 Zierfeld.

Auflagen: MiNr. 2628–2629 = 60 000 Sätze, Bl. 42 = 50 000 Blocks

1993, 30. Okt. Tag der Briefmarke: 150 Jahre Post in Jagodina (Svetozarevo). Odr. (5×5); gez. K 13½:13¼.

ckw) Marktszene in Jagodina; Poststempel (1843)

2631 12 000 (Din) mehrfarbig . . . . ckw   1,50   1,20
            FDC   2,—

Auflage: 45 000 Stück

1993, 9. Nov. Freimarke: Brunnen. Odr. (10×10); gez. K 13½:13¼.

cko) Thermalbad, Vrnjacka Banja

2632 10 000 (Din) türkisblau/dunkelblauviolett . . . . . . cko   1,—   0,20

Mit Aufdruck: MiNr. 2667, 3097
In gleicher Zeichnung: MiNr. 2619; weitere Werte: MiNr. 2531, 2537, 2573, 2582–2583, 2585, 2588, 2602, 2636

1993, 9. Nov. Freimarke. MiNr. 2623 mit weiterem hellgraugelbem und schwarzem Odr.-Aufdruck.

2633 50 000 (Din) auf 50 (Din) auf 5 (Din) siena/dunkelgrüngelb (2623)   1,50   0,80

1993, 26. Nov. Europäisches Kindertreffen „Freude Europas". Odr. (3×3); gez. K 13¼:13½.

ckx) Knabe mit Katze; Gemälde von Sava Šumanović (1896–1942), serbischer Maler

cky) Zirkusreiterin; Gemälde von Georges Rouault (1871–1958), französischer Maler

Jugoslawien

2634	2 000 000	(Din)	mehrfarbig .... ckx	1,50	1,50
2635	2 000 000	(Din)	mehrfarbig .... cky	1,50	1,50
			Satzpreis (2 W.)	3,—	3,—
			FDC		5,—
			Kleinbogensatz (2 Klb.)	30,—	30,—

Auflage: 45 000 Sätze

1993, 6. Dez. Freimarke: Brunnen. Odr. (10×10); gez. K 13½:13¼.

ckz) Thermalbad, Bukovacka Banja

2636	100 000	(Din)	bräunlichkarmin/ lebhaftsiena .... ckz	1,—	0,20

Mit Aufdruck: MiNr. 2666
Weitere Werte: MiNr. 2531, 2537, 2573, 2582–2583, 2585, 2588, 2602, 2619, 2632

1993, 15. Dez. Ikonen aus bedeutenden Klöstern. Odr. (5×5); gez. K 13¼:13½.

cla) Mariä Verkündigung; aus Mileševa
clb) Christi Geburt; aus Studenica
clc) Hl. Maria mit Kind; aus Bogorodica Ljeviska
cld) Einzug Christi in Jerusalem; aus Oplenac

2637	400 000 000	(Din)	mehrfarbig .... cla	1,—	1,—
2638	400 000 000	(Din)	mehrfarbig .... clb	1,—	1,—
2639	400 000 000	(Din)	mehrfarbig clc	1,—	1,—
2640	400 000 000	(Din)	mehrfarbig .... cld	1,—	1,—
			Satzpreis (4 W.)	4,—	4,—
			FDC		6,—

Auflage: 45 000 Sätze

Neue Währung ab 1.1.1994:
1 000 000 000 alte Dinar = 1 neuer Dinar (Din)

1993, 31. Dez. Museumsexponate: Häuser. Odr. (5×5); gez. K 13½:13¼, Hochformate ~.

cle) Almhütten „Savardak"

clf) Haus „Crmnička" bei Bar
clg) Wachturm
clh) Haus an der Küste

2641	50	(Din)	mehrfarbig .... cle	1,—	1,—
2642	50	(Din)	mehrfarbig .... clf	1,—	1,—
2643	50	(Din)	mehrfarbig .... clg	1,—	1,—
2644	50	(Din)	mehrfarbig .... clh	1,—	1,—
			Satzpreis (4 W.)	4,—	4,—
			FDC		6,—

Auflage: 45 000 Sätze

1994

1994, 17. Jan. 500. Jahrestag des Druckes des Oktoechos in Cetinje. Odr. (5×5); gez. K 13¼:13½.

cli) Illuminierte Seite aus dem Oktoechos
clk) Liturgisches Gewand (Detail)

2645	10 000	(Din)	mehrfarbig cli	0,80	0,80
2646	10 000	(Din)	mehrfarbig .... clk	0,80	0,80
			Satzpreis (2 W.)	1,60	1,60
			FDC		2,50

Auflage: 40 000 Sätze

> Am 24.1.1994 wurde parallel zur Dinar-Währung der sogen. Neue Dinar (ND), der zunächst im Verhältnis 1:1 an die D-Mark gebunden war, eingeführt. Die Relation zwischen Dinar und Neuem Dinar wird täglich neu festgesetzt; am Tag der Einführung lautete sie 13 000 000 Din = 1 ND.

1994, 7. Febr. Geschützte Tiere: Greifvögel. Odr. (1×5 Zd); gez. K 13½:13¼.

cll) Südeuropa-Schmutzgeier (Neophron percnopterus percnopterus)
clm) Ungarn-Würgfalke (Falco cherrug cherrug)
Zierfeld

cln) Adlerbussard (Buteo rufinus)
clo) Rötelfalke (Falco naumanni)

2647	0.80 ND	mehrfarbig cll	2,20	2,20
2648	0.80 ND	mehrfarbig .... clm	2,20	2,20
2649	0.80 ND	mehrfarbig .... cln	2,20	2,20
2650	0.80 ND	mehrfarbig .... clo	2,20	2,20
		Satzpreis (4 W.)	8,50	8,50
		Fünferstreifen	25,—	25,—
		FDC		28,—

MiNr. 2647–2650 wurden mit verschiedenen Zierfeldern waagerecht zusammenhängend gedruckt, bei MiNr. 2648 und 2649 aus der vierten waagerechten Markenreihe geht die Zeichnung des Zierfeldes auf den Markenrand über.

Auflage: 42 000 Sätze

1994, 28. Febr. Internationales Mimosen-Fest, Herceg-Novi. Odr. (5×5); gez. K 13¼:13½.

clp) Mimosen (Acacia decurrens var. dealbata), Festung

2651	0.80 ND	mehrfarbig .... clp	1,50	1,50
		FDC		2,50

Auflage: 42 000 Stück

Jugoslawien 665

1994, 19. März. 150 Jahre Nationalmuseum, Belgrad; 125 Jahre Nationaltheater, Belgrad. Odr. (5×5); gez. K 13½:13¼.

clr) Museumsgebäude; Initiale aus dem Miroslav-Evangelium
cls) Fürst Miloš Obrenovic; Theatergebäude
2653 I

2652	0.80 ND	mehrfarbig	clr	1,50	1,50
2653	0.80 ND	mehrfarbig	cls	1,50	1,50
		Satzpreis (2 W.)		3,—	3,—
			FDC		6,—

2652 I	Stecherzeichen „DI" statt „N" vor dem Schnabel des Fabeltieres (Feld 11)	22,—
2653 I	mit Stecherzeichen links neben der Hand (Feld 13)	22,—

Auflage: 42 000 Sätze

1994, 11. April. Olympische Winterspiele, Lillehammer; 100 Jahre Internationales Olympisches Komitee (IOC). Odr. (1×3 Zd); gez. K 13¼:13½.

clt) Eisschnellauf
clu) Olympische Ringe, Fackel
clv) Alpiner Skilauf

2654	0.60 ND	mehrfarbig	clt	1,10	1,10
2655	0.60 ND	mehrfarbig	clu	1,10	1,10
2656	0.60 ND	mehrfarbig	clv	1,10	1,10
		Satzpreis (3 W.)		3,20	3,20
		Dreierstreifen		3,50	3,50
			FDC		4,50
		Kleinbogen		11,—	11,—

MiNr. 2654–2656 wurden zusammenhängend im Kleinbogen zu 9 Marken gedruckt.

Auflage: 50 000 Sätze

1994, 5. Mai. Europa: Entdeckungen und Erfindungen. Odr. (3×3); gez. K 13½:13¼.

clw) Flugzeug Caudron C-61, Automobil, Europakarte
clx) Flugzeug Caudron C-61 über Belgrad, Europakarte

clw–clx) Erster Nachtflug von Belgrad nach Bukarest beim Linienflug Paris–Istanbul (1923)

2657	0.60 ND	mehrfarbig	clw	2,—	2,—
2658	1.80 ND	mehrfarbig	clx	2,50	2,50
		Satzpreis (2 W.)		4,50	4,50
			FDC		6,—
		Kleinbogensatz (2 Klb.)		45,—	45,—

MiNr. 2657–2658 gedruckt in Kleinbogen zu je 8 Marken und 1 Zierfeld.

Auflage: 160 000 Sätze

1994, 10. Mai. 400. Jahrestag der Verbrennung der Reliquien des hl. Sava durch die Türken. Odr. (3×3); gez. K 13¾.

cly) Verbrennung der Reliquien des hl. Sava, eigentl. Rastko Nemanja (um 1175–1235), Gründer der serbisch-ortodoxen Kirche, Schriftsteller und serbischer Nationalheiliger

2659	0.60 ND	mehrfarbig	cly	2,—	2,—
			FDC		3,50
		Kleinbogen		20,—	20,—

MiNr. 2659 wurde im Kleinbogen zu 8 Marken und 1 Zierfeld gedruckt. Bei MiNr. 2659 sind grünliche Einfärbungen an unterschiedlichen Stellen des Markenbildes bekannt.

Auflage: 52 000 Stück

1994, 10. Juni. Fußball-Weltmeisterschaft, USA. Odr. (3×3); gez. K 13½:13¼.

clz) Jubelnde Stürmer
cma) Niedergeschlagene Hintermannschaft

2660	0.60 ND	mehrfarbig	clz	1,50	1,50
2661	1 ND	mehrfarbig	cma	1,50	1,50
		Satzpreis (2 W.)		3,—	3,—
			FDC		4,—
		Kleinbogensatz (2 Klb.)		25,—	25,—

MiNr. 2660–2661 wurden jeweils in Kleinbogen zu 8 Marken und 1 Zierfeld gedruckt.

Auflage: 50 000 Sätze

1994, 8. Juli. Fauna: Hunde. Odr. (5×5); gez. K 13¼:13½.

cmb) Basset
cmc) Malteser
cmd) Welshterrier
cme) Husky

2662	0.60 ND	mehrfarbig	cmb	1,50	1,50
2663	0.60 ND	mehrfarbig	cmc	1,50	1,50
2664	0.60 ND	mehrfarbig	cmd	1,50	1,50
2665	1.00 ND	mehrfarbig	cme	1,50	1,50
		Satzpreis (4 W.)		6,—	6,—
			FDC		6,50

Auflage: 42 000 Sätze

1994, 15. Juli. Freimarken: Brunnen. MiNr. 2632 und 2636 mit Odr.-Aufdruck.

2666	0.10 ND	auf 100 000 (Din) bräunlichkarmin/lebhaftsiena . (2636)	0,50	0,50
2667	0.50 ND	auf 10 000 (Din) türkisblau/dunkelblauviolett .. (2632)	1,—	0,70
		Satzpreis (2 W.)	1,50	1,20

Jugoslawien

1994, 20. Juli. Versammlung der Völker orthodoxen Glaubens. Odr. (5×5); gez. K 13¼:13½.

cmf) Kirchenglocke, Weltkugel

2668	0.60 ND	mehrfarbig	cmf	1,50	1,50
			FDC		2,—

Auflage: 50 000 Stück

1994, 28. Juli. Umweltschutz in Montenegro. Odr. (5×5); gez. K 13¼:13½.

cmg) Flußlandschaft

2669	0.50 ND	mehrfarbig	cmg	1,50	1,50
			FDC		2,—

Auflage: 42 000 Stück

1994, 15. Aug./1998, Mai. Freimarken: Klöster. Odr. (10×10); I = mit Jahreszahl 1994, II = mit Jahreszahl 1997 am Unterrand; A = gez. K 13¼, C = gez. K 12½.

cmh) Morača (13. Jh.)    cmi) Gračanica (14. Jh.)    cmk) Lazarica (14. Jh.)    cml) Sopoćani (13. Jh.)

2670	I	0.01 ND	dunkelgraugelb/violett cmh		
	A		gez. K 13¼	1,50	0,20
	C		gez. K 12½ (Dez. 1997)	1,50	0,20
2671	I	0.05 ND	ocker/grauultramarin ..cmi		
	A		gez. K 13¼	1,50	0,20
	C		gez. K 12½ (Mai 1998)	1,50	0,20
2672	I A	0.20 ND	rosalila/schwarz ..... cmk	36,—	0,20
2673		1 ND	grauultramarin/ zinnoberrot (Töne) .... cml		
	I A		mit Jahreszahl 1994, gez. K 13¼	1,50	0,50
	II C		mit Jahreszahl 1997, gez. K 12½ (Juni 1997)	1,50	0,50
			Satzpreis (4 W.)	45,—	1,—
			FDC		2,—

Weitere Werte: MiNr. 2674, 2686–2687, 2755–2757;
MiNr. 2670 I mit Aufdruck: MiNr. 3102, 3212; MiNr. 2671 I mit Aufdruck: MiNr. 3091, 3213

1994, 10. Sept./1998, Mai. Freimarke: Klöster. Odr.; A = gez. K 13¼, C = gez. K 12½.

cmk) Lazarica (14. Jh.)

2674		0.20 ND	graulila/dunkelgraupurpur .... cmk		
	A		gez. K 13¼	0,50	0,20
	C		gez. K 12½ (Mai 1998)	0,50	0,20
			FDC (A)		0,70

Mit Aufdruck: MiNr. 3132; weitere Werte siehe Fußnote nach MiNr. 2673

1994, 10. Sept. 200 Jahre St.-Arsenius-Priesterseminar, Sremski Karlovci. Odr. (5×5); gez. K 13½:13¼.

cmm) Hl. Arsenius, Stadtansicht von Sremski Karlovci

2675	0.50 ND	mehrfarbig	cmm	1,—	1,—
			FDC		2,—

Auflage: 44 000 Stück

1994, 20. Sept. Europäischer Naturschutz (XIII). Odr. (3×3); gez. K 13½:13¼.

cmn) Reka Bojana   cmo) Belgrader See

2676	1.00 ND	mehrfarbig	cmn	3,—	3,—
2677	1.50 ND	mehrfarbig	cmo	3,—	3,—
		Satzpreis (2 W.)		6,—	6,—
		FDC			7,—
		Kleinbogensatz (2 Klb.)		60,—	60,—

MiNr. 2676–2677 wurden jeweils in Kleinbogen zu 8 Marken und 1 Zierfeld gedruckt.
Auflage: 49 000 Sätze

1994, 5. Okt. Europäisches Kindertreffen „Freude Europas". Odr. (3×3); gez. K 13¾.

cmp) Porträt des Mavko Leko; Gemälde von U. Knežević (1811–1876)

2678	1 ND	mehrfarbig	cmp	2,—	2,—
			FDC		3,—
			Kleinbogen	25,—	25,—

MiNr. 2678 gedruckt im Kleinbogen zu 8 Marken und 1 Zierfeld
Auflage: 49 000 Stück

1994, 27. Okt. Buddelschiffe. Odr. in Markenheftchen; gez. K 13¼:13½.

cmr) „Revenge" (1585)   cms) Große Jacht (1678)   cmt) „Santa Maria" (15. Jh.)
cmu) Nau (15. Jh.)   cmv) „Mayflower" (1615)   cmw) Karake (14. Jh.)

Jugoslawien 667

2679	0.50	ND	mehrfarbig	.... cmr	1,—	1,—
2680	0.50	ND	mehrfarbig	.... cms	1,—	1,—
2681	0.50	ND	mehrfarbig	.... cmt	1,—	1,—
2682	0.50	ND	mehrfarbig	.... cmu	1,—	1,—
2683	0.50	ND	mehrfarbig	.... cmv	1,—	1,—
2684	0.50	ND	mehrfarbig	.... cmw	1,—	1,—
				Satzpreis (6 W.)	6,—	6,—
				FDC (1 H-Bl.)		15,—

MiNr. 2679–2684 stammen aus MH 7.

Auflage: 48 000 Sätze

1994, 31. Okt. Tag der Briefmarke. Odr. (5×5); gez. K 13¼:13½.

cmx Küstenlandschaft, Flugzeug Aerospatiale ATR-42, Postkutsche, Brief

2685	0.50	ND	mehrfarbig	.... cmx	4,—	4,—
				FDC	·	5,—
2685 I			Stecherzeichen „JO" oben in der Kutsche		25,—	

Auflage: 44 000 Stück

1994, 10. Nov./1998, Mai. Freimarken: Klöster. Odr. (10×10); I = mit Jahreszahl 1994, II = mit Jahreszahl 1997 am Unterrand; A = gez. K 13¼, C = gez. K 12½.

cmy Ostrog    cmz Studenica (12. Jh.)

2686 I		0.10	(ND)	dkl'graulila/grautürkis cmy		
A				gez. K 13¼	0,60	0,20
C				gez. K 12½ (Mai 1998) ..	0,60	0,20
2687		0.50	(ND)	dkl'violett/dunkellila ..cmz		
I A				mit Jahreszahl 1994, gez. K 13¼	0,60	0,20
II				mit Jahreszahl 1997, (Okt. 1997)		
A				gez. K 13¼	0,60	0,20
C				gez. K 12½	0,60	0,20
				Satzpreis (2 W.)	1,20	0,40
				FDC		1,20

Weitere Werte siehe Fußnote nach MiNr. 2673

1994, 25. Nov. Museumsexponate: Gedenksteine an Wegrändern. Odr. (5×5); gez. K 13¼:13½.

cna   cnb   cnc   cnd

2688	0.50	(ND)	mehrfarbig	.... cna	0,90	0,90
2689	0.50	(ND)	mehrfarbig	.... cnb	0,90	0,90
2690	0.50	(ND)	mehrfarbig	.... cnc	0,90	0,90
2691	0.50	(ND)	mehrfarbig	.... cnd	0,90	0,90
				Satzpreis (4 W.)	3,50	3,50
				FDC		5,50

Auflage: 44 000 Sätze

1994, 15. Dez. Religiöse Kunst. Odr. (5×5); gez. K 13¼:13½.

cne Mariä Verkündigung; von D. Bačević

cnf Anbetung der Hl. Drei Könige; von N. Nešković (1720–1785)

cng Muttergottes mit Kind; von T. N. Češljar (1746–1793)

cnh Hl. Johannes tauft Christus: von T. Kračun (um 1740–1781)

2692	0.60	(ND)	mehrfarbig	.... cne	0,90	0,90
2693	0.60	(ND)	mehrfarbig	.... cnf	0,90	0,90
2694	0.60	(ND)	mehrfarbig	.... cng	0,90	0,90
2695	0.60	(ND)	mehrfarbig	.... cnh	0,90	0,90
				Satzpreis (4 W.)	3,50	3,50
				FDC		6,—

Auflage: 44 000 Sätze

1995

1995, 26. Jan. Flagge und Wappen der Bundesrepublik Jugoslawien. Odr.; gez. K 13½:13¼.

cni Staatsflagge   cnk Staatswappen

2696	1	(ND)	mehrfarbig	.... cni	1,50	1,50
2697	1	(ND)	mehrfarbig	.... cnk	1,50	1,50
				Satzpreis (2 W.)	3,—	3,—
				FDC		3,50

Auflage: 48 000 Sätze

1995, 28. Febr. Schach-Weltmeister und Schachfiguren (I). Odr. (3×3); gez. K 13½:13¼.

cnl Wilhelm Steinitz (1836–1900), Österreich

cnm Schachfiguren

cnn Emanuel Lasker ' (1868–1941), (Deutschland)

cno Springer

Zierfeld: König

cnp Schachfiguren

cnr José Raul Capablanca (1888–1942), Kuba

cns Schachfiguren

cnt Aleksandr Aleksandrowitsch Aljechin (1892–1946), Frankreich

Jugoslawien

2698	0.60	(ND)	mehrfarbig .... cnl	1,20	1,20
2699	0.60	(ND)	mehrfarbig .... cnm	1,20	1,20
2700	0.60	(ND)	mehrfarbig .... cnn	1,20	1,20
2701	0.60	(ND)	mehrfarbig .... cno	1,20	1,20
2702	0.60	(ND)	mehrfarbig .... cnp	1,20	1,20
2703	0.60	(ND)	mehrfarbig .... cnr	1,20	1,20
2704	0.60	(ND)	mehrfarbig .... cns	1,20	1,20
2705	0.60	(ND)	mehrfarbig .... cnt	1,20	1,20
			Satzpreis (8 W.)	9,50	9,50
			Kleinbogen	10,—	10,—
			FDC		14,—

MiNr. 2698–2705 wurden zusammenhängend im Kleinbogen zu 8 Marken und 1 Zierfeld gedruckt.

Auflage: 48 000 Sätze

1995, 4. März. 50 Jahre Jugendsportklub „Roter Stern", Belgrad. Odr. (3×3); gez. K 13½:13¼.

cnu) Vereinsemblem

2706	0.60	(ND)	mehrfarbig .... cnu	1,70	1,70
			FDC		2,50
			Kleinbogen	17,—	17,—

MiNr. 2706 gedruckt im Kleinbogen zu 8 Marken und 1 Zierfeld.

Auflage: 80 000 Stück

1995, 23. März. Geschützte Tiere: Lurche. Odr. (1×5 Zd); gez. K 13½:13¼.

cnv) Feuersalamander (Salamandra salamandra)   cnw) Bergmolch (Triturus alpestris)   Zierfeld

cnx) Griechischer Frosch (Rana graeca)   cny) Syrische Schaufelkröte (Pelobates syriacus balcanicus)

2707	0.60	(ND)	mehrfarbig .... cnv	1,30	1,30
2708	0.60	(ND)	mehrfarbig .... cnw	1,30	1,30
2709	0.60	(ND)	mehrfarbig .... cnx	1,30	1,30
2710	0.60	(ND)	mehrfarbig .... cny	1,30	1,30
			Satzpreis (4 W.)	5,—	5,—
			Fünferstreifen	10,—	10,—
			FDC		12,—

MiNr. 2707–2710 wurden mit verschiedenen Zierfeldern waagerecht zusammenhängend gedruckt.

Auflage: 50 000 Sätze

1995, 20. April. 75 Jahre Sportklub „Radnički", Belgrad. Odr. (5×5); gez. K 13¼:13½.

cnz) Sportler aus der Gründerzeit, Vereinsemblem

2711	0.60	(ND)	mehrfarbig .... cnz	1,50	1,50
			FDC		2,50
2711 I			Stecherzeichen „Я3" im Stiefel (Feld 13)	22,—	22,—

Auflage: 45 000 Stück

1995, 6. Mai. Europa: Frieden und Freiheit. Odr. (3×3); gez. K 13¼:13½, Querformat ~

coa) Bartgeier in Gebirgslandschaft   cop) Mädchen auf Dreirad, Großeltern auf Parkbank

2712	0.60	ND	mehrfarbig .... coa	3,—	2,50
2713	1.90	ND	mehrfarbig .... cob	3,—	2,50
			Satzpreis (2 W.)	6,—	5,—
			FDC		6,—
			Kleinbogensatz (2 Klb.)	50,—	50,—

MiNr. 2712–2713 wurden jeweils im Kleinbogen zu 8 Marken und 1 Zierfeld gedruckt.

Auflage: 170 000 Sätze

1995, 9. Mai. 50. Jahrestag der Beendigung des Zweiten Weltkrieges. Odr. (5×5); gez. K 13¼:13½.

coc) Friedenstaube kämpft gegen schwarzen Vogel

2714	0.60	(ND)	mehrfarbig .... coc	1,50	1,50
			FDC		2,—

Auflage: 52 000 Stück

1995, 28. Mai. Eröffnung des unterirdischen Bahnhofes „Vuk-Denkmal" in Belgrad. Odr. (5×5); gez. K 13¼:13½.

cod) Station „Vukov-Denkmal", U-Bahn-Zug

2715	0.60	(ND)	mehrfarbig .... cod	2,—	2,—
			FDC		2,50

1995, 12. Juni. Geschützte Pflanzen: Felsenblümchen. Odr. (5×5 Zd); gez. K 13½:13¼.

coe   cof   Zierfeld

cog   coh

coe–coh) Felsenblümchen (Draba bertiscea)

2716	0.60	(ND)	mehrfarbig .... coe	1,50	1,50
2717	0.60	(ND)	mehrfarbig .... cof	1,50	1,50
2718	0.60	(ND)	mehrfarbig .... cog	1,50	1,50

Jugoslawien

2719	0.60 (ND)	mehrfarbig	coh	1,50	1,50
		Satzpreis (4 W.)		6,—	6,—
		Fünferstreifen		10,—	10,—
		FDC			12,—

MiNr. 2716–2719 wurden mit verschiedenen Zierfeldern waagerecht zusammenhängend gedruckt.

1995, 10. Juli. Europäischer Naturschutz (XIV). Odr. (3×3); gez. K 13½:13¼.

coi) Bulgaren-Ohrenlerche (Eremophila alpestris balcanica); Landschaft im Rtanj-Gebirge

cok) Blasius-Hufeisennase (Rhinolophus blasii); Schlucht der Lazareva Reka

2720	0.60 ND	mehrfarbig	coi	2,—	2,—
2721	1.90 ND	mehrfarbig	cok	2,50	2,50
		Satzpreis (2 W.)		4,50	4,50
		FDC			5,—
		Kleinbogensatz (2 Klb.)		45,—	45,—

MiNr. 2720–2721 wurden jeweils in Kleinbogen zu 8 Marken und 1 Zierfeld gedruckt.

Auflage: 54 000 Sätze

1995, 3. Aug. Slowakisches Volksbrauchtum. Odr.; gez. K 13¾.

col) Hochzeit; Gemälde von Zuzka Medved'ová (1897–1985)

2722	0.60 (ND)	mehrfarbig	col	2,—	2,—
		FDC			1,70

Auflage: 50 000 Stück

1995, 1. Sept. Schach-Weltmeister und Schachfiguren (II). Odr. (3×3); gez. K 13½:13¼.

com) Max Euwe (1901–1981), Niederlande

con) Schachbrett, Bauer

coo) Michail Moissejewitsch Botwinnik (1911–1995), Rußland

cop) Schachbrett, Dame

Zierfeld: Bauern, König

cor) Schachbrett, Läufer, Springer

cos) Wassilij Wassiljewitsch Smylow (Sowjetunion)

cot) Springer, Dame, Turm

cou) Michail Nechemjewitsch Tal (Sowjetunion)

2723	0.60 (ND)	mehrfarbig	com	0,80	0,80
2724	0.60 (ND)	mehrfarbig	con	0,80	0,80
2725	0.60 (ND)	mehrfarbig	coo	0,80	0,80
2726	0.60 (ND)	mehrfarbig	cop	0,80	0,80
2727	0.60 (ND)	mehrfarbig	cor	0,80	0,80
2728	0.60 (ND)	mehrfarbig	cos	0,80	0,80
2729	0.60 (ND)	mehrfarbig	cot	0,80	0,80
2730	0.60 (ND)	mehrfarbig	cou	0,80	0,80
		Satzpreis (8 W.)		6,—	6,—
		Kleinbogen		7,50	7,50
		FDC			12,—

MiNr. 2723–2730 wurden zusammenhängend im Kleinbogen zu 8 Marken und 1 Zierfeld gedruckt.

Auflage: 74 000 Sätze

1995, 10. Sept. 100 Jahre Volleyball. Odr. (5×5); gez. K 13¼:13½.

cov) Spielszene, Weltkugel, Emblem

2731	0.90 (ND)	mehrfarbig	cov	1,20	1,20
		FDC			1,70

Auflage: 52 000 Stück

1995, 20. Sept. 800 Jahre St.-Lukas-Kirche, Kotor. Odr. (5×5); gez. K 13¼:13½.

cow) St.-Lukas-Kirche

2732	0.80 (ND)	mehrfarbig	cow	1,20	1,20
		FDC			1,70
2732 I		Stecherzeichen „MK" (sehr klein) direkt über linker Dachrinne (Feld 17)		14,—	14,—

Auflage: 50 000 Stück

1995, 3. Okt. 100 Jahre Kino. Odr. (5×5); gez. K 13½:13¼.

cox) Filmaufnahme der Krönung König Petars II.

coy) Auguste (1862–1954) und Louis Jean Lumière (1864–1948), französische Phototechniker

2733	1.10 (ND)	mehrfarbig	cox	1,50	1,50
2734	2.20 (ND)	mehrfarbig	coy	1,50	1,50
		Satzpreis (2 W.)		3,—	3,—
		FDC			4,—

Auflage: 50 000 Sätze

1995, 4. Okt. 50 Jahre Armeesportklub „Partisan", Belgrad. Odr. (3×3); gez. K 13½:13¼.

coz) Vereinsemblem

2735	0.80 (ND)	mehrfarbig	coz	1,20	1,20
		FDC			1,70
		Kleinbogen		12,—	12,—

MiNr. 2735 wurde im Kleinbogen zu 8 Marken und 1 Zierfeld gedruckt.

Auflage: 52 000 Stück

JUGOSLAWIEN

1995, 5. Okt. Europäisches Kindertreffen „Freude Europas". Odr. (3×3); gez. K 13¼:13½.

cpa) Blumenverkäuferin; Gemälde von Miloš Tenković (1849–1890), serbischer Maler
cpb) Kind bei Tische; Gemälde von Pierre Bonnard (1867–1947), französischer Maler

2736	1.10	(ND)	mehrfarbig .... cpa	1,50	1,50
2737	2.20	(ND)	mehrfarbig .... cpb	1,50	1,50
			Satzpreis (2 W.)	3,—	3,—
			FDC		4,50
			Kleinbogensatz (2 Klb.)	40,—	40,—

MiNr. 2736–2737 wurden jeweils im Kleinbogen zu 8 Marken und 1 Zierfeld gedruckt.

Auflage: 52 000 Sätze

1995, 24. Okt. 50 Jahre Vereinte Nationen (UNO). Odr. (5×5); gez. K 13¼:13½.

cpc) Golden-Gate-Brücke, San Francisco; Jubiläumsemblem

2738	1.10	(ND)	mehrfarbig .... cpc	1,20	1,20
			FDC		1,70

Auflage: 50 000 Stück

1995, 31. Okt. Tag der Briefmarke. Odr. (5×5); gez. K 13¼:13½.

cpd) Erstes Postamt in Belgrad, Brief mit Siegel vom 25.5.1840

2739	1.10	(ND)	mehrfarbig .... cpd	1,—	1,—
			FDC		1,70

Auflage: 50 000 Stück

1995, 13. Dez. Blockausgabe: Nationale Briefmarkenausstellug JUFIZ VIII, Budva. Odr. (5×5); gez. K 13¾.

cpe) Marken Montenegro MiNr. 38 und Serbien MiNr. 3

2740	2.50	(ND)	mehrfarbig .... cpe	1,50	1,50
Block 43	(72×95 mm)		.... cpf	2,—	2,—
			FDC		2,50

Auflage: 48 000 Blocks

1995, 26. Dez. Museumsgegenstände: Flugzeuge. Odr.; gez. K 13½:13¼.

cpg) Sarić MiNr. 1

cph) Douglas DC–3
cpi) Fizir „FN"
cpk) Sud-Est S.E 210 Caravelle

2741	1.10	(ND)	mehrfarbig .... cpg	0,50	0,50
2742	1.10	(ND)	mehrfarbig .... cph	0,50	0,50
2743	2.20	(ND)	mehrfarbig .... cpi	1,—	1,—
2744	2.20	(ND)	mehrfarbig .... cpk	1,—	1,—
			Satzpreis (4 W.)	3,—	3,—
			FDC		4,—

Auflage: 48 000 Sätze

1995, 26. Dez. Kunst: Naive Gemälde. Odr. (5×5); gez. K 13¼:13½, Querformate ∼.

cpl) Christi Geburt; von D. Milojević

cpm) Die Flucht nach Ägypten; von Z. Halupova
cpn) Sonntag; von M. Rašić
cpo) Traditionelles Weihnachtsfest; von M. Brašić

2745	1.10	(ND)	mehrfarbig .... cpl	0,50	0,50
2746	1.10	(ND)	mehrfarbig .... cpm	0,50	0,50
2747	2.20	(ND)	mehrfarbig .... cpn	1,—	1,—
2748	2.20	(ND)	mehrfarbig .... cpo	1,—	1,—
			Satzpreis (4 W.)	3,—	3,—
			FDC		4,—

Auflage: 48 000 Sätze

1996

1996, 6. Jan. 80. Jahrestag der Schlacht von Mojkovać. Odr. (5×5); gez. K 13¼:13½.

cpp) Schlachtenszene

2749	1.10	(ND)	mehrfarbig .... cpp	0,50	0,50
			FDC		1,—

Auflage: 55 000 Stück

Jugoslawien 671

1996, 22. Jan. 100. Geburtstag von Save Šumanović, Odr. (5×5); gez. K 13¼:13½.

cpr) Gemälde von S. Šumanović (1896–1942)

2750	1.10	(ND)	mehrfarbig	. . . . cpr	0,50	0,50
				FDC		1,20

Auflage: 52 000 Stück

1996, 15. Febr. Geschützte Tiere: Insekten. Odr. (1×5 Zd); gez. K 13½:13¼.

cps) Pygomor- cpu) Puppenräuber Zierfeld
phela serbica (Calosoma
            sycophanta)

cpt) Große Rote   cpv) Ascalaphus
Waldameise   macaronius scopoli
(Formica rufa)

2751	1.10	(ND)	mehrfarbig	. . . . cps	0,70	0,70
2752	1.10	(ND)	mehrfarbig	. . . . cpt	0,70	0,70
2753	2.20	(ND)	mehrfarbig	. . . . cpu	1,—	1,—
2754	2.20	(ND)	mehrfarbig	. . . . cpv	1,—	1,—
				Satzpreis (4 W.)	3,40	3,40
				Fünferstreifen	6,50	6,50
				FDC		7,50

MiNr. 2751–2754 wurden mit verschiedenen Zierfeldern waagerecht zusammenhängend gedruckt.

Auflage: 50 000 Sätze

1996, 29. Febr. Freimarken: Klöster. Odr. (10×10); gez. K 12½.

cpw) Ljeviška (14. Jh.)   cpx) Žiča (13. Jh.)   cpy) Dečani (14. Jh.)

2755	5	(ND)	türkisblau/dkl'purpurviolett	cpw	2,—	1,50
2756	10	(ND)	lebhaftgelbocker/lilakarmin	. cpx	4,—	3,—
2757	20	(ND)	mittelblau/d'preußischblau	. cpy	8,—	6,—
				Satzpreis (3 W.)	14,—	10,—
				FDC		11,—

Weitere Werte siehe Fußnote nach MiNr. 2673

1996, 15. März. Schach-Weltmeister und Schachfiguren (III). Odr. (3×3); gez. K 13½:13¼.

cpz) Tigran Petrosjan   cra) Schachfiguren,   crb) Boris Spasskij
(1929–1984), Sowjetunion   Tischsonnenuhr   (*1937), Sowjetunion
crc) Schachfiguren,   crd) Gari Kasparov,   cre) Schachfiguren,
Schachbrett, Schachuhr   Sowjetunion   Sanduhr
crf) Bobby Fischer   crg) Schachfiguren,   crh) Anatolij Karpow
(*1943), USA   Tischuhren   (*1951), Sowjetunion

2758	1.50	(ND)	mehrfarbig	. . . . cpz	0,50	0,50
2759	1.50	(ND)	mehrfarbig	. . . . cra	0,50	0,50
2760	1.50	(ND)	mehrfarbig	. . . . crb	0,50	0,50
2761	1.50	(ND)	mehrfarbig	. . . . crc	0,50	0,50
2762	1.50	(ND)	mehrfarbig	. . . . crd	0,50	0,50
2763	1.50	(ND)	mehrfarbig	. . . . cre	0,50	0,50
2764	1.50	(ND)	mehrfarbig	. . . . crf	0,50	0,50
2765	1.50	(ND)	mehrfarbig	. . . . crg	0,50	0,50
2766	1.50	(ND)	mehrfarbig	. . . . crh	0,50	0,50
				Satzpreis (9 W.)	4,50	4,50
				Kleinbogen	6,—	6,—
				FDC		6,50

MiNr. 2758–2766 wurden zusammenhängend im Kleinbogen gedruckt.

Auflage: 74 000 Sätze

1996, 30. März. 100 Jahre Olympische Spiele der Neuzeit. Odr. (3×3); gez. K 13½:13¼.

cri) Dis-   crk) Laufen
kuswerfen

2767	1.50	(ND)	mehrfarbig	. . . . cri	0,70	0,70
2768	2.50	(ND)	mehrfarbig	. . . . crk	1,30	1,30
				Satzpreis (2 W.)	2,—	2,—
				FDC		2,50
				Kleinbogensatz (2 Klb.)	17,—	17,—

MiNr. 2767–2768 wurden jeweils im Kleinbogen zu 8 Marken und 1 Zierfeld gedruckt.

Auflage: 56 000 Sätze

Einmal MICHEL immer MICHEL

Jugoslawien

1996, 12. April. Olympische Sommerspiele, Atlanta. Odr. (3×3); gez. K 13½:13¼.

crl) Leichtathletik

crm) Wasserball

crn) Basketball

cro) Volleyball

crp) Handball

crr) Schießen

2769	1.50	(ND)	mehrfarbig .... crl	1,50	1,50
2770	1.50	(ND)	mehrfarbig .... crm	1,50	1,50
2771	1.50	(ND)	mehrfarbig .... crn	1,50	1,50
2772	1.50	(ND)	mehrfarbig .... cro	1,50	1,50
2773	1.50	(ND)	mehrfarbig .... crp	1,50	1,50
2774	1.50	(ND)	mehrfarbig .... crr	1,50	1,50
			Satzpreis (6 W.)	9,—	9,—
			FDC		10,—
			Kleinbogensatz (6 Klb.)	90,—	90,—

Blockausgabe

crs) Zeustempel, Olympia   crt) Zierfeld

2775	5	(ND)	mehrfarbig .... crs	2,—	2,—
Block 44	(107×60 mm)		.... crt	2,—	2,—
			FDC		2,50

MiNr. 2769–2774 wurden jeweils im Kleinbogen zu 8 Marken und 1 Zierfeld gedruckt.

Auflagen: MiNr. 2769–2774 = 56 000 Sätze, Bl. 44 = 52 000 Blocks

1996, 30. April. Tag der Briefmarke. Odr. (5×5); gez. K 13¼:13½.

cru) Alter Postwagen, Postbote in historischer Uniform, Wappen der Königlich Serbischen Post

2776	1.50	(ND)	mehrfarbig .... cru	0,60	0,60
			FDC		1,—

Auflage: 53 000 Stück

Farbschwankungen, die vor allem bei Freimarken-Ausgaben häufig vorkommen, sind Druckabweichungen, die nicht gesondert katalogisiert werden können.

1996, 7. Mai. Europa: Berühmte Frauen. Odr. (3×3); gez. K 13¼:13½.

crv) Isidora Sekulić (1877–1958), Schriftstellerin

crw) Desanka Maksimović (1898–1993), Schriftstellerin

2777	2.50	(ND)	mehrfarbig .... crv	2,—	2,—
2778	5.00	(ND)	mehrfarbig .... crw	2,—	2,—
			Satzpreis (2 W.)	4,—	4,—
			FDC		5,—
			Kleinbogensatz (2 Klb.)	35,—	35,—

MiNr. 2776–2777 wurden jeweils im Kleinbogen zu 8 Marken und 1 Zierfeld gedruckt.

Auflage: 140 000 Sätze

1996, 8. Mai. 120 Jahre Serbisches Rotes Kreuz. Odr.; gez. K 13½:13¼.

crx) Dr. Vladan Đorđević (1844–1930), Gründer des Serbischen Roten Kreuzes

2779	1.50	(ND)	mehrfarbig .... crx	0,60	0,60
			FDC		1,—

Auflage: 53 000 Stück

1996, 1. Juni. 150 Jahre Architekturunterricht in Serbien. Odr. (5×5); gez. K 13¼.

cry) Historisches Architekturdetail

2780	1.50	(ND)	mehrfarbig .... cry	0,60	0,60
			FDC		1,—
2780 I			mit Stecherzeichen rechts im Sockel der linken Säule (Feld 19)	14,—	14,—

Auflage: 51 000 Stück

1996, 28. Juni. Europäischer Naturschutz (XV). Odr. (3×3); gez. K 13½:13¼.

crz) Löffler (Platalea leucorodia)

csa) Brauner Sichler (Plegadis falcinellus)

2781	2.50	(ND)	mehrfarbig .... crz	1,—	1,—
2782	5	(ND)	mehrfarbig .... csa	2,—	2,—
			Satzpreis (2 W.)	3,—	3,—
			FDC		3,50
			Kleinbogensatz (2 Klb.)	25,—	25,—

MiNr. 2781–2782 wurden jeweils im Kleinbogen zu 8 Marken und 1 Zierfeld gedruckt.

Auflage: 55 000 Sätze

Jugoslawien

1996, 22. Juli. 200. Jahrestag der Schlachten von Martinići und Kruse. Odr. (5×5); gez. K 13¼.

csb) Petar I. Petrović Njegoš (1747–1830), regierender Fürst von Montenegro und Fürstbischof
csc) Leibwache des Fürstbischofs

2783	1.50	(ND)	mehrfarbig . . . . csb	0,50	0,50
2784	2.50	(ND)	mehrfarbig . . . . csc	1,—	1,—
			Satzpreis (2 W.)	1,50	1,50
			FDC		2,20

Auflage: 51 000 Sätze

1996, 31. Aug. Reitfest, Ljubićevo. Odr. (5×5); gez. K 13¼:13½.

csd) Galopper
cse) Galopprennen

2785	1.50	(ND)	mehrfarbig . . . . csd	0,50	0,50
2786	2.50	(ND)	mehrfarbig . . . . cse	1,—	1,—
			Satzpreis (2 W.)	1,50	1,50
			FDC		2,20
2786 I			Stecherzeichen Я3 in der Kappe des rechten Jockeys (Feld 29)	16,—	16,—

Auflage: 55 000 Sätze

1996, 25. Sept. Fauna: 60 Jahre Belgrader Tierpark. Odr. (1×5 Zd); gez. K 13¼:13½.

csf) Oriomo-Fluß-Arakakadu (Probosciger aterrimus aterrimus)
csg) Rotbrust-Krontaube (Goura scheepmakeri)
Zierfeld

csh) Burchelli-Zebra (Equus burchelli antiquorum)
csi) Sibirischer Tiger (Panthera tigris altaica)

2787	1.50	(ND)	mehrfarbig . . . . csf	0,60	0,60
2788	1.50	(ND)	mehrfarbig . . . . csg	0,60	0,60
2789	2.50	(ND)	mehrfarbig . . . . csh	0,90	0,90
2790	2.50	(ND)	mehrfarbig . . . . csi	0,90	0,90
			Satzpreis (4 W.)	3,—	3,—
			Fünferstreifen	8,—	8,—
			FDC		10,—

MiNr. 2787–2790 wurden mit verschiedenen Zierfeldern waagerecht zusammenhängend gedruckt.

Auflage: 52 000 Sätze

1996, 2. Okt. Europäisches Kindertreffen: „Freude Europas": Kinderzeichnungen. Odr. (3×3); gez. K 13¼.

csk) Märchen
csl) Vogel

2791	1.50	(ND)	mehrfarbig . . . . csk	0,70	0,70
2792	2.50	(ND)	mehrfarbig . . . . csl	1,—	1,—
			Satzpreis (2 W.)	1,70	1,70
			FDC		2,20
			Kleinbogensatz (2 Klb.)	15,—	15,—

MiNr. 2791–2792 wurden jeweils im Kleinbogen zu 8 Marken und 1 Zierfeld gedruckt.

Auflage: 56 000 Sätze

1996, 17. Okt. Medaillengewinne bei den Olympischen Sommerspielen, Atlanta. Odr. (3×3); gez. K 13¼.

csm) Goldmedaille im Kleinkaliber-Dreistellungskampf

csn) Bronzemedaille im Luftgewehrschießen
cso) Silbermedaille im Basketball
csp) Bronzemedaille im Volleyball

2793	2.50	(ND)	mehrfarbig . . . . csm	1,40	1,40
2794	2.50	(ND)	mehrfarbig . . . . csn	1,40	1,40
2795	2.50	(ND)	mehrfarbig . . . . cso	1,40	1,40
2796	2.50	(ND)	mehrfarbig . . . . csp	1,40	1,40
			Satzpreis (4 W.)	5,50	5,50
			FDC		6,50
			Kleinbogensatz (4 Klb.)	45,—	45,—

MiNr. 2793–2796 wurden jeweils im Kleinbogen zu 8 Marken und 1 Zierfeld gedruckt.

Auflage: 60 000 Sätze

1996, 31. Okt. 75 Jahre Postsparkasse. Odr. (5×5); gez. K 13¼.

csr) Münzen, Banknoten, Kreditkarte

2797	1.50	(ND)	mehrfarbig . . . . csr	0,70	0,70
			FDC		1,20
2797 I			Stecherzeichen Я3 rechts (Feld 16)	14,—	14,—

Auflage: 54 000 Stück

1996, 8. Nov. 100 Jahre Fußballsport in Serbien. Odr. (5×5); gez. K 13¼.

css) Torwart beim Fangen des Balles

2798	1.50	(ND)	mehrfarbig . . . . css	0,70	0,70
			FDC		1,20

Auflage: 54 000 Stück

Jugoslawien

1996, 25. Nov. Museumsexponate: Archäologische Funde. Odr. (5×5); gez. K 13¼.

cst) Frauenfigur mit Kind (3500 v. Chr.)
csu) Steinrelief (2. Jh.)
csv) Frauenfigur (5000 v. Chr.)
csw) Frauenkopf (3. Jh.)

2799	1,50	(ND)	mehrfarbig	cst	0,60	0,60
2800	1,50	(ND)	mehrfarbig	csu	0,60	0,60
2801	2,50	(ND)	mehrfarbig	csv	0,90	0,90
2802	2,50	(ND)	mehrfarbig	csw	0,90	0,90
			Satzpreis (4 W.)		3,—	3,—
			FDC			3,50

Auflage: 50 000 Sätze

1996, 10. Dez. Kunst: Ikonen. Odr. (5×5); gez. K 13¼.

csx) Mariä Verkündigung; von Nikola Nešković (1720–1785)
csy) Maria mit Kind (Venedig. 16./17. Jh.)
csz) Christi Geburt; (Rußland, 18. Jh.)
cta) Palmsonntag (18. Jh.); von Stanoje Popović

2803	1,50	(ND)	mehrfarbig	csx	0,60	0,60
2804	1,50	(ND)	mehrfarbig	csy	0,60	0,60
2805	2,50	(ND)	mehrfarbig	csz	0,90	0,90
2806	2,50	(ND)	mehrfarbig	cta	0,90	0,90
			Satzpreis (4 W.)		3,—	3,—
			FDC			3,50

Auflage: 50 000 Sätze

1997

1997, 24. Jan. 150. Geburtstag von Herzog Radomir Putnik. Odr. (5×5); gez. K 13¼.

ctb) Herzog R. Putnik

2807	1,50	(ND)	mehrfarbig	ctb	0,60	0,60
			FDC			1,—

Auflage: 55 000 Stück

1997, 31. Jan. 25. Internationales Filmfestival FEST, Belgrad. Odr. (3×3); gez. K 13¼.

ctc) Filmstreifen, Festivalemblem

2808	1,50	(ND)	mehrfarbig	ctc	0,70	0,70
			FDC			1,20
			Kleinbogen		7,—	7,—

MiNr. 2808 wurde im Kleinbogen zu 8 Marken und 1 Zierfeld gedruckt.
Auflage: 56 000 Stück

1997, 21. Febr. Geschützte Tierarten: Vögel. Odr. (1×5 Zd); gez. K 13¼.

ctd) Großer Buntspecht (Dendrocopos major)

ctf) Tannenhäher (Nucifraga caryocatactes)
Zierfeld
cte) Haubenmeise (Parus cristatus)
ctg) Rotkehlchen (Erithacus rubecula)

2809	1,50	(ND)	mehrfarbig	ctd	0,60	0,60
2810	1,50	(ND)	mehrfarbig	cte	0,60	0,60
2811	2,50	(ND)	mehrfarbig	ctf	0,90	0,90
2812	2,50	(ND)	mehrfarbig	ctg	0,90	0,90
			Satzpreis (4 W.)		3,—	3,—
			Fünferstreifen		7,—	7,—
			FDC			7,50

MiNr. 2809–2812 wurden mit verschiedenen Zierfeldern waagerecht zusammenhängend gedruckt.
Auflage: 54 000 Sätze

1997, 17. März. 700 Jahre St.-Achilleus-Kirche, Arilje. Odr. (5×5); gez. K 13¼.

cth) König Dragutin als Kirchenstifter; Fresko aus der St.-Achilleus-Kirche

2813	1,50	(ND)	mehrfarbig	cth	1,—	1,—
			FDC			1,50

Auflage: 50 000 Stück

1997, 3. April. 250. Geburtstag von Petar I. Petrović. Odr. (5×5); gez. K 13¼.

cti) Petar I. Petrović (1747–1830), regierender Fürst von Montenegro und Fürstbischof

2814	1,50	(ND)	mehrfarbig	cti	1,—	1,—
			FDC			1,—

Auflage: 54 000 Stück

1997, 19. April. 10. Belgrader Stadtmarathon. Odr. (3×3); gez. K 13¼.

ctk) Ansicht von Belgrad, Veranstaltungsemblem

2815	2,50	(ND)	mehrfarbig	ctk	1,30	1,30
			FDC			1,80
			Kleinbogen		11,—	11,—

MiNr. 2815 wurde im Kleinbogen zu 8 Marken und 1 Zierfeld gedruckt.
Auflage: 54 000 Stück

Jugoslawien

1997, 22. April. 125 Jahre Serbischer Ärzteverband. Odr. (5×5); gez. K 13¼.

ctl) Sanitätswagen (1876), Gebäude des Ärzteverbands

2816	2.50	(ND)	mehrfarbig	ctl	1,30	1,30
				FDC		1,80
2816 I	Stecherzeichen „MK" neben linker Schulter des Mannes im Vordergrund (Feld 14)				12,—	12,—

Auflage: 50 000 Stück

1997, 3. Mai. Tag der Briefmarke. Odr. (5×5); gez. K 13¼.

ctm) Flugpostverladung bei Nacht. Flugzeug Convair CV-340 Metropolitan

2817	2.50	(ND)	mehrfarbig	ctm	1,30	1,30
				FDC		1,80

Auflage: 53 000 Stück

1997, 8. Mai. Tennisturniere in Jugoslawien. Odr. (3×3); gez. K 13¼.

ctn) Belgrad   cto) Budva   ctp) Novi Sad

ctn–ctp) Tennisspieler, Stadtwappen

2818	2.50	(ND)	mehrfarbig	ctn	1,20	1,20
2819	2.50	(ND)	mehrfarbig	cto	1,20	1,20
2820	2.50	(ND)	mehrfarbig	ctp	1,20	1,20
			Satzpreis (3 W.)		3,50	3,50
				FDC		4,50
			Kleinbogensatz (3 Klb.)		30,—	30,—

MiNr. 2818–2820 wurden jeweils im Kleinbogen zu 8 Marken und 1 Zierfeld gedruckt.

Auflage: 56 000 Sätze

1997, 30. Mai. Europa: Sagen und Legenden. Odr. (3×3); gez. K 11¾:11½.

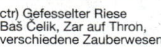

ctr) Gefesselter Riese Baš Čelik, Zar auf Thron, verschiedene Zauberwesen

cts) Baš Čelik in Ketten, Sohn des Zaren zu Pferde, Zarenpalast, Prinzessin

2821	2.50	(ND)	mehrfarbig	ctr	2,—	2,—
2822	6.00	(ND)	mehrfarbig	cts	2,—	2,—
			Satzpreis (2 W.)		4,—	4,—
				FDC		5,—
			Kleinbogensatz (2 Klb.)		35,—	35,—

MiNr. 2821–2822 wurden jeweils im Kleinbogen zu 8 Marken und 1 Zierfeld gedruckt.

Auflage: 150 000 Sätze

1997, 5. Juni. Europäischer Naturschutz (XVI). Odr. (3×3); gez. K 11¾:11½.

ctt) Heldbock (Cerambyx cerdo)

ctu) Stieleiche (Quercus robur)

2823	2.50	(ND)	mehrfarbig	ctt	1,—	1,—
2824	6.00	(ND)	mehrfarbig	ctu	2,—	2,—
			Satzpreis (2 W.)		3,—	3,—
				FDC		3,50
			Kleinbogensatz (2 Klb.)		26,—	26,—

MiNr. 2823–2824 wurden jeweils im Kleinbogen zu 8 Marken und 1 Zierfeld gedruckt.

Auflage: 62 000 Sätze

1997, 7. Juni. 150. Jahrestag der Erstausgabe des Versepos „Gorski Vijenac". Odr. (5×5); gez. K 13¼.

ctv) Petar II. Petrović Njegoš (1813–1851), Fürstbischof von Montenegro und Dichter; Druckpresse, Dorfansicht von Njeguši

2825	2.50	(ND)	mehrfarbig	ctv	1,—	1,—
				FDC		1,50

Auflage: 50 000 Stück

1997, 25. Juni. 125. Geburtstag von Stanislav Binički. Odr. (5×5); gez. K 13¼..

ctw) S Binički (1872–1942), Komponist und Dirigent; Notenhandschrift

2826	2.50	(ND)	mehrfarbig	ctw	1,—	1,—
				FDC		1,50
2826 I	Stecherzeichen „MK" rechts neben dem Kopf				15,—	15,—

1997, 10. Sept. Zierpflanzen. Odr. (1×5 Zd); gez. K 13¼.

ctx) Pelargonie (Pelargonium grandiflorum)

ctz) Usambaraveilchen (Saintpaulia ionantha)

Zierfeld

cty) Hortensie (Hydrangea macrophylla)

cua) Oncidium varicosum

2827	1.50	(ND)	mehrfarbig	ctx	0,50	0,50
2828	1.50	(ND)	mehrfarbig	cty	0,50	0,50

676 Jugoslawien

2829	2.50 (ND)	mehrfarbig	ctz	1,—	1,—
2830	2.50 (ND)	mehrfarbig	cua	1,—	1,—
		Satzpreis (4 W.)		3,—	3,—
		Fünferstreifen		7,—	7,—
		FDC			7,50

MiNr. 2827–2830 wurden mit verschiedenen Zierfeldern waagerecht zusammenhängend gedruckt.

2834	2.50 (ND)	mehrfarbig	cue	1,—	1,—
2835	5 (ND)	mehrfarbig	cuf	2,—	2,—
		Satzpreis (2 W.)		3,—	3,—
		FDC			3,50
		Kleinbogensatz (2 Klb)		28,—	28,—

MiNr. 2834–2835 wurden jeweils im Kleinbogen zu 8 Marken und 1 Zierfeld gedruckt.

1997, 11. Sept. Blockausgabe: Nationale Briefmarkenausstellung JUFIZ IX, Belgrad. Odr.; gez. K 13¾.

cub) Akt Erwachung; Skulptur von Dragomir Arambašić (1881–1945), vor der Kunstgalerie „Cvijeta Zuzorić" (Ort der Ausstellung)

2831	5 (ND)	mehrfarbig	cub	2,—	2,—
Block 45	(97×75 mm)		cuc	2,50	2,50
		FDC			4,—

1997, 24. Sept. 100 Jahre Serbische Chemische Gesellschaft. Odr. (5×5); gez. K 13½:13¾.

cud) Emblem der Gesellschaft

| 2832 | 2.50 (ND) | mehrfarbig | cud | 1,— | 1,— |
| | | FDC | | | 1,50 |

1997, 2. Okt./1999, März. Freimarke ohne Wertangabe: Buchmalerei. Odr.; gez. K 13¾.

civ I) Initiale aus dem Miroslav-Evangeliar (12. Jh.)

2833	A	lebhaftrot	civ I		
I		mit Jahreszahl 1997		1,—	0,20
II		mit Jahreszahl 1999		1,—	0,20
		FDC (I)			0,70

Nominalen zur Zeit der Ausgabe: I = 0,10 ND, II = 2,04 ND

In gleicher Zeichnung, jedoch größeres Format und mit kyrillischem Druckvermerk „ZIN" am Unterrand: MiNr. 2601

1997, 2. Okt. Europäisches Kindertreffen „Freude Europas". Odr. (3×3); gez. K 13¾.

cue) Porträt: Collage von Milan Ugrišić
cuf) Porträt; Collage von Stanislava Antić

1997, 10. Okt. 150 Jahre Galerie „Matica Srpska". Odr. (5×5); gez. K 13¾.

cug) Mai-Versammlung in Sremski Karlovci im Jahre 1848; Gemälde von Pavle Simić (1818–1876)

| 2836 | 2.50 (ND) | mehrfarbig | cug | 1,— | 1,— |
| | | FDC | | | 1,50 |

1997, 12. Nov. Museumsexponate: Fundstücke aus dem Archäologischen Museum der Vojvodina. Odr. (5×5); gez. K 13¾.

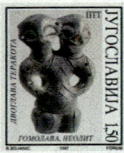

cuh) Doppelköpfige Terrakottafigur aus Srem (um 3500 v. Chr.)

cui) Helm aus Srem (4. Jh.)
cuk) Terrakottafigur aus der Bačka (15. Jh. v. Chr.)
cul) Hl. Maria mit Kind; Relief aus Srem (12. Jh.)

2837	1.50 (ND)	mehrfarbig	cuh	0,50	0,50
2838	1.50 (ND)	mehrfarbig	cui	0,50	0,50
2839	2.50 (ND)	mehrfarbig	cuk	1,—	1,—
2840	2.50 (ND)	mehrfarbig	cul	1,—	1,—
		Satzpreis (4 W.)		3,—	3,—
		FDC			3,50

1997, 2. Dez. Kunst: 800 Jahre serbisches Kloster Hilondar auf dem Berg Athos: Ikonen. Odr. (5×4); gez. K 11½:11¼.

cum) Muttergottes Hodeghetria (12. Jh.)
cun) Christus Pantokrator (um 1260)
cuo) Muttergottes Hodeghetria (um 1260)
cup) Dreihändige Madonna

2841	1.50 (ND)	mehrfarbig	cum	0,50	0,50
2842	1.50 (ND)	mehrfarbig	cun	0,50	0,50
2843	2.50 (ND)	mehrfarbig	cuo	1,—	1,—
2844	2.50 (ND)	mehrfarbig	cup	1,—	1,—
		Satzpreis (4 W.)		3,—	3,—
		FDC			3,50

1998

1998, 20. Jan. Klöster in Montenegro. Odr. (5×5); gez. K 13¼.

cur) Kloster Savina (15. Jh.)
cus) Kloster Donji Brčeli (15. Jh.)

2845	1.50	(ND)	mehrfarbig .... cur	1,—	1,—
2846	2.50	(ND)	mehrfarbig .... cus	1,—	1,—
			Satzpreis (2 W.)	2,—	2,—
			FDC		2,50
2846 I			Stecherzeichen „MK" im Mauerwerk rechts unter dem Kirchturm (Feld 7)	12,—	12,—

1998, 6. Febr. Olympische Winterspiele, Nagano. Odr. (3×3); gez. K 13¾.

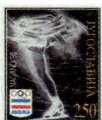 

cut) Eiskunstlauf
cuu) Abfahrtslauf

2847	2.50	(ND)	mehrfarbig .... cut	2,—	2,—
2848	6	(ND)	mehrfarbig .... cuu	2,—	2,—
			Satzpreis (2W.)	4,—	4,—
			FDC		5,—
			Kleinbogensatz (2 Klb.)	35,—	35,—

MiNr. 2847–2848 wurden jeweils im Kleinbogen zu 8 Marken und 1 Zierfeld gedruckt.

1998, 26. Febr. Fauna: Pferde. Odr. (1×5 Zd); gez. K 12:11¾.

cuv) Stute mit Fohlen
cux) Pferdekopf
Zierfeld

cuw) Hengst
cuy) Rennpferd

2849	1.50	(ND)	mehrfarbig .... cuv	1,50	1,50
2850	1.50	(ND)	mehrfarbig .... cuw	1,50	1,50
2851	2.50	(ND)	mehrfarbig .... cux	1,50	1,50
2852	2.50	(ND)	mehrfarbig .... cuy	1,50	1,50
			Satzpreis (4 W.)	6,—	6,—
			Fünferstreifen	9,—	9,—
			FDC		10,—

MiNr. 2787–2790 wurden mit verschiedenen Zierfeldern waagerecht zusammenhängend gedruckt.

1998, 7. März. Internationaler Frauentag. Odr. (5×5); gez. K 13¼.

cuz) Frauen, Blumen

2853	2.50	(ND)	mehrfarbig .... cuz	1,—	1,—
			FDC		1,50

1998, 24. April. 50 Jahre Jugoslawischer Luftfahrtverein. Odr. (5×5); gez. K 13¼.

cva) Segelflugzeug, Embleme der nationalen und internationalen Luftfahrtvereine

2854	2.50	(ND)	mehrfarbig .... cva	1,—	1,—
			FDC		1,50

1998, 4. Mai. Europa: Nationale Feste und Feiertage. MiNr. 2856 mit silbernem Odr.-Aufdruck auf nicht ausgegebener Marke; RaTdr. (3×3); gez. K 11¾.

cvb) Das Schmücken der Braut; Gemälde von Paja Jovanović (1859–1957)
cvc) Der Fürstbischof gratuliert zum Sieg; Gemälde von Pero Poček (1878–1963)

MICHEL-Abartenführer

Anleitung zur Bestimmung von Abarten, Abweichungen und Fehlern auf Briefmarken.

Auf 88 Seiten sind 41 Stichworte über Abarten, Abweichungen und Fehler auf Briefmarken eingehend beschrieben. Mit Erwerb dieser Broschüre hat der Philatelist eine sichere Hilfe zum Erkennen von Abarten in der Hand, die ihm auch die Unterscheidung von Zufälligkeiten ermöglicht.

Erhältlich bei Ihrem Briefmarkenhändler!

678 Jugoslawien

2855	6	(ND)	mehrfarbig	cvb	3,—	3,—
2856	9	**(ND)**	auf 2.50 (ND) mehrfarbig . (cvc)		3,—	3,—
			Satzpreis (2 W.)		6,—	6,—
			FDC			6,50
			Kleinbogensatz (2 Klb.)		60,—	60,—

MiNr. 2855–2856 wurden jeweils im Kleinbogen zu 8 Marken und 1 Zierfeld gedruckt.

1998, 15. Mai. Fußball-Weltmeisterschaft, Frankreich. Odr. (3×3); gez. K 13¼.

 cvd    cve

cvd–cve) Spielszenen, Emblem des Jugoslawischen Fußballverbandes

2857	6	(ND)	mehrfarbig	cvd	1,80	1,80
2858	9	(ND)	mehrfarbig	cve	2,80	2,80
			Satzpreis (2 W.)		4,60	4,60
			FDC			5,—
			Kleinbogensatz (2 Klb.)		40,—	40,—

MiNr. 2857–2858 wurden jeweils im Kleinbogen zu 8 Marken und 1 Zierfeld gedruckt.

1998, 19. Mai. Blockausgabe: 50 Jahre Donaukommission. Odr.; gez. K 13¾.

cvf) Weltkugel
cvg

2859	9	(ND)	mehrfarbig	cvf	2,50	2,50
Block 46	(88 × 65 mm)			cvg	4,—	4,—
			FDC			6,—

1998, 17. Juni. Europäischer Naturschutz (XVII). Odr. (3×3); gez. K 13¾.

cvh) Habichtskraut   cvi) Mondfisch
(Hieracium blecicii)   (Mola mola)

2860	6	(ND)	mehrfarbig	cvh	1,30	1,30
2861	9	(ND)	mehrfarbig	cvi	1,70	1,70
			Satzpreis (2 W.)		3,—	3,—
			FDC			3,50
			Kleinbogensatz (2 Klb.)		25,—	25,—

MiNr. 2860–2861 wurden jeweils im Kleinbogen zu 8 Marken und 1 Zierfeld gedruckt.

1998, 30. Juni. Bedeutende Persönlichkeiten. Odr. (3×3); gez. K 11¾:12.

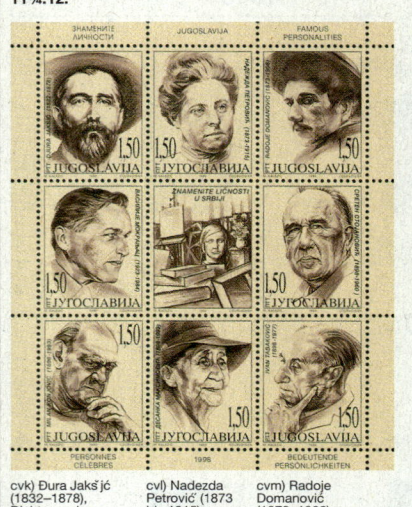

cvk) Đura Jakšić (1832–1878), Dichter und Maler
cvl) Nadezda Petrović (1873 bis 1915), Malerin
cvm) Radoje Domanović (1873–1908), Satiriker
cvn) Vasilije Mokranjac (1923–1984), Komponist
Zierfeld
cvo) Sreten Stojanović (1898–1960), Bildhauer
cvp) Milan Konjović (1898–1993), Maler
cvr) Desanka Maksimović (1898–1993), Schriftstellerin
cvs) Ivan Tabaković (1898–1977), Maler

2862	1.50	(ND)	mehrfarbig	cvk	0,40	0,40
2863	1.50	(ND)	mehrfarbig	cvl	0,40	0,40
2864	1.50	(ND)	mehrfarbig	cvm	0,40	0,40
2865	1.50	(ND)	mehrfarbig	cvn	0,40	0,40
2866	1.50	(ND)	mehrfarbig	cvo	0,40	0,40
2867	1.50	(ND)	mehrfarbig	cvp	0,40	0,40
2868	1.50	(ND)	mehrfarbig	cvr	0,40	0,40
2869	1.50	(ND)	mehrfarbig	cvs	0,40	0,40
			Satzpreis (8 W.)		3,—	3,—
			Kleinbogen		3,20	3,20
			FDC			4,—

MiNr. 2862–2869 wurden mit 1 Zierfeld zusammenhängend im Kleinbogen gedruckt.

MICHEL*soft*

die komfortable

Datenbank

für jeden Sammler

Jugoslawien

1998, 21. Aug. Blockausgabe: Gewinn der Basketball-Weltmeisterschaft in Athen durch die jugoslawische Nationalmannschaft. Odr.; gez. K 13¼.

cvt) WM-Pokal, Emblem des Jugoslawischen Basketballbundes

cvu

2870	10	(ND)	mehrfarbig . . . . cvt	6,—	6,—
Block 47	(81×98 mm) . . . . cvu			8,—	8,—
			FDC		11,—

1998, 2. Sept. 50 Jahre Serbisches Naturschutzinstitut: Geschützte Tiere. Odr. (1×5 Zd); gez. K 13¼.

cvv) Baummarder (Martes martes)

cvx) Luchs (Lynx lynx)　　Zierfeld　　cvw) Jungfernkranich (Anthropoides virgo)　　cvy) Fichtenkreuzschnabel (Loxia curvirostra)

2871	2	(ND)	mehrfarbig cvv	0,80	0,80
2872	2	(ND)	mehrfarbig . . . . cvw	0,80	0,80
2873	5	(ND)	mehrfarbig cvx	1,50	1,50
2874	5	(ND)	mehrfarbig . . . . cvy	1,50	1,50
			Satzpreis (4 W.)	4,50	4,50
			Fünferstreifen	8,—	8,—
			FDC		9,—

MiNr. 2871–2874 wurden mit verschiedenen Zierfeldern waagerecht zusammenhängend gedruckt.

1998, 15. Sept. 80. Jahrestag des Durchbruchs der Thessaloniki-Front. StTdr. (5×5); gez. K 13¼.

cvz) MG-Stellung　　cwa) Artilleriestellung

2875	5	(ND)	mehrfarbig . . . . cvz	1,80	1,80
2876	5	(ND)	mehrfarbig . . . . cwa	1,80	1,80
			Satzpreis (2 W.)	3,50	3,50
			FDC		4,50

1998, 28. Sept. Tag der Briefmarke: 50 Jahre Vereinigung der Philatelisten Serbiens. Odr. (5×5); gez. K 13¼.

cwb) Teil einer stilis. Briefmarke mit Emblem

2877	6	(ND)	schwarzgraublau . . . . cwb	1,40	1,40
			FDC		2,—

1998, 2. Okt. Europäisches Kindertreffen „Freude Europas". Odr. (3×3); gez. K 13¾.

cwc) Leben im Meer; Gemälde von Bojan Dakić (11 J.)　　cwd) Leben im Meer; Collage von Ana Rockov (8 J.)

2878	6	(ND)	mehrfarbig . . . . cwc	1,50	1,50
2879	9	(ND)	mehrfarbig . . . . cwd	2,—	2,—
			Satzpreis (2 W.)	3,50	3,50
			FDC		4,—
			Kleinbogensatz (2 Klb.)	30,—	30,—

MiNr. 2878–2879 wurden jeweils im Kleinbogen zu 8 Marken und 1 Zierfeld gedruckt.

1998, 3. Nov. Entwicklung der Eisenbahn. Odr., Markenheftchen; gez. K 13¾:14.

cwe) Dampflokomotive (1847)　　cwf) Dampflokomotive (1900)　　cwg) Dampflokomotive (1920)

cwh) Dampflokomotive (1930)　　cwi) Diesellokomotive „Kennedy"　　cwk) Hochgeschwindigkeitszug TGV (1990)

2880	2.50	(ND)	mehrfarbig . . . . cwe	1,50	1,50
2881	2.50	(ND)	mehrfarbig . . . . cwf	1,50	1,50
2882	2.50	(ND)	mehrfarbig . . . . cwg	1,50	1,50
2883	2.50	(ND)	mehrfarbig . . . . cwh	1,50	1,50
2884	2.50	(ND)	mehrfarbig . . . . cwi	1,50	1,50
2885	2.50	(ND)	mehrfarbig . . . . cwk	1,50	1,50
			Satzpreis (6 W.)	9,—	9,—
			FDC		10,—

MiNr. 2880–2885 stammen aus MH 8.

1998, 21. Nov. Museumsexponate: Gemälde von Vasilije Ivanković aus dem Seemuseum von Montenegro, Kotor. Odr. (5×5); gez. K 11¾:12.

cwl) Segelschiff „Veracruz" (1873)

cwm) Schiffbruch der Brigg „Pjerino" (1883)　　cwn) Segelschiff „Draghetto" (1865)　　cwo) Segelschiffe der Vizin-Florio -Reederei

Jugoslawien

2886	2	(ND)	mehrfarbig	cwl	0,50	0,50
2887	2	(ND)	mehrfarbig	cwm	0,50	0,50
2888	5	(ND)	mehrfarbig	cwn	1,50	1,50
2889	5	(ND)	mehrfarbig	cwo	1,50	1,50
			Satzpreis (4 W.)		4,—	4,—
			FDC			4,50

1998, 9. Dez. Kunst: 800 Jahre Kloster Hilandar. Odr. (4×5); gez. K 13¾.

cwp   cwr

cws   cwt

cwp–cwt) Ansichten des Klosters Hilandar; Gemälde von Milutin Dedić

2890	2	(ND)	mehrfarbig	cwp	0,50	0,50
2891	2	(ND)	mehrfarbig	cwr	0,50	0,50
2892	5	(ND)	mehrfarbig	cws	1,30	1,30
2893	5	(ND)	mehrfarbig	cwt	1,30	1,30
			Satzpreis (4 W.)		3,50	3,50
			FDC			4,50

1998, 17. Dez. 3. Treffen der südosteuropäischen Postminister. Odr. (5×4); gez. K 13¾.

cwu) Landkarte Südosteuropas, Flaggen der teilnehmenden Staaten, Kongreßemblem

| 2894 | 5 | (ND) | mehrfarbig | cwu | 3,— | 3,— |
| | | | FDC | | | 4,— |

1998, 19. Dez. Blockausgabe: Gewinn der Silbermedaille bei der Volleyball-Weltmeisterschaft in Japan durch die jugoslawische Nationalmannschaft. Odr.; gez. K 13¼.

cwv) Volleyball
cww

2895	10	(ND)	mehrfarbig	cwv	45,—	45,—
Block 48	(70×78 mm)			cww	50,—	50,—
			FDC			60,—

1998, 21. Dez. 75 Jahre Post- und Fernmeldemuseum. Odr. (3×3); gez. K 13¼.

cwx) Stadtansicht von Belgrad, Postreiter

cwy) Gebäude des Post- und Fernmeldemuseums, Morseapparat

2896	5	(ND)	olivgelb/schwarzgrün	cwx	1,—	1,—
2897	5	(ND)	karminrot/braun	cwy	2,—	2,—
			Satzpreis (2 W.)		2,—	2,—
			FDC			2,50
			Kleinbogensatz (2 Klb.)		20,—	20,—

1999

1999, 14. Jan. Klöster in Serbien. Odr. (5×5); gez. K 13¾.

cwz) Kloster Visoki Dečani

cxa) Kloster Gračanica

cwz–cxa) Gemälde von Milutin Dedić

2898	2	(ND)	mehrfarbig	cwz	0,60	0,60
2899	5	(ND)	mehrfarbig	cxa	1,60	1,60
			Satzpreis (2 W.)		2,20	2,20
			FDC			2,80

1999, 5. Febr. Fauna: Haustiere. Odr. (1×5 Zd); gez. K 13¼.

cxb) Wollschwein   cxd) Balkanziege   Zierfeld

cxc) Podolisches Rind   cxe) Ungarisches Zackelschaf

2900	2	(ND)	mehrfarbig	cxb	0,50	0,50
2901	2	(ND)	mehrfarbig	cxc	0,50	0,50
2902	6	(ND)	mehrfarbig	cxd	1,30	1,30
2903	6	(ND)	mehrfarbig	cxe	1,30	1,30
			Satzpreis (4 W.)		3,50	3,50
			Fünferstreifen		7,—	7,—
			FDC			7,50

MiNr. 2900–2903 wurden mit verschiedenen Zierfeldern waagerecht zusammenhängend gedruckt.

Jugoslawien

1999, 24. Febr. Pfadfindertum. Odr. (5×5); gez. K 13¼.

cxf) Pfadfinderlager, Emblem des Jugoslawischen Pfadfinderverbandes

2904	6 (ND)	mehrfarbig .... cxf	2,—	2,—
		FDC		2,50

1999, 27. März. 70 Jahre Rechtsanwaltskammer. Odr. (10×10); gez. K 13¼.

cxg) Göttin Justitia auf Weltkugel, Siegel der Anwaltskammer

2905	6 (ND)	gelbbraun/chromgelb ...... cxg	1,40	1,40
		FDC		2,—
2905 I		Stecherzeichen (Feld 9)	12,—	12,—

1999, 27. März/7. April. Freimarken: Zielscheibe. Odr. (10×10); gez. K 12½.

cxh) Zielscheibe   cxi) Zielscheibe mit Herz

			✹✹	⊙ FDC
2906	A	schwarz (27.3.) ..... cxh	3,—	3,— 4,—
2907	A	schwarz/rot (7.4.) cxi	15,—	12,— —,—
		Satzpreis (2 W.)	18,—	15,—

Nominalen zur Zeit der Ausgabe: je 2.04 ND

1999, 9. April. Geplante Tischtennis-Weltmeisterschaften, Belgrad. Odr., Kleinbogen (3×3); gez. K 13¼.

cxk   cxl

cxk–cxl) Spielszenen, WM-Emblem

2908	6 (ND)	mehrfarbig .... cxk	2,—	2,—
2909	6 (ND)	mehrfarbig cxl	2,—	2,—
		Satzpreis (2 W.)	4,—	4,—
		FDC		5,—
		Kleinbogensatz (2 Klb.)	35,—	35,—

MiNr. 2908–2909 wurden jeweils im Kleinbogen zu 8 Marken und 1 Zierfeld gedruckt.

1999, 5. Mai. Europa: Natur- und Nationalparks. RaTdr., Kleinbogen (3×3); gez. K 11¾:12.

cxm) Nationalpark Kopaonik; Wanderfalke (Falco peregrinus)   cxn) Nationalpark Lovćen

2910	6 (ND)	mehrfarbig .... cxm	6,—	6,—
2911	15 (ND)	mehrfarbig .... cxn	6,—	6,—
		Satzpreis (2 W.)	12,—	12,—
		FDC		15,—
		Kleinbogensatz (2 Klb.)	110,—	110,—

MiNr. 2910–2911 wurden jeweils im Kleinbogen zu 8 Marken und 1 Zierfeld gedruckt.

> Markenheftchen mit MiNr. 2894, 2898–2899, 2906–2907, 2910–2911 sowie 2912–2913 sind privaten Ursprungs.

1999, 13. Mai. Naturschutz. RaTdr., Kleinbogen (3×3); gez. K 11¾:12.

cxo) Symbolische Darstellung der Umweltverschmutzung   cxp) Symbolische Darstellung der Wasserverschwendung

2912	6 (ND)	mehrfarbig .... cxo	2,50	2,50
2913	15 (ND)	mehrfarbig .... cxp	2,50	2,50
		Satzpreis (2 W.)	5,—	5,—
		FDC		6,—
		Kleinbogensatz (2 Klb.)	42,—	42,—

MiNr. 2912–2913 wurden jeweils im Kleinbogen zu 8 Marken und 1 Zierfeld gedruckt.

1999, 18. Juni. Flora: Geschützte Pilze. Odr. (1×5 Zd); gez. K 11¾:12.

cxr) Weißer Knollenblätterpilz (Amanita virosa)

cxs) Pantherpilz (Amanita pantherina)   Zierfeld   cxt) Grünblättriger Schwefelkopf (Hypholoma fasciculare)   cxu) Bauchwehkoralle (Ramaria pallida)

2914	6 (ND)	mehrfarbig .... cxr	1,50	1,50
2915	6 (ND)	mehrfarbig .... cxs	1,50	1,50
2916	6 (ND)	mehrfarbig .... cxt	1,50	1,50
2917	6 (ND)	mehrfarbig .... cxu	1,50	1,50
		Satzpreis (4 W.)	6,—	6,—
		Fünferstreifen	10,—	10,—
		FDC		13,—

MiNr. 2914–2915 wurden mit verschiedenen Zierfeldern waagerecht zusammenhängend gedruckt.

MICHEL-Kataloge werden ständig überarbeitet und durch Berücksichtigung der neuesten Forschungsergebnisse auf dem aktuellen Stand gehalten.

Jugoslawien

1999, 30. Juni. Bedeutende Persönlichkeiten Montenegros. Odr., Kleinbogen; gez. K 13.

cxv) Stjepan Mitrov Ljubiša (1824–1878), Schriftsteller
cxw) Marko Miljanov (1833–1901), Schriftsteller
cxx) Pero Poček (1878–1963), Maler
cxy) Risto Stijović (1894–1974), Bildhauer
 Zierfeld
cxz) Milo Milunović (1897–1967), Maler
cya) Petar Lubarda (1907–1974), Maler
cyb) Vuko Radović (1911–1996), Maler
cyc) Mihailo Lalić (1914–1992), Schriftsteller

2918	2	(ND)	mehrfarbig cxv	0,40	0,40
2919	2	(ND)	mehrfarbig .... cxw	0,40	0,40
2920	2	(ND)	mehrfarbig cxx	0,40	0,40
2921	2	(ND)	mehrfarbig .... cxy	0,40	0,40
2922	2	(ND)	mehrfarbig .... cxz	0,40	0,40
2923	2	(ND)	mehrfarbig .... cya	0,40	0,40
2924	2	(ND)	mehrfarbig .... cyb	0,40	0,40
2925	2	(ND)	mehrfarbig .... cyc	0,40	0,40
			Satzpreis (8 W.)	3,—	3,—
			Kleinbogen	3,20	3,20
			FDC		4,—

MiNr. 2918–2925 wurden mit 1 Zierfeld waagerecht zusammenhängend im Kleinbogen gedruckt.

1999, 15. Sept. 125 Jahre Weltpostverein (UPU). RaTdr. (5×5); gez. K 13¼.

cyd) Weltkarte, UPU-Emblem
cye) Briefe umkreisen Weltkugel, UPU-Emblem

2926	6	(ND)	mehrfarbig .... cyd	1,—	1,—
2927	12	(ND)	mehrfarbig .... cye	2,—	2,—
			Satzpreis (2 W.)	3,—	3,—
			FDC		3,50

2927 I mit Stecherzeichen „ЯВ" zwischen viertem und fünftem Brief (Feld 13) .... 12,— 12,—

Auflage: 33 000 Sätze

1999, 1. Okt. Europäisches Kindertreffen „Freude Europas": Kinderzeichnungen. Odr., Kleinbogen (3×3); gez. K 13¾.

cyf) Löwe; von Luka Minić (5 J.)
cyg) Mutter mit Kindern; von Andreas Kaparis (7 J.)

2928	6	(ND)	mehrfarbig .... cyf	1,—	1,—
2929	15	(ND)	mehrfarbig .... cyg	2,50	2,50
			Satzpreis (2 W.)	3,50	3,50
			FDC		4,—
			Kleinbogensatz (2 Klb.)	32,—	32,—

Auflage: 35 000 Sätze

1999, 15. Okt. 150. Todestag von Frédéric Chopin. Odr., Kleinbogen (3×3); gez. K 13¼.

cyh) F. Chopin (1810–1849), polnisch-französischer Komponist und Pianist

2930	10	(ND)	mehrfarbig .... cyh	2,20	2,20
			FDC		2,80
			Kleinbogen	20,—	20,—

MiNr. 2930 wurde im Kleinbogen zu 8 Marken und 1 Zierfeld gedruckt.
Auflage: 35 000 Stück

1999, 18. Okt. Tag der Briefmarke: 50 Jahre Zeitschrift „Philatelista". Odr. (5×5); gez. K 13¼.

cyi) Titel der Zeitschrift von 1949–1999

2931	10	(ND)	mehrfarbig .... cyi	1,50	1,50
			FDC		2,—

Auflage: 35 000 Stück

1999, 29. Okt. Durch NATO-Einsätze 1999 zerstörte Brücken in Jugoslawien. Odr. (5×5); gez. K 13¾.

cyk) Murino
cyl) Ostružnica
cym) Varadin

cyn) Bistrica
cyo) Zeželj
cyp) Grdelica

2932	2	(ND)	mehrfarbig .... cyk	0,90	0,90
2933	2	(ND)	mehrfarbig .... cyl	0,90	0,90
2934	2	(ND)	mehrfarbig .... cym	0,90	0,90
2935	6	(ND)	mehrfarbig .... cyn	0,90	0,90
2936	6	(ND)	mehrfarbig .... cyo	0,90	0,90
2937	6	(ND)	mehrfarbig .... cyp	0,90	0,90
			Satzpreis (6 W.)	5,—	5,—
			FDC		6,—

Auflage: 55 000 Sätze

Jugoslawien

1999, 19. Nov. Jahrtausendwende (I). Odr., Markenheftchen; gez. K 13¾.

cyr) Bruchstücke römischer Altäre, Sremska Mitrovica, Jupiterstatue, Šabac (1.–2. Jh.)
cys) Kaiser Traian mit Gefolge (Figurengruppe), Kostol; Mosaik, Sirmium; Lampe; Bleispiegel (3.-4. Jh.)
cyt) Gamzigrad, Romuliana, Mosaik mit Gott Dionysos, Belgrader Kamee (4. Jh.)
cyu) Anbetung der Hl. Drei Könige (Mosaik); Moschee Haghia Sophia, Istanbul; Kopf Kaiser Konstantins (5.-6. Jh.)
cyv) Fibel, slawischer Topf, byzantinische Lampe, mittelalterliches Kreuz (7.–8. Jh.)
cyw) Peterskirche, Temnische Schrift, Buchmalerei, Seeschlacht (9.–10. Jh.)

cyx) Szenario mit Darstellungen geschichtlicher Ereignisse im 1. Jahrtausend

2938	6	(ND)	mehrfarbig	cyr	1,—	1,—
2939	6	(ND)	mehrfarbig	cys	1,—	1,—
2940	6	(ND)	mehrfarbig	cyt	1,—	1,—
2941	6	(ND)	mehrfarbig	cyu	1,—	1,—
2942	6	(ND)	mehrfarbig	cyv	1,—	1,—
2943	6	(ND)	mehrfarbig	cyw	1,—	1,—
2944	15	(ND)	mehrfarbig	cyx	1,—	1,—
			Satzpreis (7 W.)		7,—	7,—
			FDC			7,50

MiNr. 2938–2944 stammen aus MH 9.

1999, 27. Nov. Durch NATO-Einsätze 1999 zerstörte staatliche Einrichtungen in Jugoslawien. Odr. (5×5); gez. K 13¾.

cyy) Fernmeldeanlage, Ivanjica
cyz) Krankenhaus
cza) Ölraffinerie

czb) Krankenhaus
czc) Fernsehturm am Berg Avala bei Belgrad
czd) Rundfunk- und Fernsehsender, Belgrad

2945	2	(ND)	mehrfarbig	cyy	0,50	0,50
2946	2	(ND)	mehrfarbig	cyz	0,50	0,50
2947	2	(ND)	mehrfarbig	cza	0,50	0,50
2948	6	(ND)	mehrfarbig	czb	1,—	1,—
2949	6	(ND)	mehrfarbig	czc	1,—	1,—
2950	6	(ND)	mehrfarbig	czd	1,—	1,—
			Satzpreis (6 W.)		4,50	4,50
			FDC			5,—

Auflage: 55 000 Sätze

1999, 23. Dez. 500 Jahre alte Fresken aus dem Kloster von Poganovo. Odr. (5×5); gez. K 13¾.

cze) Hl. Stephanus der Neue, hl. Theoktist, hl. Prokop und hl. Merkurius
czf) Hl. Makarius der Große, hl. Markus von Thrakien, hl. Onuphrius und hl. Pachonius

czg) Hl. Jephthimius, hl. Simeon von Serbien, hl. Sava und hl. Johannes der Theologe
czh) Hl. Johannes der Täufer, hl. Athanasius der Große, hl. Ephraim der Syrer und hl. Paulus von Theben

2951	6	(ND)	mehrfarbig	cze	0,80	0,80
2952	6	(ND)	mehrfarbig	czf	0,80	0,80
2953	6	(ND)	mehrfarbig	czg	0,80	0,80
2954	6	(ND)	mehrfarbig	czh	0,80	0,80
			Satzpreis (4 W.)		3,—	3,—
			FDC			3,50

Auflage: 30 000 Sätze

1999, 30. Dez. Museumsgegenstände: Goldwaschen am Fluß Pek. Odr. (5×5); gez. K 13¾.

czi) Verlobungsring

czi–czm) Goldwäscher am Fluß Pek früher und heute

czk) Zwiebelknopffibel
czl) Medaillon mit Frauenkopf
czm) Herakles im Kampf mit dem Löwen (Brosche)

2955	6	(ND)	mehrfarbig	czi	0,80	0,80
2956	6	(ND)	mehrfarbig	czk	0,80	0,80
2957	6	(ND)	mehrfarbig	czl	0,80	0,80
2958	6	(ND)	mehrfarbig	czm	0,80	0,80
			Satzpreis (4 W.)		3,—	3,—
			FDC			3,50

Auflage: 30 000 Sätze

2000

2000, 13. Jan. Klöster in Fruška Gora. Odr. (5×5); gez. K 13¼.

czn) Kloster Krušedol
czo) Kloster Rakovac

Jugoslawien

2959	10	(ND)	mehrfarbig ..... czn	1,50	1,50
2960	10	(ND)	mehrfarbig ..... czo	1,50	1,50
			Satzpreis (2 W.)	3,—	3,—
			FDC		4,50
2960 I			Stecherzeichen (Feld 8)	14,—	14,—

Auflage: 30 000 Sätze

2000, 21. Jan. 50 Jahre Staatsarchiv. Odr. (5×5); gez. K 13¼.

czp) Gebäude des Staatsarchivs

2961	10	(ND)	mehrfarbig ..... czp	25,—	25,—
			FDC		30,—
2961 I			Stecherzeichen (Feld 19)	100,—	100,—

Auflage: 30 000 Stück

2000, 25. Febr. Fauna: Schmetterlinge. Odr. (1×5 Zd); gez. K 13¾.

czr) Großer Fuchs (Nymphalis polychlores)

czs) Osterluzei- Zierfeld czt) Großer czu) Damebrett
falter (Zerynthia Eisvogel (Melanargia
polyxena) (Limenitis populi) galathea)

2962	10	(ND)	mehrfarbig ..... czr	2,50	2,50
2963	10	(ND)	mehrfarbig ..... czs	2,50	2,50
2964	10	(ND)	mehrfarbig ..... czt	2,50	2,50
2965	10	(ND)	mehrfarbig ..... czu	2,50	2,50
			Satzpreis (4 W.)	10,—	10,—
			Fünferstreifen	18,—	18,—
			FDC		20,—

MiNr. 2962–2965 wurden mit verschiedenen Zierfeldern waagerecht zusammenhängend gedruckt.

MiNr. 2962 und 2963 tragen die falschen Inschriften „Nymphalis antiopa" bzw. „Parnalius polyxena".

Auflage: 33 000 Sätze

2000, 14. März. Weltweiter Naturschutz: Rebhuhn und Steinhuhn. Odr. (1×5 Zd); gez. K 13¾.

czv czw Zierfeld

czx czy

czv–czw) Rebhuhn (Perdix perdix)

czx–czy) Steinhuhn (Alectoris graeca)

2966	10	(ND)	mehrfarbig ..... czv	2,50	2,50
2967	10	(ND)	mehrfarbig ..... czw	2,50	2,50
2968	10	(ND)	mehrfarbig ..... czx	2,50	2,50
2969	10	(ND)	mehrfarbig ..... czy	2,50	2,50
			Satzpreis (4 W.)	10,—	10,—
			Fünferstreifen	12,—	12,—
			FDC		15,—

MiNr. 2966–2969 wurden mit verschiedenen Zierfeldern waagerecht zusammenhängend gedruckt.

Auflage: 73 000 Sätze

2000, 24. März. Durch NATO-Einsätze 1999 zerstörte militärische Gebäude. StTdr. (5×5); gez. K 13¼.

czz) Stabsgebäude daa) Generalstabsgebäude,
der Luftwaffe, Zemun Belgrad

2970	10	(ND)	dunkelblau ..... czz	2,50	2,5>
2971	20	(ND)	dunkelrotkarmin ..... daa	2,50	2,50
			Satzpreis (2 W.)	5,—	5,—
			FDC		6,—

Auflage: 37 000 Sätze

2000, 2. Mai. Blockausgabe: Nationale Briefmarkenausstellung JUFIZ X, Belgrad. Odr.; gez. K 13¼.

dab) Fischer; Brunnenfigur von Simeon Roksandić (1874–1943), Bildhauer, in der Festung Kalemegdan (Ausstellungsemblem)

dac

2972	15	(ND)	mehrfarbig ..... dab	40,—	40,—
Block 49			(68×75 mm) ..... dac	50,—	50,—
			FDC		60,—

Auflage: 28 000 Blocks

2000, 4. Mai. Naturschutz. Odr. (3×3); gez. K 11¾:12, Querformat ~.

dad) Baum mit Landkarte dae) Hand füttert Jungvögel in
Europas als Baumkrone Weltkugelhälfte als Vogelnest

2973	30	(ND)	mehrfarbig ..... dad	2,—	2,—
2974	30	(ND)	mehrfarbig ..... dae	2,—	2,—
			Satzpreis (2 W.)	4,—	4,—
			FDC		5,—
			Kleinbogensatz (2 Klb.)	35,—	35,—

MiNr. 2973–2974 wurden jeweils im Kleinbogen zu 8 Marken und 1 Zierfeld gedruckt.

Auflage: 40 000 Sätze

Jugoslawien

2000, 9. Mai. Europa. Odr. (3×3); gez. K 11¾:12.

daf) Bethlehem zur Zeit der Geburt Christi

dag) Astronaut und Landefähre auf dem Mond

2975	30	(ND)	mehrfarbig	daf	4,—	4,—
2976	30	(ND)	mehrfarbig	dag	4,—	4,—
			Satzpreis (2 W.)		8,—	8,—
			FDC			9,—
			Kleinbogensatz (2 Klb.)		70,—	70,—

MiNr. 2975–2976 wurden jeweils im Kleinbogen zu 8 Marken und 1 Zierfeld gedruckt.

Auflage: 100 000 Sätze

2000, 30. Mai. Fußball-Europameisterschaft, Belgien und Niederlande. Odr. (3×3); gez. K 13¾.

dah) Dribbling   dai) Kopfballduell

dah–dai) Spielszenen, Emblem des Jugoslawischen Fußballverbandes

2977	30	(ND)	mehrfarbig	dah	3,—	3,—
2978	30	(ND)	mehrfarbig	dai	3,—	3,—
			Satzpreis (2 W.)		6,—	6,—
			FDC			8,—
			Kleinbogensatz (2 Klb.)		50,—	50,—

MiNr. 2977–2978 wurden jeweils im Kleinbogen zu 8 Marken und 1 Zierfeld gedruckt.

Auflage: 45 000 Sätze

2000, 7. Juni. 160 Jahre organisierter Postverkehr in Serbien. Odr. (5×5); gez. K 13¾.

dak) Gebäude des Postamts Nr. 2 in Belgrad (vor 1940); Briefkasten, Briefe, Postauto

2979	10	(ND)	mehrfarbig	dak	2,—	2,—
			FDC			2,50

Auflage: 33 000 Stück

2000, 28. Juni. Olympische Sommerspiele, Sydney. Odr. (3×3); gez. K 13¾.

dal) Känguruh   dam) Emu   dan) Koala mit Fußball   dao) Kakadu

dal–dao) Landkarte von Australien, Emblem des Nationalen Olympischen Komitees

2980	6	(ND)	mehrfarbig	dal	0,50	0,50
2981	12	(ND)	mehrfarbig	dam	0,50	0,50
2982	24	(ND)	mehrfarbig	dan	1,50	1,50
2983	30	(ND)	mehrfarbig	dao	2,—	2,—
			Satzpreis (4 W.)		4,50	4,50
			FDC			6,—
			Kleinbogensatz (4 Klb.)		40,—	40,—

MiNr. 2980–2983 wurden jeweils im Kleinbogen zu 8 Marken und 1 Zierfeld gedruckt.

Auflage: 45 000 Sätze

2000, 26. Sept. Tag der Briefmarke: 100 Jahre Zeppelin-Luftschiffe. Odr. (5×5); gez. K 13¼.

dap) Luftschiff LZ 127 „Graf Zeppelin" (1928), Zeppelinpostkarte

2984	10	(ND)	mehrfarbig	dap	4,50	4,50
			FDC			5,—

Auflage: 33 000 Stück

2000, 2. Okt. Europäisches Kindertreffen „Freude Europas". Odr. (3×3); gez. K 13¼.

 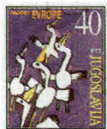

dar) Kühe; von Marek Kalezić (8 J.)   das) Störche; von Čorba Ištvan (8 J.)

2985	30	(ND)	mehrfarbig	dar	1,60	1,60
2986	40	(ND)	mehrfarbig	das	2,—	2,—
			Satzpreis (2 W.)		3,50	3,50
			FDC			4,20
			Kleinbogensatz (2 Klb.)		30,—	30,—

MiNr. 2985–2986 wurden jeweils im Kleinbogen zu 8 Marken und 1 Zierfeld gedruckt.

Auflage: 33 000 Sätze

2000, 5. Okt. Tag des Lehrers. Odr. (5×5); gez. K 13¼.

dat) Schreibende Hand

2987	10	(ND)	mehrfarbig	dat	20,—	20,—
			FDC			25,—
2987 I		mit Stecherzeichen „ЯВ" zwischen Stift und kleinem Finger (Feld 19)			70,—	70,—

Auflage: 33 000 Stück

2000, 6. Okt. 13. Imker-Kongreß APISLAVIA. Odr. (5×5); gez. K 13¼.

dau) Honigbiene (Apis mellifera) auf Blume, Kongreßemblem

2988	10	(ND)	mehrfarbig	dau	5,—	5,—
			FDC			6,—
2988 I		Stecherzeichen „MK" am linken Markenunterrand			22,—	22,—

Auflage: 33 000 Stück

Jugoslawien

2000, 23. Okt. Medaillengewinne bei den Olympischen Sommerspielen, Sydney. Odr. (3×3); gez. K 13¼.

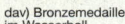

dav) Bronzemedaille im Wasserball

daw) Silbermedaille im Luftpistolenschießen durch Jasna Sekarić

2989	20	(ND)	mehrfarbig	dav	1,50	1,50
2990	20	(ND)	mehrfarbig	daw	1,50	1,50
			Satzpreis (2 W.)		3,—	3,—
			FDC			3,50
			Kleinbogensatz (2 Klb.)		30,—	30,—

Blockausgabe

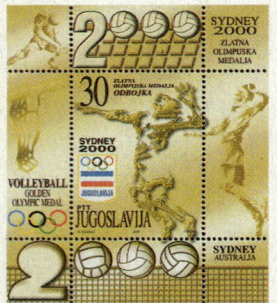

dax) Goldmedaille im Volleyball

2991	30	(ND)	mehrfarbig	dax	15,—	15,—
Block 50	(70×83 mm)		day		20,—	20,—
			FDC			25,—

MiNr. 2989–2990 wurden jeweils im Kleinbogen zu 8 Marken und 1 Zierfeld gedruckt.

Auflagen: MiNr. 2989–2990 = 35 000 Sätze, Bl. 50 = 30 000 Blocks

2000, 2. Nov. Jahrtausendwende (II). Odr., Markenheftchen; gez. K 13¾.

daz) Entdeckung neuer Länder, Schiffsbau
dba) Herstellung von Schriftstücken aus Leder
dbb) Herstellung präziser Landkarten und optischer Geräte
dbc) Bau des ersten Dampfschiffes und der ersten Dampflokomotive
dbd) Entwicklung der drahtlosen Telegraphie durch Nikola Tesla
dbe) Bemannte Raumfahrt, Satellitentechnik, futuristische extraterrestrische Siedlung

---

Die Ausführlichkeit der **MICHEL**-Kataloge ist international anerkannt.

dbf) Erforschung der Polargebiete

2992	12	(ND)	mehrfarbig	daz	0,60	0,60
2993	12	(ND)	mehrfarbig	dba	0,60	0,60
2994	12	(ND)	mehrfarbig	dbb	0,60	0,60
2995	12	(ND)	mehrfarbig	dbc	0,60	0,60
2996	12	(ND)	mehrfarbig	dbd	0,60	0,60
2997	12	(ND)	mehrfarbig	dbe	0,60	0,60
2998	40	(ND)	mehrfarbig	dbf	2,40	2,40
			Satzpreis (7 W.)		6,—	6,—
			FDC			6,50

MiNr. 2992–2998 stammen aus MH 10.

2000, 7. Nov. Freimarke: Gemälde. Odr.; gez. K 13¾.

dgb) Christi Geburt; Fresko im Patriarchenpalais, Peć

2999	A	mehrfarbig	dbg	3,50	0,50
		FDC			1,—

Nominale zur Zeit der Ausgabe: 3.56 ND

2000, 7. Dez. Museumsexponate: Serbische Volkstrachten des 19. Jahrhunderts. Odr. (5×5); gez. K 13¾.

dbh) Damenweste aus Jagodina

dbi) Damenkleider aus Metohija
dbk) Damenbluse aus Peć
dbl) Herrenweste aus Kupres

3000	6	(ND)	mehrfarbig	dbh	0,30	0,30
3001	12	(ND)	mehrfarbig	dbi	0,50	0,50
3002	24	(ND)	mehrfarbig	dbk	1,—	1,—
3003	30	(ND)	mehrfarbig	dbl	1,20	1,20
			Satzpreis (4 W.)		3,—	3,—
			FDC			3,50

Auflage: 28 000 Sätze

2000, 19. Dez. Kunst: Fresken und Ikonen aus Klöstern Montenegros. Odr. (5×5); gez. K 13¾.

dbm) Muttergottes mit Kind; Ikone (1573/74) aus dem Kloster Piva

Jugoslawien 687

dbn) Christi Geburt; Fresko (1666/67) aus der Heilig-Kreuz-Kirche

dbo) Hl. Lukas beim Malen von Ikonen; Fresko (1672/73) aus dem Kloster Morača

dbp) Maria mit Kind und den Heiligen Basilius der Große, Johannes Chrysostomos und Stephan; Fresko (1642) aus der Kirche Mariä Himmelfahrt, Morača

3004	6	(ND)	mehrfarbig	dbm	0,30	0,30
3005	12	(ND)	mehrfarbig	dbn	0,50	0,50
3006	24	(ND)	mehrfarbig	dbo	1,—	1,—
3007	30	(ND)	mehrfarbig	dbp	1,20	1,20
			Satzpreis (4 W.)		3,—	3,—
			FDC			3,50

Auflage: 28 000 Sätze

2000, 29. Dez. Wiederaufnahme Jugoslawiens in OSZE und UNO. Odr.; gez. K 13¾.

dbr) OSZE-Emblem, Europakarte   dbs) UNO-Emblem

3008	6	(ND)	mehrfarbig	dbr	0,50	0,50
3009	12	(ND)	mehrfarbig	dbs	0,50	0,50
			Satzpreis (2 W.)		1,—	1,—
			FDC			1,50

Auflage: 55 000 Sätze

2001

2001, 26. Jan. Serbische Klöster auf dem Berg Athos. Odr. (5×5); gez. K 13¼.

dbt) Kloster Vatoped   dbu) Kloster Esfigmen

3010	10	(ND)	mehrfarbig	dbt	0,50	0,50
3011	27	(ND)	mehrfarbig	dbu	1,50	1,50
			Satzpreis (2 W.)		2,—	2,—
			FDC			2,50

Auflage: 33 000 Sätze

2001, 16. Febr. 175 Jahre serbischer literarischer Verein „Matica Srpska". Odr. (5×5); gez. K 13¾.

dbv) Vereinsgebäude und -emblem

3012	15	(ND)	mehrfarbig	dbv	1,—	1,—
			FDC			1,50

Auflage: 33 000 Stück

2001, 23. Febr. 50 Jahre Palić-Zoo, Subotica: Geschützte Tiere. Odr. (1×5 Zd); gez. K 13¾.

dbw) Löwe (Panthera leo)

dbx) Eisbär (Ursus maritimus)   Zierfeld   dby) Rotgesichtsmakak (Macaca fuscata)   dbz) Humboldtpinguin (Spheniscus humboldti)

3013	6	(ND)	mehrfarbig	dbw	0,40	0,40
3014	12	(ND)	mehrfarbig	dbx	0,80	0,80
3015	24	(ND)	mehrfarbig	dby	1,—	1,—
3016	30	(ND)	mehrfarbig	dbz	1,30	1,30
			Satzpreis (4 W.)		3,50	3,50
			Fünferstreifen		6,50	6,50
			FDC			8,—

MiNr. 3013–3016 wurden mit verschiedenen Zierfeldern waagerecht zusammenhängend gedruckt.

Auflage: 35 000 Sätze

2001, 8. März. Schachweltmeisterinnen. Odr. (3×3); gez. K 13¼.

dca) Vera Menčik (1906–1944), Jugoslawien
dcb) Ludmilla Rudenko (1904–1986), Sowjetunion
dcc) Elisaweta Iwanowna Bykowa (1913–1989), Sowjetunion
dcd) Olga Nikolaewna Rubtsowa (1909–1995), Sowjetunion
Zierfeld
dce) Nona Terntiewna Gaprindaschwili (*1941), Sowjetunion
dcf) Maja Grigoriewna Chiburdanidse (*1961), Sowjetunion
dcg) Polgar Zsuzsa (*1969), Ungarn
dch) Xie Jun (*1979), China

3017	10	(ND)	mehrfarbig	dca	0,40	0,40
3018	10	(ND)	mehrfarbig	dcb	0,40	0,40
3019	10	(ND)	mehrfarbig	dcc	0,40	0,40
3020	10	(ND)	mehrfarbig	dcd	0,40	0,40
3021	10	(ND)	mehrfarbig	dce	0,40	0,40
3022	10	(ND)	mehrfarbig	dcf	0,40	0,40

688 Jugoslawien

3023	10 (ND)	mehrfarbig	dcg	0,40	0,40
3024	10 (ND)	mehrfarbig	dch	0,40	0,40
		Satzpreis (8 W.)		3,—	3,—
		Kleinbogen		4,—	4,—
		FDC			4,50

Auflage: 40 000 Sätze

2001, 19. März. Bedeutende Persönlichkeiten. Odr. (10×10); gez. K 13¾.

dci) Stefan Stojanović Mokranjac (1856–1914), Komponist; Gemälde von Uroš Predić (1857–1953)

dck) Nikola Tesla (1856–1943), Physiker und Elektrotechniker; Gemälde von Radomir Bojanić (*1951)

3025	50 (ND)	mehrfarbig	dci	2,20	2,20
3026	100 (ND)	mehrfarbig	dck	4,40	4,40
		Satzpreis (2 W.)		6,50	6,50
		FDC			7,—

2001, 13. April. Flora: Zierbäume und -sträucher. Odr. (1×5 Zd); gez. K 11¾:12.

dcl) Roseneibisch (Hibiscus syriacus)
dcm) Oleander (Nerium oleander)
Zierfeld

dcn) Lapageria rosea
dco) Eberesche (Sorbus aucuparia)

3027	6 (ND)	mehrfarbig	dcl	0,30	0,30
3028	12 (ND)	mehrfarbig	dcm	0,50	0,50
3029	24 (ND)	mehrfarbig	dcn	0,90	0,90
3030	30 (ND)	mehrfarbig	dco	1,30	1,30
		Satzpreis (4 W.)		3,—	3,—
		Fünferstreifen		6,—	6,—
		FDC			7,—

MiNr. 3027–3030 wurden mit verschiedenen Zierfeldern waagerecht zusammenhängend gedruckt.

Auflage: 33 000 Sätze

2001, 4. Mai. Europa: Lebensspender Wasser. Odr. (3×3); gez. K 11¾:12.

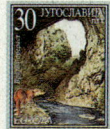 

dcp) Naturbrücke über die Vratna
dcr) Jerme-Felsschlucht

3031	30 (ND)	mehrfarbig	dcp	2,50	2,50
3032	45 (ND)	mehrfarbig	dcr	2,50	2,50
		Satzpreis (2 W.)		5,—	5,—
		FDC			6,—
		Kleinbogensatz (2 Klb.)		45,—	45,—

MiNr. 3031–3032 wurden jeweils im Kleinbogen zu 8 Marken und 1 Zierfeld gedruckt.

Auflage: 100 000 Sätze

2001, 8. Juni. 100 Jahre Serbischer Bergsteigerverband. Odr. (5×5); gez. K 13¼.

dcs) Ovčar-Kablar-Schlucht an der Westlichen Morava, Emblem

3033	15 (ND)	mehrfarbig	dcs	1,20	1,20
		FDC			1,50
3033 I	mit Stecherzeichen rechts oben im Verbandsemblem (Feld 7)			12,—	12,—

Auflage: 33 000 Stück

2001, 22. Juni. Naturschutz. Odr. (3×3); gez. K 12:11¾.

dct) Naturschutzgebiet Ludasch-See, Reiher (Ardea sp.)
dcu) Naturschutzgebiet Alter-Begej-Fluß und Kaiser-Sumpf, Weißstorch (Ciconia ciconia)

3034	30 (ND)	mehrfarbig	dct	1,50	1,50
3035	45 (ND)	mehrfarbig	dcu	2,—	2,—
		Satzpreis (2 W.)		3,50	3,50
		FDC			4,—
		Kleinbogensatz (2 Klb.)		30,—	30,—

MiNr. 3034–3035 wurden jeweils im Kleinbogen zu 8 Marken und 1 Zierfeld gedruckt.

Auflage: 38 000 Sätze

2001, 2. Juli. Freimarke: Buchmalerei. Odr. (10×5); gez. K 13¼.

dcv) Illuminierte Initiale aus Evangeliar (14. Jh.)

| 3036 | E | mfg./Hintergrund hellocker | dcv | 1,50 | 1,50 |
| | | FDC | | | 2,— |

MiNr. 3036 gilt für Flugpostbriefe der 1. Dringlichkeitsstufe innerhalb Europas (Nominale zur Zeit der Ausgabe: 28.70 ND).

In gleicher Zeichnung, jedoch geänderte Farbe: MiNr. C 3082

2001, 5. Juli. Blockausgabe: Gewinn der Wasserball-Europameisterschaft in Ungarn durch die jugoslawische Nationalmannschaft. Odr.; gez. K 14.

dcw) Spielszene

3037	30 (ND)	mehrfarbig	dcw	5,—	5,—
Block 51	(85×65 mm)		dcx	6,—	6,—
		FDC			9,—

Auflage: 35 000 Blocks

2001, 8. Sept. Blockausgabe: Nationale Briefmarkenausstellung SRBIJAFILA XII, Belgrad. Odr.; gez. K 14.

dcy) Personifikation Serbiens

dcz

3038	30	(ND)	mehrfarbig .... dcy	1,50	1,50
Block 52	(96×84 mm)		.... dcz	2,—	2,—
			FDC		2,50

Auflage: 35 000 Blocks

2001, 19. Sept. Energiesparen: Nutzung der Solarenergie. Odr. (5×5); gez. K 13¼.

dda) Symbolische Darstellung, Emblem der Wirtschaftskammer

3039	15	(ND)	mehrfarbig .... dda	1,—	1,—
			FDC		1,50

Auflage: 33 000 Stück

2001, 20. Sept. Kampagne der Donaukommission zur Säuberung der Donau. Odr. (3×3); gez. K 13¾.

ddb) Hände mit Donaubrücke, Frachtschiff und Jacht

ddc) Passagierschiff, Hand am Zifferblatt

3040	30	(ND)	mehrfarbig .... ddb	2,—	2,—
3041	45	(ND)	mehrfarbig .... ddc	2,—	2,—
			Satzpreis (2 W.)	4,—	4,—
			FDC		4,50
			Kleinbogensatz (2 Klb.)	32,—	32,—

MiNr. 3040–3041 wurden jeweils im Kleinbogen zu 8 Marken und 1 Zierfeld gedruckt.

Auflage: 38 000 Sätze

2001, 2. Okt. Europäisches Kindertreffen „Freude Europas". Odr. (3×3); gez. K 13¼.

ddd) Das Kind; Gemälde von Marko Čelebonović (1902–1986)

dde) Ein Mädchen unterm Obstbaum; Gemälde von Beta Vukanović (1872–1972)

3042	30	(ND)	mehrfarbig .... ddd	2,—	2,—
3043	45	(ND)	mehrfarbig .... dde	2,—	2,—
			Satzpreis (2 W.)	4,—	4,—
			FDC		4,50
			Kleinbogensatz (2 Klb.)	32,—	32,—

MiNr. 3042–3043 wurden jeweils im Kleinbogen zu 8 Marken und 1 Zierfeld gedruckt.

Auflage: 33 000 Sätze

2001, 11. Okt. Gewinn der Basketball- und Volleyball-Europameisterschaften der Männer durch Jugoslawien. Odr. (3×3); gez. K 13¼.

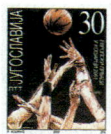

ddf) Spielszene   ddg) Spielszene

3044	30	(ND)	mehrfarbig .... ddf	20,—	20,—
3045	30	(ND)	mehrfarbig .... ddg	20,—	20,—
			Satzpreis (2 W.)	40,—	40,—
			FDC		50,—
			Kleinbogensatz (2 Klb.)	400,—	400,—

MiNr. 3044–3045 wurden jeweils im Kleinbogen zu 8 Marken und 1 Zierfeld gedruckt.

Auflage: 26 000 Sätze

2001, 24. Okt. Tag der Briefmarke; 75 Jahre Internationaler Philatelistenverband (FIP). Odr. (5×5); gez. K 13¼.

ddh) Briefmarken, FIP-Emblem, Emblem des nationalen Philatelistenverbandes

3046	15	(ND)	mehrfarbig .... ddh	1,50	1,50
			FDC		2,50
3046 I			mit Stecherzeichen „MK" am linken Markenrand (Feld 12)	15,—	15,—

Auflage: 33 000 Stück

2001, 2. Nov. Museumsgegenstände: Mineralien. Odr. (1×5 Zd); gez. K 13¾.

ddi) Antimonit aus Zajača   ddk) Calcit aus Trepča   Zierfeld

ddl) Bergkristall aus Trepča   ddm) Calcit und Galenit aus Trepča

3047	7.00	(ND)	mehrfarbig .... ddi	0,30	0,30
3048	14.00	(ND)	mehrfarbig .... ddk	0,50	0,50
3049	26.20	(ND)	mehrfarbig .... ddl	0,90	0,90
3050	28.70	(ND)	mehrfarbig .... ddm	1,—	1,—
			Satzpreis (4 W.)	2,70	2,70
			Fünferstreifen	4,50	4,50
			FDC		7,—

MiNr. 3047–3050 wurden mit verschiedenen Zierfeldern waagerecht zusammenhängend gedruckt.

Auflage: 28 000 Sätze

Jugoslawien

2001, 18. Nov. 100 Jahre Gymnasium von Pljevlja. Odr. (5×5); gez. K 13¼.

ddn) Gebäude des Gymnasiums

3051	15 (ND)	mehrfarbig	ddn	2,—	2,—
			FDC		2,50

Auflage: 25 000 Stück

2001, 20. Nov. 100 Jahre öffentliche Telefonzellen in Serbien. Odr. (5×5); gez. K 13¼.

ddo) Mann führt Telefongespräch, Telefonzelle

3052	15 (ND)	mehrfarbig	ddo	1,20	1,20
			FDC		1,50

Auflage: 28 000 Stück

2001, 1. Dez. Weihnachten: Fresken mit Darstellung der Geburt Christi. Odr. (5×5); gez. K 13¾.

ddp) Fresko (14. Jh.) in der Muttergotteskirche, Peć

ddr) Fresko (14. Jh.) in der Klosterkirche, Lesnovo

dds) Fresko in der Muttergotteskirche, Srpski Kovin

ddt) Fresko in der Dreikönigskirche, Knjaževac

3053	7.00 (ND)	mehrfarbig	ddp	0,50	0,50
3054	14.00 (ND)	mehrfarbig	ddr	1,—	1,—
3055	26.20 (ND)	mehrfarbig	dds	1,—	1,—
3056	28.70 (ND)	mehrfarbig	ddt	1,30	1,50
		Satzpreis (4 W.)		4,—	4,—
			FDC		5,—

Auflage: 28 000 Sätze

2002

2002, 5. Jan. Eishockey-Weltmeisterschaft der Junioren. Odr. (5×5); gez. K 13¼.

ddu) Spielszene, Embleme des Internationalen und des Jugoslawischen Eishockeyverbandes

3057	14 (ND)	mehrfarbig	ddu	9,—	9,—
			FDC		10,—

Auflage: 28 000 Stück

2002, 25. Jan. Olympische Winterspiele, Salt Lake City. Odr. (3×3); gez. K 13¼.

ddv) Abfahrtslauf   ddw) Viererbob

3058	28.70 (ND)	mehrfarbig	ddv	10,—	10,—
3059	50 (ND)	mehrfarbig	ddw	12,—	12,—
		Satzpreis (2 W.)		22,—	22,—
			FDC		25,—
		Kleinbogensatz (2 Klb.)		200,—	200,—

MiNr. 3058–3059 wurden jeweils im Kleinbogen zu 8 Marken und 1 Zierfeld gedruckt.

Auflage: 30 000 Sätze

2002, 1. Febr. 100. Geburtstag von Jovan Karamata. Odr. (5×5); gez. K 13¼.

ddx) J. Karamata (1902–1967), Mathematiker

3060	14 (ND)	mehrfarbig	ddx	10,—	10,—
			FDC		12,—

Auflage: 28 000 Stück

2002, 22. Febr. Geschützte Tiere: Singvögel. Odr. (1×5 Zd); gez. K 13¼:13½.

ddy) Schwarzkehlchen (Saxicola torquata)

ddz) Braunkehlchen (Saxicola rubetra)   Zierfeld   dea) Blaumeise (Parus caeruleus)   deb) Singdrossel (Turdus philomelos)

3061	7.00 (ND)	mehrfarbig	ddy	2,40	2,40
3062	14.00 (ND)	mehrfarbig	ddz	2,40	2,40
3063	26.20 (ND)	mehrfarbig	dea	2,40	2,40
3064	28.70 (ND)	mehrfarbig	deb	2,40	2,40
		Satzpreis (4 W.)		9,—	9,—
		Fünferstreifen		10,—	10,—
			FDC		12,—

MiNr. 3061–3064 wurden mit verschiedenen Zierfeldern waagerecht zusammenhängend gedruckt.

Auflage: 28 000 Sätze

Die Preisnotierungen gelten für Marken in einwandfreier Qualität.

Jugoslawien

2002, 7. März. Ostern. Odr. (5×5); gez. K 13¾.

dec) Kreuzigung Christi; Ikone (1208)

ded) Christus im Grab; Bildteppich (1300)
dee) Auferstehung und Abstieg in die Hölle; vergoldeter Ikonenbeschlag (1540)
def) Patriarchenkloster in Peć; Gemälde von Dimitrije Čudov (*1931); Osterei

3065	7,00	(ND)	mehrfarbig . . . . dec	6,—	6,—
3066	14,00	(ND)	mehrfarbig . . . . ded	1,—	1,—
3067	26,20	(ND)	mehrfarbig . . . . dee	1,—	1,—
3068	28.70	(ND)	mehrfarbig . . . . def	1,—	1,—
			Satzpreis (4 W.)	9,—	9,—
			FDC		11,—

Auflagen: MiNr. 3065 = 28 000, MiNr. 3066–3068 je 100 000 Stück

2002, 29. März. Volkstrachten. Odr. (5×3); gez. K 13¼:13½.

deg   deh

deg–deh) Frauentrachten der Bunjevci

3069	7,00	(ND)	mehrfarbig . . . . deg	2,—	2,—
3070	28.70	(ND)	mehrfarbig . . . . deh	2,50	2,50
			Satzpreis (2 W.)	4,50	4,50
			FDC		5,50

Auflage: 128 000 Sätze

2002, 15. April. Zarko Tomić-Sremac. Odr. (5×1); gez. K 13¼.

dei) Z. Tomić-Sremac (1900–1941), Volksheld

3071	14	(ND)	mehrfarbig . . . . dei	11,—	11,—
			FDC		12,—
3071 I			Stecherzeichen (Feld 20)	40,—	40,—

Auflage: 128 000 Stück

2002, 25. April. Fauna: Donaufische. Odr. (1×5 Zd); gez. K 13¼.

dek) Plötze (Rutilus rutilus)
del) Sterlet (Acipenser ruthenus)
Zierfeld

dem) Europäischer Hausen (Huso huso)
den) Zander (Stizostedion lucioperca)

3072	7,00	(ND)	mehrfarbig . . . . dek	1,50	1,50
3073	14	(ND)	mehrfarbig . . . . del	2,50	2,50
3074	26.20	(ND)	mehrfarbig . . . . dem	5,—	5,—
3075	28.70	(ND)	mehrfarbig . . . . den	5,—	5,—
			Satzpreis (4 W.)	14,—	14,—
			Fünferstreifen	18,—	18,—
			FDC		20,—

MiNr. 3072–3075 wurden mit verschiedenen Zierfeldern waagerecht zusammenhängend gedruckt.

Auflage: 28 000 Sätze

2002, 3. Mai. Europa: Zirkus. Odr. (3×3); gez. K 13¾.

deo) Artisten am Trapez
dep) Raubtierdressur

3076	28.70	(ND)	mehrfarbig . . . . deo	5,—	5,—
3077	50	(ND)	mehrfarbig . . . . dep	5,—	5,—
			Satzpreis (2 W.)	10,—	10,—
			FDC		13,—
			Kleinbogensatz (2 Klb.)	100,—	100,—

Blockausgabe

der) Pferdedressur

des

3078	45	(ND)	mehrfarbig . . . . der	—,—	—,—
Block 53	(85×73 mm)		. . . . des	60,—	60,—
			FDC		80,—

MiNr. 3076–3077 wurden jeweils im Kleinbogen zu 8 Marken und 1 Zierfeld gedruckt.

Auflage: MiNr. 3076–3077 = 90 000 Sätze, Bl. 53 = 50 000 Blocks

2002, 17. Juni. 75 Jahre Zivilluftfahrt in Jugoslawien. Odr. (3×3); Sicherheitszähnung K 13¼.

det) Doppeldecker Potez 29   deu) Passagierflugzeug Boeing 737-300

3079	7.00 (ND) mehrfarbig	det	13,—	13,—
3080	28.70 (ND) mehrfarbig	deu	17,—	17,—
	Satzpreis (2 W.)		30,—	30,—
	FDC			35,—
	Kleinbogensatz (2 Klb.)		300,—	300,—

MiNr. 3079–3080 wurden jeweils im Kleinbogen zu 8 Marken und 1 Zierfeld gedruckt.

Auflage: 28 000 Sätze

2002, 27. Juni. Naturschutz. Odr. (3×3); Sicherheitszähnung K 13¼.

dev) Naturschutzgebiet Tara-Gebirge   dew) Naturschutzgebiet Golija-Gebirge

3081	28.70 (ND) mehrfarbig	dev	3,—	3,—
3082	50 (ND) mehrfarbig	dew	5,50	5,50
	Satzpreis (2 W.)		8,50	8,50
	FDC			10,—
	Kleinbogensatz (2 Klb.)		70,—	70,—

MiNr. 3081–3082 wurden jeweils im Kleinbogen zu 8 Marken und 1 Zierfeld gedruckt.

Auflage: 28 000 Sätze

2002, 25. Juli. Freimarken: Buchmalerei; Einschreibemarke ohne Wertangabe. Odr. (MiNr. A 3082–B 3082 10×10, MiNr. C 3082 10×5); MiNr. A 3082–B 3082 gez. K 12½, MiNr. C 3082 gez. K 13¼.

civ) Initiale aus dem Miroslav-Evangelium (12. Jh.)   ckb) Hände mit Brief, Buchstabe „R"   dcv) Illuminierte Initiale aus Evangeliar (14. Jh.)

A 3082	A	violettultramarin	civ	1,50	1,—
B 3082	R	dunkelmagenta	ckb	2,50	2,—
C 3082	E	mfg./Hintergrund mattoliv	dcv	5,—	4,—
		Satzpreis (3 W.)		9,—	7,—
		FDC			8,—

Nominalen zur Zeit der Ausgabe: 0,13, 0,39, 0,52 €.

MiNr. A 3082–C 3082 wurden für die Post Montenegros ausgegeben, sind aber im gesamten Gebiet Serbien und Montenegro gültig.

In gleichen Zeichnungen, jedoch anderen Farben: MiNr. 2601, 2607, 3036

2002, 14. Sept. Mühlen. Odr. (3×3); Sicherheitszähnung K 13¼.

 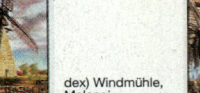 

dex) Windmühle, Melenci   dey) Wassermühle, Ljuberadja

3083	7.00 (ND) mehrfarbig	dex	4,—	4,—
3084	28.70 (ND) mehrfarbig	dey	5,—	5,—
	Satzpreis (2 W.)		9,—	9,—
	FDC			10,—
	Kleinbogensatz (2 Klb.)		75,—	75,—

MiNr. 3083–3084 wurden jeweils im Kleinbogen zu 8 Marken und 1 Zierfeld gedruckt.

Auflage: 28 000 Sätze

2002, 18. Sept. 125. Jahrestag der Befreiung der Stadt Nikšić. Odr. (5×5); gez. K 13¾.

dez) Stadtmuseum von Nikšić, Stadtwappen

3085	14 (ND) mehrfarbig	dez	9,—	9,—
	FDC			10,—

Auflage: 28 000 Stück

2002, 20. Sept. Blockausgabe: Gewinn der Basketball-Weltmeisterschaft in Indianapolis durch die jugoslawische Nationalmannschaft. Odr.; gez. Ks 13¾.

dfa) Weltkugel als Basketball, Hand

3086	30 (ND) mehrfarbig	dfa	9,—	9,—
Block 54	(85×73 mm)	dfb	10,—	10,—
	FDC			15,—

Auflage: 28 000 Blocks

Sie wohnen nicht in Deutschland?

Wir suchen noch in einigen Ländern ständige Korrespondenten für den Neuheitendienst. Bitte schreiben Sie uns, wenn Sie glauben, bei der Ausgestaltung des Katalogs und der MICHEL-Rundschau helfen zu können.

Jugoslawien

2002, 23. Sept. Blockausgabe: Nationale Briefmarkenausstellung JUFIZ XI, Belgrad. Odr.; gez. Ks 13¾.

dfc) Kneza-Mihaila-Straße mit Ausstellungsgebäude

dfd

3087	30 (ND) mehrfarbig .... dfc	7,—	7,—
Block 55	(84×66 mm) .... dfd	8,—	8,—
	FDC		9,—

Auflage: 28 000 Blocks

2002, 2. Okt. Europäisches Kindertreffen „Freude Europas". Odr. (3×3); gez. K 13¾.

dfe) Hausboot; Zeichnung von Jana Mišurović (9 J.)

dff) Brieftaube; Zeichnung von Manja Pavićević (9 J.)

3088	28.70 (ND) mehrfarbig .... dfe	3,—	3,—
3089	50 (ND) mehrfarbig .... dff	5,50	5,50
	Satzpreis (2 W.)	8,50	8,50
	FDC		10,—
	Kleinbogensatz (2 Klb.)	70,—	70,—

MiNr. 3088–3089 wurden jeweils im Kleinbogen zu 8 Marken und 1 Zierfeld gedruckt.

Auflage: 28 000 Sätze

2002, 10. Okt. 750 Jahre Kloster Morača. Odr. (5×5); gez. K 13¾.

dfg) Johannes der Täufer (Fresko, 1642)

3090	16 (ND) mehrfarbig .... dfg	12,—	12,—
	FDC		15,—

Auflage: 28 000 Stück

2002, 17. Okt. Freimarke: Klöster. MiNr. 2671 I C mit blauem Odr.-Aufdruck.

3091	0.50 (ND) auf 0.05 ND ocker/grauultramarin .... (2671 I C)	2,50	1,20
	FDC		2,40

Weitere Werte siehe Fußnote nach MiNr. 2673

2002, 24. Okt. Tag der Briefmarke: 50 Jahre Internationaler Verband der Briefmarkenhändler (IFSDA). Odr. (5×5); gez. K 13¾.

dfh) Hermes, Weltkarte, IFSDA-Emblem

3092	16 (ND) mehrfarbig .... dfh	7,50	7,50
	FDC		9,—
3092 I	mit Stecherzeichen bei Achsel des Hermes (Feld 19)	15,—	15,—

Auflage: 28 000 Stück

2002, 8. Nov. Museumsexponate: Serbische Volkstrachten. Odr. (1×5 Zd); gez. K 13¾.

dfi) Männertracht aus Kusadak
dfk) Frauentracht aus Kumodraž
Zierfeld
dfl) Männertracht aus Novo Selo
dfm) Frauentracht aus Kumodraž

3093	16 (ND) mehrfarbig .... dfi	1,—	1,—
3094	24 (ND) mehrfarbig .... dfk	2,—	2,—
3095	26.20 (ND) mehrfarbig .... dfl	2,—	2,—
3096	28.70 (ND) mehrfarbig .... dfm	2,—	2,—
	Satzpreis (4 W.)	7,—	7,—
	Fünferstreifen	8,—	8,—
	FDC		9,—

MiNr. 3093–3096 wurden mit Zierfeld (verschieden im Bogen) waagerecht zusammenhängend gedruckt.

Auflage: 28 000 Sätze

2002, 28. Nov. Freimarke: Brunnen. MiNr. 2632 mit blauem Odr.-Aufdruck.

3097	10 (ND) auf 10 000 (Din) türkisblau/dunkelblauviolett ... (2632)	6,—	6,—
	FDC		7,—

Weitere Werte siehe Fußnote nach MiNr. 2531

2002, 2. Dez. Kunst: Ikonen und Gemälde. Odr. (5×5); gez. K 13¾.

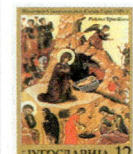

dfn) Christi Geburt; Ikone (1546) aus dem Kloster Stavronikita, Berg Athos

dfo) Christi Geburt; Ikone (1618) aus dem Kloster Hilandar, Berg Athos
dfp) Christi Geburt; Ikone (15. Jh.) in der Tretjakow-Galerie, Moskau
dfr) Anbetung der Könige; Gemälde von Sandro Botticelli (1445–1510), italienischer Maler

Jugoslawien

3098	12	(ND)	mehrfarbig .... dfn	1,—	0,50
3099	16	(ND)	mehrfarbig .... dfo	1,—	0,60
3100	26.20	(ND)	mehrfarbig .... dfp	2,50	2,50
3101	28.70	(ND)	mehrfarbig .... dfr	2,50	2,50
			Satzpreis (4 W.)	7,—	7,—
			FDC		9,—

Auflagen: MiNr. 3098 und 3100 je 28 000, MiNr. 3099 = 500 000, MiNr. 3101 = 100 000 Stück

2002, 19. Dez. Freimarke: Klöster. MiNr. 2670 I C mit violettem Odr.-Aufdruck.

3102	12	(ND)	auf 0.01 ND dunkelgraugelb/violett ..... (2670 I C)	5,50	4,—
			FDC		4,50

Weitere Werte siehe Fußnote nach MiNr. 2673.

2003

2003, 31. Jan. Tierschutz. Odr. (1×5 Zd); gez. K 13¾.

dfs
dft
Zierfeld

dfu
dfv

dfs–dfv) Von den Besitzern ausgesetzte Hunde

3103	16	(ND)	mehrfarbig .... dfs	0,50	0,50
3104	24	(ND)	mehrfarbig .... dft	1,—	1,—
3105	26.20	(ND)	mehrfarbig .... dfu	1,—	1,—
3106	28.70	(ND)	mehrfarbig .... dfv	1,—	1,—
			Satzpreis (4 W.)	3,50	3,50
			Fünferstreifen	5,—	5,—
			FDC		6,—

MiNr. 3103–3106 wurden mit verschiedenen Zierfeldern waagerecht zusammenhängend gedruckt.
Auflage: 28 000 Sätze

MICHEL-Deutschland-Katalog

Für jeden ernsthaften Sammler ist dieser handliche Farbkatalog nahezu unentbehrlich. Auf über 1000 Seiten sind alle deutschen Ausgaben hinreichend beschrieben und katalogisiert.

Neuer Landesname: Serbien und Montenegro

2003, 3. April. Aufnahme von Serbien und Montenegro in den Europarat. Odr. (5×5); gez. K 13¾.

dfw   dfx

dfw–dfx) Landkarte Europas, Jubiläumsemblem zum 50jährigen Bestehen des Europarates (1999)

3107	16	(ND)	mehrfarbig .... dfw	0,60	0,60
3108	28.70	(ND)	mehrfarbig .... dfx	1,—	1,—
			Satzpreis (2 W.)	1,50	1,50
			FDC		2,—

Auflage: 35 000 Sätze

2003, 18. April. Ostern. Odr. (5×5); gez. K 13¾.

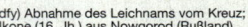

dfy) Abnahme des Leichnams vom Kreuz; Ikone (16. Jh.) aus Nowgorod (Rußland)

dfz) Auferstehung Christi; Gemälde von Dimitrije Bačević (1705–1762), serbischer Maler

dga) Beweinung Christi; Ikone aus dem Kloster St. Paul, Berg Athos (Griechenland)

dgb) Verklärung Christi; Gemälde von Giovanni Bellini (um 1427–1516), italienischer Maler

3109	12	(ND)	mehrfarbig .... dfy	0,40	0,40
3110	16	(ND)	mehrfarbig .... dfz	0,50	0,50
3111	26.20	(ND)	mehrfarbig .... dga	0,90	0,90
3112	28.70	(ND)	mehrfarbig .... dgb	1,—	1,—
			Satzpreis (4 W.)	2,80	2,80
			FDC		3,40

Auflagen: MiNr. 3109 und 3111 je 28 000, MiNr. 3110 = 500 000, MiNr. 3112 = 100 000 Stück

2003, 22. April. 150 Jahre Belgrader Gesangsverein. Odr. (5×5); Sicherheitszähnung K 13¼.

dgc) Urkunde

3113	16	(ND)	mehrfarbig .... dgc	1,50	1,—
			FDC		2,—

3113 I	mit Stecherzeichen „FB" links oben unter „150" (Feld 13) .... 15,— 15,—

Auflage: 28 000 Stück

Jugoslawien

2003, 9. Mai. Europa: Plakatkunst. Odr. (3×3); gez. K 13¾.

dgd) Plakatierer an Litfaßsäule

dge) Plakatierer an Hauswand

3114	28.70	(ND)	mehrfarbig	.... dgd	1,—	1,—
3115	50	(ND)	mehrfarbig	.... dge	2,50	2,50
				Satzpreis (2 W.)	3,50	3,50
				FDC		4,50
			Kleinbogensatz (2 Klb.)		35,—	35,—

Auflage: 90 000 Sätze

2003, 13. Mai. Flora: Vorboten des Frühlings. Odr. (1×5 Zd); gez. K 13¾.

dgf) Schneeglöckchen (Galanthus nivalis)   dgg) Hundszahnlilie (Erythronium dens-canis)   Zierfeld

dgh) Leberblümchen (Hepatica nobilis)   dgi) Gelbes Buschwindröschen (Anemone ranunculoides)

3116	16	(ND)	mehrfarbig	.... dgf	0,50	0,50
3117	24	(ND)	mehrfarbig	.... dgg	1,—	1,—
3118	26.20	(ND)	mehrfarbig	.... dgh	1,—	1,—
3119	28.70	(ND)	mehrfarbig	.... dgi	1,—	1,—
				Satzpreis (4 W.)	3,50	3,50
				Fünferstreifen	4,50	4,50
				FDC		5,50

MiNr. 3116–3119 wurden mit Zierfeld (5 verschiedene im Bogen) waagerecht zusammenhängend gedruckt.

Auflage: 28 000 Sätze

MICHELsoft – erstellt Ihre Bestandslisten, Fehllisten, Motivlisten, ABC-Listen, etc. in Sekundenschnelle!

2003, 20. Mai. Serbische Schauspieler. Odr. (4×4); gez. K 13¾.

dgk) Ilija Stanojević (1859–1930)	Zierfeld	Zierfeld	dgl) Dobrivoje Milotinović (1880–1956)			
dgm) Živana Stokić (1887–1947)	Zierfeld	Zierfeld	dgn) Ljubinka Bobić (1897–1978)			
dgo) Radomir Plaović (1899–1977)	Zierfeld	Zierfeld	dgp) Milivoje Živanović (1900–1976)			
dgr) Milosav Aleksić (1923–1995)	Zierfeld	Zierfeld	dgs) Zoran Radmilović (1933–1985)			

3120	16	(ND)	mehrfarbig	.... dgk	0,60	0,60
3121	16	(ND)	mehrfarbig	.... dgl	0,60	0,60
3122	16	(ND)	mehrfarbig	.... dgm	0,60	0,60
3123	16	(ND)	mehrfarbig	.... dgn	0,60	0,60
3124	16	(ND)	mehrfarbig	.... dgo	0,60	0,60
3125	16	(ND)	mehrfarbig	.... dgp	0,60	0,60
3126	16	(ND)	mehrfarbig	.... dgr	0,60	0,60
3127	16	(ND)	mehrfarbig	.... dgs	0,60	0,60
				Satzpreis (8 W.)	4,50	4,50
				Kleinbogen	5,—	5,—
				FDC		6,—

Auflage: 28 000 Sätze

2003, 3. Juni. 100. Jahrestag der ersten Fahrt eines Automobils in Belgrad. Odr. (5×5); Sicherheitszähnung K 13¼.

dgt) NW Typ B Modell Break

3128	16	(ND)	mehrfarbig	.... dgt	10,—	10,—
				FDC		12,—

Auflage: 28 000 Stück

Bitte teilen Sie uns von Ihnen festgestellte Fehler mit, damit wir sie berichtigen können.

Jugoslawien

2003, 12. Juni. Naturschutz. Odr. (3×3); Sicherheitszähnung K 13¼.

 dgu  dgv

dgu–dgv) Naturschutzgebiet Zasavica

3129	28.70	(ND)	mehrfarbig	dgu	0,90	0,90
3130	50	(ND)	mehrfarbig	dgv	1,60	1,60
			Satzpreis (2 W.)		2,50	2,50
			FDC			3,—
			Kleinbogensatz (2 Klb.)		20,—	20,—

MiNr. 3129–3130 wurden jeweils im Kleinbogen zu 8 Marken und 1 Zierfeld gedruckt.

Auflage: 28 000 Sätze

2003, 4. Juli. Freimarken. MiNr. 2607 II C und 2674 C mit Odr.-Aufdruck.

3131	1	(ND)	auf R mittellila- ultramarin (2607 II C)	2,—	0,10
3132	12	(ND)	auf 0.20 ND graulila/ graupurpur (2674 C)	2,—	0,40
			Satzpreis (2 W.)	4,—	0,50
			FDC		5,—

2003, 4./7. Aug. Freimarken: Dienstleistungen der Post. Odr. (10×10); gez. K 12½.

dgw) Philatelistisches Zubehör

dgx) Postauto wird mit Paketen beladen
dgy) Junge Frau bei Telefonauskunft
dgz) Postauto unterwegs
dha) Kabelsystem, Fernsehbildschirme

3133	1	(ND)	mehrfarbig (7. Aug.)	dgw	1,—	0,10
3134	8	(ND)	mehrfarbig (7. Aug.)	dgx	1,—	0,30
3135	12	(ND)	mehrfarbig (7. Aug.)	dgy	1,50	0,40
3136	16	(ND)	mehrfarbig (4. Aug.)	dgz	1,50	0,50
3137	32	(ND)	mehrfarbig (7. Aug.)	dha	2,—	1,—
			Satzpreis (5 W.)		7,—	2,20
			2 FDC			15,—

Ab August 2003 Wertangaben in Neuen Dinar (ND) und/oder Euro (€)

Die Marken mit reiner Dinar-Währung sind für Serbien, die mit reiner Euro-Währung für Montenegro und die mit Doppelwährung für beide Landesteile bestimmt.

2003, 27. Aug. 125 Jahre Militärmuseum, Belgrad. Odr. (5×5); gez. K 13¼:13¾.

dhb) Milan Obrenović (1854–1901), König von Serbien, Gründer des Museums; Gebäude des Militärmuseums

| 3138 | 16 (ND) / 0.25 € mehrfarbig | dhb | 0,50 | 0,50 |
| | FDC | | | 1,— |

Auflage: 28 000 Stück

2003, 28. Aug. 100 Jahre „Ring serbischer Schwestern". Odr. (5×5); Sicherheitszähnung K 13¼.

dhc) Delfa Ivanić (1872–1941), Gründerin des humanistischen Frauenvereins; Vereinsemblem, serbische Nationalfarben

| 3139 | 16 (ND) / 0.25 € mehrfarbig | dhc | 0,50 | 0,50 |
| | FDC | | | 1,— |

Auflage: 28 000 Stück

2003, 10. Sept. 125 Jahre staatliche Unabhängigkeit von Serbien und Montenegro. Odr. (5×5); Sicherheitszähnung K 13¼.

dhd) Staatswappen von Serbien   dhe) Staatswappen von Montenegro

dhd–dhe) Ansichten Berlins als Ort der Unabhängigkeitsverhandlungen

3140	16 (ND) / 0.25 € mehrfarbig	dhd	0,50	0,50
3141	16 (ND) / 0.25 € mehrfarbig	dhe	0,50	0,50
	Satzpreis (2 W.)		1,—	1,—
	FDC			1,50

Auflage: 28 000 Sätze

2003, 12. Sept. Europameisterschaft im Raketenmodellbau. Odr. (5×5); gez. K 13¼:13¾.

dhf) Raketenmodelle, Embleme der Internationalen Luftfahrtorganisation (FAI) und der Luftfahrtföderation von Serbien und Montenegro

| 3142 | 16 (ND) / 0.25 € mehrfarbig | dhf | 0,50 | 0,50 |
| | FDC | | | 1,— |

Auflage: 28 000 Stück

2003, 15. Sept. Freimarken: Tourismus. Odr. (10×10); gez. K 12½.

dhg) Adriaküstenstadt Budva, Montenegro   dhh) Nationalpark Durmitor, Montenegro

3143	0.25 €	mehrfarbig	dhg	0,50	0,50
3144	0.40 €	mehrfarbig	dhh	0,80	0,80
		Satzpreis (2 W.)		1,30	1,30
		FDC			1,80

MiNr. 3143–3144 wurden für die Post Montenegros ausgegeben, sind aber im gesamten Gebiet Serbien und Montenegro gültig.

Jugoslawien

2003, 17. Sept. 2. Internationale Konferenz über Kultur der Donauländer, Belgrad; Briefmarkenausstellung „Philatelica Danubiana". Odr. (3×3); gez. K 13¼:13¾.

dhi) Nymphe   dhk) Danubius

dhi–dhk) Neolithische Steinskulpturen aus Lepenski Vir (Donau)

3145	16 (ND) / 0,25 € mehrfarbig ...... dhi	0,80	0,80
3146	16 (ND) / 0,25 € mehrfarbig ..... dhk	0,80	0,80
	Satzpreis (2 W.)	1,50	1,50
	FDC		2,—
	Kleinbogensatz (2 Klb.)	12,—	12,—

MiNr. 3145–3146 wurden jeweils im Kleinbogen zu 8 Marken und 1 Zierfeld gedruckt.

Auflage: 28 000 Sätze

2003, 22. Sept. Blockausgabe: Nationale Briefmarkenausstellung SRBIJAFILA XIII, Belgrad. Odr.; gez. Ks 13½:13¾.

dhl) Belgrad; Stich aus dem 17. Jahrhundert

dhm) Serbien (Allegorie); Detail der Bronzeskulptur von Djordje Jovanović (1861–1953)

dhn

3147	32 (ND) / 0,50 € mehrfarbig ...... dhl	2,—	2,—
3148	32 (ND) / 0,50 € mehrfarbig ...... dhm	2,—	2,—
Block 56	(84×57 mm) .... dhn	4,—	4,—
	FDC		5,—

Auflage: 28 000 Blocks

2003, 14. Okt. 50 Jahre Zeitung „Vecernje Novosti". Odr. (3×3); gez. K 13¼.

dho) Zeitungsverkäufer

3149	32 (ND) / 0,50 € mehrfarbig ..... dho	1,—	1,—
	FDC		1,50
	Kleinbogen	8,—	8,—

MiNr. 3149 wurde im Kleinbogen zu 8 Marken und 1 Zierfeld gedruckt.

Auflage: 42 000 Stück

2003, 16. Okt. Europäisches Kindertreffen „Freude Europas", Weltkindertag. Odr. (2×3); gez. K 13¼.

dhp   dhr

dhp–dhr) Kinderzeichnungen

3150	28,70 (ND) / 0,50 € mehrfarbig ..dhp	1,—	1,—
3151	50 (ND) / 0,80 € mehrfarbig ... dhr	1,60	1,60
	Satzpreis (2 W.)	2,60	2,60
	FDC		3,60
	Kleinbogensatz (2 Klb.)	21,—	21,—

MiNr. 3150–3151 wurden jeweils im Kleinbogen zu 8 Marken und 1 Zierfeld gedruckt.

Auflage: 28 000 Sätze

2003, 24. Okt. Tag der Briefmarke. Odr. (5×5); gez. K 13¼.

dhs) Briefmarkenkataloge

3152	16 (ND) / 0,25 € mehrfarbig ..... dhs	3,—	3,—
	FDC		4,—
3152 I	mit Stecherzeichen „MK" unter der Pranke des Löwen, rechts oben (Feld 8)	15,—	15,—

Auflage: 28 000 Stück

2003, 29. Okt. 50 Jahre Verband der Vertreter der angewandten Kunst und der Designer Serbiens (ULUPUDS). Odr. (3×3); gez. K 13¼.

dht) Symbolik

3153	16 (ND) / 0,25 € mehrfarbig ..... dht	0,50	0,50
	FDC		1,—
	Kleinbogen	4,—	4,—

MiNr. 3153 wurde im Kleinbogen zu 8 Marken und 1 Zierfeld gedruckt.

Auflage: 28 000 Stück

2003, 31. Okt. 50 Jahre Volkstheater Podgorica. Odr. (5×5); gez. K 13¼.

dhu) Theaterensemble und -gebäude

3154	32 (ND) / 0,50 € mehrfarbig ..... dhu	1,—	1,—
	FDC		1,50

Auflage: 28 000 Stück

2003, 12. Nov. 850 Jahre Stadt Pančevo. Odr. (5×5); gez. K 13:13¾.

dhv) Historische Stadtansicht

3155	32 (ND) / 0,50 € mehrfarbig ..... dhv	1,—	1,—
	FDC		1,50
3155 I	mit Stecherzeichen „N" im Fluß (Feld 12)	12,—	12,—

Auflage: 28 000 Stück

Jugoslawien

2003, 21. Nov. Weihnachten und Neujahr (I). Odr., Bogen (B) (10×5 und 10×10) und Markenheftchen (MH) (5×2); gez. K 13½.

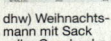

dhw) Weihnachtsmann mit Sack voller Geschenke   dhx) Weihnachtskugeln   dhy) Schneekristalle

3156	10 (ND)	mehrfarbig (MH)	dhw	0,30	0,30
3157	13.50 (ND)	mehrfarbig (MH)	dhx	0,40	0,40
3158	26.20 (ND)	mehrfarbig (B)	dhy	0,80	0,80
		Satzpreis (3 W.)		1,50	1,50
		FDC			2,—
		2 Markenheftchen		12,—	

Auflage: 28 000 Sätze

2003, 26. Nov. Museumsexponate: Sakrale Gegenstände aus dem Museum der Serbisch-Orthodoxen Kirche, Belgrad. Odr. (1×5 Zd); gez. K 13¾:13¼.

dhz) Hl. Johannes der Täufer; Ikone (1645) von Andrija Raičević   dia) Orthodoxes Kreuz; Holzschnitzerei (1602) vom Mönch Jerotija   Zierfeld   dib) Mitra; Stickarbeit (Mitte 15. Jh.) von Katarina Branković   dic) Tabernakel; Goldschmiedearbeit (1550/51) von Dimitar aus Lipova

3159	16 (ND) / 0.25 €	mehrfarbig	dhz	0,50	0,50
3160	24 (ND) / 0.35 €	mehrfarbig	dia	0,70	0,70
3161	26.20 (ND) / 0.40 €	mehrfarbig	dib	0,80	0,80
3162	28.70 (ND) / 0.50 €	mehrfarbig	dic	1,—	1,—
		Satzpreis (4 W.)		3,—	3,—
		Fünferstreifen		3,—	3,—
		FDC			4,—

MiNr. 3159–3162 wurden mit Zierfeld (5 verschiedene im Bogen) waagerecht zusammenhängend gedruckt.

Auflage: 28 000 Sätze

2003, 4. Dez. Weihnachten: Ikonen. Odr. (5×5); gez. K 13¼:13¾.

did) Maria mit Kind (1983); von den Ikonographischen Werkstätten, Oropos

die) Christi Geburt; aus dem Museum der Serbisch-Orthodoxen Kirche, Belgrad   dif) Christi Geburt (2000); von Panagiota Furka   dig) Anbetung der Könige; von Albrecht Dürer (1471–1528), deutscher Maler, Graphiker, Zeichner und Kunstschriftsteller

3163	12 (ND) / 0.20 €	mehrfarbig	did	0,40	0,40
3164	16 (ND) / 0.25 €	mehrfarbig	die	0,50	0,50
3165	26.20 (ND) / 0.40 €	mehrfarbig	dif	0,80	0,80
3166	28.70 (ND) / 0.50 €	mehrfarbig	dig	1,—	1,—
		Satzpreis (4 W.)		2,70	2,70
		FDC			3,20

Auflagen: MiNr. 3163 und 3165 je 28 000, MiNr. 3164 = 500 000, MiNr. 3166 = 100 000 Stück

2003, 5. Dez. Weihnachten und Neujahr (II). Odr., Markenheftchen (5×2); gez. K 13½.

dih) Gesteck mit Kerze

3167	0.25 €	mehrfarbig	dih	0,50	0,50
		FDC			1,—
		Markenheftchen		5,—	

Auflage: 28 000 Stück

2003, 10. Dez. 75 Jahre Unterseeboote in Jugoslawien. Odr. (3×3); gez. K 13¼.

dii) Unterseeboot 831 „Sava" (1978)

3168	32 (ND) / 0.50 €	mehrfarbig	dii	2,50	2,50
		FDC			3,50
		Kleinbogen		25,—	25,—

MiNr. 3168 wurde im Kleinbogen zu 8 Marken und 1 Zierfeld gedruckt.

Auflage: 28 000 Stück

2003, 17. Dez. 100. Jahrestag des ersten Motorfluges der Brüder Wright. Odr. (3×3); gez. K 13¼.

dik) Orville (1871–1948) und Wilbur Wright (1867–1912), amerikanische Flugpioniere; Wright Flyer I   dil) Wright Model A im Flug über Pferdefuhrwerk

3169	16 (ND) / 0.25 €	mehrfarbig	dik	6,—	6,—
3170	28.70 (ND) / 0.50 €	mehrfarbig	dil	6,—	6,—
		Satzpreis (2 W.)		12,—	12,—
		FDC			15,—
		Kleinbogensatz (2 Klb.)		100,—	100,—

MiNr. 3169–3170 wurden jeweils im Kleinbogen zu 8 Marken und 1 Zierfeld gedruckt.

Auflage: 28 000 Sätze

Mehr wissen mit MICHEL

Jugoslawien 699

2004

2004, 21. Jan. 100 Jahre Zeitung „Politika". Odr. (3×3); gez. K 13¼.

dim) Verlagsgebäude, Belgrad   din) Schreibmaschine

3171	16 (ND) / 0.25 €	mehrfarbig ..... dim	0,50	0,50
3172	16 (ND) / 0.25 €	mehrfarbig ..... din	0,50	0,50
		Satzpreis (2 W.)	1,—	1,—
		FDC		1,50
		Kleinbogensatz (2 Klb.)	8,—	8,—

MiNr. 3171–3172 wurden jeweils im Kleinbogen zu 8 Marken und 1 Zierfeld gedruckt.

Auflage: 30 000 Sätze

2004, 30. Jan. Weltweiter Naturschutz: Insekten. Odr. (1×5 Zd); gez. K 13¼.

dio) Apollofalter (Parnassius apollo)   dip) Alpenholzbock (Rosalia alpina)   Zierfeld

dir) Grüne Mosaikjungfer (Aeshna viridis)
dis) Große Sägeschrecke (Saga pedo)

3173	12 (ND) / 0.20 €	mehrfarbig ... dio	0,50	0,50
3174	16 (ND) / 0.25 €	mehrfarbig ... dip	0,60	0,60
3175	26.20 (ND) / 0.40 €	mehrfarbig ... dir	1,10	1,10
3176	28.70 (ND) / 0.50 €	mehrfarbig ... dis	1,30	1,30
		Satzpreis (4 W.)	3,50	3,50
		Fünferstreifen	4,—	4,—
		FDC		5,—

MiNr. 3173–3176 wurden mit Zierfeld (5 verschiedene im Bogen) waagerecht zusammenhängend gedruckt.

Auflage: 70 000 Sätze

2004, 13. Febr. 200. Jahrestag des 1. serbischen Aufstandes gegen die Türken. Odr. (2×2); gez. K 13:13¾.

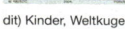

dit) Kinder, Weltkugel   diu) Karađorđe, eigentlich Đorđe Petrović (1768–1817), serbischer Freiheitskämpfer

3177	16 (ND) / 0.25 €	mehrfarbig ...... dit	0,50	0,50
3178	16 (ND) / 0.25 €	mehrfarbig ...... diu	0,50	0,50
		Satzpreis (2 W.)	1,—	1,—
		FDC		1,50
		Kleinbogensatz (2 Klb.)	8,—	8,—

MiNr. 3177–3178 wurden jeweils im Kleinbogen zu 8 Marken und 1 Zierfeld gedruckt.

Auflage: 44 000 Sätze

2004, 16. Febr. Einheimische Flora. Odr. (1×5 Zd); gez. K 13¾:13.

div) Ramonda serbica

diw) Ramonda nathaliae   Zierfeld   dix) Heodes virgaureae   diy) Lysandra bellargus

3179	16 (ND) / 0.25 €	mehrfarbig ... div	0,50	0,50
3180	24 (ND) / 0.35 €	mehrfarbig ... diw	0,70	0,70
3181	26.20 (ND) / 0.40 €	mehrfarbig ... dix	0,80	0,80
3182	28.70 (ND) / 0.50 €	mehrfarbig ... diy	1,—	1,—
		Satzpreis (4 W.)	3,—	3,—
		Fünferstreifen	4,50	4,50
		FDC		3,50

MiNr. 3179–3182 wurden mit Zierfeld (5 verschiedene im Bogen) waagerecht zusammenhängend gedruckt.

Auflage: 28 000 Sätze

2004, 1. März. Freimarken: 200. Jahrestag des 1. serbischen Aufstandes gegen die Türken. Odr. (5×5); gez. K 13¼.

diz) Freiheitskämpfer

dka) Pistole, Wimpel, Wappen   dkb) Karađorđe, eigentlich Đorđe Petrović (1768–1817), serbischer Freiheitskämpfer   dkc) Kinder, Weltkugel

3183	12 (ND)	mehrfarbig .... diz	0,40	0,40
3184	16 (ND)	mehrfarbig .... dka	0,50	0,50
3185	28.70 (ND)	mehrfarbig .... dkb	1,—	1,—
3186	32 (ND)	mehrfarbig .... dkc	1,10	1,10
		Satzpreis (4 W.)	3,—	3,—
		FDC		3,50

2004, 27. Febr. Olympische Sommerspiele, Athen. Odr. (3×3); gez. K 13:13¾.

dkd) Laufen   dke) Ringen

Jugoslawien

3187	32 (ND) / 0,50 € mehrfarbig ..... dkd	1,—	1,—
3188	56 (ND) / 0,80 € mehrfarbig ..... dke	1,60	1,60
	Satzpreis (2 W.)	2,60	2,60
	FDC		3,20
	Kleinbogensatz (2 Klb.)	21,—	21,—

MiNr. 3187–3188 wurden jeweils im Kleinbogen zu 8 Marken und 1 Zierfeld gedruckt.
Auflage: 30 000 Sätze

2004, 12. März. Kampf gegen Terrorismus. Odr. (5×5); gez. K 13¾:13.

dkf) Hand zieht Gesichtsmaske von Weltkugel

3189	16 (ND) / 0,25 € mehrfarbig ..... dkf	1,—	1,—
	FDC		1,50

Auflage: 28 000 Stück

2004, 15. März. Ostern. Odr. (5×5); gez. K 13¾:13.

 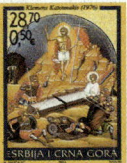

dkg) Christus am Kreuz, Engel dkh) Auferstehung Christi

3190	16 (ND) / 0,25 € mehrfarbig ... dkg	0,50	0,50
3191	28.70 (ND) / 0,50 € mehrfarbig ... dkh	1,—	1,—
	Satzpreis (2 W.)	1,50	1,50
	FDC		2,—

Auflagen: MiNr. 3190 = 500 000, MiNr. 3191 = 100 000 Stück

2004, 23. März. 125. Geburtstag von Milutin Milanković. Odr. (5×5); gez. K 13:13¾.

dki) M. Milanković (1879–1958), Astronom; Weltkugeln

3192	16 (ND) / 0,25 € mehrfarbig ..... dki	0,50	0,50
	FDC		1,—
3192 I	mit Stecherzeichen „NS" (Linke Erdkugel, arabische Halbinsel; Feld 12)	15,—	15,—

Auflage: 32 000 Stück

2004, 31. März. 125. Geburtstag von Albert Einstein. Odr. (3×3); gez. K 13¾:13.

dkk) Albert Einstein (1879–1955), deutscher Physiker, Nobelpreis 1921

3193	16 (ND) / 0,25 € mehrfarbig ..... dkk	8,—	8,—
	FDC		10,—
	Kleinbogen	75,—	75,—

MiNr. 3193 wurde im Kleinbogen zu 8 Marken und 1 Zierfeld gedruckt.
Auflage: 28 000 Stück

2004, 7. April. Kultur- und Naturerbe der Menschheit: 25. Jahrestag der Aufnahme Kotors in die UNESCO-Liste. Odr. (5×5); gez. K 13:13¾.

dkl) Festungsmauern von Kotor, Figur am Portal des Beskuca-Palastes

3194	16 (ND) / 0,25 € mehrfarbig ..... dkl	0,50	0,50
	FDC		1,—

Auflage: 28 000 Stück

2004, 29. April. 250. Jahrestag des Drucks des ersten Buches über die Geschichte Montenegros. Odr. (5×5); gez. K 13¼:13¾.

dkm) Vasilij Petrović, Autor; Berglandschaft

3195	16 (ND) / 0,25 € mehrfarbig ..... dkm	0,50	0,50
	FDC		1,—
3195 I	mit Stecherzeichen „MK" (Feld 22)	12,—	12,—

Auflage: 28 000 Stück

2004, 5. Mai. Europa: Ferien. Odr. (3×3); gez. K 13¾:13¼, Querformat ~.

dkn) Trickskifahren, Paragliding dko) Segeln, Wasserskifahren

3196	16 (ND) / 0,25 € mehrfarbig ..... dkn	1,80	1,80
3197	56 (ND) / 0,80 € mehrfarbig ..... dko	1,80	1,80
	Satzpreis (2 W.)	3,50	3,50
	FDC		5,—
	Kleinbogensatz (2 Klb.)	30,—	30,—

Blockausgabe

dkp) Segeln, Paragliding
dkr) Rudern
dks

3198	32 (ND) / 0,50 € mehrfarbig ..... dkp	3,—	3,—
3199	56 (ND) / 0,80 € mehrfarbig ..... dkr	3,—	3,—
Block 57	(97×55 mm) .... dks	8,—	8,—
	FDC		10,—

MiNr. 3196–3197 wurden jeweils im Kleinbogen zu 8 Marken und 1 Zierfeld gedruckt.
Auflagen: MiNr. 3196–3197 = 80 000 Sätze, Bl. 57 = 50 000 Blocks

2004, 10. Mai. St.-Sava-Kirche, Belgrad. Odr. (5×5); gez. K 13¾:13¼.

dkt) Mosaik, Kirche dku) Denkmal, Kirche

dkt–dku) Hl. Sava (1175–1235), Nationalheiliger Serbiens und Schriftsteller

Jugoslawien

3200	16 (ND)	/ 0.25 €	mehrfarbig ... dkt	0,50	0,50
3201	28.70 (ND)	/ 0.50 €	mehrfarbig ... dku	1,—	1,—
			Satzpreis (2 W.)	1,50	1,50
			FDC		2,—

Auflage: 1 300 000 Sätze

2004, 13. Mai. 150. Geburtstag von Michael I. Pupin. StTdr. (5×5); gez. K 13¼.

dkv) M. I. Pupin (1854–1935), serbisch-amerikanischer Elektroingenieur

3202	16 (ND)	/ 0.25 €	grauviolett ... dkv	0,50	0,50
			FDC		1,—

Auflage: 28 000 Stück

2004, 21. Mai. 100 Jahre Internationaler Fußballverband (FIFA). Odr. (5×5); gez. K 13¼:13¾.

dkw) Spielfeld, FIFA-Emblem

3203	28.70 (ND)	/ 0.50 €	mehrfarbig .. dkw	1,—	1,—
			FDC		1,50

Auflage: 28 000 Stück

2004, 10. Juni. Naturschutz. Odr. (3×3); gez. K 13¼:13¾.

dkx) Naturschutzgebiet Ravnjak

dky) Naturschutzgebiet Šara

3204	32 (ND)	/ 0.50 €	mehrfarbig ... dkx	1,—	1,—
3205	56 (ND)	/ 0.80 €	mehrfarbig ... dky	1,70	1,70
			Satzpreis (2 W.)	2,70	2,70
			FDC		3,20
			Kleinbogensatz (2 Klb.)	22,—	22,—

MiNr. 3204–3205 wurden jeweils im Kleinbogen zu 8 Marken und 1 Zierfeld gedruckt.

Auflage: 28 000 Sätze

2004, 21. Juni. Blockausgabe: Nationale Briefmarkenausstellung JUFIZ XII, Belgrad. Odr.; gez. K 13¼.

dkz) Wasserspeier
dla) Brunnensäule
dlb)

dkz–dla) Terazije-Brunnen (1860), Belgrad

3206	32 (ND)	/ 0.50 €	mehrfarbig ... dkz	1,—	1,—
3207	32 (ND)	/ 0.50 €	mehrfarbig ... dla	1,—	1,—
Block 58	(88 × 65 mm)		... dlb	2,50	2,50
			FDC		3,—

Auflage: 28 000 Blocks

2004, 24. Juni. Olympische Sommerspiele, Athen. Odr. (3×3); gez. K 13¼:13¾.

dlc) Laufen; Pforte der Athene Archegetes

dld) Laufen; Parthenon
dle) Weitsprung; Olympieion
dlf) Hürdenlauf; Hephaistos-Tempel

3208	16 (ND)	/ 0.25 €	mehrfarbig ... dlc	0,60	0,60
3209	28.70 (ND)	/ 0.50 €	mehrfarbig ... dld	1,30	1,30
3210	32 (ND)	/ 0.50 €	mehrfarbig ... dle	1,30	1,30
3211	57.40 (ND)	/ 0.80 €	mehrfarbig ... dlf	2,—	2,—
			Satzpreis (4 W.)	5,—	5,—
			FDC		6,—
			Kleinbogensatz (4 Klb.)	50,—	50,—

MiNr. 3208–3211 wurden jeweils im Kleinbogen zu 8 Marken und 1 Zierfeld gedruckt.

Auflage: 35 000 Sätze

2004, 25. Juni. Freimarken: Klöster. MiNr. 2670 I und 2671 I mit schwarzem Bdr.-Aufdruck.

3212	12 (ND)		auf 0.01 ND dunkelgraugelb/violett		
A			gez. K 13¼ ...... (2670 I A)	150,—	150,—
C			gez. K 12½ ...... (2670 I C)	5,—	3,—
3213	32 (ND)		auf 0.05 ND ocker/graultramarin		
A			gez. K 13¼ ...... (2671 I A)	450,—	450,—
C			gez. K 12½ ...... (2671 I C)	5,—	2,—
			Satzpreis C (2 W.)	10,—	5,—
			FDC		—,—

FALSCH Vorsicht vor Aufdruckfälschungen, MiNr. 3212 A–3213 A sollten nur geprüft erworben werden.

Weitere Werte siehe Fußnote nach MiNr. 2673.

2004, 3. Aug. 100. Jahrestag der Errichtung der ersten Radio-Telegraphenstationen in Volujica und Bar. Odr. (5×5); gez. K 13:13¾.

dlg) Guglielmo Marconi (1874–1937), italienischer Ingenieur und Physiker, Nobelpreis 1909; Ortsansichten und Antenne

3214	16 (ND)	/ 0.25 €	mehrfarbig ... dlg	0,50	0,50
			FDC		1,—
3214 I			mit Stecherzeichen „NS" in der Längswand des Gebäudes (Feld 9)	15,—	15,—

Auflage: 32 000 Stück

MICHEL, der Spezialist für Briefmarken, Münzen und Telefonkarten. Fordern Sie bitte unser Verlagsverzeichnis an!

Jugoslawien

2004, 2. Okt. Europäisches Kindertreffen „Freude Europas", Weltkindertag. Odr. (3×3); gez. K 13¼.

dlh) Zeichnung von Angelka Misurović (15 J.)
dli) Zeichnung von Karol Sackievicz (13 J.), Polen

3215	32 (ND)	/ 0,50 €	mehrfarbig ...... dlh	1,—	1,—
3216	56 (ND)	/ 0,80 €	mehrfarbig ...... dli	1,60	1,60
			Satzpreis (2 W.)	2,60	2,60
			FDC		3,60
			Kleinbogensatz (2 Klb.)	25,—	25,—

MiNr. 3215–3216 wurden jeweils im Kleinbogen zu 8 Marken und 1 Zierfeld gedruckt.
Auflage: 28 000 Sätze

2004, 12. Okt. 125 Jahre montenegrinischer Seehafen, Bar. Odr. (3×3); gez. K 13¾.

dlk) Segelboote

3217	32 (ND)	/ 0,50 €	mehrfarbig ...... dlk	1,—	1,—
			FDC		1,50
			Kleinbogen	8,—	8,—

MiNr. 3217 wurde im Kleinbogen zu 8 Marken und 1 Zierfeld gedruckt.
Auflage: 28 000 Stück

2004, 22. Okt. Tag der Briefmarke. Odr. (5×5); gez. K 13¾:13.

dll) Briefmarke, Lupe, Pinzette, Album

3218	16 (ND)	/ 0,25 €	mehrfarbig ...... dll	2,—	2,—
			FDC		2,50

Auflage: 28 000 Stück

2004, 28. Okt. 120 Jahre Serbische Nationalbank. Komb. StTdr. und Odr. (3×3); Sicherheitszähnung K 13¼.

dlm) Bankgebäude, Belgrad
dln) Đorđe Vajfert, Bankdirektor; Bankgebäude

3219	16 (ND)	/ 0,25 €	schwarzgraublau dlm	0,50	0,50
3220	32 (ND)	/ 0,50 €	mehrfarbig ...... dln	1,—	1,—
			Satzpreis (2 W.)	1,50	1,50
			FDC		2,—
			Kleinbogensatz (2 Klb.)	12,—	12,—

MiNr. 3219–3220 wurden jeweils im Kleinbogen zu 8 Marken und 1 Zierfeld gedruckt.
Auflage: 30 000 Sätze

2004, 2. Nov. Museumsexponate: Silberschmiedekunst. Odr. (1×5 Zd); gez. K 13¾:13¼.

dlo) Obstschale

dlp) Schmuckschatulle
Zierfeld
dlr) Schale
dls) Pokal

dlo)–dls) Gebrauchsgegenstände (1899) aus Silber von Stamenko Jocić

3221	16 (ND)	/ 0,25 €	mehrfarbig ... dlo	0,50	0,50
3222	24 (ND)	/ 0,35 €	mehrfarbig ... dlp	0,70	0,70
3223	26,20 (ND)	/ 0,40 €	mehrfarbig ... dlr	0,80	0,80
3224	28,70 (ND)	/ 0,50 €	mehrfarbig ... dls	1,—	1,—
			Satzpreis (4 W.)	3,—	3,—
			Fünferstreifen	3,50	3,50
			FDC		4,—

MiNr. 3221–3224 wurden mit Zierfeld (5 verschiedene im Bogen) waagerecht zusammenhängend gedruckt.
Auflage: 28 000 Sätze

2004, 15. Nov. Architektur: Paläste in Kotor. Odr. (1×5 Zd); gez. K 13¼:13¾.

dlt) Palast Lombardić (18. Jh.)
dlu) Palast Pima (17. Jh.)
Zierfeld

dlv) Palast Grgurina (18. Jh.)
dlw) Palast Bizanti (17. Jh.)

3225	16 (ND)	/ 0,25 €	mehrfarbig .... dlt	0,50	0,50
3226	24 (ND)	/ 0,35 €	mehrfarbig ... dlu	0,70	0,70
3227	26,20 (ND)	/ 0,40 €	mehrfarbig ... dlv	0,80	0,80
3228	28,70 (ND)	/ 0,50 €	mehrfarbig ... dlw	1,—	1,—
			Satzpreis (4 W.)	3,—	3,—
			Fünferstreifen	3,50	3,50
			FDC		4,—

MiNr. 3225–3228 wurden mit Zierfeld (5 verschiedene im Bogen) waagerecht zusammenhängend gedruckt.
Auflage: 28 000 Sätze

Entwertungen

- ⊙ = mit Poststempel gebraucht
- ~ = Federzugentwertung
- ⊗ = fiskalische Entwertung
- ⌽ = Gefälligkeitsstempel
- ○ = Lochentwertung
- ≡ = andere besondere Entwertungen
- Ⓢ = Sonderstempel
- Ⓣ = Tagesstempel

Jugoslawien

2004, 1. Dez. Weihnachten. Odr. (5×5); gez. K 13¼:13¾.

dlx

dly

dlx–dly) Christi Geburt; Gemälde von Vasilis Lepuras

3229	16 (ND)	/ 0.25 €	mehrfarbig ... dlx	0,50	0,50
3230	28.70 (ND)	/ 0.50 €	mehrfarbig ... dly	1,—	1,—
			Satzpreis (2 W.)	1,50	1,50
			FDC		2,—

Auflagen: MiNr. 3229 = 500 000, MiNr. 3230 = 100 000 Stück

2005

2005, 31. Jan. Geschützte Tiere: Wasservögel. Odr. (1×5 Zd); gez. K 13¼:13¾.

dlz) Silberreiher (Egretta alba)

dma) Schwarzhalstaucher (Podiceps nigricollis) | Zierfeld | dmb) Moorente (Aythya nyroca) | dmc) Schwarzstorch (Ciconia nigra)

3231	16.50 (ND)	/ 0.25 €	mehrfarbig ... dlz	0,50	0,50
3232	33 (ND)	/ 0.40 €	mehrfarbig ... dma	0,80	0,80
3233	41.50 (ND)	/ 0.50 €	mehrfarbig ... dmb	1,—	1,—
3234	49.50 (ND)	/ 0.60 €	mehrfarbig ... dmc	1,20	1,20
			Satzpreis (4 W.)	3,50	3,50
			Fünferstreifen	3,50	3,50
			FDC		4,—

MiNr. 3231–3234 wurden mit Zierfeld (5 verschiedene im Bogen) waagerecht zusammenhängend gedruckt.

Auflage: 28 000 Sätze

2005, 10. Febr. Freimarke: Philatelie. Odr.; gez. K 12½.

dmd) Marken MiNr. 3192, 3196 und 3216; Pinzette

3235	0.50	(€)	mehrfarbig .... dmd	1,—	1,—
			FDC		1,50

2005, 10. Febr. Freimarken. MiNr. 2607 II C und 3136–3137 mit schwarzem oder blauem Odr.-Aufdruck.

3236	16.50 (ND)	auf 16 (ND) mfg... (3136) S	15,—	10,—
3237	33 (ND)	auf 32 (ND) mfg... (3137) S	25,—	10,—
3238	0.50 (€)	auf R mittellilaultramarin .... (2607 II C) Bl	30,—	20,—
		Satzpreis (3 W.)	70,—	40,—
		FDC		—,—

Auflagen: MiNr. 3236 = 1 700 000, MiNr. 3237 = 670 000, MiNr. 3238 = 412 000 Stück

2005, 16. Febr. Einheimische Fauna und Flora. Odr. (1×5 Zd); gez. K 13¼.

dmh) Gemse (Rupicapra rupicapra) | dmg) Europäische Trollblume (Trollius europaeus) | Zierfeld

dmf) Hermelin (Mustela erminea)
dme) Echter Kapernstrauch (Capparis spinosa)

3239	16.50 (ND)	/ 0.25 €	mehrfarbig .. dme	0,50	0,50
3240	33 (ND)	/ 0.40 €	mehrfarbig .. dmf	0,80	0,80
3241	41.50 (ND)	/ 0.50 €	mehrfarbig .. dmg	1,—	1,—
3242	49.50 (ND)	/ 0.60 €	mehrfarbig .. dmh	1,20	1,20
			Satzpreis (4 W.)	3,50	3,50
			Fünferstreifen	3,50	3,50
			FDC		4,—

MiNr. 3239–3242 wurden mit Zierfeld (5 verschiedene im Bogen) waagerecht zusammenhängend gedruckt.

Auflage: 28 000 Sätze

2005, 28. Febr. 50 Jahre Montenegrinischer Tischtennisverband. Odr. (5×5); gez. K 13:13¾.

dmi) Tischtennisplatte, -schläger und -bälle; Verbandsemblem

3243	16.50 (ND)	/ 0.25 €	mehrfarbig ... dmi	6,—	0,50
			FDC		1,—

Auflage: 28 000 Stück

2005, 1. März. Ostern. Odr. (5×5); gez. K 13¼:13¾.

dmk) Fresko aus rumänischem Kloster (18. Jh.) | dml) Kreuzigung; Holzschnitzerei (1602)

3244	16.50 (ND)	/ 0.25 €	mehrfarbig .. dmk	0,50	0,50
3245	28.70 (ND)	/ 0.50 €	mehrfarbig ... dml	1,—	1,—
			Satzpreis (2 W.)	1,50	1,50
			FDC		2,—

Nichts geht über **MICHEL**soft

Jugoslawien

2005, 7. März. Freimarken: Berge. Odr. (10×10); gez. K 12½.

 dmm) Zlatibor   dmn) Kopaonik

Nr.	Wert				
3246	16.50	(ND)	mehrfarbig .... dmm	0,50	0,50
3247	33	(ND)	mehrfarbig .... dmn	1,—	1,—
			Satzpreis (2 W.)	1,50	1,50
			FDC		2,—

Weitere Werte: MiNr. 3265–3266

2005, 12. März. 100 Jahre Universität in Serbien. Odr. (5×5); gez. K 13¼:13¾.

 dmo) Universitätsgebäude, Belgrad

3248	16.50 (ND) / 0.25 € mehrfarbig .. dmo	0,50	0,50
	FDC		1,—
3248 I	mit Stecherzeichen „NS" (Feld 14)	12,—	12,—

Auflage: 28 000 Stück

2005, 25. März. Persönlichkeiten des serbischen Theaters. Odr. (3×3); gez. K 13¾:13¼.

dmp) Jovan Đorđević (1826–1900), Theaterdirektor, Dichter und Politiker

dmq) Milan Predić (1881–1972), Dramaturg

dms) Milan Grol (1876–1952), Schriftsteller, Journalist und Politiker

dmt) Mira Trailović (1924–1989), Schauspielerin

Zierfeld

dmu) Soja Jovanović (1922–2002), Regisseurin

dmv) Hugo Klajn (1894–1981), Theaterexperte und Psychiater

dmw) Mata Milošević (1901–1997), Schauspieler

dmx) Bojan Stupica (1910–1970), Regisseur, Schauspieler und Architekt

3249	16.50 (ND) / 0.25 € mehrfarbig .. dmp	0,50	0,50
3250	16.50 (ND) / 0.25 € mehrfarbig .. dmr	0,50	0,50
3251	16.50 (ND) / 0.25 € mehrfarbig .. dms	0,50	0,50
3252	16.50 (ND) / 0.25 € mehrfarbig .. dmt	0,50	0,50
3253	16.50 (ND) / 0.25 € mehrfarbig .. dmu	0,50	0,50
3254	16.50 (ND) / 0.25 € mehrfarbig .. dmv	0,50	0,50
3255	16.50 (ND) / 0.25 € mehrfarbig .. dmw	0,50	0,50
3256	16.50 (ND) / 0.25 € mehrfarbig .. dmx	0,50	0,50
	Satzpreis (8 W.)	4,—	4,—
	Kleinbogen	4,—	4,—
	FDC		4,50

2005, 31. März. 50 Jahre Europamarken (2006). Odr. (5×5); A = gez. K 13¼:13¾.

 dmy) MiNr. 1361  dmz) MiNr. 1380  dna) MiNr. 1417

 dnb) MiNr. 1457  dnc) MiNr. 1508  dnd) MiNr. 1558

dne) MiNr. 2047 dnf) MiNr. 1380, 1458 und 2046

(dmy–dnf) Markenmotive jugoslawischer Europamarken

3257 A	16.50 (ND) / 0.25 € mehrfarbig dmy	0,50	0,50
3258 A	16.50 (ND) / 0.25 € mehrfarbig dmz	0,50	0,50
3259 A	16.50 (ND) / 0.25 € mehrfarbig . dna	0,50	0,50
3260 A	16.50 (ND) / 0.25 € mehrfarbig . dnb	0,50	0,50
3261 A	41.50 (ND) / 0.50 € mehrfarbig . dnc	1,—	1,—
3262 A	41.50 (ND) / 0.50 € mehrfarbig . dnd	1,—	1,—
3263 A	41.50 (ND) / 0.50 € mehrfarbig . dne	1,—	1,—
3264 A	41.50 (ND) / 0.50 € mehrfarbig . dnf	1,—	1,—
	Satzpreis (8 W.)	6,—	6,—
	FDC		4,50

Blockausgabe, A = gez. K 13¼:13¾, B = ☐

Block 59 A	mit MiNr. 3257 A–3260 A		
	(90×69 mm) .... dng	7,50	7,50
	FDC		8,—
3257 B	16.50 (ND) / 0.25 € mehrfarbig dmy	—,—	—,—
3258 B	16.50 (ND) / 0.25 € mehrfarbig dmz	—,—	—,—
3259 B	16.50 (ND) / 0.25 € mehrfarbig . dna	—,—	—,—
3260 B	16.50 (ND) / 0.25 € mehrfarbig . dnb	—,—	—,—
Block 59 B	(90×69 mm) .... dng	—,—	—,—
Block 60 A	mit MiNr. 3261 A–3264 A		
	(90×69 mm) .... dnh	7,50	7,50
	FDC		8,—
3261 B	41.50 (ND) / 0.50 € mehrfarbig . dnc	—,—	—,—
3262 B	41.50 (ND) / 0.50 € mehrfarbig . dnd	—,—	—,—
3263 B	41.50 (ND) / 0.50 € mehrfarbig . dne	—,—	—,—
3264 B	41.50 (ND) / 0.50 € mehrfarbig . dnf	—,—	—,—
Block 60 B	(90×69 mm)	—,—	—,—

Herkunft und postalischer Status von Block 59 B und 60 B konnten bisher nicht einwandfrei geklärt werden.

2005, 1. April. Freimarken: Berge. Odr. (10×10); gez. K 12½.

 dni) Goč  dnk) Jastrebac

3265	5 (ND)	mehrfarbig .... dni	0,20	0,20
3266	13 (ND)	mehrfarbig .... dnk	0,40	0,40
		Satzpreis (2 W.)	0,50	0,50
		FDC		1,—

Weitere Werte: MiNr. 3246–3247

FDC = Ersttagsbrief (First Day Cover)

Jugoslawien

2005, 1. April. 200. Geburtstag von Hans Christian Andersen.
Odr. (3×3); gez. K 13¾:13¼.

dnl) Die kleine Meerjungfrau
dnm) Die Schneekönigin

dnl–dnm) Illustrationen zu Märchen von H. Chr. Andersen (1805–1875), dänischer Dichter

3267	41.50 (ND)	/	0.50 €	mehrfarbig	. . dnl	1,—	1,—
3268	58 (ND)	/	0.70 €	mehrfarbig	. . dnm	1,40	1,40
				Satzpreis (2 W.)		2,40	2,40
				FDC			3,—
				Kleinbogensatz (2 Klb.)		20,—	20,—

MiNr. 3267–3268 wurden jeweils im Kleinbogen zu 8 Marken und 1 Zierfeld gedruckt.

2005, 5. Mai. Europa: Gastronomie. Odr. (3×3); gez. K 13¼:13¾.

dnn) Krautwickerl mit Kartoffelbrei
dno) Gebratene Forelle mit Petersilienkartoffeln

3269	41.50 (ND)	/	0.50 €	mehrfarbig	. . dnn	1,30	1,30
3270	73 (ND)	/	0.90 €	mehrfarbig	. . dno	2,20	2,20
				Satzpreis (2 W.)		3,50	3,50
				FDC			4,—
				Kleinbogensatz (2 Klb.)		30,—	30,—

Blockausgabe

dnp) Kirschkuchen
dnr) Apfelkuchen
dnl

3271	41.50 (ND)	/	0.50 €	mehrfarbig	. . dnp	1,—	1,—
3272	73 (ND)	/	0.90 €	mehrfarbig	. . dnr	2,—	2,—
Block 61	(93×50 mm)			. . . .	dns	4,—	4,—
				FDC			4,50

MiNr. 3269–3270 wurden jeweils im Kleinbogen zu 8 Marken und 1 Zierfeld gedruckt.

2005, 13. Mai. Kapitäne der Bucht von Kotor. Odr. (1×5 Zd); gez. K 13¼.

dnt) Marko Ivanović (1726–1756)
dnu) Petar Želalić (1732–1811)
Zierfeld

2005, 1. April. (Fortsetzung)

dnv) Matija Krsta Balović (1713–1794)
dnw) Ivan Bronza († 1749)

3273	16.50 (ND)	/	0.25 €	mehrfarbig	. . . dnt	0,50	0,50
3274	33 (ND)	/	0.40 €	mehrfarbig	. . . dnu	0,80	0,80
3275	41.50 (ND)	/	0.50 €	mehrfarbig	. . . dnv	1,—	1,—
3276	49.50 (ND)	/	0.60 €	mehrfarbig	. . . dnw	1,20	1,20
				Satzpreis (4 W.)		3,50	3,50
				Fünferstreifen		3,50	3,50
				FDC			4,—

MiNr. 3273–3276 wurden mit Zierfeld (5 verschiedene im Bogen) waagerecht zusammenhängend gedruckt.

2005, 23. Mai. 60 Jahre Sportvereine „Roter Stern Belgrad" und „Partisan Belgrad". Odr. (5×5); gez. K 13¼:13¾.

dnx) Vereinswappen von Roter Stern Belgrad
dny) Vereinswappen von Partisan Belgrad

3277	16.50 (ND)	/	0.25 €	mehrfarbig	. . . dnx	0,50	0,50
3278	16.50 (ND)	/	0.25 €	mehrfarbig	. . . dny	0,50	0,50
				Satzpreis (2 W.)		1,—	1,—
				FDC			1,50

Blockausgabe

dnz) Ritter mit Wappenschild von Roter Stern Belgrad
doa) Ritter mit Wappenschild von Partisan Belgrad
dnl

3279	16.50 (ND)	/	0.25 €	mehrfarbig	. . . dnz	0,50	0,50
3280	16.50 (ND)	/	0.25 €	mehrfarbig	. . doa	0,50	0,50
Block 62	(94×54 mm)			. . . .	dob	1,—	1,—
				FDC			1,50

2005, 6. Juni. Blockausgabe: 50 Jahre Donauregatta. Odr.; gez. K 13¼:13¾.

doc
dod
doe

doc–dod) Regattateilnehmer

3281	41.50 (ND)	/	0.50 €	mehrfarbig	. . doc	1,—	1,—
3282	49.50 (ND)	/	0.60 €	mehrfarbig	. . dod	1,20	1,20
Block 63	(97×49 mm)			. . . .	doe	2,20	2,20
				FDC			2,80

Jugoslawien

2005, 10. Juni. Internationales Jahr der Physik, 100. Jahrestag der Veröffentlichung der Relativitätstheorie. Odr. (3×3); gez. K 13¼:13¾.

dof) Die Erde als Atomkern

dog) Albert Einstein (1879–1955), deutscher Physiker, Nobelpreis 1921; Raumkrümmungsmodell

3283	41.50	(ND)	/	0.50	€	mehrfarbig ... dof	1,—	1,—
3284	58	(ND)	/	0.70	€	mehrfarbig .. dog	1,40	1,40
						Satzpreis (2 W.)	2,40	2,40
						FDC		3,—
						Kleinbogensatz (2 Klb.)	20,—	20,—

MiNr. 3283–3284 wurden jeweils im Kleinbogen zu 8 Marken und 1 Zierfeld gedruckt.

2005, 21. Sept. Europäisches Kindertreffen „Freude Europas", Weltkindertag. Odr. (3×3); gez. K 13¼.

don) Papagei; Zeichnung von Carlos Quintero (11 J.)

doñ) Fröhliches Kind; Zeichnung von Calvin Riady (5 J.)

3289	41.50	(ND)	/	0.50	€	mehrfarbig .. don	1,—	1,—
3290	58	(ND)	/	0.70	€	mehrfarbig ... doñ	1,40	1,40
						Satzpreis (2 W.)	2,40	2,40
						FDC		3,—
						Kleinbogensatz (2 Klb.)	19,—	19,—

MiNr. 3289–3290 wurden jeweils im Kleinbogen zu 8 Marken und 1 Zierfeld gedruckt.
Auflage: 28 000 Sätze

2005, 20. Juni. Europäischer Naturschutz. Odr. (3×3); gez. K 13¼:13¾.

doh–doi) Naturschutzgebiet Koviljsko

3285	41.50	(ND)	/	0.50	€	mehrfarbig .. doh	1,—	1,—
3286	58	(ND)	/	0.70	€	mehrfarbig ... doi	1,40	1,40
						Satzpreis (2 W.)	2,40	2,40
						FDC		3,—
						Kleinbogensatz (2 Klb.)	20,—	20,—

MiNr. 3285–3286 wurden jeweils im Kleinbogen zu 8 Marken und 1 Zierfeld gedruckt.

2005, 30. Sept. Weltjugendtag. Odr. (3×3); gez. K 13¼:13¾.

doo) Herzen mit Flügeln

3291	41.50	(ND)	/	0.50	€	mehrfarbig .. doo	1,—	1,—
						FDC		1,50
						Kleinbogen	8,—	8,—

MiNr. 3291 wurde im Kleinbogen zu 8 Marken und 1 Zierfeld gedruckt.
Auflage: 28 000 Stück

2005, 2. Sept. Volleyball-Europameisterschaft, Belgrad und Rom. Odr. (3×3); gez. K 13¼:13¾.

dok) Spielszene

3287	16.50	(ND)	/	0.25	€	mehrfarbig .. dok	0,50	0,50
						FDC		1,—
						Kleinbogen	4,—	4,—

MiNr. 3287 wurde im Kleinbogen zu 8 Marken und 1 Zierfeld gedruckt.
Auflage: 28 000 Stück

2005, 10. Okt. Aufnahme der Verhandlungen über ein Assoziierungsabkommen mit der Europäischen Gemeinschaft. Odr. (5×5); gez. K 13¾:13¼.

dop) Straße mit Wegweiser Richtung Europa

3292	16.50	(ND)	/	0.25	€	mehrfarbig .. dop	0,50	0,50
						FDC		1,—

Auflage: 2 028 000 Stück

2005, 16. Sept. Basketball-Europameisterschaft, Serbien und Montenegro. Odr. (3×3); gez. K 13¼:13¾.

dol) Basketball, Europakarte

3288	16.50	(ND)	/	0.25	€	mehrfarbig ... dol	0,50	0,50
						FDC		1,—
						Kleinbogen	4,—	4,—

MiNr. 3288 wurde im Kleinbogen zu 8 Marken und 1 Zierfeld gedruckt.
Auflage: 28 000 Stück

2005, 14. Okt. 100 Jahre Internationale Luftfahrtorganisation (IAO). Odr. (3×3); gez. K 13¾:13¼.

dor) Doppeldecker „Santos-Dumont No.14bis" (1906), Ballon

dos) Segelflugzeug „Ikarus Meteor", Ultraleichtflugzeug, Fallschirmspringer

3293	49.50	(ND)	/	0.60	€	mehrfarbig ... dor	1,20	1,20
3294	58	(ND)	/	0.70	€	mehrfarbig ... dos	1,40	1,40
						Satzpreis (2 W.)	2,60	2,60
						FDC		3,60
						Kleinbogensatz (2 Klb.)	26,—	26,—

MiNr. 3293–3294 wurden jeweils im Kleinbogen zu 8 Marken und 1 Zierfeld gedruckt.
Auflage: 28 000 Sätze

Jugoslawien

2005, 24. Okt. Tag der Briefmarke. Odr. (5×5); gez. K 13¼:13¾.

dot) Flugzeug, Briefumschläge

3295	16.50 (ND)	/ 0.25 €	mehrfarbig . . . dot	0,50	0,50
			FDC		1,—

Auflage: 28 000 Stück

2005, 24. Okt. 60 Jahre Vereinte Nationen. Odr. (5×5); gez. K 13¼:13¾.

dou) UNO-Gebäude, New York; Zahl „60" mit UNO-Emblem

3296	16.50 (ND)	/ 0.25 €	mehrfarbig . . dou	0,50	0,50
			FDC		1,—

Auflage: 28 000 Stück

2005, 28. Okt. 175. Todestag von Bischof Peter I. von Cetinje. Odr. (5×5); gez. K 13¼:13¾.

dov) Bischof Peter I. von Cetinje (1747–1830), Kloster von Cetinje, Generalkodex

3297	16.50 (ND)	/ 0.25 €	mehrfarbig . . . dov	0,50	0,50
			FDC		1,—

Auflage: 28 000 Stück

2005, 14. Nov. 100. Jahrestag der ersten Verfassung Montenegros. Odr. (5×5); gez. K 13¼:13¾.

dow) Fürst Nikola Petrovic, Palast von Cetinje (um 1900)

3298	16.50 (ND)	/ 0.25 €	mehrfarbig . . dow	0,50	0,50
			FDC		1,—
3298 I		mit Stecherzeichen (Feld 14)		10,—	10,—

Auflage: 32 000 Stück

2005, 21. Nov. Klöster auf Gemälden serbischer Künstler. Odr. (1×5 Zd); gez. K 13¼.

dox) Kloster Studenica (1881/83); von Djordje Krstić

doy) Kloster Sopocani (1898); von Paja Jovanović   Zierfeld

doz) Kloster Zica (1881/83); von Djordje Krstić

dpa) Kloster Gracanica (1910); von Milan Milanović

3299	16.50 (ND)	/ 0.25 €	mehrfarbig . . . dox	0,50	0,50
3300	33 (ND)	/ 0.40 €	mehrfarbig . . . doy	0,80	0,80
3301	41.50 (ND)	/ 0.50 €	mehrfarbig . . . doz	1,—	1,—
3302	49.50 (ND)	/ 0.60 €	mehrfarbig . . dpa	1,20	1,20
			Satzpreis (4 W.)	3,50	3,50
			Fünferstreifen	3,50	3,50
			FDC		4,—

MiNr. 3299–3302 wurden mit Zierfeld (5 verschiedene im Bogen) waagerecht zusammenhängend gedruckt.

Auflage: 28 000 Sätze

2005, 23. Nov. 150. Geburtstag von Stevan Sremac. Odr. (5×5); gez. K 13¾:13¼.

dpb) Stevan Sremac (1855–1906), Schriftsteller

3303	16.50 (ND)	/ 0.25 €	mehrfarbig . . dpb	0,50	0,50
			FDC		1,—

Auflage: 28 000 Stück

2005, 9. Dez. Museumsexponate: Gemälde. Odr. (1×5 Zd); gez. K 13¼:13¾.

dpc) Mädchen mit blauer Schleife und Rose; von Franz Xaver Winterhalter (1805–1873), deutscher Maler und Lithograph

dpd) Anbetung des Kindes; von Andrea Alovigi (um 1470–1516), italienischer Maler   Zierfeld

dpe) Maria mit Kind und Heiligen; von Biagio d'Antonio (1446–1515), italienischer Maler

dpf) Reue; von Vlaho Bukovac (1855–1922), serbischer Maler

dpc–dpf) Gemälde aus dem Palastkomplex der Karadjordjevic-Dynastie auf dem Berg Dedinje, Belgrad

3304	16.50 (ND)	/ 0.25 €	mehrfarbig . . dpc	0,50	0,50
3305	33 (ND)	/ 0.40 €	mehrfarbig . . dpd	0,80	0,80
3306	41.50 (ND)	/ 0.50 €	mehrfarbig . . dpe	1,—	1,—
3307	49.50 (ND)	/ 0.60 €	mehrfarbig . . . dpf	1,20	1,20
			Satzpreis (4 W.)	3,50	3,50
			Fünferstreifen	3,50	3,50
			FDC		4,—

MiNr. 3304–3307 wurden mit Zierfeld (5 verschiedene im Bogen) waagerecht zusammenhängend gedruckt.

Auflage: 28 000 Sätze

MICHEL-Kataloge werden ständig überarbeitet und durch Berücksichtigung der neuesten Forschungsergebnisse auf dem aktuellen Stand gehalten.

Jugoslawien

2005, 12. Dez. Weihnachten: Gemälde. Odr. (5×5); gez. K 13¼:13¾.

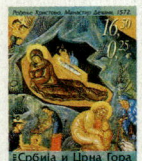
dpg) Christi Geburt; Gemälde (1572) aus dem Kloster Decani

dph) Christi Geburt; Gemälde (16. Jh.)

3308	16.50 (ND) / 0.25 € mehrfarbig . . dpg	0,50	0,50
3309	46 (ND) / 0.50 € mehrfarbig . . dph	1,—	1,—
	Satzpreis (2 W.)	1,50	1,50
	FDC		2,—

Auflage: 28 000 Sätze

2006

2006, 9. Jan. 150. Geburtstag von Stevan Stojanović Mokranjac. Odr. (5×5); gez. K 13¾:13¼.

dpi) Stevan Stojanović Mokranjac (1856–1914), Komponist

| 3310 | 46 (ND) / 0.50 € mehrfarbig . . . . . . dpi | 1,— | 1,— |
| | FDC | | 1,50 |

Auflage: 28 000 Stück

2006, 13. Jan. 200. Geburtstag von Jovan Sterija Popović. Odr. (5×5); gez. K 13¾:13¼.

dpk) Jovan Sterija Popović (1806–1856), Schriftsteller

3311	33 (ND) / 0.40 € mehrfarbig . . . . . dpk	0,80	0,80
	FDC		1,30
3311 I	mit Stecherzeichen (Feld 13)	10,—	10,—

Auflage: 28 000 Stück

2006, 1. Febr. Freimarke: Nationaltheater. Odr. (5×5); gez. K 13¼.

dpl) Serbisches Nationaltheater, Belgrad

| 3312 | 46 (ND) mehrfarbig . . . . dpl | 1,— | 1,— |
| | FDC | | 1,50 |

2006, 10. Febr. Olympische Winterspiele, Turin. Odr. (3×3); gez. K 13¼:13¾.

dpm) Skispringen

dpn) Ski alpin

3313	53 (ND) / 0.60 € mehrfarbig . . . . dpm	1,20	1,20
3314	73 (ND) / 0.80 € mehrfarbig . . . . dpn	1,60	1,60
	Satzpreis (2 W.)	2,80	2,80
	FDC		3,30
	Kleinbogensatz (2 Klb.)	23,—	23,—

MiNr. 3313–3314 wurden jeweils im Kleinbogen zu 8 Marken und 1 Zierfeld gedruckt.
Auflage: 28 000 Sätze

2006, 1. März. Ostern. Odr. (5×5); gez. K 13¾:13¼.

dpo) Osterei

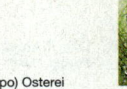
dpp) Ostereierkorb

3315	16.50 (ND) / 0.20 € mehrfarbig . . dpo	0,40	0,40
3316	46 (ND) / 0.50 € mehrfarbig . . dpp	1,—	1,—
	Satzpreis (2 W.)	1,40	1,40
	FDC		2,—

Auflagen: MiNr. 3315 = 528 000, MiNr. 3316 = 128 000 Stück

2006, 6. März. 150 Jahre Donaukommission. Odr. (1×5 Zd); gez. K 13¼.

dpr) Novi Sad   dpt) Belgrad   Zierfeld

dps) Smederevo   dpu) Tabula Traiana

3317	16.50 (ND) / 0.20 € mehrfarbig . . . dpr	0,40	0,40
3318	16.50 (ND) / 0.20 € mehrfarbig . . . dps	0,40	0,40
3319	46 (ND) / 0.50 € mehrfarbig . . . dpt	1,—	1,—
3320	46 (ND) / 0.50 € mehrfarbig . . dpu	1,—	1,—
	Satzpreis (4 W.)	2,80	2,80
	Fünferstreifen	3,—	3,—
	FDC		4,—

MiNr. 3317–3320 wurden mit Zierfeld (5 verschiedene im Bogen) waagerecht zusammenhängend gedruckt.
Auflage: 28 000 Sätze

Die Preisnotierungen gelten für Marken in handelsüblicher Qualität.

Jugoslawien

2006, 3. April. Geschützte Tiere. Odr. (1×5 Zd); gez. K 13¼.

dpv) Wolf (Canis lupus)   dpx) Tigeriltis (Vormela peregusna)   Zierfeld

dpw) Großtrappe (Otis tarda)   dpy) Braunbär (Ursus arctos)

Nr.	Wert		Beschreibung		
3321	16.50 (ND) / 0.20 €	mehrfarbig … dpv	0,40	0,40
3322	16.50 (ND) / 0.20 €	mehrfarbig … dpw	0,40	0,40
3323	46 (ND) / 0.50 €	mehrfarbig … dpx	1,—	1,—
3324	46 (ND) / 0.50 €	mehrfarbig … dpy	1,—	1,—
		Satzpreis (4 W.)	2,80	2,80
		Fünferstreifen	3,—	3,—
		FDC		4,—

MiNr. 3321–3324 wurden mit Zierfeld (5 verschiedene im Bogen) waagerecht zusammenhängend gedruckt.

Auflage: 28 000 Sätze

2006, 12. April. Fußball-Weltmeisterschaft, Deutschland. Odr. (3×3); gez. K 13¾:13¼.

dpz) Feldspieler; Brandenburger Tor, Berlin   dra) Torwart; Fußballstadion

3325	33 (ND) / 0.40 €	mehrfarbig … dpz	15,—	15,—
3326	46 (ND) / 0.50 €	mehrfarbig … dra	15,—	15,—
		Satzpreis (2 W.)	30,—	30,—
		FDC		35,—
		Kleinbogensatz (2 Klb.)	500,—	500,—

Blockausgabe, gez. K 13¼:13¾

drb–drc) Stadion; Brandenburger Tor, Berlin

3327	46 (ND) / 0.50 €	mehrfarbig … drb	2,—	2,—
3328	46 (ND) / 0.50 €	mehrfarbig … drc	2,—	2,—
Block 64 (94×54 mm)		… drd	4,50	4,50
		FDC		5,—

MiNr. 3325–3326 wurden jeweils im Kleinbogen zu 8 Marken und 1 Zierfeld gedruckt.

Lesen Sie bitte auch das Vorwort!

2006, 4. Mai. Europa: Integration – Kinderzeichnungen. Odr. (3×3); gez. K 13¼:13¾.

dre) Eskimo und Pinguin am Badestrand; von Jelena Stojanović und Alaksandra Barjaktarević   drf) Löwe und Lamm liegen nebeneinander; von Maja Stečević

3329	46 (ND) / 0.50 €	mehrfarbig … dre	1,20	1,20
3330	73 (ND) / 0.80 €	mehrfarbig … drf	1,80	1,80
		Satzpreis (2 W.)	3,—	3,—
		FDC		4,—
		Kleinbogensatz (2 Klb.)	25,—	25,—

Blockausgabe

drg) Abseitsstehende Schülerin im Pausenhof; von Valentina Točić   drh) Einwandererfamilie vor Stadttor; von Antonia Lukovac

3331	46 (ND) / 0.50 €	mehrfarbig … drg	1,50	1,50
3332	73 (ND) / 0.80 €	mehrfarbig … drh	2,—	2,—
Block 65 (94×54 mm)		… dri	3,50	3,50
		FDC		4,50

MiNr. 3329–3330 wurden jeweils im Kleinbogen zu 8 Marken und 1 Zierfeld gedruckt.

2006, 26. Mai. 150. Geburtstag von Nikola Tesla. Odr. (5×5); gez. K 13¾:13¼.

drk) Nikola Tesla (1856–1943), amerikanischer Physiker   drl) N. Tesla, elektrischer Generator

3333	16.50 (ND) / 0.20 €	mehrfarbig … drk	0,40	0,40
3334	46 (ND) / 0.50 €	mehrfarbig … drl	1,—	1,—
		Satzpreis (2 W.)	1,40	1,40
		FDC		2,40

MICHEL-Kataloge

können Sie auch außerhalb Deutschlands beziehen. Unsere Vertretungen in vielen Ländern haben die neuen Kataloge stets lieferbar.

Jugoslawien

Blockausgabe, gez. Ks 13¾

drm) Nikola Tesla   drn) N. Tesla, Dampfturbine, Niagarafall   dro

3335	46 (ND) / 0.50 €	mehrfarbig	drm	1,—	1,—
3336	112 (ND) / 1.30 €	mehrfarbig	drn	2,60	2,60
Block 66	(123 × 70 mm)	....	dro	3,60	3,60
			FDC		4,60

2006, 20. Juni. Rosen. Odr. (1 × 5 Zd); gez. K 13¼:13¾.

drp) „Aqua"   drs) „Sphinx"   Zierfeld

drr) „Vendela"   drt) „Red Berlin"

3337	16.50 (ND) / 0.20 €	mehrfarbig	drp	0,40	0,40
3338	16.50 (ND) / 0.20 €	mehrfarbig	drr	0,40	0,40
3339	46 (ND) / 0.50 €	mehrfarbig	drs	1,—	1,—
3340	46 (ND) / 0.50 €	mehrfarbig	drt	1,—	1,—
		Satzpreis (4 W.)		2,80	2,80
		Fünferstreifen		3,—	3,—
		FDC			4,—

MiNr. 3337–3340 wurden mit Zierfeld (5 verschiedene im Bogen) waagerecht zusammenhängend gedruckt.

Auflage: 28 000 Sätze

2006, 20. Juni. Europäischer Naturschutz. Odr. (3 × 3); gez. K 13¼:13¾.

dru) Naturschutzpark Gradski, Vršac   drv) Fušoški-Park, Novi Sad

3341	46 (ND) / 0.50 €	mehrfarbig	dru	1,—	1,—
3342	58 (ND) / 0.60 €	mehrfarbig	drv	1,20	1,20
		Satzpreis (2 W.)		2,20	2,20
		FDC			3,—
		Kleinbogensatz (2 Klb.)		18,—	18,—

MiNr. 3341–3342 wurden jeweils im Kleinbogen zu 8 Marken und 1 Zierfeld gedruckt.

Neuheiten

Ein Abonnement der MICHEL-Rundschau sichert Ihnen einen immer vollständigen Katalog, zeigt Ihnen Preisänderungen an und bereichert Ihre philatelistischen Kenntnisse durch gut recherchierte Fachbeiträge.

Jahrgangswerttabelle

Die Aufstellung folgt der numerischen Reihenfolge der Katalogisierung ohne Rücksicht auf die Chronologie eventueller Ergänzungswerte.

Grundsätzlich ist nur die jeweils billigste Sorte pro Marke bzw. Ausgabe angegeben, sofern nichts anderes vermerkt.

Zusammendrucke aus Bogen, Marken mit Zierfeldern usw. sind dann berücksichtigt, wenn sie als normale Ausgabeform anzusehen sind. Einzelmarken aus Blocks und Marken mit der Preisnotierung „—,—" sind nicht berücksichtigt.

Jahr	MiNr.	Euro ★★	Euro ⊙
1946	492–511	51,60	52,70
1947	512–535	34,—	34,—
1948	536–566	50,50	50,50
1949	567–597	303,70	213,50
1950	598–639	230,30	149,30
1951	640–692	661,50	429,30
1952	693–711	245,50	120,50
1953	712–737	491,10	317,50
1954	738–759	242,—	147,—
1955	760–775	54,30	34,50
1956	776–811	409,40	179,10
1957	812–838	61,30	37,40
1958	839–870	88,80	47,40
1959	871–908	79,70	30,90
1960	909–940	60,20	60,10
1961	941–989	229,90	189,50
1962	990–1031	99,90	81,80
1963	1032–1068	16,50	13,50
1964	1069–1103	35,50	29,30
1965	1104–1141	31,60	28,90
1966	1142–1199	31,—	28,90
1967	1200–1261	42,60	30,10
1968	1262–1316	74,70	52,70
1969	1317–1362	28,80	26,30
1970	1363–1407	33,90	33,90
1971	1408–1446	17,70	16,70
1972	1447–1494	21,20	16,80
1973	1495–1537	11,80	11,10
1974	1538–1583	22,10	12,—
1975	1584–1629	9,90	9,70
1976	1630–1673	21,20	15,80
1977	1674–1713	13,—	10,90
1978	1714–1776	23,10	19,90
1979	1777–1817	12,20	12,20
1980	1818–1871	21,40	17,80
1981	1872–1915	15,10	12,90
1982	1916–1965	20,80	17,20
1983	1966–2022	25,—	19,30
1984	2023–2091	39,70	38,30
1985	2092–2145	44,60	35,70
1986	2146–2205	44,20	40,50
1987	2206–2256	41,80	40,60
1988	2257–2325	68,80	57,30
1989	2326–2392	46,—	39,70
1990	2393–2462	86,60	80,20
1991	2463–2519	65,80	62,10
1992	2520–2584	122,40	112,90
1993	2585–2644	90,90	79,50
1994	2645–2695	127,30	81,90
1995	2696–2748	78,70	77,70
1996	2749–2806	74,70	70,90
1997	2807–2844	48,20	47,40
1998	2845–2897	133,70	133,70
1999	2898–2958	97,50	94,50
2000	2959–3009	210,—	207,—
2001	3010–3056	107,40	107,40
2002	3057–3102	304,—	299,20
2003	3103–3170	87,90	79,10
2004	3171–3230	111,30	106,30
2005	3231–3309	153,40	118,40
2006	3310–3342	64,20	64,20
Gesamtsumme		**6172,60**	**4685,40**

Blockaufstellung

Block 1	siehe nach MiNr.	339
Block 2	siehe nach MiNr.	450
Block 3	siehe nach MiNr.	491 B
Block 4	siehe nach MiNr.	587
Block 5	siehe nach MiNr.	654
Block 6	siehe nach MiNr.	957
Block 7	siehe nach MiNr.	962
Block 8	siehe nach MiNr.	1006 B
Block 9	siehe nach MiNr.	1024
Block 10	siehe nach MiNr.	1117
Block 11	siehe nach MiNr.	1178
Block 12	siehe nach MiNr.	1253
Block 13	siehe nach MiNr.	1312
Block 14	siehe nach MiNr.	1312
Block 15	siehe nach MiNr.	1321
Block 16	siehe nach MiNr.	1389
Block 17	siehe nach MiNr.	1468
Block 18	siehe nach MiNr.	1735
Block 19	siehe nach MiNr.	1895
Block 20	siehe nach MiNr.	1924
Block 21	siehe nach MiNr.	1933
Block 22	siehe nach MiNr.	2013
Block 23	siehe nach MiNr.	2020
Block 24	siehe nach MiNr.	2033
Block 25	siehe nach MiNr.	2034
Block 26	siehe nach MiNr.	2114
Block 27	siehe nach MiNr.	2130
Block 28	siehe nach MiNr.	2169
Block 29	siehe nach MiNr.	2184
Block 30	siehe nach MiNr.	2239
Block 31	siehe nach MiNr.	2266
Block 32	siehe nach MiNr.	2271
Block 33	siehe nach MiNr.	2291
Block 34	siehe nach MiNr.	2347
Block 35	siehe nach MiNr.	2373
Block 36	siehe nach MiNr.	2395
Block 37	siehe nach MiNr.	2436
Block 38	siehe nach MiNr.	2446
Block 39	siehe nach MiNr.	2450
Block 40	siehe nach MiNr.	2481
Block 41	siehe nach MiNr.	2536
Block 42	siehe nach MiNr.	2630
Block 43	siehe nach MiNr.	2740
Block 44	siehe nach MiNr.	2775
Block 45	siehe nach MiNr.	2831
Block 46	siehe nach MiNr.	2859
Block 47	siehe nach MiNr.	2870
Block 48	siehe nach MiNr.	2895
Block 49	siehe nach MiNr.	2972
Block 50	siehe nach MiNr.	2991
Block 51	siehe nach MiNr.	3037
Block 52	siehe nach MiNr.	3038
Block 53	siehe nach MiNr.	3078
Block 54	siehe nach MiNr.	3086
Block 55	siehe nach MiNr.	3087
Block 56	siehe nach MiNr.	3148
Block 57	siehe nach MiNr.	3199
Block 58	siehe nach MiNr.	3207
Block 59	siehe nach MiNr.	3264
Block 60	siehe nach MiNr.	3264
Block 61	siehe nach MiNr.	3272
Block 62	siehe nach MiNr.	3280
Block 63	siehe nach MiNr.	3282
Block 64	siehe nach MiNr.	3328
Block 65	siehe nach MiNr.	3330
Block 66	siehe nach MiNr.	3336

Jugoslawien

Übersicht der Freimarken „einheimische Wirtschaft"

Werte	Farbe	Zeichnung	MiNr. StTdr.	Odr.
0.50 Din.	schwarzbraun	hn	628	
1 Din.	grün	ho	629	
1 Din.	grau	ho	677	717
2 Din.	gelborange	hp	630	
2 Din.	karminrosa	hp	678	
2 Din.	karmin	hp		718
3 Din.	rot	hr	631	
5 Din.	ultramarin	hs	632	
5 Din.	gelborange	hs	679	719
7 Din.	dunkelgrau	ht	633	
8 Din.	blaugrau	ht		720
10 Din.	dunkelbraun	hu	634	
10 Din.	hellgrün	hu	680	721
12 Din.	lilabraun	hv	635	
12 Din.	violettbraun	hv		722
15 Din.	rot	hw	681	723
16 Din.	dunkelblau	hw	636	
17 Din.	braunviolett	hx		760
20 Din.	olivgrün	hx	637	
20 Din.	dunkelviolett	hx	682a	
20 Din.	bläulichviolett	hx	682b	
25 Din.	olivbraun	hp	683	
30 Din.	rotbraun	hy	638	
30 Din.	blau	hy	684	
35 Din.	rotbraun	hr	685	
50 Din.	blauviolett	hz	639	
50 Din.	dunkelblaugrün	hz	686	
75 Din.	blauviolett	hv	687	
100 Din.	sepia	hn	688	

Übersicht der Freimarken „Technik und Architektur"

Werte	Farbe	Zeichnung	MiNr. StTdr.	Bdr.
30 Din.	dunkelblaugrau	ru	860	
30 Din.	rotbraun	ru	979	
30 Din.	zinnober	ru	1132	
35 Din.	karminrot	rv	861	
40 Din.	kobalt	rw	895	
40 Din.	violettpurpur	rv	980	
40 Din.	karmin	rw	862	
50 Din.	blau	rx	863	
50 Din.	kobalt	wc	981	
50 auf				
25 Din.	zinnober	(978)	1135	
55 Din.	rosakarmin	rx	896	
65 Din.	dunkelblaugrün	wd	982	
70 Din.	lachs	ry	864	
80 Din.	orangerot	ry	897	
100 Din.	dunkelgrün	rz	865	
100 Din.	gelboliv	rp	983	
150 Din.	rot	rw	984	
200 Din.	rotbraun	sa	866	
200 Din.	dunkelgraublau	rx	985	
300 Din.	russischgrün	ry	986	
500 Din.	grünlichblau	sb	867	
500 Din.	blauviolett	rz	987	
1000 Din.	dunkelbraun	sa	988	
2000 Din.	braunkarmin	sb	989	

Übersicht der Freimarken „Technik und Architektur"

Werte	Farbe	Zeichnung	MiNr. StTdr.	Bdr.
0.05 Din.	rotorange	rr	1164	
0.10 Din.	dunkellilabraun	pz	1165	
0.15 Din.	blauviolett	rt	1166	
0.20 Din.	smaragdgrün	ra	1155	
0.30 Din.	zinnober	ru	1156	
0.40 Din.	violettpurpur	rv	1167	
0.50 Din.	ultramarin	wc	1168	
0.60 Din.	karminbraun	wb	1169	
0.65 Din.	dunkelblaugrün	wd	1170	
0.85 Din.	grauviolett	rs	1171	
1.00 Din.	gelboliv	rp	1172	
1.00 a.				
0.85 Din.	grauviolett	(1171)	1673	
2 Din.	braunoliv	rp	854	
5 Din.	orangebraun	rr	855	
5 Din.	rotorange	rr	973	
5 a.				
8 Din.	schwarzlila	(891)	1134	
8 Din.	schwarzlila	rs	891	
8 Din.	dunkellilagrau	rs	974	
10 Din.	dunkelgrünlichblau	pz		839
10 Din.	dunkelblaugrün	pz	856	
10 Din.	schwarzblaugrün	pz	892	
10 Din.	karminbraun	pz		941
10 Din.	karminbraun	pz	975	
15 Din.	ziegelrot	ra		840
15 Din.	orangerot	ra	857	
15 Din.	dunkelgrün	rt	893	
15 Din.	smaragdgrün	rt	976	
15 Din.	dunkelgrün	rt		898a
15 Din.	smaragdgrün	rt		898b
17 Din.	schwarzlila	rs	858	
20 Din.	orangerot	ra	894	
20 Din.	orangerot	ra		899
20 Din.	violettblau	ra	977	
20 Din.	smaragdgrün	ra	1131	
25 Din.	dunkelgrüngrau	rt	859	
25 Din.	zinnober	wb	978	

Übersicht der Freimarken „Präsident Tito"

Werte	Farbe	Zeichnung	MiNr.
0.05 Din.	orange	aei	1206
0.05 Din.	rotorange	aei	1232
0.10 Din.	karminbraun	aei	1207
0.10 Din.	rotbraun	aei	1233
0.15 Din.	blauviolett	aei	1208
0.15 Din.	blauviolett	aei	1234
0.20 Din.	dunkelgrün	aei	1209
0.20 Din.	dunkelgelbgrün	aei	1235
0.20 Din.	dunkelgelbgrün	aei	1266
0.20 Din.	blauviolett	aei	1280
0.25 Din.	dunkelbraunkarmin	aei	1281
0.30 Din.	braunrot	aei	1210
0.30 Din.	orangerot	aei	1236
0.30 Din.	orangerot	aei	1267
0.30 Din.	dunkelgelbgrün	aei	1282
0.40 Din.	braunschwarz	aei	1211
0.40 Din.	braunschwarz	aei	1237
0.50 Din.	dunkelgraublau	aei	1212
0.50 Din.	schwarzblaugrün	aei	1238
0.50 Din.	orangerot	aei	1283
0.50 Din.	orangerot	aei	1343
0.60 Din.	braunviolett	aei	1213
0.60 Din.	bräunlichviolett	aei	1239
0.60 auf			
0.85 Din.	violettultramarin	aei	1756
0.70 Din.	lilaschwarz	aei	1284
0.75 Din.	schwarzgrüngrau	aei	1285
0.80 Din.	braunoliv	aei	1286
0.80 Din.	zinnober	aei	1474
0.85 Din.	indigo	aei	1214
0.85 Din.	violettultramarin	aei	1240
0.90 Din.	dunkelbraunoliv	aei	1241
1.00 Din.	purpur	aei	1215
1.00 Din.	purpur	aei	1242
1.20 Din.	dunkelviolettblau	aei	1243
1.20 Din.	schwarzgrün	aei	1475
1.25 Din.	indigo	aei	1287
1.50 Din.	schwarzgrün	aei	1244
2.00 Din.	violettbraun	aei l	1245
2.50 Din.	schwarzblaugrün	aei l	1288
5.00 Din.	violettpurpur	aei l	1246
10.00 Din.	dunkelviolett	aei l	1247
20.00 Din.	schwarz	aei l	1289

Jugoslawien

Übersicht der Marken in Zeichnung „Sehenswürdigkeiten"

Werte	Ortsname	Zeichnung	MiNr.
0.05 Din.	Kruševo	apx	1509
0.10 Din.	Gradačac	aog	1465
0.20 Din.	Bohinj	amv	1493
0.25 Din.	Budva	awu	1660
0.30 Din.	Krk, dunkelgrün	amt	1427
0.30 Din.	Krk, dunkelbraunoliv	amt	1480
0.30 auf 2.50 Din.	Kragujevac, graublau	—	1967
0.35 Din.	Omiš	are	1516
0.35 auf 0.10 Din.	Gradačac	—	1755
0.40 Din.	Peć	aou	1481
0.50 Din.	Kruševac, orangerot	amu	1428
0.50 Din.	Kruševac, dunkelgrün	amu	1476
0.50 auf 2.50 Din.	Kragujevac, graublau	—	1963
0.60 Din.	Logarska Dolina	aov	1482
0.60 auf 2.50 Din.	Kragujevac, graublau	—	1974
0.75 Din.	Bohinj, schwarzgrün	amv	1429
0.75 Din.	Rijeka, braunviolett	axf	1672
0.80 Din.	Piran	aow	1483
1.00 Din.	Bitola, purpur	amw	1430
1.00 Din.	Ohrid, purpurviolett	auc	1595
1.00 Din.	Ohrid, dunkelolivgrün	auc	1661
1.00 auf 0.25 Din.	Budva	—	2137
1.00 auf 3.50 Din.	Vršac	—	1968
1.20 Din.	Počitelj	aox	1484
1.25 Din.	Hercegnovi, dunkelblau	anl	1444
1.50 Din.	Bihać, hellrot	awv	1662
1.50 Din.	Hercegnovi, dkl'violettblau	anl	1494
2.00 Din.	Novi Sad	aor	1477
2.00 auf 0.05 Din.	Kruševo	—	2138
2.00 auf 1.00 Din.	Ohrid	—	1736
2.00 auf 2.50 Din.	Kragujevac, graublau	—	1966
2.00 auf 8.80 Din.	Hercegnovi	—	2090
2.10 Din.	Hvar	aud	1596
2.50 Din.	Rijeka Crnojevića	apv	1506
2.50 Din.	Kragujevac, hellrot	bdk	1843
2.50 Din.	Kragujevac, graublau	bdk	1878
2.50 auf 1.50 Din.	Bihać, hellrot	—	1842
3.00 Din.	Škofja Loka	aue	1954
3.00 auf 0.35 Din.	Omiš	—	2139
3.20 Din.	Škofja Loka	aue	1597
3.40 Din.	Vranje	axz	1694
3.40 auf 2.10 Din.	Hvar	—	1738
3.50 Din.	Vršac	beu	1879
3.50 auf 3.40 Din.	Vranje	—	1905
4.00 Din.	Počitelj	aox	1955
4.00 auf 5.60 Din.	Travnik	—	2140
4.90 Din.	Perast	awe	1646
5.00 Din.	Osijek	bkg	1998
5.00 auf 0.75 Din.	Rijeka	—	1856
5.00 auf 4.90 Din.	Perast	—	1896
5.00 auf 8.00 Din.	Dubrovnik	—	2155
5.60 Din.	Travnik	bev	1880
6.00 Din.	Kikinda	bni	2069
6.00 auf 4.00 Din.	Počitelj	—	2088
6.10 Din.	Hvar	aud	1964
8.00 Din.	Dubrovnik	bew	1881
8.00 auf 6.00 Din.	Kikinda	—	2141
8.80 Din.	Hercegnovi	anl	1947
10.00 Din.	Sarajevo	bkh	1999
16.50 Din.	Ohrid	bkd	1995
20.00 auf 26.00 Din.	Korčula	—	2142
26.00 Din.	Korčula	bmy	2059
38.00 Din.	Maribor	bmz	2060
50.00 auf 16.50 Din.	Ohrid	—	2143
70.00 Din.	Zagreb	bph	2119
70.00 auf 38.00 Din.	Maribor	—	2144
100.00 auf 1Din.	Ohrid	—	2338
700.00 auf 70 Din.	Zagreb	—	2392

Spezialisten unterscheiden bei den meisten Werten auch unterschiedliche Papiersorten und Gummierungen.

Übersicht der Marken in Zeichnung „Postdienst"

Werte	Ortsname	Zeichnung	MiNr.
0.10 Din.	Mann am Briefkasten	cbi	2401
0.20 Din.	Postbeamtin	bwn	2402
0.30 Din.	Briefträger	bsx	2396
0.40 Din.	Frau in Telefonzelle	bxa	2397
0.50 Din.	Brieftaube	byp	2398
0.50 auf 0.20 Din.	Postbeamtin	—	2437
0.50 auf 800 Din.	Postbote	—	2421
0.60 Din.	Telefonkarte	bzy	2403
1 Din.	Zug	bsi	2422
1 auf 0.30 Din.	Briefträger	—	2433
2 Din.	Schiff	cbk	2404
2 auf 0.30 Din.	Briefträger	—	2565
2 auf 0.40 Din.	Frau in Telefonzelle	—	2442
3 Din.	Briefkasten	bze	2409
5 Din.	Flugzeug	cbg	2399
5 auf 0.20 Din.	Postbeamtin	—	2554
5 auf 0.40 Din.	Frau in Telefonzelle	—	2566
5 auf 0.60 Din.	Telefonkarte	—	2518
10 Din.	Schwalbe	cch	2429
10 auf 0.10 Din.	Mann am Briefkasten	—	2519
10 auf 0.50 Din.	Brieftaube	—	2555
10 auf 5 Din.	Flugzeug	—	2567
20 Din.	Postbote	bri	2151
20 Din.	Frau in Telefonzelle	bxa	2520
20 auf 1 Din.	Zug	—	2556
20 auf 5 Din.	Flugzeug	(cbg)	2568
30 Din.	Briefträger	bsx	2187
40 Din.	Gabelstapler	bsw	2186
50 Din.	Zug	bsi	2175
50 auf 2 Din.	Schiff	—	2557
60 Din.	Mann am Briefkasten	bun	2226
80 auf 60 Din.	Mann am Briefkasten	—	2240
93 Din.	Glückwunschtelegramm	bvt	2255
100 Din.	Postbote	bsp	2181
100 auf 3 Din.	Briefkasten	—	2558
106 Din.	Schalterbeamtin	bvu	2256
106 Din.	Postbeamtin	bvw	2258
120 Din.	Frau mit Brief	bxb	2288
120 auf 93 Din.	Glückwunschtelegramm	—	2282
140 Din.	Postbeamtin	bvw	2289
140 auf 106 Din.	Postbeamtin	—	2283
170 Din.	Briefkasten	byc	2313
170 auf 120 Din.	Frau mit Brief	—	2316
200 Din.	Schiff	bsk	2176
220 Din.	Postkutsche	bye	2315
220 auf 140 Din.	Postbeamtin	—	2317
300 Din.	Briefkasten	byc	2342
400 auf 30 Din.	Briefträger	—	2363
500 Din.	Postbeamtin (dunkelblau/hellorange)	bwn	2272
500 Din.	Postbeamtin (preußischblau/grünlichgelb)	bwn	2281
700 auf 170 Din.	Briefkasten	—	2364
700 auf 220 Din.	Postkutsche	—	2359
800 Din.	Postbote	bri	2360
1000 Din.	Frau in Telefonzelle	bxa	2287
2000 Din.	Flugzeug	bxk	2296
2000 Din.	Telefonkarte	bzy	2361
5000 Din.	Brieftaube	byp	2327
10000 Din.	Briefe	bza	2337
10000 Din.	Briefträger	bsx	2389
20000 Din.	Fernmeldesatellit	bzz	2362
20000 Din.	Zug	bsi	2390
50000 Din.	Propellerflugzeug	caw	2384
50000 Din.	Europakarte	ciz	2605
100000 Din.	Schwalbe	cbb	2391
100000 Din.	Flugzeug	cka	2606

Die MICHEL-Redaktion nimmt keine Markenprüfungen vor!

Verzeichnis der Heftchen mit Zusammendrucken

MH-MiNr.	Bezeichnung	Ausgabe-Datum	Nomi-nale	Enthält H-Blatt	Preis **
1	Neujahr 1979	27.12.78	49.20 Din.	1, 2	4,—
2	Volkstrachten	22. 5.86	400 Din.	3	6,—
3	Segelschiffe	10. 6.89	9000 Din.	4	4,—
4	Leuchttürme	25. 7.91	120 Din.	5	15,—
5	Dampflokomotiven	3. 7.92	6000 Din.	6	16,—
6	Alte Festungen	9. 7.93	5 400 000 Din.	7	8,—
7	Buddelschiffe	27.10.94	3 ND	8	8,—
8	Eisenbahnen	3.11.98	15 ND	9	10,—
9	Jahrtausendwende	19.11.99	51 ND	10	7,50
10	Jahrtausendwende (II)	2.11.00	112 ND	11	6,—

Verzeichnis der Heftchenblätter

2 (bao)	2 (bao)	2 (bao)	2 (bao)
2 (bap)	2 (bap)	2 (bap)	2 (bap)

H-Blatt 1 mit MiNr. 1771–1772   2,—

3.40 (bar)	3.40 (bar)	3.40 (bas)	3.40 (bas)
4.90 (bat)	4.90 (bat)	4.90 (bau)	4.90 (bau)

H-Blatt 2 mit MiNr. 1773–1776   2,—

50 (brr)	50 (brs)	50 (brt)	50 (bru)
50 (brv)	50 (brw)	50 (brx)	50 (bry)

H-Blatt 3 mit MiNr. 2159–2166   4,50

1000 (bzm)	1000 (bzn)	1000 (bzo)	3000
1000 (bzp)	1000 (bzr)	1000 (bzs)	

H-Blatt 4 mit MiNr. 2348–2354   2,50

10 (cet)	10 (ceu)	10 (cev)	10 (cew)	10 (cex)	10 (cey)
10 (cez)	10 (cfa)	10 (cfb)	10 (cfc)	10 (cfd)	10 (cfe)

H-Blatt 5 mit MiNr. 2490–2501   14,—

1000 (chb)	1000 (chc)	1000 (chd)
1000 (che)	1000 (chf)	1000 (chg)

H-Blatt 6 mit MiNr. 2548–2553   15,—

900 000 (ckc)	900 000 (ckd)	900 000 (cke)
900 000 (ckf)	900 000 (ckg)	900 000 (ckh)

H-Blatt 7 mit MiNr. 2608–2613   7,50

0.50 (cmr)	0.50 (cms)	0.50 (cmt)	2.50 (cwe)	2.50 (cwf)	2.50 (cwg)
0.50 (cmu)	0.50 (cmv)	0.50 (cmw)	2.50 (cwh)	2.50 (cwi)	2.50 (cwk)

H-Blatt 8 mit MiNr. 2679–2684   7,—   **H-Blatt 9** mit MiNr. 2880–2885   9,—

6 (cyr)	6 (cys)	6 (cyt)	15
6 (cyu)	6 (cyv)	6 (cyw)	

H-Blatt 10 mit MiNr. 2938–2944   7,—

12 (daz)	12 (dba)	12 (dbb)	40
12 (dbc)	12 (dbd)	12 (dbe)	

H-Blatt 11 mit MiNr. 2992–2998   6,—

Zusammendrucke aus Markenheftchen

Zd-MiNr.	Katalog-Nr.	Werte	Preise	

Neujahr 1979 (27. 12. 1978)

Zd-MiNr.	Katalog-Nr.	Werte	Preise	
W 1	1773/1774	3.40 + 3.40	0,50	0,50
W 2	1775/1776	4.90 + 4.90	0,50	0,50
S 1	1771/1772	2 + 2	0,50	0,50
S 2	1773/1775	3.40 + 4.90	0,50	0,50
S 3	1774/1776	3.40 + 4.90	0,50	0,50

Volkstrachten (22. 5. 1986)

Zd-MiNr.	Katalog-Nr.	Werte	Preise	
W 3	2159/2160	50 + 50	1,—	1,—
W 4	2159/2160/2161	50 + 50 + 50	1,50	1,50
W 5	2160/2161	50 + 50	1,—	1,—
W 6	2160/2161/2162	50 + 50 + 50	1,50	1,50
W 7	2161/2162	50 + 50	1,—	1,—
W 8	2163/2164	50 + 50	1,—	1,—
W 9	2163/2164/2165	50 + 50 + 50	1,50	1,50
W 10	2164/2165	50 + 50	1,—	1,—
W 11	2164/2165/2166	50 + 50 + 50	1,50	1,50
W 12	2165/2166	50 + 50	1,—	1,—
S 4	2159/2163	50 + 50	1,—	1,—
S 5	2160/2164	50 + 50	1,—	1,—
S 6	2161/2165	50 + 50	1,—	1,—
S 7	2162/2166	50 + 50	1,—	1,—

Segelschiffe (10. 6. 1989)

Zd-MiNr.	Katalog-Nr.	Werte	Preise	
W 13	2348/2349	1000 + 1000	0,60	0,60
W 14	2348/2349/2350	1000 + 1000 + 1000	0,90	0,90
W 15	2349/2350	1000 + 1000	0,60	0,60
W 16	2351/2352	1000 + 1000	0,60	0,60
W 17	2351/2352/2353	1000 + 1000 + 1000	0,90	0,90
W 18	2352/2353	1000 + 1000	0,60	0,60
S 8	2348/2351	1000 + 1000	0,60	0,60
S 9	2349/2352	1000 + 1000	0,60	0,60
S 10	2350/2353	1000 + 1000	0,60	0,60

Leuchttürme (25. 7. 1991)

Zd-MiNr.	Katalog-Nr.	Werte	Preise	
W 19	2490/2491	10 + 10	2,—	2,—
W 20	2490/2491/2492	10 + 10 + 10	3,—	3,—
W 21	2491/2492	10 + 10	2,—	2,—
W 22	2491/2492/2493	10 + 10 + 10	3,—	3,—
W 23	2492/2493	10 + 10	2,—	2,—
W 24	2492/2493/2494	10 + 10 + 10	3,—	3,—
W 25	2493/2494	10 + 10	2,—	2,—
W 26	2493/2494/2495	10 + 10 + 10	3,—	3,—
W 27	2494/2495	10 + 10	2,—	2,—
W 28	2496/2497	10 + 10	2,—	2,—
W 29	2496/2497/2498	10 + 10 + 10	3,—	3,—
W 30	2497/2498	10 + 10	2,—	2,—
W 31	2497/2498/2499	10 + 10 + 10	3,—	3,—
W 32	2498/2499	10 + 10	2,—	2,—
W 33	2498/2499/2500	10 + 10 + 10	3,—	3,—
W 34	2499/2500	10 + 10	2,—	2,—
W 35	2499/2500/2501	10 + 10 + 10	3,—	3,—
W 36	2500/2501	10 + 10	2,—	2,—
S 11	2490/2496	10 + 10	2,—	2,—
S 12	2491/2497	10 + 10	2,—	2,—
S 13	2492/2498	10 + 10	2,—	2,—
S 14	2493/2499	10 + 10	2,—	2,—
S 15	2494/2500	10 + 10	2,—	2,—
S 16	2495/2501	10 + 10	2,—	2,—

Dampflokomotiven (3. 7. 1992)

Zd-MiNr.	Katalog-Nr.	Werte	Preise	
W 37	2548/2549	1000 + 1000	5,—	5,—
W 38	2548/2549/2550	1000 + 1000 + 1000	7,50	7,50
W 39	2549/2550	1000 + 1000	5,—	5,—
W 40	2551/2552	1000 + 1000	5,—	5,—
W 41	2551/2552/2553	1000 + 1000 + 1000	7,50	7,50
W 42	2552/2553	1000 + 1000	5,—	5,—
S 17	2548/2551	1000 + 1000	5,—	5,—
S 18	2549/2552	1000 + 1000	5,—	5,—
S 19	2550/2553	1000 + 1000	5,—	5,—

Alte Festungen (9. 7. 1993)

Zd-MiNr.	Katalog-Nr.	Werte	Preise	
W 43	2608/2609	900 000 + 900 000	2,40	2,40
W 44	2608/2609/2610	900 000 + 900 000 + 900 000	3,60	3,60
W 45	2609/2610	900 000 + 900 000	2,40	2,40
W 46	2611/2612	900 000 + 900 000	2,40	2,40
W 47	2611/2612/2613	900 000 + 900 000 + 900 000	3,60	3,60
W 48	2612/2613	900 000 + 900 000	2,40	2,40
S 20	2608/2611	900 000 + 900 000	2,40	2,40
S 21	2609/2612	900 000 + 900 000	2,40	2,40
S 22	2610/2613	900 000 + 900 000	2,40	2,40

Buddelschiffe (27. 10. 1994)

Zd-MiNr.	Katalog-Nr.	Werte	Preise	
W 49	2679/2680	0.50 + 0.50	2,—	2,—
W 50	2679/2680/2681	0.50 + 0.50 + 0.50	3,—	3,—
W 51	2680/2681	0.50 + 0.50	2,—	2,—
W 52	2682/2683	0.50 + 0.50	2,—	2,—
W 53	2682/2683/2684	0.50 + 0.50 + 0.50	3,—	3,—
W 54	2683/2684	0.50 + 0.50	2,—	2,—
S 23	2679/2682	0.50 + 0.50	2,—	2,—
S 24	2680/2683	0.50 + 0.50	2,—	2,—
S 25	2681/2684	0.50 + 0.50	2,—	2,—

Eisenbahnen (3. 11. 1998)

Zd-MiNr.	Katalog-Nr.	Werte	Preise	
W 55	2880/2881	2.50 + 2.50	3,—	3,—
W 56	2880/2881/2882	2.50 + 2.50 + 2.50	4,50	4,50
W 57	2881/2882	2.50 + 2.50	3,—	3,—
W 58	2883/2884	2.50 + 2.50	3,—	3,—
W 59	2883/2884/2885	2.50 + 2.50 + 2.50	4,50	4,50
W 60	2884/2885	2.50 + 2.50	3,—	3,—
S 26	2880/2883	2.50 + 2.50	3,—	3,—
S 27	2881/2884	2.50 + 2.50	3,—	3,—
S 28	2882/2885	2.50 + 2.50	3,—	3,—

Jahrtausendwende (19. 11. 1999)

Zd-MiNr.	Katalog-Nr.	Werte	Preise	
W 61	2938/2939	6 + 6	2,—	2,—
W 62	2938/2939/2940	6 + 6 + 6	3,—	3,—
W 63	2939/2940	6 + 6	2,—	2,—
W 64	2941/2942	6 + 6	2,—	2,—
W 65	2941/2942/2943	6 + 6 + 6	3,—	3,—
W 66	2942/2943	6 + 6	2,—	2,—
S 29	2938/2941	6 + 6	2,—	2,—
S 30	2939/2942	6 + 6	2,—	2,—
S 31	2940/2943	6 + 6	2,—	2,—

Jahrtausendwende (II) (2. 11. 2000)

Zd-MiNr.	Katalog-Nr.	Werte	Preise	
W 67	2992/2993	12 + 12	1,20	1,20
W 68	2992/2993/2994	12 + 12 + 12	1,80	1,80
W 69	2993/2994	12 + 12	1,20	1,20
W 70	2995/2996	12 + 12	1,20	1,20
W 71	2995/2996/2997	12 + 12 + 12	1,80	1,80
W 72	2996/2997	12 + 12	1,20	1,20
S 32	2992/2995	12 + 12	1,20	1,20
S 33	2993/2996	12 + 12	1,20	1,20
S 34	2994/2997	12 + 12	1,20	1,20

Dienstmarken

1946, 1. Nov. Staatswappen. Bdr. in Belgrad; gez. K 12½.

Da

					**	⊙
1	0.50 Din	orange	....	Da	0,20	0,20
2	1.00 Din	blaugrün	....	Da	0,20	0,20
3	1.50 Din	grün	....	Da	0,30	0,20
4	2.50 Din	rot	....	Da	0,30	0,20
5	4.00 Din	braun	....	Da	0,80	0,20
6	5.00 Din	blau	....	Da	1,10	0,20
7	8.00 Din	dunkelbraun	....	Da	2,—	0,20
8	12.00 Din	violett	....	Da	2,20	0,30
			Satzpreis (8 W.)		7,—	1,50

MiNr. 7 und 8 mit Aufdruck siehe Freimarken MiNr. 581–582

Gültig bis 31.12.1948 und vom 1.1.1949 bis 31.12.1951 als Freimarken

Portomarken

Ausgaben für Bosnien-Herzegowina

1918, 13. Dez. Portomarken von Österreich – Bosnien-Herzegowina mit Aufdruck I in lateinischer, II in kyrillischer Schrift.

```
DRŽAVA S.H S.          ДРЖАВА С Х С
   BOSNA I                БОСНА И
HERCEGOVINA            ХЕРЦЕГОВИНА

   HELERA                    хелера
Aufdruck I                Aufdruck II
```

					*	⊙
1	2 H	rot	....	II (14)	0,10	0,10
2	4 H	rot	....	I (15)	0,70	0,70
3	5 H	rot	....	II (16)	0,10	0,10
4	6 H	rot	....	I (17)	1,10	1,10
5	10 H	rot	....	II (18)	0,10	0,10
6	15 H	rot	....	I (19)	8,50	8,50
7	20 H	rot	....	II (20)	0,10	0,10
8	25 H	rot	....	I (21)	0,70	0,70
9	30 H	rot	....	II (22)	0,70	0,70
10	40 H	rot	....	II (23)	0,20	0,20
11	50 H	rot	....	II (24)	1,50	1,50
12	1 Kr	blau	....	I (25) R	0,70	0,70
13	3 Kr	blau	....	I (26) R	0,50	0,50
			Satzpreis (13 W.)		15,—	15,—

Zahlreiche Aufdruckfehler bekannt.

Auflagen: MiNr. 1 = 265 500, MiNr. 2 = 65 500, MiNr. 3 = 133 400, MiNr. 4 = 76 500, MiNr. 5 = 365 500, MiNr. 6 = 23 200, MiNr. 7 = 253 300, MiNr. 8 = 76 700, MiNr. 9 = 78 000, MiNr. 10 = 151 800, MiNr. 11 = 69 500, MiNr. 12 = 110 500, MiNr. 13 = 132 700 Stück

1919, Mai. Freimarken und Portomarken von Österreich – Bosnien-Herzegowina mit Aufdruck III und V in lateinischer, IV und VI in kyrillischer Schrift.

Aufdruck III   IV   V   VI

					*	⊙
14	2 H	auf 35 H hellblau/schwarz (26) IV			0,70	1,—
15	5 H	auf 45 H b'grünl'blau/schw (28) IV			1,20	1,50
16	10 H	auf 10 H rot .... (15) II			0,10	0,10
17	15 H	auf 40 H orange/schwarz (27) IV			0,50	0,60
18	20 H	auf 5 H grün .... (13) III			0,10	0,20
19	25 H	auf 20 H rosa/schwarz .. (24) IV			0,50	0,70
20	20 H	auf 30 H h'braun/schwarz (25) III			0,50	0,70
21	40 H	auf 6 H schwarz/gelb .. (P 6) VI			0,10	0,10
22	50 H	auf 8 H schwarz/gelb .. (P 8) V			0,10	0,10
23	1 Kr	auf 50 H lila .... (20) IV			0,20	0,70
24	200 H	schwarz/grün .... (P 13) V			10,—	8,50
25	3 Kr	auf 25 H blau .... (17) IV			0,60	0,70
26	4 Kr	auf 7 H schwarz/gelb .. (P 7) V			0,50	0,70
		Satzpreis (13 W.)			15,—	15,—

Zahlreiche Aufdruckfehler bekannt.

Auflagen: MiNr. 14 = 45 200, MiNr. 15 = 43 800, MiNr. 16 = 252 900, MiNr. 17 = 51 900, MiNr. 18 = 209 500, MiNr. 19 = 62 350, MiNr. 20 = 63 500, MiNr. 21 = 132 950, MiNr. 22 = 126 700, MiNr. 23 = 107 500, MiNr. 24 = 27 040, MiNr. 25 = 80 200, MiNr. 26 = 85 850 Stück

Ausgaben für Kroatien

1918, 18. Nov./Dez. Portomarken von Ungarn mit blauem Aufdruck.

```
HRVATSKA

  SHS
```

					*	⊙
27	1 f	dunkelgrün/rot	....	(36)	35,—	45,—
28	2 f	dunkelgrün/rot	....	(37)	1,70	1,70
29	10 f	dunkelgrün/rot	....	(40)	1,20	1,20
30	12 f	dunkelgrün/rot	....	(41)	100,—	110,—
31	15 f	dunkelgrün/rot	....	(42)	1,—	1,—
32	20 f	dunkelgrün/rot	....	(43)	1,—	1,—
33	30 f	dunkelgrün/rot	....	(44)	2,50	2,50
34	50 f	dunkelgrün/schwarz				
X		Wz. Patriarchenkreuz stehend (33 X)			180,—	
Y		Wz. Patriarchenkreuz liegend (33 Y)			40,—	50,—
Z		Wz. Stephanskrone ...... (16 A)			1000,—	
		Satzpreis (8 W.)			180,—	200,—

Zahlreiche Aufdruckfehler bekannt.
Ungarische Portomarken zu 5 und 6 Filler sind unbefugt überdruckt worden.

Auflagen: MiNr. 27 = 6 200, MiNr. 28 = 36 800, MiNr. 29 = 74 700, MiNr. 30 = 1 700, MiNr. 31 = 52 800, MiNr. 32 = 65 200, MiNr. 33 = 36 300, MiNr. 34 = 17 300 Stück

MiNr. 35 fällt aus.

1918. Portomarke von Ungarn mit gleichem Aufdruck.

36	50 f	dunkelgrün/schwarz	....	(25)	600,—	600,—

Ausgaben für Slowenien

1919, 18. März/10. Dez. Stdr. I = Type I (Ljubljana), II = Type II (Wien); stark schwankende Farbtönungen; glattes oder rauhes Papier; gez. L 11½, MiNr. 37 II auch gez. L 11.

I = Type I (Ljubljana, 18. März)
Ziffern bei den Vinarwerten 9 mm, bei den Kronenwerten 8 mm hoch

Jugoslawien

37 I	5 Vin	karmin, rot	.... Pa	0,10	0,10
38 I	10 Vin	karmin, rot	.... Pa	0,10	0,10
39 I	20 Vin	karmin, rot	.... Pa	0,10	0,10
40 I	50 Vin	karmin, rot	.... Pa	0,20	0,10
41 I	1 Kr	dkl'ultramarinblau, schieferblau Pb		0,30	0,20
42 I	5 Kr	dkl'ultramarinblau, schieferblau Pb		0,70	0,50
43 I	10 Kr	dkl'ultramarinblau, schieferblau Pb		1,60	0,80
			Satzpreis I (7 W.)	3,—	1,50

II = Type II (Wien, 10. Dez.)
Ziffern bei den Vinarwerten 12½ mm, bei den Kronenwerten 7 mm hoch

37 II	5 Vin	karmin, rot	.... Pa	0,10	0,10
38 II	10 Vin	karmin, rot	.... Pa	0,20	0,10
39 II	20 Vin	karmin, rot	.... Pa	0,20	0,10
40 II	50 Vin	karmin, rot	.... Pa	0,30	0,10
41 II	1 Kr	dkl'ultramarinblau, schieferblau Pb		0,60	0,50
42 II	5 Kr	dkl'ultramarinblau, schieferblau Pb		2,50	0,50
43 II	10 Kr	dkl'ultramarinblau, schieferblau Pb		5,50	3,—
			Satzpreis II (7 W.)	9,—	4,40

Auflagen: MiNr. 37 I = 1 012 900, MiNr. 38 I = 1 014 300, MiNr. 39 I = 812 700, MiNr. 40 I = 701 800, MiNr. 41 I = 115 000, MiNr. 42 I = 75 000, MiNr. 43 I = 69 000, MiNr. 37 II = 990 000, MiNr. 38 II = 485 000, MiNr. 39 II = 990 000, MiNr. 40 II = 495 000, MiNr. 41 II = 100 000, MiNr. 42 II = 75 000, MiNr. 43 II = 25 000 Stück

1920, 5. Juli. Freimarke zu 30 Vinar mit rotem Aufdruck Porto und Wert (in Para); I = Stdr. (MiNr. 102 I), II = Bdr.; A = gez. L 11½ auf x = glattem, y = rauhem Papier (MiNr. 102 II), B = zickzackartig ☐ (MiNr. 102 C).

                                         ✶✶   ⊙

I = Stdr.
Glattes poriges Papier; gez. L 11½

44 I	5 (Pa)	auf 15 Vin blau	..... (102)	0,20	0,10
45 I	10 (Pa)	auf 15 Vin blau	..... (102)	1,50	1,—
46 I	20 (Pa)	auf 15 Vin blau	..... (102)	0,20	0,10
47 I	50 (Pa)	auf 50 Vin blau	..... (102)	0,20	0,10
			Satzpreis I (4 W.)	2,—	1,20

II = Bdr.; A = gez. L 11½, B = zickzackartig ☐
x = glattes Papier (türkisblau), y = rauhes Papier hellblau)

44 II	5 (Pa)	auf 15 Vin blau ..... (102)			
A		gez. L 11½			
x		glattes Papier	....	35,—	12,—
y		rauhes Papier	....	10,—	2,—
B		☐	....	2,—	0,50
45 II	10 (Pa)	auf 15 Vin blau ..... (102)			
A		gez. L 11½			
x		glattes Papier	....	250,—	250,—
y		rauhes Papier	....	35,—	15,—
B		☐	....	7,—	2,50
46 II	20 (Pa)	auf 15 Vin blau ..... (102)			
A		gez. L 11½			
x		glattes Papier	....	26,—	8,—
y		rauhes Papier	....	11,—	5,—
B		☐	....	1,70	0,50
47 II	50 (Pa)	auf 15 Vin blau ..... (102)			
A		gez. L 11½			
x		glattes Papier	....	7,50	10,—
y		rauhes Papier	....	8,—	5,—
B		☐	....	3,—	0,50
			Satzpreis II B (4 W.)	13,—	4,—

FALSCH

Auflagen: MiNr. 44 I, 46 I, 47 I je 720 000, MiNr. 45 I = 240 000, MiNr. 44 II Ax, 46 II Ax, 47 II Ax 4500, MiNr. 45 II Ax = 1500, MiNr. 44 II Ay, 47 II Ay je 56 220, MiNr. 45 II Ay = 18 740, MiNr. 44 II B, 46 II B, 47 II B je 420 000, MiNr. 45 II B = 14 000 Stück

---

Die Ausführlichkeit der **MICHEL**-Kataloge
ist international anerkannt.

1920, 5. Juli. Freimarke zu 30 Vinar mit blauem Zieraufdruck Porto und Wert (in Dinar); I Stdr. (MiNr. 105 I); gez. L 11½; II Bdr. (MiNr. 105 C); zickzackartig ☐.

I = Stdr.; gez. L 11½

48 I	1 Din	auf 30 Vin lilarosa, weinrot (105 I)		0,50	0,20
49 I	3 Din	auf 30 Vin lilarosa, weinrot (105 I)		0,50	0,20
50 I	8 Din	auf 30 Vin lilarosa, weinrot (105 I)		4,—	1,—
			Satzpreis I (3 W.)	5,—	1,40

II = Bdr.; zickzackartig ☐

48 II	1 Din	auf 30 Vin lilarosa, weinrot (105 C)		2,—	0,50
49 II	3 Din	auf 30 Vin lilarosa, weinrot (105 C)		3,—	1,—
50 II	8 Din	auf 30 Vin lilarosa, weinrot (105 C)		35,—	9,—
			Satzpreis II (3 W.)	40,—	10,—

Es gibt noch weitere ☐-Arten.

Auflagen: MiNr. 48 I = 300 000, MiNr. 49 I = 180 000, MiNr. 50 I = 120 000, MiNr. 48 II = 150 000, MiNr. 49 II = 90 000, MiNr. 50 II = 60 000 Stück

Ausgaben für das gesamte Königreich der Serben, Kroaten und Slowenen

1921, 9. April. Nicht ausgegebene Freimarke mit rotem oder schwarzem Aufdruck Porto und des neuen Wertes. Bdr.; gez. L 11½

Pe) Thronfolger Alexander

51	10 ПАРА	auf 5 Pa grün	.... Pe (R)	0,30	0,10
52	30 ПАРА	auf 5 Pa grün	.... Pe (S)	0,50	0,10
			Satzpreis (2 W.)	0,80	0,20

Auflagen: MiNr. 51 = 837 000, MiNr. 52 = 3 740 000 Stück

Gültig bis 22.9.1928

1921, 22. Nov./1931. Wertziffer im Kreise und Zierrahmen Bdr.; I = Type I (MiNr. 53–57 Bildgröße 22½ × 28½); II = Type II von Wiener Platten (geänderte Wertziffer bei MiNr. 53–57; Bildgröße 21½ × 28 mm) ; A = gez. L 10½, B = gez. L 9, C = gez. L 11½ (bei Type I mangelhaft gezähnt).
Pf

10   30   50   1   2
Wertziffern I

10   30   50   1   2
Wertziffern II

53	10 Pa	rosa, rot .... Pf		
I C		Type I gez. L 11½	0,20	0,10
II		Type II		
A		gez. L 10½ (1923/25)	0,20	0,10
B		gez. L 9 (1926/28)	15,—	7,—
C		gez. L 11½ (1931)	1,20	0,30
54	30 Pa	gelbgrün .... Pf		
I C		Type I gez. L 11½	0,50	0,10
II A		Type II gez. L 10½ (1923/25) ..	0,80	0,50
55	50 Pa	(dunkel-)violett .... Pf		
I C		Type I gez. L 11½	0,50	0,10
II		Type II		
A		gez. L 10½ (1923/25)	0,20	0,10
B		gez. L 9 (1926/28)	1,50	0,10
C		gez. L 11½ (1931)	100,—	12,—
56	1 Din	braun .... Pf		
I C		Type I gez. L 11½	0,70	0,10
II		Type II		
A		gez. L 10½ (1923/25)	0,50	0,10
B		gez. L 9 (1926/28)	2,50	0,10
C		gez. L 11½ (1931)	5,—	0,30
57	2 Din	blau .... Pf		
I C		Type I gez. L 11½	1,—	0,10
II		Type II		
A		gez. L 10½ (1923/25)	1,20	0,10
B		gez. L 9 (1926/28)	6,—	0,10
C		gez. L 11½ (1931)	25,—	0,50
58	5 Din	orange .... Pf		
I C		Type I gez. L 11½	5,—	0,10
II		Type II		
A		gez. L 10½ (1923/25)	4,—	0,10
B		gez. L 9 (1926/28)	13,—	0,10
C		gez. L 11½ (1931)	75,—	0,30
59	10 Din	lilabraun .... Pf		
I C		Type I gez. L 11½	15,—	0,50
II		Type II		
A		gez. L 10½ (1923/25)	26,—	0,20
B		gez. L 9 (1926/28)	30,—	0,10
60	25 Din	rosa .... Pf		
I C		Type I gez. L 11½	85,—	2,—
II A		Type II gez. L 10½	160,—	1,50
61	50 Din	dunkelgrün .... Pf		
I C		Type I gez. L 11½	75,—	2,—
II A		Type II gez. L 10½	120,—	1,50
		Satzpreis I C (9 W.)	180,—	5,—
		Satzpreis II A (9 W.)	300,—	4,20

53 I F 10 Pa lilabraun (Feld 22 im Bogen der
10-Din-Marke MiNr. 59) .... 450,—

Auflagen: MiNr. 53 I = 1 175 000, MiNr. 54 I = 490 200, MiNr. 55 I = 1 893 075, MiNr. 56 I = 1 956 950, MiNr. 57 I = 1 620 750, MiNr. 58 I = 105 600, MiNr. 59 I = 105 400, MiNr. 60 I = 58 200, MiNr. 61 I = 67 400, MiNr. 53 II = 2 030 600, MiNr. 54 II = 138 300, MiNr. 55 II = 6 701 300, MiNr. 56 II = 12 425 000, MiNr. 57 II = 4 710 900, MiNr. 58 II = 2 342 900, MiNr. 59 II = 905 400, MiNr. 60 II = 284 000, MiNr. 61 II = 349 600 Stück

Gültig bis 20.11.1931

1928, 2. Mai. Portomarken MiNr. 60 II und 61 II mit Wertaufdruck.

I = „1" mit kurzem geradem Anstrich
II = „1" mit langem geschweiften Anstrich

62	10 Din	............auf 25 Din rosa	(60 II)	
I		Type I	8,—	0,50
II		Type II	30,—	4,—
63	10 Din	auf 50 Din dkl'grün	(61 II)	
I		Type I	8,—	0,50
II		Type II	30,—	4,—
		Satzpreis I (2 W.)	16,—	1,—
		Satzpreis II (2 W.)	60,—	8,—

Paare:

62 I/II	....	75,—	20,—
63 I/II	....	75,—	20,—

Wenn Sie eine eilige philatelistische Anfrage haben, rufen Sie bitte (0 89) 3 23 93-2 24. Die MICHEL-Redaktion gibt Ihnen gerne Auskunft.

1931, 1. Sept./1932/40. Neue Ausgabe. I = Wappen unten mit Stecherzeichen, II = ohne Stecherzeichen. Bdr.; gez. K 12½.

Pg

64	50 Pa	grau-, dkl'rotviolett, dkl'braun-purpur .... Pg		
I		mit Stecherzeichen	3,50	0,30
II		ohne Stecherzeichen	0,10	0,10
65	1 Din	rotlila, dunkelrot .... Pg		
I		mit Stecherzeichen	7,50	0,30
II		ohne Stecherzeichen	0,10	0,10
66	2 Din	blau .... Pg		
I		mit Stecherzeichen	20,—	0,30
II		ohne Stecherzeichen	0,10	0,10
67	5 Din	dunkelgelb .... Pg		
I		mit Stecherzeichen	4,50	0,30
II		ohne Stecherzeichen	0,20	0,10
68	10 Din	dkl'karminbraun, braun .. Pg		
I		mit Stecherzeichen	26,—	1,80
II		ohne Stecherzeichen	0,50	0,20
		Satzpreis I (5 W.)	60,—	3,—
		Satzpreis II (5 W.)	1,—	0,60

1933, 5. Sept. Portomarken MiNr. 55 II–59 II mit bogenförmigem Aufdruck des neuen Landesnamens, alter Name durch Zierleiste überdruckt.

69	50 Pa	dunkelviolett .... (55 II) Gr		
A		gez. L 9	0,20	0,10
B		gez. L 10½	0,70	0,10
70	1 Din	braun .... (56 II) Bl		
A		gez. L 9	0,30	0,10
B		gez. L 10½	5,—	1,70
C		gez. L 11½	0,30	0,10
71	2 Din	blau .... (57 II) R		
A		gez. L 9	0,60	0,10
B		gez. L 10½	2,50	1,50
C		gez. L 11½	0,50	0,10
72	5 Din	orange .... (58 II) Bl		
A		gez. L 9	3,50	0,70
B		gez. L 10½	2,—	1,—
C		gez. L 11½	2,—	0,10
73	10 Din	lilabraun .... (59 II) Bl		
A		gez. L 9	10,—	0,10
B		gez. L 10½	10,—	0,30
		Satzpreis A (5 W.)	14,—	0,50
		Satzpreis B (5 W.)	20,—	4,50
		Satzpreis C (3 W.)	2,60	0,30

Auflagen: MiNr. 69 = 793 800, MiNr. 70 = 493 200, MiNr. 71 = 691 700, MiNr. 72 = 402 600, MiNr. 73 = 139 800 Stück

Gültig bis Mai 1935

Demokratska Federativna Jugoslavija

1944, 25. Dez. Belgrader Ausgabe. Aufdruck in kyrillischer Schrift seitwärts links aufwärts, rechts abwärts, dazwischen neues Wappen, unten waagerecht auf serbischen Portomarken deutscher Besetzung, jedoch ohne den serbischen Wappenadler.

74	10 Din	karminrot .... (21)	1,50	0,70
75	20 Din	dunkelblau .... (22)	1,50	0,70
		Satzpreis (2 W.)	3,—	1,40

Auflage: 100 000 Sätze   *Gültig bis 31.7.1945*

Jugoslawien

1945, 13. Febr./3. März. 1. Wappenausgabe. Inschrift: „Demokratska Federativna Jugoslavija". Wertziffer schwarz; Bdr.; gez. K 12½.

Ph

76	2 Din	lilabraun/schwarz (26.2.)	Ph	0,20	0,10
77	3 Din	violett/schwarz (26.2.)	Ph	0,20	0,10
78	5 Din	hellgrün/schwarz (1.3.)	Ph	0,20	0,10
79	7 Din	hellbraun/schwarz (1.3.)	Ph	0,20	0,10
80	10 Din	lila/schwarz (13.2.)	Ph	0,20	0,10
81	20 Din	blau/schwarz (13.2.)	Ph	0,20	0,10
82	30 Din	blaugrün/schwarz (3.3.)	Ph	0,50	0,40
83	40 Din	rosa/schwarz (3.3.)	Ph	0,50	0,50
		Satzpreis (8 W.)		2,—	1,50

1945, 28. Juni/Juli. 2. Wappenausgabe. Zeichnung wie bisher (Ph), jedoch farbige Wertziffer; Bdr. in Beograd; gez. K 12½.

84	1 Din	grün (28.6.)	0,30	0,20
85	1.50 Din	hellblau (28.6.)	0,30	0,20
86	2 Din	karminrot (4.7.)	0,50	0,20
87	3 Din	violettbraun (4.7.)	0,50	0,20
88	4 Din	hellviolett (12.7.)	0,60	0,20
		Satzpreis (5 W.)	2,20	1,—

Auflagen: MiNr. 84 = 7 000 000, MiNr. 85–88 je 5 000 000 Stück

Gültig bis 31.7.1952

Federativna Narodna Republika Jugoslavija

1946, 3. Mai/1947, 1. Jan. Neue Wappenzeichnung mit abwechselnder lateinischer und kyrillischer Inschrift. Bdr.; gez. K 12½.

Pi

89	0.50 Din	dunkelorange (1947)	Pi	0,20	0,10
90	1 Din	gelborange (Töne)	Pi	0,20	0,10
91	2 Din	dunkelblau (Töne)	Pi	0,20	0,10
92	3 Din	grün	Pi	0,20	0,10
93	5 Din	purpur	Pi	0,20	0,20
94	7 Din	karminrot	Pi	1,—	0,20
95	10 Din	lila (1947)	Pi	1,50	0,30
96	20 Din	lilarosa (1947)	Pi	3,—	0,70
		Satzpreis (8 W.)		6,50	1,70

90 UI	links ungezähnt	—,—	

Gültig bis 15.2.1968

ФНР ЈУГОСЛАВИЈА 1950, 26. Jan. Portomarken MiNr. 85, 87 und 88 mit zweizeiligem Bdr.-Aufdruck in kyrillischer und lateinischer Schrift.

FNR JUGOSLAVIJA

97	1.50 Din	hellblau	(P85)	0,20	0,20
98	3 Din	violettbraun	(P 87)	0,20	0,20
99	4 Din	hellviolett	(P 88)	0,30	0,30
		Satzpreis (3 W.)		0,70	0,70

Auflagen: MiNr. 97 = 2 260 900, MiNr. 98 = 1 255 200, MiNr. 99 = 362 700 Stück

Gültig bis 31.7.1952

1951/52. Zeichnung wie Ausgabe 1946/47, in neuer Goldwährung. Bdr.; gez. K 12½.

Pi

100	1 Din	braun (6.1952)	Pi	0,50	0,10
101	2 Din	grün (15.11.1951)	Pi	0,50	0,10
102	5 Din	kobaltblau (15.11.1951)	Pi	0,70	0,10
103	10 Din	zinnober (15.11.1951)	Pi	1,50	0,10
104	20 Din	violett (15.11.1951)	Pi	2,50	0,10
105	30 Din	gelborange (4.1952)	Pi	5,—	0,10
106	50 Din	ultramarin (15.11.1951)	Pi	15,—	0,50
107	100 Din	dunkelkarmin (4.1952)	Pi	50,—	2,50
		Satzpreis (8 W.)		75,—	3,60

107 I	fehlendes „I" in „DIN"	90,—
107 II	fehlendes „H" in „дин"	90,—

Gültig bis 15.2.1968

1962, 5. März. In gleicher Zeichnung jedoch Odr.; gez. K 12½.

Pi

108	10 Din	orangerot	Pi	4,—	0,20
109	20 Din	bläulichviolett	Pi	4,—	0,20
110	30 Din	orangegelb	Pi	8,50	0,20
111	50 Din	kornblumenblau	Pi	30,—	1,—
112	100 Din	karmin	Pi	15,—	1,50
		Satzpreis (5 W.)		60,—	3,—

108 I	fehlendes „I" in „DIN"	90,—

Auflagen: MiNr. 108, 109 je 510 000, MiNr. 110 = 400 000, MiNr. 111 = 330 000, MiNr. 112 = 530 000 Stück

Neuheiten

Ein Abonnement der MICHEL-Rundschau sichert Ihnen einen immer vollständigen Katalog, zeigt Ihnen Preisänderungen an und bereichert Ihre philatelistischen Kenntnisse durch gut recherchierte Fachbeiträge.

Zwangszuschlagsmarken

Obligatorische Zusatzfrankatur für jede Inlandssendung während eines bestimmten Zeitraumes.
Die ⊙-Preise gelten für lose Marken, bei denen das Stempeldatum nicht erkennbar ist. Marken auf Brief oder Briefstücke mit lesbarem Stempel sind erheblich teurer.

1933, 17. Sept. Rotes Kreuz. Inschrift „Pour la Croix Rouge". Bdr.; gez. L 12½.

Za) Rotes Kreuz und Inschrift

				**	⊙
1	50 Pa	blau/rot .... Za		0,80	0,30

Auflage: 8 000 000 Stück

1936, 20. Sept. 60 Jahre Serbisches Rotes Kreuz. Bdr.; gez. L 12½.

Zb) Dr. Vladan Djordjević (1844–1930), Ministerpräsident und Gründer des serbischen Roten Kreuzes

2	0.50 Din	schwarzbraun/rot .... Zb	0,50	0,30

Auflage: 1 399 377 Stück — Verwendung bis 26.9.1936

1938, 18. Sept. Rotes Kreuz. Odr.; gez. L 12½.

Zc) Mädchen von Kosovo Polje (nach einem Gemälde von P. Jovanović)

3	0.50 Din	mehrfarbig .... Zc	0,50	0,30

Auflage: 2 500 000 Stück — Verwendung bis 24.9.1938; außerdem vom 17.9.–23.9.1939

1940, 15. Sept. Zwangszuschlagsmarke MiNr. 3 in Farbänderung; Landesname in dickeren, „KOSOVKA DEVOJKA" in kleineren Buchstaben; Odr.; gez. L 12½.

4	0.50 Din	mehrfarbig .... Zc	0,70	0,50

Auflage: 2 500 000 Stück — Verwendung bis 21.9.1940

1947, 1. Jan. Rotes Kreuz. Bdr.; gez. K 12½.

Zd) Ruinen eines Dorfes

5	0.50 (Din)	braun/rot .... Zd	0,30	0,20

Auflage: 8 000 000 Stück — Verwendung bis 7.1.1947; außerdem vom 4.9.–11.9.1947

1948, 1. Okt. Rotes Kreuz. Odr.; gez. K 12½.

Ze) Figur

6	0.50 (Din)	schwarzviolett/rot .... Ze	0,30	0,20

Auflage: 4 500 000 Stück — Verwendung bis 7.10.1948

1949, 5. Nov. Rotes Kreuz. Odr.; gez. K 12½.

Zf) Rot-Kreuz-Schwester mit Kind

7	0.50 Din	braun/rot .... Zf	0,30	0,20

Auflage: 4 000 000 Stück — Verwendung bis 11.11.1949

1950, 1. Okt. Rotes Kreuz. Odr.; gez. K 12½.

Zg) Rot-Kreuz-Schwester

8	0.50 Din	grünschwarz/rot .... Zg	0,30	0,20

Auflage: 4 500 000 Stück — Verwendung bis 8.10.1950

1951, 7. Okt. Rotes Kreuz. Odr.; gez. K 12½.

Zh) Hissung einer Rot-Kreuz-Fahne

9	0.50 Din	ultramarin/rot .... Zh	0,30	0,20

Auflage: 4 500 000 Stück — Verwendung bis 14.10.1951

1952, 5. Okt. Rotes Kreuz. Odr.; gez. K 12½.

Zi) Rot-Kreuz-Schwester

10	0.50 Din	lilagrau/rot .... Zi	0,30	0,20

Auflage: 3 500 000 Stück — Verwendung bis 12.10.1952

1953, 25. Okt. Rotes Kreuz. Odr.; gez. K 12½.

Zk) Blutübertragung

11	2 (Din)	karminlila/rot .... Zk	0,50	0,20

Auflage: 3 000 000 Stück — Verwendung bis 1.11.1953

1954, 4. Okt. Woche des Kindes. Odr.; gez. 12½.

Zl) Kopf eines Kleinkindes

12	2 (Din)	dunkelbraun/hellorangerot .... Zl	1,—	0,80
12 U		ungezähnt	—,—	

Verwendung bis 11.10.1954

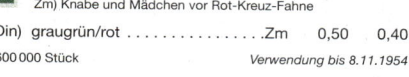
Jugoslawien

1954, 1. Nov. Rotes Kreuz. Odr.; gez. K 12½.

Zm) Knabe und Mädchen vor Rot-Kreuz-Fahne

13 2 (Din) graugrün/rot . . . . Zm   0,50   0,40
Auflage: 2 600 000 Stück   Verwendung bis 8.11.1954

1955, 2. Okt. Woche des Kindes. Odr.; gez. K 12½.

Zn) Mädchen

14 2 (Din) braunrot . . . . Zn   0,50   0,30
Auflage: 2 904 000 Stück   Verwendung bis 8.10.1955

1955, 31. Okt. Ausgabe zugunsten des Roten Kreuzes. Odr.; gez. K 12½.

Zo) Krankenschwester öffnet Fenster

15 2 (Din) blauschwarz/rot . . . . Zo   0,30   0,20
Auflage: 3 120 000 Stück   Verwendung bis 6.11.1955

1956, 6. Mai. Ausgabe zugunsten des Roten Kreuzes. Odr.; gez. K 12½.

Zp) Durch Lawine zerstörte Häuser

16 2 (Din) mehrfarbig . . . . Zp   0,40   0,30
Auflage: 3 986 000 Stück   Verwendung bis 21.5.1956

1956, 30. Sept. Woche des Kindes. Odr.; gez. K 12½.

Zr) Symbolik

17 2 (Din) russischgrün/graugrün . . . . Zr   0,50   0,30
Auflage: 4 000 000 Stück   Verwendung bis 6.10.1956

1957, 5. Mai. Rotes Kreuz. Odr.; gez. K 12½.

Zs) Flugzeug über stilis. Haus mit Frau und Kind

18 2 (Din) mehrfarbig . . . . Zs   0,40   0,30
Auflage: 4 000 000 Stück   Verwendung bis 11.5.1957

1957, 30. Sept. Woche des Kindes. Odr.; gez. K 12½.

Zt) Pionier-Plakette

19 2 (Din) braunrot/schwarzgrau . . . . Zt   0,40   0,30
Auflage: 4 000 000 Stück   Verwendung bis 6.10.1957

1958, 4. Mai. Rotes Kreuz. RaTdr., gez. K 12½.

Zu) Mädchen mit Wasserkrug

20 2 (Din) mehrfarbig . . . . Zu   0,50   0,30
Auflage: 4 310 000 Stück   Verwendung bis 10.5.1958

In ähnlicher Zeichnung:MiNr. 714

1958, 5. Okt. Woche des Kindes. Odr. in Beograd; gez. K 12½.

Zv) Stilis. Darstellung: spielende Kinder

21 2 (Din) mehrfarbig . . . . Zv   0,30   0,20
Auflage: 4 000 000 Stück   Gültig bis 11.10.1958

1959, 3. Mai. Rotes Kreuz. Odr.; gez. K 12½.

Zw) Stilisierte Darstellung: 3 Männer vor Hand

22 2 (Din) blauviolett/rot . . . . Zw   0,40   0,20
22 U   ungezähnt . . . .   —,—
Auflage: 3 450 000 Stück   Verwendung bis 9.5.1959

1959, 5. Okt. Woche des Kindes. Odr.; gez. K 12½.

Zx) Schultafel, stilis. Blumen und Fisch

23 2 (Din) orangegelb/schwarzblaugrün . . Zx   0,40   0,20
23 U   ungezähnt . . . .   —,—
23 ZW U   Paar mit Zwischensteg, □ . . . .   450,—
Auflage: 4 000 000 Stück   Verwendung bis 11.10.1959

Jugoslawien

1960, 8. Mai. Rotes Kreuz. Odr.; gez. K 12½.

Zy) „Wiederaufbau", Skulptur von L. Dolinar

24	2 (Din)	schwarzblau/rot .... Zy	0,40	0,20
24 U		ungezähnt	—,—	
24 ZW U		Paar mit Zwischensteg, □	—,—	

Auflage: 3 500 000 Stück Verwendung bis 14.5.1960

1960, 2. Okt. Woche des Kindes. Odr.; gez. K 12½.

Zz) Mädchenkopf, Spielzeug

25	2 (Din)	bräunlichrot .... Zz	0,30	0,20
25 U		ungezähnt	—,—	
25 ZW U		Paar mit Zwischensteg, □	—,—	

Auflage: 4 000 000 Stück Verwendung bis 8.10.1960

1961, 7. Mai. Rotes Kreuz. Odr.; A = gez. K 12½, B = □.

Zaa) Stilis. Arme mit Blume, Hammer, Blutstropfen und Rotes Kreuz

26	2 (Din)	mehrfarbig .... Zaa		
A		gez. K 12½	0,40	0,20
B		□	17,—	17,—

Auflagen: A = 3 500 000, B = 20 000 Stück Verwendung bis 13.5.1961

1961, 1. Okt. Woche des Kindes. Odr.; gez. K 12½.

Zab) Stilis. Blume, Papierflugzeug

27	2 (Din)	orange/blauviolett .... Zab	0,30	0,20
27 U		ungezähnt	—,—	
27 ZW U		Paar mit Zwischensteg, □	—,—	

Auflage: 6 000 000 Stück Verwendung bis 7.10.1961

1962, 30. April. Rotes Kreuz. Odr.; gez. K 12½.

Zac) Stilis. Darstellungen von Haushalt, Industrie, Schnee, Verkehr, Feuer, Wasser und Verbandszeug mit Rotem Kreuz

| 28 | 5 (Din) | mehrfarbig .... Zac | 0,30 | 0,20 |

Auflage: 6 000 000 Stück Verwendung bis 12.5.1962

1963, 5. Mai. 100 Jahre Rotes Kreuz. Odr.; gez. K 12½.

Zad) Jubiläumssignet des Roten Kreuzes, Jahreszahlen

29	5 (Din)	mehrfarbig .... Zad	0,40	0,20
29 U		ungezähnt	—,—	
29 ZWU		Paar mit Zwischensteg, □	—,—	
29 FU		Farbe Lilagrau fehlend, ungez.		

Auflage: 6 000 000 Stück Verwendung bis 11.5.1963

1964, 27. April. Rotes Kreuz. Odr.; gez. K 12½.

Zae) Fallschirm mit Rotem Kreuz über Erdkugel

| 30 | 5 (Din) | mehrfarbig .... Zae | 0,30 | 0,20 |

Auflage: 8 000 000 Stück Verwendung bis 9.5.1964

1965, 20. April. Rotes Kreuz. Odr.; gez. K 12½.

Zaf) Kinder umtanzen Rotes Kreuz

| 31 | 5 (Din) | braun/bräunlichrot .... Zaf | 0,20 | 0,20 |

Auflage: 8 000 000 Stück Verwendung bis 8.5.1965

1966, 28. April. Rote Kreuz. Odr.; gez. K 12½.

Zag) Rotes Kreuz mit Pfeilen

| 32 | 0.05 (Din) | mehrfarbig .... Zag | 0,20 | 0,20 |

Auflage: 8 000 000 Stück Verwendung bis 14.5.1966

1967, 28. April. Rotes Kreuz. Odr.; gez. K 12½.

Zah) Zwei rote Kreuze um eine Blume

33	0.05 (Din)	mehrfarbig .... Zah	0,20	0,20
33 U		ungezähnt	—,—	
33 ZWU		Paar mit Zwischensteg, □	—,—	
33 F U		fehlende Farbe grünoliv, □	150,—	

Auflage: 6 700 000 Stück Verwendung bis 13.5.1967

Jugoslawien

1968, 30. April. Rotes Kreuz. Odr.; gez. K 12.

Zai) Rotes Kreuz und Wabenmuster

| 34 | 5 (P) | mehrfarbig | Zai | 0,20 | 0,20 |

Verwendung bis 11.5.1968

1968, 12. Okt. Olympische Sommerspiele, Mexiko-Stadt. Odr.; gez. K 12½.

Zak) Aztekische Kalenderscheibe, olympische Ringe

| 35 | 0.10 (Din) | mehrfarbig | Zak | 0,20 | 0,20 |

Auflage: 8 000 000 Stück *Verwendung bis 20.10.1968*

1969, 18. Mai. Rotes Kreuz. Odr.; gez. K 12.

Zal) Stil. Erdkugel, zwei Hände

| 36 | 0.20 (Din) | mehrfarbig | Zal | 0,20 | 0,20 |

Auflage: 7 160 000 Stück *Verwendung bis 24.5.1969*

1969, 24. Nov. Olympische Woche. Odr.; gez. A = gez. L 11¼, B = gez. L 9.

Zam) Olympische Ringe, Fackel vor Erdkugel

37	0.10 (Din)	mehrfarbig		Zam		
	A		gez. L 11¼		0,20	0,20
	B		gez. L 9		2,20	2,20
37 U		ungezähnt			150,—	
37 AUu		unten ungezähnt			7,50	
37 AUl		links ungezähnt			7,50	
37 AUMs		waagerechtes Paar, Mitte ungezähnt			7,50	
37 AF		Golddruck fehlend			—,—	

Auflage: 8 000 000 Stück *Verwendung bis 7.12.1969*

1970, 27. April. Rotes Kreuz. Odr.; gez. K 13½:13.

Zan) Stil. Blume, Schattenriß einer Familie

| 38 | 0.20 (Din) | mehrfarbig | Zan | 0,20 | 0,20 |

Auflage: 8 000 000 Stück *Verwendung bis 9.5.1970*

1970, 10. Juni. Olympische Woche. Odr. (3×3); gez. K 13.

Zao) Olympische Fahne, stil. Menschen

| 39 | 0.10 (Din) | mehrfarbig | Zao | 0,20 | 0,20 |
| | | | Kleinbogen | 2,— | 2,— |

Auflage: 7 992 000 Stück *Verwendung bis 20.6.1970*

1971, 26. April. Rotes Kreuz. Odr.; gez. K 12½.

Zap) Weltkugel, Rotes Kreuz

| 40 | 0.20 (Din) | mehrfarbig | Zap | 0,20 | 0,20 |

Auflage: 7 000 000 Stück *Verwendung bis 9.5.1971*

1971, Juni. Olympische Woche. Odr.; gez. K 12½.

Zar) Spirale, olympische Ringe

| 41 | 0.10 (Din) | dunkeltürkisblau/ schwarzgrauviolett | Zar | 0,20 | 0,20 |

Auflage: 6 000 000 Stück *Verwendung bis 27.6.1971*

1972, 27. April. Rotes Kreuz. Odr.; gez. K 13.

Zas) Weltkugel, Rotes Kreuz

| 42 | 0.20 (Din) | mehrfarbig | Zas | 0,20 | 0,20 |
| 42 F | | Zweite obere Beschriftungszeile und Wertziffer in Schwarz | | 500,— | |

Auflage: 7 000 000 Stück *Verwendung bis 13.5.1972*

1972, 1. Juni. Olympische Woche. Odr.; gez. K 13¼.

Zat) Fernsehturm München, Embleme

| 43 | 0.10 (Din) | mehrfarbig | Zat | 0,20 | 0,20 |

Auflage: 6 000 000 Stück *Verwendung bis 18.6.1972*

1973, 24. April. Rotes Kreuz. Odr.; gez. K 13¼.

Zau) Roter Halbmond, Rotes Kreuz und Roter Löwe in Weltkugel

| 44 | 0.20 (Din) | mehrfarbig | Zau | 0,20 | 0,20 |

Auflage: 7 000 000 Stück *Verwendung bis 12.5.1973*

724   Jugoslawien

1973, 1. Juni. Olympische Woche. Odr.; gez. K 13.

Zav) Erdkugel, Olympische Ringe

| 45 | 0.10 (Din) | mehrfarbig | Zav | 0,20 | 0,20 |

Auflage: 6 000 000 Stück   Verwendung bis 17.6.1973

1974, 25. April. Rotes Kreuz. Odr.; gez. K 13¼:13.

Zaw) Internationales Zeichen der Blutspender

| 46 | 0.20 (Din) | mehrfarbig | Zaw | 0,20 | 0,20 |

Auflage: 7 000 000 Stück   Verwendung bis 11.5.1974

1974, 1. Juni. Olympische Woche. Odr.; gez. K 13¼.

Zax) Olympische Ringe, Stadion

| 47 | 0.10 (Din) | mehrfarbig | Zax | 0,20 | 0,20 |

Auflage: 6 000 000 Stück   Verwendung bis 23.6.1974

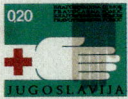

1975, 23. April. Rotes Kreuz. Odr.; gez. K 13¼:13.

Zay) Hände

| 48 | 0.20 (Din) | mehrfarbig | Zay | 0,20 | 0,20 |

Auflage: 6 500 000 Stück   Verwendung bis 11.5.1975

1975, 2. Juni. Olympische Woche. Odr.; gez. K 13¼:13.

Zaz) Flaggen, olympische Ringe

| 49 | 0.10 (Din) | mehrfarbig | Zaz | 0,20 | 0,20 |

Auflage: 6 000 000 Stück   Verwendung bis 22.6.1975

1975, 26. Juli. Solidaritäts-Wochen. Odr.; gez. K 13¼.

Zba) Zerstörtes Gebäude, Zifferblatt

| 50 | 0.30 (Din) | mehrfarbig | Zba | 0,20 | 0,20 |

Mit geändertem Datum der Beschriftung: MiNr. 65, 70, 98–99

1976, 8. Mai. Rotes Kreuz. Odr.; gez. K 12½.

Zbb) Zeichen der Gesellschaften Roter Halbmond, Rotes Kreuz, Roter Löwe; Symbol

| 51 | 0.20 (Din) | mehrfarbig | Zbb | 1,— | 0,70 |

1976, 26. Juli. Olympische Woche. Odr.; gez. K 13½.

Zbc) Stadion, olympische Ringe

| 52 | 0.10 (Din) | schwarzblau | Zbc | 0,20 | 0,20 |

1977, 7. Mai. Rotes Kreuz. Odr.; gez. K 13¼.

Zbd) Zeichen der Gesellschaften Roter Halbmond, Rotes Kreuz, Roter Löwe: Symbol

53	0.20 (Din)	dunkelsiena/dkl'karmin	Zbd	1,50	1,20
54	0.50 (Din)	grünlichsepia/dkl'karmin	Zbd	1,30	0,80
55	1.00 (Din)	dunkelblau/dkl'karmin	Zbd	1,30	0,80
		Satzpreis (3 W.)		4,—	2,80
53 U	ungezähnt			—,—	
54 U	ungezähnt			—,—	
55 U	ungezähnt			—,—	

Auflagen: MiNr. 53 = 1 040 000, MiNr. 54 = 1 245 000, MiNr. 55 = 3 650 000 Stück

MiNr. 53 wurde in Kosovo und Serbien, MiNr. 54 in Bosnien, Herzegowina und Vojadina, MiNr. 55 in Kroatien, Makedonien, Montenegro und Slowenien als obligatorische Zusatzfrankatur vom 7.5.–14.5.1977 verwendet

1977, 14. Sept. Rotes Kreuz: Woche der Tuberkulose-Bekämpfung. Odr.; gez. K 13¼.

Zbe) Stilisierter Baum, Rotes Kreuz, TBC-Zeichen

56	0.50 (Din)	mehrfarbig	Zbe	5,—	5,—
57	1.00 (Din)	mehrfarbig	Zbe	0,70	0,70
		Satzpreis (2 W.)		5,50	5,50

Auflagen: MiNr. 56 = 240 000, MiNr. 57 = 3 000 000 Stück

1977, 17. Dez. Olympische Woche. Odr.; gez. K 13½:13.

Zbf) Erdkugel, Olympische Ringe

| 58 | 0.10 (Din) | mehrfarbig | Zbf | 0,20 | 0,20 |

1978, 7. Mai. Rotes Kreuz. Odr.; gez. K 13¼.

Zbg) Roter Halbmond, Rotes Kreuz, Roter Löwe

Jugoslawien   725

59	0.20 auf 1 (Din) kobalt/lebhaftrot ..... (60)	0,60	0,30
60	1.00 (Din) kobalt/lebhaftrot .... Zbg	0,30	0,20
	Satzpreis (2 W.)	0,90	0,50
60 U	ungezähnt	—,—	
60 FU	silber/lebhaftrot/kobalt, □	—,—	

1978, 14. Sept. Rotes Kreuz: Woche der Tuberkulose-Bekämpfung. Odr.; gez. K 13¼.

Zbh) Hand

| 61 | 1 (Din) mehrfarbig .... Zbh | 0,50 | 0,80 |

Auflage: 4 000 000 Stück

MiNr. 61 wurde in Kroatien und Vojvodina vom 14.9.–21.9., in den anderen Gebieten von 24.9.–1.10.1978 als obligatorische Zusatzfrankatur verwendet

1978, Sept. Olympische Woche. Odr.; gez. K 13½:13.

Zbi) Weltkarte, Olympische Ringe

| 62 | 0.30 (Din) mehrfarbig .... Zbi | 0,40 | 0,20 |

Auflage: 5 500 000 Stück

1979, 1. März. Mittelmeerspiele in Split. Odr.; gez. K 13½:13.

Zbk) Maskottchen der Sportspiele

| 63 | 1 (Din) ultramarin/ violettultramarin .... Zbk | 0,30 | 0,20 |

Verwendung 1.3.–31.3. und 1.8.–31.8.1979

In gleicher Zeichnung: MiNr. 66; in ähnlicher Zeichnung: Sondermarke MiNr. 1797

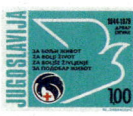

1979, 6. Mai. Rot-Kreuz-Woche. Odr.; gez. K 13½:13¼.

Zbl) Stilis. Taube, Emblem

| 64 | 1 (Din) mehrfarbig .... Zbl | 0,20 | 0,20 |

1979, 1. Juni. Solidaritäts-Woche in Zeichnung der MiNr. 50, jedoch mit neuem Datum in der Beschriftung. Odr.; gez. K 13¼.

Zba l)

| 65 | 0.30 (Din) mehrfarbig .... Zba l | 0,30 | 0,20 |

In gleicher bzw. ähnlicher Zeichnung: MiNr. 50, 70, 98–99

1979, 1. Aug. Mittelmeerspiele in Split. In gleicher Zeichnung wie MiNr. 63, jedoch geänderte Farben. Odr.; gez. K 13½:13.

Zbk) Maskottchen der Sportspiele

| 66 | 1 (Din) cyanblau/grünlichblau .... Zbk | 0,20 | 0,20 |

Verwendung 1.8.–31.8.1979

In gleicher Zeichnung: MiNr. 63; in ähnlicher Zeichnung: Sondermarke MiNr. 1797

1979, 14. Sept. Rote Kreuzes: Woche der Tuberkulose-Bekämpfung. Odr.; gez. K 13¼.

Zbm) Mädchen spielt „Himmel und Hölle"

| 67 | 1 (Din) mehrfarbig .... Zbm | 0,40 | 0,20 |

Auflage: 4 500 000 Stück

MiNr. 67 wurde in Kroatien und Vojvodina vom 14.9.–21.9., in den anderen Gebieten vdm 23.9.–30.9.1979 als obligatorische Zusatzfrankatur verwendet

1979, 15. Okt. Olympische Woche. Odr.; gez. K 14.

Zbn) Olympische Ringe, Zahl „60"

| 68 | 0.30 (Din) dkl'blau/hellkarminrot ..... Zbn | 0,20 | 0,20 |

Auflage: 6 000 000 Stück

1980, 4. Mai. Rot-Kreuz-Woche. Odr.; gez. K 13¼.

Zbo) Skulptur

| 69 | 1 (Din) mehrfarbig .... Zbo | 0,40 | 0,20 |
| 69 F | Fehlende Farbe Rot .... | 75,— | |

1980, 1. Juni. Solidaritätswoche. Odr.; gez. K 13¼.

Zba l) Zerstörtes Gebäude, Zifferblatt

| 70 | 1 (Din) mehrfarbig .... Zba l | 0,20 | 0,20 |

In ähnlicher Zeichnung, aber Landesname oben (lateinisch) und unten (kyrillisch) ist Spendenmarke

In gleicher bzw. ähnlicher Zeichnung: MiNr. 50, 65, 98–99

Jugoslawien

1980, 14. Sept. Rotes Kreuz: Woche der Tuberkulose-Bekämpfung. Odr.; gez. K 13¼.

Zbp) Landschaft

| 71 | 1 (Din) mehrfarbig | Zbp | 0,30 | 0,20 |

MiNr. 71 wurde in Kroatien vom 14.9.–21.9.1980, in den anderen Gebieten zu verschiedenen Terminen in der 2. Septemberhälfte, als obligatorische Zusatzfrankatur verwendet

1980, 20. Okt. Olympische Woche. Odr.; gez. K 14.

Zbr) Olympische Flagge, Erdkugel

| 72 | 0.50 (Din) mehrfarbig | Zbr | 0,20 | 0,20 |

Auflage: 5 000 000 Stück

1980, 20. Dez. Tischtennis-Weltmeisterschaften SPENS '81 in Novi Sad. Odr.; gez. K 13¾:13¼.

Zbs) Sportgelände in Novi Sad, Emblem

| 73 | 1 Din mehrfarbig | Zbs | 0,20 | 0,20 |

Verwendung: 20.12.1980–20.1.1981 und 1.3.–31.3.1981

1981, 4. Mai. Rotes Kreuz. Odr.; gez. K 13½:13¼.

Zbt) Symbolische Darstellung, Rotes Kreuz

| 74 | 1 (Din) mehrfarbig | Zbt | 0,20 | 0,20 |

Verwendung: 4.5.–10.5.1981

1981, 14. Sept. Rotes Kreuz: Woche der Tuberkulose-Bekämpfung. Odr.; gez. K 13½.

Zbu) Rotes Kreuz, Blume (stilis.)

| 75 | 1 (Din) mehrfarbig | Zbu | 0,20 | 0,20 |

Verwendung: 14.9.–21.9.1981

1981, 15. Aug. Europäische Schützenmeisterschaften SPET '81, Titograd. Odr.; gez. K 13½.

Zbv) Emblem

| 76 | 1 (Din) mehrfarbig | Zbv | 5,— | 5,— |
| 76 I | Markenbreite 36 statt 37,5 mm (1. senkrechte Reihe im Bogen) | | 15,— | |

MiNr. 76 wurde in Montenegro vom 15.8.–15.10.1981 als obligatorische Zusatzfrankatur verwendet

1982, 8. Mai. Rotes Kreuz. Odr.; gez. K 13¼.

Zbw) Hände

| 77 | 1 (Din) schwarz/hellrot | Zbw | 0,20 | 0,20 |

Verwendung: 8.5.–15.5.1982

1982, 14. Sept. Rotes Kreuz: Woche der Tuberkulose-Bekämpfung. Odr.; gez. K 13½.

Zbx) Robert Koch (1843–1910), Bakteriologe, Nobelpreisträger

| 78 | 1 (Din) mehrfarbig | Zbx | 0,30 | 0,20 |

Verwendung: 14.9.–21.9.1982

Mit Aufdruck: MiNr. 165

1983, 8. Mai. Rotes Kreuz. Odr.; gez. K 13½.

Zby) Helfer birgt Verletzten

79	1 (Din) mehrfarbig	Zby	0,20	0,20
80	2 (Din) mehrfarbig	Zby	0,20	0,20
	Satzpreis (2 W.)		0,40	0,40
79 F	Farbe Rot fehlend		—,—	
80 F	Farbe Rot fehlend		—,—	

MiNr. 79 wurde vom 8.5.–15.5.1983 in Montenegro, Makedonien, Bosnien und der Herzegowina, MiNr. 80 in Kroatien und Serbien als obligatorische Zusatzfrankatur verwendet

1983, 14. Sept. Rotes Kreuz: Woche der Tuberkulose-Bekämpfung. Odr.; gez. K 13½.

Zbz) Apfel

81	1 (Din) mehrfarbig	Zbz	0,20	0,20
82	2 (Din) mehrfarbig	Zbz	0,20	0,20
	Satzpreis (2 W.)		0,40	0,40
81 F	Farbe Rot fehlend		—,—	
82 F	Farbe Rot fehlend		—,—	

Verwendung: 14.9.–21.9.1983

1983, 20. Okt. Olympische Winterspiele 1984, Sarajevo. Odr.; gez. K 12½.

Zca) Emblem, Skiläufer, Seibahn

| 83 | 2 Din cyanblau/dkl'cyanblau | Zca | 0,20 | 0,20 |
| | Kleinbogen | | 2,20 | 2,20 |

Die Zweitauflage der MiNr. 83 vom 20.1.1984 wurde in Kleinbogen zu 9 Marken ausgegeben

Verwendung: 20.10.–20.11.1983 und 20.1.–20.2.1984

Jugoslawien

1984, 8. Mai. Rotes Kreuz. Odr.; gez. K 13¼.

Zcb) Erdkugel

84	1 Din	mehrfarbig	Zb	0,20	0,20
85	2 Din	mehrfarbig	Zb	0,20	0,20
86	4 Din	mehrfarbig	Zb	0,30	0,30
87	5 Din	mehrfarbig	Zb	0,60	0,60
			Satzpreis (4 W.)	1,30	1,30

MiNr. 84–87 wurden in Kroatien, MiNr. 84 in Bosnien, Herzegowina, Makedonien und Serbien, MiNr. 85 in Montenegro, Slowenien, Vojvodina und Kosovo als obligatorische Zusatzfrankatur vom 8.5.–15.5.1984 verwendet

1984, 14. Sept. Ausgabe zugunsten des Roten Kreuzes: Woche der Tuberkulose-Bekämpfung. Odr.; gez. K 13¼.

Zcc) Blätter

88	1.00 Din	mehrfarbig	Zcc	0,20	0,20
89	2.00 Din	mehrfarbig	Zcc	0,20	0,20
90	2.50 Din	mehrfarbig	Zcc	0,20	0,20
91	4.00 Din	mehrfarbig	Zcc	0,20	0,20
92	5.00 Din	mehrfarbig	Zcc	0,30	0,30
			Satzpreis (5 W.)	1,10	1,10

MiNr. 88, 89, 91 und 92 wurden in Kroatien, MiNr. 88 in Bosnien, Herzegowina und Makedonien, MiNr. 89 in Montenegro, Slowenien und Kosovo, MiNr. 90 in Vojvodina als obligatorische Zusatzfrankatur vom 14.9.–21.9.1984 verwendet

1985, 1. April. Skiflug-Weltmeisterschaft, Planica. Odr.; gez. K 13⅓.

Zcd) Kraniche

93	2 Din	violettblau/hellcyanblau	Zcd	0,20	0,20

Verwendung: 1.4.–30.4.1985

1985, 8. Mai. Rote Kreuz. Odr.; gez. K 13¼.

Zce) Jugendliche

94	1 Din	blauviolett/hellrot	Zce	0,10	0,10
95	2 Din	blauviolett/hellrot	Zce	0,10	0,10
96	3 Din	blauviolett/hellrot	Zce	0,10	0,10
97	4 Din	blauviolett/hellrot	Zce	0,10	0,10
			Satzpreis (4 W.)	0,40	0,40

MiNr. 94 wurde auch mit zusätzlichem Aufdruck eines roten Doppelkreuzes (Tuberkulose-Bekämpfung) ausgegeben.

MiNr. 94 wurden Bosnien und Herzegowina, MiNr. 95 in Kosovo, Makedonien, Montenegro, Serbien und Slowenien, MiNr. 96 in Vojvodina, MiNr. 95–97 in Kroatien als obligatorische Zusatzfrankatur vom 8.5.–15.5.1985 verwendet

1985, 1. Juni. Solidaritätswoche. Odr.; gez. K 13¼.

Zba l) Zerstörtes Gebäude, Zifferblatt

98	2.50 (Din)	mehrfarbig	Zba l	1,50	1,50
99	3.00 (Din)	mehrfarbig	Zba l	0,20	0,20
			Satzpreis (2 W.)	1,70	1,70

Auflagen: MiNr. 98 = 100 000, MiNr. 99 = 4 000 000 Stück

MiNr. 98 wurde in Montenegro, MiNr. 99 in Bosnien und Herzegowina, Slowenien, Serbien und Vojvodina als obligatorische Zusatzfrankatur von 1.6.–7.6.1985 verwendet

In gleicher bzw. ähnlicher Zeichnung: MiNr. 50, 65, 70

1985, 12. Aug. Europameisterschaften der Sportschützen. Odr.; gez. K 12:11¾.

Zcf) Emblem

100	3 Din	hellgrünblau	Zcf	0,30	0,20

Auflage: 6 000 000 Stück

MiNr. 100 wurde in Kroatien vom 12.8.-18.8.1985 und vom 2.9.–8.9.1985 als obligatorische Zusatzfrankatur verwendet

1985, 14. Sept. Rotes Kreuz: Woche der Tuberkulose-Bekämpfung. Odr.; gez. K 13¼.

Zcg) Ballspielender Junge

101	2 Din	mehrfarbig	Zcg	0,10	0,10
102	3 Din	mehrfarbig	Zcg	0,10	0,10
103	4 Din	mehrfarbig	Zcg	0,10	0,10
104	5 Din	auf 2 Din mehrfarbig (101)		0,40	0,40
			Satzpreis (4 W.)	0,70	0,70

MiNr. 101–103 wurden in Kroatien, MiNr. 101 in Montenegro, Slowenien und Kosovo, MiNr. 102 in Makedonien und Vojvodina, MiNr. 104 in Serbien als obligatorische Zusatzfrankatur vom 14.9.–21.9.1985 verwendet

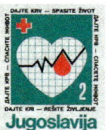

1986, 8. Mai. Rotes Kreuz. Odr.; gez. K 13¼.

Zch) Herz, EKG, Blutstropfen

105	2 (Din)	mehrfarbig	Zch	0,10	0,10
106	3 (Din)	mehrfarbig	Zch	0,10	0,10
107	4 (Din)	mehrfarbig	Zch	0,20	0,20
108	5 (Din)	mehrfarbig	Zch	0,20	0,20
109	11 (Din)	mehrfarbig	Zch	0,20	0,20
110	20 (Din)	mehrfarbig	Zch	0,70	0,70
			Satzpreis (6 W.)	1,50	1,50

728   Jugoslawien

Auflagen: MiNr. 105 = 2 914 000, MiNr. 106 = 446 000, MiNr. 107 = 198 000, MiNr. 108 = 2 453 000, MiNr. 109 = 253 000, MiNr. 110 = 83 000 Stück

MiNr. 105 wurde in Kroatien, Makedonien und Slowenien, MiNr. 106–107 in Kroatien, MiNr. 108 in Serbien, Vojvodina und Kosovo, MiNr. 109–110 in Bosnien und Herzegowina als obligatorische Zusatzfrankatur vom 8.5.–15.5. verwendet

1986, 1. Juni. Solidaritäts-Woche. Odr.; A = gez. L 10, C = gez. L 11, D = □.

Zci  Zck Zcl

Zci–Zcl) Zerstörtes Gebäude, Zifferblatt, Rotes Kreuz

111	10 (Din)	metallischblau bis silberblau/lebhaftrot .... Zci		
A		gez. L 10	1,—	0,70
C		gez. L 11	1,—	0,70
D		□	1,—	0,70
112 A	10 (Din)	mehrfarbig .... Zck	1,—	0,70
113	10 (Din)	metallischblau/lebh'rot .... Zcl		
		gez. L 11	1,—	0,70
D		□	1,—	0,70
		Satzpreis (3 W.)	3,—	2,—
111 U		ungezähnt	—,—	
113 U		ungezähnt	—,—	

MiNr. 111 A und 111 C wurden in Serbien, Montenegro, Kosovo, Slowenien, Bosnien und Herzegowina, MiNr. 111 D in Slowenien, Bosnien und Herzegowina, MiNr. 112 in Makedonien, MiNr. 113 C und 113 D in Kroatien und Vojvodina als obligatorische Zusatzfrankatur vom 1.6.–7.6.1986 verwendet

1986, 14. Sept. Rotes Kreuz: Woche der Tuberkulose-Bekämpfung. Odr.; A = gez. L 10½, C = gez. K 13¼:13½.

Zcm) Symbolische Darstellung

114 A	2 (Din)	mehrfarbig .... Zcm	0,20	0,20
115 A	5 (Din)	mehrfarbig .... Zcm	0,20	0,20
116 A	6 (Din)	mehrfarbig .... Zcm	0,20	0,20
117 A	7 (Din)	mehrfarbig .... Zcm	0,20	0,20
118 A	8 (Din)	mehrfarbig .... Zcm	0,20	0,20
119	10 (Din)	mehrfarbig .... Zcm		
A		gez. L 10½	0,20	0,20
C		gez. K 13¼:13½	1,—	1,—
120 A	11 (Din)	mehrfarbig .... Zcm	0,30	0,30
121 A	14 (Din)	mehrfarbig .... Zcm	0,30	0,30
122	20 (Din)	mehrfarbig .... Zcm		
A		gez. L 10½	0,30	0,30
C		gez. K 13¼:13½	1,—	1,—
		Satzpreis A (9 W.)	2,—	2,—
115 AF		Fehlende Farben Cyanblau und Blaugrün	—,—	
115 U		ungezähnt	—,—	
116 AF		Fehlende Farben Cyanblau und Blaugrün	—,—	
122 AF		Fehlende Farben Cyanblau und Blaugrün	—,—	
122 U		ungezähnt	—,—	

MiNr. 114 wurde in Montenegro und Makedonien, MiNr. 115, 117 und 118 in Kroatien, MiNr. 116 in Kroatien, Bosnien und Herzegowina, MiNr. 119 A in Serbien und Kosovo, MiNr. 119 C in Serbien, MiNr. 120 und 121 in Bosnien und Herzegowina, MiNr. 122 A in Serbien und Slowenien, MiNr. 122 C in Kosovo und Vojvodina als obligatorische Zusatzfrankatur vom 14.9. bis 21.9.1986 verwendet

1987, 8. Mai. Rotes Kreuz: Für ein besseres Leben der Kinder. Odr.; gez. L 10.

Zcn) Kinder verschiedener Rassen in Blütenkelch

123	2 (Din)	mehrfarbig .... Zcn	0,30	0,30
124	4 (Din)	mehrfarbig .... Zcn	0,30	0,30
125	5 (Din)	mehrfarbig .... Zcn	0,30	0,30
126	6 (Din)	mehrfarbig .... Zcn	0,30	0,30
127	7 (Din)	mehrfarbig .... Zcn	0,30	0,30
128	8 (Din)	mehrfarbig .... Zcn	0,30	0,30
129	10 (Din)	mehrfarbig .... Zcn	0,30	0,30
130	11 (Din)	mehrfarbig .... Zcn	0,30	0,30
131	12 (Din)	mehrfarbig .... Zcn	0,30	0,30
132	14 (Din)	mehrfarbig .... Zcn	0,30	0,30
133	17 (Din)	mehrfarbig .... Zcn	0,30	0,30
134	20 (Din)	mehrfarbig .... Zcn	0,30	0,30
		Satzpreis (12 W.)	3,50	3,50
124 K		schwarze Farbe kopfstehend	—,—	
134 F		Farbe Rot fehlend	—,—	

Einige Werte dieses Satzes kommen auch in Zähnung L 10¾ sowie teilweise gezähnt vor.

MiNr. 123–134 mit goldener statt schwarzer Beschriftung (gez. bzw. □) wurden zusammenhängend in numerierten Bogen gedruckt und in Faltblättern eingeklebt. Angeblich handelt es sich hierbei um eine private Ausgabe.

Auflagen: MiNr. 123 = 218 000, MiNr. 124 = 116 000, MiNr. 125 = 1 248 000, MiNr. 126 = 404 000, MiNr. 127 = 140 000, MiNr. 128 = 67 000, MiNr. 129 = 903 000, MiNr. 130 = 403 000, MiNr. 131 = 20 000, MiNr. 132 = 603 000, MiNr. 133 = 103 000, MiNr. 134 = 2 560 000 Stück

MiNr. 123 wurde in Kosovo und Montenegro, MiNr. 124 und 131 in Makedonien, MiNr. 125 in Serbien und Kroatien, MiNr. 126–128 in Kroatien, MiNr. 129 in Serbien und Slowenien, MiNr. 130 und 132–133 in Bosnien und Herzegowina, MiNr. 134 in Serbien, Vojvodina und Slowenien als obligatorische Zusatzfrankatur vom 8.5.–15.5.1987 verwendet

1987, 1. Juni. Solidaritäts-Woche. Odr.; gez. L 10.

Zco) Zerstörtes Gebäude, Zifferblatt, Rotes Kreuz

135	30 (Din)	mehrfarbig .... Zco	0,50	0,30
135 F I		Farben Schwarz und Dunkelgraubraun fehlend	—,—	
135 F II		Farben Rot und Grau fehlend	—,—	
135 Us		senkrecht ungezähnt	—,—	
135 Ur		rechts ungezähnt	—,—	

Verwendung: 1.6.–7.6.1987

Mit Aufdruck: MiNr. 157

1987, 8. Juli. Universiade '87, Zagreb. Odr.; gez. K 11¾.

Zcp) Universiade-Emblem, Maskottchen

136	20 (Din)	dunkelblaugrün/dunkelviolettultramarin ..... Zcp	0,50	0,30

MiNr. 136 wurde in Kroatien als obligatorische Zusatzfrankatur vom 1.7. bis 31.7.1987 verwendet

Jugoslawien

1987, 14. Sept. Rotes Kreuz: Woche der Tuberkulose-Bekämpfung. Odr.; gez. L 10.

Zcr) Junges Paar

137	2 (Din)	mehrfarbig	Zcr	0,20	0,10
138	4 (Din)	mehrfarbig	Zcr	0,20	0,10
139	6 (Din)	mehrfarbig	Zcr	0,20	0,10
140	8 (Din)	mehrfarbig	Zcr	0,20	0,10
141	10 (Din)	mehrfarbig	Zcr	0,20	0,10
142	12 (Din)	mehrfarbig	Zcr	0,20	0,10
143	14 (Din)	mehrfarbig	Zcr	0,20	0,10
144	20 (Din)	mehrfarbig	Zcr	0,20	0,10
145	25 (Din)	mehrfarbig	Zcr	0,20	0,10
146	40 (Din)	mehrfarbig	Zcr	0,20	0,10
		Satzpreis (10 W.)		2,—	1,—

MiNr. 137 wurde in Montenegro und Kosovo, MiNr. 138 und 142 in Makedonien, MiNr. 139 in Kroatien, MiNr. 140 in Kroatien und Makedonien, MiNr. 141 und 144 in Serbien, MiNr. 143 und 145 in Bosnien und Herzegowina und MiNr. 146 in Slowenien und Vojvodina als obligatorische Zusatzfrankatur vom 14.9.–21.9.1987 verwendet.

1987, 5. Okt. Weltmeisterschaften im Modellfliegen SPRAM '87, Belgrad. Odr.; gez. K 13¾.

Zcs) Emblem

147	20 (Din)	lebhaftultramarin	Zcs	0,20	0,20

MiNr. 147 wurde in Serbien vom 5.10.–5.11.1987 als obligatorische Zusatzfrankatur verwendet.

1988, 8. Mai. Rotes Kreuz. Odr.; gez. L 10.

Zct) Weltkugel, Rotes Kreuz und Roter Halbmond

148	4 (Din)	mehrfarbig	Zct	0,30	0,20
149	8 (Din)	mehrfarbig	Zct	0,30	0,20
150	10 (Din)	mehrfarbig	Zct	0,30	0,20
151	12 (Din)	mehrfarbig	Zct	0,30	0,20
152	20 (Din)	mehrfarbig	Zct	0,30	0,20
153	30 (Din)	mehrfarbig	Zct	0,30	0,20
154	50 (Din)	mehrfarbig	Zct	0,40	0,30
		Satzpreis (7 W.)		2,—	1,50

MiNr. 148, 149 und 151 wurden in Makedonien, MiNr. 150 in Serbien und Montenegro und Kosovo, MiNr. 152 in Serbien, MiNr. 153 in Bosnien und Herzegowina und MiNr. 154 in Slowenien, Kroatien und Vojvodina vom 8.5.–15.5.1988 als obligatorische Zusatzfrankatur verwendet.

1988, 1. Juni. Solidaritätswoche. Odr.; MiNr. 155 gez. L 10, MiNr. 156 gez. L 11; MiNr. 157 mit silbernem Odr.-Aufdruck auf MiNr. 135.

Zcu–Zcv) Zerstörtes Gebäude, Zifferblatt, Rotes Kreuz

155	50 (Din)	mehrfarbig	Zcu	0,50	0,20
156	50 (Din)	metallischblau/mattrot	Zcv	0,50	0,20
157	50 (Din)	auf 30 (Din) mehrfarbig ..(135)		0,50	0,20
		Satzpreis (3 W.)		1,50	0,60

MiNr. 155 wurde in Serbien, Slowenien, Kosovo, Vojvodina und Montenegro, MiNr. 156 in Kroatien und MiNr. 157 in Makedonien vom 1.6.–7.6.1988 als obligatorische Zusatzfrankatur verwendet.

1988, 16. Juni. 95. Geburtstag von Miroslav Krleža. Odr. gez. K 13¼.

Zcw) M. Krleža (1893–1981), Schriftsteller

158	30 (Din)	orange/braun	Zcw	0,20	0,20

MiNr. 158 wurde in Kroatien als obligatorische Zusatzfrankatur verwendet.

1988, 14. Sept. Rotes Kreuz: Woche der Tuberkulose-Bekämpfung. Odr.; gez. L 10.

Zcx) Hand, Flamme

159	4 (Din)	mehrfarbig	Zcx	0,20	0,20
160	8 (Din)	mehrfarbig	Zcx	0,20	0,20
161	12 (Din)	mehrfarbig	Zcx	0,20	0,20
162	20 (Din)	mehrfarbig	Zcx	0,20	0,20
163	50 (Din)	mehrfarbig	Zcx	0,20	0,20
164	70 (Din)	mehrfarbig	Zcx	0,20	0,20
		Satzpreis (6 W.)		1,20	1,20

MiNr. 159–162 wurden in Makedonien, MiNr. 163 in Serbien und Kosovo, MiNr. 164 in Bosnien und Herzegowina und MiNr. 165 in Montenegro, Vojvodina, Slowenien und Kroatien vom 14.9.–21.9.1988 als obligatorische Zusatzfrankatur verwendet.

1988, 14. Sept.Rotes Kreuz: Woche der Tuberkulose-Bekämpfung. MiNr. 78 mit silbernem Odr.-Aufdruck.

165	12 **(Din)**	auf 1 (Din) mehrfarbig ....(78)		5,50	5,50

Verwendung: 14.9.–21.9.1988

1989, 8. Mai. 125 Jahre Internationales Rotes Kreuz. Odr.; gez. L 10.

Zcy) Weltkugel, Rotes Kreuz, Roter Halbmond (Emblem)

166	20 (Din)	mehrfarbig	Zcy	0,20	0,20
167	80 (Din)	mehrfarbig	Zcy	0,20	0,20
168	150 (Din)	mehrfarbig	Zcy	0,20	0,20
169	160 (Din)	mehrfarbig	Zcy	0,20	0,20
		Satzpreis (4 W.)		0,80	0,80

Verwendung: 8.5.–15.5.1989

Wissen kommt nicht von selbst
MICHEL

Jugoslawien

1989, 1. Juni. Solidaritätswoche. Odr.; MiNr. 170 gez. L 10, MiNr. 171 □.

 Zcz  Zda

Zcz–Zda) Zerstörtes Gebäude, Zifferblatt, Rotes Kreuz

170	250	(Din)	dunkelrot/silber .... Zcz	0,70	0,50
171	400	(Din)	hellkobalt/dunkelrosa ..... Zda	1,30	0,60
			Satzpreis (2 W.)	2,—	1,—

Verwendung 1.6.–8.6.1989

1989, 14. Sept. Rote Kreuz: Woche der Tuberkulose-Bekämpfung. Odr.; A = gez. L 10, C = gez. L 11.

Zdb) Blumenkorb

MiNr. 176 I   MiNr. 176 II

172 A	20	(Din)	schwarz/rot .... Zdb	0,20	0,20
173 A	200	(Din)	schwarz/rot .... Zdb	0,20	0,20
174 A	250	(Din)	schwarz/rot .... Zdb	0,20	0,20
175 A	400	(Din)	schwarz/rot .... Zdb	0,20	0,20
176	650	(Din)	schwarz/rot .... Zdb		
I A			Type I, Papierformat 24,5×35 mm, gez. L 10	0,20	0,20
II C			Type II, Papierformat 26×36 mm, gez. L 11	0,70	0,70
			Satzpreis (5 W.)	1,—	1,—
176 I A K			Werteindruck kopfstehend	—,—	

Verwendung 14.9.–21.9.1989

1990, 8. Mai. Rotes Kreuz: Für die Humanität (Zdc). Odr.; A = gez. K 12½, C = gez. K 13¼.

Zdc) Rotes Kreuz, stilisierte Blätter

177 C	0.10	(Din)	grüngrau/lebhaftrot .... Zdc	0,20	0,20
178	0.20	(Din)	grüngrau/lebhaftrot .... Zdc		
A			gez. K 12½	0,20	0,20
C			gez. K 13¼	0,20	0,20
179 A	0.30	(Din)	grüngrau/lebhaftrot .... Zdc	0,20	0,20
			Satzpreis (3 W.)	0,60	0,60

Verwendung 8.5.–15.5.1990

Die Bildbeschreibungen sind so informativ wie möglich gehalten, können und wollen jedoch kein Lexikon ersetzen. Fortlaufende Buchstaben (= Klischeezeichen) vor den Bildlegenden sowie vor den Preisspalten in den Katalogisierungszeilen ermöglichen problemlos die Zuordnung von Abbildungen und MICHEL-Nummern.

1990, 8. Mai. 45 Jahre Mazedonisches Rotes Kreuz. Odr.; gez. L 10.

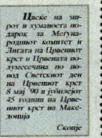 

Zierfeld: Inschrift

Zdd) Blumen; Gemälde von Živko A. Popovski

Zde) Blumen; Gemälde von Živko A. Popovski

Zdf) Emblem des Roten Kreuzes

180	0.20	(Din)	mehrfarbig .... Zdd	0,20	0,20
181	0.20	(Din)	mehrfarbig .... Zde	0,20	0,20
182	0.20	(Din)	mehrfarbig .... Zdf	0,20	0,20
			Satzpreis (3 W.)	0,60	0,60
			Viererblock	0,70	0,70

MiNr. 180–182 wurden mit einem Zierfeld in Viererblockanordnung zusammenhängend gedruckt.

Verwendung 8.5.–15.5.1990

1990, 1. Juni. Solidaritätswoche. Odr.; MiNr. 183–185 gez. L 10, MiNr. 186 gez. K 12½, MiNr. 187 A = gez. K 11, MiNr. 187 C = □.

Zdg

Zdh

Zdi

Zierfeld

 Zdk  Zdl

Zdg, Zdk–Zdl) Zerstörtes Gebäude, Zifferblatt, Rotes Kreuz
Zdh–Zdi) Blumengemälde von Živko A. Popovski
Zierfeld: Inschrift

183	0.20	(Din)	mehrfarbig .... Zdg	0,20	0,20
184	0.20	(Din)	mehrfarbig .... Zdh	0,20	0,20
185	0.20	(Din)	mehrfarbig .... Zdi	0,20	0,20
186	0.20	(Din)	rosa/indigo .... Zdk	0,20	0,20
187	0.30	(Din)	lebhaftgraublau/rosa .... Zdl		
A			gez. K 11	0,20	0,20
C			□	0,20	0,20
			Satzpreis (5 W.)	1,—	1,—
			Viererblock	1,—	1,—

MiNr. 183–185 wurden in Makedonien, MiNr. 186 in Serbien und MiNr. 187 in Kroatien vom 1.6.–7.6.1990 als obligatorische Zusatzfrankatur verwendet.

In gleicher Zeichnung wie MiNr. 186: MiNr. 204

Jugoslawien

1990, 14. Sept. Rotes Kreuz: Woche der Tuberkulose-Bekämpfung. Odr.; gez. L 10.

Zdm) Frau, Sonne, Rotes Kreuz

Zdn) Rotes Kreuz in Rosette, Vögel

188	0.20	(Din)	mehrfarbig	Zdm	0,20	0,10
189	0.25	(Din)	mehrfarbig	Zdm	0,20	0,10
190	0.50	(Din)	mehrfarbig	Zdm	0,30	0,20
191	0.50	(Din)	lebhaftrot/braun	Zdn	0,30	0,20
			Satzpreis (4 W.)		1,—	0,60

MiNr. 188–190 wurden in ganz Jugoslawien, MiNr. 191 in Makedonien in der Zeit vom 14.9.–21.9.1990 als obligatorische Zusatzfrankatur verwendet

1991, 6. Mai. Rotes Kreuz: Licht in die Dunkelheit. Odr.; MiNr. 192–193 und 199 gez. K 13¾, MiNr. 194 gez. L 11, MiNr. 195–198 gez. L 10.

 Zdo
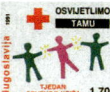 Zdp

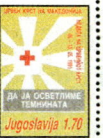 Zds

 Zdu

Zdo–Zdp) Symbolische Darstellung, Rotes Kreuz
Zdr) Strahlen, Rotes Kreuz
Zds, Zdu) Blumengemälde von Živko A. Popovski, Rotes Kreuz
Zdt) Kinder, Erdball, Rotes Kreuz

192	0.60	(Din)	mehrfarbig	Zdo	0,10	0,10
193	1.20	(Din)	mehrfarbig	Zdo	0,20	0,20
194	1.70	(Din)	mehrfarbig	Zdp	0,20	0,20
195	1.70	(Din)	mehrfarbig	Zdr	0,20	0,20
196	1.70	(Din)	mehrfarbig	Zds	0,20	0,20
197	1.70	(Din)	mehrfarbig	Zdt	0,20	0,20
198	1.70	(Din)	mehrfarbig	Zdu	0,20	0,20
199	2.50	(Din)	mehrfarbig	Zdo	0,40	0,40
			Satzpreis (8 W.)		1,70	1,70
			Viererblock		1,10	1,10

MiNr. 195–198 wurden in Viererblockanordnung zusammenhängend gedruckt.

MiNr. 192 wurde in Bosnien und Herzegowina, MiNr. 193 in Montenegro und Slowenien, MiNr. 194 in Kroatien, MiNr. 195–198 in Makedonien und MiNr. 199 in Serbien in der Zeit vom 6.5.–13.5.1991 als obligatorische Zusatzfrankatur verwendet

1991, 1. Juni. Solidaritätswoche. Odr.; MiNr. 200–203 gez. L 10, MiNr. 204 gez. L 12½, MiNr. 205 gez. L 11.

Zdv
Zdw
Zdx
Zdy

 Zdk
 Zdz

Zdk, Zdv, Zdz) Zerstörtes Gebäude, Zifferblatt, Rotes Kreuz
Zdw–Zdy) Frau in Tracht, Rotes Kreuz

200	2.00	(Din)	mehrfarbig	Zdv	0,30	0,30
201	2.00	(Din)	mehrfarbig	Zdw	0,30	0,30
202	2.00	(Din)	mehrfarbig	Zdx	0,30	0,30
203	2.00	(Din)	mehrfarbig	Zdy	0,30	0,30
204			lebhaftrötlichorange/graugrün	Zdk	0,30	0,30
205	2.20	(Din)	graublau/dunkelrosa	Zdz	0,40	0,40
			Satzpreis (6 W.)		1,90	1,90
			Vierblock		1,30	1,30

MiNr. 200–203 wurden in Viererblockanordnung zusammenhängend gedruckt.

MiNr. 200–203 wurden in Makedonien, MiNr. 204 in Bosnien und Herzegowina, Montenegro, Serbien und Slowenien und MiNr. 205 in Kroatien vom 1.6. bis 7.6.1991 als obligatorische Zusatzfrankatur verwendet

In gleicher Zeichnung wie MiNr. 204: MiNr. 186

MICHEL-Sammler-ABC

Die praktische Anleitung zum richtigen Sammeln.

732 Jugoslawien

1991, 14. Sept. Rotes Kreuz: Woche der Tuberkulose-Bekämpfung. Odr.; MiNr. 206–207 gez. K 12½, MiNr. 208–211 gez. L 10.

Zea) Mädchen

Zeb) Inschrift
Zec) Frau beim Arzt

Zed) Spielende Kinder
Zee) Mädchen pflücken Blumen

206	1,20	(Din)	mehrfarbig ....Zea	0,20	0,20
207	2,50	(Din)	mehrfarbig ....Zea	0,20	0,20
208	2,50	(Din)	mehrfarbig ....Zeb	0,20	0,20
209	2,50	(Din)	mehrfarbig ....Zec	0,20	0,20
210	2,50	(Din)	mehrfarbig ....Zed	0,20	0,20
211	2,50	(Din)	mehrfarbig ....Zee	0,20	0,20
			Satzpreis (6 W.)	1,20	1,20
			Viererblock	1,—	1,—

MiNr. 208–211 wurden in Viererblockanordnung zusammenhängend gedruckt.

MiNr. 206–207 wurden in ganz Jugoslawien, MiNr. 208–211 in Makedonien vom 14.9.–21.9.1991 als obligatorische Zusatzfrankatur verwendet.

1992

1992, 8. Mai. Rotes Kreuz. Odr.; gez. K 13¼.

Zef) Hände

212	3	(Din)	mehrfarbig ....Zef	1,70	1,70
213	9	(Din)	mehrfarbig ....Zef	1,70	1,70
214	10	(Din)	mehrfarbig ....Zef	1,70	1,70
			Satzpreis (3 W.)	5,—	5,—

MiNr. 212 soll angeblich nicht amtlich erschienen sein.

MiNr. 212 wurde in Bosnien und Herzegowina, MiNr. 213–214 in Serbien und Montenegro vom 8.5.–15.5.1992 als obligatorische Zusatzfrankatur verwendet.

1993

1993, 8. Mai. Rotes Kreuz. Odr.; A = gez. K 13¼, C = gez. K 12½.

Zeg) Rotes Kreuz, Inschrift

215 A	350	(Din)	schwarz/lebhaftrosa ... Zeg	0,20	0,10
216	1000	(Din)	schwarz/lebhaftrosa ... Zeg		
A			gez. K 13¼	0,20	0,10
C			gez. K 12½	3,—	2,—

MiNr. 215 wurde in Montenegro, MiNr. 216 in Serbien vom 8.–15.5.1993 als obligatorische Zusatzfrankatur verwendet

1994

1994, 8. Mai. Rotes Kreuz. Odr.; gez. K 13¼.

Zeh) Luftballons, Rotes Kreuz

217	0.10	(ND)	mehrfarbig ....Zeh	0,50	0,50

Verwendung: 8.–15.5.1994

1994, 14. Sept. Rotes Kreuz: Woche der Tuberkulosebekämpfung. Odr.; gez. K 13¼:13½.

Zei) Spritze

218	0.10	(ND)	mehrfarbig ....Zei	0,50	0,50

Verwendung: 14.–21.9.1994

1995

1995, 8. Mai. Rotes Kreuz. Odr.; gez. K 13½:13¼.

Zek) Weltkugel, Familie

219	0.10	(ND)	mehrfarbig ....Zek	0,50	0,50

Verwendung: 8.–15.5.1995

1995, 9. Sept. Rotes Kreuz: Woche der Tuberkulosebekämpfung. Odr.; gez. K 13¼:13½.

Zel) Wilhelm Conrad Röntgen (1845–1923), deutscher Physiker, Nobelpreis 1901

220	0.10	(ND)	mehrfarbig ....Zel	0,50	0,50

Verwendung: 9.–14.9.1995

1996, 8. Mai. Rotes Kreuz. Odr.; gez. K 12¼:12½.

Zem) Junge

221	0.15	(ND)	mehrfarbig ....Zem	0,40	0,40

Verwendung: 8.–15.5.1996

1996, Sept. Rotes Kreuz: Woche der Tuberkulosebekämpfung. Odr.; gez. K 12¼:12½.

Zen) Ahornblatt mit Gebirgslandschaft

222	0.20	(ND)	mehrfarbig ....Zen	0,40	0,40

1997

1997, 8. Mai. Rotes Kreuz. Odr.; gez. K 13¼.

Zeo) Rotes Kreuz. Inschrift

| 223 | 0.20 (ND) | zweifarbig .... Zeo | 0,40 | 0,40 |

Verwendung: 8.–15.5.1997

1997, 14. Sept. Rotes Kreuz: Woche der Tuberkulosebekämpfung. Odr.; gez. K 13¾.

Zep) Milutin Ranković (1880–1967). Arz:

| 224 | 0.20 (ND) | mehrfarbig .... Zep | 0,40 | 0,40 |

Verwendung: 14.–21.9.1997

1998

1998, 8. Mai. Rotes Kreuz. Odr.; gez. K 13¾.

Zer) Fürst Mihailo Jovanović (1826-1898)

| 225 | 0.20 (ND) | mehrfarbig .... Zer | 0,40 | 0,40 |

Verwendung: 8.–15.5.1998

1999

1999, 8. Mai. Rotes Kreuz. Odr.; gez. K 13¾.

Zes) Serbisches und Bulgarisches Rotes Kreuz tauschen Medikamente und medizinische Geräte während des serbisch-bulgarischen Krieges aus (1885)

| 226 | 1 (ND) | mehrfarbig .... Zes | 0,40 | 0,40 |

Verwendung: 8.-15.5.1999

1999, 14. Sept. Rotes Kreuz: Woche der Tuberkulosebekämpfung. Odr.; gez. K 13¾.

Zet) Distelblüte

| 227 | 1 (ND) | mehrfarbig .... Zet | 0,70 | 0,70 |

Verwendung: 14.–21.9.1999

Zwangszuschlagsportomarken

1933, 17. Sept. Zeichnung der Zwangszuschlagsmarke MiNr. 1 in Farbänderung, mit der Inschrift Porto in kyrillischen und lateinischen Buchstaben. Bdr.; A = gez. L 12½; B = gez. L 11½.

Z.-Pa) Inschrift Porto

				✶✶	☉
1	50 Pa	grün/rot .... Z.-Pa		
A		gez. L 12½		1,20	0,20
B		gez. L 11½		25,—	10,—

Auflage: 2 500 000 Stück

1947, 1. Jan. Zeichnung ähnlich Zwangszuschlagsmarke MiNr. 5, jedoch mit weiterer Inschrift Porto. Bdr.; gez. L 12½.

Z.-Pb

| 2 | 0.50 (Din) | mehrfarbig .... Z.-Pb | 0,60 | 0,30 |

Auflage: 1 000 000 Stück

Gültig bis 7.1.1947; außerdem vom 4.9.–11.9.1947

1948, 1. Okt. Zeichnung ähnlich Zwangszuschlagsmarke MiNr. 6, jedoch mit weiterer Inschrift PORTO. Odr.; gez. K 12½.

Z.-Pc

| 3 | 0.50 (Din) | dunkelgrün/rot .... Z.-Pc | 0,50 | 0,20 |

Auflage: 1 500 000 Stück

Gültig bis 7.10.1948

1949, 5. Nov. Zeichnung ähnlich Zwangszuschlagsmarke MiNr. 7, jedoch mit weiterer Inschrift PORTO. Odr.; gez. K 12½.

Z.-Pd

| 4 | 0.50 Din | violett/rot .... Z.-Pd | 0,70 | 0,30 |

Auflage: 1 500 000 Stück

Gültig bis 11.11.1949

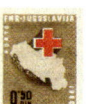

1950, 1. Okt. Rotes Kreuz. Odr.; gez. K 12½.

Z.-Pe

5	0.50 Din	rehbraun/rot .... Z.-Pe	0,50	0,30
5 U		ungezähnt		—,—
5 Uo		oben ungezähnt		—,—

Auflage: 1 500 000 Stück

Gültig bis 8.10.1950

1951, 7. Okt. Zeichnung ähnlich Zwangszuschlagsmarke MiNr. 9, jedoch mit weiterer Inschrift PORTO. Odr.; gez. K 12½.

Z.-Pf

| 6 | 0.50 Din | smaragdgrün/rot .... Z.-Pf | 0,50 | 0,30 |

Auflage: 1 500 000 Stück

Gültig bis 14.10.1951

Jugoslawien

1952, 5. Okt. Rotes Kreuz. Odr.; gez. K 12½.

Z.-Pg

7 0,50 Din schwarzgrau/rot . . . . Z.-Pg 0,60 0,60
Auflage: 1 200 000 Stück   Gültig bis 12.10.1952

1953, 25. Okt. Zeichnung ähnlich Zwangszuschlagsmarke MiNr. 11, jedoch mit weiterer Inschrift PORTO. Odr.; gez. K 12½.

Z.-Ph

8 2 (Din) orangebraun/rot . . . . Z.-Ph 1,— 0,50
Auflage: 1 200 000 Stück   Gültig bis 1.11.1953

1954, 1. Nov. Zeichnung ähnlich Zwangszuschlagsmarke MiNr. 13, jedoch mit weiterer Inschrift PORTO. Odr.; gez. K 12½.

Z.-Pi

9 2 (Din) violett/rot . . . . Z.-Pi 0,90 0,40
Auflage: 1 200 000 Stück   Gültig bis 8.11.1954

1955, 2. Okt. Zeichnung ähnlich Zwangszuschlagsmarke MiNr. 14, jedoch mit weiterer Inschrift PORTO. Odr.; gez. K 12½.

Z.-Pk

10 2 (Din) dunkelolivgrün . . . . Z.-Pk 0,70 0,30
Auflage: 1 013 000 Stück   Gültig bis 8.10.1955

1955, 31. Okt. Zeichnung ähnlich Zwangszuschlagsmarke MiNr. 15 jedoch mit weiterer Inschrift PORTO. Odr.; gez. K 12½.

Z.-Pl

11 2 (Din) lilabraun/rot . . . . Z.-Pl 1,— 0,30
Auflage: 1 160 000 Stück   Gültig bis 6.11.1955

1956, 6. Mai. Zeichnung ähnlich Zwangszuschlagsmarke MiNr. 16, jedoch mit weiterer Inschrift PORTO. Odr.; gez. K 12½.

Z.-Pm) Durch Lawine zerstörte Häuser

12 2 (Din) mehrfarbig . . . . Z.-Pm 0,70 0,30
Auflage: 1 288 000 Stück   Gültig bis 21.5.1956

1956, 30. Sept. Zeichnung ähnlich Zwangszuschlagsmarke MiNr. 17, jedoch mit weiterer Inschrift PORTO. Odr.; gez. K 12½.

Z.-Pn

13 2 (Din) lilabraun/graubraun . . . . Z.-Pn 0,70 0,30
Auflage: 1 000 000 Stück   Gültig bis 6.10.1956

1957, 5. Mai. Zeichnung ähnlich Zwangszuschlagsmarke MiNr. 18, jedoch mit weiterer Inschrift PORTO. Odr.; gez. K 12½.

Z.-Po

14 2 (Din) mehrfarbig . . . . Z.-Po 0,70 0,30
Auflage: 1 200 000 Stück   Gültig bis 11.5.1957

1957, 30. Sept. Zeichnung ähnlich Zwangszuschlagsmarke MiNr. 19, jedoch mit weiterer Inschrift PORTO. Odr.; gez. K 12½.

Z.-Pp

15 2 (Din) h'grünlichblau/graubr. . . . . . . Z.-Pp 0,70 0,20
Auflage: 1 200 000 Stück   Gültig bis 6.10.1957

1958, 4. Mai. Zeichnung ähnlich Zwangszuschlagsmarke MiNr. 20, jedoch mit weiterer Inschrift PORTO. RaTdr. Odr.; gez. K 12½.

Z.-Pr

16 2 (Din) mehrfarbig . . . . Z.-Pr 1,— 0,50
Auflage: 1 350 000 Stück   Gültig bis 10.5.1958

1958, 5. Okt. Woche des Kindes. Odr.; gez. K 12½.

Z.-Ps) Kind mit Spielzeug

17 2 (Din) grauultramarin/schw. . . . . . . Z.-Ps 0,70 0,30
Auflage: 1 500 000 Stück   Gültig bis 11.10.1958

1959, 3. Mai. Zeichnung ähnlich Zwangszuschlagsmarke MiNr. 22, jedoch mit weiterer Inschrift PORTO. Odr.; gez. K 12½.

Z.-Pt

18 2 (Din) braunocker/rot . . . . Z.-Pt 0,70 0,30
18 U ungezähnt . . . . —,—
Auflage: 1 062 000 Stück   Gültig bis 9.5.1959

Jugoslawien   735

1959, 5. Okt. Woche des Kindes. Odr.; gez. K 12½.

Z.-Pu) Stilis. Obstbaum, Hahn und Ähren

| 19 | 2 (Din) | orangegelb/purpur | Z.-Pu | 0,50 | 0,20 |

19 U ungezähnt —,—
19 ZW U Paar mit Zwischensteg, □ —,—

Auflage: 1 000 000 Stück Gültig bis 11.10.1959

1960, 8. Mai. Zeichnung ähnlich Zwangszuschlagsmarke MiNr. 24, jedoch mit weiterer Inschrift PORTO. Odr.; gez. K 12½.

Z.-Pv

| 20 | 2 (Din) | schwarzlila/rot | Z.-Pv | 0,60 | 0,30 |

20 U ungezähnt —,—
20 ZW U Paar mit Zwischenteg, □ —,—

Auflage: 1 000 000 Stück Gültig bis 14.5.1960

1960, 2. Okt. Woche des Kindes. Odr. in Beograd; gez. K 12½.

Z.-Pw) Knabenkopf, Werkzeug

| 21 | 2 (Din) | graublau | Z.-Pw | 0,40 | 0,20 |

21 U ungezähnt —,—
21 ZW U Paar mit Zwischensteg, □ —,—

Auflage: 1 500 000 Stück Gültig bis 8.10.1960

1961, 7. Mai. Zeichnung ähnlich Zwangszuschlagsmarke MiNr. 26, jedoch mit weiterer Inschrift PORTO. Odr.; A = gez. K 12½, B = □.

Z.-Px

22	2 (Din)	mehrfarbig	Z.-Px		
A		gez. K 12½		0,50	0,20
B		□		20,—	20,—

Auflagen: A = 1 000 000, B = 20 000 Stück Gültig bis 13.5.1961

1961, 1. Okt. Zeichnung ähnlich Zwangszuschlagsmarke MiNr. 27, jedoch mit weiterer Inschrift PORTO. Odr.; gez. K 12½.

Z.-Py) Stilis. Blume, Papierflugzeug

| 23 | 2 (Din) | gelbgrün/violettbraun | Z.-Py | 0,40 | 0,20 |

23 U ungezähnt —,—
23 ZW U Paar mit Zwischensteg, □ —,—

Auflage: 2 000 000 Stück Gültig bis 7.10.1961

1962, 30. April. Zeichnung ähnlich Zwangszuschlagsmarke MiNr. 28, jedoch mit weiterer Inschrift PORTO. Odr.; gez. K 12½.

Z.-Pz) Stilis. Darstellungen von Haushalt, Industrie, Schnee, Verkehr, Feuer, Wasser und Verbandszeug mit Rotem Kreuz

| 24 | 5 (Din) | mehrfarbig | Z.-Pz | 0,40 | 0,20 |

Auflage: 2 000 000 Stück Gültig bis 12.5.1962

1963, 5. Mai. Zeichnung ähnlich Zwangszuschlagsmarke MiNr. 29, jedoch mit weiterer Inschrift PORTO. Odr.; gez. K 12½.

Z.-Paa) Jubiläumssignet des Roten Kreuzes, Jahreszahlen

| 25 | 5 (Din) | mehrfarbig | Z.-Paa | 0,60 | 0,30 |

Auflage: 2 000 000 Stück Gültig bis 11.5.1963

Neuheiten

Ein Abonnement der MICHEL-Rundschau sichert Ihnen einen immer vollständigen Katalog, zeigt Ihnen Preisänderungen an und bereichert Ihre philatelistischen Kenntnisse durch gut recherchierte Fachbeiträge.

Ausgaben der einzelnen Volksrepubliken

Bosnien und Herzegowina

MiNr. I–XIII s. nach MiNr. 20.

1945, 28. April. Freimarkenausgabe von Mostar (Herzegowina). Marken von Kroatien mit Aufdruck: ✱ / Demokratska / Federativna / Jugoslavija / ...KUNA...

Auf Freimarken: ✱✱   ⊙

1	10 K	auf 0.25 K dkl'braunrot .... (47) S	1,—	1,—
2	10 K	auf 0.50 K schwarzblau .... (48) R	1,—	1,—
3	10 K	auf 2 K braunkarmin .... (52) S	1,—	1,—
4	10 K	auf 3.50 K d'braunkarmin .. (98y) S	1,—	1,—
5	40 K	auf 1 K dunkelgrünblau .... (50) R	1,—	1,—
6	50 K	auf 4 K dunkelultramarin .. (54) R	5,—	5,—
7	50 K	auf 5 K blau .... (56) R	25,—	25,—
8	50 K	auf 6 K braunoliv .... (57) R	5,—	5,—
9	50 K	auf 7 K braunrot .... (58) S	100,—	100,—
10	50 K	auf 8 K dkl'braun .... (59) R	120,—	120,—
11	50 K	auf 10 K schwarzlila .... (60) R	1,—	1,—

Auf Gedenkmarken:

12	30 K	auf 1 K dunkelblau .... (103) R	1,—	1,—
13	30 K	auf 3.50 K dunkelblau .. (105) S	1,—	1,—
14	30 K	auf 3.50 K dkl'karminrot .. (148) R	1,—	1,—
15	30 K	auf 12.50 K d'braunkarmin .. (149) S	2,50	2,50

Auf Zwangszuschlagsmarken 1944:

16	20 K	auf 1 K schwarzblaugrün ... (3) R	1,—	1,—
17	20 K	auf 4 K dunkelkarmin ...... (4) R	1,—	1,—
18	20 K	auf 5 K russischgrün ...... (5) R	1,—	1,—
19	20 K	auf 10 K dunkelblau .... (6) R	1,—	1,—
20	20 K	auf 20 K dunkelbraun ...... (7) R	1,—	1,—
		MiNr. 1–20 Satzpreis (20 W.)	260,—	260,—

Auflagen: MiNr. 1 = 8100, MiNr. 2 = 43600, MiNr. 3 = 14300, MiNr. 4 = 7200, MiNr. 5 = 43200, MiNr. 6 = 4400, MiNr. 7 = 2800, MiNr. 8 = 4100, MiNr. 9 = 1700, MiNr. 10 = 1000, MiNr. 11 = 7000, MiNr. 12 = 13200, MiNr. 13 = 31500, MiNr. 14 = 7700, MiNr. 15 = 8700, MiNr. 16 = 59550, MiNr. 17 = 28600, MiNr. 18 = 25300, MiNr. 19 = 20500, MiNr. 20 = 10900 Stück

Gültig bis 31.7.1945

1945, 7. Juli. Freimarkenausgabe von Sarajevo. Marken von Kroatien mit Bdr.-Aufdruck: Demokratska/Federativna/Jugoslavija, Staatswappen und neuer Wert. Früherer Landesname durchbalkt.

I	1 Din	auf 2 K braunkarmin ..... (52)	25,—	25,—
II	1.50 Din	auf 0.50 K schwarzblau (48) R	25,—	25,—
III	2 Din	auf 2 K braunkarmin ..... (52)	25,—	25,—
IV	3 Din	auf 1 K dunkelgrünblau .. (50) R	25,—	25,—
V	4 Din	auf 0.75 K schwarzoliv .. (49) R	25,—	25,—
V/I	5 Din	auf 3.50 K dunkelbraunkarmin .... (98y)	25,—	25,—
VII	8 Din	auf 10 K schwarzlila .... (60)	25,—	25,—
VIII	12 Din	auf 20 K dunkelbraun .... (62)	25,—	25,—

1945, 7. Juli. Freimarken von Sarajevo. Zwangszuschlagsmarken von Kroatien als Freimarken verwendet mit Bdr.-Aufdruck: Demokratska / Federativna / Jugoslavija / franko, Staatswappen und neuer Wert. Früherer Landesname und Markeninschrift durchbalkt.

IX	0.50 Din	auf 20 K dunkelbraun ..... (7)	50,—	50,—
X	1.50 Din	auf 10 K dunkelblau ..... (6) R	50,—	50,—
XI	2 Din	auf 1 K schwarzblaugrün . (3) R	50,—	50,—
XII	4 Din	auf 2 K dunkelkarmin ..... (4)	50,—	50,—
XIII	12 Din	auf 5 K dunkelgrün ...... (5) R	50,—	50,—
		MiNr. I–XIII Satzpreis (13 W.)	450,—	450,—

Auflage: 600 Sätze   *Gültig bis 9.7.1945*

MiNr. I–XIII gelangten nur 3 Tage am Postamt Sarajewo 4 zum Schalterverkauf. Wegen Nichtanerkennung durch das Postministerium in Beograd wurden die Restbestände zurückgezogen und vernichtet.

Kroatien

1945, 20. Juni. Freimarkenausgabe von Zagreb. Marken von Kroatien mit Aufdruck DEMOKRATSKA ✱ FEDERATIVNA/JUGOSLAVIJA und neue Wertangabe unterhalb des neuen Landesnamens.

✱✱ ⊙

1	20 K	auf 5 K blau .... (56) R	0,20	0,20
2	40 K	auf 1 K dunkelgrünblau ... (50) R	0,20	0,20
3	60 K	auf 3.50 K dkl'braunkarmin (98y) R	0,20	0,20
4	80 K	auf 2 K braunkarmin ...... (52)	0,20	0,20
5	160 K	auf 0.50 K schwarzblau ... (48) R	0,20	0,20
6	200 K	auf 12.50 K schwarzviolett (99) R	0,20	0,20
7	400 K	auf 0.25 K dkl'rotbraun .. (47) R	0,20	0,20
		Satzpreis (7 W.)	1,40	1,40

Auflagen: MiNr. 1, 6–7 je 3 000 000, MiNr. 5 = 4 000 000, MiNr. 2–4 je 5 000 000 Stück

Gültig bis 31.10.1945

1945, 1.–21. März. Freimarkenausgabe von Spalato (Split) (Dalmatien). Marken von Kroatien mit Aufdruck DEMOKRATSKA FEDERATIVNA/✱/JUGOSLAVIJA und neuer Wertangabe seitlich über dem alten Wert.

8	10 K	auf 0.25 K dkl'braunrot .... (47) S	0,50	0,50
9	10 K	auf 0.50 K schwarzblau .... (48) R	0,50	0,50
10	10 K	auf 0.75 K schwarzoliv .... (49) R	0,50	0,50
11	10 K	auf 1 K dunkelgrünblau .... (50) R	0,50	0,50
12	20 K	auf 2 K braunkarmin .... (52) R	0,50	0,50
13	20 K	auf 3 K karminbraun .... (53) S	0,50	0,50
14	20 K	auf 3.50 K d'braunkarmin . (98y) S	0,50	0,50
15	20 K	auf 4 K dkl'ultramarin .... (54) R	0,50	0,50
16	20 K	auf 5 K blau .... (56) R	0,50	0,50
17	30 K	auf 6 K braunoliv .... (57) R	15,—	15,—
18	30 K	auf 7 K braunrot .... (58) Gr	0,50	0,50
19	30 K	auf 8 K dunkelbraun .... (59) Gr	18,—	18,—
20	30 K	auf 10 K schwarzlila ...... (60) Gr	0,50	0,50
21	30 K	auf 12.50 K schwarzviolett (99) R	0,50	0,50
22	40 K	auf 20 K dunkelbraun ...... (62) R	0,50	0,50
23	40 K	auf 30 K braunschwarz .... (63) R	0,50	0,50
24	50 K	auf 50 K schw'blaugrün ... (64) R	0,50	0,50
		Satzpreis (17 W.)	40,—	40,—

Auflagen: MiNr. 8 = 123 600, MiNr. 9 = 379 300, MiNr. 10 = 58 100, MiNr. 11 = 730 800, MiNr. 12 = 80 700, MiNr. 13 = 67 300, MiNr. 14 = 463 900, MiNr. 15 = 288 600, MiNr. 16 = 50 400, MiNr. 17 = 15 800, MiNr. 18 = 158 880, MiNr. 19 = 14 900, MiNr. 20 = 246 800, MiNr. 21 = 197 300, MiNr. 22 = 58 600, MiNr. 23 = 57 400, MiNr. 24 = 74 300 Stück

Gültig bis 31.6.1945

Portomarken

1945, 20. Juni. Zagreber Ausgabe. Portomarken von Kroatien mit rotem Aufdruck DEMOKRATSKA FEDERATIVNA / JUGOSLAVIJA / ✱ / neue Wertangabe.

✱✱ ⊙

1	40 Kn	auf 0.50 K (dunkel-)blau/braungrau .... (17) R	0,20	0,20
2	60 Kn	auf 1 K (dunkel-)blau/braungrau .... (18) R	0,20	0,20
3	80 Kn	auf 2 K (dunkel-)blau/braungrau .... (19) R	0,20	0,20

Jugoslawien 737

4	100 Kn	auf 5 K (dunkel-)blau/braungrau ......(21) R		0,20	0,20
5	200 Kn	auf 6 K (dunkel-)blau/braungrau ......(22) R		0,20	0,20
		Satzpreis (5 W.)		1,—	1,—

Auflage: 1 000 000 Sätze   Gültig bis 31.10.1945

Montenegro

1945, 1. März. Freimarkenausgabe von Cetinje; Marken von Montenegro unter italienischer Besetzung mit kyrillischem Aufdruck und neue Wertangabe in Lire.

				**	☉
1	1 L	auf 10 C grünoliv ....(53) R		2,—	2,—
2	2 L	auf 25 C dunkelgrün ......(56) R		1,—	1,—
3	3 L	auf 50 C rosakarmin .....(57) Bl		1,—	1,—
4	5 L	auf 1.25 L blau ....(58) R		1,—	1,—
5	10 L	auf 15 C dunkelbraun ....(54) R		2,—	2,—
6	15 L	auf 20 C orangebraun ...(55) R		2,—	2,—
7	20 L	auf 2 L dkl'bläulichgrün ..(59) R		2,—	2,—

FALSCH

6 I		Wertaufdruck „10" statt „15"		900,—	

Auflagen: MiNr. 1, 5–7 je 10 000, MiNr. 2–3 je 20 000, MiNr. 4 = 25 000 Stück

1945, 1. März. Freimarken: Flugpostmarken mit gleichem Aufdruck als gewöhnliche Freimarken verwendet.

8	3 L	auf 50 C dunkelbraun ....(62) R		5,—	5,—
9	6 L	auf 1 L ultramarin ....(63) R		5,—	5,—
10	10 L	auf 2 L rosakarmin ....(64) Bl		5,—	5,—
11	20 L	auf 5 L dkl'gelbgrün .....(65) Bl		5,—	5,—
		MiNr. 1–11 Satzpreis (11 W.)		30,—	30,—

FALSCH

Auflage: 7000 Sätze

Portomarken

1945, 1. März. Ausgabe von Cetinje. Freimarken von Montenegro mit farbigem Aufdruck in kyrillischer Schrift: Demokratska / Federativna /∗/ Jugoslavija / PORTO / neue Wertangabe.

				**	☉
1	10 L	auf 5 C blauviolett ....(52)		300,—	300,—
2	20 L	auf 5 L karmin auf orangerot .(60)		150,—	150,—
		Satzpreis (2 W.)		450,—	450,—

FALSCH

Auflage: 1 000 Sätze   Gültig bis 11.5.1945

Serbien

(Autonomes Territorium Vojvodina)
MiNr. I-XIV s. nach MiNr. 10.

1944, 20. Okt. Freimarkenausgabe von Senta. Marken von Ungarn mit Bdr.- Aufdruck eines roten Sternes und „8. X. 1944. / Jugoslavija" (kyrillisch) in Schwarz.

				**	⌀
1	1 f	grünlichschwarz ....(705)		8,—	—,—
2	2 f	orangerot ....(706)		8,—	—,—
3	3 f	dunkelgrauultramarin ..(707)		8,—	—,—
4	4 f	dunkelbraun ....(708)		8,—	—,—
5	5 f	rot ....(709)		8,—	—,—
6	8 f	schwarzoliv ....(711)		8,—	—,—
7	10 f	olivbraun ....(712)		180,—	—,—
8	24 f	karminbraun ....(673)		300,—	—,—
9	24 f	purpur ....(716)		10,—	—,—
10	30 f	braunkarmin ....(753)		180,—	—,—
		Satzpreis (10 W.)		700,—	—,—

FALSCH

Mit gleichem Aufdruck, jedoch nicht mehr zum Schalterverkauf gekommen:

				**	⌀
I	6 f	dunkelgraublau ....(710)		150,—	150,—
II	12 f	blaugrün ....(713)		30,—	30,—
III	18 f	lilaschwarz ....(714)		30,—	30,—
IV	20 f	dunkelrotbraun ....(715)		30,—	30,—
V	20 f	braunoliv ....(754)		400,—	400,—
VI	24 f	dunkelpurpur ....(755)		400,—	400,—
VII	30 f	braunrot ....(756)		110,—	110,—
VIII	50 f	dunkelblau ....(757)		40,—	40,—
IX	70 f	hellrotbraun ....(758)		110,—	110,—
X	80 f	olivbraun ....(738)		40,—	40,—
XI	80 f	dunkelkarminbraun ...(759)		400,—	400,—
XII	1 P	dunkelgrün ....(739)		20,—	20,—
XIII	2 P	auf 1 f purpurbraun ...(665)		20,—	20,—
XIV	5 P	auf 1 f purpurbraun ...(665)		20,—	20,—
		Satzpreis (14 W.)		1800,—	1800,—

FALSCH

Portomarken

1944, 20. Okt. Ausgabe von Senta. Gleicher Aufdruck wie auf Freimarken mit zusätzlicher neuer Wertangabe auf Ungarn-Portomarke MiNr. 144.

				**	⌀
1	10 f	auf 2 f rotbraun ....(P 144)		15,—	15,—

Mit gleichem Aufdruck, jedoch nicht mehr zum Schalterverkauf gekommen:

I	20 f	auf 3 f braunkarmin ......(P 145)		40,—	40,—
II	30 f	auf 4 f braunkarmin ......(P 146)		280,—	280,—
III	50 f	auf 6 f braunkarmin ......(P 147)		280,—	280,—
		Satzpreis (3 W.)		600,—	600,—

FALSCH

Slowenien

In Slowenien waren zuvor die Marken mit Inschrift „Provinz Laibach", ferner deutsche (im Gebiet von Maribor) und ungarische Marken (im Gebiet von Sobota) in Verkehr. FALSCH

MiNr. I siehe nach MiNr. 34.

1945, 7. Juni. Freimarkenausgabe von Laibach. Freimarken mit Inschrift Provinz Laibach mit Aufdruck JUGOSLAVIJA / ∗ / SLOVENIJA (schräg) 9 ∗ 5 / 1945 / JUGOSLAVIJA.

				**	☉
1		5 Cent schwarz ....(45)		0,10	0,10
2		10 Cent rotorange ....(46)		0,10	0,10
3		20 Cent dunkelrotbraun .....(47)		0,10	0,10
4		25 Cent dunkelblaugrün ....(48)		0,10	0,10
5		50 Cent violett ....(49)		0,10	0,10
6		75 Cent karminrot ....(50)		0,50	0,50
7		1 Lira dunkelgrün ....(51)			
a		Aufdruck schwarz		0,20	0,20
b		Aufdruck rot		20,—	20,—
8	1.25 Lire	ultramarin ....(52)		0,30	0,30
9	1.50 Lire	dunkelolivgrün ....(53)		0,20	0,20
10	2 Lire	blau ....(54)		0,20	0,20
11	2.50 Lire	braun ....(55)		0,20	0,20
12	3 Lire	lila ....(56)		0,50	0,50
13	5 Lire	karminbraun ....(57)		0,70	0,70
14	10 Lire	schwarzgrün ....(58)		0,50	0,50
15	20 Lire	dunkelblau ....(59)		3,50	3,50
16	30 Lire	karmin ....(60)		25,—	25,—
		MiNr. 1–16 (mit 7 a+b) Satzpreis (17 W.)		50,—	50,—

Auflagen: MiNr. 1 = 94 700, MiNr. 2 = 113 100, MiNr. 3 = 100 400, MiNr. 4 = 143 600, MiNr. 5 = 184 600, MiNr. 6 = 60 100, MiNr. 7a = 351 400, MiNr. 7b = 9 000, MiNr. 8 = 102 400, MiNr. 9 = 106 500, MiNr. 10 = 109 500, MiNr. 11 = 254 300, MiNr. 12 = 63 400, MiNr. 13 = 63 700, MiNr. 14 = 60 340, MiNr. 15 = 41 500, MiNr. 16 = 35 100 Stück

Gültig bis 30.6.1945

Jugoslawien

1945, 15. Juni. Freimarkenausgabe von Maribor. Freimarken des Deutschen Reiches mit Aufdruck ✱ / SLOVENIJA (schräg) / 9 ✱ 5 / 1945 / JUGO-SLAVIJA, ab MiNr. 28 etwas grösserer Aufdruck.

17	1 (Pfg)	schwarzgrau (Töne)	(781)	5,—	5,—
18	3 (Pfg)	rötlichbraun	(782)	0,50	0,50
19	4 (Pfg)	dunkel- bis schw'graublau	(783)	4,—	4,—
20	5 (Pfg)	dunkelolivgrün	(784)	3,—	3,—
21	6 (Pfg)	lebh'blauviolett bis pur'vio.	(785)	0,50	0,50
22	8 (Pfg)	zinnober	(786)	0,70	0,70
23	10 (Pfg)	dunkelsiena	(826)	3,—	3,—
24	12 (Pfg)	karminrot	(827)	0,20	0,20
25	15 (Pfg)	karminbraun bis braunkarmin (Töne)	(789)	6,—	6,—
26	20 (Pfg)	kobalt	(791)	4,—	4,—
27	24 (Pfg)	dunkelorangebraun	(792)	3,50	3,50
28	25 (Pfg)	violettblau bis dkl'vio'blau	(793)	10,—	10,—
29	30 (Pfg)	schwarzoliv	(794)	1,—	1,—
30	40 (Pfg)	dkl'lila bis hellbläul'violett	(795)	1,—	1,—
31	42 (Pfg)	dunkelbläulichgrün (Töne)	(A 795)	1,—	1,—
32	50 (Pfg)	schwarzblaugrün	(796)	3,50	3,50
33	60 (Pfg)	karminbraun	(797)	1,—	1,—
34	80 (Pfg)	schwarzviolettblau	(798)	2,50	2,50
		Satzpreis (18 W.)		50,—	50,—

Auflagen: MiNr. 17 = 34 500, MiNr. 18 = 98 300, MiNr. 19 = 48 300, MiNr. 20 = 39 700, MiNr. 21 = 385 300, MiNr. 22 = 40 200, MiNr. 23 = 61 700, MiNr. 24 = 278 600, MiNr. 25 = 29 300, MiNr. 26 = 33 700, MiNr. 27 = 34 700, MiNr. 28 = 39 200, MiNr. 29 = 41 100, MiNr. 30 = 59 100, MiNr. 31 = 74 100, MiNr. 32 = 35 900, MiNr. 33 = 49 800, MiNr. 34 = 35 500 Stück

Gültig bis 30.6.1945

Nicht ausgegeben:

1945. Gleicher Aufdruck auf Deutsches Reich MiNr. 514.

| I | 4 (Pfg) | graublau bis dkl'graublau | (514) | 500,— | |

Auflage: 2 500 Stück

1945, 22. Juni. Freimarkenausgabe für Murska-Sobota. Marken von Ungarn mit demselben Aufdruck wie MiNr. 17–34.

35	1 f	grünlichschwarz	(705)	5,—	5,—
36	4 f	dunkelbraun	(708)	0,50	0,50
37	5 f	rot	(709)	5,—	5,—
38	10 f	olivbraun	(712)	0,50	0,50
39	18 f	lilaschwarz	(714)	0,50	0,50
40	20 f	dunkelrotbraun	(715)	0,50	0,50
41	30 f	karminrot	(736)	0,50	0,50
42	30 f	braunrot	(756)	0,50	0,50
43	50 f	dunkelblau	(757)	10,—	10,—
44	70 f	hellrotbraun	(758)	10,—	10,—
45	80 f	olivbraun	(738)	50,—	50,—
46	1 P	dunkelgrün	(739)	7,50	7,50
		Satzpreis (12 W.)		90,—	90,—

Auflagen: MiNr. 35 = 9500, MiNr. 36 = 21 200, MiNr. 37 = 8400, MiNr. 38 = 29 200, MiNr. 39 = 27 500, MiNr. 40 = 19 400, MiNr. 41 = 29 800, MiNr. 42 = 29 900, MiNr. 43 = 9100, MiNr. 44 = 8700, MiNr. 45 = 7600, MiNr. 46 = 11 000 Stück

Gültig bis 30.6.1945

Wissen kommt nicht von selbst
MICHEL

Ausgaben für Istrien und das Slowenische Küstenland

MiNr. Ia–IIIc s. anschließend
MiNr. IV–V s. nach MiNr. 50

1945, Juni. Marken von Italien mit Aufdruck ISTRA und neuer Wertangabe. X = Wz. 1, Y = oWz.

				✱✱	⊙
I a Y	L 0.10	auf 5 C braun	(650)	0,50	0,50
I b X	L 0.50	auf 25 C dunkelgrün	(654)	0,50	0,50
I c Y	L 0.50	auf 25 C dunkelgrün	(655)	0,50	0,50
I d X	L 1.00	auf 50 C hellviolett	(644)	0,50	0,50
I e Y	L 1.00	auf 50 C hellviolett	(657)	25,—	25,—
I f X	L 1.50	auf 75 C karmin	(645)	0,50	0,50
I g X	L 1.50	auf 75 C karmin	(658)	0,50	0,50
I h Y	L 2.00	auf 1 L violett	(659)	25,—	25,—
I i X	L 2.00	auf 1 L dunkelviolett	(633)	0,50	0,50

FALSCH

1945, Juni. Marken von Italien, Gedenkausgabe für die Gebrüder Bandiera mit gleichem Aufdruck wie MiNr. Ia–Ii.

II a	L 0.50	auf 25 C grün	(663)	2,50	2,50
II b	L 2.00	auf 1 L violett	(664)	2,50	2,50
II c	L 5.00	auf 2.50 L rot	(665)	100,—	100,—

Flugpostmarken von Italien mit demselben Aufdruck als Freimarken verwendet.

III a	L 0.50	auf 25 C dunkelgrün	(408)	40,—	40,—
III b	L 1.00	auf 50 C dunkelbraun	(328)	2,—	2,—
III c	L 2.00	auf 1 L violett	(330)	2,—	2,—
		Satzpreis Ia–IIIc (15 W.)		200,—	200,—

Möglicherweise wurden MiNr. Ia–IIIc vor Ausgabe von MiNr. 34–37 sowie später eigenen Ausgaben mit Aufdruck A.M.G. V.G. durch die alliierte Militärregierung in Pula zur Frankatur zugelassen.

FALSCH

MiNr. 1–15 fallen aus.

1945, 11. Juni. Besetzung von Triest. Freimarken von Italien mit Aufdruck: 1. V. 1945 / TRIESTE / ✱ / TRST und Wertangabe.

16	C 20 + L 1	auf 5 C braun	(650) R	0,20	0,70
17	+ L 1	auf 25 C dkl'grün	(655) Bl	0,20	0,70
18	+ L 1	auf 30 C rotbraun	(656) S		
X				0,20	0,70
Y	mit Wz.			500,—	600,—
19	+ L 1	auf 50 C violett	(657) S	0,20	0,70
20	+ L 1	auf 1 L violett	(659) S	0,20	0,70
21	+ L 1	auf 1.25 blau	(660) R	0,20	0,70
22	L 2 + 2	auf 25 C dkl'grün	(655) R	0,20	0,70
23	+ 2 L	auf 3 L d'graugrün	(661) R	0,20	0,70
24	L 5 + 5	auf 1 L violett	(659) R	0,50	0,70
25	L 10 + 10	auf 30 C rotbraun	(656) R		
X	oWz.			2,—	6,—
Y	mit Wz.			30,—	50,—
26	L 20 + 20	auf 20 C	(650) Bl	8,—	10,—

MiNr. 16–26 (ohne 18 Y und 25 Y)
Satzpreis (11 W.) 12,— 22,—

Auflagen: MiNr. 16 = 84 900, MiNr. 17 = 207 600, MiNr. 18X = 265 500, MiNr. 18Y = 1300, MiNr. 19 = 2 285 400, MiNr. 20 = 2 165 800, MiNr. 21 = 146 300, MiNr. 22 = 148 500, MiNr. 23 = 147 900, MiNr. 24 = 195 600, MiNr. 25 = 108 500, MiNr. 25Y = 15 000, MiNr. 26 = 49 000 Stück

Jugoslawien

1945, 26. Juli. Besetzung von Fiume (Rijeka). Freimarken und Eilmarke von Italien mit Aufdruck: 3. V. 1945/ FIUME / ✶ / RIJEKA / Stern mit Sonne / neuer Wert.

27	LIRE	2	auf 25 C dunkelgrün .... (654)	1,—	0,70
28	LIRE	4	auf 1 L violett .... (659)	1,—	0,70
29	LIRE	5	auf 10 C sepia .... (651)	1,—	0,70
30	LIRE	6	auf 10 C sepia .... (651)	1,—	0,70
31	LIRE	10	auf 25 C dunkelgrün .... (655)	1,—	0,70
32	LIRE	16	auf 75 C karmin .... (658)		
X			mit Wz.	8,—	15,—
Y			oWz.	170,—	250,—
33	LIRE	20	auf 1.25 L grün .... (662)	3,—	5,50
			Satzpreis (7 W.)	16,—	19,—

Auflagen: MiNr. 27 = 204 800, MiNr. 28 = 204 100, MiNr. 29 = 68 900, MiNr. 30 = 160 100, MiNr. 31 = 109 100, MiNr. 32 = 40 200, MiNr. 33 = 69 900 Stück

ISTRA

1945, 1. Juli. MiNr. 1 a, l d, l g und l i mit Aufdruck, alte Wertangabe vierfach durchbalkt.

L.

34	L	4.—	auf L 2.00 auf 1 L dkl'violett (l i)	1,—	1,—
35	L	6.—	auf L 1.50 auf 75 C karmin . (l g)	4,—	8,—
36	L	10.—	auf L 10 auf 5 C braun — (l a)	26,—	20,—
37	L	20.—	auf L 1.00 auf 50 C h'violett (l d)	5,—	8,50
			Satzpreis (4 W.)	36,—	36,—

Auflagen: MiNr. 34 = 109 000, MiNr. 35 = 17 800, MiNr. 36 = 10 100, MiNr. 37 = 17 800 Stück

1945, 15. Aug./1946, 30. Nov. Freimarken. RaTdr.; A. = gez. 10½:11½; B = gez. 12; C = gez. L 11½.

a) Weintraube (Vitis vinifera)   b) Esel   c) Wiederaufbau   d) Olive (Olea europaea)

e) Schloss Duino   f) Fischerboot vor Amphitheater von Pula   g) Geburtshaus von Vladimir Gortan in Piran

h) Bauer hinter dem Pflug   i) Roter Thunfisch (Thunnus thynnus)   k) Eisenbrücke über den Isonzo bei Solkan

38		0.25 (L)	olivgrün .... a		
A			gez. 10½:11½ (15.8.1945)	0,50	1,30
B			gez. 12 (11.2.1946)	0,70	0,50
39		0.50 (L)	rotbraun .... b		
A			gez. 10½:11½ (15.8.1945)	0,60	0,70
B			gez. 12 (11.2.1946)	0,40	0,50
40		1 (L)	rot c		
A			gez. 10½:11½ (15.8.1945)	0,30	0,60
41		1 (L)	hellgrün, olivgrün c		
B			gez. 12 (11.2.1946)	0,40	0,50
C			gez. 11½ (30.11.1946)	0,80	0,80
42		1.50 (L)	dunkelolivgrün .... d		
A			gez. 10½:11½ (15.8.1945)	0,50	1,30
B			gez. 12 (11.2.1946)	0,40	0,50
43		2 (L)	blaugrün .... e		
A			gez. 10½:11½ (15.8.1945)	0,30	0,40
B			gez. 12 (11.2.1946)	0,40	0,50
C			gez. 11½ (30.11.1946)	0,90	0,90
44		4 (L)	ultramarin .... f		
A			gez. 10½:11½ (15.8.1945)	0,30	0,40
45		4 (L)	rot .... f		
B			gez. 12 (11.2.1946)	0,40	0,50
46		5 (L)	schwarzgrau .... g		
A			gez. 10½:11½ (15.8.1945)	0,30	0,40
B			gez. 12 (11.2.1946)	0,40	0,50
47		10 (L)	dunkelbraun .... h		
A			gez. 10½:11½ (15.8.1945)	1,30	1,20
B			gez. 12 (11.2.1946)	0,40	0,50
48		20 (L)	braunlila i		
A			gez. 10½:11½ (15.8.1945)	9,—	6,50
49		20 (L)	blau i		
B			gez. 12 (11.2.1946)	4,—	1,—
50		30 (L)	rosalila .... k		
A			gez. 10½:11½ (15.8.1945)	6,50	6,50
B			gez. 12 (11.2.1946)	3,50	1,—
			Satzpreis A (10 W.)	19,—	19,—
			Satzpreis B (10 W.)	11,—	6,—

Auflagen: A: MiNr. 38 = 79 700, MiNr. 39 = 326 300, MiNr. 40 = 302 500, MiNr. 41 C = 500 000, MiNr. 42 = 100 000, MiNr. 43 = 512 200, MiNr. 43 C = 500 000, MiNr. 44 = 303 800, MiNr. 46 = 107 300, MiNr. 47 = 103 200, MiNr. 48 = 36 900, MiNr. 50 = 35 000 Stück. B: MiNr. 38 = 200 000, MiNr. 39, 42 und 47 je 500 000, MiNr. 41 = 2 650 000, MiNr. 43 = 2 500 000, MiNr. 45 und 46 je 2 000 000, MiNr. 49 = 240 900, MiNr. 50 = 239 000 Stück

Nicht ausgegeben:

1945. Erwartete Eingliederung Triests. RaTdr.; □.

l) Kirche San Giusto, Triest

IV	1 L	lilarosa l	35,—	
V	1 L	sepia l	35,—	
		Satzpreis (2 W.)	70,—	

Auflage: 5000 Sätze

1946, 15. Nov. Freimarken MiNr. 49 B und 50 B mit Aufdruck des neuen Wertes; alter Wert dreimal durchstrichen.

51	1 L		auf 20 L blau .... (49 B)	1,50	1,50
52	2 L		auf 30 L rosalila .... (50 B)	1,50	1,50

Auflage: 150 100 Sätze

1946, 30. Nov. Freimarken. RaTdr.; gez. L 11½.

53	3 (L)	karmin .... e	3,60	2,20
54	6 (L)	blau .... f	8,—	5,—
		Satzpreis (2 W.)	11,—	7,—

Auflagen: MiNr. 53–54 je 1 000 000 Stück

1947, 8. Febr. Freimarke von Jugoslawien MiNr. 482 und Dienstmarke MiNr. 1 in anderen Farben mit Aufdruck; alter Wert durchstrichen.

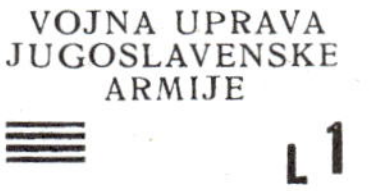

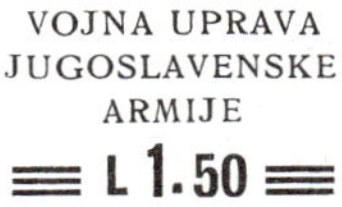

VOJNA UPRAVA JUGOSLAVENSKE ARMIJE

Jugoslawien

55	L 1	auf 9 Din lilarosa .... (ek)		0,20	0,50
56	L 1.50	auf 0.50 Din blau .... (Da)		0,20	0,50
57	L 2	auf 9 Din lilarosa .... (ek)		0,20	0,50
58	L 3	auf 0.50 Din blau .... (Da)		0,20	0,50
59	L 5	auf 9 Din lilarosa .... (ek)		0,20	0,50
60	L 6	auf 0.50 Din blau .... (Da)		0,20	0,50
61	L 10	auf 9 Din lilarosa .... (ek)		0,20	0,50
62	L 15	auf 0.50 Din blau .... (Da)		0,30	0,70
63	L 35	auf 9 Din lilarosa .... (ek)		0,40	1,10
64	L 50	auf 0.50 Din blau .... (Da)		0,50	1,10
		Satzpreis (10 W.)		2,50	6,—

Auflagen: MiNr. 55 = 2 950 000, MiNr. 56 = 1 000 000, MiNr. 57 = 4 873 400, MiNr. 58 = 3 981 000, MiNr. 59 = 991 200, MiNr. 60 = 4 077 800, MiNr. 61 = 985 300, MiNr. 62 = 590 000, MiNr. 63 = 300 000, MiNr. 64 = 390 000 Stück

Portomarken

1945, 31. Dez./1946. Freimarken mit Aufdruck PORTO und neue Wertangabe.

MiNr. 1 a T. I: PORTO —.50 Lit.
MiNr. 1 b T. II: —.50
MiNr. 3 a T. I: PORTO 2.— Lit.
MiNr. 3 b T. II: 2.—

				**	⊙
1	0.50 Lit	auf 20 L braunlila ..... (48 A)			
a		Aufdruck Type I (22.2.1946)		0,80	1,30
b		Aufdruck Type II		25,—	35,—
2	1 Lit	auf 0.25 L olivgrün .... (38 A)		15,—	2,50
3	2 Lit	auf 30 L rosalila .... (50 A)			
a		Aufdruck Type I (22.2.1946)		2,20	3,—
b		Aufdruck Type II		6,—	7,50
4	4 Lit	auf 0.50 L rotbraun .... (39 A)		1,70	0,80
5	8 Lit	auf 0.50 L rotbraun .... (39 A)		1,70	0,80
6	10 Lit	auf 0.50 L rotbraun (⚠⚠) (39 A)		10,—	2,20
7	20 Lit	auf 0.50 L rotbraun .... (39 A)		11,—	4,20
		Satzpreis (7 W.)		42,—	14,—

Auflagen: MiNr. 1 = 65 000, MiNr. 2 = 29 950, MiNr. 3 = 65 000, MiNr. 4 = 59 987, MiNr. 5 = 69 900, MiNr. 6 und 7 je 30 000 Stück

1946, 25. März/Mai. Freimarken MiNr. 41 B und 50 A mit Aufdruck PORTO und neuer Wertangabe; frühere Wertangabe überdruckt.

PORTO Lira 20.—
P. Type I: Normales P (89mal im Bogen)
P. Type II: P mit langem schmalen Bogen (11mal im Bogen)

P. Type I a: Hochgestelltes Rechteck (74mal im Bogen)
P. Type I b: Kleiner Punkt (15mal)
P. Type II a: Hochgestelltes Rechteck (7mal)

P. Type II b: Kleiner Punkt (2mal)
P, Type II c: Komma (2mal)

8	1 Lira	auf 1 L hellgrün .... (41 B)			
I		Type I		0,60	0,50
II		Type II		4,—	2,—
9	2 Lira	auf 1 L hellgrün .... (41 B)			
I		Type I		0,60	0,50
II		Type II		6,—	3,—
10	4 Lira	auf 1 L hellgrün .... (41 B)			
I		Type I		0,80	0,50
II		Type II		8,50	3,—
11	10 Lira	auf 30 L rosalila (11.5.) . (50 A)			
I		Type I		6,50	2,50
II		Type II		19,—	10,—
12	20 Lira	auf 30 L rosalila (11.5.) . (50 A)			
I		Type I		10,—	5,50
II		Type II		32,—	15,—
13	30 Lira	auf 30 L rosalila (11.5.) . (50 A)			
I		Type I		10,—	5,50
II		Type II		35,—	17,—
		Satzpreis I (6 W.)		28,—	15,—
		Satzpreis II (6 W.)		100,—	50,—

Bei MiNr. 8–10 unterscheiden Spezialisten noch folgende Untertypen, die sich auf das Dezimalzeichen in der aufgedruckten Wertangabe beziehen:
Bei MiNr. 11–13 kommt Type I 91 mal, Type II 9mal im Bogen vor.

Auflagen: MiNr. 8 = 129 300, MiNr. 9 = 119 500, MiNr. 10 = 99 800, MiNr. 11 = 49 600, MiNr. 12 = 29 900, MiNr. 13 = 30 000 Stück

1946, 7. Sept. Geänderter Aufdruck PORTO. Wertziffern in 2 Typen.

PORTO 1.— Lira — Type I a gerader Fuß
PORTO 2.— Lira — Type I b geschweifter Fuß
PORTO 2.— Lira
PORTO 4.— Lira

PORTO Lira 10.—
PORTO Lira 20.—
PORTO Lira 30.—

Type I: Dicke Ziffern

1.— 2.— 4.— 10.— 20.— 30.—

Type II: Dünnere Ziffern in Grotesk

14	1 Lira	auf 0.25 L olivgrün ... (38 B)			
I		Type I		1,—	0,70
II		Type II		55,—	32,—
15	2 Lira	auf 0.25 L olivgrün ... (38 B)			
I		Type I			
a		gerader Fuß		1,70	1,—
b		geschwefelter Fuß		8,—	4,50
II		Type II		32,—	28,—
16	4 Lira	auf 0.25 L olivgrün ... (38 B)			
I		Type I		1,—	0,70
II		Type II		32,—	28,—
17	10 Lira	auf 20 L blau .... (49 B)			
I		Type I			
a		großer Dezimalpunkt		5,50	2,20
b		kleiner Dezimalpunkt		32,—	32,—
II		Type II		150,—	100,—
18	20 Lira	auf 20 L blau .... (49 B)			
I		Type I			
a		großer Dezimalpunkt		11,—	5,50
b		kleiner Dezimalpunkt		32,—	32,—
II		Type II		280,—	190,—
19	30 Lira	auf 20 L blau .... (49 B)			
I		Type I			
a		großer Dezimalpunkt		13,—	6,50
b		kleiner Dezimalpunkt		32,—	32,—
II		Type II		280,—	180,—
		Satzpreis I (6 W.)		32,—	16,—
		Satzpreis II (6 W.)		800,—	550,—
		Paare I und II (6 Paare) *1000,—*			

Auflagen: Type I: MiNr. 14 = 139 300, MiNr. 15 = 79 900, MiNr. 16 = 79 300, MiNr. 17 = 40 000, MiNr. 18 = 29 900, MiNr. 19 = 30 000, Type II: MiNr. 14 = 5572, MiNr. 15 = 3196, MiNr. 16 = 3172, MiNr. 17 = 1600, MiNr. 18 = 1196, MiNr. 19 = 1200 Stück

1947, 8. Febr. Portomarke MiNr. 90 von Jugoslawien in anderer Farbe mit Aufdruck.

Vojna Uprava
Jugoslavenske
Armije

L 1

20	L 1	auf 1 Din bläulichgrün	....		0,40	0,60
21	L 2	auf 1 Din bläulichgrün	....		0,40	0,60
22	L 6	auf 1 Din bläulichgrün	....		0,40	0,60
23	L 10	auf 1 Din bläulichgrün	....		0,40	0,60
24	L 30	auf 1 Din bläulichgrün	....		0,60	0,80
			Satzpreis (5 W.)		2,20	3,20
20/23	im Paar zusammenhängend	....		—,—		

Auflagen: MiNr. 20 = 95 800, MiNr. 21–22 je 298 000, MiNr. 23–24 je 98 000 Stück

Die Ausgaben für Triest siehe Triest, Zone B

Lokalausgaben

In den Orten Belatinci, Dobrovnik, Mursko-Središče und Prelog haben Militärbehörden, jedoch ohne Bewilligung höherer Dienststellen, die bei der Besetzung vorgefundenen ungarischen Marken mit Handstempelaufdruck „SHS" oder „Preko-murje SHS" versehen lassen.

Belatinci

 1919. Ungarische Marken mit undeutlichem Holzstempelaufdruck SHS in Grünblau.

                                                        ⁕⁕   ☉

Auf 2, 3, 5, 35, 40 F (Schnitter),
50, 75, 80 F, 1, 2 Kr (Parlament),
10, 20 F (König Karl IV),
Eilmarken: 5, 6, 40 F (Schnitter, Köztársaság),
15 F (König Karl, Köztársaság),
1 Kr (Parlament, Köztársaság),
2, 5, 10, 25 F (Schnitter, „Magyar Posta")
                             Satzpreis *200,—* *200,—*

FALSCH

Dobrovnik

Preko-murje SHS 1919, 10. Aug. Ungarische Marken mit dreizeiligem violettschwarzem Handstempelaufdruck.

                                                   ⁕⁕   ☉

Auf 2, 3, 5, 35 F (Schnitter),
50, 75, 80 F, 1, 2 Kr (Parlament),
10, 20, 40 F (Karl IV und Zita),
Eilmarke (Sürgös): 2 F,
2, 5, 6, 50 F (Schnitter, Köztársaság),
2, 5, 10, 20, 25 F (Schnitter, „Magyar Posta"),
Portomarken: 2, 5, 6, 10, 12, 20, 50 F
                                          Satzpreis   *320,—*

FALSCH

Die Ausführlichkeit der **MICHEL**-Kataloge
ist international anerkannt.

Mursko-Središče

 1919, 3. Jan. Ungarische Marken mit waagerechtem Aufdruck mit abgerundetem, schmalem S.

                                                 ⁕⁕   ☉

Auf 2, 3, 6, 25, 35, 40 F (Schnitter),
50, 80 F, 1, 2 Kr (Parlament),
10, 20, 40 F (Karl IV und Zita),
Eilmarke (Sürgös): 2 F,
10 + 2 F (Kriegshilfemarke),
Portomarken: 2, 5, 10 F
                                Satzpreis   *700,—*

FALSCH

Prelog

 1919, 15. Aug. Ungarische Marken mit undeutlichem Handstempelaufdruck „SHS".

                                               ⁕⁕   ☉

Auf 2, 3, 5, 20, 25, 35 F (Schnitter),
50, 75, 80 F, 1, 2, 3 Kr (Parlament),
10, 20 F (Karl IV und Zita),
Eilmarke (Sürgös): 2 F,
15 + 2 F (Kriegshilfemarke),
Portomarken: 1, 2, 10, 20 F
                                Satzpreis   *450,—*

FALSCH

Ausgabe der Jugoslawischen Heimatarmee unter General Draža Mihailović

1944, 4. März. Freimarken „Ravna Gora 1941". Bdr., gez. L 10¾.

a) Soldaten und Engel   b) König Peter II. (1923–1970)   c) Landschaft

                                                 ⁕⁕   ☉

1	1 Din	dunkelbraunviolett	.... a	25,—	25,—
2	2 Din	braun	.... b	25,—	25,—
3	4 Din	mattrot	 c	25,—	25,—
			Satzpreis (3 W.)	75,—	75,—

Auflage: ca. 30 000 Sätze

Portomarke

 1944, 4. März. Portomarke „Ravna Gora 1941". Bdr., gez. L 10¾.

d) Kämpfer der Četnik-Bewegung

                                               ⁕⁕   ☉

| 1 | 1.50 Din | dunkelgrün | .... d | 25,— | 25,— |

Literatur: A. Mirković: Unerforschte Gebiete der jugosl. Philatelie und Postgeschichte.

Kroatien (Hrvatska)

Kroatien entstand 1918 aus dem Großteil des Königreichs Kroatien-Sloweniens und dem Königreich Dalmatien und wurde dann ein Teil von Jugoslawien. Beim Einmarsch der deutschen Truppen erklärte sich Kroatien am 10. April 1941 als selbständig. Nach dem Ende des Zweiten Weltkrieges wurde es wieder ein Bestandteil Jugoslawiens.
Am 25.6.1991 erklärte sich die jugoslawische Teilrepublik Kroatien für unabhängig und ließ die Unanhängigkeitserklärung nach dreimonatiger Aussetzungsfrist am 8.10.1991 formell in Kraft treten. Am 15. Mai 1992 erkannten alle EG-Staaten die Unabhängkeit an.
Währung: 1 Dinar = 100 Paras; ab 7.7.1941: 1 Kuna = 100 Banica; ab 1.4.1991: Jugoslawischer Dinar (Din.); ab Dez. 1991: Kroatischer Dinar (Din.); ab 30.5.1994; 1 Kuna = 100 Lipa

Bis zum 14.1.1992 waren noch die Marken Jugoslawiens gültig.
Ab MiNr. 311 sind alle Ausgaben – wenn nicht ausdrücklich anders angegeben – auf fluoreszierendem Papier gedruckt.

Katalogpreise: Die Preise für ungebrauchte Marken gelten für postfrische Stücke ✶✶, MiNr. 1–178 mit Falz✶ werten ca. 40–60% der Postfrisch-Preise, sofern nichts anderes angegeben. Die Preise für gestempelte Marken ⊙ gelten für Stücke mit zeitgerechter Abstempelung.

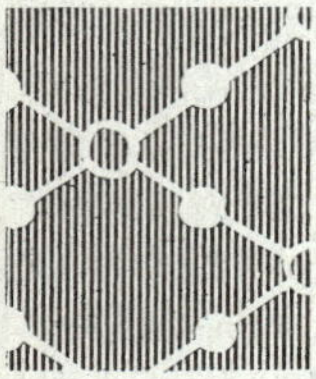

Wz. 1
Große Rauten

1941

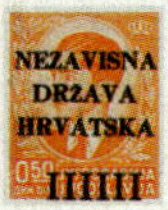

1941, 12. April. MiNr. 394–401 von Jugoslawien mit Bdr.-Aufdruck.

					✶✶	⊙
1	50	Para	orange	(394)	3,50	4,—
2	1	Din.	grün	(395)	3,50	4,—
3	1.50	Din.	rot	(396)	4,—	2,—
4	2	Din.	lilakarmin	(397)	4,50	3,—
5	3	Din.	lilabraun	(398)	7,50	8,—
6	4	Din.	ultramarin	(399)	9,—	9,—
7	5	Din.	dunkelblau	(400)	9,—	9,—
8	5.50	Din.	dunkelbraunviolett	(401)	10,—	11,—
				Satzpreis (8 W.)	50,—	50,—

FALSCH

Gültig bis 15.2.1943

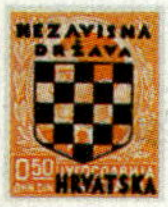

1941, 21. April. MiNr. 393–407 von Jugoslawien mit Bdr.-Aufdruck.

9	25	Para	braunschwarz	(393)	0,50	0,60
10	50	Para	orange	(394)	0,50	0,60
11	1	Din.	grün	(395)	0,50	0,60
12	1.50	Din.	rot	(396)	0,80	0,60
13	2	Din.	lilakarmin	(397)	0,80	0,60
14	3	Din.	lilabraun	(398)	1,—	1,20
15	4	Din.	ultramarin	(399)	1,20	1,70
16	5	Din.	dunkelblau	(400)	1,80	1,70
17	5.50	Din.	dkl'braunviolett	(401)	2,—	1,70
18	6	Din.	dunkelblau	(402)	2,50	3,—
19	8	Din.	dunkelbraun	(403)	3,50	3,—
20	12	Din.	violett	(404)	4,50	4,—
21	16	Din.	dkl'violettbraun	(405)	5,—	6,—
22	20	Din.	hellblau	(406)	6,50	7,—
23	30	Din.	lilakarmin	(407)	9,50	13,—
				Satzpreis (15 W.)	40,—	45,—

10 F	Paar mit und ohne Aufdruck	80,—
11 F	Paar mit und ohne Aufdruck	90,—
12 F	Paar mit und ohne Aufdruck	100,—
23 A	links gezähnt 10¾	800,—

Auflagen: MiNr. 9 = 3 217 500, MiNr. 10 = 1 548 800, MiNr. 11 = 2 142 600, MiNr. 12 = 2 727 000, MiNr. 13 = 733 200, MiNr. 14 = 761 900, MiNr. 15 = 1 094 200, MiNr. 16 = 359 900, MiNr. 17 = 490 000, MiNr. 18 = 278 500, MiNr. 19 = 302 900, MiNr. 20 = 301 300, MiNr. 21 = 194 800, MiNr. 22 = 109 100, MiNr. 23 = 75 600 Stück

FALSCH

Gültig bis 15.2.19435

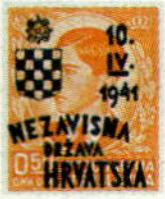

1941, 21. April. MiNr. 393–407 von Jugoslawien mit farbigem Bdr.-Aufdruck.

24	25	Para	braunschwarz	(393) R	35,—	37,—
25	50	Para	orange	(394) Bl	35,—	38,—
26	1	Din.	grün	(395) R	35,—	40,—
27	1.50	Din.	rot	(396) Bl	40,—	47,—
28	2	Din.	lilakarmin	(397) Bl	45,—	47,—
29	3	Din.	lilabraun	(398)Bl	45,—	50,—
30	4	Din.	ultramarin	(399) R	35,—	40,—
31	5	Din.	dunkelblau	(400) R	40,—	41,—
32	5.50	Din.	dunkelbraunviolett	(401) R	40,—	41,—
33	6	Din.	dunkelblau	(402) R	45,—	46,—
34	8	Din.	dunkelbraun	(403) R	40,—	40,—
35	12	Din.	violett	(404) R	40,—	41,—
36	16	Din.	dunkelviolettbraun	(405) Bl	40,—	46,—
37	20	Din.	hellblau	(406) R	40,—	41,—
38	30	Din.	lilakarmin	(407) Bl	45,—	48,—
				Satzpreis (15 W.)	600,—	640,—

FALSCH

Auflage: 5000 Sätze

Gültig bis 15.2.1943

1941, 10. Mai. MiNr. 439 und 440 von Jugoslawien mit Aufdruck.

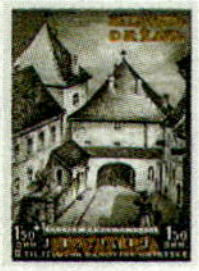

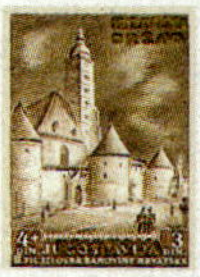

				✶✶	⊙
39	1.50 Din.	+ 1.50 Din. blauschwarz	(439) G		
A		gez. K 12½		20,—	25,—
B		gez. K 11½:L 11½:K 11½: K 11½		100,—	120,—
C		gez. K 11½:L 11½:K 9½: K 11½		150,—	160,—
D		gez. K 11½:L 11½:K 9¼: K 11½		170,—	170,—

Kroatien

40		4 Din.	+ 3 Din. dkl'braun .... (440) G		
	A		gez. K 11½	20,—	25,—
	B		gez. K 11½:L 11½:K 11½:		
			K 11½	100,—	120,—
	C		gez. K 11½:L 11½:K 9:		
			K 11½	150,—	160,—
	D		gez. K 11½:L 11½:K 9¼:		
			K 11½	160,—	170,—
	E		gez. L 11½	130,—	140,—
			Satzpreis (2 W.)	40,—	50,—
			Satzpreis (39 A Zf-40 A Zf)	60,—	

Weitere Zähnungsunterschiede und Zierfeldbewertungen siehe MICHEL-Kroatien-Spezial-Katalog.

Stecherzeichen:

39 I	mit Stecherzeichen „S" zwischen Fenster und Blumenstrauß links (Feld 9)	60,—	
39 F I	dunkelbraun statt blauschwarz (Urmarke Jugoslawien Nr. 437)	3000,—	
39 F II	wie 39 F I, aber mit Stecherzeichen „S"	4500,—	

MiNr. 39–40 gedruckt in Bogen zu 16 Marken und 9 Zierfeldern.

Auflage: 56 000 Sätze

Gültig bis 15.2.1943

1941, 16. Mai. MiNr. 398 und 399 von Jugoslawien mit Bdr.-Aufdruck.

41	1 D	auf 3 Din. lilabraun .... (398)	0,50	0,50
42	2 D	auf 4 Din. ultramarin .... (399)	0,50	0,50
		Satzpreis (2 W.)	1,—	1,—

Auflagen: Nr. 41 = 3 300 000, Nr. 42 = 3 890 000 Stück

Gültig bis 15.2.1943

1941, 17. Mai. Portomarken MiNr. 64 II und 66 II bis 68 II von Jugoslawien mit Aufdruck.

43	50 P	purpur .... (P 64 II)	0,50	0,50
44	2 Din	blau .... (P 66 II)	1,50	1,50
45	5 Din	dunkelgelb .... (P 67 II)	2,—	1,50
46	10 Din	lilabraun .... (P 68 II)	2,50	2,—
		Satzpreis (4 W.)	6,50	5,50

43 F	senkr. Paar mit und ohne Aufdruck	250,—

Auflagen: MiNr. 43 = 1 000 000, MiNr. 44 = 164 500, MiNr. 45–46 je 100 000 Stück

Gültig bis 15.2.1943

Sogenannte Ministeralben, die fast alle Neuausgaben ab MiNr. 47 □ bzw. teilgeschnitten oder in abweichenden Farben in Schalterbogen bzw. Blocks mit vertauschten Markenfarben, Phasendrucke etc. enthielten, wurden postamtlich zusammengestellt. Eine gesonderte Katalogisierung dieser Ausgaben erfolgt nicht.

Die Ausführlichkeit der **MICHEL**-Kataloge
ist international anerkannt.

1941/42. Freimarken: Landschaften. RaTdr. (10×10); gez. L 11, L 12.

a) Burg Ozalj bei Karlovac (Karlstadt)

b) Wasserfall der Pliva, im Hintergrund Jajce   c) Varazždin   d) Velebit-Massiv

e) Landschaft des Zelenjak   f) Kathedrale v. Zagreb (Agram)   g) Kirche von Osijek

h) Drina-Fluss   i) Konjic in der Herzegowina   k) Neu-Zemun (Semlin)

l) Dubrovnik (Ragusa)   m) Landschaft an der Save   n) Beg-Moschee in Sarajevo

o) Plitvitzer-Seen   p) Alte kroatische Festung Klis bei Split (Spalato)   r) Hafen von Hvar

s) Mädchen von Syrmien in Nationaltracht, bei der Ernte   t) Senj mit der alten Feste Nehaj   u) Banja Luka

47	0.25 K	dunkelbraunrot (16.11.1941) ... a	0,20	0,10
48	0.50 K	schwarzblau (15.8.1941) .... b	0,20	0,10
49	0.75 K	schwarzoliv (7.9.1942) c	0,20	0,10
50	1 K	dkl'grünblau (15.8.1941) GA ... d	0,20	0,10
51	1.50 K	schwarzblaugrün (15.8.1941) .... e	0,20	0,10
52	2 K	braunkarmin (15.8.1941) GA ... f	0,20	0,10
53	3 K	lilabraun, karminbraun (10.7.1941) .... g	0,20	0,10
54	4 K	dkl'ultramarin (16.11.1941) .... h	0,20	0,20
55	5 K	schwarz (15.8.1941) i	2,50	1,50
56	5 K	schwarzblau (7.9.1942) .... k	0,30	0,20
57	6 K	braunoliv (15.8.1941) l	0,30	0,20
58	7 K	braunrot (15.8.1941) .... m	0,30	0,20
59	8 K	dunkelbraun (15.8.1941) ..... n	0,60	0,30
60	10 K	schw'lila bis rotlila (15.8.1941) .. o	1,20	0,60
61	12 K	dunkelolivbraun (7.9.1942) ... p	1,60	0,70
62	20 K	dunkelbraun (16.11.1941) .... r	1,20	0,50
63	30 K	braunschwarz (15.8.1941) .... s	1,60	0,70

Kroatien

64	50 K	schwarzblaugrün (15.8.1941) .... t		3,—	2,—
65	100 K	blauviolett (13.6.1942) .... u		5,—	4,20
		Satzpreis (19 W.)		19,—	12,—

Kehrdrucke ⊔:

47 K	....	2,20	3,60	57 K .... 5,—	8,—
48 K	....	2,50	4,—	58 K 5,50	8,50
50 K	....	2,60	4,60	59 K .... 6,—	9,50
51 K	....	3,50	6,—	60 K 6,50	11,—
52 K	....	4,50	7,—	62 K 7,50	12,—
54 K	....	4,60	7,50	63 K 8,50	13,—
55 K	....	6,—	9,—	64 K .... 15,—	15,—

Stecherzeichen:

47 I	mit Stecherzeichen „Vogel mit abwärts gerichteten Flügeln" in der oberen linken Ecke (Feld 43, Teilaufl.)	12,—	12,—
47 II	mit Stecherzeichen „Vogel mit aufwärts gerichteten Flügeln" in der oberen linken Ecke (Feld 58, Teilaufl.)	15,—	15,—
53 I	mit Stecherzeichen „U" zwischen Seitenschiff der Kirche und rechtem Nebengebäude (Feld 46, Teilaufl.)	20,—	20,—
65 I	mit Stecherzeichen „H" rechts, oder in den Blättern des Baumes (Feld 56. Teilaufl.)	70,—	65,—

Teilzähnungen:

53 Uu	unten ungezähnt	25,—	—,—
55 Ul	links ungezähnt	25,—	
55 Uw	senkrechtes Paar, Mitte ungezähnt ...		25,—
55 Us	waagerechtes Paar, Mitte ungezähnt ...	25,—	
60 Uo	oben ungezähnt	25,—	
63 Ul	links ungezähnt	25,—	

Auflagen: MiNr. 47 = 2 400 000, MiNr. 48 = 18 000 000, MiNr. 49 = 1 000 000, MiNr. 50 = 18 000 000, MiNr. 51 = 18 000 000, MiNr. 52 = 25 000 000, MiNr. 53 = 4 000 000, MiNr. 54 = 5 000 000, MiNr. 55 = 3 600 000, MiNr. 56 = 1 500 000, MiNr. 57 = 3 600 000, MiNr. 58 = 4 800 000, MiNr. 59 = 1 000 000, MiNr. 60 = 2 460 000, MiNr. 61 = 1 000 000, MiNr. 62 = 2 960 000, MiNr. 63 = 1 600 000, MiNr. 64 = 240 000, MiNr. 65 = 150 000 Stück

In Zeichnung „u" mit F.l.: Nr. 81.

Eine 1952 aufgetauchte Marke zu 500 Kuna (siehe nebenstehende Abbildung) in Grün oder Violett ist ein privates Schwindelprodukt.

1941, 12. Okt. Rotes Kreuz: Trachtenbilder. Odr. (5×5); gez. L 10½:10.

v) Tracht aus der Gegend von Sinj (Dalmatien)
w) Tracht aus der Gegend von Travnik (Bosnien)
x) Tracht aus der Gegend von Turopolje (Kroatien)

66	1.50 K	+ 1.50 K	grünblau/rot v	1,20	1,—
67	2 K	+ 2 K	olivbraun/rot ..... w	1,30	1,—
68	4 K	+ 4 K	braunkarmin/rot ... x	2,50	2,50
			Satzpreis (3 W.)	5,—	4,50
			FDC		20,—
			Satzpreis (66 Zf–68 Zf)	10,—	9,—

MiNr. 66–68 wurden jeweils im Bogen zu 20 Marken und 5 Zierfeldern gedruckt.

Stecherzeichen:

66 I	mit Stecherzeichen „U" im linken Ärmel (Feld 7, Teilauflage)		28,—
67 I	mit Stecherzeichen „Patriarchenkreuz" auf der Dolchklinge (Feld 9, Teilauflage)		28,—
68 I	mit Stecherzeichen „Dreieck" im linken Ärmel (Feld 17, Teilauflage)		28,—

Ungezähnt (U):

66 U	ungezähnt		120,—
67 U	ungezähnt		120,—
68 U	ungezähnt		120,—

Auflagen: MiNr. 66 = 349 867, MiNr. 67 = 349 834, MiNr. 68 = 349 853 Stück

Gültig bis 31.5.1942

1941, 5. Dez. Antibolschewistische Ausstellung in Zagreb. RaTdr. (10×10); gez. L 11¼.

y) Soldaten der Achsenmächte mit Schild

69	4 K	+ 2 K	dunkelblau .... y	3,50	4,—
			FDC		18,—
69 U			ungezähnt, ohne Gummi		25,—
69 Uw			waagerecht ungezähnt		50,—

Auflage: 136 626 Stück

Gültig bis 31.5.1942

1942

1942, 25. März. Modellflugzeug-Ausstellung zugunsten des kroatischen Flugwesens. Odr. (5×5); gez. L 11¼.

z

aa ab ac

70	2 K	+ 2 K	dunkellilabraun ...... z	1,30	0,80
71	2.50 K	+ 2.50 K	dunkelgrün .... aa	1,70	1,50
72	3 K	+ 3 K	braunkarmin .... ab	2,—	1,80
73	4 K	+ 4 K	dunkelblau .... ac	2,50	3,—
			Satzpreis (4 W.)	7,50	7,—
			FDC		40,—
			Satzpreis (70 Zf–73 Zf)	28,—	

Blockausgabe, ☐

74	2 K	+ 8 K	dunkelblau .... z I	17,—	20,—
75	3 K	+ 12 K	braunkarmin .... ab I	17,—	20,—
Block 1	(124×110 mm) .... ad			60,—	60,—

Blockausgabe, gez. L 11.

76	2 K	+ 8 K	braunkarmin .... z I	17,—	20,—
77	3 K	+ 12 K	dunkelblau .... ab I	17,—	20,—
Block 2	(124×110 mm) .... ad			60,—	60,—
			Blockpaar	120,—	120,—

MiNr. 70–73 in Bogen zu 24 Marken und 1 Zierfeld oder in Bogen zu 25 Marken ohne Zierfeld gedruckt.

Bitte teilen Sie uns von Ihnen festgestellte Fehler mit, damit wir sie berichtigen können.

Kroatien

Stecherzeichen:

MiNr. 70 I	mit Stecherzeichen „1"in der rechten unteren Ecke (Feld 12)	15,—
MiNr. 71 I	mit Stecherzeichen „9" in der rechten unteren Ecke (Feld 12)	15,—
MiNr. 72 I	mit Stecherzeichen „2" in der rechten unteren Ecke (Feld 12)	15,—
MiNr. 73 I	mit Stecherzeichen „4" in der rechten unteren Ecke (Feld 12)	15,—
MiNr. 74 I	(Block 1) mit Stecherzeichen „R" in der rechten unteren Ecke	100,—
MiNr. 75 I	(Block 1) mit Stecherzeichen „V" in der rechten unteren Ecke	100,—
Block 1 I	mit MiNr. 74 I	140,—
Block 1 II	mit MiNr. 75 I	150,—

Ungezähnt (U):

70 U		20,—
71 U		20,—
72 U		20,—
73 U		20,—

MiNr. 70 ☐ stammt aus Ministeralben, vgl. Hinweis nach MiNr. 46.

Auflagen: MiNr. 70–73 = 170 877 Sätze, Block 1 und 2 = je 35 937 Blocks

Gültig bis 30.6.1942

1942, 9. April. 1. Jahrestag der Unabhängigkeit. MiNr. 52, 55 und 60 in geänderten Farben mit Odr.-Aufdruck; gez. L 11¼.

78	2 K	schwarzbraun	(f)	0,70	0,50
79	5 K	braunkarmin	(i)	1,—	1,—
80	10 K	schwarzgrün	(o)	1,80	1,50
		Satzpreis (3 W.)		3,50	3,—
		FDC			25,—

Stecherzeichen:

MiNr. 80 I	mit Stecherzeichen „Dreieck" rechts oben über dem Wald (Feld 15, Teilauflage)	40,—
MiNr. 80 II	mit Stecherzeichen „Dreieck" in der linken unteren Ecke (Feld 14, Teilauflage)	32,—

Kehrdruckpaare ⊓ stammen aus Ministeralben.

Zähnungsabarten:

78 U	ungezähnt, ohne Aufdruck	30,—
78 Uw	waagerecht ungezähnt	30,—
78 Us	senkrecht ungezähnt	30,—
79 U	ungezähnt, ohne Aufdruck	30,—
79 U a	ungezähnt, Aufdruck rot	40,—
79 Uw	waagerecht ungezähnt	30,—
79 Us	senkrecht ungezähnt	30,—
80 U	ungezähnt, ohne Aufdruck	30,—
80 Uw	waagerecht ungezähnt	30,—
80 Us	senkrecht ungezähnt	30,—

Auflagen: MiNr. 78 = 249 925, MiNr. 79 = 245 701, MiNr. 80 = 246 454 Stück

Gültig bis 31.5.1942

1942, 13. Juni. Philatelistische Ausstellung in Banja Luka. MiNr. 65 mit nachgestochener Platteninschrift F. I. rechts oben. RaTdr.; gez. L 11¼.

81	100 K	blauviolett	(u)	5,—	5,50
		FDC			40,—

Stecherzeichen:

81 I	mit Stecherzeichen „H" rechts oben in den Blättern des Baumes (Feld 56, Teilauflage)	85,—

Abart:

81/65 F I	senkrechtes Paar mit und ohne Platteninschrift „F.I" (Felder 9 und 19 bzw. 10 und 20)	280,—

Auflage: 100 000 Stück

1942, 23. Juni. MiNr. 52 mit Bdr.-Aufdruck in Braunkarmin; gez. L 11½.

82	0.25 K	auf 2 K braunkarmin	(52)	0,70	0,70

Kehrdruckpaar:

82 K			4,—	4,—

82 F	Aufdruck schwarz	300,—
82 K F	Kehrdruckpaar, Aufdruck schwarz	1400,—

Auflage: 5 000 000 Stück

1942, 5. Juli. Staatshilfswerk „Pomoć". RaTdr. (5×5); gez. L 11¼.

ag) Trompeter ah) Triumphpforte ai) Mutter und Kind

83	3 K + 1 K	dunkelkarminbraun	ag	1,50 1,50
84	4 K + 2 K	dunkelschwarzbraun	ah	2,— 1,70
85	5 K + 5 K	dunkelgrünblau	ai	3,— 3,—
		Satzpreis (3 W.)		6,50 6,—
		FDC		30,—

Stecherzeichen:

83 I	mit Stecherzeichen „Dreieck" am Hosenbein des ersten Trompeters (Feld 13, Teilauflage)	32,—
84 I	mit Stecherzeichen „weißer Punkt mit Kreuz" über „D" von „DRZAVA" (Feld 11, Teilauflage)	30,—
85 I	mit Stecherzeichen „A" im Ärmel der Mutter (Feld 7, Teilauflage)	30,—

Abarten:

83 U	ungezähnt	50,—
84 U	ungezähnt	50,—
85 U	ungezähnt	50,—

Auflagen: MiNr. 83 = 139 565, MiNr. 84 = 137 036, MiNr. 85 = 136 413 Stück

Gültig bis 31.10.1942

1942, 4. Okt. Woche des Roten Kreuzes. Odr. (10×10); gez. L 11¼

ak) Bäuerin aus Šestine (Kroatien)

Kroatien

a) Slowenische Bäuerin | am) Bäuerin aus Bosnien | an) Bäuerin aus Dalmatien | ak) Bäuerin aus Šestine (Kroatien)

86	1.50 K	+	0.50 K	orangebraun/rot ..... ak	1,90	1,80
87	3 K	+	1 K	violett/rot .... al	2,—	1,90
88	4 K	+	2 K	blau/rot .... am	2,80	2,80
89	10 K	+	5 K	braunocker/rot ...... an	3,50	3,30
90	13 K	+	6 K	karmin/rot .... ak	6,80	6,70
				Satzpreis (5 W.)	17,—	16,50
				FDC		60,—
				Satzpreis (86 Zf–90 Zf)	60,—	

MiNr. 86–90 wurden jeweils im Bogen zu 24 Marken und 1 Zierfeld gedruckt.

86 U	ungezähnt	10,—
87 U	ungezähnt	9,—
88 U	ungezähnt	12,—
89 U	ungezähnt	15,—
90 U	ungezähnt	25,—

Auflagen: MiNr. 86 = 209 651, MiNr. 87 = 231 701, MiNr. 88 = 151 758, MiNr. 89 = 159 277, MiNr. 90 = 139 052 Stück.

Gültig bis 31.10.1942

1942, 22. Nov. Ustascha-Jugend. RaTdr. (5×5); gez. L 14½.

ao) Bauernfreiheitskämpfer Matija Gubec († 1573) | ap) Dr. Ante Starčević (1823–1896)

91	3 K	+	6 K	dunkelbraunkarmin ...... ao	0,80	1,—
92	4 K	+	7 K	sepia .... ap	0,80	1,—
				Satzpreis (2 W.)	1,60	2,—
				Satzpreis (91 Zf–92 Zf)	8,—	8,—
				FDC		20,—

Blockausgabe, A = gez. Ks 12, B = ☐

ar) I

93	5 K	+	20 K	schwarzblau .... ar		
A				gez. Ks 12	15,—	15,—
B				(81 × 95 mm) .... ar I	15,—	15,—
Block 3						
A				gez. Ks 12	30,—	28,—
B				☐	30,—	28,—

| 91 U | .... | 100,— |
| 92 U | .... | 100,— |

MiNr. 91–92 wurden jeweils im Bogen zu 16 Marken und 9 Zierfeldern gedruckt.
Auflagen: MiNr. 91 = 512 605, MiNr. 92 = 510 795 Stück, Bl. 3 A = 51 478, Bl. 3 B = 51 357 Blocks

Gültig bis 15.12.1943

1943

1943, 17. Jan. Arbeitsdienst. Odr., Kleinbogen (3×3); Wz. große Rauten (Wz. 1); gez. L 11.

Wz. 1

as | at | au

as–au) Darstellungen aus dem Arbeitsdienst

94	2 K	+	1 K	oliv/olivbraun .... as	4,80	5,—
95	3 K	+	3 K	lila-/ockerbraun .... at	5,—	5,—
96	7 K	+	4 K	blau/olivbraun .... au	5,50	5,50
				Satzpreis (3 W.)	15,—	15,—
				FDC		35,—
				Kleinbogensatz (3 Klb.)	150,—	150,—
94 U				ungezähnt	100,—	
95 U				ungezähnt	100,—	
96 U				ungezähnt	100,—	

Auflagen: MiNr. 94 = 107 996, MiNr. 95 = 107 982, MiNr. 96 = 107 979 Stück

Gültig bis 30.4.1943

1943, 21. März. 700 Jahre Stadt Zagreb. Odr., Kleinbogen (2×4); mit Unterdruck kleiner Wappen; gez. L 11¼.

av) Stadtwappen und Goldene Bulle mit Siegel König Belas IV.

97	3.50 K	dunkelultramarin .... av	5,—	5,50
		FDC		30,—
		Kleinbogen	45,—	50,—
97 U		ungezähnt	50,—	
97 U		Kleinbogen ungezähnt	450,—	
97 UK		Kleinbogen ungezähnt, Unterdruck kopfstehend	600,—	

Auflage: 240 000 Stück

Gültig bis 25.3.1943

1943/44. Freimarken: Landschaften. RaTdr. (10×10); A = gez. L 11¼, C = gez. L 12.

aw) Schloß Trakošćan | ax) Schloß Veliki Tabor

Kroatien

98	3.50 K	.... aw dunkelkarminbraun,		
Aa		gez. L 11¼ (28.3.43)	0,90	0,70
Cb		dunkelbraunkarmin, gez. L 12 (Mai 1944)	1,20	0,60
99 A	12.50 K	schwarzviolett (14.4.1943) . ax	1,20	1,—
		Satzpreis A (2 W.)	2,—	1,70
98 Aa U		ungezähnt	10,—	
98 Cb U		ungezähnt	12,—	
99 A U		ungezähnt	13,—	

Auflage: MiNr. 98 = 16 000 000 Stück

1943, 10. April. 2 Jahre Kroatischer Staat. RaTdr. (10×10 oder 5×5); gez. L 14.

ay) Dr. Ante Pavelić (1889–1960), Staatspräsident

100	5 K	+ 3 K dunkelkarminrot ...... ay		
A		gez. K 14¼:13¼	–,60	1,—
C		gez. L 14	–,70	1,—
101	7 K	+ 5 K schwarzblaugrün ...... ay		
A		gez. K 14¼:13¼	–,60	1,—
B		gez. L 14	–,70	1,—
		Satzpreis A (2 W.)	1,20	2,—
		Satzpreis C (2 W.)	1,40	2,—
		FDC		40,—
		Satzpreis (100 C Zf–101 C Zf)	5,—	6,—

Blockausgabe, A = gez. K 12, B = ▢

102	12 K	+ 8 K dunkelultramarin .... ay		
A		gez. K 12	14,—	12,—
B		▢	14,—	12,—
Block 4		(81×94 mm) .... ay l		
A		gez. K 12	35,—	30,—
B		▢	35,—	30,—
100 U		ungezähnt	70,—	
101 U		ungezähnt	70,—	

Auflagen: MiNr. 100 = 478 553, MiNr. 101 = 478 551 Stück, Block 4 A und 4 B je 70 000 Blocks

Gültig bis 15.7.1943

1943, 7. Juni. Berühmte Kroaten. StTdr. (10×10); gez. L 12¼:12½.

az) Katarina Zrinska (Zrinyi) (1625–1673)
ba) Krsto Frankopan (Christoph Graf von Frangipani) (1643–1671)
bb) Petar Zrinski (Zrinyi) (1621–1671), kroatischer Dichter

103	1 K	dunkelblau .... az	0,50	0,50
104	2 K	schwarzoliv .... ba	0,50	0,50
105	3.50 K	braunkarmin .... bb	0,60	0,70
		Satzpreis (3 W.)	1,60	1,70
103 U		....	60,—	
104 U		....	60,—	
105 U		....	60,—	

Auflagen: MiNr. 103 = 1 986 800, MiNr. 104 = 2 000 000, MiNr. 105 = 968 500 Stück

1943, 13. Juni. Freimarken: Dr. Ante Pavelić. Odr. (10×10); gez. L 11½.

bc) Dr. Ante Pavelić (1889–1960) Staatspräsident

106	3.50 K	dunkelblau, blau .... bc	3,50	4,—
106 U		ungezähnt	8,—	
106 Uw		waagerecht ungezähnt	10,—	
106 Us		senkrecht ungezähnt	10,—	

Auflage: 1 000 000 Stück

Weitere Werte: MiNr. 128–147

1943, 15. Juli. Kroatische Legionäre. Odr. (10×10); gez. L 11¼.

bd) Matrose

be) Flieger und Flugzeug Heinkel He 111

bf) Infanteristen

bg) Soldat, Transportkolonne

107	1 K	+ 0.50 K dunkelgrün ...... bd	0,40	0,40
108	2 K	+ 1 K lilakarmin .... be	0,40	0,40
109	3.50 K	+ 1.50 K dunkelblau .... bf	0,40	0,40
110	9 K	+ 4.50 K dunkelbraun ..... bg	0,40	0,40
		Satzpreis (4 W.)	1,60	1,60

Blockausgabe, komb. Odr. und RaTdr.; A = gez. L 11¼, B = ▢

111	1 K	+ 0.50 K dunkelblau .... bd		
A		gez. L 11¼	1,70	1,70
B		▢	1,70	1,70
112	2 K	+ 1 K dunkelgrün ...... be		
A		gez. L 11¼	1,70	1,70
B		▢	1,70	1,70
113	3.50 K	+ 1.50 K dunkelbraun ..... bf		
A		gez. L 11¼	1,70	1,70
B		▢	1,70	1,70
114	9 K	+ 4.50 K grauschwarz ..... bg		
A		gez. L 11¼	1,70	1,70
B		▢	1,70	1,70
Block 5		(102×89 mm) .... bg l		
A		gez. L 11¼	7,50	7,50
B		▢	7,50	7,50

Von Bl. 5 A lassen sich zwei Auflagen unterscheiden: 16 Zähnungslöcher senkrecht oder 15 Zähnungslöcher senkrecht (gleicher Preis).

107 U		....	10,—
108 U		....	10,—
109 U		....	10,—
110 U		....	10,—

Auflagen: MiNr. 107 = 1 755 860, MiNr. 108 = 1 200 305, MiNr. 109 = 3 001 751, MiNr. 110 = 834 669 Stück, Block 5 A = 199 050, Block 5 B = 99 030 Blocks

Gültig bis 31.8.1943

Mit MICHEL machen Sie mehr aus Ihren Briefmarken!

Kroatien

1943, 12. Sept. 3. philatelistische Ausstellung in Zagreb. Ku-St. (4×10); gez. L 14½.

bh) Alte Marienkirche und Zisterzienser-Kloster, Zagreb (um 1650)

115	18 K	+ 9 K	violettschwarz .... bh	6,50	7,—
			FDC		30,—

Blockausgabe, gez. Ks 12½

116	18 K	+ 9 K	braunschwarz .... bh	11,—	11,—
Block 6	(99×132 mm)		.... bh I	18,—	18,—

Block 6 mit Linienzähnung stammt vermutlich aus einem Postarchivalbum.

Stecherzeichen:

115 I	mit Stecherzeichen "S" im geöffneten rechten Fenster über der Haustür	32,—
116 I	"S" im Schild neben der Haustür	45,—
Bl. 6 I	mit MiNr. 116 I	55,—
115 U		30,—
Bl. 6 U		350,—

Auflagen: MiNr. 115 = 439 992, Block 6 = 117 992 Blocks

Gültig bis 30.9.1943

1943. 12. Sept. MiNr. 115 mit rotem Aufdruck.

117	18 K	+ 9 K	violettschwarz ..... (115)	13,—	14,—

Stecherzeichen:

117 I	"S" im geöffneten rechten Fenster über der Haustüre	85,—
117 Ur	rechts ungezähnt	150,—

Auflage: 119 998 Stück

Gültig bis 30.9.1943

1943, 3. Okt. Rotes Kreuz. Odr. (10×10); gez. L 11¼.

bj) Mutter mit Kindern, im Hintergrund zerstörte Häuser

bk) Schwester mit Verwundetem

118	1 K	+ 0.50 K	blau/rot .... bi	0,70	0,70
119	2 K	+ 1 K	karminrot/rot ..... bi	0,70	0,70
120	3.50 K	+ 1.50 K	blau/rot .... bi	0,70	0,70
121	8 K	+ 3 K	karminbraun/rot .. bk	1,—	0,70
122	9 K	+ 4 K	olivgrün/rot ..... bk	1,—	0,80
123	10 K	+ 5 K	blauviolett/rot ... bi	1,20	1,10
124	12 K	+ 6 K	blau/rot .... bk	1,50	1,30

125	12.50 K	+	6 K braun/rot .... bi	1,80	1,80
126	18 K	+	8 K orangebraun/rot .. bk	2,50	3,—
127	32 K	+	12 K schwarzgrau/rot .. bk	4,—	4,20
			Satzpreis (10 W.)	15,—	15,—
			FDC		38,—
118 U–127 U			.... je	10,—	

Auflagen: MiNr. 118 = 217 506, MiNr. 119 = 240 638, MiNr. 120 = 380 172, MiNr. 121 = 145 770, MiNr. 122 = 152 095, MiNr. 123 = 148 932, MiNr. 124 = 145 892, MiNr. 125 = 180 076, MiNr. 126 = 145 863, MiNr. 127 = 145 864 Stück

Gültig bis 31.12.1943

1943/44. Freimarken: Dr. Ante Pavelič. Odr. (10×10); gez. L 12½, L 12½:12, L 13:12, L 13:12½, K 14.

bc) Dr. Ante Pavelič (1889–1960), Staatspräsident

128	0.25 K	dunkelbraunrot (17.1.1944) .. bc	0,30	0,30
129	0.50 K	blau (9.2.1944) .... bc	0,30	0,30
130	0.75 K	dunkelgrünoliv (8.5.1944) .. bc	0,30	0,30
131	1 K	grün (17.5.1944) .... bc	0,30	0,30
132	1.50 K	bräunlichviolett (8.5.1944) .. bc	0,30	0,30
133	2 K	lilarot (27.9.1943) .... bc	0,30	0,30
134	3 K	braunkarmin (13.4.1944) .. bc	0,30	0,30
135	3.50 K	ultramarin (20.2.1944) .... bc	0,30	0,30
136	4 K	lila (8.5.1944) .... bc	0,30	0,30
137	5 K	kornblumenblau (8.5.1944) . bc	0,30	0,30
138	8 K	gelbbraun (13.4.1944) ..... bc	0,30	0,30
139	9 K	rosakarmin (17.5.1944) .... bc	0,30	0,30
140	10 K	dunkelrötlichlila (8.5.1944) . bc	0,40	0,30
141	16 K	olivbraun (13.4.1944) ...... bc	0,40	0,30
142	12.50 K	schwarzgrau (28.1.1944) .... bc	0,50	0,30
143	18 K	dunkelbraun (13.4.1944) ... bc	0,60	0,50
144	32 K	violettbraun (13.4.1944) ... bc	1,—	0,50
145	50 K	graublau (13.4.1944) ...... bc	1,50	0,50
146	70 K	orangegelb (13.4.1944) .... bc	2,—	1,—
147	100 K	bläulichviolett (8.5.1944) ... bc	3,—	2,—
		Satzpreis (20 W.)	13,—	9,—

Stecherzeichen:

144 I	mit Stecherzeichen "S" am Kragen	110,—
147 I	mit Stecherzeichen "S" am Kragen	120,—
128 U–147 U	.... je	7,—

Weiterer Wert: MiNr. 106

Auflagen: MiNr. 128 = 5 000 000, MiNr. 129 = 23 000 000, MiNr. 130, 132 und 140 je 3 000 000, MiNr. 131 = 21 000 000, MiNr. 133 = 18 000 000, MiNr. 134, 136–139, 141 je 2 000 000, MiNr. 135 = 27 000 000, MiNr. 142 = 10 000 000, MiNr. 143 und 144 je 1 000 000, MiNr. 145 und 146 je 500 000, MiNr. 147 = 250 000 Stück

1943, 13. Dez. Ruđer Bošković. StTdr. (10×10); gez. L 10¾.

bl) Ruđer Bošković (1711–1787), Mathematiker, Philosoph und Astronom

148	3.50 K	dunkelkarminrot .... bl	0,60	0,50
149	12.50 K	dunkelbraunkarmin .... bl	0,80	0,70
		Satzpreis (2 W.)	1,40	1,20

Stecherzeichen:

149 I	mit Stecherzeichen "S" auf dem Daumenballen der rechten Hand	22,—
148 U	....	40,—
149 U	....	40,—

Auflagen: MiNr. 148 = 1 992 300, MiNr. 149 = 1 991 300 Stück

Kroatien 749

1944

1944, 3. Febr. Beamte der Post und der Eisenbahn. Odr., Kleinbogen (3×3); gez. L 11¼.

bm) Posthorn, Sinnbild der Post
bn) Brieftaube, Flugzeug und Erdkugel
bo) Merkur
bp) Geflügeltes Rad, Sinnbild der Eisenbahn

150	7 K	+	3.50 K mehrfarbig .... bm	0,70	0,70
151	16 K	+	8 K mehrfarbig .... bn	0,80	0,80
152	24 K	+	12 K mehrfarbig .... bo	1,—	1,—
153	32 K	+	16 K mehrfarbig .... bp	1,50	1,50
			Satzpreis (4 W.)	4,—	4,—
			Kleinbogensatz (4 Klb.)	40,—	40,—
150 U			ungezähnt	5,—	
151 U			ungezähnt	6,—	
152 U			ungezähnt	9,—	
153 U			ungezähnt	15,—	

Auflagen: MiNr. 150 = 399 187, MiNr. 151 = 339 070, MiNr. 152 = 339 260, MiNr. 153 = 338 980 Stück

Gültig bis 31.3.1944

1944, 16. Febr. Kriegsbeschädigte. Odr., Kleinbogen (3×3); gez. L 11¼.

br) Hl. Sebastian, Schutzpatron der Kriegsinvaliden
bs) Kriegsinvaliden
bt) Kroat. König Tomislav aus der Taufkapelle Split
bu) Tod des kroat. Königs Petar Svačić

154	7 K	+	3.50 K mehrfarbig .... br	0,80	0,70
155	16 K	+	8 K mehrfarbig .... bs	1,—	1,—
156	24 K	+	12 K mehrfarbig .... bt	1,20	1,—
157	32 K	+	16 K mehrfarbig .... bu	2,—	1,80
			Satzpreis (4 W.)	5,—	4,50
			Kleinbogensatz (4 Klb.)	55,—	50,—
			Satzpreis (154 Zf–157 Zf)	12,—	14,—

MiNr. 154–157 wurden jeweils im Kleinbogen zu 8 Marken und 1 Zierfeld gedruckt.

154 U	ungezähnt	6,—
155 U	ungezähnt	7,—
156 U	ungezähnt	8,—
157 U	ungezähnt	14,—
154 Kb U–157 Kb U	Kleinbogensatz ungezähnt	340,—

Auflagen: MiNr. 154 = 277 443, MiNr. 155 = 259 836, MiNr. 156 = 261 375, MiNr. 157 = 249 999 Stück

Gültig bis 31.3.1944

MICHEL-Abartenführer

Anleitung zur Bestimmung von Abarten, Abweichungen und Fehlern auf Briefmarken.

1944, 22. Mai. Drei Jahre Staat Kroatien. RaTdr. (4×5); □.

bv) Kampfszene
bw) Wache an der Drina
bx) Francetić, Jure-Ritter

158	3.50 K	+	1.50 K braunkarmin ..... bv	0,20	0,20
159	12.50 K	+	6.50 K indigo .... bw	0,20	0,20
160	18 K	+	9 K sepia .... bx	0,20	0,20
			Satzpreis (3 W.)	0,60	0,60

MiNr. 158–160 wurden von privater Seite mit einer Zähnung 9½ versehen, Marken in Zähnung 14½ stammen aus Ministerialalben.

Auflage: 951 516 Sätze

1944, 22. Mai. Jure-Ritter Francetić. MiNr. 160 mit geänderter Wertangabe und Farbe. RaTdr. (5×6); gez. L 14½.

bx

161	12.50 K	+	287.50 K schwarz ...... bx	13,—	17,—
161 U			ungezähnt	30,—	

Auflage: 75 477 Stück

Gültig bis 30.6.1944

1944, 20. Aug. Staatlicher Arbeitsdienst. StTdr., Kleinbogen (3×3); A = gez. K 12½, B = gez. L 14½, C = gez. L 11½.

by   bz   ca   cb

by–cb) Szenen aus dem Arbeitsdienst

162	3.50 K	+	1 K rot .... by		
A			gez. K 12½	0,20	0,20
B			gez. L 14½	12,—	9,—
C			gez. L 11½	0,60	0,70
163	12.50 K	+	6 K violettbraun .... bz		
A			gez. K 12½	0,30	0,40
B			gez. L 14½	15,—	12,—
C			gez. L 11½	1,50	1,70
164	18 K	+	9 K dunkelblau .... ca		
A			gez. K 12½	0,40	0,40
B			gez. L 14½	20,—	20,—
C			gez. L 11½	1,10	1,20
165 A	32 K	+	16 K dunkelgrün .... cb	0,50	0,50
			Satzpreis A (4 W.)	1,20	1,50
			FDC		25,—
			Satzpreis (162 A Zf–165 A Zf)	3,50	4,50
			Kleinbogensatz A (4 Klb.)	15,—	18,—
			Kleinbogensatz B (3 Klb.)	550,—	500,—
			Kleinbogensatz C (3 Klb.)	36,—	45,—

Kroatien

Blockausgabe, gez. K 12½

166	32 K	+ 16 K	graubraun auf gelb . cb	3,50	3,50
Block 7	(74×100 mm)		.... cb I	5,—	6,—

MiNr. 162–165 wurden in Kleinbogen zu je 8 Marken und 1 Zierfeld gedruckt.

162 U–165 U	ungezähnt .... Satz	130,—
162 KbU–165 KbU	ungezähnt .... Kleinbogensatz	1600,—
Bl. 7 U	ungezähnt	350,—

Auflagen: MiNr. 162 = 731 037, MiNr. 163–165 je 547 045 Stück, Block 7 = 69 255 Blocks

Gültig bis 31.10.1944

1944, 12. Nov. Rotes Kreuz. Odr. (4×4); gez. L 11¼.

cc) Palmwedel, Rotes Kreuz

167	2 K	+ 1 K	mehrfarbig cc	0,40	0,50
168	3.50 K	+ 1.50 K	mehrfarbig cc	0,50	0,50
169	12.50 K	+ 6 K	mehrfarbig cc	0,60	0,70
			Satzpreis (3 W.)	1,50	1,70

167 U–169 U ungezähnt .... Satz 1200,—

Auflage: 697 440 Sätze

Gültig bis 31.1.1945

1945

1945, 9. Jan. Gründung der Kroatischen Sturmdivision am 9.10.1944. Odr., (5×4); mit mattgrauem Sicherheitsunterdruck.

cd) Soldaten der Sturmdivision

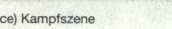

ce) Kampfszene   cf) Abzeichen der Sturmdivision

170	50 K	+ 50 K	rot/braunorange ... cd	170,—	200,—
171	70 K	+ 70 K	graublau/lilaschwarz .... ce	170,—	200,—
172	100 K	+ 100 K	mehrfarbig ...... cf	170,—	200,—
			Satzpreis (3 W.)	500,—	600,—

Blockausgabe

170 I	50 K	+ 50 K	rot/braunorange ... cd I	380,—	500,—
171 I	70 K	+ 70 K	graublau/lilaschwarz .... ce I	380,—	500,—
172 I	100 K	+ 100 K	mehrfarbig ...... cf I	380,—	500,—
Block 8	(ca. 216×134 mm)		....	1900,—	2200,—

Die Blockmarken unterscheiden sich von den Bogenmarken durch ein ziegelrotes Entwerferzeichen „O.A." auf dem Markenrand in der rechten unteren Ecke. Die Bewertung für Block 8 gilt mit den üblichen leichten Gummibügen.

170 U–172 U	ungezähnt .... Satz	1200,—
Bl. 8 U	ungezähnt	6000,—

Auflage: 7500 Sätze und 2500 Blocks

1945, 19. März. Postbeamte. RaTdr., Kleinbogen (2×4); gez. L 11½:11.

cg) Postbote im Wintersturm   ch) Telegrafenarbeiter   ci) Telefonistin am Klappenschrank   ck) Postbote und Familie

173	3.50 K	+ 1.50 K	grauschwarz ..... cg	0,20	0,30
174	12.50 K	+ 6 K	dkl'braunkarmin . ch	0,30	0,40
175	24 K	+ 12 K	schwarzblaugrün . ci	0,40	0,50
176	50 K	+ 25 K	schwarzlila ..... ck	0,60	0,80
			Satzpreis (4 W.)	1,50	2,—
			Kleinbogensatz (4 Klb.)	12,—	20,—

Blockausgabe, gez. L 11½

177	100 K	+ 50 K	dunkelkarminbraun . ck	5,—	5,50
Block 9	(99×120 mm)		.... ck I	12,—	12,—

173 U–176 U	ungezähnt .... Satz	1000,—
Bl. 9 U	ungezähnt	4000,—

Von MiNr. 173–176 sind Teilzähnungen (je 450,—) bekannt.

Auflagen: MiNr. 173–176 je 490 000 Stück und 63 937 Blocks

Gültig bis 30.4.1945

1945, 1. Mai. Tag der Arbeit. RaTdr. (10×10); gez. L 11¾.

cl) Pflügender Bauer

178	3.50 K	karminbraun cl	1,—	1,80
178 U	ungezähnt		800,—	

1951. Die nachstehend abgebildeten Stücke und weitere Ausgaben einer „Exilregierung des unabhängigen Staates Kroatien" in Montevideo (Uruguay) sind private Spendenmarken.

Republik

1991

✈ **1991, 9. Sept./1992, 24. Juni. Flugpost Zagreb–Dubrovnik. Odr.; A = gez. L 10¾:10½, C = gez. K 14.**

cm) Kathedrale von Zagreb, Flugzeug, Ansicht von Dubrovnik

179	1 (Din)	mehrfarbig .... cm			
	A	gez. L 10¾:10½		0,30	0,30
	C	gez. K 14 (24.6.1992)		0,20	0,20
			FDC (A)		7,50
179 UF		ungezähnt, Wappen schwarz statt rot		—,—	
179 A Uu		unten ungezähnt		—,—	

Auflagen: MiNr. 179 A = 4 077 450, MiNr. 179 C = 4 050 000 Stück

✈ **1991, 9. Okt./1992, 14. April. Flugpost Zagreb – Split. Odr.; A = gez. L 10¾:10½, C = gez. K 14.**

cn) Peristyl des Diokletian-Palastes (Detail) und Glockenturm des Doms, Split

180	2 (Din)	mehrfarbig .... cn			
	A	gez. L 10¾:10½			
	a	Wolken bläulich, Gebäude gelblich		0,30	0,30
	b	Wolken u. Gebäude rötlich		0,80	0,80
	C a	gez. K 14, Wolken bläulich, Gebäude gelblich (14.4.1992) ..		0,20	0,20
			FDC (A)		4,50

MiNr. 180 A gibt es auch in einer dritten Auflage vom 7. 1. 1992, die im Farbton der MiNr. 180 Aa ähnelt, jedoch insgesamt etwas gelblicher wirkt.

Auflagen: MiNr. 180 A a = 6 181 600, MiNr. 180 A b = 845 500 Stück

✈ **1991, 20. Nov. Flugpost Zagreb – Pula. Odr.; gez. L 10¾:10½.**

co) Kathedrale von Zagreb, Flugzeug, Amphitheater von Pula

181	3 (Din)	mehrfarbig .... co		0,30	0,30
			FDC		4,—
181 F		Farbe Gold fehlend		100,—	

Auflage: 7 022 500 Stück

1991, 21. Nov. Freimarke. Zwangszuschlagsmarke MiNr. 8 A, 8 C und 8 D mit goldenem und schwarzem Odr.-Aufdruck.

182	4 (Din)	auf 1.20 (Din) mehrfarbig			
	A	gez. L 10¾ × 10½ . (ZZ 8 A) G/S		0,50	0,50
	C	gez. K 13¾ .... (ZZ 8 C) G/S		0,50	0,50
	D	gez. L 10¾ .... (ZZ 8 D) G/S		6,—	6,—
			FDC (A)		4,—
			182 A Zf	2,50	2,50
			182 C Zf	3,50	3,50
			182 D Zf	35,—	35,—

MiNr. 182 gedruckt im Bogen zu 25 Marken und 5 verschiedenen Zierfeldern. 4 Zierfelder sind als Viererblock in der rechten unteren Bogenecke angeordnet.

Auflagen: MiNr. 182 A = 1 445 000, MiNr. 182 C = 813 250 Stück

1991, 11. Dez. Proklamation der Unabhängigkeit. Odr. (5×5); gez. K 12.

cp) Goldenes Buch mit Staatswappen (symbolische Darstellung)

183	30 (Din)	mehrfarbig .... cp		1,20	1,20
			FDC		4,50

Die Akzente der Bogenrandbeschriftung gehen stellenweise ins Markenbild über (Feld 15, 20, 22 und 23).

183 U		ungezähnt	6,—	

Auflage: 525 000 Stück

1991, 11. Dez. Weihnachten. Odr. (5×5); gez. K 12.

cr) Die Heilige Familie; Krippenfiguren (17. Jh.) aus der Kirche des Franziskanerklosters in Košljun, Insel Krk

184	4 (Din)	mehrfarbig .... cr		0,80	0,80
			FDC		5,—
184 U		ungezähnt		5,—	

Auflage: 1 525 000 Stück

1992

Neue Währung: Kroatischer Dinar (Din)

1992, 3. Jan. Freimarke. Zwangszuschlagsmarke MiNr. 9 A mit goldenem und schwarzem Odr.-Aufdruck.

185	20 (Din)	auf 1.70 (Din)			
		mehrfarbig .... (ZZ 9 A)		6,—	6,—
			FDC		6,50
			185 Zf	30,—	30,—
185 F		Aufdruck nur gold		70,—	

MiNr. 185 gedruckt im Bogen zu 25 Marken und 5 verschiedenen Zierfeldern. 4 Zierfelder sind als Viererblock in der rechten unteren Bogenecke angeordnet.

Auflage: 200 000 Stück

Satzpreise sind, wenn nicht anders angegeben, nach den niedrigsten Preisen eines Satzes errechnet.

Kroatien

1992, 15. Jan./25. Aug. Freimarke: Staatswappen. Odr.; A = gez. L 10¾:10½, C = gez. K 14.

cs) Staatswappen der Republik Kroatien

186	10 (Din)	mehrfarbig . . . . cs		
A		gez. L 10¾:10½ (15.1.)	0,40	0,40
C		gez. K 14 (25.8.)	0,20	0,20
		FDC (A)		4,50

Auflagen: MiNr. 186 A = 5 120 000, MiNr. 186 C = 2 381 640 Stück

In gleicher Zeichnung, jedoch mit geänderter Inschrift: Zwangszuschlagsmarke MiNr. 10

1992, 1. Febr. Bedeutende Persönlichkeiten. Odr.; gez. L 10¾:10½.

ct) Ban Josip Jelačić (1801–1859)

187	4 (Din) + 2 (Din) mehrfarbig . . . . ct	0,40	0,40
	FDC		2,50

Auflage: 5 064 000 Stück

1992, 4. Febr. Olympische Winterspiele, Albertville. Odr.; gez. L 10¾:10½.

cu) Symbolische Darstellung

188	30 (Din) mehrfarbig . . . . cu	0,80	0,80
	FDC		3,—
188 Ul	links ungezähnt	80,—	80,—
188 Ur	rechts ungezähnt	80,—	80,—

Auflage: 5 070 000 Stück

✈ **1992, 14. Febr. Flugpost Zagreb – Osijek.** Odr.; gez. L 10¾:10½.

cv) Hand hält Papierflieger mit Abbildung der Kathedrale von Osijek

189	4 (Din) mehrfarbig cv	0,30	0,30
	FDC		2,—
189 Ur	rechts ungezähnt	90,—	90,—

Auflage: 4 290 000 Stück

1992, 28. Febr./25. Aug. Freimarke: Kroatische Städte. Odr.; A = gez. L 10¾:10½, C = gez. K 14.

cw) Franziskanerkirche und Festungsmauer, Ilok

190	20 (Din)	mehrfarbig . . . . cw		
A		gez. L 10¾:10½ (28.2.)	0,40	0,40
C		gez. K 14 (25.8.)	0,20	0,20
		FDC (A)		1,50

Auflage: MiNr. 190 A = 5 000 000 Stück

Weitere Werte siehe Übersicht nach Jahrgangswerttabelle.

1992, 4. März. Bedeutende Persönlichkeiten. Odr.; gez. L 10¾:10½.

cx) Dr. Ante Starčević (1823–1896), Politiker

191	4 (Din) + 2 (Din) mehrfarbig cx	0,20	0,20
	FDC		2,—
191 Ur	rechts ungezähnt	90,—	

Auflage: 5 074 500 Stück

1992, 2. April. Bedeutende Persönlichkeiten. Odr.; gez. K 14.

cy) Stjepan Radić (1871–1928), Politiker

192	7 (Din) + 3 (Din) mehrfarbig . . . . cy	0,20	0,20
	FDC		1,20

Auflage: 6 023 430 Stück

1992, 8./28. April. Freimarken: Kroatische Städte. Odr.; gez. K 14.

cz) Stadtansicht von Knin

da) Schloß der Grafen von Eltz, Vukovar
db) Rektoren-Palast, Dubrovnik
dc) St.-Jakobus-Dom, Šibenik

			✱✱	☉	FDC
193	6 (Din)	mehrfarbig (18.4.) . . . cz	0,20	0,20	1,—
194	7 (Din)	mehrfarbig (8.4.) . . . da	0,30	0,30	1,20
195	45 (Din)	mehrfarbig (14.4.) . . db	0,60	0,60	1,80
196	50 (Din)	mehrfarbig (28.4.) . . dc	0,70	0,70	1,80
		Satzpreis (4 W.)	1,80	1,80	

Weitere Werte siehe Übersicht nach Jahrgangswerttabelle.

1992, 5. Mai. Freimarke: König Tomislav. StTdr.; waagerecht gez. 12¾ (aus Rollen).

dd) König-Tomislav-Denkmal

197	10 (Din) schwarzgrün . . . . dd	0,20	0,20
	FDC		1,50

Auflage: 438 000 Stück

Mit der MICHEL-Nummer auf Nummer sicher!

Kroatien

1992, 21. Mai/26. Juni. Freimarken: Kroatische Städte. Odr.; gez. K 14.

de) Dr.-Ante-Starčević-Straße mit Kirche Mariä Verkündigung, Gospić

df) Sokak-Straße, Beli Manastir

				**	⊙	FDC
198	30 (Din)	mehrfarbig (21.5.)	..de	0,20	0,20	0,70
199	300 (Din)	mehrfarbig (26.6.)	..df	0,90	0,80	2,—
		Satzpreis (2 W.)		1,10	1,—	

Weitere Werte siehe Übersicht nach Jahrgangswerttabelle.

1992, 30. Juni. 100 Jahre Hauptbahnhof Zagreb. Odr.; gez. K 14.

dg) Bahnhofsgebäude, Staatsflagge

				**	⊙
200	30 (Din)	mehrfarbig	..dg	0,30	0,20
		FDC			1,20

Auflage: 350 000 Stück

1992, 8. Juli. 150 Jahre literarische und wissenschaftliche Gesellschaft „Matica hrvatska". Odr.; gez. K 14.

dh) Emblem

				**	⊙
201	20 (Din)	mehrfarbig	..dh	0,30	0,20
		FDC			1,10

Auflage: 350 000 Stück

1992, 9. Juli. 125 Jahre Kroatische Akademie der Wissenschaften und Künste. Odr.; gez. K 14.

di) Bischof Josip Juraj Strossmayer, Gründer; Gebäude der Akademie

				**	⊙
202	30 (Din)	mehrfarbig	..di	0,30	0,20
		FDC			1,20

Auflage: 350 000 Stück

1992, 25. Juli. Olympische Sommerspiele, Barcelona. Odr.; gez. K 14.

dk) Computerzeichnung, Olympische Ringe

dl) Symbolische Darstellungen, Olympische Ringe

				**	⊙
203	40 Din.	mehrfarbig	..dk	0,30	0,20
204	105 Din.	mehrfarbig	..dl	0,70	0,60
		Satzpreis (2 W.)		1,—	0,80
		FDC			1,50

Auflage: 350 000 Sätze

1992, 28. Juli. Einheimische Pflanzen. Odr.; gez. K 14.

dm) Biokovo-Glöckchen (Edraianthus pumilio)

dn) Velebit-Degenia (Degenia velebitica)

				**	⊙
205	30 (Din)	mehrfarbig	..dm	0,30	0,20
206	85 (Din)	mehrfarbig	..dn	0,70	0,60
		Satzpreis (2 W.)		1,—	0,80
		FDC			1,80

Auflage: 350 000 Sätze

1992, 30. Juli. Internationaler Tag der Umwelt: Seltene Tiere. Odr. gez. K 14.

do) Blaudrossel (Monticola solitarius)

dp) Leopardnatter (Elaphe situla)

				**	⊙
207	40 (Din)	mehrfarbig	..do	0,30	0,20
208	75 (Din)	mehrfarbig	..dp	0,70	0,60
		Satzpreis (2 W.)		1,—	0,80
		FDC			1,50

Auflage: 350 000 Sätze

1992, 31. Juli. Europa: 500. Jahrestag der Entdeckung von Amerika (I). Odr.; gez. K 14.

dr) Handelsschiff aus Dubrovnik (Karacke) (15. Jh.)

ds) Indianer in Chicago; Skulptur von Ivan Mestrovic (1883–1962)

				**	⊙
209	30 (Din)	mehrfarbig	..dr	0,50	0,50
210	75 (Din)	rot/schwarz	..ds	1,—	1,—
		Satzpreis (2 W.)		1,50	1,50
		FDC			2,50

In ähnlicher Zeichnung wie MiNr. 209: MiNr. 734

Auflage: 350 000 Sätze

1992, 4. Sept. Europa: 500. Jahrestag der Entdeckung von Amerika (II). Odr.; gez. K 14.

dr l) Handelsschiff aus Dubrovnik (Karaka) (15. Jh.)

ds l) Indianer in Chicago; Skulptur von Ivan Mestrovic (1883–1962)

				**	⊙
211	60 (Din)	mehrfarbig	..dr l	1,—	1,—
212	130 (Din)	mehrfarbig	..ds l	2,50	2,50
		Satzpreis (2 W.)		3,50	3,50
		FDC			4,50

Auflage: 350 000 Sätze

Kroatien

1992, 2. Okt. Kroatische Sprache: 25. Jahrestag der Deklaration über die kroatische Schriftsprache; 100. Jahrestag der Rechtschreibreform von Dr. Ivan Broz. Odr.; gez. K 14.

			dt) Inschrift	du) Inschrift	
213	40	(Din)	mehrfarbig .... dt	0,30	0,30
214	130	(Din)	mehrfarbig .... du	0,50	0,40
			Satzpreis (2 W.)	0,80	0,70
			FDC		1,50

Auflage: 350 000 Sätze

1992, 16. Okt. 750. Jahrestag der Bestätigung der Rechte der Stadt Samobor durch König Béla IV. Odr.; gez. K 14.

dv) Taube mit Flaggenband, Stadtwappen

215	90	(Din)	mehrfarbig .... dv	0,50	0,40
			FDC		1,20

Auflage: 350 000 Stück

1992, 30. Okt. 1100. Jahrestag der Schenkung der Kirche St. Juraj an das Erzbistum Split durch Fürst Mucimir. Odr.; gez. K 14.

dw) Giebel des Ziboriums der Kirche von Uzdolj (895)

216	60	(Din)	mehrfarbig .... dw	0,30	0,20
			FDC		1,50

Auflage: 350 000 Stück

1992, 16. Nov. 750 Jahre Stadtprivileg für Zagreb. Odr.; gez. K 14.

dx) Goldene Urkunde von König Béla IV. (Detail)

217	180	(Din)	mehrfarbig .... dx	0,60	0,50
			FDC		1,10

Auflage: 350 000 Stück

1992, 7. Dez. Weihnachten. Odr. gez. K 14.

dy) Weihnachten in Kroatien; Gemälde von Ljubo Babić

218	80	(Din)	mehrfarbig .... dy	0,20	0,20
			FDC		1,—
218 U		ungezähnt	....	12,—	

Auflage: 4 000 000 Stück

1992, 14. Dez. Freimarke: Kroatische Städte. Odr.; gez. K 14.

dz) Verwaltungsgebäude, Vinkovci

219	100	(Din)	mehrfarbig .... dz	0,40	0,30
			FDC		1,—

Weitere Werte siehe Übersicht nach Jahrgangswerttabelle.

1992, 21. Dez. 100. Todestag von Blaž Lorković. Odr.; gez. K 14.

ea) B. Lorković (1839–1892), Schriftsteller, Jurist und Wirtschaftswissenschaftler

220	250	(Din)	mehrfarbig .... ea	0,70	0,60
			FDC		1,70

Auflage: 350 000 Stück

1992, 22. Dez. 150 Jahre Literaturzeitschrift „Kolo". Odr.; gez. K 14.

eb) Flaggenband

221	300	(Din)	mehrfarbig .... eb	0,90	0,80
			FDC		2,—

Auflage: 350 000 Stück

1992, 29. Dez. 400. Geburtstag von Ivan Bunić Vučić. Odr.; gez. K 14.

ec) Fürst I. Bunić Vučić (1592–1658), Dichter

222	350	(Din)	mehrfarbig .... ec	0,80	0,80
			FDC		2,—

Auflage: 350 000 Stück

1993

1993, 15. Jan. 800 Jahre Stadt Krapina. Odr.; gez. K 14.

ed) Ljudevit-Gaj-Denkmal, Stadtwappen

223	300	(Din)	mehrfarbig .... ed	0,70	0,60
			FDC		1,50

Auflage: 350 000 Stück

1993, 30. Jan. 50. Todestag von Nikola Tesla. Odr.; gez. K 14.

ee) N. Tesla (1856–1943), Physiker und Elektrotechniker

224	250	(Din)	mehrfarbig .... ee	0,60	0,50
			FDC		1,50

Auflage: 350 000 Stück

1993, 9. Febr. Freimarke: Kroatische Städte. Odr.; gez. K 14.

ef) Jelačić-Platz, Slavonski Brod

225	500	(Din)	mehrfarbig .... ef	0,80	0,60
			FDC		1,70

Weitere Werte siehe Übersicht nach Jahrgangswerttabelle.

Kroatien

1993, 10. Febr. 100. Todestag von Ferdo Quiquerez. Odr.; gez. K 14.

eg) F. Quiquerez (1845–1893), Maler (Selbstporträt)

226	100 (Din) mehrfarbig	eg	0,30	0,20
		FDC		1,50

Auflage: 350 000 Stück

1993, 23. Febr. Einheimische Tiere. Odr.; gez. K 14.

eh) Rothirsch (Cervus elaphus)

ei) Fischadler (Haliaeetus albicilla)

227	500 (Din) mehrfarbig	eh	0,90	0,80
228	550 (Din) mehrfarbig	ei	1,—	0,80
	Satzpreis (2 W.)		1,90	1,60
		FDC		3,—

Auflage: 350 000 Sätze

1993, 15. März. Freimarke: Kroatische Städte. Odr.; gez. K 14.

ek) Marktplatz, Varaždin

229	1000 (Din) mehrfarbig	ek	1,—	0,70
		FDC		2,50

Weitere Werte siehe Übersicht nach Jahrgangswerttabelle.

1993, 16. März. 100. Geburtstag von Zlatko Šulentić. Odr.; gez. K 14.

el) Z. Šulentić (1893–1971), Maler (Selbstporträt)

230	350 (Din) mehrfarbig	el	0,50	0,50
		FDC		1,20
230 F	Farbe Hellbraun (Rahmen) fehlend		—,—	—,—

Auflage: 350 000 Stück

1993, 25. März. 100 Jahre Gesundheits- und Erholungszentrum von Lipik. Odr.; gez. K 14.

em) Gebäude und Gartenanlage

231	400 (Din) mehrfarbig	em	0,50	0,50
		FDC		1,20

Auflage: 350 000 Stück

1993, 9. April. Freimarke: Kroatische Städte. Odr.; gez. K 14.

en) Stadtansicht von Pazin

232	200 (Din) mehrfarbig	en	0,20	0,20
		FDC		1,50

Weitere Werte siehe Übersicht nach Jahrgangswerttabelle.

1993, 16. April. 50. Todestag von Ivan Goran Kovačić. Odr.; gez. K 14.

eo) I.G. Kovačić (1913–1943), Schriftsteller; Büste

233	200 (Din) mehrfarbig	eo	0,30	0,20
		FDC		1,50

Auflage: 350 000 Stück

1993, 19. April. Kongreß des Internationalen Schriftstellerverbandes (PEN), Dubrovnik. Odr.; gez. K 14.

ep) Burg

234	800 (Din) mehrfarbig	ep	1,20	1,10
		FDC		2,20
		234 Zf	1,60	1,40
		Kleinbogen	10,—	10,—

MiNr. 234 wurde sowohl im Bogen zu 20 Marken, als auch im Kleinbogen zu 6 Marken und 6 Zierfeldern gedruckt.

Auflage: 450 004 Stück, davon 350 004 aus Kleinbogen

1993, 2. Mai. 150. Jahrestag der ersten Rede in kroatischer Sprache von Ivan Kukuljević-Sacinski. Odr.; gez. K 14.

er) I. Kukuljević-Sacinski (1816–1889), Politiker, Historiker und Schriftsteller

235	500 (Din) mehrfarbig	er	0,60	0,50
		FDC		1,80

Auflage: 350 000 Stück

1993, 6. Mai. 100 Jahre Kroatisches Nationaltheater, Split. Odr.; gez. K 14.

es) Theatergebäude, Maske

236	600 (Din) mehrfarbig	es	0,70	0,60
		FDC		2,—

Auflage: 350 000 Stück

Kroatien

1993, 18. Mai. 550 Jahre Stadt Pag. Odr.; gez. K 14.

et) Stadtansicht von Pag, Siegel

237	800 (Din)	mehrfarbig	et	0,80	0,70
			FDC		1,70

Auflage: 350 000 Stück

1993, 20. Mai. Freimarke: Kroatische Städte. Odr.; gez. K 14.

eu) Karlovac

238	2000 (Din)	mehrfarbig	eu	1,50	1,50
			FDC		2,50

Weitere Werte siehe Übersicht nach Jahrgangswerttabelle.

1993, 22. Mai. 1. Jahrestag der Aufnahme Kroatiens in die UNO. Odr.; gez. K 14.

ev) Friedenstaube

239	500 (Din)	mehrfarbig	ev	0,50	0,50
			FDC		1,50

Auflage: 350 000 Stück

1993, 5. Juni. Europa: Zeitgenössische Kunst. Odr.; gez. K 14.

ex) Gemälde von Miljenko Stančić (1926–1977)
ey) Gemälde von Ljubo Ivančić (* 1925)
ew) Gemälde von Ivo Dulčić (1916–1975)

240	700 (Din)	mehrfarbig	ew	1,—	1,—
241	1000 (Din)	mehrfarbig	ex	2,—	2,—
242	1100 (Din)	mehrfarbig	ey	2,—	2,—
			Satzpreis (3 W.)	5,—	5,—
			FDC		7,50
			Kleinbogen	10,—	10,—

MiNr. 240–242 wurden jeweils sowohl in Bogen zu 20 Marken als auch zusammenhängend im Kleinbogen zu 6 Marken gedruckt.

Auflage: 350 000 Sätze

1993, 10. Juni. Internationale Kunstbiennale, Venedig. Odr.; gez. K 14.

ez) Kunstwerk von M. Bijelić
fa) Kunstwerk von I. Deković
fb) Kunstwerk von Ž. Kipke

243	250 (Din)	mehrfarbig	ez	0,30	0,30
244	600 (Din)	mehrfarbig	fa	0,70	0,70
245	1000 (Din)	mehrfarbig	fb	1,—	1,—
			Satzpreis (3 W.)	2,—	2,—
			FDC		3,—
			Kleinbogensatz (3 Klb.)	8,—	8,—

MiNr. 243–245 wurden jeweils sowohl im Bogen zu 20 Marken als auch jeweils in Kleinbogen zu 4 Marken gedruckt.

Auflage: 350 000 Sätze

1993, 15. Juni. Mittelmeerspiele, Agde (Frankreich). Odr.; gez. K 14.

fc) Schwimmen

246	700 (Din)	mehrfarbig	fc	0,60	0,50
			FDC		1,20

Auflage: 350 000 Stück

1993, 16. Juni. 150. Geburtstag von Adolf Waldinger. Odr.; gez. K 14.

fd) Gemälde von A. Waldinger (1843–1904)

247	300 (Din)	mehrfarbig	fd	0,30	0,20
			FDC		1,50

Auflage: 350 000 Stück

1993, 6. Juli. Historische kroatische Schlachten. Odr.; gez. K 14.

fe) Schlacht im Krbava-Gebiet (1493)
ff) Schlacht bei Sisak (1593)

248	800 (Din)	mehrfarbig	fe	0,70	0,60
249	1300 (Din)	mehrfarbig	ff	1,10	1,—
			Satzpreis (2 W.)	1,80	1,60
			FDC		2,50

Auflage: 350 000 Sätze

MICHEL ist das einzige Katalogwerk, welches die Briefmarken der ganzen Welt systematisch katalogisiert.

Kroatien

1993, 7. Juli. 100. Geburtstag von Miroslav Krleža. Odr.; gez. K 14.

fg) M. Krleža (1893–1981), Schriftsteller

250	400 (Din) mehrfarbig ....fg	0,40	0,40
	FDC		1,50

Auflage: 350 000 Stück

1993, 20. Juli. 1. Jahrestag des Beitritts Kroatiens zum Weltpostverein (UPU). Odr.; gez. K 14.

fh) Postbote auf Fahrrad

251	1800 (Din) mehrfarbig ....fh	1,—	0,80
	FDC		1,70

Auflage: 350 000 Stück

1993, 7. Aug. 100. Geburtstag von Vlaho Paljetak. Odr.; gez. K 14.

fi) V. Paljetak (1893–1944), Komponist

252	500 (Din) mehrfarbig ....fi	0,40	0,30
	FDC		1,20

Auflage: 350 000 Stück

1993, 9. Sept. Tag der Briefmarke. Odr.; gez. K 14:14¼.

fk) Befreites Kroatien (nach dem Motiv der Marken Jugoslawien MiNr. 51–54)

253	600 (Din) mehrfarbig ....fk	0,50	0,50
	FDC		1,20
	253 Zf	1,—	1,—

MiNr. 253 wurde im Bogen zu 16 Marken und 4 Zierfeldern gedruckt.
Auflage: 500 000 Stück

1993, 20. Sept. 50. Jahrestag der Eingliederung von Istrien, Rijeka, Zadar und den zugehörigen Inseln. Odr.; gez. K 14:14¼.

fl) Landkarte von Istrien (1620)

254	2200 (Din) mehrfarbig ....fl	1,20	1,—
	FDC		1,70

Auflage: 350 000 Stück

1993, 24. Sept. Freimarke: Kroatische Städte. Odr.; gez. K 14¼:14.

fm) St.-Donat-Kirche, Zadar (9. Jh.)

255	5000 (Din) mehrfarbig ....fm	2,20	1,80
	FDC		3,—

Weitere Werte siehe Übersicht nach Jahrgangswerttabelle.

1993, 1. Okt. 150. Geburtstag von Tadija Smičiklaš. Odr.; gez. K 14.

fn) T. Smičiklaš (1843–1914), Historiker

256	800 (Din) mehrfarbig ....fn	0,50	0,40
	FDC		1,50

Auflage: 350 000 Stück

1993, 27. Okt. 100 Jahre Archäologisches Museum, Split. Odr.; gez. K 14.

fo) Dichterische Vision der Anfänge der kroatischen Geschichte an der Adriaküste; Gemälde von Boris Bučan

257	1000 (Din) mehrfarbig ....fo	0,60	0,50
	FDC		1,20

Auflage: 350 000 Stück

1993, 17. Nov. 50. Jahrestag des Aufstandes der kroatischen Soldaten in Villefranche-de-Rouergue. Odr.; gez. K 14.

fp) Hingerichtete kroatische Soldaten; Flaggen von Kroatien und Frankreich

258	3000 (Din) mehrfarbig ....fp	1,50	1,40
	FDC		2,—

Auflage: 350 000 Stück

1993, 18. Nov. 150. Geburtstag von Josip Eugen Tomić. Odr.; gez. K 14.

fr) J. E. Tomić (1843–1906), Schriftsteller

259	900 (Din) mehrfarbig ....fr	0,40	0,40
	FDC		1,50

Auflage: 350 000 Stück

1993, 30. Nov. 850. Jahrestag der Herausgabe des Werkes „De essentiis" von Herman Dalmatin. Odr.; gez. K 14.

fs) Textauszug, astronomische Darstellung

260	1000 (Din) mehrfarbig ....fs	0,40	0,40
	FDC		1,50

Auflage: 350 000 Stück

1993, 3. Dez. Weihnachten. Odr.; gez. K 14.

ft) Weihnachten an der Front; Gemälde von Miroslav Sutej

fu) Christi Geburt; Fresko aus der Marienkirche, Dvigrad

758   Kroatien

261	1000 (Din)	mehrfarbig	ft	0,40	0,30
262	4000 (Din)	mehrfarbig	fu	1,80	1,60
			Satzpreis (2 W.)	2,20	1,90
			FDC		3,—

261 F	Farbe Gold fehlend		90,—	
262 F	Farbe Gold fehlend		—,—	

Auflagen: MiNr. 261 = 4 430 000, MiNr. 262 = 1 530 000 Stück

1993, 15. Dez. 100 Jahre organisierter Skisport in Kroatien. Odr.; gez. K 14.

fv) Skifahrer (stilis.)

263	1000 (Din)	mehrfarbig	fv	0,60	0,40
			FDC		1,50

Auflage: 350 000 Stück

1993, 22. Dez. 125 Jahre kroatische Heimwehr. Odr.; gez. K 14.

fw) Ehrenzeichen und Emblem der Heimwehr

264	1100 (Din)	mehrfarbig	fw	0,60	0,50
			FDC		1,50

Auflage: 350 000 Stück

1994

1994, 29. Jan. 500. Jahrestag der Gründung der glagolitischen Druckerei, Senj. Odr.; gez. K 14.

fx) Druckerei in Senj (15. Jh.)

265	2200 (Din)	rotbraun/rot	fx	0,80	0,70
			FDC		1,50
			265 Zf	1,—	0,90

MiNr. 265 wurde in Bogen zu 16 Marken und 4 Zierfeldern gedruckt.

Auflage: 350 000 Stück

1994, 12. Febr. Olympische Winterspiele, Lillehammer. Odr.; gez. K 14.

fy) Alpiner Skilauf

266	4000 (Din)	mehrfarbig	fy	1,60	1,40
			FDC		2,20

Auflage: 350 000 Stück

1994, 22. Febr. Freimarke: Kroatische Städte. Odr.; gez. K 14.

fz) Stadtansicht von Vis mit Halbinsel Pirovo

267	10 000 (Din)	mehrfarbig	fz	3,20	2,70
			FDC		4,—

Weitere Werte siehe Übersicht nach Jahrgangswerttabelle.

1994, 7. März. Dinosaurierfunde an der Westküste von Istrien. Odr.; gez. K 14.

ga
gb

ga–gb) Iguanodon, Landschaft und Karte von Istrien

268	2400 (Din)	mehrfarbig	ga	1,50	1,50
269	4000 (Din)	mehrfarbig	gb	1,50	1,50
			Satzpreis (Paar)	3,50	3,50
			FDC		3,20

MiNr. 268–269 wurden waagerecht zusammenhängend gedruckt.

Auflage: 400 000 Sätze

1994, 15. März. 150 Jahre Zeitschrift „Zora Dalmatinska". Odr.; gez. K 14.

gc) Titel der Literaturzeitschrift

270	800 (Din)	mehrfarbig	gc	0,40	0,30
			FDC		1,20

Auflage: 350 000 Stück

1994, 19. April. 325 Jahre Kroatische Universität, Zagreb. Odr.; gez. K 14.

gd) Universitätsgebäude, Siegel, Amtskette

271	2200 (Din)	mehrfarbig	gd	0,80	0,70
			FDC		1,50

Auflage: 350 000 Stück

1994, 22. April. Tag des Planeten Erde. Odr.; gez. K 14.

ge) Wolf (Canis lupus)

272	3800 (Din)	mehrfarbig	ge	1,50	1,30
			FDC		2,—

Auflage: 350 000 Stück

1994, 2. Mai. 75 Jahre Internationale Arbeitsorganisation (ILO), 50. Jahrestag der Philadelphia-Deklaration. Odr.; gez. K 14.

gf) Arbeiter mit Schutzkleidung, Warnschilder

273	1000 (Din)	mehrfarbig	gf	0,50	0,40
			FDC		1,20

Auflage: 350 000 Stück

1994, 16. Mai. Europa: Entdeckungen und Erfindungen. Odr.; gez. K 14.

gg) Erfindung des Fallschirmes durch Faust Vrančić (1551–1617), Wissenschaftler

gh) Erfindung des Druckbleistiftes und Füllfederhalters durch Slavoljub Penkala (1871–1922), Ingenieur

274	3800 (Din)	mehrfarbig	gg	2,50	2,50
275	4000 (Din)	mehrfarbig	gh	2,50	2,50
		Satzpreis (2 W.)		5,—	5,—
		FDC			7,50

Auflage: 500 000 Sätze

Neue Währung ab 30. 5. 1994:
1 Kuna (K) = 100 Lipa (L)
(1000 Kroatischer Dinar = 1 Kuna)

1994, 3. Juni. Einheimische Flora. Odr.; gez. K 14.

gi) Kroatische Schwertlilie (Iris croatica)

gk) Vizijanis Herbstzeitlose (Colchicum visianii)

276	2.40 K	mehrfarbig	gi	0,80	0,60
277	4.00 K	mehrfarbig	gk	1,40	1,10
		Satzpreis (2 W.)		2,20	1,70
		FDC			3,—

Auflage: 350 000 Sätze

1994, 7. Juni. 1. Todestag von Dražen Petrović. Odr.; gez. K 14.

gl) D. Petrović (1964–1993), Basketballspieler

| 278 | 1.00 (K) | mehrfarbig | gl | 0,50 | 0,40 |
| | | FDC | | | 1,20 |

Auflage: 1 000 000 Stück

1994, 15. Juni. Freimarken: 150 Jahre Tourismus in Kroatien. Odr.; gez. K 14.

gm) Nationalpark Plitvicer Seen

gn) Nationalpark Krka-Gebiet

go) Nationalpark Kornat-Archipel

gp) Kopacki-Ried

gr) Kroatische Riviera bei Opatija

gs) Nationalpark Brioni-Inseln

gt) Schloß Trakoščán

279	0.80 K	mehrfarbig	gm	0,20	0,10
280	1.00 K	mehrfarbig	gn	0,30	0,20
281	1.10 K	mehrfarbig	go	0,50	0,30
282	2.20 K	mehrfarbig	gp	0,70	0,40
283	2.40 K	mehrfarbig	gr	1,—	0,50
284	3.80 K	mehrfarbig	gs	1,20	0,70
285	4.00 K	mehrfarbig	gt	1,60	1,—
		Satzpreis (7 W.)		5,50	3,20
		FDC			7,50
		Kleinbogen		6,—	5,70

MiNr. 279–285 wurden auch mit 2 Zierfeldern im Kleinbogen zusammenhängend gedruckt.

1994, 20. Juni. Geschichte der kroatischen Musik. Odr.; gez. K 14.

gu) Krešimir Baranović (1894–1975), Komponist

gv) Vatroslav Lisinski (1819–1854), Komponist

gw) Seiten aus dem Pauliner Liederbuch (1644); Harfenistin

286	1.00 (K)	mehrfarbig	gu	0,40	0,30
287	2.20 (K)	mehrfarbig	gv	0,80	0,70
288	2.40 (K)	mehrfarbig	gw	0,90	0,80
		Satzpreis (3 W.)		2,10	1,80
		FDC			2,80

Auflage: 350 000 Sätze

1994, 15. Aug. 100 Jahre Auswandererverband „Kroatische Brüderliche Gemeinschaft" in den USA. Odr.; gez. K 14.

gx) Mitglied des Auswandererverbandes begrüßt Emigranten

| 289 | 2.20 (K) | mehrfarbig | gx | 1,50 | 1,50 |
| | | FDC | | | 2,— |

Auflage: 600 000 Stück

1994, 31. Aug. Internationales Jahr der Familie. Odr.; gez. K 14.

gy) Familie (stilisiert)

| 290 | 0.80 (K) | mehrfarbig | gy | 0,50 | 0,50 |
| | | FDC | | | 1,50 |

Auflage: 600 000 Stück

MICHEL
Wissen für Sammler

Kroatien

1994, 10. Sept. Besuch von Papst Johannes Paul II. Odr.; gez. K 14.

gz) Papst Johannes Paul II. (1920–2005, reg. ab 1978), Papstwappen

291	1.00	(K)	mehrfarbig .... gz	0,50	0,40
			FDC		1,20
			291 Zf	0,70	0,60

MiNr. 291 wurde im Bogen zu 16 Marken und 4 (2 verschiedenen) Zierfeldern gedruckt.

Auflage: 1 000 000 Stück

1994, 10. Sept. 100 Jahre Internationales Olympisches Komitee (IOC); Nationaler Olympiatag. Odr.; gez. K 14.

ha) Franjo Bučar (†1946), IOC-Mitglied

292	1.00	(K)	mehrfarbig .... ha	0,50	0,50
			FDC		1,50

Auflage: 600 000 Stück

1994, 20. Sept. 50. Todestag von Antoine de Saint-Exupéry. Odr.; gez. K 14.

hb) Illustration aus „Der kleine Prinz" von A. de Saint-Exupéry (1900–1944), französischer Pilot und Schriftsteller

293	3.80	(K)	mehrfarbig .... hb	1,40	1,10
			FDC		1,80

Auflage: 350 000 Stück

1994, 23. Sept. Internationaler Kongreß für christliche Archäologie, Split und Poreč; 100. Jahrestag des 1. Kongresses von Solin und Split. Odr.; gez. K 14.

hc) Lünette aus Gata mit symbolischer Darstellung der Auferstehung Christi (6. Jh.)

Anhängsel: Text

294	4.00	(K)	mehrfarbig .... hc	1,40	1,—
			294 Zf	1,50	1,10
			FDC		2,—

MiNr. 294 wurde mit oben oder unten anhängendem Textfeld in kroatischer bzw. lateinischer Sprache gedruckt.

Auflage: 350 000 Stück

1994, 12. Okt. Gemälde. Odr.; gez. K 14.

hd) Stilleben mit Obstkorb; von Marino Tartaglia (1894–1984)

he) Im Park; von Milan Steiner (1894–1918)

hf) Selbstporträt; von Vilko Gecan (1894–1973)

295	2.40	(K)	mehrfarbig .... hd	0,90	0,60
296	3.80	(K)	mehrfarbig .... he	1,50	1,20
297	4.00	(K)	mehrfarbig .... hf	1,60	1,40
			Satzpreis (3 W.)	4,—	3,20
			FDC		4,50
			Kleinbogensatz (3 Klb.)	16,—	15,—

MiNr. 295–297 wurden auch jeweils im Kleinbogen zu 4 Marken gedruckt.

Auflage: 1 080 000 Sätze, davon 360 000 aus Kleinbogen

1994, 9. Nov. 400. Geburtstag von Ivan Belostenec. Odr.; gez. K 14.

hg) Titelseite des kroatisch-lateinischen Wörterbuches von I. Belostenec (um 1594–1675), Paulinermönch, Schriftsteller und Lexikograph

298	2.20	(K)	mehrfarbig .... hg	0,80	0,70
			FDC		1,30

Auflage: 350 000 Stück

1994, 16. Nov. 900 Jahre Stadt und Bistum Zagreb. Odr.; gez. K 14.

hl) Bischofsstab (15. Jh.), Stadtansicht von Zagreb (17. Jh.), Noten aus Brevier des 13. Jh.

hh) Markuskirche (13.–19. Jh.), Gaslaterne (20. Jh.)

hi) Straßenszene (um 1925), Comicfigur „Maxi cat"

hk) Börsengebäude, Doppeldecker, „Cibona"-Gebäude

299	1.00	(K)	mehrfarbig .... hh	0,30	0,20
300	1.00	(K)	mehrfarbig .... hi	0,30	0,20
301	1.00	(K)	mehrfarbig .... hk	0,30	0,20
302	4.00	(K)	mehrfarbig .... hl	1,30	1,20
			Satzpreis (4 W.)	2,20	1,80
			Viererstreifen	2,60	2,40
			FDC		3,—

Blockausgabe

Straßenszene (um 1925), Doppeldecker

hm

303	13.50	(K)	mehrfarbig .... hm	4,30	4,20
Block 10	(79×59 mm)		.... hn	4,80	4,50
			FDC		5,—

MiNr. 299–302 wurden waagerecht zusammenhängend gedruckt.

Bei MiNr. 299–302 sind geringfügige Zeichnungsunterschiede bekannt.

Auflagen: MiNr. 299–302 = 2 000 000 Sätze, Bl. 10 = 100 000 Blocks

Mit MICHEL besser sammeln

Kroatien

1994, 1. Dez. Weihnachten. Odr.; gez. K 14.

ho) Anbetung der Heiligen Drei Könige; Relief in der St.-Kosmas-und-Damian-Kirche, Vrhovac (1666)

304	1.00	(K)	mehrfarbig .... ho	0,50	0,50
			FDC		1,50
304 F	Farbe Gold fehlend			90,—	

Auflage: 4 000 000 Stück

1994, 10. Dez. 700 Jahre Wallfahrtsstätte Loreto. Odr.; gez. K 14.

hp) Versetzung des Heiligen Hauses; Gemälde von Giovanni Battista Tiepolo (1696–1770), italienischer Maler

305	4.00	(K)	mehrfarbig .... hp	1,40	1,—
			FDC		2,—

Auflage: 350 000 Stück

1995

1995, 19. Jan. Geschichte der Krawatte. Odr.; gez. K 14.

hp) Krawatte eines Geschäftsmannes (1995)
hr) Krawatte eines englischen Dandys (1810)
hs) Krawatte eines kroatischen Soldaten (1630)

306 I	1.10	(K)	mehrfarbig .... hp	0,30	0,20
307 I	3.80	(K)	mehrfarbig .... hr	1,30	1,20
308 I	4.00	(K)	mehrfarbig .... hs	1,40	1,30
			Satzpreis (3 W.)	3,—	2,70
			FDC		3,50

Blockausgabe

306 II	1.10	(K)	mehrfarbig .... hp	0,40	0,30
307 II	3.80	(K)	mehrfarbig .... hr	1,40	1,30
308 II	4.00	(K)	mehrfarbig .... hs	1,50	1,40
Block 11	(109 × 88 mm) .... ht			3,50	3,30
			FDC		3,60

Die Bogenmarken unterscheiden sich von den Blockmarken in der Länge der weißen Inschrift „HPT ZRINSKI 1995 ARTUKOVIC" am rechten Markenrand: I = 26 mm, II = 24,5 mm.

Auflagen: MiNr. 306 I–308 I = 500 000 Sätze, Bl. 11 = 100 000 Blocks

1995, 16. Febr. Klöster: 350 Jahre Jesuitenkloster, Zagreb; 550 Jahre Franziskanerkloster, Visovac. Odr.; gez. K 14.

hu) Historische Ansicht des Klostergebäudes, Zagreb; hl. Ignatius von Loyola
hv) Initiale „O" mit Ansicht des Klostergebäudes, Visovac, Mönch im Chorgestühl

309	1.00	K	mehrfarbig .... hu	0,40	0,30
310	2.40	K	mehrfarbig .... hv	1,—	0,90
			Satzpreis (2 W.)	1,40	1,20
			FDC		2,—

Auflage: 350 000 Sätze

> Ab MiNr. 311 sind alle Ausgaben – wenn nicht ausdrücklich anders angegeben – auf fluoreszierendem Papier gedruckt.

1995, 9. März. Einheimische Hunderassen. Odr.; gez. K 14¼.

hw) Istrischer Kurzhaar-Jagdhund
hx) Jagdhund aus der Save-Ebene
hy) Istrischer Rauhhaar-Jagdhund

311	2.20	(K)	mehrfarbig .... hw	0,90	0,80
312	2.40	(K)	mehrfarbig .... hx	1,—	0,90
313	3.80	(K)	mehrfarbig .... hy	1,50	1,40
			Satzpreis (3 W.)	3,40	3,—
			FDC		3,50

Auflage: 350 000 Sätze

1995, 20. April. 1700 Jahre Stadt Split. Od.; gez. K 14.

hz) Rekonstruktion (1912) des Diokletian-Palastes; vorromanische Altartafel mit thronendem König (11. Jh.)

ia) Im Hafen von Split; Gemälde von Emanuel Vidović
ib) Stadtansicht von Split (1995), Büste des Dichters Marko Marulić von Ivan Meštrović

314	1.00	(K)	mehrfarbig .... hz	0,40	0,30
315	2.20	(K)	mehrfarbig .... ia	0,90	0,80
316	4.00	(K)	mehrfarbig .... ib	1,50	1,50
			Satzpreis (3 W.)	3,—	2,60
			Dreierstreifen	3,50	3,30
			FDC		3,50

Blockausgabe

Innenstadt von Split (1995)
ic

317	13.40	(K)	mehrfarbig ic	3,80	3,50
Block 12	(90 × 60 mm) .... id			4,80	4,50
			FDC		5,—

MiNr. 314–316 wurden waagerecht zusammenhängend gedruckt.

Auflagen: MiNr. 314–316 = 495 000 Sätze, Bl. 12 = 100 000 Blocks

Kroatien

1995, 4. Mai. Handball-Weltmeisterschaft, Island. Odr.; gez. K 14.

ie) Sprungwurf

318	4.00 (K) mehrfarbig	ie	1,50	1,20
		FDC		2,—

Auflage: 350 000 Stück

1995, 9. Mai. Europa: Frieden und Freiheit. Odr. gez. K 14.

if) Gewitterwolken verziehen sich

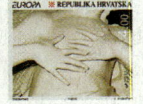

ig) Engel (Detail); Skulptur von Francesco Robba (um 1698–1757) in der Katharinenkirche, Zagreb

319	2.40 (K) mehrfarbig	if	1,50	1,50
320	4.00 (K) mehrfarbig	ig	3,50	3,50
	Satzpreis (2 W.)		5,—	5,—
		FDC		7,50

Auflage: 500 000 Sätze

1995, 15. Mai. 150. Jahrestag der Niederschlagung der Juli-Demonstration; 50. Jahrestag der Bleiburger Tragödie. Odr.; gez. K 14.

ih) Kreuz   ii) Kreuz

321	1.10 (K) mehrfarbig	ih	0,60	0,50
322	3.80 (K) mehrfarbig	ii	1,30	1,20
	Satzpreis (2 W.)		1,90	1,70
		FDC		2,60

Auflage: 350 000 Sätze

1995, 30. Mai. Tag der Unabhängigkeit. Odr.; gez. K 14.

ik) Staatswappen, Hand mit Rose

323	1.10 (K) mehrfarbig	ik	0,50	0,40
		FDC		1,20
		323 Zf	0,50	0,50

MiNr. 323 wurde im Bogen zu 25 Marken und 5 verschiedenen Zierfeldern gedruckt. 4 Zierfelder sind als Viererblock in der rechten unteren Bogenecke angeordnet.

Auflage: 400 000 Stück

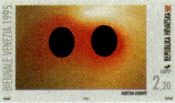

1995, 8. Juni. 100 Jahre Kunstbiennale, Venedig. Odr.; gez. K 14.

il) Installation; Gemälde von Martina Kramer (*1965)

im) Paracelsus Paraduchamp; Gemälde von Mirko Zrinšćak (*1953)

in) Schatten/136; Gemälde von Goran Petercol (*1949)

324	2.20 (K) mehrfarbig	il	0,80	0,70
325	2.40 (K) mehrfarbig	im	0,90	0,80
326	4.00 (K) mehrfarbig	in	1,70	1,60
	Satzpreis (3 W.)		3,40	3,—
		FDC		3,70
	Kleinbogensatz (3 Klb.)		15,—	14,50

MiNr. 324–326 wurden auch jeweils im Kleinbogen zu 4 Marken ausgegeben.

Auflage: 350 000 Sätze, davon 150 000 aus Kleinbogen

1995, 13. Juni. 800. Geburtstag des hl. Antonius von Padua (1195–1231), Franziskaner. Odr.; gez. K 14.

io) Hl. Antonius (Detail); Polyptychon von Ljubo Babić im St.-Antonius-Heiligtum, Zagreb

327	1.00 (K) mehrfarbig	io	0,40	0,30
		FDC		1,10

Auflage: 350 000 Stück

Parallelausgabe mit Italien MiNr.2394–2395, Portugal MiNr.2078–2080, Bl.108 und Brasilien MiNr.2463

1995, 29. Juni. Einheimische Fauna. Odr.; gez. K 14.

ip) Unechte Karettschildkröte (Caretta caretta)

ir) Großer Tümmler (Tursiops truncatus)

328	2.40 (K) mehrfarbig	ip	0,80	0,80
329	4.00 (K) mehrfarbig	ir	1,50	1,30
	Satzpreis (2 W.)		2,40	2,—
		FDC		2,80

Auflage: 350 000 Sätze

1995, 16. Aug. Befreiung der Stadt Knin am 5.8.1995. Odr.; gez. K 14.

is) Stadtansicht mit Festung

330	1.30 (K) mehrfarbig	is	0,50	0,50
		FDC		1,30
		330 Zf	0,80	0,60

MiNr. 330 gedruckt im Bogen zu 25 Marken und 5 verschiedenen Zierfeldern. 4 Zierfelder sind als Viererblock in der rechten unteren Bogenecke angeordnet.

Auflage: 1 000 000 Stück

Kompetent und sammlernah:
Bund Deutscher Philatelisten e.V.
Mildred Scheel Str. 2 · 53175 Bonn

Kroatien 763

1995, 28. Aug. 100 Jahre Wasserkraftwerk „Jaruga" an der Krka. Odr.; gez. K 14.

it) Generatorhalle (1895)

331	3.60 (K) mehrfarbig .... it	1,20	1,—
	FDC		1,70

Auflage: 400 000 Stück

1995, 9. Sept. Tag der Briefmarke. Odr.; gez. K 14.

iu) Briefträger

332	1.30 (K) mehrfarbig .... iu	0,50	0,50
	FDC		1,10

Auflage: 1 000 000 Stück

1995, 15. Sept. 100. Todestag von Franz von Suppé. Odr.; gez. K 14.

iv) F. von Suppé (1819–1895), österreichischer Komponist; Titelfigur aus der Operette „Die schöne Galathee"

333	6.50 (K) mehrfarbig iv	2,20	2,—
	FDC		2,80

Auflage: 350 000 Stück

Parallelausgabe mit Österreich MiNr.2167

1995, 21. Sept. 400. Jahrestag der Befreiung der Stadt Petrinja von den Türken. Komb. Odr. und Bdr.; gez. K 14.

iw) Stadtansicht mit Festung, Schlachtenszene

334	2.20 (K) mehrfarbig .... iw	1,—	0,80
	FDC		1,30
	334 Zf	1,20	1,—

MiNr. 334 gedruckt im Bogen zu 25 Marken und 5 verschiedenen Zierfeldern. 4 Zierfelder sind als Viererblock in der rechten unteren Bogenecke angeordnet.

Auflage: 350 000 Stück

1995, 23. Sept. Geschichte der kroatischen Musik. Odr.; gez. K 14.

ix) Ivo Tijardović (1895–1976), Komponist, Dirigent und Szenograph

iy) Lovro von Matačić (1899–1985), Dirigent und Komponist

iz) Jakov Gotovac (1895–1982), Komponist und Dirigent

335	1.20 (K) mehrfarbig ix	0,50	0,40
336	1.40 (K) mehrfarbig .... iy	0,60	0,50
337	6.50 (K) mehrfarbig .... iz	2,40	2,—
	Satzpreis (3 W.)	3,50	2,80
	FDC		3,70

Auflage: 350 000 Sätze

1995, 14. Okt. Kultur: 150. Geburtstag von Hermann Bollé und Izidor Kršnjavi; 100 Jahre Kroatisches Nationaltheater, Zagreb. Odr.; gez. K 14.

ka) H. Bollé (1845–1926), Architekt; Bauwerke in Zagreb

kb) I. Kršnjavi (1845 bis 1927), Kunsthistoriker, Maler, Schriftsteller und Politiker

kc) Szenenbild

338	1.30 (K) mehrfarbig .... ka	0,60	0,50
339	2.40 (K) mehrfarbig .... kb	0,80	0,70
340	3.60 (K) mehrfarbig .... kc	1,50	1,30
	Satzpreis (3 W.)	2,80	2,50
	FDC		3,20

Auflage: 350 000 Sätze

1995, 20. Okt. Freimarken: Kroatische Städte. Odr.; gez. K 14.

kd) Zagreber Straße, Bjelovar

ke) Dom St. Peter und Paul, Osijek

kf) Altstadt von Čakovec

kg) Stadtansicht von Rovinj

kh) Stadtansicht von Korčula

ki) Rathaus, Županja

341	1.00 (K) mehrfarbig .... kd	0,30	0,20
342	1.30 (K) mehrfarbig .... ke	0,50	0,40
343	1.40 (K) mehrfarbig .... kf	0,60	0,50
344	2.20 (K) mehrfarbig .... kg	0,80	0,70
345	2.40 (K) mehrfarbig .... kh	0,90	0,80
346	3.60 (K) mehrfarbig .... ki	1,10	0,90
	Satzpreis (6 W.)	4,20	3,50
	FDC		5,—

Weitere Werte siehe Übersicht nach Jahrgangswerttabelle.

1995, 24. Okt. 50 Jahre Vereinte Nationen (UNO), 50 Jahre Welternährungsorganisation (FAO). Odr.; gez. K 14.

kk) Zahl „50" mit Weltkugel

kl) Zahl „50" mit angebissenem Keks

347	3.60 (K) mehrfarbig .... kk	1,20	1,—
348	3.60 (K) mehrfarbig .... kl	1,20	1,—
	Satzpreis (Paar)	2,60	2,40
	FDC		3,—

MiNr. 347–348 wurden waagerecht zusammenhängend gedruckt.

Auflage: 350 000 Sätze

Kroatien

1995, 30. Okt. Jahrestage der kroatischen Wissenschaft: 150. Geburtstag von Spiridion Brusina, 100. Todestag von Bogoslav Šulek, 400. Jahrestag der Veröffentlichung des fünfsprachigen Wörterbuches von Faust Vrančić. Odr.; gez. K 14.

km) S. Brusina (1845–1908), Zoologe
kn) B. Šulek (1816 bis 1895), Lexikograph und Naturwissenschaftler
ko) Titelkupfer des Wörterbuches von F. Vrančić (1551–1617)

349	1.00	(K)	mehrfarbig	. . . . km	0,40	0,20
350	2.20	(K)	mehrfarbig	. . . . kn	0,80	0,60
351	6.50	(K)	mehrfarbig	. . . . ko	2,—	
			Satzpreis (3 W.)		3,40	2,80
			FDC			4,20

Auflage: 350 000 Sätze

1995, 23. Nov. 100 Jahre Erziehungs- und Ausbildungszentrum für blinde Kinder. Odr.; gez. K 14.

kp) Hände ertasten Braille-Blindenschrift

352	1.20	(K)	mehrfarbig	. . . . kp	0,50	0,50
			FDC			1,50

Auflage: 350 000 Stück

1995, 1. Dez. Weihnachten. Odr., Papier normal; gez. K 14.

kr) Weihnachtsbaum, Esel und Ochse

353	1.30	(K)	mehrfarbig	. . . . kr	0,60	0,50
			FDC			1,20

Auflage: 3 000 000 Stück

1995, 7. Dez. 700. Jahrestag der Rückkehr Marco Polos aus China. Odr.; gez. K 14.

ks) Marco Polo (1254–1324), venezianischer Handelsreisender, kommt in Venedig an

354	3.60	(K)	mehrfarbig	. . . . ks	1,30	1,10
			FDC			1,70

Auflage: 350 000 Stück

1995, 16. Dez. Freimarken: Kroatische Städte. Odr., Papier normal; gez. K 14.

kt) Stadtansicht von Hrvatska Kostajnica
ku) Kirche in Slunj
kv) Allee in Gračac
kw) Kirche in Drniš
kx) Kirche in Glina
ky) Stadtansicht von Obrovac

355	0.20	(K)	mehrfarbig	. . . . kt	0,20	0,20
356	0.30	(K)	mehrfarbig	. . . . ku	0,20	0,20
357	0.50	(K)	mehrfarbig	. . . . kv	0,30	0,30
358	1.20	(K)	mehrfarbig	. . . . kw	0,40	0,30
359	6.50	(K)	mehrfarbig	. . . . kx	2,—	1,80
360	10.00	(K)	mehrfarbig	. . . . ky	3,—	2,50
			Satzpreis (6 W.)		6,—	5,30
			FDC			9,—

Weitere Werte siehe Übersicht nach Jahrgangswerttabelle.

1995, 28. Dez. Kroatische Inkunabeln. Odr.; gez. K 14.

kz) Lektionar des Bernardin aus Split
la) Handbuch für Beichtväter „Spovid Općena"

361	1.40	(K)	mehrfarbig	. . . . kz	0,50	0,40
362	3.60	(K)	mehrfarbig	. . . . la	1,40	1,—
			Satzpreis (2 W.)		1,90	1,40
			FDC			3,—

Auflage: 350 000 Sätze

1996

1996, 18. Jan. Katholisches Kroatien: 1. Jahrestag der Kanonisierung des hl. Markus von Križevci; 700 Jahre Verehrung des wundertätigen Kruzifixes von Rijeka; 100. Geburtstag von Ivan Merz. Odr., Papier normal; gez. K 14.

lb) Hl. Markus von Križevci (1589–1619); Mosaik in der St.-Markus-Kirche, Zagreb
lc) Wundertätiges Kruzifix in der St.-Vid-Kirche, Rijeka
ld) Dr. Ivan Merz (1896 bis 1928), Priester und Theologe

363	1.30	(K)	mehrfarbig	. . . . lb	0,40	0,40
364	1.30	(K)	mehrfarbig	 lc	0,40	0,40
365	1.30	(K)	mehrfarbig	. . . . ld	0,40	0,40
			Satzpreis (3 W.)		1,20	1,20
			Dreierstreifen		1,50	1,50
			FDC			2,20

MiNr. 363–365 wurden waagerecht zusammenhängend gedruckt.

1996, 28. Febr. Politische Jahrestage: 125. Jahrestag des Aufstandes von Rakovica, 100. Todestag von Ante Starčević, 75 Jahre Verfassung der neutralen Bauernrepublik Kroatien und 125. Geburtstag von Stjepan Radić, 75. Jahrestag der Gründung der Labiner Republik. Odr., Papier normal; gez. K 14.

le) E. Kvaternik (1825–1871), Jurist, Politiker und Revolutionär
lf) A. Starčević (1823–1896), Politiker
lg) S. Radić (1871 bis 1928), Gründer der Volks- und Bauernpartei
lh) Symbolische Darstellung

366	1.20	(K)	mehrfarbig	. . . . le	0,40	0,40
367	1.40	(K)	mehrfarbig	. . . . lf	0,50	0,50
368	2.20	(K)	mehrfarbig	. . . . lg	0,80	0,80
369	3.60	(K)	mehrfarbig	. . . . lh	1,30	1,30
			Satzpreis (4 W.)		3,—	3,—
			FDC			3,60

Auflage: 350 000 Sätze

Kroatien

1996, 23. März. 100 Jahre Institut für Pharmakognosie der Universität Zagreb. Odr.; gez. K 14.

li) Julije Domac, Apotheker, Gründer des Pharmakognostischen Instituts

370	6.50 (K) mehrfarbig li	2,—	1,90
	FDC		2,50

Auflage: 350 000 Stück

1996, 28. März. Geschichte der kroatischen Musik: 400. Geburtstag von Vinko Jelić, 150. Jahrestag der Uraufführung der Oper „Liebe und Bosheit" von Vatroslav Lisinski; 100. Geburtstag von Josip Štolcer Slavenski; 150. Jahrestag der Vertonung der kroatischen Nationalhymne. Odr.; gez. K 14.

lk) Noten aus einem Werk von V. Jelić (1596–1636), Komponist

ll) Buchstabe „O", Notenzeilen, Inschrift
lm) J. Štolcer Slavenski (1896–1955), Komponist
ln) Titel der Nationalhymne (Text: Antun Mihanović, Melodie: Josip Runjanin)

371	2.20 (K) mehrfarbig .... lk	0,70	0,70
372	2.20 (K) mehrfarbig ll	0,70	0,70
373	2.20 (K) mehrfarbig .... lm	0,70	0,70
374	2.20 (K) mehrfarbig .... ln	0,70	0,70
	Satzpreis (4 W.)	2,80	2,80
	Viererstreifen	3,—	3,—
	FDC		3,40

MiNr. 371–374 wurden waagerecht zusammenhängend gedruckt.
Auflage: 350 000 Sätze

1996, 11. April. Europa: Berühmte Frauen. Odr.; gez. K 14.

lo) Cvijeta Zuzorić (* um 1551), Dichterin
lp) Ivana Brlić Mažuranić (1874–1938), Schriftstellerin

375	2.20 K mehrfarbig .... lo	1,50	1,50
376	3.60 K mehrfarbig .... lp	2,50	2,50
	Satzpreis (2 W.)	4,—	4,—
	FDC		5,50

Auflage: 400 000 Sätze

1996, 30. April. Mitglieder der Fürstenfamilien Zrinski und Frankopan. Odr.; gez. K 14¼:14.

lr) Nikola Šubić Zrinski von Siget (1508–1566)

ls) Nikola Zrinski (1620–1664)
lt) Petar Zrinski (1621–1671)
lu) Katarina Zrinski (1625–1673)
lv) Fran Krsto Frankopan (1643–1671)

377	1.30 (K) mehrfarbig .... lr	0,50	0,50
378	1.40 (K) mehrfarbig .... ls	0,50	0,50
379	2.20 (K) mehrfarbig .... lt	1,—	1,—
380	2.40 (K) mehrfarbig .... lu	1,—	1,—
381	3.60 (K) mehrfarbig lv	1,—	1,—
	Satzpreis (5 W.)	4,—	4,—
	FDC		5,—

Blockausgabe mit MiNr. 377–381

Block 13	(117 × 172 mm) .... lw	4,50	4,50
	FDC		5,—

Auflagen: MiNr. 377–381 = 350 000 Sätze, Bl. 13 = 100 000 Blocks

1996, 28. Mai. 5 Jahre Armeekorps der kroatischen Volksgarde. Odr.; gez. K 14.

lx) Soldat läuft mit Kind im Arm durch zerbombte Ortschaft

382	1.30 (K) mehrfarbig lx	0,50	0,50
	FDC		1,20

Auflage: 350 000 Stück

1996, 5. Juni. Einheimische Pflanzen. Odr.; gez. K 14¼:14.

ly) Glockenblume (Campanula istriaca)
lz) Flockenblume (Centaurea ragusina)

383	2.40 (K) mehrfarbig .... ly	0,80	0,80
384	3.60 (K) mehrfarbig .... lz	1,20	1,20
	Satzpreis (2 W.)	2,—	2,—
	FDC		2,50

Auflage: 400 000 Sätze

1996, 8. Juni. Fußball-Europameisterschaft, England. Odr.; gez. K 14.

ma) Fußball, Teil der Staatsflagge

385	2.20 (K) mehrfarbig .... ma	0,90	0,80
	FDC		1,30

Auflage: 350 000 Stück

Mit MICHEL machen Sie mehr aus Ihren Briefmarken!

Kroatien

1996, 10. Juni. 250. Jahrestag der Forschungsreise von Pater Ferdinand Konšćak nach Südkalifornien. Odr.; gez. K 14.

mb) Segelschiff, Landkarte Südkaliforniens von Pater F. Konšćak (1703–1759), Forscher und Missionar

386	2.40 (K) mehrfarbig .... mb	1,—	0,90
	FDC		1,50

Auflage: 350 000 Stück

1996, 4. Juli. 100 Jahre Olympische Spiele der Neuzeit; Olympische Sommerspiele, Atlanta. Odr.; gez. K 14.

mc) Olympische Farben und Ringe

387	3.60 (K) mehrfarbig .... mc	1,30	1,20
	FDC		1,70

Auflage: 500 000 Stück

1996, 4. Juli. 150. Geburtstag von Josip Fon, Arzt und Gründer des Turnvereins „Hrvatski sokol". Odr.; gez. K 14.

md) Turner mit Hantel und Falken (Wappentier des Vereins)

388	1.40 (K) mehrfarbig .... md	0,50	0,50
	FDC		1,20

Auflage: 350 000 Stück

1996, 9. Sept. Tag der Briefmarke: 5 Jahre Briefmarken der Republik Kroatien, 100 Jahre Kroatische Philatelistische Gesellschaft, Zagreb. Odr.; gez. K 14:14¼.

me) Pinzette und Briefmarke

389	1.30 (K) mehrfarbig .... me	0,50	0,40
	FDC		1,—
	389 Zf	0,60	0,50

MiNr. 389 wurde im Bogen zu 16 Marken und 4 Zierfeldern gedruckt.

Auflage: 1 000 000 Stück

1996, 14. Sept. 700. Jahrestag der ersten urkundlichen Erwähnung von Sichelburg (Žumberak). Odr., gez. K 14¼.

mf) Elias-Kapelle im Žumberak-Gebirge

390	2.20 (K) mehrfarbig .... mf	0,70	0,70
	FDC		1,30

Auflage: 350 000 Stück

1996, 19. Sept. 1000. Jahrestag der ersten urkundlichen Erwähnung der Meeresfischerei in Kroatien (1995). Odr.; gez. K 14.

mg) Stilisiertes Netz mit Fischen, Vierzack

391	1.30 (K) mehrfarbig .... mg	0,50	0,50
	FDC		1,20

Auflage: 350 000 Stück

1996, 19. Sept. Geschichte: 900 Jahre Evangeliar der Većenega, 1150. Jahrestag des Aufenthalts des Benediktinermönches Gottschalk am Hof des Fürsten Trpimir. Odr.; gez. K 14¼:14.

mh) Illuminierte Seite aus dem Većenega-Evangeliar
mi) Gottschalk (um 807–868), sächsischer Theologe und Schriftsteller

392	1.20 (K) mehrfarbig .... mh	0,40	0,40
393	1.40 (K) mehrfarbig .... mi	0,50	0,50
	Satzpreis (2 W.)	0,90	0,90
	FDC		1,60

Auflage: 350 000 Sätze

1996, 4. Okt. Jahrestage der kroatischen Wissenschaft: 150. Geburtstag von Gjuro Pilar und Don Frane Bulić, 100. Geburtstag von Ante Šercer. Odr.; gez. K 14.

mk) G. Pilar (1846–1893), Geologe
ml) Don. F. Bulić (1846–1934), Archäologe
mm) A. Šercer (1896–1968), Hals-Nasen-Ohren-Arzt

394	2.40 (K) mehrfarbig .... mk	0,70	0,60
395	2.40 (K) mehrfarbig .... ml	0,70	0,60
396	2.40 (K) mehrfarbig .... mm	0,70	0,60
	Satzpreis (3 W.)	2,—	1,80
	Dreierstreifen	2,60	2,30
	FDC		2,80

MiNr. 394–396 wurden waagerecht zusammenhängend gedruckt.

Auflage: 350 000 Sätze

1996, 16. Okt. 600 Jahre Hochschulunterricht in Kroatien. Odr.; gez. K 13¼:13½.

mn) Kodex „Ordnung und Gesetz" (1345) der Dominikanerinnen von Zadar; Siegel der Dominikaner von Zadar

397	1.40 (K) mehrfarbig .... mn	0,50	0,50
	FDC		1,20

Auflage: 350 000 Stück

1996, 7. Nov. Gemälde. Odr.; gez. K 14.

mo) Regen; von Menci Clement Crnčić (1865–1930)

mp) Pelješac-Korčula-Kanal; von Mato Celestin Medović (1857–1919)
mr) Rosafarbener Traum; von Vlaho Bukovac (1855–1922)

Kroatien

398	1.30	(K)	mehrfarbig .... mo	0,50	0,40
399	1.40	(K)	mehrfarbig .... mp	0,60	0,50
400	3.60	(K)	mehrfarbig .... mr	1,20	1,10
			Satzpreis (3 W.)	2,30	2,—
			FDC		2,70

Auflage: 350 000 Sätze

1996, 15. Nov. 50 Jahre Kinderhilfswerk der Vereinten Nationen (UNICEF). Odr.; gez. K 14.

ms) Kinder verschiedener Völker halten sich an den Händen (Kinderzeichnung)

401	3.60	(K)	mehrfarbig .... ms	1,20	1,10
			FDC		1,70

Auflage: 350 000 Stück

1996, 2. Dez. 800. Jahrestag der ersten schriftlichen Erwähnung der Stadt Osijek. Odr.; gez. K 14.

mt) St.-Petrus-und-Paulus-Kirche
mu) Ansicht der Altstadt

402	2.20	(K)	mehrfarbig .... mt	0,70	0,60
403	2.20	(K)	mehrfarbig .... mu	0,70	0,60
			Satzpreis (Paar)	1,60	1,40
			FDC		2,20

MiNr. 402–403 wurden waagerecht zusammenhängend gedruckt.

Auflage: 350 000 Sätze

1996, 3. Dez. Weihnachten. Odr.; gez. K 14.

mv) Christi Geburt

404	1.30	(K)	mehrfarbig .... mv	0,50	0,50
			FDC		1,10

Auflage: 2 000 000 Stück

1996, 14. Dez. Wirtschaft: 150. Jahrestag der Gründung der ersten Sparkasse in Zagreb, 200. Jahrestag der Veröffentlichung des Buches „Grundlagen des Kornhandels" von Josip Šipuš. Odr.; gez. K 14.

mw) Bankgebäude, Wertpapiereindruck
mx) Titelkupfer des Buches

405	2.40	(K)	mehrfarbig .... mw	0,80	0,70
406	3.60	(K)	mehrfarbig .... mx	1,30	1,20
			Satzpreis (2 W.)	2,10	1,90
			FDC		2,50

Auflage: 350 000 Sätze

1997

1997, 16. Jan. 100 Jahre kroatischer Film. Odr.; gez. K 14.

my) Dreharbeiten zu „Vratoslav Lisinski" von Oktavijan Miletić
mz) Szene aus der Zeichentrickserie „Professor Baltazar"
na) Mirjana Bohanec und Relja Bašić in „Tko pjeva, zlo ne misli" von Krešo Golik

407	1.40	(K)	mehrfarbig .... my	0,70	0,70
408	1.40	(K)	mehrfarbig .... mz	0,70	0,70
409	1.40	(K)	mehrfarbig .... na	0,70	0,70
			Satzpreis (3 W.)	2,—	2,—
			Dreierstreifen	2,40	2,40
			FDC		2,50

MiNr. 407–409 wurden senkrecht zusammenhängend gedruckt.

Auflage: 350 000 Sätze

1997, 7. Febr. Große Europäer: 450. Geburtstag von Miguel de Cervantes Saavedra (1547–1616), spanischer Dichter; 600. Geburtstag von Johannes Gutenberg (um 1397–1468), deutscher Erfinder des Buchdrucks. Odr.; gez. K 14.

nb) Szene aus dem Roman „Don Quijote"
nc) Buchdrucklettern bilden den Namen GUTENBERG

410	2.20	(K)	mehrfarbig .... nb	0,60	0,60
411	3.60	(K)	mehrfarbig .... nc	1,—	1,—
			Satzpreis (2 W.)	1,60	1,60
			FDC		2,40

Auflage: 350 000 Sätze

1997, 6. März. Europa: Sagen und Legenden. Odr.; gez. K 14.

nd) Szene aus „Der Stribor-Wald"; Erzählung von Ivana Brlić-Mažuranić
ne) Szene aus „Der große Jože"; Erzählung von Vladimir Nazor

412	1.30	(K)	mehrfarbig .... nd	1,—	1,—
413	3.60	(K)	mehrfarbig .... ne	2,50	2,50
			Satzpreis (2 W.)	3,50	3,50
			FDC		4,50

Auflage: 350 000 Sätze

Die MICHEL-Redaktion nimmt keine Markenprüfungen vor!

1997, 22. April. Einheimische Fauna. Odr.; gez. K 14.

nf) Große Steckmuschel (Pinna nobilis)   ng) Höhlenkäfer (Radziella styx)   nh) Faßschnecke (Tonna galea)

414	1.40	(K)	mehrfarbig	nf	0,50	0,50
415	2.40	(K)	mehrfarbig	ng	0,80	0,80
416	3.60	(K)	mehrfarbig	nh	1,30	1,30
				Satzpreis (3 W.)	2,60	2,60
				FDC		3,20

Auflage: 350 000 Sätze

1997, 22. Mai. 5. Jahrestag der Aufnahme Kroatiens in die UNO. Odr.; gez. K 14.

ni) Franjo Tudjman (*1922), Staatspräsident; UNO-Emblem

417	6.50	(K)	mehrfarbig	ni	2,—	2,—
				FDC		2,60
	417 Zf				2,50	2,50
				Kleinbogen	23,—	23,—

MiNr. 417 wurde im Kleinbogen zu 10 Marken und 2 verschiedenen Zierfeldern gedruckt.

Auflage: 150 000 Stück

1997, 31. Mai. 1. kroatischer Esperanto-Kongreß, Zagreb (1953). Odr.; gez. K 14.

nk) Ludwig Lazarus Zamenhof (1859–1917), polnischer Augenarzt, Erfinder des Esperanto

418	1.20	(K)	mehrfarbig	nk	0,40	0,40
				FDC		1,10

Auflage: 350 000 Stück

1997, 6. Juni. Kongreß des Internationalen Amateur-Rugby-Verbandes (FIRA), Dubrovnik. Odr.; gez. K 14.

nl) Rugbyball, Buchstaben DUBROVNIK

419	2.20	(K)	mehrfarbig	nl	0,80	0,80
				FDC		1,40

Auflage: 350 000 Stück

1997, 8. Juni. Wiederaufbau der Stadt Vukovar. Odr.; gez. K 14.

nm) Vukovar 18. XI. 1991; Gemälde von Zlatko Kauzlarić Atač

420	6.50	(K)	mehrfarbig	nm	2,—	2,—
				FDC		2,60
				Kleinbogen	12,—	12,—

MiNr. 420 wurde im Kleinbogen zu 6 Marken gedruckt.

Auflage: 150 000 Stück

1997, 3. Juli. Kroatische Könige: 900. Todestag von König Petar Svačić, 1000. Todestag von König Stjepan I. Držislav. Odr.; gez. K 14.

nn) König Petar Svačić (reg. 1095–1097)   no) König Stjepan I. Držislav (reg. 969–997)

421	1.30	(K)	mehrfarbig	nn	0,40	0,40
422	2.40	(K)	mehrfarbig	no	0,70	0,70
				Satzpreis (2 W.)	1,10	1,10
				FDC		1,80

Auflage: 350 000 Sätze

1997, 9. Sept. Tag der Briefmarke. Odr.; gez. K 14.

np) Postbote aus Dubrovnik (16. Jh.)

423	2.30	(K)	mehrfarbig	np	0,80	0,80
				FDC		1,30

1997, 10. Sept. Kroatische Medaillenerfolge bei Olympischen Spielen. Odr.; gez. K 14.

nr) Tennis (Bronzemedaille, Barcelona 1992)   ns) Basketball (Silbermedaille, Barcelona 1992)   nt) Wasserball (Silbermedaille, Atlanta 1996)   nu) Handball (Goldmedaille, Atlanta 1996)

424	1.00	(K)	mehrfarbig	nr	0,30	0,30
425	1.20	(K)	mehrfarbig	ns	0,40	0,40
426	1.40	(K)	mehrfarbig	nt	0,50	0,50
427	2.20	(K)	mehrfarbig	nu	0,80	0,80
				Satzpreis (4 W.)	2,—	2,—
				FDC		2,50

1997, 18. Sept. 350. Jahrestag der Verteidigung Šibeniks gegen die Türken; 6. Jahrestag der Verteidigung Šibeniks gegen die Serben. Odr.; gez. K 14.

nv) Kathedrale von Šibenik, Türkische Reiter (1647)   nw) Kathedrale von Šibenik, Kampfflugzeuge (1991)

428	1.30	(K)	mehrfarbig	nv	0,40	0,40
429	1.30	(K)	mehrfarbig	nw	0,40	0,40
				Satzpreis (Paar)	0,90	0,90
				FDC		1,60
				Kleinbogen	4,50	4,50

MiNr. 428–429 wurden schachbrettartig zusammenhängend im Kleinbogen zu 10 Marken gedruckt.

Kroatien

1997, 17. Okt. Bedeutende Persönlichkeiten. Odr.; gez. K 14.

nx) Frane Petrić (1529–1597), Philosoph

ny) Maria mit Kind; Gemälde von Vicko Lovrin
nz) Frano Kršinić (1897–1982), Bildhauer
oa) Dubravko Dujšin (1894–1947), Schauspieler

430	1.40	(K)	mehrfarbig .... nx	0,50	0,50
431	1.40	(K)	mehrfarbig .... ny	0,50	0,50
432	1.40	(K)	mehrfarbig .... nz	0,50	0,50
433	1.40	(K)	mehrfarbig .... oa	0,50	0,50
			Satzpreis (4 W.)	2,—	2,—
			Viererstreifen	2,20	2,20
			FDC		2,40

MiNr. 430–433 wurden waagerecht zusammenhängend gedruckt.

1997, 23. Okt. Jahrestage der kroatischen Sprache: 150 Jahre kroatische Sprache im kroatischen Landtag (Sabor); 100 Jahre kroatisches Gymnasium, Zadar. Odr.; gez. K 14.

ob) Antun Mihanovic, Dichter; Sitzungssaal im kroatischen Landtag
oc) Ansicht von Zadar, Aufrißzeichnung der Fassade des Gymnasiums

434	2.20	(K)	mehrfarbig .... ob	0,80	0,80
435	3.60	(K)	mehrfarbig .... oc	1,20	1,20
			Satzpreis (2 W.)	2,—	2,—
			FDC		2,40

1997, 6. Nov. Paläontologische Funde. Odr.; gez. K 14.

od) Urelefant (Gomphotherium angustidens)
oe) Novska-Sumpfschnecke (Viviparus novskaensis)

436	1.40	(K)	mehrfarbig .... od	0,40	0,40
437	2.40	(K)	mehrfarbig .... oe	0,70	0,70
			Satzpreis (2 W.)	1,10	1,10
			FDC		1,80

1997, 14. Nov. Zeitgenössische Gemälde. Odr.; gez. K 14.

of) Der Maler in der Pfütze: von Nikola Mašić (1852–1902)
og) Angelus; von Emanuel Vidović (1870–1953)
oh) Der Baum im Schnee; von Slava Raškaj (1877–1906)

438	1.30	(K)	mehrfarbig .... of	0,40	0,40
439	2.20	(K)	mehrfarbig .... og	0,70	0,70
440	3.60	(K)	mehrfarbig .... oh	1,10	1,10
			Satzpreis (3 W.)	2,20	2,20
			FDC		2,60

1997, 28. Nov. Weihnachten. Odr.; MiNr. 441 gez. K 13¼, MiNr. 442 gez. K 14.

oi) Christi Geburt; Gemälde von Ivan Antolčić (*1928)
ok) Christi Geburt; Gemälde von Isidor Kršnjavi (1845–1927)

441	1.30	(K)	mehrfarbig .... oi	0,40	0,40
442	3.60	(K)	mehrfarbig .... ok	1,—	1,—
			Satzpreis (2 W.)	1,40	1,40
			FDC		2,—
			Kleinbogen	5,50	5,50

MiNr. 442 wurde im Kleinbogen zu 4 Marken gedruckt.

1997, 18. Dez. Literatur: 400. Jahrestag der Veröffentlichung der Dramen von Dominko Zlatarić, 300. Geburtstag von Filip Grabovac. Odr.; gez. K 14¼:14.

ol) „Elektra" nach Sophokles; Drama von D. Zlatarić (1558–1613), Schriftsteller und Übersetzer
om) Poetisches Sammelwerk „Cvit" (1747) von F. Grabovac (1697–1749), Dichter

443	1.00	(K)	mehrfarbig .... ol	0,40	0,40
444	1.20	(K)	mehrfarbig .... om	0,40	0,40
			Satzpreis (2 W.)	0,80	0,80
			FDC		1,30

1998

1998, 2./5. Jan. Freimarken: Kroatische Städte. Odr.; gez. K 14.

cw) Franziskanerkirche und Festungsmauer, Ilok

445	0.05	(K)	mehrfarbig (2. Jan.) .... cw	0,10	0,10
446	0.10	(K)	mehrfarbig (5. Jan.) .... db	0,20	0,20
			Satzpreis (2 W.)	0,30	0,30
			2 FDC		1,60

Weitere Werte siehe Übersicht nach Jahrgangswerttabelle.

1998, 23. Jan. Europa: Nationale Feste und Feiertage. Odr. (5×4); gez. K 13½:13¼.

on) Die Barockabende von Varaždin
oo) Die Sommerfestspiele von Dubrovnik

447	1.45	(K)	mehrfarbig .... on	1,—	1,—
448	4.00	(K)	mehrfarbig .... oo	2,50	2,50
			Satzpreis (2 W.)	3,50	3,50
			FDC		4,50

1998, 7. Febr. Olympische Winterspiele, Nagano. Odr. (4×5); gez. K 14.

op) Teil der japanischen Staatsflagge, olympische Ringe, Schneeflocken

449	2.45	(K)	mehrfarbig .... op	0,80	0,80
			FDC		1,60

1998, 25. März. Historische Ereignisse in Kroatien 1848. Odr. (1×5 Zd.); gez. K 14.

or) Schlacht bei Moor am 30.12.1848 (kolorierte Lithographie), Flagge Kroatiens
ot) Ban Josip Jelačić (1801–1859); Gemälde von Ivan Zasche
os) Sitzung des kroatischen Parlaments 1848; Gemälde von Dragutin Weingärtner

450	1.60	(K)	mehrfarbig .... or	0,60	0,60
451	1.60	(K)	mehrfarbig .... os	0,60	0,60
452	4.00	(K)	mehrfarbig .... ot	1,40	1,40
			Satzpreis (3 W.)	2,60	2,60
			Dreierstreifen	2,80	2,80
			FDC		3,40

1998, 7. April. 100. Geburtstag von Ante Topić Mimara. Odr. (4×5); gez. K 14.

ou) A. Topić Mimara (1898–1987), Kunstsammler und Maler; Kunstgegenstände aus seiner Sammlung

453	2.65	(K)	mehrfarbig .... ou	0,80	0,80
			FDC		1,60

Farbschwankungen, die vor allem bei Freimarken-Ausgaben häufig vorkommen, sind Druckabweichungen, die nicht gesondert katalogisiert werden können.

1998, 22. April. Einheimische Speisepilze. Odr. (1×4 Zd.); gez. K 14.

ov) Kaiserling (Amanita caesarea)
ox) Spitzmorchel (Morchella conica)
ow) Edel-Reizker (Lactarius deliciosus)

454	1.30	(K)	mehrfarbig .... ov	0,50	0,50
455	1.30	(K)	mehrfarbig .... ow	0,50	0,50
456	7.20	(K)	mehrfarbig .... ox	2,60	2,60
			Satzpreis (3 W.)	3,60	3,60
			Dreierstreifen	3,80	3,80
			FDC		4,50

1998, 8. Mai. 100. Geburtstag von Alojzije Stepinac. Odr. (5×4); gez. K 14.

oy) A. Stepinac (1898–1960), Kardinal und Erzbischof des Erzbistums Zagreb

457	1.50	(K)	mehrfarbig .... oy	0,50	0,50
			FDC		1,30

1998, 13. Mai. 27. Europäische Regionalkonferenz der INTERPOL, Dubrovnik. Odr. (4×5); gez. K 14.

oz) Hand mit Lupe, Fingerabdruck, Männersilhouetten, Festung von Dubrovnik

458	2.45	(K)	mehrfarbig .... oz	0,80	0,80
			FDC		1,60

1998, 3. Juni. Blockausgabe: Weltausstellung EXPO '98, Lissabon. Odr.; gez. K 14.

pa) Fischerboot aus Komiža, Insel Vis
pb)

459	14.85	(K)	mehrfarbig .... pa	4,50	4,50
Block 14	(97×80 mm)		.... pb	4,80	4,80
			FDC		6,50

1998, 10. Juni. Fußball-Weltmeisterschaft, Frankreich. Odr. (4×5); gez. K 14.

pc) Fußball im Tor

460	4.00	(K)	mehrfarbig .... pc	1,30	1,30
			FDC		2,—

1998, 13. Juni. Kroatische Schriftsteller. Odr. (4×5); gez. K 14.

pd) Illustrationen zu Gedichten von Juraj Baraković (1548–1628)　　pe) Milan Begović (1876–1948)　　pf) Mate Balota, eigentl. Mijo Mirković (1898–1963)

pg) Antun Gustav Matoš (1873–1914)　　ph) Matija Antun Relković (1732–1798)　　pi) Antun Branko Šimić (1898–1925)

461	1.20 (K) mehrfarbig	pd	0,40	0,40
462	1.50 (K) mehrfarbig	pe	0,50	0,50
463	1.60 (K) mehrfarbig	pf	0,60	0,60
464	2.45 (K) mehrfarbig	pg	0,70	0,70
465	2.65 (K) mehrfarbig	ph	0,80	0,80
466	4.00 (K) mehrfarbig	pi	1,30	1,30
	Satzpreis (6 W.)		4,30	4,30
	FDC			4,80

1998, 15. Juni. 19. Konferenz der Donau-Anrainerstaaten, Osijek. Odr. (4×5); gez. K 14.

pk) Inschrift, Wasseroberfläche

467	1.80 (K) mehrfarbig	pk	0,50	0,50
	FDC			1,20

1998, 22. Juli. 100. Geburtstag von Stjepan Betlheim. Odr. (4×5); gez. K 14.

pl) Dr. S. Betlheim (1898–1970), Psychiater und Psychologe

468	1.50 (K) mehrfarbig	pl	0,50	0,50
	FDC			1,20

1998, 24. Juli. Blockausgabe: Gewinn der Bronzemedaille bei der Fußball-Weltmeisterschaft durch die kroatische Nationalmannschaft. Odr., Papier normal; gez. K 14.

pm　pn　po　pp　　　　　　　　　　　　　　pr

pm–pp) Kroatische Fußball-Nationalmannschaft

469	4.00 (K) mehrfarbig	pm	1,20	1,20
470	4.00 (K) mehrfarbig	pn	1,20	1,20
471	4.00 (K) mehrfarbig	po	1,20	1,20
472	4.00 (K) mehrfarbig	pp	1,20	1,20
Block 15 (112×83 mm)		pr	5,—	5,—
	FDC			5,80

1998, 27. Aug. Freimarken: Kroatische Schiffe. Odr.; Bogen (5×10) und Kleinbogen; Papier normal; gez. K 14.

ps) Liburnische Serilia　　pt) Altkroatische Kondura　　pu) Dubrovniker Karacke　　Zierfeld

Zierfeld　　pv) Istrisch-dalmatinische Bracera　　pw) Neretva-Schiff　　px) Bark

py) Schulschiff „Vila Velebita"　　pz) Passagierschiff „Amorella"　　ra) Kanonenboot RO3 „Kralj Petar Kreš imir IV."　　Zierfeld

473	1.20 (K) mehrfarbig	ps	0,40	0,40
474	1.50 (K) mehrfarbig	pt	0,50	0,50
475	1.60 (K) mehrfarbig	pu	0,50	0,50
476	1.80 (K) mehrfarbig	pv	0,60	0,60
477	2.45 (K) mehrfarbig	pw	0,80	0,80
478	2.65 (K) mehrfarbig	px	0,90	0,90
479	4.00 (K) mehrfarbig	py	1,30	1,30
480	7.20 (K) mehrfarbig	pz	2,50	2,50
481	20.00 (K) mehrfarbig	ra	6,50	6,50
	Satzpreis (9 W.)		14,—	14,—
	FDC			15,—
	Kleinbogen		14,—	14,—

1998, 9. Sept. Tag der Briefmarke. Odr. (4×5); gez. K 14.

rb) Dalmatinische Postkutsche (19. Jh.), Posthorn (18. Jh.)

482	1.50 (K) mehrfarbig	rb	0,50	0,50
	FDC			1,20

1998, 29. Sept. 700 Jahre Bistum Šibenik, 700. Jahrestag der Erhebung Šibeniks zur Freistadt. Odr. (4×5); gez. K 14:14¼.

rc) Transept und Kuppel der Kathedrale von Šibenik, Taufbecken

483	4.00 (K) mehrfarbig	rc	1,10	1,10
	FDC			1,80

In die **MICHEL**-Kataloge können nur Marken aufgenommen werden, wenn sie der Redaktion im Original vorlagen.

Kroatien

1998, 2. Okt. Besuch von Papst Johannes Paul II. in Kroatien. Odr. (4×4); gez. K 14.

rd) Papst Johannes Paul II. (1920–2005, reg. ab 1978)

484	1.50	(K)	mehrfarbig	rd	0,50	0,50
			FDC			1,20
			484 Zf		0,60	0,60

MiNr. 484 wurde im Bogen zu 12 Marken und 4 Zierfeldern gedruckt.

1998, 23. Okt. Verkehrswege und Verkehrsmittel in Kroatien. Odr. (1×4 Zd.); gez. K 14.

re) Pferdebahn in Osijek (1884)

rf) Erstes Automobil in Zagreb (1901)
ri) Zagreber Drahtseilbahn (1890)
rg) Eisenbahnstrecke Karlovac – Rijeka (1873)
rh) Neue Autostraße Zagreb – Rijeka

485	1.50	(K)	mehrfarbig	re	0,50	0,50
486	1.50	(K)	mehrfarbig	rf	0,50	0,50
487	1.50	(K)	mehrfarbig	rg	0,50	0,50
488	1.50	(K)	mehrfarbig	rh	0,50	0,50
489	7.20	(K)	mehrfarbig	ri	2,20	2,20
			Satzpreis (5 W.)		4,20	4,20
			Fünferstreifen		4,50	4,50
			FDC			5,50

1998, 21. Nov. Weihnachten. Odr., Papier normal; gez. K 13¾:13¼.

rk) Anbetung der Hirten (Detail); Miniatur aus dem Brevier „Officium Virginis" von Giorgio Giulio Clovio (1498–1578), italienischer Maler kroatischer Herkunft

490	1.50	(K)	mehrfarbig	rk	0,50	0,50
			FDC			1,20

Parallelausgabe mit Vatikanstaat MiNr. 1262

1998, 30. Nov. 300. Todestag von Luka Ibrišimović. Odr. (4×5); gez. K 14.

rl) Luka Ibrišimović (um 1620–1698), Priester und Franziskanermönch

491	1.90	(K)	mehrfarbig	rl	0,60	0,60
			FDC			1,20

1998, 10. Dez. 50. Jahrestag der Allgemeinen Erklärung der Menschenrechte. Odr. (5×4); gez. K 14.

rm) Symbolische Darstellung

492	5.00	(K)	mehrfarbig	rm	1,50	1,50
			FDC			2,20

1998, 15. Dez. Zeitgenössische Kunst. Odr. (3×4, Hochformate ~); gez. K 14.

rn) Die Paromlinska-Straße; Gemälde von Josip Vaništa (*1924)
ro) Zypresse; Gemälde von Frano Šimunović (1908–1995)
rp) Koma; interaktive Videoinstallation von Dalibor Martinis (*1947)

493	1.90	(K)	mehrfarbig	rn	0,70	0,70
494	2.20	(K)	mehrfarbig	ro	0,80	0,80
495	5.00	(K)	mehrfarbig	rp	1,50	1,50
			Satzpreis (3 W.)		3,—	3,—
			FDC			3,80

1999

1999, 21. Jan. 90 Jahre Zagreber Messe. Odr. (5×4); gez. K 14.

rr) Fahnen mit Messeemblem am Zagreber Messegelände

496	1.80	(K)	mehrfarbig	rr	0,70	0,70
			FDC			1,20

1999, 28. Jan. 130. Todestag von Kardinal Juraj Haulik. Komb. StTdr. und RaTdr. (5×4); gez. K 11½.

rs) Kardinal J. Haulik (1788–1869), Erzbischof von Zagreb

497	5.00	(K)	mehrfarbig	rs	1,50	1,50
			FDC			2,—

Parallelausgabe mit Slowakei MiNr. 331

1999, 12. März. Europa: Natur- und Nationalparks. Odr.; gez. K 14.

rt) Nationalpark Insel Mljet
ru) Naturpark Tiefebene Lonjsko Polje

498	1.80	(K)	mehrfarbig	rt	1,50	1,50
499	5.00	(K)	mehrfarbig	ru	3,50	3,50
			Satzpreis (2 W.)		5,—	5,—
			FDC			7,—

Der heiße Draht zu MICHEL
(0 89) 3 23 93-2 24

Kroatien

1999, 27. April. Weltweiter Naturschutz: Wiesenotter. Odr. (1 × 4 Zd); gez. K 14.

rv rw rx ry

500	2,20	(K)	mehrfarbig	rv	0,80	0,80
501	2,20	(K)	mehrfarbig	rw	0,80	0,80
502	2,20	(K)	mehrfarbig	rx	0,80	0,80
503	2,20	(K)	mehrfarbig	ry	0,80	0,80
			Satzpreis (4 W.)		3,20	3,20
			Viererstreifen		3,60	3,60
			FDC			4,—

MiNr. 500–503 wurden waagerecht zusammenhängend gedruckt.

1999, 5. Mai. 50 Jahre Europarat. Odr. (4 × 5); gez. K 14.

rz) Europa-Emblem, Zahl „50"

504	2,80	(K)	mehrfarbig	rz	1,—	1,—
			FDC			2,—

1999, 8. Mai. 19. Kongreß der Europäischen Vereinigung der Karnevalsstädte (FECC), Dubrovnik. Odr. (5 × 4); gez. K 14.

sa) Roland-Säule mit Faschingsmaske

505	2,30	(K)	mehrfarbig	sa	0,80	0,80
			FDC			1,30

1999, 30. Mai. 150. Jahrestag der Ausgabe des Jelačić-Kreuzers; 5 Jahre Kuna-Währung. Odr. (2 × 5 Zd); gez. K 14.

sb) 1-Kreuzer-Münze (1849)
sc) 1-Kuna-Münze (1994)

506	2,30	(K)	mehrfarbig	sb	0,70	0,70
507	5,00	(K)	mehrfarbig	sc	1,50	1,50
			Satzpreis (Paar)		2,50	2,50
			FDC			3,—

MiNr. 506–507 wurden waagerecht zusammenhängend gedruckt.

1999, 18. Juni. Persönlichkeiten. Odr. (5 × 4); gez. K 14.

sd) Vladimir Nazor (1876–1949), Schriftsteller
se) Ferdo Livadić (1799–1879), Komponist
sf) Ivan Rendić (1849–1932), Bildhauer
sg) Milan Lenuci (1849–1924), Politiker

sh) Vjekoslav Klaić (1849–1929), Geschichtsforscher
si) Emilij Laszowski (1868–1949), Geschichtsforscher
sk) Antun Kanižlić (1699–1777), Dichter und Missionar

508	1,80	(K)	mehrfarbig	sd	0,50	0,50
509	2,30	(K)	mehrfarbig	se	0,70	0,70
510	2,50	(K)	mehrfarbig	sf	0,80	0,80
511	2,80	(K)	mehrfarbig	sg	0,90	0,90
512	3,50	(K)	mehrfarbig	sh	1,—	1,—
513	4,00	(K)	mehrfarbig	si	1,20	1,20
514	5,00	(K)	mehrfarbig	sk	1,50	1,50
			Satzpreis (7 W.)		6,50	6,50
			FDC			7,—

1999, 25. Juni. Euphrasius-Basilika, Poreč-Kulturerbe der Menschheit. Odr. (3 × 4); gez. K 14.

sl) Byzantinische Mosaiken (6. Jh.), Turm der Basilika

515	4,00	(K)	mehrfarbig	sl	1,20	1,20
			FDC			1,80

1999, 7. Aug. 2. Welt-Militärsportspiele, Zagreb. Odr. (4 × 5); gez. K 14.

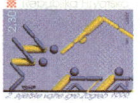

sm) Schwimmen, Wasserspringen und Rudern (Piktogramme)

516	2,30	(K)	mehrfarbig	sm	0,60	0,60
			FDC			1,30

Auflage: 350 000 Stück

1999, 23. Aug. 100. Jahrestag der Entdeckung von Neandertaler-Fossilien in Krapina. Odr. (2 × 5 Zd); gez. K 14.

sn) Rekonstruktion einer Neandertaler-Frau, Schädelknochen
so) Dragutin Gorjanović-Kramberger, Naturforscher, Geologe und Paläontologe; Schädelknochen

517	1,80	(K)	mehrfarbig	sn	0,60	0,60
518	4,00	(K)	mehrfarbig	so	1,20	1,20
			Satzpreis (Paar)		2,—	2,—
			FDC			2,50

Auflage: 350 000 Sätze

1999, 9. Sept. Tag der Briefmarke; 125 Jahre Weltpostverein (UPU). Odr. (4 × 5); gez. K 14.

sp) Post- und UPU-Emblem, Wolken

519	2,30	(K)	mehrfarbig	sp	0,80	0,80
			FDC			1,30

Auflage: 350 000 Stück

Kroatien

1999, 11. Sept. 600 Jahre Paulinerorden in Lepoglava. Odr. (1×4 Zd); gez. K 14.

sr) Jesus vertreibt die Händler aus dem Tempel, Fresko von Ivan Ranger; Engelsfigur; Klöppelspitzen
ss) Marienkirche, Lepoglava; Engelsfigur
st) Hl. Elisabeth, Skulptur; Seite aus einem Chorbuch; Klöppelspitzen

520	5.00 (K) mehrfarbig	sr	1,60	1,60
521	5.00 (K) mehrfarbig	ss	1,60	1,60
522	5.00 (K) mehrfarbig	st	1,60	1,60
		Satzpreis (3 W.)	4,80	4,80
		Dreierstreifen	5,50	5,50
		FDC		6,—

Auflage: 350 000 Sätze

1999, 16. Sept. Internationaler Tag zum Schutz der Ozonschicht. Komb. Odr. und Bdr. (3×4); gez. K 14.

su) Wolken, chemisches Zeichen für Ozon

523	5.00 (K) mehrfarbig	su	1,50	1,50
		FDC		2,—

Auflage: 350 000 Stück

1999, 16. Sept. 150. Jahrestag der Uraufführung des Jelačić-Marsches von Johann Strauß (Vater). Odr. (5×4); gez. K 14.

sv) Ban Josip Jelačić (1801–1859); Lithographie von C. Lanzedelli

524	3.50 (K) mehrfarbig	sv	1,30	1,30
		FDC		2,—

Auflage: 350 000 Stück

1999, 15. Okt. Bildungswesen: 100 Jahre Gymnasium von Pazin, 300 Jahre Gymnasium von Požega. Odr. (4×5); gez. K 14.

sw) Gymnasium von Pazin, Bleistift
sx) Gymnasium von Požega, Bleistift

525	2.30 (K) mehrfarbig	sw	0,70	0,70
526	3.50 (K) mehrfarbig	sx	1,10	1,10
		Satzpreis (2 W.)	1,80	1,80
		FDC		2,20

Auflage: 350 000 Sätze

1999, 21. Okt. 100. Geburtstag von Andrija Hebrang. Odr. (5×4); gez. K 14.

sy) A. Hebrang (1899–1949), Maler und Grafiker

527	1.80 (K) mehrfarbig	sy	0,80	0,80
		FDC		1,50

Auflage: 350 000 Stück

1999, 28. Okt. Heiliges Jahr 2000: Ausstellung „Kroaten – Christentum, Kultur und Geschichte", Vatikan. Odr. (4×3); gez. K 14.

sz) Muttergottes im Rosengarten; Gemälde von Blaž Jurajs (1390–1450)

528	5.00 (K) mehrfarbig	sz	1,50	1,50
		FDC		2,—

Auflage: 350 000 Stück

1999, 24. Nov. Weihnachten. Odr. (5×4); gez. K 14.

ta) Weihnachtskrippe (1928); bemaltes Gipsrelief von Mila Woods, eigentl. Ludmila Wodsedalek (1888–1968)

529	2.30 (K) mehrfarbig	ta	0,80	0,80
		FDC		1,40

Auflage: 1 200 000 Stück

1999, 15. Dez. Gemälde einheimischer Künstler des 20. Jahrhunderts. Odr. (3×4, Hochformat ~); gez. K 14.

tb) Eine Winterlandschaft; von Gabrijel Jurkić (1886–1974)
tc) Klek; von Oton Postružnik (1900–1978)
td) Der Tisch aus Stein; von Ignjat Job (1895–1936)

530	2.30 (K) mehrfarbig	tb	0,70	0,70
531	3.50 (K) mehrfarbig	tc	1,—	1,—
532	5.00 (K) mehrfarbig	td	1,50	1,50
		Satzpreis (3 W.)	3,20	3,20
		FDC		3,80

Auflage: 350 000 Sätze

1999, 16. Dez. Tod von Franjo Tudjman. Odr. (5×4); gez. K 14.

te) F. Tudjman (1922–1999), Staatspräsident

533	2.30 (K) mehrfarbig	te	0,70	0,70
534	5.00 (K) mehrfarbig	te	1,50	1,50
		Satzpreis (2 W.)	2,20	2,20
		FDC		2,60

Prüfungen und Begutachtungen von Briefmarken sowie Ermittlungen von Katalognummern etc. sind aus Zuständigkeits- bzw. Zeitgründen nicht möglich.

Kroatien 775

2000

2000, 1. Jan. Heiliges Jahr 2000. Odr. (5×4); gez. K 14.

tf) Engel mit Posaune

| 535 | 2.30 | (K) | mehrfarbig | tf | 1,50 | 1,50 |
| | | | | FDC | | 2,— |

Auflage: 350 000 Stück

2000, 1. Febr. Valentinstag. Odr. (5×4); gez. K 14.

tg) Stilisiertes Frauengesicht

| 536 | 2.30 | (K) | mehrfarbig | tg | 1,— | 1,— |
| | | | | FDC | | 1,25 |

Auflage: 300 000 Stück

2000, 25. März. 300 Jahre Humanistisches Gymnasium Split. Odr. (5×4); gez. K 14.

th) Erzbischof Stjepan Cosmi (1629–1707), Gründer; Gymnasiumsgebäude

| 537 | 2.80 | (K) | mehrfarbig | th | 0,90 | 0,90 |
| | | | | FDC | | 1,60 |

Auflage: 350 000 Stück

2000, 22. April. 100 Jahre Kroatischer Schriftstellerverein. Odr. (5×4); gez. K 14.

ti) Schreibmaschine, Zeilen

| 538 | 2.30 | (K) | mehrfarbig | ti | 2,— | 2,— |
| | | | | FDC | | 2,50 |

Auflage: 350 000 Stück

2000, 22. April. Persönlichkeiten. Odr. (5×4, Querformat ~); gez. K 14.

tk) Beweinung Christi; Gemälde von Andrija Medulić Schiavone (um 1500–1563), Maler

tl) Matija Petar Katančić (1750–1825), Ordensmann, Schriftsteller und Archäologe

tm) Marija Ružička-Strozzi (1850–1937), Schauspielerin

tn) Marko Marulić (1450–1524), Schriftsteller und Lyriker (Statue)

to) Maria mit Kind und Heiligen; Gemälde von Blaž Jurajs von Trogir (um 1390–1450)

539	1.80	(K)	mehrfarbig	tk	0,60	0,60
540	2.30	(K)	mehrfarbig	tl	0,70	0,70
541	2.80	(K)	mehrfarbig	tm	0,80	0,80
542	3.50	(K)	mehrfarbig	tn	1,10	1,10
543	5.00	(K)	mehrfarbig	to	1,60	1,60
			Satzpreis (5 W.)		4,80	4,80
			2 FDC			6,—

Auflage: 350 000 Sätze

2000, 9. Mai. Europa. Odr. (4×5, Hochformat ~); gez. K 14.

tp) Königskind auf fliegendem Pferd

tr) Kinder bauen Sternenturm

544	2.30	(K)	mehrfarbig	tp	1,50	1,50
545	5.00	(K)	mehrfarbig	tr	2,50	2,50
			Satzpreis (2 W.)		4,—	4,—
			FDC			5,—

Auflage: 350 000 Sätze

2000, 30. Mai. 10 Jahre Republik Kroatien. Odr. (5×6); gez. K 14.

ts) Rose in den Nationalfarben

546	2.30	(K)	mehrfarbig	ts	1,20	1,20
			FDC			2,—
			546 Zf		1,50	1,50

MiNr. 546 wurde im Bogen zu 25 Marken und 5 verschiedenen Zierfeldern gedruckt. 4 Zierfelder sind als Viererblock in der rechten unteren Bogenecke angeordnet.

Auflage: 350 000 Stück

2000, 1. Juni. Blockausgabe: Weltausstellung EXPO 2000, Hannover. Odr.; gez. Ks 14.

tt) Kroatischer Pavillon

547	14.40	(K)	mehrfarbig	tt	4,—	4,—
Block 16	(100×74 mm)			tu	4,50	4,50
			FDC			5,—

Auflage: 100 000 Blocks

2000, 5. Juni. Einheimische Flora. Odr., Bogen (2×5 Zd) und Markenheftchen (5×2); gez. K 14.

tw) Dalmatinischer Storchschnabel (Geranium dalmaticum)
tv) Kroatische Bergminze (Micromeria croatica)

548	3.50 (K)	mehrfarbig	tv	1,10	1,10
549	5.00 (K)	mehrfarbig	tw	1,50	1,50
			Satzpreis (Paar)	2,80	2,80
			FDC		3,40

MiNr. 548–549 wurden sowohl waagerecht zusammenhängend im Bogen als auch einzeln in Markenheftchen 0-1 und 0-2 ausgegeben.
Auflage: 350 000 Sätze

2000, 6. Juni. 600 Jahre Kastaver Statut. Odr. (4×5); gez. K 14.

tx) Alte Stadtansicht von Kastav (Khestau), Gesetzestext

550	1.80 (K)	mehrfarbig	tx	0,80	0,80
			FDC		1,50

Auflage: 350 000 Stück

2000, 15. Juni. Internationales Jahr der Mathematik. Odr. (4×5); gez. K 14.

ty) Darstellung der Graphen-Theorie von Danilo Blanuša (1903–1987), Mathematiker

551	3.50 (K)	mehrfarbig	ty	1,30	1,30
			FDC		2,—

Auflage: 350 000 Stück

2000, 19. Juni. 300. Geburtstag von Ivan Krstitelj Ranger. Odr. (4×5); gez. K 14.

tz) Musizierende Engel; Deckenfresko (Detail) der St.-Georgs-Kirche, Purga, von I. K. Ranger (*1700)

552	1.80 (K)	mehrfarbig	tz	0,80	0,80
			FDC		1,50

Auflage: 350 000 Stück

2000, 24. Juni. Blockausgabe: 900 Jahre Tafel von Baška. Odr.; gez. Ks 14.

ua) Steintafel von Baška mit glagolitischer Inschrift (1100)
ub

553	16.70 (K)	mehrfarbig	ua	5,—	5,—
Block 17	(95×67 mm)		ub	5,50	5,50
			FDC		6,—

Auflage: 100 000 Blocks

2000, 10. Juli. 800. Geburtstag des Erzdiakons Thomas (1200–1268), Geschichtsschreiber. Odr. (4×5); gez. K 14.

uc) Manuskript

554	3.50 (K)	mehrfarbig	uc	1,30	1,30
			FDC		2,—

Auflage: 1 000 000 Stück

2000, 1. Aug. Freimarke: Kroatische Städte. Odr.; Papier normal; gez. K 14.

fz) Stadtansicht von Vis mit Halbinsel Pirovo

555	3.50 (K)	mehrfarbig	fz	1,30	1,30
			FDC		2,—

Weitere Werte siehe Übersicht nach Jahrgangswerttabelle.

2000, 9. Sept. Tag der Briefmarke: 150 Jahre Briefmarken in Kroatien; Einführung des automatischen Postsortiersystems (SARPP). Odr. (2×5 Zd); gez. K 14.

ud) Marke Österreich MiNr. 5 mit Stempel Knin
ue) Automatische Postsortieranlage

556	2.30 (K)	mehrfarbig	ud	0,80	0,80
557	2.30 (K)	mehrfarbig	ue	0,80	0,80
			Satzpreis (Paar)	2,—	2,—
			FDC		2,50

Auflage: 1 000 000 Sätze

2000, 15. Sept. Olympische Sommerspiele, Sydney. Odr. (4×5); gez. K 14.

uf) Basketball, Fußball, Handball, Wasserball, Tennisball

558	5.00 (K)	mehrfarbig	uf	2,—	2,—
			FDC		2,50

Auflage: 350 000 Stück

2000, 23. Nov. Weihnachten. Odr., Bogen (4×5) und Markenheftchen (5×2); gez. K 14.

ug) Christi Geburt; Altarbild (19. Jh.) in der Marienkirche von Oštarije

559	2.30 (K)	mehrfarbig	ug	0,80	0,80
			FDC		1,40

MiNr. 559 wurde sowohl in Bogen als auch im Markenheftchen 0-3 ausgegeben.
Auflage: 1 000 000 Stück, davon 50 000 aus Markenheftchen

MICHEL-Kataloge werden ständig überarbeitet und durch Berücksichtigung der neuesten Forschungsergebnisse auf dem aktuellen Stand gehalten.

2000, 1. Dez. Gemälde einheimischer Künstler des 20. Jahrhunderts. Odr. (4×5); gez. K 14.

uh) Korčula; von Vladimir Varlaj (1895–1962)
ui) Brusnik; von Đuro Tiljak (1895–1965)
uk) Barke; von Ante Kaštelančić

560	1.80	(K)	mehrbarbig	uh	0,70	0,70
561	2.30	(K)	mehrbarbig	ui	0,80	0,80
562	5.00	(K)	mehrbarbig	uk	2,—	2,—
			Satzpreis (3 W.)		3,50	3,50
			FDC			4,50

Auflage: 350 000 Sätze

2001

2001, 1. Jan. Jahrtausendwende. Odr. (4×5); gez. K 14.

ul) Dampfer vor der Küste Kroatiens; Gemälde von Vujo Radoičić (*1930)

563	2.30	(K)	mehrbarbig	ul	1,20	1,20
			FDC			2,—

Auflage: 350 000 Stück

2001, 19. Jan. Blockausgabe: Karl der Große – Die Entstehung Europas vor 1200 Jahren. Odr.; gez. Ks 14.

um) Karl der Große (747–814, reg. ab 768), römischer Kaiser (ab 800); Reiterstatue aus Bronze (9. Jh.)

564	14.40 (K) mehrbarbig	um	4,50	4,50
Block 18	(92×78 mm)	un	5,—	5,—
		FDC		6,—

Auflage: 100 000 Blocks

2001, 15. März. 500. Todestag von Džore Držić. Odr. (4×5); gez. K 14.

uo) Illustration zu einem Werk von D. Držić (1461–1501), Dichter und Schauspielautor

565	2.80	(K)	mehrbarbig	uo	1,—	1,—
			FDC			1,60

Auflage: 500 000 Stück

2001, 29. März. 100. Geburtstag von Andrija Maurović. Odr. (4×5); gez. K 14.

up) Der schwarze Reiter; Zeichnung von A. Maurović (1901–1981), Karikaturist

566	5.00 (K) mehrbarbig	up	1,50	1,50
		FDC		2,—

Auflage: 500 000 Stück

2001, 30. März/2006, 2. Juni. Freimarke: Kroatische Städte. Odr. (5×10); A = gez. K 14, AS = Sicherheitszähnung K 14.

ur) St.-Markus-Kathedrale und Fra-Andrija Kačić-Miošić-Säule, Makarska

567	2.30 (K)	mehrbarbig	ur		
A		gez. K 14 (30.3.2001)		0,80	0,80
AS		Sicherheitszähnung K 14 (12.6.2006)		0,70	0,70
		FDC (A)			2,—

Weitere Werte siehe Übersicht nach Jahrgangswerttabelle.

2001, 19. April. Gewinn des Gesamtweltcups im Alpinskisport 2000/2001 durch Janica Kostelić. Odr. (2×5); gez. K 14.

us) J. Kostelić (*1982), Skirennläuferin

568	2.80 (K) mehrbarbig	us	1,30	1,30
		FDC		2,—
		Kleinbogen	12,—	12,—

MiNr. 568 wurde im Kleinbogen zu 9 Marken und 1 Zierfeld gedruckt.

Auflage: 350 100 Stück

2001, 20. April. Naturdenkmal: Ölbaum von Kastel Štafilić. Odr. (5×4); gez. K 14.

ut) Über 1500 Jahre alter Olivenbaum (Olea europaea)

569	1.80 (K) mehrbarbig	ut	0,60	0,60
		FDC		1,20

Auflage: 350 000 Stück

2001, 9. Mai. Europa: Lebensspender Wasser. Odr. (2×5 Zd); gez. K 14.

uu–uv) Symbolische Darstellung für die Reinhaltung des Wassers

570	3.50	(K)	mehrbarbig	uu	1,—	1,—
571	5.00	(K)	mehrbarbig	uv	2,—	2,—
			Satzpreis (Paar)		3,—	3,—
			FDC			4,—

Auflage: 350 000 Sätze

Kroatien

2001, 31. Mai. Welt-Nichtrauchertag. Odr. (4×5); gez. K 14.

uw) Durchkreuzte Zigarettenschachtel, Teller mit Obst; Zeichnung von Mikele Janko (13 J.)

572	2.50	(K)	mehrfarbig	uw	0,70	0,70
				FDC		1,50

Auflage: 350 000 Stück

2001, 5. Juni. Einheimische Schmetterlinge. Odr. (5×4); gez. K 14.

ux) Apollofalter (Parnassius apollo)
uy) Großer Moorbläuling (Maculinea teleius)
uz) Weißbindiges Wiesenvögelchen (Coenonympha oedippus)

573	2.50	(K)	mehrfarbig	ux	0,70	0,70
574	2.80	(K)	mehrfarbig	uy	0,80	0,80
575	5.00	(K)	mehrfarbig	uz	1,30	1,30
			Satzpreis (3 W.)		2,80	2,80
				FDC		3,50

Auflage: 350 000 Sätze

2001, 21. Juni/2006, 19. Juni. Freimarke: Kroatische Städte. Odr. (4×5); A = gez. K 14, AS = Sicherheitszähnung K 14.

da l) Schloß der Grafen von Eltz, Vukovar

576	2.80	(K)	mehrfarbig	da l		
A			gez. K 14 (21.6.2001)		1,20	1,20
AS			Sicherheitszähnung K 14 (12.6.2006)		0,80	0,80
				FDC (A)		2,—

Auflage: A = 3 000 000 Stück

In ähnlicher Zeichnung: MiNr. 194; weitere Werte siehe Fußnote nach MiNr. 190.

2001, 12. Juli. Blockausgabe: Arboretum Trsteno. Odr.; gez. Ks 14.

va) Ansicht aus dem Arboretum Trsteno bei Dubrovnik

577	14.40	(K)	mehrfarbig	va	4,50	4,50
Block 19	(95×76 mm)			vb	5,—	5,—
				FDC		6,—

Auflage: 100 000 Blocks

2001, 21. Juli. Internationaler Esperanto-Kongreß, Zagreb. Odr. (4×5); gez. K 13¾:14.

vc) Mundpartien

578	5.00	(K)	mehrfarbig	vc	1,40	1,40
				FDC		2,20

Auflage: 350 000 Stück

2001, 28. Juli. 50 Jahre Hoher Flüchtlingskommissar der Vereinten Nationen (UNHCR), 50 Jahre Internationale Flüchtlingsorganisation (IOM). Odr. (4×5); gez. K 14.

vd) Verzweifelte Flüchtlingsfrau
ve) Flüchtlingsstrom

579	1.80	(K)	mehrfarbig	vd	0,50	0,50
580	5.00	(K)	mehrfarbig	ve	1,40	1,40
			Satzpreis (2 W.)		1,90	1,90
				FDC		3,70

Auflage: 350 000 Sätze

2001, 31. Aug. Gewinn des Grand-Slam-Tennis-Turniers von Wimbledon 2001 durch Goran Ivanisević. Odr. (2×5); gez. K 14.

vf) G. Ivanisević (*1971), Tennisspieler.

581	2.50	(K)	mehrfarbig	vf	0,70	0,70
				FDC		1,50
				581 Zf	0,90	0,90
				Kleinbogen	6,80	6,80

MiNr. 581 wurde im Kleinbogen zu 9 Marken und 1 Zierfeld gedruckt.

Auflage: 350 100 Stück

2001, 9. Sept. Tag der Briefmarke: 10 Jahre Briefmarken der Republik Kroatien. Odr. (5×5); gez. K 14.

vg) Stilisierte Briefmarken

582	2.50	(K)	mehrfarbig	vg	0,70	0,70
				FDC		1,50
				582 Zf	0,70	0,70

MiNr. 582 wurde im Bogen zu 16 Marken und 4 Zierfeldern gedruckt.

Auflage: 350 000 Stück

2001, 4. Okt. Einheimische Hunderassen. Odr. (4×5); gez. K 14.

vh) Kroatischer Schäferhund
vi) Dalmatiner

583	1.80	(K)	mehrfarbig	vh	0,50	0,50
584	5.00	(K)	mehrfarbig	vi	1,40	1,40
			Satzpreis (2 W.)		1,90	1,90
				FDC		3,70

Auflage: 350 000 Sätze

Kroatien 779

2001, 8. Okt. 10 Jahre Republik Kroatien. Odr. (5×6); gez. K 14.

vk) Muttergottes von Konavle (Skulptur, Detail)

585	2.30 (K) mehrfarbig	vk	0,70	0,70
	FDC			1,40
	585 Zf		0,80	0,80
	Neunerblock (5 Marken, 4 Zf)		6,50	6,50
	Bogen (25 Marken, 5 Zf)		21,—	21,—

MiNr. 585 wurde im Bogen zu 25 Marken und 5 verschiedenen Zierfeldern gedruckt. 4 Zierfelder sind als Viererblock in der rechten unteren Bogenecke angeordnet.

Auflage: 300 000 Stück

2001, 9. Okt. Internationales Jahr für den Dialog der Zivilisationen. Odr. (5×4); gez. K 14.

vl) Emblem

586	5.00 (K) mehrfarbig	vl	1,40	1,40
	FDC			2,20

Auflage: 350 000 Stück

2001, 26. Okt. Türme und Festungen. Odr. (4×5); gez. K 14.

vm) Festung Klis (16. Jh.)
vn) Befestigung von Ston (14.–15. Jh.)
vo) Festung Sisak (16. Jh.)

587	1.80 (K) mehrfarbig	vm	0,50	0,50
588	2.50 (K) mehrfarbig	vn	0,70	0,70
589	3.50 (K) mehrfarbig	vo	1,—	1,—
	Satzpreis (3 W.)		2,20	2,20
	FDC			3,—

Auflage: 350 000 Sätze

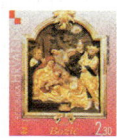

2001, 22. Nov. Weihnachten. Odr., Bogen (5×5) und Markenheftchen (5×2); gez. K 14.

vp) Anbetung der Heiligen Drei Könige; Altarrelief (1749) in der Pfarrkirche „Anbetung der Muttergottes", Čučerje

590	2.30 (K) mehrfarbig	vp	0,70	0,80
	FDC			1,50

MiNr. 590 wurde sowohl in Bogen als auch im Markenheftchen 0-4 ausgegeben.
Auflage: 1 000 000 Stück, davon 500 000 aus Markenheftchen

2001, 1. Dez. Moderne Gemälde. Odr. (3×4, Hochformat ~); gez. K 14.

vr) Ruinen des Amphitheaters; von Vjekoslav Parać (1904–1986)

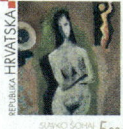

vs) Geburtsklinik von Port-Royal; von Leo Junek (1899–1993)
vt) Akt mit Barockfigur; von Slavko Šohaj (*1908)

591	2.50 (K) mehrfarbig	vr	0,70	0,70
592	2.50 (K) mehrfarbig	vs	0,70	0,70
593	5.00 (K) mehrfarbig	vt	1,40	1,40
	Satzpreis (3 W.)		2,80	2,80
	FDC			3,50

Auflage: 350 000 Sätze

2001, 5. Dez. Kroatische Nobelpreisträger. Odr. (5×4); gez. K 14.

vu) Leopold Ružička (1906–1998), Chemiker, Nobelpreis 1939
vs) Vladimir Prelog (1906–1998), Chemiker, Nobelpreis 1975
vw) Ivo Andrić (1892–1975), Schriftsteller, Nobelpreis 1961

594	2.80 (K) mehrfarbig	vu	0,80	0,80
595	3.50 (K) mehrfarbig	vv	1,—	1,—
596	5.00 (K) mehrfarbig	vw	1,40	1,40
	Satzpreis (3 W.)		3,20	3,20
	FDC			4,—

Auflage: 350 000 Sätze

2002

2002, 24. Jan. Persönlichkeiten. Odr. (4×5); gez. K 14.

vx) Ivan Gučetić (1451–1502), Schriftsteller
vy) Dobriša Cesarić (1902–1980), Dichter und Übersetzer
vz) Titel des Geschichtswerkes von Juraj Rattkay (1613–1666), Jesuitenpater, Historiker und Schriftsteller

wa) Franjo Vranjanin, gen. Francesco Laurana (um 1420–1502), Bildhauer
wb) Augustin Kažotić (1260–1323), Bischof von Zagreb (seliggesprochen 1702)
wc) Matko Laginja (1852–1930), Politiker und Schriftsteller

597	1.80 (K) mehrfarbig	vx	0,80	0,80
598	2.30 (K) mehrfarbig	vy	0,80	0,80
599	2.50 (K) mehrfarbig	vz	1,—	1,—
600	2.80 (K) mehrfarbig	wa	1,—	1,—
601	3.50 (K) mehrfarbig	wb	1,—	1,—
602	5.00 (K) mehrfarbig	wc	1,50	1,50
	Satzpreis (6 W.)		6,—	6,—
	FDC			7,—

Auflage: 300 000 Sätze

Kroatien

2002, 8. Febr. Olympische Winterspiele, Salt Lake City. Odr. (4×5); gez. K 14.

wd) Abfahrtslauf

603	5,00	(K)	mehrfarbig .... wd	1,40	1,40
			FDC		2,20

Auflage: 300 000 Stück

2002, 16. Febr. 150 Jahre Wirtschaftskammer. Odr. (4×5); gez. K 14.

we) Der Mäher; Entwurfszeichnung von Frangeš Minavić für die Reliefarbeit am Gebäude der Wirtschaftskammer, Zagreb; Buchstabe „H", Strichcode

604	2,50	(K)	mehrfarbig .... we	0,70	0,70
			FDC		1,50

Auflage: 300 000 Stück

2002, 4. März. Blockausgabe: 1150. Jahrestag der ersten urkundlichen Erwähnung des Wortes „Kroate" in einer Schenkungsurkunde des Fürsten Trpimir von Kroatien. Komb. Odr. und Pdr.; gez. Ks 14.

wf) Teil des Altarwand-Giebels (9. Jh.) im Oratorium der Kirche von Rižnica mit dem Namenszug des Fürsten

605	14,40	(K)	mehrfarbig .... wf	4,—	4,—
Block 20	(116×59 mm) .... wg			4,—	4,—
			FDC		4,80

Auflage: 100 000 Blocks

2002, 25. März. Tod von Kardinal Franjo Kuharić. Odr. (4×5); gez. K 14.

wh) Kardinal F. Kuharić (1919–2002), Erzbischof von Zagreb

606	2,30	(K)	mehrfarbig .... wh	0,80	0,80
			FDC		1,50

Auflage: 300 000 Stück

MICHELsoft
Sammlung im Griff

2002, 23. April. 80. Todestag von Vlaho Bukovac. Komb. StTdr. und Odr. (1×2+1×2); gez. Ks 11¾.

wi) Der Diwan; Gemälde von V. Bukovac (1855–1922)

607	5	(K)	mehrfarbig .... wi	1,70	1,70
			FDC		2,50
			Kleinbogen	7,—	7,—

MiNr. 607 wurde im Kleinbogen zu 4 Marken und 2 Zierfeldern gedruckt.
Auflage: 120 000 Stück

Gemeinschaftsausgabe mit Tschechische Republik MiNr. 318

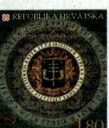

2002, 24. April. 750 Jahre Freie Königliche Stadt Križevci. Odr. (5×4); gez. K 14.

wk) Stadtwappen (seit 1752)

608	1,80	(K)	mehrfarbig .... wk	0,60	0,60
			FDC		1,40

Auflage: 300 000 Stück

2002, 26. April. 100 Jahre Postamt Varaždin. Odr. (4×5); gez. K 14.

wl) Postamtsgebäude

609	2,30	(K)	mehrfarbig .... wl	0,80	0,80
			FDC		1,60

Auflage: 300 000 Stück

2002, 9. Mai. Europa: Zirkus. Odr. (2×5 Zd); gez. K 14.

wm) Clown mit Schirm

610	3,50	(K)	mehrfarbig .... wm	1,20	1,20
611	5,00	(K)	mehrfarbig .... wm	1,80	1,80
			Satzpreis (Paar)	3,—	3,—
			FDC		3,50

MiNr. 610–611 wurden waagerecht zusammenhängend gedruckt.
Auflage: 300 000 Sätze

2002, 15. Mai. Fußball-Weltmeisterschaft, Japan und Südkorea. Odr. (2×5 Zd); gez. K 14.

wn
wo
wn–wo) Fußballspieler (Skizzen im Stil japanischer Tuschezeichnungen)

612	3,50	(K)	mehrfarbig .... wn	1,—	1,—
613	5,00	(K)	mehrfarbig .... wo	1,50	1,50
			Satzpreis (Paar)	2,50	2,50
			FDC		3,50

Auflage: 300 000 Sätze

Kroatien   781

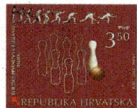

2002, 18. Mai. Weltmeisterschaften im Asphaltkegeln, Osijek. Odr. (4×5); gez. K 14.

wp) Kugel trifft Kegel, Bewegungsablauf bei der Kugelabgabe

| 614 | 3.50 | (K) | mehrfarbig | wp | 1,— | 1,— |
| | | | FDC | | | 1,80 |

Auflage: 300 000 Sätze

2002, 5. Juni. Einheimische Eichen. Odr., Bogen (5×4) und Markenheftchen (5×2); gez. K 14.

wr) Stieleiche (Quercus robur)
ws) Traubeneiche (Quercus petraea)
wt) Steineiche (Quercus ilex)

615	1.80	(K)	mehrfarbig	wr	0,50	0,50
616	2.50	(K)	mehrfarbig	ws	0,70	0,70
617	2.80	(K)	mehrfarbig	wt	0,80	0,80
			Satzpreis (3 W.)		2,—	2,—
			FDC			2,80

MiNr. 615–617 wurden sowohl in Bogen als auch in Markenheftchen ausgegeben (MH 0–5 bis 0–7).

Auflage: 300 000 Sätze, davon 100 000 aus Markenheftchen

2002, 18. Juni. 15. Internationales Trickfilmfestival, Zagreb. Odr. (5×4); gez. K 14.

wu) Trickfilmfigur

| 618 | 5.00 | (K) | mehrfarbig | wu | 1,40 | 1,40 |
| | | | FDC | | | 2,20 |

Auflage: 300 000 Sätze

2002, 13. Juli. Spitzen. RaTdr. (6×5); gez. K 11¾:11½.

wv) Spitze aus Pag (19. Jh., Detail), Hand einer Spitzennäherin und Spitzendeckchen
ww) Spitze aus Liederkerke (14.–15. Jh.), belgische Skulptur einer Spitzennäherin

619	3.50	(K)	mehrfarbig	wv	1,—	1,—
620	5.00	(K)	mehrfarbig	ww	1,40	1,40
			Satzpreis (2 W.)		2,40	2,40
			FDC			3,20

Auflage: 700 000 Sätze

Gemeinschaftsausgabe mit Belgien MiNr. 3143–3144

2002, 20. Sept. Türme und Festungen (II). Odr. (4×5); gez. K 14.

wx) Festung Skočibuha (16. Jh.)

wy) Festung Nehaj (16. Jh.)
wz) Festung Veliki Tabor (16. Jh.)

621	2.50	(K)	mehrfarbig	wx	0,80	0,80
622	2.50	(K)	mehrfarbig	wy	0,80	0,80
623	5.00	(K)	mehrfarbig	wz	1,60	1,60
			Satzpreis (3 W.)		3,20	3,20
			FDC			3,80

Auflage: 300 000 Sätze

2002, 3. Okt. 100 Jahre Altslawische Akademie von Krk (SAK). Komb. Odr. und Bdr. (4×5); gez. K 14.

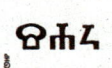

xa) Buchstaben „SAK" in glagolitischer Schrift

| 624 | 4.00 | (K) | mehrfarbig | xa | 2,— | 2,— |
| | | | FDC | | | 2,50 |

Auflage: 300 000 Stück

2002, 15. Okt. 25 Jahre Stiftung „Sorgentelefon 4826-051" für mißhandelte und vernachlässigte Kinder. Odr. (4×5); gez. K 14.

xb) Kind

| 625 | 2.30 | (K) | mehrfarbig | xb | 0,80 | 0,80 |
| | | | FDC | | | 1,60 |

Auflage: 300 000 Stück

2002, 21. Nov. Weihnachten. Odr., Bogen (4×5) und Markenheftchen (5×2); gez. K 14.

xc) Muttergottes mit Heiligen (Detail); Polyptychon von Nikola Božidarević (um 1460–1517/18) aus der Marienkirche, Danča

| 626 | 2.30 | (K) | mehrfarbig | xc | 0,80 | 0,80 |
| | | | FDC | | | 1,60 |

MiNr. 626 wurde sowohl in Bogen als auch im Markenheftchen 0-8 ausgegeben.

Auflage: 1 500 000 Stück, davon 500 000 aus Markenheftchen

2002, 2. Dez. Zeitgenössische Gemälde. Odr. (3×2); gez. K 14.

xd) Mädchen im Boot; von Milivoj Uzelac (1897–1977)
xe) Blumen am Fenster; von Antun Motika (1902–1992)
xf) An der Drau; von Krsto Hegedušić (1901–1975)

627	2.50	(K)	mehrfarbig	xd	0,80	0,80
628	2.50	(K)	mehrfarbig	xe	0,80	0,80
629	5.00	(K)	mehrfarbig	xf	1,60	1,60
			Satzpreis (3 W.)		3,20	3,20
			FDC			4,—
			Kleinbogensatz (3 Klb.)		20,—	20,—

Auflage: 300 000 Sätze

Kroatien

2002, 11. Dez. 150 Jahre Erzbistum Zagreb. Odr. (5×4); gez. K 14.

xg) Dom von Zagreb, Weihrauchschiffchen

630	2.80	(K)	mehrfarbig .... xg	0,80	0,80
			FDC		1,60
			630 Zf	1,—	1,—

MiNr. 630 wurde im Bogen zu 19 Marken und 1 Zierfeld gedruckt.
Auflage: 300 000 Stück

2002, 13. Dez. 350. Geburtstag von Pavao Ritter-Vitezović. Odr. (4×5); gez. K 14.

xh) P. Ritter-Vitezović (1652–1713), Dichter, Historiker, Buchdrucker, Herausgeber und Lexikograph

631	3.50	(K)	mehrfarbig .... xh	1,—	1,—
			FDC		1,80

Auflage: 300 000 Stück

2002, 14. Dez. 900. Jahrestag der Vereinigung von Kroatien und Ungarn (Pacta Conventa). Odr. (5×4); gez. K 14.

xi) König-Koloman-I.-Säulenkapitelle aus dem Glockenturm der Marienkirche von Zadar

632	3.50	(K)	mehrfarbig xi	1,20	1,20
			FDC		2,—

Auflage: 300 000 Stück

2003

2003, 15. Jan. Kroatische Märchen- und Sagengestalten (I). Odr. (2×5 Zd); gez. K 14.

xk) Fee Kosjenka, aus „Regoč"
xl) Wichtel Malik Tintilinić, aus „Stribors Wald"

633	2.30	(K)	mehrfarbig .... xk	0,70	0,70
634	2.80	(K)	mehrfarbig xl	0,80	0,80
			Satzpreis (Paar)	1,50	1,50
			FDC		2,20

Auflage: 300 000 Sätze

2003, 1. Febr. Valentinstag. Komb. Odr. und Bdr. (4×5); gez. K 14.

xm) Puzzle, dem ein herzförmiges Teil fehlt

635	2.30	(K)	mehrfarbig .... xm	0,70	0,70
			FDC		1,50

Auflage: 300 000 Stück

2003, 17. Febr. 100 Jahre Sternwarte Zagreb; 150 Jahre meteorologische Aufzeichnungen in Zagreb und 50 Jahre meteorologische Höhenstation auf dem Berg Zavižan. Odr. (5×1 Zd); gez. K 14.

xo) Symbolik

xn) Symbolik

636	1.80	(K)	mehrfarbig .... xn	0,50	0,50
637	3.50	(K)	mehrfarbig .... xo	1,—	1,—
			Satzpreis (Paar)	1,50	1,50
			FDC		2,20
			Kleinbogen	7,50	7,50

MiNr. 636–637 wurden schachbrettartig zusammenhängend im Kleinbogen gedruckt.
Auflage: 300 000 Sätze

2003, 20. Febr. Blockausgabe: Gewinn der Handball-Weltmeisterschaft in Portugal durch die kroatische Nationalmannschaft. Odr.; gez. Ks 14.

xp–xt) Kroatische Handball-Nationalmannschaft mit Goldmedaillen

638	4.00	(K)	mehrfarbig .... xp	1,10	1,10
639	4.00	(K)	mehrfarbig .... xr	1,10	1,10
640	4.00	(K)	mehrfarbig .... xs	1,10	1,10
641	4.00	(K)	mehrfarbig .... xt	1,10	1,10
Block 21	(116×59 mm) .... xu			4,50	4,50
			FDC		5,20

Auflage: 100 000 Blocks

2003, 1. März. 500 Jahre öffentliches Paulaner-Gymnasium, Lepoglava. Odr. (4×5); gez. K 14.

xv) Paulanermönche, Gebäude des Gymnasiums

642	5.00	(K)	mehrfarbig xv	1,40	1,40
			FDC		2,20

Auflage: 300 000 Stück

Mit MICHEL besser sammeln

Kroatien

2003, 14. März. 600 Jahre Missale von Hrvoje. Odr. (5×4); gez. K 14.

xw) Christus und Samariterin vor dem Diokletianpalast in Split; Miniatur (1403/04) aus dem Meßbuch von Hrvoje Vukčić Hrvatinić (um 1350–um 1415), bosnischer Großwoiwode

643	5.00 (K) mehrfarbig .... xw	1,40	1,40
	FDC		2,20

Auflage: 300 000 Stück

2003, 8. April. Schutz vor Anti-Personen-Minen. Odr. (4×5); gez. K 14.

xx) Beinprothese

644	2.30 (K) mehrfarbig xx	0,60	0,60
	FDC		1,40

Auflage: 300 000 Stück

2003, 16. April. Goldmedaillengewinne bei den alpinen Ski-Weltmeisterschaften in St. Moritz durch Janica und Ivica Kostelić. Odr. (2×5); gez. K 14.

xy) Janica Kostelić (*1982), Skirennläuferin
xz) Ivica Kostelić (*1979), Skirennläufer

645	3.50 (K) mehrfarbig .... xy	0,90	0,90
646	3.50 (K) mehrfarbig .... xz	0,90	0,90
	Satzpreis (2 W.)	1,80	1,80
	FDC		2,60
	645 Zf–646 Zf	2,—	2,—
	Kleinbogen	7,50	7,50

MiNr. 645–646 wurden zusammenhängend im Kleinbogen zu je 4 Marken und 2 Zierfeldern gedruckt.

Auflage: 300 000 Sätze

2003, 22. April. 550 Jahre Kroatische Kongregation des hl. Hieronymus, Rom. Odr. (4×5); gez. K 14.

ya) Hl. Hieronymus von Potomje; Gemälde von El Greco, eigentl. Dominikos Theotokopulos (um 1541–1614), spanischer Maler griechischer Herkunft

647	2.80 (K) mehrfarbig .... ya	0,80	0,80
	FDC		1,60

Auflage: 300 000 Stück

2003, 22. April. Persönlichkeiten. Odr. (4×5); gez. K 14.

yb) Antun Šoljan (1932–1993), Schriftsteller
yc) Hanibal Lucić (1485–1553), Schriftsteller
yd) Federiko Benković (1667–1753), Maler

648	1.80 (K) mehrfarbig .... yb	0,50	0,50
649	2.30 (K) mehrfarbig .... yc	0,60	0,60
650	5.00 (K) mehrfarbig .... yd	1,30	1,30
	Satzpreis (3 W.)	2,40	2,40
	FDC		3,20

Auflage: 300 000 Sätze

2003, 9. Mai. Europa: Plakatkunst. Odr. (5×4); gez. K 14.

ye) Marya Delvard; Plakat (1907) von Tomislav Krizman
yf) Feuervogel; Plakat (1983) von Boris Bućan

651	3.50 (K) mehrfarbig .... ye	1,20	1,20
652	5.00 (K) mehrfarbig .... yf	1,80	1,80
	Satzpreis (2 W.)	3,—	3,—
	FDC		4,—

Auflage: 300 000 Sätze

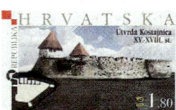

2003, 13. Mai. Türme und Festungen (III). Odr. (4×5, Hochformat ~); gez. K 14.

yg) Festung Kostajnica (15.–18. Jh.)

yh) Festung Slavonski Brod (18. Jh.)
yi) Minčeta-Turm, Dubrovnik (15. Jh.)

653	1.80 (K) mehrfarbig .... yg	0,50	0,50
654	2.80 (K) mehrfarbig .... yh	0,80	0,80
655	5.00 (K) mehrfarbig .... yi	1,30	1,30
	Satzpreis (3 W.)	2,50	2,50
	FDC		3,20

Auflage: 300 000 Sätze

2003, 2. Juni. 3. Besuch von Papst Johannes Paul II. in Kroatien. Odr. (4×5); gez. K 14.

yk) Papst Johannes Paul II. (1920–2005, reg. ab 1978)

656	2.30 (K) mehrfarbig .... yk	0,60	0,60
	FDC		1,40
	Zd-Bogen	9,—	9,—

MiNr. 656 wurde im Bogen zu 15 Marken und 5 verschiedenen Zierfeldern gedruckt.

Auflage: 600 000 Stück

2003, 5. Juni. Einheimische Nagetiere. Odr., Bogen (4×5) und Markenheftchen; gez. K 14.

yl) Eichhörnchen (Sciurus vulgaris)
ym) Siebenschläfer (Glis glis)
yn) Biber (Castor fiber)

657	2.30	(K)	mehrfarbig	yl	0,60	0,60
658	2.80	(K)	mehrfarbig	ym	0,80	0,80
659	3.50	(K)	mehrfarbig	yn	0,90	0,90
			Satzpreis (3 W.)		2,30	2,30
			FDC			3,—

MiNr. 657–659 wurden auch zusammenhängend im Markenheftchen (MH 9) ausgegeben.

Auflage: 300 000 Sätze und 20 000 Markenheftchen.

2003, 19. Sept. Blockausgabe: Antrag zur Aufnahme der Weingärten von Primošten in die UNESCO-Liste des Weltkulturerbes. Komb. Odr. und Bdr.; gez. Ks 14.

ys) Weingärten von Primošten

662	10.00	(K)	mehrfarbig	ys	2,70	2,70
Block 23	(112×78 mm)			yt	2,70	2,70
			FDC			3,50

Auflage: 80 000 Blocks

2003, 13. Juni. Blockausgabe: Mantel von König Ladislaus I., dem Heiligen. Odr.; gez. Ks 14.

yo) Glockenkasel (Radmantel) des hl. Ladislaus (um 1045–1095), König von Ungarn, aus dem Schatz der Kathedrale von Zagreb

660	10.00	(K)	mehrfarbig	yo	2,60	2,60
Block 22	(95×70 mm)			yp	2,60	2,60
			FDC			3,40

Auflage: 100 000 Blocks

Parallelausgabe mit Ungarn MiNr. 4803, Bl. 283

2003, 20. Okt. 300 Jahre Ursulinenorden in Kroatien. Odr. (5×4); gez. K 14.

yu) Gnadenmutter, Holzskulptur (Detail, 15. Jh.); Klosterkirche, Varaždin

663	2.50	(K)	mehrfarbig	yu	0,70	0,70
			FDC			1,50

Auflage: 300 000 Stück

2003, 9. Sept. Tag der Briefmarke: 50 Jahre Museum für Post und Telekommunikation, Zagreb. Odr. (4×5); gez. K 14.

yr) Briefmarke mit Poststempel, Briefumschläge, Briefkasten

661	2.30	(K)	mehrfarbig	yr	0,70	0,70
			FDC			1,50

Auflage: 300 000 Stück

2003, 20. Nov. Weihnachten. Odr. (4×5); gez. K 14.

yv) Die Heiligen Drei Könige folgen dem Stern

664	2.30	(K)	mehrfarbig	yv	0,70	0,70
			FDC			1,50

Auflage: 500 000 Stück

2003, 20. Nov. Weihnachten. Odr., Folienblatt (2×5); selbstklebend; gestanzt.

yv) Die Heiligen Drei Könige folgen dem Stern

665	2.30	(K)	mehrfarbig	yv	0,70	0,70
			FDC			1,50
			Folienblatt			7,—

Wenn Sie eine eilige philatelistische Anfrage haben, rufen Sie bitte (0 89) 3 23 93-3 39. Die MICHEL-Redaktion gibt Ihnen gerne Auskunft.

Kroatien

2003, 21. Nov. Gemälde. Odr. (3×2, Querformate ~); gez. K 14.

yw) Blumenmädchen II; von Slavco Kopač (1913–1995)
yx) Steinzäune V-71; von Oton Gilha (1914–1999)
yy) Pont des Arts; von Josip Račić (1885–1908)

666	1.80	(K)	mehrfarbig .... yw	0,50	0,50
667	3.50	(K)	mehrfarbig .... yx	1,—	1,—
668	3.50	(K)	mehrfarbig .... yy	1,—	1,—
			Satzpreis (3 W.)	2,50	2,50
			FDC		3,20
			Kleinbogensatz (3 Klb.)	15,—	15,—

Auflage: 300 000 Sätze

2003, 1. Dez. Handball-Weltmeisterschaft der Frauen. Odr. (4×5); gez. K 14.

yz) Spielszene

669	5.00	(K)	mehrfarbig .... yz	1,30	1,30
			FDC		2,—

Auflage: 300 000 Stück

2004

2004, 5. Jan. Kroatische Musik: 125. Geburtstag von Josip Hatze, 50 Jahre Ensemble Zagreber Solisten. Odr. (2×5 Zd); gez. K 14.

za) J. Hatze (1879–1959), Komponist und Dirigent
zb) Violine (Detail)

670	5.00	(K)	mehrfarbig .... za	1,40	1,40
671	5.00	(K)	mehrfarbig .... zb	1,40	1,40
			Satzpreis (Paar)	2,80	2,80
			FDC		3,50

Auflage: 300 000 Sätze

2004, 22. Jan. 600 Jahre Hvals Meßbuch. Odr. (4×5); gez. K 14.

zc) Seite aus Hvals Meßbuch (1404)

672	2.30	(K)	mehrfarbig .... zc	0,70	0,70
			FDC		1,50

Auflage: 300 000 Sätze

2004, 19. Febr. Europameisterschaften im Boxen, Pula. Odr. (5×4); gez. K 14.

zd) Stern und Scheinwerfer-Lichtkegel im Boxring

673	2.80	(K)	mehrfarbig .... zd	0,80	0,80
			FDC		1,60

Auflage: 300 000 Stück

2004, 22. März. Weltweiter Naturschutz: Purpurreiher. Odr. (1×4 Zd); gez. K 14.

ze–zh) Purpurreiher (Ardea purpurea)

674	5.00	(K)	mehrfarbig .... ze	1,40	1,40
675	5.00	(K)	mehrfarbig .... zf	1,40	1,40
676	5.00	(K)	mehrfarbig .... zg	1,40	1,40
677	5.00	(K)	mehrfarbig .... zh	1,40	1,40
			Satzpreis (4 W.)	5,50	5,50
			Viererstreifen oder -block	5,50	5,50
			FDC		6,50

Auflage: 300 000 Sätze

2004, 22. April. Blockausgabe: Nationalpark Risnjak. Odr.; gez. Ks 14.

zi) Alpen-Mannsstreu (Eryngium alpinum), Türkenbund (Lilium martagon), Fedrige Flockenblume (Centaurea uniflora nervosa)

678	10.00	(K)	mehrfarbig .... zi	2,70	2,70
Block 24	(99×74 mm)		.... zk	2,70	2,70
			FDC		3,50

Auflage: 50 000 Blocks

MICHEL-Rundschau

zwölfmal im Jahr aktuelle Informationen für den Philatelisten. Mit einem Abonnement können Sie auch diesen Katalog auf dem laufenden halten!

Kroatien

2004, 22. April. Persönlichkeiten. Odr. (5×4); gez. K 14.

zl) Ivan Lučić (1604–1679), Begründer der kroatischen Geschichtsschreibung
zm) Antun Vrančić (1504–1575), Humanist, Diplomat und Erzbischof
zn) Andrija Aleši (1420/25–1504), Bildhauer und Architekt
zo) Erste kroatische Grammatik von Bartol Kašić (1575–1650), Religionsdichter und Bibelübersetzer

679	2.30	(K)	mehrfarbig . . . . zl	0,70	0,70
680	3.50	(K)	mehrfarbig . . . . zm	1,—	1,—
681	3.50	(K)	mehrfarbig . . . . zn	1,—	1,—
682	10.00	(K)	mehrfarbig . . . . zo	2,80	2,80
			Satzpreis (4 W.)		5,50
			FDC		6,50

Auflage: 300 000 Sätze

2004, 7. Mai. 1700. Todestag des hl. Domnius. Odr. (5×4); gez. K 14.

zp) Martyrium des hl. Domnius († 304), Bischof von Salona und Märtyrer, Schutzpatron Splits; Relief in der Kathedrale von Split

683	3.50	(K)	mehrfarbig . . . . zp	1,—	1,—
			FDC		1,80

Auflage: 300 000 Stück

2004, 9. Mai. Europa: Ferien. Odr. (4×5); gez. K 14.

zr) Urlaub am Strand
zs) Urlaub im Schnee

684	3.50	(K)	mehrfarbig . . . . zr	1,30	1,30
685	3.50	(K)	mehrfarbig . . . . zs	1,30	1,30
			Satzpreis (2 W.)	2,50	2,50
			FDC		4,—

Auflage: 300 000 Sätze

2004, 21. Mai. 100 Jahre Internationaler Fußballverband (FIFA). Odr. (5×4); gez. K 14.

zt) Fußball, FIFA-Emblem

686	2.50	(K)	mehrfarbig . . . . zt	0,70	0,70
			FDC		1,50

Auflage: 300 000 Stück

2004, 5. Juni. Einheimische Heilpflanzen. Odr. Bogen (5×4) und Markenheftchen (5×2); gez. K 14.

zu) Hundsrose (Rosa canina)
zv) Duftveilchen (Viola odorata)
zw) Pfefferminze (Mentha piperita)

687	2.30	(K)	mehrfarbig . . . . zu	0,70	0,70
688	2.80	(K)	mehrfarbig . . . . zv	0,80	0,80
689	3.50	(K)	mehrfarbig . . . . zw	1,—	1,—
			Satzpreis (3 W.)	2,50	2,50
			FDC		3,20

MiNr. 687–689 wurden sowohl in Bogen als auch in den Markenheftchen 0-10 bis 0-12 ausgegeben.

MiNr. 687–689 wurden mit Duftdruck versehen.

Auflage: 400 000 Sätze, davon 100 000 aus Markenheftchen

2004, 6. Juni. Weltkongreß des Internationalen Verbandes der Puppentheater (UNIMA), Rijeka. Odr. (2×5); gez. K 14.

zx) Marionetten bilden Wort „UNIMA", Hände eines Puppenspielers

690	3.50	(K)	mehrfarbig . . . . zx	1,—	1,—
			FDC		1,80
			Kleinbogen	10,—	10,—

Auflage: 300 000 Stück

2004, 12. Juni. Fußball-Europameisterschaft, Portugal. Odr. (4×5); gez. K 14.

zy) Fußball

691	3.50	(K)	mehrfarbig . . . . zy	1,—	1,—
			FDC		1,80

Auflage: 300 000 Stück

2004, 23. Juli. Wiederaufbau der zerstörten Alten Brücke von Mostar. Odr. (4×5); gez. K 14.

zz) Rekonstruierte Alte Brücke von Mostar (erb. 1566, zerstört 1993)

692	3.50	(K)	mehrfarbig . . . . zz	1,—	1,—
			FDC		1,80

Auflage: 300 000 Stück

2004, 13. Aug. Olympische Sommerspiele, Athen. Odr. (2×5); gez. K 14.

aaa) Diskobol des Myron in Farben der olympischen Ringe und der griechischen Nationalflagge

693	3.50	(K)	mehrfarbig . . . . aaa	1,—	1,—
			FDC		1,80
			Kleinbogen	9,—	9,—

MiNr. 693 wurde im Kleinbogen zu 9 Marken und 1 Zierfeld gedruckt.

Auflage: 300 000 Stück

Mehr wissen mit MICHEL

Kroatien 787

2004, 16. Aug. Freimarke: Kroatische Städte. Odr. (5×10); gez. K 14.

aab) Pajačević-Palast, Virovitica

694	5.00 (K)	mehrfarbig	aab	1,40	1,40
			FDC		2,20

Auflage: 1 000 000 Stück

Weitere Werte siehe Übersicht nach Jahrgangswerttabelle.

2004, 9. Sept. Tag der Briefmarke: 100 Jahre Hauptpostamt, Zagreb. Odr. (5×4); gez. K 14.

aac) Hauptpostamt, Zagreb

695	2.30 (K)	mehrfarbig	aac	0,70	0,70
			FDC		1,50
			695 Zf	0,70	0,70

MiNr. 695 wurde im Bogen zu 16 Marken und 4 Zierfeldern gedruckt.
Auflage: 300 000 Stück

2004, 15. Sept. Persönlichkeiten: 300. Geburtstag von Fra Andrija Kačić-Miošić. Odr. (5×4); gez. K 14.

aad) Fra Andrija Kačić-Miošić (1704–1760), Theologe und Schriftsteller

696	2.80 (K)	mehrfarbig	aad	0,80	0,80
			FDC		1,50
			695 Zf	0,80	0,80

MiNr. 695 wurde im Bogen zu 16 Marken und 4 Zierfeldern gedruckt.
Auflage: 300 000 Stück

2004, 29. Sept. Türme und Festungen (IV). Odr. (4×5); gez. K 14.

aae) Befestigte Stadt Dubovac (15.–19. Jh.)

aaf) Befestigte Stadt Valpovo (15.–18. Jh.)

aag) Festung Gripe (17. Jh.)

697	3.50 (K)	mehrfarbig	aae	1,—	1,—
698	3.50 (K)	mehrfarbig	aaf	1,—	1,—
699	3.50 (K)	mehrfarbig	aag	1,—	1,—
			Satzpreis (3 W.)	3,—	3,—
			FDC		3,80

Auflage: 300 000 Sätze

In die **MICHEL**-Kataloge können nur Marken aufgenommen werden, wenn sie der Redaktion im Original vorlagen.

2004, 15. Nov. Gemälde. Odr. (3×2); gez. K 14.

aah) Die Vorstadt von Paris; von Juraj Plančić (1899–1930)

aai) Mittagsstunde auf Supetar; von Jerolim Miše (1890–1970)

aak) Selbstporträt; von Miroslav Kraljević (1885–1913)

700	2.30 (K)	mehrfarbig	aah	0,60	0,60
701	2.30 (K)	mehrfarbig	aai	0,60	0,60
702	2.30 (K)	mehrfarbig	aak	0,60	0,60
			Satzpreis (3 W.)	1,80	1,80
			FDC		2,60
			Kleinbogensatz (3 Klb.)	11,—	11,—

Auflage: 100 000 Sätze

2004, 25. Nov. Weihnachten. Odr. (5×4); gez. K 14.

aal) Weihnachtsweizen

703	2.30 (K)	mehrfarbig	aal	0,60	0,60
			FDC		1,40

Auflage: 400 000 Stück

2004, 22. Dez. 100 Jahre Kroatische Bauernpartei. Odr. (4×5); gez. K 14.

aam) Antun und Stjepan Radić, Gründer; pflegender Bauer, Relief von Robert Frangeš Mihanović

704	7.20 (K)	mehrfarbig	aam	1,90	1,90
			FDC		2,80

Auflage: 300 000 Stück

2005

2005, 14. Jan. Kroatische Märchen- und Sagengestalten (III). Odr. (2×5 Zd); gez. K 14.

aao) Zwerg Pedalj Muža (eine Spanne lang)

aan) Fee Halugica (kleine Meeresalge)

705	5.00 (K)	mehrfarbig	aan	1,40	1,40
706	5.00 (K)	mehrfarbig	aao	1,40	1,40
			Satzpreis (Paar)	2,80	2,80
			FDC		3,50

Auflage: 200 000 Sätze

Kroatien

2005, 10. Febr. Internationaler Informatikkongreß, Zagreb. Odr. (4×5); gez. K 14¼.

aap) E-Mail-Zeichen

707	2.80 (K) mehrfarbig	aap	0,80	0,80
		FDC		1,60

Auflage: 200 000 Stück

2005, 24. Febr. Blockausgabe: Antike Fundstätte Narona. Odr.; gez. Ks 14.

aas

aar) Livia Drusilla (58 v. Chr.–29 n. Chr.), römische Kaiserin; Kopf einer Marmorstatue (14–21 n. Chr.), Fundort Narona (heute Vid)

708	10.00 (K) mehrfarbig	aar	2,70	2,70
Block 25	(109×71 mm)	aas	2,70	2,70
		FDC		3,50

Auflage: 20 000 Blocks

2005, 25. März. Blockausgabe: Weltausstellung EXPO 2005, Aichi (Japan). Komb. Odr. und Bdr.; gez. Ks 14.

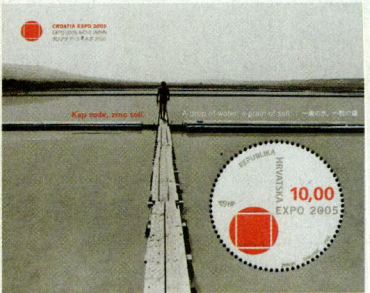

aau

aat) Ausstellungsemblem

709	10.00 (K) mehrfarbig	aat	2,70	2,70
Block 26	(96×80 mm)	aau	2,70	2,70
		FDC		3,50

Auflage: 20 000 Blocks

MICHEL-Online-Katalog

www.michel.de oder www.briefmarken.de

2005, 8. April. Tod von Papst Johannes Paul II. Odr. (5×4); gez. K 14.

aav) Papst Johannes Paul II. (1920–2005, reg. ab 1978)

710	2.30 (K) mehrfarbig	aav	0,70	0,70
		FDC		1,50

Auflage: 600 000 Stück

2005, 15. April. Musik: Internationale Musik-Biennale, Zagreb; Stjepan Šulek. Odr. (4×5); gez. K 14.

aaw) Plakat der Biennale   aax) S. Šulek (1914–1986), Komponist, Violinist und Dirigent

711	2.30 (K) mehrfarbig	aaw	0,70	0,70
712	2.30 (K) mehrfarbig	aax	0,70	0,70
		Satzpreis (2 W.)	1,40	1,40
		FDC		2,20

Auflage: 200 000 Sätze

2005, 22. April. Käfer. Odr., Bogen (5×4) und Markenheftchen (5×2); gez. K 14.

aay) Siebenpunkt-Marienkäfer (Coccinella septempunctata)   aaz) Alpenholzbock (Rosalia alpina)   aba) Hirschkäfer (Lucanus cervus)

713	1.80 (K) mehrfarbig	aay	0,50	0,50
714	2.30 (K) mehrfarbig	aaz	0,70	0,70
715	3.50 (K) mehrfarbig	aba	1,—	1,—
		Satzpreis (3 W.)	2,20	2,20
		FDC		3,—

MiNr. 713–715 wurden sowohl in Bogen als auch in den Markenheftchen 0-13 bis 0-15 ausgegeben.

Auflage: 300 000 Sätze, davon 100 000 aus Markenheftchen

2005, 1. Mai. 10. Jahrestag der Militärpolizeiaktionen „Blitz" und „Sturm". Odr. (6×5); gez. K 14.

abb) Panzer der 3. Gardistenbrigade im besetzten Gebiet Westslawoniens (1995)

716	1.80 (K) mehrfarbig	abb	0,50	0,50
		FDC		1,30
716 Zf			0,60	0,60

MiNr. 716 gedruckt im Bogen zu 25 Marken und 5 verschiedenen Zierfeldern. 4 Zierfelder sind als Viererblock in der rechten unteren Bogenecke angeordnet.

Auflage: 300 000 Stück

Kroatien

2005, 6. Mai. 100. Geburtstag von Josip Buturac. Odr. (5×4); gez. K 14.

abc) J. Buturac (1905–1993), Historiograph, Archivist und Verfasser liturgischer Texte

717	2.80	(K)	mehrfarbig .... abc	0,80	0,80
			FDC		1,60

Auflage: 200 000 Stück

2005, 9. Mai. Europa: Gastronomie. Odr. (2×5 Zd); gez. K 14.

abd) Brot
abe) Wein

718	3.50	(K)	mehrfarbig .... abd	1,50	1,50
719	3.50	(K)	mehrfarbig .... abe	1,50	1,50
			Satzpreis (Paar)	3,—	3,—
			FDC		4,—

Auflage: 300 000 Sätze

2005, 24. Mai. Urlaubsgrüße aus Kroatien. Odr., Markenheftchen (5×2); gez. K 14.

abf
abg
abh
abi
abk
abl
abm
abn
abo
abp

abf–abp) Küstenabschnitt auf der Insel Hvar

720	1.80	(K)	mehrfarbig .... abf	0,60	0,60
721	1.80	(K)	mehrfarbig .... abg	0,60	0,60
722	1.80	(K)	mehrfarbig .... abh	0,60	0,60
723	1.80	(K)	mehrfarbig .... abi	0,60	0,60
724	1.80	(K)	mehrfarbig .... abk	0,60	0,60
725	3.50	(K)	mehrfarbig .... abl	1,10	1,10
726	3.50	(K)	mehrfarbig .... abm	1,10	1,10
727	3.50	(K)	mehrfarbig .... abn	1,10	1,10
728	3.50	(K)	mehrfarbig .... abo	1,10	1,10
729	3.50	(K)	mehrfarbig .... abp	1,10	1,10
			Satzpreis (10 W.)	8,50	8,50
			FDC		10,—

MiNr. 720–729 wurden zusammenhängend in Markenheftchen (MH 2) gedruckt, das zum Preis von 30 K verkauft wurde. Zwei Ansichtskarten bilden die Heftchendeckel.

Auflage: 20 000 Sätze

2005, 25. Mai. Sport: 10. Todestag von Krešimir Ćosić. Odr. (5×2); gez. K 14.

abr) Kr. Ćosić (1948–1995), Basketballspieler

730	3.50	(K)	mehrfarbig .... abr	1,—	1,—
			FDC		1,80
			Kleinbogen	9,—	9,—

MiNr. 730 wurde im Kleinbogen zu 9 Marken und 1 Zierfeld gedruckt.
Auflage: 200 000 Stück

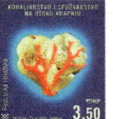

2005, 2. Juni. Korallen- und Schwammfischerei auf der Insel Krapanj. Odr. (5×2); gez. K 14.

abs) Rote Koralle (Corallum rubrum) mit Euspongia officinalis adriatica

731	3.50	(K)	mehrfarbig .... abs	1,—	1,—
			FDC		1,80
			Kleinbogen	10,—	10,—

Auflage: 200 000 Stück

2005, 20. Juni. Thermalbad Varaždinske Toplice. Odr. (4×5); gez. K 14.

abt) Thermalbad (Detail einer Ansichtskarte von 1901), Landkarte

732	1.80	(K)	mehrfarbig .... abt	0,50	0,50
			FDC		1,30

Auflage: 200 000 Stück

2005, 15. Juli. 13. Feuerwehr-Olympiade, Varaždin. Odr. (5×2); gez. K 14.

abu) Statue des hl. Florian, Stadtansicht von Varaždin

733	2.30	(K)	mehrfarbig .... abu	0,60	0,60
			FDC		1,40
			Kleinbogen	5,—	5,—

MiNr. 733 wurde im Kleinbogen zu 8 Marken und 2 Zierfeldern gedruckt.
Auflage: 200 000 Stück

2005, 8. Sept. 50 Jahre Europamarken (2006). Odr. (4×5); gez. K 14.

abv) Handelsschiff aus Dubrovnik (Karacke) (15. Jh.)   abw) Flugzeug/Möwe (Symbolik)

734	7.20	(K)	mehrfarbig .... abv	2,—	2,—
735	8.00	(K)	mehrfarbig .... abw	2,20	2,20
			Satzpreis (2 W.)	4,20	4,20
			FDC		5,—

Kroatien

Blockausgabe mit MiNr. 734–735

Block 27 (92 × 78 mm) .... abx —,— —,—
FDC —,—

In ähnlicher Zeichnung wie MiNr. 734: MiNr. 209

Auflagen: MiNr. 734 = 600 000, MiNr. 735 = 515 000 Stück, Bl. 27 = 515 000 Blocks

2005, 9. Sept. Tag der Briefmarke: Erste Telegraphenlinie in Kroatien (1850). Odr. (4 × 5); gez. K 14.

aby) Morseapparat

736   2.30 (K) mehrfarbig .... aby   0,60   0,60
FDC   1,40

Auflage: 200 000 Stück

2005, 15. Sept. Türme und Festungen (V). Odr. (4 × 5); gez. K 14.

abz) Befestigte Stadt Ilok (14.–15. Jh.)

aca) Befestigte Stadt Motovun (13.–15. Jh.)
acb) Festung St. Nikolaus, Šibenik (16. Jh.)

737   1.00 (K) mehrfarbig .... abz   0,30   0,30
738   2.30 (K) mehrfarbig .... aca   0,70   0,70
739   3.50 (K) mehrfarbig .... acb   1,—   1,—
Satzpreis (3 W.)   2,—   2,—
FDC   2,80

Auflage: 200 000 Sätze

2005, 4. Nov. Persönlichkeiten. Odr. (5 × 4); gez. K 14.

acc) Adam Baltazar Krčelić (1715–1778), Historiker, Philosoph, Theologe
acd) Dragutin Tadjanović (*1905), Dichter
ace) Tin Ujević (1891–1955), Dichter
acf) Madonna mit Kind; Gemälde von Juraj Čulinović (1433/36–1504)

740   1.00 (K) mehrfarbig .... acc   0,30   0,30
741   2.30 (K) mehrfarbig .... acd   0,70   0,70
742   2.30 (K) mehrfarbig .... ace   0,70   0,70
743   2.80 (K) mehrfarbig .... acf   0,80   0,80
Satzpreis (4 W.)   2,50   2,50
FDC   3,40

Auflage: 200 000 Sätze

2005, 10. Nov./2006, 12. Juni. Freimarke: Kroatische Städte. Odr. (10 × 5); A = gez. K 14, AS = Sicherheitszähnung K 14.

acg) Uhrturm, Rijeka

744   3.50 (K) mehrfarbig .... acg
A   gez. K 14 (10.11.2005) ....   1,—   1,—
AS   Sicherheitszähnung K 14
     (14.6.2006)   0,70
     FDC (A)   1,80

Auflage: A = 2 000 000 Stück

Weitere Werte siehe Übersicht nach Jahrgangswerttabelle.

2005, 22. Nov. Weihnachten. Odr. (5 × 4); gez. K 14.

ach) Christi Geburt; Teil eines Polyptychons von Paolo Veneziano (um 1300–1358), italienischer Maler

745   2.30 (K) mehrfarbig .... ach   0,70   0,70
FDC   1,80

Auflage: 500 000 Stück

2005, 22. Nov. Weihnachten. Odr., Markenheftchen (5 × 2); selbstklebend; gestanzt 5.

ach) Christi Geburt; Teil eines Polyptychons von Paolo Veneziano (um 1300–1358), italienischer Maler

746   2.30 (K) mehrfarbig .... ach   0,70   0,70
FDC   1,80

MiNr. 746 stammt aus MH 0-17.
Auflage: 500 000 Stück

2005, 1. Dez. Gemälde. Odr. (3 × 2); gez. K 14.

aci) Zadar; von Edo Murtić (1921–2005)
ack) Mäander; von Julije Knifer (1924–2004)
acl) Zeichnung; von Miroslav Šutej (1936–2005)

747   1.80 (K) mehrfarbig .... aci   0,50   0,50
748   5.00 (K) mehrfarbig .... ack   1,40   1,40
749   10.00 (K) mehrfarbig .... acl   2,80   2,80
Satzpreis (3 W.)   4,60   4,60
FDC   5,50
Kleinbogensatz (3 Klb.)   28,—   28,—

Auflage: 200 000 Sätze

2005, 22. Dez. Gewinn des Tennis-Davis-Cup-Finales durch die kroatische Nationalmannschaft. Odr. (2 × 5); gez. K 14.

acm) Siegerpokal

750   5.00 (K) mehrfarbig .... acm   1,40   1,40
FDC   2,20
Kleinbogen   13,—   13,—

MiNr. 750 wurde im Kleinbogen zu 9 Marken und 1 Zierfeld gedruckt.
Auflage: 200 000 Stück

Kroatien

2006

2006, 17. Jan. Kroatische Musik. Odr. (4×5); gez. K 14.

acn) Boris Papandopulo (1906–1991), Komponist, Dirigent und Pianist

aco) Milo Cipra (1906–1985), Komponist, Musikwissenschaftler und -pädagoge

acp) Ivan Brkanović (1906–1987), Komponist und Musikwissenschaftler

751	1.80 (K) mehrfarbig .... acn	0,50	0,50
752	2.30 (K) mehrfarbig .... aco	0,70	0,70
753	2.80 (K) mehrfarbig .... acp	0,80	0,80
	Satzpreis (3 W.)	2,—	2,—
	FDC		2,80

Auflage: 200 000 Sätze

2006, 10. Febr. Olympische Winterspiele, Turin. Odr. (4×5); gez. K 14.

acr) Gekreuzte Skipaare, Stöcke und Skischuhe in Berglandschaft

| 754 | 3.50 (K) mehrfarbig .... acr | 1,— | 1,— |
| | FDC | | 1,80 |

Auflage: 200 000 Stück

2006, 7. März. 400. Geburtstag von Rembrandt. Komb. Odr. und Bdr. (2×2); gez. K 14¼.

acs) Selbstbildnis mit dem federgeschmückten Barett; Radierung von Rembrandt Harmenszoon van Rijn (1606–1669), niederländischer Maler

755	5.00 (K) mehrfarbig .... acs	1,40	1,40
	FDC		2,20
	Kleinbogen	5,50	5,50

Auflage: 200 000 Stück

2006, 21. März. Bedeutende Persönlichkeiten. Odr. (4×5); Sicherheitszähnung K 14¼.

act) Josip Kosarac (1858–1906), Förster und Schriftsteller; Wald

acu) Andrija Ljudevit Adamič (1766–1828), Kaufmann und frühindustrieller Unternehmer; Rijeka

acv) Vanja Radauš (1906–1975), Bildhauer, Graphiker, Dichter; Hände mit Bildhauerwerkzeugen

acw) Ljubo Karaman (1886–1971), Kunsthistoriker; ornamentales Relief

756	1.00 (K) mehrfarbig .... act	0,30	0,30
757	1.00 (K) mehrfarbig .... acu	0,30	0,30
758	5.00 (K) mehrfarbig .... acv	1,40	1,40
759	7.20 (K) mehrfarbig .... acw	2,—	2,—
	Satzpreis (4 W.)	4,—	4,—
	FDC		5,—

Auflage: je 200 000 Stück

2006, 4. April. Leichtathletik-Europameisterschaften, Göteborg. Odr. (2×5); Sicherheitszähnung K 14.

acx) Startphasen eines Kurzstreckenläufers

760	2.30 (K) mehrfarbig .... acx	0,70	0,70
	FDC		1,70
	Kleinbogen	6,50	6,50

MiNr. 760 wurde im Kleinbogen zu 9 Marken und 1 Zierfeld gedruckt.

Auflage: 200 000 Stück

2006, 4. April. Fußball-Weltmeisterschaft, Deutschland. Odr. (5×2); Sicherheitszähnung K 14.

acy) Fußballspieler, Emblem

761	2.80 (K) mehrfarbig .... acy	0,80	0,80
	FDC		1,80
	Kleinbogen	7,—	7,—

MiNr. 761 wurde im Kleinbogen zu 9 Marken und 1 Zierfeld gedruckt.

Auflage: 200 000 Stück

2006, 25. April. Grußmarken. Odr., Markenheftchen; gez. K 14.

acz	ada	adb
ade	adf	adg
		adc
		add
		adh
		adi

acz–adi) Kroatische Fußballfans mit Flagge in Landesfarben

762	1.80 (K) mehrfarbig .... acz	0,50	0,50
763	1.80 (K) mehrfarbig .... ada	0,50	0,50
764	1.80 (K) mehrfarbig .... adb	0,50	0,50

765	1.80	(K)	mehrfarbig .... adc	0,50	0,50
766	1.80	(K)	mehrfarbig .... add	0,50	0,50
767	3.50	(K)	mehrfarbig .... ade	1,—	1,—
768	3.50	(K)	mehrfarbig .... adf	1,—	1,—
769	3.50	(K)	mehrfarbig .... adg	1,—	1,—
770	3.50	(K)	mehrfarbig .... adh	1,—	1,—
771	3.50	(K)	mehrfarbig .... adi	1,—	1,—
			Satzpreis (10 W.)	7,50	7,50
			FDC		8,50

MiNr. 762–771 wurden zusammenhängend im Markenheftchen (MH 17) gedruckt.
Auflage: 20 000 Sätze

2006, 9. Mai. Europa: Integration. Odr. (2×5 Zd); Sicherheitszähnung K 14.

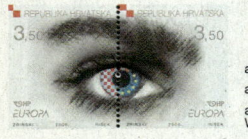

adk
adl
adk–adl) Auge mit Iris aus kroatischem Wappen und Europaflagge

772	3.50	(K)	mehrfarbig .... adk	1,50	1,50
773	3.50	(K)	mehrfarbig .... adl	1,50	1,50
			Satzpreis (Paar)	3,—	3,—
			FDC		4,—

Auflage: 200 000 Sätze

2006, 23. Mai. Weltweiter Naturschutz: Zwergseeschwalbe. Odr. (1×4 Zd); Sicherheitszähnung K 14.

adm
adm–adp) Zwergseeschwalbe (Sterna albifrons)

adn ado adp

774	5.00	(K)	mehrfarbig .... adm	1,40	1,40
775	5.00	(K)	mehrfarbig .... adn	1,40	1,40
776	5.00	(K)	mehrfarbig .... ado	1,40	1,40
777	5.00	(K)	mehrfarbig .... adp	1,40	1,40
			Satzpreis (4 W.)	5,50	5,50
			Viererstreifen oder -block	5,50	5,50
			FDC		6,50

Auflage: 200 000 Sätze

2006, 1. Juni. 100 Jahre Kroatischer Automobilklub (HAK). Odr. (4×5); Sicherheitszähnung K 14.

adr) Automobil „The Elmore" (1905)

778	5.00	(K)	mehrfarbig .... adr	1,40	1,40
			FDC		2,50

Auflage: 200 000 Stück

MICHEL-Rundschau
zwölfmal im Jahr aktuelle Informationen für den Philatelisten. Mit einem Abonnement können Sie auch diesen Katalog auf dem laufenden halten!

2006, 5. Juni. Flora der Feuchtgebiete. Odr., Bogen (4×5) und Markenheftchen (5×2); Sicherheitszähnung K 14.

ads) Weiße Seerose (Nymphaea alba)
adt) Gelbe Teichrose (Nuphar lutea)
adu) Fieberklee (Menyanthes trifoliata)

779	2.30	(K)	mehrfarbig .... ads	0,70	0,70
780	2.80	(K)	mehrfarbig .... adt	0,80	0,80
781	3.50	(K)	mehrfarbig .... adu	1,—	1,—
			Satzpreis (3 W.)	2,50	2,50
			FDC		3,50
			3 Markenheftchen	25,—	25,—

Auflage: 300 000 Sätze, davon 100 000 aus Markenheftchen

2006, 10. Juli. 150. Geburtstag von Nikola Tesla. Odr. (4×4); Sicherheitszähnung K 14:13½.

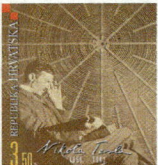

adv) Nikola Tesla (1856–1943), amerikanischer Physiker

782	3.50	(K)	mehrfarbig .... adv	1,—	1,—
			FDC		2,—

Auflage: 200 000 Stück

2006, 22. Aug. 250 Jahre Bjelovar. Odr. (4×5); Sicherheitszähnung K 14.

adw) Maria-Theresia-Platz, Bjelovar; Lithographie (um 1910)

783	2.80	(K)	mehrfarbig .... adw	0,80	0,80
			FDC		1,80

Auflage: 200 000 Stück

2006, 9. Sept. Tag der Briefmarke. Komb. Odr. und Pdr. (5×4); Sicherheitszähnung K 14.

adx) Briefkasten am Hauptpostamt, Zagreb

784	2.30	(K)	mehrfarbig .... adx	0,70	0,70
			FDC		1,70

Auflage: 200 000 Stück

2006, 15. Sept. 200 Jahre jüdische Gemeinde von Zagreb. Odr. (5×4); Sicherheitszähnung K 14¼:13¾.

ady) Fassade der abgerissenen Synagoge in Zagreb, siebenarmiger Leuchter

785	5.00	(K)	mehrfarbig .... ady	1,40	1,40
			FDC		2,40

Auflage: 200 000 Stück

Kroatien 793

2006, 21. Sept. Türme und Festungen (VI). Odr. (4×5); Sicherheitszähnung K 13¾:14¼.

aea) Kirche der Barmherzigen Maria in der Festung Vrboska, Insel Hvar (nach 1571)
aeb) Festung von Frankapan, Ogulin (um 1500)
adz) Festungskirche des Heiligen Geistes, Sudurađ, Insel Šipan (16. Jh.)

786	1.00 (K) mehrfarbig	adz	0,30	0,30
787	1.00 (K) mehrfarbig	aea	0,30	0,30
788	7.20 (K) mehrfarbig	aeb	2,—	2,—
		Satzpreis (3 W.)	2,60	2,60
		FDC		3,60

Auflage: je 200 000 Stück

2006, 1. Dez. Gemälde. Odr. (3×2, Hochformat ~); Sicherheitszähnung K 14.

aee) Stilleben; von Vladimir Becić (1886–1954)
aef) Komposition Tyrna 3; von Ivan Picelj (*1924)
aeg) Selbstbildnis mit Büchse; von Nasta Rojc (1883–1964)

792	1.00 (K) mehrfarbig	aee	0,30	0,30
793	1.80 (K) mehrfarbig	aef	0,50	0,50
794	10.00 (K) mehrfarbig	aeg	2,80	2,80
		Satzpreis (3 W.)	3,60	3,60
		FDC		4,50
		Kleinbogensatz (3 Klb.)	22,—	22,—

Auflage: je 100 000 Stück

2006, 15. Okt. Tag des weißen Stockes. Komb. Odr. und Pdr. (4×5); Sicherheitszähnung K 14.

aec) Emblem, Text in Braille-Schrift

789	1.80 (K) mehrfarbig	aec	0,50	0,50
		FDC		1,50

Auflage: 200 000 Stück

2007

2007, 9. Jan. 400 Jahre humanistisches Gymnasium Zagreb. Odr. (5×4); Sicherheitszähnung K 14.

aeh) Römische Zahl „400" in Faltblatt

795	5.00 (K) mehrfarbig	aeh	1,40	1,40
		FDC		2,50

Auflage: 200 000 Stück

2006, 27. Nov. Weihnachten. Odr. (5×4); Sicherheitszähnung K 14.

aed) Christi Geburt; Altarbild (15. Jh.) aus der Stephanskirche, Luka Šipanska, von Meister Pantaleone aus Venedig

790	2.30 (K) mehrfarbig	aed	0,70	0,70
		FDC		1,80

Auflage: 500 000 Stück

2006, 27. Nov. Weihnachten. Odr., Markenheftchen (5×2); selbstklebend; gestanzt 5.

aed) Christi Geburt; Altarbild (15. Jh.) aus der Stephanskirche, Luka Šipanska, von Meister Pantaleone aus Venedig

791	2.30 (K) mehrfarbig	aed	0,70	0,70
		FDC		1,80
		Markenheftchen	7,—	

Auflage: 500 000 Stück

2007, 18. Jan. Kroatische Märchen- und Sagengestalten (IV). Odr. (2×5 Zd); Sicherheitszähnung K 14.

aei) Kopfloser Nachtriese Orko, Istrien
aek) Teufelchen Macić, Veliko Grablje (Hvar)

796	2.30 (K) mehrfarbig	aei	0,70	0,70
797	2.30 (K) mehrfarbig	aek	0,70	0,70
		Satzpreis (Paar)	1,40	1,40
		FDC		2,20

Auflage: 200 000 Sätze

2007, 22. Febr. 400 Jahre National- und Universitätsbibliothek, Zagreb. Odr. (4×5); Sicherheitszähnung K 14.

ael) Bibliotheksgebäude

798	5.00 (K) mehrfarbig	ael	1,40	1,40
		FDC		2,50

Auflage: 200 000 Stück

Zum Bestimmen der Farben:
MICHEL-Farbenführer

2007, 15. März. Fauna: Krebstiere. Odr., Bogen (4×5) und Markenheftchen (5×2); Sicherheitszähnung K 14.

aem) Europäische Languste (Palinurus elephas)
aen) Kaisergranat (Nephrops norvegicus)
aeo) Edelkrebs (Astacus astacus)

799	1.80	(K)	mehrfarbig	aem	0,50	0,50
800	2.30	(K)	mehrfarbig	aen	0,70	0,70
801	2.80	(K)	mehrfarbig	aeo	0,80	0,80
			Satzpreis (3 W.)		2,—	2,—
			FDC			3,—
			3 Markenheftchen		20,—	20,—

Auflage: 300 000 Sätze, davon 100 000 aus Markenheftchen

2007, 20. März. Einheimische Haustierrassen. Odr. (4×5); Sicherheitszähnung K 14.

aep) Istrisches Rind
aer) Kroatischer Posavac
aes) Dalmatinischer Esel

802	2.80	(K)	mehrfarbig	aep	0,80	0,80
803	3.50	(K)	mehrfarbig	aer	1,—	1,—
804	5.00	(K)	mehrfarbig	aes	1,40	1,40
			Satzpreis (3 W.)		3,20	3,20
			FDC			4,20

Auflage: 200 000 Sätze

2007, 16. April. Europa: Pfadfinder. Odr. (2×5 Zd); Sicherheitszähnung K 14.

aet) Pfadfinderlilie, Friedenstaube
aeu) Halstuch

805	3.50	(K)	mehrfarbig	aet	1,—	1,—
806	3.50	(K)	mehrfarbig	aeu	1,—	1,—
			Satzpreis (Paar)		2,—	2,—
			FDC			3,—

Auflage: je 200 000 Stück

2007, 23. April. Persönlichkeiten. Odr. (5×4); Sicherheitszähnung K 14.

aev) Andrija Mohorovičić (1857–1936), Meteorologe und Geophysiker
aew) Giorgio (Đuro) Baglivi (1668–1707), Mediziner

807	5.00	(K)	mehrfarbig	aev	1,40	1,40
808	7.20	(K)	mehrfarbig	aew	2,—	2,—
			Satzpreis (2 W.)		3,40	3,40
			FDC			4,40

Auflage: je 100 000 Stück

Neuheiten

Ein Abonnement der MICHEL-Rundschau sichert Ihnen einen immer vollständigen Katalog, zeigt Ihnen Preisänderungen an und bereichert Ihre philatelistischen Kenntnisse durch gut recherchierte Fachbeiträge.

Jahrgangswerttabelle

Die Aufstellung folgt der numerischen Reihenfolge der Katalogisierung ohne Rücksicht auf die Chronologie eventueller Ergänzungswerte.

Grundsätzlich ist nur die jeweils billigste Sorte pro Marke bzw. Ausgabe angegeben, sofern nichts anderes vermerkt.

Zusammendrucke aus Bogen, Marken mit Zierfeldern usw. sind dann berücksichtigt, wenn sie als normale Ausgabeform anzusehen sind. Einzelmarken aus Blocks und Marken mit der Preisnotierung „—,—" sind nicht berücksichtigt.

Jahr	MiNr.	Euro **	Euro ⊙
1991	179-184	3,20	3,20
1992	185-222	25,50	23,80
1993	223-264	34,70	30,80
1994	265-305	48,—	42,60
1995	306-362	67,10	59,70
1996	363-406	41,70	40,10
1997	407-444	30,30	30,30
1998	445-495	55,90	55,90
1999	496-534	44,50	44,50
2000	535-562	39,60	39,60
2001	563-596	44,—	44,—
2002	597-632	43,30	43,30
2003	633-669	37,10	37,10
2004	670–704	30,20	30,20
2005	705–750	47,—	47,—
2006	751–794	41,80	41,80
Gesamtsumme		**633,40**	**613,90**

Blockaufstellung

Block 1 siehe nach MiNr. 75
Block 2 siehe nach MiNr. 77
Block 3 siehe nach MiNr. 93
Block 4 siehe nach MiNr. 102
Block 5 siehe nach MiNr. 114
Block 6 siehe nach MiNr. 116
Block 7 siehe nach MiNr. 166
Block 8 siehe nach MiNr. 172
Block 9 siehe nach MiNr. 177
Block 10 siehe nach MiNr. 303
Block 11 siehe nach MiNr. 308
Block 12 siehe nach MiNr. 317
Block 13 siehe nach MiNr. 381
Block 14 siehe nach MiNr. 459
Block 15 siehe nach MiNr. 472
Block 16 siehe nach MiNr. 547
Block 17 siehe nach MiNr. 553
Block 18 siehe nach MiNr. 564
Block 19 siehe nach MiNr. 577
Block 20 siehe nach MiNr. 605
Block 21 siehe nach MiNr. 641
Block 22 siehe nach MiNr. 660
Block 23 siehe nach MiNr. 662
Block 24 siehe nach MiNr. 678
Block 25 siehe nach MiNr. 708
Block 26 siehe nach MiNr. 709
Block 27 siehe nach MiNr. 735

Übersichtstabelle

Ausgabe Kroatische Städte

Werte	Farbe	MiNr.
Dinar-Währung		
6 Din	Knin	193
7 Din	Vukovar	194
20 Din	Ilok	190
30 Din	Gospic	198
45 Din	Dubrovnik	195
50 Din	Šibenik	196
100 Din.	Vinkovci	219
200 Din	Pazin	232
300 Din	Beli Manastir	199
500 Din	Slavonski Brod	225
1000 Din	Varaždin	229
2000 Din	Karlovac	238
5000 Din	Zadar	255
10000 Din	Vis	267
Kuna-Währung		
0.05 K	Ilok	445
0.10 K	Dubrovnik	446
0.20 K	Hrvatska Kostajnica	355
0.30 K	Slunj	356
0.50 K	Gračac	357
1.00 K	Bjelovar	341
1.20 K	Drniš	358
1.30 K	Osijek	342
1.40 K	Čakovec	343
2.20 K	Rovinj	344
2.30 K	Makarska	567
2.40 K	Korcula	345
2.80 K	Vukovar	576
3.50 K	Vis	555
3.50 K	Rijeka	744
3.60 K	Županja	346
5.00 K	Virovitica	694
6.50 K	Glina	359
10.00 K	Obrovac	360

Verzeichnis der Markenheftchen

MH-MiNr.	Bezeichnung	Ausgabe-Datum	Nominale	Enthält H-Blatt	**
0-1	Flora	5. 6.2000	35 K	1	11,50
0-2	Flora	5. 6.2000	50 K	2	15,50
0-3	Weihnachten	23.11.2000	23 K	3	8,50
0-4	Weihnachten	22.11.2001	23 K	4	6,—
0-5	Eichen	5. 6.2002	18 K	5	7,—
0-6	Eichen	5. 6.2002	25 K	6	7,—
0-7	Eichen	5. 6.2002	26 K	7	8,—
0-8	Weihnachten	21.11.2002	23 K	8	8,—
9	Nagetiere	5. 6.2003	26.40 K	9	7,—
0-10	Pflanzen	5. 6.2004	23 K	10	7,—
0-11	Pflanzen	5. 6.2004	28 K	11	8,—
0-12	Pflanzen	5. 6.2004	35 K	12	10,—
0-13	Käfer	22. 4.2005	18 K	13	5,—
0-14	Käfer	22. 4.2005	23 K	14	9,—
0-15	Käfer	22. 4.2005	35 K	15	10,—
16	Urlaubsgrüße	24. 5.2005	26.50 K*	16	8,50
0-17	Weihnachten	21.11.2005	23 K	17	7,—
18	Grußmarken	25. 4.2006	26.50 K	18	7,50

*Verkaufspreis: 30 K

H-Blatt 16 mit MiNr. 720–729   8,50
H-Blatt 17 mit MiNr. 746   7,—

H-Blatt 18 mit MiNr. 762–771   7,50

Verzeichnis der Heftchenblätter

(Schema: A A A A A / A A A A A)

H-Blatt 1 mit MiNr. 548   11,—
H-Blatt 2 mit MiNr. 549   15,—
H-Blatt 3 mit MiNr. 559   8,—
H-Blatt 4 mit MiNr. 590   8,—
H-Blatt 5 mit MiNr. 615   6,—
H-Blatt 6 mit MiNr. 616   7,—
H-Blatt 7 mit MiNr. 617   10,—
H-Blatt 8 mit MiNr. 626   8,—

H-Blatt 9 mit MiNr. 657–659   7,—
H-Blatt 10 mit MiNr. 687   7,—
H-Blatt 11 mit MiNr. 688   8,—
H-Blatt 12 mit MiNr. 689   10,—
H-Blatt 13 mit MiNr. 713   5,—
H-Blatt 14 mit MiNr. 714   7,—
H-Blatt 15 mit MiNr. 715   10,—

Zusammendrucke aus Markenheftchen

Zd-MiNr.	MiNr.	Werte	Preise ** = ⊙
Einheimische Nagetiere (5.6.2003)			
W 1	657+658	2.30+2.80	1,50
W 2	657+658+659	2.30+2.80+3.50	2,30
W 3	658+659	2.80+3.50	1,70
Urlaubsgrüße (24. 4. 2005)			
W 4	720+721	1.80+1.80	1,20
W 5	720+721+722	1.80+1.80+1.80	1,80
W 6	721+722	1.80+1.80	1,20
W 7	721+722+723	1.80+1.80+1.80	1,80
W 8	722+723	1.80+1.80	1,20
W 9	722+723+724	1.80+1.80+1.80	1,80
W 10	723+724	1.80+1.80	1,20
W 11	725+726	3.50+3.50	2,20
W 12	725+726+727	3.50+3.50+3.50	3,30
W 13	726+727	3.50+3.50	2,20
W 14	726+727+728	3.50+3.50+3.50	3,30
W 15	727+728	3.50+3.50	2,20
W 16	727+728+729	3.50+3.50+3.50	3,30
W 17	728+729	3.50+3.50	2,20
S 1	720+725	1.80+3.50	1,70
S 2	721+726	1.80+3.50	1,70
S 3	722+727	1.80+3.50	1,70
S 4	723+728	1.80+3.50	1,70
S 5	724+729	1.80+3.50	1,70
Grußmarken (25. 4. 2006)			
W 18	762+763	1.80+1.80	1,—
W 19	762+763+764	1.80+1.80+1.80	1,50
W 20	763+764	1.80+1.80	1,—
W 21	763+764+765	1.80+1.80+1.80	1,50
W 22	764+765	1.80+1.80	1,—
W 23	764+765+766	1.80+1.80+1.80	1,50
W 24	765+766	1.80+1.80	1,—
W 25	767+768	3.50+3.50	2,—
W 26	767+768+769	3.50+3.50+3.50	3,—
W 27	768+769	3.50+3.50	2,—
W 28	768+769+770	3.50+3.50+3.50	3,—
W 29	769+770	3.50+3.50	2,—
W 30	769+770+771	3.50+3.50+3.50	3,—
W 31	770+771	3.50+3.50	2,—
S 6	762+767	1.80+3.50	1,50
S 7	763+768	1.80+3.50	1,50
S 8	764+769	1.80+3.50	1,50
S 9	765+770	1.80+3.50	1,50
S 10	766+771	1.80+3.50	1,50

Dienstmarken

1942, 5. Febr./1944, März. Wappen. Odr.; A = gez. L 11½, C = gez. L 10½.

Da) Staatswappen

Db) Staatswappen

Billigste Sorte:

				**	⊙
1	25 B	braunlila .... Da			
A		(März 1944)		0,20	0,20
C		(7.3.1942)		0,20	0,20
2	50 B	.... Da			
A		schwarzgrau (März 1943) ...		0,20	0,20
C		grauschwarz (5.2.1942)		0,20	0,20
3	75 B	.... Da			
A		dunkelgrau (11.11.1943) ...		0,20	0,20
C		dunkelgrün (5.2.1942)		0,50	
4	1 K	rotbraun, gelbbraun ...... Da			
A		(4.5.1942)		0,20	0,20
C		(4.5.1942)		0,20	0,20
5	2 K	.... Da			
A		graublau (11.11.1943)		0,20	0,20
C		dunkelgrünblau (23.2.1942)		2,50	2,50
6	3 K	rot .... Da			
A		(5.2.1942)		0,20	0,20
C		(5.2.1942)		0,20	0,20
7A	3.50 K	dunkelrosa (8.6.1943) .... Da		0,20	0,20
8	4 K	dunkellilabraun .... Da			
A		(4.5.1942)		0,20	0,20
C		(4.5.1942)		0,20	0,20
9	5 K	ultramarin .... Da			
A		(5.2.1942)		0,60	0,60
C		(5.2.1942)		2,20	2,20
10	6 K	.... Da			
A		rötlichlila (Nov. 1943) ...		0,20	0,20
C		dunkellila (5.2.1942)		3,20	3,20
11	10 K	hellgrün .... Da			
A		(16.3.1942)		0,40	0,40
C		(16.3.1942)		0,20	0,20
12	12 K	lilakarmin .... Da			
A		(23.2.1942)		0,50	0,50
C		(23.2.1942)		3,—	3,—
13A	12.50 K	rotorange (15.7.1943) ... Da		0,20	0,20
14	20 K	schwarzblau .... Da			
A		(24.2.1942)		0,60	0,60
C		(24.2.1942)		3,—	3,—
15	30 K	violettbraun/grau .... Db			
A		(5.5.1942)		0,50	0,50
C		(5.5.1942)		0,50	0,50
16	40 K	blauschwarz/grau .... Db			
A		(11.5.1942)		0,60	0,60
C		(11.5.1942)		0,60	0,60
17	50 K	lilakarmin/grau .... Db			
A		(11.5.1942)		1,50	1,50
C		(11.5.1942)		1,50	1,50
18	100 K	schwarz/hellorangerot .... Db			
A		(11.5.1942)		1,50	1,50
C		(11.5.1942)		1,50	1,50
		Satzpreis A (18 W.)		8,—	8,—
		Satzpreis C (16 W.)		19,—	19,—

MiNr. 6 und 9 auf dünnem Papier kamen nicht mehr zur postalischen Verwendung.
Papierunterschiede siehe MICHEL-Kroatien-Spezial-Katalog

1 U–18 U	ungezähnt	9,—
4 x A UMs	waagerechtes Paar, Mitte ungez. ..	80,—
4 x A UMw	senkrechtes Paar, Mitte ungez. ...	80,—
1 Us–18 Us	nur senkrecht gez. .... je	20,—
1 Uw–18 Uw	nur waagerecht gez. .... je	20,—

Auflagen: MiNr. 1 x = 1 000 000, MiNr. 1 y = 2 000 000, MiNr. 2 x = 1 000 000, MiNr. 2 y = 2 000 000, MiNr. 3 x = 500 000, MiNr. 3 y = 3 000 000, MiNr. 4 x = 1 000 000, MiNr. 4 y = 2 000 000, MiNr. 5 x = 500 000, MiNr. 5 y = 2 000 000, MiNr. 6 x = 8 000 000, MiNr. 7 y = 9 000 000, MiNr. 9 x = 1 000 000, MiNr. 10 x = 500 000, MiNr. 10 y = 500 000, MiNr. 11 x = 2 500 000, MiNr. 12 x = 500 000, MiNr. 13 y = 2 500 000, MiNr. 14 x = 500 000, MiNr. 15 x = 500 000, MiNr. 16 x = 100 000, MiNr. 17 x = 100 000, MiNr. 18 x = 100 000 Stück

Portomarken

1941, 26. April. Portomarken Nr. 64 II–68 II von Jugoslawien mit dreizeiligem Bdr.-Aufdruck „NEZAVISNA / DRŽAVA / HRVATSKA" und Wappen.

				**	⊙
1	50 Para	.... (P 64 II)			
a		grauviolett		1,—	0,80
b		dunkelbraunpurpur		13,—	12,—
c		dunkelrotviolett		22,—	22,—
2	1 Din	dunkelrot .... (P 65 II)		1,—	0,80
3	2 Din	blau .... (P 66 II)		25,—	25,—
4	5 Din	dunkelgelb .... (P 67 II)		3,—	2,50
5	10 Din	dunkelkarminbraun ... (P 68 II)		15,—	15,—
		Satzpreis (5 W.)		45,—	42,—

Auflagen: MiNr. 1 = 990 600, MiNr. 2 = 1 373 200, MiNr. 3 = 30 000, MiNr. 4 = 385 000, MiNr. 5 = 66 400 Stück

FALSCH

Gültig bis 15.2.1943

1941, 12. Sept. Ziffernzeichnung. Odr.; MiNr. 6 und 8 = gez. L 11¼, MiNr. 7, 9 und 10 gez L 10¾:11¼.

Pa) Ziffer, Brieftauben, Kreuze

				**	⊙
6	0.50 K	lilakarmin .... Pa		0,50	0,60
7	1 K	lilakarmin .... Pa		0,50	0,60
8	2 K	lilakarmin .... Pa		0,70	0,90
9	5 K	lilakarmin .... Pa		1,20	1,30
10	10 K	lilakarmin .... Pa		1,50	1,80
		Satzpreis (5 W.)		4,50	5,—

7 Ul	links ungezähnt (vom Bogenrand)	90,—	—,—
8 Ur	rechts ungezähnt (vom Bogenrand)		90,—
8 UMw	senkrechtes Paar, Mitte ungezähnt	90,—	

Auflagen: MiNr. 6 = 1 800 000, MiNr. 7 = 3 000 000, MiNr. 8 = 1 500 000, MiNr. 9 = 240 000, MiNr. 10 = 100 000 Stück

1942. Ziffernzeichnung. Bildgröße 25:24½ mm. Odr.; A = gez. L 11½, B = gez. L 10½.

Pb

				**	⊙
11 A	0.50 K	hellgrünlichblau/ dunkelolivgrau (24.8.) .... Pb		0,50	0,50
12	1 K	hellgrünlichblau/ dunkelolivgrau (30.7.) .... Pb			
A		gez. L 11½		0,60	0,60
B		gez. L 10½		0,60	0,60
13	2 K	hellgrünlichblau/ dunkelolivgrau (30.7.) .... Pb			
A		gez. L 11½		0,60	0,60
B		gez. L 10½		1,70	1,70
14	5 K	hellgrünlichblau/ dunkelolivgrau (5.8.) .... Pb			
A		gez. L 11½		0,60	0,60
B		gez. L 10½		1,50	1,50
15	10 K	helltürkisblau/ dunkelblau (5.8.) .... Pb			
A		gez. L 11½		1,60	1,60
B		gez. L 10½		1,70	1,70
16	20 K	helltürkisblau/ dunkelblau (5.8.) .... Pb			
A		gez. L 11½		2,20	2,20
B		gez. L 10½		3,50	3,50
		Satzpreis A (6 W.)		6,—	6,—
		Satzpreis B (5 W.)		9,—	9,—

11 U–16 U	ungezähnt .... Satz	80,—

Auflagen: MiNr. 11 = 3 000 000, MiNr. 12 und 13 je 4 000 000, MiNr. 14 = 500 000, MiNr. 15 = 250 000, MiNr. 16 = 100 000 Stück

1943/44. Zifferzeichnung. Bildgröße 24¼:23¾ mm. Odr.; A = gez. L 12½, C = gez. L 11½, D = gez. L 13:12½, E = gez. L 12:10.

Pb

17	0,50 K	hellttürkisblau/dunkelbraungrau (April 1943) .... Pb	0,10	0,20
A		gez. L 12½	,—	,—
D		gez. L 13:12½	,—	,—
E		gez. L 12:10	25,—	,—
18 A	1 K	hellttürkisblau/dunkelbraungrau (April 1943) .... Pb	0,10	0,20
19 C	2 K	hellttürkisblau/dunkelbraungrau (April 1943) .... Pb	0,20	0,30
20	4 K	hellttürkisblau/dunkelbraungrau (10.2.1944) .... Pb	0,30	0,50
A		gez. L 12½	,—	,—
D		gez. L 13:12½	,—	,—
21 C	5 K	hellttürkisblau/dunkelbraungrau (19.5.1943) .... Pb	0,40	0,60
22 C	6 K	hellttürkisblau/dunkelbraungrau (24.11.1943) .... Pb	0,30	0,50
23 C	10 K	hellgrauultramarin/schwarzblau ..	0,40	0,70
24 C	15 K	hellgrauultramarin/schwarzblau ..	0,40	0,70
25 C	20 K	hellgrauultramarin/schwarzblau ..	1,60	2,—
		Satzpreis (9 W.)	3,80	5,50
17 U–25 U		ungezähnt .... Satz	140,—	

Auflagen: MiNr. 17 = 1 000 000, MiNr. 18 = 7 000 000, MiNr. 19 = 1 000 000, MiNr. 20 = 2 000 000, MiNr. 21 = 1 400 000, MiNr. 22 = 1 000 000, MiNr. 23 und MiNr. 24 je 250 000, MiNr. 25 = 390 000 Stück

Zwangszuschlagsmarken

Viele Zwangszuschlagsmarken Kroatiens gibt es ungezähnt, teilgezähnt und mit fehlenden oder verschobenen Farben oder in abweichenden Formaten. Solche (teilweise illegal) in den Handel gelangten Stücke können nicht katalogisiert werden.

MiNr. I siehe nach MiNr. 23

1942

1942, 4. Okt. Rotes Kreuz. Odr. (5×5); gez. L 11.

Za) Rot-Kreuz-Schwester

			**	⊙
1	1 K	dunkelolivgrün/rot .... Za	0,80	0,80
		1 Zf	3,50	3,50

MiNr. 1 wurde im Bogen zu 24 Marken und 1 Zierfeld in der Bogenmitte gedruckt.

1 U		ungezähnt	12,—	

Auflage: 400 195 Stück

Verwendung: 4.–10.10.1942

1943

1943, 3. Okt. Rotes Kreuz. Komb. Odr. und Bdr.; gez. L 11¼.

Zb) Verwundeter

2	2 K	dunkelultramarin/rot .... Zb	0,70	0,70
2 U		ungezähnt	10,—	

Von MiNr. 2 sind Farbproben, Phasendrucke, Teilzähnungen und Zwischenstegpaare bekannt.

Auflage: 378 685 Stück

Verwendung: 3.–9.10.1943

1944

1944, 1. Jan./19. Juni. Kriegshilfe. RaTdr.; gez. L 12.

Zc) Ort nach einem Bombenangriff   Zd) Verwundeter Krieger

3	1 K	schwarzblaugrün (1. Jan.) ...... Zc	0,30	0,30
4	2 K	dunkelkarmin (1. Jan.) .... Zd	0,30	0,30
5	5 K	dunkelgrün (15. Juni) .... Zd	0,40	0,30
6	10 K	dunkelblau (15. Juni) .... Zd	0,60	0,50
7	20 K	dunkelbraun (19. Juni) .... Zd	1,30	1,20
		Satzpreis (5 W.)	2,80	2,50
3 U–7 U		ungezähnt .... je	10,—	

Von MiNr. 3–7 sind Farbproben bekannt.

Werte zu 30 K und 60 K waren vorbereitet, wurden jedoch nicht ausgegeben, es sind auch Farbproben dieser Werte bekannt.

Auflagen: MiNr. 3 = 29 906 500, MiNr. 4 = 19 855 000, MiNr. 5 = 4 902 500, MiNr. 6 = 9 918 900, MiNr. 7 = 4 900 200 Stück

MICHEL-Exklusiv

das moderne Briefmarkenalbum

Lassen Sie es sich von Ihrem Händler vorführen oder verlangen Sie eine Musterseite vom Verlag.

Republik

1991

1991, 1./15. April. Kroatischer Arbeiter. Gedenkgottesdienst für das Vaterland. Odr.; A = gez. L 10¾:10½, B = □, C = gez. K 13¾, D = gez. L 10¾.

Ze) Innenansicht der Kathedrale von Zagreb

8	1.20 (Din)	mehrfarbig .... Ze		
A		gez. L 10¾:10½	0,80	0,70
B		geschnitten (15.4.)	1,10	1,—
C		gez. K 13¾	0,70	0,60
D		gez. L 10¾	15,—	13,—
		8 A Zf	4,—	3,50
		8 B Zf	5,50	5,—
		8 C Zf	3,50	3,—
		8 D Zf	80,—	70,—

MiNr. 8 wurde im Bogen zu 25 Marken und 5 verschiedenen Zierfeldern gedruckt. 4 Zierfelder sind als Viererblock in der rechten unteren Bogenecke angeordnet.
Auflagen: A = 6 200 000, B = 2 000 000, C = 8 800 000 Stück

Verwendung: 2.–30.4.1991

MiNr. 8 A, C und D mit Aufdruck als Freimarken verwendet: MiNr. 182

1991, 16. Mai. Organisation Kroatischer Arbeiter: 700 Jahre Franziskanerkloster in der Festung Trsat, Rijeka. Odr.; A = gez. L 10½:10¾, B = □.

Zf) Muttergottes von Trsat (Ikone), Wallfahrtskirche

9	1.70 (Din)	mehrfarbig .... Zf		
A		gez. L 10½:10¾	0,50	0,40
B		geschnitten	0,80	0,70
		9 A Zf	2,50	2,—
		9 B Zf	4,—	3,50

MiNr. 9 wurde im Bogen zu 25 Marken und 5 verschiedenen Zierfeldern gedruckt. 4 Zierfelder sind als Viererblock in der rechten unteren Bogenecke angeordnet.
Auflagen: A = 7 500 000, B = 1 000 000 Stück

Verwendung: 16.–31.5.1991

MiNr. 9 A mit Aufdruck als Freimarke verwendet: MiNr. 185

1991, 1./3. Juli. Kroatischer Arbeiter: Unabhängigkeitsfeiern. Odr.; A = gez. L 10¾:10½, B = □.

Zg) Staatswappen der Republik Kroatien

10	2.20 (Din)	mehrfarbig .... Zg		
A		gez. L 10¾:10½	0,50	0,40
B		geschnitten (3.7.)	0,80	0,70
		10 A Zf	2,50	2,—
		10 B Zf	4,—	3,50

MiNr. 10 wurde im Bogen zu 25 Marken und 5 verschiedenen Zierfeldern gedruckt. 4 Zierfelder sind als Viererblock in der rechten unteren Bogenecke angeordnet.
Auflagen: A = 6 500 000, B = 500 000 Stück

Verwendung: 1.–31.7.1991

MiNr. 10 A mit geänderter Inschrift als Freimarke verwendet: MiNr. 186

1991, 1. Aug. Organisation Kroatischer Arbeiter: Sitzung des Kroatischen Parlaments (Sabor). Odr.; A = gez. L 10¾:10½, B = □.

Zh) Parlamentarier (stilis.)

11	2.20 (Din)	mehrfarbig .... Zh		
A		gez. L 10¾:10½	0,50	0,40
B		geschnitten	0,80	0,70
		11 A Zf	2,50	2,—
		11 B Zf	4,—	3,50

MiNr. 11 wurde im Bogen zu 25 Marken und 5 verschiedenen Zierfeldern gedruckt. 4 Zierfelder sind als Viererblock in der rechten unteren Bogenecke angeordnet.
Auflagen: A = 6 500 000, B = 500 000 Stück

Verwendung: 1.–31.8.1991

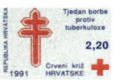

1991, 14. Sept. Rotes Kreuz: Woche der Tuberkulosebekämpfung. Odr.; gez. L 11.

Zi) Kreuze

12	2.20 (Din)	violettultramarin/ rosarot .... Zi	0,30	0,30

Verwendung: 14.–21.9.1991

1991, 1. Nov. Organisation Kroatischer Arbeiter: Wiedererrichtung des neuen Ban-Jelačić-Denkmal. Odr.; A = gez. L 10¾:10½, B = □.

Zk) Ban-Jelačić-Denkmal

13	2.20 (Din)	mehrfarbig .... Zk		
A		gez. L 10¾:10½	0,50	0,40
B		geschnitten	0,80	0,70
		13 A Zf	2,50	2,—
		13 B Zf	4,—	3,50

MiNr. 13 wurde im Bogen zu 25 Marken und 5 verschiedenen Zierfeldern gedruckt. 4 Zierfelder sind als Viererblock in der rechten unteren Bogenecke angeordnet.
Auflagen: A = 6 500 000, B = 500 000 Stück

Verwendung: 2.–30.11.1991

MICHEL-Online-Katalog

www.michel.de oder www.briefmarken.de

Kroatien

1991, 1. Dez. Organisation Kroatischer Arbeiter: Neue Verfassung. Odr.; A = gez. L 10¾:10½, B = □.

Zl) Englisch   Zm) Kroatisch   Zn) Französisch

Zo) Deutsch   Zp) Russisch   Zr) Spanisch

Zl–Zr) Artikel 1 der Verfassung Kroatiens in verschiedenen Sprachen

14	2 (Din)	mehrfarbig .... Zl		0,90	0,80
A		gez. L 10¾:10½			
B		geschnitten		12,—	11,—
15	2 (Din)	mehrfarbig .... Zm		0,50	0,40
A		gez. L 10¾:10½			
B		geschnitten		2,50	2,—
16	2 (Din)	mehrfarbig .... Zn		0,90	0,80
A		gez. L 10¾:10½			
B		geschnitten		12,—	11,—
17	2 (Din)	mehrfarbig .... Zo		0,90	0,80
A		gez. L 10¾:10½			
B		geschnitten		12,—	11,—
18	2 (Din)	mehrfarbig .... Zp		0,90	0,80
A		gez. L 10¾:10½			
B		geschnitten		12,—	11,—
19	2 (Din)	mehrfarbig .... Zr		0,90	0,80
A		gez. L 10¾:10½			
B		geschnitten		12,—	11,—
		Satzpreis A (6 W.)		5,—	4,40
		B (6 W.)		62,—	56,—
		15 A Zf		4,—	3,50
		15 B Zf		20,—	18,—

MiNr. 14–19 wurden zusammenhängend im Bogen zu 25 Marken (je 2 × MiNr. 14 und 16–19 und 15 × MiNr. 15) und 5 verschiedenen Zierfeldern gedruckt. 4 Zierfelder sind als Viererblock in der rechten unteren Bogenecke angeordnet.

Auflagen: MiNr. 14 A und 16 A–19 A je 300 000, MiNr. 15 A = 2 250 000, MiNr. 14 B und 16 B–19 B je 20 000, MiNr. 15 B = 150 000 Stück

Verwendung: 2.–31.12.1991

1992

1992, 1. Jan. Wiederaufbau von Vukovar. Odr.; A = gez. L 10¾:10½, B = □.

Zs) Inschrift „VUKOVAR"

20	2.20 (Din)	schwarz/rötlichbraun ..... Zs		0,70	0,60
A		gez. L 10¾:10½		1,—	0,90
B		geschnitten			
		20 A Zf		4,—	3,50
		20 B Zf		6,—	5,50

MiNr. 20 wurde im Bogen zu 25 Marken und 5 verschiedenen Zierfeldern gedruckt. 4 Zierfelder sind als Viererblock in der rechten unteren Bogenecke angeordnet.

Auflagen: A = 4 250 000, B = 250 000 Stück

Verwendung: 1.–31.1.1992

1992, 8. Mai. Rotes Kreuz. Odr.; gez. L 11.

Zt) Weltkugel, Band mit Kreuzen und Halbmond

21	3 (Din)	rosarot/schwarz .... Zt		0,30	0,30
		FDC			0,70

Verwendung: 8.–15.5.1992

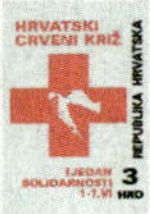

1992, 1. Juni. Rotes Kreuz: Woche der Solidarität. Odr.; gez. L 11.

Zu) Rotes Kreuz mit Landkarte Kroatiens

22	3 (Din)	rosarot/schwarz .... Zu		0,30	0,30
		FDC			0,70

Verwendung: 1.–7.6.1992

1992, 1. Aug. Wiederaufbau zerstörter Kirchen. Odr.; gez. K 14.

Zv) Madonna von Bistrica (Skulptur)

23	5 (Din)	ultramarin/gold .... Zv		0,30	0,30

Verwendung: 1.–8.8.1992

Nicht ausgegeben:

1992, Sept. Rotes Kreuz: Woche der Tuberkulose-Bekämpfung. Odr.; gez. L 11.

I	3 (Din)	schwarz/rosa .... Zw		6,—	

MiNr. I war zur Ausgabe vorgesehen, wurde dann aber vor Beginn des geplanten Schalterverkaufes durch die bildgleiche Marke zu 5 Din (MiNr. 24) ersetzt.

1992, 14. Sept. Rotes Kreuz: Woche der Tuberkulose-Bekämpfung. Odr.; gez. L 11.

Zw) Rotes Kreuz

24	5 (Din)	schwarz/rosa .... Zw		0,30	0,30

Verwendung: 14.–21.9.1991

Europa in Farbe:
Die MICHEL-Europa-Kataloge

Kroatien

1992, 4. Nov. Kroatische Liga für Krebsbekämpfung. Odr.; gez. K 14.

Zx) Hl. Georg

25 15 (Din) mehrfarbig . . . . Zx 0,30 0,30

Verwendung: 4.–11.11.1992

In gleicher Zeichnung: MiNr. 31

1993, 11. Okt. Kroatische Liga für Krebsbekämpfung. Odr.; gez. K 14.

Zx) Hl. Georg

31 400 (Din) mehrfarbig . . . . Zx 0,30 0,30

Verwendung: 11.–31.10.1993

In gleicher Zeichnung: MiNr. 25

1993

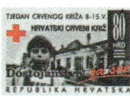

1993, 8. Mai. Rotes Kreuz. Odr.; gez. L 11.

Zy) Junge, Gebäude

26 80 (Din) rosarot/schwarz . . . . Zy 0,30 0,30

Verwendung: 8.–15.5.1993

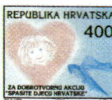

1993, 1. Nov. Aktion „Rettet die Kinder Kroatiens". Odr.; gez. K 14.

Zad) Herz mit Mädchenkopf, Landkarte von Kroatien

32 400 (Din) mehrfarbig . . . . Zad 0,30 0,30

Verwendung: 1.–30.11.1993

1994

1993, 1. Juni. Rotes Kreuz: Woche der Solidarität. Odr.; gez. L 11.

Zz) Junge blickt aus dem Fenster

27 100 (Din) rosarot/schwarz . . . . Zz 0,30 0,30

Verwendung: 1.–7.6.1993

1994, 8. Mai. Rotes Kreuz. Odr.; gez. L 11.

Zae) Globus, Landkarte von Kroatien

33 500 (Din) mehrfarbig . . . . Zae 0,30 0,30

Verwendung: 8.–15.5.1994

1993, 15. Juli. Kardinal-Stepinac-Stiftung. Odr.; gez. K 14.

Zaa) Kardinal Stepinac (1898–1960)

28 150 (Din) mehrfarbig . . . . Zaa 0,30 0,30

Verwendung: 15.–22.7.1993

1993, 12. Aug. Zrinski-Frankopan-Stiftung. Odr.; gez. K 14.

Zab) Peter Zrinski (1621–1671), General und Politiker; Fran Krsto Frankopan, Graf von Tersat (1643–1671), Lyriker

29 200 (Din) grau/lilaultramarin . . . . Zab 0,30 0,30

Verwendung: 12.–19.8.1993

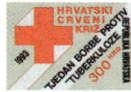

1993, 14. Sept. Rotes Kreuz: Woche der Tuberkulosebekämpfung. Odr.; gez. L 11.

Zac) Rotes Kreuz

30 300 (Din) mehrfarbig . . . . Zac 0,30 0,30

Verwendung: 14.–21.9.1993

1994, 1. Juni. Rotes Kreuz: Woche der Solidarität. Odr.; gez. L 11.

Zaf) Emblem des Kroatischen Roten Kreuzes

34 0.50 K mehrfarbig . . . . Zaf 0,30 0,30

Verwendung: 1.–7.6.1994

1994, 15. Juli. Heiligtum von Ludbreg. Odr.; gez. K 14.

Zag) Monstranz

35 0.50 K mehrfarbig . . . . Zag 0,30 0,30

Verwendung: 15.–28.7.1994

Kroatien

1994, 16. Aug. Rettet die Kinder Kroatiens! Odr.; gez. K 14.

Zah) Mutter mit Kindern

36	0.50 K	mehrfarbig . . . . Zah	0,30	0,30

Verwendung: 16.–29.8.1994

1994, 1. Sept. Kroatische Liga für Krebsbekämpfung. Odr.; gez. K 14:13¾.

Zai) Hl. Georg

37	0.50 K	mehrfarbig . . . . Zai	0,30	0,30

Verwendung: 1.–13.9.1994

1994, 14. Sept. Rotes Kreuz: Woche der Tuberkulosebekämpfung. Odr.; gez. L 11.

Zak) Blatt, Rotes Kreuz

38	0.50 K	mehrfarbig . . . . Zak	0,30	0,30

Verwendung: 14.–21.9.1994

1994, 15. Okt. 750 Jahre Stadt Slavonski Brod. Odr.; gez. K 14:13¾.

Zal) Festungsplan

39	0.50 K	mehrfarbig . . . . Zal	0,30	0,30

Verwendung: 15.–28.10.1994

1994, 2. Nov. Nationales Olympisches Komitee (NOK); 100 Jahre Internationales Olympisches Komitee (IOC). Odr.; gez. K 14.

Zam) Hommage an Olympia; Gemälde von Ivan Lacković-Croata

Zan) Tennis   Zao) Fußball   Zap) Basketball   Zar) Handball

Zas) Kanu   Zat) Wasserball   Zau) Laufen   Zav) Reckturnen

40	0.50	(K)	mfg. (NOK-Emblem) . . . . Zam	0,30	0,30
41	0.50	(K)	mfg. (IOC-Emblem) . . . . Zam I	0,30	0,30
			Satzpreis (2 W.)	0,60	0,60
			FDC		1,20
			Kleinbogen I (4× MiNr. 40 u. 4× MiNr. 41)	2,60	2,60
			Kleinbogen II (4× MiNr. 41 u. 4× MiNr. 40)	2,60	2,60
			ZD-Bogen (Klb. I u. II zusammenhängend)	5,—	5,—
42	0.50	(K)	mfg. (NOK-Emblem) . . . . Zan	0,30	0,30
43	0.50	(K)	mfg. (IOC-Emblem) . . . . Zao	0,30	0,30
44	0.50	(K)	mfg. (NOK-Emblem) . . . . Zap	0,30	0,30
45	0.50	(K)	mfg. (IOC-Emblem) . . . . Zar	0,30	0,30
46	0.50	(K)	mfg. (NOK-Emblem) . . . . Zas	0,30	0,30
47	0.50	(K)	mfg. (IOC-Emblem) . . . . Zat	0,30	0,30
48	0.50	(K)	mfg. (NOK-Emblem) . . . . Zau	0,30	0,30
49	0.50	(K)	mfg. (IOC-Emblem) . . . . Zav	0,30	0,30
			Satzpreis (8 W.)	2,40	2,40
			Kleinbogen III	2,60	2,60
			FDC		3,—
50	0.50	(K)	mfg. (IOC-Emblem) . . . . Zan I	0,30	0,30
51	0.50	(K)	mfg. (NOK-Emblem) . . . . Zao I	0,30	0,30
52	0.50	(K)	mfg. (IOC-Emblem) . . . . Zap I	0,30	0,30
53	0.50	(K)	mfg. (NOK-Emblem) . . . . Zar I	0,30	0,30
54	0.50	(K)	mfg. (IOC-Emblem) . . . . Zas I	0,30	0,30
55	0.50	(K)	mfg. (NOK-Emblem) . . . . Zat I	0,30	0,30
56	0.50	(K)	mfg. (IOC-Emblem) . . . . Zau I	0,30	0,30
57	0.50	(K)	mfg. (NOK-Emblem) . . . . Zav I	0,30	0,30
			Satzpreis (8 W.)	2,40	2,40
			Kleinbogen IV	2,60	2,60
			FDC		3,—
			ZD-Bogen (Klb. III u. IV zusammenhängend)	5,—	5,—

MiNr. 40–41 wurden zusammenhängend in Kleinbogen zu 8 Marken gedruckt: Klb. I obere Reihe 4 × MiNr. 40, untere Reihe 4 × MiNr. 41; Klb. II obere Reihe 4 × MiNr. 41, untere Reihe 4 × MiNr. 40. Klb I und II wurden auch zusammenhängend abgegeben.

MiNr. 42–49 und 50–57 wurden jeweils zusammenhängend in Kleinbogen zu 8 Marken gedruckt. Die beiden Kleinbogen wurden auch zusammenhängend abgegeben.

Verwendung: 2.–15.11.1994

1995

1995, 17. April. Nationales Olympisches Komitee (NOK). Odr.; gez. K 14.

Zaw) Rudern   Zax) Pétanque   Zay) Olympische Gedenkstätte

Zaz) Tennis   Zba) Basketball

58	0.50	(K)	mehrfarbig . . . . Zaw	0,30	0,30
59	0.50	(K)	mehrfarbig . . . . Zax	0,30	0,30

60	0.50	(K)	mehrfarbig .... Zay	0,30	0,30
61	0.50	(K)	mehrfarbig .... Zaz	0,30	0,30
62	0.50	(K)	mehrfarbig .... Zba	0,30	0,30
			Satzpreis (5 W.)	1,50	1,50
			Fünferstreifen	2,—	2,—
			FDC		3,—

MiNr. 58–62 wurden waagerecht zusammenhängend gedruckt.

Verwendung: 17.–30.4.1995

1995, 8. Mai. Rotes Kreuz. Odr.; gez. L 11.

Zbb) Frauenkopf

63	0.50	K	mehrfarbig .... Zbb	0,30	0,30

Verwendung: 8.–15.5.1995

1995, 1. Juni. Rotes Kreuz: Woche der Solidarität. Odr.; gez. L 11.

Zbc) Hände

64	0.50	K	mehrfarbig .... Zbc	0,30	0,30

Verwendung: 1.–7.6.1995

1995, 17. Juli. Renovierung des beschädigten Doms von Osijek. Odr.; gez. K 14.

Zbd) Dom St. Peter und Paul, Osijek

65	0.65	K	mehrfarbig .... Zbd	0,30	0,30

Verwendung: 17.–30.7.1995

1995, 14. Aug. Geplante Gefallenengedenkstätte „Die Heilige Mutter der Freiheit". Odr.; gez. K 14; und nichtausgegebene Marke in Zeichnung Zbe mit schwarzem Odr.-Aufdruck auf weißer Abdeckfarbe; Odr.; gez. K 14.

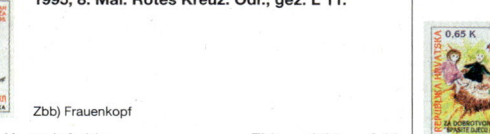

Zbe) Pietà Croatica; Zeichnung von Ivan Lacković

Zbf) Projekt der Gedenkstätte

66	**0.65**	**(K)**	auf 0.50 (K) mehrfarbig ..... (Zbe)	1,20	1,20
67	0.65	(K)	mehrfarbig .... Zbe	0,50	0,50
68	0.65	(K)	mehrfarbig .... Zbf	0,50	0,50
			Satzpreis (3 W.)	2,20	2,20
			Markenheftchen	20,—	

MiNr. 67–68 wurden auch miteinander im Markenheftchen zu je 10 Marken ausgegeben.

Verwendung: 14.–27.8.1995

1995, 14. Sept. Rotes Kreuz: Woche der Tuberkulose-Bekämpfung. Odr.; gez. L 11.

Zbg) Wald

69	0.65	K	grünblau/rot .... Zbg	0,30	0,30

Verwendung: 14.–21.9.1995

1995, 16. Okt. Rettet die Kinder Kroatiens! Odr.; gez. K 14:13¾.

Zbh) Kinder in einem Nest werden von Vogel gefüttert

70	0.65	K	mehrfarbig .... Zbh	0,30	0,30

Verwendung: 16.–29.10.1995

1995, 16. Okt. 100 Jahre Kroatisches Nationaltheater, Zagreb. Odr.; gez. K 14.

Zbi   Zbk   Zbl

Zbi–Zbl) Szenenbild

71	0.65	(K)	mehrfarbig .... Zbi	0,30	0,30
72	0.65	(K)	mehrfarbig .... Zbk	0,30	0,30
73	0.65	(K)	mehrfarbig .... Zbl	0,30	0,30
			Satzpreis (3 W.)	0,90	0,90
			Dreierstreifen	1,10	1,10

MiNr. 71–73 wurden waagerecht zusammenhängend gedruckt.

Verwendung: 16.–29.10.1995

1995, 6. Nov. Kampf dem Drogenmißbrauch. Odr.; gez. K 14.

Zbm) Fliegende Möwen

74	0.65	K	mehrfarbig .... Zbm	0,30	0,30

Verwendung: 6.–19.11.1995

MICHEL – seit über 90 Jahren Partner aller Philatelisten

Kroatien

1995, 20. Nov. Kroatische Liga für Krebsbekämpfung. Odr.; gez. K 14:13¾.

Zbn) Frau tastet Brust nach Knoten ab

75 0.65 K mehrfarbig .... Zbn 0,30 0,30
Verwendung: 20.–30.11.1995

1996

1996, 15. Febr. Kroatische Liga für Krebsbekämpfung. Odr.; gez. K 14:13¾.

Zbo) Frau

76 0.65 K mehrfarbig .... Zbo 0,30 0,30
Verwendung: 15.–28.2.1996

1996, 18. März. Marienheiligtum von Bistrica. Odr.; gez. K 14¼: 14.

Zbp) Hl. Maria mit Kind, Wallfahrtsstätte

77 0.65 K mehrfarbig .... Zbp 0,30 0,30
Verwendung: 18.–31.3.1996

1996, 17. April. Nationales Olympisches Komitee (NOK). Odr.; gez. K 14:14¼.

Zbr) Olympische Ringe, Staatswappen

78 0.65 K mehrfarbig .... Zbr 0,30 0,30
Verwendung: 17.–30.4.1996

1996, 8. Mai. Rotes Kreuz. Odr.; gez. L 11.

Zbs) Mädchen vor beschädigtem Haus

79 0.65 K mehrfarbig .... Zbs 0,30 0,30
Verwendung: 8.–15.5.1996

1996, 5. Juni. Rotes Kreuz: Woche der Solidarität. Odr.; gez. L 11.

Zbt) Mädchen mit Paket vom Roten Kreuz

80 0.65 K mehrfarbig .... Zbt 0,30 0,30
Verwendung: 5.–7.6.1996

1996, 14. Juni. Rettet die Kinder Kroatiens! Odr.; gez. K 14:13¾.

Zbu) Kinder im Garten vor einem Haus

81 0.65 K mehrfarbig .... Zbu 0,30 0,30
Verwendung: 14.–27.6.1996

1996, 3. Juli. 800 Jahre Stadt Osijek. Odr.; gez. K 14.

Zbv) Inschrift

82 0.65 K mehrfarbig .... Zbv 0,30 0,30
Verwendung: 3.–16.7.1996

1996, 17. Juli. Renovierung der beschädigten Kathedrale von Djakovo. Odr.; gez. K 14.

Zbw) Kathedrale, Djakovo

83 0.65 K mehrfarbig .... Zbw 0,30 0,30
Verwendung: 17.–30.7.1996

1996, 1. Aug. 1700 Jahre Stadt Split. Odr.; gez. K 14.

Zbx) Inschrift

84 0.65 K mehrfarbig .... Zbx 0,30 0,30
Verwendung: 1.–14.8.1996

1996, 16. Aug. Hilfe für Vukovar. Odr.; gez. K 14:13¾.

Zby) Kruzifix, Schutthalden

85 0.65 K mehrfarbig .... Zby 0,30 0,30
Verwendung: 16.–29.8.1996

1996, 1. Sept. Kampf dem Drogenmißbrauch. Odr.; gez. K 14.

Zbz) Brennende Kerze, weiße Lilien, Muschelhälfte

86 0.65 K mehrfarbig .... Zbz 0,30 0,30
Verwendung: 1.–12.9.1996

Kroatien 805

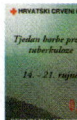

1996, 14. Sept. Rotes Kreuz: Woche der Tuberkulosebekämpfung. Odr.; gez. L 11.

Zca) Gebirgslandschaft

| 87 | 0.65 K | mehrfarbig | Zca | 0,30 | 0,30 |

Verwendung: 14.–21.9.1996

1996, 10. Okt. 75. Jahrestag der ersten Isolierung von Insulin. Odr.; gez. K 14.

Zcb) Sir Frederick Grant Banting (1891–1941), Nobelpreis 1923, und Charles Herbert Best (1899–1978), kanadische Physiologen

| 88 | 0.65 K | mehrfarbig | Zcb | 0,30 | 0,30 |

Verwendung: 10.–17.10.1996

1996, 11. Nov. Wallfahrtsstätte der Muttergottes von Remete, Zagreb. Odr.; gez. K 14¼:14.

Zcc) Gnadenbild

| 89 | 0.65 K | mehrfarbig | Zcc | 0,30 | 0,30 |

Verwendung: 11.–24.11.1996

1997

1997, 6. Jan. 200. Geburtstag von Antun Mihanović (1996). Odr.; gez. K 14:14¼.

Zcd) A. Mihanović (1796–1861)

| 90 | 0.65 K | mehrfarbig | Zcd | 0,30 | 0,30 |

Verwendung: 6.–26.1.1997

1997, 27. Jan. Bau des Dr.-Ante-Starčević-Hauses. Odr.; gez. K 14.

Zce) Dr.-Ante-Starčević-Haus

| 91 | 0.65 K | mehrfarbig | Zce | 0,30 | 0,30 |

Verwendung: 27.1.–14.2.1997

1997, 15. Febr. Kroatische Liga für Krebsbekämpfung. Odr.; gez. K 14.

Zcf) Frau

| 92 | 0.65 K | mehrfarbig | Zcf | 0,30 | 0,30 |

Verwendung: 15.2.–28.2.1997

1997, 8. Mai. Rotes Kreuz. Odr.; A = gez. L 10½, C = gez. L 10½:11.

Zcg) Frauen- und Männerhand

93	0.65 K	mehrfarbig	Zcg		
A		gez. L 10½		0,30	0,30
C		gez. L 10½:11		0,30	0,30
D		gez. L 11		30,—	30,—

Verwendung: 8.–15.5.1997

2001

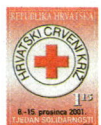

2001, 8. Dez. Rotes Kreuz: Woche der Solidarität. Odr.; gez. K 14¼:14.

Zch) Rotes Kreuz

| 94 | 1.15 (K) | rot/schwarz | Zch | 0,30 | 0,30 |

Verwendung: 8.–15.12.2001

2002

2002, 8. Mai. Rotes Kreuz: Woche des Roten Kreuzes. Odr.; gez. K 14¼:14.

Zci) Inschrift

| 95 | 1.15 (K) | mehrfarbig | Zci | 0,30 | 0,30 |

Verwendung: 8.–15.5.2002

2002, 14. Sept. Rotes Kreuz: Woche der Tuberkulosebekämpfung. Odr.; gez. K 14¼:14.

Zck) Kind, Blatt

| 96 | 1.15 (K) | mehrfarbig | Zck | 0,30 | 0,30 |

Verwendung: 14.–21.9.2002

2002, 8. Dez. Rotes Kreuz: Woche der Solidarität. Odr.; gez. K 14:14¼.

Zcl) Rotkreuzhelfer überreicht einer alten Frau ein Paket

| 97 | 1.15 (K) | mehrfarbig | Zcl | 0,30 | 0,30 |

Verwendung: 8.–15.12.2002

Kroatien hatte 1997 die Verwendungspflicht für Zwangszuschlagsmarken durch Gesetz aufgehoben. Im November 2001 wurde das Gesetz für die Verwendungspflicht wieder erlassen. Bei allen zwischen Juni 1997 und November 2001 erschienenen ähnlichen Ausgaben handelt es sich daher um freiwillige private Spendenmarken.

Kroatien

2003

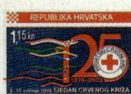

2003, 8. Mai. Rotes Kreuz: Woche des Roten Kreuzes. Odr.; gez. K 14:14¼.

Zcm) Jubiläumsemblem „125 Jahre Rotes Kreuz"

| 98 | 1.15 | K | mehrfarbig | Zcm | 0,30 | 0,30 |

Verwendung: 8.–15.5.2003

2003, 14. Sept. Rotes Kreuz: Woche der Tuberkulosebekämpfung. Odr.; gez. K 14¼:14.

Zcn) Inschrift

| 99 | 1.15 | (K) | mehrfarbig | Zcn | 0,30 | 0,30 |

Verwendung: 14.–21.9.2003

2003, 8. Dez. Rotes Kreuz: Woche der Solidarität. Odr.; gez. K 14:14¼.

Zco) Haus mit Rotkreuzfahne und Weihnachtsbaum in Winterlandschaft

| 100 | 1.15 | (K) | mehrfarbig | Zco | 0,30 | 0,30 |

Verwendung: 8.–15.12.2003

2004

2004, 8. Mai. Rotes Kreuz: Woche des Roten Kreuzes. Odr.; gez. K 14:14¼.

Zcp) Kind führt alten Mann über die Straße

| 101 | 1.15 | K | mehrfarbig | Zcp | 0,30 | 0,30 |

Verwendung: 8.–15.5.2004

2004, 14. Sept. Rotes Kreuz: Woche der Tuberkulosebekämpfung. Odr.; gez. K 14¼:14.

Zcr) Kinder waschen sich die Hände

| 102 | 1.15 | (K) | mehrfarbig | Zcr | 0,30 | 0,30 |

Verwendung: 14.–21.9.2004

2004, 8. Dez. Rotes Kreuz: Woche der Solidarität. Odr.; gez. K 14:14¼.

Zcs) Kinder überbringen alter Frau Blumenstrauß und Geschenkpaket des Roten Kreuzes

| 103 | 1.15 | (K) | mehrfarbig | Zcs | 0,30 | 0,30 |

Verwendung: 8.–15.12.2004

2005

2005, 8. Mai. Rotes Kreuz: Woche des Roten Kreuzes. Odr.; gez. K 14:14¼.

Zct) Mädchen küßt Jungen

| 104 | 1.15 | (K) | mehrfarbig | Zct | 0,30 | 0,30 |

Verwendung: 8.–15.5.2005

2005, 14. Sept. Rotes Kreuz: Woche der Tuberkulosebekämpfung. Odr.; gez. K 14¼:14.

Zcu) Jogger in freier Natur

| 105 | 1.15 | (K) | mehrfarbig | Zcu | 0,30 | 0,30 |

Verwendung: 14.–21.9.2005

2005, 8. Dez. Rotes Kreuz: Woche der Solidarität. Odr.; gez. K 14:14¼.

Zcv) Frau bringt altem Mann ein Geschenkpaket des Roten Kreuzes

| 106 | 1.15 | (K) | mehrfarbig | Zcv | 0,30 | 0,30 |

Verwendung: 8.–15.12.2005

2006

2006, 8. Mai. Rotes Kreuz: Woche des Roten Kreuzes. Odr.; gez. K 14:14¼.

Zcw) Sanitäter

| 107 | 1.15 | (K) | mehrfarbig | Zcw | 0,30 | 0,30 |

Verwendung: 8.–15.5.2006

2006, 14. Sept. Rotes Kreuz: Woche der Tuberkulosebekämpfung. Odr.; gez. K 14¼:14.

Zcx) Mädchen ißt Apfel

| 108 | 1.15 | (K) | mehrfarbig . . . . Zcx | 0,30 | 0,30 |

Verwendung: 14.–21.9.2006

2006, 8. Dez. Rotes Kreuz: Woche der Solidarität. Odr.; gez. K 14.

Zcy) Skifahrender Weihnachtsmann mit Geschenkpaketen

| 109 | 1.15 | (K) | mehrfarbig . . . . Zcy | 0,30 | 0,30 |

Verwendung: 8.–15.12.2006

Neuheiten

Ein Abonnement der MICHEL-Rundschau sichert Ihnen einen immer vollständigen Katalog, zeigt Ihnen Preisänderungen an und bereichert Ihre philatelistischen Kenntnisse durch gut recherchierte Fachbeiträge.

Militär-(Feldpost-)Marken

Päckchen-Zulassungsmarken für Feldpost im 2. Weltkrieg.

1945, Jan. Staatswappen. Odr.; gez. L 10¼.

Fp. Ma) Staatswappen

				**	⊙
1	(—)	rot/schwarz .... Fp. Ma		5,—	4,50

Der untere Raum der Marke diente für Postvermerke.
Auflage: 2 000 000 Stück.

1945, April. Landschaft. Odr.; gez. L 11¾.

Fp. Mb) Neretva, Jablanica

				**	⊘
2	(—)	braun/gelb .... Fp. Mb		3,20	4,20

Mit rotem, diagonalem Bdr.-Aufdruck „Feldpost" ist Probedruck (nicht von der deutschen Wehrmacht veranlaßt) aus Ministerialben (auch ★★, ▽, □). Aus gestohlenen Beständen wurden große Mengen auf den Markt gebracht. FALSCH Odr.-Aufdrucke.
Auflage: 100 000 Stück.

Lokalausgaben

Banja Luka (Bosn.-Kroatien)

1941, 21. April. Freimarken von Jugoslawien mit dreizeiligem Aufdruck SLOBODNA / BOSANSKA / HRVATSKA (Freies Bosnisches Kroatien).

Fp. Ma) Staatswappen

			**	⊙
1	1 Din grün		750,—	750,—
2	2 Din lilakarmin		750,—	750,—
	Satzpreis (2 W.)		1500,—	1500,—

FALSCH
Auflagen: MiNr. 1 und 2 je 1000 Stück.

Gültig bis 30.4.1943

Dalmatien (Šibenik)

1944, 15. März. Kursierende Freimarken von Italien mit zweizeiligem Bdr.-Aufdruck.

				**	⊙
1	3.50 Kn	a. 10 Cmi. dunkelbraun	(301)	36,—	40,—
2	3.50 Kn	a. 20 Cmi. karmin	(303)	60,—	75,—
3	3.50 Kn	a. 25 Cmi. grün	(304)	12,—	12,—
4	3.50 Kn	a. 30 Cmi. dunkelbraun	(305)	12,—	12,—
5	3.50 Kn	a. 50 Cmi. hellviolett	(307)	5,—	12,—
		Satzpreis (5 W.)		120,—	150,—

FALSCH
Auflagen: MiNr. 1 = 5700, MiNr. 2 = 4700, MiNr. 3 = 12 700, MiNr. 4 = 13 500, MiNr. 5 = 24 200 Stück.

Republik Serbische Krajina

Die serbische Krajina bestand aus zwei räumlich getrennten Gebietsteilen Kroatiens mit starken serbischen Bevölkerungsteilen: Im Westen der Bezirk Krajina mit der Hauptstadt Knin, im Osten die Bezirke Slavonija, Baranja und West-Srem mit der Hauptstadt Vukovar. Die bei MiNr. 1–42 zusätzlich im Kopftext angegebenen Anfangsbuchstaben der Hauptstädte (K und V) zeigen an, in welchem Bezirken die Marken ausgegeben wurden.
Währung: 1 Dinar (Din) = 100 Para

Preise ab MiNr. 1 ungebraucht ★★

1993

1993, 24. März. Freimarken: Landschaften, Gebäude, Wappen. Odr. (10×10); gez. K 13¼; (K und V).

a) Naturschutzgebiet Kopačevo Ried, Rothirsch (Cervus elaphus)

b) Kloster Krka c) Festung von Knin d) St.-Petke-Kloster, Vukovar e) Wappen der Republik Serbische Krajina

			**	⊙
1	200 (Din)	gelbocker/schwarzgrün ...... a	0,50	0,50
2	500 (Din)	dunkelrot/schwarz .... b	1,20	1,20
3	1000 (Din)	gelbocker/schwarzgrün c	2,40	2,40
4	1000 (Din)	gelbocker/schwarzgrün ...... d	2,40	2,40
5	2000 (Din)	dunkelrot/schwarz .... e	4,80	4,80
		Satzpreis (5 W.)	11,—	11,—
		FDC		—,—

Verwendungen vor dem offiziellen Ersttag sind bekannt.

Weitere Werte: MiNr. 12–16

Gültig bis 1.11.1993

1993, 26. Mai. Freimarken. Jugoslawien MiNr. 2396 C, 2398 C, 2402 C, 2403, 2404 und 2409 A mit Bdr.-Aufdruck; (K).

6	5000 (Din)	auf 0.20 (Din) rosalila/orangegelb	(2402 C)	8,—	8,—
7	5000 (Din)	auf 0.30 (Din) rotorange/gelblichgrün ...	(2396 C)	8,—	8,—
8	5000 (Din)	auf 0.50 (Din) purpurviolett/blaugrün ...	(2398 C)	20,—	20,—
9	5000 (Din)	auf 0.60 (Din) rot/rötlichlila			
A		gez. K 13¼	(2403 A)		
C		gez. K 12½	(2403 C)	50,—	50,—
10	5000 (Din)	auf 3 (Din) orangerot/violettultramarin .	(2409 A)	2,—	2,—

Kroatien (Serbische Republik)

11	10 000 (Din)	auf 2 (Din) lilapurpur/cyanblau		
I		Aufdrucktype I		
A		gez. K 13¼ .... (2404 A)	2,—	2,—
C		gez. K 12½ .... (2404 C)	26,—	26,—
II		Aufdrucktype II		
A		gez. K 13¼ .... (2404 A)	5,—	5,—
C		gez. K 12½ .... (2404 C)	65,—	65,—
		Satzpreis (6 W.)	90,—	90,—

Typenunterschiede bei MiNr. 11: I = weiter Abstand (8 mm), II = enger Abstand (5 mm) zwischen Wertüberdruck „88 88 88" und neuer Wertangabe.

FALSCH Odr.-Aufdruck bei allen Werten sowie Bdr.-Aufdruck auf Urmarke 2409 C

Der amtliche Charakter der Marken MiNr. 6–9 ist umstritten.

1993, 15. Juni. Freimarken: Landschaften, Gebäude, Wappen. Odr. (10 × 10); gez. K 13¼; (K und V).

e l) Wappen der Republik Serbische Krajina
f) Festung von Knin
g) Kopačevo-Ried, Fischreiher (Ardea cinerea)
h) St.-Petki-Kirche, Vukovar, Marienfigur

12	A	graurot/blau .... e l	0,50	0,50
13	5 000 (Din)	mehrfarbig .... f	0,10	0,10
14	10 000 (Din)	mehrfarbig .... g	0,20	0,20
15	50 000 (Din)	mehrfarbig .... h	1,10	1,10
16	100 000 (Din)	mehrfarbig .... b	2,20	2,20
		Satzpreis (5 W.)	4,—	4,—
		FDC	—,—	

MiNr. 12 galt für Inlands-Standardbriefe (Nominale zur Zeit der Ausgabe 5000 Din).

Gültig bis 1.11.1993. MiNr. 12 wurde in Knin bis August 1995 verwendet

Weitere Werte: MiNr. 1–5; MiNr. 12–15 mit Aufdruck: MiNr. 17 bis 20

Neue Währung ab 1.10.1993:
1 000 000 alte Dinar = 1 neuer Dinar

1993, 1. Nov. Freimarken. MiNr. 12–15 mit blauem Bdr.-Aufdruck eines kyrillischen „D"; (V).

17	A	graurot/blau .... (12)	1,10	1,10
18	5 000 **Din**	mehrfarbig .... (13)	0,40	0,40
19	10 000 **Din**	mehrfarbig .... (14)	0,80	0,80
20	50 000 **Din**	mehrfarbig .... (15)	3,80	3,80
		Satzpreis (4 W.)	6,—	6,—
		FDC	—,—	

MiNr. 17 galt für Inlands-Standardbriefe (Nominale zur Zeit der Ausgabe 5000 Din).

Außerdem existierte auch noch eine 100 000-Din-Marke (Urmarke MiNr. 16) mit gleichem Aufdruck. Die Herkunft dieser Aufdruckmarke ist aber äußerst zweifelhaft.

MiNr. 21 entfällt.

1993, 22. Nov. Einschreibemarke. Odr. (10 × 10); gez. K 13¼; (K und V).

i) Helm, gekreuzte Schwerter

22	R	lilaultramarin i	1,50	1,50
		FDC	—,—	

Nominale zur Zeit der Ausgabe: 36 100 Din

MiNr. 22 mit Aufdruck: MiNr. 68–77

1994

Neue Währung ab 1.1.1994:
1 000 000 000 alte Dinar = 1 neuer Dinar

Am 24.1.1994 wurde parallel zur Dinar-Währung der sogenannte Neue Dinar (ND), der anfangs im Verhältnis 1:1 an die D-Mark gebunden war, eingeführt. Die Relation zwischen Dinar und Neuem Dinar wurde täglich neu festgesetzt.

1994, 26. Febr. Serbische Kultur und Tradition. Odr. (5 × 5); gez. K 13½:13¼, Hochformate ~; (K und V).

k) Hl. Simeon
l) Wappen Serbiens
m) Taube; Figur aus Vučedol (um 2000 v. Chr.)

23	0.50 ND	mehrfarbig .... k	1,—	1,—
24	0.80 ND	mehrfarbig l	1,60	1,60
25	1 ND	mehrfarbig .... r	1,90	1,90
		Satzpreis (3 W.)	4,50	4,50
		FDC	—,—	

1994, 6. Juli. Flora: Kletterpflanzen. Odr., Kleinbogen (3 × 3); gez. K 13¾; (K und V).

n) Kletternde Krallenwinde (Cobaea scandens)
o) Dipladenia sp.
p) Schwarzäugige Susanne (Thunbergia alata)
r) Kletterrose (Rosa sp.)

26	0.30 ND	mehrfarbig .... n	0,80	0,80
27	0.40 ND	mehrfarbig .... o	1,—	1,—
28	0.60 ND	mehrfarbig .... p	1,60	1,60
29	0.70 ND	mehrfarbig .... r	1,80	1,80
		Satzpreis (4 W.)	5,—	5,—
		FDC	15,—	
		Kleinbogensatz (4 Klb.)	42,—	42,—

MiNr. 26–29 wurden jeweils im Kleinbogen zu 8 Marken und 1 Zierfeld gedruckt.

1994, 10. Dez. Freimarken: Sehenswürdigkeiten. Odr. (10 × 10); gez. K 13¾; (V).

s) Kloster Krka
t) Burg Carin (17. Jh.)
u) Schloß in Vukovar

v) Siegesdenkmal, Batina
w) Burg von Ilok
x) Plitvicer Seen, UNESCO-Emblem

Kroatien (Serbische Republik)

30	0,05	(ND)	lilarot .... s	0,10	0,10
31	0,10	(ND)	dunkelsiena .... t	0,20	0,20
32	0,20	(ND)	braunoliv .... u	0,50	0,50
33	0,50	(ND)	rotorange v	1,20	1,20
34	0,60	(ND)	dunkelpurpurviolett ..... w	1,50	1,50
35	1	(ND)	dunkelkobalt x	2,50	2,50
			Satzpreis (6 W.)	6,—	6,—
			FDC		—,—

Weitere Werte: MiNr. 38–42, 45–49, 51–57

1995

1995, 9. Mai. 50. Jahrestag der Beendigung des Zweiten Weltkrieges. Odr., Kleinbogen (3×3); gez. K 13¾; (V).

y) Denkmal „Die Blume des Lebens" in der Gedenkstätte des Lagers Jasenovac

36	0,60	(ND)	mehrfarbig .... y	2,—	2,—
			FDC		20,—
			Kleinbogen	16,—	16,—

MiNr. 36 wurde im Kleinbogen zu 8 Marken und 1 Zierfeld gedruckt.

1995, 20. Juni. Freimarke: Ornament. Odr. (10×10); gez. K 13¾; (V).

z) Ornament

37	A		rot .... z	1,—	1,—
			FDC		—,—

MiNr. 37 galt für Inlands-Standardbriefe (Nominale zur Zeit der Ausgabe: 0.18 ND).

1995, 28. Juni. Freimarken: Sehenswürdigkeiten. Odr. (10×10); gez. K 13¾; (K).

aa) Krčić-Wasserfall, Knin

ab) Straße in Benkovac — ac) Festung von Knin — ad) Kirche in Petrinja — ae) Dreifaltigkeitskirche, Pakrac

38	0,10	(ND)	lebhaftkobaltblau .... aa	0,10	0,10
39	0,20	(ND)	dunkelchromgelb .... ab	0,20	0,20
40	0,40	(ND)	lebhaftlilarot .... ac	0,50	0,50
41	2	(ND)	lilaultramarin .... ad	2,50	2,50
42	5	(ND)	gelbbraun .... ae	5,50	5,50
			Satzpreis (5 W.)	8,50	8,50
			FDC		—,—

Weitere Werte MiNr. 30–35, 45–49, 51–57

Nichts geht über MICHELsoft

Sremsko Baranjska Oblast

Im August 1995 wurden die westlichen Teile der Republik Serbische Krajina wieder in Kroatien eingegliedert. Das restliche Gebiet (Ost-Slawonien) wurde unter die Aufsicht der Vereinten Nationen gestellt und erhielt den Namen Westsirmien und Baranja.

1995, 30. Aug. Geschützte Tiere. Odr., Kleinbogen (3×3); gez. K 13¾.

af) Kormoran (Phalacrocorax carbo) — ag) Gemse (Rupicapra rupicapra)

43	0,80	(ND)	mehrfarbig .... af	3,—	3,—
44	0,80	(ND)	mehrfarbig .... ag	3,—	3,—
			Satzpreis (2 W.)	6,—	6,—
			FDC		15,—
			Kleinbogensatz (2 Klb.)	48,—	48,—

MiNr. 43–44 wurden jeweils im Kleinbogen zu 8 Marken und 1 Zierfeld gedruckt.

1995, 28. Dez. Freimarken: Sehenswürdigkeiten. Odr. (10×10); gez. K 13¾.

ah) St. Dimitrius-Kirche, Dalj

ai) Kirche zu den hl. Aposteln, Bolman — ak) St.-Nikolaus-Kirche, Mirkovci — al) St.-Nikolaus-Kirche, Tenja — am) St.-Nikolaus-Kirche, Vukovar

45	0,05	(ND)	bläulichgrün .... ah	0,10	0,10
46	0,10	(ND)	rosakarmin .... ai	0,20	0,20
47	0,30	(ND)	dunkelpurpur .... ak	0,60	0,60
48	0,50	(ND)	lebhaftrötlichbraun .... al	1,10	1,10
49	1	(ND)	dunkelblau .... am	2,—	2,—
			Satzpreis (5 W.)	4,—	4,—
			FDC		—,—

Weitere Werte: MiNr. 30–35, 38–42, 51–57

1996

1996, 6. Febr. Die Donau – Fluß der Zusammenarbeit. Odr., Kleinbogen (3×3); gez. K 13¾.

an) Donauhafen in Vukovar

50	1	(ND)	mehrfarbig .... an	3,—	3,—
			FDC		14,—
			Kleinbogen	24,—	24,—

MiNr. 50 wurde im Kleinbogen zu 8 Marken und 1 Zierfeld gedruckt.

Kroatien (Serbische Republik)

1996, 14. Mai. Freimarken: Sehenswürdigkeiten. Odr. (10×10); gez. K 13¾.

ao) Kirche zu den hl. Erzengeln, Darda

ap) Gebäude in Vukovar ar) St.-Georgs-Kirche, Kneževo

as) St.-Nikolaus-Kirche, Jagodnjak at) St.-Gabriels-Kirche, Bršadin

au) St.-Stephans-Kirche, Boravo Selo av) St.-Nikolaus-Kirche, Pačetin (1752)

51	0.10	(ND)	dunkelrotkarmin	ao	0,10	0,10
52	A		orangerot	ap	0,20	0,20
53	0.50	(ND)	dunkelpurpurviolett	ar	0,40	0,40
54	1	(ND)	dunkelbläulichgrün	as	0,80	0,80
55	2	(ND)	dunkelgrünlicholiv	at	1,60	1,60
56	5	(ND)	dunkelpreußischblau	au	4,—	4,—
57	10	(ND)	dunkellilaultramarin	av	8,—	8,—
			Satzpreis (7 W.)		15,—	15,—
			FDC			—,—

MiNr. 52 galt für Inlands-Standardbriefe (Nominale zur Zeit der Ausgabe: 0.30 ND).

Weitere Werte: MiNr. 30–35, 38–42, 45–49

1996, 10. Juli. 140. Geburtstag von Nikola Tesla. Odr., Kleinbogen (3×3); gez. K 13¾.

aw) N. Tesla (1856–1943), Physiker und Elektrotechniker

58	1.50	(ND)	mehrfarbig	aw	3,—	3,—
			FDC		14,—	
			Kleinbogen		24,—	24,—

MiNr. 58 wurde im Kleinbogen zu 8 Marken und 1 Zierfeld gedruckt.

1996, 10. Okt. Europa: Berühmte Frauen. Odr. Kleinbogen (3×3); gez. K 13¾.

ax) Milica Stojadinović-Srpkinja (1830–1878), Dichterin ay) Mileva Einstein-Marić (1875–1948), Mathematikerin

59	1.50	(ND)	mehrfarbig	ax	25,—	25,—
60	1.50	(ND)	mehrfarbig	ay	25,—	25,—
			Satzpreis (2 W.)		50,—	50,—
			FDC		55,—	
			Kleinbogensatz (2 Klb.)		400,—	400,—

MiNr. 59–60 wurden jeweils im Kelinbogen zu 8 Marken und 1 Zierfeld gedruckt.

1996, 5. Dez. 100 Jahre Olympische Spiele der Neuzeit. Odr. Kleinbogen (3×3); gez. K 13¾.

az) Jasna Šekarić, mehrfache Olympiasiegerin im Pistolenschießen

61	1.50	(ND)	mehrfarbig	az	3,—	3,—
			FDC		14,—	
			Kleinbogen		24,—	24,—

MiNr. 61 wurde im Kleinbogen zu 8 Marken und 1 Zierfeld gedruckt.

Der Kleinbogen ist auch mit falscher englischer Randinschrift „10th ANNIVERSARY..." rechts oben und fehlenden olympischen Ringen in der Mitte unten bekannt.

1996, 16. Dez. Milutin Milanković Odr. Kleinbogen (3×3); gez. K 13¾.

ba) M. Milanković (1879–1958), Astronom

62	1.50	(ND)	mehrfarbig	ba	2,—	2,—
			FDC		14,—	
			Kleinbogen		16,—	16,—

MiNr. 62 wurde im Kleinbogen zu 8 Marken und 1 Zierfeld gedruckt.

1996, 20. Dez. Weihnachten. Odr. Kleinbogen (3×3); gez. K 13¾.

bb) Maria mit Kind; Ikone (18. Jh.) aus der St.-Nikolaus-Kirche, Vukovar

63	1.50	(ND)	mehrfarbig	bb	2,—	2,—
			FDC		14,—	
			Kleinbogen		16,—	16,—

MiNr. 63 wurde im Kleinbogen zu 8 Marken und 1 Zierfeld gedruckt.

1997

1997, 8. Febr. Haustiere. Odr. Kleinbogen (3×3); gez. K 13¾.

bc) Feldsentaube (Columbia livia) bd) Wellensittich (Melopsittacus undulatus) be) Hauskatze bf) Kurzhaardackel

64	1	ND	mehrfarbig	bc	1,—	1,—
65	1	ND	mehrfarbig	bd	1,—	1,—
66	1	ND	mehrfarbig	be	1,—	1,—
67	1	ND	mehrfarbig	bf	1,—	1,—
			Satzpreis (4 W.)		4,—	4,—
			FDC		15,—	
			Kleinbogensatz (4 Klb.)		35,—	35,—

MiNr. 64–67 wurden jeweils im Kleinbogen zu 8 Marken und 1 Zierfeld gedruckt.

Kroatien (Serbische Republik)

1997, 12. Febr. Freimarken: Einschreibemarke MiNr. 22 mit rotem bzw. schwarzem Bdr.-Aufdruck. Bei MiNr. 71 ist nur der Landesname überdruckt.

68	0.10	(ND)	auf R	lilaultramarin	(22) R	0,10	0,10
69	0.20	(ND)	auf R	lilaultramarin	(22) R	0,20	0,20
70	0.30	(ND)	auf R	lilaultramarin	(22) R	0,40	0,40
71	—		auf R	lilaultramarin	(22) R	1,10	1,10
72	1.00	(ND)	auf R	lilaultramarin	(22) S	1,20	1,20
73	1.50	(ND)	auf R	lilaultramarin	(22) S	1,80	1,80
74	2.00	(ND)	auf R	lilaultramarin	(22) S	2,40	2,40
75	5.00	(ND)	auf R	lilaultramarin	(22) S	6,—	6,—
76	10.00	(ND)	auf R	lilaultramarin	(22) S	12,—	12,—
77	20.00	(ND)	auf R	lilaultramarin	(22) S	25,—	25,—
				Satzpreis (10 W.)		50,—	50,—
				FDC			—,—

MiNr. 71 galt für Inlands-Standardbriefe (Nominale zur Zeit der Ausgabe: 0.90 ND).

FALSCH

Neue Landesbezeichnung: Sremsko Baranjska Oblast

1997, 12. Febr. Restaurierung der orthodoxen Kirche von Ilok. Odr. (10×10); gez. K 13¾.

bg) St.-Peter-und-Pauls-Kathedrale, Orolik   bh) St.-Georgs-Kirche, Tovarnik   bi) Pfarrkirche von Negoslavci

78	0.50	(ND)	+	0.50	(ND)	kobaltblau … bg	0,50	0,50
79	0.60	(ND)	+	0.50	(ND)	magenta … bh	0,50	0,50
80	1.20	(ND)	+	0.50	(ND)	lilapurpur … bi	1,—	1,—
						Satzpreis (3 W.)	2,—	2,—
						FDC		—,—

1997, 12. April. Europa: Sagen und Legenden. Odr. Kleinbogen (3×3); gez. K 13¾.

bk) Fürst Marko und die Türken   bl) Kaiser Trajan

81	1	ND	mehrfarbig … bk	6,50	6,50
82	1	ND	mehrfarbig … bl	6,50	6,50
			Satzpreis (2 W.)	13,—	13,—
			FDC	20,—	
			Kleinbogensatz (2 Klb.)	110,—	110,—

MiNr. 81–82 wurden jeweils im Kleinbogen zu 8 Marken und 1 Zierfeld gedruckt.

Gültig bis 19.5.1997

MICHEL*soft*
die spezielle
Sammler-Software

Nicht ausgegeben:

1997, 29. Mai. Blockausgabe: Internationale Briefmarkenausstellung PACIFIC '97, San Francisco. Odr.; gez. K 13¾.

bm) Golden Gate Bridge, San Francisco; Marke USA MiNr. 1

Zierfeld

bn

I	10	(ND)	mehrfarbig … bm	14,— **	14,— ⊘
Block I	(71×95 mm) … bn			15,—	15,—
			FDC		25,—

Bl. I ist auch ungezähnt auf normalem und auf dickem Papier sowie als ungezähnter Schwarzdruck bekannt.

Am 19. Mai 1997 wurden auch die östlichen Teile der Republik Serbische Krajina wieder in Kroatien eingegliedert.

Jahrgangswerttabelle

Die Aufstellung folgt der numerischen Reihenfolge der Katalogisierung ohne Rücksicht auf die Chronologie eventueller Ergänzungswerte.

Grundsätzlich ist nur die jeweils billigste Sorte pro Marke bzw. Ausgabe angegeben, sofern nichts anderes vermerkt.

Zusammendrucke aus Bogen, Marken mit Zierfeldern usw. sind dann berücksichtigt, wenn sie als normale Ausgabeform anzusehen sind. Einzelmarken aus Blocks und Marken mit der Preisnotierung „—,—" sind nicht berücksichtigt.

Jahr	MiNr.	Euro **	Euro ⊙
1993	1–22	112,30	112,30
1994	23–35	15,50	15,50
1995	36–49	21,50	21,50
1996	50–63	78,—	78,—
1997	64–82	69,—	69,—
Gesamtsumme		**296,30**	**296,30**

Makedonien

Staat in Südosteuropa, bis 1991 Teilrepublik Jugoslawiens, ab November 1991 unabhängig. Am 8.4.1993 wurde Makedonien unter dem offiziellen Namen „Die ehemalige jugoslawische Republik Makedonien" in die UNO aufgenommen.
Währung: 1 Jugoslawischer Dinar (Din) = 100 Para; ab 26.4.1992: 1 Makedonischer Denar (Den) = 100 Deni; ab 10.5.1993: 1 Neuer Makedonischer Denar (D) = 100 Deni

Seit 12.7.1993 ist Makedonien Mitglied im Weltpostverein.
Alle Marken ab MiNr. 1 sind frankaturgültig, sofern nichts anderes angegeben.

Preise ungebraucht ✶✶

Republik

1992

1992, 8. Sept. 1. Jahrestag der Unabhängigkeit. Odr.; gez. K 13¼:13.

a) Selbstporträt der Holzschnitzer Petar und Makarie; Detail der Ikonostase aus der Klosterkirche St. Jovan Bigorski, Debar

			✶✶	⊙ FDC
1	30 (Den) mehrfarbig .... a		0,50	0,50 1,50

Auflage: 2 000 000 Stück

In gleicher Zeichnung: MiNr. 7

Mit Aufdruck: MiNr. 20

1992, 10. Dez. Weihnachten: Ikonen. Odr.; gez. K 13:13¼.

b) Christi Geburt; Fresko (16. Jh.) im Kloster Slepce

c) Maria mit Kind; Fresko (1422) im Kloster Zrze

2	100 (Den) mehrfarbig .... b	1,20	1,20
3	500 (Den) mehrfarbig c	2,80	2,80
	Satzpreis (2 W.)	4,—	4,—
	FDC		4,50

Auflage: 500 000 Sätze

1993

1993, 15. März. Staatsflagge. Odr.; gez. K 13¼:13.

d) Flagge der Republik Makedonien

4	10 (Den) mehrfarbig .... d	0,30	0,30
5	40 (Den) mehrfarbig .... d	1,20	1,20
6	50 (Den) mehrfarbig .... d	1,50	1,50
	Satzpreis (3 W.)	3,—	3,—
	FDC		3,50

Auflage: 500 000 Sätze

Gültig bis 6.10.1995

MiNr. 4 mit Aufdruck: MiNr. 22; MiNr. 5 mit Aufdruck: MiNr. 38

1993, 15. März. Freimarke. Odr.; gez. L 10.

a) Selbstporträt der Holzschnitzer Petar und Makarie; Detail der Ikonostase aus der Klosterkirche St. Jovan Bigorski, Debar

7	40 (Den) mehrfarbig .... a	0,50	0,50
	FDC		2,—

Auflage: 944 000 Stück

In gleicher Zeichnung: MiNr. 1

Mit Aufdruck: MiNr. 39

1993, 15. März. Fische. Odr.; gez. L 10.

e) Rutilus macedonicus

f) Salmothymus (Acantholingua) ochridanus

8	50 (Den) mehrfarbig .... e	0,30	0,30
9	100 (Den) mehrfarbig .... f	0,30	0,30
10	1000 (Den) mehrfarbig .... e	3,—	3,—
11	2000 (Den) mehrfarbig .... f	4,—	4,—
	Satzpreis (4 W.)	7,50	7,50
	FDC		11,—

| 10 I | mit zusätzlich aufgedrucktem Rahmen der MiNr. 8 . | —,— | |

Auflagen: MiNr. 8–9 je 1 000 000, MiNr. 10–11 je 432 000 Stück

1993, 16. April. Ostern. Odr.; gez. L 10.

g) Kruzifix (1484)

12	300 (Den) mehrfarbig .... g	2,50	2,50
	FDC		4,—

Auflage: 80 000 Stück

1993, 6. Mai. Einrichtung einer Transbalkan-Fernmeldeverbindung. Odr.; gez. L 10.

h) Landkarte mit Verlauf der Fernmeldeverbindung: Italien–Albanien–Makedonien–Bulgarien–Türkei

13	500 (Den) mehrfarbig .... h	1,20	1,20
	FDC		2,—

Auflage: 80 000 Stück

MAKEDONIEN

Neue Währung ab 10. Mai 1993:
1 Neuer Makedonischer Dinar (D) = 100 Deni
(100 alte Makedonische Denar = 1 Neuer Makedonischer Denar)

1993, 28. Juli. Aufnahme von Makedonien in die Vereinten Nationen (UNO). Odr.; gez. L 10.

i) UNO-Emblem, Regenbogen, Umrisse von Makedonien

14	10 (D) mehrfarbig i	1,20	1,20
	FDC		2,—
14 F	Inschrift in Umrißkarte in Gold statt Schwarz ...	3,—	

Auflage: 90 000 Stück

1993, 2. Aug. 90. Jahrestag des Ilinden-Aufstandes. Odr.; gez. L 10.

k) Steinwerfer in der Schlacht; Gemälde von Borko Lazeski

15	10 (D) mehrfarbig .... k	1,20	1,20
	FDC		2,50

Blockausgabe, □

16	30 (D) mehrfarbig .... k l	3,—	3,—
Block 1	(117×73 mm) l	3,50	3,50
	FDC		4,50
15 Us	senkrecht ungezähnt	—,—	

Auflagen: MiNr. 15 = 100 000 Stück, Bl. 1 = 40 000 Blocks

1993, 4. Nov. 100. Jahrestag der Gründung der Inneren Makedonischen Revolutionären Organisation (IMRO). Odr.; gez. L 10.

m) Textilarbeit

17	4 (D) mehrfarbig .... m	0,50	0,50
	FDC		2,—

Blockausgabe, □

n) Textilarbeit

Block 2	40 (D) mfg. (90×75 mm) .... n	3,50	3,50
	FDC		4,50

Auflagen: MiNr. 17 = 300 000 Stück, Bl. 2 = 40 000 Blocks

1993, 31. Dez. Weihnachten. Odr.; gez. L 10.

o) Christi Geburt; Fresko aus dem Georgskloster, Rajčica

p) Christi Geburt; Fresko aus dem Kloster Slepče

18	2 (D) mehrfarbig .... o	0,50	0,50
19	20 (D) mehrfarbig .... p	3,50	3,50
	Satzpreis (2 W.)	4,—	4,—
	FDC		4,50

Auflagen: MiNr. 18 = 300 000, MiNr. 19 = 100 000 Stück

1994

1994, 2. April. Freimarken. MiNr. 1 und 4 sowie Zwangszuschlagsmarke MiNr. 1 mit Bdr.-Aufdruck.

20	2 (D) auf 30 (D) mfg. .... (1)	0,20	0,20
21	8 (D) auf 2.50 (D) mfg. .... (ZZ1)	0,80	0,80
22	15 (D) auf 10 (D) mfg. .... (4)	1,60	1,60
	Satzpreis (3 W.)	2,50	2,50
	FDC		3,50

Auflagen: MiNr. 20 = 500 000, MiNr. 21–22 je 250 000 Stück

MiNr. 22 gültig bis 6.10.1995

1994, 29. April. Ostern. Odr.; gez. L 10.

r) Teller mit bemalten Ostereiern

23	2 (D) mehrfarbig .... r	0,50	0,50
	FDC		2,—

Auflage: 200 000 Stück

1994, 23. Mai. Revolutionäre Persönlichkeiten. Odr.; gez. L 10.

s) Kosta Racin (1908–1943), Schriftsteller

s–v) Gemälde von Dimitar Kondovski

t) Grigor Prličev (1830–1893), Schriftsteller

u) Nikola Vapcarov (1909–1942), bulgarischer Lyriker

v) Goce Delčev (1872–1903), Politiker

24	8	(D)	mehrfarbig .... s	0,50	0,50
25	15	(D)	mehrfarbig .... t	1,—	1,—
26	20	(D)	mehrfarbig .... u	1,50	1,50
27	50	(D)	mehrfarbig v	3,50	3,50
			Satzpreis (4 W.)	6,50	6,50
			FDC		10,—

Auflagen: MiNr. 24–26 je 500 000, MiNr. 27 = 300 000 Stück

1994, 21. Juni. Volkszählung. Odr.; gez. L 10.

w) Familie

28	2 (D) mehrfarbig .... w	0,50	0,50
	FDC		2,—

Auflage: 300 000 Stück

1994, 2. Aug. 50 Jahre Nationaler Befreiungsrat Makedoniens (ASNOM). Odr.; gez. L 10.

x) Kloster St. Prohor Pčinski (Detail), Sitz der ASNOM (1944)

29	5 (D) mehrfarbig x	0,50	0,50
	FDC		2,—

Blockausgabe, ☐

y) Kloster St. Prohor Pcinski

Block 3	50 (D) mfg. (108 × 73 mm) .... y	3,50	3,50
	FDC		4,50

Auflagen: MiNr. 29 = 100 000 Stück, Bl. 3 = 30 000 Blocks

1994, 22. Aug. Schwimm-Marathon, Ohrid. Odr.; gez. L 10.

z) Schwimmer, Karte des Ohridsees

30	8 (D) mehrfarbig .... z	0,70	0,70
	FDC		2,—

Auflage: 100 000 Stück

1994, 12. Sept. 150 Jahre Poststempel in Makedonien (1993). Odr.; gez. L 10.

aa) Poststempel von Bitola (1843), Brief mit Marke MiNr. 1

31	2 (D) mehrfarbig .... aa	1,—	1,—
	FDC		2,—

Auflage: 300 000 Stück

1994, 13. Sept. 50 Jahre Zeitungen „Nova Makedonija", „Mlad Borec" und „Makedonka". Odr.; gez. L 10.

ab) Zeitungsstempel

32	2 (D) mehrfarbig .... ab	1,—	1,—
	FDC		2,—

Auflage: 300 000 Stück

1994, 29. Sept. 50 Jahre St.-Kliment-von-Ohrid-Bibliothek. Odr.; gez. L 10.

ac) Handschrift (15. Jh.)   ad) Manuskriptblatt (13. Jh.)

33	2 (D) mehrfarbig .... ac	0,20	0,20
34	10 (D) mehrfarbig .... ad	1,30	1,30
	Satzpreis (2 W.)	1,50	1,50
	FDC		3,—

Auflagen: MiNr. 33 = 300 000, MiNr. 34 = 100 000 Stück

1994, 26. Dez. 50 Jahre Makedonisches Radio. Odr.; gez. L 10.

ae) Rundfunkgerät, Schallplatte, Bildschirm

35	2 (D) mehrfarbig .... ae	0,50	0,50
	FDC		1,50
	35 Zf	1,50	1,50

MiNr. 35 wurde im Bogen zu 24 Marken und 1 Zierfeld gedruckt.
Auflage: 100 000 Stück

MICHEL-Kataloge

können Sie auch außerhalb Deutschlands beziehen. Unsere Vertretungen in vielen Ländern haben die neuen Kataloge stets lieferbar.

1994, 26. Dez. Naturschutz. Odr.; gez. L 10.

af) Pinus peluse   ag) Lynx lynx martinoi

36	5 (D) mehrfarbig	af	0,50	0,50
37	10 (D) mehrfarbig	ag	1,—	1,—
	Satzpreis (2 W.)		1,50	1,50
	FDC			2,—
	Kleinbogensatz (2 Klb.)		15,—	15,—

MiNr. 36–37 wurden jeweils im Kleinbogen zu 9 Marken gedruckt.
Auflagen: MiNr. 36 = 200 000 Stück, MiNr. 37 = 100 000 Stück

1995

1995, 13. März. Freimarken. MiNr. 5 und 7 mit schwarzem bzw. goldenem Bdr.-Aufdruck.

   38 I   2 38 II

38	2 (D)	auf 40 (D) mehrfarbig	(5) S		
I		breite „2" ohne Serifen		1,—	1,—
II		schmale „2" mit Serifen		1,—	1,—
39	5 (D)	auf 40 (D) mehrfarbig	(7) G	0,50	0,50
		Satzpreis (2 W.)		1,50	1,50
		FDC			2,—

Auflagen: MiNr. 38 I = 167 000, MiNr. 38 II = 333 000, MiNr. 39 = 510 000 Stück

MiNr. 38 gültig bis 6.10.1995

1995, 23. April. Ostern. Odr.; gez. L 10.

ah) Fresko aus Nagoričane

40	4 (D) mehrfarbig	ah	0,50	0,50
	FDC			2,—
	40 Zf		1,—	1,—

MiNr. 40 wurde im Bogen zu 24 Marken und 1 Zierfeld gedruckt.
Auflage: 200 000 Stück

1995, 9. Mai. 50. Jahrestag der Beendigung des Zweiten Weltkrieges. Odr.; gez. L 10.

ai) Symbolische Darstellung der Kriegsfolgen

41	2 (D) mehrfarbig	ai	1,—	1,—
	FDC			2,50

Auflage: 300 000 Stück

1995, 20. Mai. 50 Jahre Makedonisches Rotes Kreuz. Odr.; gez. L 10.

ak) Rotes Kreuz, Landkarte von Makedonien

42	2 (D) mehrfarbig	ak	1,—	1,—
	FDC			2,50

Auflage: 300 000 Stück

1995, 31. Mai. 100 Jahrestag der Entdeckung der Röntgenstrahlen; Nationaler Radiologenkongreß. Odr.; gez. L 10.

al) Wilhelm Conrad Röntgen (1845–1923), deutscher Physiker, Nobelpreis 1901

43	2 (D) mehrfarbig	al	1,20	1,20
	FDC			2,50

Auflage: 300 000 Stück

1995, 8. Juni. 50 Jahre Vojdan-Černodrinski-Theaterfestival. Odr.; gez. L 10.

am) V. Černodrinski (1875–1951), Dramaturg

44	10 (D) mehrfarbig	am	1,—	1,—
	FDC			2,50

Auflage: 300 000 Stück

1995, 22. Juni. 600. Todestag von König Marko. Odr.; gez. L 10.

an) Kral Marko (1335–1395), serbischer Fürst, Teilkönig um Prilep; Fresko (14. Jh.) im St.-Markov-Kloster bei Skopje

45	20 (D) mehrfarbig	an	1,30	1,30
	FDC			2,50

Auflage: 100 000 Stück

1995, 8. Juli. 100. Todestag von Ǵorǵi Puleski. Odr.; gez. L 10.

ao) Ǵ. Puleski (1818–1895), Sprachwissenschaftler und Revolutionär

46	2 (D) mehrfarbig	ao	1,—	1,—
	FDC			2,50

Auflage: 300 000 Stück

1995, 23. Aug. Dichterfestival, Struga. Odr.; gez. L 10.

ap) Brücke über den Schwarzen Drin in Struga, Festivalemblem

47	2 (D) mehrfarbig	ap	1,—	1,—
	FDC			2,50

Auflage: 50 000 Stück

1995, 4. Okt. Freimarken: Architektur. Odr.; gez. L 10.

ar) Haus in Maleševija as) Haus in Krakornica

48	2	(D)	mehrfarbig .... ar	0,10	0,10
49	20	(D)	mehrfarbig .... as	1,20	1,20
			Satzpreis (2 W.)	1,30	1,30
			FDC		2,50

Weitere Werte: MiNr. 86–88, 116–120, 133, 151–152, 178, 202

1995, 4. Okt. Moschee von Tetovo. Odr.; gez. L 10.

at) Innenansicht

50	15	(D)	mehrfarbig .... at	1,—	1,—
			FDC		2,50

1995, 6. Okt. 100 Jahre Kino. Odr. (1 × 10 Zd); dreiseitig gez. L 10.

au) Auguste (1862 bis 1954) und Louis Jean Lumière (1864–1948), franz. Phototechniker

av) Milton und Janaki Manaki, makedonische Cinematographen

51	10	(D)	mehrfarbig (▯) .... au	1,—	1,—
52	10	(D)	mehrfarbig (▯) .... av	1,—	1,—
			Satzpreis (Paar)	2,—	2,—
			FDC		3,50

1995, 24. Okt. 50 Jahre Vereinte Nationen (UNO). Odr.; gez. L 10.

aw) Steinblöcke, Globus in Nest ax) Steinblöcke, Sonne

53	20	(D)	mehrfarbig .... aw	0,80	0,80
54	50	(D)	mehrfarbig .... ax	2,20	2,20
			Satzpreis (2 W.)	3,—	3,—
			FDC		4,50
			Kleinbogensatz (2 Klb.)	30,—	30,—

MiNr. 53–54 wurden jeweils im Kleinbogen zu 9 Marken gedruckt.

1995, 13. Dez. Weihnachten. Odr.; gez. L 10.

ay) Maria mit Kind (Ikonendetail)

55	15	(D)	mehrfarbig .... ay	1,20	1,20
			FDC		2,50

Auflage: 300 000 Stück

MiNr. 55–61 und Bl. 4 sollen erst ab 9.1.1996 am Postschalter erhältlich gewesen sein

1995, 14. Dez. Naturschutz: Vögel. Odr.; gez. L 10.

az) Krauskopfpelikan (Pelecanus crispus) ba) Bartgeier (Gypaëtus barbatus)

56	15	(D)	mehrfarbig .... az	1,—	1,—
57	40	(D)	mehrfarbig .... ba	2,—	2,—
			Satzpreis (2 W.)	3,—	3,—
			FDC		5,—
			Kleinbogensatz (2 Klb.)	28,—	28,—

MiNr. 56–57 wurden jeweils im Kleinbogen zu 9 Marken gedruckt.
Auflage: 50 000 Sätze

1995, 18. Dez. 50. Jahrestag der Reform der makedonischen Sprache. Odr.; gez. L 10.

bb) Kyrillische Buchstaben, Puzzleteile

58	5	(D)	mehrfarbig .... bb	0,50	0,50
			FDC		2,—

Auflage: 150 000 Stück

1995, 19. Dez. 700 Jahre Fresken in der St.-Bogorodica-Kirche, Ohrid. Odr.; gez. L 10.

bc) Hl. Kliment von Ohrid (um 840–916), altbulgarischer Schriftsteller und Übersetzer; St.-Bogorodica-Kirche

59	8	(D)	mehrfarbig .... bc	0,60	0,60
			FDC		2,—

Blockausgabe, ☐

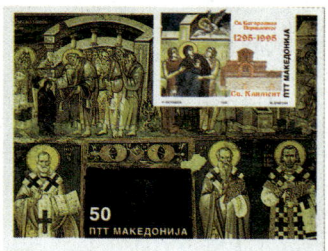

bd) Ausschnitt des Freskos, Vignette in Zeichnung bc

Block 4	50 (Den) mfg. (85 × 67 mm) ...... bd	50,—	50,—
	FDC		60,—

[FALSCH] Farbkopie, erkennbar am unsauberen Druckvermerken.

Auflagen: MiNr. 59 = 100 000 Stück, Bl. 4 = 12 400 Blocks

Mehr wissen mit MICHEL

818　　　　　　　　　　　　　　　　Makedonien

1995, 27. Dez. 1 Jahr Mitgliedschaft Makedoniens im Weltpostverein (UPU). Odr.; gez. L 10.

be) Hauptpostamt, Skopje; UPU-Emblem

| 60 | 10 | (D) | mehrfarbig | be | 0,60 | 0,60 |
| | | | FDC | | | 2,— |

Auflage: 100 000 Stück

1995, 27. Dez. Aufnahme von Makedonien in den Europarat und in die Organisation für Sicherheit und Zusammenarbeit in Europa (OSZE). Odr.; gez. L 10.

bf) Europafahne und Staatsflagge werden mit Reißverschluß zusammengefügt

| 61 | 20 | (D) | mehrfarbig | bf | 1,30 | 1,30 |
| | | | FDC | | | 2,50 |

Auflage: 100 000 Stück

1996

1996, 20. Mai. 100 Jahre Olympische Spiele der Neuzeit; Olympische Sommerspiele, Atlanta. Odr.; gez. L 10.

bg) Wildwasserkajak　　bh) Basketball　　bi) Schwimmen

bk) Ringen　　bl) Boxen　　bm) Laufen

bg–bm) Griechische Statue eines Diskuswerfers

62	2	(D)	mehrfarbig	bg	0,30	0,30
63	8	(D)	mehrfarbig	bh	0,40	0,40
64	15	(D)	mehrfarbig	bi	0,70	0,70
65	20	(D)	mehrfarbig	bk	1,10	1,10
66	40	(D)	mehrfarbig	bl	2,20	2,20
67	50	(D)	mehrfarbig	bm	2,80	2,80
			Satzpreis (6 W.)		7,50	7,50
			FDC			9,—
			Kleinbogensatz (6 Klb.)		65,—	65,—

MiNr. 62–67 wurden jeweils im Kleinbogen zu 8 Marken und 1 Zierfeld gedruckt.

**Zum Bestimmen der Farben:
MICHEL-Farbenführer**

1996, 11. Juli. Dekade der Vereinten Nationen gegen Drogenmißbrauch und -handel. Odr.; gez. L 10.

bn) Drogenopfer als Vogelscheuche

| 68 | 20 | (D) | mehrfarbig | bn | 1,— | 1,— |
| | | | FDC | | | 2,50 |

1996, 15. Juli. Kinder der Welt: Kinderzeichnungen. Odr.; gez. L 10.

bo) Junge　　bp) Mädchen

69	2	(D)	mehrfarbig	bo	0,20	0,20
70	8	(D)	mehrfarbig	bp	0,50	0,50
			Satzpreis (2 W.)		0,70	0,70
			FDC			2,—

1996, 19. Juli. 1000. Jahrestag der Krönung von Zar Samuil. Odr.; gez. L 10.

br) Zar Samuil († 1014); Gemälde von Dimitar Kondovski; Fragment der Schrifttafel am Grabmal Samuils, Zarenkrone, Burg Kale in Ohrid

71	40	(D)	mehrfarbig	br	1,80	1,80
			FDC			3,50
			Kleinbogen		17,—	17,—

MiNr. 71 wurde im Kleinbogen zu 9 Marken gedruckt.

1996, 2. Aug. 75. Todestag von Gorče Petrov. Odr.; gez. L 10.

bs) G. Petrov (1865–1921), Revolutionär

| 72 | 20 | (D) | mehrfarbig | bs | 1,— | 1,— |
| | | | FDC | | | 2,50 |

1996, 8. Sept. 5 Jahre Unabhängigkeit. Odr.; gez. L 10.

bt) Staatsflagge, Siegel der Aufständischen im Kreis Ohrid (1903)

| 73 | 10 | (D) | mehrfarbig | bt | 0,50 | 0,50 |
| | | | FDC | | | 2,— |

Makedonien

1996, 22. Nov. Europa: Berühmte Frauen. Odr.; gez. K 13:13¼.

bu) Vera Ciriviri-Trena (1920–1944), Freiheitskämpferin

bv) Mutter Teresa (1910–1997), indische Ordensgründerin albanischer Herkunft, Nobelpreis 1979

74	20	(D) mehrfarbig	.... bu	7,—	7,—
75	40	(D) mehrfarbig	.... bv	10,—	10,—
			Satzpreis (2 W.)	17,—	17,—
			FDC		18,—
			Kleinbogensatz	160,—	160,—

MiNr. 74–75 wurden jeweils im Kleinbogen zu 9 Marken gedruckt.

MiNr. 75 wurde von der Post am Ausgabetag zurückgezogen und als nicht ausgegeben bezeichnet; einige Marken waren aber verkauft worden. Nach vielen Protesten wurde die Marke am 15.3.1997 (amtlicher Ersttag) erneut ausgegeben.

Auflagen: MiNr. 74 = 200 000, MiNr. 75 = 100 000 Stück

1996, 14. Dez. Weihnachten. Odr.; gez. L 10.

bw) Weihnachtliches Stillleben
bx) Kinder singen Weihnachtslieder

76	10	(D) mehrfarbig	.... bw	0,60	0,60
77	10	(D) mehrfarbig	.... bx	0,60	0,60
			Satzpreis (Paar)	1,20	1,20
			FDC		2,50

MiNr. 76–77 wurden waagerecht zusammenhängend gedruckt.

1996, 19. Dez. Frühchristliche Terrakotta-Wandreliefs aus Viničko Kale. Odr.; gez. L 10.

by) Daniel in der Löwengrube
bz) Hl. Christophorus und Hl. Georg
ca) Josua und Kaleb, Sonne
cb) Einhorn

78	4	(D) mehrfarbig/gelboliv	.... by	0,20	0,20
79	8	(D) mehrfarbig/gelboliv	.... bz	0,40	0,40
80	20	(D) mehrfarbig/gelboliv	.... ca	1,—	1,—
81	50	(D) mehrfarbig/gelboliv	.... cb	2,50	2,50
			Satzpreis (4 W.)	4,—	4,—
			Viererblock	4,50	4,50
			FDC		5,50

82	4	(D) mehrfarbig/blaugrün	.... by	0,20	0,20
83	8	(D) mehrfarbig/blaugrün	.... bz	0,40	0,40
84	20	(D) mehrfarbig/blaugrün	.... ca	1,—	1,—
85	50	(D) mehrfarbig/blaugrün	.... cb	2,50	2,50
			Satzpreis (4 W.)	4,—	4,—
			Viererblock	4,50	4,50
			FDC		5,50

Die zweite Farbangabe bezieht sich auf den Hintergrund der Marken.

82 UI	links ungezähnt	....	—,—
84 UI	links ungezähnt	....	—,—

1996, 20./25. Dez. Freimarken: Architektur. Odr.; gez. L 10.

cc) Haus in Nistrovo   cd) Haus in Brodec   ce) Haus in Niviște

86	2	(D) mehrfarbig (25. Dez.)	 cc	0,20	0,20
87	8	(D) mehrfarbig (20. Dez.)	.... cd	0,60	0,60
88	10	(D) mehrfarbig (25. Dez.)	.... ce	0,70	0,70
			Satzpreis (3 W.)	1,50	1,50
			FDC (MiNr. 86 und 88)		2,—
			FDC (MiNr. 87)		1,50

Auflagen: MiNr. 86 = 1 000 000, MiNr. 87–88 je 500 000 Stück

Weitere Werte siehe Fußnote nach MiNr. 49.

1996, 21. Dez. Naturschutz: Schmetterlinge. Odr.; gez. L 10.

cf) Pseudochazara cingovskii   cg) Colias balcanica

89	4	(D) mehrfarbig	.... cf	0,20	0,20
90	40	(D) mehrfarbig	.... cg	2,40	2,40
			Satzpreis (2 W.)	2,50	2,50
			FDC		4,50

Auflage: 55 455 Sätze

1996, 31. Dez. 50 Jahre UNICEF; 50 Jahre UNESCO. Odr.; gez. K 14¼:14¾.

ch) Das kleine Montmartre in Bitola (Kinderzeichnung)
ci) St.-Jovan-Kaneo-Kirche, Ohrid; Hände und Kugeln

91	20	(D) mehrfarbig	.... ch	1,—	1,—
92	40	(D) mehrfarbig	 ci	2,—	2,—
			Satzpreis (2 W.)	3,—	3,—
			FDC		5,50

MiNr. 91–92 sollen erst ab 1.2.1997 am Postschalter erhältlich gewesen sein.

Mit MICHEL-Katalogen sind Sie immer gut informiert!

Makedonien

1997

1997, 7. Febr. 50 Jahre alpine Skimeisterschaften um den Pokal von Šar Planina. Odr.; gez. L 10.

ck) Skirennläufer, Gebirgszug

93	20 (D) mehrfarbig . . . . ck	1,20	1,20
	FDC		2,50

1997, 12. März. 150. Geburtstag von Alexander Graham Bell. Odr.; gez. L 10.

cl) A. G. Bell (1847–1922), britisch-amerikanischer Physiologe und Erfinder; Telefonapparat

94	40 (D) mehrfarbig cl	2,—	2,—
	FDC		3,50

1997, 26. März. Archäologische Funde: Römische Mosaiken in Heraklia und Stobi. Odr.; gez. L 10.

cm) Wildhund

cn) Stier   co) Löwe   cp) Leopard reißt Reh

95	2 (D) mehrfarbig . . . . cm	0,20	0,20
96	8 (D) mehrfarbig . . . . cn	0,40	0,40
97	20 (D) mehrfarbig . . . . co	0,90	0,90
98	40 (D) mehrfarbig . . . . cp	2,—	2,—
	Satzpreis (4 W.)	3,50	3,50
	FDC		4,50
	Kleinbogensatz (4 Klb.)	30,—	30,—

Blockausgabe, ☐

cr) Hirschkuh und Hirsch, Pfauen

Block 5	50 (D) mfg. (87×60 mm) . . . . cr	4,—	4,—
	FDC		4,50

MiNr. 95–98 wurden jeweils im Kleinbogen zu 8 Marken und 1 Zierfeld gedruckt.
Auflage: Bl. 5 = 20 000 Blocks

Zum Bestimmen der Farben:
MICHEL-Farbenführer

1997, 24. Mai. 1100 Jahre kyrillische Schrift. Odr.; gez. L 10.

cs) Geprägte Goldplatte, kyrillische Inschrift
ct) Kyrillos (um 826–869) und Methodios (um 815 bis 885), Slawenapostel

99	10 (D) mehrfarbig . . . . cs	0,60	0,60
100	10 (D) mehrfarbig . . . . ct	0,60	0,60
	Satzpreis (Paar)	1,20	1,20
	FDC		2,50

MiNr. 99–100 wurden waagerecht zusammenhängend gedruckt.

1997, 5. Juni. Internationaler Tag der Umwelt. Odr.; gez. L 10.,

cu) Blumen in Gebirgslandschaft

101	15 (D) mehrfarbig . . . . cu	1,—	1,—
	FDC		2,—

1997, 6. Juni. Europa: Sagen und Legenden. Odr.; gez. K 14¾:14¼.

cv) „Der schlaue Pejo"   cw) „Siljan der Storch"

102	20 (D) mehrfarbig cv	6,—	6,—
103	40 (D) mehrfarbig . . . . cw	11,—	11,—
	Satzpreis (2 W.)	17,—	17,—
	2 FDC		18,—
	Kleinbogensatz (2 Klb.)	160,—	160,—

MiNr. 102–103 wurden jeweils im Kleinbogen zu 9 Marken gedruckt.
Auflagen: MiNr. 102 = 200 000, MiNr. 103 = 100 000 Stück

1997, 3. Juli. 1100. Geburtstag des hl. Naum. Odr.; gez. L 10.

cx) Hl. Naum (897–um 970), St.-Naum-Kirche bei Ohrid

104	15 (D) mehrfarbig cx	1,—	1,—
	FDC		2,—

1997, 10. Okt. Mineralien. Odr. (3×3); gez. L 10.

cy) Stibnit   cz) Lorandit

105	27 (D) mehrfarbig . . . . cy	1,50	1,50
106	40 (D) mehrfarbig . . . . cz	2,—	2,—
	Satzpreis (2 W.)	3,50	3,50
	FDC		4,50
	Kleinbogensatz (2 Klb.)	35,—	35,—

Makedonien

1997, 11. Okt. Internationaler Tag des Kindes: Das Kind und die Familie. Odr. (3×3); gez. L 10.

da) Kind schläft in schützender Hand; Sonne, Land und Meer

107	27	(D)	mehrfarbig .... da	1,40	1,40
			FDC		2,50
			Kleinbogen	13,—	13,—

1997, 7. Nov. Naturschutz: Pilze. Odr. (3×3); gez. L 10.

db) Pfifferling (Cantharellus cibarius)

dc) Schwarzer Steinpilz (Boletus aereus)   dd) Kaiserling (Amanita caesarea)   de) Spitzmorchel (Morchella conica)

108	2	(D)	mehrfarbig .... db	0,30	0,30
109	15	(D)	mehrfarbig .... dc	0,70	0,70
110	27	(D)	mehrfarbig .... dd	1,30	1,30
111	50	(D)	mehrfarbig .... de	2,20	2,20
			Satzpreis (4 W.)	4,50	4,50
			FDC		7,50
			Kleinbogensatz (4 Klb.)	40,—	40,—

MiNr. 108–111 wurden jeweils im Kleinbogen zu 8 Marken und 1 Zierfeld gedruckt.

1998

1998, 4. Febr. 50. Todestag von Mahatma Gandhi. Odr. (3×3); gez. K 13¼.

df) Mahatma Gandhi (1869–1948), Führer der indischen Unabhängigkeitsbewegung

112	30	(D)	mehrfarbig .... df	1,20	1,20
			FDC		2,50
			Kleinbogen	10,—	10,—

1998, 6. Febr. 2500. Todestag von Pythagoras (um 570–um 500 v. Chr.), griechischer Philosoph und Mathematiker. Odr. (3×3); gez. K 13¼.

dg) Darstellung des pythagoreischen Lehrsatzes

113	16	(D)	mehrfarbig .... dg	0,70	0,70
			FDC		2,—
			Kleinbogen	6,50	6,50

1998, 7. Febr. Olympische Winterspiele, Nagano. Odr.; (3×3); gez. K 13¼.

dh) Slalom   di) Skilanglauf

114	4	(D)	mehrfarbig .... dh	0,10	0,10
115	30	(D)	mehrfarbig .... di	1,20	1,20
			Satzpreis (2 W.)	1,30	1,30
			FDC		2,50
			Kleinbogensatz (2 Klb.)	11,—	11,—

MiNr. 114–115 wurden jeweils im Kleinbogen zu 8 Marken und 1 Zierfeld gedruckt.

1998, 9./10. Juni. Freimarken: Architektur. Odr. (7×5); gez. K 13¼.

dk) Haus in Novo Selo

dl) Haus in Jablanica   dm) Haus in Konopnica   dn) Haus in Ambar   do) Haus in Galičnik

116	2	(D)	mehrfarbig .... dk		
Ia			mit Rahmen, Himmel purpur (9. Febr.)	0,20	0,20
IIb			ohne Rahmen, Himmel violettblau (10. Juni)	0,50	0,50
117	4	(D)	mehrfarbig (9. Febr.) .... dl	0,30	0,30
118	20	(D)	mehrfarbig (12. Febr.) ..... dm	0,70	0,70
119	30	(D)	mehrfarbig (9. Febr.) .... dn	1,20	1,20
120	50	(D)	mehrfarbig (12. Febr.) ..... do	2,—	2,—
			Satzpreis (5 W.)		4,—
			FDC (MiNr. 116 I a, 117 und 119)		2,—
			FDC (MiNr. 118 und 120)		3,—

Weitere Werte siehe Fußnote nach MiNr. 49.

1998, 11. Febr. 50. Jahrestag der Deportation von 24000 Kindern nach Griechisch-Makedonien. Odr. (3×3); gez. K 13¼.

dp) Exodus; Gemälde von Kole Manev

121	30	(D)	mehrfarbig .... dp	1,20	1,20
			FDC		2,50
			Kleinbogen	11,—	11,—

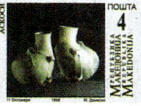

1998, 29. Apr. Archäologische Funde aus der Jungsteinzeit. Odr. (3×3); gez. K 13¼.

dr) Wasserflaschen

ds) Tierfigur mit Schale   dt) Sakrale Frauenfigur   du) Becher

Makedonien

122	4	(D)	mehrfarbig .... dr	0,20	0,20
123	18	(D)	mehrfarbig .... ds	0,60	0,60
124	30	(D)	mehrfarbig .... dt	1,20	1,20
125	60	(D)	mehrfarbig .... du	2,20	2,20
			Satzpreis (4 W.)	4,—	4,—
			FDC		5,—
			Kleinbogensatz (4 Klb.)	35,—	35,—

MiNr. 122–125 wurden jeweils im Kleinbogen zu 8 Marken und 1 Zierfeld gedruckt.

1998, 30. April. Fußball-Weltmeisterschaft, Frankreich. Odr.; (3×3); gez. K 13¼.

dv) Spielfeld, Fußball   dw) Spielfeld, Weltkarte

126	4	(D)	mehrfarbig .... dv	0,20	0,20
127	30	(D)	mehrfarbig .... dw	1,30	1,30
			Satzpreis (2 W.)	1,50	1,50
			FDC		2,50
			Kleinbogensatz (2 Klb.)	14,—	14,—

1998, 5. Mai. Europa: Nationale Feste und Feiertage. Odr.; (3×3); gez. K 13¼.

dx) Volkstanz Oro   dy) Karneval

128	30	(D)	mehrfarbig .... dx	2,—	2,—
129	40	(D)	mehrfarbig .... dy	3,—	3,—
			Satzpreis (2 W.)	5,—	5,—
			FDC		6,—
			Kleinbogensatz (2 Klb.)	45,—	45,—

1998, 10. Mai. 18. Kongreß der Karnevalsstädte, Strumica. Odr. (3×3); gez. K 13¼.

dz) Karnevalstreiben

130	30	(D)	mehrfarbig .... dz	1,20	1,20
			FDC		2,20
			Kleinbogen	11,—	11,—

1998, 5. Juni. Umweltschutz. Odr.; (3×3); gez. K 13¼.

ea) Arabeske   eb) Fabrikschlot entwurzelt Baum; Karikatur von Delčo Mihajlov

131	4	(D)	mehrfarbig .... ea	0,20	0,20
132	30	(D)	mehrfarbig .... eb	1,10	1,10
			Satzpreis (2 W.)	1,30	1,30
			FDC		2,—
			Kleinbogensatz (2 Klb.)	12,—	12,—

1998, 10. Juni. Freimarke: Architektur. Odr. (7×5); gez. K 13¼.

ec) Haus in Kiselica

133	16	(D)	mehrfarbig .... ec	0,60	0,60
			FDC		1,—

Weitere Werte siehe Fußnote nach MiNr. 49.

1998, 30. Juni. 120. Geburtstag von Dimitrija Čupovski. Odr. (3×3); gez. K 13¼.

ed) D. Čupovski

134	16	(D)	mehrfarbig .... ed	0,60	0,60
			FDC		1,50
			Kleinbogen	5,50	5,50

1998, 9. Aug. 125 Jahre Eisenbahn in Makedonien. Odr.; (3×3); gez. K 13¼.

ee) Gebäude, Dampflokomotive, Urkunde   ef) Dampflokomotive

135	30	(D)	mehrfarbig .... ee	1,50	1,50
136	60	(D)	mehrfarbig .... ef	3,—	3,—
			Satzpreis (2 W.)	4,50	4,50
			FDC		5,50
			Kleinbogensatz (2 Klb.)	42,—	42,—

1998, 17. Sept. Fossile Schädelfunde in Makedonien. Odr. (3×3); gez. K 13¼.

eg) Ursus spelaeus

eh) Mesopithecus pentelici   ei) Tragoceros   ek) Aceratherium incisivum

137	4	(D)	mehrfarbig .... eg	0,20	0,20
138	8	(D)	mehrfarbig .... eh	0,30	0,30
139	18	(D)	mehrfarbig .... ei	0,80	0,80
140	30	(D)	mehrfarbig .... ek	1,20	1,20
			Satzpreis (4 W.)	2,50	2,50
			FDC		4,50
			Kleinbogensatz (4 Klb.)	20,—	20,—

MiNr. 137–140 wurden jeweils im Kleinbogen zu 8 Marken und 1 Zierfeld gedruckt.

Makedonien

1998, 21. Sept. 100 Jahre Zlatoustova-Messe. Odr. (3×3); gez. K 13¼.

el) Atanas Badev (1860–1908), Komponist; Notenzeilen

141	25	(D)	mehrfarbig	el	1,—	1,—
			FDC			2,—
			Kleinbogen		10,—	10,—

1998, 5. Okt. Tag des Kindes. Odr. (3×3); gez. K 13¼.

em) Junge läßt Drachen steigen

142	30	(D)	mehrfarbig	em	1,20	1,20
			FDC			2,20
			Kleinbogen		11,—	11,—

1998, 20. Okt. Käfer. Odr. (3×3); gez. K 13¼.

en) Großer Eichenbock (Cerambyx cerdo)

eo) Alpenbock (Rosalia alpina) ep) Nashornkäfer (Oryctes nasicornis) er) Hirschkäfer (Lucanus cervus)

143	4	(D)	mehrfarbig	en	0,20	0,20
144	8	(D)	mehrfarbig	eo	0,40	0,40
145	20	(D)	mehrfarbig	ep	0,80	0,80
146	40	(D)	mehrfarbig	er	1,60	1,60
			Satzpreis (4 W.)		3,—	3,—
			FDC			4,—
			Kleinbogensatz (4 Klb.)		25,—	25,—

MiNr. 143–146 wurden jeweils im Kleinbogen zu 8 Marken und 1 Zierfeld gedruckt.

1998, 20. Nov. Weihnachten und Neujahr. Odr.; (3×3); gez. K 13¼.

es) Schneekristalle, Rotwild   et) Fladenbrot, Eichenzweig

147	4	(D)	mehrfarbig	es	0,20	0,20
148	30	(D)	mehrfarbig	et	1,30	1,30
			Satzpreis (2 W.)		1,50	1,50
			FDC			3,—
			Kleinbogensatz (2 Klb.)		14,—	14,—

Wissen kommt nicht von selbst
MICHEL

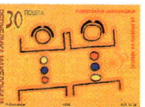

1998, 10. Dez. 50. Jahrestag der Allgemeinen Erklärung der Menschenrechte. Odr. (3×3); gez. K 13¼.

eu) Zwei stilisierte Menschen

149	30	(D)	mehrfarbig	eu	1,20	1,20
			FDC			2,—
			Kleinbogen		11,—	11,—

1999

1999, 20. Jan. Makedonischer Hütehund. Odr. (3×3); gez. K 13¼.

ev) Makedonischer Hütehund

150	15	(D)	mehrfarbig	ev	1,—	1,—
			FDC			1,50
			Kleinbogen		9,—	9,—

1999, 1./25. Febr. Freimarken: Architektur. Odr.; (7×5); gez. K 13¼.

ew) Haus in Svekani   ex) Haus in Teovo

151	4	(D)	mehrfarbig (1. Febr.)	es	0,10	0,10
152	5	(D)	mehrfarbig (25. Febr.)	et	0,20	0,20
			Satzpreis (2 W.)		0,30	0,30
			FDC (MiNr. 151)			1,—
			FDC (MiNr. 152)			1,—

Weitere Werte siehe Fußnote nach MiNr. 49.

1999, 3. März. Ikonen. Odr. (5×2); gez. K 11¾.

ey) Mariä Verkündigung (1535); Kloster Slepče bei Demir Hisar

ez) Heiligengruppe (1862); St.-Nikolaus-Kirche, Ohrid   fa) Maria mit Kind (1535); Kloster Slepče bei Demir Hisar   fb) Christus der Erlöser (1393/94); Kloster Zrze, Prilep

153	4	(D)	mehrfarbig	ey	0,30	0,30
154	8	(D)	mehrfarbig	ez	0,40	0,40
155	18	(D)	mehrfarbig	fa	0,70	0,70
156	30	(D)	mehrfarbig	fb	1,10	1,10
			Satzpreis (4 W.)		2,50	2,50
			FDC			4,—
			Kleinbogensatz (4 Klb.)		25,—	25,—

Makedonien

Blockausgabe

fc) Jesus Christus mit Erzengeln (1626); St.-Michaels-Kirche im Kloster Lesnovo, Probištip

157	50 (D) mehrfarbig .... fc	2,—	2,—
Block 6	(85×67 mm) .... fd	2,50	2,50
	FDC		3,—

1999, 14. März. 100. Geburtstag von Dimitar Pandilov. Odr. (3×3); gez. K 13¼.

fe) D. Pandilov (1899–1963), Maler; Heuernte (Gemälde)

158	4 (D) mehrfarbig .... fe	0,20	0,20
	FDC		1,50
	Kleinbogen	2,—	2,—

1999, 22. April. 100 Jahre Telegraphie in Makedonien. Odr. (3×3); gez. K 13¼.

ff) Telegraph (1899)

159	4 (D) mehrfarbig .... ff	0,20	0,20
	FDC		1,50
	Kleinbogen	2,—	2,—

1999, 24. April. 50 Jahre Kyrillos-und-Methodios-Universität, Skopje. Odr. (3×3); gez. K 13¼.

fg) Hl. Kyrillos (um 826–869) und hl. Methodios (um 815–885), Apostel der Slawen; Universitätsgebäude

160	8 (D) mehrfarbig .... fg	0,30	0,30
	FDC		1,50
	Kleinbogen	3,—	3,—

1999, 5. Mai. 50 Jahre Europarat. Odr. (3×3); gez. K 13¼.

fh) Landkarte von Europa, Jubiläumsemblem

161	30 (D) mehrfarbig .... fh	1,20	1,20
	FDC		2,50
	Kleinbogen	11,—	11,—

1999, 5. Mai. Europa: Natur- und Nationalparks. Odr.; (3×3); gez. K 13¼.

fi) Nationalpark Pelister
fk) Nationalpark Mavrovo

162	30 (D) mehrfarbig .... fi	2,—	2,—
163	40 (D) mehrfarbig .... fk	3,—	3,—
	Satzpreis (2 W.)	5,—	5,—
	FDC		6,—
	Kleinbogensatz (2 Klb.)	45,—	45,—

1999, 5. Juni. Tag der Ökologie. Odr. (3×3); gez. K 13¼.

fl) Baum

164	30 (D) mehrfarbig .... fl	1,20	1,20
	FDC		2,50
	Kleinbogen	11,—	11,—

Auflage: 60 000 Stück

1999, 25. Juni. Mittelalterliche Herrscher Makedoniens. Odr. (2×2 Zd); gez. K 13¼.

fp) Fürst Strez (reg. 1204–1214)
fn) Zar Gorgi Vojteh (reg. 1072–1073)
fo) Fürst Dobromir Hrs (reg. 1195–1203)
fm) Zar Petar Deljan (reg. 1040–1041)

165	4 (D) mehrfarbig .... fm	0,10	0,10
166	8 (D) mehrfarbig .... fn	0,30	0,30
167	18 (D) mehrfarbig .... fo	0,70	0,70
168	30 (D) mehrfarbig .... fp	1,20	1,20
	Satzpreis (4 W.)	2,20	2,20
	Viererblock	2,50	2,50
	FDC		3,50

Auflage: 60 000 Sätze

1999, 1. Sept. 125. Jahrestag der Ausgabe der ersten Fibel in makedonischer Sprache. Odr., (3×3); gez. K 13¼.

fr) Kuzman Šapkarev, Autor; Titelseite der Fibel

169	4 (D) mehrfarbig .... fr	0,20	0,20
	FDC		1,50
	Kleinbogen	1,80	1,80

Makedonien

1999, 16. Sept. Einheimische Blumen. Odr. (3×3); gez. K 13¼.

fs) Krokus (Crokus scardicus)   ft) Tragant (Astragalus mayeri)   fu) Glockenblume (Campanula formanekiana)   fv) Veilchen (Viola kosaninii)

170	4	(D)	mehrfarbig . . . . fs	0,20	0,20
171	8	(D)	mehrfarbig . . . . ft	0,30	0,30
172	18	(D)	mehrfarbig . . . . fu	0,80	0,80
173	30	(D)	mehrfarbig . . . . fv	1,20	1,20
			Satzpreis (4 W.)	2,50	2,50
			FDC		4,—
			Kleinbogensatz (4 Klb.)	25,—	25,—

1999, 4. Okt. Woche des Kindes. Odr. (3×3); gez. K 13¼.

fw) Stilisiertes Kind

174	30	(D)	mehrfarbig . . . . fw	1,20	1,20
			FDC		2,50
			Kleinbogen	11,—	11,—

1999, 9. Okt. 125 Jahre Weltpostverein (UPU). Odr. (3×3); gez. K 13¼.

fx–fy) UPU-Emblem, Posthorn

175	5	(D)	mehrfarbig . . . . fx	0,20	0,20
176	30	(D)	mehrfarbig . . . . fy	1,30	1,30
			Satzpreis (2 W.)	1,50	1,50
			FDC		2,50
			Kleinbogensatz (2 Klb.)	14,—	14,—

1999, 27. Okt. 1400 Jahre Slawen in Makedonien. Odr. (3×3); gez. K 13¼.

fz) Slawische Reiter erkunden neues Land

177	5	(D)	mehrfarbig . . . . fz	0,20	0,20
			FDC		1,50
			Kleinbogen	1,80	1,80

Mit MICHEL immer voraus

1999, 5. Nov. Freimarke: Architektur. Odr. (7×5); gez. K 13¼.

ga) Haus in Bogomila

178	1	(D)	mehrfarbig . . . . ga	0,20	0,20
			FDC		0,80

Weitere Werte siehe Fußnote nach MiNr. 49.

1999, 18. Nov. 125. Geburtstag von Krste Petkov Misirkov. Odr. (3×3); gez. K 13¼.

gb) K. P. Misirkov (1874–1926)

179	5	(D)	mehrfarbig . . . . gb	0,20	0,20
			FDC		1,50
			Kleinbogen	2,—	2,—

1999, 24. Nov. Weihnachten. Odr. (3×3); gez. K 13¼.

gc) Tannenzweige   gd) Weihnachtskuchen

180	5	(D)	mehrfarbig . . . . gc	0,30	0,30
181	30	(D)	mehrfarbig . . . . gd	1,20	1,20
			Satzpreis (2 W.)	1,50	1,50
			FDC		3,—
			Kleinbogensatz (2 Klb.)	14,—	14,—

2000

2000, 19. Jan. 2000 Jahre Christentum: Religiöse Gemälde. Odr. (3×3); gez. K 13¼.

ge) Altarkreuz (19. Jh.) aus dem St.-Nikita-Kloster

gf) Glorreiche Muttergottes; Fresko (14. Jh.) aus dem St.-Marko-Kloster   gg) Hl. Kliment; Ikone (14. Jh.) aus dem St.-Kliment-Kloster, Ohrid   gh) Apostel Paulus; Fresko (1389) aus dem St.-Andreas-Kloster

MAKEDONIEN

182	5	(D)	mehrfarbig .... ge	0,30	0,30
183	10	(D)	mehrfarbig .... gf	0,50	0,50
184	15	(D)	mehrfarbig .... gg	0,60	0,60
185	30	(D)	mehrfarbig .... gh	1,10	1,10
			Satzpreis (4 W.)	2,50	2,50
			FDC		4,—
			Kleinbogensatz (4 Klb.)	24,—	24,—

Blockausgabe, dreiseitig gez. K 13¼

gi) St.-Sophia-Kathedrale, Ohrid (11. Jh.)

gk

186	50	(D)	mehrfarbig .... gi	1,50	1,50
Block 7	(70×50 mm) .... gk			2,—	2,—
			FDC		3,50

2000, 16. Febr. Jahrtausendwende. Odr. (2×2 Zd); gez. K 13¼.

gl) Sterne und Erde bilden Zahl „2000"

gm) Kreuz, Yin-Yang-Symbol, Davidstern, Halbmond

187	5	(D)	mehrfarbig .... gl	0,20	0,20
188	30	(D)	mehrfarbig .... gm	1,—	1,—
			Satzpreis (Paar)	1,40	1,40
			FDC		2,50
			Kleinbogen	6,—	6,—

2000, 1. März. Silberschmuck. Odr. (4×2); gez. K 13¼.

gn) Anhänger mit Wappen aus Ohrid (19. Jh.)

go) Ring aus Bitola (20. Jh.)

gp) Ohrhänger aus Ohrid (18. Jh.)

gr) Brosche aus Bitola (19.–20. Jh.)

189	5	(D)	mehrfarbig .... gn	0,20	0,20
190	10	(D)	mehrfarbig .... go	0,30	0,30
191	20	(D)	mehrfarbig .... gp	0,80	0,80
192	30	(D)	mehrfarbig .... gr	1,20	1,20
			Satzpreis (4 W.)	2,50	2,50
			FDC		4,—
			Kleinbogensatz (4 Klb.)	20,—	20,—

✸✸ = Ungebraucht mit Originalgummi (postfrisch)

⊙ = Mit Poststempel gebraucht

2000, 19. März. 50 Jahre Makedonischer Philatelistenverband (SFM). Odr. (3×3); gez. K 13¼.

gs) Symbolische Briefmarke mit SFM-Emblem, Lupe, MICHEL-Zähnungsschlüssel

193	5	(D)	mehrfarbig .... gs	0,20	0,20
			FDC		1,50
			Kleinbogen	2,—	2,—

2000, 23. März. 50 Jahre Weltorganisation für Meteorologie (WMO). Odr. (3×3); gez. K 13¼.

gt) Klima der vier Jahreszeiten (stlis.) über Weltkugel

194	30	(D)	mehrfarbig .... gt	1,20	1,20
			FDC		2,50
			Kleinbogen	11,—	11,—

2000, 21. April. Ostern. Odr. (5×5); gez. K 13¼.

gu) Männer beim traditionellen Eierpecken

195	5	(D)	mehrfarbig .... gu	0,20	0,20
			FDC		1,50

2000, 9. Mai. Europa. Odr. (3×3); gez. K 14.

gv) Kinder bauen Sternenturm

196	30	(D)	mehrfarbig .... gv	2,50	2,50
			FDC		4,—
			Kleinbogen	24,—	24,—

2000, 17. Mai. Olympische Sommerspiele, Sydney. Odr. (3×3); gez. K 13¼.

gw) Laufen

gx) Ringen

197	5	(D)	mehrfarbig .... gw	0,20	0,20
198	30	(D)	mehrfarbig .... gx	1,30	1,30
			Satzpreis (2 W.)	1,50	1,50
			FDC		2,50
			Kleinbogen	13,—	13,—

MiNr. 197–198 wurden jeweils im Kleinbogen zu 8 Marken und 1 Zierfeld gedruckt.

Makedonien

2000, 5. Juni. Internationaler Tag der Umwelt. Odr. (5×5); gez. K 13¼.

gy) Blume auf Weltkugel

199	5	(D)	mehrfarbig ....gy	0,20	0,20
			FDC		1,50

2000, 28. Juli. 600. Geburtstag von Johannes Gutenberg. Odr. (3×3); gez. K 13¼.

gz) J. Gutenberg (um 1400–1468), deutscher Erfinder des Buchdrucks mit beweglichen Lettern; Handpresse

200	30	(D)	mehrfarbig ....gz	1,20	1,20
			FDC		2,50
			Kleinbogen	11,—	11,—

Auflage: 40 000 Stück

2000, 28. Juli. Teodosija Sinaitski. Odr. (3×3); gez. K 13¼.

ha) T. Sinaitski, erster Buchdrucker in Makedonien (1839); Handpresse

201	6	(D)	mehrfarbig ....ha	0,20	0,20
			FDC		1,50
			Kleinbogen	1,80	1,80

Auflage: 60 000 Stück

2000, 28. Juli. Freimarke: Architektur. Odr. (7×5); gez. K 13¼.

hb) Haus in Zdunje

202	6	(D)	mehrfarbig ....hb	0,20	0,20
			FDC		1,—

Auflage: 1 000 000 Stück

Weitere Werte siehe Fußnote nach MiNr. 49.

2000, 26. Aug. 90. Geburtstag von Mutter Teresa. Odr. (5×5); gez. K 13¼.

hc) Mutter Teresa (1910–1997), indische katholische Ordensgründerin, Friedensnobelpreis 1979

203	6	(D)	mehrfarbig ....hc	0,20	0,20
			FDC		1,—

Auflage: 150 000 Stück

MICHEL-Kataloge werden ständig überarbeitet und durch Berücksichtigung der neuesten Forschungsergebnisse auf dem aktuellen Stand gehalten.

2000, 14. Sept. Vögel. Odr. (3×3); gez. K 13¼.

hd) Seidenreiher (Egretta garzetta)
he) Graureiher (Ardea cinerea)
hf) Purpurreiher (Ardea purpurea)
hg) Brauner Sichler (Plegadis falcinellus)

204	6	(D)	mehrfarbig ....hd	0,30	0,30
205	10	(D)	mehrfarbig ....he	0,40	0,40
206	20	(D)	mehrfarbig ....hf	0,90	0,90
207	30	(D)	mehrfarbig ....hg	1,40	1,40
			Satzpreis (4 W.)	3,—	3,—
			FDC		4,—
			Kleinbogensatz (4 Klb.)	28,—	28,—

2000, 2. Okt. Woche des Kindes. Odr. (3×3); gez. K 13¼.

hh) Kinder mit Hund unter einem Baum (Kinderzeichnung)

208	6	(D)	mehrfarbig ....hh	0,20	0,20
			FDC		1,—
			Kleinbogen	2,—	2,—

2000, 20. Okt. 125. Geburtstag von Dimo Hadschi Dimow. Odr. (3×3); gez. K 13¼.

hi) D. Hadschi Dimow (1875–1924)

209	6	(D)	mehrfarbig ....hi	0,20	0,20
			FDC		1,—
			Kleinbogen	2,—	2,—

2000, 1. Nov. 50 Jahre Ökonomische Fakultät in Skopje. Odr. (4×3); gez. K 13¼.

hk) Aufgeschlagenes Buch, Münzen, Zweig

210	6	(D)	mehrfarbig ....hk	0,20	0,20
			FDC		1,—

2000, 8. Nov. 250. Geburtstag von Joakim Krčovski. Odr. (3×4); gez. K 13¼.

hl) Klosterkirche, Dokument

211	6	(D)	mehrfarbig ....hl	*0,80*	*0,80*
			FDC		*1,50*

828 Makedonien

2000, 22. Nov. Weihnachten. Odr. (4×3); gez. K 13¼.

hm) Christi Geburt (Ikone)

212	30	(D)	mehrfarbig	hm	1,20	1,20
				FDC		2,50

2001

2001, 10. Jan. 50 Jahre Hoher Flüchtlingskommissar der Vereinten Nationen (UNHCR). Odr. (3×3); gez. K 13¼.

hn) Handabdrücke   ho) Hände in Weltkugel

213	6	(D)	mehrfarbig	hn	0,20	0,20
214	30	(D)	mehrfarbig	ho	1,30	1,30
			Satzpreis (2 W.)		1,50	1,50
			FDC			2,50
			Kleinbogensatz (2 Klb.)		14,—	14,—

2001, 1. Febr. Weltweiter Naturschutz: Kaiseradler. Odr. (1×2 Zd); gez. K 14.

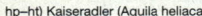

hp–ht) Kaiseradler (Aquila heliaca)

215	6	(D)	mehrfarbig	hp	0,20	0,20
216	8	(D)	mehrfarbig	hr	0,30	0,30
217	10	(D)	mehrfarbig	hs	0,40	0,40
218	30	(D)	mehrfarbig	ht	1,10	1,10
			Satzpreis (4 W.)		2,—	2,—
			Viererblock		2,20	2,20
			FDC			5,50
			Kleinbogen		4,50	4,50

2001, 6. Febr. 125. Todestag von Partenija Zografski. Odr. (3×4); gez. K 13¼.

hu) Partenija Zografski (1818–1876), Schriftsteller

219	6	(D)	mehrfarbig	hu	0,20	0,20
				FDC		1,—

2001, 1. März. Volkstrachten. Odr. (3×3); gez. K 13¼.

hv) Brautkleid, Dolni Polog   hw) Albanische Hochzeitstracht, Skopje   hx) Brautkleid, Rijeka   hy) Hochzeitstracht, Skopje Crna Gora

220	6	(D)	mehrfarbig	hv	0,30	0,30
221	12	(D)	mehrfarbig	hw	0,50	0,50
222	18	(D)	mehrfarbig	hx	0,70	0,70
223	30	(D)	mehrfarbig	hy	1,10	1,10
			Satzpreis (4 W.)		2,50	2,50
			FDC			4,—
			Kleinbogensatz (4 Klb.)		25,—	25,—

Blockausgabe, ☐

hz) Alltagstrachten

224	50	(D)	mehrfarbig	hz	1,50	1,50
Block 8 (76×64 mm)				ia	2,—	2,—
			FDC			2,50

2001, 26. März. 100. Geburtstag von Lazar Licenovski. Odr. (3×3); gez. K 13¼.

ib) Landschaft; Gemälde von L. Licenoski (1901–1964)

225	6	(D)	mehrfarbig	ib	0,30	0,30
			FDC			1,—
			Kleinbogen		2,80	2,80

MiNr. 225 wurde im Kleinbogen zu 8 Marken und 1 Zierfeld gedruckt.

2001, 1. April. 50 Jahre Staatsarchiv. Odr. (4×3); gez. K 13¼.

ic) Urkunde

226	6	(D)	mehrfarbig	ic	0,30	0,30
				FDC		1,—

Makedonien

2001, 15. April. Ostern. Odr. (3×3); gez. K 13¼.

id) Jesus mit Heiligen (Ikonendetail)

227	6 (D) mehrfarbig ... id	0,30	0,30
	FDC		1,—
	Kleinbogen	2,80	2,80

2001, 16. Mai. Europa: Lebensspender Wasser. Odr. (2×3 Zd); gez. K 13¼.

ie
if
ie–if) Insel

228	18 (D) mehrfarbig ... ie	0,80	0,80
229	36 (D) mehrfarbig ... if	1,70	1,70
	Satzpreis (Paar)	2,50	2,50
	FDC		3,—

2001, 20. Mai. 125. Jahrestag des Raslowetschko-Aufstandes. Odr. (3×4); gez. K 13¼.

ig) Aufständischer, Nationalflagge

230	6 (D) mehrfarbig ... ig	0,30	0,30
	FDC		1,—

2001, 1. Juni. Schach-Europameisterschaft, Ohrid. Odr. (4×3); gez. K 13¼.

ih) Schachbrett, Türme (EM-Emblem)

231	36 (D) mehrfarbig ... ih	1,50	1,50
	FDC		2,50

2001, 5. Juni. Umweltschutz: Rettung für den Dojransko-See. Odr. (3×3); gez. K 13¼.

ii) Boote am Dojransko-See

232	6 (D) mehrfarbig ... ii	0,30	0,30
	FDC		1,—
	Kleinbogen	2,80	2,80

2001, 20. Juni. Freimarke: Architektur. Odr. (7×5); gez. K 13¼.

A ii) Haus in Mitrašinci

A 232	6 (D) mehrfarbig ... A ii	0,30	0,30
	FDC		1,—

Weitere Werte siehe Fußnote nach MiNr. 49.

2001, 8. Sept. 10 Jahre Unabhängigkeit. Odr. (3×3); gez. K 13¼.

ik) Landkarte von Makedonien

233	6 (D) mehrfarbig ... ik	0,30	0,30
	FDC		1,—
	Kleinbogen	2,80	2,80

2001, 12. Sept. Einheimische Bäume. Odr. (3×3); gez. K 13¼.

il) Wacholder (Juniperus excelsa)

im) Makedonische Eiche (Quercus macedonia)
in) Erdbeerbaum (Arbutus andrachne)
io) Kermeseiche (Quercus coccifera)

234	6 (D) mehrfarbig ... il	0,30	0,30
235	12 (D) mehrfarbig ... im	0,50	0,50
236	24 (D) mehrfarbig ... in	0,90	0,90
237	36 (D) mehrfarbig ... io	1,30	1,30
	Satzpreis (4 W.)	3,—	3,—
	FDC		4,50
	Kleinbogensatz (4 Klb.)	28,—	28,—

2001, 1. Okt. Tag des Kindes. Odr. (4×3); gez. K 13¼.

ip) Mädchen mit Korb (Gemälde)

238	6 (D) mehrfarbig ... ip	0,30	0,30
	FDC		1,—

2001, 9. Okt. Internationales Jahr für den Dialog der Zivilisationen. Odr. (3×3); gez. K 13¼:13½.

ir) Emblem

239	36 (D) mehrfarbig ... ir	1,70	1,70
	FDC		2,20
	Kleinbogen	16,—	16,—

2001, 26. Okt. 75 Jahre Zoologisches Museum von Makedonien. Odr. (3×4); gez. K 13½:13¼.

is) Rotfuchs (Vulpes vulpes) mit Welpen

240	6 (D) mehrfarbig ... is	0,40	0,40
	FDC		1,—

830   Makedonien

2001, 22. Nov. Weihnachten. Odr. (4×3); gez. K 13¼:13½.

it) Maria mit Kind; Ikone aus dem Kloster von Ohrid (13. Jh.)

241	6 (D) mehrfarbig	it	0,40	0,40
		FDC		1,—

2001, 10. Dez. 100 Jahre Nobelpreise. Odr. (3×3); gez. K 13½:13¼.

iu) Medaille mit Porträt von Alfred Nobel (1833–1896), schwedischer Chemiker und Industrieller

242	36 (D) mehrfarbig	iu	1,50	1,50
		FDC		2,—
		Kleinbogen	14,—	14,—

2002

2002, 16. Jan. Olympische Winterspiele, Salt Lake City. Odr. (3×3); gez. K 14.

 iv    iw

iv–iw) Ski alpin

243	6 (D) mehrfarbig	iv	0,30	0,30
244	36 (D) mehrfarbig	iw	1,20	1,20
		Satzpreis (2 W.)	1,50	1,50
		FDC		2,50
		Kleinbogensatz (2 Klb.)	15,—	15,—

Auflage: 40 000 Sätze

2002, 1. März. Antike Münzen. Odr. (3×3); gez. K 14.

ix) Likej (4. Jh. v. Chr.)

iy) Tetradrachme Alexanders des Großen (4. Jh. v. Chr.)   iz) Lichnidos (2. Jh. v. Chr.)   ka) Gold-Stater Philips II. (4. Jh. v. Chr.)

245	6 (D) mehrfarbig	ix	0,30	0,30
246	12 (D) mehrfarbig	iy	0,50	0,50
247	24 (D) mehrfarbig	iz	0,90	0,90
248	36 (D) mehrfarbig	ka	1,30	1,30
		Satzpreis (4 W.)	3,—	3,—
		FDC		4,50
		Kleinbogensatz (4 Klb.)	28,—	28,—

Blockausgabe

249	50 (D) mehrfarbig	kb	2,—	2,—
Block 9	(87×62 mm)	kc	2,50	2,50
		FDC		3,—

Auflagen: MiNr. 245–248 = 40 000 Sätze, Bl. 9 = 15 000 Blocks

2002, 15. April. 75. Geburtstag von Petar Masev. Odr. (3×3); gez. K 14.

kd) P. Masev (1927–1993), Maler; Gemälde

250	6 (D) mehrfarbig	kd	0,40	0,40
		FDC		1,—
		Kleinbogen	4,—	4,—

Auflage: 40 000 Stück

2002, 15. April. 75. Geburtstag von Dimitar Kondovski. Odr. (3×3); gez. K 14.

ke) Klappaltar von D. Kondovski (1927–1993), Maler

251	6 (D) mehrfarbig	ke	0,40	0,40
		FDC		1,—
		Kleinbogen	4,—	4,—

Auflage: 40 000 Stück

2002, 15. April. 550. Geburtstag von Leonardo da Vinci. Odr. (3×3); gez. K 14.

kf) Leonardo da Vinci (1452–1519), italienischer Maler, Bildhauer, Architekt, Kunsttheoretiker, Naturforscher und Ingenieur; Gemälde „Mona Lisa"

252	36 (D) mehrfarbig	kf	1,50	1,50
		FDC		2,—
		Kleinbogen	14,—	14,—

Auflage: 40 000 Stück

2002, 24. April. Ostern. Odr. (4×3); gez. K 14.

kg) Die Auferstehung Christi (Gemälde)

253	6 (D) mehrfarbig	kg	0,40	0,40
		FDC		1,—

Auflage: 40 000 Stück

Makedonien

2002, 9. Mai. Europa: Zirkus. Odr. (3×3); gez. K 14.

kh) Balanceakt, Rad auf dem Hochseil, Seelöwendressur

ki) Ball auf Hochseil, Fahrrad auf Podest

254	6	(D)	mehrfarbig . . . . kh	0,50	0,50
255	36	(D)	mehrfarbig . . . . ki	1,50	1,50
			Satzpreis (2 W.)	2,—	2,—
			FDC		3,50
			Kleinbogensatz (2 Klb.)	18,—	18,—

2002, 9. Mai. Fußball-Weltmeisterschaft, Japan und Südkorea. Odr. (3×3); gez. K 14.

kk) Volleyschuß, Fußball, WM-Emblem

256	6	(D)	mehrfarbig . . . . kk	1,80	1,80
			FDC		2,50
			Kleinbogen	17,—	17,—

Auflage: 40 000 Stück

2002, 15. Mai. Umweltschutz. Odr. (3×4); gez. K 14.

kl) Weltkugel mit Baumkrone und stilis. Tieren (Emblem)

257	6	(D)	mehrfarbig . . . . kl	0,40	0,40
			FDC		1,—

2002, 19. Juni. Nationalwappen (I). Odr. (3×3); gez. K 14.

km   kn

258	10	(D)	mehrfarbig . . . . km	0,50	0,50
259	36	(D)	mehrfarbig . . . . kn	1,50	1,50
			Satzpreis (2 W.)	2,—	2,—
			FDC		3,—
			Kleinbogensatz (2 Klb.)	18,—	18,—

2002, 28. Juni. Städtische Architektur (I). Odr. (3×5); gez. K 13¼.

ko) Haus in Kruševo

kp) Haus in Bitola

260	36	(D)	mehrfarbig . . . . ko	1,—	1,—
261	50	(D)	mehrfarbig . . . . kp	2,—	2,—
			Satzpreis (2 W.)	3,—	3,—
			FDC		4,50

2002, 18. Aug. 100. Geburtstag von Metodija Andonov-Čento. Odr. (3×4); gez. K 13¼:13½.

kr) Metodija Andonov-Čento (1902–1957), Politiker

262	6	(D)	mehrfarbig . . . . kr	0,40	0,40
			FDC		1,—

Auflage: 40 000 Stück

2002, 18. Aug. 125. Geburtstag von Nikola Karev. Odr. (4×3); gez. K 13¼.

ks) Nikola Karev (1877–1905), Politiker

263	18	(D)	mehrfarbig . . . . ks	0,80	0,80
			FDC		1,50

Auflage: 40 000 Stück

2002, 11. Sept. Einheimische Tiere. Odr. (2×2 Zd); gez. K 14.

kt) Rebhuhn (Perdix perdix)

ku) Wildschwein (Sus scrofa)

kv) Gemse (Rupicapra rupicapra)

kw) Steinhuhn (Alectoris graeca)

264	6	(D)	mehrfarbig . . . . kt	0,20	0,20
265	12	(D)	mehrfarbig . . . . ku	0,40	0,40
266	24	(D)	mehrfarbig . . . . kv	0,80	0,80
267	36	(D)	mehrfarbig . . . . kw	1,20	1,20
			Satzpreis (4 W.)	2,40	2,40
			Viererblock	3,—	3,—
			FDC		5,50

Auflage: 40 000 Sätze

2002, 1. Okt. Tag des Kindes. Odr. (3×4); gez. K 13¼:14.

kx) Haus und Leute (Kinderzeichnung)

268	6	(D)	mehrfarbig . . . . kx	0,40	0,40
			FDC		1,—

Auflage: 40 000 Stück

MICHEL-Online-Katalog

www.michel.de oder www.briefmarken.de

2002, 5. Nov. Freimarken: Architektur. Odr.; (7×4); gez. K 13½.

ky) Haus in Jačinze kz) Haus in Ratevo

269	3	(D)	mehrfarbig .... ky	0,10	0,10
270	9	(D)	mehrfarbig .... kz	0,40	0,40
			Satzpreis (2 W.)	0,50	0,50
			FDC		1,50

Weitere Werte siehe Fußnote nach MiNr. 49.

2002, 20. Nov. Weihnachten. Odr. (4×3); gez. K 13¼.

la) Hl. Maria mit Kind; Ikone (14. Jh.) aus Ohrid

271	9	(D)	mehrfarbig .... la	0,40	0,40
			FDC		1,20

2003

2003, 22. Jan. 125. Todestag von Andreja Damjanov. Odr.; gez. K 13½:13¼.

lb) A. Damjanov (1813–1878), Architekt; Gebäude

272	36	(D)	mehrfarbig .... lb	1,50	1,50
			FDC		2,—

Auflage: 40 000 Stück

2003, 19. Febr. Kulturelles Erbe: Musikinstrumente. Odr.; gez. K 13½:13¼.

lc) Gajda ld) Tambura le) Kemene lf) Tapan

273	9	(D)	mehrfarbig lc	0,30	0,30
274	10	(D)	mehrfarbig .... ld	0,30	0,30
275	20	(D)	mehrfarbig .... le	1,—	1,—
276	50	(D)	mehrfarbig .... lf	2,—	2,—
			Satzpreis (4 W.)	3,50	3,50
			FDC		5,—

Auflage: 40 000 Sätze

2003, 22. Febr. 50 Jahre Pfadfinderbewegung in Makedonien. Odr.; gez. K 13¼.

lg) Pfadfindergruppe, Zeltlager

277	9	(D)	mehrfarbig .... lg	0,40	0,40
			FDC		1,20

Auflage: 40 000 Stück

2003, 5. März. 50 Jahre Institut für Makedonische Sprache „Krste Petkov Misirkov". Odr.; gez. K 13¼.

lh) Krste Petkov Misirkov (1874–1926), Schriftsteller

278	9	(D)	mehrfarbig .... lh	0,40	0,40
			FDC		1,20

Auflage: 40 000 Stück

2003, 9. Mai. Europa: Plakatkunst. Odr. (3×3); gez. K 13¼:13½.

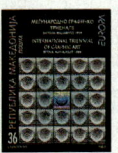 

li) Plakat zur Internationalen Triennale für graphische Kunst, Bitola (1994) lk) Plakat zum „Ohrider Sommer" (1966)

279	36	(D)	mehrfarbig li	1,50	1,50
280	36	(D)	mehrfarbig .... lk	1,50	1,50
			Satzpreis (2 W.)	3,—	3,—
			FDC		4,50
			Kleinbogensatz (2 Klb.)	30,—	30,—

Auflage: 60 000 Sätze

2003, 5. Juni. Naturschutz: Einheimische Tiere. Odr. (3×3); gez. K 13½:13¼.

ll) Braunbär (Ursus arctos)

281	9	(D)	mehrfarbig ll	0,40	0,40
			FDC		1,50
			Kleinbogen	4,—	4,—

Auflage: 40 000 Stück

2003, 16. Juni. Städtische Architektur (II). Odr. (3×5); gez. K 13½:13¼.

lm) Haus in Skopje ln) Haus in Resen

282	10	(D)	mehrfarbig .... lm	0,40	0,40
283	20	(D)	mehrfarbig .... ln	0,80	0,80
			Satzpreis (2 W.)	1,20	1,20
			FDC		3,—

Auflage: 40 000 Sätze

2003, 23. Juni. Nationalwappen (II). Odr. (3×3); gez. K 13¼:13½.

lo lp

Makedonien   833

284	9 (D) mehrfarbig .... lo		0,40	0,40
285	36 (D) mehrfarbig .... lp		1,60	1,60
	Satzpreis (2 W.)		2,—	2,—
	FDC			2,50
	Kleinbogensatz (2 Klb.)		18,—	18,—

Auflage: 40 000 Sätze

2003, 18. Aug. Gemälde: 100. Geburtstag von Nikola Martinovski, 150. Geburtstag von Vincent van Gogh. Odr. (3×3); gez. K 13¾.

lw) Selbstporträt; von Nikola Martinovski (1903–1973), makedonischer Maler

lx) Le Moulin de la Galette; von Vincent van Gogh (1853–1890), niederländischer Maler

2003, 30. Juli. Handball-Weltmeisterschaft der Juniorinnen. Odr. (3×3); gez. K 13¼:13½.

lr) Sprungwurf

286	36 (D) mehrfarbig .... lr		1,50	1,50
	FDC			2,—
	Kleinbogen		12,—	12,—

MiNr. 286 wurde im Kleinbogen zu 8 Marken und 1 Zierfeld gedruckt.
Auflage: 40 000 Stück

290	9 (D) mehrfarbig .... lw		0,40	0,40
291	36 (D) mehrfarbig lx		1,40	1,40
	Satzpreis (2 W.)		1,80	1,80
	2 FDC			4,—
	Kleinbogensatz (2 Klb.)		17,—	17,—

Auflage: 40 000 Sätze

2003, 2. Aug. 100. Jahrestag des Ilinden-Aufstandes gegen die Türken. Odr. (3×3); gez. K 13½:13¼.

ls) Aufständische, Siegel

lt) G. Deltschew (1872–1903), Organisator des Aufstandes; Gedenkstätte „Makedonium", Kruševo

287	9 (D) mehrfarbig .... ls		0,40	0,40
288	36 (D) mehrfarbig .... lt		1,60	1,60
	Satzpreis (2 W.)		2,—	2,—
	FDC			3,—
	Kleinbogensatz (2 Klb.)		18,—	18,—

Blockausgabe

lu) Aufständische

lv

289	50 (D) mehrfarbig .... lu		2,—	2,—
Block 10 (87×62 mm) lv			2,—	2,—
	FDC			2,50

Auflagen: MiNr. 287–288 = 40 000 Sätze, Bl. 10 = 15 000 Blocks

2003, 25. Sept. Einheimische Flora. Odr. (3×3); gez. K 13½.

ly) Colchicum macedonicum

lz) Viola allchariensis   ka) Tulipa mariannae   kb) Thymus oehmianus

292	9 (D) mehrfarbig .... ly		0,40	0,40
293	20 (D) mehrfarbig .... lz		0,80	0,80
294	36 (D) mehrfarbig .... ka		1,30	1,30
295	50 (D) mehrfarbig .... kb		2,—	2,—
	Satzpreis (4 W.)		4,50	4,50
	2 FDC			6,—
	Kleinbogensatz (4 Klb.)		45,—	45,—

Auflage: 40 000 Sätze

2003, 30. Sept. 100. Todestag von Said Najdeni und Jeronim de Rada. Odr. (3×4); gez. K 13½.

kc) Said Najdeni (1864–1903), Schriftsteller, Führer der albanischen Nationalbewegung

kd) Jeronim (Girolamo) de Rada (1814 bis 1903), italienisch-albanischer Schriftsteller, Führer der albanischen Nationalbewegung

296	9 (D) mehrfarbig .... kc		0,40	0,40
297	9 (D) mehrfarbig .... kd		0,40	0,40
	Satzpreis (2 W.)		0,80	0,80
	2 FDC			2,50

Auflage: 40 000 Sätze

Nichts geht über **MICHEL***soft*

Makedonien

2003, 6. Okt. Tag des Kindes: 50 Jahre Union für Kindererziehung in Makedonien. Odr. (4×3); gez. K 13½.

ke) Kinder unter einem bunten Regenschirm; Kinderzeichnung

298	9 (D) mehrfarbig	ke	0,40	0,40
		FDC		1,50

Auflage: 40 000 Stück

2003, 17. Okt. 125. Jahrestag des Aufstandes von Kresnen. Odr. (3×4); gez. K 13½.

kf) Siegel, Dokument, Aufständische

299	9 (D) mehrfarbig	kf	0,40	0,40
		FDC		1,20

Auflage: 40 000 Stück

2003, 8. Nov. 125. Geburtstag von Dimitar Vlahov. Odr. (3×4); gez. K 13½.

kg) D. Vlahov (1878–1953), Politiker

300	9 (D) mehrfarbig	kg	0,40	0,40
		FDC		1,20

Auflage: 40 000 Stück

2003, 19. Nov. Weihnachten. Odr. (3×4); gez. K 13½.

kh) Hl. Maria mit Kind (Fresko)

301	9 (D) mehrfarbig	kh	0,40	0,40
		FDC		1,20

Auflage: 40 000 Stück

2003, 16. Dez. Freimarke: Kunsthandwerk. Odr. (4×8); gez. K 13½.

ki) Krug aus Smojmirovo (19. Jh.)

302	9 (D) mehrfarbig	ki	0,40	0,40
		FDC		1,—

Auflage: 40 000 Stück

Weitere Werte: MiNr. 304, 305–306, 320–321, 396–397, 411–414

2003, 17. Dez. 100. Jahrestag des ersten Motorfluges der Brüder Wright. Odr. (3×2); gez. K 13½.

kk) Orville (1871–1948) und Wilbur Wright (1867–1912), amerikanische Flugpioniere; Wright Flyer I

303	50 (D) mehrfarbig	kk	2,—	2,—
		FDC		2,50
		Kleinbogen	16,—	16,—

MiNr. 303 wurde im Kleinbogen zu 8 Marken und 1 Zierfeld gedruckt.

Auflage: 40 000 Stück

2004

2004, 21. Jan. Freimarke: Kunsthandwerk. Odr. (4×8); gez. K 13½.

kl) Kanne aus Ohrid (19. Jh.)

304	10 (D) mehrfarbig	kl	0,40	0,40
		FDC		1,—

Auflage: 40 000 Stück

Weitere Werte: MiNr. 302, 305–306, 320–321, 396–397, 411–414

2004, 25. Jan. Freimarken: Kunsthandwerk. Odr. (4×8); gez. K 13½.

km) Trachtenschmuck aus Vrutok (20. Jh.)
kn) Trachtenschmuck aus Galičnik (19. Jh.)

305	5 (D) mehrfarbig	km	0,30	0,30
306	20 (D) mehrfarbig	kn	0,90	0,90
	Satzpreis (2 W.)		1,20	1,20
		FDC		2,—

Weitere Werte: MiNr. 302, 304, 320–321, 396–397, 411–414

2004, 14. Febr. Gemälde: 100. Geburtstage von Tomo Vladimirski und Vangel Kodzoman. Odr. (3×3); gez. K 13½:13¼, Querformat ~.

ko) Altstadt; von Tomo Vladimirski (1904–1971)
kp) Ladenstraße in Ohrid; von Vangel Kodzoman (1904–1994)

307	9 (D) mehrfarbig	ko	0,40	0,40
308	9 (D) mehrfarbig	kp	0,40	0,40
	Satzpreis (2 W.)		0,80	0,80
		FDC		2,50
	Kleinbogensatz (2 Klb.)		7,50	7,50

Auflage: 40 000 Sätze

Einmal MICHEL immer MICHEL

Makedonien

2004, 10. März. Kulturelles Erbe: Waffen. Odr. (3×3); gez. K 13¼:13½.

kr) Jatagan (Haumesser) (1806)
ks) Damaszener-Säbel (19. Jh.)
kt) Pistole (18. Jh.)
ku) Gewehr, Dźeferdan (18. Jh.)

309	10	(D)	mehrfarbig .... kr	0,40	0,40
310	20	(D)	mehrfarbig .... ks	0,80	0,80
311	36	(D)	mehrfarbig .... kt	1,20	1,20
312	50	(D)	mehrfarbig .... ku	1,60	1,60
			Satzpreis (4 W.)	4,—	4,—
			FDC		6,—
			Kleinbogensatz (4 Klb.)	35,—	35,—

MiNr. 309–312 wurden jeweils im Kleinbogen zu 8 Marken und 1 Zierfeld gedruckt.

Auflage: 40 000 Sätze

2004, 24. März. Traditionelles Kunsthandwerk: Teppiche. Odr. (3×3); gez. K 13¼:13½.

kv kw

313	36	(D)	mehrfarbig .... kv	1,20	1,20
314	50	(D)	mehrfarbig .... kw	1,80	1,80
			Satzpreis (2 W.)	3,—	3,—
			FDC		4,—
			Kleinbogensatz (2 Klb.)	25,—	25,—

MiNr. 313–314 wurden jeweils im Kleinbogen zu 8 Marken und 1 Zierfeld gedruckt.

Auflage: 40 000 Sätze

2004, 19. April. 100. Jahrestag der Veröffentlichung des ersten albanischen Wörterbuchs in Makedonien. Odr. (4×3); gez. K 13¼:13½.

kx) Kostandin Kristoforidhi (um 1829–1895), Publizist; Manuskript

315	36	(D)	mehrfarbig .... kx	1,40	1,40
			FDC		2,50

Auflage: 40 000 Stück

2004, 23. April. Städtische Architektur (III). Odr. (3×5); gez. K 13¼:13¼.

ky) Haus in Kratovo

316	20	(D)	mehrfarbig .... ky	0,80	0,80
			FDC		1,80

Auflage: 40 000 Stück

2004, 7. Mai. Europa: Ferien. Odr. (2×2 Zd); gez. K 13¼:13½.

la
kz–la) Badestrand

kz

317	50	(D)	mehrfarbig .... kz	1,80	1,80
318	50	(D)	mehrfarbig .... la	1,80	1,80
			Satzpreis (Paar)	3,50	3,50
			FDC		4,50
			Kleinbogen	14,—	14,—

Auflage: 60 000 Sätze

2004, 9. Mai. Antrag auf Aufnahme in die Europäische Union (EU). Odr. (3×3); gez. K 13½:13¼.

lb) Makedonische Sonne als Stern der EU-Flagge

319	36	(D)	mehrfarbig .... lb	1,40	1,40
			FDC		2,50
			Kleinbogen	12,—	12,—

Auflage: 40 000 Stück

MiNr. 319 wurde im Kleinbogen zu 8 Marken und 1 Zierfeld gedruckt.

2004, 4. Juni. Freimarken: Kunsthandwerk. Odr. (4×8); gez. K 13¼:13½.

lc) Amphore (12. Jh. v. Chr.) ld) Alabastron (12. Jh. v. Chr.)

320	3	(D)	mehrfarbig lc	0,10	0,10
321	12	(D)	mehrfarbig .... ld	0,50	0,50
			Satzpreis (2 W.)	0,60	0,60
			FDC		1,50

Weitere Werte: MiNr. 302, 304, 305–306, 396–397, 411–414

2004, 5. Juni. Nationalpark Prespa-See. Odr. (3×3); gez. K 13¼:13½.

le) Pelikan am Ufer des Prespa-Sees

322	36	(D)	mehrfarbig .... le	1,40	1,40
			FDC		2,50
			Kleinbogen	13,—	13,—

Auflage: 40 000 Stück

Die Preisnotierungen gelten für Marken in handelsüblicher Qualität.

Makedonien

2004, 16. Juni. Olympische Sommerspiele, Athen. Odr. (1 × 4 Zd); gez. K 13½:13¼.

lf–lg) Nationalflaggen bilden olympische Ringe

323	50	(D)	mehrfarbig .... lf	1,80	1,80
324	50	(D)	mehrfarbig .... lg	1,80	1,80
			Satzpreis (Paar)	3,50	3,50
			FDC		4,50
			Kleinbogen	14,—	14,—

2004, 18. Juni. 100. Todestag von Sami Frashëri. Odr. (3 × 3); gez. K 13½:13¼.

lh) Sami Frashëri (1850–1904), albanischer Schriftsteller und Publizist

325	12	(D)	mehrfarbig .... lh	0,50	0,50
			FDC		1,50
			Kleinbogen	4,—	4,—

Auflage: 40 000 Stück

MiNr. 325 wurde im Kleinbogen zu 8 Marken und 1 Zierfeld gedruckt.

2004, 3. Juli. 100 Jahre Internationaler Fußballverband (FIFA). Odr. (3 × 3); gez. K 13½:13¼.

li) Spielerbeine mit Fußball

326	100	(D)	mehrfarbig li	3,50	3,50
			FDC		4,50
			Kleinbogen	30,—	30,—

Auflage: 40 000 Stück

MiNr. 326 wurde im Kleinbogen zu 8 Marken und 1 Zierfeld gedruckt.

2004, 1. Sept. 175. Geburtstag von Marko Cepenkov. Odr. (3 × 3); gez. K 13½:13¼.

lk) Marko Cepenkov (1829–1920), Schriftsteller und Volkskundler

327	12	(D)	mehrfarbig .... lk	0,50	0,50
			FDC		1,50
			Kleinbogen	4,50	4,50

2004, 1. Sept. 75. Todestag von Vasil Glavinov. Odr. (3 × 3); gez. K 13¼:13½.

ll) Vasil Glavinov (1869–1929), Politiker

328	12	(D)	mehrfarbig ll	0,50	0,50
			FDC		1,50
			Kleinbogen	4,50	4,50

2004, 25. Sept. Singvögel. Odr. (3 × 3); gez. K 13¼:13½.

lm) Seidenschwanz (Bombycilla garrulus)
ln) Rotkopfwürger (Lanius senator)
lo) Steinrötel (Monticola saxatilis)
lp) Dompfaff (Pyrrhula pyrrhula)

329	12	(D)	mehrfarbig .... lm	0,50	0,50
330	24	(D)	mehrfarbig .... ln	0,90	0,90
331	36	(D)	mehrfarbig .... lo	1,30	1,30
332	48	(D)	mehrfarbig .... lp	1,80	1,80
			Satzpreis (4 W.)	4,50	4,50
			FDC		6,—
			Kleinbogensatz (4 Klb.)	42,—	42,—

Blockausgabe, ☐

lr) Mauerläufer (Tichodroma muraria)

ls

333	60	(D)	mehrfarbig .... lr	2,—	2,—
Block 11	(86 × 60 mm) .... ls			2,50	2,50
			FDC		3,50

Auflagen: MiNr. 329–332 = 40 000 Sätze, Bl. 11 = 13 000 Blocks

2004, 4. Okt. Tag des Kindes. Odr. (3 × 3); gez. K 13½:13¼.

lt) Zeichnung von Rosica Turmakovska (5 J.)

334	12	(D)	mehrfarbig .... lt	0,50	0,50
			FDC		1,50
			Kleinbogen	4,50	4,50

2004, 16. Okt. Internationale Gipfelkonferenz über die Informationsgesellschaft (WSIS), Genf 2003 und Tunis 2005. Odr. (3 × 3); gez. K 13½:13¼.

lu) Symbolik

335	36	(D)	mehrfarbig .... lu	1,40	1,40
			FDC		2,50
			Kleinbogen	12,—	12,—

MiNr. 335 wurde im Kleinbogen zu 8 Marken und 1 Zierfeld gedruckt.

Auflage: 40 000 Stück

Makedonien

2004, 27. Okt. 1000 Jahre Codex Assemanianus. Odr. (3×3); gez. K 13½:13¼.

lv) Glagolitische liturgische Handschrift (11. Jh.)

336	12 (D) mehrfarbig	lv	0,50	0,50
	FDC			1,50
	Kleinbogen		4,—	4,—

MiNr. 336 wurde im Kleinbogen zu 8 Marken und 1 Zierfeld gedruckt.
Auflage: 40 000 Stück

2004, 10. Nov. 750. Geburtstag von Marco Polo. Odr. (3×3); gez. K 13½:13¼.

lw) Marco Polo (1254–1324), venezianischer Kaufmann und Asienreisender; Segelschiff; Landkarte

337	36 (D) mehrfarbig		1,40	1,40
	FDC			2,50
	Kleinbogen		12,—	12,—

Auflage: 40 000 Stück

2004, 24. Nov. Weihnachten. Odr. (3×3); gez. K 13¼:13½.

lx) Weihnachtsbaum

338	12 (D) mehrfarbig	lx	0,50	0,50
	FDC			1,50
	Kleinbogen		4,—	4,—

MiNr. 338 wurde im Kleinbogen zu 8 Marken und 1 Zierfeld gedruckt.
Auflage: 60 000 Stück

2005

2005, 4. Febr. 175. Geburtstag von Konstantin Miladinov. Odr. (3×3); gez. K 13¼:13½.

ly) K. Miladinov (1830–1862), Schriftsteller

339	36 (D) mehrfarbig	ly	1,50	1,50
	FDC			2,50
	Kleinbogen		13,50	13,50

Auflage: 40 000 Stück

2005, 9. März. Kulturelles Erbe: Buchmalerei. Odr. (3×3); gez. K 13¼:13½.

lz) Titelseite eines Evangeliars (16.–17. Jh.)
ma) Miniatur aus einem Evangeliar (16. Jh.)

340	12 (D) mehrfarbig	lz	0,50	0,50
341	24 (D) mehrfarbig	ma	0,90	0,90
	Satzpreis (2 W.)		1,40	1,40
	FDC			2,50
	Kleinbogensatz (2 Klb.)		12,—	12,—

MiNr. 340–341 wurden jeweils im Kleinbogen zu 8 Marken und 1 Zierfeld gedruckt.
Auflage: 40 000 Sätze

2005, 23. März. Kunsthandwerk und Folklore: Stickerei. Odr. (3×3); gez. K 13½:13¼.

mb) Stickmuster (19.–20. Jh.)
mc) Stickmuster (20. Jh.)

342	36 (D) mehrfarbig	mb	1,20	1,20
343	50 (D) mehrfarbig	mc	1,80	1,80
	Satzpreis (2 W.)		3,—	3,—
	FDC			4,—
	Kleinbogensatz (2 Klb.)		28,—	28,—

MiNr. 342–343 wurden jeweils im Kleinbogen zu 8 Marken und 1 Zierfeld gedruckt.
Auflage: 40 000 Sätze

2005, 6. April. Kunstwerke in makedonischen Sammlungen. Odr. (3×3); gez. K 13½:13¼, Querformat ~.

md) Frauenbüste; Bronzeskulptur von Ivan Mestrovic (1883–1962)
me) Porträt einer Frau; Gemälde von Paja Jovanovic (1859–1957)

344	36 (D) mehrfarbig	md	1,20	1,20
345	50 (D) mehrfarbig	me	1,80	1,80
	Satzpreis (2 W.)		3,—	3,—
	FDC			4,—
	Kleinbogensatz (2 Klb.)		28,—	28,—

MiNr. 344–345 wurden jeweils im Kleinbogen zu 8 Marken und 1 Zierfeld gedruckt.
Auflage: 40 000 Sätze

2005, 27. April. 450 Jahre Meßbuch von Gjon Buzuku. Odr. (3×3); gez. K 13¼:13½.

mf) Titelseite des ersten Buches in albanischer Sprache (1555), übersetzt von Gjon Buzuku, katholischer Priester

346	12 (D) mehrfarbig	mf	0,50	0,50
	FDC			1,50
	Kleinbogen		4,50	4,50

Auflage: 40 000 Stück

Makedonien

2005, 27. April. 600. Geburtstag von Skanderbeg. Odr. (3×3); gez. K 13¼:13½.

ly) Skanderbeg, eigentlich Gjergj Kastriota (1405–1468), albanischer Feldherr und Nationalheld

347	36	(D)	mehrfarbig	mg	1,50	1,50
			FDC			2,50
			Kleinbogen		13,50	13,50

Auflage: 40 000 Stück

2005, 9. Mai. Europa: Gastronomie. Odr. (1×4 Zd); gez. K 13½:13¼.

mh) Getreide, Kuchen und Brot
mi) Paprika, gebratenes Fleisch mit Paprika

348	36	(D)	mehrfarbig	mh	1,20	1,20
349	60	(D)	mehrfarbig	mi	2,—	2,—
			Satzpreis (Paar)		3,20	3,20
			FDC			4,20
			Kleinbogen		13,—	13,—

Auflage: 60 000 Sätze

2005, 23. Mai. 100. Jahrestag der Ausrufung eines Nationalfeiertages für die aromunische Volksgruppe. Odr. (3×3); gez. K 13½:13¼.

mk) Gebäude

350	12	(D)	mehrfarbig	mk	0,50	0,50
			FDC			1,50
			Kleinbogen		4,50	4,50

Auflage: 40 000 Stück

2005, 5. Juni. Umweltschutz. Odr. (3×3); gez. K 13¼:13½.

ml) Weltkugel als Baumkrone

351	36	(D)	mehrfarbig	ml	1,50	1,50
			FDC			2,50
			Kleinbogen		13,50	13,50

Auflage: 40 000 Stück

2005, 8. Juni. Freimarken: Kunsthandwerk. Odr. (4×8); gez. K 13¼:13½.

mm) Ikonostase (16. Jh.) aus dem Kloster St. Jovan, Slepce

mn) Holzschnitzerei (15. Jh.) aus der Mustafa-Pascha-Moschee, Skopje
mo) Ikonostase (16. Jh.) aus dem Kloster St. Jovan, Slepce
mp) Holzschnitzerei (1883/84) aus der Faik-Pascha-Moschee, Skopje
mr) Ikonostase (16. Jh.) aus dem Kloster Treskavec, Prilep

352	3	(D)	mehrfarbig	mm	0,10	0,10
353	4	(D)	mehrfarbig	mn	0,20	0,20
354	6	(D)	mehrfarbig	mo	0,20	0,20
355	8	(D)	mehrfarbig	mp	0,30	0,30
356	12	(D)	mehrfarbig	mr	0,40	0,40
			Satzpreis (5 W.)		1,20	1,20
			FDC			2,20

Auflage: 300 000 Sätze

2005, 15. Juni. Transportmittel: 100 Jahre Automobile und 50 Jahre Flugzeuge in Makedonien. Odr. (3×3); gez. K 13½:13¼.

ms) Ford K (1905)
mt) Segelflugzeug „Ilić Ilindenka" (1955)

357	12	(D)	mehrfarbig	ms	0,40	0,40
358	36	(D)	mehrfarbig	mt	1,20	1,20
			Satzpreis (2 W.)		1,60	1,60
			FDC			2,60
			Kleinbogensatz (2 Klb.)		14,50	14,50

2005, 30. Juni. 100. Jahrestag der Veröffentlichung der Relativitätstheorie durch Albert Einstein. Odr. (3×3); gez. K 13½:13¼.

mu) Albert Einstein (1879–1955), deutscher Physiker, Nobelpreis 1921

359	60	(D)	mehrfarbig	mu	2,—	2,—
			FDC			3,—
			Kleinbogen		16,—	16,—

MiNr. 359 wurde im Kleinbogen zu 8 Marken und 1 Zierfeld gedruckt.

Auflage: 40 000 Stück

2005, 14. Sept. Obstsorten. Odr. (3×3); gez. K 13½:13¼.

mv) Apfel (Malus domestica)

mw) Pfirsich (Prunus persica)
mx) Süßkirsche (Prunus avium)
my) Pflaume (Prunus domestica)

360	12	(D)	mehrfarbig	mv	0,40	0,40
361	24	(D)	mehrfarbig	mw	0,80	0,80
362	36	(D)	mehrfarbig	mx	1,20	1,20
363	48	(D)	mehrfarbig	my	1,60	1,60
			Satzpreis (4 W.)		4,—	4,—
			FDC			6,—
			Kleinbogensatz (4 Klb.)		40,—	40,—

MICHEL – seit über 90 Jahren Partner aller Philatelisten

Makedonien

Blockausgabe, gez. Ks 13¼:13½

mz) Birne (Pyrus communis)

na

364	100 (D) mehrfarbig .... mz	3,40	3,40
Block 12	(97 × 65 mm) .... na	3,40	3,40
	FDC		4,—

Auflagen: MiNr. 360–363 = 40 000 Sätze, Bl. 12 = 13 000 Blocks

2005, 28. Sept. Landschaften (I). Odr. (3 × 3); gez. K 13¼:13½.

nb) Smolar-Wasserfall

365 ·	24 (D) mehrfarbig .... nb	0,80	0,80
	FDC		1,80
	Kleinbogen	7,50	7,50

Auflage: 40 000 Stück

2005, 3. Okt. 200. Geburtstag von Hans Christian Andersen. Odr. (3 × 3); gez. K 13½:13¼.

nc) Hans Christian Andersen (1805–1875), dänischer Dichter; Märchenfiguren

366	12 (D) mehrfarbig .... nc	0,50	0,50
	FDC		1,50
	Kleinbogen	4,50	4,50

MiNr. 366 wurde im Kleinbogen zu 8 Marken und 1 Zierfeld gedruckt.

Auflage: 40 000 Stück

2005, 25. Okt. Landschaften (II). Odr. (3 × 3); gez. K 13¼:13¼.

nd) Kozjak-Staudamm

367	12 (D) mehrfarbig .... nd	0,50	0,50
	FDC		1,50
	Kleinbogen	4,50	4,50

Auflage: 40 000 Stück

2005, 28. Okt. 100. Jahrestag des Generalkongresses der Makedonischen Revolutionsorganisation (WMRO) zum Projekt der Gründung eines Makedonischen Staates, Rila-Kloster. Odr. (3 × 3); gez. K 13¼:13½.

ne) Teilnehmer des Rila-Kongresses Dame Gruev (1871 bis 1905), Pere Tosev (1865–1912), Petar Pop Arsov (1868 bis 1941), Jane Sandanski (1872–1915), Gjorce Petrov (1864 bis 1921) und Dimo Hadji Dimov (1875–1924)

368	12 (D) mehrfarbig .... ne	0,50	0,50
	FDC		1,50
	Kleinbogen	4,50	4,50

Auflage: 40 000 Stück

2005, 28. Okt. 125. Jahrestag des Aufstandes der Brsjak-Volksgruppe. Odr. (3 × 3); gez. K 13½:13¼.

nf) Inschrift

369	12 (D) mehrfarbig .... nf	0,50	0,50
	FDC		1,50
	Kleinbogen	4,50	4,50

Auflage: 40 000 Stück

2005, 14. Nov. 50 Jahre Europamarken (2006). Odr. (1 × 2 Zd); gez. K 13½:13¼.

ng) Marke MiNr. 255
nh) Marke MiNr. 162
ni) Marke MiNr. 102
nk) Marke MiNr. 75

370	60 (D) mehrfarbig .... ng	2,—	2,—
371	170 (D) mehrfarbig .... nh	5,60	5,60
372	250 (D) mehrfarbig .... ni	8,20	8,20
373	350 (D) mehrfarbig .... nk	11,50	11,50
	Satzpreis (4 W.)	27,—	27,—
	Viererblock	27,—	27,—
	FDC		28,—
	Kleinbogen	54,—	54,—

Blockausgabe mit MiNr. 370–373

| Block 13 | (66 × 132 mm) .... nl | 40,— | 40,— |
| | FDC | | 45,— |

Auflagen: MiNr. 370–373 = 1 040 000 Sätze, Bl. 13 = 520 000 Blocks

2005, 23. Nov. Europameisterschaften im Wildwasser-Kanurennsport, Skopje. Odr. (3 × 3); gez. K 13½:13¼.

nm) Kanadier-Einer

374	36 (D) mehrfarbig .... nm	1,20	1,20
	FDC		2,20
	Kleinbogen	11,—	11,—

Auflage: 40 000 Stück

2005, 23. Nov. Weihnachten. Odr. (3 × 3); gez. K 13½:13¼.

nn) Kerze

375	9 (D) mehrfarbig .... nn	0,50	0,50
	FDC		1,50
	Kleinbogen	4,50	4,50

Auflage: 40 000 Stück

Mit MICHEL besser sammeln

2005, 14. Dez. Freimarke: Postemblem. Odr. (5×4); gez. K 13¼:13½.

no) Neues Emblem der Makedonischen Post

376	12	(D)	mehrfarbig	no	0,50	0,50
				FDC		1,50

1 000 000 Stück

2006

2006, 25. Jan. Olympische Winterspiele, Turin. Odr. (3×3); gez. K 13¼:13½.

np) Ski alpin　　　　　　　nr) Eishockey

377	36	(D)	mehrfarbig	np	1,20	1,20
378	60	(D)	mehrfarbig	nr	2,—	2,—
			Satzpreis (2 W.)		3,20	3,20
			FDC			4,20
			Kleinbogensatz (2 Klb.)		28,—	28,—

Auflage: 60 000 Sätze

2006, 8. März. Kulturelles Erbe. Odr. (3×3); gez. K 13¼:13½.

ns) Fresko in der Klosterkirche Mariä Entschlafung, Matejce (14. Jh.)　　nt) Isaak-Çelebi-Moschee, Bitola (16. Jh.)

379	12	(D)	mehrfarbig	ns	0,40	0,40
380	24	(D)	mehrfarbig	nt	0,80	0,80
			Satzpreis (2 W.)		1,20	1,20
			FDC			2,20
			Kleinbogensatz (2 Klb.)		9,—	9,—

MiNr. 379–380 wurden jeweils im Kleinbogen zu 8 Marken und einem Zierfeld gedruckt.

Auflage: 35 000 Sätze

2006, 20. März. 100. Geburtstag von Léopold Sédar Senghor. Odr. (3×3); gez. K 13½:13¼.

nu) L. S. Senghor (1906–2001), senegalesischer Politiker und Dichter

381	36	(D)	mehrfarbig	nu	1,20	1,20
			FDC			2,20
			Kleinbogen		10,—	10,—

MiNr. 381 wurde im Kleinbogen zu 8 Marken und einem Zierfeld gedruckt.

Auflage: 35 000 Stück

2006, 22. März. Kunsthandwerk: Perlmuttverzierte Gegenstände. Odr. (3×3); gez. K 13¼:13½.

nv) Holzschuhe　　　　　nw) Pfeifen und Zierstab

382	12	(D)	mehrfarbig	nv	0,40	0,40
383	24	(D)	mehrfarbig	nw	0,80	0,80
			Satzpreis (2 W.)		1,20	1,20
			FDC			3,—
			Kleinbogensatz (2 Klb.)		9,—	9,—

MiNr. 382–383 wurden jeweils im Kleinbogen zu 8 Marken und einem Zierfeld gedruckt.

Auflage: 35 000 Sätze

2006, 5. April. 200. Geburtstag von Makarie Negriev Frčkovski. Odr. (3×3); gez. K 13½:13¼.

nx) Holzschnitzerei aus der Erlöser-Kirche, Skopje, von M. N. Frčkovski (1806–1863)

384	12	(D)	mehrfarbig	nx	0,50	0,50
			FDC			1,50
			Kleinbogen		4,50	4,50

Auflage: 35 000 Stück

2006, 5. April. 450. Jahrestag der Weihe der Kuppel des Petersdoms in Rom. Odr. (3×3); gez. K 13¼:13½.

ny) Petersdom, Rom; Innenansicht der Kuppel

385	36	(D)	mehrfarbig	ny	1,20	1,20
			FDC			2,20
			Kleinbogen		11,—	11,—

Auflage: 35 000 Stück

2006, 26. April. 100. Geburtstag von Zhivko Firfov. Odr. (3×3); gez. K 13¼:13½.

nz) Zh. Firfov (1906–1984), Komponist; Notenhandschrift

386	24	(D)	mehrfarbig	nz	0,80	0,80
			FDC			1,80
			Kleinbogen		6,50	6,50

Auflage: 35 000 Stück

2006, 26. April. 250. Geburtstag von Wolfgang Amadeus Mozart. Odr. (3×3); gez. K 13¼:13½.

oa) W. A. Mozart (1756–1791), österreichischer Komponist; Violinen, Notenzeilen

387	60	(D)	mehrfarbig	oa	2,—	2,—
			FDC			3,—
			Kleinbogen		18,—	18,—

Auflage: 35 000 Stück

Makedonien   841

2006, 9. Mai. Europa: Integration. Odr. (3×3); gez. K 13½:13¼.

ob) Buchstabenkugeln   oc) Buchstabenwürfel

388	36 (D) mehrfarbig	ob	1,20	1,20
389	60 (D) mehrfarbig	oc	2,—	2,—
		Satzpreis (2 W.)	3,20	3,20
		FDC		4,20
		Kleinbogensatz (2 Klb.)	29,—	29,—

Auflage: 60 000 Sätze

2006, 9. Mai. Blockausgabe: 10 Jahre Europamarken von Makedonien. Odr.; gez. K 13¼:13½.

od) Papst Johannes Paul II. (1920–2005, reg. ab 1978)
oe) Mutter Teresa (1910–1997), indische katholische Ordensgründerin, Friedensnobelpreis 1979

390	60 (D) mehrfarbig	od	2,—	2,—
391	60 (D) mehrfarbig	oe	2,—	2,—
Block 14	(80×70 mm)	of	4,—	4,—
		FDC		5,—

Auflage: 20 000 Blocks

2006, 5. Juni. Umweltschutz: Kampf gegen die Wüstenbildung. Odr. (3×3); gez. K 13½:13¼.

og) Wüste, Sanduhr

392	12 (D) mehrfarbig	og	0,50	0,50
		FDC		1,50
		Kleinbogen	4,50	4,50

MiNr. 392 wurde im Kleinbogen zu 8 Marken und 1 Zierfeld gedruckt.
Auflage: 35 000 Stück

2006, 14. Juni. 100 Jahre Grand-Prix-Automobilrennen. Odr. (3×3); gez. K 13½:13¼.

oh) Zielflagge, Rennauto (1906)

393	36 (D) mehrfarbig	oh	1,20	1,20
		FDC		2,20
		Kleinbogen	11,—	11,—

Auflage: 35 000 Stück

2006, 28. Juni. 150. Geburtstag von Nikola Tesla. Odr. (3×3); gez. K 13½:13¼.

oi) N. Tesla (1856–1943), amerikanischer Physiker

394	24 (D) mehrfarbig	oi	0,80	0,80
		FDC		1,80
		Kleinbogen	7,20	7,20

Auflage: 35 000 Stück

2006, 28. Juni. 500. Todestag von Christoph Kolumbus. Odr. (3×3); gez. K 13½:13¼.

ok) Karavelle „Santa María" von Chr. Kolumbus (1451–1506), genuesischer Seefahrer in spanischen Diensten

395	36 (D) mehrfarbig	ok	1,20	1,20
		FDC		2,20
		Kleinbogen	11,—	11,—

Auflage: 35 000 Stück

2006, 30. Aug. Freimarken: Kunsthandwerk. Odr. (5×5); gez. K 12¾:13.

ol) Karaffe (18.–19. Jh.)   om) Kanne mit Schüssel (18.–19. Jh.)

396	3 (D) mehrfarbig	ol	0,10	0,10
397	6 (D) mehrfarbig	om	0,20	0,20
		Satzpreis (2 W.)	0,30	0,30
		FDC		1,30

Weitere Werte: MiNr. 302, 304, 305–306, 320–321, 411–414

2006, 6. Sept. Süßwasserschnecken aus dem Ohridsee. Odr. (3×3); gez. K 13¼:13½.

on) Ancylus scalariformis   oo) Macedopyrgula pavlovici   op) Gyraulus trapezoides   or) Valvata hirsutecostata

398	12 (D) mehrfarbig	on	0,40	0,40
399	24 (D) mehrfarbig	oo	0,80	0,80
400	36 (D) mehrfarbig	op	1,20	1,20
401	48 (D) mehrfarbig	or	1,60	1,60
		Satzpreis (4 W.)	4,—	4,—
		FDC		5,—
		Kleinbogensatz (4 Klb.)	36,—	36,—

Für unverlangt eingesandte Briefsendungen und Markenvorlagen wird keine Haftung übernommen

Makedonien

Blockausgabe

os) Ochridopyrgula macedonica
ot

402	72 (D) mehrfarbig	os	2,40	2,40
Block 15	(80×70 mm)	ot	2,40	2,40
	FDC			3,40

Auflagen: MiNr. 398–401 je 35 000 Stück, Bl 15 = 13 000 Blocks

2006, 2. Okt. Tag des Kindes – 60 Jahre Kinderhilfswerk der Vereinten Nationen (UNICEF). Odr. (3×3); gez. K 13½:13¼.

ou) Mädchen malt Bild aus

403	12 (D) mehrfarbig	ou	0,50	0,50
	FDC			1,50
	Kleinbogen		4,50	4,50

Auflage: 35 000 Stück

2006, 2. Okt. Naturschönheiten. Odr. (3×3); gez. K 13½:13¼.

ov) Nationalpark Galičica

404	24 (D) mehrfarbig	ov	0,80	0,80
	FDC			1,80
	Kleinbogen		7,20	7,20

Auflage: 35 000 Stück

2006, 20. Okt. Bowling-Weltmeisterschaften, Skopje. Odr. (3×3); gez. K 13½:13¼.

ow) Bowlingkugel, Pins

405	36 (D) mehrfarbig	ow	1,20	1,20
	FDC			2,20
	Kleinbogen		11,—	11,—

Auflage: 35 000 Stück

2006, 25. Okt. Persönlichkeiten. Odr. (3×3); gez. K 13¼:13½.

ox) Frang Bardhi (1606–1643), Historiker, Folklorist, Ethnograph und Lexikograph

oy) Boris Trajkovski (1956–2004), Politiker und Staatspräsident

oz) Mustafa Kemal Atatürk (1881–1938), türkischer Politiker und Staatspräsident

pa) Dositheus II. (*1906), Erzbischof von Ohrid und Makedonien

406	12 (D) mehrfarbig	ox	0,40	0,40
407	12 (D) mehrfarbig	oy	0,40	0,40
408	24 (D) mehrfarbig	oz	0,80	0,80
409	24 (D) mehrfarbig	pa	0,80	0,80
	Satzpreis (4 W.)		2,40	2,40
	4 FDC			6,50
	Kleinbogensatz (4 Klb.)		22,—	22,—

Auflage: je 35 000 Stück

2006, 22. Nov. Weihnachten. Odr. (3×3); gez. K 13½:13¼.

pb) Komet

410	12 (D) mehrfarbig	pb	0,50	0,50
	FDC			1,50
	Kleinbogen		4,50	4,50

2006, 30. Nov. Freimarken: Kunsthandwerk. Odr. (5×5); gez. K 12¾:13.

pc) Kännchen aus Bitola (19. Jh.)
pd) Weinflasche aus Skopje (20. Jh.)
pe) Glocke aus Skopje (18. Jh.)
pf) Dose aus Prilep (18.–19. Jh.)

411	4 (D) mehrfarbig	pc	0,20	0,20
412	5 (D) mehrfarbig	pd	0,20	0,20
413	10 (D) mehrfarbig	pe	0,40	0,40
414	12 (D) mehrfarbig	pf	0,40	0,40
	Satzpreis (4 W.)		1,20	1,20
	FDC			2,20

Weitere Werte: MiNr. 302, 304, 305–306, 320–321, 396–397

2007

2007, 31. Jan. Megalithisches Observatorium Kokino. Odr. (3×3); gez. K 13¼:13½.

pg) Gravierter Stein
ph) Sonne über Berggipfel

415	12 (D) mehrfarbig	pg	0,40	0,40
416	36 (D) mehrfarbig	ph	1,20	1,20
	Satzpreis (2 W.)		1,60	1,60
	FDC			2,60
	Kleinbogensatz (2 Klb.)		13,—	13,—

MiNr. 415–416 wurden jeweils im Kleinbogen zu 8 Marken und einem Zierfeld gedruckt.
Auflage: je 30 000 Stück

Makedonien 843

2007, 31. Jan. 400 Jahre Kloster Slivnik, 700 Jahre Kloster St. Nikita. Odr. (3×3); gez. K 13½:13¼, Hochformat ~.

pi) Kloster Slivnik, Christus (Fresko)
pk) Kloster St. Nikita, Heiligenbild (Fresko)

417	12	(D)	mehrfarbig .... pi	0,40	0,40
418	36	(D)	mehrfarbig .... pk	1,20	1,20
			Satzpreis (2 W.)	1,60	1,60
			FDC		2,60
			Kleinbogensatz (2 Klb.)	14,—	14,—

MiNr. 417 wurde im Kleinbogen zu 9 Marken, MiNr. 418 im Kleinbogen zu 8 Marken und einem Zierfeld gedruckt.
Auflage: je 30 000 Stück

2007, 14. Febr. Kunsthandwerk und Folklore. Odr. (3×3); gez. K 13½:13¼.

pl) Tepelak (Kappe), Kičevo (18.–19. Jh.)
pm) Schatulle, Ohrid (19. Jh.)

419	12	(D)	mehrfarbig .... pl	0,40	0,40
420	36	(D)	mehrfarbig .... pm	1,20	1,20
			Satzpreis (2 W.)	1,60	1,60
			FDC		2,60
			Kleinbogensatz (2 Klb.)	14,50	14,50

Auflage: je 30 000 Stück

2007, 28. Febr. Einheimische Süßwasserfische. Odr. (3×3); gez. K 13½:13¼.

pn) Steinbeißer (Cobitis vardarensis)

po) Zingel (Zingel balcanicus)
pp) Näsling (Chondostroma vardarense)
pr) Makedonische Barbe (Barbus macedonicus)

421	12	(D)	mehrfarbig .... pn	0,40	0,40
422	36	(D)	mehrfarbig .... po	1,20	1,20
423	60	(D)	mehrfarbig .... pp	2,—	2,—
424	100	(D)	mehrfarbig .... pr	3,30	3,30
			Satzpreis (4 W.)	6,80	6,80
			FDC		8,—
			Kleinbogensatz (4 Klb.)	62,—	62,—

Mit MICHEL immer gut informiert

Blockausgabe

ps) Döbel (Leuciscus cephalus)

pt

425	100	(D)	mehrfarbig .... ps	3,30	3,30
Block 16	(80×70 mm) .... pt			3,30	3,30
			FDC		4,40

Auflagen: MiNr. 421–424 je 30 000 Stück, Bl. 16 = 12 000 Blocks

2007, 14. März. 100 Jahre Kubismus. Odr. (3×3); gez. K 13½:13¼, Hochformat ~.

pu) Wandgemälde von Borka Lazeski (1917–1993), makedonischer Maler
pv) Gemälde von Pablo Picasso (1881–1973), spanischer Maler, Graphiker und Bildhauer

426	36	(D)	mehrfarbig .... pu	1,20	1,20
427	100	(D)	mehrfarbig .... pv	3,30	3,30
			Satzpreis (2 W.)	4,50	4,50
			2 FDC		6,50
			Kleinbogensatz (2 Klb.)	40,—	40,—

Auflage: je 30 000 Stück

2007, 20. März. Internationaler Tag der Frankophonie. Odr. (3×3); gez. K 13½:13¼.

pw) Menschen, Emblem

428	12	(D)	mehrfarbig .... pw	0,40	0,40
			FDC		1,40
			Kleinbogen	3,20	3,20

MiNr. 428 wurde im Kleinbogen zu 8 Marken und 1 Zierfeld gedruckt.
Auflage: 30 000 Stück

2007, 9. April. Haustiere: Katzen. Odr. (3×3); gez. K 13¼:13½.

px) Katze mit Fliege (Gemälde)

429	12	(D)	mehrfarbig .... px	0,40	0,40
			FDC		1,40
			Kleinbogen	3,60	3,60

Auflage: 30 000 Stück

Jahrgangswerttabelle

Die Aufstellung folgt der numerischen Reihenfolge der Katalogisierung ohne Rücksicht auf die Chronologie eventueller Ergänzungswerte.

Grundsätzlich ist nur die jeweils billigste Sorte pro Marke bzw. Ausgabe angegeben, sofern nichts anderes vermerkt.

Zusammendrucke aus Bogen, Marken mit Zierfeldern usw. sind dann berücksichtigt, wenn sie als normale Ausgabeform anzusehen sind. Einzelmarken aus Blocks und Marken mit der Preisnotierung „—,—" sind nicht berücksichtigt.

Jahr	MiNr.	Euro **	Euro ⊙
1992	1–3	4,50	4,50
1993	4–19	28,60	28,60
1994	20–37	20,20	20,20
1995	38–61	74,—	74,—
1996	62–92	46,70	46,70
1997	93–111	40,30	40,30
1998	112–149	48,50	48,50
1999	150–181	24,40	24,40
2000	182–212	21,60	21,60
2001	213–242	21,80	21,80
2002	243–271	24,40	24,40
2003	272–303	29,—	29,—
2004	304–338	38,30	38,30
2005	339–376	84,70	84,70
2006	377–414	35,50	35,50
Gesamtsumme		**542,50**	**542,50**

Blockaufstellung

Block 1 siehe nach MiNr. 16
Block 2 siehe nach MiNr. 17
Block 3 siehe nach MiNr. 29
Block 4 siehe nach MiNr. 59
Block 5 siehe nach MiNr. 98
Block 6 siehe nach MiNr. 157
Block 7 siehe nach MiNr. 186
Block 8 siehe nach MiNr. 224
Block 9 siehe nach MiNr. 249
Block 10 siehe nach MiNr. 289
Block 11 siehe nach MiNr. 333
Block 12 siehe nach MiNr. 364
Block 13 siehe nach MiNr. 373
Block 14 siehe nach MiNr. 391
Block 15 siehe nach MiNr. 402
Block 16 siehe nach MiNr. 425

Zwangszuschlagsmarken

Blockaufstellung

Block 1 siehe nach MiNr. 10
Block 2 siehe nach MiNr. 17
Block 3 siehe nach MiNr. 21
Block 4 siehe nach MiNr. 29
Block 5 siehe nach MiNr. 33
Block 6 siehe nach MiNr. 33
Block 7 siehe nach MiNr. 41
Block 8 siehe nach MiNr. 49
Block 9 siehe nach MiNr. 53
Block 10 siehe nach MiNr. 61
Block 11 siehe nach MiNr. 65
Block 12 siehe nach MiNr. 70
Block 13 siehe nach MiNr. 74
Block 14 siehe nach MiNr. 78
Block 15 siehe nach MiNr. 79
Block 16 siehe nach MiNr. 80
Block 17 siehe nach MiNr. 82
Block 18 siehe nach MiNr. 83
Block 19 siehe nach MiNr. 88
Block 20 siehe nach MiNr. 89
Block 21 siehe nach MiNr. 90
Block 22 siehe nach MiNr. 91

MiNr. I–VIII und Block I siehe nach MiNr. 33

1991

1991, 30. Dez. Unabhängigkeit. Odr.; gez. K 13¼.

Za) Bläser

				**	⊙
1	2.50 (Din)	schwarz/gelblichorange	Za	0,30	0,30
			FDC		2,20

Verwendung: 31.12.1991–8.9.1992, in kleineren Postämtern auf dem Land bis Ende März 1993

Mit Aufdruck: Freimarke MiNr. 21

1992

1992, 1. März. Rotes Kreuz: Woche der Krebsbekämpfung. Odr.; A = gez. L 10.

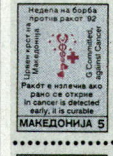   

 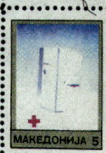  

Zd) Bestrahlungsgerät „Saturn"   Ze) Gerät zur Mammographie   Zd I)   Zf) Ultraschallgerät „RTX 200"

					**	⊙
2 A	5 (Din)	mehrfarbig		Zb	0,60	0,60
3 A	5 (Din)	mehrfarbig		Zc	0,60	0,60
4 A	5 (Din)	mehrfarbig		Zd	0,60	0,60
5 A	5 (Din)	mehrfarbig		Ze	0,60	0,60
6 A	5 (Din)	mehrfarbig		Zb I	0,20	0,20
7 A	5 (Din)	mehrfarbig		Zc I	0,20	0,20
8 A	5 (Din)	mehrfarbig		Zd I	0,20	0,20
9 A	5 (Din)	mehrfarbig		Zf	0,20	0,20
			Satzpreis (8 W.)		3,20	3,20
			2 Viererblocks		3,50	3,50

Makedonien

Blockausgabe, A = gez. L. 10, B = ☐

Zg) Gerät zur Mammographie
Zc I

Zd I

Zf

Zh

10 A	5	(Din)	mehrfarbig .... Zg	—,—	—,—
Block 1 A		mit MiNr. 7 A–10 A			
		(75 × 115 mm) .... Zh	13,—	13,—
7 B	5	(Din)	mehrfarbig .... Zg	—,—	—,—
8 B	5	(Din)	mehrfarbig .... Zc I	—,—	—,—
9 B	5	(Din)	mehrfarbig .... Zd I	—,—	—,—
10 B	5	(Din)	mehrfarbig .... Zf	—,—	—,—
Block 1 B		(75 × 115 mm) .... Zh	13,—	13,—

Postpreis: Bl. 1 A und 1 B je 40 Din

MiNr. 2 A–5 A und 6 A–9 A wurden jeweils in Viererblockanordnung zusammenhängend gedruckt.

Bei MiNr. 2 ist die rechte englischsprachige Inschrift aufwärts, bei MiNr. 6 abwärts lesbar. MiNr. 3–5 haben im Gegensatz zu MiNr. 7–9 zusätzlich das Rote Kreuz im linken unteren Eck abgebildet, und die Markenbilder wirken stark überbelichtet.

Auflage: Bl. 1 A und 1 B je 5000 numerierte Blocks

Verwendung: 1.–8.3.1992

Neue Währung ab 26. April 1992: 1 Makedonischer Dinar (Den) = 100 Deni
(1 Jugoslwischer Dinar = 1 Makedonischer Denar)

1992, 8. Mai. Rotes Kreuz. Odr.; A = gez. L 10.

Zi) Inschrift
Zk) Flugzeug wirft Pakete mit Medikamenten ab
Zl) Sanitäter leisten Erste Hilfe bei Verkehrsunfall
Zm) Sanitäter versorgen Brandopfer

11 A	10	(Den)	mehrfarbig .... Zi	0,10	0,10
12 A	10	(Den)	mehrfarbig/gold .... Zk	0,10	0,10
13 A	10	(Den)	mehrfarbig/gold .... Zl	0,10	0,10
14 A	10	(Den)	mehrfarbig/gold .... Zm	0,10	0,10
			Satzpreis (4 W.)	0,40	0,40
			Viererblock	0,50	0,50

Blockausgabe; A = gez. L 10, B = ☐

15 A	10	(Den) mehrfarbig/silber .... Zk	0,20	0,20
16 A	10	(Den) mehrfarbig/silber .... Zl	0,20	0,20
17 A	10	(Den) mehrfarbig/silber .... Zm	0,20	0,20
Block 2 A	mit MiNr. 11 A und 15 A–17 A			
	(90 × 80 mm) .... Zn	3,80	3,80
11 B	10	(Den) mehrfarbig .... Zi	—,—	—,—
15 B	10	(Den) mehrfarbig/silber .... Zk	—,—	—,—
16 B	10	(Den) mehrfarbig/silber .... Zl	—,—	—,—
17 B	10	(Den) mehrfarbig/silber .... Zm	—,—	—,—
Block 2 B	(90 × 80 mm) .... Zn	3,80	3,80

Postpreis: Bl. 2 A und 2 B je 80 Den

MiNr. 11 A–14 A wurden in Viererblockanordnung zusammenhängend gedruckt.

Die zusätzliche Farbangabe bezieht sich auf den Markenrahmen.

Auflage: Bl. 2 A und 2 B je 11 000 numerierte Blocks

Verwendung: 8.–15.5.1992

1992, 1. Juni. Rotes Kreuz: Woche der Solidarität. Odr.; gez. L 10.

Zo) Zerstörtes Gebäude, Zifferblatt
Zp) Mutter mit Mädchen
Zr) Mutter mit Kleinkind
Zs) Mutter mit Kindern

18	20	(Den)	schwarz/lila .... Zo	0,10	0,10
19	20	(Den)	mehrfarbig .... Zp	0,10	0,10
20	20	(Den)	mehrfarbig .... Zr	0,10	0,10
21	20	(Den)	mehrfarbig .... Zs	0,10	0,10
			Satzpreis (4 W.)	0,40	0,40
			Viererblock	0,50	0,50

MICHELsoft – erstellt Ihre Bestandslisten, Fehllisten, Motivlisten, ABC-Listen, etc. in Sekundenschnelle!

Makedonien

Blockausgabe; A = gez. L. 10, B = ☐

Zt) Mutter mit Kind

Blockausgabe, A = gez. L. 10, B = ☐

Zy) Ärztin untersucht Kind

Block 3	130 (Den) mfg. (74×98 mm) .... Zt		
A	gez. L 10	2,—	2,—
B	☐	2,—	2,—

MiNr. 18–21 wurden in Viererblockanordnung zusammenhängend gedruckt.
Auflage: Bl. 3 A und 3 B je 11 000 numerierte Blocks
Verwendung: 1.–7.6.1992

In ähnlicher Zeichnung wie MiNr. 18: MiNr. 66

Block 4	200 (Den) mfg. (74×98 mm) .... Zy		
A	gez. L 10	2,—	2,—
B	☐	2,—	2,—

MiNr. 22–25 wurden in Viererblockanordnung zusammenhängend gedruckt.
Auflage: Bl. 4 A und 4 B je 10 000 numerierte Blocks
Verwendung: 14.–21.9.1992

1993

1992, 14. Sept. Rotes Kreuz: Woche der Tuberkulosebekämpfung. Odr.; gez. L 10.

Zu) Inschrift
Zv) Krankenschwester mit Kleinkind

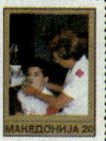 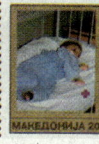

Zw) Ärztin mit Jungen
Zx) Säugling im Gitterbett

22	20 (Den) mehrfarbig .... Zu	0,10	0,10
23	20 (Den) mehrfarbig .... Zv	0,10	0,10
24	20 (Den) mehrfarbig .... Zw	0,10	0,10
25	20 (Den) mehrfarbig .... Zx	0,10	0,10
	Satzpreis (4 W.)	0,40	0,40
	Viererblock	0,50	0,50

1993, 1. Febr. Rotes Kreuz. Odr.; A = gez. L 10.

Zz) Inschrift
Zaa
Zab
Zac
Zaa–Zac) Blumensträuße

26 A	20 (Den) mehrfarbig/gold .... Zz	0,10	0,10
27 A	20 (Den) mehrfarbig/gold .... Zaa	0,10	0,10
28 A	20 (Den) mehrfarbig/gold .... Zab	0,10	0,10
29 A	20 (Den) mehrfarbig/gold .... Zac	0,10	0,10
	Satzpreis (4 W.)	0,40	0,40
	Viererblock	0,50	0,50

Blockausgabe; A = gez. L 10, B = ☐

Block 5 A	mit MiNr. 26 A–29 A		
	(105×90 mm) .... Zad	2,—	2,—
26 B	20 (Den) mehrfarbig/gold .... Zz	—,—	—,—
27 B	20 (Den) mehrfarbig/gold .... Zaa	—,—	—,—
28 B	20 (Den) mehrfarbig/gold .... Zab	—,—	—,—
29 B	20 (Den) mehrfarbig/gold .... Zac	—,—	—,—
Block 5 B	(105×90 mm) .... Zad	2,—	2,—
30 A	20 (Den) mehrfarbig/silber .... Zz	0,20	0,20
31 A	20 (Den) mehrfarbig/silber .... Zaa	0,20	0,20
32 A	20 (Den) mehrfarbig/silber .... Zab	0,20	0,20
33 A	20 (Den) mehrfarbig/silber .... Zac	0,20	0,20
Block 6 A	(105×90 mm) .... Zad	2,—	2,—

MICHELsoft
die spezielle
Sammler-Software

Makedonien

847

30 B	20	(Den) mehrfarbig/silber	Zz	—,—	—,—
31 B	20	(Den) mehrfarbig/silber	Zaa	—,—	—,—
32 B	20	(Den) mehrfarbig/silber	Zab	—,—	—,—
33 B	20	(Den) mehrfarbig/silber	Zac	—,—	—,—
Block 6 B	(105×90 mm)		Zad	2,—	2,—

Postpreis: Bl. 5 A, 5 B, 6 A und 6 B je 500 Den

MiNr. 26 A–29 A wurden in Viererblockanordnung zusammenhängend gedruckt.

Die zusätzliche Farbangabe bezieht sich auf den Markenhintergrund.

Auflage: Bl. 5 A, 5 B, 6 A und 6 B je 20 000 numerierte Blocks

Verwendung: 1.2.–31.3.1993

Nicht ausgegeben:

1993, 1. März. Rotes Kreuz: Woche der Krebsbekämpfung. Odr.; gez. L 10.

Zae) Emblem der Liga für Krebsbekämpfung

Zaf

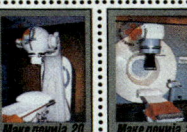 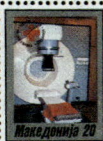

Zag

Zah

Zaf–Zah) Bestrahlungsgeräte

I	20	(Den) mehrfarbig/silber	Zae	0,10	0,10
II	20	(Den) mehrfarbig/silber	Zaf	0,10	0,10
III	20	(Den) mehrfarbig/silber	Zag	0,10	0,10
IV	20	(Den) mehrfarbig/silber	Zah	0,10	0,10
		Satzpreis (4 W.)		0,40	0,40
		Viererblock		0,50	0,50

Blockausgabe; A = gez. L 10, B = ☐

V A	20	(Den) mehrfarbig/gold	Zae	0,20	0,20
VI A	20	(Den) mehrfarbig/gold	Zaf	0,20	0,20
VII A	20	(Den) mehrfarbig/gold	Zag	0,20	0,20
VIII A	20	(Den) mehrfarbig/gold	Zah	0,20	0,20
Block I A	(74×98 mm)		Zai	1,50	1,50
V B	20	(Den) mehrfarbig/gold	Zae	—,—	—,—
VI B	20	(Den) mehrfarbig/gold	Zaf	—,—	—,—
VII B	20	(Den) mehrfarbig/gold	Zag	—,—	—,—
VIII B	20	(Den) mehrfarbig/gold	Zah	—,—	—,—
Block I B	(74×98 mm)		Zai	1,50	1,50

Verkaufspreis: Bl. I A und I B je 500 Den

MiNr. I–IV wurden in Viererblockanordnung zusammenhängend gedruckt.

Die zusätzliche Farbangabe bezieht sich auf den Markenrahmen, bei MiNr. I und V auf den Landesnamen.

Da MiNr. 26–29 und Bl. 5–6 noch bis 31.3.1993 obligatorisch zu verwenden waren, wurden MiNr. I–IV und Bl. I nur über die Sammlerstellen in Skopje verkauft, kamen aber nicht als Zwangszuschlagsmarken an die Postschalter.

Auflage: Bl. I A und I B je 20 000 numerierte Blocks

MICHEL – seit über 90 Jahren Partner aller Philatelisten

1993, 8. Mai. Rotes Kreuz. Odr.; gez. L 10.

Zak) Inschrift

Zal) Rotkreuzhelfer hält Kleinkind im Arm

Zam) Arzt betreut jugendlichen Rollstuhlfahrer

Zan) Sanitäter bergen Verletzten mit Trage

34	50	(Den) mehrfarbig/silber	Zak	0,10	0,10
35	50	(Den) mehrfarbig/silber	Zal	0,10	0,10
36	50	(Den) mehrfarbig/silber	Zam	0,10	0,10
37	50	(Den) mehrfarbig/silber	Zan	0,10	0,10
		Satzpreis (4 W.)		0,40	0,40
		Viererblock		0,50	0,50

Blockausgabe; A = gez. L 10, B = ☐

38 A	50	(Den) mehrfarbig/gelb	Zak	0,20	0,20
39 A	50	(Den) mehrfarbig/gelb	Zal	0,20	0,20
40 A	50	(Den) mehrfarbig/gelb	Zam	0,20	0,20
41 A	50	(Den) mehrfarbig/gelb	Zan	0,20	0,20
Block 7 A	(95×80 mm)		Zao	1,50	1,50
38 B	50	(Den) mehrfarbig/gelb	Zak	—,—	—,—
39 B	50	(Den) mehrfarbig/gelb	Zal	—,—	—,—
40 B	50	(Den) mehrfarbig/gelb	Zam	—,—	—,—
41 B	50	(Den) mehrfarbig/gelb	Zan	—,—	—,—
Block 7 B	(95×80 mm)		Zao	1,50	1,50

Postpreis: Bl. 7 A und 7 B je 700 Den

MiNr. 34–37 wurden in Viererblockanordnung zusammenhängend gedruckt.

Die zusätzliche Farbangabe bezieht sich auf den Markenrahmen.

Auflage: Bl. 7 A und 7 B je 20 000 numerierte Blocks

Verwendung: 8.–15.5.1993

In gleicher Zeichnung wie MiNr. 35: MiNr. 65

Neue Währung ab 10. Mai 1993: 1 Neuer Makedonischer Dinar (D) = 100 Deni
(100 alte Makedonische Denar = 1 Neuer Makedonischer Denar)

1993, 1. Juni. Rotes Kreuz: Woche der Solidarität. Odr.; gez. L 10.

Zap) Zerstörtes Gebäude, Zifferblatt

Zar) Hilfspakete der UNICEF werden entladen

Zas) Hilfspakete des Roten Kreuzes in Lagerhalle

Zat) Gabelstapler verlädt Palette mit Hilfspaketen

42	0.50	(D) mehrfarbig/silber	Zap	0,10	0,10
43	0.50	(D) mehrfarbig/silber	Zar	0,10	0,10
44	0.50	(D) mehrfarbig/silber	Zas	0,10	0,10
45	0.50	(D) mehrfarbig/silber	Zat	0,10	0,10
		Satzpreis (4 W.)		0,40	0,40
		Viererblock		0,50	0,50

Makedonien

Blockausgabe, A = gez. L 10, B = ☐

Nr.	Wert		Beschreibung		Code	Preis 1	Preis 2
46 A	0,50	(D)	mehrfarbig/gold	....	Zap	0,20	0,20
47 A	0,50	(D)	mehrfarbig/gold	....	Zar	0,20	0,20
48 A	0,50	(D)	mehrfarbig/gold	....	Zas	0,20	0,20
49 A	0,50	(D)	mehrfarbig/gold	....	Zat	0,20	0,20
Block 8 A	(95 × 80 mm)		....		Zau	1,50	1,50
46 B	0,50	(D)	mehrfarbig/gold	....	Zap	—,—	—,—
47 B	0,50	(D)	mehrfarbig/gold	....	Zar	—,—	—,—
48 B	0,50	(D)	mehrfarbig/gold	....	Zas	—,—	—,—
49 B	0,50	(D)	mehrfarbig/gold	....	Zat	—,—	—,—
Block 8 B	(95 × 80 mm)		....		Zau	1,50	1,50

Postpreis: Bl. 8 A und 8 B je 7.00 D

MiNr. 42–45 wurden in Viererblockanordnung zusammenhängend gedruckt.

Die zusätzliche Farbangabe bezieht sich auf den Markenrahmen.

Verwendung: 1.–7.6.1993

In gleicher Zeichnung wie MiNr. 45: MiNr. 64

1993, 14. Sept. Rotes Kreuz: Woche der Tuberkulosebekämpfung. Odr.; I = mit Entwerfernamen im Markenbild; A = gez. L 10.

Zav) Inschrift
Zax) Kinder auf Blumenwiese
Zax) Biene auf Blüte
Zay) Gemse

50 A I	0.50	(D)	mehrfarbig	....	Zav	0,10	0,10
51 A I	0.50	(D)	mehrfarbig	....	Zaw	0,10	0,10
52 A I	0.50	(D)	mehrfarbig	....	Zax	0,10	0,10
53 A I	0.50	(D)	mehrfarbig	....	Zay	0,10	0,10
			Satzpreis (4 W.)			0,40	0,40
			Viererblock			0,50	0,50

Blockausgabe; II = ohne Entwerfernamen; A = gez. L 10, B = ☐

50 A II	0.50	(D)	mehrfarbig	....	Zav	0,30	0,30
51 A II	0.50	(D)	mehrfarbig	....	Zaw	0,30	0,30
52 A II	0.50	(D)	mehrfarbig	....	Zax	0,30	0,30
53 A II	0.50	(D)	mehrfarbig	....	Zay	0,30	0,30
Block 9 A	(95 × 80 mm)		....		Zaz	1,50	1,50
50 B II	0.50	(D)	mehrfarbig	....	Zav	—,—	—,—
51 B II	0.50	(D)	mehrfarbig	....	Zaw	—,—	—,—
52 B II	0.50	(D)	mehrfarbig	....	Zax	—,—	—,—
53 B II	0.50	(D)	mehrfarbig	....	Zay	—,—	—,—
Block 9 B	(95 × 80 mm)		....		Zaz	1,50	1,50

Postpreis: Bl. 9 A und 9 B je 15.00 D

50 A I F		fehlende Farbe Gelb	....	0,30	0,30
51 A I F		fehlende Farbe Gelb	....	0,30	0,30
52 A I F		fehlende Farbe Gelb	....	0,30	0,30
53 A I F		fehlende Farbe Gelb	....	0,30	0,30

MiNr. 50 A I–53 A I wurden in Viererblockanordnung zusammenhängend gedruckt.

Verwendung: 14.–21.9.1993

In gleicher Zeichnung wie MiNr. 51: MiNr. 63

1994

1994, 1. März. Rotes Kreuz: Woche der Krebsbekämpfung. Odr.; gez. L 10.

Zba) Emblem der Liga für Krebsbekämpfung
Zbb) Türkenbundlilie (Lilium martagon)
Zbc) Orangeroter Ritterling (Tricholoma aurantium)
Zbd) Höckerschwan (Cygnus olor)

54	1	(D)	schwarz/grau/rot	....	Zba	0,10	0,10
55	1	(D)	mehrfarbig/silber	....	Zbb	0,10	0,10
56	1	(D)	mehrfarbig/silber	....	Zbc	0,10	0,10
57	1	(D)	mehrfarbig/silber	....	Zbd	0,10	0,10
			Satzpreis (4 W.)			0,40	0,40
			Viererblock			0,50	0,50

Blockausgabe; A = gez. L 10, B = ☐

58 A	1	(D)	schwarz/weiß/rot	....	Zba	0,20	0,20
59 A	1	(D)	mehrfarbig/weiß	....	Zbb	0,20	0,20
60 A	1	(D)	mehrfarbig/weiß	....	Zbc	0,20	0,20
61 A	1	(D)	mehrfarbig/weiß	....	Zbd	0,20	0,20
Block 10 A	(97 × 80 mm)		....		Zbe	1,50	1,50
58 B	1	(D)	schwarz/weiß/rot	....	Zba	—,—	—,—
59 B	1	(D)	mehrfarbig/weiß	....	Zbb	—,—	—,—
60 B	1	(D)	mehrfarbig/weiß	....	Zbc	—,—	—,—
61 B	1	(D)	mehrfarbig/weiß	....	Zbd	—,—	—,—
Block 10 B	(97 × 80 mm)		....		Zbe	1,50	1,50

Postpreis: Bl. 10 A und 10 B je 20 D

MiNr. 54–57 wurden in Viererblockanordnung zusammenhängend gedruckt.

Die zusätzliche Farbangabe bezieht sich auf den Markenhintergrund.

Verwendung: 1.–8.3.1994

1994, 8. Mai. Rotes Kreuz. Odr.; gez. L 10.

Zbf) Inschrift

62	1	(D)	mehrfarbig	....	Zbf	0,10	0,10
63	1	(D)	mehrfarbig	....	Zaw	0,10	0,10
64	1	(D)	mehrfarbig	....	Zat	0,10	0,10
65	1	(D)	mehrfarbig	....	Zal	0,10	0,10
			Satzpreis (4 W.)			0,40	0,40
			Viererblock			0,50	0,50

Blockausgabe; A = gez. L 10, B = ☐

Block 11	30 D mfg. (Vignetten der Einzelmarken) (97 × 80 mm) . . Zbg		
A	gez. L 10	1,50	1,50
B	☐	1,50	1,50

MiNr. 62–65 wurden in Viererblockanordnung zusammenhängend gedruckt.

Verwendung: 8.–15.5.1994

In gleichen Zeichnungen wie MiNr. 63–65: MiNr. 35, 45, 51

Mit MICHEL machen Sie mehr aus Ihren Briefmarken!

Makedonien

1994, 1. Juni. Rotes Kreuz: Woche der Solidarität. Odr.; gez. L 10.

Zbh) Zerstörtes Gebäude, Zifferblatt

66	1	(D)	mehrfarbig	Zbh	0,30	0,30

Verwendung: 1.–7.6.1994

In ähnlicher Zeichnung: MiNr. 18

1994, 1. Dez. Rotes Kreuz: Woche der Aidsbekämpfung. Odr.; gez. L 10.

Zbi) Inschrift
Zbk) Globus
Zbl) Warnschild
Zbm) Männchen mit Kondomen

67	2	(D)	rot/schwarz	Zbi	0,10	0,10
68	2	(D)	mehrfarbig	Zbk	0,10	0,10
69	2	(D)	mehrfarbig	Zbl	0,10	0,10
70	2	(D)	mehrfarbig	Zbm	0,10	0,10
			Satzpreis (4 W.)		0,40	0,40
			Viererblock		0,50	0,50

Blockausgabe; A = gez. L 10, B = ☐

Block 12   40 D mfg. (Vignette ähnlich Zbk) (80 × 95 mm) ..... Zbn
A   gez. L 10   2,—   2,—
B   ☐ .... 2,—   2,—

MiNr. 67–70 wurden in Viererblockanordnung zusammenhängend gedruckt.

Verwendung: 1.–8.12.1994

1995

1995, 10. April. Rotes Kreuz: Woche der Krebsbekämpfung. Odr.; gez. L 10.

Zbo) Emblem der Liga für Krebsbekämpfung
Zbp) Hornkraut
Zbr) Lilien
Zbs) Rosen

71	1	(D)	mehrfarbig	Zbo	0,10	0,10
72	1	(D)	mehrfarbig	Zbp	0,10	0,10
73	1	(D)	mehrfarbig	Zbr	0,10	0,10
74	1	(D)	mehrfarbig	Zbs	0,10	0,10
			Satzpreis (4 W.)		0,40	0,40
			Viererblock		0,50	0,50

Blockausgabe; A = gez. L 10, B = ☐

Block 13   30 D mfg. (Vignetten ähnlich Zbo und Zbs) (98 × 76 mm) Zbt
A   gez. L 10   1,50   1,50
B   ☐ 1,50   1,50

MiNr. 71–74 wurden in Viererblockanordnung zusammenhängend gedruckt.

Verwendung: 10.–16.4.1995

1995, 8. Mai. Rotes Kreuz. Odr.; gez. L 10.

Zbu) Inschrift, Rotes Kreuz
Zbv) Jugendliche Rotkreuzhelfer
Zbw) Jugendliche Rotkreuzhelfer
Zbx) Weltkarte, Rotes Kreuz, Roter Halbmond

75	1	(D)	mehrfarbig	Zbu	0,10	0,10
76	1	(D)	mehrfarbig	Zbv	0,10	0,10
77	1	(D)	mehrfarbig	Zbw	0,10	0,10
78	1	(D)	mehrfarbig	Zbx	0,10	0,10
			Satzpreis (4 W.)		0,40	0,40
			Viererstreifen		0,50	0,50

Blockausgabe; A = gez. L 10, B = ☐

Block 14   30 D mfg. (Vignette ähnlich Zbx) (70 × 90 mm) ..... Zby
A   gez. L 10   1,50   1,50
B   ☐ 1,50   1,50

MiNr. 75–78 wurden waagerecht zusammenhängend gedruckt.

Verwendung: 8.–15.5.1995

1995, 1. Juni. Rotes Kreuz: Woche der Solidarität. Odr.; gez. L 10.

Zbz) Zerstörtes Gebäude, Zifferblatt

79	1	(D)	mehrfarbig	Zbz	0,10	0,10
				79 Zf	1,50	1,50

Blockausgabe; A = gez. L 10, B = ☐

Block 15   30 D mfg. (Vignette ähnlich Zbz) (85 × 70 mm) ..... Zca
A   gez. K 10   1,50   1,50
B   ☐ 1,50   1,50

MiNr. 79 wurde im Bogen zu 24 Marken und 1 Zierfeld gedruckt.

Verwendung: 1.–7.6.1995

MICHELsoft
das Programm für jeden Sammler!

Makedonien

1995, 14. Sept. Rotes Kreuz: Woche der Tuberkulose-Bekämpfung. Odr.; gez. L 10.

Zcb) Robert Koch (1843–1910), deutscher Bakteriologe, Nobelpreis 1905

| 80 | 1 | (D) | mehrfarbig | Zcb | 0,30 | 0,30 |

Blockausgabe; A = gez. L 10, B = ☐

Block 16		30 D mfg. (Vignette ähnlich Zbc) (90 × 73 mm) . . . . . Zcc		
	A	gez. L 10	1,50	1,50
	B	☐	1,50	1,50

Verwendung: 14.–21.9.1995

1995, 2. Okt. Woche des Kindes. Bdr.; selbstklebend; ☐.

Zcd) Kind wird von den Eltern geführt

| 81 | 2 | (D) | lilaultramarin . . . . Zcd | 0,30 | 0,30 |

Der amtliche Charakter von MiNr. 81 ist zweifelhaft.
Spezialisten unterscheiden 2 Typen, die an der Wertziffer unterscheidbar sind.
Früher ausgegebene Marken in gleicher Zeichnung waren Spenden- oder Steuermarken.

Verwendung: 2.–8.10.1995

1995, 1. Dez. Rotes Kreuz: Woche der Aidsbekämpfung. Odr.; gez. L 10.

Zce) Biologische Zeichen für Mann und Frau, Inschrift

| 82 | 1 | (D) | mehrfarbig . . . . Zce | 0,30 | 0,30 |

Blockausgabe; A = gez. L 10, B = ☐

Block 17		30 D mfg. (Vignette ähnlich Zce) (90 × 72 mm) . . . . . Zcf		
	A	gez. L 10	1,50	1,50
	B	☐	1,50	1,50

Verwendung: 1.–7.12.1995

1996

1996, 1. März. Rotes Kreuz: Woche der Krebsbekämpfung. Odr.; gez. L 10.

Zcg) Hand mit Apfel, Emblem der Liga für Krebsbekämpfung

| 83 | 1 | (D) | mehrfarbig . . . . Zcg | 0,30 | 0,30 |

Blockausgabe; A = gez. L 10, B = ☐

Block 18		30 D mfg. (Vignette ähnlich Zcg) (90 × 72 mm) . . . . . Zch		
	A	gez. L 10	1,50	1,50
	B	☐	1,50	1,50

Verwendung: 1.–8.3.1996

1996, 8. Mai. Woche des Roten Kreuzes. Odr.; gez. L 10.

Zci) Inschrift

Zck) Makedonisch Zcl) Englisch   Zcm) Französisch Zcn) Spanisch

Zck-Zcn) Urkunde mit Prinzipien des Roten Kreuzes in verschiedenen Sprachen

84	1	(D)	mehrfarbig . . . . Zci	0,10	0,10
85	1	(D)	mehrfarbig . . . . Zck	0,10	0,10
86	1	(D)	mehrfarbig . . . . Zcl	0,10	0,10
87	1	(D)	mehrfarbig . . . . Zcm	0,10	0,10
88	1	(D)	mehrfarbig . . . . Zcn	0,10	0,10
			Satzpreis (5 W.)	0,40	0,40
			Fünferstreifen	0,60	0,60

Blockausgabe; A = gez. L 10, B = ☐

Block 19		30 D mfg. (Vignette ähnlich Zci–Zcn) (91 × 83 mm) . . Zco		
	A	gez. L 10	1,50	1,50
	B	☐	1,50	1,50

MiNr. 84–88 wurden waagerecht zusammenhängend gedruckt.

Verwendung: 8.–15.5.1996

1996, 1. Juni. Rotes Kreuz: Woche der Solidarität. Odr.; gez. L 10.

Zcp) Zerstörtes Gebäude, Zifferblatt

| 89 | 1 | (D) | mehrfarbig . . . . Zcp | 0,30 | 0,30 |

Blockausgabe; A = gez. L 10, B = ☐

Block 20		30 D mfg (Vignette ähnlich Zcp) (90 × 72 mm) . . . . . Zcr		
	A	gez. L 10	1,50	1,50
	B	☐	1,50	1,50

Verwendung: 1.–7.6.1996

1996, 14. Sept. Rotes Kreuz: Woche der Tuberkulosebekämpfung. Odr.; gez. L 10.

Zcs) Menschliche Lunge

| 90 | 1 | (D) | mehrfarbig . . . . Zcs | 0,40 | 0,40 |

Makedonien

Blockausgabe; A = gez. L 10, B = ☐

Block 21	30 D	mfg (Vignette ähnlich Zcs) (90×80 mm) ...... Zct		
	A	gez. L 10	1,50	1,50
	B	☐	1,50	1,50
90 F		fehlende Farbe Schwarz	2,—	

Verwendung: 14.–21.9.1996

1996, 1. Dez. Rotes Kreuz: Woche der Aidsbekämpfung. Odr.; gez. L 10.

Zcu) Hand mit Spritze

91	1 (D) mehrfarbig .... Zcu	0,30	0,30

Blockausgabe; A = gez. L 10, B = ☐

Block 22	30 D	mfg (Vignette ähnlich Zcu) (90×73 mm) ...... Zcv		
	A	gez. L 10	1,50	1,50
	B	☐	1,50	1,50

Verwendung: 1.–7.12.1996

1997

1997, 1. Juni. Rotes Kreuz: Woche der Krebsbekämpfung. Odr.; gez. L 10.

Zcw) Junge Familie, Gemüse, Emblem der Liga für Krebsbekämpfung

92	1 (D) mehrfarbig .... Zcw	1,50	1,50

Verwendung: 1.–7.6.1997

1997, 1. Juni. Rotes Kreuz. Odr.; gez. L 10.

Zcx) Erde, Rotes Kreuz

93	1 (D) mehrfarbig .... Zcx		
a	Kreuz orange (1. Auflage)	0,30	0,30
b	Kreuz rot (2. Auflage)	0,30	0,30

Die Marken der beiden Auflagen unterscheiden sich auch im Druckbild (glatte bzw. gerasterte rote Inschrift).

Verwendung: 1.–7.6.1997

1997, 1. Juni. Rotes Kreuz. Woche der Solidarität. Odr.; gez. L 10.

Zcy) Kinder auf dem Schulweg

94	1 (D) mehrfarbig .... Zcy		
a	Kleidung orange (1. Auflage)	0,30	0,30
b	Kleidung rot (2. Auflage)	0,30	0,30

Die Marken der beiden Auflagen unterscheiden sich auch im Druckbild (weiße Inschrift nicht bzw. schwarz gerahmt).

Verwendung: 1.–7.6.1997

1997, 14. Sept. Rotes Kreuz: Woche der Tuberkulosebekämpfung. Odr.; gez. L 10.

Zcz) An Tuberkulose erkrankte Lunge

95	1 (D) mehrfarbig .... Zcz	0,30	0,30

Verwendung: 14.–21.9.1997

1998

1998, 14. Jan. Rotes Kreuz: Woche der Aidsbekämpfung. Odr. (5×5); gez. L 10.

Zda) Kinder mit Hund

96	1 (D) mehrfarbig .... Zda	0,30	0,30

Verwendung: 14.–21.1.1998

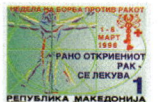

1998, 1. März. Rotes Kreuz: Woche der Krebsbekämpfung. Odr. (5×5); gez. K 13¼.

Zdb) Proportionen des menschlichen Körpers (nach Leonardo da Vinci), Emblem der Liga für Krebsbekämpfung

97	1 (D) mehrfarbig .... Zdb	0,30	0,30

Verwendung: 1.–8.3.1998

1998, 8. Mai. Woche des Roten Kreuzes. Odr. (5×5); gez. K 13¼.

Zdc) Gesichtssilhouetten

98	2 (D) mehrfarbig .... Zdc	0,30	0,30

Verwendung: 8.–15.5.1998

Die Notierungen gelten in der ersten Spalte für ungebrauchte (postfrische), in der zweiten für gebrauchte (gestempelte) Postwertzeichen.

Makedonien

1998, 1. Juni. Rotes Kreuz: Woche der Solidarität. Odr. (5×5); gez. K 13¼.

Zdd) Rotes Kreuz, Hände

| 99 | 2 | (D) | mehrfarbig | Zdd | 0,30 | 0,30 |

Verwendung: 1.–7.6.1998

1998, 14. Sept. Rotes Kreuz: Woche der Tuberkulosebekämpfung. Odr. (5×5); gez. K 13¼.

Zde) Arzt hört Lunge eines Mädchens ab

| 100 | 2 | (D) | mehrfarbig | Zde | 0,30 | 0,30 |

Verwendung: 29.9.–6.10.1998

1998, 1. Dez. Rotes Kreuz: Woche der Aidsbekämpfung. Odr. (5×5); gez. K 13¼.

Zdf) Rote Schleife verbindet biologische Zeichen für Mann und Frau

| 101 | 2 | (D) | mehrfarbig | Zdf | 0,30 | 0,30 |

Verwendung: 1.–7.12.1998

1999

1999, 1. März. Rotes Kreuz: Woche der Krebsbekämpfung. Odr. (5×5); gez. K 13¼.

Zdg) Kopf einer Frau

| 102 | 2 | (D) | mehrfarbig | Zdg | 0,30 | 0,30 |

Verwendung: 1.–7.3.1999

1999, 8. Mai. Woche des Roten Kreuzes. Odr. (5×5); gez. K 13¼.

Zdh) Stilisierte Menschen

| 103 | 2 | (D) | mehrfarbig | Zdh | 0,30 | 0,30 |

Verwendung: 8.–15.5.1999

1999, 1. Juni. Rotes Kreuz: Woche der Solidarität. Odr. (5×5); gez. K 13¼.

Zdi) Menschen um Erdball mit Rotem Kreuz

| 104 | 2 | (D) | mehrfarbig | Zdi | 0,30 | 0,30 |

Verwendung: 1.–7.6.1999

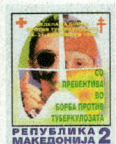

1999, 14. Sept. Rotes Kreuz: Woche der Tuberkulosebekämpfung. Odr. (5×5); gez. K 13¼.

Zdk) Lungenflügel, Gesichter

| 105 | 2 | (D) | mehrfarbig | Zdk | 0,30 | 0,30 |

Verwendung: 14.–21.9.1999

1999, 1. Dez. Rotes Kreuz: Woche der Aidsbekämpfung. Odr. (5×5); gez. K 13¼.

Zdl) Stilisierte Menschen halten Globus

| 106 | 2.50 | (D) | mehrfarbig | Zdl | 0,30 | 0,30 |

Verwendung: 1.–7.12.1999

2000

2000, 1. März. Rotes Kreuz: Woche der Krebsbekämpfung. Odr. (5×5); gez. K 13¼.

Zdm) Emblem der Liga für Krebsbekämpfung mit aus einem Band gebildeter Weltkugel

| 107 | 2.50 | (D) | mehrfarbig | Zdm | 0,30 | 0,30 |

Verwendung: 1.–8.3.2000

2000, 8. Mai. Woche des Roten Kreuzes. Odr. (5×5); gez. K 13¼.

Zdn) Stilisierte Menschen

| 108 | 2.50 | (D) | mehrfarbig | Zdn | 0,30 | 0,30 |

Verwendung: 8.–15.5.2000

Makedonien

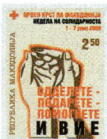

2000, 1. Juni. Rotes Kreuz: Woche der Solidarität. Odr. (5×5); gez. K 13¼.

Zdo) Hände

| 109 | 2.50 | (D) | mehrfarbig | Zdo | 0,30 | 0,30 |

Verwendung: 1.–7.6.2000

2000, 14. Sept. Rotes Kreuz: Woche der Tuberkulosebekämpfung. Odr. (5×5); gez. K 13¼.

Zdp) Stilisierte Gesichter und Hände

| 110 | 3 | (D) | mehrfarbig | Zdp | 0,30 | 0,30 |

Verwendung: 14.–21.9.2000

2000, 1. Dez. Rotes Kreuz: Woche der Aidsbekämpfung. Odr. (5×5); gez. K 13¼.

Zdr) Hand mit Kondom

| 111 | 3 | (D) | mehrfarbig | Zdr | 0,30 | 0,30 |

Verwendung: 1.–7.12.2000

2001

2001, 1. März. Rotes Kreuz: Woche der Krebsbekämpfung. Odr. (5×5); gez. K 13¼.

Zds) Emblem der Liga für Krebsbekämpfung

| 112 | 3 | (D) | mehrfarbig | Zds | 0,30 | 0,30 |

Verwendung: 1.–8.3.2001

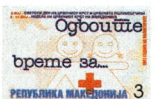

2001, 8. Mai. Woche des Roten Kreuzes. Odr. (5×5); gez. K 13¼.

Zdt) Stilisierte Kinder

| 113 | 3 | (D) | mehrfarbig | Zdt | 0,30 | 0,30 |

Verwendung: 8.–15.5.2001

Wenn Sie eine eilige philatelistische Anfrage haben, rufen Sie bitte (0 89) 3 23 93-2 24. Die MICHEL-Redaktion gibt Ihnen gerne Auskunft.

2001, 1. Juni. Rotes Kreuz: Woche der Solidarität. Odr. (5×5); gez. K 13¼.

Zdu) Mann mit Hilfspaketen

| 114 | 3 | (D) | mehrfarbig | Zdu | 0,30 | 0,30 |

Verwendung: 1.–7.6.2001

2001, 14. Sept. Rotes Kreuz: Woche der Tuberkulosebekämpfung. Odr. (5×5); gez. K 13¼.

Zdv) Menschen, Kreuze

| 115 | 3 | (D) | mehrfarbig | Zdv | 0,30 | 0,30 |

Verwendung: 14.–21.9.2001

2001, 1. Dez. Rotes Kreuz: Woche der Aidsbekämpfung. Odr. (5×5); gez. K 13¼.

Zdw) Gesichter eines jungen Paares

| 116 | 3 | (D) | mehrfarbig | Zdw | 0,30 | 0,30 |

Verwendung: 1.–7.12.2001

2002

2002, 1. März. Rotes Kreuz: Woche der Krebsbekämpfung. Odr. (5×5); gez. K 13¼.

Zdx) Zwei Fäuste, Emblem der Liga für Krebsbekämpfung

| 117 | 3 | (D) | mehrfarbig | Zdx | 0,30 | 0,30 |

Verwendung: 1.–8.3.2002

2002, 8. Mai. Woche des Roten Kreuzes. Odr. (5×5); gez. K 13¼.

Zdy) Fahnen mit Rotem Kreuz und Rotem Halbmond

| 118 | 3 | (D) | mehrfarbig | Zdy | 0,30 | 0,30 |

Verwendung: 8.–15.5.2002

Makedonien

2002, 1. Juni. Rotes Kreuz: Woche der Solidarität. Odr. (5×5); gez. K 13¼.

Zdz) Augenpartie

| 119 | 3 | (D) mehrbarbig | Zdz | 0,30 | 0,30 |

Verwendung: 1.–7.6.2002

2002, 14. Sept. Rotes Kreuz: Woche der Tuberkulosebekämpfung. Odr. (5×5); gez. K 13¼.

Zea) Mensch, Kreuze

| 120 | 3 | (D) mehrbarbig | Zea | 0,30 | 0,30 |

Verwendung: 14.–21.9.2002

2002, 1. Dez. Rotes Kreuz: Woche der Aidsbekämpfung. Odr. (5×5); gez. K 13¼.

Zeb) Gesichtsteil, Uhr, Inschrift „SIDA"

| 121 | 3 | (D) mehrbarbig | Zeb | 0,30 | 0,30 |

Verwendung: 1.–7.12.2002

2003

2003, 1. März. Rotes Kreuz: Woche der Krebsbekämpfung. Odr. (5×5); gez. K 13¼.

Zec) Blume, Emblem der Liga für Krebsbekämpfung

| 122 | 4 | (D) mehrbarbig | Zec | 0,30 | 0,30 |

Verwendung: 1.–8.3.2003

2003, 8. Mai. Woche des Roten Kreuzes. Odr. (5×5); gez. K 13¼.

Zed) Aidsschleife mit Rotem Kreuz und Rotem Halbmond

| 123 | 4 | (D) mehrbarbig | Zed | 0,30 | 0,30 |

Verwendung: 8.–15.5.2003

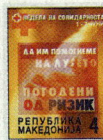

2003, 1. Juni. Rotes Kreuz: Woche der Solidarität. Odr. (5×4); gez. K 13¼:13½.

Zee) Hand

| 124 | 4 | (D) mehrbarbig | Zee | 0,30 | 0,30 |

Verwendung: 1.–7.6.2003

2003, 14. Sept. Rotes Kreuz: Woche der Tuberkulosebekämpfung. Odr. (4×5); gez. K 13½:13¼.

Zef) Aufruf zur Impfung

| 125 | 4 | (D) mehrbarbig | Zef | 0,30 | 0,30 |

Verwendung: 14.–21.9.2003

2003, 1. Dez. Rotes Kreuz: Woche der Aidsbekämpfung. Odr. (5×4); gez. K 13¼:13½.

Zeg) Aidsschleife

| 126 | 4 | (D) mehrbarbig | Zeg | 0,30 | 0,30 |

Verwendung: 1.–7.12.2003

2004

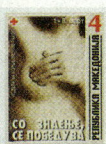

2004, 1. März. Rotes Kreuz: Woche der Krebsbekämpfung. Odr. (5×4); gez. K 13¼:13½.

Zeh) Frau tastet ihre Brust ab

| 127 | 4 | (D) mehrbarbig | Zeh | 0,30 | 0,30 |

Verwendung: 1.–8.3.2004

2004, 8. Mai. Woche des Roten Kreuzes. Odr. (6×4); gez. K 13¼.

Zei) Menschen verschiedener Völker

| 128 | 4 | (D) mehrbarbig | Zei | 0,30 | 0,30 |

Verwendung: 8.–15.5.2004

Makedonien

2004, 1. Juni. Rotes Kreuz: Woche der Solidarität. Odr. (6 × 4); gez. K 13¼:13½.

Zek) Menschen verschiedener Völker umkreisen Erdkugel

| 129 | 6 | (D) | mehrfarbig | Zek | 0,30 | 0,30 |

Verwendung: 1.–7.6.2004

2004, 14. Sept. Rotes Kreuz: Woche der Tuberkulosebekämpfung. Odr. (4 × 6); gez. K 13½:13¼.

Zel) Kind bläst Seifenblasen

| 130 | 6 | (D) | mehrfarbig | Zel | 0,30 | 0,30 |

Verwendung: 1.–7.6.2004

2004, 1. Dez. Rotes Kreuz: Woche der Aidsbekämpfung. Odr. (4 × 6); gez. K 13½:13¼.

Zem) Hände mit Briefmarke, Menschenmenge bildet Aidsschleife

| 131 | 6 | (D) | mehrfarbig | Zem | 0,30 | 0,30 |

Verwendung: 1.–7.12.2004

2005

2005, 1. März. Rotes Kreuz: Woche der Krebsbekämpfung. Odr. (8 × 3); gez. K 13¼.

Zen) Zigarettenstummel in Aschenbecher

| 132 | 6 | (D) | mehrfarbig | Zen | 0,20 | 0,20 |

Verwendung: 1.–8.3.2005

2005, 8. Mai. Woche des Roten Kreuzes. Odr. (6 × 4); gez. K 13¼.

Zeo) Henry Dunant (1828–1910), schweizerischer Philanthrop und Mitbegründer des Roten Kreuzes, Friedensnobelpreis 1901

| 133 | 4 | (D) | mehrfarbig | Zeo | 0,20 | 0,20 |

Verwendung: 8.–15.5.2005

2005, 14. Sept. Rotes Kreuz: Woche der Tuberkulosebekämpfung. Odr.; gez. K 13½:13¼.

Zep) Lothringer Kreuz

| 134 | 6 | (D) | mehrfarbig | Zep | 0,20 | 0,20 |

Verwendung: 14.–21.9.2005

2005, 1. Dez. Rotes Kreuz: Woche der Aidsbekämpfung. Odr.; gez. K 13¼:13½.

Zer) Hand hält Kondom

| 135 | 6 | (D) | mehrfarbig | Zer | 0,20 | 0,20 |

Verwendung: 1.–7.12.2005

2006

2006, 1. März. Rotes Kreuz: Woche der Krebsbekämpfung. Odr.; gez. K 13¼:13½.

Zes) Frau tastet ihre Brust ab

| 136 | 6 | (D) | mehrfarbig | Zes | 0,20 | 0,20 |

Verwendung: 1.–8.3.2006

2006, 8. Mai. Woche des Roten Kreuzes. Odr. (6 × 4); gez. K 13¼:13½.

Zet) Rotkreuzhelfer

| 137 | 6 | (D) | mehrfarbig | Zet | 0,30 | 0,30 |

Verwendung: 8.–15.5.2006

2006, 14. Sept. Rotes Kreuz: Woche der Tuberkulosebekämpfung. Odr.; gez. K 13½:13¼.

Zeu) Frau riecht an Blumenstrauß

| 138 | 6 | (D) | mehrfarbig | Zeu | 0,20 | 0,20 |

Verwendung: 14.–21.9.2006

2006, 1. Dez. Rotes Kreuz: Woche der Aidsbekämpfung. Odr.; gez. K 13½:13¼.

Zev) Inschriften

| 139 | 6 | (D) | mehrfarbig | Zev | 0,20 | 0,20 |

Verwendung: 1.–7.12.2006

Makedonisches Revolutionskomitee

Nicht ausgegeben:

 1906. Zweifarbiger Druck.

I	10	Para	blau/schwarz
II	20	Para	rot/schwarz
III	1	Gr	gelb/schwarz
IV	5	Gr	graugrün/schwarz
V	10	Gr	hellbraun/schwarz
VI	15	Gr	grauoliv/schwarz
VII	25	Gr	ockerbraun/schwarz

Diese Marken gelangten wegen Unterdrückung der Revolution nicht zur postalischen Verwendung.

 Marken mit Bild einer um Hilfe bittenden Frau in einem den bulgarischen Marken ähnlichen Rahmen, Zeichnung (1902) zu 10, 20 und 30 Stotinki sowie 1 Lew sind private Spendenmarken des Makedonischen Komitees in Bulgarien.

Landespost unter deutscher Besetzung *siehe Deutschland-Katalog.*

Malta

Inselgruppe im Mittelmeer

1800–1964 britische Kronkolonie, seit 21.9.1964 unabhängiger Staat im Commonwealth, ab 13.12.1974 Republik.
Währung: 1 £ = 20 Shilling (Sh), 1 Shilling = 12 Pence (P), 1 Penny = 4 Farthings; ab Mai 1972: 1 Lm = 100 Cents (C), 1 Cent = 10 Mils.

Eintritt in den Weltpostverein mit Großbritannien: 1. Juli 1875
Ab MiNr. 1032 sind alle Ausgaben frankaturgültig.

Marken mit Inschrift „SOVRANO MILITARE ORDINE DI MALTA" sind Lokalpostmarken des Malteser Ordens, die von einigen bilateralen Verträgen abgesehen, international nicht frankaturgültig sind. Der Malteser Orden ist nicht Mitglied im Weltpostverein.

Preise ungebraucht bis MiNr. 55 *, ab MiNr. 56 ** (MiNr. 56–196 mit Falz * ca. 40–60% der **-Preise, sofern nichts anderes angegeben).

Vorläufer: Vor Ausgabe eigener Marken wurden ab 1855 bis 1885 die Marken von Großbritannien für den Verkehr mit dem Auslande verwendet: 1855–1858 Stempel Wellenlinien, ab 1857 Stempel M (besonderes Queroval) und ab 1860 A 25 (I, IV s. Großbritannien – Britische Post im Ausland), schon ab 1855 Kreisstempel Malta mit Datum.

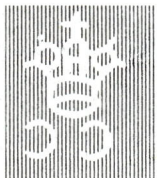      

Wz. 1 Krone und CC | Wz. 2 Krone und CA | Wz. 3 Krone und CA mehrfach | Wz. 4 Krone und CA | Wz. 5 Krone und CA mehrfach | Wz. 6 Malteserkreuze

Gut zentrierte Stücke von MiNr. 1–3 rechtfertigen Preisaufschläge.

1860

1860, 1. Dez./1861. Freimarke: Königin Viktoria. Bdr.; gez. K 14.

a) Königin Viktoria (reg. 1837–1901)

			*	⊙
1	½ P	mattbraun ....a		
x		weißes Papier (Jan. 1863)	800,—	400,—
y		bläuliches Papier (1.12.1860)	1200,—	600,—

Bei * oder **-Marken Prüfung ratsam!

| 1 U | ungezähnt .... | 12500,— |

Auflagen: MiNr. 1 x = 51 600, MiNr. 1 y = 24 000 Stück

1863

1863/1878. Freimarke: Königin Viktoria. Bdr.; Wz. 1; A = gez. L 12½, B = gez. K 14, C = gez. K 14:12½.

2	½ P	orange, braunorange (Töne) ......a		
A		gez. L 12½ (1868)	160,—	130,—
B		gez. K 14 (1863)	120,—	70,—
C		gez. K 14:12½ (1878)	220,—	130,—

Bei MiNr. 2 gibt es viele Auflagen mit abweichenden Farbtönungen, die von Spezialisten gesammelt werden und teils Preisaufschläge verdienen. Prüfung ratsam!

Auflagen: MiNr. 2 A = 95 280, 2 B = 709 680, 2 C = 102 480 Stück

1882

1882, März/1884, Sept. Freimarke: Königin Viktoria. Bdr.; Wz. 2; gez. K 14.

3	½ P	..........a		
a		gelborange (März 1882)	40,—	50,—
b		rotorange (Sept. 1884)	25,—	70,—

Auflage: 240 720 Stück

MiNr. 1–3 waren nur im Inlandsverkehr gültig.

Ausgaben für den allgemeinen Postverkehr

1885

1885, 1. Jan./1890. Freimarken: Königin Viktoria. Bdr.; Wz. 2; gez. K 14.

b c d

b–d) Königin Viktoria

4	½ P	grün, hellgrün ....a	2,80	0,70
5	1 P	..........b		
a		rosa	120,—	36,—
b		karmin (1890)	4,20	0,50
6	2 P	grau c	7,—	2,—
7	2½ P	..........d		
a		dunkelblau, hellblau	50,—	1,50
b		ultramarin	50,—	1,50

Malta

8	4 P	braun	c	16,—	4,50
9	1 Sh		c		
a		violett		50,—	13,—
b		mattviolett (1890)		80,—	26,—
		Satzpreis (6 W.)		130,—	20,—
8 U		ungezähnt		3400,—	3400,—

Auflagen: MiNr. 4 = 165 120, MiNr. 5 = 257 280, MiNr. 6 = 244 280, MiNr. 7 = 510 720, MiNr. 8 = 163 200, MiNr. 9 = 60 000 Stück

MiNr. 7 mit Aufdruck: MiNr. 16

1886

1886, 16. Dez. Freimarke: Königin Viktoria. Bdr.; Wz. 1; gez. K 14.

e) Königin Viktoria und Malteserkreuze

10	5 Sh	rosa	e	160,—	120,—
10 Z		Wz. kopfstehend		300,—	300,—

Auflage: 15 000 Stück

1899

1899, 4. Febr. Freimarken: Schiffe. StTdr.; Wz 2; gez. L 14.

f) Gozo-Fischerboot
g) Alte Malteser-Galeere

11	4½ P	dunkelbraun	f	20,—	14,—
12	5 P	bräunlichrot	g	45,—	20,—
		Satzpreis (2 W.)		65,—	34,—

Auflagen: MiNr. 11 = 120 000, MiNr. 12 = 119 040 Stück

Weitere Werte in Zeichnung f: MiNr. 30, 37; in Zeichnung g: MiNr. 31, 38

1899, 4. Febr. Freimarken. MiNr. 14 oben Inschrift: MALTA POSTAGE. StTdr.; Wz. 1; gez. L 14.

h) Schutzpatronin von Malta (Melita) mit Fahne
i) Schiffbruch des Hl. Paulus vor Malta; Zeichnung von Gustave Doré (1832–1883)

13	2'6 Sh'P	grauoliv	h	60,—	17,—
14	10 Sh	blauschwarz	i	130,—	90,—
		Satzpreis (2 W.)		190,—	100,—

Auflage: 60 000 Sätze

MiNr. 14 mit Aufdruck: MiNr. 79
MiNr. 13 mit Wz. 3: MiNr. 55; in Zeichnung ähnlich i, oben Inschrift MALTA: MiNr. 52, 63

1901

1901, 1. Jan. Freimarke: Hafen. StTdr.; Wz. 2; gez. L 14.,

k) Hafen von Valletta

15	¼ P		k		
a		dunkelbraun		4,20	3,50
b		dunkelrotbraun		2,20	0,50

Auflage: 572 640 Stück

Weitere Werte in gleicher bzw. ähnlicher Zeichnung: MiNr. 24, 47, 176

1902

1902, 4. Juli. Freimarke. MiNr. 7 mit lokalem Aufdruck des neuen Wertes.

16	1 P	auf 2½ P dunkelblau, hellblau	(7)	1,40	1,80
16 I		Satzfehler Pnney		40,—	80,—

FALSCH

Auflage: 720 000 Stück, MiNr. 16 I = 12 000 Stück

1903

1903, 12. März/1904, 19. Mai. Freimarken: König Eduard VII. Bdr.; Wz 2; gez. K 14.

l) König Eduard VII. (1841–1910, reg. ab 1901)

17	½ P	grün (12.3.1903)	l	11,—	1,20
18	1 P	scharlachrot/braungrau (7.5.1903)	l	20,—	0,60
19	2 P	grau/purpur (12.3.1903)	l	38,—	8,50
20	2½ P	ultramarin/lilabraun (9.9.1903)	l	22,—	6,50
21	3 P	purpur/grau (26.3.1903)	l	2,50	0,70
22	4 P	braun/grauschwarz (19.5.1904)	l	36,—	20,—
23	1 Sh	violett/grau (6.4.1903)	l	22,—	10,—
		Satzpreis (7 W.)		150,—	45,—

MiNr. 21 mit Aufdruck: MiNr. 54

1904

1904, 8. Okt./1906, 1. April. Freimarken: König Eduard VII. Bdr.; Wz. 3 stehend, bei MiNr. 24 liegend; gez. 14.

Wz. 3

24	¼ P	dunkelbraun, rotbraun (10.10.1905)	k	5,—	0,70
25	½ P	grün, dunkelgrün (6.11.1904)	l	5,50	0,50
26	1 P	scharlachrot/schwarz (24.4.1905)	l	20,—	0,50
27	2 P	grau/purpur (22.2.1905)	l	11,—	3,—
28	2½ P	ultramarin/lilabraun (8.10.1904)	l	20,—	0,80
29	4 P	braun/grauschwarz (1.4.1906)	l	16,—	8,—
30	4½ P	dunkelbraun (27.2.1905)	f	36,—	8,—
31	5 P	bräunlichrot (20.12.1904)	g	36,—	7,—
32	1 Sh	violett/grau (20.12.1904)		70,—	2,50
		Satzpreis (9 W.)		200,—	30,—

Malta   859

1907

1907, 2. April/1911, 21. Nov. Freimarken: König Eduard VII. Bdr., MiNr. 39 auf gestrichenem Papier; Wz. 3, bei MiNr. 38 liegend; gez. K 14.

33	1 P	scharlachrot (2.4.1907) l	3,20	0,20
34	2 P	grau (4.10.1911) l	4,60	8,—
35	2½ P	ultramarin (15.1.1911) l	8,—	4,—
36	4 P	rot/schwarz auf gelb (21.11.1911) . l	5,50	5,—
37	4½ P	braunorange (1911) .... f	6,50	5,—
38	5 P	(dunkel)olivgrün (1909) .... g	6,—	5,—
39	1 Sh	schwarz auf hellgrün (15.3.1911) . l	11,—	4,—
40	5 Sh	karmin/hellgrün auf gelb (22.3.1911) l	90,—	110,—
		Satzpreis (8 W.)	130,—	140,—

1914

1914, 2. Jan./1921. Freimarken: König Georg V. Bdr., MiNr. 51 StTdr., MiNr. 46–51 auf gestrichenem Papier; Wz. 3, bei MiNr. 47 liegend; gez. K 14.

m    n   o

m–o) König Georg V. (1865–1936, reg. ab 1910)

41		¼ P	.... m		
a			(hell)braun (2.1.1914)	1,40	0,20
b			dunkelbraun (1919)	1,40	0,90
42		½ P	.... m		
a			grün (20.1.1914)	3,20	0,40
b			dunkelgrün (1919)	3,20	0,90
43		1 P	.... m		
a			karmin (15.4.1914)	2,20	0,20
b			scharlach (1915)	2,20	0,60
44		2 P	.... m		
a			grau (12.8.1914)	10,—	4,20
b			dunkelgrau (1919)	12,—	16,—
45		2½ P	ultramarin (11.3.1914) .... m	3,20	0,70
46		3 P	(26.3.1917) .... n		
a			lila auf gelb	3,60	12,—
b			lila auf mattorange	70,—	60,—
47		4 P	.... k		
a			schwarz (21.8.1915)	22,—	4,60
b			grauschwarz (1917)	36,—	12,—
48		6 P	.... m		
a			lila/violett (10.3.1914)	16,—	22,—
b			braunviolett/lila (1919)	20,—	22,—
49		1 Sh	sepia/schwarz .... n		
w			auf grün, Rückseite weiß (2.1.1914)	19,—	34,—
x			auf grün, durchgefärbt (1915) ...	17,—	20,—
y			auf blaugrün, Rückseite oliv (1918)	28,—	30,—
z			auf smaragdgrün, Rückseite weiß (1920)	12,—	30,—
zz			auf smaragdgrün, durchgefärbt (1921)	40,—	85,—
50		2 Sh	blau/lila auf hellblau (15.4.1914) o	70,—	40,—
51		5 Sh	rot/grün auf gelb (21.3.1917) .. o	110,—	140,—
			Satzpreis (11 W.)	250,—	240,—

Ⓔ MiNr. 50 und 51

In gleichen Zeichnungen mit Wz. 4: MiNr. 56–58, 60–62; mit Aufdruck: MiNr. 53, 65, 69, 71, 72, 74, 75, 78

Alle Ausgaben ab MiNr. 41 bis 172 gültig bis 31.7.1956.

1919, 6. März. Freimarke. Zeichnung ähnlich MiNr. 14. Inschrift oben nur Malta. StTdr.; Wz. 3; gez. L 14.

p) Schiffbruch des Hl. Paulus vor Malta; Zeichnung von Gustave Doré (1832–1883)

| 52 | 10 Sh | schwarz .... p | 3500,— | 5000,— |

Ⓔ
Auflage: 1530 Stück

Weiterer Wert: MiNr. 63

1917

WAR TAX 1917, 17. Dez./1918, 15. Febr. Freimarken. MiNr. 42 und 21 mit Aufdruck WAR TAX.

53	½ P	dunkelgrün (17.12.1917) ...... (42)	1,40	0,20
54	3 P	purpur/grau (15.2.1918) ...... (21)	2,20	11,—
		Satzpreis (2 W.)	3,60	11,—

1919

1919. Freimarke. StTdr.; Wz. 3; gez. L 14.

| 55 | 2'6 Sh'P | graugrün, grauoliv .... h | 80,— | 110,— |

Mit Aufdruck: MiNr. 77

1921

1921, 16. Febr./1922, 19. Jan. Freimarken: König Georg V. MiNr. 56–60 Bdr. auf gewöhnlichem, MiNr. 61–62 auf gestrichenem Papier; MiNr. 63 StTdr.; Wz. 4; gez. K 14.

r) König Georg V.    Wz. 4

				★★	⊙
56	¼ P	braun (12.1.1922) .... m		5,—	50,—
57	½ P	grün (19.1.1922) .... m		5,—	40,—
58	1 P	scharlach (Dez. 1921) .... m		5,—	2,20
59	2 P	grau (16.2.1921) .... r		10,—	2,50
60	2½ P	ultramarin (15.1.1922) .... m		8,—	38,—
61	6 P	lila/violett (19.1.1922) .... m		80,—	100,—
62	2 Sh	blau/lila auf hellblau (19.1.1922) . o		150,—	280,—
63	10 Sh	schwarz (19.1.1922) .... p		900,—	850,—
		Satzpreis (8 W.) 1100,—	1300,—		

Ⓔ MiNr. 56, 57, 63

MiNr. 59 mit Aufdruck: MiNr. 81

MICHEL-Rundschau

zwölfmal im Jahr aktuelle Informationen für den Philatelisten. Mit einem Abonnement können Sie auch diesen Katalog auf dem laufenden halten!

1922

1922, 12. Jan./29. April. Verleihung der Selbstverwaltung. Freimarken mit schrägem Aufdruck von links unten nach rechts oben. Aufdruck MiNr. 64–74 = 21 mm, MiNr. 75–80 = 28 mm lang.

SELF-GOVERNMENT
MiNr. 64–74, Aufdr. 21 mm

SELF-GOVERNMENT
MiNr. 75–80, Aufdr. 28 mm lang

64	¼ P	braun .... (56)	0,50	1,—
65	½ P	grün .... (42)	2,50	2,50
66	½ P	grün (29. April) .... (57)	5,—	8,50
67	1 P	scharlach .... (58)	2,50	0,30
68	2 P	grau .... (59)	6,—	0,60
69	2½ P	ultramarin .... (45)	20,—	38,—
70	2½ P	ultramarin (15. Jan.) ...... (2)	3,—	1,40
71	3 P	lila auf mattorange .... (46 b)	7,—	22,—
72	6 P	braunviolett/lila .... (48 b)	7,—	22,—
73	6 P	lila/violett (19. April) ...... (61)	25,—	40,—
74	1 Sh	sepia/schwarz auf smaragdgrün .... (49 z)	10,—	22,—
75	2 Sh	blau/lila auf hellblau .... (50) R	550,—	650,—
76	2 Sh	blau/lila auf hellblau (25. Jan.) .... (62) R	120,—	120,—
77	2'6 Sh'P	grauoliv .... (55)	60,—	60,—
78	5 Sh	rot/grün auf gelb .... (51)	140,—	110,—
79	10 Sh	blauschwarz .... (14) R	500,—	460,—
80	10 Sh	schwarz (9. März) .... (63) R	350,—	260,—
		Satzpreis (17 W.)	1800,—	1800,—

Ⓕ FÄLSCH

Zahlreiche Aufdruckmängel, z. B. auch kleineres „F" in SELF oder gebrochenes „O" in GOVERNMENT.

Auflagen: MiNr. 64 = 300 000, MiNr. 65 = 378 000, MiNr. 66 = 290 400, MiNr. 67 = 1 080 000, MiNr. 68 = 492 000, MiNr. 69 = 21 480, MiNr. 70 = 204 360, MiNr. 71 = 33 000, MiNr. 72 = 50 380, MiNr. 73 = 40 000, MiNr. 74 = 78 240, MiNr. 75 = 3240, MiNr. 76 = 15 120, MiNr. 77 = 21 360, MiNr. 78 = 17 640, MiNr. 79 = 7860, MiNr. 80 = 12 690 Stück.

One Farthing

1922, 15. April. Freimarke. MiNr. 59 mit Aufdruck des neuen Wertes.

81	¼ P	auf 2 P grau .... (59)	2,—	0,40

Auflage: 250 000 Stück

1922, 1. Aug./1925, 14. Mai. Freimarken. MiNr. 82–95 Bdr. auf gestrichenem Papier, MiNr. 96 StTdr.; Wz. 4, X = stehend, Y = liegend; gez. K 14.

s) Melita mit Steuer, Wappen von England (links) und Malta (rechts)

t) Malta und Britannia

82	¼ P	braun (22.8.1922) .... s	6,—	0,80
83	½ P	grün .... s	5,—	0,20
84	1 P	orangegelb/lila .... s	8,—	0,30
85	1 P	violett (28.4.1924) .... s	8,—	1,10
86	1½ P	orangebraun (1.10.1923) .... s	9,—	0,20
87	2 P	olivbraun/grünlichblau (28.8.1922) .... s	8,—	1,80
88	3 P			
a		ultramarin .... s	9,—	2,20
b		kobaltblau (28.8.1922) ..... s	9,—	1,40
89	4 P	gelb/ultramarin (28.8.1922) . s	5,—	3,20
90	6 P	oliv/blauviolett .... s	9,—	3,20
91	1 Sh	gelbbraun/blau .... t	15,—	3,60
92	2 Sh	ultramarin/hellbraun .... t	25,—	12,—
93	2'6 Sh'P	schwarz/lila (28.8.1922) .... t	25,—	22,—
94	5 Sh	ultramarin/orange (28.8.1922) t	60,—	55,—
95	10 Sh	gelbbraun/graugrün (28.8.1922) t	150,—	220,—

96	1 £	.... s		
aX		mittelpurpur (Wz. stehend) (14.5.1925)	260,—	400,—
bY		rotkarmin (Wz. liegend) (28.8.1922)	350,—	420,—
		Satzpreis (15 W.)	600,—	700,—

Auflage: MiNr. 96 = 10 000 Stück

Weitere Werte in Zeichnung s: MiNr. 98, 99; mit Aufdruck: MiNr. 97, 101–105, 108–114

1925

Two pence halfpenny

1925, 3./9. Dez. Freimarke. MiNr. 88 mit neuem Wertaufdruck.

97	2½ P	auf 3 P .... (88)		
a		ultramarin (9. Dez.)	4,50	5,—
b		kobaltblau (3. Dez.)	4,50	5,—

1926

1926, 16. Febr. Freimarken: Melita. Bdr.; Wz. 4; gez. K 14.

98	2½ P	ultramarin .... s	6,—	9,—
99	3 P	grau/schwarz auf gelb ..... s	8,—	16,—
		Satzpreis (2 W.)	14,—	25,—

Mit Aufdruck: MiNr. 106–107

MiNr. 100 fällt aus.

1926, 1. April. Freimarken. Marken von 1922–1926 mit waagerechtem Aufdruck.

POSTAGE

101	¼ P	braun .... (82)	1,50	5,—
102	½ P	grün .... (83)	1,50	0,20
103	1 P	violett .... (85)	2,—	0,40
104	1½ P	orangebraun .... (86)	2,—	0,90
105	2 P	olivbraun/grünlichblau ..... (87)	1,50	0,90
106	2½ P	ultramarin .... (98)	2,50	1,10
107	3 P	grau/schwarz auf gelb ..... (99)	1,50	1,10
108	4 P	gelb/ultramarin .... (89)	10,—	22,—
109	6 P	oliv/blauviolett .... (90)	7,—	4,20
110	1 Sh	gelbbraun/blau .... (91)	10,—	14,—
111	2 Sh	ultramarin/hellbraun .... (92)	120,—	200,—
112	2'6 Sh'P	schwarz/lila .... (93)	25,—	40,—
113	5 Sh	ultramarin/orange .... (94)	20,—	42,—
114	10 Sh	gelbbraun/graugrün .... (95)	25,—	22,—
		Satzpreis (14 W.)	200,—	350,—

Auflagen: MiNr. 101 = 120 000, MiNr. 102, 104, 107 je 160 000, MiNr. 103, 105, 109 je 80 000, MiNr. 106 = 240 000, MiNr. 108, 114 je 24 000, MiNr. 110 = 48 000, MiNr. 111, 112 je 8 000, MiNr. 113 = 16 000 Stück

---

Satzpreise sind, wenn nicht anders angegeben, nach den niedrigsten Preisen eines Satzes ohne Abarten errechnet.

Malta 861

**1926, 6. April/1927, 1. April. Freimarken. Inschrift POSTAGE.
MiNr. 115–124 Bdr., MiNr. 125–131 StTdr.; Wz. 4; MiNr. 115–124
gez. K 15:14, MiNr. 125–131 gez. L 12½.**

u) Königskopf und Wappen von Malta
v) Hafen von Valletta
w) Hl. Publius, erster Bischof von Malta, Statue von G. Valenti
x) Mdina (Notabile), alte Hauptstadt von Malta

y) Gozo-Barke
z) Neptun-Statue und Hafen von Valletta
aa) Ruinen Mnaidra
ab) Apostel Paulus, Holzskulptur von M. Gafa

115	¼ P	braun (6.4.1926)	u	1,50	0,20
116	½ P	grün (3.8.1926)	u	1,—	0,20
117	1 P	rot (1.4.1927)	u	6,—	1,50
118	1½ P	rotbraun (7.10.1926)	u	4,—	0,20
119	2 P	grau (1.4.1927)	u	10,—	12,—
120	2½ P	blau (1.4.1927)	u	8,—	1,50
121	3 P	violett (1.4.1927)	u	9,—	3,50
122	4 P	zinnober/schwarz (6.4.1926)	u	7,—	12,—
123	4½ P	ockergelb/violett (6.4.1926)	u	10,—	4,—
124	6 P	rot/violett (5.5.1926)		10,—	5,—
125	1 Sh	schwarz (6.4.1926)	v	15,—	5,—
126	1'6 Sh'P	gelbgrün/schwarz (6.4.1926)	w	15,—	20,—
127	2 Sh	violett/schwarz (6.4.1926)	x	15,—	25,—
128	2'6 Sh'P	rot/schwarz (6.4.1926)	y	35,—	70,—
129	3 Sh	blau/schwarz (6.4.1926)	z	35,—	50,—
130	5 Sh	grün/schwarz (5.5.1926)	aa	45,—	100,—
131	10 Sh	rot/schwarz (9.2.1927)	ab	130,—	150,—
		Satzpreis (17 W.)		350,—	450,—

Gleiche Serie, jedoch mit Inschrift „POSTAGE – REVENUE" MiNr. 152–168.

1928

AIR MAIL ✈ **1928, 1. April. MiNr. 124 mit zweizeiligem Aufdruck.**

132	6 P	rot/violett	(124)	4,—	2,—

1928, 1. Okt. Freimarken. MiNr. 115–131 mit dreizeiligem Aufdruck „POSTAGE AND REVENUE".

133	¼ P	braun	(115)	3,50	0,10
134	½ P	grün	(116)	3,50	0,10
135	1 P	rot	(117)	4,—	4,60
136	1½ P	rotbraun	(118)	4,—	1,20
137	2 P	grau	(119)	10,—	13,—
138	2½ P	blau	(120)	4,—	0,10
139	3 P	violett	(121)	4,—	1,—
140	4 P	zinnober/schwarz	(122)	4,—	2,50
141	4½ P	ockergelb/violett	(123)	4,50	1,40
142	6 P	rot/violett	(124)	4,50	2,20
143	1 Sh	schwarz	(125) R	13,—	3,50
144	1'6 Sh'P	gelbgrün/schwarz	(126) R	14,—	14,—
145	2 Sh	violett/schwarz	(127) R	55,—	70,—
146	2'6 Sh'P	rot/schwarz	(128) R	40,—	32,—
147	3 Sh	blau/schwarz	(129) R	45,—	42,—
148	5 Sh	grün/schwarz	(130) R	65,—	90,—
149	10 Sh	rot/schwarz	(131) R	130,—	130,—

1928, Dez. Freimarken. MiNr. 135 und 136 in Farbänderung mit gleichem Aufdruck; Bdr. Wz. 4; gez. K 15:14.

150	1 P	rotbraun	(u)	10,—	0,10
151	1½ P	rot	(u)	10,—	0,10
		Satzpreis MiNr. 133–151 (19 W.)		420,—	400,—

MiNr. 150 und 151 wurden ohne Aufdruck nicht ausgegeben.

1930

1930, 20. Okt. Freimarken. Zeichnung der Ausgabe 1926/1927, jetzt mit Inschrift „POSTAGE & REVENUE". Wz. 4; MiNr. 152–161 Bdr., gez. K 15:14; MiNr. 162–168 StTdr., gez. L 12½.

u) Königskopf, Wappen
w) Hl. Publius

152	¼ P	braun	u	1,—	0,10
153	½ P	grün	u	1,—	0,10
154	1 P	rotbraun	u	1,—	0,10
155	1½ P	rot	u	1,50	0,10
156	2 P	grau	u	4,—	0,70
157	2½ P	blau	u	4,—	0,10
158	3 P	violett	u	4,—	0,30
159	4 P	zinnober/schwarz	u	3,—	5,50
160	4½ P	ockergelb/violett	u	7,—	1,80
161	6 P	rot/violett	u	6,—	1,80
162	1 Sh	schwarz	v	22,—	19,—
163	1'6 Sh'P	gelbgrün/schwarz	w	20,—	26,—
164	2 Sh	violett/schwarz	x	22,—	26,—
165	2'6 Sh'P	rot/schwarz	y	40,—	70,—
166	3 Sh	blau/schwarz	z	60,—	80,—
167	5 Sh	grün/schwarz	aa	70,—	90,—
168	10 Sh	rot/violett	ab	150,—	200,—
		Satzpreis (17 W.)		400,—	500,—

1935

1935, 6. Mai. 25. Jahrestag der Thronbesteigung von König Georg V. Einheitszeichnung der Kronkolonien mit Inschrift des Landesnamens. StTdr.; Wz. 4; gez. K 11:12.

ac) Windsor-Schloß und König Georg V.

169	½ P	grün/schwarz	ac	1,—	0,70
170	2½ P	violettblau/rotbraun	ac	6,—	6,50
171	6 P	blau/oliv	ac	15,—	6,50
172	1 Sh	lila/grau	ac	25,—	22,—
		Satzpreis (4 W.)		45,—	35,—
		FDC			220,—

Auflage: MiNr. 172 = 32 780 Stück

Alle Ausgaben ab MiNr. 41–172 gültig bis 31.7.1956.

Malta

1937

1937, 12. Mai. Krönung von König Georg VI. und der Königin Elisabeth. Einheitszeichnung der Kolonien. StTdr.; Wz. 4; gez. K 13¾:14.

as) Denkmal des Neptun und Valletta at) Palastplatz und Hauptwache in Valletta au) Apostel St. Paulus, Schutzheiliger der Insel (58 n. Chr. Besuch in Malta)

ad) Königin Elisabeth und König Georg VI., Mitte Kroninsignien

173	½ P	dunkelgrün	ad	0,20	0,20
174	1½ P	karmin	ad	1,20	0,30
175	2½ P	ultramarin	ad	1,20	1,—
		Satzpreis (3 W.)		2,50	1,50
		FDC			2,—

FALSCH: Ein Wert zu 1½ P in magenta wurde aus MiNr. 174 hergestellt.

Alle Ausgaben ab MiNr. 173–438 gültig bis 19.10.1976.

af–au) König Georg VI. (1895–1952)

176	¼ P	dunkelbraun	ae	0,10	0,10
177	½ P	grün	af	2,50	0,40
178	1 P	rotbraun	ag	6,—	0,60
179	1½ P	karminrot	ah	1,40	0,40
180	2 P	blauschwarz	ai	0,60	2,80
181	2½ P	ultramarin	ak	1,10	0,90
182	3 P	violett	al	0,80	1,10
183	4½ P	ocker/oliv	am	0,70	0,40
184	6 P	rot/oliv	an	1,10	0,40
185	1 Sh	schwarz	ao	1,10	0,40
186	1'6 Sh'P	oliv/schwarz	ap	10,—	5,50
187	2 Sh	blauschwarz/mattgrün	ar	6,50	5,50
188	2'6 Sh'P	karmin/schwarz	as	11,—	8,—
189	5 Sh	grün/schwarz	at	6,50	9,—
190	10 Sh	lilakarmin/schwarz	au	22,—	22,—
		Satzpreis (15 W.)		70,—	55,—
		FDC			180,—

MiNr. 176 mit Aufdruck: MiNr. 199, MiNr. 183–190 mit Aufdruck: MiNr. 206–213; MiNr. 178–183 in geänderten Farben mit Aufdruck: MiNr. 226–231

1938

1938, 17. Febr. Freimarken: Landesmotive. StTdr.; Wz. 4, bei MiNr. 176 liegend; gez. L 12½.

ae) Wie MiNr. 15, rechts oben Krone und GRI; d. Gr. Hafen von Valletta af) König Georg VI. (reg. 1936–1952) mit Festung St. Angelo ag) Verdala-Palast, Landsitz des Gouverneurs

ah) Neusteinzeitliche Höhlen in Hal Saflieni ai) Zitadelle Victoria auf der Insel Gozo ak) Einzug des Großmeisters des Johanniterordens De l'Isle Adam Mdina; Gemälde von Antoine de Favray (1706–1789)

al) Co-Kathedrale St. Johns in Valletta am) Ruinen des Mnaidra-Tempels (ausgegraben 1839–1840) an) Denkmal des Großmeisters Antonio Manoel de Vilhenain Floriana (1722–1736)

ao) Mädchen in Faldetta-Tracht ap) St. Publius, erster Bischof von Malta ar) Kathedrale von Mdina

1943

1943, 8. März. Freimarken: Landesmotive. StTdr.; Wz. 4; gez. L 12½.

191	½ P	braun	af	0,80	0,40
192	1 P	grün	ag	0,90	0,10
193	1½ P	graublau	ah	0,40	0,20
194	2 P	rot	ai	0,60	0,40
195	2½ P	dunkelviolett	ak	0,90	0,10
196	3 P	blau		0,40	0,30
		Satzpreis (6 W.)		4,—	1,50
		FDC			4,50

Mit Aufdruck: MiNr. 200–205

1946

1946, 3. Dez. Sieg der Alliierten. StTdr.; Wz. 4; gez. K 13½:14.

av) Parlamentsgebäude in London und König Georg VI.

197	1 P	grün	av	0,30	0,30
198	3 P	blau	av	0,30	0,30
		Satzpreis (2 W.)		0,50	0,50
		FDC			1,—

Auflagen: MiNr. 197 = 2 450 969, MiNr. 198 = 1 099 878 Stück

Achten Sie bei signierten Marken auf die Stellung des Prüferzeichens.
Lesen Sie die Prüfordnung des Bundes Philatelistischer Prüfer am Ende des Kataloges.

Malta

1948

1948, 25. Nov. Freimarken: Landesmotive. MiNr. 176, 183–190 und 191–196 mit schrägem, zweizeiligem Aufdruck SELF-GO-VERNMENT/1947, von links oben nach rechts unten, bei MiNr. 200 und 212 von links unten nach rechts oben.

199	¼ P	dunkelbraun .... (176)	0,20	0,20
200	½ P	braun .... (191)	0,20	0,10
201	1 P	grün .... (192)	0,20	0,10
202	1½ P	graublau .... (193) R	0,50	0,10
203	2 P	rot .... (194)	0,50	0,10
204	2½ P	dunkelviolett .... (195) R	0,70	0,10
205	3 P	blau .... (196) R	0,30	0,20
206	4½ P	ocker/oliv .... (183)	2,—	2,50
207	6 P	rot/oliv .... (184)	1,—	0,20
208	1 Sh	schwarz .... (185)	2,—	0,60
209	1'6 Sh'P	oliv/schwarz .... (186)	4,—	0,70
210	2 Sh	blauschwarz/mattgrün .. (187) R	7,—	2,50
211	2'6 Sh'P	karmin/schwarz .... (188)	18,—	3,60
212	5 Sh	grün/schwarz .... (189) R	22,—	9,—
213	10 Sh	lilakarmin/schwarz ..... (190)	30,—	25,—
		Satzpreis (15 W.)	85,—	45,—
		FDC		150,—

Weitere Werte: MiNr. 226–231

1949

1949, 4. Jan. Silberne Hochzeit des Königspaares. Einheitszeichnung der englischen Kolonien. Wz. 4; MiNr. 214 RaTdr., gez. K 14:15; MiNr. 215 StTdr., gez. K 11½:11.

 aw  ax

König Georg VI. und Königin Elisabeth (nach einem Photo von Dorothy Wilding)

214	1 P	grün .... aw	0,50	0,20
215	1 £	blauschiefer .... ax	55,—	50,—
		Satzpreis (2 W.)	55,—	50,—
		FDC		170,—

Ⓖ

Auflagen: MiNr. 214 = 1 436 743, MiNr. 215 = 44 990 Stück

1949, 10. Okt. 75 Jahre Weltpostverein (UPU). Wz. 4; MiNr. 216 und 219 StTdr., gez. K 13½; MiNr. 217 und 218 StTdr., gez. K 11:11½.

ay) Merkur, Weltkugel und Brief

az) Die zwei Hemisphären, Schiff und Flugzeug

ba) Merkur streut Briefe über die Weltkugel

bb) Das Denkmal des Weltpostvereins in Bern

216	2½ P	dunkelviolett .... ay	0,50	0,30
217	3 P	schwarzblau .... az	2,50	0,70
218	6 P	karminrosa .... ba	2,—	1,—
219	1 Sh	schwarzgrau .... bb	2,50	2,50
		Satzpreis (4 W.)	7,50	4,50
		FDC		11,—

Auflagen: MiNr. 216 = 615 687, MiNr. 217 = 376 918, MiNr. 218 = 421 692, MiNr. 219 = 232 551 Stück

1950

1950, 1. Dez. Besuch der Prinzessin Elisabeth. StTdr.; Wz. 4; gez. K 12:11½.

bc) Prinzessin Elisabeth

220	1 P	hellgrün .... bc	0,20	0,20
221	3 P	ultramarin .... bc	0,20	0,20
222	1 Sh	schwarzgrau .... bc	0,80	0,80
		Satzpreis (3 W.)	1,20	1,20
		FDC		4,50

Auflagen: MiNr. 220 = 1 260 269, MiNr. 221 = 519 555, MiNr. 222 = 286 796 Stück

1951

1951, 12. Juli. 700 Jahre Karmeliterorden. StTdr.; Wz. 4; gez. K 12.

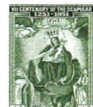

bd) Unsere liebe Frau vom Berg Karmel überreicht dem hl. Simon das Skapulier; Gemälde von Filippo di Benedetto Paladino (1544–1614)

223	1 P	grün .... bd	0,20	0,20
224	3 P	violett .... bd	1,20	1,20
225	1 Sh	schwarz .... bd	1,50	1,50
		Satzpreis (3 W.)		
		FDC		3,50

Auflagen: MiNr. 223 = 1 206 894, MiNr. 224 = 1 184 882, MiNr. 225 = 663 432 Stück

1953

1953, 8. Jan. Freimarken: Landesmotive. MiNr. 178–183 in geänderten Farben mit schrägem rotem oder schwarzem Aufdruck SELF-GOVERNMENT/1947.

226	1 P	grau .... (ag) R	0,40	0,20
227	1½ P	grün .... (ah)	0,50	0,20
228	2 P	braunorange .... (ai)	0,50	0,20
229	2½ P	rot .... (ak)	0,50	1,—
230	3 P	schwarzviolett .... (al) R	0,50	0,20
231	4½ P	tiefultramarin/olivgrün .. (am) R	0,70	1,20
		Satzpreis (6 W.)	3,—	3,—
		FDC		4,—

Mit gleichem Aufdruck: MiNr. 199–213

Malta

1953, 3. Juni. Krönung von Königin Elisabeth II. Einheitszeichnung der Kolonien. StTdr.; Wz. 4; gez. K 13¾:13¼.

be) Königin Elisabeth II.

232	1½ P	grün/schwarz	be	0,50	0,50
		FDC			1,—

Auflage: 3 248 512

1954

1954, 3. Mai. Besuch der Königin Elisabeth. Ähnlich MiNr. 182, jedoch mit Bild der Königin und zusätzlichem Eindruck „ROYAL VISIT 1954". Wz. 4; gez. L 12½.

bf) Co-Kathedrale St. Johns in Valletta

233	3 P	blauviolett	bf	0,50	0,20
		FDC			1,—

Auflage: 933 675 Stück

1954, 8. Sept. 100 Jahre Dogma der Unbefleckten Empfängnis. RaTdr.; Wz. 4; gez. K 14¾:14.

bg) Die unbefleckte Empfängnis von Cospicua; Gemälde von Pietru Pawl Caruana (1794–1852)

234	1½ P	grün	bg	0,10	0,10
235	3 P	violettblau	bg	0,10	0,10
236	1 Sh	schwarzgrau	bg	0,50	0,80
		Satzpreis (3 W.)		0,70	1,—
		FDC			2,—

Auflagen: MiNr. 234 = 1 607 683, MiNr. 235 = 1 588 929, MiNr. 236 = 475 694 Stück

1956

1956, 23. Jan./1957, 5. Jan. Freimarken. Wz. 4; MiNr. 237–249 gez. K 11½, MiNr. 250–253 gez. K 14:13½.

bh) Denkmal der Türkenbelagerung 1565; von A. Sciortino

bi) Pferdetränke des Wignacourt-Viaduktes

bk) Siegeskirche, Valetta

bl) Kriegsdenkmal, Floriana

bm) Dom in Mosta

bn) „Auberge des Castille" des Malteserordens

bo) Urkunde der Georgskreuz-Verleihung

bp) Roosevelt-Schriftrolle

br) Steinzeit-Tempel in Tarxien

bs) Vedette im Hafen Valletta

bt) Mdina-Tor

bu) Die Gassenjungen; Skulptur von A. Sciortino

bv) Christus der König; Denkmal von A. Sciortino

bw) Denkmal von Großmeister Cotoner in der Co-Kathedrale, Valetta

bx) Denkmal von Großmeister Perello

by) St. Paul; Holzstatue von Gafa

bz) Taufe Christi; Marmorgruppe von G. Mazuoli

237	¼ P	blauviolett (23.1.1956)	bh	0,20	0,10
238	½ P	orange (23.1.1956)	bi	0,50	0,10
239	1 P	schwarz (9.2.1956)	bk	1,50	0,10
240	1½ P	grün (9.2.1956)	bl	0,50	0,10
241	2 P	braun (9.2.1956)	bm	1,—	0,10
242	2½ P	orangebraun (23.1.1956)	bn	0,50	0,50
243	3 P	rot (22.3.1956)	bo	1,—	0,10
244	4½ P	violettultramarin (23.1.1956)	bp	1,—	0,40
245	6 P	blaugrau (9.2.1956)	br	0,50	0,10
246	8 P	olivbraun (23.1.1956)	bs	2,—	1,50
247	1 Sh	purpurviolett (23.1.1956)	bt	0,50	0,20
248	1'6 Sh'P	schwarzgrün (23.1.1956)	bu	10,—	0,40
249	2 Sh	braunoliv (23.1.1956)	bv	10,—	1,20
250	2'6 Sh'P	orangebraun (22.3.1956)	bw	10,—	3,—
251	5 Sh	grün (11.10.1956)	bx	12,—	3,50
252	10 Sh	karminrot (19.11.1956)	by	40,—	12,—
253	1 £	braun (5.1.1957)	bz	40,—	28,—
		Satzpreis (17 W.)		130,—	50,—
		FDC (MiNr. 237,238,242,244,246–249)			55,—
		FDC (MiNr. 239–241, 245)			7,50
		FDC (MiNr. 243, 250)			38,—
		FDC (MiNr. 251)			75,—
		FDC (MiNr. 252)			200,—
		FDC (MiNr. 253)			260,—

Auflagen: MiNr. 237 = 4 920 259, MiNr. 238 = 12 630 015, MiNr. 239 = 16 540 223, MiNr. 240 = 12 539 790, MiNr. 241 = 26 460 011, MiNr. 242 = 1 538 551, MiNr. 243 = 47 580 620, MiNr. 244 = 3 233 049, MiNr. 245 = 10 536 417, MiNr. 246 = 1 611 204, MiNr. 247 = 5 369 756, MiNr. 248 = 3 161 339, MiNr. 249 = 1 402 719, MiNr. 250 = 551 017, MiNr. 251 = 380 797, MiNr. 252 = 199 143, MiNr. 253 = 198 139 Stück

Mit Wz. 5 in Zeichnung bk: MiNr. 285, in Zeichnung bm: MiNr. 286

Mit MICHEL besser sammeln

1957

**1957, 15. April. 15. Jahrestag der Georgskreuzverleihung.
RaTdr.; Wz. 4; gez. K 14:14¾, MiNr. 255 ~.**

ca) Symbolische Frauengestalt (Malta in der Stunde der Prüfung)
cb) Stadtsilhouette und Scheinwerferlicht
cc) Bombenbeschädigte Häuser Vallettas

254	1½ P	dunkelgelbgrün/silber	ca	0,20	0,20
255	3 P	bräunlichrot/silber	cb	0,20	0,20
256	1 Sh	rotbraun/silber	cc	0,60	0,60
		Satzpreis (3 W.)		1,—	1,—
		FDC			3,—

Auflagen: MiNr. 254 = 720 960, MiNr. 255 = 676 698, MiNr. 256 = 308 554 Stück

1958

1958, 15. Febr. Technische Fortbildung. RaTdr.; Wz. 5; gez. K 14¾:14, MiNr. 258 ~.

Wz. 5 (Krone und CA mehrfach)

cd) Zeicheninstrumente und Zahnrad
ce) Muttern und Symbole der Technik
cf) Technische Hochschule Paola, Radioröhre und Motorzylinderblock

257	1½ P	dunkelbläulichgrün/schwarz	cd	0,20	0,20
258	3 P	mehrfarbig	ce	0,20	0,20
259	1 Sh	mehrfarbig	cf	0,60	0,60
		Satzpreis (3 W.)		1,—	1,—
		FDC			3,—

Auflagen: MiNr. 257 = 599 240, MiNr. 258 = 994 064, MiNr. 259 = 257 733 Stück

**1958, 15. April. 16. Jahrestag der Georgskreuzverleihung.
RaTdr.; Wz. 5; gez. K 14¾:14, MiNr. 261 ~.**

cg) Männergestalt schützt Frau und Kind
ch) U-Boot-Angriff auf den Hafen Vallettas
ci) Scheinwerfermannschaft des Malta-Regiments

260	1½ P	mehrfarbig	cg	0,20	0,20
261	3 P	mehrfarbig	ch	0,20	0,20
262	1 Sh	mehrfarbig	ci	0,60	0,60
		Satzpreis (3 W.)		1,—	1,—
		FDC			3,—

Auflagen: MiNr. 260 = 485 585, MiNr. 261 = 536 280, MiNr. 262 = 240 043 Stück

1959

**1959, 15. April. 17. Jahrestag der Georgskreuzverleihung.
RaTdr.; Wz. 5; gez. K 14:14¾, MiNr. 264 ~.**

ck) Luftschutzwart mit Tragbahre vor Verwundetenträgern und Ruinen
cl) Malta als Frauengestalt
cm) Frau mit Kind vor Zivilisten während eines Luftangriffes

263	1½ P	mehrfarbig	ck	0,20	0,20
264	3 P	mehrfarbig	cl	0,20	0,20
265	1 Sh	mehrfarbig	cm	1,—	1,—
		Satzpreis (3 W.)		1,30	1,30
		FDC			3,—

Auflagen: MiNr. 263 = 502 454, MiNr. 264 = 628 346, MiNr. 265 = 199 561 Stück

1960

**1960, 9. Febr. 1900. Jahrestag des Schiffbruchs des Hl. Paulus.
RaTdr.; MiNr. 266–268 gez. K 13:13¼, MiNr. 269–271 gez. K 14¼.**

cn) Schiffbruch des hl. Paulus
co) Weihe des 1. Bischofs, hl. Publius, durch den hl. Paulus
cp) Hl. Paulus verläßt Malta

cr) Hl.-Paulus-Statue in Rabat
cs) Engel hält Buch mit biblischer Inschrift

Malta

ct) Hl. Paulus und Buch mit Inschrift

cn–cp) Gemälde von Athilio Palombi (um 1860–1913)

266	1½ P	mehrfarbig	cn	0,30	0,50
267	3 P	mehrfarbig	co	0,30	0,50
268	6 P	mehrfarbig	cp	0,50	0,50
269	8 P	schwarz/gold	cr	1,—	1,50
270	1 Sh	weinrot/gold	cs	1,—	1,—
271	2'6 Sh'P	mehrfarbig	ct	3,50	4,50
		Satzpreis (6 W.)		6,50	8,50
		FDC			12,—

Auflagen: MiNr. 266 = 1 595 780, MiNr. 267 = 3 119 946, MiNr. 268 = 968 329, MiNr. 269 = 248 290, MiNr. 270 = 431 276, MiNr. 271 = 150 266 Stück

1960, 1. Dez. 100 Jahre Briefmarken von Malta. Komb. StTdr. und Odr.; Wz. 5; gez. K 13:13½.

cu) MiNr. 1 von Malta, Königin Elisabeth II.

272	1½ P	mehrfarbig	cu	0,40	0,70
273	3 P	mehrfarbig	cu	0,60	1,30
274	6 P	mehrfarbig	cu	1,—	2,—
		Satzpreis (3 W.)		2,—	4,—
		FDC			5,—

Auflagen: MiNr. 272 = 1 147 840, MiNr. 273 = 1 848 130, MiNr. 274 = 591 448 Stück

1961

1961, 15. April. 19. Jahrestag der Georgskreuzverleihung. RaTdr., Lackpapier; Wz. 5; gez. K 14¾:14.

cv) Georgskreuz vor Delphin-Ankermuster
cw) Georgskreuz vor stilis. Sonnenhimmel
cx) Georgskreuz vor Malteserkreuzen

275	1½ P	mehrfarbig	cv	0,20	0,20
276	3 P	grünblau/dunkelbraunoliv	cw	0,30	0,30
277	1 Sh	mehrfarbig	cx	0,70	0,70
		Satzpreis (3 W.)		1,20	1,20
		FDC			2,20

Auflagen: MiNr. 275 = 479 561, MiNr. 276 = 805 601, MiNr. 277 = 198 081 Stück

Wasserzeichen

Wenn die Angabe eines Wasserzeichens (Wz.) fehlt, ist die Marke immer ohne Wz.

1962

1962, 7. Sept. Große Belagerung von 1565. RaTdr.; Wz. 5; gez. K 13:12.

cy) Madonna Damascena, Heiligenbild in Vittoriosa
cz) Belagerungsdenkmal; von A. Sciortino

da) Großmeister La Valette (1557–1568), Grabmal in der Co-Kathedrale in Valletta
db) Türkischer Angriff auf die Burg St. Elmo, 1565; Fresko von d'Aleccio, Großmeister-Palast, Valletta

278	2 P	lebhaftviolettultramarin	cy	0,10	0,10
279	3 P	braunrot	cz	0,10	0,10
280	6 P	schwarzoliv	da	0,20	0,20
281	1 Sh	violettpurpur	db	0,60	0,60
		Satzpreis (4 W.)		1,—	1,—
		FDC			2,20

Auflagen: MiNr. 278 = 1 436 961, MiNr. 279 = 1 568 277, MiNr. 280 = 584 064, MiNr. 281 = 318 393 Stück

1963

1963, 4. Juni. Kampf gegen den Hunger. RaTdr.; Wz. 5; gez. K 14½.

dc) Für die Ernährung wichtige Tiere und Früchte vor Erdkugel

282	1'6 Sh'P	sepia/braunschwarz	dc	3,—	4,—
		FDC			5,—

Auflage: 186 960 Stück

1963, 2. Sept. 100 Jahre Internationales Rotes Kreuz. Odr.; Wz. 5; gez. K 13½.

dd) Elisabeth II., Rotes Kreuz, Inschrift

283	2 P	schwarz/rot	dd	0,20	0,20
284	1'6 Sh'P	violettblau/rot	dd	5,—	6,50
		Satzpreis (2 W.)		5,—	6,50
		FDC			8,—

Auflagen: MiNr. 283 = 1 404 356, MiNr. 284 = 170 020 Stück

1963, 15. Okt. /1964, 14. April. Freimarken. Wz. 5; gez. K 11½.

285	1 P	schwarz (15.10.1963)	bk	0,50	0,40
286	2 P	braun (14.4.1964)	bm	3,50	4,20
		Satzpreis (2 W.)		4,—	4,50

Malta

1964

1964, 14. April. Anti-Brucellosis-Kongreß. RaTdr.; Wz. 5; gez. K 14.

de) David Bruce (1855–1931) und Themistocles Zammit (1864–1935); Mikroskop

df) Schaf, Reagenzgläser

287	2 P	mehrfarbig . . . . de	0,10	0,10
288	1'6 Sh'P	graulila/schwarz . . . . df	0,90	0,90
		Satzpreis (2 W.)	1,—	1,—
		FDC		2,—

Auflagen: MiNr. 287 = 1 056 815, MiNr. 288 = 167 383 Stück

1964, 5. Sept. 1. Europäischer Kongreß katholischer Ärzte. RaTdr.; Wz. 6; gez. K 13½:14½.

Wz. 6 Malteserkreuze

dg) Großmeister Cotoner pflegt Kranken; Gemälde von II Calabrese (Mattia Preti, 1613–1699)

dh) Standbild Hl. Lukas (Co-Kathedrale von Valletta) vor St.-Lukas-Krankenhaus, Malta

di) Hospiz „Sancta Infirmeria" (erstes Malteser-Ritter-Spital und medizinische Lehrschule auf Malta)

dg–di) Kongreß-Emblem

289	2 P	mehrfarbig . . . . dg	0,20	0,20
290	6 P	mehrfarbig . . . . dh	0,50	0,50
291	1'6 Sh'P	mehrfarbig . . . . di	1,50	1,50
		Satzpreis (3 W.)	2,20	2,20
		FDC		3,50

Auflagen: MiNr. 289 = 603 061, MiNr. 290 = 341 007, MiNr. 291 = 189 890 Stück

Unabhängiger Staat

1964, 21. Sept. Unabhängigkeit. RaTdr.; Wz. 6; gez. K 14¾:13¾.

dk) Taube, Malteserkreuz, Britische Krone

dl) Taube, Malteserkreuz, Papst-Tiara

dm) Taube, Malteserkreuz, UNO-Emblem

292	2 P	mehrfarbig . . . . dk	0,20	0,10
293	3 P	mehrfarbig . . . . dl	0,30	0,10
294	6 P	mehrfarbig . . . . dm	1,—	0,20
295	1 Sh	mehrfarbig . . . . dk	1,20	0,20
296	1'6 Sh'P	mehrfarbig . . . . dl	4,—	4,—
297	2'6 Sh'P	mehrfarbig . . . . dm	4,50	4,50
		Satzpreis (6 W.)	11,—	9,—
		FDC		15,—

| 293 F | | Farbe Gold (Jahreszahl) fehlend . . . . . . | 100,— |

Auflagen: MiNr. 292 = 1 150 927, MiNr. 293 = 1 797 145, MiNr. 294 = 600 777, MiNr. 295 = 349 203, MiNr. 296 = 221 468, MiNr. 297 = 151 358 Stück

1964, 3. Nov. Weihnachten. RaTdr.; Wz. 6; gez. K 13:13¼.

dn) Anbetung des Christkindes

298	2 P	dunkellila/gold . . . . dn	0,10	0,10
299	4 P	lebhaftviolettultramarin/gold . . . . . dn	0,40	0,40
300	8 P	dunkelblaugrün/gold . . . . dn	0,50	0,50
		Satzpreis (3 W.)	1,—	1,—
		FDC		2,—

Auflagen: MiNr. 298 = 819 070, MiNr. 299 = 281 669, MiNr. 300 = 249 161 Stück

1965

1965, 7. Jan. Freimarken: Maltesische Geschichte. RaTdr. auf gestrichenem bzw. normalem Papier; Wz. 6; MiNr. 301–309 gez. K 14:15, MiNr. 310–319 gez. K 15.

do) Schlafende Frau (Steinzeitskulptur) vor Steinrelief (Steinzeittempel)

dp) Cippus, Gebetinschrift in Phönizisch und Altgriechisch

dr) Torso einer röm. Frauenfigur, Korinthisches Kapitell und Ornament

ds) Frühchristliche Öllampe aus Terracotta, Römertempel, Insignium Omega und Kreuz

dt) Kufisches Grabmal des Majuna (ca. 1174)

du) Normannisches Bogenfenster Palazzo Gatto-Murina, Mdina

dv) Laternenfuß aus einer Malteser-Galeere, Kreuz und Wappen der Ritterschaft, Rüstung (16. Jh.)

dw) Galeeren des Malteser-Ritterordens (16. Jh.)

dx) Rutenbündel und Freiheitskappe (Symbol der franz. Besatzung) Kathedrale von Mdina

dy) Britisches Reichswappen an der Hauptwache, Valetta

dz) Abzeichen der Kgl. Malta-Artillerie, des Kgl. Malta-Regiments und des Festungsregiments Malta

ea) Zwei Engel bei Anbetung der hl. Hostie (Symbol des Intern. Eucharistischen Kongresses 1913)

eb) Saal des Malteserritter-Rates, der heutige Sitz der gesetzgebenden Versammlung, mit Jagdszenen-Wandteppich

ec) Statue von Livia (Frau des Kaisers Augustus) vor Rathaus von Gozo

ed) Symb. Frauenfigur des Staates Malta mit Schild und Georgskreuz

Malta

ee) Britische Krone, Päpstl. Krone, UNO-Emblem über drei fliegenden Tauben (Symbol der Unabhängigkeit von Malta)

ef) Abzeichen und Hauptquartier in Floriana (Malta) der Alliierten Streitkräfte im Mittelmeer

1965, 1. Sept. 400. Jahrestag der Beendigung der großen Belagerung. RaTdr.; Wz. 6; MiNr. 323, 324, 326, 328, 329 gez. K 15:14, MiNr. 325, 327 gez. K 13¾:13.

ek) Feldlager der Türken auf Malta

eg) Landkarte Maltas

eh) Apostel Paulus, St. Publius (erster Bischof Maltas) und St. Agatha (Schutzpatronin von Mdina)

el) Schlachtszene　　em) Türkische Flotte vor Malta　　en) Hilfe für die Belagerten

301	½ P	mehrfarbig	do	0,10	0,10
302	1 P	mehrfarbig	dp	0,10	0,10
303	1½ P	mehrfarbig	dr	0,10	0,10
304	2 P	mehrfarbig	ds	0,10	0,10
305	2½ P	mehrfarbig	dt	0,10	0,10
306	3 P	mehrfarbig	du	0,10	0,10
307	4 P	mehrfarbig	dv	0,20	0,20
308	4½ P	mehrfarbig	dw	0,30	0,30
309	6 P	mehrfarbig	dx	0,20	0,10
310	8 P	mehrfarbig	dy	0,20	0,10
311	1 Sh	mehrfarbig	dz	0,30	0,10
312	1'3 Sh'P	mehrfarbig	ea	2,50	1,50
313	1'6 Sh'P	mehrfarbig	eb	0,70	0,20
314	2 Sh	mehrfarbig	ec	1,—	0,20
315	2'6 Sh'P	mehrfarbig	ed	1,—	1,—
316	3 Sh	mehrfarbig	ee	2,—	1,20
317	5 Sh	mehrfarbig	ef	7,50	1,70
318	10 Sh	mehrfarbig	eg	5,—	5,—
319	1 £	mehrfarbig	eh	6,—	8,—
		Satzpreis (19 W.)		26,—	20,—
		FDC			60,—
		MH mit 6× MiNr. 302 und 12× MiNr. 304		3,—	

306 U	ungezähnt	250,—
306 F	Farbe Silber (Landesname) fehlend	40,—

eo) Wappen des Großmeisters La Valette

ep) Die hl. Agatha spornt zur Verteidigung an; Fresko von Mattia Preti (genannt Cavaliere Calabrese) (1613–1699)

er) Gedenkmedaille

323	2 P	mehrfarbig	ek	0,20	0,20
324	3 P	mehrfarbig	el	0,20	0,20
325	6 P	mehrfarbig	em	0,70	0,50
326	8 P	mehrfarbig	en	0,70	0,70
327	1 Sh	mehrfarbig	eo	0,70	0,50
328	1'6 Sh'P	mehrfarbig	ep	1,50	1,—
329	2'6 Sh'P	mehrfarbig	er	3,—	3,—
		Satzpreis (7 W.)		7,—	6,—
		FDC			12,—

Auflagen: MiNr. 301 = 5 350 001, MiNr. 302 = 23 549 585, MiNr. 303 = 1 619 246, MiNr. 304 = 21 780 106, MiNr. 305 = 4 287 475, MiNr. 306 = 14 049 442, MiNr. 307 = 17 754 310, MiNr. 308 = 1 973 153, MiNr. 309 = 9 339 581, MiNr. 310 = 1 795 706, MiNr. 311 = 5 883 428, MiNr. 312 = 509 061, MiNr. 313 = 2 425 797, MiNr. 314 = 1 423 813, MiNr. 315 = 617 886, MiNr. 316 = 679 392, MiNr. 317 = 618 522, MiNr. 318 = 367 893, MiNr. 319 = 395 424 Stück

Weitere Werte in ähnlichen Zeichnungen: MiNr. 412–413
MiNr. 307 mit neuem Wertaufdruck: MiNr. 545
MiNr. 310 und 312 mit neuen Wertaufdrucken: MiNr. 448, 449

Auflagen: MiNr. 323 = 1 485 978, MiNr. 324 = 1 546 140, MiNr. 325 = 555 258, MiNr. 326 = 189 346, MiNr. 327 = 340 528, MiNr. 328 = 206 085, MiNr. 329 = 140 023 Stück

1965, 7. Okt. Weihnachten. RaTdr.; Wz. 6; gez. K 11:11½.

es) Die drei Weisen aus dem Morgenlande

330	1 P	mehrfarbig	es	0,10	0,10
331	4 P	mehrfarbig	es	0,40	0,40
332	1'3 Sh'P	mehrfarbig	es	0,50	0,50
		Satzpreis (3 W.)		1,—	1,—
		FDC			2,—

Auflagen: MiNr. 330 = 1 586 259, MiNr. 331 = 252 520, MiNr. 332 = 192 560 Stück

1966

1965, 7. Juli. 700. Geburtstag von Dante Alighieri. RaTdr.; gez. K 14.

et) Dante Alighieri (1265–1321), italienischer Dichter; Fresko von Raffaelo Santi (1483–1520)

320	2 P	schwarzblau	ei	0,10	0,20
321	6 P	schwarzoliv	ei	0,20	0,30
322	2 Sh	dunkelkarminbraun	ei	0,90	1,30
		Satzpreis (3 W.)		1,20	1,80
		FDC			2,50

Auflagen: MiNr. 320 = 947 119, MiNr. 321 = 354 189, MiNr. 322 = 169 810 Stück

1966, 24. Jan. 1. Todestag von Winston Churchill. RaTdr.; Wz. 6; gez. K 15:14.

et) Malteserkreuz über Landkarte von Malta

eu) Georgskreuz, Kriegsschiff HMS „Marlborough" vor Hafen von Malta

et–eu) W. Churchill (1874–1965), Politiker

Wissen kommt nicht von selbst
MICHEL

333	2 P	mehrfarbig .... et		0,10	0,20
334	3 P	mehrfarbig .... eu		0,20	0,30
335	1 Sh	mehrfarbig .... et		0,30	0,40
336	1'6 Sh'P	mehrfarbig .... eu		0,60	0,90
		Satzpreis (4 W.)		1,20	1,80
		FDC			2,50

Auflagen: MiNr. 333 = 1 093 616, MiNr. 334 = 1 106 529, MiNr. 335 = 335 028, MiNr. 336 = 247 510 Stück

1966, 28. März. 400 Jahre Valletta. RaTdr.; gez. K 12.

ev) Jean de la Valette gründete 1566 die Stadt Valletta

ew) Papst Pius V. finanzierte die Gründung

ex) Anlage der zur Seefestung ausgebauten Stadt

ey) Francesco Laparelli, Stadtbaumeister

ez) Girolamo Cassar, leitender Bautechniker vor St.-Johns-Co-Kathedrale

337	2 P	mehrfarbig .... ev		0,20	0,20
338	3 P	mehrfarbig .... ew		0,20	0,20
339	6 P	mehrfarbig .... ex		0,20	0,20
340	1 Sh	mehrfarbig .... ey		0,20	0,20
341	2'6 Sh'P	mehrfarbig .... ez		1,—	1,—
		Satzpreis (5 W.)		1,50	1,50
		FDC			2,50

Auflagen: MiNr. 337 = 1 238 715, MiNr. 338 = 1 224 433, MiNr. 339 = 619 736, MiNr. 340 = 352 764, MiNr. 341 = 187 676 Stück

1966, 28. Mai. Einweihung der J. F. Kennedy-Gedenkstätte auf Malta. RaTdr.; Wz. 6; gez. K 15:14.

fa) John F. Kennedy (1917–1963), Präsident der Vereinigten Staaten von Amerika; Kennedy-Gedächtnis-Hain auf Malta

342	3 P	mehrfarbig .... fa		0,20	0,20
343	1'6 Sh'P	mehrfarbig .... fa		0,30	0,50
		Satzpreis (2 W.)		0,50	0,50
		FDC			1,—

Auflagen: MiNr. 342 = 539 749, MiNr. 343 = 300 771 Stück

1966, 16. Juni. 10. Handelsmesse Malta. RaTdr.; Wz. 6; gez. K 13½.

fb) Abstraktes Werbeemblem mit römischer Zehn

344	2 P	mehrfarbig .... fb		0,20	0,20
345	8 P	mehrfarbig .... fb		0,40	0,40
346	2'6 Sh'P	mehrfarbig .... fb		0,60	0,60
		Satzpreis (3 W.)		1,20	1,20
		FDC			2,—

Auflagen: MiNr. 344 = 752 750, MiNr. 345 = 188 705, MiNr. 346 = 166 907 Stück

1966, 7. Okt. Weihnachten. RaTdr.; Wz. 6; gez. K 13½.

fc) „Die Heilige Familie mit Hirten zu Zebethlehem"

347	1 P	mehrfarbig		0,10	0,10
348	4 P	mehrfarbig		0,20	0,20
349	1'3 Sh'P	mehrfarbig		0,20	0,20
		Satzpreis (3 W.)		0,50	0,50
		FDC			0,70

Auflagen: MiNr. 347 = 2 083 496, MiNr. 348 = 1 250 619, MiNr. 349 = 575 753 Stück

1967

1967, 1. März. 25 Jahre Verleihung des Georgs-Kreuzes. RaTdr.; Wz. 6; gez. K 15:14.

fd) Georgs-Kreuz, Ordensauszeichnung für Staatsbürger der Inseln Malta und Gozo, gestiftet 1940 von König Georg VI.

350	2 P	mehrfarbig .... fd		0,10	0,10
351	4 P	mehrfarbig .... fd		0,20	0,20
352	3 Sh	mehrfarbig .... fd		0,30	0,30
		Satzpreis (3 W.)		0,60	0,60
		FDC			1,—

Auflagen: MiNr. 350 = 1 291 611, MiNr. 351 = 1 129 625, MiNr. 352 = 429 931 Stück

1967, 28. Juni. 1900. Jahrestag des Martyriums der Heiligen Peter und Paul. RaTdr.; Wz. 6; gez. K 14¾, MiNr. 354 K 13¾:14½.

fe) Kreuzigung des hl. Petrus

ff) Schlüssel des Himmels, Tiara des Papstes, Neues Testament, Schwert des Glaubens

fg) Enthauptung des hl. Paulus

353	2 P	schwarz/dunkelorangebraun ..... fe		0,10	0,10
354	8 P	mehrfarbig .... ff		0,30	0,30
355	3 Sh	schwarz/blau .... fg		0,30	0,30
		Satzpreis (3 W.)		0,70	0,70
		FDC			1,20

Auflagen: MiNr. 353 = 1 073 183, MiNr. 354 = 367 107, MiNr. 355 = 320 823 Stück

MICHELsoft – das komfortable Datenbankprogramm für Ihren Computer!

Malta

1967, 1. Aug. 300. Todestag von Melchior Gafa. RaTdr.; Wz. 6; gez. K 13½.

fh) Hl. Katharina von Siena in der Glorie, Relief, Rom, Apsis der Kirche St. Catarina in Magnanapoli

fj) Hl. Thomas von Villanova, Kolossal-Marmorgruppe, Rom, Querschiff der Kirche St. Augustin

fk) Christus aus der Bronzegruppe „Die Taufe Christi"; Malta, Sakristei der Pfarrkirche von Zejtun

fl) Hl. Johannes der Täufer, aus gleicher Gruppe

fh–fl) Werke von M. Gafa (auch Caffa, Cafa, Cofa) (um 1635–1677), Barockbildhauer

356	2 P	mehrfarbig	fh	0,10	0,10
357	4 P	mehrfarbig	fi	0,10	0,10
358	1'6 Sh'P	mehrfarbig	fk	0,20	0,20
359	2'6 Sh'P	mehrfarbig	fl	0,30	0,30
		Satzpreis (4 W.)		0,70	0,70
		FDC			1,20

Auflagen: MiNr. 356 = 1 031 856, MiNr. 357 = 850 943, MiNr. 358 = 306 047, MiNr. 359 = 259 231 Stück

1967, 12. Sept. 15. Internationaler Kongreß der Architekturgeschichte auf Malta. RaTdr.; gez. K 15.

fm) Tempel in Tarxien, Neolithikum, 2. Jahrtausend v. Chr.

fn) Fassadenteil des Falzon-Palastes, Mdina, 10.–12. Jh.

fo) Teile der Pfarrkirche von Birkirkara, Spät-Renaissance

fp) Haupteingang der Auberge de Castille, Valletta

360	2 P	mehrfarbig	fm	0,10	0,10
361	6 P	mehrfarbig	fn	0,10	0,10
362	1 Sh	mehrfarbig	fo	0,20	0,20
363	3 Sh	mehrfarbig	fp	0,30	0,30
		Satzpreis (4 W.)		0,70	0,70
		FDC			1,30

Auflagen: MiNr. 360 = 855 202, MiNr. 361 = 426 064, MiNr. 362 = 319 584, MiNr. 363 = 242 682 Stück

1967, 20. Okt. Weihnachten. RaTdr.; Wz. 6; gez. K 14.

fr und ft) Weihnachtsengel
fs) Weihnachtsengel und Krippe

364	1 P	mehrfarbig	fr	0,10	0,10
365	8 P	mehrfarbig	fs	0,20	0,20
366	1'4 Sh'P	mehrfarbig	ft	0,20	0,20
		Satzpreis (3 W.)		0,50	0,50
		Dreierstreifen			1,50
		FDC			2,—

MiNr. 364–366 wurden einzeln und auch alle Werte zusammenhängend im Bogen gedruckt. Durch die Trapezform bedingt ergeben sich waagerechte Kehrdrucke gleicher und Zusammendrucke verschiedener Wertstufen.

Auflagen: MiNr. 364 = 2 476 814, MiNr. 365 = 693 019, MiNr. 366 = 623 371 Stück

1967, 13. Nov. Besuch der Königin Elisabeth II. auf Malta. RaTdr.; Wz. 6; gez. K 15:14, MiNr. 368 ~.

fu) Königin Elisabeth II., Staatswappen von Malta

fv) Königin Elisabeth II. in der Robe des Ordens Michael und St. Georg, Staatswappen von Malta

fw) Königin Elisabeth II., Maltesische Inselgruppe

367	2 P	mehrfarbig	fu	0,10	0,10
368	4 P	mehrfarbig	fv	0,20	0,20
369	3 Sh	mehrfarbig	fw	0,30	0,30
		Satzpreis (3 W.)		0,60	0,60
		FDC			1,30

Auflagen: MiNr. 367 = 1 108 216, MiNr. 368 = 855 474, MiNr. 369 = 348 923 Stück

1968

1968, 2. Mai. Internationales Jahr der Menschenrechte. RaTdr.; Wz. 6; gez. K 14¾; MiNr. 371 K 12¾.

fx fy fz

fx–fz) Stilisierte Menschengruppe; UN-Emblem der Menschenrechte

370	2 P	mehrfarbig	fx	0,10	0,10
371	6 P	mehrfarbig	fy	0,20	0,20
372	2 Sh	mehrfarbig	fz	0,30	0,30
		Satzpreis (3 W.)		0,60	0,60
		FDC			1,—

Auflagen: MiNr. 370 = 5 049 317, MiNr. 371 = 1 317 059, MiNr. 372 = 439 511 Stück

1968, 1. Juni. 12. Internationale Handelsmesse Malta, Naxxar. RaTdr.; Wz. 6; gez. K 14:15.

ga) Messeplakat und Messeemblem (Merkur mit Zahnradsegment)

373	4 P	mehrfarbig	ga	0,10	0,10
374	8 P	mehrfarbig	ga	0,20	0,20
375	3 Sh	mehrfarbig	ga	0,30	0,30
		Satzpreis (3 W.)		0,60	0,60
		FDC			1,—

Auflagen: MiNr. 373 = 721 699, MiNr. 374 = 322 084, MiNr. 375 = 274 297 Stück

1968, 1. Aug. 400. Todestag von La Valette. RaTdr.; Wz. 6; gez. K 13:14, MiNr. 377, 379 ~.

gb) Wappen des Ordens und von La Valette

Malta

gc) Porträt von Großmeister La Valette (1494–1568)
gd) Grabstätte von La Valette in der Gruft der St. Johns-Kirche in Valletta
ge) Zwei Putten tragen Schild mit Todesdatum; Karte Maltas

376	1 P	mehrfarbig	gc	0,10	0,10
377	8 P	mehrfarbig	gc	0,20	0,20
378	1'6 Sh'P	mehrfarbig	gd	0,20	0,20
379	2'6 Sh'P	mehrfarbig	ge	0,30	0,30
		Satzpreis (4 W.)		0,80	0,80
		FDC			1,50

Auflagen: MiNr. 376 = 935 022, MiNr. 377 = 316 145, MiNr. 378 = 318 507, MiNr. 379 = 263 550 Stück

1968, 3. Okt. Weihnachten. RaTdr.; Wz. 6; gez. K 14½.

gf) Schafhirten und Engel
gg) Jesuskind, Maria und Josef, Hirte
gh) Die Drei Weisen aus dem Morgenland

380	1 P	mehrfarbig	gf	0,10	0,20
381	8 P	mehrfarbig	gg	0,20	0,30
382	1'4 Sh'P	mehrfarbig	gh	0,30	0,50
		Satzpreis (3 W.)		0,60	1,—
		FDC			1,50

Auflagen: MiNr. 380 = 2 559 571, MiNr. 381 = 491 672, MiNr. 382 = 395 111 Stück

1968, 21. Okt. 6. Europäische Regionalkonferenz der UN-Organisation für Ernährung und Landwirtschaft (FAO), Malta. RaTdr.; Wz. 6; gez. K 12¾:12.

gi
gk
gl

gi–gl) Sinnbildliche Darstellungen

383	4 P	mehrfarbig	gi	0,20	0,20
384	1 Sh	mehrfarbig	gk	0,30	0,30
385	2'6 Sh'P	mehrfarbig	gl	0,50	0,50
		Satzpreis (3 W.)		1,—	1,—
		FDC			1,50

Auflagen: MiNr. 383 = 970 071, MiNr. 384 = 451 185, MiNr. 385 = 395 934 Stück

---

MICHELperfoscope

Die philatelistische Präzisions-Software

Universell einsetzbar für Zähnungs-, Längen- und Winkelmessungen aller Art.

1969

1969, 24. März. 100. Geburtstag von Mohandas Karamchand Gandhi. RaTdr.; Wz. 6; gez. K 12:12¾.

gm) Mohandas Karamchand Gandhi, Ehrenname Mahatma (1869–1948), Führer der indischen Unabhängigkeitsbewegung

386	1'6 Sh'P	mehrfarbig	gm	0,50	0,50
		FDC			1,—

Auflage: 405 496 Stück

1969, 26. Mai. 50 Jahre Internationale Arbeitsorganisation (ILO). RaTdr.; Wz. 6; gez. K 13¾:14½.

gn) ILO-Emblem

387	2 P	mehrfarbig	gn	0,20	0,20
388	6 P	mehrfarbig	gn	0,30	0,30
		Satzpreis (2 W.)		0,50	0,50
		FDC			1,—

Auflagen: MiNr. 387 = 1 335 399, MiNr. 388 = 601 053 Stück

1969, 26. Juli. Jahrestage. RaTdr.; Wz. 6; gez. K 13½.

go) 100. Geburtstag von Robert Samut, Komponist der Malteser Volkshymne; Porträt, Notenzeile
gp) UN-Beschluß: Vorbehaltung des Meeres für den Frieden; UNO-Emblem, Friedenstaube, Fische

gr) Malteser Emigrantentreffen 1969; Insel Malta, Schwalben
gs) 200-Jahrfeier der Volksuniversität Malta; Gründer Emanuel Punto da Fonseca und Wappen

389	2 P	mehrfarbig	go	0,10	0,10
390	5 P	mehrfarbig	gp	0,20	0,20
391	10 P	mehrfarbig	gr	0,20	0,20
392	2 Sh	mehrfarbig	gs	0,50	0,50
		Satzpreis (4 W.)		1,—	1,—
		FDC			1,70

Auflagen: MiNr. 389 = 1 074 554, MiNr. 390 = 1 164 212, MiNr. 391 = 536 643, MiNr. 392 = 296 312 Stück

1969, 20. Sept. 5. Jahrestag der Unabhängigkeit. RaTdr.; Wz. 6; MiNr. 393 gez. K 13:12½, MiNr. 395–397 gez. K 12¾:12½, MiNr. 394 ~.

gt) Denkmal des 7. Juni 1919
gu) Nationalflagge Maltas

Malta

		gv) Symbolische Werbung für Tourismus	gw) Maltas Mitgliedschaft in UN und Europarat	gx) Symbole für Handel und Industrie		
393	2 P	mehrfarbig	.... gt	0,10	0,10
394	5 P	mehrfarbig	.... gu	0,10	0,10
395	10 P	mehrfarbig	.... gv	0,20	0,20
396	1'6 Sh'P	mehrfarbig	.... gw	0,30	0,30
397	2'6 Sh'P	mehrfarbig	.... gx	0,30	0,30
			Satzpreis (5 W.)	1,—	1,—
			FDC		2,—

Auflagen: MiNr. 393 = 2 382 353, MiNr. 394 = 2 822 197, MiNr. 395 = 707 900, MiNr. 396 = 480 371, MiNr. 397 ⇋ 292 622 Stück

1969, 8. Nov. Weihnachtsmarken. Odr.; Wz. 6; gez. K 12¾.

gy) Zwei musizierende Bauern   gz) Zwei musizierende Engel   ha) Singende Chorknaben

gy–ha) Weihnachtsstern und Kathedrale von Mdina (Malta)

398	1 P	+ 1 P mehrfarbig	.... gy	0,20	0,20
399	5 P	+ 1 P mehrfarbig	.... gz	0,20	0,20
400	1'6 Sh'P	+ 3 P mehrfarbig	.... ha	0,20	0,20
			Satzpreis (3 W.)	0,50	0,50
			Dreierstreifen	1,50	1,20
			FDC		1,50

MiNr. 398–400 wurden einzeln und auch zusammenhängend in Dreierstreifen gedruckt.

Auflagen: MiNr. 398 = 468 973, MiNr. 399 = 435 682, MiNr. 400 = 413 120 Stück

1970

1970, 21. März. 13. Kunstausstellung des Europarates, Malta. RaTdr.; Wz. 6; verschieden gez.

hb) Enthauptung des hl. Johannes; Gemälde von Michelangelo Merisi da Caravaggio (1571–1610)

hc) Johannes der Täufer; Gemälde von Mattia Preti (1613–1699), ital. Maler

hd) Altar und Innenraum der St. John's Co-Kathedrale

he) Orden des hl. Johannes – Allegorie, 17. Jh.

hf) Der hl. Hieronymus; Gemälde von Caravaggio (1571–1610), ital. Maler

hg) Pharmazeutische Gefäße der Malteser Ordensritter

hh) Der hl. Gerhard empfängt Gottfried von Bouillon im St.-Johannes-Hospital, Jerusalem, 1903; Gemälde von Antoine Chevalier de Favray (1706–1798), franz. Maler

hi) Gottesdienstliche Gewandstücke, 16. Jh.

401	1 P	mehrfarbig (gez. K 14½:13½) hb	0,10	0,10
402	2 P	mehrfarbig (gez. K 13½:14) .. hc	0,10	0,10
403	5 P	mehrfarbig (gez. K 13½) ..... hd	0,10	0,10
404	6 P	mehrfarbig (gez. K 13½:14) .. he	0,20	0,20
405	8 P	mehrfarbig (gez. K 14½:13½) . hf	0,20	0,20
406	10 P	mehrfarbig (gez. K 12¼:12¾) hg	0,30	0,30
407	1'6 Sh'P	mehrfarbig (gez. K 13½:14) .. hh	0,50	0,50
408	2 Sh	mehrfarbig (gez. K 12¼:12¾) . hi	0,50	1,—
		Satzpreis (8 W.)	2,—	2,50
		FDC		3,—

Auflagen: MiNr. 401 = 1 427 576, MiNr. 402 = 1 801 645, MiNr. 403 = 2 005 335, MiNr. 404 = 708 925, MiNr. 405 = 451 193, MiNr. 406 = 726 169, MiNr. 407 = 500 135, MiNr. 408 = 440 218 Stück

1970, 29. Mai. Weltausstellung EXPO '70, Osaka. RaTdr.; Wz. 6; gez. K 15.

hk) Fujiyama (hl. Berg Japans), Emblem

409	2 P	mehrfarbig .... hk	0,10	0,10
410	5 P	mehrfarbig .... hk	0,10	0,10
411	3 Sh	mehrfarbig .... hk	0,50	0,50
		Satzpreis (3 W.)	0,70	0,70
		FDC		1,20

Auflagen: MiNr. 409 = 2 351 666, MiNr. 410 = 1 554 685, MiNr. 411 = 278 408 Stück

1970, 1. Aug. Freimarken: Maltesische Geschichte. RaTdr.; Wz. 6; MiNr. 412 gez. K 14:15, MiNr. 413 gez. K 15.

hl) Teil der alten Befestigungsanlagen (17. Jh.)

hm) Marine-Arsenal – Königin Elisabeth II., Malteserkreuz

412	5 P	mehrfarbig .... hl	0,40	0,50
413	10 P	mehrfarbig .... hm	0,60	0,70
		Satzpreis (2 W.)	1,—	1,20
		FDC		1,70
		MH mit 12 × MiNr. 412	10,—	

MiNr. 412 und 413 wurden auf normalem (1970) bzw. gestrichenem Papier (1971) gedruckt. Bei MiNr. 412 und 413 auf gestrichenem Papier ist das Wz. oft kaum wahrnehmbar.

Auflagen: MiNr. 412 = 5 710 221, MiNr. 413 = 1 535 566 Stück

Weitere Werte: MiNr. 301–319
MiNr. 412 mit neuem Wertaufdruck: MiNr. 447

Malta

1970, 30. Sept. 25 Jahre Vereinte Nationen (UNO). Odr.; Wz. 6; gez. K 14:15.

hn) Allegorie für Frieden, Gerechtigkeit, Fortschritt

414	2 P	mehrfarbig	hn	0,10	0,10
415	5 P	mehrfarbig	hn	0,10	0,10
416	2'6 Sh'P	mehrfarbig	hn	0,50	0,50
		Satzpreis (3 W.)		0,70	0,70
		FDC			1,20

Auflagen: MiNr. 414 = 1 585 658, MiNr. 415 = 1 965 376, MiNr. 416 = 241 883 Stück

1970, 7. Nov. Weihnachten. RaTdr.; Wz. 6; gez. K 14:13½.

  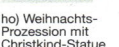

ho) Weihnachts-Prozession mit Christkind-Statue
hp) Christi Geburt
hr) Hirten auf dem Weg

ho–hr) Hintergrundzeichnungen: Kirchen von Malta

417	1 P	+ ½ P	mehrfarbig	ho	0,10	0,10
418	10 P	+ 2 P	mehrfarbig	hp	0,20	0,20
419	1'6 Sh'P	+ 3 P	mehrfarbig	hr	0,50	0,50
			Satzpreis (3 W.)		0,80	0,80
			FDC			1,30

Auflagen: MiNr. 417 = 305 733, MiNr. 418 = 244 044, MiNr. 419 = 239 778 Stück

1971

1971, 20. März. Dichter und Schriftsteller. Wz. 6; gez. K 13½:14.

hs) Bücher und Feder; 200. Todestag Sultanas, genannt De Soldanis (1712–1770), Schriftsteller
ht) Bücher, Federhalter; Porträt von C. Psaila, genannt Dun Karm (1871–1961), Nationaldichter

420	1'6 Sh'P	mehrfarbig	hs	0,20	0,20
421	2 Sh	mehrfarbig	ht	0,50	0,50
		Satzpreis (2 W.)		0,70	0,70
		FDC			1,30

Auflagen: MiNr. 420 = 253 906, MiNr. 421 = 235 288 Stück

1971, 3. Mai. Europa. Odr.; Wz. 6; gez. K 13¾:14¾.

hu) Brüderlichkeit und Zusammenarbeit durch Kette symbolisiert

422	2 P	mehrfarbig	hu	0,20	0,20
423	5 P	mehrfarbig	hu	0,20	0,20
424	1'6 Sh'P	mehrfarbig	hu	0,60	0,60
		Satzpreis (3 W.)		1,—	1,—
		FDC			2,50

Auflagen: MiNr. 422 = 1 398 350, MiNr. 423 = 1 524 900, MiNr. 424 = 501 010 Stück

1971, 24. Juli. 100. Jahrestag der Proklamation des Hl. Joseph zum Schutzheiligen der Weltkirche; 15. Jahrestag der Krönung „Unserer Lieben Frau der Siege". Odr.; Wz. 6; gez. K 13:13½.

hv) Krönung des hl. Joseph; Gemälde von Giuseppe Cali (1846–1930) aus der Pfarrkirche in Qala (Insel Gozo)
hw) Statue „Unserer Lieben Frau der Siege" aus der Pfarrkirche in Senglea (Malta)

425	2 P	mehrfarbig	hv	0,10	0,10
426	5 P	mehrfarbig	hw	0,10	0,10
427	10 P	mehrfarbig	hv	0,30	0,30
428	1'6 Sh'P	mehrfarbig	hv	0,50	0,70
		Satzpreis (4 W.)		1,20	1,20
		FDC			1,70

Auflage: MiNr. 425 = 1 043 309, MiNr. 426 = 1 335 554, MiNr. 427 = 428 457, MiNr. 428 = 280 545 Stück

1971, 18. Sept. Einheimische Motive. Odr.; Wz. 6; gez. K 15:14, Querformate ~.

hx) Spatel-Flockenblume (Centaurea spathulata)
hy) Blaumerle (Monticola solitarius)

429	2 P	mehrfarbig	hx	0,10	0,20
430	5 P	mehrfarbig	hy	0,10	0,20
431	10 P	mehrfarbig	hy	0,30	0,60
432	1'6 Sh'P	mehrfarbig	hx	1,—	1,50
		Satzpreis (4 W.)		1,50	2,50
		FDC			3,50

Auflagen: MiNr. 429 = 1 988 543, MiNr. 430 = 2 254 728, MiNr. 431 = 545 541, MiNr. 432 = 361 410 Stück

1971, 8. Nov. Weihnachten. Odr.; Wz. 6; gez. K 14.

hz) Engel

ia) Christi Geburt
ib) Schafhirte

433 A	1 P	+ ½ P	mehrfarbig	hz	0,20	0,20
434 A	10 P	+ 2 P	mehrfarbig	ia	0,40	0,40
435 A	1'6 Sh'P	+ 3 P	mehrfarbig	ib	0,60	0,60
			Satzpreis (3 W.)		1,—	1,—
			FDC			1,60

Blockausgabe, gez. L 15 (15¼).

433 C	1 P	+ ½ P	mehrfarbig	hz	0,10	—,—
434 C	10 P	+ 2 P	mehrfarbig	ia	0,50	—,—
435 C	1'6 Sh'P	+ 3 P	mehrfarbig	ib	0,70	—,—
Block 1	(137 × 113 mm)		amtlicher FDC	ic	1,50	50,— 4,—

Der Gestempeltpreis von Block 1 gilt nur für bedarfsmäßig entwertete Stücke.
Die Blockmarken unterscheiden sich durch die geänderte Zähnung von den Einzelmarken.

Auflagen: MiNr. 433 A = 248 596, MiNr. 434 A = 192 092, MiNr. 435 A = 188 216 Stück, Block 1 = 263 642 Blocks

Malta

1972

1972, 20. März. Welt-Herzmonat. Odr.; Wz. 6; gez. K 14.

id) Menschliches Herz, Emblem der Weltgesundheits-Organisation

436	2 P	mehrfarbig	id	0,10	0,10
437	10 P	mehrfarbig	id	0,30	0,30
438	2'6 Sh'P	mehrfarbig	id	0,80	0,80
			Satzpreis (3 W.)	1,20	1,20
			FDC		1,70

Auflagen: MiNr. 436 = 807 394, MiNr. 437 = 352 671, MiNr. 438 = 187 288 Stück

MiNr. 175–438 bis 19.10.1976, MiNr. 439–1031 bis 31.7.2002 frankaturgültig.

Neue Währung: 1 Lm (£) = 100 Cents (C), 1 Cent = 10 Mils (M)

1972, 16. Mai. Währungsumstellung. Odr.; Wz. 6; versch. gez.

ie if ig ih

ii ik il im

ie–im) Abbildungen der neuen Münzen in Dezimalwährung

439	2 M	mehrfarbig, gez. K 14:14¼	ie	0,10	0,10
440	3 M	mehrfarbig, gez. K 14:14¼	if	0,10	0,10
441	5 M	mehrfarbig, gez. K 14	ig	0,10	0,10
442	1 C	mehrfarbig, gez. K 14	ih	0,10	0,10
443	2 C	mehrfarbig, gez. K 14:14¼	ii	0,20	0,20
444	5 C	mehrfarbig, gez. K 14	ik	0,30	0,30
445	10 C	mehrfarbig, gez. K 14 (13¾)	il	0,60	0,60
446	50 C	mehrfarbig, gez. K 14 (13¾)	im	2,50	2,50
			Satzpreis (8 W.)	4,—	4,—
			FDC		5,—

Auflagen: MiNr. 439 = 8 485 475, MiNr. 440 = 5 420 702, MiNr. 441 = 8 056 582, MiNr. 442 = 2 081 871, MiNr. 443 = 4 297 273, MiNr. 444 = 1 046 936, MiNr. 445 = 766 346, MiNr. 446 = 275 860 Stück

1972, 30. Sept. Freimarken. MiNr. 310, 312 und 412 mit Aufdruck des neuen Wertes, vorherige Wertziffern durchbalkt.

447	1 C + 3 (M) auf 5 P mehrfarbig		(412)	0,20	0,20
448	3 C auf 8 P mehrfarbig		(310)	0,20	0,20
449	5 C auf 1'3 Sh'P mehrfarbig		(312)	0,20	0,20
			Satzpreis (3 W.)	0,60	0,60
			FDC		1,—

Auflagen: MiNr. 447 = 776 764, MiNr. 448 = 979 897, MiNr. 449 = 856 878 Stück

1972, 11. Nov. Europa. Odr.; Wz. 6; gez. K 13½:13¾.

in) Sterne

450	1.3 C	mehrfarbig	in	0,10	0,10
451	3 C	mehrfarbig	in	0,10	0,10
452	5 C	mehrfarbig	in	0,30	0,30
453	7.5 C	mehrfarbig	in	0,50	0,50
			Satzpreis (4 W.)	1,—	1,—
			FDC		2,—
		Kleinbogensatz (4 Klb.)		10,—	10,—

MiNr. 450–453 wurden jeweils im Kleinbogen zu 10 Marken und zwei Zierfeldern gedruckt.

Auflagen: MiNr. 450 = 2 979 384, MiNr. 451 = 3 017 940, MiNr. 452 = 1 735 237, MiNr. 453 = 1 070 945 Stück.

1972, 9. Dez. Weihnachten. Odr.; Wz. 6; gez. K 14:13¾.

io

ip ir

io–ir) Betender, musizierender und singender Engel

454	8 M + 2 M	schwarzbraunoliv/gold	io	0,10	0,20
455	3 C + 1 C	bräunlichviolett/gold	ip	0,30	0,40
456	7.5 C + 1.5 C	schwarzviolett/gold	ir	0,60	1,—
		Satzpreis (3 W.)		1,—	1,50
		FDC			2,—

Blockausgabe, gez. L 14:13¾

Block 2	(137 × 113 mm)		is	3,—	7,—
		FDC			8,—

Block 3 Uw waagerecht ungezähnt —,—

Auflagen: MiNr. 454 = 232 654, MiNr. 455 = 175 135, MiNr. 456 = 170 481 Stück, Block 2 = 150 812 Blocks

Prüfungen und Prüfordnung

Der beste Schutz gegen den Erwerb falscher oder minderwertiger Marken ist der Einkauf im gutberufenen Fachgeschäft. In Zweifelsfällen ist die Hinzuziehung eines Experten angebracht.

Prüfordnung. Die von den Spitzenverbänden der Sammler und Händler anerkannten Experten für Marken, Abstempelungen und Erhaltung prüfen nach einheitlichen Richtlinien, die jeder Philatelist kennen sollte.

Ergänzend sei hier nochmals darauf hingewiesen, daß der Verlag der MICHEL-Kataloge keine Markenprüfungen vornimmt.

1973

1973, 31. März. Freimarken: Zeitgenössische Lebensaussichten. Odr.; Wz. 6; gez. K 13¾, MiNr. 471 K 14.

 it) Archäologie
 iu) Geschichte
 iv) Folklore
 iw) Industrie

 ix) Fischfang
iy) Töpferei
 iz) Landwirtschaft
ka) Sport

 kb) Jachthafen
kc) Feuerwerk
 kd) Ruderregatta
 ke) Freiwilliger Hilfsdienst

 kf) Erziehung
kg) Religion
 kh) Staatswappen

457	2 M	mehrfarbig	.... it	0,10	0,10
458	4 M	mehrfarbig	.... iu	0,10	0,10
459	5 M	mehrfarbig	 iv	0,10	0,10
460	8 M	mehrfarbig	.... iw	0,10	0,10
461	1 C	mehrfarbig	 ix	0,10	0,10
462	1,3 C	mehrfarbig	.... iy	0,10	0,10
463	2 C	mehrfarbig	.... iz	0,10	0,10
464	3 C	mehrfarbig	.... ka	0,10	0,10
465	4 C	mehrfarbig	.... kb	0,20	0,20
466	5 C	mehrfarbig	.... kc	0,20	0,20
467	7,5 C	mehrfarbig	.... kd	0,20	0,20
468	10 C	mehrfarbig	.... ke	0,20	0,20
469	50 C	mehrfarbig	.... kf	1,—	1,—
470	1 £	mehrfarbig	.... kg	2,50	2,50
471	2 £	mehrfarbig	.... kh	20,—	20,—
			Satzpreis (15 W.)	25,—	25,—
			FDC		45,—

Auflage: MiNr. 471 = 129 411 Stück

Weiterer Wert: MiNr. 524

1973, 2. Juni. Europa. Odr.; Wz. 6; gez. K 14.

ki) Stilisiertes Posthorn

472	3 C	mehrfarbig	.... ki	0,20	0,20
473	5 C	mehrfarbig	.... ki	0,30	0,30
474	7,5 C	mehrfarbig	.... ki	1,—	1,—
			Satzpreis (3 W.)	1,50	1,50
			FDC		2,50
			Kleinbogensatz (3 Klb.)	15,—	15,—

MiNr. 472–474 wurden jeweils im Kleinbogen zu 10 Marken und 2 verschiedenen Zierfeldern gedruckt.

Auflagen: MiNr. 472 = 1 191 180, MiNr. 473 = 1 155 522, MiNr. 474 = 986 226 Stück

1973, 6. Okt. Jahrestage. Odr.; Wz. 6; gez. K 13¾:13½.

kk) 10 Jahre Welt-Ernährungs-Programm, Frau mit Ähren, Emblem
kl) 25 Jahre Welt-Gesundheits-Organisation, Mutter und Kind, Emblem
km) 25. Jahrestag der Allgemeinen Erklärung der Menschenrechte, Männerköpfe, Emblem

475	1,3 C	mehrfarbig	.... kk	0,10	0,10
476	7,5 C	mehrfarbig	.... kl	0,50	0,50
477	10 C	mehrfarbig	.... km	0,60	0,60
			Satzpreis (3 W.)	1,20	1,20
			FDC		1,70

Auflagen: MiNr. 475 = 1 065 025, MiNr. 476 = 330 208, MiNr. 477 = 310 300 Stück

1973, 10. Nov. Weihnachten. Odr.; Wz. 6; gez. K 14:13¾.

kn) Köpfe vor Orgelpfeifen

ko) Hl. Jungfrau mit Kind, Weihnachtsstern
kp) Symbolik

478	8 M +	2 M mehrfarbig	.... kn	0,30	0,30
479	3 C +	1 C mehrfarbig	.... ko	0,50	0,50
480	7,5 C +	1,5 C mehrfarbig	.... kp	0,70	0,70
			Satzpreis (3 W.)	1,50	1,50
			FDC		2,—

Blockausgabe

Block 3	(136 × 112 mm)	.... kr	10,—	10,—
		FDC		11,—

Auflagen: MiNr. 478 = 162 018, MiNr. 479 = 145 149, MiNr. 480 = 139 424 Stück, Block 3 = 117 579 Blocks

1974

1974, 12. Jan. Berühmte Personen des Landes. Odr.; Wz. 6; gez. K 14.

ks) Girolamo Cassar (1520–1586), Architekt

kt) Giuseppe Barth (1745–1818), Augenarzt
ku) Nicoló Isouard (1775–1818), Komponist
kv) John Borg (1873–1945), Botaniker
kw) Antonio Sciortino (1879–1947), Bildhauer

481	1,3 C	schwarzgrün/gold	.... ks	0,10	0,10
482	3 C	schwarzblau/gold	.... kt	0,10	0,10
483	5 C	dunkelbraunoliv/gold	.... ku	0,20	0,20

484	7.5	C dunkelgraublau/gold .... kv		0,40	0,40
485	10	C dunkelviolett/gold .... kw		0,40	0,40
		Satzpreis (5 W.)		1,20	1,20
		FDC			2,—

Auflagen: MiNr. 481 = 1 191 183, MiNr. 482 = 951 485, MiNr. 483 = 477 902, MiNr. 484 = 265 664, MiNr. 485 = 253 381 Stück

✈ **1974, 30. März. Gründung der Fluggesellschaft Air Malta. Odr.; Wz. 6; gez. K 13¾.**

kx) Symbolische Flügel

ky) Verkehrsflugzeug Boeing 720 B

486	3	C mehrfarbig .... kx		0,30	0,30
487	4	C mehrfarbig .... ky		0,30	0,30
488	5	C mehrfarbig .... kx		0,30	0,30
489	7.5	C mehrfarbig .... ky		0,30	0,30
490	20	C mehrfarbig .... kx		1,—	1,—
491	25	C mehrfarbig .... ky		1,—	1,—
492	35	C mehrfarbig .... kx		2,—	2,—
		Satzpreis (7 W.)		5,—	5,—
		FDC			5,50

Auflagen: MiNr. 486 = 8 656 574, MiNr. 487 = 1 024 019, MiNr. 488 = 2 612 054, MiNr. 489 = 1 019 490, MiNr. 490 = 313 188, MiNr. 491 = 320 778, MiNr. 492 = 201 821 Stück

1974, 13. Juli. Europa: Skulpturen. Odr.; Wz. 6; gez. K 13¾:14, Hochformate ~.

kz) Prähistorische Figur

la) Tür der Kathedrale von Mdina

lb) Silbermonstranz (1689)

lc) Vetlina; Skulptur von Antonio Sciortino (1879–1947)

493	1.3	C mehrfarbig .... kz	0,30	0,30
494	3	C mehrfarbig .... la	0,30	0,30
495	5	C mehrfarbig .... lb	0,30	0,30
496	7.5	C mehrfarbig lc	0,60	0,60
		Satzpreis (4 W.)	1,50	1,50
		FDC		2,—
		Kleinbogensatz (4 Klb.)	15,—	15,—

MiNr. 493–496 wurden jeweils im Kleinbogen zu 10 Marken und 2 verschiedenen Zierfeldern gedruckt.
Auflagen: MiNr. 493 = 1 422 141, MiNr. 494 = 1 271 119, MiNr. 495 = 1 061 611, MiNr. 496 = 911 707 Stück

1974, 20. Sept. 100 Jahre Weltpostverein (UPU). Odr.; Wz. 6; gez. K 13¾:14.

ld) Postkutsche, Eisenbahn

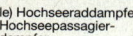

le) Hochseeraddampfer, Hochseepassagierdampfer

lf) Freiballon, Flugzeug Boeing 747

lg) Ständehaus, Bern (UPU-Gebäude)

ld–lg) UPU-Emblem und Heinrich von Stephan (1831–1897), Mitbegründer des Weltpostvereins

497	1.3	C mehrfarbig .... ld	0,20	0,20
498	5	C mehrfarbig .... le	0,30	0,30
499	7.5	C mehrfarbig .... lf	0,70	0,70
500	50	C mehrfarbig .... lg	2,—	2,—
		Satzpreis (4 W.)	3,20	3,20
		FDC		4,—

Blockausgabe

Block 4	(125 × 90 mm) .... lh	5,—	5,—
	FDC		6,—

Auflagen: MiNr. 497 = 1 885 006, MiNr. 498 = 750 376, MiNr. 499 = 408 328, MiNr. 500 = 157 327 Stück, Block 4 = 129 980 Blocks

1974, 22. Nov. Weihnachten. Odr.; Wz. 6; gez. K 14.

li) Hl. Familie　　lk) Hirten　　ll) Hirten　　lm) Hl. Drei Könige

501	8 M + 2 M mehrfarbig li		0,20	0,20
502	3 C + 1 C mehrfarbig .... lk		0,20	0,20
503	5 C + 1 C mehrfarbig ll		0,30	0,30
504	7.5 C + 1.5 C mehrfarbig .... lm		0,50	0,50
	Satzpreis (4 W.)		1,20	1,20
	FDC			1,70

Auflagen: MiNr. 501 = 172 166, MiNr. 502 = 140 987, MiNr. 503 = 134 071, MiNr. 504 = 132 770 Stück

Republik

1975

1975, 31. März. Ausrufung der Republik Malta am 13.12.1974. Odr.; Wz. 6; gez. K 14.

ln) Vereidigung des Premierministers

lo) Nationalflagge

lp) Präsident, Premierminister, Justizminister

505	1.3	C mehrfarbig .... ln	0,10	0,10
506	5	C schwarz/rot .... lo	0,20	0,20
507	25	C mehrfarbig .... lp	1,40	1,40
		Satzpreis (3 W.)	1,70	1,70
		FDC		2,50

Auflagen: MiNr. 505 = 1 151 241, MiNr. 506 = 505 127, MiNr. 507 = 190 580 Stück

1975, 30. Mai. Internationales Jahr der Frau. Odr.; Wz. 6; gez. K 13¾:14.

lr) Frau im Familienleben, Emblem　　ls) Frau im öffentlichen Leben, Emblem

508	1.3 C	purpurviolett/gold . . . . ir		0,10	0,10
509	3 C	graublau/gold . . . . is		0,50	0,50
510	5 C	dunkeloliv/gold . . . . ir		0,70	0,70
511	20 C	hellbraun/gold . . . . is		2,80	2,80
		Satzpreis (4 W.)		4,—	4,—
		FDC			5,—

Auflagen: MiNr. 508 = 1 507 430, MiNr. 509 = 1 161 363, MiNr. 510 = 604 061, MiNr. 511 = 161 069 Stück

1975, 15. Juli. Europa: Gemälde. Odr.; Wz. 6; gez. K 14.

lt) Allegorie von Malta; Gemälde von Francesco de Mura (1696–1782), ital. Maler

lu) Judith und Holofernes; Gemälde von Valentin de Boulogne (1591–1632), französ. Maler

512	5 C	mehrfarbig . . . . lt		0,50	0,50
513	15 C	mehrfarbig . . . . lu		1,—	1,—
		Satzpreis (2 W.)		1,50	1,50
		FDC			2,—
		Kleinbogensatz (2 Klb.)		15,—	15,—

MiNr. 512–513 wurden jeweils im Kleinbogen zu 10 Marken und 2 verschiedenen Zierfeldern gedruckt.

Auflagen: MiNr. 512 = 1 038 811, MiNr. 913 = 986 366 Stück

1975, 16. Sept. Europäisches Denkmalschutzjahr. Odr.; Wz. 6; gez. K 14.

lv) Grundrißzeichnung des Ggantija-Komplexes

lw) Silhouette von Mdina

 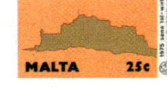

lx) Stadtansicht von Victoria, Gozo

ly) Silhouette des Forts St. Angelo

514	1.3 C	schwarz/lachs lv		0,10	0,10
515	3 C	mehrfarbig . . . . lw		0,30	0,30
516	5 C	schwarz/lachs lx		0,50	0,50
517	25 C	mehrfarbig . . . . ly		3,20	3,20
		Satzpreis (4 W.)		4,—	4,—
		FDC			5,—

Auflagen: MiNr. 514 = 1 044 184, MiNr. 515 = 763 639, MiNr. 516 = 569 896, MiNr. 517 = 250 197 Stück

1975, 4. Nov. Weihnachten. Odr.; Wz. 6; gez. K 13¾.

lz   ma   mb

lz–mb) Meister Alberto (15.–16. Jh.): Christi Geburt

518	8 M +	2 M mehrfarbig . . . . lz		0,20	0,20
519	3 C +	1 C mehrfarbig . . . . ma		1,—	1,—
520	7.5 C +	1.5 C mehrfarbig . . . . mb		2,—	2,—
		Satzpreis (3 W.)		3,—	3,—
		Dreierstreifen		5,—	5,—
		FDC			6,—

MiNr. 518–520 wurden zusammenhängend und auch einzeln im Bogen gedruckt.

Auflagen: MiNr. 518 = 276 984, MiNr. 519 = 249 472, MiNr. 520 = 239 131 Stück

1975, 12. Dez. 1 Jahr Republik Malta. Odr.; Wz. 6; gez. K 14.

mc) Arbeiter mit Pickel (Recht auf Arbeit)

md) Landschaftsbild (Umweltschutz)

me) Nationalflagge

521	1.3 C	mehrfarbig . . . . mc		0,10	0,10
522	5 C	mehrfarbig . . . . md		0,50	0,50
523	25 C	mehrfarbig . . . . me		1,60	1,60
		Satzpreis (3 W.)		2,20	2,20
		FDC			3,—

Auflagen: MiNr. 521 = 835 943, MiNr. 522 = 442 896, MiNr. 523 = 166 850 Stück

1976

1976, 28. Jan. Freimarke: Zeitgenössische Lebensaussichten. Odr.; Wz. 6; gez. K 14.

mf) Emblem von Malta

524	2 £	mehrfarbig . . . . mf		12,—	12,—
		FDC			15,—

Weitere Werte: MiNr. 457–471

1976, 26. Febr. Volksbräuche. Odr.; Wz. 6; gez. K 14.

mg) Nationalfeiertag

mh) Erntefest   mi) Karneval   mk) Karfreitagsprozession

525	1.3 C	mehrfarbig . . . . mg		0,20	0,20
526	5 C	mehrfarbig . . . . mh		0,20	0,20
527	7.5 C	mehrfarbig . . . . mi		0,60	0,60
528	10 C	mehrfarbig . . . . mk		1,20	1,20
		Satzpreis (4 W.)		2,20	2,20
		FDC			3,—

Auflagen: MiNr. 525 = 653 471, MiNr. 526 = 791 628, MiNr. 527 = 288 844, MiNr. 528 = 257 874 Stück

1976, 28. April. Olympische Sommerspiele, Montreal. Odr.; Wz. 6; gez. K 14.

ml) Wasserball   mm) Segeln   mn) Laufen

Malta

529	1.7 C mehrfarbig	ml	0,10	0,10	
530	5 C mehrfarbig	mm	0,30	0,30	
531	30 C mehrfarbig	mn	1,80	1,80	
		Satzpreis (3 W.)	2,20	2,20	
		FDC		3,50	
540	7 C + 1.5 C mehrfarbig	mx	1,20	1,20	
541	10 C + 2 C mehrfarbig	my	1,50	1,50	
		Satzpreis (4 W.)	3,60	3,60	
		FDC		4,50	

Auflagen: MiNr. 529 = 994 277, MiNr. 530 = 386 101, MiNr. 531 = 178 940 Stück

Auflagen: MiNr. 538 = 189 221, MiNr. 539 = 172 788, MiNr. 540 = 166 286, MiNr. 541 = 164 606 Stück

1976, 8. Juli. Europa: Kunsthandwerk. Odr.; Wz. 6; gez. K 13¾:14.

mo) Klöpplerinnen   mp) Bildhauer

532	7 C mehrfarbig	mo	0,50	0,50
533	15 C mehrfarbig	mp	0,70	0,70
		Satzpreis (2 W.)	1,20	1,20
		FDC		2,—
		Kleinbogensatz (2 Klb.)	12,—	12,—

MiNr. 532–533 wurden jeweils im Kleinbogen zu 10 Marken und 2 verschiedenen Zierfeldern gedruckt.

Auflagen: MiNr. 532 = 1 160 038, MiNr. 533 = 982 452 Stück

1977

1977, 20. Jan. Ritterrüstungen. Odr.; Wz. 6; gez. K 14:13¾.

mz) Rüstung von Jean De La Valette (16. Jh.)
na) Rüstung von Aloph de Wignacourt (1601–1622)
nb) Rüstung von Jean Jacques de Verdelin (1590–1673)

542	2 C mehrfarbig	mz	0,10	0,10
543	7 C mehrfarbig	na	0,50	0,50
544	11 C mehrfarbig	nb	0,60	0,60
		Satzpreis (3 W.)	1,20	1,20
		FDC		1,70

Auflagen: MiNr. 542 = 1 157 749, MiNr. 543 = 779 926, MiNr. 544 = 312 835 Stück

1976, 14. Sept. 300 Jahre Schule für Anatomie und Chirurgie. Odr.; Wz. 6; gez. K 13¾:14.

mr) Nicholas Cotoner, Gründer der Schule
ms) Menschenarm

mt) Dr. Fra Guiseppe Zammit, 1. Inhaber der Schule
mu) Universitätsgebäude

534	2 C mehrfarbig	mr	0,10	0,10
535	5 C mehrfarbig	ms	0,20	0,20
536	7 C mehrfarbig	mt	0,20	0,20
537	11 C mehrfarbig	mu	1,—	1,—
		Satzpreis (4 W.)	1,50	1,50
		FDC		2,—

Auflagen: MiNr. 534 = 1 655 982, MiNr. 535 = 1 462 753, MiNr. 536 = 630 599, MiNr. 537 = 288 695 Stück

1977, 24. März. Freimarke. MiNr. 307 mit neuem Bdr.-Wertaufdruck, alter Wert durchbalkt.

545	1 C 7 (M)	auf 4 P mehrfarbig	(307)	0,30	0,30
		FDC			0,70

1977, 30. März. Flämische Wandteppiche (I) – 400. Geburtstag von Peter Paul Rubens. Odr.; Wz. 6; gez. K 14¼.

nc) Verkündigung an Maria   nd) Vier Evangelisten

ne) Anbetung der Hirten   nf) Anbetung der Könige

nc–nf) Wandteppiche von J. de Vos nach Gemälden des flämischen Malers P. P. Rubens (1577–1640)

546	2 C mehrfarbig	nc	0,10	0,20
547	7 C mehrfarbig	nd	0,40	0,60

1976, 23. Nov. Weihnachten. Odr.; Wz. 6; gez. K 14.

mv) Hl. Johannes und hl. Katharina (Detail)
mw) Maria mit dem Kind (Detail)
mx) Hl. Christophorus und Hl. Nikolaus (Detail)
my) Gesamtansicht

mv–mx und my) Die Madonna mit Heiligen; Gemälde von Domenico di Michelino (um 1417–1491), ital. Maler

538	1 C + 5 M mehrfarbig	mv	0,20	0,20
539	5 C + 1 C mehrfarbig	mw	0,70	0,70

Malta

548	11 C	mehrfarbig .... ne	1,—	1,20
549	20 C	mehrfarbig .... nf	1,50	2,—
		Satzpreis (4 W.)	3,—	4,—
		FDC		4,50

Auflagen: MiNr. 546 = 994 268, MiNr. 547 = 910 021, MiNr. 548 = 337 351, MiNr. 549 = 229 141 Stück

Weitere Werte: MiNr. 562–565, 584–587, 607–608

1977, 17. Mai. Weltfernmeldetag. Odr.; Wz. 6; gez. K 14.

ng) Mittelmeerlandkartenausschnitt, Fernmeldemast

nh) Mittelmeerlandkartenausschnitt, Fernmeldemast, Symbolik

550	1 C	mehrfarbig .... ng	0,10	0,10
551	6 C	mehrfarbig .... ng	0,20	0,20
552	8 C	mehrfarbig .... nh	0,40	0,40
553	17 C	mehrfarbig .... nh	0,60	0,60
		Satzpreis (4 W.)	1,30	1,30
		FDC		2,—

Auflagen: MiNr. 550 = 2 861 304, MiNr. 551 = 320 411, MiNr. 552 = 248 966, MiNr. 553 = 224 081 Stück

1977, 5. Juli. Europa: Landschaften. Odr.; Wz. 6; gez. K 13½:14.

nj) Ta' l-Isperanza   nk) Is-Salini

554	7 C	mehrfarbig .... nj	0,50	0,50
555	20 C	mehrfarbig .... nk	1,—	1,—
		Satzpreis (2 W.)	1,50	1,50
		FDC		2,—
		Kleinbogensatz (2 Klb.)	15,—	15,—

MiNr. 554–555 wurden jeweils im Kleinbogen zu 10 Marken und 2 verschiedenen Zierfeldern gedruckt.

Auflagen: MiNr. 554 = 1 800 662, MiNr. 555 = 1 034 390 Stück

1977, 12. Okt. Maltesische Arbeiter. Odr.; Wz. 6; gez. K 13¾.

nl) Bergung eines verletzten Bergarbeiters   nm) Bergarbeiter, Zahnräder, Anker   nn) Mutter mit verunglücktem Sohn, Verdienstorden

556	2 C	braunorange/siena .... nl	0,10	0,10
557	7 C	hellbraun/dunkelbraun ..... nm	0,30	0,30
558	20 C	mehrfarbig .... nn	1,10	1,10
		Satzpreis (3 W.)	1,50	1,50
		FDC		2,—

Auflagen: MiNr. 556 = 1 996 647, MiNr. 557 = 1 105 254, MiNr. 558 = 213 720 Stück

1977, 16. Nov. Weihnachten. Odr.; Wz. 6; gez. K 13¾:14¼.

no) Hirten

np) Hl. Familie   nr) Hirten

no–nr) Krippe der Karmeliter zu Cospicua

559	1 C + 5 M	mehrfarbig .... no	0,20	0,20
560	7 C + 1 C	mehrfarbig .... np	0,30	0,30
561	11 C + 1,5 C	mehrfarbig .... nr	0,60	0,60
		Satzpreis (3 W.)	1,—	1,—
		Dreierstreifen	1,50	1,50
		FDC		2,—

MiNr. 559–561 wurden zusammenhängend und auch einzeln im Bogen gedruckt.

Auflagen: MiNr. 559 = 318 605, MiNr. 560 = 300 662, MiNr. 561 = 294 064 Stück

1978

1978, 26. Jan. Flämische Wandteppiche (II). Odr.; Wz. 6; gez. K 14¼.

ns) Einzug in Jerusalem; von unbekanntem Maler   nt) Das letzte Abendmahl; Gemälde von Nicholas Poussin (1594–1665)

nu) Die Kreuzigung; Gemälde von Peter Paul Rubens (1577–1640)   nv) Die Auferstehung; Gemälde von P.P. Rubens

ns–nv) Wandteppiche von J. de Vos nach Gemälden

562	2 C	mehrfarbig .... ns	0,20	0,20
563	7 C	mehrfarbig .... nt	0,30	0,40
564	11 C	mehrfarbig .... nu	0,60	1,—
565	25 C	mehrfarbig .... nv	1,40	2,—
		Satzpreis (4 W.)	2,50	3,50
		FDC		4,—

Auflagen: MiNr. 562 = 1 062 177, MiNr. 563 = 930 251, MiNr. 564 = 312 651, MiNr. 565 = 213 336 Stück

Weitere Werte: MiNr. 546–549, 584–587, 607–608

MICHELsoft
Sammlung im Griff

1978, 7. März. 450. Todestag von Albrecht Dürer. Odr.; Wz. 6; gez. K 14½:14.

nw) Dame zu Pferd und Soldat
nx) Dudelsackpfeifer
ny) Madonna mit der Meerkatze

nw—ny) Holzschnitte von A. Dürer (1471–1528)

566	1.7 C	mehrfarbig	nw	0,10	0,10
567	8 C	mehrfarbig	nx	0,30	0,30
568	17 C	mehrfarbig	ny	0,80	0,80
		Satzpreis (3 W.)		1,20	1,20
		FDC			1,60

Auflagen: MiNr. 566 = 1 925 693, MiNr. 567 = 274 838, MiNr. 568 = 264 159 Stück

1978, 26. April. Europa: Baudenkmäler. Odr.; Wz. 6; gez. K 14¼:13¾.

nz) Denkmal für Großmeister Nicola Cotoner (1686); von Giovanni Battista Foggini (1652–1725)
oa) Denkmal für Großmeister Ramon Perellos; von Giuseppe Mazzuoli (1644–1725)

nz—oa) Denkmäler aus der St.-Georgs-Kapelle, Teil der St.-John-Co-Kathedrale in Valetta

569	7 C	mehrfarbig	nz	0,50	0,50
570	25 C	mehrfarbig	oa	1,—	1,—
		Satzpreis (2 W.)		1,50	1,50
		FDC			2,—
		Kleinbogensatz (2 Klb.)		15,—	15,—

MiNr. 569–570 wurden jeweils im Kleinbogen zu 10 Marken und 2 verschiedenen Zierfeldern gedruckt.

Auflagen: MiNr. 569 = 1 977 775, MiNr. 570 = 1 043 279 Stück

1978, 6. Juni. Fußballweltmeisterschaft, Argentinien. Odr.; Wz. 6; gez. K 14.

ob) Torwart
oc) Kopfballduell
od) Dribbling

571	2 C	mehrfarbig	ob	0,10	0,10
572	11 C	mehrfarbig	oc	0,60	0,60
573	15 C	mehrfarbig	od	0,80	0,80
		Satzpreis (3 W.)		1,50	1,50
		FDC			2,—

Blockausgabe

Block 5	(125×90 mm)	oe	2,50	2,50
	FDC			4,—

Auflagen: MiNr. 571 = 1 915 161, MiNr. 572 = 253 043, MiNr. 573 = 193 246. Stück, Bl. 5 = 162 915 Blocks

1978, 3. Okt. Flugpostmarken. Odr.; Wz. 6; gez. K 14.

of) Flugzeug über megalithischem Tempel

og) Boeing 720 B der Air Malta
oh) Boeing 747 beim Start

574	5 C	mehrfarbig	of	0,30	0,30
575	7 C	mehrfarbig	og	0,30	0,30
576	11 C	mehrfarbig	oh	1,—	1,—
577	17 C	mehrfarbig	of	1,—	1,—
578	20 C	mehrfarbig	og	1,50	1,50
579	75 C	mehrfarbig	oh	4,—	4,—
		Satzpreis (6 W.)		8,—	8,—
		FDC			9,—

1978, 9. Nov. Weihnachten. Odr.; Wz. 6; MiNr. 580–582 gez. K 14¼:14, MiNr. 583 gez. K 14:13¾.

oi) Tamburinspieler und Dudelsackpfeifer vor Kirche, Stern

ok) Singende Engel
ol) Singende Jugendliche, Stern
om) Zusammenfassung der Bildmotive oi–ol

580	1 C + 5 M	mehrfarbig	oi	0,20	0,20
581	5 C + 1 C	mehrfarbig	ok	0,20	0,20
582	7 C + 1.5 C	mehrfarbig	ol	0,20	0,20
583	11 C + 3 C	mehrfarbig	om	0,60	0,60
		Satzpreis (4 W.)		1,20	1,20
		FDC			1,70

Auflagen: MiNr. 580 = 181 349, MiNr. 581 = 160 101, MiNr. 582 = 162 286, MiNr. 583 = 157 221 Stück

1979

1979, 24. Jan. Flämische Wandteppiche (III). Odr.; Wz. 6; gez. K 14¼.

on) Triumph der Katholischen Kirche
oo) Triumph der Barmherzigkeit

op) Triumph des Glaubens
or) Triumph der Wahrheit

on–or) Wandteppiche von J. de Vos nach Gemälden des flämischen Malers Peter Paul Rubens (1577–1640)

Malta

584	2 C mehrfarbig	on	0,20	0,30
585	7 C mehrfarbig	oo	0,20	0,30
586	11 C mehrfarbig	op	0,60	1,—
587	25 C mehrfarbig	or	1,50	2,—
		Satzpreis (4 W.)	2,50	3,50
		FDC		4,—

Auflagen: MiNr. 584 = 1 033 256, MiNr. 585 = 779 417, MiNr. 586 = 299 068, MiNr. 587 = 220 691 Stück

Weitere Werte: MiNr. 546–549, 562–565, 607–608

1979, 31. März. Kündigung des Militärstützpunkt-Abkommens mit Großbritannien. Odr.; Wz. 6; gez. K 13¾.

os) Fischer im Ruderboot, Flugzeugträger
ot) Flaggenparade, Verabschiedung britischer Soldaten
ou) Abziehender britischer Soldat, Zweig mit Früchten

588	2 C mehrfarbig	os	0,10	0,10
589	5 C mehrfarbig	ot	0,10	0,10
590	7 C mehrfarbig	ou	0,20	0,20
591	8 C mehrfarbig	os	0,40	0,40
592	17 C mehrfarbig	ot	0,60	0,60
593	20 C mehrfarbig	ou	1,10	1,10
		Satzpreis (6 W.)	2,50	2,50
		FDC		3,—

Auflagen: MiNr. 588 = 999 235, MiNr. 589 = 745 553, MiNr. 590 = 492 571, MiNr. 591 = 201 531, MiNr. 592 = 194 007, MiNr. 593 = 199 380 Stück

1979, 9. Mai. Europa: Geschichte des Post- und Fernmeldewesens. Odr.; Wz. 6; gez. K 14¼:14.

ov) Segelschiff, Flugzeugleitwerk
ow) Parabolantenne

594	7 C mehrfarbig	ov	0,30	0,30
595	25 C mehrfarbig	ow	1,40	1,40
		Satzpreis (2 W.)	1,70	1,70
		FDC		2,20
		Kleinbogensatz (2 Klb.)	17,—	17,—

MiNr. 594–595 wurden jeweils im Kleinbogen zu 10 Marken und 2 verschiedenen Zierfeldern gedruckt.

Auflagen: MiNr. 594 = 1 403 223, MiNr. 595 = 1 001 462 Stück

1979, 13. Juni. Internationales Jahr des Kindes. Odr.; Wz. 6; MiNr. 596 gez. K 14, MiNr. 597–598 gez. K 14¼:14.

ox) Zwei Kinder auf Erdkugel
oy) Kinder mit Drachen
oz) Kinder beim Spielen

596	2 C mehrfarbig	ox	0,10	0,10
597	7 C mehrfarbig	oy	0,20	0,20
598	11 C mehrfarbig	oz	0,50	0,50
		Satzpreis (3 W.)	0,80	0,80
		FDC		1,10

Auflagen: MiNr. 596 = 1 493 388, MiNr. 597 = 1 028 571, MiNr. 598 = 416 832 Stück

1979, 10. Okt. Meerestiere. Odr.; Wz. 6; gez. K 14:13¾.

pa) Weiße Kreiselschnecke (Gibbula nivosa)

pb) Unechte Karettschildkröte (Caretta caretta)
pc) Gemeine Goldmakrele (Coryphaena hippurus)
pd) Edle Steckmuschel (Pinna nobilis)

599	2 C mehrfarbig	pa	0,30	0,30
600	5 C mehrfarbig	pb	0,40	0,40
601	7 C mehrfarbig	pc	0,40	0,40
602	25 C mehrfarbig	pd	3,—	3,—
		Satzpreis (4 W.)	4,—	4,—
		FDC		5,—

Auflagen: MiNr. 599 = 1 575 272, MiNr. 600 = 994 542, MiNr. 601 = 897 970, MiNr. 602 = 236 557 Stück

1979, 14. Nov. Weihnachten. Odr.; Wz. 6; gez. K 14¼:14.

pe) Die Geburt Christi (Detail)
pf) Die Flucht nach Ägypten (Detail)

pg) Die Geburt Christi
ph) Die Flucht nach Ägypten

pe–ph) Gemälde von Giuseppe Cali (1846–1930)

603	1 C + 5 M mehrfarbig	pe	0,10	0,10
604	5 C + 1 C mehrfarbig	pf	0,20	0,20
605	7 C + 1.5 C mehrfarbig	pg	0,20	0,20
606	11 C + 3 C mehrfarbig	ph	0,70	0,70
		Satzpreis (4 W.)	1,20	1,20
		FDC		2,—

Auflagen: MiNr. 603 = 196 608, MiNr. 604 = 178 133, MiNr. 605 = 177 058, MiNr. 606 = 173 267 Stück

MICHELsoft – erstellt Ihre Bestandslisten, Fehllisten, Motivlisten, ABC-Listen, etc. in Sekundenschnelle!

1980

1980, 30. Jan. Flämische Wandteppiche (IV). Odr.; Wz. 6; gez. K 14¼.

pi) La Disputa

pk) Die Zerstörung des Götzenkults

pi–pk) Wandteppiche von J. de Vos nach Gemälden des flämischen Malers Peter Paul Rubens (1577–1640)

607	2 C mehrfarbig	pi	0,10	0,10
608	8 C mehrfarbig	pk	0,50	0,50
	Satzpreis (2 W.)		0,60	0,60
	FDC			1,—

Blockausgabe, gez. Ks 13¾:13½

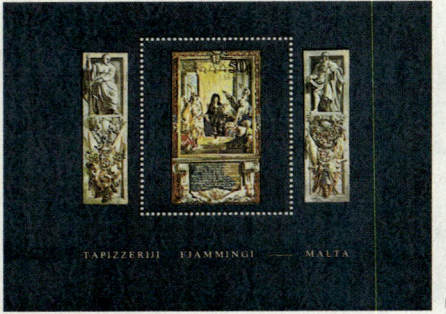
pl) Anbetung des Kindes durch den maltesischen Großmeister Perello; von unbekanntem Maler

609	50 C mehrfarbig	pl	1,70	1,70
Block 6	(114×86 mm)	pm	2,—	2,—
	FDC			2,60

Auflagen: MiNr. 607 = 816 281, MiNr. 608 = 771 524, Bl. 6 = 222 875 Blocks

Weitere Werte: MiNr. 546–549, 562–565, 584–587

1980, 15. Febr. Restaurierung von Bauwerken. Odr.; Wz. 6; gez. K 14¼.

pm) Megalithischer Tempel Hal Saflieni, Paola

po) Palast und Bastion Vilhena, Mdina (Notabile)

pp) Zitadelle in Victoria, Ghawdex (Gozo)

pr) Fort St. Elmo, Valetta

610	2.5 C mehrfarbig	pn	0,10	0,10
611	6 C mehrfarbig	po	0,20	0,20
612	8 C mehrfarbig	pp	0,40	0,40
613	12 C mehrfarbig	pr	0,80	0,80
	Satzpreis (4 W.)		1,50	1,50
	FDC			2,—

Auflagen: MiNr. 610 = 2 049 035, MiNr. 611 = 1 635 943, MiNr. 612 = 1 227 084, MiNr. 613 = 415 065 Stück

1980, 12. April. 100. Geburtstag von Dun Ġorġ. Odr.; Wz. 6; gez. K 14.

ps) Dun Ġorġ Preca (1880–1962), Bischof von Malta

| 614 | 2.5 C dunkelgrau/schwarz | ps | 0,30 | 0,30 |
| | FDC | | | 1,— |

Auflage: 2 130 710 Stück

1980, 29. April. Europa: Bedeutende Persönlichkeiten. Odr.; Wz. 6; gez. K 13¾:14.

pt) Ružar Briffa (1906–1963), Dichter und Arzt

pu) Mikiel Anton Vassalli (1764–1829), Geisteswissenschaftler und Patriot

615	8 C mehrfarbig	pt	0,50	0,50
616	30 C mehrfarbig	pu	1,—	1,—
	Satzpreis (2 W.)		1,50	1,50
	FDC			2,—
	Kleinbogensatz (2 Klb.)		16,—	16,—

MiNr. 615–616 wurden jeweils im Kleinbogen zu 10 Marken und 2 verschiedenen Zierfeldern gedruckt.

Auflagen: MiNr. 615 = 1 724 097, MiNr. 616 = 1 188 108 Stück

1980, 7. Okt. Weihnachten. Odr.; Wz. 6; MiNr. 617–619 gez. K 13¾, MiNr. 620 gez. K 14¼.

pv) Mariä Verkündigung

pw) Mariä Empfängnis

px) Geburt Christi

py) Zusammenfassung der Bildmotive pv–px

pw–py) Gemälde von Anton Inglott (1915–1945)

617	2 C + 5 M mehrfarbig	pv	0,10	0,10
618	6 C + 1 C mehrfarbig	pw	0,20	0,20
619	8 C + 1.5 C mehrfarbig	px	0,40	0,40
620	12 C + 3 C mehrfarbig	py	0,80	0,80
	Satzpreis (4 W.)		1,50	1,50
	FDC			2,20

Auflagen: MiNr. 617 = 196 534, MiNr. 618 = 169 924, MiNr. 619 = 172 036, MiNr. 620 = 165 732 Stück

Malta

1980, 20. Nov. Schach-Olympiade. Odr.; Wz. 6; gez. K 13¾:14, MiNr. 623. ~.

pz) Schachbrett, Bauer, Turm
ra) Schachbrett, Bauer, Läufer
rb) Schachbrett Dame, König, Bauer

621	2.5 C mehrfarbig	pz	0,20	0,30
622	8 C mehrfarbig	ra	0,50	0,70
623	30 C mehrfarbig	rb	1,50	2,—
	Satzpreis (3 W.)		2,20	3,—
	FDC			3,50

1981

1981, 20. Jan. Vögel. Odr.; Wz. 6; gez. K 13¾.

rc) Schleiereule (Tyto alba)
rd) Samtkopfgrasmücke (Sylvia melanocephala)
re) Rotkopfwürger (Lanius senator)
rf) Sturmschwalbe (Hydrobates pelagicus)

624	3 C mehrfarbig	rc	0,30	0,50
625	8 C mehrfarbig	rd	0,70	1,—
626	12 C mehrfarbig	re	1,—	1,50
627	23 C mehrfarbig	rf	2,—	2,50
	Satzpreis (4 W.)		4,—	5,50
	FDC			6,50

1981, 28. April. Europa: Folklore. Odr.; Wz. 6; gez. K 14¼:14.

rg) „Tigrija", Traditionelles Pferderennen
rh) „Gostra", Geschicklichkeitsspiel für Jugendliche

628	8 C mehrfarbig	rg	0,30	0,30
629	30 C mehrfarbig	rh	1,20	1,20
	Satzpreis (2 W.)		1,50	1,50
	FDC			2,—
	Kleinbogensatz (2 Klb.)		15,—	15,—

MiNr. 628–629 wurden jeweils im Kleinbogen zu 10 Marken und 2 verschiedenen Zierfeldern gedruckt.

1981, 12. Juni. 25. Internationale Messe von Malta. Odr.; Wz. 6; gez. K 13¾.

ri) Zahl 25, Messeemblem

630	4 C mehrfarbig	ri	0,20	0,20
631	25 C mehrfarbig	ri	1,10	1,10
	Satzpreis (2 W.)		1,30	1,30
	FDC			1,70

1981, 17. Juli. Internationales Jahr der Behinderten. Odr.; Wz. 6; gez. K 13¾.

rk) Mundmaler
rl) Gehbehinderter Junge

632	3 C mehrfarbig	rk	0,10	0,10
633	35 C mehrfarbig	rl	1,20	1,20
	Satzpreis (2 W.)		1,30	1,30
	FDC			1,80

1981, 16. Okt. Welternährungstag. Odr.; Wz. 6; gez. K 14¼:14.

rm) Retorte mit Kornähre, FAO-Emblem

634	8 C mehrfarbig	rm	0,30	0,30
635	23 C mehrfarbig	rm	1,20	1,20
	Satzpreis (2 W.)		1,50	1,50
	FDC			1,80

1981, 31. Okt. Freimarken: Wirtschaftliche und kulturelle Entwicklung. Odr.; Wz. 6; gez. K 14.

rn) Megalithische Bauten

ro) Baumwollanbau
rp) Schiffbau
rr) Münzprägung

rs) Kunst
rt) Fischerei
ru) Ackerbau

rv) Steinbruch
rw) Kelterei
rx) Schiffswerft

ry) Energiegewinnung
rz) Fernmeldewesen
sa) Industrie

sb) Wasserbohrung
sc) Schiffahrt
sd) Luftfahrt

636	5 M mehrfarbig	rn	0,20	0,20
637	1 C mehrfarbig	ro	0,20	0,20
638	2 C mehrfarbig	rp	0,20	0,20
639	3 C mehrfarbig	rr	0,20	0,20
640	5 C mehrfarbig	rs	0,30	0,30
641	6 C mehrfarbig	rt	0,30	0,30
642	7 C mehrfarbig	ru	0,50	0,50
643	8 C mehrfarbig	rv	0,50	0,50
644	10 C mehrfarbig	rw	0,50	0,50
645	12 C mehrfarbig	rx	1,50	1,50

646	15 C	mehrfarbig	ry	1,—	1,—
647	20 C	mehrfarbig	rz	1,—	1,—
648	25 C	mehrfarbig	sa	1,20	1,20
649	50 C	mehrfarbig	sb	2,50	2,50
650	1 £	mehrfarbig	sc	5,—	5,—
651	3 £	mehrfarbig	sd	15,—	15,—
			Satzpreis (16 W.)	30,—	30,—
			FDC		32,—

1981, 18. Nov. Weihnachten. Odr.; Wz. 6; MiNr. 652 und 654 gez. K 14¼:14, MiNr. 653 ~.

se) Kinder betrachten Krippe sf) Weihnachts-prozession sg) Christmette

652	2 C + 1 C	mehrfarbig	se	0,20	0,20
653	8 C + 2 C	mehrfarbig	sf	0,30	0,30
654	20 C + 3 C	mehrfarbig	sg	1,—	1,—
			Satzpreis (3 W.)	1,50	1,50
			FDC		2,—

1982

1982, 29. Jan. Werftindustrie. Odr.; Wz. 6; gez. K 13¾:14.

sh si sk sl

sh–sl) Schiffe in der Werft

655	3 C	mehrfarbig	sh	0,10	0,10
656	8 C	mehrfarbig	si	0,30	0,30
657	13 C	mehrfarbig	sk	0,70	0,70
658	27 C	mehrfarbig	sl	2,—	2,—
			Satzpreis (4 W.)	3,—	3,—
			FDC		4,—

1982, 16. März. Jahr der Älteren. Odr.; Wz. 6; gez. K 14¼:14.

sm) Älterer Mann, Altersheim Has-Serh sn) Ältere Frau, Altersheim Haż-Żmien

659	8 C	mehrfarbig	sm	0,50	0,50
660	30 C	mehrfarbig	sn	1,80	1,80
			Satzpreis (2 W.)	2,20	2,20
			FDC		3,—

1982, 29. April. Europa: Historische Ereignisse. Odr.; Wz. 6; gez. K 14¼:14.

so) Auslösung Maltas aus der Pfandschaft der Vizekönige von Sizilien (1428) sp) Rückgabe Maltas an den Johanniterorden durch Vertrag von Amiens (1802)

661	8 C	mehrfarbig	so	0,50	0,50
662	30 C	mehrfarbig	sp	1,50	1,50
			Satzpreis (2 W.)	2,—	2,—
			FDC			3,—
		Kleinbogensatz (2 Klb.)		20,—	20,—

MiNr. 661–662 wurden jeweils im Kleinbogen zu 10 Marken und 2 verschiedenen Zierfeldern gedruckt.

1982, 11. Juni. Fußballweltmeisterschaft, Spanien. Odr.; Wz. 6; gez. K 14:14¼.

sr ss st

sr–st) Spielszenen

663	3 C	mehrfarbig	sr	0,10	0,10
664	12 C	mehrfarbig	ss	0,80	0,80
665	15 C	mehrfarbig	st	1,30	1,30
			Satzpreis (3 W.)	2,20	2,20
			FDC		2,60

Blockausgabe

Block 7	(125 × 90 mm)	su	4,—	4,—
		FDC		5,—

1982, 8. Okt. Weihnachten. Odr.; Wz. 6; MiNr. 666–667 gez. K 13¾, MiNr. 668 gez. K 14¼.

sv) Verkündigung an die Hirten

sw) Ankunft der Heiligen Drei Könige sx) Zusammenfassung der Bildmotive sv–sw

666	2 C + 1 C	mehrfarbig	sv	0,10	0,10
667	8 C + 2 C	mehrfarbig	sw	0,50	0,50
668	20 C + 3 C	mehrfarbig	sx	1,50	1,50
			Satzpreis (3 W.)	2,—	2,—
			FDC		2,50

Mit MICHEL-Katalogen sind Sie immer gut informiert!

Malta

1982, 13. Nov. Maltesische Schiffe (I). Odr.; Wz. 6; gez. K 14.

sy) Brigantine „Ta' Salvo Serafino" (1531)

sz) Tartana „La Madonna del Rosario" (1740)

ta) Xambekk „San Paolo" (1743)

tb) Xprunara „Ta' Pietro Saliba" (1798)

669	3 C	mehrfarbig	sy	0,80	0,50
670	8 C	mehrfarbig	sz	1,20	0,70
671	12 C	mehrfarbig	ta	2,—	1,—
672	20 C	mehrfarbig	tb	2,—	1,80
			Satzpreis (4 W.)	6,—	4,—
			FDC		5,—

Weitere Werte: MiNr. 693–696, 739–742, 758–761, 775–778

676	8 C	mehrfarbig	tf	0,30	0,30
677	12 C	mehrfarbig	tg	0,50	0,50
678	15 C	mehrfarbig	th	0,60	0,60
679	23 C	mehrfarbig	ti	1,20	1,20
			Satzpreis (4 W.)	2,60	2,60
			FDC		4,—

1983, 5. Mai. Europa: Große Werke des menschlichen Geistes. Odr.; Wz. 6; gez. K 14.

tk) Megalithischer Tempel, Ggantija (ca. 3000 v. Chr.)   tl) Fort St. Angelo (1530)

680	8 C	mehrfarbig	tk	0,50	0,50
681	30 C	mehrfarbig	tl	2,—	2,—
			Satzpreis (2 W.)	2,50	2,50
			FDC		4,—
			Kleinbogensatz (2 Klb.)	25,—	25,—

MiNr. 680–681 wurden jeweils im Kleinbogen zu 10 Marken und zwei verschiedenen Zierfeldern gedruckt.

1983

1983, 21. Jan. 100. Jahrestag der Eröffnung der Eisenbahnlinie von Valletta nach Rabat. Odr.; Wz. 6; gez. K 14¼:14.

tc) Manning Wardle 0-6-0 T (1883)

td) Black Hawthorn 0-6-0 T (1884)

te) Beyer Peacock 2-6-4 T (1895)

673	3 C	mehrfarbig	tc	0,50	0,50
674	13 C	mehrfarbig	td	1,30	1,30
675	27 C	mehrfarbig	te	3,20	3,20
			Satzpreis (3 W.)	5,—	5,—
			FDC		6,—

1983, 14. März. Commonwealth-Tag. Odr.; Wz. 6; gez. K 14¼:14, Hochformate ~.

tf) Friedenstauben über maltesischer Inselgruppe

tg) Kultur: Sehenswürdigkeiten   th) Tourismus: Badestrand   ti) Industrie: Gießerei, Baukräne

1983, 14. Juli. Jahresereignisse: Weltkommunikationsjahr; 25 Jahre Meeresorganisation; 30 Jahre Rat für Zollzusammenarbeit; Mittelmeerspiele, Casablanca. Odr.; Wz. 6; gez. K 13¾:14.

tm) Parabolantennen, Emblem

tn) Schiffe, Emblem   to) Lastkraftwagen, Emblem   tp) Stadion, Emblem

682	3 C	mehrfarbig	tm	0,40	0,40
683	7 C	mehrfarbig	tn	0,60	0,60
684	13 C	mehrfarbig	to	1,20	1,20
685	20 C	mehrfarbig	tp	2,—	2,—
			Satzpreis (4 W.)	4,20	4,20
			FDC		5,—

1983, 1. Sept. 50. Todestag von Giuseppe De Piro. Odr.; Wz. 6; gez. K 14¼:14.

tr) G. De Piro (1877–1933), Gründer der Missions-Organisation St. Paul

686	3 C	mehrfarbig	tr	0,30	0,30
			FDC		1,—

Aufdruck

Wenn die Farbe des Aufdrucks nicht angegeben ist, ist der Aufdruck immer schwarz.

Malta

1983, 6. Sept. Weihnachten. Odr.; Wz. 6; gez. K 14.

ts) Mariä Verkündigung
tt) Christi Geburt
tu) Anbetung der Hl. Drei Könige

ts–tu) Miniaturen aus einem französischen Stundenbuch (15. Jh.)

687	2 C + 1 C mehrfarbig .... ts	0,30	0,30
688	8 C + 2 C mehrfarbig .... tt	1,—	1,—
689	20 C + 3 C mehrfarbig .... tu	2,20	2,20
	Satzpreis (3 W.)	3,50	3,50
	FDC		4,—

1983, 5. Okt. 40 Jahre Gewerkschaftsverband. Odr.; Wz. 6; gez. K 14.

tv) Gründungsversammlung (1943), Emblem

tw) Arbeiterfamilie, Emblem
tx) Sitz des Gewerkschaftsverbandes, Emblem

690	3 C mehrfarbig .... tv	0,20	0,20
691	8 C mehrfarbig .... tw	0,70	0,70
692	27 C mehrfarbig .... tx	2,20	2,20
	Satzpreis (3 W.)	3,—	3,—
	FDC		3,50

1983, 17. Nov. Maltesische Schiffe (II). Odr.; Wz. 6; gez. K 14.

ty) Vollschiff „Strangier" (1813)
tz) Schonerbark „Tigre" (1839)

ua) Brigg „La Speranza" (1844)
ub) Bark „Wignacourt" (1844)

693	2 C mehrfarbig .... ty	0,20	0,30
694	12 C mehrfarbig .... tz	1,10	1,20
695	13 C mehrfarbig .... ua	1,50	2,—
696	20 C mehrfarbig .... ub	2,20	2,50
	Satzpreis (4 W.)	5,—	6,—
	FDC		7,—

Weitere Werte: MiNr. 669–672, 739–742, 758–761, 775–778

1984

✈ 1984, 26. Jan. Flugverkehr von und nach Malta. Odr.; Wz. 6; gez. K 14.

uc) Boeing 737 der Air Malta (1984)

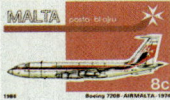

ud) Boeing 720 B der Air Malta (1974)
ue) Vickers 953 Vanguard der B.E.A. (1964)

uf) Vickers Viscount 700 der Alitalia (1958)
ug) Douglas DC-3 Dakota der B.O.A.C. (1948)

uh) Armstrong Whitworth Atlanta der Imperial Airways (1936)
ui) Dornier Wal der S.A.N.A. (1929)

697	7 C mehrfarbig .... uc	0,50	1,—
698	8 C mehrfarbig .... ud	0,70	1,—
699	16 C mehrfarbig .... ue	1,—	1,—
700	23 C mehrfarbig .... uf	1,30	2,—
701	27 C mehrfarbig .... ug	1,50	2,—
702	38 C mehrfarbig .... uh	2,—	3,—
703	75 C mehrfarbig .... ui	5,—	6,—
	Satzpreis (7 W.)	12,—	15,—
	FDC		16,—

1984, 27. April. Europa: 25 Jahre Europäische Konferenz der Verwaltungen für das Post- und Fernmeldewesen (CEPT). Odr.; Wz. 6; gez. K 13¾.j

uk) Brücke

704	8 C mehrfarbig .... uk	0,50	0,50
705	30 C mehrfarbig .... uk	2,—	2,—
	Satzpreis (2 W.)	2,50	2,50
	FDC		3,50
	Kleinbogensatz (2 Klb.)	25,—	25,—

MiNr. 704–705 wurden jeweils im Kleinbogen zu je 10 Marken und 2 verschiedenen Zierfeldern gedruckt.

Abkürzungen der Druckverfahren:

Stdr. = Steindruck
Odr. = Offsetdruck
Bdr. = Buchdruck
Ldr. = Indirekter Hochdruck (Letterset)
Sta.-St. ⎫ StTdr. = Stahlstich ⎫ Stichtiefdruck
Ku.-St. ⎭ = Kupferstich ⎭
RaTdr. = Rastertiefdruck

Malta

1984, 14. Juni. 170 Jahre Polizei von Malta. Odr.; Wz. 6; gez. K 14:13½.

ul) Polizist, Kommissare (um 1880)   um) Berittene Polizei   un) Motorradstreife, Politessen   uo) Verkehrspolizist, Feuerwehrleute

Nr.	Wert	Farbe	Bild	Preis 1	Preis 2
706	3 C	mehrfarbig	ul	0,20	0,20
707	8 C	mehrfarbig	um	1,—	1,—
708	11 C	mehrfarbig	un	1,30	1,30
709	25 C	mehrfarbig	uo	3,50	3,50
		Satzpreis (4 W.)		6,—	6,—
		FDC			8,—

1984, 12. Dez. 10 Jahre Republik Malta. Odr.; Wz. 6; gez. K 14.

uw) Friedenstaube, Landkarte   ux) Festung   uy) Hände

716	3 C	mehrfarbig	uw	0,50	0,50
717	8 C	mehrfarbig	ux	1,—	1,—
718	30 C	mehrfarbig	uy	2,50	2,50
		Satzpreis (3 W.)		4,—	4,—
		FDC			5,—

1984, 26. Juli. Olympische Sommerspiele, Los Angeles. Odr.; Wz. 6; gez. K 14.

up) Laufen   ur) Kunstturnen   us) Schwimmen

710	7 C	mehrfarbig	up	0,50	0,50
711	12 C	mehrfarbig	ur	0,70	0,70
712	23 C	mehrfarbig	us	1,30	1,30
		Satzpreis (3 W.)		2,50	2,50
		FDC			3,—

1985

1985, 2. Jan. 100 Jahre Post von Malta. Odr.; Wz. 6; gez. K 14.

uz) Marke Malta MiNr. 4   va) Marke Malta MiNr. 5   vb) Marke Malta MiNr. 7   vc) Marke Malta MiNr. 8

719	3 C	mehrfarbig	uz	0,20	0,20
720	8 C	mehrfarbig	va	0,70	0,80
721	12 C	mehrfarbig	vb	1,—	1,50
722	20 C	mehrfarbig	vc	1,60	2,—
		Satzpreis (4 W.)		3,50	4,50
		FDC			5,50

Blockausgabe

Block 8 (164 × 90 mm) .... vd   4,—   5,—
            FDC   6,—

1984, 5. Okt. Weihnachten. Odr.; Wz. 6; gez. K 14.

uf) Die Heimsuchung; Gemälde von Pietru Pawl Caruana (1794–1852)

uu) Anbetung der Heiligen Drei Könige; Gemälde von Rafel Caruana   uv) Jesus bei den Schriftgelehrten; Gemälde von Rafel Caruana

713	2 C + 1 C	mehrfarbig	ut	0,50	0,50
714	8 C + 2 C	mehrfarbig	uu	1,—	1,—
715	20 C + 3 C	mehrfarbig	uv	2,50	2,50
		Satzpreis (3 W.)		4,—	4,—
		FDC			4,50

1985, 7. März. Internationales Jahr der Jugend. Odr.; Wz. 6; gez. K 14.

ve) Jugendliche pflanzen Rebe   vf) Jugendliche, Blumen   vg) Mädchen, Hand mit Flamme

723	2 C	mehrfarbig	ve	0,10	0,10
724	13 C	mehrfarbig	vf	0,70	0,70
725	27 C	mehrfarbig	vg	1,70	1,70
		Satzpreis (3 W.)		2,50	2,50
		FDC			3,20

Malta

1985, 25. April. Europa: Europäisches Jahr der Musik. Odr.; Wz. 6; gez. K 14

vh) Nicolò Baldacchino (1895–1971), Tenor
vi) Francesco Azopardi (1748–1809), Komponist

726	8 C mehrfarbig	vh	1,—	1,—
727	30 C mehrfarbig	vi	2,—	2,—
		Satzpreis (2 W.)	3,—	3,—
		FDC		6,—
	Kleinbogensatz (2 Klb.)		30,—	30,—

MiNr. 726–727 wurden jeweils im Kleinbogen zu 10 Marken und 2 verschiedenen Zierfeldern gedruckt.

1985, 7. Juni. 76. Jahrestag des Aufstandes vom 7. Juni 1919. Odr.; Wz. 6; gez. K 14.

vk) Ġużeppi Bajada und Manwel Attard, Opfer des Aufstandes
vl) Karmnu Abela und Wenzu Dyer, Opfer des Aufstandes
vm) Modell des geplanten Denkmals in Valletta von Anton Agius

728	3 C mehrfarbig	vk	0,20	0,20
729	7 C mehrfarbig	vl	0,50	0,50
730	35 C mehrfarbig	vm	2,80	2,80
		Satzpreis (3 W.)	3,50	3,50
		FDC		4,50

1985, 26. Juni. 40 Jahre Vereinte Nationen (UNO). Odr.; Wz. 6; gez. K 13½:14.

vn) UNO-Emblem, Friedenstauben
vo) UNO-Emblem, Pfeile
vp) UNO-Emblem, Konferenz

731	4 C mehrfarbig	vn	0,20	0,20
732	11 C mehrfarbig	vo	1,—	1,—
733	31 C mehrfarbig	vp	2,40	2,40
		Satzpreis (3 W.)	3,50	3,50
		FDC		4,20

1985, 3. Okt. Persönlichkeiten. Odr.; Wz. 6; gez. K 14.

vr) Giorgio Mitrovich (1794–1885), Politiker
vs) Pietru Caxaru (1438–1485), Philosoph und Dichter

734	8 C mehrfarbig	vr	1,—	1,—
735	12 C mehrfarbig	vs	1,50	1,50
		Satzpreis (2 W.)	2,50	2,50
		FDC		3,20

1985, 10. Okt. Weihnachten. Odr.; Wz. 6; gez. K 14.

vt) Anbetung der Könige
vu) Maria mit Kind
vv) Musizierende Engel

vt–vv) Terrakotta-Relief von Ġanni Bonniċi, Bildhauer

736	2 C + 1 C mehrfarbig	vt	0,40	0,40
737	8 C + 2 C mehrfarbig	vu	1,10	1,10
738	20 C + 3 C mehrfarbig	vv	2,50	2,50
		Satzpreis (3 W.)	4,—	4,—
		FDC		5,—

1985, 27. Nov. Maltesische Schiffe (III). Odr.; Wz. 6.; gez. K 14.

 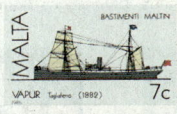

vw) Raddampfer „Scotia" (1844)
vx) Dampfschiff „Tagliaferro" (1882)

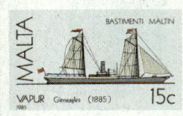 

vy) Dampfschiff „Gleneagles" (1885)
vz) Dampfschiff „L'Isle Adam" (1886)

739	3 C mehrfarbig	vw	0,50	0,50
740	7 C mehrfarbig	vx	1,—	1,—
741	15 C mehrfarbig	vy	2,50	2,50
742	23 C mehrfarbig	vz	4,—	4,—
		Satzpreis (4 W.)	8,—	8,—
		FDC		9,—

Weitere Werte: MiNr. 669–672, 693–696, 758–761, 775–778

1986

1986, 28. Jan. Internationales Jahr des Friedens. Odr.; Wz. 6; MiNr. 743 und 745 gez. K 14, MiNr. 744 gez. K 13½:13¾.

wa) Friedenszentrum „Johannes XXIII." und Franz-von-Assisi-Statue, Hal Far

wb) Hände mit Lorbeerzweig, Friedenstauben
wc) Menschen verschiedener Rassen, Landkarte Afrikas, Friedenstaube

Malta   889

743	8 C mehrfarbig	wa	1,—	1,—
744	11 C mehrfarbig	wb	1,50	1,50
745	27 C mehrfarbig	wc	3,50	3,50
		Satzpreis (3 W.)	6,—	6,—
		FDC		7,—

1986, 3. April. Europa: Natur- und Umweltschutz. Odr.; Wz. 6; gez. K 14.

wd) Schmetterlinge, stilis. Weltkugel   we) Die vier Elemente

746	8 C mehrfarbig	wd	1,50	1,50
747	35 C mehrfarbig	we	3,50	3,50
		Satzpreis (2 W.)	5,—	5,—
		FDC		6,—
		Kleinbogensatz (2 Klb.)	50,—	50,—

MiNr. 746–747 wurden jeweils im Kleinbogen zu 10 Marken und 2 verschiedenen Zierfeldern gedruckt.

1986, 30. Mai. Fußball-Weltmeisterschaft, Mexiko. Odr.; Wz. 6; gez. K 14.

wf) Kopfball   wg) Torwartparade   wh) Dribbling

748	3 C mehrfarbig	wf	0,50	0,50
749	7 C mehrfarbig	wg	1,30	1,30
750	23 C mehrfarbig	wh	4,20	4,20
		Satzpreis (3 W.)	6,—	6,—
		FDC		7,—

Blockausgabe

| Block 9 | (125 × 90 mm) | wi | 6,— | 6,— |
| | | FDC | | 7,— |

1986, 28. Aug. Philanthropen. Odr.; Wz. 6; gez. K 14¼.

wk) Fra Diegu (1831–1902)   wl) Adelaide Cini (1838–1885)   wm) Alfonso Maria Galea (1861–1941)   wn) Vincenzo Bugeja (1820–1890)

751	2 C mehrfarbig	wk	0,30	0,30
752	3 C mehrfarbig	wl	0,40	0,40
753	8 C mehrfarbig	wm	1,—	1,—
754	27 C mehrfarbig	wn	3,40	3,40
		Satzpreis (4 W.)	5,—	5,—
		FDC		6,—

1986, 10. Okt. Weihnachten. Odr.; Wz. 6; gez. K 14.

wo) Christi Geburt

wp) Christi Geburt (Detail)   wr) Anbetung der Heiligen Drei Könige

wo–wr) Gemälde von Giuseppe D'Arena (1633–1719)

755	2 C + 1 C mehrfarbig	wo	0,40	0,40
756	8 C + 2 C mehrfarbig	wp	1,40	1,40
757	20 C + 3 C mehrfarbig	wr	3,20	3,20
		Satzpreis (3 W.)	5,—	5,—
		FDC		6,—

1986, 19. Nov. Maltesische Schiffe (IV). Odr.; Wz. 6; gez. K 14.

 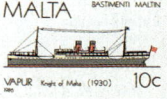

ws) Frachtschiff „San Paul" (1921)   wt) Passagierschiff „Knight of Malta" (1930)

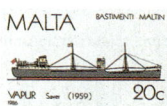

wu) Frachtschiff „Valetta City" (1948)   wv) Frachtschiff „Saver" (1959)

758	7 C mehrfarbig	ws	1,—	1,—
759	10 C mehrfarbig	wt	1,50	1,50
760	12 C mehrfarbig	wu	1,50	1,50
761	20 C mehrfarbig	wv	3,—	3,—
		Satzpreis (4 W.)	7,—	7,—
		FDC		8,50

Weitere Werte: MiNr. 669–672, 693–696, 739–742, 775–778

1987

1987, 26. Jan. 25 Jahre Ornithologische Gesellschaft. Odr.; Wz. 6; gez. K 14¼.

ww) Rotkehlchen (Erithacus rubecula)

wx) Wanderfalke (Falco peregrinus)
wy) Wiedehopf (Upupa epops)
wz) Gelbschnabelsturmtaucher (Calonectris diomedea)

762	3	C	mehrfarbig	ww	0,50	1,—
763	8	C	mehrfarbig	wx	1,50	2,—
764	13	C	mehrfarbig	wy	2,50	3,—
765	23	C	mehrfarbig	wz	3,50	4,—
			Satzpreis (4 W.)		8,—	10,—
			FDC			11,—

1987, 15. April. Europa: Moderne Architektur. Odr.; Wz. 6; gez. K 14.

xa) Touristenzentrum, Aquasun
xb) St.-Josephs-Kirche, Manikata

766	8	C	mehrfarbig	xa	1,—	1,—
767	35	C	mehrfarbig	xb	3,—	3,—
			Satzpreis (2 W.)		4,—	4,—
			FDC			6,—
			Kleinbogensatz (2 Klb.)		40,—	40,—

MiNr. 766–767 wurden jeweils im Kleinbogen zu 10 Marken und 2 verschiedenen Zierfeldern gedruckt.

1987, 10. Juni. Maltesische Uniformen (I). Odr.; Wz. 6; gez. K 14.

xc) Soldat (16. Jh.)
xd) Offizier (16. Jh.)
xe) Fähnrich (18. Jh.)
xf) Galeeren-Admiral (18. Jh.)

768	3	C	mehrfarbig	xc	0,50	1,—
769	7	C	mehrfarbig	xd	1,—	1,50
770	10	C	mehrfarbig	xe	1,50	2,—
771	27	C	mehrfarbig	xf	4,—	4,50
			Satzpreis (4 W.)		7,—	9,—
			FDC			10,—

Weitere Werte: MiNr. 799–802, 818–821, 846–849, 859–862

1987, 18. Aug. Europäisches Jahr der Umwelt; 100 Jahre Esperanto; Internationales Jahr für menschenwürdiges Wohnen. Odr.; Wz. 6; gez. K 14¼.

xg) Gebäude, Sonne, Getreideähren

xh) Symbolische Darstellung
xi) Menschen vor Wohnhaus

772	5	C	mehrfarbig	xg	1,—	1,—
773	8	C	mehrfarbig	xh	1,—	1,—
774	23	C	mehrfarbig	xi	3,—	3,—
			Satzpreis (3 W.)		5,—	5,—
			FDC			6,—

1987, 16. Okt. Maltesische Schiffe (V). Odr.; Wz. 6; gez. K 14.

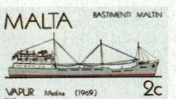 

xk) Frachtschiff „Medina" (1969)
xl) Frachtschiff „Rabat" (1974)
xm) Fährschiff „Ghawdex" (1979)
xn) Frachtschiff „Pinto" (1987)

775	2	C	mehrfarbig	xk	0,50	0,50
776	11	C	mehrfarbig	xl	1,50	1,50
777	13	C	mehrfarbig	xm	2,—	2,—
778	20	C	mehrfarbig	xn	4,—	4,—
			Satzpreis (4 W.)		8,—	8,—
			FDC			9,—

Weitere Werte: MiNr. 669–672, 693–696, 739–742, 758–761

1987, 6. Nov. Weihnachten. Odr.; Wz. 6; gez. K 14.

xo) Maria bei Elisabeth

xp) Christi Geburt
xr) Anbetung der Heiligen Drei Könige

xo–xr) Initialen aus einem Liederbuch (16. Jh.), Valletta

779	2 C + 1 C	mehrfarbig	xo	0,50	0,50
780	8 C + 2 C	mehrfarbig	xp	1,50	1,50
781	20 C + 3 C	mehrfarbig	xr	3,—	3,—
		Satzpreis (3 W.)		5,—	5,—
		FDC			6,—

Malta

1987, 18. Dez. 20 Jahre UNO-Resolution für die friedliche Nutzung des Meeres. Odr.; Wz. 6; gez. K 14¼.j

xs) Dr. Arvid Pardo, UNO-Botschafter
xt) UNO-Emblem, Vögel, Fische

782	8 C mehrfarbig	xs	0,80	0,80
783	12 C mehrfarbig	xt	2,—	2,—
	Satzpreis (2 W.)		2,80	2,80
	FDC			3,50

Blockausgabe, gez. Ks 13¼

xs I xt I xu

784	8 C mehrfarbig	xs I	0,80	0,80
785	12 C mehrfarbig	xt I	2,—	2,—
Block 10	(125 × 89 mm)	xu	3,—	3,—
	FDC			4,—

1988

1988, 23. Jan. Persönlichkeiten. Odr.; Wz. 6; gez. K 14¼.

xv) Pfarrer Nazju Falzon (1813–1865), Missionar

xw) Monsignore Sidor Formosa (1851–1931), Philanthrop
xx) Sir Luigi Preziosi (1888–1965), Augenarzt
xy) Pater Anastasju Cuschieri (1876–1962), Dichter
xz) Monsignore Pietru Pawl Saydon (1895–1971), Bibelforscher

786	2 C mehrfarbig	xv	0,20	0,20
787	3 C mehrfarbig	xw	0,20	0,20
788	4 C mehrfarbig	xx	0,30	0,30
789	10 C mehrfarbig	xy	0,80	0,80
790	25 C mehrfarbig	xz	2,—	2,—
	Satzpreis (5 W.)		3,50	3,50
	FDC			4,50

1988, 5. März. Religiöse Ereignisse: 100. Todestag von Don Bosco; Marianisches Jahr; Internationaler Eucharistischer Kongreß, Valletta. Odr.; Wz. 6; gez. K 14.

ya) Hl. Giovanni Bosco (1815–1888), Gründer der Kongregation der Salesianer, mit Kind; Statue in Sliema
yb) Mariä Himmelfahrt; Altargemälde von Amadeo Bartolomeo Perugino in der Ta' Pinu-Kirche, Gozo
yc) Christus-Statue in Floriana, von Antonio Sciortino (1879–1947)

791	10 C mehrfarbig	ya	0,80	0,80
792	12 C mehrfarbig	yb	1,—	1,—
793	14 C mehrfarbig	yc	1,20	1,20
	Satzpreis (3 W.)		3,—	3,—
	FDC			4,—

1988, 9. April. Europa: Transport- und Kommunikationsmittel. Odr.; Wz. 6; gez. K 13¾.

yd) Flugzeug, Schiff, Autobus, Ansicht von Valletta
ye) Stromleitung, Parabolantenne, Bildschirm, Telefonvermittlung

794	10 C mehrfarbig	yd	0,50	0,50
795	35 C mehrfarbig	ye	2,50	2,50
	Satzpreis (2 W.)		3,—	3,—
	FDC			8,—
	Kleinbogensatz (2 Klb.)		30,—	30,—

MiNr. 794–795 wurden jeweils im Kleinbogen zu 10 Marken und 2 verschiedenen Zierfeldern gedruckt.

1988, 28. Mai. Internationale Organisationen: 125 Jahre Internationales Rotes Kreuz; Europäische Kampagne für eine gegenseitige Abhängigkeit und Solidarität zwischen Nord und Süd; 40 Jahre Weltgesundheitsorganisation (WHO). Odr.; Wz. 6; gez. K 13¾.

  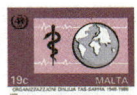

yf) Weltkugel, Rotes Kreuz, Roter Halbmond
yg) Weltkugel
yh) Weltkugel, Äskulapstab, Herzfrequenz

796	4 C mehrfarbig	yf	0,40	0,40
797	18 C mehrfarbig	yg	1,80	1,80
798	19 C mehrfarbig	yh	1,80	1,80
	Satzpreis (3 W.)		4,—	4,—
	FDC			5,—

Malta

1988, 23. Juli. Maltesische Uniformen (II). Odr.; Wz. 6; gez. K 14.

yi) Schütze der leichten Infanterie (1800)
yk) Kanonier der Küstenartillerie (1802)
yl) Offizier des 1. Maltesischen Infanterie-Bataillons (1805)
ym) Fähnrich des Königlichen Maltesischen Regiments (1809)

799	3 C mehrfarbig	yi	0,30	0,30
800	4 C mehrfarbig	yk	0,70	0,70
801	10 C mehrfarbig	yl	1,50	2,—
802	25 C mehrfarbig	ym	3,50	4,—
		Satzpreis (4 W.)	6,—	7,—
		FDC		8,—

Weitere Werte: MiNr. 768–771, 818–821, 846–849, 859–862

1988, 17. Sept. Olympische Sommerspiele, Seoul. Odr.; Wz. 6; gez. K 14.

yn) Laufen yo) Kunstspringen yp) Basketball

803	4 C mehrfarbig	yn	0,20	0,20
804	10 C mehrfarbig	yo	0,70	0,70
805	35 C mehrfarbig	yp	2,80	2,80
		Satzpreis (3 W.)	3,60	3,60
		FDC		5,—

1988, 5. Nov. Weihnachten. Odr.; Wz. 6; gez. K 14.

yr) Schafhirte ys) Die Heilige Familie yt) Die Heiligen Drei Könige

806	3 C + 1 C mehrfarbig	yr	0,20	0,20
807	10 C + 2 C mehrfarbig	ys	0,80	0,80
808	25 C + 3 C mehrfarbig	yt	1,80	1,80
		Satzpreis (3 W.)	2,80	2,80
		FDC		3,50

1989

1989, 28. Jan. 25 Jahre Unabhängigkeit. Odr.; Wz. 6; MiNr. 809–813 gez. K 13¾, MiNr. 814 gez. K 14:14¼.

yu) Commonwealth-Fahne yv) Europaratfahne yw) UNO-Fahne

yx) Hände halten Ring; Staatsflagge yy) Waage als Symbol für Gerechtigkeit yz) Staatsflagge mit Friedenstauben; Politiker

809	2 C mehrfarbig	yu	0,20	0,20
810	3 C mehrfarbig	yv	0,30	0,30
811	4 C mehrfarbig	yw	0,50	0,50
812	10 C mehrfarbig	yx	0,80	0,80
813	12 C mehrfarbig	yy	1,—	1,—
814	25 C mehrfarbig	yz	2,20	2,20
		Satzpreis (6 W.)	5,—	5,—
		FDC		6,—

1989, 25. März. Neues Staatswappen. Odr.; Wz. 6; gez. K 14.

za) Neues Staatswappen

815	1 £ mehrfarbig	za	6,—	6,—
		FDC		7,—

1989, 6. Mai. Europa: Kinderspiele. Odr.; Wz. 6; gez. K 13¾.

zb) Jungen mit Drachen zc) Mädchen mit Puppen

816	10 C mehrfarbig	zb	1,—	1,—
817	35 C mehrfarbig	zc	3,—	3,—
		Satzpreis (2 W.)	4,—	4,—
		FDC		5,50
		Kleinbogensatz (2 Klb.)	40,—	40,—

MiNr. 816–817 wurden jeweils im Kleinbogen zu 10 Marken und 2 verschiedenen Zierfeldern gedruckt.

Als Grundlage für die Ermittlung von Preisnotierungen dienten Unterlagen des Briefmarkenhandels, von Arbeitsgemeinschaften sowie Sammlern im In- und Ausland.

Malta

1989, 24. Juni. Maltesische Uniformen (III). Odr.; Wz. 6; gez. K 14.

zd) Offizier der Maltese Veterans (1815)
ze) Leutnant der Royal Malta Fencibles (1839)
zf) Soldat der Malta-Miliz (1856)
zg) Oberst der Royal Malta Fencible Artillery (1875)

818	3 C	mehrfarbig	zd	0,70	0,70
819	4 C	mehrfarbig	ze	1,—	1,—
820	10 C	mehrfarbig	zf	1,30	1,30
821	25 C	mehrfarbig	zg	3,—	4,—
			Satzpreis (4 W.)	6,—	7,—
			FDC		8,—

Weitere Werte: MiNr. 768–771, 799–802, 846–849, 859–862

1989, 17. Okt. Jahrestage und Ereignisse: 20 Jahre Deklaration der Vereinten Nationen für Fortschritt und Entwicklung; Beitritt Maltas zur Europäischen Sozial-Charta; 40 Jahre Europarat; 70 Jahre Maltesische Lehrervereinigung; Versammlung der Ritter des Malteserordens. Odr.; Wz. 6; gez. K 14.

zh) Stilis. Menschen und Gebäude, UNO-Emblem

zi) Mann und Frau, Rollstuhlfahrer, Emblem
zk) Familie, Europarat-Emblem

zl) Lehrer und Schüler, Emblem
zm) Stilis. Ordensritter, Malteserkreuz

822	3 C	mehrfarbig	zh	0,20	0,20
823	4 C	mehrfarbig	zi	0,30	0,30
824	10 C	mehrfarbig	zk	0,80	0,80
825	14 C	mehrfarbig	zl	1,—	1,—
826	25 C	mehrfarbig	zm	2,20	2,20
			Satzpreis (5 W.)	4,50	4,50
			FDC		5,50

1989, 11. Nov. Weihnachten. Odr.; Wz. 6; gez. K 13¾.

zn   zo   zp

zn–zp) Engel; Gemälde von Mattia Preti (1613–1699), italienischer Maler, in der St.-Johannes-Kathedrale, Valletta

827	3 C + 1 C	mehrfarbig	zn	0,50	0,50
828	10 C + 2 C	mehrfarbig	zo	1,50	1,50
829	20 C + 3 C	mehrfarbig	zp	2,—	2,—
			Satzpreis (3 W.)	4,—	4,—
			FDC		4,50

1989, 2. Dez. Gipfeltreffen Bush-Gorbatschow, Valletta. Odr.; Wz. 6; gez. K 14:13¾.

zr) George Bush, Präsident der Vereinigten Staaten von Amerika; Michail Gorbatschow, Präsident des Obersten Sowjet

830	10 C	mehrfarbig	zr	5,—	2,—
			FDC		3,—

1990

1990, 9. Febr. Europa: Postalische Einrichtungen. Odr.; Wz. 6; gez. Ks 14.

zs) Portal des Hauptpostamtes in Valetta
zt) Eingang des Postamtes Zebbug

831	10 C	mehrfarbig	zs	0,70	0,70
832	35 C	mehrfarbig	zt	2,80	2,80
			Satzpreis (2 W.)	3,50	3,50
			FDC		4,50
			Kleinbogensatz (2 Klb.)	35,—	35,—

MiNr. 831–832 wurden jeweils im Kleinbogen zu 10 Marken und 2 verschiedenen Zierfeldern gedruckt.

1990, 7. April. Jahrestage und Ereignisse: Internationales Jahr der Alphabetisierung; 900. Jahrestag der Eroberung von Malta durch die Normannen; 25 Jahre Mitgliedschaft Maltas in der Internationalen Fernmeldeunion (UIT); Kongreß des Europäischen Fußballverbandes (UEFA), La Valletta. Odr.; Wz. 6; gez. K 14.

zu) Buchstaben, Buch, Emblem

  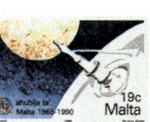 

zv) Graf Roger I. von Sizilien (1031–1101) mit seinem Heer
zw) Fernmeldesatellit, Erde, UIT-Emblem
zx) Fußball, Landkarte von Malta, UEFA-Emblem

833	3 C	mehrfarbig	zu	0,30	0,30
834	4 C	mehrfarbig	zv	0,30	0,30
835	19 C	mehrfarbig	zw	1,40	1,40
836	20 C	mehrfarbig	zx	1,50	1,50
			Satzpreis (4 W.)	3,50	3,50
			FDC		4,20

1990, 3. Mai. Britische Dichter. Odr.; Wz. 6; gez. K 13½.

zy) Samuel Taylor Coleridge (1772–1834)
zz) Lord Byron (1778–1824)

894 Malta

aaa) Sir Walter Scott (1771–1832)
aab) William Makepeace Thackeray (1811–1863)

zy–aab) Zeitgenössische Ansichten von Malta

837	4	C mehrfarbig	zy	0,30	0,30
838	10	C mehrfarbig	zz	0,70	0,70
839	12	C mehrfarbig	aaa	0,80	0,80
840	25	C mehrfarbig	aab	1,70	1,70
			Satzpreis (4 W.)	3,50	3,50
			FDC		4,20

1990, 25. Mai. Besuch von Papst Johannes Paul II. auf Malta. Odr.; Wz. 6; gez. K 13¾:14.

aac) Hl. Paulus (um 10–64 n. Chr.), Heidenapostel
aad) Papst Johannes Paul II. (1920–2005, reg. ab 1978)

841	4	C mehrfarbig	aac	0,30	0,30
842	25	C mehrfarbig	aad	2,—	2,—
			Satzpreis (Paar)	2,50	2,50
			FDC		3,—
			Kleinbogen	13,—	13,—

MiNr. 841–842 wurden auch zusammenhängend im Kleinbogen zu 10 Marken und 2 Zierfeldern gedruckt.

1990, 8. Juni. Fußball-Weltmeisterschaft, Italien. Odr.; Wz. 6; gez. K 14.

aae–aag) Symbolische Darstellungen, Fußball

843	5	C mehrfarbig	aae	0,40	0,50
844	10	C mehrfarbig	aaf	0,70	1,—
845	14	C mehrfarbig	aag	1,40	2,—
			Satzpreis (3 W.)	2,50	3,50
			FDC		4,50

Blockausgabe

Block 11	(123 × 90 mm)	aah	2,50	4,—
		FDC		4,50

1990, 25. Aug. Maltesische Uniformen (IV). Odr.; Wz. 6; gez. K 14.

aai) Hauptmann der Royal Malta Militia (1889)
aak) Feld-Offizier der Royal Malta Artillery (1905)
aal) Unteroffizier des Malta Labour Corps (1915)
aam) Leutnant des KingPs own Malta Regiment of Militia (1918)

846	3	C mehrfarbig	aai	0,50	0,50
847	4	C mehrfarbig	aak	0,50	0,80
848	10	C mehrfarbig	aal	1,50	1,80
849	25	C mehrfarbig	aam	3,50	4,50
			Satzpreis (4 W.)	6,—	7,50
			FDC		8,50

Weitere Werte: MiNr. 768–771, 799–802, 818–821, 859–862

1990, 10. Nov. Weihnachten. Odr.; Wz. 6; MiNr. 850 und 852 gez. K 13¾, MiNr. 851 gez. K 14.

aan aao aap

aan–aap) Details einer Krippe von Austin Galea und Marco Bartolo mit Figuren von Rosario Zammit

850	3	C + 1 C mehrfarbig	aan	0,20	0,20
851	10	C + 2 C mehrfarbig	aao	1,—	1,—
852	25	C + 3 C mehrfarbig	aap	2,—	2,—
			Satzpreis (3 W.)	3,20	3,20
			FDC		4,—

1991

1991, 6. März. 25 Jahre Philatelistische Gesellschaft. Odr.; Wz. 6; gez. K 14.

aar) Marke Malta MiNr. 52 unter der Lupe

853	10	C mehrfarbig	aar	1,—	1,—
			FDC		1,50

1991, 16. März. Europa: Europäische Weltraumfahrt. Odr.; Wz. 6; gez. K 14.

aas) Fernmeldesatellit „Eurostar"
aat) Trägerrakete „Ariane 4", Raumfähre „HOTOL"

854	10	C mehrfarbig	aas	0,50	0,50
855	35	C mehrfarbig	aat	2,50	2,50
			Satzpreis (2 W.)	3,—	3,—
			FDC		4,—
			Kleinbogensatz (2 Klb.)	30,—	30,—

MiNr. 854–855 wurden jeweils im Kleinbogen zu 10 Marken und 2 verschiedenen Zierfeldern gedruckt.

1991, 29. April. Kirchengeschichtliche Persönlichkeiten. Odr.; Wz. 6; gez. K 14¼.

aau) Ignatius von Loyola (1491–1556), baskischer Gründer des Jesuitenordens

Malta 895

aav) Marie Therese Pisani (1806–1855), italienische Benediktinerin

aaw) Johannes vom Kreuz (1542–1591), spanischer Kirchenlehrer (unbeschuhter Karmeliterorden)

856	3 C mehrfarbig	aau	0,20	0,20
857	4 C mehrfarbig	aav	0,30	0,30
858	30 C mehrfarbig	aaw	2,—	2,—
		Satzpreis (3 W.)	2,50	2,50
		FDC		3,20

1991, 13. Aug. Maltesische Uniformen (V). Odr.; Wz. 6; gez. K 14.

aax) Offizier des Royal Malta Fencible Regiment (1860)

aay) Unteroffizier des Royal Malta Regiment of Militia (1903)

aaz) Offizier des King's own Malta Regiment (1968)

aba) Offizier der Streitkräfte von Malta (1991)

859	3 C mehrfarbig	aax	0,50	1,—
860	10 C mehrfarbig	aay	1,50	2,—
861	19 C mehrfarbig	aaz	2,50	3,—
862	25 C mehrfarbig	aba	3,—	4,—
		Satzpreis (4 W.)	7,50	10,—
		FDC		11,—

Weitere Werte: MiNr. 768–771, 799–802, 818–821, 846–849

1991, 23. Sept. 25 Jahre Union Haddiema Maghqudin (UHM) (Gewerkschaft des Öffentlichen Dienstes). Odr.; Wz. 6; gez. K 13¾.

abb) Symbolische Darstellung, UHM-Emblem

863	4 C mehrfarbig	abb	0,30	0,30
		FDC		0,70

1991, 3. Okt. Weltweiter Naturschutz: Greifvögel. Odr.; Wz. 6; gez. K 14¼.

abc) Wespenbussard (Pernis apivorus)

abd) Rohrweihe (Circus aeruginosus)

abe) Eleonorenfalke (Falco eleonorae)

abf) Rötelfalke (Falco naumanni)

864	4 C mehrfarbig	abc	1,—	1,—
865	5 C mehrfarbig	abd	1,—	1,—
866	10 C mehrfarbig	abe	1,50	2,—
867	10 C mehrfarbig	abf	1,50	2,—
		Satzpreis (4 W.)	5,—	6,—
		Viererstreifen	7,—	9,—
		FDC		10,—

MiNr. 864–867 wurden zusammenhängend gedruckt.

1991, 6. Nov. Weihnachten. Odr.; Wz. 6; gez. K 14.

abg) Anbetung der Heiligen Drei Könige

abh) Die Heilige Familie

abi) Anbetung der Hirten

868	3 C + 1 C mehrfarbig	abg	0,20	0,30
869	10 C + 2 C mehrfarbig	abh	0,80	1,—
870	25 C + 3 C mehrfarbig	abi	2,—	2,80
		Satzpreis (3 W.)	3,—	4,—
		FDC		5,—

1991, 9. Dez. Freimarken: Kunst, Kultur und Natur. Odr.; Wz. 6; MiNr. 871–881 gez. K 13¾:13½, MiNr. 882 ~.

abk) Tempel von Mġarr

abl) Stadttor, Cottonera (Valletta)

abm) Fort St. Michael, Valletta

abn) Spinola-Palast, St. Julian's (Valletta)

abo) Kirche Mariä Himmelfahrt, Birkirkara

abp) Mellieha-Bucht

abr) Blaue Grotte bei Zurrieq

abs) Ortsansicht von Mġarr, Insel Gozo

abt) Jachthafen, Msida (Valleta)

abv) Nördlicher Comino-Kanal

abu) Araberpferde; Gemälde von Antonio Sciortino (1879–1947)

abw) Unabhängigkeit; Denkmal von Ganni Bonnici

871	1 C mehrfarbig	abk	0,20	0,20
872	2 C mehrfarbig	abl	0,20	0,20
873	3 C mehrfarbig	abm	0,20	0,20
874	4 C mehrfarbig	abn	0,20	0,20
875	5 C mehrfarbig	abo	0,20	0,20
876	10 C mehrfarbig	abp	0,40	0,40
877	12 C mehrfarbig	abr	0,50	0,50
878	14 C mehrfarbig	abs	0,60	0,60
879	20 C mehrfarbig	abt	0,80	0,80

Malta

880	50 C	mehrfarbig		3,—	3,—
881	1 £	mehrfarbig		5,—	5,—
882	2 £	mehrfarbig		10,—	10,—
			Satzpreis	20,—	20,—
				25,—	
		MH mit 10×			
		MH mit 5×			

1992

1992, 8. Febr. Eröffnung des neuen T... ernationalen Flughafen von Malta. Odr.; Wz. 6; ...

abx) Flugzeugleitwerke, neues Flughafen-Terminal

aby) Fla... neues ...

883	4 C	mehrfarbig		0,50	0,50
884	10 C	mehrfarbig		1,—	1,—
			Satzpreis	1,50	1,50
				2,—	

1992, 20. Febr. Europa: 500. Jahres... eckung von Amerika. Odr.; Wz. 6; gez. K 14¼.

abz) Karavellen „Santa Maria", „Nina" und „Pinta"; Windrose

aca) Christoph Kolumbus (1451 bis 1506), span.-italienischer Seefahrer; Landkarte von Amerika, Zirkel

885	10 C	mehrfarbig	abz	1,—	1,—
886	35 C	mehrfarbig	aca	2,50	2,50
			Satzpreis (2 W.)	3,50	3,50
			FDC	4,—	
			Kleinbogensatz (2 Klb.)	35,—	35,—

MiNr. 885–886 wurden jeweils im Kleinbogen zu 10 Marken und 2 verschiedenen Zierfeldern gedruckt.

1992, 15. April. 50. Jahrestag der Verleihung des Georgskreuzes an die maltesische Zivilbevölkerung für Tapferkeit bei feindlichen Angriffen während des Zweiten Weltkrieges. Odr.; Wz. 6; gez. K 14¼.

acb) Soldaten der Königlich Maltesischen Artillerie mit Flak; Fort St. Elmo, Valletta

acc) Siegesglocke

acd) Amerikanischer Tanker „Ohio"; Ansicht von Valletta

acb–acd) Georgskreuz

887	4 C	mehrfarbig	acb	1,—	1,—
888	10 C	mehrfarbig	acc	1,50	1,50
889	50 C	mehrfarbig	acd	4,50	4,50
			Satzpreis (3 W.)	7,—	7,—
			FDC	8,—	

1992, 24. Juni. Olympische Sommerspiele, Barcelona. Odr.; Wz. 6; gez. K 14:14¼.

ace) Laufen

acf) Hochsprung

acg) Schwimmen

890	3 C	mehrfarbig	ace	0,50	0,50
891	10 C	mehrfarbig	acf	1,—	1,—
892	30 C	mehrfarbig	acg	2,50	2,50
			Satzpreis (3 W.)	4,—	4,—
			FDC	5,—	

1992, 5. Aug. Historische Gebäude in Valletta. Odr.; Wz. 6; gez. K 14¼:14.

ach) Kirche der Flucht der Heiligen Familie nach Ägypten

aci) Co-Kathedrale St. Johannes

ack) Kirche Madonna del Pilar

acl) Herberge de Provence

893	3 C	mehrfarbig	ach	0,50	0,50
894	4 C	mehrfarbig	aci	0,50	0,50
895	19 C	mehrfarbig	ack	1,50	1,50
896	25 C	mehrfarbig	acl	2,—	2,—
			Satzpreis (4 W.)	4,50	4,50
			FDC	5,50	

1992, 22. Okt. Weihnachten. Odr.; Wz. 6; gez. K 14.

acm) Anbetung der Hirten, Prophet Jesaja

acn) Anbetung der Hl. Drei Könige, König David

aco) Der 12jährige Jesus im Tempel, Prophet Joel

acm–aco) Fresken im Dom von Mosta; von Giuseppe Cali (1846–1930)

897	3 C + 1 C	mehrfarbig	acm	0,50	0,50
898	10 C + 2 C	mehrfarbig	acn	1,50	1,50
899	25 C + 3 C	mehrfarbig	aco	3,50	3,50
			Satzpreis (3 W.)	5,50	5,50
			FDC	6,50	

Malta

1992, 12. Nov. 400 Jahre Universität von Malta. Odr.; Wz. 6; MiNr. 900 gez. K 14¼:14, MiNr. 901 ~

acp) Altes Universitätsgebäude, Valletta
acr) Neues Universitätsgebäude, Valletta

900	4 C	mehrfarbig	acp	0,50	0,50
901	30 C	mehrfarbig	acr	2,50	2,50
		Satzpreis (2 W.)		3,—	3,—
		FDC			4,—

1993

1993, 4. Febr. 75 Jahre Lions International. Odr.; Wz. 6; gez. K 13¾.

acs) Emblem
act) Auge, Emblem

902	4 C	mehrfarbig	acs	0,20	0,20
903	50 C	mehrfarbig	act	2,80	2,80
		Satzpreis (2 W.)		3,—	3,—
		FDC			3,50

1993, 7. April. Europa: Zeitgenössische Kunst. Odr.; Wz. 6; gez. K 14¼:14, Querformat ~.

acu) Gemälde von Pawl Carbonaro (*1948)
acv) Gemälde von Alfred Chircop (*1933)

904	10 C	mehrfarbig	acu	1,—	1,—
905	35 C	mehrfarbig	acv	2,—	2,—
		Satzpreis (2 W.)		3,—	3,—
		FDC			3,50
		Kleinbogensatz (2 Klb.)		30,—	30,—

MiNr. 904–905 wurden jeweils im Kleinbogen zu 10 Marken und 2 verschiedenen Zierfeldern gedruckt.

1993, 4. Mai. Sportspiele der europäischen Kleinstaaten. Odr.; Wz. 6; gez. K 13¾:14.

acw) Fackellauf

acx) Radfahren   acy) Tennis   acz) Segeln

906	3 C	mehrfarbig	acw	0,20	0,20
907	4 C	mehrfarbig	acx	0,40	0,40
908	10 C	mehrfarbig	acy	0,90	0,90
909	35 C	mehrfarbig	acz	2,—	2,—
		Satzpreis (4 W.)		3,50	3,50
		FDC			4,50

Blockausgabe mit MiNr. 906–909

Block 12	(120×80 mm)	ada	3,50	3,50
	FDC			4,50

1993, 21. Juli. Pfadfinderwesen: 50. Jahrestag der Verleihung des Bronzenen Kreuzes für Tapferkeit an die Pfadfinder von Malta; 70 Jahre Pfadfinderinnen auf Malta. Odr.; Wz. 6; gez. K 14¼:14.

adb) Pfadfinderin verbindet Arm eines Mädchens
adc) Bronzenes Kreuz, Urkunde
add) Pfadfinder entfacht Lagerfeuer
ade) Lord Gort überreicht Bronzenes Kreuz

910	3 C	mehrfarbig	adb	0,20	0,20
911	4 C	mehrfarbig	adc	0,20	0,20
912	10 C	mehrfarbig	add	0,60	0,60
913	35 C	mehrfarbig	ade	2,—	2,—
		Satzpreis (4 W.)		3,—	3,—
		FDC			3,80

1993, 23. Sept. Europäisches Jahr der Alten: Schmetterlinge. Odr.; Wz. 6; gez. K 14¼:14.

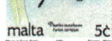

adf) Schwalbenschwanz (Papilio machaon)
adg) Admiral (Vanessa atalanta)

914	5 C	mehrfarbig	adf	0,50	1,—
915	35 C	mehrfarbig	adg	3,—	3,50
		Satzpreis (2 W.)		3,50	4,50
		FDC			5,—

1993, 5. Okt. 50 Jahre Gewerkschaftsverband. Odr.; Wz. 6; gez. K 13½:13¾.

adh) Zahl „50", Emblem

916	4 C	mehrfarbig	adh	0,50	0,50
		FDC			1,—

Malta

1993, 5. Nov. Weihnachten. Odr.; Wz. 6; gez. K 14¼:14.

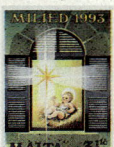  

adj) Krippenfigur hinter einem Fenster
adk) Weihnachtsbaum hinter einer Haustüre
adl) Weihnachtsstern an einem Erkerfenster

917	3 C + 1 C	mehrfarbig	adj	0,20	0,20
918	10 C + 2 C	mehrfarbig	adk	0,70	0,70
919	25 C + 3 C	mehrfarbig	adl	1,60	1,60
			Satzpreis (3 W.)	2,50	2,50
			FDC		3,—

1993, 20. Nov. Blockausgabe: Schaffung von Gemeinderäten. Odr.; Wz. 6; gez. K 14¼:14.

adm–adp) Gemeindewappen

920	5 C	mehrfarbig	adm	0,50	0,50
921	5 C	mehrfarbig	adn	0,50	0,50
922	5 C	mehrfarbig	ado	0,50	0,50
923	5 C	mehrfarbig	adp	0,50	0,50
Block 13	(110 × 93 mm)		adr	2,—	2,—
			FDC		2,50

1994

1994, 12. Febr. 50 Jahre Zahnärztevereinigung. Odr.; Wz. 6; gez. K 14¼:14.

ads) Grafik eines Zahns
adt) Menschliches Gebiß

ads–adt) Zahnärztliche Instrumente

924	5 C	mehrfarbig	ads	0,20	0,20
925	44 C	mehrfarbig	adt	2,40	2,40
			Satzpreis (2 W.)	2,50	2,50
			FDC		3,20

1994, 29. März. Europa: Entdeckungen und Erfindungen. Odr.; Wz. 6; gez. K 14¼:14.

adu) Themistocles Zammit (1864–1935), Naturwissenschaftler und Sprachforscher
adv) Marmor-Kerzenständer mit phönizischer und griechischer Inschrift

926	14 C	mehrfarbig	adu	1,—	1,—
927	30 C	mehrfarbig	adv	3,—	3,—
			Satzpreis (2 W.)	4,—	4,—
			FDC		5,—
		Kleinbogensatz (2 Klb.)		40,—	40,—

MiNr. 926–927 wurden jeweils im Kleinbogen zu 10 Marken und 2 verschiedenen Zierfeldern gedruckt.

1994, 10. Mai. Jahrestage und Ereignisse: Internationales Jahr der Familie; Maltesisches Rotes Kreuz; 150 Jahre Landwirtschaftliche Vereinigung; 75 Jahre Intenationale Arbeitsorganisation (IAO); 150. Jahrestag der Weihe der St.-Pauls-Kathedrale. Odr.; Wz. 1; gez. K 14.

adw) Familie
adx) Rotes Kreuz
ady) Haustiere

adz) Schweißer
aea) St.-Pauls-Kathedrale

928	5 C	mehrfarbig	adw	0,30	0,30
929	9 C	mehrfarbig	adx	0,70	0,70
930	14 C	mehrfarbig	ady	0,80	0,80
931	20 C	mehrfarbig	adz	1,20	1,20
932	25 C	mehrfarbig	aea	1,50	1,50
			Satzpreis (5 W.)	4,50	4,50
			FDC		5,50

1994, 9. Juni. Fußball-Weltmeisterschaft, USA. Odr.; Wz. 6; gez. K 14.

aeb) Weltkugel, Regenbogen, Fußball
aec) Weltkarte, Tornetz, Fußball
aed) Weltkarte, Spielfeld, Fußball

933	5 C	mehrfarbig	aeb	0,50	0,50
934	14 C	mehrfarbig	aec	1,—	1,—
935	30 C	mehrfarbig	aed	2,50	2,50
			Satzpreis (3 W.)	4,—	4,—
			FDC		5,—

Blockausgabe mit MiNr. 933–935

Block 14	(123 × 88 mm)	aee	4,—	4,—
		FDC		4,50

Malta

1994, 2. Juli. Luftfahrt: 25 Jahre Internationale Flugrallye von Malta; 2. Internationale Flugschau; 50 Jahre Internationale Organisation für Zivilluftfahrt (ICAO). Odr.; Wz. 6; gez. K 14:14¼.

aef) Siegtrophäe, Flugzeuge Auster und Twin Comanche

aeg) Flugschau-Emblem, Kunstflugformation, Kampfflugzeug McDonnell F-4 Phantom II, Hubschrauber Alouette

aeh) ICAO-Emblem, Flugzeuge Avro 685 York und De Havilland DH-104 Dove

aei) ICAO-Emblem, Flugzeuge De Havilland DH-88 Comet und Airbus A 320

936	5 C mehrfarbig	aef	0,50	0,50
937	14 C mehrfarbig	aeg	1,—	1,—
938	20 C mehrfarbig	aeh	1,50	1,50
939	25 C mehrfarbig	aei	2,—	2,—
		Satzpreis (4 W.)	5,—	5,—
		FDC		6,—

1994, 20. Juli. 25. Jahrestag der ersten bemannten Mondlandung. Odr.; Wz. 6; gez. K 14¼:14.

aek) Astronaut Neil Armstrong auf dem Mond

940	14 C mehrfarbig	aek	1,—	1,—
		FDC		1,50

1994, 26. Okt. Weihnachten. Odr.; Wz. 6; MiNr. 941 gez. K 13¾, MiNr. 942–944 gez. K 14¼:14.

ael) Zusammenfassung der Bildmotive aem–aeo

aem) Engel aen) Maria mit Kind aeo) Engel

941	5 C mehrfarbig	ael	0,30	0,30
942	9 C + 2 C mehrfarbig	aem	0,70	0,70
943	14 C + 3 C mehrfarbig	aen	1,—	1,—
944	20 C + 3 C mehrfarbig	aeo	1,50	1,50
		Satzpreis (4 W.)	3,50	3,50
		FDC		4,50

1994, 12. Dez. Ausstellung maltesischer Silberschmiedekunst, Valletta (1995). Odr.; Wz. 6; gez. K 14¼:14.

aep) Wasserkrug (um 1730) aer) Balsamgefäß (um 1760) aes) Kaffeekanne (um 1760) aet) Zuckerdose (um 1760)

945	5 C mehrfarbig	aep	0,20	0,20
946	14 C mehrfarbig	aer	0,80	0,80
947	20 C mehrfarbig	aes	1,—	1,—
948	25 C mehrfarbig	aet	2,—	2,—
		Satzpreis (4 W.)	4,—	4,—
		FDC		4,50

1995

1995, 27. Febr. Jahrestage und Ereignisse: 25 Jahre Nationale Vereinigung der Pensionäre; 10 Jahre Nationales Jugendkonzil; Welt-Frauenkonferenz, Peking; 50 Jahre ambulanter Gesundheitsdienst (MMDNA); 100. Todestag von Louis Pasteur. Odr.; Wz. 6; gez. K 14.

aeu) Hände

aev) Strichmännchen, Insel Malta aew) Frauenfigur nach Leonardo da Vinci (1452–1519) aex) Krankenschwester, Emblem aey) L. Pasteur (1822–1895), franz. Chemiker und Mikrobiologe

949	2 C mehrfarbig	aeu	0,20	0,20
950	5 C mehrfarbig	aev	0,30	0,30
951	14 C mehrfarbig	aew	0,70	0,70
952	20 C mehrfarbig	aex	1,10	1,10
953	25 C mehrfarbig	aey	1,20	1,20
		Satzpreis (5 W.)	3,50	3,50
		FDC		4,20

1995, 29. März. Europa: Frieden und Freiheit. Odr.; Wz. 6; gez. K 14¼:14, Querformat ~.

aez) Hand mit Ölzweig, Regenbogen afa) Friedenstauben

954	14 C mehrfarbig	aez	1,—	1,—
955	30 C mehrfarbig	afa	3,—	3,—
		Satzpreis (2 W.)	4,—	4,—
		FDC		5,—
		Kleinbogensatz (2 Klb.)	40,—	40,—

MiNr. 954–955 wurden jeweils im Kleinbogen zu 10 Marken und 2 verschiedenen Zierfeldern gedruckt.

Mit MICHEL immer gut informiert

Malta

1995, 21. April. Jahrestage: 50. Jahrestag der Beendigung des Zweiten Weltkrieges; 50 Jahre Vereinte Nationen (UNO); 50 Jahre Welternährungsorganisation (FAO). Odr.; Wz. 6; gez. K 14:14¼, Hochformat ~.

afb) Flugzeuge, zerstörte Stadt, Soldaten
afc) Menschen halten sich an den Händen
afd) Hände halten Schale mit Ähren

956	5 C	mehrfarbig	afb	0,20	0,20
957	14 C	mehrfarbig	afc	0,60	0,60
958	35 C	mehrfarbig	afd	1,70	1,70
			Satzpreis (3 W.)	2,50	2,50
			FDC		3,20

1995, 5. Okt. Maltesische Kunstschätze: Alte Uhren. Odr.; Wz. 6; gez. K 14¼:14.

afn) Turmuhr von Pinto (1745)
afo) Michelangelo Sapiano (1826 bis 1912), Uhrmacher; Standuhr und Tischuhr
afp) Wanduhr aus einheimischer Fertigung (17. Jh.)
afr) Sonnenuhren (1546 und 1980)

967	1 C	mehrfarbig	afn	0,20	0,20
968	5 C	mehrfarbig	afo	0,40	0,40
969	14 C	mehrfarbig	afp	1,—	1,—
970	25 C	mehrfarbig	afr	1,50	1,50
			Satzpreis (4 W.)	3,—	3,—
			FDC		4,—

1995, 15. Juni. Geschichte des Fernmeldewesens und der Elektrizität. Odr.; Wz. 6; gez. K 13¾.

afe) Glühbirne, Atome, Blitze

aff) Prähistorisches Steinrelief, Binärcodes
afg) Erdfunkstelle
afh) Spektralfarben des Sonnenlichts, Bäume
afi) Alter Telefonapparat, Satellit im Weltraum

959	2 C	mehrfarbig	afe	0,10	0,10
960	5 C	mehrfarbig	aff	0,20	0,20
961	9 C	mehrfarbig	afg	0,40	0,40
962	14 C	mehrfarbig	afh	0,60	0,60
963	20 C	mehrfarbig	afi	0,90	0,90
			Satzpreis (5 W.)	2,20	2,20
			FDC		3,—

1995, 15. Okt. Weihnachten. Odr.; Wz. 6; MiNr. 971 gez. K 13¾, MiNr. 972–974 gez. K 14:13¾.
afs) Zusammenfassung der Bildmotive aft–afv

aft   afu   afv

aft–afv) Kinderprozession am Heiligen Abend

971	5 C	mehrfarbig	afs	0,20	0,20
972	5 C + 2 C	mehrfarbig	aft	0,30	0,30
973	14 C + 3 C	mehrfarbig	afu	1,—	1,—
974	25 C + 3 C	mehrfarbig	afv	1,50	1,50
			Satzpreis (4 W.)	3,—	3,—
			FDC		4,—

1995, 24. Juli. Europäisches Naturschutzjahr. Odr.; Wz. 6; gez. K 14:14¼.

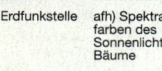

afk) Prähistorische Steinmauern, Girna (Unterstand für Hirten und Bauern)

afl) Malta-Eidechse (Podarcis filfolensis)
afm) Seekiefer (Pinus halepensis)

964	5 C	mehrfarbig	afk	0,50	0,50
965	14 C	mehrfarbig	afl	1,—	1,—
966	44 C	mehrfarbig	afm	3,50	3,50
			Satzpreis (3 W.)	5,—	5,—
			FDC		6,—

1996

1996, 29. Febr. Kinder- und Jugendwohlfahrt: 35 Jahre Jugendförderpreis des Herzogs von Edinburgh; 90. Geburtstag von Pater Nazzareno Camillieri; 200. Geburtstag der hl. Rose-Virginie Pelletier; 50 Jahre Kinderhilfswerk der Vereinten Nationen (UNICEF). Odr.; Wz. 6; gez. K 14¼.

afw) Jugendliche bei verschiedenen Tätigkeiten, Präsidentenpalast
afx) Pater N. Camillieri (1906–1973), Theologe und Schriftsteller; spielende Kinder; Salesianerschule

Malta

afy) Hl. R.-V. Pelletier (Maria von der hl. Euphrasia) (1796–1868), katholische Ordensgründerin; Familie; Kloster

afz) Spielende Kinder, UNICEF-Emblem, Stadtpark mit Brunnen

975	5 C mehrfarbig	afw	0,20	0,20
976	14 C mehrfarbig	afx	0,60	0,60
977	20 C mehrfarbig	afy	0,90	0,90
978	25 C mehrfarbig	afz	1,30	1,30
		Satzpreis (4 W.)	3,—	3,—
		FDC		3,50

1996, 29. März. Maltesische Kunstschätze: Prähistorische Kunst (5000 bis 2500 v. Chr.). Odr.; Wz. 6; gez. K 14¼.

aga) Anthropomorphe Stelen

agb) Skulptur eines sitzenden Paares
agc) Sitzende Figur
agd) Bauchiges Gefäß

979	5 C mehrfarbig	aga	0,20	0,20
980	14 C mehrfarbig	agb	0,60	0,60
981	20 C mehrfarbig	agc	0,90	0,90
982	35 C mehrfarbig	agd	1,80	1,80
		Satzpreis (4 W.)	3,50	3,50
		FDC		4,—

1996, 24. April. Europa: Berühmte Frauen. Odr.; Wz. 6; gez. K 14¼.

age) Mabel Strickland (1899–1988), Politikerin und Verlegerin
agf) Inez Soler (1910–1974), Schriftstellerin und Malerin

983	14 C mehrfarbig	age	1,50	1,50
984	30 C mehrfarbig	agf	3,—	3,—
		Satzpreis (2 W.)	4,50	4,50
		FDC		5,50
		Kleinbogensatz (2 Klb.)	45,—	45,—

MiNr. 983–984 wurden jeweils im Kleinbogen zu 10 Marken und 2 verschiedenen Zierfeldern gedruckt.

MICHEL-Kataloge werden ständig überarbeitet und durch Berücksichtigung der neuesten Forschungsergebnisse auf dem aktuellen Stand gehalten.

1996, 5. Juni. Jahrestage und Ereignisse: Dekade der Vereinten Nationen gegen Drogenmißbrauch (1991–2000); 50 Jahre Nationaler Industrieverband (FOI); 75. Jahrestag der Gewährung einer beschränkten Selbstverwaltung; 100 Jahre Radio. Odr.; Wz. 6; gez. K 14¼:14.

agg) Stilisiertes Gesicht, UNO-Emblem
agh) FOI-Embleme
agi) Erinnerungsblatt zur Parlamentsgründung (1921)
agk) Guglielmo Marconi (1874 bis 1937), ital. Ingenieur und Physiker, Nobelpreis 1909

985	5 C mehrfarbig	agg	0,20	0,20
986	5 C mehrfarbig	agh	0,30	0,30
987	14 C mehrfarbig	agi	1,—	1,—
988	44 C mehrfarbig	agk	2,50	2,50
		Satzpreis (4 W.)	4,—	4,—
		FDC		5,—

1996, 10. Juli. 100 Jahre Olympische Spiele der Neuzeit; Olympische Sommerspiele, Atlanta. Odr.; Wz. 6; gez. K 14:14¼.

agl) Judo
agm) Laufen

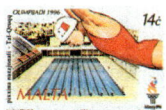 

agn) Schwimmen
ago) Schießen

989	2 C mehrfarbig	agl	0,20	0,20
990	5 C mehrfarbig	agm	0,20	0,20
991	14 C mehrfarbig	agn	0,80	0,80
992	25 C mehrfarbig	ago	1,30	1,30
		Satzpreis (4 W.)	2,50	2,50
		FDC		3,50

1996, 22. Aug. 150. Geburtstag von Giuseppe Calì. Odr.; Wz. 6; gez. K 14:14¼.

agp) Erntezeit

  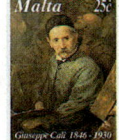

agr) Vorstehhund
ags) Bäuerin auf dem Feld
agt) G. Calìan seiner Staffelei; Gemälde von Edward Caruana Dingli (1876–1950)

agp–ags) Gemälde von G. Calì (1846–1930)

993	5 C mehrfarbig .... agp	0,30	0,30
994	14 C mehrfarbig .... agr	0,70	0,70
995	20 C mehrfarbig .... ags	0,80	0,90
996	25 C mehrfarbig .... agt	1,20	1,20
	Satzpreis (4 W.)	3,—	3,—
	FDC		4,—

1996, 26. Sept. Omnibusse. Odr.; Wz. 6; gez. K 14:14¼.

agu) Tal-Gallarija „Diamond Star" Nr. 1990 (1922)

agv) Stewart „Tom Mix" Nr. 434 (um 1935)

agw) Diamond T „Verdala" Nr. 1764 (um 1940)

agx) Front Control Nr. 3495 (um 1965)

997	2 C mehrfarbig .... agu	0,20	0,20
998	5 C mehrfarbig .... agv	0,40	0,40
999	14 C mehrfarbig .... agw	1,—	1,—
1000	30 C mehrfarbig .... agx	2,—	2,—
	Satzpreis (4 W.)	3,50	3,50
	FDC		4,50

1996, 7. Nov. Weihnachten. Odr.; Wz. 6; MiNr. 1001 gez. K 13¾, MiNr. 1002–1004 gez. K 14:13¾.
agy) Zusammenfassung der Bildmotive agz–ahb

agz) Maria mit Kind

aha) Engel

ahb) Engel

1001	5 C mehrfarbig .... agy	0,30	0,30
1002	5 C + 2 C mehrfarbig .... agz	0,40	0,40
1003	14 C + 3 C mehrfarbig .... aha	0,80	0,80
1004	25 C + 3 C mehrfarbig .... ahb	1,50	1,50
	Satzpreis (4 W.)	3,—	3,—
	FDC		3,80

1997

1997, 20. Febr. 200. Jahrestag der Stadterhebung von Żabbar, Siġġiewi und Żejtun durch Ferdinand Freiherr von Hompesch (1744–1805), deutscher Großmeister des Malteserordens. Odr.; Wz. 6; gez. K 14¼:14.

ahc) Triumphbogen, Żabbar (Città Hompesch); Stadtwappen

ahd) St.-Nikolaus-Statue und Pfarrkirche, Siġġiewi (Città Ferdinand); Stadtwappen

ahe) Papst-Gregor-Denkmal, Żejtun (Città Beland); Stadtwappen

1005	6 C mehrfarbig .... ahc	0,40	0,40
1006	16 C mehrfarbig .... ahd	0,80	0,80
1007	26 C mehrfarbig .... ahe	1,80	1,80
	Satzpreis (3 W.)	3,—	3,—
	FDC		4,—

Blockausgabe mit MiNr. 1005–1007

Block 15	(125 × 90 mm) .... ahf	3,50	3,50
	FDC		4,50

1997, 11. April. Maltesische Kunstschätze: Sänften. Odr.; Wz. 6; gez. K 14¼.

ahg) Sänfte des Befehlshabers der Galeeren Bali' Fra Victor Nicolas de Vachon Belmont (1728–1807)

ahh) Sänfte der Cotoner Großmeister Raphael (reg. 1660–1663) und Nicolas (reg. 1663–1680)

ahi) Sänfte des Großmeister des Johanniterordens (vor 1741)

ahk) Sänfte von Chevalier Corrado d'Arezzo († 1782)

1008	2 C mehrfarbig .... ahg	0,20	0,20
1009	6 C mehrfarbig .... ahh	0,30	0,30
1010	16 C mehrfarbig .... ahi	0,80	0,80
1011	27 C mehrfarbig .... ahk	1,20	1,20
	Satzpreis (4 W.)	2,50	2,50
	FDC		3,50

MICHEL-Einführung in die Druckverfahren

Die ausführliche Erklärung der wichtigsten Druckverfahren mit Abbildungen und Beispielen.

Malta

1997, 5. Mai. Europa: Sagen und Legenden. Odr.; Wz. 6; gez. K 14¼.

ahl) Gahan, mit einer Haustüre unter dem Arm, auf dem Weg zur Kirche

ahm) Mutter betet zum hl. Dimitrius, der ihren Sohn vom Sklavenschiff befreien soll

1012	16 C mehrfarbig	ahl	1,50	1,50
1013	35 C mehrfarbig	ahm	2,50	2,50
		FDC	4,—	4,—
				5,—
	Kleinbogensatz (2 Klb.)		40,—	40,—

MiNr. 1012–1013 wurden jeweils im Kleinbogen zu 10 Marken und 2 verschiedenen Zierfeldern gedruckt.

1997, 10. Juli. 100. Geburtstag von Joseph Calleia. Odr.; Wz. 6; gez. K 14:14¼.

ahn   aho

ahn–aho) J. Calleia (1897–1975), Schauspieler, in verschiedenen Filmrollen; Filmstreifen, Kamera

1014	6 C mehrfarbig	ahn	0,30	0,30
1015	22 C mehrfarbig	aho	1,20	1,20
	Satzpreis (2 W.)		1,50	1,50
		FDC		2,50

1997, 10. Juli. 50. Todestag von Antonio Sciortino. Odr.; Wz. 6; gez. K 14¼:14.

ahp   ahr

ahp–ahr) Skulpturen von A. Sciortino (1879–1947), Bildhauer

1016	1 C mehrfarbig	ahp	0,10	0,10
1017	16 C mehrfarbig	ahr	0,90	0,90
	Satzpreis (2 W.)		1,—	1,—
		FDC		1,50

1997, 10. Juli. 300 Jahre Kathedrale von Gozo. Odr.; Wz. 6; gez. K 14:14¼.

ahs   aht

ahs–aht) Kathedrale von Gozo, 1697 erbaut von Lorenzo Gafà (1630–1704), Architekt

1018	6 C mehrfarbig	ahs	0,30	0,30
1019	11 C mehrfarbig	aht	0,70	0,70
	Satzpreis (2 W.)		1,—	1,—
		FDC		2,—

1997, 24. Sept. Bedeutende Pädagogen. Odr.; Wz. 6; gez. K 14¼:14.

ahu) Dr. Albert V. Laferla (1887 bis 1943), Leiter des Erziehungswesens von Malta

ahv) Hl. Emilie de Vialar (1797 bis 1856), Schulschwester und Ordensgründerin

ahw) Mgr. Paolo Pullicino (1815–1890), Schulreformer

ahx) Mgr. Tommaso Gargallo (um 1544 bis 1614), Gründer der 1. Schule, später Universität

1020	6 C mehrfarbig	ahu	0,30	0,30
1021	16 C mehrfarbig	ahv	0,70	0,70
1022	19 C mehrfarbig	ahw	0,80	0,80
1023	26 C mehrfarbig	ahx	1,20	1,20
	Satzpreis (4 W.)		3,—	3,—
		FDC		3,60

1997, 12. Nov. Weihnachten. Odr.; Wz. 6; gez. K 13¾:14¼, Hochformate ~.

ahy) Anbetung der Hirten (Zusammenfassung der Bildmotive ahz–aib)

ahz) Maria mit Kind   aia) Hirte mit Esel   aib) Hirte und Lamm

1024	6 C mehrfarbig	ahy	0,50	0,50
1025	6 C + 2 C mehrfarbig	ahz	0,50	0,50
1026	16 C + 3 C mehrfarbig	aia	1,—	1,—
1027	26 C + 3 C mehrfarbig	aib	1,50	1,50
	Satzpreis (4 W.)		3,50	3,50
		FDC		4,50

1997, 5. Dez. Jahrestage und Ereignisse: 100 Jahre Befestigungsanlagen „Victoria Lines"; 50 Jahre innere Selbstverwaltung. Odr.; Wz. 6; gez. K 14:14¼.

aic) Soldaten an Wehrmauer, Befestigungsanlage

aid) Verkündigung der Selbstverwaltung durch Gouverneur F. C. R. Douglas (1947)

aie) Geschützbatterie   aif) Bürger vor Wahllokal

1028	2 C	mehrfarbig	aic	0,10	0,10
1029	6 C	mehrfarbig	aid	0,30	0,30
1030	16 C	mehrfarbig	aie	0,80	0,80
1031	37 C	mehrfarbig	aif	1,80	1,80
			Satzpreis (4 W.)	3,—	3,—
			FDC		3,50

1998

1998, 28. März. 200. Jahrestag der Beendigung der Herrschaft der Johanniter auf Malta. Odr. (5×10); Wz. 6; gez. K 14:14¼.

ai) Ferdinand Freiherr v. Hompesch (1744–1805), letzter Großmeister des Johanniterordens
aio) Abzug der Ordensritter (1798); zeitgenössische Darstellung

aip) Ankunft der französischen Flotte (9.6.1798)
air) Napoleon I. (1769–1821, reg. 1804–1815), Kaiser der Franzosen

1037	6 C	mehrfarbig	ain	0,40	0,40
1038	6 C	mehrfarbig	aio	0,40	0,40
1039	16 C	mehrfarbig	aip	0,80	0,80
1040	16 C	mehrfarbig	air	0,80	0,80
			Satzpreis (2 Paare)	2,50	2,50
			FDC		3,50

Nominalgleiche Marken wurden schachbrettartig zusammenhängend gedruckt.

1998, 26. Febr. Maltesische Kunstschätze: Trachtenausstellung, Valletta; 200. Todestag von Antoine Chevalier De Favray. Odr. (10×5); Wz. 6; gez. K 14¼:14.

aig) Herrenweste (um 1800)
aih) Maria Amelia Grognet
aii) Festkleid (um 1880)
aik) Baronin Abela mit ihrem Enkel

aih, aik) Gemälde von A. De Favray (1706–1798), französischer Maler

1032	6 C	mehrfarbig	aig	0,30	0,30
1033	6 C	mehrfarbig	aih	0,30	0,30
1034	16 C	mehrfarbig	aii	0,80	0,80
1035	16 C	mehrfarbig	aik	0,80	0,80
			Satzpreis (4 W.)	2,20	2,20
			FDC		3,—

1998, 22. April. Europa: Nationale Feste und Feiertage. Odr. (3×4); Wz. 6; gez. K 14.

ais
ait

ais–ait) Gedenkregatta anläßlich der Beendigung der Großen Belagerung von 1565 (8. September)

1041	16 C	mehrfarbig	ais	1,20	1,20
1042	35 C	mehrfarbig	ait	2,40	2,40
			Satzpreis (2 W.)	3,50	3,50
			FDC		4,—
			Kleinbogensatz (2 Klb.)	35,—	35,—

MiNr. 1041–1042 wurden jeweils im Kleinbogen zu 10 Marken und 2 verschiedenen Zierfeldern gedruckt.

1998, 26. Febr. Blockausgabe: Europäischer Kulturmonat, Valletta. Odr.; Wz. 6; gez. K 13¼.

ail) Ansicht von Valletta (17. Jh.)
aim

1036	26 C	mehrfarbig	ail	2,—	2,—
Block 16	(123×88 mm)		aim	2,50	2,50
			FDC		3,—

1998, 27. Mai. Internationales Jahr des Ozeans. Odr. (10×5, Querformate ~); Wz. 6; gez. K 14¼:14, Querformate ~.

aiu) Delphin, Taucher

aiv) Hand mit Seeigel, Taucher
aiw) Jacques-Yves Cousteau (1910–1997), französ. Meeresforscher
aix) Zwei Taucher

MiNr. 439–1031 frankaturgültig bis 31.7.2002

Malta

1043	2 C	mehrfarbig	aiu	0,20	0,20
1044	6 C	mehrfarbig	aiv	0,30	0,30
1045	16 C	mehrfarbig	aiw	1,—	1,—
1046	27 C	mehrfarbig	aix	1,50	1,50
			Satzpreis (4 W.)	3,—	3,—
			FDC		4,—

1998, 10. Juni. Fußball-Weltmeisterschaft, Frankreich. Odr. (5×10); Wz. 6; gez. K 14.

aiy aiz aka

aiy–aka) Spielszenen

1047	6 C	mehrfarbig	aiy	0,30	0,30
1048	16 C	mehrfarbig	aiz	1,—	1,—
1049	22 C	mehrfarbig	aka	1,20	1,20
			Satzpreis (3 W.)	2,50	2,50
			FDC		3,50

Blockausgabe mit MiNr. 1047–1049

Block 17	(122×87 mm)		ahf	3,50	3,50
			FDC		4,50

1998, 17. Sept. Jahrestage: 50 Jahre Internationale Seeschiffahrts-Organisation (IMO); 50. Jahrestag der Allgemeinen Erklärung der Menschenrechte; 50 Jahre Einzelhandelsgewerkschaft (GRTU); 150 Jahre Handelskammer; 25 Jahre nationale Fluggesellschaft „Air Malta". Odr. (5×10); Wz. 6; gez. K 14.

akc) Steuerräder, IMO-Emblem

akd) Stilisierte Menschen ake) Zahnräder, GRTU-Emblem akf) Symbolische Darstellung akg) Flugzeugheckleitwerke

1050	1 C	mehrfarbig	akc	0,10	0,10
1051	6 C	mehrfarbig	akd	0,20	0,20
1052	11 C	mehrfarbig	ake	0,50	0,50
1053	19 C	mehrfarbig	akf	0,80	0,80
1054	26 C	mehrfarbig	akg	1,20	1,20
			Satzpreis (5 W.)	2,80	2,80
			FDC		3,60

MICHELsoft – erstellt Ihre Bestandslisten, Fehllisten, Motivlisten, ABC-Listen, etc. in Sekundenschnelle!

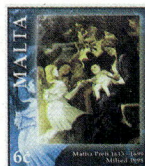

1998, 19. Nov. Weihnachten. Odr.; Wz. 6; gez. K 14¼.

akh) Rast auf der Flucht nach Ägypten

akh–akl) Gemälde von Mattia Preti (1613–1699), italienischer Maler

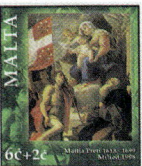  

aki) Maria mit Kind, hl. Antonius und hl. Johannes d. Täufer akk) Maria mit Kind, hl. Raphael, hl. Nikolaus und hl. Gregor akl) Maria mit Kind, hl. Johannes der Täufer und hl. Nikolaus

1055	6 C	mehrfarbig	akh	0,20	0,20
1056	6 C + 2 C	mehrfarbig	aki	0,30	0,30
1057	16 C + 3 C	mehrfarbig	akk	1,—	1,—
1058	26 C + 3 C	mehrfarbig	akl	2,—	2,—
			Satzpreis (4 W.)	3,50	3,50
			FDC		4,50

1999

1999, 26. Febr. 900 Jahre Malteserorden. Odr., Kleinbogen (2×5, Hochformate ~); Wz. 6; gez. K 14.

akm) Fort St. Angelo

akn) Großmeister l'Isle Adam (Gemälde) ako) Großmeister La Valette (Gemälde) akp) „Auberge de Castille" des Ordens Valetta

1059	2 C	mehrfarbig	akm	0,20	0,20
1060	6 C	mehrfarbig	akn	0,30	0,30
1061	16 C	mehrfarbig	ako	1,—	1,—
1062	27 C	mehrfarbig	akp	2,—	2,—
			Satzpreis (4 W.)	3,50	3,50
			FDC		4,50
			Kleinbogensatz (4 Klb.)	35,—	35,—

1999, 6. April. 50 Jahre Europarat; Europa: Natur- und Nationalparks. Odr., Kleinbogen (2×5); Wz. 6; gez. K 13¾.

akr) Plenarsaal im Palast der Menschenrechte, Straßburg aks) Palast der Menschenrechte, Straßburg

Malta

akt) Naturschutzgebiet Gandhira, Flußregenpfeifer (Charadrius dubius)

aku) Naturschutzgebiet Simar, Eisvogel (Alcedo atthis)

1063	6 C	mehrfarbig	akr	0,50	0,50
1064	16 C	mehrfarbig	aks	1,—	1,—
1065	16 C	mehrfarbig	akt	1,—	1,—
1066	35 C	mehrfarbig	aku	2,—	2,—
		Satzpreis (4 W.)		4,50	4,50
		FDC			5,—
		Kleinbogensatz (4 Klb.)		45,—	45,—

1999, 2. Juni. 125 Jahre Weltpostverein (UPU): Internationale Briefmarkenausstellungen. Odr., Kleinbogen (1×2 Zd); gez. K 13¾.

akz) AUSTRALIA '99, Melbourne

akw) IBRA '99, Nürnberg

akv) Ansicht von Malta, UPU-Emblem

akx) PHILEX-FRANCE '99, Paris

aky) CHINA '99, Peking

1067	6 C	mehrfarbig	akv	0,30	0,30
1068	16 C	mehrfarbig	akw	1,—	1,—
1069	22 C	mehrfarbig	akx	1,20	1,20
1070	27 C	mehrfarbig	aky	1,50	1,50
1071	37 C	mehrfarbig	akz	2,—	2,—
		Satzpreis (5 W.)		6,—	6,—
		Fünferstreifen		7,—	7,—
		FDC			8,—
		Kleinbogen		15,—	15,—

1999, 16. Juni. Tourismus. Odr., Kleinbogen (5×2, Querformate ~); gez. K 13¾:14.

  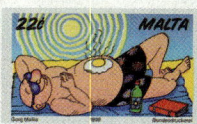

ala) Bootsfahrt   alb) Urlaubsfoto   alc) Sonnenbad

ald) Kutschfahrt   ale) Besichtigung

1072	6 C	mehrfarbig	ala	0,30	0,30
1073	16 C	mehrfarbig	alb	1,—	1,—
1074	22 C	mehrfarbig	alc	1,20	1,20
1075	27 C	mehrfarbig	ald	1,50	1,50
1076	37 C	mehrfarbig	ale	2,—	2,—
		Satzpreis (5 W.)		6,—	6,—
		FDC			7,—
		Kleinbogensatz (5 Klb.)		60,—	60,—

1999, 25. Aug. Fauna des Mittelmeeres. Odr., Zd-Bogen (4×4); gez. K 13¾.

alf) Leuchtqualle (Pelagia noctiluca)
alg) Pfauenjunker (Thalassoma pavo)
alh) Gemeiner Tintenfisch (Sepia officinalis)
ali) Violetter Seeigel (Sphaerechinus granularis)
alk) Brauner Zackenbarsch (Epinephelus guaza)
all) Zweibindenbrasse (Diplodus vulgaris)
alm) Sternkoralle (Astroides calycularis)
aln) Seespinne (Maia squinado)
alo) Nördlicher Meerjunker (Coris julis)
alp) Polyp (Octopus vulgaris)
alr) Tritonshorn (Charonia variegata)
als) Kretischer Papageifisch (Sparisoma cretense)
alt) Langschnauziges Seepferdchen (Hippocampus ramulosus)
alu) Einsiedlerkrebs (Dardanus arrosor)
alv) Gefleckte Muräne (Muraena helena)
alw) Purpurstern (Echinaster sepositus)

1077	6 C	mehrfarbig	alf	0,40	0,40
1078	6 C	mehrfarbig	alg	0,40	0,40
1079	6 C	mehrfarbig	alh	0,40	0,40
1080	6 C	mehrfarbig	ali	0,40	0,40
1081	6 C	mehrfarbig	alk	0,40	0,40
1082	6 C	mehrfarbig	all	0,40	0,40
1083	6 C	mehrfarbig	alm	0,40	0,40
1084	6 C	mehrfarbig	aln	0,40	0,40
1085	6 C	mehrfarbig	alo	0,40	0,40
1086	6 C	mehrfarbig	alp	0,40	0,40
1087	6 C	mehrfarbig	alr	0,40	0,40
1088	6 C	mehrfarbig	als	0,40	0,40
1089	6 C	mehrfarbig	alt	0,40	0,40
1090	6 C	mehrfarbig	alu	0,40	0,40
1091	6 C	mehrfarbig	alv	0,40	0,40
1092	6 C	mehrfarbig	alw	0,40	0,40
		Satzpreis (16 W.)		6,—	6,—
		Zd-Bogen		7,—	7,—
		FDC			8,—

1999, 6. Okt. 200. Jahrestag des Aufstandes gegen die französische Verwaltung. Odr., Kleinbogen (1 × 5 Zd); gez. K 14.

alx) Michael Xerri, maltesischer Universitätsprofessor und Patriot
aly) Der Maltesische Held (Figurengruppe)

alz) General Belgrand de Vaubois, Kommandeur der französischen Truppen auf Malta
ama) Hauptmann Alexander Ball, Kommandeur der britischen Truppen auf Malta

1093	6 C	mehrfarbig	alx	0,50	0,50
1094	6 C	mehrfarbig	aly	0,50	0,50
1095	16 C	mehrfarbig	alz	1,—	1,—
1096	16 C	mehrfarbig	ama	1,—	1,—
		Satzpreis (2 Paare)		3,—	3,—
		FDC			3,50
		Kleinbogensatz (2 Klb.)		15,—	15,—

Nominalgleiche Marken wurden schachbrettartig zusammenhängend in Kleinbogen gedruckt.

1999, 6. Okt. Krönung der Muttergottes von Mellieha. Odr., Kleinbogen (2 × 5); gez. K 14.

amb) Ritter Wolfgang Philip Guttenberg bittet die Muttergottes um Fürsprache; Gemälde von Stefano Erardi (1630–1716)

1097	35 C mehrfarbig	amb	2,—	2,—
	FDC			2,50
	Kleinbogen		20,—	20,—

Blockausgabe

amc) Muttergottes von Mellieha; Fresko in der Kirche von Mellieha   amd

1098	6 C mehrfarbig	amc	0,80	0,80
Block 18	(123 × 88 mm)	amd	1,—	1,—
	FDC			1,50

1999, 20. Okt./2005, 24. Mai. Freimarken: Einheimische Flora.
I = Odr. (5 × 2), II = Laserdruck (1 × 5 Zd); A = gez. K 13¾, C = gez. K 14¼.

ame) Pankrazlilie (Pancratium maritimum)
amf) Zwergschwertlilie (Iris pseudopumila)
amg) Tazette (Narcissus tazetta)

amh) Krokus (Crocus longifloris)
ami) Milchstern (Ornithogalum arabicum)
amk) Tulpe (Tulipa sylvestris)

1099 I A	2 C	mehrfarbig	ame	0,10	0,10
1100 I A	4 C	mehrfarbig	amf	0,20	0,20
1101 I A	6 C	mehrfarbig	amg	0,30	0,30
1102	16 C	mehrfarbig	amh		
I A		Odr., gez. K 13¾		0,70	0,70
II C		Laserdr., gez. K 14¼ (24.5.2005)		3,50	3,50
1103 I A	25 C	mehrfarbig	ami	1,20	1,20
1104 I A	46 C	mehrfarbig	amk	2,—	2,—
		Satzpreis I A (6 W.)		4,50	4,50
		FDC I A			5,—
		Kleinbogensatz I A (6 Klb.)		45,—	45,—
		1253 II C Zf		3,50	3,50
		Kleinbogen II C		18,—	18,—

I = mit Jahreszahl 1999 und Druckvermerk „Bundesdruckerei", II = mit Jahreszahl 2005 und Druckvermerk „Printex Ltd"

MiNr. 1102 II C wurde im Kleinbogen zu 5 Marken und 5 personalisierbaren Zierfeldern gedruckt und nur auf Bestellung abgegeben.

In gleicher Zeichnung wie MiNr. 1102, jedoch kleineres Format: MiNr. 1306
Weitere Werte: MiNr. 1138–1143, 1193–1198, 1253–1258, 1306

1999, 27. Nov. Weihnachten. Odr., Kleinbogen (5 × 2); gez. K 13¾.

aml) Hl. Maria mit Kind

amm) Kinder singen Weihnachtslieder
amn) Weihnachtsmann
amo) Christbaumschmuck

1105	6 C	mehrfarbig	aml	0,50	0,50
1106	6 C + 3 C	mehrfarbig	amm	0,70	0,70
1107	16 C + 3 C	mehrfarbig	amn	1,20	1,20
1108	26 C + 3 C	mehrfarbig	amo	1,60	1,60
		Satzpreis (4 W.)		4,—	4,—
		FDC			4,50
		Kleinbogensatz (4 Klb.)		40,—	40,—

Malta

1999, 10. Dez. 25 Jahre Republik Malta. Odr.; Kleinbogen (2×5); gez. K 14.

amp) Sitzungssaal

amr) Sitzung des Repräsentantenhauses

ams) Zentralbank von Malta

amt) Stadtansicht von Valletta

amu) Hafenansicht, Flugzeug, Computer

1109	6 C mehrfarbig	amp	0,30	0,30
1110	11 C mehrfarbig	amr	0,50	0,50
1111	16 C mehrfarbig	ams	0,70	0,70
1112	19 C mehrfarbig	amt	1,—	1,—
1113	26 C mehrfarbig	amu	1,50	1,50
	Satzpreis (5 W.)		4,—	4,—
	FDC			4,50
	Kleinbogensatz (5 Klb.)		40,—	40,—

2000

2000, 9. Febr. Grußmarken. Odr.; Kleinbogen (2×5); gez. K 14.

amv) Alles Gute zum Geburtstag

amw) Ich denke an dich

amx) Liebesgrüße zum Valentinstag

amy) Glückwünsche zum Jahreswechsel

amz) Gratulation zum Hochzeitstag

1114	3 C mehrfarbig	amv	0,20	0,20
1115	6 C mehrfarbig	amw	0,40	0,40
1116	16 C mehrfarbig	amx	0,80	0,80
1117	20 C mehrfarbig	amy	1,30	1,30
1118	22 C mehrfarbig	amz	1,30	1,30
	Satzpreis (5 W.)		4,—	4,—
	FDC			5,—
	Kleinbogensatz (5 Klb.)		40,—	40,—

FDC = Ersttagsbrief (First Day Cover)

2000, 7. März. Malta und Gozo im 20. Jahrhundert. Odr.; Kleinbogen (2×5); gez. K 13¾:14.

ana) Kreuzfahrtschiff im Hafen von Valletta, Malteserboot

anb) Dorffest in Zejtun, Dorfmusikanten

anc) Sonntagsspaziergang, Hafenszene in St. Julian

and) Bauernpaar, Zitadelle in Victoria (Rabat)

1119	6 C mehrfarbig	ana	0,40	0,40
1120	16 C mehrfarbig	anb	0,80	0,80
1121	22 C mehrfarbig	anc	1,20	1,20
1122	27 C mehrfarbig	and	1,60	1,60
	Satzpreis (4 W.)		4,—	4,—
	FDC			4,50
	Kleinbogensatz (4 Klb.)		40,—	40,—

2000, 28. März. Sport: 100 Jahre Maltesischer Fußballverband (MFA); Olympische Sommerspiele, Sydney; Fußball-Europameisterschaft, Belgien und Niederlande. Odr.; Kleinbogen (2×5); gez. K 14.

ane) Fußball-Spielszenen, Meisterschaftstrophäe

anf) Schwimmen, Segeln

ang) Judo, Schießen, Laufen

anh) Fußball-Spielszenen

1123	6 C mehrfarbig	ane	0,40	0,40
1124	16 C mehrfarbig	anf	0,80	0,80
1125	26 C mehrfarbig	ang	1,30	1,30
1126	37 C mehrfarbig	anh	2,—	2,—
	Satzpreis (4 W.)		4,50	4,50
	FDC			5,—
	Kleinbogensatz (4 Klb.)		45,—	45,—

2000, 9. Mai. Europa. Odr. (5×2); gez. K 14.

ani) Kinder bauen Sternenturm

1127	16 C mehrfarbig	ani	1,—	1,—
1128	46 C mehrfarbig	ani	3,50	3,50
	Satzpreis (2 W.)		4,50	4,50
	FDC			4,50
	Kleinbogensatz (2 Klb.)		45,—	45,—

Malta

2000, 28. Juni. 100 Jahre Flugwesen. Odr. (1×5 Zd); gez. K 14.

ank) Doppeldecker De Havilland 66 Hercules (1928)
anl) Luftschiff LZ 127 „Graf Zeppelin" (1933)

anm) Passagierflugzeug Douglas DC-3 Dakota (1949)
ann) Passagierflugzeug Airbus A 280 (1993)

1129	6 C	mehrfarbig	ank	0,40	0,40
1130	6 C	mehrfarbig	anl	0,40	0,40
1131	16 C	mehrfarbig	anm	0,90	0,90
1132	16 C	mehrfarbig	ann	0,90	0,90
		Satzpreis (4 W.)		2,50	2,50
		FDC			3,—
		Kleinbogensatz (2 Klb.)		13,—	13,—

Blockausgabe mit MiNr. 1129–1132

Block 19	(122×87 mm)	ano	2,50	2,50
	FDC			3,—

2000, 19. Juli. Feuerwerke. Odr. (2×5); gez. K 13¾:14.

anp

anr   ans

ant   anu

anp–anu) Verschiedene Großfeuerwerke

1133	2 C	mehrfarbig	anp	0,20	0,20
1134	6 C	mehrfarbig	anr	0,30	0,30
1135	16 C	mehrfarbig	ans	0,70	0,70
1136	20 C	mehrfarbig	ant	0,90	0,90
1137	50 C	mehrfarbig	anu	2,40	2,40
		Satzpreis (5 W.)		4,50	4,50
		FDC			5,—
		Kleinbogensatz (5 Klb.)		45,—	45,—

2000, 13. Sept. Freimarken: Einheimische Flora. Odr. (5×2); gez. K 13¾.

anv) Strohblume (Helichrysum melitense)
anw) Zistrose (Cistus creticus)
anx) Weiße Heckenrose (Rosa sempervirens)

any) Kardone (Cynara cardunculus)
anz) Hundswurz (Anacamptis pyramidalis)
aoa) Adonisröschen (Adonis microcarpa)

1138	1 C	mehrfarbig	anv	0,10	0,10
1139	3 C	mehrfarbig	anw	0,10	0,10
1140	10 C	mehrfarbig	anx	0,50	0,50
1141	12 C	mehrfarbig	any	0,60	0,60
1142	20 C	mehrfarbig	anz	0,90	0,90
1143	2 £	mehrfarbig	aoa	9,50	9,50
		Satzpreis (6 W.)		11,—	11,—
		FDC			12,—
		Kleinbogensatz (6 Klb.)		110,—	110,—

Weitere Werte: MiNr. 1099–1104, 1193–1198, 1253–1258, 1305 bis 1306

2000, 18. Okt. Internationaler Malwettbewerb für Kinder „Zukunft auf Briefmarken". Odr. (2×5); gez. K 14:13¾.

aob) Unsere Freunde die Tiere; von Jean Paul Zammit (7 J.)

aoc) Natur und Umwelt; von Bettina Paris (6 J.)
aod) Malta im 21. Jahrhundert; von Chiara Borg (14 J.)
aoe) Frieden in unserer Zeit; von Roxana Caruana (11 J.)

1144	6 C	mehrfarbig	aob	0,30	0,30
1145	6 C	mehrfarbig	aoc	0,30	0,30
1146	6 C	mehrfarbig	aod	0,30	0,30
1147	6 C	mehrfarbig	aoe	0,30	0,30
		Satzpreis (4 W.)		1,20	1,20
		FDC			2,—
		Kleinbogensatz (4 Klb.)		12,—	12,—

MICHELsoft – das komfortable Datenbankprogramm für Ihren Computer!

Malta

2000, 18. Nov. Weihnachten. Odr. (2×5); gez. K 14.

aof) Heilige Familie, Kinder

aog) Die Heiligen Drei Könige

aoh) Familie und Weihnachtsmann, Christbaum

aoi) Familie beim Kirchgang

1148	6 C	mehrfarbig	aof	0,30	0,30
1149	6 C + 3 C	mehrfarbig	aog	0,40	0,40
1150	16 C + 3 C	mehrfarbig	aoh	1,10	1,10
1151	26 C + 3 C	mehrfarbig	aoi	1,70	1,70
		Satzpreis (4 W.)		3,50	3,50
		FDC			4,—
		Kleinbogensatz (4 Klb.)		35,—	35,—

Blockausgabe mit MiNr. 1148–1151

Block 20	(175×45 mm)	aok	3,50	3,50
	FDC			4,—

Blockausgabe, gez. Ks 13¾

aor) Karnevalistengruppe (um 1950) aos) Karnevalistengruppe (2000) aot

1157	12 C	mehrfarbig	aor	1,—	1,—
1158	37 C	mehrfarbig	aos	2,—	2,—
Block 21	(127×92 mm)	aot	3,—	3,—
	FDC			3,20

2001

2001, 23. Febr. Karneval in Malta. Odr. (2×5, Hochformate ~); gez. K 13¾:14, Hochformate ~.

aol

aom

aon

aoo

aop

aol–aop) Szenen aus Karnevalsumzügen in Malta

1152	6 C	mehrfarbig	aol	0,40	0,40
1153	11 C	mehrfarbig	aom	0,60	0,60
1154	16 C	mehrfarbig	aon	1,—	1,—
1155	19 C	mehrfarbig	aoo	1,—	1,—
1156	27 C	mehrfarbig	aop	1,50	1,50
		Satzpreis (5 W.)		4,50	4,50
		FDC			5,—
		Kleinbogensatz (5 Klb.)		45,—	45,—

2001, 21. März. Leuchttürme. Odr. (5×2); gez. K 14:13¾.

aou) St. Elmo   aov) Gurdan, Insel Gozo   aow) Delimara

1159	6 C	mehrfarbig	aou	0,30	0,30
1160	16 C	mehrfarbig	aov	0,80	0,80
1161	22 C	mehrfarbig	aow	1,10	1,10
		Satzpreis (3 W.)		2,20	2,20
		FDC			3,—
		Kleinbogensatz (3 Klb.)		22,—	22,—

2001, 18. April. 50. Todestag von Edward Caruana Dingli. Odr. (5×2); gez. K 14:13¾.

aox) Die Hühnerverkäuferin

aox–apb) Gemälde von E. Caruana Dingli (1876–1950)

Malta

aoy) Der Dorf-schönling
aoz) Frau mit Faldetta
apa) Der Gitarrenspieler
apb) Orangenverkäuferin am Straßenrand

1162	2 C mehrfarbig	aox	0,10	0,10
1163	4 C mehrfarbig	aoy	0,20	0,20
1164	6 C mehrfarbig	aoz	0,30	0,30
1165	10 C mehrfarbig	apa	0,50	0,50
1166	26 C mehrfarbig	apb	1,30	1,30
	Satzpreis (5 W.)		2,40	2,40
	FDC			3,20
	Kleinbogensatz (5 Klb.)		24,—	24,—

2001, 23. Mai. Europa: Lebensspender Wasser. Odr. (2×5); gez. K 14:14¼.

apg) Gemalter Scheibenzüngler (Discoglossus pictus)
aph) Heidelibelle (Sympetrum fonscolombii)

1170	16 C mehrfarbig	apg	1,—	1,—
1171	46 C mehrfarbig	aph	3,—	3,—
	Satzpreis (2 W.)		4,—	4,—
	FDC			5,—
	Kleinbogensatz (2 Klb.)		40,—	40,—

2001, 4. Mai. Besuch von Papst Johannes Paul II. in Malta. Odr. (2×5); gez. K 13¾:14.

apc) Nazju Falzon (1813–1865), Ġorġ Preca (1880–1962) und Maria Adeodata Pisani (1806–1855)
apd) Papst Johannes Paul II. (1920–2005, reg. ab 1978), Statue des hl. Paulus

1167	6 C mehrfarbig	apc	0,30	0,30
1168	16 C mehrfarbig	apd	0,80	0,80
	Satzpreis (2 W.)		1,10	1,10
	FDC			1,90
	Kleinbogensatz (2 Klb.)		11,—	11,—

2001, 22. Juni. Einheimische Vögel. Odr., Zd-Bogen (4×4); gez. K 13¾.

api) Gelbfüßiger Silbermöwe (Larus cachinnans)
apk) Turmfalke (Falco tinnunculus)
apl) Pirol (Oriolus oriolus)
apm) Buchfink (Fringilla coelebs), Stieglitz (Carduelis carduelis)
apn) Blaumerle (Monticola solitarius)
apo) Bienenfresser (Merops apiaster)
app) Mehlschwalbe (Delichon urbica), Rauchschwalbe (Hirundo rustica)
apr) Weidensperling (Passer hispaniolensis)
aps) Brillengrasmücke (Sylvia conspicillata)
apt) Turteltaube (Streptopelia turtur)
apu) Spießente (Anas acuta)
apv) Zwergdommel (Ixobrychus minutus)
apw) Waldschnepfe (Scolopax rusticola)
apx) Sumpfohreule (Asio flammeus)
apy) Kiebitz (Vanellus vanellus)
apz) Teichhuhn (Gallinula chloropus)

1172	6 C mehrfarbig	api	0,40	0,40
1173	6 C mehrfarbig	apk	0,40	0,40
1174	6 C mehrfarbig	apl	0,40	0,40
1175	6 C mehrfarbig	apm	0,40	0,40
1176	6 C mehrfarbig	apn	0,40	0,40
1177	6 C mehrfarbig	apo	0,40	0,40
1178	6 C mehrfarbig	app	0,40	0,40
1179	6 C mehrfarbig	apr	0,40	0,40
1180	6 C mehrfarbig	aps	0,40	0,40
1181	6 C mehrfarbig	apt	0,40	0,40
1182	6 C mehrfarbig	apu	0,40	0,40
1183	6 C mehrfarbig	apv	0,40	0,40
1184	6 C mehrfarbig	apw	0,40	0,40

Blockausgabe

ape) N. Falzon, Ġ. Preca, A. Pisani und Papst Johannes Paul II. — apf

1169	75 C mehrfarbig	ape	3,50	3,50
Block 22	(123×87 mm)	apf	4,—	4,—
	FDC			4,50

1185	6 C	mehrfarbig	apx	0,40	0,40
1186	6 C	mehrfarbig	apy	0,40	0,40
1187	6 C	mehrfarbig	apz	0,40	0,40
		Satzpreis (16 W.)		6,—	6,—
		Zd-Bogen		7,—	7,—
		FDC			8,—

2001, 20. Okt. Hunderassen. Odr. (2×5); gez. K 14.

arm) Pharaonenhund

arn) Bracke

aro) Malteser

arp) Zwergpinscher

1199	6 C	mehrfarbig	arm	0,30	0,30
1200	16 C	mehrfarbig	arn	0,90	0,90
1201	19 C	mehrfarbig	aro	1,—	1,—
1202	35 C	mehrfarbig	arp	1,80	1,80
		Satzpreis (4 W.)		4,—	4,—
		FDC			4,80
		Kleinbogensatz (4 Klb.)		40,—	40,—

2001, 22. Aug. Traditionelle Musikinstrumente. Odr. (5×2); gez. K 13¾.

ara) Blockflöte

arb) Rohrflöte

arc) Dudelsack

ard) Rührtrommel

are) Tamburin

1188	1 C	mehrfarbig	ara	0,10	0,10
1189	3 C	mehrfarbig	arb	0,15	0,15
1190	14 C	mehrfarbig	arc	0,70	0,70
1191	20 C	mehrfarbig	ard	1,—	1,—
1192	25 C	mehrfarbig	are	1,30	1,30
		Satzpreis (5 W.)		3,20	3,20
		FDC			4,—
		Kleinbogensatz (5 Klb.)		32,—	32,—

2001, 29. Nov. Weihnachten. Odr. (2×5); gez. K 14.

arr) Frau fängt Kometen mit Käscher

ars) Familie

art) Frau umarmt Mutter

aru) Frau mit Einkaufstaschen

1203	6 C + 2 C	mehrfarbig	arr	0,50	0,40
1204	15 C + 2 C	mehrfarbig	ars	1,—	1,—
1205	16 C + 2 C	mehrfarbig	art	1,—	1,—
1206	19 C + 3 C	mehrfarbig	aru	1,50	1,10
		Satzpreis (4 W.)		4,—	3,50
		FDC			4,—
		Kleinbogensatz (4 Klb.)		40,—	40,—

2002

2001, 19. Sept. Freimarken: Einheimische Flora. Odr. (5×2); gez. K 13¾.

arf) Klatschmohn (Papaver rhoeas)

arg) Farbiges Leimkraut (Silene colorata)

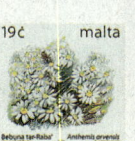
arh) Ackerkamille (Anthemis arvensis)

ari) Borretsch (Borago officinalis)

ark) Kronen-Wucherblume (Chrysanthemum coronarium)

arl) Algiermalve (Malva sylvestris)

1193	5 C	mehrfarbig	arf	0,10	0,10
1194	11 C	mehrfarbig	arg	0,50	0,50
1195	19 C	mehrfarbig	arh	1,50	1,—
1196	27 C	mehrfarbig	ari	2,—	1,50
1197	50 C	mehrfarbig	ark	3,—	2,50
1198	1 £	mehrfarbig	arl	6,—	5,20
		Satzpreis (6 W.)		13,—	11,—
		FDC			12,—
		Kleinbogensatz (6 Klb.)		110,—	110,—

Weitere Werte: MiNr. 1099–1104, 1138–1143, 1253–1258, 1305 bis 1306

2002, 30. Jan. Weltweiter Naturschutz: Seepferdchen. Odr. (5×2); gez. K 14.

arv

arw

arx

ary

arv, arx) Langschnauziges Seepferdchen (Hippocampus guttulatus)
arw, ary) Kurzschnauziges Seepferdchen (Hippocampus hippocampus)

1207	6 C	mehrfarbig	arv	0,30	0,30
1208	6 C	mehrfarbig	arw	0,30	0,30
1209	16 C	mehrfarbig	arx	0,80	0,80
1210	16 C	mehrfarbig	ary	0,80	0,80
		Satzpreis (4 W.)		2,20	2,20
		FDC			3,—
		Kleinbogensatz (4 Klb.)		22,—	22,—

Malta

2002, 27. März. Antike Möbel. Odr. (2×5, Hochformate ~); gez. K 14.

arz) Kommode (18. Jh.)

asa) Sekretär (17. Jh.)

asb) Tisch (17. Jh.)

asc) Eckschrank (18. Jh.)

asd) Kommode (17. Jh.)

1211	2 C	mehrfarbig	arz	0,10	0,10
1212	4 C	mehrfarbig	asa	0,20	0,20
1213	11 C	mehrfarbig	asb	0,60	0,60
1214	26 C	mehrfarbig	asc	1,30	1,30
1215	60 C	mehrfarbig	asd	3,—	3,—
		Satzpreis (5 W.)		5,—	5,—
		FDC			6,—
		Kleinbogensatz (5 Klb.)		50,—	50,—

2002, 9. Mai. Europa: Zirkus. Odr. (5×2); gez. K 14.

ase) Clown

1216	16 C	mehrfarbig	ase	1,20	1,20
		FDC			1,80
		Kleinbogen		12,—	12,—

Vor Einsendung von geprüften Markenvorlagen bitten wir Sie, sich zu überlegen, ob Ihre beabsichtigte Meldung für diesen Katalog auch wirklich geeignet ist. Wir empfehlen Ihnen darüberhinaus, die unter dem Titel „MICHEL-Abartenführer" beim Fachhandel vorliegende „Anleitung zur Bestimmung von Abarten, Abweichungen und Fehlern auf Briefmarken" zu Rate zu ziehen. Aus dieser kleinen Broschüre können Sie alle wichtigen Informationen zum Thema Abarten entnehmen.

2002, 26. Juni. Schmetterlinge. Odr. (4×4); gez. K 13¾.

asf) Hyles sammuti
asg) Wanderbuntbär (Utetheisa pulchella)
ash) Ophiusa tirhaca
asi) Zimtbär (Phragmatobia fuliginosa)
ask) Distelfalter (Vanessa cardui)
asl) Hauhechel-Bläuling (Polyommatus icarus)
asm) Mittelmeer-Zitronenfalter (Gonepteryx cleopatra)
asn) Admiral (Vanessa atalanta)
aso) Eucrostes indigenata
asp) Taubenschwänzchen (Macroglossum stellatarum)
asr) Eichenspinner (Lasiocampa quercus)
ass) Pappelkarmin (Catocala elocata)
ast) Großes Ochsenauge (Maniola jurtina)
asu) Großer Kohlweißling (Pieris brassicae)
asv) Maltesischer Schwalbenschwanz (Papilio machaon melitensis)
asw) Kleiner Monarch (Danaus chrysippus)

1217	6 C	mehrfarbig	asf	0,40	0,40
1218	6 C	mehrfarbig	asg	0,40	0,40
1219	6 C	mehrfarbig	ash	0,40	0,40
1220	6 C	mehrfarbig	asi	0,40	0,40
1221	6 C	mehrfarbig	ask	0,40	0,40
1222	6 C	mehrfarbig	asl	0,40	0,40
1223	6 C	mehrfarbig	asm	0,40	0,40
1224	6 C	mehrfarbig	asn	0,40	0,40
1225	6 C	mehrfarbig	aso	0,40	0,40
1226	6 C	mehrfarbig	asp	0,40	0,40
1227	6 C	mehrfarbig	asr	0,40	0,40
1228	6 C	mehrfarbig	ass	0,40	0,40
1229	6 C	mehrfarbig	ast	0,40	0,40
1230	6 C	mehrfarbig	asu	0,40	0,40
1231	6 C	mehrfarbig	asv	0,40	0,40
1232	6 C	mehrfarbig	asw	0,40	0,40
		Satzpreis (16 W.)		6,—	6,—
		Zd-Bogen		7,—	7,—
		FDC			8,—

MICHELsoft

die Datenbank für jeden ernsthaften Philatelisten

Malta

2002, 13. Aug. Maltesische Küche. Odr. (2×5); gez. K 14.

asx) Gemüseeintopf mit verlorenen Eiern

asy) Gefüllte Artischocken

asz) Gebratener Fisch mit Auberginen

ata) Obstkranz

1233	7 C mehrfarbig .... asx	0,30	0,30
1234	12 C mehrfarbig .... asy	0,60	0,60
1235	16 C mehrfarbig .... asz	0,80	0,80
1236	27 C mehrfarbig .... ata	1,30	1,30
	Satzpreis (4 W.)	3,—	3,—
	FDC		3,80
	Kleinbogensatz (4 Klb.)	30,—	30,—

Blockausgabe

atb) Erbseneintopf mit Fleisch   atc

1237	75 C mehrfarbig .... atb	3,50	3,50
Block 23	(125×89 mm) .... atc	4,—	4,—
	FDC		4,50

2002, 25. Sept. Sukkulenten. Odr. (2×5, Hochformate ~); gez. K 14.

atd) Yavia cryptocarpa

ate) Aztekium hintonii

atf) Pseudolithos migiurtinus

atg) Pierrebraunia brauniorum

ath) Euphorbia turbiniformis

1238	1 C mehrfarbig .... atd	0,10	0,10
1239	7 C mehrfarbig .... ate	0,40	0,40
1240	28 C mehrfarbig .... atf	1,40	1,40
1241	37 C mehrfarbig .... atg	1,80	1,80
1242	76 C mehrfarbig .... ath	3,80	3,80
	Satzpreis (5 W.)	7,50	7,50
	FDC		8,50
	Kleinbogensatz (5 Klb.)	75,—	75,—

2002, 18. Okt. Persönlichkeiten. Odr. (5×2); gez. K 14.

ati) Adrian Dingli (1817–1900), Richter

atk) Oreste Kirkop (1923–1998), Opernsänger

atl) Athanasius Kircher (1602 bis 1680), deutscher Jesuit und Universalgelehrter

atm) Saverio Cassar (1746–1805), Erzpriester und Gouverneur

atn) Emmanuel Vitale (1759–1802), Notar

1243	3 C mehrfarbig .... ati	0,20	0,20
1244	7 C mehrfarbig .... atk	0,40	0,40
1245	15 C mehrfarbig .... atl	0,80	0,80
1246	35 C mehrfarbig .... atm	1,70	1,70
1247	50 C mehrfarbig .... atn	2,40	2,40
	Satzpreis (5 W.)	5,50	5,50
	FDC		6,50
	Kleinbogensatz (5 Klb.)	55,—	55,—

2002, 20. Nov. Weihnachten. Odr. (2×5); gez. K 14.

ato) Maria und Josef mit Eselskarren auf Herbergssuche

atp) Die Heiligen Drei Könige folgen im Bus dem Stern

atr) Die Heilige Familie und Engel in einem Fischerboot

ats) Die Heilige Familie in Pferdekutsche, Hirten auf dem Feld

att) Die Hl. Drei Könige und Heilige Familie in einem Fährboot

1248	7 C mehrfarbig .... ato	0,40	0,40
1249	16 C mehrfarbig .... atp	0,80	0,80
1250	22 C mehrfarbig .... atr	1,10	1,10
1251	37 C mehrfarbig .... ats	1,80	1,80
1252	75 C mehrfarbig .... att	3,60	3,60
	Satzpreis (5 W.)	7,50	7,50
	FDC		8,50
	Kleinbogensatz (5 Klb.)	75,—	75,—

Neuheitenmeldungen zu diesem Katalog finden Sie in der monatlich erscheinenden MICHEL-Rundschau.

Malta

2003

2003, 29. Jan./2005, 24. Mai. Freimarken: Einheimische Flora.
I = Odr. (5 × 2), II = Laserdruck (1 × 5 Zd) A = gez. K 13¾, C = gez. K 14¼.

atu) Mönchspfeffer (Vitex agnus-castus)
atv) Binsenginster (Spartium junceum)
atw) Welsche Mispel (Crataegus azarolus)
atx) Judasbaum (Cercis siliquastrum)
aty) Brautmyrte (Myrtus communis)
atz) Mastixstrauch (Pistacia lentiscus)

1253		7 C mehrfarbig . . . . atu		
I A		Odr., gez. K 13¾	0,40	0,40
II C		Laserdr., gez. K 14¼ (24.5.2005)	1,50	1,50
1254 I A	22 C	mehrfarbig . . . . atv	1,10	1,10
1255 I A	28 C	mehrfarbig . . . . atw	1,40	1,40
1256 I A	37 C	mehrfarbig . . . . atx	1,80	1,80
1257 I A	45 C	mehrfarbig . . . . aty	2,20	2,20
1258 I A	76 C	mehrfarbig . . . . atz	3,70	3,70
		Satzpreis I A (6 W.)	10,50	10,50
		FDC I A		11,50
		Kleinbogensatz I A (6 Klb.)	105,—	105,—
		1253 II C Zf	1,50	1,50
		Kleinbogen II C	7,50	7,50

I = mit Jahreszahl 2003 und Druckvermerk „Bundesdruckerei", II = mit Jahreszahl 2005 und Druckvermerk „Printex Ltd".

MiNr. 1253 II C wurde im Kleinbogen zu 5 Marken und 5 personalisierbaren Zierfeldern gedruckt und nur auf Bestellung abgegeben.

In gleicher Zeichnung wie MiNr. 1253, jedoch kleineres Format: MiNr. 1305
Weitere Werte: MiNr. 1099–1104, 1138–1143, 1193–1198, 1306

2003, 26. Febr. Oldtimer-Automobile. Odr. (2 × 5); gez. K 14.

aua) Vanden Plas Princess (1965)

aub) Allard Typ M (1948)
auc) Cadillac Modell B (1904)

aud) Fiat 500 Topolino (1936)
aue) Ford Anglia (1965)

1259	2 C	mehrfarbig . . . . aua	0,20	0,20
1260	7 C	mehrfarbig . . . . aub	0,50	0,50
1261	10 C	mehrfarbig . . . . auc	0,60	0,60
1262	26 C	mehrfarbig . . . . aud	1,40	1,40
1263	35 C	mehrfarbig . . . . aue	1,80	1,80
		Satzpreis (5 W.)	4,50	4,50
		FDC		5,—
		Kleinbogensatz (5 Klb.)	45,—	45,—

2003, 21. März. Militärische Architektur. Odr. (2 × 5); gez. K 14.

auf) Fort St. Elmo

aug) Fort Rinella Battery

auh) Fort St. Angelo

aui) Verteidigungsturm R15 bei Naxxar

auk) Fort Tigne

1264	1 C	mehrfarbig . . . . auf	0,10	0,10
1265	4 C	mehrfarbig . . . . aug	0,20	0,20
1266	11 C	mehrfarbig . . . . auh	0,60	0,60
1267	16 C	mehrfarbig . . . . aui	0,80	0,80
1268	44 C	mehrfarbig . . . . auk	2,10	2,10
		Satzpreis (5 W.)	3,80	3,80
		FDC		4,50
		Kleinbogensatz (5 Klb.)	38,—	38,—

2003, 23. April. St.-Georg-Gemälde. Odr. (5 × 2); gez. K 14.

aul

aul–aup) Darstellungen des hl. Georg, Märtyrer (3.–4. Jh.)

aum

aun

auo

aup

1269	3 C	mehrfarbig . . . . aul	0,30	0,30
1270	7 C	mehrfarbig . . . . aum	0,50	0,50
1271	14 C	mehrfarbig . . . . aun	0,80	0,80
1272	19 C	mehrfarbig . . . . auo	1,—	1,—
1273	27 C	mehrfarbig . . . . aup	1,40	1,40
		Satzpreis (5 W.)	4,—	4,—
		FDC		4,50
		Kleinbogensatz (5 Klb.)	40,—	40,—

2003, 9. Mai. Europa: Plakatkunst. Odr. (5 × 2); gez. K 14.

aur) CISK-Bier; Plakat von Robert Caruana Dingli (1882–1940)

aus) Karneval 1939; Plakat von Tusé Busuttil (1912–1994)

1274	16 C	mehrfarbig . . . . aur	1,—	1,—
1275	46 C	mehrfarbig . . . . aus	2,50	2,50
		Satzpreis (2 W.)	3,50	3,50
		FDC		4,—
		Kleinbogensatz (2 Klb.)	35,—	35,—

2003, 26. Mai. Sportspiele der europäischen Kleinstaaten. Odr. (2×5); gez. K 14:14¼.

aut) Speerwerfen

auu) Schießen

auv) Volleyball

auw) Schwimmen

aut–auw) Maskottchen „Elmo" bei verschiedenen Sportdisziplinen

1276	25 C	mehrfarbig	aut	1,20	1,20
1277	50 C	mehrfarbig	auu	2,40	2,40
1278	75 C	mehrfarbig	auv	3,50	3,50
1279	3 £	mehrfarbig	auw	14,—	14,—
		Satzpreis (4 W.)		21,—	21,—
		FDC			22,—
		Kleinbogensatz (4 Klb.)		210,—	210,—

2003, 3. Juni. 50. Jahrestag der Krönung von Königin Elisabeth II. Odr. (2×5); gez. K 14:14¼.

aux) Gespräch mit Carmela Agius (1949)

auy) Besuch auf Gozo (1951)

auz) Eröffnungsrede im maltesischen Parlament, Valletta (1967)

ava) Empfang von Premierminister George Borg Olivier (1967)

aux–avb) Königin Elisabeth II. (*1926, reg. seit 1952)

1280	12 C	mehrfarbig	aux	0,60	0,60
1281	15 C	mehrfarbig	auy	0,70	0,70
1282	22 C	mehrfarbig	auz	1,10	1,10
1283	60 C	mehrfarbig	ava	2,80	2,80
		Satzpreis (4 W.)		5,—	5,—
		FDC			6,—
		Kleinbogensatz (4 Klb.)		50,—	50,—

Blockausgabe

avb) Bad in der Menge in der Republic Street, Valletta (1992)

1284	1 £	mehrfarbig	avb	5,—	5,—
Block 24	(109×72 mm)		avc	5,50	5,50
		FDC			6,50

2003, 1. Juli. Blockausgabe: Elton John (*1947), britischer Rockmusiker. Odr.; gez. Ks 14:13¾.

avd) Festung von Valletta   Zierfeld   Zierfeld   ave
Zierfeld   Zierfeld

1285	1.50 £	mehrfarbig	avd	7,—	7,—
Block 25	(125×90 mm)		ave	7,—	7,—
		FDC			8,—

2003, 20. Aug. Muscheln und Meeresschnecken. Odr. (4×4); gez. K 14:14¼.

avf) Chlamys pesfelis
avg) Gyroscala lamellosa
avh) Schottenhaube (Phalium granulatum)
avi) Fusiturris similis
avk) Braune Porzellanschnecke (Luria lurida)
avl) Herkuleskeule (Bolinus brandaris)
avm) Tritonshorn (Charonia tritonis variegata)
avn) Clanculus corallinus
avo) Fusinus syracusanus
avp) Steckmuschel (Pinna nobilis)
avr) Dickrippige Herzmuschel (Acanthocardia tuberculata)
avs) Pelikanfuß (Aporrhais pespelecani)
avt) Meerohr (Haliotis tuberculata lamellosa)
avu) Faßschnecke (Tonna galea)
avv) Stachelauster (Spondylus gaederopus)
avw) Mitraschnecke (Mitra zonata)

1286	7 C	mehrfarbig	avf	0,40	0,40
1287	7 C	mehrfarbig	avg	0,40	0,40
1288	7 C	mehrfarbig	avh	0,40	0,40
1289	7 C	mehrfarbig	avi	0,40	0,40

Malta

1290	7 C	mehrfarbig .... avk	0,40	0,40
1291	7 C	mehrfarbig .... avl	0,40	0,40
1292	7 C	mehrfarbig .... avm	0,40	0,40
1293	7 C	mehrfarbig .... avn	0,40	0,40
1294	7 C	mehrfarbig .... avo	0,40	0,40
1295	7 C	mehrfarbig .... avp	0,40	0,40
1296	7 C	mehrfarbig .... avr	0,40	0,40
1297	7 C	mehrfarbig .... avs	0,40	0,40
1298	7 C	mehrfarbig .... avt	0,40	0,40
1299	7 C	mehrfarbig .... avu	0,40	0,40
1300	7 C	mehrfarbig .... avv	0,40	0,40
1301	7 C	mehrfarbig .... avw	0,40	0,40
		Satzpreis (16 W.)	6,—	6,—
		Zd-Bogen	7,—	7,—
		FDC		8,—

2003, 30. Sept. Segelsport. Odr. (2×5, Hochformate ~); gez. K 14:14¼, Hochformate ~.

avx) Segelregatta Malta–Syrakus
avy) Mittelmeerregatta
avz) Königlicher Jachtklub von Malta

1302	8 C	mehrfarbig .... avx	0,40	0,40
1303	22 C	mehrfarbig .... avy	1,10	1,10
1304	35 C	mehrfarbig .... avz	1,70	1,70
		Satzpreis (3 W.)	3,20	3,20
		FDC		4,—
		Kleinbogensatz (3 Klb.)	32,—	32,—

2003, 22. Okt. Freimarken: Einheimische Flora. Odr., Markenheftchen (MiNr. 1305 2×6, MiNr. 1306 2×3); selbstklebend; BD = dreiseitig, BE = zweiseitig gestanzt.

atu I) Mönchspfeffer (Vitex agnus-castus)

1305	7 C	mehrfarbig .... atu I		
	BDl	links geschnitten ⊡	0,40	0,40
	BDr	rechts geschnitten ⊡	0,40	0,40
	BEl	links und unten geschnitten ⊡ ..	0,40	0,40
	BEr	rechts und unten geschnitten ⊡	0,40	0,40
1306	16 C	mehrfarbig .... amh I		
	BDl	links geschnitten ⊡	0,80	0,80
	BDr	rechts geschnitten ⊡	0,80	0,80
	BEl	links und unten geschnitten ⊡ ..	0,80	0,80
	BEr	rechts und unten geschnitten ⊡	0,80	0,80
		Satzpreis (2 W.)	1,20	1,20
		FDC		2,—
		2 Markenheftchen	9,40	

In gleichen Zeichnungen, jedoch größeres Format: MiNr. 1102, 1253 Weitere Werte: MiNr. 1099–1101, 1103–1104, 1138–1143, 1193 bis 1198, 1254–1258

2003, 29. Okt. Windmühlen. Odr. (2×5, Hochformate ~); gez. K 14:14¼, Hochformate ~.

awa) Windmühle auf der St.-Michaels-Bastion, Valletta
awb) Windmühle Ta'Kola (erb. 1725–31), Xaghra (Gozo)
awc) Windmühle Tax-Xarolla, Zurrieq

1307	11 C	schwarz .... awa	0,60	0,60
1308	27 C	schwarz .... awb	1,30	1,30
1309	45 C	schwarz .... awc	2,10	2,10
		Satzpreis (3 W.)	4,—	4,—
		FDC		4,80
		Kleinbogensatz (3 Klb.)	40,—	40,—

2003, 12. Nov. Weihnachten. Odr. (5×2, Querformate ~); gez. K 14¼:14, Querformate ~.

awd) Mariä Verkündigung

awe) Die Heilige Familie
awf) Die Hirten folgen dem Stern
awg) Dei Heiligen Drei Könige

1310	7 C	mehrfarbig .... awd	0,40	0,40
1311	16 C	mehrfarbig .... awe	0,80	0,80
1312	22 C	mehrfarbig .... awf	1,—	1,—
1313	50 C	mehrfarbig .... awg	2,40	2,40
		Satzpreis (4 W.)	4,60	4,60
		FDC		5,50
		Kleinbogensatz (4 Klb.)	46,—	46,—

2004

2004, 12. März. Briefkästen. Odr. (5×2); gez. K 14¼:14.

awh) Säulenbriefkasten mit Monogramm Königin Viktorias, Großer Hafen

awi) Säulenbriefkasten mit Monogramm König Eduards VII., Vittoriosa
awk) Wandbriefkästen mit Monogramm König Georgs V., Munxar, bzw. König Georgs VI., Hamrun
awl) Säulenbriefkasten mit Monogramm Königin Elisabeths II., Victoria
awm) Standbriefkasten mit Emblem der Maltapost, Floriana

1314	1 C	mehrfarbig .... awh	0,10	0,10
1315	16 C	mehrfarbig .... awi	0,80	0,80
1316	22 C	mehrfarbig .... awk	1,—	1,—
1317	37 C	mehrfarbig .... awl	1,80	1,80
1318	76 C	mehrfarbig .... awm	3,60	3,60
		Satzpreis (5 W.)	7,20	7,20
		FDC		8,—
		Kleinbogensatz (5 Klb.)	72,—	72,—

2004, 26. März. Katzen. Odr. (5×2); gez. K 13¾.

awn awo awp

awr aws

awn–aws) Hauskatzen

1319	7 C mehrfarbig	awn	0,40	0,40
1320	27 C mehrfarbig	awo	1,30	1,30
1321	28 C mehrfarbig	awp	1,30	1,30
1322	50 C mehrfarbig	awr	2,40	2,40
1323	60 C mehrfarbig	aws	2,80	2,80
		Satzpreis (5 W.)	8,—	8,—
		FDC		9,—
		Kleinbogensatz (5 Klb.)	80,—	80,—

2004, 7. April. Blockausgabe: 100 Jahre Salesianer Don Boscos in Malta. Odr.; gez. K 14:14¼.

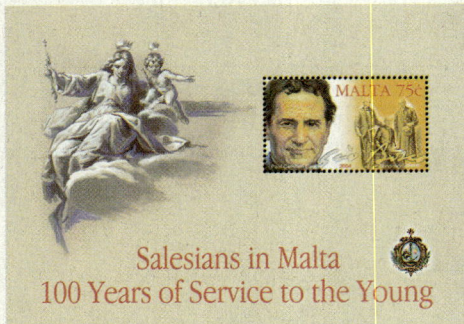

awt) Giovanni Bosco (1815–1888), italienischer Priester und Pädagoge, Gründer der Kongregation der Salesianer Don Boscos   awu

1324	75 C mehrfarbig	awt	3,50	3,50
Block 26	(124×89 mm)	awu	4,—	4,—
		FDC		4,50

2004, 21. April. Tiere. Odr. (4×4); gez. K 13¾.

awv) Mückenfledermaus (Pipistrellus pygmaeus)
aww) Kleines Mausohr (Myotis blythi punicus)
awx) Mauswiesel (Mustela nivalis)
awy) Algerischer Igel (Atelerix algirus fallax)
awz) Gewöhnliches Chamäleon (Chamaeleo chamaeleon)
axa) Spitzmaus (Crocidura sicola)
axb) Gefleckter Walzenskink (Chalcides ocellatus)
axc) Maltesische Mauereidechse (Podarcis filfolensis filfolensis)
axd) Mauergecko (Tarentola mauritanica)
axe) Europäischer Halbfingergecko (Hemidactylus turcicus)
axf) Leopardnatter (Elaphe situla)
axg) Gelbgrüne Zornnatter (Coluber viridiflavus)
axh) Gemeiner Delphin (Delphinus delphis)
axi) Blau-weißer Delphin (Stenella coeruleoalba)
axj) Mittelmeer-Mönchsrobbe (Monachus monachus)
axl) Suppenschildkröte (Chelonia mydas)

1325	16 C mehrfarbig	awv	0,80	0,80
1326	16 C mehrfarbig	aww	0,80	0,80
1327	16 C mehrfarbig	awx	0,80	0,80
1328	16 C mehrfarbig	awy	0,80	0,80
1329	16 C mehrfarbig	awz	0,80	0,80
1330	16 C mehrfarbig	axa	0,80	0,80
1331	16 C mehrfarbig	axb	0,80	0,80
1332	16 C mehrfarbig	axc	0,80	0,80
1333	16 C mehrfarbig	axd	0,80	0,80
1334	16 C mehrfarbig	axe	0,80	0,80
1335	16 C mehrfarbig	axf	0,80	0,80
1336	16 C mehrfarbig	axg	0,80	0,80
1337	16 C mehrfarbig	axh	0,80	0,80
1338	16 C mehrfarbig	axi	0,80	0,80
1339	16 C mehrfarbig	axk	0,80	0,80
1340	16 C mehrfarbig	axl	0,80	0,80
		Satzpreis (16 W.)	12,50	12,50
		Zd-Bogen	14,—	14,—
		FDC		15,—

MICHEL-Exklusiv – das moderne Album

Lassen Sie es sich von Ihrem Händler vorführen oder verlangen Sie eine Musterseite vom Verlag.

Malta

2004, 1. Mai. Beitritt zur Europäischen Union (EU). Odr. (2×5); gez. K 14:14¼.

axm) Karte Europas, Flaggen der zehn Beitrittsländer und zwölf Sterne
axn) Unterzeichnung des EU-Betrittsabkommens

1341	16 C mehrfarbig	axm	1,—	1,—
1342	28 C mehrfarbig	axn	1,50	1,50
		Satzpreis (2 W.)	2,50	2,50
		FDC		3,—
		Kleinbogensatz (2 Klb.)	25,—	25,—

Parallelausgabe mit Estland MiNr. 487, Lettland MiNr. 611–612, Litauen MiNr. 844–845, Slowakei MiNr. 484, Slowenien MiNr. 469, Tschechische Republik MiNr. 394, Ungarn MiNr. 4851–4852 und Zypern MiNr. 1033

2004, 19. Mai. Europa: Ferien. Odr. (2×5); gez. K 14:14¼.

axo) Baden im Hafen von La Valletta
axp) Besuch archäologischer Stätten

1343	16 C mehrfarbig	axo	1,—	1,—
1344	51 C mehrfarbig	axp	2,50	2,50
		Satzpreis (2 W.)	3,50	3,50
		FDC		4,—
		Kleinbogensatz (2 Klb.)	35,—	35,—

2004, 16. Juni. Kapellen. Odr. (2×5); gez. K 14:14¼.

axr) Lunzjata, Hal Millieri bei Żurrieq

axs) San Basilju, Mqabba
axt) San Ċir, Rabat

axu) Santa Luċija, Mtarfa
axv) Ta' Santa Marija, Kemmuna

1345	3 C mehrfarbig	axr	0,20	0,20
1346	7 C mehrfarbig	axs	0,40	0,40
1347	39 C mehrfarbig	axt	1,90	1,90
1348	48 C mehrfarbig	axu	2,30	2,30
1349	66 C mehrfarbig	axv	3,20	3,20
		Satzpreis (5 W.)	8,—	8,—
		FDC		9,—
		Kleinbogensatz (5 Klb.)	80,—	80,—

Die Preisnotierungen gelten für Marken in handelsüblicher Qualität.

2004, 14. Juli. 75. Jahrestag der Einstellung des Straßenbahnverkehrs in Valletta. Odr. (2×5, Hochformate ~); gez. K 13¾, Hochformate gez. K 14.

axw) Elektrische Straßenbahn (1905–1929)

axx) Straßenbahnfahrer im Führerstand
axy) Straßenbahnbillett
axz) Straßenbahn fährt durch Torbogen

1350	19 C mehrfarbig	axw	0,90	0,90
1351	37 C mehrfarbig	axx	1,80	1,80
1352	50 C mehrfarbig	axy	2,40	2,40
1353	75 C mehrfarbig	axz	3,50	3,50
		Satzpreis (4 W.)	8,50	8,50
		FDC		9,50
		Kleinbogensatz (4 Klb.)	85,—	85,—

2004, 13. Aug. Olympische Sommerspiele, Athen. Odr. (2×5); gez. K 14¼.

aya) Bronzemedaille: Diskuswerfer, korinthische Säule
ayb) Goldmedaille: Siegerkranz, dorische Säule
ayc) Silbermedaille: Speerwerfer, ionische Säule

1354	11 C mehrfarbig	aya	0,60	0,60
1355	16 C mehrfarbig	ayb	0,80	0,80
1356	76 C mehrfarbig	ayc	3,60	3,60
		Satzpreis (3 W.)	5,—	5,—
		FDC		6,—
		Kleinbogensatz (3 Klb.)	50,—	50,—

2004, 15. Sept. Maltesische Feste. Odr. (2×5, Hochformate ~); gez. K 14:14¼, Hochformate ~.

ayd) Lapsi (Christi Himmelfahrt); Gemälde von Luigi Brocktorff
aye) San Girgor (Fest des hl. Georg); Photographie

ayf) Hadd in-Nies (1. Fastensonntag); Gemälde von Italo Horatio Serge
ayg) San Martin (Fest des hl. Martin); Lithographie von Michele Bellanti
ayh) Mnarja (Fest der hl. Peter und Paul); Gemälde von Antoine Favray

Malta

Nr.	Wert	Farbe		MiNr.	Preis	Preis
1357	5 C	mehrfarbig	....	ayd	0,30	0,30
1358	15 C	mehrfarbig	....	aye	0,70	0,70
1359	27 C	mehrfarbig	....	ayf	1,30	1,30
1360	51 C	mehrfarbig	....	ayg	2,40	2,40
1361	1 £	mehrfarbig	....	ayh	4,80	4,80
		Satzpreis (5 W.)			9,50	9,50
		FDC				10,50
		Kleinbogensatz (5 Klb.)			95,—	95,—

2004, 13. Okt. Kunstwerke. Odr. (2×5, Hochformate ~); gez. K 14:14¼, Hochformate ~.

ayi) Marienkirche, Attard (17. Jh.)

ayk) Orgelprospekt der Kathedrale von Mdina; Notenhandschrift von Benigno Zerafa (1726–1804)

ayl) St.-Agatha-Statue von Antonello Gagini (1475–1580)

aym) Il-Ġifen Tork; Gedichtsammlung von Gian Antonio Vassallo (1817–1868)

1362	2 C	mehrfarbig	....	ayi	0,10	0,10
1363	20 C	mehrfarbig	....	ayk	1,—	1,—
1364	57 C	mehrfarbig	....	ayl	2,70	2,70
1365	62 C	mehrfarbig	....	aym	2,90	2,90
		Satzpreis (4 W.)			6,50	6,50
		FDC				7,50
		Kleinbogensatz (4 Klb.)			65,—	65,—

Blockausgabe

ayn) Hl. Paulus; Gemälde von unbekanntem Künstler (14. Jh.)

ayo

1366	72 C	mehrfarbig	....	ayn	3,40	3,40
Block 27	(93×100 mm)	....	ayo		3,50	3,50
		FDC				4,50

2004, 10. Nov. Weihnachten. Odr. (2×5, Hochformate ~); gez. K 14:14¼, Hochformate ~.

ayp) Christkind auf Felsen; Papiermachéfigur aus Lecce (Italien)

ayr) Christkind mit Blumen; Wachsfigur in dekorierter Glaskuppel von Schwester Candida

ays) Christkind in Krippe; Wachsfigur von Karmenu Buttigieg (1894–1979)

ayt) Christkind auf Felsen unter Baum; Wachsfigur aus Frankreich

1367	7 C	mehrfarbig	....	ayp	0,40	0,40
1368	16 C	mehrfarbig	....	ayr	0,80	0,80
1369	22 C	mehrfarbig	....	ays	1,10	1,10
1370	50 C	mehrfarbig	....	ayt	2,40	2,40
		Satzpreis (4 W.)			4,60	4,60
		FDC				5,50
		Kleinbogensatz (4 Klb.)			46,—	46,—

2005

2005, 19. Jan. Historische Landkarten von Malta. Odr. (2×5); Wz. 6; gez. K 14:14¼.

ayu) Karte von 1536; Holzschnitt von Jean Quintin (1500–1561)

ayv) Karte von 1551; Kupferstich von Antonio Lafreri (1513–1577)

 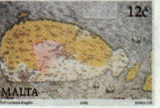 

ayw) Karte von 1565; Fresko von Matteo Perez d'Aleccio (1547–um 1616)

ayx) Karte von 1745; Federzeichnung von Pater Luigi Bartolo (um 1681–1753)

1371	1 C	mehrfarbig	....	ayu	0,10	0,10
1372	12 C	mehrfarbig	....	ayv	0,60	0,60
1373	37 C	mehrfarbig	....	ayw	1,80	1,80
1374	1.02 £	mehrfarbig	....	ayx	5,—	5,—
		Satzpreis (4 W.)			7,50	7,50
		FDC				8,50
		Kleinbogensatz (4 Klb.)			75,—	75,—

Sie halten Ihren Katalog aktuell, wenn Sie die Preisänderungen aus der MICHEL-Rundschau nachtragen!

Malta

2005, 23. Febr. 100 Jahre Rotary International. Odr. (2×5); Wz. 6; gez. K 14:14¼.

ayy) Studentenpaar; Rotary-Gebäude „Dar il-Kaptan", Mtarfa; Emblem

ayz) Landkarte und Nationalflagge von Malta, Emblem

1375	27 C	mehrfarbig	ayy	1,30	1,30
1376	76 C	mehrfarbig	ayz	3,70	3,70
		Satzpreis (2 W.)		5,—	5,—
		FDC			6,—
		Kleinbogensatz (2 Klb.)		50,—	50,—

2005, 3. März. 200. Geburtstag von Hans Christian Andersen. Odr. (5×2); gez. K 14:13¾.

aza) H. Chr. Andersen (1805–1875), dänischer Dichter; Photographie von Thora Hallager

azb) Märchenfigur, Scherenschnitt von H. Chr. Andersen; Andersens Schere

azc) Das häßliche Entlein, Zeichnung von Louis Moe; Feder, Tintenfaß, Manuskriptseite

azd) Casino dell'Orologio in der Villa Borghese, Zeichnung von H. Chr. Andersen; Andersens Stiefel

1377	7 C	grau/schwarz	aza	0,40	0,40
1378	22 C	mehrfarbig	azb	1,10	1,10
1379	60 C	mehrfarbig	azc	2,90	2,90
1380	75 C	mehrfarbig	azd	3,60	3,60
		Satzpreis (4 W.)		8,—	8,—
		FDC			9,—
		Kleinbogensatz (4 Klb.)		80,—	80,—

Parallelausgabe mit Dänemark MiNr. 1396–1399

2005, 15. April. Tod von Papst Johannes Paul II. Odr. (5×2); gez. K 14¼:14.

aze) Papst Johannes Paul II. (1920–2005, reg. ab 1978)

1381	51 C	mehrfarbig	aze	2,40	2,40
		FDC			3,20
		Kleinbogen		24,—	24,—

**Europa in Farbe:
Die MICHEL-Europa-Kataloge**

2005, 20. April. Insekten. Odr. (4×4); gez. K 14¼.

azf) Siebenpunkt-Marienkäfer (Coccinella septempunctata)
azg) Florfliege (Chrysoperla carnea)
azh) Honigbiene (Apis mellifera)
azi) Feuerlibelle (Crocothemis erythraea)
azk) Große Königslibelle (Anax imperator)
azl) Glühwürmchen (Lampyris pallida)
azm) Henosepilachna elaterii
azn) Forficula decipiens
azo) Gottesanbeterin (Mantis religiosa)
azp) Eumenes lunulatus
azr) Heldbock (Cerambyx cerdo)
azs) Mittelmeerfeldgrille (Gryllus bimaculatus)
azt) Holzbiene (Xylocopa violacea)
azu) Mannazikade (Cicada orni)
azv) Mittelmeer-Turmschrecke (Acrida ungarica)
azw) Nashornkäfer (Oryctes nasicornis)

1382	16 C	mehrfarbig	azf	0,80	0,80
1383	16 C	mehrfarbig	azg	0,80	0,80
1384	16 C	mehrfarbig	azh	0,80	0,80
1385	16 C	mehrfarbig	azi	0,80	0,80
1386	16 C	mehrfarbig	azk	0,80	0,80
1387	16 C	mehrfarbig	azl	0,80	0,80
1388	16 C	mehrfarbig	azm	0,80	0,80
1389	16 C	mehrfarbig	azn	0,80	0,80
1390	16 C	mehrfarbig	azo	0,80	0,80
1391	16 C	mehrfarbig	azp	0,80	0,80
1392	16 C	mehrfarbig	azr	0,80	0,80
1393	16 C	mehrfarbig	azs	0,80	0,80
1394	16 C	mehrfarbig	azt	0,80	0,80
1395	16 C	mehrfarbig	azu	0,80	0,80
1396	16 C	mehrfarbig	azv	0,80	0,80
1397	16 C	mehrfarbig	azw	0,80	0,80
		Satzpreis (16 W.)		12,50	12,50
		Zd-Bogen		12,50	12,50
		FDC			13,50

2005, 9. Mai. Europa: Gastronomie. Odr. (5×2); gez. K 14¼:14.

azx) Gefüllte Gemüse (Paprika, Kürbis, Aubergine)
axy) Gegrilltes Kaninchen in Weinsoße mit Knoblauch

1398	16 C	mehrfarbig	azx	0,80	0,80
1399	51 C	mehrfarbig	azy	2,40	2,40
		Satzpreis (2 W.)		3,20	3,20
		FDC			4,—
		Kleinbogensatz (2 Klb.)		32,—	32,—

Malta

2005, 8. Juni. Die hl. Katharina von Alexandria auf Gemälden. Odr. (2×5, Hochformate ~); gez. K 14:14¼, Hochformate ~.

azz) Enthauptung der hl. Katharina; von unbekanntem Maler der Schule Caravaggios

baa) Martyrium der hl. Katharina; von Mattia Preti (1613–1699), italienischer Maler

bab) Mystische Hochzeit der hl. Katharina; von Francesco Zahra (1680–1765), maltesischer Maler

bac) Hl. Katharina im Streitgespräch mit den Philosophen; von F. Zahra

1400	28 C	mehrfarbig	azz	1,30	1,30
1401	28 C	mehrfarbig	baa	1,30	1,30
1402	45 C	mehrfarbig	bab	2,20	2,20
1403	45 C	mehrfarbig	bac	2,20	2,20
			Satzpreis (4 W.)	7,—	7,—
			FDC		8,—
			Kleinbogensatz (4 Klb.)	70,—	70,—

2005, 19. Aug. Pferde und Esel im alten Malta. Odr. (2×5); Wz. 1; gez. K 14:14¼.

bai) Reisekutsche

bak) Feldarbeit mit Holzpflug

bal) Göpel

bam) Straßenbefeuchtung

1409	11 C	mehrfarbig	bai	0,60	0,60
1410	15 C	mehrfarbig	bak	0,80	0,80
1411	62 C	mehrfarbig	bal	3,—	3,—
1412	66 C	mehrfarbig	bam	3,20	3,20
			Satzpreis (4 W.)	7,50	7,50
			FDC		8,50
			Kleinbogensatz (4 Klb.)	75,—	75,—

2005, 13. Juli. Persönlichkeiten. Odr. (5×2); gez. K 14¼.

bad) Mikiel Azzopardi (1910–1987), katholischer Priester

bae) Egidio Lapira (1897–1970), Zahnarzt

baf) Dokument und Wappenschild von Ġużeppi Callus (1505–1561), Arzt

bag) Hand mit Federkiel und Notenblatt von Geronimo Abos (1715–1760), Komponist

bah) Ġann Franġisk Abela (1582–1655), Historiker

1404	3 C	mehrfarbig	bad	0,20	0,20
1405	19 C	mehrfarbig	bae	0,90	0,90
1406	20 C	mehrfarbig	baf	1,—	1,—
1407	46 C	mehrfarbig	bag	2,20	2,20
1408	76 C	mehrfarbig	bah	3,70	3,70
			Satzpreis (5 W.)	8,—	8,—
			FDC	*	9,—
			Kleinbogensatz (5 Klb.)	80,—	80,—

2005, 23. Sept. 60. Jahrestag der Beendigung des Zweiten Weltkrieges. Odr. (2×5); Wz. 1; gez. K 14:14¼.

ban) Zivilisten stehen um Essen an; Königliches Opernhaus, Valletta

bao) Luftangriff auf Zerstörer, Savoia-Marchetti S.M.79-II Sparviero

bap) Flugabwehrgeschütz; St.-Publius-Kirche, Floriana

bar) Piloten bei Alarm, Hawker Hurricane Mk.IIC, Supermarine Spitfire Mk.VB (trop), Gloster Sea Gladiator

bas) Tanker „Ohio" mit 2 Begleitschiffen im Großen Hafen (1943)

1413	2 C	mehrfarbig	ban	0,10	0,10
1414	5 C	mehrfarbig	bao	0,30	0,30
1415	25 C	mehrfarbig	bap	1,20	1,20
1416	51 C	mehrfarbig	bar	2,40	2,40
1417	1 £	mehrfarbig	bas	4,80	4,80
			Satzpreis (5 W.)	8,50	8,50
			FDC		9,50
			Kleinbogensatz (5 Klb.)	85,—	85,—

Einmal MICHEL immer MICHEL

Malta

2005, 12. Okt. Weihnachten. Odr. (2×5, Hochformat ~); Wz. 1;
MiNr. 1418–1420 gez. K 14:14¼, Hochformat ~, MiNr. 1421 gez.
K 13¾:14.

bat) Christi Geburt   bau) Mariä Verkündigung   bav) Anbetung der Könige

baw) Flucht nach Ägypten

bat–baw) Gemälde von Emvin V. Cremona (1919–1987) sowie Steinreliefs von
Agostino Camilleri (1885–1979)

1418	7 C mehrfarbig	bat	0,40	0,40
1419	16 C mehrfarbig	bau	0,80	0,80
1420	22 C mehrfarbig	bav	1,10	1,10
1421	50 C mehrfarbig	baw	2,40	2,40
	Satzpreis (4 W.)		4,60	4,60
	FDC			5,50
	Kleinbogensatz (4 Klb.)		46,—	46,—

2005, 23. Nov. Blockausgabe: Konferenz der Regierungschefs
der Commonwealth-Staaten (CHOGM), Valletta. Odr.; Wz. 1;
gez. Ks 14:14¼.

bax) Veranstaltungsflagge

bay

baz) Friedenstauben

bba

bbb) Malteserkreuz

bbc

bbd) Menschen reichen sich die Hände

bbe

bax, baz, bbb, bbd) Flaggen von Malta und des Commonwealth

1422	14 C mehrfarbig	bax	0,70	0,70
Block 28	(75×63 mm)	bay	0,70	0,70
1423	28 C mehrfarbig	baz	1,40	1,40
Block 29	(75×63 mm)	bba	1,40	1,40
1424	37 C mehrfarbig	bbb	1,80	1,80
Block 30	(75×63 mm)	bbc	1,80	1,80
1425	75 C mehrfarbig	bbd	3,60	3,60
Block 31	(75×63 mm)	bbe	3,60	3,60
	Gesamtpreis (4 Bl.)		7,50	7,50
	4 FDC			10,50

2006

2006, 3. Jan. Blockausgabe: 50 Jahre Europamarken. Odr.;
Wz. 1; gez. Ks 13¾:14.

bbf) Marke MiNr. 746   bbg) Marke MiNr. 681   bbk
bbh) Marke MiNr. 555   bbi) Marke MiNr. 817

1426	5 C mehrfarbig	bbf	0,30	0,30
1427	13 C mehrfarbig	bbg	0,60	0,60
1428	23 C mehrfarbig	bbh	1,10	1,10
1429	24 C mehrfarbig	bbi	1,20	1,20
Block 32	(120×85 mm)	bbk	3,20	3,20
	FDC			4,—

Die **MICHEL**-Redaktion nimmt
keine Markenprüfungen vor!

Malta

2006, 25. Febr. Keramiken aus maltesischen Sammlungen. Odr. (5×2); Wz. 6; gez. K 14¼.

bbl) Neolithische Terrakottafigur einer sitzenden Frau, Archäologisches Museum, La Valletta

bbm) Römischer Terrakottakopf, Domus Romana, Rabat

bbn) Mittelalterlicher Terrakottaleuchter, Archäologisches Museum, Victoria

bbo) Sizilianischer Zierteller mit Daphne und Apollo (18. Jh.)

bbp) Figur einer Malteserin, von Ianni Bonniçi (1950er Jahre)

1430	7 C	mehrfarbig . . . . bbl	0,40	0,40
1431	16 C	mehrfarbig . . . . bbm	0,80	0,80
1432	28 C	mehrfarbig . . . . bbn	1,40	1,40
1433	37 C	mehrfarbig . . . . bbo	1,90	1,90
1434	60 C	mehrfarbig . . . . bbp	3,—	3,—
		Satzpreis (5 W.)	7,50	7,50
		FDC		8,20
		Kleinbogensatz (5 Klb.)	75,—	75,—

2006, 14. März. Haustiere. Odr. (4×4); Wz. 6; gez. K 14¼.

bbr) Shetlandpony
bbz) Chinchilla (Chinchilla sp.)
bbs) Chihuahua
bca) Wellensittich (Melopsittacus undulatus)
bcb) Hauskaninchen
bbt) Goldfisch (Carassius auratus auratus)
bcc) Zebrafink (Taeniopygia guttata)
bbu) Siamkatze
bbv) Siamesischer Kampffisch (Betta splendens)
bcd) Pointer
bbw) Frettchen (Mustela putorius furo)
bce) Haustaube
bcf) Hausmeerschweinchen (Cavia porcellus)
bbx) Kanarienvogel (Serinus canaria forma domestica)
bcg) Hauskatze
bby) Rotwangenschmuckschildkröte (Trachemys scripta elegans)

1435	7 C	mehrfarbig . . . . bbr	0,40	0,40
1436	7 C	mehrfarbig . . . . bbs	0,40	0,40
1437	7 C	mehrfarbig . . . . bbt	0,40	0,40
1438	7 C	mehrfarbig . . . . bbu	0,40	0,40
1439	7 C	mehrfarbig . . . . bbv	0,40	0,40
1440	7 C	mehrfarbig . . . . bbw	0,40	0,40
1441	7 C	mehrfarbig . . . . bbx	0,40	0,40
1442	7 C	mehrfarbig . . . . bby	0,40	0,40
1443	22 C	mehrfarbig . . . . bbz	1,—	1,—
1444	22 C	mehrfarbig . . . . bca	1,—	1,—
1445	22 C	mehrfarbig . . . . bcb	1,—	1,—
1446	22 C	mehrfarbig . . . . bcc	1,—	1,—
1447	22 C	mehrfarbig . . . . bcd	1,—	1,—
1448	22 C	mehrfarbig . . . . bce	1,—	1,—
1449	22 C	mehrfarbig . . . . bcf	1,—	1,—
1450	22 C	mehrfarbig . . . . bcg	1,—	1,—
		Satzpreis (16 W.)	11,—	11,—
		FDC		13,—
		Zd-Bogen	11,—	11,—

2006, 12. April. Traditionen der Karwoche. Odr. (5×2); Wz. 6; gez. K 14¼.

bch) Büßerprozession

bci) Prozession mit Statue des Gekreuzigten
bck) Prozession mit Heiligem Grab
bcl) Laufprozession mit Statue des Auferstandenen
bcm) Verhüllter Altar

1451	7 C	mehrfarbig . . . . bch	0,40	0,40
1452	15 C	mehrfarbig . . . . bci	0,70	0,80
1453	22 C	mehrfarbig . . . . bck	1,—	1,40
1454	27 C	mehrfarbig . . . . bcl	1,30	1,90
1455	82 C	mehrfarbig . . . . bcm	3,80	3,—
		Satzpreis (5 W.)	7,20	7,20
		FDC		8,—
		Kleinbogensatz (5 Klb.)	72,—	72,—

2006, 9. Mai. Europa: Integration. Odr. (5×2); Wz. 6; gez. K 14¼.

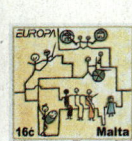 

bcn—bco) Eingliederung von Immigranten im Alltag

1456	16 C	mehrfarbig . . . . bcn	0,80	0,80
1457	51 C	mehrfarbig . . . . bco	2,40	2,40
		Satzpreis (2 W.)	3,20	3,20
		FDC		4,—
		Kleinbogensatz (2 Klb.)	32,—	32,—

Lesen Sie bitte auch das Vorwort!

Malta

2006, 2. Juni. Fußball-Weltmeisterschaft, Deutschland. Odr. (5×2); Wz. 6; gez. K 14¼.

bcp) Bobby Charlton (*1937), englischer Nationalspieler
bcr) Pelé, eigentlich Edson Arantes do Nascimento (*1940), brasilianischer Nationalspieler
bcs) Franz Beckenhauer (*1945), deutscher Nationalspieler und Teamchef
bct) Dino Zoff (*1942), italienischer Nationaltorwart

1458	7 C	mehrfarbig	.... bcp	0,30	0,30
1459	16 C	mehrfarbig	.... bcr	0,80	0,80
1460	27 C	mehrfarbig	.... bcs	1,30	1,30
1461	76 C	mehrfarbig	.... bct	3,60	3,60
			Satzpreis (4 W.)	6,—	6,—
			FDC		6,80
			Kleinbogensatz (4 Klb.)	60,—	60,—

Blockausgabe mit MiNr. 1458–1461

Block 33	(160×86 mm)	.... bcu	6,—	6,—
		FDC		6,80

2006, 5. Juni. Blockausgabe: Konzert des englischen Rockmusikers Sting, Valletta. Odr. (5×2); Wz. 6; gez. K 14¼.

bcv) Landschaft; Kinderzeichnung von Bettina Paris   bcw

1462	1.50 £ mehrfarbig	.... bcv	7,—	7,—
Block 34	(121×86 mm)	.... bcw	7,—	7,—
		FDC		8,80

2006, 18. Aug. Historische Schiffe. Odr. (2×5); Wz. 6; gez. K 14.

bcx) Große Karacke von Rhodos (1530); Gemälde (16. Jh.)

bcy) „Guillaume Tell", später HMS „Malta", beim Fluchtversuch von Malta (1800); Gemälde von Edwin Galea

bcz) Vollschiff USS „Constitution" als Flaggschiff des amerik. Geschwaders (1837); Gemälde von J. G. Evans

bda) Schlachtschiff HMS „Dreadnought" in Grand Harbour (1906)
bdb) Kreuzer „Slava" und Fregatte USS „Belknap" bei Bush-Gorbatschow-Treffen (1989)

1463	8 C	mehrfarbig	.... bcx	0,40	0,40
1464	29 C	mehrfarbig	.... bcy	1,40	1,40
1465	51 C	mehrfarbig	.... bcz	2,40	2,40
1466	76 C	mehrfarbig	.... bda	3,60	3,60
1467	1 £	mehrfarbig	.... bdb	4,70	4,70
			Satzpreis (5 W.)	12,50	12,50
			FDC		13,50
			Kleinbogensatz (5 Klb.)	125,—	125,—

2006, 18. Sept. Grußmarken. Odr. (5×2); Wz. 6; gez. K 14¼.

bdc) Alles Gute zum Geburtstag!

bdd) Glückwunsch zum Jahrestag!
bde) Herzlichen Glückwunsch!
bdf) Alles Gute!

1468	8 C	mehrfarbig	.... bdc	0,40	0,40
1469	16 C	mehrfarbig	.... bdd	0,80	0,80
1470	27 C	mehrfarbig	.... bde	1,30	1,30
1471	37 C	mehrfarbig	.... bdf	1,80	1,80
			Satzpreis (4 W.)	4,20	4,20
			FDC		5,—
			Kleinbogensatz (4 Klb.)	42,—	42,—

2006, 29. Sept. Paläste und Türme. Odr. (2×5); Wz. 6; gez. K 14¼.

bdg) Wignacourt-Turm

bdh) Verdala-Palast   bdi) St.-Luċjan-Turm

bdk) Kemmuna-Turm   bdl) Selmun-Palast

Malta

1472	7 C	mehrfarbig	bdg	0,40	0,40
1473	16 C	mehrfarbig	bdh	0,80	0,80
1474	27 C	mehrfarbig	bdi	1,30	1,30
1475	37 C	mehrfarbig	bdk	1,80	1,80
1476	1 £	mehrfarbig	bdl	4,70	4,70
		Satzpreis (5 W.)		9,—	9,—
		FDC			9,80
		Kleinbogensatz (5 Klb.)		90,—	90,—

2006, 6. Nov. Weihnachten. Odr. (5×2); Wz. 6; gez. K 14¼.

bdm) Paolino Vassallo (1856–1923), Notenzeilen aus „Inno per Natale", Christi Geburt

bdn) Carmelo Pace (1906–1993), Notenzeile aus „They Heard the Angels", Hl. Drei Könige

bdo) Paul Nani (1906–1986), Notenzeile aus „Maltese Christmas", Engel

bdp) Carlo Diacono (1876–1942), Notenzeile aus „Notte di Natale", Verkündigung der Hirten

1477	8 C	mehrfarbig	bdm	0,40	0,40
1478	16 C	mehrfarbig	bdn	0,80	0,80
1479	22 C	mehrfarbig	bdo	1,10	1,10
1480	27 C	mehrfarbig	bdp	1,30	1,30
		Satzpreis (4 W.)		3,50	3,50
		FDC			4,20
		Kleinbogensatz (4 Klb.)		35,—	35,—

Blockausgabe

bdr) Wolfgang Amadeus Mozart (1756–1791), österreichischer Komponist; Notenzeile aus „Alma Dei Creatoris" bds

1481	50 C	mehrfarbig	bdr	2,40	2,40
Block 35	(120×86 mm)		bds	2,40	2,40
		FDC			3,20

2006, 22. Dez. Blockausgabe: Bob-Geldof-Konzert zugunsten des Christlichen Vereins Junger Menschen (CVJM), Valletta. Odr.; Wz. 6; gez. K 14.

bdt) Hände, rot-weißes Herz bdu

1482	1.50 £	mehrfarbig	bdt	7,—	7,—
Block 36	(121×86 mm)		bdu	7,—	7,—
		FDC			8,—

2006, 29. Dez. Handwerkskunst. Odr. (2×5); Wz. 6; gez. K 14:14¼.

bdv) Eisenschmiedearbeit

bdw) Glasbläserei   bdx) Silberschmiedekunst

bdy) Töpferei   bdz) Korbflechterei

1483	8 C / 0.19 €	mehrfarbig	bdv	0,40	0,40
1484	16 C / 0.37 €	mehrfarbig	bdw	0,80	0,80
1485	22 C / 0.51 €	mehrfarbig	bdx	1,10	1,10
1486	37 C / 0.86 €	mehrfarbig	bdy	1,80	1,80
1487	60 C / 1.40 €	mehrfarbig	bdz	2,90	2,90
		Satzpreis (5 W.)		7,—	7,—
		FDC			8,—
		Kleinbogensatz (5 Klb.)		70,—	70,—

Neuheitenmeldungen zu diesem Katalog finden Sie in der monatlich erscheinenden MICHEL-Rundschau.

MICHEL-Online-Katalog

www.michel.de oder www.briefmarken.de

2007

2007, 28. Febr. Prähistorische Kunst. Odr. (5×2, Querformate ⌐); Wz. 6; gez. K 14¼:14, Querformate ⌐.

bea) Porträtkopf aus Ton

beb) Sandsteinfries mit Tiermotiven
bec) Sandsteinfries mit Ornamenten
bed) Frauenfigur aus Ton

1488	15 C / 0.35 €	mehrfarbig	bea	0,70	0,70
1489	29 C / 0.68 €	mehrfarbig	beb	1,40	1,40
1490	60 C / 1.40 €	mehrfarbig	bec	2,80	2,80
1491	1.50 £ / 3.49 €	mehrfarbig	bed	7,20	7,20
			Satzpreis (4 W.)	12,—	12,—
			FDC		13,—
			Kleinbogensatz (4 Klb.)	120,—	120,—

Alle Marken ab MiNr. 439 sind unbeschränkt frankaturgültig.

Neuheiten

Ein Abonnement der MICHEL-Rundschau sichert Ihnen einen immer vollständigen Katalog, zeigt Ihnen Preisänderungen an und bereichert Ihre philatelistischen Kenntnisse durch gut recherchierte Fachbeiträge.

Jahrgangswerttabelle

Die Aufstellung folgt der numerischen Reihenfolge der Katalogisierung ohne Rücksicht auf die Chronologie eventueller Ergänzungswerte.

Grundsätzlich ist nur die jeweils billigste Sorte pro Marke bzw. Ausgabe angegeben, sofern nichts anderes vermerkt.

Zusammendrucke aus Bogen, Marken mit Zierfeldern usw. sind dann berücksichtigt, wenn sie als normale Ausgabeform anzusehen sind. Einzelmarken aus Blocks und Marken mit der Preisnotierung „—,—" sind nicht berücksichtigt.

Jahr	MiNr.	Euro **	Euro ⊙
1946	197–198	0,50	0,50
1948	199–213	85,—	45,—
1949	214–219	62,50	54,50
1950	220–222	1,20	1,20
1951	223–225	1,50	1,50
1953	226–232	3,50	3,50
1954	233–236	1,20	1,20
1956	237–253	130,—	50,—
1957	254–256	1,—	1,—
1958	257–262	2,—	2,—
1959	263–265	1,30	1,30
1960	266–274	8,50	12,50
1961	275–277	1,20	1,20
1962	278–281	1,—	1,—
1963	282–286	12,—	15,—
1964	287–300	15,20	13,20
1965	301–332	35,20	28,80
1966	333–349	4,90	5,50
1967	350–369	4,30	4,80
1968	370–385	3,60	4,—
1969	386–400	4,50	4,20
1970	401–419	5,20	5,90
1971	420–Block 1	6,70	56,40
1972	436–Block 2	10,80	15,30
1973	457–Block 3	39,20	39,20
1974	481–504	17,10	17,10
1975	505–523	18,40	18,40
1976	524–541	22,70	22,70
1977	542–561	10,30	11,30
1978	562–583	18,40	19,40
1979	584–606	12,70	13,70
1980	607–623	9,60	10,40
1981	624–654	41,10	42,60
1982	655–672	21,40	19,40
1983	673–696	26,10	27,10
1984	697–718	31,—	34,—
1985	719–742	34,50	36,50
1986	743–761	40,—	40,—
1987	762–Block 10	42,80	46,80
1988	786–808	25,90	26,90
1989	809–830	34,50	32,50
1990	831–852	27,20	31,20
1991	853–882	44,30	49,80
1992	883–901	29,—	29,—
1993	902–Bl. 13	24,50	25,50
1994	924–948	32,50	32,50
1995	949–974	23,20	23,20
1996	975–1004	27,—	27,—
1997	1005–1031	26,—	26,—
1998	1032–1058	26,—	26,—
1999	1059–1113	46,50	46,50
2000	1114–1151	45,70	45,70
2001	1152–1206	52,40	49,90
2002	1207–1252	42,90	42,90
2003	1253–1313	84,80	84,80
2004	1314–1370	84,80	84,80
2005	1371–Block 31	81,70	81,70
2006	Block 32–1487	96,70	96,70
Gesamtsumme		**1643,70**	**1590,70**

Blockaufstellung

Block 1 siehe nach MiNr. 435	Block 19 siehe nach MiNr. 1132
Block 2 siehe nach MiNr. 456	Block 20 siehe nach MiNr. 1151
Block 3 siehe nach MiNr. 480	Block 21 siehe nach MiNr. 1158
Block 4 siehe nach MiNr. 500	Block 22 siehe nach MiNr. 1169
Block 5 siehe nach MiNr. 573	Block 23 siehe nach MiNr. 1237
Block 6 siehe nach MiNr. 609	Block 24 siehe nach MiNr. 1284
Block 7 siehe nach MiNr. 665	Block 25 siehe nach MiNr. 1285
Block 8 siehe nach MiNr. 722	Block 26 siehe nach MiNr. 1324
Block 9 siehe nach MiNr. 750	Block 27 siehe nach MiNr. 1366
Block 10 siehe nach MiNr. 785	Block 28 siehe nach MiNr. 1422
Block 11 siehe nach MiNr. 845	Block 29 siehe nach MiNr. 1423
Block 12 siehe nach MiNr. 909	Block 30 siehe nach MiNr. 1424
Block 13 siehe nach MiNr. 923	Block 31 siehe nach MiNr. 1425
Block 14 siehe nach MiNr. 935	Block 32 siehe nach MiNr. 1429
Block 15 siehe nach MiNr. 1007	Block 33 siehe nach MiNr. 1461
Block 16 siehe nach MiNr. 1036	Block 34 siehe nach MiNr. 1462
Block 17 siehe nach MiNr. 1049	Block 35 siehe nach MiNr. 1481
Block 18 siehe nach MiNr. 1098	Block 36 siehe nach MiNr. 1482

Automatenmarken

In diesem Katalog werden in aller Regel nur die billigste Sorte einer Automatenmarkenausgabe sowie wesentliche Unterschiede des Vordruckpapiers berücksichtigt. Eine ausführliche Katalogisierung nach Unterarten wie Automatennummern, Typen, Papiersorten, Fehlverwendungen und anderen Unterschieden ist im MICHEL-Automatenmarken-Spezialkatalog zu finden.

2002

2002, 9. Jan. Freimarken mit Automatennummern-Eindruck: Tourismus. Bdr.; Typendruck über Farbband; □.

a) Stadttor von Mdina

b) Ansicht von Valletta   c) Blaue Lagune   d) Blaues Fenster, Insel Gozo

		**	⊙	FDC
00.01 (£) – 99.99 (£) (in Stufen von 0.01 £)				
1	schwarz; Unterdruck: mfg. ... a			
	0.01–0.41 (£), je Wert	1,50	1,50	3,—
	Höhere Werte ....(1 £ = 5,—)	+ 1,50	+ 1,50	+ 3,—
2	schwarz; Unterdruck: mfg. ... b			
	0.01–0.41 (£), je Wert	1,50	1,50	3,—
	Höhere Werte ....(1 £ = 5,—)	+ 1,50	+ 1,50	+ 3,—
3	schwarz; Unterdruck: mfg. ... c			
	0.01–0.41 (£), je Wert	1,50	1,50	3,—
	Höhere Werte ....(1 £ = 5,—)	+ 1,50	+ 1,50	+ 3,—
4	schwarz; Unterdruck: mfg. ... d			
	0.01–0.41 (£), je Wert	1,50	1,50	3,—
	Höhere Werte ....(1 £ = 5,—)	+ 1,50	+ 1,50	+ 3,—

MiNr. 1–4 befinden sich in fortlaufender Reihenfolge auf einer Rolle.

Laufzeit: seit 9.1.2002

Feldpost-Zulassungsmarken

✈ **1940, Aug.** Zulassungsmarke für Luftpostbriefe Großbritannien – Malta, Andreas-Kreuz und Text „Weight / not to exceed one ounce". Bdr. auf weißem Papier; □.

		**	✉
I	(—) dunkelolivgrün, fehlerhafte Inschrift mit „one ounce" (August 1940 bis Januar 1941)	50,—	150,—

✈ **1940.** Desgl. mit berichtigter Inschrift „Weight / not to exceed half ounce". Bdr. auf weißem Papier; □.

II	(—) dunkelolivgrün	100,—	250,—

✈ **1940.** Desgl. Andreas-Kreuz ohne Inschrift. Bdr. auf weißem Papier; □.

III	(—) hell- bis dunkelgrün (Juli 1940–Okt. 1943)	36,—	100,—

Die Zulassungsmarken wurden in beschränkter Anzahl für Luftpostbriefe nur von Malta nach Großbritannien während der Belagerung 1940–1943 an die Bewohner und Besatzung auf Malta zur Versendung an Verwandte im Mutterland ausgegeben.

Portomarken

1925, 16. April. Ziffernzeichnung. Bdr. auf weißem oder farbigem Papier; □. (⊔⊓).

Pa

				**	⊙
1	½ P	schwarz auf weiß	Pa	4,—	9,—
2	1 P	schwarz auf weiß	Pa	10,—	5,—
3	1½ P	schwarz auf weiß	Pa	10,—	5,—
4	2 P	schwarz auf weiß	Pa	15,—	17,—
5	2½ P	schwarz auf weiß	Pa	8,—	4,—
6	3 P	schwarz auf grau	Pa	25,—	18,—
7	4 P	schwarz auf gelb	Pa	15,—	15,—
8	6 P	schwarz auf gelb	Pa	15,—	22,—
9	1 Sh	schwarz auf gelb	Pa	20,—	30,—
10	1'6 Sh'P	schwarz auf gelb	Pa	40,—	80,—
		Satzpreis (10 W.)		160,—	200,—
5 I	fehlende 2 in 2½			1200,—	1800,—

⊔⊓ Preise vierfach.
Alle Werte: FALSCH ⊙

1925. Malteser-Kreuz. Bdr.; Wz. 4 liegend; gez. L 12.

Pb) Malteser-Kreuz und Wappen von Großbritannien und Malta

				**	
11	½ P	grün	Pb	3,—	1,—
12	1 P	violett	Pb	3,—	0,70
13	1½ P	hellbraun	Pb	3,—	2,—
14	2 P	grau	Pb	25,—	2,50
15	2½ P	orange	Pb	5,—	2,—
16	3 P	blau	Pb	5,—	2,—
17	4 P	olivgrün	Pb	30,—	20,—
18	6 P	rotlila	Pb	9,—	5,—
19	1 Sh	schwarz	Pb	15,—	15,—
20	1'6 Sh'P	karminrosa	Pb	25,—	32,—
		Satzpreis (10 W.)		120,—	80,—

1953, 5. Nov. Malteser-Kreuz. Bdr.; gestrichenes Papier; Wz. 4 liegend; gez. L 12.

21	½ P	smaragdgrün	Pb	1,—	1,80
22	1 P	purpurviolett	Pb	1,—	1,20
23	1½ P	gelbbraun	Pb	5,—	12,—
24	3 P	dunkelblau	Pb	2,—	2,50
25	4 P	gelboliv	Pb	8,—	13,—
		Satzpreis (5 W.)		17,—	30,—

1957, 20. März. Malteser-Kreuz. Bdr.; gestrichenes Papier; Wz. 4 liegend; gez. L 12.

26	2 P	schwarzbraun	Pb	7,50	12,—

1966, 6. Juni. Malteser-Kreuz. MiNr. 26 jetzt Wz. 5 liegend; Bdr.; gestrichenes Papier; gez. L 12.

27	2 P	schwarzbraun	Pb	30,—	50,—

MiNr. 27 wurde erst nach der Verkaufszeit in nur geringen Restbeständen durch Zufall aufgefunden.

1967/71. Bisherige Zeichnung. Bdr. Bradbury; Wz. 6 liegend; A = gez. L 12, B = gez. K 12¾.

28	½ P		smaragdgrün	Pb		
A			gez. L 12 (9.11.1967)		6,—	12,—
B			gez. K 12¾ (30.5.1968)		0,20	1,—
29	1 P		violett	Pb		
A			gez. L 12 (9.11.1967)		6,—	12,—
B			ge. K 12¾ (30.5.1968)		0,20	1,—
30	1½ P		orangebraun	Pb		
B			gez. K 12¾			
	x		Papier normal		0,50	2,50
	y		Papier gestr. (23.10.1970)		1,30	3,—
31	2 P		schwarzbraun	Pb		
A	x		gez. L 12, Papier normal		6,—	12,—
B			gez. K 12¾			
	x		Papier normal		1,—	1,50
	y		Papier gestr. (23.10.1970)		2,—	3,50
32	2½ P		orange	Pb		
B			gez. K 12¾		0,80	1,50
33	3 P		dunkelgraublau	Pb		
B			gez. K 12¾		0,80	1,50
34	4 P		gelboliv	Pb		
A			gez. L 12		75,—	130,—
B			gez. K 12¾		1,—	1,50
35 B	6 P		grauviolett	Pb	1,—	1,50
36 B	1 Sh		schwarz	Pb	1,50	2,50
37 B	1 Sh 6 (P)		scharlach	Pb	3,—	6,—
			Satzpreis B (10 W.)		10,—	20,—

Auflagen: MiNr. 28 A–29 A je 54 000, MiNr. 34 A = 22 080 Stück

Neue Währung: 1 Lm (£) = 100 Cents (C), 1 Cent = 10 Mils (M)

1973, 28. April. Ziffernzeichnung. Odr.; Wz. 6 liegend; gez. K 13:14.

Pc

38	2 M	lilabraun/dunkelrotbraun	Pc	0,10	0,20
39	3 M	hellorangebraun/braunorange	Pc	0,10	0,20
40	5 M	karmin/scharlach	Pc	0,20	0,30
41	1 C	blaugrün/schwarzblaugrün	Pc	0,20	0,30
42	2 C	grau/schwarz	Pc	0,40	0,60
43	3 C	braunoliv/schwarzbraunoliv	Pc	0,40	0,60
44	5 C	dunkelblau/schwarzblau	Pc	0,80	1,20
45	10 C	lebhaftviolett/violett	Pc	1,—	1,60
		Satzpreis (8 W.)		3,20	5,—

1993, 4. Jan. Ornament. Odr.; Wz. 6; gez. K 14:13¾.

Pd) Ornament

46	1 C	rotlila/hellilarosa	Pd	0,20	0,20
47	2 C	lebhaftcyanblau/hellpreußischblau	Pd	0,20	0,20
48	5 C	lebhaftbläulichgrün/weißblaugrün	Pd	0,40	0,40
49	10 C	dunkelgelborange/hellgelb	Pd	0,70	0,70
		Satzpreis (4 W.)		1,50	1,50

Montenegro
ЦРНА ГОРА

Gebiet in Südosteuropa. Fürstentum von 1852–1910, danach Königreich bis zur Eingliederung in das Königreich Jugoslawien (1918). Von 1941–1944 zunächst italienischen, dann deutsche Besetzung. Ab 1945 Volksrepublik innerhalb Jugoslawiens, von 1992–2006 Teilrepublik der Bundesrepublik Jugoslawien bzw. von Serbien und Montenegro, seit dem 3. Juni 2006 unabhängig. Hauptstadt: Podgorica.

Währung: 1 Gulden (ФИОРИН) = 100 Neu-Kreuzer (НОВЧИh); ab 1900: 1 Krone (КРУНА) = 100 Heller (ХЕЛЕР); ab 1907: 1 Krone (КРУНА) bzw. ab 1910: 1 Perper (ПЕРПЕР) = 100 Para (ПАРА), ab 3.6.2006: 1 Euro (€) = 100 Cent.

MiNr. I–III siehe nach MiNr. 98.

Preise ungebraucht bis MiNr. 99 ✶, ab MiNr. 100 ✶✶.

Fürstentum (bis 1910)

◎ Die Freimarken der IV. Auflage 1893, Reste der III. Auflage 1890, Reste der Jubiläumsausgabe 1893 (8 Werte: 3 Nkr. – 25 Nkr.) und Marken der Ausgaben 1894 und 1898 wurden zu Sammelzwecken von einer Privatperson in Berlin mit echten, aber nachdatierten Poststempeln entwertet, die dem Käufer der Restbestände seitens der montenegrinischen Postverwaltung zur Verfügung gestellt waren.

 MiNr. 20 gibt es mit verfälschtem Stempel (echte Stempel mit nachträglich eingesetzten falschen Datumszahlen). Bisher lagen folgende Daten vor:

6–7, 8–9, 9–7

1874

 1874, 1. Mai/1893. Fürst Nikola I. Bdr. Bogen-Wz. 1, ab 1890 Bogen-Wz. 2; gez. L 10¼–13.

a) Fürst Nikola I.

BRIEF-MARKEN Bogen-Wz. 1

ZEITUNGS-MARKEN Bogen-Wz. 2

Die Bogen-Wz. 1 und 2 gehen jeweils über zwei Schalterbogen (die Mehrzahl der Marken blieb ohne Wz.).

I = 1. Auflage (1. Mai 1874): ✶ ⊙

Bogen-Wz. 1; große spitze Zähnungslochung; die Zähnung schwankt zwischen L 10¼ und 11; Papier dick und weich; Druckfarben matt. Einheiten sehr selten.

1 I	2 Nkr	gelb, goldgelb ....a			
A		L 10¼–11		40,—	50,—
C		L 13:10¾		200,—	150,—
2 I	3 Nkr	(gelb-)grün, blaugrün ......a		60,—	50,—
3 I	5 Nkr	(rosa-)rot, ziegelrot ....a		50,—	50,—
4 I	7 Nkr	(blaß- bis dunkel-)violett ....a		50,—	40,—
5 I	10 Nkr	(hell- bis dunkel-)blau ......a			
A		L 10¼–11		150,—	100,—
C		L 12:10¾		180,—	120,—
6 I	15 Nkr	(gelb-, rötlich-)braun ......a		170,—	150,—
7 I	25 Nkr	(violett-, grau-)braun,			
		(violett-)grau ....a		350,—	260,—
		Satzpreis I (7 W.)		850,—	700,—

II = 2. Auflage (1879–1890):

Bogen-Wz. 1; A = gez. L 12–13, B = gez. L 12; kleine unregelmäßig breite Zähnungslochung, bei B unregelmäßige Zähnung (sog. wirre oder Bosnier- bzw. Montenegro-Zähnung); festeres durchsichtiges Papier verschiedener Stärken; schmale Markenränder.

1 II	2 Nkr	gelb, goldgelb ....a			
A		gez. L 12–13		12,—	8,—
B		unregelmäßig gez. L 12		28,—	22,—
2 II	3 Nkr	(gelb-)grün, blaugrün ......a			
A		gez. L 12–13		10,—	6,50
B		unregelmäßig gez. L 12		55,—	45,—
3 II	5 Nkr	(rosa-)rot, ziegelrot ....a			
A		gez. L 12–13		10,—	6,50
B		unregelmäßig gez. L 12		32,—	26,—
4 II	7 Nkr	.........................a			
A		gez. L 12–13			
a		rosa, lilarosa		10,—	6,50
b		(blaß- bis dkl'-)violett		70,—	50,—
B		unregelmäßig gez. L 12			
a		rosa, lilarosa		20,—	13,—
b		(blaß- bis dunkel-)violett ..		80,—	60,—
5 II	10 Nkr	(hell- bis dunkel-)blau ......a			
A		gez. L 12–13		20,—	8,50
B		unregelmäßig gez. L 12		50,—	35,—
6 II	15 Nkr	(gelb-, rötlich-)braun ......a			
A		gez. L 12–13		60,—	14,—
B		unregelmäßig gez. L 12		75,—	40,—
7 II	25 Nkr	(violett-, grau-)braun,			
		(violett-)grau ....a			
A		gez. L 12–13		30,—	20,—
B		unregelmäßig gez. L 12		75,—	55,—
		Satzpreis II A (7 W.)		150,—	70,—
		Satzpreis II B (7 W.)		320,—	220,—

III = 3. Auflage (1890–1893):

Bogen-Wz. 2; gez. L 10½, 11½; regelmäßige Zähnungslochung stumpf oder spitz; gewöhnliches hartes Papier; schmale Markenränder (Markenabstand 2 mm); Druckfarben glänzend.

1 III	2 Nkr	gelb, goldgelb ....a	5,—	3,50
2 III	3 Nkr	(gelb-)grün, blaugrün ......a	5,—	3,50
3 III	5 Nkr	(rosa-)rot, ziegelrot ....a	6,—	4,—
4 III	7 Nkr	rosa, lilarosa ....a	3,50	2,50
5 III	10 Nkr	(hell- bis dunkel-)blau ......a	5,—	3,50
6 III	15 Nkr	(gelb-, rötlich-)braun ......a	5,—	4,—
7 III	25 Nkr	(violett-, grau-)braun,		
		(violett-)grau ....a	6,—	5,—
		Satzpreis III (7 W.)	35,—	25,—
1 III U–7 III U		ungezähnt	400,—	

IV = 4. Auflage (1893):
Bogen-Wz. 2 A = gez. L 10½, 11½; B = gez. L 11; regelmäßige Zähnungslochung (stumpf); hartes, dünnes Papier; breite Markenränder (Markenabstand 3 mm).

1 IV	2 Nkr	gelb, goldgelb .... a			
A		gez. L 10½, 11½		5,—	3,50
B		gez. L 11		35,—	25,—
2 IV	3 Nkr	(gelb-)grün, blaugrün .... a			
A		gez. L 10½, 11½		5,—	3,50
3 IV	5 Nkr	(rosa-)rot, ziegelrot .... a			
A		gez. L 10½, 11½		6,—	4,—
4 IV	7 Nkr	rosa, lilarosa .... a			
A		gez. L 10½, 11½		3,50	2,50
B		gez. L 11		15,—	15,—
5 IV	10 Nkr	(hell- bis dkl'-)blau .... a			
A		gez. L 10½, 11½		5,—	3,50
6 IV	15 Nkr	(gelb-, rötlich-)braun .... a			
A		gez. L 10½, 11½		5,—	4,—
7 IV	25 Nkr	(violett-, grau-)braun,			
		(violett-)grau .... a			
A		gez. L 10½, 11½		6,—	5,—
		Satzpreis IV A (7 W.)		35,—	25,—

[FALSCH]

Auflagen: MiNr. 1 I und 3 I je 20 000, MiNr. 2 I, 5 I und 6 I je 10 000, MiNr. 4 I = 30 000, MiNr. 7 I = 5000 Stück

---

1893

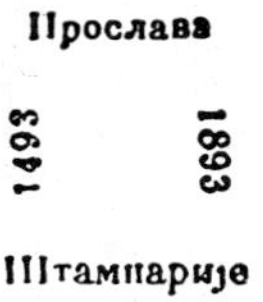

Прослава 1893, 25. Juli. 400 Jahre Druckkunst in Montenegro MiNr. 1–7 (2.–4. Auflage) mit schwarzem oder rotem Aufdruck.

1493   1893

Штампарије

I = auf Urmarken der 2. Auflage:

11 I	7 Nkr			
a		rosa, lilarosa .... (4 a) S	120,—	80,—
b		(blaß- bis dunkel-)violett (4 b) S	650,—	750,—
13 I	15 Nkr	(gelb-, rötlich-)braun ...... (6) S	150,—	100,—
14 I	25 Nkr	(violett-, grau-)braun .... (7) R		300,—

II = auf Urmarken der 3. Auflage:

8 II	2 Nkr	gelb, goldgelb .... (1) S		
A		gez. 10½	35,—	8,50
C		gez. 11½	45,—	10,—
9 II	3 Nkr	(gelb-)grün, blaugrün .. (2) S		
A		gez. 10½	8,—	4,—
C		gez. 11½	4,—	2,50
10 II	5 Nkr	(rosa-)rot, ziegelrot .... (3) S		
A		gez. 10½	3,—	2,—
C		gez. 11½	5,—	3,—
11 II	7 Nkr	.... (4 a) S		
A		gez. 10½	4,—	2,50
C		gez. 11½	6,—	5,—
12 II	10 Nkr	(hell- bis dunkel-)blau .... (5)		
a		Aufdruck schwarz		
A		gez. 10½	5,—	4,—
C		gez. 11½	6,—	5,—
b		Aufdruck karminrot		
A		gez. 10½	7,50	5,—
C		gez. 11½	9,—	7,—
13 II	15 Nkr	(gelb-, rötlich-)braun ...... (6)		
a		Aufdruck schwarz		
A		gez. 10½	5,50	4,—
C		gez. 11½	4,50	4,—
b A		Aufdruck karminrot, gez. 11½ 3000,—		2000,—
14 II	25 Nkr	(violett-, grau-)braun .... (7)		
a		Aufdruck schwarz		
A		gez. 10½	5,—	3,—
C		gez. 11½	5,—	4,—
b		Aufdruck karminrot		
A		gez. 10½	7,50	5,—
C		gez. 11½	9,—	6,—
		Satzpreis II (7 W.)	60,—	25,—

III = auf Urmarken der 4. Auflage:

8 III	2 Nkr	gelb, goldgelb .... (1) S		
A		gez. 10½	35,—	7,50
B		gez. 11	80,—	35,—
C		gez. 11½	40,—	10,—
9 III	3 Nkr	(gelb-)grün, blaugrün .. (2) S		
A		gez. 10½	25,—	8,—
C		gez. 11½	12,—	6,—
10 III	5 Nkr	(rosa-)rot, ziegelrot .... (3) S		
A		gez. 10½	18,—	3,—
C		gez. 11½	12,—	3,—
11 III	7 Nkr	rosa, lilarosa .... (4 a)		
a		Aufdruck schwarz		
A		gez. 10½	7,50	4,—
B		gez. 11	35,—	20,—
C		gez. 11½	9,—	5,—
b B		Aufdruck karminrot, gez. 11	50,—	25,—
12 III	10 Nkr	(hell- bis dunkel-)blau ... (5)		
a		Aufdruck schwarz		
A		gez. 10½	10,—	6,—
C		gez. 11½	12,—	8,—
b		Aufdruck karminrot		
A		gez. 10½	20,—	8,—
C		gez. 11½	16,—	10,—
13 III	15 Nkr	(gelb-, rötlich-)braun .. (6) S		
A		gez. 10½	8,—	4,—
C		gez. 11½	10,—	5,—
14 III	25 Nkr	(violett-, grau-)braun .... (7)		
a		Aufdruck schwarz		
A		gez. 10½	10,—	5,—
C		gez. 11½	15,—	8,—
b		Aufdruck karminrot		
A		gez. 10½	20,—	10,—
C		gez. 11½	25,—	10,—
		Satzpreis III (7 W.)	90,—	35,—

Zahlreiche Fehldrucke ҂, ҂ ҂ und ҂ ҂ bekannt.

[FALSCH]

1894

1894, 10. Febr. Fürst Nikola I. Bdr.; Bogen-Wz. ZEITUNGSMARKEN; A = gez. L 10½, C = gez. L 11½.

15	1 Nkr	graublau .... a		
A		gez. L 10½	0,50	0,50
C		gez. L 11½	0,70	0,70
16	20 Nkr	braunorange .... a		
A		gez. L 10½	0,50	0,50
C		gez. L 11½	0,70	0,70
17	30 Nkr	rotbraun .... a		
A		gez. L 10½	0,50	0,50
C		gez. L 11½	1,20	1,—
18	50 Nkr	ultramarin .... a		
A		gez. L 10½	0,70	0,70
C		gez. L 11½	1,70	1,50
19	1 G	dunkelgrün .... a		
A		gez. L 10½	1,—	1,20
C		gez. L 11½	2,20	1,70
20	2 G	lilabraun .... a		
A		gez. L 10½	1,50	1,70
C		gez. L 11½	2,20	3,20
		Satzpreis A (6 W.)	4,50	5,—
		C (6 W.)	8,50	8,50
15 U–20 U	ungezähnt .... Satzpreis (6 W.)		180,—	

[FALSCH]

Wenn Sie eine eilige philatelistische Anfrage haben, rufen Sie bitte (0 89) 3 23 93-3 44. Die **MICHEL**-Redaktion gibt Ihnen gerne Auskunft.

1895

1895, 1. Okt. Rückscheinmarke. Bdr.; Bogen-Wz. ZEITUNGSMARKEN; gez. L 10½, 11½.

b) Fürst Nikola I.

21	10 Nkr	blau/rot .... b		1,20	1,20
21 U		ungezähnt		40,—	

1896

1896, 1. Sept. 200 Jahre Fürstentum. Stdr.; A = gez. L 10½, C = gez. L 11½.

c) Ansicht des Klosters von Cetinje (fürstliches Mausoleum)

22	1 Nkr	blau/braun			
A		gez. L 10½		0,50	1,50
C		gez. L 11½		1,—	2,50
23	2 Nkr	rotlila/gelb			
A		gez. L 10½		0,50	1,50
C		gez. L 11½		1,—	2,50
24	3 Nkr	braun/hellgrün			
A		gez. L 10½		0,50	1,50
C		gez. L 11½		1,—	2,50
25	5 Nkr	grün/braun			
A		gez. L 10½		0,50	1,50
C		gez. L 11½		1,—	2,50
26	10 Nkr	gelb/ultramarin			
A		gez. L 10½		0,50	1,50
C		gez. L 11½		1,—	2,50
27	15 Nkr	blau/hellgrün			
A		gez. L 10½		0,50	1,50
C		gez. L 11½		75,—	120,—
28	20 Nkr	blaugrün/ultramarin			
A		gez. L 10½		0,60	1,70
C		gez. L 11½		50,—	75,—
29	25 Nkr	dunkelblau/gelb			
A		gez. L 10½		0,60	1,70
C		gez. L 11½		1,50	3,—
30	30 Nkr	rotlila/braun			
A		gez. L 10½		0,70	1,70
C		gez. L 11½		1,50	3,—
31	50 Nkr	rotbraun/blau			
A		gez. L 10½		0,70	1,70
C		gez. L 11½		1,50	3,—
32	1 G	rosa/schwarzblau			
A		gez. L 10½		1,20	2,—
C		gez. L 11½		2,20	4,—
33	2 G	dunkelbraun/schwarzgrau			
A		gez. L 10½		1,70	2,50
C		gez. L 11½		3,—	6,—
		Satzpreis A (12 W.)		8,50	20,—
		C (12 W.)		130,—	220,—
22 U–33 U		ungezähnt .... Satzpreis (12 W.)		280,—	

Kopfstehende und doppelte Mittelstücke bekannt

⊠ FALSCH

1898

1898, 1. Mai. Fürst Nikola I. Bdr.; Bogen-Wz. ZEITUNGSMARKEN; A = gez. L 10½, C = gez. L 11½.

34	2 Nkr	bläulichgrün .... a			
A		gez. L 10½		0,50	0,50
C		gez. L 11½		0,70	0,70
35	3 Nkr	karmin .... a			
A		gez. L 10½		0,50	0,50
C		gez. L 11½		0,70	0,70
36	5 Nkr	orange .... a			
A		gez. L 10½		3,—	0,70
C		gez. L 11½		8,50	1,50
37	7 Nkr	grau			
A		gez. L 10½		0,60	1,—
C		gez. L 11½		1,20	1,20
38	10 Nkr	lilarot .... a			
A		gez. L 10½		0,60	1,—
C		gez. L 11½		1,50	1,20
39	15 Nkr	lilabraun .... a			
A		gez. L 10½		0,50	0,70
C		gez. L 11½		1,20	1,50
40	25 Nkr	blau .... a			
A		gez. L 10½		0,50	0,70
C		gez. L 11½		1,20	1,50
		Satzpreis A (7 W.)		6,—	5,—
		Satzpreis C (7 W.)		15,—	8,—
34 U–40 U		ungezähnt .... Satzpreis (7 W.)		180,—	

Neue Währung: 1 Krone = 100 Heller

1902

1902, 12. Juli. Fürst Nikola I. Bdr.; A = gez. L 12½, C = gez. K 13:12½, D = gez. K 13:13½.

d) Fürst Nikola I.    e) Fürst Nikola I.

41	1 H	ultramarin .... d			
A		gez. L 12½		0,50	0,50
D		gez. K 13:13½		200,—	
42	2 H	rotlila			
C		gez. K 13:12½		0,50	0,50
D		gez. K 13:13½		40,—	40,—
43	5 H	grün			
C		gez. K 13:12½		7,50	7,50
D		gez. K 13:13½		0,50	0,50
44 D	10 H	rosa, gez. K 13:13½ .... d		0,50	0,50
45	25 H	blau			
A		gez. L 12½		5,—	
C		gez. K 13:13½		0,70	1,—
46	50 H	blauschiefer .... d			
C		gez. K 13:13½		4,—	5,—
D		gez. K 13:13½		1,—	1,20
47	1 Kr	lilabraun, gez. K 13:13½ .. d		1,—	1,—
48	2 Kr	braun .... d			
C		gez. K 13:13½		1,—	1,20
D		gez. K 13:13½		25,—	25,—
49	5 Kr	ocker .... d			
C		gez. L 12½		1,20	3,—
D		gez. K 13:13½		5,—	5,—

Rückscheinmarke

50	25 H	orange/karmin .... e		1,20	1,20
		Satzpreis (10 W.)		8,—	10,—

Ungezähnt:

41 U	ungezähnt	....	30,—
42 U	ungezähnt		25,—
43 U	ungezähnt		3,—
44 U	ungezähnt		25,—
45 U	ungezähnt		35,—
46 U	ungezähnt		26,—
49 U	ungezähnt		15,—
50 U	ungezähnt		25,—

1905

1905, 5. Dez./1906. Einführung einer Verfassung und Eröffnung des Landtags. MiNr. 41–50 mit schwarzem oder rotem Bdr.-Aufdruck in 5 verschiedenen Typen.

Type I

I = Aufdruck-Type I (1905):
„1905" tiefer als „C" von „Constitution", „YCTAB" 11½ mm lang

51 I	1 H	ultramarin	(41) R	0,50	0,50
52 I	2 H	rotlila	(42) S	0,50	0,50
53 I	5 H	grün	(43) R	1,—	1,—
54 I	10 H	rosa	(44) S	1,20	1,20
55 I	25 H	blau	(45) R	0,70	0,70
56 I	50 H	grünschiefer	(46) R	0,70	0,70
57 I	1 Kr	lilabraun	(47) R	0,70	0,70
58 I	2 Kr	braun	(48) S	1,—	1,—
59 I	5 Kr	ocker	(49) S	1,50	1,50
60 I	25 H	orange/karmin	(50) S	1,50	1,50
		Satzpreis I (10 W.)		9,—	9,—

II = Aufdruck-Type II (1906):
„1905" höher als „C" von „Constitution", „YCTAB" 9¾ mm lang

51 II	1 H	ultramarin	(41) R	0,50	0,50
52 II	2 H	rotlila	(42) S	0,50	0,50
53 II	5 H	grün	(43) R	1,—	1,—
54 II	10 H	rosa	(44) S	1,20	1,20
55 II	25 H	blau	(45) R	0,70	0,70
56 II	50 H	grünschiefer	(46) R	0,70	0,70
57 II	1 Kr	lilabraun	(47) R	0,70	0,70
58 II	2 Kr	braun	(48) S	1,—	1,—
59 II	5 Kr	ocker	(49) S	1,50	1,50
60 II	25 H	orange/karmin	(50) S	1,50	1,50
		Satzpreis II (10 W.)		9,—	9,—

III = Aufdruck-Type III (1906):
„1905" höher als „C" von „Constitution", „YCTAB" 11½ mm lang

51 III	1 H	ultramarin	(41) R	1,—	1,—
52 III	2 H	rotlila	(42) S	1,—	1,—
53 III	5 H	grün	(43) R	2,50	2,50
54 III	10 H	rosa	(44) S	3,50	3,50
55 III	25 H	blau	(45) R	2,—	2,—
56 III	50 H	grünschiefer	(46) R	2,50	2,50
57 III	1 Kr	lilabraun	(47) R	2,50	2,50
58 III	2 Kr	braun	(48) S	3,50	3,50
59 III	5 Kr	ocker	(49) S	4,—	4,—
60 III	25 H	orange/karmin	(50) S	3,50	3,50
		Satzpreis III (10 W.)		25,—	25,—

IV = Aufdruck-Type IV (1906):
„1905" höher als „C" von „Constitution", „YCTAB" 10½ mm lang

51 IV	1 H	ultramarin	(41) R	3,—	3,—
52 IV	2 H	rotlila	(42) S	3,—	3,—
53 IV	5 H	grün	(43) R	6,—	6,—
54 IV	10 H	rosa	(44) S	7,50	7,50
55 IV	25 H	blau	(45) R	4,—	4,—
56 IV	50 H	grünschiefer	(46) R	4,—	4,—
57 IV	1 Kr	lilabraun	(47) R	4,—	4,—
58 IV	2 Kr	braun	(48) S	5,—	5,—
59 IV	5 Kr	ocker	(49) S	6,—	6,—
60 IV	25 H	orange/karmin	(50) S	6,—	6,—
		Satzpreis IV (10 W.)		48,—	48,—

V = Aufdruck-Type V (1906):
„1905" höher als „C" von „Constitution", „YCTAB" 8½ mm lang

52 V	2 H	rotlila	(42) S	50,—	50,—
55 V	25 H	blau	(45) R	30,—	30,—
56 V	50 H	grünschiefer	(46) R	30,—	30,—
57 V	1 Kr	lilabraun	(47) R	30,—	30,—
58 V	2 Kr	braun	(48) S	30,—	30,—
59 V	5 Kr	ocker	(49) S	30,—	30,—
60 V	25 H	orange/karmin	(50) S	35,—	35,—
		Satzpreis V (7 W.)		220,—	220,—

Paare:

Type I und II zusammenhängend (MiNr. 51–56) ....je 60,— 60,—

Spezialsammler unterscheiden auch die verschiedenen Zähnungen der Urmarken.
Zahlreiche Aufdruckfehler (Doppeldrucke, kopfstehende Aufdrucke) bekannt.
Probedrucke: Aufdruck schwarz statt rot oder in Grün, Blau, Gelb und anderen Farben. MiNr. 53 und 54 mit schwarzem Aufdruck in Type V sind Probedrucke.

FALSCH Aufdruckfälschungen bekannt

Neue Währung: 1 Krone (Perper) = 100 Para

1907

1907, 1. Juni. Fürst Nikola I. StTdr.; gez. L 12½.

f) Fürst Nikola I.

Für die Massenabstempelung benutzte Stempel in Violettschwarz (Auswahl):

Vorsicht vor falschen Entwertungen, z. B. in grauschwarzer oder in roter Farbe.

61	1 Pa	olivgelb		0,40	0,20
62	2 Pa	schwarz		0,40	0,20
63	5 Pa	hellgrün		1,70	0,20
64	10 Pa	scharlachrot		2,80	0,20
65	15 Pa	ultramarin		0,50	0,50
66	20 Pa	orange		0,50	0,50
67	25 Pa	dunkelblau		0,50	0,50
68	35 Pa	olivbraun		0,70	0,50
69	50 Pa	violett		0,70	0,70
70	1 Kr	karminrosa		0,70	0,70
71	2 Kr	dunkelgrün		0,70	0,70
72	5 Kr	rotbraun		1,50	1,20

Rückscheinmarke, in den oberen Ecken „A" „R"

73	25 Pa	oliv		f 1,—	1,50
		Satzpreis (13 W.)		12,—	7,50

61 U–72 U ungezähnt ....je 12,—

Montenegro

Жиговинска Закон од марка 16/VI 1900

1909. MiNr. 61–72 und Portomarken MiNr. 19–20 wurden durch nebenstehenden Aufdruck in Stempelmarken umgewandelt. Die Verwendung solcher Stempelmarken als Freimarken war nicht angeordnet. Zufällig durchgeschlüpfte Stücke sind bekannt. Eine gesonderte Katalogisierung ist aber nicht gerechtfertigt.

88	5 Pa	grün	0,70	0,70
89	10 Pa	lilarosa	0,70	0,70
90	15 Pa	blaugrau	0,50	0,70
91	20 Pa	braun	0,50	0,70
92	25 Pa	blau	0,70	0,70
93	35 Pa	zinnober	0,70	0,70
94	50 Pa	hellblau	0,50	1,—
95	1 Per	hellbraun	1,—	1,50
96	2 Per	dunkelviolett	1,—	1,50
97	5 Per	gelbgrün	1,—	1,50

Rückscheinmarke

98	25 Pa	olivgrün	p	1,—	3,60
		Satzpreis (13 W.)		9,—	14,—

88 U w waagerecht ungezähnt, senkrechtes Paar . . . . . . 50,—

Während des 1. Weltkrieges besetzten österreichisch-ungarische Truppen ab Januar 1916 das Gebiet von Montenegro. Die montenegrinische Regierung verlegte ihren Sitz nach Bordeaux. Ausgaben der K.u.K. Militärverwaltung Montenegro siehe Österreich-Feldpost.

Ausländische Post, die nicht mehr nach Montenegro gesandt werden konnte, wurde von Bordeaux aus mit einem der folgenden Zettel an die Absender zurückgeschickt:

Königreich (1910–1918)

1910

1910, 28. Aug. Krönung des Fürsten zum König Nikola I. StTdr.; gez. L 12½.

g) 1855   h) König und Königin   i) 1878   k) 1910

l) König und Königin   m) Der König als General   n) König zu Pferde

g–n) Bildnisse des Königs und der Königin Milena in verschiedenen Lebensaltern

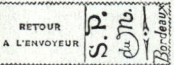 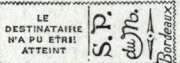

I   II

III

					(*)	✉
I		schwarz auf blau			40,—	—,—
II		schwarz auf orangerot			50,—	—,—
III		blau			75,—	—,—

MiNr. I–III auf ✉: je —,—.

74	1 Pa	schwarz	g	0,80	0,50
75	2 Pa	tiefliabraun	h	0,80	0,50
76	5 Pa	dunkelgrün		0,80	0,50
77	10 Pa	rot	i	0,80	0,50
78	15 Pa	stahlblau	k	0,80	0,50
79	20 Pa	oliv		0,80	0,50
80	25 Pa	blau		0,80	0,50
81	35 Pa	braun	i	1,50	1,—
82	50 Pa	violett		0,80	1,—
83	1 Per	braunkarmin	m	1,60	1,—
84	2 Per	hellgrün	m	1,60	1,—
85	5 Per	hellgrünlichblau		2,—	1,50
		Satzpreis (12 W.)		13,—	9,—
75 F	2 Pa	olivgrün		250,—	
74 U–85 U		ungezähnt	je	15,—	
76 Uw		waagerecht ungezähnt, senkrechtes Paar		25,—	
77 Uw		waagerecht ungezähnt, senkrechtes Paar		22,—	
82 Uw		waagerecht ungezähnt, senkrechtes Paar		25,—	

1913

1913, 1. April. König Nikola I. Bdr.; gez. L 12½.

o) König Nikola I.   p) König Nikola I.

86	1 Pa	orange		0,50	0,70
87	2 Pa	lila		0,50	0,70

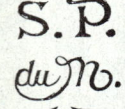

Als Dienstmarken für die Regierungskorrespondenz benutzte die montenegrinische Regierung vom 6.6.–27.6.1916 französische Freimarken mit vierzeiligem Kontrollaufdruck. Folgende Marken erhielten diesen Kontrollaufdruck; ab 28.6.1916 untersagte die französische Postverwaltung die weitere Verwendung.

99 a	5 C	dunkelgrün	(116)	20,—	—,—
b	10 C	ziegelrot	(117 II)	25,—	—,—
c	15 C	graugrün	(109)	350,—	—,—
d	20 C	lilabraun	(118)	350,—	—,—
e	25 C	blau	(119)	30,—	—,—
f	30 C	braunorange	(120)	50,—	—,—
g	35 C	hellviolett	(121)	60,—	—,—
h	40 C	rot/blau	(96)	60,—	—,—
i	45 C	grün/blau	(122)	60,—	—,—
k	50 C	braun/hellblau	(97)	100,—	—,—
l	1 Fr	lilarot/gelbgrün	(98)	120,—	—,—

Nachstehend abgebildete Marken (insgesamt 19 Werte) waren von der geflüchteten Regierung vorbereitet, die Ausgabe unterblieb aber. Rot-Kreuz-Marken mit dem Bild der Königin Milena sind private Mache.

Republik im Bund mit Serbien

2005

2005, 15. Dez./2006, Juni. Freimarken: Symbole der Eigenstaatlichkeit. Odr., Bogen (B) (I = 4×5, II = 5×10) und Kleinbogen (Klb.) (2×5); A = gez. K 13, C = gez. K 13¾.

r) Umrißkarte von Montenegro

s) Erstes Parlamentsgebäude, Cetinje
t) Landeswappen
u) Landesflagge

I = mit Jahreszahl 2005, A = gez. K 13 (15.12.2005)

100 I A	0,25 €	mehrfarbig (B) (Klb.)	r	0,50	0,50
101 I A	0,40 €	mehrfarbig (B) (Klb.)	s	1,—	1,—
102 I A	0,50 €	mehrfarbig (B) (Klb.)	t	1,30	1,30
103 I A	0,60 €	mehrfarbig (B) (Klb.)	u	1,70	1,70
		Satzpreis (4 W.)		4,50	4,50
		FDC			12,—
		100 I A Zf–103 I A Zf		5,—	5,—
		Kleinbogensatz (4 Klb.)		40,—	40,—

II = mit Jahreszahl 2005 und zusätzlicher Inschrift „Pošta Crne Gore", A = gez. K 13 (2006)

100 II A	0,25 €	mehrfarbig (B)	r	0,50	0,50
101 II A	0,40 €	mehrfarbig (B)	s	0,80	0,80
		Satzpreis (2 W.)		1,30	1,30

III = mit Jahreszahl 2006 und zusätzlicher Inschrift „Pošta Crne Gore", C = gez. K 13¾ (Juni 2006)

100 III C	0,25 €	mehrfarbig (B)	r	0,50	0,50
101 III C	0,40 €	mehrfarbig (B)	s	0,80	0,80
103 III C	0,60 €	mehrfarbig (B)	u	1,20	1,20
		Satzpreis (3 W.)		2,50	2,50

MiNr. 100 I A–103 I A wurden auch jeweils im Kleinbogen zu 8 Marken und 2 Zierfeldern gedruckt.

Auflagen: MiNr. 100 I A–103 I A = 2 000 000 Sätze, MiNr. 100 III C = 2 000 000, MiNr. 101 III C = 700 000, MiNr. 102 III C = 300 000 Stück

---

2005, 30. Dez. Europa: Gastronomie. Odr., Kleinbogen (Klb.) (3×3) und Markenheftchen (MH); A = vierseitig, D = dreiseitig gez. K 13¼:14.

v) Fische, Muscheln und Garnelen
w) Schinken, Käse und Oliven

104	0,25 €	mehrfarbig	v		
I A		☐ (Klb.)		4,—	4,—
II Dr		☐ (MH)		12,—	12,—
105	0,50 €	mehrfarbig	w		
I A		☐ (Klb.)		8,—	8,—
II Dl		☐ (MH)		12,—	12,—
		Satzpreis I A (2 W.)		12,—	12,—
		Kleinbogensatz (2 Klb.)		100,—	100,—

Blockausgabe, gez. K 13¼:14

x) Honigbiene (Apis mellifica), y) Rotweinglas, blaue Trauben Glas mit Met

106	0,25 €	mehrfarbig	x	10,—	10,—
107	0,50 €	mehrfarbig	y	20,—	20,—
Block 1	(110×50 mm)		z	35,—	35,—

MiNr. 104 I A und 105 I A wurden jeweils im Kleinbogen zu 8 Marken und 1 Zierfeld gedruckt.

MiNr. 104 I D und 105 I D stammen aus MH 1.

Die Marken aus Kleinbogen haben einen weißen Markenrand, die Heftchenmarken einen farbigen.

Block 1 und H-Blatt 1 sind auch ungezähnt bekannt.

Auflage: MiNr. 104 I A und 105 I A = 40 000, MiNr. 104 II D und 105 II D = 5000 Sätze, Bl. 1 = 20 000 Blocks

2006

2006, 3. Jan. 50 Jahre Europamarken. Odr. (4×5); gez. K 13¼:14.

aa) Marke MiNr. 87, Motiv der Europamarken 1960

ac) Marke MiNr. 89, Motiv der spanischen Europamarken 1962
ab) Marke MiNr. 88, Motiv der Europamarken 1961
ad) Marke MiNr. 92, Motiv der Europamarken 1956

108 I	0,50 €	mehrfarbig	aa	1,—	1,—
109 I	1,00 €	mehrfarbig	ab	2,—	2,—
110 I	2,00 €	mehrfarbig	ac	4,—	4,—
111 I	2,00 €	mehrfarbig	ad	4,—	4,—
		Satzpreis (4 W.)		11,—	11,—
		Viererstreifen		12,—	12,—
		FDC			13,—
		108 I Zf–111 I Zf		15,—	15,—

MICHEL-Kataloge

können Sie auch außerhalb Deutschlands beziehen. Unsere Vertretungen in vielen Ländern haben die neuen Kataloge stets lieferbar.

Blockausgabe, Bl. 2 Odr., A = gez. 13¼:14, B = □; Bl. 3 komb. Odr. und Hfdr., □

af) Landkarte Europas mit Hervorhebung Montenegros, Europasterne, Landeswappen

108 II A	0.50 €	mehrfarbig	aa	1,—	1,—
109 II A	1.00 €	mehrfarbig	ab	2,—	2,—
110 II A	2.00 €	mehrfarbig	ac	4,—	4,—
111 II A	2.00 €	mehrfarbig	ad	4,—	4,—
Block 2 A	(106×92 mm)		ae	20,—	20,—
		FDC			22,—
Block 2 B	(106×92 mm)		ae	—,—	—,—
		FDC			—,—
Block 3	5.50 €	(103×76 mm)	af	20,—	20,—
		FDC			22,—

Die Marken aus dem Bogen haben einen weißen Markenrand, die Marken aus Bl. 2 einen farbigen.

MiNr. 108–111 I wurden waagerecht zusammenhängend im Bogen zu 16 Marken und 4 Zierfeldern gedruckt.

Auflage: MiNr. 108 I–111 I = 508 000 Sätze, Bl. 2 A und 3 A je 505 000 Blocks

2006, 7. Febr. Olympische Winterspiele, Turin. Odr. (3×3); gez. K 13¼:13¾.

ag) Eiskunstlauf   ah) Skispringen

112	0.60 €	mehrfarbig	ag	1,20	1,20
113	0.90 €	mehrfarbig	ah	1,80	1,80
		Satzpreis (2 W.)		3,—	3,—
		FDC			4,—
		Kleinbogensatz (2 Klb.)		24,—	24,—

MiNr. 112–113 wurden jeweils im Kleinbogen zu 8 Marken und 1 Zierfeld gedruckt.

Auflage: 32 000 Sätze

2006, 15. März. Flora. Odr. (4×5); gez. K 13¼:13¾.

ai) Petterie (Petteria ramentacea)   ak) Veilchen (Viola nikolai)

114	0.25 €	mehrfarbig	ai	0,50	0,50
115	0.50 €	mehrfarbig	ak	1,—	1,—
		Satzpreis (2 W.)		1,50	1,50
		FDC			2,50

Auflage: 32 000 Sätze

2006, 27. April. 100. Jahrestag der Einführung der eigenen Währung Perper. Odr. (3×3); gez. K 13¼:13¾.

al) 1-Para-Münze (1906)   am) 20-Para-Münze (1906)

al–am) Gebäude der Zentralbank von Montenegro, Podgorica

116	0.40 €	mehrfarbig	al	0,80	0,80
117	0.50 €	mehrfarbig	am	1,—	1,—
		Satzpreis (2 W.)		1,80	1,80
		FDC			2,80
		Kleinbogensatz (2 Klb.)		14,50	14,50

MiNr. 116–117 wurden jeweils im Kleinbogen zu 8 Marken und 1 Zierfeld gedruckt.

Auflage: 28 000 Sätze

2006, 30. Mai. Fußball-Weltmeisterschaft, Deutschland. Odr. (3×3); gez. K 13¾:13¼.

an–ar) Spielszenen

118	0.60 €	mehrfarbig	an	1,20	1,20
119	0.90 €	mehrfarbig	ao	1,80	1,80
		Satzpreis (2 W.)		3,—	3,—
		FDC			4,—
		Kleinbogensatz (2 Klb.)		24,—	24,—

Blockausgabe

120	0.60 €	mehrfarbig	ap	1,20	1,20
121	0.90 €	mehrfarbig	ar	1,80	1,80
Block 4	(100×72 mm)		as	3,—	3,—

MiNr. 118–119 wurden jeweils im Kleinbogen zu 8 Marken und 1 Zierfeld gedruckt.

Auflagen: MiNr. 118–119 = 32 000 Sätze, Bl. 4 = 32 000 Blocks

Mit der MICHEL-Nummer auf Nummer sicher!

Montenegro

Republik

2006, 5. Juli. Tourismus. Odr. (4×5); gez. K 13¼:13¾.

at) Bergmassiv Durmitor

au) Insel Sveti Stefan

Nr.	Wert	Farbe		Mi	FDC
122	0,25 €	mehrfarbig .... at		0,50	0,50
123	0,50 €	mehrfarbig .... au		1,—	1,—
		Satzpreis (2 W.)		1,50	1,50
		FDC			2,50

Auflage: je 32 000 Stück

2006, 13. Juli. Unabhängigkeit. Odr. (3×3); gez. K 13¼:13¾.

av) Friedenstaube, Umrißkarte von Montenegro

124	0,50 €	mehrfarbig .... av	1,—	1,—
		FDC		1,80
		Kleinbogen	8,—	8,—

MiNr. 124 wurde im Kleinbogen zu 8 Marken und 1 Zierfeld gedruckt.
Auflage: 25 000 Stück

2006, 30. Aug. Europa: Integration. Odr. (5×2, Querformat ∼); gez. K 13¾:13¼, Querformat ∼.

aw) Zwei Mädchen reichen sich die Hände

ax) Menschenkette

125	0,60 €	mehrfarbig .... aw	1,20	1,20
126	0,90 €	mehrfarbig .... ax	1,80	1,80
		Satzpreis (2 W.)	3,—	3,—
		FDC		4,—
		Kleinbogensatz (2 Klb.)	24,—	24,—

MICHELsoft – das komfortable Datenbankprogramm für Ihren Computer!

Blockausgabe

ay) Immigrant blickt auf Stadt
az) Jugendliche verschiedener Völker
ba

127	0,60 €	mehrfarbig .... ay	1,20	1,20
128	0,90 €	mehrfarbig .... az	1,80	1,80
Block 5	(100×72 mm)	.... ba	3,—	3,—
		FDC		4,—

MiNr. 125–126 wurden jeweils im Kleinbogen zu 8 Marken und 2 Zierfeldern gedruckt.
Auflagen: MiNr. 125–126 je 80 000 Stück, Bl. 5 = 80 000 Blocks

2006, 5. Sept. 200. Geburtstag von Ivo Vizin. Odr. (4×5); gez. K 13¼:13¾.

bb) Ivo Vizin (1806–1868), Kapitän und Kaufmann; Segelschiff „Splendido"

129	0,40 €	mehrfarbig .... bb	0,80	0,80
		FDC		1,60

Auflage: 30 000 Stück

2006, 2. Okt. Tag der Briefmarke. Odr. (5×4); gez. K 13¾:14.

bc) Hand, Lupe

130	0,25 €	mehrfarbig .... bc	0,50	0,50
		FDC		1,30

Auflage: 30 000 Stück

2006, 18. Okt. Internationales Kindertreffen „Freude Europas". Odr. (5×4); gez. K 13¾:13¼.

bd) Liza Gerardini; Gemälde von Nikola Marcovic (*1985)

131	0,50 €	mehrfarbig .... bd	1,—	1,—
		FDC		1,80

Auflage: 30 000 Stück

2006, 3. Nov. Kulturerbe. Odr. (5×4); gez. K 13¾:13¼.

be) Ausgrabungsstätte

bf) Glasvasen

132	0,25 €	mehrfarbig	.... be	0,50	0,50
133	0,25 €	mehrfarbig	.... bf	0,50	0,50
			Satzpreis (2 W.)	1,—	1,—
			FDC		1,80

Auflage: je 30 000 Stück

Jahrgangswerttabelle

Die Aufstellung folgt der numerischen Reihenfolge der Katalogisierung ohne Rücksicht auf die Chronologie eventueller Ergänzungswerte.

Grundsätzlich ist nur die jeweils billigste Sorte pro Marke bzw. Ausgabe angegeben, sofern nichts anderes vermerkt.

Zusammendrucke aus Bogen, Marken mit Zierfeldern usw. sind dann berücksichtigt, wenn sie als normale Ausgabeform anzusehen sind. Einzelmarken aus Blocks und Marken mit der Preisnotierung „—,—" sind nicht berücksichtigt.

Jahr	MiNr.	Euro ∗∗	Euro ⊙
2005	100–Block 1	51,50	51,50
2006	108–134	76,90	76,90
	Gesamtsumme	128,40	128,40

2006, 15. Nov. Naturschutz. Odr. (4×5); gez. K 13¼:13¾.

bg) Naturschutzgebiet Tara-Schlucht

| 134 | 0,40 € | mehrfarbig | .... bg | 0,80 | 0,80 |
| | | | FDC | | 1,60 |

Auflage: 30 000 Stück

Blockaufstellung

Block 1 siehe nach MiNr. 107   Block 4 siehe nach MiNr. 121
Block 2 siehe nach MiNr. 111   Block 5 siehe nach MiNr. 128
Block 3 siehe nach MiNr. 111

2007

2007, 4. Jan. 425 Jahre Gregorianischer Kalender. Odr. (3×3); gez. K 13¾:13¼.

bh) Taschenuhr

135	0,50 €	mehrfarbig	.... bh	1,—	1,—
			FDC		1,80
			Kleinbogen	8,—	8,—

MiNr. 135 wurde im Kleinbogen zu 8 Marken und 1 Zierfeld gedruckt.
Auflage: 30 000 Stück

Verzeichnis der Markenheftchen mit Zusammendrucken

MH-MiNr.	Bezeichnung	Ausgabe-Datum	Nominale	Enthält H-Blatt	Preis ∗∗
1	Europa	30.12.2005	0.75 €	1	100,—

Verzeichnis der Heftchenblätter

H-Blatt 1 mit MiNr. 104 II D–105 II D   70,—

2007, 7. Febr. Geschützte Tiere. Odr. (3×3); gez. K 13¾:13¼.

bi) Pelikan (Pelecanus sp.)

136	0,50 €	mehrfarbig	.... bi	1,—	1,—
			FDC		1,80
			Kleinbogen	8,—	8,—

MiNr. 136 wurde im Kleinbogen zu 8 Marken und 1 Zierfeld gedruckt.
Auflage: 30 000 Stück

Zusammendrucke aus Markenheftchen

Zd-MiNr.	MiNr.	Werte	Preise ∗∗ = ⊙

Europa: Gastronomie (30. 12. 2005)

| W 1 | 105 II D+104 II D | 0,50+0,25 | 65,— |

Portomarken

1894, 1. Dez. Ziffernzeichnung. Bdr.; Bogen-Wz. ZEITUNGSMARKEN; A = gez. L 10½, 11½, B = gez. L 11.

Pa

				✶	☉
1	1 Nkr	rot . . . . Pa			
A		gez. L 10½, 11½		4,—	4,—
B		gez. L 11		7,50	7,50
2	2 Nkr	gelbgrün . . . . Pa			
A		gez. L 10½, 11½		1,50	1,50
B		gez. L 11		5,—	5,—
3	3 Nkr	orange . . . . Pa			
A		gez. L 10½, 11½		1,—	1,—
B		gez. L 11		6,—	6,—
4	5 Nkr	olivgrün . . . . Pa			
A		gez. L 10½, 11½		0,70	0,70
5	10 Nkr	violett . . . . Pa			
A		gez. L 10½, 11½		0,70	0,70
B		gez. L 11		3,50	3,50
6	20 Nkr	blau . . . . Pa			
A		gez. L 10½, 11½		0,70	0,70
B		gez. L 11		4,—	4,—
7	30 Nkr	blaugrün . . . . Pa			
A		gez. L 10½, 11½		0,70	0,70
B		gez. L 11		6,—	6,—
8	50 Nkr	grüngrau . . . . Pa			
A		gez. L 10½, 11½		0,70	0,70
B		gez. L 11		6,—	6,—
		Satzpreis A (8 W.)		10,—	10,—
		Satzpreis B (7 W.)		36,—	36,—

			(✶)
7 UDD	ungezähnt mit Doppelaufdruck		—,—

1902, 15. Juli. Ziffernzeichnung. Wertangabe in Kronenwährung. Bdr.; gez. L 12½.

Pb

9	5 H	orange	0,50	0,70
10	10 H	olivgrün	0,50	0,70
11	25 H	trüblila	0,50	0,70
12	50 H	smaragdgrün	0,50	0,70
13	1 Kr	grünlichgrau	1,—	1,70
		Satzpreis (5 W.)	3,—	4,50
10 F		Farbenfehldruck gelbgrün	50,—	—,—
13 F		Farbenfehldruck helloliv	50,—	—,—

MiNr. 10 F und 13 F sowie ungezähnte Exemplare aller Werte stammen möglicherweise aus Makulaturbeständen. ⓔ

1905, 5. Dez. Portomarken MiNr. 9–13 mit Aufdruck wie bei MiNr. 51–60.

14	5 H	orange . . . . (9)	0,70	1,50
15	10 H	olivgrün . . . . (10) R		
I		Type I	3,—	5,—
II		Type II	2,—	4,50
III		Type III	2,—	4,50
IV		Type IV	6,—	7,50
16	25 H	trüblila . . . . (11)	0,70	1,50
17	50 H	smaragdgrün . . . . (12)	0,70	1,50
18	1 Kr	grünlichgrau . . . . (13)	1,—	2,—
		Satzpreis (5 W.)	5,—	11,—

Typenunterschiede siehe bei MiNr. 51–60.
🅰 🅰 und 𝝭 bekannt.
ⓔ

1907, 1. Juni. Kronenzeichnung. Bdr.; gez. L 13:12½.

Pc) Krone und Lorbeerblatt

19	5 Pa	orangebraun	0,50	1,50
20	10 Pa	blauviolett	0,50	1,50
21	25 Pa	rosa	0,50	1,50
22	50 Pa	grün	0,50	1,50
		Satzpreis (4 W.)	2,—	6,—

ⓔ

1913, 1. April. Zeichnung ähnlich Freimarken MiNr. 86–97. Bdr.; gez. L 12½.

Pd) König Nikola I.

23	5 Pa	grau	1,50	2,—
24	10 Pa	violett	1,—	1,50
25	25 Pa	grünblau	1,—	1,50
26	50 Pa	rotlila	1,50	2,—
		Satzpreis (4 W.)	5,—	7,—

ⓔ

San Marino

Republik auf der Apenninhalbinsel
Währung: 1 Lira (L) = 100 Centesimi (C); ab 1.1.1999: 1 Euro (€) = 100 Cent (C); bis 31.12.2001: 1 € = 1936.27 L

Vorläufer: Vor Einführung eigener Marken waren ab 1862 zunächst die Marken von Sardinien, dann von Italien in Verwendung. Eintritt in den Weltpostverein: 1. Juli 1915, mit Italien 1. Juli 1875

Alle Marken sind frankaturgültig, sofern nichts anderes vermerkt ist.

Preise ungebraucht bis MiNr. 67 ✶, ab MiNr. 68 ✶✶ (MiNr. 68–312 mit Falz ✶ ca. 40–60% der ✶✶-Preise, sofern nichts anderes angegeben). Marken bis 1928 in tadelloser Zähnung und Zentrierung verdienen bis zu 25% Aufschlag.

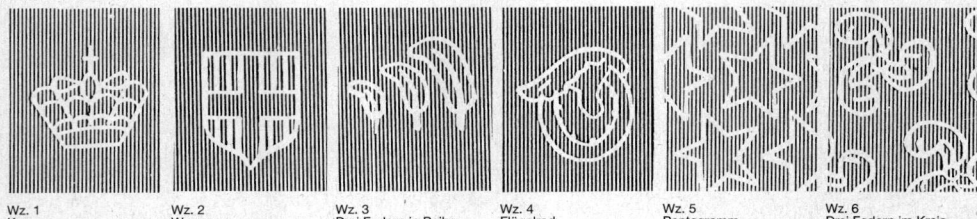

Wz. 1	Wz. 2	Wz. 3	Wz. 4	Wz. 5	Wz. 6
Krone	Wappen	Drei Federn in Reihe	Flügelrad	Pentagramm	Drei Federn im Kreis

Das Wz. 1 bei den kleinformatigen Marken (Krone) einfach stehend oder liegend, bei den großformatigen (Krone) mehrfach stehend oder liegend.

1877

1877, 1. Aug. Freimarken: Ziffer und Landeswappen. Bdr. (10×10+10×10); Wz. 1; gez. 14.

 a   b) Landeswappen

				✶	⊙
1	2 C	hell- bis dunkelgrün (☒) .... a		7,50	3,—
2	10 C	(☒) .... b			
a		ultramarin		90,—	8,50
b		blau		350,—	40,—
3	20 C	zinnober .... b		12,—	3,—
4	30 C	braun .... b		750,—	40,—
5	40 C	violett .... b		750,—	40,—

Auflagen: MiNr. 1 = 380 000, MiNr. 2a = 70 000, MiNr. 2b = 25 000, MiNr. 3 = 220 000, MiNr. 4 = 33 000, MiNr. 5 = 52 000 Stück

Weitere Werte in Zeichnung a: MiNr. 12, 26; Zeichnung b: MiNr. 6–7, 13–22, 27–31; in ähnlicher Zeichnung MiNr. 1139–1143

Gültig bis 30.6.1895

1890

1890, 16. April. Freimarken: Landeswappen. Bdr. (10×10+10×10); Wz. 1; gez. 14.

6	5 C	orange .... b	90,—	7,50
7	25 C	braunkarmin .... b	110,—	9,—
		Satzpreis (2 W.)	200,—	16,—

Auflagen: MiNr. 6 = 60 000, MiNr. 7 = 40 000 Stück

MiNr. 6 gültig bis 30.6.1895, MiNr. 7 gültig bis 14.6.1899

1892

1892, Juni bis Sept. Freimarken: MiNr. 2–4 mit lokalem Aufdruck des neuen Wertes in verschiedenen Aufdrucktypen.

8	5 C	auf 10 C (27.6.)			
a		ultramarin	(2a)	25000,—	4000,—
b		blau	(2b)	55,—	12,—
9	5 C	auf 30 C braun (16.6)	(4)	320,—	45,—
10	10 C	auf 20 C zinnober (10.7.)	(3)	36,—	4,—
11	10 C	auf 20 C zinnober (Sept.)	(3)	250,—	6,—

Zahlreiche Aufdruck-Varianten und -Fehler.

Bei MiNr. 9 außerdem Druckfehler Gmi statt Cmi (4. Marke der 8. Reihe), nicht verwechseln mit den G-ähnlichen C der letzten Reihen!

9 I		„Gmi" statt „Cmi"	500,—	75,—

Auflagen: MiNr. 8 = 20 000, MiNr. 9 = 10 000, MiNr. 10–11 je 40 000 Stück

Gültig bis 30.5.1895

1892, 10. Juli/1894. Freimarken: Ziffer und Landeswappen. Bdr. (10×10+10×10); dickes oder dünnes Papier; Wz. 1; gez. 14.

12	2 C	blau (1.4.1894) .... a		3,—	1,70
13	5 C	grauoliv .... b		3,—	1,70
14	10 C	dunkelblaugrün (1.4.1894) ..... b		4,—	2,50
15	15 C	dunkelkarmin (1.4.1894) .... b		110,—	25,—
16	30 C	orangegelb, gelb .... b		4,—	3,50
17	40 C	dunkelbraun .... b		3,—	3,50
18	45 C	olivgrün .... b		3,50	3,50
19	65 C	rotbraun (1.4.1894) .... b		3,50	3,50
20	1 L	karmin auf gelb .... b		1700,—	400,—

21	2 L	braun auf hellchromgelb (1.4.1894)	b	45,—	40,—
22	5 L	violettbraun auf grün (1.4.1894)	b	110,—	120,—
		Satzpreis (11 W.)		1900,—	600,—

Auflagen: MiNr. 12 = 100 000, MiNr. 13 = 150 000, MiNr. 14 = 70 000, MiNr. 15 = 20 000, MiNr. 16–18 je 75 000, MiNr. 19 = 65 000, MiNr. 20 = 5000, MiNr. 21 = 20 000, MiNr. 22 = 15 000 Stück

FALSCH

MiNr. 12 und 20 gültig bis 30.6.1895,
MiNr. 13 und 14 gültig bis 14.6.1899,
MiNr. 15–19 und 21–22 gültig bis 15.4.1903

1894

1894, 30. Sept. Einweihung des neuen Regierungsgebäudes. Stdr.; Wz. 2; gez. 15½:15, Querformat ~.

Wz. 2

c) Regierungsgebäude   d) Regierungsgebäude   e) Sitzungszimmer

c–e) Regenten Marcucci und Tonnini

23	25 C	braun/blau	c	5,—	1,—
24	50 C	braun/rot	d	30,—	2,50
25	1 L	braun/grün	e	25,—	3,—
		Satzpreis (3 W.)		60,—	6,50

Auflagen: MiNr. 23 = 183 246, MiNr. 24 = 88 572, MiNr. 25 = 90 185 Stück

Gültig bis 31.3.1895

1894, 30. Dez./1899. Freimarken: Ziffer und Landeswappen. Bdr. (10×10+10×10); Wz. 1; gez. 14.

26	2 C	lilarot	a	4,50	4,20
27	5 C	grün (6.1899)	b	2,50	2,50
28	10 C	dunkelkarmin (6.1899)	b	2,50	2,50
29	20 C	lila	b	3,50	3,50
30	25 C	blau (6.1899)	b	2,60	2,60
31	1 L	blau	b	1500,—	350,—
		Satzpreis (6 W.)		1500,—	360,—

Auflagen: MiNr. 26 = 300 000, MiNr. 27–28 und 30 je 100 000, MiNr. 29 = 150 000, MiNr. 31 = 5000 Stück

Die Restbestände der Marken MiNr. 12–14, 16–19, 21, 23–25, 27, 30 sind teilweise mit rückdatierten ⊘ verkauft worden. Die notierten Preise gelten für solche Stücke; echt gebraucht auf ✉ fünf- bis zehnmal teurer.

FALSCH MiNr. 31.

Gültig bis 15.4.1903

Die Bildbeschreibungen sind so informativ wie möglich gehalten, können und wollen jedoch kein Lexikon ersetzen. Fortlaufende Buchstaben (= Klischeezeichen) vor den Bildlegenden sowie vor den Preisspalten in den Katalogisierungszeilen ermöglichen problemlos die Zuordnung von Abbildungen und MICHEL-Nummern.

1899

1899, 5. Febr. Freimarke für den Inlandsverkehr. Bdr. (10×10+10×10); Wz. 1; gez. 14.

f) Freiheitsgöttin

32	2 C	dunkelbraun	f	1,50	1,20
33	5 C	braunorange	f	2,50	2,—
		Satzpreis (2 W.)		4,—	3,20

Auflage: je 100 000 Stück

Gültig bis 18.9.1923

In gleicher Zeichnung: MiNr. 81–86

1903

1903, 1. April. Freimarken: Ziffer und Monte Titano. Bdr.; Wz. 1; gez. 14.

g   h) Die drei Kastelle (Tre Penne) des Monte Titano

34	2 C	lila bis graulila	g	7,50	2,—
35	5 C	grün bis dunkelgrün	h	3,—	1,20
36	10 C	rosa bis karminrosa	h	3,—	1,20
37	20 C	orange	h	65,—	17,—
38	25 C	blau	h	8,—	3,—
39	30 C	karmin	h	4,20	5,—
40	40 C		h		
a		mittelbräunlichrot		6,—	6,—
b		rot		6,—	6,—
41	45 C	gelb	h	6,50	6,50
42	65 C	dunkelbraun	h	6,50	6,50
43	1 L	olivgrün	h	15,—	10,—
44	2 L	hellviolett	h	600,—	150,—
45	5 L	dunkelschiefer	h	120,—	110,—
		Satzpreis (12 W.)		800,—	300,—

Auflagen: MiNr. 34 = 2 968 500, MiNr. 35 = 1 525 300, MiNr. 36 = 818 400, MiNr. 37 = 31 950, MiNr. 38 = 369 000, MiNr. 39 = 50 000, MiNr. 40 = 55 000, MiNr. 41 = 50 000, MiNr. 42 = 50 000, MiNr. 43 = 20 000, MiNr. 44 = 6200, MiNr. 45 = 10 000 Stück

FALSCH

Weitere Werte in Zeichnung g: MiNr. 68, h: MiNr. 69–80, 109–120

MiNr. 34 und 44 gültig bis 15.12.1917, MiNr. 35–43 und 45 gültig bis 18.9.1923

1905

1905, 1. Sept. Freimarke: Monte Titano. MiNr. 37 mit neuem Wertaufdruck und „1905".

1905

15

46	15 C auf 20 C orange	(37)	6,50	3,—
46 I	5 in 1905 tiefstehend		50,—	26,—

Auflage: 68 050 Stück

Gültig bis 18.9.1923

San Marino

1907

1907, 1. Mai. Freimarken: Wappenschild. StTdr. Officina Calcografica Italiana (10×10); schwach getöntes Papier; gez. 12.

i-k) Kleiner Wappenschild

47 I	1 C sepia i		5,—	1,70
48 I	15 C graugrün .... k		15,—	2,50
	Satzpreis (2 W.)		20,—	4,20
48 I U	ungezähnt		60,—	

Auflagen: MiNr. 47 I = 845 000, MiNr. 48 I = 200 000 Stück

Gültig bis 18.9.1923

1910, Mai. Freimarken: Wappenschild. Neuauflage der MiNr. 47 und 48. Leichte Farbbänderung. Abgenützte Platten; StTdr. Petiti (10×10); stärker gelblich getöntes Papier; gez. 12.

47 II	1 C dunkelbraun auf gelblich (10. Mai) i		2,50	1,50
48 II	15 C schwarzgrün auf gelblich (22. Mai) .... k		220,—	15,—
	Satzpreis (2 W.)		220,—	16,—

Auflagen: MiNr. 47 II = 500 000, MiNr. 48 II = 451 000 Stück

Gültig bis 18.9.1923

1907, 25. April. Eilmarke. StTdr. (5×10); gez. 12.

Ea) Silhouette des Monte Titano

49	25 C karmin .... Ea		17,—	7,—

Auflage: 50 000 Stück

Gültig bis 18.9.1923

Mit Aufdruck: MiNr. 88

1917

1917, 15. Dez. Notkrankenhaus für Kriegsverletzte in San Marino. MiNr. 34 und 44 mit dreizeiligem Bdr.-Aufdruck.

Pro combattenti
Cent.   50

50	Cent 25 auf 2 C lila .... (34)		5,—	2,50
51	Cent 50 auf 2 L hellviolett ..... (44)		35,—	30,—
	Satzpreis (2 W.)		40,—	32,—

Aufdrucke mit größeren Zwischenräumen bekannt: „1 917", „191 7", „5 0".

Auflagen: MiNr. 50 = 54 500, MiNr. 51 = 13 800 Stück

Gültig bis 18.9.1923

1918

1918, 15. März. Freimarke: Wappenschild. MiNr. 48 II mit zweizeiligem rotem Aufdruck.

Cent 20
1918

52	Cent 20 auf 15 C schwarzgrün auf gelblich .... (48 II) R		2,50	1,70
52 I	Römische I in „1918"		17,—	17,—

Auflage: 49 000 Stück

Gültig bis 18.9.1923

1918, 1. Juni. Notkrankenhaus für Kriegsverletzte in San Marino. Bdr. (10×5, Querformate ~); Wz. 1; gez. K 14½:14, Querformate ~.

m) Freiheitsgöttin   n) Felsen „La Rocca" von San Marino

53	2 C + 5 C dunkellila/schwarz .... m		0,50	0,50
54	5 C + 5 C dunkelgrün/schwarz ..... m		0,50	0,50
55	10 C + 5 C dunkelkarmin/schwarz ... m		0,50	0,50
56	20 C + 5 C braunorange/schwarz .... m		0,50	0,50
57	25 C + 5 C ultramarin/schwarz .... m		0,50	0,50
58	45 C + 5 C braun/schwarz .... m		0,50	0,50
59	1 L + 5 C grün/schwarz .... n		15,—	15,—
60	2 L + 5 C violett/schwarz .... n		10,—	10,—
61	3 L + 5 C karmin/schwarz .... n		10,—	10,—
	Satzpreis (9 W.)		38,—	38,—

MiNr. 53–61 ohne Zuschlag ab 1.4.1920 verkauft.

Auflagen: MiNr. 53 = 199 350, MiNr. 54 = 199 250, MiNr. 55 = 198 900, MiNr. 56 = 150 050, MiNr. 57 = 149 650, MiNr. 58 = 100 000, MiNr. 59 = 28 400, MiNr. 60 = 28 550, MiNr. 61 = 31 300 Stück

Gültig bis 18.9.1923

3
Novembre
1918

1918, 12. Dez. Beendigung des Ersten Weltkriegs. MiNr. 56–61 mit Bdr.-Aufdruck.

62	20 C braunorange/schwarz .... (56)		1,70	1,70
63	25 C ultramarin/schwarz .... (57)		1,70	1,70
64	45 C braun/schwarz .... (58)		1,70	1,70
65	1 L grün/schwarz .... (59)		4,—	4,—
66	2 L violett/schwarz .... (60)		11,—	11,—
67	3 L karmin/schwarz .... (61)		11,—	11,—
	Satzpreis (6 W.)		30,—	30,—

MiNr. 62–65 mit ▼ sind private Mache.

Auflagen: MiNr. 62 = 49 050, MiNr. 63 = 49 500, MiNr. 64 = 49 600, MiNr. 65 = 49 800, MiNr. 66 = 49 500, MiNr. 67 = 48 300 Stück

Gültig bis 18.9.1923

1921

1921, 31. Okt./1923. Freimarken: Ziffer und Monte Titano. Bdr. Wz. 1; gez. 14.

			**	⊙
68	2 C rotbraun .... g		1,—	0,50
69	5 C oliv .... h		1,—	0,50
70	10 C braunorange .... h		1,—	0,50
71	15 C grün (Febr. 1922) .... h		1,—	0,50
72	20 C (gelb) braun .... h		1,—	0,50
73	25 C grau (Febr. 1922) .... h		1,—	0,50
74	30 C rötlichlila .... h		1,—	0,50
75	40 C karminrosa .... h		1,—	0,50
76	50 C lila (Mai 1923) .... h		2,—	0,60
77	80 C blau (Aug. 1923) .... h		2,50	
78	90 C braun (Mai 1923) .... h		2,50	1,—
79	1 L ultramarin		2,50	1,—
80	2 L hellbräunlichrot .... h		55,—	15,—
	Satzpreis (13 W.)		70,—	22,—
70 U	ungezähnt		55,—	

Auflagen: MiNr. 68 = 1 424 100, MiNr. 69 = 392 100, MiNr. 70 = 393 300, MiNr. 71 = 241 700, MiNr. 72 = 341 900, MiNr. 73 = 135 000, MiNr. 74 = 98 200, MiNr. 75 = 146 000, MiNr. 76 = 148 600, MiNr. 77 = 58 000, MiNr. 78 = 57 500, MiNr. 79 = 67 600, MiNr. 80 = 29 500 Stück

MiNr. 77 und 78 mit Aufdruck: MiNr. 121–124

MiNr. 68–71, 73–76 und 79–80 gültig bis 8.4.1925,
MiNr. 72 gültig bis 5.11.1925, MiNr. 77–78 gültig bis 10.6.1923

1922

1922, Febr./Aug. Freimarken für den Inlandsverkehr. Bdr. (10×10); Wz. 1; gez. 14.

f) Freiheitsgöttin

81	2 C lila (Febr.)	0,20	0,20
82	5 C oliv (Febr.)	0,20	0,20
83	10 C braunorange	0,50	0,20
84	20 C braun	0,50	0,20
85	25 C ultramarin	0,70	0,30
86	45 C karmin	3,50	0,90
	Satzpreis (6 W.)	5,50	2,—
82 U	ungezähnt	60,—	

Auflagen: MiNr. 81 = 343 200, MiNr. 82 = 280 000, MiNr. 83 = 194 800, MiNr. 84 = 89 000, MiNr. 85 = 94 200, MiNr. 86 = 96 000 Stück

Gültig bis 29.7.1926

In gleicher Zeichnung: MiNr. 32–33

1923

1923, 30. Mai. Eilmarke. Nicht ausgegebene Freimarke Monte Titano mit waagerechtem Aufdruck ESPRESSO.

87	60 C violett .... (h)	1,—	0,50

Auflage: 88 500 Stück

Gültig bis 26.7.1923

Mit Aufdruck: MiNr. 131, 132

1923, 26. Juli. Eilmarke. MiNr. 49 mit Bdr.-Aufdruck.

88	**Cent 60** auf 25 C karmin .... (49)	1,—	0,50

Auflage: 177 150 Stück

Gültig bis 15.9.1927

Mit weiterem Aufdruck: MiNr. 136

1923, 6. Aug. Übergabe der Fahne der Insel Rab an die Republik San Marino. Bdr. (5×10); Wz. 1; gez. 14.

o) Flagge sowie Ansicht von Rab und San Marino

89	50 C grünlicholiv .... o	0,80	0,30

MiNr. 89 trägt rückseitig einen dreizeiligen Druckvermerk.

Auflage: 200 000 Stück

Gültig bis 28.2.1924

1923, 11. Aug. 100 Jahre Wohlfahrtsgesellschaft. Bdr. (10×5); Wz. 1; gez. 14.

p) Der hl. Marinus bei der Arbeit an einer Säule

90	30 C lilabraun .... p	0,80	0,30

Auflage: 200 000 Stück

Gültig bis 31.3.1924

1923, 20. Sept. Freimarken: Italienisches Rotes Kreuz. StDr.; Wz. 1; gez. 14.

r) Tre Penne   s) Freiheitskopf   Eb) Die 3 Kastelle

91	5 C + 5 C oliv .... r	0,50	0,20
92	10 C + 5 C orange .... r	0,50	0,20
93	15 C + 5 C dunkelgrün .... r	0,50	0,20
94	25 C + 5 C karmin .... r	2,—	0,50
95	40 C + 5 C lilabraun .... r	4,50	1,20
96	50 C + 5 C grau .... r	4,50	0,20
97	1 L + 5 C schwarz/blau .... s	10,—	3,20

Eilmarke

98	60 C + 5 C karmin .... Eb	6,50	1,50
	Satzpreis (8 W.)	28,—	7,—

Auflagen: MiNr. 91 = 90 000, MiNr. 92–94 je 80 010, MiNr. 95 = 60 030, MiNr. 96 = 100 080, MiNr. 97 = 60 120, MiNr. 98 = 70 014 Stück

Die schon 1915 als Zuschlagsmarken zugunsten des Roten Kreuzes vorgesehenen MiNr. 91–98 sind 1923 als gewöhnliche Freimarken bzw. Eilmarken ohne Zuschlag verkauft worden.

MiNr. 91–95 und 97–98 gültig bis 30.11.1923

1923, 29. Sept. Kriegsverletzte San Marinos. Bdr. (10×5); Wz. 1; gez. 14.

q) Tre Penne, Inschrifttafel und Schwert

99	1 L braun .... q	20,—	7,—

Auflage: 30 900 Stück

Gültig bis 30.11.1923

1924

1924, 25. Sept. 75. Jahrestag der Flucht Garibaldis nach San Marino. Bdr. (10×5); Wz. 1; gez. 14.

t) Giuseppe Garibaldi (1807–1882), ital. Nationalheld

u) Allegorie der Republik als Schutz der Invaliden

100	30 C dunkelviolett .... t	4,—	1,—
101	50 C graubraun .... t	6,—	2,—
102	60 C rot .... t	8,—	2,50
103	1 L blau .... u	12,—	4,—
104	2 L grün .... u	15,—	4,50
	Satzpreis (5 W.)	45,—	14,—

Auflagen: MiNr. 100, 102–104 je 59 000, MiNr. 101 = 70 000 Stück

Gültig bis 31.12.1924

1924, 9. Okt. Freimarken MiNr. 58–61 mit Bdr.-Aufdruck.

105	30 C auf 45 C + 5 C braun/schwarz	2,50	0,80
106	60 C auf 1 L + 5 C grün/schwarz	10,—	4,20
107	1 L auf 2 L + 5 C violett/schwarz	32,—	11,—
108	2 L auf 3 L + 5 C karmin/schwarz	26,—	9,—
	Satzpreis (4 W.)	70,—	25,—

Auflagen: MiNr. 105 = 49 900, MiNr. 106 und 108 je 20 000, MiNr. 107 = 19 950 Stück

1925

1925, 8. April. Freimarken: Monte Titano. Bdr. (10×5); Wz. 1; gez. 14.

109	5 C lilarot .... h	0,70	0,30
110	10 C oliv .... h	0,70	0,30
111	15 C lilabraun .... h	0,70	0,30
112	20 C grün .... h	0,70	0,30
113	25 C violett .... h	0,70	0,30
114	30 C orange .... h	28,—	0,70
115	40 C braun .... h	0,70	0,30
116	50 C schwarzgrau .... h	0,70	0,30
117	60 C braunkarmin .... h	1,—	0,30
118	1 L dunkelblau .... h	1,—	0,30
119	2 L hellgrün .... h	10,—	2,60
120	5 L hellblau .... h	28,—	9,—
	Satzpreis (12 W.)	70,—	15,—

Auflagen: MiNr. 109–110 je 500 000, MiNr. 111 = 200 250, MiNr. 112 = 350 000, MiNr. 113 und 116 je 300 000, MiNr. 114 = 150 000, MiNr. 115 und 117 je 200 000, MiNr. 118 = 100 000, MiNr. 119 = 70 000, MiNr. 120 = 30 000 Stück

Gültig bis 5.11.1925

MiNr. 111 und 114 mit Aufdruck: MiNr. 237 und 238

1926

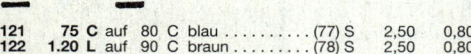

1926, 1. Juli. Freimarken: Monte Titano. MiNr. 77 und 78 mit Bdr.-Aufdruck.

121	75 C auf 80 C blau .... (77) S	2,50	0,80
122	1.20 L auf 90 C braun .... (78) S	2,50	0,80
123	1.25 L auf 90 C braun .... (78) R	6,—	2,—
124	2.50 L auf 80 C blau .... (77) R	9,—	3,—
	Satzpreis (4 W.)	20,—	6,50

Auflagen: MiNr. 121 = 55 000, MiNr. 122 = 50 000, MiNr.123 = 40 000, MiNr. 124 = 35 000 Stück

1926, 29. Juli. 100. Todestag von Antonio Onofri. StTdr. (10×5); gez. L 11.

v) Antonio Onofri, Politiker

125	10 C dunkelblau/schwarz v	1,—	0,40
126	20 C dunkeloliv/schwarz v	2,—	0,90
127	45 C blauviolett/schwarz v	2,—	0,70
128	65 C dunkelgrün/schwarz v	2,—	0,60
129	1 L dunkelgelb/schwarz v	9,—	2,20
130	2 L purpur/schwarz v	9,—	2,20
	Satzpreis (6 W.)	25,—	7,—

Trotz der Inschrift „Francobollo per l'interno" waren MiNr. 125–130 nach beliebigen Destinationen gültig.

Auflagen: MiNr. 125 = 345 000, MiNr. 126 = 217 400, MiNr. 127–128 je 79 900, MiNr. 129 = 47 400, MiNr. 130 = 49 900 Stück

MiNr. 127–128 mit Aufdruck: MiNr. 228–229, MiNr. 129, 130 mit Aufdruck: MiNr. 133–135

1926, 25. Nov. Freimarke: Monte Titano. MiNr. 87 mit neuem Wertaufdruck, alter Wert und ESPRESSO durchbalkt.

131	1.85 L auf 60 C violett	1,20	0,50

Auflage: 55 000 Stück

1926, 25. Nov. Eilmarke. MiNr. 87 mit neuem Wertaufdruck.

132	1.25 L auf 60 C violett	1,80	0,70

Auflage: 50 000 Stück

1927

1927, 10. März. Freimarken: Antonio Onofri. MiNr. 129 und 130 mit Aufdruck des neuen Wertes; Inschrift „PER L'INTERNO" durch Punkte ungültig gemacht.

133	1.25 L auf 1 L dunkelgelb/schwarz .... (129)	5,—	2,50
134	2.50 L auf 2 L purpur/schwarz ... (130)	15,—	5,—
135	5.00 L auf 2 L purpur/schwarz ... (130)	95,—	30,—
	Satzpreis (3 W.)	110,—	36,—

Auflagen: MiNr. 133 = 40 000, MiNr. 134 = 25 000, MiNr. 135 = 15 000 Stück

1927, 15. Sept. Eilmarke. MiNr. 88 mit weiterem Wertaufdruck, alter Aufdruck durchstrichen.

136	1.25 L auf 60 C auf 25 C karmin	1,50	0,50

Auflage: 72 850 Stück

San Marino

1927, 15. Sept. Freimarke: Monte Titano. Nicht ausgegebene Eilmarke mit neuem Wertaufdruck, als Freimarke verwendet.

137	**1.75 L**	auf 50 C auf 25 C violett		1,70	0,70

Auflage: 50 000 Stück

1927, 28. Sept. Einweihung eines Denkmals für die im Weltkrieg gefallenen Freiwilligen des Landes. StTdr. (5×10); gez. L 12.

w) Gefallenen-Denkmal

138	50 C	lila	w	2,—	1,—
139	1.25 L	blau	w	4,—	1,50
140	10 L	grauschwarz	w	36,—	13,—
		Satzpreis (3 W.)		42,—	15,—

Auflagen: MiNr. 138 = 130 000, MiNr. 139 = 50 000, MiNr. 140 = 25 000 Stück

Gültig bis 31.12.1927

1928

1928, 2. Jan. 700. Todestag des hl. Franziskus von Assisi. StTdr. (5×10); gez. 12.

y) Kapuzinerkloster in San Marino   z) Tod des Heiligen (1182–1226)

141	50 C	rot	y	55,—	2,50
142	1.25 L	blau	y	12,—	3,60
143	2.50 L	braun	z	13,—	3,60
144	5 L	violett	z	70,—	17,—
		Satzpreis (4 W.)		150,—	26,—

Auflagen: MiNr. 141 = 100 000, MiNr. 142 = 55 000, MiNr. 143 = 35 000, MiNr. 144 = 30 000 Stück

MiNr. 142 und 143 mit Aufdruck: MiNr. 230 und 231

1929

1929, 28. März. Freimarken: Nationale Symbole. StTdr. (10×5); Wz. 3; gez. L 12.

aa) Rocca-Kastell   ab) Regierungspalast   ac) Freiheitsgöttin auf dem Libertaplatz   Wz. 3

145	5 C	braun/blau	aa	1,—	0,50
146	10 C	blau/violett	aa	1,—	0,50
147	15 C	orange/grün	aa	1,—	0,50
148	20 C	dunkelblau/orange	aa	1,—	0,50
149	25 C	grün/schwarz	aa	1,—	0,50
150	30 C	grau/karmin	aa	1,—	0,50
151	50 C	violett/grün	aa	1,—	0,50
152	75 C	rot/schwarz	aa	1,—	0,50
153	1 L	rotbraun/grün	ab	1,—	0,50
154	1.25 L	dunkelblau/schwarz ...	ab	1,50	0,50
155	1.75 L	grün/gelb	ab	7,—	1,—
156	2 L	blau/karmin	ab	2,50	1,—
157	2.50 L	lilarosa/blau	ab	2,50	1,—
158	3 L	orange/hellblau	ab	2,50	1,—
159	5 L	violett/grün	ac	17,—	1,20
160	10 L	braun/blau	ac	50,—	5,—
161	15 L	grün/violett	ac	160,—	60,—
162	20 L	blau/rot	ac	600,—	250,—
		Satzpreis (18 W.)		850,—	320,—

Auflagen: MiNr. 145 = 1 000 000, MiNr. 146 = 1 300 000, MiNr. 147 = 500 000, MiNr. 148 = 1 000 000, MiNr. 149 = 500 000, MiNr. 150 = 350 000, MiNr. 151 = 500 000, MiNr. 152 = 200 000, MiNr. 153 = 180 000, MiNr. 154 = 150 000, MiNr. 155 = 100 000, MiNr. 156 = 100 000, MiNr. 157 = 100 000, MiNr. 158 = 50 000, MiNr. 159 = 30 000, MiNr. 160 = 15 000, MiNr. 161 = 10 000, MiNr. 162 = 8500 Stück

Weiterer Wert in Zeichnung ab: MiNr. 227

1929, 29. Aug. Eilmarken. MiNr. 164 für Auslandsverkehr mit rotem Aufdruck Union Postale Universelle. StTdr.; Wz. 3; gez. 12.

Ec   Ed

Büste des Freiheitsdenkmals und Gesamtansicht von San Marino

163	1.25 L	grün	Ec	0,70	0,20
164	2.50 L	blau/rot	Ed	1,50	0,60
		Satzpreis (2 W.)		2,20	0,80

Auflagen: MiNr. 163 = 100 000, MiNr. 164 = 50 000 Stück

1931

✈ 1931, 11. Juni. Flugpostmarken. StTdr. (5×5); Wz. 3; gez. 12.

Fa) Monte Titano

165	50 C	grün	Fa	13,—	3,50
166	80 C	karminrot	Fa	13,—	3,50
167	1 L	gelbbraun	Fa	5,50	1,20
168	2 L	braunlila	Fa	5,50	1,20
169	2.60 L	grünblau	Fa	65,—	20,—
170	3 L	schwarzblau	Fa	65,—	20,—
171	5 L	olivgrün	Fa	5,50	1,20
172	7.70 L	rot	Fa	15,—	3,—
173	9 L	orange	Fa	15,—	3,50
174	10 L	blau	Fa	800,—	250,—
		Satzpreis (10 W.)		1000,—	300,—

Auflagen: MiNr. 165 = 45 000, MiNr. 166 = 30 000, MiNr. 167 = 40 000, MiNr. 168 = 25 000, MiNr. 169 = 12 200, MiNr. 170 = 11 788, MiNr. 171 = 15 500, MiNr. 172–173 je 12 500, MiNr. 174 = 9500 Stück

MiNr. 165 und 166 mit Aufdruck: MiNr. 232 und 233. MiNr. 169 und 170 mit Aufdruck: MiNr. 239 und 240

MICHEL-Online-Katalog

www.michel.de oder www.briefmarken.de

San Marino

1932

1932, 4. Febr. Einweihung des neuen Postgebäudes. StTdr. (8×5); Wz. 3; gez. L 12.

ad) Neues Postgebäude

175	20 C grün .... ad	12,—	2,50
176	50 C rot .... ad	15,—	5,—
177	1.25 L dunkelblau .... ad	500,—	70,—
178	1.75 L schwarzgraubraun .... ad	200,—	38,—
179	2.75 L violett .... ad	75,—	18,—
	Satzpreis (5 W.)	800,—	130,—

Auflagen: MiNr. 175 = 34 960, MiNr. 176 = 30 960, MiNr. 177 = 14 920, MiNr. 178 = 12 960, MiNr. 179 = 13 000 Stück

MiNr. 175–179 mit Aufdruck: MiNr. 198–207

1932, 11. Juni. Eröffnung der elektrischen Bahn San Marino–Rimini. StTdr. (5×5); Wz. 3; gez. L 12.

ae) Elektr. Triebwagen der Bahn San Marino-Rimini im Bahnhof San Marino

180	20 C grün .... ae	5,—	1,—
181	50 C rot .... ae	5,—	1,50
182	1.25 L blau .... ae	25,—	5,—
183	5 L lilabraun .... ae	120,—	35,—
	Satzpreis (4 W.)	150,—	42,—

Auflagen: MiNr. 180 = 101 000, MiNr. 181 = 81 000, MiNr. 182 = 36 000, MiNr. 183 = 16 000 Stück

1932, 30. Juli. 50. Todestag von Giuseppe Garibaldi. StTdr. (5×5); Wz. 3; gez. 12.

af) Brustbild Garibaldis und Text des Abschiedsbefehls an seine Truppen nach dem Übertritt nach San Marino (1849)

ag) Abschied Garibaldis von seinen Getreuen vor den Toren von San Marino (1849)

184	10 C lilabraun .... af	2,50	1,—
185	20 C dunkellila .... af	2,50	1,—
186	25 C grün .... af	2,50	1,—
187	50 C hellbraun .... af	15,—	2,—
188	75 C karmin .... ag	22,—	2,—
189	1.25 L blau .... ag	35,—	6,—
190	2.75 L orange .... ag	100,—	18,—
191	5 L oliv .... ag	650,—	220,—
	Satzpreis (8 W.)	800,—	250,—

Auflagen: MiNr. 184 = 201 000, MiNr. 185 = 156 000, MiNr. 186 = 61 000, MiNr. 187 = 51 000, MiNr. 188 = 31 000, MiNr. 189 = 21 000, MiNr. 190 = 16 000, MiNr. 191 = 11 000 Stück

---

Farbschwankungen, die vor allem bei Freimarken-Ausgaben häufig vorkommen, sind Druckabweichungen, die nicht gesondert katalogisiert werden können.

1933

✈ **1933, 28. April. Flugpostmarken für die Italienfahrt des Luftschiffes „Graf Zeppelin".** MiNr. 165 bis 170 in geänderten Farben mit blauem oder schwarzem Aufdruck.

192	3 L auf 50 C orange .... Bl	1,30	60,—
193	5 L auf 80 C oliv .... Bl	60,—	60,—
194	10 L auf 1 L blau .... S	60,—	75,—
195	12 L auf 2 L braun .... Bl	60,—	85,—
196	15 L auf 2.60 L rot .... S	60,—	100,—
197	20 L auf 3 L grün .... S	60,—	120,—
	Satzpreis (6 W.)	300,—	500,—

FALSCH Auf anderen Urmarken.

Auflagen: MiNr. 192 = 20 200, MiNr. 193 = 12 483, MiNr. 194 = 11 167, MiNr. 195 = 11 000, MiNr. 196 = 10 909, MiNr. 197 = 10 826 Stück

Gültig bis 19.5.1933

1933, 27. Mai. Philatelistischer Kongreß in Bologna. MiNr. 178 und 179 mit Aufdruck.

198	25 C auf 2.75 L violett .... (179)	3,20	2,50
199	50 C auf 1.75 L schwarzgraubraun .... (178)	10,—	7,50
200	75 C auf 2.75 L violett .... (179)	60,—	20,—
201	1.25 L auf 1.75 L schwarzgraubraun .... (178)	700,—	280,—
	Satzpreis (4 W.)	750,—	300,—

Auflagen: MiNr. 198 = 20 520, MiNr. 199 = 10 520, MiNr. 200 = 8480, MiNr. 201 = 6480 Stück

1934

1934, 12. April. Philatelistische Ausstellung während der Mailänder Muster-Messe. MiNr. 175–178 mit Aufdruck.

202	0.25 L auf 1.25 L dunkelblau .... (177)	2,50	1,—
203	0.50 L auf 1.75 L schwarzgraubraun .... (178)	2,50	1,50
204	0.75 L auf 50 C rot .... (176)	10,—	5,—
205	1.25 L auf 20 C grün .... (175)	60,—	20,—
	Satzpreis (4 W.)	75,—	26,—

Auflagen: MiNr. 202 = 27 040, MiNr. 203 = 20 040, MiNr. 204 = 19 040, MiNr. 205 = 15 040 Stück

San Marino

1934, 12. April. Freimarken. MiNr. 177 und 179 mit waagerechtem Aufdruck der neuen Wertangabe, alte Wertziffer durchbalkt.

206	3.70 L	auf 1.25 L dunkelblau	(177)	150,—	50,—
207	3.70 L	auf 2.75 L violett	(179)	150,—	50,—
			Satzpreis (2 W.)	300,—	100,—

Auflagen: MiNr. 206 = 8040, MiNr. 207 = 8000 Stück

MiNr. 218 mit Aufdruck: MiNr. 402, MiNr. 223 mit Aufdruck: MiNr. 258

1935, 14. April. Freimarke: Nationale Symbole. StTdr. (10×5); Wz. 3; gez. L 12.

227	3.70 L	schwarz/violettbraun .... ab	2,50	1,20

Auflage: 30 000 Stück

Weitere Werte: MiNr. 145–162

1935

1935, 7. Febr. 12 Jahre Faschistische Partei San Marinos (1934). StTdr. (5×5); gez. L 14.

ah) Stadtmauern, Hochstraße und die „Rocca"

208	5 C	dunkelbraun/schwarz .... ah		0,70	0,30
209	10 C	violett/schwarz .... ah		0,70	0,30
210	20 C	orange/schwarz .... ah		0,70	0,30
211	25 C	grün/schwarz .... ah		0,70	0,30
212	50 C	olivbraun/schwarz .... ah		0,70	0,30
213	75 C	karminrot/schwarz .... ah		3,—	1,20
214	1.25 L	blau/schwarz .... ah		7,50	3,—
			Satzpreis (7 W.)	14,—	5,50

Auflagen: MiNr. 208 = 500 000, MiNr. 209 = 240 000, MiNr. 210 = 220 000, MiNr. 211 = 140 000, MiNr. 212 = 70 000, MiNr. 213 = 45 000, MiNr. 214 = 40 000 Stück

1935, 15. April. 100. Todestag von Melchiorre Delfico. StTdr. (5×5+5×5); Wz. 3; gez. 12.

ai) M. Delfico (1744–1835), Historiker

ak) Denkmal Delficos von Enrico Saroldi (Viale Nuovo)

215	5 C	braunlila/schwarz .... ai	0,70	0,20
216	7½ C	braun/schwarz .... ai	0,70	0,20
217	10 C	blaugrün/schwarz .... ai	0,70	0,20
218	15 C	karmin/schwarz .... ai	35,—	1,10
219	20 C	orange/schwarz .... ai	1,50	0,30
220	25 C	dunkelgrün/schwarz .... ai	1,50	0,30
221	30 C	violett/schwarz .... ak	1,50	0,30
222	50 C	olivgrün/schwarz .... ak	5,—	1,—
223	75 C	rot/schwarz .... ak	25,—	5,—
224	1.25 L	dunkelblau/schwarz .... ak	5,—	1,—
225	1.50 L	dunkelbraun/schwarz ...... ak	100,—	22,—
226	1.75 L	braunorange/schwarz ...... ak	130,—	30,—
		Satzpreis (12 W.)	300,—	60,—

Auflagen: MiNr. 215 = 450 000, MiNr. 216 = 300 000, MiNr. 217 = 400 000, MiNr. 218 = 100 000, MiNr. 219 = 300 000, MiNr. 220 = 100 000, MiNr. 221 = 100 000, MiNr. 222 = 80 000, MiNr. 223 = 33 150, MiNr. 224 = 35 000, MiNr. 225 = 25 000, MiNr. 226 = 25 000 Stück

1936

1936, 14. April. Freimarken: Antonio Onofri. MiNr. 127–128 mit Bdr.-Aufdruck.

228	80 C	auf 45 C blauviolett/schwarz .... (127)	10,—	1,80
229	80 C	auf 65 C dunkelgrün/schwarz .... (128)	10,—	1,80
		Satzpreis (2 W.)	20,—	3,50

Auflagen: MiNr. 228–229 je 25 000 Stück

1936, 23. Aug. Freimarken: Hl. Franz von Assisi. MiNr. 142–143 mit Bdr.-Aufdruck.

230	2.05 L	auf 1.25 L blau .... (142)	15,—	5,—
231	2.75 L	auf 2.50 L braun ...... (143)	35,—	15,—
		Satzpreis (2 W.)	50,—	20,—

Auflagen: MiNr. 230 = 20 000, MiNr. 231 = 15 000 Stück

✈ **1936, 14. April. Flugpostmarken.** MiNr. 165 und 166 mit Bdr.-Aufdruck.

232	75 C	auf 50 C grün .... (165)	4,—	2,50
233	75 C	auf 80 C karminrot .... (166)	17,—	8,50
		Satzpreis (2 W.)	20,—	11,—

Auflagen: MiNr. 232 = 35 000, MiNr. 233 = 20 000 Stück

MICHELsoft – das komfortable Datenbankprogramm für Ihren Computer!

1937

1937, 23. Aug. Blockausgabe: Errichtung einer Unabhängigkeitssäule vom Forum Romanum (Geschenk der Stadt Rom). Blockrand Inschriften violett. StTdr.; Wz. 3; gez. L 12.

a) Hl. Marinus und hl. Leo; Worte aus der Rede des Dichters Giosué Carducci ... am

234	5 L blaugrün .... al	12,—	5,50
Block 1	(124×105 mm) .... am	15,—	13,—

Auflage: 60 000 Blocks

1938

1938, 7. April. Blockausgabe: Enthüllung der Büste Abraham Lincolns. StTdr.; Wz. 3; gez. Ks 13.

an) Abraham Lincoln (1809–1865), amerikanischer Präsident ... ao

235	3 L blau .... an	2,20	1,20
Block 2	(125×105 mm) .... ao	4,—	2,60
236	5 L rot .... an	20,—	10,—
Block 3	(125×105 mm) .... ao	30,—	20,—

Auflagen: Block 2 = 100 000, Block 3 = 60 000 Stück

1941

1941. Freimarken: Monte Titano. MiNr. 111 und MiNr. 114 mit Bdr.-Aufdruck.

237	10 C auf 15 C lilabraun (20.3.) .... (111)	0,50	0,20
238	10 C auf 30 C orange (25.9.) .... (114)	2,20	0,50
	Satzpreis (2 W.)	2,60	0,70

Auflagen: MiNr. 237 = 199 500, MiNr. 238 = 150 000 Stück

1942

✈ 1942, 12. Jan. Flugpostmarken. MiNr. 169–170 mit Bdr.-Aufdruck.

239	10 L auf 2.60 L grünblau .... (169)	170,—	95,—
240	10 L auf 3 L schwarzgrau .... (170)	42,—	20,—
	Satzpreis (2 W.)	200,—	110,—

Auflagen: MiNr. 239 = 7800, MiNr. 240 = 8712 Stück

1942, 16. März. Rückgabe der Fahne an die Insel Rab. RaTdr. (8×5, Querformate ~); Wz. 1; gez. 14¼:14, Querformate ~.

ap) Fahnen von San Marino und Italien auf dem Gajardaturm in Rab

ar) Segelschiff mit Fahne im Hafen von Rab

Fb) Campanile von Rab, von Flugzeug umkreist

241	10 C olivbraun/rotbraun .... ap	0,50	0,20
242	15 C schwarzgraubraun/siena ...... ap	0,50	0,20
243	20 C schwarzolivgrün/schwarz ..... ap	0,50	0,20
244	25 C dunkelgrün/dunkelblau .... ap	0,50	0,20
245	50 C rotbraun/dunkelbraun .... ap	0,50	0,20
246	75 C zinnober/schwarz .... ap	0,50	0,20
247	1.25 L ultramarin/dunkelblau ...... ar	0,50	0,20
248	1.75 L dunkelbraun/dunkelblau .... ar	0,50	0,20
249	2.75 L braunocker/dunkelblau ..... ar	1,—	0,50
250	5 L grün/dunkelbraun .... ar	7,—	2,20

✈ Flugpostmarken

251	25 C dunkelbraun/schwarz	0,70	0,20
252	50 C grün/dunkelbraun	0,70	0,20
253	75 C schwarzblau/siena	0,70	0,20
254	1 L gelbbraun/dunkelbraun	0,70	0,50
255	5 L olivbraun/schwarzblau	9,—	4,—
	Satzpreis (15 W.)	22,—	9,—

Auflagen: MiNr. 241 = 1 652 120, MiNr. 242 und 244 je 400 000, MiNr. 243 = 800 400, MiNr. 245 = 200 000, MiNr. 246 = 70 000, MiNr. 247 = 60 000, MiNr. 248 = 40 000, MiNr. 249 = 35 000, MiNr. 250 = 27 000 Stück, MiNr. 251 = 250 000, MiNr. 252 = 150 000, MiNr. 253 = 60 000, MiNr. 254 = 50 000, MiNr. 255 = 21 000 Stück

San Marino

1942, 30. Juli. Internationale Briefmarkenausstellung, Rimini. MiNr. 241 mit Bdr.-Aufdruck.

256	30 C	auf 10 C olivbraun/ rotbraun	(241)	0,30	0,20
256 I		FILATELIC (A) ohne A		2,—	2,—

Auflage: 847 880 Stück

1942, 14. Sept. Freimarke: Gajarda-Turm. MiNr. 243 mit Bdr.-Aufdruck.

257	30 C	auf 20 C schwarzolivgrün/schwarz	(243)	0,40	0,30

Auflage: 399 600 Stück

1942, 28. Sept. Freimarke: Melchiorre Delfico. MiNr. 223 mit Bdr.-Aufdruck.

258	L 20	auf 75 C rot/ schwarz	(223)	20,—	7,50

Auflage: 16 850 Stück

1943

1943, 12. April. Presseerzeugnisse. RaTdr. (5×8, Hochformate ~); Wz. 1; gez. 14.

as) Zeitungsdruckpresse und Zeitung   at) Zeitungen, Siegel der Republik

259	10 C	dunkelgrün	as	0,70	0,20
260	15 C	braunocker	as	0,70	0,20
261	20 C	lilabraun	as	0,70	0,20
262	30 C	violettpurpur	as	0,70	0,20
263	50 C	grünschwarz	as	0,70	0,20
264	75 C	orangerot	as	0,70	0,20
265	1.25 L	dunkelblau	at	0,70	0,20
266	1.75 L	blauviolett	at	0,70	0,20
267	5 L	grünschwarz	at	1,—	0,50
268	10 L	dunkelbraun	at	5,50	5,50
		Satzpreis (10 W.)		15,—	7,50

Auflagen: MiNr. 259 = 1 000 000, MiNr. 260 = 500 000, MiNr. 261 = 500 000, MiNr. 262 = 500 000, MiNr. 263 = 500 000, MiNr. 264 = 100 000, MiNr. 265 = 60 000, MiNr. 266 = 60 000, MiNr. 267 = 45 000, MiNr. 268 = 35 000 Stück

Gültig bis 31.8.1943

1943, 1. Juli. Tag der Briefmarke. MiNr. 262 und 263 mit rotem, waagerechtem, vierzeiligem Aufdruck: GIORNATA FILATELICA/RIMINI – SAN MARINO/ 5 LUGLIO 1943 / (1642 d. F. R.) in Diamantschrift.

269	30 C	violettpurpur	(262)	0,50	0,20
270	50 C	grünschwarz	(263)	0,50	0,20
		Satzpreis (2 W.)		1,—	0,40

Auflage: 1 400 000 Sätze

1943, 27. Aug. Sturz des Faschismus. Nicht ausgegebene Ausgabe zum 20. Jahrestag des Faschismus mit Aufdruck 28 LUGLIO 1943/1642 d. F. R., alte Inschrift teils von Linien überdeckt. RaTdr. (8×5); Wz. 1; gez. 14.

au) Torweg   av) Kriegerdenkmal   Fc) Karte von San Marino

271	5 C	dunkelbraun	au	0,60	0,20
272	10 C	rotbraun	au	0,60	0,20
273	20 C	lebhaftviolettultramarin	au	0,60	0,20
274	25 C	dunkelgrün	au	0,60	0,20
275	30 C	dunkelbraunkarmin	au	0,60	0,20
276	50 C	blauviolett	au	0,60	0,20
277	75 C	karmin	au	0,60	0,20
278	1.25 L	blau	av	0,60	0,20
279	1.75 L	ziegelrot	av	0,60	0,20
280	2.75 L	dunkelsiena	av	1,—	0,50
281	5 L	dunkelgrün	av	1,70	0,50
282	10 L	blauviolett	av	3,—	0,80
283	20 L	schwarzblau	av	10,—	2,—

✈ Flugpostmarken

284	25 C	gelbbraun	Fc	0,60	0,20
285	50 C	karmin	Fc	0,60	0,20
286	75 C	schwarzbraun	Fc	0,60	0,20
287	1 L	violettpurpur	Fc	0,60	0,20
288	2 L	dunkelblau	Fc	0,70	0,20
289	5 L	rotbraun	Fc	2,—	0,50
290	10 L	dunkelblaugrün	Fc	4,—	1,—
291	20 L	schwarz	Fc	10,—	3,—
		Satzpreis (21 W.)		40,—	11,—

Auflagen: MiNr. 271 = 983 800, MiNr. 272 = 809 810, MiNr. 273 = 488 480, MiNr. 274 = 324 760, MiNr. 275 = 328 560, MiNr. 276 = 223 960, MiNr. 277 = 217 760, MiNr. 278 = 116 720, MiNr. 279 = 114 560, MiNr. 280 = 197 320, MiNr. 281 = 49 200, MiNr. 282 = 57 200, MiNr. 283 = 36 000 Stück, MiNr. 284 = 478 960, MiNr. 285 = 238 920, MiNr. 286 = 193 720, MiNr. 287 = 195 120, MiNr. 288 = 189 400, MiNr. 289 = 49 120, MiNr. 290 = 48 400, MiNr. 291 = 39 200 Stück

Der Restbestand von 10 000 Sätzen MiNr. 271–283 und 1000 Sätzen MiNr. 284–291 ohne Aufdruck wurde nicht am Schalter, sondern 1946 durch die Postverwaltung zu Sammelzwecken verkauft.

271 I – 283 I	ohne Aufdruck	Satzpreis	60,—
284 I – 291 I	ohne Aufdruck	Satzpreis	3500,—

MICHEL-Kataloge

können Sie auch außerhalb Deutschlands beziehen. Unsere Vertretungen in vielen Ländern haben die neuen Kataloge stets lieferbar.

San Marino

1943, 27. Aug. Freimarken: Nicht ausgegebene Gedenkausgabe mit Aufdruck GOVERNO / PROVVISORIO in Diamantschrift; alte Inschrift teils von Linien überdeckt. RaTdr. (8×5); Wz. 1; gez. 14.

aw ax Fd

Nr.	Wert	Farbe		Code	Preis 1	Preis 2
292	5 C	dunkelbraun	....	aw	0,60	0,20
293	10 C	rotbraun	....	aw	0,60	0,20
294	20 C	kornblumenblau	....	aw	0,60	0,20
295	25 C	dunkelgrün	....	aw	0,60	0,20
296	30 C	dunkelbraunkarmin	....	aw	0,60	0,20
297	50 C	blauviolett	....	aw	0,60	0,20
298	75 C	karmin	....	aw	0,60	0,20
299	1.25 L	blau	....	ax	0,60	0,20
300	1.75 L	ziegelrot	....	ax	0,60	0,20
301	5 L	dunkelgrün	....	ax	1,—	0,50
302	20 L	schwarzblau	....	ax	3,20	1,30

✈ **Flugpostmarken**

303	25 C	gelbbraun	....	Fd	0,60	0,20
304	50 C	karmin	....	Fd	0,60	0,20
305	75 C	schwarzbraun	....	Fd	0,60	0,20
306	1 L	violettpurpur	....	Fd	0,60	0,20
307	5 L	rotbraun	....	Fd	1,—	0,50
308	20 L	schwarz	....	Fd	4,20	2,—
		Satzpreis (17 W.)			17,—	7,—

Auflagen: MiNr. 292 = 963 680, MiNr. 293 = 804 240, MiNr. 294 = 482 880, MiNr. 295 = 315 200, MiNr. 296 = 315 840, MiNr. 297 = 325 600, MiNr. 298 = 220 800, MiNr. 299 = 49 440, MiNr. 300 = 47 120, MiNr. 301 = 48 360, MiNr. 302 = 36 000 Stück, MiNr. 303 = 481 040, MiNr. 304 = 228 680, MiNr. 305 = 98 000, MiNr. 306 = 95 200, MiNr. 307 = 46 400, MiNr. 308 = 31 000 Stück

1943. Eilmarken. RaTdr. (5×10); Wz. 1; gez. 14.

Ee

309	1.25 L	dunkelgrün (16.9.)	....	Ee	0,20	0,20
310	2.50 L	hellbräunlichrot (27.9.)	......	Ee	0,20	0,20
		Satzpreis (2 W.)			0,40	0,40

Auflagen: MiNr. 309 = 300 000, MiNr. 310 = 284 400 Stück

1944

1944, 25. April. Für die Stiftung der Volkshäuser. RaTdr. (4×2); Wz. 1; gez. L 14.

ay) Hl. Marinus; Gemälde von Giovanni Lanfranco

311	20 L + 10 L	dunkelkarminbraun	....	ay	3,50	1,50
		Kleinbogen			130,—	—,—

Auflage: 120 000 Stück

✈ **1944, 25. April. Für die Stiftung der Volkshäuser. RaTdr. (4×2); Wz. 1; gez. 14.**

Fe) Monte Titano

312	20 L + 10 L	dunkeloliv	....	Fe	3,—	1,—
		Kleinbogen			90,—	—,—

Auflage: 120 000 Stück

1945

1945, 15. März. 50 Jahre Regierungspalast (1944). RaTdr. (10×5); gez. L 14.

az) Regierungspalast

313	25 L	dunkellila	....	az	15,—	4,—

Blockausgabe, A = gez. L 14, B = □.

ba) Fresko aus dem Ratssaal   bb) Regierungspalast   bb I

314 A	10 L	hellblau	....	ba	20,—	15,—
315 A	15 L	grün	....	ba	20,—	15,—
316 A	25 L	lilabraun	....	bb	20,—	15,—
Block 4 A	(180:120 mm)	....		bb I	110,—	75,—
314 B	10 L	hellblau	....	ba	20,—	15,—
315 B	15 L	grün	....	ba	20,—	15,—
316 B	25 L	lilabraun	....	bb	20,—	15,—
Block 4 B	(180:120 mm)	....		bb I	120,—	75,—

Blocks mit Teilen des Fabrikwasserzeichens „Hammermill /Bond / Made in USA" 100% Aufschlag.

✈ **Flugpostmarke**

Ff) Oberer Teil des neuen Regierungsgebäudes

317	25 L	dunkelbraun	....	Ff	10,—	4,—
		FDC (313 und 317)				22,—

Auflagen: MiNr. 313 = 35 000, Block 4 A und B je 25 000, MiNr. 317 = 35 000 Stück

San Marino

1945, 3. Aug./1946. Freimarken: Wappen. MiNr. 318–328 und 330 = RaTdr. (10×10), Wz. 4; MiNr. 329 und 331–334 = StTdr. (2×5, MiNr. 330 10×10), oWz.; gez. 14.

Wz. 4

bc) Faetano   bd) Montegiardino   be) San Marino   bf) Fiorentino

bg) Borgo-maggiore   bh) Serravalle   be l) Großes Landeswappen

318	10 C	dunkelblau	bc	0,20	0,20
319	20 C	orangerot	bd	0,20	0,20
320	40 C	dunkelorange	be	0,20	0,20
321	60 C	blauschiefer	bf	0,20	0,20
322	80 C	dunkelgrün	bd	0,20	0,20
323	1 L	weinrot	bc	0,20	0,20
324	1.20 L	violett	bc	0,20	0,20
325	2 L	dunkelbraun	bf	0,20	0,20
326	3 L	dunkelblau (20.12.1945)	bf	0,20	0,20
327	4 L	orange (10.10.1946)	bf	0,20	0,20
328	5 L	sepia	be	0,20	0,20
329	10 L	karmin/braun	bg	3,—	2,—
330	15 L	dunkelblau (27.11.1946)	bc	3,—	2,20
331	20 L	rot/ultramarin	bh	7,—	2,50
332	20 L	orangebraun/blau (20.12.1945)	bh	18,—	3,—
333	25 L	rotbraun/blau (20.12.1945)	bd	15,—	4,—
334	50 L	olivbraun/blau (4.4.1946)	be l	25,—	11,—
		Satzpreis (17 W.)		70,—	26,—
		MiNr. 329 Kleinbogen		60,—	—,—
		MiNr. 331 Kleinbogen		90,—	—,—
		MiNr. 332 Kleinbogen		220,—	—,—
		MiNr. 333 Kleinbogen		200,—	—,—
		MiNr. 334 Kleinbogen		300,—	—,—

Auflagen: MiNr. 331 = 74 000, MiNr. 334 = 62 646 Stück

MiNr. 327 mit Aufdruck: MiNr. 376–377, MiNr. 334 mit Aufdruck: MiNr. 351

1945/1946. Eilmarken. RaTdr. (5×10); oWz., Wz. 1 oder 4; gez. 14.

Ef) Felsen von San Marino

335	2.50 L	dunkelgrün (Wz. 1) (3.2.1945)	Ef	0,20	0,20
336	5 L	rotorange (Wz. 1) (3.2.1945)	Ef	0,20	0,20
337	5 L	karminrosa (oWz.) (7.6.1945)	Ef	1,20	0,60
338	10 L	dunkelblau (Wz. 4) (8.8.1946)	Ef	2,40	1,60
		Satzpreis (4 W.)		4,—	2,60

Auflagen: MiNr. 335 und 336 je 300 000, MiNr. 337 = 187 837, MiNr. 338 = 100 435 Stück

Mit neuem Wertaufdruck: MiNr. 404–405; in ähnlicher Zeichnung: MiNr. 454

1946

✈ **1946, 8. Aug./1947. Flugpostmarken. RaTdr. (5×10, Hochformate ∼), MiNr. 346 und 348 StTdr. (5×5); Wz. 4, MiNr. 346 und 348 oWz.; gez. 14.**

Fg) Möwen über San Marino

Fh   Fi   Fk) Flugzeug über Globus

Fh–Fi) Flugzeuge über San Marino

339	25 C	schwarzblau	Fg	0,20	0,20
340	75 C	rotorange	Fh	0,20	0,20
341	1 L	braun	Fg	0,20	0,20
342	2 L	dunkelgrün	Fh	0,20	0,20
343	3 L	violett	Fh	0,20	0,20
344	5 L	blauviolett	Fi	0,20	0,20
345	10 L	rot	Fg	0,20	0,20
346	20 L	dunkelrot	Fi	1,80	1,80
347	35 L	orangerot (Nov. 1946)	Fi	7,50	4,—
348	50 L	dunkelgelbgrün	Fi	14,—	6,50
349	100 L	braun (27.3.1947)	Fk	2,60	1,30
		Satzpreis (11 W.)		26,—	15,—
339 U	ungezähnt			—,—	
341 U	ungezähnt			—,—	

Auflagen: MiNr. 347 = 75 000, MiNr. 348 = 59 000, MiNr. 349 = 60 000 Stück

MiNr. 349 mit Aufdruck: MiNr. 378, in ähnlicher Zeichnung mit Aufdruck: MiNr. 352–354

1946, 14. März. UNRRA-Hilfe. Komb. StTdr. und Odr. (2×5); gez. 14.

bi) Symbol „Morgendämmerung neuer Hoffnung"

350	100 L	mehrfarbig	bi	15,—	6,—
		FDC		80,—	
		Kleinbogen		450,—	—,—

Auflage: 76 884 Stück

L. 10 **1946, 28. Aug. Wohlfahrt. MiNr. 334 mit rotem Aufdruck des Zuschlagsbetrages.**

351	50 L (+) **L 10**	olivbraun/blau	(334) R	22,—	10,—
		FDC			16,—
		Kleinbogen		900,—	—,—

Gedruckt in Kleinbogen zu 10 Marken. Drucktechnisch bedingt fehlen stets der obere und der rechte Bogenrand.

Auflage: 36 376 Stück

MICHEL im Internet! Schauen Sie doch einfach mal rein: www.briefmarken.de

San Marino

1946, 30. Nov. Philatelistischer Kongreß. Marken in Zeichnung der Flugpostmarken-Ausgabe 1946, jedoch ohne Inschrift Posta Aerea und in geänderten Farben mit farbigem Aufdruck **CONVEGNO FILATELICO/30 NOVEMBRE 1946.** RaTdr.; Wz. 4; gez. 14.

✦ LIRE 50

352	3 L	+ 25 L	dunkelbraun .... (Fh) R	1,50	0,70
353	5 L	+ 25 L	orange .... (Fi) V	1,50	0,70
354	10 L	+ 50 L	blau .... (Fg) R	16,—	9,—
			Satzpreis (3 W.)	19,—	10,—
			FDC		17,—

Auflage: 30 000 Sätze

1946, 21. Nov. Eilmarke. StTdr. (5×10); gez. 14.

Eg) Pegasus und die drei Türme (Tre Penne) von San Marino

355	30 L	dunkelultramarin .... Eg	7,50	5,—

Auflage: 49 227 Stück

In ähnlicher Zeichnung: MiNr. 455; mit Wertaufdruck: MiNr. 406–408

1947

1947, 3. Mai. 2. Todestag von Franklin Delano Roosevelt (I). RaTdr. (5×8, Hochformate ~); Wz. 4; gez. L 14.

bn) Grußbotschaft Roosevelts   bo   bp

Fl   Fm   Fn

bo–bp, Fl–Fn) Franklin D. Roosevelt (1882–1945), Präsident der USA

356	1 L	braungelb/braun .... bn	0,20	0,20
357	2 L	blau/schwarzgraubraun ...... bo	0,20	0,20
358	5 L	mehrfarbig .... bp	0,20	0,20
359	15 L	mehrfarbig .... bp	0,20	0,20
360	50 L	orangerot/schwarzgraubraun . bn	1,30	0,70
361	100 L	violett/schwarzgraubraun .... bo	1,80	1,—

✈ **Flugpostmarken**

362	1 L	blau/hellbraun .... Fl	0,20	0,20
363	2 L	orangerot/hellbraun .... Fm	0,20	0,20
364	5 L	mehrfarbig .... Fn	0,20	0,20
365	20 L	braun/sepia .... Fm	0,40	0,20
366	31 L	orange/braun .... Fl	1,10	0,50
367	50 L	karmin/braun .... Fl	1,80	0,70
368	100 L	blau/braun .... Fm	3,—	1,20
369	200 L	mehrfarbig .... Fn	35,—	13,—
		Satzpreis (14 W.)	45,—	18,—
		FDC		25,—

Auflagen: MiNr. 361 = 36 293, MiNr. 369 = 31 000 Stück

1947, 16. Juni. 2. Todestag von Franklin Delano Roosevelt (II). MiNr. 356–358 und 362–364 mit Bdr.- Aufdruck.

370	3 L	auf 1 L braungelb/braun .... (356) S		0,70	0,30
371	4 L	auf 2 L blau/schwarzgraubraun .. (357) R		0,70	0,30
372	6 L	auf 5 L mehrfarbig .... (358) S		0,70	0,30

✈ **Flugpostmarken**

373	3 L	auf 1 L blau/hellbraun .... (362) R		0,70	0,30
374	4 L	auf 2 L orangerot/hellbraun ... (363) S		0,70	0,30
375	6 L	auf 5 L mehrfarbig .... (364) R		0,70	0,30
			Satzpreis (6 W.)	4,20	1,80
			FDC		8,—

Auflage: 499 675 Sätze

1947, 16. Juni. Freimarken. MiNr. 327 mit Aufdruck des neuen Wertes.

376	6 (L)	auf 4 L orange .... (327)	0,20	0,20
377	21 L	auf 4 L orange .... (327)	1,40	0,90
		Satzpreis (2 W.)	1,60	1,10
		FDC		3,20

Auflagen: MiNr. 376 = 160 125, MiNr. 377 = 94 725 Stück

Giornata Filatelica Rimini - San Marino 18 Luglio 1947

✈ **1947, 18. Juli.** Briefmarkenausstellung Rimini/San Marino. MiNr. 349 mit dreizeiligem rotem Bdr.- Aufdruck.

378	100 L	braun .... (349)	1,50	1,—
		FDC		2,—

Auflage: 53 675 Stück

1947, 18. Juli. Wiederaufbau. StTdr. (5×6); Wz. 3 liegend; gez. 12.

bq   Fo

bq, Fo) Der hl. Marinus gründet San Marino (nach einem Gemälde von Batoni)

379	1 L	bläulichgrün/rotlila .... bq	0,20	0,20
380	2 L	purpur/oliv .... bq	0,20	0,20
381	4 L	purpurbraun/grünblau .... bq	0,20	0,20
382	10 L	orange/blauschwarz .... bq	0,20	0,20
383	25 L	karmin/purpur .... bq	2,50	1,—
384	50 L	dunkelblaugrün/braun .... bq	32,—	12,—

✈ **Flugpostmarken**

385	25 L	orange/hellultramarin .... Fo	2,60	1,30
386	50 L	dunkelrotbraun/ultramarin ... Fo	5,50	3,—
		Satzpreis (8 W.)	42,—	18,—
		FDC		32,—

MiNr. 379–380 mit Aufdruck: MiNr. 423–424. MiNr. 383 mit Aufdruck: MiNr. 403

Auflagen: MiNr. 379–384 je 41 372, MiNr. 385 = 55 371, MiNr. 386 = 51 183 Stück

San Marino

1947, 13. Nov. Wiederaufbaufonds. MiNr. 379 und 380 in waagerechten Fünferstreifen, MiNr. 381 im Paar mit zusätzlichem Aufdruck eines Zuschlagsbetrages.

387		1 L	bläulichgrün/rotlila .... (379)		
	I		+ 1	0,20	0,20
	II		+ 2	0,20	0,20
	III		+ 3	0,20	0,20
	IV		+ 4	0,20	0,20
	V		+ 5	0,20	0,20
			Im Fünferstreifen zusammenhängend	2,50	2,50
388		2 L	purpur/oliv .... (380)		
	I		+ 1	0,20	0,20
	II		+ 2	0,20	0,20
	III		+ 3	0,20	0,20
	IV		+ 4	0,20	0,20
	V		+ 5	0,20	0,20
			Im Fünferstreifen zusammenhängend	2,50	2,50
389		4 L	purpurbraun/grünblau ..... (381)		
	I		+ 1	4,50	2,50
	II		+ 2	4,50	2,50
			Im Paar zusammenhängend	17,—	17,—
			Satzpreis (12 W.)	11,—	7,—
			FDC		15,—

Auflage: 41 674 Sätze

1947, 24. Dez. 100 Jahre Briefmarken in den USA. RaTdr. (5×8), MiNr. 396 StTdr. (2×5); Wz. 4; gez. 14.

br) USA MiNr. 1; Monte Titano und Freiheitsstatue

bs bt Fr) USA MiNr. 1; Adler über San Marino

bs–bt) USA MiNr. 1, 2 und 35, Flaggen der USA und San Marinos

390	2 L	rosalila/schwarzgraubraun ...... br	0,20	0,20
391	3 L	mehrfarbig .... bs	0,20	0,20
392	6 L	blau/olivgrün .... br	0,20	0,20
393	15 L	mehrfarbig .... bt	0,80	0,40
394	35 L	mehrfarbig .... bs	3,20	1,60
395	50 L	mehrfarbig .... bt	5,—	1,60

✈ **Flugpostmarke**

396	100 L	blauviolett/lilabraun .... Fr	19,—	10,—
		Satzpreis (7 W.)	28,—	14,—
		FDC		22,—
		MiNr. 396 Kleinbogen	2400,—	—,—

Auflage: 74 584 Sätze

1948

1948, 3. Juni. Tag der Arbeit. MiNr. 397–400 RaTdr. (5×10), MiNr. 401 StTdr. (2×5); Wz. 4; gez. 14.

bu) Arbeiter mit Fahne

397	5 L	dunkelbraun .... bu	1,50	0,20
398	8 L	blaugrün .... bu	1,50	0,20
399	30 L	rosa .... bu	5,—	0,20
400	50 L	braun/lila .... bu	12,—	1,50
401	100 L	dunkelblau/violett .... bu	70,—	28,—
		Satzpreis (5 W.)	90,—	30,—
		FDC		45,—
		MiNr. 401 Kleinbogen	7000,—	—,—

Auflage: 28 632 Sätze

In ähnlicher Zeichnung: MiNr. 545, 546

1948, 9. Okt. Freimarke: Melchiorre Delfico. MiNr. 218 mit Bdr.-Aufdruck.

402	L	100	auf 15 C karmin/schwarz .... (218)	80,—	35,—
			FDC		40,—

Auflage: 17 847 Stück

✈ **1948, 9. Okt. Flugpostmarke. MiNr. 383 mit zweizeiligem senkrechtem Aufdruck POSTA / AEREA und neuem Wert.**

403	200 L	auf 25 L karmin/purpur .... (383)	50,—	15,—
		FDC		25,—

Auflage: 16 125 Stück

1947/48. Eilmarken MiNr. 337–338 und 355 mit Bdr.- Aufdruck.

404	15 L	auf 5 L karminrosa (16.6.1947) .... (337) S	0,20	0,20
405	15 L	auf 10 L dunkelblau (16.6.1947) .... (338) S	0,20	0,20
406	35 L	auf 30 L dunkelultramarin (9.10.1948) .... (355) R	70,—	32,—
407	60 L	auf 30 L dunkelultramarin (13.11.1947) .... (355) R	5,50	4,60
408	80 L	auf 30 L dunkelultramarin (9.10.1948) .... (355) R	35,—	18,—
		Satzpreis (5 W.)	110,—	55,—

Auflagen: MiNr. 404 = 95 587, MiNr. 405 = 105 250, MiNr. 406 = 17 594, MiNr. 407 = 31 997, MiNr. 408 = 16 159 Stück

Bei allen Ausgaben von San Marino mit Bogengröße 8×8 ab MiNr. 409 bis MiNr. 912 finden sich einmal im Bogen oben links oder rechts vier Textfelder, die mit den fünf anhängenden Marken von Spezialisten beachtet werden.

1949

1949, 27. Jan. Freimarken: Ansichten. MiNr. 409 bis 420 RaTdr. (8×8, davon 4 Textfelder; MiNr. 415 und 416 10×5); MiNr. 421–422 StTdr. (2×5); Wz. 4; gez. K 14, MiNr. 421–422 gez. L 14.

bv) Weg zum Regierungspalast   bw) Ortsansicht   bx) Kapuzinerkirche

San Marino

by) Franziskanerkloster   bz) Monte Titano   ca) Regierungspalast

409	1 L	grau/dunkelblau .... bv	0,20	0,20
410	2 L	purpur/rosa .... bw	0,20	0,20
411	3 L	violett/ultramarin .... bx	0,20	0,20
412	4 L	schwarz/violett .... by	0,20	0,20
413	5 L	dunkellila/schwarzgraubraun . bv	0,20	0,20
414	6 L	blau/schwarz .... bx	0,80	0,40
415	8 L	schwarzgraubraun/hellbraun . bz	0,60	0,20
416	10 L	grau/dunkelblau .... ca	0,70	0,20
417	12 L	rosa/violett .... bw	1,80	0,80
418	15 L	violett/karminrot	5,—	1,30
419	35 L	dunkelgrün/violett .... bv	10,—	3,20
420	50 L	rosa/hellbraun	5,—	1,30
421	100 L	schwarz/blaugrün .... bz	110,—	45,—
422	200 L	dunkelblau/schwarzbraun ... ca	120,—	60,—
		Satzpreis (14 W.)	250,—	110,—
		FDC		450,—
		MiNr. 421 Kleinbogen	12000,—	
		MiNr. 422 Kleinbogen	12000,—	—,—

Auflage: 20 388 Sätze

Weiterer Wert in Zeichnung bx: MiNr. 440, Zeichnung by: MiNr. 441

1949, 28. Juni. Briefmarkenausstellung San Marino/Riccione. MiNr. 379 und 380 mit dreizeiligem Aufdruck „Giornata Filatelica / San Marino-Riccione / 28–6–1949".

423	1 L	bläulichgrau/rotlila .... (379)	0,50	0,20
424	2 L	purpur/oliv .... (380)	0,50	0,20
		Satzpreis (2 W.)	1,—	0,40
		FDC		1,—

Auflage: 269 722 Sätze

✈ **1949, 28. Juni. 100. Jahrestag der Flucht Garibaldis nach San Marino (I). RaTdr. (8×8, davon 4 Textfelder; MiNr. 428–429 5×8); Wz. 4; gez. 14.**

Fs – Ft) Garibaldi mit seiner Frau auf der Flucht

425	2 L	rotbraun/blau .... Fs	0,20	0,20
426	3 L	grünschwarz/schwarz .... Fs	0,20	0,20
427	5 L	blau/dunkelgrün .... Fs	0,20	0,20
428	25 L	grünoliv/violett .... Ft	5,50	2,60
429	65 L	grünschwarz/schwarz ...... Ft	13,—	8,—
		Satzpreis (5 W.)	19,—	11,—
		FDC		20,—

Auflage: 39 229 Sätze

Bei Anfragen bitte Rückporto nicht vergessen!

1949, 31. Juli. 100. Jahrestag der Flucht Garibaldis nach San Marino (II). RaTdr. (8×8, davon 4 Textfelder; MiNr. 434–437 8×5); Wz. 4; gez. 14.

cb l   cc l   cd l   ce l

cc) Anita Garibaldi (1820–1849)   ee) Ugo Bassi (1808–1849)   cb) Francesco Nullo (1826–1863)   ce) Giuseppe Garibaldi (1807–1882)

430	1 L	grünlichschwarz/karmin ...... cb l	0,20	0,20
431	2 L	braun/blau .... cc l	0,20	0,20
432	3 L	rot/dunkelgrün .... cd l	0,20	0,20
433	4 L	violett/schwarzgraubraun .... ce l	0,20	0,20
434	5 L	purpur/schwarzgraubraun ... cc	0,20	0,20
435	15 L	dunkelrot/blauschwarz ...... ce	1,60	0,80
436	20 L	hellviolett/karmin .... cb	2,20	1,30
437	50 L	braun/hellviolett .... cd	32,—	14,—
		Satzpreis (8 W.)	36,—	17,—
		FDC		45,—

Auflage: 40 000 Sätze

In ähnlichen Zeichnungen: MiNr. 577–583

1949. 29. Dez. 75 Jahre Weltpostverein (UPU) (I). StTdr. (3 x 2); Wz. 4; gez. K 14.

cf) Sechsspännige Postkutsche

438	100 L	blau/rotlila .... cf	17,—	8,—
		FDC		15,—
		Kleinbogen	250,—	160,—

Auflage: 70 002 Stück

1950

✈ **1950, 9. Febr./1951, 2. April. 75 Jahre Weltpostverein (UPU) (II). StTdr.; Wz. 4; A = gez. K 14 (5 x 5), B = ☐ (3 x 2), C = gez. K 13¼:14 (3 x 2).**

cg) Postkutsche

439	200 L	blau .... cg		
	A	gez. K 14 (9.2.1950)	2,50	1,70
	B	☐ (2.4.1951)	40,—	20,—
	C	gez. K 13¼:14 (15.3.1951)	5,—	3,50
		FDC A		7,50
		FDC B		30,—
		Kleinbogen B	250,—	220,—
		Kleinbogen C	50,—	40,—

Auflagen: A = 75 000, B = 36 000, C = 69 960 Stück

Weiterer Wert in Zeichnung cg: MiNr. 456

San Marino

1950, 7. Febr. Freimarken: Ansichten. RaTdr. (8×8, davon 4 Textfelder); Wz. 4; gez. K 14.

440	20 L	schwarzgraubraun/ultramarin ... bx		10,—	1,70
441	55 L	grün/blau .... by		60,—	22,—
		Satzpreis (2 W.)		70,—	23,—
		FDC			40,—

Auflagen: MiNr. 440 = 233 460, MiNr. 441 = 98 000 Stück

Weitere Werte: MiNr. 409–422

✈ **1950, 12./28. April. Flugpostmarken:** Einheimische Motive. MiNr. 442–449 RaTdr. (8×8, davon 4 Textfelder; MiNr. 447 und 449 8×5, MiNr. 448 ~); Wz. 4; MiNr. 450 StTdr. (4×5); oWz.; gez. K 14.

ch) Serravalle

ci) Domagnano   ck) San Marino   cl) Domagnano

cm) Sta. Mustiola   cn) Borgomaggiore   co) Serravalle

cp) San Marino   cr) San Marino

442	2 L	grün/violett .... ch		0,20	0,20
443	3 L	braun/blau ci		0,20	0,20
444	5 L	rosa/braun .... ck		0,20	0,20
445	10 L	blau/dunkelblau cl		2,20	0,40
446	15 L	violett/grau .... cm		3,—	0,70
447	55 L	grün/blau .... cn		30,—	12,—
448	100 L	grau/rot .... co		25,—	9,—
449	250 L	braun/violett .... cp		150,—	28,—
450	500 L	mehrfarbig (28. April) ..... cr		90,—	60,—
		Satzpreis (9 W.)		300,—	110,—
		FDC			170,—

Auflage: 14 033 Sätze

MiNr. 449 mit Aufdruck: MiNr. 463; MiNr. 450 mit Aufdruck: MiNr. 461; in geänderter Farbe und kleinerem Format: MiNr. 460

✈ **1950, 12. April. Mailänder Messe.** Marken in Zeichnung ck, cm und cn mit Bdr.-Aufdruck. RaTdr.; Wz. 4; gez. K 14.

451	5 L	dunkelgrün/blau .... (ck)		0,20	0,20
452	15 L	schwarz/rot .... (cm)		1,10	0,80
453	55 L	braun/violett .... (cn)		5,—	4,—
		Satzpreis (3 W.)		6,—	5,—
		FDC			6,—

Auflage: 37 411 Sätze

1950, 11. Dez. Eilmarken. Zeichnung ähnlich 335 und 355. RaTdr.; Wz. 4; gez. 14.

 cs    ct

454	60 L	weinrot .... cs		11,—	5,—
455	80 L	dunkelblau .... ct		18,—	7,50
		Satzpreis (2 W.)		28,—	12,—

Mit neuem Wertaufdruck: MiNr. 584–585

1951

✈ **1951, 31. Jan. 75 Jahre Weltpostverein (III).** StTdr. (3×2); Wz. 4; gez. K 13¼:14.

456	300 L	braun/braunkarmin .... cg		26,—	17,—
		FDC			22,—
		Kleinbogen		250,—	200,—

Auflage: 60 036 Stück

1951, 15. März. Gründungsfeier des Roten Kreuzes von San Marino. Komb. StTdr. und Bdr. (5×5); Wz. 4; gez. 13½:14.

cu) Regierungspalast   cv) Torbogen der Neuen Stadtmauer   cw) Guaita-Turm

457	25 L	mehrfarbig .... cu		12,—	5,—
458	75 L	tiefbraun/rot cv		15,—	6,—
459	100 L	mehrfarbig .... cw		18,—	9,—
		Satzpreis (3 W.)		45,—	20,—
		FDC			26,—

Auflage: 30 026 Sätze

cx

✈ **1951, 28. April. Flugpostmarke.** MiNr. 450 in neuer Farbe und kleinerem Format (36×27 mm). RaTdr. (3×2); Wz. 4; gez. 14.

460	500 L	schwarzgraubraun/schwarzoliv cx		200,—	100,—
		FDC			150,—
		Kleinbogen		2400,—	1300,—

Auflage: 20 054 Stück

✈ **1951, 20. Aug. Briefmarkenausstellung San Marino/Riccione.** MiNr. 450 mit zweizeiligem Bdr.-Aufdruck.

461	300 L	auf 500 L dunkelgrün/lilarot .... (450)		70,—	32,—
		FDC			75,—

Auflage: 16 191 Stück

San Marino

✈ **1951, 22. Nov. Flugpostmarke. StTdr. (3×2); Wz. 4; gez. 14.**

cy) Flugzeug Douglas DC 6 über dem Monte Titano und Flagge

462	1000 L mehrfarbig .... cy	700,—	400,—
	FDC		450,—
	Kleinbogen	7500,—	4500,—

Auflage: 10 924 Stück

✈ **1951, 6. Dez. Hochwasserhilfe Oberitalien. MiNr. 449 mit Bdr.-Aufdruck.**

463	L 100 auf 250 L braun/violett .... (449)	7,50	4,50
	FDC		15,—

Auflage: 31 915 Stück

1952

1952, 28. Jan. 500. Geburtstag von Christoph Kolumbus. MiNr. 464–470 RaTdr. (5×8), MiNr. 471–476 StTdr. (5×5); Wz. 4; gez. K 14.

cz) Kolumbus vor den Gelehrten von Salamanca
da) Kolumbus in Palos und seine drei Karavellen
db) Kolumbus' Landung in S. Salvador und Eingeborene

dc) Kolonisierung im 17. Jahrhundert
dd) Kolumbus (1451–1506) und Landkarte von Amerika
de) Kolumbus, Freiheitsstatue im Hafen von New York und Wolkenkratzer

464	1 L	orange/schwarzgrün .... cz	0,30	0,20
465	2 L	schwarzbraun/violett .... da	0,30	0,20
466	3 L	violett/schwarzbraun .... db	0,30	0,20
467	4 L	blau/rotbraun .... dc	0,30	0,20
468	5 L	grün/russischgrün .... dd	0,50	0,50
469	10 L	schwarzgraubraun/ schwarzbraun .... db	1,30	0,70
470	15 L	karminrosa/schwarz .... dc	1,80	1,—
471	20 L	graublau/russischgrün .... db	2,60	1,30
472	25 L	rotviolett/dunkelbraun .... da	11,—	4,50
473	60 L	braun/tiefviolett .... cz	16,—	8,—
474	80 L	grau/schwarz .... dc	45,—	20,—
475	200 L	blaugrün/schwarzblau .... dd	90,—	42,—

✈ **Flugpostmarke**

476	200 L	stahlblau/schwarz .... de	60,—	26,—
		Satzpreis (13 W.)	220,—	100,—
		FDC		220,—

Auflage: 26 897 Sätze

1952, 29. Juni. Messe in Triest. Werte der Kolumbus-Ausgabe 1952 in geänderten Farben mit zweizeiligem Bdr.-Aufdruck. RaTdr.; Wz. 4; gez. 14.

da

477	1 L	violett/sepia .... (cz) S	0,20	0,20
478	2 L	karmin/blauschwarz .... (da) S	0,20	0,20
479	3 L	grün/russischgrün .... (db) R	0,20	0,20
480	4 L	olivbraun/grünschwarz ..... (dc) S	0,20	0,20
481	5 L	violett/blauviolett .... (dd) S	0,40	0,40
482	10 L	blau/rotbraun .... (db) R	2,—	1,10
483	15 L	rotbraun/dunkelblau .... (dc) S	7,50	3,20

✈ **Flugpostmarke**

484	200 L	schwarz/schwarzbraun ..... (de) R	60,—	30,—
		Satzpreis (8 W.)	70,—	35,—
		FDC		60,—

Auflagen: MiNr. 477–483 = 112 000 Sätze, MiNr. 484 = 29 094 Stück

✈ **1952, 23. Aug. Briefmarkenausstellung San Marino/Riccione. RaTdr., MiNr. 490 StTdr. (2×3); Wz. 4; MiNr. 485–487 gez. 14:10:14, MiNr. 488–489 gez. 14, MiNr. 490 gez. 13½.**

df) Alpenveilchen (Cyclamen persicum)
dg) Flugzeug Douglas DC 6, links Monte Titano, rechts Strand von Riccione

dh) Edelrose (Rosa hybr.)
di) wie dg, zusätzlich Alpenveilchen und Rose

485	1 L	schwarzviolett/lilarosa .... df	0,20	0,20
486	2 L	graublau/blaugrün .... dg	0,20	0,20
487	3 L	olivbraun/orangerot .... dh	0,20	0,20
488	5 L	lila/braun .... di	0,20	0,20
489	25 L	blauviolett/blaugrün .... di	0,60	0,60
490	200 L	mehrfarbig .... di	75,—	30,—
		Satzpreis (6 W.)	75,—	30,—
		FDC		50,—
		MiNr. 490 Kleinbogen	750,—	400,—

Auflage: MiNr. 490 = 37 418 Stück

✈ **1952, 17. Nov. Photogrammetrische Neuvermessung des Landes. RaTdr. (5×10); Wz. 4; gez. K 14.**

dk) Flugzeug über dem Monte Titano
dl) Flugzeug bei der Vermessung; im Vordergrund Vermessungsquadrate

491	25 L	dunkelolivgrün .... dk	2,50	1,50
492	75 L	braun/blauviolett .... dl	6,50	4,50
		Satzpreis (2 W.)	9,—	6,—
		FDC		12,—

Auflage: 47 176 Sätze

1953

1953, 20. April. Sport. RaTdr.; Wz. 4; gez. 14.

dm) Diskuswerfen (Statue)

dn) Tennis

do) Laufen

dp) Radfahren

dr) Fußball

ds) Modellflug

dt) Schießen

du) Rollschuhlauf

dv) Skifahren

493	1 L	schwarz/schwarzbraun .... dm	0,20	0,20
494	2 L	dunkelsiena/schwarz .... dn	0,20	0,20
495	3 L	grünblau/schwarz .... do	0,20	0,20
496	4 L	grauultramarin/schwarzgrün ... dp	0,20	0,20
497	5 L	schwarzgrün/dunkellilabraun ... dr	0,20	0,20
498	10 L	karmin/violettultramarin .... ds	0,50	0,50
499	25 L	sepia/schwarz .... dt	2,60	1,30
500	100 L	grauschwarz/schwarzbraun .... du	10,—	4,50

✈ **Flugpostmarke**

501	200 L	blaugrün/schwarzblaugrün ..... dv	90,—	50,—
		Satzpreis (9 W.)	100,—	55,—
		FDC		100,—
		MiNr. 501 Kleinbogen	1100,—	750,—

Auflagen: MiNr. 493–500 = 112 000 Sätze, MiNr. 501 = 40 262 Stück

In Zeichnung ähnlich dm: MiNr. 626

1953, 24. Aug. Briefmarkenausstellung San Marino/Riccione. MiNr. 500 in geänderter Farbe mit dreizeiligem Bdr.-Aufdruck.

502	100 L	dunkelgrünblau/			
		schwarzblaugrün .... (du)	26,—	15,—
		FDC		25,—

Auflage: 41 240 Stück

1953, 28. Dez. Blumen. RaTdr. (5×10); Wz. 4; gez. 14.

dw) Dichternarzisse (Narcissus poeticus)

dx) Papageitulpe (Tulipa gesneriana)

dy) Oleander (Nerium oleander)

dz) Kornblume (Centaurea cyanus)

ea) Prachtnelke (Dianthus superbus)

eb) Schwertlilie (Iris sp.)

ec) Alpenveilchen (Cyclamen persicum)

ed) Pelargonie (Pelargonium hybr.)

ee) Edelrose (Rosa hybr.)

dw–ee) Felsen von San Marino, Wappenschild der Republik

503	1 L	mehrfarbig .... dw	0,20	0,10
504	2 L	mehrfarbig .... dx	0,20	0,10
505	3 L	mehrfarbig .... dy	0,20	0,10
506	4 L	mehrfarbig .... dz	0,20	0,10
507	5 L	mehrfarbig .... ea	0,20	0,20
508	10 L	mehrfarbig .... eb	0,20	0,20
509	25 L	mehrfarbig .... ec	5,—	1,90
510	80 L	mehrfarbig .... ed	25,—	14,—
511	100 L	mehrfarbig .... ee	35,—	20,—
		Satzpreis (9 W.)	65,—	35,—
		FDC		50,—

Auflage: 61 200 Sätze

1954

✈ **1954, 5. April. Flugpostmarke. StTdr. (3×2); Wz. 4; gez. K 14.**

ef) Flugzeug Douglas DC 6 vor dem Monte Titano, rechts Wappen

512	1000 L	mehrfarbig .... ef	120,—	75,—
		FDC		100,—
		Kleinbogen	900,—	700,—

Auflage: 60 000 Stück

1954, 28. Aug. Sport (I). RaTdr. (8×5, Querformate ∼); Wz. 4; gez. K 14.

eg) Gehen

eh) Fechten

ei) Boxen

San Marino

ek) Ringe-Turnen

el) Motorradfahren

em) Speerwurf

en) Autorennen

eo) Ringkampf (griech. Statue)

513	1 L	dunkelviolettblau/rotlila	eg	0,20	0,20
514	2 L	schwarzgrün/braunviolett	eh	0,20	0,20
515	3 L	dunkelbraun/dunkelorangebraun	ei	0,20	0,20
516	4 L	dunkelgrünblau/blauultramarin	ek	0,20	0,20
517	5 L	schwarzgrün/sepia	el	0,20	0,20
518	8 L	lila/violett	em	0,20	0,20
519	12 L	schwarz/rot	en	0,20	0,20
520	25 L	blau/schwarzgrün	eo	4,—	0,50
521	80 L	dunkelblau/dunkelgrünblau	eq	3,80	0,70
522	200 L	violett/braun	ek	11,—	4,—
		Satzpreis (10 W.)		20,—	6,50
		FDC			15,—

Auflage: 60 000 Sätze

In ähnlicher Zeichnung wie MiNr. 516: MiNr. 526

1954, 16. Dez. Freimarken. RaTdr. (10×5); Wz. 4; gez. K 13¼.

ep–er) Denkmal der Freiheitsgöttin vor Regierungsgebäude

523	20 L	dunkelkarminbraun/dunkelkobalt	ep	0,70	0,20
524	60 L	rot/schwarzgrün	ep	1,80	0,50

✈ **Flugpostmarke**

525	120 L	dunkelkobalt/dunkelrotbraun	er	1,50	1,—
		Satzpreis (3 W.)		4,—	1,70
		FDC			10,—

Auflagen: MiNr. 523–524 je 100 000, MiNr. 525 = 97 000 Stück

1955

1955, 10. März. Sport (II). StTdr. (2×2); Wz. 4; gez. K 13.

526	250 L	mehrfarbig	ek l	65,—	36,—
		FDC			60,—
		Kleinbogen		300,—	250,—

Auflage: 60 000 Stück

✈ **1955, 26. Juni. 1. Internationale Ausstellung von Olympia-Briefmarken in San Marino.** RaTdr. (5×8); Wz. 5; gez. K 14.

es) Hürdenlauf   et) Staffellauf   Wz. 5, Pentagramm

527	80 L	bräunlichrot/schwarz	es	2,—	0,80
528	120 L	dunkelgrün/dunkelbraunkarmin	et	3,—	1,40
		Satzpreis (2 W.)		5,—	2,20
		FDC			10,—

Auflage: 75 000 Sätze

1955, 27. Aug. 7. Internationale Briefmarkenausstellung San Marino/Riccione. RaTdr. (8×5); Wz. 5; gez. K 14.

eu) Segeljacht

529	100 L	schwarzgrau/grünlichblau	eu	5,—	3,—
		FDC			8,—

Auflage: 70 000 Stück

In ähnlicher Zeichnung: MiNr. 557

1955, 15. Nov. Freimarken. Landschaften. RaTdr. (8×8, davon 4 Textfelder); Wz. 5; gez. K 14.

ev) Torbogen der Neuen Stadtmauer   ew) Guaita-Turm   ex) Regierungsgebäude

530	5 L	dunkelblau/dunkelbraun	ev	0,10	0,10
531	10 L	orangerot/dunkelblaugrün	ew	0,10	0,10
532	15 L	schwarzgrün/karminrot	ex	0,10	0,10
533	25 L	schwarzbraun/blauviolett	ev	0,20	0,10
534	35 L	purpurviolett/braunrot	ew	0,50	0,10
		Satzpreis (5 W.)		1,—	0,50
		FDC			3,—

Auflage: 500 000 Sätze

In gleichen Zeichnungen mit Wz. 6: MiNr. 856–861

Weitere Werte: MiNr. 562–566, 682–685

1955, 15. Dez. Olympische Winterspiele, Cortina d'Ampezzo. RaTdr. (8×5, Querformate ~); Wz. 5; gez. K 14.

ey) Eisschnellauf

San Marino

ez) Skilanglauf

fa) Zweierbob

fb) Skiabfahrtslauf

fc) Eishockey

fd) Eiskunstlauf

fe) Skispringen

MiNr.	Wert	Beschreibung		**	⊙
535	1 L	dunkelbraun/gelb	ey	0,20	0,20
536	2 L	graublau/rot	ez	0,20	0,20
537	3 L	schwarz/olivbraun	fa	0,20	0,20
538	4 L	schwarzbraun/dunkelblaugrün	fb	0,20	0,20
539	5 L	violettultramarin/hellrot	fc	0,20	0,20
540	10 L	violettultramarin/rosa	fd	0,30	0,30
541	25 L	schwarz/rot	ez	1,30	0,70
542	50 L	schwarzbraun/dunkelblau	fa	3,20	1,60
543	100 L	schwarz/blaugrün		9,—	4,20

✈ Flugpostmarke

544	200 L	schwarz/hellbräunlichrot	fe	36,—	18,—
		Satzpreis (10 W.)		50,—	25,—
		FDC			45,—

Auflagen: MiNr. 535–543 je 65 400, MiNr. 544 = 60 000 Stück

MiNr. 543 mit Aufdruck: MiNr. 561

1956

1956, 24. März. 50. Jahrestag der Einberufung der Versammlung der Familienoberhäupter (Arengo); Winterhilfe. RaTdr. (5 × 10); Wz. 5; gez. K 14.

 ff
 ff I

ff) Arbeiter mit Fahne

				**	⊙	FDC
545	50 L	kobalt	ff	10,—	5,50	11,—
546	50 L	dunkelgrün	ff I	10,—	5,50	11,—
		Satzpreis (2 W.)		20,—	11,—	

Auflage: 60 000 Sätze

In ähnlicher Zeichnung: MiNr. 397–401

1956, 8. Juni. Rassehunde. RaTdr. (5 × 10); Wz. 5; gez. K 14.

fg) Pointer (englischer Vorstehhund)

fh) Barsoi oder Russischer Windhund

fi) Maremmenhund (Hirtenhund aus den Abruzzen)

fk) Engl. Windhund

fl) Boxer

fm) Dän. Dogge

fn) Irischer Setter

fo) Deutscher Schäferhund

fp) Schott. Collie

fr) Bracco (italienischer Vorstehhund)

fg–fr) Wappenschild der Republik

				**	⊙
547	1 L	violettultramarin/dunkelbraun	fg	0,20	0,20
548	2 L	bräunlichkarmin/blaugrau	fh	0,20	0,20
549	3 L	violettultramarin/dunkelbraun	fi	0,20	0,20
550	4 L	schwarzgrün/dunkelviolettgrau	fk	0,20	0,20
551	5 L	bräunlichkarmin/dunkelbraun	fl	0,20	0,20
552	10 L	violettultramarin/dunkelbraun	fm	0,20	0,20
553	25 L	mehrfarbig	fn	3,—	0,50
554	60 L	mehrfarbig	fo	7,50	2,50
555	80 L	mehrfarbig	fp	15,—	3,50
556	100 L	mehrfarbig	fr	20,—	7,50
		Satzpreis (10 W.)		45,—	15,—
		FDC			25,—

Auflage: 105 000 Sätze

1956, 25. Aug. 8. Internationale Briefmarkenausstellung San Marino/Riccione. RaTdr.; Wz. 5; gez. K 14.

fs) Segeljacht

| 557 | 100 L | dunkelbraun/dunkelblaugrün | fs | 2,— | 1,70 |
| | | FDC | | | 3,50 |

Auflage: 80 000 Stück

In ähnlicher Zeichnung: MiNr. 529

1956, 6. Okt. Internationaler Philatelistenkongreß in Salsomaggiore. Marken in Zeichnung der Freimarken, aber größeres Format und anlaßbezogene Inschrift. RaTdr. (8 × 5, Querformat ⤬); Wz. 5; gez. K 14.

ft

fu

fv

558	20 L	ultramarin/dunkelbraun	ft	1,—	0,50
559	80 L	blauviolett/bräunlichkarmin	fu	2,—	1,50
560	100 L	rotorange/blaugrün	fv	3,—	2,—
		Satzpreis (3 W.)		6,—	4,—
		FDC			6,50

Auflage: 80 000 Sätze

San Marino

✈ 1956, 10. Dez. Flugpostmarke. MiNr. 543 mit Aufdruck eines Flugzeuges und Text POSTA / AEREA.

561	100 L	schwarz/blaugrün	(543)	2,—	1,60
			FDC		3,20

Auflage: 84 600 Stück

1957

1957, 9. Mai. Freimarken: Landschaften. MiNr. 562 bis 565 RaTdr., MiNr. 566 StTdr. (8×8, davon 4 Textfelder; Wz. 5; gez. K 14.

fw) Borgomaggiore

fx) Stadttor fy) Markt von Borgomaggiore fz) San Marino ga) San Marino

562	2 L	schwarzblaugrün/rot .... fw	0,20	0,20
563	3 L	blau/dunkelbraun .... fx	0,20	0,20
564	20 L	schwarzblaugrün/ dunkelblaugrün .... fy	0,20	0,20
565	60 L	dunkelbraun/blauviolett ..... fz	1,50	1,—
566	125 L	violettultramarin/schwarz .... ga	0,50	0,40
		Satzpreis (5 W.)	2,60	2,—
		FDC		2,50

Auflage: 150 000 Sätze

In gleichen Zeichnungen: MiNr. 682–685; mit Wz. 6: MiNr. 856–858

Weitere Werte: MiNr. 530–534

1957, 31. Aug. Freimarken: Blumen. RaTdr. (10×5); Wz. 5; gez. K 14.

gb) Margerite (Chrysanthemum maximum) gc) Schlüsselblume (Primula elatior) gd) Madonnenlilie (Lilium candidum) ge) Cattleya trianae gf) Maiglöckchen (Convallaria majalis)

gg) Klatschmohn (Papaver rhoeas) gh) Stiefmütterchen (Viola tricolor) gi) Gladiole (Gladiolus hybr.) gk) Hundsrose (Rosa canina) gl) Kronenanemone (Anemone coronaria)

gb–gl) Monte Titano

567	1 L	mehrfarbig .... gb	0,10	0,10
568	2 L	mehrfarbig .... gc	0,10	0,10
569	3 L	mehrfarbig .... gd	0,10	0,10
570	4 L	mehrfarbig .... ge	0,10	0,10
571	5 L	mehrfarbig .... gf	0,10	0,10
572	10 L	mehrfarbig .... gg	0,20	0,10
573	25 L	mehrfarbig .... gh	0,20	0,10
574	60 L	mehrfarbig .... gi	0,80	0,40
575	80 L	mehrfarbig .... gk	1,30	0,90
576	100 L	mehrfarbig .... gl	2,—	1,50
		Satzpreis (10 W.)	5,—	3,50
		FDC		4,50

Auflage: 130 000 Sätze

Weitere Werte: MiNr. 880–886

1957, 12. Dez. 150. Geburtstag von Giuseppe Garibaldi. RaTdr. (8×8, davon 4 Textfelder; MiNr. 580–583 8×5); Wz. 5; gez. 14.

gm) Anita Garibaldi (1820–1849) gn) Francesco Nullo (1826–1863) go) Giuseppe Garibaldi (1807–1882)

gp) Ugo Bassi (1808–1849) gr) Francesco Nullo gs) Anita Garibaldi gt) Giuseppe Garibaldi

577	2 L	blauviolett/dunkelblau .... gm	0,20	0,20
578	3 L	lilarot/schwarzgrün .... gn	0,20	0,20
579	5 L	dunkelbraun/sepia .... go	0,20	0,20
580	15 L	dunkelblau/blauviolett .... gp	0,20	0,20
581	25 L	schwarzgrün/grauschwarz ..... gr	0,20	0,20
582	50 L	blauviolett/dunkelbraun ...... gs	1,80	1,50
583	100 L	dunkelbraun/blauviolett ...... gt	1,80	1,50
		Satzpreis (7 W.)	4,50	4,—
		FDC		5,50

Auflage: 120 000 Sätze

MiNr. 582 und 583 wurden schachbrettartig zusammenhängend gedruckt.

In ähnlichen Zeichnungen: MiNr. 430–437

1957, 12. Dez. Eilmarken MiNr. 454 und 455 mit Bdr.-Aufdruck.

584	75 L	auf 60 L weinrot .... (454)	3,20	2,50
585	100 L	auf 80 L dunkelblau ...... (455)	3,40	2,50
		Satzpreis (2 W.)	6,50	5,—
		FDC		6,—

Auflagen: MiNr. 584 = 55 500, MiNr. 585 = 72 050 Stück

Papier ph. = phosphoreszierendes Papier
Papier fl. = fluoreszierendes Papier

San Marino

1958

1958, 27. Febr. Freimarke: Landschaften. StTdr. (3×2); Wz. 5; gez. K 14.

				gu	
586	500	L	schwarz/dunkelgrün	gu 100,—	70,—
				FDC	80,—
			Kleinbogen	750,—	650,—

Auflage: 180 000 Stück

1958, 12. April. 10. Teilnahme an der Mailänder Messe. RaTdr. (5×8, Hochformat ~); Wz. 5; gez. K 14.

gv) Messehaupteingang und Statue

gw) Messepavillon und Torbogen
gx) Hubschrauber und Flugzeug vor Messepavillon

587	15	L	mehrfarbig .... gv	0,20	0,20
588	60	L	dunkelbläulichgrün/rot ...... gw	0,50	0,50

✈ **Flugpostmarke**

589	125	L	lebhaftgrünlichblau/ dunkelsiena .... gx	3,—	2,80
			Satzpreis (3 W.)	3,60	3,50
			FDC		6,50

Auflagen: MiNr. 587–588 je 150 400, MiNr. 589 = 120 000 Stück

1958, 12. April. Weltausstellung, Brüssel. RaTdr. (8×5); Wz. 5; gez. K 14.

gy) Atomium, Emblem der Ausstellung und Felsen von San Marino

590	40	L	gelblichgrün/dunkelsiena ...... gy	0,20	0,20
591	60	L	lebhaftgrünlichblau/ karminbraun .... gy	0,40	0,40
			Satzpreis (2 W.)	0,60	0,60
			FDC		1,70

Auflage: 200 000 Sätze

MICHEL-Kataloge
überragen durch ihre
Ausführlichkeit,
Genauigkeit und Übersicht!

✈ **1958, 23. Juni. Flugpostmarken.** StTdr. (2×10 Zd); Wz. 5; gez. L 13½.

gz
ha

gz–ha) Historische Ansichten San Marinos

592	200	L	dunkelbraun/dunkelblau .... gz	3,60	3,20
593	300	L	lilapurpur/blauviolett .... ha	3,60	3,20
			Satzpreis (2 W.)	7,—	6,—
			Dreierstreifen	8,—	8,—
			FDC		9,—

MiNr. 592 und 593 wurden zusammenhängend gedruckt, verbunden mit einem das Wappen San Marinos aufweisenden Mittelstück.

Auflage: 119 867 Sätze

1958, 1. Sept. Früchte. RaTdr. (8×5); Wz. 5; gez. K 14.

hb) Weizenähren (Triticum aestivum)

hc) Maiskolben (Zea mays)
hd) Weintrauben (Vitis vinifera)
he) Pfirsiche (Prunus persica)
hf) Pflaumen (Prunus domestica)

hb–hf) Felsen von San Marino

594	1	L	mehrfarbig .... hb	0,10	0,10
595	2	L	mehrfarbig .... hc	0,10	0,10
596	3	L	mehrfarbig .... hd	0,10	0,10
597	4	L	mehrfarbig .... he	0,10	0,10
598	5	L	mehrfarbig .... hf	0,20	0,20
599	15	L	mehrfarbig .... hb	0,20	0,20
600	25	L	mehrfarbig .... he	0,20	0,20
601	40	L	mehrfarbig .... hf	0,50	0,20
602	80	L	mehrfarbig .... hd	1,—	0,80
603	125	L	mehrfarbig .... hc	4,—	3,—
			Satzpreis (10 W.)	6,50	5,—
			FDC		7,50

Auflage: 120 000 Sätze

1958, 8. Okt. 100 Jahre Briefmarken von Neapel. RaTdr. (5×8); Wz. 5; gez. K 14.

hg) Küstenlandschaft mit Vesuv und MiNr. 5 von Neapel
hh) Küstenlandschaft mit Vesuv und MiNr. 7 von Neapel

| 604 | 25 | L | violettultramarin/rotbraun ...... hg | 0,20 | 0,20 |

✈ **Flugpostmarke**

605	125	L	dunkelbraun/rotbraun .... hh	2,20	1,70
			Satzpreis (2 W.)	2,40	1,90
			FDC		6,—

Auflage: 120 000 Sätze

1959

✈ 1959, 12. Febr. Vögel. RaTdr. (5×8); Wz. 5; gez. K 14.

hi) Lachmöwe (Larus ridibundus)
hk) Turmfalke (Falco tinnunculus)
hl) Stockente (Anas platyrhynchos)

hm) Felsentaube (Columba livia)
hn) Rauchschwalbe (Hirundo rustica)

606	5 L	schwarzblaugrün/schwarz	hi	0,20	0,20
607	10 L	mehrfarbig	hk	0,20	0,20
608	15 L	mehrfarbig	hl	0,20	0,20
609	120 L	mehrfarbig	hm	0,70	0,50
610	250 L	mehrfarbig	hn	2,20	1,40
		Satzpreis (5 W.)		3,50	2,50
		FDC			3,60

Auflage: 180 000 Sätze

1959, 19. Mai. Funktionäre des Internationalen Olympischen Komitees (IOC) (I). RaTdr. (8×8, davon 4 Textfelder); Wz. 5; gez. K 14.

ho) Pierre Baron de Coubertin (1863–1937)
hp) Alberto Bonacossa
hr) Avery Brundage (1887–1975)
hs) Carlo Montù

ht) Johannes Sigfrid Edström (1870–1964)
hu) Baillet Henri de Latour (1876–1942)
hv) Olympisches Feuer und De Coubertin

611	2 L	orangebraun/schwarz	ho	0,20	0,10
612	3 L	bläulichviolett/braunschwarz	hp	0,20	0,10
613	5 L	lebhaftviolettultramarin/schwarzblaugrün	hr	0,20	0,20
614	30 L	blauviolett/schwarz	hs	0,20	0,20
615	60 L	schwarzgrün/schwarzbraun	ht	0,20	0,20
616	80 L	dunkelkarmin/schwarzblaugrün	hu	0,20	0,20

✈ Flugpostmarke, StTdr. (5×10); gez. L 13½.

617	120 L	dunkelbraun	hv	3,50	2,—
		Satzpreis (7 W.)		4,60	3,—
		FDC			4,—

Auflagen: MiNr. 611–616 je 300 000 Sätze, MiNr. 617 = 190 000 Stück

In ähnlicher Zeichnung wie MiNr. 611–616: MiNr. 1291–1293

✈ 1959, 3. Juni. Erstflug San Marino–Rimini–London. RaTdr. (5×8); Wz. 5; gez. K 14.

hw) Flugzeug über San Marino

618	120 L	blauviolett	hw	1,50	1,30
		FDC			2,20

Auflage: 190 000 Stück

1959, 1. Juli. 150. Geburtstag von Abraham Lincoln. Wz. 5; MiNr. 619–621 RaTdr. (5×8), gez. K 14; MiNr. 622 StTdr. (8×5), gez. K 13½:14.

hx) A. Lincoln (1809–1865), Präsident der USA; Schrifttafel
hy) Lincoln und Landkarte San Marinos
hz) Lincoln im Medaillon und Regierungsgebäude

ia) Lincoln und Felsen von San Marino
ib) Lincoln und Felsen

619	5 L	braunschwarz/dunkelbraun	hx	0,20	0,20
620	10 L	lebhaftviolettultramarin/dunkelblaugrün	hy	0,20	0,20
621	15 L	schwarzgrün/grauschwarz	hz	0,20	0,20
622	70 L	blauviolett	ia	0,30	0,30

✈ Flugpostmarke, StTdr. (5×8); gez. K 14:13½

623	200 L	schwarzblau	ib	4,50	3,60
		Satzpreis (5 W.)		5,—	4,50
		FDC			8,—

Auflagen: MiNr. 619–622 je 300 000 Sätze, MiNr. 623 = 147 389 Stück

1959, 29. Aug. 100 Jahre Briefmarken der Romagna. RaTdr. (5×8); Wz. 5; gez. K 14.

ic) Augustustor von Rimini und MiNr. 1 der Romagna
id) Ansicht von Bologna und MiNr. 4 der Romagna

624	30 L	braunschwarz/dunkelbraun	ic	0,20	0,20

✈ Flugpostmarke

625	120 L	grauschwarz/dunkelblaugrün	id	2,—	1,80
		Satzpreis (2 W.)		2,20	2,—
		FDC			3,50

Auflage: 180 000 Sätze

San Marino

1959, 29. Aug. Universitätssportfest in Turin. RaTdr.; Wz. 5; gez. K 14.

ia) Diskobol des Myron (um 450 v. Chr.); Monte Titano

626	30 L mittelbräunlichrot .... ie	1,—	0,60
	FDC		1,50

Auflage: 272 000 Stück

In ähnlicher Zeichnung: MiNr. 493

1959, 16. Okt. 100 Jahre Briefmarken von Sizilien. RaTdr. (8×5, Querformate ~); Wz. 5; gez. K 14.

if) Teil des Hauptportals vom Dom zu Messina und MiNr. 1 von Sizilien

ig) Tempel von Selinunt und MiNr. 2 von Sizilien
ih) Dom von Erice und MiNr. 3 von Sizilien
ii) Tempel der Concordia in Agrigento und MiNr. 4 von Sizilien
ik) Tempel von Castor und Pollux in Agrigent und MiNr. 5 von Sizilien

il) Kloster von St. Giovanni Eremiti und MiNr. 6 von Sizilien
im) Griechisches Theater, Taormina und MiNr. 7 von Sizilien
in) Golf von Palermo und MiNr. 7 von Sizilien

627	1 L	gelborange/braunschwarz .... if	0,10	0,10
628	2 L	dunkelolivgrün/bräunlichkarmin .... ig	0,10	0,10
629	3 L	blau/grünlichschwarz .... ih	0,10	0,10
630	4 L	rot/braun ii	0,10	0,10
631	5 L	schwarzblau/mattpurpur .... ik	0,20	0,10
632	25 L	mehrfarbig il	0,20	0,20
633	60 L	mehrfarbig .... im	0,20	0,20

✈ **Flugpostmarke**

634	200 L	mehrfarbig .... in	1,—	0,80
		Satzpreis (8 W.)	2,—	1,70
		FDC		3,20

Auflage: 192 680 Sätze

1960

1960, 28. Jan. Vögel. RaTdr. (5×8, Hochformate ~); Wz. 5; gez. K 14.

io) Pirol (Oriolus oriolus)

ip) Nachtigall (Luscinia megarhynchos)
ir) Waldschnepfe (Scolopax rusticola)
is) Wiedehopf (Upupa epops)

it) Rothuhn (Alectoris rufa)
iu) Stieglitz (Carduelis carduelis)
iv) Eisvogel (Alcedo atthis)

iw) Jagdfasan (Phasianus colchicus)
ix) Grünspecht (Picus viridis)
iy) Zwergschnäpper (Erythrosterna parva)

635	1 L	mehrfarbig .... io	0,20	0,20
636	2 L	mehrfarbig .... ip	0,20	0,20
637	3 L	mehrfarbig .... ir	0,20	0,20
638	4 L	mehrfarbig .... is	0,20	0,20
639	5 L	mehrfarbig .... it	0,30	0,20
640	10 L	mehrfarbig .... iu	0,40	0,20
641	25 L	mehrfarbig iv	1,—	0,70
642	60 L	mehrfarbig .... iw	3,—	1,—
643	80 L	mehrfarbig ix	4,50	3,—
644	110 L	mehrfarbig .... iy	5,—	3,60
		Satzpreis (10 W.)	15,—	9,50
		FDC		11,—

Auflage: 200 000 Sätze

Blockabbildungen

sind aus technischen Gründen nicht immer maßstabsgetreu wiedergegeben. Da jedoch bei Blocks ausnahmslos Größenangaben gemacht werden, ist die Originalgröße erkennbar.

1960, 23. Mai. Olympische Sommerspiele, Rom (I). RaTdr. (8×5, Querformate ~); Wz. 5; gez. K 14.

iz) Kugelstoßen ka) Ringe-Turnen kb) Gehen

San Marino

kc) Boxen

kd) Fechten

ke) Radfahren

kf) Feldhockey

kg) Rudern

kh) Fußball

ki) Jagdspringen

kk) Basketball

kl) Laufen

km) Schwimmen

kn) Sportschießen

ks) Präsident Clarence Sturm

kt) Vizepräsident Davis

ku) Weltkarte

Auf jeder Marke das Emblem von Lions International

659	30 L	orangebraun/blauviolett	ko	0,10	0,10
660	45 L	schwarzviolett/orangebraun	kp	0,50	0,50
661	60 L	bräunlichkarmin/violettultramarin	kr	0,10	0,10
662	115 L	dunkelblaugrün/schwarz	ks	0,50	0,50
663	150 L	dunkelbraun/schwarzblau	kt	2,—	2,—

✈ Flugpostmarke

664	200 L	mehrfarbig	ku	7,—	5,50
		Satzpreis (6 W.)		10,—	8,50
		FDC			15,—

Auflage: 150 815 Sätze

1960, 27. Aug. 12. Internationale Briefmarkenausstellung San Marino/Riccione. RaTdr. (5×8); Wz. 5; gez. K 14.

kv

kw

kv–kw) Segelboot vor Riccione, dahinter San Marino

665	30 L	mehrfarbig	kv	0,20	0,20

✈ Flugpostmarke

666	125 L	mehrfarbig	kw	1,40	1,30
		Satzpreis (2 W.)		1,60	1,50
		FDC			2,60

Auflagen: MiNr. 665 = 300 000, MiNr. 666 = 181 918 Stück

1960, 27. Aug. Blockausgabe: Olympische Sommerspiele, Rom (II). MiNr. 645–658 in geänderten Farben, Blockrandbeschriftung lilabraun. RaTdr., Blockrand StTdr.; Wz. 5; ☐.

645	1 L	rotlila/blauviolett	iz	0,10	0,10
646	2 L	dunkelblaugrau/orangebraun	ka	0,10	0,10
647	3 L	olivbraun/bläulichviolett	kb	0,10	0,10
648	4 L	karminrot/dunkelbraun	kc	0,10	0,10
649	5 L	siena/blau	kd	0,10	0,10
650	10 L	rotbraun/blau	ke	0,10	0,10
651	15 L	grün/lebhaftviolett	kf	0,10	0,10
652	25 L	dunkelblaugrün/braunocker	kg	0,10	0,10
653	60 L	dunkelgrün/orangebraun	kh	0,10	0,10
654	110 L	mehrfarbig	ki	0,10	0,10

✈ Flugpostmarken

655	20 L	bläulichviolett	kk	0,20	0,20
656	40 L	dunkelgelbbraun/rotlila	kl	0,20	0,20
657	80 L	violettblau/ocker	km	0,20	0,20
658	125 L	bräunlichrot/braunschwarz	kn	0,20	0,20
		Satzpreis (14 W.)		1,70	1,70
		FDC			5,—

Auflage: 297 843 Sätze

In gleichen Zeichnungen: MiNr. 667–680

1960, 1. Juli. Gründung eines Lions-Clubs. RaTdr. (8×5, Querformate ~); Wz. 5; gez. K 14

ko) Monte Titano

kp) Präsident Jones und Lions-Gebäude in Chicago

kr) Regierungsgebäude mit Freiheitsdenkmal

kx

San Marino

681 200 L mehrfarbig .... la 7,50 5,—
                                          FDC   10,—
Auflage: 173 666 Stück

1961

1961, 16. Febr. Freimarken: Landschaften. RaTdr. (8×8, davon 4 Textfelder); Wz. 5; gez. K 14.

fz) San Marino   ga) San Marino   fx) Stadttor   fy) Markt

682   1 L schwarzgrün/
               dunkelblaugrün .... fz 0,10 0,10
683   4 L braunschwarz/indigo .... ga 0,20 0,20
684 30 L dunkelbraun/blauviolett ..... fx 0,50 0,50
685 115 L dunkelblau/sepia .... fy 0,20 0,20
                              Satzpreis (4 W.)   1,—   1,—
                                          FDC   2,50
Auflage: 900 000 Sätze

In gleichen Zeichnungen mit Wz. 6: MiNr. 856–858

Weitere Werte: MiNr. 530–534, 562–566

1961, 5. Mai. Jagd im 16.–18. Jahrhundert. RaTdr. (5×8, Hochformate ~); Wz. 5; gez. K 14.

lb) Rehbockjagd zu Pferde

lc) Falkner mit Falken   ld) Wildschweinjagd   le) Entenjagd vom Boot aus

lf) Hirschjagd   lg) Falkner mit Falken zu Pferde   lh) Blasender Treiber mit Hunden

li) Jäger mit Hund   lk) Jäger, Treiber und Hunde   ll) Entenjagd vom Boot aus

---

ky

kz

667	1 L	schwarzblaugrün/rotorange ..... iz	—,—	—,—
668	2 L	schwarzblaugrün/rotorange ..... ka	—,—	—,—
669	3 L	schwarzblaugrün/rotorange ..... kb	—,—	—,—
670	60 L	schwarzblaugrün/rotorange ..... kh	—,—	—,—
Block 5	(90×125 mm) .... kx		3,—	3,—
671	4 L	braunrot/braun .... kc	—,—	—,—
672	10 L	braunrot/braun .... ke	—,—	—,—
673	20 L	braunrot/braun .... kk	—,—	—,—
674	40 L	braunrot/braun .... kl	—,—	—,—
Block 6	(90×127 mm) .... ky		3,—	3,—
675	5 L	smaragdgrün/rotorange .... kd	—,—	—,—
676	15 L	smaragdgrün/rotorange .... kf	—,—	—,—
677	25 L	smaragdgrün/rotorange .... kg	—,—	—,—
678	80 L	smaragdgrün/rotorange ...... km	—,—	—,—
679	110 L	smaragdgrün/rotorange ...... ki	—,—	—,—
680	125 L	smaragdgrün/rotorange ...... kn	—,—	—,—
Block 7	(145×100 mm) .... kz		4,—	4,—
		Blocksatz (3 Bl.)	10,—	10,—
		FDC (Bl. 5–7)	12,—	

Auflage: je 241 500 Blocks

1960, 29. Dez. 350. Todestag von Michelangelo da Caravaggio. RaTdr. (8×5); Wz. 5; gez. K 14.

ja) „Jüngling mit Fruchtkorb" von Michelangelo da Caravaggio (eigentl. Amerighi Merisi; 1573 bis 1610), ital. Maler

San Marino

686	1 L	lila/dunkelviolettblau	lb	0,10	0,10
687	2 L	braunschwarz/rot	lc	0,10	0,10
688	3 L	zinnober/schwarzbraun	ld	0,10	0,10
689	4 L	hellblau/braunrot	le	0,10	0,10
690	5 L	mehrfarbig	lf	0,10	0,10
691	10 L	mehrfarbig	lg	0,10	0,10
692	30 L	mehrfarbig	lh	0,10	0,10
693	60 L	mehrfarbig	li	0,10	0,10
694	70 L	mehrfarbig	lk	0,20	0,20
695	115 L	mehrfarbig	ll	0,20	0,20
		Satzpreis (10 W.)		1,20	1,20
		FDC			3,—

Auflage: 230 000 Sätze

✈ 1961, 6. Juli. Flugpostmarke. StTdr. (3×2); Wz. 5; gez. K 14.

lm) Hubschrauber vor Felsen von San Marino

696	1000 L	rotlila	lm	60,—	32,—
		FDC			45,—
		Kleinbogen		350,—	220,—

Auflage: 203 856 Stück

1961, 5. Sept. 100. Jahrestag der Einigung Italiens. Komb. Odr. und Prägedruck (5×10); Wz. 5; gez. L 13¼.

ln) Felsen von San Marino und MiNr. 11 b von Sardinien mit S. Marino-Stempel

697	30 L	mehrfarbig	ln	0,50	0,50
698	70 L	mehrfarbig		0,70	0,70
699	200 L	mehrfarbig		0,80	0,80
		Satzpreis (3 W.)		2,—	2,—
		FDC			4,50

Auflage: 199 323 Sätze

1961, 20. Okt. Europa. RaTdr. (3×2); Wz. 6; gez. K 13.

lo) Ansicht des Monte Titano, Inschrift EUROPA

Wz. 6
Drei Federn im Kreis (normal oder spiegelverkehrt)

700	500 L	dunkellilabraun/dunkelblaugrün		30,—	20,—
		FDC			22,—
		Kleinbogen		200,—	200,—

Auflage: 600 000 Stück

1961, 25. Nov. Briefmarkenausstellung BOFILEX in Bologna. RaTdr. (8×5); Wz. 6; gez. K 14.

lp) Neptunbrunnen, Re-Enzo-Palast
lr) Palazzo della Mercanzia
ls) Geschlechtertürme (12. Jh.)

lp–ls) Baudenkmäler in Bologna

701	30 L	grünlichblau/schwarz	lp	0,10	0,10
702	70 L	schwarzoliv/schwarz	lr	0,20	0,20
703	100 L	rotbraun/schwarz	ls	0,20	0,20
		Satzpreis (3 W.)		0,50	0,50
		FDC			1,70

Auflage: 295 693 Sätze

1962

1962, 23. Jan. Alte Automobile. RaTdr. (5×8, Hochformate ~); Wz. 5; gez. K 14.

lt) Duryea 1892
lu) Panhard & Levassor 1895
lv) Peugeot „Vis-à-vis" 1895

lw) Daimler 1899
lx) Fiat 1899
ly) Decauville 1900 (5 PS)

lz) Wolseley 1901 (10 PS)
ma) Benz 1902 (8 PS)
mb) Napier 1903 (16 PS)

mc) White 1903 (100 PS)
md) Oldsmobile 1904 (6 PS)
me) Renault 1904 (7 PS)

mf) Isotta Fraschini (Targa Florio) 1908
mg) Bianchi 1910 (12 PS)
mh) Alfa 1910

704	1 L	braun/hellblau	lt	0,10	0,10
705	2 L	blau/orangebraun	lu	0,10	0,10
706	3 L	mehrfarbig	lv	0,10	0,10
707	4 L	grauschwarz/rot	lw	0,10	0,10
708	5 L	blauviolett/braunorange	lx	0,20	0,20
709	10 L	schwarz/braunorange	ly	0,20	0,20
710	15 L	schwarz/braunrot	lz	0,20	0,20
711	20 L	schwarz/blau	ma	0,20	0,20
712	25 L	schwarzgrau/orange	mb	0,20	0,20
713	30 L	mehrfarbig	mc	0,20	0,20
714	50 L	schwarz/lila	md	0,20	0,20
715	70 L	schwarz/dunkelblaugrün	me	0,20	0,20
716	100 L	mehrfarbig	mf	0,20	0,20
717	115 L	mehrfarbig	mg	0,30	0,30
718	150 L	mehrfarbig		0,50	0,50
		Satzpreis (15 W.)		3,—	3,—
		FDC			4,—

Auflage: 348 376 Sätze

San Marino

1962, 4. April. Alte Flugzeuge. RaTdr. (5×8); Wz. 6; gez. K 14.

mi) Wright 1904

mk) Ernest Archdeacon 1907
ml) Albert und Émile Bonnet-Labranche 1908
mm) Glenn Curtiss 1908

mn) Farman 1909
mo) Louis Bleriot 1909
mp) Hubert Latham 1909

mr) Alberto Santos Dumont 1909
ms) Alliot Verdon Roe 1909
mt) Faccioli 1910

719	1 L	schwarz/chromgelb .... mi	0,10	0,10
720	2 L	braun/smaragdgrün .... mk	0,10	0,10
721	3 L	hellbraun/dunkelgrün ...... ml	0,10	0,10
722	4 L	schwarz/fahlbraun .... mm	0,10	0,10
723	5 L	mehrfarbig .... mn	0,10	0,10
724	10 L	orangebraun/dunkelblaugrün .. mo	0,20	0,20
725	30 L	braunocker/kobalt .... mp	0,20	0,20
726	60 L	mehrfarbig .... mr	0,20	0,20
727	70 L	schwarz/orange .... ms	0,20	0,20
728	115 L	mehrfarbig .... mt	0,70	0,70
		Satzpreis (10 W.)	2,—	2,—
		FDC		3,—

Auflage: 328 538 Sätze

1962, 14. Juni. Alpinismus. RaTdr. (8×5); Wz. 6; gez. K 14.

mu) Bergsteiger beim Abseilen
mv) Langkofel, Kirche St. Jakob bei St. Ulrich
mw) Monte Titano
mx) Drei Zinnen

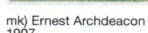   

my) Matterhorn
mz) Skiabfahrtsläufer
na) Bergsteiger im Fels
nb) Bergsteiger im Eis

nc) Gigantenzahn   nd) Monte Titano

729	1 L	gelbbraun/schwarz .... mu	0,10	0,10
730	2 L	dunkelblaugrün/schwarz ..... mv	0,10	0,10
731	3 L	lebhaftviolett/schwarz ...... mw	0,10	0,10
732	4 L	kobalt/schwarz .... mx	0,10	0,10
733	5 L	rotorange/schwarz .... my	0,10	0,10
734	15 L	orangegelb/schwarz .... mz	0,10	0,10
735	30 L	karmin/schwarz .... na	0,10	0,10
736	40 L	grünblau/schwarz .... nb	0,10	0,10
737	85 L	gelblichgrün/schwarz ...... nc	0,20	0,20
738	115 L	violettblau/schwarz .... nd	0,20	0,20
		Satzpreis (10 W.)	1,20	1,20
		FDC		2,20

Auflage: 275 000 Sätze

1962, 25. Aug. Jagdwesen. RaTdr. (5×8, Hochformate ~); Wz. 6; gez. K 14.

ne) Jäger mit Hund

nf) Pikör bläst Halali, Hunde
ng) Jäger bei der Entenjagd
nh) Jäger bei der Hirschjagd

ni) Jäger mit Hund bei der Rebhuhnjagd
nk) Jäger, Kiebitz
nl) Jäger mit Hund bei der Rebhuhnjagd

nm) Jäger mit Hund im Boot bei der Wasserhuhnjagd
nn) Jäger zu Pferd bei der Wildschweinjagd mit Hunden
no) Jäger mit Hund bei der Fasanenjagd

739	1 L	braunviolett/gelbgrün .... ne	0,10	0,10
740	2 L	schwarzblau/orange .... nf	0,10	0,10
741	3 L	schwarz/lebhaftgrünlichblau ... ng	0,10	0,10
742	4 L	schwarz/dunkelbraun .... nh	0,10	0,10
743	5 L	braunviolett/gelbgrün .... ni	0,10	0,10
744	15 L	schwarz/orangebraun ...... nk	0,10	0,10
745	50 L	schwarzbraun/smaragdgrün ... nl	0,10	0,10
746	70 L	dunkelblaugrün/bräunlichrot ... nm	0,10	0,10
747	100 L	braunschwarz/mittelbräunlichrot	0,20	0,20
748	150 L	blaugrün/bläulichviolett ...... no	0,20	0,20
		Satzpreis (10 W.)	1,20	1,20
		FDC		2,60

Auflage: 270 000 Sätze

San Marino

1962, 25. Okt. Europa. RaTdr. (3×2); Wz. 6; gez. K 14.

np) Inschrift EUROPA mit Pfeilen vor Felsen von San Marino

749	200 L braungrau/karminrot .... np	1,50	1,50
	FDC		3,—
	Kleinbogen	10,—	10,—

Auflage: 1 158 000 Stück

1963

1963, 10. Jan. Alte Segelschiffe. RaTdr. (5×8, Hochformate ~); Wz. 6; gez. K 14.

nr) Ägyptischer Frachtensegler

ns) Griechisches Segelboot mit Ruderern (5. Jahrh.)   nt) Römisches Segelboot mit Ruderern (1. Jahrh.)   nu) Wikingerschiff (10. Jahrh.)

nv) Caravelle „Santa Maria" (1492)   nw) Segelschiff (1550)   nx) Galeere (16. Jahrh.)

ny) „Sovereign of the seas" (1637)   nz) Dänisches Segelschiff (1750)   oa) Fregatte „Duncan Dunbar" (1857)

750	1 L schwarzblau/orange .... nr	0,10	0,10
751	2 L lilapurpur/schwarzgraubraun ... ns	0,10	0,10
752	3 L dunkelbraun/mattpurpur .... nt	0,10	0,10
753	4 L dunkelkarminbraun/grau ..... nu	0,10	0,10
754	5 L dunkelbraun/gelb .... nv	0,10	0,10
755	10 L dunkelkarminbraun/gelbgrün .. nw	0,10	0,10
756	30 L dunkellilabraun/lebhaftgrünlichblau .... nx	0,70	0,70
757	60 L violettblau/olivgrün .... ny	0,70	0,70
758	70 L schwarz/bräunlichrot .... nz	1,—	1,—
759	115 L lilabraun/blau .... oa	1,50	1,50
	Satzpreis (10 W.)	4,50	4,50
	FDC		5,50

Auflage: 270 000 Sätze

1963, 28. März. Gemälde von Raffael. RaTdr. (8×5); Wz. 6; gez. K 14.

ob) „La Fornarina"   oc) „Selbstbildnis" Raffaello Santi (Sanzio) (1483–1520), ital. Maler   od) Hl. Barbara, Ausschnitt aus Gemälde „Sixtinische Madonna"   oe) „La Maddalena Strozzi"

760	30 L mehrfarbig .... ob	0,20	0,20
761	70 L mehrfarbig .... oc	0,20	0,20
762	100 L mehrfarbig .... od	0,30	0,30
763	200 L mehrfarbig .... oe	0,30	0,30
	Satzpreis (4 W.)	1,—	1,—
	FDC		2,—

Auflage: 379 769 Sätze

1963, 17. Juni. Turniere des Mittelalters. RaTdr. (8×5); Wz. 6; gez. K 14.

of) Sarazenisches Turnier

og) Französisches Turnierreiten   oh) Armbrustschützen   oi) Waffen-Übergabe

ok) Reiterturnier   ol) Turnierübung   om) Turnierübung

on) Wettreiten   oo) Turnierreiten   op) Turnierherausforderung

764	1 L karminlila .... of	0,10	0,10
765	2 L dunkelblaugrau .... og	0,10	0,10
766	3 L schwarz .... oh	0,10	0,10
767	4 L hellblauviolett .... oi	0,10	0,10
768	5 L bläulichviolett .... ok	0,10	0,10
769	10 L schwarzblaugrün .... ol	0,10	0,10
770	30 L karminbraun .... om	0,10	0,10

San Marino

771	60 L	schwarzgrün	on	0,10	0,10
772	70 L	sepia	oo	0,20	0,20
773	115 L	grünlichschwarz	op	0,20	0,20
		Satzpreis (10 W.)		1,20	1,20
		FDC			2,—

Auflage: 370 000 Sätze

1963, 31. Aug. 13. Briefmarkenausstellung San Marino/Riccione. RaTdr. (8×5); Wz. 6; gez. K 14.

or) Statue des hl. Marino (von Giulio Tadolini) und Laterne am Regierungspalast in San Marino

os) Teil des Brunnens vom Hauptplatz in Riccione

774	100 L	schwarz/graublau	or	0,20	0,20
775	100 L	schwarzbraun/dunkelgrünlichblau	os	0,20	0,20
		Satzpreis (2 W.)		0,40	0,40
		FDC			1,20

Auflage: 308 000 Sätze

1963, 31. Aug. Schmetterlinge. RaTdr. (8×5, Querformate ~); Wz. 6; gez. K 14.

ot) Tagpfauenauge (Inachis io)

ou) Nessaea obrinus

ov) Großer Fuchs (Nymphalis polychloros)

ow) Tagpfauenauge (Inachis io)

ox) Papilio blumei

776	25 L	mehrfarbig	ot	0,20	0,20
777	30 L	mehrfarbig	ou	0,20	0,20
778	60 L	mehrfarbig	ov	0,20	0,20
779	70 L	mehrfarbig	ow	0,30	0,30
780	115 L	mehrfarbig	ox	0,30	0,30
		Satzpreis (5 W.)		1,20	1,20
		FDC			2,—

Auflage: 399 000 Sätze

1963, 21. Sept. Europa. RaTdr. (5×8). Wz. 6; gez. K 14.

oy) Fahne von San Marino vor Gebäude in Form eines „E"

| 781 | 200 L | kobalt/orange | oy | 1,— | 1,— |
| | | FDC | | | 1,50 |

Auflage: 730 000 Stück

1963, 21. Sept. Olympische Sommerspiele 1964, Tokio (I). RaTdr. (5×8, Hochformate ~); Wz. 6; gez. K 14.

oz) Hürdenlauf

pa) Stabhochsprung

pb) Staffellauf

pc) Hochsprung

pd) Fußball

pe) Hochsprung

pf) Diskuswerfen

pg) Speerwerfen

ph) Wasserball

pi) Hammerwerfen

782	1 L	orange/karminbraun	oz	0,10	0,10
783	2 L	grünoliv/dunkellilabraun	pa	0,10	0,10
784	3 L	hellblau/dunkellilabraun	pb	0,10	0,10
785	4 L	mehrfarbig	pc	0,10	0,10
786	5 L	mehrfarbig	pd	0,10	0,10
787	10 L	karminlila/karminbraun	pe	0,10	0,10
788	30 L	dunkellilagrau/karminbraun	pf	0,10	0,10
789	60 L	hellgelb/dunkelkarminbraun	pg	0,10	0,10
790	70 L	mehrfarbig	ph	0,20	0,20
791	115 L	smaragdgrün/dunkellilabraun	pi	0,40	0,20
		Satzpreis (10 W.)		1,20	1,20
		FDC			1,50

Auflage: 433 219 Sätze

✈ 1963, 5. Dez. Moderne Flugzeuge (I). RaTdr. (5×8); Wz. 6; gez. K 14.

pk) Tupolev TU 104 A

pl) Boeing 707

pm) Douglas DC 8

pn) Boeing 707

po) Vickers Viscount 837

pp) Caravelle

San Marino

pr) Vickers VC 10 ps) D. H. Comet 4 C pt) Boeing 727

792	5 L	grünblau/schwarzlila	pk	0,20	0,20
793	10 L	lachs/violettultramarin	pl	0,20	0,20
794	15 L	blauviolett/rot	pm	0,20	0,20
795	25 L	blauviolett/rotlila	pn	0,20	0,20
796	50 L	dunkelgrünblau/braunrot	po	0,20	0,20
797	75 L	grün/zinnober	pp	0,20	0,20
798	120 L	violettblau/braunrot	pr	0,20	0,20
799	200 L	gelb/schwarz	ps	0,20	0,20
800	300 L	orange/schwarz	pt	0,20	0,20
		Satzpreis (9 W.)		1,60	1,60
		FDC			3,—

Auflagen: MiNr. 792–798 und 800 je 321 000, MiNr. 799 = 220 550 Stück

802	1 L	braun/grünoliv	pv	0,10	0,10
803	2 L	braunschwarz/rotbraun	pw	0,10	0,10
804	3 L	grauschwarz/ockerbraun	px	0,10	0,10
805	4 L	mehrfarbig	py	0,10	0,10
806	5 L	schwarzbraun/kobalt	pz	0,10	0,10
807	15 L	grauviolett/gelborange	ra	0,10	0,10
808	30 L	dunkelviolettblau/grünlichblau	rb	0,10	0,10
809	30 L	dunkelviolettblau/bläulichviolett	rb I	0,10	0,10
810	70 L	orangebraun/smaragdgrün	rc	0,10	0,10
811	70 L	orangebraun/dunkelgrünblau	rc I	0,20	0,20
812	120 L	rotbraun/kobalt	rd	0,20	0,20
813	150 L	dunkelviolettgrau/scharlach	re	0,20	0,20
		Satzpreis (12 W.)		1,50	1,50
		FDC			2,—

MiNr. 808 und 809 sowie MiNr. 810 und 811 unterscheiden sich neben den Farben auch durch die Inschrift unter den olympischen Ringen. MiNr. 808 und 810 sind beschriftet „TOKIO / 1964", MiNr. 809 und 811 „VERSO / TOKIO".

Auflagen: 400 000 Sätze, MiNr. 809 und 811 je 461 965 Stück

1964

✈ 1964, 12. März. Moderne Flugzeuge (II). RaTdr. (2×2); Wz. 6; gez. K 13:12¾.

pu) Boeing 707

801	1000 L	mehrfarbig	pu	2,—	1,70
		FDC			3,50
		Kleinbogen		20,—	20,—

Auflage: 513 289 Stück

1964, 25. Juni. Olympische Sommerspiele, Tokio (II). RaTdr. (8×5, Querformate ~); Wz. 6; gez. K 14.

pv) Laufen (Zieleinlauf)

pw) Schwebebalken px) Basketball py) Moderner Fünfkampf

pz) Rudern ra) Weitsprung rb) Schwimmen

rc) Laufen (Start) rd) Radfahren re) Fechten

1964, 29. Aug. Alte Lokomotiven. RaTdr. (5×8); Wz. 6; gez. K 14.

rf) Zahnradlok Murray-Blenkinsop (1812)

rg) Puffing Billy (1813) rh) Locomotion 1 (1825) ri) Rocket (1829)

rk) Lion (1838) rl) Bayard (1839) rm) Crampton (1849)

rn) Little England (1851) ro) Spitfire c (1860) rp) Rogers c (1865)

814	1 L	schwarz/mattbraun	rf	0,10	0,10
815	2 L	schwarz/hellbläulichgrün	rg	0,10	0,10
816	3 L	schwarz/lebhaftviolett	rh	0,10	0,10
817	4 L	schwarz/gelb	ri	0,10	0,10
818	5 L	schwarz/hellrot	rk	0,10	0,10
819	15 L	schwarz/hellgrün	rl	0,20	0,20
820	20 L	schwarz/lilarosa	rm	0,20	0,20
821	50 L	schwarz/mattkobalt	rn	0,20	0,20
822	90 L	schwarz/hellorange	ro	0,20	0,20
823	110 L	schwarz/hellblau	rp	0,50	0,50
		Satzpreis (10 W.)		1,80	1,80
		FDC			2,50

Auflage: 397 000 Sätze

✱✱ = Ungebraucht mit Originalgummi (postfrisch)

☉ = Mit Poststempel gebraucht

1964, 29. Aug. 8. Baseball-Europameisterschaft, Mailand. RaTdr. (5×8); Wz. 6; gez. K 14.

rr) Baseballspieler
rs) Baseballspielerin

824	30 L	schwarzbraun/dunkelbläulichgrün	.... rr	0,20	0,20
825	70 L	schwarz/rotlila	.... rs	0,20	0,20
			Satzpreis (2 W.)	0,40	0,40
			FDC		1,—

Auflage: 494 751 Sätze

1964, 15. Okt. Europa. RaTdr. (5×8); Wz. 6; gez. K 14.

rt) Stilis. Weltkugel, linke Hälfte als E ausgebildet

826	200 L	violettultramarin/rot	.... rt	1,—	1,—
			FDC		2,—

Auflage: 678 000 Stück

1964, 22. Nov. 1. Todestag von John F. Kennedy. RaTdr. (5×8, Hochformat ~); Wz. 6; gez. K 14.

ru) J. F. Kennedy am Rednerpult, Fahne der USA
rv) J. F. Kennedy (1917–1963), Präsident der USA

827	70 L	mehrfarbig	.... ru	0,20	0,20
828	130 L	mehrfarbig	.... rv	0,20	0,20
			Satzpreis (2 W.)	0,40	0,40
			FDC		1,30

Auflage: 600 000 Sätze

1965

1965, 4. März. Flugpostmarke. RaTdr. (2×2); Wz. 6; gez. K 13.

rw) Propellerturbine Rolls-Royce „Dart"; Düsenflugzeug

829	500 L	mehrfarbig	.... rw	5,—	3,50
			FDC		4,50
			Kleinbogen	20,—	17,—

Auflage: 618 693 Stück

1965, 15. Mai. Start des 48. „Giro d'Italia" in San Marino. RaTdr. (8×5); Wz. 6; gez. K 14.

rx–rz) Radrennfahrer in San Marino

830	30 L	violettbraun	.... rx	0,10	0,10
831	70 L	bräunlichlila	.... ry	0,10	0,10
832	200 L	scharlach	.... rz	0,20	0,20
			Satzpreis (3 W.)	0,40	0,40
			FDC		1,—

Auflage: 650 000 Sätze

1965, 30. Juni. Prähistorische Tiere. RaTdr. (5×8, Hochformate ~); Wz. 6; gez. K 14.

sa) Atlantosaurus (Donnerechse), Pflanzenfresser aus der Jurazeit
sb) Diplodocus, Pflanzenfresser aus der Jurazeit
sc) Pteranodon (Flugechse), aus der jüngeren Jura- und der Kreidezeit

sd) Elasmosaurus (Flossenechse), Raubsaurier aus der jüngeren Kreidezeit
se) Tyrannosaurus, Raubsaurier der Kreidezeit
sf) Stegosaurus, Pflanzenfresser aus der Jurazeit

sg) Thaumatosaurus Victor (Flossenechse), aus der älteren Jurazeit
sh) Iguanodon, Pflanzenfresser aus der Kreidezeit
si) Triceratops, Pflanzenfresser aus der jüngeren Kreidezeit

833	1 L	mehrfarbig	.... sa	0,10	0,10
834	2 L	schwarz/ultramaringrau	.... sb	0,10	0,10
835	3 L	mehrfarbig	.... sc	0,10	0,10
836	4 L	mehrfarbig	.... sd	0,10	0,10
837	5 L	mehrfarbig	.... se	0,10	0,10
838	10 L	mehrfarbig	.... sf	0,10	0,10
839	75 L	dunkelblau/grünblau	.... sg	0,20	0,20
840	100 L	mehrfarbig	.... sh	0,20	0,10
841	200 L	braunrot/grün	.... si	0,50	0,20
			Satzpreis (9 W.)	1,60	1,20
			FDC		2,50

Auflage: 575 170 Sätze

Mit der MICHEL-Nummer auf Nummer sicher!

1965, 28. Aug. Europa. RaTdr. (8×5); Wz. 6; gez. K 14.

sk) Schachbrett mit Türmen

842	200 L	mehrfarbig	sk	1,—	1,—
			FDC		1,50

Auflage: 879 533 Stück

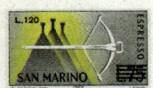

1965, 28. Aug. Eilmarken. MiNr. 862 und 864 mit Bdr.-Aufdruck.

843	120 L	auf 75 L schwarz/grünlichgelb	(862)	0,20	0,20
844	135 L	auf 100 L schwarz/rotorange	(864)	0,20	0,20
		Satzpreis (2 W.)		0,40	0,40
			FDC		1,—

Auflagen: MiNr. 843 = 980 000, MiNr. 844 = 967 000 Stück

1965, 20. Nov. 700. Geburtstag von Dante Alighieri. Komb. RaTdr. und StTdr. (5×5); Wz. 6; gez. K 14.

sl) Dante (1265 bis 1321), ital. Dichter
sm) Hölle

sn) Fegefeuer
so) Paradies

845	40 L	dunkelblaugrau/schwarzbraun	sl	0,20	0,20
846	90 L	rosarot/schwarzbraun	sm	0,20	0,20
847	130 L	rotbraun/schwarzbraun	sn	0,20	0,20
848	140 L	blau/schwarzbraun	so	0,20	0,20
		Satzpreis (4 W.)		0,80	0,80
			FDC		1,50

Auflage: 750 000 Sätze

1965, 25. Nov. Besuch des italienischen Präsidenten Giuseppe Saragat. RaTdr. (5×8); Wz. 6; gez. K 14.

sp) Fahnen von San Marino und Italien; schematische Darstellung des Wappens von San Marino

849	115 L	mehrfarbig	sp	0,40	0,40
			FDC		0,90

Auflage: 803 700 Stück

1966

1966, 28. Febr. Reitsport. RaTdr. (5×10, Hochformate ~); Wz. 6; gez. K 14:13¼, MiNr. 851 und 855 ~.

sr) Trabrennen ss) Geländeritt st) Springreiten

su) Galopprennen sv) Steeplechase sw) Polo

850	10 L	mehrfarbig	sr	0,10	0,10
851	20 L	mehrfarbig	ss	0,10	0,10
852	40 L	mehrfarbig	st	0,10	0,10
853	70 L	mehrfarbig	su	0,10	0,10
854	90 L	mehrfarbig	sv	0,20	0,20
855	170 L	mehrfarbig	sw	0,20	0,20
		Satzpreis (6 W.)		0,80	0,80
			FDC		1,50

Auflage: 750 000 Sätze

1966, 29. März. Freimarken: Landschaften. RaTdr. (8×8, davon 4 Textfelder); Wz. 6; gez. K 14.

856	5 L	dunkelbraun/blau	fz	0,10	0,10
857	10 L	dunkelblaugrün/schwarzgrün	fx	0,10	0,10
858	15 L	blauviolett/schwarzbraun	ga	0,10	0,10
859	40 L	bräunlichrot/violett	ev	0,10	0,10
860	90 L	indigo/schwarz	ew	0,10	0,10
861	140 L	orangerot/purpurviolett	ex	0,20	0,20
		Satzpreis (6 W.)		0,70	0,70
			FDC		1,—

Auflage: 700 000 Sätze

In gleichen Zeichnungen mit Wz. 5: MiNr. 530–534, 562–566, 682 bis 685

1966, 29. März. Eilmarken. RaTdr. (5×10); Wz. 6; gez. K 14.

sx) Armbrust vor Felsen von San Marino
sy) Armbrüste vor Felsen von San Marino

862	75 L	schwarz/grünlichgelb	sx	0,10	0,10
863	80 L	schwarz/lebhaftviolett	sy	0,10	0,10
864	100 L	schwarz/rotorange	sy	0,20	0,20
		Satzpreis (3 W.)		0,40	0,40
			FDC		1,—

MiNr. 862 und 864 mit Aufdruck neuer Wertstufen: MiNr. 843 bis 844

Mehr wissen mit MICHEL

San Marino

1966, 16. Juni. Gemälde von Tiziano Vecellio. RaTdr. (5×5); Wz. 6; gez. K 14:14¼.

sz) „La Bella" (= Herzogin Eleonora Gonzaga von Urbino) um 1536

ta) „Schule der Liebe" (rechtes Detail)

tb) „Schule der Liebe" (linkes Detail)

tc) „Himmlische und irdische Liebe" (linkes Detail), um 1515

865	40 L	mehrfarbig	sz	0,10	0,10
866	90 L	mehrfarbig	ta	0,20	0,20
867	100 L	mehrfarbig	tb	0,20	0,20
868	170 L	mehrfarbig	tc	0,20	0,20
			Satzpreis (4 W.)	0,70	0,70
			FDC		1,50

Auflage: 900 000 Sätze

1966, 27. Aug. Meeresfauna. RaTdr. (5×8, Hochformate ~); Wz. 6; gez. K 14:13½, Hochformate ~.

td) Wrackbarsch (Polyprion americanum)

te) Streifenlippfisch (Labrus bimaculatus)

tf) Delphin (Delphinus delphis)

tg) Petersfisch (Zeus faber)

th) Gemeiner Krake (Octopus vulgaris)

ti) Großer Drachenkopf (Scorpaena scrofa)

tk) Augenfleckzitterrochen (Torpedo torpedo)

tl) Ohrenqualle (Aurelia aurita)

tm) Langschnäuziges Seepferdchen (Hippocampus guttulatus)

tn) Zahnbrasse (Dentex vulgaris)

869	1 L	mehrfarbig	td	0,10	0,10
870	2 L	mehrfarbig	te	0,10	0,10
871	3 L	mehrfarbig	tf	0,10	0,10
872	4 L	mehrfarbig	tg	0,10	0,10
873	5 L	mehrfarbig	th	0,10	0,10
874	10 L	mehrfarbig	ti	0,10	0,10
875	40 L	mehrfarbig	tk	0,10	0,10
876	90 L	mehrfarbig	tl	0,10	0,10
877	115 L	mehrfarbig	tm	0,20	0,20
878	130 L	mehrfarbig	tn	0,20	0,20
			Satzpreis (10 W.)	1,—	1,—
			FDC		1,50

Auflage: 860 000 Sätze

1966, 24. Sept. Europa. RaTdr. (5×5); Wz. 6; gez. K 14:14¼.

to) „Unsere liebe Frau von Europa" nach einem Gemälde von Ferruzzio

879	200 L	mehrfarbig	to	0,50	0,50
			FDC		1,—

Auflage: 1 690 000 Stück

1967

1967, 12. Jan. Freimarken: Blumen. RaTdr. (10×5); Wz. 6; gez. K 14.

tp) Pfingstrose (Paeonia officinalis)

tr) Pfirsichblättrige Glockenblume (Campanula persicifolia)

ts) Pyrenäen-Mohn (Papaver pyrenaicum)

tt) Rote Taubnessel (Lamium purpureum)

tu) Gelbe Taglilie (Hemerocallis lilioasphodelus)

tv) Schwalbenschwanz-Enzian (Gentiana asclepiadea)

tw) Woll-Kratzdistel (Cirsium eriophorum)

880	5 L	mehrfarbig	tp	0,10	0,10
881	10 L	mehrfarbig	tr	0,10	0,10
882	15 L	mehrfarbig	ts	0,10	0,10
883	20 L	mehrfarbig	tt	0,10	0,10
884	40 L	mehrfarbig	tu	0,10	0,10
885	140 L	mehrfarbig	tv	0,10	0,10

886	170 L	mehrfarbig .... tw	0,20	0,20
		Satzpreis (7 W.)	0,80	0,80
		FDC		1,30

Auflage: 977 000 Sätze

Weitere Werte: MiNr. 567–576

1967, 16. März. 300. Todestag von Giovanni Francesco Barbieri. RaTdr. (2×5 Zd); Wz. 6; gez. K 14.

tx–tz) Gemälde von Guercino eig. G. F. Barbieri (1591–1666), ital. Maler:
tx) „Der heilige Marinus"; San Marino, Palazzo del Governo
ty) „Der heilige Franziskus"; San Marino, Pinacoteca Francescana
tz) „Die Rückkehr des verlorenen Sohnes"; Rom, Galleria Borghese

887	40 L	mehrfarbig .... tx	0,10	0,10
888	170 L	mehrfarbig .... ty	0,20	0,20
889	190 L	mehrfarbig .... tz	0,20	0,20
		Satzpreis (3 W.)	0,50	0,50
		Dreierstreifen	0,60	0,60
		FDC		1,50

Auflage: 1 173 000 Sätze

1967, 5. Mai. Europa. RaTdr. (8×5); Wz. 6; gez. K 14.

ua) Karte von Europa mit Kennzeichnung der der EWG und EFTA angeschlossenen Länder (CEPT-Länder)

890	200 L	dunkelgrün/hellorangebraun .... ua	1,—	0,50
		FDC		1,—

Auflage: 1 488 000 Stück

1967, 15. Juni. Pilze. RaTdr. (10×5); Wz. 6; gez. K 13¼:14.

ub) Kaiserling (Amanita caesarea)
uc) Mehlpilz (Clitopilus prunulus)
ud) Parasolpilz (Lepiota procera)

ue) Steinpilz (Boletus edulis)
uf) Apfeltäubling (Russula paludosa)
ug) Mai-Ritterling (Tricholoma gambosum)

891	5 L	mehrfarbig .... ub	0,10	0,10
892	15 L	mehrfarbig .... uc	0,10	0,10
893	20 L	mehrfarbig .... ud	0,10	0,10
894	40 L	mehrfarbig .... uf	0,10	0,10
895	50 L	mehrfarbig .... ue	0,10	0,10
896	170 L	mehrfarbig .... ug	0,20	0,20
		Satzpreis (6 W.)	0,70	0,70
		FDC		1,—

Auflage: 990 000 Sätze

1967, 21. Sept. Gotische Kathedralen Europas. StTdr. (5×5); sämisch gefärbtes Papier; Wz. 6; gez. K 14.

uh) Kathedrale Notre Dame in Amiens (Nordfrankreich): Westfassade mit Langhaus von Nordwest

ui) Dom in Siena (Mittelitalien): Westfassade von Südwest

uk) Kathedrale von Toledo (Mittelspanien): Westfassade mit Hauptportalen von Südwest

ul) Kathedrale in Salisbury (Südengland): Langhaus mit Vierungsturm von Nordwest

um) Dom in Köln (Westdeutschland): Choransicht von Südost

897	20 L	purpurviolett auf sämisch ...... uh	0,10	0,10
898	40 L	russischgrün auf sämisch ...... ui	0,10	0,10
899	80 L	schwarzblaugrün auf sämisch .. uk	0,10	0,10
900	90 L	violettbraun auf sämisch ...... ul	0,20	0,20
901	170 L	lilapurpur auf sämisch .... um	0,20	0,20
		Satzpreis (5 W.)	0,70	0,70
		FDC		1,50

Auflagen: MiNr. 897 = 982 355, MiNr. 898 = 782 355, MiNr. 899 = 982 355, MiNr. 900 = 782 355, MiNr. 901 = 881 210 Stück

1967, 5. Dez. Gemälde von Cimabue. Komb. RaTdr. und StTdr. (5×5); Wz. 6; gez. K 14.

un) „Christus am Kreuz" von Cimabue, eigentl. Cenni di Pepo (um 1240–1302); Überschwemmungsschäden von 1966 symbolisch durch Blitz und Wellen dargestellt

902	300 L	rotbraun/blauviolett .... un	0,40	0,40
		FDC		1,—

Auflage: 1 254 667 Sätze

1968

1968, 14. März. Wappen. Odr. (8×8, davon 4 Textfelder); Wz. 6; gez. K 13½.

uo) San Marino

up) Pennarossa (Chiesanuova)

ur) Fiorentino

us) Montecerreto (Acquaviva)

ut) Serravalle

uu) Montegiardino

uv) Faetano

uw) Borgo Maggiore

ux) Montelupo (Domagnano)

uy) Staatswappen

903	2 L	mehrfarbig	uo	0,10	0,10
904	3 L	mehrfarbig	up	0,10	0,10
905	5 L	mehrfarbig	ur	0,10	0,10
906	10 L	mehrfarbig	us	0,10	0,10
907	25 L	mehrfarbig	ut	0,10	0,10
908	35 L	mehrfarbig	uu	0,10	0,10
909	50 L	mehrfarbig	uv	0,10	0,10
910	90 L	mehrfarbig	uw	0,10	0,10
911	180 L	mehrfarbig	ux	0,20	0,20
912	500 L	mehrfarbig	uy	0,30	0,30
			Satzpreis (10 W.)	1,30	1,30
			FDC		1,70

Auflagen: MiNr. 903–909 und 911 je 621 059, MiNr. 910 = 51 718, MiNr. 912 = 438 118 Stück

1968, 29. April. Europa. StTdr. (5×8); Wz. 6; gez. K 14:13¼.

uz) Kreuzbartschlüssel mit CEPT-Emblem im Schlüsselgriff

913	250 L	rotbraun	uz	0,50	0,50
			FDC		1,50

Bei vielen Ausgaben von San Marino ab MiNr. 409 bis MiNr. 912 finden sich einmal im Bogen oben links oder rechts vier Textfelder, die mit den fünf anhängenden Marken von Spezialisten als Eckrand-Neunerblocks (5 Marken, 4 Textfelder) beachtet werden.

1968, 27. Juni. Gemälde von Paolo Uccello. StTdr. (5×5); Wz. 6; gez. K 14.

 va
 vb

 vc
 vd

va–vd) Details der drei Gemälde der „Schlacht von San Romano" von P. Uccello (1397–1475)

914	50 L	hellviolett/schwarz	va	0,20	0,20
915	90 L	hellviolett/schwarz	vb	0,20	0,20
916	130 L	hellviolett/schwarz	vc	0,20	0,20
917	230 L	zartrosa/schwarz	vd	0,20	0,20
			Satzpreis (4 W.)	0,80	0,80
			FDC		1,50

1968, 5. Dez. Weihnachten. StTdr. (5×5); Wz. 6; gez. K 14.

ve) „Die mystische Geburt", Ausschnitt eines Gemäldes von Sandro Botticelli (1447–1510)

918	50 L	schwarzblau	ve	0,10	0,10
919	90 L	lilapurpur	ve	0,20	0,20
920	180 L	violettschwarz	ve	0,20	0,20
			Satzpreis (3 W.)	0,50	0,50
			FDC		1,—

1969

1969, 13. Febr. Fresken in Siena. StTdr. (5×5); Wz. 6; gez. K 14.

vf) „Friede"

vg) „Gerechtigkeit"

vh) „Mäßigkeit"

vi) „Blick auf Siena"

vf–vi) Fresken von Ambrogio Lorenzetti (um 1290–1348)

921	50 L	schwarzblau	vf	0,10	0,10
922	80 L	dunkelbraun	vg	0,10	0,10
923	90 L	purpurviolett	vh	0,10	0,10
924	180 L	dunkelkarmin	vi	0,20	0,20
		Satzpreis (4 W.)		0,50	0,50
		FDC			1,—

1969, 28. April. Europa. StTdr. (5×8); Wz. 6; gez. K 14:13½.

vk) „EUROPA" und „CEPT" in Tempelform

925	50 L	schwarzgrün	vk	0,50	0,50
926	180 L	lilapurpur	vk	0,50	0,50
		Satzpreis (2 W.)		1,—	1,—
		FDC			1,50

Auflage: 1 065 000 Sätze

1969, 28. April. Gemälde von Donato Bramante. RaTdr. (5×5); Wz. 6 gez. K 14.

vl vm

vl–vm) Ritter; Wandgemälde der Brera-Pinakothek, Mailand, von Bramante (1444–1514), ital. Architekt und Maler

927	50 L	mehrfarbig	vl	0,10	0,10
928	90 L	mehrfarbig	vm	0,20	0,20
		Satzpreis (2 W.)		0,30	0,30
		FDC			1,20

Auflage: 899 766 Sätze

1969, 25. Juni. Kutschen. RaTdr. (5×10); gez. K 15:14.

vn) Kremser

vo) Landauer   vp) Vierspänner-Kutsche   vr) Hansom-Droschke

vs) Karriole   vt) Break-Kutsche   vu) Leichter Wagen

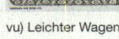

929	5 L	mehrfarbig	vn	0,10	0,10
930	10 L	mehrfarbig	vo	0,10	0,10
931	25 L	mehrfarbig	vp	0,10	0,10
932	40 L	mehrfarbig	vr	0,10	0,10
933	50 L	mehrfarbig	vs	0,10	0,10
934	90 L	mehrfarbig	vt	0,10	0,10
935	180 L	mehrfarbig	vu	0,20	0,20
		Satzpreis (7 W.)		0,80	0,80
		FDC			1,30

1969, 17. Sept. Briefmarkenausstellung San Marino/Riccione: Gemälde von R. Viola. RaTdr. (5×5); gez. K 14.

vv) Monte Titano

vw) Mole von Rimini   vx) Mole von Riccione

936	20 L	mehrfarbig	vv	0,20	0,20
937	180 L	mehrfarbig	vw	0,20	0,20
938	200 L	mehrfarbig	vx	0,30	0,30
		Satzpreis (3 W.)		0,70	0,70
		FDC			1,30

1969, 10. Dez. Weihnachten. Komb. RaTdr. und StTdr. (8×5); Wz. 6; gez. K 13½:14.

vy) „Glaube"   vz) „Hoffnung"   wa) „Liebe"

vy–wa) Ausschnitte aus „Die religiösen Tugenden", von Raffael

939	20 L	blaßorange/braunviolett	vy	0,20	0,20
940	180 L	olivgrau/braunviolett	vz	0,20	0,20
941	200 L	blaßocker/braunviolett	wa	0,30	0,30
		Satzpreis (3 W.)		0,70	0,70
		FDC			1,50

1970

1970, 18. Febr. Tierkreiszeichen. RaTdr. (5×10); gez. K 14:13½.

wb) Widder   wc) Stier   wd) Zwillinge

we) Krebs   wf) Löwe   wg) Jungfrau

wh) Waage   wi) Skorpion   wk) Schütze

wl) Steinbock   wm) Wassermann   wn) Fische

942	1 L	hellgrünlichgelb/schwarz	wb	0,10	0,10
943	2 L	lilarosa/schwarz	wc	0,10	0,10
944	3 L	hellviolett/schwarz	wd	0,10	0,10
945	4 L	hellgrün/schwarz	we	0,10	0,10
946	5 L	hellblau/schwarz	wf	0,10	0,10
947	10 L	hellorangerot/schwarz	wg	0,10	0,10
948	15 L	gelborange/schwarz	wh	0,10	0,10
949	20 L	hellbräunlichrot/schwarz	wi	0,10	0,10
950	70 L	mattbraun/schwarz	wk	0,20	0,20
951	90 L	rosakarmin/schwarz	wl	0,20	0,20
952	100 L	hellrosa/schwarz	wm	0,20	0,20
953	180 L	hellviolettblau/schwarz	wn	0,30	0,30
		Satzpreis (12 W.)		1,70	1,70
		FDC			2,50

MiNr. 942–953 sind benzinempfindlich.

1970, 30. April. 10. Europa-Briefmarkenausstellung, Neapel. RaTdr. (5×5); gez. K 14.

wo) „Flotte im Golf von Neapel", Gemälde von P. Bruegel d. Ä.

954	230 L	mehrfarbig	wo	0,30	0,30
		FDC			1,—

1970, 30. April. Europa. RaTdr. (5×10); gez. K 14:13½.

wp) Flechtwerk als Sonnensymbol

955	90 L	gelbgrün/rot	wp	0,50	0,50
956	180 L	dunkelchromgelb/rot	wp	0,50	0,50
		Satzpreis (2 W.)		1,—	1,—
		FDC			2,—

San Marino

1970, 25. Juni. Rotary International. RaTdr. (10×5); gez. K 13½:14.

wr) Stadttor „Sankt Franziskus" — früher Eingang zum Franziskaner-Kloster

ws) Bergfeste „Rocca", im 11. Jh. erbaut

957	180 L	mehrfarbig	wr	0,20	0,20
958	220 L	mehrfarbig	ws	0,40	0,40
		Satzpreis (2 W.)		0,60	0,60
		FDC			1,50

Auflage: 675 000 Sätze

1970, 10. Sept. 200. Todestag von Giovanni Battista Tiepolo. RaTdr. (2×5 Zd); gez. K 14.

wt) Mädchen mit Mandoline   wv) Rinaldo und Armida werden überrascht   wu) Mädchen mit Papagei

wt–wu) Gemälde von Tiepolo (1696–1770)

959	50 L	mehrfarbig	wt	0,20	0,20
960	180 L	mehrfarbig	wu	0,20	0,20
961	220 L	mehrfarbig	wv	0,20	0,20
		Satzpreis (3 W.)		0,60	0,60
		Dreierstreifen		0,80	0,80
		FDC			1,50

Auflage: 804 000 Sätze

1970, 22. Dez. Walt-Disney-Figuren. RaTdr. (10×5, MiNr. 971 ~); gez. K 13½:14, MiNr. 971 ~.

ww) „Kater Carlo"

wx) „Daniel Düsentrieb"   wy) „Pluto"   wz) „Minnie"

xa) „Donald Duck"   xb) „Goofy"   xc) „Onkel Dagobert"

Das Verlagsverzeichnis unterrichtet Sie über alle verfügbaren und geplanten Katalogausgaben.

San Marino

xd) „Tick, Trick, Track" xe) „Micky Maus" xf) Walt Disney (1901–1966), Erfinder der Disney-Figuren, Filmproduzent; Szene aus dem Film „Das Dschungelbuch": Mogli und Panther Baghira

1971, 29. Mai. Kongreß der Philatelistischen Presse Italiens in San Marino. RaTdr. (5×10, Hochformat ~); gez. K 12.

xl) Kongreßgebäude, Emblem   xm) Teil des Portals vom Kongreßgebäude, Emblem

962	1 L	mehrfarbig	ww	0,10	0,10
963	2 L	mehrfarbig	wx	0,10	0,10
964	3 L	mehrfarbig	wy	0,10	0,10
965	4 L	mehrfarbig	wz	0,10	0,10
966	5 L	mehrfarbig	xa	0,20	0,20
967	10 L	mehrfarbig	xb	0,20	0,20
968	15 L	mehrfarbig	xc	0,20	0,20
969	50 L	mehrfarbig	xd	0,30	0,30
970	90 L	mehrfarbig	xe	0,70	0,70
971	220 L	mehrfarbig	xf	4,—	4,—
		Satzpreis (10 W.)		6,—	6,—
		FDC			7,—

Auflage: 750 000 Sätze

977	20 L	mehrfarbig	xl	0,10	0,10
978	90 L	mehrfarbig	xm	0,10	0,10
979	180 L	mehrfarbig	xl	0,20	0,20
		Satzpreis (3 W.)		0,40	0,40
		FDC			1,—

Auflage: 825 000 Sätze

1971

1971, 16. Sept. Kunst der Etrusker. Komb. RaTdr. und StTdr. (5×5); gez. K 14.

xn) Etruskischer Askos, Flasche in Entenform   xo) Hermeskopf aus Veji – Tonfigur

1971, 23. März. Gemälde von Antonio Canal, gen. Canaletto. RaTdr. (5×5); gez. K 14.

xg) „Venedig, Punta della Dogana"

xp) Junges Ehepaar – Sarkophag-Skulptur   xr) Chimära – Bronzefigur aus Arezzo

xh) „Der Große Kanal zwischen Balbi-Palast und Rialto-Brücke"   xi) „Mole am Markus-Platz, Venedig"

xg–xi) Gemälde von Canaletto (1697–1768), italienischer Maler

972	20 L	mehrfarbig	xg	0,10	0,10
973	180 L	mehrfarbig	xh	0,40	0,40
974	200 L	mehrfarbig	xi	0,50	0,50
		Satzpreis (3 W.)		1,—	1,—
		FDC			1,50

Auflage: 750 000 Sätze

980	50 L	hellorangerot/schwarz	xn	0,10	0,10
981	80 L	olivgrau/schwarz	xo	0,10	0,10
982	90 L	blaugrün/schwarz	xp	0,20	0,20
983	180 L	hellorangerot/schwarz	xr	0,20	0,20
		Satzpreis (4 W.)		0,70	0,70
		FDC			1,20

Auflage: 720 000 Sätze

1971, 2. Dez. Blumen. RaTdr. (10×10); gez. K 11¾.

xs) Taglilie (Hemerocallis hybrida)   xt) Phlox (Phlox paniculata)   xu) Federnelke (Dianthus plumarius)   xv) Trollblume (Trollius europaeus)

1971, 29. Mai. Europa. RaTdr. (10×10); gez. K 13¼:14.

xk) Brüderlichkeit und Zusammenarbeit durch Kette symbolisiert

975	50 L	orange/blau	xk	0,20	0,20
976	90 L	blau/orange	xk	0,30	0,30
		Satzpreis (2 W.)		0,50	0,50
		FDC			1,20

Auflage: 700 000 Sätze

San Marino

xw) Weißliche Flockenblume (Centaurea dealbata)
xx) Japanische Pfingstrose (Paeonia lactiflora)
xy) Christrose (Helleborus niger)
xz) Kuhschelle (Anemone pulsatilla)

ya) Kokardenblume (Gaillardia aristata)
yb) Buschige Aster (Aster dumosus)

984	1 L	mehrfarbig	xs	0,10	0,10
985	2 L	mehrfarbig	xt	0,10	0,10
986	3 L	mehrfarbig	xu	0,10	0,10
987	4 L	mehrfarbig	xv	0,10	0,10
988	5 L	mehrfarbig	xw	0,10	0,10
989	10 L	mehrfarbig	xx	0,10	0,10
990	15 L	mehrfarbig	xy	0,10	0,10
991	50 L	mehrfarbig	xz	0,10	0,10
992	90 L	mehrfarbig	ya	0,10	0,10
993	220 L	mehrfarbig	yb	0,10	0,10
		Satzpreis (10 W.)		1,—	1,—
		FDC			1,20

Auflage: 740 000 Sätze

1972

1972, 23. Febr. Gemälde. RaTdr. (10×5); MiNr. 944 und 996 gez. K 14, MiNr. 995 K 13½:14.

yc yd ye

yc–ye) Details aus dem Gemälde „Allegorie des Frühlings" von Alessandro Botticelli (1444–1510)

994	50 L	mehrfarbig	yc	0,20	0,20
995	180 L	mehrfarbig	yd	0,20	0,20
996	220 L	mehrfarbig	ye	0,30	0,30
		Satzpreis (3 W.)		0,70	0,70
		FDC			1,50

Auflage: 720 000 Sätze

1972, 27. April. Europa. RaTdr. (10×5); gez. K 11¾.

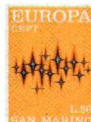

yf) Sterne

997	50 L	mehrfarbig	yf	0,20	0,20
998	90 L	mehrfarbig	yf	0,30	0,30
		Satzpreis (2 W.)		0,50	0,50
		FDC			1,50

Auflage: 926 000 Sätze

1972, 27. April. Die Legende des hl. Marinus. Komb. RaTdr. und StTdr. (5×10); gez. K 14:13¼.

yg) Hl. Marinus zähmt einen Bären

yh) Marinus bekehrt Donna Felicissima zum Glauben
yi) Marinus versteinert die Söhne der Felicissima
yk) Donna Felicissima übergibt Marinus die Berge, auf denen er die Republik gründet

yg–yk) Szenen aus dem Leben des hl. Marinus, von einem unbekannten Künstler

999	25 L	dunkelchrom/schwarz	yg	0,10	0,10
1000	55 L	hellrot/schwarz	yh	0,10	0,10
1001	100 L	hellviolettblau/schwarz	yi	0,10	0,10
1002	130 L	olivgelb/schwarz	yk	0,20	0,20
		Satzpreis (4 W.)		0,50	0,50
		FDC			1,—

Auflage: 709 281 Sätze

1972, 30. Juni. Vögel. RaTdr. (10×10); gez. K 11¾.

yl) Sperling (Passer domesticus italiae)
ym) Sommergoldhähnchen (Regulus ignicapillus)
yn) Blaumeise (Parus caeruleus)
yo) Gartenammer (Emberizia hortulana)

yp) Blaukehlchen (Luscinia svecica)
yr) Dompfaff (Pyrrhula pyrrhula)
ys) Hänfling (Carduelis cannabina)
yt) Mittelmeersteinschmätzer (Oenanthe hispanica)

yu) Samtkopfgrasmücke (Sylvia melanocephala)
yv) Grünfink (Carduelis chloris)

1003	1 L	mehrfarbig	yl	0,10	0,10
1004	2 L	mehrfarbig	ym	0,10	0,10
1005	3 L	mehrfarbig	yn	0,10	0,10
1006	4 L	mehrfarbig	yo	0,10	0,10
1007	5 L	mehrfarbig	yp	0,10	0,10
1008	10 L	mehrfarbig	yr	0,10	0,10

San Marino

1009	25 L	mehrfarbig	ys	0,10	0,10
1010	50 L	mehrfarbig	yt	0,10	0,10
1011	90 L	mehrfarbig	yu	0,10	0,10
1012	220 L	mehrfarbig	yv	0,20	0,20
		Satzpreis (10 W.)		1,10	1,10
		FDC			1,70

Auflage: 750 000 Sätze

1972, 26. Aug. Welt-Herzmonat. RaTdr. (10×5, MiNr. 1014); gez. K 13¼:14, MiNr. 1014 ~.

yw   yx

yw–yx) Symbolische Bilder zur Verhütung von Herzkrankheiten

1013	50 L	mehrfarbig	yw	0,10	0,10
1014	90 L	mehrfarbig	yx	0,20	0,20
		Satzpreis (2 W.)		0,30	0,30
		FDC			1,—

Auflage: 750 000 Sätze

1972, 26. Aug. Verleihung des Abzeichens „Veteran der Philatelie". RaTdr. (10×5); gez. K 13¼:14.

yy) Das Abzeichen „Veteran der Philatelie"

1015	25 L	gold/violettultramarin	yy	0,20	0,20
		FDC			1,—

Auflage: 800 000 Stück

✈ **1972, 25. Okt. Flugpostmarke.** RaTdr. (5×5); gez. K 11¾.

yz) Der Monte Titano und Flugobjekt (stilisiert)

1016	1000 L	mehrfarbig	yz	1,40	1,40
		FDC			2,—

MiNr. 1016 wurde auch in Kleinbogen zu 4 Marken gedruckt, in dieser Form aber nicht ausgegeben. Einige Exemplare wurden gestohlen, sie wurden von der Post zu frankaturungültig erklärt.

Auflage: 600 000 Stück

1972, 15. Dez. Münzen. Odr. (5×8); gez. K 12½:13.

za) 5-C.-Münze von 1864   zb) 10-C.-Münze von 1935   zc) 1-L.-Münze von 1906

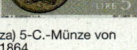   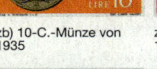   

zd) 5-L.-Münze von 1898   ze) 5-L.-Münze von 1937   zf) 10-L.-Münze von 1932

zg) 20-L.-Münze von 1938   zh) 20-L.-Münze von 1925

1017	5 L	mehrfarbig	za	0,10	0,10
1018	10 L	mehrfarbig	zb	0,10	0,10
1019	15 L	mehrfarbig	zc	0,10	0,10
1020	20 L	mehrfarbig	zd	0,10	0,10
1021	25 L	mehrfarbig	ze	0,10	0,10
1022	50 L	mehrfarbig	zf	0,10	0,10
1023	55 L	mehrfarbig	zg	0,10	0,10
1024	220 L	mehrfarbig	zh	0,20	0,20
		Satzpreis (8 W.)		0,90	0,90
		FDC			1,20

Auflage: 950 000 Sätze

1973

1973, 9. März. Weltstädte (I): New York. RaTdr. (5×10); gez. K 11¾.

zi) New York (1673)   zk) New York (1973)

1025	200 L	ocker/schwarzoliv	zi	0,30	0,30
1026	300 L	hellblau/dunkelviolett	zk	0,40	0,40
		Satzpreis (Paar)		0,90	0,90
		FDC			1,70

MiNr. 1025–1026 wurden schachbrettartig zusammenhängend gedruckt.

Auflage: 750 000 Sätze

Weitere Werte siehe Übersicht nach Jahrgangswerttabelle.

1973, 10. Mai. Kongreß der Fremdenverkehrs-Presse. Odr. (10×5); gez. K 13½:14.

zl) Walzen einer Druckerpresse

1027	50 L	mehrfarbig	zl	0,20	0,20
		FDC			1,—

Auflage: 750 000 Stück

1973, 10. Mai. Jugendsportspiele. Odr. (10×5); gez. K 13½:14.

zm) Stilisierte Gymnastik

1028	100 L	mehrfarbig	zm	0,20	0,20
		FDC			1,—

Auflage: 750 000 Stück

1973, 10. Mai. Europa. RaTdr. (5×10); gez. K 11.

zn) Stilisiertes Posthorn

1029	20 L	mehrfarbig	zn	0,40	0,40
1030	180 L	mehrfarbig	zn	0,60	0,60
			Satzpreis (2 W.)	1,—	1,—
			FDC		1,50

Auflage: 593 000 Sätze

1973, 11. Juli. Obst. RaTdr. (10×10); gez. K 11¾.

zo) Weintraube (Vitis vinifera) zp) Mandarine (Citrus reticulata) zr) Apfel (Malus domestica) zs) Pflaume (Prunus domestica)

zt) Ananas-Erdbeere (Fragaria ananassa) zu) Birne (Pyrus domestica) zv) Kirsche (Prunus avium) zw) Granatapfel (Punica granatum)

zx) Aprikose (Prunus armeniaca) zy) Pfirsich (Prunus persica)

1031	1 L	mehrfarbig	zo	0,10	0,10
1032	2 L	mehrfarbig	zp	0,10	0,10
1033	3 L	mehrfarbig	zr	0,10	0,10
1034	4 L	mehrfarbig	zs	0,10	0,10
1035	5 L	mehrfarbig	zt	0,10	0,10
1036	10 L	mehrfarbig	zu	0,10	0,10
1037	25 L	mehrfarbig	zv	0,10	0,10
1038	50 L	mehrfarbig	zw	0,10	0,10
1039	90 L	mehrfarbig	zx	0,10	0,10
1040	220 L	mehrfarbig	zy	0,10	0,10
			Satzpreis (10 W.)	1,—	1,—
			FDC		1,50

Auflage: 750 000 Sätze

1973, 31. Aug. Konstruktionszeichnungen von Flugzeugen. RaTdr. (5×10); gez. K 14:13½.

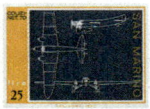 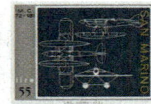 

zz) Couzinet 70 – Frankreich   aaa) MC 72–181, Macchi Castoldi – Italien   aab) A. N. T. 9, Antonov – UdSSR

 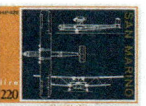

aac) NX–211–Ryan, Spirit of St. Louis – USA   aad) HP 42 E, Handley Page – Großbritannien

1041	25 L	mehrfarbig	zz	0,10	0,10
1042	55 L	mehrfarbig	aaa	0,10	0,10
1043	60 L	mehrfarbig	aab	0,10	0,10
1044	90 L	mehrfarbig	aac	0,20	0,20
1045	220 L	mehrfarbig	aad	0,20	0,20
			Satzpreis (5 W.)	0,70	0,70
			FDC		1,50

Auflage: 705 000 Sätze

1973, 7. Nov. Historische Uniformen und Wappen der Kastelle (Gemeindebezirke). RaTdr. (10×5); gez. K 13½.

aae) Armbrustschütze des Castello di Serravalle

aaf) Armbrustschütze des Castello di Pennarossa   aag) Trommler des Castello di Montegiardino   aah) Trompeter des Castello di Fiorentino   aai) Armbrustschütze des Castello di Montecerreto

aak) Armbrustschütze des Castello di Borgomaggiore   aal) Trompeter des Castello della Guaita   aam) Armbrustschütze des Castello di Faetano   aan) Armbrustschütze des Castello di Montelupo

1046	5 L	mehrfarbig	aae	0,10	0,10
1047	10 L	mehrfarbig	aaf	0,10	0,10
1048	15 L	mehrfarbig	aag	0,10	0,10
1049	20 L	mehrfarbig	aah	0,10	0,10
1050	30 L	mehrfarbig	aai	0,10	0,10
1051	40 L	mehrfarbig	aak	0,10	0,10
1052	50 L	mehrfarbig	aal	0,10	0,10
1053	80 L	mehrfarbig	aam	0,10	0,10
1054	200 L	mehrfarbig	aan	0,20	0,20
			Satzpreis (9 W.)	1,—	1,—
			FDC		1,70

Auflage: 717 584 Sätze

Einzelne Marken aus Sätzen können teurer sein als die Notierung im Katalog.

1973, 19. Dez. 600. Geburtstag des Malers Gentile da Fabriano.
RaTdr. (10×5); gez. K 12:11¾.

aao aap aar aas

aao–aas) Gentile da Fabriano: Details der „Anbetung der Könige"

1055	5 L	mehrfarbig	aao	0,10	0,10
1056	30 L	mehrfarbig	aap	0,10	0,10
1057	115 L	mehrfarbig	aar	0,20	0,20
1058	250 L	mehrfarbig	aas	0,30	0,30
		Satzpreis (4 W.)		0,70	0,70
		FDC			1,50

Auflage: 750 000 Sätze

1974

1974, 12. März. Alte Waffen und Rüstungen. Komb. StTdr. und Odr. (10×5); gez. K 13.

aat) Rundes Kampfschild, 16. Jh.
aau) Deutsche Rüstung mit Sturmhaube und Halsberge ohne „raito", 16. Jh.
aav) Pickelhaube mit hohem Kamm der Marquis Malvezzi 16. Jh.

aaw) Pferdkopfgestell „alla Massimiliana", 15.–16. Jh.
aax) Pickelhaube mit Sphinxhelmschmuck von Gaspero Moli, 16.–17. Jh.
aay) Rüstungshandschuhe, Schwert, 16. Jh.

aaz) Sturmhaube in Sperlingsschnabelform „alla Massimiliana", 16. Jh.
aba) Faustenschild mit klingenbrechender Finne, 16. Jh.

1059	5 L	mehrfarbig	aat	0,10	0,10
1060	10 L	mehrfarbig	aau	0,10	0,10
1061	15 L	mehrfarbig	aav	0,10	0,10
1062	20 L	mehrfarbig	aaw	0,10	0,10
1063	30 L	mehrfarbig	aax	0,10	0,10
1064	50 L	mehrfarbig	aay	0,10	0,10
1065	80 L	mehrfarbig	aaz	0,10	0,10
1066	250 L	mehrfarbig	aba	0,20	0,20
		Satzpreis (8 W.)		0,90	0,90
		FDC			1,30

Auflage: 750 000 Sätze

1974, 9. Mai. Europa: Skulpturen. Komb. StTdr. und Odr. (10×5); gez. K 13½:14.

abb abc

abb–abc) Weiblicher Körper, von Emilio Greco

1067	100 L	sämisch/schwarz	abb	0,40	0,40
1068	200 L	mattgrün/schwarz	abc	0,60	0,60
		Satzpreis (2 W.)		1,—	1,—
		FDC			1,50

Auflage: 861 911 Sätze

1974, 18. Juli. Philatelietag San Marino – Riccione. RaTdr. (5×10); gez. K 11¾.

abd) Segelschiffe vor Küste, stilisiert

1069	50 L	mehrfarbig	abd	0,20	0,20
		FDC			1,—

Auflage: 725 000 Stück

1974, 18. Juli. 9. Armbrustturnier. RaTdr. (1×5 Zd); gez. K 12.

abe) Sansepolco
abh) Massa Marittima
abg) San Marino
abf) Gubbio
abe) Lucca

abe–abi) Stadtwappen der teilnehmenden Mannschaften

1070	15 L	mehrfarbig	abe	0,50	0,50
1071	20 L	mehrfarbig	abf	0,50	0,50
1072	50 L	mehrfarbig	abg	0,50	0,50
1073	115 L	mehrfarbig	abh	0,50	0,50
1074	300 L	mehrfarbig	abi	0,50	0,50
		Satzpreis (5 W.)		2,50	2,50
		Fünferstreifen		3,—	3,—
		FDC			4,—

MiNr. 1070–1074 wurden waagerecht zusammenhängend in Bogen zu 5 Sätzen gedruckt.

Auflage: 723 091 Sätze

1974, 9. Okt. 100 Jahre Weltpostverein (UPU). RaTdr. (5×10); gez. K 11¾.

abk) UPU-Emblem

1075	50 L	mehrfarbig	abk	0,10	0,10
1076	90 L	mehrfarbig		0,20	0,20
		Satzpreis (2 W.)		0,30	0,30
		FDC			1,—

Auflage: 750 000 Sätze

San Marino

✈ 1974, 9. Okt. 50 Jahre Segelflug-Sport in Italien. RaTdr. (5×10); gez. K 11¾.

abl

 abm  abn

abl–abn) Segelflugzeug, Luftströmungen

1077	40 L	mehrfarbig	.... abl	0,10	0,10
1078	120 L	mehrfarbig	.... abm	0,20	0,20
1079	500 L	mehrfarbig	.... abn	0,50	0,50
			Satzpreis (3 W.)	0,80	0,80
			FDC		1,50

Auflage: 750 000 Sätze

1974, 12. Dez. 100. Todestag von Niccolò Tommaseo. RaTdr. (10×5); gez. K 13½:14.

 abo) Felsen des Monte Titano

 abp) N. Tommaseo (1802–1874), Schriftsteller

1080	50 L	mehrfarbig	.... abo	0,10	0,10
1081	150 L	mehrfarbig	.... abp	0,20	0,20
			Satzpreis (2 W.)	0,30	0,30
			FDC		1,—

Auflage: 746 500 Sätze

 1974, 12. Dez. Weihnachten. RaTdr. (5×5); gez. K 11¾.

abr) Madonna

1082	250 L	mehrfarbig	.... abr	0,40	0,40
			FDC		1,—

Auflage: 750 000 Stück

1975

1975, 20. Febr. Etruskische Malerei. Komb. Odr. und StTdr. (5×5); gez. K 14¼:14.

abs) Tarquinia: Leopardengrab (Tanzszene)

abt) Chiusi: Hügelgrab (Zweispännerrennen)

abu) Tarquinia: Stierengrab (Achilles und Troilos)

abv) Tarquinia: Trikliniumsgrab (Tänzer)

1083	20 L	mehrfarbig	.... abs	0,20	0,20
1084	30 L	mehrfarbig	.... abt	0,20	0,20
1085	180 L	mehrfarbig	.... abu	0,20	0,20
1086	220 L	mehrfarbig	.... abv	0,30	0,30
			Satzpreis (4 W.)	0,80	0,80
			FDC		1,20

Auflage: 750 000 Sätze

1975, 20. Febr. 30. Jahrestag der Zufluchtgewährung für 100 000 Flüchtlinge. RaTdr. (10×5); gez. K 13¼:14.

 abw) Symbolik

1087	50 L	mehrfarbig	.... abw	0,20	0,20
			FDC		1,—

Auflage: 745 000 Sätze

1975, 14. Mai. Europa: Gemälde. RaTdr. (10×5); gez. K 11¾.

abx) Segnende Hand des hl. Marinus

 aby) Hl. Marinus

abx–aby) Der hl. Marinus segnet die Stadt San Marino; Gemälde von Giovanni Francesco Barbieri, genannt Guercino (1591–1666)

1088	100 L	mehrfarbig	.... abx	0,40	0,40
1089	200 L	mehrfarbig	.... aby	0,60	0,60
			Satzpreis (2 W.)	1,—	1,—
			FDC		1,50

Auflage: 950 000 Sätze

Die Hotline

für

MICHELsoft

Tel. 0 36 01/83 65 50

Mo.–Fr. 10 bis 20 Uhr

1975, 10. Juli. Heiliges Jahr. RaTdr. (10×5, Querformate ~); gez. K 11¾.

abz) „Beweinung Christi"
aca) „Flucht nach Ägypten"
acb) „Das Jüngste Gericht"

acc) „Auferstehung Christi"
acd) „Das Jüngste Gericht"

abz–acd) Giotto di Bondone (1266–1337), italienischer Maler und Baumeister: Freskendetails aus der Kapelle der Scrovegni, Padua

1090	10 L	mehrfarbig .... abz	0,10	0,10
1091	40 L	mehrfarbig .... aca	0,10	0,10
1092	50 L	mehrfarbig .... acb	0,10	0,10
1093	100 L	mehrfarbig .... acc	0,10	0,10
1094	500 L	mehrfarbig .... acd	0,60	0,60
		Satzpreis (5 W.)	1,—	1,—
		FDC		2,—

Auflage: 755 878 Sätze

1975, 19. Sept. Pharmazeutischer Kongreß. RaTdr. (5×5); gez. K 11¾.

ace) Kreuze auf Schachbrettmuster

1095	100 L	mehrfarbig .... ace	0,20	0,20
		FDC		1,—

Auflage: 750 000 Stück

1975, 19. Sept. Briefmarkenausstellung „Europa", Neapel. RaTdr. (5×5); gez. K 11¾.

acf) Marmorkopf von Aphrodite

1096	50 L	mehrfarbig .... acf	0,20	0,20
		FDC		1,—

Auflage: 810 000 Sätze

1975, 19. Sept. Weltstädte (II): Tokio. RaTdr. (5×10); gez. K 11¾.

acg) Tokio um 1835
ach) Tokio (1975)

1097	200 L	mehrfarbig .... acg	0,30	0,30
1098	300 L	mehrfarbig .... ach	0,40	0,40
		Satzpreis (Paar)	0,90	0,90
		FDC		1,50

MiNr. 1097–1098 wurden schachbrettartig zusammenhängend gedruckt.

Auflage: 750 000 Sätze

Weitere Werte siehe Übersicht nach Jahrgangswerttabelle.

1975, 3. Dez. Internationales Jahr der Frau. RaTdr. (10×5, Querformate ~); gez. K 11¾.

aci ack acl

aci–acl) Frauengemälde von Franco Gentilini

1099	70 L	mehrfarbig .... aci	0,10	0,10
1100	150 L	mehrfarbig .... ack	0,20	0,20
1101	230 L	mehrfarbig .... acl	0,30	0,30
		Satzpreis (3 W.)	0,60	0,60
		FDC		1,50

Auflage: 750 000 Sätze

1975, 3. Dez. Weihnachten. RaTdr. (2 x 5 Zd); gez. K 11½:11¾.

acm aco acn

acm–aco) Michelangelo Buonarroti (1475–1564), italien. Bildhauer, Maler, Baumeister und Dichter: Madonna Doni

1102	50 L	mehrfarbig .... acm	0,10	0,10
1103	100 L	mehrfarbig .... acn	0,20	0,20
1104	250 L	mehrfarbig .... aco	0,30	0,30
		Satzpreis (3 W.)	0,60	0,60
		Dreierstreifen	0,60	0,60
		FDC		1,—

Auflage: 750 000 Sätze

MICHELsoft – erstellt Ihre Bestandslisten, Fehllisten, Motivlisten, ABC-Listen etc. in Sekundenschnelle!

San Marino

1976

1976, 4. März. Freimarken: Die Ziviltugenden. RaTdr. (10 × 5); gez. K 11½.

acp) Bescheidenheit

acr) Mäßigkeit

acs) Tapferkeit

act) Nächstenliebe

acu) Hoffnung

acv) Klugheit

acw) Gerechtigkeit

acx) Treue

acy) Ehrlichkeit

acz) Fleiß

acp–acz) Graphiken von Emilio Greco (1913–1995)

1105	10 (L)	mattorangebraun/schwarz . acp		0,10	0,10
1106	20 (L)	mattlila/schwarz . . . . acr		0,10	0,10
1107	50 (L)	mattgelbgrün/schwarz . . . . . acs		0,10	0,10
1108	100 (L)	mattrosa/schwarz . . . . act		0,20	0,20
1109	150 (L)	mattviolett/schwarz . . . . acu		0,20	0,20
1110	220 (L)	mattgraublau/schwarz . . . . . acv		0,20	0,20
1111	250 (L)	mattgrünlichgelb/schwarz . acw		0,20	0,20
1112	300 (L)	mattgrünblau/schwarz . . . . . acx		0,30	0,30
1113	500 (L)	mattsämisch/schwarz . . . . . acy		0,40	0,40
1114	1000 (L)	mattblau/schwarz . . . . acz		0,80	0,80
		Satzpreis (10 W.)		2,60	2,60
		FDC			3,50

Auflage: 750 000 Sätze

Weitere Werte: MiNr. 1133–1138, 1162–1164

1976, 29. Mai. 200 Jahre Unabhängigkeit der Vereinigten Staaten von Amerika. RaTdr. (10 × 5); gez. K 11¾.

ada) Capitol, Washington

adb) Freiheitsstatue, New York

adc) Independence Hall, Philadelphia

1115	70 (L)	mehrfarbig . . . . ada		0,10	0,10
1116	150 (L)	mehrfarbig . . . . adb		0,20	0,20
1117	180 (L)	mehrfarbig . . . . adc		0,30	0,30
		Satzpreis (3 W.)		0,60	0,60
		FDC			1,—

1976, 29. Mai. Olympische Sommerspiele, Montreal. RaTdr. (5 × 10); gez. K 11¾.

add) Olympia-Emblem, Ahornblatt

1118	150 L	mehrfarbig . . . . add		0,30	0,30
		FDC			1,—

Auflage: 750 000 Stück

1976, 8. Juli. Europa: Kunsthandwerk. RaTdr. (5 × 7); gez. K 11¾.

ade) Keramikzierteller

adf) Silberteller mit Wappen von San Marino

1119	150 (L)	mehrfarbig . . . . ade		0,40	0,40
1120	180 (L)	mehrfarbig . . . . adf		0,60	0,60
		Satzpreis (2 W.)		1,—	1,—
		FDC			1,50

Auflage: 920 000 Sätze

1976, 8. Juli. 100 Jahre Versicherungsgenossenschaft „Società Unione di Mutuo Soccorso" (SUMS). RaTdr. (10 × 5); gez. K 13½:14.

adg) Tauben

1121	150 (L)	mehrfarbig . . . . adg		0,20	0,20
		FDC			1,—

Auflage: 735 000 Stück

1976, 14. Okt. Internationale Briefmarkenausstellung ITALIA '76, Mailand. RaTdr. (10 × 5); gez. K 13½:14.

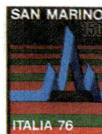
adh) Symbolik

1122	150 (L)	mehrfarbig . . . . adh		0,20	0,20
		FDC			1,—

Auflage: 750 000 Stück

1976, 14. Okt. 30 Jahre UNESCO. RaTdr. (5 × 10); gez. K 11¾:12.

adi) Schreibende Kinder verschiedener Rassen, UNESCO-Emblem

1123	180 (L)	schwarzblau/orange . . . . adi		0,20	0,20
1124	220 (L)	dunkellilabraun/ocker . . . . . . adj		0,30	0,30
		Satzpreis (2 W.)		0,50	0,50
		FDC			1,20

Auflage: 750 000 Sätze

1976, 15. Dez. Weihnachten. Komb. StTdr. und Odr. (8×5); gez. K 13½:14.

adk) „Mariä Verkündigung"   adl) „Hl. Jungfrau mit Kind"

adk–adl) Gemälde von Tizian (ca. 1477–1576), italienischer Maler

1125	150 L	mehrfarbig	adk	0,30	0,30
1126	300 L	mehrfarbig	adl	0,50	0,50
			Satzpreis (Paar)	0,80	0,80
			FDC		1,30

MiNr. 1125–1126 wurden schachbrettartig zusammenhängend gedruckt.

Auflage: 740 000 Sätze

1977

1977, 9. Febr. Internationale Briefmarkenausstellung SAN MARINO '77. RaTdr. (5×10); gez. K 11¾.

adm) Monte Titano

1127	80 (L)	mehrfarbig	adm	0,20	0,20
1128	170 (L)	mehrfarbig	adm	0,20	0,20
1129	200 (L)	mehrfarbig	adm	0,30	0,30

✈ **Flugpostmarke**

1130	200 (L)	mehrfarbig	adm I	0,30	0,30
			Satzpreis (4 W.)	1,—	1,—
			FDC		1,20

Auflage: 750 000 Sätze

1977, 14. April. Europa: Landschaften. RaTdr. (5×10); gez. K 11¾.

adn) Monte Titano, Detail eines Gemäldes von Ghirlandaio   ado) Monte Titano, Detail eines Gemäldes von Guercino

1131	170 (L)	mehrfarbig	adn	0,50	0,50
1132	200 (L)	mehrfarbig	ado	0,50	0,50
			Satzpreis (2 W.)	1,—	1,—
			FDC		1,50

Auflage: 900 000 Sätze

1977, 14. April. Freimarken: Die Ziviltugenden. RaTdr. (10×5); gez. K 11½.

acs) Tapferkeit   acv) Klugheit   act) Nächstenliebe

acr) Mäßigkeit   acu) Hoffnung   acx) Treue

acs–acx) Graphiken von Emilio Greco

1133	70 (L)	mattpurpur/schwarz	acs	0,20	0,20
1134	90 (L)	mattrosalila/schwarz	acv	0,20	0,20
1135	120 (L)	mattürkisblau/schwarz	act	0,20	0,20
1136	160 (L)	mattgrün/schwarz	acr	0,20	0,20
1137	170 (L)	mattorangerot/schwarz	acu	0,30	0,30
1138	320 (L)	mattviolett/schwarz	acx	0,30	0,30
			Satzpreis (6 W.)	1,40	1,40
			FDC		2,—

Auflage: 650 609 Sätze

Weitere Werte: MiNr. 1105–1114, 1162–1164

1977, 15. Juni. 100 Jahre Briefmarken von San Marino (I). StTdr. (5×10); gez. K 15:14¾.

adp) Landeswappen: Drei Türme

1139	40 L	schwarzblaugrün	adp	0,10	0,10
1140	70 L	violettblau	adp	0,20	0,20
1141	170 L	mittelrot	adp	0,20	0,20
1142	500 L	braun	adp	0,50	0,50
1143	1000 L	dunkelviolett	adp	1,—	1,—
			Satzpreis (5 W.)	2,—	2,—
			FDC		2,50

Auflage: 617 869 Sätze

In ähnlicher Zeichnung: MiNr. 2–5, 6–7, 13–22 und 27–31

1977, 15. Juni. 100 Jahrestag der ersten vertikalen Flugversuche durch Enrico Forlanini. Komb. StTdr. und Odr. (8×5); gez. K 13¼:14.

adr) Flugmodell von Leonardo da Vinci

1144	120 (L)	mehrfarbig	adr	0,20	0,20
			FDC		0,70

Auflage: 654 657 Stück

San Marino

1977, 15. Juni. Weltstädte (III): Bukarest. RaTdr. (5×10); gez. K 11½:11¾.

ads) Stadtzentrum um 1877

adt) Modernes Stadtbild mit Hotel Intercontinental und Nationaltheater

1145	200 L	hellocker/braun .... ads	0,30	0,30
1146	400 L	mattblau/schwarzblaugrün ... adt	0,50	0,50
		Satzpreis (Paar)	1,—	1,—
		FDC		1,50

MiNr. 1145–1146 wurden schachbrettartig zusammenhängend gedruckt.

Auflage: 660 000 Sätze

Weitere Werte siehe Übersicht nach Jahrgangswerttabelle.

1977, 28. Aug. 100 Jahre Briefmarken von San Marino (II). RaTdr. (5×1); gez. K 11¾.

adu) Hl. Marinus

1147	1000 (L)	mehrfarbig .... adu	1,60	1,60
		FDC		2,20
		Kleinbogen	10,—	10,—

Auflage: 652 869 Stück

1977, 19. Okt. Heilpflanzen. RaTdr. (10×5); gez. K 12:11¾.

adv) Wilde Malve (Malva sylvestris), Sommerlinde (Tilia platyphyllos), Kornblume (Centaurea cyanus), Kamille (Chamomilla recutita), Boretsch (Borago officinalis), Heidelbeere (Vaccinium myrtillus)

1148	170 (L)	mehrfarbig .... adv	0,30	0,30
		FDC		1,—

Auflage: 740 000 Stück

1977, 19. Okt. Internationales Jahr der Bekämpfung des Rheumatismus. RaTdr. (5×8); gez. K 11¾.

adw) Frau in Fangarmen eines Kraken, Emblem der Weltgesundheitsorganisation (WHO)

1149	200 (L)	mehrfarbig .... adw	0,30	0,30
		FDC		1,—

Auflage: 720 000 Stück

1977, 15. Dez. Weihnachten. RaTdr. (3 x 5 Zd); gez. K 11½:11¾.

adx) Hl. Maria
ady) Palme, Olivenzweig, Komet
adz) Engel

adx–adz) Zeichnungen von Emilio Greco (1913–1995), italienischer Bildhauer

1150	170 (L)	schwarz/silber .... adx	0,20	0,20
1151	230 (L)	schwarz/silber .... ady	0,30	0,30
1152	300 (L)	schwarz/silber .... adz	0,40	0,40
		Satzpreis (3 W.)	0,90	0,90
		Dreierstreifen	1,—	1,—
		FDC		1,50

Auflage: 750 000 Sätze

1978

1978, 30. Mai. Weltgesundheitstag – Internationale Bluthochdruckkampagne. RaTdr. (10×5); gez. K 11½.

aea) Feder

1153	320 (L)	mehrfarbig .... aea	0,40	0,40
		FDC		1,—

Auflage: 710 000 Stück

1978, 30. Mai. Baseball-Weltmeisterschaften, Italien. RaTdr. (10×5); gez. K 11½.

aeb) Baseballspieler, stilisierter Diamant

1154	90 (L)	mehrfarbig .... aeb	0,20	0,20
1155	120 (L)	mehrfarbig .... aeb	0,30	0,30
		Satzpreis (2 W.)	0,50	0,50
		FDC		1,—

Auflage: 710 000 Sätze

1978, 30. Mai. Europa: Baudenkmäler. RaTdr. (10×5); gez. K 11½.

aec) Tor des hl. Franziskus oder „Porta del Locho" (14. Jh.)
aed) Tor der Ripa oder „Porta Omerellorum" (15. Jh.)

1156	170 (L)	mattkobalt/schwarzblau .... aec	0,50	0,50
1157	200 (L)	hellorangegelb/schwarzbraun .... aed	0,50	0,50
		Satzpreis (2 W.)	1,—	1,—
		FDC		1,50

Auflage: 880 000 Sätze

San Marino

1978, 26. Juli. 30. Internationale Briefmarkenausstellung, San Marino/Riccione. RaTdr. (5×10); gez. K 11¾.

aee) Allegorie: Falke und Möwe

1158	120 (L)	mehrfarbig	aee	0,20	0,20
1159	170 (L)	mehrfarbig	aee	0,20	0,20
		Satzpreis (2 W.)		0,40	0,40
		FDC			1,—

Auflage: 687 925 Sätze

1978, 26. Juli. Weltfernmeldetag; 1. Jahrestag des Beitritts San Marinos zur Internationalen Fernmeldeunion (UIT). RaTdr. (10×5); gez. K 11¾.

aef) Monte Titano, Antenne, Emblem der ITU

1160	10 (L)	rot/gelb	aef	0,10	0,10
1161	200 (L)	blauviolett/cyanblau	aef	0,20	0,20
		Satzpreis (2 W.)		0,30	0,30
		FDC			1,—

Auflage: 702 085 Sätze

1978, 28. Sept. Freimarken: Die Ziviltugenden. RaTdr. (10×5); gez. K 11½.

aeg) Weisheit   aeh) Liebe   aei) Beständigkeit

aeg–aei) Graphiken von Emilio Greco

1162	5 L	mattblauviolett/schwarz	aeg	0,20	0,20
1163	35 L	mattgelblichviolettgrau/schwarz	aeh	0,20	0,20
1164	2000 L	mattorangegelb/schwarz	aei	2,—	2,—
		Satzpreis (3 W.)		2,40	2,40
		FDC			2,60

Auflage: 606 851 Sätze

Weitere Werte: MiNr. 1105–1114, 1133–1138

✈ **1978, 28. Sept. 75. Jahrestag des ersten Motorfluges durch die Gebrüder Wright.** RaTdr. (10×5); gez. K 11½.

aek) Erstes Motorflugzeug

1165	10 L	mehrfarbig	aek	0,10	0,10
1166	50 L	mehrfarbig	aek	0,20	0,20
1167	200 L	mehrfarbig	aek	0,20	0,20
		Satzpreis (3 W.)		0,50	0,50
		FDC			1,10

Auflage: 633 739 Sätze

Nichts geht über MICHELsoft

1978, 10. Dez. 30. Jahrestag der Allgemeinen Erklärung der Menschenrechte. RaTdr. (10×5); gez. K 12:11¾.

ael) Renato Guttuso (* 1912): Frau mit Fackel und Kette vor Weltkugel

| 1168 | 200 L | mehrfarbig | ael | 0,30 | 0,30 |
| | | FDC | | | 1,— |

Auflage: 661 314 Stück

1978, 10. Dez. Weihnachten. RaTdr. (5×10); gez. K 14:13½.

aem) Blätter   aen) Sterne   aeo) Eiskristalle

1169	10 L	mehrfarbig	aem	0,10	0,10
1170	120 L	mehrfarbig	aen	0,20	0,20
1171	170 L	mehrfarbig	aeo	0,20	0,20
		Satzpreis (3 W.)		0,50	0,50
		FDC			1,—

Auflage: 634 881 Sätze

1979

1979, 29. März. Europa: Geschichte des Post- und Fernmeldewesens. RaTdr. (5×10); gez. K 11¾.

aep) Postautobus (1915–1925)   aer) Postkutsche (ca. 1895)

1172	170 (L)	mehrfarbig	aep	1,—	0,50
1173	220 (L)	mehrfarbig	aer	1,—	0,50
		Satzpreis (2 W.)		2,—	1,—
		FDC			2,—

Auflage: 850 000 Sätze

1979, 29. März. 100. Geburtstag von Albert Einstein. RaTdr. (5×10); gez. K 11¾.

aes) Albert Einstein (1879–1955), Physiker, Nobelpreis (1921)

| 1174 | 120 (L) | mehrfarbig | aes | 0,20 | 0,20 |
| | | FDC | | | 0,70 |

Auflage: 650 000 Stück

1979, 12. Juli. Berühmte Detektive der Kriminalliteratur. Komb. StTdr. und Odr. (8×5); gez. K 13¼:14.

aet) Jules Maigret (von Georges Simenon, 1929)

San Marino

aeu) Perry Mason (von Stanley Gardner, 1933)
aev) Nero Wolfe (von Rex Stout, 1934)
aew) Ellery Queen (von F. Dannay und M. B. Lee, 1929)
aex) Sherlock Holmes (von Sir Arthur Conan Doyle, 1887)

1175	10	(L)	mehrfarbig	aet	0,10	0,10
1176	80	(L)	mehrfarbig	aeu	0,20	0,20
1177	150	(L)	mehrfarbig	aev	0,20	0,20
1178	170	(L)	mehrfarbig	aew	0,20	0,20
1179	220	(L)	mehrfarbig	aex	0,30	0,30
			Satzpreis (5 W.)		1,—	1,—
			FDC			1,50

Auflage: 610 786 Sätze

1979, 12. Juli. 14. Turnier der Armbrustschützen. Komb. StTdr. und Odr. (8×10); gez. K 14¼:13¼.

aey) Emblem des Armbrustschützenvereinigung von San Marino

1180	120	(L)	mehrfarbig	aey	0,20	0,20
			FDC			1,—

Auflage: 700 000 Sätze

1979, 6. Sept. Europameisterschaften im Wasserskifahren, Castelgandolfo. RaTdr. (5×10); gez. K 11¾:12.

aez) Wasserskislalom

1181	150	(L)	mehrfarbig	aez	0,20	0,20
			FDC			1,—

Auflage: 650 000 Stück

1979, 6. Sept. Internationales Jahr des Kindes: Gemälde von Marina Busignani Reffi. RaTdr. (5×5); gez. K 11¾.

afa afb afc

afd afe

1182	20	(L)	mehrfarbig	afa	0,10	0,10
1183	120	(L)	mehrfarbig	afb	0,10	0,10
1184	170	(L)	mehrfarbig	afc	0,20	0,20
1185	220	(L)	mehrfarbig	afd	0,20	0,20
1186	350	(L)	mehrfarbig	afe	0,40	0,40
			Satzpreis (5 W.)		1,—	1,—
			FDC			1,70

Auflage: 700 000 Sätze

1979, 6. Sept. Internationaler Stomatologie-Kongreß. RaTdr. (10×5); gez. K 11½:11¾.

aff) Hl. Apollonia († 249), Märtyrerin und Schutzheilige der Zahnärzte (Holzschnitt, 15. Jh.)

1187	170	(L)	mehrfarbig	aff	0,20	0,20
			FDC			1,—

Auflage: 650 000 Stück

1979, 25. Okt. Umweltschutz. RaTdr. (10×5); gez. K 11½.

afg) Gemeine Roßkastanie (Aesculus hippocastanum), Rothirsch

afh) Libanon-Zeder (Cedrus libani), Adler
afi) Roter Blumen-Hartriegel (Cornus florida rubra), Waschbär
afk) Bayanbaum (Ficus benghalensis), Tiger

afl) Pinie (Pinus pinea), Wiedehopf
afm) Sibirische Lärche (Larix sibirica), Marder
afn) Blaugummibaum (Eucalyptus globulus), Koalabär

afo) Dattelpalme (Phoenix dactylifera), Dromedar
afp) Zuckerahorn (Acer saccharum), Biber
afr) Affenbrotbaum (Adansonia digitata), afrik. Elefant

1188	5	(L)	mehrfarbig	afg	0,10	0,10
1189	10	(L)	mehrfarbig	afh	0,10	0,10
1190	35	(L)	mehrfarbig	afi	0,10	0,10
1191	50	(L)	mehrfarbig	afk	0,10	0,10
1192	70	(L)	mehrfarbig	afl	0,10	0,10
1193	90	(L)	mehrfarbig	afm	0,10	0,10
1194	100	(L)	mehrfarbig	afn	0,10	0,10
1195	120	(L)	mehrfarbig	afo	0,20	0,20
1196	150	(L)	mehrfarbig	afp	0,20	0,20
1197	170	(L)	mehrfarbig	afr	0,20	0,20
			Satzpreis (10 W.)		1,30	1,30
			FDC			1,70

Auflage: 600 000 Sätze

1979, 6. Dez. 1. Todestag von Giorgio de Chirico. RaTdr.; gez. K 11¾:11½.

afs) Die beunruhigenden Musen   aft) Antike Pferde   afu) Selbstporträt

afs–afu) Gemälde von G. de Chirico (1888–1978)

1198	40	(L)	mehrfarbig	afs	0,10	0,10
1199	150	(L)	mehrfarbig	aft	0,20	0,20
1200	170	(L)	mehrfarbig	afu	0,20	0,20
			Satzpreis (3 W.)		0,50	0,50
			FDC			1,50

Auflage: 600 000 Sätze

1979, 6. Dez. Weihnachten. RaTdr. (5×5); gez. K 11¾.

afv) Hl. Josef.

afw) Jesus   afx) Einer der Hl. Drei Könige   afy) Die Heilige Familie

afv–afy) Fresko von Antonio Alberti von Ferrara aus Kirche von San Francesco

1201	80	(L)	mehrfarbig	afv	0,10	0,10
1202	170	(L)	mehrfarbig	afw	0,20	0,20
1203	220	(L)	mehrfarbig	afx	0,30	0,30
1204	320	(L)	mehrfarbig	afy	0,40	0,40
			Satzpreis (4 W.)		1,—	1,—
			FDC			1,50

Auflage: 600 000 Sätze

1980

1980, 27. März. 1500. Geburtstag des hl. Benedikt von Nursia. RaTdr. (5×5); gez. K 11¾:11½.

afz) Hl. Benedikt von Nursia (480–547), Ordensgründer (Fresko aus der Kirche Santa Scolastica in Norcia)

1205	170	(L)	mehrfarbig	afz	0,20	0,20
			FDC			1,—

Auflage: 631 562 Stück

1980, 27. März. Welt-Gesundheitstag: Kampagne gegen das Rauchen. RaTdr. (5×5); gez. K 11¾:11½.

aga   agb   agc

aga–agc) Giuliana Consilvio: Gefahren der Tabakvergiftung

1206	120	(L)	mehrfarbig	aga	0,20	0,20
1207	220	(L)	mehrfarbig	agb	0,40	0,40
1208	520	(L)	mehrfarbig	agc	0,60	0,60
			Satzpreis (3 W.)		1,20	1,20
			FDC			1,70

Auflage: 550 037 Stück

1980, 27. März. 20. Internationale Briefmarkenausstellung „Europa", Neapel. RaTdr. (8×5); gez. K 14:13¼.

agd) Neapel (17. Jh.)

1209	170	(L)	mehrfarbig	agd	0,30	0,30
			FDC			1,—

Auflage: 542 230 Stück

1980, 8. Mai. Weltstädte (IV): London. RaTdr. (5×10); gez. K 11¾.

age) London (1850)

agf) London (1980)

1210	200	(L)	dunkelchromgelb/schwarzoliv	age	0,30	0,30
1211	400	(L)	cyanblau/dunkelviolett	agf	0,50	0,50
			Satzpreis (Paar)		1,—	1,—
			FDC			1,50

MiNr. 1210–1211 wurden schachbrettartig zusammenhängend gedruckt.

Auflage: 558 183 Stück

Weitere Werte siehe Übersicht nach Jahrgangswerttabelle.

Mehr wissen mit MICHEL

San Marino

1980, 8. Mai. Europa: Bedeutende Persönlichkeiten. RaTdr. (8×5); gez. K 11¾.

agg) Giovanbattista Belluzzi (1506–1554), Militärarchitekt; Wallwerk von San Marino

agh) Antonio Orafo (1460–1522), Gold- und Silberschmied; Weihrauchfaß und Weberschiffchen

1212	170	(L)	mehrfarbig	agg	1,—	0,50
1213	220	(L)	mehrfarbig	agh	1,—	0,50
			Satzpreis (2 W.)		2,—	1,—
			FDC			1,50

Auflage: 750 000 Sätze

1980, 10. Juli. Olympische Sommerspiele, Moskau. RaTdr. (10×5); gez. K 11¼.

agi) Radrennfahren

agk) Basketball   agl) Laufen   agm) Bodenturnen   agn) Hochsprung

1214	70	(L)	mehrfarbig	agi	0,10	0,10
1215	90	(L)	mehrfarbig	agk	0,20	0,20
1216	170	(L)	mehrfarbig	agl	0,20	0,20
1217	350	(L)	mehrfarbig	agm	0,40	0,40
1218	450	(L)	mehrfarbig	agn	0,60	0,60
			Satzpreis (5 W.)		1,50	1,50
			FDC			2,—

Auflage: 650 000 Sätze

1980, 18. Sept. 100. Geburtstag von Robert Stolz. Komb. StTdr. und RaTdr. (6×6); gez. K 14.

ago) Robert Stolz (1880–1975), Komponist

1219	120	(L)	schwarz/lebhaftultramarin	ago	0,20	0,20
			FDC			1,—

Auflage: 501 972 Stück

1980, 18. Sept. Internationale Tourismuskonferenz, Manila (Philippinen). Komb. StTdr. und Odr. (8×5); gez. K 13¼:14.

agp) Burgen auf dem Monte Titano, San Marino

1220	220	(L)	mehrfarbig	agp	0,30	0,30
			FDC			1,—

Auflage: 565 740 Stück

1980, 18. Sept. Junioren-Europameisterschaften im Gewichtheben, San Marino. RaTdr. (10×5); gez. K 14:13¾.

agr) Gewichtheben

1221	170	(L)	mehrfarbig	agr	0,20	0,20
			FDC			1,—

Auflage: 571 083 Stück

1980, 11. Dez. Weihnachten. Komb. StTdr. und RaTdr. (6×6); gez. K 13¾.

ags) Die Harpyienmadonna (Detail)   agt) Verkündigung an Maria (Detail)   agu) Verkündigung an Maria (Detail)

ags–agu) Gemälde von Andrea del Sarto (1486–1530)

1222	180	(L)	mehrfarbig	ags	0,30	0,30
1223	250	(L)	mehrfarbig	agt	0,40	0,40
1224	500	(L)	mehrfarbig	agu	0,80	0,80
			Satzpreis (3 W.)		1,50	1,50
			FDC			2,—

Auflage: 577 160 Sätze

1981

1981, 24. März. Europa: Folklore. RaTdr. (10×5); gez. K 12:11¾.

agv) Feuer am Vorabend des St.-Josef-Tags (18. März)   agw) Feuerwerk am Nationalfeiertag (3. September)

1225	200	(L)	mehrfarbig	agv	1,—	0,50
1226	300	(L)	mehrfarbig	agw	1,—	0,50
			Satzpreis (2 W.)		2,—	1,—
			FDC			1,50

Auflage: 750 000 Sätze

1981, 15. Mai. Weltstädte (V): Wien. RaTdr. (5×10); gez. K 11¾.

agx) Wien, Karlsplatz (1817)

agy) Wien, Karlsplatz (1981)

San Marino

1227	200	(L)	mehrfarbig	agx	0,30	0,30
1228	300	(L)	mehrfarbig	agy	0,40	0,40
			Satzpreis (Paar)		0,70	0,70
			FDC			1,50

MiNr. 1227–1228 wurden schachbrettartig zusammenhängend gedruckt.

Auflage: 600 000 Sätze

Weitere Werte siehe Übersicht nach Jahrgangswerttabelle.

1981, 15. Mai. Internationales Jahr der Behinderten. RaTdr. (10×5); gez. K 12:11¾.

agz) Hände halten gebrochenen Zweig

| 1229 | 300 | (L) | mehrfarbig | agz | 0,40 | 0,40 |
| | | | FDC | | | 1,— |

Auflage: 600 000 Stück

1981, 10. Juli. 2000. Todestag von Vergil (1982). RaTdr. (5×5); gez. K 11¾.

aha – ahc) Emilio Greco (* 1913): Darstellungen zu den 3 Hauptwerken „Bucolica", „Aeneis" und „Georgica" des römischen Dichters Vergil (70–19 v. Chr.)

1230	300	(L)	silber/dunkelblaugrau	aha	0,30	0,30
1231	550	(L)	silber/dunkelblaugrau	ahb	0,60	0,60
1232	1500	(L)	silber/dunkelblaugrau	ahc	1,60	1,50
			Satzpreis (3 W.)		2,50	2,50
			FDC			3,20

Blockausgabe

1233	300	(L)	silber/dunkelblaugrau	aha I	–,—	–,—
1234	550	(L)	silber/dunkelblaugrau	ahb I	–,—	–,—
1235	1500	(L)	silber/dunkelblaugrau	ahc I	–,—	–,—
Block 8	(128×100 mm)		ahd		4,—	4,—
			FDC			5,50

MiNr. 1230–1232 weisen im Gegensatz zu MiNr. 1233–1235 am Markenunterrand Druckvermerke auf.

Auflagen: MiNr. 1230–1232 = 600 000 Sätze, Bl. 8 = 350 000 Blocks

1981, 10. Juli. Weltmeisterschaftsrennen für Motorräder „Großer Preis von San Marino", Imola. Odr. (10×5); gez. K 14¼:14¾.

ahe) Rennmaschine

| 1236 | 200 | (L) | mehrfarbig | ahe | 0,30 | 0,30 |
| | | | FDC | | | 1,— |

Auflage: 600 000 Stück

1981, 22. Sept. Stadtplanung. RaTdr. (10×5); gez. K 11¾.

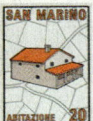  

ahf) Wohnungsbau ahg) Ausbau der Grünanlagen ahh) Energieversorgung

1237	20	(L)	mehrfarbig	ahf	0,20	0,20
1238	80	(L)	mehrfarbig	ahg	0,20	0,20
1239	400	(L)	mehrfarbig	ahh	0,40	0,40
			Satzpreis (3 W.)		0,80	0,80
			FDC			1,50

Auflage: 517 816 Sätze

1981, 22. Sept. Judo-Europameisterschaften der Junioren. RaTdr. (5×7); gez. K 11¾.

ahi) Judokas beim Kampf

| 1240 | 300 | (L) | mehrfarbig | ahi | 0,50 | 0,50 |
| | | | FDC | | | 1,— |

Auflage: 600 000 Stück

1981, 23. Okt. Welternährungstag. RaTdr. (5×7); gez. K 11¾.

ahk) Brot; Gemälde von Bruno Caruso

| 1241 | 300 | (L) | mehrfarbig | ahk | 0,50 | 0,50 |
| | | | FDC | | | 1,— |

Auflage: 600 000 Stück

1981, 23. Okt. 100. Geburtstag von Pablo Picasso. RaTdr. (10×5); gez. K 11½:11¾.

ahl) P. Picasso (1881–1973): Mädchen mit Taube ahm) Renato Guttuso: Zu Ehren Picassos (Detail)

1242	150	(L)	mehrfarbig	ahl	0,20	0,20
1243	200	(L)	mehrfarbig	ahm	0,40	0,40
			Satzpreis (2 W.)		0,60	0,60
			FDC			1,10

Auflage: 522 941 Sätze

Mehr wissen mit MICHEL

San Marino

1981, 15. Dez. Weihnachten: 500. Geburtstag von Benvenuto Tisi, genannt Garofalo. Komb. StTdr. und RaTdr. (6×6); gez. K 13¾.

ahn — aho — ahp

ahn–ahp) Anbetung der Hl. Drei Könige und des hl. Bartholomäus; Details eines Gemäldes von Garofalo (1481–1559)

1244	200	(L) mehrfarbig	ahn	0,30	0,30
1245	300	(L) mehrfarbig	aho	0,50	0,50
1246	600	(L) mehrfarbig	ahp	0,70	0,70
		Satzpreis (3 W.)		1,50	1,50
		FDC			2,—

Auflage: 532 121 Sätze

1982

1982, 19. Febr. 100 Jahre Staatssparkasse. RaTdr. (5×10); gez. K 11¾:12.

ahr) Die Grille und die Ameise (Fabel von Äsop)

1247	300	(L) mehrfarbig	ahr	0,50	0,50
		FDC			1,—

Auflage: 550 000 Stück

1982, 19. Febr. 100 Jahre Ganzsachen. RaTdr. (5×10); gez. K 11¾:12.

ahs) Emblem der Ganzsachen-Ausstellung 1982, Poststempel

1248	200	(L) mehrfarbig	ahs	0,30	0,30
		FDC			0,80

Auflage: 535 000 Sätze

1982, 21. April. Europa: Historische Ereignisse. RaTdr. (8×5); gez. K 11½:11¾.

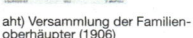

aht) Versammlung der Familienoberhäupter (1906)
ahu) Napoleon besucht San Marino (1797)

1249	300	(L) mehrfarbig	aht	1,50	1,—
1250	450	(L) mehrfarbig	ahu	1,50	1,—
		Satzpreis (2 W.)		3,—	2,—
		FDC			3,—

Auflage: 750 000 Sätze

1982, 21. April. Freimarken: Pioniere der Wissenschaft. MiNr. 1251–1256 RaTdr., MiNr. 1257–1259 komb. StTdr. und Odr.; MiNr. 1260 StTdr.; gez. K 14¼:13½.

ahv) Archimedes (287–212 v. Chr.), griech. Mathematiker

ahw) Nikolaus Kopernikus (1473–1543), dt. Astronom
ahx) Sir Isaac Newton (1642 bis 1727), engl. Physiker
ahy) Antoine L. Lavoisier (1743–1794), franz. Chemiker

ahz) Marie Curie (1867–1934), Chemikerin und Physikerin
aia) Robert Koch (1834–1910), dt. Bakteriologe
aib) Thomas Alva Edison (1847 bis 1931), amerik. Elektrotechniker

aic) Guglielmo Marconi (1847 bis 1937), ital. Funktechniker
aid) Hippokrates (460–377 v. Chr.), griech. Arzt
aie) Galileo Galilei (1564–1642), ital. Mathematiker

1251	20	(L) dunkelrosalila/schwarz	ahv	0,10	0,10
1252	30	(L) hellgrünlichblau/schwarz	ahw	0,10	0,10
1253	40	(L) schwarz/olivbraun	ahx	0,10	0,10
1254	50	(L) smaragdgrün/schwarz	ahy	0,10	0,10
1255	60	(L) bräunlichrot/schwarz	ahz	0,10	0,10
1256	100	(L) schwarz/dunkelviolettbraun	aia	0,20	0,20
1257	200	(L) hellorangebraun/schwarz	aib	0,20	0,20
1258	300	(L) gelbgrün/schwarz	aic	0,30	0,30
1259	450	(L) bräunlichlila/schwarz	aid	0,50	0,50
1260	5000	(L) schwarzblau/ultramarin	aie	5,50	4,50
		Satzpreis (10 W.)		7,—	6,—
		FDC			7,50

Auflage: 600 000 Sätze

Weitere Werte: MiNr. 1271–1276

1982, 10. Juni. Weltstädte (VI): Paris. RaTdr. (5×10); gez. K 11¾.

aif) Notre-Dame, Paris (1806)

aig) Notre-Dame, Paris (1982)

1261	300	(L) hellocker/schwarz	aif	0,40	0,40
1262	450	(L) mehrfarbig	aig	0,60	0,60
		Satzpreis (Paar)		1,—	1,—
		FDC			1,70

MiNr. 1261–1262 wurden schachbrettartig zusammenhängend gedruckt.

Auflage: 550 000 Sätze

Weitere Werte siehe Übersicht nach Jahrgangswerttabelle.

San Marino

1982, 10. Juni. 800. Geburtstag des hl. Franz von Assisi (1182–1226), Ordensgründer. RaTdr. (10×5); gez. K 12:11¾.

aih) Hände, Vögel

1263	200	(L) mehrfarbig	aih	0,30	0,30
		FDC			0,80

Auflage: 550 000 Stück

1982, 29. Aug. Besuch von Papst Johannes Paul II. in San Marino. Odr. (10×5); gez. K 13¼:14.

aii) Papst Johannes Paul II. (1920–2005, reg. ab 1978)

1264	900	(L) dunkelbräunlichgrün/violettgrau	aii	1,20	1,20
		FDC			1,70

Auflage: 550 000 Stück

1982, 1. Sept. 5. Jahrestag der ersten Versammlung des Internationalen Verbandes der Briefmarkenkatalogherausgeber (ASCAT), San Marino. RaTdr. (10×5); gez. K 11¾.

aik) Weltkugel, Flaggen als Briefmarken

1265	300	(L) mehrfarbig	aik	0,50	0,50
		FDC			1,—

Auflage: 550 000 Stück

1982, 1. Sept. 20 Jahre Organisation „amnesty international". RaTdr. (10×5); gez. K 11¾.

ail) Gefolterter Gefangener

1266	700	(L) schwarz/hellebhaftrot	ail	1,—	1,—
		FDC			1,50

Auflage: 550 000 Stück

1982, 15. Dez. Weihnachten. Komb. StTdr. und RaTdr. (6×6); gez. K 13¾.

aim) Engel mit silbernem Leuchter
ain) Madonna della Città
aio) Engel mit Salz der Weisheit

aim–aio) Gemälde von Gregorio Sciltian (*1900)

1267	200	(L) mehrfarbig	aim	0,30	0,30
1268	300	(L) mehrfarbig	ain	0,40	0,40
1269	450	(L) mehrfarbig	aio	0,60	0,60
		Satzpreis (3 W.)		1,30	1,30
		FDC			1,80

Auflage: 550 000 Sätze

1982, 15. Dez. Flüchtlingshilfe. RaTdr. (5×10); gez. K 11¾.

aip) Kind hinter Stacheldraht

1270	300 + 100	(L) mehrfarbig	aip	0,50	0,50
		FDC			1,—

Auflage: 550 000 Stück

1983

1983, 24. Febr. Freimarken: Pioniere der Wissenschaft. MiNr. 1271–1274 RaTdr., MiNr. 1275–1276 StTdr.; gez. K 14¼:13¼.

air) Sir Alexander Fleming (1881 bis 1955), brit. Bakteriologe
ais) Graf Alessandro Volta (1745–1827), ital. Physiker
ait) Evangelista Torricelli (1608–1647), Ital. Mathematiker und Physiker

aiu) Carl von Linné (1707–1778), schwed. Naturforscher
aiv) Pythagoras (ca. 570–497 v. Chr.), griech. Philosoph
aiw) Leonardo da Vinci (1452–1519), ital. Maler, Bildhauer und Architekt

1271	150	(L) dunkelgelbbraun/schwarz	air	0,20	0,20
1272	250	(L) dunkelbräunlichrot/schwarz	ais	0,30	0,30
1273	350	(L) schwarz/blaugrün	ait	0,40	0,40
1274	400	(L) schwarz/dunkelrosalila	aiu	0,50	0,50
1275	1000	(L) magentarot/schwarz	aiv	1,10	1,10
1276	1400	(L) dunkelgraulila/schwarz	aiw	1,50	1,50
		Satzpreis (6 W.)		4,—	4,—
		FDC			5,—

Auflage: 500 000 Sätze

Weitere Werte: MiNr. 1251–1260

1983, 24. Febr. 100 Jahre Gymnasium von San Marino. RaTdr. (8×5); gez. K 13¼:14.

aix) Feder; Palast Begni, erster Sitz des Gymnasiums

1277	300	(L) mehrfarbig	aix	0,50	0,50
		FDC			1,—

Auflage: 500 000 Stück

San Marino

1983, 20. April. Europa: Große Werke des menschlichen Geistes. RaTdr. (10×5); gez. K 12:11¾.

aiy) Stratosphärenballon

aiz) Bathyscaph

aiy–aiz) Auguste Piccard (1884–1962), Schweizer Physiker

1278	400	(L)	mehrfarbig	aiy	2,—	2,—
1279	500	(L)	mehrfarbig	aiz	2,—	2,—
			Satzpreis (2 W.)		4,—	4,—
			FDC			5,—

Auflage: 750 000 Sätze

1983, 20. April. Weltkommunikationsjahr. StTdr. (5×8); gez. K 14:13¼.

aka) Funker

akb) Postbote

1280	400	(L)	mehrfarbig	aka	0,60	0,60
1281	500	(L)	mehrfarbig	akb	0,70	0,70
			Satzpreis (2 W.)		1,30	1,30
			FDC			2,—

1983, 20. April. Autorennen um den „Großen Preis von San Marino". RaTdr. (5×8); gez. K 14:13¼.

akc) Rennwagen

1282	50	(L)	mehrfarbig	akc	0,20	0,20
1283	350	(L)	mehrfarbig	akc	0,70	0,70
			Satzpreis (2 W.)		0,90	0,90
			FDC			1,30

1983, 22. Mai. 200 Jahre Luftfahrt. Komb. StTdr. und Odr. (8×5); gez. K 13¼:14.

akd) Montgolfiere (1783)

1284	500	(L)	mehrfarbig	akd	0,70	0,70
			FDC			1,20

1983, 29. Juli. Weltstädte (VII): Rio de Janeiro. RaTdr. (5×10); gez. K 11¾.

ake) Botafogobucht, Rio de Janeiro (1845)

akf) Rio de Janeiro (1983)

1285	400	L	mehrfarbig	ake	0,50	0,50
1286	1400	L	mehrfarbig	akf	1,70	1,70
			Satzpreis (Paar)		2,20	2,20
			FDC			2,60

MiNr. 1285–1286 wurden schachbrettartig zusammenhängend gedruckt.

Auflage: 375 221 Sätze

Weitere Werte siehe Übersicht nach Jahrgangswerttabelle.

1983, 29. Sept. 20 Jahre Welternährungsprogramm. RaTdr. (5×8); gez. K 14:13¼.

akg) Stute mit Fohlen, UNO-und FAO-Emblem

1287	500	(L)	mehrfarbig	akg	0,70	0,70
			FDC			1,20

Auflage: 500 000 Stück

1983, 1. Dez. Weihnachten; 500. Geburtstag von Raffaelo Sanzio. Komb. StTdr. und RaTdr. (2×6 Zd); gez. K 13¾.

akh) Madonna del Granduca
aki) Madonna del Cardellino
akk) Madonna della Seggiola

akh–akk) Gemälde von Raffael (1483–1520), italienischer Maler und Architekt

1288	300	(L)	mehrfarbig	akh	0,40	0,40
1289	400	(L)	mehrfarbig	aki	0,50	0,50
1290	500	(L)	mehrfarbig	akk	0,70	0,70
			Satzpreis (3 W.)		1,60	1,60
			Dreierstreifen		1,70	1,70
			FDC			2,50

MiNr. 1288–1290 wurden waagerecht zusammenhängend gedruckt.

Auflage: 411 659 Sätze

1984

1984, 8. Febr. Funktionäre des Internationalen Olympischen Komitees (IOC) (II). RaTdr. (8×5); gez. K 14¼:13¼.

akl) Demetrius Vikelas (1835–1908)
akm) Lord Killanin (1914–1999)
akn) Juan Antonio Samaranch (*1920)

1291	300	L	dunkelblaugrün/schwarz	akl	0,40	0,40
1292	400	L	kobalt/braunlila	akm	0,50	0,50
1293	550	L	dunkelblaugrün/purpurviolett	akn	0,80	0,80
			Satzpreis (3 W.)		1,70	1,70
			FDC			2,20

In ähnlichen Zeichnungen: MiNr. 611–616

San Marino

1984, 27. April. Europa: 25 Jahre Europäische Konferenz der Verwaltungen für das Post- und Fernmeldewesen (CEPT). RaTdr. (5×10); gez. K 11¾:11½.

ako) Brücke

1294	400	(L)	mehrfarbig . . . . ako	2,—	1,50
1295	550	(L)	mehrfarbig . . . . ako	2,—	2,—
			Satzpreis (2 W.)	4,—	3,50
			FDC		4,—

Auflage: 534 140 Sätze

1984, 27. April. Gründung der nationalen Fahnenschwenkergruppe. Odr. (8×5); gez. K 13¼:14.

akp) Fahnenschwenker mit einer Fahne   akr) Fahnenschwenker mit zwei Fahnen

1296	300	(L)	mehrfarbig . . . . akp	0,40	0,40
1297	400	(L)	mehrfarbig . . . . akr	0,60	0,60
			Satzpreis (2 W.)	1,—	1,—
			FDC		1,50

Auflage: 390 000 Sätze

1984, 14. Juni. Blockausgabe: Olympische Sommerspiele, Los Angeles. Komb. StTdr. und Odr.; gez. Ks 13¼:14.

aks) Fackelträger   Zierfeld: Olympisches Feuer   akt) Fackelträgerin

1298	550	(L)	mehrfarbig . . . . aks	0,60	0,60
1299	1000	(L)	mehrfarbig . . . . akt	1,20	1,20
Block 9	(150×110 mm) . . . . aku			2,—	2,—
			FDC		2,50

Auflage: 403 000 Blocks

1984, 14. Juni. Motocross-Weltmeisterschaftslauf der 125-ccm-Klasse, Baldasserona. RaTdr. (8×5); gez. K 13¼:14.

akv) Motocrossfahrer

1300	450	(L)	mehrfarbig . . . . akv	0,70	0,70
			FDC		1,20

Auflage: 450 000 Stück

1984, 21. Sept. Weltstädte (VIII): Melbourne. RaTdr. (5×6); gez. K 11¾.

akx) Melbourne (1984)

akw) Melbourne (1839)

1301	1500	(L)	mehrfarbig . . . . akw	2,—	2,—
1302	2000	(L)	mehrfarbig . . . . akx	2,50	2,50
			Satzpreis (Paar)	4,50	4,50
			FDC		5,—

MiNr. 1301–1302 wurden schachbrettartig zusammenhängend gedruckt.
Auflage: 335 653 Sätze

Weitere Werte siehe Übersicht nach Jahrgangswerttabelle.

1984, 20. Okt. Besuch von Sandro Pertini in San Marino. RaTdr. (5×8); gez. K 14:13¼.

aky) S. Pertini (1896–1990), italienischer Staatspräsident; Monte Titano

1303	1950	L	mehrfarbig . . . . aky	2,60	2,60
			FDC		3,20

Auflage: 450 000 Stück

1984, 30. Okt. Werbeausstellung „Schule und Philatelie": Karikaturen von Benito Jacovitti. RaTdr. (8×5); gez. K 13¼:14.

akz) Das Universum   ala) Die Entwicklung der Menschheit   alb) Die Welt in der wir leben

alc) Der Mensch   ald) Die Wissenschaft   ale) Die Philosophie

1304	50	(L)	mehrfarbig . . . . akz	0,20	0,20
1305	100	(L)	mehrfarbig . . . . ala	0,20	0,20
1306	150	(L)	mehrfarbig . . . . alb	0,30	0,30
1307	200	(L)	mehrfarbig . . . . alc	0,30	0,30
1308	450	(L)	mehrfarbig . . . . ald	0,50	0,50
1309	550	(L)	mehrfarbig . . . . ale	0,70	0,70
			Satzpreis (6 W.)	2,20	2,20
			FDC		2,60

Auflage: 450 000 Sätze

1984, 5. Dez. Weihnachten. Komb. StTdr. und Odr. (2×5 Zd); gez. K 13¼:14.

alf
alg
alh

alf–alh) Details aus dem Gemälde „Die Madonna des hl. Hieronymus" von Antonio Allegri, genannt Correggio (1489–1534)

1310	400	(L)	mehrfarbig	alf	0,60	0,60
1311	450	(L)	mehrfarbig	alg	0,80	0,70
1312	550	(L)	mehrfarbig	alh	0,90	0,90
			Satzpreis (3 W.)		2,20	2,—
			Dreierstreifen			2,20
			FDC			2,60

Auflage: 349 404 Sätze

aln) Leichtathletik alo) Schießen alp) Radfahren alr) Basketball

1316	50	(L)	mehrfarbig (B)	alm	0,10	0,10
1317	350	(L)	mehrfarbig (B)	aln	0,40	0,40
1318	400	(L)	mehrfarbig (B, MH)	alo	0,50	0,50
1319	450	(L)	mehrfarbig (B)	alp	0,50	0,50
1320	600	(L)	mehrfarbig (B)	alr	0,70	0,70
			Satzpreis (5 W.)		2,20	2,20
			FDC			2,60
			Markenheftchen mit 10 × MiNr. 1318		5,—	

Auflage: 350 506 Sätze

1985

1985, 18. März. Europa: Europäisches Jahr der Musik. RaTdr. (10×5); gez. K 12:11¾.

ali) Johann Sebastian Bach (1685–1750), deutscher Komponist
alk) Vincenzo Bellini (1801–1835), italienischer Komponist

1313	450	(L)	chromgelb/schwarz	ali	2,—	1,—
1314	600	(L)	gelbgrün/schwarz	alk	2,—	2,—
			Satzpreis (2 W.)		4,—	3,—
			FDC			5,50

Auflage: 600 000 Sätze

1985, 16. Mai. Emigration. RaTdr. (8×5); gez. K 13¼:14.

all) Seemöwen

1315	600	(L)	mehrfarbig	all	0,80	0,80
			FDC			1,10

Auflage: 341 563 Stück

1985, 16. Mai. Sportspiele der europäischen Kleinstaaten. RaTdr., Bogen (B) (8×5) und Markenheftchen (MH) (2×5); gez. K 13¼:14.

alm) Schwimmen

1985, 24. Juni. Internationales Jahr der Jugend. RaTdr. (10×5); gez. K 12:11¾.

als) Jugendlicher, Hand mit Friedenstaube
alt) Jugendliche, Friedenstaube, Pferdekopf

1321	400	L	mehrfarbig	als	0,50	0,50
1322	600	L	mehrfarbig	alt	0,90	0,90
			Satzpreis (2 W.)		1,40	1,40
			FDC			2,—

Auflage: 322 883 Sätze

1985, 24. Juni. 10. Jahrestag der Unterzeichnung der KSZE-Schlußakte, Helsinki. RaTdr. (8×5); gez. K 13¼:14.

alu) Sonne, Wolken, Pflanze

1323	600	L	mehrfarbig	alu	1,—	1,—
			FDC			1,50

Auflage: 331 351 Stück

1985, 24. Juni. Kongreß des Internationalen Verbandes für künstlerische Fotografie (FIAP): Internationale Biennale für künstlerische Fotografie. RaTdr. (5×4); gez. K 13¼:14.

alv) Regierungspalast von San Marino; Fotografie von Renzo Bonelli

1324	450	(L)	mehrfarbig	alv	0,70	0,70
			FDC			1,20

Auflage: 450 000 Stück

1985, 11. Sept. 200. Geburtstag von Alessandro Manzoni. StTdr. (5×8); gez. K 14:13¼.

alw alx aly

alw–aly) Szenen aus dem Roman „Die Verlobten" von A. Manzoni (1785–1873), italienischer Dichter

1325	400	(L)	dunkelgelbgrün	alw	0,50	0,50
1326	450	(L)	lilabraun	alx	0,60	0,60
1327	600	(L)	dunkelblau	aly	0,90	0,90
			Satzpreis (3 W.)		2,—	2,—
			FDC			2,50

Auflage: 307 270 Sätze

1985, 11. Sept. Weltmeisterschaften im Sportangeln, Florenz. RaTdr. (10×5); gez. K 14½:14.

alz) Karpfen an der Angel

| 1328 | 600 | (L) | mehrfarbig | alz | 0,90 | 0,90 |
| | | | FDC | | | 1,50 |

Auflage: 309 400 Sätze

1985, 25. Okt. Weltstädte (IX): Rom. RaTdr. (5×6); gez. K 1¾.

amb) Kolosseum, Rom (1985)

ama) Kolosseum und Kaiser-Nero-Statue, Rom (85 n. Chr.)

1329	1000	(L)	mehrfarbig	ama	1,30	1,30
1330	1500	(L)	mehrfarbig	amb	1,90	1,90
			Satzpreis (Paar)		3,20	3,20
			FDC			4,—

1329–1330 wurden schachbrettartig zusammenhängend gedruckt.
Auflage: 310 051 Sätze

Weitere Werte siehe Übersicht nach Jahrgangswerttabelle.

1985, 25. Okt. Kongreß des Internationalen Verbandes der Katzenfreunde, San Marino. RaTdr. (5×10); gez. K 11¾:12.

amc) Katze; Mosaik aus Pompeji

| 1331 | 600 | (L) | mehrfarbig | amc | 1,— | 1,— |
| | | | FDC | | | 1,50 |

Auflage: 316 697 Stück

1985, 3. Dez. Weihnachten. Komb. StTdr. und RaTdr. (2×6 Zd); gez. K 14:13¾.

amd) Engel ame) Maria mit Kind amf) Engel

amd–amf) Gemälde von Adolf Tuma, österreichischer Maler

1332	400	(L)	mehrfarbig	amd	0,70	0,70
1333	450	(L)	mehrfarbig	ame	0,80	0,80
1334	600	(L)	mehrfarbig	amf	1,—	1,—
			Satzpreis (3 W.)		2,50	2,50
			Dreierstreifen		3,—	3,—
			FDC			3,50

Auflage: 317 678 Sätze

1986

1986, 6. März. 30 Jahre Sozialversicherungsanstalt von San Marino (ISS); Weltgesundheitstag. RaTdr. (5×10); gez. K 11¾:11½.

amg amh

amg–amh) Zentralkrankenhaus, Cailungo

1335	450	(L)	mehrfarbig	amg	0,70	0,70
1336	650	(L)	mehrfarbig	amh	0,80	0,80
			Satzpreis (2 W.)		1,50	1,50
			FDC			2,—

Auflage: 375 000 Sätze

1986, 6. März. Halleyscher Komet. RaTdr. (10×5); gez. K 11½:11¾.

ami) Europäische Raumsonde GIOTTO, Halleyscher Komet

amk) Anbetung der Hl. Drei Könige; Fresko von Giotto di Bondone (1266–1337), italienischer Maler und Baumeister

1337	550	(L)	mehrfarbig	ami	1,—	1,—
1338	1000	(L)	mehrfarbig	amk	1,50	1,50
			Satzpreis (2 W.)		2,50	2,50
			FDC			3,—

Auflage: 450 000 Sätze

Satzpreise sind, wenn nicht anders angegeben, nach den niedrigsten Preisen eines Satzes errechnet.

San Marino

1986, 22. Mai. Europa: Natur- und Umweltschutz. RaTdr. (10×5); gez. K 13¼:14.

aml) Damwild, Pflanzen
amm) Falke, Pflanzen

1339	550 (L)	mehrfarbig	.... aml	12,—	10,—
1340	650 (L)	mehrfarbig	.... amm	13,—	10,—
			Satzpreis (2 W.)	25,—	20,—
			FDC		25,—

Auflage: 385 723 Sätze

1986, 22. Mai. Weltstädte (X): Chicago. RaTdr. (5×6); gez. K 11½:11¾.

amn) Wasserturm, Chicago (1870)

amo) Wasserturm, Chicago (1986)

1341	2000 (L)	mehrfarbig .... amn	2,50	2,50
1342	3000 (L)	mehrfarbig .... amo	3,50	3,50
		Satzpreis (Paar)	6,—	6,—
		FDC		6,50

MiNr. 1341–1342 wurden schachbrettartig zusammenhängend gedruckt.

Auflage: 292 500 Sätze

Weitere Werte siehe Übersicht nach Jahrgangswerttabelle.

1986, 22. Mai. Tischtennis-Weltmeisterschaften der Senioren, Rimini. StTdr. (10×5); gez. K 13¼:14.

amp) Tischtennisspieler, Emblem

| 1343 | 450 (L) | mehrfarbig .... amp | 0,80 | 0,80 |
| | | FDC | | 1,20 |

Auflage: 400 000 Stück

1986, 10. Juli. Internationales Jahr des Friedens. RaTdr. (10×5); gez. K 11½:11¾.

amr) Friedenstauben, Regenbogen, Emblem

| 1344 | 550 (L) | mehrfarbig .... amr | 0,80 | 0,80 |
| | | FDC | | 1,30 |

Auflage: 300 000 Stück

1986, 10. Juli. Blockausgabe: 15 Jahre diplomatische Beziehungen mit der Volksrepublik China – Chinesische Kunst. Komb. StTdr. und Odr., Blockrand komb. Odr. und Bdr.; gez. Ks 13¼:13½.

ams) Krieger   amt) Pferd   amu) Krieger   amv

ams–amu) Terrakottafiguren im Grab des Kaisers Qin Shi Huangdi (259–210 v. Chr.), bei Xi'an 1974 entdeckt.

1345	550 (L)	hellblau/schwarz .... ams	0,70	0,70
1346	650 (L)	olivbraun/schwarz .... amt	0,80	0,80
1347	2000 (L)	mattlila/schwarz .... amu	2,—	2,—
Block 10	(155×95 mm) .... amv	4,50	4,50
		FDC		5,—

Auflage: 332 000 Blocks

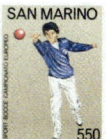

1986, 16. Sept. Boccia-Europameisterschaften. RaTdr. (10×5); gez. K 14¼:15.

amw) Bocciaspieler

| 1348 | 550 (L) | mehrfarbig .... amw | 0,80 | 0,80 |
| | | FDC | | 1,30 |

Auflage: 300 000 Stück

1986, 16. Sept. 25 Jahre Chorvereinigung von San Marino. RaTdr. (10×5); gez. K 14¼:14¾.

amx) Tanz des Apollo mit den Musen; (Detail): Gemälde von Giulio Romano (1492–1546), italienischer Maler

| 1349 | 450 (L) | mehrfarbig .... amx | 0,70 | 0,70 |
| | | FDC | | 1,20 |

Auflage: 300 000 Stück

1986, 16. Sept. 40 Jahre Weltkinderhilfswerk der Vereinten Nationen (UNICEF). RaTdr. (10×5); gez. K 12.

amy) Kind

| 1350 | 650 (L) | mehrfarbig .... amy | 1,— | 1,— |
| | | FDC | | 1,50 |

Auflage: 300 000 Stück

1986, 26. Nov. Weihnachten. Komb. StTdr. und RaTdr. (2×6 Zd); gez. K 14.

amz) Hl. Johannes der Täufer
ana) Maria mit Kind
anb) Hl. Johannes der Evangelist

amz–anb) Triptychon von Hans Memling (1435–1494), flämischer Maler

1351	450 (L)	mehrfarbig	amz	1,—	1,—
1352	550 (L)	mehrfarbig	ana	1,20	1,20
1353	650 (L)	mehrfarbig	anb	1,30	1,30
			Satzpreis (3 W.)	3,50	3,50
			Dreierstreifen	4,—	4,—
			FDC		4,50

MiNr. 1351–1353 wurden waagerecht zusammenhängend gedruckt.

Auflage: 384 000 Sätze

1987

1987, 12. März. Europa: Moderne Architektur. RaTdr. (10×5); gez. K 12:11¾.

anc) Skizze and) Innenansicht

anc–and) Kirche Maria zum Trost, Borgo Maggiore di San Marino (Architekt Giovanni Michelucci)

1354	600 (L)	mittelpurpur/schwarz	anc	9,—	9,—
1355	700 (L)	gelborange/schwarz	and	11,—	9,—
			Satzpreis (2 W.)	20,—	18,—
			FDC		20,—

Auflage: 400 000 Sätze

1987, 12. März. Große Automobilwettbewerbe: 80. Jahrestag des Rennens Peking-Paris, 15. Rallye San Marino, 60 Jahre Rennen „Mille Miglia". RaTdr. (5×10); gez. K 11¾:11½.

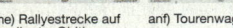

ane) Rallyestrecke auf Landkarte; Oldtimer
anf) Tourenwagen
ang) Rennwagen

1356	500 (L)	mehrfarbig	ane	0,70	0,70
1357	600 (L)	mehrfarbig	anf	0,80	0,80
1358	700 (L)	mehrfarbig	ang	1,—	1,—
			Satzpreis (3 W.)	2,50	2,50
			FDC		3,—

Auflage: 400 000 Sätze

1987, 13. Juni. 7. Kunst-Biennale. RaTdr. (10×5); gez. K 11¾.

anh) Aus dem Tagebuch Brasiliens/Urwald; Gemälde von Emilio Vedova
ani) Chromatische Inventionen mit Schwung; Gemälde von Corrado Cagli

1359	500 L	mehrfarbig	anh	0,80	0,80
1360	600 L	mehrfarbig	ani	0,90	0,90
			Satzpreis (2 W.)	1,70	1,70
			FDC		2,20

Auflage: 350 000 Sätze

1987, 13. Juni. Ultraleichtflugzeug. RaTdr. (5×10); gez. K 11¾.

ank) Ultraleichtflugzeug, Emblem

1361	600 L	mehrfarbig	ank	1,—	1,—
			FDC		1,50

Auflage: 350 000 Stück

1987, 13. Juni. Freimarken: Freilichtmuseum San Marino. RaTdr.; gez. K 14¾:13¾.

anl) Busignani Reffi
anm) Bini
ann) Guguianu
ano) Berti
anp) Crocetti

anr) Berti
ans) Messina
ant) Minguzzi
anu) Greco
anv) Sassu

anl–anv) Skulpturen der bei den einzelnen Marken genannten Künstler

1362	50 L	mehrfarbig	anl	0,10	0,10
1363	100 L	mehrfarbig	anm	0,20	0,20
1364	200 L	mehrfarbig	ann	0,30	0,30
1365	300 L	mehrfarbig	ano	0,50	0,50
1366	400 L	mehrfarbig	anp	0,60	0,60
1367	500 L	mehrfarbig	anr	0,80	0,80
1368	600 L	mehrfarbig	ans	1,—	1,—
1369	1000 L	mehrfarbig	ant	1,30	1,30
1370	2200 L	mehrfarbig	anu	3,20	3,20
1371	10000 L	mehrfarbig	anv	15,—	15,—
			Satzpreis (10 W.)	22,—	22,—
			FDC		25,—

Auflage: 250 000 Sätze

Mit MICHEL machen Sie mehr aus Ihren Briefmarken!

San Marino

1987, 29. Aug. Mensch und Gesellschaft: Gewaltlosigkeit. RaTdr. (5×10); gez. K 14:13¼.

anw) Gandhi-Büste auf dem Piazzale Gandhi, San Marino

1372	500 (L)	mehrfarbig	anw	0,80	0,80
			FDC		1,30

Auflage: 350 000 Stück

1987, 29. Aug. Mittelmeerspiele, Syrien. RaTdr. (10×5); gez. K 12:11¾.

anx) Piktogramme verschiedener Sportarten

1373	700 (L)	mehrfarbig	anx	1,10	1,10
			FDC		1,60

Auflage: 350 000 Stück

1987, 29. Aug. Leichtathletik-Weltmeisterschaften und Internationale Briefmarkenausstellung OLYMPHILEX '87, Rom. RaTdr. (10×5); gez. K 12.

any) Hürdenläufer, olympische Ringe

1374	600 (L)	mehrfarbig	any	1,—	1,—
			FDC		1,50

Auflage: 350 000 Stück

1987, 16. Okt. Weltstädte (XI): Kopenhagen. RaTdr. (5×6); gez. K 11¾.

anz) Kopenhagen (1836)

aoa) Kopenhagen (1987)

1375	1200 (L)	mehrfarbig	anz	2,—	2,—
1376	2200 (L)	mehrfarbig	aoa	3,50	3,50
		Satzpreis (Paar)		5,50	5,50
			FDC		6,—

MiNr. 1375–1376 wurden schachbrettartig zusammenhängend gedruckt.

Auflage: 350 000 Sätze

Weitere Werte siehe Übersicht nach Jahrgangswerttabelle.

Bei Anfragen bitte Rückporto nicht vergessen!

1987, 12. Nov. Weihnachten: 600. Geburtstag von Fra Angelico. RaTdr. (2×6 Zd); gez. K 13½.

aob) Verkündigung an Maria (Detail)
aoc) Maria mit Kind
aod) Verkündigung an Maria (Detail)

aob-aod) Gemälde von Fra Angelico (Fra Giovanni da Fiesole) (um 1395–1455), ital. Maler und Dominikanermönch

1377	600 L	mehrfarbig	aob	1,20	1,20
1378	600 L	mehrfarbig	aoc	1,20	1,20
1379	600 L	mehrfarbig	aod	1,20	1,20
		Satzpreis (3 W.)		3,50	3,50
		Dreierstreifen		4,—	4,—
			FDC		4,50

MiNr. 1377–1379 wurden waagerecht zusammenhängend gedruckt.

Auflage: 400 000 Sätze

1988

1988, 17. März. Europa: Transport- und Kommunikationsmittel. RaTdr. (10×5); gez. K 12:11¾.

aoe) Weltkugel, Magnetschwebebahn
aof) Weltkugel, Glasfasern

1380	600 (L)	mehrfarbig	aoe	7,—	4,—
1381	700 (L)	mehrfarbig	aof	8,—	4,—
		Satzpreis (2 W.)		15,—	8,—
			FDC		10,—

Auflage: 375 000 Sätze

1988, 17. März. Förderung der Philatelie (I): Motivsammlungen. RaTdr. (5×5); gez. K 11¾.

aog) Marken San Marino MiNr. 90, 311 und 1089
aoh) Marke San Marino MiNr. 192, Aerogramm
aoi) Marken San Marino MiNr. 517 und 1236, Freistempel

aok) Marken San Marino MiNr. 1168 und 1263
aol) Marken San Marino MiNr. 432, 1313 und 464

San Marino

1382	50 (L)	mehrfarbig	aog	0,10	0,10
1383	150 (L)	mehrfarbig	aoh	0,30	0,30
1384	300 (L)	mehrfarbig	aoi	0,50	0,50
1385	350 (L)	mehrfarbig	aok	0,60	0,60
1386	1000 (L)	mehrfarbig	aol	1,70	1,70
			Satzpreis (5 W.)	3,20	3,20
			FDC		3,60

Auflage: 300 000 Sätze

1988, 7. Mai. 900 Jahre Universität Bologna. RaTdr. (10×5); gez. K 13¼:14.

aom) Carlo Malagola, Dozent; Palazzo della Mercanzia
aon) Pietro Ellero, Dozent; Palazzo Podestà
aoo) Giosué, Carducci, Dozent; Stadtansicht
aop) Giovanni Pascoli, Dozent; Athenäum

aom–aop) Gebäude in Bologna

1387	550 (L)	mehrfarbig	aom	0,70	0,70
1388	650 (L)	mehrfarbig	aon	1,—	1,—
1389	1300 (L)	mehrfarbig	aoo	1,70	1,70
1390	1700 (L)	mehrfarbig	aop	2,20	2,20
			Satzpreis (4 W.)	5,50	5,50
			FDC		6,—

Auflage: 300 000 Sätze

1988, 8. Juli. Europäisches Film- und Fernsehjahr: Verleihung des Preises „I Grandi dello Spettacolo" an Federico Fellini. RaTdr. (10×5); gez. K 13¼:14.

aor) La Strada
aos) La Dolce Vita
aot) Amarcord

aor–aot) Plakate zu Filmen von F. Fellini (1920–1993), Regisseur

1391	300 (L)	mehrfarbig	aor	0,50	0,50
1392	900 (L)	mehrfarbig	aos	1,30	1,30
1393	1200 (L)	mehrfarbig	aot	1,70	1,70
			Satzpreis (3 W.)	3,50	3,50
			FDC		4,—

Auflage: 300 000 Sätze

1988, 8. Juli. 40. Internationale Briefmarkenmesse San Marino/Riccione. RaTdr. K 14:13¼.

aou) Sandstrand, Monte Titano

1394	750 (L)	mehrfarbig	aou	1,10	1,10
			FDC		1,60

Auflage: 300 000 Stück

1988, 19. Sept. Probleme unserer Zeit: AIDS. RaTdr. (5×10); gez. K 14:13¼.

aov) Familie, Baum

aow) Inschrift
aox) Geknoteter Strick, HI-Virus
aoy) Mann mit Zeitung

1395	250 (L)	mehrfarbig	aov	0,40	0,40
1396	350 (L)	mehrfarbig	aow	0,50	0,50
1397	650 (L)	mehrfarbig	aox	0,90	0,90
1398	1000 (L)	mehrfarbig	aoy	1,40	1,40
			Satzpreis (4 W.)	3,20	3,20
			FDC		3,60

Auflage: 3 000 000 Sätze

1988, 19. Sept. Blockausgabe: Olympische Sommerspiele, Seoul. Odr.; gez. Ks 13:14.

aoz) Laufen   apa) Hürdenlauf   apb) Weitsprung   apc

1399	650 (L)	mehrfarbig	aoz	0,70	0,70
1400	750 (L)	mehrfarbig	apa	0,90	0,90
1401	1300 (L)	mehrfarbig	apb	1,40	1,40
Block 11	(118×104 mm)		apc	3,20	3,20
			FDC		3,60

Auflage: 300 000 Blocks

1988, 18. Okt. Weltstädte (XII): Den Haag. RaTdr. (5×6); gez. K 11¾.

ape) Kurhaus Scheveningen, Den Haag (1988)

apd) Kurhaus Scheveningen, Den Haag (1885)

San Marino

1402	1600	(L)	mehrfarbig . . . . apd	2,—	2,—
1403	3000	(L)	mehrfarbig . . . . ape	4,—	4,—
			Satzpreis (Paar)	6,—	6,—
			FDC		6,50

MiNr. 1402–1403 wurden schachbrettartig zusammenhängend gedruckt.

Auflage: 300 000 Sätze

Weitere Werte siehe Übersicht nach Jahrgangswerttabelle.

1988, 9. Dez. Weihnachten. Komb. StTdr. und Odr.; MiNr. 1404 und 1406 gez. K 13¼:14, MiNr. 1405 gez. K 14.

apf) Engel mit Geige
apg) Verkündigungsengel
aph) Engel mit Mandola

apf–aph) Gemälde von Melozzo da Forli (1438–1494), italienischer Maler

1404	650	(L)	mehrfarbig . . . . apf	1,—	1,—
1405	650	(L)	mehrfarbig . . . . apg	1,—	1,—
1406	650	(L)	mehrfarbig . . . . aph	1,—	1,—
			Satzpreis (3 W.)	3,—	3,—
			Dreierstreifen	3,50	3,50
			FDC		4,—

MiNr. 1404–1406 wurden waagerecht zusammenhängend gedruckt.

Auflage: 300 000 Sätze

1989

1989, 31. März. Blockausgabe: Europa: Kinderspiele. RaTdr.; gez. K 13¼:14.

apl
api) Kinder beim Rodeln
apk) Kinder beim Hüpfspiel „Saltarello"

1407	650	(L)	mehrfarbig . . . . api	5,—	5,—
1408	750	(L)	mehrfarbig . . . . apk	5,—	5,—
Block 12	(114 × 80 mm) . . . . apl			10,—	10,—
			FDC		15,—

Auflage: 375 000 Blocks

Bitte teilen Sie uns von Ihnen festgestellte Fehler mit, damit wir sie berichtigen können.

1989, 31. März. Naturschutz: Kinderzeichnungen. RaTdr. (5 × 10); gez. K 14:13½.

apm) Vogel auf Zweig; von Federica Sparagna
apn) Vögel unter Baum; von Giovanni Montedoro
apo) Landschaft; von Rosa Mannarino

1409	200	(L)	mehrfarbig . . . . apm	0,30	0,30
1410	500	(L)	mehrfarbig . . . . apn	0,80	0,80
1411	650	(L)	mehrfarbig . . . . apo	1,10	1,10
			Satzpreis (3 W.)	2,20	2,20
			FDC		2,60

Auflage: 300 000 Sätze

1989, 13. Mai. Sport: 30 Jahre Nationales Olympisches Komitee (CONS); Beitritt des Nationalen Fußballverbandes in UEFA und FIFA; Tennis-Grand-Prix-Turnier; Formel-1-Weltmeisterschaftslauf, Imola. RaTdr. (5 × 10); gez. K 11¾:12.

app) CONS-Emblem
apr) UEFA- und FIFA-Emblem, Fußball

aps) Tennisschläger, Ball
apt) Formel-1-Rennwagen

1412	650	(L)	mehrfarbig . . . . app	1,—	1,—
1413	750	(L)	mehrfarbig . . . . apr	1,10	1,10
1414	850	(L)	mehrfarbig . . . . aps	1,20	1,20
1415	1300	(L)	mehrfarbig . . . . apt	1,70	1,70
			Satzpreis (4 W.)	5,—	5,—
			FDC		5,50

Auflage: 300 000 Sätze

1989, 13. Mai. Förderung der Philatelie (II): Postgeschichte. RaTdr. (5 × 5); gez. K 11¾.

apu) Brief mit Marke San Marino MiNr. 1147
apv) Brief mit Marke San Marino MiNr. 1385
apw) Paketkarte San Marino MiNr. AP 2 mit italienischer Zusatzfrankatur

apx) Entwurf einer nichtausgegebenen Briefmarke (1865)
apy) Vorphilabrief (1862)

San Marino

1416	100	(L)	mehrfarbig	apu	0,20	0,20
1417	200	(L)	mehrfarbig	apv	0,30	0,30
1418	400	(L)	mehrfarbig	apw	0,60	0,60
1419	500	(L)	mehrfarbig	apx	0,80	0,80
1420	1000	(L)	mehrfarbig	apy	1,50	1,50
			Satzpreis (5 W.)		3,40	3,40
			FDC			4,—

Auflage: 300 000 Sätze

1989, 7. Juli. 200. Jahrestag der Französischen Revolution. Odr. (5×4); gez. K 12½:13.

apz) Der Ballhaus-schwur
ara) Die Verhaftung von König Louis XVI.
arb) Revolutionsarmee Napoleons

1421	700	(L)	mehrfarbig	apz	1,20	1,20
1422	1000	(L)	mehrfarbig	ara	1,60	1,60
1423	1800	(L)	mehrfarbig	arb	2,20	2,20
			Satzpreis (3 W.)		5,—	5,—
			FDC			5,50

Auflage: 300 000 Sätze

1989, 18. Sept. Verleihung des Preises „I Grandi dello Spettacolo" an Rudolf Nurejew. RaTdr. (10×5); gez. K 13¼:14.

  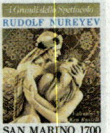

arc) Marguerite et Armand
ard) Apollon Musagète
are) Valentino

arc–are) Ballettszenen mit Rudolf Nurejew (1938–1993); russischer Tänzer und Choreograph

1424	1200	(L)	mehrfarbig	arc	1,50	1,50
1425	1500	(L)	mehrfarbig	ard	2,—	2,—
1426	1700	(L)	mehrfarbig	are	2,50	2,50
			Satzpreis (3 W.)		6,—	6,—
			FDC			6,50

Auflage: 300 000 Sätze

1989, 17. Nov. Weihnachten. RaTdr. (2×3 Zd); gez. K 11¾.

arf) Verkündigunsgengel
arg) Christi Geburt
arh) Hl. Maria

arf–arh) Drei Tafeln aus dem Polyptychon (Rimini 14. Jh.) in der Kirche von Valdragone

1427	650	(L)	mehrfarbig	arf	1,—	1,—
1428	650	(L)	mehrfarbig	arg	1,—	1,—
1429	650	(L)	mehrfarbig	arh	1,—	1,—
			Satzpreis (3 W.)		3,—	3,—
			Dreierstreifen		3,—	3,—
			FDC			3,50

MiNr. 1427–1429 wurden waagerecht zusammenhängend gedruckt.

Auflage: 300 000 Sätze

1989, 17. Nov. Weltstädte (XIII): Washington. RaTdr. (5×6); gez. K 11¾.

ari) Kapitol, Washington (1850)

ark) Kapitol, Washington (1989)

1430	2000	(L)	mehrfarbig	ari	2,50	2,50
1431	2500	(L)	mehrfarbig	ark	3,—	3,—
			Satzpreis (Paar)		5,50	5,50
			FDC			6,—

MiNr. 1430–1431 wurden schachbrettartig zusammenhängend gedruckt.

Auflage: 300 000 Sätze

Weitere Werte siehe Übersicht nach Jahrgangswerttabelle.

1990

1990, 22. Febr. Europa: Postalische Einrichtungen. RaTdr. (10×5); gez. K 13¼:14.

arl) Postamt Pianello (1842)
arm) Postamt Dogana

1432	700	(L)	mehrfarbig	arl	2,—	1,50
1433	800	(L)	mehrfarbig	arm	2,—	1,50
			Satzpreis (3 W.)		4,—	3,—
			FDC			3,50

Auflage: 375 000 Sätze

1990, 22. Febr. 250. Jahrestag der vergeblichen Belagerung San Marinos durch Kardinal Alberoni. RaTdr. (10×5); gez. K 11¾.

arn) Martyrium der hl. Agatha; Gemälde von Giovanni Battista Tiepolo (1696–1770), italienischer Maler; Kardinal Alberoni zieht am Tag der hl. Agatha (5.2.) von San Marino ab

| 1434 | 3500 | (L) | mehrfarbig | arn | 5,— | 5,— |
| | | | FDC | | | 5,50 |

Auflage: 300 000 Stück

San Marino

1990, 23. März/11. Juni. Europäisches Jahr der Tourismus (I). RaTdr.; A = vierseitig gez. K 11½:11¾ (Bogen 10 × 5), C = senkreckt gez. 11¾ (Markenheftchen).

aro) Landkarte von Nord- und Mittelitalien arp) Adriaküste mit San Marino arr) La Cesta

1435		600 (L)	mehrfarbig . . . . aro		
	A		gez. K 11½:11¾ (23. März)	0,70	0,70
	C		senkr. gez. 11¾ (11. Juni)	0,70	0,70
1436		600 (L)	mehrfarbig . . . . arp		
	A		gez. K 11½:11¾ (23. März)	0,70	0,70
	C		senkr. gez. 11¾ (11. Juni)	0,70	0,70
1437		600 (L)	mehrfarbig . . . . arr		
	A		gez. K 11½:11¾ (23. März)	0,70	0,70
	C		senkr. gez. 11¾ (11. Juni)	0,70	0,70
			Satzpreis A (3 W.)	2,—	2,—
			Satzpreis C (3 W.)	2,—	2,—
			FDC (A)		6,—

MiNr. 1435 C–1437 C stammen aus MH 1.

FDC für MiNr. 1435 C–1437 C siehe bei MiNr. 1447–1450.

Auflage: A und C je 300 000 Sätze

Weitere Werte: MiNr. 1447–1250

1990, 23. März. Blockausgabe: Fußball-Weltmeisterschaft, Italien. RaTdr.; gez. Ks 13¼:14.

ars) Deutschland, Weltmeister 1954, 1974 art) Italien, Weltmeister 1934, 1938, 1982 aru) England, Weltmeister 1966 ary

arv) Uruguay, Weltmeister 1930, 1950 arw) Brasilien, Weltmeister 1958, 1962, 1970 arx) Argentinien, Weltmeister 1978, 1986

ars–arx) Spielszenen

1438	700 (L)	mehrfarbig . . . . ars	0,70	0,70
1439	700 (L)	mehrfarbig . . . . art	0,70	0,70
1440	700 (L)	mehrfarbig . . . . aru	0,70	0,70
1441	700 (L)	mehrfarbig . . . . arv	0,70	0,70
1442	700 (L)	mehrfarbig . . . . arw	0,70	0,70
1443	700 (L)	mehrfarbig . . . . ary	0,70	0,70
Block 13	(120 × 114 mm) . . . . ary		5,—	5,—
		FDC		5,50

Auflage: 375 000 Blocks

1990, 3. Mai. Verleihung des Preises „I Grandi dello Spettacolo" an Sir Lawrence Olivier. RaTdr. (10 × 5); gez. K 13¼:14.

arz) Hamlet asa) Richard III. asb) The Marathon Man

arz–asb) Schauspielszenen mit Sir Lawrence Olivier (1907–1989), englischer Regisseur und Schauspieler

1444	600 (L)	mehrfarbig . . . . arz	1,—	1,—
1445	700 (L)	mehrfarbig . . . . asa	1,30	1,30
1446	1500 (L)	mehrfarbig . . . . asb	2,20	2,20
		Satzpreis (3 W.)	4,50	4,50
		FDC		5,—

Auflage: 300 000 Sätze

1990, 11. Juni. Europäisches Jahr des Tourismus (II). RaTdr., Markenheftchen dreiseitig gez. K 11½:11¾.

asc) Heiligenstatue am Regierungspalast
asd) Statue der Freiheit
ase) Regierungspalast
asf) Mann mit Staatsflagge

1447	50 (L)	mehrfarbig . . . . asc	0,10	0,10
1448	50 (L)	mehrfarbig . . . . asd	0,10	0,10
1449	50 (L)	mehrfarbig . . . . ase	0,10	0,10
1450	50 (L)	mehrfarbig . . . . asf	0,10	0,10
		Satzpreis (4 W.)	0,40	0,40
		FDC mit MiNr. 1435 C–1437 C und MiNr. 1447–1450 (1 H-Bl.)		4,—

MiNr. 1447–1450 stammen aus MH 1.

Auflagen: 300 000 Sätze

Weitere Werte: MiNr. 1435–1437

1990, 11. Juni. Besuch des italienischen Staatspräsidenten Francesco Cossiga in San Marino. Odr. (4 × 5); gez. K 13:12½.

asg) Monte Titano, Bänder in den Landesfarben

1451	600 (L)	mehrfarbig . . . . asg	0,80	0,80
		FDC		1,30

Auflage: 300 000 Stück

1990, 6. Sept. 100. Todestag von Carlo Collodi. RaTdr. (10 × 5); gez. K 11½:11¾.

ash) Pinocchio asi) Gepetto ask) Die Fee asl) Katze und Wolf

ash–asl) Zeichnungen von Benito Jacovitti nach dem Kinderbuch „Die Abenteuer des Pinocchio" von C. Collodi (1826–1890), italienischer Schriftsteller

```
1452   250 (L) mehrfarbig .............. ash   0,30   0,30
1453   400 (L) mehrfarbig .............. asi   0,50   0,50
1454   450 (L) mehrfarbig .............. ask   0,50   0,50
1455   600 (L) mehrfarbig .............. asl   0,70   0,70
                         Satzpreis (4 W.)      2,—
                                    FDC              2,60
```

Auflage: 300 000 Sätze

1990, 6. Sept. 500. Jahrestag der Entdeckung von Amerika (1992) (I). Odr. (4×5); gez. K 13:12¾.

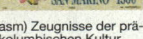

asm) Zeugnisse der präkolumbischen Kultur

asn) Landwirtschaftliche Produkte

asm–asn) Christoph Kolumbus (1451–1506), spanisch-italienischer Seefahrer; Landkarte der Karibik

```
1456   1500 (L) mehrfarbig ............. asm   2,—    2,—
1457   2000 (L) mehrfarbig ............. ans   2,50   2,50
                         Satzpreis (2 W.)      4,50   4,50
                                    FDC              5,50
```

Auflage: 300 000 Sätze

1990, 31. Okt. Fauna und Flora. RaTdr.; gez. K 14:13¼.

aso) Schwalbenschwanz, Meerträubchen

asp) Haselblattroller, Haselnuß

asr) Gartenschläfer, Eiche

ass) Smaragdeidechse, Ragwurz

ast) Sommergoldhähnchen, Kiefer

```
1458   200  (L) mehrfarbig ............. aso   0,30   0,30
1459   300  (L) mehrfarbig ............. asp   0,50   0,50
1460   500  (L) mehrfarbig ............. asr   0,80   0,80
1461   1000 (L) mehrfarbig ............. ass   1,30   1,30
1462   2000 (L) mehrfarbig ............. ast   2,60   2,60
                         Satzpreis (5 W.)      5,50   5,50
                                    FDC              6,—
```

Auflage: 300 000 Sätze

1990, 31. Okt. Weihnachten. RaTdr. (2×5 Zd); gez. K 11¾.

asu
asv

asu–asv) Cucciniello-Krippe

```
1463   750 (L) mehrfarbig .............. asu   1,20   1,20
1464   750 (L) mehrfarbig .............. asv   1,20   1,20
                         Satzpreis (Paar)      2,50   2,50
                                    FDC              3,20
```

MiNr. 1463–1464 wurden waagerecht zusammenhängend gedruckt.

Auflage: 300 000 Sätze

1991

1991, 12. Febr. Europa: Europäische Weltraumfahrt. RaTdr. (5×4); gez. K 13¼:14.

asw) Trägerrakete „Ariane 4"

asx) Erdbeobachtungssatellit „ERS-1"

```
1465   750 (L) mehrfarbig .............. asw   4,—    4,—
1466   800 (L) mehrfarbig .............. asx   4,—    4,—
                         Satzpreis (2 W.)      8,—    8,—
                                    FDC              11,—
```

Auflage: 375 000 Sätze

1991, 12. Febr. Förderung der Philatelie (III). RaTdr. (5×5); gez. K 11¾.

asy) Briefmarkengeschäft

asz) Briefmarkensammlerverein

ata) Briefmarkenausstellung

atb) Philatelistisches Zubehör

atc) Philatelistische Literatur

```
1467   100  (L) mehrfarbig ............. asy   0,10   0,10
1468   150  (L) mehrfarbig ............. asz   0,20   0,20
1469   200  (L) mehrfarbig ............. ata   0,30   0,30
1470   450  (L) mehrfarbig ............. atb   0,70   0,70
1471   1500 (L) mehrfarbig ............. atc   2,20   2,20
                         Satzpreis (5 W.)      3,50   3,50
                                    FDC              4,10
```

Auflage: 300 000 Sätze

1991, 22. März. 500. Jahrestag der Entdeckung von Amerika (1992) (II). Odr. (4×5); gez. K 13:12¾.

atd) Karte des Atlantischen Ozeans, nautische Instrumente

ate) Schiffe der Kolumbus-Flotte „Santa Maria", „Nina" und „Pinta"

```
1472   750  (L) mehrfarbig ............. atd   1,—    1,—
1473   3000 (L) mehrfarbig ............. ate   4,—    4,—
                         Satzpreis (2 W.)      5,—    5,—
                                    FDC              5,50
```

Auflage: 300 000 Sätze

1991, 22. März. Olympische Sommerspiele 1992, Barcelona (I). Odr. (4×5); gez. K 14¾:14.

atf) Parthenon, Athen
atg) Erster Turm San Marinos
ath) Kirche Sagrada Familia, Barcelona

atf–ath) Fackellauf

1474	400	(L)	mehrfarbig .... atf	0,50	0,50
1475	600	(L)	mehrfarbig .... atg	0,70	0,70
1476	2000	(L)	mehrfarbig .... ath	2,50	2,50
			Satzpreis (3 W.)	3,60	3,60
			FDC		4,20

Auflagen: MiNr. 1474 = 450 000, MiNr. 1475 = 400 000, MiNr. 1476 = 300 000 Stück

1991, 4. Juni. 100 Jahre Basketball. RaTdr. (5×4); gez. K 13¼:14.

ati) Frühere und jetzige Form von Ball und Korb; Spielszene
atk) James Naismith, Begründer der modernen Basketballregeln; Spielszene

1477	650	(L)	mehrfarbig .... ati	0,80	0,80
1478	750	(L)	mehrfarbig .... atk	1,—	1,—
			Satzpreis (2 W.)	1,80	1,80
			FDC		2,20

Auflagen: MiNr. 1477 = 350 000, MiNr. 1478 = 300 000 Stück

1991, 4. Juni. Freimarken: Dinge, Gesten und Gefühle des täglichen Lebens – Haustiere. RaTdr.; gez. K 14:13¼.

atl) Katze

atm) Goldhamster atn) Hunde ato) Aquarium atp) Vogelkäfig

1479	500	(L)	mehrfarbig .... atl	0,60	0,60
1480	550	(L)	mehrfarbig .... atm	0,70	0,70
1481	750	(L)	mehrfarbig .... atn	0,90	0,90
1482	1000	(L)	mehrfarbig .... ato	1,30	1,30
1483	1200	(L)	mehrfarbig .... atp	1,50	1,50
			Satzpreis (5 W.)	5,—	5,—
			FDC		5,50

Auflagen: MiNr. 1479 = 500 000, MiNr. 1480–1481 je 400 000, MiNr. 1482 bis 1483 je 300 000 Stück

Weitere Werte: MiNr. 1503–1507, 1570–1574

1991, 24. Sept. Blockausgabe: Geburt des neuen Europa. Odr.; gez. K 14:13½.

atr) Friedenstaube; zersprungene Kette; Brandenburger Tor, Berlin
ats) Michail Gorbatschow, George Bush, Regenbogen
att) Blume, gebrochener Stacheldraht, Landkarte von Europa
atu

1484	1500	(L)	mehrfarbig .... atr	1,50	1,50
1485	1500	(L)	mehrfarbig .... ats	1,50	1,50
1486	1500	(L)	mehrfarbig .... att	1,50	1,50
Block 14	(120×72 mm) .... atu			6,—	5,—
			FDC		7,50

Auflage: 320 000 Blocks

1991, 24. Sept. 100 Jahre Radio (1995) (I). RaTdr. (4×5); gez. K 14:13¼.

atv) James Clerk Maxwell (1831–1879), britischer Physiker

1487	750	(L)	mehrfarbig .... atv	1,—	1,—
			FDC		1,50

Auflage: 350 000 Stück

Weitere Ausgaben: MiNr. 1495, 1531, 1569, 1615–1616

Parallelausgabe mit Italien MiNr. 2191

1991, 13. Nov. Weihnachten. Odr. (5×4); gez. K 14½:14¼.

atw atx aty

atw–aty) Verschiedene Ansichten der Festung Rocca auf dem Monte Titano

1488	600	(L)	mehrfarbig .... atw	0,80	0,80
1489	750	(L)	mehrfarbig .... atx	1,—	1,—

✈ Flugpostmarke

1490	1200	(L)	mehrfarbig .... aty	1,70	1,70
			Satzpreis (3 W.)	3,50	3,50
			FDC		4,20

Auflage: 300 000 Sätze

Mit MICHEL-Katalogen sind Sie immer gut informiert!

1992

1992, 3. Febr. 200. Geburtstag von Gioachino Rossini. RaTdr. (4×4); gez. K 14:13¼.

atz) Szene aus „Bianca und Falliero" beim Rossini-Opernfestival, Pesaro (1989)
aua) Szene aus „Der Barbier von Sevilla" in der Mailänder Scala (1982/83)

atz–aua) G. Rossini (1792–1868), italienischer Komponist

1491	750	(L)	mehrfarbig	atz	1,—	1,—
1492	1200	(L)	mehrfarbig	aua	1,50	1,50
			Satzpreis (2 W.)		2,50	2,50
			FDC			3,—

Auflage: 300 000 Sätze

1992, 3. Febr. 500. Jahrestag der Entdeckung von Amerika (III). Odr. (4×5); gez. K 12.

aub) Landung der Kolumbus-Flotte auf der Insel Guanahani (1492)
auc) Karte mit den Routen der vier Seereisen von Kolumbus, Windrose

1493	1500	(L)	mehrfarbig	aub	1,70	1,70
1494	2000	(L)	mehrfarbig	auc	2,50	2,50
			Satzpreis (2 W.)		4,20	4,20
			FDC			4,60

Auflage: 300 000 Sätze

1992, 26. März. 100 Jahre Radio (1995) (II). RaTdr. (4×5); gez. K 14:13¼.

aud) Heinrich Rudolf Hertz (1857–1894), deutscher Physiker

1495	750	(L)	mehrfarbig	aud	1,—	1,—
			FDC			1,50

Auflage: 350 000 Stück

Weitere Ausgaben: MiNr. 1487, 1531, 1569, 1615–1616

Parallelausgabe mit Italien MiNr. 2205

1992, 26. März. Tourismus. Odr., Markenheftchen; MiNr. 1496–1499 dreiseitig, MiNr. 1500–1502 senkrecht gez. 14¼:13¼.

aue) Mann in historischem Kostüm
auf) Tennisspieler
aug) Motorradfahrer
auh) Sportwagen

aui) Liebespaar in einer Vollmondnacht
auk) Mann speist in einem Restaurant
aul) Frau liest unter einem Sonnenschirm

1496	50	(L)	mehrfarbig	aue	0,10	0,10
1497	50	(L)	mehrfarbig	auf	0,10	0,10
1498	50	(L)	mehrfarbig	aug	0,10	0,10
1499	50	(L)	mehrfarbig	auh	0,10	0,10
1500	600	(L)	mehrfarbig	aui	0,70	0,70
1501	600	(L)	mehrfarbig	auk	0,70	0,70
1502	600	(L)	mehrfarbig	aul	0,70	0,70
			Satzpreis (7 W.)		2,50	2,50
			FDC (1 H-Bl.)			3,50

MiNr. 1496–1502 stammen aus MH 2.

Auflage: 300 000 Sätze

1992, 26. März. Freimarken: Dinge, Gesten und Gefühle des täglichen Lebens – Zimmerpflanzen. Odr.; gez. K 13¼:13.

aum) Rosen

aun) Gummibaum   auo) Orchideen   aup) Kakteen   aur) Geranien

1503	50	(L)	mehrfarbig	aum	0,20	0,20
1504	200	(L)	mehrfarbig	aun	0,30	0,30
1505	300	(L)	mehrfarbig	auo	0,40	0,40
1506	450	(L)	mehrfarbig	aup	0,60	0,60
1507	5000	(L)	mehrfarbig	aur	6,—	6,—
			Satzpreis (5 W.)		7,50	7,50
			FDC			8,—

Auflagen: MiNr. 1503 = 600 000, MiNr. 1504–1506 je 500 000, MiNr. 1507 = 300 000 Stück

Weitere Werte: MiNr. 1479–1483, 1570–1574

1992, 22. Mai. Europa: 500. Jahrestag der Entdeckung von Amerika. RaTdr. (4×5); gez. K 12:11¾.

aus) Karavelle, Erdkugel mit amerikanischem Kontinent
aut) Zerbrochenes Ei, Karavelle an Land

1508	750	L	mehrfarbig	aus	1,80	1,80
1509	850	L	mehrfarbig	aut	1,80	1,80
			Satzpreis (2 W.)		3,50	3,50
			FDC			8,—

Auflage: 450 000 Sätze

Die Ausführlichkeit der MICHEL-Kataloge ist international anerkannt.

San Marino

1992, 22. Mai. Blockausgabe: Olympische Sommerspiele, Barcelona (II). Odr.; Papier fl.; gez. Ks 14.

auu) Fußball			auy
auv) Schießen	auw) Schwimmen	aux) Laufen	

1510	1250 L	mehrfarbig	auu	1,50	1,50
1511	1250 L	mehrfarbig	auv	1,50	1,50
1512	1250 L	mehrfarbig	auw	1,50	1,50
1513	1250 L	mehrfarbig	aux	1,50	1,50
Block 15 (137 × 105 mm)			auy	6,—	6,—
			FDC		6,50

Auflage: 300 000 Blocks

1992, 18. Sept. Beitritt San Marinos zur UNO. Odr. (2 × 3 Zd); gez. K 12:12¼.

auz) Staatswappen
ava) UNO-Emblem

auz–ava) Stadtansicht von San Marino

1514	1000 (L)	mehrfarbig	auz	1,20	1,20
1515	1000 (L)	mehrfarbig	ava	1,20	1,20
		Satzpreis (Paar)		2,50	2,50
		FDC			3,—

MiNr. 1514–1515 wurden waagerecht zusammenhängend gedruckt.

Auflage: 300 000 Sätze

1992, 18. Sept. Pilz-Ausstellung. RaTdr. (2 × 5 Zd); gez. K 11½:11¾.

avb	avc	avd	ave

avb) Orangefuchsiger Schleierling (Cortinarius orellanus); Karbolegerling (Agaricus xanthoderma)
avc) Schöne Koralle (Clavaria formosa); Fliegenpilz (Amanita muscaria); Grüner Knollenblätterpilz (Amanita phalloides)
avd) Parasol (Macrolepiota procera); Pfifferling (Cantharellus cibarius); Steinpilz (Boletus edulis); Kaiserling (Amanita caesarea)
ave) Lachsreizker (Lactarius salmonicolor); Violetter Rötelritterling (Lepista nuda); Maipilz (Calocybe gambosa); Schopftintling (Coprinus comatus)

1516	250 (L)	mehrfarbig	avb	0,50	0,50
1517	250 (L)	mehrfarbig	avc	0,50	0,50
1518	350 (L)	mehrfarbig	avd	0,60	0,60
1519	350 (L)	mehrfarbig	ave	0,60	0,60
		Satzpreis (2 Paare)		2,20	2,20
		FDC			3,—

Nominalgleiche Marken wurden waagerecht zusammenhängend gedruckt.

Auflage: 300 000 Sätze

1992, 16. Nov. Weihnachten: 500. Todestag von Piero della Francesca. Odr. (2 × 5 Zd); gez. K 14½:14¼.

avf) Gesamtbild
avg) Detail der Figurengruppe
avh) Detail des Gewölbes

avf–avh) Sacra Conversazione; Gemälde von P. della Francesca (um 1415–1492), italienischer Maler

1520	750 (L)	mehrfarbig	avf	1,—	1,—
1521	750 (L)	mehrfarbig	avg	1,—	1,—
1522	750 (L)	mehrfarbig	avh	1,—	1,—
		Satzpreis (3 W.)		3,—	3,—
		Dreierstreifen		3,—	3,—
		FDC			3,50

MiNr. 1520–1522 wurden waagerecht zusammenhängend gedruckt.

Auflage: 300 000 Sätze

1993

1993, 29. Jan. Europa: Zeitgenössische Kunst. Odr. (5 × 4); gez. K 11¾:11½.

avi) Gemälde von Nicola De Maria (*1954)
avk) Gemälde von Mimmo Paladino (*1948)

1523	750 (L)	mehrfarbig	avi	1,—	1,—
1524	850 (L)	lebhaftlilaultramarin/orange	avk	1,—	1,—
		Satzpreis (2 W.)		2,—	2,—
		FDC			3,—

Auflage: 430 000 Sätze

1993, 29. Jan. Sportereignisse: Sportspiele der Jugend; Olympische Spiele der europäischen Jugend, Aosta und Eindhoven; Mannschafts-Weltmeisterschaft im Sportangeln, Ostellato; Sportspiele der europäischen Kleinstaaten, Malta; Mittelmeerspiele, Agde; Odr. (5 × 4); gez. K 13¼:14.

avl) Tennis
avm) Skilanglauf
avn) Langstreckenlauf

San Marino

avo) Sportangeln   avp) Kurzstreckenlauf   avr) Kurzstreckenlauf

1525	300	(L)	mehrfarbig	avl	0,30	0,30
1526	400	(L)	mehrfarbig	avm	0,50	0,50
1527	550	(L)	mehrfarbig	avn	0,60	0,60
1528	600	(L)	mehrfarbig	avo	0,70	0,70
1529	700	(L)	mehrfarbig	avp	0,80	0,80
1530	1300	(L)	mehrfarbig	avr	1,60	1,60
			Satzpreis (6 W.)		4,50	4,50
			FDC			5,—

Auflage: 300 000 Sätze

1993, 26. März. 100 Jahre Radio (1995) (III). RaTdr. (4×5); gez. K 14:13¼.

avs) Edouard Branly (1844–1940), französischer Physiker

1531	750	(L)	mehrfarbig	avs	1,—	1,—
			FDC			1,60

Auflage: 350 000 Stück

Weitere Ausgaben: MiNr. 1487, 1495, 1569, 1615–1616

Parallelausgabe mit Italien MiNr. 2275

1993, 26. März. Blockausgabe: Sendebeginn des nationalen Fernsehprogramms. Odr.; MiNr. 1533 mit Hologrammfolie; gez. Ks 13¼.

avt) Erster 100-m-Lauf unter 10 Sekunden (Leichtathletik-WM 1991, Tokio)
avu) Monte Titano bei Nacht, Fernsehsatellit
avv) Neil Armstrong als erster Mensch auf dem Mond (1969)
avw

1532	2000	(L)	mehrfarbig	avt	2,20	2,20
1533	2000	(L)	mehrfarbig	avu	2,20	2,20
1534	2000	(L)	mehrfarbig	avv	2,20	2,20
Block 16	(140×70 mm)			avw	7,50	7,50
			FDC			8,—

Auflage: 350 000 Blocks

Für jeden Sammler hat MICHEL den richtigen Katalog. Fordern Sie bitte unser Verlagsverzeichnis an!

1993, 26. Mai. Weltweiter Naturschutz: Schmetterlinge. Odr. (2×2 Zd); gez. K 14:14¾.

avx) Segelfalter (Iphiclides podalirius) auf Blüte eines Wildapfelbaumes (Malus sylvestris)
avy) Postillion (Colias crocea) auf Wildwicke (Vecia sepium)
avz) Trauermantel (Nymphalis antiopa) auf Blüte einer Weißweide (Salix alba)
awa) Scheckenfalter (Melitaea cinxia) auf Wachtelweizen (Melampyrum pratense)

1535	250	(L)	mehrfarbig	avx	0,50	0,50
1536	250	(L)	mehrfarbig	avy	0,50	0,50
1537	250	(L)	mehrfarbig	avz	0,50	0,50
1538	250	(L)	mehrfarbig	awa	0,50	0,50
			Satzpreis (4 W.)		2,—	2,—
			Viererblock		2,—	2,—
			FDC			2,50

MiNr. 1535–1538 wurden zusammenhängend gedruckt.

Auflage: 1 000 000 Sätze

1993, 26. Mai. Blockausgabe: Das Dorf Europa. Odr.; gez. Ks 13¼:13¾.

awb) Dänemark	awc) Großbritannien	awd) Irland	awe) Luxemburg	awo
awf) Deutschland	awg) Niederlande	awh) Belgien	awi) Portugal	
awk) Italien	awl) Spanien	awm) Frankreich	awn) Griechenland	

awb–awn) Karikaturistische Darstellungen der Länder der Europäischen Gemeinschaft, von Ro Marcenaro

1539	750	(L)	mehrfarbig	awb	0,80	0,80
1540	750	(L)	mehrfarbig	awc	0,80	0,80

San Marino

1541	750	(L)	mehrfarbig .... awd	0,80	0,80
1542	750	(L)	mehrfarbig .... awe	0,80	0,80
1543	750	(L)	mehrfarbig .... awf	0,80	0,80
1544	750	(L)	mehrfarbig .... awg	0,80	0,80
1545	750	(L)	mehrfarbig .... awh	0,80	0,80
1546	750	(L)	mehrfarbig .... awi	0,80	0,80
1547	750	(L)	mehrfarbig .... awk	0,80	0,80
1548	750	(L)	mehrfarbig .... awl	0,80	0,80
1549	750	(L)	mehrfarbig .... awm	0,80	0,80
1550	750	(L)	mehrfarbig .... awn	0,80	0,80
Block 17	(145×170 mm) .... awo			12,—	12,—
			FDC		13,—

Auflage: 250 000 Blocks

1993, 17. Sept. Bedeutende Dichter und Komponisten. Odr. (5×4, Querformate ~); gez. K 13¾:13¼,. Querformate ~.

awp) Carlo Goldoni (1707–1793), italienischer Dramatiker; Porträtzeichnung von Dario Fo

awr) Horaz, eigtl. Quintus Horatius Flaccus (65 bis 8 v. Chr.), römischer Dichter; bukolische Idylle, Gemälde von R. Marcenaro

aws) Claudio Monteverdi (1567–1643), italienischer Komponist; Bühnenbild von Pier Luigi Pizzi

awt) Guy de Maupassant (1850–1893), französischer Schriftsteller; Gemälde von Franco Filanci

1551	550	(L)	mehrfarbig .... awp	0,60	0,60
1552	650	(L)	mehrfarbig .... awr	0,70	0,70
1553	850	(L)	mehrfarbig .... aws	0,90	0,90
1554	1850	(L)	mehrfarbig .... awt	2,—	2,—
			Satzpreis (4 W.)	4,20	4,20
			FDC		5,—

Auflage: 300 000 Sätze

1993, 12. Nov. Weihnachten. Odr. (5×4, Querformat ~); gez. K 14½:14¼, Querformat ~.

awu) Stadtansicht von San Marino im Winter (Gemälde)

awv) Anbetung des Kindes

aww) Anbetung der Hirten

awv–aww) Gemälde von Gerard (Gerrit) van Honthorst (1590–1656), niederländischer Maler

1555	600	(L)	mehrfarbig .... awu	0,60	0,60
1556	750	(L)	mehrfarbig .... awv	0,80	0,80
1557	850	(L)	mehrfarbig .... aww	0,90	0,90
			Satzpreis (3 W.)	2,20	2,20
			FDC		3,—

1994

1994, 31. Jan. Internationale Hundeausstellung. Odr. (4×5); gez. K 14¾:14.

awx) Deutscher Langhaardackel

awy) Afghanischer Windhund

awz) Belgischer Schäferhund Tervueren

axa) Boston-Terrier

axb) Mastiff

axc) Malamut

1558	350	(L)	mehrfarbig .... awx	0,40	0,40
1559	400	(L)	mehrfarbig .... awy	0,40	0,40
1560	450	(L)	mehrfarbig .... awz	0,50	0,50
1561	500	(L)	mehrfarbig .... axa	0,50	0,50
1562	550	(L)	mehrfarbig .... axb	0,60	0,60
1563	600	(L)	mehrfarbig .... axc	0,60	0,60
			Satzpreis (6 W.)	3,—	3,—
			FDC		3,60

Auflage: 300 000 Sätze

1994, 31. Jan. Blockausgabe: Olympische Winterspiele, Lillehammer. Odr.; gez. K 13¼.

axd) Skispringen axe) Abfahrtslauf axf) Riesenslalom axg) Eiskunstlauf axh

1564	750	(L)	mehrfarbig .... axd	0,80	0,80
1565	750	(L)	mehrfarbig .... axe	0,80	0,80
1566	750	(L)	mehrfarbig .... axf	0,80	0,80
1567	750	(L)	mehrfarbig .... axg	0,80	0,80
Block 18	mit je 2×MiNr. 1564–1567				
	(164×112 mm) .... axh			7,—	7,—
			FDC		7,50

Auflage: 300 000 Blocks

Die **MICHEL-Rundschau** ist im Abonnement preiswerter!

San Marino

1994, 11. März. 100 Jahre Internationales Olympisches Komitee (IOC). RaTdr. (4×5); gez. K 14:13½.

axh) Olympische Fahnen

1568	600 (L)	mehrfarbig	axh	1,—	1,—
			FDC		1,50

Auflage: 350 000 Stück

1994, 11. März. 100 Jahre Radio (1995) (IV). RaTdr. (4×5); gez. K 14:13½.

axi) Aleksander Stepanowitsch Popow (1859–1906), russischer Physiker; drahtloser Telegraph

1569	750 (L)	mehrfarbig	axi	0,80	0,80
			FDC		1,50

Auflage: 350 000 Stück

Weitere Ausgaben: MiNr. 1487, 1495, 1531, 1615–1616

Parallelausgabe mit Italien MiNr. 2313

1994, 11. März. Freimarken: Dinge, Gesten und Gefühle des täglichen Lebens – Der Garten. Odr.; gez. K 13¼.

axk) Schmiedeeiserne Gartentüre

axl) Pergola   axm) Ziehbrunnen   axn) Gartenlaube   axo) Zierteich

1570	100 (L)	mehrfarbig	axk	0,10	0,10
1571	200 (L)	mehrfarbig	axl	0,20	0,20
1572	300 (L)	mehrfarbig	axm	0,30	0,30
1573	450 (L)	mehrfarbig	axn	0,40	0,40
1574	1850 (L)	mehrfarbig	axo	2,—	2,—
			Satzpreis (5 W.)	3,—	3,—
			FDC		3,60

Auflage: 300 000 Sätze

Weitere Werte: MiNr. 1479–1483, 1503–1507

1994, 23. Mai. Europa: Entdeckungen und Erfindungen. Odr. (5×4); gez. K 14½:14¼.

 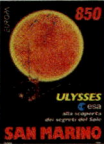

axp) Flugbahn der Raumsonde „Ulysses" im Sonnensystem

axr) Sonne, Raumsonde „Ulysses"

1575	750 (L)	mehrfarbig	axp	0,90	0,90
1576	850 (L)	mehrfarbig	axr	1,10	1,10
			Satzpreis (2 W.)	2,—	2,—
			FDC		2,50

Auflage: 420 000 Sätze

1994, 23. Mai. Fußball-Weltmeisterschaft, USA. Odr. (1×4 Zd); gez. K 14.

axs

axt   axu   axv   axw

axs–axw) Spielszenen

1577	600 (L)	mehrfarbig	axs	0,60	0,60
1578	600 (L)	mehrfarbig	axt	0,60	0,60
1579	600 (L)	mehrfarbig	axu	0,60	0,60
1580	600 (L)	mehrfarbig	axv	0,60	0,60
1581	600 (L)	mehrfarbig	axw	0,60	0,60
			Satzpreis (5 W.)	3,—	3,—
			Fünferstreifen	3,20	3,20
			FDC		4,—

MiNr. 1577–1581 wurden waagerecht zusammenhängend gedruckt.

Auflage: 720 000 Sätze

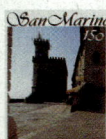

1994, 30. Sept. 100 Jahre Regierungspalast. Odr. (5×4, Querformat ~); gez. K 13¾:13¼, Querformat ~.

axx) Regierungspalast

axy) Regierungspalast   axz) Turm des Regierungspalastes   aya) Sitzungssaal des Großen Rates

1582	150 (L)	mehrfarbig	axx	0,20	0,20
1583	600 (L)	mehrfarbig	axy	0,60	0,60
1584	650 (L)	mehrfarbig	axz	0,70	0,70
1585	1000 (L)	mehrfarbig	aya	1,—	1,—
			Satzpreis (4 W.)	2,50	2,50
			FDC		3,20

Auflage: 300 000 Sätze

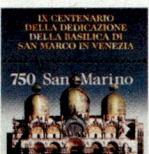

1994, 8. Okt. Kulturelles und künstlerisches Erbe in Italien: 900 Jahre Markuskirche, Venedig. RaTdr.; I = ohne (5×4 Zd), II = mit rückseitiger Inschrift; gez. K 14:13¼.

ayb) Markuskirche

1586 I	750 (L)	mehrfarbig	ayb	3,—	3,—
			1586 I Zf	6,—	6,—
			FDC		7,50

San Marino

Blockausgabe mit MiNr. 1586 II und Italien MiNr. 2348 II

1586 II	750 (L) mehrfarbig . . . . ayb	1,—	1,—
Block 19	(80×115 mm) . . . . ayc	2,50	2,50
	FDC		4,—

Postpreis: 1500 L

MiNr. 1586 I wurde mit oben anhängendem Zierfeld gedruckt.

Block 19 (identisch mit Italien Block 15) ist sowohl in San Marino als auch in Italien mit einem Nominalwert von jeweils 750 L. frankaturgültig. Es wird jeweils nur die Marke des betreffenden Landes abgestempelt. Die Blockmarken wurden rückseitig mit erklärendem Text bedruckt. ⊙- und FDC-Preise gelten für in San Marino gestempelte Stücke.

Parallelausgabe mit Italien MiNr. 2348, Block 15

1994, 18. Nov. Weihnachten: 500. Todestag von Giovanni Santi.
Odr. (5×4); gez. K 14¼:14¾.

ayd   aye   ayf

ayd–ayf) Thronende Jungfrau mit Kind und Heiligen (Details); Gemälde von G. Santi (um 1440–1494), italienischer Maler

1587	600 (L) mehrfarbig . . . . ayd	0,60	0,60
1588	750 (L) mehrfarbig . . . . aye	0,60	0,60
1589	850 (L) mehrfarbig . . . . ayf	0,80	0,80
	Satzpreis (3 W.)	2,—	2,—
	FDC		3,—

Auflage: 300 000 Sätze

1994, 18. Nov. 100 Jahre Italienischer Touring-Club (TCI). Odr. (3×2 Zd); gez. K 13¾:13¼.

ayg
ayh
ayi
ayk

ayg–ayk) Umriß Italiens als grüne Straße im Blumenkranz, Zeichnung von Ro Marcenaro

1590	1000 (L) mehrfarbig . . . . ayg	1,—	1,—
1591	1000 (L) mehrfarbig . . . . ayh	1,—	1,—
1592	1000 (L) mehrfarbig . . . . ayi	1,—	1,—
1593	1000 (L) mehrfarbig . . . . ayk	1,—	1,—
	Satzpreis (4 W.)	4,—	4,—
	Viererblock	4,—	4,—
	FDC		4,60

MiNr. 1590–1593 wurden in Viererblockanordnung zusammenhängend gedruckt.

Auflage: 300 000 Sätze

1995

1995, 10. Febr. Sport: Rad-Weltmeisterschaften der Junioren, Forlì und San Marino; 100 Jahre Volleyball; Eisschnellauf-Weltmeisterschaften, Baselga di Pinè; Leichtathletik-Weltmeisterschaften, Göteborg. RaTdr. (5×4); gez. K 13¼:14,.

ayl) Radfahren   aym) Volleyball   ayn) Eisschnell-   ayo) Laufen
                                    lauf

1594	100 (L) mehrfarbig . . . . ayl	0,10	0,10
1595	500 (L) mehrfarbig . . . . aym	0,50	0,50
1596	650 (L) mehrfarbig . . . . ayn	0,60	0,60
1597	850 (L) mehrfarbig . . . . ayo	0,80	0,80
	Satzpreis (4 W.)	2,—	2,—
	FDC		2,80

Auflage: 300 000 Stück

1995, 10. Febr. Europäisches Naturschutzjahr. RaTdr. (1×4 Zd); gez. K 13¼:14.

ayp

ayr   ays   ayt   ayu

ayp–ayu) Leben im Feuchtbiotop

1598	600 (L) mehrfarbig . . . . ayp	0,80	0,80
1599	600 (L) mehrfarbig . . . . ayr	0,80	0,80
1600	600 (L) mehrfarbig . . . . ays	0,80	0,80
1601	600 (L) mehrfarbig . . . . ayt	0,80	0,80
1602	600 (L) mehrfarbig . . . . ayu	0,80	0,80
	Satzpreis (5 W.)	4,—	4,—
	Fünferstreifen	4,50	4,50
	FDC		5,—

MiNr. 1598–1602 wurden waagerecht zusammenhängend gedruckt.

Auflage: 300 000 Sätze

1995, 24. März. 50 Jahre Vereinte Nationen (UNO). Odr. (5×4); gez. K 14¼:14¾.

ayv) Menschen   ayw) Rose mit   ayx) Sanduhr mit   ayy) Zahl „50" mit
um UNO-Em-   UNO-Emblem   Weltkugel   UNO-Emblem und
blem   Regenbogen

San Marino

1603	550	(L)	mehrfarbig .... ayv	0,50	0,50
1604	600	(L)	mehrfarbig .... ayw	0,60	0,60
1605	650	(L)	mehrfarbig .... ayx	0,70	0,70
1606	1200	(L)	mehrfarbig .... ayy	1,20	1,20
			Satzpreis (4 W.)	3,—	3,—
			FDC		3,60

Auflage: 400 000 Sätze

1995, 24. März. Europa: Frieden und Freiheit. Odr. (4×5); gez. K 14¾:14¼.

ayz) Fliegende Schwäne   aza) Landschaft mit Schafen

1607	750	(L)	mehrfarbig .... ayz	0,90	0,90
1608	850	(L)	mehrfarbig .... aza	1,10	1,10
			Satzpreis (2 W.)	2,—	2,—
			FDC		2,50

Auflage: 300 000 Sätze

1995, 5. Mai. 700 Jahre Basilika Santa Croce, Florenz. Odr. (4×5); gez. K 14¾: 14¼.

azb) Die Wiederauffindung des Kreuzes, Fresko von Agnolo Gaddi; Fassade der Basilika Santa Croce

azc) Maria mit Kind und Heiligen, Terrakottarelief von Andrea della Robbia; Kloster Santa Croce, Pazzi-Kapelle

1609	1200	(L)	mehrfarbig .... azb	1,20	1,20
1610	1250	(L)	mehrfarbig .... azc	1,20	1,20
			Satzpreis (2 W.)	2,40	2,40
			FDC		3,—

Auflage: 300 000 Sätze

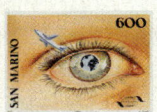

1995, 5. Mai. 20 Jahre Welt-Tourismusorganisation (WTO). Odr. (4×5); gez. K 14¾:14¼.

azd) Auge, Flugzeug

aze) Ansicht von San Marino   azf) Weltkugel, Sehenswürdigkeiten, Flugzeug   azg) Weltkugel

1611	600	(L)	mehrfarbig .... azd	0,60	0,60
1612	750	(L)	mehrfarbig .... aze	0,70	0,70
1613	850	(L)	mehrfarbig .... azf	0,80	0,80
1614	1200	(L)	mehrfarbig .... azg	1,10	1,10
			Satzpreis (4 W.)	3,20	3,20
			FDC		4,—

Auflage: 300 000 Sätze

Mit MICHEL besser sammeln

1995, 8. Juni. 100 Jahre Radio (V). Odr. (2×5); gez. K 14.

azh) Guglielmo Marconi (1874–1937), italien. Ingenieur und Physiker, Nobelpreis 1909

azi) Skala eines Radiogerätes

1615	850	(L)	mehrfarbig .... azh	0,70	0,70
1616	850	(L)	mehrfarbig .... azi	0,70	0,70
			Satzpreis (Paar)	1,50	1,50
			FDC		2,—
			Kleinbogen	7,—	7,—

MiNr. 1615–1616 wurden schachbrettartig zusammenhängend im Kleinbogen zu 10 Marken gedruckt.

Auflage: 1 000 000 Sätze

Weitere Ausgaben: MiNr. 1487, 1495, 1531, 1569

Parallelausgabe mit Bundesrepublik Deutschland MiNr. 1803, Irland MiNr. 903–904, Italien MiNr. 2392–2393, Vatikanstaat MiNr. 1143 bis 1144

1995, 14. Sept. Weltstädte (XIV): Peking. Odr. (5×6); gez. K 13¾.

azk) Qianmen-Komplex, Peking (1914)

azl) Qianmen-Komplex, Peking (1995)

1617	1500	(L)	mehrfarbig .... azk	1,40	1,40
1618	1500	(L)	mehrfarbig .... azl	1,40	1,40
			Satzpreis (Paar)	2,80	2,80
			FDC		3,50

MiNr. 1617–1618 wurden schachbrettartig zusammenhängend gedruckt.

Auflage: 450 000 Sätze

Weitere Werte siehe Übersicht nach Jahrgangswerttabelle.

1995, 14. Sept. 100 Jahre Kino: Filmszenen. Odr.; gez. K 15:14.

azm	azn	azo	azp
azr	azs	azt	azu
azv	azw	azx	azy
azz	baa	bab	bac

San Marino

azm, azr, azv, azz) „Der General" (1928) von und mit Buster Keaton
azn, azs, azw, baa) Burt Lancaster und Claudia Cardinale in „Der Leopard" (1963) von Luchino Visconti
azo, azt, azx, bab) „Allegro non troppo" (1976) von Bruno Bozzetto
azp, azu, azy, bac) „Braveheart" (1995) von und mit Mel Gibson

1619	250	(L)	mehrfarbig . . . . azm	0,20	0,20
1620	250	(L)	mehrfarbig . . . . azn	0,20	0,20
1621	250	(L)	mehrfarbig . . . . azo	0,20	0,20
1622	250	(L)	mehrfarbig . . . . azp	0,20	0,20
1623	250	(L)	mehrfarbig . . . . azr	0,20	0,20
1624	250	(L)	mehrfarbig . . . . azs	0,20	0,20
1625	250	(L)	mehrfarbig . . . . azt	0,20	0,20
1626	250	(L)	mehrfarbig . . . . azu	0,20	0,20
1627	250	(L)	mehrfarbig . . . . azv	0,20	0,20
1628	250	(L)	mehrfarbig . . . . azw	0,20	0,20
1629	250	(L)	mehrfarbig . . . . azx	0,20	0,20
1630	250	(L)	mehrfarbig . . . . azy	0,20	0,20
1631	250	(L)	mehrfarbig . . . . azz	0,20	0,20
1632	250	(L)	mehrfarbig . . . . baa	0,20	0,20
1633	250	(L)	mehrfarbig . . . . bab	0,20	0,20
1634	250	(L)	mehrfarbig . . . . bac	0,20	0,20
			Satzpreis (16 W.)	3,20	3,20
			Zd-Bogen	4,—	
			FDC		4,50

MiNr. 1619–1634 wurden zusammenhängend im Bogen gedruckt.

Auflage: 250 000 Sätze

1995, 6. Nov. Neri-da-Rimini-Ausstellung, Rimini. Odr. (5×4); gez. K 14¼:14¾.

bad) Verkündigung (Detail); Miniatur von Neri da Rimini (1. Hälfte des 14. Jh.), Miniaturenmaler und Notar

1635	650	(L)	mehrfarbig . . . . bad	0,70	0,70
			FDC		1,30

Auflage: 300 000 Stück

1995, 6. Nov. Weihnachten. Odr. (2×5 Zd); gez. K 14¼:14¾.

bae) Weihnachtsmann im Rentierschlitten
baf) Kinder tanzen um Weihnachtsbaum
bag) Die Hl. Drei Könige und Hirten folgen dem Stern

1636	750	(L)	mehrfarbig . . . . bae	0,80	0,80
1637	750	(L)	mehrfarbig . . . . baf	0,80	0,80
1638	750	(L)	mehrfarbig . . . . bag	0,80	0,80
			Satzpreis (3 W.)	2,40	2,40
			Dreierstreifen	3,—	3,—
			FDC		3,50

MiNr. 1636–1638 wurden waagerecht zusammenhängend gedruckt.

Auflage: 250 000 Sätze

1995, 6. Nov. Eilpost und EMS-Dienst. Odr. (4×5); gez. K 14¾:14.

bah) Gepard

1639	6000	(L)	mehrfarbig . . . . bah	5,50	5,50
			FDC		6,—

Auflage: 250 000 Stück

1996

1996, 12. Febr. 100 Jahre Olympische Spiele der Neuzeit. Odr. (5×4); gez. K 14:14¾.

bai) Diskuswerfen

bak) Ringen bal) Weitsprung bam) Speerwerfen ban) Laufen

bai–ban) Sportler von heute und nach antiken griechischen Kunstwerken

1640	100	(L)	mehrfarbig . . . . bai	0,10	0,10
1641	500	(L)	mehrfarbig . . . . bak	0,50	0,50
1642	650	(L)	mehrfarbig . . . . bal	0,60	0,60
1643	1500	(L)	mehrfarbig . . . . bam	1,50	1,50
1644	2500	(L)	mehrfarbig . . . . ban	2,40	2,40
			Satzpreis (5 W.)	5,—	5,—
			FDC		5,50

Auflage: 300 000 Stück

1996, 22. März. Nationale Messe für Ökotourismus „Naturwelt", Rimini. RaTdr. (5×4); gez. K 11¾:12.

bao) Delphin bap) Rotaugen-Laubfrosch bar) Königspinguine

bas) Schillerfalter bat) Stockenten

1645	50	(L)	mehrfarbig . . . . bao	0,10	0,10
1646	100	(L)	mehrfarbig . . . . bap	0,10	0,10
1647	150	(L)	mehrfarbig . . . . bar	0,10	0,10
1648	1000	(L)	mehrfarbig . . . . bas	0,90	0,90
1649	3000	(L)	mehrfarbig . . . . bat	2,80	2,80
			Satzpreis (5 W.)	4,—	4,—
			FDC		4,60

Auflage: 250 000 Sätze

1996, 22. März. Europa: Berühmte Frauen. RaTdr. (4×5); gez. K 11¾.

bau) Mutter Teresa (1910–1997), indische katholische Ordensgründerin albanischer Herkunft, Friedensnobelpreis 1979; Gemälde von Gina Lollobrigida (* 1927), Filmschauspielerin

1650	750	(L)	mehrfarbig . . . . bau	1,50	1,50
			FDC		2,—

Auflage: 350 000 Stück

San Marino

1996, 22. März. 700. Jahrestag der Rückkehr Marco Polos aus China (1995); Internationale Briefmarkenausstellung CHINA '96, Peking. RaTdr. (5×10); gez. K 14:13¼.

bav) Marco Polo (1254–1324), venezianischer Asienreisender; Drache, Tempel

1651	1250	(L)	mehrfarbig	. . . .	bav	1,50	1,50
					FDC		2,—

Auflage: 250 000 Stück

Parallelausgabe mit Italien MiNr. 2424

1996, 6. Mai. 25 Jahre diplomatische Beziehungen zwischen der Volksrepublik China und San Marino. Odr. (2×5 Zd); gez. K 12.

baw) Chinesische Mauer auf dem Gipfel der Jinshan-Bergkette

bax) Stadtmauer von San Marino auf dem Monte Titano

1652	750	(L)	mehrfarbig	. . . .	baw	0,70	0,70
1653	750	(L)	mehrfarbig	. . . .	bax	0,70	0,70
				Satzpreis (Paar)		1,50	1,50
					FDC		2,—

Blockausgabe mit MiNr. 1652–1653

Block 20	(110×75 mm)	. . . .	bay	1,60	1,60
			FDC		2,—

MiNr. 1652–1653 wurden waagerecht zusammenhängend gedruckt.

Auflagen: MiNr. 1652–1653 = 300 000 Sätze, Bl. 20 = 250 000 Blocks

Parallelausgabe mit Volksrep. China MiNr. 2712–2713

1996, 6. Mai. Mittelalterliche Tage. Komb. Odr. und RaTdr., Markenheftchen; MiNr. 1654–1657 senkrecht, MiNr. 1658–1661 waagerecht gez. 14.

baz) Frau am Webstuhl   bba) Mann beim Töpfern   bbb) Frau bei Näharbeit   bbc) Frau spielt Dame

bbd) Posaunenbläser   bbe) Fahnenschwinger

bbf) Armbrustschützen   bbg) Musikanten

1654	750	(L)	mehrfarbig	. . . .	baz	0,70	0,70
1655	750	(L)	mehrfarbig	. . . .	bba	0,70	0,70
1656	750	(L)	mehrfarbig	. . . .	bbb	0,70	0,70
1657	705	(L)	mehrfarbig	. . . .	bbc	0,70	0,70
1658	750	(L)	mehrfarbig	. . . .	bbd	0,70	0,70
1659	750	(L)	mehrfarbig	. . . .	bbe	0,70	0,70
1660	750	(L)	mehrfarbig	. . . .	bbf	0,70	0,70
1661	750	(L)	mehrfarbig	. . . .	bbg	0,70	0,70
				Satzpreis (8 W.)		5,50	5,50
				FDC (1 H-Bl.)			6,—

MiNr. 1654–1661 stammen aus MH 3

1996, 25. Mai. Festivalbar, San Marino. Odr. (4×5); gez. K 14:13¼.

bbh) Burg von San Marino, Veranstaltungsemblem

1662	2000	(L)	mehrfarbig	. . . .	bbh	2,—	2,—
					FDC		2,80

Auflage: 250 000 Stück

1996, 25. Mai. Blockausgabe: Geschichte des italienischen Schlagers – Berühmte Sänger sowie bildhafte Umsetzung der Liedtitel. RaTdr.; gez. K 12:11¾.

bbi) Enrico Caruso: O sole mio (1898)
bbk) Armando Gill: Come Pioveva (1918)
bbl) Ettore Petrolini: Gastone (1921)
bbm) Vittorio de Sica: Parlami d'amore Mariú (1932)

bbn) Odoardo Spadaro: La porti un bacione a Firenze (1938)
bbo) Alberto Rabagliati: O mia bela Madunina (1938)
bbp) Beniamino Gigli: Mamma (1940)
bbq) Claudio Villa: Luna rossa (1950)

bbs) Secondo Casadei: Romagna mia (1954)
bbt) Renato Rascel: Arrivederci Roma (1955)
bbu) Fred Buscaglione: Guarda che luna (1958)
bbv) Domenico Modugno: Nel blu, dipinto di blu (1958)

1663	750	(L)	mehrfarbig	. . . .	bbi	0,70	0,70
1664	750	(L)	mehrfarbig	. . . .	bbk	0,70	0,70
1665	750.	(L)	mehrfarbig	. . . .	bbl	0,70	0,70
1666	750	(L)	mehrfarbig	. . . .	bbm	0,70	0,70
1667	750	(L)	mehrfarbig	. . . .	bbn	0,70	0,70
1668	750	(L)	mehrfarbig	. . . .	bbo	0,70	0,70
1669	750	(L)	mehrfarbig	. . . .	bbp	0,70	0,70
1670	750	(L)	mehrfarbig	. . . .	bbr	0,70	0,70
1671	750	(L)	mehrfarbig	. . . .	bbs	0,70	0,70
1672	750	(L)	mehrfarbig	. . . .	bbt	0,70	0,70
1673	750	(L)	mehrfarbig	. . . .	bbu	0,70	0,70
1674	750	(L)	mehrfarbig	. . . .	bbv	0,70	0,70
Block 21	(180×115 mm)			. . . .	bbw	8,50	8,50
					FDC		9,—

Auflage: 250 000 Blocks

Papier ph.	=	phosphoreszierendes Papier
Papier fl.	=	fluoreszierendes Papier

San Marino 1017

1996, 25. Mai. 100 Jahre Zeitung „La Gazzetta dello Sport". RaTdr. (4×5); gez. K 12:11¾.

bbx) Titel und Collage aus verschiedenen Zeitungsartikeln; Ferrari-Rennwagen von 1980

1675	1850 (L)	mehrfarbig	bbx	1,70	1,70
			FDC		2,50

Auflage: 250 000 Stück

1996, 20. Sept. 50 Jahre Kinderhilfswerk der Vereinten Nationen (UNICEF). RaTdr. (5×4); gez. K 11¾:12.

bby) Henne mit Küken   bbz) Nest, junge Vögel

1676	550 L	mehrfarbig	bby	0,50	0,50
1677	1000 L	mehrfarbig	bbz	1,—	1,—
		Satzpreis (2 W.)		1,50	1,50
			FDC		2,20

Auflage: 250 000 Sätze

1996, 20. Sept. 50 Jahre UNESCO: Kultur- und Naturerbe der Menschheit. RaTdr. (5×4); gez. K 11¾:12.

bca) Yellowstone-Nationalpark, USA

bcb) Höhlenmalereien im Tal der Vézère, Frankreich   bcc) Historisches Zentrum von San Gimignano, Italien   bcd) Wallfahrtskirche „Die Wies", Deutschland

1678	450 (L)	mehrfarbig	bca	0,40	0,40
1679	500 (L)	mehrfarbig	bcb	0,50	0,50
1680	650 (L)	mehrfarbig	bcc	0,60	0,60
1681	1450 (L)	mehrfarbig	bcd	1,50	1,50
		Satzpreis (4 W.)		3,—	3,—
			FDC		3,60

Auflage: 250 000 Sätze

1996, 8. Nov. Weihnachten. RaTdr.; gez. K 14¼.

bce	bcf	bcg	bch
bci	bck	bcl	bcm
bcn	bco	bcp	bcr
bcs	bct	bcu	bcv

bce–bcv) Weihnachtliche Szenen hinter Fenstern eines Wohnhauses

1682	750 (L)	mehrfarbig	bce	0,70	0,70
1683	750 (L)	mehrfarbig	bcf	0,70	0,70
1684	750 (L)	mehrfarbig	bcg	0,70	0,70
1685	750 (L)	mehrfarbig	bch	0,70	0,70
1686	750 (L)	mehrfarbig	bci	0,70	0,70
1687	750 (L)	mehrfarbig	bck	0,70	0,70
1688	750 (L)	mehrfarbig	bcl	0,70	0,70
1689	750 (L)	mehrfarbig	bcm	0,70	0,70
1690	750 (L)	mehrfarbig	bcn	0,70	0,70
1691	750 (L)	mehrfarbig	bco	0,70	0,70
1692	750 (L)	mehrfarbig	bcp	0,70	0,70
1693	750 (L)	mehrfarbig	bcr	0,70	0,70
1694	750 (L)	mehrfarbig	bcs	0,70	0,70
1695	750 (L)	mehrfarbig	bct	0,70	0,70
1696	750 (L)	mehrfarbig	bcu	0,70	0,70
1697	750 (L)	mehrfarbig	bcv	0,70	0,70
		Satzpreis (16 W.)		11,—	11,—
		Zd-Bogen		12,—	12,—
			FDC		13,—

MiNr. 1682–1697 wurden zusammenhängend im Bogen gedruckt.

Auflage: 250 000 Sätze

MICHEL – seit über 90 Jahren Partner aller Philatelisten

1997

1997, 12. Febr. Blockausgabe: Weltstädte (XV) – Hongkong. Odr.; gez. Ks 12½.

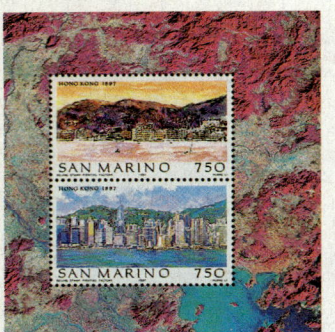

bcw) Hongkong (1897)

bcx) Hongkong (1997)

bcy

1698	750	(L)	mehrfarbig . . . . bcw	0,70	0,70
1699	750	(L)	mehrfarbig . . . . bcx	0,70	0,70
Block 22	(84×95 mm)		. . . . bcy	1,50	1,50
			FDC		2,20

Auflage: 500 000 Blocks

Weitere Werte siehe Übersicht nach Jahrgangswerttabelle.

1997, 12. Febr. Alpine Ski-Weltmeisterschaften, Sestriere. RaTdr. (2×2 Zd); gez. K 12:11¾.

bcz
bda

bdb
bdc

bcz–bdc) Wintersport in Sestriere; Cartoon von Ro Marcenaro

1700	1000	(L)	mehrfarbig . . . . bcz	1,—	1,—
1701	1000	(L)	mehrfarbig . . . . bda	1,—	1,—
1702	1000	(L)	mehrfarbig . . . . bdb	1,—	1,—
1703	1000	(L)	mehrfarbig . . . . bdc	1,—	1,—
			Satzpreis (4 W.)	4,—	4,—
			Viererblock	4,—	4,—
			FDC		4,60

MiNr. 1700–1703 wurden in Viererblockanordnung zusammenhängend gedruckt.

Auflage: 250 000 Sätze

Wissen kommt nicht von selbst
MICHEL

1997, 21. März. Die neun Castelli (Gemeindebezirke) San Marinos. RaTdr. (5×4); gez. K 11¾:12.

bdd) Acquaviva bde) Borgomaggiore bdf) Chiesanuova

bdg) Domagnano bdh) Faetano bdi) Fiorentino

bdk) Montegiardino bdl) Serravalle bdm) San Marino

1704	100	(L)	mehrfarbig . . . . bdd	0,10	0,10
1705	200	(L)	mehrfarbig . . . . bde	0,20	0,20
1706	250	(L)	mehrfarbig . . . . bdf	0,20	0,20
1707	400	(L)	mehrfarbig . . . . bdg	0,40	0,40
1708	500	(L)	mehrfarbig . . . . bdh	0,50	0,50
1709	550	(L)	mehrfarbig . . . . bdi	0,60	0,60
1710	650	(L)	mehrfarbig . . . . bdk	0,70	0,70
1711	750	(L)	mehrfarbig . . . . bdl	0,80	0,80
1712	5000	(L)	mehrfarbig . . . . bdm	5,—	5,—
			Satzpreis (9 W.)	8,50	8,50
			FDC		9,—

Auflage: 250 000 Sätze

1997, 21. März. Europa: Sagen und Legenden. RaTdr. (4×5); gez. K 12:11¾.

bdn) Hl. Marinus zähmt den Bären, der seinen Esel tötete

bdo) Hl. Marinus betet um Gnade für den von Gott mit Stumm- und Starrheit bestraften Verissimo

bdn–bdo) Gründungslegenden von San Marino

1713	650	L	mehrfarbig . . . . bdn	1,—	1,—
1714	750	L	mehrfarbig . . . . bdo	1,—	1,—
			Satzpreis (2 W.)	2,—	2,—
			FDC		2,50

Auflage: 320 000 Sätze

1997, 19. Mai. 5. Internationales Symposium über Ufologie. RaTdr. (4×5); gez. K 12:11¾.

bdp) Menschen schauen zum Himmel

1715	750	(L)	mehrfarbig . . . . bdp	0,70	0,70
			FDC		1,50

Auflage: 250 000 Stück

San Marino

1997, 19. Mai. Sportereignisse. RaTdr. (5×4); gez. K 11¾:12.

bdr) 3. Etappe des Giro d'Italia

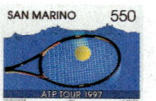  

bds) ATP-Tennisturnier bdt) Formel-1-Grand-Prix bdu) Fußballpokal, Vereinsabzeichen von Juventus Turin

  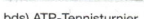

bdv) Boccia- Weltmeisterschaft bdw) Motocross- Weltmeisterschaft bdx) Autorennen „Mille Miglia"

1716	500	(L)	mehrfarbig	bdr	0,50	0,50
1717	550	(L)	mehrfarbig	bds	0,50	0,50
1718	750	(L)	mehrfarbig	bdt	0,70	0,70
1719	850	(L)	mehrfarbig	bdu	0,80	0,80
1720	1000	(L)	mehrfarbig	bdv	1,—	1,—
1721	1250	(L)	mehrfarbig	bdw	1,20	1,20
1722	1500	(L)	mehrfarbig	bdx	1,50	1,50
			Satzpreis (7 W.)		6,—	6,—
			FDC			7,—

Auflagen: MiNr. 1716, 1718 und 1720 je 250 000, MiNr. 1717, 1719, 1721 und 1722 je 220 000 Stück

1997, 27. Juni. 120 Jahre Briefmarken von San Marino. RaTdr. (4×5); gez. K 11¼:11½.

bdy) Graf Giovanni Battista Barbavara di Gravellona, Generaldirektor der sard. und ital. Postverwaltung
bdz) Enrico Repettati, erster Briefmarkenstecher in der Wertzeichendruckerei, Turin
bea) Otto Bickel, deutscher Briefmarkenhändler, Herausgeber der Zeitung „San Marino-Philatelist"
beb) Alfredo Reffi, Briefmarkenhändler, Hersteller von Postkarten und Kataloghersausgeber

1723	800	(L)	smaragdgrün/violettbraun	bdy	0,80	0,80
1724	800	(L)	ultramarin/violettbraun	bdz	0,80	0,80
1725	800	(L)	violett/violettbraun	bea	0,80	0,80
1726	800	(L)	rosa/violettbraun	beb	0,80	0,80
			Satzpreis (4 W.)		3,20	3,20
			Viererstreifen oder Viererblock		3,20	3,20
			FDC			4,—

MiNr. 1723–1726 wurden zusammenhängend gedruckt.

1997, 27. Juni. Naturdenkmäler: Bäume. RaTdr. (4×5); gez. K 12:11¾.

bec) Pinie (Pinus pinea) bed) Flaumeiche (Quercus pubescens) bee) Walnußbaum (Juglans regia) bef) Birnbaum (Pyrus communis)

1727	50	(L)	mehrfarbig	bec	0,10	0,10
1728	800	(L)	mehrfarbig	bed	0,80	0,80
1729	1800	(L)	mehrfarbig	bee	1,80	1,80
1730	2000	(L)	mehrfarbig	bef	2,—	2,—
			Satzpreis (4 W.)		4,60	4,60
			FDC			5,50

1997, 18. Sept. Seligsprechung von Bartolomeo Maria del Monte durch Papst Johannes Paul II., Bologna. RaTdr. (5×4); gez. K 11¾:12.

beg) Bartolomeo M. del Monte (1726–1778), italienischer Priester

1731	800	(L)	mehrfarbig	beg	0,80	0,80
			FDC			1,60

1997, 18. Sept. Geschichte des italienischen Comics: Illustrationen aus Comic-Heften. RaTdr.; gez. K 11¾:12.

beh) Quadratino von Antonio Rubino
bei) Il Signor Bonaventura von Sergio Tofano
bek) Kit Carson von Rino Albertarelli
bel) Coccobill von Benito Jacovitti

bem) Tex von G.L. Bonelli und A. Galleppini
ben) Diabolik von A. und E. Giussani und F. Paludetti
beo) Valentina von Guido Crepax
bep) Corto Maltese von Hugo Pratt

ber) Die Sturmtruppen von Franco Bonvicini
bes) Alan Ford von Max Bunker
bet) Lupo Alberto von Guido Silvestri
beu) Pimpa von Francesco Tullio Altan

bev) Bobo von Sergio Staino
bew) Zanardi von Andrea Pazienza
bex) Martin Mystère von A. Castelli und G. Alessandrini
bey) Dylan Dog von T. Sclavi und A. Stano

1732	800	(L)	mehrfarbig	beh	0,80	0,80
1733	800	(L)	mehrfarbig	bei	0,80	0,80
1734	800	(L)	mehrfarbig	bek	0,80	0,80
1735	800	(L)	mehrfarbig	bel	0,80	0,80
1736	800	(L)	mehrfarbig	bem	0,80	0,80
1737	800	(L)	mehrfarbig	ben	0,80	0,80
1738	800	(L)	mehrfarbig	beo	0,80	0,80
1739	800	(L)	mehrfarbig	bep	0,80	0,80
1740	800	(L)	mehrfarbig	ber	0,80	0,80
1741	800	(L)	mehrfarbig	bes	0,80	0,80
1742	800	(L)	mehrfarbig	bet	0,80	0,80
1743	800	(L)	mehrfarbig	beu	0,80	0,80
1744	800	(L)	mehrfarbig	bev	0,80	0,80
1745	800	(L)	mehrfarbig	bew	0,80	0,80
1746	800	(L)	mehrfarbig	bex	0,80	0,80
1747	800	(L)	mehrfarbig	bey	0,80	0,80
			Satzpreis (16 W.)		12,—	12,—
			Zd-Bogen		13,—	13,—
			FDC			14,—

MiNr. 1732–1747 wurden zusammenhängend im Bogen gedruckt.

San Marino

1997, 14. Nov. Weihnachten. RaTdr. (4×5); gez. K 12:11¾.

bez) Anbetung der Heiligen Drei Könige; Gemälde von Giorgio Vasari (1511–1574), italienischer Maler, Baumeister und Kunstschriftsteller

1748	800 (L)	mehrfarbig	bez	0,80	0,80
			FDC		1,60

1997, 14. Nov. Blockausgabe: Bedeutende Automobilhersteller – Volkswagen. Komb. RaTdr. und Odr.; gez. Ks 11¾:12.

| bfa) VW Käfer (1935) | | bfb) VW Golf I (1974) | | | |
| bfc) VW Käfer (1999) | | bfd) VW Golf IV (1997) | | | bfe |

1749	800 (L)	mehrfarbig	bfa	0,80	0,80
1750	800 (L)	mehrfarbig	bfb	0,80	0,80
1751	800 (L)	mehrfarbig	bfc	0,80	0,80
1752	800 (L)	mehrfarbig	bfd	0,80	0,80
Block 23	(154×115 mm²)		bfe	3,20	3,20
			FDC		4,—

*) Block 23 hat einen durch Perforation abtrennbaren Coupon, der zur Teilnahme an einem Preisausschreiben der Postverwaltung um einen VW Käfer 1999 berechtigt. Die angegebenen Blockmaße und die Preisangaben beziehen sich auf Blocks mit anhängendem Coupon.

1997, 14. Nov. Freiwilligendienst und Solidarität. RaTdr. (5×4); gez. K 11¾:12.

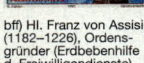

bff) Hl. Franz von Assisi (1182–1226), Ordensgründer (Erdbebenhilfe d. Freiwilligendienste)
bfg) Mariele Ventre, Leiterin des Kleinen Chores des Antonianums von Bologna
bfh) Kinder tanzen um Weltkugel (Kinderliedfestival „Zecchino d'Oro", Bologna)

1753	550 (L)	mehrfarbig	bff	0,50	0,50
1754	650 (L)	mehrfarbig	bfg	0,60	0,60
1755	800 (L)	mehrfarbig	bfh	0,90	0,90
		Satzpreis (3 W.)		2,—	2,—
		FDC			2,60

1998

1998, 11. Febr. Welttag der Kranken. Odr. (5×4); gez. K 14:14¾.

bfi) Weltkugel, Regenbogen, Sonnenblume
bfk) Weltkugel, Regenbogen, Friedenstaube

1756	650 L	mehrfarbig	bfi	0,70	0,70
1757	1500 L	mehrfarbig	bfk	1,50	1,50
		Satzpreis (2 W.)		2,20	2,20
		FDC			3,—

1998, 31. März. 50 Jahre Ferrari-Automobile; 100. Geburtstag von Enzo Ferrari (1898–1988), Automobilfabrikant; Formel-1-Rennwagen. Odr. (Zd-Bogen 4×3); gez. K 13:13¼.

bfl) Ferrari 125S (1947)	bfm) Ferrari 500F2 (1952)	bfn) Ferrari 801 (1956)	bfo) Ferrari 246 Dino (1958)
bfp) Ferrari 156 (1961)	bfr) Ferrari 158 (1964)	bfs) Ferrari 312T (1975)	bft) Ferrari 312T4 (1979)
bfu) Ferrari 126C (1981)	bfv) Ferrari 156/85 (1985)	bfw) Ferrari 639 (1989)	bfx) Ferrari F310 (1996)

1758	800 (L)	mehrfarbig	bfl	0,80	0,80
1759	800 (L)	mehrfarbig	bfm	0,80	0,80
1760	800 (L)	mehrfarbig	bfn	0,80	0,80
1761	800 (L)	mehrfarbig	bfo	0,80	0,80
1762	800 (L)	mehrfarbig	bfp	0,80	0,80
1763	800 (L)	mehrfarbig	bfr	0,80	0,80
1764	800 (L)	mehrfarbig	bfs	0,80	0,80
1765	800 (L)	mehrfarbig	bft	0,80	0,80
1766	800 (L)	mehrfarbig	bfu	0,80	0,80
1767	800 (L)	mehrfarbig	bfv	0,80	0,80
1768	800 (L)	mehrfarbig	bfw	0,80	0,80
1769	800 (L)	mehrfarbig	bfx	0,80	0,80
		Satzpreis (12 W.)		9,50	9,50
		Zd-Bogen		10,—	10,—
		FDC			11,—

1998, 31. März. 200. Geburtstag von Giacomo Graf Leopardi. Odr. (4×5); gez. K 14¾:14.

bfy) Die Unendlichkeit

MICHELsoft – das Programm für jeden Sammler!

San Marino

bfz) An Silvia   bga) Der Sonnabend im Dorfe   bgb) Nachtgesang eines Wanderhirten in Asien

bei–bem) Textauszüge und bildhafte Umsetzung von Gedichten von G. Graf Leopardi (1798–1837), Dichter

1770	550 (L)	mehrfarbig	bfy	0,60	0,60
1771	650 (L)	mehrfarbig	bfz	0,70	0,70
1772	900 (L)	mehrfarbig	bga	0,90	0,90
1773	2000 (L)	mehrfarbig	bgb	2,—	2,—
		Satzpreis (4 W.)		4,20	4,20
		FDC			5,—

1998, 31. März. Europa: Nationale Feste und Feiertage. Odr. (5×4); gez. K 14:14¾.

 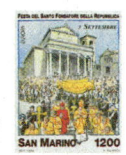

bgc) Tag der Amtseinsetzung der Regierenden Kapitäne (1.4. und 1.10.)   bgd) Tag des hl. Marinus (3.9.)

1774	650 L	mehrfarbig	bgc	1,—	1,—
1775	1200 L	mehrfarbig	bgd	1,50	1,50
		Satzpreis (2 W.)		2,50	2,50
		FDC			3,—

1998, 28. Mai. Museum der Emigration. RaTdr. (5×4); gez. K 11¾:12.

bge) Auswandererschiff nach Amerika, Auswanderer vor Monte Tinano, Schiffsbillett, Reisepaß   bgf) Sanmarinesen als Arbeiter oder Café-Besitzer in Amerika, Arbeits- und Aufenthaltserlaubnis, Lohnzettel

1776	800 L	mehrfarbig	bge	0,90	0,90
1777	1500 L	mehrfarbig	bgf	1,60	1,60
		Satzpreis (2 W.)		2,50	2,50
		FDC			3,—

MICHELsoft

die komfortable

Datenbank

für jeden Sammler

1998, 28. Mai. Fußball-Weltmeisterschaft, Frankreich. RaTdr., Markenheftchen (2×2); gez. K 11¾.

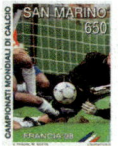  

bgg   bgh   bgi

bgg–bgi) Spielszenen

1778	650 (L)	mehrfarbig	bgg	1,—	1,—
1779	800 (L)	mehrfarbig	bgh	1,20	1,20
1780	900 (L)	mehrfarbig	bgi	1,30	1,30
		Satzpreis (3 W.)		3,50	3,50
		FDC			4,—
	Markenheftchen mit 4 × MiNr. 1778			4,—	
	Markenheftchen mit 4 × MiNr. 1779			5,—	
	Markenheftchen mit 4 × MiNr. 1780			5,50	

MiNr. 1778–1780 wurden im Markenheftchen zu je 4 Marken ausgegeben.

1998, 28. Mai. Blockausgabe: Staatsflagge San Marinos im Weltraum. RaTdr.; gez. K 11¾:12.

bgk) Start der Raumfähre in Cape Canaveral (28.5.)   bgl) Geöffnete Raumfähre in Orbit, Staatsflagge   bgm) Raumfähre, Erde   bgn

1781	2000 (L)	mehrfarbig	bgk	2,—	0,80
1782	2000 (L)	mehrfarbig	bgl	2,—	0,80
1783	2000 (L)	mehrfarbig	bgm	2,—	0,80
Block 24	(140×70 mm)		bgn	6,—	6,—
		FDC			7,—

1998, 28. Aug. Internationale Briefmarkenmesse RICCIONE '98. RaTdr. (4×5); gez. K 12:11¾.

bgo) Stilisierte Küstenlandschaft mit San Marino, Briefmarke, Segelboot, Muschel   bgp) Stilisierte Küstenlandschaft mit San Marino, Briefmarke, Delphin, Muschel

1784	800 L	mehrfarbig	bgo	0,80	0,80
1785	1500 L	mehrfarbig	bgp	1,50	1,50
		Satzpreis (2 W.)		2,20	2,20
		FDC			3,—

1998, 28. Aug. 100 Jahre Science-Fiction-Literatur. Odr., Zd-Bogen (4×4); gez. K 14¼.

	bgr
	bgs
	bgt
	bgu
	bgv
	bgw
	bgx
	bgy
	bgz
	bha
	bhb
	bhc
	bhd
	bhe
	bhf
	bhg

bgr) „20 000 Meilen unter dem Meer"; von Jules Verne (1828–1905)
bgs) „Der Krieg der Welten"; von Herbert George Wells (1866–1946)
bgt) „Schöne neue Welt"; von Aldous Leonard Huxley (1894–1963)
bgu) „1984"; von George Orwell, eigentl. Eric Arthur Blair (1903–1950)
bgv) „Chroniken der Galaxis"; von Isaac Asimov (1920–1992)
bgw) „Endlose Jahre"; von Clifford Donald Simak (1904–1988)
bgx) „Fahrenheit 451"; von Raymond Douglas Bradbury (*1920)
bgy) „Das siebte Opfer"; von Robert Sheckley (*1928)
bgz) „Die Händler im Weltraum"; von Frederik Pohl (* 1919) und Cyril M. Kornbluth (1923–1958)
bha) „Das Mittelalter kommt bald"; von Roberto Vacca (* 1927)
bhb) „Fremder in einer fremden Welt"; von Robert Anson Heinlein (1907–1988)
bhc) „Uhrwerk Orange"; von Anthony Burgess (1917–1993)
bhd) „Karneval der Alligatoren"; von James Graham Ballard (* 1930)
bhe) „Der Wüstenplanet"; von Frank Patrick Herbert (1920–1986)
bhf) „2001 – Odyssee im Weltraum"; von Arthur Charles Clarke (* 1917)
bhg) „Der Androidenjäger"; von Philip Kendred Dick (1928–1982)

1786	800	(L)	mehrfarbig	bgr	0,80	0,80
1787	800	(L)	mehrfarbig	bgs	0,80	0,80
1788	800	(L)	mehrfarbig	bgt	0,80	0,80
1789	800	(L)	mehrfarbig	bgu	0,80	0,80
1790	800	(L)	mehrfarbig	bgv	0,80	0,80
1791	800	(L)	mehrfarbig	bgw	0,80	0,80
1792	800	(L)	mehrfarbig	bgx	0,80	0,80
1793	800	(L)	mehrfarbig	bgy	0,80	0,80
1794	800	(L)	mehrfarbig	bgz	0,80	0,80
1795	800	(L)	mehrfarbig	bha	0,80	0,80
1796	800	(L)	mehrfarbig	bhb	0,80	0,80
1797	800	(L)	mehrfarbig	bhc	0,80	0,80
1798	800	(L)	mehrfarbig	bhd	0,80	0,80
1799	800	(L)	mehrfarbig	bhe	0,80	0,80
1800	800	(L)	mehrfarbig	bhf	0,80	0,80
1801	800	(L)	mehrfarbig	bhg	0,80	0,80
			Satzpreis (16 W.)		12,—	12,—
			Zd-Bogen		13,—	13,—
			FDC			14,—

1998, 23. Okt. Internationale Briefmarkenausstellung ITALIA '98, Mailand (I); Tag der Philatelie. RaTdr. (4×5); gez. K 14¼:14.

bhh) Papst Johannes Paul II. (1920–2005, reg. ab 1978)

1802	800	(L)	mehrfarbig	bhh	1,—	1,—
			FDC			2,—

Parallelausgabe mit Italien MiNr. 2592 und Vatikanstaat MiNr. 1256

1998, 23. Okt. 50. Jahrestag der Allgemeinen Erklärung der Menschenrechte. RaTdr. (2×5 Zd); gez. K 12:11¾.

bhi) Frau
bhk) Mann

1803	900	(L)	mehrfarbig	bhi	0,90	0,90
1804	900	(L)	mehrfarbig	bhk	0,90	0,90
			Satzpreis (Paar)		1,80	1,80
			FDC			2,60

1998, 23. Okt. Internationale Briefmarkenausstellung ITALIA '98, Mailand (II): Tag der Kunst. RaTdr. (4×5); gez. K 12:11¾.

bhl) Das junge Mädchen; Skulptur von Emilio Greco (1913–1995), Bildhauer

1805	1800	(L)	mehrfarbig	bhl	1,80	1,80
			FDC			2,60

Parallelausgabe mit Italien MiNr. 2597 und Vatikanstaat MiNr. 1257, Block 18

1998, 23. Okt. Weihnachten. RaTdr. (2×2 Zd); gez. K 12:11¾.

bhm–bho) Weihnachtsbaum aus Weihnachtsmännern, die Geschenke an Kinder in aller Welt verteilen

1806	800	(L)	mehrfarbig	bhm	0,80	0,80
1807	800	(L)	mehrfarbig	bhn	0,80	0,80
1808	800	(L)	mehrfarbig	bho	0,80	0,80
1809	800	(L)	mehrfarbig	bhp	0,80	0,80
			Satzpreis (4 W.)		3,20	3,20
			Viererblock		3,20	3,20
			FDC			4,—

MICHELsoft – das komfortable Datenbankprogramm für Ihren Computer!

San Marino 1023

1999

Neue Währung: 1 Euro (€) = 100 Cent (C);
bis 31.12.2001: 1 € = 1936.27 L

1999, 12. Febr. Weltmeisterschaften im Drachenfliegen, Monte Cucco. Odr. (5×4); gez. K 13¼:13.

bhr) Hand mit Feder
bhs) Pilot mit Luftballon auf Papierflieger

1810	800 L	/ 0.41 €	mehrfarbig ..... bhr	0,80	0,80
1811	1800 L	/ 0.93 €	mehrfarbig ..... bhs	1,80	1,80
			Satzpreis (2 W.)	2,60	2,60
			FDC		3,20

1999, 12. Febr. 400 Jahre Oper. Odr., Zd-Bogen (4×4); gez. K 13:13¼.

bht) Die Krönung der Poppäa; von Claudio Monteverdi (1642)
bhu) Dido und Äneas; von Henry Purcell (1689)
bhv) Orpheus und Eurydike; von Christoph Willibald Gluck (1762)
bhw) Don Giovanni; von Wolfgang Amadeus Mozart (1787)
bhx) Der Barbier von Sevilla; von Gioacchino Rossini (1816)
bhy) Norma; von Vincenzo Bellini (1831)
bhz) Lucia di Lammermoor; von Gaetano Donizetti (1835)
bia) Aida; von Giuseppe Verdi (1871)
bib) Faust; von Charles Gounod (1859)
bic) Carmen; von Georges Bizet (1875)
bid) Der Ring des Nibelungen; von Richard Wagner (1876)
bie) Boris Godunow; von Modest Mussorgskij (1874)
bif) Tosca; von Giacomo Puccini (1900)
big) Die Liebe zu den drei Orangen; von Sergej Prokofiew (1921)
bih) Porgy and Bess; von George Gershwin (1935)
bii) West Side Story; von Leonard Bernstein (1957)

1812	800 (L)	/ 0.41 €	mehrfarbig ..... bht	0,80	0,80
1813	800 (L)	/ 0.41 €	mehrfarbig ..... bhu	0,80	0,80
1814	800 (L)	/ 0.41 €	mehrfarbig ..... bhv	0,80	0,80
1815	800 (L)	/ 0.41 €	mehrfarbig ..... bhw	0,80	0,80
1816	800 (L)	/ 0.41 €	mehrfarbig ..... bhx	0,80	0,80
1817	800 (L)	/ 0.41 €	mehrfarbig ..... bhy	0,80	0,80
1818	800 (L)	/ 0.41 €	mehrfarbig ..... bhz	0,80	0,80
1819	800 (L)	/ 0.41 €	mehrfarbig ..... bia	0,80	0,80
1820	800 (L)	/ 0.41 €	mehrfarbig ..... bib	0,80	0,80
1821	800 (L)	/ 0.41 €	mehrfarbig ..... bic	0,80	0,80
1822	800 (L)	/ 0.41 €	mehrfarbig ..... bid	0,80	0,80
1823	800 (L)	/ 0.41 €	mehrfarbig ..... bie	0,80	0,80
1824	800 (L)	/ 0.41 €	mehrfarbig ..... bif	0,80	0,80
1825	800 (L)	/ 0.41 €	mehrfarbig ..... big	0,80	0,80
1826	800 (L)	/ 0.41 €	mehrfarbig ..... bih	0,80	0,80
1827	800 (L)	/ 0.41 €	mehrfarbig ..... bii	0,80	0,80
			Satzpreis (16 W.)	12,—	12,—
			Zd-Bogen	13,—	13,—
			FDC		14,—

1999, 27. März. Bonsai-Messe, San Marino. Odr. (4×5); gez. K 13:13¼.

bik) Bergkiefer (Pinus mugo)
bil) Ölbaum (Oleo europaea)
bim) Gemeine Kiefer (Pinus sylvestris)
bin) Stieleiche (Quercus robur)

1828	50 L	/ 0.03 €	mehrfarbig ..... bik	0,10	0,10
1829	300 L	/ 0.15 €	mehrfarbig ..... bil	0,30	0,30
1830	350 L	/ 0.18 €	mehrfarbig ..... bim	0,30	0,30
1831	500 L	/ 0.26 €	mehrfarbig ..... bin	0,50	0,50
			Satzpreis (4 W.)	1,20	1,20
			FDC		2,—

1999, 27. März. Europa: Natur- und Nationalparks. Odr. (4×5); gez. K 13:13¼.

 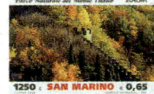

bio–bip) Naturpark Monte Titano

1832	650 L	/ 0.34 €	mehrfarbig ..... bio	0,80	0,80
1833	1250 L	/ 0.65 €	mehrfarbig ..... bip	1,70	1,70
			Satzpreis (2 W.)	2,50	2,50
			FDC		3,—

1999, 27. März. Straßen-Radweltmeisterschaften, Treviso und Verona. Odr. (4×5); gez. K 13:13¼.

bir) Palazzo del Podestà, Treviso; WM-Emblem
bis) Amphitheater, Verona; WM-Emblem

1834	900 L	/ 0.46 €	mehrfarbig ..... bir	1,—	1,—
1835	3000 L	/ 1.55 €	mehrfarbig ..... bis	3,—	3,—
			Satzpreis (2 W.)	4,—	4,—
			FDC		4,60

1999, 12. Mai. 125 Jahre Weltpostverein (UPU). Odr. (4×5); gez. K 13:13¼.

bit) Westteil des Bundeshauses, Bern (Gründungsort); Artikel 1 des UPU-Vertrages
biu) Weltkarte und Liste der Gründerstaaten des Weltpostvereins

1836	800 L	/ 0.41 €	mehrfarbig ..... bit	0,80	0,80
1837	3000 L	/ 1.55 €	mehrfarbig ..... biu	3,20	3,20
			Satzpreis (2 W.)	4,—	4,—
			FDC		4,60

San Marino

1999, 12. Mai. 50 Jahre Europarat. Odr. (4×5); gez. K 13¼:13.

biv) Menschen auf einer Leiter mit weiterem Stern für das Jubiläumsemblem des Europarates, Zahl „50"

1838	1300 L / 0.67 €	mehrfarbig	biv	2,—	2,—
			FDC		2,50

1999, 12. Mai. 150. Jahrestag der Flucht Giuseppe Garibaldis nach San Marino. Odr. (4×5); gez. K 13:13¼.

biw) G. Garibaldi (1807–1882), italienischer Freiheitskämpfer und Politiker; Volksmenge auf dem Quirinalsplatz, Rom (1849)

1839	1250 L / 0.65 €	mehrfarbig	biw	1,20	1,20
			FDC		2,—

1999, 5. Juni. Heiliges Jahr 2000: Pilgerreisen. Odr. (4×5); gez. K 13:13¼.u

bix) Europakarte von Toscanelli (um 1457) mit den ersten Pilgerrouten (990–1300); Kathedrale von Canterbury

biy) Priester segnet Pilger und überreicht Pilgerstab, Fresko im Kloster Novalseda (11. Jh.); Kathedrale von Reims

biz) Herberge nimmt Pilger auf, Fresko in der St. Jakobs-Kapelle, Briançon (15. Jh.); Kathedrale von Pavia

bka) Pilger auf Wanderschaft, Relief im Dom von Fidenza (12. Jh.); Dom von Fidenza

bkb) Blick vom Monte Mario auf Rom, Gemälde (um 1850) von Sir Charles Eastlake; Peterskirche in Rom

1840	650 L / 0.34 €	mehrfarbig	bix	0,60	0,60
1841	800 L / 0.41 €	mehrfarbig	biy	0,80	0,80
1842	900 L / 0.46 €	mehrfarbig	biz	0,90	0,90
1843	1250 L / 0.65 €	mehrfarbig	bka	1,20	1,20
1844	1500 L / 0.77 €	mehrfarbig	bkb	1,50	1,50
		Satzpreis (5 W.)		5,—	5,—
		FDC			6,—

1999, 5. Juni. Einheimische Säugetiere. Odr. (4×5); gez. K 13:13¼.

bkc) Feldhase (Lepus europaeus)

bkd) Eichhörnchen (Scirius vulgaris)

bke) Europäischer Dachs (Meles meles)

bkf) Rotfuchs (Vulpes vulpes)

bkg) Gewöhnliches Stachelschwein (Hystrix cristata)

1845	500 L / 0.26 €	mehrfarbig	bkc	0,50	0,50
1846	600 L / 0.34 €	mehrfarbig	bkd	0,60	0,60
1847	1100 L / 0.57 €	mehrfarbig	bke	1,10	1,10
1848	1250 L / 0.65 €	mehrfarbig	bkf	1,30	1,30
1849	1850 L / 0.96 €	mehrfarbig	bkg	2,—	2,—
		Satzpreis (5 W.)		5,50	5,50
		FDC			6,—

1999, 20. Sept. Festungen in der Region Montefeltro. Odr. (4×5); gez. K 13:13¼.

bkh) Rocca Fregoso, Sant'Agata Feltria

bki) Rocca Feltresca, San Leo

bkk) Herzogspalast, Urbino

bkl) Rocca Ulbaldinesca, Sassocorvaro

bkm) Montale und Fels von San Marino

1850	50 (L) / 0.03 €	mehrfarbig	bkh	0,10	0,10
1851	250 (L) / 0.13 €	mehrfarbig	bki	0,30	0,30
1852	650 (L) / 0.34 €	mehrfarbig	bkk	0,70	0,70
1853	1300 (L) / 0.67 €	mehrfarbig	bkl	1,40	1,40
1854	6000 (L) / 3.10 €	mehrfarbig	bkm	6,—	6,—
		Satzpreis (5 W.)		8,50	8,50
		FDC			9,—

Auflagen: MiNr. 1850 und 1854 je 180 000, MiNr. 1851 = 200 000, MiNr. 1852 bis 1853 je 190 000 Stück

Die Preisnotierungen in den MICHEL-Katalogen gelten für Marken in einwandfreier Qualität. Bei gezähnten Marken muß die Zähnung allseits vollständig sein, bei geschnittenen Marken darf der Schnitt das Markenbild nicht berühren. Postfrische Erhaltung setzt vollkommen unberührte Gummierung voraus, Marken mit Falz dürfen nur einen sauberen Erstfalz haben. Gestempelte Marken sollen eine saubere und möglichst lesbare Abstempelung haben.

Lesen Sie dazu auch die Einführung.

1999, 20. Sept. 50 Jahre Rotes Kreuz von San Marino. Odr. (4×5); gez. K 13:13¼.

bkn) Hl. Martin teilt seinen Mantel mit einem Bettler; Rotes Kreuz

1855	800 (L) / 0.41 €	mehrfarbig	bkn	0,80	0,80
			FDC		1,60

Auflage: 160 000 Stück

San Marino

1999, 20. Sept. Blockausgabe: 100 Jahre Fußballklub AC Mailand. Odr.; gez. K 13:13¼.

bko) Italienischer Meister (1901)	bkp) „Schwedentrio" Gren, Nordahl und Liedholm (1951)	bkr) Europapokalsieger (1963)	bkv
bks) Europapokalsieger (1990)	bkt) Italienischer Meister (1994)	bku) Italienischer Meister (1999)	

1856	800 (L) / 0.41 €	mehrfarbig	bko	0,80	0,80
1857	800 (L) / 0.41 €	mehrfarbig	bkp	0,80	0,80
1858	800 (L) / 0.41 €	mehrfarbig	bkr	0,80	0,80
1859	800 (L) / 0.41 €	mehrfarbig	bks	0,80	0,80
1860	800 (L) / 0.41 €	mehrfarbig	bkt	0,80	0,80
1861	800 (L) / 0.41 €	mehrfarbig	bku	0,80	0,80
Block 25	(155 × 115 mm)		bkv	5,—	5,—
			FDC		6,—

Auflage: 160 000 Blocks

1999, 5. Nov. Weihnachten. Odr. (4×5); gez. K 13:13¼.

bkw) Die Heiligen Drei Könige erreichen den Stall zu Bethlehem, Berge San Marinos

1862	800 (L) / 0.41 €	mehrfarbig	bkw	0,80	0,80
			FDC		1,60

Auflage: 180 000 Stück

1999, 5. Nov. Blockausgabe: Bedeutende Automobilhersteller – Audi. Odr.; gez. K 13.

bkx) DKW	bky) Audi TT (1998)	blb
bkz) Audi A8	bla) Auto-Union-Rennwagen (1933)	

1863	1500 (L) / 0.77 €	mehrfarbig	bkx	1,50	1,50
1864	1500 (L) / 0.77 €	mehrfarbig	bky	1,50	1,50
1865	1500 (L) / 0.77 €	mehrfarbig	bkz	1,50	1,50
1866	1500 (L) / 0.77 €	mehrfarbig	bla	1,50	1,50
Block 26	(155 × 115 mm*)		blb	6,—	6,—
			FDC		6,50

MiNr. 1863 zeigt die fehlerhafte Inschrift „HORCH".

*) Block 26 hat einen durch Perforation abtrennbaren Coupon, der zur Teilnahme an einem Preisausschreiben der Postverwaltung um einen Audi A3 berechtigt. Die angegebenen Blockmaße und Preise beziehen sich auf Blocks mit anhängendem Coupon.

Auflage: 210 000 Blocks

2000

2000, 2. Febr. Blockausgabe: Heiliges Jahr; 2000. Geburtstag von Jesus Christus. Odr.; gez. K 13.

blc) Kirche San Giovanni di Laterano, Rom	bld) Kirche San Paolo fuori le Mura, Rom	blg
ble) Kirche Santa Maria Maggiore, Rom	blf) Peterskirche, Rom	

1867	1000 (L) / 0.52 €	mehrfarbig	blc	1,—	1,—
1868	1000 (L) / 0.52 €	mehrfarbig	bld	1,—	1,—
1869	1000 (L) / 0.52 €	mehrfarbig	ble	1,—	1,—
1870	1000 (L) / 0.52 €	mehrfarbig	blf	1,—	1,—
Block 27	(155 × 115 mm)		blg	4,—	4,—
			FDC		4,60

Auflage: 150 000 Blocks

2000, 2. Febr. Das zwanzigste Jahrhundert. Odr., Zd-Bogen (4×3); gez. K 13:13¼.

blh) Weltkriege	bli) Wissenschaft	blk) Elektrizität	bll) Telekommunikation
blm) Luft- und Raumfahrt	bln) Umweltverschmutzung	blo) Automobilindustrie	blp) Kernenergie
blr) Kunst	bls) Freizeit	blt) Werbung	blu) Sport

San Marino

1871	650 (L) / 0.34 €	mehrfarbig	blh	0,60	0,60
1872	650 (L) / 0.34 €	mehrfarbig	bli	0,60	0,60
1873	650 (L) / 0.34 €	mehrfarbig	blk	0,60	0,60
1874	650 (L) / 0.34 €	mehrfarbig	bll	0,60	0,60
1875	650 (L) / 0.34 €	mehrfarbig	blm	0,60	0,60
1876	650 (L) / 0.34 €	mehrfarbig	bln	0,60	0,60
1877	650 (L) / 0.34 €	mehrfarbig	blo	0,60	0,60
1878	650 (L) / 0.34 €	mehrfarbig	blp	0,60	0,60
1879	650 (L) / 0.34 €	mehrfarbig	blr	0,60	0,60
1880	650 (L) / 0.34 €	mehrfarbig	bls	0,60	0,60
1881	650 (L) / 0.34 €	mehrfarbig	blt	0,60	0,60
1882	650 (L) / 0.34 €	mehrfarbig	blu	0,60	0,60
		Satzpreis (12 W.)		7,—	7,—
		Zd-Bogen		8,—	8,—
		FDC			8,50

Auflage: 150 000 Zd-Bogen

2000, 27. April. Europa. Odr. (5×4); gez. K 13¼:13.

blv) Kinder bauen Sternenturm

1883	800 (L) / 0.41 €	mehrfarbig	blv	1,—	1,—
		FDC			2,50

Auflage: 230 000 Stück

2000, 27. April. 40 Jahre Rotary-Club von San Marino. Odr. (5×4); gez. K 13¼:13.

blw) Emblem von Rotary International, Monte Titano mit Festungsbauten

blx) Wappen der Republik und Freiheitsstatue, Regierungspalast

1884	650 (L) / 0.34 €	mehrfarbig	blw	0,70	0,70
1885	800 (L) / 0.41 €	mehrfarbig	blx	0,80	0,80
		Satzpreis (2 W.)		1,50	1,50
		FDC			2,20

Auflage: 180 000 Sätze

2000, 27. April. Bologna – Kulturstadt Europas 2000. Odr. (5×4); gez. K 13¼:13.

bly) Regierungspalast, San Marino; Messagebäude, Bologna

blz) Messegebäude, Kathedrale San Pietro, Uhrturm, Tubertini-Dom, Basilika San Petronio, Radio, Funkturm

bma) Basilika San Petronio, Kirche Santa Maria della Vita, Asinelli- und Garisenda-Türme, Mikrochip, Funkturm

bmb) Kirche San Giacomo Maggiore, Arengo-Turm, Kirche San Francesco, Stilleben, Antiquariat

1886	650 (L) / 0.34 €	mehrfarbig	bly	0,70	0,70
1887	800 (L) / 0.41 €	mehrfarbig	blz	0,80	0,80
1888	1200 (L) / 0.62 €	mehrfarbig	bma	1,20	1,20
1889	1500 (L) / 0.77 €	mehrfarbig	bmb	1,50	1,50
		Satzpreis (4 W.)		4,20	4,20
		FDC			5,—

Auflagen: MiNr. 1886 = 350 000, MiNr. 1887 = 160 000, MiNr. 1888–1889 je 150 000 Stück

2000, 27. April. 5 Jahre internationale Anti-Drogen-Vereinigung „Rainbow". 22 Jahre nationale Anti-Drogen-Vereinigung „San Patrignano". Odr. (4×5); gez. K 13:13¼.

bmc) Vincenzo Muccioli, Gründer der San-Patrignano-Vereinigung

bmd) Himmel mit Schriftzug „Rainbow"

bme) Entwöhnte Jugendliche beginnen neues Leben

1890	650 (L) / 0.34 €	mehrfarbig	bmc	0,60	0,60
1891	1200 (L) / 0.62 €	mehrfarbig	bmd	1,20	1,20
1892	2400 (L) / 1.24 €	mehrfarbig	bme	2,40	2,40
		Satzpreis (3 W.)		4,20	4,20
		FDC			5,—

Auflage: 150 000 Sätze

2000, 31. Mai. Olympische Sommerspiele, Sydney. Odr. (2×2 Zd); gez. K 13¼:13.

bmf) Hund als Fackelläufer, Schmetterling

bmg) Flußpferd als Fackelläufer, Pinguin

bmh) Elefant als Fackelläufer, Marienkäfer

bmi) Hase als Fackelläufer, Schnecke

1893	1000 (L) / 0.52 €	mehrfarbig	bmf	1,—	1,—
1894	1000 (L) / 0.52 €	mehrfarbig	bmg	1,—	1,—
1895	1000 (L) / 0.52 €	mehrfarbig	bmh	1,—	1,—
1896	1000 (L) / 0.52 €	mehrfarbig	bmi	1,—	1,—
		Satzpreis (4 W.)		4,—	4,—
		Viererblock		4,—	4,—
		FDC			4,60

Auflage: 150 000 Sätze

2000, 31. Mai. Internationaler Malwettbewerb für Kinder „Zukunft auf Briefmarken". Odr. (4×5); gez. K 13:13¼.

bmk) Jahreszahl „2000" am Fuße des Monte Titano; von Laura Carattoni

1897	800 (L) / 0.41 €	mehrfarbig	bmk	0,80	0,80
		FDC			1,50

Auflage: 160 000 Stück

2000, 31. Mai. 100 Jahre Internationaler Radsportverband (UCI). Odr. (4×5); gez. K 13:13¼.

bml) Straßenradrennen, UCI-Emblem

1898	1200 (L) / 0.62 €	mehrfarbig	bml	1,20	1,20
		FDC			2,—

Auflage: 140 000 Stück

San Marino 1027

2000, 15. Sept. 50 Jahre Europäische Menschenrechtskonvention. Odr. (4×5); gez. K 13:13¼.

(bmm) Kindergesicht, Jubiläumsemblem des Europarates

| 1899 | 800 | (L) | / 0.41 | € | mehrfarbig | ..... | bmm | 1,— | 1,— |
| FDC | | | | | | | | | 1,50 |

Auflage: 160 000 Stück

2000, 15. Sept. Religiöse Kunst aus der Region Montefeltro. Odr. (4×5); gez. K 13:13¼.

bmn) Basilika San Marino; Skulptur des hl. Marinus

bmo) Pfarrkirche Santa Maria d'Antico, Maiolo; Marienskulptur

bmp) Kirche San Lorenzo, Talamello; Backsteinportal

bmq) Pfarrkirche La Pieve, San Leo; Presbyterium

bms) Wallfahrtskirche Madonna delle Grazie, Pennabilli; Mittelteil mit Fresken

1900	650	(L)	/ 0.34	€	mehrfarbig	....	bmn	0,60	0,60
1901	800	(L)	/ 0.41	€	mehrfarbig	....	bmo	0,80	0,80
1902	1000	(L)	/ 0.52	€	mehrfarbig	....	bmp	1,—	1,—
1903	1500	(L)	/ 0.77	€	mehrfarbig	....	bmr	1,50	1,50
1904	1800	(L)	/ 0.93	€	mehrfarbig	....	bms	1,80	1,80
					Satzpreis (5 W.)			5,50	5,50
					FDC				6,50

Auflagen: MiNr. 1900 = 200 000, MiNr. 1901–1903 je 150 000, MiNr. 1904 = 170 000 Stück

2000, 15. Sept. 10 Jahre UNO-Konvention über die Rechte des Kindes (1999). Odr. (4×5); gez. K 13:13¼.

bmt) Recht auf Verschonung im Falle eines Krieges

bmu) Recht auf Schutz vor Mißhandlungen

bmv) Recht auf Leben

bmw) Recht auf Bildung

1905	650	(L)	/ 0.34	€	mehrfarbig	....	bmt	0,60	0,60
1906	800	(L)	/ 0.41	€	mehrfarbig	....	bmu	0,80	0,80
1907	1200	(L)	/ 0.62	€	mehrfarbig	....	bmv	1,20	1,20
1908	1500	(L)	/ 0.77	€	mehrfarbig	....	bmw	1,60	1,60
					Satzpreis (4 W.)			4,20	4,20
					FDC				5,—

Auflagen: MiNr. 1905–1906 je 170 000, MiNr. 1907–1908 je 160 000 Stück

Satzpreise sind, wenn nicht anders angegeben, nach den niedrigsten Preisen eines Satzes errechnet.

2000, 14. Nov. 1700 Jahre Republik San Marino (I). RaTdr.; Markenheftchen; gez. K 11¾.

bmx) Melchiorre Delfico, Geschichtsschreiber

bmy) Giuseppe Garibaldi (1807–1882), Freiheitskämpfer und Politiker; Zeichnung von Roberto Fanzoni

bmz) Abraham Lincoln (1809–1865), 16. Präsident der USA; Text aus Brief an die Capitani Reggenti (1861)

bna) San Marino nimmt 100 000 Flüchtlinge auf (1944–1945)

 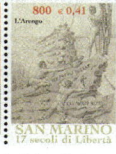  

bnb) Goldschmuck aus dem ostgotischen Grabschatz von Domagnano

bnc) Landkarte von San Marino (seit 1463)

bnd) Ausbildung

bne) Arbeitsleben

bnf) Napoleon I. (1769–1821) bietet San Marino einen Zugang zum Meer an

bng) Versammlung der Familienoberhäupter „Arengo" (1906)

bnh) Kultur und Sport

bni) Tourismus und Freizeitgestaltung

bnk) Hl. Marinus; Gemälde von Francesco Manzocchi di Forli (1502–1574)

bnl) Hl. Marinus; Gemälde von Domenico Ghirlandaio (1449–1494)

bnm) Doppelthron der Capitani Reggenti

bnn) Republikanisches Statut (Riminieser Ausgabe von 1600)

bno) Hl. Marinus; Gemälde aus der Schule Guercinos

bnp) Hl. Marinus; Gemälde eines Unbekannten (18. Jh.)

bnr) Parade der Palastwache

bns) Nationalflaggen, Liste internationaler Organisationen

1909	800	(L)	/ 0.41	€	mehrfarbig	.....	bmx	0,80	0,80
1910	800	(L)	/ 0.41	€	mehrfarbig	.....	bmy	0,80	0,80
1911	800	(L)	/ 0.41	€	mehrfarbig	.....	bmz	0,80	0,80
1912	800	(L)	/ 0.41	€	mehrfarbig	.....	bna	0,80	0,80

San Marino

1913	800	(L) / 0,41 €	mehrfarbig	bnb	0,80	0,80
1914	800	(L) / 0,41 €	mehrfarbig	bnc	0,80	0,80
1915	800	(L) / 0,41 €	mehrfarbig	bnd	0,80	0,80
1916	800	(L) / 0,41 €	mehrfarbig	bne	0,80	0,80
1917	800	(L) / 0,41 €	mehrfarbig	bnf	0,80	0,80
1918	800	(L) / 0,41 €	mehrfarbig	bng	0,80	0,80
1919	800	(L) / 0,41 €	mehrfarbig	bnh	0,80	0,80
1920	800	(L) / 0,41 €	mehrfarbig	bni	0,80	0,80
1921	1200	(L) / 0,62 €	mehrfarbig	bnk	1,30	1,30
1922	1200	(L) / 0,62 €	mehrfarbig	bnl	1,30	1,30
1923	1200	(L) / 0,62 €	mehrfarbig	bnm	1,30	1,30
1924	1200	(L) / 0,62 €	mehrfarbig	bnn	1,30	1,30
1925	1200	(L) / 0,62 €	mehrfarbig	bno	1,30	1,30
1926	1200	(L) / 0,62 €	mehrfarbig	bnp	1,30	1,30
1927	1200	(L) / 0,62 €	mehrfarbig	bnr	1,30	1,30
1928	1200	(L) / 0,62 €	mehrfarbig	bns	1,30	1,30
			Satzpreis (20 W.)		20,—	20,—
			5 FDC			24,—

Auflage: 130 000 Sätze

MiNr. 1916–1928 stammen aus MH 4.

2001, 19. Febr. Malatesta-Feiern. Odr. (4×5); gez. K 13:13¼.

bnx) Malatestinischer Tempel, Rimini; Bauwerk von Leon Battista Alberti (1404–1472), italienischer Humanist, Künstler und Gelehrter

bny) Pietà; Gemälde von Giovanni Bellini (um 1427–1516), italienischer Maler

bmh–bmi) Sigismondo Pandolfo Malatesta (1417–1468), italienischer Condottiere; Skulptur von Agostino di Duccio

1932	800	(L) / 0,41 €	mehrfarbig	bnx	0,80	0,80
1933	1200	(L) / 0,62 €	mehrfarbig	bny	1,20	1,20
			Satzpreis (2 W.)		2,—	2,—
			FDC			2,80

Auflagen: MiNr. 1932 = 130 000, MiNr. 1933 = 140 000 Stück

2000, 14. Nov. Weihnachten. Odr. (4×5); gez. K 13:13¼.

bnt) Hl. Maria mit Kind; Gemälde von Ludovico Carracci (1555–1619)

1929	800 (L) / 0,41 €	mehrfarbig	bnt	2,50	2,50
		FDC			3,—

Auflage: 170 000 Stück

2001, 19. Febr. Segelregatta „24 Stunden von San Marino". Odr. (2×2 Zd); gez. K 13:13¼.

bnz
boa

bob
boc

bmk–bmn) Segeljachten mit unterschiedlichen Segelstellungen

1934	1200	(L) / 0,62 €	mehrfarbig	bnz	1,20	1,20
1935	1200	(L) / 0,62 €	mehrfarbig	boa	1,20	1,20
1936	1200	(L) / 0,62 €	mehrfarbig	bob	1,20	1,20
1937	1200	(L) / 0,62 €	mehrfarbig	boc	1,20	1,20
			Satzpreis (4 W.)		4,80	4,80
			Viererblock		5,—	5,—
			FDC			5,50

Auflage: 120 000 Sätze

2001

2001, 10. Jan. Blockausgabe: Gewinn der Formel-1-Fahrer-Weltmeisterschaft durch Michael Schumacher und der -Konstrukteurs-Weltmeisterschaft 2000 durch Ferrari. Odr.; gez. Ks 13:13¼.

bnw

bnu) Michael Schumacher im Ferrari F1-2000

bnv) Zieldurchfahrt in Sepang (Malaysia)

1930	1500 (L) / 0,77 €	mehrfarbig	bnu	1,50	1,50
1931	1500 (L) / 0,77 €	mehrfarbig	bnv	1,50	1,50
Block 28	(110×75 mm)		bnw	3,—	3,—
		FDC			3,60

Die Hotline
für
MICHELsoft
Tel. 0 36 01/83 65 50
Mo.–Fr. 10 bis 20 Uhr

San Marino 1029

2001, 19. Febr. 100. Todestag von Giuseppe Verdi. Odr.; gez. Ks 13:13¼.

bod) Nabucco	boe) Ernani	bof) Rigoletto	bog) Der Troubadour
boh) La Traviata	boi) Die sizilianische Vesper	bok) Ein Maskenball	bol) Die Macht des Schicksals
bom) Don Carlos	bon) Aida		
boo) Othello	bop) Falstaff		

bod–bop) G. Verdi (1813–1901), italienischer Komponist; Szenen aus seinen Opern

1938	800	(L) / 0,41 €	mehrfarbig ...... bod	0,80	0,80
1939	800	(L) / 0,41 €	mehrfarbig ...... boe	0,80	0,80
1940	800	(L) / 0,41 €	mehrfarbig ...... bof	0,80	0,80
1941	800	(L) / 0,41 €	mehrfarbig ...... bog	0,80	0,80
1942	800	(L) / 0,41 €	mehrfarbig ...... boh	0,80	0,80
1943	800	(L) / 0,41 €	mehrfarbig ...... boi	0,80	0,80
1944	800	(L) / 0,41 €	mehrfarbig ...... bok	0,80	0,80
1945	800	(L) / 0,41 €	mehrfarbig ...... bol	0,80	0,80
1946	800	(L) / 0,41 €	mehrfarbig ...... bom	0,80	0,80
1947	800	(L) / 0,41 €	mehrfarbig ...... bon	0,80	0,80
1948	800	(L) / 0,41 €	mehrfarbig ...... boo	0,80	0,80
1949	800	(L) / 0,41 €	mehrfarbig ...... bop	0,80	0,80
			Satzpreis (12 W.)	9,50	9,50
			Zd-Bogen	10,—	10,—
			FDC		10,—

Auflage: 130 000 Sätze

2001, 17. April. Europa: Lebensspender Wasser. Odr. (5×4); gez. K 13¼:13.

bor) Wald, mit Wasser gefüllter Tresor
bos) Gebirgslandschaft, geöffneter Wasserhahn

1950	800	(L) / 0,41 €	mehrfarbig ..... bor	1,—	1,—
1951	1200	(L) / 0,62 €	mehrfarbig ..... bos	1,50	1,50
			Satzpreis (2 W.)	2,50	2,50
			FDC		3,—

Auflage: 130 000 Sätze

2001, 17. April. Emigration in die USA. Odr. (4×5); gez. K 13:13¼.

bot) Einwanderungsmuseum, Ellis Island, New York; Auswandererfamilie
bou) San Marino Social Club, Detroit; Auswandererfamilie

1952	1200	(L) / 0,62 €	mehrfarbig ..... bot	1,20	1,20
1953	2400	(L) / 1,24 €	mehrfarbig ..... bou	2,40	2,40
			Satzpreis (2 W.)	3,60	3,60
			FDC		4,40

Auflage: 120 000 Sätze

2001, 17. April. Internationale Blumen- und Zierpflanzenausstellung EUROFLORA '01, Genua. Odr. (5×4); gez. K 13¼:13.

boy) Dahlie (Dahlia variabilis); Segelschiff
bow) Zimmerkalla (Zantedeschia aethiopica); Segelschiff
box) Rose „Helen Trouble"; Segelschiff
boy) Belladonnalilie (Amaryllis hippeastrum); Torre de la Lanterna, Genua

1954	800	(L) / 0,41 €	mehrfarbig ..... bov	0,80	0,80
1955	1200	(L) / 0,62 €	mehrfarbig ..... bow	1,20	1,20
1956	1500	(L) / 0,77 €	mehrfarbig ..... box	1,50	1,50
1957	2400	(L) / 1,24 €	mehrfarbig ..... boy	2,50	2,50
			Satzpreis (4 W.)	6,—	6,—
			FDC		6,50

Auflage: 120 000 Sätze

2001, 17. April. Sportspiele der europäischen Kleinstaaten. Odr. (4×2); gez. K 13¼:13.

boz) Boccia, Laufen
bpa) Schwimmen
bpb) Radfahren
bpc) Schießen

bpd) Judo
bpe) Tennis, Tischtennis
bpf) Basketball, Volleyball
bpg) Fackellauf

boz–bpg) Maskottchen „Rasta", Emblem der Sportspiele

1958	800	(L) / 0,41 €	mehrfarbig ...... boz	0,80	0,80
1959	800	(L) / 0,41 €	mehrfarbig ...... bpa	0,80	0,80
1960	800	(L) / 0,41 €	mehrfarbig ...... bpb	0,80	0,80
1961	800	(L) / 0,41 €	mehrfarbig ...... bpc	0,80	0,80
1962	800	(L) / 0,41 €	mehrfarbig ...... bpd	0,80	0,80
1963	800	(L) / 0,41 €	mehrfarbig ...... bpe	0,80	0,80
1964	800	(L) / 0,41 €	mehrfarbig ...... bpf	0,80	0,80
1965	800	(L) / 0,41 €	mehrfarbig ...... bpg	0,80	0,80
			Satzpreis (8 W.)	6,—	6,—
			Kleinbogen	6,50	6,50
			FDC		7,—

Auflage: 130 000 Sätze

Wissen kommt nicht von selbst
MICHEL

San Marino

2001, 23. Juni. 1700 Jahre Republik San Marino (II). Odr. (2×2 Zd); gez. K 13:13¼.

bph
bpi
bpk
bpl

boh–bol) Entwicklung San Marinos durch die Jahrhunderte; Zeichnungen von Tullio Pericoli

1966	1200 (L) / 0.62 €	mehrfarbig	bph	1,20	1,20
1967	1200 (L) / 0.62 €	mehrfarbig	bpi	1,20	1,20
1968	1200 (L) / 0.62 €	mehrfarbig	bpk	1,20	1,20
1969	1200 (L) / 0.62 €	mehrfarbig	bpl	1,20	1,20
		Satzpreis (4 W.)		4,80	4,80
		Viererblock		4,80	4,80
		FDC			5,50

Auflage: 130 000 Sätze

2001, 23. Juni. Einweihung des neuen Staatsmuseums. Odr. (4×5); gez. K 13:13¼.

bpm

bpn bpo bpp

bpm–bpp) Verschiedene Museumsexponate sowie Ausstellungsraum im Bergami-Belluzzi-Palast

1970	550 (L) / 0.28 €	mehrfarbig	bpm	0,50	0,50
1971	800 (L) / 0.41 €	mehrfarbig	bpn	0,80	0,80
1972	1500 (L) / 0.77 €	mehrfarbig	bpo	1,50	1,50
1973	2000 (L) / 1.03 €	mehrfarbig	bpp	2,—	2,—
		Satzpreis (4 W.)		4,80	4,80
		FDC			5,50

Auflage: 130 000 Sätze

2001, 23. Juni. 50 Jahre Hoher Flüchtlingskommissar der Vereinten Nationen (UNHCR). Odr. (4×5 Zd); gez. K 13¼:13.

bpr
bps

bob–boc) Mensch reicht Hilfesuchendem die Hände

1974	1200 (L) / 0.62 €	mehrfarbig	bpr	1,20	1,20
1975	1200 (L) / 0.62 €	mehrfarbig	bps	1,20	1,20
		Satzpreis (Paar)		2,40	2,40
		FDC			3,20

Auflage: 120 000 Sätze

2001, 10. Sept. 125 Jahre Vereinigung für gegenseitige Hilfe (SUMS). Odr. (2×5 Zd); gez. K 13:13¼.

bpt bpu

bod–boe) Allegorien mit altem und renoviertem Gebäude „Silo Molino Forno"

1976	1200 (L) / 0.62 €	mehrfarbig	bpt	1,20	1,20
1977	1200 (L) / 0.62 €	mehrfarbig	bpu	1,20	1,20
		Satzpreis (Paar)		2,40	2,40
		FDC			3,20

Auflage: 135 000 Sätze

2001, 10. Sept. Kunst und Natur: 80. Geburtstag von Joseph Beuys (1921–1986), deutscher Plastiker, Zeichner und Aktionskünstler. Odr. (4×5); gez. K 13:13¼.

bpv) Transparent zur Ausstellung „Schutz der Natur"

1978	2400 (L) / 1.24 €	mehrfarbig	bpv	2,50	2,50
		FDC			3,20

Auflage: 120 000 Stück

2001, 10. Sept. Internationales Jahr für den Dialog der Zivilisationen. Odr. (5×4); gez. K 13¼:13.

bpw) Emblem

1979	2400 (L) / 1.24 €	mehrfarbig	bpw	2,50	2,50
		FDC			3,20

Auflage: 120 000 Stück

2001, 18. Okt. Einführung der Euro-Münzen und -Banknoten. Odr. (4×5); gez. K 13:13¼.

bpx) Münzen, Europakarte   bpy) Banknoten, Europakarte

1980	1200 (L) / 0.62 €	mehrfarbig	bpx	1,50	1,50
1981	2400 (L) / 1.24 €	mehrfarbig	bpy	2,50	2,50
		Satzpreis (2 W.)		4,—	4,—
		FDC			4,50

Auflage: 120 000 Sätze

Die Notierungen gelten in der ersten Spalte für ungebrauchte (postfrische), in der zweiten für gebrauchte (gestempelte) Postwertzeichen.

San Marino

2001, 18. Okt. Weihnachten. Odr. (4×4); gez. K 13:13¼.

bpz	bra	brb	brc
brd	bre	brf	brg
brh	bri	brk	brl
brm	brn	bro	brp

bpz–brp) Weihnachten am Monte Titano; Gemälde von Nicoletta Ceccoli

1982	800 (L)	/ 0,41 €	mehrfarbig	bpz	0,80	0,80
1983	800 (L)	/ 0,41 €	mehrfarbig	bra	0,80	0,80
1984	800 (L)	/ 0,41 €	mehrfarbig	brb	0,80	0,80
1985	800 (L)	/ 0,41 €	mehrfarbig	brc	0,80	0,80
1986	800 (L)	/ 0,41 €	mehrfarbig	brd	0,80	0,80
1987	800 (L)	/ 0,41 €	mehrfarbig	bre	0,80	0,80
1988	800 (L)	/ 0,41 €	mehrfarbig	brf	0,80	0,80
1989	800 (L)	/ 0,41 €	mehrfarbig	brg	0,80	0,80
1990	800 (L)	/ 0,41 €	mehrfarbig	brh	0,80	0,80
1991	800 (L)	/ 0,41 €	mehrfarbig	bri	0,80	0,80
1992	800 (L)	/ 0,41 €	mehrfarbig	brk	0,80	0,80
1993	800 (L)	/ 0,41 €	mehrfarbig	brl	0,80	0,80
1994	800 (L)	/ 0,41 €	mehrfarbig	brm	0,80	0,80
1995	800 (L)	/ 0,41 €	mehrfarbig	brn	0,80	0,80
1996	800 (L)	/ 0,41 €	mehrfarbig	bro	0,80	0,80
1997	800 (L)	/ 0,41 €	mehrfarbig	brp	0,80	0,80
			Satzpreis (16 W.)		12,80	12,80
			Zd-Bogen		13,—	13,—
			FDC			14,—

Auflage: 120 000 Sätze

brv) Bergland-schaft	brw) Oliven-zweig	brx) Spatzen	bry) Neugebore-nes

1998	0,01 €	mehrfarbig	brr	0,10	0,10
1999	0,02 €	mehrfarbig	brs	0,10	0,10
2000	0,05 €	mehrfarbig	brt	0,10	0,10
2001	0,10 €	mehrfarbig	bru	0,20	0,20
2002	0,25 €	mehrfarbig	brv	0,50	0,50
2003	0,50 €	mehrfarbig	brw	1,—	1,—
2004	1,00 €	mehrfarbig	brx	2,—	2,—
2005	5,00 €	mehrfarbig	bry	10,—	10,—
		Satzpreis (8 W.)		14,—	14,—
		2 FDC			15,50

Auflage: 300 000 Sätze

2002, 16. Jan. Olympische Winterspiele, Salt Lake City. Odr. (2×2 Zd); gez. K 13¼:13.

brz) Hund mit Fackel beim alpinen Skilauf
bsa) Flußpferd mit Fackel beim Eisschnellauf
bsb) Hase mit Fackel beim Skilanglauf
bsc) Elefant mit Fackel beim Eishockey

2006	0,41 €	mehrfarbig	brz	0,90	0,90
2007	0,41 €	mehrfarbig	bsa	0,90	0,90
2008	0,41 €	mehrfarbig	bsb	0,90	0,90
2009	0,41 €	mehrfarbig	bsc	0,90	0,90
		Satzpreis (4 W.)		3,60	3,60
		Viererblock		3,60	3,60
		FDC			4,40

Auflage: 130 000 Sätze

2002

2002, 16. Jan. Freimarken: Die Farben des Lebens. Odr. (5×4); gez. K 13¼:13.

brr) Kaninchen	brs) Sonnen-untergang	brt) Kaktusblüte	bru) Gerstenfeld

2002, 16. Jan. Gewinn der Motorrad-Weltmeisterschaft 2001 in der 125-ccm-Klasse durch Manuel Poggiali. Odr. (2×5 Zd); gez. K 13:13¼.

bsd
bse

bsd–bse) M. Poggiali (*1983), Motorradrennfahrer, auf einer Gilera-Maschine

2010	0,62 €	mehrfarbig	bsd	1,30	1,30
2011	0,62 €	mehrfarbig	bse	1,30	1,30
		Satzpreis (Paar)		2,60	2,60
		FDC			3,40

Auflage: 200 000 Sätze

Bei Anfragen bitte Rückporto nicht vergessen!

2002, 22. März. Blockausgabe: Fußball-Weltmeisterschaft, Japan und Südkorea. Odr.; gez. Ks 13:13¼.

bsf) Italien–Tschechoslowakei 4:2 (1934)	bsg) Italien–Ungarn 1:0 (1938)	bsh) Italien–Deutschland 4:3 (1970)	bsm
bsi) Italien–Brasilien 3:2 (1982)	bsk) Italien–England 2:1 (1990)	bsl) Italien–Nigeria 2:1 (1994)	

bsf–bsl) Szenen aus Weltmeisterschaftsspielen mit italienischer Beteiligung

2012	0,41 €	mehrfarbig	bsf	0,80	0,80
2013	0,41 €	mehrfarbig	bsg	0,80	0,80
2014	0,41 €	mehrfarbig	bsh	0,80	0,80
2015	0,41 €	mehrfarbig	bsi	0,80	0,80
2016	0,41 €	mehrfarbig	bsk	0,80	0,80
2017	0,41 €	mehrfarbig	bsl	0,80	0,80
Block 29 (155 × 115 mm)			bsm	5,—	5,—
		FDC			6,—

Auflage: 130 000 Blocks

2002, 22. März. Europa: Zirkus. Odr. (5 × 4); gez. K 13¼:13.

bsn   bso

bsn–bso) Zirkusartisten, Zuschauerränge, Manege

2018	0,36 €	mehrfarbig	bsn	5,—	3,—
2019	0,62 €	mehrfarbig	bso	15,—	13,—
		Satzpreis (2 W.)		20,—	16,—
		FDC			18,—

Auflagen: MiNr. 2018 = 500 000, MiNr. 2019 = 160 000 Stück

2002, 22. März. Prioritätspost. Odr. (5 × 2); gez. K 13:13¼.

bsp   bsr

bsp–bsr) Grundprinzip der Prioritätspost: Schnelligkeit trotz Hindernissen

bsp) Mountainbikefahrer   bsr) Hürdenläufer

2020	0,62 €	mehrfarbig	bsp	1,30	1,30
2021	1,24 €	mehrfarbig	bsr	2,50	2,50
		Satzpreis (2 W.)		3,80	3,80
		FDC			4,60
		Kleinbogensatz (2 Klb.)		38,—	38,—

MiNr. 2020–2021 wurden mit Anhängsel für Post der 1. Dringlichkeitsklasse gedruckt. Die angegebenen Preise gelten für Marken mit Anhängsel.

Auflagen: MiNr. 2020 = 200 000, MiNr. 2021 = 160 000 Stück

2002, 3. Juni. 10 Jahre Vertrag von Maastricht. Odr. (4 × 5); gez. K 13:13¼.

bss) Landkarte Europas als Baumkrone, Stamm mit €-Zeichen

2022	1,24 €	mehrfarbig	bss	2,50	2,50
		FDC			3,50

Auflage: 120 000 Stück

2002, 3. Juni. Blockausgabe: 125 Jahre Briefmarken von San Marino. Odr.; gez. Ks 13¼.

bsx

bst   bsu   bsv   bsw

bst–bsw) Marken MiNr. 1–5

2023	1,24 €	mehrfarbig	bst	2,50	2,50
2024	1,24 €	mehrfarbig	bsu	2,50	2,50
2025	1,24 €	mehrfarbig	bsv	2,50	2,50
2026	1,24 €	mehrfarbig	bsw	2,50	2,50
Block 30 (140 × 70 mm)			bsx	10,—	10,—
		FDC			11,—

Auflage: 120 000 Blocks

2002, 3. Juni. Internationales Jahr der Berge. Odr. (2 × 5 Zd); gez. K 13¼:13.

bsy   bsz   bta

bsy–bta) Monte Titano (756 m)

2027	0,41 €	mehrfarbig	bsy	0,90	0,90
2028	0,41 €	mehrfarbig	bsz	0,90	0,90
2029	0,41 €	mehrfarbig	bta	0,90	0,90
		Satzpreis (3 W.)		2,70	2,70
		Dreierstreifen		2,70	2,70
		FDC			3,50

Auflage: 160 000 Sätze

San Marino

2002, 19. Sept. Internationale Konferenz der Funkamateure.
Odr. (5×4); gez. K 13¼:13.

 btb  btc  bto) Schreiber  btp) Scherenschleifer  btr) Köhler

btb–btc) Weltkarte, Embleme des nationalen und internationalen Verbandes der Funkamateure, Morsezeichen, Antenne

2030	0,36 €	mehrfarbig	btb	0,80	0,80
2031	0,62 €	mehrfarbig	btc	1,30	1,30
		Satzpreis (2 W.)		2,—	2,—
		FDC			2,80

Auflage: 120 000 Sätze

2038	0,26 €	mehrfarbig	btl	0,60	0,60
2039	0,36 €	mehrfarbig	btm	0,80	0,80
2040	0,41 €	mehrfarbig	btn	0,90	0,90
2041	0,77 €	mehrfarbig	bto	1,60	1,60
2042	1,24 €	mehrfarbig	btp	2,50	2,50
2043	1,55 €	mehrfarbig	btr	3,10	3,10
		Satzpreis (6 W.)		9,50	9,50
		FDC			10,50

Auflagen: MiNr. 2038 und 2041–2043 je 140 000, MiNr. 2039–2040 je 160 000 Stück

2002, 19. Sept. Blockausgabe: Tourismus. Odr.; gez. Ks 12½.

btd) Palazzo Pubblico bte) Turm „Guaita" btf) Türme „Cesta" und „Montale" btk
btg) Basilica del Santo und Kirche San Pietro bth) Kapuzinerkirche
bti) San-Francesco-Tor

btd–bti) Blick auf die historische Altstadt auf dem Monte Titano

2032	0,62 €	mehrfarbig	btd	1,30	1,30
2033	0,62 €	mehrfarbig	bte	1,30	1,30
2034	0,62 €	mehrfarbig	btf	1,30	1,30
2035	0,62 €	mehrfarbig	btg	1,30	1,30
2036	0,62 €	mehrfarbig	bth	1,30	1,30
2037	0,62 €	mehrfarbig	bti	1,30	1,30
Block 31	(155×115 mm)		btk	7,40	7,40
		FDC			8,50

Auflage: 120 000 Blocks

2002, 31. Okt. Grußmarken. Odr. (5×4); gez. K 13¼:13.

 bts  btt  btu

btv   btw   btx

bts–btx) Gesichtsausdrücke als Kommunikationsmittel

2044	0,41 €	mehrfarbig	bts	0,90	0,90
2045	0,41 €	mehrfarbig	btt	0,90	0,90
2046	0,41 €	mehrfarbig	btu	0,90	0,90
2047	0,41 €	mehrfarbig	btv	0,90	0,90
2048	0,41 €	mehrfarbig	btw	0,90	0,90
2049	0,41 €	mehrfarbig	btx	0,90	0,90
		Satzpreis (6 W.)		5,—	5,—
		FDC			6,—

Auflage: 120 000 Sätze

2002, 19. Sept. Historische Handwerksberufe. Odr. (5×4); gez. K 13¼:13.

btl) Schmied   btm) Besenbinder   btn) Korbmacher

Kennen Sie schon das Album
MICHEL-Exklusiv
das „etwas andere Briefmarkenalbum"?
Lassen Sie es sich von Ihrem Händler vorführen oder verlangen Sie eine Probeseite vom Verlag.

2002, 31. Okt. Weihnachten. Odr. (4×3); gez. K 12¾:12½.

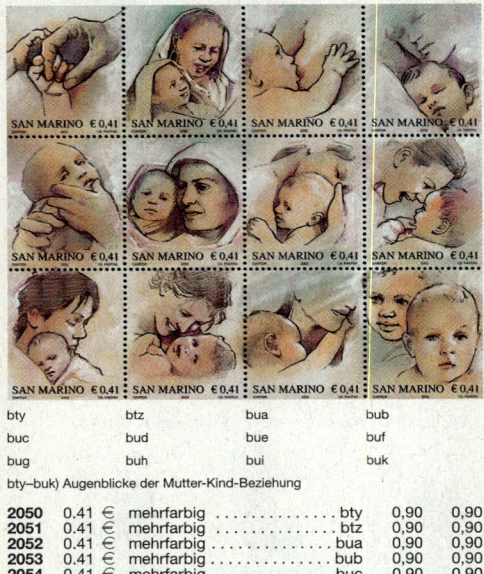

bty	btz	bua	bub
buc	bud	bue	buf
bug	buh	bui	buk

bty–buk) Augenblicke der Mutter-Kind-Beziehung

2050	0,41 €	mehrfarbig .... bty	0,90	0,90
2051	0,41 €	mehrfarbig .... btz	0,90	0,90
2052	0,41 €	mehrfarbig .... bua	0,90	0,90
2053	0,41 €	mehrfarbig .... bub	0,90	0,90
2054	0,41 €	mehrfarbig .... buc	0,90	0,90
2055	0,41 €	mehrfarbig .... bud	0,90	0,90
2056	0,41 €	mehrfarbig .... bue	0,90	0,90
2057	0,41 €	mehrfarbig .... buf	0,90	0,90
2058	0,41 €	mehrfarbig .... bug	0,90	0,90
2059	0,41 €	mehrfarbig .... buh	0,90	0,90
2060	0,41 €	mehrfarbig .... bui	0,90	0,90
2061	0,41 €	mehrfarbig .... buk	0,90	0,90
		Satzpreis (12 W.)	10,—	10,—
		Zd-Bogen	10,—	10,—
		FDC		11,—

Auflage: 120 000 Sätze

2003

2003, 24. Jan. Blockausgabe: Nordische Skiweltmeisterschaften, Fleimstal. Odr.; gez. Ks 13¼:13.

bul) Nordische Kombination   bum) Ski-springen   bun) Skilanglauf   buo

2062	0,77 €	mehrfarbig .... bul	1,60	1,60
2063	0,77 €	mehrfarbig .... bum	1,60	1,60
2064	0,77 €	mehrfarbig .... bun	1,60	1,60
Block 32	(155×115 mm) .... buo		4,80	4,80
		FDC		5,50

Auflage: 130 000 Blocks

2003, 24. Jan. Regionale Küche. Odr. (4×4); gez. Ks 12½.

bup	bur	bus	but
buu	buv	buw	bux
buy	buz	bva	bvb
bvc	bvd	bve	bvf

bup–bur, buu–buv) Vorspeisen   bus–but, buw–bux) Nudelgerichte
buy–buz, bvc–bvd) Hauptgerichte   bva–bvb, bve–bvf) Nachspeisen

2065	0,41 (€)	mehrfarbig .... bup	0,90	0,90
2066	0,41 (€)	mehrfarbig .... bur	0,90	0,90
2067	0,41 (€)	mehrfarbig .... bus	0,90	0,90
2068	0,41 (€)	mehrfarbig .... but	0,90	0,90
2069	0,41 (€)	mehrfarbig .... buu	0,90	0,90
2070	0,41 (€)	mehrfarbig .... buv	0,90	0,90
2071	0,41 (€)	mehrfarbig .... buw	0,90	0,90
2072	0,41 (€)	mehrfarbig .... bux	0,90	0,90
2073	0,41 (€)	mehrfarbig .... buy	0,90	0,90
2074	0,41 (€)	mehrfarbig .... buz	0,90	0,90
2075	0,41 (€)	mehrfarbig .... bva	0,90	0,90
2076	0,41 (€)	mehrfarbig .... bvb	0,90	0,90
2077	0,41 (€)	mehrfarbig .... bvc	0,90	0,90
2078	0,41 (€)	mehrfarbig .... bvd	0,90	0,90
2079	0,41 (€)	mehrfarbig .... bve	0,90	0,90
2080	0,41 (€)	mehrfarbig .... bvf	0,90	0,90
		Satzpreis (16 W.)	14,—	14,—
		Zd-Bogen	14,—	14,—
		FDC		15,—

Auflage: 120 000 Sätze

MICHELsoft
die spezielle
Sammler-Software

2003, 24. Jan. Gemälde bedeutender Künstler. Odr. (5×4); gez. K 13½:13.

bvg) Frau mit Mango; von Paul Gauguin (1848–1903), französischer Maler
bvh) Weizenfeld mit Rabenflug; von Vincent van Gogh (1853–1890), niederländischer Maler
bvi) Porträt einer jungen Frau; von Parmigianino (1503–1540), italienischer Maler und Radierer

2081	0.52 €	mehrfarbig	. . . . bvg	1,10	1,10
2082	0.62 €	mehrfarbig	. . . . bvh	1,30	1,30
2083	1.55 €	mehrfarbig	. . . . bvi	3,10	3,10
			Satzpreis (3 W.)	5,50	5,50
			FDC		6,20

Auflage: 120 000 Sätze

2003, 18. März. 100. Briefmarkenmesse VERONAFIL. Odr. (4×5); gez. K 13:13½.

bvk) Girolamo Fracastoro (1478–1553), Humanist und Arzt

| 2084 | 0.77 € | mehrfarbig | . . . . bvk | 1,60 | 1,60 |
| | | | FDC | | 2,40 |

Auflage: 130 000 Stück

2003, 18. März. Europa: Plakatkunst. Odr. (5×4); gez. K 13½:13.

bvl) Werbeplakat von Armando Testa (1917–1992), italienischer Architekt und Designer
bvm) Jane Avril; Plakat von Henri de Toulouse-Lautrec (1864–1901), französischer Maler und Graphiker

2085	0.28 €	mehrfarbig	. . . . bvl	3,—	3,—
2086	0.77 €	mehrfarbig	. . . . bvm	12,—	12,—
			Satzpreis (2 W.)	15,—	15,—
			FDC		18,—

Auflage: 170 000 Sätze

2003, 18. März. Bedeutende Rennpferde. Odr. (5×4); gez. K 13½:13.

bvn) „Molvedo", Galopper
bvo) „Tornese", Galopper
bvp) „Ribot", Galopper
bvq) „Varenne", Traber

2087	0.11 €	mehrfarbig	. . . . bvn	0,20	0,20
2088	0.15 €	mehrfarbig	. . . . bvo	0,30	0,30
2089	0.26 €	mehrfarbig	. . . . bvp	0,50	0,50
2090	1.55 €	mehrfarbig	. . . . bvr	3,20	3,20
			Satzpreis (4 W.)	4,20	4,20
			FDC		5,—

Auflage: 130 000 Sätze

2003, 7. Juni. 300 Jahre St. Petersburg. Odr. (4×5); gez. K 13:13½.

bvs) Brücke über den Winterkanal, St.-Peter-und-Pauls-Kathedrale
bvt) Bartolomeo Francesco Rastrelli (1700–1771), Architekt; Petershof mit Springbrunnen
bvu) Blick von der Dreifaltigkeitsbrücke auf Newa-Uferpromenade

bvv) Aleksandr Puschkin (1799–1837), russischer Dichter; Hände mit Federkiel
bvw) Katharina II., die Große (1729–1796), Kaiserin von Rußland; Kaiserpalast
bvx) Peter I., der Große (1672–1725), Zar und Kaiser von Rußland; Gründung von St. Petersburg

2091	0.15 €	mehrfarbig	. . . . bvs	0,30	0,30
2092	0.26 €	mehrfarbig	. . . . bvt	0,50	0,50
2093	0.36 €	mehrfarbig	. . . . bvu	0,70	0,70
2094	0.41 €	mehrfarbig	. . . . bvv	0,80	0,80
2095	0.77 €	mehrfarbig	. . . . bvw	1,60	1,60
2096	1.55 €	mehrfarbig	. . . . bvx	3,10	3,10
			Satzpreis (6 W.)	7,—	7,—
			FDC		8,—

Auflage: 140 000 Sätze

2003, 7. Juni. 100. Jahrestag des ersten Motorfluges der Brüder Wright. Odr. (4×5); gez. K 13:13½.

bvy) Doppeldecker „Flyer I" der Brüder Wright (1903)

bvz) Eindecker Blériot IX überfliegt den Ärmelkanal (1909)
bwa) Trainings-Jet Aermacchi-MB339 der italienischen Luftwaffe
bwb) Kunstflugstaffel „Frecce Tricolori" der italienischen Luftwaffe

2097	0.36 €	mehrfarbig	. . . . bvy	0,70	0,70
2098	0.41 €	mehrfarbig	. . . . bvz	0,80	0,80
2099	0.62 €	mehrfarbig	. . . . bwa	1,30	1,30
2100	0.77 €	mehrfarbig	. . . . bwb	1,60	1,60
			Satzpreis (4 W.)	4,40	4,40
			FDC		5,50

Auflagen: MiNr. 2097 und 2099 je 140 000, MiNr. 2098 und 2100 je 160 000 Stück

---

MICHEL-Kataloge

können Sie auch außerhalb Deutschlands beziehen. Unsere Vertretungen in vielen Ländern haben die neuen Kataloge stets lieferbar.

2003, 7. Juni. Blockausgabe: Radsport – 100 Jahre „Tour de France"; Straßenweltmeisterschaften, Hamilton. Odr.; gez. Ks 13.

bwc) Hinterrad — bwd) Vorderrad — bwe

2101	0,77	€ mehrfarbig	bwc	1,60	1,60
2102	0,77	€ mehrfarbig	bwd	1,60	1,60
Block 33	(155×115 mm)		bwe	3,20	3,20
			FDC		4,—

Auflage: 130 000 Blocks

2003, 7. Juni. 200. Jahrestag der Einrichtung der Postkutschenlinie Rimini–San Marino. Odr. (4×5); gez. K 13½:13.

bwf) Postkutsche auf dem Weg nach San Marino — bwg) Vierergespannwagen in Rimini

2103	0,41	€ mehrfarbig	bwf	0,80	0,80
2104	0,77	€ mehrfarbig	bwg	1,60	1,60
			Satzpreis (2 W.)	2,40	2,40
			FDC		3,50

Auflage: 140 000 Sätze

2003, 15. Sept. Puppenspiel. Odr. (2×2 Zd); gez. K 13½:13.

bwh — bwi — bwk — bwl — bwh–bwl) Puppentheater

2105	0,41	€ mehrfarbig	bwh	0,80	0,80
2106	0,41	€ mehrfarbig	bwi	0,80	0,80
2107	0,41	€ mehrfarbig	bwk	0,80	0,80
2108	0,41	€ mehrfarbig	bwl	0,80	0,80
			Satzpreis (4 W.)	3,20	3,20
			Viererblock	3,20	3,20
			FDC		4,—

Auflage: 140 000 Sätze

2003, 15. Sept. Rugby-Weltmeisterschaft, Australien. Odr. (5×4); gez. K 13½:13.

bwm — bwn — bwo — bwp

bwm–bwp) Spielszenen

2109	0,41	€ mehrfarbig	bwm	0,80	0,80
2110	0,62	€ mehrfarbig	bwn	1,30	1,30
2111	0,77	€ mehrfarbig	bwo	1,60	1,60
2112	1,55	€ mehrfarbig	bwp	3,10	3,10
			Satzpreis (4 W.)	6,80	6,80
			FDC		7,50

Auflage: 130 000 Sätze

2003, 15. Sept. Kinderspiele aus früheren Tagen. Odr. (4×5); gez. K 13½:13.

bwr) Seifenkistenrennen — bws) Blindekuh — bwt) Reifentreiben

bwu) Schussern — bwv) Taschentuchspiel — bww) Tauziehen

2113	0,36	€ mehrfarbig	bwr	0,80	0,80
2114	0,41	€ mehrfarbig	bws	0,80	0,80
2115	0,62	€ mehrfarbig	bwt	1,30	1,30
2116	0,77	€ mehrfarbig	bwu	1,60	1,60
2117	1,24	€ mehrfarbig	bwv	2,50	2,50
2118	1,55	€ mehrfarbig	bww	3,10	3,10
			Satzpreis (6 W.)	10,—	10,—
			FDC		11,—

Auflage: 130 000 Sätze

2003, 24. Okt. Wiedereröffnung des Opernhauses La Fenice in Venedig. Komb. Odr. und Pdr. (5×1); gez. K 13½:13.

bwx) Theaterwappen

2119	3,72	€ mehrfarbig	bwx	7,50	7,50
			FDC		9,—
			Kleinbogen	38,—	38,—

Auflage: 250 000 Stück

Die MICHEL-Redaktion nimmt keine Markenprüfungen vor!

2003, 24. Okt. Weihnachten. Odr. (4×4); gez. K 13¼:13½, Hochformate ~.

bxb	bxa	bwz	bwy
bxc	bxm	bxl	bxk
bxd	bxn	bxo	bxi
bxe	bxf	bxg	bxh

bwy–bxo) Traditionelles „Gänsespiel" als Adventskalender

2120	0.41	(€)	mehrfarbig	.... bwy	0,80	0,80
2121	0.41	(€)	mehrfarbig	.... bwz	0,80	0,80
2122	0.41	(€)	mehrfarbig	.... bxa	0,80	0,80
2123	0.41	(€)	mehrfarbig	.... bxb	0,80	0,80
2124	0.41	(€)	mehrfarbig	.... bxc	0,80	0,80
2125	0.41	(€)	mehrfarbig	.... bxd	0,80	0,80
2126	0.41	(€)	mehrfarbig	.... bxe	0,80	0,80
2127	0.41	(€)	mehrfarbig	.... bxf	0,80	0,80
2128	0.41	(€)	mehrfarbig	.... bxg	0,80	0,80
2129	0.41	(€)	mehrfarbig	.... bxh	0,80	0,80
2130	0.41	(€)	mehrfarbig	.... bxi	0,80	0,80
2131	0.41	(€)	mehrfarbig	.... bxk	0,80	0,80
2132	0.41	(€)	mehrfarbig	.... bxl	0,80	0,80
2133	0.41	(€)	mehrfarbig	.... bxm	0,80	0,80
2134	0.41	(€)	mehrfarbig	.... bxn	0,80	0,80
2135	0.41	(€)	mehrfarbig	.... bxo	0,80	0,80
				Satzpreis (16 W.)	12,50	12,50
				Zd-Bogen	13,—	13,—
				FDC		14,50

Auflage: 120 000 Sätze

2004

2004, 6. Febr. Gewinn der Motorrad-Weltmeisterschaft 2003 in der 250-ccm-Klasse durch Manuel Poggiali. Odr. (4×5); gez. K 13:13½.

bxp) M. Poggiali (*1983), Motorradrennfahrer

| 2136 | 1.55 | (€) | mehrfarbig | .... bxp | 3,— | 3,— |
| | | | | FDC | | 4,— |

Auflage: 160 000 Stück

Zum Bestimmen der Farben:
MICHEL-Farbenführer

2004, 6. Febr. Karneval in Venedig. Odr. (4×5); gez. K 13:13½.

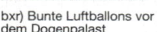

bxr) Bunte Luftballons vor dem Dogenpalast

bxs) Maskierte Frau, Brücke

2137	0.77	(€)	mehrfarbig	.... bxr	1,60	1,60
2138	1,55	(€)	mehrfarbig	.... bxs	3,10	3,10
				Satzpreis (2 W.)	4,60	4,60
				FDC		5,50

Auflage: 160 000 Sätze

2004, 6. Febr. 50 Jahre Unione Latina. Odr. (4×5); gez. K 13:13½.

bxt) Darstellende Kunst: Ballett, Gemäde von Edgar Degas; tangotanzendes Paar

bxu) Literatur: Don Quichote, von Miguel de Cervantes; Donna Flor und ihre beiden Ehemänner, von Jorge Amado

bxv) Bildende Kunst: Susanna und die Alten, von Tintoretto; Sonntagnachmittag, von Fernando Botero

2139	0.41	(€)	mehrfarbig	.... bxt	0,80	0,80
2140	0.77	(€)	mehrfarbig	.... bxu	1,60	1,60
2141	1.55	(€)	mehrfarbig	.... bxv	3,10	3,10
				Satzpreis (3 W.)	5,50	5,50
				FDC		6,50

Auflage: 130 000 Sätze

2004, 16. April. 20. Kongreß der Europäischen Bonsai-Gesellschaft (EBA), San Marino. Odr. (5×4); gez. K 13¼:13.

bxw) Japanische Schwarzkiefer (Pinus thumbergii)

bxx) Legföhre (Pinus mugo)

2142	0.45	(€)	mehrfarbig	.... bxw	0,90	0,90
2143	0.60	(€)	mehrfarbig	.... bxx	1,20	1,20
				Satzpreis (2 W.)	2,—	2,—
				FDC		3,—

Auflage: 200 000 Sätze

Die Preisnotierungen in den MICHEL-Katalogen gelten für Marken in einwandfreier Qualität. Bei gezähnten Marken muß die Zähnung allseits vollständig sein, bei geschnittenen Marken darf der Schnitt das Markenbild nicht berühren. Postfrische Erhaltung setzt vollkommen unberührte Gummierung voraus, Marken mit Falz dürfen nur einen sauberen Erstfalz haben. Gestempelte Marken sollen eine saubere und möglichst lesbare Abstempelung haben.

Lesen Sie dazu auch die Einführung.

2004, 16. April. Blockausgabe: 50 Jahre Gesellschaft für die Freundschaft des chinesischen Volkes mit dem Ausland. Odr.; gez. K 13:13¼.

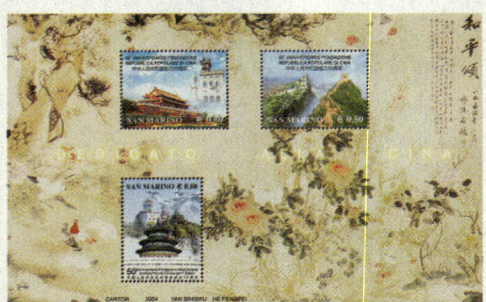

bxy) Tian-an-Meng-Palast (14. Jh.), Friedensstatue; Regierungspalast, San Marino	bxz) Monte Titano; Chinesische Mauer (14. Jh.)	byb
bya) 2. Turm von San Marino; Pagode des Himmelstempels, Friedensstatue		

2144	0,80 €	mehrfarbig	bxy	1,60	1,60
2145	0,80 €	mehrfarbig	bxz	1,60	1,60
2146	0,80 €	mehrfarbig	bya	1,60	1,60
Block 34	(180×115 mm)		byb	4,80	4,80
			FDC		6,—

Auflage: 190 000 Blocks

2004, 16. April. 100 Jahre Internationaler Fußballverband (FIFA). Odr. (5×4); gez. K 13¼:13.

byc) Staatsflagge, FIFA-Emblem

2147	2,80 €	mehrfarbig	byc	5,50	5,50
			FDC		6,50

Auflage: 140 000 Sätze

2004, 21. Mai. Europa: Ferien. Odr. (5×4, Querformat ~); gez. K 13¼:13, Querformat ~.

byd) Autonaviplano	bye) Barcampertrenobus

byd–bye) Skurrile Fahrzeugentwürfe von Ro Marcenaro, Karikaturist

2148	0,45 €	mehrfarbig	byd	1,—	1,—
2149	0,80 €	mehrfarbig	bye	2,—	2,—
			Satzpreis (2 W.)	3,—	3,—
			FDC		4,—

Auflage: 200 000 Sätze

MICHEL – seit über 90 Jahren Partner aller Philatelisten

2004, 21. Mai. Olympische Sommerspiele, Athen. Odr. (1×5 Zd); gez. K 13:13¼.

byf) Wagenrennen, Speerwerfen, Faustkampf

byg) Diskuswerfen, Fackellauf, Ringen	byh) Fackellauf, Radfahren, Golf	byi) Tennis, Kunstturnen, Gewichtheben, Rhythmische Sportgymnastik

2150	0,90 €	mehrfarbig	byf	1,80	1,80
2151	0,90 €	mehrfarbig	byg	1,80	1,80
2152	0,90 €	mehrfarbig	byh	1,80	1,80
2153	0,90 €	mehrfarbig	byi	1,80	1,80
			Satzpreis (4 W.)	7,—	7,—
			Viererstreifen	7,—	7,—
			FDC		8,—

Auflage: 200 000 Sätze

2004, 21. Mai. 50 Jahre Volkswagen-Produktion in Italien, 30 Jahre VW-Modell „Golf". Odr., Markenheftchen; gez. K 13:13¼.

byk) VW Golf V	byl) VW Käfer und New Beetle; Zahl „50" stehend
bym) VW Käfer und New Beetle; Zahl „50" liegend	byn) VW Golf V

2154	1.50 (€)	mehrfarbig	byk	3,—	3,—
2155	1.50 (€)	mehrfarbig	byl	3,—	3,—
2156	1.50 (€)	mehrfarbig	bym	3,—	3,—
2157	1.50 (€)	mehrfarbig	byn	3,—	3,—
			Satzpreis (4 W.)	12,—	12,—
			FDC		13,—

MiNr. 2154–2157 stammen aus MH 5.
Auflage: 180 000 Sätze

2004, 20. Aug. 450 Jahre São Paulo (Brasilien). Odr. (4×5); gez. K 13:13¼.

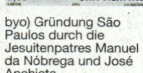

byo) Gründung São Paulos durch die Jesuitenpatres Manuel da Nóbrega und José Anchieta	byp) Mário de Andrade (1893–1945) mit Antônio de Alcântara Machado (1901–1935), brasilianischer Schriftsteller; städtisches Theater	byr) Stadtansicht von São Paulo, Kloster „Imagulada Conceiçao da Luz"

2158	0.60 (€)	mehrfarbig	byo	1,20	1,20
2159	0.80 (€)	mehrfarbig	byp	1,60	1,60
2160	1.40 (€)	mehrfarbig	byr	2,80	2,80
			Satzpreis (3 W.)	5,50	5,50
			FDC		6,50

Auflage: 180 000 Sätze

San Marino

2004, 20. Aug. Märchen. Odr. (5×4); gez. K 13¼:13.

bys) Hänsel und Gretel byt) Rotkäppchen byu) Pinocchio byv) Der gestiefelte Kater

2161	0,45	(€) mehrfarbig	bys	0,90	0,90
2162	0,60	(€) mehrfarbig	byt	1,20	1,20
2163	0,80	(€) mehrfarbig	byu	1,60	1,60
2164	1,00	(€) mehrfarbig	byv	2,—	2,—
			Satzpreis (4 W.)	5,50	5,50
			FDC		6,50

Auflagen: MiNr. 2161 = 190 000, MiNr. 2162–2164 je 150 000 Stück

2004, 20. Aug. Blockausgabe: 25. „Meeting Rimini" für kulturellen, ideologischen und sozialen Dialog. Odr.; gez. K 13½.

byw byx bza
byy byz

byw–byz) Teilnehmer der Veranstaltung

2165	1,00	(€) mehrfarbig	byw	2,—	2,—
2166	1,00	(€) mehrfarbig	byx	2,—	2,—
2167	1,00	(€) mehrfarbig	byy	2,—	2,—
2168	1,00	(€) mehrfarbig	byz	2,—	2,—
Block 35	(155×115 mm)		bza	8,—	8,—
			FDC		9,—

Auflage: 150 000 Blocks

2004, 20. Aug. Persönlichkeiten der Literatur. Odr. (5×4); gez. K 13¼:13.

bzb) Francesco Petrarca (1304–1374), italienischer Humanist und Dichter

bzc) Oscar Wilde (1854–1900), irischer Schriftsteller

bzd) Anton Tschechow (1860–1904), russischer Schriftsteller und Arzt

2169	0.45	(€) mehrfarbig	bzb	0,90	0,90
2170	1.50	(€) mehrfarbig	bzc	3,—	3,—
2171	2.20	(€) mehrfarbig	bzd	4,40	4,40
			Satzpreis (3 W.)	8,—	8,—
			FDC		9,—

Auflagen: MiNr. 2169 = 200 000, MiNr. 2170–2171 je 160 000 Stück

2004, 12. Nov. Gemälde. Odr. (4×5); gez. K 14¾:14¼.

bze) Rebekka am Brunnen; von Giovanni Battista Piazzetta (1682–1754), italienischer Maler und Radierer

bzf) Piazza Navona; von Scipione, eigentlich Gino Bonici (1904–1933), italienischer Maler

bzg) Die Beständigkeit der Erinnerung; von Salvador Dalí (1904–1989), spanischer Maler und Graphiker

2172	0.45	(€) mehrfarbig	bze	0,90	0,90
2173	1.40	(€) mehrfarbig	bzf	2,80	2,80
2174	1.70	(€) mehrfarbig	bzg	3,40	3,40
			Satzpreis (3 W.)	7,—	7,—
			FDC		8,—

Auflage: 140 000 Sätze

2004, 12. Nov. Blockausgabe: Wiedereröffnung der Mailänder Scala. Odr.; gez. K 13½:13¼.

bzh) Antonio Salieri (1750–1825), italienischer Komponist; erste Opernaufführung (1778)

bzi) Fassade des „Teatro alla Scala", Via Manzoni in verschiedenen Epochen

bzk) Riccardo Muti (*1941), italienischer Dirigent; Innenansicht mit Orchesterdarbietung

bzl

San Marino

2175	1.50	(€)	mehrfarbig	bzh	3,—	3,—
2176	1.50	(€)	mehrfarbig	bzi	3,—	3,—
2177	1.50	(€)	mehrfarbig	bzk	3,—	3,—
Block 36	(132×172 mm)			bzl	9,—	9,—
				FDC		10,—

Auflage: 130 000 Blocks

2004, 12. Nov. Weihnachten. Odr. (2×2 Zd); gez. K 13¼:13.

bzm
bzn
bzo
bzp

bzm–bzp) Engel und Putten aus Bildern und Fresken des italienischen Malers Sebastiano Ricci (1659–1734) mit neuzeitlichen Gegenständen

2178	0.60	(€)	mehrfarbig	bzm	1,20	1,20
2179	0.60	(€)	mehrfarbig	bzn	1,20	1,20
2180	0.60	(€)	mehrfarbig	bzo	1,20	1,20
2181	0.60	(€)	mehrfarbig	bzp	1,20	1,20
			Satzpreis (4 W.)		4,80	4,80
			Viererblock		4,80	4,80
			FDC			6,—

Auflage: 130 000 Sätze

2005

2005, 28. Febr. Gedenken an die Tsunami-Katastrophe in Südasien am 26.12.2004. Odr. (3×4); gez. K 13:13½.

bzr) Große Welle (Holzschnitt von Katsushika Hokusai), Strand in Südasien, Wand mit Bildern von Vermißten

| 2182 | 1.50 | (€) | mehrfarbig | bzr | 3,— | 3,— |
| | | | FDC | | | 4,— |

Auflage: 150 000 Stück

2005, 28. Febr. 100 Jahre Internationaler Gewichtheberverband (IWF). Odr. (5×4); gez. K 13¼:13.

bzs) Gewichtheber, IWF-Emblem

| 2183 | 2.20 | (€) | mehrfarbig | bzs | 4,40 | 4,40 |
| | | | FDC | | | 5,50 |

Auflage: 130 000 Stück

Zum Bestimmen der Farben:
MICHEL-Farbenführer

2005, 28. Febr. Ferrari: Formel-1-Weltmeister. Odr. (5×3); gez. K 13½:13.

bzt) Juan Manuel Fangio (1911–1995), argentinischer Automobilrennfahrer

bzu) Nikolaus „Niki" Lauda (*1949), österreichischer Automobilrennfahrer

bzv) John Surtees (*1934), britischer Motorrad- und Automobilrennfahrer

bzw) Michael Schumacher (*1969), deutscher Automobilrennfahrer

bzx) Ferrari F2004

bzy) Alberto Ascari (1918–1955), italienischer Automobilrennfahrer

2184	0.01	(€)	mehrfarbig	bzt	0,10	0,10
2185	0.04	(€)	mehrfarbig	bzu	0,10	0,10
2186	0.05	(€)	mehrfarbig	bzv	0,10	0,10
2187	0.45	(€)	mehrfarbig	bzw	0,90	0,90
2188	0.62	(€)	mehrfarbig	bzx	1,30	1,30
2189	1.50	(€)	mehrfarbig	bzy	3,—	3,—
			Satzpreis (6 W.)		5,50	5,50
			FDC			6,50

Auflagen: MiNr. 2184–2186 je 345 000, MiNr. 2187 = 624 000, MiNr. 2188–2189 je 240 000 Stück

2005, 28. Febr. Seligsprechung von Alberto Marvelli. Odr. (5×4); gez. K 13½:13.

bzz) A. Marvelli (1918–1946) hilft Verwundetem; Wiederaufbau Riminis; Monte Titano

caa) A. Marvelli; Papst Johannes Paul II. (1920 bis 2005, reg. ab 1978); Peterskirche, Rom

2190	0.90	(€)	mehrfarbig	bzz	1,80	1,80
2191	1.80	(€)	mehrfarbig	caa	3,60	3,60
			Satzpreis (2 W.)		5,40	5,40
			FDC			6,50

Auflage: 130 000 Sätze

2005, 25. April. Europa: Gastronomie. Odr. (5×4); gez. K 13½:13.

cab) Brot

cac) Wein

2192	0.62	(€)	mehrfarbig	cab	1,30	1,30
2193	1.20	(€)	mehrfarbig	cac	2,40	2,40
			Satzpreis (2 W.)		3,60	3,60
			FDC			5,—

Auflage: 210 000 Sätze

2005, 25. April. 78. Versammlung der italienischen Gebirgsjäger, Parma. Odr. (5×4); gez. K 13½:13.

cad) Gebirgsjäger erklimmt Felswand	cae) Gebirgsjäger pflückt Blume	caf) Gebirgsjäger als Beschützer von Mutter und Kind	cag) Gebirgsjägertreffen

Nr.	Preis		Farbe		Wert 1	Wert 2
2194	0.36	(€)	mehrfarbig	cad	0,80	0,80
2195	0.45	(€)	mehrfarbig	cae	0,90	0,90
2196	0.62	(€)	mehrfarbig	caf	1,30	1,30
2197	1.00	(€)	mehrfarbig	cag	2,—	2,—
			Satzpreis (4 W.)		5,—	5,—
			FDC			6,50

Auflage: 200 000 Sätze

2005, 25. April. Militäruniformen. Odr. (5×4); gez. K 13½:13.

cah) Unteroffizier mit Säbel in Paradeuniform, Dritter Festungsturm	cai) Soldat mit Karabiner in Paradeuniform, Zweiter Festungsturm	cak) Offizier mit Fahne in Paradeuniform, Palazzo Pubblico	cal) Stabsoffizier und Soldat des Musikkorps, Erster Festungsturm

2198	0.36	(€)	mehrfarbig	cah	0,80	0,80
2199	0.45	(€)	mehrfarbig	cai	0,90	0,90
2200	0.62	(€)	mehrfarbig	cak	1,30	1,30
2201	1.50	(€)	mehrfarbig	cal	3,—	3,—
			Satzpreis (4 W.)		6,—	6,—
			FDC			7,50

Auflage: 150 000 Sätze

2005, 4. Juni. Geschichte des Postwesens. Odr. (4×5); gez. K 13:13½.

cam) Postbote, Segelschiff, Eisenbahn

can) Briefleser	cao) Geschäftsleute	cap) Mann und Frau

2202	0.36	(€)	mehrfarbig	cam	0,80	0,80
2203	0.45	(€)	mehrfarbig	can	0,90	0,90
2204	0.60	(€)	mehrfarbig	cao	1,20	1,20
2205	0.62	(€)	mehrfarbig	cap	1,30	1,30
			Satzpreis (4 W.)		4,20	4,20
			FDC			*5,—

Auflage: 130 000 Sätze

2005, 4. Juni. Münzen. Odr. (4×5); gez. K 13:13½.

car) 5-Centesimi-Kupfermünzen (1864)

San Marino

cas) 5-Lire-Silbermünzen (1898)	cat) 10- und 20-Lire-Goldmünzen (1925), Kursmünzen	cau) Euro-Kursmünzensatz (2002)

2206	0.36	(€)	mehrfarbig	car	0,80	0,80
2207	0.45	(€)	mehrfarbig	cas	0,90	0,90
2208	1.00	(€)	mehrfarbig	cat	2,—	2,—
2209	2.20	(€)	mehrfarbig	cau	4,40	4,40
			Satzpreis (4 W.)		8,—	8,—
			FDC			9,—

Auflage: 140 000 Sätze

2005, 4. Juni. Varieté: Künstler des Revuetheaters. Odr. (5×2); gez. K 13¼.

cav) Erminio Macario	caw) Wanda Osiris	cax) Totò	cay) Anna Magnani	caz) Aldo Fabrizi
cba) Renato Rascel	cbb) Nino Taranto	cbc) Delia Scala	cbd) Tino Scotti	cbe) Carlo Dapporto

2210	0.45	€	mehrfarbig	cav	0,90	0,90
2211	0.45	€	mehrfarbig	caw	0,90	0,90
2212	0.45	€	mehrfarbig	cax	0,90	0,90
2213	0.45	€	mehrfarbig	cay	0,90	0,90
2214	0.45	€	mehrfarbig	caz	0,90	0,90
2215	0.45	€	mehrfarbig	cba	0,90	0,90
2216	0.45	€	mehrfarbig	cbb	0,90	0,90
2217	0.45	€	mehrfarbig	cbc	0,90	0,90
2218	0.45	€	mehrfarbig	cbd	0,90	0,90
2219	0.45	€	mehrfarbig	cbe	0,90	0,90
			Satzpreis (10 W.)		9,—	9,—
			Kleinbogen		9,—	9,—
			FDC			10,—

Auflage: 120 000 Sätze

MICHELsoft

die komfortable

Datenbank

für jeden Sammler

San Marino

2005, 26. Aug. 150. Geburtstag von Giovanni Pascoli. Odr. (4×5); gez. K 13:13¼.

cbf) Drachen, Kindergesicht; Verse aus dem Gedicht „Der Drachen"

cbg) Monte Titano; Verse aus dem Gedicht „Romagna"

cbh) Wohnhaus Pascolis, Pferd; Verse aus dem Gedicht „La cavalla storna"

cbi) G. Pascoli (1855 bis 1912), Dichter; Turm der Piebe, Loppia; Verse aus dem Gedicht „L'ora di Barga"

2220	0,36	€	mehrfarbig .... cbf	0,80	0,80
2221	0,45	€	mehrfarbig .... cbg	0,90	0,90
2222	1,00	€	mehrfarbig .... cbh	2,—	2,—
2223	2,00	€	mehrfarbig .... cbi	4,—	4,—
			Satzpreis (4 W.)	7,50	7,50
			FDC		8,50

Auflage: 120 000 Sätze

2005, 26. Aug. Historische Regatta von Venedig. Odr. (4×5, Hochformat ~); gez. K 13:13¼, Hochformat ~.

cbk) Engel und Teufel als Gondolieri

cbl) Gondolieri in historischem Gewand

cbk–cbl) Glasfiguren von Meister Lucio Bubacco aus Murano

2224	1,40	€	mehrfarbig .... cbk	2,80	2,80
2225	2,00	€	mehrfarbig .... cbl	4,—	4,—
			Satzpreis (2 W.)	6,80	6,80
			FDC		7,50

Auflage: 130 000 Sätze

2005, 26. Aug. Große italienische Weine. Odr.; gez. Ks 13:13¼, Hochformate ~.

cbm) Ferrari Brut
cbn) Amarone Quintarelli
cbo) Cartizze Canevel
cbp) Brunello di Montalcino Biondi-Santi
cbq) Marsala Florio
cbs) Verdicchio Fazi Battaglia
cbt) Sassicaia
cbu) Taurasi dei Feudi di San Gregorio
cbv) Tocai Friulano Schioppetto
cbw) Barolo Altare

2226	0,45	€	mehrfarbig .... cbm	0,90	0,90
2227	0,45	€	mehrfarbig .... cbn	0,90	0,90
2228	0,45	€	mehrfarbig .... cbo	0,90	0,90
2229	0,45	€	mehrfarbig .... cbp	0,90	0,90
2230	0,45	€	mehrfarbig .... cbr	0,90	0,90
2231	0,45	€	mehrfarbig .... cbs	0,90	0,90
2232	0,45	€	mehrfarbig .... cbt	0,90	0,90
2233	0,45	€	mehrfarbig .... cbu	0,90	0,90
2234	0,45	€	mehrfarbig .... cbv	0,90	0,90
2235	0,45	€	mehrfarbig .... cbw	0,90	0,90
			Satzpreis (10 W.)	9,—	9,—
			Kleinbogen	9,—	9,—
			FDC		10,—

Auflage: 120 000 Sätze

2005, 17. Nov. Freimarke: Dahlie. RaTdr., Rollen; selbstklebend; senkrecht gestanzt 6½.

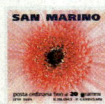

cbx) Blüte einer Dahlie (Dahlia variabilis hort.)

2236	—		mehrfarbig .... cbx	0,90	0,90
			FDC		1,80

Nominale zur Zeit der Ausgabe: 0,45 €
Auflage: 2 200 000 Stück

2005, 17. Nov. 300. Geburtstag von Papst Klemens XIV. Odr. (4×5); gez. K 13:13¼.

cby) Blick auf Santarcangelo und San Marino

cbz) Triumphbogen in Santarcangelo

cby–cbz) Papst Klemens XIV. (1705–1774)

2237	0,80	€	mehrfarbig .... cby	1,60	1,60
2238	1,00	€	mehrfarbig .... cbz	2,—	2,—
			Satzpreis (2 W.)	3,60	3,60
			FDC		4,50

Auflage: 110 000 Sätze

2005, 17. Nov. Künstler. Odr. (5×4); gez. K 13¼:13.

   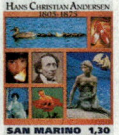

cca   ccb   ccc   ccd

cca) Joseph und Benjamin; Detail der Paradiespforte des Baptisteriums San Giovanni (Florenz), von Lorenzo Ghiberti (1378–1455), italienischer Bildhauer und Erzgießer
ccb) Mariä Verkündigung; Gemälde von Fra Angelico (um 1401/02–1455), italienischer Maler
ccc) Jules Verne (1828–1905), französischer Schriftsteller; Illustrationen zu seinen Romanen
ccd) Hans Christian Andersen (1805–1875), dänischer Dichter; Motive zu seinen Märchen

2239	0,36	€	mehrfarbig .... cca	0,70	0,70
2240	0,62	€	mehrfarbig .... ccb	1,30	1,30
2241	1,00	€	mehrfarbig ccc	2,—	2,—
2242	1,30	€	mehrfarbig .... ccd	2,60	2,60
			Satzpreis (4 W.)	6,50	6,50
			FDC		7,50

Auflage: 110 000 Sätze

2005, 17. Nov. Weihnachten. Odr. (4×5); gez. K 13:13¼.

cce) Mariä Verkündigung
ccf) Christi Geburt
ccg) Anbetung der Könige

2243	0,62	(€)	mehrblarbig .... cce	1,30	1,30
2244	1,55	(€)	mehrblarbig .... ccf	3,20	3,20
2245	2,20	(€)	mehrblarbig .... ccg	4,50	4,50
			Satzpreis (3 W.)	9,—	9,—
			FDC		10,—

Auflage: 110 000 Sätze

2006

2006, 1. Febr. 100 Jahre regelmäßige Versammlungen der Familienoberhäupter (Arengo). Odr. (4×4); gez. K 13½:13.

 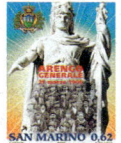 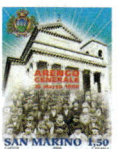

cch) Regierungspalast
cci) Statue der Freiheitsgöttin
cck) Basilika von San Marino

cch–cck) Photographie des Arengo von 1906

2246	0,45	(€)	mehrblarbig .... cch	0,90	0,90
2247	0,62	(€)	mehrblarbig cci	1,30	1,30
2248	1,50	(€)	mehrblarbig .... cck	3,—	3,—
			Satzpreis (3 W.)	5,20	5,20
			FDC		6,20

Auflage: 110 000 Sätze

2006, 1. Febr. Olympische Winterspiele, Turin. Odr. (2×2 Zd); gez. K 12½:12¾.

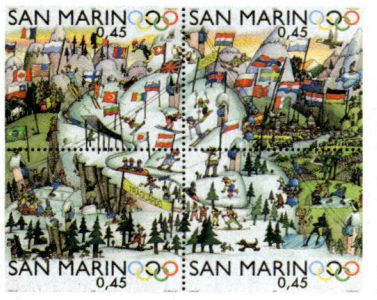

ccl
ccm
ccn
cco

ccl–cco) Wintersportler, Flaggen

2249	0,45	(€)	mehrblarbig ccl	0,90	0,90
2250	0,45	(€)	mehrblarbig .... ccm	0,90	0,90
2251	0,45	(€)	mehrblarbig .... ccn	0,90	0,90
2252	0,45	(€)	mehrblarbig .... cco	0,90	0,90
			Satzpreis (4 W.)	3,60	3,60
			FDC		4,60

Auflage: 120 000 Sätze

2006, 1. Febr. 500. Todestag von Christoph Kolumbus. Odr. (4×4); gez. K 13½:13½.

ccp) Kolumbus mit Indianer
ccr) Christoph Kolumbus (1451–1506), genuesischer Seefahrer in spanischen Diensten

2253	0,90	(€)	mehrblarbig .... ccp	1,80	1,80
2254	1,80	(€)	mehrblarbig .... ccr	3,60	3,60
			Satzpreis (2 W.)	5,40	5,40
			FDC		6,50

Auflage: 110 000 Sätze

2006, 5. April. Fußball-Weltmeisterschaft, Deutschland. Odr. (4×3); gez. K 13½:13.

ccs) WM-Emblem, Flaggenband, Fußball

2255	2,20	(€)	mehrblarbig .... ccs	4,40	4,40
			FDC		5,50

Auflage: 120 000 Stück

2006, 5. April. Kunst: Gemälde. Odr. (4×5); gez. K 13:13¼.

cct) Weibliche Badende; von Paul Cézanne (1839–1906), französischer Maler

 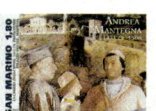

ccu) Bathseba mit dem Brief König Davids; von Rembrandt Harmensz. van Rijn (1606–1669), niederländischer Maler
ccv) Krönung der Jungfrau; von Gentile da Fabriano (um 1370–1427), italienischer Maler
ccw) Zimmer der Brautleute; von Andrea Mantegna (1431–1506), italienischer Maler und Kupferstecher

2256	0,36	(€)	mehrblarbig .... cct	0,80	0,80
2257	0,45	(€)	mehrblarbig .... ccu	0,90	0,90
2258	0,60	(€)	mehrblarbig ccv	1,20	1,20
2259	1,80	(€)	mehrblarbig .... ccw	3,60	3,60
			Satzpreis (4 W.)	6,50	6,50
			FDC		7,50

Auflage: 120 000 Sätze

MICHELsoft – das komfortable Datenbankprogramm für Ihren Computer!

2006, 5. April. Blockausgabe: Briefmarkenausstellung „Die zwei Republiken". Odr.; gez. Ks 13:13¼.

ccx) Palazzo di Montecitorio, Rom; Palazzo Pubblico, San Marino   ccy

2260	0.62	(€)	mehrfarbig	ccx	1,30	1,30
Block 37	(120×80 mm)			ccy	2,60	2,60
				FDC		3,60

Die Blockmarken tragen rückseitig auf dem Gummi die Inschrift VALIDO / POSTALMENTE / SOLO / A SAN MARINO bzw. (...) IN ITALIA.

Block 37 enthält zusätzlich Marke Italien MiNr. 3106. Der ⊙-Preis des Blocks gilt für sanmarinesische Entwertung.

Auflage: 150 000 Blocks

Parallelausgabe mit Italien MiNr. 3106, Bl. 37

2006, 19. Juni. Europa: Integration. Odr. (4×5); gez. K 13:13¼.

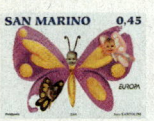 

ccz) Schmetterlinge und Kindergesichter
cda) Leonardo da Vincis vitruvianscher Mensch als Puzzle

2261	0.45	(€)	mehrfarbig	ccz	0,90	0,90
2262	0.62	(€)	mehrfarbig	cda	1,30	1,30
			Satzpreis (2 W.)		2,20	2,20
				FDC		3,20

Auflage: 120 000 Sätze

2006, 19. Juni. Humanitäre Hilfe. Odr. (2×5 Zd); gez. K 13¼.

cdb) Arzt hört Kind ab;   Zierfeld
Freiheitsdenkmal,
Palazzo Pubblico,
Staatskrankenhaus

2263	2.20	(€)	mehrfarbig	cdb	4,40	4,40
				2263 Zf	4,40	4,40
				FDC		5,50
			Kleinbogen		44,—	44,—

Auflage: 130 000 Stück

2006, 19. Juni. 50 Jahre Armbrustschützenkorps. Odr. (4×5); gez. K 13¼:13.

cdc) Fahnenschwenker mit Fahnen der Musiker
cdd) Fahnenträger mit Fahnen der neun Castelli

cde) Schütze beim Spannen der Armbrust
cdf) Schützen beim Einlegen des Pfeiles

cdg) Fahnenschwenker und Musikanten
cdh) Waffenmeister mit Kornelbaum; Emblem

2264	0.36	(€)	mehrfarbig	cdc	0,70	0,70
2265	0.45	(€)	mehrfarbig	cdd	0,90	0,90
2266	0.62	(€)	mehrfarbig	cde	1,30	1,30
2267	1.00	(€)	mehrfarbig	cdf	2,—	2,—
2268	1.50	(€)	mehrfarbig	cdg	3,—	3,—
2269	2.80	(€)	mehrfarbig	cdh	5,60	5,60
			Satzpreis (6 W.)		13,50	13,50
				FDC		14,50

Auflage: 150 000 Sätze

2006, 21. Aug. 40 Jahre Italienische Union für Druck und Philatelie (USFI). Odr. (5×4); gez. K 13¼:13.

cdi) Zinnen des Zweiten Turms
cdk) Eingangsbogen des Palazzo Strozzi, Skulptur „Die Liebenden" von G. M. Cavina

2270	0.90	(€)	mehrfarbig	cdi	1,80	1,80
2271	2.20	(€)	mehrfarbig	cdk	4,40	4,40
			Satzpreis (2 W.)		6,20	6,20
				FDC		7,20

Auflage: 110 000 Sätze

Für unverlangt eingesandte Briefsendungen und Markenvorlagen wird keine Haftung übernommen

2006, 21. Aug. 125 Jahre Internationaler Turnverband (FIG). Odr. (5×4); gez. K 13¼:13.

cdl) Hand eines Ringeturners
cdm) Gymnastin

2272	0.15	(€)	mehrfarbig	cdl	0,30	1,80
2273	2.80	(€)	mehrfarbig	cdm	5,60	4,40
			Satzpreis (2 W.)		5,80	5,80
			FDC			6,80

Auflagen: MiNr. 2272 = 200 000, MiNr. 2273 = 110 000 Stück

2006, 21. Aug. Gewinn der Fußball-Weltmeisterschaft in Deutschland durch die italienische Nationalmannschaft. Odr. (4×3); gez. K 13½:13.

cdn) Weiblicher Fan

2274	1.00	(€)	mehrfarbig	cdn	2,—	2,—
			FDC			3,—

Auflage: 180 000 Stück

2006, 13. Nov. 500 Jahre Universität Urbino. Odr. (3×4); gez. K 13.

cdo) Herzog Guidubaldo da Montefeltro; Carlo Bo, Rektor der Unversität; Die ideale Stadt, Gemälde aus der Schule des Piero della Francesca

2275	2.20	(€)	mehrfarbig	cdo	4,40	4,40
			FDC			5,40

Auflage: 120 000 Stück

2006, 13. Nov. Autoren: 100. Geburtstag von Rossellini und Visconti, 700. Todestag von Iacopone da Todi und 250. Geburtstag von Mozart. Odr. (5×4); gez. K 13¼:13.

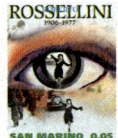  

cdp cdr cds cdt

cdp) Szene aus dem Film „Rom – offene Stadt" von Roberto Rossellini (1906 bis 1977), italienischer Filmregisseur
cdr) Zeichnung von Ermanno Olmi zum Film „Der Leopard" von Luchino Visconti, Herzog von Modrone (1906–1976), italienischer Schriftsteller, Theater- und Filmregisseur
cds) Gemälde von Tonino Guerra zum Werk des Iacopone da Todi (Jacobus de Benedictis) (um 1236–1306), italienischer Advokat, Benediktinermönch und Dichter
cdt) Gemälde von Paolo Conti zur Jupiter-Symphonie (KV 551) von W. A. Mozart (1756–1791), österreichischer Komponist

2276	0.05	(€)	mehrfarbig	cdp	0,20	0,20
2277	0.65	(€)	mehrfarbig	cdr	1,30	1,30
2278	0.85	(€)	mehrfarbig	cds	1,70	1,70
2279	1.40	(€)	mehrfarbig	cdt	2,80	2,80
			Satzpreis (4 W.)		6,—	6,—
			FDC			7,—

Auflage: 120 000 Sätze

2006, 13. Nov. Weihnachten. Odr., Bogen (5×3) und Markenheftchen; A = vierseitig, D = dreiseitig gez. K 13¼.

cdu) Linkes Detail Zierfeld
cdv) Oberes Detail Zierfeld
cdw) Rechtes Detail Zierfeld

cdx) Mittleres Detail Zierfeld
cdy) Gesamtbild

cdu–cdy) Christi Geburt; Gemälde (Details und Gesamtbild) von Giovanni Battista Tiepolo (1696–1770), italienischer Maler

2280	0.60	(€)	mehrfarbig	cdu		
A			vierseitig gez.		1,20	1,20
D			dreiseitig gez.		1,20	1,20
2281	0.60	(€)	mehrfarbig	cdv		
A			vierseitig gez.		1,20	1,20
D			dreiseitig gez.		1,20	1,20
2282	0.65	(€)	mehrfarbig	cdw		
A			vierseitig gez.		1,30	1,30
D			dreiseitig gez.		1,30	1,30
2283	0.65	(€)	mehrfarbig	cdx		
A			vierseitig gez.		1,30	1,30
D			dreiseitig gez.		1,30	1,30
2284	2.80	(€)	mehrfarbig	cdy		
A			vierseitig gez.		5,50	5,50
D			dreiseitig gez.		5,50	5,50
			Satzpreis A (5 W.)		10,50	10,50
			FDC (A)			11,50
			2280 A Zf–2283 A Zf		5,—	5,-

MiNr. 2280 A–2283 A wurden jeweils mit anhängendem Zierfeld gedruckt..
Dreiseitig gezähnte Werte stammen aus MH 6.
Auflage: A = 105 000, B = 80 000 Sätze

2007

2007, 23. Jan. Vorsitz San Marinos im Europarat. Odr. (1×4); gez. K 13¼.

cdz) Nationalflagge, Emblem des Europarates

2285	0.65	(€)	mehrfarbig	cdz	1,30	1,30
			FDC			2,30
			Kleinbogen		5,20	5,20

Auflage: 480 000 Stück

⁂⁂ = **Ungebraucht mit Originalgummi (postfrisch)**

⊙ = **Mit Poststempel gebraucht**

2007, 23. Jan. Internationale Briefmarkenausstellung SAN MARINO 2007: 30. Jahrestag der Ausgabe des Buches „Il servizio postale della Repubblica di San Marino" von Alessandro Glaray. Odr. (2×5 Zd); gez. K 13:13¼.

Zierfeld
cea) Alessandro Glaray (1926–2005), Postexperte und Schriftsteller

2286	1.80 (€)	mehrfarbig	cea	3,60	3,60
			2286 Zf	3,60	3,60
			FDC		4,50
			Kleinbogen	36,—	36,—

Auflage: 130 000 Stück

2007, 23. Jan. Gina Lollobrigida. Odr. (4×3); gez. K 13¼:13.

ceb) Selbstporträt (Zeichnung)
cec) Kartoffelverkäufer (Photographie)
ced) Esmeralda (Bronzeplastik)
cee) Treffen mit Mutter Teresa in Kalkutta (1990)

ceb–cee) Gina Lollobrigida (*1927), italienische Schauspielerin und bildende Künstlerin

2287	0.65 (€)	mehrfarbig	ceb	1,30	1,30
2288	0.85 (€)	mehrfarbig	cec	1,70	1,70
2289	1.00 (€)	mehrfarbig	ced	2,—	2,—
2290	3.20 (€)	mehrfarbig	cee	6,50	6,50
			Satzpreis (4 W.)	11,50	11,50
			FDC		12,50

Auflage: je 120 000 Stück

Neuheiten

Ein Abonnement der MICHEL-Rundschau sichert Ihnen einen immer vollständigen Katalog, zeigt Ihnen Preisänderungen an und bereichert Ihre philatelistischen Kenntnisse durch gut recherchierte Fachbeiträge.

Jahrgangswerttabelle

Die Aufstellung folgt der numerischen Reihenfolge der Katalogisierung ohne Rücksicht auf die Chronologie eventueller Ergänzungswerte.

Grundsätzlich ist nur die jeweils billigste Sorte pro Marke bzw. Ausgabe angegeben, sofern nichts anderes vermerkt.

Zusammendrucke aus Bogen, Marken mit Zierfeldern usw. sind dann berücksichtigt, wenn sie als normale Ausgabeform anzusehen sind. Einzelmarken aus Blocks und Marken mit der Preisnotierung „—,—" sind nicht berücksichtigt.

Jahr	MiNr.	Euro ★★	Euro ☉
1945	313–338	209,—	111,60
1946	339–355	89,50	46,—
1947	356–396 (mit I–V)	243,30	115,90
1948	397–408	220,—	80,—
1949	409–438	323,—	146,40
1950	439–455	406,50	151,70
1951	456–463	1048,50	573,50
1952	464–492	374,—	171,—
1953	493–511	191,—	105,—
1954	512–525	144,—	83,20
1955	526–544	126,—	66,70
1956	545–561	75,—	33,30
1957	562–585	18,60	14,50
1958	586–605	121,10	89,—
1959	606–634	19,80	15,60
1960	635–681	45,80	36,20
1961	682–703	94,70	56,70
1962	704–749	8,90	8,90
1963	750–800	12,10	12,10
1964	801–828	7,10	6,80
1965	829–849	9,60	7,70
1966	850–879	4,10	4,10
1967	880–902	4,20	3,70
1968	903–920	3,10	3,10
1969	921–941	4,—	4,—
1970	942–971	10,40	10,40
1971	972–993	3,60	3,60
1972	994–1024	5,60	5,60
1973	1025–1058	5,70	5,70
1974	1059–1082	6,40	6,40
1975	1083–1104	5,50	5,50
1976	1105–1126	6,20	6,20
1977	1127–1152	9,80	9,80
1978	1153–1171	6,30	6,30
1979	1172–1204	7,70	6,70
1980	1205–1224	8,40	7,40
1981	1225–1246	13,80	12,80
1982	1247–1270	16,60	14,60
1983	1271–1290	16,—	16,—
1984	1291–1312	19,20	18,70
1985	1313–1334	20,20	19,20
1986	1335–1353	47,60	42,60
1987	1354–1379	59,60	57,60
1988	1380–1406	44,20	37,20
1989	Bl. 12–1431	40,10	40,10
1990	1432–1464	36,20	35,20
1991	1465–1490	37,40	36,40
1992	1491–1522	34,90	34,90
1993	1523–1557	35,40	35,40
1994	1558–1593	34,—	34,—
1995	1594–1639	34,60	34,60
1996	1640–1697	49,30	49,30
1997	1698–1755	50,30	50,30
1998	1756–1809	53,90	53,90
1999	1810–Block 26	62,10	62,10
2000	Block 27–1929	62,10	62,10
2001	Bl. 28–1997	75,—	75,—
2002	1998–2061	98,50	94,50
2003	Block 32–2135	102,60	102,60
2004	2136–2181	95,20	95,20
2005	2182–2245	97,40	97,40
2006	2246–2284	82,70	82,70
Gesamtsumme		**5197,40**	**3314,70**

Blockaufstellung

Block 1 siehe nach MiNr. 234
Block 2 siehe nach MiNr. 235
Block 3 siehe nach MiNr. 236
Block 4 siehe nach MiNr. 316
Block 5 siehe nach MiNr. 670
Block 6 siehe nach MiNr. 674
Block 7 siehe nach MiNr. 680
Block 8 siehe nach MiNr. 1235
Block 9 siehe nach MiNr. 1299
Block 10 siehe nach MiNr. 1347
Block 11 siehe nach MiNr. 1401
Block 12 siehe nach MiNr. 1408
Block 13 siehe nach MiNr. 1443
Block 14 siehe nach MiNr. 1486
Block 15 siehe nach MiNr. 1513
Block 16 siehe nach MiNr. 1534
Block 17 siehe nach MiNr. 1550
Block 18 siehe nach MiNr. 1567
Block 19 siehe nach MiNr. 1586
Block 20 siehe nach MiNr. 1653
Block 21 siehe nach MiNr. 1674
Block 22 siehe nach MiNr. 1699
Block 23 siehe nach MiNr. 1752
Block 24 siehe nach MiNr. 1783
Block 25 siehe nach MiNr. 1861
Block 26 siehe nach MiNr. 1866
Block 27 siehe nach MiNr. 1870
Block 28 siehe nach MiNr. 1931
Block 29 siehe nach MiNr. 2017
Block 30 siehe nach MiNr. 2026
Block 31 siehe nach MiNr. 2037
Block 32 siehe nach MiNr. 2064
Block 33 siehe nach MiNr. 2102
Block 34 siehe nach MiNr. 2146
Block 35 siehe nach MiNr. 2168
Block 36 siehe nach MiNr. 2177
Block 37 siehe nach MiNr. 2260

Übersicht der Ausgaben Weltstädte

Werte	Stadt/Bemerkungen	MiNr.
200 L	Bukarest	1145
200 L	London	1210
200 L	New York	1025
200 L	Tokio	1097
200 L	Wien	1227
300 L	New York	1026
300 L	Paris	1261
300 L	Tokio	1098
300 L	Wien	1228
400 L	Bukarest	1146
400 L	London	1211
400 L	Rio de Janeiro	1285
450 L	Paris	1262
750 L	Hongkong (1897) stammt aus Bl. 22	1698
750 L	Hongkong (1997) stammt aus Bl. 22	1699
1000 L	Rom	1329
1200 L	Kopenhagen	1375
1400 L	Rio de Janeiro	1286
1500 L	Melbourne	1301
1500 L	Peking (1914)	1617
1500 L	Peking (1995)	1618
1500 L	Rom	1330
1600 L	Den Haag	1402
2000 L	Chicago	1341
2000 L	Melbourne	1302
2000 L	Washington	1430
2200 L	Kopenhagen	1376
2500 L	Washington	1431
3000 L	Chicago	1342
3000 L	Den Haag	1403

Marken der gleichen Stadt werden jeweils zusammenhängend gedruckt.

Verzeichnis der Markenheftchen mit Zusammendrucken

MH-MiNr.	Bezeichnung	Ausgabe-Datum	Nominale	Enthält H-Blatt	Preis
1	Europ. Jahr des Tourismus	11.6.1990	2000 L.	1	3,—
2	Tourismus	26.3.1992	2000 L.	2	3,—
3	Mittelalterliche Tage	6.5.1996	6000 L.	3	6,—
4	1700 Jahre Republik	14.11.2000	20 000 L*	4, 5, 6, 7, 8	25,—
5	Volkswagen Italia	21.5.2004	6 €	9	12,—
6	Weihnachten	13.11.2006	5.68 €	10	10,50

*) MH 4 enthält zusätzlich eine Ganzsachen-Postkarte zu 800 L.

Verzeichnis der Heftchenblätter

| 600 (aro) | 600 (arp) | 600 (arr) | 50 (asc) | 50 (asd) | Zf 1 |
| | | | 50 (ase) | 50 (asf) | |

H-Blatt 1 mit MiNr. 1435 C–1437 C, 1447–1450   2,60

| 600 (aui) | 600 (auk) | 600 (aul) | 50 (aue) | 50 (auf) | Zf 2 |
| | | | 50 (aug) | 50 (auh) | |

H-Blatt 2 mit MiNr. 1496–1502   2,60

| 750 (baz) | 750 (bba) | 750 (bbb) | 750 (bbc) | 750 (bbd) | 750 (bbe) | 750 (bbf) | 750 (bbg) |

H-Blatt 3 mit MiNr. 1654–1661   5,60

| 1200 (blv) | 1200 (blw) |
| 1200 (blx) | 1200 (bly) |

H-Blatt 4 mit MiNr. 1921–1924   6,—

| 800 (blh) | 800 (bli) |
| 800 (blk) | 800 (bll) |

H-Blatt 5 mit MiNr. 1909–1912   4,—

| 800 (blm) | 800 (bln) |
| 800 (blo) | 800 (blp) |

H-Blatt 6 mit MiNr. 1913–1916   4,—

| 1200 (blz) | 1200 (bma) |
| 1200 (bmb) | 1200 (bmc) |

H-Blatt 7 mit MiNr. 1925–1928   6,—

| 800 (blr) | 800 (bls) |
| 800 (blt) | 800 (blu) |

H-Blatt 8 mit MiNr. 1917–1920   4,—

H-Blatt 9 mit MiNr. 2154–2157   12,—

H-Blatt 10 mit MiNr. 2280 D–2284 D   10,50

Zusammendrucke aus Markenheftchen

 Zf 1

 Zf 2

Zd-MiNr.	Katalog-Nr.	Werte	Preise ** = ☉

Europäisches Jahr des Tourismus (11.6.1990)

W 1	1435 C/1436 C	600+600	1,50
W 2	1435 C/1436 C/1437 C	600+600+600	2,20
W 3	1436 C/1437 C	600+600	1,50
W 4	1437 C/1447/1449	600+50+50	0,90
W 5	1447/1448	50+50	0,20
W 6	1449/1450	50+50	0,20
W 7	1448/1450/Zf 1	50+50+Zf 1	0,20
S 1	1447/1449	50+50	0,20
S 2	1448/1450	50+50	0,20

Tourismus (26.3.1992)

W 8	1500/1501	600+600	1,50
W 9	1500/1501/1502	600+600+600	2,20
W 10	1501/1502	600+600	1,50
W 11	1502/1496/1498	600+50+50	0,90
W 12	1496/1497	50+50	0,20
W 13	1498/1499	50+50	0,20
W 14	1497/1499/Zf 2	50+50+Zf 2	0,20
S 3	1496/1498	50+50	0,20
S 4	1497/1499	50+50	0,20

Mittelalterliche Tage (6.5.1996)

W 15	1654/1655	750+750	1,40
W 16	1654/1655/1656	750+750+750	2,—
W 17	1655/1656	750+750	1,40
W 18	1655/1656/1657	750+750+750	2,—
W 19	1656/1657	750+750	1,40
W 20	1656/1657/1658	750+750+750	2,—
W 21	1657/1658	750+750	1,40
W 22	1657/1658/1659	750+750+750	2,—
S 5	1658/1659	750+750	1,40
S 6	1658/1659/1660	750+750	2,—
S 7	1659/1660	750+750	1,40
S 8	1659/1660/1661	750+750	2,—
S 9	1660/1661	750+750	1,40

1700 Jahre Republik San Marino (14.11.2000)

W 23	1921/1922	1200 + 1200	3,—
W 24	1923/1924	1200 + 1200	3,—
S 10	1921/1923	1200 + 1200	3,—
S 11	1922/1924	1200 + 1200	3,—
W 25	1909/1910	800 + 800	2,—
W 26	1911/1912	800 + 800	2,—
S 12	1909/1911	800 + 800	2,—
S 13	1910/1912	800 + 800	2,—
W 27	1913/1914	800 + 800	2,—
W 28	1915/1916	800 + 800	2,—
S 14	1913/1915	800 + 800	2,—
S 15	1914/1916	800 + 800	2,—
W 29	1925/1926	1200 + 1200	3,—
W 30	1927/1928	1200 + 1200	3,—
S 16	1925/1927	1200 + 1200	3,—
S 17	1926/1988	1200 + 1200	3,—
W 31	1917/1918	800 + 800	2,—
W 32	1919/1920	800 + 800	2,—
S 18	1917/1919	800 + 800	2,—
S 19	1918/1920	800 + 800	2,—

Volkswagen Italia (21.5.2004)

W 33	2154+2155	1.50+1.50	6,—
W 34	2156+2157	1.50+1.50	6,—
S 20	2154+2156	1.50+1.50	6,—
S 21	2155+2157	1.50+1.50	6,—

Weihnachten (13.12.2006)

W 35	2280 D+2281 D	0.60+0.60	2,40
W 36	2284 D+Zf 1	0.60+Zf 1	1,20
W 37	2283 D+2282 D	0.60+0.60	2,40
S 22	2280 D+2284 D	0.60+0.60	2,40
S 23	2280 D+2284 D+2283 D	0.60+0.60+0.60	3,60
S 24	2284 D+2283 D	0.60+0.60	2,40
S 25	2081 D+Zf 1	0.60+Zf 1	1,20
S 26	2081 D+Zf 1+2082 D	0.60+Zf 1+0.60	2,40
S 27	Zf 1+2082 D	Zf 1+0.60	1,20

Paketmarken

 **1928, 22. Nov. Zweiteilige Marken. Keine Zähnung zwischen den beiden Markenhälften; gez. L 12.**

Paa) Ansichten von San Marino

				**	⊙
1	5 C	dunkelbraun/blau	Paa	0,50	0,20
2	10 C	blau	Paa	0,50	0,20
3	20 C	schwarzgrau/blau	Paa	0,50	0,20
4	25 C	karmin/blau	Paa	0,50	0,20
5	25 C	hellblau/blau	Paa	0,50	0,20
6	30 C	orange/blau	Paa	0,50	0,20
7	60 C	rosa/blau	Paa	0,50	0,20
8	1 L	violett/rot	Paa	1,—	0,20
9	2 L	grün/rot	Paa	1,—	0,20
10	3 L	ocker/rot	Paa	2,—	0,40
11	4 L	grau/rot	Paa	2,50	0,50
12	10 L	lila/rot	Paa	7,50	1,80
13	12 L	rotbraun/rot	Paa	15,—	7,50
14	15 L	olivgrün/rot	Paa	28,—	10,—
15	20 L	braunviolett/rot	Paa	40,—	18,—
		Satzpreis (15 W.)		100,—	40,—
1 U	ungezähnt			60,—	
3 U	ungezähnt			60,—	
8 U	ungezähnt			60,—	
14 U	ungezähnt			60,—	

Auflagen: MiNr. 12 und 13 je 12 000, MiNr. 14 = 9600, MiNr. 15 = 9120 Stück

1945, 29. März/1946. Zweiteilige Marken. Beide Markenhälften durch Zähnung getrennt. StTdr.; Wz. 1 stehend oder liegend; gez. L 14.

16	5 C	dunkellila/karminrot	Paa	0,10	0,10
17	10 C	rotbraun/schwarz	Paa	0,10	0,10
18	20 C	karminrot/grün	Paa	0,10	0,10
19	25 C	gelb/schwarz	Paa	0,10	0,10
20	30 C	lila/rot	Paa	0,10	0,10
21	50 C	dunkelviolett/schwarz	Paa	0,10	0,10
22	60 C	lilakarmin/schwarz	Paa	0,10	0,10
23	1 L	braun/ultramarin	Paa	0,10	0,10
24	2 L	dunkelbraun/blau	Paa	0,10	0,10
25	3 L	graubraun/braun	Paa	0,10	0,10
26	4 L	blaugrün/braun	Paa	0,10	0,10
27	10 L	grau/violett	Paa	0,10	0,10
28	12 L	dunkelgrün/blau	Paa	3,50	2,50
29	15 L	grün/violett	Paa	3,—	1,70
30	20 L	violett/braun	Paa	2,50	1,80
31	25 L	karmin/blau (30.12.1946)	Paa	60,—	28,—
32	50 L	orange/rot (4.3.1946)	Paa	80,—	50,—
		Satzpreis (17 W.)		150,—	85,—

MiNr. 16–32 sind auch teilgezähnt oder ☐ bekannt.

1948/50. Paketmarken MiNr. 31 und 32 mit Aufdruck des neuen Wertes.

33	100 L	auf 50 L orange/rot (9.10.1948)	(32)	100,—	40,—
34	200 L	auf 25 L karmin/blau (27.2.1950)	(31)	250,—	120,—
		Satzpreis (2 W.)		350,—	160,—

Auflagen: MiNr. 33 = 20 833, MiNr. 34 = 16 198 Stück

1953, 5. März. Zweiteilige Marke. StTdr.; Wz. 4; gez. 14.

35	300 L	violett/rot	Paa	200,—	120,—

Auflage: 20 016 Stück

1953, 5. März. MiNr. 27 in etwas geänderter Farbe; StTdr; Wz. 4; gez. K 14.

36	10 L	hellgrau/violett	Paa	55,—	20,—

Auflage: 30 000 Stück

1956, 10. Dez. MiNr. 27 bzw. 36 und MiNr. 32 mit Wz. 5; komb. StTdr., Wertbezeichnung in Bdr.; gez. K 13½.

37	10 L	hellgrau/violett	Paa	0,40	0,40
38	50 L	orange/rot	Paa	1,40	1,—
		Satzpreis (2 W.)		1,80	1,40

1956, 10. Dez. MiNr. 38 mit Aufdruck des neuen Wertes wie bei MiNr. 33.

39	100 L	auf 50 L orange/rot	(38)	1,20	1,20

1960/61. Zweiteilige Marke. StTdr., Wertbezeichnung in Bdr.; Wz. 5; gez. K 13½ bzw. K 14.

40	300 L	violett/schwarzbraun (6.1960)	Paa	60,—	40,—
41	500 L	schwarzbraun/rotlila (16.2.1961)	Paa	3,20	2,60
		Satzpreis (2 W.)		60,—	42,—

1965. MiNr. 37, 38 und 40 mit Wz. 6; StTdr., Wertbezeichnung in Bdr.; gez. K 13½.

42	10 L	hellgrau/violett	Paa	0,20	0,20
43	50 L	orange/rot	Paa	0,20	0,20
44	300 L	violett/schwarzbraun	Paa	0,50	0,50
		Satzpreis (3 W.)		0,90	0,90

1965, Paketmarke MiNr. 43 mit Bdr.-Aufdruck des neuen Wertes wie bei MiNr. 33.

45	100 L	auf 50 L orange/rot	(43)	1,20	1,20

1967, 5. Mai. Zweiteilige Marke. StTdr., Wertbezeichnung in Bdr.; Wz. 6; gez. K 13½.

46	1000 L	dunkelgrünblau/dunkelbraun	Paa	1,20	1,20

FALSCH

1972, Aug. MiNr. 41 jetzt mit Wz. 6; StTdr.; Wertangabe in Bdr.; gez. K 13½.

Paa

47	500 L	schwarzbraun/rotlila	Paa	6,—	6,—

Die Paketmarken wurden 1992 für ungültig erklärt.

Die linke Hälfte der Paketmarken wurde (wie in Italien) auf den bei der Post verbleibenden, die rechte Hälfte der Marke auf dem Absender verbleibenden Abschnitt der Paketkarte geklebt.

Portomarken

Alle Portomarken wurden auch als Stempelmarken verwendet.

Preise ⊙ gelten für Poststempel; fiskalische Entwertung meist etwa 20% billiger.

1897, 1. April/1919, 15. Juli. Ziffernzeichnung. Bdr. (10 × 10); Wz. 1; gez. K 14.

Pa

				*	⊙
1	5 C	grün/braun	Pa	0,20	0,20
2	10 C	grün/braun	Pa	0,20	0,30
3	30 C	grün/braun	Pa	1,—	1,—
4	50 C	grün/braun	Pa	2,—	2,—
5	60 C	grün/braun	Pa	7,—	4,—
6	1 L	bräunlichrot/braun		4,—	3,—
7	3 L	bräunlichrot/braun (15.7.1919)	Pa	10,—	15,—
8	5 L	bräunlichrot/braun	Pa	65,—	35,—
9	10 L	bräunlichrot/braun	Pa	20,—	25,—
		Satzpreis (9 W.)		100,—	85,—
2 K	Kopfstehendes Mittelstück			120,—	
4 K	Kopfstehendes Mittelstück			120,—	

Auflagen: MiNr. 1 = 303 400, MiNr. 2 = 157 000, MiNr. 3 = 161 000, MiNr. 4 = 51 000, MiNr. 5 = 25 000, MiNr. 6 = 41 000, MiNr. 7 = 16 000, MiNr. 8 und 9 je 10 000 Stück

Gültig bis 16.7.1924

1924, 17. Juli. Ziffernzeichnung. Farbänderung des Rahmens. Bdr. (10 × 10); Wz. 1; gez. 14.

				**	⊙
10	5 C	bräunlichrot/braun	Pa	1,—	0,50
11	10 C	bräunlichrot/braun	Pa	1,—	0,50
12	30 C	bräunlichrot/braun	Pa	2,—	0,50
13	50 C	bräunlichrot/braun	Pa	2,—	1,—
14	60 C	bräunlichrot/braun	Pa	12,—	5,—
15	1 L	grün/braun	Pa	20,—	7,50
16	3 L	grün/braun	Pa	60,—	25,—
17	5 L	grün/braun	Pa	75,—	38,—
18	10 L	grün/braun	Pa	600,—	250,—
		Satzpreis (9 W.)		750,—	320,—

FALSCH MiNr. 18.

Auflagen: MiNr. 10–11 je 50 000, MiNr. 12–13 je 30 000, MiNr. 14 = 20 000, MiNr. 15 = 15 000, MiNr. 16–17 je 8000, MiNr. 18 = 5000 Stück

Gültig bis 2.4.1925

1925, 2. April/1928. Ziffernzeichnung. Nochmalige Farbänderung. Bdr. (10 × 10); Wz. 1; gez. 14.

Pa

19	5 C	blau/braun	Pa	0,70	0,20
20	10 C	blau/braun	Pa	0,70	0,20
21	30 C	blau/braun	Pa	1,—	0,20
22	50 C	blau/braun	Pa	1,50	0,50
23	60 C	blau/braun	Pa	3,50	1,—
24	1 L	orange/braun	Pa	7,50	1,—
25	3 L	orange/braun	Pa	150,—	35,—
26	5 L	orange/braun	Pa	35,—	5,—
27	10 L	orange/braun	Pa	50,—	6,—
28	15 L	orange/braun (22.1.1927)	Pa	2,50	1,—
29	25 L	orange/braun (22.1.1927)	Pa	75,—	15,—
30	30 L	orange/braun (11.6.1928)	Pa	15,—	10,—
31	50 L	orange/braun (22.1.1927)	Pa	20,—	10,—
		Satzpreis (13 W.)		360,—	85,—
19 K	Kopfstehendes Mittelstück			120,—	
20 K	Kopfstehendes Mittelstück			120,—	
22 K	Kopfstehendes Mittelstück			120,—	

FALSCH

Auflagen: MiNr. 19 = 307 400, MiNr. 20 = 230 900, MiNr. 21 = 61 100, MiNr. 22 = 128 600, MiNr. 23 = 75 000, MiNr. 24 = 25 000, MiNr. 25 = 19 900, MiNr. 26 = 50 000, MiNr. 27 = 30 000, MiNr. 28 = 16 200, MiNr. 29 = 8000, MiNr. 30 = 10 000, MiNr. 31 = 10 613 Stück

MiNr. 19 mit geänderter Schrift des Wertes: MiNr. 47. Weitere Wertstufen: MiNr. 48–52.

1931, 18. Mai. Portomarken MiNr. 19–21 mit schwarzem Aufdruck des neuen Wertes, alter Wert silbern überdruckt.

32	15 C	auf	5 C blau/braun	(19)	0,70	0,20
33	15 C	auf	10 C blau/braun	(20)	0,70	0,20
34	15 C	auf	30 C blau/braun	(21)	0,70	0,20
35	20 C	auf	5 C blau/braun	(19)	0,70	0,20
36	20 C	auf	10 C blau/braun	(20)	0,70	0,20
37	20 C	auf	30 C blau/braun	(21)	0,70	0,20
38	25 C	auf	5 C blau/braun	(19)	2,50	0,50
39	25 C	auf	10 C blau/braun	(20)	2,50	0,50
40	25 C	auf	30 C blau/braun	(21)	25,—	5,—
41	40 C	auf	5 C blau/braun	(19)	1,50	0,20
42	40 C	auf	10 C blau/braun	(20)	2,50	0,20
43	40 C	auf	30 C blau/braun	(21)	2,50	0,20
44	2 L	auf	5 C blau/braun	(19)	110,—	30,—
45	2 L	auf	10 C blau/braun	(20)	200,—	55,—
46	2 L	auf	30 C blau/braun	(21)	150,—	40,—
			Satzpreis (15 W.)		500,—	130,—

Auflagen: MiNr. 32 = 60 700, MiNr. 33 = 48 100, MiNr. 34 = 39 500, MiNr. 35 = 94 500, MiNr. 36 = 49 800, MiNr. 37 = 39 600, MiNr. 38 = 89 300, MiNr. 39 = 44 600, MiNr. 40 = 32 200, MiNr. 41 = 48 400, MiNr. 42 = 47 600, MiNr. 43 = 19 000, MiNr. 44 = 15 300, MiNr. 45 = 12 800, MiNr. 46 = 13 200 Stück

MiNr. 32–46 gut zentrierte Stücke bis 100% Preisaufschlag.

1939, 1. Mai. Ziffernzeichnung. Bdr. (10 × 10); Wz. 1; gez. 14.

Pa

47	5 C	blau/dunkelbraun	Pa	0,50	0,20
48	15 C	blau/dunkelbraun	Pa	0,50	0,20
49	20 C	blau/ dunkelbraun	Pa	0,80	0,30
50	25 C	blau/dunkelbraun	Pa	1,20	0,50
51	40 C	blau/dunkelbraun	Pa	5,—	1,70
52	2 L	hellbraunorange/dunkelbraun	Pa	2,50	1,10
		Satzpreis (6 W.)		10,—	4,—

MiNr. 47 unterscheidet sich von MiNr. 19 außer durch die andere Schrift noch durch den engeren Abstand zwischen C. und 5.

Auflage: 65 000 Sätze

1936/1943. Portomarken verschiedener Ausgaben mit Aufdruck des neuen Wertes, alte Wertangabe durchstrichen.

MiNr. 53   MiNr. 54   MiNr. 62   MiNr. 64

53	10 C	auf 5 C blau/braun (21.7.1938)	(19)	2,—	1,—
54	10 C	auf 5 C blau/braun (3.1940)	(47)	0,70	0,50
55	25 C	auf 5 C blau/braun (21.7.1938)	(21)	20,—	10,—
56	50 C	auf 5 C blau/braun (9.9.1937)	(19)	20,—	10,—
57	50 C	auf 5 C blau/dunkelbraun (März 1940)	(47)	20,—	1,50
58	1 L	auf 30 C blau/braun (12.10.1936)	(21)	60,—	7,—
59	1 L	auf 40 C blau/dunkelbraun (11.11.1940)	(51)	17,—	5,—
60	1 L	auf 3 L orange/braun (9.9.1937)	(25)	50,—	3,—
61	1 L	auf 25 L orange/braun (1.5.1939)	(29)	170,—	15,—
62	2 L	auf 15 L orange/braun (21.7.1938)	(28)	85,—	20,—

63	3 L	auf 20 C blau/dunkelbraun (11.11.1940)	(49)	60,—	25,—
64	25 L	auf 50 L orange/braun (13.5.1943)	(31)	3,50	2,—
		Satzpreis (12 W.)		500,—	100,—

Auflagen: MiNr. 53, 55 und 61 je 28 000, MiNr. 54 und 57 je 50 000, MiNr. 56 = 20 100, MiNr. 58 = 25 000, MiNr. 59 = 35 000, MiNr. 60 = 31 100, MiNr. 62 = 19 800, MiNr. 63 = 20 000, MiNr. 64 = 21 387 Stück

Postanweisungsmarken

1924, 1. Juli. Postanweisungsmarken von Italien mit einzeiligem, waagerechtem Aufdruck „Rep. di S. Marino".

				**	⊙
1	20 C	blau/schwarz	(1)	50,—	50,—
2	40 C	blaugrün/schwarz	(2)	50,—	50,—
3	50 C	violett/schwarz	(3)	110,—	110,—
4	1 L	braunrot/schwarz	(4)	110,—	110,—
5	2 L	braun/schwarz	(5)	180,—	180,—
6	3 L	rot/schwarz	(6)	3000,—	2000,—
		Satzpreis (6 W.)		3400,—	2500,—

Sardinien

siehe Italien – Abschnitt Altitalien

1945, 7. Juni. Wappen. RaTdr.; gez. 14.

65	0.05 L	dunkelgrün	Pb	0,20	0,20
66	0.10 L	hellbraun	Pb	0,20	0,20
67	0.15 L	karminrot	Pb	0,20	0,20
68	0.20 L	ultramarin	Pb	0,20	0,20
69	0.25 L	dunkelviolett	Pb	0,20	0,20
70	0.30 L	lila	Pb	0,20	0,20
71	0.40 L	gelb	Pb	0,20	0,20
72	0.50 L	blaugrau	Pb	0,20	0,20
73	0.60 L	braun	Pb	0,20	0,20
74	1.00 L	orange	Pb	0,20	0,20
75	2.00 L	dunkelkarmin	Pb	0,20	0,20
76	5.00 L	violett	Pb	0,30	0,40
77	10 L	blau	Pb	0,40	0,40
78	20 L	grün	Pb	11,—	7,—
79	25 L	rot	Pb	11,—	7,—
80	50 L	dunkelbraun	Pb	11,—	7,—
		Satzpreis (16 W.)		35,—	24,—

Auflage: 30 000 Sätze

Einmal MICHEL immer MICHEL

MICHELsoft

Datenbank
Katalogdaten
Bilddaten

Mit 90 Jahren MICHEL-Erfahrung

Leicht bedienbar

Jährliches Update der Katalogdaten

Kompetente Hotline

Kostenlose Demo-CD

Schwaneberger Verlag GmbH · Ohmstr. 1 · 85716 Unterschleißheim · Tel. 3 23 93-2 18

Serbien
СРБИЈА

Ab 1817 Fürstentum unter türkischer Oberhoheit. 1878 wurde Serbien volle Unabhängigkeit zugesprochen. 1882 ernannte sich Fürst Milan selbst zum König. Am 1.12.1918 vereinigte sich Serbien mit Bosnien-Herzegowina, Kroatien, Slowenien, Dalmatien und Montenegro zu dem „Königreich der Serben, Kroaten und Slowenen", behielt aber noch bis 1921 seine eigenen Marken, die auch in den übrigen Gebieten des Königreichs gültig waren.
In Serbien galt bis 1920 der alte Julianische Kalender, der um 12 Tage (ab 1900 um 13 Tage) hinter der Gregorianischen Zeitrechnung zurückblieb.

Ab 1945 Volksrepublik innerhalb Jugoslawiens, seit 1992 Teilrepublik der Bundesrepublik Jugoslawien bzw. von Serbien und Montenegro, seit 5.6. 2006 unabhängige Republik. Hauptstadt: Podgorica.

Währung: 1 Grosch = 40 Para, ab 1880: 1 Dinar (ДИНАР) = 100 Para (ПАРА), ab 2006: 1 Serbischer Dinar (RSD) = 100 Para

Eintritt in den Weltpostverein: 1.7.1875

MiNr. I–V und VI–XIX siehe nach MiNr. 131.

Preise ungebraucht bis MiNr. 144 ✶, ab MiNr. 145 ✶✶.

Fürstentum

1866

1866, 1. (13.) Juli. Freimarken: Fürst Michael III. Bdr.; gez. 12.

a) Fürst Michael III. Obrenowitsch (1823–1868)

			✶	⊙
1	10 Pa orange	a	1500,—	900,—
2	20 Pa rosa	a	1000,—	40,—
3	40 Pa blau	a	1000,—	170,—
		Satzpreis (3 W.)	3500,—	1100,—

Auflagen: MiNr. 1 = 12 000, MiNr. 2 = 200 000, MiNr. 3 = 20 000 Stück

FALSCH

1866/1868. Freimarken: Fürst Michael III. Bdr.; x = sehr dünnes (Pelure) Papier, y = auf normal dünnem Papier; gez. 9½.

4	10 Pa orange	a		
x	Pelure-Papier (1866)		120,—	150,—
5	20 Pa rosa	a		
x	Pelure-Papier (1866)		100,—	20,—
y	dünnes Papier (1868)		20,—	30,—
6	40 Pa ultramarin			
x	Pelure-Papier (1866)		75,—	50,—
y	dünnes Papier (1868)		320,—	360,—
		Satzpreis (3 W.)	200,—	220,—

Alle Werte Tönungen

Die Zähnung von MiNr. 4 x–6 x ist sehr unregelmäßig; völlig einwandfreie Zähnung ist höher zu bewerten.

Von MiNr. 5 und 6 sind Halbierungen bekannt.

5 Uw	waagerecht ungezähnt	—,—
5 Us	senkrecht ungezähnt	—,—
6 Uw	waagerecht ungezähnt	—,—

MiNr. 5 y auf gelblichem Papier ist durch Gummizersetzung entstanden.

Es gibt von diesen und den folgenden Marken verschiedene Plattenfehler und -beschädigungen.

1866, 1. (13.) Mai. Zeitungsmarken. Bdr. (4×3); x = dickes gefärbtes, y = dünnes weißes und z = normales farbiges Papier; ▢.

b) Staatswappen

			✶	(✶)
7	1 Pa	b		
x a	hellgrün auf lilarosa		3000,—	2500,—
x b	olivgrün (Töne) auf lilarosa		160,—	90,—
y	dunkelgrün auf dunkellilarosa (Rückseite weiß)		500,—	300,—
z	dunkelgrün auf dunkellilarosa (Rückseite farbig)		75,—	50,—
8	2 Pa	b		
x a	dunkelgrün auf lilarosa		3000,—	2200,—
x b	violettbraun auf lilagrau		500,—	300,—
y	schokoladen- bzw. kupferrotbraun auf lilablau		300,—	170,—
		Satzpreis (2 W.)	360,—	220,—

FALSCH in Stdr., auch ⊙

Auflagen: MiNr. 7 xa = 2040, MiNr. 7 xb = 18 360, MiNr. 7 y = 6000, MiNr. 7 z = 10 000, MiNr. 8 xa = 1944, MiNr. 8 xb = 18 360, MiNr. 8 y = 10 000 Stück

1867

1867, 11. (23.) März/1869. Zeitungsmarken in Zeichnung der MiNr. 1–6. Bdr. auf gewöhnlichem dickem Papier; A = gez. 9½, B = ▢.

a) Fürst Michael III. Obrenowitsch (1825–1868)

			✶	(✶)
9	1 Pa	a		
A	gez. 9½			
a	hell- bis dunkelolivgrün		30,—	15,—
B	▢			
b	hell- bis dunkelgrün (1868)		50,—	25,—
c	blaßolivgrün (1869)		5000,—	3000,—
10	2 Pa			
A	gez. 9½			
a	dunkelolivbraun		45,—	25,—
B	▢			
b	rötlichbraun (1868)		100,—	60,—
c	gelbbraun (1869)		350,—	200,—
		Satzpreis (2 W.)	75,—	45,—

MiNr. 7–10 dienten nach dem Gesetz über Postmarken für Briefe und Zeitungen vom 25. Jan. 1866 zur Bezahlung des Zeitungsportos für ausländische Zeitungen; inländische Zeitungen wurden portofrei versandt. Die Marken wurden direkt auf die Zeitungen geklebt und nicht abgestempelt. Echt gestempelte Stücke, oder entgegen der Vorschrift auf Briefpost verwendet —,—. ⊙

Mit der MICHEL-Nummer auf Nummer sicher!

1869

1869/80, 19. Juni (1. Juli). Freimarken: Fürst Milan IV. Bdr. in verschiedenen Auflagen; gez. L 9½–13.

c) Fürst Milan IV. Obrenowitsch (1854–1901)

Billigste Sorte:

				★	⊙
11	1 Pa	gelb	c	7,50	150,—
12	10 Pa	braun, orange	c	3,—	10,—
13	15 Pa	orange	c	90,—	40,—
14	20 Pa	blau	c	1,70	2,—
15	25 Pa	rot	c	3,—	10,—
16	35 Pa	grün	c	6,—	6,—
17	40 Pa	lila	c	3,—	4,—
18	50 Pa	dunkelgrün	c	15,—	10,—
		Satzpreis (8 W.)		120,—	220,—

MiNr. 11–18 wurden je nach Wertstufe in 1–10 Drucken hergestellt. Es lassen sich im wesentlichen 5 Auflagen deutlich unterscheiden.

Katalogisierung nach Auflagen:

I = 1. Auflage (1869/1870):
Papier dünn bis mittelstark und leicht durchsichtig, Druck klar und rein, Abstand der Marken voneinander 2–2,5 mm, daher schmale Ränder.

				★	⊙
11 I		1 Pa	gelb ... c		
	A		gez. L 12	36,—	400,—
	C		gez. L 9½:12	7,50	150,—
12 I		10 Pa	braun ... c		
	A		gez. L 12	85,—	15,—
	B		gez. L 9½	90,—	12,—
	C		gez. L 9½:12	65,—	10,—
	D		gez. L 12:9½	—,—	250,—
13 I		15 Pa	orange ... c		
	A		gez. L 12	700,—	65,—
	B		gez. L 9½	100,—	45,—
	C		gez. L 9½:12	90,—	40,—
	D		gez. L 12:9½	—,—	2000,—
14 I		20 Pa	blau ... c		
	A		gez. L 12	420,—	10,—
	B		gez. L 9½	300,—	12,—
	C		gez. L 9½:12	75,—	4,—
	D		gez. L 12:9½	750,—	30,—
15 I		25 Pa	rot ... c		
	A		gez. L 12	—,—	2000,—
	B		gez. L 9½	250,—	30,—
	C		gez. L 9½:12	90,—	25,—
	D		gez. L 12:9½	170,—	38,—
16 I		35 Pa	grün ... c		
	A		gez. L 12	120,—	40,—
	B		gez. L 9½	650,—	400,—
	C		gez. L 9½:12	6,—	6,—
	D		gez. L 12:9½	1000,—	500,—
17 I		40 Pa	dunkellila ... c		
	A		gez. L 12	1300,—	400,—
	B		gez. L 9½	150,—	7,50
	C		gez. L 9½:12	70,—	5,—
	D		gez. L 12:9½	500,—	20,—
18 I		50 Pa	dunkelgrün ... c		
	B		gez. L 9½	15,—	12,—
	C		gez. L 9½:12	15,—	12,—

Weitere Zähnungen: 12½, 12½:12, 12½:9½, 12:12½, 12:11½, 11½:12, 11½:9½, 9½:12½, 9½:11½, bei fast allen Werten; MiNr. 16 außerdem mit den Zähnungen: 11½, 11½:12½ und 12:13. Vorsicht vor Zähnungsfälschungen!
◧ MiNr. 12, 17 und 18 sind halbiert verwendet worden in der Zeit vom 11. Juli 1869 bis Oktober 1870 auf den Postämtern: Arandjelovac, Brzan, Ivanjica, Karanovac, Knjaževac, Kragujevac, Palanka, Požarevac, Požega, Ćuprija, Šabac, Smederevo, Svilajenac und Velika Plana. – Die Marken kommen vor mit Zähnungen B und C halbiert senkrecht, waagerecht oder diagonal (Kruevac). Halbierungen mit Zähnungen B sind seltener.

II = 2. Auflage (1872/1873):
Papier dick, weich oder pergamentartig, Druck klar und rein, Abstand der Marken voneinander 3–4 mm, daher breite Ränder.

				★	⊙
11 II		1 Pa	gelb ... c		
	A		gez. L 12	20,—	200,—
12 II		10 Pa	braun ... c		
	A		gez. L 12	160,—	10,—
	B		gez. L 9½	—,—	—,—
	C		gez. L 9½:12	400,—	160,—
	D		gez. L 12:9½	—,—	150,—
14 II		20 Pa	blau ... c		
	A		gez. L 12	550,—	4,—
	B		gez. L 9½	160,—	2,—
	C		gez. L 9½:12	350,—	10,—
	D		gez. L 12:9½	260,—	7,—
15 II		25 Pa	blaßkarminrosa ... c		
	A		gez. L 12	4,—	10,—
	B		gez. L 9½	3,—	10,—
	C		gez. L 9½:12	7,50	12,—
	D		gez. L 12:9½	6,—	15,—

14 II UMs	waagerechtes Paar, Mitte ungezähnt	—,—	
15 II UMs	waagerechtes Paar, Mitte ungezähnt	—,—	

III = 3. Auflage (1874/1875):
Papier dünn oder mittelstark, Druck manchmal etwas verschwommen, Abstand der Marken voneinander 3–4 mm, daher breite Ränder.

				★	⊙
12 III		10 Pa	gelblichbraun ... c		
	A		gez. L 12	650,—	100,—
	C		gez. L 9½:12	—,—	—,—
	D		gez. L 12:9½	—,—	—,—
14 III		20 Pa	... c		
	A		gez. L 12		
	a		graublau	150,—	4,—
	b		kobaltblau	260,—	15,—
	C		gez. L 9½:12		
	a		graublau	—,—	—,—
	b		kobaltblau	—,—	—,—
	D		gez. L 12:9½		
	a		graublau	—,—	—,—
	b		kobaltblau	—,—	—,—

14 III U	ungezähnt	200,—

IV = 4. Auflage (1876/1877):
Papier weich und maschig, mittelstark, bei MiNr. 17 IV mit netzartiger Struktur, Druck unklar, oft fleckig, Abstand der Marken von einander bei MiNr. 12 IV und 14 IV 3–3,5 mm, daher breite Ränder, bei MiNr. 17 IV 2 mm, schmale Ränder.

				★	⊙
12 IV		10 Pa	rotbraun ... c		
	A		gez. L 12	12,—	6,50
	B		gez. L 9½	90,—	60,—
	C		gez. L 9½:12	—,—	900,—
	D		gez. L 12:9½	—,—	900,—
14 IV		20 Pa	ultramarin ... c		
	A		gez. L 12	6,—	3,—
	B		gez. L 9½	—,—	180,—
	C		gez. L 9½:12	—,—	600,—
	D		gez. L 12:9½	—,—	700,—
17 IV		40 Pa	trüblila ... c		
	A		gez. L 12	150,—	4,—
	B		gez. L 9½	500,—	75,—
	C		gez. L 9½:12	—,—	200,—
	D		gez. L 12:9½	—,—	200,—

V = 5. Auflage (1879/80):
Papier weiß, oft glänzend, durchscheinend, Druck meistens sehr schlecht und verschmiert, Gummierung grau, braungelb, Abstand der Marken voneinander bei MiNr. 12 V und 14 V 2,5–3,5 mm, bei MiNr. 17 V und 18 V 2 mm, Ränder breit bzw. schmal.

				★	⊙
12 V		10 Pa	orange, gez. L 12–12½ ... c	3,—	8,—
14 V		20 Pa	stumpfblau ... c		
	E		gez. L 12	1,70	3,60
	F		gez. L 11:12, 12:11	12,—	10,—
	G		gez. L 11	3,50	3,60
17 V		40 Pa	lila, gez. L 12–12½ ... c	3,—	10,—
18 V		50 Pa	blaugrün, gez. L 12–12½ ... c	11,—	75,—

12 V U	ungezähnt	50,—
14 V U	ungezähnt	40,—
14 V Uw	waagerecht ungezähnt	30,—
17 V Us	senkrecht ungezähnt	75,—
18 V Us	senkrecht ungezähnt	75,—

Bei dieser Ausgabe sind viele Plattenbeschädigungen bekannt.
FALSCH

Gültig bis 31.4.(12.5.)1873

1872

1872/1879. Freimarken: Fürst Milan IV. in etwas geänderter Zeichnung auf farbigem (MiNr. 19) oder weißem (MiNr. 20) Grund. Bdr. auf dickem, MiNr. 20 auch dünnem Papier; □.

c I

19	1 Pa	gelb (1872) c		9,—	25,—
20	2 Pa	schwarz .... c I			
I		Type I dickes Papier (1.5.1873)		3,—	25,—
II		Type II dünnes Papier (1879)		1,—	1,—
		Satzpreis (2 W.)		10,—	26,—

MiNr. 20 II gebraucht: Bewertung gilt für ⊙.
Type II (weißer Punkt im Haar hinter dem Ohr, fehlerhaftes T) war nur ganz kurze Zeit in Verwendung, echt ⊙ —,—.
MiNr. 20 gez. L 12 ist Versuchszähnung.
MiNr. 21 fällt aus.

Gültig bis 31.10.(12.11.)1873

Königreich (ab 1882)

Neue Währung: 1 Dinar (Din) = 100 Para (Pa)

1880

1880, 1. (13.) Nov. Freimarken: König Milan IV. Bdr.; gez. K 13:13½.

d) König Milan IV. in Generalsuniform

22	5 (Pa)	.... d			
a		grün		2,50	0,50
b		dunkelgrün		3,50	0,70
c		olivgrün		750,—	5,—
23	10 (Pa)	.... d			
a		rosa		3,—	0,50
b		anilinrosa		4,—	1,—
24	20 (Pa)	.... d			
a		orange		1,50	1,—
b		ocker		6,—	2,50
25	25 (Pa)	.... d			
a		ultramarin		2,—	1,50
b		blau		2,50	1,50
26	50 (Pa)	.... d			
a		dunkelbraun		2,—	7,50
b		violettbraun		280,—	6,—
27	1 Din	grauviolett .... d		15,—	12,—
		Satzpreis (6 W.)		25,—	20,—

MiNr. 22–24 gelangten 1881 aus entwendeten Bogen □ oder mit nadelstichartigem Durchstich zur Verwendung.

Gültig bis 2.(14.) 3.1890

1890

1890, 1. (13.) Febr. Freimarken: König Alexander I. Bdr.; gez. K 13:13½.

e) König Alexander I. Obrenowitsch (1876–1903) in Oberstenuniform

28	5 Pa	grün		0,50	0,20
29	10 Pa	rot, rosa		1,70	0,50
30	15 Pa	violett		1,50	0,20
31	20 Pa	orange		1,—	0,20
32	25 Pa				
a		ultramarin		2,—	1,—
b		preußischblau		1,20	0,50
33	50 Pa	dunkelbraun		4,—	4,—
34	1 Din	graulila		15,—	12,—
		Satzpreis (7 W.)		24,—	17,—
28 U		ungezähnt		75,—	
30 U		ungezähnt		35,—	
31 U		ungezähnt		35,—	

Probedrucke auf dickerem, graustichigem Papier □ bekannt von MiNr. 30, 31, 34.

Gültig bis 4.(16.)11.1894

1894

1894, 5. (17.) Nov. Freimarken: König Alexander I. Bdr. auf Faserpapier; A = gez. K 13:13½, B = gez. L 11½.

f) König Alexander I. in Generalsuniform

35	5 Pa	grün .... f			
A		gez. K 13:13½		5,50	0,20
B		gez. L 11½		10,—	0,50
36	10 Pa	rosa .... f			
A		gez. K 13:13½		7,50	0,20
B		gez. L 11½		120,—	2,—
37 A	15 Pa	lila		12,—	0,30
38 A	20 Pa	gelborange		90,—	1,—
39 A	25 Pa	blau		25,—	0,50
40 A	50 Pa	braun		30,—	1,—
41 A	1 Din	dunkelblaugrün		2,—	4,—
		Satzpreis A (7 W.)		170,—	7,—

■ MiNr. 38 beim Postamt Čačak;

MiNr. 35 gültig bis 19.6.(2.7.)1901, MiNr. 36–40 gültig bis 24.6.(7.7.)1903, MiNr. 41 gültig bis 31.12.1899(12.1.1900)

1896

1896/1902. Freimarken: König Alexander I. Bdr. auf dickem ungefasertem Papier; A = gez. L 11½, B = gez. K 13:13½, C = gez. K 13:13½, unten gez. L 11½.

42	1 Pa	fleischfarben (1896) .... f			
A		gez. L 11½		40,—	4,—
B		gez. K 13:13½		0,40	0,20
43	1 Pa	rötlichbraun (1898) .... f			
A		gez. L 11½		0,40	0,20
B		gez. K 13:13½		0,40	0,20
44	5 Pa	grün .... f			
A		gez. L 11½		5,—	0,20
B		gez. K 13:13½		5,—	0,20
C		gez. K 13:13½, unten gez. L 11½		20,—	1,50
45	10 Pa	rosa			
A		gez. L 11½		80,—	0,20
B		gez. K 13:13½		120,—	0,30
C		gez. K 13:13½, unten gez. L 11½		300,—	12,—
46	15 Pa	lila .... f			
A		gez. L 11½		10,—	0,30
B		gez. K 13:13½		150,—	2,—
C		gez. K 13:13½, unten gez. L 11½		250,—	12,—
47 A	20 Pa	gelborange, gez. L 11½ ...... f		7,50	0,30
48	25 Pa	dunkelblau, ultramarin ...... f			
A		gez. L 11½		7,50	1,—
B		gez. K 13:13½		50,—	1,70
C		gez. K 13:13½, unten gez. L 11½		200,—	40,—
49 A	50 Pa				
a		dunkelbraun		20,—	2,50
b		rötlichbraun		30,—	5,—
		Satzpreis A (8 W.)		130,—	7,—

44 U	ungezähnt		—,—	
45 U	ungezähnt		—,—	
46 U	ungezähnt		—,—	
47 U	ungezähnt		—,—	
48 U	ungezähnt		—,—	
49 U	ungezähnt		—,—	

MiNr. 44 gültig bis 19.6.(2.7.)1901, die übrigen Werte bis 24.6.(7.7.)1903

1900

1900, 1. (14.) Jan. Freimarke: König Alexander I. MiNr. 41 in Farbänderung. Bdr. auf gefärbtem Faserpapier; gez. K 13:13½.

| 50 | 1 Din rotbraun auf hellblau | f | 25,— | 4,— |

1900, 1. (14.) Jan. Freimarke. MiNr. 47 in geänderter Farbe mit Aufdruck des neuen Wertes.

51	10 Pa	auf 20 Pa rosa (41)		
A		gez. L 11½	7,50	1,—
B		gez. K 13:13½	12,—	1,—
C		gez. K 13:13½, unten gez. L 11½	75,—	7,—

Spezialsammler unterscheiden 3 Aufdrucktypen.

1901

1901, 16. (29.) Okt. Freimarke. MiNr. 50 mit Aufdruck des neuen Wertes.

| 52 | 15 Pa | auf 1 Din rotbraun auf blau (50) | 7,— | 1,20 |

Spezialsammler unterscheiden 3 Aufdrucktypen.
MiNr. 52 mit kopfstehendem Aufdruck bekannt.

Auflage: 200 000 Stück

1901/03. Freimarken: König Alexander. Bdr.; gez. L 11½.

g   h

g–h) König Alexander

53	5 Pa		g		
a		gelbgrün, graugrün		0,50	0,50
b		dunkelgrün		1,—	0,50
54	10 Pa	rosa	g	0,50	0,50
55	15 Pa	lila	g	0,50	0,50
56	20 Pa	gelborange	g	0,50	0,50
57	25 Pa	ultramarin	g	0,50	0,50
58	50 Pa	gelbocker		1,—	1,—
59	1 Din	rötlichbraun	h	1,50	2,50
60	3 Din	(1.(14.) 1.1901)	h		
a		dunkellilarot (I. Aufl.)		30,—	12,—
b		lilarosa (II. Aufl.)		15,—	20,—
61	5 Din	(1.(14.)1.1901)	h		
a		dunkelviolett (I. Aufl.)		25,—	12,—
b		violett (II. Aufl.)		15,—	20,—
		Satzpreis (9 W.)		35,—	30,—

| 53 U–61 U | ungezähnt | 60,— | |

FALSCH

Gültig bis 24.6.(7.7.) 1903

1903

1903, 25. Juni (8. Juli). Ermordung König Alexanders. Nicht ausgegebene Marken mit dem Bilde König Alexanders mit Aufdruck des serbischen Wappens in 2 Größen (i) in Bdr. oder Stdr.; MiNr. 62–69 gez. K 13½. MiNr. 70–71 gez. L 11½.

i

62	1 Pa	lila	(i) Bl	1,20	1,50
63	5 Pa	grün	(i) Bl	1,—	0,50
64	10 Pa	rosa	(i) S	0,70	0,50
65	15 Pa	olivgrau	(i) S	0,70	0,50
66	20 Pa	gelborange	(i) S	1,—	0,50
67	25 Pa	blau	(i) S	1,—	0,50
68	50 Pa	blaugrau	(i) R	6,—	1,50
69	1 Din	grün	(i) BR	15,—	6,—
70	3 Din	lila	(i) R	4,20	4,50
71	5 Din	braun	(i) Bl	4,20	5,—
		Satzpreis (10 W.)		35,—	20,—

Spezialsammler unterscheiden zwei Auflagen.
Der Wappen-Überdruck bei den Dinar-Werten ist etwas kleiner als bei den Para-Werten.
Zahlreiche Aufdruckfehler bekannt.
Der Wappen-Überdruck bei MiNr. 63–65, 67 und 68 kommt in Stdr. und Bdr. vor.
Bei MiNr. 69–71 nur in Bdr., bei MiNr. 62 und 66 nur in Stdr.

63 S	Stdr.-Aufdruck	3,—	1,—
64 S	Stdr.-Aufdruck	2,50	1,—
65 S	Stdr.-Aufdruck	2,—	1,—
67 S	Stdr.-Aufdruck	4,—	1,50
68 S	Stdr.-Aufdruck	25,—	6,—

Ohne Aufdruck (aus unfertigen Beständen):

62 I	ohne Aufdruck	30,—
63 I	ohne Aufdruck	25,—
64 I	ohne Aufdruck	25,—
65 I	ohne Aufdruck	25,—
66 I	ohne Aufdruck	30,—
67 I	ohne Aufdruck	35,—
68 I	ohne Aufdruck	30,—
69 I	ohne Aufdruck	50,—

| 70 B | gez. K 13½ (Auflage: 300 Stück) | 100,— |

☐ (alle Werte) Makulatur.

MiNr. 62 gültig bis 25.7.(7.8.)1903, MiNr. 63–71 bis 7.(20.9.)1904

Gleicher Wappenaufdruck in anderen Farben: MiNr. 73–75

1903, 20. Juli (2. Aug.) Freimarke. MiNr. 71 mit rotem Aufdruck Wappen und neuem Wert.

| 72 | 1 ПАРА auf 5 Din braun (71) | 3,— | 15,— |
| 72 A | gez. 13½ | 1000,— | |

Auflage: 60 000 Stück

Gültig bis 26.7.(8.8.)1903

1904

1904, 10. (23.) Juli/21. Aug. (3. Sept.). Freimarken. Belgrader Wappenaufdruck wie MiNr. 62–71, aber leicht veränderte Farben von Markenbild und Wappenaufdruck; gez. L 11½.

73	5 Pa	hellgrün, Aufdruck violettblau (10. Juli)	1,—	2,—
74	50 Pa	mattgrau, Aufdruck kirschrot (21. Aug.)	3,—	10,—
75	1 Din	blaugrün, Aufdruck schwarz (21. Aug.)	3,—	20,—
		Satzpreis (3 W.)	7,—	32,—

☐ Makulatur.

Auflagen: MiNr. 73 = 24 000, MiNr. 74 = 90 000, MiNr. 75 = 44 700 Stück

Gültig bis 1.(14.9.)1904

1904, 8. (21.) Sept. 100. Jahrestag der Erhebung gegen die Türken, der Dynastie Karageorge Petrovitsch und Jahresfeier der Wiedereinsetzung dieses Herrscherhauses. Bdr.; gez. L 11½.

k) Karageorge und Peter I.

l) Aufstand in Oraschatz (2.2.1804)

76	5 Pa	grün	k	2,—	1,—
77	10 Pa	rot	k	1,—	1,—
78	15 Pa	rotlila	k	1,—	1,—
79	25 Pa	blau	k	2,—	2,—
80	50 Pa	dunkelbraun	k	2,—	2,—
81	1 Din	bräunlichgelb	l	3,—	7,—
82	3 Din	smaragdgrün	l	4,—	10,—
83	5 Din	violett	l	5,—	12,—
		Satzpreis (8 W.)		15,—	35,—

☐ Makulatur. FALSCH 🅖

Auflagen: MiNr. 76 = 1 950 300, MiNr. 77 = 1 962 800, MiNr. 78 = 491 000, MiNr. 79 = 493 600, MiNr. 80 = 489 500, MiNr. 81 = 196 400, MiNr. 82 = 98 850, MiNr. 83 = 99 100 Stück

Gültig bis 31.12.1904(13.1.1905)

1905

1905, 1. (14.) Jan./1911. Freimarken: König Peter I. Bdr.; w = dünnes ungesteiftes Papier, gez. L 11½, x = dickeres ungesteiftes Papier, gez. L 12:11½ und y = waagerecht gesteiftes Papier, z = senkrecht gestreiftes Papier.

m) König Peter I., (1844–1921), links oben serbisches Wappen

84	1 Pa	grau/schwarz	m		
w		Papier w		0,30	0,20
x		Papier x		0,30	0,20
y		Papier y		0,50	0,20
z		Papier z		4,—	1,20
85	5 Pa	hellgrün/schwarz	m		
w		Papier w		1,50	0,20
x		Papier x		1,20	0,20
y		Papier y		3,—	0,30
z		Papier z		6,—	1,—
86	10 Pa	rot/schwarz	m		
w		Papier w		3,50	0,20
x		Papier x		3,60	0,20
y		Papier y		8,50	0,20
z		Papier z		50,—	2,—
87	15 Pa	rotlila/schwarz	m		
w		Papier w		4,—	0,20
x		Papier x		5,—	0,30
y		Papier y		12,—	0,30
88	20 Pa	gelb/schwarz	m		
w		Papier w		7,—	0,30
x		Papier x		8,50	0,30
y		Papier y		12,—	0,50
89	25 Pa	blau/schwarz	m		
w		Papier w		10,—	0,30
x		Papier x		8,50	0,30
y		Papier y		8,50	0,50
90	30 Pa	graugrün/schwarz	m		
w		Papier w		6,—	0,30
x		Papier x		8,50	0,50
y		Papier y		11,—	0,50
z		Papier z		75,—	7,50
91	50 Pa	dunkelbraun/schwarz	m		
w		Papier w		7,50	0,70
x		Papier x		8,50	0,50
y		Papier y		16,—	1,—
92	1 Din	ocker/schwarz	m		
w		Papier w		25,—	2,50
x		Papier x		1,20	0,50
93	3 Din	hellblaugrün/schwarz	m		
w		Papier w		2,50	2,50
x		Papier x		1,20	0,50
94	5 Din	violett/schwarz	m		
w		Papier w		17,—	6,—
x		Papier x		5,—	3,60
		Satzpreis, billigste Sorte (11 W.)		45,—	7,50

FALSCH

Auch ☐ sowie nur Rahmen ohne Mittelbild aus unfertigen Beständen bekannt.

Auflagen: MiNr. 84 = 7 160 300, MiNr. 85 = 28 404 200, MiNr. 86 = 26 147 800, MiNr. 87 = 2 409 100, MiNr. 88 = 2 968 000, MiNr. 89 = 4 721 800, MiNr. 90 = 2 463 000, MiNr. 91 = 3 244 800, MiNr. 92 = 857 600, MiNr. 93 = 177 400, MiNr. 94 = 146 200 Stück

MiNr. 84–92 gültig bis 27.1.(9.2.1914), MiNr. 93–94 bis 30.5.(12.6.1914)

1911

1911, 29. Juni (12. Juli). Freimarken: König Peter I. Bdr. auf gestrichenem Papier; gez. K 12:11½.

n) König Peter I.

95	1 Pa	schwarzgrün	n	0,20	0,20
96	2 Pa	dunkelviolett, violettschwarz	n	0,20	0,20
97	5 Pa	bläulichgrün	n	0,40	0,30
98	10 Pa	karmin	n	0,20	0,20
99	15 Pa	hellviolett	n	0,40	0,20
100	20 Pa	orangegelb	n	0,40	0,20
101	25 Pa	blau	n	0,60	0,20
102	30 Pa	blaugrün	n	0,40	0,40
103	50 Pa	dunkelbraun	n	0,70	0,50
104	1 Din	orange		30,—	60,—
105	3 Din	lilarot		40,—	120,—
106	5 Din	violett		30,—	85,—
		Satzpreis (12 W.)		100,—	260,—

FALSCH Die Originaldruckstöcke gelangten in Privathand. Prüfung ratsam.

MiNr. 95–96 gültig bis Okt. 1915, MiNr. 97–104 gültig bis 27.1.(9.2.1914), MiNr. 105–106 gültig bis 1.(14.)6.1914

In gleicher Zeichnung: MiNr. 120–129

1911, 1. (14.) Dez. Zeitungsmarken. Private Wohlfahrtsmarken des serbischen Pressevereins mit Wappenaufdruck als staatliche Ausgabe verwendet. Bdr.; gez. L 11½.

o)

107	1 Pa	hellgrau	o	1,—	1,—
108	5 Pa	graugrün	o	1,—	1,—
109	10 Pa	lachsrot	o	1,—	1,—
110	15 Pa	violett	o	1,—	1,—
111	20 Pa	hellgelb	o	1,—	1,—
112	25 Pa	dunkelblau	o	1,—	1,—
113	30 Pa	schwarzgrün	o	10,—	10,—
114	50 Pa	braunrot	o	8,—	8,—
115	1 Din	olivgrün	o	8,—	8,—
116	3 Din	karmin	o	10,—	10,—
117	5 Din	dunkelviolett	o	8,—	8,—
		Satzpreis (11 W.)		50,—	50,—

Die Bogen halten ursprünglich oben einen sehr breiten Rand mit Farbleiste und der Inschrift TPOJ. САБОР (Trojizki Sabor-Pfingstmesse) oberhalb der 6. bis 10. Marke. Diese Farbleiste sollte bei der Übernahme als Staatsmarken durch die Zähnung wegfallen.
Da die Zähnungsarbeit nicht sehr genau vorgenommen wurde, fanden sich Bogen, die Reste dieser Inschrift mehr oder weniger groß aufweisen; eine Anzahl Bogen hatte sogar die voll erhaltene Inschrift: mit diesem Anhängsel Preise ca. zehnfach.

Kopfstehende Aufdrucke bekannt.

| 107 F | 1 Pa | lachsrot | | 1200,— | —,— |
| 114 F | 50 Pa | gelb | | 120,— | 120,— |

Gültig bis 16.(29.)11.1912

MiNr. 118 und 119 fallen aus.

1914

1914, 28. Jan. (10. Febr.) Freimarken: König Peter I. in geänderten Farben. Bdr. auf gestrichenem Papier; gez. K 12:11½.

120	5 Pa	gelbgrün .... n		0,20	0,20
121	10 Pa	zinnober .... n		0,20	0,20
122	15 Pa	blauschwarz .... n		0,20	0,20
123	20 Pa	braun .... n		0,70	0,40
124	25 Pa	dunkelblau .... n		0,20	0,20
125	30 Pa	dunkeloliv .... n		0,20	0,40
126	50 Pa	rotbraun .... n		0,60	0,50
127	1 Din	grünschwarz .... n		5,—	10,—
128	3 Din	gelb (14.6.) .... n		200,—	1500,—
129	5 Din	blauviolett (14.6.) .... n		8,—	26,—
		Satzpreis (10 W.)		200,—	1500,—
122 F	15 Pa	zinnober		1200,—	—,—

FALSCH ⊘

Die Originaldruckstöcke gelangten in Privathand. Prüfung ratsam.
MiNr. 95–106 und 120–129 □: unfertige Restbestände.

Auflagen: MiNr. 128 = 7000, MiNr. 129 = 40 000 Stück

Gültig bis Oktober 1915

1915

1915, 15. (28.) Okt. Freimarken. Bdr.; gez. L 11½.

r) König Peter I. und sein Stab im Felde

130	5 Pa	hellgelbgrün .... p		0,50	—,—
131	10 Pa	zinnober .... p		0,50	—,—
		Satzpreis (2 W.)		1,—	—,—

Nicht ausgegeben:

1915. Freimarken in gleicher Zeichnung. Bdr.; gez. L 11½.

I	15 Pa	schwarzgrau .... p		7,50	
II	20 Pa	braun .... p		2,—	
III	25 Pa	dunkelblau .... p		15,—	
IV	30 Pa	helloliv .... p		10,—	
V	50 Pa	rotbraun .... p		40,—	
		Satzpreis (5 W.)		70,—	
I F	15 Pa	dunkelblau		450,—	

MiNr. I–V kamen infolge des Rückzuges der serbischen Armee nicht mehr zur postalischen Verwendung, wurden aber zeitweise als Notgeld benutzt.
Die Originaldruckstöcke gelangten in Privathand. Prüfung ratsam.
□ unfertige Restbestände.

FALSCH ⊘

1916

1916/18. Französische Marken mit einzeiligem Handstempel der serbischen Regierung auf Korfu.

POSTES SERBES

Der Stempel wurde erst bei der Briefaufgabe auf oder neben den Marken aufgestempelt. Ungebrauchte Stücke wurden gegen Kriegsende zu philatelistischen Zwecken hergestellt.

				⊙	▷
VI	1 C	grau	(86)	30,—	50,—
VII	2 C	lilabraun	(87)	30,—	50,—
VIII	3 C	rotorange	(88)	30,—	50,—
IX	5 C	dunkelgrün	(116)	20,—	30,—
X	10 C	rot	(117)	20,—	30,—
XI	15 C	graugrün	(109)	25,—	40,—
XII	20 C	lilabraun	(118)	30,—	50,—
XIII	25 C	blau	(119)	30,—	50,—
XIV	30 C	braunorange	(120)	40,—	60,—
XV	35 C	hellviolett	(121)	40,—	60,—
XVI	40 C	rot/blau	(96)	40,—	60,—
XVII	45 C	grün/blau	(122)	50,—	75,—
XVIII	50 C	braun/hellblau	(97)	50,—	75,—
XIX	1 Fr	lilarot/gelbgrün	(98)	50,—	100,—

1918

1918/20. Freimarken: König Peter I. und Kronprinz Alexander. Bdr. Staatsdr. Paris und Belgrad auf verschiedenen Papiersorten; gez. L 11, 11½.

r) König Peter I, und Kronprinz Alexander

Billigste Sorte:

132	1 Pa	grau, schwarz .... r		0,20	0,20
133	2 Pa	olivbraun .... r		0,20	0,20
134	5 Pa	grün .... r		0,20	0,20
135	10 Pa	rot .... r		0,20	0,20
136	15 Pa	braun .... r		0,20	0,20
137	20 Pa	rotbraun .... r		0,20	0,20
138	20 Pa	violett .... r		2,20	1,20
139	25 Pa	blau .... r		0,20	0,20
140	30 Pa	grauoliv .... r		0,20	0,20
141	50 Pa	violett .... r		0,30	0,20
142	1 Din	braun .... r		0,50	0,30
143	3 Din	graugrün .... r		1,50	1,20
144	5 Din	rotbraun .... r		2,50	1,50
		Satzpreis (13 W.)		8,50	6,—
134 U		ungezähnt		12,—	
135 U		ungezähnt		12,—	
136 U		ungezähnt		12,—	
137 U		ungezähnt		12,—	
141 U		ungezähnt		12,—	

1918, 1. Okt. I. Pariser scharfer, klarer Bdr.; gewöhnliches weißes Papier, graugelbe Gummierung; Ausgabe auf Korfu; gez. L 11.

132 I	1 Pa		r		
a		grau	r	0,20	0,20
b		schwarz	r	0,20	0,20
133 I	2 Pa	olivbraun .... r		0,20	0,20
134 I	5 Pa	gelbgrün .... r		0,20	0,20
135 I	10 Pa	karmin .... r		0,20	0,20
136 I	15 Pa	schwarzbraun .... r		0,30	0,30
137 I	20 Pa	rotbraun (■) .... r		0,30	0,20
139 I	25 Pa	blau .... r		0,20	0,20
140 I	30 Pa	grauoliv (■) .... r		0,20	0,20
141 I	50 Pa	violett (■) .... r		0,30	0,20
142 I	1 Din	lilabraun .... r		1,—	0,60
143 I	3 Din	graugrün (■) .... r		1,50	1,20
144 I	5 Din	rotbraun .... r		2,50	1,50

Auflage I: MiNr. 132 = 725 000, MiNr. 133 = 1 460 000, MiNr. 134 = 4 080 000, MiNr. 135 = 4 100 000, MiNr. 136 = 280 000, MiNr. 137 = 280 000, MiNr. 139 = 700 000, MiNr. 140 = 720 000, MiNr. 141 = 700 000, MiNr. 142 = 400 000, MiNr. 143 = 500 000, MiNr. 144 = 400 000

1919. Sept. II. Erster Belgrader Bdr.; unklarer Druck; dickes weißes Papier; schlechte Zähnung; weiße Gummierung; gez. L 11½.

132 II	1 Pa	schwarzgrau .... r		1,—	0,30
136 II	15 Pa	blaßrotbraun .... r		5,—	2,50
138 II	20 Pa	violett .... r		8,—	1,20
142 II	1 Din	gelbraun .... r		5,—	2,20

1920. III. Zweiter Belgrader Bdr.; verschwommener Druck; verschiedene Papierarten; reinweiße Gummierung; gez. L 11½.

A. Mangelhaft ausgestanzte Zähnung, kleine Löcher.
B. Klare Zähnung, größere Löcher.

MiNr.			Wert	Farbe/Papier	A	B
132 III			1 Pa	schwarz, grau .... r		
	A			Zähnung A	0,20	0,20
	B			Zähnung B	0,20	0,20
133 III			2 Pa	.... r		
	a			dunkelolivbraun		
	A			Zähnung A	0,20	0,20
	B			Zähnung B	0,20	0,20
	b			hellolivbraun, öliges Papier		
	A			Zähnung A	0,20	0,20
134 III			5 Pa	grün .... r		
	A			Zähnung A	0,20	0,20
	B			Zähnung B	0,20	0,20
	C			gez. 9	75,—	300,—
135 III			10 Pa	ziegelrot .... r		
	A			Zähnung A	0,20	0,20
	B			Zähnung B	0,20	0,20
136 III			15 Pa	graubraun .... r		
	w			normales Papier		
	A			Zähnung A	0,20	0,20
	B			Zähnung B	0,20	0,20
	x	A		öliges Papier, Zähnung A ..	0,30	0,30
137 III			20 Pa	.... r		
	aw			h'rotbraun, normales Papier		
	A			Zähnung A	0,20	0,20
	B			Zähnung B	0,20	0,20
	ax	A		öliges Papier, Zähnung A ..	0,30	0,30
	b	A		öliges Papier, Zähnung A ..	0,30	0,30
139 III	w		25 Pa	blau, normales Papier ... r		
	A			Zähnung A	0,20	0,20
	B			Zähnung B	0,20	0,20
	x	A		öliges Papier, Zähnung A ..	0,30	0,30
140 III			30 Pa	grauoliv .... r		
	A			Zähnung A	0,20	0,20
	B			Zähnung B	0,20	0,20
141 III			50 Pa	mattviolett .... r		
	A			Zähnung A	0,30	0,30
	B			Zähnung B	0,30	0,20
142 III			1 Din	dunkelrötlichbraun ...... r		
	A			Zähnung A	1,80	0,30
	B			Zähnung B	0,50	0,30
143 III			3 Din	dunkelgraugrün .... r		
	A			Zähnung A	2,50	0,70
	B			Zähnung B	2,20	1,40
144 III			5 Din	rotbraun .... r		
	A			Zähnung A	3,60	1,40
	B			Zähnung B	5,50	

MiNr. 144 III B: ⊙ unbekannt. Die Marke tauchte erst beim Verkauf der Restbestände auf.
MiNr. 132 III und 133 III sind nur auf Zigarettenpapier gedruckt.
MiNr. 134 III wurde erst August 1920 ausgegeben.
MiNr. 139 III gibt es auch mit nadelstichartiger Zähnung.

Gültig bis 15.4.1921

MICHEL-Exklusiv
das moderne Briefmarkenalbum

Lassen Sie es sich von Ihrem Händler vorführen oder verlangen Sie eine Musterseite vom Verlag.

Republik

2006

Währung: 1 Dinar (Din) = 100 Para (Pa)

2006, 30. Juni. Freimarken: Nationale Symbole. Odr. (10×10); gez. K 12½.

s) Nationalflagge   t) Staatswappen

145	16.50	(Din)	mehrfarbig .... s	0,40	0,40
146	20	(Din)	mehrfarbig .... t	0,50	0,50
			Satzpreis (2 W.)	0,90	0,90
			FDC	—,—	

2006, 30. Juni. 200. Jahrestag der Schlacht von Mišar. Odr. (5×5); gez. K 13¼:13¾.

u) Schlacht von Mišar; Gemälde von Paja Jovanović (1859–1957)

| 147 | 46 | (Din) | mehrfarbig .... u | 1,10 | 1,10 |
| | | | FDC | | 2,— |

Auflage: 30 000 Stück

2006, 1. Sept. Wasserball-Europameisterschaft, Belgrad. Odr. (3×3); gez. K 13¼:13¾.

v) Spielszene

148	46	(Din)	mehrfarbig v	1,10	1,10
			FDC		2,—
			Kleinbogen	9,—	9,—

MiNr. 148 wurde im Kleinbogen zu 8 Marken und 1 Zierfeld gedruckt.

2006, 13. Sept. Gewinn der Wasserball-Europameisterschaft in Belgrad durch die serbische Nationalmannschaft. Odr. (3×3); gez. K 13¼:13¾.

w) Spielszene, Goldmedaille

149	46	(Din)	mehrfarbig .... w	1,10	1,10
			FDC		2,—
			Kleinbogen	9,—	9,—

MiNr. 149 wurde im Kleinbogen zu 8 Marken und 1 Zierfeld gedruckt.

2006, 29. Sept. Europäisches Kindertreffen „Freude Europas". Kinderzeichnungen. Odr. (3×3); gez. K 13¼:13¾.

x) Eisenbahn   y) Mädchen streichelt Vogel

Serbien

150	46 (Din)	mehrfarbig x	1,10	1,10
151	73 (Din)	mehrfarbig .... y	1,80	1,80
		Satzpreis (2 W.)	2,80	2,80
		FDC		3,50
		Kleinbogensatz (2 Klb.)	23,—	23,—

MiNr. 150–151 wurden jeweils im Kleinbogen zu 8 Marken und 1 Zierfeld gedruckt.

2006, 7. Okt. Freimarke: Klöster. Odr. (10×10); gez. K 12½.

z) Kloster Zica (erb. 13. Jh.)

152	8 (Din)	mehrfarbig .... z	0,20	0,20
		FDC		1,—

2006, 24. Okt. Tag der Briefmarke: 140 Jahre serbische Briefmarken. Odr. (4×2); gez. K 13¾:13¼.

aa) Marke Serbien MiNr. 7

153	46 (Din)	mehrfarbig .... aa	1,10	1,10
		FDC		2,—
		Kleinbogen	9,—	9,—

Auflage: 28 000 Stück

2006, 30. Okt. Museumsgegenstände: Schmuck. Odr. (1×5 Zd); gez. K 13¼:13¾.

ab) Krone (19. Jh.) ad) Ohrstecker (20. Jh.) Zierfeld

ac) Ring (17.–18. Jh.)
ae) Halskette (19. Jh.)

154	16.50 (Din)	mehrfarbig .... ab	0,40	0,40
155	16.50 (Din)	mehrfarbig .... ac	0,40	0,40
156	46 (Din)	mehrfarbig .... ad	1,10	1,10
157	46 (Din)	mehrfarbig .... ae	1,10	1,10
		Satzpreis (4 W.)	3,—	3,—
		Fünferstreifen	3,—	3,—
		FDC		4,—

MiNr. 153–156 wurden mit Zierfeld (5 verschiedene im Bogen) waagerecht zusammenhängend gedruckt.
Auflage: je 28 000 Stück

2006, 10. Nov. 50 Jahre Theater „Atelje 212". Odr. (3×3); gez. K 13¾:13¼.

af) Gründer, Theatergebäude

158	46 (Din)	mehrfarbig .... af	1,10	1,10
		FDC		2,—
		Kleinbogen	9,—	9,—

MiNr. 158 wurde im Kleinbogen zu 8 Marken und 1 Zierfeld gedruckt.
Auflage: 28 000 Stück

2006, 16. Nov. Kunst: 250. Geburtstag von Wolfgang Amadeus Mozart, 400. Geburtstag von Rembrandt. Odr. (5×2); gez. K 13¾:13¼.

ag) W. A. Mozart (1756–1791), österreichischer Komponist

ah) Rembrandt, eigentlich R. Harmensz. van Rijn (1606–1669), niederländischer Maler

159	46 (Din)	mehrfarbig .... ag	1,10	1,10
160	46 (Din)	mehrfarbig .... ah	1,10	1,10
		Satzpreis (2 W.)	2,20	2,20
		FDC		3,20
		Kleinbogensatz (2 Klb.)	20,—	20,—

MiNr. 159–160 wurden jeweils im Kleinbogen zu 9 Marken und 1 Zierfeld gedruckt.
Auflage: je 28 000 Stück

2006, 20. Nov. Weihnachten (I). Odr.; gez. K 13¼:13¾.

ai) Weihnachtsmahl   ak) Weihnachtsgesteck

161	16.50 (Din)	mehrfarbig .... ai	0,40	0,40
162	46 (Din)	mehrfarbig .... ak	1,10	1,10
		Satzpreis (2 W.)	1,50	1,50
		FDC		2,50

2006, 1. Dez. Weihnachten (II). Odr.; gez. K 13¼:13¾.

al) Weihnachtsmann mit Geschenkpaketen, Rentierschlitten

163	46 (Din)	mehrfarbig .... al	1,10	1,10
		FDC		2,50

2006, 11. Dez. 60 Jahre Kinderhilfswerk der Vereinten Nationen (UNICEF). Odr.; gez. K 13¼:13¾.

am) Zwei Mädchen

164	16.50 (Din)	mehrfarbig .... am	0,50	0,50
		FDC		1,50

MICHEL-Kataloge werden ständig überarbeitet und durch Berücksichtigung der neuesten Forschungsergebnisse auf dem aktuellen Stand gehalten.

Serbien 1061

2006, 13. Dez. 200. Jahrestag der Befreiung Belgrads. Odr.; gez. K 13¼:13¾.

a) Die Befreiung Belgrads; Gemälde von Djurdje Teodorović (1907–1986)

165	16.50 (Din)	mehrfarbig	.... an	0,50	0,50
			FDC		1,50

2007

2007, 1. Jan. Freimarken: Flora, Landschaften und Sehenswürdigkeiten. Odr. (10×5); MiNr. 166–169 gez. K 14:13¼, Querformate ~, MiNr. 170–173 gez. K 13½.

ao) Gerbera

ap) Astern

ar) Apfelbaum

as) Flußlauf der Westlichen Morava

at) Landschaft im Goć-Gebirge

au) Ufervegetation im Zlatibor-Gebirge

av) Wintersportort Kopaonik

aw) Serbisches Nationaltheater, Belgrad

166	0.50 (Din)	mehrfarbig	.... ao	0,10	0,10
167	1 (Din)	mehrfarbig	.... ap	0,10	0,10
168	5 (Din)	mehrfarbig	8ar	0,20	0,20
169	10 (Din)	mehrfarbig	.... as	0,30	0,30
170	13 (Din)	mehrfarbig	.... at	0,40	0,40
171	33 (Din)	mehrfarbig	.... au	0,90	0,90
172	50 (Din)	mehrfarbig	.... av	1,30	1,30
173	100 (Din)	mehrfarbig	.... aw	2,60	2,60
			Satzpreis (8 W.)	5,50	5,50
			FDC		6,50

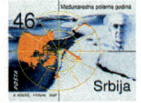

2007, 30. Jan. Internationales Polarjahr 2007–2008. Odr. (5×5); gez. K 13¼:13¾.

ax) Milutin Milanković (1879–1958), Astrophysiker und Mathematiker; Ansicht und Karte der Arktis

174	46 (Din)	mehrfarbig	.... ax	1,20	1,20
			FDC		1,80

2007, 16. Febr. Schauspieler. Odr. (3×3); gez. K 13¼:13¾.

ay) Petar Dobrinović (1853–1923)
az) Milka Grgurova Aleksić (1840–1924)
ba) Ljubiša Jovanović (1908–1971)
bb) Rahela Farari (1911–1994)
Zierfeld
bc) Miodrag Petrović Škalja (1924–2003)
bd) Branko Pleša (1926–2001)
be) Ljuba Tadić (1929–2005)
bf) Danilo Bata Stojković (1934–2002)

175	16.50 (Din)	mehrfarbig	.... ay	0,50	0,50
176	16.50 (Din)	mehrfarbig	.... az	0,50	0,50
177	16.50 (Din)	mehrfarbig	.... ba	0,50	0,50
178	16.50 (Din)	mehrfarbig	.... bb	0,50	0,50
179	16.50 (Din)	mehrfarbig	.... bc	0,50	0,50
180	16.50 (Din)	mehrfarbig	.... bd	0,50	0,50
181	16.50 (Din)	mehrfarbig	.... be	0,50	0,50
182	16.50 (Din)	mehrfarbig	.... bf	0,50	0,50
			Satzpreis (8 W.)	4,—	4,—
			Kleinbogen	4,—	4,—
			FDC		4,50

MiNr. 175–182 wurden mit 1 Zierfeld zusammenhängend im Kleinbogen gedruckt.

Neuheiten

Ein Abonnement der MICHEL-Rundschau sichert Ihnen einen immer vollständigen Katalog, zeigt Ihnen Preisänderungen an und bereichert Ihre philatelistischen Kenntnisse durch gut recherchierte Fachbeiträge.

Jahrgangswerttabelle

Die Aufstellung folgt der numerischen Reihenfolge der Katalogisierung ohne Rücksicht auf die Chronologie eventueller Ergänzungswerte.

Grundsätzlich ist nur die jeweils billigste Sorte pro Marke bzw. Ausgabe angegeben, sofern nichts anderes vermerkt.

Zusammendrucke aus Bogen, Marken mit Zierfeldern usw. sind dann berücksichtigt, wenn sie als normale Ausgabeform anzusehen sind. Einzelmarken aus Blocks und Marken mit der Preisnotierung „—,—" sind nicht berücksichtigt.

Jahr	MiNr.	Euro **	Euro ⊙
2006	145–165	18,20	18,20
Gesamtsumme		**18,20**	**18,20**

Portomarken

1895

1895, 1. (13.) April. Doppeladler mit Ziffernschild. Bdr. auf Faserpapier; A = gez. K 13:13½, C = gez. L 11½.

Pa

					*	⊙
1		5 Pa	lila	Pa		
A			gez. K 13:13½		7,50	1,—
C			gez. L 11½		15,—	4,—
2 A		10 Pa	blau	Pa	7,50	0,50
3 A		20 Pa	braunorange	Pa	60,—	10,—
4 A		30 Pa	grün	Pa	0,50	1,—
5 A		50 Pa	rosa	Pa	0,50	1,50
			Satzpreis (5 W.)		75,—	14,—
1 U			ungezähnt		—,—	
5 F		5 Pa	rosa		120,—	200,—

1898

1898/1909. Doppeladler mit Ziffernschild. Bdr.; x = ungefasertes, y = gestreiftes Papier; gez. L 11½.

6		5 Pa	lila	Pa		
x			Papier x		0,70	0,50
y			Papier y (1909)		1,—	0,70
7 y		10 Pa	blau, Papier y (1909)	Pa	6,—	10,—
8		20 Pa		Pa		
x			Papier x			
a			braunorange		11,—	1,20
b			dunkelbraun		7,50	1,—
y b			dunkelbraun (1909)		0,50	1,—
			Satzpreis (3 W.)		7,—	11,—
8 yb K			Kehrdruckpaar		150,—	

FALSCH

1914

1914, März. Doppeladler mit Ziffernschild. Bdr.; auf dickem, gestrichenem Papier; gez. L 11½.

9	5 Pa	lilarosa	Pa	0,50	2,50
10	10 Pa	blau	Pa	7,50	12,—
		Satzpreis (2 W.)		8,—	14,—

Gültig bis Oktober 1915

MICHEL-Online-Katalog

www.michel.de oder www.briefmarken.de

1918

1918/19. Wappenzeichnung. Bdr., I = Staatsdr. Paris, gez. L 11; II = Staatsdr. Belgrad, gez. L 11½.

 Pb   Pc

I = Paris, gez. L 11

11 I	5 Pa	zinnober	Pb	0,50	1,—
12 I	10 Pa	hellgrün	Pb	0,50	1,—
13 I	20 Pa	olivbraun	Pb	0,50	1,—
14 I	30 Pa	schwarzgrün	Pb	0,50	1,—
15 I	50 Pa	braun	Pc	1,20	2,—
		Satzpreis (5 W.)		3,—	6,—

II = Belgrad, gez. L 11½ (1919)

11 II	5 Pa	braunrot	Pb	0,50	1,—
14 II	30 Pa	grünlichgrau	Pb	1,20	1,70
15 II	50 Pa	hellbraun	Pc	1,70	2,50
		Satzpreis (3 W.)		3,40	5,—

Gültig bis 12.9.1928

Zwangszuschlagsmarken

2006

2006, 10. Juli. Krebsbekämpfung. Odr. (10×10); gez. K 12½.

Za) Ksenofona Šahović (1898–1956)

| 1 | 8.00 (ND) | mehrfarbig | Za | 0,20 | 0,20 |

Verwendung: 10.7.–5.8.2006
Auflage: 1 500 000 Stück

2006, 14. Sept. Solidarität. Odr. (10×10); gez. K 13¾.

Zb) Älteres Paar

| 2 | 8.00 (ND) | mehrfarbig | Zb | 0,20 | 0,20 |

Verwendung: 14.–21.9.2006
Auflage: 750 000 Stück

2006, 22. Sept. Rotes Kreuz. Odr. (10×10); gez. K 13¾.

Zc) Kinder

| 3 | 8.00 (ND) | mehrfarbig | Zc | 0,20 | 0,20 |

Verwendung: 22.–29.9.2006
Auflage: 750 000 Stück

2006, 2. Okt. Woche des Kindes. Odr. (10×10); gez. K 12½.

Zd) Mädchen wird hoch geworfen

| 4 | 8.00 (ND) | mehrfarbig | Zd | 0,20 | 0,20 |

Verwendung: 2.–8.10.2006
Auflage: 350 000 Stück

2006, 9. Okt. Aidsbekämpfung. Odr. (10×10); gez. K 13¾.

Ze) Aidsvirus in Wasserglas

| 5 | 8.00 (ND) | mehrfarbig | Ze | 0,20 | 0,20 |

Verwendung: 9.–31.10.2006
Auflage: 2 200 000 Stück

2006, 1. Dez. Europäisches olympisches Jugendfestival, Belgrad. Odr. (10×10); gez. K 13¾.

Zf) Wasserball, Turnen, Volleyball

| 6 | 8.00 (ND) | mehrfarbig | Zf | 0,20 | 0,20 |

Verwendung: 1.–31.12.2006
Auflage: 3 000 000 Stück

2007

2007, 22. Jan. Judo-Europameisterschaften, Belgrad. Odr. (10×10); gez. K 13¾.

Zg) Kampfszene

| 7 | 8 (Din) | mehrfarbig | Zg | 0,20 | 0,20 |

Verwendung: 22.–27.1.2007

Die Preisnotierungen in den MICHEL-Katalogen gelten für Marken in einwandfreier Qualität. Bei gezähnten Marken muß die Zähnung allseits vollständig sein, bei geschnittenen Marken darf der Schnitt das Markenbild nicht berühren. Postfrische Erhaltung setzt vollkommen unberührte Gummierung voraus, Marken mit Falz dürfen nur einen sauberen Erstfalz haben. Gestempelte Marken sollen eine saubere und möglichst lesbare Abstempelung haben.

Lesen Sie dazu auch die Einführung.

Interimsverwaltung der Vereinten Nationen im Kosovo (UNMIK)

Währung: 1 Euro (€) = 100 Cent (C)
(DM-Währung gültig bis 31.12.2001)

2000

2000, 15. März. Freimarken: Frieden im Kosovo. Odr. (8×5); gez. K 13½:13.

a) Orpheus; Mosaik aus Podujeva (5.–6. Jh.)

b) Dardanische Götterstatuette (3500 v. Chr.)
c) Illyrische Silbermünze aus Damastion (4. Jh. v. Chr)
d) Mutter Teresa (1910–1997), katholische Ordensgründerin; Silberstatuette
e) Landkarte des Kosovo mit wichtigen Stätten

				**	⊙
1	0.20 DM	mehrfarbig	a	0,40	0,40
2	0.30 DM	mehrfarbig	b	0,60	0,60
3	0.50 DM	mehrfarbig	c	1,—	1,—
4	1 DM	mehrfarbig	d	2,—	2,—
5	2 DM	mehrfarbig	e	4,—	4,—
		Satzpreis (5 W.)		8,—	8,—
		FDC			15,—

2001

2001, 12. Nov. Freimarken: Frieden im Kosovo. Odr. (8×5); gez. K 14.

f) Vogel

g) Straßenmusikant
h) Schmetterling auf Birne
i) Kinder blicken auf Sterne
k) Handabdrücke um Weltkugel

6	0.20 DM / 0.10 €	mehrfarbig	f	0,40	0,40
7	0.30 DM / 0.15 €	mehrfarbig	g	0,60	0,60
8	0.50 DM / 0.26 €	mehrfarbig	h	1,—	1,—
9	1.00 DM / 0.51 €	mehrfarbig	i	2,—	2,—
10	2.00 DM / 1.02 €	mehrfarbig	k	4,—	4,—
		Satzpreis (5 W.)		8,—	8,—
		FDC			12,—

In gleichen Zeichnungen, jedoch nur Euro-Währung: MiNr. 11–15

2002

2002, 2. Mai. Freimarken: Frieden im Kosovo. Odr. (8×5); gez. K 14.

f) Vogel

11	0.10 €	mehrfarbig	f	0,80	0,80
12	0.15 €	mehrfarbig	g	0,80	0,80
13	0.26 €	mehrfarbig	h	1,50	1,50
14	0.51 €	mehrfarbig	i	2,50	2,50
15	1.02 €	mehrfarbig	k	6,50	6,50
		Satzpreis (5 W.)		12,—	12,—
		FDC			15,—

In gleichen Zeichnungen, jedoch DM- und Euro-Währung: MiNr. 6–10

2003

2003, 20. Dez. Weihnachten und Neujahr. Odr. (4×3); Papier fl.; gez. K 14.

l) Weihnachtsgesteck
m) Menschen; Gemälde von Rexhep Ferri

16	0.50 €	mehrfarbig	l	4,—	4,—
17	1.00 €	mehrfarbig	m	8,—	8,—
		Satzpreis (2 W.)		12,—	12,—
		FDC			15,—

Auflage: 30 000 Sätze

2004

2004, 29. Juni. 5 Jahre UNHCR-Unterstützung bei der Rückkehr der Kosovo-Flüchtlinge, 5 Jahre NATO- und KFOR-Truppen im Kosovo. Odr. (5×2); gez. K 13¼:13.

n) Zurückkehrende Flüchtlinge
o) Umrißkarte des Kosovo, Zahl „5" aus Nationalflaggen

Serbien 1065

18	1 € mehrfarbig .... n	4,— 4,—
19	2 € mehrfarbig .... o	8,— 8,—
	Satzpreis (2 W.)	12,— 12,—
	FDC	15,—
	Kleinbogensatz (2 Klb.)	120,— 120,—

Auflage: 40 000 Sätze

2004, 31. Aug. Holzblasinstrumente. Odr. (5×2); gez. K 13¼:13.

p) Flöte   r) Okarina

20	0.20 € mehrfarbig .... p	1,— 1,—
21	0.30 € mehrfarbig .... r	1,50 1,50
	Satzpreis (2 W.)	2,50 2,50
	FDC	6,—
	Kleinbogensatz (2 Klb.)	25,— 25,—

Auflage: 40 000 Sätze

2004, 28. Okt. Trachten. Odr. (2×5); gez. K 13:13¼.

s) Bestickte Schürze (Region Prizren)

t) Bestickte Schürze (Region Rugova)   u) Drei Westen   v) Hemd und Gehrock

22	0.20 € mehrfarbig .... s	2,— 2,—
23	0.30 € mehrfarbig .... t	3,— 3,—
24	0.50 € mehrfarbig .... u	5,— 5,—
25	1.00 € mehrfarbig v	10,— 10,—
	Satzpreis (4 W.)	20,— 20,—
	FDC	25,—
	Kleinbogensatz (4 Klb.)	200,— 200,—

Auflage: 30 000 Sätze

2004, 26. Nov. Landschaften. Odr. (2×5); gez. K 13:13¼.

w) Miruša-Wasserfall

26	2 € mehrfarbig .... w	4,— 4,—
	FDC	7,50
	Kleinbogen	40,— 40,—

Auflage: 40 000 Stück

2004, 14. Dez. Kunst. Odr. (2×5); gez. K 13:13¼.

x) Brücke und Häuser (Tuschezeichnung)

27	0.50 € mehrfarbig x	1,50 1,50
	FDC	5,—
	Kleinbogen	15,— 15,—

Auflage: 40 000 Stück

2005

2005, 29. Juni. Einheimische Flora. Odr., Bogen (10×5) und Kleinbogen (5×2); gez. K 13¼:13.

y) Pfingstrose (Paeonia sp.)   z) Klatschmohn (Papaver rhoeas)   aa) Fransenenzian (Gentiana crinita)

28	0.15 € mehrfarbig .... y	1,30 1,30
29	0.20 € mehrfarbig .... z	1,80 1,80
30	0.30 € mehrfarbig .... aa	2,50 2,50
	Satzpreis (3 W.)	5,50 5,50
	FDC	8,—
	Kleinbogensatz (3 Klb.)	55,— 55,—

Auflagen: MiNr. 28 = 90 000, MiNr. 29–30 je 50 000 Stück

2005, 20. Juli. Kunsthandwerk. Odr., Bogen (B) (10×5) und Kleinbogen (Klb.) (5×2); gez. K 13¼:13.

ab) Filigranarbeit   ac) Hölzerne Wiege   ad) Geschnitztes Deckenornament (19. Jh.)   ae) Traditionelle Halskette

31	0.20 € mehrfarbig (Klb.) .... ab	0,40 0,40
32	0.30 € mehrfarbig (Klb.) .... ac	0,60 0,60
33	0.50 € mehrfarbig (B) .... ad	1,— 1,—
34	1 € mehrfarbig (B) .... ae	2,— 2,—
	Satzpreis (4 W.)	4,— 4,—
	FDC	7,50
	2 Kleinbogen	10,— 10,—

Auflagen: MiNr. 31–32 je 50 000, MiNr. 33–34 je 110 000 Stück

2005, 15. Sept. Traditionelle Siedlungsformen. Odr., Bogen (B) (5×5) und Kleinbogen (Klb.) (2×5); gez. K 13:13¼.

af) Gehöft   ag) Dorf   ah) Stadt

35	0.20 € mehrfarbig (Klb.) .... af	1,— 1,—
36	0.50 € mehrfarbig (B) .... ag	2,— 2,—
37	1 € mehrfarbig (B) .... ah	4,— 4,—
	Satzpreis (3 W.)	7,— 7,—
	FDC	8,—
	Kleinbogen	10,— 10,—

Auflagen: MiNr. 35 = 50 000, MiNr. 36–37 je 110 000 Stück

Serbien

2005, 2. Nov. Archäologische Funde. Odr., Bogen (B) (10×5) und Kleinbogen (Klb.) (5×2); gez. K 13¼:13.

ai) Fibel   ak) Läuferin (Metallstatuette)   al) Priesterin (Steinskulptur)   am) Helm

38	0,20 €	mehrfarbig (Klb.)	ai	0,40	0,40
39	0,30 €	mehrfarbig (Klb.)	ak	0,60	0,60
40	0,50 €	mehrfarbig (B)	al	1,—	1,—
41	1 €	mehrfarbig (B)	am	2,—	2,—
		Satzpreis (4 W.)		4,—	4,—
		FDC			7,50
		Kleinbogensatz (2 Klb.)		10,—	10,—

Auflagen: MiNr. 38–39 je 50 000, MiNr. 40–41 je 110 000 Stück

2005, 10. Dez. Mineralien. Odr. (2×5); gez. K 13:13¼.

an) Pyrit und Calcium, aus der Mine von Trepça

42	2 €	mehrfarbig	an	4,—	4,—
		FDC			7,50
		Kleinbogen		40,—	40,—

Auflage: 45 000 Stück

2006

2006, 9. Mai. Europa: Integration. Odr. (5×2); gez. K 13.

ao) Umrißkarte des Kosovo mit Blumen   ap) Kind, Friedenstaube, Europafahne, Umrißkarte

43	0,50 €	mehrfarbig	ao	1,—	1,—
44	1 €	mehrfarbig	ap	2,—	2,—
		Satzpreis (2 W.)		3,—	3,—
		FDC			7,50
		Kleinbogensatz (2 Klb.)		30,—	30,—

2006, 23. Mai. Tiere. Odr., Kleinbogen (2×5) und Zd-Bogen (5×5); gez. K 13.

ar) Wolf (Canis lupus)   as) Hausrind   at) Ringeltaube (Columba palumbus)

au) Höckerschwan (Cygnus olor)   av) Haushund

45	0,15 €	mehrfarbig	ar	0,30	0,30
46	0,20 €	mehrfarbig	as	0,40	0,40
47	0,30 €	mehrfarbig	at	0,60	0,60
48	0,50 €	mehrfarbig	au	1,—	1,—
49	1 €	mehrfarbig	av	2,—	2,—
		Satzpreis (5 W.)		4,20	4,20
		FDC			7,50
		Kleinbogensatz (5 Klb.)		42,—	42,—

Blockausgabe mit MiNr. 45–49

Block 1	(166×83 mm)	aw	4,20	4,20
	FDC			7,50

MiNr. 45–49 wurden auch mit MiNr. 50–57, 59–63 und 2 Zierfeldern zusammenhängend im Bogen gedruckt. Bewertung siehe nach MiNr. 63.

2006, 30. Juni. Kinder. Odr., Kleinbogen (2×5) und Zd-Bogen (5×5); gez. K 13.

ax) Säuglinge

ay) Schulkinder beim Lesen   az) Mädchen im Ballettunterricht   ba) Kleinkind in Badewanne

50	0,20 €	mehrfarbig	ax	0,40	0,40
51	0,30 €	mehrfarbig	ay	0,60	0,60
52	0,50 €	mehrfarbig	az	1,—	1,—
53	1 €	mehrfarbig	ba	2,—	2,—
		Satzpreis (4 W.)		4,—	4,—
		FDC			7,50
		Kleinbogensatz (4 Klb.)		40,—	40,—

Blockausgabe mit MiNr. 50–53

Block 2	(104×76 mm)	bb	4,—	4,—
	FDC			7,50

MiNr. 50–53 wurden auch mit MiNr. 45–49, 54–57, 59–63 und 2 Zierfeldern zusammenhängend im Bogen gedruckt. Bewertung siehe nach MiNr. 63.

2006, 1. Sept. Tourismus. Odr., Kleinbogen (2×5) und Zd-Bogen (5×5); gez. K 13.

bc) Wanderweg am Waldrand

bd) Skigebiet   be) Tropfsteinhöhle   bf) Bergsee

54	0,20 €	mehrfarbig	bc	0,40	0,40
55	0,30 €	mehrfarbig	bd	0,60	0,60
56	0,50 €	mehrfarbig	be	1,—	1,—
57	1 €	mehrfarbig	bf	2,—	2,—
		Satzpreis (4 W.)		4,—	4,—
		FDC			7,50
		Kleinbogensatz (4 Klb.)		40,—	40,—

Blockausgabe mit MiNr. 54–57

Block 3	(104×76 mm)	bg	4,—	4,—
	FDC			7,50

MiNr. 54–57 wurden auch mit MiNr. 45–53, 59–63 und 2 Zierfeldern zusammenhängend im Bogen gedruckt. Bewertung siehe nach MiNr. 63.

Jahrgangswerttabelle

Die Aufstellung folgt der numerischen Reihenfolge der Katalogisierung ohne Rücksicht auf die Chronologie eventueller Ergänzungswerte.

Grundsätzlich ist nur die jeweils billigste Sorte pro Marke bzw. Ausgabe angegeben, sofern nichts anderes vermerkt.

Zusammendrucke aus Bogen, Marken mit Zierfeldern usw. sind dann berücksichtigt, wenn sie als normale Ausgabeform anzusehen sind. Einzelmarken aus Blocks und Marken mit der Preisnotierung „—,—" sind nicht berücksichtigt.

Jahr	MiNr.	Euro **	Euro ⊙
2000	1– 5	8,—	8,—
2001	6–10	8,—	8,—
2002	11–15	12,—	12,—
2003	16–17	12,—	12,—
2004	18–27	40,—	40,—
2005	28–42	24,50	24,50
2006	43–63	43,40	43,40
Gesamtsumme		**147,90**	**147,90**

2006, 21. Sept. Internationaler Tag des Friedens. Odr. (2×2); gez. K 13.

bh) Ibrahim Rugova (1944–2006), Literaturwissenschaftler, Schriftsteller, Politiker und Präsident des Kosovo

58	2 €	mehrfarbig	bh	4,—	4,—
		FDC			7,50
		Kleinbogen		16,—	16,—

2006, 1. Nov. Historische Münzen. Odr., Kleinbogen (5×2) und Zd-Bogen (5×5); gez. K 13.

bi) Silberstater aus Damastion (ca. 300 v. Chr.)
bk) Solidus aus der Zeit des byzantinischen Kaisers Justinian I. (reg. 527–565)
bl) Bronzemedaillon aus der Zeit des römischen Kaisers Probus (reg. 276–282)
bm) Bergwerkstoken aus der Zeit des römischen Kaisers Trajan (reg. 98–117)

59	0.20 €	mehrfarbig	bi	0,40	0,40
60	0.30 €	mehrfarbig	bk	0,60	0,60
61	0.50 €	mehrfarbig	bl	1,—	1,—
62	1 €	mehrfarbig	bm	2,—	2,—
		Satzpreis (4 W.)		4,—	4,—
		FDC			7,50
		Kleinbogensatz (4 Klb.)		40,—	40,—

Blockausgabe mit MiNr. 59–62

Block 4	(76×104 mm)	bn	4,—	4,—
	FDC			7,50

MiNr. 59–62 wurden auch mit MiNr. 45–58 und 2 Zierfeldern zusammenhängend im Bogen gedruckt. Bewertung siehe nach MiNr. 63.

2006, 1. Dez. Kunst. Odr., Kleinbogen (5×2) und Zd-Bogen (5×5); gez. K 13.

bo) Skulptur

63	2 €	mehrfarbig	bo	4,—	4,—
		FDC			5,50
		Kleinbogen		40,—	40,—
		Zd-Bogen mit MiNr. 45–57, 59–63		*35,—*	*35,—*

MiNr. 63 wurde auch mit MiNr. 45–57, 59–62 und 2 Zierfeldern zusammenhängend im Bogen gedruckt.

Neuheiten

Ein Abonnement der MICHEL-Rundschau sichert Ihnen einen immer vollständigen Katalog, zeigt Ihnen Preisänderungen an und bereichert Ihre philatelistischen Kenntnisse durch gut recherchierte Fachbeiträge.

Slowenien

Republik in Südosteuropa, unabhängig seit dem 8.10.1991.
Währung: Dinar (Din); ab 8.10.1991 bis 31.12.2006: Tolar (T), seit 1.1.2007: 1 Euro (€) = 100 Cent (C).

Gültigkeit: Bis zum 25.4.1992 waren noch die Marken Jugoslawiens gültig.
MiNr. 2–5, 8–17, 39–42, 51–56, 65–66, 89–90 und 97-98 waren bis zum 31.12.1997 frankaturgültig.
Marken mit Nennwerten von 1 oder 2 Tolar bis zum 31.12.2006. Alle anderen Marken in Tolar-Währung sind bzw. waren bis zum 31.12.2007 gültig.

Alle Marken ab MiNr. 609 sowie alle Ausgaben mit Wertangaben in Buchstaben sind unbegrenzt frankaturgültig.

Preise ungebraucht ab MiNr. 1 ✶✶.

1991

1991, 26. Juni. Unabhängigkeit. Odr.; gez. L 10½.

a) Entwurf für das Parlamentsgebäude, von Jože Plečnik (1872–1957)

					✶✶	⊙
1	5	(Din)	mehrfarbig	a	1,—	1,—
				FDC		2,50
1 F		alle Farben außer Silber fehlend			—,—	
1 Uw		waagerecht ungezähnt			—,—	

Auflage: 2 000 000 Stück

Neue Währung: Tolar (T)

1991, 26. Dez. Freimarken: Staatswappen. Odr.; gez. L 14.

b) Staatswappen   Type I   Type II

2	1	(T)	mehrfarbig	b		
I			Type I		0,20	0,20
II			Type II (Feld 19, Teilauflage)		1,50	1,50
3	4	(T)	mehrfarbig	b		
I			Type I		0,20	0,20
II			Type II (Feld 19, Teilauflage)		1,50	1,50
4	5	(T)	mehrfarbig	b		
I			Type I		0,20	0,20
II			Type II (Feld 19, Teilauflage)		3,—	3,—
5	11	(T)	mehrfarbig	b		
I			Type I		0,50	0,50
II			Type II (Feld 19, Teilauflage)		6,50	6,50
			Satzpreis I (4 W.)		1,—	1,—
			Satzpreis II (4 W.)		12,—	12,—
			FDC (I)			3,50
2 F I		fehlende Farbe Rot			—,—	
2 F II		fehlende Farben Gelb und Rot			—,—	
2 Ur		rechts ungezähnt			—,—	
2 Uw		waagerecht ungezähnt			—,—	
3 UI		links ungezähnt			—,—	
4 Uw		waagerecht ungezähnt			—,—	
5 UMs		waagerechtes Paar, Mitte ungezähnt			—,—	
5 Us		senkrecht ungezähnt			—,—	

Auflagen: MiNr. 2 = 4 000 000, MiNr. 3–4 je 5 500 000, MiNr. 5 = 2 000 000 Stück

Gültig bis 31.12.1997

In ähnlicher Zeichnung: MiNr. 8–12, 13–17

1992

1992, 8. Febr. Olympische Winterspiele, Albertville. Odr.; gez. L 14.

c) Skispringen   d) Alpiner Skilauf
c–d) Gemälde von Kostja Gatnik

6	30	(T)	mehrfarbig	c	3,—	3,—
7	50	(T)	mehrfarbig	d	4,—	4,—
			Satzpreis (Paar)		7,50	7,50
			FDC			8,—
			Kleinbogen		24,—	24,—

MiNr. 6–7 wurden waagerecht zusammenhängend im Kleinbogen zu 6 Marken und verschieden, zum Teil beschnittenen, Nebenfeldern in unterschiedlichen Größen gedruckt.

Auflage: 180 000 Sätze

1992, 12./13. Febr. Freimarken: Staatswappen. Odr.; gez. L 14.

e) Staatswappen

8	1	(T)	mehrfarbig (13. Febr.)	e	0,10	0,10
9	6	(T)	mehrfarbig (12. Febr.)	e	0,20	0,20
10	20	(T)	mehrfarbig (12. Febr.)	e	0,50	0,50
11	50	(T)	mehrfarbig (12. Febr.)	e	1,40	1,40
12	100	(T)	mehrfarbig (12. Febr.)	e	2,80	2,80
			Satzpreis (5 W.)		5,—	5,—
			FDC (mit MiNr. 8)			0,50
			FDC (mit MiNr. 9–12)			5,—
9 UMs		waagerechtes Paar, Mitte ungezähnt			—,—	
9 Us		senkrecht ungezähnt			—,—	
10 Us		senkrecht ungezähnt			—,—	

Auflagen: MiNr. 8 = 4 948 400, MiNr. 9 = 18 123 250, MiNr. 10 = 5 020 600, MiNr. 11 = 1 802 750, MiNr. 12 = 1 049 250 Stück

Gültig bis 31.12.1997

In gleicher Zeichnung: MiNr. 13–17; in ähnlicher Zeichnung: MiNr. 2–5

1992, 6./16. März. Freimarken: Staatswappen. Odr.; gez. L 14.

e) Staatswappen

13	2 (T) mehrfarbig (16. März)	e	0,30	0,30
14	4 (T) mehrfarbig (16. März)	e	0,30	0,30
15	5 (T) mehrfarbig (6. März)	e	0,30	0,30
16	11 (T) mehrfarbig (16. März)	e	0,30	0,30
17	15 (T) mehrfarbig (16. März)	e	0,30	0,30
	Satzpreis (5 W.)		1,50	1,50
	FDC (mit MiNr. 13, 14, 16, 17)			2,—
	FDC (mit MiNr. 15)			0,50

Auflagen: MiNr. 13 = 3 344 800, MiNr. 14 = 833 650, MiNr. 15 = 15 921 537, MiNr. 16 = 2 909 050, MiNr. 17 = 2 905 400 Stück

Gültig bis 31.12.1997

In gleicher Zeichnung: MiNr. 8–12; in ähnlicher Zeichnung: MiNr. 2–5

1992, 31. März. 100 Jahre Opernhaus Ljubljana. Odr.; gez. L 14.

f) Schnittzeichnung des Opernhauses

18	20 (T) mehrfarbig	f	1,50	1,50
		FDC		3,—

Auflage: 90 000 Stück

1992, 8. April. 300. Geburtstag von Giuseppe Tartini. Odr.; gez. L 14.

g) G. Tartini (1692–1770), italienischer Geiger und Komponist

19	27 (T) mehrfarbig	g	1,50	1,50
		FDC		3,—

Auflage: 100 000 Stück

1992, 21. April. 275. Todestag von Marko Anton Kappus; 500. Jahrestag der Entdeckung von Amerika. Odr.; (2×3 Zd); gez. L 14.

h) M. A. Kappus (1657 bis 1717), slowenischer Missionar; alte Landkarte von Mexiko

i) Karavelle „Santa Maria" von Christoph Kolumbus (1451–1506), spanisch-italienischer Seefahrer; alte Landkarte von Mittelamerika

20	27 (T) mehrfarbig	h	3,—	3,—
21	47 (T) mehrfarbig	i	4,—	4,—
	Satzpreis (Paar)		7,50	7,50
	FDC			9,—

Auflage: 100 000 Sätze

1992, 17. Mai. Internationaler Designer-Kongreß (ICSID), Ljubljana. Odr.; gez. L 14.

k) Klappstuhl, Entwurf von Niko Kralj; Weltkarte

22	41 (T) mehrfarbig	k	1,—	1,—
		FDC		2,—

Auflage: 150 000 Stück

1992, 29. Mai. 130. Todestag von Anton Martin Slomšek. Odr.; gez. L 14.

l) A. M. Slomšek (1800–1862), Bischof von Maribor

23	6 (T) mehrfarbig	l	1,—	1,—
		FDC		1,50

Auflage: 200 000 Stück

1992, 12. Juni. 80 Jahre Bergrettungsdienst. Odr.; gez. L 14.

m) Verletzter Bergsteiger wird vom Bergrettungsdienst geborgen

24	41 (T) mehrfarbig	m	1,—	1,—
		FDC		2,—

Auflage: 100 000 Stück

1992, 20. Juni. 900 Jahre Geschicklichkeitswettbewerbe der Schiffergilde von Ljubljana. Odr.; gez. L 14.

n) Schifferstechen auf der Ljubljanica, Stadtansicht von Ljubljana

25	6 (T) mehrfarbig	n	0,50	0,50
		FDC		1,20

Auflage: 300 000 Stück

1992, 25. Juni. 1 Jahr Unabhängigkeit. Odr.; gez. L 14.

o) Lindezweig

26	41 (T) mehrfarbig	o	1,—	1,—
		FDC		2,—

Auflage: 150 000 Stück

Wenn Sie eine eilige philatelistische Anfrage haben, rufen Sie bitte (0 89) 3 23 93-3 33. Die **MICHEL**-Redaktion gibt Ihnen gerne Auskunft.

1992, 25. Juli. Olympische Sommerspiele, Barcelona. Odr.; gez. L 14.

p) Leon Štukelj (*1898), dreifacher Olympiasieger im Kunstturnen
r) Kopf des Apoxyomenos in den slowenischen Landesfarben

27	40 (T) mehrfarbig .... p	1,20	1,20
28	46 (T) mehrfarbig .... r	1,30	1,30
	Satzpreis (Paar)	3,—	3,—
	FDC		4,50
	Kleinbogen	9,—	9,—

MiNr. 27–28 wurden waagerecht zusammenhängend im Kleinbogen zu 6 Marken und verschiedenen, zum Teil beschnittenen, Nebenfeldern in unterschiedlichen Größen gedruckt.

Auflage: 300 000 Sätze

1992, 4. Sept. Weltmeisterschaften für Gebrauchshunde, Ljubljana. Odr.; gez. L 14.

s) Kraski ovcar (Slowenischer Schäferhund)

29	40 (T) mehrfarbig .... s	1,—	1,—
	FDC		2,—

Auflage: 150 000 Stück

1992, 30. Sept. 100. Geburtstag von Marij Kogoj. Odr.; gez. L 14.

t) M. Kogoj (1892–1956), Komponist; Szene aus seiner Oper „Schwarze Masken"

30	40 (T) mehrfarbig .... t	1,—	1,—
	FDC		2,50

Auflage: 150 000 Stück

1992, 30. Okt. 200. Geburtstag von Matevž Langus. Odr.; gez. L 14.

u) Selbstporträt; von M. Langus (1792–1855), Maler

31	40 (T) mehrfarbig .... u	1,—	1,—
	FDC		2,50

Auflage: 150 000 Stück

Satzpreise sind, wenn nicht anders angegeben, nach den niedrigsten Preisen eines Satzes ohne Abarten errechnet.

1992, 20. Nov. Weihnachten (I). Odr.; gez. L 14.

v) Krippenfiguren aus Ljubljana
w) Maria mit Kind; Glasfenster von Veselka Sorli-Puc in der Kirche St. Maria im Feld, Bovec

32	6 (T) mehrfarbig v	0,10	0,10
33	41 (T) mehrfarbig .... w	1,—	1,—
	Satzpreis (2 W.)	1,—	1,—
	FDC		2,50

Auflagen: MiNr. 32 = 400 000, MiNr. 33 = 200 000 Stück

In gleicher Zeichnung wie MiNr. 32: MiNr. 35

1992, 27. Nov. 100. Geburtstag von Herman Potočnik. Odr.; gez. L 14.

x) H. Potočnik (1892–1929), slowenisch-österreichischer Raumfahrtpionier; Erde, Entwurf einer bemannten Raumstation

34	46 (T) mehrfarbig x	1,—	1,—
	FDC		2,50

Auflage: 150 000 Stück

1992, 15. Dez. Weihnachten (II). Odr.; gez. L 14.

v) Krippenfiguren aus Ljubljana

35	7 (T) mehrfarbig v	0,50	0,50
	FDC		1,50

Auflage: 3 100 000 Stück

In gleicher Zeichnung: MiNr. 32

1993

1993, 22. Jan. 100. Geburtstag von Prežihov Voranc. Odr.; gez. K 14.

y) Illustration aus dem Buch „Solzice" von P. Voranc (1893–1950), Schriftsteller

36	7 (T) mehrfarbig .... y	0,50	0,50
	FDC		1,50

Auflage: 300 000 Stück

1993, 22. Jan. 50. Todestag von Rihard Jakopić. Odr.; gez. K 14.

z) Unter den Weißbirken; Gemälde von R. Jakopić (1869–1943), Maler

37	44 (T) mehrfarbig .... z	1,—	1,—
	FDC		1,50

Auflage: 200 000 Stück

Slowenien 1071

1993, 22. Jan. 100. Todestag von Jožef Stefan. Odr.; gez. K 14.

aa) J. Stefan (1835–1893), Physiker; Skulptur von A. Savinšek

38	51	(T)	mehrfarbig	aa	1,—	1,—
				FDC		1,50

Auflage: 200 000 Stück

1993, 18. Febr. Freimarken: Kulturelles Erbe. Odr.; gez. K 14

ab) Lebkuchen aus Škofja Loka
ac) Almhütte auf der Velika planina
ad) Zither
ae) Wohnhaus im Karst

39	1	(T)	mehrfarbig	ab	0,50	0,50
40	6	(T)	mehrfarbig	ac	0,50	0,50
41	7	(T)	mehrfarbig	ad	0,50	0,50
42	44	(T)	mehrfarbig	ae	1,—	1,—
			Satzpreis (4 W.)		2,50	2,50
			FDC			3,50

Gültig bis 31.12.1997

Weitere Werte siehe Übersicht nach Jahrgangswerttabelle.

1993, 27. Febr. 100 Jahre Slowenischer Alpenverein. Odr.; gez. K 14.

af) Die „Pfeifenmacher", Gründer des Alpenvereins; Julische Alpen

43	7	(T)	mehrfarbig	af	0,30	0,30
				FDC		1,—

Auflage: 500 000 Stück

1993, 27. Febr. 100. Geburtstag von Joža Čop (1893–1975), Alpinist und Bergretter. Odr.; gez. K 14.

ag) Triglav-Massiv mit Čop-Route über den Mittelpfeiler der Triglav-Nordwand

44	44	(T)	mehrfarbig	ag	0,70	0,70
				FDC		1,50

Auflage: 150 000 Stück

1993, 19. März. 75. Jahrestag der Gründung einer Postdirektion für den nördlichen Teil des Staates der Slowenen, Kroaten und Serben (Država SHS), Ljubljana. Odr.; gez. K 14.

ah) Marke Jugoslawien MiNr. 106

45	7	(T)	mehrfarbig	ah	0,20	0,20
				FDC		1,—

Auflage: 1 000 000 Stück

1993, 9. April. 500 Jahre Kollegiatskapitel von Novo Mesto. Odr.; gez. K 14.

ai) Vision des sel. Niccolo d'Albergati; Altargemälde von Tintoretto (1518–1594), italien. Maler
ak) Wappen des Kollegiatskapitels

46	7	(T)	mehrfarbig	ai	0,10	0,10
47	44	(T)	mehrfarbig	ak	1,—	1,—
			Satzpreis (2 W.)		1,—	1,—
			FDC			2,50

Auflagen: MiNr. 46 = 200 000, MiNr. 47 = 160 000 Stück

1993, 29. April. Europa: Zeitgenössische Kunst. Odr. (2×2 Zd); gez. K 14.

al) Die Tischrunde in Pompeji; Gemälde von Marij Pregelj (1913–1967)
am) Mädchen mit Spielzeug; Gemälde von Gabrijel Stupica (1913–1990)

48	44	(T)	mehrfarbig	al	2,—	2,—
49	159	(T)	mehrfarbig	am	5,—	5,—
			Satzpreis (Paar)		8,—	8,—
			FDC			10,—
			Kleinbogen		35,—	35,—

MiNr. 48–49 wurden schachbrettartig zusammenhängend gedruckt.
Auflage: 236 000 Sätze

1993, 7. Mai. Fossilien. Odr.; gez. K 13¾:14.

an) Schwagerina carniolica (Fundort: Teufelsschlucht bei Trzic)

50	44	(T)	mehrfarbig	an	1,—	1,—
				FDC		2,50

Auflage: 150 000 Stück

1993, 14. Mai. Freimarken: Kulturelles Erbe. Odr.; gez. K 14.

ao) Trstenke (Rohrflöte) ap) Doppel-Grasharfe ar) Tonbaß

as) Bauernhaus aus dem Prekmurje
at) Windbetriebene Pumpe in den Salinen von Sečovlje
au) Potica (Rollkuchen)

51	2	(T)	mehrfarbig .... ao	0,20	0,20
52	5	(T)	mehrfarbig .... ap	0,20	0,20
53	10	(T)	mehrfarbig .... ar	0,20	0,20
54	20	(T)	mehrfarbig .... as	0,20	0,20
55	50	(T)	mehrfarbig .... at	1,—	1,—
56	100	(T)	mehrfarbig .... au	2,—	2,—
			Satzpreis (6 W.)	3,50	3,50
			FDC		5,—

Gültig bis 31.12.1997

Weitere Werte siehe Übersicht nach Jahrgangswerttabelle.

1993, 21. Mai. 1. Jahrestag der Aufnahme Sloweniens in die UNO. Odr.; gez. K 13¾.

av) Situla aus Vače (6. Jh. v. Chr.); UNO-Emblem

57	62	(T)	mehrfarbig .... av	1,50	1,50
			FDC		2,50

Die Bogenränder der untersten Markenreihe sind mit einem Text in slowenischer Sprache oder einer der Amtssprachen der UNO versehen.
Auflage: 170 400 Stück

1993, 8. Juli. Mittelmeerspiele, Agde (Frankreich). Odr.; gez. K 13¾:14.

aw) Basketball, Hürdenlauf, Schwimmen

58	36	(T)	mehrfarbig .... aw	0,80	0,80
			FDC		1,45

Auflage: 250 000 Stück

1993, 22. Juni. 400. Jahrestag der Schlacht von Sisak. Odr.; gez. K 13¾.

ax) Die Schlacht bei Sisak; Kupferstich aus dem Buch von J. W. von Valvasor

59	49	(T)	mehrfarbig .... ax	1,50	1,50
			FDC		2,50

Auflage: 160 000 Stück

1993, 12. Juli. Höhlentiere. Odr.; gez. K 13¾.

ay) Höhlenigel (Monolistra spinosissima)

az) Höhlenkäfer (Aphaenopidius kamniknensis)
ba) Grottenolm (Proteus anguinus)
bb) Höhlenschnecke (Zospeum spelaeum)

60	7	(T)	mehrfarbig .... ay	0,20	0,20
61	40	(T)	mehrfarbig .... az	1,—	1,—
62	55	(T)	mehrfarbig .... ba	1,10	1,10
63	65	(T)	mehrfarbig .... bb	1,30	1,30
			Satzpreis (4 W.)	3,50	3,50
			FDC		4,—

Auflage: 160 000 Sätze

1993, 30. Juli. Europameisterschaften im Dressurreiten, Lipizza. Odr.; gez. K 13¾:14.

bc) Pferdemotiv von der Situla aus Vace (6. Jh. v. Chr.); Dressurviereck

64	65	(T)	mehrfarbig .... bc	1,50	1,50
			FDC		2,50

Auflage: 160 000 Stück

1993, 25. Aug. Freimarken: Kulturelles Erbe. Odr.; gez. K 14.

 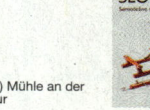

bd) Mühle an der Mur
be) Transportschlitten

65	8	(T)	mehrfarbig .... bd	0,20	0,20
66	9	(T)	mehrfarbig .... be	0,30	0,30
			Satzpreis (2 W.)	0,50	0,50
			FDC		1,—

Gültig bis 31.12.1997

Weitere Werte siehe Übersicht nach Jahrgangswerttabelle.

1993, 29. Okt. 300. Todestag von Johann Weikhard Freiherr von Valvasor (1641–1693), Polyhistor; 300 Jahre Academia operosorum Labacensium. Odr.; gez. K 13¾:14.

bf) Wappen der Familie Valvasor
bg) Wappen der Akademie

67	9	(T)	mehrfarbig .... bf	0,20	0,20
68	65	(T)	mehrfarbig .... bg	1,30	1,30
			Satzpreis (2 W.)	1,50	1,50
			FDC		2,50

Auflage: 150 000 Sätze

1993, 15. Nov. Weihnachten: 110. Geburtstag von Maksim Gaspari; 25 Jahre Erzbistum Ljubljana. Odr.; gez. K 13¾:14.

bh) Slowenische Familie an einer Weihnachtskrippe; Gemälde von M. Gaspari (1883–1980)
bi) Jože Pogačnik (1902–1980), Erzbischof und Dichter; Siegel

69	9	(T)	mehrfarbig .... bh	0,20	0,20
70	65	(T)	mehrfarbig .... bi	1,30	1,30
			Satzpreis (2 W.)	1,50	1,50
			FDC		2,50

Auflagen: MiNr. 69 = 3 000 000, MiNr. 70 = 750 000 Stück

1994

1994, 14. Jan. Bedeutende Persönlichkeiten: 150. Geburtstag von Josip Jurčič (1844–1881), Schriftsteller; 150. Geburtstag von Simon Gregorčič (1844–1906), Dichter; 150. Geburtstag von Stanislav Škrabec (1844–1918), Sprachforscher; 150. Todestag von Jernej Kopitar (1780–1844), Sprachforscher. Odr.; gez. K 13¾:14.

bk) Illustration aus der Erzählung „Landstreicher"
bl) Nachtigall, Brücke über den Isonzo (Soča)
bm) Arm hält Buch mit slowenischen Vokalen
bn) Titelseite des Buches „Grammatik der Slavischen Sprache in Krain, Kärnten und Steyermark"

71	8 (T)	mehrfarbig	bk	0,20	0,20
72	9 (T)	mehrfarbig	bl	0,20	0,20
73	55 (T)	mehrfarbig	bm	1,—	1,—
74	65 (T)	mehrfarbig	bn	1,20	1,20
		Satzpreis (4 W.)		2,50	2,50
		FDC			5,—

Auflage: 150 000 Sätze

1994, 25. Jan. Grußmarke. Odr.; gez. K 13¾:14.

bo) Lebkuchenherzen

| 75 | 9 (T) | mehrfarbig | bo | 0,20 | 0,20 |
| | | FDC | | | 1,— |

Auflage: 600 000 Stück

1994, 4. Febr. Olympische Winterspiele, Lillehammer. Odr. (1×3 Zd); gez. K 14.

bp) Skilanglauf
bq) Slalom

76	9 (T)	mehrfarbig	bp	0,20	0,20
77	65 (T)	mehrfarbig	bq	1,50	1,50
		Satzpreis (Paar)		2,—	2,—
		FDC			2,50
		Kleinbogen		6,—	6,—

Auflage: je 210 000 Stück

1994, 11. März. 60 Jahre Skiflug-Weltmeisterschaften, Planica. Odr. (4×1); gez. K 14:13¾.

br) Skisprungtechnik 1934 und 1994

78	70 (T)	mehrfarbig	bs	1,50	1,50
		FDC			2,50
		Kleinbogen I		6,—	6,—
		Kleinbogen II		6,—	6,—

Kleinbogen II trägt auf dem Rand unter jeder Marke die Beschriftung „203 m TONI NIEMINEN". Ersttag: 19.3.1994.

Auflage: 300 000 Stück

1994, 25. März. 850. Jahrestag der ersten urkundlichen Erwähnung der Stadt Ljubljana (Laibach). Odr.; gez. K 13¾:14.

bt) Inschrift „Laibach, Luwigana, Ljubljana"

| 79 | 9 (T) | mehrfarbig | bt | 0,20 | 0,20 |
| | | FDC | | | 1,50 |

Auflage: 250 000 Stück

1994, 22. April. Europa: Entdeckungen und Erfindungen. Odr. (2×2 Zd); gez. K 13¾:14.

bu) Janez Puhar; Fotografie auf Glasplatten
bv) Jurij Vega; Kurve der Funktion des natürlichen Logarithmus, Mond

80	70 (T)	mehrfarbig	bu	1,50	1,50
81	215 (T)	mehrfarbig	bv	5,—	5,—
		Satzpreis (Paar)		7,50	7,50
		FDC			9,—
		Kleinbogen		30,—	30,—

Auflage: 280 000 Sätze

1994, 20. Mai. Blockausgabe: Einheimische Flora. Odr.; gez. K 14.

bw) Primel (Primula carniolica)
bx) Hladnikia pastinacifolia
by) Seidelbast (Daphne blagayana)
bz) Glockenblume (Campanula zoysii)

ca

Slowenien

82	9	(T) mehrfarbig	bw	0,20	0,20
83	44	(T) mehrfarbig	bx	0,80	0,80
84	60	(T) mehrfarbig	by	1,10	1,10
85	70	(T) mehrfarbig	bz	1,30	1,30
Block 1	(136×115 mm)		ca	3,50	3,50
			FDC		4,50

Auflage: 300 000 Blocks

1994, 10. Juni. 100 Jahre Internationales Olympisches Komitee (IOC). Odr.; gez. K 13¾:14.

cb) Mondoberfläche, fünf Erdkugeln in den Farben der olympischen Ringe, Flaggen

86	100	(T) mehrfarbig	cb	2,—	2,—
			FDC		2,50

Auflage: 150 000 Stück

1994, 10. Juni. Fußball-Weltmeisterschaft, USA. Odr.; gez. K 14.

cc) Fußball, Luftpumpe, FIFA-Pokal

87	44	(T) mehrfarbig	cc	0,80	0,80
			FDC		1,50

Auflage: 150 000 Stück

1994, 1. Juli. Berge (I). Odr.; gez. L 14:14¼.

cd) Ojstrica (2350 m)

88	12	(T) mehrfarbig	cd	0,50	0,50
			FDC		1,—

Auflage: 300 000 Stück

1994, 8. Juli. Freimarken: Kulturelles Erbe. Odr. (10×5); gez. K 14.

ce) Heukorb aus dem Karstgebiet
cf) Tonpferdchen aus Ribnica

89	11	(T) mehrfarbig	ce	0,20	0,20
90	12	(T) mehrfarbig	cf	0,30	0,30
			Satzpreis (2 W.)	0,50	0,50
			FDC		1,—

Gültig bis 31.12.1997

Weitere Werte siehe Übersicht nach Jahrgangswerttabelle

1994, 22. Juli. 100. Jahrestag der Ausgabe des ersten slowenisch-deutschen Wörterbuches durch Maks Pleteršnik. Odr.; gez. K 14:13¾.

cg) M. Pleteršnik (1840–1932), Sprachwissenschaftler, mit Professoren des Realgymnasiums, Laibach; Auszug aus dem Wörterbuch

91	70	(T) mehrfarbig	cg	1,50	1,50
			FDC		2,50

Auflage: 150 000 Stück

1994, 1. Sept. 1600. Jahrestag der Schlacht am Frigido (Wippach) bei Ajdovščina. Odr. (5×5); gez. K 13¾:14.

ch) Krieger

92	60	(T) mehrfarbig	ch	1,50	1,50
			FDC		2,50

Auflage: 150 000 Stück

1994, 23. Sept. 100 Jahre erstes Postamt in Marburg/Drau (Maribor). Odr. (5×5); gez. K 13¾:14

ci) Postamt, Marburg/Drau (Maribor) (1894)

93	70	(T) mehrfarbig	ci	1,50	1,50
			FDC		2,50

Auflage: 150 000 Stück

1994, 24. Sept. 100 Jahre Eisenbahnlinie Ljubljana - Novo mesto. Odr. (5×5); gez. K 13¾:14

ck) Österreichische Dampflokomotive Nr. 5722 (1893)

94	70	(T) mehrfarbig	ck	1,50	1,50
			FDC		2,50

Auflage: 300 000 Stück

1994, 20. Okt. Kunst: 200 Jahre Philharmonische Gesellschaft. Odr. (5×5); gez. K 14.

cl) Gebäude der Slowenischen Philharmonie, Ljubljana
cm) Ehrenmitglieder Ludwig van Beethoven, Johannes Brahms, Antonín Dvořák, Joseph Haydn und Niccolò Paganini

95	12	(T) mehrfarbig	cl	0,20	0,20
96	70	(T) mehrfarbig	cm	1,30	1,30
			Satzpreis (2 W.)	1,50	1,50
			FDC		2,50

Auflage: 150 000 Sätze

MiNr. 1–102 gültig bis zum 31.12.1996

MiNr. 2–5, 8–17, 39–42, 51–56, 65–66, 89–90 und 97–98 waren bis zum 31.12.1997 frankaturgültig

1994, 7. Nov. Freimarken: Kulturelles Erbe. Odr.; gez. K 14.

cn) Strohgesteck co) Weinpresse

97	300	(T)	mehrfarbig .... cn	4,50	4,50
98	400	(T)	mehrfarbig .... co	6,50	6,50
			Satzpreis (2 W.)	11,—	11,—
			FDC		12,—

Gültig bis 31.12.1997

Weitere Werte siehe Übersicht nach Jahrgangswerttabelle.

1994, 18. Nov. Weihnachten; Internationales Jahr der Familie.
Odr., Bogen (5×5) und Markenheftchen (2×5); gez. K 14.

cp) Fenster, brennende Kerzen, Weihnachtsbaum
cr) Kinder mit Weihnachtsbaum; Zeichnung von F. Kralj

99	12	(T)	mehrfarbig .... cp	0,20	0,20
100	70	(T)	mehrfarbig .... cr	1,30	1,30
			Satzpreis (2 W.)	1,50	1,50
			FDC		2,—
			Markenheftchen mit 10 × MiNr. 99	5,—	
			Markenheftchen mit 10 × MiNr. 100	70,—	

Auflagen: MiNr. 99 = 3 000 000, MiNr. 100 = 500 000 Stück

1994, 18. Nov. 700 Jahre Wallfahrtsstätte Loreto (Italien). Odr.; gez. K 14.

cs) Maria mit Kind; Statue aus der Basilika von Loreto

101	70	(T)	mehrfarbig .... cs	1,50	1,50
			FDC		2,—

Auflage: 150 000 Stück

1994, 3. Dez. 75 Jahre Universität Ljubljana. Odr.; gez. K 14.

ct) Ivan Hribar, Mihajlo Rostohar und Danilo Majaron, Mitbegründer; Universitätsgebäude

102	70	(T)	mehrfarbig .... ct	1,50	1,50
			FDC		2,—

Auflage: 150 000 Stück

1995

1995, 27. Jan. Trennung der Unternehmensbereiche Post und Fermeldewesen. Odr.; gez. K 14.

cu) Postemblem

103	13	(T)	mehrfarbig .... cu	0,50	0,50
			FDC		1,—

1995, 7. Febr. 200. Todestag von Anton Tomaž Linhart. Odr.; gez. K 14.

cv) Personen des 18. Jahrhunderts; Handschrift und Signatur von A. T. Linhart (1756–1795), Schriftsteller

104	20	(T)	mehrfarbig cv	0,50	0,50
			FDC		1,50

Auflage: 150 000 Stück

1995, 7. Febr. 110. Geburtstag von Lili Novy. Odr.; gez. K 14.

cw) L. Novy (1885–1958), Dichterin

105	70	(T)	mehrfarbig .... cw	1,50	1,50
			FDC		2,—

Auflage: 150 000 Stück

1995, 7. Febr. 110. Geburtstag von Ivan Vurnik. Odr.; gez. K 14.

cx) Fassade (Detail) der Genossenschaftsbank, Ljubljana; von I. Vurnik (1884–1971), Architekt

106	70	(T)	mehrfarbig cx	1,50	1,50
			FDC		2,—

Auflage: 150 000 Stück

1995, 7. Febr. Grußmarke. Odr.; gez. K 14.

cy) Verliebte Katzen

107	20	(T)	mehrfarbig .... cy	0,50	0,50
			FDC		1,—

Auflage: 300 000 Stück

MICHEL ist das einzige Katalogwerk, welches die Briefmarken der ganzen Welt systematisch katalogisiert.

Slowenien

1995, 29. März. Fossilien. Odr.; gez. K 14.

cz) Karavankina schellwieni

108	70	(T)	mehrfarbig .... cz	1,50	1,50
			FDC		2,50

Auflage: 150 000 Stück

1995, 29. März. 50. Jahrestag der Beendigung des Zweiten Weltkrieges. Odr.; gez. K 14.

da) Die Blumen; Graphik von Rudi Španzel

109	13	(T)	mehrfarbig .... da	0,30	0,30
			FDC		1,—

Auflage: 300 000 Stück

1995, 29. März. Europa: Frieden und Freiheit. Odr. (2 × 2 Zd); gez. K 14.

db) Der Tod und die Braut
dc) Göttin Nike

db–dc) Graphiken von Rudi Španzel

110	60	(T)	mehrfarbig .... db	2,—	2,—
111	70	(T)	mehrfarbig .... dc	2,—	2,—
			Satzpreis (Paar)	4,—	4,—
			FDC		5,—
			Kleinbogen	16,—	16,—

Auflage: je 480 000 Stück

1995, 29. März. Europäisches Naturschutzjahr. Odr.; gez. K 14.

dd) Alpenschwertlilie (Iris cengialti); Berg Mežaklja und Savetal im Nationalpark Triglav; Alpenmohn (Papaver ernesti-mayeri)

112	70	(T)	mehrfarbig .... dd	1,50	1,50
			FDC		2,50

Auflage: 150 000 Stück

1995, 8. Juni. Gefährdete einheimische Vögel. Odr.; gez. K 13¾.

dh) Kappenammer (Emberiza melanocephala)
dg) Schwarzstirnwürger (Lanius minor)
df) Blauracke (Coracias garrulus)
de) Rötelfalke (Falco naumanni)

113	13	(T)	mehrfarbig .... de	0,20	0,20
114	60	(T)	mehrfarbig .... df	1,—	1,—
115	70	(T)	mehrfarbig .... dg	1,20	1,20
116	215	(T)	mehrfarbig .... dh	3,60	3,60
			Satzpreis (4 W.)	6,—	6,—
			Viererblock	6,—	6,—
			FDC		8,—

Auflage: je 300 000 Stück

1995, 8. Juni. 125 Jahre Eisenbahnlinie Ljubljana-Jesenice. Odr.; gez. K 14.

di) Dampflokomotive KRB 37 Podnart (1870)

117	70	(T)	mehrfarbig .... di	1,50	1,50
			FDC		2,50

Auflage: 300 000 Stück

1995, 8. Juni. 100 Jahre Schutzhütte des Pfarrers Jakob Aljaž auf dem Gipfel des Triglav. Komb. Odr. und Reliefdr.; gez. K 14.

dk) Berghütte, Berg Triglav

118	100	(T)	mehrfarbig .... dk	1,50	1,50
			FDC		2,50

Auflage: 150 000 Stück

1995, 8. Juni. 500 Jahre Stadt Radovljica. Odr.; gez. K 14.

dl) Stadtansicht, Stadtsiegel

119	44	(T)	mehrfarbig .... dl	0,80	0,80
			FDC		2,—

Auflage: 150 000 Stück

1995, 26. Sept. Pfadfinder. Odr.; gez. K 14.

dm) Pfadfinder am Lagerfeuer

120	70	(T)	mehrfarbig .... dm	1,50	1,50
			FDC		2,—

Auflage: 200 000 Stück

1995, 26. Sept. 100. Geburtstag von France Kralj. Odr. (3 × 4 Zd); gez. K 14.

dn) Der Tod des Genies
do) Die Pferdefamilie

dn–do) Gemälde von F. Kralj (1895–1960)

121	60	(T)	mehrfarbig .... dn	1,—	1,—
122	70	(T)	mehrfarbig .... do	1,—	1,—
			Satzpreis (Paar)	2,50	2,50
			FDC		3,—

Auflage: je 150 000 Stück

Slowenien

1995, 26. Sept. 50. Jahre Welternährungsorganisation (FAO); 50 Jahre Vereinte Nationen (UNO). Odr., Bogen (5×5) und Kleinbogen (1×2 Zd); gez. K 14.

dp) Nahrungsmittel, Porträts
dr) Handschlag zwischen den Rassen, Porträts

123	70	(T)	mehrfarbig ....dp	1,—	1,—
124	70	(T)	mehrfarbig ....dr	1,—	1,—
			Satzpreis (Paar)	2,50	2,50
			FDC		4,50
			Kleinbogen	5,—	5,—

MiNr. 123–124 wurden sowohl jeweils einzeln im Bogen als auch schachbrettartig zusammenhängend im Kleinbogen gedruckt.

Auflage: je 350 000 Stück

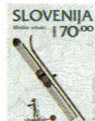

ds) Skier

125	70	(T)	mehrfarbig ....ds	1,—	1,—
			FDC		2,50

Weitere Werte siehe Übersicht nach Jahrgangswerttabelle.

1995, 16. Nov. Weihnachten: Gemälde. Odr., Bogen (5×5) und Markenheftchen (5×2); gez. K 14.

dt) Der Winter; von Marlenka Stupica
du) Gnadenbild Maria hilft; von Leopold Layer (1753–1828)

126	13	(T)	mehrfarbig ....dt	0,20	0,20
127	70	(T)	mehrfarbig ....du	1,30	1,30
			Satzpreis (2 W.)	1,50	1,50
			FDC		2,—
			Markenheftchen mit 10 × MiNr. 126	3,—	
			Markenheftchen mit 10 × MiNr. 127	15,—	

MiNr. 126–127 □ ohne Beschriftung lagen einen von der Post 1995 herausgegebenen Katalog bei. Diese Drucke waren nicht frankaturgültig.

Auflagen: MiNr. 126 = 3 500 000, MiNr. 127 = 3 300 000 Stück

1996

1996, 31. Jan. Gregorstag. Odr. (5×5); gez. K 14.

dv) Wenn Vögel Hochzeit halten; Zeichnung von Karmen Podgornik (12 J.)

128	13	(T)	mehrfarbig ....dv	0,50	0,50
			FDC		1,—

Auflage: 300 000 Stück

1996, 31. Jan. Traditionelle Faschingskostüme (I). Odr. (4×4); gez. K 13¾.

dw) Maske „Korant" in Ptujsko polje (Pettauer Feld)
dx) Maske „Korant" in Dravsko polje (Draufeld)

129	13	(T)	mehrfarbig ....dw	0,20	0,20
130	70	(T)	mehrfarbig ....dx	1,30	1,30
			Satzpreis (2 W.)	1,50	1,50
			FDC		2,50

Auflage: je 300 000 Stück

1996, 31. Jan. Weltweiter Naturschutz: Europäische Sumpfschildkröte. Odr. (4×4); gez. K 14.

dy

dz   ea   eb

dy–eb) Europäische Sumpfschildkröte (Emys orbicularis)

131	13	(T)	mehrfarbig ....dy	0,30	0,30
132	50	(T)	mehrfarbig ....dz	0,70	0,70
133	60	(T)	mehrfarbig ....ea	1,—	1,—
134	70	(T)	mehrfarbig ....eb	1,20	1,20
			Satzpreis (4 W.)	3,—	3,—
			Viererstreifen	3,50	3,50
			FDC		4,—

MiNr. 131–134 wurden zusammenhängend gedruckt, so daß sich sowohl waagerechte als auch senkrechte Viererstreifen heraustrennen lassen.

Auflage: je 600 000 Stück

1996, 31. Jan. 150 Jahre Eisenbahn in Slowenien. Odr.; gez. K 14.

ec) Lokomotive Nr. 32 „Aussee" (1845)

135	70	(T)	mehrfarbig ....ec	1,20	1,20
			FDC		1,80

Auflage: 300 000 Stück

1996, 22. März. Freimarken: Kulturelles Erbe (Format 26,5×34 mm). Odr.; gez. K 14.

ed) Bemalte Ostereier aus der Bela Krajina
ee) Glaskugellampe der Schuster aus Trčić
ef) Schmiedeeisernes Fenstergitter

Slowenien

136	55	(T) mehrfarbig	.... ed	0,70	0,70
137	65	(T) mehrfarbig	.... ee	0,90	0,90
138	75	(T) mehrfarbig	.... ef	1,—	1,—
		Satzpreis (3 W.)		2,50	2,50
		FDC			3,50

Weitere Werte siehe Übersicht nach Jahrgangswerttabelle.

1996, 18. April. Bedeutende Persönlichkeiten. Odr.; gez. K 14.

eg) Fran Saleški Finžgar (1871–1962), Geistlicher und Schriftsteller

eh) Ita Rina (1907–1979), Schauspielerin

139	13	(T) mehrfarbig	.... eg	0,30	0,30
140	100	(T) mehrfarbig	.... eh	1,70	1,70
		Satzpreis (2 W.)		2,—	2,—
		FDC			2,50

Auflage: je 150 000 Stück

1996, 18. April. 50 Jahre Kinderhilfswerk der Vereinten Nationen (UNICEF). Odr.; gez. K 14.

ei) Kind füttert Vögel, Kinder verschiedener Völker

141	65	(T) mehrfarbig	.... ei	1,—	1,—
		FDC			2,50

Auflage: 150 000 Stück

1996, 18. April. Europa: Berühmte Frauen. Odr. (2×2 Zd); gez. K 14.

ek) Kinder im Gras
el) Blumenstrauß aus Dahlien

ek–el) Gemälde von Ivana Kobilca (1861–1926), Malerin

142	65	(T) mehrfarbig	.... ek	2,—	2,—
143	75	(T) mehrfarbig	.... el	2,—	2,—
		Satzpreis (Paar)		4,—	4,—
		FDC			5,—
		Kleinbogen		16,—	16,—

MiNr. 142–143 wurden schachbrettartig zusammenhängend gedruckt.
Auflage: je 400 000 Stück

1996, 18. April. Besuch von Papst Johannes Paul II. in Slowenien. Odr.; gez. K 14.

em) Papst Johannes Paul II. (1920–2005, reg. ab 1978)

144	75	(T) mehrfarbig	.... em	1,20	1,20
		FDC			2,50

Blockausgabe

145	200	(T) mehrfarbig	.... em	2,50	2,50
Block 2	(60×90 mm)		.... en	3,—	3,—
		FDC			4,—

Auflagen: MiNr. 144 = 300 000 Stück, Bl. 2 = 500 000 Blocks

1996, 6. Juni. 700. Jahrestag der ersten urkundlichen Erwähnung der Stadt Zagorje ob Savi (Sagor). Odr.; gez. K 14.

eo) Schloß Gallenberg

146	24	(T) mehrfarbig	.... eo	0,50	0,50
		FDC			1,—

Auflage: 150 000 Stück

1996, 6. Juni. Radweltmeisterschaften der Jugend, Novo mesto. Odr.; gez. K 14.

ep) Stilisierte Radrennfahrer

147	55	(T) mehrfarbig	.... ep	0,80	0,80
		FDC			1,50

Auflage: 150 000 Stück

1996, 6. Juni. 5 Jahre Unabhängigkeit Sloweniens. Odr.; gez. K 14.

er) Sternenhimmel über Gebirgsstock

148	75	(T) mehrfarbig	.... er	1,50	1,50
		FDC			2,50

Auflage: 150 000 Stück

1996, 6. Juni. Blockausgabe: Einheimische Pflanzen – Pilze. Odr.; gez. Ks 14.

es) Pfifferling (Cantharellus cibarius)
et) Steinpilz (Boletus edulis)

149	65	(T) mehrfarbig	.... es	1,—	1,—
150	75	(T) mehrfarbig	.... et	1,50	1,50
Block 3	(114×80 mm)		.... eu	3,50	3,50
		FDC			4,—

Auflage: 200 000 Blocks

Slowenien

1996, 6. Juni. 100 Jahre Olympische Spiele der Neuzeit; Olympische Sommerspiele, Atlanta. Odr. (3×3); gez. K 14.

ev) Rudern, Kanu
Zierfeld
ew) Hochsprung, Hürdenlauf

MiNr	Wert		Farbe		Abb.	Preis 1	Preis 2
151	75	(T)	mehrfarbig	....	ev	1,20	1,20
152	100	(T)	mehrfarbig	....	ew	1,80	1,80
			Satzpreis (Dreierstreifen)			3,50	3,50
			FDC				4,50
			Kleinbogen I			12,—	12,—
			Kleinbogen II			11,—	11,—

MiNr. 151–152 wurden zusammenhängend im Kleinbogen zu je 3 Marken und 3 verschiedenen Zierfeldern gedruckt. Es lassen sich sowohl waagerechte Dreierstreifen (mit dazwischenliegendem Zierfeld), als auch senkrechte Paare heraustrennen.
Der Kleinbogen wurde in der 1. Auflage (I), Ersttag 6. Juni, mit falscher Staatsflagge (weiß/rot/blau), in der 2. Auflage (II), Ersttag 4. Juli, mit richtiger Staatsflagge (weiß/blau/rot) am unteren Rand bedruckt.

Auflage: je 525 000 Stück

1996, 21. Juni/1997. Freimarken: Spitzen aus Idria. Odr. (5×5 Zd), x = normales Papier, y = Papier mit fluoreszierendem Aufdruck; gez. K 13¾.

ex–fi) Darstellung verschiedener handgeklöppelter Spitzendeckchen und -borten aus Idria

	Aufdruck I (1996)	Aufdruck II (1996)	Aufdruck III (1997)	Aufdruck IV (1997)
153	1 (T) dunkelolivbraun .... ex			
x	normales Papier (1997)	0,50	0,50	
y I	mit fluor. Aufdr. I (1996)	0,50	0,50	
y III	mit fluor. Aufdr. III (1997)	22,—	22,—	
154	1 (T) dunkelolivbraun .... ey			
x	normales Papier (1997)	0,50	0,50	
y II	mit fluor. Aufdr. II (1996)	0,50	0,50	
y IV	mit fluor. Aufdr. IV (1997)	22,—	22,—	
155	2 (T) dunkelkarminrot .... ez			
x	normales Papier (1997)	0,50	0,50	
y I	mit fluor. Aufdr. I (1996)	0,50	0,50	
y III	mit fluor. Aufdr. III (1997)	22,—	22,—	
156	2 (T) dunkelkarminrot .... fa			
x	normales Papier (1997)	0,50	0,50	
y II	mit fluor. Aufdr. II (1996)	0,50	0,50	
y IV	mit fluor. Aufdr. IV (1997)	22,—	22,—	
157	5 (T) dunkelultramarin .... fb			
x	normales Papier (1997)	0,50	0,50	
y I	mit fluor. Aufdr. I (1996)	0,50	0,50	
y III	mit fluor. Aufdr. III (1997)	0,50	0,50	
158	5 (T) dunkelultramarin .... fc			
x	normales Papier (1997)	0,50	0,50	
y II	mit fluor. Aufdr. II (1996)	0,50	0,50	
y IV	mit fluor. Aufdr. IV (1997)	0,50	0,50	
159	12 (T) dunkelgelbsmaragdgrün ... fd			
x	normales Papier (1997)	0,50	0,50	
y I	mit fluor. Aufdr. I (1996)	0,50	0,50	
y III	mit fluor. Aufdr. III (1997)	22,—	22,—	
160	12 (T) dunkelgelbsmaragdgrün ... fe			
x	normales Papier (1997)	0,50	0,50	
y II	mit fluor. Aufdr. II (1996)	0,50	0,50	
y IV	mit fluor. Aufdr. IV (1997)	22,—	22,—	
161	13 (T) dunkelrosa .... ff			
x	normales Papier (1997)	0,50	0,50	
y I	mit fluor. Aufdr. I (1996)	0,50	0,50	
y III	mit fluor. Aufdr. III (1997)	22,—	22,—	
162	13 (T) dunkelrosa .... fg			
x	normales Papier (1997)	0,50	0,50	
y II	mit fluor. Aufdr. II (1996)	0,50	0,50	
y IV	mit fluor. Aufdr. IV (1997)	22,—	22,—	
163	50 (T) dunkellilapurpur .... fh			
x	normales Papier (1997)	0,50	0,50	
y I	mit fluor. Aufdr. I (1996)	0,50	0,50	
164	50 (T) dunkellilapurpur .... fi			
x	normales Papier (1997)	0,50	0,50	
y II	mit fluor. Aufdr. II (1996)	0,50	0,50	
	Satzpreis x (6 Paare)	6,—	6,—	
	2 FDC (x)		8,—	
	Satzpreis y I/II (6 Paare)	6,—	6,—	
	Satzpreis y III/IV (5 Paare)	140,—	140,—	

Nominalgleiche Marken wurden waagerecht zusammenhängend gedruckt.

Weitere Werte: MiNr. 196–203

1996, 6. Sept. 130. Todestag von Jožef Tominc. Odr. (4×4); gez. K 14.

fk) Bildnis der Familie Muscon; Gemälde von Jožef Tominc (1790–1866)

165	65 (T) mehrfarbig .... fk	1,—	1,—
	FDC		2,—

Auflage: 120 000 Stück

1996, 6. Sept. Tourismus: Die Höhlen von Škocjan (St. Kanzian). Odr. (5×5); gez. K 14.

fl) Höhle mit Sinterbecken

166	55 (T) mehrfarbig .... fl	1,—	1,—
	FDC		1,50

Auflage: 200 000 Stück

1996, 6. Sept. 250 Jahre Gymnasium von Novo mesto. Odr. (5×5); gez. K 14.

fm) Schwungrad in kardanischer Aufhängung

167	55 (T) mehrfarbig .... fm	1,—	1,—
	FDC		1,50

Auflage: 120 000 Stück

Slowenien

1996, 6. Sept. 100 Jahre moderne Kardiologie. Odr. (5×5); gez. K 14.

fn) Herz

168	12 (T) mehrfarbig	fn	0,50	0,50
		FDC		1,—

Auflage: 500 000 Stück

1996, 18. Okt. 100 Jahre Post- und Telegrafenamt, Ljubljana. Odr. (5×5); gez. K 14.

fo) Kuppel des Postgebäudes, Brieftauben

169	100 (T) mehrfarbig	fo	1,50	1,50
		FDC		2,—

Auflage: 120 000 Stück

1996, 20. Okt. Inbetriebnahme der automatischen Briefsortieranlage (ABSA). Odr. (5×5); gez. K 14.

fp) Symbolische Darstellung der automatischen Briefsortierung, Brieftauben

170	12 (T) mehrfarbig	fp	0,50	0,50
		FDC		1,—

Auflage: 1 000 000 Stück

1996, 20. Nov. Weihnachten. Odr., Bogen (5×5) und Markenheftchen (5×2); gez. K 14.

fr) Kinder beim Schlittenfahren

fs) Anbetung der Hl. Drei Könige; Bühnenkrippe (1875) von Štefan Šubic in der Pfarrkirche von Železniki

171	12 (T) mehrfarbig	fr	0,20	0,20
172	65 (T) mehrfarbig	fs	1,—	1,—
	Satzpreis (2 W.)		1,20	1,20
		FDC		2,—
	Markenheftchen mit 10× MiNr. 171		4,—	
	Markenheftchen mit 10× MiNr. 173		16,—	

Auflagen: MiNr. 171 = 4 000 000, MiNr. 172 = 500 000 Stück

Blockabbildungen

sind aus technischen Gründen nicht immer maßstabsgetreu wiedergegeben. Da jedoch bei Blocks ausnahmslos Größenangaben gemacht werden, ist die Originalgröße erkennbar.

1997

1997, 21. Jan. Traditionelle Faschingskostüme (II). Odr. (4×4); gez. K 13¾.

ft) Maske „Pust (Fasching)"

fu) Maske „Ta Terjast"

ft–fu) Figuren der „Läufer von Cerkno"

173	20 (T) mehrfarbig	ft	0,30	0,30
174	80 (T) mehrfarbig	fu	1,20	1,20
	Satzpreis (2 W.)		1,50	1,50
		FDC		2,—

Auflage: 150 000 Sätze

1997, 21. Jan. Berge (II). Odr. (5×5); gez. K 14.

fv) Snežnik (Schneeberg) (1796 m)

175	20 (T) mehrfarbig	fv	0,80	0,80
		FDC		1,50

Auflage: 500 000 Stück

1997, 21. Jan. Grußmarke. Odr. (5×5); gez. K 14.

fw) Eroten

176	15 (T) mehrfarbig	fw	0,30	0,30
		FDC		1,—

Auflage: 300 000 Stück

1997, 20. März. Freimarke: Kulturelles Erbe. Odr. (10×5); gez. K 14.

fx) Palmbuschen aus Ljubljana

177	80 (T) mehrfarbig	fx	1,—	1,—
		FDC		2,—

Weitere Werte siehe Übersicht nach Jahrgangswerttabelle

1997, 27. März. Bedrohte einheimische Süßwasserfische. Odr. (5×5); gez. K 14.

fy) Isonzo-Forelle (Salmo marmoratus)

Slowenien 1081

fz) Streber (Zingel streber) ga) Zährte (Vimba vimba carinata) gb) Großer Hundsfisch (Umbra krameri)

178	12 (T)	mehrfarbig	fy	0,30	0,30
179	13 (T)	mehrfarbig	fz	0,50	0,50
180	80 (T)	mehrfarbig	ga	1,20	1,20
181	90 (T)	mehrfarbig	gb	1,50	1,50
			Satzpreis (4 W.)	3,50	3,50
			FDC		4,50

Blockausgabe

gc) Isonzo-Forelle   gd) Streber
ge) Zährte   gf) Großer Hundsfisch

182	12 (T)	mehrfarbig	gc	0,30	0,30
183	13 (T)	mehrfarbig	gd	0,50	0,50
184	80 (T)	mehrfarbig	ge	1,20	1,20
185	90 (T)	mehrfarbig	gf	1,50	1,50
Block 4	(113 × 79 mm)		gg	3,50	3,50
			FDC		4,—

Auflagen: MiNr. 178–181 = 150 000 Sätze, Bl. 4 = 80 000 Blocks

1997, 27. März. Europa: Sagen und Legenden. Odr. (5×2); gez. K 14.

gh) Das Goldhorn (Volksmärchen)

186	80 (T)	mehrfarbig	gh	3,50	3,50
			FDC		4,—
			Kleinbogen	35,—	35,—

Auflage: 400 000 Stück

1997, 27. März. Mineralien (I). Odr. (5×5); gez. K 14.

gi) Wulfenit aus dem Mežica-Tal

| 187 | 80 (T) | mehrfarbig | gi | 1,30 | 1,30 |
| | | | FDC | | 2,50 |

Auflage: 150 000 Stück

1997, 30. Mai. 140 Jahre Eisenbahnlinie Ljubljana – Triest. Odr. (5×5); gez. K 14.

gk) Dampflokomotive SŽ 03-002 (1914)

| 188 | 80 (T) | mehrfarbig | gk | 1,30 | 1,30 |
| | | | FDC | | 2,50 |

Auflage: 300 000 Stück

1997, 30. Mai. Feuerwehr. Odr. (5×5); gez. K 14.

gl) Feuerwehrhelm, Hahn

| 189 | 70 (T) | mehrfarbig | gl | 1,— | 1,— |
| | | | FDC | | 2,— |

Auflage: 150 000 Stück

1997, 30. Mai. Bedeutende Persönlichkeiten. Odr. (5×5); gez. K 14.

gm) Matija Čop (1797-1835), Literaturwissenschaftler   gn) Baron Žiga Zois (1747-1819), Ökonom und Naturwissenschaftler   go) Bischof Friderik Irenej Baraga (1797 bis 1868(, Missionar und Sprachwissenschaftler

190	13 (T)	mehrfarbig	gm	0,20	0,20
191	24 (T)	mehrfarbig	gn	0,30	0,30
192	80 (T)	mehrfarbig	go	1,—	1,—
			Satzpreis (3 W.)	1,50	1,50
			FDC		2,—

Auflagen: MiNr. 190–191 je 120 000 Stück, MiNr. 192 = 150 000 Stück

1997, 30. Mai. Freimarke: Kulturelles Erbe (Format 26,5 × 34 mm). Odr. (10×5); gez. K 14.

gp) Krainer Bienenhaus

| 193 | 90 (T) | mehrfarbig | gp | 1,30 | 1,30 |
| | | | FDC | | 2,50 |

Weitere Werte siehe Übersicht nach Jahrgangswerttabelle.

MICHELsoft
die spezielle
Sammler-Software

1997, 6. Juni. Blockausgabe: Treffen von Staatspräsidenten aus mitteleuropäischen Ländern, Piran. Odr.; gez. Ks 14.

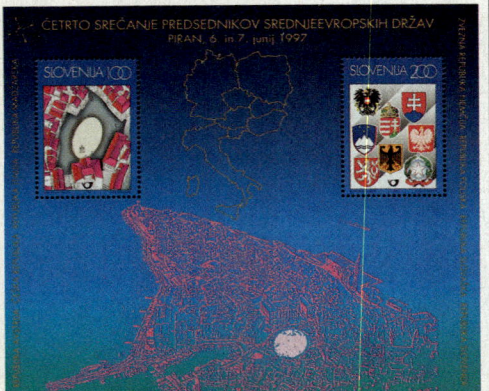

gr) Tartini-Platz in Piran
gs) Wappen der teilnehmenden Staaten
gt

194	100 (T) mehrfarbig . . . . gr	1,—	1,—
195	200 (T) mehrfarbig . . . . gs	2,—	2,—
Block 5 (135×115 mm) . . . . gt		4,50	4,50
	FDC		5,—

Auflage: 80 000 Blocks

1997, 20. Juni. Freimarken: Spitzen aus Idria. Odr. (5×5 Zd); gez. K 13¾.

gu–hb) Darstellung verschiedener handgeklöppelter Spitzendeckchen und -borten aus Idria

196	10 (T) purpur . . . . gu	0,20	0,20
197	10 (T) purpur . . . . gv	0,20	0,20
198	20 (T) dunkelbläulichviolett . . . . gw	0,30	0,30
199	20 (T) dunkelbläulichviolett . . . . gx	0,30	0,30
200	44 (T) lebhaftcyanblau . . . . gy	0,70	0,70
201	44 (T) lebhaftcyanblau . . . . gz	0,70	0,70
202	100 (T) dunkelviolettbraun . . . . ha	1,30	1,30
203	100 (T) dunkelviolettbraun . . . . hb	1,30	1,30
	Satzpreis (4 Paare)	5,—	5,—
	FDC		6,—

Nominalgleiche Marken wurden waagerecht zusammenhängend gedruckt.

Weitere Werte: MiNr. 153–164

Der heiße Draht zu MICHEL
(0 89) 3 23 93-2 24

1997, 8. Aug. Freimarken: Kulturelles Erbe. Odr. (10×5); gez. K 14.

hc) Klopotetz (windgetriebene Klapper als Vogelscheuche) aus Prlekija
hd) Weinkrug in Form eines Hahnes aus Sentjernej

204	13 (T) mehrfarbig . . . . hc	0,20	0,20
205	14 (T) mehrfarbig . . . . hd	0,30	0,30
	Satzpreis (2 W.)	0,50	0,50
	FDC		1,—

Weitere Werte siehe Übersicht nach Jahrgangswerttabelle.

1997, 9. Sept. Woche des Kindes: Das Kind und die Natur. Odr. (5×5); gez. K 14.

he) Mädchen geht mit Hund spazieren (nach Kinderzeichnungen)

206	14 (T) mehrfarbig . . . . he	0,50	0,50
	FDC		1,—

Auflage: 150 000 Stück

1997, 9. Sept. 50. Jahrestag der Eingliederung Istriens und des Slowenischen Küstenlandes nach Jugoslawien. Odr. (5×5); gez. K 14.

hf) Marke Jugoslawien-Ausgaben für Istrien und das Slowenische Küstenland MiNr. 50, Rose, Anker

207	50 (T) mehrfarbig . . . . hf	0,80	0,80
	FDC		1,50

Auflage: 120 000 Stück

1997, 9. Sept. 100. Geburtstag von France Gorše. Odr. (1×8 Zd); gez. K 13¾.

hh) Die Bäuerin
hg) Der schüchterne Amor

hg–hh) Skulpturen von F. Gorše (1897–1986), Bildhauer

208	70 (T) mehrfarbig . . . . hg	0,90	0,90
209	80 (T) mehrfarbig . . . . hh	1,—	1,—
	Satzpreis (Paar)	2,—	2,—
	FDC		2,50

MiNr. 208–209 wurden schachbrettartig zusammenhängend gedruckt.

Auflage: je 120 000 Stück

1997, 9. Sept. Judo-Europameisterschaft der Jugend, Ljubljana. Odr. (5×5); gez. K 14.

hi) Judokampf

210	90 (T) mehrfarbig . . . . hi	1,50	1,50
	FDC		2,50

Auflage: 120 000 Stück

1997, 18. Nov. Weihnachten und Neujahr. Odr., Bogen (5×5) und Markenheftchen; gez. K 14.

hk) Kinder blicken auf Vögel, die sich vor ihrem Fenster aufhalten

hl) Weihnachtskrippe von Liza Hribar (1913-1996) in der Muttergotteskirche, Kropa

211	14 (T) mehrfarbig	hk	0,20	0,20
212	90 (T) mehrfarbig	hl	1,30	1,30
		Satzpreis (2 W.)	1,50	1,50
		FDC		2,50

MiNr. 211–212 wurden auch zusammenhängend im Markenheftchen (MH 1) ausgegeben.

Auflagen: MiNr. 211 = 4 500 000, MiNr. 212 = 600 000 Stück

1997, 18. Nov. Alpines Weltcup-Skirennen um die Goldene Füchsin, Marburg/Drau (Maribor). Odr. (5×5); gez. K 14.

hm) Riesenslalom, Goldene Füchsin, Kristallpokal

213	90 (T) mehrfarbig	hm	1,50	1,50
		FDC		2,50

Auflage: 120 000 Stück

1997, 28. Nov. Eröffnung des neuem Postzentrums, Ljubljana. Odr. (5×5); gez. K 14.

hn) Neues Postzentrum, Brieftaube

214	30 (T) mehrfarbig	hn	0,50	0,50
		FDC		1,10

Auflage: 150 000 Stück

1998

1998, 22. Jan. Traditionelle Faschingskostüme (III). Odr. (1×8 Zd); gez. K 13¾.

ho–hp) Borovo Gostüvanje (Kiefernhochzeit) in Prekmurje

215	20 (T) mehrfarbig	ho	0,30	0,30
216	80 (T) mehrfarbig	hp	1,—	1,—
		Satzpreis (Paar)	1,50	1,50
		FDC		2,—

Auflage: je 150 000 Stück

1998, 22. Jan. Olympische Winterspiele, Nagano. Odr. (3×3); gez. K 14.

hr) Eiskunstlauf

hs) Biathlon

217	70 (T) mehrfarbig	hr	1,—	1,—
218	90 (T) mehrfarbig	hs	1,—	1,—
		Satzpreis (2 W.)	2,—	2,—
		senkr. Dreierstreifen	2,50	2,50
		FDC		3,—
		Kleinbogen	7,50	7,50

MiNr. 217–218 wurden zusammenhängend im Kleinbogen zu je 3 Marken und 3 verschiedenen Zierfeldern gedruckt.

Auflage: je 225 000 Stück

1998, 22. Jan. 35 Jahre Internationale Konvention der EUROCONTROL über die Zusammenarbeit auf dem Gebiet der Luftfahrt-Sicherheit. Odr. (5×5); gez. K 14.

ht) Passagierflugzeug Boeing 737-300, Flugleitstelle, Emblem der EUROCONTROL

219	90 (T) mehrfarbig	ht	1,50	1,50
		FDC		2,50

Auflage: 100 000 Stück

1998, 25. März. Comicfiguren. Odr. (5×5); gez. K 14.

hu) Wolf Lakotnik

hv) Schildkröte Trdonja

hw) Fuchs Zvitorepec

hu–hw) Comicfiguren von Miki Muster, Bildhauer, Illustrator, Karikaturist und Schriftsteller

220	14 (T) mehrfarbig	hu	0,30	0,30
221 I	105 (T) mehrfarbig, Type I	hv	1,20	1,20
222	118 (T) mehrfarbig	hw	1,50	1,50
		Satzpreis (3 W.)	3,—	3,—
		FDC		3,50

Blockausgabe mit je 2 × MiNr. 220, 221 II und 222

221 II	105 (T) mehrfarbig, Type II	hv I	1,20	1,20
Block 6	(171 × 100 mm)	hx	6,—	6,—
		FDC		6,50

Bei MiNr. 221 I beträgt der Abstand zwischen „A" von „SLOVENIJA" und Posthorn 1,5 mm, bei MiNr. 221 II 3 mm.

Auflagen: MiNr. 220 = 500 000, MiNr. 221 I = 300 000 Stück, MiNr. 222 = 100 000 Stück, Bl. 6 = 75 000 Blocks

Bei Anfragen bitte Rückporto nicht vergessen!

Slowenien

1998, 25. März. Bedeutende Persönlichkeiten: 100. Geburtstag von Louis Adamič; 300. Geburtstag von Francesco Robba. Odr. (5×5); gez. K 14.

hy) L. Adamič (1898–1951), Schrftsteller, Redakteur und Übersetzer

hz) F. Robba (1698–1757), Bildhauer; Kopf Abrahams, Altarfigur im Zagreber Dom (1756)

223	26	(T)	mehrfarbig	hy	0,40	0,40
224	90	(T)	mehrfarbig	hz	1,10	1,10
			Satzpreis (2 W.)		1,50	1,50
			2 FDC			2,50

Auflagen: MiNr. 223 = 150 000, MiNr. 224 = 100 000 Stück

1998, 25. März. Europa: Nationale Feste und Feiertage. Odr. (3×3); gez. K 14.

ia) Jurjevanje (Georgsfest) in Bela Krajina

225	90	(T)	mehrfarbig	ia	3,50	3,50
			FDC			4,50
			Kleinbogen		28,—	28,—

MiNr. 225 wurde im Kleinbogen zu 8 Marken und 1 Zierfeld gedruckt.
Auflage: 320 000 Stück

1998, 10. Juni. Berge (III). Odr. (5×5); gez. K 14.

ib) Boč (978 m)

226	14	(T)	mehrfarbig	ib	0,50	0,50
			FDC			1,—

Auflage: 300 000 Stück

1998, 10. Juni. Blockausgabe: Einheimische Pflanzen – Nadelbäume. Odr.; gez. Ks 14.

ic) Gemeiner Wacholder (Juniperus communis)
ie) Schwarzkiefer (Pinus nigra)
id) Gemeine Fichte (Picea abies)
if) Europäische Lärche (Larix decidua)

227	14	(T)	mehrfarbig	ic	0,50	0,50
228	15	(T)	mehrfarbig	id	0,50	0,50
229	80	(T)	mehrfarbig	ie	1,—	1,—
230	90	(T)	mehrfarbig	if	1,50	1,50
Block 7	(134×114 mm)			ig	3,50	3,50
			FDC			4,50

Auflage: 70 000 Blocks

1998, 10. Juni. Dampflokomotiven. Odr. (5×5); gez. K 14.

ih) Dampflokomotive SŽ 06–018 (1930)

231	80	(T)	mehrfarbig	ih	1,50	1,50
			FDC			2,50

Auflage: 300 000 Stück

1998, 23. Juni. 10 Jahre Ausschuß für den Schutz der Menschenrechte. Odr. (5×5); gez. K 14.

ii) Hand mit Victory-Zeichen, Volksmenge

232	15	(T)	mehrfarbig	ii	0,50	0,50
			FDC			1,—

Auflage: 300 000 Stück

1998, 23. Juni. 150 Jahre Programm zur Gründung eines Königreichs Slowenien. Odr. (5×5); gez. K 14.

ik) Landkarte Sloweniens, Jahreszahlen

233	80	(T)	mehrfarbig	ik	1,50	1,50
			FDC			2,50

Auflage: 100 000 Stück

1998, 23. Juni. Freimarke: Kulturelles Erbe. Odr. (10×5); gez. K 14.

il) Hochofen in Železniki

234	15	(T)	mehrfarbig	il	0,50	0,50
			FDC			1,—

Weitere Werte siehe Übersicht nach Jahrgangswerttabelle.

1998, 11. Sept. 900 Jahre Zisterzienserorden; 100. Jahrestag der Rückkehr der Zisterzienser nach Stična. Odr. (5×5); gez. K 14.

im) Hl. Bernhard von Clairvaux (1090–1153), französischer Abt und Kirchenlehrer; Klosterkirche in Stična und Gründungsurkunde

235	14	(T)	mehrfarbig	im	0,50	0,50
			FDC			1,—

Auflage: 300 000 Stück

Slowenien

1998, 11. Sept. 70 Jahre Kuckucksruf als Erkennungszeichen von Radio Ljubljana (Radio Slovenija). Odr. (5×5); gez. K 14.,8

in) Kuckuck, Radiowellen, Schaltkreis

236	50	(T)	mehrfarbig .... in	0,80	0,80
			FDC		1,50

Auflage: 120 000 Stück

1998, 11. Sept. 100. Geburtstag von Avgust Černigoj. Odr. (2×4 Zd); gez. K 13¾.

io) Der Bankier (Geizhals); Kostümentwurf (Collage und Aquarell)

ip) El; Skulptur

io–ip) Kunstwerke von A. Černigoj (1898–1985), Maler und Bildhauer

237	70	(T)	mehrfarbig .... io	0,90	0,90
238	80	(T)	mehrfarbig .... ip	1,—	1,—
			Satzpreis (Paar)	2,—	2,—
			FDC		3,—

Auflage: je 120 000 Stück

1998, 11. Sept. 50. Jahrestag der Allgemeinen Erklärung der Menschenrechte. Odr. (5×5); gez. K 14.

ir) Säugling, schützende Hand

239	100	(T)	mehrfarbig .... ir	1,50	1,50
			FDC		2,50

Auflage: 100 000 Stück

1998, 12. Nov. Weihnachten und Neujahr. Odr., Bogen (5×5) und Markenheftchen; gez. K 14.

is) Kinder vom Dorf; Gemälde von Marjanca Jemec Božič

it) Anbetung der Heiligen Drei Könige; Fresko in der St.-Nikolaus-Kirche, Mače

240	15	(T)	mehrfarbig .... is	0,20	0,20
241	90	(T)	mehrfarbig .... it	1,30	1,30
			Satzpreis (2 W.)	1,50	1,50
			FDC		2,50
			Markenheftchen mit 10× MiNr. 240	5,—	

MiNr. 240–241 wurden auch zusammenhängend im Markenheftchen (MH 2) ausgegeben. MiNr. 240 wurde außerdem noch im Markenheftchen zu 10 Marken (5×2) ausgegeben.

Auflagen: MiNr. 240 = 4 500 000, MiNr. 241 = 600 000 Stück

1998, 12. Nov. Blockausgabe: 100. Geburtstag von Leon Štukelj. Odr.; gez. K 14.

iu) L. Štukelj (1898 bis 1999), Turner
iw) L. Štukelj mit IOC-Präsident Juan Antonio Samaranch
iv) L. Štukelj bei Bodenübung
ix

242	100	(T)	mehrfarbig .... iu	1,—	1,—
243	100	(T)	mehrfarbig iv	1,—	1,—
244	100	(T)	mehrfarbig .... iw	1,—	1,—
Block 8	(135×115 mm) ix			4,—	4,—
			FDC		5,—

Auflage: 80 000 Stück

1998, 12. Nov. Freimarken: Kulturelles Erbe. Odr. (10×5); gez. K 14.

iy) Gußeiserner Stiefelknecht in Form eines Hirschkäfers (19. Jh.) aus Dvor

iz) Ahorntisch mit Kirschholzintarsien (1865) aus Koprivna

245	200	(T)	mehrfarbig .... iy	2,—	2,—
246	500	(T)	mehrfarbig .... iz	6,—	6,—
			Satzpreis (2 W.)	8,—	8,—
			FDC		8,50

Weitere Werte siehe Übersicht nach Jahrgangswerttabelle.

1999

1999, 22. Jan. Bedeutende Persönlichkeiten. Odr. (4×5); gez. K 13¾.

ka) Peter Kozler (1824–1879), Jurist, Geograph und Politiker

kb) Božidar Lavrič (1899–1961), Chirurg

kc) Rudolf Maister (1874–1934), General und Dichter

kd) France Prešeren (1800–1849), Dichter und Jurist

Slowenien

247	14	(T)	mehrfarbig	ka	0,20	0,20
248	15	(T)	mehrfarbig	kb	0,30	0,30
249	70	(T)	mehrfarbig	kc	0,90	0,90
250	80	(T)	mehrfarbig	kd	1,10	1,10
			Satzpreis (4 W.)		2,50	2,50
			FDC			3,—

Auflagen: MiNr. 247–249 je 100 000, MiNr. 250 = 150 000 Stück

1999, 22. Jan. Grußmarke. Odr. (5×5); gez. K 14.

ke) Weiße Pferde, Planeten und Herzen

| 251 | 15 | (T) | mehrfarbig | ke | 0,50 | 0,50 |
| | | | FDC | | | 1,— |

Auflage: 120 000 Stück

1999, 22. Jan. Traditionelle Faschingskostüme (IV). Odr. (1×8 Zd); gez. K 13¾.

kf–kg) Škoromati aus den Brkini

252	20	(T)	mehrfarbig	kf	0,30	0,30
253	80	(T)	mehrfarbig	kg	1,10	1,10
			Satzpreis (Paar)		1,50	1,50
			FDC			2,—

Auflage: je 260 000 Stück

1999, 5. Febr. Freimarke: Kulturelles Erbe. Odr. (10×5); gez. K 14.

kh) Windmühle auf dem Stara Gora

| 254 | 16 | (T) | mehrfarbig | kh | 0,50 | 0,50 |
| | | | FDC | | | 1,— |

Weitere Werte siehe Übersicht nach Jahrgangswerttabelle.

1999, 23. März. Berge (IV). Odr. (5×5); gez. K 14.

ki) Golica (Kahlkogel) (1835 m)

| 255 | 15 | (T) | mehrfarbig | ki | 0,70 | 0,70 |
| | | | FDC | | | 1,— |

Auflage: 300 000 Stück

1999, 23. März. 50 Jahre Slowenischer Philatelistenverband. Odr. (2×5); gez. K 13¾:14.

kk) Marken Jugoslawien MiNr. 103 und Slowenien MiNr. 206, Lupe

256	16	(T)	mehrfarbig	kk	0,70	0,70
			FDC			1,—
			Kleinbogen		7,—	7,—

Auflage: 150 000 Stück

1999, 23. März. Mineralien (II). Odr. (5×5); gez. K 14.

kl) Quecksilber und Cinnabarit aus Idrija

| 257 | 80 | (T) | mehrfarbig | kl | 1,20 | 1,20 |
| | | | FDC | | | 2,— |

Auflage: 150 000 Stück

1999, 23. März. 50 Jahre Europarat. Odr. (5×5); gez. K 14.

km) Mann und Frau halten einander fest, Emblem des Europarates

| 258 | 80 | (T) | mehrfarbig | km | 1,20 | 1,20 |
| | | | FDC | | | 2,— |

Auflage: 80 000 Stück

1999, 23. März. Europa: Natur- und Nationalparks. Odr. (3×3); gez. K 14.

kn) Nationalpark Triglav

259	90	(T)	mehrfarbig	kn	3,—	3,—
			FDC			4,—
			Kleinbogen		25,—	25,—

MiNr. 259 wurde im Kleinbogen zu 8 Marken und 1 Zierfeld gedruckt.
Auflage: 320 000 Stück

1999, 7. Mai. Freimarke: Kulturelles Erbe. Odr. (10×5); gez. K 14.

ko) Koruznjak (Maislager) im Pettauer Feld (Ptujsko polje)

| 260 | 17 | (T) | mehrfarbig | ko | 0,30 | 0,30 |
| | | | FDC | | | 1,— |

Mit Aufdruck: MiNr. 305

Weitere Werte siehe Übersicht nach Jahrgangswerttabelle.

1999, 21. Mai. 125 Jahre Weltpostverein (UPU). Odr. (1×5 Zd); gez. K 14.

kp) Postbote der Vergangenheit kr) Postbote der Zukunft kr) Zierfeld

261	30	(T)	mehrfarbig	kp	0,40	0,40
262	90	(T)	mehrfarbig	kr	1,10	1,10
			Satzpreis (Paar)		1,50	1,50
			FDC			2,50
			Fünferstreifen (MiNr. 261/262/Zf/262/261)		4,—	4,—

Je 2 Paare wurden mit zwischenliegendem Zierfeld zusammenhängend gedruckt.
Auflage: je 200 000 Stück

Slowenien 1087

1999, 21. Mai. Pferde. Odr. (5×5); gez. K 14.

ks) Slowenisches Kaltblut

kt) Traber von Ljutomer   ku) Slowenisches Warmblut   kv) Lipizzaner

263	60	(T)	mehrfarbig .... ks	0,80	0,80
264	70	(T)	mehrfarbig .... kt	0,90	0,90
265	120	(T)	mehrfarbig .... ku	1,50	1,50
266	350	(T)	mehrfarbig .... kv	4,40	4,40
			Satzpreis (4 W.)	7,50	7,50
			FDC		8,—

Blockausgabe mit MiNr. 263–266

Block 9	(113×80 mm) .... kw		7,50	7,50
	FDC			8,—

Auflagen: MiNr. 263–264 je 150 000, MiNr. 265 = 100 000, MiNr. 266 = 70 000 Stück, Bl. 9 = 80 000 Blocks

1999, 21. Mai. 5. IRO-Weltmeisterschaft für Rettungshunde. Odr. (5×5); gez. K 14.

kx) Rettungshunde bei der Wettkampfdisziplin „Trümmersuche"

267	80	(T)	mehrfarbig .... kx	1,20	1,20
			FDC		2,—

Auflage: 150 000 Stück

1999, 16. Sept. Jahrtausendwende. Odr. (2×2 Zd); gez. K 13¾.

ky) Gleichgewicht   kz) Kommunikation
la) Entwicklung   lb) Wachstum

268	20	(T)	mehrfarbig .... ky	0,30	0,30
269	70	(T)	mehrfarbig .... kz	0,80	0,80
270	80	(T)	mehrfarbig .... la	0,90	0,90
271	90	(T)	mehrfarbig .... lb	1,—	1,—
			Satzpreis (4 W.)	3,—	3,—
			Viererblock	3,—	3,—
			FDC		4,—

Auflage: je 200 000 Stück

Mit MICHEL besser sammeln

1999, 16. Sept. 100. Geburtstag von Božidar Jakac. Odr. (4×2 Zd); gez. K 13¾.

lc) Selbstporträt (1928); Entdeckung der Geheimnisse des Lebens
ld) Selbstporträt (1967); Stadtansicht von Novo mesto (1941)

lc) Gemälde von B. Jakac (1899–1989), Maler

272	70	(T)	mehrfarbig lc	0,90	0,90
273	80	(T)	mehrfarbig .... ld	1,—	1,—
			Satzpreis (Paar)	2,—	2,—
			FDC		3,—

Auflage: je 120 000 Stück

1999, 16. Sept. 150. Jahrestag der Fertigstellung der ersten Eisenbahnstrecke nach Ljubljana. Odr. (5×5); gez. K 14.

le) Tenderlokomotive Klein-Norris Nr. 335 „Terglou" (1846)

274	80	(T)	mehrfarbig .... le	1,20	1,20
			FDC		2,50

Auflage: 300 000 Stück

1999, 16. Sept. Seligsprechung von Anton Martin Slomšek. Odr. (5×5); gez. K 14.

lf) A. M. Slomšek (1800–1862), Fürstbischof von Lavant, Dichter, Schriftsteller und Pädagoge

275	90	(T)	mehrfarbig .... lf	1,50	1,50
			FDC		2,50

Auflage: 200 000 Stück

1999, 18. Nov. Weihnachten und Neujahr. Odr., Bogen (B) (5×5) und Markenheftchen (MH); gez. K 14.

lg) Familie betrachtet Silvesterfeuerwerk
lh) Christi Geburt; illuminierte Initiale „H" aus einem Antiphonar der Pfarrei Kranj (Kodex 17) (1491)

276	17	(T)	mehrfarbig (MH) .... lg	0,30	0,30
277	18	(T)	mehrfarbig (B) .... lg	0,40	0,40
278	80	(T)	mehrfarbig (MH) .... lh	1,30	1,30
279	90	(T)	mehrfarbig (B) .... lh	1,50	1,50
			Satzpreis (4 W.)	3,50	3,50
			2 FDC		
			Markenheftchen mit 10 × MiNr. 276	6,—	

MiNr. 276 wurde sowohl im Markenheftchen zu 10 Marken (5×2), als auch mit MiNr. 278 zusammenhängend im Markenheftchen (MH 3) ausgegeben. MiNr. 278 stammt nur aus MH 3.

Auflagen: MiNr. 276 = 1 500 000, MiNr. 277 = 3 500 000, MiNr. 278 = 300 000, MiNr. 279 = 400 000 Stück

Slowenien

1999, 17. Dez. Freimarke: Kulturelles Erbe. Odr. (10 × 5); gez. K 14.

li) Akkordeon von Anton Murkovic (1896)

280	18	(T)	mehrfarbig	li	0,30	0,30
				FDC		1,—

Weitere Werte siehe Übersicht nach Jahrgangswerttabelle.

2000

2000, 20. Jan. Grußmarke. Odr. (5 × 5); gez. K 14.

lk) Teddybär als Säugling

281	34	(T)	mehrfarbig	lk	0,80	0,80
				FDC		1,50

Auflage: 120 000 Stück

2000, 20. Jan. Traditionelle Faschingskostüme (V). Odr. (4 × 4); gez. K 13¾.

ll–lm) Masken „Pustôvi" aus Drežniške Ravne, Jezerca, Magozd und Drežnica

282	34	(T)	mehrfarbig	ll	0,40	0,40
283	80	(T)	mehrfarbig	lm	1,10	1,10
			Satzpreis (2 W.)		1,50	1,50
				FDC		2,—

Auflage: je 130 000 Stück

2000, 20. Jan. Bedeutende Persönlichkeiten. Odr. (5 × 5); gez. K 14.

ln) Tone Seliškar (1900–1969), Schriftsteller; Illustration zu seinem Roman „Brüderschaft der blauen Möwe"

lo) Elvira Kralj (1900–1978), Schauspielerin; Theaterszene

284	64	(T)	mehrfarbig	ln	1,—	1,—
285	120	(T)	mehrfarbig	lo	1,50	1,50
			Satzpreis (2 W.)		2,50	2,50
				FDC		3,—

Auflage: je 80 000 Stück

2000, 20. Jan. 500 Jahre organisierter Postverkehr im Gebiet Sloweniens. Odr. (5 × 5); gez. K 14.

lp) Postkutsche

286	500	(T)	mehrfarbig	lp	6,50	6,50
				FDC		7,—

Auflage: 80 000 Stück

2000, 21. März. Berge (V). Odr. (5 × 5); gez. K 14.

lr) Storžič (2132 m), Edelweiß (Leontopodium alpinum)

287	18	(T)	mehrfarbig	lr	0,50	0,50
				FDC		1,—

Auflage: 200 000 Stück

2000, 21. März. Kinderbuchfiguren. Odr. (5 × 5); gez. K 14.

ls) Kater Muri; von Kajetan Ković (Illustration von Jelka Reichman)
lt) Mojca Pokrajculja (Illustration von Marjan Manček)
lu) Pedenjped; von Niko Grafenauer (Illustration von Marjan Manček)

288	20	(T)	mehrfarbig	ls	1,50	1,50
289	20	(T)	mehrfarbig	lt	1,50	1,50
290	20	(T)	mehrfarbig	lu	1,50	1,50
			Satzpreis (3 W.)		4,50	4,50
				FDC		5,50

Auflage: je 100 000 Stück

2000, 21. März. Kinderbuchfiguren. Odr., Markenheftchen; selbstklebend; gestanzt.

ls) Kater Muri; von Kajetan Ković (Illustration von Jelka Reichman)

291	20	(T)	mehrfarbig	ls	0,50	0,50
292	20	(T)	mehrfarbig	lt	0,50	0,50
293	20	(T)	mehrfarbig	lu	0,50	0,50
			Satzpreis (3 W.)		1,50	1,50
				FDC		2,50
			Markenheftchen		4,50	

MiNr. 291–293 wurden zusammen im Markenheftchen zu je 3 Marken ausgegeben.

Auflage: 240 000 Stück

2000, 21. März. Rückkehr der Heimatvertriebenen von 1941–1945. Odr. (5 × 5); gez. K 14.

lv) Schwalben, stilisierte Landschaft Sloweniens

294	25	(T)	mehrfarbig	lv	0,50	0,50
				FDC		1,—

Auflage: 110 000 Stück

Slowenien

2000, 21. März. Fossilien (I): Trilobit. Odr. (5×5); gez. K 14.

lw) Paladin (Kaskia) bedici

295	80 (T)	mehrfarbig	.... lw	1,50	1,50
			FDC		2,—

Auflage: 150 000 Stück

2000, 21. März. Mineralien (III). Odr. (5×5); gez. K 14.

lx) Dravit

296	90 (T)	mehrfarbig	 lx	1,50	1,50
			FDC		2,50

Auflage: 150 000 Stück

2000, 21. März. Blockausgabe: Jubiläum „Anno Domini 2000". Odr.; gez. Ks 14.

ly) Portal des Doms von Ljubljana mit Reliefs von Tone Demšar

lz

297	2000 (T)	mehrfarbig	.... ly	25,—	25,—
Block 10	(60×90 mm)	.... lz	30,—	30,—
			FDC		32,—

Auflage: 60 000 Stück

2000, 20. April. Freimarken: Burgen und Schlösser in Slowenien. Odr. (5×5 Zd); gez. K 14.

ma) Höhlenburg Predjama   mb) Schloß Velenje   mc) Burg Podsreda   md) Burg Bled

298	1 (T)	grünschwarz/schwarzolivgelb . ma	0,10	0,10
299	1 (T)	grünschwarz/schwarzolivgelb . mb	0,10	0,10
300	100 (T)	schwarzkarminbraun/violettbraun .... mc	1,70	1,70
301	100 (T)	schwarzkarminbraun/violettbraun .... md	1,70	1,70
		Satzpreis (2 Paare)	3,50	3,50
		2 FDC		4,50

Weitere Werte: MiNr. 316–319, 369–372, 420, 489, 519–523

2000, 20. April. Freimarken: Einheimische Früchte – Kulturapfel (Malus domestica). Odr. (3×5 Zd); gez. K 13¾.

me) Apfelblütenstecher (Anthonomus pomorum)

mf) Geöffnete Blüte

mg) Frucht

me–mg) Wachsapfel aus Dolenjsko (Unterkrainer Wachsapfel)

302	10 (T)	mehrfarbig .... me	0,10	0,10
303	10 (T)	mehrfarbig .... mf	0,10	0,10
304	10 (T)	mehrfarbig .... mg	0,10	0,10
		Satzpreis (3 W.)	0,30	0,30
		Dreierstreifen	0,30	0,30
		FDC		1,—
		Viererstreifen (mit Zf)	0,50	0,50

Am rechten Bogenrand befindet sich ein senkrechter Streifen mit Zierfeldern.

Weitere Werte: MiNr. 313–315, 360–362, 404–406, 432–434, 479–481, 524–535, 547–552, 553–555, 598–600

2000, 20. April. Freimarke: Kulturelles Erbe. MiNr. 260 mit Bdr.-Aufdruck.

305	19 (T)	auf 17 (T) mehrfarbig ...... (260)	0,30	0,30
		FDC		1,—

Weitere Werte siehe Übersicht nach Jahrgangswerttabelle.

2000, 9. Mai. Weltmeisterschaften der Amateurfunker, Ljubljana; 50 Jahre Slowenischer Amateurfunkverband. Odr. (5×5); gez. K 14.

mh) Amateurfunker, Erde, Radiowellen

306	20 (T)	mehrfarbig .... mh	1,50	1,50
		FDC		2,—

Auflage: 70 000 Stück

2000, 9. Mai. Fußball-Europameisterschaft, Belgien und Niederlande. Odr. (5×5); gez. K 14.

mi) Huhn auf Fußball

307	40 (T)	mehrfarbig .... mi	1,50	1,50
		FDC		2,50

Auflage: 80 000 Stück

2000, 9. Mai. Olympische Sommerspiele, Sydney. Odr. (1×3 Zd); gez. K 14.

mk) Segelregatta

ml) Opernhaus, Sydney

308	80 (T)	mehrfarbig .... mk	2,—	2,—
309	90 (T)	mehrfarbig .... ml	2,—	2,—
		Satzpreis (Paar)	4,—	4,—
		FDC		5,—
		Kleinbogen	12,—	12,—

Auflage: je 150 000 Stück

Slowenien

2000, 9. Mai. Europa. Odr. (3×3); gez. K 14.

mm) Kinder bauen Sternenturm

310	90 (T) mehrfarbig .... mm	3,50	3,50
	FDC		4,—
	Kleinbogen	30,—	30,—

MiNr. 310 wurde im Kleinbogen zu 8 Marken und 1 Zierfeld gedruckt.
Auflage: 240 000 Stück

2000, 9. Mai. Internationaler Tag der Umwelt. Odr. (3×5); gez. K 13¾.

mn) Pflanzen und Tiere der Feuchtbiotope, Rettungsring

311	90 (T) mehrfarbig .... mn	20,—	20,—
	FDC		25,—
	311 Zf	22,—	22,—
	Kleinbogen	220,—	220,—

MiNr. 311 wurde im Kleinbogen zu 10 Marken und 5 Zierfeldern gedruckt.
Auflage: 80 000 Stück

2000, 9. Mai. 150 Jahre meteorologische Aufzeichnungen in Slowenien. Odr. (5×2); gez. K 13¾.

mo) Gewitterwolken, Windmesser, Silberdistel

312	150 (T) mehrfarbig .... mo	20,—	20,—
	FDC		25,—
	Kleinbogen	200,—	200,—

MiNr. 312 wurde im Kleinbogen zu 9 Marken und 1 Zierfeld gedruckt.
Auflage: 70 000 Stück

2000, 23. Juni. Freimarken: Einheimische Früchte – Süßkirsche (Prunus avium). Odr. (3×5 Zd); gez. K 13¾.

mp) Geöffnete Blüte
mr) Kirschfruchtfliege (Rhagoletis cerasi)
ms) Kirschen der Sorte „Vigred"

313	5 (T) mehrfarbig .... mp	0,10	0,10
314	5 (T) mehrfarbig .... mr	0,10	0,10
315	5 (T) mehrfarbig .... ms	0,10	0,10
	Satzpreis (3 W.)	0,30	0,30
	Dreierstreifen	0,40	0,40
	FDC		1,—
	Viererstreifen (mit Zf)	0,50	0,50

Am rechten Bogenrand befindet sich ein senkrechter Streifen mit Zierfeldern.

Weitere Werte siehe Fußnote nach MiNr. 304

Mehr wissen mit MICHEL

2000, 23. Juni. Freimarken: Burgen und Schlösser in Slowenien. Odr. (5×5 Zd); gez. K 14.

mt) Burg Ptuj   mu) Schloß Otočec   mv) Burg Zužemberk   mw) Burg Turjak

316	A	orangebraun/gelborange .... mt	0,60	0,60
317	A	orangebraun/gelborange .... mu	0,60	0,60
318	B	grüngrau/gelbgrün .... mv	0,70	0,70
319	B	grüngrau/gelbgrün .... mw	0,70	0,70
		Satzpreis (2 Paare)	2,50	2,50
		2 FDC		3,50

Nominalen zur Zeit der Ausgabe 19 bzw. 20 T, ab 15. Juli 20 bzw. 21 T.

Weitere Werte: MiNr. 298–301, 369–372, 420, 489, 519–523

2000, 15. Sept. Alte Rebsorten. Odr. (5×5); gez. K 14.

mx) Zelen aus dem Vipava-Tal
my) Weißer Ranfol aus Podravje
mz) Blauer Köllner oder Samtrot aus Dolenjsko und Maribor
na) Gelber Plavez aus Bizeljsko

320	20 (T) mehrfarbig .... mx	0,40	0,40
321	40 (T) mehrfarbig .... my	0,60	0,60
322	80 (T) mehrfarbig .... mz	1,20	1,20
323	130 (T) mehrfarbig .... na	1,80	1,80
	Satzpreis (4 W.)	4,—	4,—
	FDC		5,—

Blockausgabe mit MiNr. 320–323

Block 11 (134×100 mm) .... nb	4,—	4,—
FDC		5,—

Auflagen: MiNr. 320 = 80 000, MiNr. 321 - 323 = 80 000 Stück, Bl. 11 = 50 000 Blocks

2000, 15. Sept. 100. Geburtstag von Tone Kralj. Odr. (2×8 Zd); gez. K 13¾.

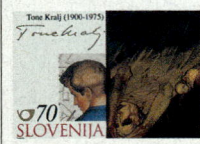 

nc) Selbstporträt, Gewitter   nd) Selbstporträt, Judith
nc–nd) Gemälde von T. Kralj (1900–1975)

324	70 (T) mehrfarbig .... nc	0,90	0,90
325	80 (T) mehrfarbig .... nd	1,10	1,10
	Satzpreis (Paar)	2,—	2,—
	FDC		2,50

Auflage: je 70 000 Stück

Slowenien 1091

2000, 16. Okt. Slowenische Goldmedaillengewinner bei den Olympischen Sommerspielen, Sydney. Odr. (2×5); gez. K 14.

ne) Rajmond Debevec, Schießen – Kleinkaliber-Dreistellungskampf
nf) Iztok Čop und Luka Špik, Rudern – Doppelzweier

326	21	(T)	mehrfarbig .... ne	0,50	0,50
327	21	(T)	mehrfarbig .... nf	0,50	0,50
			Satzpreis (2 W.)	1,—	1,—
			FDC		1,50
			Kleinbogensatz (2 Klb.)	10,—	10,—

Auflage: je 150 000 Stück

2000, 21. Nov. Weihnachten. Odr. (5×5); gez. K 14.

ng) Kinder mit Geschenkpaket und Tannenzweigen laufen über den Schnee
nh) Christkind in der Krippe

328	B		mehrfarbig .... ng	0,30	0,30
329	90	(T)	mehrfarbig .... nh	1,20	1,20
			Satzpreis (2 W.)	1,50	1,50
			2 FDC		3,—

Nominale von MiNr. 328 zur Zeit der Ausgabe: 21 T

Auflagen: MiNr. 328 = 2 000 000, MiNr. 329 = 300 000 Stück

2000, 21. Nov. Weihnachten. Odr., Markenheftchen; selbstklebend; gestanzt.

ng) Kinder mit Geschenkpaket und Tannenzweigen laufen über den Schnee

330	B		mehrfarbig .... ng	0,30	0,30
331	90	(T)	mehrfarbig .... nh	1,20	1,20
			Satzpreis (2 W.)	1,50	1,50
			FDC		1,80
			Markenheftchen I	3,—	
			Markenheftchen II	7,—	

Nominale von MiNr. 330 zur Zeit der Ausgabe: 21 T

MiNr. 330 wurde im Markenheftchen zu 10 Marken ausgegeben (I), MiNr. 330–331 wurden zusammen im Markenheftchen zu 10 Marken (6× MiNr. 330, 4× MiNr. 331) ausgegeben (II).

Auflagen: MiNr. 330 = 3 100 000, MiNr. 331 = 400 000 Stück

2000, 21. Nov. Jahrtausendwende. Odr. (5×5); gez. K 13¾.

ni) Zusammenwirken von Mensch, Natur und Technik im 3. Jahrtausend

332	40	(T)	mehrfarbig .... ni	0,50	0,50
			FDC		1,—

Auflage: 80 000 Stück

2000, 21. Nov. 450. Jahrestag der Veröffentlichung der ersten in slowenischer Sprache gedruckten Bücher von Primož Trubar (1508–1586), Schriftsteller. Odr. (5×5); gez. K 14.

nk) Baum, aufgeschlagenes Buch

333	50	(T)	mehrfarbig .... nk	0,70	0,70
			FDC		1,50

Auflage: 100 000 Stück

2001

2001, 19. Jan. Dichter und Schriftsteller. Odr. (5×5); gez. K 14.

nl) Blecheimer mit den ersten Versen des Gedichts „Auf dem Platz" von Dragotin Kette (1876–1899)
nm) Mit Blüten gefülltes Einmachglas als Synonym für den Roman „Herbstblüte" von Ivan Tavčar (1851–1923)
nn) Kaffeetasse als Synonym für die Kurzerzählung „Eine Tasse Kaffee" von Ivan Cankar (1876–1918)

334	A		mehrfarbig .... nl	0,50	0,50
335	95	(T)	mehrfarbig .... nm	1,50	1,50
336	107	(T)	mehrfarbig .... nn	1,50	1,50
			Satzpreis (3 W.)	3,50	3,50
			FDC		4,50

Nominale von MiNr. 334 zur Zeit der Ausgabe: 24 T

Auflage: je 80 000 Stück

2001, 19. Jan. Grußmarke. Odr. (5×5); gez. K 14.

no) Hochzeitspaar mit Fahrrad auf Wolken

337	B		mehrfarbig .... no	0,50	0,50
			FDC		1,—

Nominale von MiNr. 337 zur Zeit der Ausgabe: 25 T

Auflage: 120 000 Stück

2001, 19. Jan. Traditionelle Faschingskostüme (VI). Odr. (4×4); gez. K 13¾.

np–nr) „Maçkare" aus Dobrepolje

338	50	(T)	mehrfarbig .... np	0,50	0,50
339	95	(T)	mehrfarbig .... nr	1,—	1,—
			Satzpreis (2 W.)	1,50	1,50
			FDC		2,50

Auflage: je 130 000 Stück

Slowenien

2001, 21. März. Berge (VI). Odr. (5×5); gez. K 14.

ki) Jalovec (2645 m), Dolomiten-Fingerkraut (Potentilla nitida)

| 340 | B | mehrfarbig .... ns | 0,80 | 0,80 |
| | | FDC | | 1,50 |

Nominale von MiNr. 340 zur Zeit der Ausgabe: 25 T
Auflage: 150 000 Stück

2001, 21. März. Comicfiguren. Odr. (5×5); gez. K 14.

nt) Cowboy Pipec
nu) Rote Rübe

nt–nu) Comicfiguren von Božo Kos, Zeichner

341	B	mehrfarbig .... nt	1,—	1,—
342	B	mehrfarbig .... nu	1,—	1,—
		Satzpreis (2 W.)	2,—	2,—
		FDC		2,50

Nominale zur Zeit der Ausgabe: je 25 T
Auflage: je 70 000 Stück

2001, 21. März. Comicfiguren. Odr.; selbstklebend; gestanzt.

nt) Cowboy Pipec

343	B	mehrfarbig .... nt	0,80	0,80
344	B	mehrfarbig .... nu	0,80	0,80
		Satzpreis (2 W.)	1,50	1,50
		FDC		2,50
		Markenheftchen	6,—	

Nominale zur Zeit der Ausgabe: je 25 T
MiNr. 343–344 wurden zusammen im Markenheftchen zu 8 Marken ausgegeben.
Auflage: je 160 000 Stück

2001, 21. März. Mineralien (IV). Odr. (1×5 Zd); gez. K 14.

nv
nv l
nv–nv l) Fluorit aus Potok

345	95 (T)	mehrfarbig .... nv	1,50	1,50
346	95 (T)	mehrfarbig .... nv l	1,50	1,50
		Satzpreis (Paar)	3,—	3,—
		FDC		4,—
		Kleinbogen	15,—	15,—

MiNr. 345 und 346 unterscheiden sich geringfügig in der Zeichnung (z. B. helle bzw. dunkle Kristallspitze in der Bildmitte) und bilden ein sogenanntes Stereopaar. Bei entsprechender gleichzeitiger Betrachtung beider Marken entsteht ein dreidimensionales Bild.
Auflage: je 180 000 Stück

2001, 21. März. Fossilien (II). Odr. (2×5); gez. K 14.

nw) Seestern aus Zgornja Kungota

347	107 (T)	mehrfarbig .... nw	1,50	1,50
		FDC		2,50
		Kleinbogen	15,—	15,—

Auflage: 150 000 Stück

2001, 21. März. Europatag. Odr. (5×5); gez. K 14.

nx) Europa und Zeus, Relief aus der römischen Nekropole in Šempeter; EU-Emblem

| 348 | 221 (T) | mehrfarbig .... nx | 2,50 | 2,50 |
| | | FDC | | 3,50 |

Auflage: 70 000 Stück

2001, 21. März. 1000 Jahre Solkan. Odr. (5×5); gez. K 14.

ny) Eisenbahnbrücke über die Soča bei Solkan

| 349 | 261 (T) | mehrfarbig .... ny | 2,50 | 2,50 |
| | | FDC | | 3,50 |

Auflage: 70 000 Stück

2001, 24. April. 60. Jahrestag der Gründung der Befreiungsbewegung „OF". Odr. (5×5); gez. K 14.

nz) Friedenstaube

| 350 | 24 (T) | mehrfarbig .... nz | 0,80 | 0,80 |
| | | FDC | | 1,50 |

Auflage: 80 000 Stück

2001, 23. Mai. Blockausgabe: Einheimische Tiere – Krainer Honigbiene. Odr.; gez. Ks 14.

oa) Arbeiterin
ob) Königin
oc) Drohnen
od) Schwarm
oa–od) Krainer Honigbiene (Apis mellifera carnica)

Slowenien

351	24	(T)	mehrfarbig .... oa	0,30	0,30
352	48	(T)	mehrfarbig .... ob	0,50	0,50
353	95	(T)	mehrfarbig .... oc	1,—	1,—
354	170	(T)	mehrfarbig .... od	1,70	1,70
Block 12 (113×80 mm) .... oe				4,—	4,—
			FDC		5,—

Auflage: 100 000 Blocks

2001, 23. Mai. 10 Jahre Unabhängigkeit. Odr. (3×4); gez. K 13¾.

of) Staatsflagge

355	100	(T)	mehrfarbig .... of	2,50	2,50
			FDC		3,50
			Kleinbogen	25,—	25,—

MiNr. 355 wurde im Kleinbogen zu 10 Marken und 2 verschiedenen Zierfeldern gedruckt.

Auflage: 150 000 Stück

2001, 23. Mai. Europa: Lebensspender Wasser. Odr. (3×3); gez. K 14.

og) Brunnen „Gospodična", Uskoken-Gebirge

356	107	(T)	mehrfarbig .... og	2,—	2,—
			FDC		3,—
			Kleinbogen	16,—	16,—

MiNr. 356 wurde im Kleinbogen zu 8 Marken und 1 Zierfeld gedruckt.

Auflage: 180 000 Stück

2001, 23. Mai. Verkehrsmittel: 100 Jahre Straßenbahn in Ljubljana. Odr. (5×5); gez. K 14.

oh) Straßenbahn-Triebwagen (1901)

357	113	(T)	mehrfarbig .... oh	2,—	2,—
			FDC		3,—

Auflage: 150 000 Stück

2001, 23. Mai. 6. Maxibasketball-Weltmeisterschaften, Ljubljana. Odr. (5×5); gez. K 14.

oi) Maxibasketball, Stadtsilhouette von Ljubljana

358	261	(T)	mehrfarbig .... oi	3,—	3,—
			FDC		4,—

Auflage: 100 000 Stück

Die Ausführlichkeit der **MICHEL**-Kataloge ist international anerkannt.

2001, 14. Juni. Amerikanisch-russisches Gipfeltreffen der Staatspräsidenten George W. Bush und Wladimir Putin, Ljubljana. Odr. (5×5); gez. K 14.

ok) Nationalflaggen, Stadtsilhouette von Ljubljana

359	107	(T)	mehrfarbig .... ok	1,50	1,50
			FDC		2,50

Blockausgabe mit MiNr. 359

Block 13 (60×90 mm) .... ol				1,50	1,50
			FDC		2,50

Auflagen: MiNr. 359 = 80 000 Stück, Bl. 13 = 70 000 Blocks

2001, 21. Juli. Freimarken: Einheimische Früchte – Pfirsich (Prunus persica). Odr. (3×5 Zd); gez. K 13¾.

om) Geöffnete Blüte
on) Grüne Pfirsichblattlaus (Myzus persicae)
oo) Pfirsich der Sorte „Red Haven"

360	50	(T)	mehrfarbig .... om	0,50	0,50
361	50	(T)	mehrfarbig .... on	0,50	0,50
362	50	(T)	mehrfarbig .... oo	0,50	0,50
			Satzpreis (3 W.)	1,50	1,50
			Dreierstreifen	1,50	1,50
			FDC		2,50
			Viererstreifen (mit Zf)	2,—	2,—

Am rechten Bogenrand befindet sich ein senkrechter Streifen mit Zierfeldern.

Weitere Werte siehe Fußnote nach MiNr. 304

2001, 4. Sept. 150 Jahre Verlag Hermagoras/Mohorjeva. Odr. (5×5); gez. K 14.

op) Titel des Kalenders „Mohorjev koledar" (1920)

363	B		mehrfarbig .... op	0,70	0,70
			FDC		1,—

Nominale zur Zeit der Ausgabe: 27 T

Auflage: 80 000 Stück

2001, 21. Sept. 100 Jahre erste slowenische Realschule, Idrija. Odr. (5×5); gez. K 14.

or) Weltkugel, Logarithmen, Realschulgebäude

364	A		mehrfarbig .... or	0,70	0,70
			FDC		1,—

Nominale zur Zeit der Ausgabe: 26 T

Auflage: 80 000 Stück

Slowenien

2001, 21. Sept. Kunst: Komponisten. Odr. (4×4); gez. K 13¾.

os) Blaž Arnič (1901–1970); Notenhandschrift
ot) Lucijan Marija Škerjanc (1900–1973); Notenhandschrift

os–ot) Porträtzeichnungen von Božidar Jakac

365	95 (T)	mehrfarbig	os	1,—	1,—
366	107 (T)	mehrfarbig	ot	1,50	1,50
		Satzpreis (2 W.)		2,50	2,50
		2 FDC			3,50

Auflage: 80 000 Sätze

2001, 21. Sept. Internationales Jahr für den Dialog der Zivilisationen. Odr. (5×5); gez. K 14:13¾.

ou) Emblem

367	107 (T)	mehrfarbig	ou	2,50	2,50
		FDC			3,50

Auflage: 100 000 Stück

2001, 4. Okt. Internationaler Tag des Tierschutzes. Odr. (5×5); gez. K 14.

ov) Katze mit Fingerabdruck

368	107 (T)	mehrfarbig	ov	1,50	1,50
		FDC			2,50

Auflage: 100 000 Stück

2001, 4. Okt. Freimarken: Burgen und Schlösser in Slowenien. Odr. (5×5 Zd); gez. K 14.

ow) Schloß Dobrovo
ox) Schloß Brežice
oy) Schloß Olimje
oz) Schloß Murska Sobota

369	C	karminbraun/zinnoberrot	ow	1,—	1,—
370	C	karminbraun/zinnoberrot	ox	1,—	1,—
371	D	graublau/ultramarin	oy	1,20	1,20
372	D	graublau/ultramarin	oz	1,20	1,20
		Satzpreis (2 Paare)		4,50	4,50
		2 FDC			5,50

Nominalen zur Zeit der Ausgabe: 95 bzw. 107 T

Weitere Werte: MiNr. 298–301, 316–319, 420, 489, 519–523

2001, 16. Nov. Weihnachten. Odr. (5×5 Zd); gez. K 14.

pa) Wunschbaum in Winterlandschaft
pb) Christi Geburt; Altarbild (Detail) aus der Hl.-Drei-Königs-Kirche, Slovenske gorice (Windische Bühel)

373	B	mehrfarbig	pa	0,30	0,30
374	D	mehrfarbig	pb	1,20	1,20
		Satzpreis (2 W.)		1,50	1,50
		2 FDC			3,—

Nominalen zur Zeit der Ausgabe: 31 bzw. 107 T
Auflagen: MiNr. 373 = 1 400 000, MiNr. 374 = 100 000 Stück

2001, 16. Nov. Weihnachten. Odr., Markenheftchen (3×2+3×2); selbstklebend; gestanzt.

pa) Wunschbaum in Winterlandschaft

375	B	mehrfarbig	pa	0,30	0,30
376	D	mehrfarbig	pb	1,20	1,20
		Satzpreis (2 W.)		1,50	1,50
		2 FDC			3,—
		Markenheftchen I		4,—	
		Markenheftchen II		10,—	

Nominalen zur Zeit der Ausgabe: 31 bzw. 107 T

MiNr. 375 wurde im Markenheftchen zu 12 Marken ausgegeben (I), MiNr. 375–376 wurden zusammen im Markenheftchen zu je 6 Marken ausgegeben (II).

Auflagen: MiNr. 375 = 3 600 000, MiNr. 376 = 600 000 Stück

2002

2002, 23. Jan. Grußmarke. Odr. (5×5); gez. K 14.

pc) Stuhllehne mit eingearbeitetem Herz (1778)

377	B	mehrfarbig	pc	0,50	0,50
		FDC			1,—

Nominale zur Zeit der Ausgabe: 31 T
Auflage: 100 000 Stück

Zum Bestimmen der Farben:
MICHEL-Farbenführer

2002, 23. Jan. Traditionelle Faschingskostüme (VII). Odr. (4×4); gez. K 13¾.

 pd) Rusa  pe) Picek

pd–pe) Kostüme aus dem Pettauer Feld (Ptujsko polje)

378	56 (T)	mehrfarbig .... pd	0,60	0,60
379	95 (T)	mehrfarbig .... pe	0,90	0,90
		Satzpreis (2 W.)	1,50	1,50
		FDC		2,50

Auflage: 100 000 Sätze

2002, 23. Jan. 130. Geburtstag von Jože Plečnik. Odr. (5×5); gez. K 14.

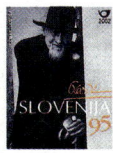

pf) J. Plečnik (1872–1957), Architekt

380	95 (T)	mehrfarbig .... pf	1,—	1,—
		FDC		2,—

Auflage: 80 000 Stück

2002, 23. Jan. 150. Geburtstag von Janko Kersnik. Odr. (5×5); gez. K 14.

pg) J. Kersnik (1852–1897), Schriftsteller

381	107 (T)	mehrfarbig .... pg	1,—	1,—
		FDC		1,80

Auflage: 80 000 Stück

2002, 23. Jan. Olympische Winterspiele, Salt Lake City. Odr. (1×3 Zd); gez. K 14.

ph) Rodeln
pi) Skifahren
Zierfeld

382	95 (T)	mehrfarbig .... ph	1,—	1,—
383	107 (T)	mehrfarbig .... pi	1,20	1,20
		Satzpreis (2 W.)	2,20	2,20
		Dreierstreifen	3,—	3,—
		FDC		4,—
		Kleinbogen	9,—	9,—

Auflage: 120 000 Sätze

2002, 28. Febr. Freimarken: Kulturelles Erbe. Odr. (10×5); gez. K 14.

ed) Bemalte Ostereier aus der Bela Krajina

384	B	mehrfarbig .... ed	0,30	0,30
385	D	mehrfarbig .... fx	1,20	1,20
		Satzpreis (2 W.)	1,50	1,50
		FDC		2,—

Nominalen zur Zeit der Ausgabe: 31 bzw. 107 T

In gleichen Zeichnungen: MiNr. 136 und 177; weitere Werte siehe Übersicht nach Jahrgangswerttabelle.

2002, 21. März. Kinderbuchillustrationen. Odr. (5×5); gez. K 14.

pk) Martin Krpan trägt sein Pferd
pl) Martin Krpan reitet in Ljubljana ein
pm) Martin Krpan in einer Schmiede

pk–pm) Illustrationen von Tone Kralj (1901–1972) aus dem Kinderbuch „Martin Krpan" von Fran Levstik

386	B	mehrfarbig .... pk	1,40	1,40
387	B	mehrfarbig .... pl	1,40	1,40
388	B	mehrfarbig .... pm	1,40	1,40
		Satzpreis (3 W.)	4,—	4,—
		FDC		5,—

Nominale zur Zeit der Ausgabe: je 31 T

Auflage: 80 000 Sätze

2002, 21. März. Kinderbuchillustrationen. Odr., Markenheftchen (9×1); selbstklebend; gestanzt.

pk) Martin Krpan trägt sein Pferd

389	B	mehrfarbig .... pk	0,70	0,70
390	B	mehrfarbig .... pl	0,70	0,70
391	B	mehrfarbig .... pm	0,70	0,70
		Satzpreis (3 W.)	2,—	2,—
		FDC		3,—
		Markenheftchen	6,—	

Nominale zur Zeit der Ausgabe: je 31 T

MiNr. 389–391 wurden zusammen im Markenheftchen zu je 3 Marken ausgegeben.

Auflage: 90 000 Sätze

2002, 21. März. Berge (VII). Odr. (5×5); gez. K 14.

pn) Martuljek-Gruppe, Alpenwaldrebe (Clematis alpina)
po) Špik (2472 m), Krainer Lilie (Lilium carniolicum)

Slowenien

392	A	mehrfarbig	pn	0,50	0,50
393	D	mehrfarbig	po	3,50	3,50
			Satzpreis (2 W.)	4,—	4,—
			FDC		5,—

Nominalen zur Zeit der Ausgabe: 30 bzw. 107 T
Auflage: 100 000 Sätze

2002, 21. März. Insekten. Odr. (5×5); gez. K 14.

pp) Haarmücke (Bibio sp.)

394	C	mehrfarbig	pp	1,50	1,50
			FDC		2,—

Nominale zur Zeit der Ausgabe: 95 T
Auflage: 100 000 Stück

2002, 21. März. 750 Jahre Stadt Kostanjevica an der Krka. Odr. (5×5); gez. K 14.

pr) Klostergebäude, Stadtansicht

395	D	mehrfarbig	pr	1,50	1,50
			FDC		2,—

Nominale zur Zeit der Ausgabe: 107 T
Auflage: 70 000 Stück

2002, 22. Mai. Heilpflanzen. Odr. (5×5); gez. K 14.

ps) Hundsrose (Rosa canina)
pt) Echte Kamille (Chamomilla recutita)
pu) Echter Baldrian (Valeriana officinalis)

396	A	mehrfarbig	ps	1,—	1,—
397	B	mehrfarbig	pt	1,—	1,—
398	C	mehrfarbig	pu	2,—	2,—
			Satzpreis (2 W.)	4,—	4,—
			FDC		5,—

Blockausgabe

pv) Duftveilchen (Viola odorata)
pw

399	D	mehrfarbig	pv	1,—	1,—
Block 14 (60 × 70 mm)			pw	1,50	1,50
			FDC		2,50

Nominalen zur Zeit der Ausgabe: A = 30, B = 31, C = 95, D = 107 T
Auflagen: MiNr. 396–397 je 90 000, MiNr. 398 = 70 000 Stück, Bl. 14 = 70 000 Blocks

2002, 22. Mai. Fußball-Weltmeisterschaft, Japan und Südkorea. Odr. (5×5); gez. K 14.

px) Fußballfan mit Fernglas

400	D	mehrfarbig	px	1,50	1,50
			FDC		2,50

Nominale zur Zeit der Ausgabe: 107 T
Auflage: 80 000 Stück

2002, 22. Mai. Blockausgabe: 3. Treffen der Staatspräsidenten Mitteleuropas, Bled und Brdo. Odr.; gez. Ks 14.

py) Wallfahrtskirche St. Maria im See, Bleder See; Umrißkarte Mitteleuropas

pz) Landkarte Mitteleuropas, Schloß Brdo

ra

401	D	mehrfarbig	py	1,—	1,—
402	D	mehrfarbig	pz	1,—	1,—
Block 15 (65 × 87 mm)			ra	2,50	2,50
			FDC		3,50

Nominale zur Zeit der Ausgabe: je 107 T
Auflagen: 65 000 Blocks

2002, 22. Mai. Europa: Zirkus. Odr. (3×3); gez. K 14.

rb) Elefantendressur, Zirkuszelt

403	D	mehrfarbig	rb	18,—	18,—
			FDC		20,—
			Kleinbogen	150,—	150,—

MiNr. 403 wurde im Kleinbogen zu 8 Marken und 1 Zierfeld gedruckt.
Auflage: 100 000 Stück

2002, 19. Juli. Freimarken: Einheimische Früchte – Heidelbeere (Vaccinium myrtillus). Odr. (3×5 Zd); gez. K 13¾.

rc) Blüten
rd) Kleiner Frostspanner (Operophthera brumata)
re) Beeren

Slowenien 1097

404		150	(T)	mehrfarbig	....	rc	1,40	1,40
405		150	(T)	mehrfarbig	....	rd	1,40	1,40
406		150	(T)	mehrfarbig	....	re	1,40	1,40
				Satzpreis (3 W.)			4,20	4,20
				Dreierstreifen			4,50	4,50
				FDC				5,—
				Viererstreifen (mit Zf)			5,—	5,—

Am rechten Bogenrand befindet sich ein senkrechter Streifen mit Zierfeldern.

Weitere Werte siehe Fußnote nach MiNr. 304

2002, 19. Sept. Blockausgabe: 35. Schacholympiade, Bled. Odr.; gez. Ks 14.

rf) Pferd
rg) Felder
rh)

407	C	mehrfarbig	....	rf	1,—	1,—
408	D	mehrfarbig	....	rg	1,50	1,50
Block 16	(70×70 mm)	....		rh	2,50	2,50
		FDC				3,50

Nominalen zur Zeit der Ausgabe: 95 und 107 T

Auflage: 100 000 Blocks

2002, 19. Sept. 130. Geburtstag von Matija Jama. Odr. (4×4); gez. K 13¾.

ri) Der Reigen   rk) Dorf im Winter

ri–rk) Gemälde von M. Jama (1872–1947), Impressionist

409		95	(T)	mehrfarbig	....	ri	1,30	1,30
410		214	(T)	mehrfarbig	....	rk	2,20	2,20
				Satzpreis (2 W.)			3,50	3,50
				FDC				4,50

Auflage: 70 000 Sätze

2002, 15. Nov. Weihnachten und Neujahr. Odr. (5×5); gez. K 14.

rl) Junge sitzt auf Schneemann   rm) Mädchen mit Tannenzweig in Winterlandschaft

411	B	mehrfarbig	....	rl	0,40	0,40
412	C	mehrfarbig	....	rm	1,10	1,10
		Satzpreis (2 W.)			1,50	1,50
		2 FDC				3,50

Nominalen zur Zeit der Ausgabe: 36 bzw. 107 T

Auflage: 1 400 000 Sätze

2002, 15. Nov. Weihnachten und Neujahr. Odr. Markenheftchen (3×2+3×2); selbstklebend; gestanzt.

rl) Junge sitzt auf Schneemann

413	B	mehrfarbig	....	rl	0,40	0,40
414	D	mehrfarbig	....	rm	1,10	1,10
		Satzpreis (2 W.)			1,50	1,50
		2 FDC				3,50
		Markenheftchen I			5,—	
		Markenheftchen II			10,—	

Nominalen zur Zeit der Ausgabe: 36 bzw. 107 T

MiNr. 413 wurde sowohl im Markenheftchen zu 12 Marken (I), als auch zusammen mit MiNr. 414 im Markenheftchen zu je 6 Marken (II) ausgegeben.

Auflagen: MiNr. 413 = 3 600 000, MiNr. 414 = 600 000 Stück

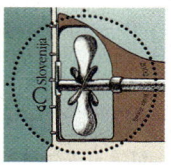

2002, 15. Nov. Erfindungen. Odr. (5×2); gez. K 13½:13¾.

rn) Schiffsschraube; Erfindung von Josef Ressel (1793–1857), Forstmeister und Techniker

415	C	mehrfarbig	....	rn	2,50	2,50
		FDC				3,—
		Kleinbogen			25,—	25,—

Nominale zur Zeit der Ausgabe: 95 T

Auflage: 100 000 Stück

2003

2003, 21. Jan. Volkstrachten. Odr. (4×4); gez. K 13¾.

ro) Paar aus dem slowenischen Istrien

| 416 | A | mehrfarbig | .... | ro | 1,— | 1,— |
| | | FDC | | | | 2,— |

Nominale zur Zeit der Ausgabe: 38 T

Auflage: 80 000 Stück

2003, 21. Jan. 300. Geburtstag von Ferdinand Augustin Haller von Hallerstein. Odr. (5×5); gez. K 14.

rp) Sextant; Titel des Buches „Observationes astronomicae" von F. A. Haller von Hallerstein (1703–1774), Jesuitenmissionar in China, Mathematiker und Astronom

| 417 | 107 | (T) | mehrfarbig | .... | rp | 1,— | 1,— |
| | | | FDC | | | | 2,50 |

Auflage: 70 000 Stück

Slowenien

2003, 21. Jan. 150. Geburtstag von Alfonz Paulin. Odr. (5×5); gez. K 14.

rr) A. Paulin (1853–1942), Botaniker; Titel seines Herbariums „Flora exsiccata Carniolica"

418	221 (T)	mehrfarbig	rr	2,—	2,—
			FDC		3,50

Auflage: 70 000 Stück

423		mehrfarbig	ru	0,50	0,50
424		mehrfarbig	rv	0,50	0,50
		Satzpreis (2 W.)		1,—	1,—
		FDC			1,50
		Markenheftchen		4,—	

Nominale zur Zeit der Ausgabe: je 44 T

MiNr. 423–424 wurden zusammen im Markenheftchen zu je 4 Marken ausgegeben.

Auflage: 30 000 Markenheftchen

2003, 21. Jan. Grußmarke. Odr. (5×2); gez. K 11.

rs) Mädchen und Junge auf herzförmigem Luftballon

419	180 (T)	mehrfarbig	rs	2,—	2,—
			FDC		3,50
		Kleinbogen		20,—	20,—

Auflage: 120 000 Stück

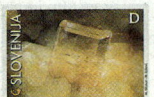

2003, 24. März. Mineralien (V). Odr. (2×5); gez. K 14.

rw) Baryt

425	D	mehrfarbig	rw	1,20	1,20
			FDC		2,—
		Kleinbogen		12,—	12,—

Nominale zur Zeit der Ausgabe: 107 T

2003, 24. März. Freimarke: Burgen und Schlösser in Slowenien. Odr. (5×5); gez. K 14.

rt) Burgruine Kamen (erb. 12. Jh.)

420	1000 (T)	blauschwarz/cyanblau	rt	9,—	9,—
			FDC		10,—

Weitere Werte: MiNr. 298–301, 316–319, 369–372, 489, 519–523

2003, 24. März. Schauhöhle Vilenica. Odr. (5×5); gez. K 14.

rx) Saal mit Tropfsteinen in der Schauhöhle (seit 1633) Vilenica bei Lokev

426	D	mehrfarbig	rx	1,—	1,—
			FDC		2,—

Nominale zur Zeit der Ausgabe: 107 T

2003, 24. März. Volksmärchen. Odr. (5×5); gez. K 14.

ru) Der goldene Vogel

rv) Die drei geschwätzigen Füchsinnen

421	B	mehrfarbig	ru	0,50	0,50
422	B	mehrfarbig	rv	0,50	0,50
		Satzpreis (2 W.)		1,—	1,—
		FDC			1,50

Nominale zur Zeit der Ausgabe: je 44 T

Auflage: 80 000 Sätze

2003, 22. Mai. Europa: Plakatkunst. Odr. (3×3); gez. K 14.

ry) Plakat an Ziegelwand, Kleister und Besen

427	D	mehrfarbig	ry	1,20	1,20
			FDC		2,—
		Kleinbogen		10,—	10,—

Nominale zur Zeit der Ausgabe: 107 T

MiNr. 427 wurde im Kleinbogen zu 8 Marken und 1 Zierfeld gedruckt.

Auflage: 160 000 Stück

2003, 24. März. Volksmärchen. Odr., Markenheftchen; selbstklebend; gestanzt.

ru) Der goldene Vogel

2003, 22. Mai. Slowenische Mythologie (I). Odr. (5×5); gez. K 14.

rz) Sagengestalt Kresnik

428	110 (T)	mehrfarbig	rz	1,20	1,20
			FDC		2,—

Auflage: 80 000 Stück

2003, 22. Mai. Blockausgabe: 50 Jahre Volksmusikgruppe „Originaler Oberkrainer" der Brüder Avsenik. Odr.; gez. Ks 14.

sa) Vilko und Slavko Avsenik, Musikanten

sb

429	180	(T)	mehrfarbig .... sa	1,50	1,50
Block 17	(60×70 mm)		.... sb	2,—	2,—
			FDC		2,50

Auflage: 200 000 Blocks

2003, 22. Mai. Wasserball-Europameisterschaften, Kranj und Ljubljana. Odr. (5×5); gez. K 14.

sc) Zeus entführt Europa, Wasserball, EM-Emblem

430	180	(T)	mehrfarbig .... sc	2,—	2,—
			FDC		2,50

Auflage: 70 000 Stück

2003, 22. Mai. Traditionelles Kunsthandwerk: Bienenstockmalerei (I). Odr. (5×5); gez. K 14.

sd) Imker beim Einfangen eines Bienenschwarms; bemaltes Stirnbrett eines Bienenhauses vom Bauernhof Ledinek in Zagrad

431	218	(T)	mehrfarbig .... sd	2,50	2,50
			FDC		3,—

Auflage: 70 000 Stück

2003, 18. Sept. Freimarken: Einheimische Früchte – Ölbaum (Olea europaea). Odr. (3×5 Zd); gez. K 13¾.

se) Blüte
sf) Olivenfliege (Bactrocera oleae)
sg) Olivensorte „Istrska belica"

432	B		mehrfarbig .... se	0,40	0,40
433	B		mehrfarbig .... sf	0,40	0,40
434	B		mehrfarbig .... sg	0,40	0,40
			Satzpreis (3 W.)	1,20	1,20
			Dreierstreifen	1,50	1,50
			FDC		3,—
			Viererstreifen (mit Zf)	2,—	2,—

Nominale zur Zeit der Ausgabe: je 44 T
Am rechten Bogenrand befindet sich ein senkrechter Streifen mit Zierfeldern.

Weitere Werte siehe Fußnote nach MiNr. 304

2003, 18. Sept. Vorphilatelistischer Brief. Odr. (5×5); gez. K 14.

se) Brief von 1730

435	A		mehrfarbig .... sh	0,50	0,50
			FDC		2,—

Nominale zur Zeit der Ausgabe: 38 T
Auflage: 120 000 Stück

2003, 18. Sept. Turnierbuch des Freiherrn Caspar von Lamberg. Odr. (2×4 Zd); gez. K 13¾.

si
sk

si–sk) Szene aus dem Kampf der Ritter Volker VII. von Auersperg und Caspar II. von Lamberg; Illustration aus dem Turnierbuch des Freiherrn Caspar von Lamberg (um 1463–um 1516)

436	76	(T)	mehrfarbig .... si	1,50	1,50
437	570	(T)	mehrfarbig .... sk	5,—	5,—
			Satzpreis (Paar)	6,50	6,50
			FDC		7,50

Auflage: 70 000 Sätze

2003, 18. Sept. Nutztiere. Odr. (5×5); gez. K 14.

sl) Krškopolje-Schwein   sm) Cika-Rind   sn) Seeländer Schaf

438	95	(T)	mehrfarbig .... sl	1,—	1,—
439	107	(T)	mehrfarbig .... sm	1,—	1,—
440	148	(T)	mehrfarbig .... sn	1,50	1,50
			Satzpreis (3 W.)	3,50	3,50
			FDC		5,—

Blockausgabe

so) Altsteirer Huhn

sp

441	368	(T)	mehrfarbig .... so	3,—	3,—
Block 18	(60×70 mm)		.... sp	3,50	3,50
			FDC		5,—

Auflagen: MiNr. 438–440 = 70 000 Sätze, Bl. 18 = 70 000 Blocks

Slowenien

2003, 11. Nov. Inbetriebnahme der neuen Sortieranlage im Postlogistikzentrum, Marburg/Drau (Maribor). Komb. Odr. und Bdr. mit Hologrammfolie (2×5); gez. K 13¾:14½.

sr) Automatische Postsortieranlage

442	221 (T)	mehrfarbig	sr	2,—	2,—
			FDC		3,50
			Kleinbogen	20,—	20,—

Auflage: 70 000 Stück

2003, 19. Nov. Freimarken: Kulturelles Erbe (Format 26,5×34 mm). Odr. (10×5); gez. K 14.

ss) Türportal, Zgornji Otok
st) Fischerboot
su) Sensenbaum
sv) Zierkamm fürs Kummet

443	A	mehrfarbig	ss	0,30	0,30
444	B	mehrfarbig	st	0,40	0,40
445	C	mehrfarbig	su	0,80	0,80
446	D	mehrfarbig	sv	1,—	1,—
		Satzpreis (4 W.)		2,50	2,50
		FDC			4,—

Nominalen zur Zeit der Ausgabe: 38, 44, 95 und 107 T

Weitere Werte siehe Übersicht nach Jahrgangswerttabelle.

2003, 19. Nov. Weihnachten. Odr. (5×5); gez. K 14.

sw) Geschenk, Stern, Weihnachtsbaumkugel, Christrosen, Glöckchen, Zweig
sx) Die Geburt Christi; Gemälde von Matija Koželj (1842–1917)

447	B	mehrfarbig	sw	0,50	0,50
448	D	mehrfarbig	sx	1,—	1,—
		Satzpreis (2 W.)		1,50	1,50
		2 FDC			3,—

Nominalen zur Zeit der Ausgabe: 44 bzw. 107 T

Auflagen: MiNr. 447 = 5 000 000, MiNr. 448 = 700 000 Stück

2003, 19. Nov. Weihnachten. Odr., Markenheftchen (2×3+2×3); selbstklebend; gestanzt.

sw) Geschenk, Stern, Weihnachtsbaumkugel, Christrosen, Glöckchen, Zweig

449	B	mehrfarbig	sw	0,70	0,70
450	D	mehrfarbig	sx	1,30	1,30
		Satzpreis (2 W.)		2,—	2,—
		2 FDC			3,—
		MH mit 12 × MiNr. 449	9,—		
		MH mit 12 × MiNr. 450	16,—		

Nominalen zur Zeit der Ausgabe: 44 bzw. 107 T

Auflagen: MiNr. 449 = 1 500 000, MiNr. 450 = 240 000 Stück

2003, 19. Nov. 60. Jahrestag der Eröffnung des Franja-Partisanenlazaretts. Odr. (5×5); gez. K 14.

sy) Lazarett-Baracken in der Pasice-Schlucht bei Cerkno, in Betrieb 1943–1945, später Gedenkstätte

451	76 (T)	dunkelbraun/bronze	sy	1,—	1,—
			FDC		2,—

Auflage: 70 000 Stück

2003, 19. Nov. Hölzernes Fuhrwerk. Odr. (5×5); gez. K 14.

sz) Parizar, hölzernes Fuhrwerk für den Fernverkehr (1874)

452	221 (T)	mehrfarbig	sz	2,50	2,50
			FDC		3,50

Auflage: 80 000 Stück

2004

2004, 22. Jan. Volkstrachten (II). Odr. (4×4); gez. K 14.

ta) Trachten aus dem Vipavatal; Aquarell von Franz Kurz von Goldenstein (1807–1878)

453	A	mehrfarbig	ta	0,30	0,30
			FDC		1,50

Nominale zur Zeit der Ausgabe: 38 T

Auflage: 150 000 Stück

2004, 22. Jan. 60. Jahrestag des Marsches der 14. Division in die Südsteiermark. Odr. (5×5); gez. K 14.

tb) Marschkolonne im Schnee, Dorfkirche

454	B	mehrfarbig	tb	0,40	0,40
			FDC		1,70

Nominale zur Zeit der Ausgabe: 44 T

Auflage: 80 000 Stück

2004, 22. Jan. 100. Geburtstag von Edvard Kocbek. Odr. (5×5); gez. K 14.

tc) E. Kocbek (1904–1981), Schriftsteller und Politiker

455	D	mehrfarbig	tc	1,—	1,—
			FDC		2,40

Nominale zur Zeit der Ausgabe: 107 T

Auflage: 70 000 Stück

Slowenien

2004, 22. Jan. 100. Geburtstag von Srečko Kosovel. Odr. (5×5); gez. K 14.

td) S. Kosovel (1904–1926), Dichter; Manuskript zum Gedicht „Cons 5"

456	221 (T)	schwarz/rot	td	2,—	2,—
			FDC		3,50

Auflage: 70 000 Stück

2004, 22. Jan. Grußmarke. Odr. (5×2); gez. K 11.

te) Katzen auf dem Schornstein

457	180 (T)	mehrfarbig	te	1,80	1,80
			FDC		3,30
		Kleinbogen		18,—	18,—

Auflage: 120 000 Stück

2004, 22. Jan. Handball-Europameisterschaft der Herren. Odr. (5×5); gez. K 14.

tf) Torwurf, Emblem

458	221 (T)	mehrfarbig	tf	2,—	2,—
			FDC		3,50

Auflage: 100 000 Stück

2004, 24. März. Kinderbuchillustrationen. Odr. (5×5); gez. K 14.

tg) Kekec mit einem Fläschchen
th) Tante Pehta und Hund
ti) Gefesselter Zwerg Kosobrin

tg–ti) Illustrationen von Zvonko Čoh (*1956) aus dem Kinderbuch „Der Hirtenjunge Kekec" von Josip Vandot (1884–1944)

459	B	mehrfarbig	tg	0,40	0,40
460	B	mehrfarbig	th	0,40	0,40
461	B	mehrfarbig	ti	0,40	0,40
		Satzpreis (3 W.)		1,20	1,20
		FDC			3,—

Nominale zur Zeit der Ausgabe: je 44 T
Auflage: 80 000 Sätze

2004, 24. März. Kinderbuchillustrationen. Odr., Markenheftchen (9×1); selbstklebend; gestanzt.

tg) Kekec mit einem Fläschchen

462	B	mehrfarbig	tg	0,40	0,40
463	B	mehrfarbig	th	0,40	0,40
464	B	mehrfarbig	ti	0,40	0,40
		Satzpreis (3 W.)		1,20	1,20
		FDC			3,—
		Markenheftchen		3,60	

Nominale zur Zeit der Ausgabe: je 44 T
MiNr. 462–464 wurden zusammen im Markenheftchen ausgegeben.
Auflage: 30 000 Markenheftchen

2004, 24. März. Kunstturn-Europameisterschaften der Herren, Ljubljana. Odr. (3×2 Kehrdruckpaare); gez. K 14.

tk) Ringeturnen

465	D	mehrfarbig	tk	0,90	0,90
		FDC			2,20
		Kehrdruckpaar		1,80	1,80

Nominale zur Zeit der Ausgabe: 107 T
Auflage: 120 000 Stück

2004, 24. März. Fossilien. Odr. (2×5); gez. K 14.

tl) Knochenfisch aus dem Oligozän, Fundort Slivje bei Olimje

466	D	mehrfarbig	tl	0,90	0,90
		FDC			2,20
		Kleinbogen		9,—	9,—

Nominale zur Zeit der Ausgabe: 107 T
Auflage: 120 000 Stück

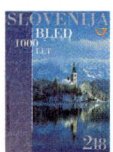

2004, 24. März. 1000 Jahre Bled. Odr. (5×5); gez. K 14.

tm) Wallfahrtskirche am Bleder See

467	218 (T)	mehrfarbig	tm	1,90	1,90
			FDC		3,20

Auflage: 80 000 Stück

2004, 24. März. Beitritt Sloweniens zur NATO. Odr. (5×5); gez. K 14.

tn) NATO-Emblem

468	D	mehrfarbig	tn	0,90	0,90
		FDC			2,20

Nominale zur Zeit der Ausgabe: 107 T
Auflage: 80 000 Stück

Slowenien

2004, 1. Mai. Beitritt zur Europäischen Union (EU). Odr. (2×5); gez. K 14.

to) Landkarte Europas, Flaggen der Beitrittsländer, Europasterne

469	95 T	mehrfarbig	to	0,80	0,80
		FDC			2,20
		Kleinbogen		8,—	8,—

Auflage: 250 000 Stück

Parallelausgabe mit Estland MiNr. 487, Lettland MiNr. 611–612, Litauen MiNr. 844–845, Malta MiNr. 1341–1342, Slowakei MiNr. 484, Tschechische Republik MiNr. 394, Ungarn MiNr. 4851–4852 und Zypern MiNr. 1033

2004, 21. Mai. 200. Geburtstag von Lovrenc Košir. Odr. (5×5); gez. K 14.

tp) L. Košir (1804–1879), Postbeamter und einer der Wegbereiter der Briefmarke; Geburtshaus, Spodnja Luša; Autograph

470	B	mehrfarbig	tp	0,40	0,40
		FDC			1,70

Nominale zur Zeit der Ausgabe: 48 T
Auflage: 100 000 Stück

2004, 21. Mai. Olympische Sommerspiele, Athen. Odr. (1×3 Zd); gez. K 14.

tr) Diskuswerfen, Kunstturnen
ts) Weitsprung, Stabhochsprung

471	C	mehrfarbig	tr	0,80	0,80
472	D	mehrfarbig	ts	0,90	0,90
		Satzpreis (Paar)		1,70	1,70
		FDC			3,30
		Kleinbogen		5,—	5,—

Nominalen zur Zeit der Ausgabe: 95 bzw. 107 T
Auflage: 120 000 Sätze

2004, 21. Mai. Europa: Ferien. Odr. (3×3); gez. K 14.

tt) Fisch mit Regenschirm

473	D	mehrfarbig	tt	0,90	0,90
		FDC			2,20
		Kleinbogen		7,—	7,—

Nominale zur Zeit der Ausgabe: 107 T
MiNr. 473 wurde im Kleinbogen zu 8 Marken und 1 Zierfeld gedruckt.
Auflage: 160 000 Stück

Die Preisnotierungen gelten für Marken in handelsüblicher Qualität.

2004, 21. Mai. Straßenfahrzeuge: Fahrrad. Odr. (5×5); gez. K 14.

tu) Kettenblatt mit Kette, Fahrrad

474	110 (T)	mehrfarbig	tu	1,—	1,—
		FDC			2,20

Auflage: 160 000 Stück

2004, 21. Mai. Traditionelles Kunsthandwerk: Bienenstockmalerei (II). Odr. (5×5); gez. K 14.

tv) Der Müller und seine Frau; bemaltes Stirnbrett eines Bienenhauses (1869)

475	218 (T)	mehrfarbig	tv	1,90	1,90
		FDC			3,20

Auflage: 70 000 Stück

2004, 3. Juli. Freimarke: Posthörner. Odr., Markenheftchen (2×4); selbstklebend; gestanzt 12½.

tw) Posthörner

476	B	cyanblau/gelborange	tw	0,40	0,40
		FDC			1,70
		Markenheftchen		3,20	

Nominale zur Zeit der Ausgabe: 48 T

In gleicher Zeichnung: MiNr. 497

2004, 3. Juli. Freimarke: Kulturelles Erbe (Format 26,5×34 mm). Odr. (10×5); gez. K 14.

tx) Bergmannshaus aus Trbovlje

477	B	mehrfarbig	tx	0,40	0,40
		FDC			1,70

Nominale zur Zeit der Ausgabe: 48 T

Weitere Werte siehe Übersicht nach Jahrgangswerttabelle.

2004, 15. Sept. Blockausgabe: Črni-Kal-Viadukt. Odr.; gez. K 13¾:14.

ty) Autobahn-Viadukt Črni-Kal

tz

478	95 (T)	mehrfarbig	ty	0,80	0,80
Block 19	(70×60 mm)		tz	0,80	0,80
		FDC			2,20

Auflage: 90 000 Blocks

2004, 22. Sept. Freimarken: Einheimische Früchte – Birne (Pyrus communis). Odr. (3×5 Zd); gez. K 13¾.

ua) Blüte
ub) Birnblattsauger (Cacopsylla pyricola)
uc) Williams-Christ-Birne

479	A	mehrfarbig	ua	0,40	0,40
480	A	mehrfarbig	ub	0,40	0,40
481	A	mehrfarbig	uc	0,40	0,40
		Satzpreis (3 W.)		1,20	1,20
		Dreierstreifen		1,20	1,20
		FDC			3,—
		Viererstreifen (mit Zf)		1,50	1,50

Nominale zur Zeit der Ausgabe: je 45 T
Am rechten Bogenrand befindet sich ein senkrechter Streifen mit Zierfeldern.

Weitere Werte siehe Fußnote nach MiNr. 304.

2004, 22. Sept. Freimarke: Kulturelles Erbe (Format 26,5×34 mm). Odr. (10×5); gez. K 14.

ud) Fischerboot Čupa (Einbaum)

482	D	mehrfarbig	ud	0,90	0,90
		FDC			1,70

Nominale zur Zeit der Ausgabe: 107 T

Weitere Werte siehe Übersicht nach Jahrgangswerttabelle.

2004, 22. Sept. Orchideen. Odr. (5×5); gez. K 14.

ue) Sumpfstendelwurz (Epipactis palustris)

483	B	mehrfarbig	ue	0,50	0,50
		FDC			1,20

Blockausgabe

uf) Hummel-Ragwurz (Ophrys holosericea)
ug

484	D	mehrfarbig	uf	0,90	0,90
Block 20	(70×60 mm)		ug	0,90	0,90
		FDC			2,20

Nominalen zur Zeit der Ausgabe: MiNr. 483 = 52 T, MiNr. 484 = 107 T
Auflagen: MiNr. 483 = 100 000 Stück, Bl. 20 = 70 000 Blocks

2004, 22. Sept. 750 Jahre Marburg/Drau (Maribor). Odr. (3×4); gez. K 13¼.

uh) Urkunde mit erster Erwähnung Marburgs

485	C	mehrfarbig	uh	0,80	0,80
		FDC			1,50
		Kleinbogen		8,—	8,—

Nominale zur Zeit der Ausgabe: 95 T
MiNr. 485 wurde im Kleinbogen zu 10 Marken und 2 Zierfeldern gedruckt.
Auflage: 120 000 Stück

2004, 22. Sept. Kunst: Romanik. Odr. (2×4 Zd); gez. K 13¾.

ui
uk

ui–uk) Illuminierte Initialen eines Manuskripts aus dem Zisterzienserkloster Stična

486	107 (T)	mehrfarbig	ui	0,90	0,90
487	107 (T)	mehrfarbig	uk	0,90	0,90
		Satzpreis (Paar)		1,80	1,80
		FDC			3,40

Auflage: 80 000 Sätze

2004, 22. Sept. Blockausgabe: 50 Jahre Londoner Memorandum. Odr.; gez. K 14.

ul) Karte mit damals festgelegtem Grenzverlauf zwischen Italien, Triest und Jugoslawien

um

488	221 (T)	mehrfarbig	ul	1,90	1,90
Block 21	(70×60 mm)		um	1,90	1,90
		FDC			3,40

Auflage: 80 000 Blocks

2004, 18. Nov. Freimarke: Burgen und Schlösser. Odr. (10×5); gez. K 14¼.

un) Schloß Gewerkenegg, Idrija

489	C	braun/orange	un	0,80	0,80
		FDC			1,50

Nominale zur Zeit der Ausgabe: 95 T

Weitere Werte: MiNr. 298–301, 316–319, 369–372, 420, 519–523

2004, 18. Nov. Weihnachten und Neujahr. Odr. (5×5); gez. K 14.

uo) Neujahrskuß   up) Christkind

490	A	mehrfarbig	uo	0,40	0,40
491	C	mehrfarbig	up	0,80	0,80
		Satzpreis (2 W.)		1,20	1,20
		2 FDC			3,80

Nominalen zur Zeit der Ausgabe: 45 und 95 T
Auflagen: MiNr. 490 = 3 200 000, MiNr. 491 = 240 000 Stück

2004, 18. Nov. Weihnachten und Neujahr. Odr., Markenheftchen (3×2+3×2); selbstklebend; gestanzt.

uo) Neujahrskuß

492	A	mehrfarbig	uo	0,40	0,40
493	C	mehrfarbig	up	0,80	0,80
		Satzpreis (2 W.)		1,20	1,20
		2 FDC			3,80
		MH mit 12 × MiNr. 492		5,—	
		MH mit 12 × MiNr. 493		10,—	

Nominalen zur Zeit der Ausgabe: 45 und 95 T
Auflagen: MiNr. 492 = 1 800 000, MiNr. 493 = 360 000 Stück

2004, 18. Nov. Regionale Küche: Prekmurje. Odr. (4×4); gez. K 13¾.

ur) Gibanica
us) Bogratsch und Bujta Repa

494	52 (T)	mehrfarbig	ur	0,50	0,50
495	52 (T)	mehrfarbig	us	0,50	0,50
		Satzpreis (Paar)		1,—	1,—
		FDC			2,50

MiNr. 494–495 wurden schachbrettartig zusammenhängend gedruckt.
Auflage: 100 000 Sätze

2004, 18. Nov. Slowenische Sagen. Odr. (5×5); gez. K 14.

ut) Gute Geburtsfeen Rojenice und Sojenice zusammen mit böser Geburtsfee bei Neugeborenem

496	180 (T)	mehrfarbig	ut	1,50	1,50
		FDC			3,—

Auflage: 80 000 Stück

2005

2005, 21. Jan. Freimarke: Posthörner (Format 25,5×34,5 mm). Odr. (10×5); gez. K 14.

tw) Posthörner

497	83 (T)	cyanblau/gelborange	tw	0,70	0,70
		FDC			2,—

In gleicher Zeichnung: MiNr. 476; in größerem Format: MiNr. 518

2005, 21. Jan. Volkstrachten. Odr. (4×4); gez. K 11¾:11¼.

uu) Männer- und Frauentracht von Pohorje und Kobansko

498	A	mehrfarbig	uu	0,40	0,40
		FDC			1,70

Nominale zur Zeit der Ausgabe: 45 T
Auflage: 150 000 Stück

2005, 21. Jan. 300. Geburtstag von Janez Sigismund Valentin Popovič. Odr. (5×5); gez. K 11¼:11¾.

uv) J. S. V. Popovič (1705–1774), Sprach- und Naturwissenschaftler

499	107 (T)	mehrfarbig	uv	0,90	0,90
		FDC			2,20

Auflage: 70 000 Stück

2005, 21. Jan. 100. Todestag von Janez Trdina. Odr. (5×5); gez. K 11¼:11¾.

uw) J. Trdina (1830–1905), Schriftsteller

500	221 (T)	mehrfarbig	uw	1,90	1,90
		FDC			2,20

Auflage: 70 000 Stück

Buchstabencodes auf slowenischen Marken:

A = Postkarten und Standardbriefe, Inland
B = sonstige Briefe bis 20 g, Inland
C = Standardbriefe, Ausland
D = sonstige Briefe bis 20 g, Ausland

Slowenien

2005, 21. Jan. Grußmarke. Odr. (5×2); gez. K 11.

ux) Amor

501	180 (T)	mehrfarbig	ux	1,50	1,50
			FDC		3,—
			Kleinbogen	15,—	15,—

Auflage: 120 000 Stück

2005, 18. März. Volksmärchen. Odr. (5×5); gez. K 11½:11¾.

uy) Der goldene Fisch uz) Der dankbare Bär

502	A	mehrfarbig	uy	0,40	0,40
503	A	mehrfarbig	uz	0,40	0,40
			Satzpreis (2 W.)	0,80	0,80
			FDC		2,50

Nominale zur Zeit der Ausgabe: je 49 T
Auflage: 80 000 Sätze

2005, 18. März. Volksmärchen. Odr., Markenheftchen (8×1); selbstklebend; gestanzt.

uy l) Der goldene Fisch

504	A	mehrfarbig	uy l	0,40	0,40
505	A	mehrfarbig	uz l	0,40	0,40
			Satzpreis (2 W.)	0,80	0,80
			FDC		2,50
			Markenheftchen	3,20	

Nominale zur Zeit der Ausgabe: je 49 T

MiNr. 504–505 wurden zusammen im Markenheftchen zu 8 (je 4) Marken ausgegeben.
Auflage: 30 000 Markenheftchen

2005, 18. März. 60. Jahrestag der Rückkehr der slowenischen Vertriebenen. Odr. (5×5); gez. K 11¾:11¼.

va) Kolonne Vertriebener

506	A	mehrfarbig	va	0,40	0,40
			FDC		1,80

Nominale zur Zeit der Ausgabe: 49 T
Auflage: 120 000 Stück

2005, 18. März. 60. Jahrestag der Beendigung des Zweiten Weltkrieges. Odr. (5×5); gez. K 11¾:11¼.

vb) Freudenfeier

507	B	mehrfarbig	vb	0,50	0,50
			FDC		1,80

Nominale zur Zeit der Ausgabe: 57 T
Auflage: 120 000 Stück

2005, 18. März. Blockausgabe: 100 Jahre organisierter Fremdenverkehr in Slowenien. Odr.; gez. Ks 11¼.

vc) Alte Ansichtskarten mit Stadtansichten

vd

508	100 (T)	mehrfarbig	vc	0,90	0,90
Block 22	(70×60 mm)		vd	0,90	0,90
			FDC		2,50

Auflage: 80 000 Blocks

2005, 18. März. Mineralien (VI). Odr. (2×5); gez. K 14.

ve) Zoisit

509	D	mehrfarbig	ve	0,90	0,90
			FDC		2,20
			Kleinbogen	9,—	9,—

Nominale zur Zeit der Ausgabe: 107 T
Auflage: 120 000 Stück

2005, 18. März/4. Mai. Freimarken: Kulturelles Erbe (Format 26,5×37,5 mm). Odr. (10×5); gez. K 11¼:12.

ss l) Türportal, Zgornji Otok

510	A	mehrfarbig (18. März)	ss l	0,40	0,40
511	B	mehrfarbig (18. März)	ed l	0,50	0,50
512	B	mehrfarbig (2. April)	st l	0,50	0,50
513	B	mehrfarbig (4. Mai)	tx l	0,50	0,50
514	90.00 (T)	mehrfarbig (4. Mai)	gp l	0,80	0,80
515	C	mehrfarbig (4. Mai)	su l	0,90	0,90
516	D	mehrfarbig (2. April)	sv l	1,—	1,—
517	D	mehrfarbig (4. Mai)	ud l	1,—	1,—
			Satzpreis (8 W.)	5,50	5,50

Nominalen zur Zeit der Ausgabe: A = 49 T, B = 57 T, C = 95 T, D = 107 T

Weitere Werte in kleinerem Format siehe Übersicht nach Jahrgangswerttabelle.

Mit MICHEL machen Sie mehr aus Ihren Briefmarken!

2005, 2. April. Freimarke: Posthörner (Format 26,5 × 37,5 mm). Odr. (10 × 5); gez. K 11¼:12.

tw l) Posthörner

| 518 | 83 | (T) | cyanblau/gelborange | tw l | 0,70 | 0,70 |

In kleinerem Format: MiNr. 497

2005, 2. April/4. Mai. Freimarken: Burgen und Schlösser (Format 26,5 × 37,5 mm). Odr. (10 × 5); gez. K 11¼:12.

ma l) Höhlenburg Predjama

519	1	(T)	mehrfarbig (4. Mai)	ma l	0,10	0,10
520	1	(T)	mehrfarbig (4. Mai)	mb l	0,10	0,10
521	C		mehrfarbig (2. April)	un l	0,80	0,80
522	100	(T)	mehrfarbig (4. Mai)	mc l	0,90	0,90
523	100	(T)	mehrfarbig (4. Mai)	md l	0,90	0,90
			Satzpreis (5 W.)		2,80	2,80
			2 Paare		2,—	2,—

Nominale zur Zeit der Ausgabe: C = 95 T

Nominalgleiche Marken wurden jeweils waagerecht zusammenhängend gedruckt.

Weitere Werte: MiNr. 298–301, 316–319, 369–372, 420, 489,

2005, 2. April/5. Juli. Freimarken: Einheimische Früchte (Format 17 × 26,5 mm). Odr. (3 × 5 Zd); gez. K 11¾:11¼.

mp l) Kirschblüte der Sorte „Vigred"

524	5	(T)	mehrfarbig (4. Mai)	mp l	0,10	0,10
525	5	(T)	mehrfarbig (4. Mai)	mr l	0,10	0,10
526	5	(T)	mehrfarbig (4. Mai)	ms l	0,10	0,10
527	10	(T)	mehrfarbig (2. April)	me l	0,10	0,10
528	10	(T)	mehrfarbig (2. April)	mf l	0,10	0,10
529	10	(T)	mehrfarbig (2. April)	mg l	0,10	0,10
530	50	(T)	mehrfarbig (4. Mai)	om l	0,50	0,50
531	50	(T)	mehrfarbig (4. Mai)	on l	0,50	0,50
532	50	(T)	mehrfarbig (4. Mai)	oo l	0,50	0,50
533	150	(T)	mehrfarbig (5. Juli)	rc l	1,30	1,30
534	150	(T)	mehrfarbig (5. Juli)	rd l	1,30	1,30
535	150	(T)	mehrfarbig (5. Juli)	re l	1,30	1,30
			Satzpreis (12 W.)		6,—	6,—
			4 Dreierstreifen		6,—	6,—
			4 Viererstreifen (mit Zf)		6,—	6,—

Nominalgleiche Marken wurden waagerecht zusammenhängend gedruckt. Am rechten Bogenrand befindet sich ein senkrechter Streifen mit Zierfeldern.

Weitere Werte siehe Fußnote nach MiNr. 304

2005, 20. Mai. Johann Puch (Janez Puh). Odr. (5 × 5); gez. K 11¾:11¼.

vf) Puch-Motorrad (1910) von J. Puch (1862–1914), Fahrrad- und Motorradfabrikant

| 536 | 98 | (T) | mehrfarbig | vf | 0,90 | 0,90 |
| | | | FDC | | | 2,20 |

Auflage: 100 000 Stück

2005, 20. Mai. Europa: Gastronomie. Odr. (3 × 3); gez. K 11¾:11¼.

vg) Potica (Rollkuchen)

537	D		mehrfarbig	vg	0,90	0,90
			FDC			2,30
			Kleinbogen		7,—	7,—

Nominale zur Zeit der Ausgabe: 107 T

MiNr. 537 wurde im Kleinbogen zu 8 Marken und 1 Zierfeld gedruckt.

Auflage: 160 000 Stück

2005, 20. Mai. Postgeschichte: Exponate des Post- und Fernmeldemuseums, Škofia Loka. Odr. (5 × 5); gez. K 11¾:11¼.

vh) Postkutsche, Straßenbriefkasten

| 538 | 107 | (T) | mehrfarbig | vh | 0,90 | 0,90 |
| | | | FDC | | | 2,30 |

Auflage: 80 000 Stück

2005, 20. Mai. Slowenische Mythologie (II). Odr. (5 × 5); gez. K 11¼:11¾.

vi) Vesna (Personifizierung des Frühlings)

| 539 | 180 | (T) | mehrfarbig | vi | 1,50 | 1,50 |
| | | | FDC | | | 2,80 |

Auflage: 80 000 Stück

2005, 20. Mai. Traditionelles Kunsthandwerk: Bienenstockmalerei (III). Odr. (5 × 5); gez. K 11¾:11¼.

vk) Hirte schießt auf Adler; bemaltes Stirnbrett eines Bienenhauses

| 540 | 221 | (T) | mehrfarbig | vk | 1,90 | 1,90 |
| | | | FDC | | | 3,20 |

Auflage: 70 000 Stück

2005, 20. Mai. Freimarke: Grußmarke. Odr., Folienblatt (2 × 3); selbstklebend; gestanzt 12¾:12¼.

vl) Kind mit Sonnenblume

541	A		mehrfarbig	vl	0,40	0,40
			FDC			1,80
			Folienblatt		2,50	

Nominale zur Zeit der Ausgabe: 49 T

2005, 20. Mai. 100 Jahre St.-Stanislav-Institut für Bildung und Kultur, Ljubljana. Odr. (5 × 5); gez. K 11¾:11¼.

vm) Anton Bonaventura Jeglič (1850–1930), Fürstbischof von Ljubljana; St.-Stanislav-Institut

| 542 | 221 | (T) | mehrfarbig | vm | 1,90 | 1,90 |
| | | | FDC | | | 3,20 |

Auflage: 70 000 Stück

Slowenien

2005, 20. Mai. 50 Jahre Europamarken (2006). Odr. (5×5); A = gez. K 14:13¼.

vn) Marke MiNr. 403 (Detail), Lupe

vo) Marke MiNr. 186 (Detail), Pinzette und Lupe
vp) Marke MiNr. 259 (Detail), Lupe
vr) Marke MiNr. 81 (Detail), Lupe

543 A	60 (T)	mehrfarbig	vn	0,50	0,50
544 A	60 (T)	mehrfarbig	vo	0,50	0,50
545 A	60 (T)	mehrfarbig	vp	0,50	0,50
546 A	60 (T)	mehrfarbig	vr	0,50	0,50
		Satzpreis (4 W.)		2,—	2,—
		FDC			3,20

Blockausgabe, C = gez. Ks 14

543 C	60 (T)	mehrfarbig	vn	0,70	0,70
544 C	60 (T)	mehrfarbig	vo	0,70	0,70
545 C	60 (T)	mehrfarbig	vp	0,70	0,70
546 C	60 (T)	mehrfarbig	vr	0,70	0,70
Block 23	(135×85 mm)		vs	3,—	3,—
		FDC			4,50

Auflagen: MiNr. 543 A–546 A = 580 000 Sätze, Bl. 23 = 600 000 Blocks

2005, 30. Juni/22. Juli. Freimarken: Einheimische Früchte (Format 17×26,5 mm). Odr. (3×5 Zd); gez. K 11¾:11¼.

ua l) Blüte der Williams-Christ-Birne

547	A	mehrfarbig (22. Juli)	ua l	0,40	0,40
548	A	mehrfarbig (22. Juli)	ub l	0,40	0,40
549	A	mehrfarbig (22. Juli)	uc l	0,40	0,40
550	B	mehrfarbig (30. Juni)	se l	0,50	0,50
551	B	mehrfarbig (30. Juni)	sf l	0,50	0,50
552	B	mehrfarbig (30. Juni)	sg l	0,50	0,50
		Satzpreis (6 W.)		2,70	2,70
		2 Dreierstreifen		2,70	2,70
		2 Viererstreifen (mit Zf)		2,80	2,80

Nominalen zur Zeit der Ausgabe: A = 49 T, B = 57 T

Nominalgleiche Marken wurden waagerecht zusammenhängend gedruckt. Am rechten Bogenrand befindet sich ein senkrechter Streifen mit Zierfeldern.

Weitere Werte siehe Fußnote nach MiNr. 304

2005, 5. Juli. Freimarken: Einheimische Früchte – Aprikose (Prunus armeniaca). Odr. (3×5 Zd); gez. K 11¾:11¼.

vt) Blüte
vu) Aprikosensorte „Debeli Flokar"
vv) San-José-Schildlaus (Diaspidiotus perniciosus)

553	D	mehrfarbig	vt	0,90	0,90
554	D	mehrfarbig	vu	0,90	0,90
555	D	mehrfarbig	vv	0,90	0,90
		Satzpreis (3 W.)		2,70	2,70
		Dreierstreifen		2,70	2,70
		FDC			4,50
		Viererstreifen (mit Zf)		2,80	2,80

Nominale zur Zeit der Ausgabe: je 107 T

Am rechten Bogenrand befindet sich ein senkrechter Streifen mit Zierfeldern.

Weitere Werte siehe Fußnote nach MiNr. 304.

2005, 23. Sept. Autochthone Hunderassen. Odr. (5×5); gez. K 11¾:11¼.

vw) Savatal-Bracke
vx) Istrianer rauhhaarige Bracke
vy) Slowenische Hochgebirgsbracke

556	A	mehrfarbig	vw	0,40	0,40
557	B	mehrfarbig	vx	0,50	0,50
558	C	mehrfarbig	vy	0,80	0,80
		Satzpreis (3 W.)		1,70	1,70
		FDC			3,50

Blockausgabe, gez. Ks 11¼

vz) Istrianer kurzhaarige Bracke

559	D	mehrfarbig	vz	0,90	0,90
Block 24	(60×70 mm)		wa	0,90	0,90
		FDC			2,30

Nominalen zur Zeit der Ausgabe: A = 49 T, B = 57 T, C = 95 T, D = 107 T

Auflagen: MiNr. 556–558 = 80 000 Sätze, Bl. 24 = 70 000 Blocks

2005, 23. Sept. Orchideen. Odr. (5×5); gez. K 11¾:11¼.

wb) Holunder-Knabenkraut (Dactylorhiza sambucina)

560	B	mehrfarbig	wb	0,50	0,50

Blockausgabe, gez. K 11¼

wc) Zweiblättrige Waldhyazinthe (Platanthera bifolia)

561	D	mehrfarbig	wc	0,90	0,90
Block 25	(70×60 mm)		wd	0,90	0,90
		FDC (mit MiNr. 561 und Bl. 25)			3,40

Nominalen zur Zeit der Ausgabe: B = 57 T, D = 107 T

Auflagen: MiNr. 560 = 100 000 Stück, Bl. 25 = 80 000 Blocks

Slowenien

2005, 23. Sept. Kunst: Gotische Malerei. Komb. Odr. und Pdr. (2×4 Zd); gez. K 13½:13¾.

we
wf

we–wf) Der Totentanz; Fresko (Detail, 1490) aus der Dreifaltigkeitskirche, Hrastovlje, von Johannes de Kastua

562	107 (T)	mehrfarbig	we	0,90	0,90
563	107 (T)	mehrfarbig	wf	0,90	0,90
		Satzpreis (Paar)		1,80	1,80
		FDC			3,40

2005, 18. Nov. Weihnachten und Neujahr. Odr. (5×5); gez. K 11¾:11¼.

wg) Kind blickt durchs Fenster ins Freie
wh) Kinder mit Kerzen im Schnee

564	A	mehrfarbig	wg	0,40	0,40
565	C	mehrfarbig	wh	0,80	0,80
		Satzpreis (2 W.)		1,20	1,20
		2 FDC			4,—

Nominalen zur Zeit der Ausgabe: 49 bzw. 95 T
Auflage: 3 200 000 Sätze

2005, 18. Nov. Weihnachten und Neujahr. Odr., Markenheftchen (2×3+2×3); selbstklebend; gestanzt 7½.

wg) Kind blickt durchs Fenster ins Freie

566	A	mehrfarbig	wg	0,40	0,40
567	C	mehrfarbig	wh	0,80	0,80
		Satzpreis (2 W.)		1,20	1,20
		2 FDC			4,—
		MH mit 12 × MiNr. 566		5,—	
		MH mit 12 × MiNr. 567		10,—	

Nominalen zur Zeit der Ausgabe: 49 bzw. 95 T
Auflage: 1 800 000 Sätze

2005, 18. Nov. Regionale Küche: Prlekija. Odr. (2×4 Zd); gez. K 13¾.

wi) Prleška Gibanica und Ajdov Krapec
wk) Prleška Tünka mit Fleisch

568	107 (T)	mehrfarbig	wi	0,90	0,90
569	107 (T)	mehrfarbig	wk	0,90	0,90
		Satzpreis (Paar)		1,80	1,80
		FDC			3,50

MiNr. 568–569 wurden schachbrettartig zusammenhängend gedruckt.
Auflage: 80 000 Sätze

2005, 18. Nov. Vorsitz Sloweniens in der Organisation für Sicherheit und Zusammenarbeit in Europa (OSZE). Odr. (5×5); gez. K 11¼:11¾.

wl) Regenschirm mit OSZE-Emblem über Puzzleteilen

570	107 (T)	mehrfarbig	wl	0,90	0,90
		FDC			2,20

Auflage: 80 000 Stück

2006

2006, 20. Jan. Volkstrachten. Odr. (4×4); gez. K 14.

wm) Männer- und Frauentracht aus Kärnten

571	A	mehrfarbig	wm	0,40	0,40
		FDC			1,80

Nominale zur Zeit der Ausgabe: 49 T
Auflage: 150 000 Stück

2006, 20. Jan. Grußmarke. Odr. (5×2); gez. K 11.

wn) Liebespaar

572	B	mehrfarbig	wn	0,50	0,50
		FDC			2,—
		Kleinbogen		5,—	5,—

Nominale zur Zeit der Ausgabe: 57 T
Auflage: 120 000 Stück

2006, 20. Jan. 100. Geburtstag von Anton Trstenjak. Odr. (5×5); gez. K 14.

wo) A. Trstenjak (1906–1996), Theologe, Psychologe und Philosoph

573	B	mehrfarbig	wo	0,50	0,50
		FDC			2,—

Nominale zur Zeit der Ausgabe: 57 T
Auflage: 80 000 Stück

2006, 20. Jan. Olympische Winterspiele, Turin. Odr. (1×3 Zd); gez. K 14.

wp) Skispringen
wr) Snowboard
Zierfeld

Slowenien

574	95 (T)	mehrfarbig	wp	0,80	0,80
575	107 (T)	mehrfarbig	wr	0,90	0,90
		Satzpreis (2 W.)		1,70	1,70
		FDC		3,—	
		Dreierstreifen		1,70	1,70
		Kleinbogen		5,—	5,—

Auflage: 120 000 Sätze

2006, 20. Jan. Traditionelle Faschingskostüme (VIII). Odr. (4×4); gez. K 14.

ws) Hahn, Eierfrau, Eiermann und Jäger; Kostüme aus Ponikve bei Dolenjsko (Unterkrain)

| 576 | 420 (T) | mehrfarbig | ws | 7,— | 7,— |
| | | FDC | | 11,— | |

Auflage: 80 000 Stück

2006, 24. März. Kinderbuchillustrationen. Odr. (5×5); gez. K 14.

wt) Streifi, der kleine bunte Ball; Zeichnung von Gorazd Vahen (*1969) nach einer Figur des tschechischen Puppenspielers Jan Malík (1904–1980)

wu) Das schlafmützige Sternchen; Zeichnung von G. Vahen nach einer Figur aus einem Hörspiel von Frane Milčinski Ježek (1914–1988)

577	A	mehrfarbig	wt	0,40	0,40
578	A	mehrfarbig	wu	0,40	0,40
		Satzpreis (2 W.)		0,80	0,80
		FDC		2,40	

Nominale zum Zeitpunkt der Ausgabe: je 49 T

Auflage: 100 000 Stück

2006, 24. März. Kinderbuchillustrationen. Odr., Markenheftchen (4×1+4×1); selbstklebend; gestanzt.

wt) Streifi, der kleine bunte Ball

579	A	mehrfarbig	wt	0,40	0,40
580	A	mehrfarbig	wu	0,40	0,40
		Satzpreis (2 W.)		0,80	0,80
		FDC		2,40	
		Markenheftchen		3,50	

Nominale zum Zeitpunkt der Ausgabe: je 49 T

Auflage: jeweils 120 000 Stück

2006, 24. März. Schmetterlinge. Odr. (5×5); gez. K 14.

wv) Karst-Frostspanner (Erannis ankeraria)

| 581 | B | mehrfarbig | wv | 0,50 | 0,50 |

Blockausgabe

ww) Lorkovič-Mohrenfalter (Erebia calcaria)

wx

582	D	mehrfarbig	ww	0,90	0,90
Block 26	(70×60 mm)		wx	0,90	0,90
		FDC (MiNr. 581 und Bl. 26)		3,50	

Nominalen zum Zeitpunkt der Ausgabe: B = 57 T, D = 107 T

Auflagen: MiNr. 581 = 100 000 Stück, Bl. 26 = 100 000 Blocks

2006, 24. März. Peričnik-Wasserfall. Odr. (5×5); gez. K 14.

wy) Peričnik-Wasserfall

| 583 | D | mehrfarbig | wy | 0,90 | 0,90 |
| | | FDC | | 2,20 | |

Nominale zum Zeitpunkt der Ausgabe: 107 T

Auflage: 70 000 Stück

2006, 24. März. Fossilien. Odr. (5×2); gez. K 14.

wz) Pereiraea gervaisi, Meeresschnecke des Mittelmiozän

584	D	mehrfarbig	wz	0,90	0,90
		FDC		2,20	
		Kleinbogen		9,—	9,—

Nominale zum Zeitpunkt der Ausgabe: 107 T

Auflage: 120 000 Stück

2006, 19. Mai. Freimarke: Grußmarke. Odr., Folienblatt (2×3); selbstklebend; gestanzt 9.

xa) Blumenstrauß

585	C	mehrfarbig	xa	0,80	0,80
		FDC		2,20	
		Folienblatt		4,80	

Nominale zum Zeitpunkt der Ausgabe: 95 T

Die Ausführlichkeit der **MICHEL**-Kataloge ist international anerkannt.

Slowenien

2006, 19. Mai. Wildwasser-Kanuweltmeisterschaften der Junioren, Solkan. Odr. (5×5); gez. K 14.

xb) Einer-Canadier

586	C	mehrfarbig	xb	0,80	0,80
			FDC		2,20

Nominale zum Zeitpunkt der Ausgabe: 95 T
Auflage: 80 000 Stück

2006, 19. Mai. Europa: Integration. Odr. (3×3); gez. K 14¼.

xc) Katzen

587	D	mehrfarbig	xc	0,90	0,90
			FDC		2,30
			Kleinbogen	7,20	7,20

Nominale zum Zeitpunkt der Ausgabe: 107 T
MiNr. 587 wurde im Kleinbogen zu 8 Marken und 1 Zierfeld gedruckt.
Auflage: 160 000 Stück

2006, 19. Mai. Slowenische Mythologie (III). Odr. (5×5); gez. K 14¼.

xd) Lichtgott Svarog

588	D	mehrfarbig	xd	0,90	0,90
			FDC		2,30

Nominale zum Zeitpunkt der Ausgabe: 107 T
Auflage: 70 000 Stück

2006, 19. Mai. Traditionelles Kunsthandwerk: Bienenstockmalerei (IV). Odr. (5×5); gez. K 14.

xe) Mädchen schlägt Jungen mit Rechen

589	D	mehrfarbig	xe	0,90	0,90
			FDC		2,30

Nominale zum Zeitpunkt der Ausgabe: 107 T
Auflage: 70 000 Stück

2006, 25. Juni. Blockausgabe: 15 Jahre Unabhängigkeit. Odr.; gez. Ks 13¼:13¾.

xf) Radarbildschirm mit Umrißkarte Sloweniens

xg

590	C	mehrfarbig	xf	0,80	0,80
Block 27	(90×60 mm)		xg	0,80	0,80
			FDC		2,20

Nominale zum Zeitpunkt der Ausgabe: 95 T
Auflage: 120 000 Blocks

2006, 22. Sept. Wasserpflanzen. Odr. (5×5); gez. K 14.

xh) Gemeiner Schwimmfarn (Salvinia natans)

591	A	mehrfarbig	xh	0,50	0,50

Blockausgabe

xi) Vierblättriger Kleefarn (Marsilea quadrifolia)

xk

592	D	mehrfarbig	xi	0,90	0,90
Block 28	(60×70 mm)		xk	0,90	0,90
			FDC (MiNr. 591–592)		3,50

Nominalen zum Zeitpunkt der Ausgabe: A = 57 T, D = 107 T
Auflagen: MiNr. 591 = 100 000 Stück, Bl. 28 = 70 000 Blocks

2006, 22. Sept. Landwirtschaft: Leiterwagen. Odr. (5×5); gez. K 14.

xl) Heubeladener und ochsenbespannter Leiterwagen

593	D	mehrfarbig	xl	0,90	0,90
			FDC		2,30

Nominale zum Zeitpunkt der Ausgabe: 107 T
Auflage: 70 000 Stück

Buchstabencodes auf slowenischen Marken:

A = Postkarten und Standardbriefe, Inland
B = sonstige Briefe bis 20 g, Inland
C = Standardbriefe, Ausland
D = sonstige Briefe bis 20 g, Ausland

2006, 22. Sept. Blockausgabe: Deckenmalerei aus der Alten Grafschaft, Celje. Odr.; gez. K 14.

				xr
xm	xn	xo	xp	

xm–xp) Deckenfresko (17. Jh.) im Mittelsaal der Alten Grafschaft, Celje

594	D	mehrfarbig	xm	0,90	0,90
595	D	mehrfarbig	xn	0,90	0,90
596	D	mehrfarbig	xo	0,90	0,90
597	D	mehrfarbig	xp	0,90	0,90
Block 29	(113×85 mm)		xr	3,60	3,60
			FDC		4,50

Nominale zum Zeitpunkt der Ausgabe: D = 107 T

Auflagen: 80 000 Blocks

2006, 17. Nov. Freimarken: Einheimische Früchte – Kaki (Diospyros kaki). Odr. (3×5 Zd); gez. K 11¾:11¼.

xs) Blüte
xt) Kakifrucht
xu) Schmetterlingszikade (Metcalfa pruinosa)

598	D	mehrfarbig	xs	0,90	0,90
599	D	mehrfarbig	xt	0,90	0,90
600	D	mehrfarbig	xu	0,90	0,90
		Satzpreis (3 W.)		2,70	2,70
		Dreierstreifen		2,70	2,70
		FDC			4,50
		Viererstreifen (mit Zf)		2,80	2,80

Nominale zur Zeit der Ausgabe: je 107 T

Am rechten Bogenrand befindet sich ein senkrechter Streifen mit Zierfeldern.

Weitere Werte siehe Fußnote nach MiNr. 304.

2006, 17. Nov. Weihnachten und Neujahr. Odr. (10×5); gez. K 14¼:14.

xv) Schneemann   xw) Sternsinger

601	A	mehrfarbig	xv	0,40	0,40
602	C	mehrfarbig	xw	0,80	0,80
		Satzpreis (2 W.)		1,20	1,20
		2 FDC			4,—

Nominalen zur Zeit der Ausgabe: 49 bzw. 95 T

2006, 17. Nov. Weihnachten und Neujahr. Odr., Markenheftchen (6×2); selbstklebend; gestanzt.

xv) Schneemann

603	A	mehrfarbig	xv	0,40	0,40
604	C	mehrfarbig	xw	0,80	0,80
		Satzpreis (2 W.)		1,20	1,20
		2 FDC			4,—
		2 Markenheftchen		14,50	

Nominalen zur Zeit der Ausgabe: 49 bzw. 95 T

2006, 17. Nov. Partisanenkuriere und Fernmeldesoldaten. Odr. (5×5); gez. K 14¼:14.

xx) Kuriere im Zweiten Weltkrieg

605	C	mehrfarbig	xx	0,80	0,80
		FDC			2,20

Nominale zur Zeit der Ausgabe: 95 T

Auflage: 80 000 Stück

2006, 17. Nov. Blockausgabe: 100. Geburtstag von Pater Simon Ašič. Odr.; gez. K 14.

xy) Pater Simon Ašič (1906 bis 1992), Prior des Zisterzienserklosters Stična, Naturheilkundiger und Autor

xz

606	D	mehrfarbig	xy	0,90	0,90
Block 30	(70×60 mm)		xz	0,90	0,90
		FDC			2,40

Nominale zur Zeit der Ausgabe: 107 T

Auflagen: 100 000 Blocks

2006, 17. Nov. Regionale Küche: Haloze. Odr. (2×4 Zd); gez. K 14:14¼.

ya) Haloški Ftič (Putenbraten)   yb) Kvasenica (Topfenkuchen aus Hefeteig)

607	D	mehrfarbig	ya	0,90	0,90
608	D	mehrfarbig	yb	0,90	0,90
		Satzpreis (Paar)		1,80	1,80
		FDC			3,50

Nominale zur Zeit der Ausgabe: je 107 T

MiNr. 607–608 wurden waagerecht zusammenhängend gedruckt.

Auflage: je 70 000 Stück

2007

Neue Währung ab 1.1.2007: 1 Euro (€) = 100 Cent (C)

2007, 1. Jan. Freimarken: Pflanzen. Odr. (10×5); gez. K 11¼:11¾.

yc) Braungrüner Serpentin-Streifenfarn (Asplenium adulterinum)

yd) Nabelmiere (Moehringia tommasinii) | ye) Südliche Bocksriemenzunge (Himantoglossum adriaticum) | yf) Großen Kuhschelle (Pulsatilla grandis) | yg) Krainer Primel (Primula carniolica)

yh) Nickende Glockenblume (Campanula zoysii) | yi) Marienfrauenschuh (Cypripedium calceolus) | yk) Sumpfsiegwurz (Gladiolus palustris) | yl) Dinarisches Hornkraut (Cerastium dinaricum)

ym) Einkopfscharte (Serratula lycopifolia) | yn) Sternginster (Genista holopetala) | yo) Becherglockenblume (Adenophora liliifolia) | yp) Bertolonis Akelei (Aquilegia bertolonii)

yr) Zwiebelorchis (Liparis loeselii) | ys) Blaustern (Scilla litardierei) | yt) Alpenmannstreu (Eryngium alpinum) | yu) Pontische Azalee (Rhododendron luteum)

609	0.01 (€)	mehrfarbig .... yc	0,10	0,10
610	0.02 (€)	mehrfarbig .... yd	0,10	0,10
611	0.05 (€)	mehrfarbig .... ye	0,10	0,10
612	0.10 (€)	mehrfarbig .... yf	0,20	0,20
613	0.20 (€)	mehrfarbig .... yg	0,40	0,40
614	A	mehrfarbig .... yh	0,40	0,40
615	B	mehrfarbig .... yi	0,50	0,50
616	0.25 (€)	mehrfarbig .... yk	0,50	0,50
617	0.35 (€)	mehrfarbig .... yl	0,70	0,70
618	C	mehrfarbig .... ym	0,80	0,80
619	D	mehrfarbig .... yn	0,90	0,90
620	0.48 (€)	mehrfarbig .... yo	1,—	1,—
621	0.50 (€)	mehrfarbig .... yp	1,—	1,—
622	0.75 (€)	mehrfarbig .... yr	1,50	1,50
623	0.92 (€)	mehrfarbig .... ys	1,80	1,80
624	1.00 (€)	mehrfarbig .... yt	2,—	2,—
625	2.00 (€)	mehrfarbig .... yu	4,—	4,—
		Satzpreis (17 W.)	16,—	16,—
		FDC		18,—

Nominalen zur Zeit der Ausgabe: A = 0.20, B = 0.24, C = 0.40, D = 0.45 €

2007, 1. Jan. Blockausgabe: Einführung der Euro-Währung. Odr.; Sicherheitszähnung K 13¼

yv) 1-Euro-Münze

yw

626	1.00 (€)	mehrfarbig .... yv	2,—	2,—
Block 31 (100×50 mm)		.... yw	2,—	2,—
		FDC		3,50

Auflagen: 200 000 Blocks

2007, 24. Jan. Volkstrachten. Odr. (4×4); gez. K 11¾:11¼.

yx) Männer- und Frauentracht aus Smlednik; Gemälde von Franz Kurz zum Thurn und von Goldenstein (1807–1878)

| 627 | 0.20 (€) | mehrfarbig .... yx | 0,40 | 0,40 |
| | | FDC | | 1,80 |

Auflage: 150 000 Stück

2007, 24. Jan. Grußmarke. Odr. (5×2); gez. K 11.

yy) Brautpaar

628	0.24 (€)	mehrfarbig .... yy	0,50	0,50
		FDC		2,—
		Kleinbogen	5,—	5,—

Auflage: 120 000 Stück

2007, 24. Jan. 100. Geburtstag von Vasja Pirc. Odr. (5×5); gez. K 14.

yz) Vasja Pirc (1907–1980), Schachgroßmeister

| 629 | 0.46 (€) | mehrfarbig .... yz | 1,— | 1,— |
| | | FDC | | 2,50 |

Auflage: 80 000 Stück

Slowenien 1113

2007, 24. Jan. Meine Marke. Laserdr. (5×4, Querformate ~); selbstklebend; gestanzt 11½:12, Querformate ~.

za) Brautpaar

zb) Postpaket

zc) Storch bringt Säuglinge

zd) Postbote auf Fahrrad

630	A	mehrfarbig	za	0,40	0,40
631	A	mehrfarbig	zb	0,40	0,40
632	A	mehrfarbig	zc	0,40	0,40
633	A	mehrfarbig	zd	0,40	0,40
			Satzpreis (4 W.)	1,60	1,60
			FDC		3,—

Nominale zur Zeit der Ausgabe: je 0.20 €

MiNr. 630–633 konnten auch mit persönlich gestalteten Markenbildern bei der Slowenischen Post bestellt werden.

Auflage: 80 000 Sätze

ze) Aragonit

2007, 23. März. Mineralien (VII). Odr. (2×5); gez. K 11¾:11¼.

634	0.45	(€)	mehrfarbig ....ze	0,90	0,90
			FDC		2,30
			Kleinbogen	9,—	9,—

Auflage: 120 000 Stück

zf) Mangart (2678 m)

2007, 23. März. Berge (VIII). Odr. (5×5); gez. K 14.

635	0.45	(€)	mehrfarbig ....zf	0,90	0,90
			FDC		2,30

Auflage: 70 000 Stück

2007, 23. März. Weltweiter Naturschutz: Europäisches Eichhörnchen. Odr. (MiNr. 636–639 2×5, 640–643 2×1 Zd); MiNr. 636–639 gez. K 11¾:11¼, MiNr. 640–643 gez. K 13:13¼.

zg

zh

zi

zk

zg–zk) Europäisches Eichhörnchen (Sciurus vulgaris)

636	0.48	(€)	mehrfarbig ....zg	1,—	1,—
637	0.48	(€)	mehrfarbig ....zh	1,—	1,—
638	0.48	(€)	mehrfarbig ....zi	1,—	1,—
639	0.48	(€)	mehrfarbig ....zk	1,—	1,—
			Satzpreis (4 W.)	4,—	4,—
			FDC		6,50
			Kleinbogensatz (4 Klb.)	40,—	40,—
640	0.48	(€)	mehrfarbig ....zg l	1,—	1,—
641	0.48	(€)	mehrfarbig ....zh l	1,—	1,—
642	0.48	(€)	mehrfarbig ....zi l	1,—	1,—
643	0.48	(€)	mehrfarbig ....zk l	1,—	1,—
			Satzpreis (4 W.)	4,—	4,—
			FDC		6,50
			Zd-Kleinbogen	8,—	8,—

MiNr. 636–639 Markenformat 38×27 mm,
MiNr. 640–643 Markenformat 40×30 mm

Auflagen: MiNr. 636–639 je 120 000, MiNr. 640–643 je 150 000 Stück

2007, 23. März. Europa: Pfadfinder. Odr. (3×3); gez. K 14.

zl) Pfadfinder am Lagerfeuer (Comic)

644	0.50	(€)	mehrfarbig ....zl	1,—	1,—
			FDC		2,60
			Kleinbogen	8,—	8,—

MiNr. 644 wurde im Kleinbogen zu 8 Marken und 1 Zierfeld gedruckt.

Auflage: 160 000 Stück

Neuheiten

Ein Abonnement der MICHEL-Rundschau sichert Ihnen einen immer vollständigen Katalog, zeigt Ihnen Preisänderungen an und bereichert Ihre philatelistischen Kenntnisse durch gut recherchierte Fachbeiträge.

Jahrgangswerttabelle

Die Aufstellung folgt der numerischen Reihenfolge der Katalogisierung ohne Rücksicht auf die Chronologie eventueller Ergänzungswerte.

Grundsätzlich ist nur die jeweils billigste Sorte pro Marke bzw. Ausgabe angegeben, sofern nichts anderes vermerkt.

Zusammendrucke aus Bogen, Marken mit Zierfeldern usw. sind dann berücksichtigt, wenn sie als normale Ausgabeform anzusehen sind. Einzelmarken aus Blocks und Marken mit der Preisnotierung „—,—" sind nicht berücksichtigt.

Jahr	MiNr.	Euro **	Euro ⊙
1991	1–5	2,—	2,—
1992	6–35	37,50	37,50
1993	36–70	32,—	32,—
1994	71–102	44,20	44,20
1995	103–127	30,60	30,60
1996	128–172	42,90	42,90
1997	173–214	38,80	38,80
1998	215–246	45,80	45,80
1999	247–280	41,30	41,30
2000	281–333	124,10	124,10
2001	334–376	53,50	53,50
2002	377–415	65,—	65,—
2003	416–452	55,10	55,10
2004	453–496	36,50	36,50
2005	497–570	54,40	54,40
2006	571–608	34,60	34,60
Gesamtsumme		**738,30**	**738,30**

Blockaufstellung

Block 1 siehe nach MiNr. 85
Block 2 siehe nach MiNr. 145
Block 3 siehe nach MiNr. 150
Block 4 siehe nach MiNr. 185
Block 5 siehe nach MiNr. 195
Block 6 siehe nach MiNr. 221 II
Block 7 siehe nach MiNr. 230
Block 8 siehe nach MiNr. 244
Block 9 siehe nach MiNr. 266
Block 10 siehe nach MiNr. 297
Block 11 siehe nach MiNr. 323
Block 12 siehe nach MiNr. 354
Block 13 siehe nach MiNr. 359
Block 14 siehe nach MiNr. 399
Block 15 siehe nach MiNr. 402
Block 16 siehe nach MiNr. 408
Block 17 siehe nach MiNr. 429
Block 18 siehe nach MiNr. 441
Block 19 siehe nach MiNr. 478
Block 20 siehe nach MiNr. 484
Block 21 siehe nach MiNr. 488
Block 22 siehe nach MiNr. 508
Block 23 siehe nach MiNr. 546
Block 24 siehe nach MiNr. 559
Block 25 siehe nach MiNr. 561
Block 26 siehe nach MiNr. 582
Block 27 siehe nach MiNr. 590
Block 28 siehe nach MiNr. 592
Block 29 siehe nach MiNr. 597
Block 30 siehe nach MiNr. 606
Block 31 siehe nach MiNr. 626

Übersicht der Freimarken „Kulturelles Erbe"

Werte	Motiv	MiNr.
1 T	Lebkuchen	39
2 T	Rohrflöte	51
5 T	Doppelgrasharfe	52
6 T	Almhütte	40
7 T	Zither	41
8 T	Mühle	65
9 T	Transportschlitten	66
10 T	Tonbaß	53
11 T	Heukorb	89
12 T	Tonpferdchen	90
13 T	Klapper	204
14 T	Weinkrug	205
15 T	Hochofen	234
16 T	Windmühle	254
17 T	Maislager	260
18 T	Akkordeon	280
19 T auf 17 T	Maislager	305
20 T	Bauernhaus	54
44 T	Wohnhaus	42
50 T	Pumpe	55
55 T	Ostereier (kl. Format)	136
65 T	Glaskugellampe	137
70 T	Skier	125
75 T	Fenstergitter	138
80 T	Palmbuschen	177
90 T	Bienenhaus (kl. Format)	193
90 T	Bienenhaus (gr. Format)	514
100 T	Rollkuchen	56
200 T	Stiefelknecht	245
300 T	Strohgesteck	97
400 T	Weinpresse	98
500 T	Tisch	246
A	Türportal (kl. Format)	443
A	Türportal (gr. Format)	510
B	Fischerboot (kl. Format)	444
B	Bergmannshaus (kl. Format)	477
B	Ostereier (gr. Format)	511
B	Fischerboot (gr. Format)	512
B	Bergmannshaus (gr. Format)	513
C	Sensenbaum (kl. Format)	445
C	Sensenbaum (gr. Format)	515
D	Zierkamm (kl. Format)	446
D	Einbaum (kl. Format)	482
D	Zierkamm (gr. Format)	516
D	Einbaum (gr. Format)	517

Verzeichnis der Markenheftchen mit Zusammendrucken

Heftchen-Nr.	Bezeichnung	Ausgabe-Datum	Nomi-nale	Enthält H-Blatt	Preis
1	Weihnachten und Neujahr	18. 11. 1997	340 T.	1	4,—
2	Weihnachten und Neujahr	12. 11. 1998	450 T.	2	5,—
3	Weihnachten und Neujahr	18. 11. 1999	325 T.	3	6,—

Zusammendrucke aus Markenheftchen

Kenn-Nr.	Katalog-Nr.	Werte	Preise ** ** = ☉

Weihnachten und Neujahr (18. 11. 1997)

W 1.	211/212	14 + 90	1,10
S 1.	211/212	14 + 90	1,10

Weihnachten und Neujahr (12. 11. 1998)

W 2.	240/241	15 + 90	1,10
S 2.	241/240	90 + 15	1,10

Zf 1   Zf 2

Weihnachten und Neujahr (18. 11. 1999)

W 3.	276/Zf 1	17 + Zf 1	0,10
W 4.	276/278	17 + 80	1,10
W 5.	278/Zf 2	80 + Zf 2	0,80
S 3.	276/278	17 + 80	1,10

Verzeichnis der Heftchenblätter

14	90	90	90
14	14	14	14

H-Blatt 1 mit MiNr. 211-212   3,60

15	90	90	90	90
15	15	15	15	15

H-Blatt 2 mit MiNr. 240–241   5,—

17	17	17	17	Zf 1
17	80	80	80	Zf 2

H-Blatt 3 mit MiNr. 276, 278   3,20

Zwangszuschlagsmarken

1992

1992, 8. Mai. Rotes Kreuz. Odr.; gez. L 14.

a) Inschrift

					**	⊙
1	3 (T)	mehrfarbig	.... a		0,80	0,80

Auflage: 1 225 000 Stück

Verwendung: 8.–15.5.1992

1992, 1. Juni. Rotes Kreuz: Woche der Solidarität. Odr.; gez. K 14.

b) Zerstörtes Haus

| 2 | 3 (T) | mehrfarbig | .... b | 0,60 | 0,60 |

Auflage: 1 030 000 Stück

Verwendung: 1.–6.6.1992

1992, 14. Sept. Rotes Kreuz: Woche des Nichtrauchens. Odr.; gez. K 14.

c) Frauenhand zerdrückt Zigaretten

| 3 | 3 (T) | mehrfarbig | .... c | 0,50 | 0,50 |

Auflage: 357 000 Stück

Verwendung: 14.–21.9.1992

1993

1993, 8. Mai. Rote Kreuz. Odr.; gez. K 13¾:14.

d) Inschrift, Rotes Kreuz

| 4 | 3.50 (T) | mehrfarbig | .... d | 0,30 | 0,30 |

Auflage: 1 294 000 Stück

Verwendung: 8.–14.5.1993

1993, 1. Juni. Rotes Kreuz: Woche der Solidarität. Odr.; gez. K 14.

e) Rotkreuzhelfer beim Katastropheneinsatz

| 5 | 3.50 (T) | mehrfarbig | .... e | 0,30 | 0,30 |

Auflage: 1 065 000 Stück

Verwendung: 1.–7.6.1993

1993, 14. Sept. Rotes Kreuz: Woche des Nichtrauchens. Odr.; gez. K 13¾:14.

f) Junge zündet sich Zigarette an, Zigarette drückt Jungen in den Aschenbecher

| 6 | 4.50 (T) | mehrfarbig | .... f | 0,40 | 0,40 |

Auflage: 392 000 Stück

Verwendung: 14.–21.9.1993

1994

1994, 8. Mai. Rotes Kreuz. Odr.; gez. K 13¾:14.

g) Hände mit Luftballons, Mauer mit Rotkreuzplakat

| 7 | 4.50 (T) | mehrfarbig | .... g | 0,30 | 0,30 |

Auflage: 1 300 000 Stück

Verwendung: 8.–15.5.1994

1994, 1. Juni. Rotes Kreuz: Woche der Solidarität. Odr.; gez. K 13¾:14.

h) Rotkreuzhelfer mit Kleinkind

| 8 | 4.50 (T) | mehrfarbig | .... h | 0,30 | 0,30 |

Auflage: 1 300 000 Stück

Verwendung: 1.–7.6.1994

1995

1995, 8. Mai. Rotes Kreuz. Odr.; gez. K 14.

i) Kind malt ein rotes Kreuz

| 9 | 6.50 (T) | mehrfarbig | .... i | 0,30 | 0,30 |

Verwendung: 8.–15.5.1995

Slowenien 1117

1995, 1. Juni. Rotes Kreuz: Woche der Solidarität. Odr.; gez. K 14.

k) Erste Hilfe bei einem Verletzten

| 10 | 6.50 (T) | mehrfarbig | k | 0,30 | 0,30 |

Verwendung: 1.–7.6.1995

1996

1996, 8. Mai. Rotes Kreuz: 130 Jahre Slowenisches Rotes Kreuz. Odr.; gez. K 14.

l) Rotes Kreuz, Inschrift

| 11 | 7 (T) | lilaultramarin | l | 0,30 | 0,30 |

Verwendung: 8.–15.5.1996

1996, 1. Juni. Ausgabe zugunsten des Roten Kreuzes: Woche der Solidarität. Odr.; gez. K 14.

m) Händedruck

| 12 | 7 (T) | mehrfarbig | m | 0,30 | 0,30 |

Verwendung: 1.–7.6.1996

1997

1997, 8. Mai. Rotes Kreuz. Odr.; gez. K 14.

n) Ziegelstein mit Inschrift

| 13 | 7 (T) | mehrfarbig | n | 0,30 | 0,30 |

Verwendung: 8.–14.5.1997

1997, 1. Juni. Rotes Kreuz: Woche der Solidarität. Odr.; gez. K 14.

o) Rotes Kreuz, Inschrift „Niemals allein"

| 14 | 7 (T) | mehrfarbig | o | 0,30 | 0,30 |

Verwendung: 1.–7.6.1997

1998

1998, 8. Mai. Rotes Kreuz. Odr.; gez. K 14.

p) Rotes Kreuz, Blutstropfen

| 15 | 7 (T) | mehrfarbig | p | 0,40 | 0,40 |

Verwendung: 8.–14.5.1998

1998, 1. Juni. Rotes Kreuz: Woche der Solidarität. Odr.; gez. K 14.

r–s) Kettenglieder

16	7 (T)	rot/schwarz	r	0,20	0,20
17	7 (T)	rot/schwarz	s	0,20	0,20
		Satzpreis (Paar)		0,60	0,60

MiNr. 16–17 wurden waagerecht zusammenhängend gedruckt.

Verwendung: 1.–7.6.1998

1999

1999, 8. Mai. Rotes Kreuz. Odr.; gez. K 14.

t) Stilisierte Menschen

| 18 | 8 (T) | mehrfarbig | t | 0,40 | 0,40 |

Verwendung: 8.–15.5.1999

1999, 1. Nov. Rotes Kreuz: Woche der Solidarität. Odr.; gez. K 14.

r–s) Kettenglieder

19	9 (T)	mehrfarbig	r	0,20	0,20
20	9 (T)	mehrfarbig	s	0,20	0,20
		Satzpreis (Paar)		0,60	0,60

MiNr. 19–20 wurden waagerecht zusammenhängend gedruckt.

Verwendung: 1.–7.11.1999

In gleichen Zeichnungen: MiNr. 16–17

2000

2000, 8. Mai. Rotes Kreuz. Odr.; gez. K 14.

u) Emblem des Slowenischen Roten Kreuzes

| 21 | 10 | (T) | schwarz/rot | .... | u | 0,70 | 0,70 |

Verwendung: 8.–15.5.2000

2000, 1. Nov. Rotes Kreuz: Woche der Solidarität. Odr.; gez. K 14.

r
s
r–s) Kettenglieder

22	10	(T)	mehrfarbig	....	r	1,—	1,—
23	10	(T)	mehrfarbig	....	s	1,—	1,—
			Satzpreis (Paar)			2,—	2,—

MiNr. 22–23 wurden waagerecht zusammenhängend gedruckt.

Verwendung: 1.–7.11.2000

In gleichen Zeichnungen: MiNr. 16–17, 19–20

2001, 8. Mai. Rotes Kreuz. Odr.; gez. K 14.

v) Rotes Kreuz

| 24 | 12 | (T) | mehrfarbig | .... | v | 0,70 | 0,70 |

Verwendung: 8.–15.5.2001

2001, 1. Nov. Rotes Kreuz: Woche der Solidarität. Odr.; gez. K 14.

w) Farbige Handabdrücke

| 25 | 13 | (T) | mehrfarbig | .... | w | 0,70 | 0,70 |

Verwendung: 1.–7.11.2001

2002

2002, 8. Mai. Rotes Kreuz. Odr.; gez. K 14.

x) Mann hält Herz in Händen

| 26 | 15 | (T) | schwarz/rot | .... | x | 1,— | 1,— |

Verwendung: 8.–15.5.2002

2002, 1. Nov. Rotes Kreuz: Woche der Solidarität. Odr.; gez. K 14.

y) Mann und Frau im Profil

| 27 | 15 | (T) | mehrfarbig | .... | y | 1,— | 1,— |

Verwendung: 1.–7.11.2002

2003

2003, 8. Mai. Rotes Kreuz. Odr.; gez. K 14.

z) Blutstropfen (Kampagne für das Blutspenden)

| 28 | 19 | (T) | mehrfarbig | .... | z | 0,70 | 0,70 |

Verwendung: 8.–15.5.2003

2003, 1. Nov. Rotes Kreuz: Woche der Solidarität. Odr.; gez. K 14.

aa) Blütenblätter

| 29 | 19 | (T) | mehrfarbig | .... | aa | 0,70 | 0,70 |

Verwendung: 1.–7.11.2003

2004

2004, 8. Mai. Rotes Kreuz. Odr.; gez. K 14.

ab) Blutstropfen mit Gesicht
ac) Mädchen
ad) Junge mit Kopfverband
ae) Alte Frau

30	19	(T)	mehrfarbig	....	ab	0,30	0,30
31	19	(T)	mehrfarbig	....	ac	0,30	0,30
32	19	(T)	mehrfarbig	....	ad	0,30	0,30
33	19	(T)	mehrfarbig	....	ae	0,30	0,30
			Satzpreis (4 W.)			1,20	1,20
			Viererblock			1,50	1,50

MiNr. 30–33 wurden in Viererblockanordnung zusammenhängend gedruckt.

Verwendung: 8.–15.5.2004

2004, 1. Nov. Rotes Kreuz: Woche der Solidarität. Odr.; gez. K 14.

af) Flugzeug wirft Hilfspakete ab
ag) Brennendes Hausdach
ah) Hilfspakete vor Haus
ai) Zerstörtes Haus

34	23	(T)	mehrfarbig	af	0,30	0,30
35	23	(T)	mehrfarbig	ag	0,30	0,30
36	23	(T)	mehrfarbig	ah	0,30	0,30
37	23	(T)	mehrfarbig	ai	0,30	0,30
			Satzpreis (4 W.)		1,20	1,20
			Viererblock		1,50	1,50

MiNr. 34–37 wurden in Viererblockanordnung zusammenhängend gedruckt.

Verwendung: 1.–7.11.2004

2005

2005, 8. Mai. Rotes Kreuz. Odr.; gez. K 14.

ak) Mann und Frau mit Emblem des Slowenischen Roten Kreuzes

38	25	(T)	schwarz/rosa	ak	0,50	0,50

Verwendung: 8.–15.5.2005

2005, 1. Nov. Rotes Kreuz: Woche der Solidarität. Odr.; gez. K 14.

al) Durch Hochwasser beschädigtes Wohnhaus
am) Pegel im Hochwasser

39	25	(T)	mehrfarbig	al	0,20	0,20
40	25	(T)	mehrfarbig	am	0,20	0,20
			Satzpreis (Paar)		0,40	0,40

Verwendung: 1.–7.11.2005

2006

2006, 8. Mai. 140 Jahre Slowenisches Rotes Kreuz. Odr.; gez. K 14.

an) Rotkreuzschwestern

41	25	(T)	mehrfarbig	an	0,50	0,50

Verwendung: 8.–15.5.2006

2006, 9. Okt. Woche des Brandschutzes. Odr.; gez. K 14.

ao) Feuerwehrleute bekämpfen Brand

42	25	(T)	mehrfarbig	ao	0,50	0,50

Verwendung: 9.–14.10.2006

2006, 1. Nov. Rotes Kreuz: Woche der Solidarität. Odr.; gez. K 14.

ap) Hände halten Weltkugel

43	25	(T)	mehrfarbig	ap	0,50	0,50

Verwendung: 1.–7.11.2006

Stücke in Zeichnung der Zwangszuschlagsmarken auf selbstklebender Papierfolie (☐, teils mit Gefälligkeitsabstempelungen) sind keine postalischen Ausgaben und werden für andere Zwecke benutzt.

Neuheiten

Ein Abonnement der MICHEL-Rundschau sichert Ihnen einen immer vollständigen Katalog, zeigt Ihnen Preisänderungen an und bereichert Ihre philatelistischen Kenntnisse durch gut recherchierte Fachbeiträge.

Triest

Zone A: Von amerikanischen, britischen und neuseeländischen Truppen besetzte Zone. Währung: 1 Lira (L) = 100 Centesimi (C)
Zone B: Von jugoslawischen Truppen besetzte Zone. Währung: 1 Dinar (D) = 100 Paras (P)
Nach dem Zweiten Weltkrieg wurden Triest und die umliegenden Gebiete von alliierten Truppen besetzt, am 10.2.1947 wurde der Friedensvertrag mit Italien unterzeichnet, in welchem die Errichtung einer „neutralen, entmilitarisierten Zone" beschlossen wurde. Am 16.9.1947 wurde das Freie Territorium Triest konstituiert, geteilt in eine Zone A (alliierte Militärregierung) und eine Zone B (jugoslawische Militärverwaltung). Zwischen dem 16.9.1947 und dem 1.10.1947 wurden die Postwertzeichen der alliierten Militärverwaltung Julisch-Venetien AMG.-V.G.) verwendet. Nach dem Londoner Abkommen vom 5.10.1954 wurden Triest und der überwiegende Teil der Zone A Italien, der übrige Teil Jugoslawien zugesprochen. Dies vollzog sich offiziell am 13.11.1954.

Preise ungebraucht ✶✶

Ausgaben für Julisch-Venetien (Venezia Giulia)

 I   II

 III   IV

1945/47

1945/47. Freimarken. Marken von Italien mit Bdr.-Aufdruck in Type I–IV.

				✶✶	⊙
Auf Ausgabe 1929; Wz. 1:					
1	10 C	dunkelbraun (22.9.1945)			
		. . . . (301) I	0,20	0,20
2	20 C	karmin (9.12.1946) . . . . . . (303) I	0,20	0,20
A 2	10 L	dunkelviolett . . . . (314) I	6000,—	
3	20 L	hellgelbgrün (10.7.1946) . . . (315) I	2,—	2,50
Auf Ausgabe 1945/46; oWz.:					
4	10 C	dunkelbraun (25.9.1945) . . (670 Y) I	0,20	0,50
5	20 C	karmin (25.9.1945) . . . . . (671 Y) I	0,20	1,—
6	60 C	dunkelorange (22.9.1945) . (675 Y) I	0,20	0,50
Auf Ausgabe 1945/46; Wz. 3:					
7	20 C	karmin (22.9.1945) . . . . . (671 Z) I	0,50	0,40
8	60 C	schwarzgrün (22.9.1945) . . (676 Z) I	0,20	0,40
9	1 L	violett (22.9.1945) . . . . . . (677 Z) I	0,20	0,20
10	2 L	dunkelkarmin (22.9.1945) . . (679 Z) I	0,50	0,20
11	5 L	karmin (16.10.1945) . . . . . (680 Z) II	0,70	0,40
12	10 L	dunkelviolett (22.9.1945) . . (681 Z) I	0,70	0,40
Auf Ausgabe 1945/47; Wz. 3:					
13	25 C	blaugrün (8.1.1947) . . . . (684) I	0,20	0,50
14	2 L	dunkelbraun (16.7.1947) . . . . (691) I	0,50	0,50
15	3 L	rot (8.1.1947) . . . . (692) I	0,50	0,50
16	4 L	rotorange (18.12.1946) . . . . (693) I	0,50	0,20
17	6 L	grauviolett (16.7.1947) . . . . (695) I	1,70	1,20
18	20 L	purpur (23.7.1947) . . . . (700) I	50,—	1,70
19	25 L	schwarzgrün (10.7.1946) . . (701) IV	5,—	5,—
20	50 L	dkl'braunviolett (10.7.1946) (703) IV	5,—	7,50
21	100 L	dkl'karmin (13.9.1947) . . . . (704) III	22,—	40,—
		MiNr. 1–21 Satzpreis (21 W., ohne MiNr. A 2)	90,—	60,—

Zahlreiche Aufdruckfehler bekannt.

MiNr. A 2 entstand durch versehentliches Überdrucken der MiNr. 314 anstelle von MiNr. 681 Z. Bisher sind ca. 50 Exemplare bekannt.

Auflagen: MiNr. 1 = 3 200 600, MiNr. 2 = 2 000 000, MiNr. 3 = 360 100, MiNr. 4 = 3 086 000, MiNr. 5 = 1 000 100, MiNr. 6 = 400 000, MiNr. 7 = 2 333 800, MiNr. 8 = 2 332 800, MiNr. 9 = 11 949 000, MiNr. 10 = 12 350 900, MiNr. 11 = 4 680 100, MiNr. 12 = 2 785 100, MiNr. 13 = 2 867 000, MiNr. 14 = 2 119 000, MiNr. 15 = 3 180 000, MiNr. 16 = 2 794 700, MiNr. 17 = 319 800, MiNr. 18 = 350 100, MiNr. 19 = 291 650, MiNr. 20 = 213 700, MiNr. 21 = 142 700 Stück

1946

1946, 13. Sept. Eilmarken MiNr. 716 und 719 von Italien mit Bdr.-Aufdruck in Type III.

22	10 L	dkl'blau . . . . (716)	5,—	3,—
23	30 L	violett . . . . (719)	10,—	15,—
		Satzpreis (2 W.)	15,—	18,—

Aufdruckfehler bekannt.

Auflagen: MiNr. 22 = 541 720, MiNr. 23 = 138 400 Stück

✈ 1945, 22. Sept. Flugpostmarke. MiNr. 328 von Italien mit Bdr.-Aufdruck in Type I.

24	50 Cmi	dunkelbraun	0,20	0,30

Aufdruckfehler bekannt.

Auflage: 3 071 850 Stück

✈ 1945/47. Freimarken. MiNr. 706–707 und 709–713 von Italien mit Bdr.-Aufdruck in Type III.

25	1 L	graublau (13.9.1946) . . . . . . (706)	0,50	1,—
26	2 L	dunkelblau (9.12.1946) . . . . . (707)	0,50	1,—
27	5 L	dunkelgrün (23.1.1947) . . . . (709)	3,—	3,—
28	10 L	dunkelkarminrot (23.1.1947) . . . . (710)	3,—	3,—
29	25 L	dunkelblau (13.9.1946) . . . . (711)	3,—	3,—
30	25 L	braun (23.7.1947) . . . . (712)	20,—	28,—
31	50 L	dunkelgrün (13.9.1946) . . . . (713)	5,—	8,—
		Satzpreis (2 W.)	35,—	45,—

Aufdruckfehler bekannt.

Auflagen: MiNr. 25 = 498 700, MiNr. 26 = 314 800, MiNr. 27 = 180 200, MiNr. 28 = 179 800, MiNr. 29 = 146 300, MiNr. 30 = 121 100, MiNr. 31 = 171 300 Stück

Alle Marken in Pola (Istrien), Görz und dem östlichen Teil Julisch-Venetiens bis 15. Sept. 1947, in Triest und Umgebung bis 30. Sept. 1947 gültig. Mischfrankaturen mit Triest, Zone A, anfangs dort offiziell geduldet.

A. Zone A

1 Lira = 100 Centesimi

Sämtliche Marken von Triest, Zone A, sind überdruckte italienische Marken. Besondere Hinweise bei den einzelnen Ausgaben fallen zur Satzvereinfachung fort. Die Nummern der Urmarken stehen in Klammern vor der Preisangabe. Bei MiNr. 58, 71–72, 74, 76–79, 99, 109, 115–117, 157, 175, 181, 183, 185, 189–190, 192–193, 214–215, 219, 226–227, 235 von Triest – Zone A finden sich einmal im Bogen oben links oder rechts vier Textfelder, die mit den fünf anhängenden Marken von Spezialisten als Eckrand-Neunerblocks (5 Marken, 4 Textfelder) beachtet werden.

FALSCH Es gibt von allen besseren Werten Aufdruckfälschungen.

A.M.G.F.T.T. = **A**llied **M**ilitary **G**overnment **F**ree **T**erritory **T**rieste.

A.M.G. F.T.T.	A.M.G F.T.T.	A.M.G. F.T.T.	A.M.G.– F. T. T.	A.M.G. F.T.T. (1948) TRIESTE	A.M.G. F.T.T.	
I	II	III	IV	V	VI	
A.M.G. F.T.T.	AMG-FTT	AMG FTT	AMG-FTT	AMG FTT	AMG FTT fiera di trieste 1950	
VII	VIII	IX	X	XI	XII	
AMG-FTT	AMG-FTT FIERA di TRIESTE 1951	AMG FTT	AMG FTT	FTT	A M G	F T T
XIII	XIV	XV	XVI		XVII	
AMG FTT	A M G	F T T	V FIERA DI TRIESTE A M G ✝ F T T 1953	AMG-FTT FIERA DI TRIESTE 1954	A.M.G. F.T.T. (1948) TRIESTE	
XVIII	XIX	XX	XX	XXI	XXII	
A.M.G. F.T.T.	A.M.G. F.T.T.	A.M.G. F.T.T.	AMG-FTT	AMG FTT		
XXIII	XXIV	XXV				

Abbildungen und Typologisierungen: Thomas Mathà: Handbuch Triest und Julisch-Venetien zur Zeit der Alliierten Besetzungen 1945–1954, Bozen 1992.

Triest – Zone A

1947

**1947, 1. Okt./1948, 1. März. Freimarken: „Serie Democratica".
Aufdruck Typen I–III.**

					**	⊙
1	25	Centesimi blaugrün	(684)	I	0,20	0,20
2	50	Cmi violett	(686)	I	0,20	0,20
3	1 L	graugrau	(689)	I	0,20	0,20
4	2 L	dunkelbraun	(691)	I	0,20	0,20
5	3 L	rot	(692)	I	0,20	0,20
6	4 L	rotorange	(693)	I	0,20	0,20
7	5 L	dunkelblau	(694)	I	0,20	0,20
8	6 L	grauviolett	(695)	I	0,20	0,20
9	8 L	dunkelgrün (1.3.1948)	(696)	I	1,70	2,—
10	10 L	schwarzgrau	(697)	I	0,20	0,20
11	10 L	rotorange (1.3.1948)	(698)	I	7,50	2,—
12	15 L	blau	(699)	I	0,50	0,20
13	20 L	purpur	(700)	I	2,50	2,—
14	25 L	schwarzgrün	(701)	II	3,50	2,—
15	30 L	dunkelultramarin (1.3.1948)	(702)	II	160,—	2,—
16	50 L	dunkelbraunviolett	(703)	II	3,50	2,—
17	100 L	dunkelkarmin	(704)	III	25,—	10,—
		Satzpreis (17 W.)			200,—	20,—

Auflagen: MiNr. 1 = 620 000, MiNr. 2 und MiNr. 16 je 600 000, MiNr. 3 = 1 000 000, MiNr. 4 = 1 200 000, MiNr. 5 = 1 210 000, MiNr. 6 = 1 100 000, MiNr. 7 = 3 500 000, MiNr. 8 = 2 200 000, MiNr. 9 = 700 000, MiNr. 10 = 2 200 000, MiNr. 11 = 2 300 000, MiNr. 12 = 2 900 000, MiNr. 13 = 1 900 000, MiNr. 14 = 400 000, MiNr. 15 = 500 000, MiNr. 17 = 300 000 Stück

Gültig bis 31.12.1950

✈ 1947, 1. Okt. Flugpostmarken. Aufdruck Type III.

18	1 L	blaugrau	(706)	0,20	0,20
19	2 L	dunkelblau	(707)	0,20	0,20
20	5 L	dunkelgrün	(709)	2,50	1,50
21	10 L	dunkelkarminrot	(710)	2,50	1,50
22	25 L	braun	(712)	8,—	2,50
23	50 L	violett	(714)	32,—	3,50
		Satzpreis (2 W.)		45,—	9,—

Auflagen: MiNr. 18 = 1 200 000, MiNr. 19 und MiNr. 22 je 300 000, MiNr. 20 und MiNr. 21 je 155 000, MiNr. 23 = 305 000 Stück

Gültig bis 31.12.1950

1947, 1. Okt./1948, 1. März. Eilmarken. Aufdruck Type III.

24	15 L	dunkelrotlila	(717)	0,20	0,20
25	25 L	rotorange (1.3.1948)	(718)	35,—	5,—
26	30 L	violett	(719)	0,50	0,50
27	60 L	karmin (1.3.1948)	(720)	25,—	10,—
		Satzpreis (4 W.)		60,—	15,—

Auflagen: MiNr. 24 = 600 000, MiNr. 25 = 300 000, MiNr. 26 = 155 000, MiNr. 27 = 150 000 Stück

Vorstehende Marken mit Aufdruck in Type VIII bzw. X: MiNr. 80–95

Gültig bis 31.12.1950

✈ 1947, 19. Nov. 50 Jahre drahtlose Telegraphie. Aufdruck Type II.

28	6 L	dunkelviolett	(732)	1,50	1,50
29	10 L	dunkellilarot	(733)	1,50	1,50
30	20 L	dunkelorange	(734)	7,50	2,50
31	25 L	grünblau	(735)	1,50	1,50
32	35 L	dunkelblau	(736)	1,50	1,70
33	50 L	lila	(737)	7,50	1,50
		Satzpreis (6 W.)	20,—	10,—

Auflage: 270 000 Sätze

Gültig bis 30.6.1949

1948

1948, 1. Juli. 100. Jahrestag der Erhebung von 1848. Aufdruck Type IV.

34	3 L	sepia	(748)	0,20	0,20
35	4 L	lila	(749)	0,20	0,20
36	5 L	dunkelblau	(750)	0,20	0,20
37	6 L	grün	(751)	0,20	0,20
38	8 L	dunkelbraun	(752)	0,20	0,20
39	10 L	orangerot	(753)	0,20	0,20
40	12 L	graugrün	(754)	0,50	1,—
41	15 L	schwarz	(755)	17,—	7,—
42	20 L	karminrosa	(756)	17,—	7,—
43	30 L	blau	(757)	2,50	1,50
44	50 L	violett	(758)	12,—	15,—
45	100 L	blaugrau	(759)	35,—	30,—

Eilmarke (24. Sept.)

46	35 L	violett	(760)	8,—	5,—
		Satzpreis (13 W.)	90,—	65,—
		FDC		150,—

Auflagen: MiNr. 34 und 35 je 500 000, MiNr. 36 = 510 000, MiNr. 37 = 282 000, MiNr. 38 und 39 je 400 000, MiNr. 40 und 45 je 100 000, MiNr. 41 und 44 je 110 000, MiNr. 42 = 200 000, MiNr. 43 = 300 000, MiNr. 46 = 150 000 Stück

Gültig bis 31.12.1949

✈ 1948, 1. März/24. Sept. Flugpostmarken. Aufdruck Type VII.

47	100 L	schwarzgrün	(763)	75,—	3,—
48	300 L	dunkellilarot	(764)	12,—	12,—
49	500 L	ultramarin	(765)	15,—	15,—
50	1000 L	braunkarmin (24.9.)	(766)	150,—	150,—
		Satzpreis (4 W.)	250,—	180,—

Auflagen: MiNr. 47 = 150 000, MiNr. 48 und 49 = 50 000, MiNr. 50 = 27 000 Stück

Mit Aufdruck in Type VIII: MiNr. 96–98

Gültig bis 31.12.1950

Triest – Zone A

1948, 8. Sept. Triester Philatelisten-Kongreß. Roter Aufdruck Type V.

51	8 L	dunkelgrün	(696) R	0,20	0,20
52	10 L	rotorange	(698) R	0,20	0,20
53	30 L	dunkelultramarin	(702) R	2,—	2,—

✈ **Flugpostmarken, Aufdruck Type XXII**

54	10 L	dunkelkarminrot	(710)	0,30	0,30
55	25 L	braun	(712)	0,70	0,70
56	50 L	violett	(714)	0,70	0,70
		Satzpreis (6 W		4,—	4,—
		FDC			5,—

Auflagen: MiNr. 51 und 52 je 200 000, MiNr. 53 = 100 000, MiNr. 54 = 200 000, MiNr. 55 und 56 je 100 000 Stück

Gültig bis 31.12.1948

1948, 15. Okt. Wiederherstellung der Brücke von Bassano. Aufdruck Type IV.

57	15 L	blaugrün	(761) R	1,20	1,20
		FDC			7,—

Auflage: 200 000 Stück

Gültig bis 30.6.1949

Bei MiNr. 58, 71–72, 74, 76–79, 99, 109, 115–117, 157, 175, 181, 183, 185, 189–190, 192–193, 214–215, 219, 226–227, 235 von Triest – Zone A finden sich einmal im Bogen oben links oder rechts vier Textfelder, die mit den fünf anhängenden Marken von Spezialisten als Eckrand-Neunerblocks (5 Marken, 4 Textfelder) beachtet werden.

1948, 15. Nov. 100. Todestag von Gaetano Donizetti. Graugrüner Aufdruck Type VI.

58	15 L	sepia	(762) Gr	8,—	1,20
		FDC			9,—

Auflage: 236 000 Stück

Gültig bis 30.6.1949

1949

1949, 2. Mai. 50 Jahre Biennale von Venedig. Aufdruck Type VII.

59	5 L	rotbraun/sämisch	(767)	1,—	1,—
60	15 L	dunkelgrün/hellgelb	(768)	8,—	8,50

61	20 L	dunkelbraun/sämisch	(769)	6,—	1,—
62	50 L	dunkelblau/hellgelb	(770)	12,—	7,—
		Satzpreis (4 W.)		26,—	17,—
		FDC			50,—

Auflage: 200 000 Sätze

Gültig bis 31.12.1950

1949, 2. Mai. 27. Mailänder Messe. Roter Aufdruck Type IV.

63	20 L	schwarzbraun	(771) R	9,—	2,20
		FDC			10,—

Auflage: 200 000 Stück

Gültig bis 31.12.1949

1949, 2. Mai. 75 Jahre Weltpostverein (UPU). Roter Aufdruck Type IV.

64	50 L	blau	(772) R	3,50	3,50
		FDC			12,—

Auflage: 200 000 Stück

Gültig bis 31.12.1949

1949, 30. Mai. 100. Jahrestag der Repubblica Romana. Roter Aufdruck Type IV.

65	100 L	dunkelbraun	(773) R	50,—	50,—
		FDC			150,—

Auflage: 50 000 Stück

Gültig bis 31.12.1949

1949, 8. Juni. Wahlen in Triest. Schwarzgrüner Aufdruck Type VIII.

66	20 L	bräunlichrot	(779) Gr	4,—	2,—
		FDC			8,50

Auflage: 300 000 Stück

Gültig bis 31.12.1949

1949, 15. Juni. Marshallplan (ERP). Aufdruck Type VII.

67	5 L	graugrün	(774)	10,—	5,—
68	15 L	violett	(775)	10,—	12,—
69	20 L	sepia	(776)	10,—	8,—
		Satzpreis (3 W.)		30,—	25,—
		FDC			110,—

MiNr. 67 mit kopfstehendem Aufdruck bekannt.

Auflage: 200 000 Sätze

Gültig bis 31.12.1949

Triest – Zone A

1949, 8. Juli. 2. Weltgesundheits-Kongreß, Rom. Roter Aufdruck Type VII.

70	20 L	violett	(780) R	12,—	4,—
			FDC		17,—

Auflage: 200 000 Stück   Gültig bis 31.12.1949

1949, 16. Juli. Enthüllung des Giuseppe-Mazzini-Denkmals in Rom. Roter Aufdruck Type VI.

71	20 L	grauschwarz	(777) R	9,—	3,—
			FDC		10,—

Auflage: 152 000 Stück   Gültig bis 30.6.1950

1949, 16. Juli. 200. Geburtstag von Vittorio Alfieri. Roter Aufdruck Type VI.

72	20 L	sepia	(778) R	9,—	3,—
			FDC		10,—

Auflage: 164 000 Stück   Gültig bis 30.6.1950

1949, 27. Aug. Andrea Palladio. Aufdruck Type VII.

73	20 L	violett	(781)	17,—	11,—
			FDC		25,—

Auflage: 100 000 Stück   Gültig bis 30.6.1950

1949, 27. Aug. 500. Geburtstag von Lorenzo dè Medici il Magnifico. Aufdruck Type IX.

74	20 L	violettultramarin	(782)	9,—	3,—
			FDC		10,—

Auflage: 180 000 Stück   Gültig bis 30.6.1950

1949, 10. Sept. 13. Levante-Messe, Bari. Grüner Aufdruck Type IV.

75	20 L	rosarot	(783) Gr	9,—	3,—
			FDC		10,—

Auflage: 150 000 Stück   Gültig bis 31.8.1950

1949, 7. Nov. 150. Jahrestag der Erfindung der Voltaschen Säule. Aufdruck Type X.

76	20 L	karmin	(784)	3,—	3,—
77	50 L	dunkelblau	(785)	12,—	12,—
			Satzpreis (2 W.)	15,—	15,—
			FDC		25,—

Auflagen: MiNr. 76 = 112 200, MiNr. 77 = 104 840 Stück   Gültig bis 31.8.1950

1949, 7. Nov. 2000. Todestag von Gaius Valerius Catullus. Aufdruck Type X.

78	20 L	blau	(786)	3,—	2,—
			FDC		5,—

Auflage: 141 000 Stück   Gültig bis 31.8.1950

1949, 7. Nov. Wiederherstellung des Ponte di Santa Trinità. Aufdruck Type X.

79	20 L	dunkelgrün	(787)	4,—	2,—
			FDC		5,—

Auflage: 131 400 Stück   Gültig bis 31.8.1950

1949/50. Freimarken: „Serie Democratica". Aufdruck Type X.

80	1 L	graugrün (28.12.1949)	(689)	0,20	0,20
81	2 L	dunkelbraun (28.12.1949)	(691)	0,20	0,20
82	3 L	rot (21.10.1949)	(692)	0,20	0,20
83	5 L	dunkelblau (7.11.1949)	(694)	0,20	0,20
84	6 L	grauviolett (28.11.1949)	(695)	0,20	0,20
85	8 L	dunkelgrün (28.12.1949)	(696)	17,—	6,50
86	10 L	rotorange (7.11.1949)	(698)	0,20	0,20
87	15 L	blau (28.11.1949)	(699)	1,50	0,50
88	20 L	purpur (21.10.1949)	(700)	1,—	0,40
89	25 L	schwarzgrün (25.2.1950)	(701)	25,—	2,50
90	50 L	dunkelbraunviolett (18.1.1950)	(703)	35,—	1,50
91	100 L	dunkelkarmin (22.11.1949)	(704)	100,—	8,—

Eilmarke, Aufdruck Type X (27.9.1950)

92	60 L	karmin	(720)	7,50	1,50
			Satzpreis (13 W.)	180,—	22,—

Auflagen: MiNr. 80 = 707 600, MiNr. 81 = 704 600, MiNr. 82 = 1 034 600, MiNr. 83 = 2 833 400, MiNr. 84 = 2 284 800, MiNr. 85 = 490 800, MiNr. 86 = 1 671 200, MiNr. 87 = 1 760 000, MiNr. 88 = 4 643 000, MiNr. 89 = 249 400, MiNr. 90 = 550 000, MiNr. 91 = 466 400, MiNr. 92 = 400 000 Stück

Gültig bis 15.11.1954

Triest – Zone A 1125

✈ **1949/50. Flugpostmarken. Aufdruck Type X.**

93	10 L	dkl'karminrot (28.12.1949) .... (710)	0,20	0,20
94	25 L	braun (23.1.1950) .... (712)	0,20	0,20
95	50 L	violett (5.12.1949) .... (714)	0,20	0,20
96	100 L	schwarzgrün (7.11.1949) ..... (763)	0,70	0,20
97	300 L	dunkellilarot (25.11.1950) .... (764)	12,—	6,—
98	500 L	ultramarin (25.11.1950) ...... (765)	12,—	9,—
		Satzpreis (6 W.)	25,—	15,—

Auflagen: MiNr. 93 = 300 000, MiNr. 94 = 300 000, MiNr. 95 = 300 000, MiNr. 96 = 100 000, MiNr. 97 = 98 000, MiNr. 98 = 188 000 Stück

Gültig bis 15.11.1954

Weiterer Wert: MiNr. 174

1949, 28. Dez. 200. Geburtstag von Domenico Cimarosa. Roter Aufdruck Type X.

| 99 | 20 L | violettschwarz .... (788) R | 4,50 | 2,— |
| | | FDC | | 3,50 |

Auflage: 228 000 Stück *Gültig bis 31.8.1954*

1950

1950, 12. April. 28. Mailänder Messe. Roter Aufdruck Type VIII.

| 100 | 20 L | schwarzbraun .... (789) R | 4,— | 1,70 |
| | | FDC | | 3,50 |

Auflagen: 150 000 Stück *Gültig bis 31.12.1950*

1950, 29. April. 32. Internationaler Automobilsalon, Turin. Roter Aufdruck Type VIII.

| 101 | 20 L | violettschiefer .... (790) R | 1,50 | 1,50 |
| | | FDC | | 3,— |

Auflage: 150 000 Stück *Gültig bis 31.12.1950*

1950, 22. Mai. 5. Konferenz der UNESCO, Florenz. Roter Aufdruck Type VIII.

102	20 L	graugrün .... (791) R	2,50	1,—
103	55 L	graublau .... (792) R	10,—	9,—
		Satzpreis (2 W.)	12,—	10,—
		FDC		22,—

Auflagen: MiNr. 102 = 150 000, MiNr. 103 = 100 000 Stück

Gültig bis 31.12.1950

1950, 29. Mai. Heiliges Jahr. Aufdruck Type X.

104	20 L	violett .... (793)	3,—	1,—
105	55 L	ultramarin .... (794)	12,—	10,—
		Satzpreis (2 W.)	15,—	11,—
		FDC		25,—

Auflagen: MiNr. 104 = 238 160, MiNr. 105 = 118 000 Stück

Gültig bis 31.12.1950

1950, 10. Juli. Gaudenzio Ferrari. Roter Aufdruck Type VIII.

| 106 | 20 L | schwarzgrün .... (795) R | 2,50 | 2,— |
| | | FDC | | 5,— |

Auflagen: 150 000 Stück *Gültig bis 31.12.1950*

1950, 15. Juli. Internationale Radiokonferenz in Florenz und Rapallo. Roter Aufdruck Type VIII.

107	20 L	dunkelviolett .... (796) R	6,—	4,50
108	55 L	blau .... (797) R	17,—	18,—
		Satzpreis (2 W.)	22,—	22,—
		FDC		50,—

Auflagen: MiNr. 107 = 100 000, MiNr. 108 = 70 000 Stück

Gültig bis 31.12.1950

1950, 22. Juli. 200. Todestag von Ludovico Antonio Muratori. Aufdruck Type X.

| 109 | 20 L | dunkelbraun .... (798) R | 4,50 | 2,— |
| | | FDC | | 6,— |

Auflagen: 150 000 Stück *Gültig bis 30.6.1951*

Triest – Zone A

1950, 29. Juli. 900. Todestag von Guido d' Arezzo. Roter Aufdruck Type XI.

110	20 L	dunkelgrün	(799) R	4,50	2,—
			FDC		5,—

Auflagen: 150 000 Stück   Gültig bis 30.6.1951

1950, 21. Aug. 14. Levante-Messe, Bari. Aufdruck Type VIII.

111	20 L	rotbraun	(800)	2,50	2,—
			FDC		4,—

Auflagen: 150 000 Stück   Gültig bis 30.6.1951

1950, 27. Aug. Messe in Triest. Aufdruck Type XII.

112	15 L	blau	(699)	2,50	2,20
113	20 L	purpur	(700)	2,50	0,80
		Satzpreis (2 W.)		5,—	3,—
			FDC		7,50

Auflagen: 240 000 Sätze   Gültig bis 31.12.1950

1950, 11. Sept. Pioniere der Wollindustrie. Roter Aufdruck Type XI.

114	20 L	schwarzblau	(801) R	1,50	1,20
			FDC		4,—

Auflagen: 150 000 Stück   Gültig bis 30.6.1951

1950, 16. Sept. Europäische Tabak-Konferenz, Rom. Aufdruck Type X.

115	5 L	weinrot/grün	(802)	1,—	1,—
116	20 L	braun/grün	(803)	2,—	2,—
117	55 L	ultramarin/braun	(804)	22,—	22,—
		Satzpreis (3 W.)		25,—	25,—
			FDC		60,—

Auflagen: MiNr. 115 = 100 000, MiNr. 116 = 150 000, 117 = 100 000 Stück

Gültig bis 31.12.1950

1950, 16. Sept. 200 Jahre Akademie der Schönen Künste in Venedig. Aufdruck Type X.

118	20 L	olivbraun/rotbraun	(805)	3,—	1,50
			FDC		4,—

Auflagen: 150 000 Stück   Gültig bis 30.6.1951

1950, 16. Sept. 100. Geburtstag von Augusto Righi. Aufdruck Type X.

119	20 L	schwarz/sämisch	(806)	4,50	1,50
			FDC		4,—

Auflagen: 150 000 Stück   Gültig bis 30.6.1951

1950, 20. Okt. Freimarken: Italia al lavoro. MiNr. 120–136 Aufdruck Type VIII, MiNr. 137–138 Type XIII.

120	50 C	blauviolett	(807)	0,20	0,20
121	1 L	violettschiefer	(808)	0,20	0,20
122	2 L	schwarzbraun	(809)	0,20	0,20
123	5 L	grauschwarz	(810)	0,20	0,20
124	6 L	braun	(811)	0,20	0,20
125	10 L	dunkelgrün	(812)	0,50	0,20
126	12 L	blaugrün	(813)	0,70	0,20
127	15 l	schwarzblau	(814)	1,—	0,20
128	20 L	violett	(815)	0,70	0,20
129	25 L	orangebraun	(816)	2,—	0,20
130	30 L	rotlila	(817)	0,50	0,50
131	35 L	karminrosa	(818)	1,20	1,20
132	40 L	braun	(819)	1,—	0,20
133	50 L	dunkelviolett	(820)	0,20	0,20
134	55 L	dunkelblau	(821)	0,20	0,20
135	60 L	rot	(822)	5,—	4,—
136	65 L	schwarzgrün	(823)	0,20	0,20
137	100 L	braun	(824)	3,50	0,20
138	200 L	sepia	(825)	2,50	2,50
		Satzpreis (19 W.)		20,—	11,—
			FDC		170,—

Wie bei Italien ist seit März 1952 auch hier in der Zeichnung wenig abgeänderte Wz. 3 in Gebrauch, das eine etwas breitere Form zeigt (siehe Abbildung bei Italien nach MiNr. 857).

Auflagen: MiNr. 120 = 1 775 000, MiNr. 121 = 1 125 000, MiNr. 122 = 1 075 000, MiNr. 123 = 11 000 000, MiNr. 124 = 1 700 000, MiNr. 125 = 9 175 000, MiNr. 126 = 1 100 000, MiNr. 127 = 2 790 000, MiNr. 128 = 7 600 000, MiNr. 129 = 6 475 000, MiNr. 130 = 700 000, MiNr. 131 = 850 000, MiNr. 132 = 700 000, MiNr. 133 = 800 000, MiNr. 135 = 1 300 000, MiNr. 136 = 500 000, MiNr. 137 = 1 072 000, MiNr. 138 = 262 700 Stück

Gültig bis 15.11.1954

Bitte teilen Sie uns von Ihnen festgestellte Fehler mit, damit wir sie berichtigen können.

1951

1951, 27. März. 100 Jahre Briefmarken der Toscana. Aufdruck Type XIII.

139	20 L	lila/zinnober	(826)	2,60	2,50
140	55 L	ultramarin/dkl'blau	(827)	35,—	32,—
		Satzpreis (2 W.)		36,—	34,—
		FDC			50,—

Auflagen: 139 = 100 000, MiNr. 140 = 50 000 Stück   *Gültig bis 31.12.1951*

1951, 2. April. 33. Internationaler Automobilsalon, Turin. Aufdruck Type VIII.

141	20 L	schwarzolivgrün	(828)	1,70	1,70
		FDC			4,—

Auflagen: 100 000 Stück   *Gültig bis 31.12.1951*

1951, 11. April. Einweihung der Ara Pacis auf dem Hügel von Redipuglia Medea. Aufdruck Type VIII.

142	20 L	violett	(829)	2,—	1,70
		FDC			5,—

Auflage: 100 000 Stück   *Gültig bis 31.12.1951*

1951, 12. April. 29. Mailänder Messe. Aufdruck Type VIII.

143	20 L	braun	(830)	2,50	2,20
144	55 L	blau	(831)	2,—	2,40
		Satzpreis (2 W.)		4,50	4,50
		FDC			11,—

Auflage: 100 000 Sätze   *Gültig bis 31.12.1951*

1951, 26. April. 10. Internationale Textilausstellung, Turin. Aufdruck Type VIII.

145	20 L	tiefviolett	(832)	2,—	1,70
		FDC			4,20

Auflage: 100 000 Stück   *Gültig bis 31.12.1951*

1951, 5. Mai. 500. Geburtstag von Christoph Columbus. Aufdruck Type X.

146	20 L	blaugrün	(833)	2,60	2,60
		FDC			6,—

Auflage: 100 000 Stück   *Gültig bis 31.12.1951*

1951, 18. Mai. Internationale gymnastische Wettspiele in Florenz. Aufdruck Type X.

147	5 L	sepia/rot	(834)	5,—	10,—
148	10 L	blaugrün/rot	(835)	5,—	10,—
149	15 L	blau/rot	(836)	5,—	10,—
		Satzpreis (3 W.)		15,—	30,—
		FDC			60,—

Ⓔ FDC

Auflage: 70 000 Stück   *Gültig bis 16.6.1951*

1951, 18. Juni. Wiederaufbau des Klosters Montecassino. Aufdruck Type VIII.

150	20 L	tiefviolett	(837)	0,80	0,80
151	55 L	dunkelblau	(838)	1,80	1,80
		Satzpreis (2 W.)		2,60	2,60
		FDC			10,—

Auflage: 150 000 Sätze   *Gültig bis 30.6.1952*

1951, 24. Juni. Messe in Triest. Aufdruck Type XIV.

152	6 L	dunkelbraun	(811)	0,50	0,50
153	20 L	violett	(815)	0,70	0,70
154	55 L	dunkelblau	(821)	1,—	1,—
		Satzpreis (3 W.)		2,20	2,20
		FDC			6,—

Auflage: 150 000 Sätze   *Gültig bis 31.12.1951*

MICHEL – seit über 90 Jahren Partner aller Philatelisten

1951, 23. Juli. 9. Triennale von Mailand. Roter Aufdruck MiNr. 155 Type XV, MiNr. 156 Type X.

155	20 L	mehrfarbig	(839) R	1,10	0,30
156	55 L	dunkelblau/rosa	(840) R	2,—	2,20
		Satzpreis (2 W.)		3,—	3,—
		FDC			10,—

Auflage: 150 000 Sätze Gültig bis 31.12.1952

1951, 23. Juli. 500. Geburtstag von Pietro Vannucci, genannt il Perugino). Aufdruck Type XV.

157	20 L	rotbraun/dkl'braun	(841)	1,—	1,—
		FDC			2,50

Auflage: 150 000 Stück Gültig bis 31.12.1952

1951, 23. Aug. Radweltmeisterschaften in Mailand und Varese. Roter Aufdruck Type VII.

158	25 L	grünschwarz	(842) R	5,—	1,50
		FDC			3,—

Auflage: 150 000 Stück Gültig bis 30.6.1952

1951, 8. Sept. 15. Levante-Messe, Bari. Aufdruck Type VIII.

159	25 L	blau	(843)	1,—	1,—
		FDC			2,20

Auflage: 150 000 Stück Gültig bis 30.6.1952

1951, 15. Sept. 100. Geburtstag von Francesco Paolo Michetti. Roter Aufdruck Type VIII.

160	25 L	schwarzbraun	(844) R	1,—	1,—
		FDC			2,20

Auflage: 150 000 Stück Gültig bis 30.6.1952

1951, 11. Okt. 100 Jahre Briefmarken von Sardinien. Dunkelblauer Aufdruck Type XVI.

161	10 L	schwarzbraun/schwarz	(845) Bl	0,60	0,70
162	25 L	lilarosa/blaugrün	(846) Bl	0,70	0,50
163	60 L	blau/orangerot	(847) Bl	1,—	1,10
		Satzpreis (3 W.)		2,20	2,20
		FDC			5,—

Auflage: 150 000 Sätze Gültig bis 31.12.1951

1951, 31. Okt. 3. Generalzählung von Handel und Industrie und 9. allgemeine Volkszählung in Italien. Aufdruck Type XVI.

164	10 L	schwarzolivgrün	(848)	0,70	0,70
165	25 L	violettgrau	(849)	0,80	0,80
		Satzpreis (2 W.)		1,50	1,50
		FDC			3,50

Auflage: 150 000 Sätze Gültig bis 30.6.1952

1951, 23. Nov. 50. Todestag von Giuseppe Verdi. Aufdruck MiNr. 166 und 168 Type XVI, MiNr. 167 Type XIII.

166	10 L	braunlila/schwarzolivgrün	(850)	0,80	0,80
167	25 L	braun/sepia	(851)	0,80	0,80
168	60 L	blaugrün/stahlblau	(852)	1,—	1,—
		Satzpreis (3 W.)		2,60	2,60
		FDC			5,—

Auflage: 150 000 Sätze Gültig bis 30.6.1952

1951, 21. Nov. Tag der Bäume. Aufdruck Type XIII.

169	10 L	olivgrün/blaugrün	(853)	0,80	0,80
170	25 L	schwarzolivgrün	(854)	0,80	0,80
		Satzpreis (2 W.)		1,60	1,60
		FDC			2,60

Auflage: 150 000 Sätze Gültig bis 30.6.1952

Mit MICHEL machen Sie mehr aus Ihren Briefmarken!

1952

1952, 28. Jan. 150. Geburtstag von Vincenzo Bellini. Aufdruck Type XVI.

171	25 L violettschwarz .... (856)	0,90	0,60
	FDC		2,—

Auflage: 150 000 Stück   Gültig bis 31.12.1952

1952, 2. Febr. 200. Jahrestag der Grundsteinlegung zum Schloß Caserta. Aufdruck Type XII.

172	25 L olivbraun/schwarzolivgrün .... (857)	0,70	0,50
	FDC		1,70

Auflage: 150 000 Stück   Gültig bis 31.12.1952

1952, 4. Febr. Eilmarke. Aufdruck Type XIII.

173	50 L rotviolett .... (855)	4,50	1,20
	FDC		3,—

Auflage: 400 000 Stück   Gültig bis 15.11.1954

✈ **1952, 18. Febr. Flugpostmarke. Aufdruck Type VIII.**

174	1000 L braunkarmin .... (766)	26,—	20,—

Auflage: 40 500 Stück   Gültig bis 15.11.1954

1952, 26. März. Internationale Ausstellung für Sportbriefmarken, Rom. Aufdruck Type XIII.

175	25 L braun/grauviolett .... (858)	0,70	0,60
	FDC		1,70

Auflage: 150 000 Stück   Gültig bis 31.12.1952

1952, 12. April. 30. Mailänder Messe. Blauer Aufdruck Type XIII.

176	60 L blau .... (859) Bl	1,50	2,—
	FDC		4,—

Auflage: 180 000 Stück   Gültig bis 31.12.1952

1952, 16. April. 500. Geburtstag von Leonardo da Vinci (I). Aufdruck Type XIII.

177	25 L orange .... (860)	0,20	0,20
	FDC		1,50

Auflage: 200 000 Stück   Gültig bis 31.12.1952

Weitere Werte: MiNr. 194–195

1952, 7. Juni. Ausstellung der italienischen Arbeit in Übersee, Neapel. Aufdruck Type XIII.

178	25 L blau .... (863)	0,70	0,50
	FDC		1,50

Auflage: 200 000 Stück   Gültig bis 30.6.1953

1952, 14. Juni. 100 Jahre Briefmarken von Modena und Parma. Aufdruck XVII.

179	25 L mehrfarbig .... (861)	0,60	0,50
180	60 L mehrfarbig .... (862)	0,70	0,70
	Satzpreis (2 W.)	1,30	1,20
	FDC		2,60

Auflage: 200 000 Stück   Gültig bis 30.6.1953

1952, 14. Juni. 26. Biennale in Venedig. Aufdruck Type XVI.

181	25 L grauschwarz/hellgelb .... (864)	0,80	0,70
	FDC		1,70

Auflage: 200 000 Stück   Gültig bis 30.6.1953

1952, 19. Juni. 30. internationale Mustermesse in Padua. Aufdruck Type XVIII.

182	25 L graublau/rot .... (865)	0,60	0,50
	FDC		1,50

Auflage: 200 000 Stück   Gültig bis 30.4.1953

Triest – Zone A

1952, 28. Juni. Messe in Triest. Aufdruck Type XVIII.

| 183 | 25 L | grün/rot | (866) | 0,60 | 0,50 |
| | | FDC | | | 1,50 |

Auflage: 200 000 Stück Gültig bis 30.4.1953

1952, 6. Sept. 16. Levante-Messe, Bari. Aufdruck Type XIII.

| 184 | 25 L | dunkelgrün | (867) | 0,70 | 0,50 |
| | | FDC | | | 1,50 |

Auflage: 200 000 Stück Gültig bis 30.6.1953

1952, 20. Sept. 500. Geburtstag von Girolamo Savonarola. Goldener Aufdruck Type XIII.

| 185 | 25 L | tiefviolett | (868) G | 0,60 | 0,50 |
| | | FDC | | | 1,50 |

Auflage: 200 000 Stück Gültig bis 30.6.1953

1952, 1. Okt. 1. Konferenz für Privatrecht der Luftfahrt (ICAO) in Rom. Blauer Aufdruck Type XII.

| 186 | 60 L | dkl'blau/graublau | (869) Bl | 1,50 | 2,— |
| | | FDC | | | 5,— |

Auflage: 200 000 Stück Gültig bis 30.6.1953

1952, 4. Okt. Ausstellung der Gebirgsjäger in Biella. Aufdruck Type XVI.

| 187 | 25 L | grauschwarz | (870) | 0,90 | 0,60 |
| | | FDC | | | 1,50 |

Auflage: 200 000 Stück Gültig bis 30.6.1953

1952, 3. Nov. Tag der italienischen Armee. Aufdruck MiNr. 188 Type XIII, MiNr. 189–190 Type XIX.

188	10 L	schwarzolivgrün	(871)	0,20	0,20
189	25 L	schwarz/hellbraun	(872)	0,50	0,30
190	60 L	schwarz/hellblau	(873)	0,50	0,70
		Satzpreis (3 W.)		1,20	1,20
		FDC			2,—

Auflage: 200 000 Stück Gültig bis 31.12.1953

1952, 21. Nov. 100 Jahre Kapuzinermission in Südabessinien. Aufdruck Type XIII.

| 191 | 25 L | dunkelbraun/braun | (874) | 1,— | 0,50 |
| | | FDC | | | 1,50 |

Auflage: 200 000 Stück Gültig bis 31.12.1953

1952, 6. Dez. 100. Geburtstag von Vincenzo Gemito. Aufdruck Type XIII.

| 192 | 25 L | braun | (875) | 0,90 | 0,50 |
| | | FDC | | | 1,50 |

Auflage: 200 000 Stück Gültig bis 31.12.1953

1952, 6. Dez. 100. Geburtstag von Antonio Mancini. Aufdruck Type XIII.

| 193 | 25 L | schwarzgrün | (876) | 0,90 | 0,50 |
| | | FDC | | | 1,50 |

Auflage: 200 000 Stück Gültig bis 31.12.1953

1952, 31. Dez. 500. Geburtstag von Leonardo da Vinci (II). Goldener bzw. schwarzer Aufdruck Type XIII.

194	60 L	ultramarin	(877) G	0,80	1,20
195	80 L	braunrot	(878) S	2,—	0,80
		Satzpreis (2 W.)		2,80	2,—
		FDC			7,—

Auflagen: je 200 000 Stück Gültig bis 31.12.1953

Weiterer Were: MiNr. 177

1953

1953, 5. Jan. 100. Jahrestag des Martyriums der Patrioten von Belfiore. Blauer Aufdruck Type XVI.

| 196 | 25 L | schwarz/violettblau | (879) Bl | 0,90 | 0,50 |
| | | FDC | | | 1,50 |

Auflage: 200 000 Stück Gültig bis 31.12.1953

Triest – Zone A

1953, 21. Febr. Gemäldeausstellung sizilianischer Meister, Messina. Aufdruck Type XIII.

197	25 L	braunrot	(880)	0,60	0,50
			FDC		1,50

Auflage: 200 000 Sätze   *Gültig bis 31.12.1953*

1953, 24. April. 20. Mille Miglia. Aufdruck Type XIII.

198	25 L	blauviolett	(881)	0,60	0,50
			FDC		1,50
198 DD		Mit zusätzlichem blauem Aufdruck		4000,—	

Auflage: 200 000 Stück   *Gültig bis 31.3.1954*

1953, 30. April. Verdienstorden der Arbeit. Aufdruck Type XIII.

199	25 L	blauviolett	(882)	0,60	0,60
			FDC		1,50

Auflage: 200 000 Stück   *Gültig bis 31.3.1954*

1953, 30. Mai. 300. Geburtstag von Arcangelo Corelli. Aufdruck Type XIII.

200	25 L	dkl'braun	(883)	0,60	0,60
			FDC		1,50

Auflage: 200 000 Stück   *Gültig bis 30.6.1954*

1953, 16. Juni/1954. Freimarken: Italia turrita. Aufdruck Type XIII.

201	5 L	dkl'grüngrau	(884)	0,20	0,20
202	10 L	orangerot	(885)	0,20	0,20
203	12 L	dunkelgrün	(886)	0,20	0,20
A 203	13 L	karminlila (1.2.1954)	(A886)	0,20	0,20
204	20 L	braun	(887)	0,30	0,20
205	25 L	violett	(888)	0,30	0,20
206	35 L	karmin	(889)	0,40	0,40
207	60 L	blau	(890)	0,50	0,50
208	80 L	orangebraun	(891)	0,60	0,60
		Satzpreis (9 W.)		2,80	2,60
			FDC		4,50
		MiNr. A203 FDC			1,—

Auflagen: MiNr. 201 = 1 038 000, MiNr. 202 = 563 400, MiNr. 203 = 846 400, MiNr. A 203 = 198 000, MiNr. 204 = 393 000, MiNr. 205 = 2 095 800, MiNr. 206 = 598 100, MiNr. 207 = 592 900, MiNr. 208 = 386 200 Stück   *Gültig bis 15.11.1954*

1953, 27. Juni. Messe in Triest. Aufdruck Type XX in Rot oder Grün.

209	10 L	dunkelgrün	(812) R	0,30	0,40
210	25 L	orangebraun	(816) Gr	0,40	0,40
211	60 L	rot	(822) Gr	0,50	0,50
		Satzpreis (3 W.)		1,20	1,30
			FDC		2,50

Auflagen: MiNr. 209 und 210 je 200 000, MiNr. 211 = 150 000 Stück
         Gültig bis 15.11.1954

1953, 27. Juni. 700. Todestag der hl. Klara von Assisi. Aufdruck Type XIII.

212	25 L	dunkelbraun/orangebraun	(892)	1,—	0,70
			FDC		1,70

Auflage: 200 000 Stück   *Gültig bis 30.6.1954*

1953, 11. Juni. Fest der Berge. Aufdruck Type XIII.

213	25 L	dunkelblaugrün	(893)	1,—	0,70
			FDC		1,70

Auflage: 200 000 Stück   *Gültig bis 30.3.1954*

1953, 16. Juli. Landwirtschaftsausstellung, Rom. Aufdruck Type XIII.

214	25 L	dunkelbraun	(894)	0,40	0,40
215	60 L	dunkelblau	(895)	0,60	0,60
		Satzpreis (2 W.)		1,—	1,—
			FDC		2,—

Auflage: 200 000 Sätze   *Gültig bis 30.6.1954*

1953, 6. Aug. 4 Jahre Nato. Aufdruck Type XVI.

216	25 L	gelborange/dkl'grünblau	(896)	0,50	0,50
217	60 L	lilapurpur/violettultramarin	(897)	2,50	2,50
		Satzpreis (2 W.)		3,—	3,—
			FDC		20,—

Auflage: 200 000 Sätze   *Gültig bis 30.6.1954*

Triest – Zone A

1953, 13. Aug. Ausstellung der Werke des Malers Luca Signorelli, Cortona. Aufdruck Type XIII.

218	25 L	violettbraun/grüngrau	(898)	0,80	0,60
			FDC		1,50

Auflage: 200 000 Stück *Gültig bis 30.6.1954*

1953, 5. Sept. 6. Internationaler Kongreß für Mikrobiologie, Rom. Aufdruck Type IX.

219	25 L	schwarzgrün/dkl'braun	(899)	0,80	0,50
			FDC		1,50

Auflage: 200 000 Stück *Gültig bis 30.6.1954*

1954

1954, 26. Jan. Landschaften. Touristenwerbung. Aufdruck Type XIII.

220	10 L	dkl'braun/rotbraun	(900)	0,20	0,20
221	12 L	blaugrau/grünlichblau	(901)	0,20	0,20
222	20 L	braun/braunorange	(902)	0,20	0,20
223	25 L	schwarzgrün/hellblau	(903)	0,20	0,20
224	35 L	dunkelbraun/sämisch	(904)	0,20	0,50
225	60 L	dunkelblau/blaugrün	(905)	0,50	0,50
		Satzpreis (6 W.)		1,50	1,70
		FDC			4,—

Auflagen: MiNr. 220 und 223 je 500 000, MiNr. 221, 222 und 224 je 150 000, MiNr. 225 = 200 000 Stück

Gültig bis 15.11.1954

1954, 11. Febr. 25 Jahre Lateranverträge. Aufdruck Type XIII.

226	25 L	dkl'braun/schwarzbraun	(906)	0,40	0,30
227	60 L	ultramarin/dkl'blau	(907)	0,60	0,70
		Satzpreis (2 W.)		1,—	1,—
		FDC			2,—

Auflage: 200 000 Sätze *Gültig bis 15.11.1954*

1954, 25. Febr. Einführung des Fernsehens. Aufdruck Type XVIII.

228	25 L	blauviolett	(908)	0,40	0,30
229	60 L	dkl'blaugrün	(909)	0,60	0,70
		Satzpreis (2 W.)		1,—	1,—
		FDC			3,—

Auflage: 200 000 Sätze *Gültig bis 15.11.1954*

1954, 20. März. Kampagne für Steuerehrlichkeit. Aufdruck Type XIII.

230	25 L	purpurviolett	(910)	1,—	0,50
		FDC			1,20

Auflage: 450 000 Stück *Gültig bis 15.11.1954*

1954, 24. April. 1. Postbeförderung Mailand–Turin per Hubschrauber. Aufdruck Type XVI.

231	25 L	schwarzgrün	(911)	0,60	0,50
		FDC			1,70

Auflage: 219 900 Stück *Gültig bis 15.11.1954*

1954, 1. Juni. 10. Jahrestag des Widerstandes gegen die deutsche Besatzung. Aufdruck Type XIII.

232	25 L	mehrfarbig	(912)	0,60	0,50
		FDC			1,50

Auflage: 220 000 Stück *Gültig bis 15.11.1954*

1954, 17. Juni. Messe in Triest. Aufdruck Type XXI.

233	25 L	schwarzgrün/hellblau	(903)	0,50	0,50
234	60 L	dunkelblau/blaugrün	(905)	0,50	0,50
		Satzpreis (2 W.)		1,—	1,—
		FDC			2,—

Auflagen: MiNr. 233 = 200 000, MiNr. 234 = 150 000 Stück

Gültig bis 15.11.1954

 1954, 19. Juni. 100. Geburtstag von Alfredo Catalani. Aufdruck Type XVI.

235	25 L	schwarzgrün	(913)	0,60	0,50
			FDC		1,50

Auflage: 220 000 Stück Gültig bis 15.11.1954

 1954, 8. Juli. 700. Geburtstag von Marco Polo. Aufdruck Type XIII.

236	25 L	dunkelbraun	(914)	0,40	0,30
237	60 L	schwarzolivgrün	(915)	0,60	0,70
		Satzpreis (2 W.)		1,—	1,—
			FDC		2,—

Auflage: 220 000 Sätze Gültig bis 15.11.1954

 1954, 6. Sept. 60. Jahre italienischer Touring-Club. Aufdruck Type XIII.

238	25 L	dkl'grün/rot	(916)	0,70	0,60
			FDC		1,50

Auflage: 220 000 Stück Gültig bis 15.11.1954

 1954, 30. Okt. Interpol-Konferenz. Aufdruck Type XIII.

239	25 L	karminrot	(917)	0,40	0,40
240	60 L	ultramarin	(918)	0,40	0,40
		Satzpreis (2 W.)		0,80	0,80
			FDC		1,50

Auflage: 220 000 Sätze Gültig bis 15.11.1954

Jahrgangswerttabelle

Die Aufstellung folgt der numerischen Reihenfolge der Katalogisierung ohne Rücksicht auf die Chronologie eventueller Ergänzungswerte.
Grundsätzlich ist nur die jeweils billigste Sorte pro Marke bzw. Ausgabe angegeben, sofern nichts anderes vermerkt.
Zusammendrucke aus Bogen, Marken mit Zierfeldern usw. sind dann berücksichtigt, wenn sie als normale Ausgabeform anzusehen sind. Einzelmarken aus Blocks und Marken mit der Preisnotierung „—,—" sind nicht berücksichtigt.

Jahr	MiNr.		Euro **	Euro ☉
1947	1– 33		325,—	54,—
1948	34– 58		353,20	251,40
1949	59– 99		419,—	184,70
1950	100–138		127,50	97,40
1951	139–170		87,50	96,40
1952	171–195		49,—	36,80
1953	196–219		14,90	13,10
1954	220–240		9,80	9,10
Gesamtsumme			**1385,90**	**742,90**

Gebührenmarken

A. Für Briefzustellung

1947, 1. Okt. Recapito-Autorizzato-Marken von Italien mit Aufdruck, MiNr. 1 Type I, MiNr. 2 Type XXII.

				**	☉
1	1 L	schwarzbraun (1.10.)	(6)	0,20	0,20
2	8 L	rot (29.10.)	(8)	7,50	0,80
		Satzpreis (2 W.)		7,50	1,—

Auflagen: MiNr. 1 = 371 600, MiNr. 2 = 210 000 Stück

MiNr. 1 gültig bis 31.12.1948, MiNr. 2 gültig bis 31.12.1949

1949, 30. Juli. Desgl., Aufdruck Type I.

3	15 L	violett	(9)	40,—	4,50

Auflage: 50 000 Stück Gültig bis 31.12.1949

 1949, 7. Nov. Desgl., Aufdruck Type X.

4	15 L	violett	(9)	1,50	0,20

Auflage: 100 000 Stück Gültig bis 15.11.1954

1952, 4. Febr. Desgl., Aufdruck Type X.

5	20 L	lila	(10)	7,50	0,20

Auflage: 500 000 Stück Gültig bis 15.11.1954

B. Für Paketzustellung

 1953, 8. Juli. Ausgabe für private Zustellung in staatlichem Auftrag. Italienische Gebührenmarken für Paketzustellung mit Aufdruck Type XXV.

				** = ⌀ ☐☐	☉ linke Hälfte	☉ rechte Hälfte
1	40 L	orangebraun	(1)	7,50	0,50	0,70
2	50 L	blau	(2)	7,50	0,50	0,70
3	75 L	violettbraun	(3)	7,50	1,—	0,70
4	110 L	rotlila	(4)	7,50	1,—	1,50
		Satzpreis (4 W.)		30,—	3,—	3,50

Auflage: 200 000 Sätze Gültig bis 15.11.1954

Damit Sie mehr aus Ihrer Sammlung machen:
Bund Deutscher Philatelisten e.V.
Mildred Scheel Str. 2 · 53175 Bonn · Tel. (02 28) 3 08 58-0
Fax (02 28) 3 08 58-12 · E-Mail: info@bdph.de · Internet: www.bdph.de

Paketmarken

1947, 1. Okt./1948, 1. März. Paketmarken von Italien, Ausgabe 1946/1952, mit Lokalaufdruck Type XXIV.

				** ☐	⊙ ⊘ Hälfte	linke Hälfte	rechte Hälfte
1	1 L	gelbbraun	(68)		0,50	0,20	0,20
2	2 L	hellblaugrün	(69)		0,70	0,20	0,20
3	3 L	rotorange	(70)		0,70	0,20	0,20
4	4 L	grauschwarz	(71)		1,—	0,20	0,20
5	5 L	lila (1.3.1948)	(72)		2,—	0,20	1,20
6	10 L	dunkelviolett	(73)		4,—	0,20	0,50
7	20 L	dunkelpurpur	(74)		6,—	0,20	0,60
8	50 L	karminrot	(76)		10,—	0,20	0,70
9	100 L	blau	(77)		12,—	0,10	1,20
10	200 L	dunkelgrün (1.3.1948)	(78)		350,—	5,—	30,—
11	300 L	braunlila (1.3.1948)	(79)		200,—	2,20	20,—
12	500 L	sepia (1.3.1948)	(80)		120,—	1,30	15,—
		Satzpreis (12 W.)			700,—	10,—	70,—

FALSCH Aufdruckfälschungen der MiNr. 10 und 11.

Auflagen: MiNr. 1–4 je 150 000, MiNr. 5 und 8 je 200 000, MiNr. 6 und 7 je 250 000, MiNr. 9 = 15 000, MiNr. 10–12 je 50 000 Stück

Gültig bis 31.12.1950

1949/54. Paketmarken 1946/52 von Italien mit Aufdruck Type XXV.

				** ☐	⊙ ⊘ Hälfte	linke Hälfte	rechte Hälfte
13	1 L	gelbbraun (7.10.1950)	(68)		1,—	0,20	0,80
14	2 L	hellbläulichgrün (1.8.1951)	(69)		0,20	0,20	0,20
15	3 L	rotorange (1.8.1951)	(70)		0,20	0,20	0,20
16	4 L	grauschwarz (1.8.1951)	(71)		0,20	0,20	0,20
17	5 L	lila (22.11.1949)	(72)		0,20	0,20	0,20
18	10 L	dunkelviolett (22.11.1949)	(73)		1,20	0,20	0,30
19	20 L	dunkelpurpur (7.10.1950)	(74)		1,20	0,20	0,30
20	30 L	rotviolett (6.3.1952)	(75)		0,70	0,20	0,30
21	50 L	karminrot (7.10.1950)	(76)		1,—	0,20	0,30
22	100 L	blau (9.11.1950)	(77)		2,50	0,20	0,50
23	200 L	dunkelgrün (22.11.1949)	(78)		25,—	0,60	5,—
24	300 L	bräunlichlila (19.11.1950)	(79)		100,—	0,60	7,50
25	500 L	sepia (22.11.1948)	(80)		50,—	0,90	4,50
26	1000 L	kornblumenblau (12.8.1954)	(81)		220,—	6,—	10,—
		Satzpreis (14 W.)			400,—	10,—	30,—
13 U		ungezähnt			750,—		
19 U		ungezähnt			1200,—		
21 U		ungezähnt			1200,—		

Auflage: je 50 000 Stück

Gültig bis 15.11.1954

Portomarken

1947, 1. Okt. Portomarken von Italien mit Aufdruck Type I.

				**	⊙
1	1 L	orange	(P. 69)	0,50	0,30
2	5 L	violett			
X		mit Wz. 3	(P. 71)	4,50	0,30
Y		oWz	(P. 60)	3000,—	120,—

3	10 L	blau	(P. 72)	10,—	1,20
4	20 L	karmin	(P. 73)	22,—	3,—
		Satzpreis (4 W.)		36,—	

Auflagen: MiNr. 1 = 300 000, MiNr. 2 = 316 500, MiNr. 3 = 180 000, MiNr. 4 = 190 000 Stück

Gültig bis 31.12.1950

1947/49. Ausgabe 1947/54 mit Aufdruck Type I.

5	1 L	rotorange (15.4.1949)	(P. 74)	0,20	0,70
6	2 L	dunkelgrün (1.10.1947)	(P. 75)	0,20	0,20
7	3 L	karmin (24.1.1949)	(P. 76)	0,70	1,20
8	4 L	braun (24.1.1949)	(P. 77)	6,—	7,50
9	5 L	violett (15.4.1949)	(P. 78)	75,—	12,—
10	6 L	dkl'ultramarin (24.1.1949)	(P. 79)	17,—	20,—
11	8 L	dunkelrotlila (24.1.1949)	(P. 80)	25,—	50,—
12	10 L	dunkelbraun (15.4.1949)	(P. 81)	100,—	12,—
13	12 L	gelbbraun (24.1.1949)	(P. 82)	12,—	17,—
14	20 L	rosalila (15.4.1949)	(P. 83)	12,—	3,50
15	50 L	blaugrün (1.10.1949)	(P. 85)	2,—	0,50
		Satzpreis (11 W.)		250,—	120,—

Auflagen: MiNr. 5 = 40 000, MiNr. 6 = 350 000, MiNr. 7 und 8 je 40 000, MiNr. 9 = 50 000, MiNr. 10–14 je 40 000, MiNr. 15 = 149 000 Stück

Gültig bis 15.11.1954

1949/54. Ausgabe 1947/54 mit Aufdruck Type X.

16	1 L	rotorange (22.11.1949)	(P. 74)	0,20	0,20
17	2 L	dunkelgrün (28.12.1949)	(P. 75)	0,20	0,20
18	3 L	karmin (28.12.1949)	(P. 76)	0,20	0,20
19	5 L	violett (7.11.1949)	(P. 78)	0,70	0,20
20	6 L	dunkelultramarin (7.11.1949)	(P. 79)	0,20	0,20
21	8 L	dunkelrotlila (16.5.1950)	(P. 80)	0,20	0,20
22	10 L	dunkelblau (16.5.1950)	(P. 81)	0,20	0,20
23	12 L	gelbbraun (7.11.1949)	(P. 82)	1,20	0,20
24	20 L	rosalila (16.5.1950)	(P. 83)	3,—	0,20
25	25 L	braunrot (1.2.1954)	(P. 84)	3,—	1,70
26	50 L	blaugrün (28.12.1949)	(P. 85)	3,—	1,70
27	100 L	braungelb (25.11.1950)	(P. 86)	10,—	0,70
28	500 L	stahlblau/rotlila (19.6.1952)	(P. 87)	60,—	20,—
		Satzpreis (13 W.)		80,—	25,—

Auflage: MiNr. 28 = 50 000 Stück

Gültig bis 15.11.1954

MICHELsoft

die komfortable

Datenbank

für jeden Sammler

Triest – Zone B 1135

B. Zone B

Marken von Italien mit Aufdruck 1. V. 1945 / TRIESTE / ✱ TRST (jugoslawische Ausgabe für Triest) bzw. Marken von Jugoslawien mit Aufdruck VOJNA UPRAVA / JUGOSLAVENSKE / ARMIJE (Militär-Regierung der jugoslawischen Armee) waren auch in dem von jugoslawischen Truppen besetzten Gebietsteil des Freistaates Triest in Verwendung (s. *Jugoslawien, Ausgaben für Istrien und das slowenische Küstenland*).

1 Din. (jugoslawisch) = 3 ital. Lire (L) = 100 Para (Pa)
Block 1 s. n. MiNr. 35, Block 2 s. n. MiNr. 84

⊙ ⊙ und FDC

1948

1948, 1. Mai. Tag der Arbeit. Inschriften: I = slowenisch, II = italienisch oder III = kroatisch. RaTdr. (3 × 10 Zd); gez. L 10½:11½

a) Kind mit Reifen, Werkzeuge

				✱✱	⊙
1	100 L	karmin auf sämisch .... a			
I		1 MAJ 1948 V STO		5,—	2,50
II		1 MAGGIO 1948 NEL TLT		5,—	2,50
III		1 SVIBANJ 1948 U SST		5,—	2,50
			Dreierstreifen	70,—	70,—
			FDC		120,—

MiNr. 1 I–1 III wurden waagerecht zusammenhängend gedruckt.
Auflage: 35 687 Sätze

✈ **1948, 17. Okt. Landwirtschaftliche Messe von Koper/Capodistria Odr.; gez. L 12½:11½**

b) Blumenornament

2	25 L	grau .... b	1,—	1,—
3	50 L	orange .... b	1,—	1,—
		Satzpreis (2 W.)	2,—	2,—
		FDC		45,—

Auflage: 50 000 Sätze

1949

1 jugoslawische Lira = 3 ital. Lire

1949, 1. Mai. Tag der Arbeit. Odr.; gez. L 12½:11½

4	10 (jug. L)	schwarzgrün c	1,—	1,—
		FDC		50,—

Auflage: 120 000 Stück

✈ **1949, 1. Juni. Flugpostmarken. RaTdr.; gez. L 11½**

d) Fischer, slowen. Inschrift
e) Lastesel, kroat. Inschrift
f) Fischer, ital. Inschrift
g) Lastesel, ital. Inschrift

h) Fischer, kroat. Inschrift
i) Lastesel, slow. Inschrift
k) Lachmöve (Larus ridibundus) über Schornsteinen

5	1 (jug. L)	grünblau .... d	0,50	0,50
6	2 (jug. L)	braunrot .... e	0,50	0,50
7	5 (jug. L)	dunkelblau .... f	0,50	0,50
8	10 (jug. L)	violett .... g	2,50	2,50
9	25 (jug. L)	hellbraun .... h	5,—	5,—
10	50 (jug. L)	dunkelolivgrün i	5,—	5,—
11	100 (jug. L)	dunkelpurpur .... k	8,—	8,—
		Satzpreis (7 W.)	22,—	22,—
		FDC		170,—
5 U		ungezähnt	200,—	
6 U		ungezähnt	200,—	

Auflagen: MiNr. 5 = 34 000, MiNr. 6 = 38 000, MiNr. 7 = 35 000, MiNr. 8–11 je 32 000 Stück

Mit Aufdruck siehe MiNr. 24–30

Geänderte Währung: Jugoslawischer Dinar

1949, 16. Aug./20. Sept. Freimarken. Marken von Jugoslawien mit ein- oder zweizeiligem rotem oder blauem Aufdruck STT VUJA.

12	0.50 Dinar	dunkelolivgrün .... (470) R	0,50	0,40
13	1 Din	blaugrün .... (471) R	0,50	0,40
14	2 Din	rot .... (473) Bl	0,50	0,40
15	3 Din	rot .... (476) Bl	0,50	0,40
16	4 Din	dkl.blau (20.9.) .... (477) R	1,—	0,40
17	5 Din	dunkelblau .... (479) R	1,—	0,40
18	9 Din	violett (20.9.) .... (482) Bl	3,—	1,—
19	12 Din	blau .... (483) R	7,—	5,—
20	16 Din	(20.9.)		
a		kobaltblau .... (484 a) R	8,—	6,—
b		lebhaftgrünlichblau ... (484 b) R	75,—	75,—
21	20 Din	braunrot .... (485) Bl	13,—	8,—
		Satzpreis (10 W.)	35,—	20,—
		FDC		150,—

Der Zeilenabstand des Aufdrucks ist bei den einzelnen Werten verschieden groß. Kopfstehende Aufdrucke bekannt.

Auflagen: MiNr. 12, 16, 18 je 70 000, MiNr. 13, 14, 17 je 120 000, MiNr. 15 = 320 000, MiNr. 19–21 je 40 000 Stück

Für unverlangt eingesandte Briefsendungen und Markenvorlagen wird keine Haftung übernommen

Triest – Zone B

1949, 8. Sept. 75 Jahre Weltpostverein (UPU) (I). Marken von Jugoslawien mit rotem Aufdruck VUJA-STT und farbigem Netzunterdruck; RaTdr.; gez. 12¾.

22	5 Din	hellblau	(579)	10,—	10,—
23	12 Din	dunkelbraun	(580)	10,—	10,—
		Satzpreis (2 W.)		20,—	20,—
		FDC			150,—

Auflage: 30 000 Sätze

✈ **1949, 5. Nov. MiNr. 5–11 mit schwarzem oder farbigem Aufdruck „Din", MiNr. 28 bis 30 mit zusätzlichem neuem Wertaufdruck.**

24	1 Din	auf 1 L grünblau	(5) S	0,50	0,50
25	2 Din	auf 2 L braunrot	(6) Br	0,50	0,50
26	5 Din	auf 5 L dkl'blau	(7) B	0,50	0,50
27	10 Din	auf 10 L violett	(8) V	0,50	0,50
28	15 Din	auf 25 L hellbraun	(9) Br	15,—	12,—
29	20 Din	auf 50 L dkl'ol'grün	(10) Gr	4,—	4,—
30	30 Din	auf 100 L dkl'purpur	(11) S	5,—	5,—
		Satzpreis (7 W.)		25,—	22,—
		FDC			100,—

Auflagen: MiNr. 24 = 114 199, MiNr. 25 = 79 549, MiNr. 26 = 63 249, MiNr. 27 = 42 199, MiNr. 28 = 20 699, MiNr. 29 = 26 849, MiNr. 30 = 27 249 Stück

1950

1950, 21. Jan. Hundert Jahre Eisenbahn (1949), Marken von Jugoslawien mit Aufdruck VUJA-STT und farbigem Netzunterdruck.

31	2 Din	grün	(583)	4,—	1,—
32	3 Din	mattrosa	(584)	4,—	1,—
33	5 Din	hellblau	(585)	4,—	3,—
34	10 Din	orange	(586)	13,—	10,—
		Satzpreis (4 W.)		25,—	15,—
		FDC			170,—
31 F	ohne Netzunterdruck			700,—	
33 F	ohne Netzunterdruck			700,—	
34 K	Aufdruck kopfstehend			700,—	

✈ Blockausgabe, A = gez. Ks 11½:12½, B ☐

35	10 Din	lila	(587) R	
A		gez. Ks 11½:12½		—,— —,—
B		☐		—,— —,—
Block 1	(49×70 mm)		(Bl. 4)	
A		gez. Ks 11½:12½		250,— 200,—
B		☐		250,— 200,—
			FDC (A)	600,—
			FDC (B)	600,—

Zahlreiche Aufdruckfehler.

Auflagen: MiNr. 31–34 = 22 500 Sätze; Block 1 A = 11 965, B = 11 965 Blocks

1950, 7. April. Freimarken: Haustiere. RaTdr.; gez. K 12½.

l) Esel (Equus asinus)   m) Haushahn (Gallus gallus domesticus)   n) Hausgans (Anser anser domesticus)   o) Honigbienen (Apis mellifica)

p) Hausrinder   r) Truthahn (Meleagris gallopavo domesticus)   s) Hausziegen   t) Seidenspinnerraupen (Bombyx mori)

36	0.50 Din	grau	l	0,50	0,50
37	1 Din	braunkarmin	m	0,50	0,50
38	2 Din	blau	n	0,50	0,50
39	3 Din	rotbraun	o	0,50	0,50
40	5 Din	blaugrün	p	3,—	0,50
41	10 Din	dunkelbraun	r	3,—	0,50
42	15 Din	grauviolett	s	20,—	10,—
43	20 Din	dunkelolivgrün	t	10,—	5,—
		Satzpreis (8 W.)		35,—	18,—
		FDC			120,—

Auflagen: MiNr. 36 = 99 000, MiNr. 37 = 158 000, MiNr. 38 = 159 000, MiNr. 39 = 495 000, MiNr. 40 = 190 000, MiNr. 41 = 194 000, MiNr. 42 = 65 000, MiNr. 43 = 108 000 Stück

MiNr. 36–39 in geänderten Farben: MiNr. 46–49

1950, 1. Mai. Tag der Arbeit. RaTdr.; gez. K 12½.

u) Werktätige mit Hammer, Hacke und Fahne

44	3 Din	grauviolett	u	0,70	0,70
45	10 Din	karminrosa	u	1,30	1,30
		Satzpreis (2 W.)		2,—	2,—
		FDC			35,—

Auflage: 39 209 Sätze

1951

1951, 1. März. Freimarken: Haustiere. MiNr. 36–39 in geänderten Farben. RaTdr.; gez. K 12½.

46	0.50 Din	grauschwarz	l	10,—	5,—
47	1 Din	gelbbraun	m	1,50	0,50
48	2 Din	graublau	n	1,50	0,50
49	3 Din	braunkarmin	o	2,—	0,50
		Satzpreis (4 W.)		15,—	6,50
		FDC			75,—

Auflagen: MiNr. 46 = 180 000, MiNr. 47 = 475 000, MiNr. 48 = 560 000, MiNr. 49 = 585 000 Stück

Triest – Zone B

1951, 1. Mai. Tag der Arbeit. RaTdr.; gez. K 12½.

w) Landarbeiter

50	3 Din	rot	.........................w	1,—	0,50
51	10 Din	olivgrün	.....................w	1,50	1,—
			Satzpreis (2 W.)	2,50	1,50
			FDC		35,—

Auflagen: MiNr. 50 = 38 000, MiNr. 51 = 33 000 Stück

1951, 21. Okt. 2. Kongreß der italienischen Kultur in Piran/Pirano. Odr.; gez. K 12½.

x) Pietro Paolo Vergerio (1498–1565), Bischof, protestantischer Publizist

52	5 Din	blau	x	1,—	1,—
53	10 Din	weinrot	x	1,—	1,—
54	20 Din	lilagrau	x	1,—	1,—
			Satzpreis (3 W.)	3,—	3,—
			FDC		7,50

Auflagen: MiNr. 52 = 33 698, MiNr. 53 = 34 698, MiNr. 54 = 35 698 Stück

1951, 4. Nov. 400. Jahrestag des ersten Buchdruckes slowenischer Bücher. Jugoslawien MiNr. 668 in geänderter Farbe mit blauem Aufdruck STT-VUJA in Zierschrift.

y) Primož Trubar (1518–1586), Schriftsteller

55	10 Din	gelbbraun	.................y	1,20	1,—
			FDC		2,50

Auflage: 35 000 Stück

1951, 29. Nov. 500. Geburtstag von Marko Marulić; kroatische Kulturtage in Istrien. Jugoslawien MiNr. 669 in geänderter Farbe mit rotem Aufdruck STT VUJA in Zierschrift.

z) M. Marulić (1450–1524), Schriftsteller

56	12 Din	schwarzgrün	................z	1,20	1,—
			FDC		2,50

Auflage: 35 000 Stück

1952

✈ **1952, 4. Febr. 75 Jahre Weltpostverein (UPU) (II).** RaTdr.; gez. K 12½.

aa) Hauptplatz in Koper/Capodistria
ab) Leuchtturm von Piran/Pirano
ac) Palasthotel von Portorož/Portorose

57	5 Din	hellbraun	...................aa	10,—	10,—
58	15 Din	blau	.......................ab	7,50	7,50
59	25 Din	grün	.......................ac	7,50	7,50
			Satzpreis (3 W.)	25,—	25,—
			FDC		60,—

Auflagen: MiNr. 57 = 21 000, MiNr. 58 = 21 500, MiNr. 59 = 24 000 Stück

1952, 26. März. Sport. RaTdr.; gez. L 12½.

ad) Radfahren   ae) Fußball   af) Rudern

ag) Segeln   ah) Volleyball   ai) Wasserspringen

60	5 Din	hellbraun	.................ad	0,50	0,40
61	10 Din	grün	........................ae	0,50	0,40
62	15 Din	karminrosa	................af	0,50	0,40
63	28 Din	ultramarin	..................ag	1,50	1,50
64	50 Din	weinrot	......................ah	3,—	3,—
65	100 Din	schwarzblau	................ai	9,—	5,—
			Satzpreis (6 W.)	15,—	10,—
			FDC		45,—

Auflagen: MiNr. 60 = 294 000, MiNr. 61 = 293 000, MiNr. 62 = 295 000, MiNr. 63 = 103 000, MiNr. 64 = 101 000, MiNr. 65 = 40 000 Stück

1952, 25. Mai. 60. Geburtstag von Josip Broz Tito. Jugoslawien MiNr. 693–695 mit einzeiligem Aufdruck STT VUJA.

66	15 (Din)	sepia	...................(693)	2,50	1,50
67	28 (Din)	braunkarmin	..........(694)	3,—	2,50
68	50 (Din)	schwarzoliv	............(695)	4,50	3,50
			Satzpreis (3 W.)	10,—	7,50
			FDC		70,—

Auflage: 30 000 Sätze

1952, 22. Juni. Woche des Kindes. Jugoslawien MiNr. 696 mit dunkelblauem Aufdruck STT VUJA am rechten Rand von unten nach oben; gez. 12½.

69	15 (Din)	karminrosa	...........(696) Bl	1,—	1,—
			FDC		40,—
69 I		Aufdruckfehler „STT UVJA"	....	170,—	

Auflage: 400 000 Stück

1952, 26. Juli. Olympische Sommerspiele Helsinki. Jugoslawien MiNr. 698 bis 703 in geänderten Farben mit zweizeiligem, rotem Bdr.-Aufdruck STT/VUJNA; gez. K 12¾:12½.

an) Gymnastik   ao) Sprint   ap) Schwimmen

1138 Triest – Zone B

ar) Boxen   as) Handball   at) Fußball
(Die zweite Farbe ist die des Unterdrucks)

70	5 (Din)	schwarzbraun, rötlich .... an		0,50	0,50
71	10 (Din)	dunkelgrün, hellgrün .... ao		0,50	0,50
72	15 (Din)	schwarzblau, blaulila .... ap		0,50	0,50
73	28 (Din)	braun, gelbbraun .... ar		2,—	2,—
74	50 (Din)	rotbraun, gelb .... as		12,—	12,—
75	100 (Din)	schwarzblau, lilarosa .... at		35,—	35,—
		Satzpreis (6 W.)		50,—	50,—
		FDC			140,—

70 U–75 U   ungezähnt .... Satzpreis (6 W.)   700,—   —,—

Auflagen: MiNr. 70 und 71 je 250 000, MiNr. 72 = 350 000, MiNr. 73 = 300 000, MiNr. 74 = 50 000, MiNr. 75 = 23 000 Stück

1952, 13. Sept. Tag der jugoslawischen Kriegsmarine. Jugoslawien MiNr. 704–706 mit zweizeiligem rotem Aufdruck STT / VUJNA.

76	15 (Din)	lilabraun .... (704) R		2,50	2,50
77	28 (Din)	schwarzbraun .... (705) R		3,—	2,50
78	50 (Din)	schwarzgrau .... (706) R		4,50	2,50
		Satzpreis (3 W.)		10,—	7,50
		FDC			50,—

Auflage: 20 000 Sätze

1952, 4. Nov. 6. Kongreß der Kommunistischen Partei, Zagreb. Jugoslawien MiNr. 708 bis 711 mit farbigem einzeiligem Aufdruck VUJNA STT.

79	15 Din	braunkarmin .... (708) V		1,20	0,80
80	15 Din	schwarzbraun .... (709) K		1,20	0,80
81	15 Din	blaugrün .... (710) R		1,20	0,80
82	15 Din	violettblau .... (711) R		1,20	0,80
		Satzpreis (4 W.)		4,50	3,—
		FDC			50,—

Auflage: 30 000 Sätze

1952, 29. Nov. Briefmarkenausstellung, Koper/Capodistria. RaTdr.; gez. K 11½.

au) Sardellen (Engraulis encrasicholus) und Warzenseestern (Marthasterias glacialis)

83	15 (Din)	lilabraun .... au		5,—	5,—
		FDC			36,—

Blockausgabe, □.

84	50 (+ 35 Din)	dunkelblaugrün .... au		—,—	—,—
Block 2	(48 × 70 mm)	.... av		70,—	70,—
		FDC			110,—

Postpreis: 85 Din.

Auflage: MiNr. 83 = 46 000 Stück, Block 2 = 35 000 Blocks

1953

1953, 3. Febr. 10. Todestag von Nikola Tesla. Jugoslawien MiNr. 712 bis 713 mit zweizeiligem Bdr.-Aufdruck STT/VUJNA.

85	15 (Din)	weinrot .... (712) Bl		0,50	0,50
86	30 (Din)	blauviolett .... (713) R		2,—	2,—
		Satzpreis (2 W.)		2,50	2,50
		FDC			45,—

Auflagen: MiNr. 85 = 50 000, MiNr. 86 = 35 000 Stück

1953, Febr./März. Freimarken. Marken von Jugoslawien mit zweizeiligem, farbigem Aufdruck STT/VUJNA in Grotesk.

87	1 Din	grau (13.3.) .... (677) S		12,—	9,—
88	2 Din	karmin .... (718) V		0,50	0,50
89	3 Din	dunkelrot (13.3.) .... (631) R		0,50	0,50
90	5 Din	ockergelb (25.2.)			
I		auf Urmarke Type I ... (719 I) Br		—,—	0,50
II		auf Urmarke Type II .. (719 II) Br		—,—	—,—
91	10 Din	hellgrün (13.3.) .... (680) Gr		0,50	0,50
92	15 Din	rot (25.2.)			
I		auf Urmarke Type I .... (723 I) R		1,—	1,—
II		auf Urmarke Type II ... (723 II) R		400,—	150,—
93	30 Din	blau (13.3.) .... (684) Bl		5,—	3,—
94	50 Din	blaugrün (13.3.) .... (686) Bl		10,—	5,—
		Satzpreis (8 W.)		30,—	20,—
		MiNr. 87, 89, 91, 93, 94 FDC			250,—
		MiNr. 88, 90, 92 FDC			150,—

Zahlreiche Aufdruckfehler.

Auflagen: MiNr. 87 = 30 000, MiNr. 88 und 89 je 100 000, MiNr. 90 = 250 000, MiNr. 91 = 300 000, MiNr. 92 = 500 000, MiNr. 93 = 150 000, MiNr. 94 = 50 000 Stück

Mit ähnlichem Aufdruck: MiNr. 110–112

Triest – Zone B

1953, 21. April. Vereinte Nationen. Jugoslawien MiNr. 714–716 mit einzeiligem Aufdruck STT VUJNA in Rot oder Blau.

95	15 (Din)	dunkelolivgrün	(714) R	0,20	0,20
96	30 (Din)	taubenblau	(715) R	0,50	0,50
97	50 (Din)	dunkelrotbraun	(716) Bl	1,30	1,30
		Satzpreis (3 W.)		2,—	2,—
		FDC			20,—

Auflagen: MiNr. 95 = 321 000, MiNr. 96 = 301 000, MiNr. 97 = 139 000 Stück

1953, 2. Juni. Auto- und Motorradrennen Marken von Jugoslawien MiNr. 724–727 in geänderten Farben mit Aufdruck STT/VUJNA in der Farbe der Marken.

aw ax ay az

98	15 (Din)	sämisch/braun	aw	0,50	0,50
99	30 (Din)	hellbläul./gr./schw'oliv	ax	0,50	0,50
100	50 (Din)	hellorangerot/lilapurpur	ay	0,50	0,50
101	70 (Din)	grünlichbl./schw'blau	az	2,50	2,50
		Satzpreis (4 W.)		4,—	4,—
		FDC			20,—

Auflagen: MiNr. 98–100 je 335 000, MiNr. 101 = 135 000 Stück

1953, 8. Juli. Josip Broz Tito. Jugoslawien MiNr. 728 in geänderter Farbe mit rotem Aufdruck STT/VUJNA.

ba

102	50 (Din)	grüngrau	ba R	5,—	5,—
		FDC			50,—

Auflage: 35 000 Stück

1953, 31. Juli. 38. Esperanto-Weltkongreß, Zagreb (I). Jugoslawien MiNr. 729 in geänderter Farbe mit rotem Aufdruck STT/VUJNA.

bb

103	15 (Din)	d'graublau/grün	bb R	2,50	2,50
		FDC			40,—

Auflage: 35 000 Stück

✈ **1953, 7. Aug. 38. Esperanto-Weltkongreß, Zagreb (II).** Jugoslawien MiNr. 730 in geänderter Farbe mit rotem Aufdruck STT/VUJNA.

bc

104	300 (Din)		bc R		
a		blauviolett/grün		350,—	350,—
b		hellpurpurviolett/grün		400,—	400,—
		FDC a			750,—
		FDC b			1100,—
		Kleinbogen b			7500,—

Auflagen: MiNr. 104 a = 12 000, MiNr. 104 b = 3000 Stück

Diese Marke wurde in Zwölferbogen (1. Aufl. = a) und Achterkleinbogen (2. Aufl. = b) gedruckt. Roter Aufdruck „ESPERANTSKI KONGRES/38-a UNIVERSALA KONGRESO de ESPERANTO 1953/CONGRESSO DELL'ESPERANTO" auf Achterkleinbogen wurde privat hergestellt.

1953, 5. Sept. 10. Jahrestag der Befreiung Istriens und des slowenischen Küstenlandes. Jugoslawien MiNr. 733 in geänderter Farbe mit rotem Aufdruck STT/VUJNA.

bd

105	15 (Din)		bd R		
a		dunkelblau		5,—	5,—
b		kobalt		25,—	25,—
		FDC			25,—

Auflage: 30 000 Stück

1953, 3. Okt. 100. Todestag von Branko Radičević. Jugoslawien MiNr. 734 in geänderter Farbe mit rotem Aufdruck STT/VUJNA.

be

106	15 (Din)	schwarz	be R	2,—	1,50
		FDC			22,—

Auflage: 30 000 Stück

1953, 29. Nov. 10. Jahrestag der 2. Sitzung der „AVNOJ" (Antifaschistische Ratsversammlung der Volksbefreiung Jugoslawiens) in Jajce. Jugoslawien MiNr. 735–737 in geänderten Farben mit Aufdruck STT/VUJNA in der Farbe der Marken.

bf bg bh

107	15 (Din)	schwarzviolett	bf	1,40	1,—
108	30 (Din)	braunkarmin	bg	1,40	1,—
109	50 (Din)	dunkelgrünblau	bh	1,40	1,—
		Satzpreis (3 W.)		4,—	3,—
		FDC			75,—

Auflage: 30 000 Sätze

Abkürzungen der Druckverfahren:

Stdr.	=	Steindruck
Odr.	=	Offsetdruck
Bdr.	=	Buchdruck
Ldr.	=	Indirekter Hochdruck (Letterset)
Sta.-St. ⎫ StTdr.	=	Stahlstich ⎫ Stichtiefdruck
Ku.-St. ⎭	=	Kupferstich ⎭
RaTdr.	=	Rastertiefdruck

1954

1954, 5. März. Freimarken. Wie MiNr. 87–94, jedoch Aufdruck STT / VUJNA jetzt in Antiqua und anderer Farbe

110	5 Din	gelborange (Töne)	(719 II) V	1,20	0,50
111	10 Din	hellgrün	(721) R	1,—	0,50
112	15 Din	rot	(723) Gr	1,30	0,50
		Satzpreis (3 W.)		3,50	1,50
		FDC			200,—
111 I	fehlendes „V" in „VUJNA"			500,—	
111 II	fehlendes „A" in „VUJNA"			200,—	

bi

✈ **1954, 16. April. Marken der Ausgabe 1951/52 von Jugoslawien in geänderten Farben mit farbigem Aufdruck STT VUJNA.**

bk bl bm

bn bo bp

br bs bt

113	1 Din	dunkelviolett	bi S	1,—	0,50
114	2 Din	dunkelbläulichgrün	bk Gr	1,—	0,50
115	3 Din	karminbraun	bl Br	1,—	0,50
116	5 Din	dunkellilabraun	bm S	1,—	0,50
117	10 Din	dunkelgrünblau	bn Gr	0,50	0,50
118	20 Din	braun	bo Gr	0,50	0,50
119	30 Din	kobalt	bp S	0,50	0,50
120	50 Din	schwarzoliv	br S	0,50	0,70
121	100 (Din)	bräunlichrot	bs R	3,—	2,—
122	200 (Din)	schwarzblauviolett	bt Bl	6,—	4,—
		Satzpreis (10 W.)		15,—	10,—
		FDC			60,—

Auflagen: MiNr. 113–116, 121, 122 je 29 418, MiNr. 117–120 je 39 418 Stück

1954, 30. Juni. Freimarken: Tiere Jugoslawiens. Marken MiNr. 738–749 von Jugoslawien in etwas geänderten Farben mit rotem Aufdruck STT VUJNA.

123	2 (Din)	mehrfarbig	(lw)	1,—	0,50
124	5 (Din)	dunkelgraublau/dunkelgelbbraun	(lx)	1,—	0,50
125	10 (Din)	dunkelgelbgrün/rötlichbraun	(ly)	1,—	0,50
126	15 (Din)	dunkelgrünblau/dunkelrötlichbraun	(lz)	1,—	0,50
127	17 (Din)	sepia/dunkelbraun	(ma)	1,—	0,50
128	25 (Din)	mehrfarbig	(mb)	1,—	0,50
129	30 (Din)	schwarzviolett/dunkellilabraun	(mc)	1,—	0,50
130	35 (Din)	violettpurpur/bläulichschwarz	(md)	1,—	1,—
131	50 (Din)	olivgrün/dunkelkarminbraun	(me)	2,—	1,50
132	65 (Din)	dunkelorangebraun/schwarzgrüngrau	(mf)	6,—	4,—
133	70 (Din)	kobaltblau/hellorangebraun	(mg)	15,—	8,—
134	100 (Din)	grünlichblau/schwarz	(mh)	40,—	32,—
		Satzpreis (12 W.)		70,—	50,—
		FDC			100,—

Auflagen: MiNr. 123–127 je 448 255, MiNr. 128–130 je 173 255, MiNr. 131 = 73 255, MiNr. 132–133 je 48 255, MiNr. 134 = 38 255 Stück

1954, 8. Okt. 150. Jahrestag des ersten serbischen Aufstandes. MiNr. 751–754 von Jugoslawien in etwas geänderten Farben mit farbigem Aufdruck STT VUJNA.

bu bv

bw bx

135	15 (Din)	mehrfarbig	bu S	0,70	0,70
136	30 (Din)	mehrfarbig	bv Gr	0,70	0,70
137	50 (Din)	mehrfarbig	bw Gr	0,70	0,70
138	70 (Din)	mehrfarbig	bx R	1,50	1,50
		Satzpreis (4 W.)		3,50	3,50
		FDC			70,—

Auflage: 30 000 komplette Sätze

✈ **1954, 9. Okt. MiNr. 692 von Jugoslawien in geänderter Farbe mit lilabraunem Aufdruck STT VUJNA.**

by

139	500 (Din)	rotorange	by Br	35,—	25,—
		FDC			65,—

Auflage: 19 484 Stück

Alle Marken der Zone B gültig bis 20.10.1954

Jahrgangswerttabelle

Die Aufstellung folgt der numerischen Reihenfolge der Katalogisierung ohne Rücksicht auf die Chronologie eventueller Ergänzungswerte.

Grundsätzlich ist nur die jeweils billigste Sorte pro Marke bzw. Ausgabe angegeben, sofern nichts anderes vermerkt.

Zusammendrucke aus Bogen, Marken mit Zierfeldern usw. sind dann berücksichtigt, wenn sie als normale Ausgabeform anzusehen sind. Einzelmarken aus Blocks und Marken mit der Preisnotierung „—,—" sind nicht berücksichtigt.

Jahr	MiNr.	Euro **	Euro ☉
1948	1– 3	72,—	72,—
1949	4– 30	103,—	85,—
1950	31– 45	312,—	235,—
1951	46– 56	22,90	13,—
1952	57–Block 2	190,50	179,—
1953	85–109	407,—	395,50
1954	110–139	127,—	90,—
Gesamtsumme		**1234,40**	**1069,50**

Portomarken

1949, 15. Sept. Portomarken von Jugoslawien mit zweizeiligem blauem oder rotem Aufdruck STT/VUJA.

				**	☉
1	0.50 Din	d'orange	(P.89) Bl	1,—	0,50
2	1.00 Din	orange	(P.90) Bl	1,—	0,50
3	2.00 Din	dunkelblau	(P.91) R	1,—	0,50
4	3.00 Din	grün	(P.92) R	1,—	0,50
5	5.00 Din	purpur	(P.93) R	2,50	2,—
		Satzpreis (5 W.)		6,50	4,—

Auflagen: MiNr. 1–3, 5 je 30 000, MiNr. 4 = 40 000 Stück

1950, 1. Nov. Portomarken: Fische. RaTdr.; gez K 12½.

Pa) Adlerfische (Sciaena aquila)   Pb) Sardelle (Engraulis encrasicholus)

				**	☉
6	0.50 Din	rotbraun	Pa	2,—	1,—
7	1.00 Din	olivgrün	Pa	2,—	2,—
8	2.00 Din	dunkelblaugrau	Pb	2,—	2,—
9	3.00 Din	dunkelblau	Pb	2,—	2,—
10	5.00 Din	lilarot	Pb	18,—	8,—
		Satzpreis (5 W.)		25,—	15,—
		FDC			60,—

Auflagen: MiNr. 6 = 40 428, MiNr. 7 = 32 428, MiNr. 8 und 9 je 34 428, MiNr. 10 = 27 428 Stück

1952, 15. Okt. Portomarken von Jugoslawien MiNr. 100–107 mit zweizeiligem farbigem Aufdruck STT/VUJNA.

				**	☉
11	1 Din	braun	(P.100) Bl	0,50	0,50
12	2 Din	grün	(P.101) R	0,50	0,50
13	5 Din	kobaltbraun	(P.102) R	0,50	0,50
14	10 Din	zinnober	(P.103) Bl	0,50	0,50
15	20 Din	violett	(P.104) R	0,50	0,50
16	30 Din	gelborange	(P.105) Bl	0,50	0,50
17	50 Din	ultramarin	(P.106) R	0,50	0,50
18	100 Din	karminrot	(P.107) Bl	12,—	10,—
		Satzpreis (8 W.)		15,—	13,—

Auflagen: MiNr. 11–13 und 17 je 50 000, MiNr. 14–16 je 70 000, MiNr. 18 = 20 000 Stück

---

MICHEL-Sammler-ABC

Die praktische Anleitung zum richtigen Sammeln.

Zwangszuschlagsmarken

1948, 23. Mai. Zwangszuschlagsmarke MiNr. 5 von Jugoslawien mit zweizeiligem Aufdruck VUJA/S.T.T. und neuem Wert 2 L.

				**	⊙
1	2 L auf 0.50 (Din) braun/rot .... (5) S	20,—	20,—
1 I	Aufdruck rot (Auflage: 100 Stück)	*2000,—*
FÄLSCH	MiNr. 1 I

Auflage: 30 000 Sätze *Verwendung bis 30.5.1948*

1950, 3. Juli. Zwangszuschlagsmarke MiNr. 7 von Jugoslawien mit zweizeiligem Aufdruck VUJA/STT.

2	0.50 Din braun/rot .... (7)	2,—	1,50

Auflage: 39 254 Stück *Verwendung bis 9.7.1950*

1951, 7. Okt. Rotes Kreuz. Zwangszuschlagsmarke MiNr. 9 von Jugoslawien mit zweizeiligem Aufdruck STT/VUJA.

3	0.50 Din ultramarin/rot .... (9)	15,—	10,—

Auflage: 24 779 Stück *Verwendung bis 14.10.1951*

1952, 26. Okt. Rotes Kreuz. Zwangszuschlagsmarke MiNr. 10 von Jugoslawien mit senkrechtem rotem Aufdruck STT (links) und VUJNA (rechts).

4	0.50 Din lilagrau/rot .... (10)	1,50	1,—

Auflage: 44 626 Stück *Verwendung bis 1.11.1952*

1953, 25. Okt. Rotes Kreuz. Zwangszuschlagsmarke MiNr. 11 von Jugoslawien in geänderter Farbe mit zweizeiligem Aufdruck STT/VUJNA.

5	2 (Din) orangebraun/rot .... (11) Bl	1,50	1,—

Auflage: 50 000 Stück *Verwendung bis 1.11.1953*

Zwangszuschlagsportomarken

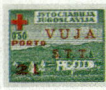

1948, 23. Mai. Zwangszuschlagsportomarke MiNr. 2 von Jugoslawien mit zweizeiligem rotem Aufdruck VUJA/S.T.T und neuem Wert 2 L.

				**	⊙
1	2 L auf 0.50 (Din) dkl'grün/rot ...... (2) R	*250,—*	*250,—*

Auflage: 6000 Stück *Verwendung bis 30.5.1948*

1950, 3. Juli. Zwangszuschlagsportomarke MiNr. 4 von Jugoslawien mit zweizeiligem Aufdruck VUJA/STT.

2	0.50 Din violett/rot .... (4)	2,—	1,50

Auflage: 29 254 Stück *Verwendung bis 9.7.1950*

1951, 7. Okt. Zwangszuschlagsportomarke MiNr. 6 von Jugoslawien mit zweizeiligem Aufdruck STT/VUJA.

3	0.50 Din smaragdgrün/rot .... (6)	*250,—*	*250,—*

Auflage: 11 779 Stück *Verwendung bis 14.10.1951*

1952, 26. Okt. Zwangszuschlagsportomarke MiNr. 7 von Jugoslawien mit senkrechtem rotem Aufdruck STT (links) und VUJNA (rechts).

4	0.50 Din schwarzgrau/rot .... (7) R	1,50	1,—

Auflage: 34 626 Stück *Verwendung bis 1.11.1952*

1953, 25. Okt. Zwangszuschlagsportomarke MiNr. 8 von Jugoslawien in geänderter Farbe mit zweizeiligem Aufdruck STT/VUJNA.

5	2 (Din) karminlila/rot .... (8) Bl	1,50	1,—

Auflage: 35 000 Stück *Verwendung bis 1.11.1953*

Vatikanstaat
Stato della Città del Vaticano

Im Bereich von Rom liegendes päpstliches Staatsgebiet. Am 7. 6. 1929 wurde auf Grund der Lateran-Verträge mit Italien der frühere Kirchenstaat unter dem Namen „Vatikanstaat" wiederhergestellt und gibt seitdem eigene Marken heraus.
Währung: 1 Lira (L) = 100 Centesimi (C); ab 1.1.1999: 1 Euro (€) = 100 Cent (C); bis 31.12.2001: 1 € = 1936.27 L

Eintritt in den Weltpostverein: 1. Juni 1929 (mit Italien 1. Juli 1875)
Alle Marken ab MiNr. 432 sind (wieder) frankaturgültig.

Preise ungebraucht ∗∗ (MiNr. 1–102 mit Falz ∗ ca. 40–60% der ∗∗-Preise, sofern nichts anderes angegeben).

Wz. 1 gekreuzte Schlüssel

Wz. 2 Flügelrad

1931

1931, 1. Okt. Freimarke: MiNr. 5 mit rotem Aufdruck des neuen Wertes.

				∗∗	⊙
16	25 C	auf 30 C schwarz/gelb	(5)	9,—	2,—
			FDC		55,—

Gültig bis 28.2.1947

281129
Erster Poststempel (Ersttag 1.8.29)

21.1.30 11
Späterer Poststempel

1933

1933 1. April. Außerordentliches Heiliges Jahr der Erlösung. StTdr. (10 × 5); gez. L 12¾:13½.

d – e) Kreuz auf Weltkugel

				∗∗	⊙
17	0.25 L + 10 C	grün	d	15,—	6,—
18	0.75 L + 15 C	karmin	d	30,—	17,—
19	0.80 L + 20 C	braun	e	90,—	25,—
20	1.25 L + 25 C	ultramarin	e	25,—	17,—
		Satzpreis (4 W.)		160,—	65,—
		FDC			200,—

Auflage: 1 000 000 Sätze

Gültig bis 31.12.1934

1929

1929, 1. Aug. Freimarken: Papst Pius XI. MiNr. 1–13 StTdr. (10 × 10), MiNr. 1–7 mit farbigem Bdr.-Unterdruck, „Poste Vaticane" in weißen Buchstaben, MiNr. 14–15 RaTdr. (10 × 10); gez. K 14.

1933, 31. Mai. Freimarken. StTdr. (10 × 10, MiNr. 30–38 5 × 10); Wz. 1; gez. L 14.

f) Wappen von Pius XI.

| a) Päpstliches Wappen | b) Papst Pius XI. (reg. 1922–1939) | c) Papst Pius XI. |

				∗∗	⊙
1	5 C	braun/rosa	a	0,70	0,20
2	10 C	dunkelgrün/hellgrün	a	1,20	0,50
3	20 C	violett/lila	a	3,50	0,70
4	25 C	dunkelblau/hellblau	a	4,—	0,70
5	30 C	schwarz/gelb	a	4,—	1,—
6	50 C	dunkelblau/hellrosa	a	5,50	1,—
7	75 C	karmin/blaugrau	a	7,50	2,—
8	80 C	karmin	b	6,—	0,50
9	1.25 L	blau	b	10,—	1,50
10	2 L	sepia	b	15,—	3,—
11	2.50 L	orangerot	b	15,—	3,50
12	5 L	grün	b	22,—	15,—
13	10 L	grauschwarz	b	38,—	20,—

Eilmarken

14	2 L	karmin	c	60,—	20,—
15	2.50 L	blau	c	48,—	20,—
		Satzpreis (15 W.) ∗ 80,—		240,—	85,—
		FDC			200,—

Gültig bis 31.12.1933

MiNr. 1–15 mit verschiedenen Aufdrucken: MiNr. 16, 39–44, 73–74, Paketmarken MiNr. 1–15, Portomarken MiNr. 1–6

g) Petersplatz mit Vatikanischem Palast

h) Peterskirche von den Vatikanischen Gärten aus gesehen

i) Papst Pius XI. (reg. 1922–1939)

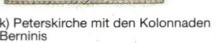
k) Peterskirche mit den Kolonnaden Berninis

l) Gesamtansicht der Vatikanstadt

Vatikanstaat

21	5 C	karmin .... f	0,20	0,20
22	10 C	dunkelbraun/schwarz ...... g	0,20	0,20
23	12½ C	grün/schwarz .... g	0,20	0,20
24	20 C	orange/schwarz .... g	0,20	0,20
25	25 C	schwarzoliv/schwarz ...... g	0,20	0,20
26	30 C	schwarz/dunkelbraun ...... h	0,20	0,20
27	50 C	violett/dunkelbraun ...... h	0,20	0,20
28	75 C	rosa/dunkelbraun .... h	0,20	0,20
29	80 C	lilarosa/dunkelbraun ..... h	0,20	0,20
30	1 L	violett/schwarz i	12,—	2,50
31	1.25 L	blau/schwarz i	50,—	7,50
32	2 L	graubraun/schwarz i	130,—	30,—
33	2.75 L	dunkellila/schwarz i	160,—	60,—
34	5 L	dunkelbraun/grün .... k	0,50	0,50
35	10 L	blau/grün .... k	0,70	0,50
36	20 L	grauschwarz/hellgrün ..... k	1,—	0,50

Eilmarken

37	2 L	karmin/braun l	0,50	0,50
38	2.50 L	blau/braun l	1,50	1,50
		Satzpreis(18 W.)	350,—	100,—
		FDC		400,—
21 U		ungezähnt	200,—	250,—
25 U		ungezähnt	120,—	150,—

Gültig: MiNr. 21 und 30–33 bis 31.12.1940, MiNr. 22–29 und 34–38 bis 28.2.1947

Weitere Werte in Zeichnung I: MiNr. 111 und 112

1934

1934, 16. Juni. Freimarken. Papst Pius XI. MiNr. 8–13 mit Aufdruck.

39	40	(C)	auf 80 C karmin .... (8)	10,—	2,50
40	1.30	(L)	auf 1.25 L blau .... (9)		
I			fetter Aufdruck	300,—	40,—
II			dünner Aufdruck	15000,—	9500,—
41	2.05	(L)	auf 2 L sepia .... (10)	600,—	15,—
42	2.55	(L)	auf 2.50 L orangerot .. (11)	280,—	250,—
43	3.05	L	auf 5 (L) grün .... (12)	1000,—	400,—
44	3.70	L	auf 10 (L) grauschwarz .. (13)	900,—	500,—
			....Satzpreis (6 W.) ★	1000,—	3000,—	1200,—

FALSCH

Spezialisten unterscheiden 2 Auflagen und verschiedene Aufdrucktypen.

Gültig bis 31.12.1940

1935

1935, 1. Febr. Internationaler Juristenkongreß (1934) in Rom. RaTdr. (10×5); gez. K 14.

m) Kaiser Justinian empfängt von Tribonian die Pandekten

n) Papst Gregor IX. (reg. 1227–1241) erhält von Raimund von Pennafort (um 1180–1275) ein juristisches Werk

m–n) Fresken von Raffael (1483–1520)

45	5 C	rotorange .... m	2,50	1,20
46	10 C	dunkelviolett .... m	3,60	1,20
47	25 C	grün .... m	50,—	5,—
48	75 C	karmin .... n	350,—	35,—
49	80 C	schwarzbraun .... n	180,—	30,—
50	1.25 L	blau .... n	250,—	30,—
		Satzpreis (6 W.) ★	180,—	800,—	100,—
		FDC			600,—

Auflage: ca. 200 000 Sätze

Gültig bis 31.12.1940

1936

1936, 20. Juni. Weltausstellung der Katholischen Presse. RaTdr. (10×5); gez. K 14.

o) Glocke und Tauben
p) Kirche, Bücher, Zeitungen
r) Hl. Johann Bosco, Gründer der Salesianer (1815–1888)
s) Hl. Franz von Sales, Bischof von Genf (1567–1622), Schutzpatron der Journalisten

51	5 C	dunkelgrün .... o	3,—	1,20
52	10 C	schwarz .... p	1,—	
53	25 C	grün .... r	340,—	7,50
54	50 C	violett .... o	3,—	1,—
55	75 C	rosa .... p	150,—	65,—
56	80 C	braunrot .... r	5,—	5,—
57	1.25 L	blau .... s	6,—	5,—
58	5 L	sepia .... s	6,—	10,—
		Satzpreis (8 W.) ★ 100,—	500,—	90,—
		FDC		350,—

Auflage: ca. 200 000 Sätze

Gültig bis 31.5.1943

1938

✈ **1938, 22. Juni. Flugpostmarken. StTdr. (10×10); Wz.1; gez. L 14.**

t) Statue des Petrus
u) Friedenstaube
v) Himmelfahrt des Elias
w) Engel tragen die „Casa Sancta" nach Loreto

59	25 C	dunkelbraun .... t	0,30	0,30
60	50 C	dunkelgrün .... u	0,30	0,30
61	75 C	lilakarmin v	0,40	0,30
62	80 C	dunkelblau .... w	0,50	0,30
63	1 L	violett .... t	0,70	0,70
64	2 L	ultramarin .... u	1,—	0,70
65	5 L	grünschwarz v	3,50	2,—
66	10 L	dunkelpurpur .... w	3,50	3,—
		Satzpreis (8 W.)	10,—	7,50
		FDC		50,—

Gültig bis 28.2.1947

Satzpreise sind, wenn nicht anders angegeben, nach den niedrigsten Preisen eines Satzes ohne Abarten errechnet.

1938, 12. Okt. 4. Internationaler Kongreß für Christliche Archäologie. RaTdr. (5×10); gez. K 14.

x) Krypta der hl. Cäcilie in der Kallist-Katakombe
y) Basilika der Heiligen Nereus und Achilleus in der Domitilla-Katakombe

67	5 C	braun	x	1,—	0,50
68	10 C	rotorange	x	1,—	0,50
69	25 C	grün	x	1,—	0,50
70	75 C	karminrosa	y	22,—	10,—
71	80 C	violett	y	75,—	25,—
72	1.25 L	blau	y	90,—	30,—
		Satzpreis (6 W.)		190,—	65,—
		FDC			220,—

Auflagen: MiNr. 67 und 69 je 300 000, MiNr. 68 = 250 000, MiNr. 70 und 72 je 200 000, MiNr. 71 = 150 000 Stück

Gültig bis 31.12.1940

1939

1939, 18. Febr. Sede Vacante – Tod von Papst Pius XI. und Wahl seines Nachfolgers. MiNr. 1–7 mit Aufdruck.

73	5 C	braun/rosa	(1)	140,—	5,—
74	10 C	dunkelgrün/hellgrün	(2)	1,—	0,50
75	20 C	violett/lila	(3)	1,—	0,50
76	25 C	dunkelblau/hellblau	(4)	2,50	5,—
77	30 C	dunkelblau/gelb	(5)	2,50	0,50
78	50 C	dunkelblau/hellrosa	(6)	2,50	0,50
79	75 C	karmin/blaugrau	(7)	2,50	0,50
		Satzpreis (7 W.)		150,—	12,—
		FDC			25,—

Auflagen: MiNr. 73 = 160 000, MiNr. 74, 75, 78 und 79 je 300 000, MiNr. 76 = 170 000, MiNr. 77 = 170 000 Stück

Gültig bis 2.3.1939

1939, 2. Juni. Krönung des Papstes Pius XII. am 12. 3. 1939. RaTdr. (10×5); gez. K 14¼:14.

z) Krönungszeremonie

80	25 C	grün	z	3,50	0,50
81	75 C	karminrot	z	0,70	0,50
82	80 C	violett	z	7,50	4,—
83	1.25 L	blau	z	0,70	0,50
		Satzpreis (4 W.)		12,—	5,50
		FDC			25,—

Auflagen: MiNr. 80 = 500 000, MiNr. 81–83 je 400 000 Stück

Gültig bis 31.7.1943

Suchen Sie Tauschpartner?

Die Kleinanzeigen in der **MICHEL**-Rundschau sind Ihnen dabei behilflich.

1940

1940, 11. März. Freimarken: Papst Pius XII. StTdr. (MiNr. 84 10×10, MiNr. 85–88 10×5); Wz. 1; gez. L 14.

aa) Taube mit Ölzweig, Papstwappen
ab) Papst Pius XII. (reg. 1939–1958)
ac) Papst Pius XII.

84	5 C	tiefkarmin	aa	0,20	0,20
85	1 L	dunkelviolett/schwarz	ab	0,30	0,20
86	1.25 L	dunkelblau/schwarz	ac	0,30	0,30
87	2 L	schwarzbraun/schwarz	ab	2,20	2,—
88	2.75 L	dunkelviolettpurpur/schwarz	ac	3,—	2,50
		Satzpreis (5 W.)		6,—	5,—
		FDC			36,—

Auflage: 315 000 Sätze

Gültig bis 28.2.1947

Weitere Werte: MiNr. 103–110

1942

1942, 1. Sept. Hilfswerk für die Opfer des Krieges (I). Jahreszahl MCMXLII (= 1942). RaTdr. (8×5); gez. K 14¼:14.

ad) Christuskopf über Menschenmenge

89	25 C	schwarzgrün	ad	0,20	0,20
90	80 C	braun	ad	0,20	0,20
91	1.25 L	schwarzblau	ad	0,20	0,30
		Satzpreis (3 W.)		0,60	0,70
		FDC			10,—

Auflage: ca. 1 100 000 Sätze

Gültig bis 28.2.1947

Weitere Werte in gleicher Zeichnung: MiNr. 96–98 und 113–115

1943

1943, 16. Jan. 25. Jahrestag der Bischofsweihe des Nuntius Eugenio Pacelli durch Papst Benedikt XV. RaTdr. (8×5); gez. K 14.

ae) E. Pacelli (nachmaliger Papst Pius XII.) vor Papst Benedikt XV. (reg. 1914–1922)

92	25 C	dunkelblaugrün/grünoliv	ae	0,20	0,20
93	80 C	dunkelbraun/dunkelorangebraun	ae	0,20	0,20
94	1.25 L	ultramarin/dunkelviolett	ae	0,20	0,20
95	5 L	schwarzviolett/braunschwarz	ae	0,30	0,20
		Satzpreis (4 W.)		0,90	0,80
		FDC			16,—

Auflagen: MiNr. 92 = 2 500 000, MiNr. 93 = 1 500 000, MiNr. 94 = 1 200 000, MiNr. 95 = 600 000 Stück

1944

1944, 31. Jan. Hilfswerk für die Opfer des Krieges (II). Jahreszahl MCMXLIII der MiNr. 89–91. RaTdr. (8×5); gez. K 14¼:14.

ad I) Christuskopf über Menschenmenge

96	25 C	schwarzgrün	ad I	0,10	0,10
97	80 C	braun	ad I	0,20	0,20
98	1.25 L	schwarzblau	ad I	0,30	0,20
			Satzpreis (3 W.)	0,60	0,50
			FDC		7,50

Auflage: ca. 910 000 Sätze

Gültig bis 28.2.1947

1944, 11. Nov. 400 Jahre Akademie der Künste am Pantheon. RaTdr. (10×5); Wz. 1; gez. K 14.

af) Selbstbildnis von Raffaello Sanzio (1483–1520), Maler und Baumeister

ag) Antonio da Sangallo d. J. (1483–1546), Architekt

ah) Carlo Maratti (1625–1713), Maler

ai) Selbstbildnis von Antonio Canova (1757–1822), Bildhauer

af–ai) Akademiemitglieder, die am Bau der Peterskirche beteiligt waren

99	25 C	dunkelgrün/olivgrün	af	0,40	0,20
100	80 C	violett/rotlila	ag	0,60	0,70
101	1.25 L	dunkelblau/dunkelviolett	ah	1,—	0,50
102	10 L	olivgrau/bräunlichgelb	ai	2,50	2,20
			Satzpreis (4 W.)	4,50	3,60
			FDC		

Auflage: 414 050 Sätze

Gültig bis 30.6.1945

1945

1945, 2. März. Freimarken: Papst Pius XII. StTdr. (10×10, MiNr. 106–110 10×5); Wz. 1; gez. L 14.

aa) Wappen von Pius XII.

103	5 C	grau	aa	0,20	0,20
104	30 C	braun	aa	0,20	0,20
105	50 C	dunkelgrün	aa	0,20	0,20
106	1 L	braun/schwarz	ac	0,20	0,20
107	1.50 L	karmin/schwarz	ac	0,20	0,20
108	2.50 L	dunkelblau/schwarz	ac	0,20	0,20
109	5 L	rotlila/schwarz	ab	0,30	0,30
110	20 L	grün/schwarz	ab	0,50	0,50

Eilmarken

111	3.50 L	karmin/blau	I	0,70	0,70
112	5 L	dunkelblau/dunkelgrün	I	1,10	1,10
			Satzpreis (10 W.)	3,60	3,60
			FDC		40,—

103 U	ungezähnt		120,—	
107 U	ungezähnt		170,—	
108 U	ungezähnt		170,—	

Auflagen: MiNr. 103–108 je 1 000 000, MiNr. 109–110 je 500 000 Stück

Gültig bis 28.2.1947

Weitere Werte in Zeichnung aa–ac: 84–88, in Zeichnung l: 37–38

1945, 1. Sept. Hilfswerk für die Opfer des Krieges (III). Jahreszahl MCMXLIV der MiNr. 89–91; RaTdr. (8×5); Wz. 2; gez. L 14.

ad II) Christuskopf über Menschenmenge

Wz. 2

113	1 L	schwarzgrün	ad II	0,10	0,10
114	3 L	dunkelkarmin	ad II	0,10	0,10
115	5 L	dunkelblau	ad II	0,30	0,30
			Satzpreis (3 W.)	0,50	0,50
			FDC		7,50

114 Uu		unten ungezähnt		—,—

Auflage: ca. 1 500 000 Sätze

1945, 29. Dez. Freimarken. MiNr. 103–112 mit Aufdruck.

116	20 (C)	auf 5 C grau	(103)	0,20	0,20
117	25 (C)	auf 30 C braun	(104)	0,20	0,20
118	1 (L)	auf 50 C dunkelgrün	(105)	0,20	0,20
119	1.50 (L)	auf 1 L braun/schwarz	(106) Bl	0,20	0,20
120	3 (L)	auf 1.50 L karmin/schwarz	(107)	0,20	0,20
121	5 (L)	auf 2.50 L blau/schwarz	(108)	0,50	0,30
122	10 (L)	auf 5 L rotlila/schwarz	(109)	2,20	1,—
123	30 (L)	auf 20 L grün/schwarz	(110)	5,50	3,—

Eilmarken

124	6 (L)	auf 3.50 L karmin/blau	(111)	5,—	2,50
125	12 (L)	auf 5 L dkl'blau/dkl'grün	(112)	6,—	2,50
			Satzpreis (10 W.)	20,—	10,—
			FDC		50,—

1946

1946, 20. Febr. 400. Jahrestag des Tridentinischen Konzils. RaTdr. (8×5); gez. L 14.

ak) Basilika St. Vigilio in Trient, Sitz des Konzils

al) Hl. Angela Merici, Stifterin der Ursulinen (1474–1540)

am) Hl. Antonius M. Zaccaria, Stifter der Barnabiten (1502–1539)

an) Hl. Ignatius von Loyola (1491–1556), Gründer der Gesellschaft Jesu

Vatikanstaat

ao) Hl. Gaetano von Thiene, Stifter des Theatinerordens (1480–1547)

ap) Hl. John Fisher, Kardinal, Bischof von Rochester (1469–1535)

ar) Christoph Madruzzo (1512–1578), Kardinal, Bischof von Trient

as) Kardinal Reginald Pole (1500–1558)

at) Kardinal Marcello Cervini (später Papst Marcellus II.) (1501–1555, reg. 1555)

au) Kardinal Johann Maria del Monte (später Papst Julius III.) (1487–1555, reg. ab 1550)

av) Kaiser Karl V. (1500–1558)

aw) Papst Paul III. (1468–1549, reg. ab 1534)

ax) M. Giberti (1495–1543), Kardinal, Bischof von Verona

ay) G. C. Contarini (1483–1542), Kardinal, Bischof von Belluno

126	5 C	gelboliv/dunkelbraun .... ak	0,30	0,30
127	25 C	dunkelviolett/dunkelbraun .... al	0,30	0,30
128	50 C	orangegelb/dunkelbraun .... am	0,30	0,30
129	75 C	schwarz/dunkelbraun .... an	0,30	0,30
130	1 L	dunkelpurpur/dunkelbraun ... ao	0,30	0,30
131	1.50 L	orangerot/dunkelbraun ...... ap	0,30	0,30
132	2 L	grün/dunkelbraun .... ar	0,30	0,30
133	2.50 L	dunkelblau/dunkelbraun .... as	0,30	0,30
134	3 L	rot/dunkelbraun .... at	0,30	0,30
135	4 L	ocker/dunkelbraun .... au	0,30	0,30
136	5 L	ultramarin/dunkelbraun ..... av	0,30	0,30
137	10 L	karmin/dunkelbraun .... aw	0,30	0,30

Eilmarken

138	6 L	dunkelgrün/dunkelbraun ..... ax	0,40	0,40
139	12 L	braun/dunkelbraun .... ay	0,50	0,50
		Satzpreis (14 W.)	4,50	4,50
		FDC		40,—
139 U	ungezähnt		320,—	

Auflagen: MiNr. 126–135 je 2 000 000, MiNr. 136–139 1 000 000 Stück

1947

✈ 1947, 10. Nov. Flugpostmarken. RaTdr. (10 × 10); Wz. 1; gez. L 14.

az) Taube mit Ölzweig über der Peterskirche in Rom

ba) Engel tragen die Casa Sancta von Nazareth nach Loreto

bb) Schwalben fliegen um die Spitze der Peterskirche

140	1 L	rot .... az	0,20	0,20
141	4 L	dunkelbraun .... ba	0,20	0,20
142	5 L	ultramarin .... az	0,20	0,20
143	15 L	purpur .... bb	2,50	1,20
144	25 L	dunkelgrün .... ba	5,—	2,20
145	50 L	schwarz .... bb	7,50	4,—
146	100 L	dunkelorange .... bb	40,—	7,50
		Satzpreis (7 W.)	55,—	15,—
		FDC		50,—
144 U	ungezähnt		1200,—	
145 U	ungezähnt		1200,—	
146 U	ungezähnt		1200,—	

Auflage: 150 000 Sätze

1948

✈ 1948, 28. Dez. Flugpostmarken. StTdr. (5 × 9); Wz. 1; gez. L 14.

bc) Der Engel Raphael geleitet Tobias; Gemälde von F. Botticini

147	250 L	schwarz .... bc	50,—	2,50
148	500 L	ultramarin .... bc	700,—	450,—
		Satzpreis (2 W.)	750,—	450,—
		FDC		800,—
147 U	ungezähnt		1300,—	

Auflage: MiNr. 148 = 45 000 Stück

1949

1949, 7. März. Freimarken: Basiliken – Papst Pius XII. MiNr. 149–157 und 159–160 RaTdr. (8 × 5, Querformate ~); Wz. 1; MiNr. 158 StTdr. (5 × 9); A = gez. L 14, C = gez. 14:13¼, Querformate ~.

bd) S. Agnese außerhalb der Mauern

be) San Clemente

bf) Santa Prassede

bg) S. Maria in Cosmedin

bh) S. Croce di Jerusalem in Rom

bi) S. Sebastiano außerhalb der Mauern

bk) S. Lorenzo außerhalb der Mauern

bl) S. Paolo

bm) S. Maria Maggiore

bn) Papst Pius XII. (reg. 1939-1958), Wappen

Vatikanstaat

bo) Peterskirche in Rom bp) Basilika di S. Giovanni

Nr.	Wert	Beschreibung	Kennung	Preis 1	Preis 2
149	1 L	sepia	bd		
A		gez. L 14		0,20	0,10
C		gez. L 14:13¼		0,20	0,20
150	3 L	grauviolett	be		
A		gez. L 14		0,20	0,10
C		gez. L 14:13¼		0,20	0,20
151	5 L	bräunlichorange	bf		
A		gez. L 14		0,20	0,10
C		gez. L 14:13¼		25,—	12,—
152	8 L	dunkelgrün	bg		
A		gez. L 14		0,20	0,20
C		gez. L 14:13¼		0,20	0,20
153	13 L	dunkelgrün	bh		
A		gez. L 14		3,60	2,50
C		gez. L 13¼:14		8,50	5,—
154	16 L	grauschwarz	bi		
A		gez. L 14		0,50	0,20
C		gez. L 13¼:14		0,50	0,30
155	25 L	karminrosa	bk		
A		gez. L 14		10,—	1,—
C		gez. L 13¼:14		12,—	1,20
156	35 L	rotlila	bl		
A		gez. L 14		40,—	12,—
C		gez. L 13¼:14		60,—	25,—
157	40 L	blau	bm		
A		gez. L 14		0,50	0,20
C		gez. L 13¼:14		0,50	0,30
158 A	100 L	grauschwarz	bn	6,—	3,—

Eilmarken

Nr.	Wert	Beschreibung	Kennung	Preis 1	Preis 2
159	40 L	schiefergrau	bo		
A		gez. L 14		20,—	4,—
C		gez. L 13¼:14		40,—	15,—
160	80 L	rötlichbraun	bp		
A		gez. L 14		60,—	28,—
C		gez. L 13¼:14		70,—	40,—
		Satzpreis A (12 W.)		140,—	50,—
		FDC			400,—
157 U		ungezähnt		600,—	
158 U		ungezähnt		750,—	
159 U		ungezähnt		750,—	
160 U		ungezähnt		750,—	

Auflage: 300 000 Sätze   MiNr. 153 gültig bis 15.3.1952

MiNr. 153 mit Aufdruck: MiNr. 187

✈ **1949, 3. Dez. 75 Jahre Weltpostverein.** StTdr. (5×10); gez. L 14.

br) Engel umfliegen den Erdball

161	300 L	ultramarin	br	40,—	12,—
162	1000 L	dunkelgrün	br	150,—	100,—
		Satzpreis (2 W.)		190,—	110,—
		FDC			250,—
161 U		ungezähnt		*—,—	
162 U		ungezähnt		—,—	

Auflagen: MiNr. 161 = 300 000, MiNr. 162 = 100 000 Stück

Gültig bis 31.12.1951

Mit der MICHEL-Nummer auf Nummer sicher!

1949, 21. Dez. Heiliges Jahr 1950. RaTdr. (8×5); Wz. 2; gez. K 14.

bs) Übergabe der Schlüssel des Himmelreiches an St. Petrus; Gemälde von Perugino
bt) Petersdom, Santa Maria Maggiore, San Giovanni und San Paolo
bu) Papst Bonifatius VIII. (reg. 1294–1303) eröffnet das erste heilige Jahr; Gemälde von Giotto 
bv) Papst Pius XII. (reg. 1939–1958) öffnet die Heilige Pforte des Petersdoms

163	5 L	braunrot/braun	bs	0,20	0,10
164	6 L	schwarzgrau/gelbbraun	bt	0,20	0,10
165	8 L	blau/dunkelgrün	bu	1,—	0,70
166	10 L	dunkelgrün/graublau	bv	0,20	0,10
167	20 L	dunkelgrün/braunrot	bs	1,50	0,50
168	25 L	braun/dunkelblau	bt	1,—	0,50
169	30 L	schwarzgrau/rosalila	bu	2,50	1,20
170	60 L	braun/orangerot	bv	2,—	1,20
		Satzpreis (8 W.)		8,50	4,40
		FDC			55,—

Auflage: 550 000 Sätze

1950

1950, 12. Sept. 100 Jahre Palatingarde. RaTdr. (10×5); Wz. 2; gez. K 14½:14.

bw) Die Garde vor St. Peter

171	25 L	schwarzoliv	bw	7,50	7,50
172	35 L	dunkelgrün	bw	3,60	4,—
173	55 L	rotbraun	bw	2,50	5,—
		Satzpreis (3 W.)		13,—	16,—
		FDC			50,—

Auflage: 300 000 Sätze

Gültig bis 31.8.1951

1951

1951, 3. Juni. Seligsprechung von Papst Pius X. RaTdr. (8×5); Wz. 1; gez. L 14:13¼.

bx–by) Papst Pius X. (Giuseppe Sarto 1835–1914, reg. ab 1903)

174	6 L	blauviolett/gold	bx	0,20	0,20
175	10 L	dunkelgrün/gold	bx	1,50	0,50
176	60 L	blau/gold	by	10,—	6,—
177	115 L	sepia/gold	by	25,—	20,—
		Satzpreis (4 W.)		36,—	26,—
		FDC			60,—

Auflage: 300 000 Sätze

Gültig bis 30.6.1953

1951, 8. Mai. Verkündigung des Dogmas von der leiblichen Aufnahme Marias in den Himmel. RaTdr. (8×5); gez. K 14.

bz) Der Papst verkündet das Dogma vor dem Atrium von St. Peter

ca) Die Volksmenge auf dem Petersplatz in Rom

178	25 L	lilabraun	bz	12,—	1,50
179	55 L	dunkelblau	ca	6,—	11,—
		Satzpreis (2 W.)		18,—	12,—
			FDC		40,—

Auflage: 335 000 Sätze

Gültig bis 31.12.1952

1951, 31. Okt. 1500. Jahrestag des Konzils von Chalkedon. StTdr. (5×9); Wz. 1; gez. L 14:13½.

cb) Eutyches wird auf dem Konzil verurteilt (nach einem Fresko in der vatikanischen Bibliothek)

cc) Papst Leo I. (reg. 440–461) tritt in Mantua dem Hunnenkönig Attila entgegen (nach einem Gemälde von Raffael in den Stanzen)

180	5 L	schwarzgrau	cb	0,50	0,50
181	25 L	karminbraun	cc	5,—	2,50
182	35 L	rot	cb	5,—	5,—
183	60 L	blau	cc	30,—	15,—
184	100 L	sepia	cb	50,—	42,—
		Satzpreis (5 W.)		100,—	65,—
			FDC		150,—

Auflage: 225 000 Sätze

Gültig bis 31.12.1952

✠ **1951, 20. Dez. 800 Jahre Decretum Gratiani.** StTdr. (10×5); Wz. 1; gez. L 14:13½.

cd) Gratianus, Rechtslehrer in Bologna, Verfasser der ersten systematischen Sammlung der Kirchengesetze („Concordantia discordantium Canonum")

185	300 L	braunviolett	cd	360,—	200,—
186	500 L	dunkelblau	cd	65,—	30,—
		Satzpreis (2 W.)		420,—	220,—
			FDC		420,—

Auflagen: MiNr. 185 = 50 000, MiNr. 186 = 76 300 Stück

Gültig bis 31.12.1952

1952

1952, 15. März. Freimarke: Basiliken. MiNr. 153 mit Aufdruck.

187	12 L	auf 13 L dunkelgrün	(153) R	2,20	1,20
			FDC		16,—

Auflage: 508 880 Stück

1952, 9. Juni. 100. Jahrestag der ersten Briefmarkenausgabe des Kirchenstaates. StTdr. (5×5) auf gefärbtem Papier; Wz. 1; A = gez. K 13:13¼, C = gez. K 13:12¾.

ce) Alter Postwagen von 1852 verläßt die Milvische Brücke; MiNr. 10 des Kirchenstaates

188 A	50 L	schwarz/blau auf elfenbein	ce	6,—	6,—
			FDC		25,—

Blockausgabe mit 4×MiNr. 188 C.

188 C	50 L	schwarz/blau auf elfenbein	ce	22,—	22,—
Block 1	(112×121 mm)		ce l	220,—	170,—
			FDC		220,—

Die Blockmarken 188 C unterscheiden sich von den Bogenmarken, außer durch die Zähnung, auch durch ihr geringfügig höheres Format.

Auflagen: MiNr. 188 A = 225 000 Stück, Block 1 = 200 000 Blocks

Gültig bis 31.12.1953

MiNr. 189 fällt aus.

Bei vielen Ausgaben des Vatikanstaates ab MiNr. 190 bis MiNr. 532 finden sich einmal im Bogen oben links und rechts vier Textfelder, die mit den fünf anhängenden Marken von Spezialisten als Eckrand-Neunerblocks (5 Marken, 4 Textfelder) beachtet werden.

1953

1953, 12. Febr. 50. Jahrestag der Ermordung der hl. Maria Goretti (1952). RaTdr. (8×8 mit 4 Textfeldern); Wz. 1; gez. K 13½:14.

cf) Hl. Maria Goretti (1890–1902), Märtyrerin der Jungfräulichkeit

190	15 L	braun/violett	cf	5,—	3,—
191	35 L	karminrosa/rotbraun	cf	4,—	3,—
		Satzpreis (2 W.)		9,—	6,—
			FDC		22,—

Auflage: 250 000 Sätze

Gültig bis 30.6.1954

1953, 23. April. Freimarken: Päpste und Baugeschichte von St. Peter. StTdr. (9×5); Wz. 1; gez. K 13½.

cg) Hl. Petrus († um 67); Inschrifttafel in den Grotten (Unterkirche)

ch) Pius XII. (1876–1958); Petrus-Gedenkstätte in den Grotten

ci) Hl. Petrus; Altar der Clemenskapelle

ck) Silvester I. († 335); Konstantinische Basilika

cl) Julius II. (1443–1513); Plan des Bramante für den Neubau

Vatikanstaat

cm) Papst Paul III. (1468–1549); Apsis des Michelangelo
cn) Sixtus V. (1521–1590); Kuppel des Michelangelo
co) Paul V. (1552–1621); Fassade von Maderno
cp) Urban VIII. (1568–1644); Baldachin und Cathedra von Bernini

cq) Alexander VII. (1599–1667); Kolonnaden von Bernini
cr) Pius VI. (1717–1799); Sakristei von Marchionni
cs) Inschrift „Espresso"
ct) Inschrift „Espresso"

192	3 L	karminbraun/schwarz	cg	0,20	0,20
193	5 L	schwarzgrün/schwarz	ch	0,20	0,20
194	10 L	gelbgrün/schwarz	ci	0,20	0,20
195	12 L	orangebraun/schwarz	ck	0,20	0,20
196	20 L	bläulichviolett/schwarz	cl	0,20	0,20
197	25 L	dunkelbraun/schwarz	cm	0,20	0,20
198	35 L	bräunlichkarmin/schwarz	cn	0,20	0,20
199	45 L	schwarzbraun/schwarz	co	0,20	0,20
200	60 L	dunkelblau/schwarz	cp	0,20	0,20
201	65 L	bräunlichkarmin/schwarz	cq	0,20	0,20
202	100 L	bräunlichlila/schwarz	cr	0,20	0,20

Eilmarken

203	50 L	dunkelblaugrün/lilabraun	cs	0,30	0,20
204	85 L	rotorange/lilabraun	ct	0,60	0,30
		Satzpreis (13 W.)		3,—	2,60
		FDC			40,—

192 U	ungezähnt		200,—
197 U	ungezähnt		200,—
199 U	ungezähnt		200,—
200 U	ungezähnt		200,—

Auflage: 450 000 Sätze

✈ 1953, 10. Aug. Flugpostmarken: Peterskirche. StTdr. (9×5); Wz. 1; gez. K 13¼:13.

cu) Kuppeln der Peterskirche, Teil der Balustrade mit Apostelstatuen und Uhr

205	500 L	violettbraun	cu	30,—	10,—
206	1000 L	preußischblau	cu	100,—	20,—
		Satzpreis (2 W.)		130,—	30,—
		FDC			120,—

Auflage: 120 000 Sätze

Gültig bis 31.1.1958

In gleicher Zeichnung in geänderten Farben: MiNr. 280–281

1953, 12. Aug. 700. Todestag der hl. Klara von Assisi. RaTdr. (8×5); gez. L 13¼:13.

cv) Hl. Klara von Assisi (1194–1253), Stifterin des Franziskanerinnen-Ordens (1212); Gemälde von Giotto di Bondone

207	25 L	mehrfarbig	cv	4,—	2,—
208	35 L	mehrfarbig	cv	22,—	15,—
		Satzpreis (2 W.)		26,—	17,—
		FDC			40,—

Bei MiNr. 207–208 ist in der waagerechten Zähnung oben und unten das erste Zähnungsloch nicht durchgestanzt.

Auflage: 200 000 Sätze

Gültig bis 31.12.1954

1953, 10. Nov. 800. Todestag des hl. Bernhard. RaTdr. (5×8); gez. L 13.

cw) Hl. Jungfrau Maria und hl. Bernhard von Clairvaux (1091-1153); Gemälde von Filippino Lippi

209	20 L	schwarzlila/russischgrün	cw	1,—	1,—
210	60 L	schwarzoliv/ultramarin	cw	9,—	7,—
		Satzpreis (2 W.)		10,—	8,—
		FDC			30,—

Auflage: 250 000 Sätze

Gültig bis 31.12.1954

1953, 29. Dez. 800. Jahrestag der Veröffentlichung des Sentenzenbuches des Petrus Lombardus (1095–1160). RaTdr. (10×5); gez. K 13¼:13.

cx) Sarkophagdeckel in Notre-Dame (Paris)

211	100 L	mehrfarbig	cx	55,—	40,—
		FDC			80,—

MiNr. 211 ist äußerst wasserempfindlich.

Auflage: 150 000 Stück

Gültig bis 31.12.1954

1954

1954, 12. Febr. 25. Jahrestag der Unterzeichnung der Lateranverträge. RaTdr. (5×10); gez. K 14.

cy) Papst Pius XI. (reg. 1922–1939), Vatikanstadt

212	25 L	karminbraun/himmelblau	cy	2,—	1,20
213	60 L	blau/gelbbraun	cy	4,—	4,—
		Satzpreis (2 W.)		6,—	5,—
		FDC			18,—

Gültig bis 30.6.1955

1954, 26. Mai. Marianisches Jahr; 100 Jahre Dogma der unbefleckten Empfängnis. StTdr. (5×10); Wz.1; gez. L 13½.

cz) Papst Pius IX. (reg. 1846–1878)   da) Papst Pius XII. (reg. 1939–1958)

214	3 L	blauviolett	cz	0,10	0,10
215	4 L	karmin	da	0,10	0,10
216	6 L	dunkelbraunkarmin	cz	0,10	0,10
217	12 L	dunkelblaugrün	da	1,50	1,50
218	20 L	lilabraun	cz		
219	35 L	dunkelultramarin	da	2,50	2,50
		Satzpreis (6 W.)		5,—	5,—
		FDC			22,—

Auflage: 300 000 Sätze

Gültig bis 31.5.1955

Vatikanstaat

1954, 29. Mai. Heiligsprechung von Papst Pius X. RaTdr. (8×5); Wz. 1; gez. L 13.

db) Papst Pius X. (1835–1914); Porträt von Guido Fregani

220	10 L	mehrfarbig	db	0,50	0,20
221	25 L	mehrfarbig	db	2,50	2,—
222	35 L	mehrfarbig	db	6,—	5,—
		Satzpreis (3 W.)		9,—	7,—
		FDC			25,—
220 U	ungezähnt			—,—	
221 U	ungezähnt			—,—	
222 U	ungezähnt			—,—	

Auflage: 280 000 Sätze

Gültig bis 31.5.1955

1954, 1. Okt. 200. Jahrestag der Erhebung der Kirche des hl. Franz in Assisi zur Basilika und päpstlichen Kapelle. RaTdr. (5×8); Wz. 1; gez. K 14.

dc) Basilika des hl. Franz von Assisi

223	20 L	violettschwarz/rahmfarben	dc	2,20	2,20
224	35 L	dunkelbraun/fahlbraun	dc	1,80	1,80
		Satzpreis (2 W.)		4,—	4,—
		FDC			18,—

Auflage: 250 000 Sätze

Gültig bis 31.12.1955

1954, 13. Nov. 1600. Geburtstag des hl. Augustinus. RaTdr. (5×8); Wz. 1; gez. K 14.

dd) Hl. Augustinus (354–430), Kirchenlehrer; Gemälde von Botticelli

225	35 L	dunkelblaugrün	dd	1,—	1,—
226	50 L	siena	dd	2,20	2,20
		Satzpreis (2 W.)		3,20	3,20
		FDC			18,—

Auflagen: MiNr. 225 = 300 000, MiNr. 226 = 250 000 Stück

Gültig bis 31.12.1955

1954, 7. Dez. Abschluß des Marianischen Jahres. RaTdr. (8×5); Wz. 1; gez. K 13½:13.

de) Schwarze Muttergottes vom Ostra-Brama-Tor in Vilnius

227	20 L	mehrfarbig	de	2,50	1,—
228	35 L	mehrfarbig	de	13,—	9,—
229	60 L	mehrfarbig	de	20,—	15,—
		Satzpreis (3 W.)		35,—	25,—
		FDC			40,—

Auflagen: MiNr. 227 = 230 000, MiNr. 228 = 250 000, MiNr. 229 = 200 000 Stück

Gültig bis 31.12.1955

★★ = Ungebraucht mit Originalgummi (postfrisch)

⊙ = Mit Poststempel gebraucht

1955

1955, 28. April. 1200. Jahrestag der Ermordung des hl. Bonifatius. StTdr. (5×10); Wz. 1; gez. L 13:13½.

df) Hl. Bonifatius (672/73–754), Dom zu Fulda

230	10 L	olivschwarz	df	0,10	0,10
231	35 L	blauviolett	df	0,70	0,50
232	60 L	dunkelblaugrün	df	1,20	1,—
		Satzpreis (3 W.)		2,—	1,60
		FDC			15,—
231 U	ungezähnt			160,—	

Auflage: 400 000 Sätze

Gültig bis 30.6.1956

1955, 27. Juni. 500. Todestag des Dominikaners Fra Angelico. RaTdr. mit rosa Unterdruck (10×5); Wz.1; gez. K 14.

dg) Hl. Papst Sixtus II. (reg. 257–258) weiht hl. Laurentius zum Diakon; Fresko von Fra Angelico (um 1395–1455)

233	50 L	karmin, rosa	dg	5,—	3,—
234	100 L	ultramarin, rosa	dg	3,—	3,—
		Satzpreis (2 W.)		8,—	6,—
		FDC			18,—

Auflage: 300 000 Sätze

Gültig bis 30.6.1956

1955, 28. Nov. 500. Todestag von Papst Nikolaus V. RaTdr. (10×5); Wz. 1; gez. K 14.

dh) Papst Nikolaus V. (1398–1455, reg. ab 1447), Gemälde von Fra Angelico

235	20 L	grünblau/dunkelbraun	dh	0,20	0,20
236	35 L	rotlila/dunkelbraun	dh	0,30	0,30
237	60 L	gelblichgrün/dunkelbraun	dh	0,60	0,60
		Satzpreis (3 W.)		1,10	1,10
		FDC			12,—

Auflage: 325 000 Sätze

Gültig bis 31.12.1956

1955, 29. Dez. 900. Todestag des hl. Bartholomäus. RaTdr. (8×8 mit 4 Textfeldern); Wz. 1; gez. K 14.

di) Hl. Bartholomäus, Abt von Grottaferrata; Basilika von Grottaferrata

238	10 L	dunkellilabraun/dkl'grüngrau	di	0,20	0,20
239	25 L	karminrot/dunkelgrüngrau	di	0,60	0,60
240	100 L	schwarzblaugrün/dkl'grüngrau	di	2,20	2,—
		Satzpreis (3 W.)		3,—	2,80
		FDC			12,—

Auflage: 300 000 Sätze

Gültig bis 31.12.1956

1956

✈ **1956, 22. Febr. Flugpostmarken: Erzengel Gabriel. StTdr. (9×5); Wz. 1; gez. L 13½.**

dk) Erzengel Gabriel; Gemälde von Melozzo da Forli (Detail)
dl) Erzengel Gabriel; Mosaik von Pietro Cavallini (Detail)
dm) Erzengel Gabriel; Gemälde von Leonardo da Vinci (Detail)

241	5 L	schwarz	dk	0,20	0,20
242	10 L	dunkelblaugrün	dl	0,20	0,20
243	15 L	orange	dm	0,20	0,20
244	25 L	lilarot	dk	0,20	0,20
245	35 L	krapprot	dl	0,50	0,50
246	50 L	sepia	dm	0,20	0,20
247	60 L	ultramarin	dk	3,50	3,—
248	100 L	orangebraun	dl	0,30	0,10
249	300 L	blauviolett	dm	0,70	0,60
		Satzpreis (9 W.)		6,—	5,—
		FDC			25,—

Auflage: 350 000 Sätze

1956, 27. April. 450 Jahre Schweizergarde. StTdr. (9×5); Wz. 1; gez. L 13½.

dn) Hauptmann G. Roust († 1527)
do) Korporal der Schweizergarde
dp) Schweizergardisten mit Trommeln

250	4 L	dunkelkarmin	dn	0,10	0,10
251	6 L	rotorange	do	0,10	0,10
252	10 L	dunkelblau	dp	0,10	0,10
253	35 L	lilabraun	dn	0,40	0,40
254	50 L	blauviolett	do	0,80	0,80
255	60 L	dunkelblaugrün	dp	1,30	1,40
		Satzpreis (6 W.)		2,80	2,80
		FDC			12,—

Auflage: 300 000 Sätze

Gültig bis 30.6.1957

1956, 19. Mai. 500. Todestag der hl. Rita da Cascia. RaTdr. (8×8 mit 4 Textfeldern); Wz.1; gez. K 14.

dr) Hl. Rita da Cascia

256	10 L	dunkelgrüngrau	dr	0,20	0,20
257	25 L	sepia	dr	0,50	0,50
258	35 L	ultramarin	dr	0,40	0,40
		Satzpreis (3 W.)		1,10	1,10
		FDC			10,—

Auflage: 400 000 Sätze

Gültig bis 30.6.1957

1956, 31. Juli. 400. Todestag des hl. Ignatius von Loyola. StTdr. (9×5); Wz.1; gez. L 13½.

ds) Hl. Ignatius von Loyola (1491–1556), vor Papst Paulus III. kniend; Gemälde des 17. Jh. in der Sakristei der Kirche Il Gesú, Rom

259	35 L	lilabraun	ds	0,50	0,50
260	60 L	dunkelblaugrau	ds	0,80	0,80
		Satzpreis (2 W.)		1,30	1,30
		FDC			10,—

Auflage: 300 000 Sätze

Gültig bis 31.12.1957

1956, 30. Okt. 500. Todestag des hl. Johannes von Capistrano. StTdr. (9×5); Wz. 1; gez. K 14¼.

dt) Hl. Johannes von Capistrano (1386–1456), Franziskanermönch; Gemälde von Sebastiano di Cola da Cosentino

261	25 L	schwarzgrün/dunkelgrün	dt	2,20	2,20
262	35 L	karminbraun/lilabraun	dt	0,60	0,60
		Satzpreis (2 W.)		2,80	2,80
		FDC			12,—

Bei MiNr. 261 ist teilweise in der waagerechten Zähnung oben und unten das erste Zähnungsloch nicht durchgestanzt.

Auflage: 300 000 Sätze

Gültig bis 31.12.1957

1956, 20. Dez. Marianisches Jahr Polens. StTdr. (9×5); Wz.1; gez. K 14½.

du) Schwarze Madonna von Tschenstochau („Regina Poloniae")

263	35 L	preußischblau/schwarz	du	0,40	0,40
264	60 L	schwarzgrün/violettblau	du	0,40	0,40
265	100 L	lilabraun/dunkelbraunkarmin	du	0,80	0,80
		Satzpreis (3 W.)		1,60	1,60
		FDC			10,—

Auflage: 350 000 Sätze

Gültig bis 31.12.1957

1957

1957, 21. März. 100 Todestag des hl. Domenico Savio. StTdr. (8×8 mit 4 Textfeldern); Wz.1; gez. L 13½.

dv) Hl. Domenico Savio (1842–1857)
dw) Hl. Giovanni Bosco mit Domenico Savio

266	4 L	rotbraun	dv	0,10	0,10
267	6 L	lilarot	dw	0,10	0,10
268	25 L	dunkelgrün	dv	0,40	0,40
269	60 L	violettblau	dw	0,90	0,90
		Satzpreis (4 W.)		1,50	1,50
		FDC			7,—

Auflage: 300 000 Sätze

Gültig bis 30.6.1958

1957, 27. Juni. 500 Jahre Collegio Capranica. StTdr. (5×9); Wz. 1; gez. L 13½.

dx) Das Seminargebäude in Rom; Kardinal Capranica (1400–1458), Gründer des Seminars

dy) Papst Pius XII. (reg. 1939–1958); Gedenktafel

270	5 L	lilapurpur	dx	0,10	0,10
271	10 L	braun	dy	0,10	0,10
272	35 L	grünschwarz	dx	0,20	0,20
273	100 L	lebhaftultramarin	dy	0,60	0,60
		Satzpreis (4 W.)		1,—	1,—
		FDC			7,—

Auflage: 400 000 Sätze

Gültig bis 31.12.1957

1957, 9. Okt. 20 Jahre Päpstliche Akademie der Wissenschaften. RaTdr. (5×8); Wz. 1; gez. K 14.

dz) Päpstliche Akademie der Wissenschaften

274	35 L	vio'ultramarin/blaugrün	dz	0,50	0,50
275	60 L	braun/ultramarin	dz	0,80	0,80
		Satzpreis (2 W.)		1,30	1,30
		FDC			7,—

Auflage: 450 000 Sätze

Gültig bis 31.12.1958

1957, 14. Nov. 800 Jahre Mariazell. StTdr. (5×10); Wz. 1; gez. L 13½.

ea) Basilika von Mariazell, Österreich

eb) Gnadenaltar der „Magna Mater Austriae"

276	5 L	dunkelgelbgrün	ea	0,10	0,10
277	15 L	schwarzgrüngrau	eb	0,30	0,30
278	60 L	violettblau	ea	1,—	1,—
279	100 L	blauviolett	eb	1,40	1,40
		Satzpreis (4 W.)		2,80	2,80
		FDC			7,—

Auflage: 400 000 Sätze

Gültig bis 31.12.1958

1958

✈ **1958, 31. Jan. Flugpostmarken. StTdr. (9×5); X = oWz., Y = Wz. 1; A = gez. L 13, C = gez. K 14¼.**

cu) Kuppeln der Peterskirche, Teil der Balustrade und Uhr

280	500 L	dunkelblaugrün/dkl'gelbgrün	cu		
X A		oWz., gez. L 13		40,—	25,—
Y A		Wz. 1, gez. L 13		10,—	7,—
Y C		Wz. 1, gez. K 14¼		2000,—	1500,—

281	1000 L	purpur/rotlila	cu		
X A		oWz., gez. L 13		20,—	20,—
X C		oWz., gez. K 14¼		20,—	20,—
Y A		Wz. 1, gez. L 13		1,—	1,—
Y C		Wz. 1, gez. K 14¼		1,50	1,50
		Satzpreis (2 W.)		11,—	8,—
		FDC			30,—

Marken mit einem „Wasserzeichen" Buchstaben entstanden durch ungenaues Einlegen der Druckbogen, Teile eines Bogenrandwasserzeichens gelangten auf die Marken.

Auflage: 200 000 Sätze; MiNr. 280 Y C = ca. 200 Stück

In gleicher Zeichnung: MiNr. 205–206

1958, 21. Febr. 100. Jahrestag der Marienerscheinung in Lourdes. StTdr. (6×5); Wz. 1; gez. L 13½:14.

ec) Marienerscheinung, Schafherde

ed) Kranker in Lourdes

ee) Hl. Bernadette Soubirous

282	5 L	schwarzblau	ec	0,10	0,10
283	10 L	dunkelblaugrün	ed	0,10	0,10
284	15 L	lilabraun	ee	0,10	0,10
285	25 L	karminrot	ec	0,10	0,10
286	35 L	lilaschwarz	ed	0,10	0,10
287	100 L	blauviolett	ee	0,10	0,10
		Satzpreis (6 W.)		0,60	0,60
		FDC			5,50

Auflage: 1 045 000 Sätze

Gültig bis 31.3.1959

1958, 19. Juni. Weltausstellung in Brüssel. StTdr. (6×5); Wz. 1; MiNr. 288 gez. L 13½, MiNr. 289–291 gez. L 13½:14.

ef) Papst Pius XII. (reg. 1939–1958)

eg) Vatikanischer Pavillon

288	35 L	purpur	ef	0,20	0,20
289	60 L	braunrot	eg	0,80	0,80
290	100 L	blauviolett	eg	2,50	2,50
291	300 L	violettultramarin	ef	1,50	1,50
		Satzpreis (4 W.)		5,—	5,—
		FDC			10,—

Blockausgabe, gez. Ks 12¾:13

292	35 L	purpur	ef I	4,—	4,—
293	60 L	braunrot	eg I	4,—	4,—
294	100 L	blauviolett	ef I	4,—	4,—
295	300 L	violettultramarin	eg I	4,—	4,—
Block 2	(91×149 mm)		eh	30,—	24,—
		FDC			40,—

Die Blockmarken weisen im Vergleich zu den Bogenmarken ein geringfügig größeres Format auf.

Auflagen: MiNr. 288–289 je 300 000, MiNr. 290–291 je 250 000 Stück, Block 2 = 200 000 Blocks

Gültig bis 31.12.1958

Vatikanstaat

1958, 2. Juli. 200. Geburtstag von Antonio Canova (1757–1822): Skulpturen. StTdr. (8×5); Wz. 1; gez. K 14¼.

ei) Papst Klemens XIII. (1693–1769)
ek) Papst Klemens XIV. (1705–1774)
el) Papst Pius VI. (1717–1799)
em) Papst Pius VII. (1740–1823)

296	5 L	lilabraun	ei	0,10	0,10
297	10 L	lilarot	ek	0,10	0,10
298	35 L	dunkelgrüngrau	el	0,30	0,30
299	100 L	preußischblau	em	0,80	0,80
		Satzpreis (4 W.)		1,30	1,30
		FDC			7,—

Auflage: 400 000 Sätze

Gültig bis 31.12.1958

1958, 21. Okt. Sede Vacante – Tod von Papst Pius XII. und Wahl seines Nachfolgers. RaTdr. (5×10); Wz. 1; gez. K 14.

en) Päpstliches Wappen mit „Ombrello" des Kardinal-Kämmerers

300	15 L	schwarzbraun auf mattgelb	en	1,80	1,80
301	25 L	schwarzbraun	en	0,20	0,20
302	60 L	schwarzbraun auf hellviolett	en	0,20	0,20
		Satzpreis (3 W.)		2,20	2,20
		FDC			6,—

Auflage: 700 000 Sätze

Gültig bis 28.10.1958

1959

1959, 2. April. Krönung von Papst Johannes XXIII. RaTdr. (8×5); Wz. 1; gez. K 14¼.

eo) Papst Johannes XXIII. (reg. 1958–1963)
ep) Zwei Engel halten Wappen des Papstes

303	25 L	mehrfarbig	eo	0,10	0,10
304	35 L	mehrfarbig	ep	0,10	0,10
305	60 L	mehrfarbig	eo	0,10	0,10
306	100 L	mehrfarbig	ep	0,10	0,10
		Satzpreis (4 W.)		0,40	0,40
		FDC			1,20

Auflage: 1 129 000 Sätze

Gültig bis 31.3.1960

1959, 25. Mai. Christliche Märtyrer aus der Zeit der Valerianischen Verfolgung im Jahre 257. RaTdr. (10×5); Wz. 1; gez. K 14.

er) Laurentius

es) Papst Sixtus II.
et) Agapet
eu) Felicissimus
ev) Cyprianus
ew) Fructuosus

307	15 L	mehrfarbig	er	0,20	0,20
308	25 L	mehrfarbig	es	0,20	0,20
309	50 L	mehrfarbig	et	0,30	0,30
310	60 L	mehrfarbig	eu	0,20	0,20
311	100 L	mehrfarbig	ev	0,20	0,20
312	300 L	mehrfarbig	ew	0,40	0,40
		Satzpreis (6 W.)		1,50	1,50
		FDC			5,—

Auflage: 617 300 Sätze

Gültig bis 30.6.1960

1959, 25. Mai. 30. Jahrestag der Unterzeichnung der Lateran-Verträge. RaTdr. (8×5); Wz. 1; gez. K 14.

ex) Papst Pius XI. (reg. 1922–1939)

313	30 L	dunkelsiena	ex	0,10	0,10
314	100 L	dunkelviolettblau	ex	0,20	0,20
		Satzpreis (2 W.)		0,30	0,30
		FDC			1,50

Auflage: 946 800 Sätze

Gültig bis 30.6.1960

1959, 27. Okt. Inbetriebnahme des neuen Rundfunksenders Santa Maria di Galeria. RaTdr. (8×5); Wz. 1; gez. K 14.

ey) Sendemast, Erzengel-Gabriel-Statue

315	25 L	mehrfarbig	ey	0,10	0,10
316	60 L	mehrfarbig	ey	0,20	0,20
		Satzpreis (2 W.)		0,30	0,30
		FDC			1,50

Auflage: 779 200 Sätze

Gültig bis 31.12.1960

✈ 1959, 27. Okt. Flugpostmarken: Römische Obelisken. StTdr. (6×5); Wz. 1; gez. K 13½:14.

ez) San Giovanni

fa) Maria Maggiore
fb) St. Peter
fc) Piazza del Popolo
fd) Trinità dei Monti

317	5 L	blauviolett	ez	0,10	0,10
318	10 L	dunkelblaugrün	fa	0,10	0,10

Vatikanstaat 1155

319	15 L	violettbraun	fb	0,10	0,10
320	25 L	schwarzoliv	fc	0,10	0,10
321	35 L	violettblau	fd	0,10	0,10
322	50 L	dunkelgelbgrün	ez	0,10	0,10
323	60 L	lilapurpur	fa	0,10	0,10
324	100 L	blauschwarz	fb	0,10	0,10
325	200 L	dunkelbraun	fc	0,10	0,10
326	500 L	orangebraun	fd	0,60	0,60
		Satzpreis (10 W.)		1,50	1,50
		FDC			10,—

Auflage: 1 000 000 Sätze

1959, 14. Dez. Weihnachten. StTdr. (6×5); Wz. 1; gez. K 13½:14.

fe) Anbetung der Könige; Gemälde von Raffaelo Sanzio

327	15 L	grauschwarz	fe	0,10	0,10
328	25 L	dunkelkarmin	fe	0,10	0,10
329	60 L	violettblau	fe	0,30	0,30
		Satzpreis (3 W.)		0,50	0,50
		FDC			1,50

Auflage: 774 600 Sätze

Gültig bis 31.12.1960

1959, 14. Dez. 500. Geburtstag des hl. Kasimir. StTdr. (5×8); Wz. 1; gez. K 14.

ff) Hl. Kasimir (1458–1484), Schutzpatron von Litauen; Kathedrale und Gediminas-Turm in Vilnius

330	50 L	siena	ff	0,10	0,10
331	100 L	dunkelgrün	ff	0,20	0,20
		Satzpreis (2 W.)		0,30	0,30
		FDC			1,50

Auflage: 817 300 Sätze

Gültig bis 31.12.1960

1960

1960, 29. Febr. Römische Synode. RaTdr. (8×5); Wz. 1; gez. K 14.

fg) Querschiff der Lateranbasilika

332	15 L	violettbraun	fg	0,10	0,10
333	60 L	grauschwarz	fg	0,20	0,20
		Satzpreis (2 W.)		0,30	0,30
		FDC			1,50

Auflage: 716 500 Sätze

Gültig bis 31.12.1961

1960, 29. Febr. 500. Todestag des hl. Antoninus. StTdr. (6×5); Wz. 1; gez. K 13½:14.

fh) Hl. Antoninus (1389 bis 1459), Dominikaner, Erzbischof von Florenz, nach Skulptur von Giovanni Dupré

fi) Der hl. Antoninus beim Predigen, nach Relief von Domeniko Portigiani

334	15 L	violettblau	fh	0,10	0,10
335	25 L	dunkelgrünblau	fi	0,20	0,20
336	60 L	dunkellilabraun	fh	0,30	0,30
337	110 L	purpur	fi	0,70	0,70
		Satzpreis (4 W.)		1,30	1,30
		FDC			2,—

Auflage: 625 700 Sätze

Gültig bis 31.12.1960

1960, 7. April. Weltflüchtlingsjahr 1959/60. RaTdr. (8×5); Wz. 1; gez. K 14.

fk) Die Flucht nach Ägypten; Gemälde von Fra Angelico

fl) Der hl. Petrus als Almosenspender; Gemälde von Masaccio

fm) Jungfrau der Barmherzigkeit; Gemälde von Piero della Francesca

338	5 L	dunkelbläulichgrün	fk	0,10	0,10
339	10 L	lilaschwarz	fl	0,10	0,10
340	25 L	rot	fm	0,10	0,10
341	60 L	bläulichviolett	fk	0,50	0,50
342	100 L	ultramarin	fl	1,50	1,50
343	300 L	dunkelgrünblau	fm	1,20	1,20
		Satzpreis (6 W.)		3,50	3,50
		FDC			5,—

Auflage: 574 500

Gültig bis 30.6.1960

1960, 11. April. Überführung des Leichnahmes von Papst Pius X. nach Venedig. StTdr. (9×5, MiNr. 345 6×5); Wz. 1; gez. L 13½, MiNr. 345 gez. K 13½:14¼.

  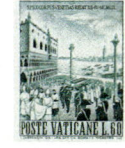

fn) Aufbruch des Kardinals Sarto von Venedig zum Konklave

fo) Papst Johannes XXIII. vor dem Sarg Pius' X.

fp) Ankunft der Reliquien in Venedig

344	15 L	dunkelbraun	fn	0,50	0,50
345	35 L	lilapurpur	fo	1,30	1,30
346	60 L	dunkelblaugrün	fp	2,—	2,—
		Satzpreis (3 W.)		3,80	3,80
		FDC			4,—

Auflage: 760 700 Sätze

Gültig bis 31.3.1961

1960, 8. Nov. Freimarken: Werke der Barmherzigkeit. RaTdr. (5×8); Wz. 1; gez. K 14.

fr) „Hungrige speisen" fs) „Durstige tränken" ft) „Nackte bekleiden"

fu) „Pilger beherbergen" fv) „Kranke besuchen" fw) „Gefangene besuchen"

Vatikanstaat

fx) „Tote begraben" fy) Papst Johannes XXIII. fz) Wappen des Papstes

347	5 L	rotbraun/dunkelbraun	fr	0,10	0,10
348	10 L	dunkelblaugrün/dunkelbraun	fs	0,10	0,10
349	15 L	schwarz/dunkelbraun	ft	0,10	0,10
350	20 L	dunkelrosalila/dunkelbraun	fu	0,10	0,10
351	30 L	blauviolett/dunkelbraun	fv	0,10	0,10
352	35 L	dunkelbraunlila/dunkelbraun	fw	0,10	0,10
353	40 L	rotorange/dunkelbraun	fx	0,10	0,10
354	70 L	gelbbraun/dunkelbraun	fy	0,10	0,10

Eilmarken

355	75 L	rot/dunkelbraun	fz	0,10	0,10
356	100 L	blau/dunkelbraun	fz	0,10	0,10
		Satzpreis (10 W.)		0,70	0,70
		FDC			3,—

Auflage: 1 100 000 Sätze

1961

1961, 28. Febr. 1100. Todestag des hl. Meinrad. RaTdr. (8×5, MiNr. 365 ~); Wz. 1; gez. K 14.

ge) Hl. Meinrad, Patron des Klosters Maria Einsiedeln
gf) Gnadenbild „Unsere Liebe Frau von Einsiedeln"
gg) Benediktinerkloster Maria Einsiedeln, Schweiz

363	30 L	grauschwarz	ge	0,50	0,50
364	40 L	violett	gf	0,70	0,70
365	100 L	sepia	gg	1,80	1,80
		Satzpreis (3 W.)		3,—	3,—
		FDC			3,50

Auflage: 780 000 Sätze

Gültig bis 28.2.1962

1960, 6. Dez. Weihnachten. RaTdr. (5×8); Wz. 1; gez. K 14.

ga) Die Heilige Familie mit zwei anbetenden Engeln; Gemälde von Gerard van Honthorst

357	10 L	schwarzblaugrün/grauschwarz	ga	0,10	0,10
358	15 L	schwarzbraun/sepia	ga	0,10	0,10
359	70 L	türkisblau/dunkelblau	ga	0,20	0,20
		Satzpreis (3 W.)		0,40	0,40
		FDC			1,—

Auflage: 796 000 Sätze

Gültig bis 31.12.1961

1961, 6. April. 1500. Todestag von Papst Leo I. RaTdr. (8×5); Wz.1; gez. K 14.

gh) Hl. Papst Leo I. (reg. 440–461) tritt Hunnenkönig Attila entgegen; Relief von A. Algardi aus der St.-Peter-Basilika

366	15 L	braunkarmin	gh	0,30	0,30
367	70 L	schwarzgrün	gh	0,70	0,70
368	300 L	braunschwarz	gh	1,80	1,80
		Satzpreis (3 W.)		2,80	2,80
		FDC			3,—

Auflage: 583 500 Sätze

Gültig bis 30.4.1962

1960, 6. Dez. 300. Todestag von Vinzenz von Paul und Louise de Marillac. RaTdr. (8×5). Wz. 1; gez. K 14.

gb) Vinzenz von Paul (1581–1660), Begründer der Caritas
gc) Louise de Marillac (1591–1660), Mitbegründerin der Vinzentinerinnen
gd) Die beiden Heiligen mit Findelkind; Gemälde von Louis Blondel

360	40 L	grauviolett	gb	0,20	0,20
361	70 L	grauschwarz	gc	0,30	0,30
362	100 L	lilabraun	gd	0,60	0,60
		Satzpreis (3 W.)		1,10	1,10
		FDC			2,—

Auflage: 756 800 Sätze

Gültig bis 31.12.1961

1961, 13. Juni. 1900. Jahrestag der Ankunft des hl. Paulus in Rom. RaTdr. (5×8); Wz.1; gez. K 14.

gi) Landkarte mit Route der Gefangenschaftsreise des hl. Paulus
gk) Der hl. Paulus bei seiner Ankunft in Rom
gl) Basilika des hl. Paulus

369	10 L	schwarzgrün	gi	0,10	0,10
370	15 L	karminbraun/grauschwarz	gk	0,10	0,10
371	20 L	lachsfarben/grauschwarz	gl	0,20	0,20
372	30 L	blau	gi	0,30	0,30
373	75 L	orangebraun/grauschwarz	gk	0,40	0,40
374	200 L	kobalt/grauschwarz	gl	1,40	1,40
		Satzpreis (6 W.)		2,50	2,50
		FDC			3,—

Auflage: 602 000 Sätze

Gültig bis 30.6.1962

Als Grundlage für die Ermittlung von Preisnotierungen dienten Unterlagen des Briefmarkenhandels, von Arbeitsgemeinschaften sowie Sammlern im In- und Ausland.

1961, 4. Juli. 100 Jahre Zeitung „L'Osservatore Romano". RaTdr. (5×8); Wz. 1; gez. K 14.

gm) Titelseiten der Ausgaben von 1861 und 1961   gn) Druckereigebäude   go) Rotationsdruckmaschine

375	40 L	karminbraun/schwarz	gm	0,50	0,50
376	70 L	schwarz/hellkobalt	gn	0,70	0,70
377	250 L	chromgelb/schwarz	go	1,80	1,80
		Satzpreis (3 W.)		3,—	3,—
		FDC			3,50

Auflage: 572 000 Sätze

Gültig bis 30.9.1962

1961, 6. Okt. 1500. Todestag des hl. Patrick. RaTdr. (8×5); Wz.1; gez. K 14.

gp) Hl. Patrick (385–ca. 460/61), Apostel und Schutzpatron Irlands   gr) Wallfahrtskirche St. Patrick, Lough Deargh

378	10 L	sämisch/schwarzgrün	gp	0,10	0,10
379	15 L	kobalt/violettbraun	gr	0,10	0,10
380	40 L	mattgelb/schwarzgrün	gp	0,20	0,20
381	150 L	grünblau/karminbraun	gr	0,60	0,60
		Satzpreis (4 W.)		1,—	1,—
		FDC			1,50

Auflage: 634 000 Sätze

Gültig bis 31.12.1962

1961, 25. Nov. 80. Geburtstag von Papst Johannes XXIII. RaTdr. (8×5); Wz. 1; gez. K 14.

gs) Wappen der Familie Roncalli   gt) Kirche Santa Maria, Sotto il Monte (Taufkirche)   gu) Kirche Santa Maria in Monte, Rom (Priesterweihe)

gv) Kirche St. Ambrosius und Karl, Rom (Bischofsweihe)   gw) Kathedra in St. Peter, Rom   gx) Papst Johannes XXIII. (reg. 1958–1963)

382	10 L	grauschwarz/braun	gs	0,10	0,10
383	25 L	olivbraun/schwarzblaugrün	gt	0,10	0,10
384	30 L	hellviolettblau/violett	gu	0,10	0,10
385	40 L	violett/preußischblau	gv	0,10	0,10
386	70 L	dunkelgrüngrau/braun	gw	0,30	0,30
387	115 L	dunkellilabraun/grauschwarz	gx	0,50	0,50
		Satzpreis (6 W.)		1,20	1,20
		FDC			2,—

Auflage: 662 000 Sätze

Gültig bis 25.11.1962

1961, 25. Nov. Weihnachten. RaTdr. (8×5); Wz. 1; gez. K 14.

gy) Die Geburt Christi; Gemälde auf Seide von Luca Ch'en

388	15 L	mehrfarbig	gy	0,10	0,10
389	40 L	mehrfarbig	gy	0,10	0,10
390	70 L	mehrfarbig	gy	0,20	0,20
		Satzpreis (3 W.)		0,40	0,40
		FDC			1,—

Auflage: 786 000

Gültig bis 31.12.1962

1962

✈ 1962, 13. März. Flugpostmarken: Erzengel Gabriel. StTdr. (8×5); Wz. 1; gez. K 13½:14.

gz) Erzengel Gabriel; Relief von Filippo della Valle

391	1000 L	dunkelbraun	gz	1,20	1,20
392	1500 L	dunkelblau	gz	1,80	1,80
		Satzpreis (2 W.)		3,—	3,—
		FDC			8,—

Auflage: 600 000 Sätze

1962, 6. April. Kampf gegen die Malaria. RaTdr. (8×5); Wz.1; gez. K 14.

ha) Medaille des Papstes Sixtus V. zur Urbarmachung der Pontinischen Sümpfe   hb) Landkarte der Pontinischen Sümpfe

393	15 L	grauviolett	ha	0,10	0,10
394	40 L	rotlila	hb	0,10	0,10
395	70 L	dunkelbraun	ha	0,20	0,20
396	300 L	dunkelgrün	hb	0,50	0,50
		Satzpreis (4 W.)		0,90	0,90
		FDC			1,70

Auflage: 615 000 Sätze

Gültig bis 31.3.1963

1962, 12. Juni. Priesterliche Berufung. RaTdr. (8×5); Wz. 1; gez. K 14.

hc) Der gute Hirte; römische Marmorstatue (4. Jh.)   hd) Weizenfeld

397	10 L	schwarz/bläulichviolett	hc	0,10	0,10
398	15 L	dunkelblau/braunocker	hd	0,10	0,10
399	70 L	schwarz/grün	hc	0,30	0,30

Vatikanstaat

400	115 L	braunrot/braunocker .... hd	1,70	1,70
401	200 L	schwarz/siena .... hc	1,50	1,50
		Satzpreis (5 W.)	3,60	3,60
		FDC		4,—

Auflage: 591 000 Sätze

Gültig bis 31.5.1963

1962, 12. Juni. 500. Jahrestag der Heiligsprechung der hl. Katharina von Siena. RaTdr. (10×5); Wz. 1; gez. K 14.

he) Hl. Katharina von Siena (1347–1380), Dominikanerin, Kirchenlehrerin; Fresko von G. A. Bazzi

402	15 L	braun .... he	0,10	0,10
403	60 L	bläulichviolett .... he	0,30	0,30
404	100 L	ultramarin .... he	0,50	0,50
		Satzpreis (3 W.)	0,90	0,90
		FDC		2,—

Auflage: 653 000 Sätze

Gültig bis 31.5.1963

1962, 5. Juli. 100. Todestag von Pauline Marie Jaricot. RaTdr. (8×5); Wz. 1; gez. K 14.

hf) Pauline M. Jaricot (1790–1862), Gründerin der „Gesellschaft für Glaubensverbreitung"; Porträt von Anne Descambes

405	10 L	mehrfarbig .... hf	0,20	0,20
406	50 L	mehrfarbig .... hf	0,30	0,30
407	150 L	mehrfarbig .... hf	0,50	0,50
		Satzpreis (3 W.)	1,—	1,—
		FDC		2,—

Auflage: 682 000 Sätze

Gültig bis 30.6.1963

1962, 25. Sept. 6. Internationaler Kongreß für Christliche Archäologie. RaTdr. (5×8); Wz. 1; gez. K 14.

hg) Grabplatte mit Köpfen von Petrus und Paulus

hh) Altchristlicher Sarkophag

408	20 L	bläulichviolett/schwarzbraun ... hg	0,10	0,10
409	40 L	lilabraun/grauschwarz .... hh	0,10	0,10
410	70 L	blaugrün/schwarzbraun .... hg	0,10	0,10
411	100 L	orangebraun/grauschwarz .... hh	0,20	0,20
		Satzpreis (4 W.)	0,50	0,50
		FDC		1,50

Auflage: 886 000 Sätze

Gültig bis 31.12.1963

1962, 30. Okt. Eröffnung des 2. Ökumenischen Vatikanischen Konzils. RaTdr. (8×5), MiNr. 416 komb. StTdr. und RaTdr.; Wz. 1; gez. K 14.

hi) Der Glaube; Gemälde von Raffael

hk) Die Hoffnung; Gemälde von Raffael

hl) Die christliche Liebe; Gemälde von Raffael

hm) Wappen des Papstes

hn) Das Konzil in der Peterskirche

ho) Papst Johannes XXIII. (reg. 1958-1963)

hp) Statue des hl. Petrus

hr) Der Heilige Geist in Gestalt einer Taube

412	5 L	kobalt/braunschwarz .... hi	0,10	0,10
413	10 L	grün/braunschwarz .... hk	0,10	0,10
414	15 L	hellrot/braunschwarz .... hl	0,10	0,10
415	25 L	hellrot/dunkelgrüngrau .... hm	0,10	0,10
416	30 L	lebhaftviolett/schwarz .... hn	0,10	0,10
417	40 L	rotlila/grauschwarz .... ho	0,10	0,10
418	60 L	dunkelgrün/hellorangebraun .. hp	0,10	0,10
419	115 L	karminrot .... hr	0,60	0,60
		Satzpreis (8 W.)	0,60	0,60
		FDC		2,—

Auflage: 1 317 000 Sätze

Gültig bis 31.12.1963

1962, 4. Dez. Weihnachten. RaTdr. (5×8); Wz. 1; gez. K 14.

hs) Anbetung durch Hirten; Gemälde von Marcus Topno

420	10 L	mehrfarbig .... hs	0,10	0,10
421	15 L	mehrfarbig .... hs	0,10	0,10
422	90 L	mehrfarbig .... hs	0,20	0,20
		Satzpreis (3 W.)	0,40	0,40
		FDC		1,20

Auflage: 955 000 Sätze

Gültig bis 31.12.1963

1963

1963, 21. März. Kampf gegen den Hunger. RaTdr. (8×5); Wz. 1; gez. K 14.

ht) Die wunderbare Brotvermehrung; Gemälde von Murillo

hu) Der wunderbare Fischfang im See Genezareth; Teppichkarton von Raffael

423	15 L	braun/violettbraun .... ht	0,20	0,20
424	40 L	karminrot/dunkelolivgrau ..... hu	0,20	0,20
425	100 L	blau/violettbraun .... ht	0,20	0,20
426	200 L	dunkelgrünblau/dkl'olivgrau .. hu	0,20	0,20
		Satzpreis (4 W.)	0,60	0,60
		FDC		1,20

Auflage: 1 033 000 Sätze

Gültig bis 30.6.1964

1963, 8. Mai. Verleihung des Balzan-Preises an Papst Johannes XXIII. RaTdr. (10×5); Wz. 1; gez. K 14.

hv) Papst Johannes XXIII. (reg. 1958–1963)

427	15 L	rotbraun .... hv		0,10	0,10
428	160 L	violettschwarz .... hv		0,30	0,30
			Satzpreis (2 W.)	0,40	0,40
			FDC		2,—

Auflage: 890 500 Sätze

Gültig bis 31.3.1964

1963, 15. Juni. Sede Vacante – Tod von Papst Johannes XXIII. und Wahl seines Nachfolgers. RaTdr. (8×5); Wz. 1; gez. K 14.

hw) Päpstliches Wappen mit „Ombrello" des Kardinal-Kämmerers

429	10 L	schwarzbraun .... hw		0,10	0,10
430	40 L	schwarzbraun/dkl'mattgelb .... hw		0,10	0,10
431	100 L	schwarzbraun/hellblauviolett ... hw		0,10	0,10
			Satzpreis (3 W.)	0,30	0,30
			FDC		1,00

Auflage: 2 389 000 Sätze

Gültig bis 21.6.1963

MiNr. 432 bis 555 sind seit dem 23. 7. 1983 wieder frankaturgültig; alle späteren (ausgenommen MiNr. 726–728 und MiNr. 729–731) sind unbegrenzt frankaturgültig.

1963, 16. Okt. Krönung von Papst Paul VI. StTdr. (8×5); Wz. 1; gez. K 13½:14.

hx) Papst Paul VI. (reg. 1963–1978)   hy) Wappen des Papstes

432	15 L	grau .... hx		0,10	0,10
433	40 L	braunrot .... hy		0,10	0,10
434	115 L	rotbraun .... hx		0,10	0,10
435	200 L	dunkelgraublau .... hy		0,30	0,30
			Satzpreis (4 W.)	0,60	0,60
			FDC		1,50

Auflage: 1 473 000 Sätze

Gültig bis 31.12.1964 und wieder ab 23.7.1983

1963, 22. Nov. 1100. Jahrestag der Missionstätigkeit der Slawenapostel Kyrill und Methodius. RaTdr. (8×5); Wz. 1; gez. K 14.

hz) Hl. Kyrill (826–869)   ia) Reliefkarte mit Polen, Mähren und Ungarn   ib) Hl. Methodios (um 815–885)

436	30 L	schwarzviolett .... hz		0,10	0,10
437	70 L	dunkelbraun .... ia		0,10	0,10
438	150 L	dunkelrötlichlila .... ib		0,20	0,20
			Satzpreis (3 W.)	0,40	0,40
			FDC		1,—

Auflage: 1 326 000 Sätze

Gültig bis 31.12.1964 und wieder ab 23.7.1983

Vatikanstaat — 1159

1963, 22. Nov. Weihnachten. RaTdr. (8×5); Wz.1; gez. K 14.

ic) Christi Geburt, Terrakottaarbeit von Andrea Bukuru aus Burundi

439	10 L	orangebraun/braun ic		0,10	0,10
440	40 L	ultramarin/braun ic		0,10	0,10
441	100 L	braunoliv/braun ic		0,10	0,10
			Satzpreis (3 W.)	0,30	0,30
			FDC		1,—

Auflage: 1 487 800 Sätze

Gültig bis 31.12.1964 und wieder ab 23.7.1983

1964

1964, 4. Jan. Pilgerfahrt von Papst Paul VI. ins Heilige Land. RaTdr. (8×5); Wz.1; gez. K 14.

id) Papst Paul VI. (reg. 1963–1978)   ie) Geburtsbasilika in Bethlehem   if) Eingang der Grabeskirche in Jerusalem   ig) Marienbrunnen in Nazareth

442	15 L	olivschwarz .... id		0,10	0,10
443	25 L	bräunlichkarmin .... ie		0,10	0,10
444	70 L	schwarzbraun .... if		0,10	0,10
445	160 L	violettultramarin .... ig		0,40	0,40
			Satzpreis (4 W.)		1,—

Auflage: 2 289 000 Sätze

Gültig bis 31.12.1964 und wieder ab 23.7.1983

1964, 10. März. Schutz der Denkmäler Nubiens. RaTdr. (8×8 mit 4 Textfeldern); Wz.1; gez. K 13½:13¼.

ih) Hl. Petrus, Pharao Ramses II.; Wandmalereien aus dem Tempel von Wadi es Sebua   ii) Ägyptisch-römischer Säulengang von Philae, sog. Kiosk des Trajan

446	10 L	ultramarin/braun .... ih		0,10	0,10
447	20 L	mehrfarbig ii		0,10	0,10
448	70 L	dunkelolivgrau/braun .... ih		0,10	0,10
449	200 L	mehrfarbig ii		0,40	0,40
			Satzpreis (4 W.)		1,—

Auflage: 1 743 000 Sätze

Gültig bis 31.12.1964 und wieder ab 23.7.1983

MICHEL-Kataloge werden ständig überarbeitet und durch Berücksichtigung der neuesten Forschungsergebnisse auf dem aktuellen Stand gehalten.

Vatikanstaat

1964, 22. April. Weltausstellung 1964/65 in New York. RaTdr. (8×5); Wz. 1; gez. K 14.

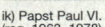

ik) Papst Paul VI. (reg. 1963–1978)
il) Pietà von Michelangelo
im) Pietà von Michelangelo

450	15 L	blauviolett	ik	0,10	0,10
451	50 L	schwarzbraun	il	0,10	0,10
452	100 L	dunkelgraublau	ik	0,10	0,10
453	250 L	braun	im	0,20	0,20
		Satzpreis (4 W.)		0,50	0,50
		FDC			1,50

Auflage: 2 290 300 Sätze

Gültig bis 31.10.1965 und wieder ab 23.7.1983

1964, 16. Juni. 400. Todestag Michelangelos: Gemälde. StTdr. (8×5); Wz. 1; gez. K 13½:14.

in) Michelangelo Buonarroti (1475–1564); Selbstbildnis

io) Prophet Jesaja
ip) Delphische Sibylle
ir) Prophet Jeremias
is) Prophet Joel

454	10 L	schwarz	in	0,10	0,10
455	25 L	purpur	io	0,10	0,10
456	30 L	dunkelbraunoliv	ip	0,10	0,10
457	40 L	blauviolett	ir	0,10	0,10
458	150 L	dunkelgrüngrau	is	0,10	0,10
		Satzpreis (5 W.)		0,50	0,50
		FDC			1,—

Auflage: 2 555 700 Sätze

Gültig bis 30.6.1965 und wieder ab 23.7.1983

1964, 22. Sept. 100 Jahre Internationales Rotes Kreuz. Komb. StTdr. und RaTdr. (5×8); Wz. 1; gez. K 14:13½.

it) Der barmherzige Samariter; Gemälde von Emilio Greco

459	10 L	karminbraun/rot	it	0,10	0,10
460	30 L	blau/rot	it	0,10	0,10
461	300 L	lilaschwarz/rot	it	0,20	0,20
		Satzpreis (3 W.)		0,40	0,40
		FDC			1,—

Auflage: 2 392 900 Sätze

Gültig bis 30.6.1965 und wieder ab 23.7.1983

1964, 16. Nov. 500. Todestag des Nikolaus von Kues (1401–1464), Theologe und Philosoph. RaTdr. (5×8); Wz. 1; gez. K 14:13½

iu) Geburtshaus von Nikolaus von Kues in Kues an der Mosel
iv) Grabmal von Nikolaus von Kues in der Kirche von St. Peter in Vincoli, Rom

462	40 L	dunkelgrünblau	iu	0,10	0,10
463	200 L	krapprot	iv	0,20	0,20
		Satzpreis (2 W.)		0,30	0,30
		FDC			1,—

Auflage: 1 688 100 Sätze

Gültig bis 31.12.1965 und wieder ab 23.7.1983

1964, 16. Nov. Weihnachtsmarken. RaTdr. (8×5); Wz. 1; gez. K 14.

iw) Die Anbetung der Hl. Familie; Gemälde von Kimiko Koseki

464	10 L	mehrfarbig	iw	0,10	0,10
465	15 L	mehrfarbig	iw	0,10	0,10
466	135 L	mehrfarbig	iw	0,10	0,10
		Satzpreis (3 W.)		0,30	0,30
		FDC			1,50

Auflage: 1 883 700 Sätze

Gültig bis 31.12.1965 und wieder ab 23.7.1983

1964, 2. Dez. Besuch Papst Pauls VI. beim Eucharistischen Weltkongreß in Bombay. RaTdr. (8×5, Querformate ~); Wz. 1; gez. K 14.

ix) Papst Paul VI. (reg. 1963–1978) beim Gebet

iy) Ankunft Papst Pauls VI. auf dem Kongreßgelände
iz) „Gateway of India" in Bombay
ka) Papst Paul VI. vor Landkarte Südasiens

467	15 L	schwarzviolett	ix	0,10	0,10
468	25 L	dunkelgrün	iy	0,10	0,10
469	60 L	sepia	iz	0,10	0,10
470	200 L	schwarzviolett	ka	0,20	0,20
		Satzpreis (4 W.)		0,50	0,50
		FDC			1,—

Auflage: 2 128 700 Sätze

Gültig bis 31.12.1965 und wieder ab 23.7.1983

1965

1965, 16. März. Heiligsprechung der 22 Märtyrer von Uganda.
StTdr. (8×5); Wz. 1; gez. K 13½:14.

kb) Joseph Mukasa und 6 weitere　　kc) Carolus Lwanga und 2 weitere　　kd) Matthias Kalemba Mulumba und 2 weitere

ke) Bruno Serunkuma und 3 weitere　　kf) Andreas Kaggwa und 2 weitere　　kg) Mukasa Kiriwawanvu und Gyavira

471	15 L	schwarzgrün	kb	0,10	0,10
472	20 L	braun	kc	0,10	0,10
473	30 L	violettblau	kd	0,10	0,10
474	75 L	braunschwarz	ke	0,10	0,10
475	100 L	karminrot	kf	0,10	0,10
476	160 L	blauviolett	kg	0,10	0,10
		Satzpreis (6 W.)		0,60	0,60
		FDC			1,50

Auflage: 1 885 300 Sätze

Gültig bis 31.12.1965 und wieder ab 23.7.1983

1965, 18. Mai. 700. Geburtstag von Dante Alighieri. Komb. StTdr. und RaTdr. (8×5); Wz. 1; gez. K 13½:14.

kh) Dante Alighieri (1265–1321), italienischer Dichter　　ki) Szene aus „Inferno" (Hölle)　　kk) Szene aus „Purgatorio" (Fegefeuer)　　kl) Szene aus „Paradiso" (Paradies)

477	10 L	braun/dunkelsiena	kh	0,10	0,10
478	40 L	rot/dunkelsiena	ki	0,10	0,10
479	70 L	gelblichgrün/dunkelsiena	kk	0,10	0,10
480	200 L	blau/dunkelsiena	kl	0,20	0,20
		Satzpreis (4 W.)		0,50	0,50
		FDC			1,—

Auflage: 3 156 600 Sätze

Gültig bis 30.6.1966 und wieder ab 23.7.1983

1965, 2. Juli. Hl. Benedikt von Nursia. RaTdr. (10×5); Wz. 1; gez. K 14.

km) Hl. Benedikt von Nursia (* um 480–547), Gründer des Benediktinerordens, Schutzpatron Europas; Gemälde von Perugino　　kn) Kloster Monte Cassino

481	40 L	sepia	km	0,20	0,20
482	300 L	schwarzblaugrün	kn	0,30	0,30
		Satzpreis (2 W.)		0,50	0,50
		FDC			1,50

Auflage: 3 883 300 Sätze

Gültig bis 30.6.1966 und wieder ab 23.7.1983

1965, 4. Okt. Besuch des Papstes bei den Vereinten Nationen. RaTdr. (8×5); Wz. 1; gez. K 14.

ko) Papst Paul VI. (1897–1978)　　kp) Verwaltungsgebäude der UNO, New York

483	20 L	braun	ko	0,10	0,10
484	30 L	blau	kp	0,10	0,10
485	150 L	dunkelgrüngrau	kp	0,10	0,10
486	300 L	violettpurpur	ko	0,30	0,30
		Satzpreis (4 W.)		0,60	0,60
		FDC			1,—

Auflage: 5 348 600 Sätze

Gültig bis 31.12.1966 und wieder ab 23.7.1983

1965, 25. Nov. Weihnachten. StTdr. (8×5); Wz. 1; gez. K 13½:14.

kr) Heilige Familie in peruanischer Landestracht vor Machu Picchu

487	20 L	lilapurpur	kr	0,10	0,10
488	40 L	braun	kr	0,10	0,10
489	200 L	dunkelgrün	kr	0,20	0,20
		Satzpreis (3 W.)		0,40	0,40
		FDC			1,—

Auflage: 5 283 600 Sätze

Gültig bis 31.12.1966 und wieder ab 23.7.1983

1966

1966, 8. März. Freimarken: Die Arbeit des Menschen – Bronzereliefs. RaTdr. (8×8 mit 4 Textfeldern); Wz. 1; gez. K 14.

ks) Papst Paul VI.; Bronzerelief von Enrico Manfrini　　kt) Musik　　ku) Wissenschaft　　kv) Malerei

kw) Bildhauerei　　kx) Bauhandwerk　　ky) Holzbearbeitung　　kz) Landwirtschaft

la) Schmiedekunst
lb) Philosophie
lc) Papstwappen; Bronzerelief von Enrico Manfrini
ld) Papst Paul VI.; Bronzerelief von Enrico Manfrini

kt–lb) Bronzereliefs von Mario Rudelli am päpstlichen Betstuhl in der Privatkapelle Pauls VI.

490	5 L	sepia	ks	0,10	0,10
491	10 L	blauviolett	kt	0,10	0,10
492	15 L	braun	ku	0,10	0,10
493	20 L	dunkelolivgrau	kv	0,10	0,10
494	30 L	rötlichbraun	kw	0,10	0,10
495	40 L	dunkelgrünblau	kx	0,10	0,10
496	55 L	indigo	ky	0,10	0,10
497	75 L	schwarzlila	kz	0,10	0,10
498	90 L	rotlila	la	0,10	0,10
499	130 L	schwarz	lb	0,10	0,10

Eilmarken

500	150 L	schwarzbraun	lc	0,20	0,20
501	180 L	braun	ld	0,20	0,20
		Satzpreis (12 W.)		1,40	1,40
		FDC			2,50

1966, 3. Mai. 1000. Jahrestag der Christianisierung Polens. StTdr. (5×8); gez. K 14:13½

le) Herzogin Dabrowka und Herzog Mieszko I.; Porträts von Matejko

lf) Heiliger Adalbert, im Hintergrund Bronzerelief von der Pforte des Domes zu Gnesen; links Kathedrale von Breslau; rechts Kathedrale von Gnesen

lg) Heiliger Stanislaus; links Skalka-Kirche in Krakau; rechts Burg Wawel in Krakau

lh) Königin Hedwig, links Aušra-Tor in Vilnius, rechts Innenhof der Universitätsbibliothek mit Kopernikus-Denkmal in Krakau

li) Madonna von Tschenstochau; rechts Fassade der St.-Johann-Kathedrale von Warschau mit Sigismund-Säule; links Kloster Jasna Gora

lk) Papst Paul VI. in Polen

502	15 L	schwarz	le	0,10	0,10
503	25 L	blauviolett	lf	0,10	0,10
504	40 L	orangerot	lg	0,10	0,10
505	50 L	dunkelkarmin	lh	0,10	0,10
506	150 L	dunkelblau	li	0,10	0,10
507	220 L	lilabraun	lk	0,30	0,30
		Satzpreis (6 W.)		0,80	0,80
		FDC			1,—

Auflage: 5 579 800 Sätze

Gültig bis 30.6.1967 und wieder ab 23.7.1983

1966, 11. Okt. Abschluß des 2. Vatikanischen Konzils. RaTdr. (8×5); Wz. 1; gez. K 14.

ll) Papst Johannes XXIII. (reg. 1958–1963)
lm) Das Evangelienbuch in der Konzilsaula
ln) Konzelebration in der Peterskirche

lo) Papst Paul VI. und der orthodoxe Metropolit Melitene von Heliopolis
lp) Bischofsring der teilnehmenden Bischöfe in Mitra-Form
lr) Papst Paul VI. vor dem Petersdom nach der Abschlußfeier am 8. 12. 1965

508	10 L	bräunlichrot/braunschwarz	ll	0,10	0,10
509	15 L	braun/dunkelgrün	lm	0,10	0,10
510	55 L	violettbraun/dunkelkarminlila	ln	0,10	0,10
511	90 L	dunkelgelbgrün/violettschwarz	lo	0,10	0,10
512	100 L	dunkelolivgrün/dunkelocker	lp	0,10	0,10
513	130 L	siena/schwarzbraun	lr	0,20	0,20
		Satzpreis (6 W.)		0,70	0,70
		FDC			1,—

Auflage: 3 646 200 Sätze

Gültig bis 30.6.1967 und wieder ab 23.7.1983

1966, 24. Nov. Weihnachten. RaTdr. (10×5); Wz. 1; gez. K 14.

ls) Geburt Christi; Zeichnung von R. Scorzelli

514	20 L	violett	ls	0,10	0,10
515	55 L	schwarzoliv	ls	0,10	0,10
516	225 L	dunkelbraunocker	ls	0,30	0,30
		Satzpreis (3 W.)		0,50	0,50
		FDC			1,—

Auflage: 3 287 400 Sätze

Gültig bis 31.12.1967 und wieder ab 23.7.1983

1967

✈ **1967, 7. März. Flugpostmarken.** RaTdr. (8×5); Wz. 1; gez. K 14.

lt) Turmgalerie und Hauptkuppel der Peterskirche in Rom; Düsenflugzeug
lu) Vatikanische Rundfunkstation bei S. Maria di Galeria nahe Rom; Erzengel Gabriel, Statue von Alcide Ticò
lv) Petersplatz mit Obelisk und Kolonnaden, Peterskirche und Gebäude des Kirchenstaates

Vatikanstaat 1163

517	20 L	blauviolett	lt	0,10	0,10
518	40 L	dunkelblauviolett/rosa	lu	0,10	0,10
519	90 L	dunkelgraublau/dkl'blaugrau	lv	0,10	0,10
520	100 L	hellrot/braunschwarz	lt	0,10	0,10
521	200 L	dunkelblauviolett/blaugrau	lu	0,30	0,30
522	500 L	dunkellilabraun/hellbraun	lv	0,50	0,50
		Satzpreis (6 W.)		1,20	1,20
		FDC			2,—

Auflage: 2 000 000 Sätze

1967, 15. Juni. 1900. Jahrestag der Martyrien der Heiligen Peter und Paul. RaTdr. (10 × 5); gez. K 13½:14.

lw) Hl. Petrus; Fresko in den Katakomben in Rom

lx) Hl. Paulus; Fresko in der Krypta des Petersdomes

ly) Hl. Peter und Paul; Glasmalerei in der Vatikanischen Bibliothek

lz) Barocker Baldachin im Petersdom von Rom; von Gian Bernini

ma) Gotischer Tabernakel der St.-Paulus-Basilika an der Via Ostia in Rom; von Arnolfo di Cambio

523	15 L	mehrfarbig	lw	0,10	0,10
524	20 L	mehrfarbig	lx	0,10	0,10
525	55 L	mehrfarbig	ly	0,10	0,10
526	90 L	mehrfarbig	lz	0,10	0,10
527	220 L	mehrfarbig	ma	0,20	0,20
		Satzpreis (5 W.)		0,60	0,60
		FDC			1,—

Auflage: 2 675 700 Sätze

Gültig bis 30.6.1968 und wieder ab 23.7.1968

1967, 13. Okt. 50. Jahrestag der Marienerscheinung von Fatima. RaTdr. (10 × 5); Wz. 1; gez. K 13½:14.

mb) Skulptur dreier betender Kinder, Erinnerungsstätte der Erscheinung

mc) Kathedrale in Fatima, Portugal

md) Papst Paul VI. im Gebet vor der Hl. Jungfrau von Fatima

528	30 L	mehrfarbig	mb	0,10	0,10
529	50 L	mehrfarbig	mc	0,10	0,10
530	200 L	mehrfarbig	md	0,20	0,20
		Satzpreis (3 W.)		0,40	0,40
		FDC			1,—

Auflage: 2 285 800 Sätze

Gültig bis 30.6.1968 und wieder ab 23.7.1968

Mit MICHEL immer gut informiert

1967, 13. Okt. 3. Weltkongreß des Laien-Apostolates. RaTdr. (10 × 5); Wz. 1; gez. K 14.

me) Erdkugel, von Menschenreihe umgeben, Kreuz

531	40 L	karmin	me	0,10	0,10
532	130 L	hellblau	me	0,20	0,20
		Satzpreis (2 W.)		0,30	0,30
		FDC			1,—

Auflage: 2 403 100 Sätze

Gültig bis 31.12.1967 und wieder ab 23.7.1968

> Bei allen Ausgaben des Vatikanstaates mit Bogenformat 8 × 8 (ab MiNr. 190 bis MiNr. 532) finden sich einmal im Bogen oben links oder rechts vier Textfelder, die mit den fünf anhängenden Marken von Spezialisten als Eckrand-Neunerblocks (5 Marken, 4 Textfelder) beachtet werden.

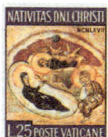

1967, 28. Nov. Weihnachten. RaTdr. (10 × 5); gez. K 13½:14.

mf) „Die Heilige Familie"

533	25 L	mehrfarbig	mf	0,10	0,10
534	55 L	mehrfarbig	mf	0,10	0,10
535	180 L	mehrfarbig	mf	0,30	0,30
		Satzpreis (3 W.)		0,50	0,50
		FDC			1,—

Auflage: 2 293 000 Sätze

Gültig bis 31.12.1968 und wieder ab 23.7.1968

1968

✈ 1968, 12. März. Flugpostmarken: Erzengel Gabriel. Komb. StTdr. und Odr. (6 × 5); Wz. 1; gez. K 13½:14.

mg) Erzengel Gabriel aus dem Gemälde Maria Verkündigung von Fra Angelico (1387–1455)

536	1000 L	purpur/rahmfarben	mg	1,20	1,20
537	1500 L	schwarz/rahmfarben	mg	1,80	1,80
		Satzpreis (2 W.)		3,—	3,—
		FDC			3,50

1968, 22. Aug. 39. Eucharistischer Weltkongreß, Bogotá. RaTdr. (10 × 5); Wz. 1; gez. K 14.

mh) Papst Paul VI. (reg. 1963–1978)

mi) Monstranz aus dem Fresko „Disputa" von Raffael

mk) Karte Lateinamerikas; Fresko von Bencivenga

Vatikanstaat

538	25 L	lilabraun/schwarz .... mh	0,10	0,10
539	55 L	mehrfarbig .... mi	0,10	0,10
540	220 L	mehrfarbig .... mk	0,30	0,30
		Satzpreis (3 W.)	0,50	0,50
		FDC		1,—

Auflage: 2 215 000 Sätze

Gültig bis 30.6.1969 und wieder ab 23.7.1983

1968, 28. Nov. Weihnachten. StTdr. (8×5); Wz. 1; gez. K 13½:14.

ml) Das Jesuskind von Prag; Figur in der Kirche Maria vom Siege, Prag

541	20 L	rotlila/violettpurpur .... ml	0,10	0,10
542	50 L	grauviolett/purpurviolett .... ml	0,10	0,10
543	250 L	bläulichgrün/schwarzblau ..... ml	0,30	0,30
		Satzpreis (3 W.)	0,50	0,50
		FDC		1,10

Auflage: 2 130 000 Sätze

Gültig bis 31.12.1969 und wieder ab 23.7.1983

1969

1969, 6. März. Ostern. Komb. StTdr. und RaTdr. (8×5); Wz. 1; gez. K 13½:14.

mm) Die Auferstehung unseres Herrn; Gemälde von Fra Angelico (1387–1455) (Detail)

544	20 L	lilapurpur/dunkelchrom ...... mm	0,10	0,10
545	90 L	dunkelgrün/dunkelchrom ..... mm	0,20	0,20
546	180 L	ultramarin/dunkelchrom ..... mm	0,20	0,20
		Satzpreis (3 W.)	0,50	0,50
		FDC		1,—

Auflage: 1 972 000 Sätze

Gültig bis 30.6.1969 und wieder ab 23.7.1983

1969, 28. April. Europa. RaTdr. (5×8); Wz. 1; gez. K 14.

mn) „EUROPA" und „CEPT" in Tempelform

547	50 L	dunkelblaugrau/braunocker ... mn	0,10	0,10
548	90 L	bräunlichrot/braunocker ...... mn	0,20	0,20
549	130 L	dunkeloliv/braunocker .... mn	0,20	0,20
		Satzpreis (3 W.)	0,50	0,50
		FDC		1,50

Auflage: 2 128 200 Sätze

Gültig bis 30.12.1970 und wieder ab 23.7.1983

Abkürzungen der Druckverfahren:

Stdr.	=	Steindruck
Odr.	=	Offsetdruck
Bdr.	=	Buchdruck
Ldr.	=	Indirekter Hochdruck (Letterset)
Sta.-St. } StTdr.	=	Stahlstich } Stichtiefdruck
Ku.-St.	=	Kupferstich
RaTdr.	=	Rastertiefdruck

1969, 31. Juli. Reise des Papstes nach Uganda. RaTdr. (8×5); Wz. 1; gez. K 13½:14.

mo) Papst Paul VI. mit Einheimischen
mp) Papst Paul VI. mit afrikanischen Bischöfen
mr) Landkarte Afrikas, Olivenzweig

550	25 L	ockerbraun/dunkelsiena ...... mo	0,10	0,10
551	55 L	krapprot/dunkelsiena .... mp	0,10	0,10
552	250 L	mehrfarbig .... mr	0,30	0,30
		Satzpreis (3 W.)	0,50	0,50
		FDC		1,—

Auflage: 1 814 000 Sätze

Gültig bis 1.12.1970 und wieder ab 23.7.1983

1969, 18. Nov. 100 Jahre Sankt-Peter-Vereinigung. StTdr. (8×5); Wz. 1; gez. K 13½:14.

ms) Papst Pius IX. (reg. 1846–1878)
mt) Emblem der Vereinigung
mu) Papst Paul VI. (reg. 1963–1978)

553	30 L	bräunlichorangerot .... ms	0,10	0,10
554	50 L	schwarzgrau .... mt	0,10	0,10
555	220 L	purpur .... mu	0,30	0,30
		Satzpreis (3 W.)	0,50	0,50
		FDC		1,—

Auflage: 1 695 000 Sätze

Gültig bis 30.6.1971 und wieder ab 23.7.1983

1970

1970, 16. März. Weltausstellung EXPO '70, Osaka. RaTdr. (8×5); gez. K 13½:14.

mv) Emblem der EXPO '70
mw) Burg von Osaka
mx) Jungfrau Maria mit Kind; Gemälde von Domoto

my) Pavillon des Vatikanstaates
mz) Fujiyama, heiliger Berg des Schintoismus

Vatikanstaat

556	25 L	mehrfarbig	mv	0,10	0,10
557	40 L	mehrfarbig	mw	0,10	0,10
558	55 L	mehrfarbig	mx	0,10	0,10
559	90 L	mehrfarbig	my	0,10	0,10
560	110 L	mehrfarbig	mz	0,10	0,10
		Satzpreis (5 W.)		0,50	0,50
		FDC			1,50

Auflage: 1 750 000 Sätze

1970, 29. April. 100. Jahrestag des 1. Vatikanischen Konzils.
MiNr. 562 RaTdr., MiNr. 561 und 563 komb. RaTdr. und StTdr. (8×5); gez. K 13½:14.

na) Rückseite der Pontifikatsmedaille Pius' IX.
nb) Wappen von Pius IX.
nc) Erinnerungsmedaille an die Konzilseröffnung

561	20 L	mehrfarbig	na	0,10	0,10
562	50 L	mehrfarbig	nb	0,10	0,10
563	180 L	zinnoberrot/karminbraun	nc	0,20	0,20
		Satzpreis (3 W.)		0,40	0,40
		FDC			1,—

Auflage: 1 750 000 Sätze

1970, 29. Mai. 50. Priesterjubiläum von Papst Paul VI.: Gemälde.
RaTdr. (5×8); gez. K 14:13½.

nd) Christus; Gemälde von Martini
ne) Christus; Gemälde von Rogier van der Weyden
nf) Christus; Gemälde eines venezianischer Meister (15. Jh.)

ng) Christus; Gemälde von El Greco
nh) Papst Paul VI.

564	15 L	mehrfarbig	nd	0,10	0,10
565	25 L	mehrfarbig	ne	0,10	0,10
566	50 L	mehrfarbig	nf	0,10	0,10
567	90 L	mehrfarbig	ng	0,10	0,10
568	180 L	mehrfarbig	nh	0,10	0,10
		Satzpreis (5 W.)		0,50	0,50
		FDC			1,—

Auflage: 1 750 000 Sätze

1970, 8. Okt. 25 Jahre Vereinte Nationen (UNO). RaTdr. (8×5); gez. K 13½:14.

ni) Adam
nk) Eva
nl) Olivenzweig

ni–nk) Details des Deckenfreskos von Michelangelo in der Sixtinischen Kapelle

569	20 L	mehrfarbig	ni	0,10	0,10
570	90 L	mehrfarbig	nk	0,20	0,20
571	220 L	mehrfarbig	nl	0,20	0,20
		Satzpreis (3 W.)		0,50	0,50
		FDC			1,—

Auflage: 1 750 000 Sätze

1970, 26. Nov. Reise des Papstes nach Australien den Philippinen. RaTdr. (8×5); gez. K 13½:14.

nm) Papst Paul VI. (1897–1978)

nn) Jesuskind; Gnadenbild von Cebú, Philippinen
no) „Madonna" von George Hamori; aus der Kathedrale in Darwin, Australien
np) Kathedrale in Manila, Philippinen
nr) Kathedrale in Sydney, Australien

572	25 L	mehrfarbig	nm	0,10	0,10
573	55 L	mehrfarbig	nn	0,10	0,10
574	100 L	mehrfarbig	no	0,10	0,10
575	130 L	mehrfarbig	np	0,10	0,10
576	220 L	mehrfarbig	nr	0,20	0,20
		Satzpreis (5 W.)		0,60	0,60
		FDC			1,50

Auflage: 1 750 000 Sätze

1971

1971. 2. Febr. Internationales Jahr gegen Rassendiskriminierung. RaTdr. (8×5); gez. K 13½:14.

ns) Engel
nt) Gekreuzigter, umringt von Tauben

ns–nt) Skulpturen von Conrad Ruffini

577	20 L	mehrfarbig	ns	0,10	0,10
578	40 L	mehrfarbig	nt	0,10	0,10
579	50 L	mehrfarbig	ns	0,10	0,10
580	130 L	mehrfarbig	nt	0,10	0,10
		Satzpreis (4 W.)		0,40	0,40
		FDC			1,—

Auflage: 1 650 000 Sätze

1971, 26. März. Gemälde. RaTdr. (8×5); gez. K 14.

nu) Madonna; Gemälde von F. Ghissi

Vatikanstaat

nv) Madonna; Gemälde von Sassetta
nw) Madonna; Gemälde von C. Crivelli
nx) Madonna; Gemälde von C. Maratta
ny) Die Heilige Familie; Gemälde von G. Ceracchini

581	25 L	mehrfarbig	nu	0,10	0,10
582	40 L	mehrfarbig	nv	0,10	0,10
583	55 L	mehrfarbig	nw	0,10	0,10
584	90 L	mehrfarbig	nx	0,10	0,10
585	180 L	mehrfarbig	ny	0,20	0,20
		Satzpreis (5 W.)		0,60	0,60
		FDC			1,—

Auflage: 1 750 000 Sätze

1971, 25. Mai. 800. Geburtstag des hl. Dominikus von Guzman. RaTdr. (8×5); gez. K 13½:14.

nz) Hl. Petrus von Verona; Gemälde von Lippo Vanni (14. Jh.)
oa) Hl. Dominikus; Gemälde von Fra Angelico
ob) Hl. Dominikus; Gemälde von Tizian
oc) Hl. Dominikus; Gemälde von El Greco

586	25 L	mehrfarbig	nz	0,10	0,10
587	55 L	mehrfarbig	oa	0,10	0,10
588	90 L	mehrfarbig	ob	0,20	0,20
589	180 L	mehrfarbig	oc	0,20	0,20
		Satzpreis (4 W.)		0,60	0,60
		FDC			1,—

Auflage: 1 650 000 Sätze

✈ **1971, 30. Sept. Flugpostmarken.** Komb. RaTdr. und StTdr. (5×6); gez. K 14:13½

od) Matthäus
oe) Markus

of) Lukas
og) Johannes

od–og) Die 4 Evangelisten; Fresken von Fra Angelico aus der Capella Niccolina im Vatikanischen Palast

590	200 L	hellbläulichgrün/schwarz	od	0,20	0,20
591	300 L	strohgelb/schwarz	oe	0,30	0,30
592	500 L	rosa/schwarz	of	0,50	0,50
593	1000 L	blaßpurpur/schwarz	og	1,—	1,—
		Satzpreis (4 W.)		2,—	2,—
		FDC			3,—

Auflage: 1 150 000 Sätze

1971, 25. Nov. 1000. Jahrestag der Einigung Ungarns. RaTdr. (8×5); gez. K 13½:14.

oh) Stephan I, König von Ungarn (um 974–1038)
oi) Maria, Patronin Ungarns

594	50 L	mehrfarbig	oh	0,20	0,20
595	180 L	mehrfarbig	oi	0,20	0,20
		Satzpreis (2 W.)		0,40	0,40
		FDC			1,—

Auflage: 1 650 000 Sätze

1972

1972, 22. Febr. Bramante. Komb. RaTdr. und StTdr. (8×5); gez. K 13½:14.

ok) Entwurf für die Kuppel der Peterskirche
ol) Donato d'Angelo, genannt Bramante (1444–1514), Architekt
om) Entwurf der Doppelwendeltreppe im Belvedere

596	25 L	strohgelb/schwarz	ok	0,10	0,10
597	90 L	strohgelb/schwarz	ol	0,10	0,10
598	130 L	strohgelb/schwarz	om	0,30	0,30
		Satzpreis (3 W.)			
		FDC			1,20

Auflage: 1 600 000 Sätze

1972, 6. Juni. UNESCO-Aktion „Rettet Venedig". RaTdr., Kleinbogen (Klb.) (2×5) und Bogen (B) (1×5 + 1×5 Zd); MiNr. 599 und 604 gez. K 14¼, MiNr. 600–603 gez. K 14:13½.

on) Legende des hl. Markus; Mosaik aus der Basilika San Marco
ot) Venezianische Basilika; Gemälde von Emilio Vangelli

oo
op

oq
or

oo–os) Ansicht von Venedig (1581); Fresko von Ignazio Danti

Vatikanstaat

599	25 L	mehrfarbig (Klb.) .... on		0,30	0,30
600	50 L	mehrfarbig (B) .... oo		0,10	0,10
601	50 L	mehrfarbig (B) .... op		0,10	0,10
602	50 L	mehrfarbig (B) .... or		0,10	0,10
603	50 L	mehrfarbig (B) .... os		0,10	0,10
604	180 L	mehrfarbig (Klb.) .... ot		0,80	0,80
		Satzpreis (6 W.)		1,50	1,50
		FDC			4,50
		Kleinbogensatz (2 Klb.)		22,—	22,—

Blockausgabe mit MiNr. 599–604

Block 3	(112 × 160 mm) .... ou		2,—	2,—
	FDC			7,50

Auflage: 1 200 000 Sätze und 1 000 000 Blocks

1972, 11. Okt. Internationales Jahr des Buches. RaTdr. (5 × 10); gez. K 14:13½.

ov ow ox

oy oz) Initial und Textteil aus dem Römerbrief (14. Jh.)

ov–ow) Initialen aus den Matthäus- und Lukas-Evangelien in der „Bibbia dell' Aracoeli" (13. Jh.).

ox–oy) Initialen aus dem 2. Johannesbrief und der Apokalypse (14. Jh.).

605	30 L	mehrfarbig .... ov		0,10	0,10
606	50 L	mehrfarbig .... ow		0,10	0,10
607	90 L	mehrfarbig .... ox		0,10	0,10
608	100 L	mehrfarbig .... oy		0,10	0,10
609	130 L	mehrfarbig .... oz		0,20	0,20
		Satzpreis (5 W.)		0,60	0,60
		FDC			2,20

Auflage: 1 500 000 Sätze

1972, 28. Nov. 500. Todestag von Johannes Bessarione. Komb. RaTdr. und StTdr. (8 × 5); gez. K 13½:14.

pa) Verlesung der Unionsbeschlüsse zwischen griechischer und lateinischer Kirche; Relief am Portal der Peterskirche

pb) Kardinal Bessarione (1403–1472); Fresko von Cosimo Roselli

pc) Wappen des Kardinals an seinem Grabmal

610	40 L	mattgrau/schwarzblaugrün .... pa		0,10	0,10
611	90 L	mattgrau/braunkarmin .... pb		0,10	0,10
612	130 L	mattgrau/schwarz .... pc		0,20	0,20
		Satzpreis (3 W.)		0,40	0,40
		FDC			1,70

Auflage: 1 400 000 Sätze

1972, 28. Nov. 100. Geburtstag von Luigi Orione und Lorenzo Perosi. RaTdr. (5 × 8); gez. K 14:13½

pd) Don L. Orione (1872–1940), Ordensgründer

pe) L. Perosi (1872–1956), italienischer Komponist

613	50 L	mehrfarbig .... pd		0,10	0,10
614	180 L	mehrfarbig .... pe		0,20	0,20
		Satzpreis (2 W.)		0,30	0,30
		2 FDC			1,80

Auflage: 1 400 000 Sätze

1973

1973, 27. Febr. 40. Eucharistischer Weltkongreß, Melbourne. RaTdr. (8 × 5); gez. K 13½:14.

pf) Kongreßemblem: Stilisierter Kelch und Hostie

pg) Pietà; Skulptur von Michelangelo

ph) Kathedrale von Melbourne

615	25 L	mehrfarbig .... pf		0,10	0,10
616	75 L	mehrfarbig .... pg		0,10	0,10
617	300 L	mehrfarbig .... ph		0,20	0,20
		Satzpreis (3 W.)		0,40	0,40
		FDC			1,50

Auflage: 1 350 000 Sätze

1973, 23. Mai. 100. Geburtstag der hl. Theresia vom Kinde Jesu. Komb. Odr. und StTdr. (8 × 5); gez. K 13½:14.

pi) Geburtshaus der hl. Theresia in Alençon

pk) Hl. Theresia vom Kinde Jesu oder von Lisieux

pl) Basilika von Lisieux

618	25 L	schwarz/hellrot .... pi		0,10	0,10
619	55 L	schwarz/rahmfarben .... pk		0,10	0,10
620	220 L	schwarz/ultramaringrau .... pl		0,20	0,20
		Satzpreis (3 W.)		0,40	0,40
		FDC			1,—

Auflage: 1 350 000 Sätze

MICHEL, der Spezialist für Briefmarken, Münzen und Telefonkarten. Fordern Sie bitte unser Verlagsverzeichnis an!

1973, 19. Juni. 500. Geburtstag von Nikolaus Kopernikus. StTdr. (8×5); gez. K 14.

pm) Thorn – nach einem alten Stich

pn) Nikolaus Kopernikus (1473–1543), Astronom

621	20 L	schwarzgrün	pm	0,10	0,10
622	50 L	dunkelsiena	pn	0,10	0,10
623	100 L	lebhaftviolett	pm	0,10	0,10
624	130 L	schwarzblau	pn	0,20	0,20
		Satzpreis (4 W.)		0,50	0,50
		FDC			1,—

Auflage: 1 400 000 Sätze

1973, 25. Sept. 1000 Jahre Lateinischer Bischofssitz in Prag. Odr. (5×5); gez. K 14.

po) Hl. Wenzel, Diözesan-Patron von Prag

pp) Wappen der Diözese Prag
pr) Turm des Veitsdomes in Prag
ps) Hl. Adalbert, Diözesan-Patron von Prag

625	20 L	mehrfarbig	po	0,10	0,10
626	90 L	mehrfarbig	pp	0,10	0,10
627	150 L	mehrfarbig	pr	0,20	0,20
628	220 L	mehrfarbig	ps	0,30	0,30
		Satzpreis (4 W.)		0,70	0,70
		FDC			1,50

Auflage: 1 350 000 Sätze

1973, 27. Nov. 800. Todestag des hl. armenischen Patriarchen Nerses Shnorali. Komb. StTdr. und Odr. (8×3); gez. K 13½:14.

pt) Kirche der hl. Hripsima
pu) Armenische Grabplatte mit Kreuz und Siegeszeichen
pv) Hl. Nerses (1102–1173)

629	25 L	mattbraun/schwarz	pt	0,10	0,10
630	90 L	mattblauviolett/schwarz	pu	0,10	0,10
631	180 L	mattgrün/schwarz	pv	0,20	0,20
		Satzpreis (3 W.)		0,40	0,40
		FDC			1,—

Auflage: 1 350 000 Sätze

Lesen Sie bitte auch das Vorwort!

1974

 1974, 21. Febr. Mosaik. Komb. StTdr. und Odr. (6×5); gez. K 13½:14.

pw) Engel-Mosaik, Basilika San Marco, Venedig

632	2500 L	mehrfarbig	pw	2,60	2,50
		FDC			3,—

Auflage: 1 300 000 Stück

1974, 23. April. 100 Jahre Weltpostverein (UPU): Mosaiken. Odr. (5×6); gez. K 13½:14.

px) Arche Noah, Friedenstaube vor Regenbogen
py) Aus Sturzbach trinkendes Lamm

633	50 L	mehrfarbig	px	0,10	0,10
634	90 L	mehrfarbig	py	0,20	0,20
		Satzpreis (2 W.)		0,30	0,30
		FDC			1,—

Auflage: 1 600 000 Sätze

1974, 23. April. Zeichenwettbewerb für Jugendliche: „Die Bibel". RaTdr. (10×5, Querformate ~); gez. K 13½:14, Querformate ~.

pz) Es werde Licht; von Patrizia Ghioni
ra) Arche Noah; von Carole Manadili
rb) Verkündigung; von Asami Tsuboi

rc) Weihnachten; von Thala Ntobn
rd) Gott stillt seines Volkes Hunger; von Rosmary Veizaga

635	15 L	mehrfarbig	pz	0,10	0,10
636	25 L	mehrfarbig	ra	0,10	0,10
637	50 L	mehrfarbig	rb	0,10	0,10
638	90 L	mehrfarbig	rc	0,10	0,10
639	180 L	mehrfarbig	rd	0,20	0,20
		Satzpreis (5 W.)		0,60	0,60
		FDC			1,50

Auflage: 1 450 000 Sätze

1974, 18. Juni. 700. Todestag des hl. Thomas von Aquin. Komb. StTdr. und Odr. (3×5 Zd); MiNr. 640 und 642 gez. K 14, MiNr. 641 gez. K 13¼:14.

re
rf
rg

re–rg) Die Schule des hl. Thomas; Gemälde von Fra Angelico (um 1397–1455)

640	50 L	schwarzlila/gold	.... re	0,10	0,10
641	90 L	schwarzlila/gold	.... rf	0,10	0,10
642	220 L	schwarzlila/gold	.... rg	0,20	0,20
			Satzpreis (3 W.)	0,40	0,40
			Dreierstreifen	0,50	0,50
			FDC		1,—

Auflage: 1 450 000 Sätze

1974, 26. Sept. 700. Todestag des hl. Bonaventura. RaTdr. (10×5); gez. K 13¼:14.

rh) Mittelalterliche Stadt Bagnoregio
ri) Baum des Lebens, 13. Jh.
rk) Hl. Bonaventura (1221–1274); von Benozzo Gozzoli

643	40 L	mehrfarbig	.... rh	0,10	0,10
644	90 L	mehrfarbig	.... ri	0,20	0,20
645	220 L	mehrfarbig	.... rk	0,20	0,20
			Satzpreis (3 W.)	0,40	0,50
			FDC		1,—

Auflage: 1 450 000 Sätze

1974, 18. Dez. Heiliges Jahr 1975. RaTdr. (8×5); gez. K 13¼:14.

rl) Christus, Apostel Petrus und Paulus; Vatikanische Grotten
rm) Christus; St. Peter
rn) Christus; Apsismosaik der Lateranbasilika
ro) Kreuz mit Taube; Apsismosaik der Lateranbasilika

rp) Thronender Christus; Fassadenmosaik der St. Maria Maggiore
rr) Hl. Petrus; Fassadenmosaik der St. Maria Maggiore
rs) Hl. Petrus; Fassadenmosaik der St. Maria Maggiore
rt) Haupt des hl. Petrus; Apsismosaik von St. Paul vor den Mauern

ru) Hl. Paulus; Apsismosaik von St. Paul vor den Mauern
rv) Wappen von Papst Paul VI.
rw) Papst Paul VI., segnend auf dem Thron

646	10 L	mehrfarbig	.... rl	0,10	0,10
647	25 L	mehrfarbig	.... rm	0,10	0,10
648	30 L	mehrfarbig	.... rn	0,10	0,10
649	40 L	mehrfarbig	.... ro	0,10	0,10
650	50 L	mehrfarbig	.... rp	0,10	0,10
651	55 L	mehrfarbig	.... rr	0,10	0,10
652	90 L	mehrfarbig	.... rs	0,10	0,10
653	100 L	mehrfarbig	.... rt	0,10	0,10
654	130 L	mehrfarbig	.... ru	0,10	0,10
655	220 L	mehrfarbig	.... rv	0,30	0,30
656	250 L	mehrfarbig	.... rw	0,30	0,30
			Satzpreis (11 W.)	1,50	1,50
			FDC		2,50

Auflage: 2 200 000 Sätze

1975

1975, 22. Mai. Europäisches Denkmalschutzjahr: Bauwerke (I). Komb. StTdr. und RaTdr. (5×5); gez. K 14¼.

rx) Brunnen auf dem St.-Peters-Platz
ry) Brunnen auf dem St.-Martha-Platz

rz) Del-Forno-Brunnen, Kirche St. Etienne
sa) Belvedere-Brunnen

sb) Casino-Brunnen, Wissenschaftliche Akademie
sc) Della-Galea-(Galeere)-Brunnen

657	20 L	mattorange/schwarz	.... rx	0,10	0,10
658	40 L	mattviolett/schwarz	.... ry	0,10	0,10
659	50 L	mattrot/schwarz	.... rz	0,10	0,10
660	90 L	mattgrüngrau/schwarz	.... sa	0,10	0,10
661	100 L	mattgrünlichblau/schwarz	..... sb	0,10	0,10
662	200 L	mattblau/schwarz	.... sc	0,20	0,20
			Satzpreis (6 W.)	0,70	0,70
			FDC		1,50

Auflage: 1 600 000 Sätze

Vatikanstaat

1975, 22. Mai. Pfingsten. StTdr. (10×5); gez. K 13¼:14.

sd) Die Sendung des Heiligen Geistes, Gemälde von El Greco (Detail)

663	300 L	lilapurpur/rot	sd	0,40	0,40
			FDC		1,—

Auflage: 1 600 000 Stück

1975, 25. Sept. 9. Internationaler Kongreß christlicher Archäologie. RaTdr. (5×8); gez. K 14:13¼.

se) Die wunderbare Brotvermehrung; vergoldetes Glas (4. Jh.)
sf) Christusbildnis aus der Commodilla-Katakombe
sg) Auferweckung des Lazarus; vergoldetes Glas (4. Jh.)

664	30 L	mehrfarbig	se	0,10	0,10
665	150 L	mehrfarbig	sf	0,20	0,20
666	200 L	mehrfarbig	sg	0,30	0,30
		Satzpreis (3 W.)		0,60	0,60
			FDC		1,50

Auflage: 1 550 000 Sätze

1975, 25. Sept. 500 Jahre Vatikanische Bibliothek. Komb. StTdr. und RaTdr. (5×8, MiNr. 668 ~); gez. K 14:13¼, MiNr. 668 ~.

sh) Amtseinführung des 1. Bibliothekars Bartolomeo Sacchi durch Papst Sixtus IV.; Gemälde von Melozzo da Forli
si) Papst Sixtus IV. (reg. 1471–1484), Bildnis aus dem Vatikanischen Lateinschen Kodex
sk) Besuch des Papstes Sixtus IV. in der Bibliothek

667	70 L	mattblaugrau/purpur	sh	0,10	0,10
668	100 L	mattgrün/schwarzblaugrün	si	0,20	0,20
669	250 L	mattgrünlichblau/rot	sk	0,20	0,20
		Satzpreis (3 W.)		0,50	0,50
			FDC		1,50

Auflage: 1 550 000 Sätze

1975, 27, Nov. Internationales Jahr der Frau. RaTdr. (8×5); gez. K 13¼:14.

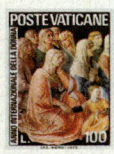 

sl–sm) Freskendetails der Stephanuspredigt in der Capella Niccolina im Vatikanischen Palast; von Fra Angelico (1395/1400–1455)

670	100 L	mehrfarbig	sl	0,20	0,20
671	200 L	mehrfarbig	sm	0,30	0,30
		Satzpreis (2 W.)		0,50	0,50
			FDC		1,—

Auflage: 1 450 000 Sätze

1975, 27. Nov. 200. Todestag des hl. Paul vom Kreuz. RaTdr.; MiNr. 672 und 674 gez. K 14:13½, MiNr. 673 gez. K 14:13¾.

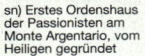

sn) Erstes Ordenshaus der Passionisten am Monte Argentario, vom Heiligen gegründet
so) Hl. Paul vom Kreuz (1694–1775); Gemälde von Giovanni Domenico della Porta; Emblem des Ordens
sp) Basilika der hl. Johannes und Paul, Rom

672	50 L	mehrfarbig	sn	0,10	0,10
673	150 L	mehrfarbig	so	0,20	0,20
674	300 L	mehrfarbig	sp	0,40	0,40
		Satzpreis (3 W.)		0,70	0,70
			FDC		1,50

Auflage: 1 450 000 Sätze

1976

1976, 19. Febr. Fresken. Komb. StTdr. und Odr. (5×4); gez. K 13¼:14.

sr) Posaunenengel mit Buch der Verdammten
ss) Auferweckte Selige
st) Posaunenengel mit dem Büchlein der Auserwählten

sr–st) Das Jüngste Gericht; Fresken von Michelangelo Buonarroti (1475–1564), italienischer Bildhauer, Maler, Baumeister und Dichter

675	500 L	mehrfarbig	sr	1,20	1,20
676	1000 L	mehrfarbig	ss	1,20	1,20
677	2500 L	mehrfarbig	st	1,80	1,80
		Satzpreis (3 W.)		4,20	4,20
			FDC		5,50

Auflage: 900 000 Sätze

1976, 13. Mai. 400. Todestag von Tiziano Vecellio, genannt Tizian. StTdr. (5×4 Zd); gez. K 14:13¼.

su–sv) Hl. Jungfrau mit Kind und sechs Heiligen; Gemälde von Tizian (um 1490–1576)

678	100 L	lilakarmin	su	0,10	0,10
679	300 L	lilakarmin	sv	0,40	0,40
		Satzpreis (Paar)		0,50	0,50
			FDC		1,—
678 U–679 U		ungezähnt	Paar	800,—	

FDC = Ersttagsbrief (First Day Cover)

1976, 2. Juli. Internationaler Eucharistischer Kongreß, Philadelphia, USA. RaTdr. (8×5); gez. K 13½:14.

sw) Hostie, Ähre, Globus   sx) Kongreß-Emblem   sy) Medaille „Sehnsucht nach Eucharistie"

680	150 L	mehrfarbig	sw	0,20	0,20
681	200 L	gold/blau	sx	0,20	0,20
682	400 L	mehrfarbig	sy	0,50	0,50
			Satzpreis (3 W.)	0,90	0,90
			FDC		1,50

Auflage: 1 350 000 Sätze

1976, 30. Sept. Verklärung Christi. RaTdr. (8×5); gez. K 13½:14.

sz) Moses mit den Gesetzestafeln   ta) Christus   tb) Prophet Elias mit Buch

tc) Zwei Apostel   td) Die Verwandten des Besessenen   te) Landschaft

sz–te) Verklärung Christi; Gemälde von Raffael (1483–1520) (Details)

683	30 L	mehrfarbig	sz	0,10	0,10
684	40 L	mehrfarbig	ta	0,10	0,10
685	50 L	mehrfarbig	tb	0,10	0,10
686	100 L	mehrfarbig	tc	0,10	0,10
687	150 L	mehrfarbig	td	0,10	0,10
688	200 L	mehrfarbig	te	0,20	0,20
			Satzpreis (6 W.)	0,70	0,70
			FDC		1,20

Auflage: 1 350 000 Sätze

1976, 23. Nov. Bauwerke (II). Komb. StTdr. und Odr. (5×5); gez. K 14¼.

tf) St.-Johannes-Turm   tg) Sakramentbrunnen

th) Brunnen am Eingang zum Vatikangarten   ti) Kuppel und Sakristei von St. Peter

tk) Borgiaturm, Sixtinische Kapelle   tl) Apostolischer Palast

689	50 L	violett/schwarzviolett	tf	0,20	0,20
690	100 L	orangerot/schwarzviolett	tg	0,20	0,20
691	120 L	gelboliv/schwarz	th	0,20	0,20
692	180 L	braunoliv/-schwarz	ti	0,20	0,20
693	250 L	ocker/lilabraun	tk	0,20	0,20
694	300 L	purpur/violettpurpur	tl	0,30	0,30
			Satzpreis (6 W.)	1,20	1,20
			FDC		2,20

Auflage: 1 300 000 Sätze

1977

1977, 10. März. 750. Todestag des hl. Franz von Assisi. RaTdr. (5×8); gez. K 14¼:13¼.

tm) „Gelobt seist Du mein Herr mit allen Kreaturen"   tn) „... durch die Sonne"   to) „... durch den Mond und die Sterne"

tp) „... durch das Wasser"   tr) „... durch diejenigen, die in Deiner Liebe verzeihen und Krankheiten und Schmerzen erdulden"   ts) „... durch unseren körperlichen Tod, dem kein Mensch entkommen kann"

tm–ts) Loblieder aus dem Sonnengesang des hl. Franz von Assisi; Gemälde von Duilio Cambellotti

695	50 L	mehrfarbig	tm	0,20	0,20
696	70 L	mehrfarbig	tn	0,20	0,20
697	100 L	mehrfarbig	to	0,20	0,20
698	130 L	mehrfarbig	tp	0,20	0,20
699	170 L	mehrfarbig	tr	0,20	0,20
700	200 L	mehrfarbig	ts	0,20	0,20
			Satzpreis (6 W.)	1,—	1,—
			FDC		1,50

Auflage: 1 250 000 Sätze

Mit MICHEL besser sammeln

1977, 20. Mai. 600. Jahrestag der Rückkehr des Papstes Gregor XI. von Avignon nach Rom. StTdr. (5×5 Zd); gez. K 14¼.

tt) Apostel Petrus und Paulus, Gläubige
tu) Hl. Katharina von Siena bei Begrüßung des Papstes

tt–tu) Rückkehr von Papst Gregor XI.; Fresko aus dem Königssaal des apostolischen Palastes von Giorgio Vasari (1511–1574), italien. Maler, Baumeister und Kunstschriftsteller

701	170 L schwarz	tt	0,20	0,20
702	350 L schwarz	tu	0,40	0,40
	Satzpreis (Paar)		0,60	0,60
	FDC			1,—

1977, 4. Juli. Mariä Himmelfahrt. RaTdr. (8×5); gez. K 13½:14¼.

tv) Mariä Himmelfahrt, Miniatur aus dem Codex Ottobonianus
tw) Maria im Himmel, Miniatur aus dem Brevier des Mattihas Corvinus

703	200 L mehrfarbig	tv	0,30	0,30
704	400 L mehrfarbig	tw	0,50	0,50
	Satzpreis (2 W.)		0,80	0,80
	FDC			1,50

Auflage: 1 250 000 Sätze

1977, 29. Sept. Skulpturen aus Vatikanischen Museen. RaTdr. (4×5); gez. K 14:13¾.

tx) Nil (Flußgott)   ty) Perikles

tz) Ehepaar   ua) Apollo

ub) Laokoon   uc) Torso eines Mannes

705	50 L mehrfarbig	tx	0,20	0,20
706	120 L mehrfarbig	ty	0,20	0,20
707	130 L mehrfarbig	tz	0,20	0,20
708	150 L mehrfarbig	ua	0,20	0,20
709	170 L mehrfarbig	ub	0,20	0,20
710	350 L mehrfarbig	uc	0,30	0,30
	Satzpreis (6 W.)		1,20	1,20
	FDC			2,—

Auflage: 1 150 000 Sätze

1977, 9. Dez. Reliefs frühchristlicher Sarkophage aus Vatikanischen Museen. RaTdr. (4×5); gez. K 14:13¾.

ud) Erschaffung von Adam und Eva   ue) Die drei Jünglinge im Feuerofen

uf) Die Hl. Drei Könige bei der Anbetung Jesu
ug) Auferweckung der Lazarus und wunderbare Brotvermehrung

uh) Der Gute Hirte   ui) Monogramm Christi als Symbol der Auferstehung

711	50 (L) mehrfarbig	ud	0,10	0,10
712	70 (L) mehrfarbig	ue	0,10	0,10
713	100 (L) mehrfarbig	uf	0,10	0,10
714	130 (L) mehrfarbig	ug	0,20	0,20
715	200 (L) mehrfarbig	uh	0,20	0,20
716	400 (L) mehrfarbig	ui	0,50	0,50
	Satzpreis (6 W.)		1,20	1,20
	FDC			2,—

Auflage: 1 150 000 Sätze

1977, 9. Dez. 400. Geburtstag von Peter Paul Rubens. RaTdr. (5×4); gez. K 13¼:14.

uk) Madonna mit dem Papagei; Gemälde von P. P. Rubens (1577–1640)

717	350 (L) mehrfarbig	uk	0,50	0,50
	FDC			1,—

Auflage: 1 150 000 Stück

1978

1978, 9. März. 80. Geburtstag von Papst Paul VI. RaTdr. (5×8); gez. K 14:13½.

ul) Die Auferstehung Christi; Gemälde von Pericle Fazzini
um) Papst Paul VI.; Gemälde von Lioni Bianchi Barriviera

718	350 (L) mehrfarbig	ul	0,40	0,40
719	400 (L) mehrfarbig	um	0,40	0,40
	Satzpreis (2 W.)		0,80	0,80
	FDC			1,50

Auflage: 1 150 000 Sätze

1978, 9. Mai. 100. Todestag von Papst Pius IX. Komb. StTdr. und Odr. (8×5); gez. K 13½:14.

un) Wappen von Papst Pius IX.
uo) Päpstliches Siegel (Rota)
up) Papst Pius IX. (1792–1878, reg. ab 1846)

720	130	(L)	mehrfarbig .... un	0,20	0,20
721	170	(L)	mehrfarbig .... uo	0,20	0,20
722	200	(L)	mehrfarbig .... up	0,30	0,30
			Satzpreis (3 W.)	0,60	0,60
			FDC		1,50

Auflage: 1 150 000 Sätze

✈ **1978, 11. Juli. Weltfernmeldetag.** StTdr. (4×5); gez. K 14¼:13½.

ur) Rundfunkwellen, Hochfrequenz-Antenne, Päpstliches Wappen

723	1000	(L)	mehrfarbig .... ur	1,—	1,—
724	2000	(L)	mehrfarbig .... ur	2,20	2,20
725	3000	(L)	mehrfarbig .... ur	3,40	3,40
			Satzpreis (3 W.)	6,50	6,50
			FDC		7,—

Auflage: 900 000 Sätze

1978, 23. Aug. Sede Vacante – Tod von Papst Paul VI. und Wahl seines Nachfolgers. RaTdr. (10×5); gez. K 14¼:14.

us) Päpstliches Wappen mit „Ombrello" des Kardinal-Kämmerers

726	120	(L)	purpurviolett/grünlichblau ..... us	0,10	0,10
727	150	(L)	purpurviolett/grünlichblau ..... us	0,20	0,20
728	250	(L)	purpurviolett/grünlichblau ..... us	0,20	0,20
			Satzpreis (3 W.)	0,50	0,50
			FDC		1,—

Auflage: 1 300 000 Sätze

Gültig bis 26.8.1978

1978, 12. Okt. Sede Vacante – Tod von Papst Johannes Paul I. und Wahl seines Nachfolgers. RaTdr. (10×5); gez. K 14¼:14.

ut) Päpstliches Wappen mit „Ombrello" des Kardinal-Kämmerers

729	120	(L)	mehrfarbig .... ut	0,10	0,10
730	200	(L)	mehrfarbig .... ut	0,20	0,20
731	250	(L)	mehrfarbig .... ut	0,20	0,20
			Satzpreis (3 W.)	0,50	0,50
			FDC		1,—

Auflage: 1 300 000 Sätze

Gültig bis 16.10.1978

Bei Anfragen bitte Rückporto nicht vergessen!

1978, 11. Dez. Papst Johannes Paul I. RaTdr. (8×5, MiNr. 735 ~); gez. K 13½:14, MiNr. 735 ~.

uu

uv uw ux

uu–ux) Papst Johannes Paul I. (reg. 26.8.–28.9.1978)

732	70	(L)	mehrfarbig .... uu	0,10	0,10
733	120	(L)	mehrfarbig .... uv	0,20	0,20
734	250	(L)	mehrfarbig .... uw	0,30	0,30
735	350	(L)	mehrfarbig .... ux	0,40	0,40
			Satzpreis (4 W.)	1,—	1,—
			FDC		1,50

Auflage: 1 450 000 Sätze

1979

1979, 22. März. Papst Johannes Paul II. Komb. StTdr. und Odr. (5×8); gez. K 14:13¼.

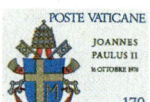  

uy) Wappen von Papst Johannes Paul II.
uz) Papst Johannes Paul II. (1920–2005, reg. ab 1978)
va) Christus übergibt Petrus den Schlüssel; Marmorrelief von Ambrogio Buonvicino

736	170	(L)	mehrfarbig .... uy	0,20	0,20
737	250	(L)	mehrfarbig .... uz	0,30	0,30
738	400	(L)	mehrfarbig .... va	0,50	0,50
			Satzpreis (3 W.)	1,—	1,—
			FDC		1,50

Auflage: 1 300 000 Sätze

1979, 18. Mai. 900. Jahrestag des Martyriums des hl. Stanislaus. RaTdr.; gez. K 14¼:14.

vb) Das Martyrium; Miniatur aus dem Lateinischen Kodex Nr. 8541 (14. Jh.)
vc) Hl. Stanislaus (1030–1079), Bischof von Krakau (Miniatur)
vd) Reliquienschrein mit dem Kopf des Märtyrers (1504)
ve) Kathedrale von Krakau (14. Jh.)

739	120	(L)	mehrfarbig .... vb	0,20	0,20
740	150	(L)	mehrfarbig vc	0,20	0,20
741	250	(L)	mehrfarbig .... vd	0,30	0,30
742	500	(L)	mehrfarbig .... ve	0,60	0,60
			Satzpreis (4 W.)	1,30	1,30
			FDC		2,—

Auflage: 1 200 000 Sätze

Vatikanstaat

1979, 25. Juni. 1600. Todestag des hl. Basilius des Großen. Komb. StTdr. und Odr.; gez. K 13¼:14¼.

vf vg

vf–fg) Hl. Basilius der Große (330–379), Bischof und Kirchenlehrer

743	150	(L)	mehrfarbig	vf	0,20	0,20
744	520	(L)	mehrfarbig	vg	0,60	0,60
			Satzpreis (2 W.)		0,80	0,80
			FDC			1,50

Auflage: 1 200 000 Sätze

1979, 25. Juni. 100. Todestag von Angelo Secchi. Komb. StTdr. und Odr.; gez. K 14¼:13¼.

vh) Meteorograph

vi) Spektroskop vk) Teleskop

vh–vk) Pater Angelo Secchi (1818–1878), Astronom; Sternenspektren, Sonnenprotuberanzen

745	180	(L)	mehrfarbig	vh	0,20	0,20
746	220	(L)	mehrfarbig	vi	0,30	0,30
747	300	(L)	mehrfarbig	vk	0,30	0,30
			Satzpreis (3 W.)		0,80	0,80
			FDC			1,50

Auflage: 1 200 000 Sätze

1979, 11. Okt. 50 Jahre Vatikanstaat. RaTdr.; gez. K 14:13¼.

vl) Ansicht des Vatikanstaates

vm) Papst Pius XI. vn) Papst Pius XII. vo) Papst Johannes XXIII.
(reg. 1922–1939) (reg. 1939–1958) (reg. 1958–1963)

vp) Papst Paul VI. vr) Papst Johannes vs) Papst Johannes Paul
(reg. 1963–1978) Paul I. (reg. 26.8. bis II. (reg. 1978–2005)
 28.9.1978)

vl–vs) Auf jeder Marke außerdem das entsprechende Papstwappen

748	50	(L)	mehrfarbig	vl	0,20	0,20
749	70	(L)	mehrfarbig	vm	0,20	0,20
750	120	(L)	mehrfarbig	vn	0,20	0,20
751	150	(L)	mehrfarbig	vo	0,20	0,20
752	170	(L)	mehrfarbig	vp	0,20	0,20
753	250	(L)	mehrfarbig	vr	0,20	0,20
754	450	(L)	mehrfarbig	vs	0,40	0,40
			Satzpreis (7 W.)		1,50	1,50
			FDC			2,—

Auflage: 1 200 000 Sätze

1979, 27. Nov. Internationales Jahr des Kindes. StTdr.; gez K 13¼:14.

vt vu vv vw

vt–vw) Wickelkinder, Details aus dem Rundrelief am Findelhaus, Florenz

755	50	(L)	mehrfarbig	vt	0,10	0,10
756	120	(L)	mehrfarbig	vu	0,20	0,20
757	200	(L)	mehrfarbig	vv	0,20	0,20
758	350	(L)	mehrfarbig	vw	0,30	0,30
			Satzpreis (4 W.)		0,80	0,80
			FDC			1,50

Auflage: 1 200 000 Sätze

1980

1980, 21. März. 1500. Geburtstag des hl. Benedikt von Nursia. RaTdr.; gez. K 14:13¾.

vx) Benedikt übernimmt Vorsitz der Mönchsgemeinschaft

vy) Benedikt schreibt die vz) Seite aus der „Regula"
Ordensregel (Benediktinerregel)

wa) Tod des hl. Benedikt wb) Kloster Montecassino; Gemälde
(480–547) von Maria Magdalena Tuccelli

vx–wb) Initialen und Illustrationen aus verschiedenen Codices

759	80	(L)	mehrfarbig	vx	0,10	0,10
760	100	(L)	mehrfarbig	vy	0,20	0,20
761	150	(L)	mehrfarbig	vz	0,20	0,20
762	220	(L)	mehrfarbig	wa	0,20	0,20
763	450	(L)	mehrfarbig	wb	0,50	0,50
			Satzpreis (5 W.)		1,20	1,20
			FDC			2,—

Auflage: 1 150 000 Sätze

Vatikanstaat 1175

✈ **1980, 24. Juni/18. Sept. Die Weltreisen von Papst Johannes Paul II. (1979). Komb. StTdr. und Odr.; gez. K 14:13¼.**

wc) Reise nach der Dominikanischen Republik (25.1.1979)

wd) Reise nach Mexiko (26.1.1979) we) Reise nach Polen (2.6.1979) wf) Reise nach Irland (29.9.1979)

wg) Reise in die USA (1.10.1979) wh) Reise zur UNO (2.10.1979) wi) Reise in die Türkei (28.11.1979); Patriarch Dimitrios I.

wc–wi) Papst Johannes Paul II., Wappen des jeweiligen Landes bzw. UNO-Emblem

764	200	(L)	mehrfarbig	wc	0,10	0,10
765	300	(L)	mehrfarbig	wd	0,20	0,20
766	500	(L)	mehrfarbig	we	0,40	0,40
767	1000	(L)	mehrfarbig	wf	1,—	1,—
768	1500	(L)	mehrfarbig	wg	1,40	1,40
769	2000	(L)	mehrfarbig (18. Sept.)	wh	2,40	2,40
770	3000	(L)	mehrfarbig (18. Sept.)	wi	3,50	3,50
			Satzpreis (7 W.)		9,—	9,—
			FDC (MiNr. 764–769)			7,50
			FDC (MiNr. 770)			4,—

Auflage: 850 000 Sätze

1980, 18. Nov. Allerheiligen. RaTdr.; gez. K 14:13½.

wo) Gemeinschaft der Heiligen   wp) Christus und die Heiligen

775	250	(L)	mehrfarbig	wo	0,30	0,30
776	500	(L)	mehrfarbig	wp	0,70	0,70
			Satzpreis (2 W.)		1,—	1,—
			FDC			1,50

Auflage: 1 150 000 Sätze

1980, 18. Nov. 700. Todestag des hl. Albertus Magnus. RaTdr.; gez. K 13½:14.

wr) Albertus Magnus auf Missionsreise   ws) Albertus Magnus (um 1193–1280), Kirchenlehrer

777	300	(L)	mehrfarbig	wr	0,30	0,30
778	400	(L)	mehrfarbig	ws	0,40	0,40
			Satzpreis (2 W.)		0,70	0,70
			FDC			1,20

Auflage: 1 150 000 Sätze

1981

1981, 12. Febr. 50 Jahre Radio Vatikan. RaTdr.; gez. K 14:13½.

wt) Papst Pius XI. und Guglielmo Marconi

wu) Mikrophon, Text aus der Heiligen Schrift   wv) Rundfunkstation S. Maria di Galeria, Statue des Erzengels Gabriel   ww) Papst Johannes Paul II.

wt–ww) Emblem von Radio Vatikan und Papstwappen

779	100	(L)	mehrfarbig	wt	0,10	0,10
780	150	(L)	mehrfarbig	wu	0,10	0,10
781	200	(L)	mehrfarbig	wv	0,20	0,20
782	600	(L)	mehrfarbig	ww	0,60	0,60
			Satzpreis (4 W.)		1,—	1,—
			FDC			1,60

Auflage: 1 100 000 Sätze

1980, 16. Okt. 300. Todestag von Gian Lorenzo Bernini. Odr.; gez. K 14:13½.

wk) Baldachin über Hauptaltar des Petersdoms

wl) Projekt Petersplatz mit drittem Flügel   wm) Bischofsstuhl mit Bronzestatuen der Kirchenlehrer im Petersdom   wn) Scala Regia im Apostolischen Palast

wk–wn) Selbstportrait und Medaillen mit den bedeutendsten Werken des Architekten, Bildhauers und Malers Bernini (1598–1680)

771	80	(L)	mehrfarbig	wk	0,10	0,10
772	170	(L)	mehrfarbig	wl	0,20	0,20
773	250	(L)	mehrfarbig	wm	0,30	0,30
774	350	(L)	mehrfarbig	wn	0,40	0,40
			Satzpreis (4 W.)		1,—	1,—
			FDC			1,50

Auflage: 1 150 000 Sätze

Mit MICHEL machen Sie mehr aus Ihren Briefmarken!

1981, 23. April. 2000. Todestag von Publius Vergilius Maro. Komb. Odr. und Pdr. (5×5); gez. K 14¼:14.

wx – wx I) Vergil (70–19 v. Chr.), römischer Dichter

783	350	(L)	mehrfarbig	wx	0,50	0,50
784	600	(L)	mehrfarbig	wx I	0,70	0,70
			Satzpreis (2 W.)		1,20	1,20
			FDC			2,—
			783 Zf–784 Zf		1,50	1,50
			FDC			3,50

MiNr. 783–784 wurden jeweils im Bogen zu 16 Marken und 9 Zierfeldern gedruckt, wobei die jeweils dritte waagerechte und senkrechte Reihe des Bogens ganz aus Zierfeldern bestehen.

Auflage: 1 000 000 Sätze

1981, 22. Juni. Eucharistischer Weltkongreß 1981, Lourdes. RaTdr.; gez. K 14.

wy) Kongreßemblem

wz) Maria erscheint der hl. Bernadette
xa) Pilgergruppe auf dem Weg nach Lourdes
xb) Bischof und Gläubige verehren Maria

785	80	(L)	mehrfarbig	wy	0,10	0,10
786	150	(L)	mehrfarbig	wz	0,20	0,20
787	200	(L)	mehrfarbig	xa	0,20	0,20
788	500	(L)	mehrfarbig	xb	0,50	0,50
			Satzpreis (4 W.)		1,—	1,—
			FDC			1,50

1981, 29. Sept. 600. Todestag von Johannes van Ruusbroec. Komb. StTdr. und Odr.; gez. K 13¼:14¼.

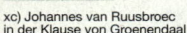

xc) Johannes van Ruusbroec in der Klause von Groenendaal
xd) Johannes van Ruusbroec (1293–1381), flämischer Mystiker

789	200	(L)	mehrfarbig	xc	0,20	0,20
790	300	(L)	mehrfarbig	xd	0,30	0,30
			Satzpreis (2 W.)		0,50	0,50
			FDC			1,10

1981, 29. Sept. Internationales Jahr der Behinderten. RaTdr.; gez. K 14:13½.

xe) Emblem, Christus mit Dornenkrone

791	600	(L)	mehrfarbig	xe	0,70	0,70
			FDC			1,50

1981, 3. Dez. Freimarken: Die Weltreisen von Papst Johannes Paul II. (1980). RaTdr.; gez. K 13½:14¼.

xf) Wappen von Papst Johannes Paul II.
xg) Landkarte von Afrika, Kreuz
xh) Erhobene Hände mit Kreuz
xi) Papst tauft einen Afrikaner

xk) Der Papst spricht mit afrikanischem Bischof
xl) Der Papst besucht einen Kranken
xm) Kathedrale Notre Dame, Paris
xn) Ansprache bei der UNESCO, Paris

xo) Christusstatue auf dem Corcovado, Rio de Janeiro
xp) Innen- und Außenansicht des Kölner Doms
xr) Papst Johannes Paul II. (1920–2005, reg. ab 1978)

792	50 L	mehrfarbig	xf	0,10	0,10
793	100 L	mehrfarbig	xg	0,10	0,10
794	120 L	mehrfarbig	xh	0,10	0,10
795	150 L	mehrfarbig	xi	0,10	0,10
796	200 L	mehrfarbig	xk	0,20	0,20
797	250 L	mehrfarbig	xl	0,20	0,20
798	300 L	mehrfarbig	xm	0,30	0,30
799	400 L	mehrfarbig	xn	0,40	0,40
800	600 L	mehrfarbig	xo	0,60	0,60
801	700 L	mehrfarbig	xp	0,70	0,70
802	900 L	mehrfarbig	xr	1,20	1,20
		Satzpreis (11 W.)		4,—	4,—
		FDC			5,50
		Markenheftchen		17,—	

MiNr. 792, 793, 796 und 797 wurden auch im Markenheftchen zu jeweils 8 Marken ausgegeben.

1982

1982, 16. Febr. 700. Todestag der seligen Agnes von Böhmen. RaTdr.; gez. K 13½:14.

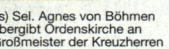

xs) Sel. Agnes von Böhmen übergibt Ordenskirche an Großmeister der Kreuzherren
xt) Sel. Agnes von Böhmen erhält von der hl. Klara einen Brief

Vatikanstaat

803	700	(L)	mehrfarbig .... xs	0,70	0,70
804	900	(L)	mehrfarbig .... xt	1,10	1,10
			Satzpreis (2 W.)	1,80	1,80
			FDC		2,40

1982, 21. Mai. 500. Todestag des Bildhauers Luca della Robbia. Komb. StTdr. und Odr. (2×5 Zd); gez. K 14¼:14.

xu) Pueri Cantores (Detail)
xv) Jungfrau Maria im Gebet
xw) Pueri Cantores (Detail)

805	1000	(L)	grünlichgelb/blau .... xu	1,—	1,—
806	1000	(L)	mehrfarbig xv	1,—	1,—
807	1000	(L)	grünlichgelb/blau .... xw	1,—	1,—
			Satzpreis (3 W.)	3,—	3,—
			Dreierstreifen	3,20	3,20
			FDC		3,50

Auflage: 1 000 000 Sätze

1982, 23. Sept. 400. Todestag der hl. Theresia von Ávila. RaTdr.; gez. K 13½:14.

xx) Vision der Heiligen: Einkleidung durch Maria und Josef in ein weißes Gewand
xy) Ekstase der Herzverwundung; Stadtmauern von Ávila
xz) Die Heilige beim Schreiben; „Seelenburg"

xx–xz) Hl. Theresia von Ávila (1515–1582), spanische Mystikerin und Kirchenlehrerin

808	200	(L)	mehrfarbig xx	0,20	0,20
809	600	(L)	mehrfarbig .... xy	0,60	0,60
810	1000	(L)	mehrfarbig .... xz	1,20	1,20
			Satzpreis (3 W.)	2,—	2,—
			FDC		2,40

Auflage: 1 000 000 Sätze

1982, 23. Nov. 400 Jahre Gregorianischer Kalender. StTdr.; gez. K 13¼:14.

ya yb yc

ya–yc) Reliefs auf der Urne des Monuments von Papst Gregor XIII. in der Petersbasilika

811	200	(L)	schwarzblaugrün .... ya	0,20	0,20
812	300	(L)	schwarz .... yb	0,40	0,40
813	700	(L)	violett .... yc	0,90	0,90
			Satzpreis (3 W.)	1,50	1,50
			FDC		2,—

Blockausgabe mit MiNr. 811–813; Blockrand Odr.

Block 4	(160×110 mm) .... yd	1,50	1,50
	FDC		3,—

Auflagen: MiNr. 811–813 = 900 000 Sätze, Bl. 4 = 675 000 Blocks

1982, 23. Nov. Weihnachten. Komb. StTdr. und RaTdr.; gez. K 14:13¾.

ye) Geburt Christi; Teil des Hochaltars der Marienkirche in Krakau
yf) Geburt Christi und Papst Johannes Paul II.; Relief von Enrico Manfrini

814	300	(L)	gold/violettbraun .... ye	0,40	0,40
815	450	(L)	silber/graulila .... yf	0,60	0,60
			Satzpreis (2 W.)	1,—	1,—
			FDC		1,50

Auflage: 1 000 000 Sätze

1983

1983, 10. März. Heiliges Jahr der Erlösung 1983/84. RaTdr.; gez. K 13¼:14.

yg) Christus am Kreuz
yh) Christus, der Erlöser
yi) Papst und Gläubige
yk) Der Heilige Geist

816	300	(L)	mehrfarbig .... yg	0,30	0,30
817	350	(L)	mehrfarbig .... yh	0,30	0,30
818	400	(L)	mehrfarbig .... yi	0,40	0,40
819	2000	(L)	mehrfarbig .... yk	2,—	2,—
			Satzpreis (4 W.)	3,—	3,—
			FDC		3,50

Auflage: 1 100 000 Sätze

MICHELsoft

die komfortable

Datenbank

für jeden Sammler

1983, 10. März. Blockausgabe: Ausstellung vatikanischer Kunstwerke in den Vereinigten Staaten von Amerika (I). Komb. Odr. und Bdr.; gez. Ks 13¼:14.

yl) Griechische Vase	ym) Vase aus Süditalien	ys
yn) Frauenbüste	yo) Kaiser Marc Aurel (Büste)	
yp) Vogel (Fresko)	yr) Parament von Papst Clemens VIII.	

820	100	(L)	mehrfarbig .... yl	0,30	0,30
821	200	(L)	mehrfarbig .... ym	0,50	0,50
822	250	(L)	mehrfarbig .... yn	0,60	0,60
823	300	(L)	mehrfarbig .... yo	0,80	0,80
824	350	(L)	mehrfarbig .... yp	0,90	0,90
825	400	(L)	mehrfarbig .... yr	1,—	1,—
Block 5	(126×170 mm)		.... ys	4,—	4,—
			FDC		4,50

Bl. 5 F Fehlender Silberdruck des Landesnamens und des Wappens auf dem Blockrand .... —,—

FALSCH Block 5 F nur geprüft erwerben, chemische Verfälschungen möglich!

Auflage: 850 000 Blocks

1983, 14. Juni. 500. Geburtstag von Raffaello Sanzio. StTdr.; gez. K 13½:14.

yt) Theologie   yu) Poesie   yv) Gerechtigkeit   yw) Philosophie

yt–yw) Allegorische Fresken von Raffael (1483–1520) im Gewölbe der Stanza della Segnatura

826	50	(L)	violett-/schwarzblau .... yt	0,10	0,10
827	400	(L)	lila/violett .... yu	0,40	0,40
828	500	(L)	bräunlichrot/lilabraun ...... yv	0,50	0,50
829	1200	(L)	bläulichgrün/oliv .... yw	1,50	1,50
			Satzpreis (4 W.)	2,50	2,50
			FDC		3,—

Auflage: 1 000 000 Sätze

1983, 14. Juni. Blockausgabe: Ausstellung vatikanischer Kunstschätze in den Vereinigten Staaten von Amerika (II). Komb. StTdr. und Odr.; gez. Ks 13¼:14.

yx) Etruskischer Pferdekopf	yy) Reiter (griechisches Relief)	zd
yz) Etrusker (Büste)	za) Apoll vom Belvedere (Büste)	
zb) Moses (romanisches Fresko)	zc) Madonna mit Kind; Gemälde von Bernardo Daddi	

830	100	(L)	mehrfarbig .... yx	0,10	0,10
831	200	(L)	mehrfarbig .... yy	0,20	0,20
832	300	(L)	mehrfarbig .... yz	0,30	0,30
833	400	(L)	mehrfarbig .... za	0,40	0,40
834	500	(L)	mehrfarbig .... zb	0,50	0,50
835	1000	(L)	mehrfarbig .... zc	1,—	1,—
Block 6	(126×170 mm)		.... zd	2,60	2,60
			FDC		3,50

Auflage: 850 000 Blocks

MICHEL-Abartenführer

Anleitung zur Bestimmung von Abarten, Abweichungen und Fehlern auf Briefmarken.

1983, 10. Nov. Blockausgabe: Ausstellung vatikanischer Kunstwerke in den Vereinigten Staaten von Amerika (III). Komb. StTdr. und Odr.; gez. Ks 13¼:14.

ze) Ödipus und der Sphinx (griechische Schale)
zf) Kind (etruskische Bronzestatue)
zg) Kaiser Augustus (Marmorstatue)
zh) Guter Hirte (Marmorstatue)
zi) Hl. Nikolaus rettet ein Schiff; Gemälde von Gentile da Fabriano
zk) Das Heilige Antlitz; Gemälde von Georges Rouault

836	150	(L)	mehrfarbig . . . . ze	0,20	0,20
837	200	(L)	mehrfarbig . . . . zf	0,20	0,20
838	350	(L)	mehrfarbig . . . . zg	0,40	0,40
839	400	(L)	mehrfarbig . . . . zh	0,40	0,40
840	500	(L)	mehrfarbig . . . . zi	0,50	0,50
841	1200	(L)	mehrfarbig . . . . zk	1,20	1,20
Block 7	(126×170 mm) . . . . zl			3,—	3,—
			FDC		3,50

Auflage: 750 000 Blocks

✈ **1983, 10. Nov. Weltkommunikationsjahr. RaTdr.; gez. K 14.**

zm) Moses zeigt dem Volk die Gesetzestafeln; Gemälde von Luca Signorelli (ca. 1450–1523)
zn) Predigt des hl. Paulus in Athen; Wandteppich nach Gemälde von Raffael (1483–1520)

842	2000	(L)	mehrfarbig . . . . zm	2,—	2,—
843	5000	(L)	mehrfarbig . . . . zn	5,—	5,—
			Satzpreis (2 W.)	7,—	7,—
			FDC		8,—

Auflage: 750 000 Sätze

1984

1984, 28. Febr. 100. Todestag von Gregor Johann Mendel. RaTdr.; gez. K 14:13¼.

zo) G. J. Mendel (1822–1884), mährischer Entdecker der grundlegenden Vererbungsgesetze

844	450	(L)	mehrfarbig . . . . zo	0,50	0,50
845	1500	(L)	mehrfarbig . . . . zo	1,50	1,50
			Satzpreis (2 W.)	2,—	2,—
			FDC		3,—

Auflage: 950 000 Sätze

1984, 28. Febr. 500. Todestag des hl. Kasimir. RaTdr.; gez. K 14¼:14.

zp) Hl. Kasimir (1458–1484), Schutzpatron von Litauen; Kathedrale von Vilnius

846	550	(L)	mehrfarbig . . . . zp	0,60	0,60
847	1200	(L)	mehrfarbig . . . . zp	1,20	1,20
			Satzpreis (2 W.)	1,80	1,80
			FDC		3,—

Auflage: 950 000 Sätze

1984, 18. Juni. Kulturelle und wissenschaftliche Einrichtungen des Heiligen Stuhls. MiNr. 848, 850 und 851 komb. StTdr. und Odr., MiNr. 849 RaTdr.; gez. K 14.

zr) Päpstliche Akademie der Wissenschaften
zs) Urkunde aus dem Vatikanischen Geheimarchiv

zt) Apostolische Vatikanische Bibliothek
zu) Vatikanische Sternwarte, Castelgandolfo

848	150	(L)	gelborange/lilabraun . . . . zr	0,10	0,10
849	450	(L)	mehrfarbig . . . . zs	0,40	0,40
850	550	(L)	gelborange/blauviolett . . . . zt	0,60	0,60
851	1500	(L)	gelborange/grünblau . . . . zu	1,50	1,50
			Satzpreis (4 W.)	2,60	2,60
			FDC		3,20

Auflage: 900 000 Sätze

Neuheitenmeldungen zu diesem Katalog finden Sie in der monatlich erscheinenden MICHEL-Rundschau.

1984, 2. Okt. Freimarken: Die Weltreisen von Papst Johannes Paul II. (1981–1982). RaTdr.; gez. K 13¼:14¼.

zv) Reise nach Karachi (16.2.1981); Pakistanerin
zw) Reise auf die Philippinen (17.–22.2.1981); Gnadenbild von Peñafrancia
zx) Reise nach Guam (22.2.1981); Inselbewohner

zy) Reise nach Japan (23.–26.2.1981); Kathedrale von Tokio
zz) Reise nach Anchorage (26.2.1981); Hundeschlitten
aaa) Reise nach Afrika (12.–19.2.1982); Landkarte

aab) Reise nach Portugal (12.–15.5.1982); Madonna von Fatima
aac) Reise nach Großbritannien (28.5.–2.6.1982); Erzbischof von Westminster, Kathedrale von Canterbury
aad) Reise nach Argentinien (10.–13.6.1982); Gnadenbild von Luján

aae) Reise in die Schweiz (15.6.1982); Ansicht von Genf und Genfer See
aaf) Reise nach San Marino (29.8.1982); Monte Titano
aag) Reise nach Spanien (31.10.–9.11.1982); Kathedrale von Santiago de Compostela

852	50	(L)	mehrfarbig .... zv	0,10	0,10
853	100	(L)	mehrfarbig .... zw	0,10	0,10
854	150	(L)	mehrfarbig .... zx	0,20	0,20
855	250	(L)	mehrfarbig .... zy	0,30	0,30
856	300	(L)	mehrfarbig .... zz	0,20	0,20
857	400	(L)	mehrfarbig .... aaa	0,30	0,30
858	450	(L)	mehrfarbig .... aab	0,30	0,30
859	550	(L)	mehrfarbig .... aac	0,50	0,50
860	1000	(L)	mehrfarbig .... aad	1,—	1,—
861	1500	(L)	mehrfarbig .... aae	1,50	1,50
862	2500	(L)	mehrfarbig .... aaf	2,50	2,50
863	4000	(L)	mehrfarbig .... aag	5,—	5,—
			Satzpreis (12 W.)	12,—	12,—
			FDC		18,—

MiNr. 853 und 856–858 wurden auch im Markenheftchen (MH 1) ausgegeben.

1984, 27. Nov. 1600. Todestag von Papst Damasus I. RaTdr.; gez. K 14:13¼.

aah) Rekonstruktion des Grabes der hl. Marcellinus und Petrus
aai) Inschrift am Grab des hl. Januarius
aak) Reste der Basilika der Märtyrer Felix, Faustinus und Beatrix

aah–aak) Papst Damasus I. (ca. 304–384, reg. ab 366)

864	200	(L)	mehrfarbig .... aah	0,20	0,20
865	500	(L)	mehrfarbig .... aai	0,60	0,60
866	2000	(L)	mehrfarbig .... aak	2,—	2,—
			Satzpreis (3 W.)	2,80	2,80
			FDC		3,60

Auflage: 900 000 Sätze

1985

1985, 7. Mai. 1100. Todestag des hl. Methodios. RaTdr.; gez. K 13¼:14.

aal) Hl. Methodios (ca. 820–885), „Slawenapostel"
aam) Kyrillos und Methodios mit Leichnam von Papst Klemens I.
aan) Hl. Benedikt, hl. Kyrillos und hl. Methodios, Schutzpatrone Europas

867	500	(L)	mehrfarbig .... aal	0,50	0,50
868	600	(L)	mehrfarbig .... aam	0,70	0,70
869	1700	(L)	mehrfarbig .... aan	1,80	1,80
			Satzpreis (3 W.)	3,—	3,—
			FDC		4,—

Auflage: 850 000 Sätze

1985, 7. Mai. 450. Todestag des hl. Thomas More. Komb. StTdr. und Odr.; gez. K 14:13¼.

aao) Landkarte der Britischen Inseln
aap) Titelblatt der Schrift „Utopia"
aar) Titelblatt der Biografie über Th. More

aao–aar) Hl. Thomas More (1478–1535), englischer Staatsmann und Humanist

870	250	(L)	mehrfarbig .... aao	0,20	0,20
871	400	(L)	mehrfarbig .... aap	0,40	0,40
872	2000	(L)	mehrfarbig .... aar	2,—	2,—
			Satzpreis (3 W.)	2,60	2,60
			FDC		3,20

Auflage: 850 000 Sätze

1985, 18. Juni. 900. Todestag von Papst Gregor VII. RaTdr.; MiNr. 873–874 gez. K 13¼:14, MiNr. 875 ~.

aas) Adler an der Türe der Basilika St. Paul vor den Mauern
aat) Papst Gregor VII. (1021–1085, Pontifikat ab 1073)
aau) Sarkophag von Papst Gregor VII.

873	150	(L)	mehrfarbig .... aas	0,20	0,20
874	450	(L)	mehrfarbig .... aat	0,60	0,60
875	2500	(L)	mehrfarbig .... aau	2,50	2,50
			Satzpreis (3 W.)	3,20	3,20
			FDC		3,50

Auflage: 800 000 Sätze

1985, 18. Juni. Internationaler Eucharistischer Kongreß, Nairobi. RaTdr.; gez. K 13¼:14.

aav) Landkarte von Afrika, Hostie, Kreuz	aaw) Altartisch, Bischöfe, Hostie, Kreuz	aax) Afrikanischer Meßkelch, Hostie, Kreuz	aay) Afrikanische Familie, Hostie, Kreuz

876	100	(L)	mehrfarbig .... aav	0,10	0,10
877	400	(L)	mehrfarbig .... aaw	0,40	0,40
878	600	(L)	mehrfarbig .... aax	0,60	0,60
879	2300	(L)	mehrfarbig .... aay	2,40	2,40
			Satzpreis (4 W.)	3,40	3,40
			FDC		3,80

Auflage: 800 000 Sätze

1985, 15. Okt. Internationale Briefmarkenausstellung ITALIA '85, Rom. Komb. StTdr. und Odr.; A = gez. K 14:13¼.

 aaz  aba

aaz–aba) Reisekutschen aus dem Historischen Museum des Vatikans

880 A	450	(L)	kobalt/mittelpurpur ...... aaz	0,40	0,40
881 A	1500	(L)	dunkellila/schwarzblau ... aba	1,40	1,40
			Satzpreis (2 W.)	1,80	1,80
			FDC		2,60

Blockausgabe, C = gez. Ks 13½:12½

880 C	450	(L)	cyanblau/mittelpurpur .... aaz	0,50	0,50
881 C	1500	(L)	lila/schwarzblau .... aba	1,50	1,50
Block 8	(160 × 108 mm) .... abb			2,—	2,—
			FDC		3,—

| Block 8 F | Inschrift „CITTÀ DEL VATICANO" auf dem Blockrand fehlend | | | —,— | |

Auflagen: MiNr. 880 A–881 A = 650 000 Sätze, Bl. 8 = 650 000 Blocks

1985, 15. Okt. Neues Konkordat mit Italien. RaTdr.; gez. K 14:13¼.

abc) Päpstliches Wappen, Landkarte Italiens

882	400	(L)	mehrfarbig .... abc	0,40	0,40
			FDC		1,—

Auflage: 700 000 Stück

Parallelausgabe mit Italien MiNr. 1944

1986

1986, 14. April. Kultur- und Naturerbe der Menschheit: Vatikanstaat. RaTdr. (2 × 3 Zd); gez. K 13¼:14.

abd–abi) Ansicht des Vatikanstaats

883	550	(L)	mehrfarbig .... abd	0,70	0,70
884	550	(L)	mehrfarbig .... abe	0,70	0,70
885	550	(L)	mehrfarbig .... abf	0,70	0,70
886	550	(L)	mehrfarbig .... abg	0,70	0,70
887	550	(L)	mehrfarbig .... abh	0,70	0,70
888	550	(L)	mehrfarbig .... abi	0,70	0,70
			Satzpreis (6 W.)	4,—	4,—
			Sechserblock	4,50	4,50
			FDC		5,50

Auflage: 650 000 Sätze

1986, 14. April. Internationales Jahr des Friedens. RaTdr.; gez. K 14.

abk) Schwert mit Ölbaumzweig

abl) Friedensbote	abm) Menschen, Ölzweig	abn) Symbole des Friedens	abo) Papst, Friedenstaube

889	50	(L)	mehrfarbig .... abk	0,10	0,10
890	350	(L)	mehrfarbig .... abl	0,30	0,30
891	450	(L)	mehrfarbig .... abm	0,50	0,50
892	650	(L)	mehrfarbig .... abn	0,70	0,70
893	2000	(L)	mehrfarbig .... abo	2,—	2,—
			Satzpreis (5 W.)	3,60	3,60
			FDC		4,—

Auflage: 650 000 Sätze

Als Grundlage für die Ermittlung von Preisnotierungen dienten Unterlagen des Briefmarkenhandels, von Arbeitsgemeinschaften sowie Sammlern im In- und Ausland.

1986, 12. Juni. 100. Jahrestag der Proklamation der Heiligen Camillo de Lellis und Johannes von Gott zu Schutzpatronen der Kranken und Krankenhäuser. Komb. StTdr. und Odr.; gez. K 13¼:14.

  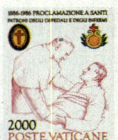

abp) Hl. Camillo de Lellis (1550–1614), Gründer des Kamillianer-Ordens

abr) Hl. Johannes von Gott (1495–1550), Gründer des Hospitalordens der Barmherzigen Brüder

abs) Papst Johannes Paul II. (1920–2005, reg. ab 1978) besucht einen Kranken

894	700	(L)	mehrfarbig .... abp	0,70	0,70
895	700	(L)	mehrfarbig .... abr	0,70	0,70
896	2000	(L)	mehrfarbig .... abs	2,—	2,—
			Satzpreis (3 W.)	3,40	3,40
			FDC		4,—

Auflage: 600 000 Sätze

1986, 2. Okt. 50 Jahre Päpstliche Akademie der Wissenschaften. Komb. StTdr. und Odr.; gez. K 14:13¼.

abt–abu) Schule von Athen; Fresko von Raffael (1483–1520), italienischer Maler und Architekt

897	1500	(L)	mehrfarbig .... abt	1,50	1,50
898	2500	(L)	mehrfarbig .... abt	2,50	2,50
			Satzpreis (2 W.)	4,—	4,—
			FDC		5,—

Auflage: 600 000 Sätze

✈ 1986, 20. Nov. Die Weltreisen von Papst Johannes Paul II. (1983–1984). RaTdr.; gez. K 14:13¼.

abv) Reise nach Mittelamerika (2.–10.3.1983); Papst segnet Kind

abw) Reise nach Polen (16.–23.6.1983); Muttergottes von Tschenstochau

abx) Lourdes-Wallfahrt (14.–15.8.1983); Marienstatue

aby) Reise nach Österreich (10.–13.9.1983); Mariazell; Stephansdom, Wien

abz) Asien- und Pazifikreise (2.–12.5.1984); Pagode, Eingeborene

aca) Reise in die Schweiz (12.–17.6.1984); Einsiedeln; hl. Nikolaus von der Flüe

acb) Reise nach Kanada (9.–21.9.1984); Kathedrale von Quebec

acc) Reise nach Saragossa, Puerto Rico und in die Dominikanische Republik (10.–13.10.1984); Gläubige

899	350	(L)	mehrfarbig .... abv	0,40	0,40
900	450	(L)	mehrfarbig .... abw	0,50	0,50
901	700	(L)	mehrfarbig .... abx	0,70	0,70
902	1000	(L)	mehrfarbig .... aby	1,—	1,—
903	1500	(L)	mehrfarbig .... abz	1,50	1,50
904	2000	(L)	mehrfarbig .... aca	2,—	2,—
905	2500	(L)	mehrfarbig .... acb	3,—	3,—
906	5000	(L)	mehrfarbig .... acc	6,—	6,—
			Satzpreis (8 W.)	15,—	15,—
			FDC		18,—

Auflage: 500 000 Sätze

1987

1987, 7. April. 1600. Jahrestag der Bekehrung und Taufe des hl. Augustinus (354–430), Kirchenlehrer. RaTdr.; gez. K 13¼:14.

acd) Hl. Augustinus liest Apostelbrief; Fresko von Benozzo Gozzoli (1470–1534)

ace) Taufe des hl. Augustinus; Gemälde von Bartolomeo di Gentile (1420–1497)

acf) Ekstase des hl. Augustinus; Fresko von B. Gozzoli

acg) Disputa; Fresko von Raffael (1483–1520)(Detail)

907	300	(L)	mehrfarbig .... acd	0,30	0,30
908	400	(L)	mehrfarbig .... ace	0,40	0,40
909	500	(L)	mehrfarbig .... acf	0,50	0,50
910	2200	(L)	mehrfarbig .... acg	2,20	2,20
			Satzpreis (4 W.)	3,40	3,40
			FDC		4,—

Auflage: 550 000 Sätze

1987, 2. Juni. 800. Jahrestag der Christianisierung Lettlands. RaTdr.; gez. K 13¼:14.

ach) Siegel des Domkapitels von Riga (1234–1269)

aci) Marienkirche, Aglona (1780)

911	700	(L)	mehrfarbig .... ach	0,80	0,80
912	2400	(L)	mehrfarbig .... aci	2,60	2,60
			Satzpreis (2 W.)	3,40	3,40
			FDC		4,40

Auflage: 550 000 Sätze

1987, 2. Juni. 600. Jahrestag der Christianisierung Litauens. RaTdr.; gez. K 13¼:14.

ack) Christusstatue

acl) Maria als Schmerzensmutter

acm) Litauischer Bildstock

913	200	(L)	mehrfarbig .... ack	0,20	0,20
914	700	(L)	mehrfarbig .... acl	0,80	0,80
915	3000	(L)	mehrfarbig .... acm	3,—	3,—
			Satzpreis (3 W.)	4,—	4,—
			FDC		4,80

Auflage: 550 000 Sätze

1987, 29. Aug. Internationale Briefmarkenausstellung OLYMPHILEX '87, Rom. Komb. StTdr. und Odr.; gez. K 14¼.

acn) Richter   aco) Athlet   acp) Athlet   acr) Athlet

acn–acr) Teile des Fußbodenmosaiks der Caracalla-Thermen

916	400 (L)	mehrfarbig	acn	0,40	0,40
917	500 (L)	mehrfarbig	aco	0,50	0,50
918	600 (L)	mehrfarbig	acp	0,60	0,60
919	2000 (L)	mehrfarbig	acr	2,—	2,—
			Satzpreis (4 W.)	3,50	3,50
			FDC		4,—

Blockausgabe

920	400 (L)	mehrfarbig	acn I	0,40	0,50
921	500 (L)	mehrfarbig	aco I	0,50	0,60
922	600 (L)	mehrfarbig	acp I	0,60	0,60
923	2000 (L)	mehrfarbig	acr I	1,90	1,90
Block 9	(151 × 101 mm)		acs	3,50	3,50
			FDC		4,—

MiNr. 920–923 haben im Gegensatz zu MiNr. 916–919 keinen Druckvermerk am unteren Markenrand.

Auflagen: MiNr. 916–919 = 500 000 Sätze, Bl. 9 = 450 000 Blocks

1987, 29. Sept. Einweihung des Philatelistischen und Numismatischen Museums des Vatikan. RaTdr.; gez. K 14:13¼.

act) Philatelistischer Ausstellungsraum, Marke Vatikanstaat MiNr. 1
acu) Numismatischer Ausstellungsraum, 1000-Lire-Silbermünze (1986)

924	400 (L)	mehrfarbig	act	0,40	0,40
925	3500 (L)	mehrfarbig	acu	3,40	3,40
			Satzpreis (2 W.)	3,80	3,80
			FDC		4,40

Auflage: 450 000 Sätze

1987, 27. Okt. Die Weltreisen von Papst Johannes Paul II. (1985–1986). RaTdr.; gez. K 14:13¼.

acv) Reise nach Südamerika (26.1.–6.2.1985); Papst segnet Indios, Machu Picchu
acw) Reise in die Benelux-Länder (11.–21.5.1985); Antwerpen, Windmühle, Fabriken
acx) Reise nach Afrika (8.–19.8.1985); Afrikaner, Hütten, Häuser, Musikinstrumente

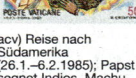  

acy) Reise nach Liechtenstein (8.9.1985); Jugendliche in Tracht, Schloß Vaduz
acz) Reise nach Indien (31.1. bis 11.2.1986); Inder, Moschee von Delhi
ada) Reise nach Kolumbien und St. Lucia (1.–8.7.1986); Kathedrale, Bogotá

adb) Reise nach Frankreich (4.–7.10.1986); hl. J. B. Vianney (Pfarrer von Ars), Kathedrale von Lyon
adc) Asien-, Australien- und Ozeanienreise (18.11.–1.12.1986); Gebäude, Taube, Känguruh, Boot, Tänzer

926	50 (L)	mehrfarbig	acv	0,10	0,10
927	250 (L)	mehrfarbig	acw	0,30	0,30
928	400 (L)	mehrfarbig	acx	0,50	0,50
929	500 (L)	mehrfarbig	acy	0,60	0,60
930	600 (L)	mehrfarbig	acz	0,70	0,70
931	700 (L)	mehrfarbig	ada	0,80	0,80
932	2500 (L)	mehrfarbig	adb	3,—	3,—
933	4000 (L)	mehrfarbig	adc	5,—	5,—
			Satzpreis (8 W.)	11,—	11,—
			FDC		16,—

1987, 3. Dez. 900. Jahrestag der Überführung der Reliquien des hl. Nikolaus von Myra nach Bari. RaTdr. (6×4); gez. K 13¼:14.

add) Übergabe der Reliquien in Bari
ade) Hl. Nikolaus kauft drei Mädchen frei
adf) Hl. Nikolaus rettet Schiff in Seenot

934	500 (L)	mehrfarbig	add	1,50	1,50
935	700 (L)	mehrfarbig	ade	2,—	2,—
936	3000 (L)	mehrfarbig	adf	7,50	7,50
			Satzpreis (3 W.)	11,—	11,—
			FDC		14,—
			Kleinbogensatz (3 Klb.)	100,—	100,—

MiNr. 934–936 wurden gedruckt in Kleinbogen zu je 8 Marken (4×2), umgeben von 16 verschiedenen Zierfeldern.

1988

1988, 19. April. 100. Todestag des hl. Giovanni Bosco. RaTdr. (2×5 Zd); gez. K 13¼:14.

adg–adi) Don Bosco (1815–1888), italienischer Priester und Pädagoge, Gründer der Kongregation der Salesianer Don Boscos; Kinder, Ordensschwester, Laienbruder

937	500 (L)	mehrfarbig	adg	0,60	0,60
938	1000 (L)	mehrfarbig	adh	1,—	1,—
939	2000 (L)	mehrfarbig	adi	2,—	2,—
			Satzpreis (3 W.)	3,60	3,60
			Dreierstreifen	4,—	4,—
			FDC		4,—

Auflage: 500 000 Sätze

Vatikanstaat

1988, 16. Juni. Marianisches Jahr (1987–1988): Gemälde. RaTdr.; gez. K 13¼:14.

adk) Mariä Verkündigung; von P. Eugene Woelfel
adl) Christi Geburt; von Maria Carmela Perrini
adm) Pfingsten; von Anna Maria Maresca

adn) Aufnahme Mariens in den Himmel; von Maria Maddalena Tuccelli
ado) Maria, Mutter der Kirche; von Nobuko Suezawa
adp) Maria, Zuflucht der Sünder; von Rita Fantini

940	50	(L)	mehrfarbig . . . . adk	0,10	0,10
941	300	(L)	mehrfarbig . . . . adl	0,30	0,30
942	500	(L)	mehrfarbig . . . . adm	0,50	0,50
943	750	(L)	mehrfarbig . . . . adn	0,70	0,70
944	1000	(L)	mehrfarbig . . . . ado	1,—	1,—
945	2400	(L)	mehrfarbig . . . . adp	2,20	2,20
			Satzpreis (6 W.)	4,80	4,80
			FDC		5,50

Auflage: 550 000 Sätze

1988, 16. Juni. 1000. Jahrestag der Christianisierung des Großfürstentums Kiew. RaTdr.; gez. K 13¼:14.

adr) Fürst Wladimir der Heilige (reg. 980–1015), Ikone (15. Jh.)
ads) Sophienkathedrale, Kiew (11. Jh.)
adt) Betende Muttergottes, Mosaik in der Sophienkathedrale

946	450	(L)	mehrfarbig . . . . adr	0,40	0,40
947	650	(L)	mehrfarbig . . . . ads	0,60	0,60
948	2500	(L)	mehrfarbig . . . . adt	2,50	2,50
			Satzpreis (3 W.)	3,50	3,50
			FDC		4,—

Auflage: 500 000 Sätze

1988, 29. Sept. 400. Todestag von Paolo Veronese. MiNr. 949 und 951 StTdr., MiNr. 950 RaTdr.; MiNr. 949 und 951 gez. K 13¼:14, MiNr. 950 ~.

adu) Die Hochzeit von Kana (Detail)
adv) Selbstporträt
adw) Die Hochzeit von Kana (Detail)

adu-adw) Gemälde von Paolo Veronese (1528–1588), italienischer Maler

949	550	(L)	purpur/blau . . . . adu	0,60	0,60
950	650	(L)	mehrfarbig . . . . adv	0,70	0,70
951	3000	(L)	braun/rot . . . . adw	3,20	3,20
			Satzpreis (3 W.)	4,40	4,40
			FDC		5,—

Auflage: 500 000 Sätze

✈ 1988, 27. Okt. Die Weltreisen von Papst Johannes Paul II. (1987). RaTdr.; gez. K 14:13¼.

adx) Südamerika-Reise (31.3. bis 14.4.1987); Kathedrale Santiago de Chile; Marienkirche, Luján
ady) Reise in die Bundesrepublik Deutschland (30.4.–4.5.1987); Dom von Speyer, Kinder
adz) Polen-Reise (8.–14.6.1987); Danziger Altar, Dornen- und Blumengirlande

aea) USA-Reise (10.–19.9.1987); Skyline von Manhattan, Jugendliche
aeb) Reise nach Kanada (20.9.1987); Zelt im Fort Simpson, Indianer

952	450	(L)	mehrfarbig . . . . adx	0,50	0,50
953	650	(L)	mehrfarbig . . . . ady	0,70	0,70
954	1000	(L)	mehrfarbig . . . . adz	1,—	1,—
955	2500	(L)	mehrfarbig . . . . aea	2,60	2,60
956	5000	(L)	mehrfarbig . . . . aeb	5,—	5,—
			Satzpreis (5 W.)	9,50	9,50
			FDC		11,—

Auflage: 500 000 Sätze

1988, 12. Dez. Weihnachten. RaTdr.; gez. K 13¼:14¼.

aec
aed
aee

aec–aee) Engel mit Ölzweig

aef) Hirten auf dem Feld
aeg) Die Heilige Familie
aeh) Die Heiligen Drei Könige

957	50	(L)	mehrfarbig . . . . aec	0,10	0,10
958	400	(L)	mehrfarbig . . . . aed	0,40	0,40
959	500	(L)	mehrfarbig . . . . aee	0,50	0,50
960	550	(L)	mehrfarbig . . . . aef	0,60	0,60

Vatikanstaat

961	850	(L)	mehrfarbig . . . . aeg	0,90	0,90
962	1500	(L)	mehrfarbig . . . . aeh	1,60	1,60
			Satzpreis (6 W.)	4,—	4,—
			FDC		5,—

Blockausgabe

963	50	(L)	mehrfarbig . . . . aec	0,10	0,10
964	400	(L)	mehrfarbig . . . . aed	0,40	0,40
965	500	(L)	mehrfarbig . . . . aee	0,50	0,50
966	550	(L)	mehrfarbig . . . . aef	0,60	0,60
967	850	(L)	mehrfarbig . . . . aeg	0,90	0,90
968	1500	(L)	mehrfarbig . . . . aeh	1,60	1,60
Block 10	(120×140 mm)		. . . . aei	4,—	4,—
			FDC		5,—

Die Blockmarken wurden im Gegensatz zu den Bogenmarken mit goldenem Hintergrund sowie mit blauer statt schwarzer Inschrift gedruckt.

Auflagen: MiNr. 957–962 = 500 000 Sätze, Bl. 10 = 500 000 Blocks

1989

1989, 5. Mai. Blockausgabe: 150 Jahre Ägyptisches Museum im Vatikan. Odr.; gez. Ks 14:13½.

aek) Apis-Stierkopf

aem) Torso der Statue des Arztes Ugiahorresne

ael) Göttin Isis und Apis-Stier als zweigesichtige Büste ast

aen) Kopf des Pharao Mentuhotep

969	400	(L)	mehrfarbig . . . . aek	0,40	0,40
970	650	(L)	mehrfarbig . . . . ael	0,60	0,60
971	750	(L)	mehrfarbig . . . . aem	0,70	0,70
972	2400	(L)	mehrfarbig . . . . aen	2,20	2,20
Block 11	(141×99 mm)		. . . . aeo	4,—	4,—
			FDC		5,—

Auflage: 450 000 Blocks

1989, 5. Mai. 600 Jahre Fest Mariä Heimsuchung: Initialen. RaTdr.; gez. K 13:14.

aep) Mariä Verkündigung

aer) Besuch Mariens bei Elisabeth

aes) Maria und Elisabeth mit Jesus und Johannes dem Täufer

973	550	(L)	mehrfarbig . . . . aep	0,60	0,60
974	750	(L)	mehrfarbig . . . . aer	0,80	0,80
975	2500	(L)	mehrfarbig . . . . aes	2,50	2,50
			Satzpreis (3 W.)	3,80	3,80
			FDC		4,50

Auflage: 450 000 Sätze

1989, 13. Juni. Naturschutz: Vögel. RaTdr.; gez. K 12:11¾.

aet) Papagei (Psittacus)

aeu) Grünspecht (Picus viridis)

aev) Wintergoldhähnchen (Regulus regulus)

aew) Eisvogel (Alcedo atthis)

aex) Kernbeißer (Coccothraustes indica cristata)

aey) Gimpel (Pyrrhuly pyrrhula)

aez) Kiebitz (Vanellus vanellus)

afa) Französische Krickente (Anas crecca [Querquedula] francia)

976	100	(L)	mehrfarbig . . . . aet	0,10	0,10
977	150	(L)	mehrfarbig . . . . aeu	0,20	0,20
978	200	(L)	mehrfarbig . . . . aev	0,20	0,20
979	350	(L)	mehrfarbig . . . . aew	0,40	0,40
980	500	(L)	mehrfarbig . . . . aex	0,50	0,50
981	700	(L)	mehrfarbig . . . . aey	0,70	0,70
982	1500	(L)	mehrfarbig . . . . aez	1,50	1,50
983	3000	(L)	mehrfarbig . . . . afa	3,—	3,—
			Satzpreis (8 W.)	6,50	6,50
			FDC		7,50

Auflage: 450 000 Sätze

1989, 29. Sept. Internationaler Eucharistischer Kongreß, Seoul. RaTdr.; gez. K 13¾:14.

afb) Kongreßemblem

afc

afd

afe

afc–afe) Symbol der Eucharistie

984	550	(L)	mehrfarbig . . . . afb	0,60	0,60
985	850	(L)	mehrfarbig . . . . afc	0,90	0,90
986	1000	(L)	mehrfarbig . . . . afd	1,—	1,—
987	2500	(L)	mehrfarbig . . . . afe	2,60	2,60
			Satzpreis (4 W.)	5,—	5,—
			FDC		6,—

Auflage: 450 000 Sätze

Wenn Sie eine eilige philatelistische Anfrage haben, rufen Sie bitte (0 89) 3 23 93-2 24. Die **MICHEL**-Redaktion gibt Ihnen gerne Auskunft.

Vatikanstaat

1989, 9. Nov. Die Weltreisen von Papst Johannes Paul II. (1988). RaTdr.; gez. K 14:13¼.

aff) Reise nach Südamerika (7.–19.5.1988)
afg) Reise nach Österreich (23.–27.6.1988)
afh) Reise in den Süden Afrikas (10.–19.9.1988)

afi) Reise nach Frankreich (8.–11.10.1988)
afk) Pastoralbesuche innerhalb Italiens (1978–1988)

aff–afk) Papst Johannes Paul II., Papstwappen, Weltkugel mit Landkarte

988	50	(L)	mehrfarbig	aff	0,10	0,10
989	550	(L)	mehrfarbig	afg	0,60	0,60
990	800	(L)	mehrfarbig	afh	0,90	0,90
991	1000	(L)	mehrfarbig	afi	1,10	1,10
992	4000	(L)	mehrfarbig	afk	4,40	4,40
			Satzpreis (5 W.)		7,—	7,—
			FDC			8,—

1989, 9. Nov. 200. Jahrestag der Errichtung der ersten katholischen Diözese in den Vereinigten Staaten von Amerika. RaTdr.; gez. K 11¾.

afl) Basilika Mariä Himmelfahrt, Baltimore
afm) John Carroll (1735–1815), Erzbischof von Baltimore
afn) Kathedrale Maria unsere Königin, Baltimore

993	450	(L)	mehrfarbig	afl	0,50	0,50
994	1350	(L)	mehrfarbig	afm	1,50	1,50
995	2400	(L)	mehrfarbig	afn	2,60	2,60
			Satzpreis (3 W.)		4,60	4,60
			FDC			5,50

Auflage: 450 000 Sätze

1990

1990, 5. April. 450. Todestag der hl. Angela Merici. RaTdr.; gez. K 13¼:14.

afo
afp
afr

afo–afr) Hl. Angela Merici (1474–1540), Stifterin und erste Äbtissin der Ursulinen

996	700	(L)	mehrfarbig	afo	0,80	0,80
997	800	(L)	mehrfarbig	afp	1,—	1,—
998	2800	(L)	mehrfarbig	afr	3,20	3,20
			Satzpreis (3 W.)		5,—	5,—
			FDC			6,—

Auflage: 450 000 Sätze

1990, 5. Juni. 1300. Jahrestag des Beginns der Missionstätigkeit des hl. Willibrord. RaTdr.; gez. K 13¼:14.

afs) Priesterweihe, Ankunft in Friesland, Beginn der Missionstätigkeit
aft) Bischofsweihe durch Papst Sergius I., Schenkung der Äbtissin von Euren
afu) Willibrord erhält von König Pipin die Stadt Echternach als Schenkung

afs–afu) Hl. Willibrord (658–739), Missionserzbischof von Utrecht, Apostel der Friesen; Glasfenster in der Basilika von Echternach

999	300	(L)	mehrfarbig	afs	0,30	0,30
1000	700	(L)	mehrfarbig	aft	0,70	0,70
1001	3000	(L)	mehrfarbig	afu	3,—	3,—
			Satzpreis (3 W.)		4,—	4,—
			FDC			5,—

Auflage: 450 000 Sätze

1990, 5. Juni. 40 Jahre Caritas Internationalis. RaTdr.; gez. K 11¾.

afv) Abraham

afw) Die drei gottgesandten Männer
afx) Abraham und seine Frau Sara
afy) Die drei gottgesandten Männer zu Gast bei Abraham

afv–afy) Details aus dem Mosaik an der linken Wand des Mittelschiffs der Basilika Santa Maria Maggiore

1002	450	(L)	mehrfarbig	afv	0,60	0,60
1003	650	(L)	mehrfarbig	afw	0,90	0,90
1004	800	(L)	mehrfarbig	afx	1,20	1,20
1005	2000	(L)	mehrfarbig	afy	2,80	2,80
			Satzpreis (4 W.)		5,50	5,50
			FDC			6,50

Blockausgabe

1006	450	(L)	mehrfarbig	afv I	0,90	0,90
1007	650	(L)	mehrfarbig	afw I	1,30	1,30
1008	800	(L)	mehrfarbig	afx I	1,50	1,50
1009	2000	(L)	mehrfarbig	afy I	3,80	3,80
Block 12	(100×135 mm)			afz	7,50	7,50
			FDC			8,—

MiNr. 1002–1005 weisen im Gegensatz zu MiNr. 1006–1009 einen Rahmen und Druckvermerk auf.

Auflagen: MiNr. 1002–1005 = 450 000 Sätze, Bl. 12 = 450 000 Blocks

1997, 4. Okt. Blockausgabe: Erdbebenhilfe. Block 12 mit rotem Bdr.-Aufdruck „PRO TERREMOTATI 1997" auf dem Blockrand.

Block 12 I	(100×135 mm)	(Bl. 12)	20,—	22,—

Block 12 I wurde von der Post in einem Faltblatt für 8000 L verkauft.

Mehr wissen mit MICHEL

Vatikanstaat

1990, 2. Okt. 300 Jahre Diözese Peking-Nanking. RaTdr.; gez. K 13¼:14.

aga) Fischer auf dem See vor Peking
agb) Kirche Nan-Tang (1650), Peking
agc) See vor Peking
agd) Kirche Pe-Tang (1703), Peking

aga–agd) Darstellungen auf chinesischen Bronzevasen (1872)

1010	500 (L)	mehrfarbig	aga	0,50	0,50
1011	750 (L)	mehrfarbig	agb	0,80	0,80
1012	1500 (L)	mehrfarbig	agc	1,60	1,60
1013	2000 (L)	mehrfarbig	agd	2,20	2,20
			Satzpreis (4 W.)	5,—	5,—
			FDC		6,—

✈ 1990, 27. Nov. Die Weltreisen von Papst Johannes Paul II. (1989). RaTdr.; gez. K 11¾.

age) Reise nach Madagaskar, Réunion, Sambia und Malawi (28.4.–6.5.1989), Landschaft

agf) Reise nach Skandinavien (1.–10.6.1989), Landschaft
agg) Reise nach Santiago de Compostela, Spanien (19.–21.8.1989), Kathedrale
agh) Reise nach Südkorea, Indonesien und Mauritius (6.–16.10.1989), Landschaft

1014	500 (L)	mehrfarbig	age	0,70	0,70
1015	1000 (L)	mehrfarbig	agf	1,40	1,40
1016	3000 (L)	mehrfarbig	agg	4,40	4,40
1017	5000 (L)	mehrfarbig	agh	6,50	6,50
			Satzpreis (4 W.)	13,—	13,—
			FDC		14,—

Auflage: 450 000 Sätze

1990, 27. Nov. Weihnachten. RaTdr.; MiNr. 1018–1021 gez. K 13:12½, MiNr. 1022 ~.

agi) Chor der Engel
agk) Hl. Joseph
agl) Christkind

agm) Hl. Maria
agn) Christi Geburt; Gemälde von Sebastiano Mainardi (um 1450–1513)

agi–agm) Details aus dem Gemälde „Christi Geburt"

1018	50 (L)	mehrfarbig	agi	0,10	0,10
1019	200 (L)	mehrfarbig	agk	0,30	0,30
1020	650 (L)	mehrfarbig	agl	0,90	0,90
1021	750 (L)	mehrfarbig	agm	1,10	1,10
1022	2500 (L)	mehrfarbig	agn	3,60	3,60
			Satzpreis (5 W.)	6,—	6,—
			FDC		7,—

Auflage: 450 000 Sätze

1991

1991, 9. April. Restaurierung der Sixtinischen Kapelle. RaTdr.; gez. K 11¼.

ago–agp) Eleazar-Mathan-Lünette

agr–ags) Jakob-Joseph-Lünette

agt–agu) Josia-Jechonia-Salathiel-Lünette

agv–agw) Asa-Josaphat-Joram-Lünette

agx–agy) Serubbabel-Abiud-Eliachim-Lünette

agz–aha) Azor-Sadoch-Lünette

ago–aha) Die Vorfahren Christi, Lünettenserie in der Sixtinischen Kapelle von Michelangelo (1475–1564)

1023	50 (L)	mehrfarbig	ago	0,10	0,10
1024	100 (L)	mehrfarbig	agp	0,10	0,10
1025	150 (L)	mehrfarbig	agr	0,20	0,20
1026	250 (L)	mehrfarbig	ags	0,30	0,30
1027	350 (L)	mehrfarbig	agt	0,40	0,40
1028	400 (L)	mehrfarbig	agu	0,50	0,50
1029	500 (L)	mehrfarbig	agv	0,60	0,60
1030	650 (L)	mehrfarbig	abw	0,80	0,80
1031	800 (L)	mehrfarbig	agx	1,—	1,—
1032	1000 (L)	mehrfarbig	agy	1,20	1,20
1033	2000 (L)	mehrfarbig	agz	2,40	2,40
1034	3000 (L)	mehrfarbig	aha	3,60	3,60
			Satzpreis (12 W.)	11,—	11,—
			FDC		12,—
		Markenheftchen mit 6 × MiNr. 1024		1,20	
		Markenheftchen mit 6 × MiNr. 1025		1,20	
		Markenheftchen mit 6 × MiNr. 1030		5,50	

MiNr. 1024–1025 und MiNr. 1030 wurden auch in Markenheftchen zu je 6 Marken (ohne Zusammendrucke) ausgegeben.

Vatikanstaat

1991, 23. Mai. 100. Jahre Enzyklika „Rerum Novarum". StTdr.; gez. K 14:13¼.

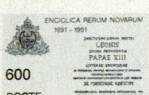

ahb) Titelblatt der Enzyklika „Rerum Novarum", Wappen von Papst Leo XIII.

ahc) Arbeiterfamilie, Kirche, Arbeitgeber, Wappen von Papst Leo XIII.

ahd) Papst Leo XIII. (1810–1903) und sein Wappen

1035	600 (L)	dunkelblau/schwarzgrün ... ahb	0,70	0,70
1036	750 (L)	schwarzgrünoliv/ .... dunkellilakarmin .... ahc	0,90	0,90
1037	3500 (L)	dunkelviolettpurpur/ .... blauschwarz .... ahd	4,— 5,50	4,— 5,50
		Satzpreis (3 W.)		
		FDC		6,50

Auflage: 450 000 Sätze

1991, 1. Okt. 600. Jahrestag der Heiligsprechung der schwedischen Ordensgründerin Birgitta (um 1303 bis 1373). RaTdr.; gez. K 12½:13.

ahe) Die Muttergottes offenbart sich der hl. Birgitta

ahf) Jesus Christus offenbart sich der hl. Birgitta

1038	1500 (L)	mehrfarbig .... ahe	2,—	2,—
1039	2000 (L)	mehrfarbig .... ahf	2,80	2,80
		Satzpreis (2 W.)	4,80	4,80
		FDC		5,50

Auflage: 450 000 Sätze

1991, 1. Okt. 100 Jahre Vatikanische Sternwarte. RaTdr.; MiNr. 1040 und 1042 gez. K 11½:11¾, MiNr. 1041 ~.

ahg) Astrograph (1891)

ahh) Kuppel mit Zeiss-Astrograph 1935)

ahi) Teleskop auf dem Mount Graham, Arizona (1991)

1040	750 (L)	mehrfarbig .... ahg	1,—	1,—
1041	1000 (L)	mehrfarbig .... ahh	1,50	1,50
1042	3000 (L)	mehrfarbig .... ahi	4,—	4,—
		Satzpreis (3 W.)	6,50	6,50
		FDC		7,—

Auflage: 450 000 Sätze

1991, 11. Nov. Europäische Bischofssynode. StTdr. (2×5 Zd); gez. K 12½:13.

ahk–ahm) Petersplatz mit Basilika und Kolonnaden

1043	300 (L)	dunkelolivgelb/schwarz .... ahk	0,40	0,40
1044	500 (L)	dunkelolivgelb/schwarz .... ahl	0,70	0,70
1045	4000 (L)	dunkelolivgelb/schwarz ... ahm	5,50	5,50
		Satzpreis (3 W.)	6,50	6,50
		Dreierstreifen	7,—	7,—
		FDC		7,50

Auflage: 450 000 Sätze

1991, 11. Nov. Die Weltreisen von Papst Johannes Paul II. (1990). Komb. StTdr. und Odr.; gez. K 13¼:14.

ahn) Reise nach Afrika (25.1–1.2.1990); Kathedrale der Unbefleckten Empfängnis, Ouagadougou, Burkina Faso

aho) Reise in die Tschechoslowakei (21. bis 22.4.1990); St.-Veits-Dom, Prag

ahp) Reise nach Mexiko und Curaçao (6. bis 14.5.1990); Basilika Nostra Señora, Guadalupe

ahr) Reise nach Malta (25. bis 27.5.1990); Wallfahrtskirche Ta' Pinu, Gozo

ahs) Reise nach Afrika (1. bis 10.9.1990); Christ-König-Kathedrale, Gitega, Burundi

1046	200 (L)	mehrfarbig .... ahn	0,20	0,20
1047	550 (L)	mehrfarbig .... aho	0,80	0,80
1048	750 (L)	mehrfarbig .... ahp	1,40	1,40
1049	1500 (L)	mehrfarbig .... ahr	2,20	2,20
1050	3500 (L)	mehrfarbig .... ahs	5,50	5,50
		Satzpreis (5 W.)	10,—	10,—
		FDC		11,—

Auflage: 450 000 Sätze

1992

1992, 24. März. 500. Jahrestag der Entdeckung und Christianisierung Amerikas: Gemälde. RaTdr.; gez. K 11½:11¾.

aht) Christoph Kolumbus (1451–1506), spanisch-italienischer Seefahrer

---

Bei Anfragen bitte Rückporto nicht vergessen!

Vatikanstaat

ahu) Hl. Petrus Claver (1581 bis 1654), Jesuitenpater
ahv) Hl. Jungfrau der Katholischen Könige
ahw) Bartolomé de las Casas, Bischof
ahx) Junípero Serra, Franziskanermönch

1051	500 (L)	mehrfarbig	aht	0,60	0,60
1052	600 (L)	mehrfarbig	ahu	0,70	0,70
1053	850 (L)	mehrfarbig	ahv	1,—	1,—
1054	1000 (L)	mehrfarbig	ahw	1,30	1,30
1055	2000 (L)	mehrfarbig	ahx	2,40	2,40
			Satzpreis (5 W.)	6,—	6,—
			FDC		7,—

Blockausgabe, gez. Ks 11¾

ay ahz aia

ay–ahz) Seekarte (1542) aus dem Atlas von Battista Agnese (Details)

1056	1500 (L)	mehrfarbig	ahy	2,50	2,50
1057	2500 (L)	mehrfarbig	ahz	3,50	3,50
Block 13	(138×95 mm)		aia	6,—	6,—
			FDC		7,—

Auflagen: MiNr. 1051–1055 = 450 000 Sätze, Bl. 13 = 450 000 Blocks

1992, 15. Mai. 150. Todestag des hl. Giuseppe Benedetto Cottolengo. RaTdr.; gez. K 11½:11¾.

aib) G. B. Cottolengo tröstet den Kranken
aic) G. B. Cottolengo hält die „Piccola Casa della Divina Provvidenza" in Turin

aib–aic) Hl. G. B. Cottolengo (1786–1842), Priester, Gründer einer Krankenstation für notleidende Kranke

1058	650 (L)	mehrfarbig	aib	1,—	1,—
1059	850 (L)	mehrfarbig	aic	1,20	1,20
			Satzpreis (2 W.)	2,20	2,20
			FDC		3,—

Auflage: 450 000 Sätze

1992, 15. Mai. 500. Todestag von Piero della Francesca. RaTdr.; gez. K 13½:14.

aid) Madonna del Parto, Friedhofskapelle in Arezzo
aie) Madonna del Parto (Detail)
aif) Auferstehung
aig) Auferstehung (Detail)

aid–aig) Fresken in Arezzo von Piero della Francesca (1415/20–1492), italienischer Maler

1060	300 (L)	mehrfarbig	aid	0,40	0,40
1061	750 (L)	mehrfarbig	aie	1,—	1,—
1062	1000 (L)	mehrfarbig	aif	1,40	1,40
1063	3000 (L)	mehrfarbig	aig	4,20	4,20
			Satzpreis (4 W.)	7,—	7,—
			FDC		8,—

Auflage: 450 000 Sätze

1992, 15. Sept. Pflanzen aus Amerika. RaTdr. (2×2 Zd); gez. K 11½:11¾.

aim) Gewürzpaprika (Capsicum annuum)
ail) Kakao (Theobroma cacao)
aik) Kaktus (Opuntia)
aih) Mais (Zea mays)
aii) Tomate (Solanum lycopersicum)
ain) Ananas (Ananas sativus)

1064	850 (L)	mehrfarbig	aih	1,10	1,10
1065	850 (L)	mehrfarbig	aii	1,10	1,10
1066	850 (L)	mehrfarbig	aik	1,10	1,10
1067	850 (L)	mehrfarbig	ail	1,10	1,10
1068	850 (L)	mehrfarbig	aim	1,10	1,10
1069	850 (L)	mehrfarbig	ain	1,10	1,10
			Satzpreis (6 W.)	6,50	6,50
			Sechserblock	7,—	7,—
			FDC		8,—

Auflage: 450 000 Sätze

1992, 12. Okt. Vollversammlung der lateinamerikanischen Bischöfe, Santo Domingo. RaTdr.; gez. K 12½:12¾.

aio) Hl. Maria von Guadalupe, Christus am Kreuz, Bischofsmitren

1070	700 (L)	mehrfarbig	aio	1,10	1,10
			FDC		1,70

Auflage: 500 000 Stück

1992, 24. Nov. Die Weltreisen von Papst Johannes Paul II. (1991). RaTdr.; gez. K 14:14¼.

aip) Reise nach Portugal (10.–13.5.1991)

air) Reise nach Polen (1.–9.6.1991)
ais) Reis nach Tschenstochau (Polen) und Ungarn (13.–20.8.1991)
ait) Reise nach Brasilien (12.–21.10.1991)

aip–ait) Papst Johannes Paul II., Friedenstaube, Landkarte, Regenbogen

1071	500	(L)	mehrfarbig .... aip	0,70	0,70
1072	1000	(L)	mehrfarbig .... air	1,30	1,30
1073	4000	(L)	mehrfarbig .... ais	5,—	5,—
1074	6000	(L)	mehrfarbig .... ait	7,50	7,50
			Satzpreis (4 W.)	14,—	14,—
			FDC		15,—

Auflage: 450 000 Sätze

1992, 24. Nov. Weihnachten: Mosaiken des 13. Jahrhunderts in der Basilika Santa Maria Maggiore, Rom. RaTdr.; gez. K 11¾.

aiu) Verkündigung an Maria

aiv) Christi Geburt
aiw) Anbetung der Heiligen Drei Könige
aix) Darstellung im Tempel

1075	600	(L)	mehrfarbig .... aiu	1,—	1,—
1076	700	(L)	mehrfarbig .... aiv	1,20	1,20
1077	1000	(L)	mehrfarbig .... aiw	1,70	1,70
1078	1500	(L)	mehrfarbig .... aix	2,60	2,60
			Satzpreis (4 W.)	6,50	6,50
			FDC		7,50

Auflage: 450 000 Sätze

1993

1993, 9. Jan. Gebetstreffen für den Frieden in Europa, Assisi. Odr. (2×5 Zd); gez. K 13¼:14.

aiy) Die Heilung des Mannes aus Ilerda; Fresko von Giotto di Bondone (1266–1337) in der Basilika des hl. Franz von Assisi

Zierfeld

1079	1000	(L)	mehrfarbig .... aiy	1,—	1,—
			1079 Zf	1,50	1,50
			FDC		2,—
			Kleinbogen	15,—	15,—

MiNr. 1079 wurde mit den Zierfeldern in schachbrettartiger Anordnung gedruckt.

Auflage: 500 000 Stück

1993, 23. März. Freimarken: Baudenkmäler. RaTdr.; gez. K 11¾:11½.

aiz) Petersdom

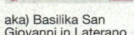

aka) Basilika San Giovanni in Laterano
akb) Basilika Santa Maria Maggiore
akc) Basilika San Paolo

akd) Apostolischer Palast
ake) Lateran-Palast
akf) Sommerresidenz Castelgandolfo

akg) Päpstliche Kanzlei
akh) Palast Propaganda Fide
aki) Palast San Calisto

1080	200	(L)	mehrfarbig .... aiz	0,30	0,30
1081	300	(L)	mehrfarbig .... aka	0,40	0,40
1082	350	(L)	mehrfarbig .... akb	0,40	0,40
1083	500	(L)	mehrfarbig .... akc	0,60	0,60
1084	600	(L)	mehrfarbig .... akd	0,80	0,80
1085	700	(L)	mehrfarbig .... ake	0,90	0,90
1086	850	(L)	mehrfarbig .... akf	1,10	1,10
1087	1000	(L)	mehrfarbig .... akg	1,30	1,30
1088	2000	(L)	mehrfarbig .... akh	2,50	2,50
1089	3000	(L)	mehrfarbig .... aki	3,80	3,80
			Satzpreis (10 W.)	12,—	12,—
			FDC		13,—
			Markenheftchen	7,—	

MiNr. 1080–1083 wurden auch im Markenheftchen mit 4 HBl. zu je 4 Marken (ohne Zusammendrucke) ausgegeben.

1993, 22. Mai. Christi Himmelfahrt. StTdr. (1×5 Zd); gez. K 13¼:14.

akk–akm) Frontrelief des Sarkophags von der „Traditio Legis" (4. Jh.)

akk) Das Opfer des Isaak
akl) Jesus mit Aposteln Petrus und Paulus
akm) Knecht gießt Wasser über die Hände von Pilatus

1090	200	(L)	mehrfarbig .... akk	0,30	0,30
1091	750	(L)	mehrfarbig .... akl	1,10	1,10
1092	3000	(L)	mehrfarbig .... akm	4,20	4,20
			Satzpreis (3 W.)	5,50	5,50
			Dreierstreifen	6,—	6,—
			FDC		6,50

Auflage: 400 000 Sätze

Mit MICHEL machen Sie mehr aus Ihren Briefmarken!

1993, 22. Mai. Internationaler Eucharistischer Kongreß, Sevilla.
Odr.; gez. K 13¾:13¼.

akn) Kreuz, Weinreben
ako) Kreuz, Hände mit geteiltem Brotlaib
akp) Hände mit Kelch, Hostie
akr) Christusbanner, Ähren

1093	500	(L)	mehrfarbig .... akn	0,60	0,60
1094	700	(L)	mehrfarbig .... ako	0,80	0,80
1095	1500	(L)	mehrfarbig .... akp	1,70	1,70
1096	2500	(L)	mehrfarbig .... akr	3,—	3,—
			Satzpreis (4 W.)	6,—	6,—
			FDC		7,—

Auflage: 450 000 Sätze

1993, 29. Sept. 600. Todestag des hl. Johannes von Nepomuk.
Odr.; gez. K 13¼:14.

aks) Hl. Johannes von Nepomuk (1350–1393), böhmischer Kleriker, mit Kreuz in der Moldau
akt) Prager Altstadt mit Karlsbrücke über die Moldau

1097	1000	(L)	mehrfarbig .... aks	1,40	1,40
1098	2000	(L)	mehrfarbig .... akt	2,80	2,80
			Satzpreis (2 W.)	4,20	4,20
			FDC		5,—

Auflage: 450 000 Sätze

1993, 29. Sept. Europa: Zeitgenössische Kunst. RaTdr. (4×5); gez. K 13.

aku) Kreuzigung; Gemälde von Felice Casorati (1886–1963), italienischer Maler
akv) Kathedrale von Rouen; Gemälde von Maurice Utrillo (1883–1955), französischer Maler

1099	750	(L)	mehrfarbig .... aku	1,—	1,—
1100	850	(L)	mehrfarbig .... akv	1,—	1,—
			Satzpreis (2 W.)	2,—	2,—
			FDC		2,50

Auflage: 600 000 Sätze

Die Notierungen gelten in der ersten Spalte für ungebrauchte (postfrische), in der zweiten für gebrauchte (gestempelte) Postwertzeichen.

1993, 23. Nov. Die Weltreisen von Papst Johannes Paul II. (1992).
RaTdr.; gez. K 11¾:11½.

akw) Reise nach Senegal, Gambia und Guinea (19.–26.2.1992)
akx) Reise nach Angola sowie São Tomé und Príncipe (4.–10.6.1992)
aky) Reise in die Dominikanische Republik (9.–14.10.1992)

akw–aky) Papst Johannes Paul II., Friedenstaube, Texte aus seinen Reden

1101	600	(L)	mehrfarbig .... akw	0,80	0,80
1102	1000	(L)	mehrfarbig .... akx	1,40	1,40
1103	5000	(L)	mehrfarbig .... aky	7,—	7,—
			Satzpreis (3 W.)	9,—	9,—
			FDC		10,—

Auflage: 450 000 Sätze

1993, 23. Nov. 450. Todestag von Hans Holbein d. J. Komb. StTdr. und Odr.; gez. K 13½:14.

akz) Madonna von Solothurn (Detail)
ala) Madonna von Solothurn
alb) Selbstbildnis

akz–alb) Gemälde von Hans Holbein d. J. (1497–1543), deutscher Maler und Zeichner

1104	700	(L)	mehrfarbig .... akz	1,10	1,10
1105	1000	(L)	mehrfarbig .... ala	1,60	1,60
1106	1500	(L)	mehrfarbig .... alb	2,40	2,40
			Satzpreis (3 W.)	5,—	5,—
			FDC		6,—

Auflage: 450 000 Sätze

1994

1994, 8. April. Fertigstellung der Restaurierungsarbeiten in der Sixtinischen Kapelle. RaTdr. (2×5 Zd); gez. K 11¾.

alc
ald

alc–ald) Die Erschaffung der Gestirne und der Pflanzen

ale
alf

ale–alf) Die Erschaffung des Menschen

alg

alg–alh) Der Sündenfall

ali
alk
ali–alk) Die große Sintflut

alc–alk) Fresken von Michelangelo Buonarroti (1475–1564), italienischer Bildhauer, Maler und Architekt

1107	350	(L)	mehrfarbig .... alc	0,70	0,70
1108	350	(L)	mehrfarbig .... ald	0,70	0,70
1109	500	(L)	mehrfarbig .... ale	1,—	1,—
1110	500	(L)	mehrfarbig .... alf	1,—	1,—
1111	1000	(L)	mehrfarbig .... alg	2,—	2,—
1112	1000	(L)	mehrfarbig .... alh	2,—	2,—
1113	2000	(L)	mehrfarbig .... ali	3,80	3,80
1114	2000	(L)	mehrfarbig .... alk	3,80	3,80
			Satzpreis (4 Paare)	16,—	16,—
			FDC		17,—

Blockausgabe, gez. Ks 11¾:12

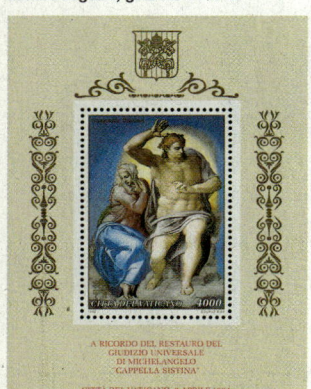

all) Das Jüngste Gericht (Detail)

alm

1115	4000	(L)	mehrfarbig .... all	5,50	5,50
Block 14	(80×110 mm)		.... alm	6,—	6,—
			FDC		7,—

Auflagen: MiNr. 1107–1114 = 450 000 Sätze, Bl. 14 = 400 000 Blocks

1994, 8. April. Spezialversammlung der Bischofssynode über Afrikafragen, Kampala. RaTdr.; gez. K 12¾:13, Querformat ~.

alo) Kreuz, Kuppel der Peterskirche in Rom, afrikanische Landschaft

aln) Bischofsstab, Kuppel mit Kreuz

1116	850	(L)	mehrfarbig .... aln	1,10	1,10
1117	1000	(L)	mehrfarbig .... alo	1,30	1,30
			Satzpreis (2 W.)	2,40	2,40
			FDC		3,—

Auflage: 450 000 Sätze

1994, 31. Mai. Internationales Jahr der Familie. RaTdr.; gez. K 13¼:14.

alp) Gott bei der Erschaffung von Mann und Frau
alr) Familie
als) Eltern bei der Erziehung ihres Kindes
alt) Jugendlicher betreut alte Menschen

1118	400	(L)	mehrfarbig .... alp	0,50	0,50
1119	750	(L)	mehrfarbig .... alr	0,90	0,90
1120	1000	(L)	mehrfarbig .... als	1,30	1,30
1121	2000	(L)	mehrfarbig .... alt	2,50	2,50
			Satzpreis (4 W.)	5,—	5,—
			FDC		6,—

Auflage: 450 000 Sätze

1994, 31. Mai. Europa: Entdeckungen und Erfindungen. Odr. (4×5); gez. K 13¼:13¾.

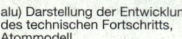

alu) Darstellung der Entwicklung des technischen Fortschritts, Atommodell

alv) Galileo Galilei (1564–1642), Mathematiker, Physiker und Philosoph; Sonnensystem, wissenschaftliche Instrumente

1122	750	(L)	mehrfarbig .... alu	1,30	1,30
1123	850	(L)	mehrfarbig .... alv	1,30	1,30
			Satzpreis (2 W.)	2,50	2,50
			FDC		3,—

Auflage: 600 000 Sätze

1994, 27. Sept. 13. Internationaler Kongreß für Christliche Archäologie. Odr.; gez. K 13¼:14.

alw) Bischof Euphrasius mit seinem Archidiakon Claudius und dessen Sohn
alx) Madonna mit Kind, zwei Engel
aly) Christus als Lehrmeister, Apostel Petrus und Paulus

alw–aly) Apsismosaiken (6. Jh.) in der Euphrasius-Basilika, Poreč, Kroatien

1124	700	(L)	mehrfarbig .... alw	0,80	0,80
1125	1500	(L)	mehrfarbig .... alx	1,70	1,70
1126	3000	(L)	mehrfarbig .... aly	3,50	3,50
			Satzpreis (3 W.)	6,—	6,—
			FDC		7,—

Auflage: 450 000 Sätze

MICHELsoft
Sammlung im Griff

1994, 27. Sept. 700. Jahrestag der Ankunft von Johannes von Montecorvino in China. Odr.; gez. K 14:13¼.

alz) Johannes von Montecorvino (1247 bis 1328), Franziskaner und Missionar, 1. Erzbischof von Peking; chinesisches Landschaft (Seidengemälde, 13. Jh.)

1127	1000	(L)	mehrfarbig	. . . . alz	1,40	1,40
				FDC		2,—

Auflage: 450 000 Stück

1994, 18. Nov. Die Weltreisen von Papst Johannes Paul II. (1993). StTdr.; gez. K 13.

ama) Reise nach Bénin, Uganda und in den Sudan (3.–10.2.1993)

amb) Reise nach Albanien (25.4.1993)

amc) Reise nach Spanien (12.–17.6.1993)

amd) Reise nach Jamaika, Mexiko und Denver (USA) (9.–16.8.1993)

ame) Reise nach Litauen, Lettland und Estland (4.–10.9.1993)

1128	600	(L)	mehrfarbig	. . . . ama	0,80	0,80
1129	700	(L)	mehrfarbig	. . . . amb	1,—	1,—
1130	1000	(L)	mehrfarbig	. . . . amc	1,40	1,40
1131	2000	(L)	mehrfarbig	. . . . amd	2,80	2,80
1132	3000	(L)	mehrfarbig	. . . . ame	4,—	4,—
				Satzpreis (5 W.)	10,—	10,—
				FDC		11,—

Auflage: 450 000 Sätze

1994, 18. Nov. Weihnachten. RaTdr.; MiNr. 1133 gez. K 11¾:11½, MiNr. 1134–1135 ~.

amf) Detail

amg–amh) Gesamtbild

amf–amh) Christi Geburt; Gemälde von Tintoretto (1518–1594)

1133	700	(L)	mehrfarbig	. . . . amf	1,50	1,50
1134	1000	(L)	mehrfarbig	. . . . amg	2,—	2,—
1135	1000	(L)	mehrfarbig	. . . . amh	2,—	2,—
				Satzpreis (3 W.)	5,50	5,50
				FDC		6,—

MiNr. 1134–1135 wurden senkrecht zusammenhängend gedruckt.

Auflage: 450 000 Sätze

1995

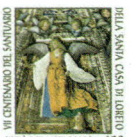

1995, 25. März. 700. Jahrestag der Überführung der „Casa Sancta" nach Loreto. Kunstwerke aus der Basilika von Loreto. RaTdr.; gez. K 11½:11¾.

ami) Engel mit Kelch

ami–amk) Deckenfresken von Melozzo da Forli (1438–1494) in der St.-Markus-Sakristei

amk) Engel mit Lamm   aml) Engel mit Laute   amm) Betender Engel

aml–amm) Deckenfresken von Luca Signorelli (1450–1523) in der St.-Johannes-Sakristei

1136	600	(L)	mehrfarbig	. . . . ami	0,80	0,80
1137	700	(L)	mehrfarbig	. . . . amk	1,—	1,—
1138	1500	(L)	mehrfarbig	. . . . aml	2,—	2,—
1139	2500	(L)	mehrfarbig	. . . . amm	3,20	3,20
				Satzpreis (4 W.)	7,—	7,—
				FDC		7,50

Blockausgabe, gez. Ks 11¾.

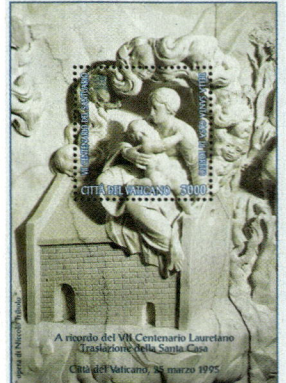

amn) Hl. Maria mit Kind; Teil der Marmorverkleidung der Basilika

amo

1140	3000	(L)	mehrfarbig	. . . . amn	4,—	4,—
Block 15	(75 × 110 mm)		. . . . amo		4,20	4,20
				FDC		5,—

Auflagen: MiNr. 1136–1139 = 450 000 Sätze, Bl. 15 = 300 000 Blocks

1995, 25. März. Europa: Frieden und Freiheit. RaTdr. (5 × 4); gez. K 14:13¼.

amp) Hände, Lichtstrahlen, zerbrochene Ketten

amr) Hände, Friedenstaube, Weltkugel, Olivenzweig

1141	750	(L)	mehrfarbig	amp	1,—	1,—
1142	850	(L)	mehrfarbig	amr	1,—	1,—
			Satzpreis (2 W.)		2,—	2,—
			FDC			2,50

Auflage: 500 000 Sätze

1995, 8. Juni. 100 Jahre Radio. Odr. (2×5); gez. K 14.

ams) Guglielmo Marconi (1874 bis 1937), italienischer Ingenieur und Physiker, Nobelpreis 1909

amt) Papst Johannes Paul II. (1920–2005, reg. ab 1978) bei einer Radioansprache, Erzengel Gabriel, Sendezentrum Marconi

1143	850	(L)	mehrfarbig	ams	1,10	1,10
1144	1000	(L)	mehrfarbig	amt	1,30	1,30
			Satzpreis (2 W.)		2,40	2,40
			FDC			3,—
			Kleinbogensatz (2 Klb.)		24,—	24,—

Auflage: 500 000 Sätze

Parallelausgabe mit Bundesrepublik Deutschland MiNr. 1803, Irland MiNr. 903–904, Italien MiNr. 2392–2393 und San Marino MiNr. 1615–1616

1995, 8. Juni. Europäisches Naturschutzjahr. RaTdr.; gez. K 11¾.

amu) Tritonen-Brunnen von G. L. Bernini, Vatikanische Gärten

amv) Rosenallee und Barberini-palast, Castelgandolfo

amw) Apoll als Kitharöde, Statue, Vatikanische Gärten

amx) Ruinen der Domitian-Villa, Castelgandolfo

amy) Eschenahorn (Acer negundo), Vatikanische Gärten

amz) Belvedere-Garten, Castelgandolfo

ana) Adler-Brunnen, Vatikanische Gärten

anb) Zypressenallee und Reiterstatue, Castelgandolfo

1145	200	(L)	mehrfarbig	amu	0,30	0,30
1146	300	(L)	mehrfarbig	amv	0,40	0,40
1147	400	(L)	mehrfarbig	amw	0,50	0,50
1148	550	(L)	mehrfarbig	amx	0,70	0,70
1149	750	(L)	mehrfarbig	amy	0,90	0,90
1150	1500	(L)	mehrfarbig	amz	1,90	1,90
1151	2000	(L)	mehrfarbig	ana	2,50	2,50
1152	3000	(L)	mehrfarbig	anb	3,80	3,80
			Satzpreis (8 W.)		11,—	11,—
			FDC			12,—
			Markenheftchen		10,—	

MiNr. 1146–1149 wurden auch im Markenheftchen zu je 3 Marken (ohne Zusammendrucke) ausgegeben.

Auflage: 500 000 Sätze

1995, 3. Okt. 50 Jahre Vereinte Nationen (UNO). RaTdr.; gez. K 13¼:13.

anc

anc–ang) Gemälde von Paolo Guiotto

and   ane   anf   ang

1153	550	(L)	mehrfarbig	anc	0,70	0,70
1154	750	(L)	mehrfarbig	and	0,90	0,90
1155	850	(L)	mehrfarbig	ane	1,—	1,—
1156	1250	(L)	mehrfarbig	anf	1,50	1,50
1157	2000	(L)	mehrfarbig	ang	2,40	2,40
			Satzpreis (5 W.)		6,50	6,50
			FDC			7,50

Auflage: 450 000 Sätze

1995, 3. Okt. 800. Geburtstag des hl. Antonius von Padua, 500. Geburtstag des hl. Johannes von Gott, 400. Todestag des hl. Philipp Neri. StTdr.; gez. K 13¼:14.

anh) Hl. Antonius von Padua (1195–1231); Bronzeskulptur (15. Jh.) von Donatello

ani) Hl. Johannes von Gott (1495–1550); Marmorskulptur (18. Jh.) von Filippo Valle

ank) Hl. Philipp Neri (1515–1595); Marmorskulptur (18. Jh.) von Giovanni Battista Maini

1158	500	(L)	dunkelgrün/dunkelsiena	anh	0,60	0,60
1159	750	(L)	dunkelblauviolett/dunkelgrün	ani	0,90	0,90
1160	3000	(L)	dunkelrotviolett/schwarzblau	ank	3,60	3,60
			Satzpreis (3 W.)		5,—	5,—
			FDC			6,—

Auflage: 450 000 Sätze

1995, 20. Nov. Die Weltreisen von Papst Johannes Paul II. (1989 bis 1994). Odr.; gez. K 14¾:14.

anl) Reise nach Kroatien (10.–11.9.1994); Marienstatue, Kathedrale von Zagreb

anm) Pastoralbesuche in Italien (1989–1994); Leuchtturm in Genua, Dom von Orvieto, Tempel in Agrigent

1161	1000	(L)	mehrfarbig	anl	1,40	1,40
1162	2000	(L)	mehrfarbig	anm	2,80	2,80
			Satzpreis (2 W.)		4,20	4,20
			FDC			5,—

Auflage: 450 000 Sätze

Mit der MICHEL-Nummer auf Nummer sicher!

Vatikanstaat

1995, 20. Nov. Heiliges Jahr 2000 (I). RaTdr.; gez. K 12:11¾.

ann) Mariä Verkündigung (14. Jh.)
ano) Christi Geburt (1487)
anp) Die Flucht nach Ägypten (14.–15. Jh.)
anr) Der zwölfjährige Jesus im Tempel (14. Jh.)

ann–anr) Miniaturen aus Handschriften der Vatikanischen Bibliothek

1163	400	(L)	mehrfarbig .... ann	0,50	0,50
1164	850	(L)	mehrfarbig .... ano	1,10	1,10
1165	1250	(L)	mehrfarbig .... anp	1,70	1,70
1166	2000	(L)	mehrfarbig .... anr	2,80	2,80
			Satzpreis (4 W.)	6,—	6,—
			FDC		7,—

Auflage: 450 000 Sätze

1996

1996, 15. März. 700. Jahrestag der Rückkehr Marco Polos aus China: Miniaturen aus alten Handschriften. RaTdr.; gez. K 11¾:11½.

ans) Marco Polos Bruder überreicht dem Großkhan ein Schreiben von Papst Gregor X.

ant) Der Großkhan verteilt Almosen an die Armen der Stadt Cambaluc
anu) Marco Polo (1254–1324) erhält vom Großkhan das Goldene Buch
anv) Marco Polo erfährt in Persien die Geschichte der Heiligen Drei Könige

1167	350	(L)	mehrfarbig .... ans	0,50	0,50
1168	850	(L)	mehrfarbig .... ant	1,20	1,20
1169	1250	(L)	mehrfarbig .... anu	1,80	1,80
1170	2500	(L)	mehrfarbig .... anv	3,50	3,50
			Satzpreis (4 W.)	7,—	7,—
			FDC		8,—

Blockausgabe, gez. Ks 12:11¾

anw) Marco Polo (1254–1324), venezianischer Asienreisender .... anx

1171	2000	(L)	schwarz .... anw	2,20	2,20
Block 16	(138×100 mm)		.... anx	2,80	2,80
			FDC		3,60

Auflagen: MiNr. 1167–1170 = 450 000 Sätze, Bl. 16 = 300 000 Blocks

1996, 15. März. 400. Jahrestag der Union von Brest; 350. Jahrestag der Union von Uschgorod. RaTdr.; gez. K 13¼:14.

any) Engel mit Kreuzen der Ost und Westkirche
anz) Kreuz, lateinische und byzantinische Bischofsmütze

1172	1250	(L)	mehrfarbig .... any	1,60	1,60
1173	2000	(L)	mehrfarbig .... anz	2,60	2,60
			Satzpreis (2 W.)	4,20	4,20
			FDC		5,—

Auflage: 450 000 Sätze

1996, 7. Mai. 100 Jahre Olympische Spiele der Neuzeit. RaTdr. (1×4 Zd); gez. K 13¼.

aoa) Sonne und Stahl – Spiegel meiner Sehnsucht

aoa–aoe) Gemälde von Paolo Guiotto

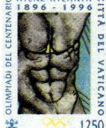   

aob) Das Sonnengeflecht
aoc) Der Zeuge der fünf Kontinente
aod) Speculum Aevi
aoe) Experiment mit dem Farnesischen Herakles

1174	1250	(L)	mehrfarbig .... aoa	1,90	1,90
1175	1250	(L)	mehrfarbig .... aob	1,90	1,90
1176	1250	(L)	mehrfarbig .... aoc	1,90	1,90
1177	1250	(L)	mehrfarbig .... aod	1,90	1,90
1178	1250	(L)	mehrfarbig .... aoe	1,90	1,90
			Satzpreis (5 W.)	9,50	9,50
			Fünferstreifen	10,—	10,—
			FDC		11,—

Auflage: 450 000 Sätze

1996, 7. Mai. Europa: Berühmte Frauen. StTdr. (5×4); gez. K 13¼:14.

aof) Gianna Beretta Molla (1922–1962), ital. Kinderärztin und Chirurgin
aog) Edith Stein (1891–1942), deutsche katholische Theologin und Philosophin

1179	750	(L)	violettbraun .... aof	0,90	0,90
1180	850	(L)	schwarzgraublau .... aog	1,10	1,10
			Satzpreis (2 W.)	2,—	2,—
			FDC		3,—

Auflage: 450 000 Sätze

1996, 12. Okt. 50. Priesterjubiläum von Papst Johannes Paul II. Odr. (2×5); gez. K 14.

aoh) Kathedrale von Wawel, Krakau
aoi) Papst Johannes Paul II. (1920–2005, reg. ab 1978)
aok) St.-Johannes-Basilika im Lateran

1181	500 (L)	mehrfarbig	aoh	1,—	1,—
1182	750 (L)	mehrfarbig	aoi	1,40	1,40
1183	1250 (L)	mehrfarbig	aok	2,40	2,40
		Satzpreis (3 W.)		4,80	4,80
		FDC			5,50
		Kleinbogensatz (3 Klb.)		48,—	48,—

Auflage: 450 000 Sätze

1996, 12. Okt. Heiliges Jahr 2000 (II). RaTdr.; gez. K 12:11¾.

aol) Taufe Jesu im Jordan
aom) Die Versuchung Jesu
aon) Die Heilung der Aussätzigen
aoo) Jesus als Meister und Lehrer

aol)–aoo) Miniaturen aus Handschriften der Apostolischen Vatikanischen Bibliothek

1184	550 (L)	mehrfarbig	aol	0,70	0,70
1185	850 (L)	mehrfarbig	aom	1,10	1,10
1186	1500 (L)	mehrfarbig	aon	2,—	2,—
1187	2500 (L)	mehrfarbig	aoo	3,20	3,20
		Satzpreis (4 W.)		7,—	7,—
		FDC			8,—

Auflage: 450 000 Sätze

1996, 20. Nov. 700. Todestag von Papst Cölestin V.; 300. Geburtstag des hl. Alfonso Maria di Liguori. Odr.; gez. K 13¾ : 13¼.

aop) Papst Cölestin V. (1215 bis 1296, reg. 1294)
aor) Hl. A. M. di Liguori (1696 bis 1787), Theologe

1188	1250 (L)	mehrfarbig	aop	1,60	1,60
1189	1250 (L)	mehrfarbig	aor	1,60	1,60
		Satzpreis (2 W.)		3,20	3,20
		FDC			4,—

Auflage: 450 000 Sätze

1996, 20. Nov. Die Weltreisen von Papst Johannes Paul II. (1995). Odr.; gez. K 14:13¼.

aos) Reise auf die Philippinen, nach Papua Neuguinea und Sri Lanka (11.–21.1.1995)
aot) Reise in die Tschechische Republik und nach Polen (20.–22.5.1995)
aou) Reise nach Belgien (3.–4.6.1995)

aov) Reise in die Slowakei (30.6.–3.7.1995)
aow) Reise nach Kamerun, Südafrika und Kenia (14.–20.8.1995)
aox) Reise in die USA und Besuch der UNO (4.–9.10.1995)

1190	250 (L)	mehrfarbig	aos	0,30	0,30
1191	500 (L)	mehrfarbig	aot	0,60	0,60
1192	750 (L)	mehrfarbig	aou	0,90	0,90
1193	1000 (L)	mehrfarbig	aov	1,30	1,30
1194	2000 (L)	mehrfarbig	aow	2,50	2,50
1195	5000 (L)	mehrfarbig	aox	6,50	6,50
		Satzpreis (6 W.)		12,—	12,—
		FDC			13,—

Auflage: 450 000 Sätze

1996, 20. Nov. Weihnachten. Odr.; gez. K 13¼.

aoy) Christi Geburt; Gemälde von Bartolomé Esteban Murillo (1618–1682), span. Maler

| 1196 | 750 (L) | mehrfarbig | aoy | 1,20 | 1,20 |
| | | FDC | | | 2,— |

Auflage: 450 000 Stück

1997

1997, 20. März. Päpstliche Kutschen und Automobile aus dem Vatikanischen Museum. RaTdr.; gez. K 11¾:12.

aoz) Reisekutsche

apa) Graham Paige
apb) Festkutsche
apc) Citroën Lictoria VI

apd) Kutsche für große Feste
ape) Mercedes Benz
apf) Kutsche für mittlere Feste

apg) Mercedes Benz 300 SEL
aph) Reisekutsche
api) Fiat Campagnola

1197	50 (L)	mehrfarbig	aoz	0,10	0,10
1198	100 (L)	mehrfarbig	apa	0,20	0,20
1199	300 (L)	mehrfarbig	apb	0,30	0,30
1200	500 (L)	mehrfarbig	apc	0,60	0,60
1201	750 (L)	mehrfarbig	apd	0,80	0,80
1202	850 (L)	mehrfarbig	ape	0,90	0,90
1203	1000 (L)	mehrfarbig	apf	1,10	1,10

Vatikanstaat

1204	1250	(L)	mehrfarbig .... apg	1,40	1,40
1205	2000	(L)	mehrfarbig .... aph	2,20	2,20
1206	4000	(L)	mehrfarbig .... api	4,40	4,40
			Satzpreis (10 W.)	12,—	12,—
			FDC		13,—
			Markenheftchen	8,—	

MiNr. 1198–1201 wurden auch im Markenheftchen mit 4 HBl. zu je 4 Marken ausgegeben.

1997, 20. März. Europa: Sagen und Legenden. Odr. (1×4 Zd); gez. K 13¼.

apk) Hellebardier   Zierfeld   apl) Wache mit Schwert   Zierfeld

apk–apl) Mitglieder der Schweizer Garde, Leibwache des Papstes

1207	750	(L)	mehrfarbig .... apk	0,80	0,80
1208	850	(L)	mehrfarbig .... apl	1,—	1,—
			Satzpreis (2 W.)	1,80	1,80
			Viererstreifen mit 2 Zierfeldern	2,—	2,—
			FDC		2,50
			Kleinbogen	8,—	8,—

Auflage: 500 000 Sätze

1997, 23. April. 1000. Todestag des hl. Adalbert. StTdr. (5×2); gez. K 14:13¾.

apm) Hl. Adalbert (um 956–997), Bischof von Prag, Apostel der Preußen, Märtyrer

1209	850	(L)	dunkelgrauviolett .... apm	1,40	1,50
			FDC		2,—
			Kleinbogen	15,—	15,—

Auflage: 450 000 Stück

Parallelausgabe mit Deutschland MiNr. 1914, Polen MiNr. 3644, Tschechische Republik MiNr. 141 und Ungarn MiNr. 4446

1997, 23. April. Ausstellung mittelalterlicher Buchmalerei „Die Klassiker betrachten". RaTdr.; gez. K 14¼:14.

apn) Aristoteles bei Naturbeschreibung (15. Jh.); „Die Geschichte der Lebewesen" von Aristoteles   apo) Bacchus reitet auf einem Drachen (14. Jh.); „Metamorphosen" von Ovid

app) General spricht vor seinen Soldaten (15. Jh.); „Ilias" von Homer   apq) Der siegreiche Hannibal verläßt Cannae (16. Jh.); „Römische Geschichte" von Titus Livius

1210	500	(L)	mehrfarbig .... apn	0,60	0,60
1211	750	(L)	mehrfarbig .... apo	0,90	0,90
1212	1250	(L)	mehrfarbig .... app	1,50	1,50
1213	2000	(L)	mehrfarbig .... apr	2,40	2,40
			Satzpreis (4 W.)	5,—	5,—
			FDC		6,—

Blockausgabe, gez. Ks 13¼

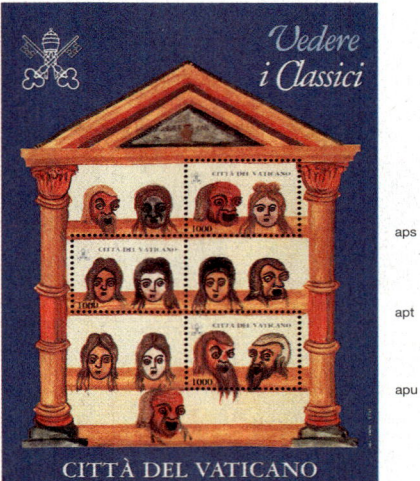

aps–apu) Regal mit Masken (Details, 15. Jh.); „Komödien" von Terenz

1214	1000	(L)	mehrfarbig .... aps	1,30	1,30
1215	1000	(L)	mehrfarbig .... apt	1,30	1,30
1216	1000	(L)	mehrfarbig .... apu	1,30	1,30
Block 17	(138×100 mm) .... apv			4,—	4,—
			FDC		5,—

Auflagen: MiNr. 1210-1213 = 450 000 Sätze, Bl. 17 = 250 000 Blocks

1997, 27. Mai. Eucharistischer Weltkongreß, Breslau. RaTdr.; gez. K 13¼:13.

apw) Kelch mit Hostie, Stadtwappen von Breslau   apx) Das Letzte Abendmahl, Kongreßemblem   apy) Kathedrale von Breslau, Heiliger Geist   apz) Christussymbol, Tauben, Hände mit Weltkugel

1217	650	(L)	mehrfarbig .... apw	0,70	0,70
1218	1000	(L)	mehrfarbig .... apx	1,10	1,10
1219	1250	(L)	mehrfarbig .... apy	1,40	1,40
1220	2500	(L)	mehrfarbig .... apz	2,80	2,80
			Satzpreis (4 W.)	6,—	6,—
			FDC		7,—

Auflage: 450 000 Sätze

Mehr wissen mit MICHEL

1997, 15. Sept. 1600. Todestag des hl. Ambrosius. RaTdr.; gez. K 13¼:14.

ara) Hl. Ambrosius (um 340–397), Bischof und Schriftsteller; St.-Ambrosius-Basilika, Mailand

1221	800	(L)	mehrfarbig	ara	1,40	1,40
				FDC		2,—

1997, 15. Sept. Heiliges Jahr 2000 (III). RaTdr.; gez. K 12:11¾.

arb) Jesus heilt den Gelähmten
arc) Jesus beruhigt Sturm und Wellen
ard) Jesus speist die Fünftausend
are) Messiasbekenntnis des Petrus

arb–are) Miniaturen aus Handschriften der Vatikanischen Bibliothek (14. Jh.)

1222	400	(L)	mehrfarbig	arb	0,50	0,50
1223	800	(L)	mehrfarbig	arc	1,—	1,—
1224	1300	(L)	mehrfarbig	ard	1,70	1,70
1225	3600	(L)	mehrfarbig	are	4,80	4,80
			Satzpreis (4 W.)		8,—	8,—
			FDC			9,—

1997, 15. Sept. 100. Geburtstag von Papst Paul VI. Odr. (1 × 4 Zd); gez. K 13¼:14.

Zierfeld · Zierfeld · arf) Papst Paul VI. (1897–1978, reg. ab 1963) · Zierfeld · Zierfeld

1226	900	(L)	mehrfarbig	arf	1,40	1,40
			Fünferstreifen		1,50	1,50
			FDC			2,—
			Kleinbogen		6,—	6,—

1997, 11. Nov. Die Weltreisen von Papst Johannes Paul II. (1996). Odr.; gez. K 13¾:13¼.

arg) Reise nach Guatemala, Nicaragua, El Salvador und Venezuela (5.–12.2.1996)
arh) Reise nach Tunesien (14.4.1996)
ari) Reise nach Slowenien (17.–19.5.1996)
ark) Reise nach Deutschland (21.–23.6.1996)
arl) Reise nach Ungarn (6.–7.9.1996)
arm) Reise nach Frankreich (19.–22.9.1996)

1227	400	(L)	mehrfarbig	arg	0,40	0,40
1228	900	(L)	mehrfarbig	arh	0,90	0,90
1229	1000	(L)	mehrfarbig	ari	1,—	1,—
1230	1300	(L)	mehrfarbig	ark	1,40	1,40
1231	2000	(L)	mehrfarbig	arl	2,20	2,20
1232	4000	(L)	mehrfarbig	arm	4,20	4,20
			Satzpreis (6 W.)		10,—	10,—
			FDC			11,—

1997, 11. Nov. Weihnachten. RaTdr.; gez. K 14¼:14.

arn) Die Heilige Familie; Detail aus der Predella des Gemäldes „Maria reicht dem hl. Thomas ihren Gürtel" von Benozzo Gozzoli (1420–1497), italienischer Maler

1233	800	(L)	mehrfarbig	arn	1,10	1,10
			FDC			2,—

1998

1998, 24. März. Die Päpste zur Zeit der Heiligen Jahre 1300 bis 2000 (I). Odr. (1 × 5 Zd); gez. K 13¾.

aro) Papst Bonifatius VIII. (um 1235–1303, reg. ab 1294); Heiliges Jahr 1300

Zierfeld

arp) Papst Klemens VI. (um 1292–1352, reg. ab 1342); Heiliges Jahr 1350

Zierfeld

arr) Papst Bonifatius IX. (um 1350–1404, reg. ab 1389); Heilige Jahre 1390 und 1400

Zierfeld

ars) Papst Martin V. (1368–1431, reg. ab 1417); Heiliges Jahr 1423

Zierfeld

art) Papst Nikolaus V.
(1397–1455, reg. ab 1447);
Heiliges Jahr 1450
Zierfeld

aru) Papst Sixtus IV.
(1414–1484, reg. ab 1471);
Heiliges Jahr 1475
Zierfeld

arv) Papst Alexander VI.
(um 1430–1503, reg. ab 1492);
Heiliges Jahr 1500
Zierfeld

arw) Papst Klemens VII.
(1478–1534, reg. ab 1523);
Heiliges Jahr 1525
Zierfeld

1234	200	(L)	mehrfarbig . . . . aro	0,30	0,30
1235	400	(L)	mehrfarbig . . . . arp	0,50	0,50
1236	500	(L)	mehrfarbig . . . . arr	0,60	0,60
1237	700	(L)	mehrfarbig . . . . ars	0,90	0,90
1238	800	(L)	mehrfarbig . . . . art	1,—	1,—
1239	900	(L)	mehrfarbig . . . . aru	1,20	1,20
1240	1300	(L)	mehrfarbig . . . . arv	1,70	1,70
1241	3000	(L)	mehrfarbig . . . . arw	3,80	3,80
			Satzpreis (8 W.)	10,—	10,—
			Satzpreis (1234 Zf–1241 Zf)	11,—	11,—
			2 FDC		12,—
			Kleinbogensatz (8 Klb.)	50,—	50,—

MiNr. 1234–1241 wurden jeweils im Kleinbogen zu 5 Marken und 5 Zierfeldern schachbrettartig zusammenhängend gedruckt.

1998, 24. März. Europa: Nationale Feste und Feiertage – Peter und Paul (29. Juni). RaTdr. (5×4); gez. K 13.

arx) Apostel Petrus

ary) Apostel Paulus

arx–ary) Details der Predella des Triptychon Stefaneschi aus der Werkstatt Giottos (um 1312)

1242	800	(L)	mehrfarbig . . . . arx	1,—	1,—
1243	900	(L)	mehrfarbig . . . . ary	1,—	1,—
			Satzpreis (2 W.)	2,—	2,—
			FDC		3,—

Die Ausführlichkeit der **MICHEL**-Kataloge ist international anerkannt.

1998, 19. Mai. Ausstellung des Grabtuches Christi, Turin. Komb. StTdr. und Odr. (5×4); gez. K 13¼:14.

arz) Grabtuchreliquie

asa) Dom von Turin

1244	900	(L)	mehrfarbig . . . . arz	1,20	1,20
1245	2500	(L)	mehrfarbig . . . . asa	3,20	3,20
			Satzpreis (2 W.)	4,40	4,40
			FDC		5,50

1998, 19. Mai. Musizierende Engel. RaTdr. (5×4); gez. K 12:11¾.

asb   asc   asd

ase   asf   asg

asb–asg) Details der Apsisdekoration aus der Basilika der heiligen Apostel, Rom; Fresken von Melozzo da Forlì (1438–1494), italienischer Maler

1246	450	(L)	mehrfarbig . . . . asb	0,50	0,50
1247	650	(L)	mehrfarbig . . . . asc	0,70	0,70
1248	800	(L)	mehrfarbig . . . . asd	0,80	0,80
1249	1000	(L)	mehrfarbig . . . . ase	1,—	1,—
1250	1300	(L)	mehrfarbig . . . . asf	1,30	1,30
1251	2000	(L)	mehrfarbig . . . . asg	2,20	2,20
			Satzpreis (6 W.)	6,50	6,50
			FDC		7,—

1998, 19. Mai. Heiliges Jahr 2000 (IV). RaTdr. (4×5); gez. K 11¾:12.

ash) Der Einzug Jesu in Jerusalem

asi) Die Fußwaschung   ask) Das Letzte Abendmahl   asl) Die Kreuzigung

ash–asl) Miniaturen aus Handschriften der Vatikanischen Bibliothek

1252	500	(L)	mehrfarbig . . . . ash	0,50	0,50
1253	800	(L)	mehrfarbig . . . . asi	0,80	0,80
1254	1300	(L)	mehrfarbig . . . . ask	1,30	1,30
1255	3000	(L)	mehrfarbig . . . . asl	3,—	3,—
			Satzpreis (4 W.)	5,50	5,50
			FDC		6,50

Vatikanstaat

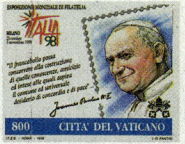

1998, 23. Okt. Internationale Briefmarkenausstellung ITALIA '98, Mailand (I): Tag der Philatelie. RaTdr. (4×5); gez. K 14¼:14.

asm) Papst Johannes Paul II. (1920–2005, reg. ab 1978)

1256	800 (L)	mehrfarbig	asm	1,50	1,50
		FDC			2,—

Parallelausgabe mit Italien MiNr. 2592 und San Marino MiNr. 1802

1998, 25. Okt. Internationale Briefmarkenausstellung ITALIA '98, Mailand (II): Tag der Kunst. RaTdr., Markenheftchen (1×5); senkrecht gez. 11¾.

asn) Guter Hirte (3.–4. Jh.), frühchristliche Sarkophag-Skulptur

1257	900 (L)	mehrfarbig	asn	1,10	1,10
		FDC			2,—

Blockausgabe, Blockrand komb. RaTdr. und Prägedruck, vierseitig gez. K 11¾.

aso) Verleugnung Christi durch Petrus (um 315)
asp) Betende Frau (3.–4. Jh.)
asr) Christus und Simon von Cyrene (Ende 4. Jh.)
ass) Christus zwischen zwei Aposteln (Ende 4. Jh.)
aso–ass) Frühchristliche Sarkophag-Hochreliefs

1258	600 (L)	mehrfarbig	aso	0,60	0,60
1259	900 (L)	mehrfarbig	asp	0,90	0,90
1260	1000 (L)	mehrfarbig	asr	1,—	1,—
1261	2000 (L)	mehrfarbig	ass	2,—	2,—
Block 18	(106×130 mm)		ast	4,60	4,60
		FDC			5,50

Parallelausgabe mit Italien MiNr. 2597 und San Marino MiNr. 1805

1998, 1. Dez. Weihnachten. Odr. (5×4); gez. K 13¾:13¼.

asu) Anbetung der Hirten (Detail); Miniatur aus dem Brevier „Officium Virginis" von Giorgio Giulio Clovio (1498–1578), italienischer Maler kroatischer Herkunft

1262	800 (L)	mehrfarbig	asu	0,90	0,90
		FDC			1,80

Parallelausgabe mit Kroatien MiNr. 490

1998, 1. Dez. Die Weltreisen von Papst Johannes Paul II. (1997). Odr. (5×4); gez. K 13¾:13¼.

asv) Reise nach Sarajevo (12.–13.4.1997)
asw) Reise nach Prag (25.–27.4.1997)
asx) Reise nach Beirut (10.–11.5.1997)

asy) Reise nach Polen (31.5.–10.6.1997)
asz) Reise nach Paris (21.–24.8.1997)
ata) Reise nach Rio de Janeiro (2.–6.10.1997)

1263	300 (L)	mehrfarbig	asv	0,30	0,30
1264	600 (L)	mehrfarbig	asw	0,60	0,60
1265	800 (L)	mehrfarbig	asx	0,80	0,80
1266	900 (L)	mehrfarbig	asy	0,90	0,90
1267	1300 (L)	mehrfarbig	asz	1,40	1,40
1268	5000 (L)	mehrfarbig	ata	5,—	5,—
		Satzpreis (6 W.)		9,—	9,—
		FDC			9,50

1999

Neue Währung: 1 Euro (€) = 100 Cent (C); bis 31.12.2001: € = 1936,27 L

1999, 23. März. Die Päpste zur Zeit der Heiligen Jahre 1300 bis 2000 (II). Odr. (1×5 Zd); gez. K 13¾.

atb) Papst Julius III. (1487–1555, reg. ab 1550); Heiliges Jahr 1550
Zierfeld

atc) Papst Gregor XIII. (1502–1585, reg. ab 1572); Heiliges Jahr 1575
Zierfeld

Vatikanstaat 1201

atd) Papst Klemens VIII.
(1536–1605, reg. ab 1592);
Heiliges Jahr 1600
Zierfeld

ate) Papst Urban VIII.
(1568–1644, reg. ab 1623);
Heiliges Jahr 1625
Zierfeld

atf) Papst Innozenz X.
(1574–1655, reg. ab 1644);
Heiliges Jahr 1650
Zierfeld

atg) Papst Klemens X.
(1590–1676, reg. ab 1670);
Heiliges Jahr 1675
Zierfeld

ath) Papst Innozenz XII.
(1615–1700, reg. ab 1691);
Heiliges Jahr 1700
Zierfeld

ati) Papst Benedikt XIII.
(1649–1730, reg. ab 1724);
Heiliges Jahr 1725
Zierfeld

MiNr.	Wert		Farbe		Preis 1	Preis 2
1269	300	(L)	mehrfarbig	atb	0,50	0,40
1270	600	(L)	mehrfarbig	atc	1,—	0,70
1271	800	(L)	mehrfarbig	atd	1,50	1,—
1272	900	(L)	mehrfarbig	ate	1,50	1,10
1273	1000	(L)	mehrfarbig	atf	1,50	1,20
1274	1300	(L)	mehrfarbig	atg	2,—	1,50
1275	1500	(L)	mehrfarbig	ath	2,50	1,80
1276	2000	(L)	mehrfarbig	ati	3,50	2,40
			Satzpreis (8 W.)		14,—	10,—
			Satzpreis (1269 Zf–1276 Zf)		15,—	11,—
			2 FDC			12,—
			Kleinbogensatz (8 Klb.)		80,—	55,—

MiNr. 1269–1276 wurden jeweils im Kleinbogen zu 5 Marken und 5 Zierfeldern schachbrettartig zusammenhängend gedruckt.

Preisspalten

Die Notierungen gelten in den linken Spalten für ungebrauchte (✶, (✶), ✶✶), in den rechten für gebrauchte (⊙, ~, ✉) Stücke. In besonderen Fällen sind noch weitere Preisspalten eingefügt.

1999, 23. März. Europa: Natur- und Nationalparks. Odr. (1×5 Zd); gez. K 12½:13.

atk) Rose „Johannes Paul II."   Zierfeld   atl) Seerosen in den Vatikanischen Gärten

1277	800	(L)	mehrfarbig	atk	1,50	1,50
1278	900	(L)	mehrfarbig	atl	2,—	2,—
			Satzpreis (2 W.)		3,50	3,50
			Dreierstreifen		4,—	4,—
			FDC			5,—
			Kleinbogen		20,—	20,—

1999, 27. Apr. Seligsprechung von Pater Pio, Rom. Odr. (4×5); gez. K 14¼:13¼.

atm) Pater Pio von Pietrelcina (1887–1968), Kapuzinermönch

1279	800	(L)	mehrfarbig	atm	0,80	0,80
			FDC			1,60

Blockausgabe, gez. K 13¼

atp) Pater Pio

atn) Erste Kirche von San Giovanni Rotondo, schützende Hand

ato) Neue Kirche von San Giovanni Rotondo, schützende Hand

atr

1280	300	(L)	mehrfarbig	atn	0,30	0,30
1281	600	(L)	mehrfarbig	ato	0,60	0,60
1282	900	(L)	mehrfarbig	atp	0,90	0,90
Block 19	(86 × 115 mm)			atr	1,80	1,80
			FDC			2,80

1999, 25. Mai. Hilfe für die Kriegsgeschädigten im Kosovo. RaTdr. (2×5); gez. K 12¼:12½

ats) Flüchtlingsstrom aus dem Kosovo

1283	3600	(L)	schwarz	ats	3,80	3,80
			FDC			4,60
			Kleinbogen		38,—	38,—

Vatikanstaat

1999, 25. Mai. Heilige Stätten in Palästina. RaTdr.; gez. K 11¾:11½.

att) Bethlehem　　atu) Nazareth　　atv) See Genezareth

Jerusalem　　Berg Tabor

1284	200 (L)	mehrfarbig	att	0,20	0,20
1285	500 (L)	mehrfarbig	atu	0,50	0,50
1286	800 (L)	mehrfarbig	atv	0,90	0,90
1287	900 (L)	mehrfarbig	atw	1,—	1,—
1288	1300 (L)	mehrfarbig	atx	1,40	1,40
		Satzpreis (5 W.)		4,—	4,—
		FDC			4,50

Blockausgabe, gez. K 12:11¾

aty
atz

aua
aub
auc

aty–aub) Karte des Heiligen Landes aus dem Werk „Geographia Blaviana" (17. Jh.)

1289	1000 (L)	mehrfarbig	aty	1,80	1,80
1290	1000 (L)	mehrfarbig	atz	1,80	1,80
1291	1000 (L)	mehrfarbig	aua	1,80	1,80
1292	1000 (L)	mehrfarbig	aub	1,80	1,80
Block 20	(110×86 mm)		auc	7,50	7,50
		FDC			8,—

1999, 25. Mai. Heiliges Jahr 2000 (V). RaTdr. (4×5); gez. K 11¾:12.

aud) Die Kreuzabnahme

aue) Die Auferstehung　auf) Das Pfingstereignis　aug) Das Jüngste Gericht

aud–aug) Miniaturen aus Handschriften der Vatikanischen Bibliothek

1293	400 (L)	mehrfarbig	aud	0,40	0,40
1294	700 (L)	mehrfarbig	aue	0,70	0,70
1295	1300 (L)	mehrfarbig	auf	1,30	1,30
1296	3000 (L)	mehrfarbig	aug	3,20	3,20
		Satzpreis (4 W.)		5,50	5,50
		FDC			6,—

1999, 12. Okt. Die Weltreisen von Papst Johannes Paul II. (1998). Odr. (5×4); gez. K 13¾:13¼.

auh) Reise nach Kuba (21.–26.1.1998)

aui) Reise nach Nigeria (21.–23.3.1998)　auk) Reise nach Österreich (19.–21.6.1998)　aul) Reise nach Kroatien (2.–4.10.1998)　aum) Offizieller Besuch Italiens (20.10.1998)

1297	600 (L)	mehrfarbig	auh	0,60	0,60
1298	800 (L)	mehrfarbig	aui	0,90	0,90
1299	900 (L)	mehrfarbig	auk	1,—	1,—
1300	1300 (L)	mehrfarbig	aul	1,40	1,40
1301	2000 (L)	mehrfarbig	aum	2,20	2,20
		Satzpreis (5 W.)		6,—	6,—
		FDC			7,—

Auflage: 450 000 Sätze

1999, 12. Okt. 50 Jahre Europarat. RaTdr. (2×5); gez. K 11¾.

aun) Heißluftballone, Lupe, Landkarte Europas

1302	1200 (L)	mehrfarbig	aun	1,50	1,50
		FDC			2,50
		Kleinbogen		15,—	15,—

MiNr. 1302 wurde mit Anhängsel für Post der 1. Dringlichkeitsklasse gedruckt. Die angegebenen Preise gelten für Marken mit Anhängsel.

Auflage: 450 000 Stück

1999, 24. Nov. Heiliges Jahr 2000 (VI): Öffnung der Heiligen Pforte in St. Peter. RaTdr. (MiNr. 1303–1310 4×5; MiNr. 1311–1318 Zd-Kleinbogen 2×4); gez. K 11¾:12.

auo) Der Cherub an der Paradiespforte; Die Vertreibung aus dem Paradies　aup) Mariä Verkündigung; Der Engel　aur) Die Taufe Jesu; Das verlorene Schaf

aus) Der barmherzige Vater; Die Heilung des Gelähmten　aut) Jesus vergibt der Sünderin; Die Pflicht der Vergebung　auu) Die Verleugnung durch Petrus; Das Paradies für den Räuber

auy) Jesus erscheint Thomas; Der Auferstandene erscheint den elf Jüngern bei Tisch

auw) Der Auferstandene erscheint Saulus; Die Öffnung der Heiligen Pforte

1303	200	(L)	mehrfarbig	auo	0,20	0,20
1304	300	(L)	mehrfarbig	aup	0,30	0,30
1305	400	(L)	mehrfarbig	aur	0,40	0,40
1306	500	(L)	mehrfarbig	aus	0,50	0,50
1307	600	(L)	mehrfarbig	aut	0,60	0,60
1308	800	(L)	mehrfarbig	auu	0,80	0,80
1309	1000	(L)	mehrfarbig	auv	1,—	1,—
1310	1200	(L)	mehrfarbig	auw	1,20	1,20
			Satzpreis (8 W.)		5,—	5,—
			FDC			5,50
1311	200	(L)	mehrfarbig	auo I	0,20	0,20
1312	300	(L)	mehrfarbig	aup I	0,30	0,30
1313	400	(L)	mehrfarbig	aur I	0,40	0,40
1314	500	(L)	mehrfarbig	aus I	0,50	0,50
1315	600	(L)	mehrfarbig	aut I	0,60	0,60
1316	800	(L)	mehrfarbig	auu I	0,80	0,80
1317	1000	(L)	mehrfarbig	auv I	1,—	1,—
1318	1200	(L)	mehrfarbig	auw I	1,20	1,20
			Satzpreis (8 W.)		5,—	5,—
			Zd-Kleinbogen		5,—	5,—
			FDC			5,50

MiNr. 1303–1310 haben im Gegensatz zu den Bogenmarken einen weißen Rand.

Auflage: MiNr. 1303–1310 = 450 000 Sätze, MiNr. 1311–1318 = 200 000 Zd-Kleinbogen.

1999, 24. Nov. Weihnachten. Odr. (2×5); gez. K 13¼:12½.

aux) Hl. Josef

auy) Jesuskind und Engel   auz) Hl. Maria   ava) Gesamtbild

aux–ava) Christi Geburt; Gemälde von Lo Spagna, eigentl. Giovanni di Pietro (um 1450–1528), italienischer Maler spanischer Herkunft

1319	500	(L)	mehrfarbig	aux	0,60	0,60
1320	800	(L)	mehrfarbig	auy	1,—	1,—
1321	900	(L)	mehrfarbig	auz	1,10	1,10
1322	1200	(L)	mehrfarbig	ava	1,50	1,50
			Satzpreis (4 W.)		4,20	4,20
			FDC			5,—
			Kleinbogensatz (4 Klb.)		42,—	42,—

MiNr. 1322 wurde mit Anhängsel für Post der 1. Dringlichkeitsklasse gedruckt. Die angegebenen Preise gelten für Marke mit Anhängsel.

Auflage: 450 000 Sätze

2000

2000, 4. Febr. Heiliges Jahr 2000 (VII). RaTdr. (2×5); gez. K 11¾.

avb) Hl. Petrus; Peterskirche

avc) Christus – Mosaik; Kirche San Giovanni di Laterano   avd) Hl. Maria; Kirche Santa Maria Maggiore   ave) Hl. Paulus; Kirche San Paolo fuori le Mura

1323	800	(L)	mehrfarbig	avb	1,—	0,80
1324	1000	(L)	mehrfarbig	avc	1,20	1,—
1325	1200	(L)	mehrfarbig	avd	1,50	1,20
1326	2000	(L)	mehrfarbig	ave	2,40	2,—
			Satzpreis (4 W.)		6,—	5,—
			FDC			5,50
			Kleinbogensatz (4 Klb.)		60,—	50,—

MiNr. 1325 wurde mit Anhängsel für Post der 1. Dringlichkeitsklasse gedruckt. Die angegebenen Preise gelten für Marke mit Anhängsel.

Auflage: 450 000 Sätze

2000, 4. Febr. Die Päpste zur Zeit der Heiligen Jahre 1300 bis 2000 (III). Odr. (1×5 Zd); gez. K 13¾.

avf) Papst Benedikt XIV. (1675–1758, reg. ab 1740); Heiliges Jahr 1750

Zierfeld

avg) Papst Pius VI. (1717–1799, reg. ab 1775); Heiliges Jahr 1775

Zierfeld

avh) Papst Leo XII. (1760–1829, reg. ab 1823); Heiliges Jahr 1825

Zierfeld

avi) Papst Pius IX. (1792–1878, reg. ab 1846); Heiliges Jahr 1875

Zierfeld

Nichts geht über **MICHEL**soft

Vatikanstaat

avk) Papst Leo XIII. (1810–1903, reg. ab 1878); Heiliges Jahr 1900
Zierfeld

avl) Papst Pius XI. (1857–1939, reg. ab 1922); Heiliges Jahr 1925
Zierfeld

avm) Papst Pius XII. (1876–1958, reg. ab 1939); Heiliges Jahr 1950
Zierfeld

avn) Papst Paul VI. (1847–1978, reg. ab 1963); Heiliges Jahr 1975
Zierfeld

avo) Papst Johannes Paul II. (1920–2005, reg. ab 1978); Heiliges Jahr 2000
Zierfeld

1327	300	(L)	mehrfarbig	avf	0,50	0,40
1328	400	(L)	mehrfarbig	avg	0,80	0,60
1329	500	(L)	mehrfarbig	avh	0,80	0,70
1330	600	(L)	mehrfarbig	avi	1,—	0,80
1331	700	(L)	mehrfarbig	avk	1,50	1,—
1332	800	(L)	mehrfarbig	avl	1,50	1,10
1333	1200	(L)	mehrfarbig	avm	2,—	1,70
1334	1500	(L)	mehrfarbig	avn	2,50	2,—
1335	2000	(L)	mehrfarbig	avo	3,50	2,80
			Satzpreis (9 W.)		14,—	11,—
			Satzpreis (1327 Zf–1335 Zf)		15,—	12,—
			2 FDC			13,—
			Kleinbogensatz (9 Klb.)		75,—	55,—

Blockausgabe

avp) Papst Johannes Paul II. Zierfeld avr

1336	2000	(L)	mehrfarbig	avp	2,50	2,50
Block 21	(137 × 103 mm)	avr			3,—	3,—
			FDC			3,50

MiNr. 1327–1335 wurden jeweils im Kleinbogen zu 5 Marken und 5 Zierfeldern schachbrettartig zusammenhängend gedruckt.
Auflage: 450 000 Sätze

2000, 4. Febr. 1000 Jahre Christentum auf Island. Odr. (4×5); gez. K 13½:13¾.

avs) Bischöfe Guðmundur der Gute von Holar, hl. Porlakur von Skalholt und hl. Jon von Holar; Altarbild (15. Jh.) aus der Kirche von Holar

1337	1500	(L)	mehrfarbig	avs	1,60	1,60
			FDC			2,20

Auflage: 450 000 Stück

Parallelausgabe mit Island MiNr. 941

2000, 9. Mai. 80. Geburtstag von Papst Johannes Paul II. StTdr. (5×2); gez. K 12¾.

avt) Papst Johannes Paul II. (1920–2005, reg. ab 1978)
avu) Schwarze Madonna von Tschenstochau
avv) Silbernes Kruzifix (Spitze des Bischofsstabes)

1338	800	(L)	dunkelblauviolett	avt	0,80	0,80
1339	1200	(L)	schwarzblau	avu	1,20	1,20
1340	2000	(L)	dunkelgrünblau	avv	2,—	2,—
			Satzpreis (3 W.)		4,—	4,—
			FDC			4,60
			Kleinbogensatz (3 Klb.)		40,—	40,—

Auflage: 590 000 Sätze

Parallelausgabe mit Polen MiNr. 3830–3832

2000, 9. Mai. Fertigstellung der Restaurierungsarbeiten in der Sixtinischen Kapelle (I): Fresken. RaTdr. (2×5); gez. K 11½:11¾.

avw) Die Berufung des hl. Petrus und des hl. Andreas; von Domenico Ghirlandaio (1449–1494)
avx) Die Versuchungen des Moses; von Sandro Botticelli (um 1445–1510)

avy) Die Schlüsselübergabe; von Pietro Perugino (um 1448–1523)
avz) Die Anbetung des Goldenen Kalbes; von Cosimo Rosselli (1439–1507)

1341	500	(L)	mehrfarbig	avw	0,50	0,50
1342	1000	(L)	mehrfarbig	avx	1,—	1,—
1343	1500	(L)	mehrfarbig	avy	1,50	1,50
1344	3000	(L)	mehrfarbig	avz	3,—	3,—
			Satzpreis (4 W.)		6,—	6,—
			FDC			6,50
			Kleinbogensatz (4 Klb.)		60,—	60,—

Auflage: 450 000 Sätze

Vatikanstaat 1205

2000, 9. Mai. Europa. RaTdr. (2×5); gez. K 13¼:13.

awa) Kinder bauen Sternenturm

1345	1200 (L)	mehrfarbig	awa	2,—	2,—
			FDC		2,50
			Kleinbogen	20,—	20,—

MiNr. 1345 wurde mit Anhängsel für Post der 1. Dringlichkeitsklasse gedruckt. Die angegebenen Preise gelten für Marken mit Anhängsel.

Auflage: 450 000 Stück

2000, 19. Juni. Weltjugendtag, Rom. Odr. (5×2); gez. K 13¾:13¼.

awb   awc   awd   awe

awb–awe) Papst Johannes Paul II. und Jugendliche

1346	800 (L)	mehrfarbig	awb	0,80	0,80
1347	1000 (L)	mehrfarbig	awc	1,—	1,—
1348	1200 (L)	mehrfarbig	awd	1,20	1,20
1349	1500 (L)	mehrfarbig	awe	1,50	1,50
		Satzpreis (4 W.)		4,50	4,50
		FDC			5,—
		Kleinbogensatz (4 Klb.)		45,—	45,—

Auflage: 450 000 Sätze

2000, 19. Juni. Internationaler Tag der Jugend, Rom. Odr., Markenheftchen (4×1); selbstklebend; gestanzt.

awc) Papst Johannes Paul II. (1920–2005, reg. ab 1978) und Jugendliche

1350	1000 (L)	mehrfarbig	awc	1,—	1,—
		FDC			1,70
		Markenheftchen		4,—	

Auflage: 200 000 Stück

2000, 19. Juni. Eucharistischer Weltkongreß, Rom. Odr. (5×4); gez. K 13:12½.

awf) Kongreßemblem

1351	1200 (L)	mehrfarbig	awf	1,20	1,20
		FDC			2,—

Auflage: 450 000 Stück

2000, 1. Sept. Seligsprechung von Papst Johannes XXIII. RaTdr. (5×2); gez. K 13¼:14.

awg) Papst Johannes XXIII. (1881–1963, reg. ab 1958)

1352	1200 (L)	mehrfarbig	awg	1,50	1,20
		FDC			2,—
		Kleinbogen		15,—	12,—

Auflage: 450 000 Stück

2000, 1. Sept. Die Weltreisen von Papst Johannes Paul II. (1999). RaTdr. (1×4 Zd); gez. K 11¾.

awh) Reise nach Mexiko und in die USA (22.–28.1.1999)
awi) Reise nach Rumänien (7. bis 9.5.1999)
awk) Reise nach Polen (5.–17.6.1999)
awl) Reise nach Slowenien (19.9.1999)
awm) Reise nach Indien und Georgien (5.–9.11.1999)

1353	1000 (L)	mehrfarbig	awh	1,—	1,—
1354	1000 (L)	mehrfarbig	awi	1,—	1,—
1355	1000 (L)	mehrfarbig	awk	1,—	1,—
1356	1000 (L)	mehrfarbig	awl	1,—	1,—
1357	1000 (L)	mehrfarbig	awm	1,—	1,—
		Satzpreis (5 W.)		5,—	5,—
		Fünferstreifen		6,—	6,—
		FDC			6,50

Auflage: 450 000 Sätze

2000, 7. Nov. Weihnachten: 2000. Jahrestag der Geburt Jesu Christi. RaTdr. (2×5); gez. K 11¾:11½.

awn) Gesamtbild

awo) Christkind   awp) Hl. Maria   awr) Hl. Joseph

awn–awr) Christi Geburt; Fresko in der St.-Franziskus-Basilika, Assisi, von Giotto di Bondone (1266–1337), italienischer Maler und Baumeister

1358	800 (L)	mehrfarbig	awn	1,—	0,80
1359	1200 (L)	mehrfarbig	awo	1,50	1,20
1360	1500 (L)	mehrfarbig	awp	2,—	1,50
1361	2000 (L)	mehrfarbig	awr	2,50	2,—
		Satzpreis (4 W.)		7,—	5,50
		FDC			6,—
		Kleinbogensatz (4 Klb.)		70,—	55,—

Auflage: 450 000 Sätze

Satzpreise sind, wenn nicht anders angegeben, nach den niedrigsten Preisen eines Satzes ohne Abarten errechnet.

2001

2001, 15. Febr. Fertigstellung der Restaurierungsarbeiten in der Sixtinischen Kapelle (II): Meisterwerke des Quattrocento. RaTdr. (2×5); gez. K 11½:11¾.

aws) Die Taufe Christi; von Pietro Perugino (um 1448–1523)

awt) Der Durchzug durch das Rote Meer; von Biagio d'Antonio

awu) Die Bestrafung von Korach, Datan und Abiram; von Sandro Botticelli (um 1445–1510)

awv) Die Bergpredigt; von Cosimo Rosselli (1439–1507)

1362	800	(L) / 0.41 €	mehrfarbig ..... aws	0,80	0,80
1363	1200	(L) / 0.62 €	mehrfarbig ..... awt	1,20	1,20
1364	1500	(L) / 0.77 €	mehrfarbig ..... awu	1,50	1,50
1365	4000	(L) / 2.07 €	mehrfarbig ..... awv	4,—	4,—
			Satzpreis (4 W.)	7,50	7,50
			FDC		8,—
			Kleinbogensatz (4 Klb.)	75,—	75,—

Auflage: 450 000 Sätze

2001, 15. Febr. 1700. Jahrestag der Christianisierung Armeniens. RaTdr. (3×2); gez. K 11¾.

aww) Hl. Gregor bereitet sich darauf vor, König Trdat menschliche Züge zu verleihen

awx) Hl. Gregor und König Trdat beauftragen Agatangelo mit der Niederschrift der armenischen Geschichte

awy) Hl. Gregor mit König Trdat, Kaiser Konstantin und Papst Silvester I.

aww–awy) Miniaturen aus einer Handschrift von 1569 aus der Nationalbibliothek von Erewan

1366	1200	(L) / 0.62 €	mehrfarbig .... aww	1,50	1,20
1367	1500	(L) / 0.77 €	mehrfarbig .... awx	1,50	1,50
1368	2000	(L) / 1.03 €	mehrfarbig .... awy	2,—	2,—
			Satzpreis (3 W.)	5,—	4,60
			FDC		5,50
			Kleinbogensatz (3 Klb.)	50,—	46,—

MiNr. 1366 wurde mit Anhängsel für Post der 1. Dringlichkeitsklasse gedruckt. Die angegebenen Preise gelten für Marken mit Anhängsel.

Auflage: 450 000 Sätze

MICHEL-Kataloge werden ständig überarbeitet und durch Berücksichtigung der neuesten Forschungsergebnisse auf dem aktuellen Stand gehalten.

2001, 22. Mai. 100. Todestag von Giuseppe Verdi. Odr. (2×5); gez. K 13¼:14¼.

awz) Nabucco   axa) Aida   axb) Othello

awz–axb) G. Verdi (1813–1901), italienischer Komponist; Notenhandschrift bzw. Szenen aus seinen Opern

1369	800	(L) / 0.41 €	mehrfarbig ..... awz	0,80	0,80
1370	1500	(L) / 0.77 €	mehrfarbig ..... axa	1,50	1,50
1371	2000	(L) / 1.03 €	mehrfarbig ..... axb	2,—	2,—
			Satzpreis (3 W.)	4,20	4,20
			FDC		5,—
			Kleinbogensatz (3 Klb.)	42,—	42,—

Auflage: 450 000 Sätze

2001, 22. Mai. Europa: Lebensspender Wasser. Odr. (5×2); gez. K 13½:13¼.

axc) Hände schöpfen Wasser aus Erdkugel   axd) Hand fängt Regentropfen auf

1372	800	(L) / 0.41 €	mehrfarbig ..... axc	1,20	1,20
1373	1200	(L) / 0.62 €	mehrfarbig ..... axd	1,80	1,80
			Satzpreis (2 W.)	3,—	3,—
			FDC		4,—
			Kleinbogensatz (2 Klb.)	30,—	30,—

Auflage: 450 000 Sätze

2001, 22. Mai. Internationales Jahr für den Dialog der Zivilisationen. Odr. (5×2); gez. K 13½:13¼.

axe) Emblem

1374	1500	(L) / 0.77 €	mehrfarbig ..... axe	1,80	1,50
			FDC		2,20
			Kleinbogen	18,—	15,—

Auflage: 450 000 Stück

2001, 25. Sept. Die Weltreisen von Papst Johannes Paul II. (2000): Pilgerreisen anläßlich des Heiligen Jahres. Odr. (5×2); gez. K 13¼.

axf) Berg Sinai (26.2.2000)   axg) Berg Nebo (20.3.2000)   axh) Abendmahlssaal, Jerusalem (23.3.2000)

axi) Heiliges Grab, Jerusalem (26.3.2000) axk) Marienstatue, Fatima (12.5.2000)

1375	500 (L) / 0.26 €	mehrfarbig	axf	0,60	0,60
1376	800 (L) / 0.41 €	mehrfarbig	axg	0,90	0,90
1377	1200 (L) / 0.62 €	mehrfarbig	axh	1,30	1,30
1378	1500 (L) / 0.77 €	mehrfarbig	axi	1,60	1,60
1379	5000 (L) / 2.58 €	mehrfarbig	axk	5,20	5,20
		Satzpreis (5 W.)		9,50	9,50
		FDC			10,50
		Kleinbogensatz (5 Klb.)		95,—	95,—

Blockausgabe, gez. Ks 13¼:13¾

axl) Klagemauer, Jerusalem (26.3.2000)

1380	3000 (L) / 1.55 €	mehrfarbig	axl	3,20	3,20
Block 22	(85 × 115 mm)		axm	3,20	3,20
		FDC			4,—

Auflagen: MiNr. 1375–1379 = 450 000 Sätze, Bl. 22 = 200 000 Blocks

2001, 25. Sept. Erlaß der Auslandsschulden für finanzschwache Länder. Odr. (5 × 2); gez. K 13¼.

axn axo axp

axr axs

axn–axs) Werke der leiblichen Barmherzigkeit; Gemälde von Carlo da Camerino (14.–15. Jh.) aus der Pinakothek des Vatikanischen Museums

Vatikanstaat 1207

1381	200 (L) / 0.10 €	mehrfarbig	axn	0,20	0,20
1382	400 (L) / 0.21 €	mehrfarbig	axo	0,50	0,50
1383	800 (L) / 0.41 €	mehrfarbig	axp	0,90	0,90
1384	1000 (L) / 0.52 €	mehrfarbig	axr	1,10	1,10
1385	1500 (L) / 0.77 €	mehrfarbig	axs	1,60	1,60
		Satzpreis (5 W.)		4,20	4,20
		FDC			5,—
		Kleinbogensatz (5 Klb.)		42,—	42,—

2001, 22. Nov. Goldexponate des Etruskischen Museums. RaTdr. (2 × 5); gez. K 13¼.

axt) Paradefibel (7. Jh. v. Chr.) aus dem fürstlichen Grab von Cerveteri   axu) Ohrgehänge mit Pflanzen- und Tiermotiven (6. Jh. v. Chr.)

axv) Kapaneus, vom Blitz des Zeus getroffen; Fibelbeschlag (5. Jh. v. Chr.)   axw) Haupt der Medusa (3. Jh. v. Chr.)

1386	800 (L) / 0.41 €	mehrfarbig	axt	0,90	0,90
1387	1200 (L) / 0.62 €	mehrfarbig	axu	1,30	1,30
1388	1500 (L) / 0.77 €	mehrfarbig	axv	1,60	1,60
1389	2000 (L) / 1.03 €	mehrfarbig	axw	2,10	2,10
		Satzpreis (4 W.)		5,80	5,80
		FDC			6,50
		Kleinbogensatz (4 Klb.)		58,—	58,—

Auflage: 450 000 Sätze

2001, 22. Nov. Weihnachten. Odr., Bogen (B) (2 × 5) und Markenheftchen (MH) (2 × 2); A = vierseitig, D = dreiseitig gez. K 13:13½.

 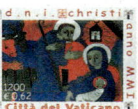 

axx) Mariä Verkündigung   axy) Christi Geburt   axz) Anbetung der Könige

axx–axz) Emaillekacheln aus dem Zyklus „Leben Christi" von Egino G. Weinert, deutscher Künstler

1390 A	800 (L) / 0.41 €	mfg. (Klb.)	axx	0,90	0,90
1391	1200 (L) / 0.62 €	mehrfarbig	axy		
A		vierseitig gez. (Klb.)		1,30	1,30
Do		oben geschnitten (MH)		1,30	1,30
Du		unten geschnitten (MH)		1,30	1,30
1392 A	1500 (L) / 0.77 €	mfg. (Klb.)	axz	1,60	1,60
		Satzpreis (3 W.)		3,80	3,80
		FDC			4,50
		Kleinbogensatz A (3 Klb.)		38,—	38,—
		Markenheftchen		5,20	

Senkrechtes Paar:

1391 Do/1391 Du		2,60	2,60

MiNr. 1391 D wurde mit Anhängsel für Post der 1. Dringlichkeitsklasse gedruckt. Die angegebenen Preise gelten für Marken mit Anhängsel.

Auflage: A = 450 000 Sätze, D = 100 000 Markenheftchen

Vatikanstaat

2001, 22. Nov. 80 Jahre Institut Giuseppe Toniolo für Höhere Studien und Katholische Universität vom Hl. Herzen Jesu. Komb. Odr. und Pdr. (2×5); gez. K 12½.

aya) Universitätswappen

1393	1200 (L) / 0.62 €	mehrfarbig	aya	1,30	1,30
			FDC		2,—
			Kleinbogen	13,—	13,—

Auflage: 450 000 Stück

2002

2002, 12. März. Freimarken: Mariendarstellungen im Petersdom. Odr. (5×2); gez. K 13¼:13.

ayb) Madonna der Gebärenden; Fresko (14. Jh.)

ayc) Hl. Maria mit Betern; Mosaik

ayd) Hl. Maria auf dem Grab von Papst Pius XII.; Fresko (15. Jh.)

aye) Madonna des Fiebers; Altarbild (14. Jh.)

ayf) Madonna des Kugelwurfs; Fresko

ayg) Unbefleckte Jungfrau Maria; Mosaik

ayh) Madonna des Beistands; Fresko

ayi) Hl. Jungfrau der Deesis; Fresko

ayk) Schmerzensmutter; Gemälde von Lippo Memmi (14. Jh.)

ayl) Präsentation Mariens im Tempel; Mosaik

1394	0.08 €	mehrfarbig	ayb	0,20	0,20
1395	0.15 €	mehrfarbig	ayc	0,30	0,30
1396	0.23 €	mehrfarbig	ayd	0,50	0,50
1397	0.31 €	mehrfarbig	aye	0,60	0,60
1398	0.41 €	mehrfarbig	ayf	0,80	0,80
1399	0.52 €	mehrfarbig	ayg	1,10	1,10
1400	0.62 €	mehrfarbig	ayh	1,30	1,30
1401	0.77 €	mehrfarbig	ayi	1,60	1,60
1402	1.03 €	mehrfarbig	ayk	2,10	2,10
1403	1.55 €	mehrfarbig	ayl	3,10	3,10
		Satzpreis (10 W.)		11,50	11,50
		FDC			12,50
		Kleinbogensatz (10 Klb.)		115,—	115,—

2002, 12. März. 300 Jahre Päpstliche Accademia Ecclesiastica. StTdr. (1×5 Zd); gez. K 13¼:13.

aym) Papst Klemens XI. (1649–1721)

ayn) Gebäude der Akademie

ayo) Papst Johannes Paul II. (1920–2005, reg. ab 1978)

1404	0.77 €	schwarzviolett	aym	1,60	1,60
1405	0.77 €	schwarzgrün	ayn	1,60	1,60
1406	0.77 €	schwarzviolett	ayo	1,60	1,60
		Satzpreis (3 W.)		4,80	4,80
		Dreierstreifen		5,—	5,—
		FDC			5,50

Auflage: 300 000 Sätze

2002, 13. Juni. 150. Jahrestag der ersten Markenausgabe des Kirchenstaates. RaTdr. (2×5); gez. K 13:13¼.

ayp) Gebäude an der Via Appia, Marke Kirchenstaat MiNr. 11

ayr) Bauwerke an der Via Cassia, Marke Kirchenstaat MiNr. 18

ays) Stadtmauern von Rom mit Porta Angelica, Marke Vatikanstaat MiNr. 2

1407	0.41 €	mehrfarbig	ayp	0,80	0,80
1408	0.52 €	mehrfarbig	ayr	1,10	1,10
1409	1.03 €	mehrfarbig	ays	2,10	2,10
		Satzpreis (3 W.)		4,—	4,—
		FDC			4,80
		Kleinbogensatz (3 Klb.)		40,—	40,—

Blockausgabe, gez. Ks 13

ayt) Innenhof des Palazzo Madama, Rom

ayu

1410	1.55 €	mehrfarbig	ayt	3,20	3,20
Block 23	(106×83 mm)		ayu	3,20	3,20
		FDC			4,—

Auflagen: MiNr. 1407–1409 = 300 000 Sätze, Bl. 23 = 200 000 Blocks

2002, 13. Juni. Fertigstellung der Restaurierungsarbeiten in der Sixtinischen Kapelle (III): Meisterwerke des Quattrocento. RaTdr. (2×5); gez. K 11½:11¾.

ayv) Die Versuchung Christi; von Sandro Botticelli (um 1445–1510)

ayw) Das letzte Abendmahl; von Cosimo Rosselli (1439–1507)

ayx) Wanderung Mosis nach Ägypten; von Pietro Perugino (um 1448–1523)

ayy) Die letzten Begebenheiten aus dem Leben Mosis; von Luca Signorelli (um 1445–1523)

1411	0,26 €	mehrfarbig	ayv	0,50	0,50
1412	0,41 €	mehrfarbig	ayw	0,80	0,80
1413	0,77 €	mehrfarbig	ayx	1,60	1,60
1414	1,55 €	mehrfarbig	ayy	3,10	3,10
		Satzpreis (4 W.)		6,—	6,—
		FDC			7,—
		Kleinbogensatz (4 Klb.)		60,—	60,—

Auflage: 300 000 Sätze

2002, 13. Juni. Europa: Zirkus. RaTdr. (2×5); gez. K 13¼.

ayz) Christus und der Zirkus

aza) Christus und der Zirkus (Detail)

ayz–aza) Gemälde von Aldo Carpi (1866–1973)

1415	0,41 €	mehrfarbig	ayz	1,—	1,—
1416	0,62 €	mehrfarbig	aza	1,50	1,50
		Satzpreis (2 W.)		2,50	2,50
		FDC			3,50
		Kleinbogensatz (2 Klb.)		25,—	25,—

Auflage: 400 000 Sätze

2002, 26. Sept. 700. Todestag von Cimabue. RaTdr. (5×2); gez. K 13¼:14.

azb) Gesamtansicht

azc) Detail: Christus

azd) Detail: Hl. Maria

aze) Detail: Hl. Johannes

azb–aze) Kruzifix in der Kirche vom Heiligen Kreuz, Florenz; Werk von Cimabue, eigentl. Cenni di Pepo (1240–1302), italienischer Maler

1417	0,26 €	mehrfarbig	azb	0,50	0,50
1418	0,62 €	mehrfarbig	azc	1,30	1,30
1419	0,77 €	mehrfarbig	azd	1,60	1,60
1420	1,03 €	mehrfarbig	aze	2,10	2,10
		Satzpreis (4 W.)		5,50	5,50
		FDC			6,50
		Kleinbogensatz (4 Klb.)		55,—	55,—

Auflage: 300 000 Sätze

2002, 26. Sept. 1000. Geburtstag von Papst Leo IX. Odr. (2×5); gez. K 13:13¼.

azf) Papst Leo IX. (1002–1054)

azg) Papst Leo IX. in Zivil als Pilger in Rom und im Ornat mit Tiara

azh) Papst Leo IX. als Gefangener der Normannen

1421	0,41 €	mehrfarbig	azf	1,—	0,80
1422	0,62 €	mehrfarbig	azg	1,50	1,30
1423	1,29 €	mehrfarbig	azh	2,50	2,50
		Satzpreis (3 W.)		5,—	4,50
		FDC			5,—
		Kleinbogensatz (3 Klb.)		50,—	45,—

Auflage: 300 000 Sätze

2002, 21. Nov. Die Weltreisen von Papst Johannes Paul II. (2001). Odr., Kleinbogen (Klb.) (2×5) und Markenheftchen (MH) (2×2); gez. K 13:13¼.

azi) Reise nach Griechenland (4.–9.5.2001)

azk) Reise in die Ukraine (23.–27.6.2001)

azl) Reise nach Kasachstan (22.–27.9.2001)

1424	0,41 €	mehrfarbig (Klb.)	azi	0,80	0,80
1425	0,62 €	mehrfarbig (Klb., MH)	azk	1,30	1,30
1426	1,55 €	mehrfarbig (Klb.)	azl	3,10	3,10
		Satzpreis (3 W.)		5,—	5,—
		FDC				6,—
		Kleinbogensatz (3 Klb.)		50,—	50,—

Auflage: 300 000 Sätze

MiNr. 1425 wurde auch im Markenheftchen (MH 2) ausgegeben.

2002, 21. Nov. Weihnachten. RaTdr. (2×5); gez. K 13.

azm) Christi Geburt; Altartafel (15. Jh.) von Pseudo Ambrogio di Baldese

1427	0,41 €	mehrfarbig	azm	0,80	0,80
		FDC			1,50
		Kleinbogen		8,—	8,—

Auflage: 350 000 Stück

Parallelausgabe mit Neuseeland MiNr. 2039

MICHEL-Online-Katalog

www.michel.de oder www.briefmarken.de

Vatikanstaat

2003

2003, 20. März. 25 Jahre Pontifikat von Papst Johannes Paul II. (I). Siebdruck auf Silberfolie (Einzelherstellung); selbstklebend; gestanzt.

azn) Papst Johannes Paul II. (1920–2005, reg. ab 1978)

1428	2.58 €	silber	azn	5,50	5,50
			FDC		6,50

Auflage: 200 000 Stück

Parallelausgabe mit Polen MiNr. 4017

2003, 20. März. 25 Jahre Pontifikat von Papst Johannes Paul II. (II). Odr. (5×5); gez. K 13:13¼.

azo) auf dem Balkon des Petersdoms
azp) auf dem Platz des Sieges, Warschau
azr) im Prinzenpark-Stadion, Paris
azs) nach dem Attentat auf dem Petersplatz
azt) im Wallfahrtsort Fatima, Portugal

azu) beim Öffnen der Heiligen Pforte im Petersdom
azv) zu Besuch beim italienischen Präsidenten Pertini
azw) beim Weltjugendtag in Rom
azx) beim Besuch der Synagoge in Rom
azy) bei der Eröffnung des Marienjahres

azz) im Europaparlament, Straßburg
baa) beim Zusammentreffen mit Michail Gorbatschow
bab) beim Besuch mit Aussätzigen in Guinea-Bissau
bac) während der Sonderversammlung der Bischofssynode für Europa
bad) bei der Präsentation des neuen katholischen Katechismus

bae) beim Gebet um Frieden auf dem Balkan in Assisi
baf) bei der Feier des hl. Messe in der Sixtinischen Kapelle
bag) vor der UNO-Vollversammlung
bah) am Brandenburger Tor, Berlin
bai) beim Besuch in Sarajevo

bak) beim Besuch auf Kuba
bal) beim Öffnen der Heiligen Pforte im Petersdom
bam) beim Weltjugendtag in der Universität „Tor Vergata", Rom
ban) bei der Schließung der Heiligen Pforte im Petersdom
bao) beim Besuch des italienischen Parlaments

azo–bao) Papst Johannes Paul II. (*1920, reg. seit 1978)

1429	0.41 €	mehrfarbig	azo	0,80	0,80
1430	0.41 €	mehrfarbig	azp	0,80	0,80
1431	0.41 €	mehrfarbig	azr	0,80	0,80
1432	0.41 €	mehrfarbig	azs	0,80	0,80
1433	0.41 €	mehrfarbig	azt	0,80	0,80
1434	0.41 €	mehrfarbig	azu	0,80	0,80
1435	0.41 €	mehrfarbig	azv	0,80	0,80
1436	0.41 €	mehrfarbig	azw	0,80	0,80
1437	0.41 €	mehrfarbig	azx	0,80	0,80
1438	0.41 €	mehrfarbig	azy	0,80	0,80
1439	0.41 €	mehrfarbig	azz	0,80	0,80
1440	0.41 €	mehrfarbig	baa	0,80	0,80
1441	0.41 €	mehrfarbig	bab	0,80	0,80
1442	0.41 €	mehrfarbig	bac	0,80	0,80
1443	0.41 €	mehrfarbig	bad	0,80	0,80
1444	0.41 €	mehrfarbig	bae	0,80	0,80
1445	0.41 €	mehrfarbig	baf	0,80	0,80
1446	0.41 €	mehrfarbig	bag	0,80	0,80
1447	0.41 €	mehrfarbig	bah	0,80	0,80
1448	0.41 €	mehrfarbig	bai	0,80	0,80
1449	0.41 €	mehrfarbig	bak	0,80	0,80
1450	0.41 €	mehrfarbig	bal	0,80	0,80
1451	0.41 €	mehrfarbig	bam	0,80	0,80
1452	0.41 €	mehrfarbig	ban	0,80	0,80
1453	0.41 €	mehrfarbig	bao	0,80	0,80
		Satzpreis (25 W.)		20,—	20,—
		Zd-Bogen		21,—	21,—
		FDC			22,—

Auflage: 200 000 Sätze

Parallelausgabe mit Polen MiNr. 4018–4042

2003, 6. Mai. Kunstschätze aus der restaurierten Kapelle von Papst Nikolaus V. RaTdr. (5×2); gez. K 13¼:13.

bap) Hl. Laurentius wird zum Diakon geweiht

  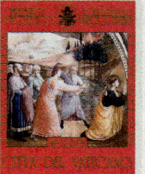

bar) Predigt des hl. Stephanus an das Volk
bas) Die Verurteilung des hl. Laurentius
bat) Die Steinigung des hl. Stephanus

bap)–bat) Fresken von Fra Angelico (1395/1400–1455) in der „Capella Niccolina"

1454	0.41 €	mehrfarbig	bap	0,80	0,80
1455	0.62 €	mehrfarbig	bar	1,20	1,20
1456	0.77 €	mehrfarbig	bas	1,50	1,50
1457	1.03 €	mehrfarbig	bat	2,—	2,—
		Satzpreis (4 W.)		5,50	5,50
		FDC			6,50
		Kleinbogensatz (4 Klb.)		55,—	55,—

Auflage: 300 000 Sätze

2003, 6. Mai. 1700. Todestag des hl. Georg. Komb. StTdr. und Odr. (5×2); gez. K 13:12¾.

bau) Hl. Georg (270–303), Märtyrer, als Drachentöter

1458	0.62 €	mehrfarbig	bau	1,50	1,20
		FDC			2,—
		Kleinbogen		15,—	12,—

Auflage: 300 000 Stück

Vatikanstaat

2003, 6. Mai. Europa: Plakatkunst. Odr. (5×2); gez. K 13¼:13.

bav) Plakat „Heiliges Jahr der Erneuerung und der Versöhnung" (1975)

baw) Plakat „Ernennung der Heiligen Kyrillos und Methodios zu Schutzpatronen Europas" (1980)

1459	0,41 €	mehrfarbig	....	bav	0,80	0,80
1460	0,62 €	mehrfarbig	....	baw	1,20	1,20
		Satzpreis (2 W.)			2,—	2,—
		FDC				3,50
		Kleinbogensatz (2 Klb.)			20,—	20,—

Auflage: 300 000 Sätze

2003, 23. Sept. Bedeutende Maler des 19. Jahrhunderts. RaTdr., Kleinbogen (Klb.) (2×5) und Markenheftchen (1×4); gez. K 13¼:13¼.

bax) Matthäus 5, 8 (Selig, die ein reines Herz haben); Gemälde von Paul Gauguin (1848–1903), französischer Maler und Graphiker

bay) La Pietà; Gemälde von Vincent van Gogh (1853–1890), niederländischer Maler

1461	0,41 €	mehrfarbig (Klb.)	....	bax	0,80	0,80
1462	0,62 €	mehrfarbig (Klb.) (MH)	.....	bay	1,20	1,20
		Satzpreis (2 W.)			2,—	2,—
		FDC				2,80
		Kleinbogensatz (2 Klb.)			20,—	20,—
		Markenheftchen			5,—	

MiNr. 1462 wurde auch im Markenheftchen zu 4 Marken, jeweils mit Anhängsel für Post der 1. Dringlichkeitsklasse, gedruckt.

Auflage: MiNr. 1461 = 300 000 Stück, MiNr. 1462 = 780 000 Stück, davon 480 000 aus Markenheftchen

2003, 23. Sept. Tiermosaiken aus der Petersbasilika. RaTdr. (2×5); gez. K 13¼:13½.

baz) Drache

bba) Kamel

bbb) Pferd

bbc) Leopard

1463	0,21 €	mehrfarbig	....	baz	0,40	0,40
1464	0,31 €	mehrfarbig	....	bba	0,60	0,60
1465	0,77 €	mehrfarbig	....	bbb	1,60	1,60
1466	1,03 €	mehrfarbig	....	bbc	2,10	2,10
		Satzpreis (4 W.)			4,60	4,60
		FDC				5,50
		Kleinbogensatz (4 Klb.)			46,—	46,—

Auflage: 300 000 Sätze

2003, 23. Sept. Seligsprechung von Mutter Teresa. Odr. (1×5 Zd); gez. K 13½:13¼.

bbd) Mutter Teresa, eigentlich Agnes Gonxha Bojaxhio (1910–1997), indische katholische Ordensgründerin, Friedensnobelpreis 1979

Zierfeld

1467	0,41 €	mehrfarbig	....	bbd	0,80	0,80
				1467 Zf	1,—	1,—
		FDC				2,—
		Kleinbogen			5,—	5,—

MiNr. 1467 wurde mit Zierfeld schachbrettartig zusammenhängend gedruckt.

Auflage: 800 000 Sätze

2003, 18. Nov. Weihnachten. Odr. (2×5); gez. K 13:13¼.

bbe) Papst Paul VI. bei der Geburt Jesu Christi (Detail); Gemälde von Aldo Carpi (1896 - 1973), italienischer Maler

1468	0,41 €	mehrfarbig	....	bbe	1,—	1,—
		FDC				2,—
		Kleinbogen			10,—	10,—

Blockausgabe

1469	0,41 €	mehrfarbig	....	bbe	1,50	1,50
Block 24	(106×83 mm)	....		bbf	2,—	2,—
		FDC				3,—

MiNr. 1468 hat im Gegensatz zu MiNr. 1469 einen weißen Rahmen.

Auflagen: MiNr. 1468 = 300 000 Stück, Bl. 24 = 150 000 Blocks

2003, 18. Nov. Heiligsprechung von Josemaría Escrivá de Balaguer. Odr. (2×5); gez. K 14:13¼.

bbg) Hl. Josemaría Escrivá de Balaguer y Albás (1902–1975), Jurist und katholischer Theologe, Gründer der Priester- und Laiengemeinschaft „Opus Dei"

1470	0,41 €	mehrfarbig	....	bbg	0,80	0,80
		FDC				1,60
		Kleinbogen			8,—	8,—

Auflage: 300 000 Stück

2003, 18. Nov. Die Weltreisen von Papst Johannes Paul II. (2002). Odr. (2×5); gez. K 13:13½.

bbh) Reise nach Bulgarien und Aserbaidschan (22.–26.5.2002)

bbi) Reise nach Toronto, Guatemala-Stadt und Mexiko-Stadt (23.7.–2.8.2002)

bbk) Reise nach Polen (16.–19.8.2002)

1471	0,62 €	mehrfarbig	....	bbh	1,30	1,30
1472	0,77 €	mehrfarbig	....	bbi	1,60	1,60
1473	2,07 €	mehrfarbig	....	bbk	4,20	4,20
		Satzpreis (3 W.)			7,—	7,—
		FDC					8,—
		Kleinbogensatz (3 Klb.)			70,—	70,—

Auflage: 300 000 Sätze

Vatikanstaat

2004

2004, 18. März. Pastoralreisen Johannes Pauls II. nach Polen. Odr., Zierfelder komb. Odr. und Pdr. (3×4); gez. K 13.

Zierfeld
bbl) 1979
Zierfeld

Zierfeld
bbm) 1983
Zierfeld

Zierfeld
bbn) 1987
Zierfeld

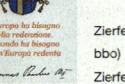

Zierfeld
bbo) 1991
Zierfeld

Zierfeld
bbp) 1991
Zierfeld

Zierfeld
bbr) 1997
Zierfeld

Zierfeld
bbs) 1999
Zierfeld

Zierfeld
bbt) 2002
Zierfeld

bbl–bbt) Papst Johannes Paul II. (*1920, reg. seit 1978) bei seiner Reise ...

1474	0.45 €	mehrfarbig	bbl	1,—	1,—
1475	0.45 €	mehrfarbig	bbm	1,—	1,—
1476	0.45 €	mehrfarbig	bbn	1,—	1,—
1477	0.45 €	mehrfarbig	bbo	1,—	1,—
1478	0.62 €	mehrfarbig	bbp	2,—	2,—
1479	0.62 €	mehrfarbig	bbr	2,—	2,—
1480	0.62 €	mehrfarbig	bbs	2,—	2,—
1481	0.62 €	mehrfarbig	bbt	2,—	2,—
		Satzpreis (8 W.)		12,—	12,—
		FDC			13,—
		Kleinbogensatz (2 Klb.)		13,—	13,—

Auflage: 200 000 Sätze

Parallelausgabe mit Polen MiNr. 4109–4116

2004, 18. März. 500. Geburtstag von Papst Pius V. Komb. Odr. und Siebdr. (5×2); gez. K 13¼:13.

bbu) Detail   bbv) Gesamtbild

bbu–bbv) Jungfrau vom Rosenkranz mit Heiligen und anderen Persönlichkeiten, darunter Papst Pius V. (1504–1572, reg. ab 1566); Altarbild (1597) von Grazio Cossoli

1482	0.04 €	mehrfarbig	bbu	0,10	0,10
1483	2.00 €	mehrfarbig	bbv	4,—	4,—
		Satzpreis (2 W.)		4,—	4,—
		FDC			5,—
		Kleinbogensatz (2 Klb.)		40,—	40,—

Auflage: 300 000 Sätze

2004, 18. März. Die Weltreisen von Papst Johannes Paul II. (2003). Odr. (2×5); gez. K 13¼:13.

bbw) Reise nach Spanien (3.–4.5.2003)   bbx) Reise nach Bosnien-Herzegowina (22.6.2003)

bby) Reise nach Kroatien (5.–9.6.2003)   bbz) Reise in die Slowakei (11.–14.9.2003)

1484	0.60 €	mehrfarbig	bbw	2,50	1,20
1485	0.62 €	mehrfarbig	bbx	2,50	1,30
1486	0.80 €	mehrfarbig	bby	3,—	1,60
1487	1.40 €	mehrfarbig	bbz	6,—	2,90
		Satzpreis (4 W.)		14,—	7,—
		FDC			8,—
		Kleinbogensatz (4 Klb.)		140,—	140,—

Auflage: 300 000 Sätze

Alle Marken ab MiNr. 432 sind unbeschränkt frankaturgültig, mit Ausnahme der Sede-Vacante-Sätze.

2004, 3. Juni. Unterstützung der Aids-geschädigten Kinder in Afrika. RaTdr.; gez. K 13¼:13.

bca) Kinder
Zierfeld

1488	0,45 €	mehrfarbig	bca	1,—	1,—
			1488 Zf	1,50	1,50
			FDC		2,—
			Kleinbogen	9,—	9,—

MiNr. 1488 wurde im Kleinbogen zu 6 Marken und 6 verschiedenen Zierfeldern sowie einem großen zentralen Zierfeld gedruckt.
Auflage: 1 200 000 Stück

2004, 3. Juni. Europa: Ferien. Odr. (2×5); gez. K 12¾:13¼.

bcb) Gemeinschaftlicher Ausritt bcc) Spaziergang in Garten französischen Stils

1489	0,45 €	mehrfarbig	bcb	1,—	1,—
1490	0,62 €	mehrfarbig	bcc	1,50	1,50
			Satzpreis (2 W.)	2,50	2,50
			FDC		3,—
			Kleinbogensatz (2 Klb.)	25,—	25,—

Auflage: 300 000 Sätze

2004, 3. Juni. Der Euro – gemeinsame Währung für 15 Länder. Odr. (2×5); gez. K 12¾:13¼.

bcd) Österreich bce) Belgien bcf) Finnland

bcg) Frankreich bch) Deutschland bci) Griechenland

bck) Vatikanstaat bcl) Irland bcm) Italien

bcn) Luxemburg bco) Monaco bcp) Niederlande

bcr) Portugal bcs) San Marino bct) Spanien

bcd–bct) 1-Euro-Münzen und Flaggen der Länder der Europäischen Währungsunion

1491	0,04 €	mehrfarbig	bcd	0,20	0,10
1492	0,08 €	mehrfarbig	bce	0,30	0,20
1493	0,15 €	mehrfarbig	bcf	0,50	0,30
1494	0,25 €	mehrfarbig	bcg	0,80	0,50
1495	0,30 €	mehrfarbig	bch	1,—	0,60
1496	0,40 €	mehrfarbig	bci	1,—	0,80
1497	0,45 €	mehrfarbig	bck	1,20	0,90
1498	0,60 €	mehrfarbig	bcl	1,50	1,20
1499	0,62 €	mehrfarbig	bcm	1,50	1,30
1500	0,70 €	mehrfarbig	bcn	1,80	1,40
1501	0,80 €	mehrfarbig	bco	2,—	1,60
1502	1,00 €	mehrfarbig	bcp	2,20	2,—
1503	1,40 €	mehrfarbig	bcr	3,—	2,80
1504	2,00 €	mehrfarbig	bcs	6,—	4,—
1505	2,80 €	mehrfarbig	bct	7,50	5,50
		Satzpreis (15 W.)		30,—	22,—
		FDC			23,—
		Kleinbogensatz (15 Klb.)		300,—	220,—

2004, 16. Sept. Moderne Gemälde – Neuerwerbungen der Vatikanischen Museen aus den Jahren 1980 bis 2003. RaTdr., Kleinbogen (Klb.) (2×5) und Markenheftchen (MH) (1×4); x = normales Papier, y = Papier ph.; A = gez. K 14:13¼, C = gez. K 13½:13¼.

bcu) Stilleben mit Flaschen; von Giorgio Morandi (1890-1964)

bcv) Der Fall des Engels; von Marino Marini (1901–1980) bcw) Landschaft mit Häusern; von Ezio Pastorio (*1911) bcx) Das toskanische Land (Düne); von Giulio Cesare Vinzio (1881–1939)

1506 A y	0,45 €	mehrfarbig (Klb.)	bcu	0,90	0,90
1507	0,60 €	mehrfarbig	bcv		
A y		gez. K 14:13¼ (Klb.)		1,20	1,20
C x		gez. K 13½:13¼, normales Papier (MH)		1,20	1,20
1508 A y	0,80 €	mehrfarbig (Klb.)	bcw	1,60	1,60
1509 A y	0,85 €	mehrfarbig (Klb.)	bcx	1,80	1,80
		Satzpreis A (4 W.)		5,50	5,50
		FDC			6,50
		Kleinbogensatz (4 Klb.)		55,—	55,—
		Markenheftchen			

MiNr. 1507 C x wurde im Markenheftchen zu 4 Marken, jeweils mit Anhängsel für Post der 1. Dringlichkeitsklasse, gedruckt.
Auflagen: MiNr. 1506 A y–1509 A y = 300 000 Sätze, MiNr. 1507 C x = 400 000 Stück

MICHEL-Kataloge

können Sie auch außerhalb Deutschlands beziehen. Unsere Vertretungen in vielen Ländern haben die neuen Kataloge stets lieferbar.

2004, 16. Sept. 48. Internationaler Eucharistischer Kongreß, Guadalajara (Mexiko). Odr. (2×5); gez. K 12¾:13¼.

bcy) Hände brechen Brot, Kelch
bcz) Hände mit Hostie

1510	0,45 €	mehrfarbig	bcy	0,90	0,90
1511	0,65 €	mehrfarbig	bcz	1,30	1,30
		Satzpreis (2 W.)		2,20	2,20
		FDC			3,—
		Kleinbogensatz (2 Klb.)		22,—	22,—

2004, 18. Nov. 700. Geburtstag von Francesco Petrarca. RaTdr. (2×5); gez. K 13¼.

bda) Francesco Petrarca (1304–1374), Humanist und Dichter

1512	0,60 €	mehrfarbig	bda	1,50	1,20
		FDC			2,—
		Kleinbogen		15,—	12,—

Auflage: 300 000 Stück

2004, 18. Nov. Weihnachten: 150 Jahre „Museo Pio Cristiano". Odr. (2×5); gez. K 13¼.

bdb) Frühchristlicher Sarkophag (4. Jh.)

1513	0,80 €	mehrfarbig	bdb	1,60	1,60
		FDC			2,40
		Kleinbogen		16,—	16,—

Auflage: 600 000 Stück

2005

2005, 12. April. Sede Vacante – Tod von Papst Johannes Paul II. und Wahl seines Nachfolgers. Odr. (5×2); gez. K 13¼:13.

bdc) Wappen der Apostolischen Kammer; Fresko (Detail, um 1750) von Carlo Malli

1514	0,60 €	mehrfarbig	bdc	1,20	1,50
1515	0,62 €	mehrfarbig	bdc	1,30	1,50
1516	0,80 €	mehrfarbig	bdc	1,60	2,—
		Satzpreis (3 W.)		4,—	5,—
		FDC			6,—
		Kleinbogensatz (3 Klb.)		40,—	50,—

Auflage: 700 000 Sätze

Gültig bis 19.4.2005

2005, 2. Juni. Wahl von Papst Benedikt XVI. Odr. (3×2); gez. K 13¼:13.

bde–bdg) Papst Benedikt XVI. (*1927)

1517	0,45 €	mehrfarbig	bde	0,90	0,90
1518	0,62 €	mehrfarbig	bdf	1,30	1,30
1519	0,80 €	mehrfarbig	bdg	1,60	1,60
		Satzpreis (3 W.)		3,80	3,80
		FDC			4,80
		Kleinbogensatz (3 Klb.)		22,—	22,—

Auflage: 960 000 Sätze

2005, 2. Juni. Weltjugendtag, Köln. Odr. (2×5); gez. K 13¼:13.

bdh) Kreuz, Weltkugel

1520	0,62 €	mehrfarbig	bdh	1,30	1,30
		FDC			2,30
		Kleinbogen		13,—	13,—

Auflage: 450 000 Stück

Parallelausgabe mit Bundesrepublik Deutschland MiNr. 2469

2005, 2. Juni. Europa: Gastronomie. Odr. (2×5); gez. K 12½:12¾.

bdi–bdk) Fischgericht; Keramiktellerbemalung von Pablo Picasso (1881–1973), spanischer Maler, Graphiker und Bildhauer

1521	0,62 €	mehrfarbig	bdi	1,30	1,30
1522	0,80 €	mehrfarbig	bdk	1,70	1,70
		Satzpreis (2 W.)		3,—	3,—
		FDC			4,—
		Kleinbogensatz (2 Klb.)		30,—	30,—

Auflage: 300 000 Sätze

2005, 9. Juni. 20. Jahrestag der Ratifizierung des Änderungsabkommens zum Konkordat zwischen dem Vatikan und Italien. RaTdr. (5×5); Papier fl.; gez. K 13:13¼.

bdl) Schreibfeder, Urkunde
bdm) Landkarte Italiens (1580/83) von Ignazio Danti

bdl–bdm) Staatswappen des Vatikan und Italiens

1523	0,45 €	mehrfarbig	bdl	0,90	0,90
1524	2,80 €	mehrfarbig	bdm	5,60	5,60
		Satzpreis (2 W.)		6,50	6,50
		FDC			7,50

Auflage: 300 000 Sätze

Parallelausgabe mit Italien MiNr. 3042–3043

Vatikanstaat

2005, 9. Juni. Altarbild des Perugino. RaTdr. (2×5); Papier fl.; gez. K 14:13½.

bdn

bdo

bdp

bdr

bdn–bds) Die Auferstehung (Details); Altarbild von Perugino, eigentlich Pietro Vannucci (um 1448–1523), italienischer Maler, in der Bibliothek des päpstlichen Repräsentanzappartements

1525	0.60 €	mehrfarbig	bdn	1,20	1,20
1526	0.62 €	mehrfarbig	bdo	1,30	1,30
1527	0.80 €	mehrfarbig	bdp	1,60	1,60
1528	1.00 €	mehrfarbig	bdr	2,—	2,—
		Satzpreis (4 W.)		6,—	6,—
		FDC			7,—
		Kleinbogensatz (4 Klb.)		60,—	60,—

Blockausgabe

bds

1529	2.80 €	mehrfarbig	bds	5,50	5,50
Block 25	(80×120 mm)		bdt	5,50	5,50
		FDC			6,50

Auflagen: MiNr. 1525–1528 = 300 000 Sätze, Bl. 25 = 120 000 Blocks

2005, 10. Nov. Die Weltreisen von Papst Johannes Paul II. (2004). Odr. (2×5); gez. K 13:13¼.

bdu) Reise nach Bern (5.–6.6.2004)
bdv) Reise nach Lourdes (14.–15.8.2004)
bdw) Reise nach Loreto (5.9.2004)

1530	0.45 €	mehrfarbig	bdu	0,90	0,90
1531	0.80 €	mehrfarbig	bdv	1,60	1,60
1532	2.00 €	mehrfarbig	bdw	4,—	4,—
		Satzpreis (3 W.)		6,50	6,50
		FDC			7,50
		Kleinbogensatz (3 Klb.)		75,—	75,—

Auflage: 300 000 Sätze

2005, 10. Nov. 11. ordentliche Generalversammlung der Bischofssynode. Odr. (2×5); gez. K 13:13½.

bdx) Mahl von Emmaus; Gemälde von Primo Conti (1900–1988), Maler und Dichter

1533	0.62 €	mehrfarbig	bdx	1,30	1,30
		FDC			2,20
		Kleinbogen		13,—	13,—

Auflage: 300 000 Stück

2005, 10. Nov. Blockausgabe: Bedeutende Museen der Welt. Komb. StTdr. und Odr. (2×5); gez. Ks 13:13¼.

bdy
bdz

bdy–bdz) Mariä Verkündigung; Zeichnung und Gemälde von Raffael, eigentlich Raffaello Santi (1483–1520), italienischer Maler und Baumeister, aus dem Louvre-Museum in Paris (Zeichnung) und dem Vatikanischen Museum (Gemälde)

1534	0.62 €	mehrfarbig	bdy	1,30	1,30
1535	1.00 €	mehrfarbig	bdz	2,—	2,—
		Satzpreis (2 W.)		3,20	3,20
		FDC			4,—
		Kleinbogensatz (2 Klb.)		32,—	32,—

Blockausgabe

1536	1.40 €	mehrfarbig	bdy	2,80	2,80
1537	1.40 €	mehrfarbig	bdz	2,80	2,80
Block 26	(130×85 mm)		bea	5,60	5,60
		FDC			6,50

Auflagen: MiNr. 1534–1535 = 275 000 Sätze, Bl. 26 = 220 000 Blocks

Parallelausgabe mit Frankreich MiNr. 3998–3999, Bl. 49

2005, 22. Nov. 500 Jahre Päpstliche Schweizergarde. Odr. (3×2); gez. K 14:14¼.

beb) Wachablösung
bec) Antreten

1538	0.62 €	mehrfarbig	beb	1,30	1,30
1539	0.80 €	mehrfarbig	bec	1,60	1,60
		Satzpreis (2 W.)		2,80	2,80
		FDC			3,60
		Kleinbogensatz (2 Klb.)		17,—	17,—

Auflage: 900 000 Sätze

Parallelausgabe mit Schweiz MiNr. 1945–1946

Vatikanstaat

2005, 22. Nov. Weihnachten: Gemälde. Odr., Kleinbogen (Klb.) (5×2) und Markenheftchen (MH) (2×2); A = vierseitig, D = dreiseitig gez. K 13¼:13.

bed) linkes Detail   bee) oberes Detail   bef) rechtes Detail

bed–bef) Anbetung der Hirten; von François Le Moyne (1688–1737), französischer Maler

1540	A	0,45 €	mehrfarbig (Klb.) ...... bed	0,90	0,90
1541	A	0,62 €	mehrfarbig (Klb.) ...... bee	1,30	1,30
1542		0,80 €	mehrfarbig .... bef		
	A		vierseitig gez. (Klb.)	1,60	1,60
	Dl		dreiseitig gez. (☐) (MH)	1,60	1,60
	Dr		dreiseitig gez. (☐) (MH)	1,60	1,60
			Satzpreis (3 W.)	3,80	3,80
			FDC		4,60
			Kleinbogensatz (3 Klb.)	38,—	38,—
			Markenheftchen		6,50

Auflagen: A = 300 000 Sätze, D = 400 000 Stück

2006

2006, 16. März. 500. Geburtstag von Petrus Faber (Pierre Favre), 450. Todestag des hl. Ignatius von Loyola, 500. Geburtstag des hl. Franz Xaver. Odr. (2×5); gez. K 13:13¼.

beg) Pierre Favre, latinisiert Petrus Faber (1506–1546), französischer Jesuit
beh) Hl. Ignatius von Loyola (1491–1556), spanischer katholischer Ordensgründer
bei) Hl. Franz Xaver (1506–1552), spanischer Jesuit und Missionar in Asien

1543	0,45 €	dunkelbraunpurpur/hellbraunpurpur .... beg	0,90	0,90
1544	0,60 €	dunkelblau/hellblau ...... beh	1,20	1,20
1545	2,00 €	dunkelbraunocker/hellbraunocker .... bei	4,—	4,—
		Satzpreis (3 W.)	6,—	6,—
		FDC		7,—
		Kleinbogensatz (3 Klb.)	60,—	60,—

Auflage: 300 000 Sätze

2006, 16. März. Europa: Integration. Odr. (2×5); gez. K 13:13¼.

bek) Kirche, Moschee, Synagoge, Hände
bel) Klassenzimmer, Händedruck

1546	0,62 €	mehrfarbig .... bek	1,30	1,30
1547	0,80 €	mehrfarbig .... bel	1,70	1,70
		Satzpreis (2 W.)	3,—	3,—
		FDC		4,—
		Kleinbogensatz (2 Klb.)	30,—	30,—

Auflage: 300 000 Sätze

2006, 16. März. 500. Todestag von Andrea Mantegna. Odr. (5×2); gez. K 13:13¼.

bem) Hl. Maria mit Kind
ben) Hl. Gregor und Johannes der Täufer
beo) Hl. Petrus und Paulus

bem–ber) Gemälde von Andrea Mantegna (1431–1506), italienischer Maler und Kupferstecher

1548	0,60 €	mehrfarbig .... bem	1,20	1,20
1549	0,85 €	mehrfarbig .... ben	1,80	1,80
1550	1,00 €	mehrfarbig .... beo	2,—	2,—
		Satzpreis (3 W.)	5,—	5,—
		FDC		6,—
		Kleinbogensatz (3 Klb.)	50,—	50,—

Blockausgabe

bep) Hl. Petrus und Paulus
ber) Hl. Gregor und Johannes der Täufer
bes

1551	1,40 €	mehrfarbig .... bep	2,80	2,80
1552	1,40 €	mehrfarbig .... ber	2,80	2,80
Block 27	(95×116 mm) .... bes		5,60	5,60
		FDC		6,50

Auflagen: MiNr. 1548–1550 = 300 000 Sätze, Bl. 27 = 120 000 Blocks

2006, 22. Juni. 250. Geburtstag von Wolfgang Amadeus Mozart. Komb. StTdr. und Odr. (3×2); gez. K 14:14¼.

bet) W. A. Mozart (1756–1791), österreichischer Komponist

1553	0,80 €	mehrfarbig .... bet	1,60	1,60
		FDC		2,50
		Kleinbogen	10,—	10,—

Auflage: 1 500 000 Stück

Wenn Sie eine eilige philatelistische Anfrage haben, rufen Sie bitte (0 89) 3 23 93-3 39. Die **MICHEL**-Redaktion gibt Ihnen gerne Auskunft.

2006, 22. Juni. 500 Jahre Petersbasilika im Vatikan. Komb. Odr. und Pdr. (2×2 Zd); gez. K 14.

beu) Allegorie bev) Donato Bramante, eigentlich Donato d'Angelo Lazzari (um 1444 bis 1514), italienischer Baumeister bew) Papst Julius II. (1453–1513) bex) Petersbasilika nach erstem Entwurf von D. Bramante

beu–bex) Medaillen (1506); Entwurf der Petersbasilika (Außen- und Innensicht) nach Michelangelo Buonarroti (1475–1564), italienischer Bildhauer, Maler und Architekt

1554	0,45 €	mehrfarbig	beu	0,90	0,90
1555	0,45 €	mehrfarbig	bev	0,90	0,90
1556	0,60 €	mehrfarbig	bew	1,20	1,20
1557	0,60 €	mehrfarbig	bex	1,20	1,20
		Satzpreis (4 W.)		4,20	4,20
		2 Paare		4,20	4,20
		FDC			5,—
		Kleinbogensatz (2 Klb.)		17,—	17,—

Auflage: 300 000 Sätze

2006, 22. Juni. Die Reisen von Papst Benedikt XVI. Odr. (5×2); gez. K 13¼:13.

bey) Papst Benedikt XVI. mit Monstranz   bez) Papst Benedikt XVI., winkend

1558	0,62 €	mehrfarbig	bey	1,20	1,20
1559	1,40 €	mehrfarbig	bez	2,80	2,80
		Satzpreis (2 W.)		4,—	4,—
		FDC			5,—
		Kleinbogensatz (2 Klb.)		40,—	40,—

Auflage: 300 000 Sätze

2006, 12. Okt. Internationales Jahr der Wüsten und der Wüstenbildung. Odr. (2×5); gez. K 13¼.

bfa) Mädchen mit Wasserkrug auf ausgetrocknetem Feld; Blumen   bfb) Junge führt Rinder an der Leine; Bäume

1560	0,62 €	mehrfarbig	bfa	1,20	1,20
1561	1,00 €	mehrfarbig	bfb	2,—	2,—
		Satzpreis (2 W.)		3,20	3,20
		FDC			4,20
		Kleinbogensatz (2 Klb.)		32,—	32,—

Auflage: je 300 000 Stück

FDC = Ersttagsbrief (First Day Cover)

2006, 12. Okt. 500 Jahre Vatikanische Museen. Komb. Odr. und Pdr. (5×2); gez. K 13:13¼.

bfc) Antiphas   bfd) Laokoon   bfe) Thymbraios

bfc–bff) Laokoon-Gruppe; römische Marmorskulptur der Bildhauer Hagesandros, Polydoros und Athanadoros aus Rhodos (Ende 1. Jh. v. Chr.–Anfang 1. Jh. n. Chr.) nach einer Bronzeplastik aus Pergamon

1562	0,60 €	mehrfarbig	bfc	1,20	1,20
1563	0,65 €	mehrfarbig	bfd	1,30	1,30
1564	1,40 €	mehrfarbig	bfe	2,80	2,80
		Satzpreis (3 W.)		5,20	5,20
		FDC			6,20
		Kleinbogensatz (3 Klb.)		52,—	52,—

Blockausgabe, Blockmarke nur unten gezähnt 13

bff) Zwei Meerschlangen töten Laokoon und seine Söhne

1565	2,80 €	mehrfarbig	bff	5,60	5,60
Block 28 (95×116 mm)			bfg	5,60	5,60
		FDC			6,50

Auflagen: MiNr. 1562–1564 je 300 000 Stück, Bl. 28 = 120 000 Blocks

2006, 12. Okt. Weihnachten: Glasfenster. Odr., Kleinbogen (Klb.) (5×2) und Markenheftchen (MH) (2×2); A = vierseitig, D = dreiseitig gez. K 13¼:13.

bfh) Rechtes Detail   bfi) Mittleres Detail   bfk) Linkes Detail

bfh–bfk) Christi Geburt; Glasfenster von Silvio Consadori (1909–1994), italienischer Künstler, in der Privatkapelle des Papstes

Vatikanstaat

1566	A	0.60 €	mehrfarbig (Klb.) ...... bfh	1,20	1,20
1567		0.65 €	mehrfarbig .... bfi		
	A		vierseitig gez. (Klb.) ...	1,30	1,30
	DI		dreiseitig gez. (☐) (MH)	1,30	1,30
	Dr		dreiseitig gez. (☐) (MH)	1,30	1,30
1568	A	0.85 €	mehrfarbig (Klb.) ...... bfk	1,70	1,70
			Satzpreis (3 W.)	4,20	4,20
			FDC		5,50
			Kleinbogensatz (3 Klb.)	42,—	42,—
			Markenheftchen	5,20	

Auflagen: A je 300 000, D = 400 000 Stück

bfp–bfs) Papst Benedikt XVI. (*1927)

2006, 12. Okt. 25 Jahre diplomatische Beziehungen zwischen dem Heiligen Stuhl und Singapur. Odr. (5×2); gez. K 13½:13.

bfl) Merlion-Figur, Singapur; Kuppel des Petersdomes, Rom

bfm) Flaggen Singapurs und des Vatikans

1569	0.85 €	mehrfarbig .... bfl	1,70	1,70
1570	2.00 €	mehrfarbig .... bfm	4,—	4,—
		Satzpreis (2 W.)	5,60	5,60
		FDC		6,50
		Kleinbogensatz (2 Klb.)	56,—	56,—

Parallelausgabe mit Singapur MiNr. 1626–1627, Bl. 125

bfs   Zierfeld

1573	0.60 €	mehrfarbig .... bfp	1,20	1,20
1574	0.65 €	mehrfarbig .... bfr	1,30	1,30
1575	0.85 €	mehrfarbig .... bfs	1,70	1,70
		Satzpreis (3 W.)	4,20	4,20
		1573 Zf–1575 Zf	4,20	4,20
		FDC		5,20
		Kleinbogensatz (3 Klb.)	17,—	17,—

Auflage: je 500 000 Stück

2007

2007, 16. März. 500. Todestag des hl. Franz von Paula. Odr. (2×5); gez. K 13:13½.

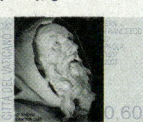 

bfn) Hl. Franz von Paula (1416–1507), italienischer Ordensgründer (Skulptur)

bfo) Engel (Skulptur)

1571	0.60 €	hellgraublau/schwarz ..... bfn	1,20	1,20
1572	1.00 €	hellgraublau/schwarz ..... bfo	2,—	2,—
		Satzpreis (2 W.)	3,20	3,20
		FDC		4,20
		Kleinbogensatz (2 Klb.)	32,—	32,—

Auflage: je 300 000 Stück

2007, 16. März. 80. Geburtstag von Papst Benedikt XVI. Odr. (2×2 Zd); gez. K 13¼:13.

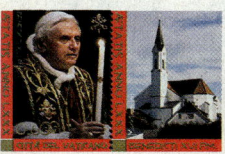 

bfp   Zierfeld   Zierfeld   bfr

Neuheiten

Ein Abonnement der MICHEL-Rundschau sichert Ihnen einen immer vollständigen Katalog, zeigt Ihnen Preisänderungen an und bereichert Ihre philatelistischen Kenntnisse durch gut recherchierte Fachbeiträge.

Jahrgangswerttabelle

Die Aufstellung folgt der numerischen Reihenfolge der Katalogisierung ohne Rücksicht auf die Chronologie eventueller Ergänzungswerte.

Grundsätzlich ist nur die jeweils billigste Sorte pro Marke bzw. Ausgabe angegeben, sofern nichts anderes vermerkt.

Zusammendrucke aus Bogen, Marken mit Zierfeldern usw. sind dann berücksichtigt, wenn sie als normale Ausgabeform anzusehen sind. Einzelmarken aus Blocks und Marken mit der Preisnotierung „—,—" sind nicht berücksichtigt.

Blockaufstellung

Block 1	siehe nach MiNr. 188	Block 15	siehe nach MiNr. 1140
Block 2	siehe nach MiNr. 295	Block 16	siehe nach MiNr. 1171
Block 3	siehe nach MiNr. 604	Block 17	siehe nach MiNr. 1216
Block 4	siehe nach MiNr. 813	Block 18	siehe nach MiNr. 1261
Block 5	siehe nach MiNr. 825	Block 19	siehe nach MiNr. 1282
Block 6	siehe nach MiNr. 835	Block 20	siehe nach MiNr. 1292
Block 7	siehe nach MiNr. 841	Block 21	siehe nach MiNr. 1336
Block 8	siehe nach MiNr. 881	Block 22	siehe nach MiNr. 1380
Block 9	siehe nach MiNr. 923	Block 23	siehe nach MiNr. 1410
Block 10	siehe nach MiNr. 968	Block 24	siehe nach MiNr. 1469
Block 11	siehe nach MiNr. 972	Block 25	siehe nach MiNr. 1529
Block 12	siehe nach MiNr. 1009	Block 26	siehe nach MiNr. 1537
Block 13	siehe nach MiNr. 1057	Block 27	siehe nach MiNr. 1552
Block 14	siehe nach MiNr. 1115	Block 28	siehe nach MiNr. 1565

Jahr	MiNr.	Euro **	Euro ⊙
1945	103–125	24,10	14,10
1946	126–139	4,50	4,50
1947	140–146	55,—	15,—
1948	147–148	750,—	450,—
1949	149–170	338,50	164,40
1950	171–173	13,—	16,—
1951	174–186	574,—	323,—
1952	187–Block 1	228,20	177,20
1953	190–211	233,—	103,60
1954	212–229	62,20	49,20
1955	230–240	14,10	11,50
1956	241–265	15,60	14,60
1957	266–279	6,60	6,60
1958	280–302	50,10	41,10
1959	303–331	4,80	4,80
1960	332–362	11,10	11,10
1961	363–390	13,90	13,90
1962	391–422	10,90	10,90
1963	423–441	2,60	2,60
1964	442–470	3,30	3,30
1965	471–489	2,60	2,60
1966	490–516	3,40	3,40
1967	517–535	3,—	3,—
1968	536–543	4,—	4,—
1969	544–555	2,—	2,—
1970	556–576	2,50	2,50
1971	577–595	4,—	4,—
1972	596–614	5,10	5,10
1973	615–631	2,40	2,40
1974	632–656	6,—	5,90
1975	657–674	3,40	3,40
1976	675–694	7,50	7,50
1977	695–717	5,30	5,30
1978	718–735	9,90	9,90
1979	736–758	6,20	6,20
1980	759–778	12,90	12,90
1981	779–802	8,40	8,40
1982	803–815	11,—	11,—
1983	816–843	22,10	22,10
1984	844–866	21,20	21,20
1985	867–882	16,40	16,40
1986	883–906	30,50	30,50
1987	907–936	43,60	43,60
1988	937–Block 10	34,20	34,20
1989	Block 11–995	30,90	30,90
1990	996–1022	46,—	46,—
1991	1023–1050	44,80	44,80
1992	1051–1078	49,80	49,80
1993	1079–1106	45,70	45,70
1994	1107–1135	54,80	54,80
1995	1136–1166	48,30	48,30
1996	1167–1196	54,20	54,20
1997	1197–1233	52,50	52,50
1998	1234–1268	46,50	46,50
1999	1269–1322	64,10	60,10
2000	1323–1361	58,80	53,—
2001	1362–1393	49,30	48,60
2002	1394–1427	48,50	48,—
2003	1428–1473	53,90	53,60
2004	1474–1513	75,30	60,—
2005	1514–1542	53,30	54,30
2006	1543–1570	53,20	53,20
Gesamtsumme		**3613,—**	**2609,20**

Automatenmarken

In diesem Katalog werden in aller Regel nur die billigste Sorte einer Automatenmarkenausgabe sowie wesentliche Unterschiede des Vordruckpapiers berücksichtigt. Eine ausführliche Katalogisierung nach Unterarten wie Automatennummern, Typen, Papiersorten, Fehlverwendungen und anderen Unterschieden ist im MICHEL-Automatenmarken-Spezialkatalog zu finden.

2000

2000, 15. März. Heiliges Jahr 2000. RaTdr.; Typendruck über Farbband; ☐.

a) Papstwappen

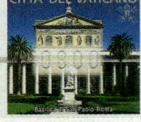
b) Kirche San Paolo fuori le Mura

c) Kirche San Giovanni in Laterano

d) Peterskirche

e) Kirche Santa Maria Maggiore

		**	⊙	FDC
	50 (L) – 1200 (L) (in Stufen von 50 L)			
1	schwarz; Unterdruck: mfg ... a			
	50–1200 L, je Wert	2,—	2,—	4,—
	Höhere Werte (1000 L = 1,—)	+ 2,—	+ 2,—	+ 4,—
2	schwarz; Unterdruck: mfg ... b			
	50–1200 L, je Wert	2,—	2,—	4,—
	Höhere Werte (1000 L = 1,—)	+ 2,—	+ 2,—	+ 4,—
3	schwarz; Unterdruck: mfg ... c			
	50–1200 L, je Wert	2,—	2,—	4,—
	Höhere Werte (1000 L = 1,—)	+ 2,—	+ 2,—	+ 4,—
4	schwarz; Unterdruck: mfg ... d			
	50–1200 L, je Wert	2,—	2,—	4,—
	Höhere Werte (1000 L = 1,—)	+ 2,—	+ 2,—	+ 4,—
5	schwarz; Unterdruck: mfg ... e			
	50–1200 L, je Wert	2,—	2,—	4,—
	Höhere Werte (1000 L = 1,—)	+ 2,—	+ 2,—	+ 4,—

MiNr. 1–5 befinden sich in fortlaufender Reihenfolge auf einer Rolle.
Laufzeit: 15.3.2000–21.5.2001

Mehr wissen mit MICHEL

2001

2001, 22. Mai. Goldmünzen der Jahre 1996–2000. RaTdr.; Typendruck über Farbband; ☐.

f) Johannes der Evangelist und Johannes der Täufer

g) Hl. Paulus

h) Hl. Maria mit Kind

i) Hl. Petrus

k) Gleichnis vom verlorenen Sohn

		**	⊙	FDC
	50 (L) – 1200 (L) (in Stufen von 50 L)			
6	schwarz; Unterdruck: mfg ... f			
	50–1200 L, je Wert	2,—	2,—	4,—
	Höhere Werte (1000 L = 1,—)	+ 2,—	+ 2,—	+ 4,—
7	schwarz; Unterdruck: mfg ... g			
	50–1200 L, je Wert	2,—	2,—	4,—
	Höhere Werte (1000 L = 1,—)	+ 2,—	+ 2,—	+ 4,—
8	schwarz; Unterdruck: mfg ... h			
	50–1200 L, je Wert	2,—	2,—	4,—
	Höhere Werte (1000 L = 1,—)	+ 2,—	+ 2,—	+ 4,—
9	schwarz; Unterdruck: mfg ... i			
	50–1200 L, je Wert	2,—	2,—	4,—
	Höhere Werte (1000 L = 1,—)	+ 2,—	+ 2,—	+ 4,—
10	schwarz; Unterdruck: mfg ... k			
	50–1200 L, je Wert	2,—	2,—	4,—
	Höhere Werte (1000 L = 1,—)	+ 2,—	+ 2,—	+ 4,—

MiNr. 6–10 befinden sich in fortlaufender Reihenfolge auf einer Rolle.
Laufzeit: 22.Mai–Dezember 2001

2002

2002, 12. März/13. Mai. Die vier Evangelisten. RaTdr.; x = normales Papier mit farbigen Fasern, y = Papier fl. ohne farbige Fasern; Typendruck über Farbband; ☐.

l) Hl. Johannes

m) Hl. Matthäus

n) Hl. Markus

o) Hl. Lukas

l–o) Mosaiken aus der Kuppel der Peterskirche, Rom

Vatikanstaat

✷✷ ⊙ FDC
0.01 € – 2.58 € (in Stufen von 0.01 €)

			✷✷	⊙	FDC
11	schwarz; Unterdruck: mfg. . . . l				
x	normales Papier (13. Mai)				
	0.01–0.41 €, je Wert		2,50	3,—	5,50
	Höhere Werte . . . . (1 € = 2,—)		+ 2,50	+3,—	+ 5,50
y	Papier fl. (12. März)				
	0.01–0.41 €, je Wert		1,50	2,—	5,—
	Höhere Werte . . . . (1 € = 2,—)		+ 1,50	+ 2,—	+ 5,—
12	schwarz; Unterdruck: mfg. . . . m				
x	normales Papier (13. Mai)				
	0.01–0.41 €, je Wert		2,50	3,—	5,50
	Höhere Werte . . . . (1 € = 2,—)		+ 2,50	+ 3,—	+ 5,50
y	Papier fl. (12. März)				
	0.01–0.41 €, je Wert		1,50	2,—	5,—
	Höhere Werte . . . . (1 € = 2,—)		+ 1,50	+ 2,—	+ 5,—
13	schwarz; Unterdruck: mfg. . . . n				
x	normales Papier (13. Mai)				
	0.01–0.41 €, je Wert		2,50	3,—	5,50
	Höhere Werte . . . . (1 € = 2,—)		+ 2,50	+ 3,—	+ 5,50
y	Papier fl. (12. März)				
	0.01–0.41 €, je Wert		1,50	2,—	5,—
	Höhere Werte . . . . (1 € = 2,—)		+ 1,50	+ 2,—	+ 5,—
14	schwarz; Unterdruck: mfg. . . . o				
x	normales Papier (13. Mai)				
	0.01–0.41 €, je Wert		2,50	3,—	5,50
	Höhere Werte . . . . (1 € = 2,—)		+ 2,50	+ 3,—	+ 5,50
y	Papier fl. (12. März)				
	0.01–0.41 €, je Wert		1,50	2,—	5,—
	Höhere Werte . . . . (1 € = 2,—)		+ 1,50	+ 2,—	+ 5,—

MiNr. 11–14 befinden sich in fortlaufender Reihenfolge auf einer Rolle.
Laufzeit: x = seit 13.5.2002, y = seit 12.3.2002

2004

2004, 3. Juni. Päpstliches Wappen. RaTdr.; Typendruck über Farbband; □.

p) Unterdruck: Wappen

✷✷ ⊙ FDC
0.01 € – 99.99 € (in Stufen von 0.01 €)

			✷✷	⊙	FDC
15	schwarz; Unterdruck: dunkel-blau/dunkelorangerot . . . . p				
	0.01–0.45 €, je Wert		1,—	1,—	2,—
	Höhere Werte . . . . (1 € = 2,—)		+ 1,—	+ 1,—	+ 2,—
16	schwarz; Unterdruck: gelb/dunkelrosarot . . . . p				
	0.01–0.45 €, je Wert		1,—	1,—	2,—
	Höhere Werte . . . . (1 € = 2,—)		+ 1,—	+ 1,—	+ 2,—
17	schwarz; Unterdruck: dunkel-smaragdgrün/lilapurpur . . . . . . p				
	0.01–0.45 €, je Wert		1,—	1,—	2,—
	Höhere Werte . . . . (1 € = 2,—)		+ 1,—	+ 1,—	+ 2,—

MiNr. 15–17 befinden sich in fortlaufender Reihenfolge auf einer Rolle.
Laufzeit: ab 3.6.2004

Neuheiten

Ein Abonnement der MICHEL-Rundschau sichert Ihnen einen immer vollständigen Katalog, zeigt Ihnen Preisänderungen an und bereichert Ihre philatelistischen Kenntnisse durch gut recherchierte Fachbeiträge.

Verzeichnis der Markenheftchen mit Zusammendrucken

MH-MiNr.	Bezeichnung	Ausgabedatum	Nominale	Enthält H-Blatt	Preis
1	Papst Johannes Paul II.	14.3.1985	5000 L	1	7,50
2	Weltreisen des Papstes	21.11.2002	2.48 €	1	5,50

Verzeichnis der Heftchenblätter

Zf 1	100	300	400	450	Zf 1	100	300	400	450
Zf 1	100	300	400	450	Zf 1	100	300	400	450

H-Blatt 1 mit MiNr. 853, 856–858   6,—

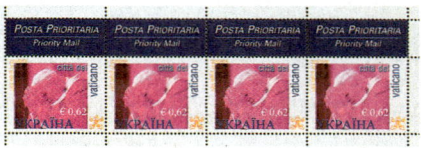

H-Blatt 2 mit MiNr. 1425 und Zf 2   5,50

Zusammendrucke aus Markenheftchen

 Zf 1

Zd-MiNr.	Katalog-Nr.	Werte	Preise ✷✷ = ⊙
Papst Johannes Paul II. (14. 3. 1985)			
W 1	Zf 1/853	Zf 1 + 100	0,20
W 2	Zf 1/853/856	Zf 1 + 100 + 300	0,50
W 3	853/856	100 + 300	0,40
W 4	853/856/857	100 + 300 + 400	0,70
W 5	856/857	300 + 400	0,60
W 6	856/857/858	300 + 400 + 450	1,—
W 7	857/858	400 + 450	0,70
W 8	857/858/Zf 1	400 + 450 + Zf 1	0,80
W 9	858/Zf 1	450 + Zf 1	0,50
W 10	858/Zf 1/853	450 + Zf 1 + 100	0,60
Die Weltreisen von Papst Johannes Paul II. (21. 11. 2002)			
S 1	Zf 2+1425	Zf 2 + 0.62	1,30

Paketmarken

1931, 1. Okt. Freimarken MiNr. 1–15 mit waagerechtem oder senkrechtem Aufdruck „PER PACCHI" in verschiedenen Stellungen.

				✹✹	⊙
1	5 C	braun/rosa	(1)	0,70	0,70
2	10 C	dunkelgrün/hellgrün	(2)	0,70	0,70
3	20 C	violett/lila	(3)	6,—	3,50
4	25 C	dunkelblau/hellblau	(4)	25,—	7,50
5	30 C	dunkelblau/gelb	(5)	20,—	6,50
6	50 C	dunkelblau/hellrosa	(6)	25,—	8,—
7	75 C	karmin/blaugrau	(7)	4,50	4,50
8	80 C	karmin	(8)	4,50	4,50
9	1.25 L	blau	(9)	5,—	5,—
10	2 L	sepia	(10)	4,—	4,—
11	2.50 L	orangerot	(11)	6,—	6,—
12	5 L	grün	(12)	6,—	6,50
13	10 L	grauschwarz	(13)	5,50	5,—

Eilmarken

14	2 L	karmin	(14)	6,—	6,—
15	2.50 L	blau	(15)	6,—	7,—
		Satzpreis (15 W.)		120,—	75,—

Gültig bis 31.7.1943

Portomarken

1931, 1. Okt. Freimarken MiNr. 1–3, 5, 10 und 11 mit Aufdruck „SEGNATASSE" und zum Teil neuer Wertangabe.

				✹✹	⊙
1	5 C	braun/rosa	(1)	0,70	0,50
2	10 C	dunkelgrün/hellgrün	(2)	0,50	0,50
3	20 C	violett/lila	(3)	6,—	2,—
4	40 (C)	auf 30 C dunkelblau/gelb ..	(5)	8,—	5,—
5	60 C	auf 2 L sepia	(10)	110,—	25,—
6	1.10 L	auf 2.50 L orangerot	(11)	25,—	20,—
		Satzpreis (6 W.) ✱ 50,—		150,—	50,—

Gültig bis 31.7.1943

1945, 16. Aug./1946. Wappenzeichnung. StTdr. (10×10), Wellenlinien-Unterdruck in Odr. von zwei verschiedenen Platten: I = dünne Unterdrucklinien, II = breite Unterdrucklinien; x = normales Papier, y = graues Papier; gez. 14.

Pa) Päpstliches Wappen

7 x		5 C	schwarz/gelb .... Pa		
	I		dünne Unterdrucklinien (1945) ..	0,20	0,20
	II		breite Unterdrucklinien (1946) ..	50,—	30,—
8 x		20 C	schwarz/violettgrau .... Pa		
			normales Papier		
	I		dünne Unterdrucklinien (1945) ..	0,20	0,20
	II		breite Unterdrucklinien (1946) ..	130,—	30,—
	y II		graues Papier (1946)	350,—	320,—
9 x		80 C	schwarz/rosa .... Pa		
	I		dünne Unterdrucklinien (1945) ..	0,20	0,20
	II		breite Unterdrucklinien (1946) ..	5,—	5,—
10 x		1 L	schwarz/mattgrün .... Pa		
			normales Papier		
	I		dünne Unterdrucklinien (1945) ..	0,20	0,20
	II		breite Unterdrucklinien (1946) ..	5,—	5,—
	y II		graues Papier (1946)	40,—	20,—
11 x		2 L	schwarz/hellblau .... Pa		
	I		dünne Unterdrucklinien (1945) ..	0,20	0,20
	II		breite Unterdrucklinien (1946) ..	5,—	5,—
12 x		5 L	schwarz/mattgrün .... Pa		
			normales Papier		
	I		dünne Unterdrucklinien (1945) ..	0,20	0,20
	II		breite Unterdrucklinien (1946) ..	220,—	200,—
	y II		graues Papier (1946)	15,—	10,—
			Satzpreis (Type I, 6 W.)	1,20	1,20

I: Die farbigen Wellenlinien des Unterdrucks sind schmaler als der weiße Abstand zwischen den Linien.

II: Die farbigen Wellenlinien des Unterdrucks sind breiter als der weiße Abstand zwischen den Linien.

Gültig bis 30.4.1954

1954, 30. April. Neue Wappenzeichnung. StTdr. (10×10); farbiger Unterdruck von Ornamenten in Odr.; Wz. 1; gez. L 13½.

Pb) Päpstliches Wappen

13	4 L	schwarz, *rot* .... Pb	0,20	0,20
14	6 L	schwarz, *grün* .... Pb	0,20	0,20
15	10 L	schwarz, *gelb* .... Pb	0,20	0,20
16	20 L	schwarz, *blau* .... Pb	0,40	0,40
17	50 L	schwarz, *olivbraun* .... Pb	0,20	0,20
18	70 L	schwarz, *rötlichbraun* ...... Pb	0,20	0,20
		Satzpreis (6 W.)	1,20	1,20
		FDC		5,—

Die zweite Farbe in Kursiv ist die des Unterdruckes.
Auflage: 250 000 Sätze

Gültig bis 27.5.1968

1968, 28. Mai. Neue Wappenzeichnung. Komb. RaTdr. und StTdr. (10×10); gefärbtes Papier; Wz. 1; gez. K 14.

Pc) Päpstliches Wappen

19	10 L	schwarz auf mattviolettblau ..... Pc	0,10	0,10
20	20 L	schwarz auf mattgrünblau ..... Pc	0,10	0,10
21	50 L	schwarz auf mattlila .... Pc	0,10	0,10
22	60 L	schwarz auf mattolivgrau .... Pc	0,10	0,10
23	100 L	schwarz auf sämisch .... Pc	0,10	0,10
24	180 L	schwarz auf mattviolett .... Pc	0,10	0,10
		Satzpreis (6 W.)	0,60	0,60
		FDC		1,20

Neuheiten

Ein Abonnement der MICHEL-Rundschau sichert Ihnen einen immer vollständigen Katalog, zeigt Ihnen Preisänderungen an und bereichert Ihre philatelistischen Kenntnisse durch gut recherchierte Fachbeiträge.

Prüfordnung des Bundes Philatelistischer Prüfer e.V.

1. Allgemeines

Die Mitglieder des Bundes Philatelistischer Prüfer e.V. („Prüfer") stehen als philatelistische Experten in ihren jeweiligen Spezialgebieten zur Vornahme von philatelistischen Prüfungen zur Verfügung. Ihre Tätigkeit dient der Feststellung der Echtheit und Erhaltung von Briefmarken, Abstempelungen oder anderen philatelistischen Belegen sowie der Erkennung von Fälschungen und Manipulationen an solchen Prüfgegenständen. Die Prüfer des BPP orientieren sich bei allen Prüfungen und Gutachten an den philatelistischen Begriffsbestimmungen, die der jeweils aktuellen Fassung im Internet unter www.bpp.de veröffentlicht sind.

2. Rechtsnatur der Geschäftsbeziehungen

2.1. Die rechtlichen Beziehungen zwischen dem Prüfer und seinem Auftraggeber richten sich nach dieser Prüfordnung. Ergänzend zu dieser Prüfordnung finden die Vorschriften des Bürgerlichen Gesetzbuches über die entgeltliche Geschäftsbesorgung (§ 675 BGB) und das Recht des Werkvertrages (§ 631 ff. BGB) Anwendung, soweit nicht aus der Natur des Prüfauftrages die Anwendung einzelner Vorschriften auszuschließen ist.

2.2. Der Auftraggeber bestätigt vor Zustandekommen des ersten Prüfvertrages schriftlich sein Einverständnis mit der Geltung der Prüfordnung und der für einige Gebiete bestehenden Sonderregelungen. Diese Sonderregelungen können bei den jeweiligen Prüfern angefordert werden. Die erstmalige Einverständniserklärung hat sich darauf zu erstrecken, daß die Prüfordnung bis auf schriftlichen Widerruf auch für alle zukünftigen Prüfverträge zwischen dem Prüfer und dem Auftraggeber gilt. Wird die Erklärung ganz oder teilweise verweigert, so hat der Prüfer den Prüfauftrag abzulehnen.

3. Aufgaben und Pflichten des Prüfers

3.1. Aufgabe des Prüfers ist die Erstellung eines Gutachtens durch Signierung, Kurzbefund, Befund oder Attest. Ergebnis der Begutachtung kann auch die Feststellung des Prüfers sein, daß ein Prüfurteil für den Prüfgegenstand im Ganzen oder in Teilen nicht mit hinreichender Sicherheit abgegeben werden kann. Das Gutachten ist unparteiisch und nach bestem Wissen und Gewissen zu erstellen. Der Prüfer hat eigenverantwortlich zu entscheiden, ob die Prüfung durch Signierung, Kurzbefund, Befund oder Attest abgeschlossen wird; er hat den Auftraggeber auf etwaige Bedenken gegen die vom diesem gewünschte Form der Bestätigung des Prüfungsergebnisses hinzuweisen. Kommt mit dem Auftraggeber eine Einigung darüber, ob die Prüfung durch Signierung, Kurzbefund, Befund oder Attest abgeschlossen werden soll, nicht zustande, ist der Prüfer berechtigt, die Annahme des Auftrages zu verweigern oder von einem bereits angenommenen Auftrag aus wichtigem Grund zurückzutreten. Ein bestimmtes vom Auftraggeber gewünschtes Prüfergebnis wird nicht geschuldet.

3.2. Der Prüfer kann den Prüfauftrag nach Überprüfung des Auftragsinhaltes und -umfanges ohne Angabe von Gründen ganz oder teilweise ablehnen. In diesem Fall ist er verpflichtet, die Ablehnung dem Auftraggeber unverzüglich mitzuteilen. Auf Verlangen des Auftraggebers ist der Prüfer ferner verpflichtet, dem Vorstand des Bundes Philatelistischer Prüfer e.V. die Gründe für die Ablehnung des Prüfauftrages mitzuteilen.

3.3. Kann der Prüfer den Prüfauftrag nicht innerhalb von zwei Monaten (bei Typ-Prüfungen nicht innerhalb von drei Monaten) nach Zugang des Prüfauftrages inhaltlich überprüfen und ausführen, soll der Prüfer dem Auftraggeber einen Zwischenbescheid mit der Angabe der ungefähren Erledigungszeit erteilen. Dieser Zwischenbescheid erfolgt ohne Überprüfung des Auftragsinhaltes und stellt keine Auftragsannahme dar.
Der Prüfauftrag soll innerhalb von vier Monaten (bei Typ-Prüfungen innerhalb von sechs Monaten) angenommen und erledigt oder abgelehnt werden, wenn nichts anderes vereinbart ist oder wird. Verzugsbegründende Mahnungen des Auftraggebers müssen schriftlich erfolgen.

3.4. Der Prüfer erstellt sein Gutachten persönlich. Soweit es notwendig und zweckmäßig ist und die Eigenverantwortung des Prüfers erhalten bleibt, kann sich der Prüfer bei der Prüfung der Hilfe sachverständiger Dritter bedienen.

4. Umfang der Prüfung

4.1. Prüfgegenstand können Postwertzeichen und Entstehungs-, Herstellungs- und Verwendungsbelege sein. Andere Vorlagen dürfen nicht signiert oder attestiert werden.

4.2. Die Prüfung erstreckt sich auf die Echtheit des Prüfgegenstandes in allen Teilen (z. B. Trennungsarten, Gummi, Aufdruck, Entwertung) und auf dessen Erhaltung/Qualität (etwaige Mängel, Reparaturen, Verschönerungen und sonstige Veränderungen). Die Tätigkeit des Prüfers kann die Einordnung des Prüfgegenstandes nach Druckart, Type, Wasserzeichen, Trennungsart, Farbe, Lochung und Papier gegen besondere Berechnung gemäß Ziffer 10.4. einschließen, soweit diese in den für das Prüfgebiet maßgeblichen Katalogen aufgeführt sind. Die Farbbezeichnung eines Postwertzeichens im Katalog kann mehrere Farbtönungsunterschiede enthalten. Solche entstehen in der Regel durch abweichende Mischungen der Druckfarbe. Sie können außerdem durch chemische oder physikalische Einflüsse entstanden sein (z. B. sog. Farbschwankungen durch unterschiedliche Sättigung einer Druckfarbe, die hellere oder dunklere Farbeindrücke hervorrufen). In Übergangs- und Grenzbereichen von Farbbezeichnungen können Prüfgegenstände nicht eindeutig einer Farbbezeichnung zuzuordnen sein. Auch unterliegt die Zuordnung eines Prüfgegenstandes zu einer bestimmten Farbbezeichnung im Katalog immer subjektiven Einschätzungen. Der Prüfer wird in der Regel die Bestimmung der Farbe visuell vornehmen. Die Anwendung aufwendiger oder besonders kostenintensiver Verfahren, wie z. B. Spektralanalyse, Spektralphotometrie, Fluoreszenzmikroskopie, chemische Methoden, ist zum Zweck der Farbzuordnung nicht geschuldet.

4.3. Weitergehende Feststellungen, wie Plattenfehler, nicht katalogisierte Unterarten und Abarten, Feldmerkmale, sowie Bewertungen sind nicht Aufgabe des Prüfers. Soweit er sie übernehmen will, ist er berechtigt, hierfür nach vorheriger Vereinbarung einen Zuschlag zur Prüfvergütung zu erheben.

4.4. Der Prüfer ist berechtigt, die zur Erreichung des Prüfzweckes notwendigen und üblichen Untersuchungen vorzunehmen, insbesondere lose Marken in kaltes oder warmes Wasser bzw. unempfindliche Stücke in ein Benzinbad zu legen. Bei Ganz- oder Briefstücken ist der Prüfer zur Ablösung der Marken nicht verpflichtet.

5. Attest, Kurzbefund und Befund

5.1. Ein Attest, Befund oder Kurzbefund – jeweils mit farbiger Abbildung des Prüfgegenstandes – kann dem Auftraggeber gegen gesonderte Berechnung erstellt werden (Ziffer 10.5.). Bei deren Ausstellung wird die Abbildung des Prüfgegenstand nur signiert, wenn dies zu seiner Identifizierung notwendig ist. Die Abbildungen sind zum Schutz vor Manipulationen durch ein Prägesiegel gesichert. Attest, Befund und Kurzbefund werden in deutscher Sprache verfasst, nur diese Fassung ist maßgeblich im Rechtsverkehr. Ein Anspruch auf Erstellung in anderer Sprache besteht nicht. Der Prüfer ist aber berechtigt, nach Absprache gegen angemessene Vergütung eine Übersetzung zu liefern.

5.2. Attest und Befund enthalten eine Bestätigung der Echtheit sowie die erforderliche Beschreibung des Prüfgegenstandes und seiner Erhaltung/Qualität. Ein Befund wird in der Regel ab einem MICHEL-Katalogwert von € 100,— und ein Attest ab einem MICHEL-Katalogwert von € 250,— ausgestellt.

5.3. Der Kurzbefund stellt entsprechend Ziffer 5.2. in standardisierter Form den Prüfgegenstand dar.

- 5.4. Marken mit Aufdruck „Specimen", Probedrucke, Essais und Vergleichbares erhalten ein Attest, einen Befund oder Kurzbefund. (Die frühere Praxis, diese Prüfgegenstände in der Mitte des Unterrandes zu signieren, entfällt.)
- 5.5. Der Prüfer ist berechtigt, mit dem Prüfauftrag zusammen vorgelegte, frühere Atteste, Befunde oder Kurzbefunde mit einem Hinweis auf die Vornahme seiner Prüfung zu versehen.

6. Signierung echter Prüfgegenstände

- 6.1. Für echt befundene Prüfgegenstände können durch rückseitige Anbringung des Prüfzeichens (Signum des Prüfers) in der in Ziffer 6.5. erläuterten Stellung gekennzeichnet (signiert) werden. Das Prüfzeichen enthält den Namen des Prüfers und den Zusatz „BPP".
- 6.2. Bei Einheiten von Briefmarken kann der Prüfer im Falle der Signierung auf jeder Briefmarke sein Prüfzeichen anbringen. Zusammendrucke werden über die Marken bzw. über Marken und Leerfelder, Reklamefelder, Diagonalkreuze usw. signiert. Zusätzlich wird die linke Marke (bei waagerechten Zusammendrucken) bzw. die untere Marke (bei senkrechten Zusammendrucken) wie in Abb. 1A und 1B sowie 2A und 2B (Ziffer 6.5.) signiert mit der Maßgabe, dass die Stellung des Prüfzeichens zur Grundlinie die Qualität des gesamten Zusammendrucks zum Ausdruck bringen muss.

Abbildungen 1 A und B

A   **B**

(Abbildungen von signierten Briefmarken: GEZÄHNT, DURCHSTOCHEN, GESCHNITTEN, MIT AUFDRUCK GEZÄHNT, MIT AUFDRUCK DURCHSTOCHEN, MIT AUFDRUCK GESCHNITTEN)

- 6.3. Aufgeklebte Marken (Briefstücke) werden auf der Rückseite des Papiers, auf welchem sie aufgeklebt sind, signiert.
- 6.4. Ganzstücke werden in der Regel nicht signiert, sondern nach Ziffer 5 behandelt, es sei denn, sie sind geringwertig. Nicht postalisch beförderte sowie nicht portogerecht frankierte Ganzstücke können auch wie Briefstücke signiert werden. Der Prüfer ist berechtigt, das Ganzstück zur Anbringung des Prüfzeichens zu öffnen.

Abbildungen 2 A und B

A   **B**

(Abbildungen signierter GEZÄHNT Marken)

- 6.5. Die Prüfzeichen werden grundsätzlich wie folgt mit schwarzer dokumentenechter Farbe gesetzt: Ungezähnt gebliebene Marken werden wie geschnittene Marken signiert.

  Beschädigte, reparierte oder verschönte Prüfgegenstände und ungebrauchte Marken ohne oder mit verändertem Gummi erhalten das Prüfzeichen, je nach Grad des Mangels, höhergesetzt (Abbildung 2 A). Stark beschädigte oder reparierte Prüfgegenstände werden bis zur Markenmitte erhöht signiert (Abbildung 2 B).
- 6.6. Geringwertige Prüfstücke erhalten in der Regel kein Prüfzeichen. Ein Prüfzeichen wird keinesfalls angebracht, wenn das geringwertige Prüfstück mit höherwertigen Marken verwechselt werden kann. Solche Prüfstücke können durch Typen-Stempel ohne namentliches Signum des Prüfers klassifiziert werden.
- 6.7. Prüfgegenstände mit zeitgerechten Abstempelungen zu philatelistischen Zwecken werden wie sonstige echt gestempelte Prüfgegenstände behandelt.
- 6.8. Amtliche Neudrucke oder Nachdrucke erhalten rückseitig das Signum „Neudruck" bzw. „Nachdruck" und das Prüfzeichen in der Mitte des Unterrandes. Private Neudrucke oder Nachdrucke werden nicht signiert. Auf unerlaubte Art oder in betrügerischer Absicht von echten oder nachgemachten Druckformen hergestellte Erzeugnisse sind wie Fälschungen zu behandeln.
- 6.9. Für das Prüfgebiet „Deutsche Inflation" besteht aus historischen Gründen folgende Sonderregelung in der Signierungspraxis: Die Signierung in allen Teilen echter gebrauchter Prüfgegenstände erfolgt zusätzlich durch den Rundstempel „Echt – INFLA-Berlin" oder den Quadratstempel „Echt – im Block geprüft – INFLA-Berlin" zur Bestätigung der echten und zeitgerechten Entwertung.

7. Kennzeichnung falscher Prüfgegenstände, Unprüfbarkeit von Prüfgegenständen

- 7.1. Falsche und verfälschte Prüfgegenstände erhalten den Stempel „falsch" und das dazu quergestellte Prüfzeichen, und zwar Marken in der Mitte der Rückseite und Briefstücke sowie Ganzstücke zusätzlich vorderseitig neben der Marke bzw. dem Wertstempel oder Stempel.

Prüfordnung

7.2. Echte, aber falsch entwertete Prüfgegenstände (Stempelfälschungen und Stempelverfälschungen) erhalten den Vermerk „Stempel falsch" und das dazu quergestellte Prüfzeichen, und zwar Marken in der Mitte der Rückseite und Briefstücke sowie Ganzstücke zusätzlich vorderseitig neben der Marke bzw. dem Wertstempel oder Stempel.
Falsch gummierte Marken erhalten rückseitig in der Markenmitte den Vermerk „Gummi falsch" und das dazu quergestellte Prüfzeichen.
7.3. Fälschungen zum Schaden der Post, Spionagefälschungen und ähnliche zur Freimachung von Postsendungen bestimmte Erzeugnisse erhalten kein Prüfzeichen, sondern werden gemäß Ziffer 5 behandelt.
7.4. Der Prüfer ist zur gut sichtbaren und untilgbaren Kennzeichnung von Fälschungen berechtigt und verpflichtet. Auch vorhandene unzutreffende Atteste, Befunde oder Kurzbefunde werden entsprechend gekennzeichnet.
Der Auftraggeber erklärt sich hiermit ausdrücklich einverstanden.
7.5. Kann der Prüfer auch unter Anwendung aller ihm zumutbarer Prüfmethoden und bei Berücksichtigung des für sein Prüfgebiet maßgeblichen Standes der philatelistischen Forschung nicht mit Sicherheit die Echtheit des Prüfgegenstandes oder das Vorliegen einer Fälschung bestätigen, so kann er den Prüfgegenstand als „nicht prüfbar" ohne jede Kennzeichnung zurückgeben.

8. Abwicklung des Prüfauftrages, Pflichten des Auftraggebers

8.1. Die Prüfgegenstände sind geordnet in sauberem, lose gestempelte Marken in papier- und falzfreiem Zustand, mit einer Aufstellung bzw. Kopie der eingelieferten Prüfgegenstände vorzulegen.
8.2. Der Auftraggeber ist verpflichtet, den Prüfer auf alle ihm bekannten Umstände aufmerksam zu machen, die zu einer Fehlbeurteilung führen können. Insbesondere sind dem Prüfer bereits bekannte Prüfungsurteile, Ergebnisse von Vorprüfungen, Fehler, Reparaturen, Nachzahnungen oder Nachgummierungen an dem Prüfgegenstand bei der Vorlage mitzuteilen und bereits vorhandene Befunde und/oder Atteste vorzulegen. Der Auftraggeber ist weiterhin verpflichtet, den Prüfer zu informieren, wenn ihm von dem Prüfgegenstand weitere gleiche Exemplare aus einer zerteilten oder ungeteilten Einheit, wie z. B. einem Briefmarkenbogen oder -teilbogen, vorliegen. Infolge der schuldhaften Verletzung der dem Auftraggeber gegenüber dem Prüfer obliegenden Verpflichtungen ist der Auftraggeber gegenüber dem Prüfer zum Ersatz des sich daraus ergebenden Schadens verpflichtet. Darüber hinaus ist der Auftraggeber verpflichtet, den Prüfer unverzüglich auf etwaige Fehler oder Mängel des Gutachtens hinzuweisen, um ihm die Möglichkeit einer etwaigen Berichtigung des Gutachtens zu geben.
8.3. Der Auftraggeber übersendet dem Prüfer den Prüfgegenstand an den Prüfer auf eigene Gefahr mit einer Versandform, die nach den Bestimmungen des Beförderers eine Übergabe gegen Unterschrift erfordert, gegebenenfalls mit einer geeigneten Versandversicherung. Der Auftraggeber teilt dem Prüfer mit Beauftragung mit, in welcher Form die Rückgabe des Prüfgegenstandes erfolgen soll. Wird keine Anweisung erteilt, nimmt der Prüfer die Rücksendung in geeigneter Form vor. Die Kosten der Rücksendung trägt in allen Fällen der Auftraggeber.
8.4. Die Gefahr für die Versendung des Prüfgegenstandes trägt der Auftraggeber. Dem Auftraggeber ist es freigestellt, seinerseits eine Versicherung der Prüfsendung vorzunehmen.

9. Haftung des Prüfers und Haftungsumfang

9.1. Der Prüfer haftet nach Maßgabe dieser Prüfordnung und der gesetzlichen Bestimmungen für eine zum Zeitpunkt der Prüfung fachgerechte, dem Stand der philatelistischen Kenntnisse und Erfahrungen entsprechende Prüfung.
9.2. Der Prüfer haftet bezüglich der Feststellung der seiner Prüfung zugrunde liegenden Tatsachen und des jeweiligen Standes der philatelistischen Kenntnisse dem Auftraggeber gegenüber nur für einfache Fahrlässigkeit.
Die Einordnung eines Prüfgegenstandes zu einer bestimmten Farbbezeichnung im Katalog wird der Prüfer nach bestem Wissen und Gewissen vornehmen. Eine Haftung des Prüfers kann die Einordnung in Übergangs- und Grenzbereichen von Farbbezeichnungen (vgl. Ziffer 4.2 der Prüfordnung) nicht sein, zumal diese subjektiven Kriterien unterliegt.
Für die Verletzung unwesentlicher Vertragspflichten haftet der Prüfer im Falle einfacher Fahrlässigkeit nicht. Die vorstehende Haftungsbegrenzung gilt für Ansprüche aus jeglichem Rechtsgrund, die vom Auftraggeber oder auf der Grundlage des Prüfauftrages von Dritten gegenüber dem Prüfer geltend gemacht werden.
Hat der Auftraggeber oder Dritte einen Schaden und haftet der Prüfer dem Auftraggeber oder Dritten für einfache Fahrlässigkeit, so beschränkt sich seine Haftung auf den Wert des Prüfgegenstandes zum Zeitpunkt der Prüfung, wenn dieser fälschlicherweise als falsch oder schlecht erhalten beurteilt wurde. Soweit in einem solchen Fall der Prüfer gegenüber einem Dritten haftet, entfällt diese Haftung gegenüber demjenigen Dritten, dem gegenüber in der Veräußerungskette zwischen Auftraggeber und Drittem bzw. zwischen Dritten untereinander die Gewährleistung ausgeschlossen oder beschränkt wurde, es sei denn, er hätte sich die Gewährleistungsansprüche ausgeschlossen oder beschränkt wurde, es sei denn, er hätte sich die Gewährleistungsansprüche abtreten lassen. Wurde der Prüfgegenstand fälschlicherweise als echt oder gut erhalten beurteilt, beschränkt sich die Haftung des Prüfers auf den Wert, den eine dem Prüfgegenstand entsprechende echte oder gut erhaltene Prüfvorlage zum Zeitpunkt der Prüfung hatte. Entgangener Gewinn, auch nach Durchführung der Prüfung eingetretene Wertsteigerungen werden nicht ersetzt. Liegen die Voraussetzungen des § 310 Abs. 1 BGB vor, so gilt die vorstehende Haftungsbegrenzung auch bei grob fahrlässigem Verhalten des Prüfers oder seiner Erfüllungsgehilfen.
Für eine vorgenommene zutreffende Signierung ohne Zustimmung des Auftraggebers haftet der Prüfer nicht. Eine versehentlich in der Stellung des Prüfzeichens unzutreffende Signierung führt nicht zu einer Haftung des Prüfers. In diesem Fall wird der Prüfer kostenlos einen Befund, einen Befund oder ein Attest erstellen, der die unzutreffende Signierung richtig gestellt wird.
9.3. Die in Ziffer 9.2 aufgeführten Haftungsbeschränkungen gelten nicht bei dem Prüfer zurechenbaren Verletzungen des Lebens, Körpers oder der Gesundheit des Auftraggebers.
9.4. Soweit der Prüfer gegenüber Dritten aus dem Prüfvertrag haftet, reichen die gegen ihn gerichteten Ansprüche nicht weiter als die dem Auftraggeber selbst zustehenden Ansprüche. Auch für den Dritten gelten die in der Prüfordnung festgelegten Haftungsbeschränkungen.
9.5. Kommt der Prüfer nach Abschluss der Prüfung zu der Erkenntnis, dass das zunächst festgestellte Ergebnis seiner Prüfung unzutreffend ist, ist der Prüfer dem Auftraggeber verpflichtet, durch Prüfung des Prüfgegenstandes bzw. Attestes, Befundes oder Kurzbefundes am Sitz des Prüfers eine Korrektur zu ermöglichen. Das gleiche gilt im Falle der Geltendmachung eines Schadensersatzanspruches. Diese Verpflichtung entfällt, wenn der Auftraggeber weder Eigentümer noch Besitzer des Prüfgegenstandes ist. Das ursprüngliche Prüfergebnis muss erkennbar bleiben.
9.6. Eine Haftung des Bundes Philatelistischer Prüfer e.V. für seine als Prüfer tätigen Mitglieder ist ausgeschlossen.
9.7. Sind die Voraussetzungen für die Leistung von Schadensersatz durch den Prüfer gegeben, dann kann der Prüfer nach seiner Wahl entweder ein gleichwertiges Ersatzstück liefern oder den entstandenen Schaden in bar ersetzen.
9.8. Der Auftraggeber ist verpflichtet, alles zu tun, um den Eintritt und die Höhe des Schadens zu mindern (§ 254 BGB). Für den Fall seiner Inanspruchnahme durch Dritte hat der Auftraggeber dem Prüfer unverzüglich Anzeige zu machen.

10. Anspruch des Prüfers auf Vergütung

10.1. Der Prüfer berechnet für seine Tätigkeit, auch Neu- oder Nachprüfung, eine Vergütung.
10.2. Die Vergütung beträgt, wenn nichts anderes vereinbart ist, bis zu 4% vom jeweiligen MICHEL-Katalogwert oder, wenn ein solcher nicht feststellbar ist, bis zu 4% vom Handelswert.
Für Marken, die als Satz vorgelegt werden und für die keine Einzeltypisierung vorgenommen werden muss, wird der Satzpreis, soweit ein solcher im MICHEL-Katalog festgestellt ist, für die Bemessung der Vergütung herangezogen.
In der Regel beträgt die Mindestvergütung je Prüfsendung € 20,—. Die Mindestvergütung für jede einzelne vorgelegte Marke beträgt € 2,—, für jedes Briefstück oder Ganzstück € 3,—, auch wenn keine Signatur angebracht wird.
Bei Briefstücken oder Ganzstücken mit mehr als drei verschiedenen Marken kann für die Typisierung eine zusätzliche Vergütung von 1,— € pro Marke berechnet werden.

10.3. Die Vergütung für als falsch oder verfälscht zu kennzeichnende Prüfgegenstände beträgt bis zu 1% des MICHEL-Katalogwertes gemäß Ziffer 10.2. oder, wenn ein solcher nicht feststellbar ist, bis zu 1% des Handelswertes.
Sollte sich das bereits auf dem Prüfgegenstand befindliche Prüfzeichen bei der Überprüfung als falsch erweisen, beträgt die Vergütung bis zu 4% des MICHEL-Katalogwertes.
Erweist sich ein Prüfgegenstand als nicht prüfbar, darf nur die Mindestvergütung gemäß Ziffer 10.2. in Anrechnung gebracht werden, es sei denn, der Prüfer macht höheren Aufwand geltend.

10.4. Für besonders zeitintensive und schwierige Prüfungen kann der Prüfer einen vorher schriftlich zu vereinbarenden Aufschlag verlangen. Dies gilt auch für das Einordnen von Prüfgegenständen nach Druckart, Type, Wasserzeichen, Trennungsart, Farbe, Lochung und Papier.

10.5. Die zusätzliche Vergütung für die Ausstellung eines Attestes beträgt € 20,—, für einen Befund € 10,—, für einen Kurzbefund in Großformat € 8,— und für einen Kurzbefund in Kleinformat € 5,—.

10.6. Die Vergütung wird mit Zugang der Prüfrechnung beim Auftraggeber fällig. Sie kann durch Nachnahme erhoben werden.

10.7. Neben der Vergütung berechnet der Prüfer seine Versand-, Versicherungs- und Verpackungskosten sowie gegebenenfalls, soweit er der Steuerpflicht unterliegt, die gesetzliche Mehrwertsteuer.

10.8. Der Prüfer kann eine Vorauszahlung in Höhe der zu erwartenden Vergütung einschließlich Versandkosten verlangen. Soweit nicht Vorauszahlung der Vergütung erfolgt oder diese nicht durch Nachnahme erhoben wird, kann der Prüfer die Prüfgegenstände bis zur Zahlung seiner Rechnung zurückbehalten.

10.9. Gegen Ansprüche des Prüfers auf Zahlung der Vergütung kann der Auftraggeber nur aufrechnen, wenn seine geltend gemachte Gegenforderung unbestritten oder rechtskräftig festgestellt ist.

11. Verjährung

Ansprüche des Auftraggebers wegen mangelhafter Vertragserfüllung sowie Schadensersatzansprüche gegen den Prüfer, gleich aus welchem Rechtsgrund, verjähren im Falle einfacher Fahrlässigkeit des Prüfers oder seiner Erfüllungsgehilfen spätestens nach einem Jahr, sofern sich aus den gesetzlichen Bestimmungen nicht eine kürzere Verjährungsfrist ergibt. Der Verjährungsbeginn richtet sich nach den gesetzlichen Vorschriften.
Die vorstehende Begrenzung der Verjährungsfrist gilt nicht im Falle von dem Prüfer zurechenbaren Verletzungen des Lebens, Körpers oder der Gesundheit des Auftraggebers.

12. Erfüllungsort und Gerichtsstand

12.1. Hat der Auftraggeber keinen allgemeinen Gerichtsstand im Inland oder verlegt er seinen Wohnsitz oder gewöhnlichen Aufenthaltsort aus dem Inland oder ist sein Wohnsitz oder gewöhnlicher Aufenthaltsort zum Zeitpunkt der Klageerhebung nicht bekannt, so ist der Wohnsitz des Prüfers ausschließlicher Gerichtsstand.
Hat der Prüfer keinen allgemeinen Gerichtsstand im Inland oder verlegt er seinen Wohnsitz oder gewöhnlichen Aufenthaltsort aus dem Inland oder ist ein solcher nicht bekannt, so ist der Sitz des Bundes Philatelistischer Prüfer e.V. ausschließlicher Gerichtsstand.

12.2. Ist der Auftraggeber Kaufmann, juristische Person des öffentlichen Rechts oder öffentlich rechtliches Sondervermögen, so ist der Wohnsitz des Prüfers ausschließlicher Gerichtsstand, sofern dieser zum Zeitpunkt der Klageerhebung in der Bundesrepublik Deutschland besteht.

12.3. Vorbehaltlich der Ziffern 12.1 und 12.2 ist der Erfüllungsort für alle Beteiligten der Wohnsitz des Prüfers.

12.4. Auf die Rechtsbeziehungen zwischen dem Prüfer und seinem Auftraggeber findet das Recht der Bundesrepublik Deutschland Anwendung.

13. Ergänzungen der Prüfordnung

13.1 Aufgrund der Besonderheiten einzelner Prüfgebiete bestehen für diese Sonderregeln, die die Prüfordnung ergänzen. Derzeit sind für folgende Prüfgebiete Sonderregeln aufgestellt worden, ohne dass Anspruch auf Vollständigkeit besteht:

Deutsche Inflation

DDR

Es können weitere Sonderregeln bestehen.

13.2 Die Sonderregeln sind vom jeweiligen Prüfer abzufordern. Sie werden darüber hinaus im Internet **(www.bpp.de)** in jeweils aktueller Form veröffentlicht.

14. Schlussbestimmungen

Sollten einzelne Bestimmungen dieser Prüfordnung unwirksam sein oder werden, so wird hierdurch die Wirksamkeit der übrigen Bestimmungen nicht berührt.

Diese Prüfordnung tritt mit ihrer Veröffentlichung im Internet **(www.bpp.de)** zum 01. Juli 2007 in Kraft.

Prüfungen und Prüfordnung

Der beste Schutz gegen den Erwerb falscher oder minderwertiger Marken ist der Einkauf im gutberufenen Fachgeschäft. In Zweifelsfällen ist die Hinzuziehung eines Experten angebracht.

Prüfordnung. Die von den Spitzenverbänden der Sammler und Händler anerkannten Experten für Marken, Abstempelungen und Erhaltung prüfen nach einheitlichen Richtlinien, die jeder Philatelist kennen sollte.

Ergänzend sei hier nochmals darauf hingewiesen, daß der Verlag der MICHEL-Kataloge keine Markenprüfungen vornimmt.

Prüferliste (Stand 24.5.2007)

Prüfgebiete
(In der Regel incl. Ganzsachen, Barfrankaturen und Notentwertungen)

1. Vorphilatelistische Belege und Briefe bis 1875
(keine Markenprüfungen)

Atlantik-Transite: derzeit nicht besetzt

Europäische Ost-West-Transite: derzeit nicht besetzt – **Europäische Nord-Süd-Transite:** Dr. Helbig

Vorphilatelie einzelner Länder: siehe dort

2. Altdeutschland

Baden: M. Brettl, Flemming, Stegmüller
Bayern:
  Vorphilatelie: Pietz
  1849–1875 (Kreuzerzeit): M. Brettl, Schmitt, Sem, Stegmüller
  1876–1911 (Wappen – Pfennigzeit): Dr. Helbig, Sem
  1876–1920 (Pfennigzeit): Dr. Helbig
  Flugmarke MiNr. F I und Luftpost-Ganzsachen
  MiNr. LP 1–2: C. Brettl, Dr. Helbig
  Infla-Stempel (1914/20): Dr. Helbig, Dr. Oechsner
Bergedorf: Dr. Mozek
Braunschweig: Lange
Bremen: Neumann
Hamburg: Lange, Mehlmann
Hannover: Berger
Helgoland: C. Brettl
Lübeck: C. Brettl, M. Brettl, Flemming
Mecklenburg-Schwerin: Berger
Mecklenburg-Strelitz: Berger
Oldenburg: Berger, M. Brettl, Stegmüller
Preussen: M. Brettl, Flemming
Sachsen: Rismondo
Schleswig-Holstein: Moeller
Thurn und Taxis:
  Vorphilatelie: Gambert
  1852–1866: Sem
Württemberg:
  MiNr. 1–43: Heinrich, Irtenkauf
  MiNr. 44–62: Heinrich, Winkler
  Dienstmarken (einschl. Farben): Winkler
  Telegraphenmarken: Winkler
Norddeutscher Postbezirk: Flemming, Mehlmann
Elsaß-Lothringen und Feldpost 1870–71:
  Flemming, Mehlmann

3. Deutsches Reich 1872–1945

1872–1916:
MiNr. 1–30: Brugger, Krug, Sommer (bis 31.12.2007, nur auf Anfrage)
MiNr. 31–52: Jäschke-Lantelme, Petry, Wiegand
MiNr. 53–97: (ohne MiNr. A I): Jäschke-Lantelme, Dr. Oechsner
MiNr. A I (Vineta-Prov.): Dr. Mozek
Flugpost 1912 (MiNr. I–VI): C. Brettl, M. Brettl
Feldpost 1914–19: Haspel
Marineschiffspost 1914–19: Haspel
Flugpostbriefe: derzeit nicht besetzt
Pionierflugpost: Hofrichter
Halbamtliche Flugmarken MiNr. 1–21: C. Brettl, Hofrichter
Zeppelinpost: derzeit nicht besetzt

1916–1945
MiNr. 98–337: Bechtold (von November bis März keine Prüfung, sonst nur auf Anfrage), Fleiner, Meyer, Dr. Oechsner, Tworek, Weinbuch, Winkler
MiNr. 338–910: Dr. Oechsner, A. Schlegel, H.-D. Schlegel

Flugpostbriefe: derzeit nicht besetzt
Erst- und Sonderflugpost des Deutschen Reiches: derzeit nicht besetzt
Deutsche Übersee-Expeditions- und Versuchsflüge: derzeit nicht besetzt
Zeppelinpost (Deutsche Luftschiffe): derzeit nicht besetzt
Katapultpost Nordatlantik, Schleuderflug Südatlantik: derzeit nicht besetzt
DO-X-Flugpost: derzeit nicht besetzt

Dienstmarken:
MiNr. I–II: Jäschke-Lantelme, Wiegand
MiNr. 1–14: Jäschke-Lantelme, Dr. Oechsner
MiNr. 16–98: Bechtold (von November bis März keine Prüfung, sonst nur auf Anfrage), Fleiner, Meyer, Dr. Oechsner, Tworek, Weinbuch, Winkler
MiNr. 99–177: Dr. Oechsner, A. Schlegel, H.-D. Schlegel
POL-Lochungen: Dr. Modry
Dienstkontrollaufdrucke Frankfurt, Langenschwalbach, Mecklenburg, Stuhm:
  Dr. Böheim, Fleiner, Meyer, Dr. Oechsner, Tworek, Weinbuch, Winkler
Dienstkontrollaufdrucke Wiesbaden, Erlenhof:
  Fleiner, Meyer, Dr. Oechsner, Tworek, Weinbuch, Winkler

4. Deutsche Auslandspostämter und Kolonien

Südsee-Seepost: (Deutsche Seepostlinien): Brekenfeld
Vorläufer der Auslandspostämter und Kolonien: Steuer
Deutsche Post in China: Jäschke-Lantelme (incl. Handstempelaufdrucke MiNr. 8–14, I–IV), Steuer (ohne Handstempelaufdrucke)
Feldpost 1900–01 (keine Markenprüfung): Haspel
Deutsche Post in Marokko: Jäschke-Lantelme, Dr. Provinsky, Steuer
Deutsche Post in der Türkei (ohne Militärmission): Jäschke-Lantelme, Steuer
(ohne Vorläufer und Militärmission): Dr. Hollmann, Wiegand
Militärmission 1914–19: Haspel
Deutsch-Neuguinea (ohne GRI): Jäschke-Lantelme, Dr. Provinsky, Steuer
Deutsch-Ostafrika: Jäschke-Lantelme, Steuer
Deutsch-Südwestafrika: Jäschke-Lantelme, Meiners, Steuer
Feldpost 1903–07 (keine Markenprüfung): Haspel
Kamerun (ohne CEF): Jäschke-Lantelme, Steuer
Karolinen: Brekenfeld, Jäschke-Lantelme, Steuer
Kiautschou: Jäschke-Lantelme, Steuer
Marianen: Jäschke-Lantelme, Dr. Provinsky, Steuer
Marshall-Inseln (ohne GRI): Jäschke-Lantelme, Dr. Provinsky, Steuer
Samoa (ohne GRI): Jäschke-Lantelme, Steuer
Togo (ohne GRI): Brekenfeld, Jäschke-Lantelme, Steuer
Kriegsgefangenenpost Japan 1914–20: Haspel

5. Deutsche Besetzungsausgaben 1914 bis 1918, Abstimmungsgebiete 1920 und 1935, Danzig, Memel, Sudetenland

Belgien: Hey
Etappengebiet West: Hey
Postgebiet Ob. Ost: Hey
Dorpat: Hey
Libau: A. Schlegel
Polen: Hey (ohne Lokalpost)
Rumänien: Hey

Allenstein: Althen, Hey
Marienwerder: Prof. Dr. Klein
Oberschlesien: Gruber
Saargebiet:
 MiNr. 1–52: Burger, H. Ney
 MiNr. 53–205: Geigle, Ch. Ney
 Dienstmarken MiNr. 1–32: Bärsch, Geigle, Ch. Ney
Schleswig: Gruber

Danzig: Gruber, Dr. Oechsner, Soecknick, Tworek
Memel: Prof. Dr. Klein

Sudetenland:
 Asch MiNr. 1–5, Karlsbad MiNr. 1–63, Konstantinsbad MiNr. 1–35, Niklasdorf MiNr. 1–121, Reichenberg-Maffersdorf MiNr. 1–138, Rumburg MiNr. 1–52: Brunel

6. Deutsche Besetzungsausgaben 1938–1945

Albanien: Brunel
Böhmen und Mähren: Paetow
 Mährisch-Ostrau MiNr. 1–63: Paetow
Estland: Prof. Dr. Klein
Frankreich: Herbst
Generalgouvernement: Paetow, Pfeiffer, Schweizer
Kanalinseln: Wieneke
Kotor: Brunel
Kurland: Watzke
Laibach: Brunel
Lettland: Watzke
Litauen: Bender, Prof. Dr. Klein (bis 31.12.2007)
Makedonien: Brunel
Montenegro: Brunel
Ostland: Watzke
Rußland: Zirath
Serbien: Brunel, Kleymann
Ukraine: Zirath
Zante: Brunel
Zara: Brunel

7. Deutsche Feldpost 2. Weltkrieg

MiNr. 1: Gabisch
MiNr. 2–4 (Päckchenfeldpost): Gabisch
MiNr. 5: Gabisch
MiNr. 6–12: Petry
MiNr. 13 (U-Boot Hela): Gabisch
MiNr. 14–15 (Kuban, Krim): Zirath
MiNr. 16 (Kurland): Gabisch
MiNr. 17 (Ruhrkessel): Petry (nur ungebraucht)
Ostpreußen – Feldpost: Gabisch

8. Deutschland ab 1945

Lokalausgaben 1945/1946

Altdöbern: Dr. Penning
Altentreptow: Kramp
Apolda: Dr. Harder, bis 31.12.2007 keine Prüfung, Kunz
Arnsberg: Hettler
Bad Nauheim: —
Bad Saarow: Kunz
Bad Schmiedeberg: Kunz, Dr. Penning
Brackwede: Barth
Braunsbedra: —
Bünde: Kunz
Cottbus: —
Demmin: Kramp
Döbeln: Kunz, Dr. Penning
Düsseldorf: Barth
Eckartsberga: Kunz
Ellingen: Barth
Finsterwalde: Kunz
Flensburg: —
Frederdsdorf: Dr. Harder, bis 31.12.2007 keine Prüfung
Freudenstadt: Dr. Penning
Glauchau: Dr. Penning
Görlitz: Kunz, Dr. Penning, Ströh
Grabow: Kramp
Großräschen: Dr. Jasch, Kunz
Hamburg: Hettler
Hamm: —
Kiel: Hettler
Köln: Barth
Löbau: Kunz
Löhne: —
Lübbenau: —
Lütjenburg: —
Meißen: Dr. Penning
Mindelheim: Kunz
Netzschkau-Reichenbach: Kunz, Dr. Penning
Niesky: Kunz, Dr. Penning, Ströh
Plauen: Kunz
Röhrmoos: Dr. Penning
Spremberg: Kunz
Storkow: Kunz
Strausberg: Kunz
Titisee: Dr. Penning
Unna: Hettler
Wittenberg: —
Wuppertal: Barth

Gebiete ohne Namensangabe sind derzeit nicht besetzt

Alliierte Besetzung (MiNr. 911–970): A. Schlegel (ohne Farbbestimmung), H.-D. Schlegel (ohne Farbbestimmung)

Sowjetische Zone (MiNr. 1–165 inkl. Ganzsachen, Barfrankaturen und Notentwertungen):

 Berlin und Brandenburg (MiNr. 1–7): Dr. Jasch, Ströh
 Mecklenburg-Vorpommern (MiNr. 8–40): Kramp
 Bundesland Sachsen, Sächsische Schwärzungen: Dr. Penning
 Ostsachsen (MiNr. 41–65): Dr. Jasch, Kunz, Ströh
 Provinz Sachsen (MiNr. 66–91): Dr. Jasch, Ströh
 – Postmeistertrennungen: Dr. Jasch, Ströh
 – POL-Lochungen: Dr. Jasch, Ströh
 Thüringen (MiNr. 92–115): Dr. Jasch, Ströh
 Westsachsen (MiNr. 116–165): Dr. Jasch, Ströh
 Bezirkshandstempel (MiNr. 166–181, I-IV):
 Bezirk 3: Ballschmidt, Dr. Böheim, Busse
 Bezirk 14: Dr. Böheim, R. Müller
 Bezirk 16: Ballschmidt, Dr. Böheim, Prof. Dr. von Heintze
 Bezirk 20: Ballschmidt, Dr. Böheim, Dr. Modry (bis 31.12.2007)
 Bezirk 27: Dr. Böheim, Dr. Modry (bis 31.12.2007)
 Bezirk 29: Ballschmidt, Dr. Böheim, Dr. Modry (bis 31.12.2007)
 Bezirk 36: Ballschmidt, Dr. Böheim, Prof. Dr. von Heintze, Maigatter, Dr. Modry (bis 31.12.2007)
 Bezirk 37: Ballschmidt, Dr. Böheim, Prof. Dr. von Heintze, Lieder, Dr. Modry (bis 31.12.2007)
 Bezirk 38: Ballschmidt, Dr. Böheim, Prof. Dr. von Heintze, Lieder, Maigatter, Dr. Modry (bis 31.12.2007)
 Bezirk 41: Dr. Böheim, Dr. Modry (bis 31.12.2007)
 MiNr. 182–211: Paul
 MiNr. 212–241: Mayer, Paul, Schönherr
 POL-Lochungen: Dr. Modry (bis 31.12.2007)

Deutsche Demokratische Republik:

 1949–1990: Mayer, Paul, Schönherr
 Dienstmarken Gruppe A–E: Paul, Schönherr
 POL-Lochungen: Dr. Modry

 Berlin: Eliades, A. Schlegel, H.-D. Schlegel
 Zusammendrucke, Markenheftchen, Rollenmarken: Schmidl

Saarland: Ch. Ney

Französische Zone: H.-D. Schlegel, Straub
 Allgem. Ausgaben: H.-D. Schlegel, Straub (mit Typbestimmung)
 Baden MiNr. 1–57: H.-D. Schlegel, Straub (mit Typbestimmung)
 Rheinland-Pfalz MiNr. 1–52: H.-D. Schlegel, Straub (mit Typbestimmung)
 Württemberg MiNr. 1–52: H.-D. Schlegel, Straub (mit Typbestimmung)
 Württemberg-Wohnungsbau: Harlos, Straub
 Barfrankaturen, Notentwertungen, Ganzsachen: Straub

Bizone:

 MiNr. 1–35: Hettler, A. Schlegel
 MiNr. 36–72: A. Schlegel, H.-D. Schlegel
 MiNr. 73–100 (Bauten): Stemmler
 MiNr. 101–110: A. Schlegel, H.-D. Schlegel

POL-Lochungen: Dr. Modry (bis 31.12.2007)
Aufbrauchs- und Behelfsganzsachen inkl. lokale Notausgaben: Hettler

Bundesrepublik: A. Schlegel, H.-D. Schlegel
Notopfermarken: Harlos
Flugpost: derzeit nicht besetzt
Zusammendrucke, Markenheftchen, Rollenmarken: Schmidl
POL-Lochungen: Dr. Modry (bis 31.12.2007)
Saarland (OPD Saarbrücken): Ch. Ney

9. Europa

Vorphilatelistische Belege und Briefe bis 1875 (keine Markenprüfungen)
Europäische Ost-West-Transite: derzeit nicht besetzt
Europäische Nord-Süd-Transite: Dr. Helbig

Luftpostbriefe 1918–38: derzeit nicht besetzt
Weltraumpost: Hopferwieser

Ägäische Inseln: derzeit nicht besetzt
Albanien
  Lokalausgabe Koriza: Schmitt
Dänemark: Moeller
Epirus: Schmitt
Estland: Löbbering
Färöer: Moeller
Finnland (mit Aunus, Karelien, Nordingermanland): Schwenson
Frankreich:
  Vorphilatelie: Dr. Goebel
  1849–1900: Dr. Goebel
  Allgemeine Kolonialausgaben: Dr. Goebel
  nur Franz. Post Kreta: Schmitt
Gibraltar: Hamilton-Bowen
Griechenland:
  MiNr. 1–157, Vorphilatelie, Auslandspostämter, Cholera- und sonstige Nebenstempel: Simmermacher
  nur Lokalausgaben Chios, Dedeagatsch, Mytilene: Schmitt
Grönland: Moeller
Großbritannien:
  MiNr. 1–101 (ohne Dienst): Louis
Ikarien: Schmitt
Ionische Inseln: (nur MiNr. 1–3 u. Vorphilatelie): Simmermacher
Irland: Hamilton-Bowen
Island: Daebel, Moeller
Istrien Zone B: Zrinjscak
Italien:
  MiNr. 1–641, Dienst und Porto MiNr. 1–36: Newiger
  ab MiNr. 666 inkl. Porto- und Paketmarken: derzeit nicht besetzt
  Altitalien: derzeit nicht besetzt
  Kirchenstaat: Friebe
  Sardinien: Newiger
  Ital. Besetzungsgebiete und Auslandspostämter: derzeit nicht besetzt
  Ital. Post Albanien: derzeit nicht besetzt
  Ital. Post Kreta: Schmitt
Jugoslawien: Zrinjscak
Kreta: Schmitt
Kroatien
  sogen. NDH Kroatien 1941–45: Wieneke, Zrinjscak
  Feldpost der deutschen Wehrmacht in Kroatien 1941–45: Wieneke,
  Kroatien ab 1991 einschl. Republik Herceg-Bosna (ab 1993): Zrinjscak
Lettland: Watzke
Liechtenstein: Marxer
Litauen: Prof. Dr. Klein
Lombardei-Venetien: Kimmel
Malta: Hamilton-Bowen
Mittellitauen: Prof. Dr. Klein
Montenegro: derzeit nicht besetzt
Niederlande: Vleemming
Norwegen: Enger
Österreich:
  1850–67: Kimmel, Rismondo
  ab MiNr. 44 (ohne Lokalausgaben und Nebengebiete): Soecknick
  Bosnien und Herzegowina: Soecknick
  Levante: derzeit nicht besetzt
  Levante, nur Kreta-Stempel: Schmitt
  Lombardei-Venetien: Kimmel, Rismondo

Polen: (einschl. Vorphilatelie, Poln. Korps, Lokalausgaben, Militärausgaben): derzeit nicht besetzt
Port Gdansk: Gruber
Rumänien:
  (bis 1880, einschl. Vorphilatelie): Heimbüchler
  Vorphilatelie Fürstentum Moldau und Fürstentum Walachei: Dr. Gmach
  Fürstentum/Königreich Rumänien (MiNr. 8–98): Dr. Gmach
  Neu-Rumänien 1919: Barabassy
Russland: Kaiserreich und Republik (MiNr. 1–130): Hovest
  Russland: Wassmann (ohne Nebengebiete)
  RSFSR (MiNr. 149–219): Hovest, Wassmann
  Russische Post in der Levante: Hovest
Samos: Schmitt
San Marino: derzeit nicht besetzt
Schweden:
  1855–1900: Dr. Obermüller-Wilén
Schweiz:
  1843–1907: Kimmel
  1850–1883 (MiNr. 5–44): Hermann
  ab 1850: Marchand
  Hotelpost: Kimmel
Serbien: Kimmel
  nur Exilpost Corfu: Simmermacher
Sowjetunion (1917–1991): Hovest, Wassmann
Spanien mit Kolonien: Baschwitz
Thessalien: Schmitt
Thrazien: (nur Gümüldschina 1913): Schmitt
Triest Zone A: derzeit nicht besetzt
Triest Zone B: Zrinjscak
Tschechoslowakei: Darmietzel
Türkei: derzeit nicht besetzt
UdSSR: 1917–1992: Wassmann
Ungarn: (MiNr. 1–14 incl. zugeh. Ganzsachen), Hotelpost in Siebenbürgen, Besetzungsausgaben 1919, Westungarn 1921, Lajtabant: Barabassy
Vatikan: derzeit nicht besetzt

10. Übersee

Vorphilatelistische Belege und Briefe bis 1875 (keine Markenprüfungen)
Atlantik-Transite: derzeit nicht besetzt

Flugpost und amtliche Raketenpost (ganze Welt): derzeit nicht besetzt

Südsee-Seepost: Brekenfeld

Weltraumpost: Hopferwieser

Brasilien: Juchert
Ceylon 1857–1910: Kimmel
Chile (einschl. chil. Bes. von Bolivien und Peru, brit. Postanstalten in Chile): Maier
China (bis 1949, einschl. Militärpostmarken, Paketpostmarken, Portomarken): derzeit nicht besetzt
  Kaiserreich China (ohne Halbierungen): derzeit nicht besetzt
  Lokalpostsystem Shanghai: derzeit nicht besetzt
  Kaiserl.-Chin. Post Formosa: derzeit nicht besetzt
  Kaiserl.-Chin. Post Tibet: Franke
  Volksrepublik: Havemann
Corrientes: M. Brettl
Dänisch-Westindien: Moeller
Formosa: derzeit nicht besetzt
Haiti: Windel
Indien (bis 1947, einschl. Vorphilatelie, ohne Vertrags- und Feudalstaaten): derzeit nicht besetzt
  Brit.-Ind. Post Nepal, Pers. Golf, Zanzibar: derzeit nicht besetzt
Iran (bis 1881): derzeit nicht besetzt
Israel: derzeit nicht besetzt
Italienische Kolonien: derzeit nicht besetzt
Japan (ohne Besetzungsausgaben 2. Weltkrieg): Eichhorn, Newiger
Korea: Eichhorn
Niederländisch Indien: Vlemming (ohne japanische Besetzung)
Mexiko 1856–1872 (inkl. Vorphilatelie): Jaretzky
Persien (bis 1881): Eichhorn
Spanische Kolonien: Baschwitz
Stellaland: Dr. Helbig
Sudan: Dr. Helbig
Tibet: Franke
USA: derzeit nicht besetzt
Venezuela: Dr. Heister

Anschriften der Verbandsprüfer

Internetadresse: www.bpp.de (jeweils aktuellster Stand der Prüferliste)

Präsident: Dr. Hans-Karl Penning, Irlenpütz 24, 53332 Bornheim, Tel. (0 22 27) 52 79, Fax (02227) 92 54 57

Geschäftsstelle (Bürozeiten Mo–Fr 8–12 und 13–16 Uhr): Dr. Helmut P. Oechsner, Gustav-Weißkopf-Weg 13, 90411 Nürnberg, Telefon (09 11) 5 21 68 61, Fax (09 11) 5 21 62 92, E-Mail: HPOechsner@t-online.de

Die angegebenen Vorwahlnummern gelten von Deutschland aus.

Die mit unterstrichenem Nachnamen aufgeführten Verbandsprüfer sind auch als vereidigte Sachverständige tätig.

Althen, Manfred, Postfach 11 10, 61101 Bad Vilbel, Weißdornweg 11b, 61118 Bad Vilbel, Tel. (0 61 01) 3 34 50, E-Mail: MAlthen@t-online.de

Bärsch, Jürgen, Walkmühlstr. 42, 65195 Wiesbaden, Tel. (06 11) 4 04 66 66

Ballschmidt, Günter, Postfach 41 05 01, 12115 Berlin, Kurze Straße 7, 12167 Berlin, Tel. (0 30) 7 92 59 76

Barabassy, Nikolaus, Merkenicher Hauptstr. 116 D, 50760 Köln, Tel. 0173-9 00 36 80, E-Mail: mik.barabassy@arcor.de

Barth, Norbert, Echter Str. 20, 41844 Wegberg, Tel. (0 24 34) 2 46 64, E-Mail: norbert.barth@dynamic.sports.de

Baschwitz, German, c/Felipe III, 7, 28012 Madrid, SPANIEN, Tel. (0034 91) 3 65 74 78, Fax (0034 91) 3 65 45 92, E-Mail: german@iies.es

Bechtold, Günter, c/o Fa. G. Bechtold GmbH, Holzhofstr. 9–11, 82362 Weilheim, Tel. (08 81) 4 12 09, E-Mail: gbechtold@gainusa.com

Bender, Rainer, Ingendorfer Weg 51 A, 50829 Köln, Tel. (02 21) 50 21 37, E-Mail: rainer_bender@web.de

Berger, Florian, Mozartstr. 16, 65551 Limburg, Tel. (0 64 31) 7 28 89, Fax (0 64 31) 7 24 03, E-Mail: F.Berger-KG@t-online.de

Böheim, Dr. Julius, Fließhornstr. 8, 78465 Konstanz, Tel. (0 75 33) 57 96, Fax (0 75 33) 45 84, E-Mail: dr.boeheim@gmx.de

Brekenfeld, Carsten, Kadettenweg 274, 12205 Berlin, Tel. (0 30) 8 84 30 80, Fax (0 30) 88 43 08 15, E-Mail: CBrekenfeld@t-online.de

Brettl, Cornelia, Edelweißstr. 2, 83346 Bergen, Tel. (0 86 62) 66 39 91, Fax (0 86 62) 66 39 94, E-Mail: C.Brettl@t-online.de

Brettl, Maria, Richard-Wagner-Str. 31, 85591 Vaterstetten, Tel. (0 81 06) 18 13, Fax (0 81 06) 85 11, E-Mail: maria.brettl@freenet.de

Brugger, Guido, Wacholderweg 7, 88074 Meckenbeuren, Tel. (0 75 42) 37 88

Brunel, Robert, Im Oberried 5 B, 87665 Mauerstetten, Tel. (0 83 41) 8 11 70, Fax (0 83 41) 9 41 76, E-Mail: info@brunel-online.de

Burger, Alfred, Postfach 11 65, 66361 St. Ingbert, Bayernstr. 20, 66361 St. Ingbert, Tel. (0 68 94) 84 54

Busse, Joachim, Untergasse 42 b, 86934 Reichling, Tel. (0 81 94) 93 16 30, E-Mail: joachimbusse@gmx.de

Daebel, Roland, OT Wensickendorf, Stolzenhagener Weg 4, 16515 Oranienburg, Tel. (0 33 53) 7 01 70, Fax (07 21) 1 51 31 69 04, E-Mail: RDaebel@t-online.de

Darmietzel, Peter, Obere Leite 16, 97453 Marktsteinach, Tel. (0 97 27) 17 66, E-Mail: peter@darmietzel.de

Eichhorn, Florian, Adolfsallee 17, 65185 Wiesbaden, Tel. (06 11) 37 26 05, Fax (06 11) 30 62 68, E-Mail: minatoba@yahoo.de

Eliades, Christa, In den Gärten 40, 12349 Berlin, Tel. (0 30) 7 51 42 86, Fax (0 30) 7 52 42 80, E-Mail: c.eliades@gmx.de

Enger, Hans, Klundbyvn 103, Redalen, 2836 Biri, NORWEGEN, Tel. (0047 6 11) 8 15 55, Fax (0047 6 11) 8 17 37, E-Mail: post@engers-frimerker.no

Fleiner, Udo, Blauenstr. 2, 76297 Stutensee-Büchig, Tel. (07 21) 68 20 28, Fax (07 21) 68 91 83, E-Mail: udo.fleiner@t-online.de

Flemming, Wolfgang, Postfach 22 13 53, 04133 Leipzig, Tel. (03 41) 9 11 45 31; E-Mail: w.flemming.www@gmx.de
Bitte Postanschrift telefonisch erfragen

Franke, Wilfried, Rather Schulstr. 22, 51107 Köln, Tel. (02 21) 86 19 51, E-Mail: w.franke@gmx.org

Friebe, Hans, Tschaikowskistr. 85, 09599 Freiberg, Tel. (0 37 31) 76 83 38, Fax (0 37 31) 69 12 78, E-Mail: Friebe-Freiberg@t-online.de

Gabisch, Guido, Kapellenweg 7, 84347 Pfarrkirchen, Tel. (0 85 61) 98 68 66, Fax (0 85 61) 98 68 67, E-Mail: Gabisch-Bio-Zentrale@t-online.de

Gambert, Ludwig, Renzbergstr. 5, 97762 Hammelburg-Obererthal, Tel. (0 97 32) 78 25 42, Fax (0 97 32) 78 25 43, E-Mail: gambert.akademie@t-online.de

Geigle, Christian, Postfach 1222, 82026 Grünwald, Almrauschstr. 5, 82031 Grünwald, Tel. (0 89) 69 39 51 81, Fax (0 89) 69 39 51 82, E-Mail: chrgeigle@yahoo.com

Gmach, Dr. Gertlieb, Zankenhauser Str. 29, 82279 Eching a. A., Tel. (0 81 43) 86 59

Goebel, Dr. Raymond, 109, allée Léopold Goebel, 1635 Luxembourg, LUXEMBURG, Tel. (0035 2) 44 10 95, E-Mail: info@soluphil.lu

Gruber, Gunnar, Fritz-Reichle-Ring 4, 78315 Radolfzell, Tel. (0 77 32) 5 24 12, Fax (0 77 32) 92 97 41, E-Mail: GunnarGruber@t-online.de

Hamilton-Bowen, Roy, Postfach 11 24, 63083 Rodgau, Eisenbahnstr. 8, 63110 Rodgau, Tel. (0 61 06) 30 23, Fax (0 61 06) 30 24, E-Mail: roy.hb@online.de

Harder, Dr. Philipp, Saluferstr. 11, 7000 Chur, SCHWEIZ, Tel. (0041 79) 2 88 36 45, E-Mail: philipp.harder@t-online.de

Harlos, Peter, Postfach 61 64, 31509 Wunstorf, Maxstr. 20, 31515 Wunstorf, Tel. (0 50 31) 91 37 70, Fax (0 50 31) 91 37 71, E-Mail: info@harlos-auktion.de

Haspel, Rolf, Wolfener Str. 2, 06766 Thalheim-Bitterfeld, Tel. (0 34 94) 3 00 13

Haveman, B. Walter, Saarstr. 17, 73431 Aalen, Tel. (0 73 61) 3 71 07, E-Mail: haveman@t-online.de

Heimbüchler, Fritz, Bosettistr. 9, 81247 München, Tel. und Fax (0 89) 8 11 12 51, E-Mail: fil@heimbuechler.com

Heinrich, Thomas, Georg-Brandt-Weg 15, 71364 Winnenden, Tel. und Fax (0 71 95) 17 88 85, E-Mail: heinrich.winnenden@gmx.de

von Heintze, Prof. Dr. Jobst, Postfach 18 07, 39008 Magdeburg, Lienhardstr. 2, 39108 Magdeburg, Tel. (03 91) 7 34 89 78, Fax (03 91) 7 34 89 79

Heister, Dr. Knut, An der Hüh 9, 53902 Bad Münstereifel, Tel. (0 22 57) 79 96

Helbig, Dr. Joachim, Postfach 1233, 85609 Aschheim, 2301539 Packstation 158, 85609 Aschheim, Tel. (0 89) 9 04 59 87, Fax (0 89) 9 04 61 94, E-Mail: Johelbig@t-online.de

Prüferliste

Herbst, Lothar, Elzweg 5, 38350 Helmstedt,
Tel. (0 53 51) 54 20 57, Fax (0 53 51) 54 20 59,
E-Mail: lotharherbst@t-online.de

Hermann, Urs, Postfach 477, 4410 Liestal, SCHWEIZ,
Tel. (0041 61) 9 21 07 66, E-Mail: urshermann@yahoo.de

Hettler, Dieter, Postfach 73 03 47, 22123 Hamburg,
Ebersmoorweg 7a, 22143 Hamburg, Tel. (0 40) 6 41 57 34,
E-Mail: AMPostHettler@aol.com

Hey, Berend, Postfach 41 02 43, 28312 Bremen,
Carl-Schurz-Str. 22B, 28209 Bremen, Tel. (04 21) 34 16 48

Hollmann, Dr. Ernst, Bismarckallee 33 b, 14193 Berlin,
Tel. (0 30) 8 25 80 60, Fax (0 30) 8 26 60 46,
E-Mail: Dr.Hollmann@t-online.de

Hopferwieser, Walter Michael, Santnergasse 61,
5020 Salzburg, ÖSTERREICH, Tel. (0043 6 62) 82 20 46 16,
Fax (0043 6 62) 8 22 04 65,
E-Mail: walter@hopferwieser.net

Hovest, Ludger, Wilhelm-Leuschner-Str. 45, 46485 Wesel,
Tel. (02 81) 6 84 91 50, Fax (02 81) 6 84 91 51,
E-Mail: ludgerhovest@yahoo.de

Irtenkauf, Klaus, Ekkehardstr. 3, 88046 Friedrichshafen,
Tel. (0 75 41) 3 52 86

Jäschke-Lantelme, Michael, Ahlener Weg 13 c, 12207 Berlin,
Tel. (0 30) 75 51 90 16, Fax (0 30) 75 51 90 18,
E-Mail: info@jaeschke-lantelme.com

Jaretzky, Rolf-Dieter, Langer Kamp 17, 38106 Braunschweig,
Tel. (05 31) 7 40 48

Jasch, Dr. Michael, Ritterfelddamm 121, 14089 Berlin,
Tel. (0 30) 2 13 41 15, Fax (0 30) 2 13 46 23,
E-Mail: DrJasch@t-online.de

Juchert, Bernd, Hauptstraße 99, OT Rädel, 14797 Kloster Lehnin,
Tel. u. Fax (0 33 82) 70 23 11, E-Mail: bjuchert@t-online.de

Kimmel, Kurt, CP 376, 6908 Massagno, SCHWEIZ,
Tel. (0041 91) 9 66 74 74, Fax (0041 91) 9 66 34 83,
E-Mail: kurt.kimmel@arvest.ch

Klein, Prof. Dr. U. E., Postfach 11 53, 57234 Wilnsdorf,
Am Stoss 36, 57234 Wilnsdorf,
Tel. (02 71) 39 02 56, Fax (02 71) 39 44 76,
E-Mail: marret-udo.klein@gmx.de

Kleymann, Uwe, Marsseler Str. 7, 27721 Ritterhude,
Tel. (0 42 92) 92 01, E-Mail: u.kleymann@t-online.de

Kramp, Hans-Ludwig, Am Anger 7 A, 19217 Wendorf bei Rieps,
Tel. (03 88 73) 3 34 24,
E-Mail: hans-ludwig.kramp@t-online.de

Krug, Hansmichael, Postfach 94 01 03, 60459 Frankfurt/Main,
Burgfriedenstr. 42, 60489 Frankfurt/Main,
Tel. (0 69) 78 80 09 83, Fax (0 69) 78 80 09 82,
E-Mail: hansmichael.krug@gmx.de

Kunz, Jens, Am Hellenberg 14/15, 54579 Üxheim,
Tel. u. Fax (0 26 96) 12 73

Lange, Gertraud, Loher Str. 28, 22149 Hamburg
(Postfach entfällt), Tel. (0 40) 3 58 92 60, Fax (0 40) 34 21 57,
E-Mail: glange@postsenden.de

Lieder, Günter, Postfach 246, 22532 Hamburg,
Dornkamp 15, 22869 Schenefeld,
Tel. (0 40) 8 30 09 92, Fax (0 40) 85 50 37 73,
E-Mail: G.Lieder@t-online.de

Löbbering, Thomas, Rudolf-Dietz-Str. 9, 56379 Holzappel,
Tel. (0 64 39) 65 01, Fax (0 64 39) 92 97 23
E-Mail: thomas_loebbering@hotmail.com

Louis, Karl-Albert, Adalbert-Stifter-Str. 31, 65232 Taunusstein-
Hahn, Tel. (0 61 28) 92 58 80, E-Mail: karl.louis@t-online.de

Maier, Jörg, Postfach 53, 91088 Bubenreuth,
Tel. (0 91 31) 2 24 82, Fax (0 91 31), 4 01 12 50

Maigatter, Lutz, Norrenbergstr. 16, 41751 Viersen,
Tel. (0 21 62) 5 11 64, Fax (0 21 62) 1 03 50 96,
E-Mail: Lmaigatter@aol.com

Marchand, Jean-Claude, 2, Place de la Synagogue,
1211 Genf 11, SCHWEIZ, Tel. (0041 22) 7 81 38 12,
E-Mail: j-cm@philatelie-marchand.de

Marxer, Peter, Postfach 4 31, 9490 Vaduz, LIECHTENSTEIN,
Tel. (00 423) 2 30 00 65, Fax (00423) 2 30 00 88,
E-Mail: wn.marxer@supra.net

Mayer, Henry, Postfach 18 02, 29528 Uelzen,
Lüneburger Str. 66 a, 29525 Uelzen,
Tel. (05 81) 7 52 40, Fax (05 81) 7 52 41,
E-Mail: henry-mayer-uelzen@t-online.de

Mehlmann, Volker, Norfer Str. 18, 41539 Dormagen,
Tel. (0 21 33) 21 41 99, E-Mail: volker.mehlmann@web.de

Meiners, Roland, Burgmauer 22, 50667 Köln,
Tel. (02 21) 2 57 66 02, Fax (02 21) 2 57 67 45,
E-Mail: derichs_gmbh@web.de

Meyer, Bernd, Postfach 143, 09001 Chemnitz, Hohlweg 33,
09216 Limbach-Oberfrohna, Tel. und Fax (0 37 22) 8 01 81,
E-Mail: bernd.willi.meyer@t-online.de

Modry, Dr. Fritz, Postfach 10 13 32, 38843 Wernigerode,
Unterm Ratskopf 57, 38855 Werningerode,
Tel. (0 39 43) 60 68 98, E-Mail: fmodry@gmx.de

Moeller, Carl Aage, Bøgebjerg 13 C, 8400 Ebeltoft, DÄNEMARK,
Tel. (0045) 43 97 77 55, Fax (0045) 43 97 77 50,
E-Mail: llsecam@mail.tele.dk

Mozek, Dr. Christian, Hermann-Brangs-Staße 47,
47877 Willich, Tel. (0 21 54) 81 77 73 15

Müller, Rolf Frieder, Käthe-Kollwitz-Ufer 22, 01307 Dresden,
Tel. (03 51) 4 41 65 89

Neumann, Till, Postfach 10 29 40, 28029 Bremen,
Osterdeich 32, 28203 Bremen,
Tel. (04 21) 7 94 02 60, Fax (04 21) 7 94 02 61,
E-Mail: tn@klassische-philatelie.de

Newiger, Dieter, Postfach 9 50, 10132 Berlin,
Dunkerstr. 59 c, 10439 Berlin, Tel. (0 30) 4 46 95 56

Ney, Christine, Forststr. 27, 66793 Saarwellingen,
Tel. (0 68 38) 37 06, Fax (0 68 38) 8 41 87,
E-Mail: christine-ney@t-online.de

Ney, Herbert, Forststr. 27, 66793 Saarwellingen,
Tel. (0 68 38) 8 96 07 56, Fax (0 68 38) 8 41 87,

Obermüller Wilén, Dr. Helena, Box 1283, 14126 Huddinge,
SCHWEDEN, Tel. (0046 8) 6 41 09 11, Fax (0046 8) 6 43 22 38,
E-Mail: obermuller.wilen.helena@telia.com

Oechsner, Dr. Helmut P., Gustav-Weißkopf-Weg 13,
90411 Nürnberg, Tel. (09 11) 5 21 68 61, Fax (09 11) 5 21 62 92,
E-Mail: HPOechsner@t-online.de

Paetow, Hans-Hermann, Züricher Straße 110, 28325 Bremen,
Tel. (04 21) 42 95 33, Fax (04 21) 42 95 03,
E-Mail: HHPaetow@aol.com

Paul, Siegfried, Schulzestr. 6, 13187 Berlin,
Tel. (0 30) 4 86 97 14, Fax (0 30) 49 91 81 82,
E-Mail: paul.siegfried@t-online.de

Penning, Dr. Hans-Karl, Irlenpütz 24, 53332 Bornheim,
Tel. (0 22 27) 52 79, Fax (0 22 27) 92 54 57

Petry, Claus, Grabauer Weg 30, 22417 Hamburg,
Tel. (0 40) 5 37 22 42, E-Mail: clauspetry@web.de

Pfeiffer, Detlef, Marksuhler Ring 9, 71126 Gäufelden-Öschelbronn,
Tel. (0 70 32) 91 90 76, Fax (0 70 32) 91 90 77,
E-Mail: detpf@aol.com

Pietz, Friedrich, Neptunweg 14, 90471 Nürnberg,
Tel. (09 11) 8 14 75 65

Provinsky, Dr. Peter, Busseallee 7–9, 14163 Berlin,
Tel. (0 30) 8 43 90 30, E-Mail:
P.Provinsky@t-online.de

Rismondo, Tilo, Postfach 71 01 12, 09056 Chemnitz,
An der Kohlung 82, 09114 Chemnitz,
Tel. u. Fax (03 71) 44 21 53

Schlegel, Andreas, Kurfürstendamm 200, 10719 Berlin,
Tel. (0 30) 88 55 09 35, Fax (0 30) 88 55 09 37,
E-Mail: info@briefmarken-schlegel.de

Schlegel, Hans-Dieter, Messelstr. 21, 14195 Berlin,
Tel. (0 30) 8 81 34 18, Fax (0 30) 88 55 09 75,
E-Mail: buero.schlegel@t-online.de

Schmidl, Horst K., Mittenwalder Str. 50, 82194 Gröbenzell,
Tel. (0 81 42) 54 02 72

Schmitt, Joh. Ulrich, Hochleite 7, 86911 Diessen a. A.,
Tel. (0 88 07) 60 51, Fax (0 88 07) 60 53,
E-Mail: joh.ulrich.schmitt@gmx.de

Schönherr, Heinz-Jörg, Friedrich-Schmidt-Str. 24, 04249 Leipzig,
Tel. (03 41) 9 46 88 56, Fax (03 41) 2 31 84 65,
E-Mail: joerg-schoenherr@t-online.de

Schweizer, Michael, Moltkestr. 19/1, 73257 Köngen,
Tel. (0 70 00) 9 35 26 63, Fax (0 70 24) 98 98 11,
E-Mail: MichaelSchweizer@t-online.de

Schwenson, Cyril, Bahnhofstr. 16, 29549 Bad Bevensen,
Tel. (0 58 21) 4 11 00, Fax (0 58 21) 4 27 90,
E-Mail: c.schwenson@t-online.de

Sem, Peter, Kellerstr. 3, 96163 Gundelsheim, Tel. (09 51) 4 26 20,
Fax (09 51) 4 30 48, E-Mail: peter@peter-sem.de

Simmermacher, Rene, Rathausgasse 6, 79219 Staufen/Breisgau,
Tel. (0 76 33) 98 14 80, Fax (0 76 33) 98 14 90 oder
Austinergasse 7, 4001 Basel, SCHWEIZ,
Tel (0041 61) 2 61 18 48

Soecknick, Rüdiger, Geusaugasse 12/8, 1030 Wien,
ÖSTERREICH, Tel. (00 43 1) 2 08 35 46,
E-Mail: ruediger.soecknick@chello.at

Sommer, Martin-W., Tortonastr. 3, 35781 Weilburg,
Tel. (0 64 71) 26 17

Stegmüller, Franz, Postfach 90 09 41, 81509 München,
Traunreuter Str. 38, 81549 München,
Tel. (0 89) 68 09 37 90, Fax (0 89) 68 09 37 91,
E-Mail: franz.stegmueller@t-online.de

Stemmler, Winfried, Kallenbergstr. 65, 70825 Korntal-
Münchingen, Tel. (07 11) 1 39 68 29, Fax (07 11) 8 66 14 27,
E-Mail: winfried.stemmler@st.com

Steuer, Ronald F., Löwengasse 38/14, 1030 Wien, ÖSTERREICH,
Tel. und Fax (0043 1) 9 69 90 14,
E-Mail: ronald.steuer@chello.at

Straub, Wolfgang, Wasserweg 1, 61137 Schöneck,
Tel. (0 61 87) 44 45, Fax (0 61 87) 9 92 80 54,
E-Mail: W.R.Straub@web.de

Ströh, Bodo, Postfach 14 24, 24550 Henstedt-Ulzburg,
Hirschberger Str. 29a, 24558 Henstedt-Ulzburg,
Tel. (0 41 93) 18 91

Tworek, Rolf, Hamburger Str. 15, 59494 Soest,
Tel. (0 29 21) 7 98 94, Fax (0 29 21) 7 98 12,
E-Mail: Rolf.Tworek@t-online.de

Vleemming, Henk, Postfach 603, 7500 AP Enschede, NIEDER-
LANDE, Tel. (0031 53) 4 33 55 00, Fax (0031 53) 4 34 10 94,
E-Mail: o.postzegelveiling@tiscali.nl

Wassmann, Dieter, Schloss Str. 15, 55469 Simmern,
Tel. (0 67 61) 90 18 40, Fax (0 67 61) 91 82 85,
E-Mail: briefmarken-wassmann@t-online.de

Watzke, Wolfgang, Koblenzer Str. 91, 53177 Bonn,
Tel. und Fax (02 28) 35 25 27,
E-Mail: wolfgang.watzke@dfb-stiftung-egidius-braun.de

Weinbuch, Dieter, Forstenrieder Allee 24, 81476 München,
Tel. (0 89) 75 43 00, Fax (0 89) 75 97 94 84,
E-Mail: dieter.weinbuch@t-online.de

Wiegand, Manfred, Max-Born-Ring 31, 37077 Göttingen,
Tel. (05 51) 37 90 98, Fax (05 51) 3 07 01 91,
E-Mail: wiegand.manfred@web.de

Wieneke, Michael, An der Walkmühle 43, 51069 Köln,
Tel. und Fax (02 21) 60 41 60, E-Mail: michaelwieneke@gmx.de

Windel, Wolfgang, Glashütter Kirchenweg 21, 22851 Norderstedt,
Tel. (0 40) 5 24 13 43

Winkler, Hartmut, Steigstr. 12, 73277 Owen/Teck,
Tel. (0 70 21) 72 52 32, Fax (0 70 21) 72 52 34,
E-Mail: hartmutwinkler@t-online.de

Zirath, Walter, Giselaweg 7, 22335 Hamburg,
Tel. (0 40) 50 64 49, Fax (0 40) 50 63 87,
E-Mail: BriefmarkenZirath@web.de

Zrinjscak, Predrag, Industriestr. 21, 75181 Pforzheim,
Tel. (0 72 31) 78 63 03, Fax (0 72 31) 78 67 36,
E-Mail: predrag@zrinjscak.de

Die MICHEL-Rundschau – gesammelt griffbereit!

Die MICHEL-Rundschau-Sammelmappe, aus blauer PVC-Folie mit Goldaufdruck und der bewährten Federstabmechanik, bietet Platz für die 12 Ausgaben eines Jahres.

So schaffen Sie Ordnung und Übersicht – können aber mühelos jede MICHEL-Rundschau herausnehmen und später wieder einordnen.

Fragen Sie bitte bei Ihrem Briefmarkenhändler nach der MICHEL-Rundschau-Sammelmappe!

Vereidigte Sachverständige im BPP (wenn nicht in der Prüferliste aufgeführt, ohne Prüftätigkeit)

Die mit unterstrichenem Nachnamen aufgeführten vereidigten Sachverständigen sind auch als Verbandsprüfer tätig.

04133 Leipzig
Flemming, Wolfgang, Postfach 22 13 53, 04133 Leipzig,
Tel. (03 41) 9 11 45 31, E-Mail: w.flemming.www@gmx.de
Bitte Postanschrift telefonisch erfragen

12207 Berlin
Jäschke-Lantelme, Michael, Ahlener Weg 13c, 12207 Berlin,
Tel. (0 30) 75 51 90 16, Fax (0 30) 75 51 90 18,
E-Mail: info@jaeschke-lantelme.com

22083 Hamburg
Buhr, Carl, EKZ Hamburger Str. 23, 22083 Hamburg,
Tel. (0 40) 22 11 80, E-Mail: carl.buhr@gmx.de

30175 Hannover
Grobe, Christa, Zeppelinstr. 8a, 30175 Hannover, Postfach 52 52,
30052 Hannover, Tel. (05 11) 42 88 21, Fax (05 11) 42 88 81,
E-Mail: Christa.Grobe@t-online.de

40210 Düsseldorf
Schulz, Carl-Heinz, Bismarckstr. 93, 40210 Düsseldorf,
Tel. (02 11) 35 84 47, Fax (02 11) 35 69 88,
E-Mail: Brandes-Schulz@t-online.de

42783 Leichlingen
Hölzer, Arnim, Kirchstraße 15, 42799 Leichlingen,
Postfach 12 05, 42783 Leichlingen,
Tel. (0 21 75) 89 07 38, Fax (0 21 75) 89 07 40,
E-Mail: ArminHoelzer@t-online.de

55116 Mainz
Schütz, Dr. Reinhard, Bahnhofstr. 2 c, 55116 Mainz,
Tel. (0 61 31) 23 73 40, Fax (0 61 31) 23 73 42

58095 Hagen
Glaeser, Jürgen W., Friedrich-Ebert-Platz 11, 58095 Hagen,
Tel. (0 23 31) 2 36 55, E-Mail: j.glaeser@engbers-hagen.de

63083 Rodgau
Hamilton-Bowen, Roy, Postfach 11 24, 63083 Rodgau,
Eisenbahnstr. 8, 63110 Rodgau,
Tel. (0 61 06) 30 23, Fax (0 61 06) 30 24,
E-Mail: roy.hb@online.de

65183 Wiesbaden
Hornung, Torsten, Langgasse 19, 65183 Wiesbaden,
Tel. (06 11) 3 75 77 75, Fax (06 11) 3 75 77 80,
E-Mail: torsten.hornung@torsten.com

65207 Wiesbaden
Rühl, Klaus-Peter, Kirschenbergstr. 19, 65207 Wiesbaden,
Tel. (0 61 22) 7 67 28, Fax (0 61 22) 7 69 60,
E-Mail: Klaus-Peter.Ruehl@t-online.de

65375 Oestrich-Winkel
Rott, Klaus Peter, Schwarzgasse 4, 65375 Oestrich-Winkel,
Tel. und Fax (0 67 23) 17 53,
E-Mail: klaus-rott@gmx.de

65551 Limburg
Berger, Florian, Mozartstr. 16, 65551 Limburg,
Tel. (0 64 31) 7 28 89, Fax (0 64 31) 7 24 03,
E-Mail: F.Berger-KG@t-online.de

66111 Saarbrücken
Steffen, Hans-Jürgen, St.-Johanner-Str. 45–47,
Tel. (06 81) 4 76 62, Fax (06 81) 4 53 13,
E-Mail: info@saarphila.com

80801 München
Deider, Siegfried, Nordendstr. 56, 80801 München,
Tel. (0 89) 2 72 25 55, Fax (0 89) 2 71 84 27,
E-Mail: deider@ngi.de

82031 Grünwald
Geigle, Christian, Postfach 1222, 82026 Grünwald,
Almrauschstr. 5, 82031 Grünwald,
Tel. (0 89) 69 39 51 81, Fax (0 89) 69 39 51 82,
E-Mail: chrgeigle@yahoo.com

82194 Gröbenzell
Schmidl, Horst K., Mittenwalder Str. 50, 82194 Gröbenzell,
Tel. (0 81 42) 54 02 72

85609 Aschheim
Helbig, Dr. Joachim, Postfach 1233, 85609 Aschheim,
2301539 Packstation 158, 85609 Aschheim,
Tel. (0 89) 9 04 59 87, Fax (0 89) 9 04 61 94,
E-Mail: johelbig@t-online.de

90411 Nürnberg
Oechsner, Dr. Helmut P., Gustav-Weißkopf-Weg 13,
90411 Nürnberg, Tel. (09 11) 5 21 68 61, Fax (09 11) 5 21 62 92,
E-Mail: HPOechsner@t-online.de

90702 Fürth
Stenzel, Reinhard H., Postfach 12 47, 90702 Fürth,
Tel. (09 11) 9 73 35 73, Fax (09 11) 9 73 35 74

96163 Gundelsheim
Sem, Peter, Kellerstr. 3, 96163 Gundelsheim, Tel. (09 51) 4 26 20,
Fax (09 51) 4 30 48, E-Mail: peter@peter-sem.de

MICHEL-Exklusiv – das moderne Album

Lassen Sie es sich von Ihrem Händler vorführen oder verlangen Sie eine Musterseite vom Verlag.

Inhalts- und Stichwortverzeichnis

Einführung in den MICHEL-Briefmarken-Katalog 5
Abkürzungen und Zeichenerklärungen 18
Prüfordnung, Prüferliste 1223

A	Band	Seite
Achtyrka (russ. Lokalausgabe)	7	
Admiralitäts-Dampfschiff-Co. (Türkei)	4	
Ägäische Inseln	**4**	
Bund der Inseln im Ägäischen Meer	4	
Griechische Ausgabe	4	
Italienische Besetzung	4	
Ausgaben für Kastellorizo	4	
Aigurande (Indre) (Frankreich)	2	
Ajutorul Legionar	4	
Akmolinsk (russ. Lokalausgabe)	7	
Ålandinseln (Finnland)	5	
Albania auf Italien	3	513
Albanien	**3**	**21**
Italienische Post	3	513
Italienische Verwaltung	3	29
Alessandria (Italien)	3	511
Alexandrette (Türkei)	4	
Alexandrowo (Polen)	7	
Allemagne-Duitschland auf Belgien	6	
Altitalienische Staaten	3	274
A.M.G. F.T.T. auf Italien (Triest Zone A)	3	1121
A.M.G. V.G. auf Italien (Triest Zone A)	3	1120
Amiens (Frankreich)	2	
Ampezzo	1	
Amurgebiet (Russisch-Ostasien)	7	
Andorra, französische Post	**2**	
„ spanische Post	2	
Angra (Portugal)	2	
Annecy (Haute-Savoie) Frankreich	2	
Annemasse (Haute-Savoie) Frankreich	2	
Antequera (Spanien)	2	
Aosta (Italien)	3	511
A payer, te betalen (Belgien)	6	
A percevoir (Frankreich Portomarken)	2	
Arad (Ungarn, französische Besetzung)	1	
Aragón (Spanien)	2	
Arbe u. Veglia (Fiume)	3	273
Arctische Post (Spitzbergen, Norwegen)	5	
Argyrokastron (Epirus)	4	
Armawir (russ. Lokalausgabe)	7	
Arona (Italien)	3	511
Asia Minor S.S.Co. (Türkei)	4	
Asistenta-Ausgaben	4	
Askhabad (russ. Lokalausgabe)	7	
Asturien (Spanien)	2	
Aunus (Olonez) (Finnland)	5	
Auronzo	1	
Autopaketti (Finnland)	5	
Auxilio de Invierno (Spanien)	2	
Avis Porto Maerke (Dänemark)	5	
Azoren (Portugal)	2	

B		
B mit Lokomotiven oder Bahnhöfen = Belgien	6	
Baccarat (Meurthe et Moselle) (Frankreich)	2	
Badonviller (Meurthe-et Moselle) (Frankreich)	2	
Baena (Spanien)	2	
Bagdad (Türkei)	4	
Ballonpost (Frankreich)	2	
Bánát Bácska auf Ungarn	1	
Bani auf K. u. K. Feldpost (Österreich)	1	
Banja Luka (Kroatien)	3	808
Baranow (Polen)	7	
Baranya (Ungarn)	1	
Barcelona (Spanien)	2	

	Band	Seite
Barge (Italien)	3	511
Barnaul (russ. Lokalausgabe)	7	
Baschmakowo (russ. Lokalausgabe)	7	
Base Atlantica auf Italien	3	492
Basel	1	
„ badische, deutsche, französische Post	1	
Baskische Republik (Spanien)	2	
Batraki (russ. Lokalausgabe)	7	
B.C.M. (Brit. Vice Consular Mail) (Madagaskar)	6	
Beiruth (britische Post)	6	
Belarus, Bélarus	7	
Belatinci-SHS (Jugoslawien)	3	741
Belgien	**6**	
belgische Besatzungsgebiete 1919/21	6	
„ Militärpost im Rheinland	6	
Bellegarde (Ain) (Frankreich)	2	
Bengasi, italienische Post	3	515
Berat (Albanien)	3	180
Beyrouth-Provisorium (Französische Post)	2	
Beyrouth (russ. Post i. d. Levante)	7	
Bilbao (Spanien)	2	
Blonie (Polen)	7	
B.L.P. auf Italien	3	288
B.N.F. Castellorizo auf Französisch-Levante	2	
Bordeaux (Gironde)	2	
Bosnien-Herzegowina (Republik)	**3**	**183**
Kroatische Post Mostar	3	219
Serbische Republik	3	237
Bosnien-Herzegowina (Jugoslawien)	3	520
Bosnien und Herzegowina (K. u. K. Militärpost)	1	
Bourg d'Oisans (Isère) (Frankreich)	2	
Bourgueil (Indre-et Loire) (Frankreich)	2	
Britische Besatzungsgebiete	6	
Britische Militärpost im 2. Weltkrieg	6	
„ „ in Ägypten	6	
Britische Post auf Kreta (Herakleion)	4	
„ „ im Ausland	6	
Britische Postämter im Ausland	6	
Britische Post auf Madagaskar	6	
„ „ in China	6	
„ „ in Marokko	6	
„ „ in der Türkei	6	
Britisches Feldpostamt in Saloniki	6	
Bronjewskoje (russ. Lokalausgabe)	7	
Brwinów (Polen)	7	
Brzeziny (Polen)	7	
Bulgarien	**4**	
Besetzung von Südbulgarien	4	
Post in Rumänien	4	
Burdukowo (russ. Lokalausgabe)	7	
Burgenland (Österreich)	1	
Burgos (Spanien)	2	
Burgos-Galdames (Spanien)	2	
By-Post-Marken (Norwegen)	5	
Bystrzyca Klodzka (poln. Lokalausgabe)	7	

C		
Cádiz (Spanien)	2	
Calchi	4	
Cali(m)no	4	
Campione (Italien)	3	510
Canarias (Spanien)	2	
Carc(h)i	4	
Carlistische Post (Spanien)	2	
Carnaro-Inseln (Fiume, Besetzung)	3	273

Inhaltsverzeichnis

	Band	Seite
Caso	4	
Castellorizo (B.N.F., O.N.F., OF), französ. Besetzung	2	
Castelltersol (Spanien)	2	
Castelrosso, italienisch	4	
Castiglione d'Intelvi	3	511
Cavalle, (Kawala, französisch)	2	
CCCP (Sowjet-Union)	7	
Cefalonia e Itaca, italienische Besetzung	4	
Cent auf Rußland (China)	7	
Centes(imi) (Lombardei und Venetien)	1	
Centesimi auf K. u. K. Feldpost (Österreich)	1	
„ di corona auf Italien	3	502
Centimes auf Österreich (Post auf Kreta)	1	
Centimo(s) auf Frankreich	2	
Ceska Republika	1	
Československo	1	
ČESKOSLOVENSKÁ STÁTNI POŠA und Wappen auf Österreich	1	
Cesko-Slovensky Stát und Löwe auf Österreich	1	
ČESKO / SLOVENSKÁ / POŠTA auf Ungarn	1	
Cetinje (Montenegro)	3	737
Châlons-sur-Marne (Marne) (Frankreich)	2	
Chambéry (Savoie) (Frankreich)	2	
Charkow (russ. Lokalausgabe)	7	
Charkow (Ukraine)	7	
Château-Renault (Indre-et-Loire) (Frankreich)	2	
Châtellerault (Vienne) (Frankreich)	2	
Chemins de fer (Spoorwegen) = Belgien	6	
Cherbourg (Manche) (Frankreich)	2	
Chimanjewskoje (russ. Lokalausgabe)	7	
Chimarra (Epirus)	4	
China, britische Post	6	
„ italienische Post	3	514
„ österreichisch-ungarische Post	1	
„ russische Post	7	
Chios (Griechenland)	4	
Chomutowo (russ. Lokalausgabe)	7	
Chouze-sur-Loire (Frankreich)	2	
Ciechocinek (Polen)	7	
Cilicien (Türkei)	4	
Cinq-Mars-la-Pile (Frankreich)	2	
Cividale	1	
C.L.N. (Zona Aosta)	3	511
C.M.T. auf Österreich (Kolomea)	4	
Co.Ci. auf Jugoslawien (Laibach)	3	505
Codroipo	1	
Colis Postal (Frankreich)	2	
Colis Postal, Postcollo (Belgien)	6	
Colis Postaux (Belgien)	6	
Collonges-Fort-L'Ecluse (Frankreich)	2	
Comunicaciones (Spanien)	2	
Constantinopel, rumänisch	4	
Constantinopel (russ. Post i. d. Levante)	7	
Coo	4	
Corfu (Ionische Inseln)	4	
Corona auf Italien	3	502
Correio (Portugal)	2	
Correo Español Marruecos auf Spanien	2	
Correos (Spanien)	2	
Correspondencia Urgente (Spanien)	2	
Cos	4	
Costantinopoli, italienische Post	3	517
Courcelles de Touraine (Indre-et-Loire) (Frankr.)	2	
Courrier de la Société des Nations (a. Schweiz)	1	
Courrier du Bureau International d'Education	1	
„ „ „ „ du Travail	1	
CRUZADA CONTRA EL FRIO (Spanien)	2	
ČSP (Karpathen-Ukraine)	7	
ČSR, ČSSR – Tschechoslowakei	1	
Curzay (Vienne) (Frankreich)	2	
Czermin (Polen)	7	

D

	Band	Seite
Dalmatien, italienische Besetzung	3	502
„ (Šibenik) Kroatien (N.D.H.)	3	808
Dänemark	**5**	
Lagerpost Tarp	5	
Danilow (russ. Lokalausgabe)	7	
Danzig Polnisches Postamt	7	

	Band	Seite
Dardanelles (russ. Post i. d. Levante)	7	
Dawydowka (russ. Lokalausgabe)	7	
D. & B.S.L.S. (Türkei)	4	
Debrecen (Debreczin) rumän. Bes. in Ungarn	1	
Decazeville (Aveyron) (Frankreich)	2	
Dedeagatsch, französische Postdampfer-Agentur	2	
„ (Griechenland)	4	
Denikin-Ausgabe (Russische Armeepost 1919)	7	
Deutsch-Österreich	1	
Dibër (Albanien)	3	180
Dobrovnik (Prekomurje) (Jugoslawien)	3	741
Dodekanes	4	
Dollar auf Rußland (Russische Post in China)	7	
Donau-Dampfschiffahrts-Gesellschaft	1	
Don-Gebiet (Südrußland)	7	
Doplatit auf Tschechoslowakei	1	
Dorfstetten (Niederösterreich)	1	
Država S.H.S.	3	520, 716
Dubrowskoje (russ. Lokalausgabe)	7	
Dürnstein (Niederösterreich)	1	
Durazzo auf Italien	3	513
Durrës (Albanien)	3	180
DWR (Aufdr. DBP, Republik des Fernen Ostens)	7	
Dziedzice (Polen)	7	

E

	Band	Seite
E.A.F. auf Großbritannien	6	
Eesti	5	
Eire (Irland)	6	
Elbasan (Albanien)	3	180
Eleja (Lettland)	5	
Emp. Ottoman	4	
Epirus	**4**	
Essad-Post (Mittelalbanien)	3	181
Estado Español	2	
Estensi (Modena)	3	275
Estero auf Italien	3	512
Estland	**5**	
Eupen (Belgien)	6	
Eupen und Malmédy (Belgien)	6	
Europäisches Amt der Vereinten Nationen (ONU)	1	
Europarat (Frankreich)	2	
Euzkadi'ko Jourlaritza (Baskische Republik)	2	

F

	Band	Seite
F.A.F.L. (Französisch-Levante)	2	
Färöer (Dänemark)	5	
„ britische Besetzung, 2. Weltkrieg	5	
Felkélő Magyarok (Westungarn)	1	
Finnische Besetzungsgebiete	5	
Finnland	**5**	
Firowo (russ. Lokalausgabe)	7	
Fiume	**3**	**266**
Fiume-Rijeka auf Italien (Jugoslawien)	3	739
Fiumerland-Kupa	3	504
Fokino (russ. Lokalausgabe	7	
Forces Françaises Libres Levant (Franz.-Levante)	2	
Franc(s) auf Österreich (Post auf Kreta)	1	
Franco Bollo (Italien)	3	276, 280, 491
Franco-Bollo Postale und päpstl. Wappen (Kirchenstaat)	3	274
Franco (Liechtenstein und Schweiz)	1	
Franco Scrisorei (Rumänien)	4	
Frankenfels (Niederösterreich)	1	
Frankreich	**2**	
Nationales Befreiungskomitee Algier	2	
Französische Besetzung von Ungarn	1	
Besetzungsgebiete im 1. Weltkrieg	2	
Französische Kolonien (Allgemeine Ausg.)	2	
Französische Postdampfer-Agenturen	2	
Französische Post im Ausland	2	
„ „ in Ägypten	2	
„ „ in Alexandrien	2	
„ „ in Äthiopien	2	
„ „ in China	2	
„ „ in Japan	2	
„ „ auf Kreta	2	
„ „ in der Levante	2	
„ „ in Marokko	2	

	Band	Seite
„ „ in Port Said	2	
„ „ in Rumänien	4	
„ „ in Zanzibar	2	
„ Konsultatspost in Jerusalem	2	
Franquicia (Spanien)	2	
Frimärke Lokalbref (Stockholm)	5	
Frimarke 4 Skilling (Norwegen)	5	
5 auf Deutsches Reich (Germania) (Polen)	7	
Funchal (Portugal)	2	

G

	Band	Seite
Galdames-Burgos (Spanien)	2	
Galizien (Kleinpolen)	7	
Gallipoli (Post der Wrangel-Armee)	7	
Gardinas (Grodno) (Litauen)	5	
Gawrilowskoje (russ. Lokalausgabe)	7	
Gaza/Beni Sa'ab (Nordplästina)	4	
GEBYR (Dänemark, Verrechnungsmarken)	5	
Gemeinde-Botenpost Vaduz-Sevelen	1	
Gemona	1	
Genf	1	
Gerusalemme, italienische Post	3	517
Gibraltar	**2**	
Glasunowka (russ. Lokalausgabe)	7	
Gmünd (Niederösterreich)	1	
G.N.R. auf Italien	3	491
Goritza (russ. Lokalausgabe)	7	
Górny Sląsk	7	
Governatorata del Montenegro (ital. Besetzung)	3	508
Governo Militare Alleato auf Italien	3	510
Granada (Spanien)	2	
Gratis (Schweiz)	1	
Graz (Steiermark/Österreich)	1	
Griechenland	**4**	
Griechische Post im Ausland	4	
„ Besetzungsgebiete	4	
„ Besetzung von Lemnos	4	
„ „ Nord-Epirus (Südalbanien)	4	
„ „ Thrakien	4	
„ „ in der Türkei	4	
„ Post in Rumänien	4	
„ Ausgabe für den Dodekanes	4	
Grodzisk (Polen)	7	
Grönland (Dänemark)	5	
Großbritannien	**6**	
Britische Post im Ausland	6	
„ „ in China	6	
„ „ auf Kreta (Herakleion)	4	
„ „ in der Türkei (Levante)	6	
„ „ auf Madagaskar	6	
„ „ in Marokko	6	
„ „ im Mittleren Osten (M.E.F.)	6	
„ „ in Ostafrika (E.A.F.)	6	
„ „ in Saloniki	6	
„ „ für Französisch-Marokko	6	
„ „ für Spanisch-Marokko	6	
Britische Besetzungsgebiete	6	
„ Militärpost im 2. Weltkrieg	6	
„ „ in Ägypten	6	
Großwardein, Nagy-Varad (Rumänien)	4	
Guardia Nazionale Republicana	3	491
Guernsey (Großbritannien)	6	
Guernsey-Alderney (Großbritannien)	6	
Guidizzolo (Italien)	3	511
Gumüldschina (griechische Besetzung)	4	
G.W.R. Air Mail (Großbritannien)	6	

H

	Band	Seite
HABILITADO POR LA NACION (auf Spanien)	2	
Hatay (Türkei)	4	
Helvetia	1	
Herakleion (britische Post auf Kreta)	4	
Herm (Großbritannien)	6	
Hilfspost Meran	3	503
Hoheneich (Niederösterreich)	1	
Horn (Niederösterreich)	1	

	Band	Seite
Horta (Portugal)	2	
H.P.N. auf Spanien	2	
Hrvatska (Kroatien)	3	742
Huérfanos de Correos	2	
Huévar (Spanien)	2	

I

	Band	Seite
Ikarien	**4**	
Ile Rouad	2	
Ilinskij Pogost (russ. Lokalausgabe)	7	
Imperia (Italien)	3	512
Imper. Reg. Posta Austr. (Levante, Österreich)	1	
Impuesto de Guerra (Spanien)	2	
Inland Revenue (Großbritannien)	6	
Insel Man (Großbritannien)	6	
Insel Ruad	2	
International Airlines (Großbritannien)	6	
Internationale Arbeitsorganisation	1	
Internationale Fernmeldeunion (UIT/ITU: Schweiz)	1	
Internationale Flüchtlingsorganisat. (OIR/Schweiz)	1	
Internationale Organisationen (Schweiz)	1	
Internationaler Gerichtshof (Niederlande)	6	
Internationales Büro des Weltpostvereins (UPU)	1	
Internationales Erziehungsamt (BIE/Schweiz)	1	
Internationales Olympisches Komitee (CIO/Schweiz)	1	
Ionische Inseln	**4**	
I.O.V.R. (Rumänien)	4	
Irland	**6**	
Ischewskij (russ. Lokalausgabe)	7	
Island	**5**	
Istrien (Jugoslawien)	3	738
Itä-Karjala (Ostkarelien) (Finnland)	5	
Italia Republicana Facista Base Atlantica	3	492
Italien	**3**	274, 281
Altitalienische Staaten	3	274
Italienische Besetzungsgebiete 1918/23	3	501
„ „ 1941/43	3	504
„ Besetzung der Ägäischen Inseln	4	
„ „ der Ionischen Inseln	4	
„ „ in Jugoslawien	3	504
„ „ von Laibach	3	505
„ „ von Montenegro	3	507
„ Feldpost (P.M.)	3	491
„ Post i. Ausland (Allg. Ausg. Estero)	3	512
„ „ in Albanien	3	513
„ „ in China	3	514
„ „ auf Kreta	3	515
„ „ in der Levante	3	516
Ausgaben d. Alliierten Militärregierung 1943/45	3	510
Gemeinschaftsausgaben für Julisch-Venetien, Trentino und Dalmatien	3	502
K. u. K. Feldpost	1	
Izbica (Polen)	7	

J

	Band	Seite
Jaffa auf Türkei	4	
„ (russ. Post i. d. Levante)	7	
Jakutsk (russ. Lokalausgabe)	7	
Janina, italienische Post (Levante)	3	517
Jekaterinodar	7	
Jekaterinoslaw	7	
Jerez de la Frontera (Spanien)	2	
Jersey (Großbritannien)	6	
Jerusalem italienische Post	3	517
„ (russ. Post i. d. Levante)	7	
Journal Stamp, D.&B.S.L.S. (Türkei)	6	
Jubilé de l'Union Postale Universelle	1	
Jugoslawien (Südslawien)	**3**	520
Gemeinschaftsausgaben für Serbien, Kroatien und Slowenien	3	525
Exilregierung in London	3	536
Istrien und Slowenisches Küstenland	3	738
Kosovo (UN-Verwaltung)	3	1064
Ravna Gora	3	741
Julisch-Venetien, italienische Besetzung 1918/23	3	501
Julisch-Venetien 1945/47	3	1120
Jurjewk (russ. Lokalausgabe)	7	

Inhaltsverzeichnis

K

	Band	Seite
Kalisch, Kalisz (Polen)	7	
Kambarka (russ. Lokalausgabe)	7	
Kanarische Inseln (Spanien)	2	
Karelien	**5**	
Kargopol (russ. Lokalausgabe)	7	
Karki	4	
Kärnten (Österreich)	1	
Karpaten-Ukraine	**7**	
Karpogorskoje (russ. Lokalausgabe)	7	
Kastellorizo, italienisch	4	
Katschberg (Österreich)	1	
Kawala, französische Post	2	
(Griechenland)	4	
Kenttäpostia (Finnland)	5	
Kefalonia und Ithaka, italienische Besetzung	4	
Kerassunde (russ. Post i. d. Levante)	7	
Kesselfall-Alpenhaus (Österreich)	1	
K.G.C.A. (Jugoslawien)	3	525
Kgl. Postfrimaerke (Dänemark)	5	
Kibris (Zypern)	4	
Kibris Türk Federe Devleti (Türkisch-Zypern)	4	
Kibris Türk Yönetimi	4	
Kiew (russ. Lokalausgabe)	7	
Kiew (Ukraine)	7	
Kiew (Lokalausgabe Ukraine)	7	
Kilis (Lokalausgabe Türkei)	4	
Kirchenstaat	3	274
Kitowo (russ. Lokalausgabe)	7	
K. K. Postste(ä)mpel oder Zeitungspostste(ä)mpel (Österreich)	1	
K. K. Post-Telegraphen-Marke (Österreich)	1	
Klausenburg (Rumänien)	4	
Kleinpolen (Galizien)	7	
Klin (russ. Lokalausgabe)	7	
Knittelfeld (Österreich)	1	
Knjaginino (russ. Lokalausgabe)	7	
Koktschetaw (russ. Lokalausgabe)	7	
Kolo (Polen)	7	
Kolomea (Rumänien)	4	
„ (Westukraine)	7	
Koltschak-Armee (Rußland)	7	
Komotini (griech. Besetzung/Thrakien)	4	
K.O.M.W. (Warschau)	7	
Kongeligt Post Frimaerke (Dänemark)	5	
Konin (Polen)	7	
Konskie	7	
Konstantinopel (Türkei)	4	
„ italienische Post	3	516
„ rumänische Post	4	
Konsulatspost Jerusalem	2	
Kop. hinter Ziffer (Finnland)	5	
Korca, Korçe (Albanien)	3	180
Korfu und Paxos	4	
Koriza (Albanien)	3	180
„ (Epirus)	4	
Kosmodjemjansk (russ. Lokalausgabe)	7	
Kosovo (UN-Verwaltung)	3	1064
Kostroma (russ. Lokalausgabe)	7	
Koszyce	7	
Kotschegarowo (russ. Lokalausgabe)	7	
Kowel (Polen)	7	
Krakau	7	
Krakau (Kleinpolen)	7	
Kraljevstvo auf Bosnien (Jugoslawien)	3	521
Krassnoje (russ. Lokalausgabe)	7	
Krestzy (russ. Lokalausgabe)	7	
Kreta	**4**	
„ britisches Verwaltungsgebiet	4	
„ französische Post	2	
„ österreichische Post	1	
„ russisches Verwaltungsgebiet (Rethymnon)	4	
„ Post der Aufständischen (Therison)	4	
Krim (Südrußland)	7	
Kroatien (selbständiger Staat)	**3**	**742**
„ Republik Serbische Krajina	3	808
„ (Jugoslawien)	3	522
Kroatische Post Mostar (Herzeg Bosna)	3	219
Kuban-Gebiet (Südrußland)	7	
K. u. K. Feldpost (Österreich)	1	
K. u. K. Militärpost (Bosnien und Herzegowina)	1	
Kupa-Fiumerland	3	504
Kustanai (russ. Lokalausgabe)	7	
Küstendje (Türkei)	4	
Kutaiss (russ. Lokalausgabe)	7	
Kuzey Kıbrıs Türk Cumhuriyeti	4	
Kypros (Zypern)	4	

L

	Band	Seite
LA CANEA auf Italien (Kreta)	3	515
Laibach (italienische Besetzung)	3	505
Lajtabánság (Lajtabánat) (Westungarn)	1	
La Linea de la Concepcion (Cádiz/Spanien)	2	
Langschlag (Niederösterreich)	1	
Las Palmas (Kanarische Inseln/Spanien)	2	
Latisana	1	
Latvia (Latvija)	5	
Lebedjan (russ. Lokalausgabe)	7	
Leczyca (Polen)	7	
Lei auf K. u. K. Feldpost (Österreich)	1	
Leibnitz (Steiermark/Österreich)	1	
Lemberg (ukrain. Lokalausgabe)	7	
Lemnos, griechische Besetzung	4	
Leoben (Steiermark/Österreich)	1	
Lero(s)	4	
Lettland, Lettonie	**5**	
Lettland, (Landespost während der dt. Besetzung	5	
Levante, französische Post	2	
„ italienische Post	3	516
„ österreichische Post	1	
„ polnische Post	7	
„ rumänische Post	4	
„ russische Post	7	
Lezajsk (Polen)	7	
Liannos-Lokalpost (Türkei)	4	
Libra (spanische Dienstmarken)	2	
Libre (Frankreich-Lokalpost)	2	
Liechtenstein	**1**	
Lietuva (Lietuvos)	5	
Lignes Aériennes F.A.F.L. (franz. Levante)	2	
Lignières de Touraine (Frankreich)	2	
Lille (Frankreich)	2	
Linz (Österreich)	1	
Lipso(s)	4	
Lire auf K. u. K. Feldpost (Österreich)	1	
Lisso	4	
Litauen	**5**	
Litschadjejewo (russ. Lokalausgabe)	7	
Litwa Srodkowa (Mittellitauen)	5	
LOCAL auf Türkei	4	
Loches (Indre-et-Loire) (Frankreich)	2	
Lodjenoje (russ. Lokalausgabe)	7	
Lokale Kreispost (Rußland)	7	
Lombardei und Venetien	1	
Longarone	1	
Lösen (Schweden-Porto)	5	
Losenstein (Oberösterreich)	1	
Lowicz (Polen)	7	
L.P. (Awaloff-Bermondt, Rußland)	7	
L.T.S.R. (Litauische Sowjet-Republik)	5	
Lubiana (Laibach)	3	505
Luboml (Polen)	7	
Lugo (Spanien)	2	
Luków (Polen)	7	
Lundy (Großbritannien)	6	
Luxemburg	**6**	
Lyon (Rhône-Alpes) (Frankreich)	2	

M

	Band	Seite
Maccagno (Italien)	3	512
Madagaskar, britische Post	6	
Madeira (Portugal)	2	
Madrid (Stadtpost)	2	
Madrid (Spanien)	2	
Magyar (Kir.) posta, Magyarország	1	
Magyar Nemzeti Kormany (Szeged/Ungarn)	1	
Makedonien	**3**	**813**
Málaga (Spanien)	2	
Mallorca (Spanien)	2	
Malmédy	6	

Inhaltsverzeichnis

	Band	Seite
Malta	3	857
Man (Großbritannien)	6	
Maniago	1	
Mariupol (Südrußland)	7	
Marokko, britische Post	6	
„ spanische Post	2	
Marruecos auf Spanien	2	
Marseille (Frankreich)	2	
Mauriac (Frankreich)	2	
Méasnes (Creuse) (Frankreich)	2	
M.E.F. auf Großbritannien	6	
Melilla (Spanien)	2	
Memento avdere semper auf Jugoslawien (Fiumerland-Kupa)	3	505
Menorca (Spanien)	2	
Meran (Hilfspost)	3	503
Métélin (russ. Post i. d. Levante)	7	
Mglin (russ. Lokalausgabe)	7	
Mielec (Polen)	7	
Militaires français (Schweiz)	1	
Militärpost-Eilmarke (Bosnien und Herzegowina)	1	
Militärpost-Portomarke (Bosnien und Herzegowina)	1	
Minsk (russ. Lokalausgabe)	7	
Mirditische Republik (Albanien)	3	181
Mittelalbanien (Essad-Post)	3	181
Mittellitauen	5	
„ polnische Besetzung (Warwiszki)	7	
Modena	3	275
Moggio	1	
Moldau (Fürstentum)	4	
Moldau, (Republik)	7	
Moltschanowo (russ. Lokalausgabe)	7	
Monaco	2	
Monastir (Türkei)	4	
Mondsee (Österreich)	1	
Mont Athos (Mönchs-Republik auf Türkei)	4	
Mont Athos (russ. Post i. d. Levante)	7	
Montcada (Spanien)	2	
Montenegro	3	930
„ italienische Regentschaft	3	507
Montenegro (Jugoslawien)	3	737
„ auf K. u. K. Feldpost	1	
Montreuil-Bellay (Maine-et-Loire) (Frankreich)	2	
Morocco Agencies (Britisch-Marokko)	6	
Morton, T.B. & Co.	4	
Moserboden (Österreich)	1	
Moskau (Stadtpostmarke)	7	
Murska Sobota (Jugoslawien)	3	738
Mursko Središčě (Jugoslawien)	3	742
Myślenice (Polen)	7	
Mytilene (Griechenland)	4	

N

	Band	Seite
Nadjeschdinski-Sawod (russ. Lokalausgabe)	7	
Napoletana Posta	3	276
Národní Politika	1	
Na slask (Mittellitauen)	5	
Nationales Befreiungskomitee Algier	2	
Nations Unies (Europäisches Amt)	1	
Navarra (Spanien)	2	
N.D. Hrvatska (Kroatien-Dalmatien)	3	808
Neapel	3	276
„ alliierte Militärregierung	3	510
Neu-Rumänien	4	
Nezavisna Država Hrvatska (Kroatien)	3	742
Niederlande	6	
Niezabitów (Polen)	7	
Nikolajewsk (Priamur/Russisch-Ostasien)	7	
Niort (Deux-Sèvres) (Frankreich)	2	
Nischnij-Nowgorod (russ. Lokalausgabe)	7	
Nisiro(s) (Nisyros)	4	
Noktuisk (russ. Lokalausgabe)	7	
Nolinsk (russ. Lokalausgabe)	7	
Nord-Armee (Miller) (Rußland)	7	
Nordepirus, griechische Besetzung	4	
Nordingermanland	5	
Nordirland (Großbritannien)	6	
Nordpolen (Polen)	7	
Nordwest-Armee (Judenitsch) (Rußland)	7	
Norwegen	5	

	Band	Seite
Notpost Linz-Wien 1924	1	
Nowotscherkasskoje (russ. Lokalausgabe)	7	
Nowotroizkoje (russ. Lokalausgabe)	7	
Nußdorf am Attersee (Oberösterreich)	1	
Nyugatmagyarország (Westungarn)	1	

O

	Band	Seite
Occupation française auf Ungarn (Arad)	1	
OCCUPAZIONE MILITARE DI ZANTE auf Griechenland	4	
Ödenburg (Sopron) (Westungarn)	1	
„ „ (Lokalausgabe)	1	
ODESA (polnische Konsulatspost)	7	
Odessa (Privatausgabe Rußland)	7	
Odessa (Ukraine)	7	
OF Castelloriso auf Frankreich	2	
Offentlig sak (Norwegen)	5	
OKCA (Rußland, Nordwestarmee)	7	
Olekminsk (russ. Lokalausgabe)	7	
O.N.F. Castellorizo	2	
ONU (UNO; Europäisches Amt)	1	
Onza (spanische Dienstmarken)	2	
Orense (Spanien)	2	
Organisation Internationale pour les Réfugiés (auf Schweiz/OIR)	1	
Organisation Mondiale de la Santé (auf Schweiz/OMS)	1	
Ortspost Poste locale (Schweiz)	1	
O.S. (Offentlig sak) (Norwegen)	5	
Osmanisches Kaiserreich (Türkei)	4	
Österreich	1	
„ Österreich auf Deutsches Reich	1	
„ „ (Gemeinschaftsausgabe für die amerikanische, britische und französische Besatzungszone)	1	
„ „ (sowjetische Besatzungszone)	1	
„ Österreichische Post auf Kreta	1	
„ „ in der Levante	1	
„ „ für Lombardei-Venetien	1	
„ „ „ Rumänien	4	
„ Österreichisch-ungarische Feldpost (allg. Ausg.)	1	
„ „ „ in Italien	1	
„ „ „ in Montenegro	1	
„ „ „ in Rumänien	1	
„ Österreichisch-ungarische Feldpost Serbien	1	
„ Österreichisch-ungarische Post in China	1	
„ Österreichische Stempelmarken mit Aufdruck (Albanien)	3	23
Ostafrika, britische Militärpost (E.A.F.)	6	
Ostkarelien (Finnland)	5	
Ost-Mostar (Lokalausgabe)	3	236
Ostoberschlesien	7	
Ostrole(n)ka (Polen)	7	
Ostrów (Polen)	7	
Ostrumelien	4	
„ bulgarisches Besetzungsgebiet	4	
Ostschlesien (Polen)	7	
„ (Tschechoslowakei S. O. 1920)	7	
Osttirol (Österreich)	1	
Otwock (poln. Lokalausgabe)	7	
Ozorków (Polen)	7	

P

	Band	Seite
P (Porto) auf Ungarn	1	
Pacchi Postali (Italien, Paketm.)	3	495
Pakke Porto (Grönland)	5	
Palma (Balearen/Spanien)	2	
Palmanova	1	
Pamplona (Navarra) (Spanien)	2	
Pará bzw. Piastra oder Piastre(s) auf Italien	3	516
Para bzw. Piaster auf Österreich	1	
Paras auf Großbritannien	6	
Paris – St. Denis	2	
Parma, Parme	3	277
Patmo(s)	4	
Pawlowsk (russ. Lokalausgabe)	7	
Paxos	4	
Pechino, Peking, italienische Post	3	514
Pentru cultura (Rumänien)	4	
Perg (Oberösterreich)	1	
Pernay (Indre-et-Loire) (Frankreich)	2	
Peseta(s) auf Frankreich (Marokko)	2	

Inhaltsverzeichnis

	Band	Seite
Peseta(s) auf Großbritannien (Marokko)	6	
Pestowo (russ. Lokalausgabe)	7	
Petersburg (Stadtpostmarke)	7	
Petrowsk (russ. Lokalausgabe)	7	
Piastre(s) auf Frankreich	2	
„ auf Großbritannien	6	
Pieve di Cadore	1	
Piscopi	4	
Plonsk (Polen)	7	
P.M. auf Italien	3	491
Poczta Polska	7	
„ „ auf Deutsches Reich „Germania"	7	
Poczta Polska auf Gen.-Gouv. Warschau auf Deutsches Reich („Germania")	7	
POCZTA POLSKA auf Österreich	7	
POCZTA POWSTANCZA auf Gen.-Gouv.	7	
Podde(m)bice (Polen)	7	
Podolien (Ukraine)	7	
Pohjois Inkeri	5	
Poitiers (Vienne) Frankreich	2	
Polar-Post (Spitzbergen, Norwegen)	5	
Polen	**7**	
Exilregierung (London)	7	
Polnische Abstimmungsgebiete in Schlesien	7	
„ Armee in der Sowjetunion	7	
„ Post in Ostschles., Ostoberschlesien	7	
„ „ im Ausland	7	
„ „ in Danzig	7	
„ „ in der Levante	7	
„ „ in Mittellitauen (Samorzad Warwiszki)	7	
„ Konsultatspost in Odessa	7	
Polnisches Korps 1917/18	7	
Polewaja (russ. Lokalausgabe)	7	
Polska Poczta	7	
Pons (Charente-Maritime) (Frankreich)	2	
Ponta Delgada (Portugal)	2	
Ponte Chiasso (Italien)	3	512
Pontevedra (Spanien)	2	
Por la Patria (Spanien)	2	
Port (te betalen) (Niederlande)	6	
Port Cantonal (Schweiz)	1	
Porteado (Portugal)	2	
Port Gdansk	7	
Port Lagos, französische Postdampfer-Agentur	2	
Porto (Österreich)	1	
Porto betalt (Norw. Lotteriemarke)	5	
Porto Gazetei Rumänien	4	
Porto Scrisorei Rumänien	4	
Port Said, französische Post	2	
Portugal	**2**	
Posen (Polen)	7	
Postcollo	3	
Postage due (Großbritannien)	6	
Poste Estensi (Modena)	3	275
Poste Locale (Schweiz)	1	
Poste Locale (Türkei)	4	
Postes s. B elgien u. Luxemburg		
POSTES SERBES auf Frankreich	3	1058
Postfaerge (Postfähre, Dänemark)	5	
Postzegel (Niederlande)	6	
P.P. auf Frankreich (Marokko)	2	
P./Wertzahl/P. (Portofreiheitsmarken Schweiz)	1	
Preko-murie (SHS, Jugoslawien)	3	741
Prelog (Jugoslawien)	3	741
Priamurgebiet (Russisch-Ostasien)	7	
Pristina (Türkei)	4	
Pro Tuberculosos (Spanien)	2	
PROVISORNI / ČESKOSLOVENSKÁ / VLÁDA und Wappen auf Österreich	1	
Przedbórz (Polen)	7	
Przemyśl (Polen)	7	
Pultusk (Polen)	7	
P.Y.S. auf Türkei	4	

R

	Band	Seite
Raabs a. d. Thaya (Niederösterreich)	1	
Radkersburg (Österreich)	1	
Rakwere (Estland)	5	
Rameschki (russ. Lokalausgabe)	7	

	Band	Seite
Raseiniai (Rossingen) (Litauen)	5	
Ravna Gora (Jugoslawien)	3	741
Raxendorf (Niederösterreich)	1	
Rayon (I, II, III) (Schweiz)	1	
R. Commissariato Civile Territori Sloveni occupati Lubiana (ital. Besetzung)	3	506
Regatul-Romanie (Neu-Rumänien)	4	
Reggenza Italiana del Carnaro (Fiume)	3	273
Regno d'Italia Trentino	3	502
„ „ Venezia Giulia	3	501
Republikanische Nationalgarde (Italien)	3	491
Republicca sociale Italiana Base Atlantica	3	492
Republik des Fernen Ostens	7	
Republik Serbische Krajina	3	808
RESMI auf Türkei	4	
Rethymno (französische Post auf Kreta)	2	
Rethymnon (russische Post auf Kreta)	4	
Retourmarken (Norwegen)	5	
Reval (Tallinn)	5	
RF (oft als Monogramm = Frankreich)	2	
Rhodos (Rodi, Rhodos; ital. Besetzung 1912)	4	
Rialtar Sealadac auf Großbritannien (Irland)	6	
Rijeka (Fiume) auf Italien (Jugoslawien)	3	739
Rizeh (russ. Post i. d. Levante)	7	
Rjasanowka (russ. Lokalausgabe)	7	
R.O. auf Türkei (Ostrumelien)	4	
Rodi (Rodos)	4	
Rogatschew (russ. Lokalausgabe)	7	
Romagna, Romagnes	3	278
Roman(i)a (Posta)	4	
Rostow (Südrussland)	7	
Rozwadow (Polen)	7	
Rschawa (russ. Lokalausgabe)	7	
RSFSR	7	
R.S.M. (San Marino)	3	940
Rudnik (Polen)	7	
Rumänien	**4**	
Bulgarische Post in	4	
Französische Postämter	4	
Griechische Postämter	4	
Österreichische Postämter	4	
Russische Postämter	4	
Rumänische Postdampfer Konstantinopel-Constanza	4	
Rumänische Post in der Levante	4	
Rumänisches Postamt in Konstantinopel	4	
Rumänisch besetzte Gebiete 1919	4	
Rumänische Besetzung der Ukraine 1919	4	
„ „ v. Ungarn (Debreczin)	1	
Österreichische Feldpost in Rumänien	1	
Russische Föderation	7	
Rußland	**7**	
Russische Post im Ausland	7	
„ „ in China	7	
„ „ auf Kreta (Rethymnon)	4	
„ „ in der Levante	7	
„ „ in Rumänien	4	
„ Bürgerkriegsausgaben 1918/1923	7	
„ Denikin-Armee (Gesamtausgaben)	7	
„ Nordarmee (General Miller)	7	
„ Nordwestarmee (General Judenitsch)	7	
„ Sibirische (Koltschak-)Armee	7	
„ Westarmee (Gen. Awaloff-Bermondt)	7	
„ Wrangel Armee	7	
„ „ in Gallipoli	7	
„ Kreispost (Wenden)	7	
„ Ostasien-Gebiete (Sibirien)	7	
Republik des Fernen Ostens	7	
Südrußland	7	
Tschita-Regierung (Gen. Semenov)	7	
Rustschuk (Bulgarien)	4	

S

	Band	Seite
Sainte-Foy-la-Grande (Gironde) (Frankreich)	2	
Salins (Jura) (Frankreich)	2	
Salonica (britische Post)	6	
Salonicco, italienische Post	3	517
Saloniki, britische Feldpost	6	
Salonique (Türkei)	4	
Salonique (russ. Post i. d. Levante)	7	

Inhaltsverzeichnis

	Band	Seite
Salzburg (Volksabstimmung 1921/Österreich)	1	
Sami (ital. Besetzung)	4	
Samorzad Warwiszki (Mittellitauen)	7	
Samos	**4**	
Samytje (russ. Lokalausgabe)	7	
S. Daniele di Fr.	1	
S. Georgia di N.	1	
St. Athos (russ. Post i. d. Levante)	7	
San Marino	**3**	**940**
S. Pietro al N.	1	
San Sebastian (Guipúzcoa/Spanien)	2	
Saorstát Eireann (Irland)	6	
Saostrowje (russ. Lokalausgabe)	7	
Sardinien	3	278
Saseno (italienisch)	3	514
Savona (Italien)	3	512
Scarpanto	4	
Scheibbs (Niederösterreich)	1	
Schlesien, polnische Abstimmungsgebiete	7	
Schottland (Großbritannien)	6	
Schuja (russ. Lokalausgabe)	7	
Schukowka (russ. Lokalausgabe)	7	
Schwarzenbach an der Pielach (Niederösterreich)	1	
Schweden	**5**	
Militärposten	5	
Schweiz	**1**	
Auslandspostämter	1	
Schweizerische Postagenturen im Ausland	1	
Ausgaben f. d. internationalen Organisationen	1	
Schweizer Post Vaduz	1	
Scutari di Albania (italienisch)	3	513
Scutit Posta	4	
Segnatasse (= Porto) siehe Fiume, Italien, Vatikanstaat und San Marino	3	
Segovia (Spanien)	2	
Şehir (Türkei)	4	
Senftenberg (Niederösterreich)	1	
Serbien		
(selbständiger Staat)	3	1053
„ auf K. u. K. Militärpost (Feldpost Österreich)	1	
Serbische Republik Bosnien-Herzegowina	3	237
Servizio Commissioni (Italien)	3	500
Sesto Calende (Italien)	3	512
Sevilla (Spanien)	2	
Sewastopol (Krim)	7	
Shkodre (Albanien)	3	182
Shqipen(r)ia, Shqiptare, Shqiperise (Albanien)	3	21
SHS (Jugoslawien)	3	741
Shuna (Schottland)	6	
Sibirien, tschechische Militärpost	1	
Sibirische (Koltschak-)Armee	7	
Sieradz (Polen)	7	
Simi (Symi)	4	
Sitges (Spanien)	2	
Sizilien	3	279
„ alliierte Militärregierung	3	510
Skalat (Polen)	7	
Skalitz (Tschechoslowakei)	1	
Skauten-Ausgabe (Tschechoslowakei)	1	
Skierniewice (Polen)	7	
Skutari (albanisch)	3	182
Slovensko	1	
Slovenský štát (auf Tschechoslowakei)	1	
Slowakei, Slovakia, Slovaquie	**1**	
Slowakei, Republik	1	
Slowenien (selbständiger Staat)	**3**	**1068**
„ (ital. Besetzung)	3	505
„ (Jugoslawien)	3	523, 737
Slowenisches Küstenland	3	738
Smilten (Lettland)	5	
Smirne (italienische Post)	3	517
Smolensk (russ. Lokalausgabe)	7	
Smyrna italienische Post	3	517
Smyrna (Türkei)	4	
Smyrne (russ. Post i. d. Levante)	7	
Sld. = Soldi (Österreich. Post i. d. Levante)	1	
S.O. auf Polen	7	
S.O. 1920 auf Tschechoslowakei	1	
Société des Nations (Völkerbund/Schweiz) (SDN)	1	
Soldi (Lombardei-Venetien u. Levante/Österreich)	1	

	Band	Seite
Soleil et santé à tous (Schweiz)	1	
Som unbesörget (uindlöst) (Norwegen)	5	
Sopron (Ödenburg) (Westungarn)	1	
„ „ (Lokalausgabe)	1	
Sosnowice (Polen)	7	
Sowjetunion, Soviet Union (UdSSR)	**7**	
Sowjetische Besatzungszone Österreichs	1	
Spanien, Spain	**2**	
Carlistische Post	2	
Kanarische Inseln	2	
Spanische Post in Andorra	2	
„ „ „ Marokko	2	
S.P. du M. auf Frankreich (Montenegro)	3	934
Spielfeld (Österreich)	1	
Spilimbergo	1	
Spitzbergen (Norwegen)	5	
Spoorwegen (Belgien)	6	
Srobár (Tschechoslowakei)	1	
Srodkowa Litwa (Mittellitauen)	7	
Ssemjonow (russ. Lokalausgabe)	7	
Sserafimo (russ. Lokalausgabe)	7	
Ssjebesch (russ. Lokalausgabe)	7	
Ssobakino (russ. Lokalausgabe)	7	
Ssolowjetskoje (russ. Lokalausgabe)	7	
Ssotschi (russ. Lokalausgabe)	7	
Sspask (russ. Lokalausgabe)	7	
Sspirino (russ. Lokalausgabe)	7	
Ssurasch (russ. Lokalausgabe)	7	
Stadt-Post Basel	1	
Stadtpost Moskau/St. Petersburg	7	
Stadtpost Tiflis	7	
Stadtpost Warschau	7	
Stampalia	4	
Stati Parmensi	3	277
Ste. Foy la Grande (Gironde) (Frankreich)	7	
S.T.T. Vuj(n)a – Triest Zone B	3	1135
Südalbanien (griech. Besetzung)	4	
Südbulgarien (bulgarische Besetzung von Ostrumelien)	4	
Südlitauen	5	
Südpolen (Polen)	7	
Südrußland	7	
Suomi (Finnland)	5	
Svarslösen (Antwort-Portomarken, Schweden)	5	
Swiatniki Górne (Polen)	7	
Swjatoschin (russ. Lokalausgabe)	7	
Szeged(in) (Ungarn)	1	

T

	Band	Seite
T auf Albanien	3	179
T auf Belgien	6	
T auf Bulgarien	4	
T auf Tschechoslowakei	1	
T auf Türkei	4	
T auf Ungarn	1	
Tallinn (Reval)	5	
Tambow (russ. Lokalausgabe)	7	
Tampere (Tammerfors), Bezirkspost	5	
Tarcento	1	
Tarnów (Polen)	7	
Tartú (estn. Lokalausgabe)	5	
Tassa Gazette (Modena)	3	276
T.B. Morton & Co. (Türkei)	4	
Te betalen, à payer (Belgien)	6	
Te betalen port (Niederlande)	6	
Telegraphes (Belgien)	6	
Telegraphie (Schweiz)	1	
Telegraphs (Großbritannien)	6	
Telsiai (Telschen) (Litauen)	5	
Temesvár (Ungarn, serbische Besetzung)	1	
„ (Ungarn, rumänische Besetzung)	1	
Teneriffa (Kanarische Inseln/Spanien)	2	
Tepeleni (Albanien)	3	182
Teramo (Italien)	3	512
Teschen (Ostschlesien)	7	
Tetuan (Spanisch-Marokko)	2	
Therison (Aufständischenpost auf Kreta)	4	
Theassalien (Türkei)	4	
Thonon-les-Baine (Haute-Savoie) (Frankreich)	2	
Thorens (Savoie) (Frankreich)	2	

Inhaltsverzeichnis

	Band	Seite
Thrakien, Thraki (autonome Regierung)	4	
Interalliierte Verwaltung 1919/20	4	
Griechische Besetzung	4	
Thule (Dänemark)	5	
Tientsin, italienische Post	3	515
Timbre Movil (Spanien)	2	
Timbru-de-Ajutor-Marken	4	
Timbrul-Aviatei-Ausgabe	4	
Tirol, Tiroler Notpost	1	
Titowsk (russ. Lokalausgabe)	7	
Tjenestefrimerke (Norwegen, Dienstmarke)	5	
Tjeneste-Post-Frimärke (Dänemark)	5	
Tjeplowka (russ. Lokalausgabe)	7	
Tolmezzo	1	
Tomsk (russ. Lokalausgabe)	7	
To pay	6	
Toskana	3	280
Tours (Indre-et-Loire) (Frankreich)	2	
Trasporto Pacchi	3	494
Trébizonde (russ. Post i. d. Levante)	7	
Trient (Italien)	3	502
Trieste auf Italien (Jugoslawien)	3	738
Triest	3	1120
Alliierte Besetzung (Zone A)	3	1121
Jugoslawische Besetzung (Zone B)	3	1135
Tschechische Republik	1	
Tschechoslowakei	1	
Militärpost in Sibirien	1	
Skauten- (Pfadfinder-) Post	1	
Tschechoslowakische Post in Ostschlesien	1	
Tscheljabinsk (russ. Lokalausgabe)	7	
Tscherkassy (russ. Lokalausgabe)	7	
Tschita-Regierung (Russisch-Ostasien)	7	
T.Ta.C. (Türkei)	4	
Tultschin (russ. Lokalausgabe)	7	
Türkei	4	
Türkiye Cumhuriyeti (Türk. Republik)	4	
Osmanisches Kaiserreich	4	
Besetzung von Thessalien	4	
Alexandrette	4	
Cilicien	4	
Hatay	4	
Türkei polnische Post	4	
Türkisch-Zypern	4	

U

	Band	Seite
Udine (ital. Lokalausgabe)	3	503
„ (örtl. Zustellungsmarke)	1	
UdSSR	7	
Ukraine	7	
Ukraine, Republik	7	
Ukraine rumänische Besetzung (Kolomea)	4	
Un anno di sole (Schweiz)	1	
UNESCO (Frankreich)	2	
Ungarn	1	
Französische Besetzung (Arad)	1	
Rumänische Besatzungszone (Debrecen)	1	
Serbische Besetzung (Baranya, Temesvár)	1	
Nationale Regierung (Szeged)	1	
Aufdruck Bánát Bácska	1	
UNMIK (UN-Verwaltung Kosovo)	3	1064
UNO – Vereinte Nationen (Genf)	1	
„ „ „ (Wien)	1	
Üsküb (Türkei)	4	
Utkino (russ. Lokalausgabe)	7	

V

	Band	Seite
Valencia (Spanien)	2	

	Band	Seite
Valenciennes (Frankreich)	2	
Valona (albanisch)	3	182
Vathy, französische Postdamper-Agentur	2	
Vatikanstaat	3	1143
Veglia u. Arbe (Fiume)	3	273
Venezia (Coralit) (Italien)	3	512
Venezia-Giulia	3	501
Venezia-Giulia (Triest)	3	1120
Venezia-Tridentina	3	502
Venizelos-Regierung in Therison (Kreta)	4	
Vereinte Nationen (UNO) (Postverwaltg. in Genf)	1	
„ „ (Postverwaltg. in Wien)	1	
Viel Sonnenschein (Schweiz)	1	
Vlora (Albanien)	3	182
Völkerbund (SDN/Schweiz)	1	
VUJ(N)A/S.T.T. (Triest, Zone B)	3	1135

W

	Band	Seite
Waidhofen a. d. Ybbs (Niederösterreich)	1	
Waitra (Niederösterreich)	1	
Wales (Großbritannien)	6	
Warschau (Polen 1915/16)	7	
„ (Aufständischenpost 1944)	7	
Warwiszki (Polen)	7	
Wawolnica (Polen 1944/45)	7	
Wegrow (Polen 1944)	7	
Weight not to exceed (one) half ounce (Malta)	3	929
Weißrußland	7	
Weltgesundheitsorg. (OMS/WHO; Schweiz)	1	
Weltorganisation für Meteorologie (WMO, Schweiz)	1	
Weltorg. f. geistiges Eigentum (OMPI/Schweiz)	1	
Wendensche (russische) Kreispost	7	
Wesenberg (Rakwere) (Estland)	5	
West-Armee (Awaloff-Bermondt) (Rußland)	7	
Westcountry Air Service (Großbritannien)	6	
Westukraine	7	
Westungarn	1	
Wien-Hernals	1	
Wjatka (russ. Lokalausgabe)	7	
Wjenjew (russ. Lokalausgabe)	7	
Wloclawek (Polen)	7	
Wolsk (russ. Lokalausgabe)	7	
Woskressenskoje (russ. Lokalausgabe)	7	
Wrangel-Armee	7	
Wyssokowo (russ. Lokalausgabe)	7	

Y

	Band	Seite
Ykp.H.P. (en.) auf Österreich, österr.-ungar. Feldpost, Bosnien-Porto (Westukraine)	7	

Z

	Band	Seite
Zakynthos (Zante, italienische Besetzung)	4	
Zamość (Polen)	7	
Zante, italienische Besetzung	4	
Zanzibar, französische Post	2	
Zaragoza (Spanien)	2	
Zarki (Polen)	7	
Zawiercie (Polen)	7	
Zduńska Wola (Polen)	7	
10 auf Deutsches Reich (Germania) (Polen)	7	
Zona Aosta	3	511
Zona de Oc(c)upatie Romana 1919 auf Ungarn	1	
Zona Occupata Fiumano Kupa	3	504
Zürich	1	
Zypern	4	

Europa-Farbkataloge 2007/2008

Europa Band 1
Mitteleuropa 2007

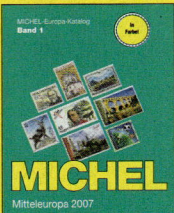

1184 Seiten mit etwa 13 500 farbigen Abbildungen und über 63 000 Preisnotierungen, 46,– €. Erstverkaufstag 1.6.2007.

Europa Band 2
Südwesteuropa 2007

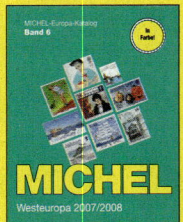

1232 Seiten mit über 12 500 farbigen Abbildungen und rund 61000 Preisnotierungen, 46,– €. Erstverkaufstag 1.6.2007.

Europa Band 3
Südeuropa 2007/2008

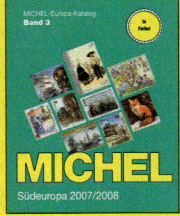

1248 Seiten mit über 13 000 farbigen Abbildungen und rund 63 000 Preisnotierungen, 46,– €. Erstverkaufstag 6.7.2007.

Europa Band 4
Südosteuropa 2007/2008

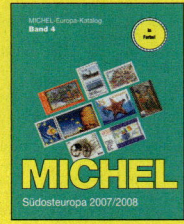

Ca. 1152 Seiten mit 14 000 farbigen Abbildungen und über 60 000 Preisnotierungen, 46,– €. Erstverkaufstag 6.7.2007.

Europa Band 5
Nordeuropa 2007/2008

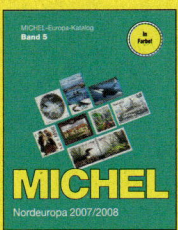

Ca. 960 Seiten mit über 8000 farbigen Abbildungen und etwa 5000 Preisnotierungen, 46,– €. Erstverkaufstag 7.9.2007.

Europa Band 6
Westeuropa 2007/2008

Ca. 1184 Seiten mit über 11 000 farbigen Abbildungen und etwa 61 000 Preisnotierungen, 46,– €. Erstverkaufstag 7.9.2007.

Europa Band 7
Osteuropa 2007/2008

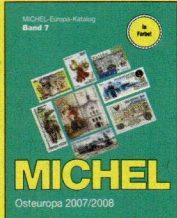

Ca. 1104 Seiten mit über 11 000 farbigen Abbildungen und über 49 000 Preisnotierungen, 46,– €. Erstverkaufstag 7.9.2007.

MICHEL

Schwaneberger Verlag GmbH · Ohmstraße 1 · 85716 Unterschleißheim
Tel. +49 (0)89 3 23 93-207 · Fax +49 (0)89 3 23 93-248 · E-Mail: vertrieb@michel.de · Internet: www.michel.de

Bestellung

(Bitte im Kuvert an Schwaneberger Verlag, Ohmstr. 1, 85716 Unterschleißheim senden)

Hiermit bestelle ich folgende MICHEL-Europa-Kataloge und bitte um Zusendung an meine umseitige Adresse.

- ❏ __ **Mitteleuropa-Katalog (EK 1)**
- ❏ __ **Südwesteuropa-Katalog (EK 2)**
- ❏ __ **Südeuropa-Katalog (EK 3)**
- ❏ __ **Südosteuropa-Katalog (EK 4)**
- ❏ __ **Nordeuropa-Katalog (EK 5)**
- ❏ __ **Westeuropa-Katalog (EK 6)**
- ❏ __ **Osteuropa-Katalog (EK 7)**

❏ Bitte senden Sie mir das MICHEL-Verlagsverzeichnis an meine umseitige Adresse.
❏ Ich habe folgenden Wunsch/Anregung für künftige Katalogauflagen:

_____
_____
_____

Datum   1. Unterschrift   Bitte Rückseite beachten!

Bestellung

(zur Abgabe bei Ihrem Fachhändler)

Hiermit bestelle ich folgende MICHEL-Europa-Kataloge und bitte um Zusendung an meine umseitige Adresse.

- ❏ __ **Mitteleuropa-Katalog (EK 1)**
- ❏ __ **Südwesteuropa-Katalog (EK 2)**
- ❏ __ **Südeuropa-Katalog (EK 3)**
- ❏ __ **Südosteuropa-Katalog (EK 4)**
- ❏ __ **Nordeuropa-Katalog (EK 5)**
- ❏ __ **Westeuropa-Katalog (EK 6)**
- ❏ __ **Osteuropa-Katalog (EK 7)**

❏ Bitte senden Sie mir das MICHEL-Verlagsverzeichnis an meine umseitige Adresse.
❏ Ich habe folgenden Wunsch/Anregung für künftige Katalogauflagen:

_____
_____
_____

Datum   1. Unterschrift   Bitte Rückseite beachten!

Absender: www.michel.de

_____
Voller Name in Druckschrift

_____
Straße und Hausnummer

_____
Postleitzahl und Ort / Land

_____
E-Mail-Adresse   Tel.-Nr.

* Diese Bestellung können Sie ohne Begründung ganz oder teilweise unter Nennung Ihrer Person durch schriftliche Erklärung oder durch Erklärung auf einem anderen dauerhaften Datenträger (z.B. Fax oder E-Mail) oder durch Rücksendung der MICHEL-Kataloge widerrufen. Hierfür steht Ihnen eine Frist von zwei Wochen, gerechnet ab dem Tag des Erhalts des ersten MICHEL-Kataloges, zur Verfügung. Zur Wahrung der Widerrufsfrist genügt die rechtzeitige Absendung des Widerrufsschreibens bzw. die Rücksendung der Ware. Der Widerruf ist an die Verlagsanschrift zu richten.

_____
Datum   2. Unterschrift (die Widerrufsmöglichkeit habe ich zur Kenntnis genommen*)

Absender: www.michel.de

_____
Voller Name in Druckschrift

_____
Straße und Hausnummer

_____
Postleitzahl und Ort / Land

_____
E-Mail-Adresse   Tel.-Nr.

* Diese Bestellung können Sie ohne Begründung ganz oder teilweise unter Nennung Ihrer Person durch schriftliche Erklärung oder durch Erklärung auf einem anderen dauerhaften Datenträger (z.B. Fax oder E-Mail) oder durch Rücksendung der MICHEL-Kataloge widerrufen. Hierfür steht Ihnen eine Frist von zwei Wochen, gerechnet ab dem Tag des Erhalts des ersten MICHEL-Kataloges, zur Verfügung. Zur Wahrung der Widerrufsfrist genügt die rechtzeitige Absendung des Widerrufsschreibens bzw. die Rücksendung der Ware. Der Widerruf ist an die Verlagsanschrift zu richten.

_____
Datum   2. Unterschrift (die Widerrufsmöglichkeit habe ich zur Kenntnis genommen*)

Sehr geehrter Sammlerfreund!

Die MICHEL-Kataloge entsprechen dem neuesten Stand der Marktlage, sie werden jährlich überarbeitet und ergänzt. Wenn Sie nun weiterhin auf dem laufenden bleiben und Sie sich monatlich über die Markenneuerscheinungen aus aller Welt informieren wollen, so empfehlen wir Ihnen die weltweit verbreitete Sammlerzeitschrift

MICHEL-Rundschau

Sie dient in erster Linie der ständigen Ergänzung aller MICHEL-Kataloge. Die Neuerscheinungen sind farbig abgebildet, die Markenemissionen aller Länder vorgestellt und katalogisiert.

Dazu kommen Ankündigungen von Neuheiten, Ausgabeprogramme, Preisberichtigungen und Ergänzungen, Hinweise auf Besonderheiten, Abarten und Fälschungen. Interessante Fachartikel und Berichte für den Sammler jeder Richtung, Marktbeobachtungen, Anzeigen, Tauschanzeigen von Sammlern sowie Leserdiskussionen runden die MICHEL-Rundschau ab.

Die 12 Hefte des laufenden Jahrganges (Januar–Dezember) erscheinen jeweils zum Monatsersten. Abonnementsbeginn ist jederzeit möglich. Das Jahresabonnement kann beim Briefmarken- oder Buchhandel aufgegeben werden, aber auch beim Verlag. Dazu verwenden Sie bitte die nachfolgenden Bestell-Vordrucke (im Briefumschlag einsenden).

Sie erhalten dann pünktlich jeden Monat bei Ihrem Fachhändler oder durch die Post das Aktuellste, was MICHEL zu bieten hat: die MICHEL-Rundschau.

Bestellung

(an Schwaneberger Verlag GmbH, Ohmstr. 1, 85716 Unterschleißheim senden).

Ich möchte Anschluß an den MICHEL-Europa-Katalog Band 3 2007 halten. Senden Sie mir deshalb ab Juli-Heft 2007 monatlich die Sammlerzeitschrift **MICHEL-Rundschau** zum Abonnementspreis 2007 von 36,— € pro Jahr plus Versandkosten.

_____
Datum   1. Unterschrift

_____
Voller Name in Druckschrift

_____
Straße und Hausnummer

_____
Postleitzahl und Ort/Land

Bitte Rückseite beachten!

Bestellung

(zur Abgabe bei Ihrem Fachhändler).

Ich möchte Anschluß an den MICHEL-Europa-Katalog Band 3 2007 halten. Ich bestelle deshalb ab Juli-Heft 2007 monatlich die Sammlerzeitschrift **MICHEL-Rundschau** zum Abonnementspreis 2007 von 36,— € pro Jahr plus Versandkosten.

Ich hole die Rundschauhefte jeweils bei Ihnen ab. ☐

Ich wünsche Zustellung per Post und übernehme dazu die Versandkosten. ☐

_____
Datum   1. Unterschrift

_____
Voller Name in Druckschrift

_____
Straße und Hausnummer

_____
Postleitzahl und Ort/Land

Bitte Rückseite beachten!

Umseitig Bestellung für

Die weltweit verbreitete Sammlerzeitschrift!

* Diese Bestellung können Sie ohne Begründung ganz oder teilweise unter Nennung Ihrer Person durch schriftliche Erklärung oder durch Erklärung auf einem anderen dauerhaften Datenträger (z.B. Fax oder E-Mail) oder durch Rücksendung der MICHEL-Rundschauen widerrufen. Hierfür steht Ihnen eine Frist von zwei Wochen, gerechnet ab dem Tag des Erhalts der ersten MICHEL-Rundschau, zur Verfügung. Zur Wahrung der Widerrufsfrist genügt die rechtzeitige Absendung des Widerrufsschreibens bzw. die Rücksendung der Ware. Der Widerruf ist an die Verlagsanschrift zu richten.

2. Unterschrift (die Widerrufsmöglichkeit habe ich zur Kenntnis genommen*)

Umseitig Bestellung für

Die weltweit verbreitete Sammlerzeitschrift!

* Diese Bestellung können Sie ohne Begründung ganz oder teilweise unter Nennung Ihrer Person durch schriftliche Erklärung oder durch Erklärung auf einem anderen dauerhaften Datenträger (z.B. Fax oder E-Mail) oder durch Rücksendung der MICHEL-Rundschauen widerrufen. Hierfür steht Ihnen eine Frist von zwei Wochen, gerechnet ab dem Tag des Erhalts der ersten MICHEL-Rundschau, zur Verfügung. Zur Wahrung der Widerrufsfrist genügt die rechtzeitige Absendung des Widerrufsschreibens bzw. die Rücksendung der Ware. Der Widerruf ist an die Verlagsanschrift zu richten.

2. Unterschrift (die Widerrufsmöglichkeit habe ich zur Kenntnis genommen*)